W0199869

KRÖNERS TASCHENAUSGABE BAND 127

WÖRTERBUCH DER DEUTSCHEN VOLKSKUNDE

BEGRÜNDET VON

OSWALD A. ERICH UND RICHARD BEITL

DRITTE AUFLAGE

NEU BEARBEITET VON

RICHARD BEITL

UNTER MITARBEIT VON

KLAUS BEITL

43 ABBILDUNGEN UND 18 KARTEN

ALFRED KRÖNER VERLAG STUTTGART

CIP-Kurztitelaufnahme der Deutschen Bibliothek

Erich, Oswald Adolf:
Wörterbuch der deutschen Volkskunde / begr. von
Oswald A. Erich u. Richard Beitl. - [Nachdr. d.]
3. Aufl. 1974 / neu bearb. von Richard Beitl unter
Mitarb. von Klaus Beitl. - Stuttgart: Kröner,
1981.
(Kröners Taschenausgabe; Bd. 127)
ISBN 3-520-12703-2

NE: Beitl, Richard; GT

© 1974 by Alfred Kröner Verlag in Stuttgart
Alle Rechte vorbehalten. Printed in Germany
Druck von Friedrich Pustet, Regensburg, Graphischer Großbetrieb

»das müszten ja überaus schlimme deutsche frauen ... seyn, die an einer deutschen volkekunde misbehagen fänden« (Fouqué, altsächs. bildersaal).

»gleich, ob wir uns als Vaterland, Heimat oder Nation verstehen ... daß die Deutschen sich als *ein* Volk verstehen, der Gedanke ist nicht erloschen« (Bundeskanzler W. Brandt, 8. 5. 1970).

VORWORT ZUR III. AUFLAGE

Die wissenschaftlichen Mitarbeiter, die an diesem Wörterbuch in seiner ersten Auflage (1936) beteiligt waren, bildeten eine lebendige Arbeitsgemeinschaft durch ihre Zugehörigkeit zur Zentralstelle des Atlas der deutschen Volkskunde, zum Staatlichen Museum für deutsche Volkskunde, zur Gesellschaft für deutsche Volkskunde in Berlin und zum volkskundlichen Seminar an der Friedrich-Wilhelms-Universität. Vielleicht hätte sich aus diesem Kreis das von Arthur Hübner, Konrad Hahm, Adolf Spamer und anderen geforderte Reichsinstitut für Volkskunde bilden können. Seit 1945 sind jene Berliner Institutionen vernichtet oder zersplittert, die Mitarbeiter haben Krieg und Nachkriegsschicksale über Länder und Staaten verstreut. Hanns Schaudinn, der, auf den Forschungen von Heinrich Marzell fußend, Beiträge zur Volksbotanik gegeben hatte, fiel als Soldat im Osten, Kustos Dr. Oswald A. Erich, der als Mitherausgeber der ersten Ausgabe sich besonders der Volkskunst angenommen hatte, starb am 24. April 1946 an den Folgen des Krieges. Dem Andenken dieser guten Freunde sei dieses Buch auch in seiner neuen Gestalt gewidmet. Von ihrer Arbeit ist viel in den neuen Text übernommen. Das gleiche gilt von den früheren Beiträgen von Dr. h. c. Wilhelm Hansen (Lied, Tanz, Spiel), Dozent Dr. Reinhard Peesch (Jahresfeuer, Volksnahrung, Karten) und Dr. Reinhold Knopf (Volksdichtung). Bei kleineren Beiträgen aus der ersten Auflage wird im Text und in den Literaturangaben auf die seinerzeitige Mitarbeit hingewiesen.
Da seit der zweiten Auflage (1955) neunzehn Jahre vergangen sind, wurde eine weitgehende Umarbeitung nötig. Kaum ein Beitrag blieb unverändert. Weit über zweihundert Stichwörter kamen hinzu, viele andere wurden gekürzt, manche auch erweitert, nicht wenige ganz neu geschrieben. Um dem Neuen Raum zu schaffen, mußte manches gestrichen werden, was am Rand der volkskundlichen Beobachtung steht oder heute vorwiegend musealen Charakter hat. Seiner fortdauernden Bedeutung entsprechend, erfuhr das Gebiet der Volkssprache starke Aufgliederung in neuer Fassung (Volkssprache, Sondersprachen, Sprachatlas, Wort-, Mundartgeographie, mehrere Beiträge zur Namenkunde, Lehnwort-Fremdwort, Lautverschiebung, Anrede, Gruß u. a.). Eine größere Anzahl neuer Stichwörter betreffen Volksbrauch und -glauben (Andenken, Anhänger, Adventskranz, Adventisten, Beinbrecher, Elkorn, Frisch- und Gsundschlagen, Heischerecht, Jahrgänger, Jubiläum, Jugendweihe, Metzgersprung, Klausenholz, Spiegel, Schule, Tageszeiten, Tischzucht, Guter Ton, Vereine; Homöopathie,

Jungfernwachs, Rothaarige, Siebenschläfer, Romanusbüchlein, Ungeheuer, Überzähliger, Vierklee u. a.). Ein Beitrag zur Volkskunde der Gegenwart und der Stadt sollen die knappen Beschreibungen bekannter »Volksfeste« sein (Bremer Freimarkt, Cannstätter Volksfest, Dinkelsbühler Kinderzeche, Hamburger Dom, Imster Schemenlaufen, Kaufbeurener Tänzelfest, Münchner Oktoberfest, Stralauer Fischzug, Würzburger Kilianifest). Der starken Hinwendung zur Volkskunde des Religiösen seit 1945 entsprechen zahlreiche neue Stichwörter (Ährenkleid, Armenbibel, Benno, Cyriacus, Corona, Devotionalien, Dorfkirche, Edigna, Englmar, Evermarus, Geschlossene Zeit, Glückshafen, Hagelfeier, Heiliggrab, Heroldsbach, Kanonisation, Konnersreuth, Konrad v. P., Liturgie, Lüftildis, Mirakelbücher, Primiz, Sakramentale). Die Stichwörter Sage u. Märchen wurden neu geschrieben und ergänzt (Fliegender Holländer, Historische Stätten, Karl d. Gr., Klabautermann, Lorelei, Pfaffenkellerin, Polyphem, Rethra, Schinderhannes, Wahrzeichen, Walen, Widukind u. a.). Das Stichwort Volksschauspiel wurde aufgegliedert (Fasnachts-, Passions-, Oster-, Fronleichnamspiel u. a.). Den Artikel Volksdichtung ergänzen: Exempel, Flugblatt, Gesta, Hausväterliteratur, Mundartdichtung, Ortsreime, Witz, Krimi, Zeitung u. a. Neue Fassung und Erweiterung fanden auch Volkslied und Volksmusik (Volkslied, Liederbücher, Jodeln, Kaufruf, Schnaderhüpfel, Tannhäuser, Totenklage u. a.; Beiern, Gitarre, Hand- und Mundharmonika, Juhschrei, Maultrommel, Postillion, Psalter, Schalmei, Schwegel, Schwirrholz, Spieluhren, Zither, Schallplatten u. a.). Erweiterte und neue Stichwörter betreffen Volkstanz und -spiel (Landlerischer, Morisken, Steirischer, Zwiefacher; Fechten, Gummitwist, Hockey, Hüpfspiel, Kreisel, Minigolf, Skat, Sport, Turnen, Turnier, Würfeln, Stekkenpferd, Volksspiel).

In starker Zusammenfassung erscheinen die Gebiete von Haus (Bauern-, Bürgerhaus u. a.) und Tracht (T.landschaften, Volkskleid, Berufskleid), andererseits wurden Stichwörter über Sachgüter und Volkskunst vermehrt (Reepschläger, Flößen; Beinbrecher, Barte, Galion, Habaner, Nippsache, Wandschmuck, Photo, Inventar, Ikonographie u. a.). Übergreifende Abschnitte wurden neu geschrieben und z. T. erweitert (Andachtsbild, Bilderbogen, Grabdenkmäler, Hinterglas-, Möbelmalerei, Krippen, Eisen, Kupfer, Messing, Zinn, Glas, Holz, Ton). Werkstättenlandschaften wurden kurz charakterisiert (Berchtesgaden, Böhmerwald, Frankenwald, Gröden, Nürnberg, Oberammergau, Seiffen, Sonneberg, Tölz u. a.).

Allgemeinen Fragen der Volkskunde und ihrer Stellung im Wissenschaftsgefüge wie im Leben der Gegenwart dienen die neuen Stichwörter Agrarwissenschaft, Anthropologie, Parapsychologie, Völkerkunde, Demoskopie, Folklore, Funktion, Innovation; Arbeiter, Industrie, Technische Welt, Zivilisation, Heimat, Vertriebene, Volk; Film, Rundfunk, Fernsehen, Freilichtmuseen. Der Abschnitt Atlanten wurde erweitert. Während in den Literaturangaben z. T. auf die Ausgabe von 1955 verwiesen werden mußte, ist das Verzeichnis der bisher veröffentlichten Karten auf alle vier deutschen Werke ausgedehnt (ADV, ÖVA, ASV und VAN; s. Verz. d. Abkürzgn.) und auf den Stand von 1973 gebracht. Der jetzt bei entsprechenden Stichwörtern gegebene Hinweis auf vorhandene Karten dürfte dem an volkskundlicher Kartographie interessierten Benützer erwünscht und nützlich sein. – Für die Bewilligung der abermals bedeutend erweiterten Literaturangaben fast bei jedem Stichwort (vor allem für die letzten zwanzig Jahre) gebührt dem Verlag aufrichtiger Dank. Hier ganz besonders sind Wunsch und Nutzen der Leser dem kaufmännischen Kalkül übergeordnet worden.

Obwohl kaum eines auch der kleineren Stichwörter unverändert geblieben ist, wurde am doch wohl bewährten Charakter des Wörterbuchs als ganzen festgehalten, so z. B. in der reichen Liste der einfachen Verweisstichwörter wie auch in der Übung, durch Berücksichtigung von Mitteilungen und Fakten jüngster Zeit dem Buch Gegenwartsnähe und einen gewissen Quellenwert zu geben. Hier ist manchem Leser für Hinweise wie für Ergänzungen und einzelne Berichtigungen zu danken wie um gleiche Hilfe in der Zukunft zu bitten. Die Liste der Abbildungen später wieder reicher zu gestalten, wäre auch der Wunsch des Autors. Die Zahl der kartographischen Skizzen ist jedoch nicht vermindert worden.

Auch der innere Aufbau des Wörterbuchs blieb im wesentlichen unverändert. Es will das Volkstum und die Volksforschung unserer Zeit darstellen, mit seinem Blick aber auch ein Jahrtausend und mehr umfassen: Antike, Germanentum, Christentum, so wie sie in Mittelalter und Neuzeit leben oder nachleben. So gewiß es ist, daß wir viele Erscheinungen des 20. Jh. aus dem Blickpunkt der vorindustriellen Zeit ohne Großstadt nicht verstehen können, so sicher verfälscht sein Urteil auch, wer überliefertern Brauch und Glauben des Volkes in Stadt und Dorf nur als Mensch unserer Zivilisation »mit dem Blick nach vorn« betrachtet. Die geographische Begrenzung der Betrachtung ist durch unseren Begriff der Volkskunde bestimmt.

Für die Vorbereitung der neuen Auflage standen das Germanische Seminar der Freien Universität in Berlin und in besonderem Maße die Bücherei, Kartei und Sammlung des Österreichischen Museums für Volkskunde in Wien zur Verfügung wie schon 1955. Dafür sei dem Direktor des Instituts, wirkl. Hofrat Prof. Dr. Leopold Schmidt, abermals Dank gesagt. Der neuen Arbeit kam zugute, daß seit manchen Jahren an gleicher Stelle auch mein Sohn Dr. Klaus Beitl als Wiss. Rat tätig ist. Seine Mitarbeit galt der Überprüfung der Stichwörterliste, der Berücksichtigung der neuesten Literatur, wie vor allem dem gewissenhaften Mitlesen der Korrektur. Künftighin soll die Betreuung des Wörterbuches ganz in seine Hände gelegt und damit einer neuen Generation übergeben werden. Daß der Verlag besonders in der Person von Herrn Arno Klemm bei der Vorbereitung der neuen Auflage immer wieder Geduld und großes Verständnis aufbrachte, sei noch einmal dankbar anerkannt.

Berlin-Zehlendorf
Luziatag 1973

Richard Beitl

Abkürzungen

Abb.	Abbildung
ADV	Atlas d. dt. Vkde
ahd.	althochdeutsch
alem.	alemannisch
an.	altnordisch
ant.	antik
ANuG	Aus Natur u. Geisteswelt
asächs.	altsächsisch
ASV	Atlas d. schweizer Vkde
AT	Altes Testament
Attr.	Attribut
bayr.	bayrisch
Bed.	Bedeutung
bes.	besonders
Bez.	Bezeichnung
Bd., Bde.	Band, Bände
Bl., Bll.	Blatt, Blätter
CuW	Christ u. Welt
DVA	Dt. Volksliederarchiv
Et.	Etymologie
Fg., Fgn.	Forschung, -en
Fs.	Festschrift
germ.	germanisch
gesch.	geschichtlich
gr.	griechisch
H.	Hälfte
Hb., Hbb.	Handbuch, -er
HDA	Handwörterbuch d. dt. Aberglaubens 1928 ff.
Hg., hg.	Herausgeber, herausgegeben
Hs., Hss.	Handschrift, -en
Hwb.	Handwörterbuch
idg.	indogermanisch
ital.	italienisch
Jb., Jbb.	Jahrbuch, -er
Jh., Jhh.	Jahrhundert, -e
KTA	Kröners Taschenausgabe
lat.	lateinisch
Leg.	Legende
Lex.	Lexikon
Lit.	Literatur
MA.	Mittelalter
md.	mitteldeutsch
mhd.	mittelhochdeutsch
Mitt.	Mitteilungen
N	Norden
nd.	niederdeutsch
NDB	Neue Dt. Bibliographie
nhd.	neuhochdeutsch
O	Osten
obd.	oberdeutsch
österr.	österreichisch
ÖVA	Österr. Vkdeatlas
Peßler, Vkde.	W. Peßler, Hb. d. dt. Vkde. 3 Bde. o. J.
S	Süden
Slg., Slgn.	Sammlung, -en
Spamer, Vkde.	A. Spamer, Die Dt. Vkde. 2 Bde. 1934
Tl.	Teil
Tsp.	Der Tagesspiegel, (Ztg. Berlin)
V.	Volk
VAN	Vkde-Atlas voor Nederland en Vlaams-Belgie
VK.	Volkskunst
Vkde	Volkskunde
Vmed.	Volksmedizin
vgl.	vergleiche
Vjbll.	Vierteljahresblätter
W	Westen
Wb.	Wörterbuch
Z.	Zeitrechnung
Zs., Zss	Zeitschrift, -en
Ztg.	Zeitung

A und O, Alpha und Omega, der erste und der letzte → Buchstabe des griech. → Alphabets; Symbol für ›Anfang und Ende‹, ›Gott‹ (Offenb. Joh. 1, 8), verwendet in der → Satorformel u. auf → Amuletten, im kirchl. Sinn auf Hostien, Kerzen (→ Ostern) und → Glocken.

E. Lohmeyer in: Reallex f. Ant. u. Christent.

Aachen. Neben den Bädern förderten das Ansehen der Stadt A. die berühmte → Wallfahrt (seit 1349 alle 7 Jahre), seit dem 15. Jh. die Herstellung von Tuch und Messingwaren, seit dem 16. Jh. bes. die Fertigung von Nadeln. In den Fabriken wurden fehlerhafte Stücke von den Kontrollmädchen mit dem kleinen Finger »ausgeklenkt« (ausgekleint). So wurde der hochgereckte »Klenkes« zum Erkennungs- und → Wahrzeichen der A.er, vergleichbar dem Grußtausch der Hamburger: Hummel, Hummel-Mors, Mors. In A., der Stadt, die den »Orden wider den tierischen Ernst« erfand und zuteilt, wurde 1970 ein Denkmal für den Klenkes errichtet: drei Bronzefiguren mit übergroßen Kleinfingern. → Maibaum, Lebkuchen (A.er Printen), Gruß, Milchstraße.

J. Müller, A.s Sagen u. Legenden, 1858; A. Schiffers, Kulturgesch. d. A.er Heiligtumsfahrt, 1930; Lex. d. Marienkde., 1957; Hwb. d. Sage, 1961; Reallex. d. Germ. Altertkde, 1968.

abbeißen → Frühjahrsblumen, Fingernägel.

Abbild → Analogiezauber.

abbinden → Nase.

Abbruch → Fasten.

Abdankung → Aussegnung.

Abdecker → Schinder, Unehrl. Gewerbe.

Abend → Nacht, Windrose.

Abendmahl. Das Gedächtnismahl → Christi ist äußerlich den Bräuchen bei griech. Mysterienkulten und ähnlichen Kultmahlzeiten anderer Religionen zu vergleichen. Die alte kath. Bez. ist Kommunion, die nur in der Gestalt des Brotes (→ Hostie) gereicht wird.
Das A., zu dem der evang. Christ mit der → Konfirmation zugelassen wird, nahm und nimmt man oft gemeinsam, vor der Hochzeit oder anderen wichtigen Lebenseinschnitten. Versöhnung mit dem Feind ging voran. Wenn er nicht verzieh, enthielt man sich des A. (Ostpreußen). Das A. wurde zum → Gottesurteil (Ber. des → Regino von Prüm über König Lothar II., der 869 das A. freventlich nahm und starb). Diesem Rechtsbrauch liegen die Worte zugrunde, daß sich das Gericht esse, wer das Sakrament unwürdig genieße (Paulus, Kor. 11, 29), außerdem aber die weitverbreitete, auch in den altgerm. Volksrechten bezeugte Vorstellung vom Urteil durch den geweihten Bissen (→ Gottesurteil).
Das A. ist eins der klarsten Beispiele für die Umwandlung und Verdinglichung, die die theologische Lehre im Volksglauben erfährt. Das Heilige wird als übertragbare Kraft (→ Orenda) verstanden, wenn die Blume zum Liebeszauber dient, mit der man sich nach dem Trinken des A.-weines die Lippen abgewischt hat. Mit den beim A. getragenen Kleidern kann man zaubern (Oldenburg). In der Nacht nach dem A. soll man sich nicht ausziehen oder wenigstens die Strümpfe anbehalten. Die Vermutung von Rühle (HDA) ist wohl richtig, daß ähnliche Gedanken der Ausgestaltung und Erhaltung einer besonderen A.tracht zugute kamen (Lünebur-

ger Heide, Sachsen, Schlesien, Westfalen, Nassau, Vogtland, Badische, Braunschweiger → Tracht). In Oldenburg vermieden es Mädchen, nach dem A. Flachs zu brechen, aus Furcht, daß bei einer Fingerverletzung das Blut Christi verlorengehe. So versteht man, daß Verwandte oft einem Verstockten Kranken das A. mit Gewalt einzuschütten unternahmen (Franken). Es ist eine Art Universalmedizin. Wenn man schon alles probiert hat oder ein Arzt zu teuer ist, holt man den Priester (Lauenburg). Zum A. bestimmter Wein ist heilsam (Thüringen). Evangelische in Ostpreußen lassen ihn an kath. Ablaßorten segnen. Aber auch Katholiken holen A.wein aus ev. Kirchen.
Der goldene A.kelch vertreibt die → Gelbsucht, wenn man sich darin spiegelt *(similia similibus curantur)*. Besonders mit der Hostie wurde Zauber verübt. – Die Frage der Transsubstantiation in Zweifel und Dogma im MA spiegelt sich in Entstehung und Gesch. der Eucharistielegenden (Hostienwunder). → Konfession.

H. Preuss, Die Gesch. d. A.frömmigkeit i. Zeugnissen u. Berichten, 1949; F. Bammel, Das heil. Mahl im Glauben d. Völker, 1950; M. Bringemeier, Die A.kleidung d. Frauen u. Mädchen i. d. Schaumburger u. Mindener Tracht. Zs. f. rhein.-westf. Vkde 1 (1954).

Abendrot → Wetter.

Aberglaube, im Sinn von *abe* ›ab‹ bezeichnete mhd. *abegunst, abe-, aberwitze,* ›Mißgunst‹ und ›Unverstand‹. Alberus (16. Jh.) stellt diffidentia als »Mißglaub« der superstitio als »Aberglaub« gegenüber. → Luther kennt A. und Afterglaube, spricht aber meist von Mißglaube. In der Vkde vermeidet man im allg. den abwertenden Begriff A. und setzt dafür → Vglaube. Goethe sagte vom A. im engeren Sinn: »Der A. gehört zum Wesen des Menschen und flüchtet sich, wenn man ihn ganz und gar zu verdrängen denkt, in die wunderlichsten Ecken und Winkel, von wo er auf einmal, wenn er einigermaßen sicher zu sein glaubt, wieder hervortritt« (Maximen und Reflexionen, 422).

Kluge-Mitzka, Et. Wb. [20]1967; A. im HDA 1927; G. F. Hartlaub, Problematik d. Begr. A. In: Das Unerklärliche. 1951. J. Schöck, Bemerkgn. z. A. Württ. Jb. f. Vkde (1970); D. Harmening, Superstitio. Bild u. Begriff v. A. in d. kirchl. u. theol. Lit. d. MA bis Th. v. Aquin. Habil.s. Würzbg. 1971.

Abführmittel → Verstopfung, Walnuß.

abgnaden → künden.

abklappern → Gründonnerstag.

Ablaß (lat. indulgentia, ›Erlaß, Vergebung‹). In der Nachfolge älterer kirchl. Praxis der → Buße wurde im 11. Jh. der A. eingeführt. Er ist nach heut. Kirchenlehre weder käuflich, noch kann er Sünden vergeben. Er tilgt zeitl. Sündenstrafen (Fegfeuer) für bereits in der → Beichte vergebene Sünden ganz oder zum Teil (»vollkommener« oder »unvollk.« A.) gegen Leistung bestimmter guter Werke oder Gebete.

N. Paulus, Gesch. d. A. im MA., 3 Bde., 1922/23; P. Poschmann, Der A. im Lichte d. Bußgesch. 1948; Enchiridion Indulgentiarum. Rom [3]1952 (dt.; authent. Zus.stell. d. A.).

Abracadabra, wird auf spätgriech. Zaubertexte (abra = arba = Vier = Name d. Gottheit) zurückgeführt; zuerst belegt im 3. Jh. bei Q. S. Sammonicus, dann bei den Nekromanten des 16. Jh. (z. B. Thurneysser 1583). Nach dem »Schwindeschema« (→ Analogiezauber) geschrieben soll A. Zahnweh und Fieber vertreiben (→ Segen). Ein ähnliches Zauber- und Schwindewort ist z. B. »Abraham Julita«. Adolf Jacoby (HDA 1, 99) vermutet eine Verwandtschaft von A. mit Abrasax, einem gleichfalls schwer erklärbaren Gottesnamen der hellenistischen Magie, der sich auf mal. Amuletten findet. Als »Abraxas« tauchte er um 1933 auf Talismanen in Berlin auf.

Lit. → Alphabet; A. Dieterich, Abraxas, 1891; A. A. Barb, Abraxas-Studien. In: Collection Latomus 28 (Brüssel 1957).

Abraxas → Abracadabra.

Abschied → Gertrud, Gruß, Heimweh, Hochzeit, Joh. d. Ev., Minnetrinken, Schießscheiben, Tod.

Abschneiden → Brot, Butter, Bart, Haar, Fingernägel.

Abschnitt → Erntefest.

abschreiben → Kettenbrief.

Absinth → Wermut.

abstillen → entwöhnen.

Abtreibung. In Sage und Rechtsanschauung allgemein verurteilt, wie die germ. Volksrechte *(lex Salica, lex Bajuvariorum)* schwere Strafen, selbst den Tod darauf setzten und auch die Kirche die A. verfolgt, wenn auch in schwankender Rechtsprechung. Wenn trotzdem die gebräuchlichen mechanischen (Springen, Aderlassen), innerlichen (Aufguß von rostigen Nägeln, Genuß von Taxus, Aloe, → Sebenbaum, Mutterkorn u. a.) und magischen Mittel so zahlreich sind (Hovorka-Kronfeld, Vergl. Vmed. Bd. 1, nennen 173 Mittel), so lagen die Gründe vor allem früher oft in sozialer Not und in der moralischen Verfemung und rechtlichen Benachteiligung der unehelichen Mutter und ihres Kindes. Heute sind es Wohlstand ebenso wie Lebensegoismus (»Selbstverwirklichung«), die vielfach das Ein- und Zwei- oder das Keinkindersystem bevorzugen lassen. Die Zahl der A. erreicht die der Geburten. Eine grundstürzende Wandlung trat mit der allg. Verbreitung der »Antibabypille« ein, deren Wirkung auf Gesundheit, Fruchtbarkeit und allgemeine Lebensführung wir freilich heute noch nicht abzuschätzen vermögen. 1970 übertraf in der BRD die Sterbeziffer zum erstenmal die der Geburten. Für die Zukunft verspricht man sich die Erhaltung der Bevölkerungsziffer von der Einbürgerung von Gastarbeitern. → Recht, Zeugung, Aphrodisiakum.

F. v. Oefele, Antikonzeptionelle Arzneistoffe, Heilkunde. 1898; L. Lewin, Die Frucht-A. durch Gifte u. and. Mittel, [4]1925.

Abundia, Habundia. Ursprünglich in frz. Quellen des 13. Jh. genannte *(dame Habonde)* freundliche, im Advent Häuser und Ställe besuchende → Nachtfrau (Führerin der *dominae nocturnae*), die später in dt. Schriften und Predigten erscheint. Wer Speis und Trank nachts unverschlossen läßt, so daß A. davon nehmen kann, dem bringt sie Überfluß (lat. *abundantia*). Mit der römischen Göttin dieses Namens steht A. wohl in Zusammenhang, dagegen wird ein solcher (wie J. Grimm annahm) mit der germ. Göttin (?) Fulla, Volla oder mit Perahta, → Bercht oder Holda, → Holle von H. Naumann (HDA) verneint, obwohl gemeinsame Züge auffallend sind (Nachtfrau, Speiseopfer, Güte, Spende von Gedeihen). → Befana.

Abweisung → Feige.

Ab-, Auszehrung → Lunge, Schwindsucht.

Abzählreime. Einer zählt ab, indem er einen beliebigen A. hersagt und bei jeder Silbe oder jedem Wort mit dem Finger der Reihe nach auf die

Mitspieler deutet. Wen die letzte Silbe trifft oder wer beim weiteren Auszählen übrigbleibt, der »ist dran«.

Fast in jedem Buch von → Kinderspielen oder → Kinderliedern treffen wir A. an, vom sinnvollen über den sinnlos gewordenen bis zum rein lautmalenden:

Eene meene mink mank
Klink klank
Ose pose backe dich
Eia waia weg! (Berlin)

Am gleichen Ort lautet eine Formel 1970:

Wir machen keinen langen Mist –
Du bist!

Lit. → Kinderlied.

Abzeichen zu tragen, gehört heute bei uns zum Recht der freien Meinungsäußerung (in den Grenzen, die die manipulierte »öffentliche Meinung« zieht). Zum erstenmal hören wir von A. einer »blauen« und einer »grünen« Partei unter dem oström. Kaiser Justinian I († 565). Bestimmte Teile der Kleidung (Hose, Hemd, Kopfbedechung) bis zur einfachen Anstecknadel, aber auch Merkmale der Körpertracht (heute: langes Haar, Bart, Phantasiekleidung) werden zu A. der Zugehörigkeit zu bestimmten weltanschaul. und polit. Richtungen oder zu Bünden und → Vereinen. A. in der Art der heutigen Hutnadeln und -plaketten trugen früher die Pilger auf großer → Wallfahrt. Alte Glocken zeigen Abgüsse davon. → Andenken, Anhänger.

K. Köster, Meister Tilman von Hackenburg. 1957 (Glockengießer d. 15. Jh.)

Achatius, hl. (Fest: 8. 5. oder 22. 6.; Attr.: Dornzweig). Hauptmann, unter Maximian gemartert (306). Einer der → Vierzehn Nothelfer.

Achte → Grenze.

Ackerbau → Agrarwiss., Arbeit, Bauer, Ernte, Pflug, Egge, Sichel, Sense, Korngeist, ferner die Namen d. einz. Früchte u. Getreidearten.

Ackerwinde → Frauenkräuter.

acta Sanctorum → Legende.

Adadraxl → Eidechse.

Adam und Eva, A. hebr. ›Erdling, Mensch‹; E. nach hebr. V.etymologie ›Lebendige, Mutter allen Lebens‹. Die biblischen Stammeltern sind in der Vk. (→ Fliesen, Gebäckmodel, Malerei, Ofenplatten, Schnitzerei, Weberei, Zinn) oft dargestellt und geben Anlaß zu naiver Darstellung des Nackten. Im Paradiesspiel (→ Vschauspiel) der Adventszeit treten A. u. E. schon früh auf. Der 24. 12. ist ihr Tag, deshalb soll man dann keinen Apfel essen (Rheinl.). A. (Erdmann) wird in Segen genannt, in der Sage ist er ein zwitterartiges Unwesen und Kenner der natürlichen → Magie. A. und E. sitzen im → Mond. Die ältere Lit. besonders des christl. Orients kennt sogenannte A.-bücher, die das Leben A. u. E. legendarisch erzählen. → Lebensbaum, Myrte, Stickmustertücher.

J. Kirchner, Die Darst. des ersten Menschenpaares in d. bild. Kunst, 1903; Reallex. z. dt. Kunstgesch. 1 (1937); A. Karasek-Langer. Ein donauschwäb. A. u. E.spiel aus Garching/Obb. In: Bayer. Jb. f. Vkde. 1954 (Advent 1953 wurde das Spiel neuer Brauch i. e. Ortsrandsiedlung); G. Miksch, Der A. u. E.stoff i. d. dt. Lit. Diss. Wien, 1954; L. Röhrich, A. u. E., Das erste Menschenpaar in Vkunst u. Vdichtg. 1968.

Adam von Bremen, Ostfranke, der in den *Gesta Hammaburgensis ecclesiae pontificum* (1072 bis um 1076) über Religion und Christianisierung der Nordgermanen (z. T. auch der Sachsen) berichtete.

Dt. Ausg.: Laurent-Wattenbach, (= Die Gesch.schreiber d. dt. Vorzeit in dt. Bearbeitgn., 44) ²1888; B. Schmeidler, Hambg.-Bremen u. Nordosteur. v. 9.–11. Jh. 1918;

W. Wattenbach u. R. Holtzmann, Gesch.quellen 1,3 (1940); Reallex. d. germ. Altert.kde. Bd. 1, 1968.

Ader → Blut.

Aderkraut → Wegerich.

Aderlassen, das Öffnen einer Vene, seltener einer Schlagader oder das Ansetzen des Schröpfkopfes oder von → Blutegeln zu Heilzwecken kennen fast alle Völker. In Antike u. MA war A. ein Hauptmittel der auf die Lehre von den Säften gegründeten Humoralmed. (Hippokrates, Galen; → Vmed.) Stemplinger will darin ursprünglichen Ersatz für Menschenopfer sehen (?). Frühling (Karfreitag) und Herbst (Bartholomäi, Martini) sind die bevorzugten Zeiten, von Tagen werden solche unter »wasserartigen Zeichen« (Wassermann, Waage, Schütze) gewählt. In den → Kalendern des Volkes gaben seit dem späten MA A.männchen (Abb.) Anweisung, unter welchen Sternzeichen man die Leiden bestimmter Körperteile durch A.bekämpfen soll. Das Berufszeichen der Friseure, der früheren → Bader, war und ist die A.schüssel, in die man das Blut (250–500 cm^3) rinnen ließ.

K. J. Bauer, Gesch. d. A. 1870, Neudruck. A. Castiglione, in: Ciba-Zs. 66 (1954); Reallex. d. germ. A.kde. Bd. 1, 1968.

Adler. Die Falknerei teilte die Jagdvögel in edle und unedle ein. A., *adelare* (12. Jh.) = edler Aar. Bes. über die Lebensweise (Alter, Geburt, Verjüngung), Scharfsichtigkeit und Weissagungskraft des A. wurde viel gefabelt, vorwiegend auf Grund oriental. Überlfg. Mit dem Tier ist auch dieser Glaube seltener geworden. Bei mehreren idg. Völkern war der A. Tier der Götter und Könige. Er begleitet die → Walküren. Ein Riese in A.gestalt erzeugt mit seinen Flügeln den Wind (Edda). Der A. ist wichtig im → Angang und → Orakel. Seine Kraft teilt sich dem Amulett mit (→ Steine). Der Tiroler steckte A.flaum auf den Hut, weil er Sehkraft und Raufwut stärkt. Federn vom A. »fressen« andere auf, wenn man sie zusammen aufbewahrt. Der A. ist Attr. mehrerer Heiliger und Symbol des Ev. Johannes. Neben dem Löwen ist er das verbreitetste Tier auf → Wappen. Der auch in der Vk. oft dargestellte Doppel-A. taucht im oriental. → Ornament zuerst auf. → Papagei, Habicht, Kuckuck.

O. Keller, Die antike Tierwelt. Neudr. 1963; E. Gritzner, Symbole u. Wappen d. alten Dt. Reiches, 1902; H. E. Korn, A. u. Doppel-A., Diss. Gött. 1969.

Adlerstein, Aetit → Steine.

Adonis, A.gärten. Im gr. Mythos als schöner Jüngling vorgestellt. Der nach semit. *adon* ›Herr‹ genannte oriental. Naturgott verkörperte das rasche Kommen und Vergehen des Frühlings, wie es in den Topfpflanzen der Ag. nachgebildet wurde. A.feste betrauerten den »Tod« des A. Mit den Ag. der Mittelmeerwelt in Zusammenhang stehen unsere »Tellersaat« (L. Schmidt) wie die »Luziafrüchte« der dt. Bauern in Mözs (Ungarn; nach I. Weber–K.).

Greve, De Adonide, 1877; W. Baumgartner, Das Nachleben d. Ag. auf Sardinien.

Schweiz. Arch. f. Vkde, 43 (Regen- und Fruchtbark.zauber?); L. Schmidt, Barbara- u. Luziaweizen. Die Verbr. d. weihn. Tellersaat im Burgenld., Gugitz-Fs. 1954; I. Weber-Kellermann, Der Luzienstuhl i. dt. u. ungar. Vglauben. Hess. Bll. f. Vkde 49/50 (1958); N. Kuret, Die Ag. Sloweniens. In: Alpes Orientales 2 (1961).

Adoption, bei einer Aufnahme in die → Rechte des Leibeserben wurde im Altertum und MA der Vorgang der Geburt symbolisiert. Bei den Nordgerm. geschah A. auch durch Kniesetzung oder Steigen in den gleichen Schuh. Mit der Zunahme ungewollter Kinderlosigkeit hat die Bedeutung der A. ständig zugenommen, bes. in Europa u. Amerika.

T. Thurnwald, Werden, Wandel u. Gestaltg. v. Familie, Verwandtschaft u. Bünden, 1931; H. Dölle, Familienrecht 2. 1965.

Advent, ist die kirchliche Vorbereitungszeit auf die Ankunft (lat. *adventus*) des Erlösers. Die vier A.sonntage bis Weihnachten beginnen mit dem 1. Sonntag nach dem 26. 11. Im Laufe des 1. christl. Jt. entwickelte sich der A. von einer allgemeinen Rüstezeit zu einer Buß- und Fastenzeit mit strengen Vorschriften. Heiratsverbote, Tanzverbote (→ Katharina; »Kathrein stellt Räder und Tanz ein«, »Advent ist da, die Diandln sein in den Rauch gehängt«) und Fastengebot sind in der kath. Kirche ganz oder teilweise noch heute erhalten, während der Prot. nur die A.zeit als solche und als Beginn des Kirchenjahres übernahm. Trotzdem werden auch im Prot. öffentliche Bälle und laute Hochzeiten gemieden, wie auch die Kirchentracht für Frauen und Mädchen beider Bekenntnisse zuweilen schwarz ist (Mittelschlesien). Aber in Heimgarten und → Spinnstuben kommen Burschen und Mädchen auch in dieser Zeit zusammen und verloben sich. In Tirol heißt es:

Im Advent
reicht man einander die Händ,
um Neujahr
nimmt man sie gar.

Kirchl. und weltl. Brauch sind eng verbunden (→ Andreas, Barbara, Nikolaus, Luzia, Thomas). Außer diesen Heiligenfesten und manchem damit zusammenhängenden Brauchtum sind besonders Eigentum der Kirche Frühmesse, A.lieder, Krippe und A.spiele. »Goldene Ämter« (der »goldene Sonntag« hat vermutlich daher seinen Namen), »Engelmesse« oder »Rorate« (vom Liedanfang *»Rorate coeli de super et nubes pluant justum«)* heißen die Gottesdienste, die zu außergewöhnlicher Zeit (in Vorarlberg 6 Uhr früh) bei Kerzenlicht gehalten werden. Neben lateinischen Hymnen werden auch dt. A.lieder gesungen. »Wir schmücken dir dein goldenes Haar mit Rosenzier« oder »Es flog ein klein Waldvögelein aus Himmelsthrone« (Tirol). Das »Herbirglied«, das Maria und Josef in Zwiesprache mit dem unbarmherzigen Wirt vorführen, erinnert schon an die A.spiele, bei denen Hirten mittaten. Christi Geburt wurde dargestellt oder es traten neben einem freundlichen Christkind Ruprecht und Ruklas als Angehörige der Welt des Volksglaubens auf. Ein Rest solcher Spiele ist das A.blasen. Im Innviertel zogen Musikanten an bestimmten A.abenden durch das Dorf und bliesen alte Lieder der Weihnacht. Im nördlichen Westfalen bliesen die Burschen allabendlich das Mittwinterhorn. In kleinen Umzügen vollzog sich auch das Herbergsuchen (Oberösterreich), Joseftragen (Steiermark), → Frautragen (Salzburg und Steiermark). Die berühmten »Steyrer-Kripperl«, die von A. bis → Lichtmeß aufgestellt bleiben (Oberösterreich), zeigen gleichfalls neben

unbeweglichen Szenen dramatische Vorgänge (→ Krippe, V.schauspl.). In Mitteldtl. entwickelten sich prot. A.spiele.
Auch solche Bräuche zeigen, daß die Kirche *volksmäßigen Glauben* und *Brauch* gerade in der A.zeit wenig zu verdrängen vermochte. Man sah darin mit Recht ein starkes Nachwirken der germ. Mittwinterzeit (→ Zwölften, Rauchnächte) und ihres Brauchtums. Es ist kein Zufall, daß unter den → Schreckgestalten, mit denen man die Kinder zum Gehorsam anhält, Namen aus dem A.brauch zahlreich sind (Klaus, Klaubauf, Ruprecht, Krampus, Pelznickel, Thomas, Luzia, Spindelholle, alter Josef usw.). Im A. sind die Geister frei. Im Elsaß geht die Sage von der Geisterkirche. Manche der Kinderscheuchen und Geister sind geradezu nach der Zeit benannt: der schmalkaldische A.reiter, das A.-männchen (Posen), das A.schwein (Baden). Ein Opfer für die in verschiedener Gestalt umgehenden Seelen ist es wohl, wenn im Erzgebirge am 4. A.sonntag zu den im Hausflur aufgestellten Lichtern Speisen hingelegt wurden. Andere Gespenster- und Dämonennamen sind mit den Masken der zahlreichen Umzüge der A.zeit verbunden: Erbsenbär, Storch, Hexe, Schimmelreiter, Percht. Mancherorts wird ein Sommer- und Winterkampf dargestellt. In Westböhmen war das Abzeichen des Winters ein Dreschflegel, das des Sommers eine mit Obst behangene kleine Tanne (→ Weihnachtsbaum, Lebensrute). Von den Maskenumzügen ist am bekanntesten und besonders in Süddtld. und Österr. reich entwikkelt das Anklöpfeln in den → Klöpfelnächten.
Da mit dem A. das Kirchenjahr beginnt (auch weil im MA die Nacht vor → Luzia als die längste des Jahres galt), begegnen wir in dieser Zeit und an einzelnen ihrer Feste mannigfaltigem Neujahrsbrauchtum (Bleigießen, Zukunftdeuten, Wetterbeobachten, Heil- und Segenzauber). Der Traum vom ersten A.sonntag geht in Erfüllung. Die kommenden vier Vierteljahre bringen, was man in den Nächten der vier A.sonntage träumte. → A.kranz, Liturgie.

L. v. Hörmann, A. u. A.lieder. In: Tiroler Vleben, 1909; A. Spamer, In; Peßler, Hb.; L. Schmidt, D. dt. Vschauspiel, 1962; Vgl. Lit. → Vbrauch, Vkde.

Adventisten vom siebenten Tag. Sabbatarier. Aus Endzeitvorstellungen (→ Eschatologie) entsprungene und aus den USA (W. Miller † 1849; Prophetin E. G. White † 1917) auch in Europa weit verbreitete Glaubensgemeinschaft. 1922 hatte sie in Dtl. allein 26000 Anhänger. Am Samstag, dem Wochenfeiertag der A., ruht die Arbeit, soweit es möglich ist; es wird dann z. B. in einem Krankenhaus der A. nicht operiert und nicht entlassen. Alkohol und Fleisch werden abgelehnt, als »heidnisch« auch der → Adventskranz, doch dringt er neuerdings in Familien, selbst in Andachtsräume der A. vor. → Vereine.

K. Hutten, Seher, Grübler, Enthusiasten, [9]1964; J. Simon, Die Gemeinschaft d. S.-Tags-A. in vkdl. Sicht. 1965 (Gemeinde, Sabbatheilig., Kultraum u. -form, Gebet u. Andacht, Musik, Brauchtum; vgl. L. Petzold in: Hess. Bll. f. Vkde 57, 1966)

Adventskranz. Der → Kranz wie die → Krone gehören zu den weltweit verbreiteten Formen kult. und weltl. Schmuckes. Bräuche zu Weihnachten, Ostern, Pfingsten und Sonnwend, Maibaum, Erntefest, Hochzeitsfeier, Primiz und Richtefest kennen den Kranz in vielerlei Gestalt und Größe. Das andere Element des A. ist das Zählen von Wochen und Tagen, wie es auch in den heute so kindertüml. A.kalendern zum Ausdruck kommt. Die Verbindung von Kranz und Lichtern finden wir in der Krone der schwedischen → Luzia und auf → Weihnachtsleuchtern. In Limburg und Gelderland ist auch der Maibaum mit Kerzen geschmückt. R. Wolfram erinnert an das mögliche Vorbild der Lichterkronen der frühroman. Dome. Auch der Brauch des → Quempassingens kannte ähnliche Symbole. So lag es nahe, die Vorbereitungszeit des → Advent in einem Kranz mit vier Kerzen darzustellen, von denen an jedem A.sonntag eine mehr entzündet wird. Auf Anregung des Oberkirchenrats J. H. v. Wichern wurde im größten Berliner Waisenhaus in Tegel um die Weihnachtszeit 1860 ein mit Kerzen besteckter Kronleuchter aufgehängt, der bald durch einen Tannenkranz ersetzt wurde. Bes. seit dem 1. Weltkrieg hat sich der A. vom prot. N her, von Kirche und Schule gefördert, rasch verbreitet. In Österr., wo auch die kirchl. Weihe des A. seit 1945 nicht selten ist, haben sich nach dem ÖVA seit 1932 die Belegzahlen versechzehnfacht! Örtliche Entwicklungen erinnern an den → Weihnachtsbaum: A. auf Gräbern, Verbrennen des A. in der Silvesternacht, Behängen des Kranzes mit 24 Nüssen (davon 4 silberne für die Sonntage und 1 goldene für Weihnachten) u. a. → Adventisten.

F. Mößinger, Maibaum, Dorflinde, Weihn.baum. In: Germanien (1938); L. Schmidt, Vglaube u. Vbrauch, 1966; R. Wolfram, A. Komm. zu ÖVA I. 1959. Vgl. ADV II. H. Bausinger, Der A. Ein meth. Beisp. Württ. Jb. f. Vkde 1970.

Affolter → Mistel.

Aftermontag → Dienstag.

Agatha, hl. (5. 2.), dargestellt mit einer Kerze oder mit Zange und Kohlenbecken, Stadtpatronin von Catania (Sizilien), im 3. Jh. gemartert durch glühende Kohlen und indem ihr eine Brust abgeschnitten wurde. Dadurch und infolge wunderbarer Hilfe bei Pest, Hungersnot und Feuer (Ausbrüche des Ätna) wurde sie Schützerin der Frauen (bei Brustkrankheiten) und Fürsprecherin in jenen Gefahren. Als »Feuermagd« wird sie von Knappen (→ Bergmann) und → Glasmachern verehrt. A.kerzen, A.zettel und A.brot sind Heil- und Schutzmittel. Das am A.tag geweihte Brot wird zu Hause von Mensch und Tier genossen, es schützt die Äcker vor Schaden, es wird neueintretenden Dienstboten gereicht und den Kindern, die in die Fremde ziehen. Bräuche von → Lichtmeß verbinden sich mit dem A.tag. Besonders verehrt wird die Heilige in den schwäb. und alem. Landschaften Dtlds., Österr. und der Schweiz. Am Tannberg (Vorarlbg.) war A. Feiertag, dessen Entheiliger nach der Sage durch den Brand des Hauses bestraft wird.

G. Gugitz, Das Jahr u. s. Feste 1. 1949; J. Joachim, Les images de Sainte A. en Alsace. In: Art. pop. d'Alsace. Straßbg. 1965.

Agerste, Aglaster → Elster.

Ägidius, hl. (1. 9.). Abt von St. Gilles (Provence). Einsiedler um 725 †, wird er von unfruchtbaren und von stillenden Müttern verehrt, weil n. d. Legende eine Hirschkuh (Attribut) seine Ernährerin war. Auch Viehpatron ist er und als Fürsprecher der Sünder unter die → Vierzehn Nothelfer aufgenommen. Viele Kirchen und Kapellen sind ihm unterstellt. Ä.tag ist Herbstbeginn in der Volksmeinung und ein wichtiger Lostag. In Oberösterr. ist um Ä. die erste Woche für die Roggensaat.

Wenn St. Ä. bläst ins Horn,
so heißt es: Bauer, säe dein Korn.

Wie an St. Ä.,
vier Wochen das Wetter bleiben
muß.

In Graz ist Ä.markt, am Sonntag darauf Ausseer Kirchtag.

A. Wrede, Ä. im HDA.

Agnes, hl. (21. 1.). Attr.: Lamm, Scheiterhaufen. Mit 13 Jahren gemartert, Rom, (304), Patronin der Jungfräulichkeit und der Kinder. In der Gegend der Etsch und des Wipp- und Eisacktales heiraten nach dem Volksglauben am A.tag (im Inntal 2 Tage später, an Maria Vermählung) die Vögel. Die Bienen sollen an diesem Tag den Stock verlassen, und die ersten Lerchen erscheinen. A. ist der letzte Tag für Neujahrswünsche.

W. Hirschberg, Das A.brünnl. Vkdl. um e. Quelle im Wienerwald, 1949.

Agnus Dei, (lat. = Lamm Gottes) nennt man oft kostbar gefaßte und vielfältig zusammengesetzte Reliquienbehälter und Medaillons, die zurückgehen auf die wohl seit dem 8. Jh. in Rom bekannten und neben den Osterkerzen geweihten Wachsabbildungen des Osterlamms als Gleichnis → Christi. Durch besondere Weiheformel und seltene Weihung (in Abständen von 7 Jahren) steigerte sich der Wert der A. D. im 15. Jh. so, daß sie trotz Verbotes auch außerhalb Roms hergestellt und in künstlerischer Beschriftung, Bemalung und Fassung vertrieben wurden. → Brief, Amulette, Ostern, Klosterarbeit, Sakramentale.

F. Zell, Vk. im Allgäu 1902; M. Andree-Eysn, Schutzmittel f. Haus u. Hof. In: Vkdl., 1910; I. Braun in: Reallex. z. dt. Kunstgesch. 1. 1937.

Agrarwissenschaft, (lat. *ager* ›Akker, Feld, plattes Land‹; *agrarius* ›ländl., bäuer.‹). Biologie, Geographie, Meteorologie, Chemie, Physik, Wirtschaftsgesch., Rechtsgesch., Soziol., Ethnol. u. a. Wiss.zweige widmen sich der Erforschung der Landwirtschaft und der in ihr tätigen Menschen. Die Anfänge liegen im engl. 17. Jh. (Petty u. a.). Im 18. Jh. folgte die dt. → Vkde mit Justus Möser. E. M. Arndt gewann bedeutenden Einfluß auf seinen Schüler W. H. Riehl, dem wir die großangelegte »Naturgesch. d. dt. V. als Grundlage e. dt. Sozialpolitik« (1854–69) verdanken. Sie umfaßte die Teile »Land und Leute«, »Die bürgerliche Gesellschaft«, »Familie«, »Wanderbuch«. Nicht selten ist unserer Wiss. eher der Vorwurf gemacht worden, sie betreibe einseitig »Bauernkunde«. Ihre Forschung umfaßt aber von Anfang an auch Bürgertum und → Stadt, in den letzten Jahrzehnten mehr und mehr auch die Großstadt. → Bauer, Dorf, Arbeit, Industrie.

J. Möser, Patriot, Phantasien, 4 Bde 1774–86; A. Meitzen, Siedl. u. A.wesen, 3 Bde u. Atlas. 1896; M. Weber, Ges. Aufs. z. Sozial- u. Wirtsch.gesch. 1924; M. Sering, Dt. A.politik auf gesch. u. landeskdl. Grundlage. 1934; W. Peßler, Hb. 1934 ff. (Bes. Bd. 1: Gesch., soziale Gliederung u. ständ. Schichtung; Bd. 2: Landw. Arbeitsformen, Siedlung); L. Nelson, Rural sociology. New York 1948; H. Kötter, Landbevölkerung im soz. Wandel, 1958; P. v. Blankenburg, Einfg. in d. A.soziol, 1962. (Berücks. d. Vkde); E. Otremba, Die dt. A.landschaft (= S.reihe Erdkdl. Wissen); S.reihe d. Fgges. f. A.pol. u. A.soziol., Gött.; Sociologia ruralis. Zs. d. europ. Ges. f. ländl. Soziol. Rural sociology. (Organ d. Rural sociol. society).

Agrippa von Nettesheim, Heinrich Cornelius. Kath. Gottesgelehrter und Humanist, Jurist und Mediziner, Soldat und Beamter im Dienste mehrerer europäischer Höfe und Länder (*Köln 1486, † Grenoble 1535). Werke: *De incertitudine et vanitate scientiarum* (Köln 1527; dt. v. F. Mauthner, 1913) – und besonders: *De occulta philosophia sive de magia* (vor 1510). Das 1. Buch der *o. ph.* handelt vom »Naturgesetz« der → Sympathie und Antipathie, vom Einfluß der Planeten und

Tierkreisbilder, das 2. Buch von der Bedeutung der Zahlen, das 3. Buch von der Macht des Wortes. Widerspruchsvoll ist A. Stellung in Fragen der Religion und Wissenschaft. In Paris gründet er 20jährig eine Gesellschaft von Geheimwissenschaftlern, und sein Hauptwerk stellt unter weitschichtiger Quellenbenutzung die Grundlagen der → Magie dar, wie sie Antike und Kabbala entwickelt hatten. Sebastian → Franck hat es verdeutscht. Andererseits kämpfte A. gegen die Hexenprozesse wie sein Schüler Joh. → Weier. Goethes »Faust« trägt Züge des A. v. N. → Okkultismus, Astrologie, Sterne.

H. C. A. ab N. . .opera, 1580; H. Morley, Life of Corn. A., 2 Bde, London 1856; A. v. N., Magische Werke. 5 Bde. 1925; W. Leibrand, Heilkde. 1953.

Agtstein → Bernstein.

Ägypten. Aus dem Alten Testament stammt die besonders im MA verbreitete Vorstellung von Ä. als altem Zauberland: die → Drei Könige sind ä.ische Magier, die → verworfenen Tage heißen auch ä.ische, Zauber- und Traumbücher werden nach Ä. benannt. → Buch Moses, Alchimie, Amulett, Magie, Albertus Magnus.

H. Kees, Totenglauben u. Jenseitsvorstellungen der alten Ä. ²1956; Ebert, Reallex. d. Vorgesch. 1924–32; A. Erman, Die Religion der Ä., ²1934; A. Spamer–J. Nickel, Romanusbüchlein, 1958; W. Wolf, Kulturgesch. d. alten Ä. 1962 (Lit.).

Ahnenkult. Der A. erblickt im Glauben an das Weiterwirken der Seele nach dem Tod (Manismus, lat. *manes* = Totengeister) die Grundlage aller Seelenvorstellung und den Ursprung der Religion. Besonders von Ethnologen (Spencer, Lippert) wird dieser Standpunkt vertreten. Durch die genauere Beobachtung des → Totemismus und der Völkervorstellungen von Geist und → Seele sowie durch die Erkenntnis, daß bei vielen Völkern nicht die Seele allein, sondern der Mensch als Ganzes (→ »lebender Leichnam«, Wiedergänger) fortlebend gedacht wird, ist jene Theorie in den Hintergrund gedrängt worden, u. a. durch Preuss, Levy-Bruhl, Neckel und Naumann. Dem auf dem → Animismus ruhenden A. wird ein → Präanimismus gegenüber- u. vorangestellt. Der A. hat große Bedeutung in China und Japan (Schintoismus). Im Christentum trat er zurück, gewann aber im frühen MA wieder an Boden aus röm. Erbe und aus germ. Glaubensüberlief. (»Heil der Sippe«). → Sippe, Enkel, Name, Minnetrinken, Maske, Reliquien, Lichtmeß, Geburt.

W. F. Otto, Die Manen oder v. d. Urformen d. Totenglaubens, 1923; K. Th. Preuss, Tod u. Unsterblichkeit im Glauben d. Naturvölker, 1930; J. de Vries, Altgerm. Rel.gesch. 1. Bd. 1935; J. Meier, Ahnengrab u. Brautstein, 1944; ders., Ahnengrab u. Rechtsstein, 1950; R. Firth, The Fate of the Soul. Cambridge 1955; E. Dal, Animismus in Dänemark, 1964.

Ährenkleid, Maria im. Der seiner v.mäßigen oder eher theol. Herkunft nach noch nicht völlig geklärte Bildtypus erscheint im Gnadenbild (→ Wallfahrt) seit der Mitte des 15. Jh. (Piding in Bayern). Überlieferungskreise (Brudersch., Pfarrgemeinden, Talschaften), Art der Verehrung (Zeiten, Votivgaben, Lieder, Gebete), Wandel der Bedeutung (Bruneck) u. a. bedürfen noch näherer Erforschung. – In der Antike Zeichen der Getreidebringerin Demeter galt die Ähre dem christl. MA als Symbol der Wiedergeburt, später der Gottesmutter → Maria, auch der Eucharistie (→ Hostie).

L. Kriß-Rettenbeck, Lebensbaum u. Ä. Bayer, Jb. f. Vkde (1956); A. Walzer, in: Beitr. z. schwäb. Kunstgesch. Fs. f. W. Fleischhauer, 1964.

Aia → Gericht.

Ainbet → drei hl. Frauen, Matronen.

Akelei → Garten.

akephalos → kopflos.

älb → Elfen.

Albenkreuz → Hakenkreuz.

Alberdrütsch → Elfen.

Alberer → Martin.

Albschoß → Geschoß.

Albertus Magnus, Albert, Graf von Bollstädt, geb. um die Wende des 12. Jh., in Lauingen (Schwaben), Dominikanermönch, scholastischer Theologe, Philosoph und Naturforscher von hohem Ruhm, Prediger und Lehrer (in Köln von Thomas v. Aquin) in verschiedenen Ländern, 1260–62 Bischof von Regensburg. Hier und in Köln, wo er 1280 starb, wird er kirchlich verehrt. A. M. ist der Wegbereiter des Aristotelismus und Vermittler arab. u. jüd. Wiss. im MA. Für die Vkde. ist von seinen zahlreichen Werken vor allem eins über die Pflanzen von Bedeutung *(De Vegetabilibus Libri VII).* Die Gestalt des A. M. war früh von Sagen umrankt, in denen er als großer Zaubermeister auftritt (→ Faust). Mit diesem sagenhaften Ruf mag es zusammenhängen, daß mehrere berühmte Zauberbücher sich mit seinem Namen schmücken. Ein noch heute ziemlich weit verbreitetes nennt sich: »A. M. bewährte und approbierte sympathetische und natürliche egyptische Geheimnisse für Menschen und Vieh. Für Städter und Landleute«. → Ägypten, Alchimie.

G. v. Hertling, A. M. ²1914; Strunz, A. M. Weisheit u. Naturforschg. im MA, 1926; Wilms, Albert der Große, 1930; P. Dörfler, A. M. München o. J., Ges. ausg. d. Werke in 40 Bdn. d. dt. A. M.-Instituts. Münster 1951 ff.; B. Geyer, Die großen Deutschen, 1 (1956); W.-E. Peuckert, Hdwb. d. Sage; ders., in: Die Nachbarn 3 (1962) (Über d. m. A. M. verbundene Sage v. gezauberten Wintergarten).

Albinismus, Vom span. *albino* (weißlich). Nach der Mendelschen Regel erbliches Fehlen der dunklen Farbstoffkörper (Pigmente) in der Haut. A. tritt bei Mensch und Tier auf, oft nur teilweise (weiße Haarsträhnen). Der V.glaube erklärt A. auf seine Weise durch Ehebruch, Konzeption unter Mondeinfluß, Versehen, dämonische Einwirkung. Die Bedeutung des A. ist ambivalent, er bringt Glück oder Unglück. Sarasin bezeichnet die Anschauungen über den A. als → Elementar- und Völkergedanken (Symbolik der Farbe; → weiß).

K. Pierson, E. Nettleship, C. H. Usher, A. beim Menschen, 1911–13 (700 Nr. Lit.); F. Sarasin, Die Ansch. d. Völker über d. A. Schweiz. Arch. f. Vkde 34 (1935) (143 Nr. Lit.)

Alchimie. In der Zeit der Vereinigung von technisch-chemischer Werkstattarbeit mit neuplatonisch-hellenistischen Spekulationen und Mysterienwesen ist die Wurzel der A. zu suchen. Bestimmte Formen der → Initiation führten in den Kreis geheimer Wissenschaft. Das Ziel der A. war seit je das Goldmachen und die Herstellung des Steins der Weisen, mit dessen Hilfe aus der Urmaterie, der »schwarzen Asche«, das »große Mysterium« verwirklicht werden sollte. In den ersten Jhh. knüpfte sich die Entwicklung der A. besonders an den Namen des Zosimus aus Panopolis und an den sagenumwobenen Hermes, der fast zu einem Gott altägyptischer »hermetischer« Weisheit und Geheimkunst wurde. Byzanz und Arabien (bes. Dschabir oder Geber im 9. Jh.)

trieben neben medizinischen und astrologischen a.stische Studien. Von da wanderte die A. nach Süd- und Westeuropa und erreichte im 12. Jh. Deutschland, wo → Albertus Magnus ihr erster Träger wurde. Scholastik und Humanismus widmeten sich der A., die in der Renaissance stark auflebte (→ Paracelsus, Agrippa von Nettesheim). Wie die → Astrologie von der Astronomie, wurde die A. von der Chemie abgelöst. Das Wort A. stammt (wie Chemie) v. griech. *chyma* = Guß u. griech.-lat. *chymia*, das über Spanien zu uns kam (zuerst Zürich 1561: Alchimy), ergänzt durch den arab. Artikel al (wie bei Albatros, Alkoven, Algebra, Alhambra, Alkohol). Eine Darstellung der jüngeren Gesch. der A. fehlt noch. In den letzten Jahren wurde die Folge A.-Chemie neu gedeutet. Peuckert sieht als Grundproblem der A. nicht die Transmutierung von Blei in Gold, sondern »die mortificatio und die resurrectio der Substanz«. A. denkt nicht nur bildhafter als der spätere Rationalismus, sondern »es ist das Denken eines Menschen eines anderen Planeten. Und auch das magische Denken ist das eines anderen Menschen«. Auch M. Eliade urteilt, daß eine ursprünglich geistige alch. Welt bestand, die nicht empirische Wissenschaft, embryonale Chemie war. Diese begründete sich erst, als sie »die Stoffe ihrer Heiligkeit entkleidet hatte«. In diese Gedankenrichtung weisen auch Arbeiten von L. Schmidt. → Ägypten, Chaldäer, Buch Moses, Homunkulus.

E. v. Lippmann, Entst. u. Ausbreitg. der A. 1919; B. Karle, A. in: HDA; W.-E. Peukkert, Pansophie, 1936 (Paracelsisten); H. Neugebauer, A.sten in Tirol, In: Wopfner-Fs. 1947; W.-P. Peuckert, Hwb. d. Sage; G. F. Hartlaub, Der Stein d. Weisen, Wesen u. Bild d. A. 1959; M. Eliade, Schmiede u. A.sten; o. J. (Vgl. E. Ploss, Die Sprache d. A.sten. In: Arbeit u. Vleben. 1967.

alemannisch ist für die → Sprachgeographie die Mundart, die sich von der Mitte des Elsaß und Badens über die Schweiz und Vorarlberg bis nach Westtirol erstreckt. Man unterscheidet nieder-a. (Oberrhein) von hoch-a. (Gebiete südl. davon) und höchst-a. (»Walsertütsch«, im Wallis, in Graubünden und in den Walsertälern Vorarlbergs). Das schwäbische sondert sich vom a. durch die Übernahme der nhd. Diphtongierung (Eis, Häusle). Dieses wird auch mit nieder-a. zum nord-a. zusammengefaßt, dem hoch- und höchst-a. als süd-a. gegenübertreten. → Lautverschiebung, Mundartdichtung, Stamm.

E. Fehrle, Badische Vkde. 1924; P. Walther, Schwäb. Vkde. 1929; F. Maurer, hg., Oberrheiner, Schwaben, Südalemannen, 1942; R. Weiß, Vkde d. Schweiz, 1946; K. Ilg, Die Walser in Vorarlberg, 2 Bde. 1949 u. 1956.

Alf → Drache, Elfen.

Alfblut → Joh.kraut.

Alhorn → Holunder.

Alkohol. Ursprüngliche Bedeutung: feines Pulver; aus arab. *al kuhl* = die Augenschminke. Der A.ismus verwüstet nicht nur Naturvölker, sondern er schädigt auch bei uns die Volkskraft, zumal in einfachen, ländlichen Kreisen, während in den Städten Sport und Leibesübung mehr zur Zurückdrängung des A. beitrugen als die an sich löblichen »Guttemplerorden« und »Schutzengelbünde«. In Dtl. erreichte der Verbrauch von Fruchtsäften 1960 je Kopf 6 Liter (in der Schweiz über 13 L.), doch beträgt allein der Bierkonsum ein Vielfaches davon. Mit dem Wohlstand wuchs die Hinwendung zu den »harten Sachen«. 1913 betrug der A.verbrauch im Dt. Reich je Kopf 7,5 l, 1966 in der BRD (mit Bln) 9,82 l. Aus dem Elends-A.ismus wurde ein Wohlstands- und Familien-A.ismus. 1970 standen rd. 600000 A.iker in Behandlung, davon 10 v. H. Frauen und 10. v. H. Jugendliche. 1968 gab man in der BRD 18 Milliarden und 1969 22,6 Milliarden für A. aus. 1970 starben 19123 Menschen auf der Autostraße. 25 v. H. aller Verkehrsunfälle waren auf A. zurückzuführen. Das Unglück, das der A. über Gesundheit, Ehe, Kinder und Wohlstand bringt, hat schon immer auf Gegenmittel sinnen lassen. Mit dem Trinken von Leichenwaschwasser wird die Trunksucht ertötet. Ebenso alte Mittel schützen vor Berauschung oder vertreiben den Kater, den »Herzwurm« (Tirol). Die desinfizierende, anregende und heilende Wirkung des A. ist in der → Vmed. früh beachtet worden. Freilich besteht sie meist nur in einer, auf die Dauer schädlichen, »Anheizung« der Magenschleimhaut. – Früher bedeutete in München das abendliche Läuten der »Bierglocken«, sonst in Bayern auch der »Weinglocken«, Schluß der Schankerlaubnis für den Tag. → Bier, Branntwein, Wein, Speise u. Trank, Trinken.

Allerheiligen (1. 11.). Ursprünglich das Gedächtnisfest der Umwandlung des röm. Pantheons in die christl. Kirche »Sancta Maria ad martyres« (610), wurde A. von Gregor IV. 835 für die ganze Kirche eingeführt. Es steht am Schlusse des Kirchenjahres. A.bilder sind durch die Dreifaltigkeit, die über den Gruppen der Apostel, heiligen Jungfrauen usw. schwebt, und durch das Fehlen der Heiligenscheine kenntlich. Im Flamland wünscht man sich »'n zal'gen hoogdag« und feiert den Tag mit verschiedenen Bräuchen, während bei uns A. die Einleitung zu → Allerseelen ist. An Bräuche des Ernteschlusses erinnert der große aus Stroh geflochtene Heiligenstritzel, den man im Marchfeld vor das Haus stellt. Der Sommer ist zu Ende. A. bringt den Nach- oder → Altweibersommer, die Nornensäume. Lohn wird gezahlt, die Zukunft gedeutet und manches sonst getan, was auf die Bedeutung der kirchlichen Jahreswende weist. – Die griech. Kirche hat die ältere Form (aus d. 4. Jh.) und feiert A. als »Herrentag aller Heiligen« am 1. Sonntag n. Pfingsten. Die evang. Kirche denkt an Wiedereinführung von A. als Märtyrer-Gedenktag.

H. Frank in: Lex. f. Theol. u. Kirche 1. ²1957; H. Fielhauer, A.striezel aus Stroh. In: Vkdl. Beiträge. Wien 1966 (Burschen werfen Strohzöpfe aufs Dach zur Ehre oder zum Spott; Weinviertel)

Allermannsharnisch (Neunhemderwurz, Berg-, Wilder Alraun; *Allium victoriale*). Den zuerst in Straßburg, in H. Brunschwygs *Liber de arte destillandi*, 1500, belegten Namen A. kennt man auch für andere zauberwidrige Pflanzen, z. B. für die → Meisterwurz und die Siegwurz *(Gladiolus paluster)*. In den zahlreichen netzfaserigen Scheiden, von denen die Zwiebel des A. umgeben ist, sah die mal. Medizin die »Signatur« eines undurchdringlichen Panzers. Deshalb glaubte man, daß diese Zwiebel ihren Träger stich- und hiebfest mache. Dieser Glaube ist noch im Weltkriege bei → Soldaten aus dem Montafon lebendig gewesen. Dort ist A. (1955) noch im Brauch. In Berlin konnte man noch vor etlichen Jahren für 1,75 Mark einen »Glücksalraun« kaufen, der aus Faserhüllen des A. und Siegwurzzwiebeln bestand.

H. Marzell im HDA und im Wb. d. dt. Pflanzennamen.

Allerseelen (2. 11.). Gedächtnisfeste für die Toten sind allen Völkern bekannt. Man begeht sie wie A. oder das prot. Totenfest zur Zeit der herbstlich kurzen dämmerigen Tage oder in ausgezeichneten Abschnitten des Jahres, wie im Frühling (unser Volkstrauertag nach dem 1. Weltkrieg, später Heldengedenktag). A. u. dessen Vortag, → Allerheiligen, sind Sammelpunkte der Totenverehrung, seit Papst Johann XIX. 1006 die allgemeine Begehung eingeführt hat. Übrigens nimmt der lebendige Volksbrauch den Termin auch heute noch nicht so streng. Im bayr.-österr. Gebiet gilt die Zeit vom 30. 10. bis zum 8. 11. als »Seelenwoche«. A. gewinnt den Charakter eines Gemeinschaftsfestes der → Sippe. Alle Toten des Dorfes versammeln sich zur Geistermesse. Alle Lebendigen suchen für den Tag ins Heimatdorf zu kommen. In Prozession zieht man zu den Gräbern, die geschmückt und mit A.lämpchen aus farbigem Glas erleuchtet sind. An Allerheiligen, mittags um 12 Uhr, ist eine ganze Stunde »Schidungsläuten« oder Seelenausläuten. Die Seelen werden frei, bis ihnen am Morgen nach A. mit allen Glocken das Zeichen zum Abschied gegeben wird (Österr.). Das meiste Brauchtum von A. ist bestimmt durch den Glauben an ihre körperliche Anwesenheit. An Allerheiligen und A. sind sie überall, im Dunkel, auf den Gräsern des Kirchhofs, auf Feldwegen, sie fahren im Wind und sind in Fröschen und Kröten. Sie sind in der Kirche und gehen mit zum Opfer. Man soll sie nicht kränken, kein Messer mit der Schneide nach oben legen, keine Pfanne leer über dem Feuer stehenlassen. Ihre Feuerqual sucht man zu lindern mit kühler Milch und mit dem Fett vom »A.lichtlein« (Vorarlberg). Man heizt den Ofen, um sie zu wärmen, wenn sie die »kalte Pein« leiden. Vor allem aber werden sie gespeist mit Bohnenbrei in hölzernem Seelennapf (Österr.). Es ist »A.gastung« (Ennstal, Steiermark). Die Verbreitung des Brauches zeigen die vielen sprachl. Bezeichnungen, die man für die Gebäcke und → Gebildbrote von A. hat: Armenseelenbrot, Seelstücke, Seelchen, Seelenbrätzen, -buchelen, -zelten, -laibchen, -wecken, -zöpfe, Totenbrot, heilige Stritzel. Das Zopfbrot ist auch mit antiken Haaropfern in Zusammenhang gebracht worden (→ Opfer).

Häufig wurden A.opfer in Gaben an Arme und Kinder umgewandelt. Die Kinder lassen sich von ihren Paten beschenken oder halten Heische-Umzüge mit A.-liedchen. In kath. Landschaften gehört der A.tag, wie die Verehrung und das Gebet für die armen Seelen überhaupt, zum lebendigsten Teil des kirchl.-weltl. Brauchtums. Der Neue Kurier (Wien, 30. 10. 1954) berichtet: »Wie alljährlich, wurde auch heuer vor A. ein geweihter Kranz den Donauwellen zum Andenken an die Opfer des Stromes übergeben. Dem Weiheakt war ein Gottesdienst in Maria-Grün vorangegangen.« In unzähligen Bildern, Sprüchen, Gebeten, Liedern, Sagen und Glaubensvorstellungen findet die Volkstümlichkeit der A.verehrung ihren Ausdruck.

A.darst. in der Kunst sind seit dem 15. Jh. bekannt, bes. die der A.pein in der Predella von Altären, in Totenkapellen auf Friedhöfen, in → Beinhäusern und auf → Votivbildern (Vgl. M. Hain in: Rhein. Jb. f. Vkde 9, 1958). – Die östlichen → Liturgien kenne A. nicht. → Weihnachten, Totensonntag

M. Höfler, A.gebäcke, Zs. f. öst. Vkde 13 (1907). Lex f. Theol. u. K.; E. Burgstaller, A.gebäck usw. 1958; ders., Das A.brot, 1970; Über Allerheiligen u. A. in d. Sage vgl. K. Ranke in: Rhein. Jb. f. Vkde 9 (1958);

Peuckert, Hwb. d. Sage. ÖVA I Festtagsgebäck A.; ADV-NF 20; Darüber J. Prinz, Das Totenfest. Gebäcke zu A. In: Erläuter. z. 2. Lief. d. ADV. 1963.

Allodeigewürz → Magen.

Almerischer → Steier.

Alp, Alb, bes. in Mitteldtl. verbreiteter Dämonenname, im Norden Mähr und Walriderske, im Süden Trud, Schratt, Doggi. Das mit → Elfe verwandte Wort erscheint auch als Alf in Siebenbürgen. Im Nordostdtn. ist Alf Bez. des feurigen → Drachen, auch des Papierdrachens des → Kinderspiels. Die Kärntner nennen eine ›feurige Lufterscheinung‹ A. Am allgemeinsten und heute auch schriftsprachlich ist die Bedeutung des A. im Sinn von ›Alpdrücken‹ in Schlaf und Traum. Diese Plage und Dämonen, denen man sie zuschrieb, nennen schon altnord. und altengl. Überlieferungen so (A.krankheit, A.-schluchzen, Elfengeschoß), doch nehmen die A.sagen von W nach O an Häufigkeit zu. Schlesien und Pommern haben ungefähr soviel Sagenbelege wie das ganze westelbische Dtl. (Peuckert). Es bedürfte aber genauer Karten, die Namen und Sache in Vergleich setzen lassen. Zu prüfen wäre auch die Frage antiken Einflusses (Ephialtes, → Incubus) im Alpenland.
Der neuere V.glaube stellt sich den nächtlich drückenden A. als Tier mit rauhen Haaren, als Gegenstand oder als gestaltloses Etwas (weich, feucht, Nebel) vor. Viele Sagen berichten von A.abwehr (Schradlgatter, → Schratt, Wiege; Trudenstein; im niederöst. Palmbuschen ist »Schradllaub«, 1955; → Stechpalme; A.segen seit 1300 belegt; → Unlösbare Aufgabe) und A.entdekkung. Auf den typ. Charakter der A.sagen, deren Entstehung ähnlich wie die Sagen vom → Hockauf stark physisch mitbedingt ist (Magenbelastung, Luftmangel, Träume) wies bes. F. Ranke hin (Vsagenfg. 1935). – Das »Alpdrücken« (richtiger: Alb-) und der »Alptraum« gehören zu den häufigen Metaphern in der Publizistik unserer Zeit. → Heuschrecke, Johannistag, nackt.

Ephialtes. In: W. R. Roscher, Lex. d. griech. u. röm. Mythologie, 1844ff.; J. Börner, Über das A.drücken, 1855; C. Cubasch, Der A., 1877; Laistner, Das Rätsel d. Sphinx, 2 Bde., 1889; E. Jones, Der A.traum in s. Bez. zu gewissen Formen d. mittelalterl. Aberglaubens; dt. von E. H. Sachs, 1912; W. v. Siebenthal, Die Wissensch. v. Traum, 1953; A. in: Hwb. d. Sage (Vgl. auch: Hess. Bll. f. Vkde 49/50, 1958).

Alpen, Alp, A.wirtschaft; bayr.-öst.: Alm. Wiss. und lit. sind die A. eigentlich erst im 18. Jh. entdeckt worden. Der schweiz. Naturforscher J. J. Scheuchzer widmete ihnen die »Naturhistorie des Schweizerlandes« (Dt. Ausg. Zürich 1716–18) und der universale Berner Albrecht von Haller (Mitglied sämtlicher Akademien der Welt) verbreitete ihren Ruhm durch das Lehrgedicht »Die Alpen« (1729), das Hauptstück der Sammlung »Versuch schweiz. Gedichte«. Für den Bauern und Viehzüchter verengt sich der Begriff A. zur Alp. Wenn heute selbst im Bergland Schweiz kaum noch ein Fünftel der Bevölkerung Bauern sind, so bleibt dennoch »das Bauern- und Hirtentum eine wirtschaftliche, bevölkerungspolitische und geistig-moralische Notwendigkeit und eine Kraftquelle für unser Volk« (Richard Weiss). Welche Bedeutung das A.wesen bis heute hatte, geht aus der Tatsache hervor, daß z. B. in dem von Rätikon, Verwall und Silvretta umschlossenen Montafon »Alpen« die Hälfte der Gesamtbodenfläche ausmachen. (Alpnutzung seit Anf. d. 15. Jh.). Der Durchschnitt im Land Vorarlberg sind 25%. Eine umfassende Arbeit unter vkdl. Gesichtspunkt hat zuerst R. Weiss der Aw. gewidmet (Wirtschafts- und Sachkunde, Rechtsverhältnisse: Alpgenossen und Alpbehörden, Leben und Arbeit der Sennen und Hirten). Einen wertvollen Beitrag zur »Hochalpenvolkskunde« gab E. Hubatschek in der Untersuchung: Almen und Bergmähder im oberen Lungau, 1950. In Volkssprache und Sage (Verwunschene Alp), Brauchtum (→ Jakobsen), Volkskunst (→ Holz, Hirtenkunst u. a.) und Tracht spiegelt sich die Bedeutung der A. und ihres Lebenskreises für die Volkskultur. Die Auffahrt auf die A. Mai–Juni (→ Joh.tag) und bes. die A.abfahrt (→ Kreuzerh.) werden gefeiert. Die beste Milchkuh trägt den schönsten Schmuck, in Berchtesgaden »Fuitl« genannt. Dieser wird noch heute von Frauen mit großer Kunst hergestellt (1970). → Bauer, Hirt, Maße

M. Wilckens, Die A.wirtsch. d. Schweiz, d. Allgäus u. d. westöst. A.länder, 1874; D. Baud-Bovy, Schweizer Bauernkunst, 1926 (A.fahrtstracht d. Sennen); O. Moro, Vkdl. a. d. Kärntner Nockgebiet, 1932; R. Weiss, Das A.wesen Graubündens, 1941; A. Waldmeier-Brockmann, Sammelwirtschaft in d. schweizer A. Schweiz. Arch. f. Vkde 38/39 (1941); A. Blättler, A.wirtsch. und Wildheuer im Erstfeldertal, ebda. 42 (1945); W. Escher, Die A.genossensch. in St. Antönien. Bündner Mon.bl., 1946; R. Weiss, Vkde. d. Schweiz, 1946; A. v. Gennep, Le folklore des Hautes-Alpes. 2 Bde., Paris 1946/47; J. Hösli, Glarner Land- u. Aw. 1948; N. Grass, Beitr. z. Rechtsgesch. d. A.wirtsch., 1948 (bes. Tirol); F. Schneiter, A.wirtsch., 1948 (296 Abb.); K. Haff, A.wirtsch. A.vkde u. Recht. Vj.schr. f. Soziol. u. Wirtsch.gesch. 38 (1949); U. Senn, Die A.wirtsch. d. Landschaft Davos, Geogr Helv. 7 (1952); T. Gebhard, Die Sachkultur d. Awirtsch. in Bayern. Bayer. Jb. f. Vkde (1955); A. Moritz, Die Awirtsch. im Stanzertal, 1956; R. Weiß, Alpiner Mensch u. alp. Leben i. d. Krise d. Gegenw. In: Alpen 33 (1957); K. Haiding, Aw. in d. Steiermark, Ausst. d. Heimatmus. Trautenfels, 1962; K.-H. Werner, Die Aw. des Schnalstales, 1969.

Alphabet, Abc. Die Kunst der Lettern und Bücher, damit die Beherrschung des Abc, war und ist dem einfachen Menschen Zeichen magischen Wissens. Die kabbalistische A.magie hat im dt. Volksglauben keine solche Geltung, aber doch wird der Reihe A–Z Zauberwirkung zugeschrieben als Medizin für Kranke oder als Inschrift z. B. auf Geräten der täglichen Arbeit. Bekannt ist die Verwendung des Abc im → Abzählreim der Kinder oder die Schulsitte, den Buchstabenreihen Namen zu unterlegen (Anna Boyken, Christian Doyken . . .). Noch verbreiteter ist im (meist stark obszönen) → Witz der Studenten und Soldaten das »große« (Der Adler fällt vom Büchsenschuß . . .) und das »kleine Abc«. Letzteres erzählt eine kleine Geschichte, in der jedes Wort mit einem neuen Buchstaben beginnt; z. B.: Anna, bat Cäsar usw. Mit Bräuchen, die der äußeren Form nach an Geschenksitten erinnern, der inneren Gestalt nach aber zaubergläubisch sind, suchen Mutter, Pate usw. den Kindern das Lernen des Abc zu erleichtern, indem sie einzelne Buchstaben oder die ganze Reihe ins Essen mengen oder auf Lebkuchen darstellen. Der Name Abc-Schütze soll daher stammen, daß ältere → fahrende Schüler die jüngeren für sich »schießen« (stehlen) ließen. Schütze im Sinn von Lernanfänger ist zuerst 1418 bezeugt und steht für lat. *tiro* ›Neuling‹. Schmeller sieht im dt. Wort eine irrtümlich auf ital. *tirare* ›schießen‹ bezogene Lehnübersetzung. Ist eine Erklärung aus dem Bezirk des Initiationsbrauchtums möglich? – Wohl vereinzelt ist die 1934 in Berlin gemachte Beobachtung, daß eine Familie, unter Einbeziehung der elterlichen → Vornamen (Alfred und Elisabeth), die Kinder nach der Reihe des Abc benannte (Berthold,

Christiane, Dankwart, Friederike). → Buch, Buchstabe, A und O, Runen, Satorformel, Schrift.

F. Dornseiff, Das A. in Mystik und Magie, ²1925; Sethe, Der Ursprung d. A., 1926; R. Stübe, Urspr. d. A., ²1930; H. Jensen, Gesch. d. Schrift, ²1935; F. W. v. Bissing u. a. im Hb. d. Archäol., 1939; I. Trachtenberg, Iewish Magic and Superstition, New York 1939; D. Diringer, The A. London ²1949; L. Schmidt, Volk u. Schrift (Kat.), 1971.

Alphorn, Wurzhorn, Waldhorn. Mit dem A. »oder dem Hörnlein« rief der Alphirt im Oberhasli und über dem Brienzer See am Abend die Herde zu den Ställen zurück (Baud-Bovy). Das A ist ein bes. in den Alpen (Österr., Schweiz; Vogesen), aber auch bei den → Hirten anderer Bergvölker bekanntes, bis 4 m langes Blasinstrument aus Holz oder Rinde, das durch die 4. Tonstufe (in C-Dur) gekennzeichnet wird, die durch die Eigenheit der Bauweise zwischen f und fis die Mitte hält (erhöhte Quart; in der Art der lydischen Kirchentonart). Dieses »Alphorn-fa« findet seinen Niederschlag auch in den → Jodlern, → Kuhreihen, Betrufen und in der Instrumentalmusik bes. der Schweiz. Die gleiche Tonauffassung wurde neuerdings auch in Tänzen (Montafon), Almschreien (Salzburg, Oberösterr., Steiermark), Vierzeilern (Tirol) und selbst in Weihnachtsliedern (Niederösterr.) nachgewiesen. – In Oberbayern hat der Rechenmacher Franz Jell aus Prien am Chiemsee zum erstenmal wieder nach 200 Jahren vier A. gebaut, die 1960 zu Silvester in der Kirche geweiht wurden. Als Vorlage diente K. M. Klier »V.tüml. Musikinstr. i. d. Alpen«, 1956. → Folklorismus macht sich bemerkbar, wenn das Bravourstück eines A. von 10 m Länge (mit 3 Mundstücken für 3 Bläser!) angefertigt wird oder wenn aus der Schweiz eingeführte A. im Allgäu zu »einem wilden A.blasen« für Fremde führten. – Dem A. ähnliche Instrumente sind in Indien und Südamerika bekannt. → V.musik, V.tanz, Juhschrei, Alpsegen.

Baud-Bovy, Schweizer Bauernkunst, 1926; R. Zoder, Montaf. Vtänze a. d. Anf. d. 19. Jh. In: Zs. f. Musikwiss. 10 (1928). H. in der Gand, V.tüml. Musikinstr. in d. Schweiz. Schweiz. Arch. f. Vkde. 36 (1937); W. Schwaiger, Das Wurzhorn in Alm (Salzb.). Jb. öst. Vliedw. 9 (1960); K. M. Klier, Das A. am Chiemsee. ebda.

Alpranken → Mistel.

Alpschoß → Belemnit.

Alpsegen, litaneiartiger Abendruf des Sennen auf der Alp, zur Heimholung der Herde, in der Schweiz auch Betruf genannt. A., Alpsegnung oder Alpenbenediktion heißt ferner die priesterl. Segnung der Alp vor der Alpauffahrt. → Kuhreihen, Alphorn.

H. J. Moser, Tönende V.altertümer, 1935.

Alraun, Mandragora. Den Glauben an Glück, Gesundheit und Geld bringende Gegenstände (→ Fetisch) finden wir schon in Ägypten und in der Antike. In Südeuropa bildet meist die Wurzel der M. wegen ihrer Ähnlichkeit mit einer menschlichen Gestalt den Glücksgötzen, der nach der Pflanze benannt wird. Die M. ist ein tropeinhaltiges Nachtschattengewächs (M. pers. = Liebeskraut). Durch antike Schriftsteller fand der M.glaube im MA bei uns Eingang, wo andere Kräuter und Wurzeln (Tollkirsche, → Knabenkraut, → Allermannsharnisch) an die Stelle der M. treten.

Schon ahd. Glossen schreiben *alruna* für lat. *M.*, das seinerseits für hebr. dūdaī steht. So bezeichnet die Bibel »die gelben Beeren einer Nachtschattenart, die zum Liebeszauber dienten« (Kluge-Mitzka).

Tacitus überliefert in *Albruna* den Namen einer zauberischen Seherin der Germ.; vgl. dazu ahd. *Albrun* (seit dem 10. Jh.) als Frauenname wie auch unsere Namen Gudrun, Sigrun und das Wort raunen (→ Rune). Die hl. → Hildegard beschreibt den A. ausführlich. Bei uns gewann dieser Glaube die höchsten fürstlichen Kreise. Die Wiener Hofbibliothek verwahrt die A. des Kaisers Rudolph II., die als »Weibchen und Männchen« in Samt gekleidet sind. In einem Kohlgarten in Eppendorf auf dem r. Alsterufer fand man 1482 eine Wurzel in Gestalt eines Kruzifixes. Sie kam in ein Kloster, später (1602) auf kaiserl. Wunsch in die Wiener Slg. Nach engl. Quellen wurden im 16. Jh. A. – in Kästchen (boxes) gebettet – aus Dtl. importiert (W. Hävernick). In der Vsage wird der A. zuweilen lebend gedacht (die unter einem Gehenkten ausgegrabene A.wurzel schreit). Nach Fundort und Tätigkeit heißt der A. auch Galgenmännlein, Geldmännchen, Tragerl, Uraunderl usw. Der Glaube ist noch heute verbreitet. Auch Lit. und Film haben die Gestalt des dämon. Hausgeistes, der zuletzt seinen Besitzer vernichtet, oft behandelt (→ Flasche, Vampir, Drache). → Heckmännchen, Zaunrübe, Homunkulus.

A. Schlosser, Die Sage v. Galgenmännlein im Vgl. u. i. d. dt. Lit. Diss. Münch., 1912; A. T. Starck, Der A. Baltimore 1917; E. Gilg u. P. N. Schürhoff, Die tropeinhaltigen Nachtsch.gew. In: Aus d. Reiche d. Drogen, 1926; Weitere, auch außerdt. Lit. bei H. Marzell, HDA. 1, 323ff.; ders., Zauberpflanzen 1964; Lit.; W. Hävernick, Wunderwurzeln, A. u. Hausgeister im dt. Vglauben. Beitr. z. dt. V. u. A.kde. 10 (1966)

Alse → Wermut.

altdeutsch, zuerst 1607: »die hand uff alt Teutsch geboten«. In der Begeisterung für MA, Gotik und Dürerzeit, für die »frische Morgenluft a. Wandels« (Wunderhorn, → Vlied) wird das Wort in der Romantik geläufig, bei L. Jahn auch im polit. Sinn, als sachliche Bez. in der statist. Lit. vor und nach 1800 wie in der älteren germ. Philologie. Erst mit dem Historismus in Bauwesen, Möbelkunst und Kleidung in der 2. H. d. 19. Jh. wird a. zu dem leeren Klischee, das heute mit Recht kritisiert wird.

A. Möller, A. Ideologie, Stereotyp, Verhalten. Hess. Bll. f. Vkde 57 (1966)

Altenköst → Erntefest.

Alter → dreschen, Ernte.

alter Josef → Advent.

Älterlein → backen.

Altersklassen → Burschenschaft, Handw., Jünglingsweihe, Deposition, Initiation.

Altfasend, -faseltag → Fasnacht.

Altgeselle → Handw.

althochdt. → Lautverschiebung.

Altswert, im Rahmen eines allegorischen Lehrgedichts »Der Tugenden Schatz« vom Ende des 14. Jh. gab uns Meister A., ein elsässischer Dichter, eine gereimte Aufzählung zahlreicher → Volks- und → Kinderspiele seiner Zeit (Kugelschlagen, Bolen, Zeck, Steinstoßen, Blindemaus, Faulebrücke, Eierspiel u. a.).

Abgedruckt bei J. Zingerle, Das dt. Kinderspiel im MA, 1873, und bei R. Beitl, Volksspiel. In: W. Peßler, Hb.; K. Ranke, Meister A. Spielregister, Schweiz. Arch. f. Vkde. 48 (1952) (Deutung d. Spielbez.).

Altweibermarkt → Fasnacht.

Altweibermühle, das von → Bilderbogen öfter aufgenommene Motiv der Windmühle, die – gleich dem Jungbrunnen – die alten Weiber verjüngt. Erste Darstellung um 1630/40 mit Text. 1814 beschäftigt sich mit der A. ein → Fasnachtsspiel aus Stubai in Tirol. Sie ist noch heute fester Bestandteil vieler süddt.-öst. Fasnachtszüge. – Auf den Altweiber*ofen* wies schon J. Bolte hin (dt. Bilderbogen des 16. Jh., russ. d. 19. Jh.). → backen, Verjüngung.

J. Bolte, in: Arch. f. d. Stud. d. n. Sprachen u. Lit. 102 (1899); A. Holder, Die Pelzmühle zu Trippstrill. Schwabenspiegel 6 (1913); N. Kuret, Babji mlin (Die A.). Slov. Etnograf 8 (1955) Ljubljana (Dazu vgl. L. Kretzenbacher, in: Öst. Zs. f. Vkde 59, 1956, S. 179); H. Gleisberg, Von d. göttl. Mühle zur Bösenbubenmühle u. z. A. In: Die Mühle (1957); M. de Meyer, Verjüng. i. Glutofen – A.- u. Altmännerm. Zs. f. Vkde 60 (1964); A. Gailey, Grinding old people young. Ulster Folklore 17 (1971).

Altweibersommer. Die glückbringenden, in der Herbstluft fliegenden Fäden kleiner Spinnen werden in den europäischen Volkssprachen (frz. *fils de la Vierge*, holl. *mariendraadjes*) nach Zeit und Heiligentag, in Dtld. am häufigsten und frühesten nach mythischen Spinnerinnen (Metje, Frau im Mond, Frau Holle) bezeichnet. Die Schweden nennen sie *dwärgsnät* (Zwergennetz). Besonders → Maria nennt die dt. Volkssprache, vielleicht in Nachfolge germ. Frauengestalten, als Urheberin: Marienseide, -garn, Frauensommer, Muttergottesgespinst, Liebfrauenfäden. Schon im 17. Jh. erschienen drei Dissertationen über die *Sacra filamenta Divae virginis*. → Allerheiligen, Gallus.

A. Lehmann, A., Diss. 1911, (= Landwirtsch. Jahrb. 1911).

Amethyst → Monatssteine.

Ampel, Lampe, Krüsel, Funzel. A. (aus lat. *ampulla* ›kleine Flasche‹; Verkleinerung zu *amp(h)ora*) hieß bis ins späte MA nur das Licht, das vor dem Tabernakel der kath. Kirche bis heute ständig brennt (»Ewiges Licht«). Erst neuerdings darf Elektrizität Docht und Öl ersetzen. Die A. selbst geht als Ölgefäß aus Ton mit Henkel und Tülle für den Docht im 14. Jh. in profanen Gebrauch über. »So hat sich A. als obd. Wort von Lothringen bis Kärnten und Siebenbürgen gehalten, ist aber seit dem 16. Jh. bedroht durch L., das mit der Luthersprache und mit dem sachl. Wandel unserer Beleuchtungskörper Raum gewinnt« (Kluge-Mitzka, Et. Wb. [20]1967). Als Wort kam L. im 13. Jh. zu uns über frz. *lampe* aus dem volkslat. *lampade*.

Es ist bezeichnend für ein archaisches Gerät, daß man darin gebranntes Öl für heilkräftig hielt. Dies gilt auch vom Öl, das an einem Sterbebett den Doch nährte. Eine L. soll man nicht ausblasen, sondern erlöschen lassen. Wenn zufällig drei L. zusammenkommen, bedeutet es Glück für eine Braut.

In schlichterem Gebrauch als der → Leuchter, haben A. und L. selten künstler. Schmuck aufzuweisen. Edle Maße zeigt das alem. »Liaffas« (Lichtfaß). Sein in der Höhe verschiebbarer Teller für Unschlitt und Dochte ist aus Bronze, aus Eisen meist der Ständer, der in einen Aufhängehaken endigt. Älter sind die dank ihrem Werkstoff gleichfalls häufig erhaltenen kleineren hängenden Teller aus Eisen oder Kupfer, die ein Sägestab (→ Kesselhaken) in der Höhe verstellbar macht. In Niedersachsen wurden die Glieder einer Kette wohl auch vom Hirten in mühsamer Arbeit alle, ohne Trennung, aus einem einzigen Stück Holz geschnitzt. – Funze oder F. ist als Wort erst nhd. bezeugt und schriftspr. so wenig anerkannt wie die Schelte Tranfunzel für einen trägen und »schwach leuchtenden« Menschen. → Kerze, Fackel.

M. Heyne, Fünf Bücher dt. Hausaltertümer, 1, 1899; W. Kuhberg, Verscholl. Sprachgut

u. s. Wiederbelebung in nhd. Zeit. 1933; Ausst. Kat. Bomann-Mus. Celle 1968.

Amulette sind kleinere Gegenstände, die am Körper getragen werden, in der Regel an einem Band um den Hals oder auf der Krone der Braut, seltener in der Kleidung. Sie sollen dem Träger (auch Tieren) magische Kraft (Fruchtbarkeit), und zwar unmittelbar oder durch → Analogiezauber, oder magischen Schutz verleihen. Lat. *amuletum* bedeutet ›Brei aus Kraftmehl‹; in uns. Sinn Amuletum zuerst bei Thurneysser (1582). Auf ein wesentl. Merkmal deuten die Bez. Anhängsel (17./18. Jh.) und das schwäb. Bändele für A. Wenn das A. bes. kräftig sein soll, muß man es nicht regelrecht erwerben, sondern geschenkt erhalten, → stehlen (→ Reliquie) oder → finden. Durch alte Tradition (→ Ägypten) scheint eine ganze Reihe antiker → Ornamente A.bedeutung erhalten zu haben. Die Kirche erlaubte den Gebrauch gewisser A., andere wurden als heidn. Zauber verboten. Der V.glaube macht in manchen kathol. Gegenden den Unterschied nicht.

Wohl die verbreitetste Form des A. ist das Horn (Tierhorn, Mondsichel). Der Doppelsinn, Fruchtbarkeit und Schutz, ist zu erkennen. Das → Horn ist ein Zeichen der Fülle durch formale Analogie zum Phallus, andererseits ist das Doppelhorn geeignet, den bösen Blick abzuwehren, da er ihn sowohl angreift (»stößt«) als auch ableitet (auf der einen Seite hinein, auf der anderen hinaus). Außerdem ist die Herkunft hornförmiger Zähne (Eberzahn usw.) von der Jagdtrophäe als sicher anzunehmen. Die in Italien häufig im A. festgehaltene Horngeste (→ Gebärde) der Hand (ausgestreckter 2. und 5. Finger) ist diesseits der Alpen selten (Andree-Eysn). Dagegen hat sich die obszöne Geste der → Feige (Abb. ebda) und das entsprechende A. in Süddtld. eingebürgert. A. verschiedener Art und Kraft werden auch zu ganzen Halsketten (Abb. → Freis) vereinigt, die man in Bayern und Österr. »Beten« nennt. Es gibt auch A., deren Aufschrift den Aberglauben verspottet und die trotzdem in »gutem Glauben« getragen werden; so, wenn es heißt »Ein Fuchs-Belz + + + und ein Marters (Marders) Hut/Sind beide + + + vor das Kalte gut + + +.« → Galgen, Gicht, Länge Christi, Anhänger.

M. Andree-Eysn, Vkdl. 1910; Laarß, Das Geheimn. d. A. u. Talismane. 1919; S. Seligmann, Die mag. Heil- u. Schutzmittel der unbelebten Natur usw. Eine Gesch. d. A.wesens, 1927; A. Bertholet, A. u. Talism.: Die Rel. in Gesch. u. Gegw. 1. ^{2}1927; E. Villiers - A. M. Pachinger, A. u. Talism. u. a. geheim. Dinge, 1927; A. Jacoby, Scherzhafte A. Oberdt. Zs. f. Vkde. 2 (1928); O. Bramm, Dt. Brautkränze u. Brautkronen, Jb. f. hist. Vkde. 3./4. Bd., 1934; F. Herrmann, Dt. astrol. A. In: Zs. f. Vkde. 45 (1935; aus der A.-Slg. der Heidelb. Portheim-Stiftung).; G. Ritz, Hochschichtl. A. Natternzungen-Bäume, Bayer. Jb. f. Vkde (1951); C. u. L. Hansmann u. L. Kriss-Rettenbeck, A. u. Talisman, 1966 (Eine »optische Präsentation« der A.slg. von R. Kriss)

Analogiezauber nennen wir magische Handlungen, die im Kranken oder sonst zu Beschwörenden einen ähnlichen (analogen) Vorgang hervorrufen. Auch bildliche oder wortmäßige Darstellung bewirkt A. Die als Schwundformel aufgeschriebenen Zauberworte:

abracadabra
abracadabr
abracadab
abracada
abracad
abraca
abrac
abra
abr
ab
a

sollen ein Schwinden z. B. des Fiebers bewirken. Aber auch ein Wort wie »Christbaumschmuck« findet gleiche Verwendung (Bayern

1931). A. ist auch der gesprochene Segen gegen → »Brand«:

Brand fahr aus wie der Wind,
daß dich niemand find.

Um das Alpvieh vor dem Verlaufen zu schützen, soll man am hellen Abend alle Löffel im Hause sammeln und in der Schublade des Familientisches verwahren (Eisacktal, Südtirol). A. im weiteren Sinn ist der Heilzauber nach dem Satz → *similia similibus* (gelbe Blume vertreibt Gelbsucht) und die Bezugnahme auf einen parallelen Vorgang außerhalb des Zauberers (Warzen schwinden, wie der Mond abnimmt). F. Pfister will letztere beiden Fälle vom Begriff des A. ausschließen. → Zauber, Magie, Pfeife, Symbol.

W. Stern, Die Analogie im volkstümlichen Denken, 1893; A. Dörrer, Eisacktaler V.glaube. Öst. Zs. f. Vkde. 53 (1950); H. Trümpy, Similia similibus. In: Schweiz, Arch. f. Vkde. 62 (1966).

Anaphrodisiaka → Aphrodis.

anblasen → besprechen.

Andachtsbild, kleines. Durch Adolf Spamer ist k. A. die gebräuchl. Bez. von relig. Kleingraphik geworden, die man auch Einlegebildchen nennt nach dem Brauch des kath. Volkes, sie in dem in die Kirche mitgeführten → Gebetbuch, zusammen mit den als Andenken gedachten → Sterbebildchen, zu verwahren. Nach dem ausdruckskräftigen, oft bemalten → Holzschnitt des ausgehenden MA waren die A. um 1500 Werke der Groß- und Kleinmeister des Kupferstichs. Eine neue, die eigentliche Blüte erlebten sie, als der Jesuitenorden mystische Strömungen im Volk für die gegenreform. Propaganda zu nutzen begann. Große Stecherfamilien wurden die Wierix in Antwerpen, die Sadeler in Wien, München und Prag, vor allem die Kilian in Augsburg, wo im 18. Jh. Klauber, Götz u. v. a. folgten. Ihren vtümlichen Charakter gewann das k. A. völlig erst durch lebhafte Kolorierung von freier Hand oder mit der Schablone. Durch alle Jhh. war es auch bevorzugte → Klosterarbeit (Pergamentschnitt, später Tüllspitzen- und Nadelstichbild). Über Verleger, Märkte und Hausierer ging das k. A. bes. von Augsburg aus in abermillionen Stücken ins Land und Ausland. Weniger Orte der Erzeugung als der Massenverbreitung waren berühmte Stätten der → Wallfahrt (Prager Jesukind, Mariazeller und Einsiedler Muttergottes, Schwarze Maria von Altötting, Haupt des Heilandes in Walldürn, Blut Christi in Weingarten; Vierzehnheiligen, Bogenberg u. a. → Devotionalien). Neben dem Kupferstich versuchten sich auch andere Techniken am k. A. (Schwarzlotmalerei, Aquarell, Zeichnung, Spickeln, Ausschneiden, Kleben). Mit dem 19. Jh. steigerte sich mehr die Menge als der Wert dieser Kleinkunst durch Stahlstich, Buntdruck und verschiedene verflachende Druckverfahren (Lithographie, Autotypie nach Photos, Stanzbilder). Das k. A. hat nicht nur weltweite Verbreitung, sondern in Afrika und Asien auch Nachahmung gefunden. In Gestalt des Spruchbildchens nahm es auch der Prot. (→ Hinterglasbild) auf. Das um die Wende des 19. Jh fast zum frommen Kitsch herabgesunkene A. wird heute in der kath. Welt wieder gepflegt, auch hier oft vereinfacht (Symbole und Sprüche). Immer noch hält der Kapuzinerpater bei seinem Weg über Land einen Vorrat von A. in seiner großen Kapuze, und die Kinder sind die begeisterten Abnehmer und Sammler dieser »Heiligenbildle« (alem. Hälgli). Die Schule benützt sie gleichfalls als anspornenden Preis,

nach 1900 oft in der Gestalt von farbigen Gelatinehauchbildchen, deren Vorläufer die aus der Hausenblase gegossenen A. der 2. H. d. 17. Jh. waren.
Viele priv. und öff. Slgn. hüten die Schätze der Vergangenheit (G. Gugitz-Slg. im Öst. Mus. f. Vkde, Wien). Berühmt sind die Slgn. der Benediktinerklöster in der Schweiz, die vor Spamer E. A. Stückelberger und nach ihm P. R. Henggeler, der Einsiedler Stiftsarchivar, erforschten. Den Ruf eines »österr. Spamer« erwarb sich mit Fug der Wiener Kulturhistoriker und Volkskundler Gustav Gugitz, der viele Jüngere zur Nachfolge aneiferte.
Vor allem das mit dem k. A. verbundene Brauchtum bedarf noch weiterer Forschung (mundartliche Bez., aufgeschriebene Widmungen, Schenkanlässe, volksgläubiger Gebrauch, Kultgeographie u. a.)
Auf das große bäuerliche A. in und außerhalb der Kirche als vkdl. Forschungsaufgabe wies W. Borchers hin.
Die neuere Kunstwiss. versteht unter A. auch größere Darstellungen von bes. Gefühlsbetontheit, nach Inhalt und Form, wie sie seit dem 13. Jh. in Plastik und Malerei, wohl unter dem Einfluß der Mystik, in Dtl. häufiger werden (Jesus u. Joh., Vesperbild-Pietà, Erbärmdebild = Christus a. d. Geißelsäule u. ä.).

A. Spamer, Das k. A. vom 14. bis zum 20. Jh. 1930; W. Pinder, Die dichter. Wurzel d. Pietâ. In: Ges. Aufs. 1938; G. Gugitz, Das k. A. i. d. öst. Gnadenstätten, in Darst., Verbr. u. Brauchtum, nebst einer Ikonogr., 1950; W. Borchers, Bäuerl, A. u. silberne Votivgaben im westf. Raum, Beitr. z. dt. V. u. A.kde 2/3 (1958); G. Gugitz, Kärntens Gnadenst. in d. Graphik ihrer A. 1963; ders., Die Linzer Gnadenbilder u. i. Verbr. durch d. k. A. In: Kunstjb. Linz 1965; H. Hochenegg, Die Tiroler Kupferstecher, 1963; H. Wentzel, in: Fs. W. Fleischhauer, 1964; W.-K. Jaggi, Die Spitzenbildslg. d. Aarauer Stadtmus. In: Aar. Neujahrsbll. 40 (1966) (Pergam. bll. v. Ende d. 17. bis Anf. d. 19. Jh., haupts. Klosterarbeit; auch prot. A.); W. Brückner, A.graphik. In: Keysers Kunst- u. Antiq.buch III, 1967; M. Scharfe, Evang. A. 1968, (Haupts. Schwaben); T. Gebhard, Die v.tüml. rel. Graphik d. 17. Jh. Zs. f. Vkde 64 (1968); H. Bleibrunner, A. in Altbayern, 1971.

Andenken, Souvenir. Zeugnisse außergewöhnlicher Erfahrungen und Erlebnisse anderen vorzuweisen, für sich selber dem flüchtigen Augenblick Dauer zu verleihen, Vergangenheit in die Zukunft zu retten, Gedanken und Gefühlen sichtbaren Ausdruck zu verleihen, solchen und ähnlichen Antrieben (→ Elementarged.) folgt das Sammeln von A. (→ Steckenpferd), das dem bewußter lebenden Abendländer wohl in besonderem Maße eigen ist. Was früher zum guten Teil Vk war, wurde im 20. Jh. – und heute mehr denn je – Erzeugnis einer spekulativen Kleinindustrie. Doch versuchen Kulturämter und dem → Heimatschutz dienende Vereine dem hemmungslosen Kommerz entgegenzuwirken, mit besonderem Erfolg in den süddt. und öst. Läden des »Heimatwerks«. Glasmacher, Wachszieher, Töpfer, Küfer, Zinngießer bieten gute A. an und Sattler halten Schellenriemen und Herdengeläut feil, so daß es nicht mehr nötig ist, in Friedhöfen zu »sammeln« oder die Kühe auf der Weide zu bestehlen, wie es nach 1945 im Allgäu und in Vorarlberg geschah. Was 1960 auf der Industriemesse von Hannover 94 Hersteller von A. boten, war freilich fast nur → Kitsch. »Heere von Gartenzwergen, Pyramiden von Bierkrügen« (Frenzel). → Anhänger, Minnegabe

H. Freudenthal, in: Beitr. z. dt. V. u. A.kde 2/3 (1958); R. Frenzel, Gute Reise-A. von heute. Eine Sonderausst. d. Bremer Focke-Mus., ebd. 5 (1960/61)

Ander → Storch.

Andreas (30. 11.). Attr. des hl. Apostels ist das schräggestellte Kreuz (×), weil A. nach allerdings

erst mal. Überl. an einem solchen Kreuz den Martertod erlitt. Bes. in der Sprache der Kunst war der Begriff A.kreuz früh geläufig (A. Dürer 1525: Endrescreutz). Da A.tag unmittelbar an der Schwelle des Kirchenjahres steht (am ersten Sonntag nach dem 26. 11. beginnt der → Advent), kennzeichnen den Tag viele Jahranfangsbräuche. A.nacht ist die erste der → Klöpfelnächte, die Sternsinger erscheinen schon. Überhaupt die auf Totenkult, Dämonenabwehr und Fruchtbarkeitszauber gerichteten Begehungen der Mittwinterzeit künden sich an. Der »Rupprich« geht um, Kinder hängen Strümpfe vor die Fenster (Böhmen). Wie in Pillersee der Anklöpfelesel kommt, stellten in Bagenz die Burschen den »Umprecht« dar mit Pelz, Strohumwicklung, Strohkrone, Schelle u. Gerte. Wie im Brauch zu → Nikolaus ist hier die Übertragung von Ernteschlußbräuchen sichtbar. Im nördlichen Böhmen wurden die Mägde von der Hausfrau beschert, indem sie ihnen alles am A.abend gesponnene Garn überließ, dazu noch Geld, um die Burschen in der »Lichtelstube« zu bewirten. Auf ein älteres häusliches Speiseopfer, wie es von Allerseelen oder Dreikönig bekannt ist, scheint der frühere Wiener Brauch zu deuten, zu A. einen Rest des Mahls auf drei Tellern zu lassen und dazu etwas Wein und auch ein Kartenspiel zu tun. Anderswo buk man den A.kranz. Wie zu → Barbara und → Luzia werden schon zum Andreastag frische Zweige ins Wasser gestellt, um später Fülle und Färbung der Blätter auf die Heiratsaussichten zu deuten. Von sieben oder neun verschiedenen Bäumen müssen die Zweige sein (Erzgebirge). Die Verwandtschaft mit dem → Weihnachtsbaum und dessen geschichtlichen Vorstufen tritt deutlich zutage, wenn die frischen Triebe der Ebereschenzweige später beim Christfest mit Süßigkeiten geschmückt wurden (Thüringen; → Lebensrute).
Der Zahl wie der Verbreitung nach überwiegen am A.abend bei weitem die zauberischen Erkundungen der Zukunft in bezug auf Liebe und Ehe. Beobachtungen, Begegnungen und Traumvisionen oder gewisse magische Handlungen und Beschwörungssprüche führen das → Orakel herbei. Im Schornstein, im Wandspiegel, im Wasserspiegel der Brunnen und Quellen erscheint das Bild des Zukünftigen um Mitternacht. Man gießt Eiweiß (allein, unter Gebet) oder Blei ins Wasser.
Beim Scheitergreifen oder »Tremmelziehen« deutet ein gerades oder aber ein krummes und astiges Holz auf die körperlichen Eigenschaften des zu erwartenden Mannes. Der → Zaun – als Pferd der → Hexe und Grenzzeichen bedeutungsvoll – wird oft in zauberischer Absicht befragt. In Mitteldtld. wurde das Zaunschütteln geübt.
An das Zaubermotiv im Aschenbrödelmärchen erinnert d. österr. »Kriecherlbaumbeuteln«. Die Dirn trat unter e. Zwetschgenbaum:

Kriecherlbaum, i rüttl di,
Kriecherlbaum, ich schüttl di,
laß mir a Hunderl belln,
wo si mei Mann wird meldn.

Die Umwandlung eines Liebeszaubers (Teilung der Speise) ist es wohl, wenn das »Andreslen« (Illzach) so vor sich ging, daß das Mädchen die Hälfte eines Apfels vor, die andere nach Mitternacht essen oder die andere Hälfte unter das Kopfkissen legen mußte (Schwaben), um vom Freier zu träumen. Außerdem mußte der Apfel in vielfacher Steigerung der magischen Maßregeln 1. nachts, 2. bei einer Witwe, 3. unbeschrien (→ berufen), 4. ohne Dank zu sagen, geholt sein. Anderswo hieß es, das Mädchen müsse Heringe essen. Wer im Traume erschiene, ihr den Durst zu stillen, das sei der künftige Gatte. Kniend oder um 12 Uhr rückwärts zu Bett gehend sprachen die Mädchen Beschwörungsgebete oder das Mädchen mußte, auf dem Herd sitzend, das Vaterunser rückwärts hersagen. Schon im 17. Jh. erwähnt der Epigrammdichter Logau solchen Brauch:

Wann St. Andreas-Abend kümmt,
pflegt jeder, der sich will beweiben,
Auch die, die sich bemannen will,
ein hitziges Gebet zu treiben.

Auch in völliger → Nacktheit, mit einem neuen Besen die Stube fegend, den Rücken zur offenen Tür gekehrt, wartete das Mädchen zwischen 11 und 12, bis hinter dem Tisch, im Schein eines aufgestellten Lichtes, der Zukünftige erschien. Im Oberharz schloß die Fragestellerin sich nackt ein und stellte zwei Trinkgefäße mit Wasser und Wein auf den Tisch. Dann sagte sie:

Dresmes (= Andreasmesse, erg.: Heute ist A.m.)
mein lieber Sankt Andres,
laß mir doch erscheinen
den Herzallerliebsten meinen.

Dann erscheint der Freier und indem er vom Wasser oder vom Wein trinkt, verrät er Besitz oder Armut. Die besondere Bedeutung des A.tages für Liebe und Ehe ist noch nicht befriedigend erklärt. Ein Vergleich mit → Fro, dem angeblichen germanischen Gabenspender und Schützer der Ehe, kann nicht erhärtet werden. Auf den Anklang zum griechischen Wort *anér* (= Mann; Genitiv: *andrós*) oder auf die Worte der Antiphon im Festoffizium des 30. 11. (*»concede nobis hominem justum«*) wurde hingewiesen. Letztere Beziehung erklärt mehr als (wie Sartori will) allein die Tatsache, daß A. im Anfang des Kirchenjahres liegt. Den wichtigsten Hinweis gibt wohl die starke Anlehnung der Orakelbräuche an das katholische Konfessionsgebiet, während der deutsche Norden eine schwache Überlieferung des A.tages hat. Immerhin war z. B. im Flämingdorf Rosenthal um 1934 der 30. 11. noch bekannter Orakelabend (Scheiterziehen u. a.).

O. v. Reinsberg-Düringsfeld, Das festl. Jahr, 1863; P. Sartori, Sitte u. Brauch, 3. Bd. 1914; A. Spamer, in: W. Peßler, Hb. Bd. 3, S. 117 (»der erste winterl. Großtag der Zukunftserforschung«); M. Kundegraber, Zwei A.-Lieder aus Pöllandl in Gottschee. Jb. d. öst. Vliedw. 13 (1964)

Anekdote. Prokop v. Caesarea nannte ein Buch *Anékdota* ›noch nicht herausgegebene, also neue Geschichten‹ (Byzanz 6. Jh.) Als Büchertitel hat die Bez. noch im 18. Jh. auch bei uns diesen Sinn. Die liter. Form der A. geht im Abendland zurück auf die lat. Kurzerzählungen (Fazetien) der Humanisten. V.tümliche Form gab ihnen J. P. Hebel in seinen Kalendergesch. Heute verstehen wir unter A. eine kurze, meist humorvolle Gesch. über eine mehr oder minder bekannte Persönlichkeit (Schauspieler, Künstler, Erfinder, Regenten), die, wenn sie nicht wahr ist, doch wahr sein könnte und für den Betreffenden charakteristisch ist. Wer eine A. zuerst erzählte, bleibt unbekannt, zumal wenn sie im Volk mündlich überliefert wird. Wie bei → Sage, → Schwank und → Witz rankt sich mitunter ein Kranz von A. um eine gesch. Größe wie → Prinz Eugen, → Friedr. d. Gr., → Joseph II., Napolen, Bismarck u. a. oder aber um dorf- und landbekannte Originale. → V.dichtung

H. Rinn u. P. Alverdes, Dt. A.buch. 1927; S. v. Radecki, Das ABC d. Lachens. Ein A.buch, 1953; H. Pongs, in: Dt.unterr. 9 (1957); H. Hoffmeister, A.schatz. Von d. Antike b. a. uns. Tage, 1960; R. Carstensen, U. Rauch, Der heitere Frühschoppen, Süddt. A. beim Umtrunk erzählt. 1962; Das große dt. A.-Lexikon, 1843/44. Nachdruck 1969.

Anfang → Angang, Neujahr, Montag, Initiation.

Angang. Fritz Boehm bezeichnet den A. als »eine der am weitesten über Zeiten und Räume verbreiteten Erscheinungsformen des Aberglaubens« und bestimmt ihn als »das zufällige Zusammentreffen eines, meist menschlichen, Subjektes mit einem oder mehreren Objekten aus der belebten, seltener der unbelebten Natur, insoweit diesem Zusammentreffen nach geltender abergläubischer Meinung eine für das Subjekt zukunftkündende Bedeutg. innewohnt« (HDA. 1, 410). Im heutigen Glauben spiegeln sich germ. und antike Überlieferung. In der Edda (Reginsmal) weist Odin dem Sigurd günstige A. zum Kampf: nachtschwarze Raben, zum Zweikampf Gerüsteter, heulender Wolf; doch Gefahr bedeutet es, wenn der Fuß strauchelt oder »die spätscheinende Schwester des Mondes entgegensteht«. Auch Tacitus schreibt, daß die Germanen neben Losweissagung *auspicia* (Vorzeichen) beachteten. Im dt. Volksglauben ist für den A. besonders die erste Begegnung des Tages, der Woche, des Jahres (→ Neujahr) bedeutsam oder der A. bei wichtigen Gelegenheiten (Festzeiten, Hochzeit, Taufgang, Begräbnis). Vielfache Abwandlung erfährt der Glaube nach den besonderen Umständen des A. (entgegenkommend oder überholend, fliegend oder sitzend, rechts oder links, Art der Kleidung, Last usw. des Objekts, Mann oder Frau als Subjekt). Manchmal liegt die Ausdeutung des A. nahe (Arzt = Krankheit, Soldat oder Richter = Gefängnis, Brautkutsche = Glück, schwarze Farbe = Unglück) manchmal ist sie undurchsichtig oder beruht auf anderen Überlieferungen. Im allgemeinen gelten Männer im A. als günstig, Frauen als ungünstig. Die bekannte Rolle des alten Weibes erklärte J. Grimm aus dem Hexenglauben. Von Berufen gelten als günstig: Jäger, Schornsteinfeger, Hirte, Krankenschwester; als ungünstig: Nonnen und Geistliche, Gerichtspersonen, Arzt. Von Haustieren wird nur das → Pferd für einen vorwiegend günstigen A. gehalten. Von den freilebenden Tieren haben schlechte Vorbedeutung → Fuchs und → Hase, → Maus, → Wiesel und → Fledermaus. Von Insekten wird hauptsächlich die Spinne beachtet. Für die Deutung des A. ist in Antike wie Neuzeit auch die Literatur der → Traumbücher zu vergleichen. Noch heute in Land und Stadt zahlreich sind die Abwehrmittel gegen bösen A.: zurückgehen, sich dreimal umdrehen, ausspucken, sich bekreuzen. → Böser Blick, berufen, Vorzeichen, Krüppel, Farbe.

Angebinde. Die heute noch für Festgeschenke übliche Bez. stammt aus dem Brauch, besonders dem Täufling die Gabe des → Paten anoder einzubinden, anzustecken (alem. Kissesteckete, Einstrickete). Das Geschenk, seine Kraft und die begleitenden Wünsche gehen durch das Anbinden auf den Träger über. Königen und Fürsten wurden bei der Taufe Ländereien und Städte »eingebunden«. Von einem Geldgeschenk ist im mhd. Epos vom Wolfdietrich die Rede:

Im gab ein marc goldes
der grave Wülfin
do gab im ouch eine
diu edel marcgravin . . .

Ende des 16. Jh. bezeichnet A. in Franken Geschenke zu → Geburts- und Namenstag, auch zum → Aderlaß. P. Lessiak suchte einen Zus.hang von A. und → Amulett zu erweisen (Zs. f. dt. Altert. 53, 1912). → Band, Patenbriefe.

J. J. Hornus, Über die alterthümliche Sitte der A. bei Deutschen, Slaven und Litauern, 1855; J. Grimm, Kleinere Schr., 2. Bd., 1865.

Angeld → Kauf.

Anger → Kirmes.

Anhänger. Copocléphilie. Das Sammeln (collection) von poclés (abgek. aus franz. porte-clés, ›Schlüsselträger, -anhänger‹), das dem dt. → Steckenpferd der sogen. Sammelarmbänder mit ihren → Monatssteinen und Glückssymbolen vergleichbar ist, wurde in Frankreich zu einer Massenmode mit → Vereinen, Tauschzentralen und eigener Zs. 1965 wurden monatlich 3 Millionen A. erzeugt, meist im Dienst der → Reklame (Alkohol, Lebensmittel, Benzin, Öl, Tabak). 1966 sollen 300 Millionen in Umlauf gewesen sein. Neben Modischem hatte manches den Charakter von → Symbol und → Amulett (Teddybär, Hund, Wappen, Auto, Mundharmonika, Ball, Kompaß, Anker). Es gab Spezialgürtel, an denen man bis zu 100 Schlüsselringe befestigen konnte. »Miss Porte-Clés Paris« wurde eine C.stin, die 500 Stück im Gewicht von 5 kg am Kleid trug. Wie Amulette trug man die A. auch an Gürtel und Schuh. Im »Figaro« wurde der Brauch (die Mode?) bezeichnet als »revolte des individus contre le fonctionnel« (Sachlichkeit, Zweckdenken). Nach 1965 griff die »Bewegung« auch nach Dtl. über, ohne hier gleiches Ausmaß zu erreichen. Manches ging über in die A.-, Schmuck- und Kettenfreudigkeit des Hippiestils. → Andenken

S. Schenda, Die Copocléphilie. Beitr. z. Dt. V. u. A.kde 11 (1967)

anhauchen → besprechen.

Animismus (von lat. *anima* = → Seele). Eine besonders unter den Ethnologen verbreitete Richtung sah im A. die Grundlage d. wichtigsten Erscheinungen in Volksglauben und Religion. Nach der Auffassung besonders von Tylor denkt sich der einfache Mensch die Natur und ihre Kräfte und Schöpfungen beseelt, eine oder mehrere Seelen leben in den Wesen und bewegen sie. Die Seele kann den Körper verlassen im Tod oder im Schlaf, in Gestalt eines »Seelentieres« (Schmetterling, Vogel, Maus, Eidechse) oder auch als Schatten-, Hauch-, Rauch- und Nebelseele. Viele Anschauungen des Zauberglaubens (Doppelgänger, → Werwolf, Hexe) und des Totenbrauches (Ziegel im Dach lockern, damit die Seele hinaus kann; »Seelenbalken« in der Schweiz) beruhen tatsächlich auf A. Doch ist in den letzten Jahrzehnten mit Recht die Alleingültigkeit dieser Theorie bestritten worden. Die eindeutigen Berichte über den »lebenden Leichnam«, den → Wiedergänger, enthüllen eine Stufe des »Präanimismus«, auf der die Seele nicht als abgesondert im Körper lebendes Prinzip gedacht wird. Vom Körper nicht teilbare Kräfte bestimmen sein Handeln (Animatismus, Dynamismus). In der Medizin wurden als Animisten die Anhänger von G. E. Stahl (*Theoria medica*, 1737) bezeichnet, der lehrte, die Krankheiten seien Kämpfe des Lebensprinzips, der Seele, gegen entgegenstehende schädliche Einflüsse, – ein Gedanke, der volksmedizinischen Anschauungen von Krankheitsdämonen sehr nahe steht und schon bei Aristoteles und → Paracelsus auftaucht. → Märchen

Borchert, Der A., 1900; E. B. Tylor, Die Anfänge der Kultur, 1901; G. Heinzelmann, A. u. Relig., 1913; R. R. Marett, The threshold of religion, ²1914. Clodd, Animisme, 1918; H. Naumann, Primitive Gemeinschaftskultur, 1922; W. Schmidt, D. Ursprung d. Gottesglaubens. 1912–55; K. Beth, Religion und Magie, ²1927; G. van der

Leeuw, Präanimismus. In: Die Rel. in Gesch. u. Gegenw. Bd.4, ²1930; Hb. d. vergl. Rel.gesch., 1930; A. E. Jensen, Mythos u. Kult bei Naturvölkern, 1951; G. Wiegelmann, Der »lebende Leichnam« im V.brauch. Zs. f. Vkde 62 (1966).

Anklopfen → Nacht, Tod.

Anklöpflesel → Klöpfelnächte.

Anna, hl. (26. 7.) Attr.: Jesus u. Maria (A.selbdritt). Nach d. Leg. Mutter Mariae, deshalb Frauenpatronin. In der Schweiz beten die Mädchen »Heilige St. A., gib alle Meitschi Manna«. Schon im MA. war der A.kult besonders lebhaft im Rheinland. Das spiegelt sich heute noch in der westdt. Sitte, daß die Wöchnerin am St. A.altar ausgesegnet wird. A. ist auch Patronin der Bergleute (→ Bergmann), die ihr oft Kirchen und Kapellen gewidmet haben. Mitteldt. und böhmische Bergleute begingen das Fest in Feiertagstracht mit Messe, Prozession, Musik, Festmahl und Tanz. Im mal. Bergbaugebiet v. Bartholomäberg im Montafon ist der hl. A. der prächtige »Knappenaltar« von 1525 gewidmet wie das »Knappenkirchlein« auf Kristberg der Feuermagd St. → Agatha. Die Blütezeit des dt. A.-Kultes ist das 15./16. Jh.
Als mütterliche Heilige ist A. vielfach Beschützerin der Armen und sozial Schlechtgestellten, der Arbeiterinnen und des Gesindes, der Näherinnen und Klöpplerinen (im flämischen Belgien). Sehr verbreitet ist ihre Verehrung in den österr. Alpen. Als Taufname ist A. in Österr. fast ebenso häufig wie Hans, Marie oder Gretl. Alle Namensbasen (→ Namenstag) versammeln sich am 26. Juli und feiern kleine Feste und Bälle. In Kärnten gibt es A.-Sträuße aus Schleierblumen mit Nelken oder roten Rosen zu kaufen. Die volkstüml. Verehrung der hl. A. (Wallfahrten) in Österr. ist kartogr. dargestellt in: Slg. Relig. V.kunst, Katalog, hg. v. L. Schmidt u. a., Wien 1967.

H. Aurenhammer, Lex. d. christl. Ikonogr. 1, 1959; W. Brückner, in: Anz. d. Germ. Nat. Mus. 1965.

Annaberger Käth → Dresdner Vogelw.

Annuntiationsstil → Jahresanfang, Verkünd. Mariae.

Anrede. In ältester Zeit und innerhalb der Dorfgemeinschaft bis heute ist Duzen gebräuchlich. In der abendländ. Oberschicht bürgerte sich seit dem 8. Jh. das Ihrzen (2. Pers. Mehrz.) ein, indes der Höhere dem Niederen gegenüber beim Du blieb. In Mundarten steht das Ihr noch heute vielfach an Stelle des Sie. Das anfänglich (16./17. Jh.) als Auszeichnung geltende Er (zu Frauen Sie) sank in seiner Bedeutung bis zur Herabsetzung (frideriz. Militärsprache) und wurde wie das Ihr Anfang des 18. Jh. durch das noch heute gebräuchl. Siezen verdrängt.
Der Übergang vom allg. Sie zum Du ist meist an ein kleines Ritual (Bruderschafttrinken, B.kuß) gebunden, ist aber zu bes. Gelegenheiten (Fasching), in bestimmten Gemeinschaften (Soldaten, Sportler, Schauspieler, Vereine, Kommunen) auch ohne weiteres erlaubt oder sogar verbindlich.
Im Brief oder in mehr städt. Verkehr treten neben das Personalpronomen die Geschlechts-, Standes- und Berufsbezeichnungen und vielfach auch akad. oder Amtstitel. Röm.-byzantin. Sitte folgend, fing man im 15. Jh. an, ehrende Hauptwörter zu gebrauchen. Als »Majestät« ließ sich zuerst Kaiser Karl V. anreden. Den lange festgehaltenen Brauch respektvoller A. erschütterten das 19. und bes. das 20. Jh. Um

1910 hatten Kinder die Eltern nicht selten noch zu siezen (Bregenzerwald, Niederösterr.) und der Firmling schrieb an den »hochgeschätzten, hochzuverehrenden Herrn Firmpaten«, obwohl der selber erst 20 war. Heute ist eine Doppelbewegung im Gebrauch von A. und Titel erkennbar: die Täler werden ausgefüllt, die Berge eingeebnet. Während der Diener zum Chefdiener und Butler, der Vorarbeiter zum Boss, das Dienstmädchen zur Hausangestellten, die Putzfrau zur Raumpflegerin, der Lehrling zum »Auszubildenden« (1970) aufsteigen und aus Marie jedenfalls ein Fräulein Marie wird, droht den Eminenzen und Exzellenzen, der Magnifizenz wie dem Spectabilis (Rektor und Dekan einer Univ.), aber auch dem Rat, Direktor, Professor und Doktor schleichende Entwertung, wenn nicht brüske Aberkennung. Den Wandel der A. auch auf dem Lande zeigt eine Mitteilung an den ADV um 1930 aus der Mark Brandenbg.: »Ein Wirt läßt sich Bure anreden und ist stolz darauf. Die jüngeren Wirte, die von auswärts eingeheiratet haben, lassen sich Chef titulieren. Auch Herr lassen sich manche benamsen. Auch zu mir spricht die Frau von Unse Herre«. Fast entschieden ist heute der Kampf der Fräulein um die A. Frau, wenigsten von einem bestimmten Alter an. Hartnäckig dagegen hält sich die »Gnädige Frau«, wie selbst der wienerisch-höf. Handkuß (→ Gebärde) noch neues Gebiet erobert. Herren und Damen sollen abgeschafft werden, aber Männer und Frauen hört man auch nicht gerne, so hilft man sich, wo es nötig wird, mit Bildchen (Locken und Rock: Hut und Hose). Unsicher geworden ist man auch in der traditionellen A. Genossen in der Sozialdemokratie, doch wurden Anträge auf allg. Abschaffung überstimmt (Parteitag 1962). – 1971 wurde in der BRD – jedenfalls in Berlin – die A. Angeklagter in den Gerichten abgeschafft und auch in den Gefängnissen die A. Herr eingeführt (Dienst- und Vollzugsordn. ab 1. Mai).

G. Ehrismann, Duzen und Ihrzen im MA. In: Zs. f. dt. Wortfg. 1–5 (1900ff.); A. Keller, Die Formen der A. im Frühnhd. Diss. Freiburg 1904; J. Dünninger, in: Der Dt. unterr. 2 (1963).

Anrichte, (Richtebank, Kannenstock, Schüttelschap). Ein die gotische Kredenz fortführendes Möbel mit zweitürigem Unterbau als Behälter (Stollenkasten) und einem Aufsatz zur Verwahrung wie nicht minder zur Schaustellung besseren Geschirrs. Er ist auch selbst mit Malerei und Schnitzwerk geziert. In Süddtl. und Österr. dient ein Glasschrank, auf die Stubenkommode aufgesetzt (»Glaskasten«), oder der größere »Stubenkasten« (Montafon; »Schaffräti«) dem gleichen Zweck. Im Niedersachsenhaus stand die »Blänke« ursp. neben dem freistehenden Herd, dann rückte sie in die neue Küche, »aber der ehemalige Reichtum an Zinngerät und bemalten Schüsseln ist davon so gut wie verschwunden und durch moderne Porzellan- und Irdengeschirrwaren ersetzt« (Andree). In jedem Falle dient ein kräftiges Mittelbrett in Tischhöhe zum Abstellen von Geschirr und zum »Anrichten« der Speise. Wie Wandbretter, Geschirrständer u. dgl. Vorgänger der A. sind, so erfüllen ihre Aufgabe im bäuerl.-bürgerl. Haus heute Küchenschrank und im Wohnzimmer Kredenz, Büfett oder Sideboard (ohne Aufbau). Die Bez. Kredenz für A. kam im 15. Jh. aus dem Ital. *(credenza)*, Bufett im 18. Jh. gleichfalls aus dem Roman. zu uns (frz. *bufett*). In der Schweiz ist die Bez.

Puffet (v. ital. *bufetto*) schon im 16. Jh. bekannt.

R. Andree, Braunschweiger Vkde., 1901; R. Uebe, Dt. Bauernmöbel, 1924; A. Feulner, in: Reallex. z. dt. Kunstgesch. 1. 1937; H. Ottenjann, Alte dt. Bauernmöbel, 1954; L. Schmidt, Bauernmöbel, 1967; B. Deneke, Bauernmöbel, 1969.

Anschnitt, Der A. des → Brotes oder der → Butter, besonders wenn sie kultischen Charakter tragen (Zeltenbrot, Störilaib zu → Weihnachten und → Stephan, Butter bei Taufe und → Hochzeit), wird noch heute mit besonderen Vorschriften und Zeremonien begleitet. Es ist ein Anfang und eine heilige Speise. Prätorius berichtet in der *Philosophia colus* (1662): »Die Bürger machen gemeinlich auch nach subtiler Höfflichkeit Kleine Creutze übers Brod: die Bauern aber pflegen nach angeborener Grobheit das Creutz über das ganze Brot zu machen«. Verpönt ist es, nach dem A. noch eine zweite Stelle anzuschneiden (dann schneidet man dem Herrgott die Ferse ab), den A. aus dem Haus zu geben oder uneben zu schneiden. Der A. gebührt dem Hausvater oder mindestens einem Verheirateten. → Jubiläum

Anstandslehre → Ton, guter.

Anthropogonie → Menschenentstehung.

Anthropologie (gr. *anthropos* ›Mensch‹), die Wissenschaft vom Menschen, im dt. Sprachgebr. beschränkt auf das Biologische (Physische) im Sinne der Erblehre, Rassen- und Stammeskde. Bis gegen 1900 bildete die naturgesch. A. nicht selten die Einleitung zu vkdl. Darstellungen (R. Andree, Braunschw. Vkde. ²1901). Bes. nach anglo-amerik. Übung umfaßt A. auch das menschl. Kulturleben (cultural anthropology), das in Europa Forschungsgebiet geisteswiss. gerichteter Disziplinen (Vorgesch., Altertumskde., Lit.- und Kunstgesch., Vkde u. a.) darstellt. Geschichtl. Anfänge und Entwicklung der A. sind ähnlich jenen der → Volks- und → Völkerkunde. Nach den antiken Beschreibungen fremder Völker (Herodot, Strabo, → Tacitus), die im MA nur unselbständige Nachahmung fanden, bringt das Zeitalter der Entdeckungen Anfänge abendländ. A. Nach Linné (Einordnung der Menschenrassen) und Kant (Bedeutung der Vererbung) begründen zahlreiche Funde, Evolutionslehre und Entdeckung der Erbgesetze im 19. Jh. die moderne A., die heute auch die Biochemie in ihren Dienst stellt.

W. E. Mühlmann, Gesch. d. A. 1948; R. Martin, Lehrb. d. A. ³1954–64; A. L. Kroeber, Anthropology, New York ²1948 (Amerik. Standp.); A.ischer Anzeiger; seit 1924. Homo; seit 1950; W. E. Mühlmann u. E. W. Müller, Kultur-A. 1966 (Über d. Probl. d. Begriffes vgl. H. Bausinger, in: Zs. f. Vkde 66, 1970); O. Koenig, Kultur- u. Verhaltensfg. 1970 (K.ethologie); G. Lutz, Vkde u. Kultur-A. Zs. f. Vkde 67 (1971); J.-M. Greverus, Kultur-A. u. K.ethologie. Ebda; C. Lévy-Strauss, Strukturale A., 1967.

Antichrist, Widerchrist (bei Luther: Endechrist), vor der Wiederkunft (Parousie) Christi herrschend. Im Anschluß an die → Apokalypse des Johannes entwickelte sich die Sage vom A., in der alte vorbiblische Überlieferung (der Kampf des Lichtgottes gegen einen Dämon) und die Weltanschauungskämpfe der christlichen Zeitwende ihren Niederschlag fanden. In der christlichen Vorstellung des → Weltuntergangs ist im MA. der A. die wichtigste Gestalt. In der dt. Dichtung erscheint er zuerst im → Muspilli. Für die A.spiele (Friedberger A., Linzer A., *ludus de Antichristo* von Tegernsee) wie für die Predigt war die A.schrift des Abtes Adso um 950 die Hauptquelle. Diese Spiele fanden viel Widerhall. Noch 1469 wurde in Frankfurt a. M. ein solches der Juden wegen verboten. Der A. wurde zum Abbild des ungerechten Königs und Tyrannen, auch des unrechtmäßigen Papstes. In den Einblattdrucken nach der Reformationszeit lebt der A. als der persönliche Widersacher Gottes fort. Luther erwartet ihn. Heute lebt die Sage besonders noch in kath. Land. Der A. wird kommen und regieren, wenn die Leute mit hohen Hüten gehen und ohne Pferde fahren. Eine alte Jüdin zeugt mit einer Schlange den A. → Schlacht, V.schauspiel.

K. Reuschel, Dt. Weltgerichtsspiele, 1906; H. Preuß, Die Vorstellgn v. A. im späteren MA. bis Luther, 1909; B. Rigaux, L'Antéchrist, Paris 1932; P. Steigleder, Das Spiel v. A. Diss. Bonn 1938; E. Frenzel, Stoffe d. Weltlit. 1962; Über Darst. d. A. vgl. O. A. Erich, in: Reallex z. dt. Kunstgesch. 1 (1937); P. Althaus, Die letzten Dinge. ^{8}1961; W.-E. Peuckert, Hwb. d. Sage.

Antike. Neben Germanentum und Christentum ist die A. der dritte, auch heute noch gebende Quellbereich, der die abendländische Kultur in allen ihren Schichten speist. In vier großen Wellen erreichte uns die Wirkung der griech.-römischen Religion, Wissenschaft und Kultur: in der Theologie des MA., dessen Sprache das Latein war (wie es lange auch noch die Sprache der Wissenschaft blieb), in der an antiken Schriftstellern orientierten Naturwissenschaft jener Zeit (→ Alchimie, Dioskurides, Kräuterbücher, Physiologus, Volksmedizin u. a.), im Humanismus der Renaissance (→ Bohemus, Tacitus, Volkskunde) und zuletzt in den Ideen und Werken der Französ. Revolution wie der dt. Klassik. Aber nicht nur durch die Bildung der führenden Schicht und durch Geschriebenes, sondern auch und vielleicht bes. stark in mündl. Überlieferung, in → Vsprache, → Vbrauch und → Vglauben wirkte die A., vorab natürlich in den dt. Landschaften, die von den Römern besetzt waren (→ Limes). → Handwerk, Kaisersage, Neujahr, Weihnachten.

Pauly, Wissowa u. Kroll, Real-Enc. d. klass. Altert. wiss. 1893 ff.; J. v. Müller, Hb. d. Altert. wiss., neu hg. v. W. Otto, 9 Teile. 1921–25; Lübker, Geffcken u. Ziebarth, Reallex. d. klass. Altert. ^{8}1914. Neudr. 1929; W. Jaeger, Paideia. 1–3 (1934–37); L. Radermacher, Mythos u. Sage bei d. Griechen, 1939; M. P. Nilsson, Gesch. d. griech. Religion, 1941; H. Rahner, Griech. Mythen in christl. Deutung, 1945; E. Howald, Die Kultur d. A., ^{2}1948; E. Stemplinger, Antiker Volksglaube, 1948; Fr. Miltner, Römerzeit in österr. Landen. 1948; Reallex f. A. u. Christentum, 1950 ff.; A. Mayer, Der Zentaur v. Grögging. Bayer. Jb. f. Vkde 1960; R. Newald, Nachleben d. a. Geistes im Abendl. b. z. Beg. d. Humanism. 1960; A. A. Barb, The survival of Magic Arts, Paganism and Christianity in the Fourth Century, 1962; O. Keller, Die a. Tierwelt. 1909, Nachdr. 1963; Lex d. alten Welt. Zürich 1965; W. Tarn, Die Kultur d. hellenist. Welt. ^{3}1966; H. Lamer-Kroh, Wb. d. A. ^{7}1967, KTA 96; In der Bibliogr. The Warburg Institute. A Bibliogr. on the survival of the classics (I 1934, II 1938) hat W.-E. Peuckert vkdl. Publikationen über das Nachleben a. Zeugnisse u. Vorstellgn angezeigt.

Antlaß → Fronleichnam.

A.ei, -tag → Gründonnerstag.

A.kranzl → Fronl., Widertonmoos.

menhang mit der von der Kunst oft dargestellten und mit den Vorstellungen der kirchlichen Dämonenlehre wie des Volksglaubens ausgestatteten »Versuchung des A.«, die in der bildenden Kunst fast stets eine Peinigung ist. Er heißt deshalb der Swiene-Tüns (Westfalen, ähnlich Schweiz, Baden), Fackentoni (Tirol). Er ist Patron der Metzger und Sauhirten, auch der Pestkranken. Diese und andere Krankheiten

(Lupus, → Rose) werden auch A.plage, A.feuer genannt. Der Kult des Heiligen ist besonders in Südeuropa volkstümlich. Attribute: Schwein (auch Weihwedel, Bettlerglocke, Weib) oder → A.kreuz.

G. Korte, A. d. Einsiedler in Kult, Kunst u. Brauchtum Westfalens, 1952; A. Eremita, hg. v. B. Steidle, Rom 1956; H. Aurenhammer, Lex. d. christl. Ikonogr. 1. 1956; W. Fraenger, Hier. Bosch, Die Vers. d. hl. A. Hess. Bll. f. Vkde 49/50 (1958).

Antonius, hl. von Padua (13. 6.). Genannt nach dem Sterbeort (1195–1231). Er wird vor allem mit drei Vaterunsern angerufen, während man etwas Verlorenes suchen geht. Man vertreibt damit den Teufel, der seinen Schwanz über das Verlorene hält (Schlesien). Er hilft auch zu Heirat und Kindersegen. Sein Bild wird nicht selten als Amulett getragen. Dargestellt wird er mit dem Jesuskind auf dem Arm oder mit der Lilie u. einem Buch wie auf der Skulptur von Donatello (Padua, Kirche Il Santo).

Schlager, Der hl. A. v. P. in Kunst u. Legende, 1923; B. Kleinschmidt, A. v. P. in Leben u. Kunst, Kult u. Volkstum, 1931; H. Schauerte, D. Patronat d. hl. A. v. P. als Wiederbringer verlorener Sachen, Zs. f. Vkde 50 (1953); S. Clasen, A. 1959.

Antoniuskreuz. Das nach seiner Form (T) auch Taukreuz genannte A. soll auf → Antonius den Einsiedler zurückgehen, der damit Wunder tat. Richtiger wird es Antoniterkreuz genannt, da es zur Tracht dieses mittelalterlichen Ordens gehörte. Gegründet wurde dieser 1095 in Südfrankreich zur Bekämpfung des epidemisch auftretenden »Antoniusfeuers«, das die Römer *ignis sacer* nannten; eine durch Vergiftung mit → Mutterkorn (*secale cornutum*, Getreidepilz) hervorgerufene, bis in die Gegenwart auch epidemisch auftretende Krankheit (Ergotismus). → Amulette, Kreuz, Vmed.

Marie Andree-Eysn, Das Tau und die Pestamulette. In: Vkdl. 1910; H. Chaumartin, Le mal des ardents et le feu St. Antoine. 1946; G. Eis, Zur Gesch. d. A.feuers. In: Med. M. schr. 5 (1951); E. Wickersheimer, Ignis sacer, in: Ciba Symp. 8 (1960); P. Pieper, in: Anz. d. Germ. Nat. Mus. 1964.

Anzeige → Hochzeit, Geburt, Tod, Partezettel, Zeitung, Reklame.

Aperschnalzen → Peitsche.

Apfel, A.baum. Der seit der Steinzeit bekannte A., bes. der rote, ist bei den Idg. Symbol der → Fruchtbarkeit (Braut-A.) im Hochzeitsbrauch, im Liebeszauber und Orakel (→ Andreas). Auch die Edda und das dt. Märchen zeigen Spuren dieses Glaubens. Schon ein früher Bericht (Elsaß 1605) berichtet vom A. als Schmuck des → Weihnachtsbaumes. Der Ab. erscheint oft als → Lebensbaum. Sonst gelten ihm die gleichen Vorstellungen (Übertragen von Krankheiten usw.) wie anderen Bäumen. Oft tritt der Ab. als → Baum des männlichen Kranken in Gegensatz zum → Birnbaum. Der A. ist Symbol der Weltherrschaft, seit christl. Zeit mit einem Kreuz versehen.

A. de Gubernatis, La mythologie des plantes, 2 Bde. 1878/82.; J. R. Harris, Origin and meaning of Apple Cults. 1919; Realex. f. Antike u. Christent. 1, 1950.

Apfelsine → Zitrone.

Aphrodisiakum (griech. *aphrodisia* = Liebesgenuß, Geliebter, Geschlechtsteil; *Aphrodite* = Liebesgöttin). Der Brauch aller Völker und Zeiten kennt Kräuter, Gegenstände, Getränke und organische Dinge, die zur Steigerung der Geschlechts- und Liebeskraft oder zur Weckung der Liebe in einem bestimmten Menschen dienen.
Auch in der Edda u. in mal. Dichtung (H. v. Veldeke) sind A. erwähnt. Dabei kann die Wirkung auf

natürlichem Wege durch die stimulierende Kraft der Pflanze od. des Pulvers (→ Knabenkraut, Spanische Fliege) oder durch Magie erfolgen. Meist wirkt beides zusammen zum Liebeszauber. Dem Sympathieglauben entspringt die häufige Anwendung von tierischen Geschlechtsteilen (s. die einzelnen Tiernamen) oder von Dingen (Haare, Samen), die mit menschlichen Aidoia in Verbindung stehen. Das A. hat auch vmed. Bedeutung als Mittel zur Förderung der → Zeugung und Empfängnis. Dem A. gegenüber stehen die Anaphrodisiaka, die Mittel zur → Abtreibung und Verhütung. Das entwickelte Wissen des MA. über A. und besonders die *amotoria pocula* der → Hexen unterstehen dem Einfluß des Orients und seiner extremen Sexualität. Strafbestimmungen von Solon und Lykurg bis zum Preuß. Landrecht waren gegen Vergiftungen durch A. gerichtet. → Esel, Gans, Bibernelle, Muskat, Ringelblume, Salbei, Thymian.

A. Magnus, Von d. Geheimnissen der Weiber, 1755; A. Abel, Gifthaltige »Zauber«-Mixturen als A. In: Arch. f. Krim. Antropol. 66 (1916); R. Linsert, Liebesmittel, 1929; H. Hertwig, Liebespflanzen u. -tränke, 1952.

Apokalypse, v. griech. *apokalypsis* = Enthüllung, Offenbarung, Erscheinung. Aus orientalischer u. hellenistischer Religion strömten Motive religiöser Offenbarung in das junge Christentum, das in der Offenbarung (A.) des Joh. auf Patmos den Typus a. Schrifttums geschaffen und ihn auch kirchlich anerkannt hat. Von vielen Visionen des MA. (Dantes Göttliche Komödie) bis zur Pansophie des 16. und 17. Jh. (→ Paracelsus, Böhme) und bis zu den Offenbarungen neuzeitlicher Ekstatiker und Somnambulen (z. B. im 19. Jh. die Weltallreisen der Philippine Demuth Bäuerle oder die »Reise einer Somnambulen durch den Mond und die schmerzlichen Jahrhunderte« von Gotthilf Breiter) gilt dies nicht. Die große Zeit der A. waren die 300 Jahre um Christi Geburt. Antike Unterweltsvorstellungen, Astralmythologie und alte Märchenmotive (Sternbilder, Lebensbaum, jungfräuliche Schwangerschaft, Märchenberge), besonders aber die Schilderung der Endzeit (Jüngstes Gericht, Götterkampf, Drache, Zukunftsreich) flossen in der a. Literatur zusammen. Die A. berührt sich mit Volkssagen von einer letzten → Schlacht und von Naturkatastrophen beim → Weltuntergang, wie sie auch in der nord. Völuspa sich niedergeschlagen haben. In der v.tüml. Fassung der Dürerschen A. (Holzschn. 1498) hat die naiv umformende Kraft u. stilist. Eigenständigkeit der Vk. noch in russ. → Bilderbogen des 18. Jh. beispielshaften Ausdruck gefunden. – Jüngstes Gericht, Adventisten, Drache, Erdbeben, Heuschrecke.

Freundorfer, Die A. des Ap. Joh. u. d. hellenist. Kosmologie u. Astrologie. 1929; R. Lehmann-Nitzsche, Der A.tische Drache. Zs. f. Ethnol. 65 (1933); W. Nigg, Das Ewige Reich, 1944; H. Aurenhammer, Lex. d. christl. Ikonogr. 1. 1959.

Apollonia, hl. (9. 2.). Seit dem 13. Jh. (mailänd. Bleimünze) Patronin gegen Zahnleiden, weil der alexandrinischen Märtyrerin vor dem Feuertod die Zähne ausgeschlagen oder mit einer Zange (Attr.) ausgebrochen wurden. → Zahn.

A. slg. d. Zahnärztl. Inst. in Stockholm; J. Wessler, Sancta A. u. ihr Bild in mal. Hss. Zürich 1920; W. Bulk, St. A. 1967 (Kult u. Bild. Diss. e. Zahnmediziners).

apolog. Sprichwort → Beispielsp.

Apostel (griech = Sendbote). Der 15. 7. ist das Erinnerungsfest der *divisio apostolorum.* → Cäsarius v.

Heisterbach berichtet schon den Brauch der A.wahl. Durch → Los erkor man sich einen A. zu besonderer Verehrung. Auch Schwangere losten früher einen »Zwölfboten« für das Kind, damit er dessen Leben beschütze. Attr. der A. sind Buch oder Schriftrolle, im einzelnen seit dem 13. Jh. Kennzeichen ihrer Tätigkeit oder ihres Martyriums. → Namen d. A.

J. Braun, Tracht u. Attr. d. Heiligen. Neudr. 1964.

Apotheke. Die ältere Bed. von ›Behälter, Speicher‹ des gr. Wortes A. wurde im MA. auf Niederlagen von Spezereien und Arzneien beschränkt. Obwohl heute vorwiegend Verkaufsstelle der Erzeugn. der pharmaz. Industrie, hat die A. doch immer noch ein Vermittleramt zwischen → Vmed. und wiss. Heilkunde. Der A.r wird als Berater in Anspruch genommen und er muß in Anpassung an den landsch. Bedarf und Brauch auch die bewährten »Hausmittel« als Pulver, Trockengut und Tinktur auf Lager halten. Im MA. machten die pflanzl., tier., und mineral. Heilmittel den eigentl. Bestand der (sehr oft klösterl.) A. aus, später wurde der A.r auch Hersteller von Zuckerwerk (→ Marzipan) und Schokoladen. Im 17. Jh. löste sich die A. vom Handwerk und wurde zu einer Freistatt für Nichtzünftige. In den Städten hat die v.tüml. Aufgabe der A. heute meist der Drogist mit seinen vielen Kräutertees übernommen. Beide bedürfen genauer Kenntnis der V.med. wie der → Vsprache, in der es durch → Vetymologie zu Enstellungen und Umdeutungen des A.lateins kommt (z. B. [radix] Althaea › alte Eh; Bergamottöl › Banknotenöl). In Frankf. a. M. (1940) und Heidelberg wurden A.museen mit Biblioth. errichtet. Mitten im alten Wien (I. Johannesg.) hat das Öst. Mus. f. Vkde die A. des ehemal. Ursulinen-Klosters restauriert, durch eine Slg. verwandter relig. Vk. ergänzt und zu einer sehenswerten Außenstelle des Mus. in der Laudongasse ausgebaut. → Heilkräuter, Arzt, Mumie, Rose v. Jericho, Bär, Kosmas.

H. Marzell, Wb. d. dt. Pflanzennamen, 1937ff.; F. Berger, Sinnverwandte Wörter . . . (Synonyme) im Drogenhandel. 1937; J. Arends, Vtüml. Namen d. Arzneimittel, Drogen, Heilkräuter u. Chemikalien. [15]1961; W. H. Hein, Die Dt. A. 1960 (Lit.); H. Schelenz, Gesch. d. Pharmacie, 1962; H. Stafski, Aus alten A. [3]1964; Führer d. d. Dt. A.mus. im Heidelb. Schloß. [4]1966; Slg. Relig. Vk. Kat. v. L. Schmidt, m. Beitr. v. K. Beitl u. K. Ganzinger. 1967 (S. 34 Karte: Christus als A.r. Verbreitg. d. Bildmotivs in A. u. Gnadenstätten Öster. u. Südtls.)

Apotropaion → Zauber, Knoblauch.

Aprilscherze → erster A.

arab. Ziffern → Gerbert.

Arbeit. Im Altertum Sache der Unterschicht (Sklaven, Unfreie), im Alten Test. als Fluch betrachtet, gewinnt die körperl. A. erst mit den christl. Denkern und Mystikern, bes. aber seit der Reformation das Ansehen einer sittl. Aufgabe. Während bis zum Ende d. 18. Jh. mehr als vier Fünftel der schweren A. von der bäuerl. Bevölkerung geleistet wurde, wirft das techn. und industr. Zeitalter neue Fragen auf, indem es neben → Bauer und → Gesinde, neben → Handwerker und Gesellen den → Arbeiter im engeren Sinn stellt, der in städt. Fabriken im Stundenlohn an Maschinen und Fließbändern tätig ist, deren Enderzeugnis ihm oft nicht mehr sichtbar ist.
Bäuerl., handwerkl., bes. industr. A. sind in ihrer Eigengesetzlichkeit verhältnismäßig spät Gegenstand der von der Romantik her gepräg-

ten vkdl. Fg. geworden. Noch die Unters. von W. H. Riehl »Die dt. Arbeit« blieb ohne wesentliche Nachfolge, obwohl dort das wiss. Bekenntnis steht: »Keiner wird dem Volk ins Herz blicken und eine wahrhafte Volkskunde schreiben, der nicht den Arbeitsgeist des Volkes zu erkennen und nach seinen positiven Charakterzügen zu zeichnen weiß.« Die Darst. Riehls ist in ihrer »gedanklichen Tiefe und Breite« bis heute kaum wieder erreicht worden (A. Niederer), doch haben in den letzten Jahrzehnten Peuckert, Wopfner, Brephol, Wiegelmann, Jacobeit, Peesch, Hansen u. a. einer vkdl. Betrachtung der Organisations- und Wertsysteme der A. Geltung verschafft. 1965 erhob der von G. Heilfurth geleitete »Dt. Vkde-Kongreß« in Marburg »A. und V.leben« zum Thema der Tagung in acht Gruppen: Haus u. Siedlung (B. Schier), Gerät (W. Hansen), Volkskunst (T. Gebhard), Sprache (E. Ploss), Volkserzählung (L. Röhrich), Lied, Musik und Tanz (R. W. Brednich), Brauch und Glaube (J. Dünninger), Vertreibung und Umsiedlung (A. Perlick). Neue Erhebungsmeth. für überlieferte Formen der A. erprobten die vkdl. → Atlanten. Nach 1945 wurde die Welt der A. bevorzugt Gegenstand neuer Umfragen. Förderung einer Vkde der A. brachte nicht zuletzt die erweiterte Fg. auf dem Gebiet der Gerätekunde (→ Ergologie). Angesichts der Gefahr einer reinen Realienkunde freilich verlangt Niederer die stärkere Berücksichtigung von A.gesellung und -ordnung, von A.ethos und A.erbewegung. In Unters. von R. Peesch über Fischerkommünen an der Ostsee oder von J. Weber-Kellermann über die A. norddt. Bauern im 19. Jh. ist dieser Weg beschritten. – Beachtung verdient die Entwertung des Begriffes A. durch den Amerikanismus (z. B. im Film: »Der Kidnapper *arbeitet* immer allein«), der uns auch den vieldeutigen »Job« anstelle des → Berufes beschert hat (»Hausfrau – ein mieser Job«, 1970).

Der Werkstätte, der Manufaktur und selbst dem Fabriksaal sind überlieferte Gemeinschaftsformen nicht fremd. Einstand und Abschied, Geburtstage und bes. Anlässe wie A.jubiläen werden gefeiert. Beim Pilotenschlagen wie dem → Klöppeln von Spitzen ist das → Arbeitslied Unterhaltung und rhythmische A.hilfe zugleich. Die tägl. A. des Volkes wurde aber bes. da, wo sie noch mit Landschaft und Boden verbunden war, in ihrem Anfang und Ende (→ Saat, Ernte, Dreschen) und in ihren geselligen Zwischenstufen (→ Gemeinsch.-A., Spinnstube, Nachbar) getragen oder doch geschmückt von Glauben und Brauch, unterbrochen und belebt von Erzählung, Lied und Spiel (→ Vspiel). Das Gerät für die A. in Werkstatt, Küche, Hof, Stall, Akker, Wald u. Alpe, Bach u. See ist ein vielgestaltiger Anlaß zu künstlerischer Betätigung. Selbst noch in heute zutage tretenden Zweckformen vermag sich landsch. Eigenart bemerkbar zu machen (Spatenform, Speichenzahl der Wagen, Art der Körbe, der Waschgefäße). – Zahlreich sind die Arbeitsverbote, die religös-kirchliche Vorschrift sind (»Feierabend«, »Feiertag«, Sonntagsheiligung; Feiertage kannte auch der Orient, wie Antike u. Germanentum) oder dem Volksglauben folgen. In den → Zwölften hält man Stallreinigen, Wagenarbeit, Waschen (heute noch allgemein) für ungeraten. Vorchristliches Erbe ist wohl die A.enthaltung am → Donnerstag (Donar), zu der schon der → *Indiculus* Stellung nimmt: *De feriis, quas faciunt Jovi vel Mercurio.* Die Mittagsfrau, im Wendischen die Poludnica, am Rhein die Enongermoer (→ Mittagsgeister) bestraft jeden, der mittags auf dem Felde arbeitet (im Kreis Jülich von Pankratius, 12. 5., bis Bartholomäus, 24. 8.). Sie erstickt die Frevler. Ebenso ist nächtliche A. untersagt. Übertreter werden in den → Mond versetzt. Geister rufen: »Der Tag ist dein, die Nacht ist mein« (Tirol). In Süddtl. wird in den Kirchen verkündet, wann z. B. Heuarbeit am Sonntag des Wetters wegen erlaubt ist. Brauchtümliche Verbote beruhen z. T. auch auf praktisch-gesundheitlichen Rücksichten. Über A. bei Licht → Lichtmeß, → Michael. → Volkskunst, Feierabend, Freizeit, Basteln, Werkzeug, Stadt, Gestaltheiligkeit.

Kartogr.: ÖVA II Wohnbevölk. u. Wirtsch.gruppen (Land- u. Forst.). ASV 84–88: A.teilung b. Melken, Mähen. Landwirtsch. Wanderarbeiter – Herkunft, Art der A. –; H. Wopfner, Vkde als A.kunde. In: Schlern 10.–14. Jg. ; J. Blau, Böhmerwälder Hausind. u. Vk. 1917; Giese, Hb. d. A.wiss. 1928; W. Treutlein, Das A.verbot im dt. V.glauben, 1932; F. J. Gstrein, Die Bauern-A. im Ötztal einst u. jetzt. 1933; W. Seedorf, A.bräuche in d. Landwirtsch. In: W. Peßler, Hb.; W. Bomann, Bäuerl. Hauswesen u. Tagewerk im alten Niedersachsen. [4]1941; H. Wopfner, Bergbauernbuch, 1951ff.; M. D. Chenu, Die A. und der göttl. Kosmos. Aus d. Frz. 1956; Th. Caplow, Soziologie d. A. Aus d. Amer. 1958; J. Pieper, Muße u. Kult. [5]1958; J. Dünninger, Hauswesen u. Tagewerk. In: Dt. Philol. i. Aufriß. 2. Aufl.; H. Grünn, Die Pecher. Vkde a. d. Lebenskreis des Waldes, 1960; G. Wiegelmann, Zum Problem d. bäuerl. A.teilung in Mitteleur. 1960, (4 Karten ü. d. Anteil der Frau auf Grund des ADV. Ergebnis: daß »der Traditionswert der einfachen, vorwiegend wirtsch. Zwecken dienenden Verrichtungen und Geräte nicht sehr hoch ist«).; W. Jacobeit, Zur Erforschg. d. bäuerl. A. u. Wirtschaft. Dt. Jb. f. Vkde 8 (1962) (J. lehnt die Begriffe Vgeist, Vseele ab. Dagegen I. M. Greverus: V. ist auch denkendes, spielendes, glaubendes V.); K. Vilkuna, Vtüml. A.feste in Finnland. Helsiniki, 1963 (Bauer, Fischer, Jäger, Handw. Gewerbe. Gem.schaftsförd. Char. der trad. A. Anfangs- und Abschlußfeste. Bewirtung am A.platz für Finnland typisch); G. Wiegelmann, Reliktzonen und moderne Gebiete in d. bäuerl. Sachkultur d. Neuzeit. In: Kulturraumprobleme aus Ostmitteleur. u. Asien. 1964. (Getreide- und Heuernte, Spanntierhaltung u. bäuerl. A.teilung; auf Grund des ADV. Mittelbäuerl. Betriebe am konservativsten. Ndtl. ist Neuerungen aufgeschlossen, wenig dagegen der Süden, bes. Bayern und Österr.; um 1930–35); U. Bentzien, Die mecklenbg. »Drescher« u. d. Einfg. d. Maschinendrusches. Dt. Jb. f. Vkde. 10 (1964) (Noch Mitte d. 19. Jh. Maschinen zerschlagen oder verbrannt. Erst im 20. Jh. Unterscheidung zw. Maschine und Kapital); H. C. Ständer, Die »kleinen Leute« im Alltag vor u. um 1900. Rhein.-westf. Zs. f. Vkde. 12 (1965); W. Jacobeit, Bäuerl. A. u. Wirtschaft, 1965; W. Hansen, Ländl. Tagewerk im alten Lippe. In: Heimatland L. 58 (1965); J. Weber-Kellermann, Erntebrauch i. d. ländl. A.welt d. 19. Jh. 1965; A. Kraus, Die Unterschichten Hamburgs i. d. l. H. d. 19. Jh. Entst. Struktur u. Lebensverh. 1965 (Erschütternde Lage d. Fabrik-A., Dienstboten, Handlanger, kl. Gewerbetreib.); W. Marti, Wäärche-Schaffe. Ein Wortfeldkomplex in d. Sprache d. bernischen Seelandes. 1967; G. Heilfurth u. J. Weber-Kellermann hg., A. u. Vleben. Dt. Vkde-Kongreß 1965 in Marburg, 1967. (Die einz. Beiträge → Stichw. wie Haus, Gerät, Sprache usw.); M. Kundegraber, Vom Heutragen u. Heuziehen in Gottschee. Jb. f. ostdt. Vkde. 11 (1968); G. Wiegelmann, ADV-Umfragen z. Alten bäuerl. A. In: Rhein. Vjbll. 33 (1969) (Mit 10 Karten; Säen, Ernten, Dreschen). W. Hansen (Hg.). A. u. Gerät in vkdl. Dokumentation, 1969; V. Husa, Homo faber. Der Mensch u. seine A. Die A.welt i. d. bild. Kst. d. 11. bis 17. Jh., 1971.

Arbeiter. Ahd. *arbeit* meint die Kultivierung der Natur, den Ackerbau. Das mhd. *ar(e)beit* und *arbeiter* umfaßt auch Werkstatt und Handwerk. Seinen heutigen und engeren Sinn gewann das Wort A. mit dem Beginn der Industrialis. und des Maschinenzeitalters, das den Fabr.-A. vom Angestellten in Büro und Kontor und vom landwirtsch. Tätigen, zugleich auch immer stärker die → Stadt vom → Dorf und Lande trennte. Noch später als die → Arbeit als soz. Erscheinung rückte der A. als Person ins Blickfeld der Wiss. Heute ist die Vkde längst gleichberechtigt und mit eigener Fragestellung neben die Soziologie getreten, nicht selten als Richtigstellung theoret. Enge und

Lebensferne in mancher ihrer Unters. (Wurzbacher, Wald u. a.). Die Beobachtung der Gegenwart ergänzen zwar seltene, aber wichtige hist. Aufzeichn. von A. wie z. B. die »Denkwürdigkeiten und Erinnerungen eines A.« (hg. v. P. Göhre, 1903). In der »Vlebensfg«, wie sie bes. S. Erixon forderte, steht die neue Aufgabe, etwa die Erfg. des Lebens der Hafen-A. in zwei Jhh., vollgültig neben der alten »Bauern-Vkde«. Vgl. Lit. → Industrie.

R. Thurnwald, Die menschl. Ges. 3. 1932; E. Michel, Sozialgesch. d. industr. Arbeitswelt, 1946; S. Erixon, Stockholms hamnarbetare. Stockh., 1949; K. Bednarik, Der junge A. von heute – ein neuer Typ, 1953; F. Rehbein, Gesinde und Gesindel. Aus d. Leben e. Land-A. im wilhelmin. Dtl. 1955 (Autobiogr. e. Knechtes); B. Barthel, V. d. Steinbrecher i. Elbsandsteingebirge. o. J. (1956); K. Jantke, der vierte Stand, 1955; H. Popitz u. a., Das Gesch.bild d. A., 1957; W. Brepohl, Industrievolk im Wandel v. d. agraren z. individ. Daseinsform, dargest. am Ruhrgebiet, 1957; H. Husmann, Lebensformen u. ihr Wandel beim A. in Hamborn. Rhein.-westf. Zs. f. Vkde 4 (1957) (Sozialformen: Arbeits-, Glaubensgemeinsch., Nachbarsch., Verein. Ausdrucksformen: Leben u. Jahr, Brauch u. Beiglaube, Wohnung, Kleidung, Krankheit usw.); W. Fischer, A.memoiren als Quellen f. Gesch. u. Vkde d. industr. Ges. In: Soz. Welt 9 (1958); O. Bach, hg., R. Wissel, Ein Leben f. soz. Gerechtigkeit. Zu s. 90. Geb.tag. 1959; C. J. Lindner, Die Gemeinsch.bez. d. A.schaft e. modernen Textilbetriebes im tirol. Oberinntal. Diss. Innsbr. 1959 (Von je 100 A. haben 52 ein eigenes Haus. 72 e. eig. Garten, 44 eig. Ackerland, 22 eig. Vieh); R. Jahn, Was heißt A.bildung, 1960; K. Ilg, A.vkde in Österr. In: Kulturarbeit 12 (1960); M. Möckli, v. Seggern, A. u. Medizin. Die Einstellg. d. Zürcher Ind.-A. zur wiss. u. vtüml. Heilkde. 1965; J.-M. Greverus, Anpassungsprobl. ausländ. A. In: Pop.revisus, 1966; K. Baumgarten, Die älteren Land-A.katen in Mecklenbg. In: Arbeit u. Vleben 1967; G. Kehrer, Das relig. Bewußtsein d. Industrie-A. 1967; Fr. v. Knülli u. U. Münchow, Frühes dt. A.theater, 1847–1918, 1969.

Arbeiterlied. »Wenn man . . . aus emotionellen Gründen das ganze A. als Volkslied bezeichnen will«, so heißt das »das qualitativ völlig Neue zu verwischen«. Deshalb unterscheidet W. Steinitz das A.volkslied »folkloristischen Typs« von einem nichtfolklor., polit. etwa von der Art der »Internationale«. Doch bestehen Beziehungen jedenfalls, wenn z. B. das Argonnerwaldlied, das beliebteste Lied der → Soldaten zwischen 1915–17, einfließt in den Kampfgesang des Spartakus gegen Noske in Berlin, Januar 1919. Den Stil des 19. Jh. verrät ein auch tschechisch gesungener Text:

Menschlichkeit ist den Tyrannen
Fremd; ihr Herz ist abgebrüht,
Gegen sie heißt unser Mittel
Dolch, Revolver, Dynamit.
. . .
Nieder mit den Volksbetrügern
und stimmt an das Kampfeslied
Tod den Göttern, Tod den Himmeln
und dem Pfaffen Dynamit.

Wie alles, was im Volke gesungen wird, ist auch das A. → Volkslied. In welchem Grade dies der Fall ist und unter welchen auch »literarischen« Abhängigkeiten, wird Aufgabe einer Fg. sein, die erst in den Anfängen steht. Die erste Slg. von A.gab der Königsberger Arbeiterverein im Sturmjahr 1848 heraus.

M. Haß, Lieder d. Waldarbeiter, 1938; W. Steinitz, Das Leunalied. Dt. Jb. f. Vkde. 4 (1958); V. Pletka, Zur Meth. d. A.-Forschg. Dt. Jb. f. Vkde. 5 (1959); J. Lammel u. a., Bibl. d. dt. A.bücher (630 Titel v. 1834–1945). 1961., ders. Das dt. A. 1962; H. Strobach, Intern. Sympos. z. Erfg. d. A. Dt. Jb. f. Vkde. 8 (1962); W. Steinitz, A. und Volkslied, 1965; H. Strobach, Variierungstendenzen im dt. A.volkslied, Dt. Jb. f. Vkde. 11 (1965); W. Wiora, Der Untergang d. Volksliedes u. s. zweites Dasein. In: Musikal. Zeitfragen (1959) Heft 7; G. Hagelweide, Publizist. Liedfg., in: Publizistik im Dialog. 1965; A. Anderluh, Das Lied d. Arbeit. In: Arbeit u. Vleben. 1967.

Arbeitsgerät → Ergologie, Hausrat, Werkzeug.

Arbeitslied. Der Ursprung des A. liegt in der rhythmischen Arbeit, aus der es einerseits entstanden ist und die es andererseits durch seine eigene Rhythmik steigert. Man unterscheidet drei Formen des A.: Eine gleichm. Folge von Arbeitsbewegungen, die geräuschlos sein können, führt dazu, diese Bewegungen mit einer rhythm. Tonfolge in Verbindung zu bringen: Wenn der Schneider beim Nähen den Faden langsam durchzieht, um ihn dann noch einmal mit einem leichten Ruck kurz anzuziehen, sagt man in Niedersachsen dazu »Dår hangt de – Speck«. Auf eine andere Entwicklung sehen dagegen jene A. zurück, die aus einem regelmäßigen Arbeitsgeräusch entstanden sind. Hier handelt es sich vielfach um einfache Lautdeutungen, die dann zu einem Lied ausgeweitet werden. So sang man in Finkenwärder beim Sensenschleifen:

Ick wett min Meß, ick wett min Meß.
Wer is bi de Deern in de Kamer weß?
Ick hefft ni dan, ick hefft ni dan.
De Kamer, de het apen stahn.

Wieder anders geartet sind jene Lieder oder Sprüche, welche die Arbeitsleistung mehrerer Arbeiter rhythmisch zusammenfassen und damit die Arbeitsleistung wesentlich steigern (z. B. die Rammlieder der Zimmerleute). Das sind vielleicht die A. im eigentlichen Sinne, die zwar aus dem Rhythmus der Arbeit entstanden sind, aber diese nun wieder an die rhythmische Form binden, wie z. B. die verbreiteten Dreschersprüche:

Hund ist tot, Hund ist tot,
's tät uns a Drescher not.

→ Bohne, Volkslied.

K. Bücher, Arbeit u. Rhythmus, 1909. O. Lauffer, Arbeitsrhythmus in der dt. Volkskunde (Germ. Abh., Bd. 67). M. Rosenthal, Lieder d. Elbschiffer. Niederdt. Zs. f. Vkde. 10 (1932). J. Kilian, A.er auf Segelschiffen. ebd. 11 (1933); J. Schopp, Das dt. A., 1935. E. Busch, Internat. A.er, 1949. K. M. Klier, Österr. Pilotenschlägerlieder. Jb. öst. Vliedw. 1 (1952); In: Arbeit u. Vleben, 1967; E. Klusen, Musik z. Arbeit heute; E. Stockmann, Vmusikinstr. u. Arbeit; W. Suppan, Musik u. Arbeit.

Arbeitsverbot → Arbeit, Dreikönig, Gründonnerstag, Karfreitag, Neujahr, Zwölften.

Armbrust → Schützen.

Armenbibel, *biblia pauperum*. Mal. Bilderhss. für das einfache, des Lesens unkundige Volk (oder auch für den armen Kleriker?), die in schon frühchristlich ausgebildeter Typologie das Leben Christi darstellten und zuerst im bayer.-öst. Raum entstanden. Die Bez. b. p. wird heute auch auf die Freskomalereien alter Dorfkirchen (z. B. Damüls im Bregenzerwald, St. Martin im Walgau) angewandt.

G. Schmidt, Die A. d. 14 Jh. 1959; ders. u. F. Unterkircher, Die Wiener B. P. 1962 (Facsimile-Ausg.), Reallex z. dt. Kunstgesch. 1 (1937); A. Weckwerth, Die Zweckbestimmung der A. u. d. Bed. ihres Namens. In: Zs. f. Kirchengesch. 68 (1957)

Arme Seelen. Alter Seelen- und Totenglaube verbunden mit der christlichen Lehre vom → Fegefeuer hat die Gestalt der nackten, aus Flammen flehenden, für Opfer, Gebet, Wallfahrt, → Ablaß und Weihwasser dankbaren A. S. geschaffen. Ihr Haupttag ist → Allerseelen, doch gehen sie auch in anderen Nächten, besonders im Winter, erlösungsuchend umher. Die A. S. sind auch in Volks- und Fastenlieder (»Armer Kinder Lied« in Thüringen, »Die A. S. vor der Himmelstür« am Bodensee) eingegangen. Die Vk. (→ Andachtsbild) stellt sie dar in Friedhofskapellen, als »A. S.-Tafeln« sind sie zuweilen an einer Stallwand am Wege angebracht (»Teifltafla« am Silbertalerweg im Montafon).

J. Lippert, Christentum, Vglaube u. Vbrauch, 1883; U. Jahn, Die dt. Opfergebr. bei Ackerbau u. Viehzucht, 1884; E. Tappolet, Vom Schicksal d. a. S. in d. Walliser Sage, Schweiz, Arch. f. Vkde. 30 (1930); H. Koren, Die Spende. Eine vkdl. Studie über die Bez. »Arme Seelen – arme Leute«. 1945; W.-E. Peuckert, Hwb. d. Sage.

Armetill → Blutwurz.

Arnika (Niesblum, Schneeberger; *Arnica montana* v.gr. *arnakis* ›Lammfell‹) Alpenpflanze, seltener in der Ebene (häufig aber z. B. auf der Insel Sylt), auch in Gärten. In Deutschböhmen, in Oberfranken und am Thüringerwald ist A. die eigentliche »Johannesblume« (→ Joh.kraut). Zum → Joh.tag werden dort Feldränder mit A. besteckt gegen den → Bilwis. A. am Fenster schützt gegen den Blitz, am Feldrand gegen Hagelschlag (→ gelb). Die Vmed. verwendet bes. die am Joh.tag gesammelten Blüten (A.tinktur). Der Antike unbekannt, wird die A. auch in den → Kräuterbüchern des 16. Jh.. nicht genannt. Bezeugt ist der Name bei M. Sylvaticus im 14. Jh.. Die germ. Heilpflanze war der → Frigga geweiht. Wolfsblume heißt sie im nd. Auch das hd. Wohlverleih hält man für eine → V.etymol. aus einem Wolf-Namen. Donnerblume (→ Wetterblumen) heißt die A. in Baden, Schnupftabaksblume in der Eifel (auch im Dänischen), Wundkraut im Ennstal, Stoh-up-un-goh-hen in der Gegend von Hausberge in Westfalen.

Marzell, Wb.

Aroma → Geruch.

Aronstab, (Zehrwurz, *Arum maculatum*;). Der Name ist ägyptisch (Plinius, Nat. hist.: *in aegypto aron vocant*). Der Vergleich mit dem blühenden Stab des bibl. Hohenpriesters ist → Vetymol. Andere sehen am A. die → Leidenswerkzeuge abgebildet. Dem Bauer zeigt die Beschaffenheit der verschiedenen Blütenarten den Ausfall der künftigen Ernte an (Zeigkraut). Der nackte obere Teil stellt dabei das Getreide dar, die verkümmerten Blüten darunter das Heu, die folgenden männlichen das Obst, die weiblichen den Wein (Rheinpfalz). In Thüringen deutet man oben auf Hafer und Gerste, dann auf Roggen, Weizen und Erbsen. A. als Medizin nennen Albertus M., H. von Bingen und schon Hippokrates.

H. Marzell, Der A. im Wandel d. Zeiten. Zs. f. Vkde 44 (1934); ders., Wb. (Reiche Synonymik).

Arrondierung → Flurbereinigung.

Arzt, wie andere med. Fachwörter (Pflaster, Büchse) durch roman. Vermittlung aus d. gr. (*archiatros* = Oberarzt) entlehnt und seit dem 16. Jh. eingebürgert. Die and. germ. Sprachen haben dafür noch Bez., denen das mhd. *lachenaere* = Zauberer entspricht (→ Lachsner). In der Vsprache erhielt sich aus dem 15./16. Jh. »Doktor« (verdoktern, herumd.). Wer »Doktor« als Titel führt, wird auf dem Lande auch heute noch für einen Med. gehalten. Der A., urspr. ein mit mag. Kraft begabter Zauberer, hat immer noch mit dem Neben- und Zerrbild des »Wunderdoktors« zu kämpfen, der mit alten Hausmitteln, → Heilkräutern, mit → Sympathie und → Besprechen heilt. Erst durch die Reform von W. v. Humboldt wurden Gymnasium und Univ. Pflicht für die Ausbildung des A. Die wiss. unterbaute, dabei volksnahe Naturheilkde (→ Homöopathie nach Hanemann; Kneipp, Priesnitz, Bircher u. a.) wie überh. die »naturgemäße Heilmeth.« (H. Eppinger, E. Albrich) besitzen heute wieder großes Ansehen. → Lukas, Kosmas, Vmed.

H. Peters, Der A. u. die Heilkde in d. dt. Verg., 1900; F. Grön, Altnord. Heilkde, 1907; Sudhoff, Kurzes Hb. d. Gesch. d. Med., 1922; E. Kriechbaum, Der A. als V.erzieher, 1923; P. Diepgen, Dt. V. med. Wiss. Heilkde u. Kultur, 1935; J. Steudel, Altes Erbgut in d. ärztl. Sprache d. Gegenw. 1944; K. Kerény, Der göttl. A. Stud. ü. Asklepios u. s. Kultstätte, 1956; H. Schulten, Der A. [3]1966.

Asche → Feuer, Jahresf., Joh.tag, Kohle.

Aschenklaus, -mann, -mutter → Nikolaus, Advent, Weihn., Neujahr.

Aschermittwoch, seit dem 7. Jh. Beginn der → Fastenzeit. In den kath. Kirchen wird seit d. 11. Jh. den Gläubigen, die es wünschen, am Kommuniongitter Asche auf das Haupt gestreut (»Staub bist du und wirst wieder zu Staub werden«). Auf dem Acker nutzt solche Asche mehr als 3 Tage Regen und 3 Tage Sonne. Vereinzelt dehnt sich die → Fasnacht noch auf A. aus, ja bis um 1580 war der Bußtag des A. ein Höhepunkt der erst am Sonntag darauf (→ Funkens.) endenden Fasnacht. In Mailand wie für die Ambrosianer im Tessin begann die Fastenzeit noch im 19. Jh. erst am Montag nach dem Sonnt. Invocavit. Beim Umzug der »Aschenbraut« ging es lustig her (Böhmen). In Basel fielen die eigentlichen Fasnachttage sogar erst nach Funkensonntag, der selbst mit seinem Feuer, Krapfenbacken, Schießen und Singen einen Einbruch des Volksbrauches in die kirchliche Quadragese darstellt. Manche Nachfeiern entstanden aus Widerstand gegen das Papsttum. Unter Scherz und Spott geht man den leeren Geldbeutel waschen oder die Fasnacht mit der Laterne suchen. A. ist ein → Unglückstag. An ihm sei Luzifer aus dem Himmel gestürzt worden. Man soll kein Vieh neu in den Stall tun, keins austreiben oder weggeben, Stall und Stube nicht reinigen. Man soll das Dorf nicht verlassen, auch den Wald nicht betreten, weil am A. die Holzfrau vom Teufel gejagt wird.

Wetzer u. Welte, Kirchenlex.: Fastenzeiten.; Eisenhofer-Lechner, Grundriß d. Liturgik d. röm. Ritus, [6]1953; J. A. Jungmann, Der Gottesdienst d. Kirche, 1955.

Aschröslein → Weißdorn.

Astrologie, die »Königin des Aberglaubens« (Peuckert), besser als Astromantik oder Astrosophie zu bezeichnen, war im Altertum noch gleichbedeutend mit Astronomie, Kunde von den → Sternen, → Himmelskunde. A. im Sinne von abergläubischer Sterndeutung ist babylon.-hellenist. Herkunft und drang im MA. auch in den dt. Vglauben ein. Die Bedeutung der Laien-A. beweist die »Bauernpraktik« von 1508 (→ Kalender), die in Dtl. weite Verbreitung fand und in Schweden allein 60 Auflagen erzielte. Eine streng wiss. Darst. der Gesch. d. A. fehlt. Die schwankende Bewertung zeigt ein Satz von E. Cassirer; er bezeichnet A. als »einen der großartigsten Versuche systematisch-konstruktiver Weltbetrachtung, der je vom menschlichen Geiste gewagt wurde«. Die wichtige kunstgesch.-ikonograph. Erforschung der A. steht erst in den Anfängen (Warburg, Saxl). Hartlaub sieht in der A. einen »monumentalen Irrtum«, gibt aber zugleich zu überlegen, »ob unter der a.ischen Praxis der Jahrtausende mit allen ihren spielerisch-erfinderischen Systematisierungen doch eine gewisse Urerfahrung – sagen wir kühn: eine besondere ›Sternfühligkeit‹ der archaischen Bewußtseinslage – verschüttet worden ist« (Zs. f. Vkde. 58, S. 152). Das Wiederaufleben der A. in der Gegenwart, für das Peuckert erstaunliche Beispiele gibt, die wir alle aus eigener Beobachtung vermehren können, deutet Hartlaub »als Symptom unserer gegenwärtigen sozialpsycholog. Lage und ihrer eigentümlichen seelischen Bedürftigkeit, inmitten einer noch immer zunehmenden Säkularisierung, Entmythologisierung, Entmagisierung unserer Welt« (vgl.: Wo ist Sicherheit? KTA 322). Wenn alle Zeitungen a.ische Deutungen bringen, wenn Jahrmarkts-a.n blühen, wenn »›Führer‹ und Verführte ihre Entscheidungen nach dem Sternenstand bestimmen, muß der Volkskundler ihre Herkunft und Qualität beurteilen können« (Peuckert, in: Zs. f. Vkde 56, S. 156) → Alchimie, Chaldäer, Chiromantie, Dreieck, Geburt, Horoskop, Konzil, Nativität.

Gerber, Mussolini u. d. A. 1926; F. Saxl, Verz. a. ischer u. mythol. Hss. d. lat. MA. 1927; P. Schmidt, Abergl. als Massenwahn, 1952; H. v. Klöckler, Kursus d. A. 3 Bde. ³1956; W. Gundel, Sternglaube, St. religion u. St.orakel ²1959 (Ablehnung der A.); S. Eriksson, Wochengötter, Mond u. Tierkreis. Stockh. 1956 (Laien-A.); W.-E. Peuckert, A. Gesch. d. Geheimwiss. Bd. 1, 1960, (vgl. Kritik v. H. G. Gundel in: Hess. Bll. 51/52); H. Bender, in: Neue Wissensch. 12 (1964); W. Knappich, Gesch. d. A. 1967; Auch für 1972 erschienen: Buchela-, Huter-, Lorcher A.ischer Kalender u. a.

Asoziale → Einzelgänger.

Asphalt → Mumie.

Aster → Garten.

Asyl (v. gr. *asylos* ›unberaubt, unverletzlich‹). Das in den Mittelmeerkulturen bekannte und dann wieder im MA hochbedeutsame A. als Schutzaufenthalt Verfolgter finden wir auch bei den Germanen (Kultstätte, Thingplatz, Ahnengrab). Seit Konstantin d. Gr. ging das antike A.recht über auf Kirchen, Klöster, Hospitäler usw. Aber auch mit Freibriefen ausgestattete weltliche Stätten sind A. (Freyung, Schloßfreiheit). Das Haus, ursprünglich der Herd, ferner die Schwelle, die Dachtraufe, der Weg sind A. Diese od. besonders (durch Kreis, Kreuz) bezeichnete Gebiete sind Hindernisse für Dämonen und bezeichnen zugleich die Grenze, die der Banner, Zauberer, andererseits auch der Verfolgte, die Wöchnerin vor der → Aussegnung und andere Gefährdete nicht überschreiten dürfen. Das Fangspiel der Kinder zeigt Spuren des A.rechtes (Mal, Frei, Ruhhaus, Pax, Leopold, Bott, Tipp, Monte, Tax, Akkree, Stetz u. a. Namen der Freistatt). – Das kirchl. A.recht erlosch mit der Festigung der weltl. Justiz, in der heute der A.anspruch des in einem anderen Lande politisch Verfolgten die größte Rolle spielt. → Recht, Kinderspiel.

E. Osenbrügge, Der Hausfrieden, 1857; R. Andree, Die A.e. In: Globus 38, (1880); R. G. Bindschedler, Kirch. A.recht, 1906; E. v. Künßberg, Rechtsbrauch u. Kinderspiel. Sitz.ber. Hdbg., 1920; F. Ermacora, Hb. d. Grundfreiheiten u. d. Menschenrechte, 1963.

ätiologisch. Ä.e → Sagen antworten auf die Frage »Warum?« Warum hat die Bohne eine Naht? (weil sie vor Lachen platzte und genäht werden mußte). Vor auffallenden Erscheinungen in der Natur (Form, Farbe, Eigenschaften und Gewohnheiten von Pflanzen und Tieren, auffallende Gesteinsformen und Berge, Erscheinungen am Himmel), vor halbverstandenen od. halbvergessenen Namen und Bräuchen erhebt sich im beobachtenden Menschen die Frage nach dem Grund (= griech. *aitia*). Die Antwort nähert sich zuweilen dem Versuch wissensch. Erklärung, entnimmt aber meistens die Hilfsmittel dem myth. mag. Weltbild u. der primitiven Phantasie. → Limes, Riesen.

Atlanten, vkdl. Kartographie. »Der deutsche Vkde-Atlas ist eine gesch. Notwendigkeit«. Mit diesen Worten beginnt der programm. Aufsatz, in dem Arthur Hübner 1928 Herkunft, Weg und Ziel des im gleichen Jahr gegründeten großen Fg.werkes »Atlas der d. Vkde« umreißt. (Dt. Fg. Aus d. Notgem. d. dt. Wiss. H. 6, 1928.) Darin ferner u. a.: Theodor Frings, Vkde u. Sprachgeogr., Hermann Aubin, Vkde u. Gesch.,

Kurt Wagner, Slg. u. Darst. des vkdl. Stoffes.
Organisatorisch stand hinter dem Werk der Verband dt. Vereine f. Vkde, der unter Führung von John Meier fast alle vkdl. Landesstellen, Institute, Seminare und Gesellschaften umfaßte. Wissensch. aber erfüllte der ADV eine Forderung, die am Ende einer 150 jährigen Entwicklung der dt. → Volkskunde stand. Nach mehreren Ansätzen (J. Grimm, W. Mannhardt) blieb der entscheidende Schritt zur kartogr. Methode und zur vtumsgeogr. Betrachtungsweise der dt. Mundartfg. und dem genialen Fragenbogenwerk von Georg Wenker (→ Sprachatlas) vorbehalten. Als erster einen gesamten V.tumsatlas gedacht und gefordert zu haben, bleibt das Verdienst von Wilhelm Peßler. Seit 1928 versandte die Zentralstelle des ADV zuerst einen »Probefragebogen«, dann fünf Fragebogen mit mehreren hundert Fragen aus allen Gebieten der dt. Vkde. an etwa 20000 Gewährsleute im (mitteleurop.) dt. Sprachraum ohne die Schweiz. Daß trotz der möglichen und notwendigen Kritik an den bisherigen Veröffentlichungen (zeitpolitisch bedingte einseitige Auswahl; Fehlen von Kommentaren, die die wissenschaftliche Arbeit der – nicht genannten – Zeichner der Karten bekanntgemacht hätten u. a.) die dt. und außerdt. Vkde. auf dem Atlaswerk und seiner Methode weiterbauen muß, zeigen die verwandten Arbeiten in den Nachbarländern. In der Aufnahmetechnik (geschulte Exploratoren an Stelle von Frageb.) und kartogr. Darstellung, vor allem in der wiss. Auswertung des Stoffes in Kommentaren kann der »Atlas der schweiz. Vkde« als Vorbild gelten. In Österr. wurde 1954 im Zusammenhang mit den alten ADV-Aufnahmen der dreißiger Jahre ein neues vkdl. Atlaswerk von Adolf Helbok und Ernst Burgstaller in die Wege geleitet und von R. Wolfram u. a. fortgeführt. 1955 wurde unter Leitung von Matthias Zender auch die Arbeit am ADV wieder aufgenommen, dessen neue Karten nicht nur von ausführl. Kommentaren, sondern auch von selbständigen Abhandlungen und Monographien begleitet werden (M. Zender, G. Wiegelmann, G. Grober-Glück u. a.) Die Schaffung eines abendländischen Vtumsatlas bleibt eine Forderung an die Zukunft. Er ist vielleicht die schönste Aufgabe, die der Wissenschaft in einem kommenden geeinten Europa gestellt ist. Auch ihre Lösung ist eine »gesch. Notwendigkeit«. (Vgl. Irmgard Wagner, 60 Institute arbeiten am Europ. Vkde.Atlas. Tagesspiegel 23. 3. 73).
In diesem Wb. finden sich bei folg. Stichw. Zusammenfgn von Karten oder Entwürfen des Atlaswerkes: Drache, Erntefest, Gruß, Jahresfeuer, Kirmes, Martin, Namenstag, Geburtstag, Ostereier, Reiterspiele, Zwölften.
Ältere Lit. (1877–1950) zur kulturgesch., insbes. zur vkdl. Kartogr. in der Ausg. 1955 dieses Wb.

Atlas d. dt. Vkde (ADV)
Die 1937–39 erschienenen 6 Lieferungen des ADV enthalten folgende, nicht bezifferte Karten:
I. Wochentage als Glücks- u. Unglückstage, Weltliche Feste (Kirmes, Schützenfest, Fastnacht, Kinderfest), Bedeutung der Bez. »Korn«, Mann im Mond, Kinderwiege, Kinderbringer. II. Jahresfeuer, Reiterspiele, volkstümliche Bewegungsspiele, Ostereierspiele, Ostereierbringer, Muttertag, Geburts- u. Namenstag, Adventskranz, Weihnachten (Bringer d. Geschenke), Name des Weih-

nachtsbaumes. III. Martinsbrauch, Laternenumzüge, Lärmgeräte (Rummelpott u. ä.) Zwölfnächte, Name des 24. u. 31. 12., Weihnachtsspeisen, Nikolaustag (Namen, Gestalten, Termine). IV. Nikolaus, Gestalten der Weihnachtszeit, Dreikönig (Name des Tages u. Brauch), Kinderherkunft, Namen des Erntefestes. V. Garbenstand (Namen und Formen), Ernteschlußbrauch (Mähen, letzte Garbe, letztes Fuder, Dreschen), Geschenke b. Schuleintritt, Abschiedsgrußformeln. VI. Gesindewechsel, Bez. und Zeiten; Todankündende Vögel; Besprechen von Krankheiten; Windmühlen; Zusammensetzung von Tanzkapellen.

Die *Neue Folge* (= ADV-NF) erscheint seit 1959, hg. von Matthias Zender, seit der 4. Lief. 1966 in Zusammenarbeit mit Günter Wiegelmann und Gerda Grober-Glück. Die Karten sind gezählt:

1. Grundkarte. 2.–4. Frauenarbeit beim Säen, Eggen, Pflügen, bei Getreide- und Heuernte. 5–8. Brautwerber, Bez. und Person, Werberlohn, Bez. und Art. 9–12. Vtüml. Heil.verehrg: Wetter, Haustiere, Feuer. 13–20. Grabbeigaben: Bez., Zahl, Art (Geld, Nahrungsm., Waschzeug, Obst, Zitrone, Blumen, Photo), Zweck, Verbote. Grabb. d. toten Wöchnerin. Totenfest: Gebäcke zu Allerseelen. 21.–29. Totenmahl: Speisen, Getränke, Gebäcke, Brotspeisen. 26.–28. Totenmahl: Ort, Teilnehmer, bez., Redensarten. 30.–34. Häusl. Gemeinsch.arbeiten: Obst, Gemüse, Feldfrüchte, Federnschleißen, Spinnen, Flaschsbereitung, Dreschen. 34.–36. Brauchtum b. d. Taufe. Zeitpunkt, Ort, Teiln. der Mutter; Weltl. Fest nach der T., Verbr. u. Bez. 37.–39. Zweites Gesicht. Bez. des Sehers, des Vorhersehens. Geburtstag des Spökenkiekers, Kennzeichen. 40. Wahrsagekunst. Bez. des Wahrsagers, Zigeuner, Lebensformen des Wahrs., Mittel der Wahrs. 41.–42. Aufhokker und Aufhocken. Verbr., Tätigkeit, Bez., Aussehen, Ort. 43. Tischsitten. Essen aus gemeins. Schüssel. 44 a–d Brotgewürz: Kümmel, Zucker, Dill, Fenchel, Anis, Verschiedene. 45. Nachbarschaft, welche Teilnehmer? 46. Nichtnachbarl. Gruppen. 47 a–d. N.hilfe bei Hochzeit, Tod, Hausbau; Verbr.karte d. Dissidenten. 48. Hilfskarte Verbr. d. evang. u. d. kath. Bekenntnisses.

Lit.: Die Lief. d. N. F. des ADV begleitet je ein Band ausführl. »Erläuterungen«. 1959 gaben darin M. Zender und G. Wiegelmann eine techn. Einweisung in den ADV und eine Einführung in die vkdl. Kulturraumfg. Hinweise auf die einz. Komm. und ihre Verf. → Lit. bei den betr. Stichw. – Für die neue Arbeit am ADV sind ferner die hektogr. Protok. der »Arbeitstag. ü. Fragen d. ADV« in der Zentralst. Bonn unter Leitung von M. Zender (ersch. Bonn 1958, 1959, 1961, 1964ff.) von Bedeutung.

Vgl. ferner: M. Zender, Quellenw. z. vkdl. Kulturraumfg. Zs. f. Vkde 55 (1959); G. Vidossi, Saggi e scritti minori di Folklore. 1960; L. Bagrow, Meister der Kartogr. 1960; G. Wiegelmann, Der ›Atlas d. dt. Vkde‹ als Quelle f. d. Agraggesch. In: Zs. f. Agr. gesch. u. Agr. soz. 12 (1964); ders., Probleme einer kulturräuml. Gliederung im vkdl. Bereich. Rhein. Vjbll. 30 (1965); M. Zender, Die kulturelle Stellung Westfalens, n. d. Slgn des ADV. In: Der Raum Westf. Bd. 4, Teil 2, 1965 (Zuggeschirr, Rummelpott, Muttertag, Hochzeitstage, Ostereierspiele, Nachbarsch.hilfe, Gesindewechsel u. a.)

Österr. Vkdeatlas (ÖVA), hg. von E. Burgstaller und A. Helbok; seit der 2. Lief. hg. v. R. Wolfram, E. Lendl, J. Kretschmer. 1959ff. (mit ausf. Komm.)

Die seit 1959 erschienenen nichtbezifferten Lief. enthalten folg.

Karten: I. Die dt. Mundarten in Österreich. Festtagsgebäcke: Allerseelen, Ostern, figürl. Gebäck. Dienstbotentermine. Adventkranz: Einführung, Verbr. Hinterglasbilder: Erzeugung in Sandl, in Europa, Absatzgebiete, Handelswege II. Wohnbevölkerung nach Wirtschaftsgruppen, Land- und Forstwirtsch. Dialekträume in Österr. Bäuerl. Erbrecht, Ausgedinge. Freisteh. Speicherbau. Backofen außerh. d. Wohngebäude. Umritte. Herkunft und Herst. d. bäuerl. Hausbrotes. Haustrunk-Schnapsherst. im Haus. Christbaum, Zeit der Einführung, Weihnachtsgrün-Sonderformen, Frisch- und Gsundschlagen-Brauch und Sprüche. Bäuerl. Hochzeitstage. III. Hist. Bergbau. Giebelzeichen. Backofen innerh. d. Wohngeb. Truhen. Grundtypen d. Männertracht. Holzschuhe: Form, Material, Herst., Grundtypen, Bez. Haustrunk: Most, Bier, Wein. Burschensch.brauchtum: Stehlen, Unruhnächte, Anschießen Weihn., Neujahr, Maibaum-Zeit d. Einführung, Stehlen. Segenszweige. Jahresfeuer. Schutzheilige. IV. Hist. Bergbau. Ackeregge, Grundtypen, Abb., Beschwerung. Streifgeräte z. Wiesenpflege. Grasrechen, Grundtypen, Abb. Bez. d. Stiels, Bez. d. Rechenbalkens. Frauentrachten 1750 – Gegenw. Bes. Kopfbed. Hüte u. Hauben. Grundtypen d. Kleider u. d. Kopfbed. Pelzhauben u. Kopftücher. Abb. Jahresfeuer Fakkel- u. Besenschwingen, Scheibenschlagen, Räderrollen, Puppenverbrennen. Familienh. Einzelfeuer, Feuer d. Burschen. Christl. Singgebung. Herbergsuchen (Frautragen) Zeit d. Einführg. Block- u. Pflugziehen.

E. Burgstaller, Vkdl. Karten d. öst. Regionalatlanten. Zs. f. Vkde 52 (1955); ders., Aus d. Arbeit d. Vkde-Atlas. Öst. Zs. f. Vkde 62 (1959); R. Beitl, Österr. Vkdeatlas. In: Jb. d. Vorarlb. Landesmus. 1958/59. S. 283–291 (Üb. Organisation, Methode u. Karten); J. Kretschmer, Die themat. Karte als wiss. Aussageform d. Vkde 1965.

Atlas der schweizer. Vkde (ASV), begr. v. Paul Geiger u. R. Weiß, weitergeführt von W. Escher, E. Liebl, A. Niederer. 1951 ff. Mit ausführl. Komm.

Die seit 1951 erschienenen Lief. des ASV behandeln folg. Fragen (n. d. lauf. Nr. der Karten): 1. Tageszeitgruß: Guten Tag 2. (Gott) grüße euch 3. Wechsel im Lauf des Tages 4. Gelegenheitsgrüße: Eintritt ins Haus 5. Eintritt in den Stall 6. Zurufe bei der Arbeit 7. Frühstücksspeisen 9.–11. Mahlzeiten, Bez. und Zeiten 13.–16. Getränke zuhaus, im Wirtshaus, Herkunft, Wertschätzung 17. Hausbäckerei, Kauf 18. Brotformen, Brotgetreide 19.–21. Kleingebäck 22.–24. Speisen zu best. Wochentagen 25.–33. Festgebäck, -speisen, -getränke 35. Bratkartoffeln 36.–38. Würste 39. Ländl. Sonderspeisen 40.–47. Rauchen, Tabakkauen, Schnupfen 49.–54. Kopfbed. der Männer, Frauen 55. Haartracht der Frau 56.–58. Frauen-, Männerohrring 59.–60. Arbeitstracht der Männer 61. Holzschuhe 62. Steigeisen 63.–64. Barfußgehen 65.–66. Kinderschlitten 67.–69. Rindvieh als Zugtier, Joche 70.–71. Pfluggespann, Traktor 7›.–73. Zaun, Hekke, Mauer 74. Heutrocknen 75.–76. Dreschen mit Maschine oder Gerät 77.–78. Weinernte, Brauch und Fest 79.–83. Alpleute, Senn, Hirt 84.–85. Arbeitsteilung 86.–88. Landw. Wanderarbeiter 89.–94. Gemeinsch.arbeit, Nachbarsch.hilfe, Gemeinwerk 95.–98. Gemeinbesitz, Holzrecht 99.–101. Bäuerl. Erbrecht, Altenteil 102.–110. Ältere Längen-, Flächen-, Raum-, Hohlmaße, Gewichte, Geld 111–113. Vieh-, Grundkauf.

151.–153. Nikolaus; Name, Zeit, Begleiter, Aussehen 154.–156. Bescherung; Zeit, Art 157.–159. Weihn.baum; Einführ. kath.: reform, Haus, Schule, Kirche, im Freien 160. Weihn.klotz 161. Krippe 162.–164. Silvester-Neujahr; Wünsche, Umziehen, Spiele 166. 2. Januar, Bez., Brauch 167. Dreikönig, Kuchen, Umziehen 168.–172. Fastnacht. Beginn, Namen, Speisen, Verkleidung, Umzüge, Spiele, Blockziehen, Schwärzen 175.–177. Palmbusch, Zus.setzung und Verwendung 178.–182. Ostereierbringer, Färben, Spiele, Eierlauf 183.–184. Himmelfahrt Christi; C.figur aufziehen, Prozession, Ausflüge 185. Pfingsten, Trad. Ausflüge 186.–189. Jahresfeuer, Feuerbräuche 190.–191. Lichterumzüge 192.–195. Heischebräuche, Umzüge 196.–198. Lärmbräuche; Umzüge, Rüge, Ehrung 199.–200 Maskenbräuche und -umzüge, Laub- und Strohgestalten 201. Schlittenfahrten 202.–206. Kinderherkunft und -bringer 207.–214. Namenwahl Beliebte Knaben-, Mädchennamen 215.–217. Geburts- und Namenstag, Brauch, Gemeinsame N.feier 218. Schulstrafen 219.–220 Tage für Hochzeit beliebt, gemieden 221. Hochzeitsgeschenk beliebt, gemieden 222.–224. Hochzeitsbrauch: Abgaben, Wegsperren 225.–228. Todesvorzeichen: Tiere, Pflanzen, Geräusche, Träume, allg. Zeichen 229.–231. Begräbnis. Zeit, Ledige, Farbe des Sarges 232. Leichenwäsche 233.–234. Grabdenkmal. Material, Grabpflanzen 235.–239. Kinderschreck. 240. Aprilscherze 241.–246. Wünsche, Redensarten, Bräuche bei Niesen, Schlucken, Ohrensausen. wenn zwei dasselbe sagen. 247. Was bed. Jucken in der Nase? 248. Redensarten bei Donner 249. Starke Männer 250. Sagen u. Erz. v. histor. Pers. 250. Alte Völker 252. Riesen u. Zwerge 253. Der Ewige Jude 254. Fremde Zauberer 255. Teufel 256. Schildbürgerorte 257. Schildb.streiche 258. Totenzug, Nachtschar 259. Totenz. Ersch. u. Motive. 260. Geisterheere, Wilde Jagd. – Den Lief. beigefügt ist eine Sprachenkarte (dt.-frz.-ital.-roman.) und eine Konfessionskarte (prot.-kath.).

P. Geiger u. R. Weiß, Einführung in den ASV, 1950; W. Escher, Ref. ü. d. ASV. In: Tagungsber. d. Konf. f. vkdl. Kartogr. Linz a. D. 1958; J. Baumer, Vkdl. Index zum Sprach- und Sachatlas von Jaberg u. Jud. Schweiz. Arch. f. Vkde 54 (1958); R. Weiß, Die Brüning-Napf-Reuss-Linie als Kulturgrenze auf vkdl. Karten. Schweiz. ebd. 58 (1962)

Beiträge zur dt. Vkde bieten auch die *landsch.* Atlanten histor., mundartl., naturkdl. und kulturgeogr. Zielsetzung. Bei den einzelnen *Stichw.* dieses Wb. wird auf vorhandene Karten der genannten deutschsprach. vkdl. Atlanten hingewiesen.

Außerdt. Kartogr.: Vkde-Atlas voor Nederland en Vlaams-België, hg. v. P. J. Meertens u. M. de Meyer. 1959ff. (= VAN). Karte Nr. 1–3 Irrlicht 4. Hexenerkennen 5.–7. Werwolfglaube 8.–9. Feuriger Mann 10. Wilde Jagd. 11. Wetteropfer 12.–13. Wetter- u. Schutzheilige 14. Vmed. 15.–17. Wallfahrten bei Rose u. Rheuma. 18. Kinderschreck. 19. Ks. im Wasser 20. Ks. im Kornfeld 21. Vmed. 22.–23. Wallfahrt 24.–28. Schutzheilige d. Tiere 29. Geweihte Sachen mitnehmen 30. Nachgeburt.

Atlas över svensk folkkultur, hg. v. A. Campbell und S. Erixon. Uddevalla 1957ff. (Über beide Atl. vgl. R. Weiß in Schweiz. Arch. f. Vkde 54 und 56. 1958 und 60). – Polski Atlas Etnograficzny, hg. v. J. Gajek u. a. Breslau 1958. – Auf der 4. Arbeistagung des ADV in Bonn wurden nach dem Protokollms. von 1964 Fragen der vkdl. Kartogr. in Ungarn (J. Barabás), Frankreich (E. Beyer), Jugoslawien (B. Bratanić), Schweden (S. Erixon), Schweiz (W. Escher), Niederlande (M. de Meyer), Tschechoslowakei (Vl. Scheufler), Finnland (T. Vuorela), Österreich (R. Wolfram) behandelt. – Auf Betreiben bes. von M. Zender und B. Bratanić wurde 1966 in Zagreb eine Organisation für einen »Atlas Europaeus« der Vkde ins Leben gerufen (vgl. R. Peesch in: Dt. Jb. f. Vkde 15. 1969. S. 120ff.); J. Fellenberg gen. Reinold (Hg.), 2. Arbeitskonf. d. Organis.komm. f. d. Vkde-A. Europas, Bonn 1968, 1970.

Attentat → Volksetymol.

Attribute der → Heiligen. In der bildenden Kunst sind die H. der Kirche gekennzeichnet durch A. (Beigaben), die auf Lebensgeschichte, Beruf und Werk, auf Wundertaten und Martyrium hinweisen. Auch besondere Eigenschaften werden durch A. angedeutet, z. B. die süße Beredsamkeit des hl. Ambrosius durch den Bienenkorb, die feurige Gottesliebe des hl. Augustinus durch das Herz. Stab und Mitra kennzeichnen einen Bischof, ein Palmzweig den Märtyrertod und Jungfräulichkeit. Das allgemeinste A. ist der Heiligenschein (Nimbus, Aureole). Für ikonogr. Bestimmungen i. d. Volkskunst ist die Kenntnis der A. unerläßlich. Sie geben auch an isolierten, von ihrem ursprünglichen Standort entfernten Bildwerken Auskunft über ihre Zugehörigkeit, über die Stifter und deren Herkunft (St. Theodul mit dem glockentragenden Teufel ist in Vorarlberg der »Walserheilige«, der im 14. Jh. mit den Neusiedlern aus der Schweiz herüberwanderte und noch heute, mit anderen Patronen, ihre Kirchen und Kapellen kennzeichnet). Wenige A. gehen bis in altchristliche Zeit zurück (Schlüssel Petri, Lamm des Johannes d. T.). Fester Brauch wurden A. erst im 11. Jh. Im 15. Jh. schuf die Kirche einen gültigen Kanon, nach dem sich die Künstler zu richten hatten. A. kennen viele Religionen und auch die Antike (z. B. Dreizack des Neptun). Manche A. bilden einen Übergang zum Sinnbild und → Symbol (Waage der Gerechtigkeit, Anker d. Hoffnung). Wir geben hier alphabetisch die A. und die typ. Darstellung (Gewand, Stand) der in diesem Wb. verzeichneten Heiligen u. Schutzpatrone:

Abtstab – Benedikt
Adler – Johannes d. Ev., Servatius
Ähren – Maria, Walpurgis
Anker – Nikolaus
Äpfel, drei – Nikolaus
Arme – Gregorius, Odilia
Augen auf Buch – Erhard, Odilia
Augen in Schale – Luzia
Axt – Matthias
Bär – Kolumban
Bart – Kümmernis
Baum – Sebastian
Bäume – Corona, Drei Frauen
Beil – Judas Th., Wolfgang
Benediktiner – Fridolin
Bettler – Elisabeth, Martin
Bettlerglocke – Antonius Er.
Bienenkorb – Bernhard, Ambrosius
Bischof – Kolumban, Emmeran, Kilian, Liudger, Nikolaus, Isidor
Blumen – Dorothea
Brote, drei – Nikolaus
Brunnen – Sebastian
Buch – Antonius v. P., Apostel, Benedikt, Bernhard, Edigna, Gregorius, Hilarius, Liborius, Liudger, Katharina, Paulus
Dolch – Kilian
Dornbusch – Benedikt
Dornzweig – Achatius
Drache – Cyriacus, Georg, Margareta, Michael
Engel – Matthäus, Rochus, Ulrich
Enten u. Gänse – Brigitta
Fahne – Georg
Feuer – Florian
Feuersäule – Brigitta
Fisch – Benno, Ulrich
Früchte – Dorothea
Gans – Martin

Geldbeutel – Judas, Nikolaus
Ginster – Lüftildis
Glasfläschchen – Walpurgis
Glocke v. Teufel getr. – Theodul
Haar, langes – Magdalena
Hahn – Veit, Edigna, Valentin, Petrus
Halswunde – Luzia
Haken, eiserner – Vinzenz
Haspel (Winde) – Erasmus
Haustiere – Leonhard, Martin, Pantaleon, Wendelin
Haut – Bartholomäus
Herz – Brigitta, Augustinus
Hirsch m. Kreuz im Geweih – Hubertus
Hirschkuh – Ägidius
Höhle – Siebenschläfer
Holzschuhe – Servatius
Horn – Oswald
Hund – Bernhard, Rochus
Jesus und Maria – Anna (A.selbdritt)
Jesuskind – Joseph
J. auf d. Schultern – Christophorus
Kamm – Blasius, Verena
Kaiser – Wolfgang
Kelch – Barbara, Joh. d. T. (m. Schlange)
Kerze – Agatha
Kerzen, zwei gekreuzte – Blasius
Kessel und Feuer – Veit, Luzia
Kette – Leonhard
Keule – Jakobus d. J., Judas Th.
Kind – Dorothea
Kinder, drei in Kufe – Nikolaus
Kirche – Elisabeth
K.modell – Liudger, Lüftildis, Severin, Wolfgang
Kirchenschlüssel – Benno
Knaben – Valentin
Kohlen – Lambert
Kopf (enthauptet) – Dionysius, Alban, Pantaleon, Eusebius
Kranke – Rochus
Kreuz – Brigitta, Helena, Nepomuk, Severin, Ulrich, Vinzenz
Kreuz (×) – Andreas
Kreuzesbanner – Michael
Kreuzstab – Margareta
Krieger – Martin
Krone – Edigna, Katharina, Kümmernis, Margareta, Pankratius
Krone zu Füßen – Jodokus
Krüglein – Verena
Lamm – Agnes, Johannes d. T.
Lampe – Luzia
Lanze – Emmeram, Gangolf, Georg, Michael
Leiter – Emmeran
Licht – Mamertus
Lilie (weiße) – Joseph, Antonius v. P.
Löwe – Markus
Malergerät – Lukas
Mantelteilung – Martin
Märtyrerpalme – Donatus
Maßschnur – Thomas
Mäuse – Gertrud
Messer – Bartholomäus
Mohr – Mauritius
Mühlstein – Vinzenz, Florian
Nägel – Helena
Nonne – Brigitta, Edigna
Ochse – Lukas, Sebald
Orgel – Cäcilia
Palme – Katharina, Kilian, Luzia, Margareta
Paradiesesbaum m. Schlange – Adam und Eva
Pestbeule – Rochus
Pfau – Liborius
Pfauenfeder – Barbara
Pfeil(e) – Lambert, Sebastian, Ursula
Pferdreiten – Martin, Georg
Pferdehuf – Eligius
Pilger(in) – Sebald, Brigitta
Pilgerstab – Jakobus d. Ä., Jodokus, Rochus
Pilgerstrick – Koloman
Priesterbarett – Nepomuk
Quelle – Gangolf
Rabe m. Brot – Benedikt
Raben – Meinrad, Oswald
Rad – Katharina, Georg
Ritter – Sebald
Ritter m. Fahne – Mauritius
Rocken – Gertrud
Röm. Soldat – Donatus

Rosen i. d. Schürze – Elisabeth
Rost – Laurentius, Vinzenz
Salbengefäß – Magdalena, Kosmas u. Damian
Schäferstab, Schafe – Wendelin
Scheiterhaufen – Agnes
Schellengewand – Mauritius
Scheune – Brigitta
Schiff – Nikolaus
Schlangen – Pirmin
Schlangen zu Füßen – Hilarius
Schlangenbecher – Benedikt, Joh. d. T.
Schmiedewerkzeug – Eligius
Schlüssel – Petrus
Schriftrolle – Apostel
Schuh (goldener) – Kümmernis
Schuhmachergerät – Theobald
Schwan – Liudger
Schwert – Barbara, Fabian, Lambert, Katharina, Michael, Paulus, Valentin, Pankratius
Sichel, schwebend – Notburga
Skelett – Fridolin
Sonne – Kolumban, Servatius
Spieß – Gangolf
Spindel – Gertrud, Lüftildis
Stab – Christophorus, Sebald
Steine – Liborius
Sterne, fünf – Joh. v. Nepomuk
Stier – Lukas
Stola – J. v. Nepomuk
Tasche – Wendelin
Taube – Fabian, Gregorius, Oswald
Tauförm. Kreuz – Antonius Einsiedler
Teufel – Cyriacus, Judas, Margareta, Theodul
Tisch – Gregorius
Totenkopf – Edigna, Magdalena
Toter – Fridolin
Turm – Barbara
Ungeziefer – Pirmin
Uringlas – Kosmas u. Damian
Wagen – Edigna
Wasserschaff – Florian
Weib – Antonius Eins.
Weihwedel – Antonius Eins.
Weintraube – Urban
Werkzeug e. Goldschmieds – Eligius
Winkelmaß – Judas Th., Thomas
Wunde am Knie – Rochus
Wurfspieß – Lambert
Zange m. Kohlenbecken – Agatha
Zange m. Zahn – Appolonia
Zimmermann – Joseph
Zunge – Joh. v. Nepomuk
→ Ikonographie.

C. Fries, Die A. d. christl. Heiligen, 1915; J. Braun, Tracht u. A. d. Heiligen i. d. dt. Kunst. 1943 (Nachdruck 1964); O. Wimmer, Hdb. d. Namen u. Heiligen m. e. Gesch. d. christl. Kalenders [2]1959. (26 S. Verz. der A.)

Aufnahmebräuche → Burschensch., Handw., Deposition, Jünglingsweihe, Initiation.

Aufrichtung → Richtefest.

auftun → festmachen.

Auge (ahd. *ouga*), »die Namen der wichtigsten Körperteile (Arm, Arsch, Fuß, Haupt, Herz, Kinn, Knie, Nagel, Nase, Niere, Ohr, Zahn usw.) haben eine ausgedehnte idg. Verwandtschaft« (Kluge-Mitzka, Etym. Wb. 1967). Das Wort A. dient einer reichen Metaphorik: es bez. eine Öffnung des Mahlgangs, einer Kuppel (»A. Gottes«) in einem → Dreieck), der Schaftlitzen beim Weben; ein A. ist in der Sprache des → Druckers die Buchstabenvertiefung der Matritze, beim Gärtner die Knospe für das Okulieren (lat. *oculus* ›A.‹); vgl. auch engl. window (Wind-A. = Fenster). – Durch das A. wirkt das Wesen und die Kraft des Menschen und des Tieres. Mit ihrem Blick fasziniert die → Schlange u. tötet der → Basilisk. Mit dem A. bannt der Hypnotiseur. Dem Toten werden die A. geschlossen, damit er kein → Nachzehrer wird und die Lebenden gefährdet. Der Blick des Unreinen (einer Menstruierenden) trübt den

Spiegel. Vor allem geht vom A. der beabsichtigte oder unbewußte Schadenzauber des → Bösen Blikkes aus, der → Faszination. Nach dem Satz *contraria contrariis* gehören Darstellungen von A. aber auch zu den häufigsten → Amuletten. Bezeichnend ist, daß das Kennzeichen der Hexe und des Dämons oft in der Gegend der Augen gesucht wird (Trief-Brauen, Einäugigkeit). Übernatürliche A.kraft ist das → Zweite Gesicht. → Zucken des A. bedeutet Zukünftiges. Als Einwirkungsstelle des Guten und Bösen erscheint das A. vor allem in dem verbreiteten Glauben an das → Versehen der → Schwangeren. Das A. des Neugierigen straft d. Gottheit mit → Blendung, Ringe im Ohr verhindern Krankheit des A., die man vielfach humoralpathologisch erklärt (»böse Säfte«). A.patrone sind vor allem → Luzia. → Ottilie, → Walpurgis und → Wolfgang.
Die noch heute von Heilkundigen geübte A.diagnose geht zurück auf die Entdeckung eines ungar. Bauernjungen Anf. d. 19. Jh. und auf die Praxis des »Lehmpastors« Felke. Die med. Wiss. bestreitet, daß Krankheiten oder Verletzungen in bestimmten Segmenten der Regenbogenhaut (Iris; davon Iridologie) wahrnehmbar werden. → Schöllkraut, Ohr.

S. Seligmann, Der böse Blick u. Verwandtes, 2 Bde, 1910; Ders., A.diganose und Kurpfuschertum, 1910; ders., Die Zauberkraft d. A. u. d. Berufen, 1922; M. Dolch, Wortgeogr. v. A.braue, Lid u. Wimper, Diss. Marburg. Dt. Wortatlas 1 (1952); W. Jaeger, Heilige als Nothelfer bei A.krankh. Sa. aus »Ruperto-Carolina«, Heidelb. 9 (1957)

Augentrost, (Heuschelm, Milchdieb, Wiesenwolf, *Euphrasia offic.*). Der obd. Bauer behauptet, der Milchertrag der Kühe nehme ab, sobald der A. blüht. Die Saugwarzen an den Wurzeln des A. bilden winzige Knötchen, die sich an benachbarte Graswurzeln legen und ihnen Mineralsalze entziehen. Im Riesengebirge heißt es, A. werde bei heraufziehendem Unwetter blau, und wo eine solche abgerissene »Gewitterblume« liege, schlage der Blitz ein. Obwohl die antiken Ärzte den A. nicht kannten, wird er in den → Kräuterb. des 16. Jh. eingehend behandelt und in Rezepten »zu den blöden und tuncklen Augen« (Mattioli) empfohlen – wie Marzell (Wb.) vermutet, weil man in der Blüte die → Signatur des Auges sah. Pfarrer Kneipp empfahl bei Lid- und Bindehautentzündungen des Auges Spülen mit einem Absud des A. Probatum est. → Wetterblumen.

Ausfahrtsegen → Engelsegen, Gertrud.

Ausgang → Aussegnung.

Aushöhlen. Das A. eines Baumstamms führte zu den ersten Behältern (→ Truhe, Sarg, Brunnen). Viehtränken, Dachrinnen, Wasserleitungsrohre, aber auch Grützstampfen und Mörser, Melkbütten, → Kästchen, kleine Schaufeln, Salzkästen, Schöpfer und → Löffel, → Schüssel, → Buttermodel und Steinfaß (Kumpf) wurden und werden, bes. in den Alpen, durch A. hergestellt und teilweise durch → Kerbschnitt und Bemalung geziert. Bei Brunnen oder Blumenbehältern läßt man heute gerne mit der äußeren Naturform auch die Astansätze stehen. Den skandinav. Schiebedeckelkästen des 5. Jh. mag man die Griffelkästchen (alem. Fäderagschtattla) der Schulkinder vergleichen, die noch heute aus dem ganzen Stück herausgearbeitet werden (Schruns 1960). Der Schmuck freilich besteht in Abziehbildern aus Wien und aus Lackierung, obwohl

es Schnitzer (→ Einlegearbeit) im Tale gibt.
Mit dem Stechbeitel auf der Schnitzbank wird der → Holzschuh (Pantinen, Klapperlatschen) gehöhlt. Tische mit napfartigen Vertiefungen kannte man im Bauernhaus bis ins 20. Jh., noch im 19. Jh. auch in Herbergen »Zur Heimat« in Wien und Berlin. Holznäpfe, Mulden und Tröge für Metzger, Bäcker und Maurer sind noch vielfach in Gebrauch. Von bes. kraftvoller Eigenart sind die Holzplastiken hohler → Bienenstöcke, wie sie z. B. das Öst. Mus. f. Vkde in Wien besitzt. Ältere und mundartl. noch geläufige Bez. des Bienenstandes (spätmhd. *binestoc*; elsäß. Bungst u. ä.) haben den Sinn von ›ausgehöhltem Stamm, Baumkasten‹. → Böttcher

A. Haberlandt, in: Buschans Ill. Völkerkde 3. 1926; R. Peesch, Holzgerät u. s. Urformen, 1966.

Auslandsdeutschtum, Grenzlanddtt. Unter A. verstehen wir deutsche Siedlungsgruppen, die von einem fremden Volk und Staat umschlossen sind (Siebenb. Sachsen, Donauschwaben, Wolga-, Pennsylvania-Deutsche u. a.), während das G. mit dem Muttervolk ein zusammenhängendes Ganze bildet, das von einer polit., im Laufe der Gesch. öfter veränderten Grenzlinie durchzogen wird (Südtirol, Elsaß, Sudetenland). Ein Sonderfall ist die Schweiz, wo die dt. Bev. fast drei Viertel des Staatsvolkes ausmacht (neben Franzosen, Italienern und Rätoromanen), im N und O mit den reichsdt. und österr. Alemannen (Vorarlberg) unmittelbar verwandt ist und in sprachl., kultur. und wirtsch. Austausch steht. Neben den geschlossen (im Sinne der → Vkde) dtn. Staaten Bundesrep. Dtl., Dt. Demokr. Rep., Rep. Österreich und Fürstentum Liechtenstein und neben der Schweiz leben Dt.sprachige und Dt.bürtige nach 1945 als G. vor allem in Südtirol (1951: 210 Tausend), Elsaß und Lothringen (1952: rd 1500 T.), Luxemburg (1950: 297 T.), Eupen-Malmedy und Altbelgien (1947: 120 T.), Niederlande (1947: 135 T.), Nordschleswig (1952: 35 T.), Sudetenland (1950: 250 T.), Südsteiermark u. a. Während das A. in Übersee im ganzen unverändert geblieben ist, erlitt es in den einst zahlreichen Siedlungen (Sprachinseln) in Ost- und Südosteuropa durch den letzten Krieg grundstürzende Veränderungen (→ Vertriebene). Wenig mehr als 1/5 der früheren dt. Bevölkerung wurde 1950 noch gezählt: 431 T. in Polen, 1500 T. in Sowjetrußland, 400 T. in Rumänien, 270 T. in Jugoslawien, 270 T. in Ungarn, 250 T. in der Tschechoslowakei. Besonders die Wolgadt., die Siebenb. Sachsen und die Sudetendt. vermochten sich eine gewisse kulturelle Eigenständigkeit zu erhalten (Schulen, Vereine, Zeitgn). Durch die westl. Wirtschaftsblüte, durch Handelsverträge und durch die polit. Ostverträge nach 1970 ist das A. im Osten in neue Bewegung geraten. Die nationale Sonderung schreitet fort, während gleichzeitig junge Polen und Ungarn ein neues übernationales Europa deutlicher sehen als manche Altersgenossen im Westen

Ältere Lit. vgl. Ausg. 1955 dieses Wb.- Hwb. d. G. - und A. 3 Bde. (Buchst. A–M) 1933–40; H. Kloss, Statist. Hb. d. Volksdt. in Übersee, 1943; F. Thierfelder, Das Deutschtum im Ausland. [2]1935; F. Lichten, Folk Art of Rural Pennsylvania. London-New York 1946; H. Kaufmann, Pennsylvania Dutch. American Folk Art. New York 1946; J. J. Stoudt, Pennsylvania Folk Art. Allentown 1948; G. Korson, Pennsylvania Songs and Legends. Philadelphia 1949; F. Klees, Pennsylvania Dutch. New York 1950 (Lit. bes. zur Vk.); T. Schieder, hg., Dokum. d. Vertreibung der Dt. aus Ostmitteleuropa. 5 Bde. 1953–61; Statist. Bundesamt, Die dt. Vertreibungsverluste 1939–50. 1958; B.

Wurzer, Die dt. Sprachinseln in Oberitalien, [2]1969; J. B. Graefe, Zur Vkde d. Rußlandtdt. in Argentinien, 1971.

Ausruf → Kaufruf.

Aussegnung. Innerhalb einer bestimmten Frist (2 bis 6 Wochen) nach der Entbindung besucht die → Wöchnerin zum erstenmal wieder die Kirche. Die kath. Kirche steht in Bezeichnung (»Hervorsegnen«, A.) und Brauch der primitiven, aber alttestamentlichen Vorstellung von der Unreinheit der Wöchnerin näher als die prot., die mitunter auch den Segen über dem Sarg beim Verlassen eines Sterbehauses als A. bezeichnet (im Gegensatz zur »Einsegnung« am Grabe). Im Rheinland (um 1930) muß d. Wöchnerin vor der Kirchentüre stehen (selten), im Glockenturm (Schönau) oder in einem bestimmten Stuhl hinten in der Kirche Platz nehmen. Sie kommt erst zur Predigt zur Kirche und verläßt sie wieder vor den andern. Sie besucht die Kirche nur in der Abenddämmerung. Die evang. Kirche kennt meist nur noch den einfachen »Kirchgang«, mit dem sie oft die Taufe verbindet, oder die »Abdankung«, »Verkündigung«, in der die Gemeinde zum Gedenken und Gebet für die Kindesmutter aufgefordert wird. Auch Fürbitte, Aufopferung, Froher oder Dankbarer Kirchgang heißt der Brauch. Die kath. A. ist urtümlicher und infolgedessen auch formenreicher. Die kirchl. Vorschrift zeigt von Diözese zu Diözese leichte und zuweilen von Land zu Land tiefergreifende Unterschiede. Meist ist die A. am Altar der hl. → Anna oder der Jungfrau → Maria. Andere Frauen sitzen, knien oder stehen dabei. Danach ist ein Opfer, zuweilen mit Altarumgang, alte Brauchpflicht. Das Geld erhält der Küster oder es wird auf Pfarrer, Küster und Ministrant aufgeteilt. Aber auch die Hebamme, schließlich die Schulkinder, die Frauen und Männer der »Nachbarschaft« (→ Nachbar) erhalten Kuchen, Gebäck oder versammeln sich zum gemeinsamen Kaffee. Auf all dies achtet die junge Generation weniger. Die A. erfolgt heute meist nur noch auf besonderen Wunsch. Auch die feierliche Geleitung der Wöchnerin durch den Ehemann oder sechs Frauen der »Nachbarschaft« ist selten geworden. Uneheliche Mütter segnete die sittenrichtende Kirche nicht aus. »Die müssen über den Besen springen« (Bingen). → Ritus.

A. Franz, Die kirchl. Benediktionen im MA., 1909; Bd. 2. – Umfrage des ADV nach 1930; E. Hertzsch, Begräbnis, in: Relig. in Gesch. u. Gegenw. 1 ([3]1957).

Ausstand, Ausstehlaib → Gesinde.

Austbier, -köst → Ernte.

Austreibung → Exorzismus.

Auto(mobil). Jeder 4. Bundesbürger (einschl. d. Kinder u. Greise) hatte 1971 ein Kraftfahrzeug. Der moderne Krieg findet täglich auf der Straße statt. 1970 forderte der motorisierte Verkehr allein in der BRD 1,014 Mill. Sachschäden, 530,231 Verletzte und 19123 Tote, darunter über 2000 Kinder. Die Kraftfahrzeuge vermehrten sich 1969/70 um 9,1 v. H., die Toten um 15. v. H. 1970 fielen 4221 Amerikaner aller Altersgruppen in Vietnam, auf den US-Straßen aber starben 16500 allein der 15–24 jährigen im gleichen Jahr. Die verhängnisvolle Maschine, die das Bild unserer Städte vernichtet und die Straßen mit Giftgasen füllt, erhielt den gr.-lat. Mischnamen (›Selbstbeweger‹) mit der Erfindung von Benz (1885). Von den 1917 eingeführten Bez. Kraftfahrzeug und Kraftwagen leiten sich die Abkürzungen Kfz. und Wagen her. Die lebendige Kraft von Volksglauben u. -brauch äußert sich auch am modernen Verkehrsmittel. → Talismane (Maskottchen) hängen im Rückfenster, sitzen (oder saßen) auf dem Kühler (Teddy, Schornsteinfeger, Hexe, Neger, Bobbi usw.), sind am Kühlergitter oder an der Rückseite des Wagens angebracht (Totenkopf, Vierklee, Eichel, besondes gern gefundene und dann verchromte Hufeisen). Das Schaltbrett trägt Glücksplaketten oder das Bild des hl. → Christophorus. In Berlin heißt es von diesem bevorzugten A.patron: »Bei 80 steigt er aus«. Vor der ersten Fahrt werden A. heute vielfach kirchlich gesegnet (Bayern, Rheinld). Das »Schleich-A.« (an der Westgrenze bei Aachen), das »Kinderfang-« oder »Mitnehm-A.«, besonders auch das »blaue A.« sind i. Mitteldtl. zu → Schreckgestalten geworden. Natürlich ist dem in ständiger Spannung u. Gefahr schwebenden Rennfahrer vielerlei, nach alten Gesetzen in neue Formen geprägter Aberglaube bekannt (Scheu vor der Zahl 13, vor dem Photographieren vor dem Start; persönl. Talismane usw.). Die Italiener halten 17 für ihre Unglückszahl, so daß der A.-Club von Frankreich weder 13 noch 17 als Startnummer austeilt. Beim Grand Prix wurden überhaupt keine ungeraden Nummern gegeben (1926). Bemerkenswert ist auch, daß für Hochzeit und Begräbnis noch oft das alte Fahrzeug mit Pferd für »richtig« gehalten wird, doch gibt es bekanntlich auch das weiße, myrtengeschmückte Braut-A., wie den motorisierten Sargwagen, der mitunter noch eine umstilisierte Totenkrone als Zierat auf dem Dach trägt. –»Wortspiele und Kraftausdrücke auf A.kennzeichen sind in allen Städten der Bundesrepublik sehr gesucht« (Tsp. 25. 7. 71): Essen: E-VA, Stuttgart: S-AU, Dortmund: DO-OF, Herne: HER-Z, Köln: K-UH, Hagen: HA-HN u. a.

R. Beitl, Volksglaube der Großstadt. In: Dt. Volkstum der Gegenwart, 1933; K. Wehrhan, Aberglaube und Sport, 1936; Ders., A.reime im Kindermund 14 (1936); A. Bekker, Sport u. Aberglaube. Hess. Bll. f. Vkde. 35 (1936); J. Rousseau, Histoire mondiale de l'automobile. Paris 1958; M. J. B. Rauck, Das Am.buch 1959; W. Jungraithmayr–Redel, Die A.weihe zu St. Christophorus in Hamburg-Lohbrügge. In: Beitr. z. dt. V.- u. A.kde. 7 (1963); L. Schuller, Zur »Vkde des A.«, Österr. Zs. f. Vkde 73 (1970).

Aventinus, Johannes (Turmair). Der nach seinem Geburtsort Abensberg benannte bayrische Humanist und Geschichtsschreiber (1477–1534), Schüler d. Konrad Celtes, schrieb die durch strenge Quellenauswahl u. eigene Wanderung unterbaute »Bayerische Chronik«, die man als »erste b. Vkde« bezeichnet hat. 1521 war die lat. Niederschrift beendet, der eine erweiterte Übersetzung folgte. Die Parteinahme für den Protestant. verhinderte eine Veröffentl. zu Lebzeiten. → Gassenhauer.

Sämtl. Werke, hg. v. d. Bayr. Akad. d. Wiss., 6 Bde., 1881–1929; G. Leidinger, J. A. und die Vkde. In: Bayerland, 1930.

Axt. Schärfe und Metall machen die A. oder das (breitere, aber kürzer gestielte) Beil zu Hexen- und Zauberabwehr geeignet (auf der Schwelle mit Besen gekreuzt, unter dem Bett der Wöchnerin). Sie werden wie Messer od. Sichel in den Wirbelwind (Drudenwind, Windsbraut) geschleudert oder beim → ersten Austrieb benützt: »So man ein chue an die waid treibt, so grebt man ein ekkl unter den gatern u. treibt das viech darüber, so mag man sew nicht zaubern« (St. Florian, 14. Jh.). Als alte Waffe (Steinäxte, → Donnerkeil), von der sich

→ Donars Hammer herleitet, ist die A. Rechtssymbol, wenn durch Wurf eine Grenze bestimmt wird. Im Böhmerwald, bei den Schmaräken, war das »Beihelschracken« ein vielgeübtes Wurfspiel, auf das wohl auch das »Schmarackeln« genannte Kegelspiel (→ Kegeln) zurückzuführen ist. In d. Legende von St. → Wolfgang spiegelt sich der weltliche A.wurf. Das in Süddtld. als Amulett sehr volkstümliche »Wolfgangshackl« weist auf diese Legende, steht aber typengeschichtlich mit schon antiken A.amuletten in einer Reihe.

M. Andree-Eysn, Vkdl. 1910. (St. Wolfgang); E. v. Künßberg, Rechtsgeographie. Sitz.ber. Heidelbg. 1926; Ebert, Reallex. d. Vorgesch.; F. Sieber, Beil u. B.wurf ... Dt. Jb. f. Vkde 6 (1960).

Azi → Eisheilige.

baarlaufen → Wettlauf.

Bachhakl, -pudl usw. → Wasser, W.geister.

Bachant, Bean → Deposition.

backen, Bäcker. Wie das Buttern, Brauen, Kochen und mehr als diese ist das B. von vielen volksgläubigen Maßnahmen behütete und zumal in Kultzeiten (Störilaib zu Weihnachten) fast heilige Handlung. B. ist Sache d. Frau (engl. *lady* aus dem angelsächsischen *hlaefdige* = Brotkneterin). Schwangere und Bräute dürfen nicht b. B. ist auch Tätigkeit der Naturgeister, der → Zwerge und Holzfrauen und der → Hausgeister, die gern an → Herd und → Ofen sich aufhalten. Geschlechtliche → Zeugung wird mit Brotb. verglichen, wie Backtrog und Backofen in Hochzeits- und Heilbräuchen als Symbole des Mutterleibes erscheinen. Weit verbreitet u. alt ist der Volksglaube, daß Heilung herbeigeführt werden könne, wenn man den Kranken in Art eines Brotes behandelt. Die Krankheit soll abgeb. werden. Manche Forscher wollen darin die Nachahmung des Geburtsvorganges, eine Neugeburt, sehen. Besonders lungenschwindsüchtige u. skrofulöse Kinder oder solche, die das »Älterlein« hatten, »verbutteten«, d. h. nicht gediehen und Züge des Alterns (Altvater) zeigten, wurden abgeb., indem man sie nach dem Brotb. auf einer Kuchenscheibe in den warmen Ofen schob. Der Brauch wurde bereits im 11. Jh. verboten, lebt nach der Rokkenphilosophie im 18. Jh. und wird, wie Stemplinger nachweist, noch in neuerer Zeit gefunden (Erzgebirge). Bei Heischeumgängen (Neujahr, Fasnacht), bei Oster- und Pfingstbräuchen (Eierlesen i. d. Schweiz, Pfingsttanz in Frankfurt) treten die Br. als Brauchgemeinschaft hervor. → Brot, Hasenbrot, Mehl, Speis u. Trank, Gebildbrote, Gebäckmodel, Hinterer.

P. Sébillot, Traditions et superstitions de la Boulangerie, 1891; ders., Légendes et curiosités des métiers.; R. Kühnau, Die Bedeutung des B. und des Brots im Dämonenglauben des dt. Volkes, 1900 (Progr.); C. J. Stahl, Die Gesch. d. dt. B., 1911; K. Mohr, Unser Backofen, 1926; O. Masing, Aus der Backstube. Ein Beitr. z. balt. Vkde., 1931; P. Pelshenke, Gebäck aus dt. Landen. Seine Herst., Gesch. u. Verbreitg., [2]1949; M. Hain, Das B. im Dorfb.haus, 1955 (Hessen; nach e. Umfrage, »da die Gem.-Backh. in unseren Dörfern bald ganz verschwinden werden«); D. Assmann, B.öfen außerh. d. Wohngebäude. Komm. zu ÖVA II 1959; M. Wagner, Aus alten B.stufen u. Offizinen, 1961; G. Fischer, Ordngn d. Br.gesellen zu Regensburg v. 1341 b. etwa 1840. In: Volk u. Gesch. G. Fischer-Fs., 1962; A. Schilling-Thöne, Wort- und sachkdl. Unters. z. Synonymik d. B.trogs, 1964; H. Kaut u. L. Sackmauer, »Alte B.stube«. Kl. Kulturgesch. d. Wiener Br.handw., 1967; A. Fiedler, Zur Frage des privat. u. kommunal. B. i. Dörfern Sachsens. In: Abh. Staatl. Mus. f. Völkerkde Leipzig 22 (1963); H. J. Hansen, hg., Kunstgesch. d. Brh.werks, 1968; – Kartogr.: ASV 17 B., B.häuser.

Bad, baden. Die Germ. hatten eine entwickelte Körperpflege. Bronzezeitl. Gegenstände beweisen die Pflege von Haar und Bart, vom Bad im kalten Fluß berichtet Caesar. Aus der Geschichte des Wortes → Stube (ahd. *stuba* ›heizbares Gemach‹) geht hervor, daß die Germ. auch das warme Dampf- u. Schwitzb. kannten, wie es in nord. Ländern (finn. Sauna) noch gefunden wird. Das noch im MA reiche B.wesen verfiel durch Ausartung und durch Seuchen und Verwüstungen langer Kriege. So war lange noch das Kindsb. für manche das erste und letzte im Leben, wenn sie nicht ins Krankenhaus oder zum Militär kamen. Während das Freib. und das Schwimmen erst die Sportbewegung in Schwung gebracht hat, sind brauchtüml. und volksmed. Heilb. im Volke immer in Wertschätzung geblieben. Beim B. wie beim → Aderlassen achtet man auf die Zeichen im → Kalender und beachtet den Tag (→ Los). Besonders die Frühlingsb.er (Georg, Ostern, Himmelfahrt Chr., Maitag, Johannistag) galten als heil- und wunderkräftig. Montafoner waren noch im 19. Jh. der Ansicht, daß im Bädle bei Tschagguns ein B. in der Johannisnacht so viel wert sei wie eine Kur von einem Monat. Weihwasserb.er wurden bei der → Tanzkrankheit im MA. angewandt. → Heublumen; über Badeverbote → Johannistag, Maria Magdalena; über das »Tierbad« → Eingeweide, Bader.

J. Detmold, De balneo animali, 1797; A. Martin, Dt. B.wesen in verg. Tagen, 1906; ders., Das dt. Heilb.wesen. Balneolog. Zeitg., 1912; ders., B. Im HDA; G. Schnürer, Kirche u. Kultur im MA. 2. Bd. [3]1936; L. Wright, Clean and Decent, London 1963; H. Biehn, Alte B.gemächer, 1964; J. Vahros, Zur Gesch. u. Folklore d. großruss. Sauna, Helsinki 1966.

Bader, Stübner. Da der Helfer in den Badstuben nach dem → Bad Bartscheren und Haarschneiden besorgte, übertrug sich auf ihn das Recht, das außerhalb der Bäder nur den Barbieren zustand. Beide übten früh einfache Heilbehandlung wie bes. Schröpfen und → Aderlaß, so daß (in den Alpen z. B.) noch heute B. den → Arzt bezeichnet. Als → unehrliches Gewerbe bildeten die B. wenig geachtete Zünfte. Über das »Rasieren« bei → Initiationen vgl. Hänseln. → Quecksilber, Handwerk.

Badkraut → Liebstöckl.

bairisch bezeichnet das alte Stammesgebiet der Bajuwaren, von dem bes. die Mundartfg. ausgeht und das auch Österreich einschließt (»Bairisch-österr. Mundartwb.«). Die Schreibung bayrisch (bayerisch; B.Wald) geht aus von der Bez. des Königreichs und heutigen Freistaates B. Unter Altbayern versteht man das Staatsgebiet rechts des Rheins nach dem Stand vor 1802, in der Hauptsache die heut. Reg.bezirke Oberpfalz, Ober- und Niederbayern.

Bajonettstangen → Kalmus.

Bakenbrennen, das Biiken-, Beeken- oder B. ist ein schlesw.-holst. → Jahresfeuer am Vorabend des → Maitages (Dithmarschen, Kr. Oldbg, Insel Fehmarn) oder des Tages → Petri Stuhlfeier (22. 2.; nordfries. Inseln Röm, Sylt, Amrum, Föhr, Halligen u. in d. Wiedingharde). Der Brauch wird auf den alten Seefahrerabschied zurückgeführt. Auf Föhr und Amrum heißt es, das Feuer werde entzündet, um »Peter zu Bett zu leuchten und ihm den Bart abzusengen«. An dem zum Kinderbrauch gewordenen B. nehmen im 20. Jh. auch die Erwachsenen wieder teil. Mit Fackeln, Musik und Reden wird des fries. Volkstums gedacht (Sylt). Bes. seit der neuen Grenzziehung 1919 wurde das B. eine nationale Feier. → Auslanddt.

Ch. Jürgensen, Die Nordfries. Inseln; H. Jessel, B. und Petritag auf Sylt. In: Jb. des Nordfries. Ver. 27 (1949).

Balder. Der 2. → Merseburger Zauberspruch, einige Ortsnamen, im 17. Jh. noch die nordschleswigsche Sage von König Bolder bezeugen die südgerm. Kenntnis des nord. Gottes. Dagegen ist die Nachwirkung in d. Legende vom hl. → Wolfgang u. in Sagen vom Hackelberg (Hackelbernt → wilde Jagd) ungewiß. Die Herkunft des Gottes aus einheimischem Feld- und Fruchtbarkeitskult hat Schröder, die Beziehungen zu religiösen Strömungen des Orients u. Südeuropas besonders Neckel untersucht.

G. Neckel, Die Überliefgn. v. Gotte B., 1920; F. R. Schröder, Germ.tum u. Hellenismus, 1924; und in: Beitr. z. Gesch. d. dt. Sprache u. Lit. (West) 84 (1962); J. de Vries, Altgerm. Rel.gesch., 1935; ders., in: Kl. Schriften, 1965 (B.-Odin); A. Kabell, B. u. d. Mistel, Helsinki 1965.

Balbina → Kropf.

Baldrian *(Valeriana off.).* Wie viele starkriechende Pflanzen ein Mittel, den Teufel und seinen Anhang zu »bannen«. Sagen und Rezepte sind überliefert. So goß man in Mecklenburg die Milch, wenn sie behext war und sich nicht buttern ließ, durch einen Kranz von B. In Braunschweig hing man das getrocknete Kraut als → »Unruhe« an die Stubendecke. Hängt B. im Kuhstall, so kommt keine Hexe ans Vieh. In verschiedenen Gegenden ist B. darum ein wichtiger Bestandteil des Kräuterbüschels, das man am Tage Mariä Himmelfahrt in der Kirche weihen läßt. In der Vmed. scheint der B. schon im MA. eins der volkstümlichsten Allheilmittel gewesen zu sein. → Pest, Butter, Geruch.

Balken. Wichtige B. in Haus u. Stall (Firstb., Eckb., Grundb., Türpfosten, Schwelle) werden und wurden mit gläubiger Scheu betrachtet, aus ihnen wird im Frühling Ungeziefer und Unglück geklopft, sie tragen kirchliche u. zauberische Zeichen, Buchstaben und Talismane, den Palmbuschen und das Antlaßkranzl, der Sarg steht darunter. Als es in der Wormserhütte auf dem Kapelljoch über Schruns spukte, benedizierte ein Kapuzinerpater das Haus und ließ die Türschwelle herauslösen und in die »Hochkela« (Steingande) werfen, damit sie dort verfaule (1950). In den ersten Balken auf dem Mauersockel, den »Anspann«, werden im Montafon (1954) geweihte Sachen, Münzen, Erinnerungszettel verpflöckt. In vielen Sagen hier ist er der Sitz des → Hausgeistes. – Die gewaltigen Holzkonstruktionen der alpenländischen Bauernhäuser führten schon früh zur Ausbildung eines technischen Ornaments. Die Neigung des Zimmermanns, die verschiedenen Holzfügungen vorwiegend im »Bundwerk« des Giebels offenzulassen und durch absetzende Farbe zu betonen, ergab zwanglos eine geometrische Auszier: Lisenen, Schachbrettmuster, Zackenbänder begleitet von strengen Schriftreihen; dazu trat die bäuerliche Grundornamentik: Stern, Rad und Dreisproß; ferner die Zeichen Jesu u. Mariens, an Pfarrhäusern die Waffen Christi. Ferner steigert sich das → Fachwerk über die rein konstruktive Gliederung hinaus zu freier Ornamentik. Seit der Renaissance vor allem erscheint die aus kirchl. Hut entlassene Dämonenwelt der → Drachen, Schlangen, Delphine, der Wasserkönige und → Fischweiber, der Löwen, Fratzen und → Neidköpfe an Gesimsb., Eckpfosten, Konsolen, Spannriegeln u. B.köpfen der städt. u. ländl. Fachwerkbauten Niedersachsens, Hessens u. Frankens. Im Bundwerkhaus des bayr. Rupertiwinkels westl. der Salzach erlebt die Zimmermannskunst in ausgesägten herald. Zierformen eine Spätblüte (1830–60). Bes. auch im oberdt. »Länderhaus« sind die tragenden B. Gegenstand reicher Schnitzerei und Malerei. → Giebelbretter, Türe, Pfahl, Ornament, Ölgötze, Maske (Lit.)

R. Pfister, Alte bayer. Zimmermannskunst am Bauernhaus des Rupertiwinkels. Bayr. Heimatschutz (1926); J. M. Ritz, Holz; in: Spamer, Vkde.

Ballade. Goethe (1771) u. a. übernahmen das engl. Wort ballad (›sagenh. Verserzählg‹), dem afrz. *balade* (›Tanzlied‹) nach dem provenzal. *balada* (›Tanz‹ v. *balar* ›tanzen‹) zugrundeliegt. Als episch-lyr. Bericht von außerordentl. Vorgängen ist die B. dem → hist. Vlied verwandt. Die älteren frz. B. (14./15. Jh.) waren Gedichte von bestimmter Form, aber freiem Inhalt (Villon), während die engl. popular ballads bes. von Grenzkämpfen, Volkshelden (Robin Hood) und Begegnungen mit mythischen Wesen berichteten. Die dt. Volks-B. blühte zwischen 1250 und 1450. Epischer Charakter, Natureingang (»Dij reed al op door berg en dal, Door alle die groene weiden«; flämisch, 19. Jh.), düsterer Hintergrund, sprunghafte Handlung, lebhafter Dialog charakterisieren sie. Die B. vom → Tannhäuser war im Ursprung ein Zwiegespräch. Erzählstoffe des MA., gesch. Vorfälle, auch Motive anderer Völker, Dämonisches, Tragisches und Schwankhaftes boten die Vorlagen. Auch der Zusammenhang mit → Heldensage und -lied der Germanen wird sichtbar (Ermenrichs Tod, → Hildebrandslied). Im 16. Jh. traten andere Erzähllieder in den Vordergrund (→ Flugblatt, Bänkelsänger, Faust). Bes. im Germ. entfaltet, ist die B. auch anderen Völkern bekannt (span. Romanzen, russ. Bylinen). Zu neuem Leben, wenn auch vor allem als Gattung der klass. Kunstdichtung, erweckt wurde die B. durch Percy's Sammlung (1765; → Vlied), dessen wichtigste Stücke in Herders »Volksliedern« übersetzt sind. Eine umfassende Slg der engl. B. schuf später Child (Boston 1885ff., 9 Bde.). Neben der älteren Volks-B. und der Kunst-B. von Goethe, Schiller, Bürger, Uhland u. a. machten sich nun Rühr- und Schauer-B. modisch breit, die durch den Bänkelsang weite Verbr. fanden.

Im → Kinderlied und in Randlandsch. wie Lothringen beobachtete man noch in uns. Zeit getanzte Volks-B. (Suppan). Die noch nicht vollendete große Ausgabe des DVA ordnet die etwa 250 dt. B.typen wie folgt: Familienereignisse, Werbung, Anbahnung von Liebesverhältnissen, Warnung vor Verführung, Schwank- und Ehebruch-B., Tiere und Pflanzen (Brednich). 1966 (u. später) befaßte sich eine Tagung in Freiburg mit »Fragen des Typenindex der europäischen Volks-B.«

H. Benzmann, Die dt. B., 1913; H. Schneider, Ursprung u. Alter d. dt. Volksb. B. Ehrismann-Fs. 1925; J. Meier, B. 2 Bde 1935/36; E. Dal, »B.philologie« (ein Abschnitt in: Die heutige V.liedfg. in Skandinavien) Dt. Jb. f. Vkde 10 (1964); L. Vargyas, Zur Verbr. dt. B. u. Erzähllieder in Ungarn. In: Seemann-Fs. 1964; E. Seemann, D. Strömbäck, B. R. Jonsson, hg., European Folk Ballads, Kopenh. 1967 (Anthol.); L. Vargyas, Researches into mediaeval history of folk b. Budapest 1967; A. Elschenbroich, B., 1969 (Slg. Metzler; Lit.); DVA, Freiburg, hg.: Dt. Vlieder m. ihr. Melodien (bisher 5 Bde. Darin die große wiss. Ausg. d. dt. V.-B.); J. Künzig u. W. Werner, B. aus mündl. Überl. Authent. Tonaufn., 1953–63. VK-Tonarchiv, Freiburg i. Br. Schallpl. 8/1965; K. Riha, Moritat. Song. Bänkelsang. Zur Gesch. d. mod. B., 1965; W. Hinck, Die dt. B. v. Bürger bis Brecht, 1968; R. W. Brednich u. W. Suppan, Gottscheer Vlieder Bd 1: Vb.n 1969.

Ballspiele gehören zum Urbesitz der Menschheit. Im Altertum war die Sphäristik oder Sphäromachia (*sphaira* ›Kugel‹) ein Teil der Gymnastik. B., noch immer unter die allgemeinsten → Kinderspiele zählend, nehmen auch im Bewegungsspiel der Erwachsenen eine wichtige Stelle ein. K. Weinhold berichtet von einer harten Form des B. im alten Norden. J. Zingerle hat viele Zeugnisse für die große Vtümlichkeit des B. im dt. MA gesammelt. Es war ein Frühlingsspiel. Bei Neidhart von Reuental († um 1240) heißt es: *»dast des sumers erstes spil / damit hebent si den schal«.* Im Minnesängerlied ist der Ball Liebesbote. Italiener wie Poggio oder Aeneas Sylvius schilderten das andersartige B. der Deutschen an der Schwelle der Neuzeit. Dem → Tennis dienten große Ballhäuser, die im 18. Jh. vergessen waren und zu Wagenremisen wurden. Aus Italien kam um 1890 das Spiel mit dem Faustball. Gleicher Herkunft ist der Tamburinball, der aber heute vom Federball (Badminton) fast verdrängt ist. Dessen Verhältnis zum Tennis kann jenem des Minigolf zum Golf verglichen werden. In einem der verbreiteten B. der Mädchen verbindet sich das Werfen an die Wand und das Fangen des Balls mit überlieferten Sprüchen wie »Alter Student wäscht sich die Händ . . .« und mit Geschicklichkeitsübungen zwischen den einzelnen Würfen. Wer fehlt, muß sich in der Reihe der Werfenden hinten anstellen. Unter Jungen haben Abtreffeball und Schlagball, Grenz-Stock- und Schleuderball den Vorrang, Die heimische Vorform des Schlagballs (Rounder) ist der österr. »Prellball«, die des Hokkey das weitverbreitete Sauballspiel oder (bei Guts Muths) der Treibball. Von jahreszeitl. gebundenen B. hören wir bei uns aus Westfalen und aus der Mark (»Osterball«), vom »Brautball« bes. aus der Altmark und Thüringen.

Schnell, Hb. der B. 3 Tle., 1899–1901; Guts Muths, Spiele. [9]1914 hg. v. Thiele; F. J. J. Buytendijk, Das Fußballsp., 1953; S. Mendner, Das B. im Leben d. Völker, 1956; J. Märker, Das B. i. Sprachbild. Zs. Die Leibeserziehg. (1961/62/64); J. Huizinga, Homo ludens, [7]1965.

Ballünespiel → Sauball.

Band. Das B. übt Bindezauber. Der Eiferer → Bonifatius verbot Flechtornamente, wie sie in altgerm. Plastik und Miniaturmalerei vorkamen. In Schlingen und → Knoten wird Krankheit (Kropf, Warzen), Geschlechtskraft (→ Nestelknüpfen) oder ein gebannter Dämon (am Kapuzinerstrick) eingefangen zu Heil- und Schadenzauber. B. und Knoten lösen befördert die → Geburt, erleichtert das Sterben. Durch B. wird Segen angebunden im → Amulett, im → Angebinde des Kinderkissens, Krankheit und Fruchtbarkeit übertragen im → Lappenbaum oder indem zu →Weihnachten der Obstbaum mit Strohseilen umwickelt wird. Das → Rot des B., das Blut und Liebe bedeutet, vor allem aber abwehrende Kraft enthält, verstärkt die bindende Wirkung im Liebes- und Hochzeitsbrauch. Bunte B. und Tücher aus Seide hängen am Mai- und Pfingstbaum und sind häufig Geschenke und Preis bei ländlichen Wettspielen. In der → Tracht spielen B. an Schürzen, Hals und Haar eine vielfältige Rolle. → B.weberei, Flechten, Ornament.

J. Scheftelowitz, Das Schlingen- und Netzmotiv im Glauben und Brauch der Völker, 1912; Krüger, Landwirtschaftl. Bindebräuche.

Bändele → Amulett.

Bandkeramik → Ornament.

Bandltanz. Im Tanz werden am Wipfel befestigte Bänder um den entrindeten Stamm geflochten, in Bayern (Tittmoning) um den → Maibaum. Im Gegentanz wird das bunte Geflecht wieder aufgelöst. Bei festl. Gelegenheiten, auch als Schautanz, wird der B. ausgeführt im Salzk.gut (Hinterstoder 1939), in der Steierm. und in Tirol, aber auch in Siebenbürgen und in nördlicheren Landschaften (Taunus 1811, Odenwald bis 1860). Bei relig. Festen erscheint der B. fast regelmäßig in Spanien, von wo er vielleicht nach Italien übertragen wurde (B. bei der 3. Hochzeit Lukretia Borgias 1502). Wenn in Schladming (Stmk.) der B. im Frühling um lebende Bäume geführt wurde, liegt es nicht fern, an das Binden von Bäumen zu denken, wie es zur Jahreswende in manchen Landsch. üblich war, mitunter durch Strohbänder aus dem »Alten«, der letzten Garbe. In der Weihnacht tanzten in Franken und Schlesien Mann und Frau um die Obstbäume und umwanden sie mit Stroh oder einem Seil. Im Harz wurde bis etwa 1850 der Maibaum mit der abgeschälten Rinde umflochten. R. Wolfram erinnert auch an die »Fruchtbark.symbolik des Flechtens«, wie sei beim »Zeinertanz« im steir. Murtal sichtbar wird und wie sie vielleicht auch dem vom 15.–17. Jh. aus Dtl. u. der Schweiz berichteten »Zäunertanz« eigen war. → Umkreisen, Umtanzen.

J. Bolte, Der B. In: Zs. d. Ver. f. Vkde. 35 (1925) und 37 (1927); R. Wolfram, Die Volkstänze usw., 1951; J. J. Bachofen, Oknos, der Seilflechter. Hg. Schroeter 1923.

Bandweberei → Webekamm.

Bank, Fußb. Die Doppelbed. von ›Sitz‹ und ›Liegestatt‹ ist schon in den germ. Formen des Wortes B. gegeben. Die Schlafb. wurde ein charakterist. Möbel auf dem Darß. Die B. am → Ofen, die alem. »Füürkuuscht«, ist noch bevorzugtes Ruhelager. Wie diese um zwei Seiten des Ofens geführt ist – unter sich manchmal den winterl. Hühnerstall bergend –, so umgibt den Tisch im → Herrgottswinkel auf den zwei Wandseiten eine meist fest mit dem Getäfel verbundene Sitzb. Gröber gezimmerte B.e stehen in der Küche. Im nd. Haus begleitete die B. die Ausbauten des → Fletts. Entsprechend niedrig gebaut, ist die → Truhe das gegebene Sitzmöbel (Ostfriesl.), so wieder in der Eckb. der modernen Wohnküche. Noch besser dienen diesem Zweck die mit reich geschnitzter Rückenlehne und Seitenwangen versehenen Truhen des 18. Jh. (Altes Land, Ravensberger Truhenb.: Siedel, Siel; im bad. Odenwald: Sittel). Gefällige → Möbelmalerei (Lebensbaum, Blumen) zeigt die siebenbürg. Lehnentruhe. Hausgemachte B.e in der Pfalz südl. des Speierbaches verwenden gern das Motiv des → Drachen. Truhen mit Klapplehnen finden sich in Süddtl. schon im 16. Jh. Im Barock wird die B. mit Lehne allmählich verdrängt durch Kanapee, Sofa und schwäb. Gutsche. Zu den ältesten erhaltenen B.en gehören die roman. Kirchenb.e von Alpirsbach.

Fb. ist die schriftsprachliche, haupts. aber nd. Bez. der Fußstütze aus Holz, die im östl. Mitteldtl. Hutsche, in Mecklenbg. und Pommern Rutsche, md. und obd. Schemel, in Südwestdtl. und in der Schweiz auch Stühlchen heißt. In den Alpen ist sie nicht selten ein geschnitztes oder mit → Einlegearbeit (Montafon) geziertes Geschenkstück für die Hausfrau. Von der Fb., auf der er steht, hat der → Bänkelsänger den Namen. – Die B. im Sinne eines Geldinstituts war ursprünglich das Arbeits- und Abstellmöbel des Geldwechslers. – Nd. entspricht der Fb. das Stövchen, das zugleich → Wärmegerät ist.

L. Schmidt, B. u. Stuhl u. Thron. In: Antaios 12 (1970).

Bänkel(sänger). Der Name Bs. stammt von Gottsched (1730). Im 17. Jh. hießen sie auch Avisen-, Gassen- oder Marktsänger. Bs. sah man Anfang dieses Jh. noch auf den schles., sächs. u. rhein. → Jahrmärkten, um 1930 auch noch in Berlin. Durch Generationen hat sich ihre immer gleichbleibende Ausstattung erhalten: 3 bis 5 große Wachstuchbilder, auf denen in primitiver Technik die zu besingenden Ereignisse dargestellt sind, davor das Bänkel (→ Bank), von dem aus die Sängerin mit einem langen Rohrstock die Bilder (→ Sonntagsmaler, Bilderbogen) erklärt, und der Leierkasten. Im Hausbuch des Fürsten Waldburg-Wolfegg (15. Jh.) findet sich eine Darstellung einer Gauklerbude mit großem Leinwandbild, ähnlich wie Simplicius Simplicissimus als Quacksalber (1684) die Leute durch eine große Bildtafel anlockte. Während der Bs. als Vsänger in Auftritt und Vortrag, durch Singgelegenheit und Publikum vkdl. greifbar ist, kann von einem bes. B.lied nicht gesprochen werden. Es reicht von der Mordballade (»Moritat«) bis zum Wallfahrtslied. Auf der modernen Bühne ist der Bs. neuerdings heimisch geworden (Brecht/Weil, Dreigroschenoper u. a.). Die Lieder, die während des Gesanges als → Flugblatt verkauft werden, sind im Geschmack schauriger Romanzen des 18. und frühen 19. Jh. So heißt es z. B. in der Ballade vom Kindermörder Lippold:

> Beide zeugten dann auch Kinder,
> die der grause Bösewicht
> mordete mit wildem Wüten
> bei des Mondes falbem Licht,
> und dann hing er jede Leiche
> auf an eine alte Eiche,
> und der Knochen Klapperklang
> galt ihm lieblicher Gesang.

Wesentlich ist der moralisierende Grundton dieser Lieder mit dem Schluß »Und die Moral von der Geschicht . . .« Man hat versucht, den Namen »Moritat« (zuerst 1862) aus dem frz. *moralité* herzuleiten, während er eine Umbildung von »Mordtat« ist. → Fahrende, Holzschnitt, Gassenh., Zeitung, Ballade.

Musenklänge aus Dtls. Leierkasten. Reutlingen 1848 (meist Parodien, ges. v. d. Leipz. Literatenges. »Die Maikäfer«; Vorbild aller späteren Slgn.); G. Böhme, Lieder d. Straße, Diss. Münch. 1920; H. Naumann, Studien über den B.sang. Zs. d. Ver. f. Vkde., 33 (1923); E. Seemann, Neue Zeitung und Volkslied. Jb. f. Vliedf. 3 (1932); O. Görner, Der B.sang. Mitteldt. Bll. f. Vkde. 7 (1932); K. H. Kramer, B.balladen, 1936; G. Schulten, Der Leierkasten, Potsdam o. J.; L. Schmidt, Wiener Vlied um 1700. Nd. Zs. f. Vkde. 22 (1947); G. Gugitz, Lieder d. Straße. Die Bs. im josephin. Wien, 1954; E. Preuschen, Das Hiasn-Lied. Jb. öst. Vliedw. 4 (1955); B. Kaiser u. W. Klemke, hg., Echte u. falsche Moritaten. Vom B.sang zu Friederike Kempner, o. J.; Th. F. Meysels u. M. Klier, Schauderhafte Moritaten, 1962; L. Schmidt, Geistl. B.gesang. Jb. öst. Vliedw. 12 (1963) (Zu e. Ölbild d. 17. Jh. im Öst. Mus. f. Vkde., Wien); K. V. Riedel, Der B.sang, 1963 (Bes. in Hambg. Vgl. dazu die Rez. v. W. Suppan in: Zs. f. Vkde. 61, 1965, S. 142f.); K. Riha, Moritat. Song. B.sang, 1965; R. Schenda, Der ital. B.sang heute. Zs. f. Vkde. 63 (1967) (z. B. Lied auf Papst Johannes XXIII); L. Petzold, Grause Thaten . . . 31 Moritaten d. 19. Jh. in Facsimile, 1968; B. Beneš, Die Bs.ballade in Mitteleuropa. Jb. f. Vliedfg. 16 (1971); R. W. Brednich, Zur Vorgesch. d. B.gesangs. Jb. öst. Vliedw., 21 (1972); Ballade, B.sang u. Song, Berlin 1972.

Bann, bannen. Im ahd. bedeutet B. und b. ›Verbot, Gebiet der Gerichtsbarkeit, unter Strafe gebieten‹. In der süddt. Bez. des Flurhüters als B.wart oder in B.wald, B.meile ist diese Bedeutung erhalten. In der heutigen Volkssprache bezeichnet b. das Ausüben eines Zwanges durch → Zauber auf Geister, Menschen, Tiere od. Dinge (menschliche Organe). Besondere

Formen des B. bezeichnet man auch als → festmachen, stellen, gfrören (unbeweglich machen) oder als beschwören, zitieren (herbeirufen) oder verfluchen (vertreiben). In geschlossenen Landschaften wird heute auch das → Besprechen von Krankheiten b. genannt. → Bienenstöcke.

H. Siuts, B. u. Acht, 1959 (Friedlosigkeit b. d. germ. Völkern u. kirchl. B.); ADV 110–113 (b. = besprechen).

Bannkörbe → Bienenstöcke.

Banselhahn → dreschen.

Bär. Der B. gehört zu d. Tieren der frühesten Jagd. Der Name B. (auch »der Braune«) selbst wird als Tabuname erklärt. Bei den Schweden und Slaven heißt er Großväterchen od. Honigesser. In Sagen und Märchen (→ Bärenhäuter) Nordeuropas wird er oft genannt, besonders in Verwandlungssagen (→ Werwolf, Berserker). Als Name eines Korngeistes (→ Erbsenbär) deckt sich B. mundartlich mit → Eber, doch wird auch von Butzeb., Mummeb., Mutzeb., B.wautz als Kinderschreck im Korn oder in der Nacht erzählt. Der → Klaubauf und Blutschink in Tirol und Bayern haben B.gestalt. Im Fasnachtszug (im Montafon der Ruf: »Bäro komplimento!«) und sonst war der Tanzb. eine bekannte Erscheinung. Das Tierschutzgesetz von 1934 hat in Dtld. diesen rohen Brauch beseitigt. Zähne und Klauen vom B. sind wohl schon germ. Amulette. Von dem in der Vmed. hochgeschätzten → Fett des B. verkaufte ein → Apotheker in Brandenburg noch im 19. Jh. 15 bis 20 Zentner im Jahr. Es half offenbar, obwohl es nur amerikanisches Schweinefett war. → braun, Nikolaus, Weihnachten.

J. Bachofen, Der B. i. d. Relig. d. Altert., 1863; A. Spamer, Dt. Fastnachtsbräuche, 1936; F. A. Volmar, Das B.enbuch, 1940; Fr. Ranke, Etwas v. B.enfang im MA. Zs. f. dt. Philol. 70 (1948/49); K. Sälzle, Tier u. Mensch, Gottheit und Dämon, 1965.

Baraber. Wie die »Stollendurchbruchfeier«, so kennen Arbeiterschaft, Ingenieure und Unternehmer der modernen Wasserkraftwerke mit ihren Staumauern, Druckschächten, Kavernen und Aufzügen eine Barbarafeier. Im »Vermuntstollen« der Vorarlb. Illwerke im Partenen ist eine Statue der Heiligen ins Mauerwerk eingelassen. Durch eine Verballhornung des Namens im Munde ausländ. (auch kriegsgefangener) Arbeiter soll der »Baraber-Tag« entstanden sein. Die ihn zu feiern gewohnt sind, wurden zu »B.n«, und »barabern« bedeutet ›feiern‹ (Busemann). Im westl. Österr. aber versteht man seit etwa 1925 unter B. hauptsächlich Fremdarbeiter und das Verbum b. besagt, ›mit Schaufel und Pickel arbeiten‹. Die Zusammenhänge bedürfen noch einer Klärung.

L. Busemann, B. In: Frankft. Ztg. (1955) Nr. 31.

Barbara, hl. (4. 12.) Attr.: Gefängnisturm, Kelch, Schwert. Pfauenfedern. Die legendäre hl. Jungfrau B. wurde von ihrem grausamen Vater in einem Turm gefangen gehalten und, als sie sich der christl. Lehre zuwandte, hingerichtet (306). Sie gehört zu den → 14 Nothelfern und wurde die Schutzherrin der → Bergmänner und der Artilleristen, die ihren Tag festlich begehen. Die Erinnerung erhielt sich auch in der prot. → Konfession; z. B. feierte 1935 in Berlin der »Waffenring der ehemaligen Deutschen Feldartillerie Deutsche Schwerartillerie« seinen »B.-Abend« laut Einladungsplakat. Montangebiete der Alpen kennen die B.verehrung seit dem Hoch-MA; im sächs.-böhm. Gebiet ist sie vor der Reformation vielfach bezeugt. Eine Meißner Bistumsmatrikel von 1346 nennt allein 60 B.-Altäre; 4 davon besaß Freiberg, die sächs. Berghauptstadt. Wo und wann die Verbindung B.–Bergbau stattfand, ist noch nicht bekannt. In das Ruhrgebiet brachten den B.kult schles. Bergleute, vor allem nach 1945. Am B.tag erhielten die Knappen im Rauriser Goldbergwerk (Salzburg) das »B.brot«. In der B.nacht stellten sie Essen und Trinken in der Stube des Berghauses auf, angeblich für die »Bergmannl«. Ein Bergarbeiter sichert sich vor dem Tod unter Tage, indem er am B.tag ein Licht im Bergwerk brennen läßt. Von den heute lebendigen Berufspatronaten ist das der h. B. sicher das bedeutendste. Es besitzt die gleiche verkündende Kraft wie das Berufssymbol »Schlägel und Eisen« oder der Gruß → Glückauf.

Der 4. 12. ist Lostag und kennt verschiedene Arbeitsverbote. In der Sage vertritt B. zuweilen die Stelle der zweiten Jungfrau unter den → drei heiligen Frauen (Schwestern, Marien, Heilrätinnen, Basen: Ainbet, Warbet, Wilbet) infolge der Namensähnlichkeit (Warbet–Barbet), andererseits d. die Tatsache, daß B. auch als Heilige oft in einem Dreibund mit zwei anderen (→ Margareta, Katharina) erscheint. Wie diese gibt auch B. häufig Kirchenglocken den Namen.

Aus dem weltlichen Brauch sind die B.zweige bekannt. Am B.tag besonders werden die Kirschenzweige ins Wasser gestellt, damit sie zu Weihnachten blühen (Bayern, Schwaben, Tirol, Niederösterr., Böhmen, Westfalen). Man muß sie rücklings und nur mit einem Hemd bekleidet schneiden (Westböhmen). Der ursprüngliche Sinn des grünen Reises ist erhalten, wenn die B.zweige als → Weihnachtsbaum aufgestellt oder als → Lebensrute zum Schlagen, »Fitzeln«, gebraucht werden. Am Tage der Unschuldigen Kinder werden die Mädchen damit gepeitscht (Böhmen). Dort schreiben die Mädchen auch die Namen ihrer Liebhaber auf die Zweige und beobachten dann das Grünen und Blühen. In Niederösterr. hängt man Zettelchen mit seinem Namen daran. Wessen Zweig zuerst blüht, dem bringt das neue Jahr ein besonderes Glück. Ihr Blühen bringt ein gutes Fruchtjahr (Schwaben).

Im Rheinland ist B. auch Begleiterin des hl. → Nikolaus oder erscheint selbst als Beschererin der Kinder. Daß sie diese Aufgabe auch in den Alpen hatte, ist vielleicht daraus zu schließen, daß noch in unserem Jh. (Vorarlberg) beim »Klausenbeten« ein B.gebet häufig gehört wurde. → Soldat, Schützenbruderschaft, Unschuldige Kinder-Tag, Baraber.

S. Peine, St. B. u. ihre Darst. in der Kunst, 1896; Dt. Gaue 11 (1910); F. Kirnbauer, St. B. in d. Kunst, 1952; L. Schmidt, B.- u. Luciaweizen. Die Verbreitg. d. weihnachtl. Tellersaat im Burgenland, Gugitz-Fs. 1954; G. Gugitz, Fest- u. Brauchtumskal., 1955; H. Grünn, Der B.-Weizen b. d. Donauschwaben. Öst. Zs. f. Vkde. 59 (1956); F. Knaipp, St. B. i. Hinterglasbild. In: Der Anschnitt 9 (1957); G. Heilfurth, St. B. als Berufspatronin d. Bergbaues. Zs. f. Vkde 53 (1956/57); Arbeitsstelle f. B.forschg. i. Ruhrgebiet. Jb. f. Vkde d. Heimatv. 2 (1957); F. Krins, Die neuere B.verehrung in Nordrhein-Westf., ebd.; ders., St. B. Beitr. z. e. Bibliogr., ebd. 3 (1958); ders., B.-glocken in Nordrhein-Westf., Perlick-Fs. 1960; ders., B.medaillen d. Knappenvereine im Ruhrgebiet. Jb. f. ostdt. Vkde 9 (1965); A. Dörrer, Erinnerungen an St. B. Rhein. Jb. f. Vkde 15/16 (1964/65); S. Hausberg, R. Norberg, O. Odenius, Den hel. B. i svensk kult och konst under medeltiden. In: Med hammara och fakla 25 (1967).

Barbarossa → Kaisersage, Vbuch.

Bärenhäuter. Seit dem 16. Jh. Schimpf- u. Scherzwort (für Landsknechte, im 18. Jh. auch für Studenten), wird B. von Kluge von der

Redensart »auf der Bärenhaut liegen« abgeleitet (vgl. Tacitus, Germania cap. 15 u. 17), von Naumann aber mit altem Tier- und Verwandlungsglauben in Verbindung gebracht, wie er sich auch in der Vorstellung vom → Werwolf äußert. Danach stünde B. in einer Reihe mit dem altnord. Glauben an → Berserker und mit dem dt. B.märchen, das wieder ein Zweig der weitverbreiteten Bärensohnmärchen ist. Das B.märchen, zuerst erzählt von Grimmelshausen 1670, hat seine stärkste Verbreitung in Nordeuropa gefunden, im W und S ist es selten. So vermutet man einen Zus.hang mit altgerm. Überlief., etwa mit Bräuchen der → Initiation. Der Stoff hat in Dichtung und Musik Bearb. gefunden.

Gaismaier, Die Bärenhautsage, Progr. Ried, 1904; L. Weiser, Altgerm. Jünglingsweihen und Männerbünde, 1927.

Bärentreiben → Sauball.

barfuß → nackt, entblößt, Georg.

barfuß gehen ersetzte in alter Zeit das asketische Opfer kult. → Nacktheit. Noch heute wird das Heiligtum b. oder doch ohne Schuhe betreten (Islam) und finden auch bei uns → Wallfahrten b. statt. Im mag. Brauch empfängt man b. die Kraft der Erde unmittelbar. Auf dem Lande geht man b. auch, um Schuhwerk zu sparen. Naturgemäße Heilweise (Kneippen) verbreitete die Sitte neu in der Oberschicht. Wie in → Bart und langem → Haar verbindet sich im B.gehen der großstädt. Apos und Hippies unserer Tage revolutionäre Geste (→ Tracht) mit einem tieferen Antrieb: Zurück zur Erde. → Fuß.

ASV 63/64: b.gehen v. Kindern, v. Erwachsenen.

Bärmutter → Gebärm.votiv, Kolik.

Barstucken → Hausgeist.

Bart. Der B. enthält wie das → Haar und andere Teile des Körpers Lebensstoff. Hingabe des B. ist Hingabe des Selbst bei Unterwerfung, Adoption, auch bei der B.weihe des jungen Germanen. Verletzung des B. ist größter Schimpf. Zeichen des → lebenden Leichnams ist der weiterwachsende B. Legenden erzählen von Christus- und Heiligenbildern mit wachsendem B.(Absam in Tirol) oder vom wunderbaren B. einer verfolgten Jungfrau (→ Kümmernis). Der rote B. des Blitzgottes → Donar übertrug sich auf den christlichen Teufel. Verbreitet sind Scherze mit B.treibmitteln für »milchbärtige« Jünglinge (Hühnerdreck innen zum Treiben, Honig außen zum Ziehen; Montafon). Die Art, den B. zu tragen, ist ein untrennbarer Teil der Volkstracht und verharrt mit dieser oft auf einer Stufe, die von der städtischen Mode längst überholt ist. Ebenso bemerkenswert ist, wie sich die B.tracht führender Persönlichkeiten (Franz Joseph i. Österr., Friedrich Wilhelm I. und Wilhelm II. in Dtld.) im Volke einbürgern und deren Lebenszeit lange überdauern. Mit der Redensart »das hat so'n B.« bezeichnet man hoffnungslos Veraltetes. → Jünglingsweihe, Hänseln, Tracht, barfuß.

Barte, Bergb., Parte, von mhd. *barta.* »Die Alten sahen in der Axt die ›Bärtige‹« (Kluge-Mitzka, Et. Wb.). Ähnlicher Vorstellung folgten die Bez. Schlüsselbart und Hellebarde (mhd. *helmbarte*). In Schwaben und Österr. heißt das Beil des Metzgers noch Fleischb. In Sprache, Brauch, Tracht und Vk. behielt die Bb. bis heute ihre Bedeutung. Die bes. Form des langgestielten Eisens mit spitz ausgelängter Schneide ließ an die alte Streitaxt denken. Der → Bergmann war als freier Mann wehrhaft. Aber auch der Gebrauch der Bb. als Symbol der Zunft ist alt. Als Prunkgerät kennt sie schon das 16. Jh. (Beisp. im Mus. Freiberg i. Sachsen). Bernt gibt zu überlegen, ob die Vorform, eher als in einer Waffe, im Arbeitsgerät des Bergmanns, dem Gezäh, zu suchen sei. Bei festbleibender Form des Eisens wechselt der Schmuck des langen Stils, meist Einlagen aus Bein oder Horn, seltener Metall, auf Knochenröhren, die einem Holzkern übergeschoben sind. Der Bilderschatz entstammt dem Bergmannsleben: Wappen, Hammer und Schlegel, Bergmeister und Knappen, Kruzifix. Die Erz- und Kohlenreviere von Sachsen und Böhmen haben die schönsten Bb. hervorgebracht. Ein bes. reiches Stück (mit Runeninschrift) bewahrt das Vkde-Mus. in West-Berlin.

W. Bernt, in: A. Spamer, Vkde; Wolf, Bergmannsprache, 1958; H. Anacker, Von Beilen, B. u. Häckchen, 1960. (Bergbarte ist erzgebirg., Berghäckchen die allgemeiner verbr. Bez.); S. Kube, Zur Entst. d. Bb. Dt. Jb. f. Vkde 8 (1962) (16. Jh.: »Grubenbeil« als Standesabzeichen, geleg. »B.« genannt. Ende d. 16. Jh. Umdeutg. zur Waffe. Bergleute tragen Bb. »an stat ihres Gewehres«, 1680. Späteres 17. Jh.: ein bes. den erzgeb. Bergm. kennzeichn. Attribut. 2. H. 17. Jh. u. 18. Jh. das eigentl. »B.zeitalter« nach Borchers); H. Wilsdorfer, Die Röhrenb. von 1726 im Mus. f. Vkde zu Bln. Fgn. u. Ber. 7 (1965).

Bartholomäus, hl. (24. 8.). Apostel. Martyrium nach der Legende durch Schinden. Attribut: Haut und Messer. Wenn der Hafer noch nicht geschnitten ist, knickt ihn B. Im Siegerland sagt man, wenn die Halme sich legen: B. geht durchs Korn. Wenn die Ernte vorbei ist, gibt es eine Mahlzeit weniger: »Barthelmei trägt den Vespersack nei.« Die Schäfer legen die Leinenkleidung ab. An B. fanden und finden viele Jahrmärkte, Kirchweihen, Schulfeste (Forstfest der Kamenzer Schüler, Ravensburger Rutenfest), Feste der → Hirten (Schäferfest in Gera, → Schäferlauf), der → Fischer (Stralauer Fischzug in Berlin, Fischertag in Memmingen) und ähnliche Volksfeste (Hahnentanz in Wolfartsweiler) statt. An B. soll man nicht in den Kohlgarten gehen, denn er wirft die dicksten Köpfe dorthin und will nicht gestört sein. An Jakobi (→ Jakobus) jagt man den Jakob hinaus und trägt den Barthel hinein.

Der B.tag hat auffallende Beziehungen zur → wilden Jagd-Sage, die indes nicht genügen, um B. als Nachfolger Wodans zu bezeichnen. Der wilde Jäger zieht am B.tag (Kreis Stargard u. Westalpen) oder das Totenheer (Niederlande). In Schleswig-Holstein sagt man vom darniederliegenden Korn, »Bartel mit'n Schimmel« habe es niedergeritten. In Heteborn drohte man mit der dämonischen Zwölftengestalt Frau Harke, wenn an B. der Flachs noch nicht geerntet war. In Grochwitz bei Torgau hieß es: »Nun hat die Herke gezogen, nun müssen wir's Winterkorn hereinbringen, sonst verdirbt's«. Zwerge und Hexen feiern den Tag. Auch Arbeitsverbote sind überliefert. Wie andere Heilige der Sommerzeit, wird B. mit Heilquellen in Verbindung gebracht.

Fraglich ist, ob der in einer begrenzten kärntischen Landschaft sehr volkstümliche Kinderschreck und Nikolausbegleiter Bartel oder Wubartl zum hl. B. zu stellen ist. Der Nikolauspartl trägt die Züge des Krampus. Lexer (Kärntisches Wörterbuch) will Partl von Ruprecht (Perchtl) oder von einer Bartmaske ableiten. Spitzbartl erscheint schon in einem älteren Volksspiel als Bezeichnung einer großen Geldmünze mit Bildnis, heute wird er als Kinderschreck genannt, wenn die Dunkelheit einbricht. → Schreckgestalten.

L. Schmidt, Bartl u. Krampus. In: burgenl. Hmtbll. 25 (1963).

Basilisk. Die Antike bezeichnete (nach Plinius) die Eidechse als *basiliskos* (= kleiner König), weil man einen hellen Fleck auf ihrem Kopf als Krönlein deutete. Mhd. *basiliske* wurde um 1230 aus dem Lat. entlehnt. Auf Aderlaßschüsseln hat das Bild des B. unheilabwehrende Kraft. »B.blick« tötet. In der bis in den Barock lebendigen Sage ist der B. halb Drache, halb Hahn, ein Mischwesen, aus dotterlosem Hahnenei von Kröte oder Schlange erbrütet. Tierbücher des MA bilden ihn ab (→ Hildeg. v. Bingen, A. Magnus), in späteren Kuriositätenslgn findet sich häufig ein künstlicher B. in Gestalt eines Rochen mit Glasaugen. → Faszination, Schlange, Aderlassen, Ungeheuer.

Basteln. Bast als Mittel zum → Flechten war schon frühgerm. von Bedeutung. Darauf wird mhd. *besten* ›schnüren, binden‹ zurückgeführt. Der Bastler ist bei Hans Sachs ein ›Flickschneider‹. In allen oberdt. Mundarten (Bästeln, Bäscheln u. ä.), erst im 19. Jh. auch in der Schriftspr., ist B. eine »Beschäftigung, die vielfach reiner Selbstzweck bleibt und umso befriedigender empfunden wird, je mühsamer und vertüftelter der Herstellungsvorgang ist« (Grundmann-Hahm, Dt. Vk.: Schlesien). Die erste Nachricht (um 1520) von der Schnitzerei in → Oberammergau betrifft eine solche Künstlichkeit (Leiden Chr. in einer Nußschale). Die spätere Vk. zeigt eine Fülle solcher Arbeiten Gelernter und Ungelernter. Winzige Tiere aus einem Stückchen Holz zu schnitzen, war der Ruhm des Sigismund Kahl in Steinseiffen, Kr. Hirschberg (18. Jh.). Um 1500 schon findet sich ein Vorbild der Steig- und Hammerwerke mit bewegl. Figuren, mit denen invalide Bergleute im → Erzgebirge sich einen kleinen Verdienst schufen. B.arbeit sind die → Eingerichte der Schiffer wie die schles. »Waldsachen« aus Flechten, Moosen, Rinden, Tannenzapfen, Steinen (Rübezahlfig.). In der Mark Brdbg. fertigte man aus geknickten Binsen Schwäne, Gänse und Enten für Kinder. Bes. in kath. Landsch. wird auf das B. der weihnachtl. → Krippe ebensoviel Phantasie wie Geschick und Geduld verwandt. Das B. des Niederöst. J. Lanner umfaßte Burgen und Kirchen, Krippen und Tirolerhäuschen oder einfache, mit Moos, Farn und Zyklamen besetzte »Blumenhäuserln«.

Die vtüml. Kunstübung des B. fand die Beachtung einer Pädagogik, die die Notwendigkeit der »schöpferischen Pause« im Lern- und Leistungszwang unserer Zeit erkannte. Schon Fr. Fröbel, später die dt. Jugendbewegung, in Skandinavien die Fürsprecher des alten → Hausfleißes, schließlich die Leitungen bes. von Knabenklassen allenthalben sahen im B. eine wichtige Aufgabe der Erziehung. Die neue Wertschätzung des → Steckenpferdes für jedermann wie des »Do it yourself« als sinnvoller Gestaltung der »Freizeit« gehen in die gleiche Richtung. Anders als das B. der Knaben und Männer ist die → weibl. Handarbeit stärker auf den unmittelbaren Nutzen im Haushalt ausgerichtet. Vgl. jedoch z. B. das Bemalen der → Ostereier, das Fertigen der → Stickmustertücher u. Ä.

J. Blau in: Zs. f. öst. Vkde 20 (1914); K. Gröber, Oberammergauer Hauskunst, 1930; J. M. Ritz, Holz, in: Spamer, Vkde; A. Spamer, Grundriß d. Sächs. Vkde, 2. Bd., 1933; ders., Sachsen (Dt. Vk.), 1943.

F. Walter, Hausbuch f. Werkarbeit, 1956; Zs. Mechanikus, seit 1950.

Basseln → Schnaderhüpfel.

Bastlösereime heißen die eintönig gesungenen od. gesprochenen, meist 4zeiligen Liedchen, mit denen die Kinder das Klopfen der Weidenrutenstücke begleiten, aus denen sie Pfeifen fertigen. Eine kartogr. Arbeit i. Zusammenhang mit dem ADV stammt von J. Jurk-Bauer. → Flöte, beschwören, Kinderlied, Eberesche, Weise.

H. Marzell, Das Felberlpfeiferl; in: Der Heimgarten 2 (1924); K. Beitl, »Pfifle, Pfifle, grot mer!« Maipfeifenschneiden u. B. im Vorarlb. u. Liechtenst. Kinderbrauch. Jb. öst. Vliedw. 15 (1966) (Lit.); R. Brockpähler, Rinden-Instrumente in Westfalen. Jb. f. Vliedfg. 16 (1971).

Batengen → Schlüsselblume, Pfingstrose.

Batiken → Ostereier, Zeugdruck.

Bauchweh. Wer → Kröten quält, bekommt B. Andererseits zieht eine am Estrich festgenagelte lebende Kröte die »bösen Winde« an. → Erasmus ist der Helfer geg. Beschwerden d. → Eingeweide. → Kolik, Schafgarbe.

Dt. Wortatlas IV.

Bauer, Bauernkunde. Die Volkwerdung beginnt mit dem Entstehen eine seßhaften B.tums. Während, wie die altgerm. Verhältnisse zeigen, zwischen Nährstand und kriegerischem Wehrstand kein innerer Gegensatz zu bestehen braucht, stellte er sich mit der mittelalterlichen Städtegründung allmählich ein. Die Trennung von B. und Bürger (später → Arbeiter), Land u. Stadt, nahm auch bei uns so scharfe Formen an, daß man auf mehreren Seiten von B.kunde u. von Kunde des Proletariats (Großstadtvolkskunde), aber nicht mehr von einer umfassenden → Volkskunde sprach. Aufgabe dieser Wissenschaft ist und bleibt indes die Erforschung der geistigen Eigenart des Gemeinschaftslebens im Gesamtvolke. Das Volkstum der Mittel- und Großstädte hat unleugbar zahlreiche neue Formen des Gemeinschaftslebens geschaffen und, im Guten und Bösen, auf die Gestaltung der bäuerlichen Kultur den größten Einfluß geübt, besonders in den letzten hundert Jahren. Viel städtisches Gut in Kunst, Dichtung und Musik ist seit dem MA. in ländliches Gut gewandelt worden, wobei diese Wandlung manchmal ein Auflösen und Sinken, gewiß oft aber auch ein Durchtränken mit naturnaher Kraft und Auffassung bedeutete. Trotz der hohen Kulturbedeutung der Stadt bleibt die Tatsache unerschüttert, daß auch heute noch der B. den ursprünglichen Quellen der V.kultur nähersteht. Ackerbau und Viehzucht, Weide-, Wald-, Wasser- u. Bergwirtschaft bezeichnen noch immer die Wirkenskreise, in denen sich der Kreislauf des Jahres und Lebens mit allen seinen Glaubenssätzen und Sitten am stärksten abformt.

Die Entwicklung der letzten zwanzig Jahre freilich läßt befürchten, daß der B.stand bald nur noch eine Randerscheinung unserer → Zivilisation darstellen wird. Die Agrarwirtschaft der EWG fordert die Aufgabe der kleineren Wirtschaftsgrößen und die Bildung von Großfarmen amerik. Stils, mindestens in Dtl. (»Die Umwandlung der Höfe in Farmen, letztlich eine Amerikanisierung, welche das europ. Bauerntum in seinem innersten Wesen trifft.« L. Schmidt über R. Schmieders, Porträt d. Dorfes, 1964). Anfang d. 19. Jh. betrug die b.liche Bevölkerung noch etwa 90 v. H. Die heute befohlene Zahl ist etwa 3

v. H. 1961 nannten in der BRD 26000 Mädchen den Beruf ihrer Wahl Landwirtschaft, 1971 waren es noch – 2600. → Stadt, Arbeit, Ergologie, Industrie.

Ältere Lit. vgl. Ausg. 1955 dieses Wb. – B. Huppertz, Räume u. Schichten b.lich. Kulturformen in Dtl., 1939; A. Dopsch, Herrschaft u. B. in d. dt. Kaiserzeit, 1939; H. Grabert, B.tum u. Christentum, 1939; G. Schulz, Goethe u. d. b.liche Welt, 1940; W. Hansen hg., Das dt. B.tum. 2 Bde. o. J. (Karten u. zahlr. Abb.); M. Rumpf u. H. Beringer, B.-dorf am Großstadtrand, 1940; C. Lorez, B.arbeit im Rheinwald, 1943; P. Scheuermeier, B.werk in Italien, d. ital. u. rätorom. Schweiz, 1943 (331 Photos, 427 Holzschn.); K. A. Sommer, B.hof-Bibliographie, 1944; J. Schwendimann, Der B.stand im Wandel d. Jahrtausende, 1948; Der Österr. B. Sein Leben u. s. Werk. Wien, 1949; J. Bog, Die b.liche Wirtsch. im Zeitalter d. 30j. Krieges. Diss. Erl., 1950; H. Wopfner, Bergb.buch. Von Arbeit u. Leben d. Tiroler Bergb. in Verg. u. Gegenw., 1951 (»Wenn man ein Volk kennen lernen will, muß man es bei seiner Arbeit aufsuchen«); J. Buchinger, Der B. in d. Kultur u. Wirtsch.gesch. Österr., 1952 (viel Lit. über österr. B.fragen); P. Lindemans, Geschiedenis van de Landbouw in Belgie. 2 Bde. Antw. 1952; K. Böck, Das B.leben in d. Werken bayer. Barockprediger, 1953; Hb. d. Landw. ²1953; L. Schmidt, Hg.: B.werk d. Alten Welt, Europa, Asien, Afrika. Ausst.-Katalog, 1954: K.-S. Kramer, B. u. Bürger im nachmal. Unterfranken, 1957; W. Rothmaler u. W. Pidberg, Beitr. z. Frühgesch. d. Landw. 3 Bde, 1953–57; R. Pittioni, Zur Urgesch. d. B.tums, 1958; M. Kislinger, Alte B.herrlichkeit, 1957; G. Haensch u. G. Haberkamp. Wb. d. Landw. 1959 (vierspr.); F. v. Finckenstein, Die Entw. d. Landw. in Preußen u. Dtl. 1800–1930, 1960; E. Hubatschek, B.werk in d. Bergen, 1961; R. Frenzel, Der dt. B. in d. 1. H. d. 16. Jh. In: Heimat u. Vtum. Bremer Beitr. z. nd. Vkde (1962/3); G. Franz, hg., Dt. Agrargesch.: (W. Abel, Gesch. d. dt. Landw. v. frühen MA b. z. 19. Jh. ²1967; F. Lütge, Gesch. d. dt. Agrarverfassung v. frühen MA b. z. 19. Jh., 1963; H. Haushofer, Die dt. Landw. im techn. Zeitalter, 1963); H. Strobach, B.klagen, 1964 (17. Jh. bis 1930. W. Salmen: durch die Musik – 6/8 Takt, Polka, Jodlerrefrain – wird zuweilen »die im Text enthaltene etwaige sozialkrit. Intention merklich abgeschwächt«; zum Buch vgl. d. krit. Rez. v. J. Dünninger, in: Hess. Bll. f. Vkde 56. 1965). W. Jacobeit, B.liche Arbeit u. Wirtschaft. Ein Beitrag z. Wiss.gesch. d. dt. Vkde, 1965; Der steir. B. Ausst. kat. Graz, 1966; G. W. Diener, Der Hunsrücker B. u. s. Umwelt. Rhein.-westf. Zs. f. Vkde. 13 (1966); H. Bleiber, Zwischen Reform. u. Revol., 1966 (Schles. B. u. Landarbeiter im Vormärz); F. Panzer hg. Helmbrecht von Wernher dem Gartenaere, ⁸ um 1968; Reallex. d. Germ. Altertkde. 1. 1968; G. Grüll, Der B. im Lande ob d. Enns am Ausg. d. 16. Jh. Abgaben u. Leistungen im Lichte d. Beschwerden u. Verträge, 1969; G. Wiegelmann, Erste Erg. d. ADV-Umfragen z. Alten b.lichen Arbeit: In: Rhein. Vjbll 33 (1969) (Geräte b. Säen, Ernten, Dreschen; 10 Karten); Landw.museum in Wels, Oberösterr.

Bauernhaus. Wenn wir vom Bauen im Geist der Gemeinschaft und überlief. Ordnungen sprechen, meinen wir zunächst das → Haus der Landbewohner, obwohl auch das → Bürgerhaus der Stadt, zumal in seinen Anfängen, verwandten Charakter hat. Neben den Baudenkmälern feudaler und kirchl. Kultur, neben den Häusern der Patrizier und Kaufleute und selbst neben den Schornsteinen und Sheddächern, neben den Konstruktionen in Stahl und Glas der modernen Industrie behauptet das B. seinen Anteil an der Landschaft. Die »Werkstättenlandschaft« (Ernst Jünger, Der Arbeiter, 1932) wächst, der Farmer hält seinen Einzug in den EWG-Ländern, aber weit zäher als Vk. und Tracht hält sich überliefertes Bauen neben neuen Formen. »Das Haus gehört mit der Siedlung zu den naturgebundensten Gegenständen der Volkskultur« (R. Weiß, Vkde d. Schweiz, 1946).

Gegenüber etwa der Einförmigkeit des roman. Kaminhauses in Italien und Frankreich oder des osteurop.-slaw. Rauchstubenhauses ist der Reichtum der Hausformen in dt. Landen auch vom Ausländer nie übersehen worden. Natur und Kultur tragen gleichmäßig zu diesem Bilde bei. Berg und Tiefebene, Steinbruch, Lehm- und Tongrube, Laubwald und Tannenwald bieten Baustoffe an für Grundgerüst, Wand und Dach. Wie Beschaffenheit des Bodens und Klimas die Art des Bauens bestimmen, so sind sie auch die Voraussetzung der Wirtschaft, je nachdem sie Ackerbau, Weidewirtsch., Viehzucht oder gemischte Wirtsch.formen begünstigen. R. Weiß als Vertreter einer »funktionalistischen Betrachtungsweise« unterstreicht zwar im genannten Werk (S. 87): »Nicht Bauten und Wohnungen, sondern Bauen und Wohnen sind der eigentliche Gegenstand volkskundlicher Betrachtung«. Aber er bezeichnet es zugleich als »methodisch einwandfrei«, wenn auch die Vkde das B. zunächst als Naturprodukt erfaßt und die Hilfe naturwiss. Fg.richtungen in Anspruch nimmt, schon deshalb, weil »naturbedingte Baueigentümlichkeiten ... den Menschen, der die Häuser bewohnt und benützt, beeinflussen«. Hausfg. beschäftigt den Urgeschichtler und Historiker (Ur- und Vorformen; Bodenfunde und archival. Quellen), den Siedlungsgeogr. und Wirtschaftsgesch., den Baumeister und Architekten (Grundriß, Aufbau, Baustoffe), den Sprachforscher (mundartl. Bez. der Einzelteile und -räume) und den Vkdler, der Haus und Hof als wichtigste Stätte des Lebens, des → Wohnens, von → Sippe und → Familie sieht, die der Stube und Kammer, dem Herd und dem Herrgottswinkel erst ihre Bedeutung geben, sie erhöhen und schmücken mit den Begehungen des Jahres- und Lebensbrauches, mit Inschrift und künstlerischer Ausstattung. Der ärmste Mensch ist der ohne Heimstatt, der Unbehauste, der Obdachlose.

Wenn in frühgeschichtl. Zeit die Geographie der Hausformen noch mit Sitz und Wanderung von Volk und Stamm in Verbindung gebracht werden können, so werden spätestens mit vollendetem Landesausbau – ähnlich wie in der → Sprachgeogr. – die Grenzen und Zentren kirchl. und weltl. Territorien wie die Mächte der Wirtschaft und des Verkehrs, auch solche des Rechtes und Brauches maßgebend für Vordringen oder Rückgang bestimmter Bauformen, für die Entstehung von Kern- und Randgebieten. Der Begriff des »fränkischen Gehöfts« ist seit längerem durch die weitere Bezeichnung mitteldt. Gehöft ersetzt worden. Gleichwohl blieben die Bez. fries. Haus, niedersächs. Haus in Geltung und werden Stammesbez. wie alem. oder bayr. oder Gebietsbez. wie niederrhein., ost- und westpr., lothring., burgenländ. u. a. mindestens als Hilfsbegriffe angewandt. Wie im Bild der dt. Mundarten stehen niederdt., mitteldt. und oberdt. Hausformen solche des ostdt. Siedlungslandes gegenüber. Einerseits haftet das B. wesensmäßig stärker an Scholle und Land als die beweglicheren Güter der Vkultur, andererseits ist es eben deswegen, durch seine enge Bindung an Art und Form des Bodens und an die vorhandenen Wirtschaftsmöglichkeiten nationaler Eingrenzung stärker entzogen. Nation ist oft gleichbedeutend mit der Einheit des Sprachvolkes. Das Haus als andere wichtige Äußerung des schöpferischen Volksgeistes überschreitet vielfach sprachl. und polit. Grenzen, wenn nicht als Ganzes, so doch in einz. Elementen (→ Herd, Ofen, Stube).

Bruno Schier, der die europ.-vergleich. Richtung der Hausfg. zu großem Ansehen brachte, sagt: »Das Haus ist kein toter, entwicklungsloser Gegenstand, sondern ein lebendiger Organismus von Bauteilen, die immer in Unruhe, in Mischung und Ausgleich, in Bewegung und Wanderung begriffen sind« (In: Spamer, Vkde). Mit der Wiss. von der → Vsprache teilt die B.fg. die in den letzten Jahrzehnten immer deutlicher hervortretende Erkenntnis, daß man es nicht mit ein für allemal festgelegten, sondern mit sich lebendig, stetig oder sprunghaft entwickelnden Formen zu tun hat, daß man weniger Grenzen und Gebiete als vielmehr Kulturströmungen zu sehen hat, weniger reine Haustypen (Mundarten) als Mischungen und Übergänge, weniger Statik als Dynamik. Diesem Blick enthüllt sich dann, was der Dt. → Sprachatlas im Vergleich mit frz. Kartographie deutlich macht: die Lage in der Mitte Europas, der Durchzug und die Kreuzung so vieler europ. Kulturströme, nicht zuletzt die oft beklagte Zerrissenheit des dt. Volkes wie die Vielgestalt seiner polit.-gesch. Landkarte machen auch die Karte seiner Hausformen reicher als die irgendeines seiner Nachbarn. Auch aus diesem Grunde sind die oben genannten stamml. oder landsch. Zuweisungen zu verstehen als Hilfsbegriffe, als »wiss. abstrahierte Grundformen« (Schier), die sich wandeln, sobald sie Wirklichkeit werden. Bei aller Fülle und Bewegung der Formen bleiben Grundzüge der dt. Hausgeogr. erhalten, wie sie A. Haberlandt, W. Peßler u. a. sahen und von B. Schier bestätigt wurden: die großen, westöstl. verlaufenden Gebiete des nieder- und mitteldt. B. werden im N, O und S von kleineren Typenlandschaften begrenzt, die zugleich den Übergang zur nordgerm., slaw. und roman. Hauskultur bilden.

1. Forschung u. Gesamtdarst.: K. Rhamm, Dorf u. Bauernhof im altdt. Lande, 1890; ders., Vorzeitl. Bauernhöfe im germ.-slav. Waldgebiet, 1908; B. Schier, Karl Rhamm (1842–1911) Wegbereiter der vkdl. Kulturraumfg., Rhein.-westf. Zs. f. Vkde 9 (1962); Aug. Meitzen, Das dt. Haus i. s. volkstüml. Formen, 1882; R. Henning, Das dt. Haus i. s. hist. Entwicklung, 1882; Das B. i. d. Schweiz, 1903–06 (62 Tafeln; Lit.); H. Lutsch, Das B. i. dt. Reich u. i. s. Grenzgebieten, 1906 (120 Tafeln; Lit.); Das B. i. Österr.-Ungarn u. i. s. Grenzgebieten, 1906 (120 Tafeln; Lit.); H. Hunziker, Das Schweizerhaus, 8 Bde., 1899–1914; O. Schmitt, Reallex. z. dt. Kunstgesch. 1914ff.; K. A. Sommer, Bauernhof-Bibliogr., 1944; G. Wolf rief 1940 die Reihe »Haus u. Hof dt. Bauern« ins Leben; fortges. u. Leitg. v. O. Gruber; A. Schröder, B.museum in Niederdtl., 1942; J. Lotholz, Die dt. Weistümer als Quelle z. Gesch. d. B., Diss. Münster 1948; H. Uhlrich, Bauen u. Wohnen 1959–1966, Bibliogr. in: Dt. Jb. f. Vkde 13 (1967); J. Hähnel, Hauskdl. Bibl. Bd. 1 (1961–1970), Münster 1972 (Beitr. z. Hausfg., Reihe B); B. Schier, 10 Jahre Arbeitskreis f. dt. Hausfg. (1949–59), Zs. f. Vkde 55 (1959); Jährl. Berichte des »Arbeitskr.« und Ber. in d. vkdl. Zss. über den Plan eines »Handb. z. dt. Hausfg.«; vgl. Öst. Zs. f. Vkde 64 (1961); B. Schier, Hauslandschaften usw. 1932, ²1966 (Lit.; E. Schlee: »die Entwicklung zumal der nordwestdt. Hausfg. seit Schier kommt einer völligen Neuorientierung gleich«); Wegleitung f. d. Aufnahme d. bäuerl. Hausformen u. Siedlungen in d. Schweiz, hg. v. d. Schw. Ges. f. Vkde, Basel 1948 (Vgl. T. Gebhard: Bayern); J. Schepers, Das B. in Nordwestdtl., 1943 (Erstmal. Versuch, Gefügeformen als geschichtl. Abläufe zu zeigen); H. U. Wirth, B. u. Dorfdarst. in d. Kunst d. 15. u. 16. Jh., Diss. Bonn 1949; A. Haberlandt, 60 Jahre vergl. B.forschung, Mitt. d. Anthrop. Ges. Wien 82 (1952); G. Ränk, Das System d. Raumeinteilg. i. d. Behausungen d. nordeuras. Völker, 2 Bde., Stockholm 1949 u. 1952 (Wegweisendes Beispiel d. funktionalistischen Betrachtungsweise, »welche die Haus-Forschg. über eine einseitig techn., hist. oder geogr. Betrachtung hinaus f. d. Vkde fruchtbar macht, ja sie überhaupt erst zur Vkde macht.« [R. Weiss]); P. H. Prechter, Die B.fg. in Schwaben, Bayer. Jb. f. Vkde 1950; J. Schepers, Stand u. Aufg. d. nordwesteurop. Hausfg., Rhein. Jb. f. Vkde 4 (1953) (Bibl.); T. Gebhard, Bauernhof u. Betriebsgröße in Bayern, Bayer. Jb. f. Vkde 1954; B. Schier, Über d. Zus.arbeit d. vorgesch. u. d. vkdl. Hausfg., Zs. f. Vkde 51 (1954); K. Baumgarten, Probl. mecklenburg. Nieders.hausfg., Dt. Jb. f. Vkde 1 (1955); F. Behn, Die Entst. d. dt. B., 1957; A. Haberlandt, Vereinheitlichg. d. Typologie u. Terminol. d. B. in Österr., Mitt. d. Anthrop. Ges. Wien 87 (1957); T. Gebhard, Wegweiser z. B.fg. in Bayern. In: Bayer. Heimatfg. 11 (1957); ders., Zur Methodik d. B.fg., Bayer. Jb. f. Vkde (1957) (Zeugnisse reichen auch in Bayern kaum in die letzten Jhh. d. MA. Terminol. Schwierigk. durch Gegensatz ortsübl. und fachwiss. Bez.); Joh. Rickers, Der Stand der Hausfg. i. d. holst. Elbmarschen, Zs. f. Vkde 54 (1958); W. Radig, Frühformen d. Hausentw. in Dtl., 1958; H. Dölling, Haus und Hof in westgerm. Vrechten, 1958; G. Eitzen, Das B. im Kr. Euskirchen, 1960 (Beisp. f. d. method. Arbeitsw. d. nordwestdt. B.fg. Gefügefg.); J. Dünninger,

Hauswesen u. Tagewerk. In: Dt. Philol. i. Aufriß, Bd. 3, ²1962; W. Radig, Stand u. Aufg. d. B.fg. in Thür., Sachsen u. Brandenbg., Dt. Jb. f. Vkde 10 (1964); H. Soeder, Urformen d. ländl. Baukunst in Italien u. d. Alpenraum, 1964; G. Eitzen, B.formen u. ihre Bez. z. Wirtsch.formen. In: Arbeit u. Vleben, 1967 (Unterstreicht Wanderung d. Formen: Nordeuropa–östl. Mitteleur.–Alpen–nördl. Spanien. Warnt vor einseitig funktionalist. Betr.weise); K. Baumgarten, Die Dokumentation d. V.architekt. in Mecklenbg., Hess. Bll. f. Vkde 59 (1968).

2. Baufibeln: Ein wertvoller Versuch, das Bauen auf dem Lande in unserer Zeit organisch aus den alten Formen zu entwickeln, sind die »Baufibeln«. G. Schwemmer, Fränk. Bf., 1934; O. Völkers, Dt. Bf., 1937; R. Heckl, Oberösterr. Bf., 1939; K. Erdmannsdorffer, Bf. Oberpfalz, 1942; R. Pfaud, Bf. f. Mittel- u. Nordschwaben, 1944; H. Prechter, Bf. f. nördl. Oberbayern, 1948; V. v. Geramb, hg., Steir. Landbf., 1948; W. Landzettel, Produktions- u. Wohnstätten d. Bauern. In: Dt. Heimatbund, Jb. 1962/63 (Zeigt die »Hintergründe einer Arbeit zur Entw. von Entwurfsyst. für Bauernhäuser«); G. v. Schönfeldt, Ged. z. Gestaltung moderner Bauernhöfe usw. In: Arbeit u. V.leben, 1967.

3. Landschaftl. Darst. (v. N n. S – Ältere Lit. vgl. dieses Wb. Ausg. 1955) G. Ränk, Die B.-formen im balt. Raum, 1962 (Karte); E. Riemann, Ostpreuß. Vierkanthöfe, Zs. f. Mundartfg. 27 (1961); K. Baumgarten, Rügens »Zuckerhüte«, Dt. Jb. 5 (1959); ders., Zimmerm.werk in Mecklenbg., Die Scheune, 1961; ders., Das B. in Mecklenbg., 1964 (Wirkg. d. Wirtsch.- u. Sozialgesch. auf d. nd. Hallenhaus. Erklärg. hauskdl. Fachausdrükke); J. U. Folkers, Mecklenburg. Haus u. Hof dt. Bauern, Bd. 3, 1961; K. Baumgarten – U. Bentzien, Hof u. Wirtsch. d. Ribnizer Bauern, 1963 (Klosterinventarium v. 1620, aus e. Zeit d. Umbruchs: Reste v. Hallenhäusern ohne gesonderte Wohnräume; heizb. Stube als Neuerg); G. Wolf, Schleswig-Holstein. Haus u. Hof dt. Bauern, Bd. 1, 1940 (116 Tafeln, 70 Textzeichn., 253 Lichtb., 3 Karten); G. Eitzen, Die ält. Hallenh.gefüge in Nieders., Zs. f. Vkde 51 (1954); ders., Alte Hausgefüge im nordöstl. Nieders., Harburger Jb. 4 (1951); K. Thiede, B.er in Schlesw.-Holst., 1958 (Großer Reichtum d. Formen in Mischung oder Gegensatz); K. Brunne, Brandenburg. 1964 (Schon vor dem 2. Weltkrieg aufgenommene B.aufmaße); H. Müther, Baukunst in Brandenbg. b. z. beginn. 19. Jh., 1955; W. Radig, Das B. i. Brandenbg. u. im Mittelelbegebiet, 1966 (Nd. Formen, neuerl. v. mitteldt. überlagert. Südosten: → Blockbau, Umgebinde); G. Eitzen, Das B. im Kreise Lüchow-Dannenberg, Dt. Jb. f. Vkde 13 (1967) (Nordöstl. Nieders. Zwei- und Dreiständer-Flettdeelenh.); E. Deutschmann, Lausitzer Holzbaukunst . . ., 1959 (Hausformen im 18. u. 19. Jh.); A. Fiedler u. J. Helbig, Das B. in Sachsen, 1967 (Gesch. d. Hausfg. in S., Gehöftbildung, Vk. am B. → Blockbau, Umgebinde, Fachwerk; Lit.); O. Schmolitzky, Das B. in Thüringen, 1968 (Gehöft; Fachwerk, Umgebinde, Blockbau; Lit.); H. Winter, Das B. d. südl. Odenwaldes vor d. 30j. Krieg, 1957; J. Schepers, Westfalen-Lippe (Haus und Hof dt. Bauern, Bd. 2) 1960; ders., Westfalen i. d. Gesch. d. nordwestdt. Bürger- und B. In: Der Raum Westf., Bd. 4, Teil 2, 1965; H. Ernst, Das B. in Lippe, Minden-Ravensberg u. im Kr. Melle, Diss. Münster; H. Winter, Das B. u. d. Kleinbürgerhaus im Lauterbacher Raum, 1959 (Hessen); H. Ried u. G. Eitzen, Das B. im Niederberg.-westfäl. Grenzgebiet, 1955; J. Bendermacher, Das rhein. B. n. d. heutigen Stande d. Fg., Rhein. Jb. f. Vkde 1 (1950) (Übersicht z. Plan e. Atlas d. rhein. B.formen); H. Zippelius, Das B. am unteren dt. Niederrhein, 1957 (Weiterentw. d. Hallenhauses. Soz. Differenzierg. Triebfeder der kompliz. Entw.); P. Heuter, Die ländl. Bauweise d. 15. u. 16. Jh. im Schelde-, Maas- u. Rheingebiet n. Darst. d. spätmal. Malerei, 1961, 1. Textbd. z. Bildbd. (Starke Differenz. des B. setzte erst damals ein); P. Schmittgen, Das Winkelhaus in d. Nord-West-Eifel, 1960; G. Eitzen, Das B. im Kreise Euskirchen, 1960 (Gefügefg.); ders., Zur Gesch. d. südwestdt. Hausbaues im 15. u. 16. Jh., Zs. f. Vkde 59 (1963); H. Götzger u. H. Prechter, Das B. in Bayern, Bd. 1: Schwaben, 1960 (500 Zeichn. u. 255 Lichtb.); T. Gebhard, Dorf u. B. i. Bereich d. Stadtkr. München, Bayer. Jb. f. Vkde (1958); H. Schilli, Das Schwarzwaldhaus, 1953 (»Heidenhaus« und Kinzigtälerhaus. Entw. aus alamann. Frühformen. Eigentl. Ausbau des Swh. 13.–15. Jh. Einfache Anfänge – hochentw. Endform. Inschriften u. a. sagen, »daß man die großen Einhäuser in ihrem Hauptgerüst an einem Tage aufrichtete, wobei die Nachbarn Hilfe leisteten«. Vgl. Bespr. in: Jb. f. Dt. Vkde 2 [1956] von K. Baumgarten: »Werk eines Heimatfreundes«.); H. Kolesch, Das altoberschwäb. B. (Beschr. v. 115 B. um 1940); O. Gruber, B.er am Bodensee, 1961 (→ Fachwerkbau); H. Bausinger, M. Braun, H. Schwedt, Neue Siedlungen, ²1963; H. Phleps, Alem. Holzbaukunst, hg. v. E. Mix, 1967; H. Jenny, Alte Bündner Bauweisen u. Vk., ³1948; Ch. Rubi, Das Simmentaler B., 1949; M. Gschwendt u. L. Birchler, Schwyzer B.er, 1957; R. Weiß, Häuser u. Landschaften d. Schweiz, 1959 (In Anwendung der »funktionalist. Methode« nicht Beitrag zur »Hauskunde«, sondern »Erfassung der Kulturlandschaft als Lebenseinheit, wobei die Häuser als Leitmotiv dienen«); C. Simonett, Die B.er d. Kantons Graubünden, 1965 (Alles vor 1850 Gebaute seit 1945 planmäßig aufgenommen. Verb. von Volks- u. Altertumskde); M. Gschwend, Schweizer B.er. 1971; O. Moser, Die Hauslandsch. Kärntens, 1947; E. Kriechbaum, Das B. in Oberösterr., 1933; A. Klaar, Die Siedlungs- und Hausformen d. Wienerwaldes, 1936; A. Haberlandt, Vom Weinbauernhof . . . z. Altwiener Vorstadthaus, Jb. d. Ver. f. Gesch. d. St. Wien (1949); K. Ilg, Hauskundliches . . . Zs. f. Vkde 54 (1958); M. Rudolph-Greiffenberg, Das Burggräfler Haus, 1960; L. Schmidt, Bäuerl. Hausformen in Österr., o. J. (Karte); F. Colleselli, Alpenhäuser u. i. Einrichtung, 1963; F. Simon, Bäuerl. Bauten im Südburgenland, 1971; Haus u. Hof i. Österr. Landschaft: Notring-Jb. Wien 1972.

4. Volksglaube u. Brauch: A. Freybe, Das dt. Haus u. s. Sitte, 1892; L. Weiser, Das B. im Vglauben, Mitt. d. Anthrop. Ges. Wien 56 (1926) (Bauopfer, Hausgeist u. a.); A. Spamer, Das Haus als Heim. In: Haus u. Hof im nord. Raum, 2. Bd., 1937; O. Brunner, Adeliges Landleben u. europ. Geist, 1949; K. S. Kramer, Haus u. Flur i. bäuerl. Recht, 1950 (Hausfriede, H.spruch, Herd, Dach, Tür, Schwelle, Grenzrecht; bes. Bayern u. Niederösterr.); T. Gebhard, Zu d. Hausangaben d. Lex Bajuvariorum, Germania 29 (1951); R. Wolfram, Heim u. Hausbau im Vbrauch. In: Das Wüstenroter Eigenh., 1952; K.-S. Kramer, Das Herausfordern aus d. Haus, Bayer. Jb. f. Vkde 1956 (Lit.); O. Brunner, Neue Wege z. Sozialgesch., 1956; H. Dölling, Haus u. Hof in d. westgerm. Vrechten, 1958; C. Hentze, Das Haus als Weltort der Seele, 1961; L. Kriss-Rettenbeck, Bilder u. Zeichen rel. Vglauben, 1963 (Schutz d. H.); K.-S. Kramer, Das Haus als geist. Kraftfeld im Gefüge der alten Kultur. Rhein.-westf. Zs. f. Vkde 11 (1964) (»Religion u. Recht schließen einen engen Schutzkreis um das Haus«. W. H. Riehls Begriff des »ganzen Hauses«. Vkdl. Fragest. auch bei J. Dünninger, R. Weiß, T. Gebhard, J. Schepers); K.-S. Kramer, in: Kieler Bll. f. Vkde 2 (1970) (Über Haus u. Vleben bes. in Holstein); Über das Zeugnis der → Vsprache vgl. die Unters. von J. Trier: Giebel, in: Zs. f. dt. Altertum 76 (1939); über d. Stellung d. Zaunes im Denken d. Vorzeit, 1940; Lehm, Etymol. z. Fachwerk, 1951; Holz, Etymol. aus d. Niederwald, 1952.

Bauernkost → Speis u. Trank.

Bauernpraktik → Kalender.

Bauernrose → Pfingstrose.

Baufibel → Bauernhaus.

Bauhütten → Handw.

Baum, in der →Vmed. (→ Durchziehen, Übertragung, Lappenbäume), beim → Orakel, im Zauber, der auf Liebe, → Fruchtbarkeit (→ Ernte, Hochzeit, Lebensrute, Maib., Apfelb., Palmsonntag, Himmelfahrt Mariä, Weihnachtsb.) od. Schatzgewinnung (→ Wünschelrute) gerichtet ist, im Brauch des Jahres und des Lebens, in Sage und Märchen (Sympathieb.) wie in der Vk. (Lebensb.) haben B. (und Sträucher, die zuweilen den B. gleichgesetzt erscheinen [Sadeb., Rosenb.]) eine große Bedeutung. Zugrunde liegen die Vorstellungen von der Leben und Wachstum spendenden Kraft des B. und seiner Teile. Der B. ist auch Sitz der Seele von Geistern und Menschen und Ort der Kinderherkunft (→ Kinderbringer). Der eddische Mythus von der → Menschenentstehung führt das erste Paar auf B. zurück. Schädigungen (Schälen) von B. galt als einer der größten Frevel. Vom Hochzeitsbrauch wird noch aus unserer Zeit berichtet: »Die DDR-Kreisstadt Nordhausen im Südharz läßt den alten Brauch des 18. Jahrhunderts, daß Hochzeitspaare an ihrem Festtag Bäume pflanzen, wieder aufleben. Der erste Hochzeitsbaum wurde vor kurzem auf einer Anlage hinter dem Rathaus gepflanzt. Später sollen auch an anderen Stellen kleine Wälder auf diese Weise entstehen.« (Tsp. 28. 8. 70). An B. angebrachte Bildnisse sind häufig Mittelpunkt von → Wallfahrten (Maria Taferl, M. im Baum). – Im B.kult weiteren Sinnes werden am häufigsten genannt: Apfelb., Birke, Birnb., Buche, Esche, Eiche, Erle, Fichte, Hartriegel, Hasel, Holunder, Kastanie, Kreuzdorn, Obstb., Rose, Sadeb., Schlehdorn, Silberpappel, Tollkirsche, Wacholder, Weide (→ die meisten dieser Stichw.). → Pflanzen, Lebensb., heiliger Hain, Gebildbrote.

J. Grimm, Dt. Mythologie. M. Höfler, Wald-

und B.kult in Bez. zur Vmed. Oberbayerns, 1894, Philpot, The sacred Tree or the Tree in Religion and Myth, 1897; W. Mannhardt, Wald- und Feldkulte der Germanen, 2 Bde., [2]1904/5. Weniger, Altgerm. B.kultus, 1919; H. Marzell, Die Pflanzen im dt. Volksleben, 1925; J. G. Frazer, Der goldene Zweig. Abgek. Ausg. Übers. v. H. von Bauer, 1928, Neue Ausg. 1968; K. Bornhausen, Vglaube; in: Peßler, Hb.; O. Lauffer, Geister im B., J. Meier-Fs., 1934; Ders., Kinderherkunft aus B., Zs. f. Vkde 44 (1934); Ders., Schicksalsb. u. Lebensb. im dt. Glauben u. Brauch, Zs. f. Vkde 45 (1935); L. Kriss-Rettenbeck, Das Votivbild, 1958; G. Mensching, Die Religion, 1959; M. Lurker, Der B. i. Glauben u. Kunst, 1960 (Bes. bei Hier. Bosch); H. Trümpy, Der Freiheitsb. Schw. Arch. f. Vkde 57 (1961); S. Anderegg, Der Freiheitsb. Ein Rechtssymbol d. Rationalismus, 1968.

Baumbeten → Gründonnerstag.

Bauopfer. Als → Opfer, vielleicht auch aus der Vorstellung der Übertragung der Lebenskraft, wurden in den Grundstein eines Hauses, einer Kirche, eines Dammes usw. lebende Tiere (Huhn, Katze, Hund statt Kind in Th. Storms »Schimmelreiter«) eingemauert oder auch nur deren Blut darauf geträufelt. Einmauerung von Gegenständen oder Tieren in den Grundstein eines Baues ist häufig, hingegen die Einmauerung von Menschen selten historisch sicher bezeugt, doch wurden bei Abbrüchen Kindersärge gefunden. Sagenhafte Einmauerung von Ehebrechern und → Nonnen beruht auf einer falschen Übersetzung des lat. *immuratio* (= Einkerkerung). Gegenstände wie Getreide, Münzen, Würfel, Talismane wurden auch als Zauberabwehrmittel in den Grundstein gelegt. In einem Loch der massiven Holzwand eines steir. »Troadkastens« (Speicher) fand man 1961 eine → Spanische Fliege, einen »St. Michael → Himmelsbrief« und einen »St. Jakobs Haus- und Feuersegen«, die 1650 und 1651 geschrieben wurden. Unter den Insekten kannte man bisher nur → Bienen als B. Heute überwiegt bei ähnlichen Handlungen meist der Gedanke, der Zukunft ein Andenken zu hinterlassen. (Einmauern der Baugeschichte, einer Zeitung, v. Geld und ähnlichen Zeitdokumenten). Die Verbreitung des B. auch bei nicht-dt. Völkern untersuchte Klusemann (Das B.). Das Opfer an den Schutzgeist des Hauses oder das Sühneopfer spiegelt sich in den Märchen und Sagen, die berichten, daß der zuerst ins neue Haus Tretende geopfert (sterben) oder in die Gewalt des Dämon übergeben werden müsse. Dieser Gedanke und Glücksglaube (→ Geld) liegen auch den gebräuchlichen Hausopfern beim Beziehen einer neuen Wohnung zugrunde. → Balken, Grundsteinlegung.

Köhler, Eingemauerte Menschen; in: Aufsätze, 1894; P. Sartori, Über d. B., Zs. f. Ethnol. 30 (1898); K. Klusemann, Das B., 1919 (Abb.); W. Jesse, B. u. Totenopfer, Niederdt. Zs. f. Vkde 8 (1930); Fundberichte: Rhein.-westf. Zs. f. Vkde 8 (1961); E. Hundhausen, B. i. östl. Siegkreis, ebd.; W. Tack, B., ebd. (Abdrücke a. Glocken: Kröte, Krebs, Blätter); B. Bahnschulte, Eier u. Zweige als B., ebd.; M. Hell, Alter Schutz- und Segensbrauch (B.) im salzburg. Flachgau, Mitt. d. Ges. f. Salzb. Ldkde 104 (1964); H. Freudenthal, in: Beitr. z. dt. V.- u. A.kde 9 (1965) (Einmauerung zeittyp. Gebrauchsgüter); R. Hesse, Jakobs-Segen usw., Öst. Zs. f. Vkde 69 (1966).

Baut → Ernte.

bäuten → Buße.

Bayer. Herrgott → Leonhard.

b. Hiesl → Jagd, Schinderhannes.

Becher. Die volkslat. Bez. *bicarium* kam um 500 nach Dtl. Der B. war das Trinkgefäß des einfachen Volkes im Gegensatz zu Kelch und Pokal. Bauer und Bürger verwendeten im MA den B. aus Holz oder Ton. Erst im 16. Jh. setzte sich der B. aus → Glas durch, wenngleich diese röm. Kunst schon im 9. Jh. am

Rhein Nachfolge gefunden hatte. Im hohen MA weisen B. in der Donaugegend wegen ihrer Graphitbeimischung nach Hafnerzell oder Wien (→ Ton). Als bunte → Hafnerware sind einfache B. selten. Im 18. Jh. trat die → Tasse aus Ton oder Porzellan an die Stelle des B. Der silberne B. als festl. Geschenk, schon im Barock unter Honoratioren üblich, hat sich im Brauch der → Paten (neben dem Silberlöffel) bis heute gehalten. Hohes Alter haben kultische B. für den feierl. Trunk bei Verlobung und → Hochzeit (Beleg. v. 1405). Marg. Maultasch, die Gräfin von Tirol († 1369) besaß einen B., der innen auf dem Boden den apotropäischen → Sechsstern, außen sechs stehende, durch Lilien getrennte Blätter des → Beifuß zeigte. Eine bedeutende Rolle spielen. B. und Pokal im → Sport unserer Zeit als Siegespreise. → Gefäße.

G. Schiedlausky, Essen u. Trinken, 1956; W. Dexel, Das Hausgerät Mitteleuropas, 1962.

Bechteln → Masken.

Beckschläger → Messing.

Bedecken des Hauptes, der Hände und Füße schützt vor dem → bösen Blick, vor schädigender od. tödlicher Einwirkung eines übermächtigen Orenda durch →Berühren oder → Berufen. Besonders Frauen (Brautschleier, Verhüllung der → Wöchnerin) und Kinder, aber auch lebenswichtige Dinge und Arbeiten wie Brot, Milch, Butter, Backen u. Brauen werden durch B. dämonischem Einfluß entzogen. Dieser wird auch unterbunden, indem man den Schädigenden selbst bedeckt (Hexen, Verbrecher, Tote, Menstruierende, bös Blickende). Wenn im Flämingdorf Rosenthal eine Bäuerin Gänseeier zum Ausbrüten zur Nachbarin bringt, bedeckt sie sie aus abergläubischem Grund mit ihrer Schürze (1934). → entblößt, nackt.

Beekenbrennen → Bakenb.

Beerenlieder, -opfer → Heidelb., Erdb.

Befana, besonders in Oberitalien volkstümliche Dämonin der Zwölftenzeit, die Geschenke bringt, straft und spukt, die nach dem Festnamen des 6. 1., Epiphanias, benannt ist, aber wie die dt. → Bercht ältere volksgläubige Wurzel hat. → Abundia, Dreikönig.

ASV 154: Vereinzelt in Graubünden B. als Gabenbringerin, im Tessin neben Re Magi und Bambino Gesù.

Begegnung → Angang, Segen.

Begelmann → Wassergeister.

begraben → Fasnacht, Lätare.

Beichte ist das seit dem 9. Jh. geheime Bekenntnis der Sünden vor dem zur Lossprechung und Erteilung der → Buße bevollmächtigten Priester. Seit 1215 ist jährliche (österliche) B. Pflicht, die der »B.zettel« bestätigt. Im Rheinischen und Badischen erhielt d. Pfarrer für die Osterb. herkömmlicherweise die »B.eier«. Volkstümliche B.zeiten sind außer Ostern noch Kirchweih, Allerheiligen, Advent und Portiunkula (Ablaßsonntag). Die B.spiegel u. Bußbücher des MA. sind wichtige mittelbare Quellen alten Volksglaubens. In Sage und Kinderspiel ist die Ofenb. ein beliebtes Motiv. → Germanen.

E. Fischer, Zur Gesch. d. evang. B., 1902/03; P. A. Kirsch, Die B., ihr Recht u. ihre Gesch., 1904; R. Pettazoni, La confessione dei Peccati. 3 Bde., 1929–36 Bologna; W. Lüthi u. E. Thurneysen: Abendmahl u. B., 1944; J. Staber, Ein altbayer. B.spiegel d. 15. Jh., Bayer. Jb. f. Vkde (1963) (Verwertung immer gleicher alter Quellen bei B. v. Regensburg, – N. v. Jauer u. a.).

Beiderwand. Das (oder der) B. ist ein grobes Gewebe aus zweierlei Garn (z. B. Leinenkette mit Wollschuß). Wie in Gewand und Leinwand bedeutet das Grundwort soviel wie ›Tuch‹. In Ratsverfügungen des 13. und 14. Jh. wird B. genannt als zweifarbiges Zeug für die Röcke der Mägde und Frauen. In Schlesw.-Holst., wo die B.weberei in hoher Blüte stand, werden unter B. bes. die farbigen Vorhänge der wandfesten → Betten verstanden. Das Wollgarn wurde mit Naturfarben behandelt, so daß der Grundton von Moor und Heide entstand. – B. im engeren Sinn ist ein verbundenes Hohlgewebe. »Auf einem unteren, sehr dichten Leinengewebe baut sich oben das farbige Mustergewebe mit lockerer Leinenkette und kräftigem Wollschuß auf« (W. Schuchhardt).
Der Name B. wird irrtümlich von der ind. Stadt Bidar im Dekkan abgeleitet (so noch in: Brockh. Enzyklop. 2. 1967). Formen wie Beiderwolle, Beierwand, Beidermann sind seit dem 15. Jh. zwischen Main und Ostsee bekannt. Südl. vom Main heißt dieses Gewebe auch Petermann (von Beedermann), Bett- und Sackpeter oder einfach Peter.

E. Sauermann, Schlesw. B., 1909; E. Fleming, Textile Künste, 1924; D. Klein, B.studien. In: Jb. f. hist. Vkde 3/4; W. Schuchhardt, Textilien. In: Spamer, Vkde 1; Kluge-Mitzka, Et. Wb. [20]1967.

beiern (von mniederl. beiaerden) ›an der stehenden Glocke mit dem Klöppel Zeichen geben‹ (von beiaert ›Glockenspiel‹). Das Wort bürgerte sich im N bis zum mittl. Dtl. ein als Bez. bes. Läutart, etwa bei der Anzeige eines Todesfalles. Unter anderen Namen ist der Brauch auch im S bekannt, so etwa wenn im alem. (Montafon) die Abfolge: Läuten (der Sterbeglocke)-Kleppfen-Läuten den Tod einer Frau bedeutet, Läuten-Klepfen den Tod eines Mannes. Im Scherz sagt man: die Frauen müssen immer ein letztes Wort haben.

Kern, in: Zs. f. dt. Wortfg. 14 (1912); Gaillard, Verslagen der Vlaamsche Acad. 1913.

Beifuß (Mutterkraut, Buck, *Artemisia vulgaris*). → V.etymol. aus ahd. *pipoz* (9. Jh.), das wohl auf die apotrop. Kraft deutete. Die bis 1,5 m hohe Gartenstaude galt früher als wundertätiges Kraut, zumal es die Überlief. von der Pflanze *artemisia* der antiken Ärzte auf sich gezogen hatte. Diese schützt, an die Füße gebunden, vor Müdigkeit (n. Plinius). Vor allem galt B. wie die antike Pflanze als ein »sonderlich frawenkraut« (gynäkologische Verwendung). Am längsten hat der B. sich im Volksglauben wohl als wunderwirkendes → »Johanniskraut« erhalten, dessen Stengel man b. Tanz ums Johannisfeuer um die Lenden gürtete (»Sonnwendgürtel«) und schließlich ins Feuer warf, damit alle Krankheit mit ihm verbrenne. In Vorarlberg hängt man den »Johannisschäppel« aus B. über die Haustüre (1950). – Vmed., offizinell und in der Getränkebereitung haben auch die anderen Arten große Bedeutung: *Artemisia dracunculus* (Estragon), *A. abrotanum* (Aber-, Eberraute, Zitronenkraut) und bes. *A. absinthium* (Wermut, Absinth). → Vmed., Frauenkräuter, Becher.

H. Marzell, Wb.; ders., Zauberpfl., 1963.

Beil → Axt

Beinbrecher, Pfarreisen, Kirchgatter, Kirchhofeisen *(crurifragum, crates ferrea)*, ein Gitterrost aus Holz oder Eisen, der über eine Grube gelegt, Tiere am Zutritt zu → Friedhof oder Kirche hindert. Vieh betritt solche Roste nicht. Der Sarg wurde zur Einsegnung auf dem B. niedergestellt. Daran erinnert das kärntische Gebet:

> Wann i wer afn Gegatter steahn,
> Herr Jesum Christ, laß mi durt nit
> zugrunde geahn.

Daß manchem Friedhof des MA die Türe fehlt, erklärt Wildhaber mit der Absicht, dem Verfolgten raschen Zutritt zum → Asyl zu sichern. In Österr. findet der B. auch die Deutung, er erinnere an den Rost des hl. → Laurentius (Wörgl) oder er verhindere, daß die geweihte Erde an den Schuhen auf die Straße getragen werde. Bes. häufig sind B. in Wort und Bild bezeugt im westl. Dtl. von Basel bis zum Niederrhein, sie finden sich aber auch in Mitteleur. und Skandinavien. Das älteste Zeugnis (1423) stammt aus der Diözese Worms. Eine Abb. bringt Sebastian Brants »Narrenschiff« (Basel 1494).

O. Moro, B. In: Carinthia 129 (1939); R. Wildhaber, B. an Kirche und Friedhof, Zs. f. Vkde 53 (1956/57).

Beinhakl → Hakenmann, Wasserg.

Beinhaus, Karner (Gerner). Kapelle oder unterirdisches Gelaß zur Aufnahme der bei Neubelegung ausgegrabenen Totengebeine. Besonders im Alpenraum sind solche K. noch erhalten (Niederösterr.: Mödling; Tirol: Galtür im Paznaun; Vorarlberg: Damüls u. v. a.). In Niederöst. allein kennt man etwa 300 B.er. Man findet sie vereinzelt auch im dt. Norden. Zuweilen wird bei der kunstvollen Schichtung der Gebeine ornamentale Wirkung erstrebt. Auf Tirol und Bayern beschränkt scheint der frühere Brauch, → Schädel von Toten bemalt u. mit Namen versehen im B. aufzustellen.

M. Andree-Eysn, Vkdl., 1910; W. Diehl, Zur Gesch. d. B., Hess. Chronik 29 (1942); G. Sauser, Das B. in Galtür. In: Beitr. z. Kultur- u. Kunstgesch. Tirols, 1962.

Beinkugel → Hornussen.

Beispielsprichwort, von F. Seiler Sagwort genannt; apologisches oder Zitaten-Sprichwort. Es ist schon im ausgehenden MA belegt und wird seit über 300 Jahren gesammelt und gedruckt. E. H. Meyer hielt das B. für nordgerm. Noch Taylor (The Proverb, 1931) gibt für den S nur Einzelbelege. Singer wies seine Verbreitung in der Schweiz nach. Auch in Österr. werden sie gefunden. Im Innsbrucker Osterspiel (1391), dessen Heimat vielleicht Thüringen ist, steht das B.: ›*Got grueß uch, ir hern, vbir al‹ alz sprach der wolf vnd kuckte in den genßestal.* Dieses B. lebt noch heute in Sonnenberg bei Wiesbaden: Gute Nacht all, sagt der Fuchs im Gänsestall. Nach dem Ausweis der zahlreichen Beispiele in vkdl. Sammlungen hat das B. aber die reichste Entfaltung doch bei den Norddt. gefunden, denen der trockene Humor und knappe Stil dieser Form des erzählenden → Sprichworts besonders liegt. »Ik wass nit bange, hadde de Junge sagt, men ik wor (wurde) bange« (Westfalen). – International verbreitet ist die Bez. des B. als Wellerismus (nach Samuel Weller in Dickens' »Pickwick Papers«), doch ist sie irreführend, da das B. durchaus Gemeingut des Volkes ist. → Sprichwort.

R. Eckart, Niederdt. S. u. volkst. Redensarten, 1893; L. Berthold, B. in Hessen-Nassau, Hess. Bll. f. Vkde 23. Nachtr. v. H. Hepding, ebda, Jg. 24 u. 25; P. Bartels, Das apolog. S. im Niederdt. u. Dänischen. Niederdt. Zs. f. Vkde 8 (1930); S. Singer, Schweizer SagSprichw., Schweizer Arch. f. Vkde 38/39 (1940/41); Ch. Speroni, The Italian Wellerism, Berkeley 1953 (17. Jh.); G. Henßen, Volk erzählt, [2]1954 (Den Schluß bilden 100 z. T. recht derbe B. oder »Schwanksprüche«); J. Järvö-Nieminen, Soumialaiset sanomukset, Helsinki 1959 (Große Slgn., die statist. Bearb. ermöglichen; die derbsten Beispiele aus d. Mund weibl. Sprecher); W. Hofmann, Das Rhein. Sagwort, 1959 (Vgl. Bespr. M. Hain, in: Beitr. z. dt. V. u. A.kde 4, 1959); C. Kruyskamp, Allemaal Mensen . . . Apolog. Spreekwoorden. 's Gravenhage 1956; S. Neumann, Das Sagwort in Mecklbg. um d. Mitte d. 19. Jh. im Spiegel d. Mundartdichtgn Reuters u. Brinkmanns. Dt. Jb. f. Vkde 12 (1966); E. Jacob, Quelques remarques sur les »Wellerismi Italiani« ou »comme-dits«. Le Folklore Brabançon No. 170 (1966).

beißen → zucken.

Beken → Walpurgis.

bekränzen → Krone.

Belemnit (v. gr. *belemnon* = Geschoß). In der Kreide vollentwikkelter, im Eozän ausgestorbener Kopffüßler, den heutigen Tintenfischen zu vergleichen. Als »Himmelsgeschoß« deutete schon die Antike die erhaltene Schale. Die zigarrenförmige Versteinerung wird oft als Blitzschutz gebraucht, weil sie nach dem Vglauben im Ungewitter vom Himmel fiel (→ Donnerkeil, Steine, ätiolog.). An der Ostseeküste gelten sie als aus Sand zusammengeschmolzene Blitzröhren. Als Luchsstein (versteinerter Luchsurin) verwandte den B. die alte Apotheke gegen Harnleiden. Andere Ansichten über seine Herkunft verraten die Namen Alpschoß, Mahrenzitze (in der Mark Brandenburg ist der B. Schutzstein der stillenden Mütter), Hexenfinger, Kröten-, Storch-, Rappen-, Zwerg-, Pfeilstein, Teufelsfinger, -zehe, Schrettelfuß. Auch bei Unfruchtbarkeit oder Geschlechtskrankheit wurde der B. infolge seiner phallischen Form angewandt.

Hovorka-Kronfeld, Vergl. Vmed., I. Bd.: B. J. Grimm, Dt. Wb.; Olbrich, B., im HDA.

Belzebub, Name des → Teufels im Neuen Testament, häufig im Zauberspruch (auch B.buth, B.buc). Zu einem B. macht die → Vetymologie gelegentl. auch die westdt. → Schreckgestalt der Adventszeit, den Pelzbock, der wie Pelznickel und Pelzmärtel mit Tierfell bekleidet ist (→ Nikolaus).

Benedikt, hl. (23. 3.). Gründer des B.inerordens (530) und so des abendländischen Mönchtums, dargestellt mit Abtstab oder nach verschiedenen Legendenmotiven mit Schlangenbecher, Dornbusch, Buch, Rabe mit Brot. Patron der Sterbestunde (B.-Schelle in der Eifel), weil er seinen Tod voraussah und sorgfältig vorbereitete, auch der Bauern, weil B.tag in den Frühling fällt und weil man bei B. an *benedicere* = segnen denkt (→ Zwiebel). Besonders in Süddtl. genießen B.kreuz und B.pfennig als → Amulette seit langem hohe Verehrung. B.medaillen, über deren Zulässigkeit die Kirche ungleich urteilte, und Kreuze tragen den B.segen als Aufschrift:

Crux Sacra Sit Mihi Lux
Non Draco Sit Mihi Dux.

1875 gab die Abtei Solesmes (Nordfrankr.) 25000 B.medaillen aus. Um 1928 lag der jährl. Bedarf von St. Ottilien (Elsaß) um 20–22000. Noch vielfach höher war

er bei den bayer.-österr. Stiften im 17. und Mitte 18. Jh.
In den Berchtesgadener Alpen lautete ein Hirtensegen:

Heiliger St. Leonhard!
Treib i aus mei Vieh
Über Stock, über Stoan,
Opfre auf alle Glieder und Boan,
Mach das hl. Benediktuskreuz,
I neunmal gsegnet, neunmal gweicht.

J. Herwegen, Der hl. B., [4]1951; P. Renaudin, St. B. dans l'histoire, 2 Bde., 1928; B. Danzer, Die B.medaille, 1928; E. Dubler, Das Bild d. hl. B., 1953; H. Niedermayer, Die B.medaille, Bayer. Jb. f. Vkde (1960) (Das B. wurde zum »Prototyp eines hochgeweihten Kraftzentrums«).

Benediktion → Segen, Exorzismus, Alpsegen, Weihe.

Benno, hl. (16. 6.), Bekehrer der Wenden, als Bischof im Dom von Meißen 1106 bestattet, 1523 heiliggespr. (gegen Luthers Polemik). 1576 wurden die Reliquien in die Münchner Frauenkirche überführt und damit sein Patronat in der Stadt und Altbayern begründet (Prozessionen, Wallfahrt, Bruderschaft, B.brunnen). Attr.: Fisch und Kirchenschlüssel.

R. Böck, Die Verehrung d. hl. B. in München. Wallf.gesch. u. Mirakelbuch, Bayer. Jb. f. Vkde (1958).

Bercht. Auf altbayr. und dem angrenzenden österr. Gebiet bis an die Südgrenze Kärntens wird noch heute von der B., Berschtl, → Perchten, Frau Bert, Schnabelpercht und Eisenberta erzählt, die in den → Zwölften, besonders vor → Dreikönig, in der B.nacht, umzieht, die Spinnerinnen prüft, Mägde und Kinder schreckt, aber auch als Butzenb. und Budlfrau Gabenbringerin gleich d. Christkind ist. Die ahd. Bez. *giperahta naht*, mhd. *perhtenath, Berhtag* u. ä. sind schon von J. Grimm wohl mit Recht als Personifikationen des Festnamens Epiphanias bezeichnet worden, wie es die → Befana und für andere Geisterzeiten → Frau Fasten (→ Quatember) oder das Pfinzdaweibl (= Donnerstagweiblein) sind. Trotzdem nimmt man auch heute an, daß hinter dem Namen eine ältere Gestalt germ. Glaubens stehen muß, über die wir allerdings keine Zeugnisse besitzen. Noch heute finden sich Spuren von Opfern für die B. (Glückstisch, *Tabula fortunae*). Der Mythus von der B. gehört zu den Elementen, die uns auf ein südgerm., dem nord. → Jul entsprechendes Mittwinterfest schließen lassen, das dem christlichen → Weihnachten voranging. Mit primitiven Riten der Initiation bringt J. Hanika die »bauchaufschlitzende B.« in Zusammenhang (Stifter-Jb. 2, 1951). Sicher ist jedenfalls, daß dieser Zug kein sekundäres Kinderschreckmotiv ist. Wenn früher manche unkritisch mythologisierten, so ist heute, im Zuge der Umerziehung und Entdeutschung, das Gegenteil grassierende Mode geworden. Angesichts der untauglichen Versuche z. B. von W. Stammler bezweifelt Leopold Schmidt mit Recht: »Ob man bei einem so bedeutenden Stoff [Frau Welt] wirklich mit einer Interpretation auf eine jüdisch-christl. Allegorie auszukommen vermag, mit schroffer Ablehnung aller indogerm.-mytholog., übrigens auch ohne Kenntnis wirklich wichtiger Arbeiten wie der von Robert Bleichsteiner . . .«. In Quellen des MA. erscheint B. neben → Diana, → Herodias, → Abundia als → Nachtfrau auch in der gelehrten Literatur. → Luzia, Holle, Maria; Abb. → Vintler.

V. Waschnitius, Perth, Holda und verwandte Gestalten, 1913; R. Bleichsteiner, Frau B. u. Baba Jaga. In: Mitra (1914) H. 3; Linke, Frau Holle; in: Hwb. d. dt. Märchens; R. Beitl, Unters. z. Mythologie d. Kindes (ungedr.); E. Kranzmayer, Name u. Gestalt d. »Frau B.« im südostdt. Raum, Bayer. Hefte f. Vkde 12 (1940); A. Bretschneider, Der

Mythus v. Berchta, Dt. Vkde 1 (1939); H. v. Zimburg, Der Perchtenlauf i. d. Gastein, 1947 (Familien- und hofweise Teilnahme); L. Schmidt, B.gestalten im Burgenland. Burgenl. Heimatbll. 13/14 (1951/52); L. Kretzenbacher, »B.en« in der Hochdichtung, Zs. f. Vkde 54 (1958) (R. Billinger, P. Grogger u. a.); W. Stammler, Frau Welt. Eine mal. Allegorie, 1959; ders., Wort und Bild, 1962 (Schriftt. u. bild. Kunst im MA.; dazu L. Schmidt, in: Öst. Zs. f. Vkde 65, 1962 S. 190ff.); E. Strassner, B.gestalten in Ostfranken, Jb. f. fränk. Lfg. 24 (1964); K. Haiding, B.enbräuche im steir. Ennstal, Mitt. d. Anthr. Ges. in Wien 95 (1965).

Berchtlnächte → Klöpfelnächte.

Berchtelistag. In der nördl. Schweiz sind für den 2. 1. noch die Bez. B., Berzelistag, Bächtelistag oder Nahnüjahr gebräuchlich. In den südl. Kantonen Wallis, Tessin, Graubünden sind sie unbekannt. Am B. sind Arbeitsruhe zuweilen auch Zusammenkünfte, Tanz, Umzug und Maskerei gebr., auch da, wo die Bez. B. nicht oder nicht mehr bekannt ist. → Perchten, Bercht.

ASV 165/166.

Berchtesgaden, Schnitzerei. Für Markt und Landsch. B. in Oberbayern bilden seit altem neben Salzbergbau und Viehzucht die auf dem Waldreichtum gründende Holzarbeit und S. wirtschaftl. Grundlagen, hinter denen der neuzeitl. → Turismus natürlich kaum zurücksteht. Nach einer Überlief. soll ein Chorherr aus dem Kloster Rottenbuch bei → Oberammergau die Kunst des S. 1111 nach B. gebracht haben. Aus einer frühen Handwerksordnung (1535) geht hervor, daß »Drechsler, Löffler und Schindelmacher« unter dem Patronat des hl. → Sebastian zünftig vereinigt waren. 1541 wird die Herstellung von → Spanschachteln (»Gadl-macher«) erwähnt. 1596 hatte das Gewerbe der Drechsler 86 Meister, das der Binder 16, außer den Gesellen und Lehrlingen. »Wir hören auch von Flautenmachern, Posthörndldrexlern und Spinnrädermachern« (Ritz). Schon im 17. und 18. Jh. war die Spezialis. weit fortgeschritten. Es gab sieben Hauptgruppen, die sich wieder unterteilten, Übergriffe wurden eifrig verfolgt. Da Studenten von Freising im Fasching 1789 eine Schlittenfahrt mit 30 Schlitten unter der Devise »Berchtolsgadener Waare« veranstalteten, kennen wir den Herstellungskat. jener Zeit. Der Spielwarenstadt → Nürnberg zugute kamen Schnitzer aus B., die mit Salzburger Emigranten um 1735 sich in Altdorf niederließen. Ware von B. fand weite Verbreitung im In- und Ausland. Im 18. Jh. stand auch → Sonneberg in enger Verbindung mit B. Der Markt B. hat eine alte Schule für Zeichnen und S., ein Holzwarenlager und Heimatmus. Viele der Bauernhäuser in oberbayr.-salzbg. Formen tragen → Freskomalerei. → Wismutm., Kerbschnitt, Kästchen, Spielzeug.

Penck u. E. Richter, Das Land B., 1885; M. Eysn, Die Gadelmacher, eine Hausind. im B.erlande. In: Mitt. a. d. Mus. f. dt. Vtrachten 1 (1897–1901); A. Hartmann, Zur Gesch. d. B.er S. In: Vk. u. Vkde 1 (1903); H. Karlinger, Dt. Vk.: Bayern ^{2}1942; J. M. Ritz, in: Spamer, Vkde; G. Brachmann, Österr. Wettbewerb um d. B.er Ware, Bayer. Jb. f. Vkde (1954); M. Bachmann – R. Langner, B.er Vk., 1957 (Dazu T. Gebhard in: Öst. Zs. f. Vkde 61, 1958, S. 68).

bereden → berufen.

Berggrün → Malachit.

Berglätsche → Huflattich.

Bergmann, -leute, -werk. Die Arbeit unter Tage, in Erde und Gestein, die große Gefahr des Berufes sichern dem B. noch heute eine bes. Stellung in Glaube, Brauch, Tracht, Sprache und Lied d. Werktätigen wie des Volkes überhaupt. Früh erfahren wir von der Sprache des B., dessen Wörter durchwegs dt. Ursprung haben. Der → Gruß → »Glück auf« ist seit 1670 nachweisbar. Die Worte »Glück zu« würden Unglück über das Bergwerk bringen. Die Kultur des B. zeichnet sich aus durch große Reichweite, gesch. Tiefe und landsch. Ausprägung (Heilfurth). Die Bindung des B. an seinen Beruf ist stärker als die des → Arbeiters im allg. »Zeche« bedeutet urspr. »Genossenschaft« (→ Burschenschaft). Der Mietskaserne zieht der B. »ein kleines Häuschen mit Garten und Stall« vor. 1945 wünschten im Ruhrgebiet nur 5 v. H. keinen Garten, nur 17 v. H. keinen Stall (Umfrage). Die bes. Geschlossenheit u. Schicksalsverbundenheit der B.zunft zeigen auch die erhaltenen Feste, der Altar der hl. → Barbara als B.patronin (z. B. in den Kohlengruben Oberschles. u. im Ruhrgebiet) und die Feier ihres Tages. Die Joachimsthaler Bl. begehen am 4. 7. ihr Prokopifest. Durch die Berufung fachkundiger Bl. wanderten → Sagen, so z. B. die von → Rübezahl aus dem Harz ins Riesengebirge. Der Glaube an Berggeister und Unterwelt, an weisende oder wehrende Mächte liegt vielen langvererbten Überlieferungen zugrunde. J.-M. Greverus unterschied als Hauptsagengruppen: Fund und Gründung, Erscheinungen, Geisterhilfe, Warnung und Vorschau, Wunderbare Rettung, Bestrafung, Frevel, Niedergang, Das verlassene Bergwerk, Venediger, Bodenschätze. Das »Motivregister« umfaßt 159 Gruppen. – G. Schreiber forderte einen »Sakralatlas der Bl.«. Neben der kath. Überlief. steht die prot., denn die Blütezeit des Bergbaus auf Kupfer und Silber fiel vor und in die Reform.zeit. In den letzten Jahrzehnten sind Arbeiten (Schreiber, Heilfurth, Kirnbaum) erschienen, die wichtige Voraussetzungen für eine »Vkde. des dt. B.« schufen (vgl. auch die Zs. »Der Anschnitt« seit 1949, hg. v. H. Winkelmann, dem Leiter des Bergbaumus. in Bochum, und die Schriftenr. der »Leobener Grünen Hefte«). Die Unters. des B.liedes in allen dt. Überlief.räumen (Erz u. Kohle) verdanken wir G. Heilfurth, die Darst. des Bergbaues in der Kunst H. Winkelmann. → Anna, Agatha, Barbara, Bergreihen, Glück, Basteln, Drachenstein, Name, Sondersprachen, Schwerttanz, Kobalt, Nickel, Wolfram, Tracht.

G. Heilfurth, Das B.lied, Wesen, Leben, Funktion, 1954; G. Schreiber, Alpine Bw.kultur zw. Graubünden u. Tirol i. d. l. vier Jhh., 1956; E. Schneider, B.frömmigkeit im Spiegel d. Grubennamengebung. In: Rhein. Jb. f. Vkde 8 (1957); H. Clauss, B.ische Arbeitsvorgänge in vkünstler. Gestaltung, Dt. Jb. f. Vkde 3 (1957); F. Mößinger, Bergwerke u. Eisenhämmer im Odenwald, 1957; L. Schmidt, Vschauspiele der Bl., 1957 (Schwerttanz, Leg.spiel, Neudichtungen; frühe Ausstrahlung des B. auf d. bäuerl. Vkultur); H. Löscher, D. erzgeb. Bergrecht d. 15. u. 16. Jh. 1. Teil 1957 (»Bergbrauch« → Gewohnheitsrecht → verbindl. Hilfsrecht); F. Kirnbaum, Bausteine z. Vkde d. B. 1958 (Ausgezeichn. Beisp. angewandter Vkde); H. Wolff, Studien z. dt. B.sprache in d. B.liedern d. 16.–20. Jh., vorwiegend n. mitteldt. Quellen, 1958 (Für die Entw. d. B.spr. waren bes. fruchtbar die mitteldt. Reviere, also der Raum, der auch für die nhd. Gemeinsprache von entsch. Bedeutung war); K. Schwarz, Unters. z. Gesch. d. dt. Bl. im späten MA., 1958 (Aufschwung etwa 1200–1350 mit dem Aufkommen der Münz-Geldwirtschaft; Krise d. späten MA., etwa 1350–1470; Neuaufschwung); F. Kirnbauer, B.isches Brauchtum, 1958; S. Kube, B.isches Familienleben in Genrebildern d. 19. Jh., Dt. Jb. f. Vkde 4 (1958); L. Schmidt, Vk. d. B. im alten Österr.-Ungarn. Mit Kat. d. Ausst. i. Öst. Mus. f. Vkde Wien 1959 (Krippenfig., Spielzeug, Bergwerke, Votiv- und Hinterglasb.; Salzschnitzerei); H. Löscher, D. erzgeb. Bergrecht d. 15. u. 16. Jh. 2. Teil, 1959 (Ungerechten Forder. d. Landesherren setzte der B. in Eingaben »Altherkommen, Übung und Gewohnheit« entgegen); F. Sieber, Die b.ische Lebenswelt als Fg. gegenst. d. Vkde, Dt. Jb. f. Vkde 5 (1959); S. Kube, Hausen, Wohnen u. Siedeln d. Bl. im sächs. Erzgeb. u. s. Vorland, ebd.; K. Schwarz, Grubenname u. B.frömmigkeit, ebd.; H. Wilsdorf, Arbeit u. A.gerät im sächs. Erzbergbau d. 16. Jh., ebd.; S. Kube, Die drei

B. Eine Grimmsche Sage u. e. Neuruppiner Bilderbogen, Dt. Jb. f. Vkde 6 (1960). (Dazu vgl. W. Brückner, in: Rhein.-westf. Zs. f. Vkde 8, 1961 und J.-M. Greverus, ebd. 9, 1962); K. E. Fritsch u. F. Sieber, B.ische Trachten d. 18. Jh. im Erzgeb. u. Mansfeldischen; o. J. (Standeskleidung zw. Tracht und Uniform); S. Sieber, Haus u. Besitz d. erzgeb. B., Zs. f. Vkde 56 (1960) (Das B.haus ist für viele erzgeb. Dörfer noch immer kennzeichnend, obwohl seit Mitte d. 19. Jh. neuere Haustypen auftauchen); F. Kirnbauer, Der Ledersprung, 1960; C. Schiffner, Alte Hütten u. Hämmer in Sachsen, 1960; E. Egg, Die Tiroler B.kleidung im Wandel d. Z. In: Waffen- u. Kostümkde (1961) H. 2; G. Schreiber, Der Bergbau in Gesch., Ethos u. Sakralkultur, 1962 (Patrozinien, Altäre, Kapellen, Bruderschaften, Krippen; dazu vgl. Kritik von L. Schmidt, in: Öst. Zs. f. Vkde 65, 1962 u. v. G. Heilfurth, in: Hess. Bll. f. Vkde 55, 1964); E. Schneider, B.isch glück. Der G.begriff i. d. Bergbaunamengebung, Öst. Zs. f. Vkde 64 (1961); H. Wilsdorf, Aspekte d. Montanethnogr., zugleich e. Rückblick a. d. Montanarchäol., Dt. Jb. f. Vkde 10 (1964); H. Uhlrich, Veröff. z. Montanethnogr., 1958–63, ebd. 10 (1964); F. Kirnbauer, B.brauchtum in Österr., 1965; E. Schneider, Bergwbb. als vkdl. Quelle, Öst. Zs. f. Vkde 70 (1967); G. Heilfurth u. J.-M. Greverus, Bergbau u. B. in d. dt. sprach. Sagenüberl. Mitteleuropas, Bd. 1 Quellen, 1967; M. Bachmann, Die Widerspiegelung d. Bergbaues in d. tradit. Holzschnitzerei d. sächs. Erzgeb. In: Arbeit u. Vleben, 1967; J. Lange, Formen u. Entw. d. B.hauses v. d. Anf. b. z. Gegenw., ebd. (Nebenein. von Bergarbeit u. Kleinbauernwirtsch); H. Wolf, Zur Wortgeogr. d. dt. B.sprache. In: L. E. Schmitt-Fs. 1968; P. Wolfersdorf, Die ndsächs. B.geistsagen, 1968; F. Grieshofer, Das Ischler Bergfest, 1970; H. Wilsdorf u. H. Uhlrich, Bl. usw., 1966 (Bibliogr. f. 1945–1964); Kartogr. ÖVA III/IV Histor. Bergbau.

Bergmännchen → Zwerg.

Bergnacht → Klöpfelnächte, Bercht.

Bergnamen → Flurn.

Bergreihen. Im 16. Jh. bezeichnete man mit B. die allgemein volksläufigen Lieder, während wohl ursprünglich damit Reihen (d. h. Lieder) der Bergleute gemeint waren. Der vornehmliche Lebensraum dieser Lieder war das sächs.-böhm. Erzgebirge, das wichtigste Montangebiet um die Wende des 15. Jh. → Bergmann, Kuhreihen.

J. Meyer, B., ein Liederbuch des 16. Jh., 1892; R. Bäumer, Unters. über die B. von 1531, 1533, 1536 und 1537 (1895); E. Mincoff-Marriage, Bergliederbüchlein, 1936; F. Kirnbauer, Über Art u. Wesen d. B.volksliedes, Jb. öst. Vliedw. 3 (1954 (F. K. arbeitete seit 1919 an einer Slg. d. österr. Bvl., das mit der Industrialis. fast ganz verstummt); Bergreihen. Eine Liederslg. d. 16. Jh. m. drei Folgen, hg. v. G. Heilfurth, E. Seemann, H. Siuts u. H. Wolf, 1959; F. Kirnbauer, L. Müllner, Der Vordernberger Bergreim, 1961.

Bergschlaf → Entrückung.

Bergwerk → B.mann, Barbara.

Bernhard, hl. (20. 8.). Abt († Clairvaux 1153); redegewaltiger Werber für den 2. Kreuzzug, berühmter Wundertäter und Beschwörer, Patron der Todesstunde und der Bienen, da er mit einem Bienenkorb (Fleiß) abgebildet wurde (andere Attribute: Buch, Hund). Im 14. Jh. trank man am Morgen B. Minne, ein Brauch, der vorübergehend sogar die Johannisminne zu verdrängen schien und im 15. Jh. so ausartete, daß es hieß, B. sei Schutzherr der Trunkenbolde (→ Nikolaus als Patron der Diebe). Die B.minne war noch im 18. Jh. bekannt. → Joh. d. Ev.

Vacandard, Leben des hl. B. v. Clairvaux, Dt. v. M. Sierp, 1897/98; T. Hümpfner, Ikonogr. d. hl. B., 1927; O. Castren, Der hl. B., 1938.

Bernstein, seit dem 13. Jh. so genannt (= Brennstein; d. brennbare Erdharz); früher auch Ag- u. Augstein (von lat. *achates*); von den Griechen als *élektron* bezeichnet, wovon unser Wort »elektrisch« herstammt. Diese Eigenschaft, die Verbrennbarkeit, die natürliche Schönheit, die Einschlüsse und die besondere Herkunft machten den B. schon früh zum Gegenstand vieler, besonders – den ostpreuß. Fundstätten entsprechend – nordostdt. Sagen und magischer Bräuche. Als Kinderamulett, besond. als Schmuck der Tracht (Bückeburg) hat der B. auch den Volkskünstler beschäftigt. → Kropf, Glas, Perlen.

R. Klebs, Der B., 1880; A. Tornquist, Der balt. B., 1910; Hovorka-Kronfeld. Vgl. Vmed., 1. Bd.: B.; L. Schmid, Gesch. u. Techn. d. B., 1941; K. L. Schubert, Vom Wesen des B., 1953.

Berserker. Die altnord. Vorstellung des B. (altnord. *serkr* = Gewand; * *beri* = Bär) entspricht unserem Werwolfsglauben, ist also der durch Fellkleid in ein starkes Tier verwandelte Mensch (→ Bärenhäuter). Doch schon in der Saga herrscht die allgemeine Bedeutung »rasender Kämpfer«. Weiser sieht im B. nur den »in Bärenfell gekleideten Krieger« des kultischen Männerbundes. Auch lokal begrenzte Krankheit – der → Tanzkrankheit unseres MA. vergleichbar –, individuelle Psychose oder Rauschgiftwirkung (Fliegenpilz wie in Ostsibirien) wurden zur Erklärung herangezogen (z. B. vom Arzt F. Gron, 1929). Es ist auch selten reine Kampfeslust, die zum »Berserksgang« führt. Weit häufiger berichtet die Saga, daß der B. Frau, Tochter oder Schwester des Bauern haben will und abgewiesen wird. Er gehört einer sozialen Unterschicht an. Andererseits kennt jede Reckenzeit eines Volkes ähnliche Gestalten, »nur daß wir nicht von vielen dieser Ekstatiker so ausgedehnte zeitgenössische Zeugnisse haben wie von den B. der isländischen Sagazeit« (L. Huchting-G.). – Im Dt. bürgerte sich das Wort B. erst im 19. Jh. ein. → Maske, Fell, Werwolf, Jünglingsweihe.

H. Güntert, Über altisländische B.geschichten. Progr. Heidelberg, 1912; L. Weiser, Altgerm. Jünglingsweihen und Männerbünde, 1927; L. Huchting-Gminden, Die b. d. altisl. Sagas, Niederdt. Zs. f. Vkde 11 (1933); W. Müller-Bergström, Zur B.frage, Niederdt. Zs. f. Vkde 12 (1934); W. E. Peuckert, Geheimkulte, 1951; K. v. See in: Zs. f. Dt. Wortfg. 17 (1961).

Berthold von Regensburg (um 1210–1272). Mönch, der als Wanderprediger d. ganz Mittel- und Süddtld. (mit Schweiz u. Österr.) kam. Neben gelehrten Studien sind seine Predigten aus der Beobachtung des Volkslebens gespeist. Nur die dt. Predigten sind vollständig herausgegeben (von Franz Pfeiffer und Jos. Strobl, 2 Bde., Wien 1862 und 1880). Sie berichten von Wahrsagerei und Zauber vieler Art, von Dämonen, Werwölfen, Unholden, aber auch von Sprichwort, Lied u. Brauch. → Predigt.

J. Grimm, Kleinere Schriften, 1864–1890; Rieder, Das Leben B. v. R. Diss., 1901; A. E. Schönbach, Studien z. Gesch. der altdt. Predigt. Sitzungsber. Wien, 1900–07; B. v. R., Dt. Predigten. Übertr. v. D. H. Brandt, 1924; D. Richter, hg. B. v. R. Dt. Predigten, 1968 (Die sogen. Klosterpred.); ders., Die dt. Überl. d. Pred. B. v. R., 1969.

Bertramsgarbe → Dorant.

Beruf, B.bez. Ruf, später B. und B.ung meinten urspr. den Ruf Gottes im Sinn der *vocatio* des Kirchenlateins. Mit M. Luther wurde auch die weltl. Bedeutung geläufig, doch blieb der tiefere Sinn daneben erhalten, nicht allein in der Sprache der Akademiker (Ruf, B.ung). Mit dem Untergang alter B. und dem Entstehen neuer, vor allem aber mit dem Amerikanismus seit 1945 haben sich Wort und Vorstellung von Job und jobbern verbreitet. Während früher Börsenjobber ein Schimpfwort war, ist der Job heute Sache des cleveren business-man, dem es auf Geldmachen ankommt. Deswegen auch: »Hausfrau ist ein mieser Job« (Ferns. 1971). – Mit der Industrialis. haben sich auch die alten krit. oder spottenden B.schelte eher in Sachschelte verwandelt, die auf Automaten und Computer gehen.

Unter den Bb., die heute in die hunderte geben und vielfach nur noch dem Fachmann bekannt sind, leben ältere fort, die vor allem dem → Handwerk zugehören. Durch ihre Bindung an die → Vsprache haben sie eine große landsch. Mannigfaltigkeit und sind so ein früh beachtetes Feld der → Wortgeogr. Dem Metzger und Hafner oder Kachler im S stehen z. B. im N Schlachter, Fleischer und Pötter, Pottmacher, Duppenbäcker gegenüber. Sonderformen ergeben sich nach dem Werkstoff (Blechschmied, Blechschuster, Blechler, Zinngießer) oder nach d. Erzeugnis (Flaschner, Kannegießer, Wagner, Stellmacher, Spängler, Kessler, Bötticher, Schäffler, Büttner, Küfer, Faßbinder, Holzschuher). Hist. Schichtung wird sichtbar z. B. im hess. Auler und Euler (roman. → Lehnwort aus lat *aula* ›Topf‹) oder im süd- und westdt. Metzger (wohl n. d. mlat. *matiarius* ›Wurstmacher‹). Die mundartl. Bb. reichen meist in die Umgangs- und noch in die → Schriftsprache hinauf, wo dann eine Verallgemeinerung für eine größere Landschaft, aber kaum für das ganze Gebiet der dt. Sprache eintritt (Schornsteinfeger: Kaminkehrer). Für die Bildung der → Familiennamen waren die B. von größter Bedeutung. → B.kleid.

P. Kretschmer, Wortgeogr. d. hochdt. Umgangsspr., 1918; A. Haemmerle, Alphab. Verz. d. B.- u. Standesbez. v. ausgeh. MA. b. z. neueren Zeit, 1933, Nachdr. 1965; G. Häusler, Verschwindende B., 1950; H. Küpper, B.schelten u. Verwandtes. Wb. d. dt. Umgangssprache IV, 1966.

berufen, wie verschreien, vermeinen, verheien, bereden, verhexen, bezeichnet die Zufügung von Schadenzauber durch Worte, dann auch durch → Gebärde, → Faszination und → bösen Blick, durch Neid (Verneiden) und andere Handlung u. Gesinnung. Man schützt sich gegen B. durch Hexen, auch gegen unbeabsichtigtes B. (Lob des Viehs, der Gesundheit, der Schönheit eines Kindes usw. durch Gegenzauber in Wort (»Unberufen!«, »Weggesagt!«) oder Tat (Bekreuzen, Ausspucken, Abbacken, → Klopfen an Holz) usw. Dauernden Schutz verleihen → Amulette und → Talismane, wie sie heute noch zum Verkauf angeboten werden (z. B. *Touchwood* in Berlin). Die Furcht vor dem B. (literarisch: vor der Hervorrufung des Götterneides) gehört noch heute zum verbreitesten Volksglauben in Stadt und Land. → loben, Knoblauch, Berufskraut.

R. Beitl, Großstadt und Volksglaube, in: Dt. Volkstum der Gegenw., 1933; HDA., H. Marzell, Zauberpflanzen, 1964; Weitere Lit. → böser Blick.

Berufkraut, Beschreikraut, schützt vor dem → Berufen, z. B. Blaue Dürrwurz *(Erigeron acer)*, Kanadisches B. *(Erigeron Canadensis)*, sparrige Dürrwurz *(Inula Conyza)*, Frauenflachs *(Linaria vulgaris)*, Sumpfgarbe *(Achillea Ptarmica)*, gemeines Kreuzkraut *(Senecio vulgaris)*, Ziest *(Stachis recta)*; meist gelblich, violett blühende Pflanzen (Marzell). Wird Absud von B. nach dem Waschen eines Kindes gallertartig, so war das Kind beschrien (Thüringen). M. Höfler zählt über 70 B. auf (Krankheitsnamenbuch).

H. Marzell, Neues Illustr. Kräuterbuch, [2]1923; ders., Wb. Hovorka-Kronfeld. Vmed., 1. Bd.: B.

Berufskleid, Standesk. Oft wird die Frage gestellt, ob und wieweit die Kleidung bestimmter → Berufe und Stände oder geschloss. Vereine und Organisationen als → Tracht gelten könne, also die Kleidung der Schornsteinfeger, Köche, Konditoren, Schlosser, Kraftfahrer, der Bergleute, Handwerker, Jäger und Fischer, der Bergsteiger, Skiläufer, Sportler und Turner, die Uniform der Soldaten, Talar und Habit der Amts- und Würdenträger in Gericht und Universität, der Pfarrer, der Mönche und Nonnen. Dem Genormten oder gar Vorgeschriebenen fehlen zunächst die Merkmale eines → Volkskleides: Überlieferung und Gemeinschaftsbindung. Aber gerade in den gen. Beispielen (abgesehen von der reinen Arbeitskleidung) ist beabsichtigt, Bewußtsein der Tradition und Gefühl des Zusammenhalts zu erzeugen und zu erhalten. Das B. wird Tracht, wenn es aus einem nur techn.-organisat. Abzeichen zu einem Zeichen und Symbol, zum zeit- und landsch.bedingten Ausdruck eines Standes und einer leb. Gemeinschaft wird. Eine der Allergien der (noch) jungen Generation ist die gegen Talar und Uniform, selber aber pflegt sie das kennzeichnende Gemeinschaftskleid mit den Zutaten von Bart und langem Haar. Über dem »Autoritären« übersieht man, daß selbst die starrste Form des Gemeinschaftskleides, die Uniform, nicht nur waffentechnischen Anforderungen unterliegt, sondern auch geschichtl.-kulturellen Einflüssen und volkstüml.-nationalen Vorstellungen und Wünschen folgt. Das gilt von versch. Nationen der Erde, es gilt selbst auf dem engen Raum einer geteilten Nation.

Berufssprache → Sonderspr.

berühren. Durch B. im Zauber (Kuß, Schlag mit der Lebensrute, Verwandlung durch das Zauberkraut), in der Rechtshandlung (Eid, Asylrecht), im kirchlichen Kult (Weihe, Handauflegung, Reliquienkult) wird der Lebens- und Kraftstoff des Zauberers, Machthabers und Weihenden magisch auf den Berührten übertragen, bzw. ordnet sich der Nehmende dem Spender des → Orenda unter und wird gleich diesem heilig und tabu. B. durch übermächtige Gottheit bringt Tod. Dämoneneigentum (Hufeisen, Johanniskraut) darf man nicht mit bloßer Hand b. (→ bedekken, Nacktheit). Der weitverbreitete und alte Glaube wurde im 19. Jh. durch die Lehre vom tierischen Magnetismus aufs neue volkstümlich (»Mesmerismus«). → Lebensrute, Übertragen.

F. A. Tischner, Mesmer, 1928; B. Kötting, Reliquienverehrg., Trierer Theol. Zs. 1958, H. 6, S. 327ff. (B.rel.)

berußen → Fasnacht.

Beryll. Der meergrüne (davon Aquamarin genannte) Halbedelstein wurde im MA in → Monstranzen u. Reliquien eingesetzt, um die Hostie oder die Reliquie sichtbar zu machen. Die Beobachtung optischer Erscheinungen führte zur Herstellung der nach dem B. benannten Brille (um 1300). Paracelsus u. a. erwähnen, daß der B. gleich dem Bergkristall als Zauberspiegel Verwendung fand. → Kristall, Monatssteine.

Olbrich, B., im HDA; Beitr. z. Gesch. d. B. Plochingen 1958

Bescherung → Allerseelen, Joh.tag, Martin, Neujahr, Palmsonntag, Pauli Bekehrung, Unsch. Kinder-Tag, Weihn.

beschlagen → Eligius.

Beschreikraut → Berufkraut.

beschwören. B. ist die Steigerung des Bittens, des → Gebetes, es kann vereinbar sein mit dieser Gottesverehrung (Theurgie), kann aber auch mit → Zauber und magischem Zwang den Gott oder Dämon oder eine andere entgegenstehende Macht (Krankheit) zu bestimmtem Verhalten zu veranlassen suchen. Der Beschwörer (Exorzist) bedient sich des B.ungsspruches oder -liedes, das bestimmte Handlungen (binden, blasen, berühren) und Mittel (Räucherung, Kreisziehung, Zauberstab) unterstützen. Kreuzweg, Friedhof und Mitternacht, Weihnacht oder Johannisnacht sind bevorzugte Orte und Zeiten des B. → bannen, festmachen, Magie, besprechen, Exorzismus.

J. Hampp, B.ung – Segen – Gebet, 1961

Besen. Auf B. reiten die → Hexen zum → Blocksberg. B. reinigen Haus und Stall von Unrat (→ kehren). Nach dem Satz similia similibus hält der auf den Stil gestellte B. vor der (dreimal bekreuzten Tür) an → Walpurgis auch die Hexen fern. Mit der Opferung von B. in »B.kapellen« (Vorarlb., Allgäu) befreit man sich von Geschwüren (»Eissen«) und Warzen. Bei Seeleuten war der B. Gefechts-Toppzeichen (zu mag. Abwehr? Dies auch, weil B. kreuzweise gebunden werden?) Selbst bei den »Fahrensleuten« der neuen Motorschiffahrt ist der B. ein »glaubensmäßiges Relikt, aber von bedeutender Vitalität« (Heinsius). → Birke

Zs. Dt. Gaue, 1913, S. 124; A. Birlinger, Aus Schwaben, 1874, 2. Bd.; E. Heinsius, Vom B. im Seemänn. Brauchtum, Beitr. z. dt. V.- u. A.kde 5 (1960/61); L. Schmidt, Vglaube u. Vbrauch, 1966 (Darin: Das Reiser-, Ruten- oder B.opfer. Verbr., Geltung, Zus.hänge).

Besenreis → Heidekraut.

B.reiterin → Hexe.

B.verbrennen → Walpurgis.

Besitzablösung → Erbe.

B.zeichen → Hausmarken, Runen.

B.übertragung → Halm, Handschlag, Kauf.

Besessenheit. Aus Altertum und Bibel (*obsessi, energumeni*; Dämonenaustreibung Jesu) übernahm das Christentum den Glauben, daß böse Geister den Menschen besitzen können. Seine Kraft, Sprache, Gebärden sind die des → Dämons. Für den Kirchenvater Origenes war → Fallsucht B. Im 3. Jh. entstand das Amt des Dämonenbeschwörers, das in der niederen Weihe des Exorzistats noch heute besteht (vgl. auch das Rituale Romanum von Papst Paul V. von 1614). B. ist im Volke weit mehr gefürchtet als eigentl. Geisteskrankheit, was sich im mundartl. Wortschatz spiegelt. Gegen B. werden selten Laien (der Henker, ein »Zauberer«), meist Geistliche, vor allem Kapuziner oder Jesuiten (die Einfalt oder die Weisheit) zu Hilfe gerufen. »Die Teufel von Loudun« (A. Huxley) beunruhigen noch heute Film und Theater. → Exorz., Tanzkrankh. Hysterie, Luther.

Hoffmann, Hysterie en Histoire, 1908; Tr. K. Österreich, Die B., 1921; J. Schuhmacher, Die seel. V.krankh. im dt. MA., 1937; M. Eliade, Schamanismus u. arch. Ekstasetechnik, 1957; A. Rodewyk, Die dämon. B., 1963; L. Petzold, B. in Sage u. V.glauben, Rhein. Jb. f. Vkde 15/16 (1964/65).

besprechen. Die dem Wunsch u. Wort innewohnende Kraft äußert sich in Zaubersprüchen, in Beschwörungen, am überwältigendsten aber in dem noch heute über das ganze dt. Sprachgebiet fast Ort für Ort verbreiteten B. von Krankheiten der Menschen und Tiere. Oft ist das Sprechen von Worten und → Segen begleitet von bestimmter Handlung, wie Umfahren mit dem Finger, Handauflegen, Streichen, Blasen usw. Bestimmte Tage und Mondzeiten werden beachtet, und unter den Leuten, die sich auf das B. verstehen, finden wir die auch sonst im Volksglauben oft erscheinenden → Fahrenden, → Unehrlichen Gewerbe (wie Scharfrichter, Schinder, Totengräber), Geistlichen, Hebammen, Schäfer. Die Kraft gilt oft als erblich, meist von Mann zu Frau und umgekehrt. B. kann man fast alle Krankheiten, am häufigsten genannt werden Warzen, Flechten, Rose, Blutungen, also Erscheinungen, deren Behandlung oder Beeinflussung durch Suggestion auch die wissenschaftliche Medizin anerkennt. Die verschiedenen Methoden des B. verraten auch die zahlreichen landschaftlichen Sonderbez. dafür: anblasen, anhauchen, ansprechen, bannen, begreifen, böten (= büßen = heilmachen; → Buße), brauchen, bezaubern, beten, bischpern, dafür tun, messen, raten, schirmen, streichen, Sympathie machen, wenden. → Zauber, Vmed.

O. Ebermann, Blut- und Wundsegen in ihrer Entw. dargest., 1903; O. Stoll, Suggestion und Hypnotismus in der Völkerpsychologie, 1904; F. Hälsig, Der Zauberspruch bei den Germ. bis um die Mitte des 16. Jh., Diss., 1910; K. Sudhoff, Kurzes Hb. der Gesch. der Medizin, 1922; G. Staak, Die mag. Krankheitsbeh. in d. Gegenw. in Mecklenburg, Diss., 1930; G. Hellweg, Über den gegenw. Stand der mag. Krankheitsbeh. im alten Amt Delmenhorst. In: Vkde.-Arbeit, 1934; F. Pfister, Epode. In: Pauly-Wissowa, Real-Encycl; A. Spamer – J. Nickel, Romanusbüchlein, 1958; ADV VI.

Bestiarius → Physiologus.

beten → Gebet, besprechen.

Betläutermann → Mesner.

Betruf → Alpsegen.

Bett. Die Bed. der idg. Wurzel des Wortes B. ist ›in den Boden eingegrabene Lagerstätte, Schlafgrube‹ (Kluge-Mitzka, Et. Wb.) Die nächtl. Liegestatt, auch im frühen MA. vielfach noch auf Fußboden oder → Bank bereitet, wird allg. vom 13. Jh. an zum B.gestell, das beschnitzt, bemalt und mit Einlegearbeit geziert wurde. Bis ins 17. Jh. war es Sitte, nackt in der Hülle eines großen, das B. überragenden Leintuchs (Leilachen, linde Wat) zu schlafen. Das Baldachin- oder »Himmelb.« findet sich schon im 12. Jh., bei allen Ständen. Wie es die Bilderhs. der Herrad von Landsberg (1165) zeigt, dienten Vorhänge als Raumabgrenzung und Wärmeschutz. Im 15. Jh. erscheint der Baldachin aus Holz, der das B. vom Kopf her halb oder ganz überdeckt, damit und mit dem hohen Kopfbrett an das alte wandfeste B. erinnernd. Das hohe, aber auffallend kurze Himmelb. hat seine mal. Form bis ins 19. Jh. bewahrt und ist bes. in den Alpenländern mit → Malerei und → Spruch, mit Initialen und Jahrzahl geschmückt. Ein Lausitzer Himmelb. zeigt vor blauem Anstrich Blumen auf gelbem Feld. Auf einem B. im Lötschental (Schweiz) steht in gotischen Lettern: »Ich Gehn Ins Bett Villeicht In Tod«. Die Behandlung des Holzes gleicht der bei anderen → Möbeln. Das »Aufsatzb.« neuerer Zeit kann als eine Verkümmerung d. Himmelb. oder als ein Selbständigwerden der Kopfwand angesehen werden. B. mit hohem Kopfbrett sind in Oberbayern und Österr. beliebt. Eine mehr oder weniger durchgebildete B.wand zu Häupten des Schlafenden wurde die in Dtld. landläufigste Form des B. Im 18. Jh. entstand das Kanapee als Tagesliege neben dem B. als Nachtlager und fand auch im Bauernhaus Aufnahme, besonders in Gestalt des stabilen Ledersofas. Die Bez. Diwan, Matratze, Ottomane, Sofa, Taburett entstammen dem Arab., Kanapee kam im 18. Jh. aus dem Roman. zu uns.

Wie auf anderen Gebieten der Kultur (→ Tracht) trennen sich mit dem 16. Jh. die soz. Stände auch im Gebrauch des B. In der Oberschicht wurde das B. allmählich zum Prunkmöbel, bis es schließl. zum Mittelpunkt des »grand lever« der

Könige und ihrer Maitressen wurde. Aus der nischenartigen Abtrennung des B. entwickelte sich verhältnismäßig spät die Einrichtung eines eigenen Schlafraums. Die mit Vorhängen oder Holztüren verschließbare Butze hat sich aus dem Alkoven des 17. Jh. entwickelt und ist im nd. und fries. Haus bis heute erhalten.

A. Haberlandt in Buschans Ill. Völkerkunde, 3. Bd. und HDA; M. Heyne, Dt. Hausaltertümer, 1899, Bd. 1; R. Uebe, Möbel, 1924; ders., Dt. Vk. Westfalen; B. Schier, Hauslandsch. u. Kulturbew., [2]1966; J. M. Ritz, Dt. Bauernmöbel, 1939; H. Wentzel, in: Reallex. z. dt. Kunstgesch. [2]1948; K. Rumpf, Die wandelbare B.stelle, Hess. Bll. f. Vkde 48 (1957); E. Meyer-Heisig, Die dt. Bauernstube, 1952; W. Foerste, Nd. Bez. d. Schrankb. In: Nd. Wort 2 (1961); K. Rumpf, Das B. im Hess. Bauernhaus, Zs. d. Ver. f. hess. Gesch. u. Ldkde. 74 (1963); L. Schmidt, Bauernmöbel, 1967.

Bettage → Bußtage.

Bettler → Fahrende, Gauner, Einzelg.

Bettpisser → Löwenzahn.

Bettreten → Andreas.

Beuschl → Lunge, Schwindsucht.

Bewirtung → Ernte, dreschen, Werbung, Tod u. a.

Bezoarstein → Gamskugel.

Bibel, wie → Gesangbuch und → Gebetbuch viel als magisches Schutzmittel und in Orakelbräuchen (Punktieren, B.stechen) benutzt. Die B. ist Brauchgeschenk zur Konfirmation und Trauung (Erbb.). Noch in weit höherem Maß als für die Kirche war für das Volk die B. Inbegriff des zu Glaubenden. Der Katholik liest die B. kaum, für den Protestanten ist sie ein Haus- und Familienbuch, das im »B.eck« (→ Herrgottswinkel) verwahrt wird. So erklärt sich der bedeutende Einfluß der B. auf → Rätsel, → Sprichwort, → Eigennamen, Redensarten, Sage und → Vk. → Aussegnung, Gesundbeten, Puppenth., Vschauspiel, Wahrsagung, Ägypten.

J. G. Frazer, Folk-Lore in the Old Testament, 3 Bde., London 1918; P. Saintyves, Essais de Folklore biblique, Magic, Mythos, Miracles, Paris 1922; J. Preuß, B.isch-talmudische Medizin, 1923[3]; Leo Prijs, Jüd. Trad. in d. Septuaginta, Leiden 1948; H. Haag, B.-Lexikon, 1951; E. Mudrak, Märchen u. Sage im Alten Test., Alt-Kath. JB., 1953; K. Koch, Das Buch d. Bücher, 1964; G. Fohrer, Sage in d. B. In: Lüthi-Röhrich-F., Sagen u. ihre Deutung, 1965.

Biber. Der wegen seines Pelzes geschätzte und früher auch in Dtld. heimische B. (Ortsnamen!) hat in der Vmed. eine große Bedeutung. Ein bei schwerer Geburt, Impotenz, aber auch sonst verwandtes Allheilmittel ist das B.geil, das nach alter Meinung aus dem Hodensack, in Wirklichkeit aus besonderen Bauchdrüsen stammt. Im »Renner« sagt Hugo von Trimberg:

vür gegihte wart nie niht so guot
als lützel sorgen und froer muot,
dar nach bringet ein ander heil
warm ziegel, haber und bibergeil.

Floericke, Aussterbende Tiere, 1927; L. Wilsson, B., 1966; R. Piechowski, Die Todesurs. d. Elbe-B., 1962.

Bibernell (Pimpinelle, Steinpeterlein, Bockspetersilie; *Pimpinella saxifraga*). In Volkssagen im östl. und südlichen Dtld. (auch bei den Slawen) wird die B., oft mit anderen Kräutern (z. B. Blutwurz, Eberwurz, Baldrian, Wacholder), bei einer Pest- oder Choleraepidemie von einer Stimme aus den Lüften, einem sprechenden Vogel oder einem Zwerg den verzweifelten Menschen als sicheres Heilmittel verraten. Im Prättigau und Montafon z. B. lautet der »Pestspruch«: »Esset Eberwurz und B./damit ihr sterbet nit so schnell!« In der heutigen Vmed. wird fast nur die Wurzel noch gelegentlich als Hustenmittel oder → Aphrodisiakum erwähnt. → Pest.

A. Treichel, Armetill, B. und andere Pestpflanzen, 1887; H. Marzell, Unsere Heilpfl., 1922; ders. Wb.

Bibliographie → Bücherkunde.

Biene. Ein anatol. Tempel-Wandbild aus dem 7. Jh. v. Z. zeigt schon die Verwendung von → Honig und → Wachs der B. Die alten Ägypter hielten sie als Haustier in Tonröhren, wie die B.haltung auch bei den Griechen weit verbreitet war und unter dem Schutz von Pan und Priapus stand. Honig war der einzige Süßstoff der Antike, den auch die Germanen für ihren Met benutzten. Erst als im 16. Jh. Amerika Rohrzucker lieferte und 1747 der Rübenzucker entdeckt wurde, ging die B.zucht merklich zurück. Die hohe Bewertung des Honigs als natürlichen Nahrungs- und Heilmittels in unserer Zeit gibt ihr eher wieder Auftrieb. Die Hll. → Ambrosius und → Bernhard sind die christl. Schutzpatrone der B. Legenden erzählen, wie schwärmende B. eine → Monstranz bauten. Die B. ist heilig und heilend, prophetisch und fromm. Fluchende Menschen und Dirnen flieht sie, überhaupt das Unreine (die Menstruierende). Der B. muß der → Tod des Hausherrn angesagt werden, wie sie auch sonst auf Sorgfalt und Schonung (nicht schlagen oder töten) Anspruch hat. Auch → Neujahr und → Lichtmeß sagt man den B. an: »Bineli, freued ich (euch), Lichtmeß ischt do« (Baden). Man hielt die B. lange für einen Vogel und ihren Ursprung für eine Jungfrauengeburt. So wurde sie auch christl. → Symbol. – Gegen Berufen der B. oder gegen Wegfliegen des Schwarms gibt es viele Zaubermittel und -segen (→ Hinterer). Zugleich ein frühes Sprachdenkmal (→ Lautversch.) ist der B.segen aus dem Kloster Lorsch (9. Jh.), der halb durch Gebet, halb durch Zauber (→ Segen) einen Schwarm zum Siedeln bewegen will: *»sizi vilu stillo, uuirki godes uuillon . . .«*. Nach der Wortkarte von B. Schier (Der B.stand in M.europa, 1939) gilt die germ. Bez. B. in Österr. (außer dem alem. Vorarlb.), im md., im nd. Grenzraum und in Ost- und Westpr. Sonst ist Imme (davon Imker) die mundartl. Bez. (schweiz. das Immi ›die B.‹; der Imb ›B.schwarm‹). Zu Zeidler im Sinn von B.vater gehört der Pflanzenname → Seidelbast, der im blütenarmen Vorfrühling schon stark honigt. Ahd. *zîdalweida* hieß der mit den B. aufgesuchte Waldbezirk. So wandert der Lüneburger Imker noch heute in die Heide oder der Montafoner zieht mit seinen B. in die Hochtäler (Gargellen), um Tannenhonig zu erlangen. → B.stöcke, Melisse, Petri Stuhlfeier

H. M. Ransome, The sacred bee in ancient times and folklore, London 1937; L. Armbruster, Über germ., bes. nord. Imkerei, 1940; G. Wissler, Die Sprache d. schweiz. B.halters, Schw. Arch. f. Vkde 49 (1953); M. Sooder, B. u. B.halten in d. Schweiz, 1952 (B. Schier: »mit weitem Abstand die beste Darst. des. B.wesens in e. Landschaft«); J. Wittichen, Schnucken und B., Kat. d. Ausst. d. Bomannmus. in Celle, 1954; B. Schier, die hist. B.kunde im Dienste d. Volksfg., Zs. f. Vkde 54 (1958); K. Haiding, B.zucht u. Lebzelterhandw. (1957, Kat. Heimatmus. Trautenfels, Stmk.).

Bienenmutter → Hebamme.

Bienenstöcke, B.beuten. Bis zum MA. war Waldbienenzucht üblich (→ Seidelbast), wobei hohle Bäume die B. abgaben. Gehöhlte Baumstämme (Klotzbeuten; → Aushöhlen) waren auch noch die ersten eigentl. B. neben Strohkörben. In Schlesien (Höfel), am Niederrhein, aber auch in Böhmen, Mähren und in der Slovakei wurden B. aus dem ganzen Stamm geschnitzt und eindrucksvolle Beispiele monumenta-

ler Vk geschaffen. Hervorragende Beispiele aus den öst. Alpen besitzt das Wiener Vkde-Mus. Die umfangreichste Gruppe sind die B. von Höfel (bibl. u. profane Gestalten). Ihre jüngsten Figuren sind Arbeiten des Imkers im 19. Jh., die ältesten (12 Apostel) entstanden wohl schon um 1600. Die Bemaltung wurde mehrfach erneuert. – Bb. des 18. Jh. aus dem Kr. Goldberg (Schles.) haben die Gestalt kauernder Löwen, deren Rachen das Einflugloch bildet. Bannkorb oder Immenwächter genannte B. sind noch aus der Nienburger Gegend a. d. Weser erhalten. Sie tragen menschliche Fratzen, welche die Honigdiebe magisch abschrecken sollen. Auch die B. aus der Dresdner Heide (Seyffert-Mus., jetzt: L.mus. f. Vkunst in Dresden), m. Ausgestaltung des Einflugloches als Mund eines Gesichtes, haben wohl gleiche Bedeutung.
Der Brauch, die *B.brettchen* zu bemalen, ist in den öst. Alpen bes. aber in Slowenien bekannt. G. Makarovič unterscheidet gewerbl., die barocke Traditon weiterführende Maler (18. Jh.) von deren Schülern, von Möbelmalern und von Ungelernten (19. Jh.). Mit dem Schwarmhandel wanderte vielleicht auch dieser Brauch z. B. aus Krain in die Schweiz (Sooder). Hölzerne B. und Färbung der Brettchen zur Orientierung der Bienen legten an sich Bemaltung nahe. → Biene, Attribute. Zum Wort Bienenkorb → Vsetym.

L. Armbruster, Der Bienenstand als völkerkdl. Denkmal, 1926; G. Grundmann u. K. Hahm, Dt. Vk., Schlesien; W. Brinkmann, B. u. Bienenstand in d. roman. Ländern, 1938; L. Armbruster, Alte Graphik u. Imkerei, 1939; O. Günter, Figürliche B. im schles. Raum. Vwerk, 1941; M. Sooder, Die alten Bienenwohnungen d. Schweiz, Schweiz. Arch. f. Vkde 43 (1946); J. Steinhausen, Alte B.wohn. d. Rheinlande, Rhein. Jb. f. Vkde 3 (1952); K. Haiding, Die alten B.wohn. im Bez. Liezen. In: Zs. d. Hist. Ver. f. Stmk. 50 (1959); G. Makarovič, Poslikane panjske končnice (Bemalte B.brettchen) Ljubljana 1962; L. Röhrich, Der B.stand in Nothgottes im Rheingau, Mainzer Zs. 1967. Lit. → Biene

Bienkraut → Melisse.

Bier, der Germane kannte den Met aus → Honig und Wasser und das B. aus Gerste oder Hirse als vergorene Getränke (→ trinken). Später wurde → Wein das vornehmere Getränk, aber noch heute wird besonders in Mittel- und Ndtl. B. auch im eigenen Hause hergestellt. Durch das »Wiener Caféhaus«, das Ende des 19. Jh. auch nach Berlin kam, und durch das bayr. B. (Bockb.feste) nahezu verdrängt wurde die vormals berühmte »Berliner Weiße« (auch Champagnerweiße oder Arbeitersekt genannt), ein obergäriges B., das gern »mit 'ner Strippe« (Kümmel) oder »mit 'nem Schuß« (Himbeersaft) getrunken wird. Fast jede dt. Stadt hat ihre Brauerei und ihr bes. B. (Radeberger Pilsner aus Dresden, Köstritzer Schwarzb. aus Thüringen usw.). Den größten Ruf, vor allem im Ausland und in Übersee, genießt noch immer das bayr. B. 1961 lag der Absatz je Kopf der bayr. Bevölkerung bei 185 Litern! Seine Herstellung ist alt, aber erst mit dem Verfall des norddt. Brauwesens nach dem Dreißigj. Krieg gewann es an Bed. und Verbr. Der Münchner Ausschank des Fastenb. geht auf ein Privileg des Paulanerordens von 1629 zurück. Die Verlegung *nach* Ostern gelang auch dem Ministerpräs. Goppel nicht. So bleibt es bei der »Frühjahrskur« der Starkb.e mit einem hohen Stammwürzegehalt von 18–19% (Salvator, Triumphator, Animator, Delicator, Patronator u. a.). Der April bringt eine »Nachsaison« mit Hubertusb. und Maibock, der seit 1614 am Münchner Platzl ausgeschenkt wird. Vorher wurde das Starkb. aus Einbeck bei Hannover bezogen. Einbecker Export ist seit 1351 bezeugt. Vom Einbecker B. soll auch die Bez. Bock und Bockb. stammen (über bayr. Oambock). Da das bayr. B. nur Hopfen, Malz, Hefe und Wasser enthalten darf (Reinheitsgebot von Herzog Wilhelm, 1516) wurde die Einfuhr von Süßb. (Reisb.) aus dem Saarland heftig bekämpft und schließl. verboten (1962). → brauen, Speis u. Trank, Gambrinus, Alkohol.

Veröffentl. d. 1913 gegr. Ges. f. d. Gesch. u. Bibliogr. d. Brauwesens; L. Hermann, Das B. im V.mund, 1930; F. Hayduck, Illustr. Brauerei-Lex., 1925; H. Leberle, Die B.brauerei im Bild, [3]1931; M. Hoffmann, 5000 Jahre B., 1956.

Bierfilz. Die Untersätze für Biergläser sind in den letzten Jahrz. gleich den Streichholzschachteln bevorzugte → Andenken und Sammelgegenstände geworden. In Graz besteht »Der erste österreichische . . .«, in München »Der Erste Deutsche Brauereisouvenir-Sammler-Club«, die in den 60er Jahren zu einer »Europa Gemeinschaft« mit anderen Raritätensammlern aufriefen. »König« der B.sammler ist ein pensionierter Stuttgarter Postbeamter mit über 16000 B. (1962). Auf dem Tausch- und Schwarzmarkt werden bis zu 20,– DM für einen seltenen B. gezahlt. Obwohl die Industrie ihren Vorteil wahrnimmt, klagen die Sammler doch über Einfallsarmut der Brauereibesitzer. Das »Göttinger Tageblatt« vom 19. 4. 1962: »Das Sammeln macht die Menschen aufgeschlossen und kontaktfreudig«. → Reklame

Bierglocke → Alkohol.

B.krüge → Westerw. Steinzeug.

B.nickel → Gerstenkorn.

Bild, Bilderschrift. Nach Sethe gehen unsere → Alphabete letztlich zurück auf die ägyptische B.schrift (Hieroglyphe), die indes schon die Hinzusetzung phonetischer Zeichen kannte. Neckel vermutet die älteste indogerm. Schrift in den → Runen. Oberländer leitet die Schriftsysteme der Mittelmeerländer von den Runen her und weist solche Zeichen auf neuerdings gefundenen Scherben Altägyptens nach. In den Zeichen der → Steinmetze des MA. wie in den noch lebenden Hausmarken und in den Zinken (→ Schrift) der Gauner haben wir noch vom Alphabet unterschiedene Mitteilungsmittel. Auch in der Vk. hat das B. als Votiv, Andenken usw. häufig lediglich aufzeichnenden und mitteilenden Charakter. Das eigentliche, ästhetische Zwecke verfolgende → B.nis fehlt daneben nicht. Die meisten B. aber dienen dem Brauch und Glauben, wobei christlich-theologische und volkstümlich-heidnische Anschauung oft untrennbar verbunden sind (→ Amulett, Agnus Dei, Breve), so daß der Kampf um den B.dienst die großen Religionen von der Antike bis heute beschäftigt. Im kirchlichen B.kult (→ Maria und die einzelnen Heiligennamen, Wallfahrt) wie im weltlichen B.zauber ist die Vorstellung vom »wundertätigen B.« mächtig. Das B. des hl. → Urban wird ins Wasser geworfen und mißhandelt, wenn er schlechtes Wetter schickt. Das Abb. ist Doppelgänger des Abgebildeten und hat dessen Kraft. Als Eßzettel (→ Schluckb.) verschluckt man B. von Heiligen. Im Votivb. opfert man sich selbst oder das im B. Dargestellte. Dem Abb. des Feindes fügt man durch Stechen, Verbrennen usw. den Schaden-, Liebes- und Heilzauber zu (Tötung des Freimaurers). Daraus erklärt sich die Furcht vor dem Abbilden (Photographieren) bei Naturvölkern, aber auch bei modernen Menschen, besonders bei den Künstlern vor der Premiere, bei Rennfahrern vor dem Start. Das Kind, das nocht nicht ein Jahr alt ist, soll nicht in den Spiegel sehen, damit ihm kein Schade geschehe, im Totenzimmer wird der Spiegel verhängt, damit das Abb. des Toten nicht nachziehe. Der Teufel kommt, wenn man ihn »an die Wand malt«. Jagdglück, also das Wild, herbeizurufen, war vermutlich schon der magische Zweck der vorgeschichtlichen Höhlenmalerei.

F. Pfister, Der Reliquienkult im Altertum, 2 Bde., 1909–12; Danzel, Über magisches und mitteilendes Zeichnen, Globus 98 (1910); Clerc, Les théories relatives aux cultes des images, 1915; H. Jensen, Die Schrift in Vergangenheit und Gegenwart, 1935; W. Schrade, Die Wirklichkeit d. B., 1966.

Biikenbrennen → Bakenb.

Bilderbogen. Auf Jahrmarkt und Kirmes oder durch Hausierer und kleine Papierläden vertriebene Drucke mit farbigen Bilderreihen und meist unterlegtem Text. Ihr Ursprung sind die frühen vtüml. Darst. aus dem Leben der Heiligen, das kleine → Andachtsbild und die Einblattdrucke des 15. Jh. (→ Flugblatt, Bänkelsänger). Buchersatz wie die »biblia pauperum« (→ Armenb.) an den Wänden der Dorfkirchen, gewannen die B. Ende des MA. auch die Aufmerksamkeit der Oberschicht (A. Dürer, H. Sachs, S. Brant) und bezogen weltl. Motive mit ein. Die alten Holztafeldrucke ersetzten später Kupferstich, Lithographie und Typendruck. Das 17. Jh. brachte mit der neuen Technik auch die Scheidung der Käufer: der → Holzschnitt (bes. aus Augsburg) fand seine Abnehmer weiterhin im einfachen Volk, das städt. Bürgertum bevorzugte den anspruchsvolleren Stil. Von Westeuropa aus verbreitete sich der B. nach O und N (Rußland, Dänemark).

B. berichteten zuerst und zuletzt die »unerhörten Ereignisse« gleich der → Zeitung und den sie heute ersetzenden »Massenmedien«: Film und Fernsehen, Illustrierte, Bildzeitung und Comics. Im Jh. der Reformation erlangten polemische B. und Flugblätter große Bedeutung. Daneben blieben bes. in den einfacheren Formen des B. die Themen des Vglaubens und der Vdichtung (→ Vbuch) in Geltung: Haus- und Stallsegen, Dreikönigssegen, Verkehrte Welt, → Lebensalter und Liebesbaum, Jungbrunnen und → Altweibermühle, Planeten und → Astrologie, → Faust, Ewiger Jude, Genoveva, Ritter und Räuber (Rinaldo Rinaldini) und im letzten Jh. Tod des Kredits, Kriege, Katastrophen und Attentate.

Schon im 16. Jh. wurde → Nürnberg Hauptort der Herstellung. Der erste Großverleger von B. war der »Bildermann« Paulus Fürst († 1666) von Nbg. Auf bildl. Anweisungen für den → Aderlaß und andere B. geht wohl der Reim von → Fischart:

Die Briefmaler und Patronierer
Die Laßbriefträger und Hausierer ...

Patrone (v.mlat. ›Vorbild, Musterform‹) hieß ein Hilfsmittel der Schnellmaler und Koloristen (→ Schablone). Die B. von Weißenburg (B. J. Wentzel, seit 1831), München, Neuruppin und Magdeburg (Robrahm u. Co. bis 1927) kamen später. Die fast sprichtwörtl. B. »von Gustav Kühn in Neu-Ruppin« gibt es bis heute. In Dahme konnte man sie 1934 noch kaufen und im nahen Flämingdorf Rosenthal sah man die → Credoria u. ä. in die Deckel der Knechtstruhen eingeklebt. – In Frankreich wurde Epinal (seit 1796) das wichtigste Zentrum (Musée internationale de l'imagerie in E.).

Der B.forschung stellen sich (n. W. Fraenger) vor allem folgende Aufgaben: 1. Aufhellung der Manufakturgesch., da der B. mit dem Drukkerwesen eng verbunden ist und in seiner Entwicklung oft von ihm beeinflußt wurde. 2. Erforschung von Alter, Herkunft, Wanderung und Wandlung der Motive. 3. Formen- und Stilgesch., Eigenart der Technik, Verhältnis zur hist. Entwicklung der Gebrauchsgraphik, Zusammenh. der primitiven B.technik mit jener früherer, z. T. got. Einblattdrucke. 4. Die Soziologie des B. Anfangs Anschauungs- und Lehrstoff der Gesamtheit, stillte er gegen Ende des 17. Jh. in konservativ-einfachen Formen den Bedarf des Volkes, um schließlich z. T. von rein gewerbsmäßig hergestellten Erzeugnissen abgelöst zu werden. Während die Germanistik im 19. Jh. zunächst auf lit. Formen, auf das Bildergedicht hinwies, erfaßte später internat. (Rovinski, Heurck und Boekenoogen, Duchartre und Saulnier) und bes. dt. Fg. (Johannes Bolte, Wilhelm Fraenger, Adolf Spamer u. a.) den B. als volksnahes Kunstwerk im ganzen. Während Duchartre und Saulnier immerhin noch dem ästhet. wertvollen Bild den Vorzug gaben, fordern J.-M. Dumont und R. Schenda eine objektive, eher soziolog. eingestellte B.fg., die Bewertungen wie »gute Vk.« oder →»Kitsch« zunächst nicht kennt. → Vk., Kometen, Nordlicht u. a.

Champfleury, Hist. de l'Imagerie pop., Paris 1869; W. Fraenger, Materialien zur Frühgesch. des Neurupp. B., Jb. f. hist. Vkde., 1. Bd., 1925; ders., Dt. Vorlagen zu russ. Vb. des 18. Jh., Jb. f. hist. Vkde., 2. Bd., 1926; A Spamer, in: Reallex. z. dt. Kunstgesch. 2. 1948 (Arbeitsstand u. Problemstellung); H. Rosenfeld, D. mal. B., Zs. f. dt. Altert. 85 (1854); ders., Die Rolle d. B. in d. dt. Vkultur, Bayer. Jb. f. Vkde (1955); P.-L. Duchartre, L'imagerie pop.russe et les livres gravés, 1629–1885, Paris 1961; N. E. Clausen, Det folkelige danske traesnit i Ablad-stryk 1650–1870, Munksgaard 1961 (Beschreibt rd. 600 Holzschn. u. Einbl.dr.); J. Mistler, F. Blaudez, A. Jacquemin, Epinal et l'imagerie pop., Paris 1961; M. de Meyer, De volks-en kinderprent in de Nederlanden van de 15e tot de 20e eeuw. Antwerpen 1962. (Geht über Heurck u. B. weit hinaus); ders., Ausst.kat. Antwerpen 1962; G. Cocchiara, Il mondo alla rovescia, Turin 1963 (Im 3. Teil e. Ikonogr. d. »Verkehrten Welt«); E. Reynst, Friedrich Campe u. s. B.-Verlag zu Nürnberg, 1962 (Kunstbetrieb in N. 18./19. Jh.); P. Toschi, Stampe popolari Italiane, Mailand 1965; J. M. Dumont, Les maîtres grav. pop. 1800–1850, Epinal (1965); E. Roth, Alte dt. B., 1968 (Neudr. v. Neurupp. B. wie Leonore, Robinson, E. u. Kunigunde Schuster aus Treuenbrietzen u. a.); J. Adhémar, Pop. Druckgraphik Eur.: Frankreich, 1968; A. Spamer, Der B. v. d. »Geistl. Hausmagd«, bearb. v. M. Hain, 1970; Kat. d. Ausst. opul. Graphik d. 19. Jh. (Slg. G. Böhmer) Berlin 1970; W. Brückner, Pop. Druckgraphik Eur.: Dtl. 1969 (15.–20. Jh.); M. de Meyer, Pop. Druckgraphik Eur.: Niederlande, 1970 (15.–20. Jh.).

Bildmädchen → Schäppelm.

Bildnis. Die hochentwickelte ägypt. B.kunst war mit dem → Grabdenkmal verbunden. Im → Bild lebt der Tote weiter. Dieser Gedanke war auch im MA. wirksam, obwohl die Jenseitsrel. des Christentums zum Bild des Menschen kaum Beziehung hatte. Im älteren B. wird die Ähnlichkeit häufig durch Attribute, Symbole und Tracht ergänzt oder ersetzt. Die genaue Erfassung der individ. Züge wird erst seit dem späten 14. Jh. Ziel des Malers und Bildhauers. Das repräsentative B. entstand in der ital. Renaiss., das intimere bürgerl. in den Niederlanden (seit dem 17. Jh. auch das Gruppenb.). In der B.kunst des 19. Jh. wie vor allem unserer Zeit wird die Wirklichkeitsnähe des B. ebenso oft gesucht wie abgelehnt (Böcklin: »Gemalter Steckbrief«). Die Erfindung der Photographie ist nur eine der Ursachen für das Zurücktreten des B. als künstler. Gestaltungsaufgabe. Andererseits beweist die allg. Wertschätzung des B. das → Photo, sei es in der Brieftasche, im Album

oder im Diakasten, gerahmt, vergrößert, koloriert an der Wand, oder, in vielen Gegenden Süddtl., als kleines Porzellanschildchen auf dem Grabstein und als → Sterbebildchen im Gebetbuch. Die Verehrung und die Küsse, die es empfängt, die Kerze, die am Geburts- oder Todestag vor ihm brennt, der Blumenstrauß zu vielen Anlässen im Jahr machen deutlich, daß der Verstorbene im B. weiterlebt.
Daß das B. in der Vk, eine geringe Rolle spielt, hat drei Gründe. Abbildung seiner selbst, diese Art Selbstbespiegelung, war nicht Sache des Bauern und Arbeiters. Ferner zielt die Vk. in ihrem Grunde auf das Allgemeine, den Typus, das Symbol, nicht auf das Individuelle, Einmalige, Naturalistische. Schließlich stellt das B. eine Aufgabe dar, der ein Hirt, ein Knecht oder Bauernbursche, auch der gewerbsmäßige Schnitzer, Töpfer oder Maler kaum gewachsen waren. So stammt das B., das in der Stube des Großbauern und des wohlhabenden Bürgers hängt, aus der Werkstatt eines geschulten Kunstmalers. Aus der jahrhundertelang armen Bevölkerung des Montafon ist kaum ein B. überliefert – allenfalls von einem Secretarius oder Pfarrherren –, der durch Kornhandel und Viehwirtschaft, auch durch die Gunst der Landschaft wie der Verkehrswege weit besser gestellte Bregenzerwald besitzt deren eine Menge. Für den Geist dieser B. bezeichnend ist es, daß alle Frauen in Tracht die kunstvoll gearbeitete Silberschnalle des Gürtels auf dem B. vorne zeigen, während sie in Wirklichkeit früher wie heute auf dem Rücken getragen wird. In anderen Landsch. ist auch beim Soldatenbild die Ähnlichkeit eines B. angestrebt worden.
Schon ihrer Verwendung nach nicht als B. im eigentl. Sinn bezeichnet werden können die huldigenden, mitunter auch karikierenden Darstellungen hist. oder auch myth. Persönlichkeiten (Gustav Adolf, Napoleon, Martin → Luther, Prinz Eugen, Friedrich II., Joseph II., seltener Landesfürsten und Generale wie Blücher). Sie sind auf Hinterglasbildern und Ofenkacheln, als Blaudruck oder Krugrelief, auf Gebäckmodeln und Bilderbogen wegen ihres Namens und ihrer Taten, kaum wegen ihrer persönlichen Züge festgehalten (→ Sonntagsmaler). Eine in Geist und Selbstbewußtsein der »christlichen Seefahrt« begründete Sonderstellung nimmt die sogen. Schiffsporträtmalerei (Werften, Reeder, Kapitäne) ein. Auch die → Galion gehört in diesen Zusammenhang.
W. Brückner untersuchte das B. als stellvertretende »effigies« im Bereich von Tod und Begräbnis und des Strafvollzugs, bes. der neuzeitlichen Jhh. Er verneint german. → Kontinuität und »Magie des Bildzaubers« selbst für die »Hinrichtungen« des Winteraustreibens, Fasnachtbegrabens, Judasverbrennens usw. → Hochzeit.

W. Goetz, Die Entw. d. menschl. B., 1928ff.; E. Buschor, B.stufen, 1947; E. Buchner, Das dt. B. d. Spätgotik . . ., 1953; H. J. Hansen, hg.: Kunstgesch. d. Seefahrt, 1966; W. Brückner. B. und Brauch, Studien zur Bildfunktion der Effigies, 1966 (Vgl. dazu Dt. Jb. f. Vkde 14, 1968 und Schweiz. Arch. f. Vkde 63, 1967).

Bildschrift → Alphabet, Buchstabe.

Bildstock, Wegekreuz. Säule aus Stein oder Holz, die Bild, Kreuz oder Spruch trägt, oft als Totenerinnerung. Die Lichtsäule scheint auf das alpenländ.-kelt. Gebiet beschränkt. Die ersten bildl. Zeugnisse des B. stammen aus dem 14. Jh. Anregungen gaben Totenleuchte, Sakramentshäuschen, Epitaph, zuletzt der Altar des Spätbarock. Eu-

charius Sang, Weihbischof von Würzburg, schrieb 1607: »Es ist in unserm Teutschlandt ein sehr altes und löbliches Herkommen gewesen / an den offenen Landtstraßen gottselige Bilder uffzurichten / damit die vorüberreisenden dadurch einen antrieb zu der Gottseligkeit / und ihrer im Reisen übernommenen Arbeit etzlicher maßen eine Leichterung oder Enthebung empfinden mögten«. J. Dünninger sagt: »Die B. sind eine der großen Signaturen und Wahrzeichen der fränkischen Landschaft«.
Den → Grabdenkmälern in der Gestaltung verwandt sind die B. im ehem. Bistum Metz. In großer Zahl finden sich B. im Rheinland, wo schon Römer an Kreuzwegen Opfer darbrachten. Um die noch im 11. Jh. mit Kirchenbuße bestraften → Opfer an Quellen, Steinen, Bäumen oder Kreuzwegen »umzufunktionieren«, errichtete die Kirche B. Creutz wies hin auf die eindrucksvollen W. des Hohen Venn, auf die gewaltigen Holzkreuze im Gebiet von Sieg und Westerwald wie auf die mit Inschrift, Wappen und Hausmarken versehenen B. aus Basaltlava in der Gegend von Mayen. In Schlesien setzten Verwandte eines Verunglückten eine Säule mit Heiligenbild und längerer Inschrift, an deren Stelle später kleine Kapellen traten (Kr. Löwenberg, Grafsch. Glatz, Oberschles.). Mit dem Kath. kam das W. auch nach Pomerellen, Kulmer- und Ermland. – Im SW ist B. gleichbedeutend mit bayr.-öst. → Marterl. → Steinkreuz.

Zur Stilgesch. d. B. vgl. J. M. Ritz, Dt. Vk.: Franken, S. 39; M. Walter, Vom Steinkreuz zum B., 1923 (Baden); H. Reinhard, Totenleuchten, Schweiz. Vkde. 30 (1940); F. Hula, Die Totenleuchten u. B. Österr., 1948 (600 Abb.); F. Zoepfl, in: Reallex. z. dt. Kunstgesch. 2, 1948; J. Weingartner, Tiroler B., 1949; J. Dünninger, B. in Franken, Forschungsprobleme. Bayer. Jb. f. Vkde 1952; M. Baur-Heinhold, B. in Bayern, Rhein. Jb. f. Vkde 5 (1954) (Rel. u. rechtl. Male, Standort, Bildüberl., Material, örtl. u. zeitl. Verbr.); J. Dünninger u. K. Treutwein, B. in Franken, 1960; F. Mössinger, B. im Odenwald, 1962 (Got. Formen, Häuschentyp, Tafelb., Spätformen. Einfluß v. Totenleuchten, Wallfahrt-Walldürn. Sage); H. Reuther, Die B. d. Landkr. Hildesheim–Marienburg, Heimatkdl. Schriften Nr. 6; H. Fautz, Feldkreuze u. B. im oberen Kinzigtal, Bad. Heimat 46 (1966); E. Skudnigg, B. u. Totenleuchten in Kärnten, 1967; J. Dünninger, B. Schemmel u. a., B. u. Martern in Franken, 1970 (Bibliogr.); F. Hula, Mal. Kultmale. D. Totenl. Europas usw., 1970; H. Hopf, Stud. z. d. B. i. Franken. In: Mainfränk. Hefte 54 (1970); P. M. Plechl, Gott zu Ehren ein Vaterunser pett. B.e, Lichtsäulen u. a. Denkm. i. d. Vfrömmigk., 1971.

Bildweberei, -wirkerei → Damast, Teppich.

Bildzauber → Analogiez.

Billeweis → Sibyllen-W.

Bilsenkraut (Teufelsauge, Tollkraut, Zahnkraut; *Hyoscyamus niger*; ahd. *bilsa*). Nachtschattengewächs an Straßen und wüsten Plätzen. B. gehört zu den ältesten Gift- und Zauberpflanzen der Indogermanen. Megenberg sagt vom B.samen: »er toetet und pringt den sichtum der vergezzenhait daz ein mensch neur (nur) wil slafen und vergizzet vil ding«. Der König in Shakespeares »Hamlet« ist mit dem Saft von B. vergiftet. Weil der Genuß der Blätter oder des Samens Halluzinationen (Fliegen durch die Luft, Verwandlung in Tiergestalt, erotische Visionen) bewirkt, ist das B. ein wichtiger Bestandteil der »Hexensalben« gewesen und spielte in den Hexenprozessen eine große Rolle. → Gift, Sage, Hexe.

Marzell, Wb.

Bilwis, Bilmesschneider (→ Wacholder, Thomas Ebendorfer). Um 1930 nur noch im bad. Franken, im Fichtelgeb., im böhm. und bayr. Wald sowie in den östlich angrenzenden Gegend. bekannte, hier aber sehr lebendige Gestalt eines Dämons, der mit Sicheln an den Füßen nachts Steige ins Kornfeld schneidet, das Korn einem zauberischen Nachbar zuträgt oder die Kinder schreckt. In Namen wie Vorstellung überschneiden sich heute mehrere Sagenkreise. Der B. heißt Bilmesschneider (davon volksetymologisch mit Anspielung auf → Bilsenkraut und Binsen: Bilsen- und Binsenschneider), Johannesschnitter, Durchschnittler, Bockschnitter, -reiter. Die Erscheinung der abgemähten Halme heißt Wolfsschnitt, Hexenschnitt. Hinter der heute vorwiegenden Vorstellung des B. als schädigenden, selten zutragenden → Korngeistes u. Kinderschrecks liegt der mittelalterliche Glaube an Zauberer u. (häufiger) Hexen, die bis ins 17. Jh. mit den Namen beluwitte, billewits (Niederrhein), bilwiz (Wolfram von Eschenbach; erster Beleg des Wortes), pileweissin (Gryphius, Schlesien), Bilweise (Lausitz), Willeweis (Oberpfalz, Tirol) u. ä. bezeichnet wurden. In den frühesten, fast nur bayr.-österr. Zeugnissen ist er ein Naturgeist, allein, beweibt oder zu mehreren auftretend, der Krankheit (Alpschoß, → Geschoß) schießt. In Wolframs Willehalm steht:

sie wolten, daz kein pilwiz
si da schüzze durh diu knie.

Die heute spärlichen Belege im niederrhein. Selfkant sind vielleicht Horste ehemaliger Verbreitungsgebiete. Jedenfalls hat dort der B. altertümliche Form. Er ist noch nicht der Hexer u. Schwarzkünstler, eher ein Geist von Zwergenart. Auch Sonderlinge nennt man dort zuweilen Bile oder Bilewit. – Eine starke Verwurzelung des B. im Volksglauben beweisen auch nordostdt. Zeugnisse (1394 u. später). In Zusammenhang schon mit dem alten Urnenfelderboden im Hermundurengebiet östlich der Elbe rückt L. Schmidt diese »eigenartigste, wahrhaft geheimnisvolle Gestalt unter allen Glaubens- und Brauchfiguren, die mit den Ernteschnittgeräten zu tun haben«.

Es ergibt sich also, daß das Verbreitungsgebiet früher viel weiter nach Norden und Osten reichte. Aus den Fragebogen des Atlas der dt. Vkde geht hervor, daß heute der B. in Norddtld. nur noch in der Erinnerung der ältesten Frauen besteht. – Singer stellt B. zu belluwitte als euphemistische Namengebung und als Substantivierung des altengl. Adjektivs *bilewit* = wohlwollend. Indes bedarf die Etymologie des Namens wie Geschichte und Geographie der Sage noch weiterer Forschung.

Schönwerth, Aus der Oberpfalz, 3 Bde., 1857; Mogk, Grundr. d. germ. Phil., 1900, 32; L. Mackensen im HDA, 1. Bd., 1927; R. Beitl, Korndämon und Kinderscheuche, Ungedr. Habil.schrift, Berlin, 1933; A. H. Krappe, in: Mitt. d. Schles. Ges. f. Vkde, 34 (1934); G. Brachmann, Der B. Oberösterr. Heimbll. 2 (1948); J. Grein, Der B. im Selfkant, Rhein. Jb. f. Vkde 1 (1950); L. Schmidt, Gestaltheiligkeit im bäuerl. Arbeitsmythos, 1952, S. 130ff.; J. Hanika, in: Bayer. Jb. f. Vkde 1953; W. Deboy, Der B., Diss. Marbg. 1954.

binden → Band, Angebinde, Knoten, Nestelknüpfen.

Binsenschneider → Bilwis

Birke (*Betula verrucosa, B. alba, B. pubescens*). Das germ. Wort für B. gab der Rune *b* ihren Namen. Als Stoff für Flechtwerk (Trinkgefäß, Körbe) wurde und wird die Rinde der B. verwendet. Sie gehört zu den ältesten Bäumen Nordeuropas u. steht darum bei germ. und slaw. Völkern in hohem Ansehen. Sie ist ihnen Sinnbild und Verkörperung des Frühlings und seiner Leben erweckenden Kraft. Die Burschen stecken eine junge B. in vielen Gegenden als → Maibaum vor das Fenster der Geliebten. Ihre Zweige sind die → Lebensrute, deren Schlag Menschen und Vieh fruchtbar macht und vor Krankheit u. Hexerei bewahrt. Zu → Pfingsten wird Haus, Stall und Scheune mit B.maien geschmückt. In kath. Gegenden werden die Wege der Prozession zu → Fronleichnam mit B. geschmückt, die man als Gewitterschutz nach Hause nimmt. In der Sympathiemedizin kannte man früher B.holz und B.besen als bewährte Mittel gegen Krämpfe und Bettnässen. Das »B.wasser« – so heißt im Volke der zucker- und saponinhaltige Saft, der im Frühjahr aus verwundeten B.stämmen gewonnen wird – ist wegen seiner Heilkraft berühmt (→ Albertus M., Konrad v. M., Bock H.). → Martin, Besen.

O. v. Kirchner u. a., Lebensgesch. d. Blütenpfl. Europas, 1908–38.

Birkenbaum → Schlacht.

Birne, B.baum *(Pirus communis)*. Obwohl wie der → Apfelbaum schon in der Steinzeit bekannt, hat der Bb. im Volksglauben weit geringere Bedeutung. Von mythischen Bb. ist der »Bb. auf dem Walserfeld« am bekanntesten. Die letzte → Schlacht ist da, wenn er blüht. Als Fruchtbarkeitssymbol (viele B., viele Mädchen im nächsten Jahr) ist d. B. weiblich bestimmt. Bei Lungenkrankheiten oder Nasenbluten hilft den Männern ein Bb., den Frauen ein Apfelbaum durch Verbohren oder durch die Blätter. Will die Wöchnerin als nächstes Kind einen Knaben, dann läßt sie die Nachgeburt unter einem Bb. vergraben (Schwaben). – Gedörrte B., auch Klötzen genannt, bilden neben Mehl den Hauptbestandteil des süddt. und österr. Brotes (B.zelten) zu → Weihnachten.

Bischof → Nikolaus, Kinderb.

bischpern → besprechen, gesundbeten.

bisnen → Unsch. Kinder-Tag

Bittgang. Im meist gebräuchlichen engeren Sinn nennt man B. den kirchlichen → Flurumgang, im weiteren Sinn verschiedene, bei allen Völkern bekannte Gebetsprozessionen. → Wallfahrt.

Bittwoche oder Kreuzwoche heißen die 7 Tage vor Himmelfahrt Christi, an denen Flurumgänge und Bittprozessionen stattfinden. → Flurumgang, Luther.

L. v. Hörmann, Bittage; in Tiroler Volksleben, 1909.

blasen → Advent, besprechen.

Blasius, hl. (3. 2.). Als Märtyrer 316 † und schon im 6. Jh. gegen Halsleiden angerufen (→ Vierzehn Nothelfer). Attr.: gekreuzte Kerzen oder ein Kamm. Mit solchen segnet an dem Tag der Priester die Gläubigen, die es wünschen (»einblaseln«). Ein anderes Legendenmotiv machte ihn auch zum Patron der Haustiere, die man »benediziert« oder auch mit geweihtem Wachs »würgt« (Baden; → würgen). Schriftlich sind »B.segen« aus dem 13. Jh. überliefert. Wie → Lichtmeß gilt B. als Winterende.

Der heilige Blasius
macht den Winter lus (Tirol).

Wetterpatron wurde B. außerdem, weil die → Volksetymologie den Namen mit dem Blasen des Windes in Verbindung brachte. Man füttert den Wind mit Asche, Salz oder Mehl (Böhmen). B. wurde so auch Patron der Windmüller und der

Bläser unter den Musikanten. In Siebenbürgen finden Kinderfeste statt.

Vita e martirio di S. Biagio, Monza 1889; K.-S. Kramer, »Sankt B. zu leibeigen«. Bayer. Jb. f. Vkde (1954) (Bopfinger Mirakelbuch; »Eigen Leut« d. B.pflege).

Blatze → Mohn.

blau ist vereinzelt noch heute Trauerfarbe in der Tracht (Hessen). In Traumdeutung und Orakelbrauch ist B. unheilvolle → Farbe, wie auch → Pest und Tod, → Geist und → Irrlicht in bläulichfahler Flammen- oder Rauchgestalt erscheinen. B. Flecken am Körper sind Kummerrosen oder Kirchhofblümlein. Von b. Papier sagt man, es erhalte die Wäsche frisch und weiß. Das Kleid der Hexen und Zaubermeister ist b. In der hellen Farbe des Himmels kennzeichnet B. auch die Gottheit (Mantel Christi und → Mariä). – Das »Blaue Band« ist eine Auszeichnung im Pferderenn- und Rudersport, wohl in Anlehnung an das »B. B.« für die schnellste Überquerung des Atlantik (seit 1935). Diesem wieder war Vorbild das B. B., das eine engl. Schiffahrtsgesellschaft für den schnellsten Segler (Australien–London) stiftete. Bei sprachl. Angaben über B. ist zu beachten, daß die Bed. von → grün über schwarz bis rot schwanken kann (Blaukohl = Rotkohl).

R. Weiß, Dämonenb. u. Himmelsb. Die b. Farbe im vtüml. Glauben u. Brauch, in: Du (1946) Nr. 6; N. R. P. Bonsor, North Atlantic seaway, Prescot 1955; L. Schmidt, Vglaube u. Vbrauch, 1966 (Rot u. b. Zur Symbolik d. Farbenpaares).

Blaubeere → Heidelb.

blauer Zwirn → Branntwein.

Blaudruck → Zeugdruck.

Blauhütel → wilde Jagd.

Blaumütze, b. Schneider → Kornblume.

Blei war den alten Völkern bekannt, wurde aber nicht selten mit → Zinn verwechselt. Erst Plinius unterschied beide Metalle als *plumbum nigrum* und *p.album*. Wahrscheinlich benutzen die Alten schon B.oxyd zur Herstellung von → Glas. B.→glasur wird zuerst im 13. Jh. erwähnt. Spezif. Schwere und bequeme Eichbarkeit machten das B. geeignet für Gewichtmaße. Die Billigkeit empfahl B. als Mischmetall, die leichte, nicht auf eine Werkstätte angewiesene Bearbeitbarkeit erklärt seine Verwendung für kriminelle Maßnahmen (antike Fluchtafeln) und → Amulette. Ähnliches gilt vom B.gießen, B.werfen und den Heilbräuchen des »Schüttens«. L. Schmidt machte es aber sehr wahrscheinlich, daß neben den physikal. Eigenschaften auch alter Glaube an die Stoffheiligkeit dieses Metalls von Bedeutung war. In vorderasiat. Kulturen ist vielleicht das B. als erstes Metall genutzt worden und, in Verbindung mit → Astrologie, noch in sakralem Gebrauch geblieben, als es in den Werkstätten längst andere Metalle abgelöst hatten. Gab es außerdem ein frühes Wissen vom B. als Strahlenschutz? – Gießen von B. (neben Zinn oder Wachs) als → Orakel ist vielleicht griech. Herkunft. Im MA. spielte es eine verhängnisvolle Rolle als Mittel zur Hexenerkennung. Heute ist es als Brauch zu → Neujahr allgemein. In Läden (Berlin) erhält man Nüsse, Pilze, Vierklee, Geldsack, Flugzeug und ähnliche Glücksfiguren und → Talismane aus B. mit Löffel zum Einschmelzen. → Kugel, Freischütz, Schädel, Gestaltheiligkeit.

L. Schmidt, Das B. in s. volkstüml. Geltung, Mitt. d. chem. Forschgs.-Inst. d. Ind. Österr.,

1948; ders., Heiliges B. in Amuletten, Votiven usw. in Europa u. im Orient, 1958.

Blendung. Belauschung dämonischer Wesen (Hexe, Teufel, wildes Heer, Bercht) oder Ungehorsam gegen ihre Gebote (Kornbaba) wird durch B. bestraft (Roggenmuhme bestreicht die Augen mit Teer, Gespensterfuchs fährt mit dem Schwanz über die Augen). Sinnverwirrende B. geht vom Zauberer aus, der die Mädchen die Röcke heben macht, weil sie meinen, durch Wasser zu schreiten (verbreitetes Motiv der Märchenschwänke). Viele Sagen erzählen die B. des Künstlers, der sein Wunderwerk nicht wiederholen darf. In Antike und MA. (noch 1525 im Bauernkrieg) war B. schwere Rechtsstrafe für Meineid und Verrat. → Sage, Recht.

Blinde Kuh. Von diesem → Kinderspiel, das zumal im galanten 18. Jh. auch die Gesellschaft des Rokoko unterhielt, hören wir früh (→ Geiler von Kaysersberg, Fischart), vielleicht schon bei Otfrid (9. Jh.). Es war Griechen und Römern bekannt. Richard Andree wies es in Arabien und Ostasien wie bei verschiedenen Naturvölkern nach. Die »Blinde Maus«, erwähnt in der Liste des Meisters → Altswert (14. Jh.), ist wohl unser Spiel.

Blindschleiche, wegen der vermeintlichen Zerbrechlichkeit (Tirol) Glaswurm, Bruchschlange genannt. Vom Volk wird die kleinäugige, fußlose → Eidechse als blinde, giftige Schlange angesehen. Wie gestern noch Wissenschaft war, was heute nur Volksglaube scheint, zeigt die Angabe von J. Grimm (1860) im Dt. Wb. (2, 126) »B. *caecilia*, eine blinde giftige Schlange«.

Blitz, Donner. Soweit myth. und religiöse Vorstellungen auf das Erlebnis gewaltiger Naturereignisse zurückgehen, bildeten der Ton des D. und das Leuchten und Zünden des B. bei den meisten Völkern starke Ansatzpunkte des Glaubens an dämonische und göttliche Mächte. D. und B. sind Geschoß und Hammer in der Hand der Gottheit. Die → Donnerkeile sind sichtbare Zeugen. → Ziu, der ursprüngliche german. Wettergott und Himmelsherr, wurde früh von → Donar (nord. Thor) verdrängt, der unter allen Göttern bis zur Christianisierung am meisten Heiligtümer besaß. In manchen Wetterbräuchen lebt unbewußt oder in christlicher Einkleidung seine Gestalt fort. Der Julblock, der zum höchsten Fest des Gottes brannte, wie der Christklotz oder Christbrand (Westfalen; → Weihnachten) wehren den B. ab. Schon das Kapitular Karls des Großen sagt: *et ille hortulanus habeat super domum suum Jovis barbam* (= Donnerbart). Den alten V.glauben an B. abweisende Bäume (»Eichen sollst du weichen, Buchen sollst suchen«) hat die Wissenschaft widerlegt. Alle Bäume bringen Gefahr. Bei schwerem Gewitter wurde und wird die schwarze »Wetterkerze« angezündet und die »Wetterglokke« geläutet (»fulgura frango«). »D.blumen« (→ D.keil), Hauswurz und der nistende → Storch gelten als B.schutz, in kath. Landschaften bes. die geweihten Kräuterbüschel von → Palmsonntag und → Himmelfahrt Mariae. Die Anschauung vom göttl. Ursprung des B. ließ B.ableiter zuerst als Frevel erscheinen. → Wetter, Gewitter, Buche, Jul, Steine.

J. Grimm, Über die Namen des D., in: Kleine Schriften. Stahl. B.gefährdung der versch. Baumarten, 1912; S. Seligmann, Die mag. Heil- u. Schutzmittel aus d. unbelebten Natur, 1927.

Blockbau, in nadelholzreichen Ländern (Rußland, Skandin., ostdt.

Mittelgeb., Alpen) schon bronzezeitl. bekannte Bauweise für Wohnhaus, Stall und Speicher. Mit der Schrotaxt behauen (geschroten), gesägt oder – für den Stall – rundbelassene Stämme bilden noch heute einen wichtigen Werkstoff für Außen- und Zwischenwände in den bayr.-öst. Alpen und in der Schweiz (Berner Haus). Nach der Eckverbindung der Bohlen wird diese Bauweise »Strick« oder »gestrickt« genannt. Beim Stall bleiben zum Trocknen des Heus Lücken zwischen den unbehauenen Stämmen (Mont.: »ofttrölter Stall«), im einfachen Maiseshaus werden die Ritzen der geschlossenen Blockwand mit Moos verstopft, beim Wohnhaus wird die glatte Wand in neuer Zeit allg. vertäfelt, früher mit großen Holzplatten, heute mit einfachem Faaßtäfel vom Zimmermann oder mit getischlertem Kassettentäfel. → Balken, Holz, Umgebinde, Schnitzen; Fachwerk.

H. Phleps, Ost- und westgerm. Baukultur, 1934; Schweizer Holzbau, hg. v. C. A. Schmidt, 1936; M. v. Rudolph, Germ. Holzbau d. Wikingerzeit, 1942; B. Schier, Hauslandschaften usw. [2]1966 (2. Kap.: Flechtwand, Blockwerk, Fachwerk); H. Phleps, Alem. Holzbaukunst, 1967.

Blocksberg, jüngerer Name des → Brocken und anderer Berge in Mittel- und Norddtld. mit ähnlicher Sage. Jacob Grimm bringt beide Namen in Verbindung. Im 16. Jh. steht die Form »Broccenbergus« neben »Bloccenbergus«. An → Walpurgis versammeln sich die → Hexen auf dem B. zu Tanz und Gelage mit dem Teufel (Walpurgisnacht in Goethes Faust).

J. Praetorius, Blockesberges Verrichtung, 1668; HDA.

Blockziehen oder Blochziehen heißt in Süddtl., in der Schweiz, in Böhmen, Siebenbürgen und Krain, besonders in Österr. das festliche Einholen des geschmückten Baumes (Blockes), der Tanne für den → Funkensonntag, des → Maibaumes usw. In Österr. verbindet sich mit dem B. ein Spottumzug, der → alten Jungfern oder auch den jungen, noch ledigen gilt. Besonders wenn im abgelaufenen Jahr keine Hochzeit stattgefunden hat, wird von der → Burschenschaft das B. gehalten. Die Bedeutung des B. als Fruchtbarkeitsbrauch liegt zutage, wenn in Steiermark der Glaube galt, wer beim B. mithelfe, der werde bald heiraten. Das eigentliche B. schließt mit dem Versteigern des heilkräftigen Baumes und mit dem »Blochtanz«. Geramb kommt zu dem Schluß, daß das B. und das ihm verwandte Pflugziehen Eigentum aller arischen Völker war, da wir Spuren im germ. und griech. Altertum, selbst in Persien und Indien finden. Auf den indogerm. Gemeinbesitz des B. und des »Pflugziehens«, der anderen verwandten Grundform d. Brauches, weist auch Klier hin. Die ältesten Zeugnisse bietet die Synode von Lestines (Liftinae; 743) u. der → Indiculus; eine Vielzahl von Belegen fand Klier bes. im 16. Jh. Den engeren »Wesenszusammenhang dieses Brauchtumskomplexes auf dt., magyar. und südslaw. Boden« betonte Kretzenbacher. Nach dem 2. Weltkrieg zeigt der Brauch neue Ansätze. In Neuhausen (Ötztal in Tirol) wurde 1968 nach 228 Jahre altem Brauch das »Larchziachn« (Lärcheziehen) abgehalten, da in dem Jahr kein Ortsansässiger geheiratet hatte (Bericht Tsp. 5. 1. 68). → Fruchtbarkeit, Hochzeit, Fasnacht, Vschauspiel, Bohemus.

V. v. Geramb, Dt. Brauchtum in Österr., 1926; A. Dörrer, Tiroler Fasnacht, 1949; K. M. Klier, D. Blochziehen. Ein Faschingsbrauch v. d. Südostgrenze Österr., 1953; (Karte); T. Dömötör, Das »B.« in Rábatófalu, 1968. In: Fs. Heilfurth, 1969; ÖVA IV (Karte S. Walter, Das B. u. Pflugziehen).

bloß → Entblößung, nackt, bedekken.

Blumen. Art, Aufstellung und Pflege der B. in Garten, Fenster und Haus geben vielen Landschaften ein besonderes Gesicht. Stecklinge gedeihen, wenn man sie stiehlt (Schwaben). Eine → Wöchnerin darf sie nicht begießen. Die B. beschenkt man zu Weihnachten. Neujahr oder den Tod der Hausfrau sagt man ihnen an wie den Bienen. Als Liebesgeschenk, im Strauß vieler Bräuche des Lebens und Jahres, als Grabschmuck, als Motiv der Vk. in Malerei und Stickerei kehren B. immer wieder. Aus B. einen Kranz zu winden, diese Sitte soll nach Plinius um 350 v. Z. aus Ägypten nach Griechenl. gekommen sein. Orakelb. (→ Joh.tag, J.kraut) sind in Land und Stadt (Berlin) bekannt. Die → Margerite ist oft danach benannt. In der B.verwandlung des Märchens und Liedes ist die B. Seelenträgerin. Zauberkraft geht von ihr aus in der Schatzsage.
Kunst-B. kannte bereits die Antike. Die *hibernae coronae* der Römer bestanden aus Wachs oder Goldblech. Nur zum kirchl. Gebrauch bestimmt, waren im MA Kunst-B. vor allem → Klosterarbeit. Anfang d. 18. Jh. stand Italien, im 19. Jh. Frankreich an der Spitze dieser Industrie. Frz. Einfluß zeigt sich Ende des 18. Jh. in den B.fabriken von München, Hamburg, Weimar, Dresden, Berlin. Die vtüml. B.erzeugung Sachsens (Sebnitz) fand ihre Vorbilder in Dt.-Böhmen. Ein Ableger ist die B.fabrikation im Odenwälder Wallfahrtsort Walldürn. In der Gesch. des B.kranzes als Kopfschmuck (Brautkrone; → Tracht) und heute noch im Brauch des Lebens (Konfirmation, Kommunion, Hochzeit, Tod) und des Jahres (Fasnacht, Erntefest usw.), als relig. Symbol und Zimmerschmuck spielt die Kunst-B. eine bedeutende Rolle. – Für B. und Zierpflanzen wurden 1963/64 in Dtl. fast eine Milliarde DM ausgegeben. → Grabb., Garten, Stehlen, Valentin, Pflanzen (Lit.).

R. v. Fischer-Benzon, Altdt. Gartenflora, 1894; M. v. Strantz, Die B. in Sage und Gesch., 1857; A. Fossel, Das Jahr d. B. im Brauchtum, 1940; H. Rahner, Die seelenheilende B., 1945; L. Behling, Die Pflanze in d. mal. Tafelmalerei, 1957; B. Schier, Die Kunstb. v. d. Antike b. z. Gegenw., 1957 (Mit e. Auswahl von »Blümelliedern«, die die B.macherinnen b. der Heimarbeit u. in d. Fabrik sangen); M. Wedemeyer, B.namen als Künder alter Welt- und Lebensansch., Zeven 1961 (Am Beispiel d. Marienb.); G. Tergit, Kaiserkron u. Päonien rot, 1963; L. Behling, Die Pflanzenwelt d. mal. Kathedralen, 1964.

Blut ist wie Speichel, Schweiß, Harn, Samen und mehr als diese Inbegriff des Lebensstoffes. Die Erfahrung zeigt: mit dem B. entflieht das Leben. Das B. des Toten beginnt anklagend zu rieseln, wenn der Mörder zur »Bahrprobe« naht. Bei künstlicher → Verwandtschaft, beim Teufelspakt der Hexen und Zauberer wie Faust, im Liebeszauber, im Glauben an → Vampire, in Heilhandlungen der Vmed. (Menstrualb. auf Warzen) tritt überall diese Anschauung zutage. B. Schick glaubte, ein besonderes Menstrualgift (Menotoxin) nachweisen zu können (Blumen in der Hand Menstruierender welken auffallend rasch). Die Überprüfung aber ergab keine Bestätigung. B.opfer und B.taufe sind alte germ. Kulthandlungen, aber auch bei anderen Völkern bekannt. Im christl. Kult (Heiliges B. zu Walldürn, Wilsnack, Weingartner B.ritt, Januariuswunder in Neapel, Limpias in Spanien) wird B. der Heiligen, unverweslisches B. oder ein Christusbild, das B. vergießt, verehrt. Das Wunder der blutenden → Hostie von Bolsena (1263) hat Raffael in den Stanzen des Vatikans dargestellt (»Messe v. B.«). Die Verbr. der Leiden-Christi- und Sakramentsverehrung, wie sie auch zur Einführung des Festes → Fronleichnam führte, auch die Wirkung fremder Legenden (Bolsena) und Kulte (Brabant) ließen in dem mainfränk. Walldürn im 15. Jh. einen Heilig-B.-Kult mit fester Legende entstehen, der im 16. Jh. wie viele obd. Wallfahrten fast zum Erliegen kam, durch Gegenreformation und Barock nach 1600 aber neu belebt wurde. – Viele magische Sprüche, Handlungen, Gegenstände kennt der Vglaube, um den Verlust des kostbaren Lebenssaftes zu verhindern. Durch Sprechen von B.-segen, durch Verpflöcken, durch Schreiben von magischen → Buchstaben und Worten und durch deren Verschlucken, durch Aufbinden e. Mariengroschens wird B. gestillt. Nach dem Satz → *similia similibus* wird etwas Rotes, z. B. blühendes Gauchheil, verwendet. Der Blutstein (oder Hämatit), in der Sprache der Bergleute »Roter Glaskopf«, gilt wegen seiner Farbe gleich anderen roten Steinen (Blutachat, roter Marmor) als stillendes Mittel bei Nasenbluten od. starken Frauenblutungen. Der Sympathieglaube hat im Eisengehalt des Blutsteins auch eine reale Grundlage. → Herz, Tropfen, Gehirn, Märchen, Nase, Wegerich, Segen, Schlagfluß.

L. Strack, Das B. im Glauben u. Aberglauben d. Menschheit, [7]1900; O. Ebermann, B.- u. Wundsegen, 1903; Th. Schiffner, B.zauber, [2]1930; H. G. Müller-Hess, Die Lehre v. d. Menstruation, 1938; J. Heuser, »Heilig B.« in Kult u. Brauchtum d. dt. Kulturraumes, Diss. Bonn, 1948; H. Tegnaeus, Blood-brothers, Uppsala 1951; W. Brückner, Die Verehrung d. Heiligen B. zu Walldürn, Vkdl.-soziol. Unters. z. Strukturwandel barocken Wallfahrtens, 1958 (W. Tobler: »Man wünscht sich e. entspr. Arbeit für Maria Einsiedeln«); ders., Walldürn, 1963; E. Krausen, Die B.weihebriefe d. Kurfürsten Maxim I u. Ferd. Maria v. Bayern, Archival. Zs. 57 (1961); G. Spahr, Kreuz u. B. Christi in d. Kunst Weingartens, 1963.

Blutegel (*Hirudo medicinalis*). Wie das → Aderlassen vom Volk als Allheilmittel gewertet wird, so stand der B. als Mittel zur Blutentziehung bei den Alten wie bei den Germanen in Ansehen (das Altengl. bezeichnet den B. als *laece* = Arzt; → Lachsner). Der B. entsteht nach der Volksmeinung aus im Wasser liegenden Haaren von Weibern oder Pferden (→ Aal). Mit phantastischen Eigenschaften ausgestattet wird er zum Kinderschreck im Wasser.

R. Riegler, Das Tier im Spiegel der Sprache, 1907; H. Bottenberg, Die B.-Behandlung, [2]1948.

Blutfink → Gimpel.

B.kraut → Hirtentäschelk.

Blutregen, mineralischer Staub von rötlicher Farbe, den der Passatwind aus der Sahara nach dem Norden, besonders nach Südeuropa trägt. Auch tierischer und pflanzlicher Herkunft ist der B. (Schmetterlinge, Blutalgen). Die Naturerscheinung wurde von Indern, Griechen (Homer) und Römern (vor Cäsars Ermordung), wie von den Germanen (erster Bericht von 640) als Vorzeichen für Mord, Krieg, Pest oder → Jüngstes Gericht gedeutet. – Gleiche Ursache haben »Blutschnee« und »Bluttau«. Die Alge *Glenodinium sanguineum Marchesoni* verursacht die Rotfärbung (Mitte Juli – Ende Aug.) des Tovelsees 50 km nordwestl. von Trient. Die wiss. Klärung verhinderte nicht das Weiterleben der Sage, da ungeklärt blieb, warum die Erscheinung nur in diesem See auftritt.

Ehrenberg, Passatstaub u. B. Abh. d. Berl. Ak., 1947; Hwb. d. Naturwiss., 1912.

Blutrose → Mohn.

Blutsauger → Eule, Fledermaus, Wasserg., Vampir.

Blutschande → Verwandtschaft.

Blutstag → Fronleichnam.

Blutstein, -stillen, -wunder → Blut.

B.stellkraut → Schafgarbe.

Blutwurz (Armetill, Tormentill, Rot-, Blut-, Ruhrwurz, Frühlings-, Gänse-, Waldfingerkraut; *Potentilla tormentilla*), wegen der rotbraunen Farbe des durchschnittenen Wurzelstockes und wegen des adstringierenden Gerbsäuregehaltes bei Blutungen verwendet. »Tormentill ist die aller kostlichst blutstellung / ein secret den frawen iren blumen (Menstruation) zu stellen / so sye denselbigen zuvil haben ...«, heißt es z. B. bei → Brunfels (1534). Pfarrer Kneipp hält B. für das beste Mittel gegen Blutfluß. Eine Abkochung der Wurzel wird noch heute vom Volke gegen Leibweh, rote Ruhr, alle inneren Blutungen und bei Halsentzündungen (als Gurgelwasser) gebraucht. In vielen »Pestsprüchen« alter Volkssagen wird B. neben → Bibernell als Schutzmittel empfohlen. Von lat. *tormentilla* (zu *tormentum* ›Leibweh‹) sind zahlreiche V.etymologien abgeleitet (Darmtille, Darmdill u. a. s. o.). → Pest.

F. Hintner, Ein vielgerühmtes Heilkraut d. böhm. Randgebirge. Sudetendt. Zs. f. Vkde 11 (1938) 45–60; Weitere Lit. → Bibernell.

Boccia → Kugelspiele.

Bock, Hieronymus (auch »Tragus« genannt) gehört zu den Vätern der dt. Pflanzenkunde; 1498 (Heidelsheim-Baden) bis 1554 (Hornbach-Pfalz). 1539 erschien zu Straßburg sein berühmtes »New Kreutter Buch von underscheydt, würkkung und namen der kreütter so in Teutschen landen wachsen«. B., ein guter Beobachter bes. süddt. Flora, gehört zu den ersten, die eine Anordnung nach natürlicher Verwandtschaft der → Pflanzen versuchen. Dem Aberglauben ist er abhold.

B. Hoppe, Das K.buch des H. B. als Quelle d. Botanik u. Pharmakol.gesch., Diss. Fkft/M. 1964.

Bockgeiß → Habergeiß.

B.reiter, -schnitter → Bilwis.

B.reiterin → Hexe.

Bogenschießen → Dresdner Vogelw.

Bohemus, Johannes, 1485 (Aub bei Würzburg) bis 1535 (Rothenburg o. d. Tauber), Deutschordensprediger, seit 1522 Lutheraner. Er schrieb im dritten Teil des Werkes *Omnium gentium mores leges et ritus etc.* (1517–1520) die erste dt. Vkde. Nach literarischen Quellen (Cäsar, Tacitus, Silvius, Celtis) und eigener Forschung beschreibt er die Stämme der Sachsen, Franken, Schwaben und Bayern nach Körper, Tracht, Nahrung, Brauchtum, Recht und Sprache. Die sächsische Mundart nennt er *»peculiarem linguam«*. B. erwähnt die bayrischen Wallfahrten, die Kröpfe der Steirer und von Bräuchen besonders das Pflugziehen am Aschermittwoch, Todaustragen, Feuerrad, Saatreiten zu Pfingsten, Maibaum und Johannisfeuer, Herbstfeuer, Martinstag und Kinderbischof zu Nikolaus, Klöpfelsnächte, Wettsingen in der Kirche, Tanzen vor dem Christkind, Neujahrs- und Dreikönigsgebr. (→ die betr. Stichw.). Auch B.' übrige Werke (Jahreszeitengedicht) sind vkdl. bemerkenswert. Aus B.' Schriften schöpft bes. Sebastian → Franck und mittelbar Sebastian Münster. → Vkde.

E. Schmidt, Dt. Vkde. im Zeitalter d. Hum. und der Ref., 1904; E. L. Schmidt, Joh.

Böhm aus Aub. Die Entst. d. dt. Vkde. a. d. Humanismus, Zs. f. bayer. L.gesch. 12. Jg.; R. Kohl, Niederdtl. bei J. B. Aubanus, Niederdt. Zs. f. Vkde 18 (1940); E. L. Schmidt, Von d. taciteischen z. humanist. Germania, Dt. Jb. f. Vkde 1 (1955); Lit.

Böhme, Jakob, 1575 Alt-Seidenberg bei Görlitz–1624 Görlitz; Bauernsohn und Schuhmacher. Nach der Erleuchtung von 1600 legt B. in dem Werk »Morgenröte« (1612) seine tiefsinnigen u. melancholischen Grübeleien über Gut und Böse und seine Erkenntnisse über das Sein Gottes in aller Kreatur nieder. Die späteren Schriften verraten den Einfluß von → Paracelsus und Weigel und den der Kabbala. Als Christosoph fand er Anhänger, wurde aber von der Kirche verurteilt. Die Romantik (Novalis) und die Gegenwart würdigten seine im Grund echt dt. Philosophie. Zahlreiche Sagen über B. (über seinen Geist, sein Verstehen der Natursprache, seinen Gang in den hohlen Berg, das Simon-Magusererlebnis, B. Weissagung und Tod) formten mit am Bild des *philosophus Teutonicus.*

Festschr. der Stadt Görlitz zum 300. Todestage, 1924; W.-E. Peuckert, Das Leben J. B., 1924; ders., Rosenkreutzer, 1928; Werke, hg. v. Schiebler, 1931ff.; Ges.ausg. 1730, Neudr. in 11 Bdn. hg. v. W.-E. Peuckert, 1955–60; Auswahl-Slg. Dieterich, 1940; H. Grunsky, J. B., 1956; V. Weiss, Die Gnosis B.s, 1956; E. Benz, Der Prophet J. B., 1959; W. Buddecke, J. B.-Ausgaben, 1934, 1937–57.

Böhmerwald, Hausindustrie. Wie der → Frankenwald und der südlich zur Donau sich hinziehende Bayrische Wald war und ist der B. ein Gebiet, dem es der Waldreichtum ermöglicht, den kargen landwirtsch. Ertrag (Roggen, Hafer, Kartoffeln) durch H. (Glas und Holzwaren) zu ergänzen. Der Deutsche B.-Bund (gegr. 1884) unterstützte dieses Ziel. Aus der Gmeinerischen Chronik von Regensburg (1467) wissen wir, daß »Waldgeschirr, Fässer, Zuber, Eimer, Schäffel rotgefärbt oder gefirnist« aus dem Walde nach Stadtamhof und Regensburg gebracht wurden. Die Chamer Zollrollen (1626/27) berichten von Mulden, Tellern, Schüsseln, Schaufeln und Kümpfen aus Holz, für die der Zoll ein Stück der Ware je Schock betrug. Die kath. Landschaft, besonders die Nähe besuchter Wallfahrtsorte, förderte die Erzeugung von → Devotionalien. V.schnitzereien aus dem »Lamer Winkel« gelangten auf dem Regenfluß nach Regensburg. Von Kraxentragern wurden die Holzwaren, zusammen mit → Hinterglasbildern, weithin vertrieben. Im 19. Jh. genoß die Glasbildmacherei wie die »Krucifixschnitz- und Staffieranstalt« von Verderber in Aussergefild (auf der böhm. Seite) einen großen Ruf.

v. Reinhardtstöttner, Land und Leute im bayr. Wald, 1891; Zeithammer, Land und Leute des B., 1896; J. Blau. B.er Hausind. u. Vk. 2 Tle, 1917/18, Neuausgabe.

Bohne. Die Saub. *(vitia faba)* wurde wie die Erbse und Linse schon in vorgesch. Zeit als Feldfrucht gebaut. Die schwarzgefleckte Blüte galt als Symbol des Todes. Deshalb war den ägypt. Priestern wie den Pythagoräern der Genuß der Saub. untersagt. Den Unterirdischen (Antike) und den Toten (bei Germ. u. Slawen) wurden B.opfer dargebracht. Die Gemüseb. *(Phaseolus vulgaris)* wurde im 16. Jh. aus der Heimat der Kartoffel eingeführt. Weit verbreitet ist der etymol. Glaube, daß man gut tue, die B. an St. → Bonifatius (14. 5.) zu stecken, wenn sie gedeihen sollen. In der sympathet. Heilkde dient das Bestreichen mit einer B. zum Vertreiben von Warzen. In Westdtld. wird beim Schnippeln von Gemüseb. noch Nachbarschaftshilfe (→ Nachbar) geleistet. Die gemeinsame Arbeit wird durch Singen (vereinzelt noch besondere »B.lieder«) verkürzt und durch ein kleines Fest beschlossen. In Ostpreußen bäckt man gelegentlich eine B. in den Weihnachtskuchen. Wenn ein Mädchen sie in ihrem Stück findet, wird sie als erste heiraten. → Dreikönig, ätiologisch, Arbeitslied, Fasten.

R. v. Fischer-Benzon, Altdt. Gartenflora, 1894; L. Reinhardt, Kulturgesch. d. Nutzpflanzen, 1911; ADV-NF 30ff.: Häusl. Gemeinsch.arbeiten. – ADV Erläutergn. 1964: R. Baruzzi-Leicher, H. G.arbeiten.

Bohnenkönig → Dreikönig, Bohne.

Bohnensonntag, erster Sonntag in der → Fastenzeit (Luxemburg, Schweiz). Auch der Sonntag → Lätare heißt in Luxemburg »Fastenbohnen« nach dem Geschenk (später Bretzeln und Geld), das die Neuvermählten des letzten Jahres denen zu spendieren haben, die noch Stücke des bei der Hochzeit geraubten Strumpfbandes der Braut vorweisen können.

Bölimann, Bollima, Bolli, Bollimenkel u. ä. Im alem. Geisterwesen in Haus und Feld, Kinderschreck, auch Bez. der Schandpuppe für Mädchen. Von der Schrecksilbe bö oder von bolen = poltern, rollen abzuleiten. Sprachlich verwandt sind wohl die westdt. Böllemann, Büllermann u. der norddt. Bullemann. → Schreckgestalten, Böögg.

Bonifatius, hl. (5. 6.). Aus angels. Adel um 675 in England geb., erhielt Wynfreth vom Papst den Namen des sizil. Märtyrers B., der zu den → Eisheiligen gehört (Fest 14. 5.). Die Friesen, denen zuerst seine Mission galt, erschlugen ihn 754 in der Nähe des heutigen Dokkum an der Unterweser, in Fulda ist sein Grab. B., der der germ. Volksreligion auch in Thüringen und Hessen, Sachsen, Franken und Bayern mit fanatischem Eifer zu Leibe ging, hat bes. in seinen Briefen reiche Kunde von germ. Brauch und Glauben gegeben (Jupiter = Donar, Donareiche, Götter- und Totenopfer, Opferpferde, Osterfeuer, Beschwörung, Orakel, Amulette), gegen die sich B. besonders auch auf dem *Concilium Germanicum* von 742 wandte. In Legende und Sage überlieferte das Volk das Wirken des B. (Fällen der Donareiche, Quellenerweckung durch Hufeisenschlag des Pferdes, grünender Stab, Speisung der Vögel). Durch Namensanalogie empfiehlt sich am B.tag Bohnensetzen. In sächsischen Sagen ist B. warnender Begleiter der wilden Jagd.

Hauck, Kirchengesch. Dtlds. 1, [6]1922; Tangl, Die Briefe d. hl. B., in Auswahl übers., 1912; J. J. Laux, Der hl. B., 1922; G. Fischer, Gesch. d. dt. Volkstums, in: Peßler, Hb.; J. Bernhart, B., 1950; Th. Schieffer, Winfried-B. u. d. christl. Grundleg. Europas, 1954; St. B. (zum 1200. Todestag) 1954.

Böögg, im hochalem. verbreitete Bez. bestimmter → Masken (Fasnachtsb., Röllelib.; Winterstrohpuppe), die wie andere Dämonennamen auf verwandte Dinge übertragen wird und sehr häufig einen allgemeinen Kinderschreck meint. B. geht etymologisch wohl auf die Schrecksilbe böö-(Bömann usw.) zurück. → Schreckgestalten, Leder.

Boot → Schiff, Fährmann.

Boot. Fährmann und → Fischer bes. verwenden die meist weniger als 20 m langen Schiffe, die in verschied. Grundtypen und landsch. Sonderformen, vom einteiligen Einbaum bis zu den verschied. Arten des mehrteiligen Plankenb. an den Küsten wie auf den Binnenseen bekannt sind. Für die vkdl. Fg. sind neben den konstruktivtechn. Merkmalen und ihrer gesch.-geogr. Entwicklung bes. die mundartl. Sach- und Tätigkeitsbezeichnungen, die Eigentums- und Besatzungsverhältnisse wie Arbeitsteilung und Arbeitsordnung an Bord von Bedeutung.

W. Mitzka, Die Bauern- und Fischerb.e, 1934; W. Rudolph, Hb. d. volkstüml. B.e im östl. Niederdtl., 1966; Weitere Lit. → Schiff.

böser Blick. Im Blick der → Augen teilt sich die gute oder böse Kraft des Menschen oder Tieres mit. Aber auch allgemeiner gilt wohlgefälliges Beschauen wie etwa das → Loben als Äußerung des Besitzwunsches, des → Neides (Verneiden). In biblischer Sprache hat das Wort erkennen die Bedeutung von *coitus*. Bestimmte Beschaffenheit und Farbe des Auges verrät den b. B., der absichtlich oder auch unbewußt sein kann. Er ist, wie etwa das → zweite Gesicht, erblich gedacht, Familien und ganze Völker können den b. B. haben. Er wird denen zugeschrieben, die im allgemeinen für zauberkundig gelten (Fahrende, Hebammen, Geistliche, Hexen), und er wird gefürchtet von den am meisten gefährdeten Personen (Kind, Schwangere, Braut) oder bei wichtigen Verrichtungen wie Kochen, Backen, Brauen, Buttern usw. Die Bedeutung des b. B. verrät die große Zahl der → Amulette, Abwehr- u. Gegenzaubermittel. Phallusbilder und obszöne Gebärden (→ Feige), Augen und Spiegel sind apotropäisch. Seligmann, der die alte Gesch. und allg. Verbr. des Glaubens untersucht hat, nennt als Gegenmittel u. a. 24 verschiedene Edelsteine, 196 Pflanzen und Kräuter, 87 Tiere und Tierbilder, 52 Gottheiten, 42 Heilige. Der Sprach- u. Sachatlas Italiens u. d. Südschweiz v. Jud u. Jaherg enthält eine Karte »Mal'occhio«. → Basilisk, Berufe, Faszination, klopfen, Knoblauch.

S. Seligmann, Der b. B. u. Verwandtes, 2 Bde., 1910; Ders., Die Zauberkraft des Auges und das Berufen, 1922; ders., Die mag. Heil- u. Schutzmittel d. unbelebten Natur, m. bes. Ber. d. Mittel gegen d. b. B., 1927; K. Meisen, Der b. B. u. s. Abwehr in d. Antike u. im Frühchristentum, Rhein Jb. f. Vkde 1 (1950) u. 3 (1952); D. Frey, Dämonie d. Blicks, 1953; T. Vuorela, Der b. B. im Lichte d. finn. Überlfg. Helsinki, 1967.

Bösewicht → Wicht.

Bosselnacht → Klopfen, Klöpfelnächte.

Bossierer → Wachs.

böten → Buße, besprechen.

botscheln → Ostern.

Böttcher. Bottich, Bütte, Kübel, Kufe, Schaff, Stande, Zuber, Brente, Butterfaß u. a. sind Bez. für aus Holzdauben zusammengesetzte, oben offene oder (im Unterschied zum → Faß) nur zeitweilig durch einen Deckel verschließbare Gefäße, die dem Handwerk des B., Büttners, Küblers, Küfners und Schäfflers den Namen geben. Auch der → Wagner versteht sich auf die Arbeit. Die Bez. ändern sich landschaftsweise für die gleiche Sache; sie beziehen sich in *einer* Landschaft auf bestimmte Gefäße, die nach Stoff, Herstellung, Form, Größe und Zweck verschieden sind (Vorarlbg.: Brente zum Abrahmen der Milch auf der Alp, Butterfaß, Melkkübel, Krautstande, Waschzuber). Wie die Hausfrauen in Küche, Keller und Waschküche, wie Bauer und Winzer, so hatten die Gewerbe der Gerber, Färber (→ Zeugdruck) und Kürschner sowie der Brauer (→ Bier) ständigen Bedarf an B.arbeit.

Die Auszier bleibt beim Nutzgerät bescheiden (gefällige Grundform,

verschiedenfarbige Dauben, Kerbungen am oberen Rand und an den Griffen) und steigert sich mit dem persönl. Gebrauch. Die Melkbütten der Schweizer Senner waren bemalt oder beschnitzt (Wirbelrad, Sechsstern) oder trugen auf den breiten Daubenreifen Jahreszahl, Besitzernamen und einen Spruch. Im Geschmack des Rokoko bemalte Bütten dieser Art bewahrt das Berner Museum. Das Brautschaff auf dem Kammerwagen, das nordgerm. geböttcherte Gefäß für den »Rauschtrank« oder die Liechtenhainer → Krüge (Bitschen) der Studenten in Jena weisen reiche Arbeit auf.
Gegen das einfache → Aushöhlen war es schon ein vorgeschichtl. Fortschritt, den Baumstamm zu teilen, so mit geringer Mühe zu höhlen und wieder zusammenzusetzen. Das Handwerk der B. war nur nördlich der Alpen verbreitet, da der Süden Tongefäße verwendete. »Überhaupt ist bei unserer B.ei kein römischer Einfluß sichtbar, wohl aber eine reiche, selbständige alte Entwicklung; nur im Weinwesen gerade ist er am Rhein glaubhaft« (Grimm). Kufe wie Kübel leiten sich wahrscheinlich aus lat. *cupa* ›Faß‹ her. – Auf dem Plane des Klosters St. Gallen aus karoling. Zeit sind u. a. auch die B. erwähnt, denen man eine bes. Werkstatt einräumt. Sie fertigten schon damals Fässer, Kufen, Bütten.
Zur Zeit Karls d. Gr. galt ein B. als artifex. 1248 sind die B. in Basel zünftig, 1307 wird in Freiburg eine Ordnung der »Bender« genannt, bald mehren sich die Statute der B.gesellen in den dt. Städten. Wie alle → Handwerker hatten die B. Schutzheilige, Symbole und Feste ihrer Zunft. Der hl. Urban ist Patron der B. wie der Winzer. Der Zunftbrauch war reich entwickelt u. a. in Hallein, Memmingen (→ Reifentanz), Wien (Bindertanz), München (→ Schäfflertanz).

H. Zahler, in: Schweiz. Arch. f. Vkde 13 (1909); L. Rickert, Zur landsch. Synonymik d. dt. Handw. namen, 1917; Dt. Wortatlas IX; B. Martin (Verbr. d. Bez. d. B.) Zs. Theutonista; Zs.: B.-, Schäffler- u. Weinküferhandw., 1956ff.

Böxenwulf → Hose, Werwolf.

Brachvogel → Regenvogel.

Bracteat, lat. *bractea* = dünnes Blech. Im 17. Jh. eingebürgerte Bez. dünner Münzen aus Gold oder Silber, die im 4. Jh. n. Chr. römisches → Geld nachbildeten, später besonders in den nord. Ländern hergestellt und da mit → Hakenkreuz, → Runen und dergl. versehen wurden. Viel als Amulett gebraucht. → Regenbogen.

Brand, eine typische Sammelbez. (vgl. Gicht, Frais, Wurm) der Vmed. für eine Reihe äußerlich verwandter »brennender« Erkrankungen. Es wird warmer oder heißer (»Feuer«, »Flug«) u. kalter B. unterschieden. Die B.segen gelten dem B. und wirklichen Verbrennungen (zuerst belegt um 1400). In Böhmen sprach man:

Raut is da Krebs,
kolt is döi Tautnhand,
damit stüllt ma an kaltn Brand.

Verbrennungen werden auch homöopathisch mit Annäherung von Feuer, mit Branntwein oder mit Aufstreuen von Kohle, die von einem Hausbrand stammt, behandelt. Auch viele Pflanzenkrankheiten bezeichnet die V.sprache als B. → Laurentius.

Branntwein, dessen Herstellung die Dt. von Südeuropa und vom Orient lernten, war schon in der Arztkunst des 14. Jh. das große Heilmittel, das er zumal im Vglauben noch heute ist. Im 15. Jh. mußte schon der Mißbrauch verboten werden, der mit dem Schwinden des → Brauens von Hausbier trotzdem zunahm. Heute stellt er durch Wohlstand, Werbung und Mode eine Volksgefahr dar. Der »klaren Welle« nach 1945 folgte »Deutschlands Whisky-Welle«. 1969 gab die BRD 18 Milliarden für → Alkohol aus.

Im Vbrauch wird der B. bei → Opfern (für Hausgeister, Bercht, wilden Mann, Tote, Hochzeit) verwendet, doch wird er in manchen Fällen erst durch die Bedeutung als Festgetränk diese Rolle erhalten haben. In Hessen goß man bei einer Frühlingsfeier etwas B. in Busch und Baum. Eine Flasche B. wird in die letzte Garbe gebunden (Gumbinnen) oder als »Kirmes« begraben. Im Schaumburg. tröpfelten im 18. Jh. die Schnitter B. auf die Erde »für den Wold«. Beim Ausdreschen, zu Neujahr oder Fasnacht, bei Hochzeiten ist B. Ehrengabe, die zeremoniell gereicht wird. Bei Loskauf und Einführungsbräuchen (Überbringen d. l. Garbe, Kindcheskaffee bei der jungen Mutter) wird B. gefordert. Er ist Liebesgabe und Verbrüderungstrunk. Mit Honig bereitet ist der »Hengertschnaps« (Montafon). Die B.kaltschale behielt bei Festen in Niedersachsen bis ins 20. Jh. ihre Bedeutung. Beim Zutrunk weit verbreitet ist die wohl mit altem Rechtsbrauch zusammenhängende → Gebärde des Anstoßens mit sich berührenden Kleinfingerspitzen. Traditionelle Geste ist auch das Sichschütteln und Gesichtverziehen nach jedem Schluck geworden (Schlesien). Die Glasmacherkunst hat für den B. zahlr. Sonderformen von Gläsern geschaffen (Vexierglas, Pudel, Stamperle). Während der festlich gestimmte Mensch allzugern Erregung, Lösung und Rausch im B. sucht, schätzt die Vmed. die belebende, desinfizierende und konservierende Kraft des B. (B. lat. *aqua vitae*, frz. *eau de vie*). Wacholder und Enzian sind neben Korn, Kirschen, Zwetschgen, Obst als Brenngut besonders gewertet und geben dem Getränk den Namen. Zusätze (Arnika, Ameisensäure) erhöhen oder spezialisieren die Wirkung. Die Dt. Destillateur-Fachschule in Bl-Lichterfelde beschäftigt sich mit mehr als 300 Drogen und Kräutern für Liköre. – Vtümlicher als B. sind die Namen Schnaps (»Dienst ist Dienst ...«), Korn, Klarer, Blauer Zwirn, Maurerschweiß; Fusel). Schnaps bedeutete urspr. ›kleiner Schluck‹ (vgl. schnappen). Der heutige Sinn ist zuerst für das bremische Snaps bezeugt (1770). Ärger nennt das Volk »trockenen B.«

Grimm, Dt. Wb.; A. Wuttke, Dt. V.aberglaube, [4]1925; HDA; M. Delbrück, Illustr. Brennereilex., 1915; H. Wiswe, Die B.kaltschale, in: Beitr. z. dt. V.- u. A.kde 8 (1964), Abb.; K. Windisch u. a., Die Obstbrennerei, [4]1965; H. Fincke, Die B.kaltschale in Niedersachsen. Brauchtum u. Br.gefäße. Rhein.-westf. Zs. f. Vkde 12 (1965); ADV-NF 22 Alkoh. Getr. z. Totenmahl, vgl. G. Wiegelmann, in: ADV-Erläuter. 1964; – ÖVA II: Haustrunk, Komm. v. J. Kretschmer, 1959.

Brant, Sebastian (oder Brandt) 1458 Straßburg–1521 ebda, Stadtschreiber und auch in Basel als Buchdrucker tätig. Bekannter als durch seine lat.-humanist. Schriften wurde B. durch das fast in alle Sprachen Europas übersetzte »Narrenschiff« (s. u. = Ns.), dessen V.motive → Geiler von Kaysersberg in seine Predigten aufnahm. In 113 Kapiteln schildern v.tüml. Verse mit gelehrten Zitaten die Laster der Berufe und Stände und die Gebrechen der Zeit.

F. Zarncke, Zur Vorgesch. d. »Ns.«, 1868/71, 2 Hefte; F. Winkler, Dürer u. d. Illustrationen z. Ns., 1951; R. Newald, Probleme u. Gestalten d. dt. Humanismus, 1963; U. Gaier, Studien zu S. B. ›Ns.‹, 1966; M. Lemmer, hg., Das Ns., ²1968 (nach d. Erstausg. Basel 1494, mit den Zusätzen von 1495 u. 1499 u. d. Holzschn. d. dt. Orig.ausg.).

Braten. Aus Brauch (Lichtbraten am Michaelstag, Martinsbraten, B. zu Taufe und Hochzeit, zu agrarischen u. kirchlichen Hauptfesten), Märchen und Sprache (Heischelieder der Kinder, Erntesprüche, »Bratenrock« = Frack) geht hervor, daß B. als Volksnahrung selten ist und als Festspeise gilt. Vielerorts ist B. an Wochentagen ganz unbekannt. Den heutigen Sinn erhielt B. durch die Verbindung mit dem nicht verwandten Zeitwort braten (ahd. *brâtan*). Die ursprüngliche Bedeutung von B. war ›Schinken‹ (asächs. *brâdo* ›Wade‹), wie sie wohl im alem. »brotastößig« (Montafon für ›Muskelkater haben‹) nachklingt. → Speis u. Trank.

Grimm, Dt. Wb.; Kluge-Mitzka, Et. Wb.

Brauch → Volksb.

brauchen, B.buch → besprechen, Zauber.

brauen. Beim ersten Betreten des Hauses sagt die mecklenburg. Braut:

Help Herr Gott!
Wenn ik bru, so hew ik bier,
Wenn ik back, so hew ik Brot,
Wenn ik starw, so bün ik dot.

Wie die germ. Frauen das B. besorgten, so beschäftigte noch die Kirche *braxatrices*, die bis zum 15. Jh. im Braugewerbe überwogen. Klöster, Städte und Adlige erhielten Brauprivilegien, aber daneben hat sich das B. im Hause bis heute erhalten. Das Tischgetränk überhaupt oder zu besonderen Gelegenheiten (Ernte, Hochzeit, Taufe) wird als »Dünnbier« usw. gebraut (Beschreibungen bei Mensing, Schleswig-Holstein. Wörterb.; Jostes, Westfäl. Trachtenbuch). Wie beim Buttern oder Einkochen von Früchten kann Hexerei oder tabuierter Zustand (Menstruation der Brauenden; Thüringen) das Getränk verderben. Ein Berliner Kellner erzählte 1936, daß aus diesem Grunde z. B. die große Kindl-Brauerei Frauen den Zutritt zu den Gärkellern überhaupt verbietet (gleiche Mitteilung Überlingen a. B., 1957). Bierdämonen (Ägypten), Glückstiere oder Heilige (Nikolaus; in Flandern → Gambrinus) werden verehrt. Man legt → Brennesseln auf das Braufaß, damit der Donner nicht schadet (Rockenphilosophie). Mit einem grünen Eichenzweig bestreicht man Bierhefe, ehe sie in die Maische kommte (Oldenbg.). In Sprache (Bierverruf), Schwank (Bernauer Bier), V.lied, Spiel und Brauch hat das B. und seine Zunft reichen Niederschlag gefunden. → Bier, Hopfen.

Ebert, Reallex.; Grimm, Dt. Wb.; HDA; K. Schuster u. F. Weinfurtner, Die Bier-B.ei, 3 Bde., 1963.

braun ist etymologisch von der Bezeichnung eines Tieres mit dieser Fellfarbe herzuleiten. »Braun« ist ein Name des Bärs. In der Sprache des Volksliedes hat »b.« erotische Bedeutung. Die »Braune« ist die weibliche Scham. »Das b. Mägdelein der späteren Lyrik ist das sozial niedere Mädchen, das seine Ehre verschläft.« In älterem Sprachgebrauch bedeutet b. zuweilen auch violett; auch von → gelb, → rot oder → schwarz wird es nicht streng geschieden. Ganz vereinzelt (Montafon) ist b. noch Trauerfarbe, häufiger die Farbe des → Sarges für ledig Verstorbene. Sympathiekuren verwenden »Braunheil« (Brunelle) zum Gurgeln gegen → Bräune od. Braunkohl als Futter für glänzendes Fell der Pferde. B. Augen, heißt es in Schwaben, bleiben im Tod hell, blaue brechen.

K. Borinski, B. als Trauerfarbe, in: Sitzgsber. d. bayer. Ak., 1918; D. Massny, Die Formel

»das b. Mägdlein« im alten dt. V.lied, Niederdt. Zs. f. Vkde 15 (1937).

Bräune, V.sprachliche Bez. der Diphterie (gr. *diphtera* = Haut, Fell) und Angina, die v.medizinisch behandelt wurden (Umbinden von blauem Papier, Tuch, Wollfaden). → Pest.

M. Höfler, Dt. Krankheitsnamen-Buch, 1899.

Braut → Hochzeit, brauen, backen, Dill.

B.gürtel → Gürtel.

B. im Haar → Kreuzkümmel.

B.kranz, -krone → Krone.

B.lauf → Laufspiele.

Brautlauf (ahd. *brutlauft*), in den germ. Sprachen Bez. der → Hochzeit. Nach E. Schröder ist der urspr. Sinn ›Tanz des Bräutigams auf die Braut zu‹. Andere brachten B. mit einstigem Brautraub in Verbindung, der im späteren und noch heute übl. Brauch des »Brautstehlens« nachleben soll. Auf dem Hümling (Hannover) ergriff die Braut nach der Trauung beim Verlassen der Kirche die Flucht, und der Bräutigam mußte sie einholen. In der Mark Brdbg. nahmen an der Kirchtüre zwei Burschen die Braut zwischen sich und entführten sie, während der Bräutigam die Verfolgung aufnahm. Am Ende des Dorfangers standen junge Frauen, die der Braut den Kranz abnahmen. – B. (oder Frauenzins, Schürzenzins, Bauermiete, Bumede, Beddemund) hieß im MA. auch die Abgabe der grundhörigen oder halbfreien Braut an den Gutsherrn anläßlich ihrer Verheiratung. Das *jus primae noctis* (frz. droit de seigneur, droit de cuissage), das Herrenrecht auf die erste Nacht, dessen Geltung von manchen ganz bestritten, von anderen in seiner prakt. Bedeutung überschätzt wird, wurde durch den Jungfernzins abgelöst. Naturvölker (Afrika, Südsee) kennen jenes Recht gleichfalls.

K. Schmidt, Das jus primae noctis, 1881; Ploß und Bartels, Das Weib in der Natur- und Völkerkde, [11]1927; H. R. Hagemann, in K. S. Bader-Fs. 1965 (Rechtsgesch. ü. B.).

Bräutlingsbaden. Im Schwäbischen (Sigmaringen) werden an Fasnacht die im letzten Jahr verheirateten Männer von Narren und Bräutlern in Teufels- und Hexenmasken abgeholt, um im Brunnen »gebräutelt« zu werden, wenn sie sich nicht mit Wein freikaufen. → Initiation.

B.schachtel → Spansch.

B.treue → Heidekraut.

Brei. Vor dem → Brot war Haferb. die wichtigste Nahrung der alten Germanen (Plinius) u. blieb es bei uns (Rheinland, Schleswig-Holstein) bis in die jüngste Zeit. In Asien und Afrika bes. lebt heute noch etwa die Hälfte der Bevölkerung von Getreideb. B.speisen aus Hafer, Gerste, Hirse, Buchweizen, Mais, in neuerer Zeit aus Reis, auch unter der Bezeichnung Mus, Polt, Sterz, bilden bes. in Schlesien, Süddtld. und Österr. das Frühstück. Als Hauptkraftnahrung war und blieb B. lange Opferspeise für Götter, Wind- und Vegetationsdämonen, für Haus- und Totengeister. In Schwaben fütterte eine Frau die »Windhunde« mit schwarzem Mus. Beim Maifest in Selva (Schweiz) wird süße Polenta verzehrt. Bei Alpen- und Erntefest, zur Hochzeit, in den Zwölften u. zu Neujahr werden B.speisen gekocht. Kräftige Speise bringt Kraft und wehrt Übles ab, die große Zahl der Körnchen, ihr Quellen (Hirsebrei) verbürgen Geld und Erntefülle. Dem nord. Niß und Puk, der Perchta und den armen Seelen, Waldmann und Zwergen, Skratek und Billeweiß (Steiermark und Kärnten), besonders aber dem feurigen → Drachen (Kobold, Jimchen, Plon, Alf) wird B. als Futter und Besänftigung gereicht. Auch in Vmed. und Orakelbrauch wird B. verwendet. Jacob Grimm berichtet das Zeugnis aus der Bibliothek von St. Florian: Item an dem vaschangtag, so werfent sy prein an die dillen (Decke), velt er herab, so stirbt er des jars. Die Volkstümlichkeit der Speise verkünden alte und neue Zeugnisse und Sprichwörter: es tagt, woluf, setz zuo den brien! (Hätzlerin). Hast du nur B. und Fried dazu. Iß deinen B. und halt dein Maul. Um den heißen B. gehen. → Opfer, Speis u. Trank, Kaffee.

Grimm, Dt. Wb.; F. Eckstein, B., im HDA.

Breithut → wilde Jagd.

Bremer Freimarkt. Am 16. 10. 1035 verlieh Kaiser Konrad II. dem Erzbischof Bezelin von Bremen die Jahrmarktsgerechtigkeit. Nur Seuchen und Kriege unterbrachen die alljährl. Abhaltung (Pfingsten u. Fest des hl. Willehad, 9. 11.). Die Bez. Freier Markt oder F. belegt zuerst eine Ratsschrift von 1382. Der Pfingstmarkt wurde 1639 aufgegeben. 1815 wurde der Beginn des Herbstmarktes auf den 21. 10. gelegt, um dem Erinnerungsfest an die Schlacht bei Leipzig (18. 10.) auszuweichen. Seit einigen Jahren wird der B. F. vom 3. Freitag im Okt. bis zum Monatsende als Vfest gefeiert. 1970 waren 379 Schausteller und Musikanten am Platze: neben Kasperletheater, Mandelbrennereien, Wurstbratereien u. dgl. 6 Autoskooter, 3 Riesenräder, 33 Karusselle, 40 Spielbuden, 3 Achterbahnen, 3 Geisterbahnen, 28 Schießbuden. Auch Schauspiel und V.tanz auf dem berühmten Rathausplatz (→ Roland) und der F.umzug gehören dazu, an dem sich Spielmannszüge beteiligen. Die Orgeldreher werden vor Zulassung zum F. vom Leiter des Musikkorps der Schutzpolizei B. geprüft. Beim Musikantenwettbewerb vor dem Parlamentsgebäude ist das Publikum Preisrichter. Die höchste Phonzahl entscheidet. »Ischa Freimaakt«. → Jahrmarkt.

F. Peters, F. in B., Gesch. e. Jahrmarkts, 1962; B. F. Pressedienst, Okt. 1970 u. 71.

Brennessel (große u. kleine B. *Urtica dioica* u. *U. urens*; in Mitteldtl. Brüh- u. Bernessel, im SW Sengnessel). Bei allen Völkern geisterabwehrend. Im Stall aufgehängt, hält sie Hexen fern. Eine reine → Jungfrau kann sie anfassen, ohne sich zu brennen, oder jeder andere, wenn er beim Berühren den Atem anhält. Ganz zum Scherz gewandt ist der Satz: Greif sie ruhig an, diesen Monat brennt sie nicht! B. werden im Liebeszauber und als Blitzschutz verwendet (»Donnern« in Mecklbg.). Als Rest eines alten Fruchtbarkeitsbrauches wurde der derbe Scherz steir. Flachsbrechlerinnen oder mecklbg. Garbenbinderinnen gedeutet, die einem jungen Mann, der ihrem Arbeitsplatz zu nahe kam, die Hosen mit B. vollstopften. Auf Erfahrung beruht das Frischhalten von Milch oder Fischen durch B. Die Vmed. verwendet die B. für die Übertragung von Fieber und brennenden Leiden, auch in der Ischiaskur. – Wie heute die junge B. als Wildgemüse geschätzt wird, so gehörte sie zu den neunerlei Kräutern des westf. Gründonnerstagsessens«. Im mittelfränk. → Rätsel heißt es:

Es brennt ums Haus rum
und 's Haus verbrennt doch net.

H. Marzell, Die B. im Volksglauben, in: Naturwiss. Wochenschr., N. F. 10 (1911); O.

Koenen, Über die B. im Vglauben, 40. Ber. d. westf. Prov.-Vers. f. Wiss. u. Kunst, 1911/12; Dt. Wortatlas I u. XVII.

Brenntoleum → V.etymol.

Brettchenweberei. Wie die Band- oder Schmalweberei mit dem → Webekamm in Dtl. wahrsch. schon seit der Bronzezeit bekannt ist und es vereinzelt bis heute blieb, so führt auch die kunstvollere B. in MA. und Vorgesch. (E. Schlabow). Der im Torsberger Moor gefundene Mantel (Mus. Kiel) zeigt die Technik voll entfaltet. Das Osebergschiff aus der Wikingerzeit enthielt ein vollständiges Gerät für B. mit angefangener Arbeit. Die Vk. der Ostseegebiete, aber auch die der Alpenländer kannte B. noch im 19. Jh.
Bei der B. führen, dicht hintereinander gereiht, vier-, seltener sechseckige Holztäfelchen von beliebiger Zahl in ihren Ecklöchern je einen Kettfaden. Nach Durchziehen des Schußfadens wird jedes Brettchen um eine Seitenlänge weitergedreht, sodaß ein neues Fach entsteht. Die eingezogenenen Kettfäden werden so zu einer Schnur zusammengeflochten und das entstandene Band besteht jetzt aus lauter durch den Schuß verbundenen Schnüren. Die Technik des B. erlaubt eine große Zahl von Mustern: Lang-, Quer- und Schrägstreifen, Vier- und Rechtecke.

M. Lehmann-Filhés, Über B., 1901; V. Silvan, Om brickbandet, 1926; Staudigel, Westerm. Monatsh., 1930; K. Schlabow, Führer d. d. Ausst. des Industriemus. Neumünster, 1932; W. Schuchhardt, Das Kunsthandwerk der Frau im MA., 1936; v. Katzler, Bunte Bänder aus aller Welt, 1951; E. Marková, B. in der Slowakei, Sbornik slov. múzea, národ. Etnografia 40 (1966).

Brettspiele, auf quadrat. oder rechteckigem Brett mit Figuren oder runden »Steinen« gespielt. Im Gegensatz zu den sogen. Positionsspielen, bei denen kombinator. Denken entscheidet (Schach, Dame, Mühle, Wolf und Schaf, Halma, Go) sind die Kriegs-, Jagd- und Wettrennspiele (wie das alte Gansspiel, das Tricktrack oder Puff und heute die verbreiteten Ludo und Mensch-ärgere-dich-nicht) eher → Glücks- und → Würfelspiele. Diese sind auch am vtümlichsten, während Schach oder das erst Ende des 19. Jh. in Europa eingeführte Nationalspiel der Japaner, das Go, eher oberschichtl. Spielgut sind. Schachfiguren sind gelegentlich Arbeit von Gefangenen und Soldaten, im allg. aber Schöpfungen von städt. Drechslern und Goldschmieden.
Die meisten B. sind Erbe der Mittelmeerkulturen. Die Ausgrabungsfunde sind zahlreich. Zur Zeit der Pharaonen gab es eine Art Damespiel. Das nicht genau beschriebene *petteia* der Griechen ist vielleicht verwandt dem röm. *ludus latrunculorum* (Soldatenspiel) oder den *duodecim scripta*, das die Vorform unseres Puff ist. Aus germ. Frühzeit sind Reste von Spielbrettern aus Holz und Spielsteine aus Stein, Knochen, Bernstein oder Glas erhalten. Die mhd. Bez. *schachzabel* für ›Schachbrett‹ erinnert an das lat. Wort *tabula* (›Spielbrett‹), das also vor der ersten → Lautversch. entlehnt wurde. Aus Indien durch Perser und Araber übermittelt, sind Wort und Sache im 11. Jh. allen europ. Sprachen bekannt. Schach ist gleichbedeutend mit Schah ›König‹. Aus dem Arab. stammt der bekannte Siegesruf: *esch-schāh māt* ›der König ist gestorben.‹

F. Streissler, Die wichtigsten B., 1900; C. Mitis, Allerlei B., 1905; R. Hülsemann, Das Buch der Spiele, ²1930; E. Lasker, B. der Völker, 1931; R. C. Bell, Board and table games, London 1960 (Lit.); H. u. S. Wichmann, Schach. Urspr. u. Wandlg. d. Spielfigur im 12. Jhh., 1960 (Abb.).

Breve. Der lat. Form des Wortes → Brief noch näher steht das Wort B.

oder Breferl (Bayr.-öst.-schwäb. für ›Amulett‹). Während ein Brevizettel zunächst ein (meist vierfach) gefaltetes Blatt mit heiligen und magischen Darstellungen u. Sprüchen ist, enthält das bes. im 18. Jh. verbreitete Breferl schließlich in der Form von kleinen Polstern und Taschen kleine Slgn. von hl. Zeichen (Reliquien, Medaillen, Kreuze, Schluckbildchen, Schabmadonna, Sebastianspfeil aus Zinn) und mag. Talismanen (Vierklee, Sadebaum, Widdertonmoos, Palmkätzchen, rote Tuchflecken) und wird dann manchen Formen des → Amuletts, Skapuliers oder → Agnus Dei ähnlich. Beschreib. u. Abb. von solchen bei M. Andree-Eysn, Vkdl. 1910, S. 67 ff. und bei F. Zell, Vk. im Allgäu, 1902

L. Kriss-Rettenbeck, Bild u. Zeichen rel. V.glaubens, 1963; C. Böhme, Die süddt. Breverln, Bayer. Jb. f. Vkde (1966/67) (Herkunft, Zweck, Zus.setzung).

Brezel, ahd. *brezita*, gehört zu lat. *brachium* (Arm). Ein zu erschließendes kloster-lat. *brachitum* bildete (nach Kluge-Götze) die Brükke und bedeutete ›Gebäck in Gestalt verschlungener Arme‹. A. Dieterich (Arch. f. Rel.wiss. 8 [1905]) betrachtete die B. als Darstellung des Sonnenrades, M. Höfler als Teigsubstitut älterer spangenförmiger → Grabbeigaben. Eckstein (HDA 1, 1561 ff.) weist es als antik-christl. Kultgebäck nach, das »als Fastengebäck (in Ring- und Ärmchenform) übernommen wurde«.

M. Johannis Christiani Kochii, Coniecturae de spiris pistoriis, vulgo B., 1733; M. Höfler, B., Zs. f. öst. Vkde 9 (1903).

Brief, Breve. Als an Stelle der germ. → Runen die lateinische → Schrift eindrang wurde u. a. das Wort B. (von lat. *brevis [libellus]*) übernommen. Die ältere Bedeutung von »Urkunde« ist noch in den Bezeichnungen verbriefen, Kaufbrief, → Himmelsbrief, → Patenbrief enthalten. – Der B.steller war ursprünglich eine Person, die für andere B. abfaßte. Formelslgn. für die Herst. von Urkunden kannte schon die Antike. Hinweise auf Musterslgn. für B. finden sich bei Cicero, Seneca, Plinius. Das erste Formelbuch des MA. sind die »Variae« des Kanzlers Theod. d. Gr. (538). Solche Schreibhilfen behielten ihre Bed. durch das ganze MA. bis in die Neuzeit, im Humanismus neuerdings gefördert durch klass. Vorbilder. Als gegen die Mitte des 18. Jh. die höheren Stände eine persönl. B.kultur entwickelten, wurden B.steller mannigfachen Bedarfs – vor allem Liebesb.steller – mehr und mehr Sache des weniger geschulten Volkes. – Eine Hilfe zum Austausch intimer Fragen und Geständnisse – wiederum meist zum großen Thema Liebe – ist bis heute die sog. B.markensprache. – Zum Brauchtum der → Wallfahrt gehören die an Gnadenstätten niedergelegten B.

W. H. Riehl, Studien in alten B.stellern, in: Culturstudien aus drei Jhh., 1862; G. Steinhausen, Gesch. d. dt. B., 2 Bde. [2]1903; O. Heuschele, Der dt. B., 1938; W. Heim, B. zum Himmel. Die Grab-B. an Mutter M. Theresia Scherer in Ingenbohl, 1961; G. Jaacks, Ein Hamburger B.steller d. 17. Jh., Beitr. z. dt. V.- u. A.kde 12 (1968).

Briefmaler, Illuministen → Holzschnitt, Andachtsbild, Stammbücher, Liederb., Schablone.

Briefmaler, Illuminierer heißen die Hersteller von Hochzeitsbildern, Liebes- und Heiratsbriefen → Glückwünschen und → Andachtsbildchen. Oft waren es Schulmeister, aber schon die berufsmäßigen Drucker von → Spielkarten, Flugblättern, Einblattdrucken und sogen. Ablaßbriefen (mit eigener

Zunft seit 1571) übten neben der Kunst des Formschneidens das farbige Ausmalen (Illuminieren), wobei Malerei mit → Schablonen den einfachen anonymen Charakter verstärkte. Auf Messen und → Jahrmärkten wurde die Ware vertrieben. Im 16. und 17. Jh. blühte das Gewerbe besonders in Augsburg und → Nürnberg. Die Vk. im engeren Sinn bewahrt noch im 18. und 19. Jh. die zarte Schnitt- und Maltechnik der Andachtsbilder und »geistl. Liebesbriefe« und verwendet neben Figur und → Ornament (Herz, Lebens- und Glückssymbole) auch Segensspruch und Liebesverse, die z. T. an das → Vlied des MA. erinnern. Auch die Verleger von → Bilderbogen (Neu-Ruppin) gaben derbbemalte alte Liebesbriefe für den ländl. und den bürgerl. Geschmack, Klappbilder und Auflagen für → Lebkuchen heraus. → Holzschnitt, Flugblatt, Liederbücher, Rockenbriefe, Stammbuch.

M. Andree-Eysn, Vkdl., 1910; W. L. Schreiber, Die B. u. ihre Mitarbeiter, Gutenberg-Jb. (1932); A. Haberlandt, Öster. Kunsttopogr., 26. Bd.; D. A. Shelley, The Fraktur-Writings or Illuminated Manuscripts of the Pennsylvania Germans. Henry Ford Mus. Greenfield Village 1961; F. H. Sommer, Pennsylvania German Prints, Drawings and Paintings. Winterthur 1965.

Brigitta, Birgitta, hl. Die schwedische B. († 1373, Fest 8. 10.) »die nordische Seherin«, wird dargestellt als Ordensfrau, in der Hand ein Herz mit rotem Jerusalemkreuz, oder als Pilgerin. Acht Bücher ihrer »Offenbarung« sind erhalten. Das nach ihr benannte B.gebet ist eine apokryphe Offenbarung der Passion Christi, die in der Art der → Himmelsbriefe in Jerusalem im hl. Grab gefunden sein soll. Es wurde als Amulett getragen, obwohl die Kirche es verbot.

Bekannter ist die schottische (irische?) B. (Fest 1. 2.), die mit Enten und Gänsen, mit einer Scheune, die auf ihr Gebet sich füllte, oder mit einer Feuersäule, abgebildet wird. Aus Stroh wird das dreiarmige B.kreuz geflochten. Der Festtermin vor → Lichtmeß und der Name, vielleicht auch vorchristliche Züge, bringen B. in Beziehung mit Licht und Feuer. In Westdtl. schützt B. die Kühe. In Schwaben betet man die »B.krone«. Gebärenden hilft sie.

Über Darstellungen der hl. B. im kl. Andachtsbild, i. Tafelmalerei u. Skulptur vgl. G. E. Klemming, Birgitta-Literatur-Bibliografi, Stockholm, 1883; J. Collijn, Iconographia Birgittina typographica, Stockholm, 1915 u. 1918; A. Lindblom, Den Heliga Birgitta, Stockholm, 1918; J. Jörgensen, Den hellige B. af Vadstena, 2 Bde., Kopenhagen 1941–43; G. Lehmacher, Die hl. B. u. d. keltische Göttin Brigit, Rhein. Jb. f. Vkde 4 (1953); U. Montag, Das Werk d. hl. B. von Schweden in oberdt. Überlief., 1967.

Brille → Beryll.

Brocken, die höchste Granitkuppe des Harzes (1142 m). In einem Segen des 14. Jh. ist der »brochilsberg« zuerst als Hexenplatz erwähnt. Seit dem 17. Jh. heißt er auch → Blocksberg u. beschäftigt Volkssage, Dichtung und Zeichner. Ein Kupferstich von Michael Herr von 1620 ist unterschrieben:

> Sich an O Leser dieses Bild,
> So schrecklich seltzam, wüst und wild,
> Darinn vor Augen wird gestellt,
> Der größte Jammer in der Welt.
> Ettlich auff Gabeln in der Lufft,
> Fahrn über hohe Berg und Klufft,
> Andre werden vom Bock verzuckt
> An diesen schnöden Ort verruckt,
> Da sie pflegen deß Sathans Lieb,
> Sie tantzen, springen, schreyen, rasen
> Unterm Galgen auff dem Schindwasen.

In der Nacht von → Walpurgis od. am alten → Maitag (12. 5.) fahren Hexen und Teufel auf Böcken, Enten, Mulden, Ofengabeln und Besen zum B. Von dieser Überlieferung zu trennen ist das »B.gespenst«, das zu den Nebelsagen gehört → Fata morgana.

Grimm, Dt. Wb.; W. Grosse – R. Schade, Der B. (Gesch. u. Natur), 1926.

Brombeere (ahd. *bramberi*; im N Brummelbeere, in Thür., Obers., Schles. Kratzbeere, *Rubus*). Dadurch, daß die Schößlinge als Ruten sich wieder zu Boden neigen und festwurzeln, entstehen natürliche Bögen, die früher vom Volk vielfach zum → Durchziehen und Durchkriechen benutzt wurden. Vor allem Ausschläge und Hautkrankheiten wurden auf den B. »übertragen«, – vielleicht wegen der oft weiß angelaufenen Ranken und Blätter. In der heutigen Vmed. werden gelegentlich noch die Blätter auf Wunden gelegt oder – häufiger – getrocknet für Hustentee. Im Kriege dienten sie allgemein als »Ersatz« für chinesischen Tee, auch für Tabak.

H. Marzell, Unsere Heilpflanzen, 1922; L. Wienesen, Die B. Unters. z. Dt. Wortatlas, 1952 (Karte).

bromiger Freitag → Fasnacht.

Brot. Nach und neben dem → Brei aus Getreide ist B. die wichtigste tägliche Nahrung. In vor- und frühgesch. Zeit hat das gesäuerte Brot noch geringe Bedeutung. »Es dauerte hoch ins Mittelalter, bis es sich auch in bäuerliche Kreise verbreitete« (Stokar). Im N wird heute Schwarzbrot bevorzugt, im S Weißbrot; in Westfalen gilt → Pumpernickel als bes. gesund und vollwertig, in Schwaben das Brot aus Dinkelmehl. Die Formen des tägl. Brotes – rechteckig, rund, länglich-oval usw. – sind ebenso wie die Mehlsorten auf ganz bestimmte Gebiete beschränkt. In der Kirche ist es wie → Salz und → Wein als geweihtes B. oder als → Hostie heilig. Bes. in der Verbindung mit Salz gilt das Brot als glückbringend. So werden den jungen Ehepaaren beim Einzug in das eigene Haus Salz und Brot geschenkt; in Berlin werden beim Umzug in eine neue Wohnung Salz und Brot auf oder hinter den Ofen gelegt und dort aufbewahrt, denn sie bringen Glück (1930). Die Kunst unserer Zeit braucht anscheinend nicht mehr »nach B. zu gehen«, aber sie beschäftigt sich mit ihm. In einem Kasseler Museum legte der junge Künstler Günther aus 10 000 B.scheiben eine »B.straße«. Der Wohlstand mindert den B.verbrauch. Um 1800 wurden je Kopf und Jahr 300 kg verzehrt, um 1900 etwa 130 kg und 1963 (in der BRD) nur noch 72,3 kg.

Die Achtung des B. gehörte zu den am tiefsten verwurzelten Volksanschauungen. Viele Vorschriften bestimmen → Backen, → Anschnitt, Verteilung, Art des Hinlegens und Aufbewahrung des B. B.frevel und Strafe dafür berichten viele Sagen (Frau Hütt, Vineta). In Gegenwart von → Bienen oder B. darf man nicht fluchen. Das B. im Hause schimmelt, wenn man in ein Kornfeld tritt. B. ist Brauchgabe (Störilaib zu → Weihnachten) und Opfer für Dämonen und Tote (Allerseelen), für Elemente und Korngeister. Unter die »Scheune«, die letzten stehengelassenen Halme nach der → Ernte, legt man etwas B. → Opfer, Speis u. T.

F. Staub, Das B. im Spiegel schweizerdt. Volkssprache und Sitte, 1869; Maurizio, Die Gesch. uns. Pflanzennahrung, 1927; E. Hahn, Unser tägl. B. im Wandel der Völker u. Zeiten, in: Lübecker Bl., 60. Jg.; W. Peßler, Hb., 3 Bd.; W. v. Stokar, Die Urgesch. d. Hausb., 1951 (Abb.); M. Währen, Unser täglich B. in dt. Gesch. u. im V.brauch, 1951; ders., B. seit Jahrtausenden, 1953; H. Trommer, Das versteinerte B., 1958 (Sagen u. a.); H. Meise, So bäckt der Bauer sein B., 1959 (Einfg.; B.öfen, B.häuser); G. Hess-Haberlandt, Das liebe B. Brauchtüml. Mehlspeisen a. d. bäuerl. Festkalender, 1960; H. Dölker, B. u. Gebäck im volkst. Leben, in: Vorträge u. Reden anl. d. »l. Tages d. B.« in Ulm/Donau, 1960; H. Schauerte, B. u. Gebäck im westfäl. Glauben u. Brauch. Rhein.-westf. Zs. f. Vkde 7 (1960); J. Dietz, Vom B. im kirchl. Brauch d. Bonner Landes, ebd. 9 (1962); M. Bringemeier, Vom B.backen in früherer Zeit, Arch. f. westf. Vkde, 1961; L. Kretzenbacher, Mehlspeis' zum Umhängen, Bll. f. Heimatkde, Graz 35 (1961); J. Weyns,

Bakhuis en broodbakken in Vlaanderen, Sint-Martens-latern, 1963; M. Währen, B. u. Gebäck im Leben u. Glauben d. alten Ägypter, 1963 (hg. v. Schweizer. Inst. z. wiss. Bearb. u. Förderung d. B.- u. Gebäckkde); ders., Das B. in frühchristl. Zeit, in: B. u. Gebäck, Nov. 1964 (Typologie-Tabellen); G. Wiegelmann, Alltags- und Festspeisen in ihrer Wandlung u. gegenw. Stellung, Habil.schrift Bonn 1966; E. Stein, Hungrige speisen, 1966; M. Währen, B. u. Gebäck i. Leben d. Alten Orients, 1967; E. Burgstaller, Das Allerseelenb., 1970; Schriften d. Dt. B.mus. Ulm (gegr. v. Senator Eiselen), seit 1961; Europ. B.mus. Mollenfelde. Brot, hg. v. Bundesaussch. f. V.wirtsch. Aufklärg., 1970; Kartogr.: ADV-NF 44: 4 Teilkarten – B.gewürze (Dill u. Fenchel nur in Altbayern u. Österr.) – ÖVA II Bäuerl. Hausb. Dazu Komment. v. A. Gamerith, 1959; – ASV 18: B.formen (Bäcker, Hausb.), B.getreide; Dt. Wortatlas XII B.scheibe.

Bruch → Heidekraut.

B.kraut → Fetthenne.

B.schlange → Blindschleiche.

Brücke. Als Aufenthalt von Dämonen u. → Wassergeistern, früher der Gottheiten von → Wasser und Quellen, als trennendes und zugleich verbindendes Bauwerk, ist die B. gefürchtet und geehrt. Germ. ist die Vorst. vom »Zitterweg« (Bifröst), einer B. zwischen Himmel und Erde (Regenbogen, Milchstraße). Unter der B. hört man den »Psipser« (Vorarlbg.), gespensterhafte Dorftiere, wie der → Hockauf, haben da ihren Wechsel. B., über die Tauf-, Hochzeits- oder Leichenzüge gehen, sind bes. bedeutsam. Dort wird → Ostern das Wasser geschöpft. Für → Wöchnerinnen ist die B. Ausgehgrenze vor der → Aussegnung. → Totenbretter wurden an B. angenagelt. B.heilige sind → Christophorus, Johannes v. Nepomuk, → Wolfgang, → Nikolaus u. a., deren Bild häufig der Dorfmaler fertigte. Die früher zahlreichen B. aus Holz und Stein schwinden mehr und mehr aus dem Landschaftsbild und mit ihnen die B.heiligen (Montafon: Vandans, Tschagguns, Silbertal).

P. Bonatz u. F. Leonhardt, B., 1951; W.-E. Peuckert, Sage. Geburt u. Antwort d. myth. Welt, 1965.

Bruder, Bruderschaft. B.tum bezeichnet in Mythus, Kult, Heldensage u. Märchen innigste Schicksalsverbundenheit. B.mord kündet das → Jüngste Gericht an. Neben der Blutsb.schaft steht die B.schaft des gleichen Alters, des gleichen Namens, d. freien, durch besondere Riten besiegelten Wahl (»B.schafttrinken«), ferner die B.schaft, die durch Vereinigung weltl. oder kirchl.-relig. Art (germ. Gilden, Zünfte, Knabenschaft, Männerbünde, student. Verbindung; Laienorden, Ordensb.schaft; → Burschenschaft, Schützenb.schaft, Handwerk) zustande kommt. Mit dem sog. Rasengang, mit Blutvermischung und Eidschwur, wurden bei den Germanen B.schaften Einzelner geschlossen. → Verwandtschaft, Eid, Initiation.

St. Ciszewski, Künstl. Verwandtschaft bei den Südslawen, Diss. 1897; H. Schurtz, Altersklassen u. Männerbünde, 1902; Ebert, Reallex. d. Vorgesch.: Brüderschaft; W.-E. Peuckert, Geheimkulte, 1951; G. Mensching, Soziol. d. großen Relig., 1966.

Brügamsblom → Ringelblume.

Brummeisen → Maultrommel.

Brummer → Weide.

Brunelle → Knabenkraut.

Brunfels, Otto, Mainz 1488 – Bern 1534. Theologe, später Stadtarzt von Bern. Linné bezeichnete ihn als den »Vater der Botanik«. Er schrieb die erste Pflanzenheilkunde in dt. Sprache, das »Contrafayt Kreuterbuch nach rechter vollkommener art / unnd Beschreibungen der Alten / beßt / berumpten ärtzt / vormals in Teutscher sprach / der maßzen nye gesehen / noch im

Truck auszgangen«. Straßburg 1532 und 1537. Das Buch gab als erstes Abbildungen mit dt. Namen. → Kräuterbücher

Brünhild. Mehrere vom 9.–14. Jh. zuerst bezeugte → Ortsnamen (B.bett, -stein, -wiese, -graben, -stuhl) lassen nach Naumann den Schluß zu, daß am oberen Rhein um Worms und Mainz die Sage von der auf dem Berg schlafenden kämpferischen Jungfrau und ihrer Erwekkung im Volke ging. Ein Nachleben der Gestalt etwa im Märchen vom Dornröschen ist nicht erweisbar.

Sprater und Becker, Der B.stuhl bei Bad Dürkheim, 1917.

Brunnen, B.genossenschaft (got. *brunna* und mhd. *brunne* bedeuten ›Quelle, B.‹). Dasselbe Wort (mit Metathese des r) ist Born. Bereits die Germ. der Völkerw.zeit hatten den Zieh-B. Das späte MA. brachte den Pump-B. (Augsbg. 1414). Den Zünften der → Handwerker, den Verbänden der → Nachbarschaft und den eigentlichen Bg. oblag vom MA. bis ins 20. Jh. die Pflege der B. In München bestand die Gesellentaufe der → Metzger im Sprung in den B. Das Bad im B. oder Bach war im MA. und ist noch heute Scherz- und Rügebrauch an Mittfasten (→ Lätare), → Fasnacht und → Pfingsten. Am → Aschermittwoch werden die leeren Geldbeutel im Stadt-B. gewaschen (Bregenz-Oberstadt). Auf eine mehr als 200jährige Gesch. blicken die Püttnachbarn (von lat. *puteus* ›B.‹) von Jever (Oldenburg) zurück mit Püttmeister und jährl. Gemeinschaftsmahl des Püttbiers. Mit der Püttacht übernahm die Stadt »ein Stück alter ländl. Selbstverwaltung« (Siuts). Auch als die wirtsch. Aufgabe wegfiel, blieb oft die Rolle »der gesellig-fürsorger. Selbstdarstellung einer Kleingemeinschaft« (H. Freudenthal).

In seiner oberirdischen Gestaltung ist der B. nicht selten ein ansprechendes Werk der Vk. (→ Holz, Zimmermann). Reiche Ausgestaltung von Einzel- wie Gemeinschaftsb. zeigt das Elsaß. Auch die reicheren Landsch. Ober- und Unterfrankens besitzen B. mit Brüstungsmäuerchen, Säulen und Pyramiden- oder Kuppeldach (Mürsbach, Breitensee, Ettleben, Prosselsheim), die zuweilen in Bez. stehen zu Rathaus und »Verkündhalle«. – Neuerdings liebt man es in den Alpenländern, das Wasser durch einen geschälten, manchmal beschnitzten Baumstamm (→ Hineinsehen) in einen durch → Aushöhlen gewonnenen massiven Trog zu leiten.

Im 19. Jh. erloschen die meisten Bräuche, die auf vorschristl. Verehrung der Quellen »in Reinigung, Opferung, Umkreisung oder bloßem Besuch« (A. Spamer) zurückweisen. Gregor III. verbot schon 731 für die Provinz Germanien Totenopfer an den Quellen. Aber der Kult der Quellen und B. erhielt sich, später oft gewandelt zu Bräuchen der Schulen und zu Begehungen der Kirche (B.wallfahrten). Noch Ende des 19. Jh. zogen die Freiburger mit Blumengewinden zum Silberbrünnle auf dem Schloßberg. Bis in die Gegenwart lebendig blieben die B.feste um Pfingsten bes. in Thüringen. Für den Popperöder Quell ist die noch bekannte Schulfeier des Gymnasiums schon für 1605 bezeugt. – Der schon von den Römern gepflegte Brauch, sich durch das → Opfer einer Münze Wiederkehr zu sichern, ist noch lebendig. 1970 fand man z. B. bei der Herbstreinigung des Springbrunnens im Friedrichsfelder Tierpark (Ostberlin) 15 195,60 Mark an solchen Opfermünzen (Der Morgen 5. 1. 71). Ein 1963 bekannter Rom-Schlager begann: »Drei Münzen im B. sind drei Wünsche ans Glück«.

H. Siuts, Püttnachbarn und Püttbier, 1957; W. Gehrke, in: Berl. Jb. f. Vor- u. Frühgesch. 4 (1964).

Brunnenheilige → Jakobus d. Ä., Ulrich.

Brunnenkatze, -mutter → Wasserg.

Brustwurz → Kalmus.

Brütpfennig → Wechseltaler.

Bubenschellen → Knabenkraut.

Buch. Auch das unterhaltende Romanbuch wird vom Volk vielfach weniger als Ausdruck der Kunst denn als Beweis großen und unheimlichen Wissens empfunden. Es gilt zugleich als Vorzug und Mißtrauensgrund, »reden zu können wie ein Buch«. Als Werk der Gelehrsamkeit genießt das Buch Bewunderung und Ehrfurch und findet in Glauben und Brauch entsprechende Verwendung (→ Bibel, Gebetb., Gesangb., Orakel, Buch Moses, Traum, Zauber). Damit das Wissen in den Kopf übergehe, legen heute noch Mütter das Schulb. unter des Kindes Kopfkissen (Berlin). B. sind Geschenke zu Lebens- und Jahresfesten, bes. das Gesangbuch bei der ev. → Konfirmation und das Kommunionb. der kath. Erstkommunikanten. → Volksb., B.stabe.

J. Kirchner, hg.: Lex. d. B.wesens, 4 Bde., 1952–56 (2 Bde. Bilderatlas); H. Presser, Das B. vom B., 1962; F. Funke, B.kunde, [2]1963; R. Schenda, Volk ohne B. Studien z. Sozialgesch. d. popul. Lesestoffe 1770–1910, 1970.

Buch Moses. Zu den fünf biblischen Büchern des jüdischen Gesetzgebers gesellten sich wohl schon in den ersten christl. Jhh. Fälschungen, wie M. überhaupt bereits im Hellenismus als ägyptischer Priester und Gründer einer Zauberschule galt. Die Entstehung des auch nach dem 2. Weltkrieg bekannten 6. und 7. B. M. ist kaum vor dem 18. Jh. zu denken, doch sieht Jacoby (HDA 6, 588) die Entwicklung so, »daß zunächst der als Schriftsteller für magische Schriften aus Pseudokabbala und Alchimie bekannte M. in solche Schriften wie die Höllenzwänge u. ä. als Autorität eingeführt wurde (Thora, Biblia magica usw.) und auf Grund dieser Fiktion dann die beiden Bücher entstanden«. Peuckert vermutet, daß sie, wie die »Egyptischen Geheimnisse« und ähnliche mag. → »V.bücher« auf den berühmten Scheible-Verlag in Stuttg. zurückgehen (um 1830). Nur ein zerstörter Rest des alten → Zauberbuches ist das, was bis in die letzten Jahre gedruckt wurde. Ein von Bartels (Berlin) verlegtes, schwarz versiegeltes Exemplar betitelt sich: »Die große M.bibel das ist das sechste und siebente Buch Mosis oder der magisch-sympathetische Hausschatz – Mosis magische Geisterkunst, das Geheimniß aller Geheimnisse. Wortgetreu nach e. alten Handschrift, mit staunenerregenden Abbildungen«. Der gleiche Band enthält u. a. → »Romanus-Büchlein«, »Engel-Hülfe zu Schutz u. Schirm«, »Das heilige Sales-Büchlein oder die Glücks-Ruthe», »Der wahrhaftige feurige Drache« usw. In letzter Zeit sind wiederholt gegen das B. M. und ähnliche Zauberlit. öffentlich Vorwürfe des Betruges und der Kurpfuscherei erhoben worden (Braunschweiger Prozeß). → Magie, Drache, Ägypten, Corona

W.-E. Peuckert, in: Zs. f. Vkde 56 (1960).

Bücherkunde. Das wichtigste Werkzeug vkdl. Forschung ist die von Robert Wildhaber, Basel, hg. »Intern. vkdl. Bibliographie« (als Vkdl. B.« von E. Hoffmann-Krayer zuerst für das Jahr 1917 hg.). Neben den Berichten der großen vkdl. Zss. bieten W. Peßlers Hb. d. dt. Vkde, der 2. Bd. von A. Spamer, Die Dt. Vkde, und A. Bach, Deutsche Vkde (seit 1937 mehrere Aufl.) ausführliche Lit.verzeichnisse. Daneben bestehen im In- und Ausland landsch. Sonderverz. (Gottschee Schlesien, Burgenland, Schweiz, Lippe, Berlin u. v. a.). Kl. Beitl, E. Burgstaller, E. Grabner u. M. Kundegraber bearbeiten die seit 1969 (f. d. Jahre 1965–67) erscheinende »Österr. vkdl. Bibliogr.«. Seit 1964 gibt K. C. Peeters die Nederlandse Volkskundige Bibliografie heraus. – Die 2. Ausgabe von 1955 dieses Wb. brachte reiche Angaben älterer Lit., an deren Stelle in der vorliegenden 3. Ausgabe neuere Lit. (vor allem seit 1945) tritt. Vgl. die Stichw. Bücherkde. u. Zeitschr. d. 2. Ausg.

H. Freudenthal, Die Wissensch.theorie d. dt. Vkde 1955 (S. 224–232 Schrifttum); J. Weber-Kellermann, Eine Übers. d. gesamtdt. vkdl. Lit. von 1945 bis Mitte 1954, Dt. Jb. f. Vkde 1 (1955); R. Wildhaber, Das Werden u. d. Aufgaben d. Intern. vkdl. Bibliogr., in: Humaniora, Fs. f. A. Taylor, 1960.

Buchsbaum *(Buxus sempervirens).* Dieser immergrüne Strauch wird vielfach in dt. Bauerngärten als Wegeeinfassung und vor allem auf Gräbern als »Totenpflanze« gehalten. Aus dem Süden stammend kommt er wild bzw. verwildert auch in Westdtl. von der Mosel bis zum Jura vor. Seine Zweige werden in diesem Gebiet als Bestandteil des Palmbuschs P.sonntag kirchlich geweiht und haben an dessen antidämonischen Eigenschaften teil. Auf einem Holzschnitt in → Bocks Kräuterbuch (1546) ist neben dem B. der fliehende Teufel abgebildet. Auch in der Gesch. des → Weihnachtsbaumes und der ihm verwandten Gebilde (Paradiesbaum) spielt der B. eine Rolle. Durch seine Härte und Dichte ist das (gelbliche) Holz des B. vom Holzschnitzer, Drechsler und Einleger geschätzt.

Über den B. als W.baum: E. Christmann, Vkdefg. in d. Pfalz; S. A. aus: Heimat u. V.tum, 1910; ADV II: Name d. W.baumes.

Buchs-, Buschbaum → Weihn.-baum.

Buchstabe. Nach dem senkrechten Hauptstrich wurde das Zeichen der germ. → Rune auf Holz oder Stein »Stab« genannt. B. ist die Bez. der später im lateinischen Buch erscheinenden Lettern (ahd. *buohstap*). Als Teil des → Alphabets und der → Schrift, als Anfang des Wortes, überhaupt als Werkzeug der Gelehrsamkeit und des → Buches findet der B. in Volkssprache und Kinderlied, in Kunst und Glauben mannigfache Verwendung. Himmelsbriefe, Amulette und ähnliche Zauberdinge tragen geheimnisvolle, oft auch sinnlos gewordene Initialen. Bei den sog. Schwundworten (→ *abracadabra*) und magischen Quadraten (→ Satorformel) wird von dem Abnehmen der B. oder von ihrer besonderen Stellung und geheimnisvollen Beziehung zueinander die Wirkung erwartet. Die Ausgestaltung von B. zu Figuren gehört in das Gebiet des Hineinsehens. Besonders geheiligte B. (→ A und O, Christus, *INRI*, Cabame) haben Schutzkraft. Weniger sichtbar sind die Nachwirkungen germ. Runenzaubers. Bekannt sind auch die mit B. angestellten Liebesorakel bei zufälligem Reimsagen (Berlin). → Bild, Antoniuskreuz, Dreikönig.

F. v. Andrian, Über Wortaberglauben, Korrespbl. d. dt. Ges. f. Anthr., Ethnog. u. Urgesch. 27 (1896); F. Dornseiff, Das Alphabet in Mystik u. Magie, 1925²; K. Sethe, Vom Bilde z. B., 1939; R. Beitl, Wenn sich's reimt, 1970 (Ms.).

Buck → Beifuß.

Buckelfrau → Wasserg.

Buckliger → Gebildbrote, Krüppel.

Budlfrau, -mutter → Weihn., Bercht.

Bulleratz → Iltis.

Bullerklas → Weihn.

Büllhäfen → Rummelpott, Martin.

Bünde → Burschensch., Jünglingsweihe, Initiation, Schützen.

Bunte Tänze, Bez. der nordwestdt., 4- und 8-turigen Tänze (Windmüller, Schotischquadrille u. a.) im Unterschied zum süddt., bes. bayr.-österr. → Ländler in seinen zahlr. Sonderformen (→ Bandeltanz, Schuhplattler, Steirer, Zwiefacher). Eine Karte des ADV zeigt die Grenze beider Gattungen des → Vtanzes.

Buntstickerei, im Orient und klass. Altertum, auch in mittel- und südamerik. Kulturen bekannt, ist im dt. MA. verbreitete handwerkl. und → Klosterarbeit. Die Vk. wendet B. an in Haus- und Tischwäsche, vor allem aber in den sichtbaren, an Festtagen gezeigten Teilen der Tracht (Haube, Goller, Miedereinsatz, Ärmelaufschlag, Schürzenband, Pantoffel, Strumpf). Landschaftl. und nationale Unterschiede zeigen sich in Werkstoff, Farbstellung und Muster. Sache berufsmäßiger »Trachtennäherinnen« war und ist gebietsweise noch die B. mit silbernen und goldenen oder besonders gedrehten Fäden. Zur schmückenden Einfassung von Gewebekanten wurden Zopf- und Bäumchen- oder Ketten- und Hexenstich angewandt, denen man Zauberabwehrkraft zuschrieb. Feinfädiges Leinen, auch Seide und Samt eignen sich für den Ketten- und Stilstich wie für den füllenden Flach- und Plattstich (»Nadelmalerei«). Hess. Miedereinsätze verwenden starkfarbiges Leinengarn, Spreewälder Schultertücher kühne »Bonbonfarben« in Wolle, wie sie der Markt in Cottbus anbietet (1938). Bes. reiche Stickerei in Seide zeichnet die → Paradehandtücher oder die Miederlätze, Hals- und Schultertücher und Schürzen mit Rosen, Lebensbaum und Tauben der Hamburger Gegend aus. In den Vierlanden beschäftigten sich auch Männer mit B. (sattrote B. in Seide an den Ärmeln).
Auch der weniger geübten Hand zugänglich und in schlichterer Verwendung war der Kreuzstich. Er benutzt die deutlichen Vierecke, die Kette und Schuß beim → Weben mit Leinen- oder Baumwollgarn bilden, zu den bekannten linearen Mustern. Seide, seltener Wolle (Altes Land, Spreewald), im 19. Jh. immer mehr Baumwolle waren das Stickgarn. Schleswig-Holstein, Niedersachsen, Tirol schufen bes. schöne Beispiele dieser allg. verbreiteten Technik (→ Stickmustert.), die vollendetsten aber wohl Siebenbg., wo rotes oder blaues Flachsgarn auf hellem, starkkörnigem Leinen meist in verdoppeltem Kreuzstich die Motive der Vk. stilisiert (Handtuch, Brautkissen u. ä.). Gleichen Rang hat die Schwarz-Weiß-Stickerei in den Vierlanden auf Namentüchern, Bett-, Tisch- und Leibwäsche.

J. Lessing, Muster altdt. Leinenstickerei I–III, 1879/80; E. Sigerus, Siebenbürg.-sächs. Leinenstickerei, 1906; J. Brinckmann, Führer durch d. Hambg. Mus. f. Kunst u. Gewerbe, 1914; W. Borchers, Vk. im Weizakker, 1932; W. Schuchardt, Textilien, in: Spamer, Vkde 1; J. B. Jörger, K.muster aus Graubünden, 2 Tle., 1947, 1949; G. Hess-Haberlandt, Vtüml. K.muster, 1951 (25 Taf.).; A. Riedl u. K. M. Klier, K.muster aus d. Burgenland, 1954; E. Meyer-Heisig, Weberei, Nadelwerk, Zeugdruck 1956.

Bunzlau, die niederschles. Stadt am Bober, die im 13. Jh. Magdeburger Stadtrecht erhielt, ist bes. bekannt durch das »B.er Gut«, das seit Mitte des 16. Jh. urk. bezeugt ist und seit dem 18. in ganz Dtl. Verbreitung fand. Durch ausgiebige Vorkommen von → Ton und durch günstige Marktlage wurde B. der Hauptlieferant dieses Rohstoffes für Schlesien. Eine Innung bestand in B. schon vor der ersten urk. Bezeugung (1547). Die Zunft der fünf Meister wurde erst 1762, in preuß. Zeit, durch Zuwanderung aus Bayern, Franken, Sachsen und der Lausitz erweitert. Geschirr aus B. vom 17.–19. Jh. kennzeichnen ein dem → Steinzeug nahekommender harter Brand, Lehmglasur in der Art der → Hafnerware und weiße Reliefauflagen.
Im niederschles. Löwenberg liegen die Anfänge der Töpferei im 15. Jh. Friederiz. Förderungsversuche hatten wenig Erfolg. Das »Coffeegeschirr« des nahen Naumburg a. Queiß zeigt in weißen Reliefauflagen des 18. Jh. gern Sterne, Tiere, Lamm Gottes und Heilige. Berühmt waren die Schützenteller des Töpfermeisters Acker mit brauner Glasur, durchbrochenem Rand und weiß aufgelegten Rosetten (19. Jh.). Neben Gebrauchsgeschirr (Milchnäpfe, »Käsneppeln«, Ofentöpfe) wurden bes. auch viereckige → Kacheln für Öfen hergestellt. Durch die Schwämmchentechnik wurde auch hier die Ware verbilligt, zugleich jedoch einförmiger.

E. Wernicke, Chronik d. Stadt B., 1884; G. Grundmann u. K. Hahm, Schlesien (1926).

Burchard von Worms. In seinen aus eigener Beobachtung und älteren (auch nichtdt.) Quellen gespeisten *Decretorum libri viginti* hat uns der Wormser Bischof (um 965–1025) die bis dahin umfassendste Übersicht kirchl. Vorschriften geliefert, von denen die Bußbücher mit ihren Bußfragen des reisenden Bischofs einheimischen Brauch und Glauben aufdecken. Besonders aufschlußreich ist das Buch X *(de incantatoribus et auguribus)* und Buch XIX *(Corrector et Medicus).* B. v. W. geht ein auf Angang, Bannen, Baumkult, Dämonen, Entrückung, Geister, Hexen, Hulda, Impotenz-, Liebes- und Krankheitszauber, Neujahr, Orakel, Regenzauber, Schicksalsfrauen, Seelenspeisung, Totenbräuche, Wahrsagung, Waldweiber, Werwolf.

A. Hauck, Über den liber decretorum B. v. W., Sitzungsber. Leipzig 46, 1894; A. M. Königer, B. I. v. W. und die dt. Kirche seiner Zeit, 1905; E. Diederich, Das Dekret des Bischofs B. v. W., Beiträge zur Gesch. s. Quellen. Diss., 1908; K. Helm, Altgerm. Rel.gesch., 1913; HDA; M. Hain, B. v. W. u. d. V.glaube s. Zeit, Hess. Bll. f. Vkde 47 (1956); W. Bulst in: NDB, 3 (1957).

Bürgel. In der neben einem Benediktinerkloster Anf. d. 13. Jh. entstandenen thüring. Stadt B. bei Jena wurde, nach Funden, schon im 14. Jh. graue unglasierte → Irdenware hergestellt. Noch Ende des 19. Jh. wurde hier das Gefäß auf der Drehscheibe aus freier Hand, ohne Schablone, geformt (Sax). Bis zu dieser Zeit auch war der Vertrieb Sache der Frauen. Wie für → Bunzlau ist für B. die glasierte → Hafnerware kennzeichnend. Als solche entstanden Dosen, Schüsseln, Töpfe, Kannen, Essentragen und Wandfliesen. Neben braunen Tönen herrscht heute ein lebhaftes Hellblau (mit weißen Tupfen). Die Ähnlichkeit mancher Gefäße legt die Vermutung einer Zuwanderung von Gesellen aus dem mährischen Znaim nahe. – B. hat ein Mus. für Keramik.

E. Sax, Die Hausindustrie in Thüringen, 1888; G. Hohnberg, Die thür. Kunsttöpferei in B., Thür. Jb., 1930; O. Schmolitzky, Thür. Vkde, 1950.

Burgfeuer → Funkensonntg.

Bürgerhaus. Mit Entst. der Städte im frühen MA. und ihrem raschen Wachstum an der Schwelle der Neuzeit immer machtvoller in Erscheinung tretend, entfaltete das B. seine höchste Blüte im 15. und 16. Jh. Wie der Stadtbürger vielfach »Ackerbürger« blieb, so sind die ersten Vorbilder des B. in der bäuerl. Nachbarschaft der städt. Siedlung zu suchen. Wie dort richtete sich beim B. die Wahl des Baustoffes nach der Landschaft. Während die Alpenländer Naturstein bevorzugten, entfaltete in Mitteldtl. das B. seine reichsten Formen im Holzbau (→ Fachwerk), in Niederdtl. im Backsteinbau. In Gegenden natürl. Vorkommens wird Schiefer für Wand und Dach verwendet (Mittelrhein. Schiefergebirge, Oberpfalz, Thüringen). Der waldreiche Harz gab dem B. von Goslar und Hildesheim das Gepräge. Das »Baugesicht« von Frankfurt a. M. war ehemals bestimmt durch das warme Rot des Buntsandsteins aus dem Spessart und durch das weiche Grau des Taunusschiefers.

Die bis ins 5. Jh. v. Z. nachgewiesene Halle des nordwestl. Europa ist, in der Vermittlung durch das Niedersachsenhaus, noch in der → Diele der norddt. Städte zu erkennen. Während sich hier das Haus ebenerdig nach innen gliederte, folgte das obdt. B. dem schon seit dem 3. Jahrtaus. v. Z. bezeugten Baugedanken des Mehrraumhauses mit aneinanderreihendem Ausbau der Räume wie mit der Bildung eines Obergeschosses mit Erker und eines Hofes mit Galerien. Bes. in Mitteldtl. vermitteln Übergangs- und Mischformen zwischen B. und → Bauernhaus.

Je nach Wohlstand und Wirtschaftsweise entwickelten sich früh in Größe und Ausstattung unterschiedene Formen des B.: das Patrizierhaus, das Haus des Kaufmanns mit seinen »Gewölben«, das Haus des Ackerbürgers mit seiner bescheidenen Bauernwirtschaft vor den Toren der Stadt, die geschlossene Siedlung von Stiftungen (Fuggerei in Augsburg 1519), schließlich das Klein-B. und das Reihenhaus der sozial Schwächeren, denen das Mietshaus unserer Großstädte folgte. – Besonders 1944/45 haben die feindlichen Bomber unter den B. der dt. Städte aufgeräumt. In der ehemals reichen Altstadt von Frankfurt a. M. blieb nur *ein* stattlicheres Haus aus der Zeit um 1600 übrig (W. Sage). → Wohnen.

G. Wolf, Die schöne Stadt Mitteldtls., 1911; ders., Die schöne Stadt Norddtls, 1913; O. Gruber, Dt. Bauern- u. Acker-B., 1926; R. Anheisser, Das mal. Wohnhaus in dt.stämmigen Landen, 1935; Das B. in der Schweiz, 30 Bde., 1910–1937; R. K. Donin, Das B. der Renaissance in Niederdonau, 1944; K. Ilg, Das B.- u. Arbeiterh. in Vorarlbg. Jb. d. Vbg. Landesmus., 1935; A. Bernt, hg., Das dt. B., 1959ff.; H. G. Griep, Das B. in Goslar, 1959; A. Gattermann u. R. Donin, Ein Kremser B. d. Renaiss. u. s. Stubengesellsch., 1959; H. Winter, Das B. u. d. Klein-B. im Lauterbacher Raum, 1959 (Hessen); ders., Das B. zw. Rhein, Main u. Neckar, 1961; W. Sage, Das B. in Frankf. a. M. b. z. Ende d. 30j. Krieges, 1959 (Bis weit ins 18. Jh. herrschte → Fachwerk); K. Ilg, Landes- u. Vkde Vorarlbergs, 3. Bd., 1961 (Berücks. auch d. Arbeiterh.); H. Ossenberg, Das B. im Bergischen Land, 1963; M. E. Schuster, Das B. im Inn- u. Salzachgeb., 1964; H. Vogts, Das Kölner Wohnh. bis z. Mitte d. 19. Jhs., 2 Bde., 1966; H. Goetzgen, Das B. d. Stadt Lindau i. B., 1969; F. Stender, Das B. in Schleswig-H., 1971; W. Sage, Einflüsse a. d. Herausbildung bürgerl. Haustypen, in: Arbeit u. V.leben, 1967 (Hallenhäuser wandern vom Land in die Stadt und im 16. Jh. als B. wieder zurück); W. Goehrtz, Das B. im Reg.-bez. Hannover u. s. Nachb.geb., 1941.

Burschenschaft, besonders im bayr.-österr. Bez. der Bünde der jungen Burschen (auch Mädchenschaften gibt es), die heute vielfach durch sportliche, staatlich-politische oder kirchliche (Kongregationen) Bünde ersetzt sind. Bei primitiven Völkern ist der Zusammenschluß d. Geschlechts- u. Altersklassen weit ausgeprägter (von Schurtz besonders dargestellt). Burschenbruderschaften (Knabenschaft; in der Schweiz bes. seit dem 17. Jh. ausgebildet) übten gewisse Volksjustiz (→ Recht, Haberfeldtreiben, Katzenmusik), besonders auf moralischem Gebiet, hatten aber zugleich die Ausgestaltung der kirchlichen und weltlichen Jahresbräuche (→ Jahresfeuer, Fasnacht, Ostern, Johannistag, Kirmes, Blockziehen, alte Jungfer) weitgehend in der Hand. Aufnahme und Entlassung waren in der B. streng geregelt und mit bestimmten Bräuchen, Abgaben und Namengebungen verbunden. → Hänseln, Jünglingsweihe, Initiation, Deposition. Nachbar, Handwerk, Student, Gaßlbrauch.

H. Schurtz, Altersklassen u. Männerbünde, 1902; A. v. Gennep, Les rites de passage, 1909; A. Becker, Frauenrechtliches in Brauch u. Sitte, 1913; M. Zeller, Die Knabenweihen, 1923; L. Weiser, Altgerm. Jünglingsweihen u. Männerbünde, 1927; A. Jungwirth, Die Zeche des oberösterr. Innviertels, eine Burschen-Altersklasse,Obdt. Zs. f. Vkde 6 (1932); G. Caduff, Die Knabenschaften Graubündens, 1933; K. R. V. Wikmann, Die Einl. d. Ehe. Abo, 1937; M. König-Reis, Bäuerliche B., Niederdt. Zs. f. Vkde 16 (1938); G. F. Meyer, Brauchtum d. Jungmannschaften, 1941 (Schleswig-H.); H. Scholze, Der Geschlechterwechsel i. österr. Brauchtum, 1948; I. Peter, Gasslbrauch u. G.spruch in Österr., 1953; A. Lutz, Jüngl.- u. Gesellenverbände im alten Zürich u. im alten Winterthur, 1957; K.-S. Kramer, Ältere Spuren b.lichen Brauchtums in Mittelfranken, Jb. f. fränk. Landesfg. 20 (1960); H. E. Cromberg, Die Knabensch.statuten d. Schweiz, 1970; W. Galler, Die B. d. östl. u. mittl. Weinviertels. Ihre Ersch. im 20. Jh., 3 Bde. Diss. Wien, 1971; – ÖVA III B.brauch (Stehlen, Unruhnächte, Anschießen zu Weihn. u. Neujahr).

B.männchen, -weibel → Waldg.

B.windröschen → Frühjahrsblumen.

Buße, Bußbuch, ursprünglich ›Ersatz, Abhilfe‹ (noch im Wort »Lükkenbüßer«). Weisweiler untersuchte in einer bedeutungsgesch. Monographie die Entwicklung des Wortes B. in den Standessprachen der Juristen und Theologen und in der volksnahen Sprache des Handwerks (vgl. das heutige alem. büeze = ganzmachen, flicken) und des Zaubers (böten, bäuten → besprechen, heilen). Dem Begriff der B. liegt die Wiedergutmachung durch materiellen Gegenwert zugrunde, wie sie im → Wergeld enthalten ist u. in dem zeitweise allerdings mißbräuchlich gehandhabten Bußgeld und → Ablaß nachklingt. Heute besteht die B. für in der → Beichte bekannte Sünden meist im B.gebet, wenn auch besondere B.werke (→ Wallfahrten) noch üblich sind. Das B.buch oder Poenitentiale des MA. (→ Burchard v. Worms) bildet eine wichtige mittelbare Quelle des Volksglaubens in der ersten Zeit nach der Christianisierung. → Sondersprachen.

F. W. H. Wasserschleben, Die Bußordnungen der abendl. Kirche, 1851; H. J. Schmitz, Die Bußbücher und die Bußpraxis der Kirche, 1883 u. 1898; K. Helm, Altergerm. Religionsgesch., 1913; Weisweiler, B., 1930; E. Kaufmann, in: Hwb. z. Dt. Rechtsgesch. 3 (1966).

Busemann → Butz.

Buß- und Bettage kannte bereits das Altertum. Heute sind B. u. B. besonders in der ev. Kirche zur Abwendung von Not (im 30jähr. Krieg) angeordnete Feiertage, die im Volksleben keine besondere Rolle spielen. In Straßburg wurde 1532 der erste ev. B. u. B. gefeiert. Heute ist Bußtag, außer in Bayern, gesetzlicher Feiertag, Bußzeiten der kath. Kirche sind → Freitag, Aschermittwoch, → Quatember. → Bittwoche.

Butjer → Fahrende.

Butter, B.model, in seiner Naturgesch. berichtet Plinius von den

Germanen: *e lacte fit et butyrum, barbarum gentium laudatissimus cibus et qui divites a plebe discernat.* Das Wort gelangte von den Skyten der pontischen Steppe zu den Griechen, die neben ihrer Ölwirtschaft keine Bez. für das Milchfett besaßen. Die Nord- und Ostgerm. hatten Bez., die unserem Schmer entsprechen (schwed. smör). »Die Kelten sind bei dem Erbwort geblieben, das sich auch in alem. Anke gehalten hat« (Kluge-Mitzka, Et. Wb.). Dieses Wort ist in der Schweiz und bei den Walsern in Vorarlb. noch lebendig.

Die Bemerkung von Plinius, daß der Gebrauch von B. die Reichen von den Armen unterscheide, hat heute noch Geltung, wenn die Margarine als pflanzl. Fett auch gesundheitl. Gründe für sich geltend macht. Bis zum Beginn dieses Jh. kam aber in mancher Gegend frische Butter überhaupt nicht auf den Tisch, sondern wurde fast nur als ausgelassenes B.schmalz verwendet (Vorarlb.). Dem Schweizer → Cysat galt B. noch als Leckerbissen. B.stullen und B.bemmen sind vorwiegend in Mittel- und Norddtld. zu Hause. Auch das Salzen oder Nichtsalzen von B. bildet noch heute eine ziemlich scharfe Grenze zwischen N und S.

Wie → Käse, → Brot, → Bier und andere Dinge täglicher Volksnahrung wird die Bereitung der B. durch apotropäische Gesten, Zeichen, Worte und Gegenstände (Kräuter, Metall) geschützt. Manche Hexennamen deuten auf ihr gefürchtetes B.stehlen. Alraun und → Drache sind zauberische Zubringer v. B. B.frevel wird schwer gerächt. Weil die Sennen mit B. (oder Käse) Wege bauten, ist die Alpe untergegangen. B. ist deshalb → Opfer für → Hausgeister und -götzen (vgl. darüber L. Weiser in Niederdt. Zs., 1926), außerdem Festgabe z. Hochzeit (»Bodderbeersdag« in Schleswig-Holstein).

B.stempel kannte der Mittelmeerraum schon im Altertum. Während sie in Südosteuropa noch immer Weihecharakter haben, sind sie bei uns daneben Eigentumszeichen und zuletzt Schmuck geworden. Wenn auch Segenszeichen auf den bei uns noch üblichen Bm. nicht ganz fehlen, haben sie vorwiegend doch den Zweck, der B. auf dem Markt wie auf dem Tisch ein gefälliges Aussehen zu geben. Sicher als Bm. anzusprechen sind die schlüsselartigen und die mehrteiligen Model, die nicht nur die obere Fläche verzieren, sondern auch die Seitenflächen bedecken. Solche Bm., aus 5 u. mehr Teilen zusammengesetzt, kennen besonders die Alpen. Ihnen anzureihen sind die Formen, die im Umriß eine Monstranz oder einen Kelch zeigen (Bayern, Tirol, Pommern). Rechteckige und quadratische Bm. zum Teil mit Stil (Butterkellen) finden sich allenthalben, besonders reich i. Jamund (Pommern), besonders urwüchsig in der Schnitzerei u. a. im Pinzgau. Die Mark Brandenburg kennt runde Scheiben mit Stiel. Formen für die »Hochzeitsbutter« werden noch jetzt im Kreise Greifenhagen (Pommern) ausgeliehen (Borchers). Von B.rollen mit Griff berichtet Baumhauer aus dem Osteroder Oberland, auch in Tirol und Pommern wird mit ihnen das Muster auf die B. aufgeradelt.

Seltener sind vollplastische B.gaben. Bei den Sudetendt. schenkte man einander zu Ostern B.lämmer. Von einer B.henne mit Kücken berichtet W. Busch, der zuverlässige Beobachter von V.glaube u. -brauch, als Gemeinschafts-Geschenk eines Dorfes an den Landesherrn. Auf der Hochzeitstafel im

Niedersachsenhause durfte die freigeformte B.henne mit Eiern nicht fehlen (Peßler). → Speis u. Trank, Karfreitag, Runen, Gebäckmodel

B. Martiny, Die B.bereitung, 1874; ders., Aberglaube im Molkereiwesen, 1891; ders., Kirne und Girbe, 1895 (Kulturgesch. bes. d. Alpwirtsch.); W. Peßler, Dt. Vk. Niedersachsen; L. Rütimeyer, Urethnogr. d. Schweiz, 1924; O. Lehmann, Sudetendt. Vkde, 1926; W. Borchers, Monatsh. f. pomm. Gesch. (1931); F. Baumhauer, in: Jb. f. hist. Vkde, 3./4. Bd., 1934; F. Herrmann, Die Tiroler Bm., Oberdt. Zs. f. Vkde 8 (1934); M. E. Schulz, hg., Manuale lactis, 1948ff.; ders., Molkerei-Lex., [2]1944–48; R. Winter, Zur bäuerl. B.bereitung im ehem. Pommern, Dt. Jb. f. Vkde 12 (1966) (Maße, Formen, Rollen u. a.).

Butz, Butzemann, Busemann, Bautzemann, = Kobold, Alpgeist, → Hausgeist und → Schreckgestalt im ganzen westl. Sprachgebiet; auch in Zusammensetzungen wie Butzebär, Butzjude, Hullebutz, Mummbutz usw. Abzuleiten von bossen = klopfen, poltern oder von verbutzen = verhüllen.

R. Beitl, Korndämon u. Kinderscheuche (Ms.).

Butzegraale → Weihn..

B.märtel → Martin.

Butzenbercht → Bercht, Nikolaus, Luzia.

Butzenscheibe (südwestdt.: Klumpen), runde Glasscheibe mit einer Erhöhung, dem Butzen, in der Mitte. Sie entsteht, indem mit der Pfeife eine Kugel geblasen wird, die an einem Hefteisen befestigt ist. Die Kugel wird von der Pfeife gesprengt, durch schnelles Drehen zu einer Scheibe ausgeschleudert und am Rand umgebogen. Seit etwa 1400 dienen B., in Bleifassung aneinandergereiht, als Fenster. Bemalte B. sind aus dem 15. Jh. bekannt. In der Predigt vom Glasmachen (1562) hat Joh. Mathesius das Verfahren beschrieben. Erst im 18. Jh. tritt die heutige Scheibe aus flachem → Glas an die Stelle der B., die in den alten Städten (→ Nürnberg) das Straßenbild bestimmte, heute aber nur noch in abgelegenen Kapellen oder in den einfachen Häusern der Bergbauern gefunden wird. In den Jahren der »B.romantik« der 2. H. des 19. Jh. fand die B. in Kreisen des Bürgertums eine ziemlich weitreichende Neubelebung (→ altdeutsch).

Butzenrolle → Masken.

Butzeratz → Marder.

Büx, Böxe → Hose.

Cabame. Die Weisen oder Magier (n. Matth. 2) dachte man sich seit dem 5. Jh. – nach der Zahl der Gaben – als drei Könige, seit dem 9. Jh. unter den Namen Caspar, Balthasar, Melchior, abgekürzt C. Die Vorstellung eines Mohren (meist Caspar) wurde erst im 14. Jh. geläufig. Die heute gebräuchliche und von den Sternsingern um → Dreikönig an den Türsturz mit Kreide geschriebene Folge C+M+B deutete das Volk in Westböhmen auch scherzhaft: »Cathl Machs Bett« oder »Com Mis Brot«.

Cäcilia, hl. (22. 11.) 232 im Bade enthauptet. Nach der Leg. soll sie musikal. Bildung empfangen haben und mit einem Preislied Gottes auf den Lippen gestorben sein. Ihr seit dem 15. Jh. nachweisbares Patronat der Musik und Musiker (Geigenmacher in Bayern) fand wohl erst durch die seit Raffael übliche Darst. mit der Orgel allg. Verbr. Ihr Bild befindet sich oft in der Nähe der Kirchenorgel. Musikvereine, bes. Kirchenchöre, benennen sich nach ihr und feiern den »C.tag«.

K. Martin, Die hl. C. 1878; J. P. Kirsch, Die hl. C. in d. röm. Kirche d. Altert. 1910; Musica Sacra. (C.-Verbandszs. seit 1868).

Caesarius von Arles, *C. Arelatensis,* Bischof von A., lebte um 469–542 u. bekämpfte in seinen Schriften und Predigten gallisches und spanisches, zum Teil wohl auch germ. (Westgoten!) Heidentum, wie Kult der Bäume, Steine und Quellen, Mondglaube, Neujahrsbräuche, Orakel. Die Spur dieser Schriften finden wir noch bei → Burchard von Worms, im → *Indiculus,* in den Bußbüchern und Konzilsakten der späteren Zeit. → Buße, Konzil, Pirmin.

C. F. Arnold, C. v. Arelate u. d. gall. Kirche s. Zeit, 1894; Dt. Übers. der Pred., von C. F. Arnold, 1896; R. Boese, Superstitiones Arelatenses e Caesario collectae, Diss., 1909; K. Helm, Altgerm. Relig.gesch., 1913; F. Hautkappe, Über die altdt. Beichten u. i. Bez. zu C. v. A. Diss. Münster, 1917; A. Malnory, Saint Césaire, évêque d'Arles, Paris ²1934; K. Berg. C. v. A. als liturgiegesch. Quelle 1942.

Caesarius von Heisterbach, um 1180–1240, Zisterzienser. Hinterließ ein reiches Werk von Traktaten und Viten, über 300 Predigten u. zwei berühmte Sammlungen von Mirakelgeschichten, wie sie nach ihm häufig in volkstümlichen Predigten als *»Exempla«* (→ Predigtmärlein) aufgenommen wurden. Der *Dialogus miraculorum* von 1219–23 (746 Erzählungen) und die *Libri VIII miraculorum* von 1225–26 (191 Erzählungen) fußen auf ausgiebiger mündlicher Überlieferung, aber auch auf Literatur, wie sie selbst auf spätere Lit. (Thomas von Cantimpré u. a.) wieder wirkten. »Sie repräsentierten in ihrer Gesamtheit den Bestand an abergläubischen und wunderbaren Vorstellungen, an die jene Zeiten glaubten oder an deren Möglichkeit man sich erbaute« (K. Helm, HDA. 2, 13). Auf die Spuren germ. Religion bei C. v. H. wies vor allem Kaufmann hin.

A. Kaufmann, C. v. H. Ein Beitr. z. Kulturgesch. d. 12. u. 13. Jh. ²1892; Übersetzg. d. Wundergesch. v. A. Kaufmann. 2 Bde. 1888–91; Ph. Schmidt, Der Teufels- u. Dämonenglaube des C. v. H. Diss. Basel 1926; A. Hilka, Die Wundergesch. d. C. v. H. Bd. 1 u. 3 (1933 u. 1937); M. Hain, Lebend. V.sage im »Dialogus«. Arch. f. mittelrhein. Kirchengesch. 2 (1950); L. Hoevel, hg., C. v. H. . . . Nach d. Ausg. v. 1910, 1968 (Auswahl).

Calcedon, wegen der Farbe bei Gallenleiden angewandt, → Monatssteine.

Cannstatter Volksfest. Das heute weitum bekannte Stuttgarter V.fest auf dem »C.Wasen« war im Ursprung ein landwirtsch. Fest, das König Wilhelm I. v. Württ. 1818 stiftete (Prämiierung u. Viehmarkt). Pferderennnen, Wagenrennen der Bauern in Tracht, Fischerstechen zum Jahresfest der Schifferzunft, der Aufbau einer riesigen »Fruchtsäule« als Ausdruck des Erntesegens u. a. kamen hinzu. Nach 1914 blieb nur noch das »V.fest«, das indes so sehr ein Teil des schwäb. Jahreslaufes geworden war, daß Auswanderer auch in Philadelphia, Chicago, Brooklyn u. a. ein C. V. veranstalteten. → Dresdner V.wiese, Münchner O.fest.

Caravaca-Kreuz, der Leg. von der wunderbaren Herbeischaffung des Kreuzes von C. (Genesiusmesse von C. in Murcia; Spanien) folgende Gebetszettel und Anhängekreuze mit Einlagen in der Art der → Breve und anderer rel. → Amulette. Sie bilden das Heiligtum von C. nach. Die 6 Enden diesses Patriarchenkreuzes, das zuletzt in bäuerl. Bastelarbeit nachgeformt wurde, zeigen ellipt. Ausweitung.

H. O. Münsterer, Das C. u. s. dt. Nachbildungen. Bayer. Jb. f. Vkde (1951).

Caritas → drei hl. Frauen.

cauchemar → Mahr.

Celtis (Celtes), Conrad (geb. 1459; gest. Wien 1508). Der namhafteste dt. Humanist, Schüler des Rud. Agricola in Heidelberg. Maximilian I. errichtete ihm als Professor in Wien eine humanist. Nebenfakultät. Von dem großen Plan einer »Germania illustrata« wurde nur die Beschr. der Stadt → Nürnberg verwirklicht (1495–1502; hg. v. A. Werminghoff 1922). C.wies auf das dt. Altertum und verglich das Deutschtum mit der → Antike. 1500 gab er die »Germania« des → Tacitus heraus.

E. Schmidt, Dt. Vkde im Zeitalter d. Hum. u. d. Ref. 1904; D. Narr, K. C., aus e. fränk. Humanistenleben. Württb. Jb. f. Vkde 1 (1953); K. Adel, K. C., Poeta laureatus, 1960; M. Seidlmayer, Wege u. Wandl. d. Hum. 1965.

Cembalo → Hackbrett.

Chaldäer. In der Antike galten diese südbabylon. (aramäische) Stammesgruppe und ihre Könige (nach 1000 v. Z.) als Inbegriff der → Astrologie, Zauberei und theosoph. Kunst. Im Hellenismus und im kaiserl. Rom genossen sie höchstes Ansehen (Hochschulen der Magie), während im MA. bis heute den C. schematisch Zauberei verschiedenster Herkunft zugeschrieben wird.

F. Lenormant, Magie und Wahrsagekunst der Ch., [2]1920; F. R. Schröder, Germanentum u. Hellenismus, 1924; W. Theiler, Die ch.ischen Orakel usw., 1942.

Charaktere, Zauberische Schriftzüge und Zeichen auf antiken Zauberpapyri wie auf Amuletten und Schutzbriefen unseres V.glaubens. (vom gr.: ›das Eingeprägte‹). Die Ch.-kundigen hießen im MA. *caraggii.*

Charivari → Katzenmusik.

Chiliasmus, Millenarismus, die Hoffnung auf ein 1000jähriges (gr. *chîlioi,* lat. *mille* = tausend) Friedensreich Christi nach der Niederwerfung der bösen Mächte und des → Antichrist in der Endzeit und vor dem Anbruch der vollendeten Gottesherrschaft. Seit dem 2. Jh. n. Chr. bekämpfte die Kirche die phantastischen Formen des frühchristl. C. Politisch-nationale Bedeutung gewann der C. in der dt. → Kaisersage des MA. National-sozialen Charakter trägt zum Teil der C. des ausgehenden MA. Die Reformation lehnte den C. als »jüdische Lehre« ab, die Wiedertäufer aber behielten ihn bei, wie er auch heute noch bei uns im Glauben → eschatologischer Sekten (Ernste Bibelforscher, → Adventisten u. a.) lebendig ist, obwohl sich die Berechnungen der Endzeit im Laufe der Gesch. wiederholt als verfehlt erwiesen. Eine Verweltlichung des alten rel. Mythos ist der polit. C. unserer Zeit: ein diesseitiges Friedensreich, die klassenlose Ges., das Dritte Reich, – dies ein Begriff, den schon Joachim von Fiore († 1201) kennt. → Jüngstes Gericht, Kaisersage, Schlacht, Weltuntergang.

Kampers, Die dt. Kaiseridee in Prophetie u. Sage. 1896. Gerlich, Der Kommunismus als Lehre v. Tausendj. Reich, 1920; Doren, Wunschzeiten u. W.räume (Vortr. d. Warburg-Bibl., 1922–23); H. Bietenhard, Das Tausendj. Reich. [2]1954; P. Althaus, Die letzten Dinge. [7]1958; K. Hutten, Seher, Grübler, Enthusiasten, [9]1964.

Chimke → Hausgeist.

Chiro(mantie). Die heutige Cm. (C.sophie oder C.logie) unterscheidet zwischen der Lehre von der Handform (C.gnomik; griech. *cheir* = Hand) und von den Handlinien (Cm.). In orientalischer → Astrologie und im Hellenismus wurzelnd füllte die Cm., besonders seit dem 16. Jh., viele Bücher, erwarb sich die Gunst der Künstler, Staatsmänner und Könige und bemüht sich heute um wissenschaftliche Begründg. ihres Deutungssystems. Die wichtigste der alten dt. Schriften ist

»Die Kunst Chiromantia« (verfaßt 1448) des Münchner Hofarztes → Johannes Hartlieb. Nach dem 1. Weltkriege lebte die Cm. stark auf und organisierte sich in der »Vereinigung der Chiromanten Deutschlands« mit eigener Zeitschrift. Neben der berufsmäßigen Cm. gibt es eine einfache Handlesekunst des Volkes, die besonders von Zigeunern und »weisen Frauen« in Erinnerung gehalten wird. Eine wiss. Entw. nimmt die Deutung der Furchen und Linien in Händen und Füßen, seit der Engländer R. L. Langdon-Down ihre Erblichkeit festgestellt hat (z. B. die sogen. Affenfurche als Indiz für Mongolismus).

Vierath, Die Handlesekunst, 1921; Ißberner-Haldane, Lehr- und Handbuch der wiss. Handlesekunst, 1925; W. Brückner, Hand und Heil. In: Anz. d. Germ. Nationalmus. 1965; Reiche Lit. gibt F. Boehm unter Cm. im HDA. 2, 1937–53; G. A. Narciss, Es liegt in der Hand. Geheimn. u. Tatsachen. 1964.

Chläuse → Nikolaus.

chrenecruda → kehren.

Christbaum, -block → Weihn.baum.

C.schmuck → Lauscha.

C.brand, -klotz → Blitz, Weihn.

C.dorn → Stechpalme.

Christian Science → gesundbeten.

Christi-Geburt-Spiel → Vschauspiel.

C. Himmelfahrt → Himmelf. C.

C. Wundenkraut → Joh.kraut.

Christkind → Weihn., Advent.

C.mahl, -mann, -nacht, -puppe, -schau → Weihn.

Christoffeln → Christophorus.

Christophorus, hl. (25. 7.). Märtyrer unter Decius? Attr.: Jesuskind auf der Schulter und Stab. Seine Leg. und Verehrung kamen bald nach 600 aus dem Orient nach Frankr. und Dtl., wo die erste Kirche 772 geweiht wurde (Sindelhausen, Diöz. Freising). E. Krausen nennt »als bedeutendstes C.heiligtum . . . die Kapelle mit Hospitz auf der Paßhöhe des Arlbergs . . ., 1386 gestiftet von Heinrich dem Findelkind, um den Reisenden Unterkunft und Schutz bei Schneesturm und Lawinengefahr zu bieten. Die dort errichtete C.bruderschaft genoß bald weithin großes Ansehen«. Die Unters. von Rosenfeld über Gesch. und Geogr. des C.kultes erweist den Primat Norditaliens und die große Bedeutung der Pilgerstraßen für die Ausbreitung der C.legende im MA. Deutscher Zusatz ist der bekannte Legendenzug, daß aus dem Offerus, schon nach den alten Berichten ein hochgewachsener Mann, ein C. wurde, indem er das Jesuskind über den reißenden Bach trug. Das Motiv der immer schwerer werdenden Last stammt wohl aus der Volkssage (→ Hockauf). Szövérffy denkt an »landläufige« Vorstellungen des MA. (der schwerer werdende Sarg in Heiligenlegenden) oder an eine symbolische Anspielung auf die Taufe durch Untertauchen. Das Fährmannmotiv bringt S. mit Rechtsbräuchen in Zusammenhang (Fähre als Asylstätte). Besonders in den Alpenländern ist der Kult verbreitet in Heiligtümern und Statuen, in Orts- u. Personennamen (Stoffel). In Breckerfeld (Westfalen) befand sich in der lutherischen Kirche bis 1750 ein C.-Bild. Er ist einer d. → Vierzehn Nothelfer und neben Rochus u. Sebastian Pestpatron. Darüber und über die C.bruderschaften in Vorarlberg u. Tirol (seit dem 14. Jh.) schrieb M. An-

dree-Eysn (Volkskundliches 1910). In Gebet und Volkslied erscheint C. vor allem auch als Todbanner und Bewahrer vor Todesgefahr. (Ausführlich darüber Wrede und Jacoby im HDA). C.buch und C.spruch, die sich von der Eigenschaft des C. als Nothelfer herleiten, halfen auch beim Schatzgraben und selbst beim Zaubern (»Christoffeln«). Im Frankenland rufen die Mädchen beim Silvesterbleigießen den C. an (1964) mit dem Spruch: »Christoffel, ich trete dich . . .«, wohl in Umdeutung des alten Orakelspruches »Bettstaffel, i tritt di« (→ Thomas).
Seit etwa 1900 immer häufiger zu beobachten ist die Geltung des hl. C. als Patron des Verkehrs und der Autofahrer (Kirchl. Segnung, C.fahrten – zuerst nach St. Christophen im Wienerwald –, C.plaketten u. a.). In Berlin fand 1929 die erste Automobil-Wallf. zum ehem. Kloster Lehnin statt, der jährlich mehrere »C.Fahrten« folgten. In Bayern ging 1932 die erste Kraftfahrerwallf. von München nach St. C. bei Wasserburg. In Pfandl bei Bad Ischl entstand eine Kraftf.kirche. Während im N kath. Formen von ev. Seite übernommen wurden, unterscheiden sich im S die Konfessionen im C.kult. Die Fahrzeugsegnung der kath. C.bruderschaft in München schließt auch Kinderwagen und Kinder auf Rollern und Dreirädern ein (sicher mit Recht, wenn man an die 2000 jährlich auf den Straßen der BRD getöteten Kinder denkt). Im ganzen aber scheinen C.verehrung wie KFZ-Segnung eher wieder rückläufig (E. Krausen; 1961). → Auto, Pest

Ch. M. Pfaff, Untersuchung des sogenannten Christophel-Gebetes, 1748; J. A. Tafinger, Dissertatio de invocatione S. Christofori ad largendos nummos, 1748; Falk, Die dt. Sterbebüchlein von der ältesten Zeit des Buchdrucks bis zum Jahre 1520, 1890; Richter, Der dt. St. Christoph. Eine hist.-kritische Unters., 1896; d'Indy, La légende de Saint-Christophe, 1919; E. K. Stahl, Die Legende vom hl. Riesen C. in der Graphik des 15. u. 16. Jh., 2 Bde., 1920; H.-F. Rosenfeld, Der heilige C. Seine Verehrung und seine Legende, 1937; J. Szövérffy, Der hl. C. u. s. Kult, 1943; Beiträge zur Legende d. hl. C. im Osten bringt das Jb. Die Nachbarn 2 (1954); Lex. f. Theol. u. Kirche, ^{2}1958; E. Krausen, Strukturwandlgn. in der C.-Verehrung. Bayer. Jb. f. Vkde (1957 u. 1961) (Mit Versuch e. Topographie); L. Rudolph, Stufen d. Symbolverstehens. Diss. 1959. (Bes. C. in Berlin); J. Kunstmann, Hol über. Leben, Bild u. Kult d. hl. C. 1962; W. Jungraithmaier-Redl, Die Autoweihe zu St. C. in Hamburg-Lohbrügge. In: Beitr. z. dt. V. u. A.kde 7 (1963) (Autos, Motor- u. Fahrräder); B. Hahnwoernli, C. i. d. Schweiz, 1972.

Christus (v. griech. *christós* = gesalbt). Gestalt, Name und Wirken C. geben der Vk. (→ Krippe), dem Glauben und Brauch (C. in Zauber- und Heilsegen, Reliquien – hl. Rock – und Bilderverehrung, Heilkunde – Länge C. –, Jahresfeste des Herrn), Dichtung und Schauspiel (C.legenden, Passionsspiel) unerschöpfliche Anregungen. Auf Haus und Stall, Gerät und Kleid, Bild, Brief und Amulett finden wir die → Buchstaben INRI, JHS. Letztere werden im Volk gedeutet als Abkürzung des Namens Jes-us in gr. Schreibung oder als »Jesus, Heiland, Seligmacher«; dies wohl der Vorschlag eines Geistlichen als annähernde Übers. des gr. *Jesús-Hyiós-Sotér* (= J.-Sohn-Retter). Theolog. Herkunft sind auch die Deutungen: In Hoc Salus oder Jesus hominum salvator. Die christl. Katakomben zeigen schon das Monogramm (gr. X + P = Ch + R), ☧ wie auch Osterkerze, → Lamm, → Fisch, → Einhorn, Pelikan als C.symbole alt sind. Auffallend ist das Zurücktreten der C.gestalt vor der der Muttergottes (→ Maria) im Brauch der → Wallfahrt u. des neueren → Andachtsbildes. Geschnitzte C.bilder (Kruzifixe, Christus in der Rast, an der Säule, im

Grabe usw.) jeder Art und Größe wurden vornehmlich in den holzreichen dt. Gebirgen hergestellt, so im bayrisch-böhm. Wald, in → Gröden (Südtirol) und in →, Oberammergau. Anregend auf die Schnitzerorte wirkte besonders die Nähe von Wallfahrtsorten mit ihrem Bedarf an Devotionalien → V.schauspiel, Apotheke.

Ph. Friedrich, Der C.name, 1905; A. Thomas, Die Darstellg. Christi in der Kelter, 1936; F. König, C. u. d. Religionen d. Erde. Hdb. d. R.gesch. 3 Bde., 1951; Kl. Beitl, »C. als Apotheker«. In: Dt. Ap. Ztg 19 (1967); Reallex. d. dt. Kunstgesch. Bd. 3, 1954; H. Aurenhammer, Lex. d. christl. Ikonogr. Bd. 1, 1959–1967.

Chrisam (v. griech. *chrisma* = Salbe), das bischöflich geweihte Salböl für Taufe, Firmung, Priesterweihe und letzte Ölung. Das Chriaslhemd (Taufhemd) hilft gegen Älterlein (→ backen) und → Berufen (Oberpfalz), Krösengeld ist das Trinkgeld der Hebamme (Österr.). »Da hilft kein C.« heißt österr. soviel wie: an dem Menschen ist Hopfen und Malz verloren.

L. Wache, Die Täuflingstrachten i. Österr. 1966.

Chrysantheme → Garten.

Chrysolith → Monatssteine, Alp.

Combre, Comeria → Kümmernis.

contraria contrariis curantur (lat. contrarium ›Gegenteil‹). Dem Satz des V.glaubens (bes. d. → Vmed.), *similia similibus* verwandt ist im Grunde die andere Anschauung, daß durch das Entgegengesetzte (Hitze durch Kälte) geheilt oder abgewehrt werden könne. So wird das → Auge als → Amulett selbst Schutz gegen den → bösen Blick oder → Blitz und Donner werden durch → Donnerkeile abgewehrt, die selbst Geschosse der Gewittergottheit sind.

G. Jungbauer, Dt. Vmed. 1934; H. Trümpy, Similia similibus. Schweiz. Arch. f. Vkde 62 (1966).

Corona, hl. (14. 4.; meist zusammen m. d. hl. Viktor). Nach unsicherer Leg. soll C. als sehr junge Soldatenfrau im 2. Jh. in der ägypt. Thebais gemartert worden sein, indem sie an Armen (und Beinen) an zwei zu Boden gezogene Palmen festgebunden und im Hochschnellen der Stämme zerrissen wurde (Attr.: Bäume). Reliquien befinden sich in → Aachen. In »Görnzell in einem Paurnhaus also ungeweichter Ort« befand sich eine Verehrungsstätte für »Sant Crain oder C.bildt«, die die bayer. Regierung schließlich dem »gemeinen Pöfl« verbot. Unter die Armen sollte verteilt werden, »was noch in der Hitten an Schlairn, Zöpfen, Kinds- und Crisamhemetl verhanden.« Die Mauer der bayer. Wallfahrtskirche St. C.-Altenkirchen barg nach hartnäckiger V.überlief. Tonwaren. Eine Nachsuche (1929) förderte 45 tönerne Figuren, Scherben, → Kröten u. a. zutage, die vielleicht vom Kröning stammen. In Bayern und Österr. wird die C., wohl auch wegen ihres Namens, als Hüterin geheimer Schätze gerufen. Zu Reichtum verhilft das C.gebet, das auch ins 6. und 7. → Buch Mosis aufgenommen wurde. In einem tschech. Gebet des 18. Jh. wird die Dreiheit C., Ambeta und Gevera genannt. (In Bildern der → drei hl. Frauen wurde auch Gwerre oder Warbet zwischen Bäumen aufgehängt dargestellt). L. Schmidt, der eine Ausstrahlung der bayer. C.verehrung nach Niederöst. nachwies, stellte die Hl. in den Zusammenhang von »Schicksalsgestalten« (K. Spieß), wie es »Frau Bercht« oder »Frau Welt« sind. »Dunkelfiguren« (leidenden Heiligen) stehen »Hellfiguren« (erlöste Hl.) gegenüber, und die

Wandlung kann sich in ein und derselben Gestalt vollziehen. Schon die antike Mythol. kannte die leidenden Urgestalten der Gekreuzigten (Andromeda), der Geschaukelten (Erigone) und der Zersägten (Serrata). Unsere Barockzeit erbaute sich bes. am Kult der Dunkelfiguren. Als die in Bayern gut nachweisbare mal. Verehrung der Lichtgestalt der hl. → Luzia erlosch, erhielt eine bereits vorhandene Schicksalsgestalt ihren Namen und überlebte so bis heute. »Als die Welle der C.verehrung eine verwandte Erscheinung heranbrachte, wurde die als ähnlich empfundene Gestalt gerade in dieser Landschaft wieder eingebürgert« (L. S.) → Haar Glückshaube, Chrisam, Bercht.

B. Spirkner, Zum C.kult. Bauernhl. u. Patronin d. Schatzgräber. Volk u. V.tum. Jb. f. Vkde 3 (1938); G. Ritz, Der Votivfund von St. C.-Altenk. Bayer. Jb. f. Vkde (1954); A. Bauer, Zur Verehrung d. hl. C. in Oberbayern. ebd (1956); L. Schmidt, Zur Verehrung d. hl. C. in Bayern-Österr. ebd. (1951); ders., V.glaube u. V.brauch 1966 (Darin: Verehrung d. hl. C.)

Corps → Student.

Coué → gesundbeten.

Couvade → Männerkindbett.

Crain, Sant → Corona.

Credoria, Gredoria, Grodoria. Bestimmte Art d. → Himmelsbriefe, in Norddtld. verbreitet. Ein Engel m. Posaune über dem Auge Gottes wird umrahmt von frommen Sprüchen, Gebeten und Glücksverheißungen. C. schreibt, wie der Sonntagsbrief, Heiligung des Sonntags vor und verspricht u. a.: »wer den Brief in seinem Hause hat od. bei sich trägt, dem wird kein Donnerwetter schaden, und ihr sollt vor Feuer u. Wasser behütet werden. Welche Frau den Brief bei sich trägt, und sich darnach richtet, die wird eine liebliche Frucht u. fröhlichen Anblick auf die Welt bringen«. Noch um 1930 im Handel war Nr. 202 der Neuruppiner → Bilderbogen »Himmels-Brief. Wird genannt *Credoria*«. Es steckt wohl das lat. *credo* (= ich glaube) in dem Wort. C. Stübe will es von »*Deo gloria*« herleiten.

R. Stübe, Der Himmelsbrief, 1918.

Creußen. In der Stadt im bayr. Oberfranken blühte die Töpferei vom Anfang des 16. Jh. bis in die 2. H. d. 18. Jh. 1512 waren Mitglieder der Bossiererfamilie Vest aus Österr. nach C. gezogen. Die Art des Tons und hoher Brand machten die Ware von C. dem → Steinzeug ähnlich. Natürliche Glasuren ergaben Hellbraun – tiefes Braun. Neben Schmelzfarben wurde selten auch kalte Bemalung angewandt: Blau, Rot, Gelb, Weiß, Grün, selten Gold. Berühmt wurde C. aber weniger durch die bemalten Gefäße und durch die umfangreiche Erzeugung v.tüml. Ware als durch das bes. Kunstgeheimnis der Krugmacher und ihrer Apostel- Planeten- und Kurfürstenkrüge, die J. M. Ritz schon als »Leistungen hoher Kunst« anspricht. Die Zierstücke wurden am getrockneten Gefäß aufgelegt oder ausgestochen. Andere Töpferzünfte waren C. benachbart wie Bayreuth und Turnau.

I. M. Ritz, Franken (= Dt. Vkunst). o. J.; J. Kröll, Gesch. d. Stadt C. 1958.

Cubet → drei hl. Frauen.

Curling → Eisschießen.

Cyriacus, hl. (8. 8.), mit fünf Gefährten unter Diokletian gemartert. In Dtl. entstehen die ersten Patrozinien um 900 (Reliquien). C. wird als einer der → Vierzehn Nothelfer gegen Dämonenmacht angerufen. Attr.: Drache, Teufel u. a.

Cysat, Renward, Apotheker und Stadtschreiber von Luzern, der Glauben und Brauch der Heimat (Aberglaube in der Kirche, Alp, Angang, Drache, Erdmännchen, Geister, Türst, Wuotisheer, Zauber) beschrieb. Urheber der Gegenreformation in der Schweiz.

R. Brandstetter, R. C. 1545–1614, der Begründer der schweiz. Vkde., 1909; Abdrucke aus R. C.s Nachlaß; in Schweiz. Arch. f. Vkde. 14 (1910); G. Jungbauer, Gesch. d. dt. Vkde., 1931; Eine vollst. Ausgabe d. Schriften R. C. wird in der Schweiz vorbereitet. (R. Weiss, Vkde. d. S., 1946).

Dach. Als Oberstes, als Schutz und Umschließung des Hauses, bes. bei einfachen Dachhütten und beim Einhaus, wird das D. Mittelpunkt vieler Glaubensvorstellungen und Bräuche. Auf dem D., mit dem D.stroh werden → Orakel versucht, → Opfer für den Wind und die → Bercht finden dort ihren Platz. Kranz (→ Joh.tag) und Brautball werden übers D. geworfen. Es zu schützen vor Blitz und Unheil (»Unglück zum Giebel hinaus!« heißt es im Erntespruch) werden Wetterpflanzen wie → Hauswurz gern gesehen oder der → Palmbusch unters D. gelegt. Unter D. oder D. traufe können einem die Dämonen nicht mehr schaden. Die → Wöchnerin darf diese Grenze nicht überschreiten. Die geogr. Verbr. der Zeugnisse führte Peuckert zur Annahme, daß die Traufengrenze als »mythische Zuflucht« auf die in einem Gehöft siedelnde germ. Großfamilie zurückweist, die Flurgrenze dagegen auf die zu einem dorfähnl. Häuserkomplex sich erweiternde Großfamilie der Slawen. Unter den Firstbalken wird der Sarg gerückt, ein gelockerter Ziegel im Dach gibt die Seele des Toten frei. An der D.luke wurden in Westfalen Ehen geschlossen, wie es für Holland das Sprichw.bild von P. Breugel dargestellt. Bedeutung und Würde des D., die »Stirn« des bäuerl. Hauses betonten alter Glaube und Schmuckbedürfnis durch die Weitergestaltung der → Giebelbretter zur Giebelzier oder durch die plast. Formung des Firstziegels wie mehrerer Gratziegel. Auch andere → D.ziegel wurden Träger von Heilszeichen und Schmuckmotiven. Gesch. gesehen ist das D. älter als das → Haus. Über die einfache Wohngrube gestellt, bot es Schutz gegen die Unbilden der Witterung und der Wildnis. Aus der Art der Hebung des D. ergeben sich die beiden auch heute noch gültigen Haupttypen: *Pfetten-* und *Sparrend.* Die Pfetten (Rofen, Rafen) ruhen auf den → Firstsäulen, die die eigentlichen Träger der D.last sind (»D.haus«). In der urspr. Form sind es zwei entastete Baumstämme, die in einer erhaltenen kräftigen Astgabel den Firstbalken (F.pfette) tragen, von dem das D. beidseitig durch angelehnte Hölzer (Rafen) zur Erde geführt wird. Pfahlbauten am Bodensee aus dem 3. Jahrt. (z. B. in Unteruhldingen) wie heute noch das sogen. Sochad (Socha ›Gabel‹) in altslav. Gebieten zeigen diese einfachste Bauart. Zu dieser Grundform zählt B. Schier das alpenländ. und das roman. Pfettend, das oberd.-südslaw. Scherend., das Winkeld. der Alemannen und das Ansdach der Norgerm. Während für das Pfettend. auch auf gr.-röm. Überlieferung hingewiesen wird, ist das Sparren- und Kehlbalkend. eine Schöpfung nordeurop. Zimmermannskunst. Die das D. tragenden → Balken bilden hier eine in sich ruhende feste Verbindung, die bei größeren Spannweiten durch Kehlbalken verspreizt wird (Kehlbalkend.), das ganze Gerüst stützt sich ab auf die Wandständer (»Ständerhaus«). Die Kunst anspruchsvoller

Kehlbalken- und Sparrenkonstruktionen an nordd. Giebelhäusern (→ Bürgerhaus) war es nicht zuletzt, was den Ruf der Hamburger → Zimmerleute begründet hat. Der größere techn. Anspruch läßt die Annahme zu, daß dieser D.typus jünger ist und das alte Europa ein zusammenhäng. Rofend.gebiet gebildet hat. In Niederdtl. westl. der Elbe tritt die Sparrend.form am frühesten und reinsten auf und hat die Großräumigkeit des von Justus Möser (1778) so hoch gerühmten niedersächs. Hallenhauses ermöglicht. In versch. Übergangsformen drang das Sparrend. nach Mittel- und Oberdtl. vor und beeinflußte auch osteurop. und nordfrz. Bauformen.

Auf zwei Grundgestalten – Vollwalm und Steilgiebel – läßt sich auch die äußere Form des Daches zurückführen. Die Mittelmeerländer und Westeuropa sind die Heimat des *Steilgiebels*, der die Vorderwand des Hauses bis zum First emporführt. Bei seinem Vordringen von W nach O bot und bietet er im mitteld. Begegnungsgebiet von Sparren- und Pfettend. der hochentwickelten Kunst des → Fachwerks wie der dekorativen Technik des → Sgraffitto dankbare Aufgaben. Von Mitteldtl. aus fand der Steilgiebel Eingang ins Gebiet ober- und niederdt. Einbauten und auch bei den Slawen Osteuropas. Beim Sattel- oder Giebeld. bilden zwei Flächen je eine Traufe und verbinden sich in der Firstlinie. Ein D., das aus vier geneigten Flächen besteht, bezeichnet man als *Walmdach*, unvollst. Formen der Abwalmung als Halb- und Krüppelwalm (die alte Grundbed. von ahd. *walbo*, mhd. *walbe* war ›Wölbung‹). Wie der Vollwalm früher in Mittel- und Osteuropa verbreitet war, so bestimmte er bes. das Bild der niedersächs. Hauslandschaft, ehe er – abgelöst von Zwischenformen und schließlich vom Steilgiebel – sich in abgelegene Heide- und Moorlandsch. zurückzog. Neben Gefüge und Form ist schließlich die *Bedeckung*, die Außenhaut, von Bedeutung für Wesen und Erscheinung des D. Sie wird bestimmt durch Klima und vorhandene Baustoffe, steht aber auch in Wechselwirkung mit dem Baugedanken. Die urspr. nicht genagelten, sondern steinbeschwerten Schindeln oder Legbretter aus Fichten- oder Lärchenholz auf alpenländ. Bauernhäusern und Ställen setzen ein verhältnism. flaches D. voraus. Die Decke aus Stroh oder Reet (Schilf) im N verlangt ein steiles Sparrend., wenn es den Regen ableiten und nicht faulen soll. Die dauerhafte Befestigung macht eine bes. im Firstabschluß kunstvolle Technik nötig. Der Feuersgefahr sucht man wohl durch einen Lehmüberzug oder, neuerdings, durch Tränkung des Strohs mit Schutzmitteln zu begegnen. In Mitteldtl. bieten sich Schiefer, im fränk. Jura flache Plattenkalke (Solnhofer Schiefer) als D.schutz an. Auch Rinde oder Torf verwenden primit. Behausungen. Soweit nicht aus Gründen des Heimat- oder Landsch.schutzes an überlief. Formen der D.deckung festgehalten wird (Schindeld. in den Alpen, Reetd. in Friesland, ganz einheitl. z. B. in Kampen auf Sylt), beherrscht das feuersichere Ziegeld. mehr und mehr auch ländl. Gegenden: überlappende Flachziegel (Biberschwänze, Ochsenzungen), seltener ineinandergreifende Hohlziegel (Mönch und Nonne) und Falzziegel, die sich an den Längsseiten überdecken. Das Material ist gebrannter Ton oder, bes. im S, eine in Form gepreßte Sand-Zementmischung. Nach Brandkatastrophen durch Föhneinwirkung in den Alpen entschließen sich heute mitunter ganze Siedlungen bes. am Oberrhein zum ebenso häßlichen wie ungesunden D. aus Eisenblech. → Drache, Grenze

Lit. s. Bauernhaus; bes. B. Schier, Hauslandschaften [2]1966 (1. Kap. D.gerüst, -form, -decke); W.-E. Peuckert, Traufe und Flurgrenze. Zs. f. Vkde. 50 (1953).

Dächer → Dohle.

Dachs, durch die Kunst seines Winterbaues (»dachsen« = tief schlafen) und andere biologische Eigenschaften dem Volke merkwürdiges Tier. D. ist ein germ. Wort wie Fuchs. Im Westfälischen heißt er Griewel (= Gräber), ähnlich sonst im Niederdt. Der D. ist Wettertier (noch heute gilt: wenn der D. an → Lichtmeß seinen Schatten sieht, ist der Winter noch lang) und er zieht als Schwein in Frau Harkes Gefolge. Fett, Fell und Pfoten sind heilend und apotropäisch. Vgl. das D.fell am Pferdegeschirr (Bayern). Schon die Römer ließen Jagdtaschen und Halsbänder für Hunde als Zauberschutz gegen Unfälle aus D.fell fertigen.

O. Keller, Die ant. Tierwelt, 1, Neudr. 1963.

Dachwurze → Hauswurz.

Dachziegel, Firstz., Bauz. Im 11./12. Jh. wird bes. in süddt. Städten die Ziegeldeckung nach ital. Vorbild Brauch, während für das dörfl. und bäuerl. Haus weiter Schindeln, Stroh oder Schilfrohr verwendet werden. Noch heute erzwingt mitunter erst die Feuervers. das Umdecken auf Ziegel aus Ton oder Betonguß, auf Schiefer und Blech. Glasierte D. kannte man schon um 1400. Träger bescheidener Vk waren die unglas. flachen D. (Biberschwänze). Grobe Umrisse von Schutzheiligen, Abdrücke von Hand oder Fuß (auch von Tieren), eingeritzte Buchstaben, Zahlen und Zeichen waren ebensooft Zierat wie zauberische oder rel. Schutzmaßnahme (→ Giebelbretter). Der hl. → Laurentius (1667) oder der Dom von Speyer (1867) wurden abgebildet. Im dt. SW werden ähnl. geschmückte D. als »Feiertagsziegel« bezeichnet. Gelegentl. haben auch → Gebäckmodel oder solche für → Zeugdruck zur Verzierung von D. gedient. Von Schloß Hohenberg bei Tölz berichtet Höfler, daß jede der 40000 Dachplatten mit Abdrücken versehen war, unter denen sich das Bild der hl. → Notburga zwischen 2 Monstranzen befand. Als Patronin des Feierabends bildet sie hier den Abschluß der Darst. von der Tagesarbeit eines Zieglers (1818). Hessen, Pfalz, Elsaß sind reich an geschmückten D. Nach Zink waren in der Pfalz Jahreszahl, Geometr., Sinnbildl., Wappen, Sterne, Sonne und Nelken die bevorzugten Motive. Der Schmuck hatte auch einen prakt. Wert beim Abzählen der Ziegel. Selbst auf älteren Hohlziegeln wurden mit spitzen Holzstückchen Muster eingeritzt oder mit dem Finger eingedrückt. Eine bes. Gruppe bilden die Sonnenziegel, die in ganz Dtl., bes. in Mitteldtl., seit dem 17. Jh. und noch im 20. Jh. anzutreffen sind. Sie tragen außer den Bildern ganzer oder meist halber Sonnen (die vom Rande ausstrahlen), oft kleine Kreuze, Jahreszahlen (der bisher älteste: 1621), Namen und Sprüche. Im Frühjahr überreichte ihn der Geselle dem Meister als ersten D. des neuen Arbeitsjahres.

> Er ist gemacht für Sie zu Ehren,
> Damit Sie uns ein Trinkgeld bescheren,
> Es mag sein groß oder klein.
> Wir wollen damit zufrieden sein,

heißt es dazu auf einem Perleberger Stück. Aber auch derbe Handwerkerspäße finden auf den D. Platz. Auf einem D. des Hohenloh.

Schlosses Neuenstein heißt es: »Das hab ich nicht wußt, daß die Magd ein Hur ist«. In Mitteldtl., bes. in Hessen, kennt man auch D. mit plast. Aufsätzen, die den Firstgiebel oder, zu Gruppen hintereinander gereiht, den ganzen Grat des Daches schmücken. A. Spamer erwähnt urtümlich gebildete Tier- und Menschengestalten (Reiter, Soldat) auf den Firsten älterer Häuser in Langd, Ober- und Niedermockstadt, Marburg u. a. Bisweilen überziehen Ziegelplastiken »zu regelmäßigen Zügen und Jagdszenen zusammengestellt, den ganzen Dachgrat« (Wetterau, Krs. Alsfeld). – D. mit aufgesetztem menschl. Kopf werden von R. Andree zu den → »Neidköpfen« gestellt. Kopfziegel waren noch um 1900 z. B. im Breisgau verbreitet (v. Preen). → Fliesen, Kacheln.

R. Andree, in: Zs. d. Ver. f. Vkde. 18 (1908); M. Walter, D. Kunst d. Ziegler. Obdt. Zs f. Vkde 1 (1927); A. Spamer, Vorbem. in: Hess. Bll. f. Vkde. (1933); F. Krüger, Der Ziegelstein: Jb. f. hist. Vkde. 3./4. Bd. 1934; O. A. Erich, in: Peßler, Hb.; W. Müller, Zu Feierabendz. u. Ofenwandpl. In: Hie gut Württ. 4, 9, 10 (1953, 58, 59); G. Klein in: Art Pop. de France. Festg. f. A. Riff. Straßbg. 1960 (Dekor. D. – »Feiertagsz.« – im Elsaß); K. Hillenbrand, D. u. Zieglerhandw. In: Der Mus.freund. Aus H.mus. u. Slgn. in Baden-Württ. 1964 H. 4/5.

dafürtun → besprechen.

daemon meridianus → Mittagsg.

Damast, Leinend. Wie Baldachin und Musselin nach arab. Orten benannt sind, so bez. D. (mlat. *damascenus*) ein feines Gewebe aus Damaskus. Die Technik stammt aus China. Seit dem 15. Jh. war ital. Seidend. berühmt, wie er im 16. Jh. in Augsburg Nachahmung fand. Das → Weben von Leinen und Tuch hatten schon um 1250 flandr. Handwerker nach Brdbg., Sachsen und Schlesien gebracht. Aus nländ. Schule kam wohl auch der erste D.weber, den die Dresdner Innung 1576 aufnahm. Von Sachsen und Schlesien breitete sich die D.weberei in nördl. und westl. Richtung aus. Nach Schoneweg gab ein Webmeister aus Plauen den Anstoß für die Gründung einer »Pflanzschule für Erziehung einheim. D.weber« in Bielefeld Ende des 18. Jh. Mit den seit der Aufhebung des Edikts von Nantes (1685) aus Frankr. fliehenden Hugenotten kamen begabte Leinenweber nach Mitteldtl. und Berlin (Réfugiés), die es ermöglichten, das bisher von Frankr. belieferte Ausland (England, Italien, Spanien) für die dt. Ware zu gewinnen. Die Muster im D. binden entgegengesetzt zum Grundgewebe; durch den Wechsel von Kett- und Schußbindung, die das Licht verschieden zurückwerfen, treten sie hervor. Im frühen MA waren die kostbaren seidenen Erzeugn. des Zugstuhls für Kirche und Adel bestimmt. In England, Holland und Dtl. wurde die Technik auf heimisches *Leinen* übertragen und so erst bodenständig und vtüml. Mit dem schlichteren Werkstoff wurden auch Webart und Musterstil vereinfacht. Wie → Beiderwand und → Zeugdruck nimmt der Ld. seine Muster aus den → Modellbüchern der Renaiss. und des Barock.

E. Kumsch, Ld.muster des 17.–18. Jh., 1891; E. Schoneweg, Das Leinengewerbe in der Grafschaft Ravensberg, 1923; D. Klein; In: Jahrb. f. hist. Vkde., 3./4. Bd., 1934; W. Schuchhardt, Niederlausitzer Altarbehänge in Bildwebetechnik. Niederlaus. Mitt. 27 (1939); ders., Bilddamaste d. dt. u. europ. Vk. V.werk, 1941; F. Donath (Beschreib. e. tiroler Zugstuhls) in: M. Haberlandt, Werke d. Vk 1. Bd. 1914, S. 96ff.

Damian → Kosmas.

Dämonen. In der Religion der Griechen stand dem menschengestaltigen, individuellen, mit Kult verehrten guten Gott *(theos)* die Zahl der im Unbestimmten wirkenden, weniger mächtigen, aber auch der übernatürlichen Welt angehörenden D. *(daimones)* gegenüber. Der Philosoph Maximos v. Thyrus zählte zu den etwa 30000 angenommenen D. auch z. B. die Verursacher des Donners, des Ohrenklingens oder des Tones von Erz. Bei diesen D. wechselte menschliche und tierische Gestalt, ihr Handeln gegenüber den Menschen war freundlich und hilfreich, aber auch boshaft und schädigend. Solche unbestimmte Gestalt besitzen auch die → Geister des dt. Vglaubens, während im kirchl. Wortgebrauch D. nur die bösen Geister, die → Teufel, heißen. Augustinus schrieb alle Krankheiten der Christen D. zu. In »Dichtung und Wahrheit« (4,20) beschrieb Goethe das »furchtbare Wesen« des D.ischen. → Besessenheit, Ungeheuer, Lit. → Magie.

E. Stemplinger, Antiker Aberglaube in modernen Ausstrahlungen, 1922; P. Volz, Das D.ische in Jahwe, 1924; E. Rohde, Psyche [10]1925; P. Tillich, Das D.ische, 1926; H. Kaupel, Die D. im alten Testament, 1930; H. Achterberg, Verkleidete Glaubensgestalten d. Germ. auf dt. Boden. 1930; L. Röhrich, Die d.ischen Gestalten d. schwäb. V.überl. Diss. Tüb., 1949; ders., Der D. u. sein Name (Paul u. Braunes Beitr., 73).; H.-J. Müller, D.gestalten d. steir. V.überl. Diss. Marbg. 1954. (Ungestalte Masse wohl die »ursprünglichste Form«, in der D.gesehen werden); J. Sauer, D. u. Monstren. Gestaltgn. d. Bösen in d. frühen Kunst d. MA. 1962.

Dank ist verboten, wenn ein geschenkter Steckling wachsen, eine geliehene Arznei helfen soll. Es ist das Ungewöhnliche, das so viele magische Handlungen begleitet, wie z. B. auch Schweigen, Finden und Stehlen. → umgekehrt.

dankbarer Kirchgang → Aussegnung.

Darmtille, -dill → Blutwurz.

Darre → Lunge, Schwindsucht.

Daumen. Den in die geschlossene Hand eingeschlagenen D. (meist beide) »halten«, »drücken«, mit dieser → Gebärde des Schutzes und der Abwehr sucht man das »Glück« zu zwingen, Schauspieler vor der Uraufführung, Boxfans für den Champion, Fußball-Berlin für seine Mannschaft, Landsleute für ihren Olympia-Gold-Anwärter im Abfahrtlauf und Slalom (1964), der Klub für ihre Kameradin am Stufenbarren usw. Der auch im Alltagsleben geläufige Brauch läßt an die Glücks- und Abwehrgeste der → Feige denken, eher als an die Gebärde, mit der die alten Römer für einen verwundeten Gladiator Gnade erbaten. – Eindeutig ist der alte Zusammenhang bei der Leben und Tod bedeutenden Geste des erhobenen oder gesenkten D. In der engl. Krise Anfang 1968 starteten Sekretärinnen eine Kampagne, deren Wahlspruch »I'm backing Britain« und deren Zeichen der erhobene D. war. Nach 1945 hat sich diese Geste auch unter den Deutschen eingebürgert. Eine Karikatur (Süddt. Ztg. Silvester 1961) stellt so den Friedensengel einem Totengerippe mit Helm und Maschinenpistole gegenüber. In R. Dahl, Und noch ein Küßchen, 1968, heißt es S. 98: »Ich hob den D. und machte das Okay-Zeichen«.

Daus. Nach und neben alten Wörtern der Spielsprache (Sau, Hund) erscheinen bei jüng. → Kartenspielen manche fremde wie As, Pasch, Treff, Trumpf. Auf lat. *duos* (für *duo*) beruhen südfrz. *daus* und ahd. *dûs*, die ›zwei Augen‹ im Spiel mit → Würfeln bedeuten. D. heißt auch das As in der Spielkarte. Da Glückspiele häufig als sündhaftes Tun getadelt wurden, konnte D. einer der vielen Decknamen des → Teufels werden (Ei, der D.!). Noch im 1. Weltkrieg warfen dt. Solaten die → Spielkarten fort, wenn es in ein ernstes Gefecht ging.

Dauslepper → Pfingsten.

Deckengehänge → Unruhe.

Decknamen → Name, tabu, Euphemismus.

Demeter → Maria.

Demoskopie (v. gr. ›Volksschau‹). Obwohl die Meth. der Befragung z. T. grunds. verschiedene sind, wird die noch in der Entwicklung stehende D. bei wachs. Breite und größerer Genauigkeit auch der Vkde nützen können. Der Vorteil der D. ist der weit kürzere Weg zwischen Umfrage und Auswertung durch die Gegenw.bezogenheit wie durch die themat. und geogr. Begrenzung. Für die D. bedeutet freilich Demos nicht das in überlief. Ordnungen lebende Volk, sondern der Durchschnitt der Gesamtbev., die nicht oder wenig differenzierte Masse. 1932 gründete in den USA der Marktforscher Gallup das »American Institute of Public Opinion«, das einem beispielh. Bev.durchschnitt vor allem polit. Fragen stellte. Vor dem letzten Kriege folgte England mit einem ähnl. Unternehmen, und nach 1945 wurde in Italien die »Doxa« (›Meinung‹) gegründet. »Die Gesamtzahl der Institute soll bereits in die Tausende gehen« (Freudenthal; 1958). 1957 fand in Konstanz a. B. der erste internat. Kongreß in Dtl. statt, der 300 Mitglieder der ESOMAR (European Society of Opinion Survey and Market Research) und der WAPOR (World Association für Public Opinion Research) versammelte. Von mehreren dt. Einrichtungen (Infratest, Infas, Emnid, Wickert-Inst., Sample-Inst., u. a.) für D. ist eines der bekanntesten das »Inst. f. D.« in Allensbach am Bodensee, das auch Beiträge für eine Vkde der Gegenwart leistet. In den Umfragen der Jahre 1958–64 fand H. Freudenthal u. a. berücksichtigt: »Aberglaube, Advent, Andenken, Astrol., Benehmen, Brot, Dialekt, Farben, Fastnacht, Feiertage, Flagge, Freizeit, Gartenzwerge, Gebäkke, Geburtstag, Gebräuche, Geschenke, Geschmack, Geselligkeit, Gewohnheiten, Handkuß, Hellseher, Hexen, Hochzeit, Humor, Kalender, Karneval, Kleidung, Laienspiel, Lebensalter, Märchen, Mentalität, Möbel, Namen, Nationalhymnen, Ostern, Pfingsten, Sitten, Sonntage, Spiele, Tanz, Vereine, Vlieder, Wappen, Weihnachten, Weltuntergang, Wochentage, Wohnung, Zeichen, Zukunftsdeut., Zweites Gesicht, Zwölf Nächte«. Die D. lenkt die Aufmerksamkeit bes. auch auf das vtüml. Denken in Recht, Politik und Wirtschaft. Vor unkrit. Benutzung eines neuen Informationsmittels warnen die Leiter des Allensb. Inst. selbst: »so wendet es sich heute gegen jene primitive Umfrage-Gläubigkeit, die aus dem mechan. Ablesen von Prozenten ein Wundermittel der Erkenntnis machen möchte. Die Analyse bleibt eine geistige, eine schöpferische Aufgabe«. → Atlanten, Stadt

E. Noelle u. E. P. Neumann, hg., Jb. d. öffentl. Meinung (1. Jb. 1956 für 1947–55; 2. Jb. 1957 für 1957 und Umfragenverz.; 3. Jb. 1965 für 1958–64); H. Troost, M. Pieper u. a., Der »statist.« Mitmensch. 1964; H. Freudenthal, Vkdl. Streiflichter. In: Beitr. z. Dt. V.- u. A.kde 2/3 (1958) und 10 (1966).

Demutkraut → Thymian.

Deposition. Bez. des seit dem 16. Jh. für die Immatrikulation an den Universitäten vorgeschriebenen Initiationsbrauches der → Studenten, wobei dem maskierten Neuling (Bachant, Bean) Hut und Hörner *(depositio cornuum)* unsanft abgenommen wurden. Vgl. noch die heutige Redensart »sich die Hörner abstoßen«. Als D.spiel bezeichneten dann auch die →

Drucker ihren Aufnahmebrauch, ebenso Taschner und Posamentierer ihre Gesellentaufe. → Hänseln, Handwerker, Jünglingsweihe, Initiation, Maske, Horn.

W. Fabricius, Die akademische D., Diss., 1895

Detektivgesch. → Krimi.

deutsch, D.land, D.tum, D.heit. Ahd. *diutisc* und mhd. *tiu(t)sch* sind die Eigensch.form von ahd. *diot*, mhd. *diet* ›Volk‹ wie → völkisch von Volk. Die mhd. Form wurde lange Zeit irrtümlich auf den angeblichen Stammvater Teut bezogen. »Das Wort, das den Deutschen ihre Einheit als Volk ins Bewußtsein gehoben hat, wird zuerst in Westfranken um 700 von der Sprache gebraucht, die die Stämme vor ihrer staatlichen Einigung allein verband« (Götze-Kluge, Et. Wb. 1953). 786 berichtet ein Kaplan Karls d. Gr. an den Papst, die Beschlüsse einer Synode seien verlesen worden *tam latine, quam theodisce, quo omnes intelligere possent.* D. ist die Sprache des Volkes im Gegensatz zum hohen Klerus, zu den Romanen und zu verwelschten Franken. Um 950 wird aus der bis dahin bezeugten mlat. Lautung das ahd. *diutisc.* Notker (um 1000) bezieht *diutisca zunga* auf nichtfränk. Stämme. Als Bez. auch von ›Land und Leuten‹ erscheint *diutisch* zuerst im Annolied (um 1080). Aus der Mehrzahl *diutsche lant* in diesem Denkmal wie aus der Formel *in allen tiuschen landen* bei W. v. d. Vogelweide entwickelt sich im 15./16. Jh. das Wort Dl. an Stelle von Germania, Teutonia oder Alemannia, welche Bez. das Ausland noch heute bewahrt. Das Wort Dt. bildet die Lit.sprache erst in den Befreiungskriegen (Goethe, Arndt). Dh. ist zwar schon bei Oswald v. Wolkenstein *(teutschikait)* und dann im 17. Jh. belegt, gewinnt größere Bedeutung aber erst bei den Vorläufern der Romantik (Klopstock, Hainbund), bei M. Claudius, A. Bürger und F. L. Jahn. – Den Sinn der Stammes- und Sprachgemeinschaft hält auch die deutsche → Volkskunde fest, indem sie – im Gegensatz zu den engeren Begriffen »D. Reich« und »reichsd.« unter d. und Dl. die *Gesamtheit* der durch gleiche Abstammung, Sprache und Kultur verbundenen Volksgenossen inner- und außerh. geschlossener Staaten versteht (→ Auslandsdt.). – Einen Beleg dafür, daß Volkszugehörigkeit »von außen« schärfer erkannt wird als »von innen«, bietet eine Umfrage von 1968: »Gleicht ein Elsäßer mehr einem Deutschen oder einem Pariser?« Von Deutschen antworteten 54 v. H.: einem Deutschen, 39 v. H.: einem Pariser. Von Franzosen antworteten 70%: einem Deutschen, 18% einem Pariser.

F. Vigener, Bez. f. Volk u. Land d. Deutschen, 1901; E. Meynen. Dl. u. D. Reich, 1935; W. Krogmann, D. 1936. (Übersicht ü. d. Deutungen); J. L. Weisgerber, Theudisk. 1940; ders., Die Entdeckung d. Muttersprache. 1948; Th. Frings, Das Wort D. In: Altdt. Wort und W.kunstwerk. 1941; E. Lerch, Das Wort D. 1942; J. L. Weisgerber, D. als Volksname. 1953 (Zus.fassg. d. jüngsten Fg.); A. Bach, Dt. Vkde. [3]1960.

Deutsche Gesellschaft für Volkskunde e. V. Auf Anregung des V.liedforschers John Meier, Freiburg, wurde 1904 der »Verband der Vereine für Vkde« gegründet mit dem Ziel, vkdl. Vereinigungen, Fg.stätten, Hochschulinst., Biblioth. und Museen zu gemeins. Arbeit zusammenzuführen, die in Jahrestagungen, Kommissionen und Berichten ihre Zielsetzung erfuhr. Bes. machte sich der Verband die Einleitung wiss. Grundwerke zur Aufgabe (Bibliogr., Handb. der Sage, des V.brauches, des Märchens, des V.glaubens). Bes. Arbeitskreise widmen sich in jüng. Zeit der Hausfg., der Vkde der Vertriebenen, der Frage Rundfunk und Vkde u. a. Gefördert wurde auch die Arbeit des V.liedarchivs in Freiburg und des Atlas d. dt. Vkde, Berlin (heute Bonn; → Atlanten). Unter der neuen Bez. Dt. G. f. V. steht der Verband heute unter Leitung von Prof. Günther Wiegelmann, Münster i. W. (Vkdl. Seminar der Univ., Domplatz 23). Über aktuelle Fragen berichten mehrmals im Jahre die »dgv Informationen« (Nr. 81, 1972; über die Vkde in Österreich berichtet das seit 1966 zehnmal im Jahre erscheinende Nachrichtenblatt d. Ver. f. Vkde., Wien, »Vkde in Öst.«; Schriftleitg.: Kl. Beitl). Im Auftrag des Verbandes, seit 1964 der Dt. G. f. V., erscheint das älteste Organ unserer Wiss., die »Zs. f. Vkde« (Verlag W. Kohlhammer, Stuttgart). Ausführl. und Lit. → Verband in d. Ausg. 1955 dieses Wb.

50 Jahre Verband d. V. f. Vkde. 1904–1954; H. Gerndt, Chronik d. D. G. f. V. Zs. f. Vkde 67 (1971).

Deutscher → Walzer.

Devotionalien. Gegenstände der pers. Andacht wie → Andachtsbilder, → Reliquien, Andenken an eine → Wallfahrt, → Agnus Dei, → Breve, → Rosenkranz u. a. (lat. devotio ›Andacht, Verehrung‹). Auf diesem Gebiet begegnen wir ebenso schlichter Vk. (→ Oberammergau) wie in neuerer Zeit dem in Massen fabrizierten → Kitsch, den hemmungslose Profitgier tonnenweise auf den Markt wirft. Doch zeitigt auch eine z. B. vom Österr. Heimatwerk ausgehende Gegenbewegung erste Erfolge. → Vfrömmigkeit.

Inventar e. Salzbg. D.händlers, in: Öst. Zs. f. Vkde 52 (1949)

Dialogus mirac. → Caesarius v. H.

Diamant (gr. *adámas* = unbezwingbar), noch im 1. Weltkrieg im Ring als Amulett für Unverwundbarkeit getragen, galt der D. schon im MA., auf Grund antiken Glaubens, für siegbringend und als Sinnbild des Kriegers und Herrschers. → Edelsteine.

H. Bethe, in Reallex. z. dt. Kunstgesch. 3 (1954); E. Hahn, D. 1957.

Diana, altitalische Waldgottheit, in geistl. Schriften des MA Frau Percht und Frau Holle gleichgesetzt, im dt. Vglauben nicht genannt. Auf roman. Boden war D. mit → Herodias noch im MA. tierreitende → Nachtfrau und → Hexe. → Bercht, Holle, Abundia, Hubert, Konzil.

J. Grimm, Dt. Mythologie, 1854³; J. G. Frazer, Der goldene Zweig; dt. 1928; F. Altheim, Griech. Götter im alten Rom. 1930.

Dichterle → Enkel.

Dickbuuksabend → Neujahr.

Dickköpf → Zwerg.

Diele. Das Wort führt zurück auf die Bed. ›zum Fußboden gehör. Brett‹. Hierher gehört das obd. Dille als Bez. des Dachbodens wie nd. Däl, Deele im Sinne von Fußboden, Tenne, Flur. Im niedersächs. Haus öffnete sich die Toreinfahrt zur D., die Dreschtenne, Stall, Futtergang und Feierraum war und im → Flett endete. Auch das nordt. → Bürgerhaus übernahm den zentralen Einraum (Wohnung, Küche und Arbeitsraum), den allmählich Einbauten und Treppen veränderten. In den Hansestädten noch lange Repräsentationsraum, ist er in der heutigen Stadtwohnung noch resthaft als Wohn- und Eßd. vorhanden oder lebt in der Bez. kleiner Unterhaltungsstätten (Tanzd.) fort.

F. Unglaub, Die D. im niedersächs. Bauernhaus u. norddt. Bürgerhaus, 1910; G. Eitzen, in: Reallex. z. dt. Kunstgesch. 3. 1954.

Dienstag. Durch die Aufnahmen des Wenkerschen → Sprachatlas kennen wir die volkssprachlichen Bezeichnungen des 2. Tages der → Woche. Die Bezeichnungen Ertag oder Irtag für D. im bayr.-österr. Mundartgebiet führten Schmeller und neuerdings noch überzeugender Kluge auf den Namen des griech. Kriegsgottes *Ares* zurück. Er wanderte mit der arianischen Mission donauaufwärts und rheinabwärts, zugleich mit den Wörtern Pfaffe, Pfinztag, Samstag, taufen, Teufel u. a. (Th. Frings, J. Nießen, F. Kluge). – Im schwäbisch-alem. Mundartgebiet finden wir den Namen Zistag, Zieschtig u. a. Von J. Grimm bis heute leitet die Forschung dieses Wort vom Namen des germ. Himmels- und Kriegsgottes → Ziu (anord. *Tȳr*) her, zu dem die Germ. den alten Himmelsgott Zeus gewandelt hatten. Die gleiche Bezeichnung des zweiten Wochentages haben auch die nordgerm. Sprach. (anord.: *tý(r)s-dagr*, engl: *tuesday*). – Neben mhd. *zistac* tauchte (als Verbindung zur Form D.) im 14. Jh. die Nebenform *zinstag* auf, die in den Schriften des 16. Jh. vorherrscht und noch heute belegt ist. Vom 16. Jh. an kommt in der Schriftsprache das heute auch mundartlich weit verbreitete D. immer mehr zur Herrschaft. Von der Leyen, Rühl u. a. führen dieses Wort auf den *Mars Thingsus* zurück, dem im 3. Jh. in Nordengland von friesischen Soldaten ein Weihestein gesetzt worden ist. Er war der Hüter des Rechts und Gott des → Things, der Volksversammlung. In niederdt. Urkunden des 13. Jh. begegnet man den Namen *dinsetag, dingstag*. Man vermutet, daß das Vordringen dieses Wortes mit der Ausbreitung der aus den Niederlanden stammenden fränkischen Macht zusammenhängt. Im 17. Jh. erreicht diese Form als D. Süddtld. und verdrängt dort Zistag. Zwischen Iller und Lech – der Lech bildet eine der wenigen bis heute fest erhaltenen Stammes- und Mundartgrenzen – heißt D. Aftermontag. Dieses Wort nun wieder hat mit dem benachbarten Ertag die Kontaminationsform (Vermischungsform) Mertag gebildet, wobei das M aus dem Anlaut des betonten Grundwortes in Aftermontag stammt. Daß es die Einflüsse des Verkehrs, der städtischen Zivilisation, der Zeitung usw. sind, die das schriftsprachliche D. immer weiter in d. südlichen Mundarten hineintragen, erkennen wir daran, daß die Stadt München mitten im Ertag-Gebiet eine D.-Zelle entwickelt hat. D. war in Niederdtld., aber auch in Bayern und Österr. oft Gerichtstag. Im MA. wurde D. zur Eröffnung von Kriegshandlungen gewählt. Der Namensanklang läßt D. als Glückstag für den Antritt eines Dienstes erscheinen. → Gericht, Gesinde, Sprachgeogr.

D.-Karte des → Sprachatlas mit Begleittext. Kluge-Götze, Et. Wb. 1953[16]; G. Schreiber, Die Wochent.e im Erlebnis d. Ostkirche u. d. christl. Abendld.s, 1959.

Dienstbote → Gesinde.

Dietrichsage. Aus der Völkerwanderungszeit stammen die Sagen und Lieder über Dietrich von Bern (= Verona). Hinter dieser größten Gestalt der germ. → Heldensage steht gesch. der Ostgotenkönig Theoderich (475–526). In diesen Kreis gehören das → Hildebrandslied und die im letzten Viertel des 13. Jh. aufgez. Dichtungen Dietrichs Flucht, Alpharts Tod, Die Rabenschlacht (Schlacht um Ravenna). Auch das Nibelungenlied und Lieder vom → Rosengarten zeigen Spuren der D. Ein Zus.schluß dieser bes. in Bayern leb. Überlieferung erfolgte nur in der nord. Thidrekssaga. Im Nibelungenlied wird D. zum Vorbild des christl. Ritters. Die Urgestalt des Dietrich stand jedoch im Arianismus. So war es wohl auch Feindschaft der offiziellen Kirche, die den Helden zu einem Teufelsbündler und Führer der → wilden Jagd (bes. in Ostdtld.) werden ließ. In der mhd. Kaiserchronik (vor 1147) holt ihn als arianischen Ketzer der Teufel. Die Gestalt und Namen des Perndietrich, Banndietrich gingen als Dyterbernat u. ä. auch in slaw. Sprache u. Sage über. → Bercht.

W. Grimm, Dt. Heldensage, 1829; K. Meyer, Die D. in ihrer geschichtl. Entw., 1868; R. Heinzel, Ostgot. Heldensage, 1889; R. Boer, Die Sagen von Ermanarich und D., 1910; A. Heusler, D. von Bern. In: Hoops Reallex; L. Wolff, Die Helden d. Völkerw.zeit. 1928; H. Schneider, Germ. Heldensage 1. [2]1962, mit Bibliogr.; H. de Boor, Gesch. d. dt. Lit. 3,1. [6]1964, mit Bibliogr.

Dill (ahd. *tilli*; Dillfenchel, Ille, Gurkenkraut. *Anethum graveolens*). Seit Urzeiten gelten starkriechende (oder stachlige) Kräuter als Schutz gegen Dämonen, so auch der Indern, Ägyptern und Griechen bekannte und in den alten Klostergärten gebaute D. Kinder, Wöchnerinnen, Brautleute sollen sich mit D. versehen. In der Mark.Brdbg. murmelt die Braut sogar während der Traurede des Pfarrers: »Ich habe Senf und Dille, Mann, wenn ich rede, schweigst du stille!«. Ähnlich verfuhr man vor Gericht (Lausitz). Pestsagen nennen D. als Schutzmittel (→ Bibernell). Die heutige Vmed. verwendet D. als Schlafmittel, oder die stillende Mutter trinkt einen Absud von D.samen. → Pest, Schlaf, Hochzeit.

A. Schmidt, Drogen u. D.handel im Altertum. 1924. – ADV 44b.

Ding, ahd. *ding* (älter *thing*) bedeutete: gehegtes Gericht, Rechtssache (vgl. heute noch: dingen, Bedingung). Es wurde immer am Tage (Tagding → Taiding = Gericht), unter freiem Himmel, an festem Ort (D.stätte) und zu fester Zeit (Ostern, Micheli u. a.) gehalten. D. im Sinn von Sache wurde in der V.sprache eine der häufigsten Tabubezeichnungen und → Euphemismen für Dämonen, Krankheitsgeister u. ä. Man will diese nicht mit dem richtigen → Namen nennen, weil man sie damit herbeiriefe (Wolf nennen, Teufel an die Wand malen). Der Wurm, eine Fingerkrankheit, heißt »das böse Ding« oder das »Ungenannte«. »D.«, »böses D.« nennt man auch Elben und Zwerge, wie schon der Helianddichter die feindlichen Geister als *»dernea wihte«* (= verhüllte D.) bezeichnete. Auch Bez. des Geschlechtlichen sind → tabu und werden im Lied, Spruch und Schwank durch das Wort D. ersetzt (→ Nacktheit, Kastration). Haustiere oder Kinder aber darf man nicht D. nennen, um sie eben nicht auf eine Linie mit dem Bösen zu stellen. → Thing, Dienstag.

W. Schmidt, Die Bedeutung d. Namens in Kult und Aberglauben, 1912; Bächtold-Stäubli, D. im HDA.; A. Grote, Die Welt d. D.e. 1958

dingen → Gesinde.

Dingfahne → Fahne.

Dinkel → Getreide.

Dinkelsbühler Kinderzeche. Das noch alljährl. im Juli begang. Fest der D.K. wird auf ein mal. Schulfest zurückgeführt, bei dem der Rat der Stadt die Lateinschüler bewirtete. Nach dem 30.j. Krieg verstand man das Fest als Dank an die Kinder, die angebl. 1632 die Stadt vor Plünderung und Zerstörung durch die Schweden retteten. Ähnl. wie andere süddt. Schulfeste entwickelte sich im 20. Jh. die D.K. zu einer »Festwoche« mit Umzügen in hist. Kostümen (die D.Knabenkapelle in Rokokotracht), mit Zunft- und Schwerttänzen, mit Illumination (Markt- und Weinplatz) und mit Freilichtauffgn. (1971: »Undine« von Giraudoux). → Kaufbeurener Tänzelfest, Gregorius.

P. Gluth, D. 1958; A. Gebessler, Stadt u. Landkr. D. 1962 (Lit.).

Dionysius, hl. (9. 10.). Als erster Bischof von Paris im 3. Jh. enthauptet und nach der Leg. mit dem Kopf in der Hand (Attr. auf Bildern) nach St. Denis gewandert, das seinen Namen trägt. → kopflos, Nothelfer.

M. Coens, Aux origines de la cephalophorie, in: Analecta Bolandiana, 74 (1956); M. Zender, Die Verehrg. d. hl. D. v. Paris in Kirche u. V. In: Landsch. u. Gesch., FS F. Petri (Bonn 1970).

Dioskurides, Gr.Arzt und Gelehrter (1. Jh. n. Z.). Von ihm stammt die bedeutendste Pflanzenheilkde des Altert: *De materia medica libri V.* Sie enthält Beschr. von etwa 600 Pflanzen der mittelmeerl. Flora und ihrer med. Verwendung und stand bei den dt. Naturforschern bis ins 16. Jh. in höchstem Ansehen (Zahlr. Abschr. u. Komment.). Viele antiken Heilanwendungen sind z. T. richtig, z. T. falsch auf nicht immer entsprech. heimische Pflanzen übertragen worden und durch Vermittlung der → Kräuterbücher ins Volk gelangt, so manche Überfremdung vtüml. Überlief. bewirkend. – Eine gr. Hs. aus dem 5. Jh. mit vielen Abb. in der Wiener Nat.bibl.

Ausgabe v. Wellmann; dt. v. Berendes, Des Pedanios D. aus Anazarbos Arzneimittellehre in fünf Büchern usw., 1902; Vgl. ferner: Apothekerzeitg. 1905, Nr. 89–94 u. Janus 1907; Biogr. Lex. d. hervorrag. Ärzte usw. hg. v. A. Hirsch. Erg. bd. ^{3}1962; Facsim. Ausg. d. Wiener Ms. (m. Abb.). 1966.

Diphtongierung → alem.

Disir → Idisi.

Distel (ahd. *distila;* Gattungen *Cirsium* u. *Carduus*). Wie anderes Stachlige galt die D. als apotropäisch. Nach germ. Glauben schützte Donar den, der eine D. bei sich trug. Wenn ein Bauer bei der Arbeit flucht, verunkrautet der Acker mit D. Ausstechen am Karfreitag oder Joh.tag hilft. Wächst eine D. aus dem Grab, dann blieb der Tote eine Messe oder Wallfahrt schuldig (N.öst.). Sie ist aber auch vom Vieh geschätztes Milchkraut. »Jedes D.dörnchen hat ein Butterkörnchen« (Rheinpfalz). → Hildegard v. Bingen nennt die Mariendistel *vehedistel* (Vieh-D.). Die Vmed. verwendet Saft und Wurzel der D. bei Auszehrung (Schwindsucht) und Geschwülsten.

L. Behling, Die Pflanzenwelt der mal. Kathedr., 1964; Dt. Wortatlas XI.

divinatio naturalis → Wahrsagung.

Doadkloppertje → Holzwurm.

Docken, -macher → Puppe, Nürnberg.

Dodekahemeron → Zwölften.

Dodevogel → Kiebitz.

Dölderlimoos → Widerton.

Doggi. In alem. Sagenbüchern bilden die Sagen vom D., Toggäli u. ä. oft eine größere Gruppe (z. B. J. Müller, Sagen aus Uri, Nr. 162–182). D. ist sprachlich von Tocke (= Puppe) herzuleiten, sachlich aber dasselbe wie Trud, Schrat und → Alp. Vom D. wird noch erzählt und Häuser, in denen es »kommt«, sind gemieden (Montafon).

R. Beitl, D. In der Neuausg. v. F. J. Vonbun, Die Sagen Vorarlbergs, 1950. S. 267ff.; ders., Im Sagenwald. Neue S. a. Vorarlberg 1953.

Dohle *(Corvus monedula)*. Schon in der Antike galt das Erscheinen der D. als Ankündigung kühlen und nassen Wetters. Auch als → Vorzeichen des Todes gilt sie. Die mhd. Formen *tahe, dahele, tale* klingen in d. mundartlichen Bez. Dach (Schwaben), Toche, Dächer (Österr.), Tale nach. Das südwestdt. Tule (alem. Schneetulla, die Schnee und Winter ankündigt, wenn sie vom Berg ins Tal kommt) geht vielleicht auf den lat. Namen zurück. Da dieser Rabenvogel, wie die → Elster, glänzende Dinge liebt, wird ihr lat. Artname als *monetedula* (= Münzenfresserin) gedeutet. Daneben heißt die D. auch Äelke, Talke, Kauk, Klaß, Hansel.

Dolmen → Schalensteine.

Domesel → Thomas.

dominae nocturnae → Nachtfrau.

Dompfaff → Gimpel.

Donar, nord. Thor, war zunächst germ. Gott des Gewitters, später wurden ihm Ackerbau und Viehzucht, Haus, Hochzeit und Familie unterstellt. Er ist der Bauerngott von sehr verbreitetem Kult, wie es bes. zahlr. Orts- und Pers.namen in Skandinavien ausweisen. Schließlich wird sein Tag, → Donnerstag, auch Ding- und Gerichtstag neben → Dienstag. Im Winter ist sein Hauptopferfest, an dem D.s → Minne getrunken wurde. Es wird berichtet, daß zur Zeit des → Bonifatius selbst noch christl. Geistliche den D. verehrten. Nach der Überlief. fällte B. bei Geismar eine D.eiche. Die weite Verbreitung (bis ins Keltische) und tiefe Verwurzelung des Kultes zeigt auch der spätere V.glaube, der im Wetterbrauch bis heute vorwiegend germ. Züge aufweist (Donnerblumen). Auch mehrere Orts- und Bergnamen (Donnersberg) sind wohl auf D. zurückzuführen. → Blitz, Donnerbesen, D.-keil, Eiche, Wetterblumen, Kuckuck, Eligius, Ding.

J. de Vries, Altgerm. Rel.gesch. 1. Bd. 1935; R. L. M. Derolez, Götter u. Mythen d. Germ. 1963.

Donatus, (30. 6.) hl. Märtyrer der Katakombenzeit, besonders in Westdtld. verehrt und Blitzpatron infolge eines wunderbaren Ereignisses bei der Überführung seiner Gebeine von Rom nach Münstereifel (1652); wohl auch wegen des Namenanklanges (-Donner). Auf Drucken des 18. u. 19. Jh., die als Segen und Amulett dienten, wird er als röm. Soldat mit Märtyrerfahne abgebildet.

A. Wrede, Eifeler Vkde. ³1960; ADV-NF 9–12 V.tüml. Heil.verehrg.; M. Zender, Räume und Schichten usw.; ferner: ADV. Erläuter. 1959.

Donnerbart → Hauswurz.

Donnerbesen. An der Giebelseite niederdt. Häuser nicht seltenes Backsteinornament in Form eines aufwärts gerichteten Besens, von manchen Autoren als Man-Rune gedeutet. Als Schutz gegen Unholde und Unwetter steht der D. neben dem Glückszeichen (Lauffer) der »Mühle«. Man hat in beiden auch den Gegensatz zwischen männlichem u. weiblichem Prinzip sehen wollen. Bei Hamburg, Lübeck, Lauenburg u. a. ist der Name D. noch üblich, anderwärts, z. B. im Braunschweig., gilt die Ziegelsetzung als bloßer Zierat (W. Peßler, Nieders. Vkde. S. 106). Auch an Herd- und Hochsäulen des Nieders.hauses kommt der D. vor. Das Ornament ist vielleicht eine Nachbildung der → Mistel, die gleichfalls als D. oder Hexenbesen bezeichnet wird. → Runen

K. Th. Weigel, Runen u. Sinnbilder. 1935.

Donnerkeil. Versteinerungen wie Echenit, → Belemnit, (zuerst 1589 im »Wetterspiegel« von Bapst), besonders aber ausgepflügte vorgeschichtliche Werkzeuge bezeichnet das Volk als D., Donnerstein, Donnerbeil. Sie sollen unter Donner und → Blitz auf die Erde gefallen sein. Nach dem Satz → *similia similibus* sind sie Gewitterschutz, sie verleihen Zauberstärke und sind, besonders wenn sie (wie Trudensteine) durchlocht sind, gesuchte → Talismane. Niederdt. Flüche und Beteuerungen (Dunnerkiel, niederländisch »*by gods heilige steenen*«) beziehen sich auf diese D. Die Bez. und unsere Form der Überlieferung darf auf germ. Ursprung zurückgeführt werden. Bei Luther hat D. allerdings nur die Bedeutung ›Blitzstrahl‹. Die Vorstellung von heiligen Steinen überirdischer Herkunft findet sich auch bei anderen Völkern.

E. Kirchner, Thors D., 1853; R. Andree, Die prähist. Steingeräte i. Volksglauben, 1882; Blinkenberg, The Thunderweapon in Religion and Folklore; K. Olbrich, D. im HDA. – ASV 248 Redensarten ü. Donner.

Donnerblumen → Blitz, Wetter, Donar.

Donnerstag. An die Stelle des Planetengottes Jupiter-Zeus trat der germ. Wettergott → Donar (lat. *Iovis dies* – ahd. *Donares tag*). Die germ. Heilighaltung des Tages wirkt bis ins 17. Jh. nach und wurde durch die kirchliche Interpretation (L. Abendmahl Christi, → Gründonnerstag) und neue Feste (→ Himmelfahrt Christi, Fronleichnam) bekämpft. Neben → Dienstag war D. bevorzugter Gerichtstag. Noch heute nehmen eine besondere Stellung die drei D. im → Advent (→ Klöpfelnächte) und der D. vor → Fasnacht ein. D. ist Glückstag für → Hochzeiten, aber auch der Tag der Geister, der Hexen u. Zwerge. D.gewitter sind nicht gefährlich. Über das Gotische übernahm das Altbayrische neben anderen griechischen Namen (Pfoad, Pfaffe) auch den Namen Pfinzdag für D. (v. griech. *pémpte [heméra]* = fünfter Tag). → Dienstag (Lit.), Thing, Gericht, Konzil.

R. Much, Der germ. Himmelsgott, 1898; ders., Die Germania d. Tacitus, 1937; G. Schreiber in: Archiv f. m.rhein. Kirchengesch. 1 (1949).

Dönse, Dörns. Heute noch im Kerngebiet des niederdt. Hauses, im Mündungsgebiet von Elbe und Weser, Bez. der Wohnstube, war das Wort als Türnitz ehemals auch obd. verbreitet im Sinn von ›Badestube‹ und später von ›heizbarer Wohnstube‹ und ›saalartigem Gemach in Schlössern‹. Ahd. *turniza* wie mhd. *dornitze* gehen auf slaw. *dvornica* ›Hofstube mit Rauchofen‹ zurück. In Oberdtl. konnte sich das Wort nicht festsetzen, weil hier lange vor dem Einbruch der Alpenslawen die aus germ.-röm. Begegnung in Oberitalien entstandene → Stube als Warmraum entstanden war, der durch die vollkommenere Ausstattung mit Hinterlader und Kachelofen seinerseits weit in den O und N ausstrahlte und auch heute das Gebiet der D. in Wort und Sache immer weiter einengt (Karte v. W. Peßler). In der Marsch mitunter reicher ausgestattet in der Art des → Pesels, enthält die D. meist 1–2 Wandbetten (→ Butze) und wird durch einen Bilegger (Beileger-Ofen) vom Herdplatz der → Diele aus beheizt. → Ofen, Bad.

H. H. Bielfeld, Nd. Döns, bair. Türnitz ›heizbarer Raum‹. In: Zs. f. Wortfg. 17 (1961); B. Schier, Hauslandschaften usw. ²1966; ders., »D.« u. Verw. im dt.-slaw. Begegn.raum. In: W. Freiste-Gedenks. 1970.

Doppelgänger → Seele.

Dorant (Dauerant, Orant). Unter dem Namen werden verschied.

Pflanzen verstanden, in der Mark z. B. die Weidenaster *(Aster salicifolius)*, in Mecklenburg die Waldhyazinthe *(Plantanthera bifolia)*, in vielen Gegenden Frauenflachs *(Linaria vulgaris)*. Die Bertramgarbe *(Achillea Ptarmica)* heißt Weißer D., der Lungenenzian *(Gentiana Pneumonanthe)* Blauer D. Die geheimnisvolle Pflanze erscheint in Volkssprüchen meist in Verbindung mit → Dost oder → Dill als zauberbrechend. Mittel. Viele Volkssagen erzählen, wie der Böse (Teufel, Hexe) einem Menschen (oft ist es eine Wöchnerin) auflauert, sobald er aber die Pflanze bei ihr entdeckt, fliehen muß und wütend ausruft: »Hättest du nicht Dorant und Dosten, tät es dich dein Leben kosten!«

H. Marzell, Dosten und D. Schweiz. Arch. f. Vkde., 1923.

Dorf. Die Bedeutung des gemeingerm. Wortes (ahd. *dorf*, älter *thorf*) färbt sich nach der Wohnweise; got. *þaúrp* bezeichnete den Acker, das Wort für D. wurde got. *haims*. Im mhd. und nord. nimmt D. zuweilen die Bedeutung von ›Gehöft‹ an. Auch im alem. wird innerhalb einer Einzelsiedlung das Näherstehen von mehreren »Heimatern« als »Dörfli« bezeichnet (Montafon). Nach → Tacitus (Germ. 16) kannten die Germanen neben Einzelhöfen schon das D. mit lockerem Höfeverband. Die frühesten dt. D. waren Niederlassungen von genossenschaftlichen oder Sippenverbänden, die als Markgenossenschaft (→ Hag) in freier Selbstverwaltung und mit eigener Gerichtsbarkeit wirtschafteten. Die Entwicklung der Wirtschaftsgemeinde zur politischen gehört der Neuzeit an. Nach der Unterdrückung des D.wesens durch den Polizeistaat erfuhr die Landgemeinde im 19. Jh. eine Neubelebung, wenn auch die alten markgenossenschaftlichen Verhältnisse (z. B. Flurzwang durch Gemenglage) durch rationellere Wirtschaftsweisen abgelöst wurden (Güterverkoppl., Arrondation, → Flurbereinigung). Während die D.verfassung ein Forschungsgebiet der Rechtsgesch. ist, beschäftigt die Siedlungskunde die Sichtung und Deutung der D.formen, wobei Historie, Geographie, Baugesch. und Vkde. zusammenarbeiten. Als allgemeine Einteilungsgrundlage bewährte sich die Unterscheidung von unregelmäßigen Formen (Einzelhof, Weiler, Haufendorf, Streusiedlung), Rundformen (Rundling, Angerdorf, Rundweiler, Platzd.) u. Langformen (Gassendorf, Straßenangerd., Straßend., Zeilend. und Reihend. wie das Marsch- und Waldhufend.). Die besondere Aufgabe der Vkde. innerhalb der D.forschung ist das Studium der D.gemeinschaft, des Menschen im D. Die Entwicklung in den letzten fünf Jahrzehnten, die in der Vkde. den Blick von der Sage auf den Erzähler, von der Tracht auf den Träger, vom Lied auf den Singenden richtete, ergab auch für die D.forschung neue fruchtbare Ansätze. Vor allem lernte man das D. als eigenständige Ganzheit neben und gegenüber der → Stadt oder der modernen Industriesiedlung verstehen. In dem Kreis um die Zeitschrift »Die Dorfkirche« sammelten sich seit sieben Jahrzehnten besonders auf prot. Seite Theologen, Volkserzieher u. Volksforscher, die Eigenart und Eigenwert des D.lebens ohne Gartenlaubenromantik prüften und in ihm einen wesentlichen Beitrag zum gesunden Aufbau des Staatsvolkes erkannten, der nicht mit Einwohnerziffern abzumessen ist. Sie suchten damit zugleich dem Volksbegriff wieder die Weite und Tiefe zu geben, den er bei

Herder und Goethe, bei Möser, Arndt und Riehl hatte. Sie trachten uns »von einem im städtischen Leben allein verankerten Kulturbegriff« (H. Fuchs) zu befreien. Unmittelbar an der Seite der geographischen Siedlungskunde steht die dt. Vkde. in der Frage, ob und wie die Siedlungsform das Leben der Menschen darin prägt. Es gibt Volksbräuche, die eine geschlossene Siedlungsform zur Voraussetzung haben, andere, die nur im weitgestreuten Höfedorf verständlich sind. Aber auch die von der Wirtschaft geprägten Arten und Formen des D. kennzeichnen das Volksleben. Das D. des Grasbauern u. Viehzüchters, des Gärtners, des Kornbauern, des Weingärtners u. ä. haben auch ein besonderes geistiges Gesicht. Das abgelegene Wald- oder Alpend. folgt anderen Antrieben und in anderem Zeitmaß als das verkehrsnahe D. mit Handel und Gewerbe, mit benachbarter Industrie, mit starkem Fremdenverkehr. Unter gleichen oder ähnlichen Wirtschaftsbedingungen od. bei gleicher oder ähnlicher äußerer Gliederung bleibt das Gebirgsdorf verschieden vom D. des Mittellandes, der Ebene, der Küste. Auch die → Konfessionen geben D. verschiedenes Gesicht, oft bei engster Nachbarschaft. – Die stärksten Wandlungsmächte der Gegenwart sind die Technisierung – Ackermaschine und Auto –, die Elektrifizierung in Stall und Haus und nicht zuletzt die Kollektivierung im O und W, »Die Umwandlung der Höfe in Farmen, letztlich eine Amerikanisierung, welche das europäische Bauerntum in seinem innersten Wesen trifft« (L. Schmidt). Entscheidend ist, wieweit in den modernen Organisationsformen der Mensch die Mitte bleibt. – Dem »Dt. Dorfkirchenverband« gehörten auch kath. Gemeinden an. Nach 1933 gestört, schließen sich diese Kreise seit 1951 um die »Arbeitsgemeinsch. f. d. dorfkirchl. Dienst innerh. d. Dt. Evang. Kirche« zusammen. → Siedlung, Bauernhaus, Heimatkunde, -museum, -schutz.

Ältere Lit.: Ausg. 1955 dieses Wb.- A. Gabler, Altfränk. D.- u. Pfarrhausleben 1559 bis 1601, 1932 (Tagebuch d. Pf. Thomas Wirsing in Sinbronn); J. M. Ritz, D.fg. in Franken. Zs. f. bayer. L.gesch. 18; M. Rumpf u. H. Behringer, Bauernd. am Großstadtrand, 1939. (Buch bei Nürnberg); W. Lindner u. a., Das D., seine Pflege u. Gestaltung, [2]1940; A. Lückmann, D. und Hof, eine etym. Unters. Diss. Münster; E. Winkler, hg.: Das Schweizer D. 1941; H. Wießner, Beitr. z. Gesch. d. D. u. d. D.gemeinde in Österr. 1946; G. Niederer, Sünden wider das D. 1950; E. Strübin, Baselbieter V.leben. Sitte u. Brauch im Kulturwandel d. Gegenw. 1952. (14 Ortsch. Auch die Gemeinde in Gefahr, »ein abstraktes Gebilde zu werden«); T. Tomamichel, Bosco Gurin. Das Walserd. im Tessin. 1953; D. Steiler, Das niedersächs. D. als Lebensgem. 1953; E. M. Wallner, Eine Holzhauergem. im Schwarzwald. 1953. (Aus wirtsch. Gründen w. Bergbauern zu Holzfällern. Güter verstaatl.); G. Wurzbacher, Das D. im Spannungsfeld industr. Entw. 1954. (Beispiel einseit. soziol. Betr. Dazu vgl. M. Zender, Das D. im Umbruch d. Zeit. Bem. zu e. repräsent. Dorfunters. In: Rhein. Vjbll. 21 (1956); F. Rudolph, Strukturwandel e. D. 1955. (Bebra i. d. 1. 50 Jahren); F. Karrenberg u. K. v. Bismarck, Das alte u. d. neue D. 1955; G. Krolzig, D.gemeinschaft. im Umbruch d. soz. u. wirtsch. Verhältnisse. 1955; H. Renner, Wandel d. D.kultur. Zur Entw. d. dörfl. Lebens in Hohenlohe. 1956. (Auf d. Grundlage v. 1900, festgehalten in »Konferenzberichten« der Lehrerschaft); K. S. Bader, Das mal. D. als Friedens- u. Rechtsbereich. 1957; H. Koetter, Landbev. im sozial. Wandel. 1958. (Ländl. Soziol.); W. Escher, Das D. in d. Stadt. Schweiz. Arch. f. Vkde. 54 (1958) (M. W. Bader: »Die Stadt verdörflicht u. d. Land verstädtert«. Bsp. e. neuen Siedlung in Basel); J. Dünninger, Beharrung u. Wandel im fränk. D. In: Soz. Welt 9 (1958); F. Haug, Marbacher D.buch. 1959; H. Moser, Chronik von Kiefersfelden. 1959. (Beispielh. D.monographie. Vgl. R. Weiss, in: Schweiz. Arch. 56); J. Bendermacher, Das D. u. s. Raum. 1960; P. Hugger, Amden. Eine vkdl. Monogr. 1961; K. S. Bader, D.genossensch. u. D.gemeinde. 1962. (Verbandsrechtl. Erscheingn); J. Bendermacher, Der ländl. Raum im Bundesbaugesetz. 1963. (Regt auch wiss. Inventaris. ausgew. Hauslandsch. an); P. Hugger, Werdenberg, Land im Umbruch. 1964. (Nivellier., Rationalis.,

Kommerzialis.); R. Schnieders, Porträt d. D. Gestern-heute-morgen. 1964; K. Löber, Beharrung u. Bewegung im V.leben d. Dillkreises. (Vgl. Rez. in: Zs. f. Vkde. 62. 1966); D. Helmstaedter, D.kultur u. Industrialis. 1967. (Hessen); K. Gaál (Hg.), Wolfan. Bericht ü. d. Feldfg. (Wiss. Arbeiten a. d. Burgenland, 42), 1969; J. Bendermacher, D. fg. i. Rheinland, 1971; Zss.: Die Dk. 1907ff. Kirche im Dorf. Seit 1949. Dt. D.freund. 1950–52. Kirchengemeinsch. a. d. Dorf. Seit 1951. Das junge Dorf. Seit 1951.

Dorfformen

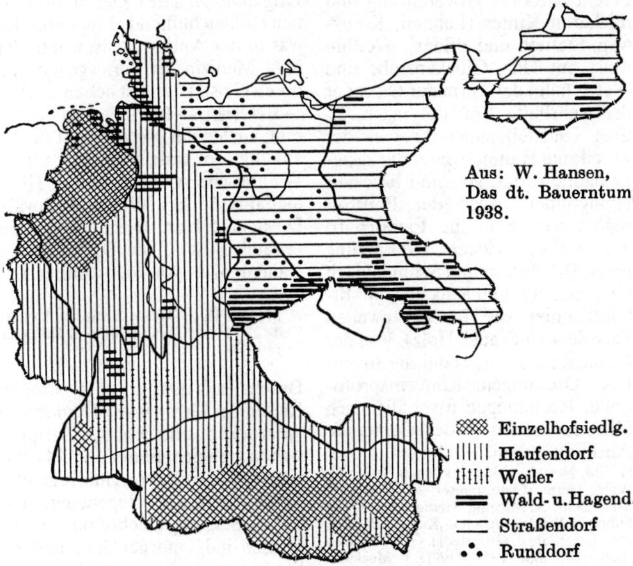

Dorfbäsle → Hebamme.

Dorfkirche. Zwischen Architekturgesch. und vkdl. Hausfg. ist der D. nicht immer die nötige Beachtung geschenkt worden, obwohl sie wie das → Bauernhaus in weitem Maß das Werk von Baumeistern, Maurern, Zimmerleuten, Malern und Schnitzern der Heimatlandsch. ist. Sie stand und steht in der Dorfmitte (»Die Kirche im Dorf lassen«). Der → Friedhof ist erst in neuerer Zeit durch den Zwang von räuml. und Verkehrsverhältn. von ihr getrennt und an den Ortsrand, auf einen Hang oder Hugel verlegt worden. Bes. im Neusiedlungsland hatte die D. die Aufgabe einer Wehrkirche (Beucha bei Leipzig, 13. Jh.; Großrückersdorf im Erzgeb., 15. Jh.; Erffa) und wurde in Siebenbürgen zur eigentl. Kirchenburg. Der Verzicht auf Gewölbe, Quer- und Seitenschiffe und eine Prunkfassade der Westseite bedeutet nicht den Mangel jeden Schmuckes. Auch die schlichte D. im »Kolonialstil« (Rosenthal im Fläming z. B.) oder das strenge Innenbild der Inselkirche (St. Severin in Keitum auf Sylt) kennen einen edel geformten Altar, den Taufstein mit Messingsbecken, Kronleuchter, geschmiedete Huthalter, Epitaphien und Totenkronen, Weiheschiffe, geschnitzte Stuhlwangen, lebhaft bemalte Emporen usw. In kath. Landsch. kommt dazu die bäuerl.-derbe Pracht barocker Hl.verehrung und reicheren Kultes (Fahnen, Kreuzweg, Statuen und Bilder). Weithin weist mit Uhr, Glockenstube und Wetterhahn der Turm der D., sei er der wehrhafte Keil der märk. D. über Feldsteinmauern, sei es der »Pfeil zum Himmel« oder die Zwiebelhaube süddt. got. und barocker Heiligtümer. Auch der Baustoff bindet die D. in die Landschaft: Ziegeldach, Backstein und Findling im N, Bruchstein und Schindeldach im S, Schiefer und Kalkstein in Mitteldtl., hier wie im O zuweilen Fachwerk (hier auch Holz). Von der D. nicht zu trennen sind die Inventare, Ordnungen, Konventsprotokolle, Rechnungen usw., die auch über das Leben in der Gemeinde Auskunft geben. → Dorf

H. Ehl, Norddt. Feldsteinkirchen. 1926; H. Wille, Germ. Gotteshäuser zw. Weser u. Ems. 1933; A. Missong, Heiliges Wien. Ein Führer d. Wiens Kirchen u. Kap. 1948 (Von Bed. f. d. Vkde d. Großstadt). G. Holtz, Kirchen a. d. Lande. 1954 (Die D. v. Mecklenburg); F. H. Schmidt-Ebhausen, in: Württ. Jb. f. Vkde (1955) (Über Ergieb. v. Kirchenkonvprot.); R. Mayer, Die Bergkirchen i. d. Ostalpen. 1956 (Höhenheiligt.); J. Müller, Frauen rechts, Männer links. Hist. Platzvert. i. d. Kirche. Schweiz. Arch. f. Vkde 57 (1961); J. Mörsdorf, Kirchl. Leben im alten Bln. 1962; G. Güterbock, Kirchenrechngn. als Brauchspiegel e. Odenwälder Marktflekkens. Hess. Bll. f. Vkde 57 (1966); A. Masser, Die Bez. f. d. christl. Gotteshaus i. d. dt. Sprache d. MA. 1966 (Außerdem: Bez. d. Sakristei); F. Letz. Siebenbg.-sächs. Kirchenburgen. 1970.

Dornröschen → Heckenr.

Dorothea, hl. (6. 2. gr. ›die v. Gott Geschenkte‹). Nach der Leg. aus Caesarea in Kappadokien, unter Diokletian gemartert. Attr.: Blumen, Früchte, Kind.

K. Künstle, Ikonogr. d. Heil. 2 1926; V. O. Ludwig, Die hl. D. in d. mal. Legende, erstmals a. d. Klosterneubg. Hs. Nr. 1079 veröff. 1928.

Dost (ahd. *dosto*; Roter D., Wohlgemut, Wilder Majoran, Bergminze, Frauen-, Bade-, Lungenkraut; *Origanum vulgare*). Der in rotbraunen Dolden blühende Lippenblütler war in der Antike Speisewürze, im MA. Medizin. Er hilft »gegen alle bösen Geister«, meist neben → Dill, → Baldrian, → Hartheu und → Dorant, an den der Name Orant für D. anklingt. Im kath. SW ist D. oft im Weihbüschel von Mariae → Himmelfahrt (15. 8.). Mhd. und schwäb. Doste und bair. Dosten bedeuten ›Strauß, Busch‹. Der D. hat seinen Namen also von den Blütendolden.

H. Marzell, D. u. Dorant. Schweiz. Arch. d. Vkde 23 (1921); ders., Dosten u. Dill. ebd. 25 (1923).

Drache (aus dem gr. u. lat. *draco*). Riesen der Urzeitfauna (Funde von Abdrücken und vollst. Gerippe) stehen vielleicht hinter dem Mythus vieler Völker. Ein furchterregendes Mischwesen, → Ungeheuer, aus Vogel, Schlange, Echse oder Löwe kennen ind., morgenländ. und gr. Sagen von → Weltentstehung und → Weltuntergang. An den → Basilisken erinnert die Bedeutung des gr. *dracon* ›der scharf Blickende‹. Griechen und Römer verstanden unter d. ein Ungeheuer von schlangenähnl. Gestalt, oft mit Fledermausflügeln, das sich in einer Höhle verbarg und verheerend über das Land herfiel, Menschen und Vieh verschlingend. Früh wurde auch vom Heldenkampf gegen den D. und von der Befreiung einer → Jungfrau erzählt (Perseus u. Andromeda). Auch den D. als Schatzhüter kennt die Antike. In der Bibel bedeutet das Wort D. oft ›Teufel‹ (D.kämpfe der → Apokalypse).

Das Christentum scheint auch die Vorstellung vermittelt zu haben, der D. könne Feuer, Rauch oder Wasser speien, er sei unverwundbar, könne aber durch eine ekle Speise getötet werden. D.töter der christl. Leg. ist St. → Georg. Ein D. ist auch Attr. der hl. → Margaretha. Besieger des Höllend. ist *»signifer sanctus Michael«* (s. dort). Im Märchen erscheint der höhlenbewohnende Lindwurm wie der gabenbringende und menschenraubende Flügeld. Weit verbreitet ist der Erzähltypus vom echten und (überführten) D.bezwinger. Ein anderer Typus (drei Brüder besiegen drei D.) ist nur in Osteuropa verbreitet. Als Symbol des männl. Prinzips und als glückbringendes, mit dem Element des Wassers verbundenes Wesen gilt der D. in Ostasien. Ebenso weit entfernt vom D. als Ungeheuer ist in der ostd.-slaw. Sage der Typus »feuriger Haus-D.«, den R. Knopf in einer Berliner Diss. (1943) auf Grund der Fragen 45/46 des ADV und der 70 Jahre älteren Umfrage von Wilh. Mannhardt untersucht hat. Im V.glauben der Slawen und Balten war diese Gestalt um 1930 noch in vielfacher Gestalt vertreten. Als Hauptzüge der Überlieferung nennt Knopf: »Vorwiegend nachts zieht der D. feurig durch die Luft. Er ist lang wie ein Wiesbaum (=Heubaum), hat einen runden Kopf wie eine Katze und schleppt einen feuersprühenden Schweif nach. Gold, Getreide und andere wertvolle Sachen, die er an anderer Stelle gestohlen hat, trägt er seinem

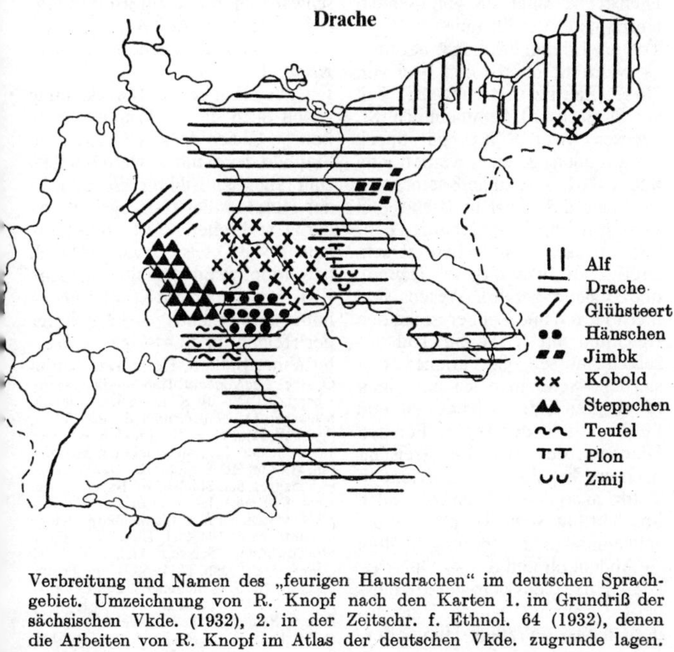

Verbreitung und Namen des „feurigen Hausdrachen“ im deutschen Sprachgebiet. Umzeichnung von R. Knopf nach den Karten 1. im Grundriß der sächsischen Vkde. (1932), 2. in der Zeitschr. f. Ethnol. 64 (1932), denen die Arbeiten von R. Knopf im Atlas der deutschen Vkde. zugrunde lagen.

Herrn zu. Durch bannende Gebärden (Rad vom Wagen ziehen und verkehrt aufsetzen, Beine kreuzweise übereinanderstellen, ihm den entblößten Hintern zeigen, oder durch Bannformeln (»Halb Part«, »Alf, hull Deiling«, »Lod aff«, »Stöpke, Glühsteert, lat fallen, wat nich dien hört«), die man ihm zuruft, kann man den D. zwingen, seine Schätze abzuladen. Man muß aber dabei unter einem Dach stehen, sonst wird man mit Läusen oder Kot beschüttet. Durch den Schornstein oder das Giebelloch nimmt der D. seinen Eingang und kann sich in eine graue Gans (Ostpreußen), e. struppiges Hühnchen (vorwiegend Lausitz und Sachsen), ein Kalb (Lausitz) und andere kleine Tiere verwandeln. Für seine Dienste verlangt er von seinem Herrn gute Verpflegung. In einer Tonne wird ihm das Lager bereitet, als Nahrung müssen ihm Brei von Hirse (Lausitz und südwestl. Teil von St. Sachsen), Semmelmilch (St. Sachsen) oder Rührei mit Speck (Ostpreußen) gereicht werden. Die Speise darf nicht zu heiß sein, sonst steckt er das Haus in Brand und verschwindet.« (→ Gebärde, Hintern, nackt, Festmachen. Dach, Brei). »Besitzer« dieses freundl. und zugleich gefährl. Wesens sind meist Hexen und Zauberer, die den Reichtum mit schwerem Tod bezahlen müssen. Sie können erst sterben, wenn man sie auf einen Misthaufen legt. Auch bei Leib und Leben holt sie der Teufel. Für den Glauben, der bes. im Freistaat Sachsen, bei den Wenden und in Ostpr. auch den 1. Weltkrieg noch überlebt hat, sieht Knopf als Wurzeln einmal die Erinnerung an alten → Ahnenkult und das → Opfer (z. B. → Hirse), das dem guten Hausgeist dargebracht wurde. Zum andern haben auffällige Himmelserscheinungen wie »feuerspeiende» → Kometen, feurige Meteore und Sternschnuppen die Phantasie bewegt. Auch Schadenfeuer, deren Ursache unerkannt blieb, mögen zu jener Vorstellung beigetragen haben. – D. als *Spielzeug* sind in China seit dem 5. Jh. v. Z. bezeugt. Der größte der mehreren Teile des Fluggeräts zeigt einen D.kopf. Eine Beschreibung gab der Grieche Archytas im 4. Jh. v. Z. In Nordeuropa erscheint der Spielzeug-D. im 15. Jh. Über Holland findet er im 16. Jh. abendländ. Verbr. In einer Wiener Hs. wird ein Papierd. schon 1450 erwähnt. Zum → V.spiel wird er erst im 17. u. 18. Jh. Heute gehört der D. zu den jahreszeitlich (Herbst) bestimmten Spielen der Kinder, meist in Gestalt eines geschwänzten, rhombenförmigen Gesichts oder eines Adlers. Als Bastelaufgabe hält sich auch der altasiat. Kastend.

Über den Wandel der D.vorstellung geben auch die → Wappen Auskunft. Gleich dem → Greifen ein Sinnbild des Windes, wurde der D. zum redenden Bild für Wenden. In der Heraldik der Ostseegebiete ist der D. verbreitet. – Orts- und Flurnamen wie D.fels, D.wand, D.loch bewahren, wenn auch über manche Zwischenglieder, die Erinnerung an höhlenbewohnende Schatzhüter der Helden- und Ortssage. → Wetterfahne, Balken, Benedikt, Teufel

O. Abel, Die vorweltl. Tiere in Mä., Sage u. Abergl. 2.1929–30; B. Renz, Der oriental. Schlangen-D., 1930; Grundr. d. sächs. Vkde, hg. v. W. Frenzel, F. Karg und A. Spamer, 1932/33; dort Lit.; außerdem bei Mackensen, »D.« im HDA; M. Moser, Der D.kampf in Umzügen und Spielen. Jb. Bayer. Htsch. 1934; K. Ranke, Die zwei Brüder. Helsinki 1934 (Märchen); W. v. Blankenburg, Heilige u. däm. Tiere. 1943; H. Dübi, Von D. u. Stollenwürmern. Schweiz. Arch. f. Vkde 37 (1939); J. C. Daan, Drakenfolklore. Prisma 2 (1948) Nr. 5; F. Steinmann, Das D.-ornament in d. Vk. Nieders. Diss. Bonn, 1948; L. Stauch, Reallex. z. dt. Kunstgesch. 4. 1958; R. Merkelbach, in: Reallex f. Ant. u. Christent. 1959; J. Schwebe, V.glaube u. V.brauch im hannov. Wendland. 1961 (Mündl. Berichte ü. d. Drak); O. Höfler, Siegfried, Arminius u. d. Symbolik. 1961; P. Paulsen, D.kämpfer, Löwenritter u. d. Heinrichsage. 1966 (Geht aus v. e. Kirchentür auf Island); E. Plass, Siegfried-Sigurd, der D.kämpfer. 1966; H. Gehrts, Das Märchen u. d. Opfer. Unters. z. europ. Brüdermärchen. 1967 (Sieht den Stoff im Zushg. der Männerbünde u. Weihbrüder und versucht, alte Erzählungsmotive ritualistisch zu erklären im Sinne der Fgn. v. Otto Höfler, P. Paulsen u. a.); K. Keller, Die Geldrische D.sage i. Meinungsstreit Geldr. Historiker d. 17. Jh.s, 1970.

Drachenkampf → Drache, Georg, G.taler, Margareta.

D.köpfe → Giebelbretter.

Drama → Vschauspiel, Puppenth.

Drechsler, Dreher. Der D. arbeitet an der Drehbank, indem er mit Balleisen, Beitel, Geißfuß u. ä. Schramm- und Schrapgeräten das rotierende Werkholz abspänt. Arbeit an der Drehbank kennt man seit fast 3000 Jahren. Die älteste Darst. bietet ein ägypt. Grabrelief (3. Jh. v. Z.) In einem alem. Grab des 7. Jh. fand man eine Art Totenbahre und ein Gestell für → Grabbeigaben, die D.arbeit aufweisen. – Als sich, gleich dem → Tischler, der D. vom alten Handwerk des → Zimmermanns absonderte, gehörten Füße, Pfosten, Gitter an Sesseln, Betten und Wiegen, dann besonders Spinnrad und Haspel (Garnweife), Spindel und Rockenstab, Teller und Flaschen, schließlich ein bed. Teil des Spielzeugs und der Brauchkunst (→ Berchtesgaden, Seiffen, Sonneberg) in seine Zuständigkeit. Die erzgebirg. → Weihnachtsleuchter, Bergspinnen und Spanbäumchen zeichnen sich gleichermaßen aus durch Geschicklichkeit der Hand wie durch Vielfalt der Form und erfinder. Phantasie. Auch Dosen und Büchsen, zuweilen bemalt, für den Bedarf der Hausfrau oder des Kaufmanns und Apothekers geben in den bekannten Schnitzerorten seit Jhh. Zeugnis für die Kunstfertigkeit des D. Gelegentlich findet man in einer bäuerl. Werkstatt (Haus Keßler, Bartholomäberg im Montafon) noch die im 13. Jh. in Europa erfundene Wippen-Drehbank, bei der die um das Werkstück geschlungene Schnur durch eine federnde Holzstange und einen Fußhebel auf und ab gezogen wird. Noch primitiver ist die Bewegung einer Schnur durch die Hand oder durch eine Art Fiedelbogen.

F. Spannagel, Gedrechselte Geräte. 1941; ders., Das D.werk. ^{2}1948; K. Wittmann, Die Entw. d. Drehbank. ^{2}1960.

Dreckapotheke, Paullinismus. Tierische und menschliche Ausscheidung (Schweiß, Kot, Harn, Menstruationsblut) werden in antiker und zum Teil noch in heutiger Vmed. angewendet, um Ekel zu erregen und so die Krankheitsdämonen auszutreiben, auch um den im Exkrement haftenden Lebensstoff wieder zu aktivieren (→ Kot). Beispielsweise ist Warzenvertreibung durch Menstruationsblut oder Waschen der Frostbeulen mit Urin noch durchaus in Übung. Wohl geht diese Therapeutik auch zuweilen auf pathologische Veranlagung zurück. Paullinismus nennt man diese Methode nach dem Buch »Neuvermehrte, heylsame D., wie nämlich mit Kot und Urin fast alle, auch die schwerste, giftigste Krankheiten u. bezauberte Schäden vom Haupte bis zu den Füßen innerlich und äußerlich glücklich curieret worden; Mit allerhand raren, so wohl nutz- als ergötzlichen Historien . . . von Christian Franz Paullini. Frankfurt a. M. 1696«.

J. G. Bourke, Der Unrat in Sitte, Brauch, Glauben u. Gewohnheitsrecht d. Völker. Neu bearb. v. F. S. Kraus u. H. Ihm. 1913.

Dreher → Walzer.

drei → Zahl.

Dreibein → Hakenkreuz, Brigitta.

dreibeinig, Dreifuß. Die Vorst. von geisternden d. Tieren ist zuerst bei → Cysat im 16. Jh. bezeugt. Man leitet sie wie etwa den → Kopflosen oder ähnl. Gespenster aus dem Glauben an Tote her, die als → Wiedergänger die Zeichen ihrer Todesart an sich tragen und im Totenzug oft von ähnlichen Tieren begleitet sind (→ wilde Jagd). Neben dem Df. als Untersetzgerät am Herd (→ Pfannenknecht) ist im MA. wie in der Neuzeit bis heute (Montafon: Grappa) das d. Kochgerät aus Bronze oder Ton (seit dem 13. Jh.) bekannt. Damit verbund. Orakelbrauch erhielt sich bis ins MA. und späterhin.

O. A. Erich, Df.topf usw. in: Nd. Zs. f. Vkde 14 (1936).

Dreieck, hebr. Zeichen für Jahwe, dessen Buchstaben übernommen wurden in die theologische Symbolik des MA., in der das D. der → Dreifaltigkeit gleichgesetzt wurde. Xenokrates symbolisierte Gott durch das gleichseitige D., die Dämonen durch d. gleichschenklige, den Menschen durch das ungleichseitige. Daneben läuft auf neolithischen Frauenfiguren wie in der Antike die Wiedergabe der weiblichen (aber auch der männlichen) Scham als D. oder, wie die Griechen sagten, als Delta. Vielleicht kam dieses Symbol zugleich mit dem Phallusdienst von den Griechen nach Indien. Jedenfalls stammt aus dieser Bedeutung die Verwendung des D. bei vielen Völkern als apotropäisches → Amulettzeichen. – Schweizer trugen → Ohrringe in dieser Form. → Kreis, Geschlechtsteile.

G. Stuhlfauth, Das D. Die Gesch. e. relig. Symbols, 1937.

Dreifaltigkeit, Dreieinigkeit, Trinität. Die im N. Testament nicht ausdrücklich bezeugte Lehre von der mystischen Einheit dreier trotzdem wohlgeschiedener göttlicher Personen (Gottvater, Gottsohn, Gott heiliger Geist) wurde unter dem Einfluß hellenistischer Philosophie von Tertullian geformt und 381 zum Dogma erhoben. Die meisten Beschwörungen und Segen, sofern sie der weißen Magie angehören, schließen mit der Nennung der drei hl. Personen. Die Darstellung der D.lehre in Malerei und Palstik hat zum besonderen Motiv des »Dreigesichts« mit vier Augen geführt. → Gott, Eid, Ikonogr.

G. Krüger, Das Dogma von der Dreieinigkeit und Gottmenschheit in s. geschichtl. Entw., 1905; K. Spieß, Trinitätsdarstellungen mit dem Dreigesicht. In: Werke d. Vk., Bd. 2, 1911; L. Heilmaier, D. Gottheit i. d. älteren christl. Kunst, 1922; K. Künstle, Ikonographie der christl. Kunst, 1928.

Dreifaltigkeitsblümlein → Stiefmütterchen.

Dreifaltigkeitssonntag, Trinitatis. Die morgenländ. Kirche kennt das Fest der Trinität nicht, im Abendland feierte man es seit dem 11. Jh., 1334 wurde es allg. Vorschrift. Die Reformation behielt es bei. Der Sonntag T., acht Tage nach Pfingsten, auch »goldener Sonntag« oder wegen seiner Heiligkeit in der Eifel »Frommtag« genannt, wird mit Prozessionen, Flurumgängen (in Salzburg mit geschmückten »Prangerstangen«) und Wallfahrt gefeiert. D. ist »Kräutersonntag«, wie auch das auf dem Altar geweihte D.salz oder -wachs heilsam ist. Selbst D.regen wurde in Schüsseln aufgesammelt und dem Weihwasser gleichgeacht. Arbeitsverbote gelten, wie sie bei vielen Sommerfesten sich finden: Baden, In-den-Waldgehen, Reisen, Klettern, Nähen ist zu unterlassen. An D. Geborene sind Glückskinder und sehen mehr als andere. Zuweilen bildet D. den Schluß der Pfingstfestlichkeit. Das »Pfingstgelag« in Groß-Gottern bei Langensalza ging am D. in allen vier Gruppen in Prozession auf die Flur, die Fahnenträger traten in die Roggenfelder und schwenkten die Banner über den grünen Halmen. → Pfingsten.

Dreigesicht → Dreifaltigkeit.

Drei heilige Frauen. Die Dreizahl heiliger Frauen finden wir bei den germ. → Idisi, → Matronen und → Nornen. Ohne daß die Zusammenhänge hinreichend untersucht wären, darf doch ein Nachhall solcher mythischen Gestalten vermutet werden, z. B. in den drei Frauen des besonders in Süddtld. verbreiteten Kinderliedes (». . . zu Rankweil steht ein Glockenhaus, schauen drei Frauen draus, die eine spinnt Seide, die zweite schnitzlet Kreide, die dritte geht ins Glockenhaus und läßt die heilige Sonne aus«; Montafon). Eine Fg.aufgabe ist der Zukunft gestellt bes. in den d. h. F. Einbet, Warbet, Wilbet, die in Tirol, Ober- und Niederbayern und in Rheinland und Luxemburg christliche Kultheilige sind. Im Wormser Dom sind drei alte Skulpturen als S. Einbede, S. Warbede, S. Willebede bezeichnet. In dem geographisch gegliederten Quellennachweis von Drinkuth erscheinen fast alle dt. Landschaften, besonders aber Bayern und Rheinland. Eine etymologisch gesicherte Erklärung der Namen, die schon J. Grimm, Panzer, Simrock, Mannhardt, Rieger, E. H. Meyer und K. Christ versuchten, ist auch heute noch nicht erreicht. Ainbet, Warbet, Wilbet werden als die ursprünglichen Formen angesehen. Zusammenhang mit den germ. → Schicksalsfrauen wird angenommen. Kelto-romanischer Einfluß hat wohl zur Bildung einer festen Dreiheit beigetragen (Parzen; auch die keltischen Mütter oder Matronen erscheinen meist in Dreizahl). Die Formen des (noch heute bestehenden) christl. Kultes brachten in verschiedenen Zeitschichten Angleichung an Heiligengruppen (»drei Stifterinnen«, »drei Nothelferinnen« [→ Barbara, Katharina, Margaretha], → Magdalena, → Kümmernis; besonders die Jungfrauen des Martyrologiums: Spes-Fides-Caritas). Die erhaltenen Nachrichten über den Kult der d. h. F. betrachtet Drinkuth als Zeugnis jüngerer Wanderung, die wohl mit der Ursula-Legende rheinaufwärts nach Bayern und Tirol ging. Die kultisch verehrten d. h. F. scheinen auch auf ähnliche Gestalten der Sage und des Märchens gewirkt zu haben (s. bei Drinkuth: »Die Typen der Sagen von Frauendreiheiten«). → Corona

F. Panzer, Beitrag zur dt. Mythologie, 1848–1855, 2 Bde. (Namen der d. h. F.); M. Andree-Eysn, Kultst. u. Bildn. der hl. dr. Jungfrauen. In: Vkdl., 1910; Abb. auch bei Bornhausen, Vglaube. In: Peßler, Hb.; R. Drinkuth, Die d. F. in Dtld. als Gest. der Sage. des Märchens u. d. christl. Kultes. Hess. Bll. f. Vkde 12/13 (1933 u. 1934). W. Heiligendorff, Der kelt. Matronenkultus in s. »Fortentw.« im dt. Mythos, 1934; J. M. B. Clauß, Die Heiligen d. Elsaß, 1935; H. C. Schöll, Die drei Ewigen. Eine Unters. ü. germ. Bauernglauben, 1936 (4 S. Lit.); O. Meisinger, In Hess. Bll. f. Vkde. 40 (1942); M. Zender, Die Matronen u. ihre Nachfolgerinnen im Rheinlande. Rhein. Vj.bll. 10. Jg.; H. Barth, Der Kult d. hl. drei Straßburger Jungfr. Einbeth, Worbeth und Vilbeth. In: Arch. f. elsäß. Kirchengesch. 11 (1936); H. Rosenfeld, Sagentrad. Beitr. z. Gräbersagen u. Dreifr.kult. Bayer. Jb. f. Vkde (1957); Zoepfl, Drei Jungfr. In: Reallex. z. dt. Kunstgesch. 4. 1958; A. Bauer, Zur Verehrung d. hl. drei Jungfr. Ainbeth, Gwerbeth und Fürbeth im Bistum Freising. Bayer. Jb. f. Vkde (1961); R. W. Brednich, V.erz. u. V.glaube v. d. Schicksalsfr., Helsinki 1964.

drei Juffern → Matronen.

Dreikönig, Berchtentag, → Berchtelistag. Am 6. Januar feierten die

Gnostiker die Taufe Christi, die zugleich als Erscheinungs- oder Geburtstag seiner Göttlichkeit betrachtet wurde. Da aber die Anschauung, daß das göttliche Wesen schon in der bethlehemitischen Geburt in die Welt getreten sei, sich durchsetzte, nahm der 6. 1. allmählich den Charakter eines eigentlichen Geburtsfestes an, obwohl der Kirchenlehrer Origenes es noch im 3. Jh. als heidnische Unsitte gescholten hatte, persönliche Lebensdaten wie den → Geburtstag festlich zu begehen. Durch den Einfluß des griech. Dionysoskultes wurde auf den 6. 1., der auch als Geburtstag des Wein- u. Vegetationsgottes Dionysos gefeiert wurde, das Weinwunder, i. christlichen Sinne die Hochzeit von Kanaan, übertragen. Die spätere Geschichte des Festes konnte diese Anfänge nicht verwischen. Als Mitte des 4. Jh. die Feier der Geburt (→ Weihnachten) auf den 25. 12. verlegt und selbständig wurde, blieb nur noch die Huldigung der Magier beim 6. 1. So feiern wir den Tag. Allerdings erhielt diese Verehrung ihren eigentlichen Aufschwung erst, als Rainald von Dassel die Reliquien der D. aus Mailand noch Köln überbrachte (1164). Der Name Epiphanias (Erscheinung [des Herrn]) wiederum trifft nur im Orient und Osten den Kern des Festes, wo die Taufe im Jordan auch heute noch im kirchlichen und weltlichen Brauch im Vordergrund steht.

Im heutigen dt. Brauch stehen nicht nur die beiden kirchlichen Namen (Ephiphanias – D.) nebeneinander, es erinnert auch die Volkssprache an die alten Verhältnisse, indem sie den 6. 1. dem Neujahr gleichsetzt und ihn als Groß- oder Hochneujahr als obersten (letzten) Tag bezeichnet. Wie zu → Neujahr werden Zukunftsdeutungen versucht, Glückwünsche gewechselt (Neujahrswünsche werden im Montafon bis D. angenommen), die Obstbäume mit Stroh gebunden usw. Auch an die alte Feier des »Lichtertages«, an die Weihe von Taufwasser, Salz und Kreide erinnern heutige Kirchen- u. Hausbräuche. D.salz tut man ins Butterfaß gegen Verhexung od. in die Suppe gegen Krankheit. Mit geweihter Kreide wird das C+M+B (Caspar + Melchior + Balthasar) auf d. Türbalken geschrieben.

In den Tagen um D. gehen heute noch vielerorts die Sternsinger mit Kronen, weißen Hemden, Weihrauchfaß, Flachsperücken, zuweilen auch mit einem »Herodeskasten«. Am Niederrhein wurde der D.kasten mit einem Königslied vorgeführt. In Sachsen enthielt der kunstvolle Stern selbst das Haus, aus dem man mit einem Fadenzug den Herodes gucken lassen konnte (→ Puppentheater, Volksschauspiel). Im Harz war es ein Vorrecht der armen Bergdörfer, als »Sterngucker« zu gehen. Der Brauch gewinnt heute noch vielfach neuen Boden (Vorarlberg). Die Lieder und Sprüche der D. sind altes Volksgut und zeigen Verwandtschaft mit der Brauchdichtung anderer Jahres- und Lebensfeste (z. B. Erntefest, Hochzeit), wenn in Hessen die D. etwa beginnen:

> Wir wünschen dem Herrn einen goldenen Tisch.
> In der Mitte einen gebratnen Fisch . .

Da und dort (Tirol, Niederösterr., Eifel) haben sich noch Spuren ausgebildeter Szenen erhalten, die mit dem D.spiel der mittelalterlichen Kirchen in Beziehung stehen. Wie volkstümlich die D. nicht zuletzt auch durch die zahlreichen Darstellungen der bildenden Künste geworden sind, sagen Berichte z. B. aus Niederösterr. Die D. glaubt man

unterwegs. Mit Schießen, Läuten und Rufen empfängt man sie. Die Tenne wird saubergefegt, denn sie tanzen darauf. Brot und Wasser stehn in der Stube bereit. Im Böhmer Wald suchte man am 6. 1. gern eine entlegene Kirche auf, da ja auch die D. einen so weiten Weg zum Christkind gehabt hatten.
Die Nacht zum 6. 1. ist die letzte, größte und gefährlichste der → Rauchnächte. Das Totenheer, der König Herodes, besonders aber → Holle und → Bercht ziehen durch die Nacht. Es ist eine Nacht der Wunder wie die Christnacht. Der 6. 1. gilt als All-Loser, weil an ihm jede Stunde auf das Wetter eines kommenden Monats deutet. Auch Zwiebelorakel werden in gleicher Absicht angestellt. An D. hat der Tag um einen Hahnentritt gelängt. Auch für Liebe, Hochzeit und Tod wird mit Schuhwerfen, Bleigießen, Hafengucken usw. das → Orakel befragt. D. gehört wie Thomas-, Christ- und Neujahrsnacht zu den großen »Lösselnächten« (→ Los).
Auf Orakelbräuche geht die Sitte des Bohnenkönigs zurück. Sebastian → Franck berichtet im »Weltbuch«, daß ein Kuchen, der eine Münze enthielt, so zerteilt wurde, daß jeder Familiengenosse, aber außerdem auch die gegenwärtig gedachten hl. drei Könige, Maria und Christus je ein Stück erhielten. Wer die Münze fand, war König und hatte ein Kreuz gegen alles Ungemach an die Stubendecke zu schreiben. Anderswo wurde einfach durch Zettel ausgelost, wer für diesen Tag die Rolle eines Königs oder einer Königin, eines Schenken, Ratsmannes oder Narren zu übernehmen hatte. Deutlich wird der Orakelbrauch, wenn in Cornwall ein Traurring (Heirat), ein Sixpence-Stück (Reichtum), ein Fingerhut (Ledigbleiben) in den D.-kuchen gebacken wurden. Von England u. Frankreich her drang die Sitte des Bohnenkuchen zuerst im Rheinland und in Westfalen ein. Heute wird in großstädtischer Verallgemeinerung (Berlin) bei Geburtstag und anderen Festlichkeiten eine Mandel oder Kaffeebohne eingebacken oder in die Speise getan. Wer sie findet, heiratet zuerst. In der Schweiz ist der Königskuchen und sein Fest zu einem Brauch städt. Familien und Gesellschaften geworden. Besonders urtümliche Darstellungen der Heiligen D. aus ungebackenem Brotteig werden noch heute im Kreise Osterode (Ostpreußen) hergestellt. Es sind drei kleine walzenförmige Figuren mit Andeutung einer Nase, die auf einer Scheibe oder einem Ringe stehen. Oben werden sie alle drei von einem Teigband, den Armen, zusammengehalten. Es ist ein seltener Fall von dreidimensional gedachter »Kleinplastik« in Brotteig. Eine ebenfalls primitive Darstellung der Könige, die aber in der Fläche bleibt, besaß d. Mus. f. Dt. Vkde. aus dem Schwarzwald. Die Könige, hier gebacken, führen den Stern an einer Stange mit sich. (→ Gebildbrot) Verbreitet ist die Sitte, an D. die Anfangsbuchstaben der drei Königsnamen (C+M+B; → Cabame) über die Tür zu schreiben, dann Haus und Stall zu räuchern und mit D.wasser zu sprengen. Am Niederrhein schrieb man die Namen oder Buchstaben auf Zettel und klebte diese an den Stall, wenn man sich nicht überhaupt der in Köln leicht käuflichen D.-zettel bediente. D.segen als Amulette kennt schon das christl. Altertum. Sie schützten wie die → Himmelsbriefe vor Kugel und Feinden, halfen gegen die Fallsucht. Da die wandernden D. auch Reisepatrone waren, nahm man solche Segen im 15. Jh. mit auf den Weg. – Auch die

→ Wünschelrute soll man an D. schneiden und sie auf den Namen der Heiligen taufen lassen: Caspar soll sie heißen, wenn man Gold suchen will, Balthasar für Silber, Melchior für Wasser.
In Österr., Bayern u. der Schweiz war »Berchtentag« ein verbreiteter Name des 6. 1. In der D.zeit geht die → Bercht. Sie prüft die Spinnerinnen und wird den kleinen Kindern gefährlich, deshalb soll man diese an D. unter die Wiege legen. Selbst erwachsene Personen entführt sie, und wenn man diese als Leichen am Morgen findet, halten sie wundersame fremde Blumen zwischen Zehen und Fingern. Mit rasselnder Kette und lautem Gejohle nageln umziehende Masken Hufeisen an die Türe kinderloser Eheleute (Gennachten, Laufen der → Perchten). In Mitteldtld., wo noch heute Frau Holle zuweilen in der Rolle der ungehorsame Kinder und faule Mägde strafenden Bercht erscheint, wurde früher im thüringischen Eisfeld am D.abend nach dem Nachmittagsgottesdienst, nach Musik und geistlichem Lied ein Feuer angezündet mit dem Ruf: »Frau Holle wird verbrannt«. – Diese Masken- und Lärmumzüge gelten aber auch der Übelvertreibung und der Fruchtbarkeit des neuen Jahres. Es gibt nicht viel Obst, wenn beim Auszug der Jungmannschaft gegen die Waldfrauen »Strudeli« und »Sträteli« nicht tüchtig Lärm geschlagen wird (Kanton Schwyz). Im Niederdt. kehrt an D. der Mohr alles Unglück mit einem Besen aus der Stube. Die D. werden von den Bauern bewirtet, damit sie recht toll auf den Äckern draußen herumstampfen (Tirol). Bei den Umzügen in der D.zeit galt in den Alpen: je mehr Perchteln desto fruchtbarer werden Wiesen und Äcker. In Bayern wird aus dem 15. Jh. berichtet, daß man eine Pflugschar unter den Perchtentisch gelegt habe, damit sie gesegnet sei für die Frühjahrsarbeit. In der Nacht auf D. soll man fett essen und den Geistern etwas vom Mahl übriglassen. Wenn man fette Kuchen ißt, ist der Bauch geschmiert und das Messer der bauchaufschlitzenden Frau Bercht gleitet ab. In Tirol ißt man schmalzige Nocken zu → Gennachten. In der Steiermark füttert man den Wind und legt ihm Nudeln aufs Dach. Für die Bercht, für die Stampa oder für den Engel soll man Reste des D.-mahles übriglassen. Wenn die Perchtl davon kostet, bedeutet es ein gutes Jahr. Auch Menschen und Haustiere sollen von der Berchtlmilch genießen, ehe man sie ins Vorhaus stellt und alle inneren Türen verschließt (Steiermark). Überhaupt gelten für das Essen bestimmte Vorschriften. D. ist eine Dreimahlsnacht. Hafer-, Roggen- und Milchkoch soll man essen (früher sogar neun Arten von »Koch«). Wenn an D. nicht aller Kuchen von Weihnachten aufgegessen wird, bedeutet es Unglück. In Westfalen aß man zu D. (nach Weihnachten u. Neujahr) zum drittenmal vom großen Mittwinterroggenbrot, dessen Reste dann zu → Lichtmeß den Pferden gegeben wurden. In Bayern heißt nach dem ausgiebigen gemeinschaftlichen Mahl D.nacht »die feiste Rauhnacht«. Wer nicht tüchtig mitißt, hat von Dämonen Schaden zu fürchten. → Speis u. Trank, Heischerecht, Opfer

K. Holl, Der Ursprung d. Epiphanienfestes, Berl. Sitz.-Ber. 17; H. Kehrer, Die hl. drei Könige in Lit. u. Kunst, 1909; P. Sartori, D.e im HDA; Ders., Sitte und Brauch, 3. Bd., 1914; H. Wetter, Heischebrauch und D.umzug im dt. Raum (Diss.), 1933; H. Moser, Zur Gesch. d. Sternsingens. Jb. bayer. Heimatsch. (1935); E. Burgstaller, Die Sternsinger in Oberdonau. Oberdt. Zs. f. Vkde 15 (1941); K. Meisen, Die hl. D. u. ihr Festtag im v.tüml. Glauben u. Brauch 1949; H. Celander, Stjärngossarna. Stockholm 1950; O.

Moser, Die Kärntner Sternsingbräuche; A. Anderluh-Fs. 1956; ders., Das Gailtaler D.singen. Jb. öst. V.liedw. 6 (1957); H. Schmiedl u. A. Anderluh, Heiligenbluter Sternsingerlieder. 16 Mel. f. 3 Blasinstr. m. Text. (In Hb. gehen 6 »Rotten« um); A. Waezold, in: Reallex. z. dt. Kunstgesch. 4. 1958; M. Währen, Der Königskuchen u. s. Fest. 1958; Acht Jhh. Verehrung d. Hl. Drei Könige in Köln. Kölner Domblatt 23/24 (1964); F. Heeger, »D.buben« u. »Sternsinger« in Franken. In: Frankenland 17 (1965); E. Wieser, Sternsingen in Österr. Diss. Wien 1966. Über D.gebäck: M. Höfler, in: Zs. d. V. f. Vkde 14 (1904); Baumhauer in: Zs. f. Vkde (1931); Kartogr.: ADV IV Name u. Brauch. ASV 167 D.kuchen, Umzug m. Stern. Heischegang. Weit. Lit. → Weihnachten.

Dreimahlsnacht → Dreikönig.

drei Marien, Nothelferinnen, Stifterinnen → drei hl. Frauen.

Dreizehn, Primzahl des babylon. dodekadischen Zahlsystems, die Zahl der Unterwelt, die Zerstörerin des Vollkommenen. Im Alten T. dagegen ist die D. Glückszahl. – Der Glaube an die Unglücksbedeutung der Zahl D. ist weit verbreitet und bildet ein ergiebiges Kapitel besonders der Großstadtvolkskunde, wo man unterscheiden mag zwischen einer mehr bodenständigen Überlieferung und einer anscheinend modisch mitbedingten in den Kreisen der Schauspieler, Künstler, Spieler u. Sonntagssportler. Die häufigsten Gelegenheiten, bei denen die D. beachtet wird, sind: Teilnehmerzahl bei Tisch, Datum, Haus- u. Zimmernummer. Eine interessante Statistik ergäbe die Frage an die Hotels eines Landes oder aller Länder, ob sie die Zimmernummer 13 besitzen, vermeiden oder umschreiben; ferner die Frage, wieviel u. welche Gäste ein Zimmer Nr. 13 ablehnen, ignorieren oder wünschen!
Auch ein »nun gerade« bezeugt den allg. Glauben an die D. Prof. H. Bausinger, Tübingen, eröffnet das unten genannte Buch mit einem auf Freitag, den 13. 5. 1966 datierten und mit 13 Anmerkungen untermauerten Essay über die Zahl 13. – Auf die Frage, warum die meisten Fernsehserien in 13 Folgen produziert werden, sagte der Schauspieler Gustav Knuth: »Beim ersten Mal war es vermutlich Zufall, beim zweiten Mal Nachahmung, beim dritten Mal Tradition« (Telestar 10. 7. 71). Vielleicht stammt der Brauch aus den USA, wo die D. Glückszahl ist. Den Volksglauben, daß keine 13 am Tische sitzen dürfen, hat man auch auf das letzte → Abendmahl Christi zurückgeführt. Man wies entweder auf Christus, der durch den Kreuzestod bald aus dem Kreise der Jünger ausschied, oder auf → Judas Ischariot, der den Herrn verriet und sich erhängte. Andere Erklärer setzen den Ursprung in vorchristliche Zeit und bringen ihn in Zusammenhang mit einem Ereignis aus dem Leben Philipps von Mazedonien, das Diodor von Sizilien berichtet. Philipp ließ sich durch Hochmut zum Befehl verleiten, im feierlichen Umzug der Götterfiguren sein eigenes Bild als dreizehntes mitzuführen. Unmittelbar danach sei er im Theater ermordet worden. Aber die abergläubischen Vorstellungen, die sich mit der D. verknüpfen, sind wahrscheinlich so alt wie der Glaube an mythische → Zahlen überhaupt. 12 ist eine heilige Zahl. Durch den Tod des 13. wird sie wiederhergestellt. Für älteren Ursprung spricht auch die Tatsache, daß die 13 keineswegs überall schematische Unglücksbedeutung hat wie bei uns. Das heute noch allg. Duodezimalsystem der Zeiteinteilung (12 Monate, 24 Tagesstunden) stammt von den Babyloniern. → Zwölften, Städter.

O. Weinreich, Triskaidekadrische Studien, 1916; E. Bischoff, Die Mystik u. Magie d.

Zahlen, 1920; H. Bausinger, in: Zauberei u. Frömmigkeit (= Volksleben, Bd. 13) 1966.

dreschen, Drescher, D.mahl. Da sich das D. über den Winter bis zur Fasnacht hinzog, standen manche Sitten beim Ausdrusch in Beziehung zu den Spätwinterfesten. Vor allem werden dadurch Vorstellungen des Erntebrauchkreises auf Mittwinter und Frühjahr übertragen. Die letzte Garbe, die bei der → Ernte im Mittelpunkt steht, erscheint wieder beim D. Wer die letzte Garbe heranholt, wer sie drischt oder wer den letzten Drischelschlag darauf tut, erhält Namen wie Drischelkönig, Flegelsau, Kornhammel. Häufiger ruft man, er hat den Alten, die Hundsfud, das Täschchen oder er hat die Stadelhenne, den Banselhahn erschlagen. Das bei der Ernte selten gewordene Einbringen einer Person in Stroh an Stelle des menschengestaltig oder tierisch gedachten → Korngeistes blieb beim Ausdrusch Brauch. Einer wurde umwickelt, gefesselt, geschwärzt und begossen. Später lösen scherzhafte Narrenaufträge älteren Brauch ab. Dem Ausdrusch folgt das Dm. (Drischleg, Flegelhenke, D.gans), bei d. ganz wie beim Erntemahl der Vertreter des Korngeistes auf besondere Weise bewirtet wird. Spiele (Drischlegspiele) u. Kehraustanz (die Tenne auskehren) setzen das Fest in die Nacht hinein fort. → mähen, Petri Stuhlfeier, Wacholder, Arbeitslied.

W. Mannhardt, Korndämonen, 1865; R. Beitl, Korndämonen, im HDA; M. Stickler, D.bräuche um d. letzten Schlag. Bayer. Hefte f. Vkde. 12 (1939); H. Vilkuna, Das D. in Finnland. Helsinki 1955; J. Weber-Kellermann, Arbeitsbräuche u. A.feste d. D. In: Arb. u. Vleben. 1967; dies., Erntebrauch in d. ländl. Arbeitswelt d. 19. Jh. 1965; G. Wiegelmann, ADV-Umfragen z. alten bäuerl. Arbeit. Rhein. Vjbll. 33 (1969) (Karte: D.geräte); R. Quietzsch, Zur Verbr. u. Gesch. d. D.flegels. Dt. Jb. f. Vkde 15 (1969); P. Sartori, Sitte u. Brauch. 2. 1911; ASV 75/76: D.gerät (Rute, Sparren, Flegel), D.maschine.

Dresdner Vogelwiese. »Was dem Schwaben der Cannstatter ›Wasen‹, dem Münchner die ›Oktoberwiesn‹, dem Erzgebirger die Annaberger ›Käth‹, das ist dem Dresdner seine ›V.‹« (J. Haßpacher). Name und Fest gehen zurück auf das Pfingstschießen der Armbrustschützen nach dem Vogel (→ Schützen), das 1459 zuerst erwähnt wird, während eigene »Vogelwiesen« in Dtl. schon seit Mitte des 13. Jh. bezeugt sind. Die zweite Wurzel der D. V. sieht Haßpacher in den Gesellen- oder Landesschießen, die nicht auf die städt. Schützenges. beschränkt waren, sondern zu ihren großen Vogelsch. (»frey gemein gesellen schiessen«) auch Adel und Bürger benachb. Städte einluden. 1443 hören wir von einem solchen Landessch. in Leipzig. Eine erste ausführl. Beschr. gilt dem »Schützenhof«, den Kurfürst August von Sachsen 1554 für die Dauer einer Woche zu Dresden veranstaltete und der ähnlich wie das → Cannstatter V.fest durch Wettläufe von Burschen und Mädchen, Bauerntänze und -turniere (in Strohpanzern), Stangenklettern um den Hahn im Korb auf der Spitze (»Hahnensteigen«), Schwerttänze reisender Fechtergruppen, Würfelbuden u. ä. zu einer allg. Lustbarkeit wurde. 1660 wird von einem Gansreißen zu Pferde (→ Reiterspiele) berichtet in Verbindung mit einem städt. Pfingstschießen. – Als Veranstaltung der »Privaten Bogenschützen« besteht die D. V. seit 1874. Ihre Zeltstadt belegte um 1930 etwa 110000 m² und wurde täglich von annähernd 100000 Gästen besucht. Heute besteht der Bogenschützenverein nicht mehr. 1954–58 wurden wieder Vogelsch. abgehalten. Danach verflachte die D. V. zu einem allg. Sommervergnügen, das man neuerdings in ein »Frühlings-« und ein »Herbstfest« aufteilen zu wollen scheint.

Joh. Haßpacher, Die Gesch. d. D. V. Zs. f. Vkde. 56 (1960)

Drischleg → dreschen.

Drucker. Buch- und Zeitungsd. besitzen noch heute lebendige Überlieferung und Sprache. Ein Buchstabe im falschen Kasten ist ein »Fisch«, zweimal derselbe Buchstabe im Satz eine »Hochzeit« (Berlin). In Schaffhausen ist (1954) ein ausgelassener Buchstabe eine »Leiche«, ein solcher aus einer anderen Schriftart ein »Zwiebelfisch«, ein auf den Kopf gestellter ein »Fliegenkopf«, ein unbedruckt durch die Maschine gelaufener Bogen ist ein »Schimmel«, ein doppelt gelaufener ein »Mönch«. Die alte Gesellenweihe, das Gautschen, ein scherzhaftes Wasserbad, ist heute noch gang und gäbe (Gautschbriefe in Berliner Läden). Durch ihre Beschäftigung mit gelehrten Sachen hatten die D. manches aus dem akadem. Brauch der → Deposition entlehnt und besaßen im 17. und 18. Jh. große Dep.spiele. Joh. Rist verfaßte 1655 ein solches. Die strengen und kostspiel. Bräuche, mit denen ein Junggehilfe (Cornut, Cornelius) in den Gesellenstand Aufnahme fand, hatten auch den Zweck, eine Überfüllung des Gewerbes zu verhindern. Der Mißbrauch des »Postulierens« führte zu Verboten durch den preuß. König, durch Maria Theresia u. a. Nur das mildere Gautschen wurde bis heute beibehalten. Nach 50jähriger Dienstzeit wurde ein D. von den Kollegen durch Setzen auf einen feuchten Schwamm zum Ehrengautschmeister ernannt (Göttingen 1955). Die frühen D.zeichen sind z. T. Fortbildungen von Hauszeichen des MA. In Mainz besteht ein Weltmus. der Buchd.kunst. → Handwerk, Initiation, Hausmarken, Sondersprachen.

Joh. v. Rist (1607–67), Depositio Cornuti Typographici; Otto, Das altdt. Handwerk; Klenz, Die dt. D.sprache, 1900; Über Signets und D.zeichen: Sammlung Heitz: Die Büchermarken oder Buchdr.- u. Verlegerzeichen, 7 Bde., 1892–08; H. Grimm, Das Dt. Signet. 1922; Die D.- und Buchhändlermarken des 15. Jh., 1924ff.; W. G. Oschilewski, Der Buchd. Brauch u. Gewohnheit in alter u. neuer Zeit. 1937; A. Bühler, Alter Brauch in neuem Gewande (Das Gautschen). Schweiz. Vkde. 37 (1947); A. Dieck, Die Buchd.bräuche d. Postulierens u. Gautschens. Zs. f. Vkde 52 (1955); H. Grimm, Dt. Buchd. signete d. 16. Jh. 1965; G. Beier, Schwarze Kunst u. Klassenkampf. Bd. 1: Vom Geheimbund zum . . . Gewerkverein. 1966.

Drudenfuß → Trud, Palmsonntag.

Dukatenmännchen → Hecken.

Dünnbier → brauen.

Durchbrucharbeit (à jour-Arbeit) steht in der Nähe von Netzarbeiten, Stickerei und Spitzen, insofern sie durch Ausziehen, Ausschneiden und Umsticken von Gewebefäden entsteht. Seit dem frühesten Altertum ist sie verbunden mit der Weiß- und Leinenstickerei. Am bekanntesten ist der Hohlsaum (Hohlnaht) als einfachste D. Das → Nähen von Spitzen nimmt von hier seinen Ausgang. D. zeigen seit dem 16. Jh. Leinengewebe, die oft mit Weißstickerei in Plattstich geziert wurden. D. kann mit dem Kreuzstich (→ Buntstickerei) verglichen werden, der gleichfalls durch die Struktur des Gewebes unmittelbar bestimmt wird, dieses jedoch unverändert läßt.

Th. Düsing, Hohlsaum u. Leinend. [4]1920.

durchfallen → Korb.

durchkriechen → Fuhrmann, d.ziehen.

Durchschnittler → Bilwis.

Durchspinnacht → Thomas.

durchziehen, durchkriechen durch einen gespaltenen Baumstamm (junge Eiche, die dann wieder zusammengebunden wird, Weide, Birke, Holunder), durch eine Astverschlingung, durch ein Rad, eine Maueröffnung, ein Loch im Altar (»Schlupfaltar«), durch eine Felsennische besonders in der Nähe von Gnadenorten ist tausendfach belegt als Methode mag. Krankheitsheilung (schon 659 vom hl. Eligius untersagt). Dabei wiegt einmal der Gedanke der → Übertragung (der Baum stirbt ab), das andere Mal der des Abstreifens (→ Analogiezauber) über. Auch die bannende Wirkung der geschlossenen Kreisöffnung wirkt mit. Einzelne Forscher sahen im Dz. und Dk. die Nachahmung des Tieres, das Ungeziefer und damit Krankheit im Waldesdickicht abstreift. Bei einer alten Eiche in Altmark bei Wittstock lagen früher viele Krücken von Geheilten um einen Baum mit verwachsenen u. durchlöcherten Ästen. Dänisch ist der Glaube, daß das Dk. durch die ausgespannte Geburtshaut eines Fohlens einer Frau leichte Geburt bringe. Abstreifen des Alten und zugleich → Geburt und Wiedergeburt ist das meist schmerzliche Dz. und Dk. in vielen Bräuchen der → Initiation. → Hänseln, Kreis, wälzen, Brombeere, Vmed.

H. Gaidoz, Un vieux rite médicale, 1892; Th. Zachariae, Kleine Schriften, 1900; G. Jungbauer, Dt. Vmed., 1934; W. Gaerte, Altgerm. Brauchtum auf nordischen Steinbildern, 1965.

dürrer Birnbaum → Schlacht.

Dürrwurz → Berufkraut.

Düsseli → Nikolaus.

duzen → Anrede.

Eber, im niederdt. Brasse, in Süddtld. häufig Bär (mhd. *ber*; → Erbsenbär) genannt, so daß in der Volksüberlieferung sich E. und Bär *(ursus)* zuweilen nicht auseinanderhalten lassen. In benachbarten Gebieten südlich des Main bedeuten Bärwutzel und Butzebär als Kinderschrecke offenbar das Waldtier, dagegen Bär im Ernte- und Drescherbrauch (Name der letzten Garbe und des Dreschers, der den letzten Schlag tut) das männliche Schwein. In Norddtl. heißt der E. auch Kempe, in Thür. Kunz, in Hessen Watz. Bei den Nordgerm. war der E. Opfertier für Freyr und Kultspeise (Jul-E.). Ob die Geltung von E. u. Schwein als Festbraten zu Weihnachten, Fasnacht, Martini und als → Gebildbrot noch mit altem Glauben zusammenhängt, läßt sich nicht sicher erweisen. Wenn der Wind im Korn Wellen schlägt, spricht man in Mitteldtld. von den wilden Säuen und vom E., die im Korn wühlen. → Ernte, dreschen, Jul, Fro.

R. Wildhaber, Kirke u. d. Schweine, Schweiz. Arch. f. Vkde 47 (1951) (Tierverw., K. als alte Todesgöttin, d. Schwein in Kultur u. Rel. d. Antike, d. Kelten, d. Germ. u. i. Vglauben); F. Pfister, Das Bild d. E. als Amulett u. Symbol, Meuli-Fs., 1951 (Orendist. Tier, nicht theriomorphe Gottheit); H. Beck, Das E.signum im Germ., 1965 (Dazu vgl. R. Schmidt-Wiegand, in: Zs. f. Vkde 62, 1966).

Eberraute → Raute.

Eberwurz (Silberdistel, Jägerbrot, *Carlina acaulis*). E. steht, wie viele ehemalige Nahrungspflanzen (eßbarer Blütenboden der E.), im Rufe, besondere Körperkraft zu verleihen (»Kraftwurz«). Schweizer Burschen tragen E. und Baldrian in rotem Wachs bei sich, damit ihr Mädchen ihnen »keinen Wunsch abschlagen« kann. E. hilft zu Zauber und gegen Zauber. Bei einem Schuster in Blankenhain hing noch

1934 eine E. als → »Unruhe« an der Stubendecke. Wenn die Blüte der »Wetterdistel« sich schließt, sieht das Volk darin eine Ankündigung kalter, regnerischer Witterung. Sich öffnend wird sie zur »Sonnenrose«. In der Schweiz meint ein Rätsel die E.:

Es ligge silberige Sternli uf em Berg.
Lueg, wie si gliße.
Aber sie biße.

→ Pest.

Montanus. Die dt. Vfeste, 2 Bde. 1854–58; W. Manz, Vbrauch u. Vglaube d. Sarganserlandes, 1916; G. Schmid, in: Fs. f. R. Holtzmann, 1933; L. Behling, Die Pflanze in d. mal. Tafelmal., 1957; H. Marzell, Die E. im Braucht. u. in d. Vmed., Bayer. Jb. f. Vkde (1964/65).

Echo (gr. *echo* ›Widerhall‹), Theokrit berichtet die gr. Sage, nach der der erzürnte Pan die geliebte E. von wahnbetörten Hirten in Stücke reißen ließ. Nur die Stimme blieb am Leben. Ovid überl. die Sage von einer schwatzhaften, von Zeus begehrten Nymphe E., die von der Göttermutter Hera bestraft wurde. Sie durfte nicht zuerst reden und mußte schweigen, wenn ein anderer sprach. In unerwiderter Liebe zu Narziß verzehrte sie sich so, daß nur ihre Stimme übrigblieb, der Widerhall. Im alten Norden wurde das E. als »Zwergsprache« *(dvergsmal)* bez. – Viele Kinderspiele und Sprachscherze beziehen sich auf das E. »Wie heißt der Bürgermeister von Wesel?« (Esel), »Was essen die Studenten?« (Enten). Vielfaches E. (→ Lorelei) wird immer wieder als Naturwunder empfunden, wie der Widerhall rauschender Gewässer in Höhlen und Bergtälern den Glauben an die → wilde Jagd und das musizierende → Nachtvolk stützt. Vereinzelt wird das E., das »kommt«, auch Kinderschreck (ADV). → Leder.

J. Bolte, Das E. in V.glauben u. Dichtung, Sitzgsber. Berlin, 1935 und in: Fgn. u. Fortschr., 1935.

Echternacher Springprozession heißt die Wallfahrt am Pfingstdienstag zum Grab des hl. Willibrord († 739) in E. (Luxembg.), weil die Heilsuchenden (Epileptiker u. a.), die »Springer«, nach drei Schritten vorwärts immer einen zurückgehen (oder nach fünf Schritten zwei zurück). Die E. S. ist in dieser Form ein Rest der Tanzproz. des MA. (→ Tanzkrankh.), bes. der *chorea Viti* (→ Veit), des Veitstanzes, der 1374 an der Mosel grassierte, doch ist die Wallfahrt zum Grabe des Hl. schon vorher bekannt gewesen. So wird die E. S. auch auf ein Gelübde anl. einer Tierseuche in karol. Zeit zurückgeführt. Die Sage verbindet die Überlief. auch mit dem »Tänzer unserer lieben Frau«, einem verbreiteten Motiv, das mit dem Kult der hl. → Kümmernis in Berührung kam. Diepgen sieht in der E. S. wie in den alten Tänzen zum Fest des hl. Johannes, des hl. Veit usw. eine Erinnerung an ältere Heiltänze. – Im Hoch- und SpätMA. waren Proz. zum hl. Willib. in Mittel- und Westeuropa verbreitet. Bei der 60. Wiederholung der E. S. 1963 nahmen rd. 20000 Pilger aus der Eifel, aus Holland, Luxembg., Belgien und Frankreich teil. → Ekstase.

P. Diepgen, Dt. V.med., 1935; Über S. u. Schutzheil. gegen Veitstanz vgl. K. Meisen, in: Rhein. Jb. f. Vkde 2 (1952); J. Hess, Altluxembgr. Denkw.keiten, 1960; N. Kyll, Pflichtproz. u. Bannfahrten im westl. Teil d. alten Erzdiöz. Trier, 1962.

Edda, ›Poetik‹ oder ›Buch von Oddi‹. E. heißen zwei Sammlungen altnord. Sagen und Sprüche. Die ältere, Lieder-E. (früher auch: Sœmundar-E.) genannt, entstammt der Wikingerzeit (8.–11. Jh.) auf Island und enthält über 30 Lieder von Göttern und Helden in Stabreimversen. Die Hs. entstand in der 2. H. des 13. Jh. Bei dem Mangel südgerm. Zeugnisse ist sie von unschätzbarem Wert für unsere Kenntnis der alten Göttermythen und der → Heldensage (Wieland, Siegfried, Nibelungen). Franken und Goten sind die beliebtesten Helden der Lieder-E., die innerlich älter ist als die südgerm. Reste (→ Hildebrandslied). Die jüngere Snorra-E. ist bekannt nach Snorri Sturluson, der dies Werk zwischen 1220 und 1230 als eine Art Lehrbuch für junge Skalden (Dichter) verfaßte. Sein Wert besteht für uns darin, daß Versarten, poetische Ausdrücke und Umschreibungen (Kenningar → Rätsel) mit Beispielen aus Mythus und Sage der Nordgerm. und aus älterer Skaldendichtung des 9.–12. Jh. gelehrt werden.

Ausgaben: Die E. Dt. v. F. Genzmer, mit Einl. v. A. Heusler, I. Heldendichtung, 1934[4], II. Götterdichtung, 1938[3]. Neuausg. 1963 (Slg. Thule); Die Jüngere E. Dt. v. Neckel u. Niedner, 1925. Neuausg. 1966 (Slg. Thule); G. Neckel, Die altnord. Lit., 1923; A. Heusler, Die altgerm. Dichtung, 1923; W. Baetke, Die Götterlehre d. Snorra-E., 1950.

Edelraute → Schafgarbe, Raute.

Edelsteine. Schon die fast durchwegs fremdsprachl. Bez. der E. lassen vermuten, daß auch der an sie geknüpfte V.glaube nicht einheimischen Ursprungs ist, wie andererseits der Pflanzen- und Kräuterglaube schon in der Namengebung vielfach auf germ. Wurzeln weist. Die E. der Antike lieferten Persien und Indien (bes. Ceylon). Mit dem Beginn der Neuzeit übernahmen Mittel- und Südamerika diese Rolle, im 19. Jh. auch Südafrika und Australien. Das Altertum schätzte E. als Schmuck wie als → Amulett (Ägypten; Griechenl. bes. im Hellenismus). Mit Juden und Mauren waren die E. und die alten Fabeln darüber nach Europa gekommen. Man schreibt den Glauben an die magischen Eigenschaften der E. besonders der jüdischen Überlieferung zu. Glanz, Härte, Seltenheit, Kostbarkeit u. die Verwendung bei weltlichem und kirchlichem Fest, Kleid und Kult erhielt den E. ihren besonderen Ruf bis heute als Schmuck, → Amulett oder → Monatsstein, der die Verbindung zu den Tierkreiszeichen herstellt. Auch vmed. Gebrauch der E. erlaubte die Kirche, wie der E.glaube dieser Art in der Sage vom Gral höchste dichterische und später musikalische Weihe empfing. → Pflanzen, Steine.

U. F. L. Brückmann, Abhg. v. den E., 1773[2]. M. Lorenz, Die okkulte Bedeutung der E., 1915; Bauer-Schloßmacher, E.kunde, 1928–32[3]; W. Golther, Parzival und der Gral, 1925; Konrad Burdach, Der Gral, 1939; Schweizer E.gräber. Vom uralten Gew. d. »Strahler«, Heimatwerk 13 (1948); A. Hermann, in: Reallex. f. Ant. u. Christent. 4 (1959).

Edelweiß *(Leontopodium alpinum).* Dieser Korbblütler, dessen Name der Tiroler V.sprache entstammt, spielt in Glaube und Brauch eine weit geringere Rolle, als die in der Ebene wachsenden verwandten Katzenpfötchen u. Immortellen. In der Vk. – abgesehen von der modernen Andenkenindustrie – erscheint das E. auffallend selten (Schwarzwäld. Tonschüsseln; Fensterläden, Wegkreuze, Buttermodel i. Montafon). In Schnaderhüpfeln und alpenländischen Liedern ist es Liebesgabe (Unterpfand der Verschwiegenheit), aber den heutigen Ruhm verdankt es den sentimentalen E.liedern u. der Bergsteigerromantik der letzten 100 Jahre. – Aretius spricht (1561) von Wullblumen (nach der Behaarung). In Berchtesgaden und Tirol heißt das E. auch Bauchwehblume n. d. vmed. Gebrauch (Tee).

Bayer. Wb. 1, 28.

Edigna, hl. (gest. 1101; Attr.: Nonnenkleid mit Buch u. Hahn; Totenkopf, Krone). Die erste Darst. der bes. im 18. Jh. in Bayern verehrten Hl. bieten zwei Altarflügel des5. Jh., die erste Nachricht gab der Jesuit M. Rader (Bavaria pia et sancta; 1624). Ihre Gebeine ruhten lange in Puch, das bis heute Mittelpunkt des Kultes und der Wallfahrt blieb. Der Legendenzug des schon der Antike bekannten Gespannwunders (weisende Rinder, tönende Glocke) und das Motiv der in einem Wald beginnenden und an einem Baum endenden Fahrt auf 2- oder 4-rädrigem Wagen ließen an die Umfahrt der → Nerthus denken (M. Höfler, Sartori, Kriß). Die älteste Darst. der Hl. E. mit Wagen, Glokke und Hahn gab der aus Antwerpen nach München gerufene Kupferstecher Raphael Sadeler (→ Andachtsbild) 1624. Die Hl., deren »königliche Abkunft« im Barock stark herausgestellt wurde, half den Menschen bei Kopf- und Steinleiden, bei Kropf, Ruhr, Wahnsinn, Unfall und schwerer Geburt. Sie war auch Schutzherrin der Haustiere. Das → Mirakelbuch ging im 1. Weltkrieg verloren.

D. Schütz, Die selige E. Ihre Leg. u. Verehrg., Bayer. Jb. f. Vkde 66/67.

Eeenbeerboem → Wacholder.

Efeu → Weihn.

Egge, ahd. *egida* wird auf germ. **oketa* ›die mit Spitzen versehene‹ zurückgeführt. Das Gerät, urspr. ein Rechen oder gezähntes Flechtwerk (→ Flechten) war dem Altertum (außer den Griechen) und den Germ. bekannt. Viele Sagen erzählen von der Errettung aus Hexerei durch eine E., auf die man sich setzen muß. Auf einem Kreuzweg z. Neujahr unter einer E. sitzend, sieht man den Teufel tanzen (Lüneburger Heide). Auch vor der wilden Jagd kriecht man unter die E. Diese apotropäische u. zauberlösende Bedeutung liegt in Stoff (Eisen), Form (Kreuze) und Verwendung (Ackergerät) begründet. Wie der Pflug (→ Saat) wird die E. im Regenzauber benützt. Bei der Aussaat wird sie genetzt. In Schwaben zog die Dorfjugend im Frühling eine E. durch den Fluß. Aus Siebenbürgen wird berichtet, daß bei großer Trockenheit Mädchen nackt eine E. ins Wasser schleppten und sich darauf niederließen, wärend an den vier Ecken des Geräts kleine Feuer brannten. Ältestes Zeugnis einer E.: Moorfund von Thorsberg (Angeln, 3.–5. Jh.). → Ergologie, Regen.

Bildteppich v. Bayeux (11. Jh.); Ebert, Reallex. d. Vorgesch.; W. Seedorf, Arbeitsbräuche in der Landw.; in Peßler, Hb.; H. Koren, Die steir. E.n. In FS. für L. Schmidt, 1972. – ÖVA IV E. Grundtypen, Beschwerung.

Ehe → Jungfrau, Gaßlbrauch, Hochzeit, Frau.

ehelich → V.etymol.

Ehehalten → Gesinde.

Ehrenbaum → Pfingsten, Maibaum.

Ehrenscheibe → Scheibenschlagen.

Ei. Das Ei ist nicht nur → Symbol, sondern selber Inbegriff und Verkörperung des Lebens und der → Fruchtbarkeit im Frühlings-, Ernte-, Paten- und Hochzeitsbrauch, in Märchen (Seele und Leben d. Riesen im Ei) und Kosmogonien wie in der Vk. Es ist eine der drei weißen Gaben und bevorzugtes Opfer für die Toten (→ Grabbeigabe) wie für die Vegetations- und Wassergeister. Oft ist es auch → Bauopfer. Es gilt als Kraftnahrung für Kinder und Erwachsene und hat auch apotrop. Kraft. Es erscheint am Richtbaum (→ Richtefest), im Erntekranz, am Palm- und Osterbaum, am Mai- und Weihn.baum. Aus dem Hahnenei entspringt der unheilvolle → Basilisk. → Gründonnerstag, Karfreitag, Ratsche, Ostereier, Pfingsten, Himmelfahrt Mariae.

P. Sartori, Die Speisung der Toten, Progr., 1903; Dölger, Ichthys, 1910–1927; M. Eliade, Der Mythos d. ew. Wiederkehr; dt. 1953; M.-L. Lechner, Das Ei im dt. Braucht., 1953; dies., in Reallex. z. dt. K.gesch. 4 (1958); dies., in Rhein. Jb. f. Vkde 9 (1958); Ikonogr. d. Eis. Dt. Jb. f. Vkde 6 (1960) (Totenkult, Weltei-Kosmogonie, Alchimie).

Eibe → Weihn.

Eiche *(Quercus robur)*. In vorchristl. Zeit gehört die E. bei den Germ. und anderen indogerm. Völkern zu den am meisten verehrten → Bäumen des Waldes. Berühmt ist z. B. die Donar-E. bei Geismar, die kultische Verehrung genoß und im Jahre 725 von → Bonifatius gefällt wurde. Seitdem ist die E. in zwei großen Traditionen – als »heiliger« und als »verwünschter« Baum – durch die dt. Volksgesch. gegangen. »Verwünscht« ist z. B. die E., mit deren Laub die Hexen das Wetter beeinflussen. Die Überlieferung der »heiligen« E. ist nur dort lebendig bis auf unsere Tage, wo sie auf die Heiligen der neuen Religion übergegangen war, wie die Verehrung zahlreicher z. B. der → Maria geweihter Wallfahrts-E. bezeugt. In jüngerer Zeit ist die E. Zeichen der Ehrung: Sieges-E. seit den Freiheitskriegen, E.bäume u. E.haine zu Ehren und Gedächtnis der im Weltkrieg gefallenen Soldaten, E.zweig für den Sieger im turnerischen Wettstreit schon bei Jahns Bewegung, E.kränze beim heutigen Sonnwendfeuer zu → Johannis. – In der sympathet. Heilkunde ist die E. seit alters bes. geeignet zum → Übertragen von Krankheiten (z. B. die berühmte »Altvater«-E. in Frammersbach im Spessart). Die Abkochung der gerbsäurehaltigen E.rinde wird heute noch gern in der Vheilkde. benutzt. → Martin, V.spiel.

Reinach, Le chêne dans la médecine populaire. L'Anthropologie 4 (1893). Hoops, Reallex.; Stahl, Blitzgefährdung der versch. Baumarten, 1912; M. Lange, Unsere Dt. E., 1937; Bolle, Die E.frucht als menschl. Nahrungsmittel, Zs. d. Ver. f. Vkde 1; A. Detering, Die Bedeutung d. E. seit der Vorzeit, 1939; Reallex. z. dt. K.gesch. 4 (1958); L. Behling, Die Pflanzenw. d. mal. Kathedr., 1964.

Eicheln → Amulette, Spielkarten.

Eichhörnchen *(Sciurus vulgaris)*. Der Name ist, wie der anderer Waldtiere, idg. und in der V.sprache vielfältig gewandelt (Eichkatzl, Katteiker, Eichert, Kadekik, Baumfuchs u. a.). In der Weltesche Yggdrasill haust das E. Ratatöskr (›Nagezahn‹), das wegen seiner roten Farbe dem → Donar heilig ist. – Da es ein guter Läufer und Springer ist, schützt der Genuß von E.fleisch und -hirn die Dachdecker, Gamsjäger und Seiltänzer vor Sturz. Ähnlich wie der in der Hand sterbende → Maulwurf oder die → Kröte die Lebenskraft dem Menschen überträgt (auch das Böse und Giftige aus dem Körper zieht), so heilt man Rheumatismus, wenn man ein weibliches E. ins Bett nimmt, bis »es sich tot liegt«. In Frühlingsfesten zeigt das Erjagen und Töten eines E. kultischen Sinn (Ostern in Pommern, Himmelfahrt in Waldeck). Der Schwanz des E. ist in den Alpen ein begehrter Hutschmuck der Buben.

P. Kretschmer, Wortgeogr., 1918.

Eid. Jeder E. enthält dem Sinne nach eine Selbstverfluchung, sei es unmittelbar (»ich soll sterben . . .«) oder indem man »bei Gott« oder einem heiligen und krafterfüllten Gegenstand wie Ehering, Waffe, Kreuz, Bibel usw. (im Islam der Koran, in Indien das Wasser des Ganges) schwört, die im Falle des → Meineids die Rache üben und den

Frevler vernichten (»der Teufel soll mich holen«). In alem. Mundarten bedeutet »schwera« zugleich ›beeiden‹ und ›fluchen‹. Eine Steigerung des E. ist das → Gottesurteil. Das germ. Recht erlaubte auch die Verstärkung des Schwurs durch E.helfer, die zunächst aus der eigenen Sippe gewählt wurden. Der nord. Blutsbruderschwur geschah »unter dem Rasen«, d. h. unter hochgehobener, grasbewachsener Erde. In germ. Volksrechten ist vom Schwur auf das Schwert oft die Rede. Goten und Nordgerm. kannten den Schwur auf den E.ring des Geistlichen. Auch *»in circho et in hasla«* (auf Ring und Haselstab) wurden E. geleistet *(Lex Ribuaria)*. Solche Schwurgesten erhielten sich noch lange neben der christlichen (drei Finger erheben = auf die Dreifaltigkeit gedeutet, aber auch aus antikem Abwehrritus zu erklären: Vorstrecken von drei Fingern), die die gleiche wie die priesterliche Segnungsgeste ist. Kaindl erwähnt bei den Siebenbürger Sachsen den bis gegen 1500 bei Grenzstreit geübten E. mit einem Rasenstück auf dem Haupt, barfuß und gelöstem Gürtel. Oder der Schwur wurde bei in die Erde gestoßenem Schwerte geleistet. Viele Sagen melden vom bestraften Meineid, auch von listigen E.täuschungen, wie sie schon Isolde im mhd. Tristaneops kennt oder wie sie Paulis Schwanksammlung »Schimpf und Ernst« erzählt. In unserer Zeit tritt der E. in nichtrelig. Form immer mehr in den Vordergrund, der in theolog. Sicht kein E. ist. Am 19. 7. 1969 fragte der dt. Bundespräsident: »Haben Eide noch einen Sinn in einem modernen demokratischen Staat?« Bes. Bedeutung hat im kanon. Recht der Glaubens-E. und das → Gelübde. → Recht, Gebärde, Fasten, Erde.

R. Hirzel, Der E. Ein Beitr. z. s. Geschichte, 1902; Amira, Grundr. d. germ. Rechts, 1913[3]; R. Otto, Das Heilige, 1920[2]; A. Heußler, Germanentum, 1934; H. Fehr, E., im HDA 2, 659–672; E. v. Künßberg, V.recht u. V.brauch, in: Peßler, Hb.; E. v. Künßberg, Schwurgebärde u. S.fingerdeut., 1941; Über die Problematik des E. und der Gotteslästerung in der mod. Gesellschaft vgl. H. Schomerus, in: C. u. W. 3. 11. 1960.

Eidechse, ahd. *egidehsa*, dessen Bed. im westgerm. ›schlangengleich sich windend‹ ist. Daraus bildeten sich zahlreiche v.sprachl. Namen (Vorarlberg: Hädox; Tirol: Hegedex, Egerex; Steiermark: Arax, Adadraxl; Schlesien: Heidox, Edox). Im nd. heißt die E. auch Ardsluper, Ärdkruper. »In lebender Volksspr. ist d. Wort E. unter Anlehnung an Glas, Hag, Hecke, Heide, Ochse, Öl, Reh u. v. a. Wörter in unzählige Spielformen zersplittert« (Kluge-Mitzka, Et. Wb.); gewiß auch ein Beweis für die Sympathie, die das Volk für das flinke Tierchen hegt. Man darf die E. nicht töten, denn ihre Gebeine stellen die → Leidenswerkzeuge des Herrn dar. Sie schützt vor Schlangengefahr und heißt in Österr. Natterretterlein. Sie ist aber oft auch Hexentier u. Seelenepiphanie. Im Mittelniederl. wird mit *haghetisse* sowohl die E. wie die → Hexe bezeichnet. Verzauberte erscheinen in E.gestalt, daher die schles. Namen der E.: Schönjungfer, Otternjungfrau. Im Todeskampf entschlüpft dem Munde eines Kindes eine E. (Oberösterr.). In der röm. Antike ist sie z. B. auf Grabsteinen wie d. Schmetterling Symbol von → Tod und Auferstehung. Die Beobachtung des Winterschlafes der E. mag zu diesem Mythus beigetragen haben. → Animismus.

R. Riegler, Das Tier im Spiegel der Sprache, 1907; Reiche Beisp. d. mundartl. Synonymik bei H. Fischer, Schwäb. Wb. 1908 u. E. Ochs, Bad. Wb. 1940.

Eierdonnerstag → Fasnacht.

E.kuchen → Schöllkraut, Schlüsselblume.

E.lesen, -spiele → Ostern.

Eigennamen. Die lat. Grammatik unterscheidet das *nomen appelativum* als Bez. einer Gattung (Rose, Haus) vom *nomen proprium* als Name eines Einzelwesens oder -dings, das nur einmal vorhanden und für die Sprechgemeinschaft von einmal. Bedeutung ist. So unterscheiden wir Gattungsnamen von E. Sprachlich-philol. und hist.-geogr. Verfahren arbeiten Hand in Hand mit der vkdl. Wiss. in der Erfg. der E., die auf Grund ihres individ. Charakters in bes. Maße »Spiegel des V.geistes zu allen Zeiten und Abbild der V.geschichte« (A. *Bretschneider*) sind. E. sind *Landschaftsnamen* (→ Flur-, Orts-, Häusernamen) oder *Personennamen* (→ Vor-, Familiennamen).

A. Bach, Dt. Eigennamen in vkdl. Betrachtg., in: Peßler, Hb. 3.

Eigentumszeichen → Hausz., Runen.

einäugig. Gebresten wie E.keit, Buckel, Schielen, → Hinken –, Eigenheiten wie → Albinismus u. ä. (→ Rothaarige) werden mit Scheu betrachtet und auch heute noch leicht als unheimliche Zeichen von Bosheit, wenn nicht von Dämonie ausgelegt. Der E. hat scharfen Blick. Von Göttern (Wodan), Dämonen (wilder Jäger, Schimmelreiter) und Riesen (Polyphem, Märchenriesen) wird E.keit berichtet.

Einbaum → Aushöhlen.

Einbet, Einbede → drei hl. Frauen.

Einblattdruck → Flugblatt.

Einführungsriten → Initiation.

Eingericht, Geduldflasche. Schnitzereien oder Klebearbeiten aus Holz, Horn, Papier werden durch den Hals einer Glasflasche gebracht und mit Hilfe von Stäbchen oder Pinzetten darin zusammengesetzt oder sie werden auch, durch Fäden verbunden, als Ganzes hineingezwängt und dann durch Zug aufgefaltet. Ein Werk aus Kunst, Geschicklichkeit und Geduld ist so recht nach dem Herzen des Volkes (→ Basteln). Zell teilte die Katalognotiz eines Verlegers aus → Berchtesgaden mit: »Gläserne Flaschen mit beweglichen Seiltänzern und anderen verschiedenen Figuren von Wachs zu 48 Kr. das Stück. Bey diesen besteht das Künstliche u. Unbegreifliche darin, wie solche Figuren, die etliche Mahl größer sind als die Mündung des Glases, nicht nur hineingebracht, sondern auch der Stöpsel mit einem in die Quer durchschobenen Holze von innen so geschlossen werden konnte, daß selber, ohne das Glas zu zerbrechen, nicht mehr herauszubringen ist.« Seit dem 16. Jh. nachgewiesen, wurden E. nicht nur als Arbeiten von Liebhabern (→ Steckenpferd), sondern in den süddt. Schnitzerorten auch in Heimindustrie hergestellt. In Westpommern setzt man die Schiffe vor kleine Landschaften oder Städtchen, im mittleren und östlichen Pommern sind neben Seefahrtsmotiven religiöse Szenen bevorzugt, ein Nachklang aus katholischer Zeit. Sie gehören zu den Bastelarbeiten der → Fischer und Matrosen (Adler).

Zu den E. gehören auch gewisse Typen der Hl. Geist-Tauben in Glaskugeln, beliebt sind in E. ferner die Waffen Christi, der Gekreuzigte, Altäre usw. (Bayern, Böhmerw., Schles., Österr.). Die sächs.-böhm. Bergleute glänzten durch Einbau und Kurbelantrieb von Mahlwerken, Spinnrädchen u. dgl. In den Hafenstraßen der Nord- und Ostsee sind E. mit eingebauten Segelschiffen noch heute zu sehen. H. Freudenthal (Beiträge 4. 1959) berichtet über den damals 90jährigen dänischen Fahrensmann Peter Jacobsen, der 1700 »Buddelschiffe« hergestellt hat, jedes anders. 300 davon kamen auf die Brüsseler Weltausstellung.

Eingeweide. Wie Bargheer in umfassender Untersuchung nachgewiesen hat, gilt nicht Höflers Wort: »Die Opferanatomie führte zur Küchenanatomie«, eher das Gegenteil. Die idg. Bez. der Einzelteile des E. deutet auf »gute anatomische Kenntnisse der Vorzeit« (Bargheer). Der einfache Mensch schließt vom Innern des Tierkörpers auf das des Menschen. Aus der bloßen Empfindung, wohl auch aus der Wahrnehmung von wirklichen Verlagerungen entsprang die Vorstellung von wandernden oder lebendigen E. (→ Gebärmuttervotiv, Kolik, Kröte). Gruppen von inneren Organen werden in der Volkssprache zusammengefaßt als Gelünge, Geplätze, Kutteln, wie E. (Gekröse, Ingedöme) selbst ein Sammelbegriff schwankenden Umfanges ist. In den vmed. Anschauungen über E.krankheiten wirkt die alte Humoralpathologie (Säftelehre) noch heute nach. Tierische E. waren ein wichtiges Heilmittel, besonders in der Form des *balneum animale*, wobei das erkrankte Glied in den Leib eines frischgetöteten Tieres gebettet wird (→ Bad). Noch 1880 wurde nach einem Bericht aus Finkenwärder ein venerisch erkrankter Mann in einen frisch getöteten Ochsen »eingeklappt« und blieb darin bis zum Erkalten der Tierleiche. Die freiwerdenden Lebenskräfte sollen dem Kranken aufhelfen. E.schau, E.mantik am Opfertier *(Haruspicium)* war bei vielen Völkern kultischer Brauch. Heute sind Spuren davon selten. → Erasmus, der zu den 14 Nothelfern gehört, ist der Schutzpatron der E.kranken. Man opfert ihm den »Erasmuswickel« aus Wachs. Andere E.-Votive sind Lungln und die Gebärmutter in Gestalt der Kröte oder Stachelkugel.

J. Detmold, De balneo animali, 1797; E. Bargheer, Die E., Lebens- und Seelenkräfte des Leibesinnern im dt. Glauben und Brauch, 1931.

Eingewinnhahn → Michael.

Einhorn. In dem alten → Physiologus wird das E. folgendermaßen beschrieben: »Es ist ein kleines Thier, dem Zicklein gleich, aber sehr kühn; mit Seinem Horn . . . haut es gewaltig um sich . . . Nur mit List können die Jäger es fangen. Man nimmt eine Jungfrau und setzt sie an die Stelle im Walde, wo das E. weidet, sobald letzteres ihrer ansichtig wird, legt es alle seine Grimmigkeit ab, läuft zu ihr, und ist sie eine wahre, das heißt keusche Jungfrau, so hüpft es ihr in den Schoß und entschläft da. Nun kommen die Jäger und greifen es.«
– In der christlichen Umdeutung war Jesus das E., das erst gefangen werden konnte, als es »der Jungfrau Maria in ihren reinen, keuschen Schoß sprang«. – Die Jagd nach dem E. zeigt ein Teppich aus dem 15. Jh. in der Gotthardtkirche in Brandenburg-Altstadt.
In dem »schön neu Modellbuch« Sibmachers (Nürnberg 1597) erscheint das E. neben → Hirsch u. Pfau und hat wahrscheinlich von ähnl. → Musterbüchern Eingang in die Weberei von → Damast und → Beiderwand, seltener in andere Werkstoffe gefunden. Die textile »Paradiesesfauna« wird im Abend-

land zuerst in der ital. Brokatkunst des 14./15. Jh. greifbar (Lucca, Venedig). Das E. insbesondere leitet Falke von dem ostasiat. Fabelwesen Khi-lin her.
Heute lebt die Tradition vom E. noch in Hausnamen und Firmenzeichen, kaum noch in der Vk. Es gelten die Worte von Ch. Morgenstern (Palma Kunkel):

Das Einhorn lebt von Ort zu Ort
Nur noch als Wirtshaus fort.

Rob. Brown, The unicorn, a mythological investigation, 1881; E. Schrader, Die Vorstellung vom Monokeros und ihr Ursprung, Abh. Preuß. Ak. d. W., 1892; F. Kuntze, Die Jagd des E. in Wort u. Bild, Arch. f. Kultgesch., 5 (1907); Abel, Die vorweltl. Tiere in Märchen, Sage u. Aberglauben, 1923; C. G. Jung, Psychol. u. Alchimie, 1944; L. Wehrhahn-Stauch, in: Reallex. z. dt. K.gesch. 4. 1958; O. Shepard, The Lore of the Unicorn, 1967 (vgl. Dt. Jb. f. Vkde 14, S. 205f.); R. P. Beer, E. Fabelwelt u. Wirklichk., 1972.

Einlegearbeit, Intarsia. Die Bez. I. kam aus dem Arab. über Italien im 19. Jh. zu uns. Die Technik selbst, schon um 1500 v. Z. in Ägypten geübt, bürgerte sich im 15. Jh. von Italien aus in Frankr. und im 16. Jh. in Dtl. ein (Decke, Wandtäfel, Tischplatten, Truhen). In seiner Unters. des Tischlerhandw. in der Marschlandsch. südöstl. von Hamburg (Vierlande) unterscheidet U. Bauche Kern- und Furnier-I., je nachdem die andersfarb. Holzteile unmittelbar in die Oberfläche des Werkstückes eingesenkt oder nur als Einlage in einem gleichstarken Furnier einem Blindholzkern aufgeleimt werden. Noch wesentlicher ist ihm die Unterscheidung nach dem Werkzeug, d. h., ob die I.ornamente und -figuren mit Messer, Stech- und Hohleisen oder mit der Laubsäge hergestellt werden. Ähnliche Unterschiede gelten für andere Landsch. Der Schreiner, der noch heute in Vorarlb. den eingelegten »Montafoner Tisch« fertigt, legt bis zu 7 mm tief ein und lehnt die einfache und billige Furnier-I., erst recht die schwindelhafte I.malerei ab.
Auch der besten E. schadet Feuchtigkeit und so ist sie den Geräten und Möbeln in Stube und Kammer, Sakristei und Kirche vorbehalten. Möbel mit E. sind in Pommern und in den Elbmarschen, in Hessen wie in den Alpen Besitz des Wohlhabenden oder jedenfalls dessen, der für sein Heim auch eine große Ausgabe nicht scheut (ein reicher gearbeiteter Tisch von Meister M. Neyer in Schruns z. B. stellte sich 1970 auf rd. 8000 österr. Schilling). Weitere Verbr. fanden einfache Formen wie die hess. »Finkentruhen«. Während im NW Dtls. holländ. Einfluß sichtbar wird, weist die E. von Tiroler Truhen auf ital. Vorbilder und wirkt ihrerseits auf die → Möbelmalerei um Miesbach in Bayern.
Für die Vierlande war die eigene Gestaltung der E. in ihrer Blütezeit (1760–1860) »der letzte und wesentlichste Schritt in der sondernden Abhebung vom städt. Tischlerwerk und dessen durch modeartige Einflüsse sich schnell wandelnden Formguts« (Bauche). In den Alpenländern hält die E. in ihrer geometr. Ornamentik bis heute Vorbilder fest, die noch vor dem Barock liegen. Auch in Hessen wurden Muster des 16. Jh. lange bewahrt. Erwähnt sei, daß die Vierländer Tischler die »bunte Arbeit« in Zunftstreitigkeiten als ihr Sondergebiet verteidigten und für sie bei den reichen Marschenbauern weitum wie auch unter den Hamburger Bürgern Abnehmer fanden. Auch der »Montafoner Tisch« aus Vorarlb. mit seinem got. Schragen und der Platte im Renaissancegeschmack ist längst ein Ausfuhrgut nach Schwaben und ins Ruhrgebiet geworden. In Hessen stellen noch heute Dorfschreiner (z. B. in

Schröck bei Marburg) E.truhen auf Bestellung her.

Chr. Scherer, Technik u. Gesch. d. I., 1891; A. Weinsheimer, Die I., 1925; F. Krauss, I., Herkunft, Herstellg., Verwendg., ²1955; H. Beblo, Die I. u. ihre Techniken, 1958; U. Bauche, Landtischler, T.werk u. I.kunst i. d. Vierlanden, 1965.

Einlegebild → Andachtsbild.

Einsegnung → Konfirmation.

Einstand → Gesinde, Handw.

Einstrickete → Angebinde.

Einzelgänger. Durch Neigung, Beruf, Schicksal oder Vorurteile zu E. gewordene Menschen bleiben gleichwohl mit der Gemeinschaft verbunden durch ihre Dienste, durch Sprache, Brauch und Glauben, der an ihnen haftet. Randberufe wie Straßenkehrer, Kaminfeger, Kesselflicker, Störschuster, Mausefallensteller, Hausierer, Wandermusikanten, Märchenerzähler, Artisten, Bärenführer zählen oft dazu wie bes. auch der → Mesner, der als Hochzeitslader, Leichenbitter und Totengräber in die Nähe der sogen. → unehrlichen Gewerbe gerät. Vom E. wohl zu unterscheiden sind die Asozialen, die → Gauner und Gesetzesbrecher. Zwischen beiden Gruppen stehen die Kunden, Tippelbrüder, Land- und Stadtstreicher, bei denen – zumal früher – freilich auch mancher ehrliche Handwerksgeselle gelandet ist. → Fahrende.

G. Fischer, Die E. in d. Vkde., Mitteldt. Bll. f. Vkde 8 (1933); J. Klapper, in: Peßler, Hb.; H. Arnold, Vaganten . . ., 1958 (Dazu G. Grober-Glück, in: Zs. f. Vkde 55, 1959, S. 332ff.); P. Wiepert, Die »Monarchen« a. d. Insel Fehmarn. Beitr. z. dt. V.- u. Altert.kde 5 (1960/61) (Bettler u. Landstr. als Erntehelfer); Volk u. Gesch., Fests. f. G. Fischer, 1962.

Einzug → Bauopfer, Speis u. Trank, Wechseltaler.

Eisbosseln → Klootschießen.

Eisen (ahd. *îsan*). E. wird als das wichtigste Element der Erde betrachtet. Es macht – nach Sauerstoff, Silicium und Aluminium an 4. Stelle – etwa 5% des Gewichtes der Erdkruste, aber etwa 90% des Gewichtes des Erdkerns aus. Trotzdem wurde E. erst nach der Bronze gewonnen und verarbeitet (B.zeit: etwa 1800–700 v. Z.). Nach primitiven Anfängen der E.gewinnung in röm. Zeit entwickelte das MA nach 1300 bereits kleine Hochöfen, die im 16. Jh. vervollkommnet sind. Die Verarbeitung war Sache von → Schmied, Schlosser und Spengler. Wo es sich nicht um reinen Sachbedarf wie Nagel, Axt und Hammer, → Sense, → Sichel, → Gabel, → Messer und → Löffel, → Egge und → Pflug, → Hufeisen, Wagenbeschlag u. dgl. handelt, stehen ihre Werkstätten durchaus auch im Dienst der Vk. Schon Schloß und Schlüssel, Maueranker und Gitter, Rost und → Waffeleisen, Waffe und Werkzeug gehen in Form und Schmuck über den nüchternen Zweck meist hinaus.

Die kraftvolle Erscheinung des Schmieds, die Gewichtigkeit seines Werkstoffs und seiner Werke, nicht zuletzt Feuer und Blasebalg als Helfer sicherten diesem Handwerker einen Ruhm, der schon in Genesis und Homer bezeugt und in Gestalten wie Hephaistos, Vulkan und Wieland verkörpert ist. Im germ. Mythus ist der Schmied vor allem der zauberkundige Schöpfer der Kampfwaffen (Schwert und Lanzenspitze) wie des Arbeitsgeräts (Beil und Hammer). In der künstler. Behandlung von Metall allerdings stand die Bronze lange noch im Vordergrund, und wohl erst durch Wanderhandwerker und durch die Kreuzzüge kam östl. E.kunst nach

M.europa. Obwohl diese zuerst und zumeist Hand-Werk ist, wird man durch die teilw. Mitwirkung von Maschinen, die schon sehr früh erfunden wurden, den Grundcharakter von Vk. nicht als zerstört ansehen müssen, wie W. Bernt es will. Wasserrad und Holzwelle bewegten im 15. Jh. die Fallhämmer, und über Siedlungen von Waldschmieden an Bächen wird schon aus dem 14. Jh. berichtet. Im 16. und 17. Jh. wurden große Sandschleifsteine von Wasserkraft getrieben (vgl. das Gemälde von Terborch, Der Sensenschleifer).

Der steigende Bedarf von Waffen und Panzern und die Baukunst der Gotik sicherten dem E. endgültig den Platz vor den andern Metallen. Im 16. Jh. blühte das Handwerk, war aber auch schon in viele wetteifernde Innungen gespalten wie die der Plattner, der Werkzeug- und Zirkelschmiede, der Klingen-, Gabel- und Messerschmiede, der Nadel- und Heftelmacher. Mit der Baukunst der Gotik wuchs der Bedarf an Werkeisen wie an oft kunstvoll gehämmerten Bändern und Beschlägen (→ Truhe, Schrank). Das 15. Jh. ersetzt mit Eisenschloß und Schlüssel das alte Holzschloß, das nur in Ställen und Speichern z. T. bis heute erhalten ist (Montafon) und im Gegensatz zur simplen »Kapuzinerfalle« (drehbarer Hebel) einen feinen Mechanismus aufweist. Im 16. Jh. entfaltet sich die E.kunst in den Gittern an Kirchenchor und Friedhof, Türe und Tor, Brunnenhaus und Treppe. Die Aushängeschilder werden allg. Brauch.

Neben den eher schlichten Werkzeugen sind es vor allem die Kleingeräte in Haushalt und Küche, die zur Vk. zu rechnen sind. Was mit Feuer zu tun hat, braucht den Werkstoff E.: → Feuerbock oder -hund, → Kesselhaken, → Pfannenknecht und Feuerstahl. Dies kleine, bis ins 20. Jh. benutzte Gerät, mit dem man aus einem Feuerstein über den Zündschwamm Funken schlug, zeigte noch im 18. Jh. Schmuckmotive der Gotik. Unübersehbar ist das Feld der Beleuchtungsgeräte von → Kienspanhalter und → Lampe über Kerzenstock und → Leuchter zu → Hängeleuchter und Krone. Bes. Kunst verwandten Schmied und Schlosser auf Zunft- und → Wirtshausschilder, auf → Wetterfahnen und Huthalter, auf Türbeschläge, Gittertüren und → Grabdenkmäler. Wohl nach Motivwahl und Gebrauch, weniger der Herstellung nach sind hier Werke des → E.kunstgusses zu nennen (Ofenplatten). Die freigeformte Figur (Gekreuzigter, → Eisenvotive, → Schandmaske) ist in der Vk. selten.

In alter wie neuer Zeit weitverbr. ist der V.glaube an die zauberabwehrende Kraft des E. Die Gegenstände (Kreuz, Ring, Schlüssel, Votiv, Pflug, Egge, Gabel, Feuerbock) und Waffen (Axt, Pfeil, Nagel, Messer, Schwert), die daraus hergestellt wurden, konnten die Meinungen von der orendistischen Kraft des E. nur steigern. Wir finden deshalb in den zahllosen Sätzen über Hexen- und Zauberabwehr die Wirkung des E. mit derjenigen der Form (Spitze, scharf, glänzend, mit Zeichen geritzt, als Kranz geformt) verbunden. Ja, etwa im → Hufeisen wirken Stoff, Form u. Träger, außerdem noch Fundumstände (auf dem Feldweg gefunden, viele Nägel, verrostet) zusammen, um einen starken Fetisch und Glücksbringer zu schaffen. Kampfringe müssen aus dem Eisen einer Galgenkette, von einem Schmied nackt zu nächtlicher Stunde geschmiedet sein. Noch einer Klärung bedürfen die eisernen Dämonen des Märchens (Totenstarre der dämonischen Toten?) und der Sage, die im slawischen Osten häufiger gefunden wird als bei uns. Die → Roggenmuhme drückt die Kinder an ihre eisernen Zitzen (→ Zitzenweib). Mit der Bercht mit der eisernen Nase, mit der Eisenberta werden die Kinder in Ostbayern geschreckt. Zuweilen sind Teile oder Attribute eisern (Peitsche, Faß und Mörser der Kornmutter und Babajedza in Ostpreußen, Flügel d. Nachtraben, eiserne Schuhe, E.stange des Riesen). → Eligius.

L. Beck, Die Gesch. d. E. in techn. u. kulturgesch. Bez., 5 Tle., 1890–1903; R. Kriß, Technik u. Alter der e. Opfergaben, in: Jb. f. hist. Vkde, 3./4. Bd., 1934; W. Bernt, ebd.; F. Fuhse, Schmiede u. verw. Gewerbe in d. Stadt Braunschweig, 1930; H. Anselm, Die Stubaier Kleineisenind., Dt. Mus. 2 (1930); H. Ohlhaver, D. germ. Schmied u. sein Werkzeug, 1939; O. Johannsen, Gesch. d. E., ³1953; O. Kastner, E.kunst im Lande ob d. Enns, 1954; W. Hävernick, E.gesch. Museen? Beitr. z. dt. V.- u. A.kde 4 (1959); O. Höver, Das E.werk. Die Kunstformen d. Schmiede. 1961; K. Ullmann, Das Werk d. Waffenschmiede, 1962 (NW-Dtl. 15.–17. Jh.); A. J. Verster, R. M. Vetter, Schönes Schmiede-E., 1964; O. Kastner, Handgeschm. E.kunst in Österr. a. d. Zeit d. Landnahme, Romanik u. Gotik, 1967; H. Seitz, Blankwaffen, 1967 (Vorgesch.–16. Jh.); H. u. W. Ast u. E. Katzer, Holzkohle u. E. Vortrag (= N.öst. Vkde, 6), 1970; O. Kastner, Schmiedehandw. i. Barock, 1971.

Eisenacher Sommergewinn → Lätare.

Eisenbahn. Obwohl es nicht an moderner Sagenbildung über die schwarze Feuer- und Dampferscheinung der E. fehlt, ist sie doch weit wichtiger in ihrer sachlichen Wirkung auf die Entwicklung der Volkskultur. In Brünnighausen bei Hannover bestanden bis 1875 noch 11 Töpfereien. Zu dieser Zeit kam die E. in die Nähe und damit das Emaille, das die alte Vk. zum Erliegen brachte. Die Erforschung von Sprache (→ Sprachatlas, Mundartgeogr.), Tracht (vgl. z. B. R. Helm, Hessische Trachten, 1932), Sage und Volkserzählung (vgl. O. Brinkmann, Das Erzählen in der Dorfgemeinschaft, 1933) haben den einschneidenden psychologischen und kulturgeographischen Einfluß nachgewiesen, der von der E. ausgeht. Diese Rolle teilt sie neuerdings mit dem Überlandbus (→ Auto), das auch schon große Menschenzahlen und den Arbeitsalltag erfaßt. Daß die Volksphantasie auch die moderne Technik verdaut, zeigt die Verwendung des Motivs der E. in der primitiven Kunst, in Kinderlied und -spiel. Zahlreich sind schallnachahmende Verse wie die folgenden, mit denen man in Tirol das Anschieben der E. zum Arlberg hinauf ausmalt:

Hööölfts ma, hööölfts ma!
Geat scho bessr, geat scho bessr –
Donk schen! Donk schen! Donk schen!

Biedermann, Das E.wesen, 1919³; R. Hobbing, E., 1927³; I. Talve, Arbeit u. Lebensverh. d. finn. Bahnbauarbeiter u. E.er, Turku 1964 (123 Lebenserinnerungen).

Eisenberta → Bercht, Weihn.

Eisenhart → Joh.kraut.

E.herr → Leonhard.

E.kraut → Enzian.

Eisenkunstguß, Ofenplatten, Taken. H. Wilsdorf forderte, daß sich zur Erfg. des E.gewerbes, dem die eisernen O. der Herstellung nach angehören, Bergbau- und Wirtschaftsgesch., Kunstgesch. und Vk. vereinigen und außerdem Genealogen und Heraldiker (→ Wappen), auch der Kirchenhistoriker und schließl. der Hausforscher (Anlage von Ofen und Kamin, Einbau der T.) beteiligen. China kannte E. schon 700 v. Z. Vom Guß von Geschützen wird bei uns aus dem 14. Jh. berichtet (Beham in Memmingen), doch gehört E. als Handelsware erst dem 15. Jh. an. Obwohl

Georgius Agricola in seinem großen Werk »de re metallica« (1556) den E. noch nicht erwähnt, sind O. schon Ende des 15. Jh. für Köln/Trier bezeugt. Formschneider, die wie bei ähnlicher Arbeit Musterbücher, Möbelschnitzervorlagen und Vorbilder etwa von Kleinmeistern in → Nürnberg benützten, schufen die hölzernen → Model, die in Formsand abgedrückt wurden. Wie die Benutzungsperioden einz. Model aufschlußreich sind, so läßt sich mitunter ihre Wanderung von Hütte zu Hütte sowie die Begrenzung auf bergherrliche Bereiche und wetteifernde Kirchengebiete kartogr. erfassen. Motivgut älterer Gießereien in Hessen (Gebiet von Lahn, Dill, Sieg) finden sich wieder in bibl. Szenen von Harzer Werkstätten. Matrizen mit solchen Darst. wurden auch in Gießereien des Pfälzerwaldes (Bergzabern, Schönau, St. Ingbert, Trippstadt), des Saarlandes und Elsaß-Lothr. (Zinsweiler) benutzt und für Jahrzehnte beibehalten. Im Eifeler E. unterscheidet S. Theisen vier Abschnitte: 1. die Diözesanperiode (1490–1540) mit Darst. vor allem der in Köln/Trier verehrten Heiligen, 2. die humanist. Periode mit Renaissance-Elementen (1540–1580), 3. die dogmatisierende Richtung der Reformation und Gegenreform. (1570–1790) wiederum mit relig. Motiven, 4. die herald. Periode um 1600, die eine Endstufe vor dem Einbruch des 30jährigen Krieges darstellt. Über die 1556 spanisch gewordenen Niederlande (einschl. Luxemburgs) wird span. Einfluß spürbar.

Im Niedersachsenhaus, dessen einzige Feuerstelle urspr. der → Herd ist, erscheinen O. erst, als von dem Gesamtraum heizbare Stuben abgetrennt werden. Zahlreiche Beisp. bewahren das ehem. Vaterländ. Mus. in Hannover, jenes in Wetzlar und der Düsseld. Verein Dt. E.hüttenleute. Hier »tut sich eine Welt von Renaiss.- und Barockformen auf, die, streng genommen, nur in ihren einfachsten Typen in den Bereich der Vk. gehören, so vor allem die O. des Mosellandes« (F. Rademacher). Vergleichbar den Schilderungen auf → rhein. Steinzeug des 16. und 17. Jh., mit dem sie die teilweise Benutzung graph. Vorlagen gemeinsam haben, sind sie vielmehr dem Kunstgew. zuzurechnen (O. A. Erich).

Im 18. und 19. Jh. treten an die Stelle der alten, so beliebten bibl. Szenen im Geschmack der Zeit antikisier. Figuren, Hirsche, Adler, das welfische Pferd, der gekrönte Schwan (Homburg 1740). Auf dem Rahmenwerk finden wir bisweilen den Namen des Gießers oder des Formenschneiders.

Im Volk verbreitete Kunst wird der E. – neben den O. – vor allem später als Andenken (Oberschles. Gedenkplaketten), Schmuck (eis. Ringe, eis. Kreuz seit den Befreiungskriegen) und → Devotionale. Die Gießhütte Mariazell der Benediktinerabtei zu St. Lamprecht z. B., von der 700 Model aus Holz und Speckstein erhalten blieben, goß Taufplatten (nach Raffael), Marien- und St. Georgsbilder. Nach dem Verkauf der Eisensteingruben an das k. u. k. Montanärar verband man E. mit Eisendrahtgeflecht in einfachem Schmuck für Hals, Arm und Ohr, in Broschen und Fächern. Während es im Biedermeier noch gefällige Nachahmungen von Silberfiligran gab, beginnt man sich mit der »Neugotik« um 1840 ganz dem bäuerl.-kleinbürgerl. Bedarf zu widmen mit Leuchter, Zündholzständer, Obstkörbchen, Nippes und Spielzeug. Doch folgen noch Mitte des 19. Jh. gegossene Bergleute und Hüttenmänner dem Sagenmotiv der

»schmiedenden Zwerge« von 1840 (M. Pichler). – In Berlin (seit 1804) hatte Schinkel einen Formenschatz für E. entwickelt und den Grund gelegt für die berühmteste Handelsbez. dieser Art: fer de Berlin (Armbänder, Uhrständer, Ringe, »Neujahrskarten«). Berliner Einfluß wirkte nach Gleiwitz (Hütte seit 1796) und weiter nach Isenburg am Harz.

A. Schmitz, Berliner E., 1917 (Abb.); E. Hintze, Gleiwitzer E., 1928 (auch über Bln. u. Saynerhütte); A. Kippenberger, Die Kunst der O., 1928; K. Steinacker, in: Brnschwg. Magazin (1930) Nr. 4; Th. Zink, Dt. Vk., Pfalz; W. Peßler, Dt. Vk., Niedersachsen; Matschoß u. Lindner, Techn. Kulturdenkmale, 1932; W. Hentschel, Kursächs. E., 1955; Th. Brachert, Der schwäb. E. Ofen u. O., 1958, Diss. Tübingen (U. a. schwäb. Hüttenwerk Wasseralfingen); S. Theisen, Der Eifeler E. im 15. u. 16. Jh., 1962 (Abb.); M. Pichler, Der Mariazeller E., 1963; E. Schmitt, Pfälz. O., 1968; Allg. ü. Eisenguß: A. Kippenberger, in: Reallex. z. Dt. Kunstgesch., Bd. 4.

Eisenvotive. Der Kult des hl. → Leonhard verbreitete sich vom W her im 11. Jh. in Süddtl. und rief eine durch Jhh. blühende bes. Kunst der E. ins Leben, die früher auch menschl. (z. T. phallische) Figuren darstellte, heute sich jedoch auf Tiergestalten beschränkt. Ursprüngl. Stabeisen wurde später durch dünneres Material, z. T. um den Ambosdorn gebogen, ersetzt. Mit sparsamen Mitteln wird starke Wirkung erreicht, die in instinktmäßiger Abstraktion das Wesen des Tierhaften erfaßt und steigert, ähnlich wie wir es beim → Spielzeug oft beobachten. Die spätesten E. (R. Kriss: »Verfallsprodukte«) sind aus dünnem Eisenblech geschnitten und mitunter bemalt. Außer Pferden und Rindern wurden auch Schweine und Geflügel als E. geopfert, selten sind eiserne Bienen (Kohlheim b. Neuern).

Die Fgn. von R. Andree fortsetzend erwies R. Kriss die E. als bair.-alem. Brauch. Zwei Formenkreise lassen sich unterscheiden: der bair.-schwäb. mit Ganacker und Aigen am Inn und Pflaumloch im östl. Württ. und im O der steierm.-kärtn. Beide strahlen aus nach O (Burgenl., Wienerw.) und W (Elsaß, Belgien). In der Schweiz sind E. fast unbekannt. Franken bedarf noch näherer Erfg. (J. M. Ritz).

Die gesch. Folge Menschen–Tiervotive beruht darauf, daß der alte Gefangenen-, Kranken- und Frauenpatron St. Leonhard erst später auch zum Schutzherrn der Haustiere wurde. E. außerhalb dieses Patronats sind verhältnismäßig selten.

R. Andree, Votive u. Weihegaben, 1904; J. M. Ritz, E. als Vk., in: Fs. f. M. Andree-Eysn, 1928; ders., Mal. E. in Franken, in: Kultur u. Volk, Gugitz-Fs. 1954; R. Kriss, E., 1957 (Orte u. Patroz., Verbr.karte, Kat. d. Slg. Kriss, München); C. Böhne, Zur Herst.technik der E., Bayer. Jb. f. Vkde (1959); A. Bergmann, ebd. (1962); B. Deneke, Ältere E. vornehml. a. d. Slg. d. Germ. Nat. Mus. Nürnberg, Bayer. Jb. f. Vkde (1966/67); H. Steininger, E.opfer aus ndösterr. Gnadenstätten, Österr. Zs. f. Vkde 72, 1969; L. Maderbacher, E.opfer aus Frauenberg, Bll. f. Hmtkde 44, Graz 1970; B. u. H. Herramhof u. H. K. Radermacher, Die Ausgrab. bei St. Leonhard u. St. Michael in Perka. Beitr. z. Typol. u. Chronol. des E.opferbrauchtums (= Vglaube Europas II, Beitr. z. Vfg.), München 1970; L. Schmidt, E. a. d. Bereich v. Wien, in: FS. F. Loidl, 2. Bd., 1970.

Eiserkuchen → Waffel.

eiserner Heinrich → Vogelknöterich.

Eisheilige. In Beobachtung tatsächl. Naturverhältnisse durch die im Mai noch niedrige Lufttemperatur nennt das Volk die ersten oder die letzten drei Heiligen der Tage vom 11. bis 14. 5. (Mamertus, Pankratius, Servatius, Bonifatius: Bischöfe und Märtyrer des 4. und 5. Jh.) die »drei Eismänner«, »gestrengen Herren«, die »drei Fazi« (Landshut), oder die »drei Azi« (Tirol). Da die folgenden Tage noch Frostgefahr bringen, spricht man auch von der »kalten Sophie« (15. 5.) oder von Söhnen und Enkeln der Eismänner (14.–19. 5.). In den österr. Alpen begegnete man der überraschenden »Gfrier« durch Nachtwachen und gegebenenfalls Schießen und Sturmläuten, das die Weinbauern zusammenrief zum »Reifbrennen« oder »Reifheizen«. Mit nassem Holz, grünen Zweigen und Erde wird im ganzen Tal Rauch erzeugt, der sich wie eine Nebeldecke schützend über die Blüten und Triebe legt. → Hanf.

Z. A. Huisman, Die Verehrg. d. hl. Pancr. in West- u. Mitteleur., Haarlem 1939 (Märt. unter Diokletian, † 304? Attr.: Schwert, Krone; → Noth.); Über Serv. von Maastricht vgl. M. Zender, Räume . . ., 1959 (Attr.: Adler, Holzschuhe, Sonne; † 384); Mamertus war Erzbischof v. Vienne um 470 (Attr.: Licht); L. Schmidt, Die E. als Bohnenpatrone i. Burgenld., Bgld. Hmtbll. 30, 1968.

Eisschießen (-kegeln, -bosseln), ein bes. in Bayern und dem angrenz. Österr. beliebtes → V.spiel. Die Wurfscheibe (Eisstock), mit der auf einer etwa 100m langen Eisbahn nach dem Zielwürfel (Daube) geschoben wird, ist ein 5–10 kg schwerer Eichenholzteller oder -kegel, der mit einem Handgriff versehen und dessen unterer Rand mit Eisen beschlagen ist. Sieger wird die Partei (Moarschaft), die in der Gesamtzahl der Würfe dem Ziel am nächsten kam. Die Anführer beider Parteien heißen in Bayern Engmoar und Weitmoar. Verwandte Spiele sind das Eisbosseln oder → Klootschießen des friesischen Winters und das sommerl. Boccia in Italien (in der Schweiz → Potschen) wie das beliebte Boule in Frankreich. Dem E. am nächsten kommt das Curling. Dieses Spiel mit 12–20 kg schweren flachen Granitsteinen stammt aus Schottland, wo es schon um 1400 bekannt war, und hat sich in Skandinavien, USA und in den letzten Jahrz. in den alpinen Winterkurorten bes. der Schweiz eingebürgert. → Steinstoßen, Kugelspiele.

J. Kerr, The History of Curling, 1890; Eissport, in: Hb. d. Leibesüb. 8 (1925); Dt. Turnztg., März 1931; E. Mindt, Spiel u. Sport, 1938; P. Ortmayr, Von kleinen Leuten, 1949 (Vkdl. zum E.); J. Kiener, E., 1961; K. Jeschko, E., 1971.

Ekstase (v. griech. *ékstasis* = Außersichgeraten, Verzückung). Die E. ist ein → Elementargedanke. Durch rein psychische Erregung, durch monotone Bewegung des Körpers u. unablässiges Wiederholen heiliger Worte, durch starre Konzentration des Blickes, Fasten und Peinigung (Geißelung) wie durch Genuß stimulierender Gifte (Tabak, Haschisch, Kavatrank) wird die Befreiung und Loslösung aus der Körperlichkeit, die → Entrückung, das Einswerden mit dem Göttlichen erstrebt (daher die Bez. Enthusiasmus, v. griech. *éntheos* = in Gott), sei es nun, daß das religiös-mystische Erlebnis allein gesucht oder daß ein Fruchtbarkeitszauber, eine → Initiation, eine Heilung von Krankheit bezweckt wird. In der Tanzwut des MA. wurde die E. selbst zu einer Art epidemischer Krankheit (→ Veit, Johannes, Tanzkrankheit, Echternacher Springprozession). In primitiven und orientalisch-asiatischen Kulturen (sibirische Schamanen, russische Skopzen und Chlysten, tanzende Derwische, Askese der buddhistischen Mönche, Nabelschau der Mönche auf dem Berg Athos) ist die E. häufiger, doch ging sie mit alttestamentlicher Prophetie, Apokalyptik und mittelalterlicher → Mystik auch ins Christentum über. Noch die bekannte erleuchtete Schusterkugel Jakob → Böhmes war ein Instrument der Selbsthypnose und E. Die unter Jugendlichen ausbrechende Massenhysterie bei exhibitionist. Musikdarbietungen unserer Zeit sowie der Mißbrauch verschiedener Drogen haben uns die Erscheinung der E. wieder nahegebracht. → Berserker.

L. Carus, Die Tyroler ekstatischen Jungfrauen, 2 Bde., 1943; P. Mantegazza, Die E. des Menschen, 1880; Achelis, Die E. in ihrer kulturellen Bedeutung, 1902; K. Groß, Die russischen Sekten, 2 Bde.; Jakob, Beiträge zur Kenntnis des Derwischordens der Bektaschis, 1908; P. Beck, Die E., ein Beitrag zur Psychologie und Völkerkunde, 1923; K. Schumacher, Psychol. d. Yogazustände, 1928; H. Grabert, Die e.tischen Erlebn. d. Mystiker u. Psychopathen, 1928; W. F. Otto, Dionysos, 1933; A. Stolz, Theol. d. Mystik, 1936; M. Eliade, Schamanismus u. archaische E.technik, dt. 1957; F. Pfister, in: Reallex. f. Antike u. Christent. 4, 1959.

Elben → Elfen, Alp, Elmsfeuer.

Elbtier, Elledeis → Iltis.

Elefant. Armbänder und Ringe aus E.haar und kleine E. in Silber oder Elfenbein sind vielgekaufte → Talismane modischer Großstädte (Berlin). Der Glaube geht wie der des MA auf die antiken Anschauungen von der Treue und Stärke des E. zurück. Mit gebranntem Elfenbein (ahd. *helfantbein*) vertrieb man Gift u. Schlangen. Elfenbein wird noch heute in München von abergläubischen Wöchnerinnen um den Hals getragen. In den Vierlanden vertrieb man damit die Milchdrüsenentzündung der → Wöchnerin. → Gebildbrote.

O. Keller, Die antike Tierwelt, Nachdr. 1963.

Element. Die Lehre von den vier E. kam aus der Antike (Empedokles, Aristoteles) zu uns, wo sie bei Mantikern, Astrologen und Alchimisten vielfältige Weiterdeutung erfuhr. → Paracelsus unterschied die Elementargeister Gnomen (Erde), Sylphen (Luft), Undinen (Wasser), Salamander (Feuer). Den Germanen galten die E. als heilig wie noch dem heutigen V.glauben. Man opfert ihnen, relig. Kult und Vmed. verehren und schätzen ihre reinigende und heilende Kraft. Selbst im Fluch spiegelt sich noch die alte Bedeutung. → Erde, Feuer, Luft, Wind, Wasser, Opfer, Alchimie, Weihnachten.

J. Grimm, Dt. Mythologie; G. Jungbauer, Dt. Vmed., 1934; E. Burgstaller, E.-Opfer in Oberösterr., in: Jb. d. Oö. Mus. Ver. 102 (1957).

Elementargedanke, Völkergedanke, Menschheitsgedanke. Gegenüber dem (etwa bei Ratzel, Schurtz, Ehrenreich) lange vorherrschenden und schematisch angewandten Gedanken d. Übertragung oder Wanderung von Kulturerscheinungen führte Adolf Bastian den in Völker- wie Vkde. ungemein fruchtbar gewordenen Begriff des E. ein: »Überall gelangt ein schärferes Vordringen der Analyse zu gleichartigen Grundvorstellungen, und diese in ihren primären E. festzustellen, für die religiösen ebensowohl wie für die rechtlichen und ästhetischen Anschauungen – also diese Erforschung der in den gesellschaftlichen Denkschöpfungen manifestierten Wachstumsgesetze des Menschengeistes – das bildet die Aufgaben der Ethnologie.« (Solche E. vgl. unter den Stichwörtern Angang, Alp, Amulett, Böser Blick, Ekstase, Märchen, Orakel, Orenda, Vampir, Versehen, Vorzeichen, Zucken.) Allerdings darf dieser Gesichtspunkt nicht dazu verleiten, die durch Rasse, Landsch. u. Geschichte gegebenen, auch das Psychische berührenden Unterschiede der Völker und Kontinente gering anzuschlagen (von der Steinen) oder zu leugnen (Post), wie es Anhänger von Bastian tatsächlich taten. Auch ist eine Erscheinung meist schon etwas Zusammengesetztes, so etwa können wir feststellen, daß eine Sache (Wahrsagen) einen E. darstellt, für die der Name oder die Brauchgestalt aus benachbarter Kultur eingewandert ist. Es gibt selbständig entstandenes und eigenvölkisch geprägtes Kulturgut, es gibt gewandertes Gut und es gibt endlich die Schöpfung, die auf Grund gleicher physisch-psychischer Anlage, auf Grund des Menschseins und der Unterworfenheit unter das gleiche od. ähnliche Welt- und Naturgeschehen, bei verschiedenen Völkern unabhängig, aber parallel entstehen kann. Nur letztere Erscheinung bezeichnen wir als E. Im Bezug auf die Märchen schrieb W. Grimm schon 1856: »Es gibt Zustände, die so einfach und natürlich sind, daß sie überall wiederkehren, wie es Gedanken gibt, die sich wie von selbst einfinden«. – Die Vorstellung von E. wurde aufgenommen in die Lehre vom Archetypus (C. G. Jung). – Hausmarke, Albinismus, Segen u. a.

R. Andree, Ethnogr. Parallelen und Vergleiche, 2 Tle., 1878 u. 87; A. Bastian, Der Völkergedanke im Aufbau einer Wissenschaft vom Menschen, 1881; H. Schurtz, Urgesch. der Kultur, 1900; A. Bastian, Der Menschheitsgedanke durch Raum und Zeit, 1901; Ratzel, Anthropogeographie; P. Ehrenreich, Zur Frage der Beurteilung ethnolog. Analogien, Korr. Bl. f. Anthrop., 1903; R. Schwarz, Bastians Lehre vom E.- und Völkergedanken, 1909; J. Eisenstädter, E. u. Übertragungstheorie in der Völkerkunde, 1912; C. G. Jung, Gestaltungen des Unbewußten, 1950; J. Jacobi, Komplex, Archetypus, Symbol in d. Psychol. C. G. Jungs, 1957; Weitere Lit. bei Beth, E., in: HDA.

Elfen, Elben. Altnord. *alfr*, altsächs. u. angels. *alf* wie engl. *elf* entspricht unser mhd. *alp* (→ Alp). H. v. Morungen (um 1200) erwähnt den dämon. Elbenblick. Auch die Verführung ihres Gesanges kennt das MA. (»Alpleich«). Für Luther sind Elben eine Krankheitserscheinung. → Praetorius kennt 1666 elve nur für das Nordgerm. Durch Bodmer (1742: Aelfen), durch Wielands Dichtung und Herders V.liederslg. wurde E. in der verallgemeinerten Bedeutung (1777 bei Mylius ›Schutzgeist‹, später ›märchenhaftes, zartes Weibswesen‹) geläufig. Die Form Elben ist im MA. nur in Mittel- und Norddtld. belegt. Dagegen ist der verwandte Ausdruck Alp oder Alf (Siebenbürgen) sehr viel weiter verbreitet. Adverbial (Montafon: Luag net so–n–älb = schau nicht so elbenhaft), adjektivisch und in Zusammensetzungen (Vorarlberg: Elbbutz) reicht auch die Form Elbe weiter. Sie steckt auch in südwestdt. Bez. des Dorftrottels und Kinderschrecks als Elpentrötsch, Ilmedredsche, Alberdrütsch, Trilpentritsch (nach Ranke ›der vom Elb Getretene‹). → Fee, Geschoß, Kopf, Elmsfeuer, Narrenauftr. → Drache u. Karte der Namen.

J. Grimm, Dt. Mythol.: Elbe. Vgl. Elb, Elfe, Erlkönig, in: Trübners Dt. Wb. 2 (1940); J. de Vries, Altgerm. Rel.gesch. 1, ²1956; Über Elpentrötsche vgl. d. große Stoffslg. v. A. Becker, in: Pfälz. Mus. 39 (1922).

Elfenbein → Elefant.

Eligius (1. 12.), Goldschmied d. Frankenkönigs Chlotar II. u. Bischof v. Noyon († 659). In einer Bearb. seiner Vita aus dem 9. Jh. wird auf heidnischen Glauben und Brauch wie Neujahrsmaske, Geisterspeisung, Baum-, Quell- und Steinkult, Mondbeobachtung, Orakel und Losen eingegangen. Arbeitsenthaltung am Tag des →

Donar (→ Donnerstag) wird getadelt, ebenso Backen von Gebildbroten zu Neujahr. Zum Teil liegen die Schriften des → Martin von Bracara und des → Caesarius von Arles zugrunde (Schneider, in: Archiv f. Relig.wiss., 20). Nach der Legende Hufschmied, wurde E. zum volkstümlichen, in Bild, Sage u. Märchen oft dargestellten Schutzheiligen der Schmiede. Er trägt die Werkzeuge oder auch, in Anspielung an ein bekanntes Wundermotiv, einen Pferdehuf. Unbändigen Rossen soll er den Huf abgeschnitten, das Eisen aufgenagelt und dann den Huf wieder angeheilt haben (vgl. Boltes Anmerkungen zum Märchen »Das junggeglühte Männlein«). Das Motiv taucht in dt. Bearbeitungen der E.-Legende und in Bildwerken gegen Ende des 15. Jh. zum erstenmal auf. H. Fehrle sucht seine Vorstufen in germ. Kultbrauch nachzuweisen. Besonders im dt. Südwesten (Schwarzwald, Vorarlberg: Kapellen, Bildstöcke, Altar in Bludenz, Bildnis auf Truhe, Montafon) ist E. berühmter Pferdepatron. In die Schweiz brachten seinen Kult im MA. Kriegsknechte, später Saisonarbeiter. Auch um Kindersegen wurden »Gilgenkreuze« geopfert. In Frankreich, seinem Heimatland (geb. um 588 in Limoges), ist er so geehrt wie St. Leonhard in Bayern u. Österr.

K. Helm, Altgerm. Rel.gesch., 1913; Wyß, Die St. Elogi-Bruderschaft, 1919; H. Fehrle, Die E.-Sage, 1940; J. Arnet, Der hl. E., Schweiz. Vkde 29 (1939); E. Steingräber, Der Goldschmied, 1966 (Lit.).

Elisabeth, hl. (19. 11.), die ungar. Königstochter u. spätere Landgräfin v. Thüringen (1207–1231). Schon vier Jahre nach ihrem frühen Tod (in Marburg a. d. Lahn) heiliggesprochen, blieb E. bis heute Schutzheilige der Armen und Frauen, bes. der hoffenden. Geräte, die E. benutzt hatte (Becher, Gürtel) wurden an Fürstinnen geliehen zur Erleichterung der Geburt. Außer in Thüringen hatte und hat E. in Böhmen und Bayern zahlreiche Kultstätten. Der Taufname E. ist in vielen mundartlichen Umformungen u. Zusammensetzungen einer der häufigsten Mädchennamen. Der 700. Todestag hat die Gestalt überall in Erinnerung gerufen (Andachten, Heimatspiele). Das berühmte Rosenwunder haben einfache und hohe Kunst oft dargestellt. Brote in d. Schürze verwandeln sich in Rosen. Attr. sind auch Küche und Bettler. Marburg wurde zur berühmten E.wallf., so daß von den Spenden der Pilger die E.kirche gebaut werden konnte, eine der ersten got. Kirchen in Dtl. → Vornamen, Opfergaben.

F. Schmoll, E. in d. bild. Kunst d. 13.–16. Jh., 1918. Lit. in d. Fs. hg. v. A. Emmerich, 1931; H. Auer, Die hl. E. in d. Lit., 1932 (Bibliogr.); K.-A. Wirth, in: Reallex. z. dt. K.gesch. 4, 1958; A. Borst, in: NDB 4, 1959; A. Höck, Frühe Wachsvotive am E.grab in Mbg./Lahn, Zs. f. Vkde 59 (1963).

Elkorn. Die Bed. des Wortes ist umstritten. Ist es die Gabe, die erheischt wird, und welche? Ein zus.fass. Darst. von Wort und Brauch gab Hans Moser.

H. Moser, Archival. z. Jahreslaufbräuchen d. Oberpfalz, in: Bayer. Jb. f. Vkde (1955); L. Schmidt, Das E.-Singen in Lichtenfels. Ein angebl. Zeugnis f. d. mal. Brauchtumslied in N.österr., Jb. öst. Vliedw. 6 (1957).

Elle, wie Daumenbreite, Fuß, Spanne der Hand, Klafter (›ausgebreitete Arme‹) von menschl. Körper abgeleitetes und daher weit verbreitetes Längenmaß (Unterarm vom Ellbogen bis zur Mittelfingerspitze). Im einz. kannte man in Dtl. über 100 verschied. E.-maße, die später länderweise genormt wurden. E. wurden Schulmädchen zum Schneiderunterricht oder jungen Frauen geschenkt. Die Verzierung entspricht der Form (Schlangenlinien, Rauten, Wolfszahn) wie bei den Stäben der → Hirten. Wie bei diesen oder beim → Klausenholz ist der Griff der E. kunstvoll geschnitzt, zuweilen mit Klapperkügelchen. Die Ornamente der E. sind auch mit rotem oder grünem Wachs gefüllt (→ Wäscheklopfer, → Flachsschwinge). Wie bei so vielen Werken der Vk. sprechen → Inschriften vom lebendigen Verhältnis einfacher Menschen zu ihrem Werkzeug: »Oft an die Hölle denken läßt nicht leicht in dieselbe gerathen *ITP* 1832« (Mark Brandenburg), oder: »Ich kam mal in ein frömtes Lant Dar stunt geschrieben an der Want Laes liegen was nicht tein ist Sonst sterpst du eh du krank würst. *IARMSS*, Anno 1786.« (Prov. Sachsen).

Eller → Holunder.

Elmsfeuer, wie viele außerordentliche Naturerscheinungen (Komet, Nordlicht, Blutregen) von schlechter Vorbedeutung bei heutigen Fischern und in der Antike. Wenn die elektrische Erscheinung an Speerspitze, Schiffsmasten, Bäumen usw. vervielfacht erscheint, werden die anderen Flammen in Frankreich als St. Nikolaus, St. Anna und St. Barbara bezeichnet. Nach Plinius galten zwei Flammen (Castor und Pollux) als *salutares*, eine einzelne als *dira ac minax*. Letztere hieß Helena (die unglückbringende Schwester der Dioskuren C. u. P.). Von diesem Namen, vom gr. *helene* = Fackel oder von dem Schiffsheiligen → Elmo (→ Erasmus) will man den Namen E. herleiten. Nicht berücksichtigt wurde bisher die Möglichkeit des Zusammenhanges mit elm = elb (→ Elfen, Alp). In Salzburg hieß das E. »Perchtenfeuer« (→ Irrlicht). – Das E. ist an sich eine elektrische Entladung bei »besonders hohem atmosphärischem Potentialgefälle«.

Sébillot, Croyances et superstitions de la mer, 1893; Grimm, Dt. Wb.: »elm«; P. Sartori, »St. E.«, im HDA; M. D. W. Jeffreys, Witch's Fire. Folk-Lore (London) 60 (1949).

Eloa, Elogi → Eligius.

Elpentrötsch → Elfen.

Elster (mhd. *egelster*, fränk. Eilster, holst., mecklenb. Heistr, oberlaus. Oaglastr, schles., siebenb. Schalastr. mittelrhein. Atzel, tirol. Agerste). Ihr unruhiges Gebaren macht sie zum Heilmittel gegen die → Fallsucht. Den Gesunden macht Suppe von E. tobsüchtig. Mit Bekreuzen einer verletzten Körperstelle verbindet man in Pommern den Spruch:

Höter, pöter
Kreigenföter
Hästerstart
Allens wedder bäter ward.

Verbreitet ist der Glaube an die diebische E., der auf Beobachtung beruht, und der Glaube an ihr todkündendes Fliegen und »Rätschen«. Als Vorzeichen neben anderen kennt die E. schon das St. Trudperter Hohe Lied (12. Jh.):

des fiur sehennes oder des hant
sehennes odir der agelsteren oder
des musares odir so dich din ore
iucket odir din ouge.

→ Zucken.

ADV VI, Todankünd. Vögel (Die E. in NW-Dtl., Baden, Bayern); ASV 225; Dt. Wortatlas IV u. XV.

Elsternauge → Hühnerauge.

Eltz → Wermut.

Emanzipation → Frau.

Emblemata → Stammbücher.

Emmeram, hl. (22. 9., † um 715). Wanderbischof in Franken, Attr.: Bischofsgewand, Lanze u. Leiter. In den *miracula s. E.i* wird von dem nach einem Mahl dem hl. E. gewidmeten → Minnetrinken berichtet, das den alten Sinn des Opfers noch deutlicher erkennen läßt als die später mehr verbreiteten Minnen der heiligen → Johannes d. E., → Gertrud usw. E. war im 7. Jh. bayrischer Missionsbischof.

Vita (geschr. um 772) hg. von B. Krusch, in: Mon. Germ. Script. rer. Merov. 4, 1902.

Empfängnis → Zeugung, Ohr.

Empfängnis Mariä (8. 12.), das Fest der Unbefleckten Empfängnis, bezieht sich nicht, wie oft mißverstanden wird, auf die jungfräuliche Mutterschaft, sondern darauf, daß M. als die Reinste ohne den Makel *(immaculata)* der Erbsünde im Schoße ihrer Mutter → Anna empfangen worden ist. Das junge Fest (seit 1708) ist zwar volkstümlich (Patrozinien, Feiern der marianischen Kongregationen), spiegelt sich aber kaum im Brauch. Für Frauen gibt es Arbeitsverbote. In der Zeit zwischen den zwei Frauen (M. Geburt und M. E.) sollen Kinder abgestillt werden. – Der Berliner Jargon, dem nichts heilig ist, versteht unter »Marie Empfängnis« den Zahltag (Marie = Geld). → Maria.

Endschlacht → Schlacht.

Engel (von griech. *ángelos* = Bote). E. kennt das orientalische und kath., aber nicht das evang. Christentum. Die Vorstellung von E. im Alten Testament schreibt man jüdischer Entlehnung während des Exils zu, doch hat auch Jesus die Existenz von E. und Dämonen, ihren Gegengestalten, gelehrt. Zu letzteren wurden die E., die die göttliche Prüfung nicht bestanden (Engelsturz; → Michael). Nach kath. Lehre sind die E. körperlos, doch mit Verstand und freiem Willen ausgestattet und besonders zum Dienst an den Menschen bestimmt (Schutzengel; der »gute Engel«; die vierzehn E. des Kindergebets). Die altchristl. Kunst zeigt die E. als schöne Jünglinge. Seit dem 4. Jh. erhalten sie Flügel (nach dem antiken Nike-Bild) und Nimbus. Das spätere MA. stattet sie mit langfallenden und manchmal kirchlichen Gewändern aus. In der Vk. der kath. Landschaften ist der E. eine beliebte Gestalt (→ Krippe). Die Leuchter-E. in der Weihnachtszeit kennt auch das evang. Volk. → Engelsegen, Kornengel, Weihnachten.

Pesch, Die hl. Schutzengel, ²1924; L. Schmidt, Attr. der E. in d. dt. V.auffassung, Zs. f. Vkde 43, (1935); H. W. Hegemann, Der E. i. d. dt. Kunst, 1943; T. Klauser, in: Reallex. f. Ant. u. Christent. 5, 1960; L. Röhrich, Der hl. E. Legende, V.schauspiel u. Brauch, Rhein Jb. f. Vkde 12 (1961).

Engelmesse → Advent.

Engelsegen. Wie die Heiligen Gertrud, Johannes u. a. im Spruch des Abschieds- und → Minnetrinkens, wie die Dreikönige nannte das MA auch die Engel in Reise- und Ausfahrtsegen als Schützer.

Ic dir nach sihe,
Ic dir nach sendi
mit min funf fingirin
funvi undi funfzic engili.
Got mit gisundi
heim dich gisendi!
offin si dir diz sigi dor;
sami si dir diz seldi dor!
Bislozin si dir diz wagi dor;
sami si dir diz wafindor!
des guotin sandi ulrichis segen vordir vndi hindir dir vndi hobidir vndi nebindir gidan, swa du wonis swa du sis, daz da alsi gut fridi si, alsi da weri, da min fravwi sandi marie des heiligin cristis ginas.

Deutschsprachige Ausfahrtsegen sind aus dem 12. Jh. erhalten. Die besonders auf germ. Gebiet bis heute beliebten Abendsegen (»Awens wann wi te Bedde gatt – Vertien Engelkes bi mi statt ...«) sind erst für 1529 belegt. K. Reuschel (Euphorion, 9) brachte letztere mit dem Kult der → Vierzehn Nothelfer in Verbindung. → Ulrich.

Engelweihe → Michael.

Englmar, hl. – St. E. heißt ein abgelegenes Rodungsdorf im bayer. Wald. Es ist der einzige Ort, in dem der Hl. verehrt wird (Wallf.kirche), der um 1100 im Wald getötet wurde. Sechs Bildtafeln der 1. H. 17. Jh. und Verse des 18. Jh. schildern Berufung, Wirken, Einsiedlerleben, Märtyrertod, wunderbare Auffindung und feierl. Überführung des hl. E. an den Ort seiner Kirche. Der eigenart. Brauch des »Engelmari-Suchens« (oder »E.-Versteckens«) am Pfingstmontag, den L. Röhrich untersucht hat, ist wohl eine Entwicklung der 2. H. 19. Jh., die z. B. Fr. Panzer und R. Andree noch unbekannt war. In der pantomim. Darst. des Translationswunders und dem damit verbundenen, wohl von dem Pfingstritt im nahen Kötzting beeinfl. Flurumritt mischen sich alte bodenständige Brauchelemente, Legendäres und kirchl. Brauchpflege (Feldmesse). Die »Gesamtkomposition« ist jung und wenig konstant. In Mirakelber. des 17. u. 1. H. 18. Jh. noch als Schutzhl. für Gesundheit und Feldfruchtbarkeit angerufen, wird E. immer mehr zum Viehpatron. Eine Votivtafel von 1879 trägt hinten die Aufschrift: »Auf diese Davel mus der heiliche Engelmahr gemahlen werren und ein braunes Pfert und ein weißgelber Ochs, eine Kuh mit einem weissen ruken und ein Weibsbild dazu«. Mit der E.überlief. verbanden sich auch Züge der Gespannwunderlegende (→ Edigna), deren süddt. Verbreitung L. Röhrich gleichfalls in den Kreis seiner Fg. gezogen hat.

L. Röhrich, Der heilige E. Leg., V.schausp. u. Brauch. Rhein. Jb. f. Vkde 12 (1961); G. Kapfhammer, St. E., 1968 (Ortsmonogr.).

Enkel (mhd. *enenkel* = der kleine Ahn, Großväterchen), niederdt. dafür auch Kindskind oder Großkind. Im Ostfränk. ist noch Dichterle (bei Hans Sachs: Diechter) Bez. des E. Der Name E. ist ohne Zweifel aus dem → Ahnenkult und älteren Vorstellungen der → Geburt als Wiedergeburt des Ahnen zu erklären. Der E. trägt deshalb auch oft den → Namen des Ahns. – Luther sagt meist Kindskind oder Neffe (vom idg. Wort für E., das im lat. *nepos* erhalten ist).

Enongermoer → Mittagsg.

Entblößung hat im Brauch die gleiche Ursache wie die → Nacktheit, deren Ersatz sie vielfach ist. E. der Füße oder des Hauptes kann Zeichen der Trauer oder der Unterwerfung sein. E. wird gefährlich bei der Berührung orendistisch (→ Orenda) geladener Gegenstände und Orte. Heilkräftige Zauberkräuter dürfen nicht mit bloßer Hand gepflückt werden. Die E. der weiblichen Scham, des männlichen Gliedes, besonders des → Hintern, hat in der Antike bis heute apotropäische Kraft (→ Böser Blick, Feige). Allgemein ist auch die Auffassung der letzteren → Gebärde als äußerster Grad der Verhöhnung. → bedecken, Geschlechtsteile, barfuß, Gruß.

H.-E. Schramm, L. m. i. A., 1960.

Entführung → Entrückung.

enthaupten → kopflos.

Enthusiasmus → Ekstase.

Entrückung oder Entführung Lebender durch göttliche oder dämonische Mächte kannte die Antike wie das germ. Altertum (Bergschlaf, Mantelfahrt). Die Bedeutung der E. in der christl. Theologie kennzeichnet I. Hansen (Hexenwahn

S. 189–209). Von der dauernden E. ist die vorübergehende → Ekstase zu scheiden. E.sagen kennt noch die Gegenwart (Vorarlb.). Im MA wurde von E. berichtet als Strafe für den Zweifel am Bibelwort, daß vor dem Herrn »tausend Jahre wie ein Tag« seien (→ Caes v. H.). → Hexe.

L. L. Hammerich, Munken og Fuglen. Kopenh. 1933; R. Beitl, Im Sagenwald, 1953, Nr. 300.

entwöhnen oder abstillen soll die Mutter das Kind zu bestimmten Tagen. Die Lausitzer Wenden sagen: »Abgewöhnen am Johannistag ist mehr wie tausend Taler wert«. Knaben soll man »vor Jahr und Tag« (allgemein) u. bei zunehmendem Mond, Mädchen bei abnehmendem Mond e. Bei der letzten Vorstellung spielt wohl Sexualsymbolik mit. Allgemein ist die E. einer der starken Einschnitte in der Entwicklung des → Kindes, der als Übergang (→ Initiation) geschützt werden muß. Andererseits fallen mit dem Tag auch frühere Bindungen. Das E. der Tiere begleiten manchmal Sprüche oder es wird dem Jungtier ein Stachelband (Montafon: Muschla) ums Maul gelegt. → Empfängnis Mariä.

Enzian (vornehmlich: Gelber E.; Bitter-, Fieber-, Hirschwurz; *Gentiana lutea*). Die Entdeckung des E. durch den Illyrerkönig Genthius († 167 v. Z.) ist wohl eine V.etymol., doch ist er schon im Altertum eine geschätzte Heilpflanze. »Verbeen (Eisenkraut), agrimonia (Odermennig), modelgeer (Kreuzenzian) / Charfreytags graben hilfft dich sehr, / Daß dir die frawen werden holdt, / doch brauch kein eisen, grabs mit goldt«, heißt ein Vers des alten Alchimisten Thurneißer (16. Jh.), und der Tiroler sagt heute noch: »Wia die Enzianwurz is koani so stark!« Im ganzen Gebirge gilt die Wurzel des »Gelben E.« und verwandter Arten – in Branntwein angesetzt – als Universalmittel vor allem für alle Magen- und Darmkrankheiten. Die großen E.blätter werden in Steiermark zum »Kühlen« auf offene Wunden und Entzündungen gelegt.

Epilepsie → Fallsucht.

Epiphanias → Dreikönig, Weihn., Befana, Bercht.

Erasmus, hl. (2. 6.), Bischof und Einsiedler, unter Diokletian gemartert. Patron der Drechsler und bei Krankheiten der → Eingeweide, weil ihm nach der Legende die Gedärme mit einem Haspel (Attribut) aus dem Leib gewunden wurden (Erasmuswickel). In Wirklichkeit stammt das Attribut der Seilwinde aus seiner westeuropäischen Geltung als Patron der → Schiffer. Er ist einer der → 14 Noth. → Elmsfeuer

J. Braun, Tracht u. Attr. d. Hl. in d. dt. Kunst, 1943.

Erb(e). Germ. galt die gleichmäßige E.teilung mit einigen Vorrechten des Ältesten. Im Recht einzelner Landschaften, oft auch im Märchen, ist der → Jüngste Haupt-E. Das Leichenmahl hieß E.trunk, E.mahl, weil mit ihm die E.schaft angetreten, der Hochsitz eingenommen wurde. Die alte Vorstellung, daß die persönliche Habe dem Toten verbleiben müsse, begründet neben anderen Ursachen den Brauch der → Grabbeigabe. Besondere Riten dienen der Besitzablösung (Bräuche beim → Tod). Gerät zu magischer Handlung darf nicht auf gewöhnlichem Weg (Kauf) erworben sein, man muß es → finden, → stehlen oder erben. Auch Alter u. Kostbarkeit steigern die magische Tauglichkeit des E.schlüssels, der E.bibel. Viele Sprichwörter geißeln die

»lachenden E.«. E.streit ist ein so stehendes Schwank- und Sagenmotiv, daß e. niederdt. Sprichwort sagt: »Erbschaft ist kein Gewinn«. Zauberei und Heilkunst werden selbst auf besondere Weise vererbt, meist von Mann zu Frau und umgekehrt, oft nur innerhalb der eigenen Familie. Der Glaube an die E.lichkeit des Fluches, den d. attische Tragödie kennt, ist von der kath. Kirche zum Dogma von der E.sünde erhoben worden. → Erstgeborener, Tod, Hausmarke, Hofnamen, Kesselhaken.

Strohal, Grundriß d. dt. E.rechts, 1914; H. Sievers, Von der Hufenverfassung zum E.hofgesetz, 1935; R. Thurnwald, Werden ... d. Rechts, 1934; ÖVA II Bäuerl. E.recht, Ausgedinge. Komm. v. J. Kretschmer u. J. Piegler, 1965; ASV 99–101: Altenteil, südl. Kantone (Waadt, Wallis, Tessin, Graubd.) bevorzugen Realteilung.

Erbhof → Sippe.

Erbmahl, -schaft → Erbe.

E.recht → Jüngster.

Erbse *(Pisum sativum)*. Damit Kinder nicht i. d. Schoten naschen gehen, schreckt man sie durch Erzählungen von der »Schotenmutter«, vom »Arftenbuck« oder sonst einem Geist, der darin sein Wesen treibe (→ Korngeister). Auf alte mythische Beziehungen der bei uns seit der Eisenzeit gebauten Frucht weisen Volkssagen hin, in denen die E. als Lieblingsgericht der Zwerge erscheint; ebenso mancher alte Brauch, mit E. oder E.stroh als Symbol der → Fruchtbarkeit, z. B. wenn die Kinder in manchen Gegenden die Braut nach der Trauung mit E. überschütten, auf daß ihr »Glück und reicher Kindersegen« werde, oder wenn zum Ernteschluß oder bei der Fasnacht der → E.bär erscheint. – Bei der Saat ist zu beachten, daß sie keinesfalls im Zeichen des Steinbocks stattfinde, sonst werden die E. »steinhart«. Ein ähnlicher Analogieglaube versucht das traditionelle E.essen zu → Weihnachten zu begründen: Man müsse das tun, damit im künftigen Jahr das Geld nicht ausgehe! In anderen Gegenden verbietet man geradezu in der Zeit der → Zwölften E. zu kochen, sonst bekomme man Geschwüre. Und umgekehrt dient wieder die E. in der sympathetischen Heilkunde zum Heilen von Warzen und Geschwüren. → Hülsenfrüchte, Bohne, Klöpfelnächte, Weihnachten.

K. u. F. Bertsch, Gesch. uns. Kulturpfl., [2]1949.

Erbsenbär. Nach der Umhüllung wird eine noch bekannte → Maske der Umzüge und Tänze bei Ernte, Kirmes, Zwölftenfesten, Fasnacht und Hochzeit E. genannt. Wie in Gegenden reichen Anbaus von → Erbsen von den schreckenden Dämonen (Erbsenmutter, -weib, -muhme, -bock) erzählt wird, so ist wohl auch die Darstellung des E. aus dem Erntebrauch hervorgegangen (→ Korngeister) und ähnlich den Bräuchen um die letzte Garbe auf Weihnachten, Ausdruschzeit und Frühlingsfeste übertragen worden. Die Maske aus Ähren oder leerem Stroh ist auch auf den → Nikolaus übergegangen (Strohnickel). Zu beachten ist, daß in süd- und mitteldt. Mundarten auch der → Eber als → Bär bezeichnet wird. Von der Fellmaske des → wilden Mannes leitet A. Spamer den E. her. (Dt. Fastnachtsbräuche, 1936).

Erbsünde → Erbe, Empfängnis Mariae.

Erda → Freya.

Erdapfel → Kartoffel.

Erdbeben gleich anderen ungewöhnlichen Naturerscheinungen

Vorzeichen für Krieg und Weltuntergang. Solche Deutung in oriental. Astrol. und Apokalyptik, in griech. E.- und Donnerbüchern wirkte lange nach, ist aber auch aus dt. V.glauben selbst verständlich. → Soldat.

R. Lasch, Die Ursache u. Bedeutg. d. E. im V.glauben und V.brauch, in: Arch. f. Rel.wiss. 5 (1902); K. Jung, Kleine E.kunde, [2]1953.

Erdbeere *(Fragaria vesca).* Sie war den Griechen nicht, wohl aber den Römern (Vergil, Ovid, Plinius) bekannt. Das MA schätzte die Heilkraft von Frucht und Blatt dieser »Speise der Seligen« (H. Seuse). Das dreigeteilte Blatt war ein → Symbol der Dreifaltigkeit, die Beere aber auch ein Sinnbild sinnl. Weltfreude (Plastik u. Malerei). In die Gärten kam die E. kaum vor dem 16. Jh. – Eine Mutter, deren Kind gestorben ist, darf in Schlesien und Nordböhmen erst nach → Johanni E. essen. An diesem Tage führt nämlich → Maria die verstorbenen Kinder in die Beeren, und ein solches Kind, dessen Mutter bereits vor jenem Tag welche gegessen hatte, bekommt keine. Eine Art »Beerenopfer« ist es noch, wenn Kinder eine E., die ihnen beim Pflücken zu Boden fällt, liegenlassen: »für die armen Seelen« sagen sie z. B. in Böhmen. Die E. als Seelenspeise deutet jedenfalls auf ein hohes Alter des E.sammelns. In der Vmed. wird der Tee von E.blättern noch heute viel gegen Nierengrieß und Gallensteine gebraucht. → Opfer.

U. Jahn, Die dt. Opfergebr. usw., 1884; Dt. Wortatlas X.

Erdbiberli, -männchen, -wichtel → Zwerg.

Erde. Die E. als Hüterin geheimer Schätze, vor allem als Spenderin von Kraft und Nahrung für Pflanzen, Tier und Mensch hat in vielen Völkern den Glauben an eine fast immer mütterlich gedachte Gottheit der E. geweckt. Den Germanen galt Tuisto als von der E. geboren, und → Nerthus wird von Tacitus der *Terra mater* gleichgestellt. Die E. ist heilig, man darf sie nicht schlagen. Auch wo sie nicht personifiziert wird, lebt im Glauben die Vorstellung von magischer Kraftspendung der E. Der Grieche Antäus, aber auch noch der Zauberer → Hilarius in gegenwärtiger dt. Sage (Vorarlberg) gewinnen Kraft und können sich befreien, wenn sie E. berühren. Bei der → Geburt wird das Kind auf die E. oder den Fußboden gelegt; es soll »stark«, später hieß es »demütig«, werden. Schwächliche Kinder tauft man Erdmute oder Erdmann, dann bleiben sie am Leben. E. kann wie → Wasser nicht behext werden. Unter dem Rasen werden → Eide geleistet. Vielen Bräuchen liegt auch der Gedanke zugrunde, daß die E. den chthonischen Mächten und den Toten gehört. In die E. der Heimat gebettet zu werden, ist oft der Wunsch eines Sterbenden. E. vom alten Acker nahmen → Vertriebene mit ins neue Land. → Mutter, Name.

A. Dieterich, Mutter E., [3]1925; G. Jungbauer, Dt. Vmed., 1934; F. Altheim, Terra Mater, 1939; U. Büttner, Land und E. im Rechtsbrauch, Diss. München, 1948; M. Orend, Vom Schwur mit E. in d. Schuhen. Die Entst. e. Sage. Dt. Jb. f. Vkde 4 (1958); O. Petterson, Mother Earth, Lund 1967.

Erdengel → Kornengel.

Erdpech → Mumie.

Ergologie, Arbeits- und Gerätekunde (v. gr. *ergon* ›Tat, Arbeit, Kampf, Werk‹). Wenn auch Kulturgesch. und Vkde die Eigenart und Bedeutung der bäuerl. wie handwerkl. Arbeit und ihrer Geräte und Werkzeuge nie übersahen, kamen wesentliche Beiträge doch von seiten der Techniker und Agrarhistoriker. Das auf den Sammlungen des Celler vkdl. Museums ruhende Meisterwerk von Wilhelm Bomann »Bäuerliches Hauswesen und Tagewerk im alten Niedersachsen« hat erst in neuerer Zeit Nachfolge gefunden, vor allem in Österreich und in der Schweiz, wo das Bauernwerk durch die natürlichen Bedingungen der Landschaft der Maschine weniger zugänglich ist. Mehr noch als die sogen. Sachgüter im allgemeinen (Haus, Tracht, Möbel) waren Arbeit und Gerät in Gefahr, ganz aus dem Blickfeld einer geisteswissenschaftlich verstandenen, aber allzu eng gefaßten Vkde. zu geraten. Damit drohte die schon gewonnene große Konzeption einer Wissenschaft vom deutschen Volke verloren zu gehen, wie sie Jacob Grimm, Wilhelm Mannhardt, Wilhelm Heinrich Riehl u. a. hinterlassen und wie sie in unserem Jh. E. Hoffmann-Krayer, Otto Lauffer und Adolf Spamer besonders vertreten haben. Die Verbindung der geistigen und der → Sachgüter wurde gefördert durch die moderne Methode der Kartographie (→ Atlanten), die an den sichtbaren und bodengebundenen Erscheinungen der Volkskultur ihre sichersten Ergebnisse erzielen konnte. Eine geisteswissenschaftliche E. gedanklich neu begründet und in kühnen Umrissen entworfen zu haben, ist das Verdienst der Forschungen von Leopold Schmidt (→ Gestaltheiligkeit), wie es überhaupt von jeher eine Stärke der österr. vkdl. Schule war, materielle und geistige Volkskultur in ihrer natürlichen Verbindung zu sehen (Riegl, Haberlandt, Geramb, Spieß u. a.). Als Beispiel einer modernen Gesamtdarstellung in diesem Sinne sei R. Weiss, Volkskunde der Schweiz, 1946, genannt. Die Arbeitszentr. des ADV in Bonn (Fragebogen) und das Inst. f. Vkde an der Dt. Ak. d. Wiss. in Ost-Berlin widmen sich bes. diesem Fg.zweig. Vkdl. Museen, die ihrem Wesen nach sich den Sachgütern zuwenden, entwickeln sich zu fruchtbaren Fg.stätten (z. B. Schloß Gottorf, Schleswig; Bomann-Mus., Celle; Lipp. Landesmus., Detmold). (W. Hansen, Arbeit u. Gerät in vkdl. Dokumentation, 1969). → Freilichtmus., Arbeit, Technik, Hausrat, Werkzeug, Egge. Pflug, Wagen usw.

W. Seedorf, Arbeitsbräuche i. d. Landwirtschaft, in: Peßler, Hb.; Jud u. Jaberg, Sprach- und Sachatlas Italiens u. d. Südschweiz (mit Illustr.bd. »Bauernwerk« von P. Scheuermeier, 1943); O. Moser, Der Heurechen. Vers. e. vkdl. Bestandsaufn. d. Arbeitsger. in Kärnten. Carinthia I, 142 (1952) (Abb. u. Karten); J. M. Ritz, Bäuerl. Gerätefg., Bayer. Jb. f. Vkde 1952 (Objekte d. Feuchtwanger Mus. u. Lit.); L. Schmidt, Gestaltheiligkeit im bäuerl. Arbeitsmythos. Stud. z. d. Ernteschnittger. u. i. Stellung im europ. V.glauben und V.brauch, 1952; ders., Spaten-Fgn., Arch. f. Völkerkde 8 (1953); O. Lanser, Tiroler V.technik, 1954 (Brücken, Mechanismen, Uhrwerke, Mühlen, Wasserräder, bäuerliche Textiltechnik); Mus. f. Völkerkde, Wien. Kat. d. Ausst. 1954 »Bauernwerk d. Alten Welt. Europa, Asien, Afrika«; E. Werth, Grabstock, Hacke u. Pflug. Vers. e. Entst.gesch. d. Landbaues, 1954; L. Schmidt, Der Stand d. Erfg. d. bäuerl. Arbeitsgerätes in Österr., Arch. f. Völkerkde 11 (1955); E. Schlee, Das Schlesw. Holst. L.mus., Schlesw., Schloß Gottorp, 1963 (Bes. Berücks. d. E.; vkdl. Landesaufn. d. Ackergeräte; vgl. Thomsen, in: Beitr. z. dt. V.- u. A.kde 9, 1965, S. 183ff.); W. Hirschberg u. A. Janata, Technol. u. E. in d. Völkerkde, 1966; Bauernkultur in Mecklenbg. I. Das Arbeitsgerät. Hg. v. Staatl. Mus. Schwerin, o. J.; Arbeit u. Volksleben, hg. v. G. Heilfurth u. I. Weber-Kellermann, 1967 (Dt. Vkde-Kongreß 1965 in Marbg., bes. II: Gerätefg.); Schloß Bruck, Lienz, Osttirol; G. Wiegelmann, Erste Ergebn. der ADV-Umfragen zur alten bäuerl. Arbeit, Rhein. Vierteli.bll. 33 (1969); Tools and Tillage (Zs.), Kopenhagen 1968ff.; W. Hansen, Ländl. Tagewerk im alten Lippe. 1968. – ÖVA IV.

Ergotismus → Mutterkorn.

Erhard, hl. (8. 1.), Bischof von Regensbg. (8. Jh.). Patron gegen Pest und Viehkrankheit (E.brote, E.zelten). E. taufte im Elsaß die hl. → Ottilie und heilte sie von Blindheit. Er hat wie diese zwei auf einem Buch liegende Augen als Attr.

J. Dünninger, St. E. u. d. Dollingersage. Zum Probl. d. gesch. S., Bayer. Jb. f. Vkde (1953); L. Schmidt, E.stag usw., in: Bauernbundkal., 1954 (N.öst.); R. Bauerreiss, Kirchengesch. Bayerns I, [2]1958; H. Steininger, E.iopfer in Wartberg im Mürztal, Stmk., Öst. Zs. f. Vkde 65 (1962).

Erika → Heidekraut.

Ernte, Erntefest. In Glauben und Brauch, im kirchlichen (Himmelfahrt Mariä, Erntedankfest) und weltlichen Fest (Ef., Kirmes) spiegelt sich die Bedeutung des wichtigsten Herbstfestes, das von vielen Forschern schon im germ. Zeit als bestehend angenommen wird (→ u. a. Jahrmarkt, Himmelfahrt Mariä, Jakobus d. Ä., Michael, Allerheiligen, Martin, Nikolaus, Tanfana, Kirmes). Viele Orakel und Vorzeichen deuten schon in den Zwölften und zu verschiedenen Frühlingsfesten auf den Ertrag der E. Die letzten Halme läßt man im Herbst auf dem Acker, »damit der Winter auch was hat« (Niederösterr.), damit »der Segen auf dem Acker ruhen bleibe«. Dem allzu Habgierigen fällt die nächste E. schlecht aus. Die ersten Halme und die erste Garbe der E. werden unter besonderen Zeremonien (kreuzweise, mit Zau-

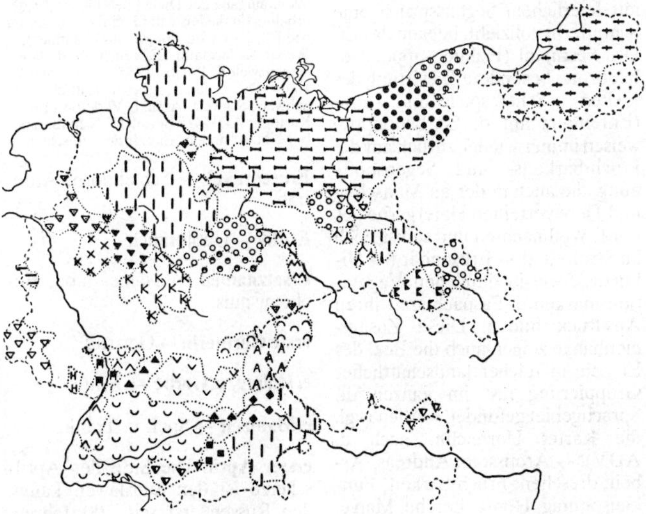

^ *Abschnitt*
– *Aust*
+ *Austbier. Aust*
⊢ *Austköst. Aust*
■ *Einkommen*
| *Erntebier*
∩ *Erntebraten*
· *Erntefest*
▲ *Erntegans*
▼ *Erntehahn*
K *Erntekirmes*
/ *Ernteklatsch*
○ *Erntekranz*
◆ *Erntemahl*
∧ *Erntetanz*
M *Guter Montag*
× *Hackelmai*
∘ *Haferkranz*
▽ *Hahn*
H *Herbstbraten*
K *Kirmes*
⊕ *Kranzbier*
● *Kranzköst*
⅄ *Lobetanz*
∨ *Niederfall*
▽ *Schnitt(er)hahn*
◡ *Sichelhenke*
⌒ *Sichellege*
▽ *Stoppelhahn*
weiße Fläche: verschiedene Bezeichnungen

berpflanzen und Sprüchen) geschnitten und gebunden. Noch mehr Beachtung findet die letzte Garbe, die man als → Opfer auf dem Felde läßt oder die man als Puppe in Tier- oder Menschengestalt geformt, besonders dick gebunden und reich geschmückt, mit Singen und Scherzen einfährt. Oft krönt die Garbe das grüne Segensreis (→ Lebensrute), und in → Krone und Kranz erblicken wir die Symbole der Freude (Blumen), des E.segens (die schönsten Ähren aller Getreidearten) und der Fruchtbarkeit (→ Ei, Hahn).

Mit der Übergabe der E.puppe, des »Alten« oder des Straußes (→ Vergodendeel, Fock, Harkelmai), die mit feierlichem Segensspruch eine Schnitterin vollzieht, begann das Ef. Das Festmahl (Hahnensuppe, Gebildbrote, besondere Bewirtung des »Alten«), Scherzspiele und Tänze (Ehrentanz mit d. Garbenpuppe) weisen immer wieder zurück auf die Fruchtbarkeits- und Segenshoffnung, die auch in der an Menschen und Tiere verteilten Hafergarbe des nord. Weihnachten und selbst noch im Stroh- und → Erbsenbär (→ Nikolaus), wie in ähnlichen Vegetationsmasken d. Fasnachtszeit ihren Ausdruck finden. Diese Zusammenhänge zeigen auch die Bez. des Ef., die in reicher landschaftlicher Gruppierung fast im ganzen dt. Sprachgebiet gefunden werden (vgl. die Karte; Umzeichn. nach d. ADV). → Aronsstab, Andreas, Arbeit, dreschen, Fruchtbarkeit, Funkensonntag, Honig, Lerche, Malve, Mesner, Reiterspiele, Unschuldige Kinder-Tag, Wacholder, Wicht.

H. Pfannenschmidt, Germ. Ef. im heidn. u. christl. Cultus m. bes. Bez. auf Niedersachsen, 1878; U. Jahn, Die dt. Opfergebr. bei Ackerbau u. Viehzucht, 1884; W. Mannhardt, Wald- und Feldkulte, 2 Bde., [2]1904/05; E. Reuterskiöld, Die Entst. d. Speisesakramente, 1912; A. V. Rantasalo, Der Ackerbau im V.glauben der Finnen u. Esten mit entspr. Gebräuchen der Germ. verglichen, 1919; Nils Lid, Joleband og vegetationsguddom, 1928; R. Beitl, Garbenopfer. Geist. Arbeit 18 (1934); R. Helm, E.bräuche, 1937; G. Jarosch, E.brauch u. E.dank, 1939; E. v. Sydow, Der Begriff des Ersten und Letzten in d. V.überlief., Folk-Liv 3 (1939); K. Kaiser, Der Hase, der Wolf u. d. Alte. Zum Brauchtum d. E.zeit in Norddtld., Wossidlo-Fs., 1939; A. Eskeröd, Årets äring, 1947; B. Pischel, Europ. u. indian. Elemente im Brauchtum d. amerik. Thanksgiving Day, Hess. Bll. f. Vkde 44 (1953); H. Koren, Steir. E.dank, Öst. Zs. f. Vkde 52 (1949); E. Burgstaller, Rügebräuche bei der E. in Oberöst., Zs. f. Vkde 52 (1955) (Rügen säumiger Bauern durch Schlüssel- oder Radmähen, Aufstellen einer Strohpuppe als »Habergeiß« o. e. Figur aus Stroh od. Lumpen am Bartholom.tag); ders., E.geräte u. -arbeitsmeth. in Oberöst., Jb. d. Musealver. Wels, 1956; A. Wurmbach, E.geräte in Westfalen, Rhein.-westf. Zs. f. Vkde 4 (1957); K. Baumgarten, Ef. u. Hallenhaus in Mecklbg., Zs. f. Vkde 61 (1965) (Die seit Ende d. 16. Jh. verlorene Wohnaufgabe der Diele blieb bis ins 19. Jh. erhalten für die Feste der Familie u. d. Jahres wie Ef., Fasnacht, Pfingst- und Saatbier); J. Weber-Kellermann, E.brauch in d. ländl. Arbeitswelt d. 19. Jh., 1965 (→ Arbeit); W. Heim, Das E.dankfest bei d. Kathol. d. dt. Schweiz, Schweiz. Arch. f. Vkde 64 (1968); Kartogr.: ADV 4/5 Bez. d. Ef. Schlußbrauch b. Mähen, Binden, Einfahren, Dreschen.

Ernteorakel → Schlehdorn, Aronstab.

Erotik → Gaßlbrauch.

Ersatznamen → Name, tabu, Euphemismus.

erste Gärtnerin → Gertrud.

e. Halme, e. Garbe → Ernte.

e. Mahlzeit → Speis u. Trank.

erster April. Die Sitte der Aprilscherze ist den Südslawen kaum, den Russen erst seit 200 Jahren, sonst aber wohl allen Indogermanen bekannt. Einen lärmenden Ulk haben besonders die Amerikaner daraus gemacht, die auch die engl. Sitte des Briefschickens an St. → Valentin übertreiben. Bei uns sind A.scherze seit 1631 bezeugt. Der e. A. ist auch → Unglückstag, weil an ihm Judas geboren (gestorben) oder Luzifer aus dem Himmel gestürzt worden sei. Für den noch nicht geklärten Ursprung des Brauches vom e. A. gibt Jungbauer (HDA. 1, 556) u. a. als weitere mögliche Quellen an: Termin des römischen Narrenfestes, alter Neujahrsbeginn, A.schicken als Erinnerung an das Herumschicken Christi von Pontius zu Pilatus, das für die Geldspekulanten verhängnisvolle Ausfallen des für den e. A. 1530 angesetzten Reichstages zu Augsburg. In manchen Landschaften erscheinen die gleichen Bräuche auch am 1. 5, 31. 5. und 1. 3. So ist im Montafon neben dem Ruf »Abrillakalb« auch »Märzafülli« bekannte Verspottung. → Narrenaufträge.

v. Reinsberg-Düringsfeld, Das festl. Jahr, 1898²; Albers, Das Jahr u. seine Feste, 1917³; H. Wolf-Beranek, Zum A.scherz in d. Sudetenländern, Zs. f. Vkde 64 (1968) Karten; ASV 240. A.scherze allg. Im W. und im Tessin zuw. Anheften einer Fisch- oder Puppenfigur.

erster Austrieb. Der e. A. der Haustiere an St. Georg, Himmelfahrt, Pfingsten, meist am Maitag (→ diese Stichw.) oder wenn »de Kuckuck anfang'n dee tau ropen« (Kr. Oldenbg., Holstein), wird als bedeutsamer Anfang geschützt. Die Tiere schreiten über eine → Axt, ein Pentagramm oder einen roten Rock, sie werden mit Dreikönigskreide (→ Dreikönig) auf dem Rücken bekreuzt, Segen und Sprüche, bestimmte Wünsche und Grüße begleiten sie. → Lärm mit Peitsche, Schellen, Pfeifen vertreiben dämonische Mächte. Reinigendes → Wasser (Maitau, Weihwasser) und → Feuer (Durchtreiben, Bestreuen mit Asche vom Christklotz), Treiben über offene Schere (Kr. Schleswig) oder Feuerzange, die offen über einem Beil liegt (Kr. Segeberg; → Metall), bes. aber über die Gesundheit und Fruchtbarkeit bringende Frühlingsgerte (→ Lebensbaum, Martin) wird angewandt. Beim westfälischen »Kälberquieken« wurden den wintergeborenen Kälbern Namen gegeben. Viele Bräuche zielen darauf, die Herde beisammen zu halten und sie den Heimweg sicher finden zu lassen. In Ungarn umlief die Hausfrau dreimal → nackt die Herde. Dem Tier wird Erde ins Maul gestopft. Maitag oder Pfingsten stellen mit dem e. A. auch den → Hirten in einen reichen Kreis von Brauch und Spiel. Den weiten ethn. Zus.hang, in dem solche Bräuche stehen, wies E. Riemann nach. → Eberesche.

E. Riemann, Der Viehaustrieb im V.brauch (nach Materialien aus Schlesw.-H.) Zs. f. Vkde 59 (1963) (Verwandtes Braucht. b. e. A. verbindet Ndtl. mit Skand., Finnl., Estland u. d. westl. Rußland).

erster Mai → Maitag, Maibaum.

Erstgeborener, Ältester. Der E. ist im allgemeinen nicht nur im Erbrecht bevorzugt, sondern hat auch magische Kraft zu heilen oder Geister zu erlösen. → Jüngster, Erbe, Erstlinge.

ÖVA II: Bäuerl. Erbrecht.

Erstlinge (röm. *primitiae*) der Ernte, in voragrarischen Kulten die Erstgeburten d. Tiere, werden im Brauche vieler Völker geopfert. Sie sind die Urform des → Opfers. Daran erinnert noch das Gebot, dem Baum, der zum erstenmal trägt, die Früchte zu lassen, oder die erste Milch von einer Kuh nicht zu genießen, den Anschnitt vom Brot wegzuwerfen. Schon die → Rockenphilosophie berichtet, daß Mädchen die zuerst geklöppelten Spitzen ins Wasser warfen. → Opfer.

U. Jahn, Die dt. Opfergebr. bei Ackerbau und Viehzucht, 1884; W. Schmidt, Die Primitivopfer in d. Urkultur, in: E. Bächler-Fs., 1948; W. Gaerte, Das »Sakrament« d. ersten Feldfrüchte, Rhein.-westf. Zs. f. Vkde 2 (1955).

Ertag, Erch-, Irrtag → Dienstag.

ertränken → Fasnacht, Lätare.

ertrinken. Vor dem E. durch unvorsichtiges Baden schützen zahlreiche Verbote, besonders an den Tagen der Heiligen → Johannes d. T., → Margaretha, → Maria Magdalena. Da ein Toter nur in geweihter Erde Ruhe findet, werden Ertrunkene mit Eifer gesucht, mitunter unter Zuhilfenahme des Johanneshauptes oder Agathabrotes. Nach einer Konstanzer Chronik wurde 1301 ein ertrunkener Knabe durch ein Pflugrad gefunden. Von der Suchscheibe aus Eiche am St. Jörgenkirchlein in Weiler berichtet die Zimmernsche Chronik. Teile vom Palmbusch (→ Palmsonntag) oder Amulette bewahren vor E. Wassermann, Hakenmann, Brunnenmann, Nix und andere → Wassergeister ziehen die Menschen, besonders die Kinder ins Wasser. → Georg.

Niemeyer, Über den Aberglauben bey Ertrunkenen, 1783.

Ertrunkene finden → Joh. d. T., Georg.

Erzgebirge → Seiffen.

Eschatologie, Vorst. u. Lehre von den letzten Dingen (gr. *eschaton* = das Letzte), vom Ende der Weltgesch., Untergang und Weltgericht mit nachfolg. »Wunderbarmachung« der Welt (Zarathustra), messianischem Reich (Proph. d. A. Test., Judentum), Paradies (Islam) oder von der Wiederkehr (gr. *parousia*) Christi nach → Antichrist und Weltkatastrophe und vom neuen Gottesreich gemäß Jesu Wort. Peuckert glaubt, die eddischen e.schen Gedichte und das → Muspilli auf manichäische, letztlich iranische Vorstellung zurückführen zu können. Dazu vgl. L. Weiser-Aall in Hess. Bll. 34 (1935). → Chiliasmus, Jüngstes Gericht, Kaisersage, Schlacht, Sibyllen-Weissagung, Weltuntergang. Dort Lit.

Oswald, E., 1893[5]; L. Atzberger, Christl. E., 2 Bde., 1890–96; H. Greßmann, Der Ursprung d. israel.-jüd. E., 1905; Althaus, Die letzten Dinge, [9]1964; W. E. Peuckert, Germ. E.n, 1935; F. Holmström, Das e.ische Denken d. Gegenw. Aus d. Schwed., 1936; R. Guardini, Die letzten Dinge, [5]1960; R. Charles, Eschatology, New York 1963; K. Thraede in Reallex. f. Ant. u. Christent. 6, 1966.

Esche *(Fraxinus excelsior),* schon steinzeitlicher → Baum Nordeuropas, der in nord. Sagen eine bedeutende Rolle spielt (Eddasage von der → Menschenentstehung; »Weltenbaum Yggdrasil«). Bes. in Süddtld. erzählte man von der Wunden heilenden Kraft des am Karfreitag geschnittenen E.holzes. Sonst kennt man das Holz der E. als wichtiges Nutzholz; in alter Zeit diente es neben Holunder und Hartriegel vor allem als Speerschaft. Es ist das Holz des → Schneeschuhs. – In der heutigen Volksheilkunde wird ein Absud von Rinde und Blättern noch gelegentlich bei chronischem Rheumatismus und Podagra gebraucht.

L. Reinhardt, Kulturgesch. d. Nutzpflanzen, 2 Tl., 1911; F. Kollmann, Die E. u. ihr Holz, 1941.

Esel. Der E. ist oft Erscheinung des Teufels und anderer Geister. Verbreitet ist die Anschauung, d. → Schädel des E. auf Zaun oder Giebel wehre Übel ab. In unserem Brauch erscheint der E. in d. Weihnachtskrippe, am → Palmsonntag und, meist unsichtbar, mit St. → Nikolaus. Als schnappende Maske mit eisernen Zähnen im Advent und in der Zwölftenzeit vermischt sich seine Gestalt mit dem Schimmelreiter, mit Klapperbock oder Schnabbuck. Die Verbreitung von E.maske und E.reiter im europ. Brauch und Umzugsspiel hat L. Schmidt untersucht und kartogr. dargestellt. Von den sprichwörtl. Eigenschaften (Wanders Sprw.lex. nennt etwa 700 über den E.) und die Mißachtung des E. stammt der E.ritt als Rechtsstrafe für schlechte Eheleute und das Anhängen einer E.figur als Schulstrafe. Weit bekannt wurden der E.ritt (»E.hochzeit«) und der nachfolg. heftige Rechtsstreit, den in einem Eifeldorf ein junger Ehemann entfachte, als er es ablehnte, sich in brauchübl. Weise in die neue Dorfgemeinschaft einzukaufen. – In der Vmed. findet der E. (Blut, Haar, Milz) vielfache Verwendung gegen Fallsucht, Asthma usw. E.schällen waren → Aphrodisiakum. → Sprichwort, Recht, Korngeist.

L. Schmidt, Der E.reiter von Moschendorf, Öst. Zs. f. Vkde 52 (1949); (Karte: E.gestalten im europ. Maskenbrauch.) G. Lutz, Sitte, Recht u. Brauch. Zur E.hochzeit von Hütten i. d. Eifel, Zs. f. Vkde 56 (1960); C. Helfer, Denkm. d. Vollz. v. Ehrenstrafen am unt. Rhein, Rhein. Jb. f. Vkde 15/16 (1964) (rückwärts gewandt Reiten auf e. hölzern. E. oder Pferd); D. Forstner, Die Welt d. Symbole, 1961; F. P. Zeuner, Gesch. d. Haustiere, dt. 1967; D. Sauermann, Thomase., E.ritt u. Strafe.; Hess. Bll. f. Vkde 61 (1970).

Eßbesteck. Die serienmäßige Herst. dreiteiliger E. gehört erst dem 19. Jh. an. → Löffel, → Gabel und → Messer haben je ihre eigene Herkunft und auch eine eigene Verwendung außerhalb des E. Das E. mit Messer und Gabel kam im 15. Jh. auf und wurde im 16. Jh. allgemeiner. Frauen trugen ihr E. in einem Köcher am Gürtel, später in einem Behälter aus Leder in der Tasche wie die Männer. Bis ins 20. Jh. (z. B. im Bregenzerwald) war es bäuerl. Sitte, zum Mahl im fremden Haus das eigene E. (Messer und Gabel in einer Lederscheide) mitzubringen.

H. Wühr, Altes Eßgerät, 1961. Kat. Ausst. Tir. Ld.mus. »Essen u. Trinken«, 1967.

Essen → Speis u. Trank, Mund, Abendmahl.

Eßzettel → Bild, Lukas, Maria.

Essentrage. Als typisch pommernsche Töpferei bez. Adler die Schüsseln für Milch und die sogen. Seiltöpfe, in denen zur Erntezeit das Essen aufs Feld gebracht wurde. Linienornamente aus »uraltem Formgefühl« zieren sie, gelegentlich auch verspielte Blumenmalerei. Ein Henkeltopf für den gleichen Zweck in Franken ist mit Sichel und Sense geziert und trägt die Worte:

> tut nicht Paulus Spruch vergessen,
> wer nicht arbeit',
> soll nicht essen

Die Hauptformen der auch in Süddtl. u. Österreich verbreiteten, in Westpr. und Sachsen oft reich geschmückten E. aus Ton sind

1. »Paartöpfe« mit gemeins. Traghenkel in der Mitte (»nat und drög« für Essen und Tunke),
2. der weite Topf mit Seilhenkel, dessen Deckel als Teller diente,
3. mehrere aufeinandergepaßte steilrandige Schüsseln, wie sie der Form nach noch die heutige E. aus Emailblech oder Kunststoff hat.

E. Crohne, Die Koppel-, Ring- und Tüllengefäße, 1932.

Essig. Deutschamerikaner in Pennsylvania, heißt es, werfen beim E.ansetzen ein Stück Papier, beschrieben mit den Namen der drei bösesten Weiber, ins Faß. Da Jesus mit E. getränkt wurde, ist Freitag im alem. der Tag, an dem man die E.mutter (bei → Hildeg. v. B. »eszigkalp«) säubern soll. Wie dem Bier oder den Früchten beim Einkochen wird eine Menstruierende dem E. schädlich, wenn sie den Krug berührt. Wie den Bienenkorb, so rüttelt man bei einem Todesfall im Haus den E.behälter (Schwaben). Wegen seiner konservierenden u. zusammenziehenden Wirkung findet der E. bei der Nahrungspflege, i. d. Heilkunde (Pest, Kopfweh) und im Totenbrauch seit altem Verwendung (Hippokrates). Auch zum Feuerlöschen verwandte ihn die Antike. → Speis u. Trank, Umschläge.

Über E.arten: Oenographia, Weinkeller oder Kunstbuch vom Wein ... durch M. F. Helbachium, 1604; B. Carrichter, Der Teutschen Speiskammer, 1614; H. Schelenz, Gesch. d. Pharmazie, 1904; Hb. d. Lebensmittelchemie, 9 (1942).

Ethnologie → Völkerkunde.

Etymologie → V.etym.

Eucharistie (gr. ›Danksagung‹), das Dankgebet bei der altchristl. Feier des → Abendmahls, dann die Gegenwart des Gottmenschen in Brot und Wein durch die Konsekration. Durch die Wandlung werden die e.ischen Gestalten zum Altarssakrament (→ Hostie). In der ev. Kirche bedeutet E. das Abendmahl. → Fronleichnam.

Hb. d. kath. Dogmatik u. d. D.gesch.; H. Krömler, Der Kult der E. in Sprache u. V.tum d. dt. Schweiz, 1949. (Messe, Kommunion, Sakr.verehrung, bes. Fronl.).

Euhemerismus. Euhemeros von Messene (Sizilien; 340–260 v. Z.) schrieb einen utopischen Reiseroman »Die heilige Aufschrift«, in dem er lehrt, daß die Götter aus vorbildl. Menschen entstanden seien, die sich göttliche Namen und Ehren zugelegt hätten. In den Formen von Kulten und Mythen wollte er die Beweise erblicken. Die Ansicht, die Diodor später variierte, ist von Wundt u. a. abgelehnt worden, obwohl einzelne Beweise für E. bei Primitiven gefunden werden. Neuerdings findet der E. als Lehre wieder Beachtung. Für die germ. Götterwelt gibt schon → Saxo Grammaticus ähnliche Hinweise, die später der Däne Suhm zu Unrecht verallgemeinert hat. Als besondere Form des E. kann man die Lehre vom Heilbringer auffassen. Nilsson weist Euhemeros d. Rolle eines bedeutenden Volksaufklärers in einer skeptisch gewordenen Zeit zu. → Gott.

Suhm, Om Odin, 1771; Euhemeri reliquiae, hg. v. Nemethy, 1889; K. Breysig, Entstehung des Gottesgedankens u. der Heilbringer, 1905; Jacoby, Die Fragmente d. griech. Historiker 1, 1923; M. P. Nilsson, Gesch. d. griech. Rel. 2, [2]1961; H. Dörrie, in: Abh. d. Gött. Ak. d. W., 1964.

Eule, ahd. *uwila*, ein lautmalender Name wie Uhu. Die Geltung der E. als Gespenstertier (Teufels- und Hexentier) und besonders als Kinderschreck in der Dämmerung ist schwer genau festzustellen, da die Namengebung ähnlich wie bei → Kauz, → Habergeiß oder Uhu schwankt. Einerseits heißt die E. Habergeiß (Alpen), Leichenhuhn, Totenvogel, Holzweibl (Lechrain), ahd. *holzmuoja, -runa, -frowe, wildez wip* – andererseits gilt die Bez. E. strichweise für Schleier-E. *(strix flammea)*, Wald-Ohr-E. *(Otus vulgaris, Asio otus)*, Zwerg-Ohr-E. *(Ephialtes scops)*, Steinkauz *(Athene, Syrnia noctua)*, Waldkauz *(Syrnium aluco)*. Herz und Fuß der E. sind → Amulette. Gegen Blitz nagelt man eine E. an Scheunen, gegen Hexerei vergräbt man sie unter der Schwelle des Stalles. In ganz Norddtl. (besonders im Osten) ist die E. der bekannteste Nachtschreck, der die Kinder kratzt, ihnen das Haar zerzaust, auf den Kopf pißt und sogar das Blut aussaugt. Nach der nistenden u. mäusefangenden E. heißt das Loch im Giebel des Niedersachsenhauses, der Scheune oder selbst der Kirche Ulenlok, E.gebühr, E.gewölbe. Totenvogel war die E. schon im ind. u. ägypt. Altertum. Aus altgriech. Anschauung stammt die E. als Sinnbild der Weisheit. → Winselmutter.

Branky, E.namen, in: Die Schwalbe, 16 (1892); K. Günther, Unsere E., 1921;

Grimm, Dt. Wb.; A. Taylor, E. im HDA; O. Kleinschmidt, Die Raubvögel u. E. d. Heimat. [3]1958; D. Forstner, Die Welt d. Symbole, [2]1967.

Eulenspiegel. Ein Mann namens Till (Verkl.form von Dietrich) mit dem Beinamen E. (urspr. nd. Ulenspegel) hat wirklich in der ersten Hälfte des 14. Jh. gelebt. Im Braunschweig. (vielleicht in Kneitlingen) ist er als Sohn eines Bauern geboren. 1350 starb er an der Pest in Mölln bei Lübeck, wo sein wiederholt erneuerter Grabstein noch heute erhalten ist. Till E. wurde bald zum Urtyp des dummschlauen Schalksnarren. Aus → Schwänken um E. und solchen aus älteren Sammlungen (Pfaffe Amis, Pfaffe vom Kalenberg, Gonella, Poggios Fazetien u. a.) entstand der erste nd. Druck, der wahrsch. 1478 in Lübeck erschien, aber nur in einer hd. Straßb. Ausg. von 1515 erhalten ist, die in Übers. in fast allen Ländern Europas bekannt wurde (aus E. leitet sich das frz. espiègle = Schalk her). Der Herausgeber hat die Absicht zu zeigen, wie der damals wegen seiner Unbeholfenheit mißachtete Bauer d. Städtern, besonders den Handwerkern an Schlauheit weit überlegen sei. Mit E.ei bezeichnet man heute noch einen allzu wörtlich ausgeführten Auftrag. – In Schöppenstedt (Kr. Wolfenbüttel) besteht ein E.-Museum. Als märk. E. galt Hans Clauert, als türk. der Hodscha Nasreddin. → Vbuch.

K. Schattenberg, Till E. und d. E.hof in Kneitlingen, 1906; E.-Ausgabe von R. Benz in den »Dt. Volksbüchern«, 1912; W. Meridies, Die E.gestalt in d. dt. Dichtung, Diss. Breslau, 1924; L. Bäte, Münchhausen u. E., 1940; Charles de Coster, Thyl Ulenspiegel, 1868 (der flämische E., aus dem Frz. übers. von F. v. Oppeln-Bronikowski); O. Debus, Till E. in d. dt. V.überl., Diss. Marburg 1951; W. Krogmann, in: Verfasserlex. d. dt. MA. 4, 1953; H. Wiemken, Die V.bücher v. Till Ulenspiegel, Hans Clawert u. d. Schildbürgern, 1962; E. Frenzel, Stoffe d. Weltlit., 1962; KTA 300; W. Lindow, hg., Ein kurzweilig Lesen von Dil Ulenspiegel, 1966 (N. d. Straßbg. Druck v. 1515 m. 87 Holzschn.); ders., Brauchtüml. . . . im E., Beitr. z. dt. V. u. A.kde 13 (1969).

Euphemismus, vom griech. *euphemein* = gut reden über einen, Worte von guter Vorbedeutung sprechen; im antiken Kult erhielt das Wort die Bedeutung ›andächtig schweigen‹. Durch Verschweigen des Gottesnamens, der → tabu ist, durch Umschreiben od. Schönsagen, entstehen bei Griechen und Römern, wie in unserem Volksglauben viele neue → Namen, die schließlich die echten verdrängen. Die Erinnyen (Fluchgöttinnen) wurden zu Eumeniden (die Gnädigen). Die Römer nannten die Toten *»boni«*, wie wir sie »Selige« nennen. Als E. erklären sich u. a. viele Bez. für Teufel (Hörnlpauli, Deigger, Gangger, Kuckuck, Gottseibeiuns) oder Krankheitsdämonen (gute Leute, Dinger, heiliges Weh; Rotlauf hieß in der Pfalz »Rotschön«). Beth bezeichnet den Namen der Göttin Holda (→ Holle) als E. → Ding, Fallsucht, Kaspar, Krebs, Nobiskrug, Schinder.

O. Meisinger, Vgl. Wortkunde, 1932 (Ein Kap. über E. u. Kultwort); D. Narr, Zum E. i. d. V.sprache, Württ. Jb. f. Vkde 2 (1956).

Eutropia → Kümmernis.

Eva → Adam u. E.

evangelisch → Konfession.

Evangelium (v. griech. *euangelion* = gute Botschaft), wie andere Teile der → Bibel häuslicher Lese- und Erbauungsstoff, aber auch zum Wahrsagen, Heilen, Besprechen und Zaubern verwendet. Besonders das E. des → Johannes mußte schon im MA gegen Mißbrauch geschützt werden. Bei der Prozession zu → Fronleichnam werden die Initien (Anfänge) der E. an den 4 Altären gesungen, bei sonstigen Wetterprozessionen ist der gleiche Brauch nur vereinzelt von der Kirche geduldet (Süddtld.).

A. Franz, Die kirchl. Benediktionen im MA, 2 Bde., 1909; A. Schott, Das Meßbuch der hl. Kirche; J. Schniewind, Euangelion, Urspr. u. erste Gestalt d. Begriffs, 1927–31.

Evermarus, hl. (1. 5.; Evermard, Evermaire), wie → Englmar oder → Edigna kein allg. verehrter Hl. der kath. Kirche. Ältesten Martyrologien ist er unbekannt. Ausgangspunkt eines nur an wenigen Orten entfalteten Kultes ist das Dorf Russon (fläm. Rutten) in der Diöz. Lüttich. Die älteste erhaltene E.legende wurde um 1120–30 geschrieben, läßt sich aber bis ins 10. Jh. zurückverfolgen. Damals schon finden sich Andeutungen von v.tüml. Kampfspielen, wie sie am → ersten Mai in vielen europ. Ländern alte Tradition besitzen. Das umfangreiche Brauchtum des E.tages (Prozession, E.spiel, Reitergruppen, Lieder) zeigt eine ähnl. weltl. Ausgestaltung des kirchl. Anlasses wie das Fest des hl. Englmari.

K. Meisen, Der V.heil. E. und d. E.spiel in Rutten (Belgien), Rhein. Jb. f. Vkde 11 (1960); M. P. Nilson, Der erste Mai, Hess. Bll. f. Vkde 49/50 (1958).

Ewiges Licht heißt die → Ampel vor dem Tabernakel der kath. Kirche, der die → Hostie und → Monstranz birgt. Sparsamkeit u. technischer Sinn mancher Mesner hat die elektrische Birne eingeführt, oft unter dem Protest der Gemeinde. Das → Öl des e. L. ist heilkräftig. E. L. oder ununterbrochenes heiliges Feuer kannten auch ältere orientalische Religionen. Vom ewigen Feuer des Staatsherdes der Göttin holte sich der Grieche das Feuer in einer Zeit, da dessen Unterhaltung noch Schwierigkeiten bereitete.

R. Fattinger, Liturg.-prakt. Requisitenkde., 1955.

Ewigkeit (gr. *aion*, ahd. *ewa*), dieser Begriff wird im Volke in Sagen und Gleichnissen (vom Vogel, der alle 1000 Jahre seinen Schnabel am Eisenberg wetzt) immer wieder auf ein ungeheuer ausgedehntes Zeitmaß zurückgeführt. E.holz hält undenkbar lang. Der ewige Jude wandert bis zum Jüngsten Tage. Nach d. Endschlacht beginnt das ewige Friedensreich. Wie bei den Germanen erscheint auch bei den Römern und Griechen die Lebenszeit der Götter meist beschränkt. Am ausgeprägtesten findet sich der E.gedanke in ägyptischen und persischen Religionen. – Wenn etwas allzu lange auf sich warten läßt, gebraucht die Mundart im alem. die Formel: Des duuret ewig un drei Tag. → Jenseits.

D. Schwebel, Tod und ewiges Leben im dt. Volksglauben, 1887.

Ewigkeitssonntag → Totens.

Exempel (mhd. *exempel* zu lat. *eximere* ›herausnehmen‹), eine kurze Erzählung zur Erläut. eth. oder theol. Lehre und → Predigt in MA und Neuzeit. Die Quellen bildeten Bibel, Heiligenleg. und Mirakelbuch, Gesch., Sage und Naturberichte wie solche von außerord. weltl. Taten; (→ *Gesta*). Schon den Kirchenvätern bekannt, hatte das E. seine Blütezeit vom 13.–15. Jh. In diese Zeit fällt die vielgenannte Slg. von Wundergesch. des → Caes. v. Heisterbach (1180–1240) und das »meistgelesene Buch des MA«, die Gesta Romanorum (England, um 1300). Gegen Ende des MA treten weltl. Stoffe und reine Erzählfreude in den Vordergrund mit »psycholog. Differenzierung der handelnden Personen und gesellschaftl. Motivierung der Vorgänge« (F. C. Tubach). Eine Weiterbildung sind die »Beispiele« auch der prot. Predigt wie die E. der Sittenbücher der folg.

Jhh., der Kirchen- und Familienzeitschr., der v.tüml.-lehrh. Lieder, Schauspiele, → Bilderbogen. »E.erzählungen gibt es auch jetzt noch« (H. Bausinger). Von Tubach erschien ein »Index Exemplorum«, der auch neuzeitl. Formen enthält (1969). → Sage.

Lit. (Spamer, Moser-Rath) → Predigtmärlein; E. Neumann, in: Reallex. d. dt. Lit.gesch. 2, 1. 1955; H. Bausinger, E. u. Beispiel, Hess. Bll. f. Vkde 59 (1968); F. C. Tubach, Strukturanalyt. Probleme. Das mal. E., ebd.; R. Schenda, Stand u. Aufgaben d. Exemplafg., Fabula 10 (1968).

Exkremente → Dreckapotheke, Kot.

Exorzismus (v. gr. *exorkizein* = beschwören) bezeichnet heute im engeren Sinn »Dämonenaustreibung« bes. bei → Besessenheit. Das Exorzistat ist eine niedere Weihestufe der kath. Kirche, doch hat sie ihre Bedeutung verloren, da heute der E. nur von einem Priester mit Erlaubnis des Bischofs und nur bei nachgewiesener Besessenheit ausgeübt werden darf. Einen »kleinen« E. kennt die Kirche bei der Öl-, Salz- und Wasserweihe, bei der dämon. Einfluß ferngehalten werden soll. Der Glaube an im Körper wohnende → Dämonen (der Krankheit) führte auch im V.glauben zu apotropäischen und kathartischen Handlungen (E. durch Worte, Lärm, Musik, Gebärde, Tanz, Umwandlung oder durch Anwendung heiliger oder orendistischer Gegenstände). → beten, beschwören, Segen, Luther.

R. Andree, Ethnogr. Parallelen und Vergleiche, 2 Tle., 1878 u. 1887; K. Thraede, in: Reallex. f. Ant. u. Christent. 7, 1966.

Expeditus → Gericht.

Externsteine → Lebensbaum.

Fabel, von lat. *fabula* ›Erzählung‹. Aus dem Orient stammende, bei den Griechen durch Äsop, bei den Römern durch Phädrus gepflegte Lehrdichtung, als solche außerhalb der Volksdichtung stehend. Während Sokrates auf s. Hinrichtung wartete, übertrug er Äsopische F. in Versform. Als Martin Luther auf der Veste Coburg saß, schrieb er an Melanchton 1530: »Drei Tabernakel will ich hier in meinem Sinn bauen: Psalterio unum, Prophetis unum et Aesopo unum«. Gottsched nannte die F. »den Ursprung und die Seele der ganzen Dichtkunst«. Die »fabelhafte« Welt und die praktische Lebensweisheit (→ Sprichwort) macht die F. im Volke beliebt und häufig zum Gegenstand der Vk. in Bildern und Aufschriften auf Tellern, Flaschen, Ofenkacheln usw. Die F. wurde bei uns im MA. (Stricker und U. Boner), dann im 16. Jh. (Burckhardt Waldis, Erasmus Alberus) und bes. in dem lehr- und lernfreudigen Jh. der Aufklärung (Hagedorn, Gellert u. a.) gepflegt. Die klass. F. Lafontaines (1621–95) sind durch ihren eleganten Witz berühmt. → Märchen

C. H. Kleukens, Das Buch d. F., 1913; H. Badstüber, Die dt. F. von ihren ersten Anf. bis a. d. Gegenw., 1924; K. Meuli, Herk. u. Wesen d. F. Schweiz. Arch. f. Vkde 50 (1954); H. L. Markschies, in: Reallex. d. dt. Lit.wiss. 1. ²1958; W. Steinberg, hg., Martin Luthers F.n 1961.

Fabian, hl. (20. 1.; Attr.: Schwert, Taube). Papst, 250 unter Decius gemartert. Gemäß der Elsäß. Regel:

An F. und Sebaschtian
Fange d' Bäum ze saften an

gilt in vielen Gegenden der alte Rechtssatz, daß nach diesem Tag kein Holz mehr gefällt werden darf. Aus dem gleichen Grunde beginnen die Kinder mit dem Klopfen der Weidenflöten und mit dem Singen der → Bastlösereime: F. Bastian laat de Pipen afgahn, laat se nich in't Water gahn, kümmt de oole Draake mit dat witte Laaken – kann nich ower't Waater recken, mott de ganze Welt bedecken. (Hörsingen; um 1930); → Flöte, Drache

Fabulat nennt die Sagenfg. kurze, nur eine Episode enthaltende Erzählungen, die Erlebtes oder Beobachtetes berichten und deuten.

C. W. v. Sydow, Kategorien d. Prosa-V.dichtung. In: Selected papers on folklore. Kopenh. 1948.

Fachwerk, Riegelwerk. Holzbauweise, die in einfacher Form bes. am mittel- und süddt. Haus allenthalben gefunden wird und im 16. Jh. in den Harzstädten (Halberstadt, Goslar, Hildesheim, Braunschweig) durch Schnitzerei und Bemalung hohe künstler. Wirkung erreicht hat. Die Bomber des 2. Weltkrieges haben hier Unersetzliches vernichtet. Das F. besteht aus einem Gefüge aus → Balken (Eiche, auch Tanne oder Fichte), das von Ziegelsteinen oder Lehm ausgefüllt wird, im alem. auch durch Holzbohlen. Neben einfachen Zweckformen gibt es kunstvolle, ja selbst überkünstelte Fächerung des Holzwerks. In den Städten erreichte das F. farbl. Wirkung, wenn sich die mit Ochsenblut oder Teer getränkten Riegel von der hellen Mörtelfläche abhoben. Landschaftl. Unterschiede erkennen lassen die größeren Ständerabstände Niedersachsens, die künstl. Führung der sich überschneidenden langen Streben in Franken und Hessen oder die häufigen Kopf- und Fußstreben an den Ständern im alem. Gebiet. Das alem. F. ist enger und höher (Elsaß), das fränk. ist reicher und schmucker. Dt. F.häuser zeigen schon im 14. Jh. hochentwickelte Formen und deuten damit auf alte Vorbilder. Aus dem 18. Jh. sind auch → Kirchen in F. in größerer Zahl erhalten. Die einzelnen Bauteile des F. tragen bestimmte, in den einzelnen Landsch. mundartl. abgewandelte Namen:

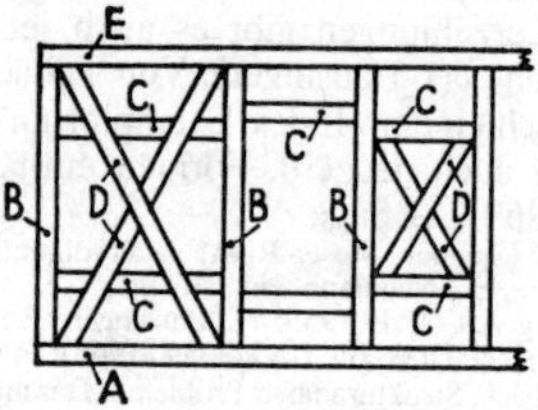

A = Schwelle, B = Ständer (Stiel, Säule, Pfosten), C = Riegel, D = Strebe, E = Rahmen. Ständer, an die eine innere Scheidewand des Hauses stößt, nennt man Bundsäulen. Streben an einer End- oder Ecksäule heißen Sturmbänder. → Haus, Bürger-, Bauernh. (Lit.), Holz.

A. Brinkmann, Die Kunstform der F.-bauten in Osterwieck und Hornburg. Zs. d. Harzver., 1911; H. Phleps, Die Herkunft eigenart. Gefüge im F. Schlesiens u. d. Sudetengebiete. Dt. Vkde. 2 (1940); R. Fricke, Braunschweiger F., 1942; J. Trier, Lehm. Etymologien zum F., 1951; H. Winter, Zur Gesch. d. Hausgerüstes. 1951; H. Walbe, Das hess.-fränk. F. ²1954; H. Weidhaas, F.bauten in Nordhausen. 1955; F. Bleibaum, Das hess. F. u. s. Pflege. 1957; H. Phleps, Dt. F.bauten. ²1959; A. Krensmeier, Hüser on Hüsker. Altberg. F. als bodenständ. Vk. 1961; R. Langematz, F. in Wernigerode. Ein Bildbd. 1961; A. Höck, Bau u. Kosten e. dörfl. F.hauses in Hessen, 1799. In: Hess. Bll. f. Vkde 55 (1964); O. Schmolitzky, Das F. d. Wartburg. Dt. Jb. f. Vkde 10 (1964); W. Hansen, in: Kunst u. Kultur im Weserraum 800–1600. (Ausst. kat.) 1966; B. Schier, Hauslandschaften usw. ²1966. S. 103ff.; H. Phleps, Alem. Holzbaukunst. 1967; H. Nachtigall, Schmuck an F.häusern i. Kr. Gießen, 1969; A. Bergmann (Hg.), F.bauten i. d. NOPfalz u. im Egerland, 1972.

Fackel (aus lat. *facula*), F.lauf. Die Antike kannte F. bei Hochzeitsfeiern (Hymens F.) und Leichenbegängn. Der gesenkten, erlösch. F. begegnen wir noch auf uns. Friedhöfen. Mit F.lauf *(Lampodromia)* und dreitäg. F.fest ehrten die Griechen ihre Götter. Auch die altchristl. Kirche hielt feierl. Umzüge mit F. Höf. Brauch im MA und dann wieder im Barock liebte den F.tanz. Als Lichtträger und reinigendes (lustratives) Feuer, auch wohl als Zeichen des stärker werdenden Sonnenlichtes, erscheint die F. im Brauch des Frühlings und bei vielen Jahresfeuern (→ Funkensonntag, Walpurgis, Joh.tag). Die Glück- und Segensbed. von Frühlingsfeuer u. F. verkündet der Ruf des Tiroler Scheibenschlagers oder des Vorarlberger F.schwingers. – Im christl. Kult wurde die F. durch die → Kerze ersetzt. Unsere Zeit äußert Demonstration und Huldigung durch den »F.umzug«. Vor allem die → Studenten gratulieren so ihrem Prof. zum (60., 70.) Geburtstag oder danken ihm für die Ablehnung eines Rufes nach auswärts. Die alte Pechf. ersetzt heute die Magnesiumf. (bengal. Flammensätze mit Magn.pulver). Ein winterl. Schaustück sind die F.läufe auf Skiern in uns. Wintersportorten.

H. Freudenthal, Das Feuer im dt. Glauben und Brauch, 1931; ASV 190 Umzüge, Fasnacht; ÖVA IV.

Fackentoni → Antonius.

Fadenspiele, Abnehme-, Schnurspiel. Durch Schlingen und Straffen einer geschloss. Schnur bilden die Hände eines oder meist zweier Spieler geometr. Figuren, die bestimmte Namen tragen. Zuweilen nimmt man Mund oder Zehen zuhilfe. Wohl als erster hat 1888 Boas F. der Eskimos in allen Einzelheiten beschrieben. Eine noch heute brauchbare Methode der schwierigen Beschreibung d. Spielvorgangs schufen Rivers und Haddon: A. Method of Recording String Figures and Tricks. Man 109 (1902). In: Schweiz. Vkde. 38 (1948) hat A. Hakios das »Abnehmen« beschrieben, wie es die kleinen Züricher Schulmädchen im Herbst spielen. Verschiedene Spielfiguren heißen da: Tanzbode, Hoseträger, Milchstraß, Wiägeli, Chräbs, Luftballon, Null, Wunderchnopf, Eiffelturm u. a.

M. Leske, Ill. Spielbuch f. Mädchen. [6]1877 (Brücke, Wasser, Wiege, Schachbrett u. a. Bez.); G. Eckert, Griech. F., in: Vkdl. Misz. aus Mazed. Thessaloniki (1944) H. 6; P. G. Brewster u. G. Tarsouli, A String Figure Series from Greece. Athen 1950; Brewster, F. aus d. mittl. Westen d. USA. Öst. Zs. f. Vkde 57 (1954); J. Kattentidt, F. aus aller Welt. [4]1953.

Fahne, die Kampff., das Banner hieß ahd. *gundfano*, während *fano* meist ›Tuch, Lappen‹ bedeutete (*ougafano* = Schleier), wie alem. noch heute bunte Tücher (Kleider) als Fähnchen bezeichnet werden. Nach Tacitus (Germ. Kap. 7) hatten bei den Germanen die *effigies* (heilige Tierbilder?) und *signa* in der Schlacht die Geltung der F. Die Bedeutung der F. als Herrschafts- u. Treuesymbol (Dingf., Gerichtsf., Schlachtf.), wie als Glückszeichen ist bis heute im staatl. und kirchl. Leben lebendig. Bei der F. wird geschworen (→ Eid), sie bedeckt den im Kampf Gefallenen. Kultische F.umzüge, Schwenken der F. üb. dem Roggenfeld am Dreifaltigkeitssonntag u. ä. Bräuche sind verblaßt erhalten im → Fahnenschwingen, F.reiten, F.jagen und ähnlichen Wettspielen. – Best. → Farben für F. sind internat. Brauch geworden: weiß = Übergabe, Parlamentärsf.; schwarz = Pulvertransport; gelb = Seuchenanzeige; weiß mit rotem Kreuz = »Genfer Konvention«; rot = seit dem 19. Jh. Symbol der Sozialisten. Die rote F. geht zwar auf die frz. Revol. zurück, hat sich aber erst nach 1848 durchgesetzt. – Die F. bed. Besitzergreifung. Die Apollo 11-Besatzung pflanzte am 20. 7. 1969 die USA-F. auf den Mond. Im Dez. 1971 landete ein sowjetruss. F.lein auf dem Mars. →

Reiterspiele, Recht, Maibaum, Schützenbr.schaft.

A. Schultz, Das höfische Leben z. Zeit der Minnesänger, 2 Bde., 1878/80; E. Gritzner, Symbole und Wappen des Alten Dt. Reiches, 1902; J. Braun, Die liturg. Paramente, 1924; O. Neubecker, F. u. Flaggen, 1939 (Lit).; M. Dommanget, La Révolution de 1848 et le Drapeau Rouge. Paris 1948; L. Schmidt, Schwarze F., Weiße F., Blaue F. . . . Schweiz. Vkde 50 (1960); E. Welti, Alter Brauch, neuer Br. Die schwarze F. für Verkehrstote in d. Stadt Zürich. ebd.; T. Gebhard, Die F. d. Passauer Marian. Bürgerkongregation. Bayer. Jb. f. Vkde. 1961; L. Schmidt, Vglaube u. Vbrauch. 1966 (u. a. Bem. zu neuen F.bräuchen); S. Walter, Die weiße F. am Schulgebäude, in: Vkde, Fakten u. Analysen, FS f. L. Schmidt (Wien 1972).

Fahnenjagen → Reiterspiele.

Fahnenschwingen. Die Landsknechte pflegten das F. bis ins 17. Jh. 1679 schrieb der Nürnberger A. Klette eine »Kleine Fahnen-schule«. Heute wird F. gern bei Festumzügen gezeigt (→ Kaufbeur. T.fest). Bes. in der Schweiz ist das F., auch in Gruppen, ein beliebtes Schaustück. Bis 2 m lange Fahnentücher an kurzem (beschwertem) Griff finden dabei Verwendung. In Eger haben die Metzger seit 1412 das Privileg, am Fasnachtsdienstag ein F. abzuhalten. Im Burgenland (Neckenmarkt), Obersteier (oberes Murtal) und Tirol ist das F. an → Fronleichnam Vorrecht der Schützenkompanien.

J. Bauer, in: Burgenl. Vjh. f. Ldkde. 1928, Juli; H. Nagele, Das F. u. s. Verbreitung. In: Die V.musik, Meran, Sept. 1951.

Fahrende, f. Volk sind nach Ernst Jungwirth (HDA. 2, 1129) »Gaukler, Taschenspieler, Seiltänzer, Kunstreiter, mittelalterliche Klopffechter, Tierbändiger, Bärenführer, Possenreißer, Ringkämpfer, Athleten, Jongleure, Akrobaten, Zauberer, Marktschreier, Bänkelsänger und die Hellseher u. Wahrsager auf den Jahrmärkten und als letzter Rest der Leierkastenmann oder Drehorgelspieler, sofern er noch von Ort zu Ort wandert.« Obwohl aus dem alten Stand der »F. Sänger«, der Übermittler von Dichtungen und allerh. Neuigk., hervorgegangen, zählten die F. im MA zu den → unehrlichen Gewerben. Deshalb schlossen sich manche (bes. die Musikanten) zu einer Art Zunft zus. mit bes. Recht und eig. Veranstaltungen (Pfeifertag zu Rappoltsweiler). Zu den F. gehörten später auch Zigeuner, Karrenzieher, Scherenschleifer, Kesselflicker, Hausierer und Handelsjuden, ferner in kleinem Abstand d. kinderscheuchenden, aber auch geschickten u. heilkundigen Landstreicher, für die das Volk viele landschaftliche Namen kennt: Norddtld.: Snurrer, Butjer, Pracher, Ströper; Mitteldtld.: Kunde, Lockes, Stromer, Schlomer, Feger, Fechter, Strolch, Schächer, Strenzer; Österr.: Loter. – Für die Verbreitung der Quacksalberei, der Wahrsagerei, der Traumdeutung, Astrologie u. dergl. waren und sind die F. von Bedeutung. – Im MA, besonders um 1500 herum, war der f. Schüler Mittelpunkt mancher Schwänke und Sagen, auch Träger von Heil- und Zauberkunst und Amuletthändler. Es waren vielfach entgleiste Kleriker und Halbstudierte, die die Kirche ächtete. Zuweilen trugen sie als Abzeichen gelbes Band oder Mütze. In Sagen (z. B. in Vorarlberger Drachen-S.) wird noch heute vom f. Schüler erzählt. → Bänkelsang, Zahn, Student, Einzelgänger.

Joh. Butzbach, Hodoeporicon (1506; dt. Chronica e. wandernden Schülers, hg. v. D. J. Becker, m. Biogr. u. Werkverz. 1869 (B. war Humanist, gest. als Prior v. Maria Laach); A. Schaer, Die altdt. Fechter u. Spielleute, 1901; Th. Hampe, F. L., 1902; L. v. Hörmann, Vtypen. In: Tiroler V.leben, 1909; Blümner, F. Volk im A.tum.; G. Freytag, Die f. L., Bilder a. d. dt. Vergh. J. Bolte, F. L. in d. Lit. des 15. u. 16. Jh., Berl. Sitz.-Ber. 31 (1928); J. Klapper, F. L. und Einzelgänger; in: Peßler, Hb.; D. Th. Enklaar, Varende Luyden, 1937; H. Bertogg, Aus d. Welt d. Bündner Vaganten. Schweiz. Arch. f. Vkde. 43 (1946); W. Salmen, Die Wirkungsweite f. bayer. Spielleute im MA. Bayer. Jb. f. Vkde. (1957); H. Arnold, Vaganten, Komödianten usw. 1958; W. Salmen, Der f. Musiker im europ. MA. 1960; A. Dieck, Die Wandermusikanten v. Salzgitter. Bd. 1. 1962; B. Bischof, Carmina Burana; (in Vorb.); K. Langusch, hg., Vagantendichtung. Lat. u. dt. 1968.

Falke → Habicht.

Fallen von Bild, Spiegel oder F.lassen ist meist ungünstiges → Vorzeichen. An das F.lassen bestimmter Gegenstände (Gabel) knüpfen sich → Orakel. Glück hat, wer »die Treppe hinauffällt« und fallenden Kindern ruft man wohl zu »kei zo tausad Guldi«, fall zu tausend Gulden (Montafon). Den Römern galt F. als günstiges Omen, Stolpern und Straucheln dagegen als ungünstiges. Ein verbreiteter Mütterglaube ist, daß ein Kind immer wieder auf die Stelle fällt, die es beim ersten Fall sich gestoßen hat. Was vom Tisch fällt, gehört den armen Seelen, eine lebendige Anschauung, die ganz so auch den Griechen bekannt war.

Fallmeister → Schinder.

Fallsucht, das Hinfallende, Veitstanz, Sucht, Epilepsie. Wie die Verbreitung der Krankheit ist die Zahl der Segen und Heilmittel äußerst groß. F.patrone sind die Heiligen → Valentin, → Veit, → Johannes, die hl. → Dreikönige und Bibiana. Blut von Tieren und besonders von Menschen, Amulette, Übertragen, auch Ausprügeln od. → Exorzismus wurde gegen die F. angewandt, in der man Ansteckung, Vererbung, häufiger jedoch Dämonenwerk oder Mondeinfluß sah (wegen der Periodizität der *Epilepsis menstrualis*). In typischem → Euphemismus wurde die F. auch als »Jammer«, »das heilige Weh«, in der Antike als *morbus sacer* bezeichnet. F. Ranke sieht in Sagenmotiven (Entführung durch die Luft, Hexenfahrt) Spiegelungen von Erlebnissen der F. (»Reise im epilept. Dämmerzustand«.). → Tanzkrankheit, Besessenheit, Echternacher Springprozession, Pest, Elster.

Hovorka-Kronfeld, Vergl. Vmed., 2 Bde., 1908/09; P. Diepgen, Dt. Vmed., 1935; O. Wenger, Gesch. d. E., in: Monats. f. Psychiatrie u. Neurol. 106 (1942).

Familie, die Lebensgemeinschaft von → Vater, → Mutter und → Kindern, im rechtl. Sinn die Gesamtheit der durch Ehe oder Abstammung (auch von gemeinsamen Vorfahren) verbundenen Personen. Auch der altgerm. F.begriff umfaßte einerseits die unter dem Hausherrn stehende Hausgemeinschaft, zu der auch ledige u. verwitwete Schwestern u. das Gesinde gehörten, andererseits die Sippe, den »Schutz- und Trutzverband« der Blutsverwandten, der in Siedlung, Wirtschaft und Recht eine bedeutende Rolle spielte. Schon im MA übernahmen Gemeinde u. Staat wichtigste Aufgaben der altgerm. Familie und Sippe,eine Entwicklung, die im totalitären Staat beschleunigt wird, aber auch in sog. Demokratien weiterläuft. Der Adel hat die rechtliche Stellung des alten F.-verbandes länger bewahrt (Fideikommiß), in der Großbauernf. ist die alte Hausgemeinschaft z. T. bis heute erhalten. Die Auflösung auch der engeren Hausgemeinschaft mit ihren Folgen für die überlieferte Volkskultur hat schon Riehl kritisiert. Heute wird die »vaterlose Gesellschaft« propagiert (A. Mitscherlich u. a.). – Sippen- und F.forschung haben sich in den letzten Jahrzehnten zu wertvollen Zweigen der dt. Vkde. entwikkelt. Nur wer in keinem Volke wurzelt, kann recht verstandene Ahnenforschung geringschätzen. → Verwandtschaft, Nachbarschaft, Dorf, Geburtstag, Kind.

W. H. Riehl, Die Naturgesch. d. Volkes als Grundl. dt. Sozialpolitik. 4 Bde. 1854–69. 3. Bd.: Die F.; Thurnwald, F., F.formen. Reallex. d. Vorgesch. Bd. 3, 1925; F. Engels, Ursprung d. F., 1928: J. Demleitner, F.kunde u. Vkde. In: Volk u. V.tum. Jb. f. Vkde., 1936; H. J. Reimmann, Die F. in Jeremias Gotthelfs Dichtungen, 1939; H. Thurnwald, Gegenwartsprobleme Berliner F., 1948; J. Berghaus, F. als Wirklichkeit u. Wesensgestalt. Diss. Heidelbg., 1949. – Über Grundbegriffe, Quellen u. Hilfsmittel vgl. F. Wecken, F.gesch.forschung in Stichworten, 1936; Ders., Taschenbuch z. F.gesch.forschung, 1937; G. Wurzbacher, Leitbilder d. gegenw. dt. F.lebens. 1951; H. Schelsky, Wandlgn. d. dt. F. in d. Gegenw. 1953; H. Bürgin-Kreis, Der Wandel d. F. in Sitte u. Recht in d. l. 150 Jahren. Schweiz. Arch. f. Vkde 49 (1953); H. R. Müller-Schwefe, Die Welt ohne Vater 1957; M. Cehak, Das Bild d. F. im dt. Film. Beitr. z. dt. V. u. At.kde 2/3 (1958); H. Begemann, Von der patriarch. z. partnersch. F. Diss. Münster 1959; H. Freudenthal, ü. d. »F.bild« in: Beitr. z. dt. V. u. A.kde 7 (1963); W. Hävernick, »Schläge« als Strafe . . . in vkdl. Sicht. ebd (1964); F. Verdenhalven, F.kundl. Wb. 1964 (Lat. u. dt. Verwandtsch. begr., Berufsbez., Datierg. n. Hlg.tagen usw.); E. Pfeil, Die F. im Gefüge d. Großstadt. 1965; R. König, in: Soziologie, hg. v. A. Gehlen u. H. Schelsky. [6]1966; F. Schottländer, Die Mutter als Schicksal. [6]1966; W. J. Goode, Die Struktur d. F. [3]1967; H. Möller, Die Kleinbürg. F. im 18. Jh. 1969.

Familienbrot → Thomas.

Familiennamen, germ. und ahd. Zeit besaßen noch keine erblichen F., doch konnte Familien- und Sippenzugehörigkeit durch Stabreim (die burgund. Könige des Nibelungenk.: Gunther, Gernot, Giselher) oder durch gleiche Wortbestandteile ausgedrückt werden. Im → Hildebrandslied heißen Ahn, Vater und Enkel: Heribrand, Hiltibrand, Hadubrand.

Erbliche F. erscheinen erst im 12. Jh. und gehen fast immer vom Namen oder Beinamen des Vaters aus. Frauen übernahmen den F. des Mannes wie noch heute. Kulturgeogr. und soz. Bedingungen werden wirksam. In der Übernahme des neuen Brauches folgten sich: Hoher Adel – Ministerialen – städt. Patrizier – Bürger der Städte – Bauern (A. Bach). Der Anstoß kam über den dt. S aus dem roman. Kulturkreis (Handel mit Venedig und Oberit.). Hier sind erbliche F. seit dem 9. Jh., in Frankr. seit dem 10., in der roman. Schweiz seit dem 11. Jh. bezeugt. Zum Teil Sache der Mode und des Familien- und Besitzerstolzes, erforderte haupts. doch die wachsende Bev. der Städte eine deutl. Kennzeichnung jeder Person. Im 13. und 14. Jh. ist die Doppelnamigkeit, die zur Bildung der F. führte, in den Städten (z. B. in Nürnberg) schon allg. Auf dem Lande ist noch weithin der altd. Stand erhalten, wenn der F. nur im Schriftverkehr mit Amt, Schule und Kirche, sonst aber zur Unterscheidung Beinamen (→ Ökel-, Häusernamen) gebräuchlich sind. So hört man z. B. im Montafon: Das ist der Jakob, sagen tut man ihm Badaguler, aber schreiben tut er sich Künzle. (Badagul ist Name e. Anwesens). Die wichtigsten (landsch. und zeitl. vielfach geschichteten) Bildungsweisen der F. sind nach A. Bach folgende: 1. Nach dem Vaternamen (patronym.) wie schon in altdt. Zeit (Hiltibrand Heribrantes sunu): Petersen (Peters Sohn), Michelsen. Später bleibt oft nur der Genetiv des Vaternamens (Peters, Michels), schließlich der Nominativ (Peter, Michel). Erstere Form ist bes. im mittl. Norddtl. erhalten. Schleswig-H. hat landsch.weise bis zu 90% F. wie Jansen und Hansen. 2. Nach Stamm, Land oder Ort der Herkunft: Bayer, Schwab, Deutschmann, Franke, Sachse, Heß – Meißner, Ulmer, Feldkircher, Zürcher. Die Schweiz und Holland, auch sonst in der Vkde. oft kulturelle Reliktgebiete, bewahren bis heute urspr. Formen wie Hans Abderhalden, Uli Vonwyl, Vincent van Gogh, Justus van Effen. Für die

Erfg. der Bev.verschiebungen im MA ist diese Gattung der F. von großer Bedeutung. 3. Nach Wohnstätten: Zumtobel, Amthor; Zerkaulen, Teerstegen, ten Brink. Hier sind auch die F. nach Häusernamen zu nennen wie Ochs, Rapp, Engel. 1255 wird in Basel z. B. ein *Waltherus ad Stellam* (›zum Stern‹) genannt. 4. Nach Beruf und Amt: Schuster, Schuhmann, Schneider, Wagner, Stellmacher, Schmied, Müller, Wasserbäck, Becker; Richter, Ammann, Schultheiß, Schulze, Vogt. Diese Berufsnamen sind eine jüngere Schicht der F., die in der 2. H. des 13. Jh. häufiger werden mit dem Aufkommen eines freien Standes der → Handwerker in den neuen Städten. Nach Werkzeugen gebildet sind F. wie Zangerl, Scher, Hammer, Beitel. 5. Aus Übernamen (Vulgo- und Spitznamen → Ökelname). Sie werden zuerst nur zögernd aufgenommen, häufiger aber im 15. und 16. Jh., dem Zeitalter des Schwankes, des derben Fasnachtspiels und des Grobianismus. Diese Namen gehen auf Gewohnheiten (des Gehens, Sprechens, Essens, der Kleidung) wie auf körperl. und geistige Merkmale zurück (Krumm, Schnelle, Stumm, Sauermost, Hirsebrot, Butterweck, Speckäter, Bundschuh, Lederhose, daraus: Lerse, Kurz, Lang, Klein, Groß, Schwarzkopf, Breithaupt, Bausback, Dumm, Kluge, Unverzagt, Tapfer, Fromm, Hasenfuß). Diese F. berühren sich mit den auch unter 4. zu nennenden »Schleifnamen«, die dem Gesellen in der Ges.taufe (→ Handw.brauch) gegeben wurden (Knieriem, Fingerhut, Frischbier). An V.bräuche erinnern die Namen Schembart (→ Maske), Maikranz, Danzglocke. Eine Gruppe für sich bilden die bes. aus dem mhd. Epos »Meier Helmbrecht« bekannten sogen. Satznamen, die wohl unter → Fahrenden und Landsknechten sich bes. Beliebtheit erfreuten: Schlagintweit, Trinkaus, Küssenpfennig, Schaffnit, Suchenwirt, Fleugimtanz. In der Zeit des Humanismus wurde es oberschichtl. Mode, d. F. ins Griech. (Neander, Melanchton) oder Lat. (Textor, Sutor) zu übersetzen oder sie mit fremdem Laut und fremder Endung auszustatten (Scultetus, Schuppius, Frisius, Frobenius, Dibelius). Von den Juden wurden F. z. großen Teil erst im 19. Jh. angenommen. Ihre geogr. Gliederung hat Gottschald untersucht. Dem Wunsch nach Änderung des F. setzt man aus naheliegenden Gründen große Hindernisse entgegen. Immerhin werden jährl. rund 5000 Bürger der BRD (1/3 der Antragsteller) von Amts wegen »umgetauft« (1967). Ein neuer F. kostet zwischen fünf und 2000 DM Gebühr, ein neuer Vorname 5–500 DM. Bewilligt wird die Änderung von F. wie Fresse, Dumm, Schwein, Bandit, Dreckschmitt, Frauenzimmer, Hampelmann, Hasenfuß. Aus Gründen leichterer Lesbarkeit darf aus Braczyczewski ein Bergmann werden. Eine Entwicklung der l. Jahrzehnte ist es, wenn Politiker, Schriftsteller und andere Vielgenannte an sehr verbreitete F. wie Müller, Schmidt, Krause, Schultz, Lehmann, Meyer zu besserer Unterscheidung den Namen des Herkunftsortes (Müller-Partenkirchen) oder den der Ehefrau anhängen. In der Schweiz ist letzteres weitgehend bürgerl. Brauch (Bächtold-Stäubli, Hoffmann-Krayer). Der Brauch, den Namen der Frau zu erhalten, bürgert sich auch in der DDR ein (1970).

A. Bach, in: Peßler, Hb.; J. K. Brechenmacher, Dt. Sippennamen. Ableit. Wb. d. dt. F. 5 Bde., 1936; F.buch d. Schweiz, 2 Bde. Zürich, 1940 (40000 lebende F.); E. Schwarz, Dt. Namenforschung, 2 Bde., 1949; J. Diehl,

Die Wormser F. b. z. J. 1500. Diss. Mainz 1950; F. Finsterwalder, Die F. in Tirol u. Nachbargeb. 1951; E. Schwarz, Sudetendt. F. aus vorhussit. Zeit. 1957 (U. a. Dialektgeogr. Binder: Büttner; Töpfer: Hafner; Schulze: Richter); K. Linnartz, Unsere F. Bd. 1: Zehntausend Berufsnamen [3]1957. Bd. 2: Unsere F. aus dt. u. fremden Vornamen. [3]1958; Ch. Scheffler-Erhard, Altnürnb. Namenbuch. 1959. (Aus Berufsbez. entstandene F. zeigen das starke Wirtschaftsleben u. d. bes. große Zahl metallverarbeit. Handw.); A. Bach, Dt. Namenkde. 5 Bde 1942ff. (z. T. in 2. Aufl.); Vgl. Lit. → Vornamen.

Fängge, Fankerl → Fenken.

Fangspiel → Asyl.

Farbe, F.symbolik, Färben. Nur spärl. Zeugn. (Götter- und Heldensage, Gräberfunde, gr. u. röm. Schriftsteller) berichten uns von der Kunst des F.s im Altertum. Natürl. Grundstoffe wie Purpur, Indigo, Krapp waren bekannt. Von der Kenntnis und Überlief., die wohl von China über Indien und Vorderasien zu den M.meerkulturen gekommen waren, ging in der Völkerwanderung viel verloren. Sie erneuerte sich durch den Einfluß der Araber und der Kreuzfahrer. Um 1200 blühte diese Kunst in Italien und bald in ganz Europa. Das alte dt. Handwerk unterschied den Schwarzfärber, der Leinen in einer Brühe von einfachen F. kochte, vom Schönfärber, der edlerer Ware feinere F. gab. Früh erkannte man die Notwendigkeit der Vor- und Nachbehandlung der Faser oder des Gewebes. Zur Vorbeize dienten Alaun, Aschenaufgüsse, Zinnsalze u. a. Die mit Waid (ahd. *weit; isatis tinctoria*), später mit Indigo gefärbte Ware bekam erst beim Aufhängen den blauen Ton, indem das im Waid enthaltene Indigoweiß an der Luft oxydierte. Die Pflanze hat wohl schon vor der germ. → Lautversch. zum F. gedient, verlor im allg. diese Aufgabe im 17. Jh., blieb aber im Volk noch lange erhalten und angewendet. Das ostind. Indigo wird bei uns auf dem Weg über Spanien, Ende des 17. Jh. bekannt. Krapprot kam im 16. Jh. aus den Niederlanden zu uns. Die Kenntnis neuer F.hölzer brachte die Entdeckung Amerikas, eine völlige Umwälzung aber die Erfindung künstl. F. Mitte des 19. Jh. Der Vk wird bes. F.freude zugeschrieben, wenn sie auch vielfach erst seit dem 16. Jh. sichtbar wird. Besondere Werkstoffe, Techniken und Landsch. ziehen aber auch bis in unsere Zeit die einfache Wirkung z. B. des Holzes vor (in den Westalpen und im dt. NW; → Truhe, Schnitzen, Einlegearbeit). Die Betrachtung der Vk legt oft den Gedanken von F.landschaften nahe, doch sind F.epochen und -stile eher zu fassen als landsch. Sonderungen und stamml. Bindungen (→ Möbelmalerei). Blau liebt das Rokoko, Grün die Zopfzeit (Empire). Praktische Rücksichten spielen mit. So ist der Anbau von Krapp für rote Bemalung (z. B. im Elsaß), der von Waid in der Leinenfärberei Mitteldtld. bestimmend geworden. In Niederdtld. ist außer der Verwendung harter Hölzer auch der beizende Rauch der Feuerstelle der Anlaß für die geringe Farbigkeit des Hausrats (→ Flett, Herd) In den Volkstrachten haben vielfach behördliche Bestimmungen auf Verwendung und Vermeidung bestimmter F. eingewirkt. Ganz allgemein läßt sich hier jedoch eine entschiedene Vorliebe des Volkes für Rot feststellen. Wieweit in der dt. Tracht der Einfluß slaw. Geschmackes anregend geworden oder geblieben ist, läßt sich um so schwerer beurteilen, als wir die Buntfarbigkeit unserer dt. Volkstrachten nicht mehr in ihrem vollen Umfang kennen. Ein Vergleich alter friesischer → Trachten, in denen das Rot stark vorherrscht, mit ebensolchen des 20. Jh., die auf dunkle Töne abgestimmt sind, zeigt, wie stark gerade in bezug auf die F. der naive Ausdruck kräftiger Sinnenfreude zurückgegangen ist. Die alte selbstgewobene Lona der Montafonerin hat seit mehr als hundert Jahren der durchwegs schwarzen Juppa aus Walktuch Platz gemacht. – Besonders die Tracht des Feiertags (→ Abendmahl) neigt zu dunklen Tönen. Unabhängig von Tracht und Möbel ist die Symbolik der F. im Volke lebendig geblieben. Sie ist ein → Elementargedanke. Durch alle Kulturen und Zeiten geht die negative Bedeutung von Schwarz, das in der Antike das Böse, dem Christentum Finsternis, Sünde und Tod anzeigte. Es ist bis heute die F. der → Trauer, die zuweilen von Weiß ersetzt oder abgelöst wird (Halbtrauer). Weiß war dem Altertum das Gute, dem Christen der Mut des Märtyrers und gilt in der Tracht der Kommunikantin, der Braut, der Schäppelmädchen (weiße Schürze) als Symbol der Unschuld. Rot bedeutete der Antike Leben und Gefahr, dem Christen ird. Dasein und Martyrium, heute den Festtag im Kalender, die Liebe, aber auch Starkstromgefahr. Gleiches Alter hat das Grün der Hoffnung. Im Myrtenkranz der Braut vereinigt es sich mit dem Weiß. Ganz allgemein gilt Goethes Wort: »Grün ist des Lebens heitrer Baum«. Es ist die F. von Segenszweig, Lebensrute, Weihn.baum. Gelb war im MA die F. der Schande und gilt heute als die des Neides. Kath. Landsch. wählen auch für die Kerzen der Totenfeier diese Farbe. Die seltener genannte F. Braun hat im alten V.lied sexuelle Bedeutung (»schwarzbraun ist die Haselnuß«). Sie ist noch heute Sarg- und Kreuzf. für ledig Verstorbene (Montafon). Blau ist zur vtüml. Marienf. geworden, aber in festem Brauch auch in Taufkissenzier und Anzeige die F. des neugeborenen Knaben im Gegensatz zum Rosa der Mädchen. (In Japan tragen Mädchen rote, Knaben schwarze Schultaschen; 1969). Das spätmal. Fasnachtspiel »Die siben Farb« kommt in seiner Fs. unseren Vorstellungen nahe:

Rot – Liebe
Blau – Treue
Weiß – hoffnungsvolle Liebe
Schwarz – Trauer
Grün – frei von Liebe
Braun – Gebundenheit in Liebe.

Das gleiche gilt von Nürnberger Neujahrsversen des 15. Jh., die O. Schade (→ Klöpfelnächte) mitteilte:

Grün ist gar ain frölichs klait . . .
Rot ist ain zaichen prinnender lieb . . .
Mit weiß gewert bedeut keusch
Und züchtige lieb an alles geteusch . . .
Plaw bedeut stet . . .
Schwarz bedeut verporgen . . .
Wann graw bedeut hoher eren . . .
Und wilt nach gelber farbe streben
Die dich nit wol thut preisen

Gebrochene F. gehören späterer Zeit an wie etwa das Lila als »letzter Versuch« im Gewand einer ält. Heiratslustigen. Bis heute hielt auch die städt. Oberschicht an der Fs. fest. Es bedeuteten – wenigstens bis zum Sturm auf die Talare seit 1968 – Violett die Theologie, Gelb die Jurisprudenz, Rot die Medizin, Schwarz die Philosophie. Die Rosetten der Maturanten zeigen die gleiche Skala, erweitert etwa um das Grau der Germanistikanwärter (Stella matutina, 1920). Auch in der Politik ist oder war das Ansehen von Schwarz, Braun und Rot in Schlagwort, Tracht und Fahne nicht eben gering. → Fahne Liturgie, Malerei, Haar, Albinismus, Holz; ferner d. einz. Farben

F. Mengis; im HDA., 2, 1189–1215; Über F.symbolik: Goethe, Farbenlehre, Partal, Des couleurs symboliques, 1837; O. Runge, Hinterlassene Schriften, 1840; Wackernagel, Die F.- und Blumensprache des MA. Kleinere Schriften, Bd. 1 (1872); Seelmann, Die F.tracht. Jb. d. V. f. niederdt. Sprachforschung, 28 (1902); O. Runge, F.-kugel, 1910; K. Hahm, Dt. Vk. 1932; F. Adler, Dt. Vk: Pommern (1930); H. Trillich, Das dt. F.buch. 2 Bde. 1923; L. Eisenhofer, Hb. d. kath. Liturgie 1 (1932); O. Lauffer, F.symbolik im dt. Vbrauch. 1948; M. Bielenstein, Die altlett. Färbemeth. Riga 1935 (Nennt 107 F.gewächse); B. Brückner, Vtüml. F. im Chiemgau. Diss. 1936; ders., Dachauer Trachtenstrümpfe – e. fast vergessene Kunst. Bayer. Jb. f. Vkde (1953) (»Die versch. Tr. gaue haben ihre eigene F.wahl«); ders., Buntfärberei m. Pflanzenf. im Dienste d. Tracht. ebd. (1956) (Von frühen gesch. Anfängen b. z. d. Aufz. e. Wunsiedler Färbergesellen im 19. Jh., die 355 Rezepte enthalten); J. Hanika, Der Wandel Schwarz-Weiß als Erzähl- u. Brauchmotiv. Bayer. Jb. f. Vkde (1961) (Armenseelensage; Schwärzen bei Initiationen; Strafe bei Frevel. Redensart: Bis du schwarz wirst!); E. E. Ploss, Ein Buch von alten F. 1962. (Technol. d. Textilf. im MA. 150 F.rezepte. Klöster, Handw., Manufaktur, Industrie); L. Schmidt, Blau u. Rot. Zur Symbolik e. F.paares. Zs. Antaios 4 (1962); H. Fischer, Rot u. Weiß als Fahnenf. ebd.; R. Gradwohl, Die F. im Alten T. Beihefte z. Zs. f. d. at. Wiss. 83 (1963).

Farn (ahd. *farn,*), F.kräuter (lat. *Filices*). Die durch ihren dunklen Standort, durch die kriechenden Wurzelstöcke, die gerollten Triebe und bes. durch die Sporen-Samen dem Volk merkwürdige Pflanze geht bis in den Devon zurück, mit der Mehrzahl ihrer Gattungen (220 mit über 9000 Arten) bis in die Kreide. Nur die Kenntnis der wurmvertreibenden Kraft (Wurm-F.) überlieferte sich aus der Antike (Theophrast, Dioskurides, Galen) in die dt. → Kräuterbücher des 16. Jh. Erst diese handeln vom Mißbrauch zur Hexerei. Der Teufel flieht vor dem F., weiß schon → Hildegard v. B. (12. Jh.). Fast allen Völkern des Abendlandes, und zwar in der Richtung des westöstl. Kulturgefälles, ist ähnl. Glaube eigen. Zu Beginn des 17. Jh. nahm er so überhand, daß die Synode von Ferrara (1612) ein Verbot erließ, in der Johannisnacht F.kräuter oder deren Samen zu sammeln. Den V.glauben spiegeln die Namen des Wurmf. *(Aspidium filix)*: Irrwurz (Brandenburg), Schnaken- (Ostfriesland), Ottern- (in Schwaben), Schlangenkraut (Hessen), Hexenflitsch (Sachsen), Teufelsfeder (Oberösterr.), -leiter (Oberhessen). In der Mitternacht des → Joh.tages »blüht« das F.kraut und läßt fast gleichzeitig den »Samen« fallen. Wer sich diesen geheimnisvollen »F.samen« zu verschaffen wußte, dem brachte er Glück im Spiel und in der Liebe, Reichtum (unterirdische Schätze!) und Gelingen bei allen Unternehmungen. Er machte stich-, hieb- und kugelfest, verschaffte den sicheren Freischuß und machte unsichtbar. – Schlafen auf einem F.bett gilt noch heute als Mittel bei Gliederreißen (Ischias). → Rainfarn.

J. Grimm, Dt. Mythologie; H. Marzell, Dt. V.botanik. 1926; H. Marzell, Zauberpflanzen, 1963.

Farze → Weide.

Fasankraut → Schafgarbe.

Fasching → Fasnacht.

Fasnacht, Fasnet (Fastnacht). Die F.zeit beginnt gewöhnlich nach Weihnachten (Neujahr, Dreikönig) und reicht bis zum → Aschermittwoch, überschreitet aber auch diese Tage, zumal in den Städten, wo »das Geschäft« diese und andere Festzeiten auszuwalzen und auszuschlachten bestrebt ist. Rhein. Brauch nachahmende Karnevalsgesellsch. suchen, mit wenig Erfolg, schon den 11. 11. (→ Martinstag) als Beginn der närrischen Zeit einzuführen. Im V.brauch bedeuten die drei Donnerstage vor Sonntag Estomihi (F.sonntag) den Anstieg, der in der eigentl. F. gipfelt. Die Zeit bis zum letzten Donnerstag wird auch als »Fasching« bez. im Gegensatz zur darauffolg. F. Das Wort Fasching als bair.-öst. Bez. der

F. erscheint zuerst 1272, dann 1283 in der Passauer Weberordnung als *vastschang* und *vaschanc* (nach Kluge-Mitzka, Et. Wb. ›Ausschenken d. Fastentrunks‹, doch darf man diese Auslegung bezweifeln). F. ist seit 1200 bezeugt (*vastnaht*, später *vas[e]naht*) und wurde früher als ›Fastennacht‹ gedeutet, also als eine Bez. im Sinne germ. Zählung, die Abend und Nacht zum folg. Tag rechnet. Es handelt sich aber wohl eher um eine Gelehrten- oder → V.etymol. eines nicht überall verstandenen Mundartwortes, das auf alten Frühlings- und Fruchtbarkeitszauber weist. Der »Parzifal« des W. v. Eschenbach hat die Form *vasnaht* (um 1206). Ahd. *fasal* ist ›Nachkommenschaft‹, mhd. *vasel* ›Zuchtvieh‹, *vaseln, viseln* ›gedeihen, fruchtbar sein‹ (mhd. *visel* und *viselin* bedeuteten ›männl. Glied‹). Wenn etwas gut geht, sich vermehrt, sagt der Montafoner noch heute: es faselt gut. Aber auch von einer kinderreichen Familie heißt es: »eine faslige Rass«. F. oder Fasnet wird mit stimmhaftem s gesprochen. Fasten dagegen lautet hier: Faschta. Die V.ssprache nennt die F.woche auch die unsinnige, taube oder Teufelswoche, Narrenfest, Narrenkirchweih, die Haupttage Torkeltage, Rastäg, und einzelne Tage nach ihrem Brauchcharakter Bauernf., Narrenf. u. ä. F.sonntag hieß auch Pfaffen- oder Herrenf., weil für die Geistlichen das Fasten unmittelbar nach Sonntag Estomihi begann. Bes. in den Bez. des Donnerstag vor Estomihi, der meist die v.mäßige F.begehung bringt, spiegeln sich alte Bräuche. Josef Müller nennt solche Bez. für das Rheinland: Weiberdonnerstag, Altweibermarkt, Altweibertanz, Möhnefastelabend (vom Vorrecht der Weiber), Eierdonnerstag (vom fetten Essen), Fuedonnerstag (vom Rutenschlagen), Altfaseltag, Altfasend, huhe Donnerstag, Stippchesdonnerstag, Schmerdonnerstag. Vereinzelt galt den Bauern F.sonntag als heiliger Tag, so daß man von der »heilin Foschung« sprach (Böhmerwald). Die kulturgeographische Erforschung der F. steht noch im Anfang. Die umfassende Darstellung der Tiroler F. von A. Dörrer zeigt die nahe Verwandtschaft z. B. mit Schweizer Bräuchen und damit die Notwendigkeit der Erforschung der gesamtalpinen- und noch größerer Räume. Neuerdings hat der »Tübinger Arbeitsks. für F.fg.« sich die Erhellung der F.bräuche in dt. SW zur Aufgabe gestellt (H. Bausinger, vgl. Lit.)

Wie zur → Kirmes, mit der die Fasnacht überhaupt viel gemeinsam hat, ist die Vorbereitung u. Durchführung der F. der → Burschenschaft, bestimmten F.verbänden, einer → Nachbarschaft oder einer Spinnstubengemeinschaft übertragen. Bestimmte Tage sind Geschlechts-, Alters- und Berufsgruppen vorbehalten (rheinische Weiberf., Mädchenf. im Spreewald, Vorarlbg. Bubenf., Männchensonntag, Mädchenmontag u. Knabendienstag in Kortryck und Brügge).

Heute denkt man bei dem Wort F. zunächst nur an die Umzüge der → Masken. Die unter zahllosen Namen und Gestalten auftretenden Masken bilden keine Einheit, sondern messen den ganzen Raum aus zwischen Totengeister- oder Dämonenmasken und karikaturistischen oder Scherzmasken. Von verschiedenen Zeiten und Anlässen des Jahres (→ Erntefest, → Advent und → Zwölften) sind sie auf die F. übertragen, die außerdem Begehungen, Bräuche, Spiele und Symbole vieler Frühlingsfeste auf sich vereinigt hat. Oft genügt einfache

Verkleidung, Berußung (»rußiger« oder »bromiger« Freitag in Bayern, Schwaben, Vorarlberg). Mit Fellen und Fuchsschwänzen, Federn und Hörnern werden Tiermasken hergestellt, wenn nicht Tiere selbst (Bock, Bär, Kalb, Fuchs, Hahn, Marder, Iltis) im Zuge tot od. lebend mitgeführt werden. In Strohumhüllung (Butz, Erbsenbär) wird der → Korngeist d. Ernteumzuges übernommen. Manche Masken gehören internationalen Kulturen an (Harlekin, Pierrot), andere (schöne u. schiache Perchten, die Schemen und Hudler) umfassen eine größere Landschaft oder auch nur die Überlieferung einzelner Orte (der rheinische Grimmes und Ipekrätzer, das Villinger Hansele, der Nürnberger Schembart). Die Namen (Fasnatbutz, Kuttlablätz, Bellengeck, Bögg, Bömann usw.) deuten auf Art, Aussehen und Ausstattung, die eine gegebene Maske wieder hundertfältig variieren können. Selten lassen sich einzelne Masken historisch genau erfassen. So geht in der Ausseer Gegend seit 1768 eine bestimmte Gestalt in buntgesticktem Gewande als »Fasching« und wirft Nüsse aus. Der »Fritschi« u. die »Fritschizunft« in der Schweiz läßt sich auf einen volkstümlichen Mann des 15. Jh. zurückführen, der das Fest und den Festpokal (Fritschikopf) stiftete. Vereinzelt gibt es in Süddtl., Elsaß, Schweiz und Tirol noch Maskenschnitzer. Meist aber sind die Produkte städtischer (allerdings dem brauchmäßigen Bedarf oft entgegenkommender) Maskenhersteller auch aufs Land gedrungen. Daß dem Volke der unheimliche Sinn der Maske, die der Dämon selber ist, lange bewußt blieb, dafür sprechen viele Zeugnisse und Sagen. Man traf manche Vorsorge vor den Geistern, die in der F. frei sind, vor dem wilden Heer und der »Fasching«, dem Pfinzdaweibl, der Frau Herke, Holle und Bercht. Wenn Perchten noch nach dem Abendläuten liefen, war plötzlich die »wilde Perchta« unter ihnen. Zahlreich sind Berichte von unheimlichen → Überzähligen, die die Zahl der Masken plötzlich vermehrten. Beim Hudlerlaufen sollen die »Schleicher« u. der »Teufel« etwas Geweihtes im Schuh tragen, daß ihnen der dargestellte Dämon nichts anzuhaben vermag. Obwohl Fasching für → Hochzeiten bevorzugt ist, soll man am F.tag selbst nicht heiraten, denn da sind auf der Tanzlaube »alle Teufel los«.

Wie verschiedene Beteiligte der F.umzüge besondere Rollen zugewiesen erhalten (Aschewerfen, Spritzen, Schlagen, Geldsammeln, Tanzen, Spaßmachen), so werden auch kleine Gruppen (Bärenführer, → Altweibermühle, Barbiertanz, Dr. Eisenbart) mitgeführt oder der ganze Aufzug erhält einen dramatischen Mittelpunkt. In Aussee entwickelt sich um das Schießen auf Spottscheiben und um die Predigt mit Dorfkritik (Faschingsbriefe) ein großes Volksfest. Narrengerichte sind vielfach üblich und zuletzt noch in moderner Form festgehalten in den lustigen und zugleich bissigen »Zeitungen« (»Fasnatzietig« im Montafon, »Hächla« in Bludenz). In Possen und Schwankspielen werden die alten Jungfern verspottet, wenn ihrer Vertreibung oder Bekehrung nicht ein besonderer Umzug gewidmet ist (Grättziehen und Gyritzenmoosfahren in Tirol und in der Schweiz; Grätt = Karren, Gyritze = Kiebitze, in die die → Jungfrauen nach dem Tod verwandelt werden). Am Donnerstag vor F. wurde in Tirol einer alten Heiratslustigen der »Egerthansel«, eine große Puppe aus Lumpen und Stroh, ins Haus gebracht, nachdem vorher ein Gericht über anstößige Vorkommnisse der letzten Zeit gehalten worden war. – Manche dieser Bräuche sind so in den Vordergrund getreten oder von der älteren Form der F. allein übriggeblieben, daß sie als selbständige Begehung betrachtet werden können (Faschingsrennen, Lehnausrufen, Schönbartlaufen, → Pflugzieh., Metzgersprung, Huttler, Perchtenlaufen, Blockziehen, Schäfflertanz usw.). Wie die Veranstaltung der alljährlich oder in bestimmter Frist (z. B. war im Gegensatz zur F. der Buben die »große« F. der Erwachsenen nur alle 5 Jahre; Schruns in Vorarlberg) wiederkehrenden F. Aufgabe bestimmter Gilden, Zünfte oder Vereine ist, so bestreiten diese mancherorts die Hauptstücke des Festes; so beim → Fahnenschwingen der Salzburger Metzger, bei der F. der Breslauer Schornsteinfeger, beim 1539 verbotenen → Schembartlaufen der Nürnberger Fleischerzunft oder beim Münchner Metzgersprung. Von diesen Gepflogenheiten sind vielfach nur noch → Heischegänge geblieben, die von Schmieden und Bäckern, von Schiffern (mit einem Schiff), Fischern, Gesellen, Ackerknechten und Hirten, schließlich von den Kindern aller Stände und Berufe wahrgenommen werden. Sprüche werden aufgesagt, auch wohl kleine Tänze aufgeführt. In Schlesien sammeln die »Gabelträger« mit einem dem Sommerstecken ähnlichen, geschmückten u. gegabelten Stock. In der Mark Brandenburg ist d. Brauch des Zemperns (zampern, in Bärwalde: jempern) sehr ausgeprägt und lebendig. Um Witten hieß danach die F. Zimberstag.

Mit anderen Frühlingsfesten kommt F. auch durch den Brauch des bei vielen Völkern bekannten F.begrabens in Berührung. Eine Puppe (Bruder Alex, Bacchus), ein symbolischer od. zauberischer Gegenstand (Baßgeige, Hering, Kater, Maus) wird erschossen, im Misthaufen begraben oder ertränkt. Voran geht wie beim Kirmesbegraben eine parodistische Gerichtsszene.

Das Wort Karneval wurde etwa um 1700 aus dem Italienischen übernommen. Kluge-Mitzka bezweifeln andere Ableitungen *(carrus navalis* oder *carne-levale)*, da die mittellat. Scherzformel *carne vale* (Fleisch, lebe wohl!) seit dem 13. Jh. dem ital. Wort K. vorausgeht. In der heutigen städt. Form geht der K. kaum über 1800 zurück, hat aber trotzdem z. B. in den Rheinlanden in Organisation, Namen, Kleidung, Brauch, Lied und Spruch viel vom Volksbrauch beibehalten oder vielmehr sich gar nicht unmittelbar davon getrennt. Bis zum Ende des 30jähr. Krieges war die Kölner F. – 1341 zum erstenmal bezeugt – eine Feier engerer Gemeinsch. (Familie, Zunft, Nachbarsch.). Träger von Umzügen waren vor allem die → Handwerker. Mit der Auflösung der Zünfte nach der frz. Revolution kam die Neugestaltung der F. (durch Wallraf 1823) mit Sitzungen, Rosenmontagszug und Prinz Karneval. Diese Entwickl. wie die Übertragung solcher Feste in andere Großstädte bilden ein beachtl. Kapitel der Vkde. der → Stadt.

Als wichtiger Frühlingstermin ist F. auch die Zeit zahlreicher Bräuche und magischer Maßnahmen, die auf Reinigung, Auskehr, Fruchtbarkeit, Gesundheit von Mensch, Tier und Acker gerichtet sind. Dem Vieh werden die Haare zwischen den Hörnern geschoren und zusammen mit Futterresten vor Aufgang der Sonne in den Bach geworfen (Oberösterr.). Man soll alle Vorräte in Keller und Tenne wenden und säubern, die Bienen vom Platz rükken. Was den Winter überstanden hat, soll geweckt und verjüngt werden. Die → Altweibermühle des F.zuges folgt der Vorstellung des Jungbrunnens. Ungeziefer ist zu entfernen. Kehricht trägt die Magd zum Nachbar, es muß aber nackt, heimlich und schweigend geschehen. Wasser hat starke Reinigungskraft. Die Gliedmaßen, ja der ganze Körper, sollen ihm ausgesetzt werden durch → Bad, Begießen, Spritzen, das häufig die Form des Scherzes angenommen hat. Das gleiche gilt vom Schlag mit der → Lebensrute und vom grünen Reis. Im Sauerland gibt man ein »F.lüstchen« von Buchsbaum, im Samland den »Straußklang«. In Mecklenburg heißt das überbrachte Tannenbäumchen »Grüner Fastelabend«. In Schaumburg fuen (schlagen) sich Mädchen und Burschen gegenseitig die Waden. Mit Zweigen, Sträußen und Pritschen wird gestiept auf Hand und Fuß besonders der Frauen und Mädchen. Häufig wird eine Art Lösegeld erhoben (Mecklenburg: Heetweggen-Abstäubung; zampern, hänseln in der Mittelmark). Maibaumsetzen, Blockziehen weist in die gleiche Richtung. Die Obstbäume umwickelt man mit Stroh, im Egerland mit roten Bändern. Die Garbenbänder für den Sommer werden jetzt gefertigt. Was in Acker und Garten getan wird, ist begünstigt. Viele Tänze und Spiele der F. erweisen sich bei näherem Zusehen und in einer älteren historischen Schicht als Fruchtbarkeitszauber. Beim F.tanz sollen besonders die Hausfrauen und Mädchen hüpfen und springen, damit der → Flachs hoch werde. Im Vogtland galt die Vorschrift, daß am F.abend die Hausfrau nackt vom Tisch springen solle. In Siebenbürgen gingen am »geschorenen Montag« die Mädchen in die Häuser lediger Burschen, sprangen möglichst hoch und riefen: »So groß soll euer Flachs wachsen!« Wurst u. ä. war ihr Lohn. J. F. Fischer sieht in der Androgynie (Kleidertausch als Geschlechtertausch) die »Ausstrahlung menschlicher Erotik auf das vegetative Leben«, Fruchtbarkeitsmagie innerh. der kult. Frühlingsfeier. Auch die gerade zu F. ziemlich lange überlieferten → Schwerttänze gehen zum Teil auf die Darstellung des Winter-Sommerkampfes zurück, der auch sonst in Kampfspielen und Maskenzügen der F.zeit dargestellt wurde. So zogen z. B. im Aargau Burschen mit rußigen Gesichtern als »Heumüeterli« gegen eine Berghöhe, die von einer feindlichen Partei besetzt gehalten wurde. Im österr. Obermiething bei Laufen an der Salzach sang man am F.dienstag den »Sommer- und Winterstreit«. – Daneben gibt es natürlich eine Reihe von Gemeinschafts- und Einzeltänzen in der F., die nur Kunst, Spiel und Vergnügen sein wollen. Auch das → Feuer bewährt seine Reinigungskraft. Sebastian → Franck berichtet schon von einem brennenden Rad, »das gleich anzusehen ist, als ob die sonn von dem himmel lief«. In der Schweiz traten alte Feinde am F.feuer zur Versöhnung zuammen. Im allgemeinen aber hat das Feuer durch den Scheiben- oder → Funkensonntag, der schon in die Fastenzeit fällt, eine merkliche Trennung von F.brauch und -wesen erfahren. Kultspiele sind ihrem Ursprung nach zumeist auch die Tötungen von Hahn und Huhn, Bock, Schwein, Katze oder Taube. Der Hahn war das Hauptstück des Festmahls, od. seine Vegetationskraft wurde durch Vergraben der Erde, dem Acker, zugeleitet. Später sind diese Handlungen zu scherzhaften Sportspielen umgewandelt worden. Der Bär wurde nach durchgeführtem Prozeß enthauptet, wobei (aus verborgenen Blasen) Blut floß. Statt des Hahns wurde ein Topf totgeknüttelt. Die Bedeutung dieser Tiere oder Masken aber zeigt etwa die Gepflogenheit, etwas vom Stroh des Erbsenbärs herauszuzupfen und den Hühnern zu besserem Brüten unterzulegen (→ Vspiel).

Genuß von fetten, kräftigen oder vielteiligen und quellenden Speisen und F.gebäcken leistet dem Fruchtbarkeitszauber Vorschub, abgesehen davon, daß der volksmäßige Begriff des Festtages von Güte und Fülle in Speis und Trank nicht zu trennen ist. In Tirol spricht man zu F. geradezu vom Freßmontag und Speiberchtag (→ Dienstag). Butter, Milch, Schweinebraten, Fische (soviel Schuppen oder Eier, soviel Geld), Erbsen und Hirse (das Geld soll quellen), sieben- oder neunerlei Speisen soll man an F. genießen. Wenn die Mädchen stattliche Waden bekommen wollen, müssen sie am tollen Donnerstag das Fleisch im Stehen verzehren. Im schweizerischen Entlebuch wird der »Hirsemontag« als großes Fest begangen. Deutlicher noch sagen die Namen fetter, feister, schmalziger, schmutziger (Schmutz = alem. ›Fett‹) Donnerstag, daß man den Schmalzhafen beim Backen von Kuchen und Küechli, Krapfen, Kreppeln oder Pfannkuchen, Semmeln und Kipfeln, Bretzeln, Hasenöhrlein, Hirschhörnchen und Faschangflekken nicht schont. Die Mäuse bleiben dem Kornboden fern, wenn man die drei ersten F.küchlein in die erste Garbe tut. Dieses → Opfer ist deutlich erkennbar in der Gabe an die Erdwichtel (Wichtelbrot). Auch den Feinden der Hühner, Iltis, Marder und Habicht, gibt man vom Fg. Die typ. Fggeb. sind anderer Art als die der Fastenzeit. Nach Höfler bevorzugt man zu F. die heißen (Heetwecken), die fettreichen Pfannengebäcke (Pfannkuchen, Krapfen, Flecken, Mutzen), während die süßen Gebäcke der Weihnachts- und Neujahrszeit fehlen. Auf Fruchtbarkeitssymbole deutet außer der Form (Herz, Genitalien, insbesondere Rauten) auch das Heischen solcher Gebäcke durch die Burschen bei den Mädchen. An F. nimmt Feier, Tollen, Tanzen, Trinken und Schmausen alle Gedanken ein. Die sonst zu hohen Zeiten üblichen Orakel sind selten. Doch wird das Wetter gedeutet, denn der Frühling beginnt: Fastelabend kommt ein heißer Stein in die Erde (Holstein). Frost ist gut. So lang die Eiszapfen, so lang der Flachs. An F. Geborene werden Schalksnarren und Gaukler (Rheinld.). → Fastenzeit (Lit.) Narr, Gericht, V.schauspiel, Schinder, Schlafmohn.

J. P. Schmidt, Geschichtsmäßige Untersuchg. d. Fastelabendgebr. in Dtld. usw., 1742; K. F. Tzschucke, Ftn.-Gebräuche, nebst einer kurzen Unters. ü. d. Ursprung des Festes, 1799; P. Sartori, Sitte und Brauch, 3. Bd., 1914; Ders., Ftn.; im HDA; G. Eilers, Die Thüringer Karnevalsindustrie. Diss. Jena 1928; A. Haberlandt, P. Bruegel, Kampf d. Faschings m. d. Fasten. Zs. f. Vkde. (1933); C. Weber, Die Heischelieder an Ftn. im Rheinl., Diss., 1933; R. Wolfram, Weiberbünde. Zs. f. Vkde. 42 (1933); Spamer, Vkde., 2. Bd., Abb. S. 86–103; Ders., Sitte und Brauch; in: Peßler, Hb.; Ders., Dt. Ftn.bräuche, 1936; E. Busse, Alem. Volksf. 1937; H. Moser, Die alten Bez. d. Ftn. im altbayr. Raum. Oberdt. Zs. f. Vkde. 16 (1942). (Die Form Fastnacht ist selten.); H. Winter, Ftn.brauch im Odenwald, 1943 (71 Karten u. 105 Abb.); A. Dörrer, Tiroler F. innerh. d. alpenl. Winter- u. Vorfrühlingsbräuche. 1949; J. Künzig, Die alem.-schwäb. Fasnet. 1950 (Beob. aus 38 Orten. »Verband d. schwäb.-alem. Narrenzünfte« behindert die F. des Volkes nicht); E. Strübin, Die neuere Entw. d. Ftn. in Basel-Land. Schweiz. Arch. f. Vkde 46 (1950). (Starke Veränderung d. d. »internat. Unterhaltungs-Ind.«); E. Burgstaller, Über d. Ausseer Flinserlfasching. Zs. f. Vkde 52 (1955); L. Schmidt, hg., Masken in Mitteleuropa. 1955; R. Lutz, Beitr. z.

Gesch. d. Mainzer Ftn.liedes. Hess. Bll. f. Vkde 46 (1955) (Liederb. d. MCV. Das »Heile, heile Gänsje« von Mundo erschien 1952 im Druck); E. Rühl, Flecklesmo, Flekkeles, Fleckle. Fleckleshex u. Flecklesdieb. Bayer. Jb. f. Vkde. (1952) (heut. F.typ in Franken); J. Simon, Ftn.bräuche in Westfalen. Quellen u. Arb. Rhein.-westf. Zs. f. Vkde 6 (1959); J. Klersch, Die köln. Ftn. von i. Anf. b. z. Gegenw. 1961 (14. Jh. bis heute. Funktionärswesen verdrängt die F. des Volkes); S. Kube, Rufe, Namen u. Heischeverse zu westsächs. Ftn. – u. Ascherm.bräuchen. Dt. Jb. f. Vkde 7 (1961); W. Hofmann, Hermann Weinsberg u. d. köln. Ftn. im 16. Jh. Rhein.-westf. Zs. f. Vkde 10 (1963); Fasnacht. Beitr. d. Tüb. Arbeitskr. f. F.fg. Hg. v. H. Bausinger 1964. (Archivfg.; theol. u. psychol. Bewertung der F.; moderne Pflege des F.brauchtums in Südwestdtl.; Bibliogr.); W. Lindow, Beitr. z. Vkde d. Ftn. in Niederdtl. In: Beitr. z. dt. V. u. Akde 9 (1965); J. F. Fischer, Masken u. rituelle Androgynie in Salzburg im 17. u. 18. Jh. Öst. Zs. f. Vkde 69 (1966); R. Wolfram, Faschingsbräuche i. d. Gottschee. In: Koren-Fs. 1966 (Masken, F.begraben, Blochziehen); K. Meisen, Namen und Ursprung d. Ftn. Rhein. Jb. f. Vkde 17/18 (1966/67); Dörfl. Fasnacht zw. Nekkar u. Bodensee. 1965. (Darin: H. Kirchner, Neue Masken. Die Beitr. des »Tüb. Arbeitskr. f. F.fg.« berücks. über 500 Gemeinden. Narrenzünfte, Rügebräuche, Pflug- und Eggenumzüge, Narrenbaum); P. Wiepert, Allerlei Vkdl. v. alten Fehmarn (Fasnacht). In: Beitr. z. dt. V. u. Akde 12 (1968); R. B. Christ u. E. A. Meier, Ftn. in Basel, 1968; S. Walter, Faschingsrennen u. Bärenjagen, in: FS R. Wolfram (1968); L. Schmidt, Bauernfasching im Burgenland, Öst. Zs. f. Vkde 72 (1969); M. Zender, Mümmereien i. Rheinland, in: Vkde, FS L. Schmidt (1972); Ausstell. kat. Köln. Stadtmus. »Masken u. Narren. Trad. u. d. Ftn. (1972). Nach und neben vielen schwäb.-alem. F.vereinen rings um den Bodensee bildete sich 1969 ein internat. Narrenring, der auch auf Schloß Langenstein das erste Bodensee-Narrenmuseum eröffnete. Etwa 8000 Dokumente (Masken, Lieder-, Textbücher, Bilder) enthält auch die Slg. auf dem Falterturm in Kitzingen. Eine europ. Konferenz in Brüssel 1962 entwickelte den Plan eines Musée du Carnaval et du Masque. Kartogr.: ADV I Weltl. Feste (Ftn.). ASV 168 – 174. Beginn d. Ftn.: Stephanstag, Dreikönig, Hilarius, St. Anton. Bezeichnung. Speisen u. Gebäcke. Verkleidung. Bälle, Umzüge, Aufführungen, Blockziehen. Hausbesuche, Schwärzen, Kreiden, Äschern.

Fasnachtsspiel. Das F. hat seinen Ursprung in den Vbräuchen der Faschingszeit, bes. der Tage zwisch. schmutzigem oder gumpigem Donnerstag und Aschermittwoch. Die zumal in Süddtl. und den Alpenländern noch leb. Prozeß- und Rügeszenen, die → Heischegänge und Umzüge (→ Blockziehen, Perchten, Huttler), die Winter-Sommerkämpfe, das Verbrennen einer Schimpffigur (→ Funkenstg.) bewahren bis heute Urelemente der Dramatik. In den Städten sind Aufführungen von F. seit dem Anfang des 15. Jh. bekannt. Noch dem 14. Jh. gehört der älteste erhaltene dt. Text eines derbkomischen Maienspiels vom Ritter Neidhart an. Als frühe Zeugn. eines weltl. Schauspiels im MA meist dargestellt von → Handwerkern, verbreiteten sich die F. über ganz Dtl. (Spiel der Lübecker Patrizier) und die Schweiz, eine gewisse lit. Gestalt gewannen sie vor allem in Nürnberg, der Stadt des berühmten → Schembartlaufens. Etwa 150 Nürnberger F. sind erhalten. Den Ruf bes. Derbheit, selbst der Unflätigkeit, genießen die F. von Hans Rosenblüt und Hans Folz aus der 1. und 2. H. des 15. Jh. Auf höherer Ebene bewegen sich die über 80 F. von Hans → Sachs, in denen der Meistersinger in je 3–400 Versen die menschl. Torheiten verspottet. Einen Seitentrieb des F. stellen reformat. Tendenzstücke dar, wie sie Pamphilus Gengenbach in Nürnberg und Niklaus Manuel in Bern verfaßten. Das aus dem Vbrauch in die Lit. aufgestiegene F. erlischt mit Jakob Ayrer (um 1543–1605). Erst in der Romantik lebt es als Literatursatire wieder auf (Goethe, A. W. Schlegel). Von dieser oberschichtl. Entwicklung unberührt, allenfalls durch moralisierende Theologen und Aufklärer bedrängt, erhielt sich der vtümliche Mimus und äußert sich immer noch in zahllosen Begehungen der → Fasnacht, die selbst grassierender → Folklorismus und die alljährliche

Sollerfüllung des dt. Fernsehens aus Köln, Mainz und München nicht umzubringen vermag.

(Fastnacht = Ftn) W. Seelmann, Mittelnd. Ftn.spiele. 1885; A. v. Keller, Ftn.sp. a. d. 15. Jh. 4 Bde. 1885/86; L. Lier, Studien z. Gesch. d. Nürnb. Ftn.sp. 1889; V. Michels, Studien ü. d. ältesten Ftn.sp. 1896; Merker-Stammler, Reallex. Bd. 1. 1926; A. Spamer, Dt. Ftn.bräuche. 1936; H. Greuel, Ein Beitr. z. Ursprungsfrage d. mal. Ftn.sp. Köln Diss.; E. Catholy, D. Ftn.sp. d. Spätma. Gestalt u. Funktion. 1961 (Die vkdl. Methode sei »dem Thema nicht völlig gemäß«; die F. haben »ihr Ziel in sich selber«? vgl. Bespr. L. Schmidt in: Öst. Zs. f. Vkde 58. 1962, S. 308); W. Lenk, D. Nürnb. Ftn.sp. d. 15. Jh. 1966. (F. als gesch. Prägung u. Dichtung überbetont. Gegen Rudwin, Höfler, Stumpfl »und deren Epigonen«); Hans Sachs, Ftn.sp. Hg. v. Th. Schumacher. [2]1970.

Faß, F.boden, F.riegel. Während die Mittelmeerländer Tierschläuche und Tongefäße (das F. des Diogenes war ein solches) verwendeten, war im germ.-kelt. N das F. Arbeit des → Böttchers, des F.binders, F.machers oder Fäßlers. Bes. als Gefäß für edlen → Wein zog das F. die Kunst des Schnitzers auf sich. In den Weingebieten von West- und Südtirol sind plast. Flachschnitzereien seit der Renaiss., wo man große Prunkf. auf dem Markte zur Schau stellte, lebendig geblieben. Auch am Rhein zeigen Fb. Szenen des Alltags, aus Kirchen- und Weltgesch., aus Leg. und Sage (Pfalz), Familienwappen, Hausmarken (Baden) und vor allem Rebe und Traube wie in der rhein. Keramik u. der elsäß. Fachwerkzier. Viel stammt aus dem 16. Jh. (Weinmus. in Speyer u. a. Hildebrandseck bei Königsbach). Der Fr., das in der Mitte für die Schraube durchbohrte Querholz, folgt dem Kulturweg des Weins und bildet Nereiden, Wassergötter, Nymphen, Delphine und Fabeltiere (→ Fischweib, Drache), aber auch Löwen und Katzen, Schäfer, selten jedoch Bauerngestalten ab, vorwiegend in der barokken Formgebung des 17. u. 18. Jh., sei es als → Hausfleiß-Arbeit des Winzers, sei es als ländl. → Schnitzerei des Küfers oder als Kunststück des zünft. Handwerkers. – Der »Hoselips«, ein Holzmännchen auf einem F. in Bahlingen am Kaiserstuhl, darf nie aus dem Keller, sonst gibt es einen schlechten Herbst. Dieser Kobold ist wohl eine Art → V.etymol. aus einer alten Bacchusgestalt. → Gefäße, Hineinsehen, Hausgeist.

P. Daehne, Der Holzbauch. 1930; J. M. Ritz, Holz, in: Spamer, Vkde; F. M. Feldhaus, Die Technik d. Vorzeit. [2]1965; H. Grünn, Fb.zier. In: Heimatbll. f. d. Stadtgem. Bad Vöslau. 1959; dies., F.binder, F.boden. 1969.

Fastelabend → Stechpalme, Fasnacht.

Fasten. In den meisten Religionen und im Volksglauben ist befristete (christlich: Freitage, vereinzelt noch Sonnabend, Fastenzeit, Vigiltage = Vortage hoher Feste, Mittwoch, Freitag und Sonnabend der 4 → Quatemberwochen) Enthaltung vom Genusse bestimmter Speisen (christlich: Fleisch, früher auch → Eier, → Käse) bekannt. Die Kirche deutet es als Nachahmung Jesu, als Buße und Abtötung. Außer den gewöhnl. Freitagen verschärft die kath. Kirche die oben genannten Zeiten durch das Gebot des »Abbruchs« (nur einmalige Sättigung am Tage). Heute werden diese Gebote weitgehend gemildert und angepaßt (Erleichterung für Kranke, Reisende, Festtage usw.) Das F. am → Freitag wirkt noch im heut. Protestantismus nach. Fisch ist bes. an diesem Tage bevorzugtes Gericht (Berlin). Aus der Vorstellung der kultischen Verunreinigung durch gewöhnliches Essen entspringt auch das F.gebot vor dem sakramentalen Essen, dem → Abendmahl. Auch vor Eidesablegung oder bei Wallfahrten war F.

Gebot. Dem gesteigerten psychischen Erlebnis der → Ekstase und Vision geht oft F. voran. Für die antike (pythagoreische) Enthaltung von Bohnen war das → Tabu bestimmend, das auf den chthonischen Geistern gehörenden Früchten lag. Verbot des Genusses von → Hülsenfrüchten finden wir bei uns häufig in der Zwölftenzeit. In geistererfüllten »ungeheuren« Zeiten, bei Gewitter, Sonnenfinsternis, in der Nähe von Tod und Toten soll man nicht essen. Beim Hochzeitsmahl ißt das Paar kein Fleisch (Oberpfalz). Bei Orakel, Kräutersuchen u. a. magischen Handlungen ist → Nüchternheit oft Vorbedingung. Dem heute wieder zu Ehren gekommenen »Heil-F.« entsprechen alte v.med. Vorstellungen. → F.zeit, Ostern, Advent, Konfession.

H. Schurtz, Die Speiseverbote, 1893; L. Fischer, Die kirchl. Quatember, 1914; E. Fehrle, Kultisches F. im dt. V.glauben. Bayer. Hefte f. Vkde., 2 (1915); R. P. Arbesmann, Das F. bei den Griechen und Römern, 1929; ders. in: Reallex. f. Ant. u. Christent. 7 (1967).

Fastenblume → Schlüsselb.

F.bohnen → Bohnensonntag.

F.feuer → Funkensonntag.

F.mutter → Frau Faste.

F.tuch → Hungertuch.

Fastenzeit (Quadragese). Von Aschermittwoch bis Ostern (zuweilen auch Mittwoch in der Karwoche) dauert die nach Jesu Vorbild 40tägige F. (seit dem 4. Jh.), die erst im Ausgang des MA milder gehandhabt wurde. Vorher waren außer Fleisch auch Butter, Milch u. Eier (→ Ostern, Fasten) untersagt. Schnecken waren, neben Fisch, begehrter Fleischersatz. → In der Kirche sind die Altäre mit violetten Tüchern, auch mit kostbaren Werken der Vk. verhängt (in Österr. Fastentuch, in Westfalen → Hungertuch, auch Smachtlappen geheißen). Hochzeit und Tanz sind verboten. Doch wird bei Spinnstuben, bei Wettspinnen i. Wirtshaus (fries. Spindelbier) oder bei Tagungen von Brunnengenossenschaften (jeverländ. Püttbier) Geselligkeit geübt. Sonnabend vor dem ersten Fastensonntag ist für die Kinder »Fuchssonntag«. Bretzeln an den Bäumen sind vom Fuchs gebracht. In Tirol und Steiermark ging man die Fastenkrippe oder d. Kalvarienberg anschauen. Ein höchst kunstvolles Werk dieser Art aus dem Inntal besaß das Vkde.mus. Berlin. Im Anfang der F. gehen viele Geister um (weiße Frau, Drache, feuriger Mann). Wie im Advent wird auf das Wetter geachtet: den ersten vier Freitagen entsprechen die vier Jahreszeiten. Am Ende der F. wird diese »ausgebrannt« oder ihr »der Hals gebrochen«. Als typische Gebäcke der F. führt Höfler die (Salz-) → Brezel, Kringel- u. Beugel-Gebäcke auf, sowie die Vogelgebäcke (→ Pauli Bekehrung), »namentlich in der Nähe von slawischen (bzw. griechisch-kath.) Stämmen« (Bautzen, Patschkau). Über Bräuche an bestimmten Tagen → Aschermittwoch, Lätare, Judica, Karwoche, Gründonnerstag, Karfreitag, Karsamstag, Frau Faste, Funkensonntag.

M. Höfler, Gebildbrote d. Faschings-, Fastnachts- u. F. S. Verz. s. Schriften im HDA.: Gebildbrote.

Faszination (von lat. *fascinare* = verschreien, behexen; *fascinum* = männliches Geschlechtsglied), → böser Blick, später verallgemeinert: Bezauberung. Im MA wurden Sekten (Waldenser) als *fascinarii* verfolgt. → Nacktheit, berufen, Geschlechtsteile, Schlange, Basilik, Zauber

J. C. Frammann, Tractatus de Fascinatione,

1675; S. Seligmann, Der böse Blick, 2 Bde., 1910; R. Otto, Das Heilige. 1936.

Fatalismus → Schicksalsglaube.

Fata Morgana. Von den Luftspiegelungen, die die Wissenschaft durch meteorologische Vorgänge (z. B. Nebensonnen, Mondhöfe als Haloerscheinungen) erklärt, ist die F. M. (besonders in Südeuropa) am bekanntesten, aber auch das »Seegesicht« (Erscheinung von Schiffen am Horizont) oder das ungarische »Steppengesicht« (Vorspiegelung v. Wasserflächen) gehören dazu. Das mythische Denken des Volkes hat diese Erscheinungen als Dämonenwerk gedeutet (Brockengespenst) und in Sagen (z. B. von einer Schlacht) gestaltet. Auch Himmelserscheinungen, von denen → Flugblätter des 15. b. 18. Jh. berichten (Kreuze, Palmen, Schwerter; → Kometen) gehen z. Teil auf solche ungewöhnliche Naturerscheinungen zurück. → Abendrot, Finsternis; zum Wort F. M. vgl. Fee.

Pernter-Exner, Meteorologische Optik, ²1922; Heß, Die Einblattdrucke d. 15. bis 18. Jh. unter Berücks. ihres astron. u. meteorol. Inhaltes; F. Zurbonsen, Die Völkerschlacht der Zukunft »am Birkenbaum«, 1923.

Faust, Dr. Ein Mann namens Georg F. aus Knittlingen in Württemberg (*um 1480, † um 1540) war Mediziner, Alchimist, Astrologe und Humanist, wurde aber meist als Betrüger und Marktschreier abgewiesen. Er studierte in Krakau, Erfurt und Heidelberg, hinterließ aber keine Schriften. Alte Geschichten über Zauberer (Simon Magus, Theophilus, → Albertus Magnus, Paracelsus u. a.) übertrug das Volk auf F., besonders den Teufelspakt, Wundertaten und Streiche in der Art des → Eulenspiegels. So entstanden Ende des 16. Jh. → Volksbücher über F., die wieder Vorstufe des → Volksschauspiels und → Volksliedes gleichen Inhaltes wurden. Die F.sage wanderte (z. B. nach Siebenbürgen) und ging auf andere Hexenmeister über (Pumphut, Scheibenstock, Kupferlari; → Hilarius). Die auf F. zurückgeführten Zauberbücher sind meist jünger (→ Höllenzwang).

R. Petsch, D. Volksbuch v. Dr. F., 1911; H. W. Geißler, Gestaltungen des F., 3 Bde., 1927; G. Bianquis, F. à travers quatre siècles, 1935; Theens, Dokt. Joh. F. Gesch. d. F.gestalt vom 16. Jh. bis zur Gegenwart., 1948; H. Wiemken, hg.: Doctor Fausti Weheklag. Die Volksbücher usw. 1961; H. Birven, Der hist. Dr. F., Maske u. Antlitz, 1963; R. Petsch, F.sage u. F.dichtg. 1966; L. Kretzenbacher, Teufelsbündner u. F.gestalten i. Abendlande. 1968. (Einbez. d. slaw. u. Balkanländer); C. H. Spiess, D. Petermännchen. 1795. Nachdr. 1969 (Geisterroman, der s. Stoff dem F.buch entnimmt).

Fayence → Majolika.

Fazetie → Schwank.

Fazi → Eisheilige.

Fechten. Die bei Griechen und Römern durch Fechtmeister *(armaturae doctores)* und Fechtschulen geförderte Kunst des F., die u. a. Sklaven zu Gladiatoren ausbildete, fand im abendl. MA ihre Weiterentwicklung im Rittertum und später auch bei den Bürgern großer Städte. Die Fechtergilden des MA wie des 16./17. Jh. waren auch Sache des Volkes, das mit den ritterl. Waffenübungen wetteiferte (→ Turnier). Bes. Gesellen und Meister des → Handwerks taten sich zu privileg. Schwertbrüdersch. zusammen. Sie nannten sich Marxbrüder (Freiburg i. B. und Frankfurt a. M. nach dem Patron St. Markus), Luxbrüder (nach St. Lukas), Veitsbrüder (Federfechter; in Prag privil. 1607) u. a. Man kann diese Brudersch. als erste Sportgemeinschaften bezeichnen. Waffen waren Schwert, Zweihänder, Rapier (seit 1560), Dolch, Hellebarde, Spieß und Dusack (Dusagge; 15. Jh.), ein altes Krummschwert der Tschechen, das an Stelle eines Griffes nur eine Handöffnung im Klingenende besaß. Erst im 17. Jh. wurde die mehr bürgerl. dt. Weise des F. durch die frz. beeinflußte adlige F.schule verdrängt. Abgesehen vom sportl. Kampf besitzt das F. heute noch im Brauch der → Studenten Bedeutung und z. T. auch alte Formen. Hier haben sich allein noch reine Hiebwaffen erhalten. – Fechtbrüder, Klopffechter hießen auch die → Fahrenden. F. im Sinn von ›Betteln‹ wollte man von »Bechtengehen« der Kinder an Berchtentag (→ Dreikönig) herleiten. Nach Kluge-Mitzka ist das Wort jedoch durch Handwerker des 16. Jh. von ihren Fechtspielen auf brauchübl. Heischen auf der Wanderschaft übertragen worden. → Schwerttanz.

J. A. Roux, Gründl. Anweisung. 1798; G. Hergesell, Die Fechtkunst im 15. u. 16. Jh. Prag 1896; H. Hellwig, Die dt. Fechtbücher. Börsenbl. f. d. Dt. Buchh. (Frankf. Ausg.) 55 (1966).

Fechter, Feger → Fahrende.

Federkielstickerei. In der alem. noch heute übl. Bez. des Schreibwerkzeugs als »Fädrakiel« ist die Erinnerung an die Gänsefeder erhalten, die bis weit ins 19. Jh. in Gebrauch blieb, obwohl aus Nürnberg bereits 1544 auch von Federn aus Kupfer- oder Messingrohr berichtet wird. – In schmale Streifen geschlitzte Federposen werden in der Alpentracht für die F. verwendet an Lederhosen, Hosenträgern und Gurten. Die »Bauchranzen«, an denen die F. älteren Zinnstiftenbeschlag verdrängt hat, waren zugleich Geldbehälter (»Geldkatze«). In Tirol und Vorarlb. fertigen Sattler noch heute Schellenriemen mit aufwendigen F., die für die teuren Bronzeglocken der Kühe bei bes. Anlässen (Alpfahrt, Prämiierung) bestimmt sind und bei einem Verkauf des Tieres nicht mitgehen. → Glocke, Schelle, Hirt, Leder, Gürtel.

F. Hermann, Die F. der Tiroler Lederfatschen. Oberdt. Zs. f. Vkde 6 (1932); Ders., Das F.en. ebda. 13 (1939) (Technik u. Gerät).

Fee, in der dt. Sprache und Dichtung besonders seit Grimms Märchen vom Dornröschen volkstümlicher Name einer Märchenfrau, die allein oder in bestimmter Zahl zu mehreren erscheint, meist in der freundlichen Gestalt der Unschuldbeschützerin und Wunscherfüllerin im Gegensatz zur bösen → Hexe. F. geht zurück auf lat. *fatua*, ›Weissagerin‹ (zu *fari* ›sprechen‹). Das spätere vlat. *fata* ›Schicksalsgöttin‹ ist auch in → *Fata Morgana* erhalten. In der altfrz. Dichtung stellen sich in den F. → Melusine, Morgane u. a. christliche Beiklänge ein. In dieser Form wurde das Bild der *feien* in der mhd. Dichtung geradezu Mode. Parzival entstammt dem Geschlecht der schönen F. Morgane. Die Renaissancedichtung erneuert das Andenken der »Fäh« oder »Feinin«. Im 16./17. Jh. sind nur die Namen Waldfei und Meerfei öfter belegt. Shakespeares Sommernachtstraum und d. echten F.märchen und künstlichen Feerien der Franzosen im 18. Jh. bewirkten in Dtld. eine dritte F.-mode (besonders Wieland: Oberon). Aus dem neufrz. dieser Zeit stammt auch der heutige dt. Name. Im bodenständigen Volksglauben sind sie noch heute weithin unbekannt (bes. im Süden), wohl auch, weil innerlich unverwandt. An ihrer Stelle stehen die Saligen, Frau Gode, Frau → Holle u. a.

Schreiber, Die F. in Europa, 1842; W. Hertz, Dt. Sage i. Elsaß, 1872 (Üb. geogr. Grenzen d. F.glaubens). Le cabinet des fées ou collection des contes des fées, 41 Bde., 1785–89; Kluge-Mitzka, Et. Wb. [20]1967.

Fegefeuer. Nach kath. Lehre ist das F. der Ort, wo die Armen Seelen für die im Leben nicht abgebüßten Sünden zeitliche Strafen leiden. Das F. endet mit dem Jüngsten Tag. Dann gibt es nur noch Himmel und Hölle. Da nur d. unschuldige Kind hoffen kann, »von Mund auf« in den Himmel zu kommen, spielen das F. und die dort brennenden Armen Seelen im kath. Volksglauben (→ Ablaß, Opfer) und in der Vk. eine große Rolle. Norden wies den Gedanken eines Purgatoriums schon im Griechentum des 5. Jh. v. Z. nach. Über Gnosis und Hellenismus ging er zu den Kirchenvätern über und wurde mit Gregor d. Gr. feste Lehre. Zahlreiche Werke der Vk. (Teifltafeln, Bildstöcke, Altarbilder) schildern die aus Flammen flehenden nackten → Armen Seelen. Unzählige Sagen berichten von ihrer versuchten oder gelungenen Erlösung. → Allerseelen, Eschatologie (Lit.)

K. Künstle, Ik. d. christl. Kunst, 1928.

fegen → kehren.

Feige. Neidf. oder Verschreif. nennt man → Amulette aus Elfenbein oder Metall, die in Bayern und Österr. an Rosenkränzen, Halsbändern der Kinder oder am Miedergeschnür der Braut getragen wurden. Sie wehren Behexung und → bösen Blick ab. Die gleichen Namen trägt auch die obszöne → Gebärde der Hand, die jenen Amuletten zugrunde liegt: Daumen durch Mittel- und Zeigefinger der geschlossenen Hand gesteckt. Geste und Amulette sind besonders in Südeuropa (Italien, Spanien) und dort schon in der Antike verbreitet (ital. *fica* bezeichnet die Geste der F. und *cunnus*). In Dtld. wird die F. zuerst 1178 als *signum probrosum* erwähnt. Der Zusammenhang mit dem Nacktzauber liegt auch bei uns zutage, da in der Jägersprache z. B. F. die Bez. der → Geschlechtsteile des weiblichen Wildes und die Geste der F. in Städten auch das Zeichen sexueller Anträge ist. Vielfach erhielt die F. die Bedeutung der Verhöhnung (→ Hinterer), so bei Luther und Hans Sachs. Heckenbach, Wundt u. a. wollen in der F. auch eine Nachbil-

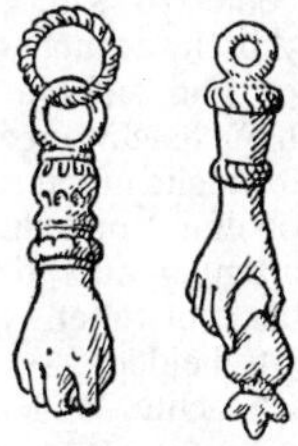

dung des Phallus sehen, worauf antike Amulettzusammenstellungen deuten. In Bayern ist die F. nach M. Höfler Minnegabe: »Der Bursche schenkt der Bauerstochter als Angebinde und Anfrage zugleich eine sogenannte ›F.‹ aus Silber oder Bein. Schickt ihm das Mädchen die Miniaturf. wieder zurück, so ist es aus mit allen Annäherungsversuchen; schickt es aber als Gegengabe ein silbernes Herz, dann ist die gegenseitige Zustimmung sicher« (Zs. d. Ver. f. Vkde 10. Jg.). → Nacktheit, Faszination, Neidkopf.

C. Sittl, Die Gebärden der Griechen u. Römer, 1890; S. Seligmann, Der böse Blick, 2 Bde.; 1910; M. Andree-Eysn, Amulette; in: Vkdl., 1910; L. Rettenbeck, F. Wort-Gebärde-Amulett. 1955; L. Hausmann u. L. Kriss-Rettenbeck, Amulett u. Talisman. 1966.

Felber → Weide.

Feld → Ackerbau, Saat, Korngeist, Ernte.

Fell. Maskenumzüge in Tierf. verbieten mehrere frühe kirchl. Verordnungen vom 7.–11. Jh. In der Tiersage, aber auch in der Vmed., finden wir das Einwickeln Kranker in Tierf. häufig als Abschwächung des Bades im → Eingeweide *(balneum animale)*. In germ. Rechtshandlungen (Adoption, Bündnisse, Eid) war Stehen oder Sitzen auf F. bekannt. Beim Stellen von Orakeln wird uns noch aus neuerer Zeit der Brauch berichtet, am Kreuzweg auf der Haut einer → Kuh zu stehen oder, in Abschwächung der Vorschrift, den Fuß auf ein Katzenf. oder einen Fuchsschwanz zu setzen. Ob es ursprünglich Opfertierf. waren oder ob eine Vorstellung magischer Kräftigung oder der Reinigung dabei vorwaltet, läßt sich schwer entscheiden. → Masken, Pelz, Rauchnächte, Wagen.

Bächtold-Stäubli, F., in HDA; A. Spamer, Dt. Fastnachtsbräuche, 1936; K. Hilkuna, Die finn. Kummetdecke aus Bärenfell. V.werk, 1942.

Fenken, Fängge heißen im alem. die wilden Leute, riesenhafte, behaarte Naturgeister der Wälder und Berge. Im bayr.-österr. Gebiet ist Fankel, Fankerl, Spirifankerl auch Bez. des → Teufels. Nach Bäschlin ist dies die ursprüngliche Bedeutung. Wild und meist weiblich sind die F. in der Tiroler Sage. Die Rutschifenggen (Klostertal in Vorarlberg) nähren sich von Heidelbeeren und von Eiern der Schneehühner. Im Sommer gehen sie nackt, im Winter tragen sie Tierfelle und Tannenbart. Auch die Züge von Hauskobold und Alp nehmen sie an. Eindrucksvolle Gestalten sind die weibl. F., die bes. in der Südvorarlb. Sage durch e. »geheimnisvolle Todesbotschaft« wieder abgerufen werden aus dem menschlichen Kreise, in dem sie kurz verweilen durften und Liebe erwarben. Große übereinandergestürzte Steine, die Höhlungen bilden, heißen noch heute »Fenggalöcher« (im Wald am Kropfen über Schruns).

F. J. Vonbun, Die Sagen Vorarlbergs, Neuausg. v. R. Beitl, 1950; J. Zingerle, Sagen aus Tirol, [2]1891; R. Beitl, Johringla. 1951.

Fensterbierscheiben, bemalte Fensterscheiben, die beim → Richtefest in Niedersachsen als ein Beitrag für das Haus von den Gästen gestiftet wurden. Bei dem Feste des »Fensterbieres« (»Fensterköst«) ging es bisweilen so hoch her, daß behördliche Verordnungen nötig wurden, da »der Hauswirt diejenigen, so die Fenster verehret, einlädt und auf die Ausrichtung zu seinem eigenen Verderb oft so viel anwendet, wie die Fenster kosteten, also, daß schlechter Vorteil, ja oft Schaden und Ungemach dabei zu erwarten war«. Die auf meist farbloses → Glas aufgetragenen Farben wurden im kastenartigen Brennofen durch Schmelzung eingebrannt. Die ältere Zeit liebte die Darst. von Wappen (Hausmarken) und ländl. Arbeit (Mäher, Imker, Müller, Geräte; in den Marschen oft Schiffsbilder), auch eines Hochzeitswagens (H.Geschenk), eines Reiters mit Peitsche, dem die Frau einen Becher kredenzt, einer Frau in Tracht mit einer Rose in der Hand (Kehdingen). Im 17. und 18. Jh. blühend, begnügte sich die Kunst der F. gegen 1800 mehr und mehr mit bloßen Inschriften oder anspruchsloser → Schwarzlotmalerei. Der andere Schwerpunkt des Brauches liegt in der Schweiz. Die → Glasmalerei, im 13. Jh hervorragender Schmuck der Kirchen und Klöster, eroberte sich hier im 16. und 17. Jh die öffentl. Gebäude und die Wohnhäuser. Städte beschenkten sich mit Wappenscheiben, die bürgerl. Geschlechter, die Zünfte der → Handwerker, die → Schützenbrudersch. und die Bauern folgten mit sogen. Kabinettscheiben. In den zum Thuner See geöffneten Tälern liebte man kleine, gravierte Glasscheiben als Verwandtengeschenk zu Geburt, Taufe oder Hochzeit. Der Küfer Hans Harder bestellte sich eine Scheibe, auf der er gemalt sehen wollte, wie er arbeitet und seine Frau ihm einen Trunk bringt. Eine Berner Scheibe, graviert 1775, zeigt einen Mann, der seiner Frau Wein einschenkt; darunter stehen die Namen und zu beiden Seiten der Spruch:

All min anfang zu Jeder fricht
geschehe im nahmen Jesu christ
der stehe mir bej früh und spaht
biß all min thun ein ende hat.
diß gib ich hier zum angedencken
und thun es mein Sohne Schencken
daß er nicht vergeße mich
wan ich schon von hinen weich.
(Nach Baud-Bovy)

R. Schmidt, Das Glas, 1922, S. 215f.; W. Peßler, Dt. Vk., Niedersachsen, 1924; D. Baud-Bovy, Schweizer Bauernkunst. 1926; O. Lauffer, Niederdt. Bauernleben in Glasbildern d. neueren Jhh., 1936; O. Völckers, Glas u. Fenster, 1939.

Fensterln → Gaßlbrauch, Heiligenbrief, Jungfrau.

Ferge → Fährmann.

Fernsehen. Allein in der BRD muß die Bevölkerung mit 20 Mill. → Autos und deren Kofferradios, mit hunderten von Mill. → Schallplatten und mit ungezählten Mill. von Transistoren, → Rundfunk- und F.geräten, schwarzweiß und farbig, fertig werden. Daß diese Woge von Belehrung, Unterhaltung und, nicht zuletzt, von → Reklame und Manipulation das Leben des Volkes verändert, bedarf keines Beweises. Die krit. Beschäftigung mit den Programmen des F. und ihrer Wirkung steht erst im Anfang. 1972/73 fanden lebhaftere Auseinandersetzungen Sender–Hörer statt, die überfällig waren. Wie alle neuzeitl. »Massenmedien« ist das F. das, was man daraus macht. Wir erleben die gezielte Verbreitung von v.feindlichen »Reportagen«, von Kitsch und Schund, aber auch die verantwortungsvolle Übertragung und Darst. gewachsener V.kultur (z. B. W. Fanderl für Bayern; → Film).

K. V. Riedel, F. u. Volkskultur. Beitr. z. dt. V. u. A.kde 9 (1965); F. Stückrath, G. Schottmayer, F. u. Großstadtjugend. 1967; W. Menningen, F.-Unterh.industrie oder Bildungsinstitut. 1971; K. M. Setzen, F.: Objektivität oder Manipulation? 1971

Fessel → Band, Knoten.

Fest, Feier, Dult. D. (ahd. *tuld* und *dult* zu got. *dulþ*) war das alte, vor allem in Baiern, Schwaben, Schweiz und Elsaß verbreitete Wort, gegen das vom Rhein her ahd. *fira*, mhd. *vire* (von lat. *feriae* ›von Geschäften freie, geheiligte Tage‹) steht, das den Nordgermanen und England fremd geblieben ist. In der »Auer Dult«, dem → Jahrmarkt des Münchner Vororts Au, lebt das Wort D. noch. Bedrängt wurde es in seiner Geltung auch durch das jüngere F., das mit dem älteren Feier verwandt ist. Lat. *festus* ›relig. Feier gewidmet‹ ergab mhd. *vëst*. Im Volksleben aller Zonen und Zeiten bringt der Rhythmus des Naturjahres (Jahresf., Frühlings-, Sonnwend-, Herbstf.), der Wirtschaft (Saat, Ernte, Ausdrusch), des Kultjahres (Opferzeiten, christliche Gottes- und Heiligenf.) Einschnitte mit sich, die durch Arbeitsruhe, Gottesdienst und Gemeinschaftsmahl hervorgehoben werden. Spiel, Wettkampf, Musik und Tanz gesellen sich hinzu. Trinken und Raufen beschließen nicht selten die gesteigert erlebte Befreiung aus dem Alltag und Ich. Die Erforschung des germ., antiken und christlichen Anteils, auch der »Elementargedanken« in den F. der Geschichte und Gegenwart bildet eine Hauptaufgabe der Vkde → V.brauch (Lit.), ferner die einz. F. des Jahres und Lebens.

H. Kellner, Heortologie od. d. gesch. Entw. d. Kirchenjahres u. d. Heiligenf. von den ält. Zeiten b. z. Gegenw. [3]1911; M. P. Nilsson, Die vstüml. F. des Jahres 1914; A. Thierbach, Unters. z. Benennung d. Kirchenf. in d. roman. Sprachen. 1951; E. Fehrle, Deutsche F. u. V.bräuche. 1955; K. Wolfram, Sozialist. Dorf- u. Heimatf. Dt. Jb. f. Vkde 4 (1958); E. Burgstaller, F.tagsgebäcke. Komm. zu ÖVA I 1959; F. Sieber, Volk u. v. tüml. Motivik im F.werk d. Barock. 1960 (Dresdner Bildquellen); K. Vilkuna, Vtüml. Arbeitsf. in Finnland. Helsinki 1963; H. Biehn, F. u. Feiern im alten Europa. o. J.; J. Pieper, Zustimmung zur Welt. Eine Theorie d. F. 1963; K. Beitl, Feguras de gigantes. Rhein. Jb. f. Vkde 15/16 (1964/65); D. Narr, F. u. Feiern im Kulturprogr. d. Aufklärung. Zs. f. Vkde. 62 (1966); Kluge-Mitzka, Et. Wb. [23]1967; Th. Gantner, Der F.umzug 1970 (Schweiz, 19. Jh); G. Jaacks, Das Lübecker V.- u. Erinnerungsf. (Allg. Scheibensch.) 1971; dies., F.züge in Hamburg (Kat.), 1972; Kartogr.: ADV I Weltl. F. Fasnacht, Kinderf., Kirmes, Schützenf.

festmachen, an einen Ort bannen (→ Bann), → beschwören, stellen. Die zweite Bedeutung von f. ist unverwundbar, kugelfest machen. Besonders im Soldatenglauben spielt das F. durch → Himmelsbriefe, Kugelsegen (→ Kugel), → Georgstaler, → Gamskugel, → Alraun und → Glückshaube eine bedeutende Rolle. Fahrende Schüler, Freimaurer, Wildschützen u. Raufbolde, besonders auch Heerführer, Fürsten und Könige (Wallenstein, Friedrich der Große, Graf Haeseler noch 1914) waren »fest« oder verstanden sich auf diese Kunst. Zauberisches F. wurde noch 1724 durch Kriegsartikel in Preußen verboten. Mit Gegenzauber (Schießen mit Erbsilber, mit einer Kugel aus Jungfernwachs) kann man den Zauber »auftun«. »Gfrören« (gefrieren machen), von dem alem. Sagen noch erzählen, bezeichnet sowohl stellen als f. → Wegwarte.

O. Berthold, Die Unverwundbarkeit in Sage u. Abergl. d. Griechen, 1911; A. Kronfeld, Der Krieg im Abergl. u. im V.sglauben, 1915; R. Beitl, Brauch u. Glaube d. Soldaten. In: Dt. Soldatenkunde, hg. v. Schwertfeger u. Volkmann. S. 318ff.; A. Spamer – J. Nickel, Romanusbüchlein, 1958.

Fetisch vom franz. *fétiche*, das (über portug. *feitiço*) aus einer Bantusprache stammt; Kluge stellt es dagegen zusammen mit lat. *facticius* = nachgeahmt, künstlich. Die franz. Form ist in Dtld. durch Wieland, Kant und Goethe geläufig geworden. Bei westafrikanischen Primitiven ist der F. ein nicht persönlich gedachter Glücksbringer, meist ein roh beschnitztes, bunt bemaltes, mit Lappen und Flitter behängtes Stück Holz. Wie etwa der Begriff → Orenda wird auch F. von der Religionswissenschaft verallgemeinert und in diesem Falle angewandt »für alles, was, ob nun erst mit primitivem Kunsteingriff bearbeitet oder im Fundzustand gelassen, vom Besitzer zum Zweck des Glückbringens bewahrt und zur Entbindung der Glückskraft mit Öl oder Ocker u. anderer Farbe eingerieben, mit einem Nagel beschlagen oder sonst geklopft wird« (Beth., HDA 2, 1368). In diesem Sinn kannte den F. auch der norwegische Brauch und manches Märchen. Talisman und Amulett sind F., zumal wenn sie besondere Behandlung fordern wie der → Alraun. Gegen die Übertragung der exotischen Bez. F. auf europäische und dt. Verhältnisse ist im übrigen das gleiche einzuwenden wie bei dem Wort → Orenda. Die Psychopathologie und Psychiatrie versteht unter F.ismus die Fixierung des sexuellen Triebes auf einen bestimmten Körperteil (Fuß, Haar) oder Gegenstand (Schuh, Wäschestück, Schmuck) an Stelle des Gesamtindividuums. Der Kampf unserer Fußball- und Beat-Fans um das schweißdurchtränkte Hemd ihrer Helden gehört hierher.

F. Schultze, Der F.ismus, 1871; Baudin, Fétichisme et féticheurs. 1884; Hadon, Magic and Fetichism, 1906; Bellucci, Il feticismo primitivo in Italia, 1907; K. Beth. Religion und Magie bei d. Naturvölkern, [2]1927; G. v. d. Leeuw, Phänomenol. d. Religion, 1933; Kluge-Mitzka, Et. Wb. [20]1967.

Fett und F.gebäcke (Krapfen, Pfannkuchen) werden im Frühlingsbrauch und Fruchtbarkeitszauber angewandt. Der Obstbaum wird reich tragen, wenn man ihn mit Krapfen im Mund küßt. Vor der eigentlichen → Fasnacht kommt d. fette, schmutzige (= schmalzige) Donnerstag. Im Heilzauber wird F. von Tieren (→ Bär, Dachs, Murmeltier), besonders gern von Raubtieren, Menschen (Armsünderschmalz von Hingerichteten) vielseitig verwendet zu natürlicher Heilwirkung, aber auch im Glauben an das F. (besonders Herz- und Nierenf.) als Sitz des Seelen- und Kraftstoffes (→ Blut). F. und → Öl sind vornehmliche Opfergaben. Götterbilder und Idole (→ Fetisch, Balken, Pfahl) gewinnen magische Kraft, wenn sie mit F. eingeschmiert werden. Nach der Frithjofsaga wurde ein Teigbild, das Balder darstellte, mit Öl bestrichen. Der Besen oder ein anderes Gerät wird durch Einreiben mit der Hexensalbe flugtauglich gemacht (in dt. und nord. Sagen u. Märchen). Nach Quitzmann wurde das Karfreitagskreuz noch im 17. Jh. mit F. und Eiern gesalbt. → Opfer, Fruchtbarkeit.

H. Schelenz, Gesch. d. Pharmazie, 1904; C. Mayer, Das Öl i. Kultus d. Griechen, Diss., 1917; Ebert, Reallex d. Vorgesch.; H. M. Böttcher, Wunderdrogen. 1959.

fetter Donnerstag → Fasnacht.

Feuer. F. spendet → Licht und Wärme, macht die Speisen genießbar, das Metall gefüge, das Tongefäß widerstandsfähig, vernichtet das Morsche, Alte und Unreine (→ Notfeuer). → Blitz, → Sonne und andere Licht- und F.erscheinungen der Natur rücken jenes → Element in die Sphäre des Übernatürlichen, Göttlichen. Auch durch die schwere Gewinnung und sorgebedürftige Hütung wurde das F. kostbar. Die kirchliche F.weihe, aber auch d. christliche → Fegefeuer, die Hölle und der Weltuntergangsmythus umgaben von neuem das F. mit religiösem und furchtbarem Schein. Nach dem Ritus der kath. Kirche wird am frühen Morgen des → Karsamstags, nachdem zuvor in der Kirche alle Kerzen gelöscht sind, auf dem Kirchhofe das »Osterfeuer« *(ignis paschalis)* oder »Judasfeuer« entzündet. Als Brennmaterial dienen alte Sargbretter, Grabkreuze und Holz, das von den Bauern beigesteuert wird. Nach alten Vorschriften soll der Brand durch Stahl und Stein erzeugt werden. Am geweihten F. werden die Osterkerze und die anderen Lichter in der Kirche entzündet. Auch in den Häusern werden alle F. gelöscht. Vom »Osterfeuer« holt man ein glimmendes Scheit, räuchert die Stuben und Ställe aus und zündet dann Herde und Öfen wieder an. Die durch das F. geweihten Holzstecken werden gegen F.- und Blitzgefahr unter dem Dach, gegen böse Einflüsse an Stall- und Scheunentor angebracht, gegen Unwetter an die Ecken und in die Mitte des Ackers gesteckt. Dem Vieh werden gegen Krankheiten Kohlereste in kleineren Stückchen oder in Pulverform unter das Futter gemischt. Ein mit Osterkohle gezeichnetes Kreuz am Haus oder am Stall wehrt alles Unheil ab (→ Ostern). So ist es kein Wunder, daß F.brand und → Kohle auch sonst bei Abwehrriten und kultischem Jahresbrauch (→ Jahresf.) eine überragende Stellung einnehmen. Die Germanen verehrten die Sonne; den Kult einer F.gottheit, wie ihn Inder, Griechen und Römer besaßen, verneint Freudenthal für unsere Frühzeit, was die Heiligachtung zumal des F. im → Herde aber nicht ausschließt. Gegen Schadenf. entwickelt der

Volksglaube viele Mittel. Die F.brunst muß in einen Ring gebannt werden, durch Umwandlung oder Umritt, durch Aufstellen eines Backtrogs, Hineinwerfen eines Tellers (häufig; daher die Tellerverordnung von 1742; zum Teil abgedruckt bei Witzschel, Kleine Beiträge . . . aus Thüringen, Wien 1866 und 1878), eines Amulettes, eines Brotes, eines Ostereis u. a. Lebensmittel, oder auch (von der Antike bis heute) des Hemdes einer Menstruierenden oder einer Wöchnerin. Auch kirchliche Mittel wurden i. reichem Maße eingesetzt (Feuersegen, Karsamstagskohle, Corporale, Heiligenbilder). Erscheinen eines → F.manns, eines feurigen → Drachens, eines Hirschkäfers (»Fürböter«) bedeuten und bringen F. Ein Storchen- oder Schwalbennest auf dem Giebel schützt davor. → Agatha, Loki, Fackel, Kerze, Brand, F.mann, F.reiter, F.bock, Laurentius, Satorformel, vor allem Jahresf.

J. Grimm, Dt. Mythologie; A. Kuhn, Die Herabkunft des F. u. d. Göttertrankes, 1859; Lindner, Das F., 1881; Pauschmann, Das F. und die Menschheit, 1908; P. Sartori, F. u. Licht im Totenbrauch; Zs d. V. f. Vkde., 17. Jg.; H. Freudenthal, Das F. im dt. Glauben u. Brauch, 1931; Ebert, Reallex. d. Vorgesch.; Hoops, Reallex. d. germ. Altertskde.; Schröder, Reallex. d. idg. Altertskde.; G. Jungbauer, Dt. Vmed., 1934; G. Wietek, Altes Gerät f. F. u. Licht. 1964; A. Fielhauer, Die Karfreitagsf. in N.öst. Mitt. d. Anthr. Ges. 95 (1965); H. Müller-Karpe, Hb. d. Vorgesch. I 1966; L. Schmidt, V.glaube u. V.brauch. 1966; W. F. Tschudin, Slg. F. u. Licht (Histor. Mus. Olten), 1968; Kartogr.: ADV II Jahresf., F.bräuche. – ASV 186–89; ÖVA III.

Feuerbock, F.hund. Solange das Herdfeuer offen war, blieb der F. aus Stein, später aus → Eisen, ein notwendiges Gerät, auf dessen einem Ende die Holzstücke ruhten. An die tierköpf. Ausformungen der Haltezacken, bei denen das → Hineinsehen sicher mit wirksam ist, hat man Vermutungen über frühe kult. Verehrung dieses Herdgerätes (→ Dreifuß) geknüpft. Die Bez. als Bock, Hund, Roß, ferner die bes. Pflege des F. im nord. Brauch des → Jul weisen in diese Richtung, endlich die Tatsache, daß der F. nach Schmeller noch in Glossen des 14. Jh. als *Lar* (lat. *Lar*, meist Mehrz. *Lares*, ›Laren, Geister d. Grundstücke, Kreuzwege, Haine, dann Schutzgötter des Hauses, Seelen der Verstorbenen‹) bezeichnet wurde. → Herd, Pfannenknecht.

O. Tschumi, Vorgesch. Mondbilder u. F. 1912; P. Benoit, Die Bez. f. F. Diss. 1925; D. Drost, Zur Gliederg. u. Herk. d. metall. F. Mitteleuropas. In: Ethnogr.-archäol. Fgn. ²(1954).

Feuermagd → Agatha.

Feuermann, feurige, brennende Kerle nennt die Volkssage die Licht- oder Feuererscheinungen umgehender Totengeister. Die Vorstellung der im → Fegefeuer brennenden → Armenseelen wirkt dabei vielleicht mit. Den ältesten Bericht gibt die sächsische Weltchronik zum Jahre 1120. → Irrlicht.

Vkde-Atlas voor Nederland . . . 1959 I (feuriger Mann).

Feuerreiter. Volkstümliche Zaubermaßnahmen gegen Schadenfeuer, besonders das Umkreisen, brachten die Sagengestalt des F. hervor, von dem man besonders im mittleren Norddtld. erzählt. Mythischen F., aber auch dem Landesherrn und in Übertragung von dessen Kraft auch dem Bürgermeister, Offizier oder Inspektor schreibt man die Gabe zu, durch Umreiten das Feuer eindämmen zu können. Die Überl. liegt dem Gedicht »Der F.« von E. Möricke zugrunde. → Kreis.

Becker, Die Sage vom F.: Jb. d. Ver. f. meckl. Gesch. u. Altert.kde 81 (1917); H. Freudenthal, in HDA 2. Bd.

feurig → Drache, Komet, Feuermann, Irrlicht.

Fides → drei hl. Frauen.

Fieber. Das Volk bezeichnet und behandelt Krankheiten nach den fühlbaren und sichtbaren Symptomen, die häufig einem Krankheitsdämon zugeschrieben werden (→ Gebärmutter-Votive, Kolik). Wenn F. nicht einfach durch Übertragung (Anbinden, Verpflöcken, Verschwemmen von Haar, Blut usw.) od. Abtun u. Wegsprechen vertrieben wird, dann greift man zu Wärme- od. Kältemitteln, besonders oft zu F.tee aus F.klee, Hagebutten, Holunder, Kamille, Lindenblüten usw. Sprüche (»F. bleib aus, ich bin nicht zu Haus«) und eine große Zahl von → Segen stehen seit Jhh. neben kirchl. Mitteln der Benediktion, Anrufung und zahlreichen F.patronen, von denen die Siebenschläfer am bekanntesten sind. Aus der Welt des Organischen genommene F.mittel sind selten, weil das Volkswissen für das F. keinen bestimmten Sitz im Körper nennen kann. Für die 7, 77, ja 99 F., die man in F.segen aufruft, kennt man z. B. in Oldenburg fast ebensoviel (72) spezielle Heilmittel. Es gibt kaum eine Praktik der → Vmed., die bei dieser häufigen Krankheitserscheinung nicht Anwendung fände. → Salbei.

M. Urban, Zur altvolkstümlichen F.-behandlung. Ärztl. Zentralbl., 1904; Hovorka-Kronfeld, F. In: Vergl. V.med, Bd. 1 1908/09), S. 135–155; F. Netolitzky, Die F.mittel d. Volkes u. ihre Deutung. Pharm. Post, 51 (1918); E. Grabner, Vtüml. F.vorst. Öst. Zs. f. Vkde 64 (1961), Lit.

Fieberstellwurzel → Germer.

Fillumfallum → Maiglöckchen.

Film. In den 50 Jahren vor Erfindung des → Fernsehens gewann die »Traumfabrik« des F., der immerhin schon die Wirtshaussäle der Dörfer erreicht hatte, steigenden Einfluß auf die gewachsene Vkultur. Angesichts der Erfahrungen in Gerichtssälen wird man W. Hävernick kaum zustimmen (Beitr. 5, S. 125), »daß der F. der Volksseele nie schaden kann, da er ja ihr eigenes Produkt ist, geformt durch ›Auswahl‹, angepaßt genau dem gewünschten Unterhaltungsbedürfnis«. Neuere Fg. widmet sich den Inhalten, Schauplätzen und Gestalten, dem brutalen Realismus wie der dem → Kitsch sich nähernden Traumwelt des F. und seiner Wirkung auf die städt. und dörfl. Gemeinschaft. Während der Heimat- und Brauchtumsf. selten lebensechte Zeugnisse vermittelt, ist der wiss. F. ein wichtiges Hilfsmittel vkdl Fg. geworden. – Nach → V.buch, Kalendergesch., Roman und Krimi als Lesestoff für breite Schichten ist der F. als Bild-, Wort- und Tonzauberer seiners. in den l. Jahrzehnten von den weit mächtigeren, allgegenw. »Medien« und »Massenkomm.mitteln« Rundfunk und Fernsehen überflügelt worden. Selbst die skrupellose Flucht in Horror und Pornographie scheint die Zukunft des Kinos nicht sichern zu können.

W. Hallermann u. J. Gerchow. Der F. als Schablone f. Kapitalverbrechen. Dt. Zs. f. gerichtl. Med. 48 (1959); K. V. Riedel, Die V.tümlichkeit d. film. Gestaltungsweise. In: Publizistik 7 (1962); ders., Der F. – ein Gegenst. d. Vkde. Beitr. z. dt. V. u. Akde 8 (1964); J. Künzig, in: Pop. revisus. 1966 (Hinweise z. Meth. d. Brauchtumsfg.); W. Höfig, Der dt. Heimatf. 1947–1960. Diss. Berlin 1970 (Lit.; 2 Karten: 1. Häufigkeit dt., österr., schweiz., südtiroler Landschaften im Heimatfilm (insges. 300 Filme), 2. Lokalisierbare Drehorte von Hf. 1948–60); Institut f. d. Wiss. F., Göttingen (Lebenskreis, Jahresl., Vk. u. Handw., Tracht, Arbeit u. A.gerät. Ausleihe u. Verkauf der F.); Bundesstaatl. Hauptst. f. Wiss. Kinematographie, Wien (Verleih d. intern. Encycl. Cinematogr.).

Finden als außergewöhnliche Art des Erwerbs einer Sache ist glückbringend (→ Hufeisen, Vierklee, Geld), aber auch gefährlich (Band mit Warzenknoten, Übertragung von Krankheiten). Bei vielen Heilhandlungen ist F., meist ungesuchtes F., Vorbedingung des Erfolges (Wagenschmiere gegen Hühneraugen, Tierzahn gegen Zahnweh). → Stehlen, Amulett.

Findelkind. Das ausgesetzte Kind hat die V.phantasie seit altem beschäftigt (→ V.buch, Bänkels., Bilderb.). Für die Namengebung waren bes. Umstände und Zeiten oft maßgebend: Advent, Kersnacht, van der Poorten u. ä. F.häuser, von der Kirche gegründet, verbreiteten sich seit dem 9. Jh. bes. in den roman. Ländern und erhielten sich teilweise bis heute. Bekannt ist die von Papst Innozenz III. 1198 eingeführte Drehlade (rota) an der Klosterpforte zu verschwiegener Aussetzung. Angesichts des Kampfes um den § 218 wird heute ihre Neueinführung verlangt (Welt 15. 11. 71). → Christophorus.

R. Beitl, Der Kinderbaum. 1942 (Aufheben u. Aussetzen); L. de Man, F.er u. ihre Namengebg. Rhein.-westf. Zs. f. Vkde 4 (1957).

Finger. In Zeichendeutg. (Knacken, → Zucken), Vmed. (Umfahren, → Kreis), Volksglauben (Verschränken, Kreuzen, → backen, Feige), in Spruch, → Kinderlied und → Kinderspiel und nicht zuletzt in der Rechtssymbolik haben die F., ihr Aussehen und ihre → Gebärden große Beachtung gefunden. Oft sind sie genauer bezeichnetes Tun der Hand. Die verbreitete Spottgebärde des »Schabab«, »Rübchenschaben«, das mit dem Ruf »ix«, »gix«, »bäh« u. dergl. begleitet wird, kennen auch andere Völker (ital. *far pepe*, Pfeffer machen). Im abendl. Kinderspiel den letzten Schlag zu erhalten, verhindert man durch Kreuzen beider Zeigef. oder eines Zeigef. mit dem Mittelf. Eine alte Abwehrgeste ist es, Zeigef. und kleine F. der geschlossenen Hand wie Hörner vorzustrecken. Auf ital. Autostraßen wurde sie eine allg. Gebärde, mit der der dt. Brauch wetteifert, mit dem F. an die Stirn zu tippen. Allg. Mißachtung verfällt, auf wen »mit F.n gezeigt« wird. Das redensartlich noch bekannte »durch die F. sehen« (vgl. das Sprichwörterbild von Breugel) war usrpünglich eine Geste, die Blendwerk enthüllte. Der 4. F. ist aus altem Glauben der Herz- oder Ringf., wie C. Spangenberg schon erklärt: »Und würt der Brautring an den vierdten F. gesteckt, von welchem die Adern zum Hertzen gehen, anzuzeigen, das die Liebe soll hertzlich sein«. → Fingerspiele, Daumen, Geburt, Ring.

F. G. Groschuff, Abh. v. d. F., deren Verrichtungen und symbol. Bedeutungen . . ., 1756; W. Grimm, Bedeutung d. F.namen, Abh. Berl. Ak., 1846; Bächtold-Stäubli, F.; in HDA; E. Grohne, Gruß u. Gebärde; in: Peßler, Hb.

Fingerhakeln, Hakeln. Beliebtes Spiel der bayr.-österr. Holzknechte, für das heute auch Gau- und Landesmeistersch. ausgeschrieben werden. Sieger ist, wer den Gegner mit eingehaktem Mittelfinger über die Tischplatte zieht. Es scheint, daß schon das MA dieses Spiel kannte. Ähnliche Kraftproben des → Vspiels nennen sich Käsdrücken, Faustschieben, Wiegen, Genickziehen. Andere gehen über in Scherz und Schimpf wie Schafflreiten, Fuchsprellen, Schinkenklopfen oder nähern sich sportl. Übung wie Bockspringen. 1960 wurde der Schlußkampf, das Finale, von 56 bayrischen F.ern in München im dt. u. engl. → Fernsehen übertragen. Damit verbunden war ein Wettstreit der Schnupfer und die Prämiierung der besten und größten Kuhglocke. Bei einem am 25. 4. 70 übertragenen »Volksfest« in Kelheim a. d. Donau ging es u. a. um Wettbewerbe in den »bayer. Nationaldisziplinen«: F., Bierseideltragen und Faßrollen.

Fingernägel werden, wie alles, was im Wachstum gehemmt werden soll, am Freitag oder bei abnehmendem Mond geschnitten. Reich wird, bei wem der weiße Mond an der Fingerwurzel groß ist. Lebendig ist der Glaube, daß F. und damit Kratzwunden giftig sind. Die Schwangeren sollen sich die F. abbeißen und auch Kindern unter einem Jahr muß die Mutter die F. so entfernen, wohl in der Vorstellung, daß beim Schneiden wegfallende F. zauberisch mißbraucht werden könnten wie andere Körperabfälle und -ausscheidungen.

Fingerspiele, F.losen. Das alte China *(tsui-mai)*, Ägypten, Rom *(micare digitis)*, das heutige Italien *(morra)* und Frankreich *(mourre)* kannten und kennen in vielen Formen Losspiele, in denen z. B. von zwei Spielern die Zahl der auf ein Kommando gemeinsam ausgestreckten Finger gleichzeitig gerufen werden muß. Verwandt ist das berlin. »Knobeln«: Jeder der beiden Losenden streckt die Hand, die Faust oder den gespreizten Zeige- und Mittelfinger aus. Faust bedeutet Stein, offene Hand Papier und gespreizte Finger Schere. Die Spielregel lautet: Schere schneidet Papier, Papier wickelt den Stein ein, Stein aber besiegt (verdirbt) Schere. Verwandt sind → Glücksspiele, bei denen Münzen oder kleine Geschenke in einer Faust verborgen werden und auf Gerad oder Ungerad geraten werden muß (Tirol: Dindl-Dandl, in welchem Handl?). Die Griechen nannten ein solches Spiel *artiazein*, die Römer *ludere par impar*. Bei → Altswert heißt es: *zwei spilten zürlin mürlin*, bei → Geiler von Kaysersberg genauer: *Wan man sitzt und die hend umd einander wickelt und machet zirlin, mirlin, gartentirlin*. Ein ähnliches F. war wohl auch das »Körblinmachens« bei → Fischart. Vom Losen verschieden sind die eigentl. F. die man Kinder lehrt. Allg. bekannt und geübt sind F. mit den Begleitversen:

Das ist der Daumen,
Der schüttelt die Pflaumen . . .

E. v. Künßberg (Rechtsbr. u. Kinderspiel, 1920) wies auf die mögl. Verwandtschaft mit einer Rechtsgebärde hin. Dem Schwörenden wurde wohl erklärt, die emporgestreckten Schwurfinger hätten eine bestimmte Bedeutung, z. B.: Der Daumen ist Gott Vater, der Zeigefinger Gott Sohn und der Mittelfinger der Heilige Geist. → Kitzeln.

R. Welsh, Finger Games. In: Western Folklore 25. Los Angeles 1966.

Finkenritter → Schwank.

Finsternisse. In der Verfinsterung von → Sonne oder → Mond sieht der Volksglaube seit altem Mißwachs, Krieg u. Tod (→ Karls des Großen) angekündigt, auf Brunnen u. Pflanzen fallen Giftstoffe, der Bestand der Welt selbst ist bedroht. Der Indiculus und Burchard von Worms erwähnen Lärm als Abwehrzauber (nach Eligius und Rhabanus Maurus erschallte der Ruf »*vince luna*« = »siege, Mond!«). Vertreibung der F. durch Schlagen von Sensen, Pfannen und anderem Eisen und Erz war noch im 19. Jh. vielerorts Sitte. Dt. und germ. bezeugt ist die mythische Erklärung der F. als Vereinigung Liebender (Oberpf.), als Gewalt von tierischen Ungeheuern oder als Trauer des Gestirns. Der Mythus überseeischer Völker berichtet oft von Tod und Krankheit des Gestirns oder, seltener, von seinem Verlassen des Himmelsplatzes. Eine Übersicht der F.mythen gaben

Lasch (Arch. f. Rel.wiss. 3, 1900) und Stegemann (HDA 2, 1509–26).

Firstsäule. Die das Dach tragende F. genießt im Volksglauben ähnliche Achtung wie → Herd, Schwelle, Giebel, Eckbalken, Anspann (→ Grundstein). Als Heiligtum galt im Altnord. die künstlich bearbeitete Hochsitzsäule, vielleicht auch in Erinnerung an ältere um einen Schutzbaum errichtete Wohnstätten. Die F. des Himmels gewissermaßen ist die → Irminsul. Die Weltesche Yggdrasil vergleicht Jonsson mit dem tragenden Baum in der Halle der Wölsungen. → Giebelbretter, Balken, Dach.

W. Schultz, Altgerm. Kultur, 1934; F. Saeftel, Herd- u. Hochsäule im altnord. Haus; in: Germanien 3 (1935); B. Schier, Hauslandschaften ²1966.

Firstschmuck → Giebelzier.

Fisch, Fischer. Der F., den auch die Vk. auf Rosten, Tellern usw. oft in der typischen Dreiverbindung der Köpfe darstellt, ist altes Symbol von Leben und Fruchtbarkeit. Aus jüd. Überlieferung leitet sich der F. als Symbol → Christi her. Im Hochzeitsbrauch hat er die Bedeutung des Kindersegens, wie er zumal bei primitiven Völkern auch phallisches Sexualsymbol ist (ital. *pesce* = Penis). Im 13. Jh. berichtet Frater Rudolfus über Liebeszauber mit F.: »Drei F.lein legen sie, eins in den Mund, das zweite unter die Brüste, das dritte an den unteren Teil, bis sie sterben; dann machen sie sie zu Pulver und geben sie den Männern in Speise und Trank«. Verbreitete Märchenmotive sind der Aufenthalt im F.bauch (Jonas) und der Ring im Bauch des F. Über die Stellung der F. in Glauben und Vmed. → Hecht, Hering, Karpfen. → Wassergeister haben oft F.gestalt. F.fang war neben → Jagd, Aufzucht von Vieh und Ackerbau wichtiger Nahrungserwerb des Germanen. Angang, Namentabu und Fangzauber sind denen ähnlich, die der → Jäger kennt. Wie Gewehr und Kugel werden Netze und Angel magisch geschützt, auch kirchlich gesegnet. An den F.fang knüpfen sich noch lebende Volksfeste (Stralauer F.-zug in Berlin am Bartholomäustag, Memminger Fr.tag am gleichen Datum). F.opfer zur Eröffnung des neuen F.fangs im Jahr sind häufig von Spenden und Abgaben an Geistliche od. Arme abgelöst worden. Das Fr.stechen, wie es noch heute z. B. in Ulm geübt wird, ist nach Eisler eine Erinnerung an altes Erlegen mit Speer und Harpune, aber auch Lanzen- und → Reiterspiele des MA finden hier volkstümliche Nachahmung. Träger dieser Bräuche sind die Fr.zünfte und -genosschenschaften (Fr.innung und -lade in Eferding in Oberösterr., Helgoländer Kompanien), deren Patrone → Petrus, aber auch → Nikolaus, → Andreas und → Ulrich waren und sind. Das Märk. Mus. in Berlin bewahrt ein → Stammbuch der Berliner Fr. Eine meth. wegweisende Unters. im Sinne einer »Vkde als Arbeitskunde« (H. Wopfner) widmete R. Peesch den sogen. Fr.kommünen auf den Inseln Rügen und Hiddensee, ihrer Gemeinschaft, ihrer Arbeit und ihren Bootsformen. (Ausf. Bespr. in Hess. Bll. f. Vkde 54. 1963). → Eingericht, Wasser, Teppiche, Knüpfen.

K. Plenzat, Vom Fr.leben d. dt. Nordostmark. Niederdt. Zs. f. Vkde. 14 (1936); W. Mitzka, Dt. Fr.-Vkde., 40 (80 Abb.); A. H. Ribi, Die F.benenn. d. Unterseegebietes, 1942; A. Speil, Die F.ereiwirtschaft im holst. Unterelbegebiet. Diss. Bonn 1949; R. Peesch, Ein Fragebogen ü. Wirtschaftsgeräte d. Fr. Dt. Jb. f. Vkde. 1 (1955); ders.; Die Fr.kommünen auf Rügen u. Hiddensee. 1961 (Beitrag W. Rudolph: Bootsformen; K. Ebbinghaus: Hausmarken auf Hiddensee); A. Oeller, Das Schweinfurter Fr.- u. Schifferhandw. 1957; M. Rassow, Fr.sprache u. Brauchtum im Lande zw. dem Darß u. d. unteren Oder. 1958; F. Bartz, Die großen F.reiräume d. Welt. 2 Bde. 1964/65.

Fischart, Johann (1546–1590). Nach Wanderungen im westl. u. südl. Europa Advokat, Amtmann, Anhänger der Reformation und Bekämpfer der Jesuiten (»Beschreibung des vierhörnigen Hütleins«, 1580). Trotz dieser Stellung aber unterlag F. dem Hexenwahn der Zeit. Er übersetzte (1581) die Dämonologie des Jean Bodin und gab den → Hexenhammer neu heraus (1582), vermehrt um 10 kleinere Hexenschriften. F. ist Satiriker u. Sprachschöpfer u. einer der ersten berufsmäßigen Literaten (Seb. → Franck), in seinen Werken allerdings oft mehr Nachschöpfer, Bearbeiter u. Ergänzer, so daß für die dt. Vkde. folgende Werke nur teilweise zu werten sind: Aller Praktik Großmutter (Verspottung der Kalenderastrologie, → Wetter), Glückhafft Schiff, Ehezuchtbüchlein, Bienenkorb. Die Geschichtsklitterung gibt Aufschluß über das Volkslied und besond. im 25. Kapitel über → Kinder- und Volksspiel des 16. Jh. Von 600 genannten Spielen wies Rausch nur etwa ein Drittel der französischen Vorlage des Gargantuastoffes zu. W. Scherer nannte F.s Gargantua »eine gestaltlose, erdrückende Masse v. komischen Anspielungen, Exkursen, Wortspielen, Annominationen, Reimklängen, Wortverdrehungen mit einer Menge von Sprichwörtern, volkstüml. Redensarten, Zitaten aus Volksliedern, gehäuften synonymen Bezeichnungen für jedes Ding und jeden Begriff, Notizen über Spiele, Speisen, Getränke, Sitten, Zustände, Anekdoten.« (Gesch. d. dt. Lit.). »Das glückhafft Schiff von Zürich« (1576) schildert die Fahrt der Züricher zum Fest der → Schützen in Straßburg. → Fingerspiele, Hexenhammer.

F. Werke hg. von A. Hauffen: Dt. Nat. Lit., 1892; H. A. Rausch, Die Spiele der Jugend aus F.s Gargantua, Kap. XXV. 1908; A. Hauffen, J. F. Ein Lit.bild aus der Zeit der Gegenref., 2 Bde., 1921/22; H. Siefart, Sprichw. u. R.arten bei J. F. Diss. 1953; Sommerhalder, J. F. Werk. 1960; Eine Übersetz. von F. Rabelais' Gargantua und Pantagruel a. d. Frz. v. W. Widmer u. K. A. Horst mit sämtl. 682 Illustr. von Gustave Doré erschien 1968.

Fischweib. Das F. gehört in den größeren Kreis der → Sirenen. In der Vk. Mitteleuropas ist es bei weitem häufiger als der Vogelmensch. Eine naive Sinnlichkeit umgibt die über ganz Dtl. verbreitete Gestalt. Das F. zeigen z. B. eine kupferne Zierschüssel von 1645 (Dresden, Mus. f. Kunstgew.), ein elsäß. Handtuch (Anf. 17. Jh.), schles.-holst. → Mangelbretter des 19. Jh. (Griff), eine fries. Wanduhr (Randsilhouette). Auch auf Wetterfahnen, Faßriegeln (Pfalz), Löffelbrettern, tönernen Waschbecken, Butter- und Gebäckmodeln taucht das F. auf, in einem schles. Spielzeug einmal in Gesellschaft des Wassermanns.
→ Wassergeister, Melusine, Kupfer.

G. Benwell, A. Waugh, Sea Enchantress, The Tale of the Mermaid and her kin. London 1961; dt. Hambg. 1962.

Fischermeier → Pfingsten.

Flachs, Lein. Vorgesch. Funde weisen den F. schon im idg. Europa nach. In der Bronzezeit kennen ihn die Nordgerm. Nach Plinius und Tacitus liebten die germ. Frauen Kleidung aus Leinen, das sie in unterird. Räumen woben (vgl. unsere Webkeller). Um 794 empfiehlt das *capitulare de villis* → Karls d. Gr. den Anbau von F. Europ. ist die Bez. Lein, nordgerm. und dt. Haar, nd. und engl. Hede, westgerm. F. (Kluge-Mitzka, Et. Wb.). Die vielfältige Verwendbarkeit – die Botanik nennt ihn *Linum usitatissimum* – und der reiche Verarbeitungsgang mit seinen vielen Hilfsmitteln (Teich zum Röten, Röstofen, Breche, Schwinge, Hechel, Rocken, Spinnrad, Webstuhl) sicherten dem F. bes. vor der Einführung der Baumwolle eine wichtige Stelle im bäuerl. Arbeits- und Brauchleben. Viele Flurnamen weisen auf alte Verhältnisse. Bis ins 18. Jh. bildete der F.anbau oft das Hauptgebiet einer Bauernwirtsch., dem später Kartoffel und Futterrübe folgten. Auf dem Felde heißt die Pflanze Lein (»Leinsaat«), erst mit der Ernte wird er zum »F.« Etwas später als das Korn, wenn er ins Gelbliche geht, wird der F. geerntet, d. h. mit der Hand gezogen.

Bei Aussaat und Pflege finden wir viele Sätze des V.glaubens angewandt. Schon beim Tanz der → Fasnacht galten hohe Sprünge dem guten Wachstum. Bis in unser Jh. riefen im ostpreuß. Vierbrücken (Kr. Lyck) die Mädchen dabei »Hoch Mutters Flachs!« oder »Flachs, wachs!«. Man beachtete feste Säetage, das Säelaken wurde mit Weihwasser besprengt, und die Protestanten säten in Längsreihen des Feldes, damit der F. lang werde (→ Konfession). E. Riemann berichtet auch, daß man dem Säemann einige gekochte Eier und 1/4 Liter Schnaps mit aufs Feld gab mit der Meinung: »Ißt er die Eier, so kräftigt das, trinkt er den Schnaps, so schmeidigt das; sät er den F. mit → nackten Füßen, so bleibt das Unkraut fern und der F. schießt in die Höhe«. Nacktheits-, Abwehr- und Fruchtbarkeitszauber spielte auch anderwärts bis ins 19. Jh. eine Rolle. Schalen der → Ostereier wurden ins Saatgut gemischt. Der von den Bayern Haar genannte F. mußte in den »haarigen« Zeichen des Widders, Löwen usw. in die Erde gebracht werden. (→ Analogiez.) Mädchen umtanzen das Feld in der Joh.nacht. Das Huttlerlaufen in Tirol oder das n.österr. »Haarlangfahren« zu Fasnacht galten einem guten F.jahr. Als Frauenpflanze muß F. am Tag einer weibl. Heiligen (bes. Mariae) gesät werden. Bei der Ernte ließ man der »Holzfrau« einige Büschel als → Opfer auf dem Felde.

Die Samenkapseln der Pflanze werden geriffelt (→ Öl), die Stengel zur Aufweichung und Zersetzung in ein Wasserloch gelegt, dann geröstet, gebrochen und geschwungen, zuletzt durch die Hechel gezogen und zu spinnfertigen Wocken geschlichtet. Diese »Qual des F.« ist besonders im N und O, aber auch im S (Tirol) ein bekanntes Motiv der V.erzählung. Der Dämon, der den Arbeiter in der der Ruhe vorbehalt. Mittagsstunde auf dem Felde überrascht (→ Mittagsgeister), wird durch den umständlich genauen Bericht über die Zubereitung des F. hingehalten, bis er Macht oder Geduld verliert. Das schon im sumerischen Gilgameschepos bekannte Motiv wurde auch auf das → Brot übertragen. Die ältesten dt. Mittelpunkte der industr. Verwertung des F. waren Schlesien und Westf. (Bielefeld). In Süddtl. betrieben die Fugger in Augsburg den F.handel in großem Stil. Der 30 j. Krieg warf den F.anbau zurück, er ist aber trotz neuer Faserstoffe (Baumwolle, Kunstfaser) bis heute nicht erloschen und auch im kleinbäuerl. Betrieb zu finden (Fläming 1934).

→ Spinnen, Weben u. a.

U. Jahn, Die dt. Opfergebräuche usw., 1884; G. Graber, Alte Gebräuche bei der F.ernte usw.; Zs. f. österr. Vkde., 1917; P. Sartori, F.bau, Spinnen und Weben; Zs. f. rhein. westf. Vkde. 6; A. Brosch, Der F. in der Fachlit. usw., 1922; R. Jirlow, Zur Terminol. d. F.-bereitung in d. germ. Sprachen. 1. T. Göteborg, 1926; F. Tobler, Der F. als Faser- und Ölpflanze. 1928; H. Marzell, Lein; im

HDA 5, S. 1176–1200; E. Schnippel, Lein und Lauch im Runenzauber; Zs. f. Vkde, (1929). F. Bertsch, Gesch. uns. Kulturpflanzen. 1947; E. Riemann, Formen d. F.bearb. in Ost- u. Westpreußen. In: Ss. d. Geogr. Inst. d. Univ. Kiel 23 (1964); ders., Der F. im ost- u. westpr. V.glauben u. Brauchtum. Jb. f. ostdt. Vkde 9 (1965).

Flachsschwinge, das hölz. Gerät, mit dem die Stücke des harten Stengels, die dem gerösteten und gebrochenen → Flachs noch anhaften, aus der Faser geschlagen werden. Wie → Wäscheklopfer und → Webekamm eine typ. → Minnegabe des Burschen an das Mädchen, tragen F. (bes. von Mönchsgut auf Rügen)

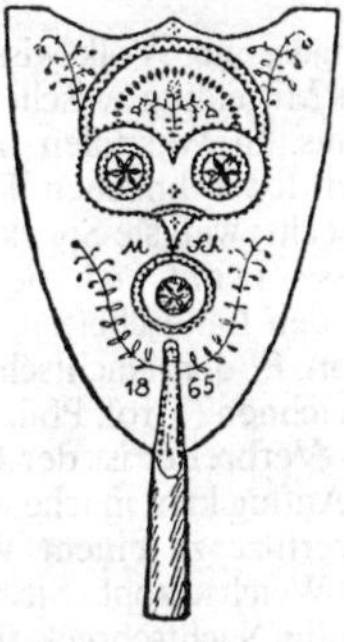

sinnbildl. Zeichen und Jahreszahl und sind mit Kerbschnitt, Malerei und Einlagen in rotem oder grünem Wachs verziert. Auch im bäuerl. Haushalt ist die F. vielfach durch eine einfache, mit der Hand bediente Maschine ersetzt (Rosenthal i. Fläming 1934) → Elle, Symbol.

K. Hahm, in: Westermanns Monatsh. Mai 1934.

Flackerfür, Flämmstirt → Irrlicht.

Flagellanten → Geißler.

Flasche. F.kürbisse waren vielleicht die Vorbilder der ersten F. In der grauen Tonware (→ Ton, Becher) des 12.–15. Jh. ist die F. selten. Das spätere → Steinzeug schuf Schraubf. in eckiger Form nach Vorbildern aus → Zinn (Sachsen). Den gleichen Werkstoff haben noch heute die für das Berliner Weißbier oder für den Branntwein aus Steinhagen in Westf. verwendeten F. Der Vk im engeren Sinn gehören die durch → Glasmalerei gezierten F. an. Das Glasblasen, schon um 50 v. Z. bezeugt, wurde am Ende des MA vervollkommnet durch das Einblasen der Glasmasse (»Külbel«) in eine aufklappbare Holzform. In der alten Weise wird noch die sogen. Chiantif. geblasen, die deshalb keinen Standboden und keinen gekragten Hals hat. – Gedrechselte F. aus Holz fand man in fränk. Gräbern der Merowingerzeit. Ihnen entsprechen hölz. F. in alem. Gräbern des 6. Jh. wie die späteren der Landfahrer, Pilger und Soldaten, die zuweilen auf der gewölbten Seite Ringe, Spiralen oder eine angedeutete weibl. Brust als Dekor tragen.

Den → Hausgeist oder → Alraun in der F. hielt man in Ostpreußen so wert, daß er einen Teil der Aussteuer bildete. Das vermutlich orientalische (1001 Nacht) Sagenmotiv des F.geistes ist auch in der Literatur (Fouqué, Droste-Hülshoff, Stevenson: Bottle Imp) oft behandelt worden und ist neuerdings aus einem engl. Roman in den Film übergegangen. In bekanntem Gegenzauber schließt man mit dem Urin des Behexten zugleich die Hexe in die F. Am Maibaum, beim Begraben der Kirmes oder bei der Schiffstaufe hat die F. nur den Sinn des Behältnisses des geopferten und glückbringenden Trankes. → Eingericht.

Vgl. die Bde. d. Reihe Dt. Vk. W. Giegerich u. W. Trier, hg., Glasmaschinen. 1964.

Flechte → Isländisch Moos, Weide.

Flechten, F.arbeiten. Wie → Weben, → Wirken und → Knüpfen ein

Ineinanderfügen von Trieben, Streifen oder Fasern von Weide, Schilf, Stroh, Bast, Binsen oder von Woll- und Flachsgarn, fast immer ohne Hilfe eines Gerätes. Aus dem Europa der Jungsteinz. sind Spuren von Körben, Matten oder Netzen erhalten, die schon eine Vielfalt von Technik und Muster aufweisen. In Schweizer Pfahlbauten hat Emil Vogt an jungsteinzeitl. Überresten sieben Flechtarten nachgewiesen, die noch heute den Grundstock aller Fa. bilden. Für Haus und Umzäunung wurde die Kunst des F. angewandt (Hürde, Schanze, Fachwerk; das Wort Wand kommt von winden = f.). Das F. von Strohhüten kannte schon das Altertum. Über Italien kam diese Fertigkeit in die Schweiz, in den Schwarzwald und ins Erzgeb. (→ Tracht). In der Vk. begegnen wir einfachem F. von Leinengeweben (mit freihängenden Kettfäden), an den geflochtenen Strumpfbändern in Hessen oder in den sogen. Aufhelfern aus bunter Wolle für Bettlägerige (Rügen, 19. Jh.). Aus dem Werkvorgang entspringen beim F. zahlreiche geom. → Ornamente, die bei Stuhlsitzen, Matten und Taschen sich bis heute erhalten haben. Neben Binsen, Schilf und Wurzelholz (»Kriasikrättli« in Vorarlb.) wird vor allem Weide verwendet, die geschält oder ungeschält mit ihren rot-braun-weißen Farbstufen den zeichner. Reiz der Muster ausmachen. Vergoldetes und bemaltes Schnitzwerk umgibt die Fa. der Seiten- und Rückenlehnen an süddt. Bauernschlitten und → Wagen (bes. um Dachau).

Auch → Schiffer müssen sich aufs F. verstehen, wenn sie Taue verbinden (Platting legen). Das gleiche Ineinanderf. aufgelöster Schnüre, Drähte nennen die Arbeiter an den modernen Seilbahnen und Skiliften Spleißen.

Landsch. Sondergebiete des F. sind der Böhmerwald mit seinen urtüml. Korbfa., der Schwarzwald mit seiner Strohflechtkunst, Sachsen (Stroh- und Spanf.) und bes. Oberfranken mit seiner hochentwick. Erzeugung (→ Lichtenfels). → Band, Knüpfen, Nestelknüpfen.

M. Heyne, Dt. Hausaltertümer. 1899ff.; ders. Das altdt. Handwerk, 1908; Häberlin, F. u. Weben auf Föhr u. d. Halligen. Globus 91 (1907); J. Hoops, Reallex., Stichw. F.; W. Schuchhardt, Textilien, in: Spamer, Vkde; E. Vogt, Geflechte u. Gewebe d. Steinzeit. 1937; B. Schier, Das F. im Lichte d. hist. Vkde. 1951; J. Trier, Lehm; W. La Baume, Die Entw. d. Textilhandw. in Alteuropa. 1955.

Fledermaus, im Volkswissen gedacht als Mittelding zwischen Vogel und Maus. In Westfalen heißt sie nach der lederähnlichen Flughaut Lederspecht; weil sie Speck im Kamin fresse, nennt man sie Speckmaus in den Landschaften, die mit dem Wort F. den Nachtschmetterling bezeichnen (Tirol, Pfalz, Odenwald). – Verbreitet ist der Glaube, daß ihr Anflug kahl mache oder die Haare verfilze zu einem Wichtel- oder → Weichselzopf. Sie ist deshalb häufig Nachtschreck für Kinder. Herz oder Leber der F. im Blei der Kugel machen diese treffsicher. Die F. macht kugelfest:

> er het im busn ein fledermaus,
> darmit schlug uns den armbrust aus.
> (Hans Sachs)

Bei Lotterie und Spiel bringt die F. Glück. Als unheimliches Nachttier wurde die F. zur Teufels- und Hexenerscheinung. Aus dieser Vorstellung erwuchs im Slawischen der Glaube an den → Vampir, der halb F., halb Mensch ist.

Grimm, Dt. Wb. R. Riegler, Das Tier im Spiegel der Sprache; Ders., F.; im HDA; P. Wirz, Über d. Bed. d. F. in Kunst, Rel. u. Abergl. d. Völker. Geograph. Helvet. 3 (1948).

Flegelhenke, -sau → dreschen.

Flett, asächs. *flet* und afries. *flett* bedeuteten ›Boden, Wohnhalle‹ (vom asächs. Adj. *flat* ›flach‹). Im nd. → Haus bezeichnet F. das Querschiff, das die → Diele abschließt. Der Fußboden ist gestampfter Lehm oder Ziegelsetzung. Bed. und Ansehen erhält das F. vom → Herd in seiner Mitte. Von ihm nimmt die Entwicklung des → Hauses, vor allem durch den Einbau der → Stube, ihren Ausgang. Mhd. entspricht – nach der → Lautversch. – *vletze*, *vlez*, das als Vlöz ›waagerechte Gesteinsschicht‹ sich in der Sprache des → Bergmanns im Erz- und Riesengebirge einbürgert (16. Jh.). Im dt. SO bezeichnet das Wort Fletz den Hausflur und die Tenne, im österr. W den Flur im Obergeschoß.

Flieder, (türk., welscher F., Syringe; *Syringa vulgaris*). Wer eine fünfblättrige F.blüte findet und ißt, ist gefeit vor Unglück und Krankheit. Reiche volkssprachliche Namengebung (Nagelkes, Studentenblom, Huck auf die Magd, Engellalieber, welscher Holder) verrät die Beliebtheit des aus Südosteuropa stammenden F. Ursprünglich war F., bes. in Norddtl., Bez. des → Holunders («F.tee«). Im 18. Jh. wurde der Name, wegen der Ähnlichkeit, auf die Syringe übertragen.

Fliegender Holländer. Durch die frevelhafte Vermessenheit, bei Sturm ein gefährliches Kap zu umfahren, wurde in e. Sage d. 17. Jh. der holl. Kapitän van Straaten (später auf andere Namen übertragen) zum F. H., der ewig gegen den Wind kreuzen muß, ohne je einen Hafen zu erreichen. In der späteren Ausbildung (19. Jh.) der allen Seevölkern bekannten Sage werden auch Ausfahrt am → Karfreitag und Bündnis m. d. → Teufel genannt. Die Begegnung m. d. Gespensterschiff bringt Unheil. → Klabautermann.

R. Engert, Die Sage v. F. H. 1927; W. Woeller, Die Sage v. F. H. Dt. Jb. f. Vkde 14 (1968).

Fliesen. In hd. Schriften erscheint das mnd. Wort *vlise* für ›Steinplatte‹ erst Ende d. 17. Jh. F. sind meist viereckige Belegplatten für Fußboden oder Mauerwand aus gebranntem, glasiertem oder unglas. Ton oder and. Werkstoffen. Ägypten kannte F. schon um die Mitte des 2. Jt. v. Z. Die dann vor allem in Westasien (Assyrien, Babylon, Altpersien) großartig entfalt. Baukeramik kam über Spanien (Mauren) im 16. Jh. nach Holland, im 17./18. Jh. in mitteleur. Fayencemanufakt. Holländische F. wurden nach Schlesw.-Holst. und Dänemark ausgeführt. Bes. Delft war durch seine F. in blauer und brauner Malerei berühmt. Bodenf. sind in Dtl. vereinzelt schon vom 10.–14. Jh. nachweisbar (Magdebg., Marbg., Ordensld, Schweiz). Neben geom. und pflanzl. Dekor zeigen sie z. T. die Mischwesen der mal. Naturgesch. und Sage (→ Physiologus, Ungeheuer, Teufel, Drache, Fischweib).

Für die ländl. Wohnung und für die Vk. von größerer Bed. sind die Wandf. Für die Ofenecke best. F. zeigen Jäger und Soldaten (Neidenbg.), die vier Elemente, den Hafner an der Drehscheibe, den Paradiesesbaum (Hessen) und zuweilen einen erläut. → Spruch wie im Schwarzwald: »Wann Du willst nach Straßburg fahren, mußt Du schöne Jungfern aufladen!« → Majolika.

Meurer, Ital. Majolikaf. aus d. Ende d. 15. u. Anf. d. 16. Jh. 1881; R. Forrer, Gesch. d. europ. F.keramik. 1901; Becking, F.böden nach Gemälden d. 15. u. 16. Jh. 1903; Rackham, Dutch Files. 1923; A. Berendsen u. a., F. 1964; M. Vis u. C. de Geus, Altholländ. F. 2 Bde 1926–33; E. Schlee, Schlesw.-Holstein. 1964; K. Hillenbrand, Schwäb. Ofenplättchen. 1971.

Florian, hl. (4. 5. Attr.: Feuer, Kübel, Wasser; Reliquien in St. F. bei Linz). Landespatron von Oberösterr., da er nach der Legende in der Enns ertränkt worden ist (um 300). Er wird als röm. Krieger mit Wasserschaff dargestellt und beschützt insbesondere vor Feuer und Wasser. Entsprechende Arbeitsverbote kennzeichnen den Tag (kein Feuer machen, kein Wasser tragen). Ihm als Patron gelten die F.feste der Feuerwehr (Österr.: F.fest am F.berg bei Graz. F.spiel in Schlägl, Oberösterr.). In diesen Landschaften wird er heute nicht selten auch als Mann im → Mond genannt (St. F. mit dem Sechter, Eimer, Kübel od. Wasserschaff). → Laurentius.

R. Beitl, Der Mann im Mond. In: Dt. V.tum d. Gegenw., 1933.

Flößen, triften. Auf großen Flüssen, aber auch auf Bächen stärkeren Gefälles in waldreichen Gebirgen werden Stämme und Meterblöcke gebunden oder frei am Oberlauf dem Wasser übergeben und am Unterlauf durch Wehre aufgefangen zur Weiterbeförderung mit Wagen oder zur Lagerung auf der »Lände«. E. Neweklowsky will zwischen F. (Schwemmen, Klausnen) losen Holzes und Tr. gebundener Stämme unterschieden wissen, doch kennt die V.sprache diese Trennung nicht oder nur gebietsweise. Durch Auslaugen des Saftes beim F. steigt die Haltbarkeit des Holzes. Mit langen, hakenbewehrten Stangen räumen die »Flözer« (Montafon, Silbertal) die hängengebliebenen »Müsla« und »Trola« nach. – 1971 kamen über 100 Flößer des Frankenwaldes zu einem »traditionellen Treffen« nach Neuses, Lkr. Kronach. Auf der Rodach wird seit 800 Jahren geflößt. → Schiff.

H. Suder, Vom Einbaum zum Schiff, 1930; F. Tremel, Schiffahrt u. F.ei auf der Mur. J. ber. d. Ak. Gymn. Graz (1945/46); H. Wilsdorf, W. Herrmann, K. Löffler, Bergbau-Wald-Flöße. 1960 (Brennstoff nach Feiberg i. S., bes. f. d. Hüttenbetrieb); H. Bock u. H. Rosenkranz, Zur Technik u. Terminol. d. Langholzf.ei a. d. thür. Saale. In: Dt. Jb. f. Vkde 14 (1968); E. Neweklowsky, Die Schiffahrt u. F.ei im Raume d. oberen Donau. 3 Bde. 1952–64; ders., Atlas v. Oberösterr. (Bl. 37). 1960; A. Aschl, 600 Jahre Rosenheim. 1928; Mus. Rosenheim am Inn (Schopperwerkstatt. Prunkstück: die 40 m lange »Plätte«; noch Ende des 19. Jh. kamen von Mai–Nov. über 350 Schiffe und Flöße in R. durch; n. Bericht d. 1. Ferns. 13. 3. 1971).

Flöte. Das einheim. Wort → Pfeife (Schwegelpf.) wurde durch das altfrz. *fleute* verdrängt (im Nibelunlied; österr. um 1200). Die F. gehört fast allen Kulturen an und wird für das älteste melodiefähige Holzblasinstrument gehalten. Veränderung der Rohr- und damit der schwingenden Luftsäulenlänge bestimmt die Tonhöhe. Die F. der europ. Kunstmusik war die Blockf., die nach 1750 in Vergessenheit geriet, aber im 19./20. Jh. über die Jugendbewegung wieder in die → V.musik einging. Längsf. handwerkl. Fertigung sind auch die bis 1930 gespielten steir. Almpfeiferln. Die aus der Schweizerf. besonders durch Th. Böhm entwickelte Querf. ist ein dt. Instrument.

F.n hat magische Wirkung (Zauberf., Knochenf. im Märchen, F. der → Rattenf.sage). Alte Kinderübung ist das Herstellen der Weidenf., die, neben Schwirrhölzern, schon bei den allerersten Kulturresten der Eiszeitmenschen gefunden wurden. Durch die primitive Tonbildung (Verschieben eines Pflockes) bleiben sie unter der Schwelle der »Musik«. Die vielen → Bastlösereime verraten deutlich den alten Sinn des Singens (*incantare* ›bezaubern, durch Zauberformel weihen‹) als einer Beschwörung. In Mecklenburg z. B. singen die Kinder:

Pipen, Pipen un Saken
Will'n schöne Fläuten maken;
Kümmt en olle Hex an,
Mit'n stumpen Metz an,
Snitt Hut un Hoar aff
Allens wat an satt.

Die Melodie ist meist die bekannte des Kinderliedes wie in dem nd. Bastspruch:

Die alte Hirten- oder »Panflöte« aus Rohrteilen verschied. Länge ist in Asien, Polynesien und Südamerika (bes. Ecuador, Mexiko) verbreitet, aber auch in europ. Randgebieten noch bekannt. In Europa selten geworden ist die in Mittel- und Südamerika noch häufigere Einhandf., deren Spieler zugleich eine Trommel zu bedienen vermag. – In der Orgel ist F. die Bez. aller Labialstimmen (Rohrf., Blockf., Schweizerf., Doppelf., Querf. u. a.).

H. M. Fitzgibbon, The story of the flute. London ²1929; W. Stauder, F. in: Mus. in Gesch. u. Gegenw. 4 (1955); W. Salmen, Zur Verbreitg. d. Einhandf. u. Trommel im europ. MA. Jb. öst. Vliedw. 6 1957 (E. und T. neben Dudelsack im 15. u. 16. Jh. die bes. Embleme des Spielmanns Tod); Z. Kumer, Die Panflöte in Slowenien. Dt. Jb. f. Vkde 7 (1961); H. Robitsch, Neues v. d. Brucker Almpfeiferln. Jb. öst. Vliedw. 6 (1957); Kl. Beitl, Pfifle usw. ebd. 15 (1966); H. Moeck, Typen europ. Blockf. in Vorzeit, Gesch. u. V.überl. 1967; R. Brockpähler, Rinden-Instrumente i. Westf. Jb. Vldfg. 16 (1971).

Fluch. Der F. hat im mythischen Weltbild wie der → Wunsch magische Kraft und zwingt die angerufene Macht herbei (→ Teufel, Wolf). Nennung des Namens Gottes oder der F. der Mutter, einer Sterbenden, einer verlassenen Jungfrau, einer Schwangeren sind stärker als andere. Der → Eid enthält eine Selbstverfluchung, die in Sagen vom Meineidigen sich verhängnisvoll erfüllt. Der F. hat aber auch zauberabwehrende und reinigende Kraft. Eine Montafoner Sage meint, gegen Geister sei »Sakramentieren und rumpelnde Kessel (→ Lärm) besser als hunderttausend Kreuze«. In zahlreichen Verblassungen (Verflixt statt Verflucht, Kruzitürken statt Kruzifix, Sackzement, Sackimhemd statt Sakrament) ist der F. in die tägliche Rede eingegangen. Eine schließlich harmlos verlaufende, an sich typische Häufung von F.worten kennt der Montafoner: »Alle Himmel-, Herrgott-, Sakrament- und – Fahnenträger sollen in die Sakristei kommen!« Die Würzung und Unterstreichung der Zornesrede mit kräftigen und nuancenreichen F.en ist noch immer eines der stärksten Unterscheidungsmerkmale zwischen Hochsprache und Mundart. → Gruß, berufen, böser Blick, Donnerkeil, Fuhrmann, loben, Nacktheit.

H. Marzell, F.en, Zornigsein, Lachen bei der Aussaat von Kulturpflanzen; Bayer. Hefte f. Vkde 1 (1914); E. Bonomi, Dt. F.formeln a. d. Ofner Bergland (Ungarn). Jb. f. ostdt. Vkde 10 (1966/67).

Flug → Brand.

Flugblatt, Fliegendes B., Flugschrift, Einblattdruck waren Drukke von einem oder wenigen Blättern, die im Volk seit dem 15. Jh. weite Verbreitung fanden. Sie sind die Vorläufer von → Zeitung und Zeitschrift. Druckorte waren bes. Basel, Straßburg, Augsburg und Nürnberg. In Text und Bild (→ Holzschnitt) bilden sie eine wichtige Quelle der Vkde (→ Kräuterbücher), wobei zu bedenken ist, daß für neue Texte oft weit ältere Druckstöcke zur Illustration verwendet wurden. Die Bez. F. prägte Schubart 1787 nach dem franz. feuille volante.

Slgn.: Britisches Mus; Stadtbibl. Fft. a. M. (G. Freytag-Slg., eine wichtige Quelle seiner »Bilder a. d. dt. Vergang.«; Kat. v. P. Hohenemser, 1925; Neudr. 1960); E. K. Blümml, Lieder u. Reime in f. B. d. 16. u. 17.

Jh. 1. 1911; E. Seemann, Newe Zeitung u. Vlied. Jb. f. V.liedfg. 3 (1932); L. v. Recklinghausen, Aus d. engen Kammer, 1938; L. Schmidt, Niederöst. F.lieder, Jb. f. V.liedfg. 6 (1938); H. Wäscher, Das dt. illustr. F. 2 Bde. 1955/56; A. Riedl u. K. M. Klier, Lied-F.drucke a. d. Burgenland. 1959; A. Brückner, V.tüml. Erzählstoffe auf E. d. G. Freytag-Slg. Zs. f. Vkde 57 (1961); R. Schenda, Die Sammlg. ital. F. im Museo Pitrè in Palermo; ebd. (1962); L. Schmidt, Vgesang u. Vlied. 1970.

Flurbereinigung, Verkoppelung, Arrondierung. In der Gemenglage der alten Dorfflur hatte jeder Bauer je einen Anteil an einer größeren Zahl in sich gleichwert. Flurgebiete (Parzellen), wobei eine Unzahl schmaler, langgestreckter und schwer zu bewirtschaftender Feld- und Ackerstreifen (»Handtücher«) entstanden. Mit dem 18. Jh., selten früher, setzte die behördl. gelenkte F. (Zusammenlegung, Feldregulier.) ein, die viele kleine Anteile zu einem geschloss. größeren Besitz für jeden Landwirt vereinigte. Mit dem steigenden Einsatz von Maschinen und der »Verfarmung« der bäuerl. Betriebe findet die F. noch heute ihren eher gesteigerten Fortgang. → Bauer, Dorf

W. Ertl, Die F. im dt. Raum. 1953; R. Steuer, in: Hwb. d. Sozialwiss. 3. 1961; E. Jacoby, F. in Europa. Wageningen, Holland 1961; W. Abel, Gesch. d. dt. Landwirtschaft. ²1966.

Flurnamen sind Bez. unbewohnter Orte (Stellenbez.), wozu auch Berg-, Gewässer, Weg- und Straßennamen zählen. Nach der Besiedlung der Örtlichkeit können F. zu → Ortsnamen im engeren Sinn werden. Die F. boten eine Orientierung in der Dorfflur vor der Zeit der Flurkarten und Katasterämter und tun diesen Dienst im Alltagsleben heute noch. In alten Verträgen begegnen wir ihnen in großer Zahl. Einerseits sind sie älter als viele Siedlungsnamen, andererseits blieben sie länger in Bewegung und Umschichtung. Während in vielen Ortsnamen Kirche, Burg, Markt usw. Ausdruck finden, bleiben die nur für eine engere Gemeinschaft wichtigen und verständlichen F. enger der unmittelbaren Naturlandschaft verhaftet. Für Entstehung und Art der F. maßgebend waren (und sind z. T. noch heute):

1. Lage des Flurteils im Gelände oder nach der → Windrose (Obere Alp, Zwischenwasser, Die Quer, Mittagsspitz)
2. Bewuchs (Fichtenäcker, Beerberg, Im Ried)
3. Tierwelt (Fuchsentobel, Gamsfreiheit, Roßboden)
4. Bodenfunde (Silbertal, Erzberg, In der Poche, Knappenloch)
5. Bearbeitung durch den Menschen (Reute, Grüt, Rüttli, Brand, Alberschwende)
6. Form (Die Keil, Im Gehren, Zipfel, Schlüssel-, Leinlachacker)
7. Eigentümer (Kirchenacker, Jäger, Butzerina Maises, Marxa Plätz; vom 14.–17. Jh. oft auch personifiziert als: Die Zeydlerin, Der Taubenreuther)
8. Benutzung, Gewerbe, Verkehr (Schafberg, Kalkofen, Salzstraße, Aulweg, den der Töpfer zur Eulerkute ›Lehmgrube‹ geht; Kabelwiesen, die durch Kaveln ›Loshölzer‹ ausgelost werden).
9. Sage (Bärenwald, Fenggaloch, Wilder Mann, Beim Muotisheergassen, Bruderhäuslein, Teufelsleite, Teufelsbach)
10. Frühere Kultstätte, Legende (Beim Bildstock, Im Klosterwald, Heiligenblut)
11. Geschichtl. Ereignisse (Schwedenschanz, Streitfeld, Pfahlgraben).

Da F. in neuerer Zeit in Urkunden und anderen lit. Zeugnissen zuweilen dem hochsprachl. Lautstand angeglichen wurden, ist bei ihrer Slg. und wiss. Deutung immer auf die Mundartform und bei geschrieb.

oder gedruckten Quellen auf die älteste erreichbare zurückzugehen. Durch landfremde Kartographen ist mancher F. gefälscht oder falsch übersetzt worden (inneröst. Ferner statt alem. Gletscher oder Glötschner; beschönigendes Kuhschützental statt altem nd. Kuhschietendal). Ein nd. F. Ehbrok (›Aubruch‹) heißt heute amtlich Ehebruch! Aus dem alten Vennsberg (ahd. *fenna* ›Sumpf‹) hat ein Pseudogelehrter den Bonner Venusberg gemacht, ein anderer aus dem alten Nersberg bei Wiesbaden einen Neroberg. Bei F.aufnahmen sollten auf einer Handkarte genügend großen Maßstabes die genaue Stelle und womöglich die Grenze des Geltungsbereichs eingez. werden. Bei method. Vorgehen kann gerade auf diesem Gebiet auch der mundart- und landeskundige Laie der Wiss. wertvolle Vorarbeit leisten.

Volkmann, F.sammlg., [3]1924; H. Beschorner, Hb. d. dt. F.lit. bis Ende 1926; 1928; W. Best, F.forschg. im Rahmen d. mod. Vkde. Hess. Bll. f. Vkde 28 (1929); O. A. Müller, F. u. Vkde. Oberdt. Zs. f. Vkde 7 (1933); G. Mathias, Sprachl.-sachl. F.deutg. auf vkdl. Grundlage, 1936 (f. d. Kreis Ülzen). J. Schnetz, Die F. Bayerns. 1935; Beiträge z. F.forschg. Fehrle-Fs. 1940; E. Kranzmayer, Sagengebund. Kärntner Bergnamen. Carinthia I, 140 (1950); J. Schnetz, F.kunde. 1952; G. Plangg, Die rätoroman. F. d. Brandnertales. 1962 (Vorarlb.); R. Holsten, Die Pommersche Fslg. 1963 (Vorbildl., Vereinig. sprachl., gesch. u. vkdl. Gesichtsp.); S. Sonderegger, Die Orts- u. F. d. dt. Schweiz. (Karten); A. Bach, Dt. Namenkde. 5 Bde. 1942ff.; W. Vogt, Vorarlbg. F.buch. 1970ff.

Flurumgang, → Bittgang, auch einf. Umgang (Vorarlberg) nennt man die im Frühjahr (Markustag, Ostern-, Pfingsttermine; um Himmelfahrt Christi ist »Bittwoche«, in Bayern »Schauerwoche« = Hagelwoche) abgehaltene kirchl. Flurprozession. In der Bez. Flurbegehung kommt der weltl.-rechtl. Nebenzweck der Klarhaltung der Grenzen stärker zum Ausdruck. Die Germanen kannten F. im Mittwinter. Die Umfahrt der → Nerthus muß so verstanden werden und der → Indiculus spricht *de simulacro quod per campos portant.* Im kirchl. F. sind solche und antike Vorstufen enthalten. Besonders die römischen F. (*Robigalien* – Markusprozession, *Ambarvalien* – Himmelfahrtsprozession) spiegeln sich noch im 10. Jh. z. B. in der Verordnung der Äbtissin Marksvith in Westfalen. Vereinzelt (Mecklenburg) sind F. sogar ins Luthertum übernommen worden (→ Konfession). Katholische F. gelten auch einzelnen Heiligen (→ Urban). Am berühmtesten ist der Weingartner Blutritt am Freitag nach Christi Himmelfahrt, der seit dem 15. Jh. nach alter Ordnung als größtes oberschwäb. Volksfest begangen wird. → Fronleichnam.

G. Schierghofer, Umrittbrauch u. Roßsegen. 1921; N. Kyll, Pflichtproz. u. Bannfahrten im westl. Teil d. alten Erzbist. Trier 1963.

Fluß, wie Fieber, Krampf, Gicht usw. typische Zusammenfassung einer Vielzahl von Krankheiten nach einem gemeinsamen Symptom. Wie das lat. *fluor* und das griech. *rheuma* ist F. »Sammelbez. für alle Anfälle, die man sich in Anlehnung an die Humoralpathologie als aus flußartig hin- und herziehenden Krankheiten entstanden dachte« (Rheuma, Gicht, Katarrh; Bargheer, HDA 2, 1894). Auch innere Blutung (Schlagf.) und schließlich verschiedene krankhafte Ab- u. Ausscheidungen werden als F. bezeichnet. Am bekanntesten ist die Vorstellung, daß der abziehende Nasenschleim das Gehirn reinige. Der Kapuziner motiviert damit die kleine Leidenschaft des → Schnupfens (1954). Damit dürfte auch die auffallende, an Dämonennamen anklingende Bez. des verhärteten Nasenschleims (Popel, Butzemann, Buback) erklärt sein.

Fluß, -kult → Wasser.

flüstern. Zauberspruch u. Segen werden oft in f.dem Ton gesprochen zur Steigerung des Magischen und um das Wissen geheimzuhalten. Davon heißt das → Besprechen besonders in Norddtld. pischpern, f., brummeln.

Fock, Fucke. In Schleswig und Angeln durchgehende Bez. der letzten Garbe, des daraus geformten Ährenstraußes oder der Erntekrone. Dieser Name geht dann auch über auf die Binderin der letzten Garbe (F.mudder) und auf das Erntefest (F.beer). →Ernte.

Fohlenbrot, -milz → Nutzen.

Föhn. Die durch atlantisches Minimum und westeurop. Wirbelstürme hervorgerufene, besond. in den Alpen bekannte Erscheinung des F. (von lat. *favonius* = lauer Westwind, zu *fovere* = warm machen; *Favugn* ist in Graubünden Südwind) bewirkt rasche Schneeschmelze, Austrocknung der Felder, vor allem aber so dumpfen Druck auf das menschliche Nervensystem, daß man in den österr. und schweiz. Alpen im F. Dämonenwerk sieht (»der graue Talvogt kommt«). Man bezeichnet den F. und seine Wirkung deshalb als Sucht, Rausch oder Angriff (Nachtgriff), wie auch andere von Dämonen bewirkte → Krankheiten heißen. Im Lötschental wie in and. F.tälern der Schweiz sind nach großen Bränden die Häuser mit Wellblechdächern neu gebaut worden. Das »Geschrei« beim F., die in vielen Sagen berichteten akust. Erschein., schreibt man hier dem »Hauri«, einem Berggeist zu. In Graubünden nennt man den F. auch Schneefresser oder Traubenkocher. Ins nhd. kam das Wort F. erst aus den alpenländ. Dialekten.

Hann, Über den F. in Bludenz, 1882; Berndt, Der F., 1886; Grimm, Dt. Wb.; D. Baud-Bovy, Schweiz. Bauernkunst. 1926; R. Weiß, Vkde d. Schweiz. 1946; H. v. Ficker u. B. de Rudder, F. u. F.-Wirkungen. [2]1948.

Folklore, F.ismus (engl. folk ›Leute, Volk‹; lore ›Wissen, Lehre, Kunde, Überlief.‹). Die in der 1. H. d. 19. Jh. von England (W. J. Thoms 1846) ausgehende und sich über die nord. Länder, einschl. Finnlands und des Baltikums, verbreitende Bez. F. umfaßt vor allem Lied, Märchen, Sage, Sprichwort, Rätsel usw., also V.dichtung im weiten Sinn. Im dt. Sprachraum vermochte sich F. nicht durchzusetzen gegen das ältere → Volkskunde, das auch die → Sachgüter (Haus, Gerät, Tracht usw.) einschließt. In der jüngsten Erörterung über die Bez. unserer Wissenschaft bildet F. keine Alternative (1971, Januar, Dt. Ges. f. Vkde Informationen).

Seit 1945 etwa ist das Wort F. auch entwertet durch den europ., insbes. dt. Modebrauch, auf Plakaten, in Zeitungen, im Rundfunk und Fernsehen die Vorführung von mehr oder weniger echten, einstudierten Trachtentänzen, von an V.formen angelehnter Musik, von Liedern und Spielen als bayr., rumän., israel. oder Neger-F. anzupreisen. Eifrige → Reklame besorgt die letzte Verdünnung: »Mädchen- Sommer- Himmel- Blumen- Tanz- Musik- Folklore! Folklore macht sie heiterer, jünger, schöner; Folklore-Kleider bringen Sonne in den Sommer; ›Folklore‹ ist eine verspielte, ganz junge Mode« (Ganzseit. Anzeige im Tsp., Bln. 2. 4. 1971).

Die Erscheinung an sich ist nicht neu. Schon das große Hirtenfest zu Unspunnen bei Interlaken 1805 war (auch) ein nationales Schauspiel. Der Traunsteiner Georgiritt, der pfälz. Sommertag, der köln. Karneval, das Imster Schemenlaufen, das alem. Funkenfeuer, Markgröninger

Schäferlauf und Münchner Metzgersprung, der Umzug des Goliath und das Perchtenlaufen in Salzburg, der Drachenstich in Furth i. W., die Dinkelsbühler Kinderzeche wie der Kaufbeurener Tänzeltag u. a. waren und sind Brauchbegehungen, die viele Zuschauer anlockten und z. T. zu »V.festen« wurden, die sich nicht ungern in den Dienst des → Turismus stellten. Der Umschlag fand damit statt, daß Bräuche von ihrem Wachstumsboden gelöst und für Geld vorgeführt wurden. Auch diese Kommerzialis. ist nicht neu. Alpenländ. Musik- und Tanzgruppen zeigten schon um 1825 ihre noch ursprüngl. Vk auf Bühnen des Auslandes und der USA. Solchen Auftritten nächstverwandt sind die in Säle verlegten »Heimatabende« der Fremdenverkehrsorte unserer Zeit. Die immer noch anschwellende Reisewelle, der wirtsch. und für die Ausnützung der → Freizeit so bedeutsame Turismus unserer Jahrzehnte, gewiß auch die Sehnsucht, noch vermeintlich »Ursprüngliches, Ländliches V.leben« zu sehen, auf der anderen Seite der Zwang, für das eigene »Fremdenverkehrsgebiet« Reklame zu machen, begünstigen eine Erscheinung, die man, Hans Moser folgend, am besten als F.ismus bezeichnet. Diese Entwicklung an der Oberfläche der geschäftigen und geschäftl. → Zivilisation wirkt aber auch zurück auf das Volk und wird damit Gegenstand unserer Wiss. Überlief. erster und zweiter Hand gehen ineinander über (H. Bausinger). Auf das Problem von Wirkung und Rückwirkung solcher F. wies bereits der Herausg. der »Deutschen Gaue«, der schwäb. Kurat Frank hin (9. Jg. 1908). → Heimatschutz, Holzschuh, Perchten u. a.

F. W. Schulze, F. Zur Ableitg. d. Vorgesch. e. Wiss. begr. 1949; Kl. Beitl, Die Umgangsriesen. Vkdl. Monogr. e. europ. Maskengestalt. 1961; R. M. Dorson. American F. Chicago 1959. (Wendet sich scharf gegen gewinnsüchtige »Fakelore«; fake engl. ›Fälschung, Betrug‹. – In Amerika noch unbekannt ist die Errungenschaft des Nachkriegsamerikanismus in Deutschland: Fucklore); H. Bausinger, V.kultur in d. techn. Welt. 1961; E. Legros, Sur les noms et les tendances du f. Liège 1962; H. Moser, Vom F.ismus in uns. Zeit. Zs. f. Vkde 58 (1962); ders., Der F.ismus als Fg. probl. d. Vkde Hess. Bll. f. Vkde 55 (1964) H. Freudenthal, in: Beitr. z. dt. V. u. Akde. 8 (1964); J. Klersch, Vtum u. Vleben in Köln. 1. Bd. 1965; W. Brückner, Vereinswesen u. F.ismus. In: Pop. revisus. 1966; H. Bausinger, Kritik d. F.ismuskritik. ebd.; ders., F. u. gesunkenes Kulturgut. Dt. Jb. f. Vkde. 12 (1966); ders. F.ismus in Europa. Eine Umfrage. Zs. f. Vkde. 65 (1969).

Fortuna → Kugel.

Fortunatus → V.buch.

Fossilien → Steine.

Fraachen → Nikolaus.

Franck, Sebastian, Donauwörth 1499–Basel 1543. Als kath., später prot. Geistlicher, zuletzt, gleich → Fischart, als selbständiger Schriftsteller, wanderte F. in Süddtld., im Elsaß und in der Schweiz. Er erstrebte in seinen Büchern wissenschaftliche Kulturgeschichte und Vkde., allerdings noch unter dem verkennenden Gesichtspunkt, »daß wir nicht wähnen, die Juden, Türken und Heiden usw. seien allein Narren, weil wir wohl so törichte Bräuche vor der Tür haben und dennoch Christen wollen sein«. Auch an der Durchsetzung des Dt. als Buchsprache hat F. Anteil. Er sammelte dt. → Sprichwörter: »Allenthalben wo die Lateiner, Griechen oder Hebräer ein Sprichwort haben, haben wir zehn.« Sein »Weltbuoch« (1534) benutzt neben eigenen Beobachtungen die kosmograph. Schriften des Aeneas Sylvius und die dadurch angeregten Bücher des → Bohemus.

A. Hegler, Geist und Schrift bei S. F., 1892;

E. Schmidt, Dt. Vkde. im Zeitalter d. Humanismus u. d. Ref. 1904; A. Reimann, S. F. als Gesch. philosoph, 1921; W. E. Peuckert, S. F., 1943; R. Stupperich, in: NDB 5 (1961).

Frankenwald. Arbeit in Wald und Schieferbruch, Viehzucht, Holzflößen und Glasmacherei gaben neben einer auf dem Reichtum an → Holz beruhenden → Hausind. der Bev. des F. den Lebensunterhalt. Die bewaldete Hochfläche zwischen Thür. und Fichtelgeb. (Dobraberg 795 m) öffnet sich mit tiefen Tälern zum Obermain, der schon im späteren MA eine bedeut. Handelsstraße war. In Kronach saßen Ende des 15. Jh. 36 Rohholzhändler. Auf ihren → Flößen wurden Fertig- und Halbfertigwaren mitbefördert, in neuerer Zeit allerdings nur noch → Truhen. Ess-, Trink- und Vorratsgeräte wurden ausgeführt. Ganze Flöße waren zuweilen allein mit → Wiegen beladen. Mittelpunkt der Hausind. und Vk der Tischler, Wagner, Drechsler und Schnitzer war das Gebiet um Rodach (Heimatmus.) in Oberfranken, das Spielzeug, Korbwaren und Steingut herstellte.

K. Rühl, Der F. [6]1926; J. M. Ritz, Dt. Vk. Franken. München o. J.

Frankfurter Straße → Milchstraße.

Fraternität → Schützen, Handw.

Franz Xaver, hl. (3. 12.). Geb. auf Schloß Javier (Navarra), gest. 1552 bei Kanton. Als Missionär von Ostindien und Japan 1622 heiliggesprochen. Schutzpatron der Seefahrer und Missionierenden. → Schiff.

G. Schurhammer, F. X. 2 Bde. 1955, 1963; E. Frieß u. G. Gugitz, Die F. X.-Wallfahrt zu Oberburg (Untersteierm.) Öst. Zs. f. Vkde 61 (1958) (Gesch., Mirakelbücher, Votive).

Frau (ahd. *frouwa* ›Herrin‹, anord. *Freyja*). In vorgesch. Jäger- und Sammlerkulturen ist die F. Hüterin des Herdfeuers und Bereiterin der Nahrung, vor allem die Mutter der Kinder. Im → Mutterrecht der Grabstock- und Hackbaukulturen genießt sie größere Freiheit, wird aber auch die Hauptträgerin der Arbeit. Bei den alten Griechen begrenzte das Haus die Tätigkeit der rechtl. benachteiligten F. Die einseitig patriarchal. Ordnung des alten Rom kennzeichnet auch die germ. → Familie und änderte sich kaum in christl. Zeit. Es galt der Satz *taceat mulier in ecclesia,* denn das Weib war »das Gefäß der Sünde«. Der Minnedienst des HochMA galt nur der höf. F. Kriege, Seuchen, Zölibat u. a. bewirkten im späten MA einen F.überschuß, der ihre Stellung im Wirtsch.leben der → Stadt hob. Viele F. fanden in Klöstern (→ K.arbeit) und Beginenhäusern Aufnahme. Anderers. brachten der bis in die höchsten Schichten reichenden Glaube an → Hexen, die Rezeption des röm. Rechts wie die humanist. Entdekkung des antiken Hausfrauenbildes eine neue Schwächung der moral. Wertung und rechtl. Stellung der F.

Im 17. Jh. entwickelte sich, wenigstens in den höheren Ständen, der Typus des »gelehrten Frauenzimmers«, dem das »galante Fz.« des Rokoko folgte. Die romant. Verehrung der F. mündete um die Mitte des 19. Jh. schließl. in die Anfänge der »F.bewegung«, die in uns. Zeit erst ihren Höhepunkt erreicht und in neuen Gesetzen wie vor allem im prakt. Berufsleben die volle Gleichheit von Mann und F. anstrebt. Dem alten Leitbild der »Gattin, Mutter und Hausfrau« steht die auf sich allein gestellte Unternehmerin, Professorin, Journalistin, Olympiakämpferin, ja in Staaten wie Israel, China u. a. die selbst Wehrdienst mit der Waffe leistende »moderne« F. gegenüber. Ob sie daneben das

Schicksal und die Aufgabe der Mutterschaft ohne Schaden für das Kind, für das Volksganze und für sie selbst zu bestehen vermag, muß die Zukunft lehren. Nach einer umfangreichen Umfrage von 1966 ist manches F.leben heute geprägt von »90 Wochenstunden Arbeit und zuwenig Liebe«. In der schweren Landarbeit sind heute verhältnismäßig mehr F. als Männer tätig. → Ehe, weibl. Handarbeit, Mutter (Lit.), M.tag, Wöchnerin u. a.

K. Weinhold, Die dt. F. im MA. 2 Bde [3]1897. Neudr. 1968; H. Ploss u. M. u. P. Bartels, Das Weib i. d. Natur- u. Völkerkde. 3 Bde. [11]1927; L. Heß, Die dt. F.berufe des MA. 1940; F. K. Endres, Kulturgesch. d. F. 1942; J. Greif, Die Frau in d. dt. Vsage. Diss. Gött. 1947; Lex. d. F. hg. v. G. Keckeis u. B. C. Olschak. 2 Bde. 1953/54; F. Heeger, F.rechtl. im fränk. Brauchtum. Bayer. Jb. f. Vkde (1963) (Männer Träger d. Gemeinsch.lebens. Sonderrechte u. exklusive Feste d. Weiber: Dreikönig, Fasnacht, Hebammenwahl, Tauffeier, Kindbetthof, Flachsbrechen); Bericht d. Bundesregierung ü. d. Situation d. F. in Beruf, Familie u. Gesellsch. 1966; Kartogr.: ADV-NF 2–4 F.arbeit (Säen, Eggen, Pflügen, Getreide-, Heuernte). Komm. v. G. Wiegelmann, in: ADV Erläut. 1959 (F.arbeit in d. Landw.); R. Worschesch, F.enfeste u. F.bräuche in vgl. Betr. m. bes. Berücks. Frankens. Diss. Würzbg. 1971.

Frauachunkla → Königskerze.

Frau Bert → Bercht.

Frau Faste, besonders im alem. verbreitete → V.etymologie aus Fronfasten, einer Personifikation bestimmter Zeit (besonders Dezemberfronfasten), wie Pfinzdaweibl, → Bercht und → Befana. Mit Bercht u. Holle, zumal auch mit → Luzia, teilt F. F. (Fronfastenmüeterli, -wieble, Fastenmutter) viele Züge: das Besuchen der Winterstube, das Bestrafen der faulen Spinnerinnen oder ungezogenen Kinder durch Heraushaspeln der Därme, durch Stoßen u. dergl. Wie Bercht hat sie eine riesige Nase. Die F. F. steht wohl auch hinter dem Klosawieble, von dem man als Nikolausbegleiterin erzählt (Montafon). Dort schreibt man Fronfastenkindern auch Hellsichtigkeit zu. → Quatemberwochen. → Fro.

Frauendreißiger → Himmelf. Mariae.

F.flachs → F.kräuter, Berufskraut, Dorant.

F.kerze → Königsk.

Frauen-, Marienkräuter. Oft mag die Schönheit oder der Duft der Blüten und Blätter oder ihre Ähnlichkeit mit einem zierlichen Kleid die Beziehung zu Marienlegenden hergestellt haben. Andere wieder sind alte heilsame Frauenkräuter, wie man sie früher bei Geburten zur Erquickung und zum Schutz gegen Zauber der → Wöchnerin aufs Lager streute: Liebfrauenbettstroh (Gelbes → Labkraut; *Galium verum*); in anderen Gegenden Quendel (→ Thymian; *Thymus serpyllum*) oder auch → Johanniskraut (*Hypericum perforatum*), → Frauenschuh *(Cypripedilum calceolus)*, Marienblümchen (→ Gänseblümchen; *Bellis perennis*), Marienblatt (Frauenminze; *Tanacetum balsamita*), Frauenflachs (Leinkraut; *Linaria vulgaris*), Mariendistel *(Silybum Marianum)*, -gras *(Hierochloa odorata)*, -rose (Weinrose; *Rosa rubiginosa*), Muttergottesgläschen (Ackerwinde; *Convolvulus arvensis*). → Beifuß.

H. Marzell, Die Pflanzen im dt. Volksleben 1925; ders., Wb.; H. Schauerte, Mariä Bettstroh. Rhein.-westf. Zs. f. Vkde. 12 (1965) (Labkraut, Gal. ver.; Hartheu, Hyp-perf. u. a.).

Frauenschuh, (Venusschuh, *Cypripedilum calceolus*). Eine der schönsten dt. Orchideen, nach der Form benannt (auch »Kriemhilds Helm«). In schattigen Laubwäldern und Gebüschen, namentlich auf Kalk. Sie ist so verstreut, daß man sagt, man könne sie nur finden, wenn man nicht absichtlich danach sucht. Wer aber einen blühenden F. findet, bekommt eine schöne Gattin. Auch andere Blüten tragen den Namen (Hornklee, Wundklee, Besenginster).

B. Wartmann, Beiträge z. St. Gallischen V.botanik,[2]1874; P. Schullerus, Pflanzen in Glaube u. Brauch d. Siebenb. Sachsen. Arch. d. Ver. f. siebenb. Lkde., N. F., 40. (1916–21).

F.tag → Himmelf. Mariae.

Frau Harke → Bartholomäus, Weihn., Dachs.

Frautragen. In Tirol und Salzburg war es früher Brauch, daß neun Familien sich zusammenschlossen, um an den letzten neun Tagen vor der Christnacht vor einem Bild der Heiligen Familie Hausandacht zu halten. Gern sah man es, wenn das Bild darstellte, wie Maria und Josef in Bethlehem Herberge suchen. Auf dem Hausaltar findet es seinen Platz. Nach der Andacht wird das Bild mitgenommen zum nächsten Hof. So beherbergt es jede von den neun Familien eine Nacht und einen Tag. Die letzte behält es bis Mariä → Lichtmeß. Ähnlich war das obersteir. (Gegend von Eisenerz) »Joseftragen«. Eine Pfarre des 10. Bez. von Wien führte das F. neuerdings ein (mit Adventskranz, Liedern, priesterl. Segen u. gemeins. Abendessen). In Vorarlberg tauchte 1969 ein verw. Brauch auf: Ein Bild der Muttergottes von Fatima wurde von Bludenz n. Schruns und vom Pfarrer ins Haus gebracht, dann von jeder Familie zur anderen übertragen. Frauentrag u. Josefitrag heißen auch die Statuen tragenden Gruppen der Kranzjungfern (Schäppelmädchen) bei der Fronleichn. proz. Ähnliche Bräuche kannte man in Baden und Westfalen. Sartori erinnert an die vergleichbaren Umzüge der → Nerthus, doch hat das F. als beispielhafte Darst. d. Adventsthemas seinen Urspr. i. d. barocken → Vfrömmigkeit des 17. u. 18. Jh.

M. Andree-Eysn, F. i. Salzburg. In: Vkdl., 1910; R. Wolfram, in: Mitt. d. Ges. f. Salzb. Lkde. 97 (1957) (Übers. f. Österr. u. Hinweise f. Baden-Württ. u. Bayern); J. Hanika. »F.« u. »Herrgottragen« oder »Jesu-Mütter« in Mähren. Jb. f. Vkde. d. Heimatv. 3 (1957); E. Bartl, Herbergsuche in d. Großstadt. Jb. öst. Vliedw. 15 (1966); ÖVA IV.

Freen → Frija.

Frei, Freibrief → Asyl.

Freilichtmuseum. Als Darst. bäuerl.-handwerkl. Sachkultur (Haus und Hof, Hausrat, Arbeitsgerät, Zaun und Wegzeichen, Brunnen, Mühle usw.) ist das F. von seinem Wesen her eine vkdl. Aufgabe. Das erste F., das von dem Schweden A. Hazelius 1891 gegründete Skansen, ist ein Teil des Nord. Mus. in Stockholm. Diesem Vorbild folgten die F.:

Sorgenfri (Lyngby bei Kopenh., 1901)
Bygdöy (bei Oslo, 1894)
Lillehammer (S-Norwegen, 1904)
Helsinki-Seurasaari, 1909
Openlucht-Mus. Arnheim (Niederl. 1912/18)
Colonial Williamsburg (Virginia, USA, 1926; eine ganze Stadt wird F.)
Klausenburg (Siebenbürgen, 1929)
Bukarest, 1936
Mus.dorf Cloppenburg (Dtl. 1935)
Bokrijk (Belgien, 1952/58)
Rhein. F. Kommern (Eifel, 1958)
Graz (Steierm. 1962)
Vogtsbauernhof (Gutach im Schwarzw. 1964)
Kiel u. Lippe-Detmold, 1965, u. a.
Maria Saal (Kärnten, 1970) u. a.

Nach B. Schier sind F. besser als verstreute Denkmalhöfe. Auch so bleiben Wünsche offen: »Aber nicht nur das urspr. Leben, auch die natürl. Einbettung der Gehöfte in die angestammte Landsch. geht durch die Übertragung in das F. verloren« (V. H. Pöttler). Bes. Sorgfalt verlangt deshalb schon die Wahl des Standortes und die Gestaltung der Umgebung. Der Intern. Council of Museums, Unesco House, Paris, widmet sich auch den F. (Kongr. 1956 in Genf, 1957 in Skand. u. a.). → Technik, Ergologie, Sachgüter, Bauernh., Gerät, Werkzeug, Mühle u. a.

G. Fosca, Das Mus. d. Dorfes in Bukarest. Buk. 1958; R. Wildhaber, Der derz. Stand d. F. in Europa u. in d. USA. Bayer. Jb. f. Vkde (1959); K. Uldall, Open Air Museums. In: Museum (Unesco) 10 (1957) (Grunds. für Plan u. Aufbau); A. Lühning, F. in den USA. Beitr. z. dt. V. u. A.kde 4 (1959); A. Zippelius, Das Rhein. F. in Kommern. Zs. f. Vkde 57 (1961); A. J. Bernet Kempers, Vijftig Jaar Nederlands Openluchtmus. Arnhem 1962; C. Jrimie u. H. Hoffmann, Zur Plang. e. vkdl. F. in Hermannstadt. In: Fgn. z. V.- u. Landeskde. 4–6 Bukarest (1961–63); J. Schepers, Plan u. Stand d. Westfäl. F. ebd.; R. Robischon, F. als kulturpol. Aufgabe. 1965; R. Wildhaber, Neuere F. in Europa. Schweiz. Arch. f. Vkde 63 (1967); L. Malicki, Ethnogr. F. in Polen. Dt. Jb. f. Vkde 13 (1967); A. Kamphausen, D. Schlesw.-Holst. F. 1969; O. Moser, D. Kärntner F. in Maria Saal. 1971; V. H. Pöttler, Führer durch d. Österr. F. ²1972.

Freimarkt → Bremer F.

Freinächte. Im Lechrain gaben die Nächte auf Georgstag, weißen Sonntag und 1. Mai als F. den Burschen, zuweilen auch d. Mädchen besondere Rechte (→ Burschenschaft). Auch besonderer Dämonenfreiheit (Schneiden des → Bilwis) vorbehaltene Nächte werden dort F. genannt. Über die Bedeutung von »frei«, Freibrief, → Asyl, Freischütz. → Stephan.

K. v. Leoprechting, Aus dem Lechrain, 1855.

Freis, Freisch, von ahd. *freisa* = Not, Gefahr, *vreisliche* = furchtbar, entsetzl.; heute bayr. Frais, Freislich, kärntn. Fras, schweiz. Freischlich. Wie → Fluß, → Gicht usw. volksmed. Sammelbegriff für Krankheiten, die sich in heftigen, furchterregenden Anfällen äußern wie → Epilepsie oder Kinderkrampf *(eclampsia infantum)*, wobei nach der vermeintlichen Ursache oder nach den äußeren Symptomen, ähnlich wie beim → Fieber, eine primitive Systematik versucht wird: reißende, rote, abtötende, zitternde, kalte, fallende, abrennende, spreitzende, stille, schreiende, wütende, geschwollene, gestoßene Fraiß unterscheidet ein »Fraißbrief« aus Oberösterr. Die Gegenmittel sind zahlreich, vom Freissamkraut *(viola tricolor)*, F.-Schlüssel, Schreckstein (Serpentin) bis zu den F.steinen aus Mariazell oder Einsiedeln, die Bilder der Dreifaltigkeit oder der Gnadenmutter zeigen. Sammel- und Universalamulette sind die F.bänder oder -ketten (auch »Fraisbeten«; s. Abb.), die kirchliche Reliquien, Kreuze, Wolfgangshackl und Verschreifeige, Korallen, Münzen, Ringe, apotropäische Steine und Spiegel vereinigen. Die F.briefe sind geistl. Schutzzettel (Benediktus-Dreikönigssegen). Auch »Froaspfoadl« (F.hemdchen), die

im Kloster Loretto zu Salzburg hergestellt waren, wurden den Kindern unters Kissen gelegt. St. → Valentin und St. → Veit sind F.-patrone. Von alten Opfern schreibt Seb. Franck: »Nach dem kumpt Sant Veit, dem opfert man seer vil hüner, wo er rast (rastet), für das freislin oder vergift, und kauft jedem kind ein krüglein«.

M. Höfler, Dt. Krankheitsnamen-Buch, 1899; M. Andree-Eysn, Amulette, in: Vkdl, 1910; E. Bargheer, Die Eingeweide, 1931.

Freisamkraut → Stiefmütterchen.

Freischütz, Freikugel. Die durch Zauber »freie« (gehegte), sicher treffende Kugel und der zauberkundige, treffsichere, oft auch selbst durch Freibrief und dergl. gegen Verwundung festgemachte Wilderer und Jäger heißt F. 1586 wird in Rostocker Gerichtsakten der »Freischuß« erwähnt. Der Glaube ist nach Seemann nur im Germ. und auch hier in reicher Entfaltung nur in Dtld. bekannt. Vom Hexenhammer bis zur Jägerlit. des 18. Jh. spielt der F. die größte Rolle. In Wald- und Bergländern sind Sagen häufig. Der Schuß auf die → Hostie oder das Kruzifix, auch ein Teufelspakt machen »frei«. Ein Strick vom → Galgen oder Kindsfinger, als Amulett getragen, ferner → Blut, von einem 7jährigen Kinde gesponnenes Garn oder ein Stück des ersten Menstruationshemdes einer Jungfrau in die Flinte, das »Freigewehr«, geladen, lassen Wild oder Personen auf jede Entfernung treffen.

F. Kind, Der F. . . . Quellen, hg. v. F. Hasselberg, 1921; Fleming, Der Vollkommene Teutsche Jäger, 1724; Kurtzer Bericht der Edlen Jägerey, 1731²; F. Ranke, Ein früher Beleg f. d. F.glauben. Schweiz. Vkde. 29 (1939). (F. Ranke u. a. weisen den F.glauben in d. Schweiz schon im 15. Jh. nach); J. Walleitner, Wildern im ehem. Erzstift Salzbg. 1965.

Freisprechung → Jagd, Handw.

Freistatt, Freyung → Asyl.

Freitag, Tag der → Frija; ahd. *fria-, frijetag* (9. Jh.). Übernahme der röm. Woche wurde im 4. Jahrh. F. dem spätlat. *Veneris Dies* nachgebildet, das seinerseits der gr. Bez. *Aphrodites Hemera* (Tag der A.) folgte. »Die Gleichsetzung der gr.-röm. Liebesgöttin mit ahd. *Fria*, altnord. *Frigg* ist sachlich berechtigt, denn deren Name ist urverwandt mit altind. *priya* ›Geliebte‹« (Kluge-Götze). Die Entstehung des Wortes war schon im 13. Jh. nicht mehr im Volksbewußtsein. Das verhindert natürlich nicht, daß unbewußt im Volksglauben eine Glücksbedeutung des Tages (Tag für Hochzeiten; häufig allerdings nur wegen des Wochenendes) erhalten blieb. Wahrscheinlich ist dies in Norddtld. der Fall, wo F. Glückstag ist, während in Mitteldtld. und im Süden F. ganz durchgehend, anschließend an die christl. Karfreitagstrauer, der ausgesprochene → Unglückstag ist (keine Hochzeit; allerdings auch, weil F. Fasttag ist). »Freitagsfreier, die hol der Geier«, heißt es im Erzgebirge. F. ist Hochzeitstag der gefallenen Mädchen (Baden). Am F. soll man nicht umziehen, reisen, Haare schneiden lassen, düngen, säen. F. ist deshalb »Jägersonntag«. Für Gustav Adolf war F. Unglückstag, Napoleon schlug keine Schlacht am F., Bismarck schloß keinen Vertrag. Dagegen soll man am F. alles tun, was weniger werden, abgehen, schwinden soll (Nägel schneiden, Würmer abtreiben). Für die Vmed. ist der F. der wichtigste Tag in der Woche. F.kinder sind unglücklich oder geistersichtig. Auch die volkstüml. Worterklärung für F. veranlaßt viele Analogiegedanken (von Krankheiten freimachen, freien, das F.wetter ist frei = veränderlich). –

Im 4. Jh. wurde F. der Tag des wöchentlichen → Fastens, als der er heute noch von Kath. und in alter Überlieferung zuweilen selbst von Prot. gehalten wird. Im MA war F. etwas wie zweiter, trauriger Feiertag in der Woche neben dem fröhlichen Sonntag. Das F.gebet vermag besonders viel. Die »zwölf goldenen F.« waren ein angeblich von Jesus eingesetzter Betbrauch, dessen hohes Alter (14. Jh.) Bolte nachgewiesen hat. G. Schreiber, Die Wochentage i. Erlebn. der Ostkirche u. d. christl. Abendl. 1959.

ADV I Glücks- u. Unglückstage.

Freitod → Selbsttötung.

Freizeit. Aus den neben den Sonntagen früher häufigeren Feiertagen und dem tägl. Feierabend, den die Kirchturmglocke um sechs oder sieben und auch am Sonnabend erst um vier Uhr einläutete, wurde die F. des mehrwöch. Urlaubs und des zweitäg. (bald dreitäg.) »Wochenendes«. Sport und Hobby (→ Stekkenpferd) gewannen breiteren Raum, doch wurden die arbeitsfreien Tage auch zu »Kultzeiten für Motorisierungs- und Sportunfälle« und zu einem »Rendezvous der Herzfeinde« (Zs. Naturarzt 1969 Nr. 7). Nur 26 v. H. der Urlauber suchen bewußt Erholung, die anderen setzen sich eher dem »Urlaubsverschleiß« aus. Sozialpäd. und Ärzte bemühen sich um eine »sinnvolle F.gestaltung« und um die Eindämmung der »industriegesteuerten F.aktivitäten«.

F. Klatt, F.gestaltung. 1929; H. Weidhaas, in: Fraenger-Fs. 1960 S. 31: »Der gelangweilte Mensch könnte nach und nach gemeingefährlich werden«.; E. Weber, Das F.problem. 1963; D. Wellershoff, Wochenende. 1967; Bundesmin. f. Jugend usw. hg., 100 Tips f. F.spaß. 1971 (w. kostenlos abgegeben).

Freke → Frija.

Fremdenverkehr → Turismus.

Fremde Zimmergesellen (Fremdgeschriebene, Fremde). So nennt sich die Vereinigung wandernder Zg. mit soz. und gesell. Zweck, mit dreijährl. Kongreß. Hauptsitz (Bremen) und vielen Nebenorten. Von ähnl. Gesellsch. trennt sie zuweilen heftige Feindschaft (Rolandsbrüder, Ende d. 19. Jh. gegr., gleicher Hauptsitz und gleiche Tracht, aber blaue »Ehrbarkeit« = Halsbinde; Freiheitsbrüder oder Freiheitsschacht, Anfang des 20. Jh. gegründet, gleiche Tracht, aber Ohrgehänge, rote Biese an der Hose und rote Ehrbarkeit; Spinnbrüder oder Spinnschacht, Anfang d. 20. Jh. gegründet, Nadel in einem Bändchen am Hals). Vogtländer ist der Sammelname für alle Zg. außerhalb dieser Bünde. Zum → Berufskleid (→ Tracht) der F. Zg. gehören der große schwarze Schlapphut (Obermann), oder Zylinder (Spinnt), die schwarze Tuchjacke (Walmusch), die Weste mit zwei Reihen von je vier Perlmutknöpfen (Kreuzspinne), das kragenlose Hemd mit dem schwarzen Bändchen (Ehrbarkeit) und die über den Schuhen sehr weite Hamburger Schnitthose. → Zimmermann

E. Weiß, Die Entdeckung des Volks der Zimmerleute. 1923.

Fremdwort → Lehnwort.

Freskomalerei (v. ital. *al fresco* ›auf das Frische‹). Die F. mit mineral. Wasserfarben auf frischem, feuchtem Kalkbewurf der Wand war dem Altertum bekannt und wurde im dt. MA wieder aufgenommen (Gasthäuser, Rathaussäle). An Brücken, Toren und Turmwänden erscheint häufig die riesenhafte Gestalt des hl. → Christophorus, dem städteschützenden → Roland vergleichbar. Sie empfängt den Ankommenden oft heute noch (z. B. Stuben am Arlberg). Unter dem Einfluß der ital. F. schufen das 17. und die 1. H. d. 18. Jh. in europ. Schlössern und Kirchen bedeutende Beisp. der Wand- und besonders der Deckenmalerei. Anfang des 19. Jh. stellten sich die Nazarener die F. aufs neue als Aufgabe.

Das Dorf in Altbayern, aber auch den weiteren Alpenraum eroberte die F. erst mit der Blüte dieser Kunst in Innsbruck und München um 1700. Die ersten Meister kamen aus der Stadt, aber unter ihrem Vorbild wuchsen Generationen von Bauernmalern heran: F. Ser. Zwinck in Oberammergau (1748–92), der sich selbst einen »Lüftlmaler« nannte, F. Karner in Mittenwald (1737–1817), J. G. Gail aus Aibling, im Chiemgau tätig, J. Behamb (im Leitzach- und Schlierachtal), die Malerfamilien Zeiller und Köpfle (Reutte; tätig von 1720–1830), J. Baader (Lechrain), A. Fett, J. Preymayr (Tölzer Gegend) u. a. Zwinck hatte bei dem berühmten Meister Knoller in Ettal das Farbenreiben erlernt. Karner, der in Mittenwald, Krün, Wallgau und in der Jachenau malte, war im Hauptberuf Köhler. Anders als der Malersohn Zwinck sieht er die Hausfassade nicht als Ganzes, sondern ordnet seine Figuren von schlichter Bildkraft ohne bes. Verbindung symmetr. zwischen die Fenster. Während die frühe handwerkl. F. dem städt. Vorbild der perspektiv. Architekturmalerei nacheifert (Bürgerm.haus in Oberammergau; Neunerhaus in Mittenwald), übersetzt sie später die strenge Tektonik mehr und mehr in die zwanglos schmückende Formensprache der Vk. Nach 1830 etwa treten Sprüche und Blumengewinde immer häufiger an die Stelle der alten Bilderwelt, die außer den Bauernheiligen Passionszyklen und die Gnadenbilder der heim. Wallfahrtsstätten umfaßte. – Von Altbayern aus strahlte der frommgläubige Brauch der F. ins ganze Alpengebiet. Sie kennzeichnet noch die Häuser der dt. Dörfer in Ungarn. Die Farbkraft und Wetterfestigkeit der F. verschaffen ihr – neben Mosaik und → Sgraffitto – heute wieder neue Geltung in Dorf und Stadt, einers. in Gedanken des Heimatschutzes, anderers. im Dienste des Turismus. In Industriestädten ist die Luftverschmutzung der Feind alter wie neuer F.

F. Zell, Bauernhäuser u. volkstüml. Hausmalereien im bayer. Hochland, 1900; A. Hildebrand, Wandmalerei. 1920; M. Bauer-Heinhold, Süddt. Fassadenmalerei vom MA b. z. Gegenw., 1952 (148 Abb.); K. Wehlte, Wandmalerei [4]1962.

Freßgevattern → Pate.

Freudenfeuer → Jahresf.

Freyja, ›Frau‹ nord. Göttin des Wohlstandes, der Liebe und der Fruchtbarkeit wie ihr Bruder → Freyr, dessen Gemahlin Frigg (→ Frija) sie in Kult und Glauben früh verdrängte. Im Norden begegnet sich ihr Name mit dem der Venus und Maria, auf südgerm. Boden ist uns weder Mythus noch Name bezeugt. Die Göttin »Frouwa« entsprang der Phantasie der Mythologen des 19. Jh. Der mythische Kerngedanke des »Vegetationspaares« indes dürfte sich in den Bräuchen um Haferbraut und -bräutigam, um Maikönig und -königin u. ä. erhalten haben. → Luchs, Frau.

Freyr ›Herr‹, nord. Gott des Himmels, des Friedens, des Wohlstandes und Gedeihens von Feld, Mensch und Tier. → Frija ist seine Gemahlin, an deren Stelle später → Freyja, F. Schwester, tritt. Die

Frühlingsumfahrt mit seinem Bild erinnert an die Umfahrt der → Nerthus, mit deren Kult F. auch durch die Abstammung von Njord (männlicher Nerthus?) in Berührung kommt. Bei den Ostdänen hieß er Yngwi oder Ing. (vgl. die *Ingvaeones* bei Tacitus). Als Fruchtbarkeitsgott erscheint F. auch im nord. Hochzeitsbrauch und in dem phallischen F.bild in Alt-Upsala. Im Südgerm. ist F. unbekannt. → Fro.

Freyungsläuten → Michael.

Frick → Weihn.

Fridolin, hl. (6. 3.) Iro-schott. Missionar, stiftete das Frauenkloster Säckingen, das zum Mittelpunkt des oberrhein. Kultgebietes wurde. Dort ist auch sein Grab († 514). In den kath. Kantonen der Schweiz und in Vorarlb. (Rankweil: F.stein) ist seine Verehrung vstüml. Das Hauptattr. des »dürren Kindes« erinnert an die Leg. von der Erwekkung des Knaben Ursus (Kinderpatronat). Die Karte 186 des ASV verzeichnet die F.feuer der Gegenwart, die bes. im Kanton Glarus an die Stelle der Fastenfeuer (→ Funkensonntag) treten. Attr.: Toter, Skelett, Benediktiner.

M. Barth, St. F. u. s. Kult im alem. Raum. 1955.

Friede, aus der germ. Wurzel *fri* gebildet und deshalb = Schonung, Zustand der Liebe. Hierher gehört unser Wort freien und das alem. frei sein = lieb, friedlich sein. In Zeiten der Blutrache und der sich ablösenden Fehden ist die durch den F. umschlossene Gemeinschaft sehr eng und jener selbst vielfältig gestuft (Volksf., Dingf., Hausf., Schiffsf., Marktf.). Wer dagegen verstößt, wird friedlos. Nach der letzten → Schlacht kommt der 1000jährige F. → Asyl, Recht.

J. Hoops, Reallex.; K. v. Amira, Grundriß d. germ. Rechts, 1913; F. Bammel, Die Rel. d. Welt u. d. F. auf Erden. 1957.

Friedhof, urspr. ›eingehegter Platz, Freiplatz für Verfolgte‹ (→ Beinbrecher). Die sprachl. unmittelbare Entw. aus ahd. *vrîthof* bewahrt die Form Freithof von Schwaben bis Österr. Im Montafon trennt diese Form die Innerfratte von der Außerfratte, die F. sagt. Gemeinsame Begräbnisplätze (Sippenf.) sind alt, doch sind uns vorchristl. Namen nicht bekannt (→ Rosengarten). F. waren wie die Wehrkirchen nicht selten befestigt. Örtlich getrennte und besonders betonte Familiengrabplätze führt man darauf zurück, daß z. B. die alten Sachsen aus angestammtem Sippengefühl ihre Toten nicht auf den christl. F., sondern *»ad tumulos paganorum«* brachten. Vorgesch. Totenorte waren wohl die baumbestandenen Hügel, auf denen in kirchenlosen Gemeinden und Gutsbezirken Ostpreußens bestattet wurde, wenn man dafür nicht einfach ein Feld abseits der Siedlung oder an Verbindungswegen zur Landstraße wählte. Auch die ersten Christen begruben ihre Toten auf freiem Feld, später nach röm. Brauch in Katakomben. In Berlin soll »das Verstreuen von Aschen auf den landeseigenen Friedhöfen ermöglicht werden«. (Tsp. 20. 1. 72) Auf dem Urnenfriedhof Seestraße (Bln-Wedding) sind »Urnenstellen mit einheitlicher Gestaltung als Rasenfläche ohne Gedenkzeichen für die anonyme Beisetzung eingerichtet«. Bemerkenswert ist die moderne Entw. des F. zu einem Trauergarten (z. B. die Waldfriedhöfe in Bln-Zehlendorf). Die Pflege der Kriegsgräber nach 1918 schuf den Begriff des Soldatenf.. Die Organisation des »Schwarzen Kreuzes« trachtet, sie auch nach 1945 in allen vom Krieg betroff. Ländern einzurichten. Sie sind fast durchwegs würdige und eindrucksvolle Erinnerungsstätten und Mahnmale für »Helden«, die Opfer in einem hohen Sinn waren. – Der jüngsten Zeit blieb es vorbehalten auch von Auto-F. und Atom-F. (Bergwerkschächte, Betonblöcke im Meer) zu sprechen. Durch die F.weihe (»geweihte Erde«) wurden »unreine Geister«, aber auch Ungetaufte, Selbstmörder und Andersgläubige ausgeschlossen, doch wird heute diese Vorschrift milde gehandhabt. Als Ort der Toten ist der F. natürlich Mittelpunkt zahlreicher Totensagen. Die Verbreitung der Namen F., Kirchhof, Gottesacker usw. wird von der → Wortgeographie erforscht. → Grabbeigabe, Grabblumen, Geist, Tod, Beinhaus.

H. Schnetzer, Die F. im bayer. Inntal. In: Vk. u. Vkde. (1909); C. Caminada, Die Bündner F., 1918. Kretschmer, Wortgeogr. 1918; St. Hirzel, Grab u. F. d. Gegenw., 1927; Grabmal u. F. (Berner Heimatschutz), 1951; R. Pfister, Die F.fibel. ²1954; Zs. F. und Denkmal. 1956ff.; J. Schweizer, Kirchhof u. F. 1956; J. Gaedke, Hb. d. F.- u. Bestattungsrechts. ²1963; H.-K. Boehlke, Der Gemeindef. 1966; Vgl. auch Lit. → Grabdenkmal.

Friedrich der Große ist eine der wenigen Gestalten neben Napoleon, Bismarck u. a., die in der geschichtlich wenig interessierten → Sage des Volkes wie in → Märchen, derben → Anekdoten und Sprüchen in Norddtld. dauernd Platz gefunden haben, wobei natürlich alte bekannte Züge auf F. d. G. übertragen wurden. Er ist kugelfest und kann zaubern. Die Vk. stellte ihn häufig dar auf Kacheln, Tabakspfeifen, Tabaksdosen, Schüsseln, Zinngefäßen, hinter Glas gemalt, auf gußeis. Ofenplatten und auf Bilderbogen. Als Firstziegelfiguren begegnen Napoleon (Langd i. d. Wetterau) und der Alte Fritz (Obermockstadt i. d. Wetterau) dazu Blücher (Langd). Die oranisch-preuß. Herrschaft am Niederrhein brachte es mit sich, daß F. II., aber auch Fr. Wilh. I. sehr beliebt waren. F. d. G. wurde auf Schüsseln (»Der olde Frez, got schlog en't Hus/Dat wor en König as den dus«; → Daus) und Fliesen dargestellt, in Wachs bossiert, in Eisen gegossen, auf Truhen geschnitzt (M. Creutz, Rheinlande).

Als Aufklärer mit frz. Erziehung und Kultur – alle seine Werke sind frz. geschrieben – nahm F. d. G. an der rationalist. Zerstörung alter V.kultur teil, blieb aber selbst unbewußt manchem Brauch treu (→ Neujahr), weil er als Mensch und Deutscher die Etikette immer wieder mit Humor und Witz durchbrach. Als erster Fürst schaffte er die Folter ab (1740). In der Gesch. des dt. → Dorfes und der Ostkolonis. sind die frideriz. Siedlungen und Hausbauten von größter Bedeutung.

Die Sammlung von Dietz zeigt, daß Anekdoten vom »A.F.« rechtsrhein., solche von Napoleon linksrhein. geläufig sind. Noch 1937 haben unter den von Bodens veröffentlichten Schwänken vom Niederrhein solche vom »A.F.« einen großen Anteil, → Bildnisse.

J. Winkler, De olle Fritz, 1926; H. Kügler, Hohenzollernsagen, 1922; W. Wisser, Plattdt. Volksmärchen, 1927; W. Bodens, Sage, Märchen u. Schwank am N.rhein. 1937; U. Froese, Das Kolonis.werk F. d. G. 1938; W. Elze, F. d. G. ²1939; E. Frenzel, Stoffe d. Weltlit. 1962 KTA 300; W.-E. Peuckert, Hwb. d. Sage; J. Dietz, Aus d. Sagenwelt des Bonner Landes. 1965.

Frija, Frigg. Auch die südgerm. → Merseburger Zaubersprüche nennen die Gemahlin des nord. Odin, des höchsten Gottes. An ihre Stelle tritt später → Freyja. Daß Namen und Gestalt der Göttin, die schon in germ. Quellen in unbestimmten Umrissen hervortreten, in späteren Sagenfrauen (sogenannten »Zwölftengottheiten«), wie Fru Freke, Freen, Vrin usw., wieder erscheinen, diese von J. Grimm u. a. verteidigte Annahme ist später in Zweifel gezogen worden. Golther sagt, daß in der Stampa, → Bercht, → Frau Faste usw. »ein Nachhall germ. Göttinnen nicht erweisbar ist«. J. de Vries sieht in F. (›Gattin, Geliebte‹), einen der vielen Beinamen für die Göttin der Fruchtbarkeit bei den Südgermanen. Obwohl lat. *dies Veneris* mit *friatac* (→ Freitag) übersetzt wurde, steht in der Göttin nicht erotisches, sondern mütterliches Wesen im Vordergrund. Wie die → Matronen ist sie Helferin in der Geburt und Schutzherrin der Ehe. → Zwölften, Fulla.

J. Grimm, Dt. Mythol; W. Golther, Hb. d. germ. Mythol., 1895; E. Mogk, Germ. Rel.gesch. u. Mythologie, 1921; J. de Vries, Altgerm. Rel.gesch. 1. Bd., 1935.

Frisch- und **Gsundschlagen,** Zweigsegen. Am Pfefferleinstag (meist St. → Stephan), am → Unschuldige-Kinder-Tag (Kindeln, Kindleinstreichen), auch an → Neujahr oder → Dreikönig wurden und werden Mädchen von Burschen, Mägde von Knechten, Erwachsene von Kindern mit der Pfeffergerte (Eberesche, → Wacholder u. a.) gepeitscht mit dem Ruf »Frisch und gsund!« u. ä. Das glückbringende Schlagen wurde erwidert mit Pfeffernüssen und Pfefferlesbranntwein. → Pfeffer, Lebensrute, Fasnacht.

W. Mannhardt, Wald- und Feldkulte [3]1963. 1. Bd. 3. Kap.; S. Kube, Der Schlag m. d. Lebensrute – das Asche abkehren. Diss. Leipz. 1942; ders., Frisches Grün! Langes Leben! Dt. Jb. f. Vkde 11 (1965); L. Schmidt, Das F. u. G. im Burgenland. In: Wiss. Arb. aus d. Bld. 35 (1966) (Karte) Brauch des »Aufkindelns«; neben dt. auch kroat. u. ungar. Texte); Kartogr.: ÖVA II Brauch u. Sprüche. Dazu Komm. v. S. Walter. 1959 (Weide, Hasel, Birke; Bez.: Auffrischen, Aufkindeln, Bisnen; Sprüche; Absicht: Gesundheit, Akkersegen, gegen Vergiftung u. a.).

Fritschi → Fasnacht.

Fro. Auf Grund der viel zu weit gehenden Übertragung der nord. Mythologie auf südgerm. Boden durch Jakob Grimm und besonders durch die phantastischen Kombinationen von J. W. Wolf bürgerte sich d. Vorstellung eines Gottes F. ein, der dem nord. Freyr entspräche. Grimms (zuletzt Möllers) Annahme war nur durch das got. *frauja* (für griech. *kyrios*) und durch das *frono* (= der Götter, göttlich; vom ahd. *fro* = Herr; noch erhalten im christl. Festnamen → Fronleichnam = der Leib des Herrn) gestützt, daneben durch das Adjektiv *fro* = froh, sanft (zu germ. **frawa*). Viele Nachfolger und Schüler Grimms, besonders W. Mannhardt, knüpften zumal an die Erscheinung des → Ebers (Freyrs Attribut im Nord.) in Gebildbrot, Festspeise, Brauch u. Sage (Ernte, Korngeist) ähnliche Schlüsse. → Andreas, Frau Faste.

J. Grimm, Dt. Mythol., 1854[3]; Strich, Die Mythol. in der dt. Dichtung; B. Kummer, F.; im HDA.

froher Kirchgang → Aussegnung.

Frommtag → Dreifalt.sonntag.

Fronfasten → Frau Faste, Quatemberwochen.

Fronleichnam, (Sakraments-, Prang-, heiliger Blutstag). Das 1264 eingeführte Fest der Eucharistie oder des Altarsakramentes (F. ›Leib d. Herrn‹; → Fro) wird in kath. Landschaften vielerorts als das höchste Jahresfest empfunden. F. heißt in Süddtld. auch Antlaßtag, die achttägige Festwoche ist die Antlaß (→ Gründonnerstag). Im Mittelpunkt von F. steht die Prozession, die auch heute meist die prächtigste des Jahres ist. Sie hat sich im MA entwickelt. Die vier Stationen der Evangelienaltäre z. B. kamen im 14. Jh. hinzu. Neue Unters. (Matern) zeigen, wie sich »sogar in spätem und stark kirchenamtlich bestimmtem Brauch die gesch. Besonderheit und die ethnische Eigenart Iberiens, Frankreichs, Italiens u. Deutschlands trotz aller weitgespannten Beziehungen und Zusammenhänge offenbaren« (M. Zender). Für Dtld. ist es charakteristisch, daß die Prozession gleich nach der Einführung den Charakter von → Flurumgang und Wettersegen annahm. Die F.prozession repräsentiert in Dorf und Stadt (besonders in München) in großartiger Weise das ganze Gemeinwesen: Schützengilde, Feuerwehr, Musikkapelle, Kirchenchor, Vereine und Verbände treten an, die Mädchen kommen in Kranz, Haarlocken und weißen Kleidern, die Knaben in Schärpen, die Männer und besonders die Frauen und Jungfrauen in der Festtracht. Lautes Beten, Musik, Gesang, Läuten und Böllerschießen begleiten den Umgang, mit Blumen ist der Weg bestreut, grüne Birken zieren die Altäre, Tannengewinde, Kerzen, Bilder, Teppiche und Fahnen die Häuser. Land für Land, ja Dorf für Dorf sieht das Festbild verschieden aus. Zumal die Zeit der Renaissance und des Barock war reich an prächtigen Aufzügen, die sich zuweilen zu eigentlichen F.spielen auswuchsen. Beim »großen Umgang« zu F. in Bozen 1753 gingen 93 Prunkgruppen mit (Darstellung aus Bibel und Legende, die Hl. Dreikönige, die 12 Apostel, Kaiserin Helena mit dem Kreuz, dann Orden, Zünfte und Gilden, der Adel im Festwagen, Pagen, Ritter und Grenadiere). Heute noch allgemein ist das → »Frauentragen« od. die »Josefitrag«. Von örtlichen Sonderformen sei nur auf den »Antlaßritt« in Brixental, auf die Hallstätter Schiffprozession, auf die Blumenbilder in Münchner Kirchen oder auf das »Wegelschtraat« der Deutschen in Ungarn hingewiesen, wo der Priester mit der Monstranz über einen kunstvollen Teppich aus Blumen und Grün schreitet.

Auch wo keine eigentliche Kräuterweihe stattfindet, gelten Zweige, Kräuter, Kränze u. Blumenschmuck der F.altäre als segenkräftig u. werden mit nach Hause genommen. In Berlin war das Tannengrün der Prozessionsaltäre alsbald nach Ende der Feier bis Armhöhe geplündert (um 1930). Kinder werden zu den Altären getragen, »geweihte« Rosen und Pflanzen kommen ins Kinderbett und verscheuchen alles Böse. Früh ist hier offenbar der mit dem grünen Reis, mit → Lebensrute und → Maibaum verbundene Volksglaube ins Kirchliche übertragen worden. F.kränze werden am Johannistag zerrieben und ins Feuer geworfen. Beim Salzburger »Himmelbrotschutzen« wurden selbst benedizierte Hostien in die Salzach geworfen, damit das Land kein Hochwasser bedrohe.

Die enge Verbindung von → Ritus und Volksleben erweist auch der Festnachmittag mit dem fröhlichen Trinken des »Herrgottsweins« oder dem »Kranzeinweichen«. In den Niederlanden werden Schützenspiele abgehalten. Der »Drachenstich« in Furth fand bis in jüngere Zeit am Sonntag nach F. statt. Auf Tiere und Dämonen fällt noch Schatten und Schein des Festes. Der Bilmesschneider treibt während des F.umganges sein Unwesen. Die an F. ausfliegenden Bienen sind besonders wertvoll und wie sie an Johanni einen Kelch bauen, so bauen sie an F. eine Monstranz. → Hostie, Schäppelmädchen, Widertonmoos, Thymian, V.schauspiel, Bilwis, F.spiele.

L. v. Hörmann, Das F.fest; in Tiroler Volksleben, 1909; M. Mayer, D. Brixenthaler

Antlaßritt, 1936; A. Mitterwieser, Gesch. der F.prozession in Bayern [2]1949. Neuausg. v. T. Gebhard; S. Walter, Weststeir. F.schmuck. In: Alpes orient. 2(1959) (F.teppiche); B. Brückner, Proz.trachten zw. Inn u. Salzach. Bayer. Jb. f. Vkde. (1960); G. Matern. Zur Vorgesch. u. Gesch. d. F.feier bes. in Spanien. 1962 (Monstranz u. Rangordnung, Kerzen u. Feuerwerk, Triumphwagen u. Sonnendächer, Spiele, Tänze, Masken, Giganten, Instr.musik, Hymnen); H. Fielhauer, Die F.stangen in Rohr im Gebirge Jb. f. Ldke. v. Niederöst. 1964 (2 Karten); R. Wolfram, Die Salzb. Prangstangen u. ihre Verw. Mitt. d. Ges. f. Sbg. Lkde 104 (1964); Kartogr.: Bair.- öst. Mundartatlas, Karte »Prang(er)- u. Kranztag (Antlaß, Fronl.)«

Fronleichnamsspiele. Aus den Proz. des Festtags im MA entwickelten sich F., die in Spanien (Autos) und in England (York Plays u. Towneley Plays) bes. reiche Entfaltung fanden. Bei uns sind frühe Belege: Prag 1366; Künzelsau seit 1479. Die span. »Autos Sacramentales« fanden ihren Höhepunkt im 17. Jh. (Calderon). In England waren F. Sache der → Handwerker, die auf festen Gerüsten, später auf Wagen spielten. Da die Bibel keinen Stoff bot, wählte man theol. Gespräche (Propheten und Apostel), Mytholog. und Allegor. als Spielinhalt.

A. Dörrer, Altdt. Karwochen- u. F. Südtirols im Zeitalter d. Barock u. Rokoko. Lit. wiss. Jb. d. Görres-Ges. 3/4 (1928/29); O. Sengspiel, Die Bed. d. Proz. f. d. geistl. Schauspiel d. MA. 1932; W. F. Michael, Die geistl. Proz.spiele in Dtl. Baltimore. 1947; L. Kretzenbacher, Barocke Spielproz. in d. Steierm. In: Aus Archiv u. Chronik 2 (1949) (Zeit d. Gegenref.); A. Dörrer, hg., Tiroler Umgangsspiele. 1957. (Bozner Figuralproz. 1421–1753; Einfl. v. Landsch. u. Volkschar; vgl. H. Moser in: Bayer. Jb. f. Vkde); P. K. Liebenow, D. Künzelsauer F. 1969.

Frosch, mundartlich Lork, Muggel, nd. Padde, Pogge, Höpper, Marks, rhein. Hoptzger, Hepkrat.; *»pluvias cantando praedicit«* sagte Albertus Magnus. Die Antike hielt den F. für giftig wie die → Kröte, von der sich der F. in Namengebung und Glauben nicht immer streng unterscheidet. Besonders in der Vmed. werden sie fast gleich verwendet. Wenn die Frösche früh quaken, grünen die Bäume früh. Als Regenbringer erscheint der F. im Frühlings- und Pfingstbrauch (Pfingstquak, F.-schinder). F.gequake wird als das Weinen der Ungeborenen gedeutet (Baden) und vielleicht entspringt der Glaube an den → Storch als → Kinderbringer der mittelalterlichen Darstellung des Storches am F.teich. Im Liebes- und Glückszauber ist das Gerippe des F. wie etwa das des → Salamanders gesucht. So berichtet es schon → Vintler. F.schenkel als Nahrung sind nur in Südwestdld. und in Österr. bekannt, dagegen werden solche zentnerweise aus Dtld. n. Frankreich ausgeführt. Von den Fröschen als Erscheinung der Armen Seelen und der Märchenprinzen berichten auch die Redensarten vom großen F., F.könig, von der Poggenmutter, mit denen man in Norddtld. die Kinder von Gewässern fernhält. → Wassergeister.

H. Hepding, Die F. stillen. Hess. Bll. f. Vkde. 39 (1941) (Abergl., Sage, Recht); N. Wiepen, Dt. Wortatlas XIII, V: der F. Diss. Marbg.; G. Bang, Dt. Wortatlas: die Kaulquappe. Diss. Marbg.

Froschkönig → Wasserg.

Frouwa → Freyja.

Fruchtbarkeit. Daß mit Gebet, Opfer, Segenspruch und Zauber F. auf Mensch, Tier und Acker herabgerufen wird, sagen uns neuere Bräuche (→ Ernte, Korngeister, Opfer), wie es schon die Worte → Adams von Bremen andeuten: *Thor serena et fruges gubernat* (→ Donar). → Holle (Spindelholle) ist Herrin über den Flachsbau. Wo die → wilde Jagd fährt, wächst das Korn höher. Der »Dreiwochenwind« vor → Weihnachten oder der Sturm in den → Zwölften befruchten die Bäume. Das Erscheinen des →

Kornengels, das Laufen der Klöpfler, Huttler und → Perchten (Kornaufwecken, Aperschnalzen → Klöpfelnächte, Grasausläuten), das Abbrennen der → Jahresfeuer und viele ähnliche Lärmumzüge zu den wichtigsten Jahresfesten (→ Masken, Neujahr, Dreikönig, Fasnacht usw.) rufen alle den Segen auf die Felder herab. Phallische Darstellungen in der Garbenpuppe (Ostdtld.), in Gebildbrot oder Bild oder das Brautlager auf dem Felde haben den gleichen Sinn. Unzählige → Orakel erkunden d. kommende Ernte. Die → Lebensrute, fette Speisen, Schießen, Feuer und Regenzauber in vielen Formen zielen auf F. Die ältesten → Segen und Zaubersprüche haben diesen Inhalt. Im Brauch der → Hochzeit begegnen wir dem Rutenschlag, den Getreidekörnern, der Glücksspeise und den F.zeichen des Storches, der Puppe usw. Auf kirchlicher Ebene stehen → Flurumgang, Fronleichnamsproz., Wettersegen und Heiligenkult im Dienst des gleichen Gedankens. → Balder, Freyr, Nerthus, Nikolaus, Thomas, Lätare, Ostern, Pfingsten, Weihnachten, Weihnachtsbaum, Amulett, Ei, Erbse, Gebildbrote, Hasel, Hose, Holunder, Iltis, Masken, alte Jungfer, Handwerk, Nacktheit, Walnuß, Gaßlbrauch.

W. Mannhardt, Wald- und Feldkulte, 2 Bde., 1904/05²; J. Hanika, Der r-Laut in F.riten u. d. Schwirrholz. Bayer. Jb., 1952; J. Hanika, Kultische Vorstufen des Pflanzenanbaues. Zs. f. Vkde 50 (1953); R. Wolfram, Ackersegnen u. Wachstumsbräuche i. d. Gottschee. Jb. f. ostdt. Vkde. 10 (1966/67).

Fru Gode → Weihn.

Frühgeburt (= Geburt zwischen der 28. und 40. Schwangerschaftswoche). Die Frau, die F. fürchtet, soll unbeobachtet den Keimfleck e. Eies essen (Schwaben). Der Adlerstein wurde schon von den Römerinnen getragen (Plinius), das MA benützte daneben den Jaspis. Die Kirche kennt vorbeugende Segnungen. → Steine, Abtreibung.

Frühjahrsblumen. Die ersten Boten wiedererwach. Lebens in der Natur werden vom Vglauben bes. beachtet. Man darf bestimmte F. nicht abreißen oder ins Haus bringen, weil sonst der → Blitz einschlägt oder die Hühner aufhören, Eier zu legen. Anders. sind F. als Sinnbild der Veget.kraft wirksame Vorbeugungsmittel gegen Fieber, Hals- und Zahnweh. Die (drei) ersten Veilchen, Buschwindröschen (Pommern, Mecklenburg), → Schlüsselblumen (Westpreußen), Maßliebchen, (→ Gänseblümchen, Ostpreußen) oder Blüten von → Seidelbast (Thüringen), die man im Jahre findet, soll man essen. Daß es sich dabei um einen zauberhaften Vorgang handelt, wird deutlich, wenn man sie meist nicht einfach mit der Hand, sondern z. B. mit den Zähnen pflücken soll. → bedecken, finden.

H. Marzell, Frühlingsbl. i. V.glauben; in: Natur u. Kultur 8 (1911).

Frühlingsfeste → Lätare, Ostern, Maitag.

F.feuer → Jahresf., Fasnacht.

F.spiele → Fasnacht, Lätare, Vschauspiel.

F.tag, erster → Lichtmeß.

F.vogel → Kuckuck.

F.wettläufe → Wettlauf.

Frühtanz → Kirmes.

Fuchs. Im Volksglauben ist die Stellung des F. wie so vieler Tiere doppeldeutig. Im → Angang bedeutet er Glück und Unglück. Er ist eines der häufigsten Hexen- und

Teufelstiere, ist aber auch von den sog. »hilfreichen« Tieren des Märchens das bekannteste. In Hessen sind die wilden oder tollen F. im Kornfeld und in Bayern der Nachtf. und Holzf. (= Waldf.) vielgenannte Kinderschrecke. Der F. macht Wetter, die F. brauen oder sie backen Küchlein, wenn Gewitter oder Nebel steigen. Als Vegetationstier kennt ihn die römische Überlieferung, auch unter den französischen und dt. → Korngeistern wird der Kornf. im reifenden Feld oder in der letzten Garbe genannt. Im Frühlingsbrauch und -umzug erscheint er in ähnlicher Bedeutung. In Mitteldtld. und in der Steiermark wurden beim Umzug mit dem Pfingstf. Eier gesammelt. Auch Bringer der Ostereier ist der F. vereinzelt. Wie der F. Vegetationstier ist, so finden Blut und Hoden im Liebeszauber und gegen Unfruchtbarkeit Verwendung. Die »Fuchsrute« trägt der Jäger mit anderen Trophäen an der Uhrkette (Montafon 1955). Daneben sind besonders Fett und → Lunge gesucht. Zahlreich sind die Zaubermittel (Umwandlung, Lärm, Füttern im Kreis), mit denen man den F. von den Hühnern fernhält. Wie der Name des Wolfes, des Teufels und anderer Dämonen, wird der des F. → tabu und (u. a. in der alten Tierdichtung) mit Gevatter, Holzhund, Langschwanz (Salzburg, Mecklenburg) umschrieben. Eine Ersetzung des tabu gewordenen idg. Namens (gr. *alopex*, lat. *volpes*) ist nach Lessiac unser Wort F. selbst. Im jüngeren Paläolithikum wurden Füchse schon gejagt und auf Höhlenmalereien dargestellt. Volkssprache u. -dichtung beschäftigen sich viel mit dem verschlagenen, listigen F. In der Vk. spüren wir in den Bildern des F. (z. B. Thüringer Glasmalerei) die Vermittlung der Tierdichtung, deren wichtigste bei uns eben »Reineke Fuchs« ist von der »Ecbasis« um 936 bis zu Goethes Epos 1794. → Blendung, Schreckgestalten, Ostern, Pfingsten.

W. Medicus, Die Naturgesch. nach Wort u. Spruch des Volkes, 1867; O. Dähnhardt, Natursagen (3.–4.: Tiersagen), 1907ff.; R. Beitl, Korndämonen. Im HDA; W. E. Peukkert, F. Im HDA; K. Sälzle, Tier u. Mensch-Gottheit u. Dämon. 1965; Reineke F. D. nd. Epos Reynke de Vos v. 1498 m. d. Holzschn. d. Orig. Übertr. v. K. Langosch 1967.

Fuchs, Leonhard (1501–1566); wirkte als Arzt und Professor in München, Ingolstadt und zuletzt in Tübingen. Als Verfasser des »New Kreuterbuch«, das zuerst 1543 in Basel erschien, zählt er zu den »Vätern der dt. → Pflanzenkunde«, der gegen den Arabismus seiner Zeit anging. Jenes Werk ist vor allem wegen seiner zahlreichen, z. T. ausgezeichneten Pflanzenabb. von bes. Wert für die Gesch. der dt. Arzneipflanzen. → Kräuterbücher.

E. Stübler, L. F. 1928.

Fuchslungensaft → Lunge.

F.sonntag → Fastenzeit.

F.tanz → Pfingsten.

Fucke → Fock.

Füe → Stechpalme.

Fuedonnerstag → Fasnacht.

fuen, futteln → Lebensrute, nackt.

Fuhrmann. Durch das → Auto wird das Pferdefuhrwerk, durch den Fahrer der F. ersetzt. Im Brauch, besonders bei festlichen Fuhren wie Kammerwagen, Hochzeitskutsche u. ä. spielte der F. eine ähnliche Rolle wie die Köchin im Festhause. Wenn der F. selten zunftmäßigen Zusammenschluß erreichte, so war doch bei ihm das typische → Hänseln für die Neulinge im Schwang.

Ein F., der zum erstenmal auf die Leipziger Messe kam, wurde von den anderen mit Peitschenhieben zum Durchkriechen des hohen Wagenrades gezwungen. Die → Peitsche (alem. Geißel) wird gern aus → Wacholder geschnitten, die Peitschenschnur ist zauberfest, wenn sie, um den → Palmbusch (Palmsonntag) gewickelt, mitgeweiht wurde. Das Peitschenknallen geschah in bestimmtem Rhythmus, den es einmal genauer zu erforschen lohnte. Die Berichte von Dorftieren, Hockauf, Geisterbrücken u. dergl. sind typische F.sagen, wie der F. durch sein Sakramentieren oft schon Geister herbeiruft. »Er flucht wie ein Fuhrknecht«, sagt man in Vorarlberg. In der Tracht hielt der F. oft überraschend zäh an alten Formen fest (Hessen). Bes. → Berufskleid war bis in die l. Jahrzehnte im dt. SW ein hellblauer Leinenkittel mit weißer Stickerei.

Fuhrmannsbilder. Geschnitzte und gebastelte F.zeichen oder aquarellierte Fb., die man heute noch in verschiedenen Gasthäusern findet, zeugen von der engen Verbundenheit von Wirt und F. Zwei oder mehr Paar Pferde sind vor den schweren Wagen gespannt, die Wirtin reicht dem Blaukittel (Lausitz) ein Glas Bier und darüber steht etwa der → Spruch: »Brave Wirtsleut' an der Straßen/Kann der Fuhrmann niemals lassen:/Ein guter Schnaps, ein gutes Bier/Lockt neue Lebenslust herfür.« Das Seyffert-Mus. in Dresden besitzt eine ganze Reihe solcher Fb. (Aquarelle) von der niederlausitzer Salzstraße (»Verfertigt von Johann Samuel Erler aus Colmnitz bei Freiberg!« um 1840). In Stil und Technik völlig übereinstimmend sind Fb. mit Darstellungen Harburger Frachtwagen; die Inschrift eines 1860 dat. Fb. bezieht sich auf das Ehe-Jubiläum des F. (Museum Harburg). Spamer vermutet in den Fb. ländliche Abkömmlinge von Darstellungen höfischer Wagenzüge.

F.lieder besangen das freie Leben auf der Landstraße:

Hiezt wir ih enk ains sing und ains sag'n,
was wir Fuhrleut für a khrings (leichtes) Leb'n tan hab'n,
daß mi nix so freut, daß mi nix so freut,
als den Fuhrleut'n ihr Leben und der ledige Stand
und das Fahrn im Land und das Wirtshaus daneben;
schöne Roß und a schöna Wag'n ist mein Freud
und die Kellnerin ist die meiste Weil mein Weib.

Frauenberg, Steierm. 1812 (Geramb).

→ Handwerk, Laus.

L. v. Hörmann, Tiroler Volkstypen, 1877; W. Frahm, Christina Frahm. Ein Frauenleben aus d. Frachtfahrerzeit, 1948; v. Geramb, Ein obersteir. F.lied Jb. öst. Vliedw. 5 (1956).

Fulla, nach manchen Mythologen Dienerin der nord. Frigg. Die in den ahd. → Merseb. Zauberspr. als Schwester der → Frija genannte Volla versuchte man als myth. Verkörp. eines abstrakten Begriffes zu deuten, wie es auch im röm. Kult üblich war. Vgl. die frz. → Abundia als Personif. von ›Fülle, Überfluß‹.

W. Golther, Hb. d. germ. Mythologie 1895; B. Kummer, F. im HDA.

Funkensonntag, Fasnachtsfeuer. Feuerbräuche am Anfang der → Fastenzeit im dt. Südwesten deuten auf einen älteren landsch. Zus.hang (vgl. Karte bei → Jahresf.), der möglicherweise auf das alte röm. Kolonialgebiet (→ Limes) zurückgeht. Meist wird das Feuer am 1. Fastensonntag (Invocavit) abgebrannt, selten am Fasnachtsdienstag, Aschermittwoch oder an → Lätare. Die Termine erinnern daran, daß die Kirche die Fastenzeit (Quadragese) anfangs weniger streng hielt und erst später den Beginn auf den Aschermittwoch vorverlegte. Im Montafon spricht man

vom Fs. »i dr alta Fasnat«. An der Saar wird das Ff. mit dem Lehnausrufen (→ Maitag) verbunden, das dort schon am 1. oder 2. Sonntag vor Fasnacht stattfindet. Die landsch. Namen des Ff. (Südtirol: Märzenfeuer; Vorarlb., Schweiz: Funken; Baden: Scheibenschlagen; Rheinland: Burg-, Hüttenfeuer) geben vielfach auch dem Tag den Namen (alem. Funkasonntig).
Das Sammeln von Holz, Reisig, Stroh oder auch von Geld für Nebenkosten ist Sache der Jugend. Sie hilft beim Funkenbau dem Funkenmeister und der Funkenmannschaft. Reiche Gaben zum Ff., eine große Zahl von → Fackeln, starker Funkenflug des brenn. Holzstoßes verbürgen eine gute Ernte. Ein alter Montaf. Fackelruf heißt

Flackus! Flackus!
Öbr alli Spitz und Bärg us!
Kara i dr Wanna,
Schmalz i dr Pfanna –
Gott alls grota lot
zwüschat alla Stega und Wega.

Hier »liehen« sich alte, ledige Hofbesitzer ein Kind aus der Nachbarschaft, damit es auch auf ihrem Gut die segenbringende Fackel schwinge. In der Schweiz heißt es, »der Tod wird ausgejagt« oder »der böse Säemann wird vertrieben«, wenn die Buben mit Besen- und Strohfackeln lärmend über die Felder laufen. Beim → Scheibenschlagen in Vorarlb., Schweiz, und Baden widmete der Bursche die glühend fliegende Scheibe seiner Geliebten: »Schieb aus, Schieb aus! Wem soll die Scheibe sein? Die Scheibe soll der Josefa sein!«. In Tirol, im Allgäu und in Schwaben krönt den Scheiterturm neben dem grünen Wipfel der Tanne die Hexe (Schruns: Funkahäx), eine pulvergeladene Strohpuppe. In Rickendorf bei Säckingen heißt sie »Hur« wie die nordostdt. Erntepuppe auf dem Feld. In verschied. Orten Luxemburgs und der Eifel wird der Holzstoß vom jüngsten Ehemann, in manchen Dörfern erst nach einem Kampf gegen die mit Fackeln anrennenden Burschen in Brand gesetzt.
Schmalzgebäcke sind am Fs. in Vorarlb. so üblich, daß der Name »Küachlisonntig« den Alten vertrauter ist als Fs. Er ist auch der Tag, an dem man die alte Heimat aufsucht und die Sippe trifft – Bezügl. des F. in der Schweiz nach dem 2. Weltkrieg kam J. Tagini (Genf) zu dem Urteil: »C'est alors que je me suis rendu compte qu'à fort peu d'exceptions près, la guerre de 1939–1945 a provoqué la disparition complête des feux qui constituaient l'un des éléments du cycle cérémoniel de Carnaval-Carême et qui avaient survécu à la guerre de 1914–1918« (Schw. Arch. f. Vkde 50)

A. Wrede, Rhein. Vkde.; V. Geramb, Dt. Brauchtum in Österr. 1926; J. Müller in: Kulturström. u. Kulturprov. in d. Rheinl. 1926; H. Freudenthal, Das Feuer im deutschen Glauben u. Brauch, 1931; Ausführl. Schilderung des Fs. u. s. Bräuche i. d. Montafoner Roman »Angelika« (1939) von Richard Beitl; H. Winter, Fastnachtsbrauch im Odenwald, 1941 (71 Karten u. 105 Abb.); E. Schüle, A propos d. Brandons. Schweiz. Arch. f. Vkde 46 (1950). (Dimanche des failles, des torches usw. Bezeugt ab 1318; 1433: Die prima marcii que fuit dominica Bordarum); Hutzelfeuer-F. vgl. Hess. Bll. f. Vkde. 40. – Lit. u. Kartogr. → Jahresfeuer; N. Graß, Der Kampf gegen Fastn.veranst. in d. Fastenzeit. Zs. f. Vkde 53 (1956/7).

Funktion, F.alismus (lat. *fungor* ›ich verwalte, leiste‹; *functio* ›Verrichtung‹, danach unser Funktionär ›untergeordneter Dienstleister, Amtsverwalter‹). Kant faßte F. als ›Leistung‹, wenn er in den Begriffen eine F. des Verstandes sah. Im engeren logischen Sinn ist F. die Bez. eines gegenseit. Zugeordnetseins von Sachverhalten, Vorgängen und Begriffen. – Nach dem Vorbild der Soziologie (angels. F.theorie) und skandinav. Folkloristen (A. Eskeröd, S. Erixon; »Folkslivsforskning«) haben eine Reihe dt. V.forscher nach 1945 die Anwendung des Fs. der »f.ellen« oder »f.alistischen« Methode gefordert, die, ausgehend von genau überprüfbaren Grundlagen der Gegenwart, nicht länger die »Addition der hist. Sachgebiete« zu betreiben, sondern »die Gesamtheit der Wechselwirkungen und Beziehungen zw. Mensch und Volkskultur« (R. Weiss) zu erforschen und darzustellen hätte. Dieses Ziel einer allg. V.lebensforschung hatte bereits W. H. Riehl in seinem Vortrag »Die Vkde als Wissenschaft« von 1858 gezeigt. Es wurde nach dem 1. Weltkrieg wieder sichtbar gemacht bes. von Julius Schwietering und den Arbeiten seiner Schüler. Den gleichen Weg gehen neue Unters. von Bausinger, Braun, Schwedt u. a. M. Lüthi bestätigt, daß sich auch die lit. Fg »um die F. der Dichtungen im Lebensganzen kümmern« müsse, andererseits dürfe sich Vkde »nicht im Fs. erschöpfen«, sondern solle z. B. in der Märchenfg. auch der ästhet. Beurteilung und Stilkritik Raum geben.

W. H. Riehl, Die Vkde. als Wiss. Vortrag von 1858. Neu hg. v. A. Spamer mit e. eig. Beitrag. Bln 1935 (bei Stubenrauch); J. Schwietering, Wesen u. Auf. d. dt. Vkde. In: Dt. Vjs. f. Lit.wiss. u. Geistesgesch. 5 (1927); L. Schmidt, Gesch. d. österr. Vkde. 1951; M. Lüthi, in: Rhein. Jb. f. Vkde. 9 (1958); R. Weiss, Vkde d. Schweiz. 1946; ders., Häuser u. Landschaften d. Schweiz. 1959; M. Hain, Die Vkde. u. ihre Methoden. In: Dt. Philol. i. Aufriss ²1962; H. Möller, Unters. z. Fs. in d. Vkde. Diss. Gött. 1954.

Funusbier → Tod (Totenmahl).

Funzel → Ampel.

Fürbitte → Aussegnung.

Fürsteinmannli → Irrlicht.

Furunkel → Muskat.

Fürweiling → Zweites Gesicht.

Fusel → Branntwein.

Fürpüster, nd. der Brandstifter, der zur Erlangung der Versicherungsprämie an sein eigenes Anwesen Feuer legt.

H. Kruwe, F. 1955.

Fuß. Die Bedeutung des F. in kirchl. und weltlichem Recht, in Glaube, Zauber und Brauch beruht auf der Vorstellung, daß der F., seine Teile (Ferse, Sohle, Zehe) u. seine Bekleidung (Schuh, Stiefel, Strumpf) als Stellvertreter des ganzen Menschen im symbolischen *(pars pro toto)* und magischen Sinn (Sitz des Orenda, der Lebenskraft) sind. Der F. gibt Orakel (mit dem linken Fuß aufgestanden sein; Stolpern). Für den klass. Lateiner bedeutete *dextro pede* soviel wie ›glücklich‹. Wer dem anderen auf den Fuß tritt, hat Gewalt über ihn (Orakel am Traungsaltar) und übernimmt dessen Zauberstärke. Auch anderwärts bekannt, aber in Dtld. besonders reich entwickelt sind die Vorschriften, dem Zauberer (Kapuziner, Nachtvolksknecht) auf den Fuß zu treten (oft auch: über die Schulter zu blicken), um hellsichtig zu werden. Auch der Firmling soll dem → Paten auf den F. treten *(Pontificale Romanum)*, damit dessen Eigenschaften auf ihn übergehen. Auch von den F.spuren und von den Schuhen gehen Kräfte des Glückes und der Fruchtbarkeit aus (Marien- und Heiligensagen, Hochzeitsbrauch). Stampfen, Treten und Tanzen der Klöckler, → Perchten und → Huttler bringt den Feldern Segen. – Besondere Form der Füße kennzeichnet viele Dämonen. Der Teufel hat Pferdef. oder Bocksf. Zwerge verbergen ihren ungestalten F. Besonders auch weibliche Dämonen sind an den Gänse- od.

Hühnerf., an großen und breiten F. erkenntl. (Holle, Breetfoot bei den drei Spinnerinnen des Märchens, Berhte m. dem Fuoze). → Dill, Gruß, barfuß.

P. Sartori, Der Schuh im Volksglauben. Zs. d. Ver. f. Vkde 4 (1894); Aigremont, F.- u. Schuhsymbolik u. -Erotik, 1909; J. Herwegen, Germ. Rechtssymbolik i. d. röm. Liturgie, 1913; J. Nacht, Der F. Eine folklorist. Studie. Jb. f. J. Vkde., 1923; Bächtold-Stäubli, Stemplinger und Goldmann, F., F.spur, F.treten: im HDA; G. Hohmann, F. u. Bein. [5]1951.

Füstje Maie → Pfingsten

Gabel. Den Ursinn des Wortes halten der G.punkt der Schenkel und die Astg. fest, wie sie in Zweizahl den Firstbaum des ältesten germ. → Hauses trug. J. Trier sieht auch eine Verwandtsch. mit Giebel. Als Gerät ist die Ur-G. gleichfalls aus Holz, doch brachten röm. Händler auch die Heu- und Mistg. aus → Eisen früh nach Germanien (Forke v. lat. *furca*). Die große G. der Antike und noch des MA diente zum Vorlegen der Speisen. Nur der Adel benützte schon im Hoch-MA die G. auch zum Essen. Der bürgerl. Gebrauch, im 15./16. Jh. noch selten, verbreitet sich im 17. Jh. Früher aß man Festes mit den Fingern, Flüssiges mit dem → Löffel. Beim Marenden, Jausnen, Vespern im Freien genügt auch heute noch das → Messer oder Stilett. Im → Eßbesteck teilt die G. den Zierat des Messergriffs. Der Einführung der G. hat sich die Kirche lange widersetzt mit dem Hinweis auf die Bibel und auf die Geltung der G. als Hexen- und Teufelsattr.

Kluge-Mitzka, Et. Wb., [20]1967; H. Wühr, Altes Eßgerät, 1961.

Gabenbringer → Barbara, Nikolaus, Weihn.

gacher Tod → Pest.

gähnen. Beim G. noch mehr als beim Atmen od. anderem Öffnen des → Mundes fürchtet man das Eindringen schädl. Geister oder das Entfliehen d. eigenen → Seele. Häufiges G. ist Zeichen von Behexung oder, wie das → Niesen, Anzeichen der dämonischen Pest. Aus dieser Anschauung erklärt sich der Schutz des g.den Mundes durch die Hand, was erst später als reine Höflichkeitsgeste aufgefaßt wurde. Oft wird geboten, besonders kleinen Kindern beim G. mit dem Finger ein Kreuz auf die Lippen zu machen. In der Steiermark gilt das G. der Frau nach dem Beischlaf als Zeichen erfolgter Empfängnis. → Gebärden, Zeugung.

C. Sittl, Die Gebärden d. Griechen u. Römer, 1890; P. Saintyves, L'éternuement et le baillement dans la magie, l'éthnographie et le folklore médical, 1921; Bächtold-Stäubli, G., im HDA.

Galaktit → Steine.

Galgen. Wie der Hingerichtete, der arme Sünder, der todgeweihte, in alter Vorstellung als Sühnopfer für die Gottheit gedachte Verbrecher, wie das → »unehrliche« Gewerbe der Henker und → Scharfrichter, so ist auch der G. ein mit magischem Kraftstoff (orendistisch) geladener, ein »unheimlicher« Gegenstand und Ort. Das Wort G. bezeichnet urspr. den vertrockneten Ast, die Stange und steht so in allen germ. Sprachen auch für d. Kreuz Christi (»Kreuzesg.«). Holz, Kette, Nägel, Strick vom G. sind von der Antike bis heute rücksichtslos erstrebte und teuer bezahlte → Talismane. Vintler schrieb:

> etlich nutzent den strangen,
> do eyn dieb an ist erhangen.

Die Vorstellung von der unverbrauchten mag. Lebenskraft von Justifizierten führte nach zahlr. Pressemeldungen zu Bestellungen aus aller Welt um »Teile der Stricke, mit denen die in den Nürnberger Prozessen Verurteilten hingerichtet wurden« (H. O. Münsterer, in: Bayer. Jb. f. Vkde, 1953). – Im späten MA wurden G. und G.platz Ausdruck der Hochgerichtsbarkeit des Landesherren. In → Flurnamen wie G.tobel, G.wiese ist die Erinn. an alte Richtstätten erhalten. Der G.platz war außerdem »regelmäß. Executionsort eines erhebl. Teils des variantenreichen mal. Strafkatalogs« (C. Helfer). → Knoten.

Erinnerungen des Wiener Scharfrichters J. Lang. Hg. v. O. Schalk, 1920; K. v. Amira, Die germ. Todesstrafen. Abh. d. Bayer. Ad. d. Wiss., 1922; H. Fehr, das Recht im Bild, 1923; E. v. Künßberg, Dt. Bauernweisthümer, 1926; E. Angstmann, Der Henker in d. Volksmeinung, 1928; W. Funk, Alte dt. Rechtsmale, 1940; H. Conrad, Dt. Rechtsgesch. I, [2]1962; C. Helfer, Positionsmerkmale d. G.platzes am unt. Mittelrhein, Rhein. Jb. f. Vkde 13/14 (1962/63) (Berghöfe, freies Feld, Nordlage, Wasser-, Grenznähe, Kreuzweg, Ding-, Marktplatz, Ödland, Ortberg [von *ordal* ›Gottesurteil‹?], Siechenhaus, Tatort); Über d. Bed.gesch. des Wortes G. Ausführl. bei Grimm, Dt. Wb.

Galgenmännlein → Alraun.

Galion, G.figuren. Die gr. Bez. *galéē* für ›Wiesel‹ wurde auf einen Fisch und von diesem auf mittelmeer. Ruderschiffe übertragen. Dem mlat. *galea* folgt ital. *galera*. Ins nd. kam das Wort im 16. Jh., nachdem es im älteren Niederländ. eine Einschränkung *(totum pro parte)* auf den Vordersteven (Bug) und seine Schmuckfigur erfahren hatte. Von der Antike bis zur Neuzeit haben schnitzkundige Zimmerleute dem Vordersteven, der das weit vorragende Bugspriet stützt, gleichsam eine → Giebelzier gegeben, die Repräsentation und Wappen, gesch., myth. oder relig. → Symbol oder mag. Abwehr bedeuten kann. Plast. Bildnisse von Königen und Seehelden, Fabelwesen (→ Ungeheuer), Meerjungfrauen (→ Fischweib), Engel und Madonnen werden in derber Schnitzerei und Bemalung dargestellt. Das Holz als Werkstoff, der v.künstler. Charakter wie der Sinngehalt erlauben einen Vergleich mit der Großplastik der → Bienenstöcke und → Rolande, Pranger u. ä. – Eine Ausst. von Gf. veranstaltete das Altonaer Museum.

F. Kluge, Seemannsprache, 1911; M. Wis, Ricerche sopra gli italianismi, Helsinki 1957; Kluge-Mitzka, Et. Wb.; G. Wietek, G., ›Ships'figure-heads, 1961; H. Ahrens, W. Rittmeister, Neptuns hölzerne Engel.

Gall → Rheumatismus.

Galle. Die Bez. ist wie die vieler Körperteile (Niere, Herz, Nase, Ohr) wohl schon gemeindg. und mit dem Wort gelb zusammenzubringen. Nach der antiken Lehre von den Temperamenten entspringt die seelische Stimmung vor allem der G., was in heutigen Redensarten nachklingt. Durch den ihr zugeschriebenen Einfluß auf die Säftemischung wurde die G. in der Humoralpathologie eines der wichtigsten Heilmittel von der Antike bis heute (gegen Würmer, Fallsucht, Ohrenleiden, homöopathisch gegen Gelbsucht). Ihre Wirkung b. Augenkrankheiten wird neuerdings von der Wissenschaft geprüft. Ob die Verwendung von G. im Zauber von ihrer Bedeutung im Opferkult oder von ihrer Geltung als Sitz des Seelenstoffes herrührt, läßt Bargheer offen. → Volksmedizin.

E. Bargheer, Die Eingeweide, 1931.

Gallus, hl. (16. 10.), Bekehrer, der wie sein Lehrer → Kolumban, mit dem er meist zusammen genannt wird, aus Irland stammt, besonders in der Missionierung d. Alemannen tätig war und mit der »G.zelle« 613 das berühmte Kloster St. Gallen gegründet hat (→ Minnetrinken). Aus der zeitlichen Lagerung des Festes ergeben sich Bräuche der Herbst-Winterwende. Nach dem »Gallensummerle« ist das Kathreingschlatter« zu erwarten (→ Katharina). Die Weidezeit und Flößarbeit ist vorbei. Das übriggebliebene Obst an den Bäumen gehört nach diesem Tag der Jugend (Vorarlberg: Gallustag ischt gsi, was doma-n-ischt, ghört mi; Mont.). Erntefest, Kirmes und wichtige Märkte fallen mancherorts auf den G.tag. – Verschiedene Arbeitsverbote sind von der Furcht vor Analogiewirkung des Namens bestimmt: kein Schwein schlachten, sonst wird der Speck gallig. G.tag ist auch ein schlechtes Geburtszeichen. Kinder, drei Tage vor oder nach G. geboren, werden Nachtmahrten (Tirol, Oldenburg), die Knaben werden Nachtwandler oder Werwölfe, die Mädchen Walriderske (reitende Hexen, Oldenburg). Attr.: Eremit mit Bär. → Altweibersommer.

F. Blanke, Columban u. Gallus, 1940; Th. Mayer, in: Zs. f. schweiz. Gesch. 32 (1952); B. u. H. Helbling, Der hl. G. in d. Gesch., in: Zs. f. Gesch. 12 (1962).

Galsterweiber → Hexe.

Gambrinus, nach den Brauereireklamen und dem Studentenlied Erfinder des Biers und in Flandern Patron der Biertrinker. Diesen Ruhm, den Johannes → Aventinus im 15. Jh. dem *Marsus* vorbehielt, übertrug Burkard Waldis auf dessen Sohn G. Diese Genealogie des Aventin ihrerseits beruht aber auf der Tacitusfälschung des ital. Humanisten *Annius.* In der taciteischen Germania selbst ist nur von *Marsi* und *Gambrivii* als germ. Völkern die Rede. Aber auch Maximilian I. nahm den legendären Gambrivius in seine Ahnenreihe auf und ließ ihn in Holz schneiden. Die heutige Wortform Gambrinus leitet sich nach Stammler, der im HDA diese Wortgesch. untersucht, lediglich aus dem Lesefehler eines Antwerpener Druckes des 16. Jh. her. G. ist also weder Sagengestalt, noch der Gründer Hamburgs und wohl ebensowenig »privilegierter Bierbrauer Karls d. Gr.«.

K. Heisig, G., in: Germ.-Roman. Mon.s. 46 (1965).

Gamskugel. In Magen und Gedärm der → Gemse (auch der Steinböcke u. Pferde) bilden sich steinartige Körper aus Haar, Pflanzenfasern, Holzteilen, Harz und Flüssigkeit. Diese, wie ähnliche Steinchen in der Blase von Ochsen od. Schweinen oder im Auge des Hirsches, verwendet die Vmed. Geschätzt sind die Tiroler G., am meisten die Steine der Bezoarziege. Danach nennt man auch die Heilmittel dieser Art allgemein Bezoarsteine (pers. *bazahar* ›gegen Gift‹). → Pest.

Gangger, Gangerl, Spirigangerl sind bayr.-österr., auch alem. Decknamen für → Teufel, dann auch für Berggeister usw.

Gangolf, hl. (auch Gengulf; 11. 5. und 6. 8.) als Einsiedler vom Liebhaber seines Weibes erschlagen um 760. Von seiner Heimat Burgund aus verbr. sich der Kult bes. im dt. W und S (Bamberg). Er ist neben → Wolfgang, → Ulrich u. a. einer der bekanntesten Patrone heilkräftiger und Kindersegen bringender Quellen. Attr.: Quelle, Lanze oder Spieß. → Kapelle, Wasser.

F. Mayer, Der hl. G., s. Verehrg. in Gesch. u. Braucht., 1940

Gangster wurde Ende des 19. Jh. in Amerika die Bez. des ›Angehörigen einer Verbrecherbande‹. Das engl. gang bedeutet urspr. (wie noch heute) ›Gruppe, Arbeitstrupp‹. Der G. hat in → Film und Fernsehen den älteren Ganoven (wie Ganef aus dem hebr.) abgelöst und sich zum »Helden« gemausert, der mit Faust und Colt die Schule der Brutalität bezeugt. Wie der Sexualmörder ein »Triebgestörter« ist, der ins Sanatorium zu den »Alkoholkranken« gehört, wie Diebe, Einbrecher u. Räuber zu verhältnismäßig noblen »Berufsverbrechern« geworden sind, so ist der G. für manche ein »Revolutionär«, der vielfältiger Bewunderung sicher ist. → V.buch, Gauner.

H. v. Hentig, Der G. Eine kriminalpsychol. Studie, 1959.

Gangwoche → Himmelf. Christi.

Gans. Während Taube und Ente wild lebten, ist die G. neben dem Huhn wohl schon germ. Haustier. Unter nord. Grabbeigaben wird sie gefunden. Neben → Hahn und → Huhn erscheint sie im Ernte- und Drescherbrauch als Fruchtbarkeitstier. Auch die an Feldbräuche anschließenden Lauf- und → Reiterspiele (G.reißen, G.reiten in Schlesien, Gonesrennen in der Steiermark) weisen wie das Hahnschlagen auf ältere rituelle Tötung des Kornnumens. Orakel am Gänsebein, wie sie am Brustbein der Martinsg. noch beobachtet werden, kannten schon Antike und MA (Berthold von Regensburg). Auch die vmed. Verwendung (häufig empfängnisfördernd oder »die männliche Natur zu mehren«) weist in die Antike. Unter den volkstümlichen Tierlockrufen gelten viele der G. Dämonische Weibsgestalten werden oft am Hühner- oder G.fuß erkannt. Über das G.fett sagen die Pennsylvania-Dt. es sei gut für fast alles (vgl. den alten Satz: *Anseris unguentum valet hoc super omne talentum*). → Korngeist, Drache, V.spiel, Martin, Fuß.

E. Christmann, Vkdefg. in d. Pfalz, in: Heimat u. Volkstum, 1910. F. Bossardt, G. – Abehauet, in: Alte Surseer Bräuche, Schweiz. Arch. f. Vkde 39 (1941/42); O. Keller, Die antike Tierwelt, 2 (Neudr. 1963); F. E. Zeuner, Gesch. d. Haustiere, 1967.

Gänseblümchen *(Bellis perennis)*. In der nord. Sage der → Freyja geweiht, war das G. im MA Liebesorakel und Mariensymbol. Kranken Kindern legte man »Gichterkränzle« aus G. unters Kopfkissen. Sie haben Heilkraft wie so viele → Frühlingsblumen. »Marienblümchen« heißen sie, weil sie aus den Tränen der Muttergottes auf der Flucht nach Ägypten entsprossen sind (Tirol). Schon Plinius sagt ganz ähnlich, der Name des G., *helenium*, sage, sie seien aus den Tränen der Helena entstanden. G. heißen in Schlesien auch Osterblümel oder Angerblümlein, in Westfalen, Schleswig-Holstein, Pommern und Ostpr. Marienblume, an der unteren Weser Maiblume, am Rhein Magdalenenblümlein, in Bayern Margaretl, in Vorarlberg Gäßblüamli, in den Ostalpen Rokkerl, Monatbleaml oder Monale und in Siebenbürgen Tausendschintscher. Tausendschönchen heißen die G. auch in der Schweiz. Der Name Maßlieb(chen) wurde im 15. Jh. aus mniederl. *mateliere* entlehnt, das auf die Eßbarkeit deutet.

Gansreißen, -rennen → Kopf, Reiter-, Laufspiele.

Garbe → Ernte, Korngeist, dreschen.

Garn ist zauberabwehrend und heilkräftig, besonders wenn es von einem 7jährigen Mädchen gesponnen ist. G.opfer kannte man in Schwaben. Im Bindezauber findet es eher Verwendung als maschinell hergestellter Faden, weil es in althergebrachter Hausarbeit, mit Menschenhand aus in Ehren gehaltenem → Flachs oder aus der Wolle des Haustieres gedreht ist. G. um das Grab soll die → Wöchnerin am Wiederkommen hindern.

Garten, Bauerng. Unser Bg. hat in seinem Grundbestande und seiner Bewirtschaftungsart den Namen der → Pflanzen und den Bezeichnungen für die Züchtungsmethoden dieselben Zustände bewahrt, wie sie von Vergil im G. des armen römischen Landbauern, in karolingischer Zeit in den G. der kaiserlichen Meierhöfe (→ Kapitulare *de villis imperialibus*) und schließlich im Klosterg. und in den → Kräuterbüchern des 16. Jh. beschrieben werden. Neben vielen Gemüsepflanzen (Rüben, Kohlarten, Salat) sind es vor allem die edlen Obstbäume, die mit Ausnahme des Apfelbaumes aus dem S kamen gleich der Kunst des Veredelns, des Pelzens (vom lat. *impeltrare*); von den Arzneipflanzen vor allem: Gartensalbei (→ Salbei), → Raute, → Wermut, Eberraute, → Liebstöckel, Eibisch, → Rainfarn, Frauenblatt, → Rosmarin und die → Minzen; von Gewürzkräutern: → Kümmel, → Dill, Fenchel, Kerbel, Koriander, → Petersilie, → Knoblauch, Majoran und Bohnenkraut. Von eigentlichen Zierpflanzen sind hier nur → Rose, → Lilie, Schwertlilie (Iris), → Pfingstrose *(paeonia)* und → Buchs zu nennen. Fast alle übrigen alten Bauernblumen sind erst später nach Dtld. gelangt: am Ausgange des MA aus Südeuropa bzw. dem Orient Hyazinthen, → Tulpen, Stockmalven *(Altaea rosea*; Malve), Levkoien, Goldlack und die Gartennelke (die berühmte »Modeblume« der ital. Renaissance); im Zeitalter der Entdeckungsreisen (16. und 17. Jh.) aus Amerika Sonnenblume, Georgine und Aster, aus Ostind. und Ostasien Balsaminen und Chrysanthemen. Später kamen Flieder, Gartenrittersporn und -akelei und erst gegen Ende des 18. Jh. aus Nordafrika die »duftende« Resede. Von den unzähligen Modeblumen des vorigen Jh. seien nur die »Tränenden Herzen« (Frauenliebe; *Dicentra spectabilis*) genannt, die erst in den fünfziger Jahren in den Bg. gelangten. – Der Bg. ist seit alter Zeit Herrschaftsbereich der Bäuerin. Meist scheint ihr auch sein gesamter Verkaufsertrag zu gehören. In Thüringen war ein umzäunter kleiner Vorplatz der »Strauß-G.«. Natürlicher u. magischer Nutzen, Schönheit und Annehmlichkeit lassen den G. zum Vorbild des mythischen G. im Reich der Toten od. der Ungeborenen werden (→ Totenwiese). Auf dem Meeresgrund und in Bergen blühen Zauberg., die den Eintretenden in ihren Bann ziehen. Wie die Antike gab auch das Christentum dem G. bestimmte Patrone (→ Gertrud). Der G. und seine Früchte werden kirchl. benediziert (Kräuterweihe, → Himmelfahrt Mariae). → Pflanzen, Blumen.

V. Hehn, Kulturpflanzen, 1911[8]; Benzon, Altdt. G.flora; Christ, Zur Gesch. d. alten Bg. der Basler Landschaft u. d. angrenz. Gegenden, 1916; Hovorka-Kronfeld, Vergl. Vmed., 1. Bd. unt Bg.; E. Fehrle, G., Rose u. Roseng. im dt. MA, Diss., 1922; H. Marzell, Die Pflanzen im dt. Volksleben, 1925; M. Gothein, Gesch. d. G.kunst, 1926[2]; Kundegraber, Bauerng., Diss. Graz, 1951; R. Zander, Gesch. d. Gärtnertums, 1952; M. Tetzer, Der Hausg. (Prakt. Ratgeber f. d. Hausfrau); A. Schwingshackl, Südtiroler B. (= An der Etsch u. i. Gebirge, 11) Brixen; A. Mosig, Der dt. B., 1958.

Gassenhauer. Hauen ist frühnhd. ein derb-vsprachl. Wort für ›gehen‹, wohl dem heutigen berlin. »Hau ab!« oder dem hess. »in den Sack hauen« (›den Dienst wechseln‹) vergleichbar. Ein G. ist also zunächst ein meist nächtl. Gassenbummler, dann auch sein Lied, ein carmen triviale (Frisius, Zürich 1556). → Aventinus erwähnt 1517 »gassenhawer die man auf der lauten schlecht«. In der Sprache der → Studenten war »gassatim gehen« geläufig für ›Herumschwärmen‹. Gasseln und → Gaßlbrauch nennt man die nächtl. Fensterbesuche der österr. Burschen, Angasseln ihren Vortrag von Gasselreimen und Liedern. In der Slg. »Gassenhawerlin und Reutterliedlin« (Frkft. a. M. 1535) stehen neben V.liedern auch kunstreiche Sätze bekannter Komponisten. Im 18. Jh. stand G. noch für engl. ballad, bis Herder 1773 dafür die Bez. → V.lied einführte. Selbst im 19. Jh. noch oft ohne abwertenden Sinn, wurde G. schließlich die mindere Ausgabe des → Schlagers.

A. Penckert, Das Gassenlied. Eine Kritik, 1911; W. Wiora, Das echte V.lied, 1950; L. Richter, in: Dt. Jb. f. Musikwiss. 4 (1960); ders., Der Berliner G. (1969/70); L. L. Abertsen, Freut euch des Lebens. D. Schicksal e. G. in der Lit., in: Germ.-Roman. Mon.s. 16 (1966).

Gasthaus → Wirtshaus.

Gaßlbrauch, Fensterln. Gaßln, aufs Gaßl gehn, zum Fenster gehn, anfensterln sind österr.-bairische, zur Stubete gehen, heimgarten, auf den Strich gehen u. a. sind alem. Bezeichnungen des Brauches der Burschen, den Mädchen an bestimmten Wochentagen, meistens den »Fleischtagen«, einen nächtlichen Fensterbesuch zu machen. Für die österr. Alpenländer hat Ilka Peter den G. in einer methodisch ausgezeichneten Monographie dargestellt. Der Brauch – durch drei Jhh. nachzuweisen, aber sicher älteren Herkommens – hat eine gesellige und – beim ernsten Bewerber – eine einzelgängerische Form. Letztere kennt meist nur den kurzen gereimten Anruf als Einleitung der nächtlichen Begegnung. Die Gruppe – mindestens zwei, aber auch acht und mehr Burschen – dagegen ist die eigentliche Trägerin der oft sehr langen »Gaßl- oder Prentlsprüche«, hervorragender Beispiele lebendiger Volksdichtung von vorwiegend erotisch-satirischem Gehalt. Gestützt auf ein schier unerschöpfliches Überlieferungsgut, zum Teil im Anklang an mittelalterliche Lied- und Spieldichtung, oft aber auch in originaler Erfindung werden das Arztthema, das »geistliche« Thema (in dem der Werber sich parodistisch als Einsiedler oder Mönch schildert) und das Bauer- und Gesindethema (der Sprecher ist, mit erotischem Nebensinn, Schmied, Werfer, Schleifer, Sensenträger) variiert in prahlenden Lügengeschichten und grotesken Schilderungen, die mit einem formelhaften Anruf beginnen (Tschippare, tschappare, her übr dö Appere; Riffi, raffi, auf üban Hoizstaffi; Rickl, röckl, auffi übas Stöckl u. ä.) und formelhaft schließen, selten zärtlich, meist derb auffordernd oder auch die Lügnerei aufdeckend:

Higam! Hogam!
Wann i na heut amal ankam!
Und wann i net ankimm, is's mir auch oan Ding.
Aber oan Kamerad war halt saggrisch gern drin.

Hjatzt, Diandl, tua auf dei Maul!
Oda bist zan Hredn z'faul?

Hops, Mentscher, seid's net gar a so stolz.
Enkre Bettstatt is a lei von Holz.

Hab Elifanten derschossen, daß der Staub is aufgflogn.
Bua! Diandl, hiaz hob i di a kloas wengerl onglogn!

Der G., der aus naheliegenden Gründen von geistlicher und weltlicher Obrigkeit oft befehdet und durch viele Verbote verfolgt wurde, vor allem die urtümliche Erotik der Gaßlreime muß vom bäuerlichen Menschen her verstanden werden, »in dessen Arbeitsleben die Fruchtbarkeit u. alle Momente, durch die sie erweckt und gefördert wird, im Mittelpunkt stehen«, (I. Peter). Dies gilt von Pflanze, Tier und Mensch in gleichem Maße. Der G. ist als »Einleitung der Ehe« zu wer-

ten, deren Fruchtbarkeit für den Bauernhof Existenz und Zukunft bedeutet, die aber auch nach den freizügigen Jahren des Ledigenstandes als sakramentale und ethische Lebensform im bäuerlichen Bereich ungleich festeren Bestand hatte und hat als in der Stadt. Nicht der G. zersetzte Sittlichkeit und Ehe, sondern die städtische Auflösung alter Gemeinschaftsformen brachte wie vielen Bräuchen auch dem G. nach dem ersten Weltkrieg Niedergang und Zerfall.
Wie der Gaßlspruch feste Formen erkennen läßt (Aufforderungsreime; Erzählende Reime; letztere sich gliedernd in Begrüßung-Thema-Schlußformel; raunende Vortragsweise in verstellter Rede), so hat auch der Brauch als ganzes ungeschriebene Satzungen (bestimmtes Alter, früher nach geleisteter Militärzeit; bestimmte Tage und Reviere; Führer der Gruppe; Stellung zur benachbarten »Zech« oder → Burschenschaft; Schweigepflicht; Bedeutg. des → Juhschreis, der »Schneid« und der »Schneidfeder«; Verhältnis zur Dienstherrschaft oder zu den Eltern des Mädchens; Brauch gemeinsamer Nachtstubet mit der Familie u. ä.). Ein besonderer Wert der genannten Unters. besteht in der umfassenden Slg. u. hist.-vkdl. Beleuchtung der G.reime. Wer diesen Stoff prüft, versteht, warum Österr. zur → V.liedforschung die »Produktionstheorie« beitragen mußte und warum sie mit Recht bis heute verfochten wird.

I. Peter, G. und Gaßlspruch. Mit einer Verbr.karte der Gaßlreimformen, 1953. (Ausführl. Lit.); A. von Scheltema, Das Kammerfensterl, Antaios 3 (1962); H. Glagla, Fenstern u. Nachtreiten auf Fehmarn um 1800, Beitr. z. dt. V.- u. Akde 14 (1970).

Gauch, G.lieder → Kuckuck.

Gaukler → Fahrende.

Gauner, wie viele Bez. verwandter Art (Schmus, Dalles, Sore) aus dem hebr. (*jono* = betrügen). In Berichten über das Rotwelsch der Bettlerorden des 15.–16. Jh. heißt der gewerbsmäßige Betrüger und Kartenspieler Joner. Zum großen Teil aus dem hebr. stammt auch die G.sprache selbst, das Rotwelsch, das in den sog. → Zinken (→ Schrift) seine zeichnerische Ergänzung hat. Wie andere → Fahrende, wie Juden, Hausierer und Zigeuner kommt der G. mit Vmed. Wahrsagerei, Schatzgräberei usw. vielfach in Berührung. Ohne Heimat, Recht und Ehre ist die »Zunft« der G. eine Steigerung der → »unehrlichen Gewerbe«. → Geheimsprache.

Grimm, Dt. Wb.; G. P. Hoenn, Betrugs-Lexicon usw., Coburg 1721; Thiele, Die jüdischen G. in Dtl., 1842; Rochlitz, Das Wesen und Treiben der G., 1846; F. Kluge, Rotwelsch, Quellen und Wortschatz der G.sprache u. d. verw. Geheimspr., 1901; Avé-Lallemant, Das dt. G.tum in s. sozialpolit., literar. u. linguist. Ausbildung zu s. heut. Bestande, Neudr. 1958–62; L. Günther, Die dt. G.sprache, 1919; A. Petrikovits, Die Wiener G.-, Zuhälter- u. Dirnensprache, 1922². A. Bertsch, Wb. d. Kunden- u. G.sprache, 1938 (Der Verf. war Zuchthausseelsorger und Sohn e. solchen).; N. Halder, Leben u. Sterben d. berüchtigten G. Bernhardt Matter, 1947 (19. Jh.; in Vbrauch, Sage u. Bänkelsang fortlebend); Paul Klee, Tagebücher, 1957, S. 149; J. M. Burnadz, Die G.sprache d. Wiener Galerie, 1966.

Gaunstag → Wodan, Mittwoch.

Gautschen → Drucker.

Gawitzl → Kiebitz.

Gebäckmodel, Springerle, mit dem Schnitzmesser gehöhlte Holzformen, in die der Teig hineingepreßt wird. Nur wenn der Treibvorgang beim Backen gering ist wie bei Tragant oder S. aus Mehl, Milch, Zukker und Anis, bleibt das Bild genau erhalten. G. stellten wandernde Formstecher (Beindreher, Bildschnitzer) her oder auch die Bäcker selber, die bei der Meisterprüfung diese Fertigkeit nachweisen mußten. Ältere Plastik und Graphik der Stilkunst bildeten Vorlagen, aber auch Vorstellungen des V.glaubens spiegeln sich im G. Die dt. Vorliebe für die Darst. des → Pferdes darf aus alter Überlief. gedeutet werden (→ Giebelbr.). Beliebte Motive sind → Kinderbringer und → Vogelreiter, Hirsch, Einhorn, Fortuna auf dem Glücksrad, Liebespaar, → Herz und verschlungene Hände (→ Lebkuchen), → Jagd und Jäger, Reiter und → Soldat. Religiöse Motive, früher häufiger, sind nicht auf die kath. Landschaften beschränkt. Von großer Feinheit sind bes. die süddt. S.model. Ein schwäb. S. um 1800 zeigt einen »Kindlesteich«, aus dem eine nackte Frau mit langer Stange Kinder (im Kissen) fischt. S. sind noch in unserer Zeit Brauch bes. in Württ.: Crailsheim, Ellwangen, Weissenhorn, Ulm u. a. Die heutigen Modelschneider schnitzen weniger sorgsam, soweit sich nicht überhaupt gepreßte Fabrikware eingebürgert hat. – Die meistgewählten Bildtypen sind gering an Zahl, ihre Abwandlungen aber unübersehbar und mit dem Störschnitzer oft weit gewandert. Trotzdem bilden die G. einen wichtigen Beitrag zur vkdl. → Ikonogr. Zuweilen sind sie die Nachfolger der mit freier Hand gestalteten → Gebildbrote, in denen altes brauchtüml. Formengut unmittelbarer und landsch.gebundener zum Ausdruck kommt. Es empfiehlt sich, beide Begriffe zu unterscheiden und auch von »Backformen« zu trennen, die für großes Gebäck (Torte, Napfkuchen, Gugelhupf usw.) verwendet werden.

Von den G. unterscheiden sich die Brotstempel durch kleines Format und gröbere, signethafte Beschnitzung (Kreuz, Geometr. Hausmarken).

Als getöpferte und um 1931 noch gebrauchte Backformen nennt z. B. Th. Zink für die Pfalz: Krebs, Lamm, Fisch, Puppe, Wickelkind, Stern, Apfel, Birne. → Waffeleisen, Bilderbogen, Buttermodel

L. Rütimeyer, in: Schweiz. Arch. f. Vkde 20 (1916); Eckstein, in: HDA: Gebildbrote (Lit.); Th. Zink, Pfalz, 1931 (vgl. die ganze Reihe »Dt. Vk.«); F. Fuhse, Handw.altertümer, 1935; W. F. Volbach, Gotische Formmodel, Jb. d. Kön. Preuß. Kunstslgn. Bd. 39; M. Pfister-Burkhalter, Weihnachtl. Gebildmodel, Schweiz. Vkde 31 (1941); W. Hermanns, Aachener Gebildprinten, Zs. f. rhein.-westf. Vkde 1 (1954); H. Kronberger-Frentzen, Die alte Kunst d. süßen Sachen, 1959 (Frühzeit, Antike, Klösterl. u. höf. Formgebäck, Renaiss., Barock, Biederm.); M. Wagner, Aus alten Offizinen, 1961; A. Walzer, Liebeskutsche, Reitersmann, Nikolaus u. Kinderbringer, 1963 (Haupts. Springerle; ferner Keramik u. Graphik); P. Weiner, Geschnitzte Lebk.formen in Ungarn, 1964; A. Zogg, R. Hirt, Zürcher G., 1970; S. Walter, Aus der Gesch. d. steir. Lebzelter, in: Das steir. Handwerk (Kat.), 1970; L. Schmidt, Lebzeltenmodel aus Österr. (Kat. österr. Mus. f. Vkde), 1972. (Lit.); (Süddt.-öst. Vorbilder u. Meister); Stuttg., Württ. L.mus.; Basel, Schweiz. Mus. f. Vkde; Kartogr.: ASV 19–21 Kleingebäck aus Brot u. feinerem Teig. Name, Form. 25–27 Festgebäck.

Gebärden oder Gesten spielen im Glauben und Brauch des Volkes eine bis heute noch längst nicht hinreichend erforschte Rolle. Sie sind Ausdrucksbewegungen, die im Rechtsbrauch, im kirchl. Kult, in Brauch und Zauber Abkürzung und symbolische Handlung, oft aber auch magische Maßnahme von selbständiger Bedeutung sind. Die G. wirken durch das, was sie zeigen (apotropäische Kraft der obszönen G., → Hinterer, Geschlechtsteile, Nacktheit) oder was sie darstellen (→ Feige, böser Blick, Adoption). G. verhüllen (→ gähnen) oder geben in Analogiezauber den beabsichtigten Vorgang wieder (Handauflegen, Streichen, Kneten, Umkreisen usw.). Auf primitiver Kulturstufe, bei impulsiven Menschen ist vielfältig abgestufte Gestik Ergänzung des Denkens, der Sprache und der Tracht. Sie kann geradezu zur Geheimsprache werden. Auch mit der starken Ausdrucksbewegung des Tanzes ist die Geste verwandt. L. Röhrich, der die raumzeitl. Bindung der G. betont, unterscheidet 1. Zeitstil, 2. Sozialstil, 3. Nationalstil, 4. Personalstil der G. → berufen, besprechen, bedecken, Drache, Branntwein, Fuß, Finger, Eid, Gruß, V.tanz, Amulett, Geburt.

C. Sittl, Die G. der Griechen u. Römer, 1890; Kleinpaul, Sprache ohne Worte, 1890; G. Cocchiara, Il linguaggio del gesto, Turin 1932; E. Grohne, Gruß und G., in: Peßler, Hb.; W. Frenzer, Klagebilder u. Klage-G. in d. dt. Dichtung, 1936; M. Riemscheider-Hoerner, Der Wandel der G. in d. Kunst, 1939; Th. Ohm, Die Gebetsg. d. Völker u. d. Christentums, Leiden, 1948; L. Schmidt, Die v.tüml. Grundl. d. G.sprache, Spamer-Fs. 1953 (geordn. n. ausführenden Körperteilen); O. Moser, Zur Gesch. u. Kenntnis d. v.tüml. G., in: Carinthia I, 144 (1954); H. Strehle, Mienen, Gesten u. G., [4]1954; K. Haiding, Von d. G.sprache d. Märchenerz., Helsinki 1955; A. Taylor, The Shangai Gesture, ebd. 1956 (»Lange Nase« im Orient nicht bekannt. Ältester Beleg: Rabelais' Pantagruel 1532. Mit 2 Händen: tandem gesture); A. G. Huber, G. d. Griechen, 1963; R. Röhrich, G.sprache u. Sprachg., in: Humaniora. A. Taylor-Fs., New York 1960; L. Kriss-Rettenbeck, Probleme d. vkdl. G.fg., Bayer. Jb. f. Vkde (1964/65); L. Röhrich, G., Metapher, Parodie, 1967; A. Lesky, Abwehr u. Verachtung in d. G.sprache, 1969; Bibliogr. z. G.sprache: F. Hayes, in: Southern Folklore Quarterly 21 (1957).

Gebärgürtel → Gürtel.

Gebärmutter, G.votive. Die G. von Tieren (Hase, Kuh) ist das gegebene Fruchtbarkeitszaubermittel, das H. v. Bingen oder Medizinbücher des 17. Jh. nennen:

Macht, daß von Hasen die Beer-
mutter Pulver sey
Es machet fruchtbar,
und stärkt die Geburt dabey.

Unter den → Opfergaben, welche innere Teile des menschl. Körpers darstellen, sind die Darstellungen der G., im Volke Baermutter oder Muetter genannt, die merkwürdigsten. Sie erscheinen nördl. der Alpen als → Kröte gemäß der volkstüml. Anschauung, daß die G. im Körper der Frau hin und her wandern und sie beißen kann. Schon Plato sah dieses Organ als ein Tier an, und in einem siebenbürgischen Spruche heißt es:

Wehmutter, Beermutter,
Du willst Blut lecken,
Das Herz abstoßen,
Die Glieder strecken,
Darfst es nicht tun,
Du mußt ruhn.
Im Namen Gottes!

Die Kröte wird nicht nur bei Frauenleiden geopfert, sondern auch für günstige Schwangerschaft, gegen Mißgeburt, Unfruchtbarkeit, endlich gegen das → Versehen der → Schwangeren.

Die Gv. werden meist aus Wachs gegossen. Das schwanzartige Anhängsel, das diesen Kröten als Fuß zum Aufstellen diente (s. Abb.), wurde aber auch in Silber und Eisen

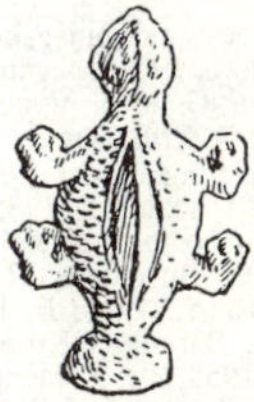

beibehalten, wenn die Opfergabe angehängt wurde. Über den Ursprung des Krötensymbols gehen die Meinungen auseinander. Es ist verbreitet v. Kärnten und Steiermark über Bayern und Schwaben bis zum Elsaß und grenzt nördl. an Franken, im Rheinland fehlt es. In Tirol sind Gv. selten. Zu anderer Darstellung kommt es in Südtirol. Auch hier führt die G. ein selbständiges Dasein und »steigt auf« im Körper der Frau. Aber sie ist eine Stachelkugel, kein Tier, sofern nicht die Gestalt des Igels zugrunde liegt. Höfler bringt sie mit dem sog. Igelkalb, dem umgestülpten Tragsacke der Kuh, in Zusammenhang; Kriß schließt sich dieser Meinung an. Die Stachelkugeln wurden aus Zirbenholz geschnitzt, eiserne und wächserne sind hier selten. Sie finden sich vom Brenner (Sterzing) südlich bis in die Gegend Bozen–Meran (Verbr.karte von L. Schmidt, in: Öst. Zs. f. Vkde 63, 1960). In Oberitalien fehlt dies Symbol. Die Kugel wurde entweder in der Naturfarbe des Holzes belassen oder rot angestrichen.

In Kärnten und Steiermark (St. → Erhard) findet insofern eine Vermischung beider Typen statt, als es dort Kröten (nordalpin) aus Holz (südalpin) geschnitzt gibt.

Die »männliche G.« ist nach R. Andree ein Votiv gegen Bauchgrimmen oder Ruhr, deren kolikartige Schmerzen als ähnlich den Wehen bei der Geburt empfunden werden. → Kolik.

R. Andree, Votive u. Weihegaben des kath. Volkes in Süddtl., 1904; Magnus, Die plast. Auffassung der G. in d. V.med., Mitt. d. schles. Ges. 8; R. Kriß, Das G.-V., 1929; E. Bargheer, Die Eingeweide, 1931; R. Kriß, in: Öster. Zs. f. Vkde 41 (1935); A. Berg, Der Krankheitskomplex d. Kolik- u. G.leiden, 1935; E. Burgstaller, Leb. Jahresbraucht. in Österr., 1948; E. Richter, Die Opferung eis. Bärmutter-Krötenv., Württ. Jb. f. Vkde (1959/60); J. Jaenecke-Nickel, Relig. u. mag. Elemente in d. dt. Segen u. Beschwörungsformeln, Dt. Jb. f. Vkde 11 (1965).

Gebärstuhl → Geburt.

Geber → Alchimie.

Gebet. Das G., eine mündliche Äußerung an Gottheiten oder Heilige, unterscheidet sich vom Zauberspruch (→ Zauber) dadurch, daß es die Erfüllung der Bitte in das Ermessen der Gottheit stellt. Pfister unterscheidet vom religionswiss. Standpunkt aus 1. sakramentales G., das die Kräfte im Beter steigert; 2. euergetisches G., das, wie ein Geschenkopfer, die Gottheit erfreut, ihre Macht vermehrt; 3. apotropäisches G., das Dämonen und schädl. Mächte abwehrt (→ Exorzismus); 4. magisches Zwangsg., das eine übernatürliche Macht zu bestimmtem Eingreifen zwingen will. Die letzte Form geht schon über in das unkirchl. Zauberg., wie denn auch Exorzismus von Beschwörung, Segeng. von Zauberspruch in der Mehrzahl der Fälle nicht streng zu scheiden ist. Die Volkssprache vollends verwischt die Grenzen, wenn sie »Wegbeten« sagt im Sinn von »Krankheiten besprechen« oder wenn der schon im MA bestrafte Tötungszauber als »Totbeten« bezeichnet wurde. Volksglaube und theolog. Lehre stehen hier überall in engster Verbindung und Durchdringung wie auf dem Gebiet des → Opfers, der → Reliquien, des → Amuletts usw. (→ Volksglaube, Bibel, Gesangbuch, G.buch, Hostie, Abendmahl). Übergangsformen sind auch die G.häufungen in Form von Schutzbriefen, → Himmelsbriefen, → Kettenbriefen usw. Welche Hindernisse primitiver Geistesart sind zu überwinden, bis alle »Gebete« wirkliche Bitten, alle »Opfer« wirkliche Gaben sind! Dieser über das »Vorland des Hellenentums« geäußerte Gedanke F. Schwenns gilt auch für unsere Kultur und noch für die Gegenwart. Am umfassendsten hat das Thema Heiler behandelt. → Habermann.

Heiler, Das G., 1923[5]; F. Schwenn, G. und Opfer, 1927; O. Weinreich, G. u. Wunder, 1929; R. Otto, Das Heilige, 1932[22]; G. Jungbauer, Dt. Vmed., 1934; J. Klapper, Volksg. im MA Mitt. d. schles. Ges. 34 (1934); Th. Ohm, Die G.gebärden d. Völker u. das Christentum, Leiden 1948 (34 Abb.); G. Ebeling, Vom G., 1963; H. Thielicke, Das G., [4]1963; Kl. Beitl, in: Öst. Zs. f. Vkde 64 (1961) (Umfrage über G.zählhölzer, → Klausenholz); R. Wildhaber, Das gute u. d. schlechte G., in: FS B. Schier, 1968.

Gebetbuch, wie Bibel, Gesangbuch heilig und deshalb auch in magischen Gebrauch genommen. Das kath. G. enthält die → Sterbebildchen und ist mit die Sammelstelle für alle Arten der kleinen → Andachtsbilder. Handgeschriebene G. enthalten oft nichtkirchl. Gebetsformen, wie etwa dem »auserlößnen Gebett-Buch« der »Rosina Stüttlerin aus der stolzen Mühle. 1813« von Josef Rogg aus Oberreute im Jahre 1844 handschr. ein »Brief, den Gott selbst geschrieben« (→ Himmelsbrief) angefügt ist und »Ein Andächtiges Gebet das goldene Vaterunser genannt oder wie Gott und unsere liebe Frau in Liebe und Leid voneinander geschieden sind« vorangestellt wurde. Das G. enthält eingeklebt 18 Andachtsbilder, haupts. von Augsburger Stechern (Engelbrecht, Gleich, Heissig, Klauber, Motz, Remmele, Will) (Slg. R. Beitl). → Gebet, Habermann, Liederbücher.

J. Szövérffy, Vkdl. in mal. G., Kopenhagen 1958; K. Kupfer, Geschrieb. G. d. 18. u. 19. Jh., Bayer. Jb. f. Vkde (1954) (Um 1800 noch ein berufsmäßiger »Bücherschreiber« bekannt); V. u. Schrift. Geschrieb. G.- u. Gesangbücher . . . v. 17. b. z. 19. Jh., Ausst. Kat. 1971 d. Öst. Mus. f. Vkde Wien.

Gebetskette → Kettenbrief.

Gebildbrote, die freihändig bildhaft geformt sind, werden immer wieder mit dem durch → Gebäckmodel geprägten figur. und szen. Gebäck verwechselt (vgl. z. B. Brockhaus, Enzykl. 6, 1968, S. 820). Seit E. L. Rochholtz, der die Bez. G. einführte, aber nicht eindeutig anwandte (Dt. Glaube 1, 1867), seit der »Pemmatologia sacra« von Lobeck, seit den Unters. des Tölzer Arztes Max Höfler († 1914), dem wir das erste umfassende Wb. der Krankheitsnamen verdanken, und seit den Arbeiten von E. Hammarstedt im Norden sind viele Zeugnisse und Gründe für die tiefere Bez. der G. zum Volksglauben beigebracht worden. Als Kultgegenstand erscheint das G., wenn ein altes (christl.) norweg. Gesetz vom 13. Jh. jeden für vogelfrei erklärte, der Speiseopfer aus Teig in männl. Gestalt in seinem Haus aufbewahrte. G. sind Ersatz älterer Tieropfer nach dem Satz *in sacris simulata pro veris*, der auch in den → Votivgaben Anwendung findet; sie sind das Numen selbst, wenn in der Fritjofsage vom gebackenen und ölbeschmierten Gott Baldr berichtet wird, vielleicht auch, wenn das letzte, aus den Teigresten zusammengekratzte G. »der Gott« heißt (Tirol, 19. Jh.). In Vorarlberg (Montafon) heißt dasselbe »Moltaschorri«, wie auch ein schwächlicher, gleichsam aus der Backmulde gescharrter Mensch genannt wird. Höfler sah in den G., bes. in denen der Weihnachtszeit, Opfer. Durch versöhnende (urspr. tierische) Gaben will man die Totengeister für sich gewinnen oder durch die *communio* an Kraft und Segen der Kultspeise teilhaben. K. Spieß sieht im G. einen Teil des »arischen Festes«, wobei »das von der Festgemeinde gemeinsam Gespendete gemeinsam verzehrt wurde«. Nach Höfler sind G. der Opferablösung oder, nach Spieß, solche des Festschmauses die zahlreichen Tiergebäcke (Pferd, Eber, Schwein, Bock, Lamm, Hirsch, Hase, Bär, Hahn, Gluckhenne), ferner die Knochen- und Schenkelstücke, wie sie Namen und Form andeuten (Bubenschenkel, Darrbenerkens, Totenbeinle u. a. Knaufgebäcke). Speise- und Kultopfer sehen auch R. Kriss und E. Burgstaller in den G. Bes. letzterer hat, nach Eckstein (HDA), die Arbeit in umfassender und kritischer Form wieder aufgenommen. In diesem Zusammenhang sah man in zopfförmigen G.

Haaropfer, die der Gestalt nach in vielen Anwandlungen leben. Den oft aufgestreuten Mohn deutete man als Symbol von Schlaf und Tod. Zu der gleichen Gruppe gleichnish. G. stellte man auch die → Hakenkreuz-, → Radkreuz- und Scheibeng. Wie → Mehl als Elementaropfer und → Brei als Gabe für Dämonen (→ Bercht), bezeugt sind, wie die Bez. Wildmannli, Mannl, Nigl, Wuzl, Kuchelmichel, → Pumpernickel, Dampeter möglicherweise auf den Hauskobold wie auf die Gabe für ihn deuten, so erscheinen G. auch im Fruchtbarkeitskult. Wer beim athen. Thermophorienfest vom Rest des Tieropfers oder vom phall. Teigopfer etwas unter das Säekorn mischte, tat es für gute Ernte. In Schweden und Dänemark spielten Julgalt, Julgiis (Schwein) und Jultuppen (Hahn und Henne) beim Erntebrauch eine Rolle. Wie die Hausmutter dem Vieh vom Julbrot gab, so nahm sie für das weihnachtl. G. Mehl von den letzten Garben. Julbrote blieben bis zum 15. 1. auf dem Festtisch liegen. Die Reste wurden unter die Saat gemischt und dienten Pflugleuten und Zugtieren zur Speise. Verwandten Brauch berichtet W. Mannhardt aus Frankreich. Im Wermland (Schweden) buk die Bäuerin aus dem Mehl der letzten Garbe ein G. in Gestalt eines kleinen Mädchens zur Verteilung an die Hausbewohner. Bei Aschaffenburg erhielt der »Scheueresel«, der beim → Dreschen den letzten Schlag tat, zum Spott »die Alte«, ein menschenförmiges G. aus Hefeteig. Im m.fränk. Ansbach wurde der → Letzte verspottet mit der »Saufud«, einem G. in Gestalt eines Mutterschweins mit großen Geschlechtsteilen.

Ebenso eindeutig wie mancher Brauch deuten Name und Form vieler G. auf die gewünschte Fruchtbarkeit von Mensch, Tier und Vegetation. Nach Eckstein sind alle Darst. von Phallus und Vulva in der Antike bezogen entweder auf den Gott oder »auf die empirisch erfahrene Kraft der eigenen aidoia« (→ nackt). Die Symbole finden sich auch in Hochzeitsbildern alter Meister. So ist etwa die Stutensemmel auf einem Bild des Meisters Bertram sicher als rima vulvae anzusprechen. Die gleiche Form hat ein G. im Bergischen, das bei der → Abtreibung eine Rolle spielte. Die öst. Schrotsemmel, die Berliner Schrippe, rautenförmige Muschelg. (Maultaschen) und viele andere, z. T. charakterist. benannte Spaltgebäcke übernahmen die Form. In manchen Kipfelg. sahen Rochholtz, Höfler u. a. Phallisches. Das Urbild (vielleicht auch nur eine spätere Assoziation) verrät die V.sprache in den »Stuten«, den meißnischen »Fummeln«, den elsäß. »Büwespitzle« oder »Juddebimpele«, den schwäb. »Hanselweible« und »Hanselmännle«, die wechselweise an solche, die noch keinen Schatz haben, verschenkt und gemeinsam verzehrt werden (bes. am → Funkensonntag). Die Form des cunnus hatte vielleicht schon das Liebeszauberbrot, dessen Teig nach → Burchard von Worms die Weiber auf den → Hintern kneteten, um den zur Liebe zu entflammen, der von dem Brote aß. Zur Zauberabwehr dienen Kringel an Fasnachtsgebäcken, die die Hexen vertreiben oder G. von Wickelkindern, die in gefährliches Feuer geworfen werden. Der Zauberkraft des gegessenen Herzens widmete Höfler eine eigene Abhandlung. In manchen Sprüchen auf → Lebkuchen unserer Zeit klingt der Gedanke noch nach. Eine Menzinger Sage berichtet, daß bei einer Wallfahrt nach Maria Einsiedeln ein Mädchen, das ein Zuk-

kerherz aß, geistersichtig wurde. G. in Schildkrötenform (→ Gebärmutterkröte?) waren Gaben für die → Wöchnerin.
So wenig die Bez. von Glaube und Brauch zu vielen G. geleugnet werden kann, so erschweren doch spärliche Überlief. (G. werden ja gegessen!) oder Übertragung und Umdeutung vielfach die sichere Erklärung. Die Jultutta in Darlekarlien wurden später zu Ehren der Muttergottes gebacken. Die mecklenburg. Kinjes-Poppen wurden im 19. Jh. als Hirten von Bethlehem verstanden. Nicht jeder Krapfen ist das Sonnenrad von Fro, nicht jedes Springerlepferd Wotans Roß, nicht jedes keilförmige Küchlein Donars Geschoß, nicht jeder Ring die Midgardschlange, wie manche Populärmythologen des 19. Jh. meinten. Auch mit dem persönl. Bildnertrieb des Herstellers und mit »Bäckerlaunen« muß gerechnet werden, abgesehen von den Erfordernissen des Backvorgangs (Durchlöcherung, Aufspaltung). Nützlich wäre eine kartogr. Darst. von mundartl. Bez., äußerer Form und Größe, innerer Zusammens., Jahreszeit und Brauchverwendung der G., wie sie der ADV in seinen Fragebogen angebahnt hat. Die umfassendste Unters. der G. seit M. Höfler bietet E. Burgstaller. Seine Darst. (rd. 60 Abb.) vor allem der öst. »Brauchtumsgebäcke« bezeugt eine »fast verwirrende Lebendigkeit v.tümlicher Schöpferkraft«. – Neben zahllosen, landschaftsweise immer noch fest überlief. G. vom Neujahrsring und Osterlamm bis zum Martinsmann und Krampus schafft die neue Zeit neue Formen wie Auto und Eisenbahn, Bonzo und Mickymaus, Max und Moritz, Boxer, Fußballer, Herzbackringe für den → Muttertag u. a., die sich mit Älterem vermischen, modisch vergehen oder auch für länger typenbildend werden. Für das Kindesalter verbindet sich auch heute die Erinnerung an das Brauchjahr nicht zuletzt mit dem Festgebäck von bes. Bezeichnung und Gestalt.

M. Höfler, G. d. Faschings-, Fasnachts- u. Fastenzeit, Erg.bd. zur Zs. f. öst. Vkde (1908); Eckstein, G. Im HDA Bd. 3, S. 373–405 (Vgl. hier das Verz. d. Schriften von M. Höfler); O. A. Erich, Gesichtsp. f. e. Bildgesch. d. fig. Gebäckes, in: Obd. Zs. f. Vkde 6 (1932); K. v. Spieß im Jb. f. hist. Vkde, 3./4. Bd., 1934; E. Burgstaller, Die G. d. Vorweihnachtszeit in Oberdonau, Dt. Vkde I, 1939; ders., Weihn. Kultbrote im Brauchtum v. Oberdonau, Oberdt. Zs. f. Vkde 16 (1942); G. Thrathnigg, G.ausstellg., Wels 1953; F. Mößinger, Seltene G., Hess. Bll. f. Vkde 45 (1954) (Hirschreiter, Gluckhenne, Schlange, Gebäckturm); E. Burgstaller, Brauchtumsgebäcke u. Weihnachtsspeisen, 1957 (22 Karten); ders., Öst. Festtagsgebäck, 1958 (Martini, Allerseelen, Weihnachten, Ostern; Geburt u. Taufe, Hochzeit, Begräbnis); H. J. Hansen, hg., Kunstgesch. des Backwerks, 1968; E. Burgstaller, Das Allerseelenbrot, 1970; ÖVA I, Figürl. Gebäck; ASV 27, Festgebäck, Menschen- u. Tiergestalt. 28 Geflochtenes u. ringförm. Gebäck.

gebundene Zeit → geschlossene Z.

Geburt. Erst mit der G. des Kindes ist nach der gesunden Anschauung des Volkes der Sinn d. Ehe erfüllt. Mancherorts durfte der Titel »Frau« erst von diesem Zeitpunkt an getragen werden. Für die Gebärende ein Übergang in einen neuen Lebensabschnitt und zur Gemeinschaft der Mütter, für die Sippe die Anknüpfung einer neuen Geschlechterkette, für das Kind der Eintritt ins Leben, bringt die G. alle die volksgläubigen u. kirchl. Bräuche in Anwendung, mit denen unheilvolle Zeichen, Dämonen und Schadenmächte aufgehalten und das Leben, Glück und Gesundheit gesichert werden. Als Vorzeichen der G. gelten nächtliche Geräusche von rieselndem Wasser, platzendem Faßreifen, fallendem Holzstoß. Vor Kinderohren wird eine G. umschreibend berichtet: bei N. N. ist der Ofen zusammengefallen; es hat einen Rumpler getan (Vorarlberg). Um Hexen jede Macht über das Kind zu nehmen, darf man nichts aus dem Hause leihen und soll eiserne Werkzeuge oder gekreuzte Besen auf die Schwelle legen.

Wenn die Wehen kommen, ist alles auf die magische, religiöse und volksmedizinische Erleichterung der G. gerichtet. Die alten Nordgerm. sprachen Zauberrunen und sangen Lieder. Sie legten die Kreißende auf die (mütterliche) Erde. In »mystischer Partizipation« öffnet sich der Mutterschoß, wenn alle Schlösser, Türen, Knoten an Schuhen und Schürzen geöffnet werden, wenn Erbsen gekocht werden, bis sie quellen (→ Rose v. Jericho, durchziehen). In der Antike galt der Glaube, man verhindere die G., wenn man bei der Kreißenden mit übergeschlagenen Füßen od. verschränkten Fingern sitze. Hera verleitet so die Moiren, die Geburt des gehaßten Herakles lange zu hintertreiben. Aus ähnlichem Grund ist es auf märkischen Bauernhöfen Rosenthal b. Dahme) noch heute streng verpönt, mit den Händen in den Hosentaschen dabeizustehen, wenn die Kuh zum Bullen geführt wird. – Bei einer G. soll der Mann im Hof etwas zertrümmern, wie er auch sonst (→ Männerkindbett) als Stellvertreter der Gebärenden erscheint. Auch Besprechen wird angewandt. Andererseits wird Dämonen das Eindringen verwehrt durch Schließen der Türen und Verstopfen der Schlüssellöcher. Die Vmed. empfiehlt Kaffee oder Branntwein, Kamillentee oder Mutterkorn. Die → Hebammen zumal sind noch heute die Bewahrerinnen volksmedizinischer Kenntnisse. Der Gebärstuhl, in der Antike durch arabische Ärzte eingeführt, war auch bei uns (z. B. in Braunschweig) bis ins 20. Jh. hinein in Gebrauch.

Kirchliche Schutzmittel für Gebärende und Kind sind Beichte, Abendmahl (auch bei Protestanten) und Wallfahrt (diese auch vom Mann ausgeführt), dann Kreuz, Kerze und Gesangbuch. Besondere Schutzheilige der G. sind → Margareta, → Maria, → Leonhard (→ Gebärmuttervotiv). Gegen → Trud und → Mahr, gegen Hexerei und Neidzauber, gegen Kobolde und Teufel schützen Eisen, Feuer, Licht, Weihwasser und Lärm. Im MA wurde in Bayern über der Gebärenden ein blankes Schwert geschwungen, wie man die Braut mit gezücktem Säbel geleitet. Damit bei der G. das Herzblut nicht entfließe, legt man ein Beil unters Bett. Zur Täuschung der Dämonen oder in letzter Erinnerung an das sog. → Männerkindbett zieht man schwer Gebärenden Hemd oder Schuhe des Mannes an oder sie setzen sich dem Mann auf den Schoß.

Auf die Himmelszeichen bei der G. zu achten, haben die Deutschen im MA von Antike und Orient gelernt. Wie stark sich die → Astrologie in allen Volkskreisen später durchsetzte, sehen wir aus Goethes Beschreibung seiner Geburtsstunde in den ersten Sätzen von »Dichtung und Wahrheit«. Auf Sonne und Mond, Wolken u. Wind (mehr als auf die Sterne) achten die weisen Frauen. Stunde, Tag und Monat sind wichtig. Maitaggeborene gehören den Hexen, Neumondgeborene werden → Vampire und Truden. An Allerseelen oder in der Neujahrsnacht Geborene sehen mehr als andere. Wer zu Weihnachten auf die Welt kommt, wird nur 33 Jahre alt wie Christus. Wer in der 12. Stunde eines Marientages, der auf einen Sonntag fällt, geboren ist, der hat den großen Blick in die Geisterwelt.

Aus kirchlicher Sinngebung sind 1. 4., 1. 8. und 1. 12. schlechte G.tage, da sie der Erinnerung von Judas, Luzifer und Sodoma gewidmet sind. Volksgläubische, gelehrt-astrologische und christliche Vorstellungen mischen sich in den bekannten Wochenversen: Sonntägskinder – glückliche Kinder, Montagskinder – kluge Kinder usw.

Das Neugeborene wird vom Vater als Stellvertreter der → Sippe unter besonderen Zeremonien empfangen. Die Hebamme legte es auf den Boden und der Vater hob es auf (Württemberg). Die »Rockenphilosophie« (1705) sagt, ein Knäblein solle man »mit den Füßen an seines Vaters Brust stoßen, so soll es nimmermehr kein böß End nehmen«. Ein Töchterlein soll man der Mutter auf die Brust setzen und sagen: »Gott mache euch zu einer guten Frauen«. Da in jeder G. die Ahnenkette neu geknüpft wird, mag auch der Gedanke an die Toten dem Brauch zugrunde liegen, das Neugeborene gleich unter den Tisch oder die Stubenbank zu legen. So trägt das Kind auch den Taufnamen seiner Ahnen (→ Ahnenkult).

In Friesland (Dornrum) halten die Nachbarinnen während der G. den »Wiefedag«. Es gibt Tee und Kopp (Branntwein mit Rosinen). Ähnlich werden in den nächsten Tagen alle Besucher bewirtet. Die Bauern der Gegend bereiten für die »Puppe« den »Puppkekäse«. Anderswo ist die Weiberversammlung (Ansprache) in der Wöchnerinnenstube zum »Kaffeeklatsch« vor der Taufe gewandelt (Westfalen). Ein Junge wird mehr gefeiert und mit mehr Schüssen angekündigt als ein Mädchen. – Manchen Bräuchen und Redensarten (»die Mutter liegt im Kram«, »sie hat gekramt«; die Behandlung der → Nachgeburt) liegt die Vorstellung von der Unreinigkeit der → Wöchnerin zugrunde, die am stärksten in der kirchlichen → Aussegnung und in den abergläubischen Verhaltungsmaßregeln bis dahin zum Ausdruck kommt. Bei Primitiven ist die Isolierung der Schwangeren und Wöchnerin bekannt.

Dem Augenblick der G. wird Bedeutung und Dauer verliehen durch den G.baum, der im Garten, vor dem Tor des Hofes, auf der Allmeine (Württemberg) in der G.stunde oder etwas später gepflanzt wird. Dem G.baum war Gesundheit und Wachstum des Kindes verbunden (Schweiz). Mit einem »Freudemaien« in der Hand zeigten Dienstboten die G. eines Kindes an. Ein rotes Band trug dieser Blumenstrauß, wenn es ein Knabe, ein weißes Band, wenn es ein Mädchen war (Zürich, Winterthur, Schaffhausen; nach Baud-Bovy; → Farbe). Zu Goethes G. pflanzte sein Großvater einen Birnbaum. Linde, Erle, Eiche, auch ein Apfelbaum für Knaben, ein Birnbaum für Mädchen werden gewählt, zuweilen nur mehr eine Zierpflanze. Der → Lebensbaum und der Sympathiebaum des Märchens sind verwandt. Geiler von Kaisersberg berichtet den Brauch aus dem 15. Jh. Er ist den Juden, Griechen und Italienern bekannt. Auch Familien und Gemeinden (Dorflinde) haben ihren → Baum. Verwandt ist die Sitte, daß jedes Kind bei der Schulentlassung einen Obstbaum auf Gemeindegrund pflanzt (Hohenberg in Bayern).

– Hausg. werden in unserer Zeit immer seltener. Von 1955–70 stiegen in der BRD die Krankenhausg. von 54 auf 92 v. H. → Geburtstag, Kind, Kinderbringer, Pate, Schwangere, Taufe, Wöchnerin, Verwandtschaft, Rosmarin, Mitternacht, Finger, Geier.

E. Samter, G.feste der Griechen und Römer, 1901; W. Schmidt, G.tag im Altertum, 1908; H. Höhn, Sitte und Brauch bei G., Taufe u. in der Kindheit, 1910; E. Samter, G., Hochzeit u. Tod, 1911; H. Ploß, D. Kind i. Brauch und Sitte der Völker, 2 Bde., [3]1913; R. Thurnwald, G.: Reallex. d. Vorgesch., 1926; B. Kummer, G. Im HDA; K. G. Berghoefer, G. u. Kindheit im Brauch kath. Orte d. Vogelsberg u. d. Wetterau, 1937; R. Beitl, Der Kinderbaum, Brauchtum u. Glauben um Mutter und Kind, 1942; M. Isenburg, G. u. Tod im dt. V.märchen. Diss. Bonn, 1948; C. Pieske, Das freudige Ereignis, 1963 (80 Bilddokumente wie Bilderbogen, Glückwünsche, Scherzbilder, Taufbriefe u. -medaillen); Umfrage d. Arch. f. westf. Vkde, Rhein.-westf. Zs. f. Vkde 10 (1963) (G. Taufe, Kirchgang, Wiege, Muttermale); Th. Gantner, G., Taufe, Kleinkind (Kat. Schweiz. Mus. f. Vkde), 1968.

Geburt Mariä (8. 9.), auch kleiner Frauentag genannt zum Unterschied vom großen Frauentag → Himmelfahrt M. Zwischen beiden Festen liegt der »Frauendreißiger«. M. G. wurde in Dtl. schon im 10. Jh. mit feierlicher Prozession begangen. Noch heute hat M. G., zumal in Bayern und Österr., den Charakter eines Volksfestes (z. B. die Wallfahrt nach Tschagguns in Vorarlberg; besonders auch in Maria-Zell seit 1157). Um M. G. pflegt man die Alpen zu verlassen. Nach diesem Tag haben Geister und Bütze dort das Recht (Vorarlberg). Die Schlangen verkriechen sich bis St. → Georg. »Um M. G. ziehen die Schwalben furt«, die zu M. → Verkündigung einzogen. An M. G. werden zuweilen noch Kräuter, auch Getreidekörner geweiht, welche ins Saatgut gemischt werden gegen den → Bilwis (Bayern). → Maria, Kreuzerhöhung.

Geburtsbaum → Lebensb., Geburt.

Geburtstag. Die Perser, Griechen und Römer feierten den G. als Ahnengedenken und als Festtag des Geburts- und persönlichen Schutzgottes *(Theos genéthlios, [Deus] Natalis)*, mit dem wir in der christl. Kultur etwa die Vorstellung des Schutzengels in entfernten Vergleich setzen könnten. Im Frühchristentum wurde der G. für heidnische Sitte gehalten (Origenes). Christi G. selbst (→ Weihnachten, Dreikönig) wurde erst im 4. Jh. zu einem eigenen Fest und auf den Festtag des römischen *sol invictus* (25. 12.) gelegt. Um 1930 ist der G. im prot. Volksteil (aber auch in Schlesien) überall bekannt, doch nicht so allgemein, wie der Städter denkt. Die Frage 11 *a–d* des ADV (danach uns. Abb.) ergab, nach einem Vortrag von Fritz Böhm, daß der G. bei »besseren Leuten«, im Winter eher als im Sommer (der Bauer hat wenig Zeit), bei gutem Wetter eher als bei schlechtem, am Sonntag eher als am Werktag beachtet wird. Mancherorts wird nur die 1. Wiederkehr als »Jahrestag« oder nur der 50., 60., 70., 75. G. als »Jubiläum« gefeiert. Alle 50er feiern in Oberschles. gemeins. »Abrahamstag«. Wo Familiensinn schwindet, bei Familien, die »keine Vergangenheit haben oder sich wie Proleten fühlen« (Arnsberg), bei »modernen Heiden« (Koblenz) oder bei »Sonderlingen« gibt es keinen G. Er bürgert sich ein seit 1900, seit dem 1. W.krieg besonders, er wird als »neue Mode« empfunden, obwohl er in dem Ort schon 60 Jahre bekannt ist. Solange dauert die Umwandlung zum »Brauch«! Kinder und junge Leute gehen auf die neue Sitte schneller ein. Interessant ist die Auseinandersetzung an der Grenze und innerhalb des Gebietes des → Namenstags. An der schlesischen Grenze feiern Beamte und Dt.sprechende G. Im Namenstaggebiet (österr., Bayern, Schlesien) kennen viele ihren G. nicht. Allenfalls gratuliert man sich. Der G. ist geringer: »Jet Kallf hat n Jeburtsdag, awer noch lang keen Namensdag« (Cochem, Saarbrücken).

G.feiern wird als Menschenkult abgelehnt (Schweidnitz). – Die Feier des G. besteht heute meist in besserem Essen, in Geschenken und immer häufiger (besonders b. »Kinderg.«) im Aufstellen des Lebenslichtes, das die Jahreslichter umgeben. → Jubiläum, Jahrgänger, Johannes d. T.

W. Schmidt, G. im Altertum, 1908; F. Boehm, G. u. Namenstag i. dt. V.brauch, 1938; J. Talve, Namens- u. G.traditionen in Finnland, Helsinki 1966; Kartogr.: ADV II, G. u. Namenstag; SAV 215–17; Weit. Lit. → Geburt.

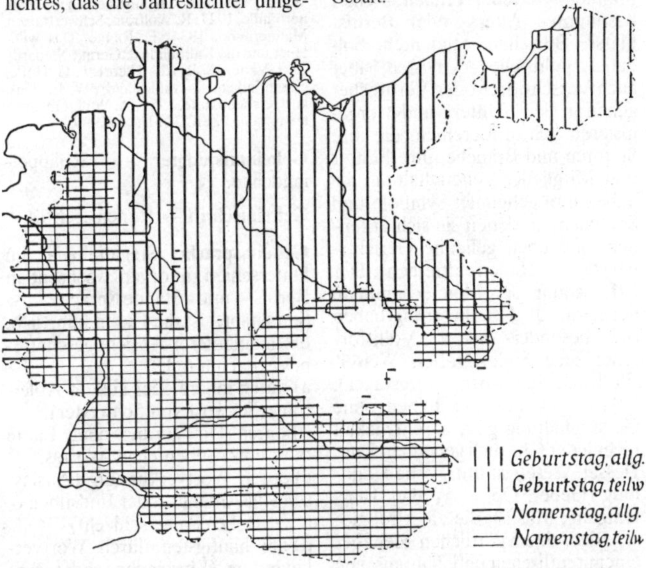

Geduldflasche → Eingericht.

Gefängnis. Erst seit dem MA gibt es das G. im heutigen Sinn. Nach der Halsgerichtsordnung Karls V. von 1532 (Carolina oder C.C.C. = Constitutio Criminalis Carolina), die bis in die Mitte des 18. Jh. gültig blieb, sollte jedem Richter ein unterirdisches G. zu Gebote stehen. Auch im späteren MA war das G. unterirdisch oder ein Turm ohne Licht wie im → Märchen. – Das Dorfg. beschäftigt in Ernst und Schwank die Phantasie des Volkes so, daß dessen Bez. zu einer der interessantesten Aufgaben der → Wortgeographie gehören. Besonders in der halb scherzhaften Drohung an die Kinder mischen sich mythisierende Decknamen und Scherzbezeichnungen mit solchen, die älteste Rechtsverhältnisse sozusagen in Versteinerung überliefert wiedergeben (Halseisen, Stock usw.).

W. Mittermaier, G.kunde, 1954; H. Dombais, Mensch u. Strafe, 1957; Vgl. Lit. → Recht.

Geflügel → Hahn, Huhn, Gans, Ente, Himmelf. Christi.

Gehängter → Galgen, Scharfrichter, Wind.

Gehänge → Unruhe.

Geheimbünde, Geheimkulte. Gb. entspringen bei Natur- und Kulturvölkern aus Hochreligionen wie aus primitivem Volksglauben oder politischen Antrieben in bürgerlicher, bäuerlicher und asozialer Schicht. Männer – seltener Frauen – einer bestimmten Alters- oder Berufsklasse, Burschen, Studenten, Soldaten, politische Aktivisten, aber auch Verschwörer oder Verbrecher gehen in den »Untergrund«, organisieren sich in Vereinen, die ihre Statuten und Bräuche, ihre Führer und Mitglieder geheimhalten. Sie haben ihre geheimen Symbole und Sprachen, an denen sie sich erkennen, und üben geheime Gerichtsbarkeit (→ Haberfeldtreiben). Der Erforschung der Männerbünde in der germ.-dt. Überlieferung haben sich besonders österr. Volksforscher zugewandt (Höfler, Weiser, Wolfram, Jungwirth, Burgstaller). – Wie es bündisches Leben ohne Geheimhaltung gibt, so entwickelt nicht jeder Gb. auch geheimen Kult. Dessen Wesen ist liturgische Handlung (Gebet, Opfer, Weihe, Tanz, Umgang, Musik), die einer religiösen Idee, einem göttlichen oder aber einem teuflischen und dämonischen Wesen gewidmet wird, an besonderen geweihten, »heiligen« Stätten und zu solchen Zeiten. Die Berechtigung, am Gk. teilzunehmen, wird durch die → Initiation erlangt. W.-E. Peuckert entwarf ein Gesamtbild der mehrtausendjährigen Gesch. der Gk. bei allen Völkern von den Männerbünden der Primitiven über die Mysterien der Antike und über germ.-dt. Formen (Berserker, Werwolf, Hexenbund, Perchten, Haberer, Mailehen u. a.) bis zu verwandten Erscheinungen der bürgerlichen Welt (Gilden, Rosenkreuzer, Steinmetzen, Freimaurer). Vgl. gen. Stichw., ferner → Burschenschaft, Jünglingsweihe, Deposition, Hänseln, Maske, Fasnacht, Kirmes, Maitag, Schützenbruderschaft, Morisken.

H. Schurtz, Altersklassen u. Männerbünde, 1902; G. Schuster, Die geh. Gesellschaften, Verbindungen u. Orden, 1903ff.; P. Chr. Martens, Gb. alter und neuer Zeit, [2]1923; L. Weiser, Altgerm. Jünglingsweihen u. Männerbünde, 1927; R. Wolfram, Schwerttanz u. Männerbund, 1934; F. Ranke, Das wilde Heer und die Kultbünde d. Germ., Niederdt. Zs. f. Vkde, 18. Jg. (die Theorie v. O. Höfler einschränkend. → wilde Jagd); W.-E. Peukkert, Geheimkulte, 1951; A. Wulf, Gb. in alter u. neuer Zeit, 2 Bde., 1959/60.

Geheimnisjungfer → Schäppelmädchen.

Geheimschrift → Runen, Schrift.

Geheimsprache, Steganologia. Im Unterschied zur organ. wachsenden Berufs- und Standessprache (→ Sonderspr.) ist die G. ein künstlich, oft in unlauterer Absicht geschaffenes Sprachmittel:
a) durch innere oder äußere Ableitung (Schwost von Schwester),
b) durch Umkehrung aller Laute oder einz. Silben eines Wortes,
c) durch Wortverkürzung (Auslassen von Anfangs- oder Endsilben o. ä.; z. B. Schleo = schlecht)
d) am häufigsten durch Wortverlängerung (Einschieben oder Ansetzen von Silben und Lauten; z. B. weber = wer).
Schon die Klosterschulen des MA erfanden solche G. (seit dem 6. Jh.), von denen sich vielleicht die noch heute verbreiteten G. der Pennäler (Räuber-, Töpferlatein, Armsen-Irmsensprache) herschreiben. Daniel Schwenter verfaßte eine St. et Steganographia (G. und G.schrift; gedr. um 1620). Er kennt auch die en-Sprache, die schon 1583 Leonhart Thurneysser beschrieb und die dieser als Rotwelsch bezeichnete. Th. verzeichnet auch die b-Sprache, die heute noch eine der bekanntesten ist: man spricht jede Silbe zweimal, zuerst bis und

mit dem Vokal, dann die Silbe vollständig, aber mit dem Anlaut b-: Ge-be-he-beim-ni-bis-se-be ha-bat je-be-de-ber = Geheimnisse hat jeder. Auch Schottelius behandelte die G. (1663). Die Unterschiede zwischen G. und teilweise gewachsener Gauner- und Kundesprache verwischen sich, wenn auch Bedeutungsübertragungen (Fuchs › Goldstück), verändernde Wortentlehnung (Lehm aus hebr. lechem ›Brot‹) oder Umschreibung (Polizist ›Grünspecht‹) in einer G. häufiger gebraucht werden.

G. Götz, Über Dunkel- und G., 1896 (Spätes u. mal. Latein); O. E. Bischof, Wb. d. wichtigsten G.- u. Berufsspr., 1916; J. G. M. Moormann, De Geheimtalen, 2 Bde., Zutphen 1932–34; F. Kluge, G., in: Unser Deutsch, [6]1958; A. Bausani, G. u. Universalspr., 1969; Vgl. Lit. → Gauner.

G.wissenschaft → Okkultismus.

geheuer → Geist, Ungeheuer.

Gehilfe → Kümmernis.

Gehirn. Wie in → Kopf und → Schädel sieht man im G. den Sitz der Lebenskräfte, allerdings seltener, da es unsichtbar ist und auch nicht, wie das Herz, gehört und empfunden wird. Kinder verdummen, wenn sie Tierg. essen. G. von → Eichhörnchen oder Geier stärkt das → Gedächtnis und macht schwindelfrei. Sperlingsg. ist → Aphrodisiakum zur »Venus-Lust«. Wenn man G.erkrankungen als Schlag bezeichnet, ist der Glaube an dämonische Wirkung angedeutet, der man auch Fallsucht, Tollwut, Kolik, Kopfweh u. dgl. zuschreibt. Gefürchtet war das Fallen des einen der drei Blutstropfen im G. Fällt der rechts, so lähmt der Schlag die rechte Körperhälfte, fällt der links, so die linke Hälfte. Tod bringt das Fallen des mittleren → Tropfens Niederösterr.). Auch für das Ohrenklingen nennt man diese Ursache. Gegen → »Geschoß« oder »Hauptscheid« das d. Kopfknochen schmerzhaft auseinanderzwängt, hilft d. Spruch:

Hirn, verschließe dich,
wie Maria ihren Leib verschlossen hat
vor ihrem Mann.

E. Bargheer, Die Eingeweide, 1931; G.- u. Nervenkrankheiten: Hovorka-Kronfeld, Vergl. Vmed., 2. Bd., 674–686; P. Gless, D. menschl. G., 1968.

Gehör → Ohr.

Gehörnter → Horn.

Geier (noch mundartlich: Gier; ahd. *gîri* ›gierig‹). Die Gefräßigkeit des G. war bei den Germanen sprichwörtlich. Sprache u. Brauch von heute kennen ihn kaum anders als der Sage und Überlieferung nach. Nur im dt. Südosten und in den Alpen leben G. noch. Der G. ist wie der → Kuckuck Deckname des Teufels (»Hol dich der G.«), auch im erzgebirgischen Sprichwort: Freitagsfreier hol der G. (weil dort der → Freitag Unglückstag ist). Von dem hauptsächlich aus der Antike übernommenen vmed. Glauben sagt schon ein Arzneibuch des 15. Jh.: so manich ercenie waer an dem gir, same manich lit er hat (Soviel Glieder er hat, so mannigfache Arznei ist an dem G.). Verbrannte G.federn erleichtern die → Geburt und vertreiben → Schlangen. In der Oberpfalz wurde der G. wie die Eule als Blitzschutz ans Tor der Scheune genagelt. → Adler, Habicht, Tiere.

C. Geßner, Thierbuch, 1563; W. Arndt, Die Vögel in der Heilkunde der alten Kulturvölker, Journ. f. Ornithol. 73 (1925); Grimm, Dt. Wb. (über Worttabu, Kinderspiel usw.).

Geige, in der → Volksmusik heimisch, aber in der letzten Zeit durch Gitarre, Laute, Mund- und Ziehharmonika zurückgedrängt. Im Märchen (Der Jude im Dorn) zwingt die

Zauberg. alle zum Tanz. Wie das → Nachtvolk die Flöte blasen lehrt, so kann man in der Christnacht vom Teufel eine unheimliche Fiedel und zugleich die Spielkunst erwerben. Die Sage vom Spielmann, der vor dem Marienbild geigt, bis ihm die Madonna einen goldenen Schuh reicht, hat sich auch mit d. Überlieferung von der hl. → Kümmernis verbunden.

E. Heron-Allen, De fidiculis bibliographia, 1890–94; C. Sachs, Real-Lex. d. Musikinstr.; O. Haubensack, Urspr. u. Gesch. d. G., 1930; K. M. Klier, Vtüml. Musikinstr. i. d. Alpen, 1956; F. Winkel u. a., in: Musik i. Gesch. u. Gegenw. 13 (1966).

Geiler von Kaysersberg, Johannes, in Schaffhausen 1445 geb., 1478 bis zu seinem Tode (1510) Domprediger in Straßburg, der in berühmten Predigten für Erneuerung des rel. Lebens eintrat und kirchl. wie weltl. Mißstände bekämpfte. Die meist auf lat. Entwürfe und auf Nachschriften zurückgeh. Textausg. sind wertvolle vkdl. Quellen. 142 Predigten widmete er allein dem »Narrenschiff« von Sebastian → Brant (1457–1521).

Auswahl von P. de Lorenzi in 4 Bdn mit Lebensbeschr. G. v. K., 1881–83; Neuausg. d. »ältesten Schriften«, hg. von Dacheux, 1877–83; R. v. Diersburg, Komik und Humor bei G. v. K., 1921; D. Wuttke, in: NDB 6 (1964).

Geißler. Die Bruderschaft der G. (lat. *flagellantes*; G.brüder, Flegler, Bengler) und ihrer G.fahrten (in Italien seit 1260) fanden auch in Dtl. Verbr. Epidemisch wurde die Geißelwut anläßlich der → Pest, des »Schwarzen Todes«, von 1348. G.gesellschaften bildeten sich z. B. in Straßburg, Speyer, Magdeburg. Die meisten europ. Länder ergriff der Wahn trotz Inquisition u. päpstl. Verbot (1349). Unter orient. Einfluß war die altgerm. Rechtsstrafe des Stäupens zu einem Aufpeitschungsmittel von Askese und zugleich → Ekstase suchenden Kreisen geworden. → Peitsche, Geistl. Lied, Tanzkrankheit.

Förstemann, Christl. G.gesellsch., 1828; E. Fischer, Die G., 1906; G. F. Collas, Gesch. d. Flagellanten, 1. 1913; L. Kern, in: G. Schnürer-Fs., 1930; A. Hübner, Die G.lieder, 1931; F. Siebert, Der Mensch um 1300, 1931.

Geist, schon im ahd. = ›überirdisches Wesen‹, im Gegensatz zu Körper. In Sage und Volksglauben lassen sich die beiden großen Gruppen der Toteng. (→ Ahnenkult) und der Naturg. unterscheiden. Beide kannte schon das germ. Altertum. In den G. der Luftregion berühren sich diese beiden Gruppen (Nebel-, Wolken-, Wind-, Gewitterg.). Das Christentum schuf in seiner Dämonenlehre neue G. gemischten Charakters (→ Teufel) oder formte ältere Vorstellungen stark um (→ Hexe, Arme Seelen). Das Volk bezeichnet deutlich gestaltete u. benannte → Dämonen nicht als G. (Drache, Zwerge, Wassermann, Kornmutter, Nachtfrau), wenn die Vkde. auch in diesen Fällen zusammenfassend von Haus-, Erd-, Wasser-, Korn- oder Nachtgeistern spricht. Germ. ist auch schon die Unterscheidung von guten und bösen G. (freundlicher Hausg.: drükkender Alp), Holden: Unholden, Geheuer: Ungeheuer (mhd. *gehiure* = Gott: bei Berthold v. Regensburg; ahd. *unhiuri* = Teufel: im nieders. Heliand). Besonders von Toteng. wird gesagt, sie geistern, gehen um, weizen, gespenstern, spuken, regieren, butzen.

Die G. erscheinen feurig, als Irrlicht, als Gerippe oder in weißer oder durchsichtig-schemenhafter Gestalt, ohne Kopf, in altertümlicher Tracht, häufig in Tiergestalt als Pferd, Katze, Hund, sie ziehen mit unheimlicher Musik, melden sich durch Donner, Klopfen, Aufhocken oder kommen auf Beschwörung und

Zauberspruch, sie versammeln sich an Kreuzwegen, Galgen, Brücken und Friedhöfen, ihre Zeiten sind Mitternacht, aber auch Mittag, Herbst, Advent, Zwölften, Weihnachten, Neujahr, Dreikönig, Fasnacht, Fronfasten, Karfreitag, Johanni usw. Man wehrt sie ab mit Gebet, Räuchern und Kreuz, mit Lärm, Glocken, Eisen, besonders mit Feuer und Licht; Geistliche, Scharfrichter, Fahrende, Zigeuner und Zauberer können sie bannen. Unschuldige Kinder, Jungfrauen und andere Auserwählte können sie erlösen. Hellseherisch, g.sichtig sind Kinder, die in Steißlage oder am Sonntag, am Quatember, an Allerseelen, zu Fronfasten geboren sind. Auch Pferde und Hunde sehen oft mehr als der gewöhnliche Mensch. Von Päpsten oder von Napoleon sind alle G. auf bestimmte Zeit verbannt worden. – In Gestalt des Spiritismus (v. engl. *spirit* = Geist) und → Okkultismus hat der G.glaube in unserem Jh. auch Schichten der aufgeklärten Städte aufs neue gewonnen. Der Glaube lebt weiter, meist in Gestalt von Metaphern (»G.stadt«), aber auch z. B. in Fragebogen des amerik. State Dep. (»Ergreifen G. von Ihnen Besitz? Verläßt Ihre Seele bisweilen den Körper?« CuW. 3. 9. 1965). – Außer den gen. Stichw. bes. → Mittags-, Waldgeister, Wiedergänger, Maske, Seele, lachen, Lähmung, Brennessel.

J. Beaumont, Tractat von G., Erscheinungen, Hexereyen . . ., 1721; G. E. W. Dedekind, Über G.nähe und G.wirkung, 1793; W. Schneider, Der neuere G.glaube, 1913[3]; M. Kemmerich, Gespenster u. Spuk, 1921; E. Buchner, Von d. übersinnl. Dingen, 1924; Üb. Wesen der G., G.orte, G.zeiten, G. begegnung vgl. R. Beitl. Im Sagenwald, 1953, S. 342–360; A. Jaffé, G.erscheinung u. Vorzeichen, 1958 (Schülerin von C. G. Jung. Nach 1500 Erlebnisberichten; vgl. Schweiz. Arch. f. Vkde 55); B. Deneke, Legende u. V.sage, Unters. z. Erz. v. G.ergottesdienst, Diss. Frankf./M. 1958; L. Honko, G.glaube in Ingermanland, Helsinki 1962; A. Johansons, Der Schirmherr d. Hofes im V.glauben d. Letten, Studie über Orts-, Hof- u. Hausg.er, Uppsala 1964; G. Becker, G. u. Seele im Altsächs. u. im Althochdt, 1964. – ASV 260 G., G.erheere.

Geisterkutsche → Gebäckmodel.

G.stunde → Mitternacht.

Geistlicher. Der G. ist durch Weihe, Kult, Wissen (Latein), Lebensweise (Zölibat) und Kleidung in jeder Weise aus der Reihe gewöhnlicher Menschen herausgehoben. Als Diener Gottes und Priester ist er selbst voll heiliger und magischer Kraft, und zwar, nach dem Glauben beider → Konfessionen, der kath. Pfarrer und Ordensmann mehr als der prot. Pastor, da dieser nicht geweiht, sondern nur ordiniert, d. h. ins Amt eingeführt wird. Der G. heißt im bayer.-österr. geradezu »gweihter Herr«. Noch heute zuweilen und im MA ziemlich allgemein steht der einfache G. zwischen reiner Theologie und Volksglauben, wenn nicht manchmal mehr auf Seiten des letzteren. (Vgl. in unserer Zeit z. B. die Wallfahrt von → Heroldsbach). Dt. Synoden des 14. und 15. Jh. gingen scharf gegen solche Kleriker vor. → Exorzismus, Kloster, Konzil, Konfession.

Drews, Der ev. G. in d. dt. Vergangenh., 1905; Werdermann, Der ev. Pfarrer in Gesch. u. Gegenw., 1925; K. Olbrich, Der kath. G. im Volksglauben, Mitt. d. Schles. Ges. f. Vkde 30 (1929).

Geistlicher Schild, d. → Romanusbüchlein verwandt und in Südwestdtld. bis heute verbreitet, obwohl er auf dem Index steht. Das Sammelwerk, das u. a. Ablaßvorschriften, Kolomanssegen und die »geistliche Schildwacht« enthält, geht n. Jacoby zurück auf ein ähnl. zusammengesetztes, in vielen Ausg. vorh. lat. → Gebetbuch des 16. Jh., das sich *»leo Magnus«* nennt und Abgarbrief, Cypriangebet, Exorzismen und die → Länge Christi enthält.

J. G. Th. Graesse, Bibliotheca magica et pneumatica, 1843; A. Jacoby, Die Zauberbücher vom MA bis zur Neuzeit, Mitt. d. Schles. Ges. f. Vkde 31/32 (1931); A Spamer – J. Nickel, Romanusbüchlein, 1958.

geistl. Schauspiel → Vschausp.

Geistliches Volkslied. Hymnen und Psalmen wurden schon in frühchristl. Zeit zum Gottesdienst in der Kirche lat. gesungen. Der Anteil des Volkes bestand nur in dem wiederholten Ruf Kyrie eleison (Herr erbarme dich) nach der Predigt und bei der Vesper. Doch sind g. V. bezeugt bei kriegerischen Anlässen, bei Wallfahrt, Bußgang und Begräbnis. »So sind die Mehrzahl der ältesten g. V. Brauchtumsliedern typenverwandt« (Suppan, S. 13). Das früheste Beispiel dieser Art ist das Petruslied (9. Jh.), dessen drei Strophen mit einem Kyrie eleison schlossen. Nach diesem Refrain blieb bis ins 16. Jh. »Leisen« eine Bez. von g. V. (Osterleis: Krist ist erstanden; Himmelfahrtsleis: Krist fur gen himel), die später auch in den Gottesdienst aufgenommen wurden. Der Osterleis ist zuerst im 12. Jh. bezeugt in Salzburg und in den steir. Klöstern Seckau und St. Lambrecht. Auf v.mäßigen Einfluß führt man auch die Wandlung zurück, der der gregor. Choral auf seinem Weg von S nach N unterlag. Starken Auftreib brachten im 14. und 15. Jh. dem g. V. die Lieder der Mystiker und die Bußgesänge der → Geißler. Vor allem war es die Erfindung des Notendrucks mit bewegl. Typen (1512), was nach V. Korda »die geistl. Gesangbücher wie Pilze aus dem Boden« schießen ließ.

Das Kirchenlied im engeren Sinn schuf die Reformation (1. Slg. v. Luther 1524). Seine v.tüml. Sprache wich gegen das 17. Jh. einem dogm.-konfess. Ton und um 1700 dem mitunter süßlich-geschmacklosen des Pietismus, bis die Romantik eine neue Wendung brachte.

Schon im 16. Jh. entstanden auch kath. Kirchenliederslgn. (z. B. der Tiroler »Hymnarius«, Schwaz 1524), im 17. Jh. u. a. mit Texten von Fr. v. → Spee und Angelus Silesius. Auch die kath. Verfasser beriefen sich auf das g. V. und auf mündl. Überl. Beuttner (Graz 1602) weist auf »alte herkommene Gesänger, welche von vnsern lieben Voraltern erdacht, vnd nicht allein in der Kirchen, sondern auch in Processionibus, Creutz- vnd Walfahrten, auch in jren häusern andächtig gesungen, vnd Gott gelobt haben«. Das kath. → »Gesangbuch« vermochte sich jedoch eigentl. erst in den l. Jahrzehnten neben dem älteren → »Gebetbuch« seinen Platz zu sichern. Diesem Vorgang zu vergleichen ist es, wenn Prot. im 16. Jh. ältere kath. Hymnen und Sequenzen übernahmen, in ihrem Sinn christlich »besserten und korrigierten« oder neue Lieder den alten nachbildeten.

Als Beisp. der Begegnung von Theologie und Volk sind wohl auch die lat.-dt. Mischlieder zu verstehen (In dulci jubilo – Nun singet und seid froh), die im → Quempassingen noch nachklingen. Auch naive Anlehnung an das → hist. V.lied gab es. So berichtet Beckmanns Chronik von Stralsund (1543) über den Kantor Peter Kulen: »Wenn he scholde spelen ›Christus vnser heilant‹, so spelde he ›Ick sach den herrn van Valckensteen vth siner borch wol riden‹«. An die → Ballade vom Jäger und dem Mädchen erinnert ein Kirchenlied aus dem 17. Jh., das nach dem Aufruf der Wiener »Ges. d. Musikfreunde« (1819) auch in Nordböhmen (Friedland) aufgezeichnet wurde:

Es wollt ein Jäger jagen
wohl jagen ins Himmelsthron,
Was begegnet ihm auf dem Felde,
Maria die Jungfrau schon.

Eine geistl. Kontrafaktur fand auch das Jägerlied »Es taget vor dem Walde«. Der Glatzer Hieronymus Linde (2. H. 16. Jh.) dichtet sein g. L. bewußt »wider das vnfletige schandliedlein, das man nennet das Wacker mädelein« und ein Unbekannter mahnt:

Laßt faren das wacker Megdelein
Vnd sing von einer Jungfraw rein,
Denck allzeit an der Hellen pein.

Luthers Lied »Vom Himmel hoch da komm ich her« folgt einem alten Kranzlied mit dem Anfang:

Ich kumm aus frembden Landen her
und bring euch vil der newen Mär.

Durch Luthers Einfluß wurde das Kirchenlied zum wesentl. Teil des Gottesdienstes erhoben. Damit setzte die kunstmäß. Liederdichtung ein, die das g. V. mehr und mehr in den Hintergrund drängte. Den Wandel des Kirchenliedgutes im Zeitenlauf, das Verhältnis zu einer neuen Umwelt, die Reichweite bestimmter Gesangbücher (z. B. des großen württ.) u. a. hat bes. Fellerer untersucht. Wegen seiner starken Abhängigkeit von oberschichtl. Liedgut hat J. Meier, der Gründer des DVA, das g. V. in seinen Fgn. wenig berücksichtigt. Viele folgten ihm, obwohl noch F. M. Böhme das g. V. als die »wichtigste Abtheilung des V.gesanges« bezeichnet hatte (Altdt. Liederbuch, ²1913). Selbstgeschriebene Textbücher des g. V. gab es z. B. im Eisack- und Pustertal um 1920 noch in großer Zahl.

In der folg. Lit. Kirchenlied = K.

Jb. f. Liturgik u. Hymnologie; Kirchenmusikal. Jb.; A. v. Haxthausen, G. V. m. ihren urspr. Weisen, 1850; J. Zahn. Die Melodien d. dt. evang. K., 6 Bde., 1850–65, Nachdr. 1965; Hoffmann v. Fallersleben, Gesch. d. dt. K., 1861; F. Hommel, G. V. aus alter u. neuer Zeit, 1864; Ph. Wackernagel, Das dt. K. v. d. ältesten Zeit bis z. Anf. d. 17. Jh., 5 Bde., 1864–77, Nachdr. 1964; ders., Bibliogr. z. Gesch. d. dt. K. im 16. Jh., 1855; J. Kehrein, Kath. K., Hymnen, Psalmen. 4 Bde., 1859–65, Nachdr. 1965; W. Bäumker, Das kath. dt. K., 4 Bde., 1883–1911, Nachdr. 1962; A. Fischer, Das dt. evang. K., 6 Bde., 1904–16; K. Hennig, Die geistl. Kontrafaktur im Jh. d. Reformation, 1909; F. A. Hünich, Das Fortleben des älteren V.lieds im K. d. 17. Jh., 1911; H. Petrich, Unser G. V., 1920; R. Heuel, Melod. u. rhythm. Wandlungen im kath.-dt. K., 1932; K. G. Fellerer, Das dt. K. im Ausland, 1935; P. Gabriel, Das dt. evang. K., 1935; B. Maerker, Gregor. Choral u. Dt. V.lied, Jb. f. V.liedfg. 7 (1941); A. Maissen u. W. Wehrli, hg., Canzuns della Consolaziun. G. V. aus Roman. Bünden, 1942; A. Dörrer, Alte K.bücher, Jb. öst. V.liedw. 1 (1952) (Einfluß d. Liturgik, → Josef II wie von Mozart, Haydn u. Schubert auf d. Kirchengesang d. Alpentäler); W. Blankenburg, K. u. Vliedweise, 1953; V. Korda, Ein Jesuitengesangbuch aus Wien v. 1737, Jb. öst. V.liedw. 8 (1959); C. Bresgen, Das g. V. im Lande Salzbg., ebd. 18 (1969); G. E. Hübner, K.rezeption u. Rez.wegforschg., 1969; R. W. Brednich u. W. Suppan, Gottscheer V.lieder, Bd. 1, 1969; N. Wallner, Dt. Marienlieder der Enneberger Ladiner, 1970; L. Schmidt, V.gesang u. V.ld, 1970.

Gekröse → Eingeweide.

gelb. In Glauben und Brauch hat G. häufig die negative Bedeutung, die ihr Goethe in der »Farbenlehre« zuspricht und von der er sagt: »Daher mögen die g. Hüte der Bankerottierer, die g. Ringe auf den Mänteln der Juden entstanden sein.« G. war auch Abzeichen der Dirnen und → Fahrenden und der Schänder von → Hostien. Grüng. hat zuweilen auch an der Segenskraft des → Grünen Anteil, und als Nachbarfarbe von → Rot bewirkt G. bei Blumen (→ Arnika, Königkerze, Johanniskräuter, Wetter) Abwehr von Blitz und Unwetter. Wichtig ist G. beim Analogiezauberbrauch und bei Sympathieheilung (g. Rübe, Urin, Ehering, Messingteller helfen gegen G.sucht, Gallenleiden). G. → Haar war und ist höher geschätzt. Im Salzburger Pinzgau sagt das Volk, G.- oder → Rothaarige hätten mehr Talent als die Schwarzen. → Gelbsucht, Farbe, Hostie.

Gelbsucht hält man für eine Hautkrankheit oder durch Eiergenuß verursacht, meist aber für den Übergang d. → Galle ins Blut. Homöopathisch im Volkssinn sind die zahlreichen Mittel gegen G. Gelbes (Gold, gelbe Blumen, Urin) heilen G., wenn man sie nicht durch Erschrecken (wie bei Nasenbluten, Schlucken) oder durch eine Ekelkur (→ Dreckapotheke) verjagt. Gleiches heilt Gleiches. Die goldene Sonne vertreibt G. in einem hess. Segen:

Weißsucht, Gelbsucht, Blausucht, Schwarzsucht,
Weicht wie der Nebel vor der Sonne weicht.

Auch anderwärts glaubt man, daß aus der »eigentlichen G.« die »Schwarzsucht« und zuletzt die »Weißsucht« sich entwickle. → Schöllkraut.

E. Bargheer, Die Eingeweide, 1931.

Geld, ahd. *gelt* = Vergeltung, Ersatz, Zahlung, G. – Stoff (Eisen, Silber, Gold), Gestalt (Kreis, durchlocht), Bild (Adler, Kreuz, Bildnis), Inschrift (Georgstaler, Benediktuspfennig), Zahl (Münzen aus Schaltjahren sind glückbringend) und vor allem die Verwendung als Zahlungsmittel sichern dem G. (der Münze, selten dem Papiergeld) in Glauben und Brauch eine wichtige Stellung. Besondere Wirkung als → Amulett und Talisman kommt ererbtem, besonders seltenem od. besonders altem G. zu (→ Bracteat). Auch Gedenk- und Weihemünzen werden von kirchlichem oft in abergläubischen Gebrauch überführt (→ Petrus, Benediktus). Unter solchem Einfluß, dann freilich auch zum Prunk, wurden Münzen (Taler) beliebter Schmuck, z. B. in der bayr.-öst. Tracht. Zu Schätzen u. G. verhelfen Zaubersprüche, Geisterbeschwörungen, → Alraun, feuriger → Drache, → Wechseltaler u. Heckmännchen, nicht zuletzt die von Wunschträumen umhegte → Lotterie. Viele → Orakel gelten dem künftigen Reichtum (→ Kukkuck, Neujahr). Die Vermehrung des Erstverdienten am Tage, des »Handg.«, sichert apotropäisches Bespucken (→ Speichel). G.opfer sind häufig Ersatz für ältere Sachspenden u. Votivgaben (→ V.tafeln) bei → Wallfahrten, Totenmessen und Aussegnung. Ein modernisierter Fruchtbarkeitszauber ist es, wenn dem Baum zu gutem Gedeihen am Hl. Abend ein Zweipfennigstück in die Rinde oder in die Wurzel gesteckt wird (Erzgebirge, Vogtland). → Georg, Erbe, Brunnen.

F. Friedensburg, Die Münze in der Kulturgesch., 1924; B. Laum, Heiliges G., 1924; K. Siebs, G., im HDA; G. Niemer, Das G., 1930; W. Gerloff, Die Entstehg. d. G., 1947³; H. O. Münsterer, Die Münze in d. Vmed., 1957; G. Schmölders, Psychol. d. G., 1966; L. Veit, Das liebe G. Zwei Jt. G.- u. Münzgesch., 1969.

Geldmännchen → Alraun.

G.scheißer → Heckmännchen.

Gelübde. Zur Erreichung besonderer göttlicher Hilfe (Heilung, Heimkehr aus dem Kriege, glückliche Entbindung) kennen viele Religionen, bei uns heute besonders der Katholizismus, Gelöbnisse und G., die in Gebet, Andacht, Messen, Wallfahrt u. dgl. bestehen können. Im Alten Test. galt die Erfüllung eines G. für unverbrüchliche Pflicht. Vom lat. *votum* (= G., das Gelobte) leiten sich die Votivgaben her, für die in der Forschung auch der Name Weihegaben eingebürgert ist. Die Gabe aus Silber, Eisen oder Wachs ist selbst gelobtes Opfer oder sie ist Ausdruck u. Urkunde anderer Leistungen. Oft weist der Zusatz *»Ex voto«* auf → Votivbildern darauf hin. Die Kirche unterschied das *v.personale*, das durch eine pers. Handlung eingelöst wurde, vom v.reale, das eine auch noch die Erben verpflichtende Leistung oder Zuwendung zugunsten der Kirche zum Inhalt hatte. Der Prot. lehnt G. ab. → Konfession, Opfergaben.

Anesaki u. a.: Vows. In Encycl. of religion and ethics, Bd. 12, 1921; J. Marsot, Traité prat. des voeux, 1928; C. A. Damen, De irrit. et susp. votorum, 1930; G. van der Leeuw, Phänomenol. d. Relig., [2]1956; L. Kriss-Rettenbeck, Ex voto, 1972.

Gemeindebaum → Geburt, Maibaum, Pfingsten, Lebensb.

Gemeinschaft → Volkskunde, Vbrauch, Kinderlied, Handw.

G.arbeit → Nachbar, Richtefest.

G.dichtung → Vlied, Schnaderhüpfel, Gaßlbrauch.

G.feuer → Jahresf.

G.mahl → Hochzeit, Tod.

G.spiel → Vschauspiel.

G.tänze → Vtanz.

Gemeinsprache → Hochspr.

Gemenglage → Flurbereinigung.

Gemse. Das Wort wird der Sprache der vorroman. Alpenbevölkerung zugewiesen (zuerst 448 als *camox*) und erscheint als *gamiza* seit dem 12. Jh. auf österr. Boden. Die G. ist vielleicht schon vorgesch. Jagdtier. Schnelligkeit, Klugheit, der starke Herdensinn des Tieres, die Gefährlichkeit seiner Erjagung haben Sagen, Legenden und Lieder entstehen lassen über tollkühne Jäger und Wildschützen und allerhand Glauben über goldgehörnte G., über ihr Erscheinen als G.könig, G.fräulein, Salige oder Fenken. Die → Gamskugel (Bezoar) aus dem Magen der G. ist ein gesuchtes → Amulett für → Freischützen, Gebärende, Geschlechtsschwache, Verhexte usw. G.herz und -blut vertreiben Schwindel. Klauen, Zähne und besonders der Gamsbart (aus den Rückenhaaren) sind noch heute kraftverleihende Amulette und auch Zierstücke der alpenländischen Tracht.

F. K. Keller, Die G., 1885–87; R. Kriss, G. u. Steinbock im Amulettglauben d. Alpenländer, Geramb-Fs., 1949; W. Knaus, D. Gamswild, 1960; K. Sälzle, Tier u. Mensch, Gottheit u. Dämon, 1965.

Gemskraut → Schafgarbe.

Gemüse → Garten.

generatio aequivoca → Kot.

Genitalien → Geschlechtsteile, nackt, Hinterer, Feige.

Gennachten, Gömmacht, Gömmat, Gebnacht (Tirol), Genacht (Lechrain) sind bair.-öst. Bez. des Weihnachts-, Neujahrs-, Dreikönigsabends (bzw. d. Vorabends), auch der ganzen Zwölftenzeit nach Weihnachten. Genachtenzeit ist ›Weihnachtzeit‹ (Kufstein), im Oberinntal hatte die Redensart »in die gönacht gehn« die Bedeutung ›ein gutes Neujahr wünschen‹. In diesen Tagen wurden von den Kindern Gaben geheischt und der → Bercht Speisen als Opfer hingestellt. In den Sieben Gemdn. deutet auch die Bezeichnung der Zeit »de gute Ghibe« auf den gleichen Brauch. Es werden die verschiedenen Wortformen also wohl mit Recht auf ›Gebnacht‹ zurückgeführt.

F. Haider, Tir. Brauch im J.lauf. 1968.

Genossenschaft → Dorf, Nachbarschaft.

Georg, hl. (23. 4.). Unter Diokletian um 303 gemartert, in Italien seit dem 6. Jh. verehrt, wurde G. erst in der Legende d. 12. Jh. zum Reiter u. Drachenkämpfer, wie ihn auch die Vk. darstellt (z. B. Ofenkachel aus Niederöst., 16. Jh.). Später verehrte man ihn als ersten der → Vierzehn Nothelfer, als Schutzherrn der Reiter und Kämpfer (Ritter, Waffenschmiede, Jugendbünde, → Schützenbruderschaften, Soldaten). Er hilft auch Kranken, Unfruchtbaren und Gebärenden. Durch die Besiegung des → Drachen wird er mit Schlangen in Beziehung gebracht. Eine Bohne, die aus dem am G.tag abgeschlagenen Haupt e. Schlange keimt, verbürgt Kindersegen. Wer vor dem G.tag eine Schlange zu Gesicht bekommt, ist davor gefeit. Als Reiter wurde G. Patron der Pferde (Umritte), zuweilen auch des Kleinviehs: »Fürs große Vieh hilft der Hl. Leonhard, fürs kleine tut's der Thomastaler Jirga« (Lungau).
G.tag trägt den Charakter eines Frühlingsfestes (ausgeprägter in Südosteuropa: Maibaum, grüner G., Zeleni Juraj im nordwestl. Kroatien, Jurač, Jurek in Weißkrain und in der Untersteierm.; slowen. Šent Jurja jagat = G. Jagen in Unterkärnten). In den Alpen werden die »Jöring-Astl« an die Fenster gesteckt. Wo Zweige von Haselnuß, Stechpalme oder Wacholder angebracht sind, da »kehrt der Jörgel ein« (Innviertel). Die Weidezeit beginnt, das Vieh, seit Martini im Stall, wird »ausgeglöckelt«. In den Drachenkampfspielen verschiedener Landschaften (bes. Niederlande) sah man gleichfalls Nachwirkungen alten Zaubers gegen Pest u. Mißwachs. Beim oberpfälzischen Drachenstich (Furth) näßten die Bauersfrauen Tücher mit dem Tierblut und steckten sie in die Äcker.
Als Frühlingstermin ist G.tag auch fester Zeitpunkt für Zahlungen und Gesindewechsel. Nach diesem Tag geht man nicht mehr ungepfändet über die Äcker (Allgäu). Von da an dürfen die Kinder barfuß gehen. Das Wasser ist nicht mehr giftig und Badenden nicht schädlich bis → Laurentius. Das Gift geht in die Frösche und Schlangen (Isergebirge). Baden in der G.nacht ist heilsam. G.wasser, -brote, -kuchen werden genossen.
In der G.nacht haben Hexen und → Bilwis Gewalt, Schätze blühen, die Ledigen haben Freinacht (Lechrain) und üben mannigfachen Liebeszauber. Schwere Eisenvotive im Wallfahrtsort St. Leonhard (Rottal) hebt die Jugend um die Wette. – Attr.: Pferd, Lanze, Drache, Fahne, Rad. → Martin, Michael, Leonhard, Lebensrute, Bad, Gesinde, V.schauspiel, barfuß.

J. Friedrich, Der geschtl. Hl. G., 1899; Hansen, Die St. Jürgen-Stifte u. -Hospitäler in Schleswig-H., in: Die Heimat, 1938; G. Schierghofer, Altbayerns Umritte, 1913; W. F. Volbach, Der hl. G., 1917 (Bildgesch.); Über G.bräuche: Obdt. Zs. f. Vkde 5 (1931); V. Huziak, Zeleni Juraj (Der Grüne G.), Agram 1957 (→ Heischerecht, Maskierter, Verse, Lieder); G. Grunau u. A. G., Die Sankt G.en-Brudersch. zu Elbing, 1955 (Bibliogr.).

Georgine → Garten.

Georgstaler. Ein vielgetragenes und von Juden oft teuer verhandeltes → Amulett der Landsknechte und Soldaten gegen Stich und Hieb waren die G., Münzen mit der Darstellung des Drachenstichs. Berühmt waren im 30jähr. Krieg besonders die Mansfelder St. G., zumal die mit ungeraden Prägedaten (z. B. 1611). Nachbildungen werden heute wieder (Bln. 1966) als glückbringende Anhänger getragen. → Geld, Georg.

E. Kronfeld, Der Krieg i. Aberglauben u. Vgl., 1915.

Gerät → Hausrat, Gestaltheiligkeit, Ergologie.

Gerbert, als Gelehrter und als → Papst (Silvester II.) stand G. im Rufe der Zauberkunst, sogar des Teufelsbündnisses. Ähnliche Sagen bildeten sich um ihn wie später um → Albertus Magnus, → Agrippa von Nettesheim und → Faust. Er war Papst von 999 bis 1003 und soll die arabischen Ziffern eingeführt haben.

K. Hock, G. oder Papst Silvester; Eichengrün, G. als Persönlichkeit 1928.

Gericht. Das jährlich vorgetragene Gesetz der germ. Landesgemeinde hatte ein oft wirksameres ungeschriebenes Gewohnheitsgesetz neben sich. Der werdende Staat verfolgte nur Verletzungen des Gemeinwesens. Die Hinrichtung dafür war Opfer an die Götter. Die Kränkung des einzelnen war nur bedingt Sache des G.: »Das ganze Verfahren ist so in Formfesseln geschlagen, daß der gewinnt, der alle Formen erfüllt – und den die gehörige Streitmacht stützt! Denn um das G. muß man sich nötigenfalls schlagen. Das G. ist ein Kampfmittel der Parteien« (Heusler, Germanentum). Diese Vorstellung, vor G. etwa wie in einem Spiel zwischen »Gewinnen« und »Verlieren« zu stehen, ist auch heute noch recht volksläufig. So erklären sich manche Anschauungen beim → Eid. Altes Zeichen der richterl. Gewalt war der G.stab. Auf diesen schwören, hieß den Eid »staben«. Über den zum Tode Verurteilten wurde »der Stab gebrochen«.
Amulette und Talismane nimmt man mit bes. z. unsicheren Prozeß (Credoria, Himmelsbrief, Hostie, Alraun, Siegstein; schon altgerm.: Siegrunen). Schutz- und G.segen sagen, wie man sich die Richter oder Zeugen wünscht:

> Ich NN. trat vor des Richters Hauß,
> da schauen drei todte Menner zum
> Fenster heraus,
> der eine hat keine Zung,
> der andre hat keine Lung,
> der drite erkant (erkrank?), verblind und verstumm. (Schweiz)

In Südeuropa waren die Heiligen Aia, Expeditus, Ivo förmliche Prozeßpatrone. – Andererseits spiegeln manche → Sprichwörter und volkstümliche Rüge- und Narrengerichte den tiefen Eindruck der G.führung (→ Fasnacht, Haberfeldtreiben, Katzenmusik). Auch in den Mailehen (→ Maitag) u. Mädchenversteigerungen sieht man d. Nachahmung eines alten Maigedings (→ Walpurgis war wichtiger Rechtstag; vgl. das »Maifeld« des MA). Über das Nachleben alter Mal-, Ding- und G.stätten berichtet Amira. Ein G. zwischen zweien und ein unheimlicher Fluch ist das »ins → Tal Josaphat laden«. → Galgen, Gottesurteil, Hegung, Recht, Scharfrichter, Thing, Maitag, Nachbar, Volksschauspiel, Windrose, Dill, Linde, Dienstag, Donnerstag, Buße, Zimmermann, Weistümer.

J. Grimm, Dt. Rechtsaltertümer, 4. Ausg., 2 Bde., 1899; E. v. Moeller, Die Rechtssitte d. Stabbrechens, 1900; K. v. Amira, Grundriß des germ. Rechts, 1913; E. v. Künßberg, Dt. Bauernweisthümer, 1923; H. Fehr, Das Recht im Bilde, 1923; O. Ludwig, Richter u. G. im dt. Märchen, 1935; W. Gaerte, Die »Vierbrudersäule« bei Königsberg Pr., Zs. f. Vkde 52 (1955); E. Doehring, Gesch. d. dt. Rechtspflege seit 1500, 1953.

Gerippe. Die Darstellung des Todes als G. geht kaum über das christliche MA (12. Jh.) hinaus (Totentanzbilder des 15. Jh.) und war der Antike, die den orientalischen Dualismus nicht kannte, gleichfalls fremd. Auch die germ. Totensage stellt sich den → Wiedergänger oder Nachzehrer in voller Lebensgestalt vor. Allerdings ist das G. auch in Volksdichtung (Puppentheater, Sage, Schauspiel) und Vk. häufiger die

Darstellung des »Todes« an sich als die eines bestimmten Toten.

Germanen, germanisch. Sprache, Schrift und unmittelbares, mündlich überliefertes Erbgut, dann besonders die Ausgrabungsfunde geben uns die wichtigsten Quellen zur Erkenntnis der g. Urzeit und der späteren Jhh. bis zur Christianisierung. Das Gebiet der G. deckt sich zunächst mit dem heutigen zusammenhängenden → dt. Sprachgebiet Mitteleuropas; dazu kommen die Niederlande, England und die skandinavischen Länder. Besonders für die Zeit der »Völkerwanderung« ist aber diese Grenze ungleich weiter zu ziehen. In diesem Zeitalter erwachter Volkskraft griff G.tum weit in benachbarte Kulturen und Völker hinüber.
Land und Leute dieser Zeit und dieses Gebietes, Stammesgeschichte, Siedlung und Haus, Tracht und Gerät, Recht und Gesellschaft, Technik, Kunst und Dichtung, Brauch und Glaube sind zunächst Forschungsgegenstand der g. Altertumskunde, der Religionskunde, der Vor- und Frühgeschichte. Die besondere Aufgabe der dt. Vkde. innerhalb einer umfassenden G.kunde bildet die Frage, inwiefern wir in der Volksgesch. des MA und der Neuzeit die Spuren angestammten, ältesten Erbgutes feststellen können. Die → Kontinuität g. Glaubens und Brauches im → Volksglauben und → Volksbrauch der christlichen Zeit ist seit den Tagen J. Grimms gesucht und gesehen worden.
Grundsätzlich sucht dieses Wörterbuch überall den Anschluß an die Forschungsergebnisse der G.kunde auf ihren verschiedenen Gebieten. Über g. Religion und die Frage des Fortlebens g. Göttergestalten → Wodan, Ziu, Donar, Balder, Fro, Freyr, Frija, Freyja, Nerthus, Hel, Tanfana, Nehalennia, Fulla, Idisi, Walküren, Nornen, drei heilige Frauen, Matronen, Kümmernis, Holle, Bercht, Mannus, Gambrinus, wilde Jagd (Muot), Dienstag, Mittwoch, Donnerstag, Freitag. Die Frage der *»interpretatio christiana«* der christlichen Umdeutung g. Kulte, Götter und religiöser Anschauungen erörtern die Stichworte: Eligius, Gertrud, Himmelfahrt Mariae, Johannes d. Ev., Johannistag, Katharina, Kümmernis, Martin, Matronen, Michael, Petrus, Vierzehn Nothelfer. Unter der gleichen Fragestellung sind auch die Jahresfeste behandelt, insbesondere: Erntefest, Kirmes, Weihnachten, Neujahr. Über andere Gebiete des Glaubens und der Weltanschauung sowie über die Ansätze naturwissenschaftlicher Weltansicht → Jenseits, Walhalla, Schicksalsglaube, Ewigkeit, Weltuntergang, Animismus, Wiedergänger, Grabbeigabe, Lebensfaden, Geist, Maske, Ahnenkult, Minnetrinken, Riesen, Korngeister, Jahresfeuer, Wasser, Angang, Kometen, Edelsteine, Balken, Pfahl, Irminsul, Lebensbaum, Zahl, Hakenkreuz, Runen; Woche, Monat, Jahr, Windrose, Himmelskunde, Pflanzen, Heilkräuter, Eiche, Birke, Klee, Mistel, Hasel, Gundelrebe, Wetter, Tiere, Vieh, Adler, Bär, Krähe, Pfau, Pferd. Über Gesellschaft und Recht der G. in ihrem Fortbestand im Leben des dt. Volkes → Namen, Taufe, Sippe, Erbe, Verwandtschaft, Mutter, Jungfrau, Jünglingsweihe, Berserker, Handwerk, Initiation, Recht, Kauf, Knie, Blut, Mord, Blendung, Steinkreuz, Maitag, Thing, Schiffer, Jäger, Fischer, Bauer. Über Sprache, Dichtung, Kunst → Hildebrandslied, Merseburger Zaubersprüche, Segen, Muspilli, Wessobrunner Gebet, Sage, Heldensage, Rätsel, Bal-

lade, Volkstanz, Schwerttanz, ahd., Lautverschiebung. – Aufschlüsse über den alten Glauben der G. geben uns endlich folgende, wegen ihrer christl.apologetischen Tendenz besonders zu prüfende Quellen: → Adam von Bremen, Bonifatius, Burchard v. Worms, Caesarius von Arles, Caesarius von Heisterbach, Indiculus, Kapitularien, Koloman, Konzil, Martin von Bracara Pimin u. a. – Ferner → Volkskunde, -glaube, -brauch, -medizin, -lied.

Religion: W. Golther, Hdb. d. g. Mythologie, 1895; R. Muus, Die altg. Rel. n. kirchl. Nachr. aus d. Bekehrungszeit d. Südg., Diss. 1914; W. Boudriot, Die altg. Rel. in d. amtl. kirchl. Lit. d. Abendlandes v. 5. bis 11. Jh., 1928; H. Naumann, G. Schicksalsglaube, 1934; C. Clemen, Altg. Rel.gesch., 1934; G. Flade, Vom Einfluß d. Christent. auf d. G., 1936; L. Mackensen, Vdke d. dt. Frühzeit, 1937; W. Baetke, Die Rel. d. G. in Quellenzeugn., ²1938; K. Helm, Altg. Rel.gesch. Bd. 1, 1913. Bd. 2, Die nachröm. Zeit, Ostg. 1937, Westg. 1953; J. de Vries, Altg. Rel.gesch. 1. Bd. Vorgesch. Zeit u. Rel. d. Südg., 1935, ²1956. 2. Bd. Rel. d. Nordg., 1939 (39 S. Bibliographie), ²1957; G. Zenker, G. Volksgl. i. fränk. Missionsberichten, 1939; E. Jung, G. Götter u. Helden in christl. Zeit, ²1939 (nachzuweisen versucht bes. an Denkmälern wie Roland, Irminsul, Pranger, heil. Bäumen, Bergen, Quellen). K. D. Schmidt, G. Glaube u. Christent. Einzeldarst. aus d. Umbruch d. dt. Frühgesch., 1948; K. Helm, Erfundene Götter? In: F. Panzer-Fs. 1950 (Eastra – Ostara); K. Ranke, Indog. Totenverehrg., Helsinki 1950; W. Müller – G. Trathnigg, Rel. d. Griechen, Römer u. G., 1954 (Verb.linien zu heut. Sagen u. Bräuchen); J. Staber, V.frömmigk. u. Wallf.wesen im Spätma. im Bistum Freising, 1955 (Christl. Wallf.stätten in d. Nachfolge g. Heiligtümer); G. Dumézil, Les Dieux des Germains, 1959 (Skandinav. Rel.); R. L. M. Derolez, De Godsdienst der G., Roermond 1959.

Einzeldarst.: W. Capelle, Das alte Germanien. Die Nachr. d. griech. u. röm. Schriftsteller, 1929 (über 50 Autoren); F. R. Schröder, Altg. Kulturprobleme, 1929; G. Neckel, G. u. Kelten, 1929; F. Behn, Altg. Kunst, 1930; W. Gundel, Sternkde. u. Sterndeutg. d. G., In: Astronomie, Astralreligion usw., 1934 (Gegner d. Annahme e. entwickelten prähistor. Sternkde. b. d. G. Mit Bibliogr. v. 1907–33); W. Gaerte, Altg. Brauchtum auf nord. Steinbildern, 1935; K. Thiede, Das Erbe g. Baukunst im bäuerl. Hausbau, 1937; O. Höfler, Das g. Kontinuitätsproblem, 1937; A. v. Scheltema, Die dt. Volkskunst i. i. Bez. z. g. Vorzeit, 1938; A. Funkenberg, hg.: Tracht u. Schmuck im nord. Raum. Bd. 2: T. u. S. d. G. in Gesch. u. Gegenw. Bearb. v. E. O. Thiele, 1938; E. O. Thiele, hg.: Das g. Erbe in d. dt. Volkskultur, 1939; R. v. Kienle, G. Gemeinsch.formen, 1939; R. Kriß, Sitte u. Brauch im Berchtesg. Land, ²1966; E. Burgstaller, Leb. Jahresbrauchtum in Oberöst., 1948; H. Schneider, hg., Edda, Skalden, Saga. G. F. Genzmer-Fs., 1952; B. Schier zu Fr. Stroh, Hb. d. g. Philol., in: Zs. f. Vkde 50 (1953); E. Kolb, Alem.-nordg. Wortgut, Frauenfeld 1956; K. v. Amira, G. Recht. 4. Aufl. v. K. A. Eckhardt. Bd. 1, Rechtsdenkmäler, 1960 (E.wendet sich dagegen, daß »Gebrauchsgegenst. d. Rechtslebens als Objekte der Vkde angesehen u. besprochen worden sind«.!); K. v. See, Altnord. Rechtswörter, 1964; J. de Vries, Kelten u. G., 1960; O. Höfler, Siegfried, Arminius u. d. Symbolik, 1961 (Vgl. Zs. f. Vkde 58, 1962); G. Neckel, Sagen aus d. g. Altertum, Nachdr. 1964 (Geisterschlacht, Entrückung, Hel, Hexen, Nachtmahr, Riesen, Zwerge, Seher, Werwolf, Wiedergänger, Wilde Jagd u. a.; manches davon jedoch nicht g. Alleinbesitz); K. F. Strohecker, G.tum u. Spätantike, 1965.

Gesamtdarst.: Monumenta Germaniae Historica (Das grundleg. Quellenwerk zur G.kunde; übers. i. d. Reihe: Geschichtsschreiber der dt. Vorzeit). – Ausgew. Quellen z. dt. Gesch. d. MA (Wiss. Buchges. Darmstadt. Plan: 28 Bde.: Völkerw.zeit bis z. 13. Jh.; zweisprachig); J. Hoops, Reallex. d. germ. Altertkde., ²1968 ff.; R. Much, Dt. Altertkde., 1920; G. Wenz, Die germ. Welt, 1923; L. Schmidt, Gesch. d. germ. Frühzeit, 1925; G. Neckel, Altgerm. Kultur, 1925; W. Krogmann, Die Namen d. G., 1933; G. Kossinna, Die dt. Vorgesch., ⁶1934; ders., Urspr. u. Verbreitg. d. G., ²1934; ders., G. Kultur, 1934; H. Güntert, Der Urspr. d. G., 1934; J. de Vries, Die Welt d. G.; 1934 (Kulturhöhe d. Bronzezeit, Zerstörung d. Barbarenlegende); H. Arntz, hg.: G. u. Indogerm. Volkstum, Sprache, Heimat, Kultur; H.-Hirt-Fs., 2 Bde., 1936; K. Reichhardt, G. Welt vor tausend Jahren, 1936; W. Schultz, Altg. Kultur in Wort u. Bild, ⁴1937; G. Altertkde., 1938 (Gutenbrunner: V.tum u. Wanderg., Mohr: Umwelt u. Lebensform, Kuhn: Kriegswesen u. Seefahrt, Genzmer: Staat u. Ges., Kuhn: Sitte u. S.lichk., Schneider: Glaube, de Boor: Dichtung, Reichhard: Schrift, v. Jenny: Kunst). A. Wrede, Dt. Vkde auf g. Grundlage, ²1938; W. Grönbech, Kultur u. Religion d. G., 2 Bde., 1937 ff.; A. Heusler, G.tum. vom Leben u. Formgefühl der alten G., ⁴o. J.; V. Kellermann, G.ische Altertkde., 1966; E. Röth, Sind wir G.? 1967; K. v. See, Dt. G. – Ideologie v. Humanism. b. z. Gegenw. 1970 (Vgl. Zs. f. Vkde 8, 1972, S. 102 ff.); Vgl. Lit. → Stamm.

Germania → Tacitus.

Germer (ahd. *germarrun*; Nießwurz; *Veratrum album*), stattliche, oft über 1 m hohe Gebirgsstaude. Die Antike gebrauchte G. als gefährliches Brechmittel (Theophrast) oder zu → Abtreibung (Hippokrates). Bock (16. Jh.) spricht von »Landstreichern«, die unbedenklich mit diesem gefährlichen Mittel Handel treiben u. wettert gegen die Leute, die »nichts anderes wissen oder brauchen denn Nießwurtz allein«. Die ganze Pflanze, namentlich der Wurzelstock, ist durch den Gehalt an Veratrin scharfgiftig. So ist es nicht zu bedauern, daß man den G. in der heutigen Vmed. nur noch äußerlich gegen Ungeziefer beim Vieh anwendet. Auf frühere Verwendung deuten die Namen Fieberstellwurzel, Wendewurz (Lauswurz). Die Ausrodung des G. ist in jedem Frühjahr eine der Aufgaben des »Gemeinwerks« in den Alpen z. B. des Montafon.

H. Marzell, Neues Illustr. Kräuterbuch, 1923[2]; H. Haas, Spiegel der Arznei, 1956.

Gerner → Beinhaus.

Gerste (*Hordeum distichum* und verwandte Arten). Die lange vor dem Roggen kultivierte, im hohen Norden noch viel angebaute G. wird heute in Mitteleuropa in der Bierbrauerei, sonst nur zur Herst. von Graupen und selten als Brotbeimischung verwendet. Sie war aber das wichtigste → Getreide der Germanen und wurde anfangs in geröstetem und gekochtem Zustand (Brei, Grütze) genossen, später auch zu Brot verbacken. Darin mögen viele Bräuche und Volksmeinungen über die G. ihre Erklärung finden. Das Mont. Heimatmus. in Schruns bewahrt eine hölzerne G.stampfe, und in einem dortigen Kindervers, an der Brettschaukel gesungen, lebt die Erinnerung an alte Zubereitungsweise:

Giiga – gampfa,
Gäärschta – stampfa.

Nach einer sehr verbreiteten und alten Bauernregel soll man die G. an einem Donnerstag säen. Ein Sinnbild der Fruchtbarkeit sind die G.körner, mit denen man bei der → Hochzeit das Brautpaar nach der Trauung bewirft. In der sympathetischen Vmed. dienen sie zum Vertreiben von Warzen, Hühneraugen und vor allem des → »G.korns«. → Brot.

J. F. Hoffmann, D. Getreidekorn, Bd. 1, 1912; J. Hoops, Reallex.; R. Wildhaber, G.mörser, G.stampfe, G.walze, Schweiz. Arch. f. Vkde 45 (1948); A. Gamerith, Lebend. Ganzkorn, 1956 (Quellen, Trocknen, Dörren, Rösten, Netzen, Stampfen d. Hirse u. G.); Die Bierbrauerei, bearb. v. K. Schuster u. F. Weinfurtner 1. [5]1963; U. Nürnberg, Biol. u. Gesch. uns. Kulturpflanzen, 1965.

Gerstenkorn. Ein G. am Augenlid entsteht wie der sog. »Windtripper«, wenn man seine Notdurft gegen den Mond oder nachts am Weg verrichtet (»Wegscheißn«, Franken; → Kot) oder wenn man als Kind unter einem Jahr Hirse ißt. Man heilt das G. durch Wegsagen (»du bekommst ja gar keins«), indem man durchs Schlüsselloch blickt oder sympathetisch mit dem gelben Ehering (verbreitet; auch in Berlin). Das G. heißt auch Stiege (wie der Garbenstand zu 20 Garben; Oldenburg), weil auf eins noch neunzehn folgen. Die Namen Urseli (Schweiz), Biernickel (Bay.) weisen auf Dämonennamen. → Vmed.

Hovorka-Kronfeld, Vergl. Vmed., 2. Bd.

Gerte → Lebens-, Wünschelrute, Hirt, Martin, Hasel.

Gertrud, hl. (17. 3.), brabantische Äbtissin (626–659). Sie gehört im Volksglauben z. d. beliebtesten

Frühlingsbotinnen u. wird auch Sommerbraut u. erste Gärtnerin genannt.

Gertraud
führt die Kuh zum Kraut,
das Roß zum Zug,
die Bienen zum Flug. (Tirol)

Auch Kuckuck und Storch heißen deshalb G.vögel. G. hütet den Hausgarten und gibt der Erde Kraft und Wärme (Tirol):

Gerd
steckt den Brand in die Erd.

Aber auch das Spinnen ist zu Ende:

Gertraud mit der Maus
treibt die Spinnerinnen aus.

Auf Gemälden, Standbildern, in Bauernkalendern sind Rocken u. Mäuse Attribute der Heiligen, weil sie nach d. Legende der Teufel in Mausgestalt beim Spinnen vergeblich zur Ungeduld versucht habe. Wahrscheinlich liegt aber der Volksglaube zugrunde, daß denen das Werg und die Spindel zerstört wird, die das Arbeitsverbot (→ Bercht, Holle, Andreas) übertreten. Denn schon → Fischart (Geschichtsklitterung) kennt den Vers:

St. Gertraut mit Mäusen
die den Mägden das Werck abbeißen.

G. beschützt vor Mäuseplage. 1822 wurden ihr am Rhein Mäuse aus Silber und Gold geopfert. Andere Legendenzüge haben G. zur Patronin der Gefangenen, der Meerfahrer, besond. der Reisenden gemacht. Ein Abschiedstrunk war schon im 11. Jh. die G.minne (»varn mit sent Gertrude minne«), die öfters erwähnt wird (Ruodlieb, Erek, Peregrinus, Legendenbuch, Volkslied, Meistersingerhandschrift). Dieser Ausfahrtsegen, in seiner Wurzel germ., wurde später durch die allein von der Kirche geduldete Johannisminne verdrängt (→ Minnetrinken, Johannis der Evang.). Dieser Brauch, der Name (Speer-Trude), die Attribute von Maus und Rocken, endlich die Geltung als Frühlingsbotin ließen viele Mythologen an german. Gestalten (Freyja, Nehalennia-Isis, Walküre) als Vorstufe denken. Dazu trug auch die aus dem 15. Jh. überlieferte Vorstellung bei, G. als Schutzherrin der Herbergen gebe den abgeschiedenen Seelen auf dem Wege zum ewigen Richter die erste Nacht Herberge, St. → Michael die zweite Nacht.

Die Verehrung der hl. G. wurde zuerst in den Niederlanden und in Norddtld. verbreitet (viele Patrozinien und Taufnamen; häufig die friesische Form Gesine) und von irischen Missionaren nach Tirol gebracht, wo sie als Frühlingsfrau und als Patronin der Spinnerinnen sehr volkstümlich wurde (in Tirol Umzug und Frühlingsmahl).

Die hl. G. von Nivelles wird im Volksbrauch nicht selten mit der bekannten Mystikerin G. von Helfta (bei Eisleben; † 1302, Fest 15. 11.) verwechselt. Auf letztere gehen insbesondere die »Gertrudenbüchlein« zurück, Zauberbüchlein zum Beschwören und Schatzheben. Mit Beiträgen aus den Offenbarungen der Mystikerin G. von Helfta (Helpede) hatten solche Schriften im 17. und 18. Jh. auch als Andachtsbücher große Verbreitung. Tiroler Sagen des 19. Jh. nennen sie noch.

A. Franz, Die kirchl. Benedikt. im MA, 2 Bde., 1909; A. Wrede, G., im HDA; M. Zender, Räume ... (Am Beisp. d. hl. G. u. a. verfolgt Z. den Zus.hang mal. Kult- u. Kulturräume an d. mittl. Maas.-Karten); M. Hain, Sankt G., die Schatzmeisterin, Zs. f. Vkde 57 (1961); B. Schemmel, Sankt G. in Franken (Sekundäre Leg.bildg. an Kultstätten), Würzbg. Diözes.gesch.bll. 30 (1968).

Geruch. Stark riechende → Pflanzen (Rosmarin, Tanne), Früchte (Zitrone), Stoffe (Weihrauch) wehren Geister und Dämonen ab.

Heilige Personen und Tiere strömen einen besonderen G. aus. Friedhofblumen haben Toteng. Wer daran riecht, bekommt Kopfweh (→ Kopf). Auch ein Kind verliert den G. (G.sinn), wenn es vor einem Jahr an Blumen riecht. → Gundelrebe, Holunder, Lavendel, Liebstöckel, Knoblauch, Kümmel, Rainfarn, Rosmarin, Thymian, Walnuß, Wermut.

Höfler, Der G. vom Standpunkt der Vkde, Zs. V.f. Vkde 3 (1893); A. Hagen (= E. Dühren), Die sexuelle Ophresiologie usw.; Über den »Völkergeruch« vgl. R. Andree, Ethnogr. Par., 2 Tle., 1878 u. 1887; W. Metzger, Hb. d. Psychol., 1. Halbbd., 1966.

Gesangbuch, wie → Bibel u. → Gebetbuch vielfach verwendet im Volksglauben wegen seines heiligen Inhaltes, weil es häufig Familienstück, ein »Erbbuch« ist, ferner weil es Lernbuch ist und Zahlen, Buchstaben und bestimmte Texte enthält. Man liest darin bei Unwetter. Die Braut soll es ins neue Heim bringen. Wöchnerin und Kind beschützt das G. vor Dämonen, Zauber, Vertauschung (→ Wechselbalg) und Krankheit. Wie bei den »Punktierbüchern« werden aus zufällig aufgeschlagenen Zahlen und Textstellen des G. Lotterienummern, Glück oder Unglück usw. abgelesen. → Konfirmation, Geistl. V.lied.

Bibel u. G. (Kat. German. Nat. Mus.), 1967.

Geschirr, (Joch), 1. Sammelbegriff der Bespannung, die das Zugtier mit dem Fahrzeug, das Saumtier mit der Last verbindet. Bei Sieleng. ist der Zugansatz ein um die Brust geführter breiter Riemen, beim Kumtg. das um den Hals geschläufte → Kummet, das für Pferd und Zugleistung vorteilhafter ist und neben dem J., auch für Kühe benutzt wird. Für Ochsen ist das hölzerne Nakkenj., für die starknackigen Höhenschläge auch das Stirnj. aus Holz mit Lederpolster in Gebrauch. In Formgebung und schlichtem Zierat ist das J. ein Gegenstand der Vk. Ähnlich wie Schellenbögen und anderes Berufsgerät wird das J. für 1–2 Rinder oft vom Hirten geschnitzt oder zur Winterszeit mit Beil und Schnitzeisen gebastelt. Die Muster der Kerbschnitzerei stehen neben Figürlichem (Stierkopf) und Rankenwerk. Solche Stücke sind z. B. aus Thüringen, der Pfalz und dem fränkischen Jura erhalten. Im Siegerland zeichnen sich die »Stirnbretter« durch Bemalung der Schnitzerei in lebhaften Farben aus.
In den Alpen bedeutet J. auch ›Berghöhe, Übergang‹. Man »geht ins J.« (Montafon). Das J. (Juchert) als Maß leitet sich von der → Arbeit her und bezeichnet soviel Land, als ein Ochsengespann an einem Tage umpflügt. Der Morgen, ein bes. im nördl. Dtl. übliches, von Land zu Land verschieden bestimmtes Maß bezieht sich auf die an einem Morgen, einem Vormittag, geleistete Pflugarbeit.
2. Sammelbegriff für Tisch- und Kochgerät
3. beim → Weben die Vorrichtung, mittels derer die Schäfte des Webstuhls bewegt werden.

W. Mörgeli, Die Terminol. d. J. u. s. Teile, 1940 (Ostalpen); W. Jakobeit, Das J., Entw., Alter u. Verbr., Diss. Gött., 1948 (Mitteleuropa); ders., J. u. Spanntiergrenze, Dt. Jb. f. Vkde 3, 1957; J. S. Køster, Sadelmageriete Kopenhagen 1968 (Sattler, Riemenschneider f. Pferdeg., Leitzeug, Sättel, Material, Werkzeug, Benenn.).

Geschlechtsklassen → Burschenschaft.

Geschlechtsteile. Vor allen anderen Organen sind die Genitalien Sitz der Lebenskraft und der Fruchtbarkeit. Daher stammt die Bedeutung ihrer Abbildung an Garbenpuppe oder →

Gebildbrot, im Brauch d. Schnitter und Drescher, der Hochzeit, Fasnacht u. als → Aphrodisiakum. Daraus, aber auch aus der besonderen Tabuierung als Schamteile (→ nackt, Amulett, Hinterer) entspringt ihre starke, bei vielen Völkern bekannte apotropäische Wirkung gegen Hexenwerk und → Bösen Blick (→ Faszination, Feige, Dreieck). Diese Eigenschaft ist auch gemeint, wenn schon → Vintler von dem G. des Mannes sagt:

und etleich stelen aus der pruech
dem man sein geschirre gar.

Stoll, Geschlechtsleben, 1908; Weitere Lit. u. d. gen. Stichw.

Geschlossene Zeit *(Tempus clausum),* gebundene, verbotene Z. Vom ersten Adventsonntag bis und mit dem ersten Weihn.tag, vom Aschermittwoch bis und mit Ostersonntag sind nach kath. Kirchengesetz öffentl. Vergnügungen und feierl. Eheschließungen verboten. In den ev. Landeskirchen Dtls. sollen in der Karwoche, am Volkstrauer- und Totensonntag (Ewigkeitss.) wie an den ersten Feiertagen von Weihnachten, Ostern und Pfingsten und am Himmelfahrtstag keine Trauungen stattfinden. Durch die allg. Säkularisierung, in kath. Gegenden nicht zuletzt durch den Einfluß von Fremdenverkehr und Wintersport ist eine Beschränkung oder gar ein Verbot »weltlicher« Vergnügungen heute nicht mehr allg. üblich. »Lediglich am Heiligen Abend, am Gründonnerstag und Karfreitag halten die öffentl. Vergnügungsstätten altem Herkommen gemäß geschlossen« (N. Graß). Was hier für Tirol gesagt wird, gilt auch für andere Gebiete.

N. Graß, Der Kampf gegen Fasn.veranstalt. in d. Fastenzeit, Zs. f. Vkde 53 (1956/57).

geschorener Montag → Fasnacht.

Geschoß. Auf Grund des Glaubens an Dämonen, die außerhalb des Körpers od. in diesem Krankheit verursachen, entstehen Bez. wie G. Albschoß, Hexenschuß. Zahn-, Kopfschmerzen (Hauptscheid) und Gliederreißen werden G. genannt. Weder Alter noch gesch.-geogr. Weg dieser Vorst. sind hinreichend geklärt. Noch Linné (1707–1778) hat sie als »furia infernalis« in sein »Systema naturae« (dt. 1788–93) aufgenommen. → Alp, Bilwis, Elfen, Kopf, Griff.

A. Jungbauer, Dt. Vmed., 1934; L. Honko, Krankheitsprojektile, Helsinki 1959.

Geschwisterehe → Mutter, M.recht.

Geschwür. »Unter G. versteht die Vmed. nicht immer jenen von der Wissenschaft genau definierten Begriff eines bestimmten Substanzverlustes, sondern verwechselt ihn oft mit dem Begriff Wunde oder sogar Geschwulst« (Hovorka-Kronfeld). Die Heiligen Lazarus, Job, → Gangolf und Firmin helfen gegen G. G. sind angehext. Fußg. der Frauen werden auf Mißverhältnisse geschlechtlicher Art zurückgeführt (Frankenwald). Wer Speiseverbote (→ Hülsenfrüchte in den Zwölften) übertritt, bekommt Schwären.

Geschwulst, wie Gicht, Fieber, Frais usw. ist G. eine nicht die Ursachen, sondern die äußere Erscheinung erfassende Bez. u. hat deshalb einen größeren Begriffsumfang als der medizinische *tumor.* G. ist »jede lokale Vergrößerung der Organe oder Organteile, sei es durch eine äußere Verletzung, Blutstauung, Entzündung (Abszeß) oder auch Neubildung« (letztere auch »Gewächs«; Hovorka-Kronfeld).

Gesinde, ahd. *gisindi* = ›Reisegefolge, Kriegsgefolgschaft‹ (von *sind* = ›Reise, Heereszug‹). G., Ehehalten (ahd. *ewa* = ›Vertrag‹), selbst Dienstboten als Bez. der Knechte und Mägde, Hirten und sonstigen gedungenen Helfer in der bäuerlichen Hofgemeinschaft weichen allmählich dem städtisch leeren Begriff »Hausangestellte«. Zugleich schwinden die alten G.termine, die landschaftlich reich gestuften Zeiten der Dingung, des Dienstantritts (Einstand) und des Abgangs (Ausstand). Der »Tarif« in Zeit und Lohn verdrängt mehr und mehr alte Brauchgaben (Ausstehlaib, Störilaib, → Weihnachten) und die hergebrachten Dingtermine (→ Weihnachten, Neujahr, Lichtmeß, Petri Stuhlfeier, Georg, Ostern, Michael, Martini, Thomas, Stephan usw.). Wie bei → Kauf und → Verlobung sind → Handschlag und Trunk (Weinkauf, Winkop, Weiguff) alte Rechtshandlung des Vertragsschlusses (über den »Leidpfennig« → Volksetymologie). Nach dem Termin (»vichteren« am Viktorstag im Rheinland) oder nach besonderen Bräuchen dabei (Kastenrücken, in den Sack hauen, stürzen) heißt das Umziehen, das Wandern oder Trecken des G. Die Tage zwischen Abgang und neuem Dienst sind G.feiertage u. heißen Schlenkltag, Schlenkweil, Stürztage, Spieltage usw. Auch als in Dtl. mit dem 12. 11. 1918 das BGB die G.ordnungen der einz. Länder ablöste, blieben vielfach die brauchtüml. Termine für Beginn und Ende der Dienstzeit in Geltung, zugleich mit den mundartl. Namen dafür. → Heimweh, Initiation, Hirt, Handwerker.

W. Köhler, G.wesen u. G.recht i. Dtl., 1896; E. Lennhoff, Das ländl. G.wesen in d. Kurmark Brandenbg. v. 16. bis 19. Jh., 1906; Könnecke, Rechtsgesch. d. G. in West- u. Süddtl., 1912; F. Maurer, Die Termine des Dienstbotenwechsels in Hessen, Hess. Blätter f. Vkde 24 (1925); W. H. Riehl, Die Naturgesch. d. Volkes als Grundlage einer dt. Sozialpolitik, 3. Bd.: Die Familie, 1855. Auswahl in KTA. Bd. 122 (1935); J. Walleitner, Der Knecht, 1947; O. v. Zaborsky, Von d. Ehhalten, Inleuten u. Hütern im Oberen Wald, Bayer. Jb. f. Vkde (1954); E. Strübin, Grundfragen d. Vlebens bei Jeremias Gotthelf, 1959; S. Musiat, Zur Lebensweise d. landwirtsch. G. in d. Oberlausitz, 1964 (»Offenbar hat die überwiegend an einem romant.-patriarch. Gesch.bild orientierte bürgerl. dt. Vkde die soz. Realitäten kapitalist. Klassen- und Gruppendifferenzgn. negiert«. Die Gliederung d. Unters. »entspricht in ihren Grundzügen den Leninschen sozial-ökonom. Klassifizgsmerkmalen«); A. Gabler, Bäuerl. G.wesen in d. Hesselberggegend im 16. Jh., Bayer. Jb. f. Vkde (1962); J. Griessmair, Knecht u. Magd in Südtirol, 1970 (Pustertal); Kartogr.: ADV VI Bez. u. Zeiten d. G.wechsels; ÖVA I Dienstbotentermine (6 Karten); ASV 79–83 Alppersonal, Bez. Herkunft.

Gesellen → Handw.

G.stechen → Vspiel.

Gesellschaftstänze → Vtanz.

Gespannwunder → Edigna, Englmar.

Gespenst, ursprüngl. ›Lockung‹ (vgl. widerspenstig, abspenstig machen), später ›Verlockung‹, Trugbild, teufliches Blendwerk‹. Alte Beichtformeln sprechen »von des teufels gespenste«. Heute ist G. wie Spuk Bez. schreckender Erscheinungen von → Geistern von undeutlichem, oft unpersönlichem Charakter. Besonders, wo der Glaube an mythische Gestalten (wie Bercht, Holle, wilder Jäger) verblaßt ist, bürgert sich das G. ein (vgl. das halb komisch, halb ernst genommene »Nachtg.« der Städte). Aber auch in alem. Mundart ist G. schon lange Bez. eines Menschen, besonders eines jungen Mädchens, das allerhand schreckenden Schabernack und Possen liebt. → Farn, Geist.

L. Lavater, Von Gespänsten, unghüren, fälen u. and. wunderbaren dingen, 1569; G. W. Wagner, Gedanken von Gespensten, 1749.

Gesta (lat. ›Taten‹). Außer in Annalen, Chroniken und Weltbüchern stellt das MA gesch. Taten und Ereignisse auch durch Erzählung (→ Anekdote, Sage) dar. Die berühmteste Sammlung, das älteste Märchen- und Leg.buch des MA, sind die »G. Romanorum«, die um 1300 in Dtl. oder England entstanden und ihren Niederschlag auch in den Erzählungen des Volkes fanden. → Exempel.

Ausg. v. H. Österley, 1872; Auswahl v. H. Hesse, 1924; Neue Ausg. v. H. E. Rübesamen, 1962.

Gestas → Dismas.

Gestaltheiligkeit. Nachdem die Erforschung des Metalles → Blei in Glauben und Brauch des Volkes zum Begriff der »Stoffheiligkeit« geführt hatte, wandte Leopold Schmidt die gleiche Betrachtungsweise an auf die bäuerlichen Geräte, und zwar zunächst auf die Ernteschnittgeräte (Sense, Sichel, Schärfgeräte, Sichel- und Sensenscheiden). Das Studium der »Sache« ist dabei zugrundegelegt. »Erst nach einer möglichst vollkommenen Durchdringung der Erscheinung ... gewinnen wir aus der tausendfältigen Konkretisierung die gestaltliche Abstraktion, wie sie sich in Jahrtausenden für den arbeitenden Menschen als Sinnbild verselbständigt hat: das bäuerliche Arbeitsgerät zeigt sich dann als geistig-seelische Wesenheit.« Diesen Tatbestand kennzeichnet L. Schmidt mit dem Begriff der G. »Sowohl die Grundstoffe wie die Grundgestalten sind, im Sinne des Numinosen und bei der unbewußten Handhabung seiner Geltung, traditionell heilig. Die volksmäßige Anerkennung dieser Heiligkeit, die wieder unbewußt und unindividuell vor sich geht, erscheint mit als der eigentliche bäuerliche Mythos.« Damit wird eine vielfach ausschließlich mit technologischen Methoden betriebene → Ergologie wieder in fruchtbare Beziehung zu einer Volkskunde gebracht, die weder den Menschen noch die Dinge allein, sondern »das Verhältnis des Menschen zu den Dingen« zu erforschen sich zum Ziele gesetzt hat. So sind auch die Begriffe »Bedeutung« (R. Weiß), »Dingbeseelung« (O. Höfler) und »Dingbedeutsamkeit« (K.-S. Kramer) zu verstehen, die neben oder gegen L. Schmidts anspruchsvollere G. gesetzt wurden. → Sichel, Sense.

W. Baetke, Das Heilige im Germanischen, 1942; L. Schmidt, Das Blei in s. volkstümlichen Geltung, 1948; ders., Gestaltheiligkeit im bäuerl. Arbeitsmythos. Studien z. d. Ernteschnittgeräten u. ihrer Stellung im europ. V.glauben und V.brauch, 1952; M. Eliade, Das Heilige u. d. Profane, 1957; K.-S. Kramer, Zum Verh. zw. Mensch u. Ding, Schweiz. Arch. f. Vkde 58 (1962).

Geste → Gebärde.

gestrenge Herren → Eisheilige.

Gesundbeten, soviel wie → besprechen, wegbeten, bischpern, blasen, brauchen, büßen. Doch überwiegt die Bez. G. zugleich mit der einheitlichen Anwendung von Gebeten im städtischen Brauch. Die Amerikanerin Mary Baker († 1910) erhob das G. zu einer Art Religion in der *Christian Science* (darüber Hellwig s. u.), die in prot. Gegenden auch bei uns Eingang fand. Diesem G. ersetzt die → Bibel jede Arznei. Dem G. muß das rechte Denken vorausgehen (G.denken), worin sich der Anschluß an Emersons *New-Thougth*-Bewegung vollzieht (in Amerika Trine, Mulford und Leawitt). Es ist im Grunde auch die Lehre Coués. Der Glaube an die Krankheit heilende Kraft des → Gebets ist nicht nur an zahllosen kath. Kultstätten (→ Wallfahrt) wirksam, sondern wird auch von Univ.medizinern in seiner Bedeutung gewürdigt (J. N. Ringseis, System d. Med.). Die rationale Grundlage der Autosuggestion andererseits sah schon Kant in dem Aufsatz: »Von der Macht des Gemüts, durch den bloßen Vorsatz seiner krankhaften Gefühle Meister zu werden« (1798).

F. Pfister, Epoche, in: Pauly-Wissowa, Reallencycl.; Moll, G., Medizin u. Okkultismus, 1902; A. Hellwig, G. und andere mystische Heilverfahren, 1914; ders., Nachklänge zum Scientistenprozeß, Ärztl. Ver.-Bl. f. Dtld. (Dez. 1915); Schaeder, Öff. Leben u. Glaube, 1922; G. Jungbauer, Dt. Vmed., 1934.

Getränke → Branntwein, Bier, Wein, Wasser, trinken, Speis und T.

Getreide. Die Vorzugsstellung, welche → Hirse, → Gerste und → Weizen im Glauben u. Brauchtum des dt. Volkes einnehmen, erklärt sich leicht durch die Tatsache, daß diese die ältesten G.arten der Germanen sind (jüngere Steinzeit). In der Bronzezeit kamen Dinkel und → Hafer hinzu, und als jüngste schließlich die heute am meisten verbreitete, der Roggen (zu Beginn der Eisenzeit).

V. Hehn, Kulturpflanzen u. Haustiere, [8]1911; A. Schultz, Gesch. d. kultivierten G., 1913; A. Maurizio, Die G.nahrung im Wandel d. Zeiten, 1916; ders., Gesch. unserer Pflanzennahrung, 1927; E. Schiemann, Weizen, Roggen, Gerste, 1948; K. u. F. Bertsch, Gesch. uns. Kulturpflanzen, 1949; J. Balassa, G.bau in Ost- u. Mitteleur., 1972; – Bundesfg.anstalt f. G.verarbeitg., Detmold u. Bln.; – ADV I Bedeutg. d. Bez. »Korn«.

Gevatter → Pate.

geweihter Herr → Geistlicher.

Gewicht → wiegen.

Gewitter. Über Brauch u. Glauben bei G., in deren Hintergrund Naturdämonen, germ. G.gottheiten, Donar und christliche Vorstellungen (Gott, Petrus, Palmbusch, Wetterkerze und -segen) stehen, → Blitz, Donner. »G.blumen« sind z. B. → Augentrost und Ehrenpreis. Beim Blitzen bekreuzigt sich die Bäuerin (»Gsägn-i-s Gott, das heilig Krüz«; Montafon). Unter den → Devotionalien an der Wallfahrtskirche Vierzehnheiligen gibt es noch immer die schwarze »Wetterkerze« zu kaufen. Die »Wetterglocke« *(»fulgura frango«)* hängt in vielen Türmen und wird bei G. geläutet. → Wetterregeln, W.blumen, Glocke.

V. Stegemann, in HDA: G., Blitz, Donner.

Gewöhnbrot → Heimweh.

Gewohnheitsrecht → Gericht, Recht.

Gewürz → Honig, Salz, Pfeffer, Speis u. Trank.

Gezäh → Barte.

gfrören → festmachen, bannen.

Gicht. Die G. saugt wie ein Dämon am Menschen (Schwaben). Nach Lessiak stammt das Wort von Vergicht (zum Verb. *verjehen* = besprechen im Schadenzauber). Da die Vmed. die Symptome beobachtet, ohne die Ursache (Stoffwechselkrankheit) zu kennen, versteht sie unter G. (süddt. oft Mehrzahl »G.er«) Zuckungen, Lähmungen, Fluß, Sucht, Schlag, besonders Kinderkrämpfe (→ Freis). Neben der *Arthritis deformans*, die auch nach dem Befund an ausgegrabenen Knochen »fast epidemische Massenerkrankung der Frühmenschheit« (J. Grimm) ist, werden heute besonders noch Muskel- und Gelenkrheumatismus und Nervenleiden als G. bezeichnet. Es gibt 9, 72, 77, 99 G. (→ Fieber). Wie Zuckerkrankheit u. a. führt das Volk die G. auf Ausschweifung zurück:

Vinum, der Vater,
Coena, die Mater,
Venus, die Hebamm
machen das Podagram.

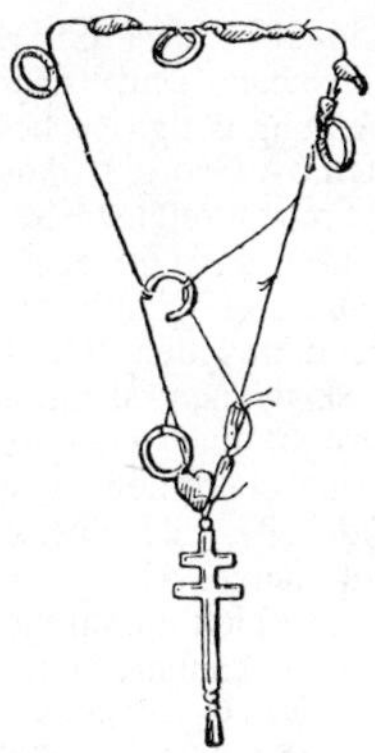

Die Zahl der G.mittel (»Gichtbeten« als Amulett; s. Abb.) und -segen ist ebenso groß wie die gegen Fieber.

Hovorka-Kronfeld, G., Vergl. Vmed. 2, 269–282; M. Höfler, Dt. Krankheitsnamen-Buch, 1899; P. Lessiak, G., Ein Beitrag z. Kunde dt. Krankheitsnamen, Zs. f. dt. Altert. 53 (1911); J. H. Talbott, Die G. (a. d. Amerik. 1967).

Gichtbeten → Freis.

G.kraut → Schlüsselblume.

G. und Gall → Rheumatismus.

G.wurz → Zaunrübe.

Giebelbretter, G.zier. G., Windfeder oder Windberge (davon der »Wimperg« des got. Giebels) schützen das Stroh- und Reetdach im Begegnungspunkt der beiden Dachschrägen gegen den Angriff des Windes. »Der First ist der leidigste Teil des Weichdaches, der eher der Ausbesserung bedarf als die Dachfläche ... Das Firstende wiederum, der Geweltop oder das Fastenenn, ist die schwächste Stelle des Firstes. Ohne bes. Schutz rottet es in der halben bis im fünften Teil der Zeit ab wie die Mitte des Firstrückens« (Fikentscher). Die beiden G., die einige Meter weit zur Firstmitte als Windstau wirken, kreuzen sich oder sind in der senkrechten Fuge verfestigt durch ein Brett oder einen Pfahl (»Wendenknüppel«) (→ Firstsäule). Brandi sieht in der Form des Knüppels oder Morgensterns eine Erinnerung an die sächs. Angern an den Ufern der Weser. R. Mielke hielt ihn jedenf. für die ältere Überlief. Er erscheint i. Niedersachsen als Pfahl, in Pommern (Darß) und östl. der Oder als Brett. In der Mark zeigen die senkrechten Gz. geometrische Formen (Stern-, Kreis-, Kreuz-, Halbmond-, Baum-Motive). In runde Formen wird bisweilen eine menschliche Figur hineingesehen. In Oberösterr. ist die Gz. in Herz- oder Kreuzform bekannt.

Am weitesten verbreitet ist die Gz. in Gestalt von zwei Pferdeköpfen, am häufigsten im Osnabrückischen, in der Mark bisweilen mit geflochtenen Mähnen. Mielke wies auf das welfische Wappen hin (→ Eisenkunstg.), doch ist ältere Überl. (Wodans Roß, → Pferd) nicht von der Hand zu weisen. Haupt berichtet, daß in Holstein (um Rendsburg) die beiden gekreuzten Pferdeköpfe noch um 1900 bei den Bauern »Hengiss und Hors« genannt wurden. Nach Bornhausen (Peßler, Hb.) steckte man ehemals den Kopf des Rosses an den Hausgiebel, um »dem Wettergott zu zeigen, daß ihm das gebührende Opfer dargebracht ist«. R. Andree rechnet die Schädel zu den Neidstangen, d. h. zur Übelabwehr, in Baden (Meyer) und Kärnten (Weiser-Aall) wurden sie bei Seuchen angebracht (→ Schädel, Kopf, Neid, Pferd).

Die Verbr. der pferdeköpfigen G. ist haupts. mittel- und osteuropäisch. In England gibt es wenig hist. Hinweise. Roman. Länder kennen sie nicht (R. Wolfram). W. Peßler erwies die G. als Musterbeispiel fruchtbarer Erkenntnis aus vkdl. Kartogr. (→ Atlanten). Die landsch. Gebundenheit bestimmter G.-Typen ist nicht zu übersehen: (zwei Pferdeköpfe nach außen blikkend: Gegend von Stade und Lüneburg; nach innen schauend: Vierlande und Winser Elbmarsch; Schwanenköpfe: Altes Land; Hähne und Pfauen: Münsterland; Drachenköpfe: Land Angeln; zwei sitzende Hasen: Siegerland usw.). Aus der Meraner Gegend wird von G. berichtet, die in Pferdeköpfen enden (Schnalsertal), und solchen, die als Böcke ausgestaltet sind (Passeiertal). Auf pferdeköpfige Gz. in d. Schweiz, Niederösterr. und in Rußland macht Weiser-Aall (HDA) aufmerksam. → Galion.

W. Peßler, in: Jb. f. hist. Vkde, 2. Bd., 1926; R. Mielke, Neidinschriften u. Neidsymbole im Niederdt., Niederdt. Zs. f. Vkde 10 (1932); A. Hermann, Der Firstschmuck Holstein. Bauernhäuser, Germanien, 1942; H. Fikentscher, Die Haltbarkeit der Firstenden b. Weichdach usw., Rhein.-westf. Zs. f. Vkde 9 (1962); A. Hergouth, K. Vollath, G.zeichen, Schutz f. Haus u. Familie, 1963; M. Gschwend, Köpfe u. Fratzen an schweiz. Bauernhäusern, A. Bühler-FS., Basel 1966; B. Rutenberg, Vom Eulenloch zur Windfeder, Heimat u. V.tum., Bremer Beiträge z. nd. Vkde 1964/65 (1967) (Das E.loch für Licht, Rauchabzug und Durchlüftung wurde mit der Zeit durch e. 3eckige Bretterwand ersetzt (Windfeder), auf die später ein Ornament aufgemalt oder die ausgesägt wurde); Gschwend, Konstr. Theorie ü. Pferdeköpf. G., Schweiz. Arch. f. Vkde 64 (1968); R. Wolfram, Die gekreuzten Pferdeköpfe als G., 1968; Kartogr.: ÖVA III G.zeichen.

Gift. Kröten, Eidechsen, Spinne, Blindschleichen sind nach der Volksmeinung giftig. Zu bestimmten Zeiten (→ Georg, Himmelfahrt Mariae, Frauendreißiger) ist Tieren und Pflanzen das Gift genommen. G.kenntnis und -glaube stammen weitgehend aus dem Orient, wo schöne Sklavinnen allmählich an Gift gewöhnt und teuer verkauft wurden, um bedrohten Fürsten als »Giftmädchen«, als Speiseprüferinnen zu dienen. Auch im dt. Hexenglauben spielt G.mischerei zu Liebes- und Zaubertränken eine große Rolle. G.entziehend sind Blutegel und weiße Zwiebel. Aus dem Horn des → Einhorns geschnitzte → Becher oder aus grünem Stein (Karl der Große schenkte Weking einen solchen), vor allem aber St. Johannssegen (→ Johannes d. Ev.) und -wein zersprengen den G.becher. → Bilsenkraut.

A. Abel, G.haltige »Zauber«-Mixturen als Aphrodisiaca, Arch. f. Krim.anthrop. usw. 66 (1916); L. Lewin, Die G. i. der Weltgeschichte, 1920; V. E. Reko, Mag. G. Rausch- u. Betäub.mittel d. N. Welt, ²1938.

Gilde → Handw., Schützen, Fasnacht.

Gilg → Lilie.

Gilgenkreuz → Eligius.

Gilke → Ringelblume.

Gimpel verwandt mit alem. gumpen = hüpfen; Dompfaff, Blut-, Goldfink, schwäb. Goll, thür. Lüwich. Der G. zieht wie Kreuzschnabel, Kröte und Eichhörnchen Krankheiten an (»Gichtvogel«), nach dem Sympathieglauben besond. Gelbsucht und Rotlauf. An den G. knüpft sich u. a. das im niederdt. verbreitete → Rätsel von dem Vogel, den der umkippende Totenschädel des toten Jägers gefangen hält:

Da du noch lebest und auch ich,
da hättest du gerne gehabet mich;
nun bist du tot und hast mich
und ich muß sterben, was hilft es dich.

Giritz → Kiebitz, alte Jungfer.

Gitarre (wie → Zither v. gr. *kithara*), fünfsait. Zupfinstr. aus der Familie der Lauten, jedoch mit flachem Boden. An Stelle einer alten chörigen Besaitung setzten sich Ende des 18. Jh. die heutigen in E-A-d-g-h-e gestimmten sechs Saiten durch. Die bes. in Spanien beliebte G. fand im 16. Jh. Eingang in die volksnahe Kunstmusik (Lautentabulatur, → Liederbücher). Während in den bayr.-öst. Alpen schon im 19. Jh. jedes Wirtshaus und jede Alpenvereinshütte eine G. oder »Klampfn« an der Wand hängen hatte, wurde das Instr. in Mittel- und Norddtl. bes. durch die Jugendbewegung des 20. Jh. volkstümlich, nicht zuletzt durch Walter Hensels Liederbuch »Zupfgeigenhansl«. Jazzmusik und Beatschuppen haben der G. nach 1945 neue, keineswegs nur profess. Verbr. gebracht. Auch in der alten, durch den Stumpfsinn elektr. Verstärkung noch nicht entstellten Form ist die G. das beliebteste Instr. der V.musik geblieben neben → Hand- und → Mundharmonika, im S vor allem neben der → Zither laut dem vtüml. Tiroler Lied:

Laßt die Zithersaiten klingen
und nehmet die Gitarr zur Hand,
und laßt uns frohe Lieder singen
zum Abschied für mein Vaterland . . .

Zs. f. d. G., seit 1921; E. Biernath, Die G. seit dem 3. Jt. v. Chr., 1907; H. Hickmann, K. Reinhard, W. Boetticher, in: Mus. i. Gegenw. u. Gesch. 5 (1956); K. M. Klier, Vtüml. Musikinstr. d. Alpenld.er, 1956.

Glas, G.macher(ei). In ahd. Glossen steht G. für lat. *electrum* ›Baumharz‹, das man zu Schmuckperlen verarbeitete. Als G. aus dem Ausland zu uns kam, zuerst in Gestalt von gleichfalls durchscheinenden oder glänzenden Perlen, wurde der Name G. auf diese übertragen, während der ältere Werkstoff, das brennbare Baumharz, den neuen Namen Bernstein erhielt (Brennstein; auch Ag- oder Augstein, von lat. *achates*).

G. im Brauch. Die Auflösung eines schönen Ganzen, vielleicht sogar eines teuren Andenkens (Willkommg., Hochzeitsg.) macht das Zerspringen eines G. zum Todes- und Unglücksvorzeichen. Andererseits bedeutet das Zerwerfen eines G. das Abtun des Alten (Silvester, Hochzeit), zuweilen mit dem Nebensinn eines Opfers (Richtfest, Flasche bei Schiffstaufe), so daß hier das Nichtzerbrechen schlechte Vorbedeutung hat. Die bes. slawische Sitte des Hintersichwerfens des ausgetrunkenen G. bei besonderem Anlaß unterband die jugoslawische Regierung nach 1945 mit striktem Verbot (Anschlag im Gasthaus), um die Verschleuderung von Volksvermögen zu verhindern. – Am Polterabend ist bei uns das Zerbrechen von Gefäßen aus Ton das Althergebrachte; G.scherben sind mancherorts noch heute verpönt. Der Topf ist aus älterem und urtümlicherem Werkstoff und er hat eher die Form des Bauches (→ Geburt). Außerdem erinnert G. auch an den Spiegel, dessen Zerbrechen sieben Jahre Pech bedeutet. Umstülpen eines G. ist Bindezauber und kann jemand stellen (→ festmachen, bannen).

Mit einheim. Erzeugung von G. rechnet man schon in der ältesten Eisenzeit (Hallstattper. 1100–500 v. Z.). G.werkstätten in den Nordalpen sind in der jüng. Eisenzeit (Latèneper. 500–1 v. Z.) nachgewiesen. Die G.pfeife, nicht lange vor der Zeitwende erfunden, kam nach Italien durch die Römer, die ihrerseits in Gallien und im Rheinland die G.erzeugung stark förderten. Im frühen MA unterstanden viele G.hütten den Klöstern, um später Landschaften aufzusuchen, die genügend Holz boten zur Schmelzung des Rohgemisches aus Sand, Soda (oder Pottasche) und Kalk. Solches »Waldglas« war unrein und von grünl., gelbl. oder schwärzl. Farbe wie z. T. noch in später Zeit. Aus dem SW wanderte die Kunst der Gm. in den europ. N und O.

Die einz. dt. Landschaften bieten ein unterschiedl. Bild. In Ostpreußen glänzten die wenigen G.hütten selten einmal durch ein Gesellen- oder Meisterstück. Das Bessere war westl. Einfuhr. Ähnliches gilt für die Mark Brandbg. Für die G.hütten des Gr. Kurfürsten und später auch für Potsdam, Marienwalde, Zechlin u. a. kamen Meister und Gesellen aus Böhmen. Neustadt a. d. Dosse fertigte Spiegelg. mit hintermalten Blumen und Rahmen aus G. mit Linien, die an textilen Kreuzstich erinnern (W. Lindner). Trotz eigener G.hütten stützte sich auch Niedersachsen auf Einfuhr. Größeren Ruf genossen die »Lauensteiner Gm.« aus Osterwald. W. Borchers erforschte die Gm. in Pommern. Im östl. Westfalen sind für das 14.–20. Jh. etwa 70 Hütten nachgewiesen, auch sie einsam im Wald gelegen mit enger Gemeinschaft des Arbeitslebens (Hüttensprache, Namen, Erzählung, Lied und Brauch). Als in Ostbayern das Holz knapp wurde, zogen manche Gesellen nach Westfalen.

Schlesien zählt mit Thür., Franken und Ostbayern, mit Tirol und dem Schwarzwald zu den bekanntesten, auf dem Waldreichtum beruhenden G.landsch. Zwar kam das G. zum schles. Bauer fast nur als Fenster. Erst im 19. Jh. vermittelte das Bürgertum verziertes G. Grundmann sieht jedoch das G. als einen Teil der Vk. nicht allein vom Standpunkt der Verwendung, »sondern von dem seiner einsamen, werkfreudigen Entstehung, denn G.bläser, Schleifer, Graveure und Maler sind aus dem Volke hervorgegangen« (Dt. Vk., Bd. Schlesien S. 42). Dem wirtsch. Antrieb steht die stille Freude am Werk, dem rationalis. Großbetrieb die Einzelwerkstatt im Wald mit eigenem Arbeitsziel, dem G.hersteller der Dekorierer und Kunsthandwerker gegenüber. 1305 hören wir von Gläsersdorf, 1360 von der »glasehutte in dem schrieberhau«, die noch in einem einfachen Brennofen unter offenem Dach bestand. Die Kunst des Gm. vererbte sich von Geschlecht zu Geschlecht auf der Nordseite des Riesengeb. wie auf der Südseite. Durch den beidseitigen Kahlschlag begegneten sich die G.hütten schließlich in der Gegend von Neuwelt. Auch angesichts der Verwandtschaft der böhm. und schles. Gm. brachte die Trennung unter dem kriegslustigen → Friedrich II. schweren Schaden. Erst die Gründung der Josephinenhütte durch Franz Pohl brachte neuen Aufstieg (nach 1841). Aus dem ältesten trüben Waldg. waren Krüge, Becher und Flaschen geblasen und mit der Zange geformt, aber kaum verziert worden. Fortschritte waren das weiße Kreideg. und das durch Bleizusatz stark glänzende Kristallg. Nach dem 30j. Krieg wird die Werkstätte von Winter auf dem Kynast als erste G. und Steinschneiderei genannt. Ende des 17. Jh. gibt es davon im Riesengebirge schon eine große Zahl, die mit Fußbetrieb oder Wasserkraft arbeiteten. Erst das urspr. für Edelsteine, bes. für Bergkristall verwendete Rädchen erlaubte plast. Gestaltung der

G.oberfläche. Abnehmer waren Adel und Kirche, aber auch das Volk (Stämpel, Krausen, Freundsch.becher, Brunnengläser). Prakt. Bedeutung hatten die Paßg.er, die durch aufgeschmelzte Ringe Maße anzeigten. Weitere vtüml. Trinkgefäße waren die (geblasenen) Römer, Igel, Tonnen und Fäßchen und die Apotheker-, Schnaps- und Reiseflaschen. Kunstvolle Scherz- und Spielformen waren Zwiebelflaschen, Kluk-ker und Vexierg.er. Gelegentlich dienten Wahrzeichen der Innungen als Vorbild. Kleine Tierfiguren und Blumen aus gekniffenem G. führten zu schlichtem Christbaumschmuck und Fensterverzierungen, die wohl in Nebenarbeit vor dem Werkofen, nicht wie in Thür. vor der Lampe gefertigt wurden. Bis ins 19. Jh. erzeugte bes. die Schreiberhauer Hütte das Faden- oder Filigrang. mit hellrosa, hellblauen, weißen G.fäden, wie es schon Ende des 16. Jh. unter ital. Einfluß eingeführt worden war. Eine ähnl. Entw. nahm der zweite Mittelpunkt der schles. Gm. in der Grafschaft Glatz, wo sie seit 1501 nachweisbar ist. Auch hier ergaben sich aus der Abtretung an Preußen schwere Erschütterungen.

Die Gesch. des Gm. in Thüringen zeigen die reichen Slgn. in Eisenach (bes. unbemaltes grünes Hütteng.), → Sonneberg, Erfurt und → Lauscha. Auch hier schmolz man vor dem Ofen bunte Farben ein, die im erstarrenden Stab zu Fäden wurden. Im neuerl. Schmelzen beim Blasen vor der Flamme ringelten sich die bunten Fäden zu Spiralen und Netzen. Emailg. des 16. Jh. erinnert an die Creußener Krüge aus Ton, anderes an die Perlenornamente von Altenburg und an die Tupfen der Tonkrüge von → Bürgel. Das sogen. Beinglas sollte mit dem Porzellan wetteifern. Als selbsteigener Meister im Matt- und Glanzschliff schuf G. E. Kunkel (1638–1703), der »Goldmacher« des Großen Kurfürsten (Pfaueninsel bei Potsdam), auch für den Gothaer Hof erlesene Pokale. Als Vk. anzusprechen sind Gesellenarbeiten wie eine Jagd um 1840 oder ein Hochzeitswagen aus einem Gewirr von Glasstäbchen (19. Jh. Mus. Erfurt).

Im Fichtelgebirge wurden mal. Glasöfen freigelegt. Urkundl. wird 1340 von Gm. berichtet. Dieses Gebirge wie Steigerwald, Rhön und Spessart boten Holz und Mineralien (Ton für Schmelztiegel, eisenfreien Quarz, »G.erde« aus Kalchreuth). Mögliche Anregungen aus Böhmen fanden hier bald eigene Prägung. Während für hochkünstler. G. → Nürnberg zuständig war, schuf Bischofsgrün z. B. vtüml. Formen von Emailmalerei (1561 G.hüttenmeister Michael Glaser), die lichte Farben, Weiß, Gelb und Blau liebten. Jagdtiere oder der Ochsenkopf, ein Berg, wurden dargestellt, Sprüche aufgemalt. 1611 wird Christoph Hock als Maler und Knopfmacher erwähnt. Knopf- und Perlenmacherei (»Paterle« für das Paternoster; → Rosenkranz) waren hier seit altem zuhause. In Bischofsgrün wurden die letzten Hütten 1886 gelöscht. Im 17. Jh. arbeiteten G.bläser auch im hess. Kaufunger- und Reinhardswald.

Altansässig sind »Gm.leut« auch im → Böhmer- und Bayerwald. Anfang des 14. Jh. schon sind um Zwiesel die Hütten von Rabenstein, Zwieselau und Frauenau erwähnt. Im nahen Freiung soll schon um 1300 G. hergestellt worden sein. Als die böhm. G.hütten die ostbayr. überflügelten (Milchglas), hielt man hier am alten Waldg. und an Zangenarbeit fest. »Neuerungen der Zeitmode, wie bemalte Milchgläser kann man im Bayerwald nicht selten in Formen und Techniken, die ein Jahrhundert und mehr älter sind, hergestellt treffen« (Karlinger, Dt. Vk.; Bd. Bayern S. 36). Vom MA bis ins 19. Jh. fertigte man G.hunde, Kannen mit gewundenen Hälsen, Vasen in Birnenform u. ä. Schupftabakfläschchen (»Schmalzlergläser«) aus der Spiegelauer Hütte, Rosenkranzperlen von der »Paternosterhütte« auf dem Rabenstein, G.spielzeug (»Kaufläden«) aus Grafenau für den Passauer Markt waren Erzeugn. dieser Landsch. Sie wurden nicht selten aus Resten der G.masse am Feierabend gearbeitet, wie sich auch die G.arbeiter in Lauscha noch 1935 mit großen bunten G.kugeln, Briefbeschwerern mit eingeschmolzenen farbigen Stümpchen u. ä. für Besucher einen kleinen Nebenverdienst machten. Mit ebensoviel Liebe wie Sachkenntnis hat Josef Blau die Gm. in Böhmer- und Bayerwald untersucht: Wirtschaft und Arbeitsbrauch, Religion, Recht und Sitte, Familien und Gemeinschaftsleben, ferner die Berufe, Zünfte und Ordnungen der Hüttenleute und die bes. Aufgaben der Hütten (Butzenscheiben, Spiegel, Rosenkränze). Hingewiesen wird auch auf die Rolle der mit hochbepackter Kraxe wandernden G.händler wie, nicht zuletzt, auf die Beziehung zur → Hinterg.malerei im Waldland und auch im bayr.-öst. Land südl. der Donau. Ein bes. Vorteil der ostbayr. Gm. war immer ihre Billigkeit, durch die sie im 19. Jh. die Hütten im Schwarzwald überrundeten. Höheren Ansprüchen genügten die Werkstätten in Landshut und München, die in der 2. Hälfte des 16. Jh. Anregungen aus Antwerpen und Venedig empfingen. In Tegernsee soll schon unter den sächs. Kaisern G. gemacht worden sein.

Schwaben bezog sein G. meist aus Fichtelgebirge und Böhmerwald, doch kommen Being.krüge mit Streublümchen wohl aus einer Allgäuer Werkstatt (Schmidfelden). Auch in Oberschwaben gab es im 17. Jh. einzelne G.hütten. Kaum bekannt sind im Muffelofen gebrannte G.bilder, obwohl in der benachb. Schweiz dieser Zweig der Vk. in Blüte stand (→ Fensterbiersch.). Namhafte G.hütten hatte einst die Pfalz, doch arbeitet St. Ingbert heute nur noch für die Industrie. Im bad. Schwarzwald, wo böhm. Vorbilder wirkten, wird die G.hütte in Äule am Schluchsee aus dem 16. Jh. als die älteste angesehen. Im Einflußgebiet des Benediktinerklosters St. Blasien standen Altglashütte (1634), Neuglashütte (1706) und Herzogenweiler (1723). Maßflaschen, Schnapsbudele, Weing. und Bierkrug, Heiratsg.er, die sich Brautleute schenkten, Zierg. wie Nähkörbchen, Zuckerbüchsen und Weihwasserkrüglein, vielfach mit gekniffenen Ornamenten, gehörten zur vtüml. Ware. Schlichtes G. und Flaschen, mit dem Schleifrädchen graviert oder mit Schmelzfarben bemalt, erzeugte das Elsaß.

Die Schweiz führte gemaltes und geschliffenes G. aus Böhmen, Ardennen- und Schwarzwald ein, entwickelte aber eigene Formen bes. in den gravierten und bunten Geschenkscheiben, die der vermögliche Bauer in der G.hütte bestellte. Wie überall suchten die G.meister auch hier seit dem MA und bes. seit dem 17. und 18. Jh. die Nähe großer Wälder an den ital. Seen, im Jura, in der Innerschweiz (bes. im Entlebuch). Pferd, Bär und Hirsch, ein melkender Bauer und das Tanzpaar, das zum Dudelsack tanzt, verraten den ländl. Auftraggeber oder Abnehmer.

Im österr. Kramsach (Tirol) wird – nach dem Vorbild von Hall – seit 1638 bis heute feinere G.ware in Schliff und Malerei hergestellt (G.er in Honig- und Topasfarbe, blaue Bocksbeutelflaschen, runde, vier- und mehrkantige Schnapsflaschen mit Schraubverschluß, solche in Tiergestalt u. a.). In Oberöst. entfaltete im 18. Jh. die Hütte von Freudenthal im Attergau eine eigenständige G.kunst. Schnapsflaschen und G.er mit farbiger Schmelzmalerei »sind nach dem Ausweis zutrinkender männl. und weibl. Figuren, Taubenpaare zuseiten eines ›treuen Herzens‹ und anderer Sinnbilder zumeist als Minnegaben ausgeziert worden« (A. Haberlandt). G.hütten bestanden in Salzburg, am Zinkenbach in der St. Gilgener Au, bei Schlaining und im Waldviertel, das wie andere wenig genutzte Waldgebiete von den G.hütten als »Waldfressern« aufgesucht wurde (Stiefel, Krautstrunkg.er mit Warzen, geätzte und geschliffene G.er in der Gföhler G.hütte). → G.malerei.

M. Killing, Die Gm.kunst in Hessen, 1927; H. Schulz, Die Gesch. d. G.erzeugung, 1928; M. Klante, Schles. G., in: Schles. Jb. 8 (1935); B. Pischel, Thüring. Gm., Diss. Bln 1936 (Lauscha); dies., A. Schröder, G.hütten im Erzgeb. u. im Vogtland, Vwerk 1943 (Lit.); H. Thieme, G., 2 Bde., 1931 u. 1939; T. Ostertag, Das Fichtelgeb.g., 1933; O. Völckers, G. und Fenster. Ihr Wesen, Gesch. u. Bed. i. d. Gegenw., 1939; P. Fossing, Glass vessels before glass-blowing, Kopenh. 1940; W. B. Honey, Glass. A Handbook etc., London 1946; W. Dexel, G. Werkstoff und Form, 1950 (z. T. Kunstgew.); W. Borchers, G.hütten und bäuerl. G. in Westf. u. d. benachb. westl. Nieders., Rhein.-westf. Zs. f. Vkde 2 (1955); J. Blau, Die Gm. im Böhmer- und Bayerwald, in: Vkde u. Kulturgesch. 1954–56; J. Schlosser, Das alte G., 1956; Zs. G.welt, seit 1959; Journal of glass studies, 1959ff. (Vollst. Bibliogr.); E. Meyer-Heisig, Der Nürnberger G.schnitt d. 17. Jh., 1963; U. Wichert-Pollmann, Das Gm.handwerk im östl. Westf., 1963 (Vgl. Dt. Jb. f. Vkde 11, 1956, S. 428f.); F. Rademacher, Das dt. G. d. MA., [2]1963; W. Klaarenbeek u. J. M. Stevels, Bibliogr. of Glass Lit. (Charlesroi 1964); F. M. Veh, Die G.knopf- und G.perlenind. im Fichtelgeb., in: Bayer Jb. f. Vkde (1964/65) (Lit.); G. Weiss, Ullstein Gläser-Buch, 1966; F. Kämpfer, 4000 Jahre G., 1966; W. Neugebauer, Altes G. in Lübecker Bodenfunden, in: Der Wagen, 1967 (Erweist die Bed. d. Zusammenarbeit von Vkde u. Denkmalpflege); H. Schilli, Wohnbauten in d. G.hütten d. Schwarzwaldes zwischen 1600 und 1900, in: Arbeit u. Vleben, 1967; K. Zenkner, Die alten G.hütten des Iser-Geb., 1968; L. Moser, Bad. G., 1969; F. Lipp, Oberöst. G. (Kat. Oberöst. Ld.mus.), 1971.

Glasmalerei. Während die monumentale G. des MA Schwemm- und Muffelfarben auf kleinere Glasstücke auftrug, sie einbrannte und dann in Bleifassung zu den großen Fenstern der Dome und Kirchen zusammensetzte, ist G. im Sinne der Vk. beschränkt auf die → Fensterbier- und Geschenkscheiben Niedersachsens und der Schweiz sowie auf die allgemeiner verbr. Emailmalerei auf Gläsern und Flaschen. Während das grüne Waldglas bis ins 17. Jh. und länger das billigste Gebrauchsglas blieb, wurde nach venetian. Vorbild die G. im 16. Jh. auch nördl. der Alpen für Andenken-, Widmungs- und Zunftbedarf gebräuchlich. Die Maler waren an den Erzeugungsstätten des → Glases selbst tätig und gehörten gleichfalls der Glaserzunft (z. B. Lukasbr.) an. Die örtl. Zuteilung solcher G. ist erschwert durch ihre Gleichartigkeit, die in den engen verwandtsch. Bez. ihrer Hersteller begründet ist (→ Glas, Abschn. Schlesien).

Man verwendete meist Emaillefarben, die in der geringen Hitze des Kühlofens dem Glase eingebrannt wurden. Dem Widmungszweck gemäß werden gerne Kostümfiguren, Wappen, Initialien, Berufs- und Handwerkszeichen, vor allem aber Symbole der Liebe und Freundschaft, fröhlichen Trunkes, des Willkomms oder des Abschieds, Tulpen, Maiglöckchen, Vasen und Schnörkelwerk, auch Schwank- und

Fabelhaftes (der Fuchs mit der Gans im Ranzen) aufgemalt. Ferner liebten Pokal und Krug die religiösen Motive. O. A. Erich wies auf den Anklang mancher Arbeiten an die Ornamentik des Creußener Steinzeugs hin, das gleichfalls Emailmalerei ist. Die Gläser in Zeitformen und die meist vierkantigen Schnapsflaschen haben ihre glänzenden, pastos aufgetragenen Farben bis heute bewahrt. Neben Namen und Anrufen nimmt der dekorative Rahmen auch den → Spruch gern auf.

Lieb du mich allein
oder laß gar sein!

Allenthalben führen von der vtüml. G. auch Wege zum Kunstgewerbe, bes. in Nürnberg. Gesond. Betrachtung verlangt die Malerei der → Hinterglasbilder.

D. Rentsch, G. d. frühen 14. Jh. in Ost-Mitteldtl., 1958; Vgl. Lit. → Glas.

Glasur. Die in Ägypten und im alten Orient hochstehende Kunst der G. erreichte eine neue Blüte im Islam des 12.–14. Jh., in Italien unter Luca della Robbia (15. Jh.). In Dtl. erscheinen zuerst gelbe, dann grüne und zuletzt braune Glasuren auf → Dachziegeln, so auf figürl. Firstziegeln der 1. H. d. 14. Jh. in Ravensberg und Schwäb. Gmünd wie Ende d. 15. Jh. in Leipzig. Bunte G. auf Gefäßen begegnet erst im Beginn der Renaiss. im Wettbewerb mit dem → Steinzeug.

Im Verfahren, Ton- oder Metallwaren durch Aufschmelzen einer glas- oder emailartigen Masse undurchlässig zu machen oder (und) zu verzieren, unterscheidet man vier Arten. Die Erdg. (oder Lehmg.), die sehr dauerhaft und gegen Säure widerstandsfähig ist, besteht aus wasserverdünnten Tonerden (Lehm), Kieselsäure, Kalk u. a. und schmilzt bei der Hitze, die die Ware selbst zu ihrer Gare (Reife) braucht. Porzellan, Steinzeug, Steingut und Töpferware aus strengflüssigem Ton (→ Bunzlau) verwenden sie. Eisenhaltige Lehmg. war schon im 14. Jh. und früher bekannt. Bei geeigneten Tonerden führt sie zum Steinzeug und zur Salzg., die als Erd- und Alkalig. durch Zuwerfen von Kochsalz bei bes. großer Brennhitze den Tonkörper als feinen Glanz (Lüster) überzieht und so die Masse zugleich schützt und schmückt. – Emailg. nennt man die weiße oder gefärbte, undurchsichtige G. aus Bleioxyd, Kali, Kieselsäure und Zinnoxyd. Sie schmilzt leicht und dient als schützender und veredelnder Überzug der unvollkommenen Tonmasse. Diese weiße Zinng. erlaubt die Nachbehandlung der Ware mit feiner Pinselmalerei (Fayence, → Majolika). – Die größte Bedeutung und Verbr. in der vtüml. Töpferei (→ Hafnerware) wie im Steingut hat die Bleig., die farblos und durchsichtig ist und bei einer Temperatur schmilzt, die unter der Gare des Tongefäßes liegt. Bleiglanz (Galenit), das wichtigste Bleierz, lief geradezu unter dem Namen Hafner- oder Töpfererz. Die Bleig. verschafft der nun gering geachteten alten → Irdenware nicht nur Dichtigkeit und bessere Reinigungsmöglichkeit, sondern verleiht dem gewöhnlich rot- oder gelbbraun gebrannten »Töpferzeug« leuchtend braunen Glanz. Während man aus dem ersten Grund zunächst und z. T. noch heute nur die Innenseite glasierte, behandelte man später das ganze Gefäß durch Tauchen oder Beguß (Engobe), wozu farbige Verzierung mit dem Malhorn hinzukam. Man lernte auch, das ungewollte Ineinanderfließen der farbigen G. beim Brand als eigenen Reiz zu nutzen. Durch Ornamentales und Figürl., das man mit → Modeln formte und dem Gefäß aufklebte, steigerte man die künstler. Wirkung (→ Marburg, Bunzlau u. a.) und genügte schließlich, etwa in der Kölner »Duppenbäckerei«, kunstgewerbl. Anspruch.

O. A. Erich, Tonerden, in: Spamer, Vkde; F. Viehweger, Rezeptbuch f. G. u. Farben, [2]1965; W. Lehnhäuser, G. u. ihre Farben, [3]1966.

Glaswurm → Blindschleiche.

Gleitsteine → Schalenst.

Glocke. Das Wort brachten irische Missionare zu den germ. Völkern (ahd. *glocka*). Die altir. kunstvollen Handg. hatten die vierkantige Form, wie wir sie ähnlich noch heute im alpinen Herdengeläut antreffen. Die Kunst des G.gusses kam aus Asien nach Europa im 6.–8. Jh. n. Z. Metall, Klang, Weihe, heiliger Name und kultischer Gebrauch machen die G. und ihr Läuten zu einem der bekanntesten Abwehrmittel gegen alle dämonische Macht. Abgefeiltes G.metall hilft gegen Fallsucht und Fieber, G.schmiere heilt den Bruch des → Nabels, Schreiben des eigenen Namens an d. G. vertreibt Heiserkeit. G.läuten ruft die gläubige Gemeinde, aber auch die → Armen Seelen und vertreibt sie wieder. Hexen, die auf Lawinen reiten, sind machtlos, wenn die G. ertönt. Ihr Laut zerteilt das Gewitter.
Die Aufgabe der G. bekundet der bekannte Spruch: *vivos voco, mortuos plango, fulgura frango.* Im Sterbe- und Begräbnisbrauch ist Dauer und Art des Läutens landschaftlich verschieden geregelt. Die G.sagen (Auffindung, versunkene G.) wie die G.inschriften sind reich entwickelt und vermischen heidn. und christl. Anschauung. Die G. ist lebendig gedacht in den Sagen von der wandelnden Glocke und von der Romfahrt der G. in der → Karwoche. Die (hoffentlich) letzte Abnahme der G. ab 1940 führte zur Gründung eines G.-Archivs (Hamburg-Altona, Prof. Grundmann; 1966 abgegeben an das Germ. Nat.mus. in Nürnberg; Dokum. über mehr als 30000 europ. G.), das Fg. zur Gesch. der Städte und Stämme, zum Wesen der V.frömmigkeit, zur Kultgeogr., zur Entw. von Schrift, Bild und Ornament an den G. und zur Gesch. der G.gießerfamilien ermöglicht. Ein internat. G.museum besteht seit 1953 in Apolda (Thür).
In weitverbreiteten Merkversen gibt das Volk, bes. die Kinder, die »Sprache« der G. wieder:

Bim bam, die Katz ist krank,
der Bauer liegt am Sterben.
Da gibt's auch was, da gibt's auch was,
da gibt's auch was zu erben.

oder bei einer tief und einer hoch gestimmten G.:

Der Bu, der kimmt,
der Bu, der kimmt.
Er ist schon da,
er ist schon da.

→ Tod, Vorzeichen, Schelle, Metall, Tageszeiten.

E. Erdmann, G.sagen, 1931; P. Sartori, Das Buch v. d. dt. G., 1932; E. Lippert, G.läuten als Rechtsbrauch, 1939; H. Stohler, Alte schweiz. Läutordnungen, Schweiz. Arch. f. Vkde 41 (1944); A. Moser, G.kunde, Bündner Monatsbl., 1945; C. Mahrenholz, G.kunde, 1948; G. Grundmann, Vkdl. Aufg. bei d. Bearb. d. dt. G.atlas, Zs. f. Vkde 51 (1954); N. Kyll, Die G. im Wettergl. u. W.br. d. Trierer Lande, Rhein. Jb. f. Vkde 9 (1958) (Kampf d. Kirche gegen G. als Abwehrmittel); N.-A. Bringéus, Klockringningseden i Sverige, Lund 1958 (Prot. G.läutbräuche seit d. Christianis. auf Grund e. aus allen 2473 schwed. Kirchengem. beantw. Frageb. des Folklivsarkiv in Lund); Dt. G.atlas, hg. v. F. Dameck u. G. Grundmann (Bd. Württ. u. H.zollern 1959; Bd. Bayerisch-Schwaben 1967, bearb. v. S. Thurm); A. Weissenbäck u. J. Pfundner, Tönendes Erz. Die abendländ. G. als Toninstrum. u. d. hist. G. in Österr., 1961 (G.katal., 76 Tafeln, über 1500 Klangbilder).

Glöckler → Klöpfelnächte, Masken.

Glück. Gefäll, (guter) Zufall ist das obd. Wort für G., das von N her eindrang. Daß auch G. urspr. nur ›Ausgang, Schluß‹ bedeutete, spiegelt sich vielleicht noch in der alem. Formel »zom guata G.« Das Wort G. ist erst seit 1160, also recht spät bezeugt. – G. ist der v.tüml. Begriff alles Guten: Gesundheit, Schönheit, Liebe, Reichtum, Erntesegen und Viehwohlstand, mildes Wetter und Frieden. G.wurzeln und -tee, G.stein, -ring, -rad, -rute, -pfennig, halten das G. fest, G.männchen, -vogel, -piper, -käferchen, -schwein, -tier will man auf dem Weg treffen oder sich schenken lassen. G.garbe, -ähre, -halm, -büschel läßt man den Naturgeistern auf dem Feld oder flicht sie in den Erntestrauß und wahrt sie wohl den Winter über. Wer bei der Geburt die → G.haube trägt, ist ein G.kind, wie das am Sonntag geborene. Zu Neujahr, zum Geburtstag, Namenstag und zu allen wichtigen Lebensabschnitten und Werkanfängen sagt man → Wünsche des Glücks. Mit G.greifen, G.heben und hundert andern → Orakeln wird zu diesen Zeiten zukünftiges G. oder Ung. erforscht. Die im Lotto, Toto oder einem anderen → G.spiel gewinnende Zahl nennen wir (mit dem Ansager im Fernsehen) G.zahl. Dem vom Schicksal abgestempelten Pechvogel steht der → G.pilz gegenüber. Nach allg. Anschauung muß jeder, der zu etwas kommen will, neben Gottes Segen und Talent auch etwas G. (Schwein, Dusel, Gfäll) haben. Eine Personifikation des G. (griech. *Tyche*, röm. *Fortuna*, mhd. *Saelde*) kennt das Volk nicht, doch stellen süddt. Springerlemodel die auf einer geflügelten Kugel vor gebauschtem Segel einherschwebende G.göttin dar (Slg. R. Beitl). Auch »G.taler« des 17. Jh. zeigen dieses Symbol. → Kugel, Glückwünsche, Unglückstage.

H. Pichler, Besinnung ü. G. u. Ung., ²1936; E. Schneider, Bergmännisch G. Der G.begriff in d. Bergbaunamengebg., Öst. Zs. f. Vkde 64 (1961); W. Sanders, G., Zur Herkunft u. Bed.gesch. e. mal. Schicksalsbegriffs, 1965.

Glückauf. Der → Gruß ist wie ähnliche bes. im Kreis der → Handwerker beheimatet. Durch die Bindung an die Welt des → Bergmanns konnte er Sinn und Funktion bis heute voll bewahren. 1670 zuerst belegt, ist er 1680 schon allg. in diesem Berufsstand, in einer Zeit, da auch Lied und Tracht des Bergmanns volle Entfaltung erreichten. Er findet Aufnahme nicht nur in den dt. Bergbaugebieten, sondern auch in Polen, Norwegen und Südosteur. Dazu kommt die Tiefenwirkung in der Mundart, im alltägl. Gebrauch, bes. im Briefverkehr. Im Erzgeb., dem Ursprungsland, ist G. »bis auf den heutigen Tag Heimat- und Umgangsgruß der ges. Bevölkerung geblieben« (H. Clauß). Als allg. Rufgruß auch der Handwerker und der Jäger (neben »Weidmanns Heil!«) ist G. schon seit 1600 nachweisbar. Noch älter ist der Gruß »Glück zu!« oder »Glück herein!« bei Begegnung und Abschied, wie er noch heute auch das Jahresbrauchtum (Erntespruch, Neujahrswunsch) begleitet. Dem G. der Bergleute entspricht das heutige »Glück ab!« der Flieger.

G. Heilfurth, G.! Gesch., Bed. u. Sozialkraft des Bergm.gr., 1958 (32 Kunstdr.tafeln u. Abb. im Text).

Glückgreifen → Neujahr.

G.alraun → Allermannsharnisch.

G.blume → Margerite.

G.bringer → Fetisch, Alraun, Wünschelrute.

Glückshafen. Hafen ist die obd. Bez. des Topfes, G. also das Gefäß, das auch heute bei Vereinsfesten u. dgl. die Lose aufnimmt, ohne sie zu mischen wie die Tombola oder Trommel. Wie dieses Werkzeug des → Glücksspiels kam der G. aus Italien und ist im 16. Jh. in süddt. Städten bezeugt für Märkte und für die Feste der → Schützenbrudersch. Früher wurde auch für Wohltätigkeitszwecke gelost. Selbst Ordenshäuser stellten G. auf. Der bayr. V.barock erfand den »Geistl. G.« für Wallfahrtsorte. Eine Lostafel an der Wand verzeichnete die Gebetsmeinung für jede Nummer der gezogenen Lose.

G.händchen → Knabenkraut.

Glückshaube, der *pileus naturalis* der Antike. Wenn bei der Geburt die Embryonalhaut (Wehmutterhäublein, Kindsnetz; *amnium*) oder ein Stückchen davon am Kind hängenbleibt, ist dies wie alles Ungewöhnliche von besonderer Vorbedeutung. Das Kind wird tapfer (Bez. der G. als Helm, in nord. Ländern als Sieghaube), reich und glücklich (Glückshaut, Glückskäppele). Bei A. v. Chamisso singt »Hans im Glück«:

»Alles, alles trifft mir ein,
muß ein Sonntagskind wohl sein
und auf Glückeshaut geboren.«

Auch dem, der etwas von der G. im Kleid eingenäht trägt, bringt sie Glück. Hebammen entfernten deshalb zuweilen heimlich die G. und verhandelten sie. Die G. hilft vor → Gericht und zum → Festmachen gegen Hieb und Stich. Ähnlicher Glaube begleitete auch mlat. *secundina*, das im frühen nhd. mit *kindfel, (kinds)bürdlin* übersetzt wurde. Die heute geläufige Bez. Glückskind meint ursprünglich das unter einer G. geborene Kind. → Sonntag.

R. Beitl, Der Kinderbaum, 1942 S. 90ff.

G.pieper → Papagei.

Glückspilz. Das Wort tritt erst um 1800 auf. Kluge-Mitzka vermuten eine Übersetzung des engl. mushroom ›Pilz‹, das auch ›Emporkömmling‹ bedeutet. Eher wohl ist an den Pilz als solchen zu denken, dessen (phall.) Gestalt in Brauch und V.graphik neben Schwein, Hufeisen, Vierklee u. ä. Inbegriff des »Glückes« ist, zu dem Gesundheit, Liebe und Geld gehören. Unter den vorgeformten Bleifiguren für Silvester fehlt der G. nie (Berlin, 1970). Im alem. bezeichnet man bes. kleine Fliegenpilze in Gratulationsgebinden oder auf → Glückwunschkarten als »Glücksschwämmli«.

G.plakette → Auto.

Glücksrad. Heute nur noch als Verlosungshilfe auf Jahrmärkten bekannt, ist das G. als senkrechtes Rad seit dem 12. Jh. bes. in der Graphik das → Symbol des steigenden und fallenden Glückes. Berühmt ist A. Dürers Stich »Das große Glück«. Fortuna, die Glücksgöttin, auch der launische Wind drehen das G., auf dem sich jeder oben zu halten sucht. Das heidn. Symbol erscheint auch in Radfenstern (Fensterrosen) von Kirchen (Basel, Beauvais). In Assisi wie in Holzschnitten des 16. Jh. ist es zum Zeichen des Weltgerichts umgedeutet.

K. Weinhold, G. u. Lebensrad, in: Abh. d. Kgl. preuß. Ak. d. W., 1892; A. Doren, Fortuna im MA u. i. d. Renaiss., in: Vorträge d. Bibl. Warburg, 1922/23; H. Sedlmayr, Die Enst. d. Kathedrale, 1950.

Glücksspiel, das Spiel mit dem oder um das → Glück, ist bei hoch und nieder beliebt. Auch das Stellen von → Orakeln ist oft nichts anderes. Dem G. (Hasardspiel) dienen → Spielkarten, → Würfel, Kugeln,

Lose, Nummern, deren Wahl und Ausschlag allein vom Zufall abhängt, dem man freilich mit manchen abergl. Sprüchen, Gesten und Praktiken nachzuhelfen sucht. Die privaten G. wie Landsknecht, Bakkarat, Pokern, Mauscheln, Meine Tante–deine Tante, Pharao, Vingt-et-un, Kümmelblättchen und wie das Roulette oder Trente-et-quarante der Spielbanken sind schon seit Beginn des 19. Jh. verboten oder eingeschränkt. Auch in Ländern mit strenger Gesetzgebung ist das G. zum reinen Zeitvertreib und um mehr symbol. Beträge erlaubt. Erlaubt ist ferner, was Staat und Fiskus gefällt: Pferderennen, Klassenlotterie, Fußballtoto oder die besteuerten Verlosungen, → Glückshafen und Tombola einz. Veranstalter und Vereine. Hier wie bei den gewerbsmäßigen G. ist der Gewinn der »Bank« der allein gesicherte. Im Kreis um das G. blüht der Zauber in vielerlei Formen. Kartenspieler wechseln ihren Platz (oder drehen den Stuhl einfach um), wenn sie vom → Pech verfolgt sind. Ein Buckliger (gobbo) ist gern gesehener Glücksbringer in der Spielbank. G. haben auch ihr bes. → Recht. Spielschulden können nicht gerichtlich eingefordert werden. Es sind »Ehrenschulden«. → Lotterie, Fingerspiele, Kegeln.

J. Astl u. E.-O. Rathleff, Das G., 1965; K. Kraus, Das Buch der G., 1966.

G.tisch → Bercht.

G.tage → Unglückst.

Glühsteert → Drache.

Glückwünsche, G.wunschkarten. Das Märchen ist die Welt, in der das Wünschen hilft: der Gedanke, das Zauberwort, der Lösespruch, das bannende Lied. Das tausendfältige »Anwünschen« von Gesundheit, langem Leben, guter Reise, Erfolg, Ruhm, Reichtum, Liebe, Kinder- und Erntesegen – dies und anderes meist zusammengefaßt in dem Begriff → Glück – bestätigt, daß wir Heutigen jener Welt nicht ganz entwachsen sind. → Inschrift und → Spruch, Zeichen und → Symbol sind in der sichtbaren Welt der Vk. Vermittler guter Wünsche. Zu → Neujahr wurden Darst. des gabenbring. Christkinds als → Klosterarbeit im 15. Jh. verschenkt (→ Andachtsb.). Bis heute sind die Neujahrs- und Muttertagsbriefe der Schulkinder Gelegenheit zu kalligraph. Übung. Den → Stickmustertüchern ähnlich wurden Musterhefte für → Schönschrift angelegt, auf die bei Bedarf zurückgegriffen wurde. Es gab auch anspruchsvollere Blätter mit bunter Darst. von Lebensbaum, Tulpen, Nelken, Vierklee und Vergißmeinnicht, Rosen und Ranken in der Art der → Patenbriefe oder der vom Schulmeister gefertigten Liebes- und Hochzeitsbriefe (→ Briefmaler) oder der → Quempashefte. Ihre große Zeit hatten Brauch und Kunst der G. im Biedermeier (→ Stammbuch). Die bei den Kindern noch heute in hohem Ansehen stehenden »Oblaten«, ausgestanzte bunte Aufklebebildchen, fügten damals zum G. Blumenkränze, Genien, Urnen und Freundschaftstempel. Alte stand neben neuer Emblematik: Schiff, Fortuna und Irrgarten, Herzen und Hände, Leier und auch die Gebärde der → Feige. Galanteriewarenherst. und Buchbinder fertigten die Kulissen-, Dreh-, Zug- und Klappkarten, aber auch geschickte Frauenhände stickten und schnitten einfallsreiche Gk. und -brieflein mit Chenillefaden oder in Plattstich. Besonderen Ruf genossen die aus vielerlei Rohstoffen gemachten »Kunstbillets« des Wiener

Graveurs J. Endletzberger und seines Nachahmers J. Riedl.
Neben der priv. Liebhaberei geschriebener und gemalter G.briefe nährt die gewerbl. Herst. auch heute ihren Mann. Manches hat noch den Charakter v.naher Kunst, vieles ist auch Dutzendware für das, das was man für den »Geschmack der Masse« hält. Immer aber ist die Brauchbez. vorhanden. Eine Papierhandlung in Berlin-Zehlendorf ist (1971) mit einem halben hundert talentiert gezeichneter und farbiger Gk.briefe in Ernst und Scherz für folgende Anlässe gerüstet: Geburt, Geburtstag, Konfirmation und Kommunion, Verlobung, Hochzeit, Weihnachten, Neujahr, Valentinstag, Ostern, Muttertag, – Examen, Führerschein, Erstes Auto, Neue Wohnung, Beförderung, Pensionierung, Genesung von Krankheit.
Mit dem großen Aufwand, den England, Australien, bes. aber Amerika mit Christmas Greetings und Happy New Year-Karten treiben, machten uns die Besatzungsfamilien bekannt. Türrahmen und Kaminaufsatz besteckt man stolz mit der eigenen Ernte. Manches davon wurde von uns übernommen trotz der genialen Erfindung der »Neujahrsenthebungsinserate« in den Lokalzeitungen, in denen in langer Liste sich alles reiht, was keine Zeit und Lust hat, aber doch rundum gratuliert haben möchte. Der damit verbundene »wohltätige Zweck« heiligt dieses Mittel.

H. Schwindrazheim, Hamburger Weihn.wünsche a. d. 18. u. 19. Jh., 1962; Alte Bremer Neujahrswünsche, Focke-Mus., 1967.

Gnadenbild → Maria.

Gogen, Goy → Papagei.

Gold, golden. Kostbarkeit, Festigkeit, Rostfreiheit, Reinheit, Farbe, Glanz und Verwendung im kirchlichen und weltlichen Kult und im Schmuck und Kunstwerk machten G. und daraus Gefertigtes zu gesuchten Amuletten und Heilmitteln. G. wendet den bösen Blick ab (Brautschmuck, Ehering), vertreibt als Ohrring Augenkrankheiten. Seine → gelbe Farbe vertreibt homöopathisch Gelbsucht und Rotlauf. Wer mit g. Ring am Finger sät, erhält schön gelbes Korn. → Heilkräuter muß man mit G. oder Silber abschneiden. G. sind die verborgenen Schätze (Kegelspiel, Wiege, Sarg), die Enten und Gänse im Berg, zu G. wird der Kehrichtlohn (→ Kohle) der Geister. G. ist das Rößl des Christkindes zu → Weihnachten, wie überhaupt das Seltene und Köstliche mit G. verglichen wird (g. Sonntag, g. Zeitalter). Stereotyp sind auch die g. Tische, Rosse und Wagen in den Erntesprüchen oder bei Neujahrsliedern in Niederbayern. Im Nord. trägt Odins Pferd g. Mähne und Freyrs Eber g. Borsten. Mit G. ausgelegt sind die Götterwohnungen.

H. Quiring, Gesch. d. G., 1948; H. Pohl, G. Macht u. Magie in d. Geschichte, 1958 (Eine interessante Monogr. ohne wiss. Anspruch).

Goldene Brücke, eins der bekanntesten → Kinderspiele, das schon → Altswert erwähnt: *zwei spilten der fulen brucken.* Von der faulen (morschen) Brücke spricht auch → Fischart, und → Geiler von Kaysersberg schreibt: *es wird ihnen nichts mehr, denn das sie wie im Spiel der faulen Brucken einmal die Händ zusammenschlagen vnd jauchzen vnd als dann wieder herabspringen, ritschen vnd burtzeln.* Dem Spiel, das in Thüringen Magdeburger B., in Sachsen Merseburger B., in Hessen Meiersche B. heißt, liegt meist der nach der typ. Kindermelodie gesungene Text zugrunde:

Ziehe durch, ziehe durch
durch die goldne Brücke.
Sie ist entzwei, sie ist entzwei,
wir woll'n sie wieder flicken.

Mit was denn, mit was denn?
Mit Steinerlein,
mit Beinerlein,
der letzte muß gefangen sein.

W. Mannhardt, E. L. Rochholz u. a. gaben dem Spiel eine myth. Deutung: der Ritt der Toten in das umhegte Reich der Halja (→ Hel) führt über die Totenb. Singer sieht in ihm die Erinn. an das einstige B.opfer (→ Bauopfer), für das ein Mitglied der Gemeinde oder ein Kriegsgefangener durch Los bestimmt wurde. → Kinderlied.

E. L. Rochholz, Alem. Kinderlied u. K.spiel aus d. Schweiz, 1857; J. V. Zingerle, Das dt. K.spiel im MA., [2]1873.

goldene Messe → Michael.

G. Sonntag → Dreifaltigkeitss., Advent.

G. Amt → Advent.

g. Frauenhaar → Widerton.

g. Rößl, Heißl → Weihn.

Goldfink → Gimpel.

Goldmachen, → Alchimie. Goldköche waren u. a. Thurneysser und noch Bötticher, der Erfinder des Porzellans. Über G. schrieb Hans Sachs 1568: »Die Geschicht Keyser Maximilianj mit dem Alchimisten löblicher Gedechtnuß«. Daß die Kunst des G. auch noch die Phantasie heutiger Menschen beschäftigt, zeigen französische und dt. Gerichtsprozesse. Im Film ist G. ein großes Thema (»Romanze in Moll« m. Bötticher).

goldne Stund → Kirmes.

Goldrose → Ringelblume.

Golf → Minig.

Gömmachten → Dreikönig, Gennachten.

Gott. Den Ursprung der G.vorstellung sah man im Geister- und Seelenglauben (→ Animismus, Seele), im Glauben an Lebensstoff und geheimnisvolle Kraft (Mana, → Orenda), der sich an heiligen Orten und Zeiten, durch außerordentl. Menschen (Häuptling, Medizinmann, Priester) offenbart, und in der Annahme eines Urhebers der Menschen- und → Weltentstehung. Über Dämonismus und Polytheismus gingen bereits Vorstellungen der Ägypter, Assyrer, Inder und Griechen hinaus. Das spätere Griechentum gewann die abstrakte Vorst. von einem neutralen All-Einen, wie er auch in Goethes Pantheismus lebt. Der G. der Christen hat übermenschl. Kraft wie der → Dämon, aber er ist diesem übergeordnet durch seine Loslösung von Welt und Menschen, durch seine Güte, höhere Weisheit und edlere Gestalt. Er erscheint als Persönlichkeit, während Dämonen oft in Scharen, häßlich, boshaft und schadensinnend auftreten. Die germ. Götter waren nicht ewig gedacht (→ Weltuntergang). Tacitus nennt als die Hauptg. der Germanen → Wodan, → Donar und → Ziu, deren schwache Spuren wir in Sprache, Glaube und Brauch noch heute finden. Der von d. Kirche geprägte G.gedanke wird vom Volk ebenso wie die Vorstellung von → Heiligen gewandelt und dem eigenen mythischen Weltbild und Glaubensvermögen angenähert und angepaßt. Die Benutzung der → Namen G. in Amuletten, Beschwörungen und Zaubersprüchen sagt das. Wie die vorchristlichen G.heiten im Volksglauben allmählich dämonistische

Züge angenommen haben, so verfärbt sich in Sage und Rede auch das Bild des gütigen und gerechten G. zu einem bösen Schreckdämon, der im → Donner grollt oder zornig schimpft, Steine herunterwirft (Siebenbürgen), beißt, einen verhungern läßt, einem die Hand abhackt, totschlägt oder einen Nagel in den Kopf schlägt (Nassau). Auch die volkssprachlichen Bez. zeigen die Annäherung an irdisches Maß, aber auch vertrauliche Nähe: Herrjöttche (Rheinland und süddt.), Himmeltaterl (→ Pate), Himmelähnl, 's lieb Herrla. Ursprünglich bedeutete das germ. (altnord., got.) Wort G. ›angerufenes Wesen‹ oder vielleicht auch ›durch Opfer verehrt‹ (Kluge). Daneben gibt es viele andere Versuche der etym. Deutung. → Wilde Jagd, Freyr, Frija, Freyja, Fulla, Nerthus, Woche, die einzelnen Wochentage, Euhemerismus, Christus, Dreifaltigkeit, Alpha, Dreieck, Name, Wasser, Monotheismus.

K. Breisig, Die Entstehung des G.gedankens und der Heilbringer, 1905; N. Söderblom, Werden des G.glaubens, ²1926; R. Otto, Das Heilige, ¹⁴1926; Much, Religion der Germanen, 1928; W. Wundt, Völkerpsychologie, 4.–6. Bd., Mythus u. Religon; J. G. Frazer, Mensch, G. u. Unsterblichkeit, 1932; W. Schmidt, Der Ursprung d. G.idee, 12 Bde., 1926–55; H. Usener, Götternamen, 1948; G. Mensching, Die Religion, 1959.

Gotta, Godl, Götti, Göd → Pate.

Göttelbriefe → Patenbr.

Gotteshand → Knabenkraut.

G.heller → Kauf.

G.klage → Winselmutter.

G.mutter → Maria.

Gottesurteil, Gottesgericht, Ordal. Neben Eid, Eideshelfer und Zweikampf als Rechtsfindungshilfe des alten → Gerichts stand das G., das auf dem Glauben beruhte, daß Gott oder eine andere angerufene Macht durch ein Zeichen Schuld und Unschuld enthülle bzw. den Schuldigen strafe. Es ist dadurch mit → Los und → Eid verwandt. Als G. galten die Kreuzprobe (judicium crucis; wer die ausgestreckten Arme zuerst sinken ließ, war schuldig), die Feuerprobe (j. ignis), wobei die Hand ins Feuer gehalten werden mußte, ohne verbrannt zu werden; die Eisenprobe (j. ferri): ein glühendes Eisen neun Schritte weit tragen oder über neun glühende Pflugscharen schreiten; bei der Wasserprobe (j. aquae) wurde der Beschuldigte, die linke Hand an den rechten Fuß gebunden, ins Wasser geworfen. Ging er unter, war er schuldig, während die schuldige → Hexe in der Hexenprobe ihr natürl. Gewicht verlor und oben schwamm. Beim »Bahrrecht« begann die Leiche bei der Annäherung des Mörders zu bluten, wie es noch Sagen unserer Zeit berichten. Ein beschworener Bissen blieb dem Schuldigen im Halse stecken (j. panis adjurati), das Abendmahl gereichte ihm zum Verderben (j. per eucharistiam). Schließlich entschied auch das einfache Los (j. sortis). J. Grimm bezeichnete das G. als eine »rückwärts gerichtete Weissagung«. C. v. Schwerin vergleicht das G. ähnl. Vorst. von Naturvölkern und im dt. Zauberglauben. Er sieht im G. den alten, später verchristl. Zwingzauber durch »bes. vertraute heilige Stoffe und kräftige Reiniger, wie Feuer oder Wasser«. Karl d. Gr. hat solche alten G. offiziell begünstigt. Sie wurden später durch die Folter abgelöst, verschwanden aber aus dem Gerichtsverfahren ganz erst Mitte d. 18. Jh. → Recht.

F. Majer, Geschichte der Ordalien, 1795; F. Pfalz, Die germ. Ordalien, 1865; A. Kaegi, Alter u. Herkunft des germ. G., Festschr. z. 39. Vers. dt. Phil., 1887, H. Glitsch, G., 1913; Brunner, Dt. Rechtsgeschichte, 2

Bde., [2]1906, 1928; W. Müller-Bergström, G. HDA. 3, 994–1064; C. v. Schwerin, Rituale f. G., Sitz.-Ber., Heidelberg, 1933; H. Nottarp, G.studien, 1956; H. Conrad, Dt. Rechtsgesch. 1, [2]1962.

Graale → Weihn.

Grab → Friedhof, G.denkmäler, G.blumen, G.beigabe, Windrose, Wiedergänger, Hegung.

Grabbeigabe. Auf Totenglauben und → Ahnenkult beruht die Sitte der G. In den Gräbern der jüng. Steinzeit, aber auch in den späteren germ. Brandgräbern finden wir Nahrung, Kleider, Schmuck, Waffen, das Lieblingstier (→ Pferd), in der Wikingerzeit selbst ein Schiff als G. Einer Wöchnerin gibt man die Puppe und Kinderzeug, einer Braut Kranz und Schleier, dem Studenten Mütze und Band mit ins Grab. Der → »lebende Leichnam« braucht diese Dinge, auch erfreuen oder beschwichtigen sie ihn, der vielleicht als → Wiedergänger auf Verderben sinnt. → Geld wie der griechische Obolus und die noch üblichen Totenpfennige als G. entspringen dem Gedanken an eine Reise oder Überfahrt ins → Jenseits. Man soll dem Toten deshalb auch die Schuhe anlassen. Im christl. Gebrauch haben manche G. (Kreuz, Rosenkranz) auch die Kraft, Böses und Höllisches abzuwehren. Das germ. Totenteil wurde später der Kirche geschenkt, die es in »Seelgerät« umwandelte (→ Jahrtag, Marterl, Steinkreuz). Nicht eigentliche G. sind die Dinge, die man in den → Sarg tut, um eine Krankheit damit loszuwerden, zu begraben. → Raute, Drechsler, Gebildbrote, Schiffer.

M. Zender, Die G. d. Gegenw. n. d. Slg. d. ADV, in: Arbeitstag. ADV, Prot. Ms. Bonn 1957; ders., Die G.n im heutigen dt. Vbrauch, Zs. f. Vkde 55 (1959) (3 Karten: Waschzeug, Geld; Brauchtum); Kartogr.: ADV–NF 13–20 G. Bez., Zahl, Art (Geld, Nahrungsm., Waschzeug, Obst, Zitrone, Blumen, Photo), Zweck, Verbote, G. d. toten Wöchnerin.

Grabblumen. Manche Pflanzen werden vom Volke als »Toten-« oder »G.« bezeichnet und in manchen Gegenden ausschließlich zur Ausschmückung von Gräbern benutzt. Als z. B. bei einem Berliner Gärtner ein Kasten Epheu für einen Balkon bestellt wurde, machte er darauf aufmerksam, daß dies eine »Totenpflanze« wäre und warnte, sie auf dem Balkon anzubringen (1935). Als ausgesprochene »G.« gelten: die gelbe → Ringelblume *(Calendula)*, Immergrün, → Raute, Nelken (Grabnägeli), → Lilien, → Rosen, → Rosmarin, → Buchs- und Sebenbaum (der letzt. ausschließlich für männliche Tote!). Weiße Blumen sind besonders auf Gräbern von Kindern und Ledigen zu finden; rote werden meist vermieden (heute nicht mehr beachtet!). Zwischen den Toten und den Blumen oder Bäumen, die aus ihren Gräbern erwachsen, zeigt sich in vielen Volkssagen, -märchen und -liedern ein tiefer Zusammenhang. Sie gelten vielfach als Zeugnis für die Unschuld eines Getöteten, für ein Verbrechen oder eine unglückliche Liebe. In Oberösterr. sagt man, wenn eine → Königskerze oder eine → Distel auf einem Grabe erscheint, der Verstorbene sei eine Wallfahrt schuldig geblieben, oder er befinde sich im Fegefeuer und bitte, eine Messe für ihn lesen zu lassen. – Die G. werden im übrigen als Eigentum der Toten angesehen. Wenn man sie abpflückt, so streckt der Tote seine Hand aus dem Grabe, oder er erscheint einem im Traum. Wer nur an einer G. riecht, soll in Ostpreußen den Geruch verlieren; wer sie gar nach Hause nimmt, erbt die »Todkrankheit« des Verstorbenen. Am Eingang eines

Friedhofes in Berlin-Zehlendorf stehen auf einem Schild die Worte:

Die Blumen sind der Toten Eigentum.
Freund, denk daran, und ehr dies
Heiligtum.

Das Gras auf dem → Friedhof gehört vielfach dem Pfarrer oder dem Küster. Es soll, wie alles, was da wächst, besonders gedeihen. Vielerorts gilt es als heilkräftig. → Farbe.

H. Christ, Zur Gesch. d. alten Bauerngartens d. Schweiz u. angrenz. Gegenden, [2]1923; P. Geiger, G. im HDA; – ASV 234 gelbe G. gemieden, rote oder lebhafte Farben selten; weiß bevorzugt im Kanton Waadt, Wallis u. i. d. Urkantonen.

Grabdenkmal. Die Sprachgewohnheit bezeichnet das Mal am Friedhofsgrab als G., als Grabmal dagegen die Steinplastik in der Kirche (Platte, Wandnische, Tumba, Epitaph). Für Laien wurden im MA einfache Gedächtnissteine mit Kreuz und Namen außerhalb der Kirche aufgestellt. Wie der → Friedhof mit Tor (→ Beinbrecher), Mauer oder Hecke, in den Alpen zuweilen mit einem gedeckten Umgang, fast immer aber mit einer Kapelle der Gemeinschaftsraum der Totenehrung ist, so hält das G. mit Symbol, Spruch, Namen und Jahreszahl die Erinn. an den einzelnen, an Familie und Sippe fest. Wie andere vom Volk geschaffene oder dem Volk gewidmete Kunst, spiegelt auch das G. den Stil der Zeit, jedoch mit Sprüngen, Verzögerungen und Rückgriffen, so daß noch in später Zeit gotisierendes Schmiedewerk oder barocke Steinplastik auftreten können. Neben christl. Palme, Kreuz, Gottesauge und Rosenkranz erscheinen Symbole der Antike oder des V.glaubens wie Urne, Genius von Schlaf und Tod (Engel) mit gesenkter Fackel, Schmetterling, Stundenglas, Schlange und Krone. Der G.spruch entstammt in prot. Landschaft fast ausschl. der Bibel, während er im S nicht selten vtüml. Züge, ja sogar solche eines derben Humors annimmt, vergleichbar manchen → Inschriften auf → Votivbildern oder → Marterln:

O großer Gott, du wunderbarer Schöpfer,
ich bin der Ton und du der Töpfer
(Schwarzach bei Sand)

Mein Kind, das war ein Rosenknopf,
wollt eine Rose werden;
Es kam der Tod und roch daran,
da war's nicht mehr auf Erden. (Bayr. Wald)

Von der mittl. Steinzeit an sind Grabpfähle aus *Holz* in Mittel- und Nordeuropa bekannt. Auch das spätere christl. G. war, schlicht bemalt, beschnitzt oder ausgesägt, meist aus Holz. Noch immer ist es ein solches Kreuz, das dem Sarg vorangetragen wird, ein schwarzes mit schwarzem Schleier für Verheiratete, ein braunes für ältere Ledige, ein weißes oder hellblaues mit weißem Schleier für Jugendl. und Kinder (Vbg.). Es zeigt nur Namen und Jahreszahl und wird, wenn der Grabhügel sich gesenkt hat, durch das dauerhaftere G. ersetzt.
Die eigenartigsten G. aus Holz weist Ostpreußen auf. Im Memelland und am Kurischen Haff war das G. ein Brett in Urnen- oder Krötenform, zuweilen auch in Gestalt eines Herzens mit Vögeln am oberen Ende. Frauengräber trugen über dem Kreuz ein Dach mit zwei ausgezackten schmalen Brettchen. »Je älter die Frau, um so länger die Bretter und um so mehr Zacken weisen sie auf« (Clasen). Brettformen, aber nur mit dem Urnenmotiv, haben Oberland und Pomesanien. Auf altpruzzische Begräbnissitte werden die Grabpfosten zurückgeführt (bes. Kr. Mohrungen und Osterode). Sie sind reich beschnitzt und tragen Bemalung und Schrift. In Pommern waren die hölz. G. des

Landes auch in der Stadt häufig. Stralsunder Kriegsakten berichten, wie zur Zeit der wallenstein. Belagerung die großen Holzkreuze auf dem St. Jürgenfriedhof entfernt wurden, damit der Feind nicht Dekkung und Brennstoff fände (Adler). Von der reichen Holzkunst der G. auf dem Darß und im Kreis Greifenberg ist wenig erhalten. Sie hatten die Form einer Stele aus schwerer Eichenbohle mit Bekrönung und einfachem seitl. Profil. Im 18. Jh. wurde die Formgebung des wertvolleren Steins in Holz nachgeahmt. Darßer Grabsteine weisen, vielfach von Friesland her beeinflußt, mit einem Schiff auf Meereswogen auf Beruf und Schicksal des Toten. Schiff, Windmühle, Säbel verzeichnet Peßler als Berufshinweise auch auf niedersächs. G. Am längsten hielt sich das eigenartige G. der Jamunder Gegend, wo Kreuz und Stele fehlen und dafür das Grab von einem Kasten eingefaßt war, der an den Schmalseiten barocke Bekrönung, an den Längsseiten außen Malerei mit Blumen und Herzen wie auf den Brautstühlen trug (Adler). Die Holzkreuze in der Lausitz mit geschweiften Armen und Schutzdach ähneln denen der sächs. Nachbarschaft. Uebe weist auf den charakterist. schwarz-weiß-Anstrich westfäl. G. hin (Lengerich). In der Pfalz wählt der Kath. das Kreuz, der Prot. den Grabschild aus Weichholz, meist in barockem, aber noch nach 1840 auch in got. Stil (Westrich). Im Steinkreuz finden sich beide Konfessionen. Wegen seiner Hinfälligkeit ist das hölz. G. auch im dt. S selten geworden, doch wird es zuweilen noch bewußt gepflegt (reich geschnitzte G. in Fraxern über dem vorarlb. Rheintal; mit Bemalung in Damüls, mit leichter Profilierung in Schoppernau, Breg.wald). Allgemeiner Brauch sind hölzerne G. in Stadt und Land noch für die Ehrengräber der Gefallenen beider Weltkriege. Auf norddt. Friedhöfen stehen die ernsten eichenen Kreuze in Reihen oder in einem Rund versammelt, in den Alpen auf den einz. Familiengräbern die Birkenkreuze, die man bei der »Kreuzsteckung« (Ersatzbegräbnis) dem Trauerzug vorantrug.

G. aus *Stein,* als Grabstelen seit der Jungsteinzeit bezeugt, sind d. ihre Wetterbeständigkeit oft Zeugen älterer Zeit, anderers. lösen sie das Holzkreuz erst im l. Jh. eines wachsenden Wohlstandes ab. Schließlich sind sie das G. der waldarmen Landsch. (fries. Inseln; roh behauener Granit mit Hausmarke und Todesjahr auf Mönchgut; ähnlich auf Hiddensee). Anfang des 18. Jh. wanderte die Steinmetzkunst aufs Land. So finden wir selbst auf abgelegenen Dorffriedhöfen (z. B. Rosenthal im Fläming) Zeugnisse einer hochstehenden, volksnahen Handwerkskunst. Holländ. Einfluß zeigen die G. der Seefahrer u. Grönlandfischer auf den nordfries. Inseln (Amrum, Föhr). Auch geschickte Küster versorgten mitunter einen ganzen Kreis mit G., so auf Rügen oder im Kr. Grimmen, wo nach dem Küsterbuch von Althagen Joachim Christian Soltow von 1793 bis 1833 für sämtl. Dörfer des Kreises 212 G. gemacht und je Stein etwa 20–30 Taler erhalten hat (Adler). In Stiepel in Westfalen (etwa 30 Steine) wurde die Renaiss.form des Halbkreises als oberer Abschluß vom 16. bis in die Mitte des 19. Jh. starr festgehalten. Im 17. Jh. wurde daraus eine halbe Rosette, später traten Engelsköpfe oder Hausmarken, im 19. Jh. auch Gewerbezeichen hinzu (Uebe). Auf thür. Steinmälern wurde das Ereignis des Todesfalls (z. B. Blitzschlag) festgehalten; ein früh verstorbener Bräutigam oder eine junge Frau trägt eine Blume in der Hand. Oft war das Bild nur eingeritzt. Stücke aus dem 14. Jh. sind hier erhalten. Die Blütezeit war das 18. Jh. Mehr als im Schnitzwerk wird in der Steinbildnerei das Vorbild der G. und Epitaphe der Fürsten und hohen Herren spürbar (Redslob). Anderers. kann das Schaffen eines unbekannten Bildhauers den Stil einer ganzen Gegend prägen (G. des Sauerlandes mit seinen nachklassiz. $1^1/_2$ m hohen Schieferplatten; alter Ölsberger Friedhof bei Brigge, Brilon). G. aus → Steinzeug lieferten im 19. Jh. Töpfer des Westerwaldes. Für das ehem. Bistum Metz wurden steinerne G. mit zwei Figuren (Patrone des Toten?) am Kreuz charakterist. Elsäß. G. aus Stein zeigen zuweilen das Band- und Flechtwerk bäuerl. → Stühle (Polaczek). Halm weist auf bayr. G. hin (Bayr. Heimatschutz 1912. Niederaltaich aus dem Anfang des 16. Jh.: Bauersmann mit Kraxe und Wanderstab aus rotem Marmor; Eichstätt: G. aus dem anstehenden Jurakalk in reicher Typenabwandlung auch für einfachere Leute in Form von Stele, Kreuz oder Herz). Mit dem Klassizismus geht jedoch auch hier der Vk.charakter verloren. Was E. Redslob um 1926 für Thüringen feststellte, gilt ziemlich allg.: »Wo früher der Verstorbene abgebildet wurde von einem, der ihn noch gekannt hatte, wird heute an ein in Kunststein gegossenes, aus der Stadt geliefertes G. ein Porzellanschild mit Photographie geschraubt« (Dt. Vk., Thür. S. 20).

Im 20. Jh. bestimmt das Bild des Friedhofs der einförmige klobige Marmorwald, doch beginnt er sich, besonders in Süddtl., zu lichten zugunsten des G. aus Eisen; und fast droht das »Schmiedeeisen« eine Mode zu werden, wobei vergessen wird, daß auch der → Eisenkunstguß in seiner Frühzeit edle Formen geschaffen hat. In Pommern gehören die nicht allzu häufigen G. aus Eisen mit der Symbolik der Tulpen, Herzen, Hände, Anker zum Schönsten der Vk. In Ostpreußen fertigte sie der Schmied nach kunstgewerbl. Vorlagen und fügte (wie anderwärts) fertige Zierstücke aus der Fabrik hinzu. Im südl. Westfalen und Siegerland zeigen gußeiserne Grabplatten die Hausmarke des Toten. In der Mark Brdbg. sind ähnl. Grabzeichen selten. Das Gedächtnis der Verstorbenen bewahrt hier oft die in der Kirche aufgehängte → Totenkrone. In Altbayern erfüllt diese Aufgabe das → Totenbrett an der Wegkreuzung. G. aus Schmiedeeisen in nachklingendem Barock, Rokoko und Empire kennzeichnen bes. die kath. Landsch. Manche lassen an einen Lebensbaum in friedvollem Garten, an Blumen im Gottesacker denken. Zuweilen schützt ein Dächlein das Ganze, ein Deckelkästchen in der Kreuzmitte, umgeben von Strahlen oder Rosen (des → Rosenkranzes), birgt Angaben über den Toten, Spruch und frommes Bildwerk. In der Oberpfalz gab es zu Anfang des 20. Jh. nach Prandtl noch einige Friedhöfe mit fast durchweg schmiedeeisernen Kreuzen (neuerdings: Schambach b. Riedenbg.). Die Friedhöfe von Ischgl und Galtür im Paznaun besitzen (1970) ausschließlich schmiedeeiserne, allerdings etwas überladene G. Anderwärts ist manches formschwache, auftrumpfend vergröbernde und werkstofffremde (Schweißen und Schrauben!) Nachahmung der alten Vorbilder. Auch das geschnitzte Kreuz wird wieder häufiger, und das G. aus Stein hat das alte Schema aufgegeben. Mag auch manches halb oder ganz mißlingen, abzulehnen ist, wie der Fabrikschund im Hause, auch auf dem Friedhof nur die ausschl. auf Gewinn bedachte kalte und geschmacklose Industrieware.

Wie Totensorge und Totenehre am Anfang aller Religion stehen, und heute bei aller Problematik kirchl.-konfess. Glaubens und Lebens sich mächtig äußern in der Feier der Gedenktage (Allers., Totenstg., Kriegerged., aber auch Weihnacht, Geburts- und Sterbetag), so kümmern sich der einzelne, die Familie, und die Gemeinschaft (Gräber von Soldaten, Lawinenopfern, Bergleuten) heute eher mehr als vor 50 Jahren um Pflege und Schmuck der Ruhestätte. Die Seemannsgräber auf den friesischen Inseln, die vielfabrigen Tulpen aus geblasenem Glas auf dem Friedhof von Lauscha, die geschnitzten und bemalten Holzkreuze im Bergdorf Damüls, die derben Eisenkreuze von Neustift im Stubai, sie alle künden von Ehre, Gedenken, Liebe, die den Heimgegangenen, den Abgeschiedenen auf seinem unbekannten Wege begleiten.

Alle Bde. d. Reihe Dt. Vk.; S. Hirzel, Grab u. Friedhof d. Gegenwart, 1927; J. Ringler, Schmiedeeiserne Grabkreuze, 1931 (Spätgotik bis Empire); D. Steilen, Norddt. Grabmalkunst, 1938; F. v. Duhn – F. Messerschmidt, Ital. Gräberkde., 1939; Grabmal u. Friedhof. hg. v. ev. ref. Synodalrat d. Kt. Bern u. v. Berner Heimatschutz, 1951 (Posit. u. negat. Beispiele); P. A. Barba, Pennsylvania-German tombstones. A study in folk-art, 1954; W. M. Treichlinger, Wohl ist ihr und auch mir. Eine Slg. v. Grabschriften, 1955; W. Lindner, Reihengrab u. Gräberfeld in i. Gestaltg., 1955; Zs. Friedhof und Denkmal, seit 1956; O. Valentin u. J. Wiedemann, Der Friedhof, Gestaltung, Bauten, Grabmale, [2]1963; H. Busch, Tod u. Bestattung im Wandel d. Zeiten, 1964; E. Panofsky, Grabplastik, 1964; F. K. Azzola, Die alten Grabsteine d. Dorffriedh. v. Oberwalgern i. Kr. Marburg – eine Inventarisation, in: Hess. Bll. f. Vkde 57 (1966) (In d. l. Jahrz. wurden Invent. ganzer Friedhöfe in Hessen durchgef.); ders., Mal. Scheibenkreuz-G.steine i. Hessen, 1972; Vgl. auch Lit. → Friedhof. – ASV 233. Stein (allg.), Holz, Eisen (bes. im Tessin).

Graffito → Sgraffito.

Gral → Edelstein.

Gramakelblume → Margerite.

Granat, in den österr. Alpen, wo er heute noch offenliegend gefunden wird, viel als Schmuck getragen. Er trübt sich, wenn dem Träger Unglück droht. Als Amulett macht er fröhlichen Sinn. Das MA reihte ihn ein unter die fünf heilenden → Steine. Da man ihn zu den Hyazinthen rechnete, erscheint er auch als → Monatsstein für Januargeborene (heute f. Märzgeb.). – Lat. *granatum* ist ›gekörnt, mit Kernen gefüllt‹, daher der Namen des G.apfels, eines beliebten Motivs der Vk. (→ Möbelmalerei), das schon im MA. durch Wohlgeruch, Vielzahl der Kerne (Tugenden) und Blutfarbe Symbol Mariae und der Heiligen wurde (Ghiberti, J. v. Eyck, Burkmair, Dürer). – G.e (das Geschoß) und Grenadier sind gleicher etym. Herkunft.

L. Behling, Die Pflanze in d. mal. Tafelmalerei, 1957; H. Prasch, Blutstropfen der Nocke, Spittal/Drau 1972.

Grasausläuten, Fruchtbarkeitsbrauch im Frühling, wie Glöckeln, Langaswecken, Kornaufwecken, Aperschnalzen u. ä. 1904 nahmen in Schwaz am Gregoritag 76 Burschen in Tracht mit Schellen und Glocken und rußgeschwärzten Gesichtern am G. teil. Sie werden bewirtet, denn ihr Kommen verspricht Erntesegen. → Gregorius.

F. Haider, Tir. Brauch i. Jahresl., 1968.

Grasfresser → Wegerich.

G.könig → Pfinsten.

gratulieren → Glückswunsch, Wunsch, Neujahr, Namens-, Geburtstag.

grau, Farbe der umgehenden Toten, überhaupt der → Geister (neben schwarz und weiß). Eine Braut soll nicht Kleider von dieser Farbe tragen. Die Volkssprache ist reich an abstufenden Bezeichnungen (aschg., mausg., gritzeg.). – Vögel von dieser Farbe oder kleine g. Männchen, die am Fasnachtsabend beim Liebesorakel statt des Geliebten erscheinen (Vogtland), sind Todankünder. Besonders im Erzgebirge und in den Sudeten erzählt man v. G.männchen als Schatzwächter, zwergähnlichem Kobold und Kinderschreck in Wald und Feld (Groomannla, Kramannla).

V. v. Geramb, G. u. grün, in: Bayr.-Südostdt. Hefte f. Vkde 14 (1941).

Graul, auch Grauel, Krawel, Grauelmann. Neckender, die Gestalt wandelnder Kobold und Nachtschreck, dessen Namen von Westfalen und Rheinland aus nach dem Osten (besonders Neumark, auch Ostpreußen) gewandert zu sein scheint.

Gredoria → Credoria.

Gregorius (12. 3.), Gregor I., der Große († 604; Attr.: Arme, Buch, Taube, Tisch) bildete die Lehre von Meßopfer und → Fegefeuer aus, förderte die Verehrung der → Heiligen und → Reliquien wie bes. auch Erziehung, Schule und Schulgesang. Gregor IV., gleichfalls ein Freund der Schule, stiftete seinem Vorgänger zu Ehren 830 ein Schulfest. Im MA hielten besonders die mittel- und süddt. Schulen ihrem Patron zu Ehren Feste ab, die lange lebendig blieben (Gregorisingen, Knabenbischof, Heischegänge mit dem Lehrer, Einholen der Frühlingsmaie, G.soldaten m. blumengeschmückten Degen). Besonders festlich beging bis ins 19. Jh. Coburg diesen Tag. In süddt. Städten haben Maienfest und Maientag das G.fest abgelöst. In Tirol (vom 13. bis 19. Jh. bezeugt) gab es am G.tag eine große Jause für die Schüler, eine »Marende«.
Wettertag ist G. geworden, weil vor der Kalenderreform (1582 durch G. XIII., Förderer der Gegenreformation) an diesem Tage die Tag- und Nachtgleiche war, was das Tiroler Sprichwort noch jahrhundertelang festhielt:

Gregori macht
den Tag gleich der Nacht.

Unter den Wetterzeichen wird besonders der Wind beobachtet:

Gregoriwind
geht, bis Jörgen kimmt.

In Bräuchen und Spielen wurde auch der Kampf des Sommers mit dem Winter dargestellt. → Grasausläuten, Dinkelsb. Kinderzeche, Kaufbeur. Tänzelfest.

E. L. Rochholz, Alem. Kinderlied u. K.spiel aus der Schweiz, 1857; H. Grisar, G. d. G., Rom 1928.

Greif. Das seit dem »Herzog Ernst« in Volksbuch u. Sage bekanntere mythische Tier (halb Adler, halb Löwe) wird auf orientalischen Literatureinfluß und auch sprachlich auf assyr. *k'rub* (hebr. *kerub*, griech. *gryps*, lat. *gryphus*, ahd. *grîfo*) zurückgeführt. Die Vk. (Bildweberei, Schnitztruhen, Bilderbogen, Wappen und Wirtshausschilder, Fliesen aus Amorbach in Franken) hat das Motiv seit dem MA oft verwendet, auch auf kleinen Truhen und → Kästchen als Liebes- und Hochzeitsgabe. Vom → Adler unterscheidet sich der G. durch die spitzen Ohren, vom → Drachen durch die gefiederten Flügel.

C. Simonett, Die geflügelten Löwen aus Angst, 1944; U. Jantzen, in: Fs. f. H. Jantzen, 1951.

Grenze. Die oberdt. heute noch gebräuchlichen Bez. Schneid, Mark, Landmark und niederdt. Schnede, Achte, Laag u. ä. wurden schriftsprachlich und z. T. auch mundartlich verdrängt durch das im 13. Jh. im preußischen Ordensland aus dem slav. *(granica)* entlehnte G. → Luther gebraucht es viel und setzt es gemeindt. durch. Mit der Bildung des Eigentums von Gemeinschaften (Markgenossen) oder Einzelnen entstand die G. als Trennungsstrich und Schutzring, dem religiöse Weihe und später die Macht des Rechtsgedankens Nachdruck verliehen. Die feierliche Begehung der G. mit Jugendlichen, der Brauch geheimer G.zeichen (Knochen, Kohlen, Münzen, sogenannter »Zeugen«), die Tabu-Erklärung der G. in zahllosen Sagen von gestraften Marksteinversetzern, die Rolle der G. im Jahresbrauch und Volksglauben, die verschiedenen Mittel und Zeichen, die G. anzuzeigen, verraten die Bedeutung, die sie im Bewußtsein des landbesitzenden Volkes hat. Auch für die gefährdete → Wöchnerin, für die umgehende Totenseele und für Dämonen sind G. bindend, besonders in der allgemeineren Form von Schwelle, Dachtraufe und Zaun, Straße, Kreuzweg und Bach. An der G. vergräbt man Krankheiten. Andererseits werden Heilmittel orendistisch gestärkt durch Auflegen auf G.stein oder -pfahl. Auf der G. hält der Leichenzug inne. – Die Sage vom wetteifernden G.lauf kannte schon die Antike. Das äußere Zeichen der G. waren in der germ. Zeit dünner Besiedlung Ödland oder Landwehren, aber auch schon besondere »marka«, meist G.steine. In unserer Zeit treten an die Stelle von Waldstreifen, Gewässern, Berggraten, Felsen oder Bäumen immer häufiger gesetzte Male. In der Abgrenzung des einzelnen Anwesens werden die überaus vielgestaltigen, der Landschaft angepaßten Zäune und Häge mehr und mehr ersetzt durch holzsparende Betonsäulen und Eisendrähte. In den → Alpen bleiben Wildhecken und locker geschichtete Steinmauer natürliche G.zeichen, in der fruchtbaren Ebene weichen die trennenden Feldraine und die Knicks (Buschwerk) der norddt. Landschaften ökonomischeren Methoden. Aber selbst für die großenteils nur kartographisch festgelegten G. großer Staaten, ja hier vielleicht am stärksten und verhängnisvollsten (»grüne Grenze« und »Grenzgänger« nach 1945) gilt das Wort: »Die letzte psychologische Wurzel der vornehmsten, allen G. zugeschriebenen Kräfte darf wohl in der Vorstellung einer trennenden Macht erkannt werden« (Müller-Bergström). → Umkreisen, Zaun, Dach.

K. S. Bader, hg., Das Rechtswahrzeichen, II., 1940: G.recht und G.zeichen (7 Beiträge, u. a.: K. S. Bader, Die Gemarkungsg., Th. Knapp, Über Marksteine u. andere G.zeichen; P. Goessler, Volksgr. d. Frühzeit, ihre Zeichen und ihr Nachleben; E. Frhr. v. Künßberg, Geheime G.zeichen; K. Ilg, G.zeichen in den Alpen); L. Röhrich, Eine antike G.sage u. ihre neuzeitl. Parall., in: Würzbg. Jbb. f. d. Altert.wiss. (1949/50); W.-E. Peuckert, Traufe u. Flurg., Zs. f. Vkde 50 (1953); R. Wildhaber, Die europ. Verbr. d. G.zeugen, in: Folklive og Kulturleven, K. Uldale-Fs. 1960; J. Grafenauer, Der slov.-kroat.-ladin. Anteil an d. G.laufsage u. dessen Bedtg., in: Alpes orient. II, 1959. Vgl. auch O. Moser, Der G.lauf, in: Kärntn. Landsm.schaft, 1960; U. Pollmann, Vkdl. ü. G. in Westfalen, Rhein.-westf. Zs. f. Vkde 8 (1961); Über G.lauf vgl. M. Matičetov, in: Schweiz. Arch. f. Vkde 62 (1966); Gfrörer-Loßnitzer, Bräuche bei Verzeugung v. G.steinen im Landkr. Mergentheim, 1969 (Darst. jeder Gemeinde, Abb., Schiederordngn); L. Schmidt, Feierl. Hotterbegehung i. Burgenld., Bgld. Hmtbll. 23 (1961).

Grenzlanddeutschtum → Auslandsd.

Gretchen im Busch → Kreuzkümmel.

Grete → Wasserg.

Griewel → Dachs.

Griff, Nachtg. deuten ähnlich wie → Geschoß, Greiß, Gespan auf dämonische Ursache einer Krankheit, in diesem Fall plötzlicher Gliederschmerzen. Sie treten auf, wenn man in den »Wind« von einherschwebenden, schuldbeladenen Geistern kommt (Kölner Gerichtsakten von 1629).

M. Höfler, Dt. Krankh.namenb., 1899.

Grille (über bair. Mundart aus dem lat.-griech. *grillus, gryllos* = Heuschrecke). Auch in anderen Sprachen so genannt nach dem zirpenden Geräusch (steir. Zirp, luxemb. Zirkel, Jieper, pfälz. Kriksel). Im niederdt. heißt sie Schrephäunken (Schraphühnchen) oder Wankflötschen (Wandflötchen). Die Hausg. heißt, besonders im niederdt., Heimchen. G.fangen ist ein bekannter Kindersport, wobei die G. zuweilen mit Reimen gelockt werden. Man soll sie aber nicht töten, sie sind Geister und Seelentiere (Heimchenzug der Bercht) und künden Tod und Glück. Im Anhaltischen lassen nach Wirth noch jetzt Mädchen ein Heimchen durch den Rockschlitz kriechen. In welche Richtung es läuft, daher wird der Zukünftige kommen. G. im Sinn von seltsamen Einfällen, Hypochondrie, ist zuerst im 15. Jh. belegt. Es stammt aus humanist. Kenntnis von lat. grilli = Gebilde der Groteskmalerei (Kluge-Götze). Herold sagt wohl mit Recht, daß dieser Wortgebrauch »auf der ursprünglich ganz konkreten Vorstellung eines in G.gestalt im Kopfe hausenden Krankheitsdämons beruht« (HDA. 3, 1164). So spricht man auch von »Mucken« im Kopf u. von merkwürdigen »Sekten« (= Insekten; Vorarlberg), die einer hat.

Grimmen → Kolik.

Grimmes → Fasnacht.

Grimoire, Sammlung von Geisterbeschwörungsformeln, die seit dem Beginn des 16. Jh. in mehreren Ausgaben vorliegt und nach Jacoby in ersten Spuren erkennbar ist im *Directorium Inquisitorum* des Nicolaus Eymericus (1376). Das Buch steht auf dem Index, wird aber in der sagenhaften Überlieferung selbst dem Papst Honorius als Urheber unterschoben.

Grind (ahd. *grint*; Kopfausschlag. Milchschorf, Verriß; *impetigo*). Der »Erbgrind« wurde noch Anfang dieses Jahrh. z. B. in der Steiermark auf den Köpfen vieler Kleinkinder gefunden, weil man ihn für »soviel gsund« und für einen Schutz der noch nicht verknöcherten Fontanelle des Schädels hielt. Bei Entfernung des G. fürchtete man, ein Wasserkopf bilde sich oder der G. »schlage auf die Lunge«. Eine schmerzhafte Radikalkur ist das Aufsetzen und Abreißen der »Pechhaube«. – Auch ein unbebautes Stück Land heißt mundartl. G. Im schwäb. und alem. ist G. heute abfällige Bezeichnung des Kopfes (Montafon: ›dicker Kopf‹ = Pöllagrind; ›eigensinniger Mensch‹ = Ägagrind). Die Sprache des → Jägers bezeichnet mit G. den Kopf bei Rot-, Dam-, Reh- und Gemswild.

Grippe. Für die 1743 aus Italien nach Mitteleur. dringende Krankheit ist der Name G. zuerst 1743 in Frankreich, seit 1782 auch in Dtl. nachweisbar (u. a. bei Goethe).

1768 sagt ein frz. Bericht: »attaqué ... tout Paris d'une gripe ... un nom nouveau«. Später wurde G. durch das Wort Influenza (aus d. ital. *influenza* = Beeinflussung durch Gestirne) in Schrift- u. V.sprache verdrängt, kam aber 1918 als »spanische« G. wieder in allg. Kenntnis. – Vasmer leitet G. von der russ. Bez. der Heiserkeit (*chrip*) ab, vielleicht gehört es aber zu greifen (→ Griff). In Schweizer Sagen erscheint die G. in ähnlicher Personifiz. wie die Pest.

Kluge-Mitzka, Et. Wb., [20]1967.

Grobianismus → Tischzucht.

Gröden, Grödnertal (ladin. Gardeina). Das südtiroler Tal in den Dolomiten mit dem Hauptort St. Ulrich (heute Ortisei) ist wie das mit ihm in Bez. stehende → Oberammergau bekannt durch seine Holzschnitzerei, die seit dem 17. Jh. als → Hausgewerbe betrieben wurde. In der 2. H. d. 18. Jh. wurde St. Ulrich Mittelpunkt der Erz. von Holzspielwaren (Tiere, Figuren, bes. beliebt die »Zwergln«), die mit → Berchtesgaden wetteifern konnten. Um 1800 gab es mehr als 300 Schnitzer in G., und um 1830 lieferten 348 Familien ihre Ware nach 130 Handelsplätzen der Welt (Bachmann). Die Entw. zur Großherst. in G. förderte seit 1872 eine Holzfachschule. Der kath. Landsch. und dem Abnehmerkreis entspricht die bis zur Gegenwart vornehmlich relig. Motivwelt (→ Krippe).
Gute Verkehrslage, Waldreichtum und alte künstler. Überlieferung ermöglichten den Wettbewerb mit den Bayern bes. auch im öst. Land ob der Enns (Gegend v. Frankenburg, die »Berchtoldsgadener Fabrique« in Vöcklabruck, bes. aber die Viechtau im Salzk.gut).

M. Haberlandt, Werke d. Vk., Bd. 2, 1914 (Holzschn. im Gt.); G. Bachmann, Österr. Wettbew. um d. Berchtoldsg. Ware, Bayer. Jb. f. Vkde (1954); F. Colleselli, Vk. in Ladinien, in: Lad. Land u. Volk in d. Dolom., 1964; M. Frei, bearb.: G. u. sein Heimatmus., 1966; W. Lutz, G., 1966.

Groomannla → Graumännchen.

Groschendrucke → Holzschnitt.

großer Frauentag → Himmelf. Mariae.

großes Mysterium → Alchimie.

Großkind → Enkel.

Großneujahr → Dreikönig.

Grubenbeil → Barte.

grumus merdae → Kot.

grün (ahd. *gruoni*) bedeutete ursprünglich das Grün des jungen Pflanzenwuchses (vgl. engl. *to grow*; → braun). G. ist die → Farbe der Wald- und Wassergeister, überhaupt der Natur- und Vegetationsdämonen. Deren Kleid und zugleich Fruchtbarkeitszauber sind die g. Gras- und Laubmasken der Frühlings- und Pfingstumzüge. Im Barbarazweig und → Weihnachtsbaum, in → Lebensrute und Zweigsegen, Sommerstecken, → Palmsonntag (P.busch), → Maibaum und Martinsgerte, im Brauch der → Hochzeit und → Ernte erscheint das wachstumverbürgende G. – G. ist die Farbe des → Gifts (noch in den heutigen Apothekerflaschen) und zugleich der Gegengifte (Serpentin). Der → Basilisk hat grüne Augen, mit deren Blick er tötet. Die g. war schon im 16. Jh. die Herzensseite und auch im Lied »Mädle ruck, ruck, ruck an meine g. Seite« klingt wohl alte Farbensymbolik nach. Im Islam ist g. die Farbe des Propheten, im Christentum das Symbol der

Hoffnung. G. Gewand trägt der Priester bei der Messe von der Dreikönigsoktav bis Septuagesima und wieder nach der Pfingstoktav bis zum Advent. Nur besondere Freudenfeste in dieser Zeit verlangen weiße, Trauermessen schwarze Farbe.

Lit. → grau

Gründonnerstag. Der Name G., zuerst im 12. Jh. belegt, stammt nach Kellner von den in der Kirche benützten grünen Meßgewändern, nach Spamer (Peßler, Hb.) »von den in den ersten Tagen der Karwoche aus der Kirche Ausgeschlossenen, die zur Zeit der Gottesdienste vor den Kirchentüren stehen mußten, bis man ihnen am Donnerstag, zu dem sie sich mit jungem Grün schmückten, erneut den Zulaß gewährte«. Kluge-Götze weisen hin auf das zuerst in Erfurt um 1220 belegte *grüene donerstac*, das dem lat. *dies viridium* (Tag des Grünen = der öffentl. Büßer) nachgebildet ist. Die süddt. Bez. Antlaßtag (bayr. A.pfinztag) geht zurück auf mhd. *antlâz* = Entlassung, Ablaß, Lossprechung (der Büßer von den Kirchenstrafen). Die bekannteste Brauchvorschrift lautet, man solle am G. grüne Speisen, z. B. Spinatkrapfen, od. sieben-, neuner-, zwölferlei Kräuter genießen, um das ganze Jahr gesund zu bleiben. Butter und Honig, Brezeln, besondere Brote (Hamburger Judasohren, Badener Osterfladen, rheinische Mendelbrote, sächsische Honigbrötchen) und Kuchen (Berner Krautkuchen, Judaskuchen in Sachsen und Böhmen, Schnittlauchkuchen in der Wetterau) werden herkömmlicherweise für gute Gesundheit gegessen. G.kräuter werden auch wohl zu Anlaßkränzchen geflochten. Für diese Bräuche ist, abgesehen vom Frühlingstermin, sicher auch der Name des Tages maßgebend oder fördernd gewesen (→ Brennessel, Schafgarbe, Schlüsselblume).

Besonders geschätzt ist das Antlaßei. Man legt es zu Blitzschutz und Zauberabwehr in einen Balken des Hauses, in die erste Garbe; die mit Weihwasser gefüllten Schalen tut man zu den Palmen auf das Kornfeld. A. werden alle ausgebrütet, es werden lauter Hähnchen oder Hühner, die jedes Jahr die Farbe wechseln. Das → Ei hat Weissagungs- und Sympathiekraft. Wenn man mit einem anderen ein A. gemeinsam verzehrt hat, braucht man, wenn man sich verlaufen hat, nur an jene Person zu denken und man kommt auf den rechten Weg.

Der G. wird im Gedenken an die Ölbergstunden des Heilandes durch Arbeitsverbote (backen, schlachten, waschen) und Fastengebote geheiligt. Ein frevelnder Besenbinder wurde in den Mond versetzt. Andererseits ist G. ein Tag der Reinigung und Abkehr vom Alten. Man soll das Haus säubern, die Kleider an die Luft bringen und Ungeziefer vertreiben. Man geht das heilkräftige Osterwasser, das stille Wasser (Schlesien) holen, denn der Weihenpfinztag (Tirol) hat alles Leben in der Natur erweckt und den Frühling herbeigerufen. G. ist deshalb auch ein bevorzugter Tag zum Akkern, Säen und Pflanzen. Man soll die Blumen beschneiden und die Obstbäume schütteln. In zahlreichen Heischegängen, die zum Teil mit den → Ratschen oder dem Ostereierbetteln zusammenhängen, gehen die Kinder (Patenkinder), die Dorfarmen oder Dorfangestellten, wie Hirten, Lehrer, Totengräber, durch die Gemeinde. Wenn (z. B. in Sachsen) dieser Gebrauch als »abklappern« bezeichnet wird, so ist darin die Erinnerung an den Um-

gang mit den Karwochenklappern festgehalten. Beim Baumbeten oder Grünwasengang ging der Bauer barfuß auf den Anger zur Stunde der Todesangst Christi. Er kniete unter einen Baum und verrichtete mit ausgebreiteten Armen ein Gebet (Tirol, Steiermark).
In Mariazell, dem berühmtesten Wallfahrtsort Österr., ist bis heute ein Brauch lebendig, der vielleicht ein Nachläufer barocker Passionsspiele ist. Aus der einfacheren Schicht der Stadtbev., aber auch aus »Einschichten, Streusiedlungen, Rotten und Dörfern« der Umgebung werden alljährl. 12 alte, unbescholtene Männer zur v.liturg. Fußwaschung im Rahmen der G.feier in der Kirche eingeladen. Jeder erscheint in blauem Leinenmantel mit seinem »Apostelführer«. Am »Apostelmahl« danach in einem Gasthof nimmt auch die Figur des »Brotsegnenden Heilands« teil. Die lebensgroße (bekleidete) Statue schnitzte 1848 der Bäckermeister Peregrin Feischl, das einzige Schnitzwerk seines Lebens, für das er sich angebl. ein Modell aus Brotteig formte. – In Schwaneburg (Kr. Wanzleben) ist nach 1890 der Brauch ausgestorben, daß 60–80 Burschen unbescholtenen Mädchen in den Abendstunden des G. die Füße wuschen.

P. Sartori, Sitte und Brauch, 3. Bd., 1914; ders., G., im HDA; A. Spamer, Sitte und Brauch, in: Peßler, Hb.; Th. Schäfer, Die Fußwaschung im monast. Brauchtum u. in d. lat. Liturgie, 1956; Kl. Beitl, (mit E. Lies), »Der Brotsegnende Heiland«, Öst. Zs. f. Vkde 68 (1965); P. Assion, Altarwäsche am G., Hess. Bll. f. Vkde 59 (1968); Kl. Beitl, Die österl. Fußwaschung am Kaiserhofe zu Wien, in: Vkde, Fs Leop. Schmidt (1972).

grüner Fastelabend → Fasnacht.

Grünwasengang → Gründonnerstag.

Grundstein, G.legung. Der gründende und → erste Stein eines (bes. des öffentl.) Bauwerks nimmt in einer Vertiefung oder in einem Kästchen aus Metall Münzen, Inschriften, Urkunden u. dgl. auf. Mit einem Spruch führt der Bauherr drei Hammerschläge auf den G. Wie beim → Richtfest, das gleichfalls auch in der Stadt ein fester Brauch geblieben ist, feiern Bauherr und Bauleute die Gl. mit dem »Grundbier« oder »Steinwein«. Die Spende eines Trunks an die Maurer zum »Grund- oder Eckstein« ist schon im späten MA bekannt. In Landsch. des Blockbaues nimmt der unterste Balken (Montafon: Anspann) Erinnerungsstücke und »gwichna Züg« (geweihte Sachen) auf.

L. Schmidt, V.glaube u. V.brauch, 1966.

Gruppentänze → Vtanz.

Gruß. Urspr. fehlte unseren Vorfahren ein Wort für G. Ahd. und mhd. *gruoz* ist eine Rückbildung aus dem Zeitw. *gruozen* ›anreden, angreifen‹. »›Zum Reden bringen‹, das war der Sinn der grüßenden → Anrede in der alten Zeit, die noch keine hohlen Höflichkeitsformen kannte« (Kluge–Götze). Heute verstehen wir unter G. auch den geschriebenen im Brief in seinen vielen Abwandl. vom persönl. »Herzlichen G.« bis zur geschäftl. »Vorzüglichen Hochachtung«, vor allem aber meinen wir den G. als Wort oder als stumme → Gebärde. Meist ergänzen sich beide.
Im Anfang bezeigte der G. Friedenserklärung und Unterwerfung. Der Orient (und das päpstl. Zeremoniell des Fußkusses) kennt noch heute die Proskynesis (Niederwerfung). Knien (Fußfall) vor dem Höhergestellten kannte auch Europa sehr früh, ersetzte es aber bald durch einfache Beugung des Knies

oder Verbeugung des Körpers. Das Hutabnehmen verbreitet sich im 15. Jh., wird aber erst im 17. Jh. allg. Mit der Geringschätzung des Hutes in unserer dem Sagen nach sportl. Zeit verliert diese Sitte an Bed., im dt. S ersetzte sie ohnehin ein einfaches Berühren oder schwaches Lüften (»Rücken«) des Hutes, wie auch der G. des → Soldaten als Schrumpfform zu betrachten ist. Wie Waffenlosigkeit oder → Entblößung Frieden anbieten, so versteht man auch Erheben und Ausstrecken der Arme oder das Kreuzen auf der Brust im gleichen Sinn, doch sind hart erhobener Arm oder Faust im »römischen«, »deutschen« oder »russischen« G. außerdem zur Geste von Kampf und Erhebung geworden. Im Zwielicht bleiben auch das Gewehrpräsentieren der Truppe oder das grüßende Degensenken des Offiziers.

Den Weg vom zauberkräftigen oder gebetsstarken → Wunsch zur abgeblaßten Formel ging auch der G. als Wort, doch bricht hier bei bestimmten Anlässen die alte Bed. stärker durch: im G. vor oder nach langer Trennung, vor Antritt der Gefahr (→ Glückauf), vor Lebensentscheidungen, beim Kranken und beim Trauernden. Während China und der Orient den verbindl. und umständl. Gruß lieben, deuten die G.worte der Indogerm. fast immer auf »Stärke« und »Unversehrtheit«. Griechenland sagte *Chaire* ›freue dich‹, Rom *Ave* und *Vale*, ›Sei willkommen‹ und ›Bleib gesund‹. Für beide Gelegenheiten galt *Salve*, dem unser »Laß es dir gut gehen, lebe wohl« entspricht. ›Mögest du heil sein‹ sagte der gotische G. *hails*, der bei den Deutschen noch lebendig ist (Berg Heil! Schi Heil! usw.). Formeln des Segens oder des Gottesdienstes (*pax vobiscum* ›Friede sei mit euch‹) übermittelte das Christemtum auch dem Alltagsleben, bes. in dem mal. »Gott mit euch« oder »Gott willkommen« (alem. noch heute: Sei üs gottwillka). Aus dem Frz. bürgert sich mhd. *ade* (lat. *ad Deum*) ein (mit Artikel: *aldē*). Vorwiegend mundartl. blieben adis und adjes im 18. Jh., denen lat. *bona dies* zugrunde liegt. Adjüs (Niederrh. bis Mecklenb.) heißt heute in Berlin tschüss. Das frz. adieu, Modewort des 17. Jh., wandeln auch die Mundarten in vielen Formeln ab (sächs. hatschee). Im 1. Weltkrieg wurde die fremde Formel adieu verdrängt durch »Auf Wiedersehen«, das heute auch im dt. S Fuß faßt (öst.: Auf Wiederschaun; alem.: Of Wedrluaga), aber, jedenfalls in der V.sprache, die alten »Grüß (dich) Gott» und »Behüt (dich) Gott« (alem. grüaßdi und pfüati) nicht ersetzt. Im Schwinden ist der relig. G. beim Betreten von Haus und Stube »Gelobt sei Jesus Christus«, dem geantwortet wird »In Ewigkeit Amen«. Von Wien und dem inneren Öst. her verbreitet sich der bes. student. G. »Servus«, der dem alten »Gehorsamer Diener« entspricht. Das ital. adio (seit etwa 1600) blieb mehr ein Gruß der Künstler, wie das südschweiz.-ital. tschau auch eine Art Erkennungswort der jungen und alten »high snobiety« ist.

Ins Unübersehbare fächert sich die Sitte des G. auf, wenn man die Verbindung mit der *Geste* (Handreichen, Handkuß, Hutabnehmen, Verbeugen, Nicken, Winken) berücksichtigt oder die Sonderg.e der Zünfte (»Grüß Gott das ehrliche Handwerk«), Berufe und Sportler betrachtet (→ »Glückauf« der Bergleute, »Glückab« der Flieger, »Gutnaß« der Schwimmer, »Gutholz« der Kegler, »Petriheil« der Angler, »Weidmannsheil« der Jäger u. a.).

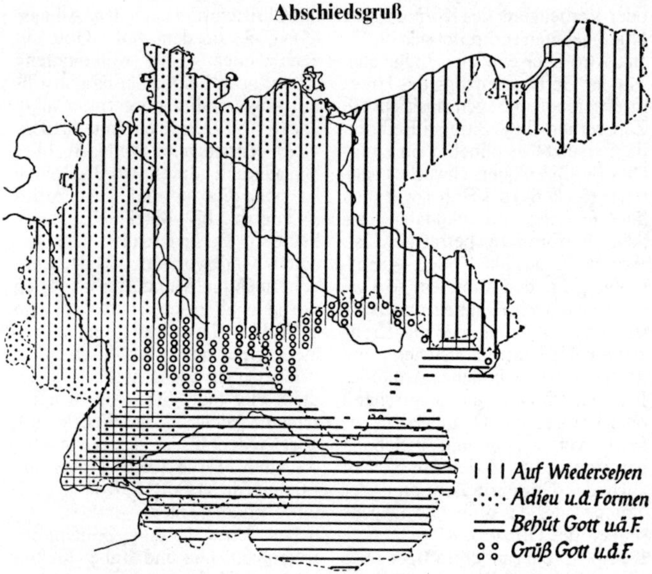

Schließl. sind zur Sitte des G. im weiteren Sinn die zahllosen, nach Landsch., soz. Schicht und Anlaß verschiedenen Formeln zu rechnen, die den eigentl. Tagesgruß einleiten oder beschließen und auf Haus und Stall, Familie, Frau und Kinder, auf Essen und Trinken und bes. auch auf die Arbeit, bei der man jemand antrifft, Bezug nehmen (alem. »Haut's guat?« beim Mähen, »Git's guat us?« bei der Obsternte usw.). → Handwerk, Steinmetz, V.sprache.

Schaber, Über Sitten, Ausdrücke u. Symbole des G. (Progr. Donauesch., 1856/57); Dedecke, Zur Gesch. d. G. u. d. Anrede in Dtl., in: Zs. f. d. dt. Unterr. 6 (1892); J. Zender, Der G. und seine Formeln in der Eifel, Zs. f. rhein.-westf. Vkde 1 (1904); Wie grüßt der Bauer? In: Niedersachsen 15 (1909/10); W. Bollhöfer, G. u. Abschied in ahd. u. mhd. Zeit, Diss. Gött. 1912; K. Stoebe, Altgerm. G.formen, in: Beitr. z. Gesch. d. dt. Spr. u. Lit. 37; Schrader, Reallex. d. idg. Altertkde ²1923ff.; Prause, Dt. G.formeln in nhd. Zeit, 1930; E. Grohne, G. u. Gebärde, in: Peßler, Hb.; W. Brückner, Sprachl. v. Grüßen, Schweiz. Arch. f. Vkde, 37. Jg.; H. Freudenthal, G. u. Anrede, in: Beitr. z. dt. V. u. A.kde 5 (1960/61); G. u. G.sitten (9 Aufsätze in: Der weiße Turm, 1964); Kartogr.: ADV V Abschiedsgr. (danach ob. Skizze). – ASV 1–6 Tageszeitg. (Guten Tag: Gott grüße euch); Gelegenheitsg. (Stall, Haus, Arbeit)

Grütze, Getreidekörner, enthülst und grob geschrotet (→ Weizen, Hafer, Gerste, Buchweizen, Hirse). Bes. in Norddtl. (»rote G.« auch in Städten) beliebte Speise zu Ernte- und anderen Brauchmählern; wie andere altertümliche Getreidenahrung auch Glücksspeise, Totenopfer und Nahrung der Fruchtbarkeits- und Hausgeister (Julg. in den nord. Ländern).

Gstampanächte → Klöpfeln.

Gstanzln, Gsetzln → Schnaderhüpfel.

Gummitwist. Seit den 60er Jahren, als der amerik. Twist-Tanz Mode wurde, verbreitete sich der G. als neues → Hüpfspiel, meist der Mädchen, das die älteren Himmel und Hölle oder Hopse fast verdrängte, aber alte Namen beibehielt (Rostock und Hamburg: Hüpfe, Hopse). Zwei Kinder halten ein 2–3 m langes, zur längl. Ellipse geschlossenes Wäschegummiband o. ä. mit den Füßen gespannt, während das dritte in bestimmter Gangart und unter Bildung best. Figuren hinein- und durchhüpft. Bez. solcher Bandfiguren sind: Normal, Engpaß, Autobahn, Pferdefuß, Schere, Englisch u. a. Bei geschlossenen Augen heißt das Spiel Happich (Hab ich? – Hamburg) oder Binich? (Rostock). Die Schnur wird auch in der Höhe gewechselt von Fuß, Wade und Knie bis zum Oberschenkel. Die Grundform des G. verlangt einen Sprung auf die Litze, so daß eine oder beide Seiten von einem Fuß (oder beiden) heruntergedrückt werden oder daß die vordere Litze im Sprung mit den Fußspitzen über die hintere mitgenommen wird usw. Unter älteren → Kinderspielen ist »kaum eins, das soviel geist. Beweglichkeit wie körperl. Gewandtheit auslöst« (Bauche). – Auch das Hüpfen über ein schwingendes Seil wird allein oder zu mehreren nach bestimmten Regeln und Sprüchen geübt (Seilspringen).

U. Bauche, G. Ein neues Kinderspiel in Hamburg, Beitr. z. dt. V. u. A.kde 9 (1965); G. Angermann, Kinderspiel im Wandel d. Zeiten, Rhein.-westf. Zs. f. Vkde 14 (1967).

Gundelrebe (ahd. **grunderebe* ›Erdrebe‹ in Anlehnung an den Männernamen Gundram entsteht im 12. Jh. *gunderam*, daraus im 17. Jh. Gundermann; Kräutchen durch den Zaun, Kruup dörn Tuun, Buldermann, Blauhuder; *Glechoma hederacea*). Die duftenden, herb schmeckenden Blättchen des G. werden zu würzigen Frühlingskräutersuppen oder im »Gründonnerstagsgemüse« verwendet; in Pommern bäckt man sie in ein Eiergericht hinein. Manches deutet auf eine alte Kultspeise hin. Lange stand G. im Ruf, allen bösen Zauber vom Menschen und besonders vom Vieh abzuhalten. G. mehrt den Kühen die Milch. Wer einen G.kranz auf dem Kopfe trug, konnte beim Kirchgang alle Ortshexen erkennen (nach → Praetorius, 1672). In Hexenprozessen des 16./17. Jh. wie in der V.med. (Hildeg. v. B.) spielte G. eine große Rolle. → Geruch.

Gunkwassermandl → Wasserg.

Guotentag → Mittwoch.

Gürtel. Als Schmuck, der kostbare Auszier und symb. Ornament trägt, als Waffenhalter, vor allem in der natürl. Funktion als Umgürtung, Bindung wird der G. zum Zeichen der Herrschaft, der Keuschheit u. Weihe, dann auch in Löse- und Bindezauber magisches Mittel (Sieg- und Kraftg. der Brunhilde, Zauberg., Werwolfg.). Im MA war Dirnen das Tragen von G. und Schleier untersagt. Er gehört zur Brauttracht vielfach heute noch. In Bayern u. Österr. verwahrten Gemeinden den Brautg., der nur an unberührte Bräute verliehen wurde. G.lösen erleichtert die → Geburt. Das hilfreiche Seil der Nornen finden wir wieder in den Gebärg. der hl. Maria, Elisabeth, Verena und Margaretha. G. aus Leder (L.fatschen) wurden durch Musterranken, Einzelblumen und figürliche Darstellungen, durch Initialen u. Jahreszahlen in → Federkielstickerei oder durch enge Nebeneinandersetzung von Messing- oder Zinnstiften verziert. Die Metallstift-Technik ist die ältere.

Die uns erhaltenen, durch das Schenkungsjahr datierten Stücke dieser Art reichen vom frühen 18. bis ins frühe 19. Jh., darunter ein besonders schönes Stück von 1753 mit zwei Löwen und zwei Gemsen. Die Stücke mit Federkielstickerei, seltener datiert (ein frühes Stück 1807), gehören dem 19. Jh. an. Viele Lederfatschen (wie überhaupt Lederbestandteile der Tiroler Tracht) besaß die vkdl. Abt. d. Portheimstiftg. Heidelberg.

E. Schuppe, G. und Orendismus, Oberdt. Zs. f. Vkde 2 (1928); A. Haberlandt, G. als Heiltum, in: Volkskunde-Arbeit, 1934; G. Jungbauer, G., im HDA. 3, 1210–1230; V. v. Geramb – K. Mautner, Steir. Trachtenb., 1935; I. Lindeck-Pozza, G. u. G.schmuck im dt. Raum., Diss. Wien 1944; B. Brückner, Brautg., Bayer. Jb. f. Vkde 1952 (Abb.); A. Polonec, Slovenské opasky ... Bratislava 1960 (Slowak. G., Riementaschen u. Metallspangen); I. Fingerlin, G. des hoh. u. späten MA, 1971.

gute Woche → Karwoche.

Gutheil → Mistel.

Haaksche, Der Holle u. → Bercht verwandte niederdt. Zwölftengestalt, die Spinnerinnen prüft und Kinder schreckt. In mancher Gegend geht ihr Name auf die Hakenfrau zurück → Hakenmann, Wassergeister, Zwölften.

Haar. Das Haupth. wie der → Bart ist Träger von Lebenskraft und -stoff, auch Zeichen der Männlichkeit (»H. auf den Zähnen haben«; in Schillers »Räubern« noch: »H. auf der Zunge«). Auch daß lange H. Vorrecht der Freien u. der germ. Jungfrau war, mag beigetragen haben zum verbreiteten Glauben, daß der Raub des H. kraftlos mache und Schändung sei (Simsonmotiv, → Märchen v. d. drei goldenen H.). Als Vertreter der Person ist das H. häufig → Opfer (M. Höfler). Einem → Kind unter einem Jahr soll man das H. nicht schneiden. Auch sonst wird abgeschnittenes H. vor zauberischem Mißbrauch geschützt wie etwa → Fingernägel, → Kot und andere Teile des Ganzen. Im Liebeszauber sind die dem Trank oder Essen beigemischten (pulverisierten) H. (auch Samen, Schweiß, Urin, Blut) Lebensstoff und Sexualsymbol. Drangabe des H. begleitet viele Zeremonien und → Initiationen (»Rasieren« bei der Jünglingsweihe; Tonsur der Nonnen und Mönche). Der Schwörende berührt sein H., die Frau (in dt. Rechtsaltertümern) ihre H.flechten. H.schur ist Beschimpfung und Demütigung. Die Beschaffenheit des H. (kraus, straff) und Farbe des H. (rot) beobachten und beurteilen viele Sprichwörter und Redensarten. Märchen und Lieder lassen eine ältere Schicht erkennen, in der vor allem dem gelben oder roten H. der Vorzug gegeben wird. (→ Rothaarige). Die Wandelbarkeit (und Wiederkehr) der H.trachen können wir seit 1918 (Bubikopf) und bes. heute beobachten, da die Frauen kurzes, die jungen Männer z. T. langes Haar tragen. Man sieht auch die enge Bez. der Tracht von H. und → Bart. Die »Gründliche Anweisung für Frauen, H.geflechte zu fertigen« (um 1818) gilt künstler. H.arbeiten wie Armbänder, Uhrketten, die aus Menschenh. geklöppelt oder schlauchförmig zusammengeflochten sind u. ä. Hierher gehört auch das → Basteln von Blumensträußen aus H. auf einem Stiel aus Draht. So fanden die H. von lebenden oder verstorbenen Angehörigen (mitunter e. ganze Familie) ihren Platz als Erinnerungsbild und → Wandschmuck (Franken, Schlesien, Brandenbg. u. a.). → Stammbuch, Gebildbrot, Allerseelen.

J. H. Krause, Plotina oder die Kostüme d. Haupth. b. d. Völk. d. alten Welt. 1858; J.

Falke, H. u. Bart d. Dtn. In: Anz. d. Germ. Mus. 1858; A. Wilken, Über das H.opfer u. einige and. Trauergebr. b. d. Völk. Indones.; in: Revue coloniale 1886/87 (Berücks. auch dt. Brauch); L. Sommer, Das H. in Relig. u. Abergl. d. Griechen, Diss. 1912; L. Weiser, Altergerm. Jünglingsw. 1927; H. Bächtold-Stäubli, H.; in HDA 3, 1239–1288; H. Graupner, Kl.H.kunde 1942; G. Wolf, Gesch. d. Frisur in allen Zeiten. 1952; Slg. Schwarzkopf, Z. Kulturgesch. d. H.- u. Schönheitspfl. (Kat.), 1969. Kartogr.: ASV 55 H.tracht d. Frau.

Haarstrenze → Meisterwurz.

Habaner Töpferei. Die H. oder »Huttenschen Brüder« waren eine von Jakob Hutter (1536 in Innsbruck hingerichtet) gegr. kommunist. Wiedertäufergruppe, die im 16. und 17. Jh. im mähr.-slovak Raum, später auch in der Ukraine, in Ungarn und Siebenbürger siedelten. In der Vk. knüpft sich ihr Name an das bes. im 17. und 18. Jh. hergestellte »brüderische Geschirr«. Adolf Mais nennt ihre hochstehende Weißhafnerei »eines der reizvollsten und auch für die Geistesgesch. Mitteleuropas wichtigsten Kapitel europ. Keramikgesch.«. Möglicherweise leitet sich der Name H. her von der hutterischen Bez. ihrer Niederlassungen als »Haushaben«. Ihre südwestdt. Herkunft spiegelt vielleicht noch der leichte Humor von Gefäßaufschriften wie:

Ich lieb was fein ist,
wenn's schon nit mein ist,
und mir nit werden kann,
hab ich doch Freud daran.

Füll mich ein
und trink mich aus
Setz mich nieder
und füll mich wieder.

Gott lieben macht selig,
Wein trinken macht fröhlich,
Darum liebe ich Gott und trinke Wein,
So kann ich selig und fröhlich sein.

Cernohorsky, Die Anfänge der H. Fayencekunst. 1931; A. Haberlandt, in: Taschenwb. d. Vkde. Österr. 1. Bd. 1953; A. Mais, Literar. u. Graph. auf H. Keramiken. In: Öst. Zs. f. Vkde 64 (1961) (Abb. u. Lit.); ders., Die Ausst. »H. Geschirr-Keramik d. späten Wiedert.« In: Mitt. bl. d. Mus. Österr. 10 (1961); B. Krisztinkovich, H. Fayencen. Budapest 1962; R. Friedmann u. A. Mais, Die Schriften d. huter. Täufergem. Ges. Kat. ihrer Ms.bücher, i. Schreiber u. i. Lit. 1529–1667. 1965.

Haberfeldtreiben. Mit → Katzenmusik, → Masken und Rügegericht verbundene nächtliche Umzüge der Burschen und Männer in Oberbayern (zw. Isar und Inn bis nach Tirol). Die Zusammensetzung dieser Gruppen erinnert an die → Burschenschaft. Der zuerst um 1705 historisch greifbare, streng durchorganisierte (ein »Haberermeister« etwa 20 »Führer« und bis 2000 »Haberer«) Geheimbund führte seine Autorität auf den sagenumsponnenen »Kaiser Karl im Untersberg« zurück. Besonders sittliche oder vom Strafgesetzbuch nicht erfaßte Vergehen verfolgt das H. (→ Recht). Das Dt. W. führt den Namen auf den Brauch zurück, eine gefallene → Jungfrau samt ihrem Verführer ins Haberfeld zu jagen. Auch an das Häckerlingsstreuen oder an die ostpreußische Strafe des Strohkranzes für gefallene Mädchen mag erinnert sein. Möglicherweise besteht eine Verwandtschaft des Wortes mit → Habergeiß. Thomas Bacher, der letzte »Haberermeister« des 1896 aufgelösten Bundes, leitet den Namen von den Haferfeldern her, die nach der Ernte willkommenen Platz für größere »Treiben« geboten haben mochten. Zipperer will – wenig überzeugend – H. als »Hapar (= Bock) – Fell – Treiben« deuten im Zusammenhang mit germ. Maskenbräuchen. Seiner Arbeit liegen die Prozeßakten von 108 H. aus den Jahren 1717–1923 zugrunde. Das Etym. Wb. von Kluge-Mitzka vertritt (1967) die Ableitung: Haber = Bock (zu lat. *caper*; vergl. schwäb. und ostfränk.: Haberling); Feld = entstellt aus Fell: Der vom H. Angeklagte wird »in ein Hemd gezwungen, das an Stelle eines Bocksfells getreten ist«. – Bacher schrieb in seinen von Adlmaier benutzten Lebenserinnerung: »Der Habererbund hatte zur Aufgabe, gegenüber dem unzureichenden römischen Rechte altdt. Recht und altdt. Sitte aufrechtzuerhalten.« → Geheimbünde.

Panizza, Das H. im bayer. Gebirge, 1897; G. Queri, Bauernerotik u. B.fehme in Oberbayern, 1911 (Darin S. 59–265 über H.); Adlmaier, Der Oberländer Habererbund, 1926; F. W. Zipperer, Das H. Seine Gesch. und s. Deutung, 1938.

Habergeiß, in Bayern u. Österr. noch heute bekannte mythische Gestalt (Kinderschreck), deren Name eigentlich ›Bockgeiß‹ (mundartlich Häberling = Bock) bedeutet, dann aber auch Bez. von Nachtvögeln wie Ziegenmelker, Uhu und → Eule geworden ist. Auch die Heerschnepfe (Bekassine) heißt von ihrem meckernden Laut beim Balzflug Himmelsziege, Haverzeg (Pommern), Hawerbuck (Altmark), Hawerblarr (Mecklenbg.) oder H. (verbreitet; erster Beleg Nürnberg 1482). Der erste Teil des Namens wird zu lat. *caper* ›Ziegenbock‹ gestellt (altnord. *hafr* ›Bock‹; Lex Salica V:*haper, hebr*), könnte aber auch die Getreideart → ›Hafer‹ (s. dort Habernitza) bedeuten. Mit Sicherheit ist weder Name noch Bedeutung dieser Gestalt erklärt, die eine der merkwürdigsten des dt. Volksglaubens ist. Sie ist → Schreckgestalt, → Korngeist und Nachtgeist, wird als Ziege, aber auch als → dreibeiniges Monstrum mit Vogelleib und Katzen- oder Ziegenkopf gedacht. Die H.maske der Weihnachtszeit ist mit dem norddt. Klapperbock und Schnabbuck (Abb.) in Vergleich zu setzen. → Haberfeldtreiben, Ohr, Luzia, Ungeheuer.

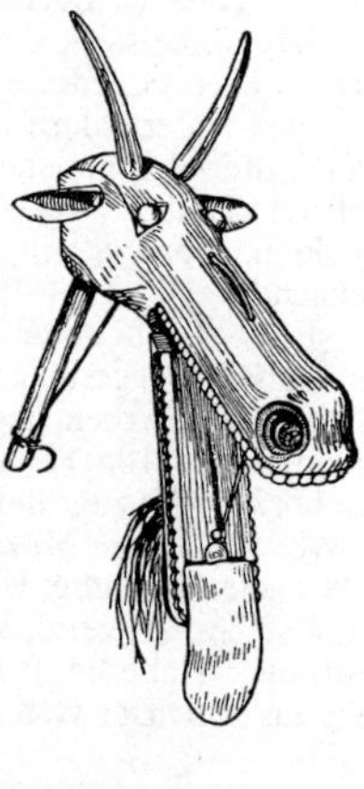

R. Beitl, Korndämon und Kinderscheuche. 1933 (Ms.).; F. Lochner-Hüttenbach, Zum Namen d. H. In: Innsbr. Beitr. z. Kulturwissensch. 13 (1967).
Bild

Habermann. »Der goldene H.« heißt ein Buch mit Beschwörungsformeln, Charaktern und Gebeten. Es ist ein Propagandatitel für ein ungleiches Sammelwerk, wie es auch die Titel Gertrudenbüchlein, Buch Mosis usw. sind. Der hier herbeigezogene Name H. ist wohl der des Theologieprofessors H. (1516–1590), von dem 1567 ein brühmtes, bis heute aufgelegtes → Gebetbuch, das »H.lein«, herrührt.

H. Beck, Die religiöse Volkslit. d. ev. Kirche Deutschlands, 1891.

Habernitza → Hafer.

Habicht. Durch Umwandlung oder Füttern innerhalb einer kreisförmig gelegten Hemmkette schützt man das Geflügel vor dem H. ähnlich wie vor Fuchs und Geier. Im Münsterland heißt der H. Kuckuck. Nach Johanni verwandle sich der → Kukkuck in einen H. An eine Verwandtschaft zwischen beiden Vögeln glaubte auch die Antike. Hennagiger (→ Geier), Hennatschätter sind alem. Namen des H. Er war der allgemeinste Jagdvogel, so daß sein Name auch auf Falke oder Sperber überging. Sonst bezeichnete man auch als Adler die größten und edelsten, als Falken die weniger edlen und als H. die gewöhnlichen Raubvögel.

Habundia → Abundia.

Hackbrett (Cymbal, Zimbel; frz. tympanon, engl. dulcimer, russ. cymbali, ital. cembalo, auch salterio tedesco = dt. Psalter). Der Name ist nach der äußeren Ähnlichkeit vom Fleisch-H. übertragen. → Zither und → Psalter verwandtes Holzinstr., meist in Trapezform, mit 2–3-chör. Drahtsaiten, die über zwei Stege und zwei oft als »Rosen« geschnitzte Schallöcher gespannt sind, 3–4-Oktaven umfassen und mit zwei Holzhämmerchen angeschlagen werden. Das von Pantaleon Hebenstreit um 1690 verbesserte H., Pantalon genannt, führte zum Hammerklavier. Das alte (noch heute: das steir.) H. ist diatonisch, umfaßt also nur eine bestimmte Zahl von Tonarten. H. Bandzauner in Salzburg baute als erster ein volchromatisches H.. Das in Persien und Arabien beheimatete H. kam vermutlich im 12. Jh. nach Spanien. Ein anderer Weg führte vielleicht über Zigeuner (Balkan) und Slawen nach Mitteleur. Es ist im 14. Jh. bei uns bekannt, wird 1447 in den Ratbüchern der Stadt Zürich erwähnt und erscheint in heutiger Gestalt und Bezeichnung bei Seb. Virdung 1511 und auch bei Martin Agricola 1619 (neben »Harpfe« und »Psalterium«). F. Platter sagt 1612: »Concelebrant festum Sennorum nomine Kilwi; conveniunt omnes cum Trummis, Pfeiffen und Hackbrett«. Durch das Fehlen einer Klangdämpfung wurde das H. als solches kein klass. Musikinstr., blieb aber in der → Vmusik erhalten, wenn auch um 1800 zurückgedrängt von Zither und → Harfe, später von der → Handharmonika. Neben dem steir. (diaton.) fand das chromat. H. von Bandzauner neue Freunde nun auch als melodietragendes Instr. In den Vmusikgruppen von Tobi Reiser, Wastl Fanderl, G. v. Kaufmann, K. H. Schickhaus, Bösch u. v. a. ertönt es mit Zither, Gitarre, Harfe und gezupfter Baßgeige als »eine Art Grillen-Ensemble« (K. M. Klier). Bis zur Gegenwart wurden H. auch vom Dorfschreiner oder einem »Möglichmacher« in einfacher Form und schlichter Verzierung hergestellt (Montaf. Heim.mus. in Schruns).

M. Agricola, Musica instrumentalis deudsch. 1529. Neu v. R. Eitner. 1896; A. Stern, Das H. in d. Appenzeller Bauernmusik. Vlied u. Hausmusik 5 (1938/39); M. F. Schneider, Ein Kongreß d. H.ler im Wallis. Schweiz. Vkde. 42 (1952); W. Kainz, H.fibel. ²1954 (f. d. steir. H.); H. H. Dräger u. W. Wünsch, in: Mus. i. Gesch. u. Gegenw. 5 (1956); K. M. Klier, V.tüml. Mus.instr. i. d. Alp., 1956; K. H. Schickhaus, H.-Fibel. 1962 (f. d. chromat. Salzbg. H.); J. u. C. Wimmer, Mei erst's Liederbücherl für's H. 1966 (?); F. Stradner, Das H.: Jb. öst. Vliedw. 15 (1966); weit. Lit. → Vmusik

Hackelbernd → wilde Jagd.

H.mai → Harkelmai.

Hädox → Eidechse.

Hafer ist bei uns seit der Bronzezeit gebautes → Getreide, in Südeuropa erst gegen die christl. Zeitwende hin. Weil H. die Hauptpferdenahrung ist, findet, besonders im Osten, die H.weihe an St. → Stephan statt. Die Braut wird mit H.körnern beworfen. In der Christnacht stellt man in England H. ins Freie, damit heiliger Tau darauf falle. In Schlesien heißt die Verkörperung des → Korngeistes in Gestalt der letzten Garbe od. des Schnitters und der Binderin selbst H.bräutigam und -braut, H.könig. Das sagenhafte kinderscheuchende → Sichelweib im Korn, die Habernitza in Oberschlesien, wird volksetymologisch ähnlich wie Korn- oder Roggenmuhme als H.frau gedacht, leitet sich aber her vom poln. *chaber* = Kornblume. → Haberfeldtr., Habergeiß, Mittagsg.

A. Treichel, Die H.weihe am Feste des hl. Stephan; in: Ss. d. naturforsch. Ges., NF. Bd. 6. U. Nürnberg, Biol. a. Gesch. uns. Kulturpflanzen. 1965; Lit. → Getreide.

Hafner, H.ware. Hafen ist mundartl. und in der Umgangspr. im obd. und z. T. im md. die Bez. des Topfes, H. also die Berufsbez., die dem ostmd. (Lutherbibel u. Schriftspr.) Töpfer, dem westmd. Auler, Euler (lat. *aula* ›Topf‹), dem elsäß. Kachler und dem nd. Pötter entspricht. In vielen → Familiennamen spiegelt sich die Verbr. und Bed. des Gewerbes (vgl. auch Pottmaker, Duppenbäcker u. a.). In der vkdl. Fg. hat es sich eingebürgert, unter Hw. nur glasierte Tonware (→ Glasur) zu verstehen und sie theoret. von der unglas., meist zu gröberem Gebrauch best. → Irdenware abzusetzen. Wir können hier davon absehen, daß die Kunstwiss. als Hw., H.arbeit, H.keramik vor allem die zur eigentlichen Kunstform gesteigerten Arbeiten der leistungsfähigen Manufakturen seit der Renaiss. in Öst., Frank., Sachs., Schles. u. a. bezeichnet. Da die wertvolleren, für hohen Brand geeigneten Steinzeugtone den meisten H.landsch. fehlen, war die bunte Glasur der Hw. auch ein Mittel des Wettbewerbs. Wegen des kurzen und niedrigen Brandes der bleiglas. Ware der Kachel- und Duppenbäcker wurde sie z. B. in Köln von den mächtigen Herstellern von → Steinzeug (Krugbäcker) eben noch geduldet. Das 16. Jh. war die erste Blütezeit gehobener Hw. von der O. A. Erich sagt: sie »entbehrt nicht wohlangebrachter und gut abgewogener Verzierungen, die im Grunde keramischer gedacht sind, als jene teuer bezahlten Scheuern, Schnellen und Krausen, die in den Kunstmuseen stehen«. Eine reiche Entwicklung nahm die niederrhein. Hw. von Schaphuysen, Hüls u. a. vom 17.–19. Jh. Ohne akadem. Kunstgewerbe nachzueifern, wagte man sich hier in der naiven Weise von Sonntagsmalern auch an szen. Bilder auf großen Schüsseln (Mus. Duisburg u. Krefeld) und verließ die bäuerl. Grundlage erst in den plast. Auflagen der Issumer Prunkschüsseln, die als Schaustücke gedacht waren. Durch das Aufkommen der »welschen Kunst« der → Majolika und Fayence im 17. Jh. wurde die alte H.arbeit zurückgedrängt, aber gerade dadurch wieder dem Volke zurückgegeben. Sie stand im 19. Jh. noch vielerorts in kräftiger Blüte, bis Technik und Industrie neue Einbrüche brachten und die »Bauernkeramik« in die Werkstatt der dörfl. H. (z. B. Warthenberg in Oberschles., Hall in Tirol, Lustenau in Vorarlb., Burgenl.) verbannte, wo neben der Gebrauchsware der Blumentöpfe und Hühnernäpfe in Feierabendstunden noch das in alter Trad. stehende Vkwerk geschaffen wurde. Im frideriz. Töpferort Blumenthal in der Mark, in der Lausitz, in Pommern ist das H.handwerk Gesch. geworden. In Ost- und Westpreußen (Neidenburg, Marienwerder), in Braunschweig und Hannover arbeiteten in den l. Jahrz. nur noch wenige Werkstätten. Auch in Hessen (Urberach, Eppertshausen; Marjoß, Wittgenborn), in Franken (Feuchtwangen, Schopfloch), im Elsaß (Sufflenheim), in Baden (Kandern), in Bayern (auf dem Kröning, Chiemgau, Hafnerzell bei Passau), in Salzburg und Oberöst. wich die Hw. dem fabrikmäßig erzeugten → Steingut, dem unzerbrechl. Emaille-Blech und schließlich dem Aluminium, Bakelit und den »Plasten« unserer Zeit. Am bekanntesten sind heute noch die Hw. aus → Bürgel, → Bunzlau und → Marburg. Geglückte Anpassung an den → Turismus oder die Eingliederung in heutige Vertriebsformen (Kunstgewerbeläden; das »Heimatwerk« in Österr.) ergeben in engem Rahmen neue Arbeitsmöglichkeiten.

Walcher v. Moltheim, Bunte H.keramik d. Renaiss. in Öst. ob d. Enns u. Salzbg. 1906; O. A. Erich, Die Tonerden. In: Spamer, Vkde.; G. Groschopf, Die süddt. H.keramik. Jb. Bayer. L. u. H.schutz 1937; E. Schirmer, Die dt. Irdenware des 11.–15. Jh. im eng. Mitteldtld., 1939; O. Bauer, Zehn H.generationen in e. Spessartdorf, Vwerk 1943; E. Meyer-Heisig, Dt. Bauerntöpferei. 1955; R. Weinhold, Töpferwerk i. d. Oberlausitz. 1958. (Mit frühesten Bel. aus Görlitz 1328, Löbau 1421, Kamenz 1570); R. Stieber, Statist. Vorbem. z. H.ei Altbayerns u. d. öst. Nachbarl. zu Anf. d. 19. Jh. Bayer. Jb. f. Vkde (1964/65); K. Hillenbrand – G. Spies, Hw. in Südwestdtl. 1965; P. Stieber, Dt. H.geschirr. In: Keysers Kunst- u. Antiq.buch 3 (1967) Lit.; J. Ringler, Tiroler H.kunst. 1965; I. Bauer, Treuchtlinger Geschirr, 1971; K. Göbels, Rhein. Töpferhandw., 1971; M. Scholten-Nees, W. Jüttner, Nd.rhein. Bauerntöpferei 17.–19. Jh., 1971.

Hag → Hegung, Zaun.

Hagebutte → Heckenrose.

Hagedorn → Weißdorn.

Hagelfeier → Peter u. Paul.

Hagelfeier. In der Homilie (→ Predigt) des Ratherius von Verona (+ 974) heißt es: *dicunt, quod homo malus vel diabolus tempestatem faciat, lapides grandinum sparget, vineta vel campos devastet.* Die alte Kirche sanktionierte schon in der Antike bekannte Abwehrbräuche gegen die gefürchtete Begleitung vieler Gewitter (H. Kreuze, Wetterglocken). Das frühe MA hielt eine Bittprozession am Markustag (25. 4.) oder an den drei → Bittagen vor → Himmelfahrt Christi. Im Hoch-MA bildeten sich selbständige Wetterumgänge und H. Die »Hagelkreuze« am Niederrhein waren got. Kreuze in mehreren sich verjüngenden Schäften.

M. Creutz, Die Rheinlande. (1924); N. Kyll, Hagel-, Wetter- und Proz.kreuze im Trierer Lande. Landeskdl. Vjbll. (Trier) 7 (1961); ders., Die H.feier i. a. Erzbist. Trier, Rhein. Jb. f. Vkde 13/14 (1963).

Hagestolz → alte Jungfer, unlösbare Aufgabe.

Hagmaier → Jakobsen.

Häher *(garrulus glandarius* oder *Corvus gland.).* Die Bez. des H. bilden eine interessante Aufgabe der → Wortgeographie. Er wird nach dem Aufenthalt Waldh., Nußhakker, Nußh., Eichelh., Tannenh., nach dem Ruf Holzschreier, Gritsch, genannt. Wegen seines spottenden Rufes heißt er Markolf oder Marquard nach dem aus der Spielmannsdichtung bekannten Spaßmacher Salomos.

H. Suolahti, Die dt. Vogelnamen, 1909.

Hahn. Schon in der Antike nahm der H. im Vglauben die bevorzugte Stellung ein, die er noch heute hat. Durch Alektryomantie erforschte man die Zukunft, d. h. aus dem »Wort«, das entstand, wenn ein H. von den kreisförmig um ihn gelegten Körnern pickte. In Rußland kennt man dieses → Orakel noch in uns. Zeit. An der Kampflust des H. ergötzte man sich früher auch bei uns, obwohl Tierkämpfe in Europa sonst fast nur in den Mittelmeerländern bekannt sind. Durch sein frühes Erwachen wird der H. Künder des Lichts, das Hexenmacht bricht. Auch durch die christl. Symbolik (Verleugnung des Herrn durch Petrus) ist er das Tier der Wachsamkeit und erscheint auf Türmen und Kreuzigungsgruppen, auf Stalltor und Hausgiebel. Sein Krähen verkündet Vorzeichen und Wetter. Da er viel kräht, ist es sehr schlimm um etwas bestellt, wonach »kein H. mehr kräht«. Die Darstellung des H. im Erntebrauch (der H. im Erntekranz in Nordwestdtl.), das H.haschen, → H.schlagen und H.reiten (→ Reiterspiele), die Bez. der letzten Garbe als H.garbe, des → Erntefestes als Stoppelh., Bauth. usw., ferner die Abbildung des H. in Gebildbroten (H.reiter), sein Erscheinen auf Minnegaben und im Brauch der → Hochzeit (H.feder im Hochzeitskuchen) zeigen den H. als Fruchtbarkeitstier und zuweilen auch als Opfergabe. Die Kappe des → Narren bei Hofe war gekennz. durch H.Kamm, Schellen und Eselsohren, die er an der Gugel, der Narrenkappe, trug. Die H.feder gehört zur Tracht des → Teufels. Zum → Symbol der Franzosen wurde der H., weil das lat. *gallus* den H. wie den Gallier bezeichnete. → Vogelreiter, Wetterfahne, Gebildbrote, Korngeister.

L. Kretzenbacher, Der H. a. d. Kirchturm. Rhein. Jb. f. Vkde 9 (1958); ders., Heimat im V.barock. 1961; O. Keller, Die antike Tierwelt 2 (1913; Neudr. 1963); D. Forstner, Die Welt d. Symbole. 1961 (Christl. Herk. d. Wetterh. oder »Wetterrufers«).

Hahnenschlagen. Durch die Tötung des Korngeistes (Wolf, Hahn, der Alte, das Roggenweib) beim Schneiden der letzten Halme oder beim l. Drischelschlag sollte dem Acker die Fruchtbarkeit wiedergegeben oder der Tötende selbst in den Besitz der Lebenskraft des Tieres gebracht werden. Vor allem war es der Hahn, dessen Tötung (mit geworfenen Sicheln, mit Dreschflegeln) in zahlr. erkennbaren Ersatzhandlungen, die zuletzt nur noch als Spiel verstanden wurden, in Brauch blieb. Schon Fischart erwähnt dieses Spiel im »Gargantua« (»Brich den Hafen«). Eine mag. Handlung wurde zum Ernteschlußspiel und, im 18. Jh., zu einem galant-höf. Gesellschaftsspiel im Freien, das vom alten Termin weg auf Kirmes und Fasnacht, auf Pfingsten und Sonnwende, bes. auf Hochzeitsfeste überging. Der lebende Hahn wurde durch einen toten, schließlich durch ein hölz. (→ Reiterspiele) oder bleiernes Abbild ersetzt. Gans, Taube, Ente oder Katze traten an die Stelle des Hahns. Da es nur noch ein Spiel war, blieb der Korb, der den Hahn früher gefangen hielt, zuletzt leer. Ein Tongeschirr aus der Küche, eine dünnwandige Tonne oder – heute in der Stadt – ein Aluminiumtopf mit einem Bonbon darunter wurde das Ziel des mit verbundenen Augen und Schlagstock (oder Holzkelle) Suchenden. Hahn, Gans oder Ente, auch die Tonne, wurden gleich dem Ring beim → Ringreiten zwischen zwei Stangen aufgehängt. In vielen Wandlungen der Form, im Wechsel der Brauchanlässe und der beteiligten Gruppen wurde aus dem urspr. Ritus ein Wurf- und Schlagspiel, ein → Wettlauf und Wettreiten. Ein bekanntes Bild von Chodowiecki zeigt die Entw. zum Ges.spiel, ein Vorschlag von Guts Muths jene zur sportl. Übung: er schlug vor, den Topf durch neun Kegel zu ersetzen unter Beibehaltung der übrigen Spielregeln. → Vspiel.

W. Giese, Über H. u. Verw. Niederdt. Zs. f. Vkde. 15 (1937) (Parall. aus roman. Ländern). Z. Ujváry, H. u. Hahnenschießen in Ungarn. Acta Ethnogr. 14 (1965), Budapest.

Hahnensuppe → Ernte.

Hahnentanz. Aloys Schreiber schilderte in Wort und Bild einen → Vtanz, der in der Baar um Villingen und Donaueschingen die schwäb. Sichelhänget (→ Erntefest) beschloß. Auf der Tenne trug eine Stange einen → Hahn im Korb und an einem Querstück ein Brett mit einem Schaff oder Glas voll Wasser. Der Preis wurde gewonnen, wenn es einem Mädchen gelang, im Rundtanz seinen Burschen zu heben und so das Glas herabzustoßen, zugleich aber dem Wasser zu entkommen. Der Tanz um den Hahn ist zu vergleichen mit Hahnschlagen und Hahnreiten, mit dem Hahn im Erntekranz und ähnl. Bräuchen, in deren Mittelpunkt dieses Tier als Träger und Symbol der Fruchtbarkeit steht, eine Bed., die schon die Antike kannte. Ein Gedichtfragment bezeugt den H. für den Anfang d. 14. Jh.:

Pfeif auf, spileman!
ich wil tanzen um den han
und wil den ersten reien springen.

In Frankf. a. M. wird der H. neben Gänsetänzen im 15. Jh. öfter genannt. Bis in die Gegenw. lebte der H. bei der Sichelhänget der Donauschwaben fort. → Gebildbrot, Vogelreiter, Reiterspiele.

A. Schreiber, Teutschlands Nationaltrachten. 1820; G. S. Kriegk, Dt. Bürgertum im MA 1863.

Hahnreiter → Vogelr.

Hain → Wald, heiliger H.

Hakelnix, -nixe, -matz → Wasserg.

Häkeln unterscheidet sich vom → Stricken vor allem d. die Benutzung nur einer Nadel, deren Haken die Schlingen bildet. Obwohl es sich um Maschen handelt, spricht man von H.stichen (schräger H.stich, Kreuzstäbchen u. ä.). Am Ende des MA erscheinen zuerst H.spitzen an Leinenwäsche. Im 17. und 18. Jh. schmücken H.arbeiten Taschentücher, Bettzeug und bes. als breiter Einsatz die besseren Kissen. Erst dem 18. Jh. gehört die vollendetste Form des H. an, die sogen. irische Spitze, deren Herst. in Niederösterr. auch als Hausgewerbe angesiedelt wurde. Weibl. Handarbeit in breitem Maße wurde das H., auch wegen seiner zeitsparenden Technik, erst im 19. Jh. Halstücher, Mützen, Herdlappen und Kinderkleidung wurden in Menge am Feierabend gefertigt wie noch heute, selbst neben dem Fernsehen her. Mehr Sache begabter Einzelner war die Herst. kunstvoller H.spitzen (St. Gallen, Appenzell; Altes Land). Mit H. kann man Frivolität verbinden, ein Maschenwerk, das durch Fadenverschlingung mittels eines oder zweier Schiffchen entsteht. – Vom Werkstoff und Zweck (Strümpfe, Handschuhe) her war und blieb jedoch das Stricken die wichtigere Handfertigkeit. Zwischen beiden steht die Arbeit mit dem Litzholz auf den fries. Inseln (bis Ende d. 19. Jh.). Indem man das Wollgarn um die zwei Hörner des Holzes zu Maschen schlang, entstanden schmale Litze für die Kleiderröcke.

Hakenkreuz (sanskrit *swastika* ›Zeichen des Heils‹; lat. *crux gammata*; altengl. *Fylfot*), ein bei vielen Kulturvölkern früh bekanntes → Ornament. In Europa ist es zuerst auf bandkeram. Gefäßen der jüng. Steinzeit belegt. »Die Bedeutung als Sonnensymbol dürfte für das H. feststehen, wenngleich der Charakter sich in vielen Fällen auch bald zu dem eines glückverheißenden oder unheilabwehrenden Zeichens verflacht haben mag« (Scheltema in: Eberts Reallex. d. Vorg.). Daß an eine lebendige Bewegung gedacht wird, zeigen auch die dem H. nahe verwandten Dreibeine (Triskelen), die durch menschliche Beine als laufende Räder gekennzeichnet sind (→ Brigitta). In der Bronzezeit und auf der Keramik der späteren Eisenzeit Germaniens ist das H. des öfteren vertreten. Auch auf Anhängern und Goldbrakteaten der Völkerwanderungszeit kommen H. und Dreibein gemeinsam vor, bisweilen läuft das H. in Tierköpfe aus. Auch an christl. Denkmälern und Geräten findet sich das H. (Torbogenfeld von Oberröblingen, 12. Jh.). Auf dem sog. → Hungertuch von Heiligengrabe in der Mark sind die wichtigsten Figuren in Gewänder mit H.-mustern gehüllt. In der → Vk. im engeren Sinn (ostpr. Handschuh, brandenb. Waffeleisen) ist das H. selten. Im 20. Jh. wurde das H. zum Symbol revol. Bewegungen (Banknoten d. Regierung Kerenski; in Finnland u. Lettland auf Orden u. Flugzeugen als militär. Hoheitszeichen; »Baltenkreuz«. Noch nach Adolf Hitler von Polen über Italien bis USA, Indien und Vietnam).

R. Andree, Ethnog. Parall., 2 Tle., 1878 u. 87; Gaillard, Croix et Svastika, 1893; K. v. d. Steinen, Prähist. Zeichen u. Orn., 1896; L. Wilser, Das H. nach Ursprung, Vork. u. Bedtg., 1917; L. Hopf, Das H. (Svastika) und s. symb. Bedt.; in: Kosmos (1918); O. Hupp, Runen und H., 1921; A. R. Hein, Künstler. Wirbeltypen, 1929; J. Lechler, Das H. 1933; E. Fehrle, Das H. Oberdt. Zs. f. Vkde. 8 (1934); R. Sillib, Das H. in d. Maness. Liederhs. Zs. f. d. Gesch. d. Oberrheins (1935) S. 426f.; H. G. Wackernagel, Altes V.tum d. Schweiz. Basel 1956 (S. 81 Vom H. im MA).

Hakenmann, besonders in der westlichen Hälfte Dtl. in jedem Dorf bekannter → Wassergeist, der die Kinder an Haken hineinzieht und deshalb auch Wasserhakl, Beinhakl, Höögelima, Hakelnix genannt wird. → Haaksche.

Hal, Hiel → Kesselhaken.

Halm. Grash.ziehen ist Orakel und (schon bei Fischart) Losen beim → Kinderspiel. Soviel H. das Mädchen aus dem Strohdach zieht, bis sie eine Ähre findet, so viel Jahre bleibt sie noch ledig. Auch mit dem Zählen der Knoten im H. lost man aus. Walter von der Vogelweide sang:

mich hat ein halm gemachet fro:
er giht, ich sül genade finden
ich maz daz selbe kleine stro
als ich hie vor gesach von kinden.

Besonders hochgeschossene H. im Korn verkünden Teuerung. Man sagt, die Wucherer stehen im Korn. »Ein altes, bei Franken, Baiern und Alemannen in schwange gewesenes rechtssymbol war das fortwerfen, hinschleudern, verschießen eines halmes zum zeichen feierlicher auflassung, entsagung oder kündigung« (Dt. Wb.). Der H. war hier wohl Ersatz des Rasens, unter dem → Eide geschworen und Blutsbrüderschaft geschlossen wurden. Ein ähnliches H.brechen ist noch bei den Schweizer Schwingern üblich. H.bock, -stier, -mandl sind Bez. des Korngeistes. → Verwandtschaft, Flechten, Schwingen.

Hals. Enthauptete kehren mit einem roten Streifen um den H. wieder. Die vom Wassermann Ertränkten werden mit einem roten Bändchen um den H. gefunden (Bercht). Luft- und Speiseröhre werden in der Volkssprache als Sonntags- und Werktagsh. bezeichnet (Vorarlberg). Gegen Erkrankung des H. hilft der bekannte Strumpf (der linke) oder die Anrufung eines H.patrons (→ Blasius, Jodokus, Matthias, Luzia, Kropf). Brosche, Kette, H.band und H.tuch sind in der Tracht wichtige Schmuckstücke und oft Liebesgabe. Das H.tuch ist begehrter Preis bei

Wettspielen und oft Anlaß zu nicht geringem Aufwand an Material und Auszier.

Hals- und Beinbruch → Wunsch.

Halterbuben → Hirt, Kühreihen, Pfingsten.

Hämatit → Blut.

Hamburger Dom. Das winterl. Vfest der Alsterstadt war urspr. ein Christmarkt in der Umgebung der Domkirche (Anf. d. 19. Jh. abgerissen), der aus Platzmangel oder bei schlechtem Wetter auch in die Kreuzgänge und sogar in die Kirche vorrückte. 1804 wurde der »Dom« auf den Gänsemarkt, in den 80er Jahren auf den Pferdemarkt verlegt. Seit dem Ende des Jh. ist das Heiliggeistfeld der Standplatz für den Markt wie für die Schau- und Spielbuden.

Hamburger Mützen → Sturmhut.

Hammel, Schöps. Ein fetter, mit Blumen u. Bändern geschmückter H. ist Siegespreis beim H.einholen, -schießen, -tanzen. Solche Spiele und Tänze sind als Zutat zu anderen Festen oder als Abschluß der Ernte noch gebräuchlich (→ Bartholomäus, Schäferlauf). Der H.lauf ist besonders in Braunschweig, Hannover u. Südharz bekannt. Auch der unverschnittene Widder heißt mancherorts H. Kinder nennen die Spieltannzapfen H. – Der berühmte H.sprung als Abzählweise der Parlamentarier stammt aus dem engl. Unterhaus. Der Saal wird geleert und verschlossen bis auf drei Türen. Die Abgeordneten treten wieder ein durch die rechte (= ja), linke (= nein) oder Mitteltüre (= Stimmenthaltung).

Hammer → Blitz.

Hämmerlein, wie Butz, Popphans, Totenhammer wohl nach dem → Klopfen als Sprache der Geister geprägte Bez. von Kobold, Tod, Teufel (Ambraser Liederbuch). Im 17. Jh. ist H.führer Name des Zauberers; Fischart spricht vom → Puppentheater als »meister Hemmerlein spil«. Auch der Galgen ist »meister Hämmerlins Gerüst«, wie der → Scharfrichter nicht selten an Stelle des Teufels tritt. → Holzwurm, Klabautermann.

Hand, H.schlag, H.auflegung. Die H. ist das wichtigste Werkzeug des Menschen bei der Arbeit (H.werker, H.langer, H.arbeit, h.lich) und zugleich der vornehmste Träger seiner → Gebärden. Die H.lesekunst der Zigeuner wie die gelehrte → Chiromantie gehen von der schicksalhaften Bed. von Form und Linien der H. aus. In der Vk sind zwei vereinte H.e Symbol von Liebe, Treue, Freundschaft, Ehe. Durch bestimmte Haltung der → Finger vollzieht die H. Gesten der Abwehr (→ Feige), der Beschwörung (→ Eid), der Weihe, des Betens, des Heilens. Die H., stellvertretend der H.schuh, stehen für die Person und ihren Anspruch. Bei Vertragsschluß, Auflassung, bei → Kauf, → Verlobung, Dingung von → Gesinde war und ist besonders im germ. Gebiet Hs. alte → Gebärde des → Rechts. Der Mensch verpfändet sich im Hs. Damit verbindet sich vielleicht der Gedanke von der magischen Kraft des → Berührens, wie sie im germ. und christl. Heilbrauch zutage tritt. Man denke auch daran, daß immer noch nach »gutem Ton« der Gruß mit beschuhter Hand als unhöflich gilt. Durch die Amerikaner in Europa kam seit 1945 die Mode auf, sich ohne Hs. zu begrüßen, nicht zuletzt wohl infolge der amerik. Bazillenangst. – Auch als Mittel des Zählens und Messens ist die allgegenwärtige H. von Bedeutung. In Blättern und Wurzeln sieht man ihre Gestalt (Fünffinger-, → Knabenkraut). → Entblößung, Gruß, Maß, Faden-, Fingerspiele.

H. Siegel, Der Hs. und Eid nebst den verw. Sicherheiten f. e. Versprechen im dt. Rechtsleben. Sitz.ber. 1892; K. v. Amira, Die H.gebärden in d. Bilderhss. d. Sachsenspiegels. 1905; A. Dieterich, Der Ritus der verhüllten Hände. Kl. Schr. 1911; E. v. Künßberg, Schwurgebärde. 1941; Dt. Rechtswb. 4 (1951); H. u. J. Jursch, H. als Symbol u. Gestalt. 1951; G. Révész, Die Psycholog. d. H.drucks u. d. Weltsprache d. H. e. In: Universitas 11 (1956); W. Brückner, H. u. Heil. In: Anz. d. Germ. Nat. Mus. (1956).

H.arbeit → Weibl. H.

Handel → Geld, Kauf.

Handgeld → leihen, Geld.

Handharmonika, Handorgel, Zieh-, Zugharmonika. Vläufige Namen wie Quietschkommode, Ziehwanst oder Schifferklavier bezeugen, daß das aus Süddtl. stammende Instr. der → Vmusik längst den N und die Waterkant erobert hat. Auf dem gleichen Prinzip ruhend hat die H. die gleiche Gesch. wie die → Mundharmonika. Aus der zunächst nur als Hilfsgerät beim Orgel- und Klavierstimmen gedachten Aura oder Aeoline entwickelte Friedr. Buschmann 1822 zu bequemerem Gebrauch die Hand-Aeoline, die der Wiener Orgelbauer Cyrillus Demian (1772–1847) verbesserte und mit einem Akkordwerk auf der linken Seite versah. Er nannte seine Neuerung Accordion. Daraus entwickelte sich mit der Zeit das »Wiener Modell«, während die Handaeoline von Buschmann (von ihm selbst später Concertina genannt) in Dtl. zur sogen. »Dt. Harmonika« führte. Die gleich der Mundharm. diatonischen Instr.typen von Buschmann und Demian wurden von dem Wiener Musiker Walter chromatisiert, der um die Mitte des 19. Jh. die H. auch auf Gleichton umbaute (gleicher Ton auf Zug und Druck). Gegenüber der älteren und v.tümlicheren wechseltönigen H. ist die gleichtönige als »Akkordeon« das anspruchsvollere heutige Konzertinstr. geworden. Eine verbesserte H. ist auch das von Band in Krefeld gebaute Bandoneon. – Von der alten Form schrieb schon 1862 F. S. Schubert im »Katechismus der Musikinstrumente« (Leipzig 1862): »Man baut sie in verschiedenen Größen und Stimmungen. Da sich ihrer nicht nur der Musiker, sondern der Dilettantismus in den niederen Ständen bemächtigt hat, so ist sie durch viele Fabriken ein bedeutender Handelsartikel geworden«. – Über 30 Länder sind heute in der Confédération Intern. des Accordéonistes (CIA) zusammengeschlossen. In Trossingen, der Stadt der H. gründete Hohner auch den größten Verlag für H.musik. Von Bedeutung ist ferner Klingenthal im Erzgebirge.

P. Biedermann, Die Ziehharm.-Industrie in Dtl. 1930; A. Fett, Die H.; ders., Das Akkordeon, o. J. bei Hohner, Trossingen; W. Maurer, Die Ziehharm. Jb. öst. Vliedw. 17 (1968).

H.lesekunst → Chiromantie.

H.mal → Hausmarken.

H. mit Herz → Minnegaben.

H.mühle → Mühle.

Handschuh. Den H. kannten schon die alten Völker, bei den Germ. war er bereits im 8 u. 9. Jh. allg., anfangs als Fäustling. Im MA wurde er → Symbol von Belehnung und Standeserhöhung, später des vom König verliehenen Markt- und Münzrechtes usw. Die »Hände« im → Wappen mancher Städte sind in Wirklichkeit H. Frauen trugen erst seit dem 13. Jh. leinene H. als Schmuck, meist ellenbogenlang. In der → Tracht des Volkes spielt der H. eine gewisse Rolle in Norddtl.: buntgemusterte Strickh. im Memelland, goldbestickte Lederh., im Weizakker (Pommern), Perlenh. in Schaumburg-Lippe. → Perle, Hand

W. Beck, Gloves, their Annals and Associations. 1883; R. Schwineköper, Der H. in Recht, Ämterwesen, Brauch u. Volksgl.. 1938; Der H. Ciba-Rundschau. Mai 1947; L. Schmidt, V.glaube u. V.brauch, 1966 (H.opfer).

Handtuch → Paradeh.

Handwerk(er), Zunft, Gilde. Neben ahd. *zumft* steht das Zeitwort *zëman* ›geziemen‹. Nach der urspr. Bed. ›Schicklichkeit‹ und später ›Genossenschaftsregel‹ nahm im 13. Jh. Z. den Sinn von ›Handwerkerverband‹ an. Aus dem obd. wanderte das Wort nach Mittel- und Norddtl. und über die Schweiz als *chomffe* auch in roman. Sprachen. In mittelalt. Urkunden bedeutet Z. soviel wie *monopolium, collegium.* In gleicher Bed. erscheint im mhd. des 13. Jh. auch das Wort Innung (ahd. *innōn* ›aufnehmen, verbinden‹). Gilde übernimmt das nhd. zu Luthers Zeit aus dem mnd. An gemeinsch. Opfer und Gelage der germ. Zeit erinnert in älteren Sprachen das gleiche Wort; an. *gjald,* got. *gild* im Sinn von ›Opfer, Steuer‹ und auch ›Bruderschaft‹ (Kluge-Mitzka, Et. Wb). Den Zusammenhang von G. und Z. mit Brauch und Recht germ. → Männerbünde hoben in den l. Jahrzehnten bes. R. Stumpfl, O. Höfler, L. Weiser und R. Siemsen hervor. Von anderen Forschern wurde auf ein mögliches Nachleben röm. Hr.verbände (etwa der *collegia fabrum* an Rhein und Donau) hingewiesen, die auch als Überlieferer antiker Arbeitsweisen zu denken sind (→ Steinmetz). Im 12. Jh. bereits bezeugt, hatten die Z.e im Spät-MA bis ins 16. Jh. hinein ihre Blütezeit. Urspr. mit anderen zu einer Z. vereinigt, hatte bald jedes Handwerk seine eigene (z. B. Schiffer in Worms 1106, Schuhmacher in Würzburg 1128, Bettuchweber in Köln 1149, Schuhmacher in Magdeburg 1158). Von dem später viel befehdeten Z.zwang hören wir zum erstenmal 1264 bei den Basler Gärtnern, im gleichen Jh. auch von Z.häusern. Die Aufsicht hatten zuerst die Landesherren, seit dem 14. Jh., nach aufgegebenem patriz. Widerstand, der Rat der Stadt. Im gleichen Jh. gab es aber auch schon Beispiele von Selbstbestimmung in Gericht, Gewerbeaufsicht und Verwaltung. Anderers. waren alle im Gebiet der Stadt oder der Bannmeile ansäßigen Hr. durch Z.zwang zum Beitritt verpflichtet. Jede Z. gliederte sich in Meister, Gesellen (Knechte) und Lehrlinge. Ehrliche Geburt war die Voraussetzung der Aufnahme (→ Unehrl. Gew.). In der Preuß. H.ordnung von 1733 gilt dieses Tabu nur noch für den Sohn eines Abdeckers (→ Schinder). Genauer Vorschrift unterlagen auch Lehr-, Gesellen- und Wanderzeit. Schon Weg und Ziel des Wanderns hatte seine Tradition. Die »An-See-Städte« unterschieden sich von den »Oberländern«. Fränk. Hr. zogen nach Österr., kurbayer. nach Tirol und Steierm., Schweizer und Elsäßer nach Böhmen und Mähren, Westfalen nach Pommern und Preußen. Hr. aus den Ostseestädten zogen nach Schweden. Für die balt. Provinzen und damit für das Deutschtum im Osten von Bed. waren bes. die Bauhr., aber auch Schmiede, Bäcker, Zimmerer und andere Gewerke. In z.eigenen Herbergen (öst. »Verpflegstation«) fand der Geselle, der sich durch das Aufsagen des »H.grußes« auswies, Unterkunft, Willkommenstrunk und Mahl (→ Steinmetz). Dieser → Gruß war ihm vom Meister beim Abschied unter dem Siegel der Verschwiegenheit anvertraut worden. »Geschenkte Z.« hieß eine Z., die einen Geldbetrag für die Weiterreise bewilligte. »Ungeschenkte Z.« genoß geringere Wertschätzung. Wenn der Geselle Arbeit suchte, ging er zu einem zuständigen Meister in der Stadt und wies sich z. B. als Maurergeselle aus mit diesem Gruß (19. Jh.): »Mit Gunst und Erlaubnis, ehrbarer günstiger Meister! Ich soll ihn grüßen von den Meistern des ganzen ehrbaren H. der Maurer der Stadt N. N., die in Ehrbarkeit leben, sich der Ehrbarkeit befleißigen, der Ehrbarkeit gebrauchen, in der Ehrbarkeit sterben. Ich habe gehört, daß der ehrbare Meister für mich ehrbaren Gesellen ehrbare Beförderung hätte, so wollte ich ihn angesprochen haben auf acht oder vierzehn Tage nach seiner und meiner Beliebung, nach H. Gebrauch und Gewohnheit, so lange es ihm und mir gefällt«. In Gegenwart der anderen Gesellen stellte dann meist der Altgeselle noch eine Reihe von Fragen. Vielfach war es ein Altgeselle am Ort, der den wandernden Genossen »einbrachte«, ihm Arbeit verschaffte. In die Herberge zurückgekehrt, hatte sich der Neue formelhaft zu bedanken, auch wenn nur der Altgeselle anwesend war: »Gesellschaft, wartet, ich will lassen eine Kanne Bier bringen«. Genaueste Formen und Formeln regierten das zünftige Verhalten in Berufen und Alltagsleben. Das Recht der Z. war in Z.rollen (Z.briefen) aufgezeichnet. Über seine Einhaltung wachte der Z.meister (Aldermann, Kerzenmeister), der neben »Geschworenen« in den Zusammenkünften (Morgensprachen) der Genossen den Vorsitz führte. Die Gesellen hatten vielfach ihre eigene Brüderschaft (Gesellenlade), die nicht selten gegen die Meister auftrat. Der Rückgang und schließliche Verfall der Z. hatte bündische, soz., vor allem aber wirtsch.polit. und techn. Gründe. Die seit dem 16. Jh. aufblühende → Hausindustrie brachte viele Hr. in Abhängigkeit von Verlegern, Kaufleuten, die auf ihren Gewinn nicht weniger als auf den Großvertrieb der Erzeugnisse bedacht waren (→ Spielzeug). Gegen unzünftige Pfuscher und »Störer« (von Hof zu Hof ziehende Hr.) wurde eingeschritten, aber auch in den Z. unter sich gab es Brotneid und Streit. Meisterrecht wurde käuflich, das Meisterstück immer teurer, Lehr- und Gesellenzeit immer länger, es gab »Sperrungen« des Z. über einer bestimmten Zahl, Wanderverbot, um Z.geheimnisse besser zu wahren, Gewerbeerlaubnis ohne Z. gegen einen Abfindungsbetrag (Freimeister) nicht selten auch ein Überhandnehmen, Veräußerlichung und Vergröberung der Sitten, Bräuche und Feiern. Auf eine Reform zielte die Reichsz.ordnung von 1731. In Frankr. wurden die Z. 1791 ganz aufgehoben. 1808 wurde in Preußen die Gewerbefreiheit ausgerufen, während die anderen Staaten an der Z.verfassung bis über die Mitte des 19. Jh. festhielten. Manche Erneuerungsversuche wurden erschwert durch die wirtsch. und soz. Entw. (Maschinenwesen, Großindustrie). Der geschulte Hr. wird nicht überflüssig, aber er gliedert sich oft als unselbständiger Arbeiter (z. B. als Modellschreiner, Leinenweber, Glasbläser) in die Fabriken ein, die rationeller und billiger zu produzieren vermögen. Beim Untergang der G. und Z. im 19. Jh. blieben Innungen erhalten oder bildeten sich neu, um in einem neuen Geist alte und neue Aufgaben wahrzunehmen: Lehrlings- und Gesellenwesen (Verhältnis zum Meister), Herbergen, Arbeitsnachweis, Streitschlichtung, Hilfskasse, Fachschule, aber auch Pflege des Gemeinschaftsgeistes, der Überlief. und der Ehre des Berufstandes. Landsch. H.verbände schlossen sich 1919 im Reichsverband des dt. H. zusammen, der seit 1920 »Das dt. H.blatt« herausgab. Innerhalb der Vkde gehört das H.wesen zu den Fg.aufgaben, die von einer manchmal zu ausschließl. Beschäftigung mit Land, Dorf und Bauerntum zu einer Vkde der → Stadt überleiten.

F. Frisius, Der vornehmsten Künstler und Hr. Ceremonial-Politica, 1705 b. 1716; Wilda, Das G.wesen im MA 1831: O. Schade, Vom dt. H.leben in Brauch, Spruch und Lied. Weimarisches Jb. 4 (1856): F. W. Stahl, Das dt. H., 1874; G. Schanz, Zur Gesch. d. dt. Gesellenverbände im MA, 1875; W. Stieda, Der Ursprung d. Z.wesens. 1900; M. Heyne, Das altdt. H., 1908; A. Keller, Die Hr. im Volkshumor, 1912; S. Sieber, Die Hr. in der dt. Vkde.; Zs. f. d. dt. Unterr. 28 (1914); ders., Nachbarschaften, G., Z. u. ihre Feste; Archiv f. Kulturgesch. 11 (1915), 12 (1916); E. Otto, Das dt. H. in s.kulturgesch. Entw. [6]1927; H. Gumbel, Alte Hr.schwänke, 1928; R. Wissel, Des alten H. Recht und Gewohnheit, 2. Bde. 1929; E. Zunker, Die vkdl. Erfassg. d. Hr.standes, 1934; Fr. Fuhse, H.altertümer, 1935 (Braunschweig); E. v. Künßberg, Rechtswortgeogr. auf Karten zu G. und Z. Zs. f. Mundartfg. (1935); K. Gröber, Alte Z.herrlichk., 1936 (163 Abb.); Potthoff, Kulturgesch. d. dt. H., 1938; A. Lübke, Freundschaft mit seltenem H., 1939; E. Maurer, Z. u. Hr. d. alten Zeit. Ein volkssoziol. Versuch, 1940; R. Siemsen, Germanengut im Z.brauch, 1942; P. Koelner, Baseler Z.herrlichk., 1942; J. Buck, Alte dt. H.weisheit, 1949; G. Fischer, hg., Fränk. H. 1958; F. Mössinger, Odenwälder H.zeichen. 1961; G. Fischer-Fs.: Volk u. Gesch. 1962 (Bes. Gesch. d. H.); G. Stavenhagen, Standorttypen d. H. 1963; H. Pönicke, Studien z. Wanderg. sächs.-thüring. Hr. in die balt. Provinzen im 18. u. 19. Jh. 1964; E. Schäfer, Die Lausitz u. ihr H. 1964; K. Grünberger, Das Recht d. Passauer Z.e im MA. Pass. Jb. f. Gesch. usw. 8 (1966) (Der umfassende Anspruch d. Z.); K.-H. Kaufbold, Das H. der Stadt Hildesheim im 18. Jh. 1969; Das steir. H. (Kat. 5. Ld.ausstell.), 1970; K. Assmann, Zustand u. Entw. d. städt. H. in d. 1. H. d. 19. Jh. 1971 (Lünebg., Celle, Göttingen, Duderstadt); U. Steinmann, Die Bed. d. Städtewahrz. f. d. wand. H.gesellen, in: Vkde. Fs. L. Schmidt, 1972.

Handwerksbrauch. Standesbewußtsein, Ordnung der Zunft, Abgeschlossenheit nach außen, bürgerl. Ansehen, vor allem die verhältnism. freie Stellung der den → Studenten vergleichbaren Gesellen schufen die Grundlage reichen Hb., den bes. die Bauhandwerker bewahrten (→ Steinmetz, Zimmermann). In kath. Landsch. ist die Verehrung des → Schutzpatrons der Zunft und Bruderschaft, die Pflege seines Altars wie die Mitführung seiner Fahne in Prozession noch lebendige Sitte. Der Hb. fügt sich z. T. ein in die Feste des Kirchenjahres und des Volkes (→ Heilige, Wallfahrt, Bauopfer, Richtefest, Fasnacht), bes. Züge gewinnt er in Verbindung mit → Arbeit und Werkstatt (→ Montag, Lichtmeß, Verkündigung Mariae, Michael, Arbeitslied), bes. aber im Gruppenleben der Zunft, wie in der Sitte und Gewohnheit ihrer Glieder, der Lehrlinge, Gesellen und Meister. Wie die Berufsvereinigungen im kath. W und S den Hauptanteil der Schaugruppen in den feierl. Umgängen zu → Fronleichnam stellten, so waren ähnliche Anlässe wie das Jahresfest des Patrons, die Einweihung einer Zunftfahne oder einer neuen Herberge Höhepunkte festl. und gesell. Brauches. Die → Tracht der H., das Stechen der Nürnberger → Fischer, der → Schwerttanz der Messerschmiede und Schwertfeger, der Umzug der Hufschmiede am → Johannistag, → Metzgersprung und

→ Schäfflertanz wurden aquarelliert und lithographiert, in Öl gemalt und in Kupfer gestochen, in Einzelblättern und in ganzen Bilderfolgen. Wie die Patrizier, die Geschlechter, ihre Tänze im Rathaussaal hielten, so gehörten den Berufs- und Standestänzen der Zünfte Straßen und Plätze. Von dem starken Aufleben solcher Hb. in der Wende vom 15. zum 16. Jh. berichtet → Geiler von Kaysersberg: »Deßgleichen bringt man so viel täntze auf die ban, die vor nie brauch sin gewesen, das sich nicht genug darob zu verwundern ist. Als da ist: der schäffer tantz, der baurn tantz, der welsch tantz, der edelleute tantz, der studenten tantz, keßler tantz, bettler tantz und in summa, wenn ich sie all wolt erzelen, hett ich wohl eine gantze wochen zu schaffen«. Das Germ. Mus. in Nürnberg bewahrt eine große Zahl von Darst. der mitunter prunkvollen B.aufzüge aus drei Jhh. Die von Meisterregiment und Zunftregel verhältnism. unabhängigen Gesellen und ihre Bünde bes. sind die eigentl. Träger der z. T. bis in unsere Tage (→ Drucker, Hänseln) überlief. Aufnahmeriten beim Gesellenmachen. In der »Lossprechung« der Gesellen verbinden sich älteste Formen der → Jünglingsweihe und → Initiation, wie sie auch die student. → Deposition festhält, mit zunfteigener Tradition. Auch zur bäuerl. → Burschenschaft und ihren Ablöse- und Aufnahmebräuchen bestehen Beziehungen. Den Lehrling in der Herberge in die Geheimnisse und Grundsätze der Zunft einzuweihen, war Sache des »Pfaffen« oder »Knappenvaters«, bei den Schreinern auch »Papa« genannt. Er vollzog die »Gesellentaufe«, bei der zwei oder mehr vom Lehrjungen erwählte Paten zur Seite standen. In umständl. und formelh. Taufrede in Reimen wurde eine Art Lebenslehre vermittelt. Das Wichtigste aber bei dieser Aufnahme war das Schleifen, Hobeln, Schlüsselbeißen, Feueranblasen, wie bei Böttchern, Tischlern, Schlossern und Schmieden z. B. die Zeremonie hieß, durch die der Kandidat vom »Schleifpfaffen« oder auch »Arzt« in parodist. Nachahmung kirchl. Handlungen mit allerhand groben Späßen, aber auch unter schmerzhaften Vexationen mit Ruten oder Werkzeugen seiner eigenen Hantierung (Beil, Schlichthobel, Zirkel, Raspel usw.) zu einem neuen Menschen, einem ehrbaren Gesellen symbolisch umgeformt wurde. Getauft wurde mit Bier, Wein oder Wasser oder gleich durch Eintauchen in einen Brunnen (Lindauer Hobelordnung von 1601; → Metzgersprung). Über-die-Schwelle-springen, Anschwärzen, Rasieren mit einem Holzmesser, dreimal Durchkriechen unter einer Bank, Wechseln von Schuhen und Kleidern waren ähnliche Übergangsbräuche (rites de passage). Ein feierlich aufs Haupt gesetzter Gesellenkranz und ein mit Witz und Laune gewählter, dem Studentenbrauch vergleichbarer »Biername«, Gesellen- oder Schleifname vollendete die Prozedur. Der so Erhöhte zahlte den Genossen einen »Einstand« und erhielt – bei den Schlossern – den Gesellenstab, bei den Zimmerleuten die »Ehrbarkeit«. Drei oder mehr Jahre dauerte es dann, bis der Geselle sein Meisterstück fertigen durfte. Der sächs. Pfarrer Christian Gerber (→ Volkskde) berichtete in seinen »Unerkannten Sünden der Welt« von 1699 von den »Hobelpredigten«, die auch gedruckt wurden, und Magister Friese tadelte die Roheiten, die einen an sich sinnvollen Brauch entstellten. Im 17. Jh. hören wir von behördl. Maßnahmen, denen aber ein voller Erfolg ebensowenig beschert war wie einem Reichsgesetz von 1731, das das »Hobeln« ganz verbot. Es gibt auch Beispiele, die jene derbe Gesellentaufe nicht nur als Nachahmung oder Parodie kirchl. Kultes, sondern in jenem auch der christl. Taufe letztlich zugrunde liegenden Ursinn der Reinigung und eines Heil- und Fruchtbarkeitszaubers (→ Wasser) und der Weihe verstehen lassen. Ähnl. gilt, wenn die Lehrlinge bei Messerschmieden und Beutlern mit frischen Weidenruten gestrichen wurden (→ Lebensrute) oder wenn sich Züge des bäuerl. Brauchtums bei der → Ernte mit dem des Winteraustreibens (→ Lätare) verbinden, wie in einem Bericht aus Dresden (um 1699): »Nach diesem wird der, so zum Gesellen gemacht worden, bei manchem Handwerke ausgekleidet und hingegen mit Stroh auf das aller närrischste umbunden, auch wird ihm eine Krone, von Stroh geflochten und mit Eierschalen und Kartenblättern ausgeziert, aufgesetzet«.

O. Schade, Über Jünglingsweihen. Weimar. Jb. 6 (1857); Wehrhan, Mit Gunst! Sitten, Bräuche und Feste des dt. H., 1909; S. Sieber, Zunftfeste; Mitt. d. Ver. f. Sächs. Vkde. 5 (1911); W. Sulser, Von d. Schutzpatronen d. Schuhmacher 1965; M. Fehring, Sitte u. Brauch der Tischler, 1929; L. G. Fischer, Über h.liches Brauchtum; Mitteldt. Bll. 6 (1931); W. Krebs, Alte Hb.e mit bes. Berücks. d. Schweiz, 1933. – W. Krebs, Alte Hb.e, 1933; H. Lenhardt, Feste u. Feiern d. Frankfurter H., 1950 (macht das Nachwirken des mal. Ordo-Gedankens u. älterer bäuerl. Dorfgemeinschaft wahrscheinlich); K.-S. Kramer, Bauh.e i. Mainfranken, in: Die Plassenburg 13 (1968).

Handwerkskunst. Ein guter Teil der → Volkskunst ist H., und man hört diese Bezeichnung zuweilen im Sinn des Ganzen. Unter dem Arbeitsgesetz der → Hausindustrie nähern sich der Glasbläser, Schnitzer, Töpfer mitunter der Fertigungsweise der Fabrik, in seiner Freizeit aber wird der gleiche Meister zum zeitverschwendenden Bildner und Bastler. An Stelle immer gleicher Blumentöpfe und Futternäpfe formt der schles. Töpfer am Abend einen großen Krug, den er ebenso künstlerisch wie künstlich bemalt und glasiert und den er nur ungern verkauft (Wartenberg 1934). Oder der tiroler Hafner bildet in freien Stunden die reich geschnitzte und bemalte Kanzel der Wallfahrtskirche Gnadenwald in Form und Farbe, in kleinem Maßstab, getreulich nach (Hall in Tirol, 1936). Aber auch in der alltägl. Werkstattarbeit des Sattlers, Schmieds, Tischlers, Wagners und Zimmermanns entsteht vieles, was den Adel der Kunst zeigen kann, wenn es auch dem Tagesbedarf in Haus, Hof und Stall dient, ein → Gerät oder → Möbel ist, ein Schellenriemen für die Leitkuh, ein Waffeleisen für die Fasnachtsbäckerei, eine Weihnachtskrippe, ein Kreuz für den Friedhof, ein Schrank, ein Schlitten, eine Balkenverbindung am Dach. Oft sind es Sonder- und Ehrenaufträge, die den Meister zu höchstem Ehrgeiz anstacheln. Wenn man unter H. solche Schöpfungen versteht, die den Stand des Handwerkes selber feiern und erhöhen, dann wird man an das zuweilen im Berufsverband für diesen geschaffene Zunftgerät denken, an Innungshumpen (Willkomm), Zunftladen und -fahnen, Abzeichen, Werkzeug und Aushängeschild. Zunftkrüge aus Zinn oder bemaltem Glas wetteifern mit den silbernen Ratshumpen der Renaissance und behängen sich gern mit Schildern und Münzen, Stiftungen von Meistern der eigenen oder einer befreundeten Zunft. Manche tragen das Zunftwappen. Auch die nicht selten noch erhaltenen Schilder vor den Werkstätten, ferner

Meisterstücke und -briefe sind hier zu nennen. → einzelne Berufe u. Werkstoffe.

K. Gröber, Alte Zunftherrlichkeit. 1936; Vkunst u. Vhandw. Ausst. Kat. Berlin 1964; Das steir. H. (Kat. z. 5. Ld.ausstell.), 1970.

Handwerkerlied. Die dt. Wanderlieder sind zum guten Teil H.er. Wenn der Frühling kam, wurde es unruhig in den Werkstätten. Der Geselle wurde wieder ein »wandernder Handwerksbursche«:

Nun laßt uns eine Ture tun,
Marschieren in das Reich,
Durch Franken und durchs Schwabenland,
Durchs Schweizerland zugleich.
Tirol wie auch die Steiermark,
Ins Ungarland hinein,
Und wer daselbst gewesen ist.
Das lebt gar hübsch und fein.
Wills uns dann da gefällen nicht,
Marschieren wir in Böhmen,
Von Böhmen dann nach Sachsenland,
Da sind die Mädchen schöne.

Neben dem fröhlichen Wanderlied, das neben Dank und Lob auch Spott und Tadel für den Meister (und die Küche der Frau Meisterin) enthalten konnte, leistete das H. auch einen Beitrag zum → Arbeitslied im engeren Sinn. Wanderweg und Herberge, Werkstatt und Abendrunde waren auch Sammel- und Austauschplätze von Schwank, Anekdote und Witz, von Spruch, Rätsel, Sage und Märchen, in denen der »Meisterschmied«, der tapfere Schneider und geschickte Schuster, der listige Müller und einfältige Fischer mit ihren Gesellen und »Lernern« keine seltenen Gestalten sind. Joh. Koepp notierte in den 30ger Jahren in Berlin allein in der Spandauer Herberge etwa 150 Gesellenlieder. Altes Gepräge bewahrt das H. besonders bei Maurern und → Zimmerleuten. Bei den »Klatschliedern« sitzen sich die Gesellen, Knie an Knie, gegenüber. In bestimmter Reihenfolge wird geklatscht (= II; auf die eigenen Knie, in die eigenen Hände; Zusammenschlagen der rechten, der linken, beider Hände usw.)

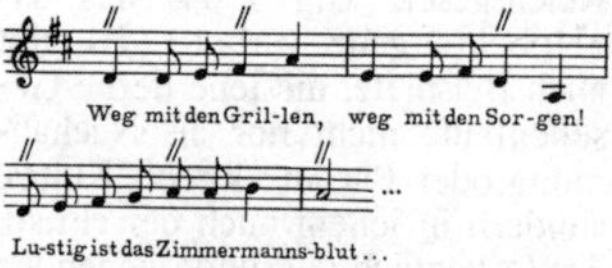

Wenn auch Gesellen in der Herberge mit den »Kunden«, den ewigen Tippelbrüdern und Vagabunden, zusammenkamen und auch gemeinsam sangen, so ist deren Lied mit seiner stärkeren Anlehnung an die Gaunersprache (Rotwelsch) doch vom H. zu unterscheiden. Was die Liedüberlief. im Leben des Handwerkers bedeuteten, ermißt man, wenn etwa der ehemal. Reichstagspräs. Löbe am Ende seines langen, der Politik und der Sache des Arbeiters gewidmeten Lebens sich der Sprüche und Lieder seiner Wanderzeit lebhaft erinnerte und sie noch auswendig wußte (Nachruf von Prof. Carlo Schmidt).

O. Schade, Vom dt. Handw.leben in Brauch, Spruch u. Lied. In: Weimar. Jb 4 (1856); Ders., Dt. Handw.lieder. 1865. (Reiche Slg., jedoch ohne Noten); A. Keller, Die Handw. im Volkshumor. 1912; A. Bruder, Richtsprüche u. Zunftlieder. 1949; J. Koepp, Das Vlied in d. Vgmeinschaft. In: A. Spamer, Die Dt. Vkde. Bd. 1 1934 (Daraus d. Beispiel); A. Bruder, Richtsprüche u. Zunftlieder.

Hanerl u. Hennerl → Pfingstrose.

Hanf *(Cannabis sativa).* Der H. stammt aus Indien und wird erst seit dem 5. Jh. n. Z. als Gespinstpflanze bei uns angebaut. Aus diesem Grunde – auch vielleicht, weil dem Menschen das Hemd näher ist als der Strick – konnte d. H. im Volksleben nicht dieselbe Bedeutung erlangen wie der Flachs, der ja seit Urzeiten bei uns angebaut, gesponnen und gewebt wird. – In Baden wird der H. besonders lang, wenn man die »drei Fazi«, die → Eisheiligen, zur Aussaat wählt, »denn dies sind die längsten Männer gewesen«. – Im übrigen schließt sich der H. in Volksglaube, Saat- und Erntebrauch eng an den → Flachs an. Die männliche H.pflanze wird als H.hahn, Gelge, Hemp, Fimmel, Sünderh. unterschieden von der weiblichen: H.henne, Hänfin, Helling, Bösling.

G. Schäfer, Flachs u. H., in: Ciba-Rundschau. (1944–62); Szokolny, Die H.breche. Acta Ethnogr. Budapest 15 (1966); U. Nürnberg, Biol. u. Gesch. uns. Kulturpflanzen. 1965; L. Szolnoky, Geräte d. H.kämmens. Acta Ethnog. 20 (Budapest 1971).

Hängeleuchter, Kronl. mhd. *krōne* ist noch umgangssprachl. erhalten im NO; Schweiz, Österr. und teilw. Süddtl. haben die Bez. Luster. Sonst gilt in der Schriftspr. allg. H. als Bez. des von der Decke herabhängenden Leuchtgeräts. In Schmiedeeisen (Weizacker) wie in Drechslerarbeit finden sich formschöne H. in den Dorfkirchen von Friesland über Brandenbg. bis Ostpreußen. H. aus gedrehtem Stabeisen mit daran hängendem Zierat kennt ähnlich Schweden. Die »Schacktarp-Arbeiten« kurischer → Fischer aus Holz sind in ihrer zierl. Drechselung mit auf Draht wippenden Vögeln den → Weihn.leuchtern (W.spinnen) des Erzgeb. vergleichbar. – Die H. des MA mit einem Mittelschaft, von dem die Lichtträger strahlenförmig abzweigen, haben den einfachen Ring (Krone von lat. *corona*) der roman. Epoche abgelöst, doch begegnen wir diesen neuerdings im vtüml. Kunstgewerbe bes. der Gaststätten (Schäfflerkrone → Schäfflertanz).

Hansel → Dohle.

Hansele → Masken.

Hänseln ist häufige Bez. der Initiationsbräuche für Studenten, Lehrlinge, junge Hirten, Jägergesellen und andere Neulinge bei Mähen, Dreschen, Schiffahrt, Gemeinschaftsarbeit, Flurbegehung usw. Das H. bestand im Durchkriechenlassen, »Hobeln«, »Rasieren«, Wassertaufe u. ähnlichen schmerzhaften später auch als Ulk aufgefaßten Zeichen einer Verwandlung des ganzen Menschen, einer Wiedergeburt unter oft neuem → Namen und einer Aufnahme in die neue Gemeinschaft. Das »Rasieren« der Lehrlinge, Studenten und überhaupt der Neulinge bildet eine der häufigsten Formen des → H. bei der Aufnahme in bestimmte Gemeinschaften (→ Deposition, Initiation). Abgesehen von der leicht herbeizuführenden Komik und Schmerzhaftigkeit der Behandlung, dürfte in diesem Brauch auch die alte kultische Hingabe des → Bartes bei der germ. → Jünglingsweihe nachwirken. Das Wort h. stammt aus dem Brauch der hanseatischen Handlungskompagnie in Bergen (Norwegen) und bedeutet eigentlich einen Lehrling »durch Vexationen hansisch machen« (Schade). (Köln 1259: *hansin* = in die Kaufgenossenschaft aufnehmen). Diesen »Bergener Spielen« (Wassertauche, Staup-Rauch-Barbierspiel, wobei mit dem Kot von Hunden und Katzen »eingeseift« wurde) fehlte es nicht an sadistischer Brutalität. Andererseits schuf diese harte Initiation eine erprobte, festverschworene Gemeinschaft. → Unlösbare Aufgabe, Narrenaufträge, Fuhrmann, Fasnacht, Burschenschaft, Letzter, Drucker, bes. → Handwerk.

J. Hartung, Die Spiele der Dt. in Bergen, Hans. Gesch. Bll. 1877; A v. Gennep, Les rites de passage, 1909; Fr. Rauers, H.buch 1936 (88 Abb.); R. Pagel, Die dt. Hanse. 1942; K. D. Sievers, Der Gemeinsch.gedanke in d. alten Hanse. Zs. f. Vkde. 59 (1963); F. Lerner, Ein H.buch a. d. Frankfurter H. haus. Hess. Bll. f. Vkde 44 (1953) (1396 errichtet als Zentrum d. Leinen- und Garnhandels. Hansen, Freimachen. Nur Gehänselte durften Tuchhandel betreiben).; F. Heeger, Das »H.« in Pfälzer V.bräuchen. Pf. Heimat 16 (1965).

Hansl am Weg → Vogelknöterich.

Hans Muff → Weihn.

H. Trapp → Nikolaus.

H.wurst → Narr.

Happer → Weide.

Harfe. Das größte der Saiteninstr. ist altoriental. Ursprungs, doch bezeichnet schon im 6. Jh. Venantius Forunatus ein germ. Musikgerät als *harpa.* Aus dem germ. (ahd. *harpa*; altnord. *harpan* ›reißen‹) drang der Name in die roman. Sprachen. Das Helden- und Preisgedicht des germ. *scop,* später des Spielmanns, begleitet die H. Das moderne Zupfinstr. geht auf die schlanke gotische H. und weiter auf die oriental. Winkelh. zurück. Die wie bei → Zither und → Hackbrett diaton. Ordnung der Saiten wurde im 17. Jh. durch die chromat. ersetzt. Im MA haupts. Liedbegleitung wurde die H. in dieser Aufgabe im Barock durch Laute (→ Gitarre) und Klavierinstr. ersetzt. Im 18. Jh. noch von Bed. in der Hausmusik, hielt sich die H. in der Vmusik vereinzelt bis in die Gegenwart. Musizierfreudige Familien (z. B. Neyer-Sander in Schruns) pflegten neben Zither, Geige, Flöte, Klarinette auch noch das H.spiel. Bis in unser Jh. begleitete die H. auch fahrende Spielleute wie die Berliner »H. jule« (Luise Nordmann, 1829–1911), der 1969 auf dem Kirchhof von Bln-Lankwitz ein Denkmal gesetzt wurde. Wie die → Flöte aus Menschengebein verrät im nord. Märchen auch die aus Körperteilen des Getöteten hergestellte H. den Mörder. – Die neue Freude an der → Vmusik bewog Instr.-macher in Tirol, Salzk.gut und Oberbayern, sich der Herst. von H. wieder zuzuwenden (→ Alphorn). Das von Paul Rieder, vulgo »Weber-Pauli«, einberufene 12. Kufsteiner H.spielertreffen 1969 »zeigte einen erstaunlichen Querschnitt durch das Können von Altmeister Thomas Steiner über die Virtuosität des Bayern Hansl Saurer bis zur unbekümmerten Saitengewandtheit der neunjährigen Karin Moser aus St. Johann« (Tiroler L. Ztg. 12. 11. 69). Franz Bradl hat mehr als 700 »Tiroler Volksh.« gebaut. H. heißen nach der Form auch alpenländ. Trockengeräte (Heu-H., Getreide-H.)

H. Panum, H. und Lyra im alten Nordeuropa (= Sammelbde. d. Intern. Mus. ges. 7); F. Jonsson, Das H.spiel des Nordens in alter Zeit (= wie oben, 9); Müller-Blattau, Musik und Musikgeräte; in: W. Peßler, Hb.; J. Werner, Leier und H. im germ. Altertum. Fs. f. Th. Mayer (Abb.); K. M. Klier, V.tüml. Musikinstr. i. d. Alpen, 1956; H. Hickmann u. H. J. Zingel, in: Musik in Gesch. u. Gegenw. 5 (1956); B. Höller, Schule für die Volksh. (Tiroler H.). (1963); M. Bradl, Lieder u. Tänze f. d. Volksh. 1964; (aus Tirol, Oberbayern, Salzkammerg., Oberöst.).

Harkelmai, Hackemai, Hackelmai. Westfälische Bez. des Erntemaibaumes, des Erntestraußes, dann auch der letzten Garbe und des letzten Fuders, das mit dem H. geschmückt am Schluß der → Ernte eingefahren wird. Strauß und Garbe werden dabei von Schnittern auf dem Wagen mit bunt gezierter → Harke hochgehalten, von der sich wohl der Name H. herleitet.

Härmchen → Kamille.

Harpokrates → Vogelreiter.

Hartelheu → Hauhechel.

Hartworm → Herzspann.

Hase. Der H., besond. der → dreibeinige, ist Hexenerscheinung. Darum und auch als altes Jagdtier wird er oft im Zug der → wilden Jagd gesehen. Im Angang prophezeit er Unglück vom MA bis heute. Der Feuerh. verkündet und bringt auch Feuersbrunst. Fett, Balg, Exkremente usw. vom H. verwendet die Vmed. Schon Plinius kennt das Essen von H.fleisch zu aphrodisischen Zwecken Als → Osterh. und als Kornh., der in den letzten Halmen gefangen wird, ist er Fruchtbarkeitstier. – Die Umkehr des Mensch-Tier-Verhältnisses in der Jagd des H. auf den Menschen ist ein altes und verbr. Motiv der Vk. u. des Schwankes, das auch Hans Sachs, Lucas Cranach u. a. benützten. In der christl. Legende ist der H. der reuige Sünder. Erst später wurde er Symbol der Furchtsamkeit (H.fuß). Als Federwischer lag die H.pfote noch vor wenigen Jahrzehnten beim Tintengeschirr. → Korngeister, Ostern, Kornengel, Gebildbrote.

W. Jesse, Beiträge z. Vkde. u. Ikonogr. des H.; in: Vkde.-Arbeit, 1934; D. Forstner, Die Welt d. Symbole. 1961; F. Sieber, Der Bilderkreis d. H.hauses der Augustusburg. In: Dt. Jb. f. Vkde 7 (1961).

Hasel *(Corylus avellana),* H.nuß. Vor Einführung des Walnußbaumes (8.–12. Jh.) bedeutete Nuß schlechthin die Hn. Das allg. Vorkommen, die frühe Kätzchenblüte, die schnellwüchsigen Ruten, zum Flechten wie zum Kinderspiel gebraucht, nicht zuletzt die willkommenen Früchte machten die H. zum Inhalt von Brauch und Glauben, Rätsel, Spruch und Lied, Sage, Märchen und Leg.. Die H.gerte vermittelt Kraft und Gesundheit (→ Lebensrute), die Nuß ist Symbol der Fruchtbarkeit wie der weibl. Aidoia (»Schwarzbraun ist die Hn.«). Das H.dickicht ist geheimnisvoller Ort der → Kinderherkunft und K.bringer. Fast im ganzen Volksgebiet verbreitet ist der Jahresspruch: Viele Hn. – viele uneheliche Kinder. Der H. gilt die ehrfürchtige Anrede »Frau Haselin« im Lied vom »Mädchen und der H.«. Von der H. schneidet man die → Wünschelrute, in der Hand des Schatzsuchers besiegt sie Schlange und Untier mit leichtem Schlag (der aber dreimal furchtlos geführt werden muß). Mit einer am Karfreitag geschnittenen Rute schlägt man das Kleidungsstück des weit entfernten Bösewichts. – Im MA diente die H.rute als Richterstab und zum Abstecken von Gerichts- oder Kampfplatz. Im kath. S. schützt nach der Leg. die H. vor dem Blitz, weil Maria unter dem Strauch Schutz suchte. Im geweihten Strauß vom → Palmsonntag fehlen H.ruten selten, in die aus sorgsam gelöster Rinde kleine Kreuzlein eingesetzt sind (Vorarlb.). Die Frühlingsrute dient zu Maienpfeifen (→ Flöte), der stärkere Stock dem Hirten für seine ornamentale Schnitzerei. Nur noch → Wacholder und → Holunder genießen ähnliche Vstümlichkeit. – Das H.huhn hat (wie das Birkhuhn) den Namen von seinem bevorzugten Aufenthalt.

K. Weinhold, Über die Bedeutung des H.strauches im altgerm. Kultus u. Zauberwesen; Zs. f. Vkde 11 (1901); E. M. Kronfeld, Die Zauberh.; Mitt d. Dt. Dendrolog. Ges. 31 (1921); H. Marzell, 1943; Ders., Die H. im vstüml. Kalender- u. Wetterglauben Dt. Jb. f. Vkde 2 (1956).

Haselwurm → Drache, Schlange.

Hasenbartel → Martin.

Hasenbrot. Das von der Reise oder aus fremdem Haus mitgebrachte Brot und andere übriggebliebene Wegzehrung nennen die damit beschenkten Kinder H. Im Kinderlied sind damit auch bestimmte eßbare Samen gemeint, z. B. die süßlich schmeckenden Blütenköpfchen und Samen der Hainbinse *(Luzula).* Über das H. berichtete Roeschen in: Hess. Bll. f. Vkde. 18 (1919).

H.scharte → Versehen.

Hauchbild → Andachtsb.

H.seele → Seele, Animismus.

Hauhechel (Heuhechel, Hartelheu, Ochsenbrech, Mägdekrieg, Frauenstreit, Weiberzorn; *Ononis spionosa* und *arvensis).* Ein von Juli bis September auf Triften, unfruchtbaren Feldern und an Wegen tiefwurzelnder, rosenrot blühender Schmetterlingsblütler. Die Namen deuten auf das schwierige Ausroden (Camerarius, um 1500). → Bock nennt sie Stallkraut, weil sie beim Vieh harntreibend wirke. Als »Steinwurzel« heilt sie von Steinleiden, als »Katzenspeer« vertreibt sie diese.

Haulemutter → Winselm.

Haupt → Kopf, Schädel.

Hauptscheid → Geschoß.

Haus. In seiner Urform als Schutz vor Angriff, Wind und Wetter, Hitze und Kälte ist das H. eine reine Verbindung von Bedingungen der Natur und einfachsten menschl. Baugedanken: die mit Rinde, Stroh oder Holz überdachte Erdgrube, die Höhle, das Zelt. Im Windschirm des Arbeiters an der Straße, in der Dachhütte des Schäfers in der Heide oder in dem aus Steinen geschichteten Unterstand des Ziegenhirten in den Bergen gehören solche Formen noch unserer Zeit an. Unser Wort H. – wie auch Hütte – wird hergeleitet aus einer idg Wurzel, die ›bedecken, umhüllen‹ bedeutet. Aus dem erschlossenen germ. **huza* ›einräumiges Haus‹ stammt auch das altslaw. *chyzu* (Kluge-Mitzka, Et.Wb.). Es wird in diesem Wb. mehrfach darauf hingewiesen, daß wesentl. Ergebnisse der Sprachwiss. (→ Sprachgeogr.) in anderen Gebieten der Kulturgeogr. ihre Bestätigung finden. Wie die »Landschaften« der Sprache (Mundart) werden auch die des bäuerl. und bürgerl. H. selten durch alte Stammesgrenzen, sondern öfter durch Gegebenheiten der Natur, durch den Einfluß weltl. und geistl. Mächte und in jüngster Zeit durch Wirtschaft und Verkehr bestimmt. Dabei ist freilich nicht zu übersehen, daß einers. die Bindung an den Boden, anderers. die Dauerhaftigkeit des Bauwerks raschem oder gar modischem Wandel sich entgegensetzen. Wiederum können Bedingungen und Erfordernisse der Sicherheit, Schönheit und Wohnlichkeit, des Wärmeschutzes, des Nutzens und der Kosten von Wohn- und Wirtschaftsgebäuden im ganzen oder in Teilen (Dach, Ofen und Herd, Einleitung von Wasser, Strom, Gas) das Gesicht auch ländl. Bauwerke in wenigen Jahren verändern (Ziegel- oder Blech statt Stroh oder Schindeln; Mauerung mit Kunststeinen statt Blockbau; Aufgabe des Speichers; Einbau von Garagen usw.). Das H. ist → Asyl im rechtlichen und magischen Sinn. Es ist die Ausgehgrenze für die → Wöchnerin und Annäherungsgrenze für die Geister. In den Zwölften muß man das H. verschlossen halten. Räucherung, Segnung, Giebelzierde, Kreuz, Talismane und Inschriften verstärken und erneuern die magische Schutzkraft → Bürger-, Bauernh. (dort Lit.), Stube, Dach, Ofen, Herd,

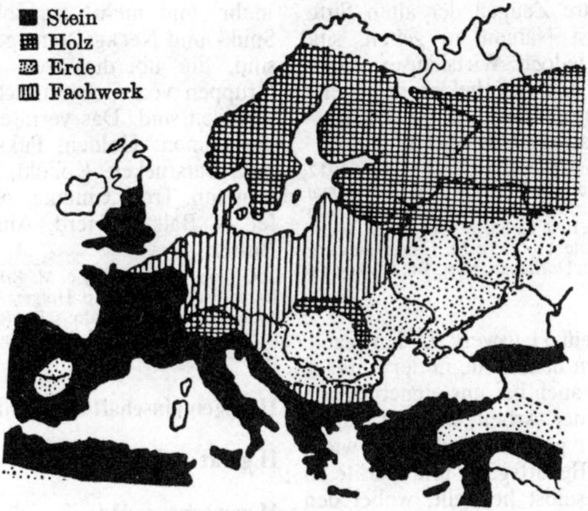

Material zum Hausbau

nach Vidal de la Blache

Balken, Firstsäule, Türe, Giebelbretter u. a.

R. Weiß, Häuser u. Landsch. d. Schweiz. 1959; J. Hoops, Reallex. d. germ. Altertkde, 4 Bde. 1911–19. 2. bearb. u. erw. Aufl. 1968 ff.; J. Dünninger, H.wesen u. Tagewerk. In: Dt. Philol. i. Aufr. 3. Bd. [2]1962 (H. u. Hof, Wand u. Dach, Feuerstellen, Herdraum, Stube, Beibauten, Schmuck; Umhegung, Recht, Ordnung d. H.); R. Wolfram, Heim u. H.bau im V.brauch. Zs: Das Wüstenroter Eigenh. 1952; L. Schmidt, Vglaube u. Vbrauch, 1966; G. Baer, H. u. Wohnung (Kat. Schweiz. Mus. f. Völker- u. Vkde), 1967; K.-S. Kramer, Nachr. z. Komplex »H. u. Hof im V.leben«. Kieler Bll. z. Vkde 2 (1970).

Hausangestellte → Gesinde.

H.bau → Bauopfer, Richtefest.

H.drache → Drache.

Häusernamen. Im MA ersetzten H. die fehlenden (erst im 18. Jh. eingeführten) Hausnummern, wie es in ländl. Siedlungen heute noch bekannt ist. In Köln sind H. 1150 nachzuweisen, um 1200 schon in vielen südwestdt. Städten mit Ausnahme Schwabens. Auch in Norddtl. sind H. selten. Wie bei fremden → Familien- und → Vornamen nahm auch der Brauch der H. vom W seinen Ausgang. Namengebend waren zuerst der Besitzer, seit dem 13. Jh. bes. in Süddtl. auch → Wappen → (Adler, Bär, Einhorn) und andere Zeichen (Zum Rebstock, Zum Mohren). In Breslau stehen 1970 noch die (1945 erneuerten) Häuser »unter den Greifen«, »zu den sieben Kurfürsten« u. a. Bestimmend sind ferner Lage und Beschaffenheit des Hauses (Am Tor, Zum Nußbaum) oder Beruf und Herkunft des Bewohners (Zum Blasebalg; Saliterer in Rottach-Egern = Hof eines Salpetergräbers). Alte H. wurden wie die Namen der Höfe nicht selten zu Familiennamen, indem sie auf die Besitzer und Bewohner übergingen. Daß H. und Hauszeichen noch das Bild einer Straße beherrschen, ist heute selten (Schaffhausen a. Rh.).

Sichtbare Zeugen der alten Sitte, Häusern Namen zu geben, sind heute jedoch Wirtshäuser, Gaststätten und Apotheken, in neuerer Zeit auch viele Ladengeschäfte. → Wirtshausschilder. → Hofnamen.

G. Grohne, Die Hausn. u. H.zeichen. 1912; K. Schmidt, Die Hausn. u. H.zeichen im mal. Freiburg. 1930; H. Moser, Orts-, Haus- u. Straßenn. b. d. Sathmarer Schwaben. Württ. Jb. f. Vkde 1 (1955); M. Hain, Hausn. u. Spottn. im Dorfleben. Hess. Bll. f. Vkde 49/50 (1958).

Hausfleiß, Hauswerk. In den skand. Ländern heimische, in der 2. H. d. 19. Jh. auch bei uns eingebürgerte Bez. jener Arbeit, die in Ländern geringer gewerbl. Entw. die wichtigsten Bedarfsgüter und Geräte im Hause selbst herstellt, wobei den Frauen Spinnen, Weben, Flechten, den Männern Schmieden, Töpfern und die Holzbearbeitung zufallen. In Immermanns Roman »Münchhausen« ist der westfäl. Hofschulze sein eigener Schmied und Tischler. Zum H. zählt ein großer Teil der bäuerl. → Vk. Wird bei größerer Entfaltung dieser Arbeitsweise ein Markt außerhalb des Hauses gesucht, dann entwickeln sich die Wirtschaftsstufen des → Hausgewerbes und der → Hausindustrie.

K. Bücher, Die gewerbl. Betriebsformen in ihrer hist. Entw. 1892; A. Riegl, Vk., H. u. Hausind. 1894.

Hausgeist. »Allgemein in Dtl. herrschte seit den ältesten Zeiten und herrscht teilweise noch jetzt der Glaube, daß jedes bäuerliche Gehöft einen H. habe« (Jahn, Opfergebräuche). In älterer Sprache, zuerst bei Frisch 1741, ist H. soviel wie → Alraun, → Drache, Flaschengeist, im Wortgebrauch der heutigen Vkde. bedeutet H. die Sammelbez. der in Haus und Stall wirkenden → Geister, die bei uns, im Gegensatz zu nord. Überlieferung mehr und mehr zu polternden Spuk- und Neckgeistern geworden sind, die überdies von anderen Gruppen von Geistern schwer zu scheiden sind. Das verraten schon die Namen: Holden, Pukse, Nißpuk, Barstucken, Kobold, Klabautermann, Troll, Chimke, Alf, Teufel. → Balken, Herd, Ahnenkult, Butter.

J. Grimm, Dt Mythologie; M. Bringemeier, Dämonische Wesen in d. Hofgem. Nd. Zs. f. Vkde. 20 (1942); J. Andrejs, Der Schirmherr d. Hofes i. Vglauben d. Letten. Stockh. 1964. (Orts-, Hof- und H.er).

Hausgemeinschaft → Familie.

H.gerät → H.rat.

H.gewerbe → H.fleiß.

Hausgewerbe, Heimarbeit, von K. Bücher als Lohnwerk bezeichnet. Techn. begabte Berufsarbeiter ohne Betriebskapital und unabhängig vom Grundbesitz vertreiben z. T. im Hausierwege ihre Erzeugnisse, wie es etwa im MA mit im Haus gewebten groben Wollzeugen im Ostseegebiet geschah. Ähnlich werden Herst. und Vertrieb geschildert in J. Gotthelfs Erzählung »Der Besenbinder von Rychiswil«. Neben solchem freien H.bestand auf geistlichen und weltl. Fronhöfen ein höriges, wie es etwa die Verordnungen → Karls d. Gr. über die Verwaltung seiner Landgüter bezeugen: »Ein jeder Vogt soll in seinem Dienst haben gute Werkleute, als da sind Schmiede, Bäcker und Netzstrikker«. – Eine bes. im Alpenland bis zur Gegenwart bekannte Form des H. ist das »Auf-die Stör-gehen« (Störgewerbe), das z. B. Peter Rossegger für die Schneider, Josef Blau für die Weber anschaulich dargestellt haben. Von Heimwerk spricht man bei Gewerbe mit feststehendem, schwer bewegl. Berufsgerät (Mühle, Feueresse, Backofen). Neben → Hausfleiß und H. hat sich im frühen MA bereits ein selbständ. freies → Handwerk entwikkelt, das alle Produktionsmittel (Rohstoff und Gerät) selbst besaß und die Ware zu festem Preis verkaufte. Im Laufe des 17. und 18. Jh. tritt neben das H. die → Hausindustrie oder löste es ab.

Lit. s. Hausfleiß. Klumker, Fries. Tuchhandel 1898; P. Rosegger, Waldheimat, 3 Bd. »Der Schneiderlehrling«; M. Haberlandt, Österr. Vk. 1911. J. Blau, Böhmerwälder Hausindustrie u. Vk. 1917/18; A. Mosser, Zur soz. Stellung d. Viechtauer Schnitzer, in: Mitt. d. ob.öst. Ld.archivs 8 (Linz 1964).

Hausierer → Fahrende.

Hausindustrie. Der österr. Kunstwissenschaftler Alois Riegl hat zuerst auf die Bedeutung hingewiesen, die die H. seit dem 17. Jh. trotz ihrer straffen organisat. Form für die Vk. gewann, nach und neben älterem → Hausfleiß und → Hausgewerbe. Auf der einen Seite steht der Arbeiter (Handwerker, Heimwerker, Hausindustrieller), der in eigener Wohnung oder Werkstätte tätig ist, auf der andern der Kaufmann, der sogen. Verleger, der im Klein- und Großbetrieb für den Absatz (auch ins Ausland, zuweilen bis Übersee) sorgt, notfalls auch die Rohstoffe und selbst das Werkzeug liefert. Bei großer geograph. Streuung der Werkstätten vermittelt manchmal ein mit eigenem Gewinn und Verlust arbeitender Zwischenmeister (Faktor). Entstanden aus ehemaliger Füllarbeit im bäuerl. Haushalt bei Schlechtwetter oder im Winter, hat die H. besonders in der Herst. von → Spielzeug, → Glas, → Hinterglasbildern, → Uhren, Musikinstrumenten, Kleineisenwaren, → Spitzen, beim → Weben, → Sticken, → Klöppeln usw. zumal im 18. und 19. Jh. großen Umfang erreicht. Die Berufszählung von 1925 in Dtl. ermittelte, daß allein die H. der »Musikinstr. und Spielwaren« 6822 Männern und 3128 Frauen Arbeit und Verdienst gab. Die Unergiebigkeit der kleinen landwirtsch. Betriebe wie das natürl. Vorkommen wichtiger Rohstoffe (Ton, Holz; Grundstoffe für Glas) machten Mittelgebirge und Alpen zu bevorzugten Gebieten der H. Lit. s. Hausfleiß, -gewerbe.

H.malerei → Freskom.

Hausmarken, Hofmarken, Hauszeichen oder Handmal nennt das Volk einfache, ursprünglich mit Meißel, Axt oder Messer gekerbte Zeichen, die das Privateigentum, besonders gefälltes Holz, Heuhütten, Gerät oder solches Vieh »merken«, das auf der Alpe gemeinsam geweidet und gemolken wird. Im Norden wie im Süden schneiden die Schäfer mit Messer- und Schneidblock Zeichen in die Ohren ihrer Herdentiere. Handwerker zeichnen ihre Ware auf ähnliche Weise. Auch in das im Dorfbackofen gemeinsam gebackene Brot wurde die H. mit Stempeln aus Holz (früher auch Ton) gedrückt. Die einzelnen H. haben oft nach ihrer Form anschauliche Namen: Stuhl, Kreuz, Bundhaken, Kelch. H. sind weitverbreitet und jedenfalls im Alpengebiet schon vorgerm. Pittioni vergleicht unsere H. mit urnenfelderzeitlichen Marken, wie sie auf der Kelchalpe bei Kitzbühel gefunden wurden. Rütimeyer (Urethnographie, 1924) weist H. nach schon auf altägyptischen Steinbildwerken als auf der Haut von Herdentieren eingebrannte Zeichen. Die Verbreitung der H. über die Erde belegt R. Andree (Ethnograph. Parallelen. 1889). In jüngerer Entwicklung deutet die Form der H. zuweilen auf den Namen (Λ = Ackermann, E =

Egger). Andererseits wurden auch Eigentümer nach ihrer H. zubenannt (V = »Füfimanna«, Fünferleute; Schweiz). Die H. gehört zum Haus und wird dem nächsten Besitzer vererbt, der in der Regel nicht der älteste Sohn ist. Im schweiz. Tavetsch wurden H. und Tierzeichen auf den jüngsten Sohn vererbt, während der Grundbesitz auf den Ältesten ging.

K. G. Homeyer, Die H.- u. Hofmarken, 1870; Neudr. 1964; E. Grohne, Die Hausnamen u. H.zeichen, 1912; H. Jensen, Die Schrift in Vergangenh. u. Gegenw. o. J. Hüseler, Hamburg. H., 1925; K. K. Ruppel, Die H. 1939; A. Liebeskind, Die Kerenzer Bauernzeichen Schweiz. Arch. f. Vkde 37 (1939); D. Beck, Die Hauszeichen v. Triesenberg. Jb. d. hist. Ver. f. d. F. Liechtenstein 40 (1940); A. Maria Frank, H. u. Hausz. 1944; M. Frhr. v. Ostmann, Arten, Verbr. u. Anwend. d. H. – Ursprung u. Entw. d. H. Mittbl. Rhein. Ver. f. Vkde., 1948/49; R. Pittioni, H. aus d. Gasteiner Tal. Öst. Zs. f. Vkde 55 (1952) (300 heute noch gebräuchl. H.); G. J. Meyer, H. Rhein. Jb. f. Vkde 9 (1958) (Trier-Koblenz); H. Spruth, Die H. Wesen u. Bibliogr. 1960 (Unvollst.); K. Ebbinghaus ü. H. auf Hiddensee, in: R. Peesch, Die Fischerkommünen usw. 1961; H. Rasmussen, H.- u. Viehm., in: Folk 8–9 (Kopenh. 1966/67); A. Wolf, Sagen, H.- u. Geschäftszeichen vom Alsergrund (Kat. Ausstell. Wien), 1969. – Die Trierer Stadtbibl. bewahrt über 20000 H. als Stoff für Sippenfg., Wirtsch.gesch., Vkde.

Hausotter → Schlange.

Hausrat. Arbeitsgerät (→ Ergologie, Werkzeug) und Wohn.einrichtung (→ Möbel), einschl. der Kleinmöbel wie Salzkasten, Löffelbrett u. dgl., schließl. Ausstattung und Schmuck des Hauses weltl. und relig. Art. Früher unterschied man durch Heirat, Kauf oder Schenkung »zugebrachten« H. vom festen H. (Bank, Ofenbruckn, Herd, »Herrgott« im Stubenwinkel, Tisch), der auch bei Besitzerwechsel »beim Haus« blieb. → Stichw. wie Schrank, Truhe, Tisch, Bank; Textilien, Ton, Eisen usw.

M. Heyne, Dt. Hausaltertümer. 1899ff.; O. Lauffer, Dt. Altert. im Rahmen dt. Sitte. 1918; Sämtl. Bde. d. Reihe Dt. Vk; O. Schwindrazheim, Bauernkunst [2]1931; W. Dexel, Dt. Handw.gerät. Eine Kultur- u. Formgesch. d. Hausgeräts. 1939; ders., Holzgerät u. H.form. 1943; W. Bomann, Bäuerl. Hauswesen u. Tagew. im alten N.sachsen. [4]1941; O. Völkers, Wohnraum u. H. 1949; W. Drexel, Das Hausgerät Mitteleuropas. Wesen u. Wandel d. Formen in zwei Jahrtaus. Dtl., Holland, Öst., Schweiz. 1962; G. Wiedek, Altes Gerät f. Feuer u. Licht. 1964; M. Schmidt, D. Wohnwesen d. Stadt Münster im 17. Jh. 1965; K. Gaál, Zum bäuerl. Gerätebestand im 19. u. 20. Jh. 1969; J. Hoops, Reallex. d. germ. Altertkde. [2]1968ff.; Jozef Weyns (Leiter des Fläm. → Freilichtmus. Bobrijk) bereitet eine Gesamtdarst. des flandr. H. vom MA – 1914 vor.

H.sonnenwirbel → Ringelblume.

Hausväterliteratur, eine Verbindung von Wirtsch.kde antiken Ursprungs mit einer auf neutestam. Überlief. ruhenden Ethik des Familienalltags, wie sie zuerst der Schlesier Johann Colerus um die Wende des 17. Jh. in seinem vielaufgelegten »Calendarium perpetuum« schuf. Die später reich verzweigte H. gibt Aufschluß über Haus- und Landwirtsch. und die Gemeinsch.formen der Familie. Sie gibt bes. Zeugnis über prot. Werkfrömmigkeit, fand aber auch im kath. S Nachahmung, wo sie heute noch Bedeutung hat, meist in der Form des jährl. gekauften Hauskalenders (Tirol: Reimmichls Volkskal. u. ä.) → Predigt, Kalender.

W. H. v. Hohberg, Georgica Curiosa, das ist umständl. Ber. u. klarer Unterr. v. d. adelichen Land- u. Feldleben. Nürnberg 1682; J. Hoffmann, Die »H.« und die »Predigten ü. d. christl. Hausstand« 1959 (16.–18. Jh.).

Hauswurz (Hauslaub, Dachwurze, Donnerbart, -kraut, -lauch, groß Immergrün, Zempelfi; *Sempervivum tectorum*). Ausdauernde Kräuter, die seit alter Zeit auf Stroh-, Ziegel- und Schindeldächern angepflanzt werden und dort dank der in ihren dickfleischigen Blattrosetten gespeicherten Feuchtigkeit gedeihen. Auch auf Brun-

nensäulen und bemerkenswerterweise auf den alten Rolandstandbildern sind sie zu finden. Im → Kapitulare *de villis* heißt es, der Gärtner soll auf seinem Hausdache »*jovis barbam*« (= H.) haben. Nach → Konrad von Megenberg sagen die Zauberkundigen, man pflanze es »auf den Häusern an, weil es »den donr und daz himelplatzen verjag«. Auf alten Bauernhäusern ist die H. noch heute zu finden. (Fläming, 1934). Techniker meinen, daß die Pflanze mit den harten Spitzen, wie ein moderner Blitzableiter vielleicht wirklich den Spannungausgleich der Luft begünstige. Vielleicht ist sie allein durch ihre Eigenschaft, auf den Dächern zu gedeihen, in diesen Ruf gekommen. Das (seltene) Blühen der H. auf dem Dache zeigt den baldigen Tod eines Einwohners an (Schweiz, Schwaben, Schlesien); H. wird auch v.med bei Brandwunden und als Wildgemüse verwendet.
H. Marzell, H.; im HDA.

Hautstich → Tatauieren.

Haut verzehren → Tod (Totenmahl).

Hebamme, Volksetymologie aus ahd. *hevianna*, das ›die Hebende‹ bedeutet. H. als der älteste Name ist bes. obd. seit dem 8. Jh. allgemein. Wie das Wort Mutter in vielen Zusammensetzungen verblaßt (Bienenmutter = Bienenwärterin), so nennt das Volk die H. auch Hebe-, Weh-, Bade-, Kinder-, Püppelmutter. In ihrem Beruf zwischen den Familien und Schichten des Dorfes stehend (»Dorfbäsele«), ist die H. in den Brauchkreisen von → Geburt und → Wöchnerin ebenso Trägerin der Volksüberlieferung wie → Mesner, Totengräber, Schäfer, → Hirt usw. auf anderen Gebieten. Sie weiß viele vmed. Hausmittel, lehrt Pflanzenglauben und wendet auch die christlichen Schutzmittel gegen Dämonenmacht (→Wechselbalg) an. Sie heißt deshalb auch weise Frau und nimmt bes. in Österr. und Siebenbürgen mythische Züge an (das wilde Weib, Nachtfrau). Schon im MA wird der Aberglaube der H. getadelt und später mußte, wer H. werden wollte, Zauberglauben förmlich abschwören. In der Edda steht schon: »Schutzrune lerne, wenn du schwangere Frauen von der Leibesfrucht lösen willst.« Sagenhafte Züge nimmt die H. auch als → Kinderbringerin an, als die sie im Süden besonders aber im dt. Westen noch hauptsächlich genannt wird. → Glückshaube, Wöchnerin.
Rößlin, H.buch, 1551; Ch. Völfern, Die neueröffnete H.schule, 1722; H. Ploß u. M. Bartels, Das Weib in der Natur- u. Völkerkunde, 2 Bde., [15]1913; H. Jungwirth, H. im HDA; R. Beitl, Der Kinderbaum, 1942 (Kap. IV von den H.); W. Gubalke, Die H. i. Wandel d. Zeiten; 1964; (Verf. ist Arzt); M. Virkkuunen bei Mitzka, Dt. Wortatlas V.; Wolf-Rottkay, in: Kratylos 10.

Hebemutter → Hebamme.

Hecht, in der Vmed. viel verwendet, oft, indem man auf den lebenden H. eine Krankheit überträgt und ihn wieder in Strom oder Fluß wirft. Die Redensarten »alter H.«, »toller H.« deuten auf den Volksglauben bezüglich seiner langen Lebenszeit und seiner Geschlechtskraft. Im H.kopf, den man auch als Amulett trägt, sieht man die → Leidenswerkzeuge. Grash. nennt der Fischer den jungen, grünlichen, – H.könig den gelb oder schwarz gefleckten H. Der gewöhnliche H. heißt auch Schnock oder Wasserwolf. → Wasser.

Heckenrose (wilde Rose, Wiepeldorn, Dornrösli, Judendorn, Hagebuttenstrauch, Hundsrose; *Rosa canina* und verwandte Arten). Pritzel und Jessen nennen an hundert Namen und Namenformen für diesen in Spruch, Lied und Märchen volkstümlichen Strauch. Weil Stachliges allem bösen Zauber wehrt, finden wir noch oft Haus und Hof von schützenden Rosenhecken umgeben. Max Höfler: »Von der Sicherheit, Dichte und Festigkeit dieser lebenden Dornhecke war die Tiefe eines ruhigen Schlafes für Mensch und Haustier abhängig; kein Wunder, wenn wir also bei den verschiedenen indogerm. Völkern den Naturmythus des Schlafdorns (Dornröschen) finden«. Ein Rest von diesem Glauben haftet noch heute den flechtenartigen Auswüchsen der H. an, die, durch den Stich der Rosengallwespe verursacht, vom Volke als Schlafäpfel (auch Schlafkünze, Rosenäpfel) bezeichnet werden, weil sie nach Ansicht des Volkes, unters Kopfkissen gelegt, → Schlaf bringen. – Auch die scharlachroten Hagebutten beschäftigen Kinderlieder und V.rätsel. Das Verzehren von (oft drei) Hagebutten zur Jahreswende mag ursprünglich kultische Bedeutung gehabt haben. In vielen Gegenden wird es heute noch in der Weihnacht- oder Neujahrsnacht geübt (schweigend, auf nüchternen Magen), weil es »gut« sei gegen Zahnweh, Gicht und Magenleiden. Auch die Kühe bekamen in Böhmen und Schlesien zu Weihnachten Hagebutten und Brot zu fressen; es gilt als vorbeugendes Mittel gegen Rotlauf. In der heutigen Vmed. ist das Verzehren von rohen Hagebutten auch Bandwurmmittel. Hagebuttentee ist wirksam gegen Husten und Brustkatarrh und besonders bei entzündlichen Darmleiden.

H. Marzell, Die Pflanze im dt. V.leben, 1925; G. Paetzer, Wortgeogr. d. Hagebutte. Diss. Marburg, 1949; K. Plewa-Frommhold, Karte H. bei Mitzka, Dt. Wortatlas III (1954).

Heckmännchen. H. nennt der Volksglaube kleine Kobolde, die Geld bringen oder brüten oder selber aus Gold sind und wachsen. In Mitteldtl. heißt der → Drache H. Geldscheißer und Dukatenmännchen sind von Bildhauern und Malern (Breughel) humorvoll dargestellt worden und auf Jahr- und Weihnachtsmärkten (Berlin) als Scherzartikel zu haben. → Alraun, Wechseltaler.

Heckpfennig, -taler → Geld, Wechseltaler.

Hedwig, hl. (16. 10.) Schles. Herzogin, Tante der hl. → Elisabeth, 1267 heiliggespr. Als Stifterin von Kirchen und Klöstern von bed. Einfluß auf Germanis. und Kultiv. Schlesiens, dessen Schutzherrin sie ist. Verehrung und Name wurden auch im weiteren Osten heimisch (Berlin: St. H.kathedrale). Häufige Darst. in der schles. Kunst seit dem 14. Jh.

O. Reber, Die Gestaltung d. Kultes weibl. Hll. im Spät-MA. 1954; J. Gottschalk, hg., Leg. d. hl. Frau Sankt H. 2 Bde. 1963; ders., St. H. 1964.

Heerschnepfe → Habergeiß.

Heerwisch → Irrlicht.

Heerwurm heißt der lautlose, oft meterlange Zug der Larven der H.trauermücken *(Sciara militaris)* über den Waldboden hin. Gewöhnl. leben die schwarzen Larven in riesiger Zahl in Nadelstreu und Blatthaufen verborgen. Der H. oder Kriegswurm galt als → Vorzeichen von Unglück und Krieg.

Hefe, (Bärme, Germ). Die Gärungsmittel beim → Backen des

Brotes, die früher (beim Pfahlbaubrot) ganz fehlten, sind heute noch landschaftlich verschieden. In manchen Gegenden wird vorwiegend Sauerteig vom letzten Backen für den neuen Teig verwendet. Die Antike verwandte Wein- und Mosthefe.

hegender Faden → Kreis.

Hegung. Gerichts- und Kultstätten, Kampfplatz und Asyl wurden eingefriedet (Schranken, Geschworenenbänke) mit dem hegenden Faden, später mit Zaun (Hag), Zweigen oder Steinen. Der Aufenthaltsort der Toten, der → Friedhof, ist noch heute allgemein mit Mauer gehegt. Den Zauberer und Beschwörer hält der magische → Kreis vor den Dämonen geschützt. Auch Umpflügen, Umreiten, Umwandeln sind Mittel der H. → Zaun, Hehmann.

E. F. Knuchel, Die Umwandlung in Kult, Magie u. Rechtsbrauch, 1919; W. Gaerte, Altgerm. Brauchtum auf nord. Steinbildern, 2. Teil. 1935.

Hehmann. Der H. (seltener Hoimann, Hohmann; im böhm. Hejkal) ist ein Waldgeist aus der »europäischen Familie mythischer Waldbewohner«, über dessen Sage und Namen E. Rath das Beispiel einer histor.-geogr. Studie vorgelegt hat, wie sie für jede Gestalt unserer → Sage zu fordern ist. Die H.sage konzentriert sich im nordbayrischen Waldland (Oberpfalz-Egerland), wo im 8. und 9. Jh. die ersten Kolonisatoren die Vorstellung des H. aus mythisch erlebtem Ruf und Echo des Urwaldes schufen. Aber auch die Ableitung aus dem Begriff ›gehegter Wald‹ (oberpfälz. hoi, hess, hee, hai) ist zu bedenken. Oberpfälzische Siedler trugen die Sage im Hoch-MA ins nordöstl. Waldviertel und in die Sprachinseln Iglau und Dt.-Brod, von wo sich tschechische Formen wie Hejkal, Hejkalo herleiten. Diese Datierung ist auch für den Kreis verwandter Gestalten wichtig (→ Bercht, Bilwis, Trud). Das geographische Bild der Verbreitung des H. ergänzt bzw. widerlegt auch die Ergebnisse der hist. und dialektgeogr. Forschung über die Siedlungsbewegungen des MA. → Hegung.

E. Rath, Der H. Öst. Zs. f. Vkde. 56 (1953); J. Hanika, Zur H.sage. Stifter-Jb. 6 (1951).

Heidekraut, (Heide, Besenreis, Bruch, Brauttreue, Tannenmyrte; *Calluna* oder *Erica vulgaris*). Die Bez. Erika kommt bei uns erst im 19. Jh. auf. Die Verwendung als Futter für Ziege und Kuh und als Streu, in Norddtl. auch als Dachschutz und Firstbefestigung hat (z. B. in der Düneb. Heide) zur Gefährdung ihres Bestandes geführt. H. gehört zu den sogen. Zeigekräutern (→ Aronsstab, Seidelbast u. a.). Wenn das H. bis zur Spitze hinauf blüht, gibt es große Kälte im Winter (Oberpfalz). Blüht es nur unten, so soll man den Roggen zeitig säen; blüht es in der Mitte, so ist die Zeit um Michaelis gut; blüht es oben, so ist noch später Zeit zum Säen (Ostpr.). – In der Blumensprache ist H. Symbol der Einsamkeit, oder, weißblühend, steter Liebe. Über Pflanzen, die nach dem Ort ihres Vorkommens benannt sind, vgl. Mitt. d. Anthrop. Ges. Wien 1962.

Heidelbeere, Blaub. (ahd. *heitperi*; *Vaccinium myrtillus*). Die Namensgeogr. dieser vtüml. Pflanze und Frucht ist vielgestaltig. Der N hat Bickbeer, Ostholland und M. Brdbg. Besinge, N.rhein und Westf. Waldbeere, Luxemburg und Lothr. Molbeere. Schwarzbeere ist hess. und bair.-öst., H. südhess., pfälz.

und alem. Das west-ostpreuß. und schles. Blaubeere verbreitet sich durch die Schriftsprache. Tee aus H.blättern bei Husten und Blasenleiden, Beeren oder auch H.wein und H.mus werden im 16. Jh. (A. Lonicer) wie heute für den Magen gebraucht (Durchfall, Erbrechen). Am besten sind die an → Jakobi oder im → Frauendreißiger gesammelten H. Nach der Sage hilft der H.busch den Wichtelmännlein ihre Schätze verbergen. Kinder sahen beim H.lesen die hl. Maria auf weißem Pferd durch den Wald reiten. Die Ehrfurcht für ein wohl sehr altes Nahrungsmittel spricht noch aus dem Kinderbrauch, den Waldgeistern die (drei) zuerst gefundenen H. auf einen Baumstumpf od. Stein zu legen oder sie rückwärts über die linke Schulter zu werfen, »damit man recht viele findet« (→ Opfer). In »Beerenliedern«, die beim Sammeln oder auf dem Heimweg gesungen wurden, finden sich häufig Anspielungen auf Geister des Waldes. »'s H.männl ist zu mir kommen/hat mir alle Beerle g'nommen/Häfele leer, Schüssele leer/ hab kein Beerle mehr./Wenn ich nur zu Hause wäre,/hinten kommt der Zottelbär!« (Schwarzwald).

H. Hepding, Die H. im Volksbrauch; Hess. Bll. f. Vkde, 1922; Eine Verbr.karte der Namen der H. in Dtl. von B. Martin in Zs. Teuthonista 3 (1926); H. Marzell, Beerenlieder; Der Heimgarten 2 (1924); H. J. Dietl, Die H., Unser Egerland 1924; Neuere Lit. s. Kluge-Mitzka, Et. Wb. S. 297.

Heidelberger Sommertag → Lätare.

Heidenlöcher → Höhle.

Heidreksrätsel → Rätsel.

Heilerrennen → Kastration.

heilig ist oder wird das, was Gott gehört oder mit göttlicher Macht in Berührung kommt. H. ist in den höheren Religionen, was auf der Stufe primitiveren Glaubens als → tabu bezeichnet wird. Die Verwandtschaft beider Begriffe zeigt am deutlichsten das lat. *sacer,* das das H., aber auch das Unreine und Fluchbeladene (Tabuierte) bezeichnet.

R. Otto, Das H., [25]1936; W. Baetke, Das H.e i. German. 1942; H. Hartmann, »Heil« u. »h.« im nord. Altertum. 1943; M. Eliade, Die Religionen u. d. H.e. 1954; G. Mensching, Die Religion. 1959.

Heilige. Im weiteren Sinn berührt sich der Begriff H. mit den Begriffen Held oder Heros, die viele Religionen kennen und deren Wesen aus der Verehrung jener Toten entspringt, die sich im Leben und oft noch nach dem Tode in Wort und Tat und Offenbarung von besonderer Kraft (→ Orenda) erfüllt zeigten. Im engeren Sinn versteht man unter H. die von der christlichen, insbesondere d. katholischen Kirche zur Ehre der Altäre erhobenen Verstorbenen. Die Wunder und Taten sind hier Ausdruck eines besonders gottgefälligen Lebens und Sterbens (Märtyrer), worüber die H.legenden berichten. Die Religionswissenschaft sieht im H.kult den Durchbruch des religösen Bedürfnisses des Volkes gegenüber dem strengen → Monotheismus (Ein-Gott-Glaube). In der Tat steht trotz eifriger Aufklärungsarbeit d. Kirche auch heute noch die H.verehrung nicht selten im Widerspruch zum Dogma, das die Verehrung der H. als Fürbitter streng geschieden wissen will von der Anbetung, die allein den göttlichen Personen gebührt. Die ersten Spuren des H.kultes bei uns deuten auf romanisch-keltischen Einfluß (Rhein, Donau). Für die dt. Vkd. ist Kenntnis des H.wesens von großer Wichtigkeit. Als Schutzpatrone (→ Kirchenp.

und Ortsp.) von Ländern, Orten, Gotteshäusern, Kapellen, Ständen und Berufen waren und sind die H. für das Siedlungswesen, für die Vk. (→ Andachtsbild, Reliquien, Opfergaben, Schnitzerei), für Glaube und Brauch (H.feste, Wetterkunde, → Bauernregeln, Pflanzenkunde, Volksmedizin), für Sprache (→ Flur-, Orts-, Haus-, Personennamen; Eigennamen, Name, Namenstag), Volksschauspiel wichtig. L. Schmidt betont die Bed. der »v.tüml. Mythol.« (gegen H. Schauerte) und der Hypostasierung älterer Gestalten durch christl. H. Daß damit zu rechnen ist, erweist schon die Tatsache, daß viele H.feste, besonders der Mittsommer- und Mittwinterzeit sowie der Frühlings- und Erntemonate (→ z. B. Jahrmarkt, Kirmes, Martin, Michael, Gertrud, Andreas, Kümmernis, Maria, Nikolaus, Luzia, Barbara, Thomas, Johannes d. T.) nach ihrer weltlich-brauchmäßigen Seite weit reichere Entfaltung erfuhren als innerhalb der kirchlichen Sphäre. Gegen den »Mißbrauch« und »Aberglauben« (von der reinen Kirchenlehre aus gesehen), dem früher wie heute insbesondere die Kultstätten, Heiligtümer und Reliquien im lebendigen Volksglauben ausgesetzt waren, hat die Kirche selbst oft Stellung nehmen müssen, während sie volkstümliche, oft spezifisch dt. (→ Vierzehn Nothelfer, Michael, Georg; Orts- und Landespatrone), ja zuweilen stammlich gebundene (→ Leonhard) Ausgestaltungen des Kultes duldete, wenn sie Glaubenssätzen nicht zuwiderliefen. Die Reformation schaffte die H.verehrung ab, jedoch blieben an Namen, Kultstätten oder Bräuche gebundene Spuren übrig (→ Gertrud, Christophorus, Martin, Nikolaus, Johannes d. T.). → Luther hat noch den Vorschlag gemacht, am christl. Sonntag allzeit bei schicklicher Gelegenheit in der Predigt zu erwähnen, »welches Heiligen Andenken man in der vorigen Woche zu ehren pflegte«. Thüringer Dorfordnungen nennen noch lange H.tage als volkstümliche Termine (F. Werner). Modernen Ansprüchen genügende Monographien über Entstehung, Zusammensetzung und Verbreitung einzelner H.kulte behandeln z. B. → Hedwig, Hubertus, Jodokus, Nikolaus, Anna. Die Beachtung der v.tüml. Entw. in Brauch, Glauben und Kleinbild ist dabei neben der kirchen- und kunstgesch. Fg. unbedingt zu fordern; → die einz. H.namen, Wallfahrt, Konfession, Ikonogr.; zur Identifiz. einz. H.gestalten → Attribute.

Acta Sanctorum, hg. v. J. Bolland u. a. 1643ff. Analecta Bollandiana. 1882ff.; J. Stadler, Vollst. H.-Lex. Augsburg 1861; S. Beißel, Die Verehrung d. H. u. ihrer Reliquien in Dtl. 2 Bde. 1890–92; Trede, Das Heidentum in der röm. Kirche, 1890; H. Usener, Götternamen, 1895; H. Samson, Die H. als Kirchenpatrone, 1892; E. Lucius, Die Anfänge d. H.kultes i. d. christl. Kirche, 1904; D. H. Kerler, Die Patronate der H., 1905; F. Pfister, Der Religienkult im Altertum, 2 Bde., 1909–12; R. Pfleiderer, Die Attribute der H., 1920; E. Nied, H.verehrung u. Namengebung, 1924; N. Söderblom, Der ev. Begriff e. H., 1925, F. v. Sales Doyé, H. u. Selige d. Röm.-kath. Kirche. Erkennungszeichen, Patronate u. Lebensgesch. Bern, 2 Bde., 1929 (Alphabetisch; Anhang: Dt. H.); J.M. B. Clauß, Die H. d. Elsaß. 1935; J. Braun, Tracht u. Attrib. d. H. in d. dt. Kunst 1943; H. Schauerte, Die vtüml. H.verehrung, 1948; H. Günther, Psychol. d. Legende. Studien z. e. wiss. H.-Gesch., 1949; E. v. Kraemer, Les maladies désignées par le nom d'un saint, Helsingfors, 1949; Baudot u. Chaussin, Vies des saints et bienheureux selon l'ordre du calendrier. 12 Bde. Paris 1935–56; M. Hain, Bildwelt u. Glaube. V.tüml. Kulte u. Verehr.formen. Kat. d. Ausst. Frankft./M. 1957; O. Wimmer, Hb. d. Namen u. H. m. e. Gesch. d. christl. Kal. ²1959 (Attr., Patronate); J. Torsy, Lex. d. dt. H., Seligen etc. 1959; M. Zender, Räume u. Schichten mal. H.verehrung in ihrer Bedtg. f. d. Vkde. 1959 (Vor allem im NW; Rhein-Maas; u. Heranziehg. d. Karten des ADV; s. u.); H. Hochenegg, H.verehr. in Nord- u. Osttirol. 1965; G. Korff, H.verehrg. in d. Gegenw. 1970 (Diöz.

Rottenbg.); Kartogr.: ADV-NF 9–12 Vtüml. H.verehrung (Wetter, Haustiere, Feuer). Komm. v. M. Zender. – ÖVA III Schutz-H.

heilige Krankheit → Fallsucht.

H.-Nacht-Tüchel → Weihn.

H.bildle → Andachtsb., Bilderbogen.

Heiligenbrief, → Himmelsbrief und ähnliche Segen sind in Schrift und Bild untereinander verwandt. In den Salzburger Niedertauern enthielt ein solcher »hochgeweihter« H. 9 Abbildungen von Heiligen, außerdem etwas Moos aus dem hl. Land und Teile von den Nägeln Christi. Der schützt geg. Diebstahl u. Leibesgefahr im Krieg und beim Raufen (»Rafbriaf«). Selbst zum Fensterln nahmen Burschen einen H. mit, um »keine Schläg« zu kriegen. → Brief.

H.geistschwingen → Pfingsten.

Heiliggrab. In kath. Landsch. wird in der → Karwoche unter dem Altar oder in größ. Aufbauten von bemalter Leinwand oder Holz über demselben der im Grab liegende Christus dargestellt. Für die Besucher der Metten (Finsterm., Pumperm.) in den Kartagen ist die Szene durch Kerzen oder durch Öllichter hinter bunten, mit Wasser gefüllten Glaskugeln erhellt. Neuere Reformbeweg. in der Kirche hielten es für richtig, mit diesem »Karfreitagszauber« aufzuräumen, wobei manches alte Werk von Dorfmalern (gleich ihren Kreuzwegbildern) verschleudert oder vernichtet wurde (z. B. Arbeiten d. Malerfamilie Bertle des 19. Jh. im Kirchlein des Kapuzinerklosters Gauenstein im Montafon). Das »Aufrichten« des H. war Privileg und Pflicht von Zimmermann und Schreiner im Dorf.

A. Dörrer, H.er, Grabandachten, Karwochenspiele. In: Ostern in Tirol, hg. v. N. Grass. 1957; F. Kollreider, Krippen u. H.er in Osttirol. 1958.

Heiliger Abend → Weihnachten.

h. Baum → Eiche.

H. Geist → Lätare, Dreifaltigkeit, Pfingsten, Unruhe.

heiliger Hain. Die aus ahd. *hagan* ›Dornstrauch‹ und mhd. *hagen* ›gehegter Wald‹ im 14. Jh. zusammengezogene Form H. kommt auch in vielen → Ortsnamen vor (bes. in Thür.). In Sagen (Schlachtenbaum, an dem die Endschlacht entbrennt), in Legenden, in christl., an bestimmte Bäume gebundenem Kult (→ Maria, Baum) lebt wohl noch die Erinnerung an die h. H., die bei den West- und Ostgerm. wie bei den kelt. und slav. Nachbarvölkern vielfach bezeugt sind. Die → Irminsul soll in einem solchen h. H. gestanden haben. Nach Thümmel sind Tempel erst in der Spätzeit des Heidentums bei den Südgerm. errichtet worden. In Verordnungen der »Bekehrungszeit«, in Bußbüchern usw. hören wir von Verboten des Kultes in h. H. und an einzelnen Bäumen. – Mit ahd., mhd. *hac, hages,* ›gehegter Grund, Dornstrauch‹ sind Ortsnamen auf -hag, -hagen (auch hagen) gebildet. → Bonifatius, Wald, Hegung, Zaun.

heiliges Mahl → Weihn.

h. Weh → Fallsucht.

h. vier Marschälle → Hubert.

h. Zahlen → Zahl, Heilkräuter.

h. Zeiten → Heilkräuter.

Heilkräuter. Wie noch die Kinder alles zum Munde führen, was in ihre Hände gerät, so mag der Mensch der Vorzeit zunächst alles zur Nahrung versucht haben, dessen er habhaft werden konnte. Am leichtesten boten sich ihm die wildwachsenden Pflanzen dar. Bald wird er dann jenen den Vorzug gegeben haben, die sonders schmackhaft und von gutem Einfluß auf sein Wohlbefinden waren. Auch durch Beobachtung der Tiere, die ja noch in alten Sagen als Lehrmeister der Menschen auftreten, wurden seine Erfahrungen bereichert. Auf diese Weise dürfte er schon frühzeitig auf die Heilwirkung bestimmter Kräuter aufmerksam geworden sein. Im Volke ist noch heute die Meinung vertreten, daß Gott einer jeden Pflanze ihre besondere Heilkraft verliehen habe; der Mensch müsse nur erkennen für welche Krankheit. In der vtüml. Heilkde liefert die Pflanzenwelt immer noch den ganz überwiegenden Teil des Arzneischatzes. Die alten germ. H. sind fast ausnahmslos in der nächsten Umgebung der menschlichen Siedlungen anzutreffende wild wachsende Pflanzen, wie vor allem → Beifuß, → Brennessel, → Eberwurz, → Gundelrebe, → Hasel, → Holunder, → Huflattich, → Sauerampfer, → Schafgarbe, → Schöllkraut und → Wegerich. Mit einer großen Zahl meist aus den Mittelmeerländern und der antiken Heiltradition stammender Pflanzen wurden die Germanen durch Vermittlung der Klöster bekannt. Zu diesen gehören namentlich: Alant, Betonie, → Dill, Eibisch, Fenchel, → Liebstöckel, die → Minzen, → Petersilie, → Rainfarn, → Raute, → Rosmarin, → Salbei und → Wermut. Zugleich lernten sie von den Mönchen den Gartenbau von Heil- und Gewürzpflanzen. – Die im Volke gebräuchlichen H. sind entweder durch wirkliche stoffliche Wirkung ausgezeichnet, oder es sind Zauberkräuter (dann genügt es häufig schon, sie bei sich zu tragen). Diese beiden Arten werden natürlich im Volke nicht unterschieden, ihre Kraft wird in beiden Fällen durch den Glauben erhöht. Darum ist schon beim Einsammeln der H., das später oft berufsmäßig von kundigen Kräutersammlern und Wurzelgräbern besorgt wird, vielerlei zu beachten, damit die magische Kraft der Pflanze nicht versehrt wird. Dies muß z. B. zu bestimmten »heiligen« Zeiten – vor Sonnenaufgang, um Mitternacht, während des Gebetläutens, oder an bestimmten Tagen – vor oder an Johanni, Fronleichnam, Himmelfahrt, Gründonnerstag, Karfreitag, im »Frauendreißiger« erfolgen. Oft darf der Boden nicht mit der Hand oder einem Eisen berührt werden, oder man muß dabei nackt sein, bestimmte Beschwörungsformeln murmeln u. ä. Viele Kräuter erlangen ihre heilsame Kraft durch kirchliche Weihe (im »Krautwisch« zu Mariä Himmelfahrt oder im »Palmbusch« zu Ostern). – Zur Anwendung gelangen bald die ganzen Kräuter, bald die Blüten oder die Blätter, der Saft, die Früchte, besonders Beeren und Körner, die Wurzeln oder die Rinde. Sie können in rohem Zustande aufgelegt, aufgeträufelt oder eingenommen werden, oder sie werden ausgekocht oder in Wein, Essig, Branntwein, Öl, Schmalz ausgezogen, – in getrocknetem Zustande pulverisiert oder ausgekocht zu Salben, Umschlägen oder Tees bereitet, zum Räuchern verwendet oder wie Tabak aus der Pfeife geraucht. Oft begnügt man sich nicht mit einem H., sondern nimmt mehrere von der gleichen Art oder verschiedene; dabei sind »heilige« Zahlen wie 3, 7, 9, 77, 99 beliebt. Wird nur eine Art verwendet, so dienen diese Zahlen gern zur Bestimmung der Menge (Dosis), z. B.: »33 Blätter der Brennessel«. – In großen botan. Gärten (z. B. Berlin) finden sich oft Anlagen von H., Nutz- und Giftpflanzen. Das Niederländ. → Freilichtmus. in Arnheim hat seine Kräutergärten 1961 mit einem »Kräutergartenhäuschen« ausgestattet, in dem die Aufbereitung von H. (Trocknen, Destillieren) gezeigt wird. → Frauenkräuter, Garten, Frühjahrsblumen, Kräuterbücher, Pflanzen (Lit.), Speis und Trank, Vmed. u. d. Namen der einz. H.

M. Höfler, Vmed Botanik der Germ., 1908; H. Marzell, Unsere Heilpflanzen, 1922; Tschirch, Hb. d. Pharmakognosie, 1927; M. Mittendorfer, H. im Vmunde. 1927; H. Fischer, Mal. Pflanzenkde, 1929; G. Jungbauer, Dt. V.medizin, 1934; H. Marzell, Wb. d. dt. Pflanzennamen. 1938ff.; F. Berger, Synonyma-Lex. d. Heil- u. Nutzpfl. 1955; H. Matscher, Vmed. 1958 (Südtirol); A. J. Bernet Kempers, Het Kruitentuinhuisje. In: Het Nederlands Openluchtmus. 25 (1962).

Heilkunde → Vmedizin.

Heilt allen Schaden → Mistel.

Heilwag (= Heilbringendes → Wasser) nannte man im MA und später das Wasser, das zu heiligen Zeiten, beim Glockenschlag zwölf (Christnacht, → Ostern) aus dem Fluß oder Brunnen geschöpft wurde.

J. Grimm, Dt. Mythologie, ^{3}1854, S. 551–556.

Heimarbeit → Hausgewerbe.

Heimat (ahd. *heimoti* ›Gut, Anwesen‹). Die Landsch. mit ihren Menschen, die uns durch Geburt und Jugend (H.land, H.tal, H.dorf, H.stadt) vertraut sind oder mit der uns späteres Schicksal, Ehe und Familie, Freundschaft, Beruf und geist. Dasein eng verbinden (Zweite H., Wahlh.). Neben H.land und H.ort nennt das Grimmsche Dt. Wb. als engsten Begriff der H. »das elterl. Haus und Besitztum«. So kennt noch heute z. B. der alem. Montafoner nur das »Heemat« (a schö's Heematli), der Oberösterr. das »Hoamatl« als Bez. des elterl. oder eigenen Anwesens, während die allgemeinere Bed. aus Schrift-, Schul- und Singssprache übernommen wird. (»Lieb H.land, ade«). In dt. Liedern erscheint das Wort H. kaum vor dem 19. Jh., dem wir dann die Erweiterung, Bereicherung und zuletzt die im 20. Jh. erst vollendete nationale und fast relig. Erhöhung des Begriffes verdanken. Doch wird man W. Höfig nicht ganz zustimmen in dem Satz (Diss. Ms. S. 6): »Das H.bewußtsein des 19. Jh. wurde – als H.pflege und H.schutz – propagierte, traditionelle Verpflichtung einer konservativen Bildungsschicht. Dieses Bewußtsein nahm von der Entwicklung der Industriegesellschaft keine Notiz«. Auch dem unselbständ. → Arbeiter bedeuten → Stadt, Bezirk, Straße und Kleingarten, ja dort, wo er nicht in das Schema einer »Klasse« gepreßt ist, durchaus auch seine Arbeitsstätte H. »Zwei Drittel der von der Sanierung verdrängten Innenstadtbevölkerung scheuen sich, ihren Bezirk zu verlassen und sich anderswo in der Stadt niederzulassen« (Die Welt, Berlin, 8. 3. 71). »Die jüngeren Berliner wandern ab, eben weil man ihnen hier kein Heimatgefühl mehr vermitteln kann« (Tsp. 1. 8. 71). → Bergmann, → Schiffer, → Fischer oder z. B. Vorarlb. und Tiroler Fabrikarbeiter mit ihrem Anwesen (Haus, Stall, Garten und Feld) sind alles eher als h.loses »Proletariat«. Von neuer, auch polit. Bed. wurde der Begriff H. im Schicksal der → Vertriebenen nach 1945. Manche neigen dazu, im heutigen H.erlebnis den »Gemütsgehalt« für wichtiger zu halten als die »räuml.-landsch. Gegebenheiten« (W. Brepohl) oder den »H.hintergrund« (K. Stavenhagen), doch einigten sich die Teilnehmer der 2. Fachtagung »Das Recht auf H.« 1959 auf den Satz: »H. im Sinn der Gesellschaftswiss. bedeutet Dasein innerh. eines überschaubaren, bergenden Bereichs, der dadurch bestimmt wird, daß das Kind und der Jugendliche der elterl. Liebe und Erziehung oder vergleichbarer Erlebniseindrücke an diesem Orte teilhaftig werden und der erwachsene Mensch an diesem Ort in Beziehungen zu Menschen des eigenen Berufs- oder Lebenskreises steht«. – Von der Verwurzelung des Begriffes H. in bes. Landsch. und V.sprache gilt ähnliches wie vom → Heimweh. Dem Gedanken der H. dienen bes. seit dem 1. Weltkrieg, aber auch noch heute, H.bünde, H.tage, H.zeitschriften und H.bücher einzelner Dörfer, Märkte, Städte und Landschaften.

A. Bartels, H.kunst. 1904; K. Stavenhagen, H. als Lebenssinn. [2]1948; R. Laun, Das Recht auf H. 1951; W. Brepohl, H., H.losigkeit, H.findung. In: Wege u. Ziele. Gedanken z. gesellsch. Eingl. d. Vertriebenen. 1952; ders., in: Soziale Welt. 1952/53; H. Fiege, Die H. 1953; H. Bülck, Das Recht auf H. Jb. f. intern. Recht 3 (1954); R. Laun in: Das Recht auf H. 2. Fachtag. Ber. hg. v. K. Rabl. 1959; A. Lubos, Zum Probl. d. H.dichtg. in d. Gegenw. In: Schlesien 9 (1964); R. König, in: Soziol. Orientierungen. 1965; H. Sperber, Begegnung m. d. H.landschaft. 1965; W. Höfig, Der H.film 1947 bis 1960. Diss. Berlin 1970; Jb. Dt. H.bund; I.-M. Greverus, Der territoriale Mensch. Ein literaturanthropol. Vers. z. H.phänomen, 1972.

Heimatkunde. Gedanken von Pestalozzi folgend, sieht die H. ihr Ziel und ihren Wert darin, daß sie dem Schüler im Bild der engeren Heimat den Wissenstoff der Schulfächer in einer natürlich gewachsenen, und lebendigen Ganzheit zeigt. Dieses Bild soll weniger gelehrt, als durch Anschauung, Wanderung und Erlebnis erworben werden. H. soll bes. die »Erdkunde« als Unterrichtsgrundsatz durchdringen. Wenn die H., im Beginn dieses Jh. den Gedanken des → Heimatschutzes in die Schulen tragend, Kultur- und Naturwelt (Gestein, Pflanzen, Tiere) betrachtet und damit über den Gesichtskreis einer geisteswissenschaftlich verstandenen → Volkskunde hinausgreift, so verdankt sie dieser Wissenschaft doch das wichtigste Rüstzeug für das Verständnis der Heimatgesch., der Volkskunst in Haus, Gerät und Tracht, von Glauben und Brauch, von Mundart, Volksdichtung und Lied. Eine großzügige »h.liche Bestandsaufnahme« wird in der DDR durchgeführt (Laufende Veröff.) → Heimatmuseum, Denkmalpflege.

Conwentz, Die H. in d. Schule, 1904; Schönichen, Hb. d. Heimaterziehung, 1924; F. Vogt, Schöpferische H., 1926; W. Anger, Heimat-Vkde. als Grundlage einer volkstüml. Bildung, 1929; W. M. Becker, Taschenb. d. Heimatforschers, 1936 (bes. f. Archivstudien); H. Fiege, Die H. 1953; F. Beck, hg., H. u. Landesgesch. R. Lehmann-Fs 1958; E. Spranger, Der Bildungswert d. H., [7]1967; ders., Der H.unterricht. 1967; J. Haug, H. u. Vkde. 1969.

Heimatmuseen. Wie die → Sachgüter der Volkskultur verhältnismäßig spät in das Blickfeld der vkdl. Forschung traten, haben auch die H. als deren systematische Sammelstätten erst im 20. Jh. ihren großen Aufschwung genommen. So kommt es, daß viele vkdl. Sachgüter auch in den älteren Sammlungen für Kunst und Kulturgesch. zu suchen sind. Während der Sammeleifer selbstloser Freunde des Heimatschutzes große Erfolge zu verzeichnen hat, fehlt es noch weithin an sachkundiger Inventarisierung, Ordnung und Pflege der Objekte. Die vorgeschichtlichen Kenntnisse der (meist ehrenamtlichen) Leiter überwiegen in der Regel die volkskundlichen.

Es ist ein Zeichen von besonderer Einsicht und echter Liebe zum dt. Volkstum, wenn der Museumsleiter planmäßig auch die Denkmäler der gesamten bäuerlichen Werkkultur sammelte. Das von A. Mais geleitete »Mittteilungsblatt der Museen Österreichs« (Wien 1952ff.; mit Anleitungen zur Konservierung und Restaurierung, Suchdienst, Ausstellungsberichten usw.) und andere Publikationen (z. B. das Nachrichtenblatt »Vkde in Österreich«; seit 1966, Wien) bieten heute dem Leiter eines H. die nötige Hilfe. Während die wissenschaftl. Auswertung des gesammelten Gutes meist dem Fachmann vorbehalten bleibt, hat das H. eine besondere und eigene Aufgabe in der Schule und in der Erwachsenenbildung, vor allem für die Lehrwerkstätten handwerklicher Berufe. Für den Fremden ist das H. unentbehrlich als Einführung in Gesch. und Kultur einer Landschaft oder eines Tales, umsomehr, als die meisten H. im umfassenderen Sinn der Heimatkunde neben Arbeitsgerät, Möbel, Volkskunst und Tracht auch Bodenbildung, Pflanzen- und Tierwelt, Wirtschaft und Siedlung berücksichtigen. Richtig ausgewertet kann ein solches H. die Grundlage für einen Gesamtunterricht in der Volksschule bilden, der sich um ein gründliches Wissen um die Heimat aufbaut (Heimatschule). Wertvoll wäre eine Liste aller heute erhältlichen gedruckten Führer von H. Während H. heute die dt. Landschaften in dichtem Netz überziehen, sind wir noch ziemlich arm an modernen Sammlungen, die ein größeres Gebiet überblicken (Dresden, Berlin, Celle, Hannover, München, Wien; eins der schönsten ist das Volkskunstmuseum in Innsbruck). Nach der teilweisen Zerstörung und späteren Teilung des Berliner Museums dürften das Germ. Museum in Nürnberg und das Museum f. Volkskunde in Wien die einzigen Sammlungen sein, die einen Gesamtüberblick über die Volkskultur in Alt-Dtl. u. Alt-Österr. geben. Das Wiener Mus. f. Vkde., für das sein Begründer Michael Haberlandt und sein Sohn Arthur H. besonders in den Ländern der ehem. habsburgischen Monarchie gesammelt haben, ist in den Jahren seit dem 2. Weltkrieg von Leopold Schmidt zu einem modernen Forschungsinstitut ausgebaut worden (Ausstellungen, reiche Bibliothek, Bilderslg., Schriftenreihen). Es hat als erstes seine monograph. Darst. erfahren, die zugleich eine Gesch. der öst. Vkde im Überblick ist. 1935 erfolgte die Neuorganisation der »Dt. Vk.-Kommission«. Zu ihren Aufgaben gehörte die planmäßige wissenschaftliche Erforschung der volkstümlichen Sachgüter in den Museen, die Zusammenarbeit mit Vor- und Frühgesch., Handwerkskunde und Sprachforschung sowie die Einflußnahme auf den Lehrplan der Schulen. Die deutschen H. dürften zur Zeit die Zahl 2000 überschritten haben. Über Wesen, Wege und Ziele des H. unterrichtet »Das Heimatmuseum« (W. Peßler, Hannover 1929). Das »Jahrbuch der Dt. Museen« ist mehr auf die Kunstmuseen eingestellt, die Zeitschr. »Museumskunde« (1929ff.) behandelt das gesamte Museumswesen, auch naturgesch. Sammlungen, ebenso das Buch »Heimatmuseen«, herausg. von der staatl. Stelle für Naturdenkmalpflege in Preußen (1928). Das Minerva-Jahrbuch, ein umfassendes Nachschlagewerk, verzeichnet die Publikationen, Personalien und die angeschlossenen Forschungsinstitute. Als Vorbild genannt zu werden verdient Cl. Lapaire, M. u. Slgn. d. Schweiz, das alle M. bis zu kleinen ortsgesch. Slgn. nach Lage, Öffnungszeit, Eintrittsgeld, Leiter, Mitarbeiter, Gesch., Bestand, Bibliothek, Zeitschr., Jahresber., Kat. und Registern verzeichnet. → Heimatschutz, Vk, Vkde. (Ältere Lit. vgl. Ausgabe 1955 dieses Wb.)

Organisation. Nachweise:

A. Mais, Die vkdl., Slgn. Österr. In Österr. Vkde. f. Jedermann, 1952; R. Wildhaber, Liste d. vkdl., frühgesch. u. gesch. Museen u. Slgn. d. Schweiz. Schweiz. Vkde. 43 (1953); Verz. der Museen der Dt. Demokr. Rep. In: G. Rudloff-Hille, Hilfsbuch d. Mus.-arbeit, 1953. Jb. d. österr. Wiss. 3 (1953): darin Verz. d. Mus.; Über d. Stand d. v.- u. heimatkdl. M. in Berlin, Brandenburg, Mecklenburg vgl. J. Nickel u. R. Glawe in Dt. Jb f. Vkde 1 (1955); J. Schroth, H. Siegfried, Das Hüsli in Rothaus-Grafenh. Eine Slg. Schwarzwälder Vk. 1959; Mus. u. Slgn in Württ. u. Hohenz. 1960; L. Schmidt, Das öst. Mus. f. Vkde. 1960; ders., in: Fgn u. Fortschr. 37 (1963); H. Jedding, Keysers Führer durch Mus. u. Slgn. Bundesrep. u. Berlin. 1961 (Berücks. ausführl. histor. und Heimatm.; es fehlen das Freilichtmus. Kommern, 1958 und das Mus. f. dt. Vkde in Berlin, wiedereröffnet 1959); R. Wildhaber, L. Schmidt u. a. in: Mus.kde 1961/2; H. Güthlein u. J. M. Ritz, Das Feuchtwanger H. ²1962 durch F. Prinz Wittgenstein. (Eröffnet die Reihe »Die bayer. H.«); J. Ringler, Das Tiroler Vk.mus. In: Beitr. z. Kultur- u. Kunstgesch. Tirols, hg. v. N. Grass. 1962 (Gesch. u. Bed. dieser hervorrag. Slg.); Zs. Der Mus.freund. Seit 1962; Schatzkammern d. Landes, Oberöst. Mus. u. Heimathäuser. 1963; G. Wietek, hg., Kulturgesch. Mus. in Dtl. 1963 ff. (Altona, Schlesw.-Holst., Bremen, Dortmund, Köln, Pfalz, Lüneburg, Heidelberg, u. a.; Vkde nicht immer genügend berücksichtigt); L. Pretzell, Zum Wiederaufbau d. Mus. f. Dt. Vkde. In: Jb. d. Stiftung Preuß. Kulturbesitz. 1963 (1964) (Berlin-West); 75 Jahre Mus. f. Vkde zu Berlin. 1964. Hg.: Staatl. Mus. zu Berlin (Ost); Österr. Museen. (= Hb. d. öst. Wiss. Bd. 5) 1964 (Vgl. o.); A. Mais, hg., Die hauptamtl. Mus.beamten Österr. im wiss. Dienst. Wien 1965 (Zeigt die Bed. bes. auch d. vkdl. Mus. u. Abtlgn. f. d. Fg. d. Alpenländer); H. Trauschies, Zur Gründung u. Entw. d. Darßer H. in Prerow. In: Greifswald-Strals. Jb. Bd. 6 (1966); Mus. u. Slgn. in Österr., bearb. v. W. Milan. 1968; T. Gebhard, hg., Hb. d. Bayer M. u. Slgn. 1968; Über die Problematik vkdl. Mus.: Zs f. Vkde 66 (1970); A. Lühning, hg. Schlesw.-Holst. Mus. u. Slgn. 1970; A. Höck u. D. Kramer, Verz. d. vkdl. u. kulturgesch. Bestände d. hess. Museen, 1970; L. Pretzell, Das vkdl. Mus. . . . Zs. f. Vkde 67 (1971); W. Hansen, D. Lippische Landesmus. 1972 (Zugleich V. u. Kulturgesch. d. Landes).

Wesen, Gestaltung, Forschung:

Aug. Loehr Allg. Museumskde., 1947; R. Pittioni, Landesmus., H., Aufg. u. Wege d. Öst. H., 1947; G. H. Rivière, Un Musée-Laboratoire: le M. des Arts et Traditions Populaires (Paris). Schweiz. Arch. f. Vkde, 44 (1947); (Frankreich hat etwa 900 Mus. f. Kunst, Archäol. u. Gesch.); O. Lehmann, Meth. u. Ordnung. Vkdl. Museen. Zs. f. dt. Philol. 70 (1948/49). Schweiz. Vkde. 43 (1953; Fragen d. H.); A. Schultes, Ortsgesch. u. H. Erg. h. 2 zu Mittbl. d. Mus. Österr. 1953; Erg. h. 3, ebd.: J. Hörbarth, Lebenserinn., 1953 (beweg. Lebensbild eines Mus.mannes in Niederösterr.); Kl. Beitl, Herkunftsakten. Archiv. Hilfsm. z. museogeogr. Bestimmg. vkdl. Objekte. Öst. Zs. f. Vkde 64 (1961); R. Wildhaber, Aufgaben d. Vkde-Mus. in d. Gegenw. In: Mus.kde 30 (1961); T. Gebhard, Aufgaben d. Leiter nichtstaatl. Ortsmuseen. In: Frankenland NF 13 (1961); L. Schmidt, Die mitteleurop. Vkdemuseen u. i. Aufgaben i. d. Mitte des 20. Jh., Österr. Zs. f. Vkde 65 (1962); K. Köstlin, Mus. u. Vkde. In: Kieler Bll. z. Vkde 2 (1970); A. Höck u. D. Kramer, Verz. d. vkdl. u. Kulturgesch. Bestände d. hess. Museen, 1970.

Heimatschutz. Da bes. gegen Ende des 19. Jh. rasche Industrialis., hemmungsloses Gelddenken und ungelenkter techn. Fortschritt die gewachsene Kulturlandschaft mit Verwirrung und Vernichtung bedrohten, riefen Rudorff u. a. die H.bewegung ins Leben, deren örtliche Gruppen sich zum Dt. Bund H. zusammenschlossen. Der H. zielt auf »die Erhaltung der natürlich und gesch. gewordenen Eigenart des Landes«, also auf die Sicherung und sinnvolle Entwicklung der Landschaft als solcher wie der materiellen und geistigen Volkskultur. H. faßt so die Bestrebungen von Naturschutz u. Denkmalschutz zusammen. Die Tätigkeit des H. wurde nicht nur amtlich empfohlen, sondern auch durch Gesetze gestützt; in Preußen z. B. durch das Gesetz von 1902 gegen die Verunstaltung landschaftlich hervorragender Gegenden durch Reklameschilder und von 1907 gegen die Verunstaltung von Ortschaften und Landschaftsbild durch Bauten und bauliche Veränderungen. Trotzdem der fragwürdige Siegeszug kommerzialisierter Technik zuweilen unaufhaltsam scheint, haben Proteste, Aktionen u. Volksbefragungen, die Vertreter des H. einleiteten, schon in vielen und bedeutenden Fällen dem Natur- und Kulturbild einer schönen Landschaft den Vorrang erstritten vor Straßen, Fabriken, Stauwerken und Exerzierplätzen. Dem H.gedanken entsprang auch eine große Zahl der → Heimatmuseen. Die Ideen des H. breiteten sich schnell aus in den germ. Ländern (Österr., Schweiz, Niederlande, Schweden u. a.) und fanden von da aus Eingang bei den Nachbarn. Wirtschaftliche Unternehmungen wie die Heimathäuser, die in den Alpenländern, aber mit Erfolg auch z. B. in Berlin (um 1930) gewachsene Volkskunst vermitteln, kulturelle Bestrebungen wie → Trachtenpflege und -erneuerung, aber auch das ganze dt. Sprachgebiet umfassende wissenschaftliche Werke wie die Vkdl. → Atlanten wurden erst möglich, nachdem der Gedanke des H. in weiten Kreisen des Volkes Aufnahme gefunden hatte. → Bauernhaus (Baufibeln), Dorf.

(Ältere Lit. vgl. Ausg. 1955 dieses Wb.) W. Schoenichen, Naturschutz, H. 1954; Grundmann, Großstadt u. Denkmalpflege. 1959; Heimat u. Volkstum. Fs. f. Diedrich Steilen. Bremer Beitr. z. nd. Vkde. 1959/60 (D. St. war ein Vorkämpfer des H. in N.sachsen); E. Hamböck, Schöneres Kärnten. Zeitgem. Heimatpflege. 1961; Jb. d. Dt. Heimatbundes 1965/66 (Dorferneuerung, ländl. Raumplanung, Braucht.pflege u. Schule).

Heimchen → Grille.

Heimgarten → Gaßlbrauch.

Heimsuchung Mariä, (2. 7.). Im 14. Jh. als Kirchenfest angeordnet zur Erinnerung an den Tag, da Maria über das Gebirge ging, ihre Base Elisabeth zu besuchen. Viele Kirchen tragen den Namen M. H. Die volkstümliche Wetterkunde prophezeit in sehr anschaulichen Sprüchen einheitlich längere schlechte Witterung, wenn M. H. Regen bringt:

> Wie Maria fortgegangen,
> wird Magdalena sie empfangen.

In Schlesien sagt man: »Wenn und Maria beschlumpert sichs Klädla, do kimmt se ei sechs Wucha m. beschlumpertem Klädla wieder häm«. Am Niederrhein heißt M. H. »Eendroppendach« nach dem Spruch: »Wenn et Marien Eendrop rännt, dann rännt et em Bäu (Ernte) alle Dag«. Im Montafon (Vorarlberg) heißt es:

> »Rägnet's an M. Heimgang,
> rägnet's viar Wocha lang.«

Den V.glauben bestätigen Erfahrungen der Meteorologie. In der Zeit zwischen 20. 6. und Anfang Juli entscheidet es sich, ob für Mitteleuropa ein regenreicher Monsunsommer zu erwarten ist, oder ob die Wirkung des Golfstroms die feuchten ozeanischen Winde aufhebt, die im Tief des vorsommerlich erwärmten Festlandes einzuströmen streben.

L. Réau, Iconographie de l' art chrétienne. 1955–59.

Heimweh, die seelisch und selbst körperlich sich äußernde Sehnsucht des in fremden Boden verpflanzten Menschen nach seiner → Heimat. Nach ahd. *iāmar* (Otfried), mhd. *jāmer* (Minnesang) und neben den mundartl. Jomer (schwäb.-alem.), Weillong (Tirol, Kärnten) für den Begriff ›Sehnsucht, Zeitlang‹ erscheint zuerst 1592 das Wort H. Es ist zunächst in mediz. Sinn einer eigentl. Krankheit gemeint, vor allem in der Schweiz. Bei Hofer (1688) ist Nostalgia die Lehnübersetzung zu H., das noch lange (z. B. bei dem Schweizer A. Haller) nicht als literaturfähig gilt. Schiller meidet es, Goethe erst verwendet es (1774 an Lavater; 1804 in einem Brief an Schiller über seinen »W. Tell«). Wieland schreibt: Schweizerh. (1787). Mit der Romantik verbreitet und entfaltet sich der Begriff, bleibt aber bis heute stärker an die Gebirgsländer gebunden. Dem kühleren Nordländer erscheint manches echte und starke Gefühl, zumal in unserer Zeit, als Sentimentalität. Für den Alemannen z. B. ist es aber eine echte Frage an den Urlauber: »Kommst du das H. abstreifen?« und eine ernste Diagnose, wenn man von einem Auswanderer sagt: »Es geht ihm gut, nur das H. plagt ihn«. Übrigens wird (1971) selbst in der dt. Rechtssprechung (Entfernung von der Truppe) H. als Milderungsgrund gewürdigt. Wie das Wort H. aus dem Schweizerischen ins Hochdt. übernommen wurde, so ist Süddtl. und das Alpenland auch besonders reich an Sprichwörtern, Redensarten, Erzählungen und Liedern über H. und an volksgläubigen Mitteln dagegen. Beim Abschied oder beim Eintritt ins neue Haus werden diese angewandt, bald um das Andenken zu festigen, bald auch um es vergessen zu machen. Ein Stück Brot von daheim schützt gegen Hexen und H. Man steckt ein Stück Brot (»Gewöhnbrot«) in die Tasche und zieht das Hemd verkehrt an (Pfalz, Baden). Wer sich nach der Heimat umsieht, hat kein Glück und kehrt bald zurück (Vogtland). Besonders junge Mägde und Knechte plagt das H. Man soll ihnen ein Glas Wasser nachgießen. Um im fremden Haus und Land nicht »bange« zu werden, nimmt man auch Salz, Erde mit. Mädchen nähen selbstgesponnenes Garn in den Ärmel oder etwas Salz und Brot in den Unterrock (Dt.-Amerika). → Vertriebene.

Joh. Hofer, Dissertatio medica de Nostalgia oder Heimweh. 1688 (Danach bes. d. Kapitel in J. Scheuzer, Naturgesch. d. Schweizerl. 1705–07); F. Ernst, Vom H. Zürich 1949; Ch. Zwingmann, in: Zur Psychol. in Lebenskrisen. 1962; J.-M. Greverus, H. u. Tradition. Schweiz. Arch. f. Vkde 61 (1965); Kluge-Mitzka, Et. Wb. [20]1967.

Heimwerk → Hausfleiß.

Heinoder → Storch.

Heinrich II., der Heilige (Tag: 15. 7.). Der letzte Sachsenkaiser (1002–24) stiftete 1007 das Bistum Bamberg als Mittelpunkt der Missionierung und ist dort im Dom beigesetzt. Sein Name und der seiner Gattin lebten weiter in Kult und Lied.

R. Klauser, Die H.- u. Kunigundenverehrung im mal. Bamberg. 1957; C. Pfaff, Kaiser H. II. Sein Nachleben u. Kult im mal. Basel. 1963; J. Dünninger, Das Lied v. S. H. u. S. Kunigunde d. Johann Degen von 1626. Rhein. Jb. f. Vkde 11 (1960).

Heinzelmännchen (Hinze-, Henzem.). Heinz(e) ist Kurzform zu Heinrich (wie Kunz zu Konrad, Butz zu Burckhard; → Pers.namen). Bei Luther ist Heinzlein der Name eines → Hausgeistes. Die Form H. erscheint zuerst bei E. Alberus (Novum dictionarii genus. 1540) und ist noch heute im mittl. Westdtl. heimisch. Das bekannte Lesebuchgedicht von A. Kopisch 1836 (»Wie war in Köln es doch vordem/mit H. so bequem«) enthält das Motiv von der Schustersfrau, deren Neugier die hilfreichen Kobolde vertreibt. → Praetorius nennt in gleicher Bed. wie H. Kobolde (→ Kobalt), Wichtlichen (→ Wicht), Erdmänrichen, Gütchen (Verkleinerung von → Gott), Hellekeplein, Stepgen (→ Drache; Karte).

Aug. Kopisch, Die H., illustr. v. B. Braun-Fock. 1947; Der vielförmige Hintzelmann. Facs. druck n. d. Ausg. v. 1704. Zum 70. Geb.tag v. W.-E. Peuckert, 1965.

Heinzerleinsholz → Weißdorn.

Heischerecht, H.brauch, H.gänge. Beim Abschluß einer Arbeit (→ Ernte, Dreschen, Richtfest u. ä.), als Entgelt gewisser Leistungen (Karwochenumzüge mit der → Ratsche, Sternsingen um → Dreikönig), um Geld oder Sachen für ein Gemeinschaftsunternehmen zu sammeln (→ Jahresfeuer), am häufigsten als Anerkennung für Segenswünsche in meist zweizeiligen Sprüchen und Liedern (→ Neujahr, Fasnacht, Lätare u. a.) besitzen seltener Erwachsene, meist Kinder und Jugendliche ein überliefertes Brauchrecht, Geld oder Lebensmittel (Gebäcke, Ostereier, im Winter Wurst und Speck, Zeltenbrot) zu empfangen, die meist in Gemeinschaft verzehrt werden. → V.lied, Santrigl, Gregorius, Gründonn. u. a.

K. Meuli, Bettelumzüge. Schweiz. Arch. f. Vkde 28 (1928); K. Weber, Die H.lieder an Fastnacht im Rheinland. Diss. Köln 1933; H. Koren, Kultmahl und Hg., Öst. Zs. f. Vkde 58 (1955) (Lohn, Zins, Opfer, Almosen u. kult. Mahl); J. Dünninger, Brauchtum in: Dt. Philol. im Aufriß. ^{2}1962; H. Siuts, Die Ansingelieder z. d. Kalenderfesten. 1967 (25 Karten); Kartogr.: ASV 192–195 H.b. und -umzüge. Herbst und Winter (Escalade: 11. 12.; Weihnachten; 2.1. → Bechtelistag), Frühjahr (Chalanda-marz in Graubd., Ostern, Maiumzüge). Masken u. Verkleid.

Heirat → Werbung, Hochzeit.

Heiratspatrone → Andreas, Anna, Antonius v. P.

Heistr → Elster.

Hel, ob das got. *halja* und ahd. *hella* nur ein germ. *infernum* oder auch schon eine Gottheit bezeichnet, ist zweifelhaft. Im Innern der Erde ist H. Herrscherin der Unterwelt. Im Nord. ist H. Personifikation des Totenreiches. H. wie auch die Worte Gott und Himmel wurden vom Christentum übernommen. Unter starker Veränderung des Inhalts wurde daraus die »Hölle« als Sitz des Teufels und der ewig Verdammten. Hölle als Bez. des Raums zwischen → Ofen und Wand (zuerst belegt Ende des 15. Jh.) geht auf die gleiche germ. Wurzel zurück, die ursprünglich ›das Bergende‹ bedeutet. Hellgat ist der unterste Raum im Schiff. Als Flurname bezeichnet Hölle die Enge, Klamm (Höllental; Höll im montaf. Silbertal). Von H. hören wir vor allem in »Brünhilds H.fahrt« und in einem Abschnitt über → Balladen in der Snorra-Edda (→ Edda).

hele Christ → Weihn.

Heldensage. Die »Heldenzeit« der Germanen ist die Völkerwanderung. Die Gestalten der H. galten später dem dt. Volk nicht als widerchristlich. »Zweifellos bezieht sich die H. auf histor. Ereignisse« (J. de Vries). Daneben oder dahinter stehen aber auch sagenhafte Gestalten (Hagen, Brunhild) und Vorstellungen des Volksglaubens (Tarnkappe, Zauberschwert). Die H. die vom tragischen Untergang der Ostgermanen berichtet, schaltet wie die Volkssage frei mit Raum und Zeit, ist aber streng aristokratisch und schildert nur Siege und Niederlagen von Königen und Fürsten: die Niederwerfung des Gotenreichs unter Ermanrich und die Vernichtung der Burgunder unter Gundaher durch die Hunnen, Attilas (Etzels) Weltherrschaft und dessen Untergang in der großen Schlacht auf den Katalaunischen Feldern (451), die Kämpfe des Ostgoten Theoderich in

Italien, das Ringen des merowingischen Theoderich um sein Erbreich u. a. In manchen Denkmälern der H. besteht das Gesch. nur im festgehaltenen Namen (Riesen- und Zwergenkämpfe; → Dietrich, Bitterolf, → Rosengarten, Waltharius). Ein gesch. Kern fehlt oder ist umstritten z. B. im Gedicht vom Hörnen Siegfried in der Kudrun oder in der Wielandsage. Auch mit der reinen Erfindung von Dichtern (Spielleuten) und fremdem, besonders französischem Einfluß ist zu rechnen. Die germ. H. bestand ursprünglich aus einer Fülle von Einzelliedern, wie sie in der nord. → Edda, bei uns aber nur im → Hildebrandslied erhalten sind. Diese Kurzlieder schlossen sich um überragende Gestalten zu Sagenkreisen (ostgotisch: Dietrich von Bern; burgundisch: Siegfried und Attila; westgotisch: Walther von Aquitanien; ostfränkisch: Ortnit, Hug- und Wolfdietrich; langobardisch: Rother; niederdt.: Hilde-Gudrun). Abgesehen von der den Ursprüngen näher stehenden nord. Überlieferung kennen wir die H. fast nur aus der Wiedererweckung durch die strophischen Großepen der mhd. Dichter (z. B. Nibelungenlied). Mit anderen Stoffen fand die H. seit dem 15. Jh. Eingang in die Literatur der → Volksbücher (Gehörnter Siegfried). Anders als die Literarhistoriker (Grimm, Fr. Panzer, H. Schneider) legt E. Mudrak den späteren volkstümlichen dt. (auch iranischen, sakischen und russischen) Quellen für die Erforschung der H. eher mehr Gewicht bei. Er steht so in der Nähe anderer Vertreter der »germ. Kontinuität« (O. Höfler; → Wilde Jagd).

W. Grimm, Die Dt. H., ^{3}1889; A. Heusler, in Hoops Reallex. d. Germ. Altertkde. (Bibliogr.); F. v. d. Leyen, Die Dt. H., ^{2}1923; H. Honti, V.märchen u. H. (FFC 95), 1931; Ausgabe »Dt. H.« von G. Aick, 1951; E. Mudrak, hg. Nord. Götter- u. H. 1961; J. de Vries, Heldenlied u. H. 1961; K. Hauck, hg., Zur germ.-dt. H. 1961 (16 Aufsätze v. Höfler, Schneider, Kühn, de Boor, de Vries, Genzmer u. a.); O. Höfler, Siegfried, Arminius u. d. Symbolik, 1961; H. Schneider, Germ. H. 1962; ders., Dt. H. ^{2}1964 (Göschen 32); H. Hempel, in: Die Nachbarn 3 (1962); P. Paulsen, Drachenkämpfer usw. 1966 (Kirchentür auf Island); E. Ploss, Siegfried-Sigurd, der Drachenkämpfer. 1966; G. Weber, Das Nibelungenlied. Problem u. Idee. 1963; ders., Nibelungenlied. ^{3}1968; W. Krogmann u. U. Pretzel, Bibliogr. z. Nibelungenlied u. z. Klage. ^{4}1968; R. Wisniewski, Kudrun. ^{2}1968; F. v. d. Hagen, Heldenbuch. 1855. 2 Bde. Nachdr. 1967.

Helena, hl. (18. 8., Attr.: Kreuz, Nägel), gest. um 326. Bithyn. Gastwirtin, Geliebte des Constantinus Chlorus und Mutter Kaiser Konstantins d. Gr.; Erbauerin der Kirche zum Hl. Grab in Jerusalem. Sie wird in vielen Auffindungs- und Diebessegen angerufen, weil sie nach einer Leg. vom Ende des 4. Jh. das Kreuz Christi gefunden haben soll. Da sie (nach Ambrosius) bei dem Kreuz vier Nägel fand, wurde sie Patronin der Nadler und Nagelschmiede. Ihr Graben im Erdreich empfahl sie dem → Bergmann als Schutzheilige, ähnlich wie der Aufenthalt in der (Löwen-) Grube dem hl. Daniel die gleiche Aufgabe zuwies oder wie die Hl. → Barbara nach einer Leg.version dadurch zu ihrem Patronat kam, daß griech. Bergleute sie in Schutz genommen und in einer Grube versteckt hätten.

G. Schreiber, St. H. als Inhaberin von Erzgruben. Zs. f. Vkde 53 (1956/57); H.-H. Lauer, Kaiserin H. Leben u. Leg. 1967.

Helljäger → wilde Jagd.

Hellsehen → Vorzeichen, zweites Gesicht, Okkultismus.

Helsete → Würgen.

Hengst → Pferd.

Henker → Scharfrichter.

Henkersmahlzeit. Die Sitte der H. ist alt und in elementaren Vorstell. so tief verwurzelt, »daß die Menschheit, vernünftig und fortgeschritten, wie sie zu sein glaubt, sie nicht mehr hat abschütteln können« (Hentig). Einer der Grundgedanken der H. war, daß der Verurteilte, der seine Lebenszeit und -kraft nicht ausleben konnte und deshalb ein ruheloser → Wiedergänger zu werden droht, noch kurz vor seinem Tode beruhigt und versöhnt werden soll. Ähnl. Gunstbeweise sind: Erfüllung eines l. Wunsches, ein l. Wort, gute Zelle, gute Kleidung, gelöste Fessel beim Gang in den Tod. Nicht nur die unverbrauchte Lebenskraft, auch das vollstreckte Urteil kann den Toten zu Gewalttat anstacheln; so deuten manche Überlief. auf einen willkommenen Selbstmord des Verbrechers hin. Damit die gefürchtete Totenrache nicht auf einen einzelnen falle, mußten beim Bau des Galgens möglichst viele Handwerker (Unterfranken) oder gar alle Gemeindemitglieder mit Hand anlegen. Die Todesstrafe war urspr. ein Sühneopfer. Dazu gehört Freiwilligkeit. Zur Versöhnung führen soll auch der Zuspruch des Geistlichen. – Der Brauch der H. verrät uns auch, was in verschied. Zeiten und Landschaften an → Speise und Trank am höchsten geschätzt wurde. Heute versteht man unter H. redensartlich jedes Abschiedsmahl vor einem wicht. Ereignis (Einberufung, Examen, Große Reise).

H. v. Hentig, Vom Ursprung der H. 1958.

Hennagiger → Habicht.

Henne → Huhn.

Heptameron, Buch mit Beschwörungen der Luftgeister (Stundenengel) von Petrus von Abano (1300). Jacoby bezeichnet es als »eines der grundlegenden magischen Bücher des Spätmittelalters, in dem sich antike Elemente mit kabbalistischen kreuzen«. Durch → Agrippa von Nettesheim fand das H. große Verbreitung, bis es 1559 auf den Index kam. Fausts → Höllenzwang, das siebente → Buch Mosis, enthalten Teile davon. H. (griech. ›Siebentagewerk‹) heißt auch die für die Geschichte des europ. → Märchens bedeutsame Novellenslg. der Margarete von Navarra (1559).

Caillet, Manuel bibliographique des sciences psychiques et occultes, 1912.

Herberge der Seele → Gertrud.

H.suchen → Advent.

Herbst → Jahr.

H.blume → H.zeitlose.

H.einschnalzen → Peitsche, Martin.

H.feuer → Jahresf.

Herd. H. und → Ofen sind für die gesch. Entw. des Hausinnern von so großer Bedeutung, daß man Art, Zahl und Lage der Feuerstätten früher zum wichtigsten Einteilungsprinzip der Formen des europ. → Hauses erhob. Tatsächlich geht die kulturelle Entfaltung des Hauses vom H. aus. Im Urhaus bedeutet H. soviel wie ›Haus‹. Mhd. *hërt* bezeichnete auch den ›Boden als Feuerstatt‹. In Ostfriesl. meint man mit H. das Anwesen wie im alem. mit eigener »Huusrööchi« die Heimstatt. Die urspr. Bed. des Wortes H. ist wohl auch im »H.buch« des Viehzüchters erhalten. – Als Sitz des → Hausgeistes und des heil. → Feuers genoß der H. schon im Altertum hohe Verehrung (→ Loki).

Das neu eintretende → Gesinde wurde am H. empfangen. H. und Rauchfang (Schlot, Esse, Schornstein, Kamin) sind Stätte vieler → Orakel und zauber. Handlungen (→ Wechselbalg). Auch daß in vorgesch. Zeit der H.raum Begräbnisstätte und damit Mittelpunkt des Ahnenkultes war, erhöhte seine Bed. Vor allem im alten N.sachsenhaus ist der H. Spender von Wärme, Licht und Mahl und durch die Lage im → Flett die wirkl. wie die symb. Mitte des Hauses, wie es im südd.-kath. Hause der → Herrgottswinkel ist. Am H. war der vornehmste Platz der Hausfrau, die, wie es J. Möser geschildert hat, von hier aus das Geschehen in Flett und → Diele überblicken konnte. Der Ehrensitz des Gastes befand sich hier, und das Umschreiten von H. und → Kesselhaken, der oft → Minnegabe war, bedeutete die Aufnahme der Braut ins neue Haus. Er hängt am »Krüzboom«, der eine Erinn. an die alte → Firstsäule ist. In der einfachsten Form bestand der H. nur in einem Feuerloch mit Windkanal am Boden der Flettmitte. Später wurde er hochgemauert, verließ die Mitte und wurde unter westeurop.-roman. Einfluß ein Wandh. mit Seitenwangen und einem Funkenhut, wie ihn ähnlich auch die ostalpine Rauchstube kennt. Im nd. ist jedoch das Rähm (→ Rahmen), das den Hut aus buchenen Bohlen einrahmt, Träger prächtiger Auszier: vorchristl. Zeichen, Drachen- und Pferdeköpfe, ein Spruch oder die Namen der Ehegatten und Besitzer wie die Jahreszahl von Gründung oder Erneuerung des Hauses.

V. v. Geramb, H. Im HDA. 3, 1758–1776; O. Lauffer, H. u. H.geräte usw.; Mitt d. germ. Nat.-Mus. 1900/01; A. Faber, 1000 Jahre Werdegang von H. u. Ofen. Abh. u. Ber. d. Dt. Mus. 18 (1950) (Abb.); ders., Entw.stufen d. häusl. Heizung, 1957; E. Schlee, Die H.stelle im nd. Hallenhaus. Zs. f. Vkde. 51 (1954).

Herke (Harke) → Bartholomäus.

Hermannl → Kamille.

Hermes, hermetisch → Alchimie.

Herodeskasten → Dreikönig.

H.spiel → Vschauspiel.

Herrenpartie → Himmelf. Christi.

Herrgott → Gott.

H.kraut → Schafgarbe.

H.nagel → Walnuß.

H.vogel → Schwalbe.

H.wein → Fronleichnam.

Herrgottswinkel, die Tischecke in Bauern- und Bürgerstube, in der zwischen zwei Heiligenbildern (→ Hinterglasb.) ein Kruzifix aufgehängt ist, das meist auch einen Zweig des → Palmbuschens trägt. In prot. Landsch. entspricht dem H. das Bibeleck, das auf einer Konsole die hl. Schrift und das Gesangbuch verwahrt. → Devotionalien, Kalender und → Andenken (das Photo eines Gefallenen) finden gleichfalls hier ihren Platz. Dem H. wie einem Altar zugewandt, verrichtet man das Tischgebet. Das ist europäische Sitte. → Konfession.

J. M. Ritz, in: V. u. Vtum. Jb. f. Vkde 3 (1938); G. Ränk, Die hl. Hinterecke im Hauskult d. Völker Nordosteur. u. Nordasiens. Helsinki 1949.

Hering, gleich dem → Hecht in der Vmed. viel verwendet, besonders bei Magenverstimmungen. Die Gräten säubern den Darm u. nehmen das Fieber mit. Auch in der

Heilbehandlung für Tiere ist der H. Universalmittel. Die unzähligen Eier des H.rogens, zu → Weihnachten od. Silvester verzehrt, bedeuten das reiche Glück im neuen Jahr. Als überaus volkstümliche, im Süden allerdings nur in der Fastenzeit bekannte Speise, erscheint der H. auch im Kinderlied und -spiel (»eins, zwei, drei, saurer Hering!« Berlin).

K. Jagow, Der H. im Volksglauben u. in d. älteren Fg. Arch. f. Fischereigesch., 1915; W. Ludorff u. R. Kreuzer, Der Fisch v. Fang b. z. Verbrauch. 1956.

Hermelin, (*mustela erminea*, ahd. *harmo* ›Großes Wiesel‹), Raubtier aus der Gattung der → Marder, in ganz Europa verbreitet. Sein im Winter, bis auf die schwarze Schwanzspitze, weißer Pelz macht es zum Kleid der Majestät. Früh wurde es zum Symbol der Reinheit durch die Sage, daß es lieber sterbe als sich verunreinige, lieber durch Feuer gehe als durch Schmutz. In manchen Landsch. gelten H. auch als Seelen Verstorbener.

Herodias, die widerrechtl. Frau des Herodes. Salome, ihre Tochter aus erster, gebrochener Ehe, tanzt vor Herodes und verlangt, von ihrer Mutter verleitet, den Kopf des Täufers Johannes. H. mußte nach der Sage des MA neben → Diana, Holda (→ Holle) od. Perchta (→ Bercht) mit Hexen und mit dem wütenden Heer nächtlich fahren. Herodes erscheint in der Sage als wilder Jäger. → wilde Jagd, Nachtfrau, Konzil.

Heroldsbach. Im Juli 1952 wurden durch den Erzbischof von Bamberg Dr. Josef Otto Kolb 19 Einwohner von H. exkommuniziert unter dem Vorwurf, daß sie gegen das Verbot der Kirche weiterhin den »H.er Erscheinungen« anhingen. In dem Dorf, das schon früher Wallfahrtsort war, hatten im Oktober 1949 in der Nähe eines Birkenwäldchens einheim. Kinder Erscheinungen (Visionen) der Gottesmutter → Maria. Über dem Walde schwebte das Zeichen IHS. Am 8. 12. erlebten fromme Wallfahrer ein Sonnenwunder, »welches genau demjenigen von Fatima gleicht«: Maria in einer sich »drehenden und farbige Strahlen aussendenden Sonne« (R. Kriß). Am Tage → Himmelfahrt Mariae 1950 fanden sich bereits 50000 Gläubige auf dem »heiligen Berge« ein. 1952 wurden Wallfahrt und Kult vom Vatikan verboten, weil die Erscheinungen jedenfalls keinen übernatürl. Charakter hätten. Die Staatsanwaltschaft Bamberg ging gegen den früheren Pfarrer Gailer vor, der nach wie vor das Volk auf seiner Seite weiß. »Der heilige Vater wird bestimmt noch erleuchtet werden« (eine Schweizer Stimme). – Neuerdings lenkte das »Sonnenwunder« der Rosa Soncini in Reggio-Emilia (Oberital.) die Aufmerksamkeit in ähnliche Richtung (Heim). Auch in Portugal (Asseiceira; 1954) und Puerto Rico (Sabana Grande; 1953) führten »Erscheinungen« zu kirchl. Verboten.

R. Kriß, H. in vkdl. Sicht. Öst. Zs. f. Vkde 55 (1951); ders., Eine verbotene Wallfahrt d. Gegenw. In: G. Gugitz-Fs. 1954; ders., H. Statistiken u. jüngste Entw. In: Bayer. Jb. f. Vkde (1955);W. Heim, H. und die Schweiz. ebd. (Noch 1958 kamen Pilger aus der Schweiz nach H.); W. Jungraithmayr-Redl, Die »Königin d. Weltalls u. d. Armen Seelen« in Heede (Ems). Beitr. z. dt. V. u. A.kde 9 (1965).

Hervorsegnen → Aussegnung.

Herz. Volksglaube, Sage u. Märchen wie Vk. sehen im H. den Sitz des Lebens und der Seele. Nur auf Grund dieser Vorstellung konnte die kirchl. Herz-Jesu-Andacht vom

12. Jh. bis heute ihr große volkstümliche Bedeutung erlangen. In Liebe und Liebeszauber spielen H. aus Wachs, Lebkuchen od. anderem Stoff bis heute eine bekannte Rolle. Ein H. aus Sternkoralle wird als → Amulett getragen. Liebende tauschen die H. in Lied und Bild (Wandteppich des 14. Jh.) Das H. großer Persönlichkeiten (z. B. beim Tod Pilsudskis 1935) wird gesondert begraben an der Stätte, die dem Verstorbenen vor anderen teuer war. Unendlich oft abgewandelte → Ornamente lassen aus dem H. den → Lebensbaum wachsen. H. aus Silber, Wachs od. Eisen sind → Votivgaben und Selbstopferung. Dem → Wiedergänger oder → Vampir wird der Pfahl ins H. gestoßen. Das H. von Tieren findet Verwendung in der Vmed. und im Zauber (→ Fledermaus). Herzgebäcke erscheinen im Jahreskreis zu Weihnachten und im Lebenslauf bei der Hochzeit als → Gebildbrote. Auf die ihnen zugeschriebene Zauberkraft weist Eckstein (HDA) hin, heute werden sie, mit Namenzug oder passenden (auch unpassenden) Sprüchen in Zuckerguß auf allen »Volksfesten« (wie dem »Deutsch-amerik. V.fest« in Berlin-Dahlem) als Geschenk an Menschen, die man gern hat, verwendet. Die V.med. kennt keine H.krankheiten im pathologischen Sinn. In → Segen und Rezepten erscheinen sie nicht (Harmjanz). → Eingeweide, Finger, Herzspann, Wurm, Andachtsbild.

Kuhn, Die Vorstellungen von Seele u. Geist, 1879; E. Mühsam, Zur Lehre vom Bau u. der Bedeutung d. menschlichen H. im klass. Alterum. Janus, 1910; F. v. d. Leyen-A. Spamer, Die . . . Wandteppiche im Regensburger Rathause, 1910. Richstätter, Die Herz-Jesu-Verehrung des dt. MA, ²1924; E. Bargheer, Die Eingeweide, 1931; A. Dörrer, Entst. u. Entw. d. Tiroler Herz-Jesu-Bund. Wopfner-Festschr., 1947 (Verhältnis von Hochreligion u. V.glauben). K. Frey, Das H. als Motiv im Andachtsbild. Schweiz. Vkde. 42 (1952); Das Herz. Veröff. d. Dr. Karl Thomae GmbH. Biberach a. d. Riss. 1966. (Nicht im Buchhandel. Bd. 1: u. a. E. W. Eschmann, Das H. in Kult u. Glauben; A. Walzer, Das H. im christl. Glauben. – Bd. 2: H. Schrade, Das H. in Kunst u. Gesch.; K.-A. Wirth, Relig. H.emblematik; E. Meyer-Heisig, Das H. in d. Vkunst; A. Walzer, Das H. als Bildmotiv. – Bd. 3: F. Vonessen, Das H. in d. Lit.; W.-E. Peuckert, Das H. in Sage u. Märchen. Lit).

Herzgrube → Magen, H.spann.

Herz-Jesu-Verehrung. Der Kult des H. J. hat Vorbilder im MA und in der späteren Emblematik des kleinen → Andachtsbildes, geht aber vor allem auf M.-M. Alacoque und J. Eudes zurück. Er fand im kath. Volk starke Verbreitung. H. J.-Freitag ist der 1. Freitag jedes Monats, Juni der H.J.-Monat mit dem H.J.fest am 3. Freitag nach Pfingsten. In Tirol sind H.J.-Feuer an die Stelle alter Sonnwendfeuer → (Johannistag) getreten.

A. Dörrer, Hochreligion u. V.glaube. Der Tiroler H. J.-Bund (1796–1946) vkdl. gesehen. H. Wopfner-Fs. 1947.

H.kraut → Melisse.

Herzog Ernst → Vbuch.

Herzspann, Herzsperr, Hartworm. Wie selbst in der wissenschaftl. Medizin noch volkstüml. Bezeichnungen (z. B. Herzgrube für ›Magengrube‹; *scrobilus cordis*) fortleben, so ist im Volk H. noch weit verbreitet als Bez. für Magenbeschwerde, bes. Sodbrennen. Dieser und ähnliche Namen sind gemeingerm. Die alten → Kräuterbücher, Luther u. a. beschäftigten sich mit der Erscheinung des H. In Leyer Matzs Lustigem Correspondenzgeist von 1668 heißt es: »uber die Wiege sich zu spannen ist nicht gut, davon kompt das H.« In einem handgeschriebenen Büchlein der sympathiekundigen Großmutter Schmidt in Rosental bei Dahme (Mark Brdbg.)

fanden sich noch 1934 benützte Mittel u. Sprüche gegen das H.

J. Grimm, Dt. Wb. H. Harmjanz, H. Zs. f. Vkde 43 (1933).

Herzwurm → Alkohol, Magen, Wurm.

Hetscher → Schlucken.

Heuberg. Ehe er als berühmt-berüchtigter Truppenübungsplatz auf der Schwäb. Alb sich ins Gedächtnis vieler Landser des 2. Weltkrieges einschrieb, war der H. vielgenannter Hexentanzplatz, bes. im 16. Jh., ähnlich wie → Blocksberg und → Brocken.

Heublumen. So heißt im Volke »das Kurze vom Heu« – meist ein Gemisch von vertrockneten Blüten und Samen –, das auf dem Heuboden als »Abfall« liegenbleibt. Die H. werden im Volke seit alter Zeit sehr gern zu Umschlägen und Bädern benutzt. Nach einem alten Rezept soll man einen Korb voll etwa eine Stunde lang abkochen. Von den in den H. enthaltenen ätherischen Ölen dürfte tatsächlich eine Heilwirkung ausgehen. Neuerdings haben der bekannte Pfarrer Kneipp und die ihm folg. Anhänger einer »naturgemäßen Heilweise« H.bäder vielfach wieder mit Erfolg verordnet. → Bad.

Heudieb → Wegerich.

Heuhechel → Hauhechel.

Heumann → Hemann.

Heuschrecke (ahd. *hewi-skrekko* = Heuspringer). In Sagen von furchtbaren H.schwärmen ist der Einfluß der → Apokalypse spürbar. Wandernde H.züge künden Krieg und Pest an. Die H. gilt gelegentlich als Dämonenerscheinung, wie schon eine ahd. Glosse lat *locusta* mit → Alp übersetzt.

Dt. Wortatlas IV

Hexe Beke → Walpurgis.

Hexe, hexen. In dem grundlegenden Überblick über Quellen u. Gesch. des H.glaubens, den Lily Weiser-Aall (HDA 3, 1827–1920) gibt, bezeichnet sie H. als einen »Sammelbegriff, der z. T. auf altem volksmäßigem Zauber- und Gespensterglauben beruht, in seiner besond. Bedeutung als Grundlage der großen H.verfolgungen und -prozesse durch die Theologie der mittelalterlichen Kirche entwickelt wurde. Sein Inhalt wurde durch die kirchl. u. staatl. Gesetzgebung festgestellt und zuerst durch die Ketzerinquisition zusammengefaßt. Der neue Begriff war um 1480 fertig«. Als Hauptinhalt desselben sieht Weiser-Aall: Teufelspakt, Succubusglaube, religiöse Ketzerei, Schadenzauber (→ Incubus, Nestelknüpfen, Impotenz, Wunsch), Luftfahrt und Tierverwandlung (→ Blocksberg, Werwolf). Die letzten Züge stammen aus dem Volksglauben. Die der Kräuter, der Wahrsagung, des Zaubers kundige Frau, auch in ihrem negativen Sinn als Schadenzauberin (→ Jungfrau), kennt nach Sache und Namen auch das germ. Heidentum (nach J. Grimm, E. Mogk, E. Noreen, L. Weiser-Aall, A. Heusler), so daß »die ersten H.prozesse in Schweden eigentlich nichts völlig Neues zu bringen scheinen«. Romanisch-orientalischer Überlieferung, auf die Hansen, Soldan-Heppe und Franck besonders hinweisen, entstammt der Glaube an Teufelsbuhlschaft u. H.sabbath, vor allem die »Zusammenfassung, Anhäufung, Systematisierung bekannter Erscheinungen«, womit erst die Vorbedingung des von Süden nach Norden vordringenden, verblendeten und sadistischen Haßfeldzuges gegen verleumdete Frauen mit Inquisition, Prozeß, Exkommunikation, Folter, Scheiterhaufen und Gewissenszwang jeder Art geschaffen wurde (→ H.hammer). Dieser Wahn wirkte lange nach. »Auch in einigen prot. Ländern haben sich die H.prozesse bis in das 18. Jh. hinein erhalten ... 1715 wurde eine H. nach dem Spruche der Tübinger Juristen-Fakultät verbrannt und in Berlin kam es noch 1728 zu einem H.prozeß« (Riezler, Gesch. d. H.-prozesse in Bayern, 1896.). Rose sieht vier Richtungen des H.glaubens, die sagen: 1. Alles stammt aus der Unwissenheit des MA, 2. obszöne Teufelsriten sind bekannt, 3. Übernatürl. existiert und mit Gottes Zulassung ist der Teufel mächtig, 4. H. sind Mitglieder einer schon vorchristl. Kultorganis. (Thomas Bekket und Jeanne d'Arc waren Ritualopfer) im Sinn des problemat. Buches von Murray. Der Begriff H. ist später wieder und bis heute verallgemeinert worden und bezeichnet fast jede Person, die magischen Schadenzauber verübt (H.meister). Das Verbum h. ist gleichbedeutend mit verneiden, berufen, verschreien, antun, verwünschen, verzaubern usw., schließlich auch mit dem neutralen beschwören, bannen usw. Die Erklärung der ahd. Namen der H., *hagazussa* als ›Zaunweib‹, der *zunrite* oder *walriderske* als ›Zaunreiterin‹ hat O. Lauffer neuerdings wieder erhärtet (Vgl. auch Kluge-Mitzka, Et. Wb). L. Weiser-Aall bezeichnet sie als Tabunamen (→ tabu, Name). Die in den Sagensammlungen auftretenden Namen d. H. weisen auf die unzähligen Abwandlungen der Vorstellung und auf die Vermischung mit benachbarten Sagenkreisen (Naturgeister usw.). Melchior Goldast nennt (1661) u. a. diese H.namen: → Alraun, → Fee, Drutten, Böse Weiber, Zäubersche, Nachtfrawen (→ Nachtfrau), Nebel-H., Galsterweiber, Milchdiebin, Besenreiterin, Bock-Reuterin, Teufels-Braut. Andere vorwiegend süddt. Namen sind: Heydexen, Seelendieb, Kätzle, Luce, Popelin, Huor, Annele, Kätherle usw. Märchenbücher (Hänsel und Gretel), Märchenspiele und Bilder haben das Bild der H. typisiert und z. B. als → Schreckgestalt der Kinder allgemein verbreitet (krumme Nase, triefende Augen, rotes Haar, Bukkel, hagere Gestalt, Stock, Kopftuch). Aber auch das wilde oder das verführerisch schöne Weibsbild bezeichnet die Volkssprache als Hexlein (→ Knie). Auch heute noch nicht überflüssige Aufklärung des Volks erstrebt Johann Kruse mit seinem Buch »Hexen unter uns?« (1951), einer Frucht des »Archivs zur Erforschung des neuzeitlichen H.wahnes« in Hamburg-Altona. Dazu vgl. auch den Roman von Carlo Levi »Christus kam nur bis Eboli«. → Brocken, Heuberg, Walpurgis, Andreas, Katze, Eidechse, melken, Angang, Mutter, Lachsner, nackt, Brennessel, Jungfer i. Gr., Wermut, Konzil, Magie u. a.

Ältere Lit. vgl. Ausg. 1955 dieses Wb. – J. Schacher, Das H.wesen im Kt. Luzern (1400–1675), 1947; K. Meier-Lemgo, H., Henker u. Tyrannen, 1949; H. Schneider, Die H.literatur-Sammlung der Cornell-Univ. in Ithaca, New York (von G. L. Burr). Hess. Bll. f. Vkde. 41 (1950); O. Seger, in: Jb. hist. V. f. d. F. Liechtenst. 54 (H. proz. Grafsch. Vaduz); O. Pfister, D. Christent. u. d. Angst. ders., Calvins Eingreifen in d. Hexer- u. H.prozesse v. Peney 1545; F. Merzbacher, Die H.proz. in Franken. 1957; H. Auhofer, Abergl. u. H.wahn heute. 1960; O. Stückrath, H.glaube in d. hess. Kinderüberl. Rhein-westf. Zs. f. Vkde 7 (1960); H. Freudenthal, in: Beitr. z. dt. V. u. A.kde 3 und 5 (1958, 1960/1); E. Rose, A Razor for a

Goat. Toronto 1962; K. M. Briggs, Pale Hecate's Team. 1962 (H.glaube zu Shakesp. Zeit); G. Luck, H.n u. Zauberei in d. röm. Dichtung. 1962; K. Baschwitz, H. u. H.prozesse ²1964; B. E. König, H.prozesse. Neuausg. 1966; J. C. Baroja, Die H. u. ihre Welt. Aus d. Span. 1967; E. William Monter, European Witchcraft. 1969; M. Douglas hg., Witchcraft. 1970; Vkde-Atlas v. Nederland. 1959 I: H.erkennen.

Hexenbesen → Mistel.

H.dorn → Kreuzdorn.

Hexenhammer, von den päpstl. Inquisitoren Heinrich Institoris und Jakob Sprenger 1489 in Köln veröffentlichte und bis 1520 mehrfach aufgelegte Schrift, die den Hexenwahn und das Verfahren zur Hexenbekämpfung erst in ein System brachte. Der H. brachte eine neue Welle von Hexenprozessen hervor, zunächst in Frankreich, wo der berühmteste Jurist des Landes, Jean Bodin später das Buch nachahmte (Dämonomanie. 1581) und seine unmenschliche Tendenz verfocht gegen den dt. Arzt Johann → Weier, der den verbrecherischen Wahn enthüllte. Während in Dtl. im MA vor weltlichen Gerichten nur vereinzelt Hexenprozesse stattgefunden hatten, wurde dies seit der Mitte des 16. Jh. durch den Einfluß des H. häufiger. → Fischart übertrug 1581 Bodins Schrift ins Deutsche und ließ ihr eine neue Ausgabe des H. und verwandter Schriften folgen. → Spee.

Sprenger und Institoris, Malleus maleficarum. Der H. Deutsch von J. W. R. Schmidt. 3 Tle. ³1922/23.

H.kraut → Joh.kraut.

H.salbe → Bilsenkraut.

H.schnitt → Bilwis.

H.schuß → Geschoß.

H.widerruf → Widerton.

Heymonskinder → Vbuch.

Hilarius, hl. (14. 1.). H. aus Aquitanien, Bischof von Poitiers und Gegner der Arianer († 367), wird abgebildet mit einem Buch od. mit Schlangen zu den Füßen. Er schrieb die ersten lat. Hymnen. Durch → Fridolin, den Apostel der Alemannen, wurde sein Kult nach Dtl. verpflanzt. An H. ist die Weihnachtszeit zu Ende und Fasnachtsbeginn. In Ühwiesen (Kanton Zürich) hält ein Umzug von Verkleideten am H.tag noch die Erinnerung an das Neujahrsfest des Julianischen → Kalenders fest. – Der Hilari (»Kupferlari«) von Bartholomäberg (Montafon) war ein berühmter Zauberkünstler, auf den auch Züge der Faustsage und anderer Sagenkreise übertragen wurden.

A. L. Feder, Studien zu H. v. Poitiers. 1910–12; P. Galtier, Saint H. etc. Paris 1960.

Hildebrandslied. Infolge des mangelnden Interesses einer lat.-theol. Oberschicht besitzen wir von der ganzen hochstehenden Lied- u. Dichtkunst der Germanen auf dem Boden des heutigen Dtl. eigentlich nur das aus der Zeit um 800 stammende H., und auch diesem fehlt der vermutlich tragische Schluß. In germ. Stabreimversen und in epischer Sprache schildert das H. die Begegnung des Vaters mit dem Sohn, der jenen nicht erkennt. Ein strenger Ehrbegriff gebietet dem Vater Hildebrand, den Zweikampf aufzunehmen. – Das sog. »jüngere H.« ist uns seit der 2. H. des 15. Jh. als eines der meistgesungenen Lieder vielfach überliefert. Es gibt den tragischen Konflikt in versöhnlichem Ausgang. → Volkslied, → Vornamen.

L. Wolff, Das jüngere H. u. s. Vorstufe. Hess. Bll. Vkde 39f. (1941); B. Busse, Sagengesch. z. H. Diss. Leipz. 1900; A. van der

Lee, Zum liter. Motiv d. Vatersuche. Amsterdam 1957; H. van der Kolk, Das H. Amsterdam 1967; H. de Boor, Gesch. d. dt. Lit., 1. 71966 (Bibliogr.); S. Gutenbrunner, Von H. u. Hadubrand. Lied–Sage–Mythos, 1969.

Hildegard, hl. Äbtissin des Benediktinerklosters auf dem Rupertsberg bei Bingen († 1179). Dichterin, Prophetin und Heilkundige. In ihrer lat. Naturbeschreibung *(Physica sive Subtilitatum diversarum Naturarum Creaturarum Libri IX)* schildert sie Pflanzen und Tiere auf Grund eigener Beobachtung und aus dem Volk des Nahegaues gesammelter Berichte. Dieses Buch, die erste deutsche landsch. Pflanzenkde., ist zu einer reichen Quelle für die Vkde. geworden, zumal da die übrigen Naturforscher des MA fast ausschließlich aus den Schriften der antiken Ärzte schöpfen. → Dioskurides, Konrad v. Megenberg, Albertus Magnus, Volksmedizin, Zitrone.

Riesch, Die hl. H. v. B. 31920; M. Koss-Koeppen, Die Frauenheilkde. der H. v. B. Med. Diss. Berlin, 1942; Ursachen u. Beh. d. Krankheiten. Übers. v. H. Schulz, 1955; Heilk., Übers. v. H. Schipperges. 1957; Naturkde (Physica), Ausz. dt. 1959; A. Führkötter, H. v. B. Briefwechsel. 1965; P. Barth u. a., hg., H. v. B. Lieder. 1969.

Hildenstraet → Milchstraße.

Hillebille. Durch Anschlagen der freihängenden H., einer Holzplatte, wird zum Essen gerufen, zum Arbeitsschluß usw. Zahl und Intervall der Schläge bestimmen das Zeichen näher. Auf norddt. Gütern wird noch heute mit einer Pflugschar, an die beide Enden eines Hufeisens schlagen, zur Arbeit gerufen. Auf Bauplätzen (Berlin) tritt ein abgeschnittenes Stück T-Eisen an die Stelle des Holzes. Über den Gebrauch der H. im → Richtfest berichtet K. Wehrhan. Eine Einführung des H.brauches durch »slawische Siedler« ist weder von der Sache noch vom Namen her naheliegend. Mit der H. zu vergleichen ist die österr. Kleber oder der Klopfer. Im Oberharz hießen H. die drei verschiedentönigen Bretter, die am → Karfreitag an die Stelle der → Glocken traten (C. O. Wankel). → Ratsche.

K. Wehrhan, Haushebung oder H. im Lippischen. Lauffer-Fs. 1934; F. Kirnbauer, Klopfbretter u. -türme . . . im Bereich bergmänn. Arbeit, in: Vkde. Fs. L. Schmidt, 1972.

Hillgenkummveilchen → Maiglöckchen.

Hillich → V.etymol.

Himbeere, (ahd. *hintberi*; *Rubus idaeus*). Genannt vielleicht nach dem ›Dornstrauch, in dem sich die Hinde mit ihren Jungen birgt‹ (Kluge-M. Et. Wb.). Die H. ist z. B. im Spessart und im Allgäu mit der → Brombeere gleichnamig, die größere Beliebtheit kommt jedoch in den vielen Deminutiven zum Ausdruck. Aus H., Brom- und Maulbeeren, die im MA nicht streng geschieden wurden, stellte man einen Rauschtrank her. Die erst seit dem 16. Jh. in Gärten angebaute H. liefert noch heute den »H.geischt« des Schwarzwaldes. Frucht und Saft sind Fiebermittel wie schon bei → Bock.

R. Loewe, Germ. Pflanzennamen. 1913 (Hirsch-, Hinde-, Rehbockbeere u. a.); L. Wienesen, Die Brombeere. 1952. Dt. Wortatlas I u. X.

Himmel, die urspr. Bed. des germ. Wortes ist ›Decke, Gewölbe‹. Der H., den man nach dem Kinderglauben über den → Regenbogen oder die H.leiter ersteigt, ist für den einfachen Menschen (jedenfalls bis zur jüngsten Zeit der Raumfahrt, der Astronauten und der Ufos) der Abschluß der Welt. Als Wohnung der Seligen, Heiligen und des H.vaters wie der H.mutter Maria (→ H.fahrt) erhielt der H. im Christentum erhöhte Bedeutung, während etwa in der germ. Religion die Bez. des Firmamentes als Götterwohnung nur vereinzelt war. Man soll nicht mit Fingern nach dem H. weisen, sonst sticht man dem Herrgott, den Engeln in die Augen. Die Volkssprache vergleicht Kirchendecke und Baldachin bei der Prozession (»Tragh.«), weit geschwungene Landschaft (Nenzinger H. in Vorarlberg; Aussee ist das »steirische H.reich«), aber auch in übertragenem Sinn landschaftl. Lieblingsgerichte (Schles. H.reich) mit dem H. – Der »Siebente H.« ist der Ort der höchsten (relig.) Entzückung nach der altbabyl. Vorstellung von 7 übereinander gewölbten H. Bei Paulus (Kor. 12, 2) heißt es: »entzückt bis in den dritten H.«. Über H.erscheinungen → Astrologie, Blutregen, Blitz, Finsternisse, Kometen, Wetter, Mond, Sonne, Sterne, Regen, Regenbogen, H.kunde, Bett.

J. Grimm, Dt. Mythologie; F. Boll, Sphaera. 1903; R. Eisler, Weltenmantel u. H.zelt z. Bde. 1910.

Himmelbrand → Königskerze.

H.brotschutzen → Fronleichnam.

Himmelfahrt Christi. Der »Auffahrtstag« wurde in Österr. bis in die jüngste Zeit mit der wirklichen Auffahrt einer von Engeln umgebenen Christusfigur gefeiert. Wenn sich die Figur im Kirchengewölbe den Blicken entzog, kam ein Regen von Blumen oder Heiligenbildchen und Äpfeln, früher auch (in Darstellung eines Gewitters?) brennendes Werg und Wasser herab. Wo Christus beim Emporziehen hinblickt, kommen die Gewitter des nächsten Jahres her. Der Glaube, daß an Ch. H. Gewitter oder Regen (Berlin) zu fürchten sind, ist verbreitet u. verursacht durch den Namen des Tages (→ Donnerstag) od. durch die Vorstellung, daß sich der Himmel zur Auffahrt öffne. Daher bestimmte Arbeitsverbote. Noch lange im MA stand im Mittelpunkt des Festes die Prozession, die noch heute gebräuchlich ist (Wettersegen an den vier Evangelienaltären, Eschprozession, Blutritt). Um uralte heidn. Flurbegehungen zu verdrängen, legte die Kirche die im 5. Jh. übliche Bet-, Gang- oder Kreuzwoche vor Ostern auf die Woche von Ch. H. um. Von dieser Sitte angeregt, sind auch die in Städten (»Berliner Herrenpartie«) noch gebräuchlichen Ausflüge auf Dörfer, Höhen, in Wälder, mit Tanz und Trunk. Auch andere Frühlingsbräuche hat der Tag angezogen (Pfingstbutz, Maibraut, Eierspiele). Vielerorts ging und geht man → Heilkräuter suchen, Himmelfahrtsblümlein *(gnaphalium dioicum)*, → Aronswurz *(Arum maculatum)* usw. Die »Glücksblume« blüht (Thüringen). Das Allermannsherrkraut (Harz) brachte den Mädchen einen Mann; oder auch nicht. Kraftspiele, Ringkämpfe, Boxen, Laufen (Außibuckeln, Gonesrennen) füllen den Nachmittag (Obersteier). Angesichts von Ch. H. soll man nur »fliegendes Fleisch« (Geflügel) essen (Bayern, Holland, England). Im Allgäu wurden »Brotvögel« gebacken. Ch. H. als »Helig Thôrsdag« spielt nur im nord. Glauben eine Rolle (Schatzsagen).

L. v. Hörmann, Ch. H.; in: Tiroler Volksleben, 1909; P. Satori, Sitte u. Brauch, 3 Bd., 1914; A. Spamer, Sitte u. Brauch. In: W. Peßler, Hb., S. H. Gutberlet, Die A. C. i. d. bild. Kunst 1934; Kartogr.: ASV 183/4 Christusfigur aufziehen, Proz., Bannumgang, Wanderungen z. Sonnenaufgang, auf bestimmte Berge; Speisen, Gebäcke. Tradit. Feuerwehrübung.

Himmelfahrt Mariä (15. 8.). Das höchste u. wohl auch älteste Marienfest (→ Maria) vereinigt das Gedächtnis des Todes und der H., die vor dem 6. Jh. getrennt gefeiert wurden. Die volkstümliche Bezeichnung M. H. hält bezeichnenderweise den Unterschied nicht fest, den die Kirchensprache zwischen der Aufnahme *(assumptio)* Mariä und der Auffahrt *(Ascensio* aus eigener Macht) Christi betont. Seit dem 9. Jh. ist das Fest weitverbreitet. Besonders alte Patrozinien haben die Diözesen Münster, Hildesheim, Köln, Trier. Selbst Protestanten bringen an M. H. dem Muttergottesaltar noch Opfer dar (Marienweiher in Oberfranken; → Konfession). Wie etwa am Nikolaus- oder Johannistag überwiegt an M. H. die Natur- und Brauchbedeutung des Tages die kirchl. (Höfler, Marzell; Wrede: Im HDA 5, 1677). Die in zahllosen Sonderformen übliche, vom Volksglauben stets neu gespeiste Weihe der Kräuter gab dem Fest früh den Namen (Unser Frauen Würzweih, Kräuterweihe, Buschelfrauentag). Der norddt. Sachsenspiegel (13. Jh.) nennt es schon: »dat is zu Krudemisse unser liben Frawen, als sei to Himel voer«. Aber bereits um die Wende des 9. Jh. ist eine vermutlich germ. Erntebräuche ablösende Liturgie bekannt. Die kirchl. Überlieferung ist merkwürdig undeutlich und stützt sich auf Legenden von der Blumenfreundschaft Mariä oder von den Lilien und fruchtbaren Gewächsen, die in ihrem Grabe gefunden worden seien. Beachtlich ist auch das hauptsächliche Verbreitungsgebiet, das sich von den dt. Alpen nach Nord- und Westeuropa erstreckt. Auf dem Gipfel der Schneekoppe fand früher ein feierlicher Weihegottesdienst statt, der an M. H. alle »Kräutermänner« (Bereiter von → Heilkräutern) versammelte. Bei großem Andrang wurde die Weihe der »Büsche« oder gefüllter und blumengezierter Körbe vor der Kirche vorgenommen, wobei vom Volk Klosterkirchen bevorzugt wurden, weil man diesen wie auch sonst Kapuzinern und Franziskanern größere Weihekraft zuschrieb. Neun Kräuter (Köln), auch siebenundsiebzig (Holletau) mußte der Strauß enthalten, der Würzwisch (Rheinland), Sangen (Niederrhein), Krautbusch oder Riecher (Limburg) oder Kräuterbüschel (Bayern) hieß. In Tirol ließ man neben anderen Kräutern auch Donnerkugel (Stechapfel), Sonnenblumen, Edelweiß und besonders die Muttergotteskerze (Königskerze) mitweihen. Astern und Georginien (neu eingeführt!) nehmen die Weihe nicht an (Tirol). Die geweihten Kräuter fanden und finden in Haus, Stall und Feld, bei Krankheiten, Gewitter, Behexung, zu besond. Zeiten (Rauchnächte), in Arzneiform (gedörrt, zerrieben) hundertfältige und nicht selten dem kirchl. Sinn entfremdete Verwendung. Hexen und Zauberer versuchten, im Weihbüschel versteckte böse Mittel mitweihen zu lassen. In Tirol wurde es als »Aberglaube« getadelt, Wurzeln von → Alraun, → Beifuß oder die Doppelwurzel der Veitsblume (Brunelle) mitweihen zu lassen. M. H. ist Anfang des »Frauendreißigst«, der bis → Geburt Mariä (8. 9.) reicht und im Volksglauben eine der weihevollsten Zeiten ist. Höfler führte diese Anschauung auf eine germ. Festzeit mit Toten- und Fruchtbarkeitsopfern zurück. Es ist die Zeit für »Wurzengraber« und »Kräuterweibel«. Kräuter und Tiere haben dreifachen Segen. Aus diesem Grunde wurde die Weihe mancherorts auf den Endtag, Mariä Geburt, verschoben. Tiere sind im Frauendreißiger ohne Gift wie die sonst für giftig gehaltenen Wiesel und Kröten; ihr Fell und Fett ist heilsam. »Dreißger-Höppinnen« (→ Kröte) wurden lebendig aufgespießt und an Tür und Stall angenagelt gegen Hexerei (Tirol). Dreißgereier faulen nicht. Backen von Gebildbroten, Prozessionen, Brunnenfeste, Wetterbeobachten, Orakel und örtliche Festspiele unterstreichen die Bedeutung d. Tages. M. H. war der Tag für das »Kreuzbaumsetzen« der hannoverschen Wenden. Ein mit Röcken bedeckter Eichenstamm wurde von Ochsen ins Dorf gezogen und mit einem Hahn gekrönt. Der Stamm wurde erklettert und das Vieh im Kreise herumgejagt (→ Maibaum). Der Zusammenhang von M. H. mit dem → Erntefest kommt auch in Namen und Sprüchen zum Ausdruck. Vom 7. 7. bis M. H. soll die Ernte dauern:

Zu Kilian
schneit ein jeder Mann
und nach unser Frauen
ist gut bauen.

M. H. heißt im Volke auch großer Frauentag, Frauentag in der Scheidung, im Schnitt, in der Ernte oder Maria im Herbste. 1965 forderte der niederl. Kath. Theologe J. Kuin, das Fest H. M. »um der Ökumene willen schlichter und mit mehr Selbstbeherrschung zu feiern«. → Wermut, Rainfarn.

J. Buchberger, Lex. f. Theol. u. Kirche: Maria; O. v. Reinsberg-Düringsfeld, Das festliche Jahr, 1863; M. Höfler, Der Frauendreißiger; in: Zs. f. öst. Vkde. 18 (1912); V. v. Geramb, Dt. Brauchtum in Österr., 1926; Weihkräuterbüschel aus Baden u. bei Banater Badenern. Fehrle-Fs. 1940; H. Feldbusch, H. M. 1951; H. Marzell, Phylok, Datalier u. Intrug. Kräuter a. d. »Würzbüschel« d. Fränk. Alb. Bayer. Jb. f. Vkde. (1957); H. v. Geisau, Krautbundsammeln in Warburg vor 100 Jahren. Rhein.-westf. Zs. f. Vkde 12 (1965) (21 Bestandteile, aber ohne Holunder u. Kamille).

Himmelsbrief, von der Kirche oft bekämpfter Schutzbrief gegen Hieb, Stich und Schuß bes. in Kriegsgefahr, den man von der Gottheit selber geschrieben wähnt. Wuttke beschreibt im Feldzug 1870/71 benützte H. (Der dt. V.abergl.). In einem von Kronfeld (Der Krieg im Abergl.) mitgeteilten H. wird Glück und Hilfe im allgemeinen versprochen, wofür der Träger den Brief abzuschreiben und weiterzugeben hat, außerdem muß er in die Kirche gehen, beichten und den Feiertag heiligen. Ersteres erinnert an den → Kettenbrief, die religiösen Gebote dagegen sagen, daß der H. ursprünglich ausschließlich religiös-kirchl. Charakter trug. Einem → Gebetbuch von 1813 (Slg. R. Beitl) hat Josef Rogg von Oberreute im Jahr 1844 einen H. beigeschrieben, der so beginnt: »Berufung eines Briefes, den Gott selbst geschrieben; Welcher durch den Erzengel Michael, dem General von Magdeburg in Preußen, vor der Stadt in der Luft ist gesant worden, also, daß Jedermann wüßte, wo er hergekom̄en ist, wie er mit goldenen Buchstaben geschrieben; welcher in gerne gesehen, zu dem hat er sich genahnt, welcher in aber verachtet, von dem ist er geflohen. [Absatz] Ich Jesus Kristus bitte euch, das ihr am heiligen Ostertag nicht arbeiten sollet, sondern mit Andacht fleißig beten, u. euer Gesicht nicht schön machen, auch nicht den Hals schmücken, eure Hare flechten u. Hoffahrt treiben«, – Noch 1914 wurde in Sachsen mit H. gehandelt und im August 1914 verurteilten bayr. Schöffen den naturheilkundigen Stocker zu 70 Mark Buße. Er hatte nach der Mobilisierung rund 100 Stück Kugelsegen zu 30–50 Pfennig das Stück an den Mann gebracht. – Das Gegenstück zum H. sind die Höllen- oder Teufelsbriefe.

Auf Briefe zum Himmel hat R. Kriß hingewiesen, wie sie in Rom, Padua, Lourdes, Altötting und bes. auch in der Schweiz (Kloster Ingenbohl) v.frommer Brauch waren und sind. → Brigitta, Dreikönig, Konzil

Piscator, Psychol. Studien a. d. Hölle 1906; V. G. Kirchner, Wider die H. 1908; R. Stübe, Der H., 1918; Abbildungen bei A. Spamer, Die dt. Vkde., 2. Bd., S. 2ff; R. Beitl, Brauch u. Glaube d. Soldaten. In: Die Dt. Sold.kde., hg. v. Schwertfeger u. Volkmann. (Kugelsegen u. H.); A. Spamer, H. in dt. Mystik. Hepding-Fs. 1938; W. Heim, Briefe zum Himmel, Die Grabbriefe an Mutter M. Theresia Scherer in Ingenbohl. 1961 (1939 setzt die Briefdevotion ein. W. H. bespricht über 5000 Briefe).

H.schlüssel → Schlüsselblume.

Himmelskunde. Die Spuren von Verehrung der → Sonne und des → Mondes lassen für die urgerm. Zeit keine entwickelte Astronomie vermuten, wenn auch Anfänge einer H. nicht fehlen (→ Woche, Monat, Jahr). Vieles davon ist in Verfall geraten. Nach dem 10. Jh. beginnt der gewaltige, aber wenig zu eigener Neuschöpfung führende Einfluß südeuropäischer und orientalischer Astrologie, aus und neben der sich eine wissenschaftliche H. entwikkelte. Immer aber hat der Volksglaube besonders auf außerordentliche Himmelserscheinungen geachtet und sie seinem mythischen Weltbild, das kein wissenschaftliches ist, eingefügt. → Trojaburg, Kometen, Sterne.

Boll, Die Entw. d. astron. Weltbildes; in Kultur d. Gegenw., Bd.: Astron; T. Lund, Himmelsbild u. Weltanschauung im Wandel der Zeiten, [5]1929; E. Zinner, Gesch. d. Sternkde. 1931; O. S. Reuter, Germanische H., 1934; F. Becker, Einf. i. d. Astronomie [4]1960.

H.richtung → Windrose.

Himmelsriegel. Die verbreiteten, Anfang des 18. Jh. gedruckten, kirchl. verbotenen hl. sieben H. schreiben sich, wie der → Himmelsbrief, Credoria u. ä., wunderbare Herkunft zu. Das Gebet schließt mit den Worten Christi am Kreuz, doch liegt den sieben H., die die sieben Schlösser des Himmels öffnen sollen, wohl die alte, auch kirchl. Symbolik und Magie der Siebenzahl zugrunde. → Buch Moses, Zahl.

H.vaterbart → Fetthenne.

Hineinsehen nannte O. A. Erich die bes. häufig im vkünstler. Schaffen bewährte Neigung und Fähigkeit des Menschen, in unbelebte Zweck- und Zufallsformen (techn. Muster, Henkel, Bauch, Ausguß an Gefäßen, Balkenendungen; Ast- und Wurzelwerk) menschl. oder tierhafte Formen hineinzudenken. Der Kleienkotzer oder die Fruchtpresse (Abb.: Schweiz) wird zum Tier-

maul, die Wurzel zum → Alraun, in den Knorpeln des Hechtkopfes sieht das Volk die Marterwerkzeuge Christi. Im → Spielzeug, in der Kunst des → Hirten, beim → Basteln, beim Werken mit → Ton, durch die Bildsamkeit des Werkstoffs gefördert, in der Feierabendarbeit vieler Handwerker, die nicht an einen Auftrag gebunden ist und den Formtrieb ganz freigibt, selbst bei Schmied und Glasmacher finden wir diese im Menschen angelegte

Lust zum Verlebendigen wirksam. – In den »Wurzelplastiken« in den Schaufenstern der alpinen Fremdenorte ist heute das H. zu einer förmlichen Mode geworden, die in Wachskerzen jeder Größe eine manierhafte Nachahmung findet. – Die Psychologie bezeichnet das H. von Gestalten in Wolken, Kleckse, Kritzeleien als Pareidolie oder Objektion. → Fassriegel, Kopfurnen, Flasche, Gerät, Wagen, Schlitten, Gebildbrote, Ornament.

O. A. Erich, In R. Much-Fs. 1932.

Hinfallendes → Fallsucht.

hinken. H.de sind ein schlechter → Angang. Teufel (Hinkebein) und Hexen h. (→ Kinderspiel). – Der »h. de Bote« ist seit dem 16. Jh. die satir. Bez. eines langsamen → Boten, der aber dafür verläßlicher ist als der »Fliegende Postreuter«. → Flugblätter des 17. Jh. zeigen den klumpfüßigen h. den Boten in bäuerl. Tracht. Ein vtüml. → Kalender ist noch heute der »Lahrer h. de Bote«.

Hinrichtung → Gericht, Galgen, Scharfrichter.

Hinterer. Burchard von Worms berichtet, daß Frauen Liebeszauber übten, indem sie, kniend, auf dem nackten Hintern sich Teig kneten ließen und von dem daraus gebakkenen Brote dem begehrten Manne zu essen gaben. Fruchtbarkeitszauber ist das Schlagen des H. oder der Waden mit Birkenruten, mit der → Lebensrute, oder wenn sich die Bäuerin vor der Aussaat mit nacktem H. auf den Leinsamen setzt (Westböhmen). Weit häufiger ist die Bann- und Abwehrkraft, die sich im Zeigen des H. wie in anderen obszönen Gesten (→ böser Blick, Feige, Kot, nackt, Geschlechtsteile) äußert. Ein Bub konnte Wespen bannen, indem er sich mit nacktem H. auf das Wespenloch setzte und einen Bannspruch dazu sagte (»Wischgili, Wäschgili, du fürrots Wäschgili ...«; Montafon). Den fliegenden feurigen → Drachen, die Hexe im Wirbelwind, schwärmende Bienen kann man durch Zeigen des nackten H. bannen. Dieser Glaube liegt letzten Endes dem vielzitierten, jetzt nur noch als Schmähung verstandenen Ausspruch des Götz von Berlichingen zugrunde (Dieser »Gruß« wird heute in Norddtl. gerichtlich als Beleidigung gewertet, in Bayern jedoch nicht). Praetorius berichtet 1669, daß Mütter sagen »Lecke mich im Arse«, wenn sie Sorge haben, daß ihr Kind von einem Fremden → berufen sei (→ loben). – Der bad.-fränk. »Blecker von Buchen«, der den H. weist, ist (nach A. Becker) nicht apotropäisch, sondern als Rechtsbrauch zu deuten, der an die ital. cessio bonorum erinnert (Obdt. Zs. 1931), doch findet sich das gleiche Zeichen am Freiburger Dom, am Aschaffenburger Schloß und im Kloster Neustadt am Main. In der Heimat des Buchener Bleckers ist gegen Hexen der Spruch bekannt:

Begick mi net,
begack mi net;
leck mi am Arsch
un kriech mi net!

– Wie der Volksgeschmack in der Beurteilung der Körperformen von der städtischen Mode beeinflußt wird, zeigen die Wülste und Kissen, mit denen in mancher bäuerlichen Tracht noch heute (Schwalm) eine starke Betonung des *»cul«* erzielt wird. Derber Humor widmet dem H. viele Sprüche und Sprichwörter: Wei den As iutlent (ausleiht), met dör de Tenne (Zähne) schiten. Von einem häßlichen Menschen sagt man in Preußen: hei ös dorch nege

Arschlächer gesege; von zwei vertraut Tuenden: se sünd en Arsch un en Kopp (Holstein); von einem Unaufmerksamen: dat heat e bi wakenden Aese un sloapenden Augen doan (Westfalen). → Gebärde.

Über nordischen »Gesäßzauber«, vgl. W. Gaerte, Altgerm. Brauchtum auf nord. Steinbildern. 1. Bd., 1935; H.-E. Schramm, L. m. i. A. 1960 (Kulturgesch. d. Götz-Grußes); Vgl. Lit. → nackt.

Hinterglasmalerei, H.bild. Die bes. Technik gab der Hm. den Namen und bestimmte weitgehend auch ihren Stil. Die Farbe – Leinölfarbe mit Sikkativ, ölreiche Tempera- oder Wasserfarbe – wird auf den Malgrund, eine dünne Glasscheibe, nicht vorne, sondern auf die Rückseite aufgetragen. Das durchscheinende Glas steht so an der Stelle des schützenden Firnis und bewahrt die Frische und Kraft der Farbe über Jahrhunderte. Nachdem die Scheibe – einst ein grünlich-schlieriges, dem »Waldglas« der frühen Hütten ähnliches → Glas – mit einer Gummilösung bestrichen ist, werden Schrift und Kontur mit Wasserfarbe, Zinnober oder Tusche mittels feiner Haarpinsel aufgezeichnet. Dabei wurden oft Vorlagen (»Risse«) benutzt, die man unter die Glasscheibe legte. Im Gegensinn der gewöhnl. Reihenfolge beim Malen werden nun die feinsten Tupfen und Linien (Augenbrauen, Augen, Lippen), Lichter und Schatten zuerst aufgetragen. Das Rot der Wangen kommt vor der Farbe des Gesichts, die Goldstickerei vor dem ganzen Gewand. Erst nach dem Vordergrund und nach den Mitteltönen des Inkarnats folgt der Hinter- und Malgrund. Abgesehen von der mehr im Kunsthandw. angewandten Lasur, die als terpentingebundene, durchscheinende Farbe zuerst auf das Glas kam, gab es eine Reihe von bes. Techniken, nach Keiser vor allem: »die einfache Hintermalung mit starken Lokalfarben, die partielle Vergoldung oder Versilberung (z. B. der Gewandung) und das Hinterlegen mit einer Folie«. Dabei können wieder die gen. Lasierungen zwischen Glas und Folie vermitteln und die Farbwirkungen überraschend kombinieren, ja zu unerwarteten opt. Täuschungen und Wundern führen, wie sie nach dem Herzen des Volkes sind: »der mit einer Zinnfolie unterlegte Sepiaton erscheint beispielsweise als leuchtendste Goldbronze«. Die sogen. Spiegelmalerei bestand in der Hinterlegung unbemalter Flächen mit Stanniol (Grafsch. Glatz, Niederlausitz, Bayr. Wald). Andere Wirkungen wurden erzielt durch Abdecken des Grundes mit Kienruß (Bayr. Wald), durch Einritzen feiner Zeichn. in Gold- oder Silbergrund (prot. Werkstätten in Niederschles.) und durch die Einfassung von »H.radierungen« mit einem reich ornamentierten, geschliffenen oder geätzten Spiegelrahmen. Positiv- und Negativradierung, H.stich, Gold-, Silber- und Rußschliff, Ätzmattierung u. a. variierten überlieferte Herst.weisen. Während kunstgew. Werkstätten techn. Feinheiten nachgingen, charakterisierten einfache Lösungen das malerhandwerkl. Serienbild (Augsburg) und bes. die den Glashütten benachbarte Massenherst. von Hb. in Schlesien, Böhmen, Bayr. Wald und Oberösterreich. Seltsamerweise ist es gerade die Großproduktion dieser arbeitsteiligen → Hausindustrie, die dem Hb. den zugleich schematischen und expressiven, zugleich naiven und monumentalen Charakter verleiht, den wir heute (mit Maler-Expressionisten wie Franz Marc) bewundern.

G. M. Ritz sieht als innere Entw.stufen der Hm.: 1. Abstraktion nicht nur in Vereinfachung, sondern in Rückführung des Bildkernes auf die wesentl. Grundgestalt; 2. Ornamentalisg. (dekorative Umsetzung, Harmonisg., Auflösung oder Umwertung der gegeb. Form in einen and. Wesensbereich); 3. Unräumlichkeit, Flächigkeit. Neigung zum Erzählen.

Die Bilderwelt der Hm. zeigt in dem Jh., das es zur Vk werden ließ, vertraute Züge. Dem unerschöpfl. Bedarf an Vorbildern rel. Verehrung (→ Andachtsbild, Heilige, Votivbild) im barock-sinnenfreudigen S kamen Christus und Kreuz, Maria, Josef und Jesus, hl. Dreifaltigkeit, Wallfahrts-Gnadenbilder und die Fülle der örtl. oder persönl. Schutz- und Namenspatrone entgegen, wie sie z. B. die Holzschnitte und Stiche der → Briefmaler (Augsburg) und Bilderbogenmacher (Prag) boten. In der grundsätzl. eher bilderfeindl. Welt des Prot. konnte sich die Hm. aus dem Geist von Barock und Rokoko nicht gleichwertig entfalten. In rel. Grenzgebieten Schwabens (Kaufbeuren) und N.schlesiens spiegeln sich Abwehrhaltung und auch eine gewisse dogmat. Nüchternheit in strengen → Bildnissen der Reformatoren, der weltl. Streiter wie Gustav Adolf, in Jubiläumsszenen zur 100-Jahrfeier des Westfäl. Friedens und in kalligraph. Bibel- und Trostsprüchen. Der mehr persönl. Arbeitsvorgang im prot. N.schlesien wird auch durch die in der Vk. nicht übliche Signierung des Bildes belegt. Datierte Stücke (1768, 1771) nennen z. B. Schröder aus Hirschberg als Stecher. Die evang. Spruchbilder aus der 2. H. 18. Jh. nähern sich der H.radierung auf Silber- und Goldfarbe. Außer Spiegelaufsätzen, Uhrenschildern und Allegorien sind im 18. Jh. die H.radierungen der n.schles. Gewerbetafeln bemerkensw. mit Bildern aus der Lebens- und Symbolwelt der Leineweber und Schuhmacher, der Wagner, Brauer und Metzger. Auch Stickereien in Küche und Haus wurden in H.technik nachgeformt. Einfache Spruchbilder in der Art der → Haussegen findet man um 1800 bes. in prot. Landsch. Schlesiens, Schwabens und der Schweiz. Sie erhalten ihren eigenen Reiz von der lebh. Linienführung, einer vollendeten → Schönschrift und von der geschickten räuml. Anordnung des Ganzen. Inselhaft taucht in der Gegend von Kaufbeuren, in N.schlesien wie im ostpreuß. Samland das prot. Erbauungsbild auf wie auch (bes. in Kaufb.) anspruchsvollere Arbeiten, die zur → Hochzeit geschenkt wurden (Theolog., Kalender, Histor.). Ein schles. »Ewiger Kalender« trägt die Jahresz. 1699.

In der Geschichte der Hm. nennt W. Keiser als erstes ein Werk vom Anfang des 14. Jh. (Mus. Schwerin), das in der Art späterer → Patenbriefe eine Kreuzigung in der Mitte mit Bibelszenen und Evangelistensymbolen auf kleinen Feldern umgibt (Schwarzlotzeichnung, lasierende lichtgrüne und zinnoberrote Lackfarbe, vergoldeter Hintergrund). Andere Beisp. um 1500 weisen auf ältere ital. Vorbilder, lassen aber auch schon das »typische deutsche Verfahren der Hb.technik« erkennen. Köln. und südn.länd. Malerschulen (Rogier v. d. Weyden bis Jan Gossaert), vor allem das Aufblühen der graph. Kunst in Dtl. (A. Dürer) befruchtete die Hm. Das erste Hb. der Schweiz ist eine Votivtafel des Feldhauptmanns Rudolf Rahn (1521). Hier besteht früh auch eine Wechselbeziehung mit der → Glasmalerei anderer Gewerbe, zumal mit den Geschenkscheiben (→ Fensterbiersch.) der Kantone und Städte, später der Bürger, Handw. und Bauern. Während in Italien schon in der Ersthälfte des 16. Jh. die Massenherst. des Hb. beginnt, bewahrt die nord. Art in Dtl. und Holland strengere Züge. Ende des Jh. macht sich jene Überbewertung des Stofflichen und die Überfeinerung der techn. Mittel bemerkbar, die man als Manierismus bezeichnet und die dem Wesen der Hm. entgegenkommt. Der 30j. Krieg und das Erlahmen der Erfindungskraft beenden im 17. Jh. die erste Blüte der dt. Hm. Nur im Dienst des V.brauches findet sie weitere Pflege: in der Wappenmalerei der Schweiz wie im norddt. Zunftbrauch (Behangschilder, Gedächtnisgaben; ein »Willkomm« des brem. Glaseramtes von 1670; → Handw.kunst).

Mit dem 18. Jh. erst gewinnt die Hm. den eigentl. Charakter der Volkskunst. Alle Länder Europas sind an dieser Entw. beteiligt, aber die dt. Hm. und hier wieder der bildfreudige S bilden den Schwerpunkt. Die Vermittlung zwischen den V.schichten fiel dem Handw. zu. Jahreszeitenbilder, Jagdszenen, Städteansichten, Bildnisse, bes. Kostümbilder, Mytholog. und Landsch. in »holländischer Manier« hatten den Themenkreis erweitert und ihn zugleich der wachsenden Zahl von Käufern angepaßt. Die Bildvorlage einz. Meister wird jetzt durch die umfangreiche Arbeit ganzer Stecherverlage ersetzt, wobei Augsburg, die Stadt auch des millionenfach verbr. kleinen → Andachtsbildes, an die erste Stelle rückt. Wesentlicher als die Tatsache dieser Abhängigkeit ist für die Vkde die Frage: Was macht der V.handwerker aus der Vorlage? Auf welchen Wegen und unter welchen Gesetzen entsteht aus der Nachzeichnung eines Holzschnittes oder eines Erzeugn. maschin. Massenkunst eine nach Form und Farbe kräftig bewegte Malerei und wie, nach weiterer Umwandlung, schließl. ein schlichtes Bildwerk, in dem die (individ. Leistung nicht ausschließenden) Gesetze der Vk allein maßgebend sind?

Hb.landschaften. Die Erzeugn. dieser vtüml. Bildindustrie wurden als rel. → Wandschmuck, bes. für den Herrgottswinkel, auf Jahrmärkten und in Wallfahrtsorten oder mit der Kraxe von Haus zu Haus in solchen Mengen verkauft, daß trotz ihrer Zerbrechlichkeit eine Fülle von Hb. mehr als ein Jh. überdauerten und nach langer Geringschätzung heute noch den Sammler, aber vielfach auch den Altbesitzer erfreuen. An der Blüte des Hb. sind die süd- und südostdt. Landsch. ohne bes. zeitl. Gefälle beteiligt, doch »ist eine gewisse Minderung der beharrenden Sicherheit in der Nähe größerer Verkehrsadern leicht zu erkennen« (W. Keiser). Der größte Reichtum an künstler. Eigenart wie themat. Vielfalt eignet den Landsch. entlang dem böhm.-dt. Waldgebirge. Im letzten Drittel des 18. Jh. übersiedelten Dt.böhmen von den Glashütten an der schles. Grenze nach dem böhm.-bayr. Wald. Schmaler Ertrag des Ackerbaus wie der Glashüttenarbeit zwang zum Nebenerwerb in der Hm. Der gute Absatz auf Markt, Kirchweih und Wallfahrt förderte die Entw. einer Hausindustrie des Hb. Zuweilen wurden die Kraxenmänner selber Gründer neuer Werkstätten. Bald umfaßte der Vertrieb das europ. Ausland und selbst Amerika. Vor und nach 1800 wurde in Buchers und Außergefild in Böhmen bei starker Typisierung des Bildthemas der Grund gerne verspiegelt. Die »Bilderfabrik« von Verderber in Außergefild kam durch die Kritik von J. Meßner

(1856) ins Zwielicht. Heute erscheint uns ihre weitgetriebene Arbeitsteilung beispielhaft und eher ein Vorzug im Sinne namenloser Vk. Kraftvoll und oft ohne Vorzeichnung stellt Raimundsreuth seine Heiligen mitten in Blumenzierat und meist auf einen Sockel der wohl das Altarbild der Dorfkirche zum Vorbild hat. Oft wird die Figur von rundem, ovalem, oder ekkigem Rollwerk (Kartuschen) umrahmt. Einer gedrängten, fast schwerfäll. Formgebung der Anfänge folgen kraftvoll-klare Aufteilung, später Schrumpfung und schließl. völlige Auflösung der Bildgestalt. Benachbarte Hm.orte waren Grafenau, Wolfstein und Hainbühl. Starke Typisierung, selbständig behandeltes Blumenbeiwerk und starke Farben (Zinnober, Dunkelgrün, sattes Blau auf kreidigem Graublau oder Ocker) kennzeichnen die Hb. von Sandl im oberöst. Mühlviertel. Hier arbeiteten Pantsch, Köck, Ulrich u. a. als Bildermaler. Während Ulrich seine Hb. in Schwarz und Grau hielt, ist die Arbeit der Thumayer bis ins 20. Jh. durch kraftvolle, manchmal selbst grelle Farbe gekennz. Gm.orte gab es auch in Salzburg, Tirol, Steiermark. In der Passauer Gegend wandten sich im 18. Jh. selbst Schneider und Wirte der Hm. als Nebenverdienst zu. Piccard (Express. Bauernmalerei) sah in der bes. auch für Sandl charakterist. Arbeitsteilung der Hm. noch einen künstler. Mangel. Eine gerechte Würdigung vom Standpunkt der Vk. und tiefere geschichtl. Einsicht verdanken wir bes. den Forschungen von F. Knaipp.

In Oberbayern (Oberammergau, Murnau, Seehausen, Uffing, Tittmoning) entwickelte sich unter stärkerer Nachwirkung des Kirchenbarock eine eher bürgerl. Form der Hm. Als »Ammergauer Taferln« fanden die Arbeiten von Alois Gege (1795–1864) aus der gleichnamigen Malerfamilie, Josef Mangold und Josef Anton Lang weite Verbreitung. Mangold (tätig von 1800–30) verstand sogar, die Hb. vom Glas abzunehmen und auf Leinwand zu übertragen. Kistenweise gingen Wallfahrts-Marienbilder über Köln nach Kevelaer. Überall im Lande arbeiteten auch kleine Maler für den persönlichen Bedarf: Bildnisse, Geschenk- und Erinnerungsbilder mit den beigefügten Namen von Besteller oder Empfänger (K. Gröber). Der Verleger Veit vertrieb Murnauer Hb. bis nach Italien. Eine ähnl. Entw. wie in Raimundsreuth erfaßte hier das Kartuschen- und Rundbild, das starkfarbige Blumen rahmten. Während die oberbayr. Taferln am Niederrhein und in der Eifel unbedeutende Nachahmung fanden, sieht W. Keiser in der Moselgegend eine »Typenwelle« wirksam, die über Lothringen in den alem. Schwarzwald weist, wo – wie in der Schweiz – in der 2. H. d. 18. Jh. dt.-böhm. Einfluß sich mit heim. V.überlief. verband. In St. Blasien bes. entsteht das rel. Hb., während in armen Schwarzwalddörfern in den Uhrenschildern ein alter Erwerbszweig der Hm. neue Möglichkeiten bietet (Göschweiler, Seppenhofen, Bernau, Todtmoos und bes. Rötenbach mit der aus Böhmen zugewanderten Familie Winterhalder). Die südwestdt. Hm. verflachte und verkümmerte, als bes. der Verlag von Wentzel in Weißenburg die Rheinebene mit seinen billigen lithogr. Drucken überschwemmte (→ Bilderbogen). In Schlesien (Glatzer Bergland, Waldenburg im Eulengebirge, Liebenthal und Hirschberg in N.schles.) leistete dem ähnl. Einfluß der Lithogr.verleger Langhammer in Hohenelbe und Baltzer in Breslau, Prag und Lissa die mit dem Volk und seinem Geschmack (scharfer Farbkontrast und schlichte Bildformel) stärker verbundene Überlief. der Hm. länger Widerstand. Sie wurde gestützt von den sudetendt. Glashütten mit ihrem altererbten Ornamentschatz. So führte die auch hier sich anbahnende Schematisierung nicht zur Erstarrung. Die schles. Form des Hb. wirkt vielmehr noch lebendig auf Goralen und Huzulen, später auf Wenden und Polen. Dt Anregung folgte auch die reiche Hb.erzeugung in Ostgalizien, in der Slowakei und in Siebenbürgen. In Rumänien kreuzt sich dieser Einfluß mit der spätbyzantin. Ikonentradition. Über das ukrain. Kiew empfing selbst die Technik des russ. Glasbildes noch Anregungen der südostdt. Hm. – In Ostpreußen steht das Hb. des 17. Jh. noch unter dem Einfluß holländ. und fläm. Maler und Stecher. Auf die bürgerl. Hm. des 18. Jh. wirkte das prot. Spruchbild N.schlesiens, während schles. Umsiedler die Typenreihe des rel. Hb. ins kath. Ermland brachten. Auch in die Kaschubei wurde schles. Hm. übertragen.

In Ostpreußen wetteiferten die Hersteller der Rahmen mit den Malern. Jede Bildleiste sollte anders sein, während anderwärts die Profile einförmiger waren. Doch bieten auch sie Anhaltspunkte für lokale Bestimmung. Prot. Hb. begnügen sich meist mit einfachen Halbrundstäben. Barock bestimmt sind die bemalten Rahmen in Ober- und Niederbayern mit Stuckaufsatz und Spiegeleinlagen. Einfach gefräste, z. T. rot und grün abgesetzte Profile liebt der Bayrische Wald. Oberöst. Rahmen sind ähnlich, nur etwas breiter und voller. Schlesien faßt die Hb. in schlichte, glatte oder mit Kerbschnitt verzierte Rahmen. So ist es verständlich, daß in der heutigen »Wiedergeburt« des Hb. sich Werkstätten auch der überlief.gerechten Herst. von Rahmen widmen (s. u.).

Der übermächtigen Konkurrenz der Lithogr. und des Öldrucks suchte man am Anfang des 19. Jh. noch mit ähnl. Mitteln zu begegnen. In England ahmten einige Verleger des Hb. mit Glück und naivem Geschmack auf druckgraph. Wege das Hb. nach. Bei ihren Drucken wurden die Umrisse durch Abziehbilder auf Glas übertragen und mit Schablonen ausgemalt. Die Bez. älterer Hm. als Eglomisé (z. B. »E.kanne« von Chr. Jamnitzer, 16. Jh.) ist ein Anachronismus. Der Pariser Kunsthändler J. B. Glomy lebte Ende des 18. Jh. in Paris und fertigte lackierte Hb. mit hinterlegtem Stanniol, mit eingeritzten Bildern usw. bes. für Firmenschilder.

Man wird F. Knaipp folgen, wenn er eine Romantisierung des Hb. (vor allem durch die Expressionisten und ihre Jünger) ebenso ablehnt wie die frühere Abwertung unter dem Einfluß Meßners. Für den Österr. Vkdeatlas hat Knaipp in großen Karten die Verbr. des über Kontinente reichenden Hb.handels gezeichnet. Von ihm und F. Lipp stammen mehrere Darst. der niederbayr.-öst. Hm., während G. M. Ritz besonders die schwäb.-oberbayr. Hm. zum Gegenstand neuer Unters. machte. Den ersten Überblick über die Hm. im Böhmerwald gab Josef Blau 1918. Bedeutende Slgn besitzen Oberammergau, Linz, Freistadt in Oberösterr., das Öst. Mus. f. Vkde in Wien, das Salzburger Landesmus. u. a.

Die Aufmerksamkeit, die Maler wie Franz Marc, August Macke, Wassilij Kandinsky, Paul Klee seit dem Beginn des 20. Jh. dem Hb. zuwandten, verbunden mit der neuen Bewertung unter Vk (z. B. im »Österr. Heimatwerk«) überhaupt gab Mut zur Erneuerung der Hm. nach 1930 (Maler Stoibl in Hainbühl bei Lahm, Heinrich Rambold in Murnau). In letzter Zeit sind Hb.maler – zum großen Teil als Kopisten – tätig im Bayr. Wald (Zwiesel), in Südtirol (Bozen, Meran), in Vorarlberg (Bregenz, Schruns), in Salzburg-Land, Ober- und Niederöst. (Sandl, Krems), auch in Polen (Vk-stätten in Zakopane). Kunst- und Andenkenläden in München, Bad Tölz, Reichenhall, Berchtesgaden u. a. bieten oft recht ansprechende Hb. an (5–40 DM). Der hl. Florian und die Schutzheiligen der Jäger Hubertus und Eustachius sind beliebte Themen. Szen. wird dabei kaum übernommen und auch die alte kräftige Farbigkeit selten erreicht. Dafür soll der Rahmen »alt« und das Glas »schlierig« sein. »Echte Sandler H.-Rahmen« werden wieder hergestellt (z. B. von der Glaserei Alois Eigl, Linz, Dametzstr. 25). Hin und wieder findet man neue Hb. an den Votivwänden alter Wallfahrtskirchen (Mariazell). Vor allem sind sie ein geschätztes Reiseandenken (→ Folklorismus).

Reihe Dt. Vk. bes. Schlesien (Grundmann-Hahm), Schwaben (Gröber), Bayern (Karlinger); Josef Meßner, Hantierer im Böhmerwald. In: Neuer ill. Volkskalender, Wien 1865; W. Wackernagel, Die dt. Hm. 1855; J. Blau, Böhmerwälder Hausind. u. Vk 1917/18; C. Rögele, Rötenbacher Hm. 1925; F. Kieslinger, Die Hm. in: Altes Kunsthandw. 1 (1927) H. 4; R. Staininger, Sandl u. s. Einwohner. In: H.gaue 1928; J. Blau, Böhmerw. Glasbilder. In: Bayer, H.schutz 26 (1930); R. Kriß, Die bäuerl. Hm. zu Sandl als Vk d. Ggenw. Wiener Zs. f. Vkde 40 (1935); H. Buchner, Hm. i. d. Böhmerwaldlandsch. u. i. Südbayern. 1936; N. Michailow, Das bäuerl. Hb. In: Westerm. Mh. 166 (1936) H. 2; H. W. Keiser, Die dt. Hm. 1937; O. Keller, Hb.er. 1948 (56 Tafeln); O. Freytag, Hm. Ravensburg o. J.; Fr. Knaipp, Ikonogr. d. bäuerl. Hm. von Sandl, Buchers u. Umg. In: Oberöst. H.bll. 7 (1948); J. Hess, Die Hb.er im Luxemb. Staatsmus. 1952; F. Knaipp, Die bäuerl. Hb.er im oberöst. Mühlviertel. Oberöst. H.tbll 7 (1953); R. Wildhaber, Spiegelbilder und Nonnenspiegel. Schweiz. Vkde. 44 (1954); F. Prodinger, Hm. aus alter und neuer Zeit. 1954 (Zur Salzbg. Ausst. 1954); J. Vydra, Die Hm. Vsk. aus tschechoslowak. Slgn. 1957. (Vgl. R. Wildhaber in: Dt. Jb. f. Vkde. 4 1958 S. 257f.; dagegen: L. Schmidt in: Öst. Zs. f. Vkde 61 1958, S. 288ff.); F. Knaipp, Hb.er aus Bauern- und Bergmannstuben des 18. u. 19. Jh. 1963. (Vgl. L. Schmidt in: Öst. Zs. f. Vkde 66 1963 S. 122ff.); G. M. Ritz, Die bürgerl.-handwerkl. Hm. des 18. Jh. in Augsburg. In: Bayer. Jb. f. Vkde. 65 (1964/65) (mit Exkurs über Hm. in Kaufbeuren); M. Kundegraber, Gottscheer Hb.er im Böhmerwald. In: Gottscheer Ztg. 62/49 (1965) Nr. 9; A. Fuchs, Die Raimundsreuther Hm. 1965; H. J. Hansen, hg., Kunstgesch. d. Seefahrt. 1966 (Hm. in Ostende u. Antwerpen); G. M. Ritz, Beitr. z. e. Stilkunde d. Hm am Staffelsee. Bayer. Jb. f. Vkde (1966/67); W. Brückner, in: Keysers Kunst- u. Antiqu.buch 3 (1967); G. M. Ritz, Hm. Gesch., Ersch., Techn. 1972; L. Schmidt, H. Zeugn. e. alten Hausk. 1972; E. Wessels, Die Hm. Anleitung z. Herstellung. 1913; Hb.er, eingel. v. D. Keller. 1948. (Technik, Expressionismus, neue Versuche); F. Fahringer, So entstanden die Sandlbilder. Öst. Zs. f. Vkde. 58 (1955) (Abb. von Rissen); C. Hansmann u. G. M. Ritz, Kunterbunter Bauernhimmel. 1961 (betr. Folklorismus); A. Bergmann, Imitationen von Votivtafeln, Hb.ern u. Eisenvotiven als Souvernirs. In: Bayr. Jb. f. Vkde. (1962); Ausst. Kat. Salzbg. Mus. Car. Aug. 1971; Kartogr.: ÖVA I Erzeugung in Sandl, in Europa, örtl. Typenbildung, Absatzgebiete, Handelswege. Komm. v. F. Knaipp, 1959.

Hippomanes → Nutzen.

Hirsch. In Glauben und Brauch, Sprache (→ Jagd), Lied u. Vk. spielt der Roth., seltener der aus Kleinasien stammende Damh. eine wichtige Rolle. Er ist schon ein vorgesch. Jagdtier, dessen Knochen und Geweihe verwertet wurden (H.zeitalter). Als Zugtier des Sonnenwagens erscheint der H. in den Felsbildern von Bohuslän. Ein kreuztragender H. begegnet dem hl. Eustachius, welche Sage bei uns auf den hl. → Hubert(us) übertragen wurde. H.geweihe werden am Hausgiebel apotropäisch angebracht (→ Giebelbretter). Um das Jahr 1551 wurden auf den oberen acht Spitzen des

Stephansturmes in Wien H.geweihe aufgesetzt »wider das Einschlagen des Donners«. Sie blieben bis 1840 erhalten. Klauen und Grandeln (Zähne) werden in den Alpen als Amulett getragen (→ Gemse). Talg, Blut, Haut, Horn, fast alle Teile des Tieres finden in der Vmed bis in unsere Zeit Verwendung. H.rute und Samen des geschlechtsstarken Tieres waren ein gesuchtes Mittel gegen → Impotenz und Unfruchtbarkeit. »Noch heute suchen schlesische Apotheker Blase, Hoden, das Kurzwildbret als ein Kräfte verleihendes Gericht« (Peuckert HDA 4, 104). Viele Sprüche nennen den H. als Wettertier. An Lichtmeß längt die Sonne einen »H.sprung«. In der Vk haben sicher Mythen und Sagen vom Julh. dazu beigetragen, den H. als Bildmotiv u. → Ornament lebendig zu erhalten. Auch als »abgekürzte Jagd« oder »verkümmerte → wilde Jagd« mag er gelegentlich zu gelten haben. Dagegen scheint der H. mit der Pflanze (Dreisproß) im Geäse anderen Ursprunges zu sein und dem Gedankenkreise des antiken → Physiologus anzugehören. Die in ihm enthaltenen Anschauungen über das Leben der Tiere spielen in veränderter Form z. B. auch in die Schriften der hl. → Hildegard (13. Jh.) hinein, die vom H. abenteuerliche Dinge berichtet. Wenn der H. das Alter herannahen fühlt, zwingt er eine giftige Schlange, durch sein Gebrüll in Wut gebracht, in sein Maul zu springen. Er eilt sodann nach einem »Queckborn«, wo er durch reichliches Saufen den »Unk« in seinem Bauche ertränkt. Er frißt dann mehrfach purgierende Kräuter und gewinnt seine alte Kraft zurück. Plinius läßt den angeschossenen H. ein besonderes Kraut fressen, worauf die Pfeile abfallen, St. Ambrosius läßt ihn durch Fressen vom Ölbaum genesen. In christl. Deutung wurde aus solchen »Naturgegebenheiten« der Hunger der Seele, die am Quell des Lebens (→ Lebensbaum) trinkt und zum Heile eingeht, oder der H., dem Christus das Kraut wider den Tod verleiht, weil er ihn über das Wasser trägt. Wenn auch solche Vorstellungen etwa bei einem ländl. Töpfer (Schles., Rheinl., Österr.), einem salzburg. Modelschnitzer oder einem Glasmaler des Bayr. Waldes vielleicht nicht mehr lebendig sind, so ist doch das Bild der heilkräftigen Pflanze (Dreiblatt) oder Wurzel (Rübe) geblieben, die der kranke H. davonträgt, um sich zu heilen. → Einhorn, Gebildbrot.

C. Pschmadt, Sage v. d. verfolgten Hinde. Diss. 1911; Hoernes-Menghin, Urgesch. d. bild. Kunst in Europa, 1925; J. Müller; in: Bayer. H.schutz, 1929; M. Dierking; in: Die Kunde, März 1935; W. Brandenstein, Die H.grandeln, Bll. f. Hmt.kde 21 (1947) Graz; Über die Bez. »H.grandln« u. deren Amulettcharakter vgl. L. Schmidt u. A. Webinger ebd. 22 (1948); J. Wittichen, Der H. in der Vk. d. nieders. Gebietes zw. Weser u. Elbe. Diss. Gött., 1949; O. Höfler, Siegfried, Arminius u. d. Symbolik. 1961; A. Walzer, Liebeskutsche usw. 1963 (Motiv d. Hirschreiters); V. Flieder, Die H..geweihe v. St. Stephan in Wien. Öst. Zs. f. Vkde 69 (1966) (Gegen Gewitter); H. v. Sicard. Der Wunderbare H. Acta Ethnogr. 20 (Budapest 1971).

Hirse. *(Panicum miliaceum).* Seit dem Neolithikum angebaut und in Dtl. ein wicht. Vnahrungsmittel, bis sie im Laufe des 19. Jh. durch großkörnige Getreidesorten und durch fremde Kulturpflanzen wie vor allem Kartoffel und Reis fast vollständig verdrängt wurde. Schlesien, Kärnten, Südosteur. sind Rückzugsgebiete. Am längsten hielt der H.brei sich noch als traditionelle Festspeise bei bäuerlichen Hochzeiten und Leichenmählern vor allem in Süddtl. (vielfach ist hier Reis an die Stelle der H. getreten!), sonst auch zu → Neujahr. Heute lebt fast nur noch die Erinnerung an die H. in Bauernsprüchen und Sagen (H.brei z. B. als Nahrung für den »Hausdrachen« und andere Hausgeister; H.klaus als Name des Gabenbringers im → Advent). → Nikolaus, Weihnachten, Speis und Trank, Getreide, Drache.

K. Weinhold, Über die H. Zs. d. V. f. Vkde., 1910; Bericht über E. Hahn, Die H. im dt. Volksleben, ebd. 1917; R. Brandstetter, Die H. im Kanton Luzern, Geschichtsfreund 72 (1917); H. Marzell, H. im HDA.

Hirsemontag → Fasnacht.

Hirt, H.kunst. In Zeiten und Landschaften hochentwickelter Viehzucht ist der Beruf des H. so wichtig und allgemein, daß man von einer besonderen Kultur spricht und in manchen vkdl. Darstellungen ihrem Brauchtum und ihrer Arbeitswelt ein besonderes Kapitel widmet. Obwohl der H. bei uns nur noch in den Alpen und in norddt. Landschaften starker Schafzucht etwas vom alten Glanze besitzt, ist er trotzdem noch oft genannt. Horn, Stab, Peitsche, Geißel und Stecken, im Norden der »Klingerstock«, sind noch Amtszeichen, die Dingung erfolgt nach altem Rechtsbrauch, zum Lohn gesellen sich Privilege wie die einträglichen → Heischegänge zu Neujahr, Fasnacht usw. Das Amt war wie etwa das des → Mesners erblich. Der H.stand ist noch fast zunftmäßig geschlossen, hat seine Patrone (bes. → Jakobus, für die Schafhüter → Wendelin, ferner → Wolfgang und die Viehheiligen → Georg, → Leonhard, → Martin). Ähnlich wie das Hofgesinde gliedert sich die H.schaft in Schäfer (für Kleinvieh) und H. (österr. Halterbub) für das Großvieh. Geschlossen treten die H. auf im Jahresbrauch zum ersten → Austrieb, zu → Pfingsten, → Bartholomäus (→ Schäferlauf) und zu den Herbstfesten. Durch den einsamen und naturnahen Beruf wird der H. Geselle der Geisterwelt, der Wildfrauen, Venediger und Feen. Er weiß Schatzorte und heilsame Kräuter. Zumal der norddt. Schäfer ist oft der Volksmediziner und Gesundbeter des Dorfes schlechthin, wie anderwärts die → Hebamme oder der Mesner. Auch Zauberkunst (»Prättigäuer Melken«) und Wettermachen verstehen die H.; viele Sagen bestrafen den pflichtvergessenen H. Im alem. wird das Sisyphusmotiv noch in heutiger Volkserzählung vielfach abgewandelt: der Geisterh. muß die Kuh, die er erfallen ließ, immer aufs neue den Felshang hinaufschleppen. In den Sagen der Alpen ist der H. neben Senn und Jäger wohl die häufigste Gestalt.

Holz und Horn sind die Werkstoffe für die mannigfachen Arbeiten der Hk. Neben geometrischem u. figürlichem Formengut alteuropäischer Schichtung steht unbekümmert moderne Realistik. A. Haberlandt nennt »die mit einer beliebigen Nadel oder Spitze ausgeführte Ritzverzierung so recht die Technik der Analphabeten von jederlei Handfertigkeit«. Wie primitiv sie bei den H. gehandhabt wurde, zeigt das

Beispiel rheinischer Schäfer, welche die Nadel in ihrer stets brennenden Tabakspfeife glühend machten.
Der Vorratsbeutel des H. war mit einer Troddel aus Knochenscheiben und -röhren behängt, die er selbst gravierte und mit farbigem Wachs auslegte. Aus Kuhhorn schnitzte er die Grindbüchsen, im Elsaß die »Preßhörner« für den Tabaksaft (Preß), beides für krankes Vieh, und seinen Trinkbecher, aus Holz seine Schöpfkelle, die er stets bei sich trug. Er sorgte auch für das Herdengeläute und schnitzte oder malte (z. B. im fränkischen Jura) die uralten geometrischen → Ornamente des Segens, der Abwehr und der Fruchtbarkeit auf die Rinderjoche, Stirnbretter und Schellenbögen, an welchen das Vieh die Glokken trug. Über den eigenen Bedarf hinaus aber verfertigte er kunstvolle Krüselketten für die → Lampen aus einem einzigen Stück Holz, Rokkenaufsätze und Ellenstäbe mit kleinen »Laternen«, in denen Kügelchen klapperten. An den Peitschen- und Spazierstöcken, die er in langen Mußestunden zu schnitzen wußte (Steiermark, Ostpreußisches Oberland, Böhmerwald), zeigt sich mit großer Eindringlichkeit die Kraft des → Hineinsehens. Auch an die freie Plastik wagte sich der Schäfer (Geschnitztes Tierspielzeug pommerscher oder fränkischer H.) In der Feuchtwanger Umgegend sind noch einige Namen solcher schnitzenden Schäfer bekannt (H.Museum). Bei Hochzeiten pflegte auch der H. eine selbstgefertigte → »Minnegabe« zu überreichen.
Wenn auch die große Zeit des H. vorbei ist, so können doch heut. Bedingungen seine Bed. wieder verstärken. Auf dem stillgelegten Autobahn-Teilstück zwischen Obersuhl und der Zonengrenze bewegt sich der Schäfer mit seiner Herde. In der BRD sind in den l. Jahren rd. 30 000 Schafe an die Stelle von etwa 5000 überzähligen Milchkühen getreten. Auf dem Flughafen Berlin-Tempelhof weidet die Schafherde (um den Rasen kurz zu halten und zu düngen), während der Schäfer bei seinem Wagen sitzt und – strickt. – In Hersburg, dem Sitz des Dt. H.mus. findet jährlich das Treffen der H. statt.
→ Alphorn, Kuhreihen, Nebel, Gesinde, Santrigl.

Ält. Lit. s. Ausg. 1955 dies. Wb.; A. V. Rantasalo, Der Weidegang im V.abergl. d. Finnen. Helsinki 1945 u. 47; M. Bringemeier, Über Schäfer u. Schafzucht. 1954. Ms.; H. Heimberger, Von Schippenschmieden u. Schäferschippen. Bayer. Jb. f. Vkde (1955); Th. Hornberger, Der Schäfer. 1955 (Betr. Süddtl.); ders., Die kulturgeogr. Bed. d. Wanderschäferei in Süddtl. 1959; L. Kretzenbacher, V.kultur d. H.tums. Zs. d. Hist. Ver. f. Steierm. (1958); L. Schmidt, Das Stachelhalsband d. H.hundes. W. Fraenger-Fs. 1960; R. Ramseyer, Das altbern. Küherwesen. 1961; W. Jacobeit, Schafhaltung u. Schäfer in Zentraleur. b. z. Beg. d. 20. Jh. 1961 (Zünfte, Patrone, Feste, Med., Gerät, Arbeit, Sage). – Viehzucht u. H.leben in Ostmitteleur. Ethnogr. Stud., hg. v. L. Földes, Budapest 1961; A. Riedl, Die H.zunft im Burgenland. 1962; Bergers de France. Ausst. kat. Paris 1962; Atlantis. Dez.heft 1962; F. Klocke, Harzer Schäfer u. H. Dt. Jb. f. Vkde 8 (1962); A. Höck, Hess. Ringelstecken. Hess. Bll. f. Vkde 57 (1966); R. Hiltbrand u. R. Wildhaber, H.kulturen in Europa. Basel 1966 (Ausst. Kat.); L. Schmidt, V.glaube u. V.brauch. 1966; R. Pinon, Les chants de pâtres. Jb. f. V.liedfg. 12 (1967); L. Carlen, Das Recht d. H. 1970 (Dt. Sprachgeb.); R. Wildhaber, hg. Alpes orientales VI, München 1972.

Hirtenflöte, -lieder, -singen → Weihn.

Hirtentäschelkraut. (Blutkraut, Hungerblume; Hirtenseckel, nach der Form der Frucht, bei O. Brunfels; Kräuterbuch, 1532; *Capsella bursa pastoris*). Das ganze Kraut kühlt, trocknet und zieht zusammen. Wenn man es nur in der Hand halte, stille es schon jegliche Blutung (Gebärmutterb., Harnb.) Das ist alte Volksmeinung, die neuerdings die wissenschaftliche Medizin wieder nachgeprüft hat.

E. Gilg u. P. N. Schürhoff, A. d. Reiche d. Drogen. 1926; Über die reiche Synonymik vgl. H. Marzell, Wb.

Historische Stätten. Orte, Plätze, Kirchen, Burgen, Wüstungen, Schlachtfelder, Inseln, Flüsse, Denkmale aus Natur und Kunst usw. von hohem Alter und ungewisser Gesch. sind bevorzugte Schauplätze der V.dichtung, insbes. der → Sage. Die Reihe »Handb. d. H. S. Dtl. Österr.« verzeichnet Stätten, wo Landes- und Territorialgesch., Reichs- und Weltgesch. Spuren hinterließen, »wo Geschichte zum Ereignis wurde« → Wahrzeichen.

Hb. d. H. S. (KTA) Deutschland: 1. Schlesw. H./Hambg. 2. Nieders./Bremen 3. Nordrhein-Westf. 4. Hessen 5. Rheinl.-Pfalz u. Saarland 6. Baden-Württembg. 7. Bayern 8. Sachsen 9. Thüringen 10. Ost- und Westpr. 11. Berlin und Brandenburg. – Österreich: 1. Alpenländer u. Südtirol, 2. Donauländer u. Burgenland. 1972.

Stille, in: Beitr. z. dt. V. u. A.kde 7 (1963).

Historisches Volkslied. Diese Bez. ist in der V.liedfg seit langem üblich und meint das vläufige Lied mit gesch. Inhalt. Es wäre heute irreführend, das vom Volk nicht mehr gesungene, in Vergessenheit geratene Lied als H.V. zu bezeichnen, wie E. Gniza will. Dem chronikähnl. Nachrichtenlied des späten MA folgte das polem. Kampflied des 16. und 17. Jh., während die Übermittlung unerhörter Neuigkeiten im 16. Jh. an die Zeitungssinger und, mit der Erfindung des Buchdrucks, auf den vstüml. Einblattdruck, das → Flugblatt, überging. Auch → Bänkelsang und → Bilderbogen beerbten das H. V. Den alten Streitliedern der Bauern, Landsknechte und Soldaten entsprechen im 19. und 20. Jh. in ihrem Wesen die Kampf- und Propag.lieder polit. Parteien und soz. Gruppen. Im H. V. wurzelt auch die → Ballade, die pers. Konflikte berichtet, und das Leg.lied, das durch seinen Inhalt (Marienleben, Wunder, Schicksale großer Heiliger und Büßer) dem → geistl. Vlied näher steht. → Vlied, Zeitung.

R. v. Liliencron, Die h. V. d. Deutschen v. 13. bis 16. Jh., 4 Bde. 1865–69; A. Hartmann, H. V.er und Zeitgesch. vom 16.–19 Jh., 3 Bde. 1907; M. Ph. Körner, H.V.er aus d. 16. u. 17. Jh., 1840; F. M. Böhme, Altdt. Liederbuch. 1881; F. W. v. Ditfurth, Die hist. polit. V.er d. 30jähr. Kr. 1882; ders., H. V.er der Zeit v. 1756–1871, 5 Tle, 1871/72; E. Gniza, Vmusik. In: Spamer, Vkde.; G. Kieslich, Das »H.V.« als publizist. Erscheinung. 1958; H. V. In: Bericht ü. d. 8. Österr. Historikertag 1964. Wien 1965; D. Sauermann, H.V.er d. 18. u. 19. Jh. Ein Beitr. z. V.liedfg u. z. Problem der v.tüml. Gesch.betr. 1968; L. Schmidt, H.Vl.er aus Österr. v. 15. b. z. 19. Jh., 1971.

Hobby → Steckenpferd.

Hobeln → Hänseln.

hochdeutsch → Schriftsprache.

Hochneujahr → Dreikönig.

Hochzeit. Die H. ist für Braut und Bräutigam wie für deren Sippen, die ein neues Verwandtschaftsverhältnis eingehen, bei allen Völkern ein Ereignis von höchster Bedeutung. In Kulturen mit lebendigem → Ahnenkult sind auch diese in die Feier miteinbezogen, so daß sich mit dem H.fest Totenriten verbinden. Der Besuch der Gräber ist auch bei uns noch Sitte. Die Stellung des Germanen zu → Jungfrau und Frau, die fast sachliche Achtung ist und der die später aus südeuropäischer Kultur eindringende betonte Sexualität fehlt, läßt die alte H. einfacher, aber darum nicht weniger feierlich erscheinen. Aus späterer Sitte des Brautversteckens oder Brautlaufs (→ Laufspiele) auf eine germ. Raubehe zu schließen, wird heute allgemein abgelehnt. Heusler sagt vom

Germanentum: »Man nimmt das Weib voll, ebenbürtig in Leben und Dichtung ... Nur die Schadenzauberin ist vogelfrei.« »Die ganze Lebenshaltung ist schamhaft und unlüstern.« Die reinigenden Wasser- und Feuergebräuche im späteren H.ritus wie die auf sklavische Unterwerfung und Raub der Frau deutenden Bräuche haben ihren Ursprung und ihr Schwergewicht in südlichen und in östlichen Volkskulturen (Kummer).

Auf H.termin und -tag wird heute noch geachtet. → Freitag, der Tag der → Freyja und der norddt. Glückstag, daneben Donnerstag und Dienstag sind bevorzugt, wo nicht das moderne »Wochenende« mit seiner Freizeit die Wahl des Tages bestimmt. Die Zeit nach der Ernte und Hausschlachtung ist im bäuerlichen Kreis die gegebene für das große und oft aufwendige Fest. Auch in der Fasnacht wird gern geheiratet. Die Ladung der Gäste besorgte in stolzer Tracht mit Schärpe, Strauß und Degen der H.bitter, Brautknecht und Brautjungfer oder das Brautpaar selbst. Die Aussendung von Kuchen gilt, z. B. heute in Schlesien, als Einladung und zugleich leiser Wink für ein H.geschenk. Unter letzteren fehlt selten der → Hahn, das Tier der Fruchtbarkeit. Die Nähe einer H. verkündet auch die Brautfuhre, der Kammerwagen, der besonders in Süddtl. noch geschmückt und mit Wiege, Schrank, Bett, Spinnrad, Salz u. Brot bepackt in den neuen Haushalt gefahren wurde. Lärm, Peitschenknall, Jauchzen, Schießen begleiten ihn und setzen sich fort am → Polterabend, der, wie der Name sagt, alles Alte, Böse und dämonische Macht durch Beklopfen der Wände, Wasserguß und besonders durch → Lärm und Poltern aller Art abwehrt und vertreibt. Natürlich werden ähnliche Handlungen heute oft nur noch als Ausdruck ausgelassener Festfreude empfunden.

Vor, in und nach der H. begegnen sich Bräuche der Ablösung der Braut von deren Sippe mit solchen der Einführung in das neue Haus und die neue Gemeinschaft. Der oft recht förmliche Brautabschied, das Einholen der Braut, der Besuch der Gräber, dann das Gemeinschaftsmahl, der H.schmaus mit seiner strengen Speisenfolge, die Haubung der Braut als Aufnahme in die Weibergemeinschaft, das Abtanzen von Kranz und Schleier (Zeremonialtänze wie Kranzlt., Ehrent., Brautt., zuletzt allg. u. Scherztänze) und die feierliche Einführung ins neue Haus und Umleitung um den Herd, all diese Bräuche dienen ganz oder zum Teil jenen Gedanken. Andere Handlungen deuten auf die Sicherung des Überganges von einem Lebensstand in den anderen (*»rites de passage«*, → Initiation), sie üben Fruchtbarkeits-, Reinigungs- und Heilzauber mit grünem Reis, Lebensrute, H.bad, gestreuten Getreidekörnern, bestimmten Speisen oder auch mit der Überraschung der »H.schachtel« (Kinderspielzeug mit -ausstattung, Kindermann, Storch, Püppchen). Der H.zug wird um die Wiege geführt. Die Braut soll zum Kirchgang die Strumpfbänder nicht wie sonst festmachen, damit sie später eine leichte Geburt habe. So richtet sich der Blick in die Zukunft, denn »was sich zweit, das drittet sich«. Noch verbr. Brauch ist das »Vorspannen« »Klausemachen« u. ä., das Aufhalten des H.zuges als Brauch der Ablöse aus der Gemeinschaft der Ledigen.

Große V.tümlichkeit besitzen die Gedenktage, bes. die Silberne (nach 25 Jahren) und die Goldene H. (nach 50 J.). Neuerdings wird das Programm gerne erweitert:

7 J. – Kupferne H.
10 J. – Rosenh.
15 J. – Gläserne H.
20 J. – Porzellanh.
30 J. – Perlenh.
40 J. – Rubinh.
60 J. – Diamantenh.
70 J. – Gnadenh.
75 J. – Kronjuwelenh. (nach »Brigitte« 16. 3. 1965).

Für den Brauch, die 50. Wiederkehr des H.tages als »Goldene H.« zu feiern, war nach Swahn Süddtl. der Ausgangspunkt (16. Jh.). Von da breitete sich die Sitte aus in die Schweiz und nach Frankr. wie rheinabw. nach Niederdtl., Holland und im 18. Jh. – wohl durch die Herrnhuter – nach Schweden. Die ältere Bez. ist »Jubelh.«, vielleicht in Anlehnung an das kirchl. »Jubeljahr«, das seit 1300 alle 50, später alle 25 Jahre in Rom gefeiert wurde. Die Feier der G. H. war weder an eine bestimmte soz. Schicht noch an eine Konfession gebunden. Die »Silberh.« wurde erst später üblich.

H.bilder. Begüterte Bauern im Egerland bestellten sich bei den Patenbriefmalern zur Erinnerung an die H. kleine Bilder: in der Mitte das Paar, begleitet von wenigen Verwandten und den Pistolen schießenden Burschen. Darstellungen des gesamten H.-zuges auf einem schmalen Bildstreifen kommen vor: Von rechts nach links ist auf einer Bodenlinie in langer Reihenfolge der Zug in feierlicher Ordnung aufmarschiert – zum Schluß der hochbepackte Kammerwagen. Auf einem Zinnteller aus Schönfeld b. Schlaggenwald ist ein Egerländer H.zug dargestellt (um 1820. Vgl. B. Born, in: 75 Jahre Mus. f. Vkde zu Bln. 1964; ersch. 1966). Ähnlich sind die sächsischen → Fuhrmannsbilder. Als Hb. sind wohl auch die in Schlesien verbreiteten Brust- und Kniestücke sich in die Augen sehender Liebespaare in deckenden Temperafarben anzusehen. Stammen die meisten Hb. aus dem frühen 19. Jh., so ist doch diese bäuerliche Andenkensitte sicher älter, wie ein um 1750 entstandenes Ölbild (O. Seyffert-Mus., Dresden) beweist: Eine umfangreiche H.gesellschaft steht in zwei Reihen übereinandergestaffelt hinter der üppig beladenen Festtafel. Monumentale Gestalt gewinnt der Vorwurf einer bäuerlichen Hochzeit in Oluf Brarens »Haus-Trauung auf Föhr«.

Besonders in der Nähe und im Rahmen der kirchl. Trauung werden viele → Orakel angestellt und Vorzeichen wahrgenommen (Flackern, Erlöschen der Kerzen, Regenfall). Alles Geschehen und alle Gegenstände im Kreise der H. sind vorbedeutungsvoll und glückbringend. Gebildbrote und Gebäcke, Speisen und Getränke, Strauß und Schmuck, Kranz, Schleier und Kleid, Halstuch und Schuh besonders der Braut sind durch die außerordentliche Verwendung → Talismane geworden, werden an die Gäste verteilt und lange aufbewahrt. Paardarstellungen, denen auch → Adam u. Eva zuzurechnen sind, finden sich weiterhin bes. auf Brautgut und → Minnegaben, an H.löffeln, auf Damastdecken, Lebkuchen, Noppenkissen, Mangelbrettern und Widmungsgraphiken aller Art. → Joseph, Myrte, Rosmarin, Schlafmohn, Kreuzkümmel, Löffel, Bildnis.

Ält. Lit. vgl. Ausg. 1955 dieses Wb. A. Haberlandt, Vkdl. zur »Bauernhochzeit« P. Brueghels d. Ä. Zs. f. Vkde 40 (1930); E. Fehrle, Dt. H.bräuche. 1937; H. F. K. Günther, Formen u. Urgesch. d. Ehe. 1940; H. Metz, Die textile Aussteuer e. Schwälmer Braut. In: Vwerk (1942); F. Hurdes, Die n.-österr. Bauernh., 1949 (Lit.); A. Bärtschi, Eheversprechen u. Ehepfand im alten Bernbiet. Schweiz. Arch. f. Vkde 46 (1950); F. Holler, H.spruch aus Straden, Südsteierm. Öst. Zs. f. Vkde 54 (1951); ders., Südoststeir.

Bauernh. ebd 56 (1953); B. Brückner, Brautgürtel. Bayer. Jb. f. Vkde (1952); E. Burgstaller, Über d. Verziehen und Klausemachen im österr. H.brauchtum. Schlern-Schriften, 1953; W. Wiora, Der Brautreigen zu Kölbigk i. d. hl. Nacht d. J. 1020, Zs. f. Vkde 50 (1953) (»Ein heim. balladeskes Brauttanzlied, das zu einem arch. H.ritus gehörte«); L. Herold, Sitte u. Brauch bei Verl. u. H. im Karlsbader Gebiet. Hess. Bll. f. Vkde 46 (1955); F. Geissler, Brautwerbung i. d. Weltlit. 1955; E. Wiessner, hg., Meier Betz u. Metzen hochzit. 1956; G. Angermann, Glückspfennige. Rhein.-westf. Zs. f. Vkde 3 (1956) (f. Brautschuhe); F. Adler, Alte Verl.- u. H.bräuche in pomm. Städten. In: Balt. Studien NF 43/44 (1955/56) (16.–18. Jh. Polterabend m. s. lärmenden Brauchtum bezeugt); Leop. Mozart, 12 H.menuette f. drei Melodie-Instr. 1957; J. Hanika, Die »verlassene Braut«. Bayer. Jb. f. Vkde (1957) (In Wittenweilers »Ring«); J. Achatzi, Die Iglauer Bauernh. 1958 (H.bräuche d. I. Sprachinsel); F. Karlinger, Die Begegnung m. d. toten Braut im V.lied. Jb. öst. V.liedw. 10 (1961); J. Ö. Swahn, Jubelfest. Lund 1963; K. D. Sievers, Die Mitwirkung d. dithmars. Geschlechter b. H.brauchtum Hess. Bll. f. Vkde 55 (1964); Kl. Beitl, Über d. »Vorspannen« im Vorarlb. H.brauch m. e. Reimgespräch aus Ludesch von 1892. Jb. öst. V.liedw. 14 (1965); St. Löscher, H.tänze u. a. V.tänze. ebd. (Kranzlabtanzen, Brautübergabe, Schuhstehlen, Altertanz, Polstert. Balbierert.); H.-R. Hagemann, Über d. Brautlauf in: Rechtsgesch. Fs. f. K. S. Bader. 1965; D. Dünninger, Wegsperre u. Lösung. 1967 (Klausen-, Mautmachen); M. Bringemeier, Brautkronen im Münsterland. Rhein-westf. Zs. f. Vkde (1967); B. Deneke, H., 1971; – Kartogr.: ADV II Bäuerl. H.tage. ADV-NF 5–8 H.brauchtum. Werber u. W.lohn. Komm. von L. Martin, in: Erläut. z. ADV. 1959 S. 85–152; ASV 219–224 H.tage. Gemiedene Tage. H.geschenke bevorzugt-gemieden. Burschenbräuche, »Spannen« mit Stangen, Deichseln, Geräten, Ketten, Bändern, Rosenkränzen, Trachtenketten.; ÖVA II Komm. v. R. Wolfram: Brauchtum, bevorz. Wochentag f. H. 1965.

Hochzeitskrüge → Krug.

H.mahl → Fasten, Hochzeit.

H.maien → Rosmarin, Myrte.

H.schlüssel → Schlüssel.

H.sessel, H.stuhl → Stuhl.

H.trunk → Joh. d. T.

H.wünsche → Glückw.

Hockauf, Huckup, Aufhocker sind Bez. für eine Sagenerscheinung, die in ihrer typ. Form auch unter anderen Namen (Popel, Kohlensack, Kobold, Mahr, Waiz usw.) sich verbirgt. Hexen oder Zwerge werden selten genannt. Hilfreiche Geister wie Holzweiblein oder → Heinzelmännchen fehlen (Grober-Glück). R. Schmidt-Wiegand stellte fest, »daß die Vorstellung vom Aufhokker in Pommern auf das engste mit dem Glauben an Totengeister und Wiedergänger verbunden« ist. Hinter der jungen Form der Erlebnissage stehe der alte Glaube an die Erlösung armer Seelen durch Tragen und an die Möglichkeit des Bannens von Dämonen durch Wegtragen. Der H. gehört zu den bes. von Ranke beschriebenen Erlebnissen, die psychophysischer Natur sind, in denen sich wirkliche Angstgefühle (Brustangst) in den Bildern der mythischen Phantasie aussprechen. Der H. springt dem nächtlich einsamen, müden, vielleicht kranken od. angetrunkenen, von Nebeln, Schatten oder Geräuschen geschreckten Wanderer auf den Rücken, würgt ihm die Kehle, nimmt ihm die Bewegungsfreiheit und treibt ihn trotzdem zu größter Eile u. Anstrengung. Eine bestimmte Wegstelle, Gebet, Glockenläuten, Fall ins Wasser, ein Messerhieb o. ä. brechen den Bann. Der H. kann verschiedene Gestalt annehmen, wie der → Alp, mit dem er auch in der großen Zahl wie in der hervorstechenden Typik der Sagen vergleichbar ist. Das älteste Zeugnis für den H. ist spanisch (um 1200), die dt. Überlieferung reicht bis ins 15. Jh. zurück.

F. Ranke, Huckup. Bayr. Hefte f. Vkde. 1909; ders., Vsagenfg. 1935; H. Burkhardt, Zur Psychol. d. Erlebnissage. Zürich 1951;

H. Bausinger, Lebend. Erzählen. 1952; E. Reiser, Der Dämon u. s. Bild. 1955; R. Schmidt-Wiegand, Der Aufhocker i. d. pomm. V.überl. Balt. Stud. 45/46 (1957/58); G. Grober-Glück, Aufhocker u. Aufhocken n. d. Slgn. des ADV. Rhein. Jb. f. Vkde 15/16 (1964/65); ADV – NF 41/42 Aufhocker. Verbr., Tun, Name, Aussehen, Ort. Komm. v. Gerda Grober-Glück, in: Erläut. z. ADV. 1966.

Hockey (engl. ›Stockball‹). Der Name zeigt die neuere engl. Herkunft des im → Sport v.tüml. gewordenen Spiels. In vielen landsch. begrenzten Formen aber waren und sind einfache Schlagstockspiele bei uns heimisch. → Fischart schon nennt das Sautreiben. Im österr. Bärentreiben (Bär ist auch die Bez. des männl. Schweins), Sauspiel, Schweinahussatreibn (Tirol), im lüneburg. Suball, im brem. Ticksoeg, im schleswig-holst. und ostpreuß. Kulsoeg wie im schweizer. Morenjagen oder im schles. Grübelball und Grubenschießen kommt es darauf an, daß der Morentreiber oder Hirte seinen Ball, die More, die Sau, mit seinem Stock in eine der Gruben hineinbringt, die die Mitspieler mit ihren Ballstöcken verteidigen. Guts Muths verzeichnet den »Treibball« in seinem »Buch der Spiele«. Auch das nordfries. Ballünespiel gehört hierher. Ähnliche Spiele kennen Nord- und Südeuropa (hawkgame, cat in the hole; dar la portgia).

J. Müller, Das Sauspiel in den Rheinl. Zs. d. Ver. f. rhein-westf. Vkde. 15 (1918); H. Budinger, H. 3 Bde. 1969.

Hofmarken → Hausmarken, Runen.

Hofnamen → Familien-, Hausn.

Hofnamen. Neben der fortgeschrittenen Erfg. der → Orts- und → Flurnamen wie der pers. → Vor- und → Familiennamen haben die weitverbr. H. bisher wenig Beachtung gefunden. Wie die → Hauszeichen werden sie mit dem Hofe weitergegeben. Verhältnism. reich ist die Lüneb. Heide an solchen H. Vor 1939 bestanden im Landkr. Celle 30 Höfe, die seit dem ersten urk. Auftreten (1438) mit den H. im Mannesstamme weitervererbt wurden (nach dem Beruf: Möller; n. d. Hoflage: Rehwinkel; n. d. Rufnamen: Cohrs usw.). Festgeworden sind die H. in der Zeit von 1500–1650. → Häusernamen

F. Barenscheer, Die H. d. Kr. Celle. 1961.

hoher Tanz → Kirmes.

hohe Woche → Karwoche.

Höhle. Als Zuflucht und Wohnung, als vorgesch. Fundstätte und als außerordentliche Naturerscheinung an sich ist die H. dem Volk merkwürdig. Erdställe, Hauslöcher oder Hinterkeller heißen in Süddtl. und Österreich unterird. Gänge mit h.artigen Erweiterungen, die wohl als Zuflucht dienten. Von Heiden- und Schwedenlöchern oder von Wetterlöchern, in denen die Berggeister das Wetter machen (Österr.), berichten Sagen, die der H.fg (Speläologie) oft nützliche Hinweise geben. An alten H.kult lassen Opfer denken, wie sie am Nachtfräuleinsloch am Urschelberg (Steine als Urschelopfer) oder in Westfalen den Hollen in Form von Brot oder Wolle gebracht wurden, um einem Kind wieder Gesundheit zu verschaffen. Die Kinder kommen aus H. wie aus Felsen und Brunnen (→ Kinderbringer). H.prozessionen kennt man noch vereinzelt zu → Lichtmeß, Ostern oder Pfingsten (Westfalen). → Wilde Leute.

Fr. Kraus, H.Kunde. 1894; Heller, H.sagen a. d. Lande d. unt. Enns. 1924; Fraas, Die alten H.bewohner. Speläolog. Jb. (seit 1920); Mitt. über H.- und Karstfg. (seit 1923); Brand-Cramer-Zimmermann, 400 Jahre H.fg. in der Bayer. Ostmark, 1935; Jahreshefte usw. (seit 1960); H. Trimmel, H.kunde. 1968; H. Fielhauer, Sagengeb. H.namen in Österr. 1969.

Hoimann, Hojemannl → Hehmann, Zwerg.

Hokuspokus, bei uns durch die Taschenspielerlehre »Hocus Pocus Junior« von 1634 (dt. 1667) aus Holland eingeführtes Wort, das heute allgemein ist im Sinn von ›Schwindel, Trick‹ oder in der Kindersprache (»H. fidibus, dreimal schwarzer Kater«). Ältere Formen in Dtl. waren »ox, box« (1628; seit 1705 im Sinn von Zauberei), Hogges und Pogges (1654) u. a. 1563 ist, von fahrenden Schülern gebraucht, die Zauberformel *hax pax max Deus adimax* bezeugt. Auch auf Hostien geschrieben wurden die Worte *hax pax*. Daraus folgerte Jacoby die Herkunft des Wortes H. aus den Konsekrationsworten *hoc est corpus meum*. Diese Ableitung »verbietet sich, weil Zauberkünstler eine solche Lästerung öffentlich nicht hätten wagen dürfen«. (Kluge-Mitzka, Et. Wb. [20]1967).

Holda, Holden → Holle, Hörselberg, Bercht, Hausgeister.

Holder → Flieder, Holunder.

Holle, H.frau, Frau H. Das früheste Zeugnis dieser der → Bercht in vielen Zügen verwandten Gestalt sah J. Grimm in der »Holda« des → Burchard von Worms, der damit das lat. → *Diana* wiedergibt. Auch sonst wird H. der Diana od. → Herodias in gelehrten Schriften gleichgesetzt. Im MA ist dann v. »Wasserholden« (→ Wassergeister) die Rede und die niederdt. Übers. des Narrenschiffs (Rostock 1519) sagt: »mannich narre lövet an vogelgeschrei und an der guden hollen gunst«. Die Hollen oder Huldren sind das Gefolge der Frau H. Aus der Angehörigen einer Dämonenschar (→ Nachtfrau) wurde die Führerin einer solchen. Doch hat noch in der Gegenwart »Hollenfahrt« die Bedeutung von Hexenfahrt. Wie Bercht prüft H. (als Spillahole, Popelhole in Schlesien und Sachsen) die Spinnerinnen und Kinder, belohnt (→ treuer Ekkart) und bestraft. Zumal in den → Zwölften (→ Weihnachten, Dreikönig) geht sie um. Wenn sie die Kissen schüttelt, schneit es. → Opfer werden ihr weit seltener gewidmet als der Bercht. Das Gebiet der Sagen von Frau H. ist, heute noch enger als früher, begrenzt auf Mitteldtl. (Hessen, Thür, Hörselberg), wo noch von der Hullefraa, dann auch von der → Schreckgestalt Hullemann die Rede geht. Auf die schles. Spillaholla (Spindelhulla) weist die »Fra Huldan« der Siebenb. Sachsen. – Kindertümlich wurde die Frau H. in unserer Zeit durch das bekannte Märchen der Br. Grimm. → Kohle, Gebäckmodel.

F. Mößinger, Wildweibchen, H. u. Christkind. Hess. Bll f. Vkde. 37 (1940); K. Paetow, Vsagen u. Märchen um Frau H. 1962; J. de Vries, Altgerm. Rel.gesch. 2 Bde. [2]1956/57; ferner Lit. unter Bercht.

Hollen → Wachholder.

H.tag → Maria.

Höllenzwang, in Zusammenhang mit der Sage von → Faust im 16. Jh. entstandene Beschwörung d. Hölle, »*imperationes Fausti*«. In hellenistischer Zauberlit. wurzeln die Namen der Dämonen, wie in jener auch schon vom *epánankon* (Zwingspruch, Zwang) die Rede ist. Zugrunde liegt der Glaube, daß Wissen und Nennen des → Namens Macht über Geister und Hölle verleihe. Jacoby stellt auch spätere Zauberbücher wie den »Wahrhaftigen Jesuiten-Höllenzwang« und die parodistisch gefaßte Schrift »Fausts großer u. gewaltiger Meergeist« (1797) in diese Reihe.

Text: Das Kloster, hg. v. J. Scheible, 2 u. 5 (1846/47); ders., Dr. Joh. Faust's . . . dreifacher H. 1849; A. Jacoby, Die Zauberbücher vom MA b. z. Neuzeit. Mitteil. d. schles. Ges. 31 (1930).

Holunder (ahd. *holuntar; Sambucus nigra*). Die Schriftform H. gilt in Mittel- u. Ostdtl., Holder, Holler in den Alpen, am Rhein und im Ostfränk. Die Namen Alhorn, Elhorn im NW teilt der H. mit Ahorn und Erle. Siedler von der unteren Weser und Elbe brachten die Bez. Alore ans Frische Haff. Im nd. ist → Flieder die allg. Bez. für H. Schon in der Vorzeit Färbe- und Nahrungsmittel, galt H. dem Altertum als Heilpflanze. → Dioskurides z. B. nennt Anwendungen, die z. T. noch heute bekannt sind. Bei → Albertus M. begegnet uns zuerst die bei uns, in Osteur. bis Sibirien, aber auch bei Indianern bezeugte Anschauung, ein Brechmittel ergebe die innere Rinde des H., wenn man sie von unten nach oben schabe; von oben nach unten geschabt sei sie ein Abführmittel (→ Analogiez.). Im 16. Jh. schreibt → Bock: »In Teutscher Nation ist der Holder jedermann bekant/darumb nit von nötten viler wort/ wie/wa oder wann derselbig wachse«. Der bayr. Volksarzt Max Höfler nannte den H. die »lebendige Hausapotheke« der Bauern (→ Vmed.). »Fliedertee« aus getrockneten Blüten ist heute ganz allg. schweiß- und harntreibendes Fiebermittel, nicht minder bewährt das Auflegen von Blatt oder junger Rinde bei Entzündungen. Absud aus Blatt oder Wurzel dient zur Blutreinigung. Beim → Übertragen von Krankheiten ist der H. bevorzugt. In Schlesien brauchte man z. B., um Zahnweh loszuwerden, nur am Karfreitag in einen H.ast zu beißen. Im Flecken Zechlin (Prignitz) befreite man sich vom → Fieber, wenn man nachts bei abnehmendem Mond einen auf der → Grenze stehenden H.stamm unter folgenden Worten mit Bindfaden umwand: »Guten Morgen, Herr Flieder/Ich bring dir mein Fieber/Ich binde dich an/Nun gehe ich in Gottes Namen davon!« Das Verstümmeln eines H.busches bringt Unheil und Tod. Noch heute scheut sich mancher, H.holz zu verbrennen. Wie einen wohlgesinnten Geist sprach man, sich entschuldigend, den H. mit Namen und wunderl. Zeremonien an, wenn man Blatt oder Zweig begehrte. Aus solcher Verehrung verstand man den H. als Schützer von Stall und Haus gegen Hexerei und Zauber. Auch der starke → Geruch mag beigetragen haben. Die schwarzen Beeren des gewöhnl. H. wie die roten des Bergholders werden zu Suppe, Mus und Saft gekocht. In Teig getaucht und in schwimmendem Fett gebacken sind die Hollerstrauben. Wer je einen alten H. rodete, weiß, daß sein Holz hart und zäh wie Eiche ist. Die jungen Schosse allerdings leisten wenig Widerstand, aber sie treiben unentwegt von neuem. So spielt der H. in der V.erotik eine Rolle als Fruchtbarkeitssymbol. Mädchen von zweifelhaftem Ruf steckt man zu Pfingsten H.zweige ans Fenster (Thür.). Die Kinder, heißt es mancherorts, kommen vom H. Wenn aber ein H. am Hause verdorrte oder im Herbst zum zweitenmal zur Blüte kam, nahm man dies als Vorzeichen für den baldigen Tod eines Hausgenossen. Ein bayr. Bauernspruch faßt die Volksmeinung über den H. kurz in folgende Worte: »Vor dem H. soll man den Hut abnehmen!« So geschieht es noch heute (Vorarlberg 1971). → Wacholder.

E. M. Kronfeld, Flieder und H. Mitt. d. Dt. Dendrolog. Ges. 27 (1918); Hovorka-Kronfeld, Vergl. Vmed., 1. Bd. S. 215 ff; H. Marzell, Unsere Heilpflanzen, 1922; ders., H. im HDA; E. Gilg u. P. N. Schürmann, Aus d. Reich d. Drogen. 1926; J. Wilde, Kulturgesch. d. Sträucher u. Stauden. 1947; M. Reetz über Laut- und Wortgeogr. von H. Diss. Marburg; nach: Dt. Wortatlas III 1954.

Holz ist der älteste und wichtigste Werkstoff. Er kam fast überall in großer Vielfalt vor und war mit einfachen Werkzeugen zu gewinnen und zu verarbeiten. → Hirt und Alpvolk, Schäfer und → Bergmann formten und bastelten aus H. Berufsgerät und Brauchkunst, Milchschaff und Schellenbogen, → Leuchter, → Krippen und »Weihnachtsberge«. Werk des → Zimmermanns, wohl des ursprünglichsten Handwerks, waren Stall, Haus und innere Blockwandverkleidung, auch die Verzierung von Giebel und Balkenköpfen, Dachbrett und Fenstereinfassung. Die im O bekannteren Kirchen aus Schrot- und Blockholz weisen noch Ortsnamen wie Holzkirchen (Oberbayern) auch für den W und S nach, wo hölzerne Kapellen oder Brücken noch heute gefunden werden. Mitteldt. Landsch. gibt → Fachwerk am Bauern- und Bürgerhaus, seltener an Kirchen, das Gepräge. Freistehende Glokkenstühle aus H. kannten Oberpfalz und Franken, Pommern und Brandenbg. In entwickelten Hausbautechniken und H.verbindungsarten wirkte das dt. Handwerk nach dem O (B. Schier).

Die alte Regel des → Handwerks erlaubte dem Zimmermann Nageln, dem → Tischler aber nur Leimen. Aus der Arbeit am Möbel – der Zimmerer fertigte auch Truhen und Schragentische – ergaben sich nicht selten Streitigkeiten der Zünfte. Vom Tisch und Schrein haben Tischler und Schreiner – dieser in Süddeutld. und Österr. – den Namen. Mit Säge und Stemmeisen, Hobel und Leim fertigte er das älteste und wichtigste Sitzmöbel, die → Bank, in vielen Arten den Einzelsitz, → Stuhl und → Sessel, oft mit kunstreicher Schnitzerei und → Einlegearbeit → Schrank und → Truhe, → Tisch, → Wiege und → Bett. Die harten Hölzer (Buche, Esche, Eiche u. a.) waren, zumal vor der Herrschaft von Motor und Eisen, die Werkstoffe von → Wagner, → Drechsler und → Böttcher. Fast alle H.handw. verstehen sich auch auf → Schnitzerei. Hauptberuflich geübt war sie oft Notgewerbe (→ Frankenw., Böhmerw.) oder entwickelte sich zum tragenden Vkgewerbe ganzer Orte und Landsch. (→ Oberammergau, Gröden, Berchtesg., Sonneb., Seiffen). Auch ohne Meisterbrief kennt der altgewordene Bauer aus Erfahrung Eigenschaften und Eignung des H., das er meist dem eigenen Wald entnimmt. Wie weit die unterschiedl. Verwendung der H.arten ging, hat niemand eindringlicher aufgezeigt als Josef Blau (Böhmerwälder Hausind. und Vk). Nachdem er gelesen hatte, daß Bauern in Kärnten mindestens zwölf H.arten in Verwendung hätten, erkundete er über das etwa 200 Jahre alte Haus und die Wirtschaft eines Häuslers in Silberberg folgendes: »Aus Tanne waren der Fußboden im Hause, Balken und Säulen der Scheuer; aus Spitzahorn und Weißem Ahorn waren Senswarbe; die Buche hatte ihr Holz geliehen zum Baue des Wagens, zu Teilen des Webstuhles, zu Hackenstielen, einem Schlegelkopfe, zur Klinke und zum Riegel am vorsintflutlichen Schlosse der Haustür; die Birke erwies durch ihre Abstämmlinge die Egge, die Nägel im Senswarb, den Besen und die geflochtene Rute, das Szepter im Hause, eine scharfe, herrische Art: während ihre größere Schwester Fichte geduldig, das reinste Mädchen für alles, Dippelwände, Sparren, Balken und Schindeln zum Baue und Kasten, Bänke und Stühle zur Einrichtung des Hauses gegeben hatte. Ihr Holz war ferner zu Kufgeschirr, ihre Stämmchen zu Rechenstielen, ihre Wurzeln zu den Kränzen der Futterkörbe, Schwingen und Ohmreitern, ihre Rinde zum Verdachen des Holzschuppens gebracht worden, und Hunderte von dürren Stämmchen umfriedeten nach kurzer Kindheit – zu einem dichten ›Hachalzaune‹ verflochten, den Garten. Aus Lärche war ein Kasten (Schrank), aus Kiefer eine Truhe (prächtig bemalt), aus Kirschbaumholz ein Tisch; zum Webstuhl hatte die Linde das bis an die Stubendecke reichende Gerüst, Zwetschgenholz das Schifflein (die Schützen), Hundsrose, Himbeere und Hollunder Zweck und Spulen dazu geliefert. Aus Ulmenholz fanden wir Speichen und Naben, aus Espe die Schienen der Futterkörbe, die Keile in den Holzwänden, aus Nußbaum und Weichsel Drischelhauben, aus Pappel Tröge, aus Eiche ein Viertelmaß; die Wetzsteine staken in erlenen Kümpfen; der Besitzer des Gütleins wies mir noch ein Stemmeisen mit einem birnbaumenen Heft und eine Hacke, deren Stiel aus dem Holze eines wilden Apfelbaumes gefertigt war, dann mit Weide gebundene Brotkörbe und endlich drei Gehstöcke aus Haselnuß, Berberitze und Schlehdorn, von ihm selbst geschnitten. In diesem Hauswesen waren also 27 Holzarten vertreten, jede nach Herkunft und Eigenschaften unterschieden und für den passendsten Gebrauch ausgewählt. Wenn ein Unbefangener erzählen hört, daß man ein Stühlchen aus neunerlei Holz (nach steirischem Aberglauben gar dreizehnerlei) brauche, um in der Christmette alle Hexen des Kirchspiels zu erkennen, so erscheint ihm dies als eine unmöglich oder doch sehr schwer erfüllbare Bedingung. Und ein armer Häusler in dem versteckten Walddorfe hat gar 27 Holzarten in seinem Hause.«

Die Wertschätzung von gutem und gutbearbeitetem H. zeigt sich nicht zuletzt in der zeit- und landschaftsweise heftigen Ablehnung der Bemalung (z. B. für Kästen aus dem H. der Zirbelkiefer, der Zirme, im Montafon oder für die Eichenmöbel in größeren nordwestdt. Gebieten).

K. Wilhelm, Schlüssel zum Bestimmen einheim. Hölzer. 1925; Ahern und Newton, Bibliogr. oft the woods of the world. Washington 1926; W. Dexel, H.gerät u. H.form. 1943 (263 Abb.); A. Maissen, Werkzeuge u. Arbeitsmeth. d. H.handw. in roman. Bünden. 1943; J. Trier, H. Etymologien a. d. Niederwald. 1952; H. F. Rosenfeld, Urtüml. H.bearbeitg. dies. u. jens. d. Oder. Dt. Jb. f. Vkde 2 (1956); L. Schmidt, St. Vinzenz v. Saragossa als Patron d. H.arbeiter. Öst. Zs. f. Vkde 61 (1958); E. Deutschmann, Lausitzer H.baukunst. 1959; A. Viires, Die v.künstler. H.arbeit d. Esten. Tallinn 1960; T. Gebhard, Die Auswertung d. Massivh. in d. vkdl. Sachkultur. Bayer. Jb. f. Vkde (1962); H. Müller-Beck, H.geräte u. -bearbeitg. Bern 1965; R. Peesch, H.gerät in s. Urform 1966 (Naturformen, Aushöhlen, Spalten) K. Haiding, H. u. ländl. Handw. In: Wald u. H. Ausst.kat. Heimatmus. Trautenfels (Stmk) 1958; Denkmäler alter H.baukunst in Österr. Sondernr. d. Zs »Steine sprechen«. Wien, Aug. 1927; H. Phleps, Alem. H.baukunst. 1967 (Schwelle, Gebälk, Ständer, Fachwerk, Dachstuhl, Decke, Türe, Erker, Säule; über 600 Abb.); Die Bed. von Wald u. H. in d. bäuerl. Wirtschaft zeigen bes. auch die Stichw. Holz- im Dt. Rechtswb.; H. J. Hansen, hg., H.baukunst 1969 (Krit. v. A. Zippelins in: Zs. f. Vkde. 67. 1971, S. 327 ff.)

Holzfrau → Aschermittw., Opfer, Flachs.

Holzfuchs → Fuchs, Waldgeister.

Holzschnitt, Formschneidekunst, Xylographie. Eine etwa 2 cm starke Holzplatte wird geglättet und mit

Kreide grundiert. Dieser »Stock« wird mit dem Messer so beschnitten, daß die vorher aufgetragene spiegelbildl. Zeichnung in hohen Stegen stehen bleibt. Nur diese nehmen die Druckerschwärze oder Farbe auf und übertragen sie auf das Papier oder – beim → Zeugdruck – auf Stoffe. Im 15. Jh. ging man über zur schattierenden Binnenzeichnung, einer Technik, die im 18./19. Jh. ihre Höhe erreichte im Tonstich, der ganz auf maler. Wirkung ausging. Dazu wurde Stirnholz von Buchsbaum mit dem Grabstichel bearbeitet. Die Bed. des H. für die Vk. liegt fast ausschließlich in der alten Form.

Der Orient verwendete schon im Altertum Holzmodel zum Stoffdruck. Der Druck auf Papier ist spätestens für das 14. Jh. nachgewiesen, zur eigentl. Kunst erhob den H. das 15. Jh. Bilder aus der Volkswelt, ein hl. → Christophorus (1423 Kartause von Buxheim) und das »Bonersche Fabelbuch« von 1461 sind die ersten bekannten Drucke. Aber schon lange gab es die sogen. Blockbücher, die Text und Bild von Holztafeln gedruckt enthielten. Mit der Erfindung des Letterndruckes konnte sich der H. ganz auf die Bildkunst verlegen und erreichte bekanntlich in A. Dürer und seinen Zeitgen. eine erste Höhe. Welche Wirkung der H. dieser Epoche auf Europa übte, zeigt noch die Übertragung der Dürerschen Apokalypse (1498) in russ. → Bilderbogen des 19. Jh. Das 16. Jh. erfand auch schon den Farbdruck, bei dem außer dem Stock für die Schwarzweißzeichnung noch mehrere Platten für den Druck einz. Farben geschnitten wurden. Mit → Schablonen kolorierte man schon früher. Das Handwerk des → Spielkarten- oder → Briefmalers übte nicht selten der Drucker selbst. In der unbekümmerten Farbfüllung der harten H. umrisse lag und liegt bis heute der bes. Reiz von → Andachtsbildern, Flugblättern, → Kalendern und vielen Haussegen und Bilderbogen an Truhendeckel, Schranktüre und Stubenwand. Perspektive und Illusionsmalerei werden nicht versucht. Wie die → Vsprache ist auch diese Kunst stärker im flächenfüllenden Nebeneinander, in bilderreicher Reihung als in über- und unterordnender Komposition.

Der H. war von Anfang an Sache des Volkes. Schon in den Einblattdr. des 15. Jh. ist die Vorlage im derben Schnitt des Handwerkers kaum noch zu erkennen. Im → Flugblatt, in den Kalendern und → Kräuterbüchern des 16. Jh. erreichte der vtüml. H. seine größte Verbr., verfiel aber künstler. allmählich und wurde »zum schlecht und flüchtig besorgten Stiefkind hoher Kunstübung« (N. Michailow). Im 17. Jh. wurde der H. durch den ganz auf Werkstätten und geschulte Handwerker angewiesenen Kupferstich der Verleger in → Augsburg und → Nürnberg verdrängt. Erst im Laufe des 18. Jh. gewinnt der einfache H. des Formschneiders neue Geltung in der für die Hausandacht bestimmten Graphik, in den Spielkartenschnitten aus Innsbruck, Linz, Budweis, Temesvar u. a., in unzähligen Groschenheften des → Bänkelsangs, in Wandkalendern, in Umlaufzetteln und Anschlägen, in Lehr-, Gevatter und → Patenbriefen, die im Dienst des V.brauches stehen. In Anzeigen der Familienzeitschr. und Lokalblätter, in den gedruckten Schelt- und Rügeblättchen der → Fasnacht, in Festplakaten, auf → Sterbebildchen usw. leben Elemente des älteren H. nach, wenn auch oft in der Verwandlung zur Strichätzung (Zinkklischee).

Wenn auch meist von Berufsgraphikern entworfen, sind doch auch für das Volk bestimmte Andachtsbilder unserer Zeit noch Nachfahren des alten H. In Zeichnungen und Druckwerken einiger Künstlergruppen (z. B. die »Zinke« in Berlin) ist der Volksstil der »Moritat« neue Mode geworden.

F. K. Blau, H.-Technik, 1912; P. Heitz, Einblattdrucke d. 15. Jh. 100 Bde. 1906–42; A. Schramm, Der Bilderschmuck d. Frühdrukke. 25 Bde. 1922–38; M. Geisberg, Der dt. Einblatt-H. in d. 1. H. d. 16. Jh. 43 Mappen, 1923–29; W. Fraenger, Jb. f. hist. Vkde 1. u. 2. Bd. 1925/26; R. Schenda, Die Slg. ital. Flugbll. im Museo Pitrè, Palermo. Zs. f. Vkde 58 (1962); W. Brückner, Populäre Druckgraphik Europas: Dtl. vom 15. b. z. 20. Jh., 1969.

Holzschreier → Häher.

Holzschuh. Anders als der Pantoffel aus Leder mit Holzsohle, wird der H. ganz aus dem → Holz der Birke, Erle, Fichte, seltener des Nußbaums durch → Aushöhlen hergestellt. Er ist für Nordfrankr., Holland, Belgien und bei uns bes. für Nieders. typ. Fußbekleidung, die sich über die Tracht hinaus erhielt. Früher war der H.macher ein Vollhandwerker. Wie die Gefäße der Alpwirtschaft (Melkkübel, Butterfaß, Brente), so wird der H. in einer Art → Folklorismus heute oft zweckentfremdet als Wetzsteinbehälter (Kr. Wiedenbrück 1955), Briefkasten (1952), Blumentopf (Brügge 1954), Teufelsgeige, Nadelkissen und Spielzeug. – In die für die Nachwelt bestimmte »Time-Capsule« der Weltausstellung Osaka 1970 kamen u. a.: Babypille, Rasierapparat, verchromte Handschellen und ein H.

J. Simon, Vkdl. ü. d. H. Rhein.-westf. Zs. f. Vkde 2 (1955); Kartogr.: ÖVA III H. Form, Stoff, Herst., Typen, Bez. ASV 61 H. außer d. Tessin überall bekannt. Im S: zoccoli.

Holzvotive. In St. Erhard (Stmk.) sind die auf den Menschen bezogenen → Opfergaben H., – alles, was sich auf das Tier bezieht, ist aus Eisen. Auch in Tirol und Oberöst. ist eine gleiche Untersch. zu beachten. Im Elsaß (Maria zu den drei Ähren) wurden Brettchen in der Gestalt von Hand, Herz, ganzer Figur u. ä. ausgesägt und geopfert. Allgemeiner war die Verwendung von Holz für die »Lungla« (→ Lunge).

L. Kriss-Rettenbeck, Bilder u. Zeichen rel. Vglaubens, 1963.

Holzweibl → Eule, Kauz.

Holzwurm, *anobium pertinax.* In Europa allgemein neben dem → Kauz der bekannteste Todesbote mit vielen volkssprachlichen Namen. Steiermark: Totenkäfer; Kärnten: Totenhammerl; Vorarlberg: Totanührli, Totabigger. Holland: Dood kloppertje. Mit anderen schädlichen Insekten vertreibt man den H. an → Petri Stuhlfeier vor Sonnenaufgang mit Sprüchen und Hammerschlägen. Auch frische Eicheln locken den H. aus Möbeln.

R. Riegler, Das Tier im Spiegel der Sprache, 1907; Weitere Lit. → Vorzeichen (ADV, ASV).

Homann → Hehmann.

Homöopathie. Im Heilverfahren des sächs. Arztes S. Hahnemann (1755–1843) gewann der Satz der Vmed. → »similia similibus curantur« wiss. Gestalt. In Versuchen mit der Chinarinde hatte er entdeckt, daß Arznei gegen Krankheiten wirkt, deren Symptome jenen gleichen, die durch Gebrauch der gleichen Arznei beim Gesunden entstehen. Hinzu kam sein Prinzip der Erhöhung der »Potenz« des Mittels durch Verdünnung, u. U. bis zur 30. Dezimale. Die Vertreter der Schul- und Staatsmed., seine späteren heftigen Gegner, nannte er Allopathen (gr. *allos* ›anders, entgegengesetzt‹), die mit Gegenmitteln, mit Giften heilen wollen. Die H. ist ein Beispiel für Verwirklichung von Sätzen des V.glauben in höherer Wiss.

S. Hahnemann, Organon d. rationellen Heilkunst. 1810; neu d. R. Haehl. 1921; H. Schulz, Similia sim. cur. 1920; R. Haehl, S. Hahnemann. 2 Bde. 1922; A. Bier u. O. Schlegel, H. u. harmon. Ordnung d. Heilkde. [2]1949; R. Tischner, Werden d. H. 1950; H.ische Mon.bll; seit 1876.

Homunkulus. Die antike → Alchimie (Zosimus) kennt schon die Entstehung eines Menschleins *(anthroparion)* aus der Schmelzung von Metallen. Das lat. Deminutiv (v. *homo* = Mensch) wurde im MA Bez. des künstlichen Menschen, den man aus männlichem Samen mit Blutnahrung züchten wollte (Paracelsus: »Daß der Sperma eines Mannes in verschlossenen Cucurbiten *per se*, mit der höchsten Putrefaction *ventre equino*, putrefiziert werde auf 40 Tag, oder solange biß er lebendig werde«). Während Goethe im Faust das Motiv dichterisch verwertet, glaubte der Philosoph J. J. Wagner noch 1841 an eine in der Zukunft mögliche chemische Herstellung des H. durch Kristallisation. – Weltweites Aufsehen erregten vor einigen Jahren die Experimente des Bologneser Arztes D. Petrucci, der mit Hilfe von Blutserum schwangerer Frauen aus männl. Samen in Brutkästen lebende menschl. Embryonen erzielte. Auch russ. und amerik. Fgn. gelten der (höchst umstrittenen) »Ektogenesis«.

E. v. Lippmann, Entstehg. u. Ausbrtg. d. Alchimie, 1919; E. Stemplinger, Antiker Aberglaube in mod. Ausstrahlungen, 1922; Dt. Fernsehen I vom 23. 9. 1968: Leben aus der Retorte. Interv. m. Prof. Daniele Petrucci.

Honig. Der H., eins der ält. Nahrungsmittel des Menschen, hat wie seine Bereiter, die → Bienen, im Mythus der germ. und antiken Kultur eine reiche Vorgesch. H. ist die griech. Götterspeise und der Tau der Weltesche Yggdrasil. Für Himmelstau achten ihn die Römer. Viele Völker benützten ihn zum Einbalsamieren. In Bibel und christl. Symbolik wird er genannt. Ein mhd. Marienlied singt:

Wis gegruezet,
honeges vlade.
du waba triefendiu,
Sancta Maria.

H. ist hervorragendes → Opfer für Tote und Geister. Der Liebeszauber benützt aphrodisischen H. Für den Liebsten bereitet das Mädchen »Hengertschnaps« aus H. und Branntwein (Montafon). Als Kult- und Festspeise und als Fruchtbarkeitssymbol (Neujahr, Gründonnerstag. Frühling; beim Erntefest auf Rügen schon nach *Saxo Grammaticus*) ist H. alt und bes. in H.gegenden allgemein. Eckstein sieht einen tiefgreifenden Unterschied zwischen dem H. als Frühlingsspeise und dem »H.kultessen an Weihnachten und Neujahr, das antik-röm. ist«. H. ist noch heute Allheilmittel. Als Wundheilmittel wurde H. (neben Lebertran) z. B. nach dem Reinsdorfer Explosionsunglück in größerem Maße wieder angewandt. – Bis ins 17. Jh. vertrat H. den Zucker, dessen schädl. Überkonsum erst neuerdings durch Medizin und »Reformhäuser« eingedämmt wird. → Speis u. Trank.

M. Heyne, Fünf Bücher dt. Hausaltertümer v. d. ältesten gesch. Zeiten bis zum 16. Jh., 3 Bde., 1899–1903; F. Eckstein, H. Im HDA. 4, 289–310; F. Th. Otto, Das H.-Buch [5]1950; H. M. Böttcher, Wunderdrogen. 1959; F. Lerner, Aber die Biene usw. Kl. Kult.gesch. d. H. 1963; B. Jacobs, H.W. M. Plettenburg, De oude imkerij. Arnhem 1964; E. Hundhausen, Ein H.handel zw. Rheinl. (Westerwald) u. Westf. (Siegerland). Zs. f. rhein.-westf. Vkde 14 (1967). Lit. → Biene.

Honigblume → Melisse.

Hopfen, *(Humulus lupulus).* Die auch wild wachsende Pflanze wurde im 12. Jh. in N.sachen wie in Franken und Bayern kultiviert. Verwendung des H. als Würze für → Bier kam wohl von den Ostseestämmen im 5.–7. Jh. ins westl. Europa, wo es durch die Klöster weitere Verbr. fand. H. war und ist auch in vmed. Anwendung zur inneren Reinigung (Leber, Milz, Gelbsucht, Geschwüre). Von den rd. 550 Mill. DM, die im Bundesgebiet im heut. (1966) H.bau angelegt sind, entfallen 400 Mill. allein auf die bayer. Hallertau (Holedau; zw. Amper und Isar an der B 301; Mittelpunkt: Mainburg). Früher sollen bis zu 100000 H.zupfer dorthin gekommen sein. Heute leisten diese Arbeit rd. 5000 Pflückmaschinen im Bundesgebiet. Die Holledau ist das Land der »Schimmelkapellen« und des Spottliedes vom »H.er Schimmel«. Das Volk glaubte, daß der H. in der Christnacht blühe.

F. Fuchs, Das H.baugebiet Hallertau als Wirtsch.landsch. Diss. Münch. 1936; L. Kroeber, Das neuzeitl. Kräuterbuch. 3 Bde. 1947–49; W. Linke, Der H.bau. ²1950.

Hopse → Hüpfspiel.

Hopser → Walzer.

horchen. Das H. auf meist nächtl. Laute, wie Hundegebell, Hühnergackern, dämonische Stimmen (→ Tempelschlaf) u. ä., ist schon im 8. Jh. bezeugte Form des → Orakels: *»qui . . . ad auscultandum vadet, ut aliquid de daemoneis audeat, non christianus, sed paganus est«.* Das Sitzen auf der Ochsenhaut und H. am → Kreuzweg tadelt später auch → Burchard von Worms. Mit dem H. verwandt ist die nord. Zukunftsschau der *utiseta* (Draußensitzen). → Andreas.

Horn. In der → Vmusik ist die Bed. des H. von Nachtwächter und → Postillon, → Hirt und Senn heute gering. Für das Blasen des Wetterh. erhielt der Türmer im Böhmerwald den Naturallohn des »Hörndlkorns«. Wie von anderen primit. Musik- und Lärminstr. geht vom Klang des H. dämonenabwehrende Kraft aus (→ Glocke). Von Advent bis zur Christmette wurde das »Middewintersh.« geblasen (Westf.). Unter den Musikanten der → Klöpfelnächte sind auch Bläser von Bocks- und Kuhh. Den altgerm. Luren kam kultische Bedeutung zu. Von wunderbaren Heerh. berichtet die altnord. und die spätere Sage (Rolands Olifant, Stier von Uri). Teufel und Tod erscheinen gelegentlich als H.bläser. Als »H.blase« macht die Hexe Nebel. Manches Hirtenh. weist reiche Schnitzkunst auf.

H.er als Rest alter Tiermasken tragen noch die → Bercht und andere Dämonen der Mittwinterzeit. Die Abb. zeigt eine Salzburger Rüsselmaske der Perchtenzeit mit einem Widderhorn. Auch die H. der Götter, Dämonen und Heroen (Serapis, Ammon, Dionysos, Moses, Alex. d. Gr.) gehen wohl auf tier. Vorstufen des Kultes zurück. Der → Teufel besitzt die H. (Hörnlpauli, der Gehörnte, Gitzigäbeli) schon in der altchristl. Überlieferung. Das Tierh. als Waffe, aber auch als Träger der Lebenskraft (→ Kopf, Schädel) hat magische Abwehrkraft und ziert deshalb Haus und Stall, aber als kleines → Amulett auch Hals und Arm. Das germ. Trinkh., im Brauch der Studenten und Turner noch lebendig, wurde von der Kirche den Getauften untersagt. → Alphorn, Böser Blick, Einhorn, Weihnachten, Maske, Deposition.

F. Piersig, Die Einf. d. H. in d. Kunstmusik . . . 1927; K. Taut, Die Anfänge d. Jagdmusik. 1928; E. Seemann, H. im HDA; W. Stauder, H. Hickmann, G. Karstädt, H.instr. In: Musik in Gesch. u. Gegenw. 6 (1957) Lit. → Vmusik.

Hornisse, Hornussen. Tirol. Hurnaus, pfälz. Neuntöter, niederdt. Peersteker, Neigenmörder. Der Glaube an die Gefährlichkeit der H. ist verbreitet. Im alem. heißt es: eine H. töte einen Menschen, sieben ein Pferd.
Mit dem Wort H., das selbst schallnachahmend ist, wird in der Schweiz die surrende Scheibe beim »Hornussen« und dieses Spiel selbst benannt. (in → Fischarts Gargantua: »Hurrnauß«). Ein Baumstämmchen wird dabei schief in die Erde gedrückt und am emporragenden Ende mit Lehm eine kleine Holzscheibe befestigt, die sog. Hornuß. Die eine Mannschaft schlägt m. einem langen grünen Stock, dem Schlegel, den Hornuß gegen das 200–300 m weit entfernte Ziel, wo die Gegenpartei die durch die Luft surrende Holzscheibe mit großen Holzschaufeln, »Schindeln», aufzuhalten versucht; oft tun sie es in geschickter Weise so, daß sie die Schindeln hochwerfen, um den Hurnuß noch in der Luft zu stoppen. E. H. Meyer verglich das Spiel mit dem engl. → Tennis und mit dem altnord. *sköfnleikr* (Schaufelspiel). Das bes. im Kanton Bern bekannte H. hat schon Jeremias Gotthelf 1841 ausführlich beschrieben. Bei dem großen Züricher Fest von 1889 vereinigten sich die Schweizer → Schwinger mit den Hornussern. Von den 1924 bestehenden 260 H.gesellschaften mit rund 7500 Mitgliedern gehörten 200 Verbände allein dem Kanton Bern an. Verwandt ist das Mazzeschlagen der Graubündner und das Schlagen mit der »Beinkugel« in Kärnten und Steiermark. Beim schlesw.-holst. Spiel mit dem Klinkholz oder Klisch hängt man an einen in die Erde getriebenen Stock ein hakenförmiges Holzstück. Ein Spieler schlägt es mit einem Stock fort, die andern versuchen es mit der Hand im Flug zu fangen. → Kugelspiele.

Eidgenöss. Schwinger-, Hornusser- u. Jodlerzeitg. (seit 1906); J. B. Masüger, Schweizerbuch d. alt. Bewegungsspiele, 1955.

Horoskop. Das älteste heute bekannte H. stammt nach Gundel aus dem Jahre 410 v. Z. Aus der gelehrten babylonisch-assyr. und hellenist. → Astrologie hervorgegangen, wurde H.ie im MA ein Teil des Volksglaubens. Noch heute kann besonders die Großstadtvolkskunde nicht daran vorbeigehen. Mythischer Sternglaube, der von der Vorbestimmung alles Geschehens überzeugt ist, und gelehrte Deutung der Konstellation der Gestirne (bei Empfängnis oder → Geburt) verbinden sich in der H.ie zu einem Ganzen, für das immer wieder wie für den → Okkultismus überhaupt wissenschaftl. Rang beansprucht wird. Araber, Renaissance und neue Astrologie haben die H.ie umgestaltet. Die Vorhersage über politische u. meteorologische Ereignisse ist heute verdrängt durch das auf persönliches Schicksal eingestellte H. – Die Vieldeutigkeit des in seinem mathem.-techn. Verfahren so hoch entwick. H. fördert in jeder Weise die Selbsttäuschung, die sich auch durch die mit großem Aufwand durchgeführten statist.-wiss. Prüfungen nicht belehren läßt. Unter den Voraussagen der Astrologen für 1954 fanden sich nur 5 v. H. Treffer (Rhein. Merkur). Trotz ihrer nüchternen (zum Teil einfach landwirtsch.) Herleitung werden bes. die Tierkreiszeichen, die zwölf zodiakalen Bilder vom Widder bis zu den Fischen, für so etwas »wie die kosmisch symbol. Geheimschrift eines Mysterienwegs, einer läuternden Persönlichkeitsentwicklung« gehalten (Hartlaub). Zumal seit 1945 meinen unzählige Zeitungen und Zeitschr., ohne ein primitiv erläutertes H. keine Leser zu finden. Nicht zu leugnen ist die autosuggestive Steigerung des Ichbewußtseins, die Glückssicherheit dessen, der »an seinen Stern glaubt«. – Eine gründl. Unters. des Gebietes gibt Stegemann in: HDA 4, 342–400. Seit 1971 spendet der erste »Wahrsagecomputer« der Welt in München in nur zwei Minuten ein sechs m langes u. etwa 40 cm breites Groß-H., nachdem Geburtsstunde, -tag und -ort eingefüttert worden sind. Für 15–45 DM erfährt man alles über »Ehe, Glück, Liebe, Karriere, Gewinnchancen, Glückstage, G.zahlen und G.steine« (Tsp. 25. 11. 71). Auch Firmen befragen das Elektronengehirn »Century 100«.

H. Koch u. W. Knappich, H. u. Himmelshäuser, 1959ff. (Antike Grundlagen; Reduktion d. chronol. Ansätze; Aufkommen d. vkdl. bedeutsamen individ. oder Geburtsh.); P. Bauer, H. u. Talisman. 1963. Weit. Lit. → Astrologie.

Hörselberg, Horselberg, Hoselberg; bei Eisenach. Schon Anfang des 16. Jh. (Paracelsus) als Hexenplatz u. Geisterberg genannt. Die weiße Frau, die Holda wohnen im H. Aus ihm kommt in den Zwölften und zu Fasnacht die → wilde Jagd. Venusberg (mit dem »Hörselloch« als Venushöhle) ist der Große H. (484 m) schon im 15. Jh. Die H.e sind auch Schauplatz der Sage vom → treuen Eckart. → Blocksberg, Tannhäuser, Holle.

J. Grimm, Dt. Mythologie [3]1854, S. 887 u. 1004.

Hoseker → Nikolaus (Karte).

Hoselberg → Hörselberg.

Hosenrecken → Jakobsen.

Hostie von lat. *hostia* = Opfertier. Bez. der durch die Wandlungsworte konsekrierten, aus reinem Weizenmehl gebackenen Oblate, die in Ziborium und → Monstranz im Tabernakel aufbewahrt und vom Priester beim Meßopfer wie vom Gläubigen bei Kommunion, Abendmahl und letzter Ölung genossen wird. Bei der Prozession zu Fronleichnam, dem eigentlichen H.fest, wird die H. in der Monstranz durch die Felder getragen, während ihr Gebrauch bei anderen Flurumgängen von der Kirche verboten wurde. Früher waren die H. tellergroße Brotscheiben mit Einkerbungen zum Brechen. Da die H. nach der Transsubstantiationslehre (→ Abendmahl) der mystische Leib Christi ist, hat sie höchste Wunderkraft (z. B. bei Caesarius von Heisterbach; in H.wunder und Wallfahrt in Wilsnack, Andechs, Bolsena), die auch zu freventlichem Zauber mißbraucht wird (→ Jagd, Freischütz). Sie bringt guten Schnapsverkauf, wenn sie unter der Branntweinblase eingemauert wird (Ostpreußen). Auf die H. schießen, mit Oblaten das Gewehr laden, gibt den zielsicheren »Freischuß». Viele Sagen erzählen aber auch, daß fließendes Blut den Frevler erschreckt. Schon i. 4. Jh. kämpft die Kirche gegen den H.mißbrauch. Der Inquisitor Bernhard Guidonis von Toulouse († 1331) setzte u. a. als Strafe, daß der H.schänder auf alle Kleider eine große H. in gelber Farbe aufgemalt auf Rücken und Brust tragen mußte. Juden, Hexen und Freimaurer standen oft im Verdacht des H.frevels. Tiere knien vor der H. nieder. Um eine entehrte H. bauen die Bienen eine Kapelle, wie sie als Schwarm zu Johanni in Gestalt einer Monstranz sich niederlassen. Die Leg. und Sagen von der H. im Bienenstock gehören »in den weiten Ring der Mirakelgesch. von ›H.wundern‹ einer Zeit, deren Geist sich an der Frage der Transsubstantiation in Zweifel und Dogma entzündet hatte« (Kretzenbacher; die bisher ält. Fassung der Leg. bei dem Cluniacenser Benediktiner Petrus Venerabilis, † 1156, im Buch »De miraculis«). → Eucharistie, Farbe.

H. Krömler, Der Kult d. Eucharistie, 1949; L. Kretzenbacher, Die Leg. v. d. H. im Bienenstock, Zs. f. Vkde 56 (1960); L. Schmidt, Ein Mirakelbild d. Wolfsberger H.legende. G. Moro-Fs.: Carinthia 152 (1962).

Howölfle → Wowölfle.

Hubertus, hl. (3. 11.). Der hl. H., als Bischof von Lüttich 727 gestorben, wird besonders in den Landstrichen am unteren Rhein verehrt. In der Diözese Köln gehörte H. (mit den Heiligen Antonius, Quirinus und Cornelius) zu den heiligen vier Marschällen, einer den → vierzehn Nothelfern vergleichbaren Gruppe. Schon im 9. Jh. erscheint H. in den Ardennen als Schutzherr der Jagd, dem die erste Beute dargebracht wurde, wie hundert Jahre früher der → Diana geopfert worden war. Heute ist dieses Patronat weit verbreitet. Mit der »Hubertusjagd« wird die Großjagd eröffnet (z. B. vom früheren Berliner Kaiserhof). Das in der Kunst oft dargestellte Attribut des Heiligen jedoch, der Hirsch mit dem Kreuz im Geweih, entstammt der Legende des 15. Jh., die den Zug vermutlich aus der Legende des hl. Eustachius entlehnt hat. H. wurde auch Patron von → Schützenbruderschaften. Wie die Hilfe des hl. → Nikolaus von Dieben beansprucht wird, so galt dem H. auch ein alter Spruch der Wilddiebe. Seit dem 10. Jh. ist H. Beschützer vor der gefürchteten Tollwutverletzung. Mit dem »Hubertusschlüssel« wurden Bißwunden ausgebrannt. Schutzwirkung wurde auch am H.tag geweihten Brötchen zugeschrieben. Die Eigenschaften des H. als Schutzherr der Jagd und Beherrscher des Waldes ließen an den Vergleich mit Gestalten der germ. Mythologie denken. In der Volkssage ist nur die Beziehung zum wilden Jäger belegt. Die Monographie von Huyghebaert zeichnet die westeuropäische (belgische) Entwicklung des H. Kultes und bietet reichen ikonographischen Stoff von den Plastiken des MA über die schlichten Holzschnitte (→ Andachtsbild) des 19. Jh. bis zu modernen Karikaturen.

Gaidoz, La rage et St. H. (Bibliotheca mythica, 1), 1887; E. Martin, H., 1922; L. Huyghebaert, H., 1927; A. Wrede, H. Im HDA; L. Huyghebaert, Sint H. Patroon van de jagers, in woord en beeld. Antwerpen, 1949; L. Peltzer, H.fest. Rhein.-westf. Zs. f. Vkde 7 (1960); A. Pfaffrath, Die H.legende. Ihre Entst. u. Bed. f. d. heutige Zeit. 1961.

Hubertusjagd → Hubertus.

Huck auf die Magd → Flieder.

Huckup → Hockauf.

Huflattich, (Roßhuf, Sammetblackte, Berglätsche, Papenmütz, Brustlattich; *Tussilago farfara*). Der Name Lattich wurde vor der hd. → Lautversch. nach lat. *lactuca* gebildet. Das Blatt hat die Form eines Pferdehufs. Man gab H. ins Futter, um Pferden ein feuriges Aussehen zu verschaffen. Die Blätter geben ein bitter-schleimiges, zusammenzieh. Hustenmittel, das schon die Antike kannte. Die frischen Blätter kühlen Geschwüre und Entzündungen und »ziehen« Gesichtsrose und Rotlauf aus. Arme oder geizige Bauern streckten den → Tabak mit H. Goethe rühmte H. als Wildgemüse (1787): »der Salat von Zartheit und Geschmack wie eine Milch; man begreift, warum ihn die Alten lactuca genannt haben«.

Hufeisen. Das H. als glückbringendes Zeichen, wohl im ganzen dt. Sprachgebiet verbreitet, ist doch in Norddtl. häufiger anzutreffen als in Süddtl. und Österr., wo kirchl. Segenszeichen und Symbole den germ. Volksglauben in nachhaltigerem Maße verdrängt und ersetzt haben als im prot. Norden. In der Gegend der Kieler Föhrde z. B. sind an Stufen, Schwellen, Türen und Fenstern bescheidener Wohnungen wie reicher Villen H. zu beobachten, manchmal (in Schrevenborn) sind 5 bis 7 H. über der Haustüre an einem Haken aufgehängt (1934). H. am Mast des Schiffes bringen Glück. Die besonderen Umstände des → Findens und des Anbringens von H. werden in Land und Stadt beachtet. Es muß gefunden sein, und nur dem Finder bringt es Glück, am meisten, wenn das Eisen ganz und die Nägel vollzählig sind. An einem H. auf dem Wege darf man nicht vorbeifahren. Mindestens muß man dreimal darauftreten. In Berlin heißt es »Schossee gilt nicht«, das H. muß auf einem Feldweg gefunden sein, auch sagt man, ein rostiger Nagel müsse drin sein. Ein Haus der Straße Unter den Linden in Berlin bewahrte ein H., das seinerzeit ein Kosake auf der Flucht verloren haben soll.
In der Frage der Herkunft dieses Glaubens weist Freudenthal (HDA 4, 437ff.) mit Recht an erster Stelle auf die Bedeutung hin, die das → Pferd bei den Germanen in Glaube und religiöser Begehung besessen hat (→ Giebelbretter, Schädel). Auf den von Fr. besonders betonten Zusammenhang weist auch die Tatsache, daß Bodenfunde von H.-lagern gemacht worden sind, die durch die Nachbarschaft von Quellen oder Bächen eine Opferbedeutung vermuten lassen.
In der neueren Anwendung des H. wirken indes noch andere auch sonst bekannte Vorstellungen mit. → Eisen, Finden, Kreis, Fuß, Karsamstag, Leonhard.

Chr. Petersen, H. u. Roßtrappen usw. 1865; Lawrence, The magic of the horseshoe, 1898; S. Seligmann, Der böse Blick, 1910; Howey, The horse in magic and myth, 1923; R. Beitl, Volksglaube der Großstadt; in Dt. V.tum der Gegenw., 1933; G. Carnat, Das H. in s. Bed. f. Kultur u. Zivilis. Zürich 1953; J. Nickel, Der Strauß m. d. H. im Schnabel. Hess. Bll. f. Vkde. 49/50 (1958). Vgl. Lit. → Pferd.

Huhn. Im Ernte- und Drescherbrauch wird neben dem → Hahn auch die Henne als Korntier genannt. Wer den letzten Drischelschlag tut, hat die Stadlhenne erschlagen. Als leicht erschwingliche Ausgabe ist das H. häufiges Opfertier, das bei Grundsteinlegung oder Flußfest geopfert wird (→ Bauopfer). Wie schwarz die Farbe des Dämonischen ist, gilt ein schwarzes H. als gefährlich und als »feuriger → Drache«.

J. Scheftelowitz, Das stellvertretende H.opfer, 1914; F. E. Zeuner, Gesch. d. Haustiere. 1967.

Hühnerauge, v. mlat. *oculus pullinus* (7. Jh.); auch Krähen- oder Elsternauge. Das niederdt. Leichdorn bezeichnet H. und → Gerstenkorn. H. werden ähnlich wie Warzen vertrieben durch Besprechen, Übertragen, durch Auflage von Knoblauch, Hauswurz oder Menstrualblut, häufig durch sympathetische Berührung von Leichen. Die Dt. in Pennsylvanien sagen, man müsse H.

mit dem Rasiermesser eines Toten ausschneiden.

Dt. Wortatlas XX.

Huldenstraße → Milchstr.

Hulkan → Neujahr.

Hullemann → Hehmann, Holle.

Hülpe → Kümmernis.

Hülse → Stechpalme.

Hülsenfrüchte, → Erbsen, → Bohnen, Linsen werden besonders oft unter den Speiseverboten (→ Fasten) der Zwölftenzeit genannt. Dölger will dies auf die Geltung der Bohne als idg. Totenopfer zurückführen. Im Kult der alten Völker galten H. als unrein. Als Totenopfer war die Bohne bei Orphikern und Pythagorärn von den Speisen ausgeschlossen. In Mitteleuropa wird seit mehr als einem Jh. → Getreide wegen der gesicherteren Erträge vorgezogen, im südl. Eur. sind die proteinreichen H. noch immer ein Hauptnahrungsmittel. Der Anbau bes. der Ackerbohne ist uralt.

F. Boehm, de symbolis Pythagoreis, Diss., 1905; A. Scheibe, in: Hdb. d. Landw. 2. 1953.

Humann → Hehmann.

Hund. Der H. ist nicht nur der älteste Hausgenosse unter den Tieren, der Begleiter des → Jägers und → Hirten, der neben dem → Pferd auch als vorgesch. → Grabbeigabe gefunden wurde, sondern er gilt bis in den heutigen Volksglauben hinein wie das Pferd als geistersichtig und zukunftkündend (→ Vorzeichen), ja nicht selten als dämonisches Tier. Vom Welthund (Weltrüde) wird in norddt., vom Klushund, Wasserpudel usw. in süddt. Sagen erzählt (Dorftiere). Oft hat auch der → Hockauf die Gestalt eines aufspringenden H. Aber neben dem »Feuerheiß« (Gewehr) und »Dem-ich-den-Namen-nicht-weiß« (Brot), ist der »Grambeiß« (H.) in der Geistersprache auch der Schützer des Sennen, der in die einsame Winteralpe eindringt (Vorarlberg). Um einen H. der Zaubermacht zu entziehen, gibt man ihm den Namen des zaubergefeiten → Wassers, also z. B. Strom, Donau (Bayern), Rin (im Tiergedicht »Reineke Voß«). → Tod.

W. Koppers, Der H. i. d. Mythol. d. zirkumpazif. Völker. 1930; B. Klatt, Haustier u. Mensch. 1948; M. Leach, God had a dog. Folklore of the dog. New Brunswick-New Jersey 1961; F. E. Zeuner, Gesch. d. Haustiere. 1967; L. Kretzenbacher, Kynokephale Dämonen südosteur. Vdichtg. 1968.

Hundeblume → Löwenzahn.

H.rippen → Wegerich.

Hundsblüemli → Margerite.

H.schlager → Schinder.

H.dorn → Kreuzdorn.

H.fud → dreschen.

H.hoden → Herbstzeitlose.

H.kürbis → Zaunrübe.

H.rose → Heckenr.

Hungerbrot oder Notbrot nennt Höfler das Brot, welches in Zeiten wirtschaftlicher Not durch Zusätze zum → Mehl hergestellt wird (Hungerampfer, Kuckuckssalat, Mangold, Eberwurz, Eicheln, Bucheckern, Baumrinde). Viele solcher H. sind aus der Zeit der Weltkriege in Dtl. nur allzuwohl bekannt. Auch die kleinen und kleinsten Brote und Brötchen, von vielen Heimatmuseen aufbewahrt, erinnern an Notzeiten. Ein »Engelbrot«, das der hl. Margaretha vom Himmel als H. gebracht wurde, ist in einem Florentiner Bilde festgehalten. Höfler bemerkt dazu, daß der Engel »als Notbrot anscheinend Klöße bringt« (Semmelknödel von altbackenen Überresten).

M. Höfler, Zs. f. öst. Vkde., 20 (1914).

Hungerblume → Hirtentäschelkraut.

Hungerbrunnen, -quellen, -bäche fließen nur zeitweise bei übergroßer Bodenfeuchtigkeit. Deshalb glaubt das Volk, daß ein Versiegen des H. bessere Ernte anzeige. Bes. in Süddtl. ist diese Erscheinung bekannt (Kr. Ulm, Kr. Heidenheim, Schwäb. Alb) und in der V.erzählung geschildert.

H. Binder, Die v.tüml. Überl. um den H. In: Württ. Jb. f. Vkde 3/4 (1957/58) (Mit 8 Abb. u. 2 Karten. Für Bayern gibt es ältere Darst.)

Hungertuch, Fastent., F.laken. Um das Jahr 1000 zum ersten Mal erwähnt, wurde der Brauch nach dem MA seltener, hat sich aber gebietsweise bis heute gehalten. Die Bildwerke, bes. das Kruzifix der Altäre, wurde und wird in der → Fastenzeit verhängt zum Zeichen, daß die Gottheit Christi während seines Leidens verhüllt ist oder daß der Mensch sich durch Sünde aus dem Paradies ausgeschlossen hat. Auch in den Chorbogen der Kirche wurde das H. gehängt und blieb dort bis zum Mittwoch in der Karwoche, wo man es bei der Textstelle »und der Vorhang im Tempel zerriß« herabgleiten ließ. Das H. war urspr. ein undurchsichtiges Gewebe aus Leinen oder Seide, in der roman. Zeit bestickt und späterhin bemalt. Mit der Renaiss. kommt als dritte Art der Auszier die Filetarbeit hinzu (→ knüpfen). Die erhaltenen Tücher, Arbeiten des 15.–18. Jh., stammen in Dtl. aus dem alem.-österr. und aus dem westfäl. Gebiet. Im S sind sie gewöhnlich bemalt, im N in → Netznadelarbeit gestickt. Die H. Westfalens sind Meisterwerke der textilen kirchl. Vk. Bald sind sie mit pflanzl.-figürl. Motiven in Füllstich ausgeziert, bald umrahmen breite Leinenstücke die quadrat. Durchbruchfelder. Spitzen schließen das Ganze ab oder verbinden einzelne Teile. Entsprechend dem Zeitgeschmack wird auch Tülldurchzug angewandt. Das Thema dieser Vorhänge ist in erster Linie das Leiden Christi, wobei mitunter alle Stationen des Kreuzweges abgebildet werden. Dazu kommen, wappenartig stilisiert, die Symbole der Evangelisten, das Lamm mit der Siegesfahne oder ausgewählte Bilder des Alten Test. Auf dem H. von Heiligengrabe (Brdbg) erscheint an Gewändern und Borten das → Hakenkreuz. Auf dem berühmten H. von Telgte von 1623 vereinigen sich Entwurf, Technik und Werkstoff in den 33 Szenen der Passionsgesch. zu stärkster dekor. Wirkung. Es ist eine Arbeit von adligen Frauen (→ Klosterarbeit). In Westfalen sind noch 32 H. vorhanden oder im Bild nachzuweisen, 21 sind verschollen, aber urkundl. bezeugt. Die H., Velen oder »Smachtlappen« wurden in drei Techniken hergestellt: bemalt, handgedruckt und gestickt. Das älteste näher bekannte H. ist jenes aus Altenberg (Lahn) aus der Mitte des 13. Jh., das größte das des Freiburger Doms von 1612. Berühmt ist das H. aus dem Dom zu Gurk (Kärnten) von 1458. Die weitaus größte Zahl der H. gehört dem 17. Jh. an. Der schlechte Zustand kostbarer H. stellt die Denkmalspflege vor eine schwere Aufgabe.

Zs. f. christl. Kunst, 7 (1894; Savel) und 22 (Handel-Mazzetti); Brunner, Das H. v.

Telgte in Westfalen. Zs. f. Vkde. 21 (1912); J. Emminghaus, Die westf. H. aus nach-mal. Zeit u. ihre liturg. Herkunft. Diss. Münster 1949 (Der Begriff Vk. erscheint hier zu eng gefaßt); W. Borchers, Kirche u. Vk in Westfalen. Zs. f. Vkde. 54 (1958); P. Engelmeier, Westfäl. H. vom 14.–19. Jh. 1961.

Hüpfspiel, Hopse. Unter den Hüpf-, Hink- und Springspielen ist die Hopse das bekannteste. Allein in Berlin bestanden um 1935 hunderte von Namen und Formen (Himmel und Hölle, Wochentagh., Fliegerh., Doppeldeckerh., Briefkastenh., Schneckenh., Todessprung usw.). In der Stadt geben das Steinpflaster des Gehsteigs und ein paar Kreidestriche die Spielfigur, die nach bestimmten Regeln (auf beiden Beinen, rechtes, linkes Bein, gekreuzt, ein Feld überspringend, einen Stein oder eine Kette vor sich her stoßend) zu durchhopsen ist, ohne einen Strich zu berühren. Auf dem Land werden die rechteckigen Felder in die Erde geritzt (Schl.-Holst.: Hinkelpot, Hinke; Bremen: Hinkepink; Holland: Hinkespel, Hinkepinken; Altmark: Humpelfix; Ob.schles.: Kastles; Baden-Elsaß: Glockespiel, Hopsiglock, Kirchenfensterlis; Schweiz: Hoppen; Österr.: Tempelhupfen). In → Fischarts »Gargantua« heißt es Hinkspiel. In Schottland ist es bekannt als scotch hopping, in Frankr. als la marelle. Guts Muths nahm es als »Fußscheibenspiel« in seine Spielbeschreib. auf. Die H. ist nach J. de Vries bekannt in einem »Gebiet, das von Österreich nach Irland reicht«. → Gummitwist

J. de Vries, Unters. ü. d. Hüppespiel. Kinderspiel-Kulttanz. Helsinki 1957; R. Peesch, Das Berliner Kinderspiel d. Gegenw. 1957.

Huppen → Weide.

Hurnaus → Hornisse.

Hutreiten → Reiterspiele.

Hüttenfeuer → Funkensonntag.

Huttler, Name der buntgekleideten (Hudel = Lappen) Fasnachtsmaske in der Gegend von Hall und Innsbruck. Mais und Flachs gedeihen, wenn sich viele am H.laufen beteiligen. Der alemann. Fasnachtsruf (Montafon: »Jöri, Jöri, Kuttlablätz«) gehört wohl hierher. Das H.laufen schilderten W. Hein in d. Zs. d. Ver. f. Vkde 9 (1899) und A. Dörrer in: Tiroler Fasnacht. 1949. → Fasnacht, Maske, Bercht, Perchten.

Hutzelbrot → Weihn.

Hyazinthe → Garten.

Hypnotismus → Okkultismus.

Ichthyol → Mumie.

Idisi. Die I., bekannt als Helferinnen des Kriegers im 1. → Merseb. Zauberspruch, werden wie die nord. Disir als Inbegriff dreier weiblicher Dämonengruppen gefaßt, der → Nornen, Folgegeister und → Walküren. Mit den letzteren sind die I. als Kampfjungfrauen, mit den Nornen durch ihr schicksalhaftes und zauberisches Flechten verwandt.

Ihrzen → Anrede.

Ikonographie (v. gr. ›Bildbeschreibung‹), Ikonologie. In der Kunstwiss. gebräuchlichere Bez. für die Erfg. von Wesen und Inhalt, Gesch. und Verbr. der Bilder und ihrer Motive. In der Vk. stammen wesentl. Unters. von M. Höfler, Joh. Bolte, A. Spamer, K. Spieß, W. Fraenger, L. Schmidt, L. Kretzenbacher, in der Kunstwiss. von M. Geisberg, H. Kohlhausen, P. Heitz, K. Künstle u. a. Bes. entwickelt ist die christl. I. (→ Attr., Heilige usw.), die der weltl. Kunst steht erst in den Anfängen. Eine gründl. Studie zur I. der Vk. gab A. Walzel. Über ältere Vorlagen der oberschichtl. Stilkunst lassen sich einzelne Elemente und Motive in den Barock (Soldatenbilder, Reiter, Flammendes Herz), in die Renaiss. (Vogel- bzw. Hahnreiter), in das späte MA (Liebeskränzlein, Kinderbaum, Ehestreit um die Hose) und selbst in die Antike (Vierj.zeitenbilder Hirschreiter, ABC) zurückführen. Ebenso wichtig wie solche Nachweise sind die Fragen nach der stilist. Wandlung des Bildgutes in der Vk. und nach der Bed. der Bildmotive (mit ihren häuf. Begleittexten) wie der Gegenstände selbst (Minnegabe, Patenbrief usw.) im Leben des Volkes. → Gebäckmodel, Bilderbogen u. a.

K. Künstle, I. d. christl. Kunst, 2 Bde., 1926–28; H. Aurenhammer, Lex. d. christl. I., Wien 1959–67; H. Laag, Wb. d. altchristl. Kunst, 1959; Zwischen Kunstgesch. u. Vkde, Fests. f. W. Fraenger, hg. v. R. Peesch, 1960 (Thema: V.überlief. u. bildl. Zeugn.); A. Walzel, Liebeskutsche, Reitersmann, Nikolaus u. Kinderbringer, 1963; W. Malsdorf, Christl. Symbolik d. mal. Kunst, ²1926, Neudr. 1968; Lex. d. christl. I., hg. v. E. Kirschbaum, 1968 ff.

Ilge → Lilie.

Ilmedretschen → Elfen, Narrenaufträge.

Iltis, *mustela putorius.* Das germ. Wort bedeutet wohl ›lohbraunes Wiesel‹ (ahd. *illitiso*). Bayr. Elledeis hält noch die ahd. Namensform fest. Im niederdt. heißt der I. Ellenbütt, Ulk, Elbtier, im Mitteldt. Ratz. Als Butze-, Bulle- u. Mummelratz ist er hier häufige → Schreckgestalt, auch als blutsaugerischer Ulks oder Ulksbaubau in Norddtl. Letztere Eigenschaft wird wohl vom → Marder auf ihn übertragen, mit dem er auch bei Fasnachtsumzügen (z. B. Müggelheim bei Köpenick) als Fruchtbarkeitstier gelegentlich die Rolle wechselt. Er ist auch Seelen- und Totentier. → Wiesel.

Dt. Wortatlas XIII

Imme, Imker → Biene.

Immortellen → Edelweiß.

Impotenz. Geschlechtliches Unvermögen wird wie viele Krankheiten ohne sichtbare Ursache (Kopfweh, Kolik) auf dämonische oder zauberische Wirkung zurückgeführt. Besonders die Ligatur, der Bindezauber in allen seinen Formen (Binden, → Band, Nestelknüpfen) war gefürchtet und in den Hexenprozessen hartnäckig verfolgt. Manchmal wird von einer Liebenden und Hexe I. nur gegen eine bestimmte andere Frau angezaubert. Gegenmittel und Lösungszauber ist, wenn man den Urin durch den Ehering an drei Morgen (Bayern) oder durch die zum Ring geschlossenen Finger (→ Kreis) läßt. Auch die → Aphrodisiaka werden gegen I. verwendet. Ausführlich handelt darüber:

Hovorka-Kronfeld, Vergleichende V.medizin, Bd. 2, S. 163 ff.; F. Steinleitner, Mittel z. Anhexen der I. u. Heilen d. angezauberten Mannesschwäche, Zs. f. Vkde 42 (1933).

Imster Schemenlaufen, heute wohl der bekannteste Brauch der → Fasnacht in Tirol. Die Imster selber sagen: »Wir gehn in d'Fasnacht«. An dem in Innsbruck und im ganzen Oberinntal schon im 13. Jh. nachweisb. S. beteiligten sich im 15. und 16. Jh. auch der Landesfürst und selbst der Bischof von Brixen. Von Verboten hören wir früh: 1576 Waffentragen, 1587 S. bei Nacht, 1618 und 1629 Tragen von Teufelsmasken. 1697 war das S. nur noch in den Vororten von Innsbruck gestattet. Das allg. Verbot von 1707 blieb teilweise auf dem Lande, so vor al-

lem in I. unbeachtet. Abraham a Santa Clara berichtete vom I. S. Nach 11jähriger Unterbrechung und nachdem die ältesten Masken und Ausstattungsstücke 1945 durch die franz. Besatzung verloren gegangen waren, wurde der weitberühmte Brauch 1949 wieder aufgenommen. Heute wird er nur mehr alle drei, vier oder fünf Jahre durchgeführt (Verkehrsamt I. 1971). Beim I. S. (nur Männer!) beteiligen sich folgende Masken: Roller und Scheller als Frühling und Winter, Hexen, Sackner (bunte, kugelförmige Säcke schwingend), Spritzer, Kübelemaje, Bärenbande, Labera (Rügeverse singender Chor), Fasnachtswagen mit komisch-krit. Darstellungen.
Überlief. Sprüche bezeugen die alte Fruchtbarkeitsbed. mancher Züge des I. S.:

»Je heacher d'Roller beim Kroastonz springe
und je tiefer der Schaller schallt,
umso heacher weard's wachse auf'n Fald!«
oder
Wenn in Gompas und auf Arzill (Imster Flurnamen)
Der Tirge (Mais) it recht wachse will,
na müaße d'Imster in d'Fasnacht giah,
noche steaht der Tirge wieder schia!

I. hat ein Heimatmus. und ist Sitz des ersten SOS-Kinderdorfes der Welt. → Schembartlaufen, Folklorismus.

K. Kugler, S. u. Scheibenschlagen in Imst., Oberdt. Zs. v. Vkde 17 (1943) (Abb.); A. Dörrer, Tiroler Fasnacht, 1949; Imster Buch, hg. v. R. Klebelsberg, 1954.

Incubus, Succubus (lat. ›Darauf-, Darunterliegender‹). I. ist im lat. wie noch heute im Italienischen *(incubo)* Bez. des → Alp, im genaueren des männlichen Alpdämons im Gegensatz zum weiblichen, der als S. den Schlafenden zum Liebesverkehr nötigt. Die Bezeichnungen wurden im MA ins Dt. übernommen, und in den Hexenprozessen wurden viele Frauen beschuldigt, des Teufels S. und Buhle zu sein. Im 16. Jh. glaubte das Volk z. B. an einen S. des Markgrafen Albrecht von Brandenburg. Der → Sprachatlas Italiens und der Südschweiz bietet eine Karte von der Verbreitung des I.glaubens in Italien. Im griech. hieß der I. Ephialtes (›Aufspringer‹). Das war der Name eines Fauns, der die Frauen in der Nacht beschlich (→ Alp). → Hexe, Mittagsgeister, Hockauf.

Roscher, Ephialtes, 1900.

Indiculus *superstitionum et paganiarum.* Unter Kapitularien, Bußbüchern, Predigten und ähnlichen frühen mittelalterlichen Quellen über vorchristl. Volksglauben nimmt der in diesem Wörterbuch oft genannte I. vom Ende des 8. Jh. eine wichtige Stelle ein, obwohl er nur aus 30 kurzen lateinischen Sätzen besteht, die wohl nicht Titel zu verlorenen Schriften, sondern Merksätze für Geistliche darstellen. Von Totenbräuchen, Wahrsagung und Zauber an Kultstätten (Steine, Bäume), von einem dem → Blochziehen verwandten Umzug mit dem → Pflug *(sulci circa villas)* vom *nodfyr* (→ Notfeuer) und von Göttern *(Mercurius, Jupiter)* ist die Rede.

Kommentierte Ausgabe: H. A. Saupe, Der I. s. et p., Progr. d. städt. Realg., Leipz., 1891; H. Homann, Der I. . . . Diss. Gött. 1965.

Industrie, v. lat. *industria* ›Fleiß, Betriebsamkeit‹. Der im Gegensatz zum → Handwerk stehende gewerbl. Großbetrieb, wie er sich als → Haus-I. schon an Stätten alter Vk. entwickelte (→ Nürnberg, Sonneberg, Seiffen, Oberammergau, Berchtesg.), aber vor allem die moderne Fabrik. Wie der i.elle Wirtsch.prozeß nicht erst im 19. Jh. begann, so ist die Welt der I. auch nicht gleichbedeutend mit → Stadt und Großstadt. Während der Begriff → Arbeit auch heute noch umfassend ist, engte sich der des → Arbeiters (vgl. dort Lit.) haupts. auf den in der I. Beschäftigten ein, während mhd. *arbeiter* auch noch den Handwerker umschloß. Den Grundstein einer neuen I.-Volkskunde legte vor allem W. Brepohl in seinen Arbeiten über das Ruhrgebiet (seit 1935 Sozialfgs.stelle in Gelsenkirchen, seit 1947 in Dortmund). Über die Ergänzungsbedürftigkeit soziol. durch vkdl. Erhebungsmethoden vgl. bes. M. Zender, Das Dorf im Umbruch der Zeit. Bemerk. zu e. repräsent. Dorfunters., in: Rhein. Vjbll. 21 (1956). → Hausfleiß, Hausgewerbe.

K.-E. Krämer, Die Entw. d. I.-V.tums an Rhein u. Ruhr, bes. im Spiegel d. zeitgen. Lit., Diss. Bonn 1949; W. Brepohl, I.volk im Ruhrgebiet, 1957; ders., Verwandlung westf. Lebensformen im Ruhrgebiet. Ged. u. Beob. zur i.ellen Vkde, in: Der Raum Westf. Bd. 4; R. Mayntz, Soz. Schichtung u. soz. Wandel in e. I.gemeinde, 1958 (Zum Schaden der Unters. – über Euskirchen im Rheinld. – ist vkdl. Fg. kaum berücksichtigt); R. Braun, Industrialis. u. Vleben. Die Veränder. d. Lebensformen in e. I.gebiet vor 1800 (Züricher Oberland), 1960; H. Bausinger, V.kultur in d. techn. Welt, 1961; ders., V.kultur u. i.elle Gesellsch., in: Beitr. z. dt. V.- u. A.kde 6 (1962); H. Rosenkranz – K. Spangenberg, Sprachsoziol. Studien in Thür., 1963 (Spr.wandel im I.zeitalter); R. Braun, Soz. u. kultureller Wandel in e. ländl. I.gebiet (Züricher Oberland) unter Einw. d. Maschinen- u. Fabrikwesens im 19. u. 20. Jh., 1965; K. Brockmöller, I.kultur u. Religion, [5]1965 (In Bayern andere Entw. als im rhein-westf. I.gebiet. Neue Kultformen wie Maifeier, Erntedankfest, Brücken- und Schiffsweihe gegen die »klass. → Liturgie« mit Heiligenverehrung, Weihen u. Wallfahrten); H. Schwedt, I.alisierung u. Brauchtum, in: Populus rev. 1966 (Aufn. aus 130 Gemeinden versch. Struktur); G. Bergmann, Das Vorerzgebirg. Mundart u. Umgangssprache im I.gebiet um K.-Marx-Stadt, 1965 (Ähnl. sprachl. Neuerungen wie um Glauchau u. Zwickau); E. W. Buchholz, Ländl. Bevölkerung an d. Schwelle d. I.zeitalter, 1966 (Gegend von Braunschweig; Eisenbahn, Fabriken, Gesindeabbau, Beginn der Landflucht); F. Krins, Die ostdt. Einwanderung in d. Ruhrgebiet vor 1945, in: Arbeit u. V.leben, 1967; S. Sieber, Stud. z. I.gesch. d. Erzgeb., 1967; J. K. Galbraith, Die mod. I.gesellsch., 1968 (Dazu H. Schwedt in: Zs. f. Vkde 65, 1969); G. Heilfurth, W. Brepohl z. 75 Geburtstag. Hess. Bll. f.Vkde 58 (1968).

Ingender → Monat.

Initiation. Als I.-, Einführungs- oder Übergangsriten *(rites de passage)* bezeichnet man nach v. Gennep die Bräuche, die bei fast allen Völkern wichtige Lebensabschnitte einleiten. Lily Weiser suchte Spuren davon auch im altgerm. Brauch nachzuweisen. In späterem und heutigem Brauchtum ist die I. festverwurzelt bei der Aufnahme in die Gesellschaft (→ Handwerker), in die → Nachbarschaft der Erwachsenen, in die Männer- oder Weiberbünde der Verheirateten, in die dörfliche → Burschenschaft, in die akademische Verbindung, schließlich in verblaßter Form bei jeder, auch großstädtischen, Einführung in einen Verein, Sportverband oder in einen neuen Lebens- und Arbeitskreis (Hochzeit, Ernte- und Drescherbrauch). Die I. hat den Charakter einer Belehrung, Prüfung und Kräfteübung, einer Schmerzzufügung (→ Hänseln), die oft bis zur symbolischen Tötung geht, und der Wiedergeburt (neuer Name usw.). Bei primitiven Völkern hat die I. bei der Mannbarmachung sehr ausgeprägte, aber nicht immer leicht erklärbare Form. Manche Bräuche zielen auf Stärkung und Wachstumsförderung des Initianten, auch im magischen Sinn. Er wird bemalt, maskiert und wird so der Kraft des von ihm dargestellten Geistes inne. Auch wer in Mysterien- und Zauberkunst eingeführt wird, ist ein Initiant. Besonders die Einführung der Hexe, der Abschluß des Bündnisses mit dem Teufel, weist Züge auf (ekelnde Speise, blutige Qualen, geschlechtliche Orgien ohne Befriedigung – Mysterienhochzeit), die einen Vergleich mit alten und primitiven Verhältnissen nahelegen. – I. ist auch die Linien- oder Äquatortaufe (Hauptelemente: Ritterschlag 1529 bezeugt; Rahsprung, Hänsen, Neptun; Decktaufe, die nach 1750 Brauch wird). Wahrscheinlich wurde die ältere Seemannstaufe in den Heimatgewässern auf den Äquator übertragen. → Bercht, Deposition, Jünglingsweihe, Alchimie, Geheimbünde, Sport.

O. Schade, Üb. Jünglingsweihe, Weimarer Jb. f. dt. Sprache, Lit. u. Kunst 6 (1857); H. Schurtz, Altersklassen u. Männerbünde, 1902; A. v. Gennep, Les rites de p., 1909; A. Becker, Frauenrechtl. in Brauch u. Sitte, 1913; M. Zeller, Die Knabenweihen, 1923; A. Haberlandt, Die volkstüml. Kultur Europas, 1926; L. Weiser, Altgerm. Jünglingsweihen u. Männerbünde, 1927; G. Caduff, Die Knabenschaften Graubündens, 1932; R. Thurnwald, Jünglingsweihe, Mädchenweihe; in Eberts Reallex. d. Vorgesch.; ders., Werden . . . v. Familie usw., 1932; H. Métraux, Schweizer Jugendleben in 5 Jhh., 1942; W.-E. Peuckert, Geheimkulte, 1951 (1. Kap.); F. Kirnbauer, Der Ledersprung, 1962; H. Henningsen, Crossing the Equator. Sailors' Baptism and Other I. Rites, Copenhagen 1961; C. D. Bleeker, I. . . . Leiden 1965.

Innovation (lat. ›Verjüngung, Erneuerung‹). Die Bez. wurde von der Naturwiss. geprägt und angewandt bes. auf Erschein. bei Pflanzen (fortges. Übergang des Wachstums von absterb. Sprossen auf junge). In nicht sehr glücklicher Übertragung bezeichnet man in jüngster Zeit in England und Skand. als I.forschung die an sich nicht neue, aber noch entwicklungsfähige »Gegenwartsvkde«. Verbindungen zur neueren Soziol. und Psychol., die aus dem → Sprachatlas und den vkdl. → Atlanten erwachsenden Arbeiten, bes. aber die seit 1914 in Zeitmaß und Umfang sich steigernden Veränderungen in den europ. Völkern verlangen diese Ergänzung der bis vor kurzem vorwiegenden hist. Fg. – W. Hävernick bez. die neu »aufkommende Gewohnheit«, den Neubrauch als I., andere verstehen darunter auch Brauchererneuerung, Wiederaufnahme alter Tradition, auch der negative Sinn von »Neuerung« klingt manchmal mit. I. Weber-Kellermann gebraucht die Formel »Alttradiertes und Novation« (Dt. Vkde, 1969). Eine von vielen Definit. ist die der Politologen. Sie verstehen unter »I.wirksamkeit« die »Bedingungen, unter denen neuartige wiss. Erkenntnisse und darauf beruhende neuartige Qualifikationen für die gesamte Entwicklung fruchtbar gemacht werden können«. In der Wirtschaft werden immer wichtiger »Erfindungen, Entwicklungen und Verbesserungen, also . . . das, was neuerdings gern ›I.en‹ genannt wird« (Tsp. 13. 11. 71) beim Gebrauch manch anderen überflüssigen Fremdwortes (→ Lehnw.) läßt sich sagen: Mit dem neuen Wort wird die Sache weder neu noch klar.

R. Weiß, in: Fs. f. R. Hotzenköcherle, Bern 1963; W. Escher, D. Aufkommen einig. Jahresbräuche im Prätigau, Schweiz. Arch. f. Vkde 43 (1947); W. Heim, Die Wiederbelebung d. Klausjagens in Küssnacht am Rigi, Schweiz. Arch. f. Vkde 54 (1958); R. Langner, Neue Schnitzarbeiten a. d. Erzgebirge, 1957 (Versuch e. Erneuerg. d. materiellen V.kultur); K. Ranke, Zivilisation u. V.tum, in: Beitr. z. dt. V.- u. A.kde 2/3 (1958); Karin Wolfram, in: Dt. Jb. f. Vkde 4 (1958); E. Krausen, Neues u. wiederentstand. relig. Brauchtum in Altbayern, Bayer. Jb. f. Vkde (1960) (Christoph., Rosenweihe, Umritte, Proz., Adventskranz, Erstkomm., Firmung, erneuerte und neue Heiligenkulte); N.-A. Bringéus-Lund, Das Studium v. I.en, Zs. f. Vkde 64 (1968); D. Hartung u. a., Politologen im Beruf, 1971.

Intarsia → Einlegearbeit, Möbel.

Inquisition (lat. *inquisitio haereticae pravitatis* ›Aufspürung, Unters. ketzer. Verderbtheit‹). Zwangsstrafen gegen Häretiker kannte zwar schon die alte Kirche, aber eine eigentl. I.behörde entstand erst im Kirchenkampf gegen Katharer und Waldenser. Anfang d. 13. Jh.

wurde allg. die Todesstrafe durch Brennen gegen Unbelehrbare verfügt und ein Jahrzehnt später die päpstl. I. den Dominikanern und Franziskanern übertragen. Die Anzeige wurde Pflicht. Ein Verteidiger war nicht zugelassen. Innozenz IV. erklärte 1252 die Folter für zulässig. Neben Kirchenstrafen, Diffamierung und Vermögensverlust gab es Gefängnis und Feuertod. In Spanien bestand die I. offiziell bis 1834 (letztes Todesurteil 1781), in Portugal bis 1821, in Frankr. bis 1722. Nach der stillschweigenden Aufgabe der I. erklärte erst das 2. Vatik. Konzil (1965) eine mit weltl. Zwang verbundene I. für »naturrechtswidrig« (Erklärg. über d. Relig.freiheit). → Hexe, Hexenhammer, Spee.

R. Leiber, Die mal. I., 1963; E. v. d. Vekené, Bibliogr. d. I., 1963.

I.N.R.I. = *Jesus Nazarenus Rex Judaeorum.* Kreuzesinschrift, wie ähnliche heilige Worte und Formeln auf Amuletten und Himmelsbriefen, in Beschwörungen, Teufelspakten, Segen und Zaubersprüchen oft genannt. In Italien wurde die Formel zur Losung der Karbonari (= Köhler; Geheimbund mit dem Ritual der Kohlenbrenner) verfremdet: *Iustum necare reges Italiae* (= Es ist recht, Italiens Könige zu töten). → Christus, Horn.

Inschriften. Die Liebe des Volkes zu formelh. Weisheit (→ Redensart, Sprichw., Spruch) bedingt den Wunsch nach Wiedergabe in dauerhafter Form. Vom Haus bis zum Nadelbüchslein, vom kunstreichen Prunkteller bis zum Hirtenstecken kann fast jedes sichtbare Volksgut Träger einer I. werden, wobei diese wieder durch graph. und farbl. Elemente sich selbst in Kunst verwandeln mag. Wo es sich nicht um reine Eigentumsangabe handelt, wird man auch Initiale und Jahreszahl als I. verstehen dürfen. Wie auf der einen Seite die Anonymität geradezu ein Kennzeichen der Vk. als Schöpfung ist, so wird sie anderers. charakterisiert durch den Wunsch, Geber oder Empfänger, Zeit und Anlaß, Sinn und Gesinnung durch Widmung und I. zu überliefern. Es ist zu begrüßen, daß das große Corpus der dt. I. immer mehr auch die Zeugnisse der V.kultur berücksichtigt, also die I. auf Grabdenkmälern, Wegkreuzen, Schützenscheiben, Waffeleisen, Zunftkrügen, Kastenspeichern, Durchzugsbalken an Bauernhäusern usw.

I. an Häusern kannte schon die Antike (Pompeji). In Dtl. waren sie bes. vom Ende des 15. bis ins 17. Jh. v.tüml. Schmülling sieht die Gesch. des westf. Hauses gespiegelt in der Folge von i.enfeindlichen (urtüml. Ankerbalkenbau) und -freundlichen (Dachbalkenbau) Konstruktionsweisen. Der Oberweserraum ist erkennbar als Ausgangsgebiet der Haus-I.-Erneuerung für das ganze Gebiet des nd. Hallenhauses. – Sprichwort und Bibel sind Hauptquellen der dt. Haus-I., doch bewährt sich in ihnen auch allg. V.weisheit und oft recht eigenwillige Philosophie des Besitzers:

Es wünsch mir jeder, was er will –
Gott geb ihm nocheinmal soviel.

Mein Haus ist meine Welt,
Grüß Gott, wem's drin gefällt.

L. Hörmann, Haussprüche a. d. Alpen, 1892; V. Padberg, Haussprüche u. I. in Dtl., in Österr. u. in d. Schweiz, ²1898; Kassel, in: Jb. d. Vogesenklubs, 1905 (Noch umfassendere Slg. als die von C. Mündel); Tiedt, Witziges usw., 1908; Benecke, Haus-I. aus d. hannov. Wendland, in: Die Heimat, 6; J. Hofmann, 1400 dt. Haus-I., 1918; W. M. Schaefer, Dt. Haus-I., Hess. Bll. f. Vkde (1919); G. Maurer, Haus-I. im Schweizerland, 1942; W. Schmülling, Haus-I. in Westfalen u. ihre Abhäng. v. Baugefüge, 1951; Die I. des Burgenlandes, ges. v. R. Zimmerl, 1953; F. Panzer, I. d. dt. MA 1938; ders., I.-Kunde, in: Dt.

Philol. i. Aufr. 1 (²1957); R. M. Kloos, Die I. d. Stadt u. d. Landkr. München, 1958; A. Tumbrägel, Haus-I. d. Oldenbg. Münsterlandes, Rhein.-westf. Zs. f. Vkde 6 (1959); G. Böger, Haus-I. an Rheydter Fachwerkhäusern, ebd. 10 (1963); G. Böger, Haus-I. in Fischerhude, in: Heimat u. V.tum, Bremer Beitr. 1961; Die I. Niederösterr. 1. Teil bearb. v. H. H. Hornung, 1966; R. Rüegg, Haussprüche u. V.kultur. Die themat.I.n d. Prättigäuer Häuser, 1970.

Inventar, Verz. von Gegenständen und Tieren (totes u. lebendes I.) eines Hauswesens, eines landwirtsch. oder gewerbl. Betriebes zum Zweck der Bestandsaufnahme bei Verpachtung, Verkauf, Vererbung oder beim Beginn eines neuen Geschäftsjahres. Für die Vkde sind vor allem die im Interesse der Erben sehr genauen Nachlaß-I. mit Beschreibung, Zählung, Maß- und Wertangabe eine wichtige Quelle für die Erfg. der → Sachgüter (Vk., Tracht, Möbel, Gerät, Ergologie, Haus). Sachlicher als in den oft auswählenden Museen tritt hier das schwierige, oft ärmliche wirtsch. und das bescheidene häusl. Leben des Volkes früherer Zeit zutage. Selbst bürgerl. I. z. B. des bayr. Waldes waren vom 17.–19. Jh. noch möbelarm (Zaborsky). B. Brückner unterstrich, daß I. neben der Sachwelt auch über V.glauben, Brauch und V.sprache manchen Aufschluß geben.

Über I., Verlassenschaftsabh., Ehekontrakte vgl. Öst. Zs. f. Vkde 53 (1950) S. 156f.; B. Brückner, Die Traunsteiner I. (1520–1860) als kulturgesch. Quellen, Bayer. Jb. f. Vkde (1951); O. v. Zaborsky, Hinterlassenschafts-I. a. d. Bayer. Wald, ebd. (1956); M. U. Kasparek u. T. Gebhard, Niederbayer. Verlassenschafts-I. d. 17. Jh., ebd. (1962); M. Schmidt, Ein westf. bäuerl. I. a. d. 17. Jh., Rhein.-westf. Zs. f. Vkde 8 (1961); ders., Ein münster. Bürger-I. a. d. frühen 18. Jh., ebd. 12 (1965); W. Hofmann, Bäuerl. I. d. 19. Jh. a. d. Kreise Grevenbroich, ebd. 13 (1966); K. Baumgarten – U. Bentzien, Hof-. u. Wirtschaft d. Ribnitzer Bauern, 1963 (I. e. Klosters von 1620).

Inzest → Mutter.

Ipekrätzer → Fasnacht.

Irdenware, ›aus Erde, Lehm gefertigte Ware‹ (zu ahd. *ërda* ›Erde‹). Die urspr. für alle Waren aus → Ton geltende Bez. beschränkte der wiss. Sprachgebrauch auf einfache, verschieden hart gebrannte Tonware ohne → Glasur, und hob sie damit von der glasierten → Hafnerware ab. Höhere Ansprüche an Aussehen und Gebrauchsfähigkeit des Küchengeschirrs ließen I. selten werden. Nur in Rückzugsgebieten der Volkskultur oder aus Gründen kult. Brauches (→ Tatertöpfe, Kopfurnen) hielten sie sich. Größere Durchlässigkeit oder einfach Billigkeit halten I. als Butterdosen, Wasserverdunster, Blumentöpfe, Hühnernäpfe in reinen Zweckformen auf dem Markt (→ Handw.kunst). Die Menge vorgesch. Keramikfunde ist I. im engeren Sinn. Sie behielt ihre Bed. auch im MA, bis etwa gleichzeitig mit Farbglasur und Beguß (14. Jh.) das härtere und dichtere → Steinzeug aufkam. Nach dem Abzug der Römer vom → Limes (5. Jh.) trat bodenständiger Formwille stärker hervor. Verzierung durch Rädchen (→ Töpferscheibe) und Ornamentierung durch Stempel kennzeichnen I. in fränk. Zeit. In karoling. Zeit treten Becher, Krüge und kugelförmige »Bombentöpfe« (bes. in N.sachsen) auf neben der Leitform der Reliefband-Amphoren, großen henkeligen Vorratsgefäßen, die aufgelegte Bänder aus Ton zieren. Vermutlich Luftzufuhr, die rauchfreien Brand ermöglichte, gab dieser I. ein helles Gelbbraun. Vom 12.–15. Jh. etwa überwiegt Blaugrau bis Grauschwarz, das durch Rauch beim Brand, sogen. Schmauchen, zustandekam; seltener durch Einreiben mit Graphit (bes. an der Donau). Unter der typenreichen rhein. I.

finden sich schlanke → Krüge und Kannen, → Becher in Walzenform oder mit Fußansatz. Im 13. Jh. wandert die einheim. Rädchenverzierung in die Landsch. östl. der Elbe. In den alten Welfenlanden kommt es im 14. und 15. Jh. zu einer Sonderentw. fränk.-sächs. Formüberlief. für graue I. Malerei auf I. des MA ist selten (Pingsdorfer Ware 10.–13. Jh.). Während in früher Zeit durch die starke Ortsgebundenheit der Herstellung (Saale, Lausitz, Mittelrhein, Donau) sich die Stammeslandsch. in der Keramik wiederspiegelt, erlauben später härterer Brand und bessere Verkehrswege die Verfrachtung über Land. Auf Tafelbildern des MA finden wir I. häufig.

O. A. Erich, Tonerden, in: A. Spamer, Vkde; Vgl. Lit. → Ton.

Irminsul, Irmensäule hat die Bedeutung ›hohe, erhabene Säule‹. Die Vorstellung eines Gottes Irmin ist irrig. Im heutigen Gebiet von Thüringen und Westfalen, aber auch bei den Nordgermanen sind I. gesch. bezeugt. Die I. war wohl ein gewaltiger Baumstamm, der im Mittelpunkt kultischer Begehungen stand. Die Heilighaltung dieser Säulen geht auch daraus hervor, daß das Christentum sie befehdete und vernichtete. Bekannt ist die Zerstörung der sächsischen I. bei der Eresburg durch → Karl d. Gr. (772). → Lebensbaum, Firstsäule, Pfahl.

J. de Vries, Altgerm. Rel.gesch. 1., ²1956; E. Schirmer, Die dt. I. d. 11.–15. Jh. im engeren Mitteldtl., 1939; K. Schoppe, Die I.forschgn. üb. ihren Standort, 1947.

Irrlicht, Irrwisch, neben diesen in Mitteldtl. (Sachsen, Thüringen) in großen geschlossenen Landschaften bezeugten Namen nächtlich wandelnder Lichterscheinungen ist die Zahl mundartl. Bezeichnungen sehr groß: Irrflämmchen (Vogtland), Heerwisch (Hessen), Flämmstirn, Flackerfür (Pommern), Lichtkedräger (Ostpreußen), Spoklecht (Oldenburg), Irrfackel, Quadlicht (Niederrhein, Westfalen), Schäuble (Württemberg u. Baden), Zunselwible, Fürsteinmannli (Schweiz). Die Unterscheidung des wandelnden I. von einer lichttragenden oder feurigen Gestalt, die so viele Sagen kennen, ist oft schwierig, um so mehr als diese im feurigen oder → Feuermann in Schlesien u. Mitteldtl. auch in Vorstellung und Bezeichnung einen gewissen Typus erzeugt haben. In den österr. Alpen scheint nur diese Gestalt, nicht aber das I. bekannt zu sein. Die Antike kennt das I. kaum, auch bei uns ist die Vorstellung nach Ranke erst seit dem 16. Jh. bezeugt. Frühe Belege weisen in die ostmitteldt. Heimat des Wortes. Aus Naturgrundlagen, für die Ranke (HDA 4, 779) phosphoreszierendes Holz, → Elmsfeuer, → Johanneswürmchen erwähnt, und aus dem Glauben an → Wiedergänger und ruhelose Totengeister (Ertrunkene, Ungetaufte Kinder, Selbstmörder) erwuchs der heute fast in ganz Europa bekannte Glaube. Die lat. Bezeichnung für I. war *ignis fatuus.*

Fornaschon, Krit. Betrachtung d. I.erfrage, 1899; Müller-Erzbach, in: Meteorol. Zs. (1900); Kluge-Mitzka, Et. Wb.; Vkde-Atlas v. Nederland I Feuriger Mann, I.

Irrwurz → Farn.

Isidor, hl. (4. 4.), als Erzbischof von Sevilla 636 †. Kirchenlehrer und Vermittler der Antike in einer Zeit des Kulturverfalls. Er schrieb eine *Historia Gotorum Vandalorum et Suevorum* (dt. v. Coste, 1910). Dargest. wird I. als Bischof.

H. Hochenegg, St. I. und s. Verehrung in Tirol, in: Ges. Aufs. z. Kulturgesch. Spaniens, 1962.

Isländisch Moos *Cetraria).* Die Flechte, von der älteren Botanik wie alle blattähnlichen Sporenpflanzen als »Moos« bezeichnet, dient Rentieren, bei uns Gemsen als Winterfutter, Menschen als Notnahrung (1. Weltkrieg). Die Isländer backen aus dem Brei einen brotartigen Kuchen, nachdem Wasser und gesiebte Holzasche den bitteren Geschmack entzogen. In den Alpen wird von I. M. noch Schweinekost gekocht. In den Sagen (»Massigga und Massee sollst grünen unterm Schnee«) ist es das grüne Milchkraut, das durch den Frevel der Alpleute verdorrte. – Die Vmed. verwendet noch heute einen Absud gegen hartnäckigen Husten (früher auch bei → Schwindsucht).

Ivo → Gericht.

Jagd, Jäger. Das hohe Alter der sprachl. Bez. für den Ackerbau (Pflug, Egge, säen, mähen usw.) und Fundzeugnisse erweisen bereits steinzeitliche Viehzucht und Ackerbau. Besonders in wald- u. wasserreichen Gebieten war daneben und vorher Fischfang und J. des Mannes und das Kräuter- und Beerensammeln der Frau eine wesentliche Grundlage des Lebensunterhaltes. J. mit der Waffe auf Bär und Wolf, Eber und Ur ist aber zugleich Sache des wehrhaften Mannes. Schon in Caesars Bericht stählen und üben germ. Jünglinge ihre Kraft als Jr. Im Nibelungenlied heißt es:

> mit ir scarpfen geren si wolden jagen swin beren unde wisende; waz möhte küeners gesin?

Doch ist gerade in diesem volksnahen Epos von besonderen J.-sitten noch nicht die Rede. Daß die J. wie etwa auch Kampf- und Wettspiele später stark unter französ. Einfluß gerieten, hat besondere dt. Jr.bräuche ebensowenig gefördert wie der heutige sportmäßige Betrieb. J.herr, Förster und Wilderer stehen sich gegenüber, letzterer u. a. doch auch als Ausdruck der Volksanschauung vom Gemeineigentum des → Waldes. Der Wildschütz ist in Liedern, Bildern und Sagen geschildert als der Einzelgänger und Bandenführer (bayr. Hiasl) oder als der dem teuflischen Zauber Verfallene (→ Freischütz). Reich entwickelt ist die Jr.sprache (→ Berufssprachen, Namen, tabu). Unter den uns überlieferten »Fachsprachen« des MA ist sie die weitaus umfangreichste. Der Jr.glaube achtet besonders sorgfältig auf → Angang und verpönt den Glückwunsch, der das → Glück in Wirklichkeit beruft. Auch an die Kunst des → Festmachens und Wildbannens und an andere wunderbare Begegnisse knüpfen sich Jr.geschichten. Der österr. Thronfolger Franz Ferdinand soll vor seiner Ermordung 1914 in den Salzburger Alpen einen weißen Hirsch geschossen haben. Die Jr. haben auch ihre Zunft mit Freisprechung, Jr.weihe, Jahresfest (Hubertusj.) und Schutzheiligen (Eustachius, → Hubert). Wer zum erstenmal an einer J. teilnimmt und einen Hasen geschossen hat, wird über zwei zusammengestellte Sessel gelegt und unter Sprüchen des »Ältesten« durch den »Jägerschlag« mit einer Haselrute zum »weidgerechten Jäger« geschlagen (Niederösterr. 1954). Über d. Vk.motiv der trauernden Tiere beim Jr.begräbnis s. Zeitschr. f. öst. Vkde 28; Schweiz. Arch. f. Vkde 1; E. H. Meyer, Badisches Volksleben im 19. Jh., 1900. → Initiation, Handwerk, Sondersprachen, Horn, wilde Jagd, Tiere, ferner die Namen der einzelnen J.tiere wie Hirsch, Bär usw.

Jr.hörnl., Jr.-lügen, Jr.-lieder, Thierzauber, hg. v. Grässe, 1861; ders., Jr.brevier, 1885; Dombrowski, Die Waidmannssprache, 1897[2]; W. Soergel, Die J. der Vorzeit, 1922;

A. Berger, Die J. im Leben der Völker, 1928; H. Raab, Matth. Klostermayer. D. bayr. Hiasl, ³1933; A. Fritschli, Kl. J.lexikon, 1937; K. Lindner, Gesch. d. dt. Waidwerks, 1. Bd. Die J. d. Vorzeit, 1937 (viele Abb.); Hilf u. Röhrig, Wald u. Waidwerk in Gesch. u. Gegenw., 2 Tle., 1933–38; W. Frevert, Das j.liche Brauchtum. J.sprache, Bruchzeichen, J.signale usw., ⁷1956; E. v. Harrach, Die J. im dt. Sprachgut, 1953; J. Ludwig, Wb. d. Weidm.spr., 1960 (Vor allem f. d. Jungjr.); A. Beurmann, Der Abergl. d. Jr. (Zu eng jurist. gesehen, 1961); H. Appuhn, Die J. als Sinnbild i. d. norddt. Kunst d. MA 1964 (Romanik, Gotik; Einhorn, Hirsch usw.); J. in Österreich, Waidw. in Vergang. u. Gegenw., 1964; D. Dalby, Lex. of the Mediaevel German Hunt, 1965 (Für d. hist. Vkde. wichtig); W. Frevert, Wb. d. Jägerei, ²1966; K. Lindner, Zur Sprache d. Jr., 1967; K. Sälzle, Dt. Jagdmus. München (Eröffg.-Kat.), 1969; A. Anderle, Es war ein Schütz…, 1972; P. E. Rattelmüller, Matt. Klostermaier vlg. Der Bayr. Hiasl, 1971; Et multum et multa. Fs. f. K. Lindner, 1971. (Lit., Gesch., Kultur d. J.).

Jageteufel → Joh.kraut.

Jägersonntag → Freitag.

Jahr, Jahresanfang. Das Klima- und Naturjahr (Winter- und Sommerhälfte) müssen wir als Anfang des J.begriffes bei den Germanen ansetzen, doch kamen sie schon in vorchristl. Zeit zum gebundenen Mondjahr. Die *Lex Bajuvariorum* zählt nach Herbsten ähnlich wie wir heute noch von den »Lenzen« eines Menschen sprechen. Die Reform des → Kalenders durch Caesar wurde das Vorbild auch für das nordeuropäische Sonnenjahr mit den 12 → Monaten und der 7tägigen → Woche. Zugleich wurde der 1. Januar Ja. Vor Caesar hatten auch die Römer den März als Ja. Der alte christl. Ja. war → Dreikönig (Epiphanias, Taufe Christi), was sich in Volkssprache und -brauch noch heute abspiegelt. Im 4. Jh. rückt der christl. Ja. auf den 25. 12., den Tag des *sol invictus* und zugleich des Sonnengottes Mithras. → Weihnachten wurde in Dtl. schnell als Ja. angenommen, da es zusammenfiel mit der vorchristl. Festzeit des Mittwinterfestes (→ Jul, Zwölften). Doch bestanden daneben in verschiedenen Zeiten und Landschaften noch andere Ja.termine wie der 1. 3. (fränkisch, alemannisch) oder der 25. 3. (Annuntiationsstil; unter Karl dem Großen). Besonders in Westdtl. war auch Ostern bis ins 14. Jh. Ja. → Thomas, Verkündigung Mariae.

H. Grotefend, Zeitrechnung d. dt. MA u. d. Neuzeit, 1892; M. P. Nilsson, Primitive Time Reckoning, 1920; Karte d. »Ja. im MA«, in: Dt. Kulturatlas, Karte 98 (1928); O. Lauffer, Allegorie d. Begriffe d. Zeit, d. J. u. d. J.zeiten, der Monate u. Tageszeiten, in: A. Spamer-Fs. 1953; M. Tallen, Wortgeogr. d. J.zeitennamen, in: Dt. Wortfg. i. europ. Bezügen, W. Mitzka-Fs. 1963.

Jahresfeuer, »Gemeinschaftsfeuer, die im Gegensatz zum → Notfeuer nicht bei Bedarf, sondern jährlich an einem bestimmten Tage abgebrannt werden« (R. Peesch). Innerhalb d. J. unterscheidet man die aus V.glauben und bäuerl. Jahr erwachsenen Brauchf. (→ Fasnachts-, Funken-, Oster-, Walpurgis-, Mai-, Sonnwend-, Veits-, Johannis-, Michels-, Martinsf.) von den hist. Erinnerungsf., die nur in begrenzten Gebieten und oft nur für einige Jahrzehnte Bedeutung erlangt haben wie Sedanf. am 2. 9., F. am Tag der Völkerschlacht bei Leipzig (18. 10.), am Tag von Gravelotte (18. 8.) u. a. Bedeutungswandel verwischt manchmal den Unterschied (→ Bakenbrennen, Sonnwendf.).

Eine Deutung aller J. versuchte zuerst der Mythologe Wolff. Mogk, Jahn, Jürgensen, Lauffer u. a. folgten. Die umfassende Gesamtdarst. gab Herbert Freudenthal in seinem Werk »Das F. im dt. Glauben und Brauch«, 1931. Nach anderen Gesichtspunkten unterscheidet er drei Gruppen der J.: Frühlingsf. (→ Bakenbrenner, Fasten-, Oster-, Mai- und Pfingstf.), Sommerf. (→ Veit, Johannistag, Peter und Paul) und Herbstf. (→ Martin). Beherrschender Grundgedanke scheint ihm »Abwehrzauber, der, geglückt, dann umgekehrt ein Gedeihen der Saat verbürgt. Deshalb werden die Feuer auf überragenden Höhen entzündet, daß sie möglichst weit ins Land hineinstrahlen; deshalb werden die Fackelläufe veranstaltet, daß jedes Feld bis zum letzten Winkel durchleuchtet, gereinigt werde; deshalb wirft man Scheite, schlägt Scheiben, rollt Räder zutal, daß der Abwehrsegen des neuen Feuers überall hindringe« (→ Fasten-, Funken-, Sonnwendf.).

Für die Deutung der Herbstf. (Martinsf.) sieht Freudenthal in der Bevorzugung der Körbe beim Sammeln von Brennstoff einen wichtigen Hinweis. »Es läßt sich nämlich mit einiger Wahrscheinlichkeit vermuten, daß die Körbe ursprünglich nicht leer, sondern mit Früchten gefüllt den Flammen des Martinsfeuers überliefert wurden. In der Gegend von Dortrecht und Leyden hieß der 10. 11. ›Schuddekorfsdag‹, Korbschüttetag, nach dem Brauche der Bauernkinder, Körbe mit Äpfeln, Nüssen, Mispeln, Kastanien und Kuchen auf die Glut zu setzen und umzuwerfen, sobald sie Feuer gefangen hatten; dann fielen alle darüber her und rafften an sich, was sie erhaschen konnten. Das erklärt uns die Wendung in einem Heischelied aus Montabaur, die als Grund für das Verlangen nach Stroh angibt: ›Apfel und Birnen wollen gebraten sein.‹ ›Da Bire musse gesouden sein‹, hieß es in einem Spruch aus Vianden, und ein Iserlohner Lied schließt:

Dat äppelken maut gegiäten sin,
Dat nüetken maut geknappet sin.
Dat küörweken maut verbrannt werden.

Jahresfeuer

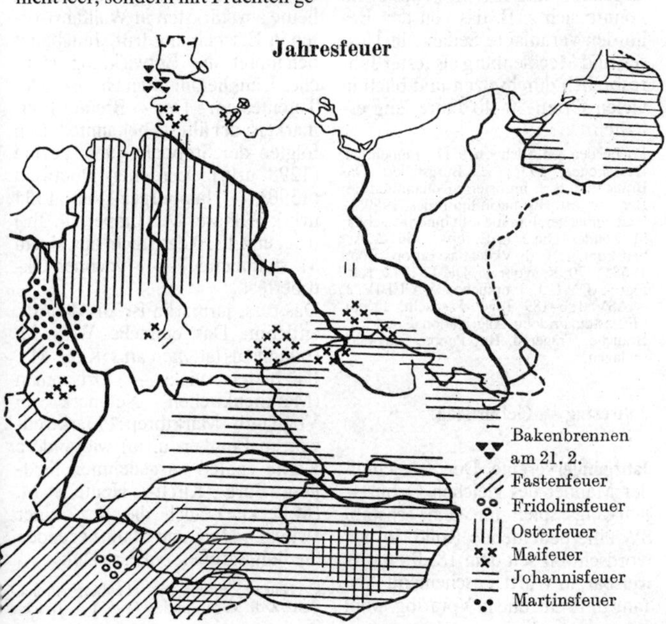

Ähnliche Lieder sind aus Dortmund, Rheindahlen und dem Bergischen überliefert. So läßt sich mit Jürgensen schließen, daß wir das Martinsfeuer als ein Opferfeuer anzusehen haben, in dem Dankopfer für das Gedeihen der Herbstfrucht dargebracht wurden.«
Die Karte der J., die nach Lit.angaben und n. d. Fragen des ADV (→ Atlanten) gezeichnet wurde, zeigt, wie deutlich die einzelnen Verbreitungsgebiete noch um 1930 begrenzt waren. Von zwei oder mehreren F. in einem Ort (z. B. Schruns im Montafon: Alter Funkensonntag neben neuerem Sonnwendf.) wird selten berichtet. In solchen Grenz- und Überschneidungsgebieten ist eins der J. meist von geringerer Bedeutung. Anderers. sind Gebiete, in denen ein F.brauch erloschen ist, aufnahmefähig für ein neues J. So konnte sich z. B. das von den Behörden veranlaßte Sedanf. in Hessen und Mecklenburg als fester Jahresbrauch durchsetzen und blieb in vielen Orten 30–40 Jahre lang erhalten.

Lit. bei den gen. Stichw. u. b. H. Freudenthal, Das Feuer, 1931; E. Burgstaller, Das Brauchtum d. J. im österr. Donauraum, in: Ber. d. 5. öst. Hist.tag in Innsbruck, 1959; L. Kretzenbacher, F.bräuche in Inneröst., ebda; M. Zender, Die J. in Europa…, in: 2. Arbeitskonf.… f. d. Vkdeatlas Europ. Bonn 1968. 1970; R. Wolfram, Die J., 1972; Kartogr.: ADV II J., F.bräuche ÖVA III/IV. J. – ASV 186–189 Tage: Fasnacht, Jacobi, Mittfasten, Fridolin. Allg. Nationalf. am 1. 8. Bräuche: Träger d. Br., Puppe, Scheibenschlagen.

Jahrestag → Geburtstag.

Jahrgängervereine. Der Zus.schluß der Männer des gleichen Geburtsjahrgangs spielt im alem.-schwäb. SW eine bedeutende Rolle. In der Nordschweiz seit dem 18. Jh. nachweisbar, in Württ. anscheinend Anfang d. 19. Jh. und in Vorarlbg. wohl erst im 20. Jh. bekannt, haben sich die J. mit ihren geselligen Zusammenkünften, Jahresausflügen usw. zu einem wichtigen Element im V.leben unserer Zeit entwickelt. Manchmal ist es auch nur der 50. oder 60. Jahrestag, der besonders gefeiert wird. In neuerer Zeit nehmen auch die Frauen des gleichen Jahrgangs teil. → Geburtstag, Jubiläum, Verein, Jungbürgerfeier.

H. Trümpy, J., in: Fs. f. Alfred Bühler, Basel 1965.

Jahrmarkt, Markt. J. ist heute meist gleichbedeutend mit ›Volksfest‹, deshalb auch als Kirbe, Kirmes, Kirta bezeichnet. Wie in → Kirmes (Kirchmesse) verbindet sich in J. die Vorstellung von kirchl. Handlung, Festlichkeit u. M., eine Verbindung, die auch die Antike kannte und die heute am stärksten in Wallfahrtsorten in Erscheinung tritt. Jungbauer behauptet die Entwicklung manches J. aus heidnischen Herbst- oder Totenfesten. – Der → Bremer Freimarkt ist der älteste bekannte J. Ihm folgten der Stoppelm. von Vechta (1298 urk.), Verdener Domweih (1390), → Hamburger Dom (1334 urk.), Wilbaser M. (Lippe; 14. Jh.) u. a., erst 1810 das (nicht aus einem M. stammende) → Münchner Oktoberfest.
Das russ. jarmarka ist aus dem dt. entlehnt. Das einfache Wort M. stammt aus lat. *mercatus* ›Kauf, M.‹. Es bildete viele → Ortsnamen (Markneukirchen, Neumark im Vogtland, Marktbreit; Marktredwitz in Franken u. a.) wie andere Kerne später ausgedehnter Siedlung (Burg-, Kirch-). Heute ist M. (M.flecken) auch die Bez. einer zwischen Dorf und Stadt liegenden Siedlungsgröße. → Fest (Dult).

E. Naused, Fischmarkt Hamburg-Altona, Beitr. z. dt. V.- u. A.kde 9 (1965); G. Brachmann, Markt-Freyung, Oberöst. Heimatbll. 20 (1966) (46 Abb.); Hwb. d. Staatswiss.

Jahrtag, die jährliche Wiederkehr des Todestages von Verwandten, die in der Kirche mit besonderem Gottesdienst gefeiert wird; im weiteren Sinn der alljährliche Verfallstag von Opfern, Stiftungen u. dgl. J., Jahrzeit (lat. und kirchl.: *anniversarium*) oder Seelgerät wurde dann auch die Bez. der Stiftungen selbst, also aller Aufwendungen für Seelenmessen, Almosen usw. → Geburtstag.

Bruck, Totenheil und Seelgerät, in: Münchner Beitr., 1926; L. Eisenhofer, Hb. d. kath. Lit., 2 Bde., 1932; Über d. J.estag im allg. Sinn v. Gedenktag vgl. H. Freudenthal in: Beitr. z. dt. V.- u. Altert.kde 7 (1963).

Jakobsen. Am Tag des hl. → Jakob d. Ä. haben die alpenländischen Sennen ihre Feste u. Wettspiele. »Joggesen« heißt die festliche Bewirtung der Burschen durch die Sennerinnen im Lungau u. Pongau. Im Pinzgau werden die Melker von ihren Dienstherren u. Freunden besucht. Auf dem Hundsstein (Pinzgau) wurde der Versammlungs- u. Schlichttag gehalten. Wer beim »Ranggeln« und »Hosenrecken« Sieger wurde, hieß »Hagmaier« bis zum nächsten J.tag und durfte sich drei Federn an den Hut stecken. Die Sennen und Hirten des Berner Oberlandes zündeten Höhenfeuer an. In der Gegend um den Saulgau wurden acht Tage vor und nach Jakobi noch verspätete Sonnwendfeuer abgebrannt. → Jahresfeuer, Rankeln, Schwingen.

K. Nusko, Hagmoar vom Hundstoa. Ein Rangglerbuch, 1972.

Jakobstraße → Milchstr.

Jakobus, hl., der Ältere (25. 7.). Bruder des Evangelisten Johannes und unter den ersten Jüngern. Er wurde Nationalheiliger der Spanier und schon im 9. Jh. in der Kirche Santiago in der Stadt Compostela hoch verehrt. Durch diese neben Jerusalem und Rom am meisten besuchte Wallfahrtsstätte wurde er Patron der Pilger. Seit dem 13. Jh. ist der Pilgerstab sein Attribut.
Im Gefolge der seit dem 10. Jh. häufig werdenden → Wallfahrten entstanden in Dtl. J.bruderschaften. In der bildenden Kunst, in Lied, Legende und Brauch spiegelt sich d. Leben dieser Pilgergemeinschaften. Für die Volkstümlichkeit des Kultes spricht auch die vielseitige Rolle, die der Name des Heiligen bei Taufen, aber auch in der Volkssprache (Reime, Scherzrufe, Kundensprache) spielt.
Es hieß »J.tag im Schnitt« oder »in der Ernte«, weil in den Tagen um den 25. 7. mit der → Ernte begonnen wurde. Zuweilen verbot es der Brauch, vor dem J.tag mit dem Mähen zu beginnen. In der Oberpfalz gilt J. als Kornpatron. Er habe sich mit der Zusage dieses Amtes ausgelöst, als die Bauern den Aposteln die Hüte pfändeten, weil sie das Kornfeld betraten.
Als Beginn und Glückstag für die Ernte ist der 25. 7. auch ein großer Lostag. Regen verdirbt die Eicheln. Wenn bei Sonne weiße Wölkchen am Himmel stehen, dann blüht der Schnee für den kommenden Winter. Die »Joksbeeren« (Thür.; → Heidelbeere) sind heilkräftig und die → Wegwarte soll an dem Tag geschnitten werden (Schwaben). Wie andere Heilige dieses Monats gilt J. auch als Brunnenheiliger. Der Wasserstand deutet auf die kommende Ernte (Fest des hl. J. auf Hohenberg bei Ellwangen). Man soll an dem Tag nicht baden oder klettern. → Jakobsen.

Samson, Die Heiligen als Kirchenpatrone, 1892; Euling, Die J.brüder (Germ. Abh. 16); A. Wrede, J. d. Ä., im HDA; Künstle, Ikonographie d. Heiligen, 1926; G. Schreiber, Dtl. u. Spanien, 1936; E. Donckel, Der hl. J.

d. Ä. Kult u. Braucht. in Luxemb. Raum, 1964; V. u. H. Hell, Die große Wallfahrt d. MA. Kunst auf d. roman. Pilgerstraßen durch Frankr. u. Spanien nach Santiago de Compostela, 1964.

Jakobus, hl., der Jüngere (1. 5.), Bruder Jesu, Apostel. Sein Fest fällt zusammen mit dem des Apostels Philippus, mit dem er in alten Kalendern zusammen abgebildet ist. Sein Attribut ist die Keule, mit der er erschlagen wurde. Das Auszieren der Häuser mit frischem Grün an diesem Tage wurde auf Legendenzüge zurückgeführt, ist aber ohne Zweifel außerchristl. Ursprungs.

J. Blinzler, Die Brüder u. Schwestern Jesu, 1967.

Jaonstak → Walnuß.

Jauchzen → Juhschrei.

Jempern → Fasnacht.

Jenseits. Germanische Sittlichkeit lenkten nicht die »Gebote Gottes«, nicht J.furcht und Hoffnung auf J.lohn. Der fromme Germane vertraute, daß ihm Gott im Leben, wenn er selbst Ehre und Tapferkeit beweise, zur Seite stehe. Die »guten und bösen Totenreiche«, die späteren christl. → Himmel und Hölle, mit der Zwischenstufe des → Fegefeuers, hatten geringe Bedeutung für Glauben u. Handeln. »Die nord. → Walhall, das Kriegerparadies, zeigen erst junge, nachheidnische Stellen als Lockung zu Tapferkeit und Todesmut« (Heusler). Im heutigen Volksglauben treten ältere J.vorstellungen hinter den christl. ganz zurück, doch sind diese selbst oft mit nichtchristl. Inhalt erfüllt. → Allerseelen, Arme Seelen, Tod, Wiedergänger, Ewigkeit.

v. Negelein, Die Reise der Seele ins J., Zs. d. Ver. 11 (1901); H. Siuts, J.motive i. dt. Märchen, 1911; G. Neckel, Walhall, Studien über germ. J.glauben, 1913; E. Zahn, Das J., 1916; E. Döring-Hirsch, Tod u. J. im Spätma., 1927; J. Witte, Das J. im Glauben d. Völker, 1929; A. Rüegg, Die J.vorstellung vor Dante, 2 Bde., 1945; H. Kees, Totenglaube u. J.vorstellgn. [2]1956; H. Gundolf, Totenkult u. J.glaube, 1967.

Jesus (Josua), hebr. = Gott hilft. → Christus.

Th. Bomann, Die J.-Überlfg. i. Lichte d. Vkde. 1967.

Jessennagel → Walnuß.

Jirga → Georg.

Joch → Kummet, Geschirr.

Jodeln, jolen, Jodler, lautmalende Bez. des Singens ohne Sinnworte und (im Unterschied zum → Juhschrei) mit Registerwechsel (Überschlagen) von der Brust- in die Kopfstimme (Falsett, Fistelstimme). Der Jr. kann auch eine Liedstrophe beschließen oder beginnt oder endet selbst in formelh. Sinnworten: Habs drah di abi... (Salzkammergut);... wohl auf der Alm (Steierm.). Anders als das in westalpinen Mundarten bis heute bewahrte jola (dessen weiteren Sinn unser »Gejohle« anzeigt) ist J. im engeren Sinn erst Ende des 18. Jh. belegt. Aus dem bair. Sprachgebiet kam es in die Schriftspr. (Grimm, Dt. Wb.). Entlehn. aus dem Dt. sind dän. jodle und schwed. jo(d)la (Kluge-Mitzka, Et. Wb.). Andere, den J.silben entstammende Bez. sind dudeln, Almdudler, ludeln, Ludler (Österr.), ludlazn, almern (Oberöst., Steierm.), wullezen, Wullazer (Steierm.), jorlen (Tirol), albelen (Bayern), ruggusen, Rugguser (Schweiz). Von der Weise des Alp- und Wurzhorns hergel. sind die Bez. Blaser (Steierm.) und Wurzhorner (Steierm., Oberöst.). Auf das Zusammenrufen der Kühe beziehen sich schweiz. zauren, zoren und locken, Löckler. Der Ruf Loba, Loba im schweiz. → Kuhreihen wird auf das vorkelt. Wort loba für ›Kuh‹ zurückgeführt (daraus später die → Vetym. »lobet, o lobet«). Auch gewissen → Gebärden beim J. wird hohes Alter zugeschrieben (Hand am Ohr, Finger im Ohr). W. Wiora sagt allg.: »Registerwechsel (das Singen wie mit Stimmen) und andere Eigenschaften des J. kamen Grundmotiven des Zauberwesens entgegen« (s. u. Lit.).

Weite der Tonsprünge (bis Sext und Non) und schnelles Überschlagen (Tirol: Schlagjodler) kennz. gutes J. Zum genauen Stimmeinsatz beginnt jeder Jr. mit einem Konsonanten, meist h (hore; hula) oder d (dje; djo). Der Vokal i gibt die hohen Töne, o und a die tiefen. Vier Fünftel der Jr. enden auf o (Horak). Während der Juhschrei den Ton gleiten läßt, hat der Jr. feste Tonschritte in einem Gesamtumfang von 9–13 Stufen. Horak wies hin auf das »instrumentale Denken« im J. und auf die Verwandtschaft mit der Naturtonreihe der Blasinstr., selten des → Alphorns wie im »Glockenjr.«

Die angeborene Musikalität des bair.-österr. Stammes kennt fast nur mehrstimm. J. im Gegensatz zur Schweiz. Dabei bewahrt das J. größere Freiheiten früherer Zeit, etwa die Terzenparallelen, die in der barocken Kunstmusik häufig und im heutigen V.gesang auch sonst noch geläufig sind, oder sogar Quintenparallelen und harte Dissonanzen, die bis in unser Jh. im kunstmäßigen Satz vermieden wurden. In der Zunahme reiner Akkordbrechungen wie auch im »Chorjr.« sieht Horak Zeichen des Verfalls. Er vergleicht z. B. die Form des »Tauernjr.«, wie sie J. Pommer 1880–90 gehört und aufgezeichnet hat, mit der Form von 1940–50:

1880-90

1940-50

Ein Jr. setzt in der Regel mit der Grundstimme ein, der sich dann die Begleitstimmen im Überschlag gesellen. Eine Baßstimme fehlt dem Jr. Nur im 4–6stimmigen Jr., wie er bes. in Tirol und Kärnten zuhause ist, wird »zuawibaßt«. Im Rhythm. besitzt der Jr. große Freiheit, so daß jede Aufzeichn. eine Vereinfachung darstellt. Die Gewohnheiten wechseln von Gruppe zu Gruppe. Viele Jr. wurden langsam und breit, die zweistimm. eher schneller gesungen. Für die Übertragung des J. auf Alp- und Wurzhorn, auf → Schwegel und Langflöte (heute vielfach Blockflöte) gibt es viele Beispiele.

Für gefälliger und repräs. gehaltene Formen des Jr. sind zum Teil eine Frucht des → Folklorismus. Aber nicht erst heute wird (in Rundfunk und Fernsehen) der Jr. als bravouröses Kunststück vorgetragen und wird für Turisten gesungen. Österr. »Alpensänger« und »Nationalsänger« konzertierten in der Schweiz, auf der Leipziger Messe, in Berlin (1829), Königsberg (1831) und Boston (USA; um 1840), oft neben → Zither und Schwegelpfeife, aber auch neben Bauchrednern und Equilibristen. Gedruckt erscheinen Jr. zuerst in Wien 1828/9. Goethe schrieb 1828 an Zelter: »Es sind wieder Tyroler hier: ich will mir doch jene Lieder vorsingen lassen, obgleich ich das beliebte J. nur im Freyen oder in großen Räumen erträglich finde«. – H. Derschmidt urteilt: »Jr. u. J.lied haben sich als kräftigster und dauerndster Zweig des Gesanges erwiesen« (s. u.). Ursprung, Gesch. und Verbr. des J. bedürfen noch der Erfg. Ähnliche Formen des V.gesanges fand man auch bei Primitiven (Afrika: Zwergvölker; Buschmänner der südafrik. Kalahari; Australien: melanes. Inselgürtel).

Eidgenöss. Schwinger-Hornusser- u. Jr.zeitung (seit 1906); V. Zack, V.lieder u. Jr. a. d. obersteir. Murgebiet, 1927; E. M. v. Hornbostel, Die Entst. d. J., in: Basler Kongreßber. 24; W. Sichardt, Der alpenländ. Jr. u. d. Urspr. d. J., 1939; Reinecke-Altenau, Das J. im Harz, in: Der Harz 44 (1941); W. Schramek, Über d. J. im Harz, in P. Nedo: Zur Sit. der tradit. Vk. im Harz. Als Ms. gedruckt 1958; W. Wiora, J., in: Die Musik in Gesch. u. Gegenw. 6 (1958); W. Graf, Zu den J.theorien, Journal of the Int. Folk Music Council 13 (1961); K. Horak, Der Jr. in Tirol, Jb. öst. V.liedw. 13 (1964); W. Senn, »J.«. Ein Beitrag z. Entst. u. Verbr. d. Wortes, ebd. 11 (1962); W. Graf, Naturwiss. Gedanken ü. d. J. Die phonet. Bed. d. J.silben, 1965; G. Kotek, Der Wiener Dudler als eigenständ. Form des J.lers, Jb. öst. V.liedw. 21 (1972).
Zum Singen: J. Pommer, 444 Jr. u. Juchzer aus Steierm. 1889, 1893 u. 1902; ders., 20 echte alte Jr., 1906; M. Haager, Das J.buch, 1936 (Graz, Styria); C. Bresgen, Fein sein, beinander bleiben, 1947 (Salzbg. O. Müller); H. Derschmidt, Unsere Jr., ²1958.
Schallplatten: Jr.klänge. His Masters Voice E 48048. Almerisch. Juchzer, Rufe, Jr., Lieder und Tanzw. a. d. Ausseerland. Österr. Phonothek Wien, A–1060.
Folklorismus: A. Kollitsch, Gesch. d. Kärtnerliedes, Bd. 1/1 1935; H. Klein, Die Zillert. Sängerfamilie Rainer u. d. Schützenfam. Ritzl, 1928; J. Ringler, Zur Gesch. d. Tiroler Nationalsängertums, in: Tir. Hbll. 30 (1955); K. M. Klier, Die Steir. Alpensänger, Jb. öst. V.liedw. 5 (1956).

Joder, Jost → Jodokus.

Jodokus, hl. Joder, Jost (13. 12.), Einsiedler zu Rumiac in der Pikardie, wo später das Benediktinerkloster Saint-Josse-sur-Mer entstand, † 669. Patron der Feldfrüchte und der Schiffer. Die Kunst stellt ihn dar mit einer Krone zu Füßen (fürstliche Abkunft), als Pilger mit dem Stab (Romwallfahrt) oder wie er den Schnittern auf dem Erntefeld erscheint. Durch häufige Verwendung als Taufname (Jost westdt., Dokus alemannisch) u. durch Patronizien ist die Verehrung des hl. J. für West- und Süddtl. als besonders volkstümlich ausgewiesen. Eine legendengesch. und kultgeographisch wichtige Arbeit ist:

Jost Trier, Der heilige J., 1924; St. Jost u. d. Innerschweiz., Innerschw. Jb. f. Heim. Vkde 11/12 (1947/48) 137–184.

Joggesen → Jakobsen.

Johann Hartlieb, geb. in Neuburg/Donau um 1405, † 1468. Arzt und Unterhaltungsschriftsteller. Volkskundlich wichtig sind die Werke: Erhaltung des Sieges (vor 1437; Astrologie, Bedeutung der Wochentage), Die Kunst Chiromantia (1448; Handlesekunst mit 44 Abbildungen. Hg. von E. Weil, Münchener Drucke, 1923), Puch aller verpotten kunst, unglaubens und der zauberey (1456; gegen den Aberglauben nach inzwischen erfolgter Wandlung der Anschauungen. Hg. von D. Ulm, Halle 1914). → Chiromantie.

K. Drescher, J. H., in: Euphorion 1925 u. 1926.

Johannes, der Evangelist (27. 12.), Attribut: Adler. Der J.tag, an sich arm an Brauchtum, ist bekannt durch das Trinken des J.weins, das im ausgehenden MA in Dtl. fast zu einer Mode geworden war und heute noch bekannt ist. Unter den Sitten des → Minnetrinkens ist es diejenige, die am stärksten unter kirchl. Führung stand, wenn diese auch nie die Umgestaltung im Sinn des Volksbrauches und -glaubens zu unterdrücken vermochte. Wie der Minnetrunk anderer Tage (→ Michael, Martin, Stephan, Gertrud) stammt diese Sitte aus dem germ. Altertum. Einen engen Zusammenhang mit einer germ. Götterminne (für Fro?) nimmt Franz (Die kirchl. Benediktionen im MA., 1, 303) deshalb an, weil »die J.minne eine eigenartige nationale Sitte der Dt. ist«. Die Übernahme des Brauches durch die Kirche wurde unterbaut durch die Legende, daß J. einen Giftbecher aus der Hand der Heiden ohne Schaden getrunken habe. Durch die aus älteren J.gebeten gegen Gift hervorgegangenen Weiheformeln, die zuerst für das 12. Jh. sichergestellt sind, wurde die Sitte auf den 27. 12. festgelegt. Zum Teil unter kirchl. Duldung (ein Missale gestattet den J.wein als Abschiedstrunk) blieb die J.minne weiter eine Volkssitte, die auch in die höfischen Kreise Aufnahme fand. Seit dem 12. Jh. sind Berichte keine Seltenheit, um sich später zu häufen. Hartmann von Aue belegt für die Zeit um 1200 »sant Johannes segen«. In den Dichtungen »Dietrichs erste Ausfahrt«, »Minnekloster«, »Oswaldlegende« wird der Brauch erwähnt. Im Volkslied »St. Gertrud« trinken die Ritter die J.minne:

St. Johann sei eur Geleiter an grüner Haide,
St. Johann sei eur Geleit.

Noch → Luther reicht seinen Freunden beim Abschied J.trunk und -segen. Im 18. Jh. trafen → Verbote allzu üppige Trinksitten. An der Donau und in den Alpen ist der Brauch noch heute bekannt.

Auch in anderer Bedeutung als Abwehr von Gift und Zauber, zur Gesundheit und Feldfruchtbarkeit, als Vorbereitung zum Tod, besonders als Versöhnungs- und Hochzeitstrunk, hat die J.minne eine reiche, bis heute lebendige Entwicklung. Zur → Hochzeit wurde J.wein in protestantisch-pietistischen Kreisen des 17. Jh. getrunken (Vermählung des Grafen Zinzendorf). In Süddtl. und Österr. trinkt man zur Hochzeit den »J.segen«, die »J.lieb«. Mancher Mißbrauch entstand aus der Gepflogenheit, nach der kirchl. Weihe und Darreichung des Weins am Kommuniongitter *(Bibe amorem St. Johannis* in *nomine patris . . .)* etwas vom Wein für die Hausgenossen mitzunehmen (»Weinhansl« in der Steiermark und im Burgenland). Die Minne des Evangelisten wurde mancherorts auch auf → J. den Täufer übertragen, fand aber so wenig Verbreitung, da die Kirche den Brauch nur für den 27. 12 billigte.

Daß das J.evangelium in Zaubersprüchen (gegen Fieber, Wetter usw.), Amuletten (beim Spiel), Wetterkreuzen, in → Himmelsbriefen, Glockeninschriften usw. vorkommt, beruht wohl auf dem Anfang des Evangeliums (»Im Anfang war das Wort . . .«), dem man in seiner christologischen Lehre besondere Verehrung zollte.

Johannesev., -lieb, -minne, -segen, -wein → J. d. Evang.

J.hand → J. d. T., Knabenkraut.

J.haupt → Holzköpfe.

Johannes von Nepomuk, hl. (16. 5.), Schutzherr von Böhmen, als Märtyrer des Beichtgeheimnisses 1393 in die Moldau gestürzt. Dargest. mit Priesterbarett, Stola und Kreuz. Er wurde Patron der Beichtväter, Zungenleidenden und Verleumdeten. (N.zunge aus Stein, Metall, Wachs als Amulett). Auf Brücken, am Wasser und über Beichtstühlen befindet sich sein Bild. Fünf Sterne, in denen früher *T.A.C.U.I.* (ich habe geschwiegen) stand, umgeben sein Haupt, weil an der Stelle des Flusses, wo der Leichnam lag, Lichter erschienen. → N.zunge, Klosterarbeiten.

M. Andree-Eysn, Volkskundl., 1910; Frind, Der hl. J. v. N., 1929; J. Weinkopf, St. J. v. N., 1931; L. Schmidt, V.schauspiele v. hl. J. v. N., in: Volk u. V.tum 2 (1937); A. Bittner, Die N.fg. in Westfalen, Jb. f. Vkde d. Heimatvertr. 3 (1957); L. Schmidt, J.andachten u. N.lieder in Niederöst. u. Burgenld., Jb. öst. Vliedw. 9 (1960); F. Posch, Die Anfänge d. J. N.-Verehrung in d. Ostalpen, H. Koren-Fs., 1966; J. v. N., Kat. d. Ausst. München–Wien 1971; J. Krins, Zur Verehrg. des hl. J. v. N. Ein Beitrag z. ost-westdt. Patroz.fg. Jb. f. ostdt. Vkde 14 (1971).

Johannisangst, -beere, -bett, -brot, -krankheit, -kränze, -männchen, -met → J. d. T., J.tag.

J.blume → Arnika, Margerite, Labkraut, J.tag.

J.blut → J.kraut, J.tag.

Johanniskraut. Der Name bez. versch., um Johanni (meist gelb) blühende Pflanzen wie → Arnika (bes. O.franken, Thür.wald), → Beifuß, gelbes → Labkraut (Siebenbg.), → Margerite, Fetthenne. Das bekannteste ist *Hypericum perforatum*, dessen Blätter gegen das Licht durchscheinend sind wie von Nadeln zerstochen (Hartheu, Hartenau, Jageteufel, Hexenkraut, Unser Frauen Bettstroh, Eisenhart, Mannskraft, Feldhopfen). Mit seiner fünfstrahl. goldgelben Blüte wurde es zur Hauptblume der Sonnwende. Auch sein blutroter Saft machten es merkwürdig (Alfblut, St. Joh.blut, Christi Wundenkraut). Im MA war J. ein Mittel gegen Dämonen und gegen (auch für) Liebeszauber. Ein Orakel der Mädchen war noch lange, Blütenknospen von J. im Taschentuch zu quetschen: »Kommt rotes Blut, so ist die Liebe gut«. → Paracelsus sah in der Perforata die → Signatur, »Phantasmata« zu vertreiben. Das Signum von Stichen wie die Farbe des Blutes empfahlen J. bei Hieb- und Stichwunden und schließl. bei allen Blutungen. Bei einer Geburt wurde mit J. geräuchert (→ Frauenkraut). Es war gut gegen Pest und Ansteckendes. In Oberöst. gibt man am Joh.tag auch dem Vieh J. zwischen zwei Brotscheiben zu fressen.

Die → gelbe Blüte macht es zum Blitzschutz. Kreuzweise wird es an Fenster oder Dachbalken gesteckt. In der Eifel wird ein Kranz von blüh. Hartheu aufs Hausdach geworfen und bleibt dort den ganzen Sommer. Eine anhalt. Sage berichtet, bei einem tagelang wütenden Gewitter habe »eine Stimme aus den Wolken« gerufen: »Ist denn keine einzige Frau da, die da weiß vom Hartenau?« Als man das J. holte, wich das Unwetter. In der »Johanniskrone« wie im »Krautwisch« von → Himmelf. Mariae fehlt J. selten. Es ist in der Vmed. noch heute eines der beliebtesten Mittel als Kompresse bei Quetschungen, als Tee von Blättern und Blüten (Schlafmittel, Krämpfe, Blähungen, Blutarmut, Leber- und Magenleiden, Verschleimung, Gelbsucht, Bettnässen) oder als Tinktur (Auszug) in Tafelöl (Vorarlbg.). Solches »Johannisöl« ist auch in Apoth. zu haben.

H. Bardy, Les herbes de S. Jean, in: Bull. méd. des Vosges., 1894; K. Böhner, J., in: Hbild. aus Oberfranken 1 (1913); H. Marzell, Das J., eine vkdl.-botan. Studie, in: Natur 10 (1918–19); ders., Wb.

J.schäppel → Beifuß.

J.schnitter → Bilwis.

Johannistag, Sonnwend, J.feuer. J. d. Täufer (24. 6. Attr.: Kelch m. Giftschlange) ist der einzige Heilige, dessen → Geburtstag die Kirche feiert. Schon 506 wird sein Fest unmittelbar nach den Festen des Herrn erwähnt. In Tirol gilt er als »schlechter« Feiertag, als halber

Bauernfeiertag. In Leipzig bestand das Fest noch lange nach d. Reformation. Trotzdem ist die Bedeutung des Heiligen und seiner Legende für Glaube und Brauch des Tages nicht groß. J. ist Schutzpatron vieler Ortschaften, der Hirten u. Herden und der Schneider. J. erscheint häufig als Taufname und dann in Neckversen (»Hannesbattischt hot d'Hosa voll Mischt«; Vorarlberg). Das Haupt des J. wurde in der Vk. dargestellt (J.schüsseln) und auch als Votiv bei Kopfleiden geopfert. Wie die Jörgenscheiben und das Agathabrot läßt auch ein hölzernes J.haupt Ertrunkene auffinden, indem es im Wasser an der betreffenden Stelle stehenbleibt. Der Eindruck des J.hauptes soll nach der Sage am Morgen zu sehen sein, wenn man aus dreierlei Blumen ein »J.bett« bereitet und Heiligenbildchen dazu legt. Selbst Geld und Geschenke finden die Kinder vor (Nordböhmen). »J.hand« heißt die frische Wurzelknolle des → Knabenkrautes. Das »J.männchen«, das man um 1930 herum als Spielzeug auf den Märkten einzuführen suchte, knüpfte an den Leipziger Brauch an, nach dem Besuch des geschmückten Friedhofes im J.tal noch das J.männchen, eine »kleine geputzte Puppe« im Hof des J.spitals, anschauen zu gehen. Es galt als Schutz der Stadt. Auch in Treisa wurde das »J.männchen«, eine kleine Brunnenstatue, am J.tag bekränzt. J.beere *(ribes rubrum)*, auch J.brot *(ceratonia siliqua)* tragen diese Namen, weil sie der Heilige gesegnet und gegessen haben soll. An die grausame Enthauptung erinnert immer noch das »J.blut«, der rote Saft des J.krautes *(hypericum perforatum)*. J. floh und sein Blut fiel auf das Korn, deshalb gehe die Kornsaat noch heute rot auf (Böhmen). Die J.krankheit ist ein epileptisches Leiden, unter dem besonders die Rheingegend im 14. und 15. Jh. litt. Erst am J.tag fanden die Kranken Heilung wie die Veitstänzer am Tag St. → Veit. Im Saarland heißt das Alpdrücken der Kinder »J.angst« (→ Alp, Herodias).

Bestimmend für das Brauchtum des Tages ist nicht die Legende des Heiligen, sondern die Sonnenwende, die nach alter Auffassung und in germ. wie dt. Volksbrauch auf den 24. 6. fällt. Die Sommersonnenwende wurde von den Germanen und ihren Nachbarvölkern (Slaven, Kelten) vor allem mit Feuern festlich begangen. Nach erfolglosem Kampf dagegen legte die Kirche das Fest des Täufers auf diesen Tag, weil er die »Leuchte der Menschheit« war und sein Geburtstag ein halbes Jahr vor dem seines Herrn gewesen sein soll. Auch sollen seine Knochen bei Sebaste verbrannt worden sein. So konnte denn früher wie in vereinzelten Gegenden noch heute der Priester das Sonnenwend-J.feuer segnen. Bischöfe (Würzburg 1490) und Stifte (Klosterneuburg 1609) wurden Verteidiger des Brauchs, obgleich die Feuersgefahr gelegentlich große Klöster vernichtet hatte (Fulda 831, Lorsch 1090). Mit der geistl. Gönnerschaft verband sich die weltliche. 1401 tanzte der Bayernherzog mit seiner Gemahlin und dem Volke um das Sonnwendfeuer. 1496 führte Erzherzog Philipp von Österr. in Augsburg die Bürgertochter Ursula Neidhart zum Reigentanz am Feuer.

Zur Karte der Jahresfeuer gab R. Peesch folgende Erläuterungen, z. T. auf Grund der um 1933 dem ADV einges. Berichte: Das Verbreitungsgebiet des J.feuers umfaßte im MA ganz Dtl. Mit dem Beginn der Neuzeit erloschen die Feuer in den Städten teils,weil sein Sinn ver-

Nach dem ADV
(um 1933)

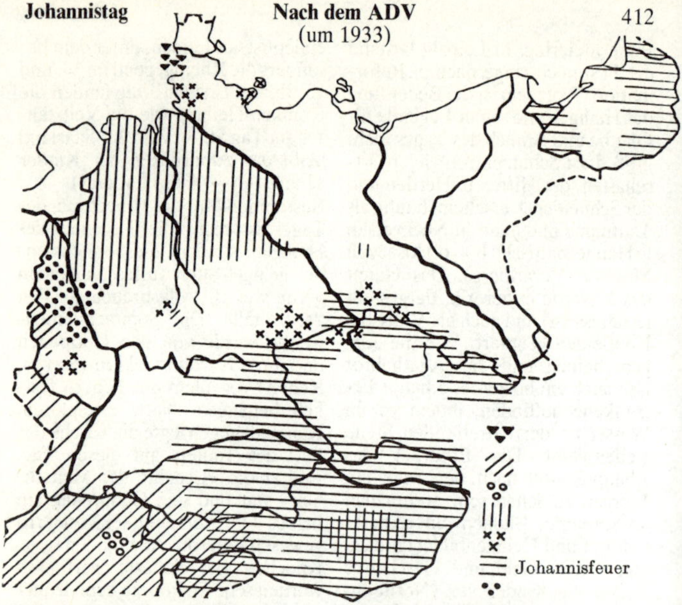

lorengegangen war, teils auf besonderes Betreiben der Behörden. So erließ das »Großherzoglich Badische Stadtamt« 1821 in Heidelberg folgende Verordnung: »Das sog. J.f., welches die Kinder auf Johannistag auf den öffentlichen Straßen in der Stadt zu machen pflegen, wird auf das strengste untersagt, und werden die Eltern für diesen Unfug ihrer Kinder verantwortlich gemacht.« Den Städten folgte das Land bald nach, so daß in West-, Südwest- und Norddtl. nur noch wenige J.f. zu finden sind.
Die Vorbereitung und Durchführung liegt ganz in den Händen der Jugend. Die Kinder beginnen mit dem Einsammeln des Brennmaterials bereits mehrere Tage vor J., vereinzelt schon am St. Veitstag (15. 6.), der Hauptsammeltag aber ist der 23. 6. Viele der beim Sammeln üblichen Heischelieder weisen noch auf St. → Veit hin:

Huit ischt Sankt Johannistag,
Geit mer e Scheit vom Lade ra,
Sankt Veit Gloria!
Himmel, Himmel Fuirle,
Gönnt uns au e Stuirle!
Scheitle raus, Scheitle raus,
Wieder in en anders Haus.
(Schwaben)

Am Vorabend oder zuweilen auch erst am Abend des J.tages wird der Holzstoß, der auf einem Berge, einem freien Felde oder auf einem Platz in der Nähe des Ortes hergerichtet worden ist, entzündet. In Tirol u. im Gleinalmgebiet (Steiermark) legt man großen Wert auf eine kräftige Rauchentwicklung, denn das »Sunnwendrachen« reinigt die Luft von bösen Gewalten und erwirkt gutes Wetter für die nächste Zeit. Auch sind die Felder, über die der Rauch hinstreicht, besond. ertragreich in diesem Jahr. Es wird mit Böllern geschossen und mit Peitschen geknallt, ebenfalls um unheilvolle Mächte zu verjagen.

Musik auf der Ziehharmonika oder auf anderen volkstümlichen Instrumenten, Singen und Jodeln sorgen für eine ausgelassene Stimmung. Es wird getanzt und das Feuer übersprungen. Aus der Höhe des Sprunges wird auf eine gute oder schlechte Ernte geschlossen. Namentlich die Höhe des Flachses zeigt der Sprung an. Sehr verbreitet ist die Anschauung, daß eine Liebesverbindung gefestigt wird, wenn Burschen und Mädchen das Feuer gemeinsam überspringen, ohne die Hände loszulassen. Dagegen gilt es als ein ungünstiges Vorzeichen, wenn der Sprung mißlingt oder jemand seine Kleider am Feuer verbrennt. In Sachsen erhofft man bei einem gelungenen Sprung, daß das Paar im Laufe eines Jahres Hochzeit halten kann. Auch der Tanz am Feuer hat eine besondere Bedeutung, wie der folgende Spruch der Mädchen zeigt:

Sonnawend, Sonnawend,
Daß mich nit's Feuer brennt,
Daß ich bald z'heiraten kumm,
Drum tanz ich um.
(Ennstal in der Steiermark)

Wie am → Funkensonntag ist in einzelnen Gegenden das Radrollen und auch das → Scheibenschlagen gebräuchlich. Im Gailtal (Kärnten) hat jedes Dorf einen »Scheibbühel«, auf dem in der J.nacht die »Prellböcke« zum Scheibenschlagen aufgestellt werden. Die auf einen langen Schwingstab gesteckten Holzscheiben werden am Feuer entzündet und dann mit Hilfe der »Prellböcke« hoch in die Luft geschlagen. Das Verbrennen von Puppen im J.feuer ist indes verhältnismäßig selten. Dagegen werden häufig Gegenstände verbrannt, die man ungern einem gewöhnlichen Feuer übergibt: Prangstauden in Salzburg, Fronleichnamskränze in Oberösterr., alte Totenbretter in Arnbruck im Bayrischen Wald. Disteln und Unkraut werden ins Feuer geworfen, damit sie ein Jahr lang ausbleiben, andere Kräuter, um die dem Feuer innewohnende Heilkraft zu vergrößern. Eine heilende Wirkung des Feuers wird besonders bei Augenkrankheiten erwartet, wenn man in die Flammen blickt. In Oberbayern, im Bergischen und im Böhmer Wald führte man krankes sowohl wie gesundes Vieh durch den Rauch oder über die Glut, um es gesunden zu lassen und vor Seuchen zu bewahren. In Ostpreußen wurde das Vieh am andern Morgen durch die Asche getrieben. Die Asche selbst und auch die angekohlten Holzscheite werden als Abwehrmittel gegen Feuer und Blitz nach Haus mitgenommen und hier unter dem Dachfirst aufbewahrt. – Daß der Mittsommer ein Gipfelpunkt germ. Jahresbrauches gewesen sein muß, geht aus der verwandten Überlieferung der nordgerm. Länder hervor und auch daraus, daß mehrere Festtage vor (Cyrillus 9., → Margareta 10., → Antonius 13., → Veit 15. 6.) und nach (→ Peter und Paul 29. 6., → Theobald 1. 7.) diesem Tag in ihrem Brauch auf diese Mitte weisen.

Mit zahlreichen Wahrsagegebräuchen kann die Zukunft erforscht werden. Vom Liebsten träumt, wer am J.abend einen grünen Kranz unter das Polster legt. Er muß mit der rechten Hand beim Feierabendläuten gewunden sein und darf weder über Bach noch Schwelle gegangen sein. Man zieht ihn noch heute an einem Faden durch das Fenster (Ostpreußen).

An J. werden → Heilkräuter gesammelt und → Kränze gewunden, »Maien- und J.kränze« (Montafon) in Herz- oder Kreuzform aus »J.blumen« (Margeriten). → J.kraut ist »Teufelsflucht« und schützt vor ihm, vor Hexen und Ungewitter (Tirol). Im ganzen steirischen Ennstal und sonst in Österr. wird der »Sunnawendbuschen« an Fenster und Türen gesteckt. J.kraut, Rindsauge, Einhack, Frauenhaar, Steinnelken, Tuschnblumen und Pfingstrosen wurden dazu gesammelt. Kränze, Sträuße, Kronen, Gewinde, Lauben schmücken in vielen dt. Landschaften Haus, Stall und Straße, wie denn überhaupt der Kult der segenbringenden → Pflanze zur Sonnwendzeit bei den germ. und indogerm. Völkern große Bedeutung hat. Auch die Hexen pflükken sich während des Aveläutens die Kräuter für ihre »Schauerbollen«. Darum »klenkt« der Mesner nur ganz kurz. Wenn sich Frauen vierblättrigen → Klee in den Zopf flechten, können sie in der Messe die Hexen erkennen mit ihren entstellten Gesichtern und Bienenkörben auf den Köpfen (Tirol). J.kräuter spenden Gesundheit und Fruchtbarkeit. Oft werden sie ins J.feuer geworfen. Die Bedeutungen vermischen sich, wenn die Mädchen zum Liebesorakel die Kränze auf die Bäume werfen (wenn sie hängenbleiben, ist Hochzeit nahe, Pustertal), oder wenn die Mädchen durch den Kranz ins Feuer schauen und den Spruch sagen:

Johannisfeuer, guck, guck!
Stärk mir meine Augen,
Stärk mir meine Augenlider,
Daß ich dich aufs Jahr seh wieder!

Die Vorschriften zur Erhöhung der magischen Wirkung häufen sich: mittags (Mittag und Mitternacht sind zur Sonnenwende gleich geweiht) zwischen 11 und 12, schweigend müssen neunerlei Blumen gepflückt und mit einem zur gleichen Stunde (eines anderen Tages) selbstgesponnenen Faden gewunden werden (Vogtland); nicht mit bloßen Händen dürfen die Blumen ergriffen werden, niemand darf begegnen (Böhmen), und rücklings müssen die Kränze auf den Baum geworfen werden.

Zahlreiche andere Bräuche gelten der Gesundheit und Fruchtbarkeit von Mensch, Vieh und Ackerfeld. Im J.feuer finden wir noch viele Spuren des alten → Notfeuers, das die Germanen anzündeten, um Vieh zu heilen oder Seuchen (in der Sommerzeit!) vorzubeugen. Im österr. Viertel ob dem Mannhartsberg heißt es: »Ein Grund, auf dem kein Sonnwendfeuer brennt, trauert das ganze Jahr, und soweit der Schein des Feuers leuchtet, wird es nicht hageln.« Brände, Kohlen und Asche vom J.feuer werden an vielen Orten im Feld und Garten gebracht. Aber auch Tropfen vom »J.met« vertreiben das Ungeziefer Niederösterr.). Obstbäume werden wie in den Zwölften mit Strohseilen umwunden, damit die Früchte nicht unreif abfallen. Vögel fressen die Körner nicht, wenn man nachts einige Halme schneidet und, zum Kreuz geformt, in den Schornstein hängt. In kultischer → Nacktheit gingen im Saalfeldischen Mädchen zum Flachsfeld, umtanzten es u. wälzten sich darin. Paare wälzen sich auf dem Acker. Aus Siebenbürgen ist überliefert, daß in der Frühe des J.tages ein nacktes Weib sich auf den Acker legte und der Sonne zurief: »Junger Sonnenherr, tu mir und dem, was um mich ist, keinen Schaden!« Auch die Menschen feiern und stärken sich mit »Kücheln«, die 3, 7 oder 9 verschiedene Füllungen haben (z. B. Holunder, Salbei, Brennessel in Tirol).

Wasser, Quellen und Bäder sind an diesem Tage heilsam. In Quedlinburg wurden jedes Jahr dem Bodefluß schwarze Hähne geopfert, an anderen Orten waren es Kinderkleider. Das Haus blieb vor Blitzschlag bewahrt, wenn ein nacktes

Mädchen Stahl und Feuerstein in den Brunnen warf (Oberungarn). Petrarca berichtet von dem Kölner J.abend des Jahres 1330, er habe am Ufer Frauen in großer Zahl gesehen, die Kräuterschmuck trugen und bei Sonnenuntergang mit Spruch und Waschung die Arme ins Wasser tauchten. In Rotenburg am Neckar hieß es, der Fluß werde wild und nehme einen Menschen, wenn nicht der übliche Laib Brot geopfert werde. Brunnenreinigungen finden häufig an J. statt. Auch die Sage von der Gefährlichkeit des Wassers am J.tag erinnert wohl an ältere Opferbräuche. Der »Engel« oder St. J. will einen Klimmer und einen Schwimmer (Bodensee). An Oder und Spree sollen aus dieser Furcht die Schiffer und Fischer selbst Rettungsversuche am J.tag unterlassen haben. So erscheint zuweilen J. überhaupt als → Unglückstag.

Da das Brauchtum des J.tages in außergewöhnlichem Maß auch die kulturelle Oberschicht (hohe Geistlichkeit, Adel, Städte) ergriff, sind manche öffentlichen Umzüge, Spiele und Festlichkeiten überliefert oder noch lebendig. Im Salzburger J.umzug zog ein Mädchen in Bürgertracht den Wagen mit dem J.knaben, dem ein alter Mann mit einer Fürstenkrone folgte. Im badischen Schellbronn wurden drei als J., Bajaß und Herold maskierte Burschen von drei weißgekleideten und gleichfalls unkenntlichen Mädchen mit Musik und Festzug aus dem Walde abgeholt und zu Trunk, Tanz und Sang und zu einer dramatischen Dorfkritik auf eine Lichtung geleitet. Auch beim kärntischen Sonnwendfeuer waren dem bayrischen → Haberfeldtreiben ähnliche Bräuche üblich. Ein großes Fest war der »J.kirta« auf dem Gipfel des Erzberges in der Steiermark. Manche der festlichen Spiele sind den Mädchen und Frauen vorbehalten. Bei den Wenden nördlich von Salzwedel mußten die alten Weiber den »Kronenbaum« ziehen, während die kräftigen Jungen singend nebenher gingen. In Westfalen (Werl) sammelten die Mädchen auf den Höfen Geld zu einem Vogelwerfen mit Stecken. Beim »Geißelschnalzen« in der J.nacht (Mühlviertel), beim Scheibenschießen und Kampfspiel (wobei die Herren zu Fuß, die Knechte zu Pferd erschienen) in Belling bei Pasewalk waren nur Männer beteiligt. Ähnliche Spiele sind z. B. → Hahnschlagen (Kyffhäusergegend), Mastklettern (Finsterwalde), die Schützenfeste, Wettsingen, Wettrennen nach dem J.kranz und die Winter-Sommerkämpfe. In manchem dieser Spiele erscheinen Mai- und Pfingstbräuche auf den J.tag übertragen. Maipaar und → Maibaum (J.baum) erscheinen noch einmal. Kinder hielten Umzüge mit kleinen Tannenbäumchen, eine große Tanne wurde geschält und mit Eiern (gelb und rot) und Blumen geziert. In Altenau u. Gerlachsbach (Harz) wird eine Tanne als J.baum aufgerichtet, geschmückt u. umtanzt (1970; C. O. Wankel). Auch der Holzstoß für das J.feuer wurde mancherorts um einen Baum geschichtet wie beim Feuer des alem. → Funkensonntags.

E. G. Happelii Relationes Curiosae. Tom. I. Hambg. 1707; F. Kauz, Epistola de ritu ignis in naturalis S. Joannis Bapt. accens., Wien o. J. (1759); J. C. Zeumer, . . . Ignem Johanneum, vulgo: J.-Feuer, Jena 1699; P. Sartori, Sitte u. Brauch, 3. Bd., 1914, S. 221–237; ders., J. d. T., im HDA; E. Fehrle, Der J., 1924; E. Hoewer, Die Sitte der S. (u. der S.feuerbrauch), 1921; H. Freudenthal, Das Feuer im dt. Glauben u. Brauch, 1931; W. König, J.feier, Beitr. z. Unters. d. Volksglaubens d. Gegenw., 1932; O. Mahr. J.feuer in d. Rhön, Hess. Bll. f. Vkde 40 (1942); B. Martin, Der Vorname J. in erweiterter Bedeutg. in d. hess. Mundarten, Hess. Bll. 41 f. Vkde (1950); V. Kellermann, Der Caseler Johanne. Ein märk. Brauch z. S.sonnenw., Dt. Jb. f. Vkde 1 (1955) (Bei Calau i. Spreewald, mit Reiterspiel); J. Talve, J.feuer a. d. Karel. Landenge, in: Scripta Ethnol., Turku 1964; R. Wolfram, Die S.bräuche i. d. Gottschee, Jb. f. ostdt. Vkde 13 (1970).

J.wasser → Wasser.

Johanniswürmchen *(Lampyris splendidula* und *L. nocticula).* Durch die Leuchtorgane am Hinterleib haben die über die ganze Erde verbr. Leuchtkäfer V.glaube und -sprache beschäftigt. Das J. ist ähnlich wie Marien- und → Maikäfer Wetterorakeltier in der Hand der Kinder. Schon die römischen Landwirte beachteten es (Plinius). Es zeigt den rechten Weg, verborgene Schätze, wird aber auch gelegentlich mit dem → Irrlicht gleichgehalten. In den romanischen Bezeichnungen denkt man vorwiegend an Heilige (Antoniuslämpchen) oder Totenseelen (Totenlaterne), im Dt. herrschen die Namen, die an die Jahreszeit (Sunnawendkäferl im Drautal) oder an das Leuchten anknüpfen: Fuiermännken (Minden-Ravensberg), Kerzenscheinchen, Gloiärschken, Johannesfönkchen, Johannesförzkelchen (im Bergischen), Flämmstirt (Mecklenburg), Glüawörmli (Vorarlberg). Zuerst erwähnt Mathesius (1566) das »Johans Würmlein«, das um den → Joh.tag herum fliegt.

A. Garbini, Antroponimie ed omonimie nel campo della zoologia popolare, 2 Bde., 1925; R. Riegler, J., im HDA.

Jöring Astl → Georg.

Josef, der alte → Weihn., Nikolaus.

Joseftragen → Advent.

Joseph, hl. (19. 3.). Die Verehrung des Nährvaters Jesu wurde erst im Ausgang des MA verbreitet (Feiertag seit 1621). Um dem Gedanken an eine natürl. Erzeugung Jesu zu begegnen, läßt die christl. Leg. J. erst im Greisenalter heiraten. J. ist Patron der Kirche (seit 1870), der Ehe und der Berufe, die die Axt führen,auch der Keuschheit. Man verlegt deshalb → Hochzeiten gern auf diesen Tag. Orakel (Lichterschwemmen) werden angestellt und Liebesgeschenke getauscht. J.tag ist Kinderfest (Böhmen, Baden, »Josephsklimpern« ist ein Lärmumzug in Guhrauschen) und Frühlingstag. Das Ballspiel der Kinder beginnt (Böhmen). In Bezug auf das Wetter heißt es: »St. J. schlägt den glühenden Pfahl in die Erde«. J.tragen → Frautragen. 1955 erklärte Papst Pius XII. den 1. Mai zum »Fest des hl. J., des Patrons der Handwerker«. Attr.: Jesuskind, Lilie, Zimmerm.geräte und -werkstatt. → Maitag, Gertrud.

J. Seitz, Die Verehrung d. hl. J. bis zum Konzil von Trient, 1908; H. Kellner, Heortologie, [3]1911; Über J.brüderschaften vgl. Buchberger, Lex. f. Theol. u. Kirche; J. Müller, Der hl. J., 1937; S. Morenz, Die Gesch. v. J. d. Zimmerm., 1951; M. Barth, Die Verehrg. des hl. J. im Elsaß vom MA b. a. d. Ggw. 1970.

Joseph II. (1741 bis 1790). Zu wenigen Männern von historischer Bedeutung, die in der V.erzählung namentlich nachleben, gehören neben Peter d. Großen (Rußland), Napoleon (Frankr., Dtl.), Karl V. (Belgien), Mathias Corvinus (Ungarn), → Friedr. d. Gr. (Norddtl.) → Prinz Eugen und J. II. in Österr.-Ungarn. Als Sohn der Kaiserin Maria Theresia und als Bewunderer Friedr. d. II. wandte sich J. II. als Kaiser (seit 1780) zahlr. Reformplänen zu, auf dem polit. Gebiet mit wenig Glück, auf dem kirchl. mit wenig Beifall (»Josephinismus«). »Bruder Küster« hieß er im Spott als Gegner vieler relig. Bräuche (→ Krippe). Dieser große Aufklärer war aber auch ein tatkräftiger Freund der Armen und Leidenden, der für Ansiedlung und ein gerechteres Steuersystem sorgte und die von seiner Mutter begonnene Aufhebung der Leibeigensch. vollendete. So lebte er weiter in Sage und Schwank als eine Art Harun-al-Raschid, unerkannt durchs Land wandelnd und die Sorgen des Volkes prüfend.

E. Benedikt, J. II. ²1947; K. Haiding, Kaiser J. II. in d. V.erzählung, Öst. Zs. f. Vkde 67 (1964) (Lit.).

Jucken → Zucken.

Jubiläum, Jubeljahr (lat. *jubilum* ›Bauern-, Hirtenruf‹). Seit der Einf. eines kirchl. Jj. 1300 durch Bonifaz VIII. (mhd. *jūbeljār*) übertrug sich die Bez. auch auf andere Gedenktage. Zuerst wurde jenes alle 50 oder 33, seit 1475 alle 25 Jahre gefeiert wie heute noch. Das Wort Jubilar (v. lat. *jubilarius*) ist erst im 18. Jh. bezeugt. Zugleich mit dem Schwinden der alten kirchl. oder vaterländ. Gedenktage schießen heute die J. im privaten, wirtsch. kommunalen und sportl. Leben ins Kraut. Der einmillionste Emmentaler → Käse der Molkereizentr. in St. Mang b. Kempten wurde einer Schule in Bln.-Steglitz gestiftet, die den → Anschnitt in feierl. Form vollzog (7. 10. 69). – Auf den früheren kirchl. Begriff bezieht sich wohl die Redensart: Alle Jj. einmal. → Hochzeit, Geburtstag, Jahrgänger.

A. de Waal, Das hl. Jahr, ²1900; P. Brezzi, Storia degli Anni Santi, Rom 1950.

Judas. Im J.jagen und -verbrennen zu → Lätare, im J.feuer zu → Ostern, in der Furcht vor dem ersten April als J.-Geburtstag und → Unglückstag, in Pflanzennamen, in Redensarten und Sagen hält das Volk das Bild des biblischen Verräters um Geld fest, wie ihn schon die Passionsspiele des MA, die *»Legenda aurea«* im 13. Jh. und zuerst der Helianddichter gezeichnet hatten. Einzelne mimische Szenen, die in der »J.woche« (Niederrhein) genannten Karwoche vonstatten gehen, sind wohl auf ältere geistliche Spiele zurückzuführen (über J.bräuche und -reime handelte Taylor: Journal of Engl. and Germ. Philol. 19, Nr. 3). Auch seine Physiognomie ist in der Volksmeinung die gleiche, wie sie der Luzerner Rodel in der Spielanweisung (1545) gibt: »J.-Verrätter, rott lang Har und Bart, einen gelen Rock, einen rotten großen Seckell am Hals«. Das erste J.drama schrieb Thomas Naogeorgus (Kirchmair) 1552. – In Darst. sind Teufel und Geldbeutel Attr. des J. → Karsamstag, Karwoche, Dreizehn, Farbe, rothaarig.

G. Maderspach, J., eine Charakteristik, 1904; Büchner, J. Ischarioth in d. biblischen Dichtung, 1920; Taylor, J. Iscariot in charms and incantations (Washington Univ. Studies 11), St. Louis 1924; A. Wrede, J., im HDA; D. Haugg, J., 1930; H. Moser, Die Pumpermetten, Bayer. Jb. f. Vkde (1956); L. Kretzenbacher, »Verkauft um dreissig Silberlinge«, Schweiz. Arch. f. Vkde 57 (1961).

Judasaustreiben, -feuer, -jagen, -woche → J., Karwoche.

J.brennen → Karsamstag.

Judas Thaddäus, hl., Festtag: 28. 10. Von einigen Textzeugen im Matthäus- und Markusevangelium genannter Apostelname, hinter dem vielleicht Judas, der Sohn des Jakobus steht. Schon im 18. Jh. in Süddtl. und Österr. verehrt (→ Andachtsbilder von Vogt, Motz, Götz u. a.), ist dieser Hl. in den letzten Jahrzehnten zum Rang eines der meistverehrten Wallfahrtspatrone aufgestiegen. Sein Bild (mit zahlreichen Votiven) findet sich in vielen marianischen Gnadenstätten, oft neben der »kleinen Theresia«, deren Verehrung gleichfalls (leider von viel Bilder- und Devotionalienkitsch begleitet) in den letzten Jahrzehnten volkstümlich wurde. Attr.: Keule, Beil, Winkelmaß.

F. Jantsch, J. T., 1951.

Judenblume → Löwenzahn.

J.dorn → Heckenrose.

Judica. Vereinzelt findet das Todaustragen (bei den Tschechen) oder das Sommereinbringen (Schlesien), das an → Lätare häufiger ist, erst am Sonntag darauf, an J. (5. Sonntag in der Fastenzeit) statt. Er gilt als → Unglückstag und heißt auch schwarzer Sonntag oder lahmer Passionssonntag.

Jugendweihe. 1859 vom »Bund freirelig. Gemeinden« eingeführt, dann von versch. Gruppen übernommen (zuletzt von den »Dt. Unitariern«; 1950 gegr.), ist die J. in der DDR seit 1954 die offiz. Feier, in der die Schulentlassenen in das »aktive gesellsch. Leben« aufgenommen werden. Seit etwa 10 Jahren ist die Teilnahme fast allg. (»Jugendgesetz« 1964). Wie hier durch »Jugendstunden« wird auch im W durch relig.-eth.-soz. Unterweisung auf die J. vorbereitet und diese in feierl. Weise (Kleidung, Musik, Ansprachen, Schmuck des Saales, Gedenkgabe) in Gegenwart von Eltern und Freunden begangen. Wie bei ev. → Konfirmation und kath. Firmung (bzw. Erstkommunion) die kirchl. Führung eine Entw. landsch. Sonderbräuche nicht verhindert hat, so nahm auch die staatl. geleitete J. Elemente weltl. Brauches auf. Ähnliches gilt für das sozialist. Fest der Namengebung, für Eheschließung und Beerdigung. → Taufe.

K. Weiss, Feier- u. Weihestunden der freien Relig., [2]1929; G. Allendorf, Gewerkschaften u. J., [2]1960; U. Jeremias, Die J. in d. Sowjetzone, [2]1958; H. Schlötermann, Weltfrömmigkeit, 1956.

Juhschrei, Juchzen, Jauchzen, Rufe des Gebirglers in der Kopfstimme (juhu; juhuhuhui u. ä.), vom → Jodeln unterschieden durch die nur über eine Atemlänge reichende Tonfolge, durch das Fehlen fester Tonschritte und Silbenfolgen wie des Registerwechsels in die Bruststimme; Kundgebung der Freude, Jubelruf auf dem erreichten Berggipfel, Ankündigung des Besuches in der Sennhütte, Verständigungsmittel der Hirten, Köhler, Holzarbeiter, Fuhrleute und Bergsteiger. Mhd. *jûchezen* (vom Ruf *jûch* wie ächzen von *ach*) ist mit lat. *jubilum* (gr. *iauoi*) zu vergleichen. Das *jubilare sine verbis* des hl. Augustinus (354–430) wurde auch als frühes Zeugnis für Jodeln gewertet. Dagegen ist wohl das Juchzen und Galnen der Hirten gemeint, wenn Nonsberger Märtyrerberichte von 397 *strepentes et horridos jubilos* der Alpenbewohner erwähnen. Mit einem J. verabschiedete sich Ritter Hermann von Hornegg anl. einer bischöfl. Visitation in Osttirol und Südkärnten: »Er küßte des Bischofs Rechte, empfahl sich und kehrte heim, laut jauchzend nach deutscher Art« (P. Santonino, S. 156).

P. Santonino, Die Reisetagebücher 1485–1487. Aus d. Lat. übertr. v. R. Egger, 1947 (P. S. war der Sekretär des Bischofs). Vgl. Lit. → Jodeln. Schallplatte: W. Deutsch u. H. Gielge, hg., Juchzer, Rufe . . . a. d. Ausseerland, Österr. Phonotek. A-1060 Wien.

Jul. Die den nordgerm. Sprachen gemeinsame Bez. J. für → Weihnachten und Mittwinterzeit ist nach Kluge-Götze zurückzuführen auf die Grundform **jehwla* ›Zeit der Schneestürme‹. Das Wort wurde aus dem Urnord. ins Finnische und Lappische übernommen im Sinn von ›Feier‹, ›Weihnachten‹. Diese alte Entlehnung beweist germ. Brauch eines Mittwinterfestes bereits vor der Christianisierung. Von J.festen der Höfe in Schweden und Dänemark wird seit 1300 berichtet. Das Wort J. ist im angelsächs. und gotischen, auch im mittelniederländ. bezeugt. Entlehnung aus Skandinavien (schwed.-dän. jul) ist der neuere Gebrauch des Wortes in Nordostdtld, bes. in Pommern (bezeugt seit 1741; von 1648–1815 hielten die Schweden Vorpommern besetzt). In der Zus.setzung J.klapp ist es in Berlin u. weiterhin belegt. So heißt das Weihnachtsgeschenk, das der Überbringer meist reich verhüllt in die Stube wirft mit dem Ruf »Klapp!«, wobei er selber unerkannt entkommen muß (so in Berlin 1930). Nord. J.festbräuche (J.block, J.bock, J.eber, J.brot, J.feuer, J.umritte) sind der Sache nach z. T. auch bei uns bekannt (Weihnachtsblock, Schnabbuck, Zelten, Umritte). Nach den Fragebogen des Atlas d. dt. Vkde ist ein Mittwinterfeuer in dt. Landschaften unbekannt und auch die Bez. des Weihnachtsbaumes als J.baum ganz selten. Durch die nationale Jugendbewegung ist das Wort J. in den städtischen Oberschichten nach dem 1. Weltkrieg z. T. heimisch geworden. Da uns der altgerm. Beitrag zum Bild der heutigen dt. Volkskultur ebenso wichtig ist wie der Einfluß von Mittelmeer- und Orientkulturen, bedürfen Forschungen, wie sie die Wiener Schule (Weiser, Wolfram u. a.) oder z. B. auch K. Kaiser in seinem »Atlas der Pommerschen Volkskunde« wieder in Gang gebracht haben, gründlicher Weiterführung. – Über J.baum, -block, -eber usw. auch → Blitz, Hirsch, Eber, Jahr, Klöpfelnächte, Neujahr, Valentin, Weihnacht, W.baum, Wowölfle, Wilde Jagd; Germanen.

Bilfinger, Das germ. J.fest, 1901; H. Feilberg, J., 2 Bde., Kopenhagen 1904; M. P. Nilsson, in: Arch. f. Rel.wiss. 19 (1918); L. Weiser, J., Weihnachtsgeschenke u. W.baum, 1923; H. Celander, Julen som äringsfest, in: Folkm. och Folkt., 1925; K. Kaiser, Atlas d. Pommersch. Vkde (Text u. Karten) 1936 (S. 63 Karte der Verbreitung des J.klapps in Pommern um 1934); R. Wolfram, Die J.umritte im germ. Süden u. Norden, Oberdt. Zs. f. Vkde 11 (1937); L. Weiser-Aall, Kampf d. Pietismus gegen die J.spiele, Schweiz. Arch. f. Vkde 50 (1954); dies., Julenissen og Julegeita, Oslo 1954; T. Vuorela, Joulnoljet (Weihn.stroh), Scripta ethnolog. Turku 1960; Kartogr.: ADV II, III J.baum, J.klappabend; Vgl. Lit. → Weihnachten.

Jungbürgerfeier. Nach dem Vorbild der Schweiz ist seit 1946 in Österr., bes. im alem. Vorarlbg., die J. fester Brauch geworden. Im Frühling oder Herbst werden die volljährig gewordenen Burschen und Mädchen mit feierl. Gelöbnis und Handschlag vor versammelter Gemeinde durch ihren Bürgermeister auf den Staat verpflichtet und mit einem die Heimat betreffenden Gedenkbuch beschenkt. Musik und Liedvorträge begleiten die J. im fahnen- und wappengeschmückten Saal. Die Ansprache einer Persönlichkeit des öffentl. Lebens wird am Schluß in der Dankrede eines Jb. erwidert. Landsch. Sonderformen der J. sind erkennbar (J. im eigenen Dorf, in der Talschaft u. ä.).

H. Commenda, J. (Karte: Österr.), in: Konf. f. vkdl. Kartogr. Linz a. d. Donau 1959 (Hektogr.); K. Ilg, Landes- und Vkde Vorarlbergs, 3. Bd., 1961; Vorarlb. Jb.buch, Mehrere Ausg.; Tiroler Jb.buch, hg. v. Land Tirol u. v. d. Gemeinden Tirols, Red. v. W. Pfaundler, 1963; E. Strübin, Die J. im Kant. Basel-Landsch., B.bieter H.bll. 35 (1970) (1938 eingef.).

Jungbrunnen → Verjüngung.

Jungbrunnen. Der Wunsch nach Unsterblichkeit und ewiger Jugend ist so alt wie die Menschheit und damit die Suche nach einem Lebenswunderkraut, dem Wasser des Lebens, dem Lebenselixier. Dichtung und Kunst des MA bezeugen die Vorst. vom J., von der auch die christl. Fons-vitae-Bilder herzuleiten sind (→ Andachtsbild). Bekannt sind die Darst. des J. von H. S. Beham und von Cranach d. J., dessen (oder seiner Schule?) großes J.bild in der Gemäldegal. Berlin-Dahlem hängt. V.schauspiel, V.dichtung (→ Märchen) und → Bilderbogen (→ Altweibermühle) hat das Thema in Ernst und Verspottung vielfach beschäftigt. → Lebensbaum.

R. Wünsche, Die Sagen vom Lebensbaum u. L.wasser, 1905; St. Thompson, Motif-Index of Folk-Literatur, 2. Bd., 1956; G. F. Hartlaub, L. Cranach d. J., Der J., 1958.

Jungfer im Grün (Gretchen im Busch, Braut in Haaren, im Schleier, Spinnenkopf; *Nigella damascena*). Seit jüng. Zeit als Zierblume (hellblaue Blüten, schleieriges Kraut) gehalten. Südeurop. Verwandte des Kreuz- oder Schwarzkümmels *(Nig. arvensis)*, mit diesem zuweilen Namen und Verwendung tauschend. K. ist »gut gegen Hexen« (M. Brdbg.) und wird an Johanni als Pflanze an die Türe gesteckt. Die Braut soll auf dem Weg zur Trauung K. und → Dill im Schuh tragen.

Jungfernpalme → Sebenbaum.

Jungfernwachs *(cera virginea)*, früher das unbebrütete, ungebleichte → Wachs, in der Sprache des Imkers heute das erste Erzeugn. eines jungen Schwarms (→ Biene). Aus dem Glauben an die Segens- und Heilkraft der → Jungfrau und des Unversehrten wurde J. im → Analogiezauber, bei → Amuletten, in mag. Rezepturen und in der Vmed. hoch geschätzt. Der Begriff J. ist zuerst im 16. Jh. in Überlief. von → Hexen in Mitteleuropa bezeugt. In der Definition von W. Brückner ist J. »weiß, aber naturrein und unberührt, sowohl von Honigtracht und Brutgeschäft, als auch ungebraucht zu jeglich anderer Verwendung«.

Grimm, Dt. Wb. IV; W. Brückner, Cera-Cera Virgo-Cera virginea, Zs. f. Vkde 59 (1963).

J.zucht → Thymian.

Jungfrau (alte Jungfer; beides von mhd. *juncvrouwe* ›junge Herrin‹). »Im Verhalten zum Geschlechtsleben liegt einer der tiefen und dauernden Unterschiede zwischen germ. und romanischer Familie« (Heusler, Germanentum). »Kiltgänge, Fensterln, Probenächte sind dieser Gesellschaft (der Sagas) fremd; die Keuschheit der Töchter, auch der Witwen, ist immer noch ›wohlumhegt‹«. Mit dem Christentum, besonders in seiner südeuropäischen und morgenländischen Färbung, verlagerte sich die Betonung. Durch die Paulinische Verfemung des Geschlechtslebens wurde die ehelose J. zum Ideal. Ihr Vorzug vor der Verheirateten wurde auf dem Konzil von Trient (1545–63) gegen die Reformatoren ausgesprochen. Während ein germ., für einen Südländer nie verständliches Sprichwort mit Recht sagen kann »die Ehe ist kein Verlust der Jungfräulichkeit«, kam durch den christlichen Dualismus eine Überspannung in den Begriff der J., der schließlich in dem diametralen Gegensatz der Gottesbraut und unbefleckt empfangenen J. Maria zu der ehelosen, mit dem Teufel buhlenden → Hexe ihren furchtbaren Ausdruck fand. Die Stellung der J. in Brauch und Glauben ist mehr in der Segenskraft des jungen wachsenden Menschen (→ Jüngster, Kind) begründet als im Begriff der J.schaft (Kummer). Das geht schon daraus hervor, daß häufig die J. dem Kind (7jähriges) überhaupt gleich gesetzt wird, das im Neujahrs- und Frühlingsbrauch der natürliche Träger des Glückes und der Jahreshoffnung ist.

Die in den germ. Zeugnissen (→ Saga) kaum erscheinende Gestalt der a. J. ist in allen Jhh. dem Spott und der Geringschätzung des Volkes ausgesetzt gewesen, obwohl die Kirche mit der Höherbewertung des ehelosen Lebens (Zölibat) eigentlich den entgegengesetzten Erfolg erwarten mußte. Viele Lieder und Sprüche schildern das Jenseits der a. J. So unfruchtbar wie im Leben bleibt ihr Tun nach dem Tode. In Tirol ist es sprichwörtlich:

Die alten Diendln und die alten Roß
Kommen aufs Moos.

In ödem Moor oder auf Bergen müssen sie Felsen putzen, Schnee sieben oder Hosenlätze dreschen (Tirol). Bei Fasnachtsumzügen (bes. Sterzingermoosfahren in Tirol und Giritzenmoosfahrt in der Schweiz) maskieren sich Burschen als a. J. oder fangen unverheiratete Mädchen ein und zwingen sie im Spottumzug mitzutun, wie eine lateinische Leipziger Chronik schon um 1500 berichtet. Auch Fruchtbarkeitszauber verbindet sich mit dem Brauch. Als solcher muß auch das Pflugumziehen betrachtet werden, das jene Chronik, dann auch Hans Sachs, Sebastian Franck u. a. beschreiben. Ihm entspricht das → Blockziehen, das in Österr. noch Sitte ist.

Unsere Zeit mit der bedeutenden Arbeitsleistung und sozialen Rolle der unverheirateten Frau hat die alte Bewertung auch auf dem Lande längst umgestoßen, und den älteren Fräulein (seit 1972 auch den jungen) wird die Anrede »Frau« immer allgemeiner zugestanden, ja vom Gesetz gesichert.

Die Frauengestalten unter den germ. Göttern sind, soweit sie nicht als Mütter gedacht sind, nicht oder jedenfalls nicht wesensnotwendig J.gottheiten. → Walküren, Idisi, Matronen, Nornen, Kümmernis, Drei heilige Frauen, Frau, Jüngster, Sarg, Drache, Brennessel, Volksschauspiel.

Lehner, Marienverehrung in d. ersten Jahrhunderten, [2]1886; W. Weinhold, Die dt. Frauen in dem MA, 2 Bde., [3]1897; E. Fehrle, Die kult. Keuschh. im Altertum, 1910; Feusi, Gottgeweihte J.en, 1917; R. Guardini, Ehe u. J.heit, 1926; B. Kummer, Herd u. Altar, 1934, S. 136ff.; ders., Die dt. Ehe, [2]1934. – Lit. ü. d. a. J.: A. Bastian, Verbleibsorte der abgeschiedenen Seelen, 1893; L. v. Hörmann, Ins Moos fahren, in: Tiroler Volksleben, 1909; H. Ploch u. M. Bartels, Das Weib in der Natur- u. Völkerkde., 2 Bde., [10]1913; Haberlandt, Altjungfernschicksal, in: Globus, 1934; F. Sarasin, Die Anschauungen d. Völker über Ehe u. Junggesellentum, Schweiz. Arch. f. Vkde 33 (1934) (212 Nr.Lit.); W.-E. Peuckert, Hwb. d. Sage.

Junggeselle → Jungfrau.

Jünglingsweihe. Schurtz suchte in Frühlingsbräuchen wie etwa in den Laubmasken von Pfingsten oder im Tod- und Winteraustreiben zu Mittfasten und → Lätare Nachwirkungen alter Riten der → Initiation und symbolischer Tötung und Wiedergeburt. Bei germ. Stämmen (Chatten, Harier, Heruler, Taifalen), besonders bei den nord. → Berserkern u. Wikingern, wies Weiser eine J. nach, eine rituelle Aufnahme in Männerbünde. Als kennzeichnende Merkmale der J.- und Männerweihe bei den Chatten (nach → Tacitus' Germania) nennt Weiser (S. 36): Absonderung von der früheren Umgebung, Wachsenlassen von Haar und Bart – Probezeit, Lehre, Tüchtigkeitsbeweise – Scheren von → Haar und → Bart und Aufnahme in die neue Gemeinschaft. Besonders bei primitiven Völkern ist die Loslösung des jungen Menschen von der bisherigen Familiengemeinschaft und die Aufnahme in eine neue Gemeinschaft der Geschlechtsreifen, der Krieger und eines bestimmten Arbeitskreises von bestimmten Initiationsbräuchen umgeben. → Burschenschaft, Hänseln, Deposition, Maske.

G. Kaufmann, Wehrhaftmachg. beim Ritterschlag, 1872; H. Schurtz, Altersklassen u. Männerbünde, 1902; Zeller, Die Knabenweihen, 1923; A. Haberlandt, Die volkstümliche Kultur Europas, 1926; L. Weiser, Altgerm. J. u. Männerbünde, 1927; M. Ebert, Reallex. d. Vorgesch., J., Mädchenweihe (Thurnwald); W.-E. Peuckert, Geheimkulte, 1951; Lit. → Initiation.

Jüngster. Das jüngste Kind hat besondere Vorrechte wie es auch im Besitz besonderer Kräfte steht. Es pflückt die Heilkräuter und darf die letzten Halme schneiden. Solange es schläft, ist der Blitz nicht gefährlich. Das Erbrecht des J., das frühe gesch. Wurzeln hat (Bachofen führte es auf das → Mutterrecht zurück), ist auch in dt. Gebieten Brauch. → Jungfrau, Erbe.

F. Liebrecht, Zur Vkde., 1879; E. H. Meyer, Badisches Volksleben im 19. Jh., 1884; J. Grimm, Dt. Rechtsaltertümer, 1. Bd., [4]1899; ÖVA II Bäuerl. Erbrecht.

Jüngster Tag → Weltuntergang.

Jüngstes Gericht. Persische, wohl auch schon vedische Religion kennt die Vorstellung des J. G., des Gerichtstages am Weltende oder → Weltuntergang. In jüdischer und christlicher → Eschatologie gewann das Bild durch die Totenauferstehung neue erschütternde Züge, und im MA rückte das J. G. in den Mittelpunkt der Heilspredigt. Otfried, Heliand, Muspilli, Friedberger Christ und → Antichrist und die Spiele vom J. G. (Zs. f. wiss. Theol. 38) der späteren Zeit beschäftigten sich mit dem Stoff, der in der von W.-E. Peuckert neuerdings dargestellten Rosenkreuzerbewegung des 16. Jh. neu auflebte und noch heute Lied, Glauben und bildende Kunst im Volke bewegt.

P. Jessen, Die Darstellung des Weltgerichtes bis Michelangelo, 1883; J. Bautz, Weltgericht u. Weltende, 1886; K. Reuschel, Unters. z. d. dt. Weltgerichtsdichtg. des 11.–15. Jh., Diss., 1895; G. Grau, Quellen u. Verwandtschaften der älteren germ. Darstgn. vom J. G., 1908; G. Neckel, Studien zu den germ. Dichtung. vom Weltuntergang, Sitzungsber., 1918; W.-E. Peuckert, Rosenkreutzer, 1928; K. Künstle, Ikonogr. d. christl. Kunst, 1928; O. A. Erich, Die Darstell. d. Teufels, 1931; A. M. Cocagnac, Le jugement dernier dans l'art, 1955.

Junker Merten → Martin.

Jütentöpfe → Tatort.

Kacheln, Ofen-, Wandk., K. ist noch heute das obd. Wort für Topf, insbes. für Nachtgeschirr. Das im 13. Jh. aufkommende Wort K.ofen sagt, daß das Wärmegerät in der Stube nicht mehr aus Steinen aufgemauert wurde (wie heute noch vereinzelt in Alpen und Maisäßen), sondern nun auf der → Töpferscheibe gefertigte Tontöpfe für die wärmeabgebende Außenwand Verwendung fanden. Mit der Abflachung und quadrat. Anpassung dieses Bauelements in der Nischen- und Blattk. boten sich Raum und Möglichkeit zu künstler. Auszier durch den → Hafner (14.–16. Jh.). Die Nischenk. hat in Österr., die Tafelk. im Nürnberg des 16. Jh. die reichsten Formen entwickelt (Moltheim). Ein großer Vorteil für die Arbeit mit dem Malhorn war es, daß – im Gegensatz zur Malerei auf Gefäßen – Ok. und → Fliesen flachliegend verziert, getrocknet und gebrannt werden konnten und so ein Fließen der → Glasur nicht zu befürchten war. Gängige Motive (naiv stilis. Tiere und Pflanzen, Soldaten, Bibelsprüche) in flächiger Malerei mit farbigen Reliefs vereinte die Ofenkeramik in den Masuren, während die Töpfer in Elbing und an der untern Weichsel kunstvollere Blaumalerei mit naturalist. Blumen, auch Landsch. und Szenen liebten. Muskauer Steinzeug umfaßte auch salzglasierte Ok. in grauweißer Farbe. Undurchsichtige Blei- oder Zinnglasur kennz. niederschles. Ok. (Liegnitz). Jüngeren Ursprungs ist die Erz. im osthavelländ. Velten. Ihre Ok. haben violett-braune Glasur, glatt oder mit weißen Spritzern, Streifen und Sprenkeln, mit Blumen, Initialen und geprägten Wappen. Ok. aus dem Museum von Wyk auf Föhr und Tondern (17. u. 18. Jh.) zeigen neben Blumen, Tieren und Biblischem sagenhafte → Ungeheuer, Meerjungfrauen, Schiffe und Reiter (C. Bülow).
Die plast., mit → Modeln geformte

Reliefk. ist meist Arbeit von Kunsthandw., Vorlagebücher des 16. und 17. Jh. boten die Muster. → Ofen, Modelbuch.

W. v. Molthein, in: Kunst u. Kunsthandwerk 3 (1910); O. Lauffer, Arch. f. Frankfurts Gesch. u. Kunst, 3. F., 1910; E. Pazaurek, Alt-Wttbg. Ofenwand-Fliesen, 1925; K. Rumpf, in: Hessenkunst, 1929; K. Strauß, K. u. Öfen d. Steierm., 1940; C. Bülow, Das K.buch, 1956; K. Hillenbrand, Schwäb. Ofenwandplättchen (Museumsfreund 12/13), 1971.

Kaffee, v. türk. *gahvé* über engl. coffee u. frz. café. Arab. *gahwa* bedeutete ›Wein‹, bis sich durch das Weinverbot Mohammeds die Bez. auf das andere Getränk übertrug. K. galt im 17. Jh. noch als orientalisches Getränk, bürgerte sich aber im 18. Jh. ein und ist heute das allgemeinste Getränk. Auch beim Frühstück verdrängte im 20. Jh. der K. die Buttermilch in Norddtl., den Tee in Friesland, den Brei u. die Suppe in Schlesien, Bayern und Österr. immer mehr. Kalter K. macht schön, ist allgemeiner Satz. Allerlei K.orakel (Bläschen darauf bedeuten einen Kuß, wenn man sie mit dem ersten Schluck alle in den Mund kriegt; Berlin), vor allem aber Wahrsagen aus dem K.satz, die »Caffemantia«, wie sie Fabricius 1760 nennt, sind weit verbreitet und wurden z. B. von den Pennsylvania-Deutschen in die neue Heimat mitgenommen. → Speis u. Trank, Wegwarte, Lenormand, Wirtshaus.

Streicher, Das Wahrsagen, 1926; H. E. Jacob, Sage u. Siegeszug d. K., [2]1952; G. Söhn, Kl. K.kde., [3]1957.

Kahnwimpel → Schiffsw.

Kaisersage. Bei vielen Völkern lebt der Glaube, daß Herrscher in Bergen entrückt schlafen, um in Zeiten der Not wiederzuerscheinen. Die Antike kannte auch schon die Hoffnung auf Wiederkehr besonders geliebter und glückbringender Herrscher. Reiche Ausbildung hat die K. in Dtl. gefunden, zuerst in der Gestalt Karls d. Gr. (Untersberg bei Salzburg; Oldenberg in Hessen). Später erzählten viele Sagen von der Wiederkehr Friedrich II., des Hohenstaufen, an dessen Tod das Volk nicht glaubte. Mit dieser Gestalt verbanden sich Züge Friedrich I., des Kaisers Barbarossa. Johann → Praetorius erzählt diese Überlieferungen, auch in der besonderen Form der Kyffhäusersage: Ein Zwerg führt einen Hirten in den Berg; an steinernem Tisch schläft Friedrich I., mit zur Erde reichendem Bart. Wenn die Raben noch um den Berg flögen, müsse er noch 100 Jahre schlafen. Durch die Dichtung der Romantik empfing besonders diese Sage neues Leben. Mit der dt. K. verknüpfte sich auch die morgenländische Sage, daß der letzte oströmische Kaiser in Jerusalem ein neues Reich aufrichten, Zepter und Krone auf dem Ölberg niederlegen und seinen Schild an einen dürren Baum hängen werde. Wenn er so das Reich Gott übergebe, erscheine der → Antichrist; nach dessen Unterwerfung hebe das wahre Gottesreich an. → Eschatologie, Luther, Karl. d. Gr.

G. Voigt, Die K., Hist. Zs. 26 (1871); ders., Die Kyffhäusersage, 1871; R. Schröder, Die dt. K., 1893; F. Kampers, Die dt. Kaiseridee in Prophetie u. Sage, 1896; ders., Vom Werdegang der abendl. Kaisermystik, 1924; K. Wehrhan, Die dt. Sagen d. MA. 1. Bd., 1919; F. Pfister, Die dt. K. u. ihre antiken Wurzeln, 1928; K. Ranke, Ahnenglaube u. A.kult, in: Reallex. d. germ. Altert.kde. 1., 1968/69; B. Gloger, Kaiser, Gott u. Teufel. Fried. II. von Hohenstaufen in Gesch. u. Sage, 1970.

Kaiserwurz → Meisterw.

Kakerlak → Schabe

Kalb → Kuh, Drache

Kälberquicken → Eberesche

Kalender. Die Uneinheitlichkeit der Zeitmessung der antiken Städte beseitigt der römische K., der die Tage des → Monats in bestimmter

Weise rückwärts zählte. Die Vorwärtszählung setzte erst im 6. Jh. nach Z. ein. Den auf dem Mondjahr beruhenden römischen K. stellte Cäsar auf das Sonnenjahr um (46 v. Chr.). In dieser Form übernahmen ihn die Germanen (→ Woche). Durch Papst Gregor XIII. wurde 1582 eine allmählich entstandene Differenz des K.jahres gegen das reine Sonnenjahr ausgeglichen, indem man 10 Tage einmalig ausließ. Aus diesem Grunde sind zu den Zeitangaben z. B. der alten Wetterregeln heute 10 bzw. 13 Tage hinzuzuzählen. Im protestantischen Volksteil stieß die K.reform auf Widerstand und setzte sich erst im 18. Jh. durch. – K. bezeichnet auch das Buch oder Heft, in dem die Tage, Wochen, Monate, aber auch die Kirchen- und Heiligenfeste, verworfenen Tage, Wetterregeln, Lostage, astrologische und vmed. Angaben und Bilder stehen (Aderlaßmännchen). Seit dem 12. Jh. sind → Runenk. aus Holz bekannt. Von dem Einblattk. des 15. Jh. bis zu den Volksk. der Gegenwart sind die K. (»Praktik«) wichtige Träger des Volksglaubens und -wissens. Die Erstausgabe der sogenannten »Bauernpraktik« (1508) ist betitelt: »In disem biechlein wirt gefunden der Pauren Practick vnnd regel darauff sy das gantz iar ain auffmercken haben vnnd halten«. Die aus dem orientalisch-antik beeinflußten, astrologisch-religiösen Schriftenkreis des Hochmittelalters stammende Bauernpraktik fußt »größtenteils auf dem antiken Neujahrsglauben und der hellenistischen Zeitmystik von den die Monate und Jahre regierenden Sternen« (Stegemann). Später wurde sie geradezu als Offenbarung bezeichnet. Welche Rolle der Wetterweissagungsglaube (besonders für die Zeit der Zwölfnächte) beim Bauern vor und während der Reformationszeit spielte, sagen die 29 dt. Auflagen der Bp. von 1530–1590. Dieser bei den Romanen und Ostslawen unbekannte K. wurde in Schweden 1895 zuletzt gedruckt. Er wurde wie alle Volksbücher dieser Art ständig vermehrt und verändert (1508 nur 6 Quartblätter, 1758 schon 110 Seiten). Der »Hundertjährige K.« wird immer noch in der Wettervorhersage herangezogen, so oft sich auch seine Aussagen widerlegen. Er fehlt in Österr. so wenig wie in Berliner Buchhandl. (1968). Dieser ganzen Literaturgattung galt schon → Fischarts krause Satire »Aller Praktik Großmutter«. Von ihm stammt das Urteil: »Die Astrologie ist ein Lastrolugium und macht die Leut mitnichten frum, sondern weist sie von Gott zun Sternen, das ist zur Schalen von den Kernen.« Nicht selten ist der K. neben der → Bibel od. dem Gebetbuch der einzige Lesestoff des alten Bauernhauses. Selbst auf den Abreißk. ist viel alter Glaube und Brauch übergegangen. – Die bis heute beliebten »Monatsbilder« zeigt schon der Holzschnittk. des Johannes Nider von1470. Ein Züricher Bauernk. von 1574 weist folgende Szenen:

Jan.: Mahl neben Backofen
Febr.: Pflanzen
März: Pflügen
Apr.: Melken u. Buttern
Mai: Scheibenschießen u. Kahnfahrt
Juni: Schafherde, Erde hacken
Juli: Heuen, Sense u. Rechen
Aug.: Kornschneiden
Sept.: Winterkorn säen u. eggen
Okt.: Keltern
Nov.: Dreschen
Dez.: Schweineschlachten

→ Wetterregeln, Heilige, Los, Unglückstage, Aderlassen, Weihnachten, Astrologie, Predigt, Hausväterliteratur.

A. Riegl, Die Holzk. des MA u. der Renaissance, Mitt. d. Inst. f. öst. Gesch.forschg., 9. Bd., 1888; H. Grotefend, Zeitrechng. d. dt. MA u. d. Neuzeit, 1892; W. Uhl, Unser K. in s. Entwickl. v. d. ältesten Anfängen bis heute, 1893; K. Kaßner, Das Wetter (= Wissen u. Bildung 25), 1918; Die Bauernpraktik, Fascsimiledruck der Erstausgabe (= Neudrucke v. Schriften u. Karten über Meteorologie und Erdmagnetismus, hg. v. G. Hellmann, 5); Przybyllok, Unser K. in Vergangenheit u. Zukunft, 1930 (erörtert die Aussichten für eine neue K.reform mit Festlegung d. Ostertermins); G. Jungbauer, K., im HDA; J. B. Barnickel, Clavius, Welteinheitsk., 1932; H. Grotefend, Taschenb. d. Zeitrechng., [8]1941; R. Peinlich-Immenburg, Der steir. Mandl-K. Seine Zeichen u. Bilder, 1948; A. Dörrer, Vk. in Tirol bis 1650, in: Schlern 29 (1955); F. Keller, K.reformen, in: CuW. 2. 1. 1958; H. Rosenfeld, K., in: Bayer. Jb. f. Vkde (1962); K. Spieß, Der Ewige K. in Werken der Vk., Öst. Zs. f. Vkde 61 (1958); W. Bühler, Das bewegl. Osterfest. K.reform u. Osterdatum, 1965; P. Michels, Gesch. e. Heimatk., Rhein.-westf. Zs. f. Vkde 14 (1967); Joh. Jak. Christoffels v. Grimmelshausen: Des Abenteuerl. Simplicissimi Ewig-währender Calender. Facs.-Ausg. v. H. Haberkorn, 1967 (Winteraustragen i. d. Oberpfalz, Andreastag, Küferbrauch am Urbanstag); Waldeckischer Landesk., 1968 (241. Jahrg. m. hoher Aufl.).

Kalfatermann → Klabauterm.

Kalligraphie → Schönschrift

Kalmus (aus d. lat. *calamus* ›Rohr‹. Ackermannswurzel, Bajonettstangen; *Acorus calamus*). Seit dem 16. Jh. bei uns angebaut, als fremde Droge schon früher bekannt. Die Wurzel galt den Alten als → Aphrodisiacum und als Heilmittel, wie auch unsere Namen Brustwurz, Magenwurz sagen. Eine große Rolle spielt die K.wurzel bei den Slawen. Der Masure gab K. am Johannisabend ins Futter gegen Behexung. Im östl. Dtl. streut man zu → Pfingsten duftenden K. in die Stube und vor die Haustüre. In der M. Brandenbg. (selten noch in Berlin: »K.piepen«) ist K. auch Pfingstschmuck statt der → Birke. Berliner Schlächter legen geschnittenen K. in die Auslagen gegen Fliegen.

kalte Sophie → Eisheilige

Kalvarienberg → Fastenzeit

Kamille (Kuhmelle, Härmchen, Hermannl, Remey, Kummerblume; *Matricaria* oder *Chrysanthemum chamomilla*). Nach Plinius war der Apfelduft der Blüte namengebend. Hieronymus → Bock sagte 1551: »Die . . . gantz gemein Chamill / ist der Doktor Recipe eins / dann on dise blum können sie nit vil aussrichten . . . sie werden beinahe zu allen presten gebraucht.« Die blühenden Pflanzen werden → Johanni gesammelt; vielfach auch vorher, weil sie sich an diesem Tage in Hundek. (diese blühen später als die echten) »verwandeln« (Siebenbürgen), oder weil Johanni »die Hexen darauf nässen« (Westpreußen). Die getrockneten Blütenköpfchen sind auch heute noch das beliebteste Hausmittel. Die schon im Neolithikum nachweisbare Echte K. war im Altertum ein Mittel für Haarpflege u. gegen Frauenleiden (*Matricaria*; bei uns: Mutterkraut).

Dt. Wortatlas XVII.

Kammerwagen → Hochzeit, Fuhrmann

Kampfspiel → Volksspiel

Kanarienvogel. Der im 15. Jh. von den Kanarischen Inseln eingeführte K. wird heute im Harz (Harzer Roller) besonders gezüchtet. Wahrscheinl. brachten ihn dorthin Bergleute aus Tirol, wo sich Ende d. 17. Jh. im Inntal, bes. in Imst, eine namhafte K.zucht entwickelt hatte. Erzgebirg. Räuchermännchen stellen noch heute den »Vogelhändler aus Tirol« in Tracht und mit Vogelsteige dar. Aus Thür. wurden Singvögel weit verschickt, so daß die Glasmacher dafür besondere Vogelgläser als Wasserbehälter erfanden. Der K. zieht die Gelbsucht an, da Gleiches auf Gleiches wirkt. Das Flugzeug *Do X* (1930) und der

Zeppelin führten ihn als → Talisman mit, wie er auch Glücks- und Haustierchen der Flußschiffer ist. – Der Weltbestand an diesen Sängern des Hauses wird heute auf über 10 Millionen geschätzt.

K. Russ, Der K., hg. v. K. Neunzig, [16]1929; H. Dembeck, Mit Tieren leben, 1961.

Kanne (ahd. *channa*, v. lat. *canna* ›Rohr‹). Vom → Krug unterscheidet die K. der röhrenförmige Ausguß, vom Topf die schlanke Form. In der ostdt. Kolonis.keramik wurde sie mit dem Töpferrädchen verziert. Auch als Arbeit des → Böttchers ist die K. von der Völkerw.zeit bis heute bekannt. Die westdt. Steinzeugkanne des hohen MA wurde durch die Zinnk. abgelöst. Wenn auch Industrieformen aus Metall (Teek., Gießk.) heute herrschen, so ist doch die glasierte K. aus Ton (→ Bunzlau) noch auf dem Markt. K.gießer erscheint schon Ende des 15. Jh. auch als Scheltwort für den ›Bierbankpolitiker‹. Die Gegend um Montabaur und Selters (Hessen-Nassau) heißt wegen ihres alten Handwerks (ausgedehnte Tonlager) Kannenbäckerland. Alem. Kante, das im Gegensatz zum »Kaffeehafen« ein Einholgefäß bezeichnet, wird von ahd. *canneta* aus lat. *cannāta* hergeleitet.

Bayer. Jb. f. Vkde (1966/67); Kluge-Mitzka, Et. Wb. [20]1967.

Kanonisation, Volksk. Kirchl. Aufnahme in den Kanon der → Heiligen nach vorangegangener Beatifikation (Seligsprechung). Von Vk. sprechen wir, wenn eine entspr. Verehrung im gläubigen Volk schon vor dem kirchl. Akt bestand. Es gab aber »Heilige von Volkes Gnaden« (N. Kyll), von denen die Kirche keine Kenntnis nahm oder deren Kult sie verbot. Personifik. von Anliegen und Leiden oder freie Deutung von Bildnissen führten zu Vk.: Wallfahrt zum »Schwängshellijen« (Schweineheiligen) oder zum »Schwärenmännchen« (Rheinl.). Über dem Portal der Mühle im luxembg. Heiderscheidergrund standen bis Mitte d. 19. Jh. zwei Heiligenfiguren, die von unglückl. Ehefrauen angerufen wurden als St. Knattert und St. Muffert (nach d. Wesen ihrer Männer). Die wirkl. Namen der Heiligen sind unbekannt. Als Vheilige ähnl. Sinnes kann auch das »toga Muatergötteslі« (das gebückte, bucklige M.) bezeichnet werden, das in Gortipohl im Montafon in einer abgelegenen Feldkapelle verehrt wird. – Eine Erscheinung unserer Zeit sind die Heiligen, deren Kult im Volke weiterbesteht, obwohl die Kirche sie vor einigen Jahren aus dem H.kalender gestrichen hat wie die hl. → Apollonia, Barbara, Christophorus u. a.

N. Kyll, Vk., Rhein. Jb. f. Vkde 11 (1960).

Kapelle, benannt nach der Aufbewahrungsstätte der *cappa* des hl. → Martin. Im kath. Heiligenkult (Gnadenbild, Wallfahrt, Weihgaben, gelobte K.) spielen K. eine bedeutende Rolle, während die Reformation die Gemeindekirche als alleinige Stätte des Gottesdienstes eingeführt hat. Die kleine Weg-K. aus Holz oder Stein ist auch in kath. Landschaften nicht zur Feier der hl. Messe eingerichtet. Die in Volksglauben und Sage herrschende enge Beziehung zwischen K. und Bildstock, Marterl, Kreuzstein, Baum- und Quellenkult ist bemerkenswert. Viele K. sind über alten Quellen erbaut (Gangolf, Luzia, Magdalena, Maria, Ulrich, Wolfgang). Andererseits wurden über K. große Wallfahrtskirchen erbaut (Einsiedeln, Loretto, Tours, Würzburg). Siedlungen wurden danach benannt (Kappel). K. sind oft Grenze des Geisterweges. Aus dem Kampf mit einem Geist befreit das Gelübde, eine K. zu bauen. Als Bauten, die eine größere Stiftung zur Voraussetzung haben, sind die Wegk. nicht so zahlreich wie Wegkreuze und → Bildstöcke. → Steinkreuz, Konfession, Heilige, Maria, Wallfahrt.

O. Menghin, Zs. f. öst. Vkde 21 (1915); R. Kriß, Volkskdl. aus d. altbayr. Gnadenstätt., 1930; P. Bianconi, Tessiner K., 1944; R. Beitl, Im Sagenwald, 1953, S. 379f. (Besenkapellen); G. Gugitz, Österr.s Gnadenstätten in Kult u. Brauch. Bd. 1–5, 1955–1958.

Kapitularien, Erlasse der Könige oder Reichsversammlung, gen. nach Pipins in Kapitel *(capitula)* gegliederter Verordnung von 755; mittelbare volkskundliche Quellen, weil sie auf vor- und nebenchristl. Glauben und Brauch eingehen. Über sächs. Zustände berichtet die *capitulatio de partibus Saxoniae.* Anweisungen für die Aufsichtsreisen der königl. *missi* gaben die *Capitula missorum.* Die älteste Slg. ist die des Abtes Ansegis von Fontanella (um 827). Die etwas spätere Slg. des Benediktiners Letita dagegen ist zum großen Teil eine Fäschung zum Vorteil der Kirche. Das vielgenannte *capitulare de villis* soll nach Dopsch und Krause nicht von → Karl d. Gr., sondern von dessen Sohn Ludwig dem Frommen stammen und für dessen südwestfranzösische Güter (Aquitanien) erlassen sein. Doch wird von anderen Forschern an der Urheberschaft Karls festgehalten, wonach es für Nordfrankreich Geltung hätte. Auf jeden Fall war es dt. Mönchen bekannt. Die wichtigste Sammlung von K. sind die *Monumenta Germaniae* (*Leges sect.* II *Capit. reg. Franc.* I hg. v. A. Boretius 1885, II hg. v. A. Boretius u. V. Krause 1893. Dazu das von Werminghoff 1897 verfaßte Register). → Volkslied, Recht (Lit.).

F. L. Ganshoff, Was waren die K.? (a. d. Niederl. 1961); H. Conrad, Dt. Rechtsgesch. 1, ²1961.

Karfreitag (ahd. *kara* ›Sorge, Kummer‹, vgl. engl. *care*); in England Stiller F., in Holland Guter F. Katholiken begehen – heute freilich in verschiedenem Maße – den K. durch Stille und → Fasten, aber als Arbeitstag. Es bedurfte z. B. eines preuß. Gesetzes (2. 9. 1899), um in kath. Gegenden das geräuschvolle Arbeiten in der Nähe von gottesdienstl. Gebäuden der Prot. zu verhindern. Nur bei diesen ist K. eigentlicher bürgerl. Feiertag. Lautheit und Musik sind verpönt, und in vielen Familien sind Fastenspeisen üblich. Bei allen Christen ist K. der Tag, an dem die Natur trauert, wie sie sich in der Christnacht mitfreut. Die Sonne scheint nicht oder nur kurz, und die Bäume lassen die Zweige hängen. Im Ammerland ließ man das am → Gründonnerstag blankgescheuerte Geschirr bis zum Karsamstag in Körben zugedeckt, damit es nicht am Trauertag hell glänze. Aus Ehrerbietung oder Mitleiden stammen viele Verbote: man soll kein Tier töten, man soll nicht trinken, da Christus am Kreuze Durst litt, der Schmied soll Hammer und Nähel ruhen lassen, denn es sind die Marterwerkzeuge. Laute und grobe Arbeit ist zu vermeiden. Der Bauer, der am K. sein Feld mit einer Dornenhecke einzäunte, kam in den → Mond. Man soll nicht reisen, nähen, waschen, Haare schneiden, sich nicht kämmen, kein neues Hemd anziehen. Als → Geburtstag ist K. verhängnisvoll, am K. zu sterben ist aber gut. Wie am Gründonnerstag ist auch am K. geraten, in Feld u. Garten zu hegen, zu säen und zu pflanzen (Bohnen, Zwiebel, Klee, Blumen). Osterwasser wird geholt und die Wünschelrute geschnitten. Ungeziefer, hartnäckige Beschwerden, am K. vertrieben, kommen nicht wieder. In Tirol und in der Steiermark warten Bauer

oder Marknecht auf die besondere Losstunde, die sich durch eine innere Eingebung ankündigt. In dem Augenblick treiben sie das Gesinde an, alles ergreifbare Unkraut auszureißen. An dieser Stelle wächst es nie wieder.
Ei, Brot und Wasser sind am K. heilkräftig. Ein K.ei verdirbt nicht, es läßt sich nicht färben, es soll inwendig ein Kreuzlein aufweisen. Es hilft zu Glück im Spiel, für Wöchnerinnen ist es gut, Ertrunkene kann man damit auffinden. Es sind die besten Bruteier. Aus der Figur, die ein ins Wasser geschüttetes → Ei bildet, deutet man die Ergiebigkeit der einzelnen Fruchtarten. K.eier muß man essen, wenn man Knaben gebären will. Heilig und unverwesend ist auch das K.brot. Ein K.brezel schimmelt erst, wenn der Geber untreu geworden ist. Mit → Brot vom K.abendmahl kann man Feuer löschen. In Tirol wurden für das Vieh »Marterbrote« gebacken. Das K.wasser teilt die Eigenschaften von Ei u. Brot. Nach der Sage soll es sich um Mitternacht in Blut wandeln. Der Rabe netzt seine Jungen mit K.wasser, weil sie sonst weiß bleiben würden (→ Wasser).
Am K. schwärmen, wie zu allen hohen Zeiten, die Geister, das wilde Heer, die Holzweiblein, die Irrlichter, versunkene Glocken läuten, Geistermessen werden gehalten, Schätze blühen. Aber die Geisterwelt tritt im Bannkreis der Passion nicht so in den Vordergrund wie etwa in den Zwölften. Auch Orakel werden am K. kaum beobachtet, am ehesten wird auf das kommende Jahr gelost. Die Mehrzahl der Vorstellungen und Bräuche stammen aus der volksmäßigen Ausdeutung der Passion und aus der Betrachtung des K. als Frühlingsbeginn. Außerdem ist das Brauchtum der Karwoche in ständigem Fluß, so daß die Eigenart der einzelnen Kartage verwischt wird. Die früher berühmten K.prozessionen haben heute schlichtere Form. Mancherorts werden sie aber auch wieder neu aufgenommen, wie auch die → Passionsspiele in den letzten Jahrzehnten vorübergehend oder dauernd neue Pflegestätten gefunden haben. Weite Wege werden von den Katholiken zurückgelegt, um das mit Pyramiden u. Leuchtkugeln (K.kugeln), Blumen und Grün stimmungsvoll aufgebaute »heilige Grab« mancher Kirche anzuschauen. → Konfession, Arbeit, Heiliggrab, V.schauspiel.

M. Höfler, Ostergebäcke, 1906; H. Kellner, Heortologie, 1911³; P. Sartori, Sitte u. Brauch, 3. Bd., 1914; ders., K., im HDA; N. Grass, hg., Ostern in Tirol, 1957; H. Fielhauer, Die K.feuer in Niederöst., Mitt. d. Anthrop. Ges. Wien 95 (1965).

Karl d. Große (lat. *Carolus Magnus*; 742–814). König der Franken (768–814), seit 800 röm. Kaiser. 772 eroberte er die sächs. Eresburg und zerstörte die → Irmensäule. Die Hinschlachtung von 4500 sächs. Geiseln in Verden führte zu einem allg. Aufstand unter → Widukind. In harten Kämpfen wurden die Sachsen besiegt und »christianisiert«. K. d. G. ließ die Volksrechte der einz. Stämme aufzeichnen. Die → Kapitularien sind Zeugnisse seiner Tätigkeit als Gesetzgeber und Verwalter. Er sprach Latein und las Griechisch. Eine Akademie an seinem Hof wurde Mittelpunkt der abendl. Bildung (Alkuin, Einhard, Paulus Diakonus; karoling. Renaiss.). Die spätere K.sage verklärte die Gestalt des großen Herrschers, der in der Marienkirche zu → Aachen beigesetzt wurde. → Kaisersage, Recht, Sage.

H. Siegel, Die dt. Rechtsbücher u. d. Kaiser K.-Sage, 1899; W. v. d. Steinen, K. d. G., Leben u. Briefe, 1928; R. Folz, Le souvenir et la légende de Charlemagne dans l'Empire germanique médiéval, Paris 1950; D. Bullough, K. d. G. u. s. Zeit, aus d. Engl., 1966; J. Fleckenstein, K. d. G., [2]1967.

Karmelitergeist → Melisse

Karner → Beinhaus

Karneval → Fasnacht

Karpfen, den Griechen und Römern früh bekannt und wegen seiner Fruchtbarkeit der Venus heilig, auf dem Tisch Theod. d. Gr. in Ravenna und von → Karl d. Gr. zur Zucht empfohlen. Im 15. u. 16. Jh. war der K. bes. von den Klöstern als Fastenspeise geschätzt. In Ostdtl. ist er das wichtigste Gericht zu → Weihnachten u. → Neujahr. In Schlesien streut man die glückbringenden Schuppen durchs Haus, in Berlin werden sie als Talisman und Heckgeld in die Geldbörse getan. In Schlesien werden auch die in Vogelgestalt als »heiliger Geist« zusammengefügten Kopfknochen des K. als Hexenabwehr über dem Eßtisch aufgehängt (Deckengehänge → Unruh). Im Kopf des K. wie des → Hechtes erblickt man die Leidenswerkzeuge Christi.

W. Steffens, Der K., 1969.

Karrenrennen → Wettlauf

K.zieher → Fahrende

Karsamstag. Am K. endet die Fastenzeit, früher bei der abendlichen Auferstehungsfeier, heute meist schon mit dem feierlichen Gloria des Vormittags, bei dem die Glokken, alle von der größten bis zur letzten und kleinsten in der Kirche selbst, wieder erklingen. Die liturgische Bewegung der letzten Jahre kehrt wieder zum alten Brauch zurück. V. Geramb hat Liebreiz, Pracht und dramatische Wirkung einer alpenländ. Auferstehungsfeier beschrieben (Brauchtum in Österr., S. 33). Seit der Zeit des → Bonifatius weiht die Kirche das → Feuer, das mit Stahl oder Kristall neu entzündet wird. Die Lampe, das ewige Licht und die Osterkerze werden gelöscht und mit neugeweihtem Feuer wieder entzündet. Auch die Gläubigen nehmen einen Span mit nach Hause und erneuern das Herdfeuer. Um recht viel Geweihtes zu haben, schleppten Buben wohl große Holzstücke an Ketten herbei, ließen sie anbrennen u. zogen damit nach Hause. So wird die kirchliche Feuerweihe bisweilen in den Volksbrauch herübergezogen, es heißt Judasfeuer u. Judasbrennen, der ewige oder der rote Jude (früher hölzerne Figur) wurde verbrannt. In Schlesien löschte der Glöckner die letzten Kerzen. Er kam als »Judas« in roter Weste und wurde von den Kindern mit Tumult aus der Kirche getrieben. Der Feuerbrauch des K. vermischt sich mit dem eigentlichen volkstümlicheren → Osterfeuer (→ rot).

Im Frühchristentum wurde nur an den Vigiltagen von Ostern u. Pfingsten getauft. Deshalb findet auch heute noch an diesen Tagen besonders die Weihe des Taufwassers statt. Früher wie heute wird von den Gläubigen in Flaschen und Kannen Wasser zur Weihe gebracht, daneben meist auch Salz, Brot, Eier u. dergl. Vom K.wasser gibt man Kindern, die unter Alpdrücken leiden, man besprengt Bäume und Fluren, Mit frischem Osterweihwasser getauft sein, macht gescheit, aber unehelichen Kindern soll es nicht gespendet werden (→ Taufe, Wasser).

Wie andere Kartage ist auch K. ein großer Reinigungstag. In Köln geht man »den Judas ausfegen«. Wenn man während des Glorialäutens den Stubenkehricht schnell über die nächste Hofmauer wirft, ist man selbst von Ungeziefer befreit und hat es dem Nachbar vermacht. Eine unchristliche Zauberhandlung aus christl. Anlaß. Die Arbeitsverbote und die Gründe für Säen und Pflanzen lauten wie an → Gründonnerstag und → Karfreitag. In der Lünbeburger Heide nagelt man das glückbringende → Hufeisen an die Tür, weil am K. die bösen Geister alle in der Hölle zu Christi Predigt versammelt sind.

Lit. → Karfreitag.

Kartenspiel(e), Karte. Zu Allein- oder Geduldspielen (patience) verwendet man meist verkleinerte Treff- → Spielk. Sie dienen auch zum pers. → Orakeln, wie die gewöhn. K. das Werkzeug der zigeunerischen Kartomantie, des K.legens oder K.schlagens ist. Der erste bekannte K.leger war Francesco Marcolini (Schrift »Sorti«; Venedig 1540). Neben K.kunststücken und den reinen → Glücks-, wenn nicht gar Betrugsspielen (Kümmelblättchen) sind die allermeisten K. sogen. Kammer- oder Kommerzspiele, bei denen neben dem Zufall auch Überlegung und Geschicklichkeit eine Rolle spielen, bes. beim Partiespiel (z. b. Kreuzjaß zwei gegen zwei). Die bekanntesten dt. Ks. sind im alem. S. Jaß, im öst.-bayr. Tarock, in Schwaben Tapp, im NW und N Skat. Diese einem bestimmten K.bild entsprechenden Ks. sind wieder nach Spielerzahl und Spielregel, auch nach engeren landsch. Gewohnheiten reich entfaltet. Beim Jassen in Vorarlbg. z. B. unterscheidet man neben der einfachsten Form: Schnapsen, Schieben, Schlangenjaß, Kreuzjaß, Präfranßen u. a. Beim hier äußerst beliebten und immer öffentl. plakatierten »Preisjassen« werden große Spielgemeinschaften in Gasthäusern gebildet.

Was das Ks. für den Soldaten im Unterstand, für den Fernfahrer am Rastplatz, für den Rentner im Stadtpark bedeutet, ist bekannt. Am 7. 10. 1969 meldete der »Tagesspiegel« (Berlin) von fünf Kumpeln in Essen-Altenessen, die – in 650 m Tiefe verschüttet – schon fast 80 Stunden auf Rettung harrten: »Am Sonntagmittag wurde eine zehn Zentimeter starke Druckluftleitung freigelegt, durch die die Eingeschlossenen erstmals feste Nahrung in Babyfläschchen verpackt sowie Briefe der Angehörigen und Skatkarten erhielten«.

O. Cato, Die beliebtesten Ks., 2 Tle., 1921–23; E. Lange, Das große Buch der Ks., [7]1922; A. Stabenow, Ausgew. Ks., [3]1925; C. Döring, Skat, Bridge u. a. Ks., [4]1928; Monatsschrift »Der Alte«. Seit 1926; R. Böck, Das geistl. K. d. Andreas Strobl (1641–1706), Bayer. Jb. f. Vkde (1955); R. Gööck, Freude am Ks., 1967. Vgl. Lit. → Spielkarten.

Kartoffel (Erdapfel, -töffeln, Grundbirne, Knollen, Knödel u. a.; *Solanum tuberosum*). Die K. ist unsere jüngste Ackerpflanze, die um die Mitte des 16. Jh. aus Südamerika eingeführt wurde. Feldmäßig angebaut wurde sie bei uns zuerst im Vogtland um 1680. Not lehrte den Anbau auch in der Pfalz und anderswo schon vor 1700. Seit wenig mehr als hundert Jahren wird sie in Dtl. überall angebaut, in manchen Gegenden (namentlich im Osten) als die wichtigste Ackerfrucht. Von der Revolution, die sie im Laufe des vorigen Jh. in unserer gesamten Volksernährung hervorrief, machen wir uns heute kaum eine Vorstellung. → Brei von → Hafer und → Hirse und andere Hauptnahrungsmittel verschwanden fast vollständig vom Eßtisch. Vielfach wird sogar behauptet, daß durch die K.ernährung grundlegende physiologische Veränderungen im Menschen verursacht seien, z. B. die größere Körperlänge des modernen Durchschnittsmenschen, etwa an einer mittelalterlichen Ritterrüstung gemessen. In den verschiedensten Formen kommen K. auf den Tisch: in der Schale oder ohne

Schale gesotten, als Brat- oder Röstk., als K.brei, K.puffer (im Rheinland »Riiveskuchen«), K.kuchen, K.suppe, K.klöße, K.salat usw. Die Vielfalt der K.gerichte und ihrer verschiedenen Zubereitungen spiegelt sich in den unzähligen mundartl. Bez. für diese Gerichte (ASV 35 Bratk.). In einzelnen Gegenden werden K. zu jeder Hauptmahlzeit gegessen. Im Thüringer Wald wurde ihre Bedeutung durch folgenden Spruch gekennzeichnet:

Kartoffeln in der Früh,
Zu Mittags in der Brüh,
Des Abends mitsamt dem Kleid,
Kartoffeln in Ewigkeit.

Bei ihrer Wichtigkeit ist nicht zu verwundern, daß die K. eine ganze Reihe alter Saatbräuche auf sich gezogen hat. Vor allem wird beim K.-stecken prakt. → Astrol. getrieben. Günstig sind die Zwillinge und die Waage (viele K.); große K. gibts, wenn man sie im Zeichen der großen Tiere (Löwe und Stier) steckt; ungünstig sind dagegen: Steinbock (harte), Wassermann und Fische (wässerige), Krebs (viele Krankheiten) und Jungfrau (dann blühen sie immerfort oder es gibt viele, aber kleine K.). Ein sehr verbreiteter Bauernspruch läßt sagen: »Steckst mi im Mai, komm i glei(ch); steckst mi im April, komm i, wenn i will:« oder auch: »Steck mi, wann de witt, vor em Brachet komm i nit.« Ursprüngl. dürfte sich der Spruch auf die Grassaat bezogen haben (»Säst mich . . .«; Sachsen-Oberlausitz). Die nach dem Kornschnitt üblichen → Erntefeste sind auch auf die K.ernte übertragen worden (K.hahn). → Speis u. Trank, Saat, Sterne, Tod.

A. Eberhard, Sitte u. Brauch in der Landwirtschaft, 1907; R. Ulrich, Die K. u. i. Kultur, 1903; Eine Verbr.karte der K.namen veröff. B. Martin (Zs. Teuthonista); W. F. K. Fuess, Die Gesch. d. K., 1939; B. Martin, Die Namengebg. einiger aus Amerika eingef. Kulturpfl. in d. dt. Mundarten, 1963; Dt. Wortatlas I u. XI.

Kartographie → Atlanten

Karussell → Ringstechen

Karwoche. K. bedeutet Kummer-, Klagewoche. Die Vsprache bez. sie auch als stille, hohe, gute oder große Woche, als Trauer-, Marter- oder Passionswoche. Die Passion gibt den einzelnen Tagen der K. große Ähnlichkeit im Vbrauch und Glauben. In den kath. Gegenden schweigen von Mittwoch Abend bis Karsamstag mittag die Glocken zum Zeichen der Trauer. Ihre Ankündigung des Gottesdienstes und der Tageszeiten wird ersetzt durch Klappern und → Rätschen, die noch allenthalben auf dem Turm (oft elektrisch), auf dem Kirchplatz, meistens aber, von den Schulbuben bedient, im Dorf ertönen. Für ihre Arbeit dürfen die Rätschner auf Ostern Eier u. Geld sammeln gehen. Auf das Klappern gehen auch die Pumper- oder Rumpelmetten zurück, eine volksmäßige Erweiterung u. Vergrößerung der Klapperzeichen in der Mette. Am »krummen Mittwoch«, an dem die erste Mette stattfindet, wird mittags »die Faste ausgeläutet». In Leobschütz war »Judasaustreiben«. Gebäcke der K.: Nach einer ausführlichen Arbeit Höflers häufen sich zu Gründonnerstag die »grünen« Gebäcke mit Kräuterzusatz, zu Karfreitag die Kreuzbrote. Solche wurden schon in röm. Katakomben an die Wand gemalt und erscheinen im 6. Jh. auf altchristl. Stickereien. Im *codex Egberti* des 10. Jh., der auf der Reichenau entstand, liegen mit dem Kreuz gezeichnete Brötchen bei der Abendmahlsdarstellung auf dem Tisch. → Gründonnerstag, Karfreitag, Karsamstag, Passionsspiel, Heischeg.

H. Schmidt, Hebdomada Sancta, 2 Bde., Rom 1956–57; Die hl. K. Missale Romanum (lat. u. dt.), 1967; G. Wagner, Barockzeitl. Passionskult in Westf., 1967; Weit. Lit. → Karfreitag.

Käse (lat. *caseus*). Die Herst. v. K. ist wohl über 7000 Jahre alt. Ägypter stellten sie dar, Homer, Aristoteles, Vergil, Cäsar erwähnen sie, im → Kapitulare (*de villis*) → Karls d. Gr. wird sie empfohlen. Wie Brot, Bier, Butter usw. ist K. in der Zubereitung sorgfältig bewacht. Wie jene ist er Kraftspeise (in der Antike für Athleten) und Opfergabe für Tote und Geister. Zwerge (Quark und Twark = niederdt. Zwerg und K.), Hexen und Drachen sind geradezu lüstern danach und stehlen ihn. Sie verstehen sich selbst auf die Zubereitung (die in den Kasern – Sennhütten – lebenden Kasermandln in Tirol und Salzbg.) und lehren sie freundliche Sennen (Kaser) und ihre Gehilfen (Halbkaser). Die Fenken machen auch K. aus Gemsenmilch. Gregor von Tours berichtet von K.opfern an Quellen. In die Garbe, die zuerst in die Scheune kommt, bindet man etwas K. (Wittgenstein). Später ging wohl manches Opfer in traditionelle Armenspenden über. Besonders in Gebirgsgegenden ist K. Festspeise bei Brautschau, → Verlobung und → Hochzeit (Verzehren eines hundertjährigen K. in der Schweiz). Am → Geburtstag eines Kindes wird Name und Jahreszahl in einen K. geschnitten, der dann am Tage seines Begräbnisses von Kindern und Enkeln verzehrt wird (Schweiz). Aber auch in Norddtl. kennt man K. als Festspeise z. B. beim Wochenbett (Puppkekäse). Früher fiel K. auch unter das Gebot des → Fastens. Daß K. als etwas Gutes gilt, geht auch aus der Bezeichnung Käswochen für »Flitterwochen« (Kärnten) oder für die ersten Tage eines neuen Dienstes (Bayern) hervor. → Butter, Jubiläum.

Martiny, Kirne u. Girbe, 1895; O. Areander, Die altertüml. Milchwirtsch. in Nschweden, 1911; Hasterlick, Von Speise u. Trank, 1917; E. P. Herdi, Die Herst. u. Verwertg. v. K. im gr.-röm. Altert., Diss., 1918; O. Schrader, Reallex. d. Altertkde²; F. Eckstein, K., im HDA 4, 1029–1066; G. Ränk, Från Mjölk till Ost, Stockh. 1966; H. Hartl. u. K. Kretschmer, Europ. K.sorten, 1967.

Käserennen → Wettlauf

Kasmanndlfahren → Martin

Kasper. Der K. des → Puppentheaters geht vermutlich wie etwa auch der alte Namen »Meister Hemmerlein« auf die Bez. von Kobold und → Teufel zurück (16. Jh.). Letzterer heißt in Westf. de swarte K., Käsperke od. Klaonerk, in Schwaben d. schwarze K. Vor allem im Wiener Vtheater (Laroche am Leop.städter The. 1781) des 18. Jh. trat der K. an die Stelle des Hanswurst, K. ist der Mohr unter den hl. Dreikönigen. K.n nennt die Gaunersprache das heimliche Weitergeben von Nachrichten von Zelle zu Zelle. → Name, Euphem., Vogelreiter, Vschauspiel.

J. F. Castelli, Memoiren m. Lebens, 2 Bde., Neuausg. 1914; G. Gugitz, Der Weiland K., 1920; L. Schmidt, in: Zs. f. Vkde 56 (1960).

Kasten, Kästchen. Ahd. und mhd. *kaste* bedeutet ›Behälter, Kornspeicher‹. Verwandt ist *kar*, das auch den → Sarg bez. (Leichkar im Hess.). Urspr. Zimmermannsarbeit wie die → Truhe, wird bes. die Kleinform, das mal. Minnekästchen wie das Trücherl der Alpenländer Gegenstand der Vk. Die meist durch → Kerbschnitt (Wirbel, Rosette) verzierten Behälter formen oft die Gestalt der Truhen nach und sind gern durch Vexierschlösser gesichert. Festes Gefüge und sicherer Verschluß unterscheiden das K. von der Schachtel für Bänder, Brautkrone, Andenken usw. (→ Spanschachtel). »Die Bemalung der K. trägt meist die Merkmale der reihenweisen Herstellung, sie ist zu schneller Wirkung aufs äußerste vereinfacht. Eben dadurch erhalten die kleinen Veduten eine Traumhaftigkeit, vergleichbar den Eisblumen oder den Wolkengebilden. Bäume wachsen auf Türmen, Fenster sitzen hoch oben an türlosen Häusern, Türme treten zu Gebäuden zusammen usw.» (O. A. Erich). → Möbelmalerei, Speicher.

R. Helm, in: Bayr. Heimatschutz, 28 (1932); J. M. Ritz, in: Spamer, Vkde.

Kastenrücken → Gesinde

Kastration (lat *castrare* = verschneiden, entmannen). Aus den Religionen der Semiten fand die Selbstk. Eingang in das Griechentum als Selbstweihe vor der Gottheit und → Initiation (Kult des Attis, Kybelepriester). Dem asketischen Ideal des Christentums lag d. gleiche Gedanke nahe Matthäusevangelium. Selbstk. d. Origenes). »Die Kirche lehnte die K. grundsätzlich ab, duldete sie aber praktisch, bis Leo XII. sie endgültig verbot« (Herder-Lexikon). Schon im Konzil von Nicaea (325) mußte gegen diese Art von asketischer Frömmigkeit energisch eingeschritten werden.
Bekannt sind die ital. Kirchensänger, die »Kappaunen« oder »entmannten Harfen«. – Die K. des Viehs wird an bestimmten Tagen vorgenommen. In einem Vorarlberger Wochenspruch heißt es: ». . . Am Donschtig tuat ma d Widder häla«. Das in Tirol und Bayern noch vereinzelt lebendige »Heilerrennen« ist ein Wettritt auf verschnittenen Stieren. Das z. B. in Ostpreußen nicht seltene Schrecken der Kinder mit der Drohung der K. ist wohl nur auf die öftere Anwendung der K. in der bäuerlichen Viehwirtschaft zurückzuführen. Schweizer Hirten bezeichneten Wetterzauber und Notfeuerbereitung als K. des Nebels oder des Teufels. → Nacktheit, Vogelreiter.

F. Bergmann, Origine, signification et histoire de la castration, de l'eunuchisme et de la circoncision, 1883. Stoll, Geschlechtsleben in der Völkerpsychologie, 1908; Zeller, Die Knabenweihen, 1923; F. Haböck, Die Kastraten und ihre Gesangskunst, 1927; R. Weiss, Nebelheilen, Teufelheilen usw., Schweiz. Arch. v. Vkde 45 (1948).

Katharina, hl. (25. 11.), aus Alexandria (Ägypten), unter Maxentius (306) gerädert und enthauptet. Seit den Kreuzzügen bürgerte sich ihre Verehrung ein, und seit dem Ausgang des MA gilt sie unter den → Vierzehn Nothelfern als die mächtigste Fürbitterin. Entwicklung und Ausbreitung ihres Kultes im Orient und Abendland ist eines der deutlichsten Beispiele, wie unter günstigen Umständen (besonders bei Förderung durch die Haltung der Städte und höheren Stände) sich aus geringsten Zügen und Zusätzen der Legende eine unabsehbare, fast unbegrenzt wandlungs- und anwendungsfähige Reihe von Patronaten und Kultbräuchen entfalten kann. An ihr Leben knüpfen sich folgende Patronate. Als hl. Jungfrau und durch die etymologische Ausdeutung ihres Namens wurde sie Beschützerin der jungfräulichen Reinheit der Nonnen, der Schülerinnen, der Mägde und Arbeiterinnen (besonders in England, Belgien und Frankreich). In Paris begingen die Midinetten, die Mädchen der Konfektion, den Tag der K. mit Umzügen, Schauspielen, Tanz und Bescherungen. Weitberühmte Patronin der Gelehrten und Studenten u. der wissenschaftlichen Anstalten (Schulen, Bibliotheken, Universitäten) wurde K. durch d. Überlieferung, daß sie in gelehrter Disputation 50 Philosophen zum christl. Glauben bekehrt habe. Dieses Patronat erhielt mächtigen Aufschwung, als die Pariser Universität im MA ihr als Schutzherrin der Philosophie huldigte. Die anderen Patronate knüpfen sich an ihr Martyrium. Da sie nach der Legende gerädert und gemessert wurde, ist sie Patronin der Spinnerinnen, der Scherenschleifer, Wagner, Müller, aber auch der Chirurgen und Barbiere. Auch Ammen verehren sie, weil ihr Körper nach der Enthauptung Milch statt Blut vergossen haben soll. Bruderschaften und Zünfte haben sich der hl. K. unterstellt (Mechelner Schifferzunft). Die bildende Kunst (Tafeln, Andachtsbilder, Altäre), Sage und Volksdichtung hat der K.kult reich befruchtet. In der Volkssprache ist der Name häufig (Kinderreime, Wetterregeln, Taufnamen Kathrein, Käte, Käterle, Katl, auch derb Lachkatl, Dreckkatl). Dargestellt wird K. als Königstochter mit Krone und in verschiedener Zusammenstellung mit Rad, Schwert, Palme oder Buch, Das Rad und zumal der Umstand, daß es zuweilen von Blitz und Hagel umgeben dargestellt wird, ließen manche Mythologen (Simrock, Mannhardt, E. H. Meyer) an einen Zusammenhang mit Sonnenrad und Wettergottheit denken, der indes noch der Untersuchung bedarf.

Im bäuerlichen Brauch ist K.tag Ende der Weidezeit. Die Bienenstöcke werden unter Dach gebracht. Spinnen und Schafschur beginnen.

Katraine
hett den Winter inne Schraine
(Westfalen)

Der »St. Katharinensommer« ist der zweite Abschnitt des → »Altweibersommers«. Da der Advent vor der Türe steht, setzt mit K. vielerorts die »geschlossene Zeit« mit Tanz- und Heiratsverbot ein.

Kathrein
Schließt Geig und Baß ein

Es ist der letzte Tag für fröhliche Bälle (Tirol, Böhmen). Das Rad der Legende ist die Ursache, daß am K.tag ein allgemeines Arbeitsverbot alle Räder trifft. Die Weiber sollen nicht spinnen, die Wagen nicht fahren, die Mühlen nicht mahlen. An K. ist Markt- und Gesindetag (Baden). Das Wetter wird beobachtet: »wäscht« K., so »trocknet« → Andreas. Die am Tag der → Barbara bekannteren Zweige werden schon jetzt geschnitten für ein gutes Kirschenjahr. In Westböhmen wurden die Mädchen mit Rosmarinstengeln geschlagen und mußten Lösegeld bezahlen, wurden aber dann von den Burschen bewirtet.

Die hl. K. von Schweden († 1381), Tochter der hl. → Brigitta, wird mit einer Hirschkuh dargestellt. – Die berühmte stigmatisierte Dominikanerin K. v. Siena († 1380) wurde eine Lieblingsgestalt des kleinen → Andachtsbildes (Attr.: Kruzifix, Dornenkrone, Jesuskind, Wundmale).

Kunst, Gesch. der Legenden der hl. K. von Alexandrien, 1890; Guéry, Le culte de S. Catherine d'Alexandrie, 1912; Reiter, St. K., 1916; A. Wrede, K., im HDA; H. Riesch, Die hl. K. v. Siena, 1917; M. Scharpp, Die Legende der hl. K. v. Alex., 1931 (Holztafeldruck); P. Assion, Die Mirakel der hl. K. v. Alex., 1969.

Katze. Die K., den Indogermanen als zahmes Tier bekannt, ist heute neben Hund und Kanarienvogel das verbreitetste Haustier im engeren Sinne. Sie ist die häufigste, auch in vielen alten Prozessen genannte Hexenepiphanie. Dieser dämonische Charakter und Naturbeobachtung (Gang, Auge, elektrische Wirkung des Fells) machen sie zum Inbegriff des Unheimlichen, der Falschheit. Furcht mischt sich mit Ehrfurcht, wenn einerseits die K., bes. die schwarze, gefährlicher → Angang ist und es andererseits heißt: »Die schwarze Katz, das schwarze Huhn, soll kein Bauer aus dem Hause tun« (Schweiz) oder man der Meinung ist, eine K. töten bringe Unglück. Auch im Schnitter- u. Drescherbrauch erscheint sie als Verkörperung des Dämonischen (Katerhaschen in Schlesien). Beim Bau eines Hauses wird eine K. als →

Opfer getötet, im Johannisfeuer wird sie verbrannt. Die (wilde) K. war das Lieblingstier der → Freyja. Zwei K. zogen ihren Wagen. – Der »Kater« (davon der »K.jammer«) ist eine → Volksetym. von Katarrh. → Hexe.

C. Plaehn, Die dt. Synonymik d. »männl. K.«, Diss. Marburg; M. E. Gay, Umgang m. K., 1965; F. E. Zeuner, Gesch. d. Haustiere, 1967; Dt. Wortatlas II u. XIII.

Katzenknitteln, -schießen, -schlagen, -stechen → Laufspiele

K.kraut → Schafgarbe

Katzenmusik, mit allerh. Lärmgeräten von bestimmten Gemeinschaften (Burschen-, Knabenschaft) dargebrachte Spott- oder Freudenmusik (Scharivari), um in der Art der Narrengerichte zu Fasnacht oder des → Haberfeldtreibens Mißstände (Heirat von sehr Ungleichaltrigen, Witwenheirat, Ehezank, Untreue) zu geißeln und dorfkundig zu machen oder auch um Neuvermählte oder andere Personen zu ehren. Dieser Brauch, von hohem Alter und bes. im Süden des dt. Sprachgebiets erhalten, geht vielfach über in die Lärmumzüge des Jahreskreises, die Vermummung, Tanz, mimisches Spiel und Musik vereinigen, um Fruchtbarkeit auf die Äcker zu rufen (Kornaufwecken, → Grasausläuten) od. Geister und Dämonen zu vertreiben (Neujahr, Dreikönig). Die K., das Auflärmen, der »Grewöi« (Krawall) der Haberer erfolgte in bestimmten Abständen, um zuletzt bis zu 50 Minuten anzuhalten. Neben dem Schießen der Gewehre lärmten »Glocken, Hafendeckel, Ratschen oder papierne Lärmtrompeten« (Adlmaier).
Das frz. Wort Charivari ist schon 1337 bezeugt (= Durcheinander, Krawall; vom lat. *charivarium*). Der → Polterabend heißt dort noch heute so. Das Ch., das Vermummte mit Lärmgeräten bei einer Hochzeit veranstalteten, hatte unheilabwendende Bed. (→ Lärm). → Maske, V.musik, Burschenschaft, Werbung, Recht.

Phillips, Ursprung der K., 1849; L. Junod, Le ch. au pays de Vaud d. le prem. tiers du XIX siècle. Meuli-Fs., Schweiz. Arch. f. Vkde 1951 (Formen des 14. u. 15. Jh.: Caria, Charivarium, Charavallium u. a. In Frankreich Spottmusik für zweite und bes. Witwenheirat); K. Meuli, Charivari, Dornseiff-Fs., 1953; P. T. Meertens, Die K. i. d. Niederlanden, in: Die Nachbarn 3 (1962) (Vjustiz, Vbelustigung, Huldigung).

K.roggen, -sterz → Schachtelhalm

Kaudernest → Pfingsten

Kauf, Verkauf. Handschlag (bei den Germanen und in der Antike) und andere alte Rechtssymbole u. → -gebärden sind beim K. bis heute üblich. Solange durch keine symbolische Handlung der K. abgeschlossen war, hatte der Käufer das Reurecht. Den Abschluß bedeuteten früher wie heute Gottesheller und Angeld, oft verbunden mit dem gemeinsamen Trunk (Weink., Leitk. trinken, daraus mundartl. Leihk., Leutk., Leink., Leibk. usw.). Auf → Vorzeichen und → Angang wird sorgfältig geachtet. Besonders bei K. und V. von Vieh sind Abwehrmaßnahme u. Aufnahmebräuche hundertfältig. Der V.ende trachtet, den »Nutzen« nicht wegzugeben. Gewöhnung an Stall u. Besitzer wird erreicht durch Berührung mit Kleidern, → Durchziehen durch die Beine; Zauber wird abgewehrt durch eine → Axt auf der Schwelle, durch Umwandlung des Tieres usw. Über das Handgeld s. auch Lotterie, Geld, Recht. → Volksetym.

Graf u. Diether, Dt. Rechtssprichwörter, 1868; G. Steinhausen, Der Kaufmann in der dt. Vergangenheit, 1891; R. Schröder, Dt. Rechtsgesch. [6]1922; Müller-Bergström, K. V. im HDA. 4, 1134–1187; E. v. Künßberg, Rechtsbrauch u. Volksbrauch, in: Peßler,

Hb.; W. Hansmann, Kontor u. K.mann in alter Zeit, 1962 (12.–18. Jh. Marktwesen, Hausierer – Krämer – Großk.mann); F. Leskoschek, D. steir. K.mann, 1963; ASV 111–113 Viehk. (Formel, Angeld, Reukauf, Kaparre, Trunk; Hausk.); Weitere Lit. unt. Recht.

Kaufbeurener Tänzelfest. Nach H. Moser entstanden die bekannten südwestdt. Kinderfeste frühestens im 16. u. 17. Jh., zuweilen im Zus.hang mit Schulfesten, wie es die Stab- und Rutengänge der Schuljugend am Frühlingsbeginn in Landsberg, Aichach, Ravensburg, → Dinkelsbühl u. a. waren (→ Gregorius). Manche hielten vorchristl. Naturkult und mag. Brauch oder auch Erinn. an Pest- und Kriegszeiten für die Wurzel des K. T. wie ähnl. Bräuche. K. Reiser wies auf die ortsübl. Jahresfeste (»Dinzeltage«) der mal. Handwerker, bes. der Weberzunft, mit Masken, Fahnenschwingen, Trommel- und Pfeifenmusik hin. Während im Lauf der Gesch. wohl solche Vorbilder und Einflüsse wirksam waren, konnte R. Ledermann, den Chronisten J. J. Wiedemann und W. L. Hörmann folgend, den Besuch Kaiser Maximilians 1497 in K. mit Fronleichnamsproz. um die ganze Stadt und nachfolg. Handbogen- und Armbrustschießen auf der Buchleithen als Ursprung des K. T. glaubhaft machen. Nach Militaris., Konfessionalis. und Bajuvaris., nach manchen Rückschlägen und Reformen erlebte das K. T. seine Blüte Ende des 19. Jh. Nach einer großzügigen Erneuerung 1953–58 steht das K. T. »an der Spitze aller bayer. Kinderfeste«. Man kehrte zur Tradition zurück im Sinne der These R. Ledermanns, indem sie »die wiss. bestfundierte sei und überdies einen bedeutenden Werbefaktor darstelle«. → Folklorismus.

R. Ledermann, Das K. T. im Wandel der Jhh., 1964; F. Schmitt, Kaufbeuren, ²1962; H. Moser, Kinderfeste, in: Schönere Heimat 54 (1965).

Kaufbrief → Brief

Kaufruf, Ausruf, noch wenig erforschte Grundform der Spruchdichtung und → V.musik (»Mundpublizistik«). »Die K. gehören, in Wort und Bild, zu den wichtigsten Zeugn. der Frühzeit der Stadtvkde« (L. Schmidt). Im 18. und im frühen 19. Jh. schufen Kupferstecher und Koloristen für die europ. Städte graphisch reizvolle Slgn. von Originalen, die auf den Straßen ihre Waren feilboten, ausriefen. Unter den Bildchen steht der Text des K. Neben örtl. finden sich weitverbreitete Händlertypen. Für die Trachtengesch., Gerätekunde, Hausindustrie, Handwerks- und Vk., selbst für die V.liedfg. ist der K. von Bed. G. Ph. Telemann (1681–1767) soll in einer (noch nicht aufgefundenen) Hs. die Melodien der Hamburger K. festgehalten haben. Der A. von »Kaatoffeln« oder »Bluumeneerde« wie des »Einkaufs von Lumpen, Flaschen, Papier, Alteisen, Hasen- und Kaninchenfellen« oder der Ruf »Der Scheernschleifr is da!« u. a. gehören noch heute zum Hörbild Berlins, während der Leierkastenmann nur noch an »guten Plätzen« der Innenstadt zu vernehmen ist. Den Hamb. K. kennzeichnet H. Freudenthal als »vkdl. Quelle 1. Ranges«. Noch kennt jeder Hamb. die Namen des Wasserträgers ›Hummel‹ und der ›Zitronenjette‹«. → Reklame.

K. M. Klier, in: V.lied-Sonderh. d. öst. Musik-Zs. 18 (1963); G. Schwertberger, Straßenrufe von heute, Jb. öst. V.liedw. 14 (1965); W. Deutsch, Ein »Wienerischer Tändlmarkt« v. 1803 u. s. Vorbilder im Wien d. 17. u. 18. Jh., ebd.; P. G. Bogatyrev, A. v. Austrägern u. wand. Handw. als Reklamezeichen, W. Steinitz-Fs. 1965; Der A. in Hamburg. 36 farb. Bll. n. Kupfern v. Christoffer Suhr, eingel. v. H. Freudenthal, 1963 (Die Ausg. v. 1806–08 umfaßte 120 kol. Radierungen C. Suhrs mit 146 S. Beschr. von Pastor K. J. H. Hübbe); H. Freudenthal, Melodien zum Hamburger »A.«, Beitr. z. dt. V.- u. A.kde 10 (1966); H. Kaut, K.e aus Wien ... i. d. Wr. Graphik von 1775 bis 1914, 1970.

Kauk → Dohle

Kaulquappe → Frosch

Kauz. Neben dem Ticken des → Holzwurms ist der Schrei des K.chens eins der bekanntesten → Vorzeichen des Todes. Die zoologisch selten genau feststellbare Bez. meint meist den Steinkauz *(Athene noctua),* der besonders gern zum Licht, also zu den Fenstern Schwerkranker fliegt. Die Volkstümlichkeit des Vogels verkünden die zahlreichen Sprüche und Schallnachahmungen (Komm mit; zur Ruh, zur Truh; Kled di witt; 't is Tid), die vielfach auch den volkssprachlichen Namen zugrundeliegen (Kommittchen, Tschawitta, Wegvogel). Außerdem heißt der K. Leichenhuhn (Vierlande), Todlacher (Tirol), Klagemuhme, Klagmütterle (Dt.-böhmen), Holzweibl (Lechrain), Vogel Kreideweiß (Tirol u. a.). Auch als Kindernachtschreck wird der K. oft genannt und mischt sich als solcher mit der Vorstellung vom Nachtvogel. → Nachtrabe, Eule, Schreckgestalt, Winselmutter.

A. de Gubernatis, Die Tiere in der indogerm. Mythol., 1874; Naumann, Naturgesch. der Vögel Dtl., [5]1896; H. Soulahti, Die dt. Vogelnamen, 1909.

Kegelspiel (ahd. *kegil* ›Pfahl, Pflock‹). Das K. ist vielleicht germ. Ursprungs, jedenfalls war es durch Jhh. *das* Spiel des dt. Mannes, das sich über die ganze Welt verbreitete. Nach dem 1. Weltkrieg unmodern geworden – zahllose Kegelbahnen wurden abgerissen – hielt es z. T. in der perfektionierten Form der Bowling-Bahn (engl. bowl ›Kugel‹) nach amerik. Vorbild seinen neuen Einzug in Stadt und Land. Das Wort Kegeln ist erst nhd. belegt, früher und daneben standen mundartl. Bez. wie Bosseln in Nord- und Mitteldtl. oder Mareglen in Bayern (1652). Schon 1489 finden wir die Unterscheidung des K.schiebens (walen) vom K.werfen (bossen). Bei dem seit dem 13. Jh. nachweisbaren Nationalspiel der Niederländer und Belgier, dem Bolspel, warfen die Spieler (Bolders) die scheibenförm. hölz. Wurfkörper (Bollen) ins Ziel. Beim thüring. Schmarekeln oder Plumpspiel wurde die Kugel aus weichem Holz geworfen ähnlich wie in einer Schweizer Spielform. Peter Rosegger berichtet aus der Steiermark: »Das Schmirakeln ist ein K., wobei mit einer großen Kugel nach den Kegeln geworfen wird«. Nach einer altbayr. Sage schmirakelt auch Kaiser Barbarossa im Kyffhäuser. Daß das Werfen die ursprüngl. Form des K. war, deutet auch die engl. Spielform an, bei der ein längl. Holzklotz nach dicken Kegeln geworfen wird (clubkayles). Auf dem Kupferstich »Kirchweihspiele« (1535) von Hans Sebald Beham weisen die Kugeln Grifflöcher auf, wie sie heute beim Bowling üblich sind.

Shakespeares Hamlet spricht bei den Totengräbern vom frevelhaften K. mit Gebeinen der Toten, wie es auch in der dt. Sage auftaucht. Häufiger aber ist das Motiv des »goldenen K.« der Schatzsagen. Am Anfang einer langen Reihe literar. und bildl. satir. Darstellungen steht das »Kögelspil« (1522) von Martin Luther. Die erste Erwähnung des K. geschieht im »Renner« des Hugo von Trimberg (1260–1309): *So zwen schiben zu einen zil, loufet diu kegel iht ze vil* –, eine Stelle, die von manchen allerdings auf das → Potschen bezogen wird. Daß das K. auch in Frankr. früh Eingang fand, beweist ein Verbot von 1370. Auch die Schweden, Türken und Amerikaner scheinen das K. von den

Deutschen übernommen zu haben. Im Dän., Rumän. und Russ. begegnen wir vielen Ausdrücken der dt. Keglersprache. Daß das K. in England früh weitverbreitet und reich entfaltet war, zeigt die umfassende Darst. engl. Spielüberlief. von J. Strutt.

Vielleicht ist das K. ein Nachfahre des germ. → Stein- und Kugelstoßens. Bei Augsburger Schießen von 1470 und 1509 bestehen jene neben dem K., bei den Schießen von Breslau (1519) und Stuttgart (1560) hat das K. das ältere Steinstoßen verdrängt. Nachdem sich das K. von dem geistl. und weltl. Verruf eines reinen → Glückspiels (15. Jh.) erholt hatte, begannen im 16. Jh. die Städte auch öffentl. Kegelbahnen zu bauen. Gegen Ende dieses Jh. sind Einrichtungen für das K. allg. Beigaben großer → V.feste, wie es sich anderwärts auch dem Jahresbrauch eingliedert (»Hammelauskegeln« nach dem Hahnenreiten im Kreis Zauch-Belzig, »Keilputzen« als Maifest in Nordböhmen).

Die v.mäßige Verwurzelung des K. erweist sich in der landsch. Vielfalt der Spielformen und -regeln wie der Keglersprache. Wenn auch die Bahn – früher Lehmstrich oder eichene Balken, später hartes Material – seit dem Ende des 18. Jh. geschlossen oder wenigstens gedeckt wird und so wenig Änderungen des Spielplatzes zuläßt, so bestehen Spielweisen in großer Zahl wie die Wiener Heumarktpartie, das Münchner Langschieben, das Leipziger Einmaleins oder Quadratspiel, der Kegelmord, das Eunuchenspiel, das Schwedenspiel u. a. Die Schweiz, Österr., Dtld., auch ost- und südosteurop. Länder kannten das Schur- oder Kammspiel, in dem der König »ungeschoren« blieb und die Rechnung in Form eines Kammes an die Tafel gekreidet wurde. In Bayern und Schlesien kennt oder kannte man Spiele mit 3, 9, 13, 15, 17 oder 18 Kegeln.

Bestimmte Schübe, gute oder fehlerhafte, haben ihre Namen wie die Stellungen der Kegel. Durchschlüpfen der Kugel zwischen Bande und Eckkegel wird als Ratte, Loch oder Sandhase bestraft. In Berlin heißt ein Fehlwurf Ratze, in Ostpreußen Rehbock, in Braunschweig Pumpe, in München Pudel, in Wien Bummel. In Schlesw.-Holst. ruft der Kegeljunge (im Süden der Kegelbub) die Zahl der gefallenen Kegel aus: een Pluck (1), Hot af (2), Hamborger Wappen (3), Veer Fette (4), Schöne Fief (5), Half Liespund (6), Schöne Achte (8), Alle negen oder De ganze Rummeli (9). Fiel kein Kegel, so war es ein Pudel und der Junge rief: Re, re – floiten güng he. – Sportvereine für das K. (mit intern. Meistersch.) zählten 1969 in der BRD rd. 93000, in Österr. rd. 6200, in der Schweiz rd. 8000 Mitglieder. Gespielt wird auf Asphalt-, Bohlen-, Scheren- und Bowlingbahnen. → Kugelspiele.

L. Rothe, Das K., 1879; A. Webinger, K., im HDA; Dt. Kegler-Zeitung; A. Rickert, Über d. Kegel als archetyp. Figur u. s. symbol. Aspekt, in: Symbolon Bd. 4, Basel 1964; R. v. d. Linden, Het Bolspel in Vlaanderen, 1966 (Verbr.karte, Lieder, Lit. u. Kunst); H. Tremaud, Les Français jouent aux quilles, Paris 1964 (Monogr. ü. d. K. in Frankr.: Zeiten, Sitten, Spieler, Zuschauer, Verbände, Spiellokale, Preise); F. Schäfer, 50 K., 1968; G. Bocsai, Fibel f. Kegelfreunde, [2]1969.

Kehraus. C. E. Steinbach verzeichnet in seinem dt. Wb. von 1734 »den K.machen / finem choreis facere«, doch ist die Redensart sicher älter. Die Röcke der l. Tänzerinnen fegen den Saal oder den Letzten folgt der Besen, die → Fasnacht ist vorbei, – diesen Sinn hat der K. als Bez. eines jeden l. Tanzes oder des l. Tanzabends vor Aschermittwoch. K. hieß auch der Schlußreigen der

Hochzeit. Im »Rechtschaffenen Tanzmeister« von Taubert (1717) heißt es, daß »sich die sämtl. Gäste zu guter Letzt noch einmal recht lustig machen und also das Gastgebot fröhlich endigen, gleichsam fein sauer abkehren«. Dabei sang man gemeinsam das Lied:

> Und als der Großvater die Großmutter nahm,
> da war der Großvater ein Bräutigam,
> und die Großmutter war eine Braut,
> da wurden sie beide zusammen getraut.
> Mit mir und dir ins Federbett,
> mit mir und dir ins Stroh,
> da sticht dich keine Feder nicht,
> da beißt dich auch kein Floh.

Die von Taubert mitgeteilte Tanzweise läßt sich in Thüringen schon im 17. Jh. nachweisen. Den 2. Teil der Melodie finden wir wieder in J. S. Bachs Bauernkantate von 1741.

Kehren, Kehricht. K. und Fegen (Lerchenfegen; → Lerche, Pauli Bekehrung) ist eine der häufigsten Formen kultischer → Reinigung, die durch die Verwendung von Besen und Rute (→ Birke) auch mit apotropäischen und fruchtbarkeitszauberischen Vorstellungen sich verbindet. Mit zeremoniellem K. der Tenne hält man die Mäuse vom Kornboden fern, ebenso vertreibt man am → Gründonnerstag das Ungeziefer aus der Stube. Wie die → Huttler und Fasnachtbütze schlagen und spritzen, so fahren sie auch den Zuschauern mit kotigem Besen ins Gesicht. Die großen Jahresfeste (z. B. Neujahr, Karfreitag) geben Beispiele. Besonders hinter dem Sarg, der das Haus verläßt, muß gekehrt werden. Wer einen Reiserbesen in einer »Besenkapelle« opfert, befreit sich von Ausschlag und Abszeß (Vorarlberg; auch bei Krankheiten des Viehs). Aus dieser Anwendung ergibt sich aber auch die negative Bedeutung des K. Es ist verpönt, jemand im Zimmer anzuk.; er bekommt keine Braut (Berlin). K.verbote begleiten viele Handlungen (Brotbacken) und Zeiten (nach Sonnenuntergang). Im salischen Recht war Bewerfen mit Staub aus den vier Winkeln der Hütte *(chrenecruda)* Zeichen der Besitzübertragung. Ein verbreitetes Sagenmotiv ist der dem Ausdauernden und Zuversichtlichen zu Gold sich wandelnde Kehrichtlohn der Geister (→ Kohle). → Karsamstag, Umgekehrt.

Goldmann, chrenecruda, Dt. rechtl. Beitr. Jg. 13; B. Karle, K., im HDA. 4, 1211–1239; R. Beitl, Im Sagenwald, Neue S. aus Vbg., 1953.

Keller (ahd. *Kellari*; lat. *cella* ›Zelle‹). Als Aufbewahrungsort von Getränken und Lebensmitteln (die durch die Annäherung des Unreinen Schaden leiden), auch als dunkler Geisterort, der die → Wöchnerin selbst gefährdet, ist der K. nach noch verbreiteter Anschauung der Wöchnerin vor der → Aussegnung verboten. Der großstädtische Brauch der Zuckertüte zum ersten Schultag zeigt seine tiefere Wurzel im Glauben der Thüringer Kinder, daß diese Tüten im K. des Lehrers an Bäumen wachsen. Diese werden umgehauen, wenn die Kinder ungezogen sind.

Kelten (lat. *Celtae,* auch *Galli*). Im 6. Jh. v. Z., als die nordeurop. Germ. noch unbekannt waren, in die Gesch. tretendes westidg. Sprachvolk, das in Gallien und Spanien lebte. Als ihre Urheimat wird das heutige Böhmen und Bayern bis zum Oberrhein angesehen (Träger der Hallstatt- und Latènekultur). Von der K. unterschieden sich die Illyrer und Skyten im Osten und die Ligurer und Iberer im Westen. Töpfern, Weben, Schmieden und Kunsthandwerk war bei den K. zu hoher Blüte entwickelt. Sie hatten Burgen und Städte mit durch Holzfachwerk verstärkten Mauern *(mu-*

rus gallicus). In der Gesch. d. europ. → Märchens fand die geist. Welt ihren Niederschlag, z. T. wohl auch im Jahresbrauch und in kult. Bildwerk. → Mistel.

J. Moreau, Die Welt d. K., 1958; M. Dillon u. N. K. Chadwick, Die K. (aus d. Engl.) 1966; A. Weitnauer, K.isches Erbe in Schwaben u. Baiern, 1965 (Nachleben in Bildw., Glauben u. Brauch: Wasservogel, Nikolaus-Geb.brote, Funken u. Scheibenschlagen, Dreigesicht u. a.).

Kerbholz → Maß, Runen, Klausenholz

Kerbmänner → Kirmes

Kerze. Die Bedeutung des → Lichtes als wärmendes und reinigendes Element, als Symbol des Lebens (»Lebenslicht«) und als Geisterepiphanie (→ Irrlicht) überträgt sich wie auf die → Fackel auch auf die K. Hinzu kommt die hohe Geltung des weißen → Wachses als Erzeugnis der heiligen → Bienen und als Mittel der Zukunftsdeutung (Wachsgießen zu Silvester; Keromantie). Zumal durch die alte kirchl. K.weihe an → Lichtmeß wurde von der antiken Lichtsymbolik (Dionysosfest »Tag der Lichter«; → Dreikönig, Weihnachten) der Ton auf den geweihten und segen- und heilkräftigen Herstellungsstoff verlagert. So wurde auch die K. von → Ostern zerstückelt und wie das → *Agnus Dei* vom Volk als → Amulett nach Hause getragen. Wie dinglich (etwa reinem Alkohol vergleichbar) auch heute noch Weihe verstanden wird, zeigt die Angabe des Bonifaz S. in Schruns, er trage die K. an Lichtmeß zu neuer Segnung in die Kirche, weil er sie nach jahrelanger Aufbewahrung für »ausgerochen« halte (1960). In den künstlich geschlungenen und buntverzierten »Rodeln« wie in den reich geschmückten, bis zum Tode aufbewahrten Kommunionkerzen betätigt sich bis heute Bildersinn des Wachsziehers und Bossierers. Votivk., heute noch üblich, hatten oft in Ersatz der Selbstweihe das Maß der Körperlänge des Bittstellers (→ Maß, Länge Christi, Margareta). In der Geschichte des → Weihnachtsbaums sind Kerzen zuerst 1762 bezeugt (in Hannover). → Wachsstock, Ampel.

Mühlbauer, Gesch. u. Bedeutung der (Wachs-)Lichter bei den christl. Funktionen, 1874; O. Lauffer, Der Weihnachtsbaum in Glaub. u. Brauch, 1934; E. Wohlhaupter, D. K. i. Recht, 1940; G. Lill, Die K.n im Wachsgewölbe d. Klosters Andechs, Bayer. Jb. f. Vkde (1950) (Über 200 meist farbig bemalte K.); D. Sauermann, Die K. der Johannisknechte. Rhein. Jb. f. Vkde 20 (1969).

Kesselflicker → Fahrende

Kesselhaken, Hiel, Hoal, Wendehal. Früher trug den Kessel über dem offenen Herdfeuer ein hölz. Haken oder ein schwenkbarer Holzarm, wie er in Maiensäßen und Alpen noch heute gefunden wird. Das vollkommenere Haltegerät wurde in der Schweiz schon in der jüng. Eisenzeit und in röm. Zeit in Gestalt von eisernen K. an Kesselketten nachgewiesen, bei denen die einz. Ringe mit längeren Stücken aus gedrehtem Stabeisen abwechseln. Fast die gleiche Form ist hier (wie in Vbg.) bis ins 20. Jh. überliefert und verkleinert auch als Aufhängung für → Lampen verwendet. Die kunstreichsten K. haben N.rhein und Westfalen hervorgebracht. Die Verstellbarkeit in der Höhe besorgen Haken und Kette, noch besser die im N wie im S bekannten Sägen (nd. Sägehal) aus Eisen oder Messing, die in Gravur oder Punzierung edle Schöpfungen der Vk. sind. In ausgeschnittener Arbeit bekrönt den K. auch Figürl. (Brautpaar) oder Ornamentales (Sechsstern). Am ält. Stück der reichen Slg. des Celler Museums ist noch alles aus Holz, nur der Haken eisern.

Unter dem → Rähmen des nd.

Hauses hält der Kesselbaum (Kätelboom) an eichener Stange oder galgenähnl. »Wendehal« den K., der das Kochgefäß trägt. Geeint mit dem heiligen → Herd und seinem Feuer wurde der K. zum Symbol von Haus und Besitz (Lünebg. Heide). Die bedeutungsvollsten Augenblicke im Leben des Bauern wurden mit ihm in Beziehung gebracht. An der Feuerst. verlobte sich der Sohn des Hofbesitzers, hier übergab der alte Bauer dem Erben seinen Besitz. Bei brennendem Herdfeuer forderte der Vater den Sohn auf »Nu kumm an d. Herd un legg den recht. Dumen in den Kätelhaken un övernimm dinen Hoff« (Bomann). Der Vater legte dann seinen linken Daumen darauf und ließ die versammelten Knechte dem neuen Herrn Gehors. versprechen. Beim Dingen eines Knechtes oder einer Magd wurde der Mietpfennig in den K. gelegt. Nahm ihn der Knecht nach der Verpflichtung durch Handschlag heraus, so war er »eidlich« gemietet. Bei Bränden soll der Bauer darauf bedacht gewesen sein, neben dem Vieh vor allem den K. zu retten. Auch in der Vmed. spielte der K. eine Rolle. Gegen einen bösen Finger half es, wenn man dreimal um die Herdstatt herumging und dabei den Spruch hersagte: »Hahlhang, vertreib mir doch mein Nagelzwang«. Nach Uebe (Dt. Vk. Westfalen) war das H. ein Geschenk an die junge Frau: »als → Minnegabe wurde er besonders reich ausgestattet«. Über dem fränkischen Herde fehlt das H. (Lauffer).

O. Lauffer, Herdgeräte, in: Mitt. d. Germ. Mus., 1900; L. Rütimeyer, Urethnographie der Schweiz, 1924; W. Bomann, Bäuerl. Hauswesen u. Tagewerk, 1927; H. Bauer, Der K. im bäuerl. Brauchtum, Diss. Bresl., 1940.

Kette → Kreis, Kettenbrief

Kettenbrief. Ältere Namen des K. sind Kettengebet, Gebetskette, Kette des hl. Petrus (Schweiz). Der älteste bekannte K., von dem Kühnau aus der Gegend in Neiße in Schlesien berichtet, enthält ein Bittgebet um Befreiung von Pestgefahr und Hungersnot. Besondere Gebetsziele werden sonst selten genannt (z. B. Nachkommenschaft). Die Verstärkung der Gebetswirkung geschieht durch Verpflichtung zu Abschriften in bestimmter Zahl u. zur Weitersendung. Ein 1933 in Berlin versandter K. beginnt: »Wünsche des Glücks. – Sende diese Kette weiter, fertige 9 Abschriften u. sende diese an deine begabtesten Freunde«. Sie fährt fort: »Diese Kette ist in Italien (Tachana) begonnen und zwar bei einem Straßensänger und . . . soll 9mal um die Erde gehen«. Die noch starke Verbreitung der K. geht daraus hervor, daß z. B. 1930 in Berlin polizeiliche und gesetzliche Maßnahmen gefordert und wohl auch getroffen wurden zum Schutze solcher, die sich psychisch bedroht fühlten. Nach 1945 mußten solche Verbote erneuert werden. Trotzdem besteht das Urteil von Stübe kaum zu Recht, daß der K. zu den »fremdartigsten und seltsamten Verirrungen des religiösen Triebes« (HDA. 4, 1287) gehöre. Der K. ist eine typische Mischung aus kirchl. und primitivem Glauben und erinnert auch in der formelhaften Schilderung seiner Entstehung wie in der ganzen Sprache an die Literatur der Haussegen und → Himmelsbriefe. – In Berliner Schulen tauchen immer wieder K.e auf, deren psychischem Zwang sich Kinder oft nicht zu widersetzen wagen (Zehlendf. 1973).

B. Grabinski, Neuere Mystik, 1916; R. Stübe, Der Himmelsbrief, 1918; H. Freudenthal, K. Niederdt. Zs. f. Vkde 8 (1930); P. Geiger, Der K., in: Schweiz. Vkde 37. Jg.; W. Hein, in: Bayer. Jb. f. Vkde (1955) (In d. Schweiz arbeitete die Werbung für → Heroldsbach gern mit K.).

Keuschheit. Wie → Nüchternheit und → Schweigen ist K. im Sinn körperlicher Unberührtheit oder auch nur vorübergehender geschlechtlicher Enthaltsamkeit im Glauben und Kult fast aller Völker oft Vorbedingung heiliger und magischer Handlung. Dabei verbindet sich die Anschauung von Schwächung und Energieverlust durch Unk. mit dem Gedanken der Verunreinigung u. Tabuverletzung durch den Geschlechtsverkehr. Die christl. Überbewertung der Askese, des Zölibats und der Ehelosigkeit (→ Jungfrau) verlieh antiken Überlieferungen noch stärkeren Widerhall auch im Volksglauben. Urin von unschuldigen Kindern erwähnt die griechische Magie, und mit Urin einer Jungfrau stillt man in Baden Blutungen. Ein junges Mädchen ist würdig, die letzten Ähren zu schneiden, ein Knabe soll das → Notfeuer erzeugen (im Halberstädtischen). Nach Fehrle nahm der dänische König beim Betreten des nach dem 1. Weltkrieg annektierten Gebietes in Nordschleswig ein kleines Mädchen aufs Pferd (→ Jüngster). Die K. schützt im griechischen Kult und im dt. (volksetymologischen) Glauben die Pflanze Keuschlamm (*Vitex agnus castus*, Abrahamsbaum, Klosterpfeffer). → Joseph, Lilie.

J. Müller, Die K.ideen in ihrer gesch. Entw. u. prakt. Bedeutg., [2]1912; E. Fehrle, Die kultische K. im Altertum, 1910; ders., Kultische K. und Krieg, in: Bayer. Hefte 2 (1915); Reallex. d. Vorgesch. Bd. 6, 1926; Artikel »K« in: Die Religion in Gesch. u. Gegenwart, [2]1927ff.; J. Ries, Kirche u. K., [3]1931; G. Jungbauer, Dt. Vmed., 1934.

Keuschrose → Pfingstr.

Kielkropf → Wechselbalg

Kikimora → Mahr

Kilbe → Kirmes

Kilian, hl. (8. 7.), neben seinen Genossen Kolonat und Totnan Bekehrer der Thüringer und Ostfranken, deshalb Patron des Bistums Würzburg und besonders i. dieser Gegend auch Schutzheiliger der Winzer. Bei der Prozession an seinem Festtag wird das alte K.lied gesungen, das an bekannte Martinslieder anklingt (»Wir rufen an den teuren Mann, Sankt K.«). Seit 1926 wird in → Würzburg mit der Festwoche ein geistliches Schaustück, das K.spiel verbunden. Attr.: Bischof, Dolch, Palme.

Emmerich, Der hl. K., 1896.

Kiltgang → Jungfrau

Kind(er). Die Begriffe → Schwangere, → Geburt, → Wöchnerin, → Aussegnung umschließen → Mutter und K. Zum erstenmal gelockert wird dieser Ring beim Abstillen, weitere Einschnitte im gegenseitigen Verhältnis und zugleich in der Entwicklung des K., wie sie Glaube und Brauch sehen, sind erstes Jahr (→ Geburtstag), erstes Gehen, erstes Sprechen usw. Mit → Taufe und Patenschaft tritt das K. in Beziehung mit der Welt der Kirche und der Erwachsenen (→ Pate). → K.lied und → K.spiel, zuerst ganz in Mund und Hand der Mutter, führen zu den Lebensgefährten, zu den K. der → Nachbarschaft, der Straße, später der Schule. Konfirmation, Kommunion, Firmung, Jugendweihe, Knabenschaft sind Übergänge

zu Bünden und Gemeinschaften der Erwachsenen. Alle diese Stufen (→ Initiation) sind bedeutungsvoll und im Glauben und Brauch aller Völker behütet mit symbolischen u. magischen Vorkehrungen und umgeben mit fröhlicher Gemeinschaftsfeier. In der modernen Konsumgesellschaft ist das K. nicht mehr unbedingt das oder auch nur ein Ziel der Ehe. In einer Filmfamilie (Filme von 1930–1952) ist die Durchschnittskinderzahl 0,8 v. H. 1972 war in Westdtl. die Zahl der Todesfälle zum erstenmal höher als die Zahl der Geburten!
Die einzelnen Jahresfeste (bes. Nikolaus, Weihnachten usw.) zeigen die Bed. des K.alters als treuesten Trägers der Tradition. – Über die Aufgabe von K.büchern sagte das dt. Fernsehen (April 1970): »Das K. soll zum Bewußtsein seiner sozialen Lage kommen«. → Name, Enkel, Familie, K.herkunft, K.bringe, K.bischof, Funkensonntag, Spielzeug, Wiege, Lerche, Versehen, Keuschheit, Jüngster, Amulett, Ratsche, Spielzeug, Nürnberg, Sonneberg, Volkssprache u. die einzelnen Jahresfeste.

H. Bösch, K.leben in d. dt. Vergangenh., 1900; R. Wossidlo, Mecklenbg. K.überlief. Bd. 3: K.erwartung u. K.zucht, 1906; H. Höhn, Sitte und Brauch bei Geburt, Taufe u. in d. Kindheit, 1910; H. Ploß, Das K. in Brauch u. Sitte d. Völker, 2 Bde., [3]1911–12; G. Schreiber, Mutter u. K. in d. Kultur d. Kirche, 1918; L. Höfer, Wiener K.glaube, Wiener Zs. f. Vkde 32–33 (1926); W. Wurzel, Mutter u. K. im schles. V.glauben, 1930; K. G. Berghöfer, Geburt u. K.heit, 1941 (Vogelsberg u. Wetterau); R. Beitl, Der K.baum. Brauchtum u. Glauben um Mutter u. Kind, 1942; N. Kyll, Das K. im Glauben u. Br. d. Trierer Landes, 1957; E. Stern, K. Krankheit u. Tod, 1957; M. Cehak, Das Bild d. Familie im dt. Film. Beitr. z. dt. V.- u. A.kde 2/3 (1958); A. Vilkuna, Die Ausrüstg. d. Menschen f. seinen Lebensweg (FFC 179), 1959; A. Berge, Das K. in der Familie, 1959; W. Hallermann, Das K. u. d. techn. Zivilis., in: Ärztl. Mitt. 45 (1960) (Fehlende Gemeinschaft, Abbau auch echter Autorität); W. Hävernick, »Schläge« als Strafe, 1964 (Umfrage in 668 Familien); H. Remplein, Die seel. Entw. d. Menschen usw., [15]1967; Vgl. Lit. bei d. gen. Stichw.

Kindcheskaffee → Branntwein

kindeln → nackt

Kindelwiegen → Quempas, Weihn., V.schauspiel

Kinderbaum → K.herkunft, Kind

Kinderbischof. Auf röm. Saturnalienbräuche wird die mittelalterliche kirchl. Sitte zurückgeführt, die an bestimmten Festtagen (→ Nikolaus, Gregorius, Unschuldige Kindertag) einem Schüler die Rolle eines »Bischofs« oder eines »Abtes« zu spielen erlaubte, was manchmal zu übermütigem Mißbrauch dieser eintägigen Amtsgewalt führte. Im heutigen Volksbrauch klingt die Sitte nach.

K. Meisen, Nikolausbrauch u. N.kult im Abendl., 1931.

Kinderbringer, K.herkunft. In der Rede der Erwachsenen und im Glauben der Kinder erscheinen als Kb. im dt. Sprachgebiet der → Storch (allgemein, in Mittel- und Norddtl. fast ausschließlich), im Westen, in Bayern, Österr., Oberschlesien u. Siebenbürgen, daneben die → Hebamme (auch in mythischer Schau als wilde Frau, Waldfrau usw.), in Vorarlberg der → Nikolaus, im Böhmer Wald der → Fuchs, im Erzgebirge der → Wassermann, in der brandenburgischen Priegnitz die → Eule, in Ostpr. → Rabe und → Krähe. (Vgl. die K.skizze n. Zeichn. v. W. Hansen auf Grund v. Aufnahmen des ADV um 1930; → Atlanten). – Eine noch weit urtümlichere Schicht mythischer Weltanschauung scheint sich in den Vorstellungen des Ortes der Kh. darzustellen. In auffallend geschlossenen großen Gebieten wird vom → Baum, Kohlfeld, Brunnen, Teich und Wasser, daneben auch von Felsen und Steinen (Göblischtê

Wer bringt die kleinen Kinder?

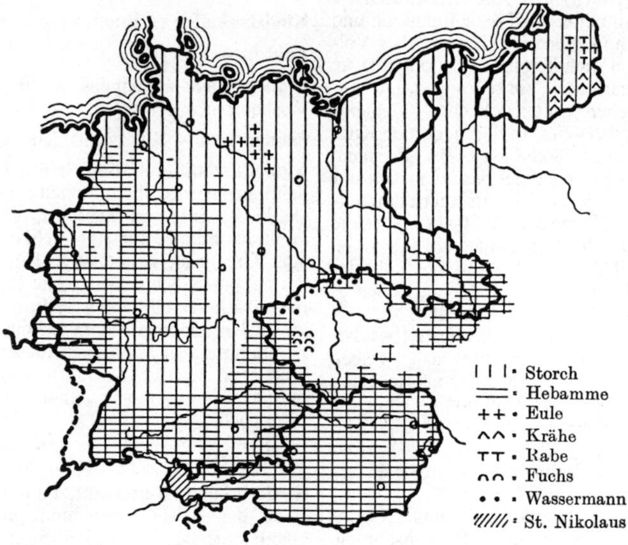

in Vorarlberg) als Aufenthalt der Ungeborenen erzählt.

A. Walzer, Liebeskutsche . . ., 1963 (Kb.-Motiv in der Vk.); Lit. → Kind; Kartogr.: ADV I Kb.; ASV 204/5 Kb. Storch allg., z. T. »neu«; Hebamme allg., bes. im S; Klaus im Kt. St. Gallen-Rheintal; ADV IV Kh. ASV 202/3 Kh. Zahlr. Angaben: Baum, Rosenstock, Wald, Kohl (allg. im W); Berg, Fluh, Alp; Brunnenstube, Trog; Kloster, Kapelle, Kirche; Kauf, Krankenhaus.

Kinderlied. Im Kindesalter bilden Zeichnen und Formen, Sprechen und Singen, Gebärde, Bewegung und Tanz noch ein Ganzes, das wir mit den Begriffen K. und → Kinderspiel nur unvollkommen umschreiben. Die aus der Freude an Klang (Reim) und Rhythmus geborenen Wiegen-, Fingerzähl-, Schaukel- und Kniereiterliedchen, gesungen oder im Sington geraunt, finden wir bei allen Völkern und zu allen Zeiten, in Wort und Weise oft nah verwandt. Mit dem alten Sprüchlein »Heile, heile, Segen . . .« lindert die Mutter in Stadt und Land den ersten Schmerz, mit einem Liedchen macht sie das Essen schmackhaft (Graditz, Sachsen, um 1930. ADV):

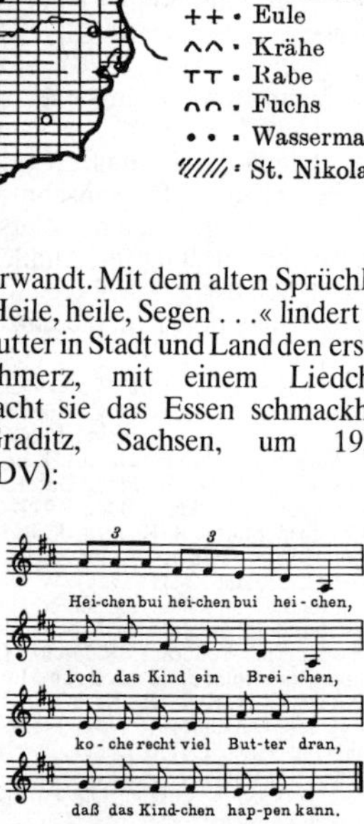

Wie durch Zauberspruch entsteht das erste Bild eines Menschen (Berlin, 1970) und, ohne abzusetzen, das eines Hauses:

2 Eier, 1 Gurke,
1 Kamm
Einwickeln.
2 Waschlappen,
Stecknadeln, 1 Käse,
3 Knöpfe
Einwickeln.
1 Schrubber, 1 Besen
Zusammenmachen.
1, 2, 3, 4, 5, 6 –
fertig ist die Hex.

Pünktchen,
Pünktchen,
Komma, Strich –
fertig ist das
Mondgesicht.
Langer Käse,
runde Butter –
fertig ist die
Schwiegermutter.
Arme wie ne Hex,
Beine wie ne Sechs,
Haare wie n Dolch –
ist das nicht n
Strolch?

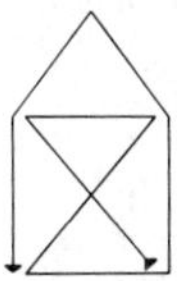

Gehörtes übernimmt das Kind, tauscht es mit Gleichaltrigen, verändert Altes und erfindet Neues: neben Liedchen zum Ballspiel, zu Gruppen-, Partei- und Reigenspielen manche altüberlief. Sonnen- und Regenliedchen, aber auch manches Derbe in Abzählreimen, Spottrufen und Namenneckversen.
Wie allenthalben in der V.dichtung steht vor Gedankenhaftem die einfache Reihung: Angleichung in Bild und Gedanke, Klang und Buchstabe (Assoziation, Assonanz, Alliteration), Verbindung, Kreuzung und Durchdringung (Addition, Kontamination), getragen von einem unbekümmerten, urschöpfer. Sprachtrieb. Im Schulalter bringt der Jahresbrauch neuen Lebensgrund des K. mit Umzugs-, Laternen-, Pfingst- und Martinsliedern, vor allem mit der Vielzahl der Liedchen zu → Heischegängen an Neujahr, Dreikönig, Fasnacht, Sommertag usw.
Sind auch die Zus.hänge des K. mit altem Mythengut (z. B. in dem in unzähl. Varianten verbr. K. von den drei Frauen) umstritten, so betont doch die neuere Musikfg. (F. Hoerburger, H. Segler u. a.) die Vergleichbarkeit des heutigen K. mit »Gestaltungsmöglichkeiten in Frühschichten unserer Kultur« (W. Suppan). Das »K.-Terno« (e'–d'–h) erscheint als Grundelement melod. Entfaltung. L. Bárdos sieht einen Übergang aus akust. Quintenverwandtschaft und sprachnaher Engstufigkeit, aus »instinktiv natürlicher« Sprachmelodik des Rezitativs (*vox continua*) zum stufenmäßig geordneten Gesang (*vox concreta*). Entgegen älteren Auffassungen (Böhme, Lewalter u. a. hörten im K. einen Dur-Dreiklang) deutet Suppan das K.-Terno »als eigenwertige Tonreihe« (V.lied S. 30). Spielvorgang und rhythmis. Melodie sind oft stärker als der sinnvolle Fabelzus.hang des Liedtextes. In dieser Verdrängung ins Halbbewußte können sich alte oder primitive Sprachelemente erhalten, andererseits. werden dadurch Trübungen, Mischungen, auch Auflösungen möglich, die den Text oder Texttteile unverständlich machen (R. Lorbe).
Der gesch. Kontinuität entsprechen geogr. Zus.hänge, wobei Schriftsprache auf größere Weite, Mundart auf kleinere Räume deuten. Die schwyzerdütschen Taufnamen-Neckrufe (Nr. 4597–4821 bei G. Züricher; → Ortsreime) weisen durch die Namen Joggeli, Uele, Ruedi, Hanselima, Annemarei wie durch die größere sprachl. Erdnähe (Furz, Schieße, Häfele u. ä. sind geläufig) auf den engeren Mundart-

raum, anderers. finden sich in Berlin (1935 s. u. Lit.) in vielen Formen verbr. neckende Rufliedchen wörtlich gleich in Bern; z. B.:

Ilse, Bilse
niemand will se,
kam der Koch,
Peter Bloch,
nahm sie doch.
(Beitl, S. 71; Züricher, Nr. 4749)

Der Austausch zwischen Individualgut und V.gut, wie er für das → V.lied charakter. ist, findet auch beim K. statt. K. Reinicke, Joh. Brahms haben K. vertont, ihre Welt spiegelt sich bei Mozart, Haydn, Beethoven, Weber und Schumann bis herauf zu Humperdinck und Orff. Ein bekanntes Sommertagslied bot Luther die Vorlage zu seinem »Nun treiben wir den Papst hinaus«. Pietisten und Philanthropen wie Zinzendorf und Lavater, Dichter wie Gellert, Hölty, Voß, M. Claudius, Schiller (»Mit dem Pfeil, dem Bogen«) oder Goethe (Die wandelnde Glocke) ersannen K. und kindertüml. Verse. Von der Pestalozzi-Fröbel-Bewegung geht ein lebendiger Strom in das Reich des K. Zur Gegenwart hin überschreitet das K. immer häufiger auch nationale Grenzen. Das v.läufige K. von den »Zehn kleinen Negerlein« (Text London 1868, Melodie 1869) brachten singende Kinder auf den Kontinent, schon in den 80er Jahren nach Wien (K. M. Klier, Öst. Zs. f. Vkde 55, S. 94).

Die erste Slg. von K. bietet der Anhang zum 3. Bd. von »Des Knaben Wunderhorn« (1808). Mit der allg.dt. Sammlung »Das dt. Kinderbuch« folgte Karl Simrock 1818. Das Hauptwerk des 19. Jh. ist F. M. Böhme »Dt. K. und Kinderspiel« (1897, [2]1924), an dem J. Lewalter einen bed. Anteil hatte. Die vkdl. Erfg. des K. leitete E. L. Rochholz ein (Vergleiche; gesch. Zeugnisse), dem G. Schläger, K. Wehrhan, H. Naumann u. a. folgten. Dem K. in den dt. Siedlungen des O waren Arbeiten von J. Haltrich, A. Höhr, A. Karasek u. a. gewidmet. Eine umfassende Slg. von K. und Kinderspiel in der Großstadt (Berlin-Steglitz) wurde von R. Beitl 1935 durchgeführt. → V.tanz, V.sprache, Spruch.

(K. = Kinder-; Kl. = K.lied; Ks. = K.spiel) – E. Meier, Dt. K.reime u. Ks. aus Schwaben, 1851; L. Strackerjan, Aus dem K.leben. Spiele, Reime u. Rätsel, 1851; E. L. Rochholz, Alem. Kl. u. Ks. aus der Schweiz, 1857; J. Zingerle, Das dt. Ks. im Ma., [2]1873; H. Dunger, Kl. u. Ks. aus dem Vogtlande, 1874; Th. Vernaleken u. F. Branky, Spiele und Reime der K. in Österr., 1876; A. Höhr, Siebenbürg.-sächs. K.reime und Ks., 1903; K. Wehrhan, Kl. u. Ks., 1909; J. Lewalter u. G. Schläger, Dt. Kl. u. Ks., 1911; A. Müller, Das plattdeutsche Kl., 1913; G. Zürcher, Kl. d. dt. Schweiz, 1960 (Ersetzt Ausg. v. 1902); dies., Unsere alt. K.reime, 1927; H. Zoder, Kl. u. Ks. aus Wien u. N. Ö., 1925; M. Böhm, V.lied, V.tanz u. Kl. in Mainfranken, Diss. Erl. 1928; K. Wehrhan, Frankfurter K.leben in Sitte u. Brauch, Kl. u. Ks., 1929; O. Stückrath, Nassauisches K.leben in Sitte u. Brauch, Kl. u. Ks., 1931; R. Wossidlo, Mecklenburg. Volksüberlief. 4. Bd.: K.reime, 1931; A. Göpel, Der Wandel d. Kl. im 18. Jh., Diss. Kiel 1935; J. Surdez u. A. Meyer, Es chunnt es müsli, Schweiz. Arch. f. Vkde 45 u. 47 (1946 u. 48); H. Commenda, Das Spielgut d. Linzer K., in: Jb. d. Stadt Linz, 1949; G. Kerény, Ks., in: Bartók u. Zoltán Kodály, Die Slg. d. ungar. V.musik, Budapest 1951 (Spielort, Regeln, Spieler); I. U. P. Opic, The Oxford Dictionary of Nursery Rhymes, 1951; J. Meier, Herk., Geschichtl. u. Alter d. Liedes ›Hermen, sla Lärmen‹. Jb. f. Vliedfg. 8 (1951); Ebd. über das bereits im 17. Jh. nachweisb. brem. Kl. Lewe Sunne schiene / Botter in de Tiene . . .; B. Kürth, Das dt. Kl. d. 19. Jh., Diss. Halle 1955; J. Künzig, V.lied, Reim u. Spielgut d. K. usw., Jb. f. Vkde d. Heim-Vertr. 2 (1956), Bibliogr.; R. Lorbe, Das Kl. in Nürnberg, 1956 (Einfluß d. Umsiedler- oder Flüchtlingsk. auf das N. Kl. um 1950 nicht festzustellen); L. Bárdos, Natürliches Tonsysteme, in: Studia mem. B. Bartók sacra, Budapest 1957; A. Riedl u. K. M. Klier, Lieder, Reime u. Spiele d. K. im Burgenland, 1957; L. Peltzer, Alte niederrhein. K.reime u. Lieder; W. Fanderl, Annamirl, Zuckaschnürl, Altbair. K.sprüchl. 1961; F. Hoerburger, H. Segler, Klare, klare Seide, 1963; W. Suppan, Melodiestrukturen im dt. sprach. Brauchtumslied, Dt. Jb. f. Vkde 10 (1064); R. Beitl, Da kriecht ne Spinne, sagt Minne . . . Namenneckrufe aus Berlin-Steglitz, in: Jb. f. Brandenbg. Lgesch. 15 (1964)

S. 60–97; G. Grober-Glück, K.reime u. Kl. in Bonn 1967, Jb. f. Vliedfg. 16 (1971). Für den Kindergarten: M. Kühn, Macht auf das Tor, 1905; H. Enders – G. Moißl – C. Rotter, Ringa, Ringa, Reia, 1927; E. Fromm, Lieder u. Bewegungsspiele. Für das Pestalozzi-Fröbel-Haus in Berlin ges. [9]1928 (Mit Noten).

K.mutter → Hebamme

K.scheuche, -schreck → Schreckgestalt, Bär, Bölimann, Böögg, Butz, Echo, Elfen, Luchs, Nase, Mummel u. a.

Kinderspiel. Wie uns Kindersprache und → Kinderlied größere Freiheit schöpf. Gestaltens und tiefere Bindung an Heimat und Überlief. zugleich offenbaren, so ist das K. auch der eigentl. Quellbereich des → V.spiels. Mit dem Wort Spielkind, Spielalter erkennen wir eine Welt menschl. Seins an, in dem vieles nur Spiel ist und fast alles zum Spiel werden kann. Mit Rassel und Klapper, mit Klötzchen und Kugeln fängt es an, → Puppe und Puppenstube, Pferd und Wagen, auch schon viel, wohl allzu viel Motorisiertes aus Blech und Plaste folgen – aber wir nennen damit eher → Spielzeug als Spiele. Das Kind bedarf keines großen Spielzeugparks, es schafft sich die Gegenstände und Formen des Spiels selbst, wenn ihm die einfachen Gaben und Funde von Wald, Feld und Garten oder wenigstens von Vaters Werkkiste und Mutters Flickenschublade nicht verwehrt sind. Ein großer Sandkasten ist der beste Spielplatz und seiner erfreut sich auch das Kind in der Stadt. Vor allem hat das Kind die Gnade, auch das Kräftemessen, den Kampf, den Wettbewerb, Jagd und Verfolgung zu spielen. Hier herrscht nicht die strenge Regel, nicht jene Rekordsucht, die den → Sport leicht zur Sache nationaler Geltung macht und die Olymp. Spiele allmählich der Parole nähert: Immer noch besser als Krieg. Nur wo das Spiel von Gemeinsch. getragen und von Überlieferung geprägt ist, ist es Gegenstand der Vkde. Freilich ist gerade b. K. das Einmalige und Zufällige vom Überlief.gut oft schwer zu trennen. Das Kind ist ein Meister der Erfindung. Das Spiel mit Schneemann und Schneeball, mit Sandberg und Wasserrinne, mit Blatt, Zweig und Frucht, das Schaukeln, Pferdspielen, Karbolzschießen usw. sind regellose spontane Spielhandlungen, während der Umgang mit → Steckenpferd und → Reifen, mit → Ball und → Kugel, Pfeil und Bogen, → Kreisel und → Drachen schon ein mehr oder minder geformtes Spielmittel voraussetzt und damit oft auch überlief. Spielregeln, begleitende Rufe, Reime und Lieder anwendet. Deshalb setzt das K. einer system. Darst. auch mehr Hindernisse entgegen als das Spiel der Erwachsenen.

Es ist wohl nicht Zufall, daß wir gerade über das K. verhältnismäßig frühe Nachricht haben u. a. in der Spielliste des Meister → Altswert (Hälmchenziehen, Blindemaus, Schinkenklopfen, Brückenspiel, Eierrollen, Bäumchenwechseln, Barlaufen, Zeckspielen, Kugelschlagen, Steinstoßen u. a.). Noch reicher ist die Liste, die uns → Fischart für das 16. Jh. bietet, am anschaulichsten das K.bild von P. Breughel († 1569), das fast 90 K. darstellt. Bis zur Gegenwart hat das K. in der vkdl. Fg. mehr Beachtung gefunden als die Spiele der Erwachsenen, die sich eher zu überlegter Gestaltung, zur reinen Leibesübung und zum nationalen → Sport mit festen Regeln fortentwickeln.

Auch ohne Zutun der Eltern verläßt das heranwachsende Kind mehr und mehr das gewohnte Spielzeug, das auch als Schöpfung der Vk. gesehen werden muß. Sing- und Reigenspiele beschäftigen die Mädchen, in denen das → Kinderlied die Spielbewegung begleitet und rhythmisiert. In den Jungen regt sich bald die Neigung zu härteren Bewegungs- und Kampfspielen, die auch viel eher dem Vorbild der Erwachsenen folgen. Hier ist wirklich manches Vorübung für das Leben, als welche das K. früher zuweilen ausschließlich angesehen worden ist. Auch in der Deutung des K. als Träger ält. Überlief. ist sorgsame Prüfung geboten, wenn auch nicht zu leugnen ist, daß sich in Namen, Spruch und Spielgebärde manches aus Sprache, Glauben, Brauch und Recht früher Zeit erhalten hat. A. Rüssel unterstrich auf Grund vieler Unters. »wie groß die Bedeutung der Tradition und der Gemeinschaft für die Welt des Kindes und seiner Spiele ist«. Mit Recht sieht er in der K.fg. einen wichtigen Beitrag zu einer umfassenden Anthropologie. → Finger-, Hüpf-, Laufspiele, Blinde Kuh, Goldene Brücke u. a.

Ältere Lit. vgl. Ausg. 1955 dieses Wb. Ferner Lit. bei → Kinderlied, V.spiel; W. Hansen, Vtanz u. Spiel, in: Spamer, Vkde (Lit.); R. Beitl, Volksspiel, in: Peßler, Hb. (Lit.); A. E. Moeller, Das K. in Hessen, 1935; S. Kanthack, Pommersche Kinder spielen u. singen, 1939; K. Haiding, K. u. dt. V.überl., 1939; ders., Der Stand der K.fg., Wiener Zs. f. Vkde Jg. 45; A. Boon, Aspekte d. K., 1952; A. Rüssel, Das K.,, 1953, ²1965; G. Losch, K., 1953; G. Gugitz, Eine unbek. Quelle z. K. aus d. 18. Jh., Öst. Zs. f. Vkde 57 (1854); K. Ranke, Meister Altswerts Spielregister, Schweiz. Arch. f. Vkde 48 (1952); J. Künzig, Bibliogr., in: Jb. f. Vkde d. Heimatv. 2 (1956); J. Hils, Das K.bild v. Pieter Brueghel d. Ä. (1560), 1957; R. Peesch, Das Berliner K. d. Gegenw., 1957 (Das Gemeinsame überwiegt lokale Besonderh., die kartogr. dargestellt w.); A. Lucht, Zur pommersch. K.fg., in: Balt. Studien 45 (1957); G. Angermann, K. im Wandel d. Zeiten, Rhein.-westf. Zs. f. Vkde 14 (1967); E. Moser-Rath, Zeugn. z. K. d. Barockzeit, Jb. öst. V.liedw. 11 (1962) Lit.; T. Schmidt u. F. Mathys, Zur Gesch. u. Psych. d. K., 1963; O. Kampmüller, Oberösterr. K., 1965; J. Buchinger, K. u. Jugendspiele (Niederöst. Ms. 1967); R. Pinon, Probleme einer europäi. K.fg., Hess. Bll. f. Vkde 58 (1967); A. Cammann, hg., Die Welt d. nd. K., 1970.

K.sprache → Volksspr., Abzählreime

Kindlingspiel → Sauball

Kindskind → Enkel

K.netz → Glückshaube

Kintjes, Kind Jesus → Weihn.

Kirchendiener → Mesner

K.einweihung → Kirmes

Kirchenpatron, Schutzheiliger, den von jeher ein neuerbautes Gotteshaus (auch Kapelle) erhielt, wie der kath. Christ durch die Namenwahl sich dem Patronat eines Hl. unterstellt. (Zwischen K. und Ortspatron ist zu unterscheiden.) Oft zeigt der Hochaltar das Bild des K. In ältester Zeit waren Kirchen (z. B. Basilika des Konstantin) auch nach dem Gründer oder Besitzer genannt. Die Patrozinienfg. ist für die Religionsgesch. wie für die Vkde u. allg. Kulturgeogr. wichtig (→ Jodokus, Nikolaus, Anna u. a.). 1929 begann die »Germania sacra«, die »hist.-statist. Darst. d. dt. Bistümer, Domkapitel, Collegiat- und Pfarrkirchen, Klöster u. sonst. kirchl. Institute«. → Namenstag, Kirmes, Volksetym.

J. Dorn, Patroz.fg. u. Ortsnamenkde, Zs. f. Onfg. 8 (1932); H. Mang, Unsere K., Eine Hochetscher Wanderung, 1942; M. Zender, Räume u. Schichten mal. Heilverehrg. in ihr. Bed. f. d. Vkde, 1959; H.-W. Krumwiede, hg., Die mal. Kirchen- u. Altarpatroz. N.sachsens, 1960; H. Hochenegg, Hl.verehrg. in Nord- u. Osttirol, 1965; A. Ph. Brück, Probl. d. Patroz.fg., Zs. f. Vkde 63 (1966) Lit.; Weit. Lit. → Heilige.

Kirchgang → Aussegnung

K.gatter, K.hofeisen → Beinbrecher

K.hof → Friedhof

K.blümlein → blau

Kirchhoff → Schwank

Kirchmesse, -tag, -weih → Kirmes

Der Name des Kirchweihfestes (ADV)

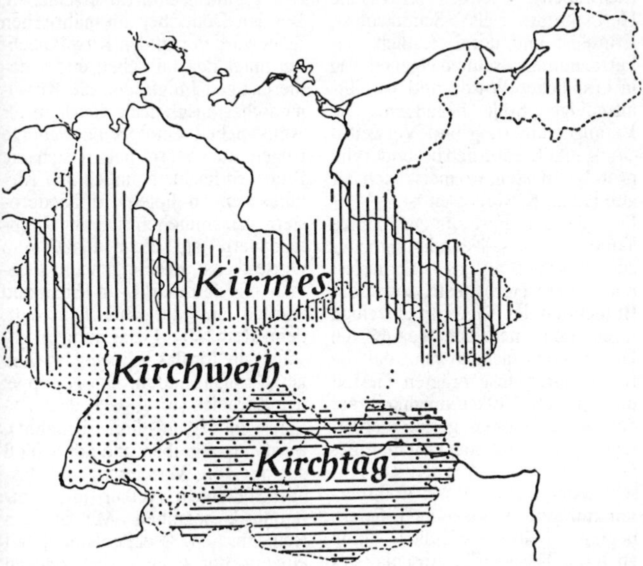

Kirmes. Das Wort ist in der Volkssprache Bezeichnung von Fest und dörflicher Lustbarkeit schlechthin geworden, es bedeutet → Jahrmarkt, Erntefest usw. »Komm mir auf die Kilbe!«, diese Abweisung bedeutet: Komme, wenn ich Zeit zum Spaßen habe, und »Burakilbi« ist der Name für allen lustigen Trubel, selbst für ein überbuntes Kleid (Montafon). Es ist das bekannteste und am weitesten verbreitete unter den weltlichen Festen (besonders in Süd- und Mitteldtl.), wenn es auch nicht die öffentliche Geltung des *fairday* und der *feast-week* in England bekommen hat. Die Kirchweih mancher Landschaften, einzelner Dörfer und Städte (Fürther Kirchweihfest, Böhmerwälder Kirda) sind so berühmt, daß sie von weither Besucher anziehen. Trotzdem verzichtet kein Dorf auf die eigene K.

Es ist keine Kirche so klein,
Des Jahres muß ein Mal Kirchmeß drin sein.

Die Kirchmesse (Kirmes), Kirchweihe (Kirwe, Kilbe), der Kirchtag (Kirta) ist ursprünglich das Erinnerungsfest der Kircheneinweihung, die zugleich der Festtag des → Kirchenpatrons (Patrozinium) sein konnte. Da aber die weltliche Feier die kirchliche bald überwog, ergab sich die Notwendigkeit, die vielen und nicht selten üppigen und ausgelassenen Feste der einzelnen Dörfer zusammenzulegen, meist auf den Herbst. Doch wird auch heute noch zuweilen das örtliche Patrozinium von der allgemeinen Kirchweih, von der »Allerwelts-« oder »Sauallerweltskirchweih« unterschieden (Schwaben). Vielfach wird eine Herbstkirmes als Schützenfest, Erntefest und dergl. festlich, das Patrozinium an seinem eigenen Tag in kirchlicher Würde und verhältnismäßiger Stille begangen. Die Verallgemeinerung und Verweltlichung mußte natürlich besonders im prot. N eintreten, wo meist auch der alte Name K. vergessen ist.

Der diesem Fest innewohnende Trieb zur Verselbständigung oder zum Anschluß an das → Erntefest und andere Herbstfeste, sowie das Brauchtum des Tages im einzelnen legen den mehrfach geäußerten Gedanken tatsächlich nahe, daß die K. mit ihrer ausgeprägten Gestalt und großen Volkstümlichkeit auf dem Grunde eines germ. Herbst- und Sippenfestes sich erhebt, eines Festes, das die Kornernte, den Abschluß der Weidezeit mit Volksversammlungen u. kultischen Feiern beging. Selbstverständlich muß auch die Tatsache in Anschlag gebracht werden, daß ein großes Bauernfest natürlicherweise zu einem herbstlichen Termin neigen wird, weil dann der Hauptteil der Jahresarbeit bewältigt ist.

Der unübersehbare Reichtum der Festgestaltung kann nur in den Hauptzügen angedeutet werden. Kennzeichnend für die K. vieler Landschaften ist die Ausdehnung über mehrere Tage und die Ausrichtung des Festes durch eine besondere Gemeinschaftsgruppe, in der die einzelnen Ämter und Titel wieder durch genaues Zeremoniell geregelt sind. Die → Burschenschaft oder Mädchenschaft, die Platzburschen, Kerbmänner oder Mädchenschaften, die Platzmeister und Platzknechte bestimmen Haus oder Herberge für das Mahl, gehen sammeln, ordnen den Festplatz, errichten Bäume, Fahnenmasten und Lauben, besorgen das Morgenläuten, Tagmusik und Böllerschießen. Bei den Deutschen im mährischen Iglau wurden von den Kirwäknechten unter den hübschen und spendierlustigen Jungfrauen die Kirwämenscher ausgesucht, die dann als Amtszeichen eine weiße Schürze trugen. In Österr. hatten sich die Burschen nachts heimlich den Kirtabuschen zu holen. In Niederösterr. versammelten sich die Kirchtagbauern auf dem Platz zum Gottesdienst, nachfolgendem Festmahl und Jahrmarkt. Im Rheinland wurden aus der Burschenschaft, dem Reih, die Gelagsjungen gewählt, die für das Reihengelag Sorge zu tragen hatten. Die K.puppe, der Zacheies (wohl nach dem Zachäus im Evangelium benannt), wurde ausgegraben und am Schluß der K. von Maskierten mit fasnachtsmäßigem Aufzug und Katzenmusik begraben. Mit großem Reinemachen, Glockenläuten, mit Hissung der Fahnen und Backen von Festkrapfen wird vielerorts die K. eingeleitet. Die → Sippe versammelt sich, die Armen erhalten Gaben, das Gesinde hat besondere Freiheiten. Auch ein Kind, an K. geboren, gilt als Gast, der nicht weggeht. Es lebt lange. Im Saargebiet, in der Pfalz, in Hessen, Böhmen und Bayern begegnet man K.sträußen und -bäumen. Der K.baum muß wie der → Maibaum heimlich nachts erbeutet werden, um den hohen Stamm mit dem grünen Wipfel wird getanzt, nachdem er mit Blüten und Fähnchen, mit Eiern und selbst mit bunten Glaskugeln geschmückt worden ist.

Die K. ist ein Sammelpunkt für Volksmusik und Tanz (→ Volkstanz). In Westböhmen hielt man nach Messe und Friedhofsbesuch den Frühtanz (Preß, goldene Stund). Wenn eine Kerze niederge-

brannt war, schloß der Tanz. Die Seelen der → Toten dachte man sich anwesend. Sie freuten sich der K. Man mußte sich deshalb beim Tanzen vorsehen, keine Seele zu treten. Das brachte Tod. Sonst aber bedeutete Mittanzen guten Ertrag auf dem Felde. In Baden waren die ersten drei Tänze am Tag Vorrecht der Kilbeknaben und -mädchen. In Böhmen (Preß), Kärnten (der hohe Tanz), im Schwarzwald (Bachtanz), in der Schwalm und anderswo trägt der K.tanz auf dem Anger, am Mal, unter der Linde, auf dem Gemeindeplatz traditionellen Charakter. Geschenke, besonders unter den Liebenden, sind Brauch. In Österr. gingen die Pärchen »Kirta einkaufen«. Lebzelten und Met, aber auch praktische Dinge wie Pfeifen und Rasiermesser, Kettchen, Handspiegel und Tücher wurden erstanden.
Gleich wie zur Fasnachts- und Fastenzeit der Winter und Tod, so wird zur Neige des Festes die K. begraben. Es wird wie beim Ernteschluß ein Hahn erschlagen und dessen Kopf vergraben. Zuweilen wurde auch eine lebende Person, etwa der betrunkenste Bursche, als »Kirbesau« begraben.
Auch Dauer und Ort der K. unterliegen mannigfaltigen örtlichen Sonderbräuchen. Acht Tage vorher wird die Kirchweih verkündet, der Kirmesbitter geht um und ladet ein, eine Woche nachher ist Nachkirchweih. Eine achttägige K. war keine Seltenheit. Heute sind drei Tage noch üblich. Als Ort der K. forderten besonders die zahlreichen Spiele einen großen, allgemein zugänglichen Platz, den Anger oder das Mal oder die Allmeinde. Trutzliedsingen, Anzüglichkeiten und Raufereien, Hänseln (das Rasieren der Neulinge, das Männern der zuletzt Verheirateten), Umzüge von Maskierten, aber auch geordnete Wettkämpfe u. Brauchspiele liebt man zu K., wie sonst wohl nur um → Pfingsten: Hahnenschlagen, Kilbibockschießen, K.hammel austanzen, Fahnenreiten, Hüte oder Hähne auswürfeln oder auskegeln, Geschicklichkeitsspiele, Reigen, Kinderspiele und selbst kleine Dorfschauspiele unterhalten die Festgemeinde bei Tanz und kühlem Trunk. Besonders die niederländischen Maler des 16. und 17. Jh. haben uns in zahlreichen Darstellungen der K. Abbilder dieses Volksfestes erhalten, deren Züge wir weitgehend auch auf dt. Verhältnisse übertragen dürfen. → Fest, Hackbrett, Lambert, Jahrm.

D. Stiefenhofer, Gesch. d. Kirchweihe vom 1. bis 7. Jahrh., 1909; H. Pfannenschmid, Germ. Erntefeste i. heidn. und christl. Cultus, mit bes. Bez. auf Niedersachsen, 1878; P. Sartori, Sitte u. Brauch, 3. Bd., 1914; R. W. Muncey, Hist. of the Consecration of Churches, 1935; O. Mahr. Zur Gesch. d. Rhöner K.brauchtums, Hess. Bll. f. Vkde 40 (1942); E. Rühl, Sonderformen fränk. Kw.en, Bayer. Jb. f. Vkde (1953); K.-S. Kramer, Gesch. Nachr. z. mittelfränk. Kw., ebd. (1959) (Hahnentanz u. a.); F. Hohmann, Die mittelfränk. Kw. d. Gegenw. i. ansbach. Raum, ebd. (1959); A. P. Petri, Neubeschenowa, 1963; N. Wallner, Zachäus im Tiroler Kw.lied, in: Vkdl. Studien, Innsbr. 1964; J. Ruland, K. a. d. Vorderhunsrück, Rhein.-westf. Zs. f. Vkde 13 (1966); N. Kyll, Zur Gesch. d. K. u. i. Brauches im Trierer Lande u. i. Luxembg. Rhein. Jb. f. Vkde 20 (1969); K. Wagner, Kirchweih in Franken. Diss. Erl.-Nbg. 1971.

Kirta, Kirwe → Kirmes, Jahrmarkt

Kissesteckete → Angebinde

Kitsch. Das große Dt. Wb. verzeichnet K. nur mundartlich als ›Kerngehäuse des Obstes‹. Wort und Sache sind Eigentum der letzten hundert Jahre. Nach Kluge-Mitzka ging das Wort im heutigen Sinn um 1870 von Münchner Künstlern aus. Die Ableitung von engl. *sketch* (Skizze) ist wenig wahrscheinlich. Bei D. Sanders (1885) heißt es: »Die kleinen Genrebildchen werden mit fabriksmäßiger Oberflächlichkeit hergestellt, werden gekitscht.« E. Koelwel bringt K. in Zusammenhang mit dem Wort, das die Volkssprache kennt für das Zusammenscharren des Straßenschlamms (Kitschen). K. wäre ursprünglich also das mit »Ateliertunke« schablonenhaft hingeschmierte Bildwerk für die Masse. Das Wort K. wurde auch in Zusammenhang gebracht mit dem römischen Hersteller von Korkarbeiten namens Chigi. – Schwindrazheim (Dt. Bauernkunst) sieht K., wenn Talmi als Gold, Gips als Marmor und Alabaster, Papiermaché als Holzschnitzerei, Lederpapier als Leder ausgegeben werden. Bausinger betont, daß nicht nur durch Stoffliches, sondern »gerade auch durch die Überfülle und die Überspitzung formalästhet. Mittel« K. entsteht.

E. Ackerknecht, Der K. als kultur. Übergangswert, 1950; J. Reisner, Zum Begriff K., Diss. Gött., 1955; W. Kirks, Ü. d. Wesen u. Unwesen d. K., 1956; C. Kellerer, Weltmacht K., 1957; H. Freudenthal, in: Beitr. z. dt. V.- u. A.kde 2/3 (1958); L. Giesz, Phänomenol. d. K., 1960; H. Bausinger, in: Wirk. Wort 13 (1963) S. 212; H. L. Zankl. Kunst, K. u. Werbewirkung, 1966.

Kitzeln. Unwillkürliches K. der Hand, der Nase usw. ist gleich dem → Zucken vorbedeutend (Ohr = Verleumdung; Fußsohle = Besitzwechsel; Hinterer = gutes Butterjahr). Für K. empfindlich sein, ist Zeichen der Jungfräulichkeit. Die anderen sind »ausgekitzelt«. Junge Burschen, die das Kneifen über dem Knie vertragen, sind »gute Heuzieher« (Vorarlberg). Noch verbreitet ist die Geltung des K. der Handfläche eines andern als Liebeserklärung oder erotische Anspielung (→ Gebärden). Zu den frühesten und allgemeinsten → Kinderspielen gehören die → Fingerspiele, die meist von Reimen begleitet sind (»da hast'n Taler«; »kommt ein Mäuschen«). → Jungfrau.

Klabautermann (Klabotermann, Kalfatermann). Die Form K. steht fest seit 1828; von »kalfatern« (›die Schiffswände mit Werg und Teer dichten‹), das im Dt. seit dem 16. Jh. belegt ist und über Mittelmeersprachen auf die arab. Bez. für ›Asphalt‹ zurückgeht. Der Glaube an den Schiffskobold K. (der mit dem Kalfathammer klopft und zum Ausbessern der Schiffswand mahnt) ist stark an die Segelschiffahrt geknüpft und schwindet mit dieser. Wie anderen Kobolden und → Hausgeistern darf man auch ihm nicht Kleid und Schuhwerk schenken, wenn er nicht fortziehen soll. Zu feuerrotem Kopf und weißem Bart trägt er Matrosenkleidung. Untat an Bord vertreibt ihn. Er verläßt das im Sturm sinkende Schiff. Nach der Sage ist er die Seele eines unter einem Baum begrabenen Kindes, die mit Bauholz ins Schiff kam. Die Vorst. vom Schiffsgeist ist alt. Im mhd. Epos Ortnit (um 1280) begleitet Alberich unsichtbar die Seefahrer. Bes. Schiffer- und Seglerglaube ist auch heute nicht erloschen (keine Blumen an Bord bringen, nicht pfeifen; Trankopfer für den guten Schiffsgeist u. ä.). → Wassergeister, Heinzelm., Flieg. Holländer.

O. Loorits, Der norddt. K. im Ostbaltikum, Sitz.-Ber. d. Gel. Esthn. Ges., 1929; F. Kluge, Seemanssprache, 1911; H. Gerndt, Fliegender Holländer u. K. (Schriften z. nd. Vkde 4), 1971.

Klaft → Klappertopf

Klagemuhme, -mutter → Kauz, Winselmutter

Klageweib, -weh → Vorzeichen, Winselmutter

Klaonerk → Kasper

Klapper → Ratsche, K.topf

K.bock → Nikolaus, Weihn., Habergeiß

Klapprose → Mohn

Klasbur → Nikolaus, Weihn.

Klaß → Dohle

Klappertopf (Gattung: *Alectorolophus*), gelbblühende Kräuter, die einen Teil ihrer Nahrung den Wurzeln benachbarter Pflanzen entziehen (→ Augentrost). Der Bauer sagt: »Der frißt das Brot noch im Backofen«. In Oberösterr. läßt man gar den »Klaft« zum Bauern sagen: »Entweder gehst du – oder ich!« Die Kinder nutzen die dürren Samenkapseln als Klappern. Daher V.namen wie Klöterpott (nd.), Klöter-Jakob (Mecklbg.), Klingender Hans (Lübeck), Schälläli (Schweiz).

F. Holl, Wb. d. dt. Pflanzennamen, 1833; Ausführl. bei H. Marzell, Wb.

Klaubauf, furchterregender, oft als Teufel vermummter Begleiter des → Nikolaus, besonders in Oberbayern und Nordtirol wie anderwärts Krampus, Hans Muff und Ruprecht. Volksetymologie leitet K. von (Kinder) »aufklauben« her, indes ist K. mit mundartlichen Namen des Nikolaus in Verbindung zu bringen. → Advent.

Klausen, -weiblein → Nikolaus, Frau Faste

Klausenholz, Chlausenbeil, Bet-, Vaterunser-, Kerbholz. Im dt. SW, in der Schweiz, in Vorarlb. und Westtirol waren und sind den Alptesseln (→ Maß) vergleichbare Zählhölzer in Gebrauch, auf denen die Kinder vor Weihnachten, bes. zum Nikolaustag, ihre Gebetsleistungen durch Einkerben oder Einritzen vermerken. Die u.genannte monogr. Unters. der Bez., Herst. und Auszier, brauchtüml. Anwendung, Gesch. u. Verbr. (Karte) des K. macht es wahrscheinlich, daß es sich um einen schon spätmal. volksfrommen Brauch handelt. Um 1910 traten an die Stelle des K. zuweilen Heftchen und Büchlein (alem.: Klosabüachli), in die mit Bleistift die verdienstlichen Gebete (Glauben, Vaterunser, Barbara-, Schutzengelgebet) und andere Leistungen wie Holzholen, Wassertragen, Einkaufen für die Mutter mit Strichlein neben eingeklebten Oblatenbildchen vermerkt wurden.

Kl. Beitl, Das K. Unters. d. Gebetszählhölzer im vorweihnachtl. Kinderbrauch, Rhein. Jb. f. Vkde 20 (1969).

Kläuslen → Masken

Klavier → Zither, Hackbrett

Klee (ahd. *kleo*; *Trifolium*). Von den mehr als 300 K.arten der Alten Welt kommen bei uns viele vor von der Ebene bis ins Gebirge. Sie werden benannt nach der Farbe (Weiß-, Blut-, Rosenklee), nach der Form (Kopfk., Hasenpfötchen), nach dem Standort (Stein-, Bergk.), nach Herkunft und Verbreitung (Spanischer, Burgunder, Steirischer, Welscher K.) oder nach der Verwendung für Futter oder Heilzwecke (Schaf-, Weidek., Wundk.). Kinder wissen den süßen Blütengrund zu schätzen. Die V.phantasie beschäftigt bes. der → Vierklee (Glücksk.).

kleiner Frauentag → Geburt Mariae

Klemmeisen → Waffel

Kleine Leute. Unter k., auch fetten oder roten L., stellt sich die ostpreuß. Volksmedizin wurmähnliche parasitäre Krankheitserreger im Sinne früherer Medizin vor, denen Kräfteverfall, »Auszehrung« zugeschrieben wird. Damit verbinden sich Dämonenvorstellungen der Urmedizin. → Kopf.

A. Berg, Die »K. L.«, in: Zs. f. Vkde 49 (1940).

Klette (ahd. *cletha; Lappa officinalis*). K., Klitzen u. ä. deuten auf das Haften der Blütenköpfe an Tierfell und Kleidung. → Brunfels (16. Jh.) berichtet: »Es wissen die Kinder auff der gassen was kletten seind / welche solich ein ander ins hor werfen / vnd an die kleyder / vnd damit ir kurtzweil treiben«. Auch Körbchen und allerlei Figuren fügen sie gern aus K. zusammen. – Aus dem Saft von Wurzeln und Blättern mit Schweinefett hergestellte K.salben werden in der heutigen Vmed. noch viel zur Heilung fressender Geschwüre und anderer Hautkrankheiten benutzt; auch bei Haarausfall soll diese Salbe nützlich sein – doch scheint hier nur eine Verallgemeinerung ihrer Anwendung gegen Kopfläuse vorzuliegen.

Klenkes → Aachen

Klimajahr → Jahr

klingender Hans → Klappertopf

Klingerstock → Hirt

Klöckler → Perchten, Klöpfelnächte

Klootschießen, Eisbosseln. In einem Forderungsbrief von 1757 wird das K. zuerst erwähnt. Der Mangel älterer Zeugnisse läßt die Vermutung zu, daß das Spiel aus Holland (Bolspel) eingeführt wurde. Es ist das bekannteste V.spiel der fries. und oldenburg. Nordseeküste. Längere Zeit fast vergessen, wurde es durch Freunde des Volkes wieder in Schwung gebracht, so daß 1902 über 20 Bosslervereine mit etwa je 80 Mitgliedern es wieder pflegten. Im »Ostfries. Kurier« z. B. erschien die Einladung des Kreisk.verbandes zu »Preiswerfen und Bosseln mit Saalschießen«. Später veranstaltete der Verband schlesw.-holst. Bossler in Koldenbüttel regelrechte Wettkämpfe. In Meldorf, Holstein, erschien das Verbandsblatt »Lüch op«.
Spielplatz sind die hartgefrorenen Weiden und Wiesen, auch gepflasterte Landstraßen. Es gilt, eine zuweilen mit Blei ausgegossene Hartholzkugel (Kloot) von 475 Gramm bis 2½ Pfund Gewicht – heute meist von mittl. Gewicht – möglichst weit zu werfen. Das Ausrollen der Kugel zählt mit. So entstehen Würfe von 150 und mehr Metern. Sieger ist, wer die lange Spielstrecke bei gleicher Wurfzahl zuerst bewältigt hat. Mitunter geschieht das K. in der strengen Form eines ritterl. oder sportl. Gruppenzweikampfes. Eine auf den Wirtshaustisch des Nachbardorfes gelegte Bosselkugel ist eine Herausforderung. Nach Ausscheidungskämpfen stehen die Besten an Anfang und Ende der Werferliste. Gastwirt Jann Magnus in Warmhörn bei Eiderstedt sammelte solche Bosselrollen seit 1827. Der Ausgang eines Spiels wurde der Heimatgemeinde durch die Flügelstellung einer vorher vereinbarten Windmühle angezeigt. × war eine Freudenschere, + eine Trauerschere. Wer dreimal dieselbe Gemeinde mit den gleichen Werfern und derselben Kugel besiegt hat, läßt diese mit Bronzelack »vergolden« und stellt sie im Stammlokal auf, das fortan von den Besiegten gemieden wird. – Der Charakter des → V.spiels wird deutlich, wenn es neben der Sportform auch noch eine gesellige gibt, an der auch Frauen teilhaben. Am Fasnachtsmontag wird in aller Form mit Roll-Leser, Stockleger und Kretler (Schiedsriter) die Bosselkugel vom Ofen des einen bis unter den Ofen des andern Wirtshauses gemütlich getründelt wie ein Osterei. Achtern Aben bosseln nennen die Friesen diesen Fasnachtsbrauch. → Potschen, Kugelspiele, Eisschießen.

W. Peters, Das Eisbosseln, Jb. f. Volks- und Jugendspiele Bd. 11; R. v. d. Linden, Het Bolspel in Vlaanderen vroeger en nu, Zottegem. 1966.

Klöpfelnächte. Meist an den letzten drei → Donnerstagen des → Advent ziehen in Süddtl., Schweiz und Österr. Burschen in Masken und mit allerhand Lärmgerät von Haus zu Haus, klopfen an Türen und Fenster (K., Bosselnächte, Anklopfete), werfen Erbsen oder Bohnen, also Fruchtbarkeitszeichen, treiben Schabernack mit Schrecken und Einwerfen (wie beim Julklapp, → Weihnachten), sagen Verschen auf und halten witzige Wechselgespräche. In Tirol begleiten die Glöckler der Anklöpfelesel, das Zuselmandl u. andere → Masken. Sie werden bewirtet (Säcklestag, Einreiche). Manchmal werden auch wie zu Weihnachten oder → Nikolaus Geschenke von → Paten gegeben od. von Liebespaaren ausgetauscht. v. Geramb sieht in dem Brauch wie in den verwandten Gstampa- und Berchtlnächten der Dreikönigszeit »alte germ. Lärmumzüge zur Vertreibung der Winterunholden«. Wie die → Perchten heißt man auch die Klöckler aufs Feld springen, dann wird das Jahr gut und gedeiht das Korn. Im Fränkischen hieß der letzte Klöpfeltag »Gutheiltag«. Im Jura lautete der Heischespruch:

»Gut Heil! Gut Heil!
Wir wünschen Glück.
Gebt unsern Teil!
Gut Heil! Glück ins Haus!
Langt uns ein fett'n Krapfen raus«.

Ein schwäb. Klopferspruch aus Krumbach von 1817 erinnert an den Ruf der Montafoner Fackelschwinger am → Funkensonntag:

»Holla, holla, Knöpflinsnacht!
Guts Jaur, guts Jaur,
Daß Koara grout
Huir und feart,
Daß wohlfeil weart,
Schmalz im Kübel
Ist au net übel.
Bhüt uns Gott vorm Todtagrübl.«

In Basel ist die »Bosselnacht« zuerst 1432 genannt. Die Form »knöpflinsnächt« (Augsburg 1462) konnte entstehen, weil bei der Feier der »Anklopfete« in den Lichtstuben Knöpfle gekocht wurden. In den früh. Zeugnissen haben die Kn. die Bedeutung eines Lostermins; eine Umdeutung des Brauches im Geist der Gg.reformation bezieht das K. auf die Ankündigung der Geb. Christi, später auch auf die Herbergsuche. Bilfinger wollte antike Neujahrsbräuche als Ursprung der K. annehmen, andere sahen diesen in konkreten Zeitereignissen (Umzüge zur Pestzeit). → Klopfen, Heischer.

O. Schade, Klopfan, Weim. Jb. II, 1856; L. v. Hörmann, Die K., in: Tiroler Volksleben, 1909; Über das Klopfanmotiv im Einlegebild d. MA. vgl. A. Spamer, D. kl. Andachtsbild, 1930; E. Kohler, Das Klöpfeln i. d. Alpenländern, in: Germanien 13 (1941); K. Horak, Heut ist die hl. K.nacht, 1946; A. Wirth, in: Nd. Jb. f. Vkde 22 (1947) (Anhalt); L. Schmidt, Weihn.br. in Niederöst., in: Uns. Heimat 20 (1049); H. Moser, Zur Gesch. d. K.bräuche, i. Formen u. i. Deutungen, Bayer. Jb. f. Vkde (1951); R. Wolfram, Das Anklöckeln im Salzburg., Mitt. d. Ges. f. Sbg. Landeskde 95 (1955); J. Hanika, Klöpfler, Klöckler, Tolkorner, Bayer. Jb. f. Vkde (1956); H. Folz, Auswahl, bearb. v. J. Spriewald, 1960 (Gedicht v. Hausrat, Klopfansprüche u. a.); K. Horak, Das Liedgut d. mittwinterl. Umzugsbräuche in Tirol, Jb. öst. V.liedw. 18–20 (1968–70); H. Siuts, Überlegungen zur Trad. u. Deutg. des Anklopfens als jahreszeitl. Brauchtum, in: Vkultur u. Gesch., Fs. J. Dünninger (1970).

Klopfanlieder → Neujahr, Klöpfelnächte

Klopfen. In den Dämonennamen Klopferle, → Klabautermann, Popphart, wohl auch in Butzemann und Popelmann, ferner in den Bez. der Geisternächte vor Weihnachten als → Klöpfel- oder Bosselnächte kommt zum Ausdruck, daß K. die Sprache der Geister ist. Das → Horchen auf K.geräusch als Vorzeichen (→ Holzwurm) ist bei allen Völkern und zu allen Zeiten feststellbar, wie auch das Tischrücken und das Horchen auf K.phänomene vom Hellenismus bis in unsere Zeit des → Okkultismus reicht. Als Meldung des Unglücks oder Todes soll man K. nach dem Abendläuten oder in der Nacht nicht mit »Herein« beantworten; zumal eine → Wöchnerin darf es nicht tun. Die heutige Vorschrift, bei → bösem Blick, Verneiden oder → Berufen an Holz zu klopfen (*touchwoods* werden in Berliner Läden verkauft), geht doch wohl zurück auf das ursprüngliche Berühren von apotropäischen Stoffen und Gegenständen (→ Eisen, Hinterer, Nacktheit).

Klopffechter → Fahrende

Klöppeln, Klöppelspitze. Auf einem Polster werden die von schlanken Holzspindeln (Klöppeln) ablaufenden Fäden durcheinandergeschlagen, wobei auf die Linien der Vorlage (K.brief, Aufwinde) gesteckte Nadeln die Führungspunkte abgeben. Die K.paare richten sich nach Breite und Muster der Spitze. Der Vorgang ist zunächst dem → Flechten und → Knüpfen verwandt, aber ergänzt durch Drehung wie beim Zwirnen. Am Ausgang des MA war das K. in Italien und Flandern bekannt. 1561 hören wir von dieser Kunst aus Annaberg im Erzgebirge, von wo sie zum → Böhmerwald, später nach Schlesien und Bayern kam. Nach St. Andreasberg am Harz, nach Liebenau im Weserland und nach dem schlesw. Tondern brachten das K. Ende des Jh. niederländ. Prot. Der Bedarf der bürgerl. Tracht (Halskrausen, Spitzenkragen) wie auch der bäuerl. Frau (Besatz für Hemden, Ärmel, Kragen, Mützen, festl. Leinenzeug) förderte das K., das seine berühmteste Stätte in Annaberg unter der »Spitzenherrin« Barbara Uttmann aus Nürnberg (1514–1575) fand.
In seiner Blütezeit hatte das K. ähnl. Bedeutung wie → Spinnen und → Spinnstube. → Arbeitslieder begleiteten das K. im Takt wie z. B. im niedersächs. Liebenau, wo das Stecken je zweier Nadeln eine Liedzeile brauchte:

Eene Nadel, de ick stak
Uppen Bome, da ick satt,
Appel und Beern de ick att
Roen Win, den ick drunk
De mi so to Harten gung
Stiebel und Sporn to ick an,
Red damit na Amsterdam . . .

Wie uns Josef Blau zahlr. Namen für die Muster beim → Stricken nennt, so erwähnt er die »Spinnlein«, »Reibeiseln« und »Ochsenaugen« als Grundfiguren des K. im Böhmerwald. Im Erzgeb. klöppelten die Jungen »Mäusezähnchen«, »Messerspitzen« und »Reibeiseln«, die Fortgeschrittenen »Kammerwagen«, »Gute Kette«, »Landstraße«, »Liegenden Baum« u. a. In der gleichen Gegend unterschied auch noch eine spätere Zeit »Bauernspitzen« und »Herrenspitzen«.
Die Maschinenspitze des 19. Jh. vermochte das K. als Kunst nicht ganz zu verdrängen. Auf dem Berliner Weihn.markt im O wie im W findet man neben Spanschachtelmachern, Glasbläsern und Holzschnitzern auch Klöpplerinnen aus dem Erzgeb.

Fink, Barbara Uttmann, 1886; F. Lipperheide, hg., Das Spitzenwerk, 1898; J. Brinkmann, Führer d. d. Hamb. Mus. f. K. u. H. 1, 1894; H. Sauermann, Führer d. d. Kunstgew. Mus. d. Stadt Flensburg, 1903; A. Voshage, D. Bandspitzenk., 1912; J. Blau, Böhmerw. Hausind. u. Vk., 2. Bd., 1918; A. d. Leben d. Böhmerw. Sp.klöpplerinnen, in: Oberdt. Zs. f. Vkde 1 (1927); A. Spamer u. a., Grundriß d. sächs. Vkde, 2. Bd.; W. Schuchhardt, Textilien, in: A. Spamer, Vkde; J. Blau, Beitr. z. Sp.klöppelei, in: Bayer. Jb. f. Vkde (1952); S. Sieber, Die Sp.klöppelei im Erzgeb., Dt. Jb. f. Vkde 3 (1957); A. Hanisch, D. K.spitze u. ihre gesch. Entw., 1959.

Kloster ((v. lat. *claustrum* = abgeschlossener Ort). Durch die südlich-romantische Blickrichtung des Christentums und der lat. Bildung ist die große Bedeutung des K. für die Entwicklung, aber auch Überfremdung der dt. Volkskultur gegeben. Als Vermittler zugleich des antiken Bildungsgutes führten die K. unzählige Sätze noch heute lebenden Volksglaubens in → Pflanzenkunde, → Vmed. usw. ein. In dem in der Geschichte des Hausbaues berühmten Grundriß des K. St. Gallen (von 829) finden wir auch die erste klösterliche → Apotheke, deren Zusammensetzung noch heute im → Garten des Bauern nachwirkt. Dieser K.plan als Ganzes ist ein einzigartiges Beispiel für den Typus des K. im MA, das sich besonders in nördlichen, wenig erschlossenen Gebieten zu einem völlig sich selbst erhaltenden Gemeinwesen mit bäuerlicher Wirtschaft, Werkstätten, Gärten und Rebbergen ausgestaltete. – Bei → Exorzismus und Geisterbannen übertrifft nach dem Glauben des Volkes der K.geistliche und Ordensmann (Kapuziner) den Weltgeistlichen (Pfarrer) an Wirksamkeit. → Gallus, Nonne, Geistlicher, Jungfrau, K.arbeiten.

J. Schlosser, Die abendländ. K.anlage d. frühen MA, 1889; J. Bühler, K.leben im dt. MA, 1923; G. Schnürer, Kirche u. Kultur im MA, 3 Bde., 1929–36; P. Schippers, Das dt. K., 1934.

Klosterarbeiten, Werke der relig. Vk., die von Nonnen gefertigt wurden: Glaskästchen mit dem Christkind, Behälter für → Reliquien (→ Agnus Dei), Hausaltärchen und → Andachtsbilder. Die K. zeichnen sich durch bes. liebevolle und kunstfertige Arbeit (Stichelbilder, Stickereien), gelegentl. auch durch kostbaren Werkstoff (Silber, Brokat), weniger durch eigenständige Erfindung aus. Fast ausschl. K. sind die Kultgewänder (Paramente), Altartücher und Fahnen der Kirche. → Hungertuch.

H. Karlinger, Dt. V.: Bayern; J. M. Ritz, in: Bayer. Heimatschutz, 1932; P. Schippers, Das dt. Kloster, 1934; E. u. E. Schleich, Frommer Sinn u. Lieblichkeit. Vom Zauber d. »Schönen Arbeiten« i. Altbayern, 1973.

Klosterpfeffer → Keuschheit

Klöterjakob → Klappertopf

Klötzenbrot → Thomas, Weihn.

Kluckern → Kugelspiele

Klushund → Hund

Knabendienstag → Fasnacht

Knabenkraut (Ragwurz, Kukkucksblume; *Orchis*). Siebzehn der durch Form, Farbe und Duft der Blüten auffallenden Orchis-Arten wachsen bei uns auf feuchten Magerwiesen und in lichtem, sumpfigem Wald. Sprache und V.glaube hat bes. der Wurzelstand des K. bewegt. Das Gefleckte K. *(O. maculata)* hat handförmig geteilte Wurzelknollen, deren ältere, abwelkende Teufelshand oder Satansfinger, – die frische neugebildete dagegen Johannes-, Marien-, Gottes- oder Glückshändchen heißen. Diese – bes. in der Mitternacht vor Johanni ergraben – bringt Erfolg in Spiel und Liebe wie in der Sympathiemedizin. In der Börse getragen, läßt sie das Geld nie ausgehen. Noch in jüng. Zeit wurden im östl. Dtl. am Joh.morgen Glückshändchen als → Amulett verkauft.
Noch unmittelbarer ist der erotische Bezug beim Gemeinen *(O. morio)* und beim Männlichen K. *(O. mascula)*, in deren jüngerer Knolle man die → Signatur des Hodens sah. Der Genuß der ausgezehrten Knolle soll Unfruchtbarkeit bewirken, der der jungen aber Liebe entzünden und die »Manneskraft heben« (→ Fruchtbarkeit, Aphrodis.). Dieser Glaube ist schon in der Antike bezeugt und vielen Völkern bekannt. So erklären sich auch die dt. Namen Heiratsblume, Standhart (Ostpr.), Bocksgeil (Schles.), Venusblume (Sachsen), Bubenschellen (Schwaben), Nachlaufwurze (Schweiz), Stehauf (Siebenbürgen) u. a.

Aigremont, Volkserotik u. Pflanzenwelt, 1919; H. Marzell, Die Orchideen in der sex. Vkde, in: Geschlecht u. Gesellschaft 14 (1926).

Knabenschaft → Burschensch.

Knappen → Bergmann, Anna, Mauritius

Knecht → Gesinde

K. Rupprecht → Nikolaus, Weihn.

Knie, knien. K.setzung war eine germ. Form der → Adoption und → Verlobung und, wie andere Formen der Kindesannahme, symbolische Wiederholung des Geburtsvorganges. Wie hervorragende Schönheit oft als unheimlich und hexenhaft gilt, so heißt es in Bayern, Mädchen mit dreckigen K. seien Schweine, solche mit sauberen K. Hexen. K. ist bei den alten Völkern (auch bei den Germanen?) Zeichen der Unterwürfigkeit, das die Christen aus dem Judentum übernahmen. Der Katholik hört die Messe k.d an, während der Prot. in der Kirche zu sitzen gewohnt ist. Auch als Schulstrafe ist »Herausk.« auf den Fußboden (früher auf ein eckiges Scheit) noch gebräuchlich. Der Umgang um die Wallfahrtskirche verlangte zuw. Rutschen auf K. Auch der altnord. Treuschwur geschah k.d unter dem Rasen (→ Eid). Vor der → Hostie k. selbst die Tiere nach der Legende. K.spuren von Heiligen werden bei manchen Wallfahrtsorten (z. B. in Rankweil vom hl. → Fridolin) gezeigt. Vom k.den Gebet am Ernteschluß rührt die Bez. »Niederfall« für das weltliche → Erntefest in Franken her. → Gruß, Wallfahrt, Gebet.

Sittl, Die Gebärden der Griechen und Römer, 1890; H. Hepding, Knien, im HDA; Crawley, Kneeling; Heiler, Das Gebet, [5]1923; E. Grohne, Gruß u. Gebärden, in: Peßler, Hb.

Knobeln → Fingerspiele

Knoblauch (ahd. *klobelouch*; *Allium sativum*). Wegen seines durchdringenden → Geruchs gilt dieser → Lauch bei den idg. Völkern allgemein als Mittel, bösen Zauber (Hexen, Schlangen, bösen Blick usw.) abzuwehren. K.zwiebeln wurden ans Scheunentor genagelt (gegen Hexen), zu Zöpfen geflochten als Seuchenschutz im Stall aufgehängt oder in die Geldschatulle gelegt. Wenn in Schles. (ähnlich in Italien, Albanien, Lettland) ein Kind wegen seines gesunden Aussehens gelobt wurde, sagte man schnell »K.! K.!«, um es vor dem → Berufen zu schützen. – Im dt. MA nennt → Konrad von Megenberg den K. »der gepauern triakers« (der Bauern Universalmittel). Gegen alle möglichen Leiden sollte es schon helfen, wenn man nur die Zwiebel um den Hals gehängt od. in der Hosentasche bei sich trug. Noch heute steckt man sich auf dem Lande bei Zahnweh vielfach ein Stück von einer geschälten K.zwiebel ins Ohr, und es ist nicht ausgeschlossen, daß ihr schwefelhaltiges Öl eine »ableitende« Wirkung ausübt. Im übrigen gilt K. in Speisen als »nahrhaft und gesund«. Er soll den Appetit anregen, den Magen stärken und vor allem bei den sommerlichen Erntearbeiten gegen die Einwirkungen der Hitze unempfindlich machen. Vielleicht hängt es mit der letzteren Wirkung auch zusammen, daß man ihn im Süden sehr viel häufiger als im Norden zu Speisen verwendet. – Die Namengebung ist auffallend arm: neben Joddelook (Judenlauch; Geldern), Juddezeh (Koblenz), Judnvanilli (Österreich, Mähren). → Zwiebel.

H. Marzell, Der K. im Aberglauben, in: Natur u. Kultur 9 (1912); Henri Leclerc, Histoire de l'ail. Janus, 1918; F. Schulz, K. u. Zwiebel i. Abergl., V.med., Med., Wien 1973.

Knochen, Horn, wie Blut, Speichel, Haare Sitz des Lebensstoffes, der Seele, die aus dem K. spricht und tönt (Märchen Von dem Machandelboom; → Flöte). K. von → Heiligen gelten als kostbare → Reliquien, K.teilchen sind meist in den

Amuletten (Agnus Dei, Breve, Kreuze) beigefügt. Heiligenk. entströmt Wunderöl (Walpurgis). Im Fruchtbarkeitszauber (K. im Akkerfeld, auf dem Baum) ist der K. auch Ersatz des Fleisches.
Von der älteren Steinzeit an durch die ganze Vorgesch. dienten K. und Horn zu feinen Geräten (Nadeln, Pfrieme), für die Holz und Metall weniger geeignet waren. Ähnliche K.pfrieme, Schiffchen und meißelartige K.schaber verwendet man beim → Häkeln, beim → Stricken der Netze, bei der Lederarbeit oder in der Metzgerei beim Schaben der Tierhaut. Das H. der Tiere diente alten Völkern als Blasinstrument und als Trinkgefäß, wie es manche Vereine heute noch in Gebrauch haben. Das H. ist auch Zeichen der Kraft und Macht (gehörnte Götter und Heroen: Serapis, Dionysos, Alexander d. Gr., Moses) und bewahrte diese Bedeutung im → Märchen. Bes. die Kunst des → Hirten bedient sich des H. (Bein) zur Herst. von Büchse, → Pulverhorn und → Löffel und zu ihrer Verzierung in Ritztechnik, die schon in der Urzeit mehrfach nachzuweisen ist. Österr. Kriegsgefangene des 1. Weltkrieges fertigten als Bastler aus angeschwemmtem Büffelhorn der Atlantikküste Tellerchen, Kämme, Becher, Ringe, Knöpfe, Dosen und Schmuck. Wie in der Urzeit dienen Tierk. noch heute in Alpentälern den Kindern als → Spielzeug (→ Würfel). – Als Kuriosum unserer Zeit sei verzeichnet, daß gewisse Karikaturisten und Andenkenfabrikanten sich die »Germanen« nur noch als zwergwüchsige, haarüberwucherte, gehörnte Idioten vorstellen können.
H.gewebe sind auch die Krallen der Säugetiere, die der Jäger als Schmuck schätzt, wie er sich auch heute noch (Montafon) den Penisknochen des Fuchses an die Uhrkette hängt; jener des Walrosses wurde in vorgesch. Zeit wie noch heute als Keule benutzt. Aus H.gewebe bestehen die Federn der Vögel, die Schuppen der Fische und die Barten des Walfisches, aus denen auf den fries. Inseln die Wände von Haubenschachteln gefertigt wurden (Hambg. Mus. f. Kunst u. Gew.). Eine solche von der Insel Röm (1687) zeigt Menschen, Häuser, Hirsche, Blumen und Sprüche eingeritzt. Eine andere aus Otterndorf a. d. Elbe (1691) durchbrochene und rot unterlegte Arbeit. In H. geschnitzt sind auch die »Fetthörner«, in denen die Fischer auf dem Darß ihre Segeltuchnadeln aufbewahren. Aus H. geschnitzte Herzen kommen im Bauernschmuck der Küstenländer vor, das zum Zierknopf gesägte oder auch weiter bearbeitete Hirsch-H. ist für die alpenländ. → Tracht charakteristisch.

W. Hirschberg u. A. Janata, Technol. u. Ergologie i. d. Völkerkde, 1966; G. Smola, Epochen d. menschl. Frühzeit, 1967; E. Burgstaller, K.fußböden in Oberösterr., in: Alpes Orient. 2. Bd., 1961; R. A. Maier, Versuche ü. Traditionen des »Stoffwertes« von Tierk.n . . . i. d. Kultur- u. Rel.gesch., 1969.

Knödel, Knollen → Kartoffeln

Knopf. Einen K. soll man nicht annähen, während das Kleid jemand anhat (Berlin). Das Wort bezeichnet in süddt. Mundarten auch die Knospe und den Knoten, oft auch alles K.ähnliche, bes. Geldmünzen, die in d. Tracht nicht selten den Zweck des K. hatten und noch haben. Diesen Zusammenhang zeigt das K.museum in Prag. Im böhm.-bayr. Grenzgebiet bildete die K.macherei eine wichtige Erwerbsquelle.

H. Schramm, Die dt. K.industrie, 1921; G. H. Ford, The button collector's history, Springfield 1943; K.museum Heinrich Waldes in Prag; J. Blau, Böhmerw. Hausind. u. Vkunst, 1917/18.

Knoten. K. schlingen dient dem Schadenzauber (→ Band). Burchard von Worms tadelt: *cingulum mortui pro damno alicuius in nodos colligasti.* Ein K. verursacht Impotenz (→ Nestelknüpfen), schwere Geburt, mühseliges Sterben. Die Vmed. verwendet den K. im Analogiezauber (soviel Warzen, soviel K. in den Faden; heute noch verbreitet). So kann man auch Böses einknoten. Im Anglerbrauch, im Liebeszauber bindet der K. das Glück. Ein K. im Pferdeschweif ist gut bei der Aussaat (Oldenburg). Wer einen K. löst, befreit Mächte und kann sie sich dienstbar machen (Durchhauen des Gordischen K.!). Der K. war Symbol des Vertragsschlusses. In den Riemen eines Dokuments knüpften die Zeugen K. Der geschürzte K. ist bei uns als »Strohwisch auf der Stange« Verbotszeichen, wie er auch in der Südsee ein → Tabu anzeigt. – Auch Mittel der Zählung ist der K. häufig. In der Schiffahrt heißen die an der Logleine befestigten Marken K., die je 1 Seemeile Fahrt entsprechen. Die obd. Bez. für K. ist Knopf. → Flechten, Knüpfen, Maß, Galgen.

J. Scheftelowitz, Das Schlingen- und Netzmotiv i. Glauben u. Brauch der Völker, 1912; E. Stemplinger, Antiker Abergl. i. mod. Ausstrahlungen, 1922; L. Schmidt, Die V.erzählung, 1963 (Gord. K.); A. Schulze-Hinrichs, Hb. d. Seemannschaft, 1967.

Knüpfen. Die Weiterbildung des einfachen Knotens (→ Schiffer) und K. ist die Arbeit mit der Netz- oder Filetnadel (v. frz. filer ›Faden ziehen‹), wie sie die → Fischer seit altem benützten. An der Niederelbe kannte man vier versch. Techniken. Auf dem Darß (Pommern) hießen die Netznadeln »Knüppelhunde«. – Wie die Fischernetze im Rundfilet waren auch die farbigen Haarnetze gearbeitet, die seit dem 13. Jh. als → Klosterarbeit bezeugt sind. Seit der Renaiss. wurde das K. Grundlage der eigentl. kunstvollen Filetarbeit, die bes. seit dem 17. Jh. auf viereckigem Netzgrund Vorhänge, Decken u. dgl. für das Bürgerhaus herstellte. Die Maschen des geknüpften Grundes wurden durch Stopfstiche frei gefüllt. In kleiner Form dient dieses Filet als Einsatz (Vierländer Kissen u. Paradehandtücher), in größerer Form ziert es den Tisch (Elsaß) oder wird selbständiger Kult- und Brauchgegenstand in den → Hungertüchern der Kirche wie in den Bahrtüchern der Innungen (→ Handwerk). Im 19. Jh. vergröbern Netzgrund und Muster. In Westfalen waren auch große Handtaschen Knüpfarbeit.

K. ist auch die sog. Smyrnatechnik, bei der in ein kräftiges Grundgewebe aus Leinen oder Wolle (Kette ist meist Hanf) Wollfäden eingeknüpft werden. Die altorient. Teppiche dieser Art sind bekannt, aber wahrsch. schon in vorchristl. Zeit war die Technik auch an der Ostsee von Finnland bis Schlesw.-Holstein heimisch. Das K. von Kissen und Decken für Bank und Stuhl, Wagen und Pferd wurde in Friesland vereinzelt bis Ende des 19. Jh. im → Hausfleiß geübt. Die meist nur zweifarbigen Muster solcher Braut- und Hochzeitsgeschenke zeigen Tiere und Blumen im Stil des 17./18. Jh. Infolge der Arbeitslosigkeit der Fischer nahm das K. von Teppichen in Pommern nach 1930 neuen Aufschwung. In altartiger Musterung und Farbgebung den berühmten schwedisch-finnischen »Ryen« nahe stehen die in Ostpreußen gearbeiteten und meist als Bettdecken benutzten Teppiche in Knüpftechnik, auf die bes. Konrad Hahm hingewiesen hat.

Zu nennen ist hier schließl. die im westl. Schleswig v.tüml. Noppentechnik (Nubben), bei der die Wollschlingen des Smyrnaknotens nicht aufgeschnitten und geschoren werden. Vor allem Stuhlkissen entstanden so, wobei die starken, aus Pflanzen gewonnenen Farben (Rot, Grün, Blau, Gelb, Schwarz) die schlichte Geometrie der Ornamente belebten.

H. Sauermann, Führer d. d. Kunstgew.mus. Flensbg., 1903; E. Kallmann, Weben, 1933; A. v. Brandt, Fischnetzknoten, 1957.

Kobalt, seit dem 16. Jh. (Kobelt, Kobold) belegte Bez. des Erzes und der später daraus hergestellten Farbe. Nach Mathesius (1562) entstand der Bergmannsglaube, das Bergmännchen entziehe das Silber und schiebe das (erst im 17. Jh. recht nutzbar gewordene) Erz unter. So erhielt es in der Bergmannssprache die scheltende Bez. K., die 1650 mit dt. Bergleuten auch nach England kam. Paracelsus nennt das Metall kobolet. → Nickel, Wolfram.

Kluge-Mitzka, Et. Wb.

Kobold (mhd. *kobolt*), ein → Hausgeist der alten Deutschen. Die auf der 2. Silbe betonte Nebenform (v. mlat. *cobālus* ›Berggeist, Gnom‹) liegt den norddt. und berlin. Formen Kobolz und Kobolzschießen zugrunde. → Kinderspiel, Bergmann, Heinzelm., Kobalt.

Kobold → Kobalt, Nickel, Drache, Hausgeist

K.nix → Wasserg.

Koch → Dreikönig

Kochen ist wie Backen, Brauen, Buttern u. ä. lebenswichtige Handlungen vor Zauber zu schützen. Als Hantierung der Frau ergeben sich aus dem K. Vorzeichen und Orakel. Wenn ein Mädchen den Topf vom Feuer weghebt und das Wasser gleich aufhört zu k., dann ist sie nicht mehr Jungfrau. Im Jahreslauf gibt es bestimmte K.verbote und -gebote (→ Zwölften, Weihnachten, Neujahr, Fasnacht, Gründonnerstag usw., s. ferner die einzelnen Speisennamen). Im Nebel und ähnlichen Naturerscheinungen sieht man Zwerge und Holzweiblein k. Der Kochlöffel ist das Hausfrauenzeichen und in Norddtl. ein Brautgeschenk, das die Braut beim Betreten des Hauses am Herd erhält. Die Köchin bei der Hochzeit genießt bes. Rechte (Köchinnentanz in Mecklenburg). Das → Opfer der älteren Zeit kennt nur gekochtes Fleisch, wie K. und Sieden älter sind als → Braten. Mundartlich gehen die Bez. K. und Sieden durcheinander. → Löffel, Herd, Speis u. Trank.

A. Brillat-Savarin, Physiologie du goût, 1826, Dt. 1962; R. Schielicke, Die Welt d. Küche, [2]1968.

Kohle hat für Menschenleib und Ackerkrume Heil- und Segenskraft, sei es, daß sie von heiligem Holz (Christblock, Palmbusch, Oster-, Johannisfeuer, blitzgefällter Baum) oder von heilkräftigen Pflanzen u. Tieren stammt. Mit solcher K. malt man Kreuze an die Türe, man räuchert in den Zwölften, steckt sie in das Feld oder nimmt etwas pulverisierte K. ein. Ein ungemein verbreitetes Märchen- und Sagenmotiv ist der Kehricht- oder K.lohn der Geister und Feen, der sich dem Gläubigen und Guten in Gold verwandelt. Luther erzählt, wie Frau → Holle so das gastliche Haus lohne. – Als man die Bügeleisen noch mit Holzk. feuerte, war die Köhlerei ein gutes Gewerbe. Heute beschert ihm die Grill-Welle (nach dem Vorbild des amerik. barbecue) eine bescheidene Nachblüte. Einer der letzten K.r des Nordschwarzwaldes ist Ernst Frey in Enzklösterle (Kr. Calw). → kehren, Laurentius.

H. u. W. Ast, E. Katzer, Holzk. u. Eisen (Nied.österr. Vkde 6), 1970.

Köhler → Theobald

Kokelfrau → Wasserg.

Kölner Hänneschen → Puppenth.

Kolik. »Auch heute noch ist die genaue Differenzierung der vielen Arten von Darmleiden und hysterischen Krankheiten dem Volke unmöglich« (Bargheer). K., Koolk oder Grimmen wird vielfach der »Bärmutter« zugeschrieben, die »steigend geworden« ist (Bayern; → Gebärmutter). Man denkt sie sich als eine Art wanderndes Tier im Körperinnern. In zahlreichen antiken wie dt. Segen wird diese Gebärmutter beschworen.

Steh liebste Mutter steh;
geh du in deinen rechten Stand
wie dir dein Gott geschaffen hat.

So beschwört ein ostpreußischer Segen des 18. Jh. die »Kolke«.

E. Bargheer, Die Eingeweide, 1931.

Koloman, hl. (13. 10.), nach der Leg. irischer Palästinapilger, in Niederösterr. 1012 als Spion gehängt, in Melk begraben. Attr.: Strick um den Hals u. Pilgergewand. Früher Landespatron von Nieder-Österr., bis heute angerufen für Reise und Heirat. Seine vielleicht auf heidnische Kultstätten gegründeten Kapellen haben oft Heilbrunnen und Wetterglocken. Verbreitet sind noch die K.büchlein (Montafon: Kolbanasabüachli), eine Sammlung von Segen und Zauberanweisungen in der Art ähnlicher Brauch- und → Zauberbücher. In Aigen am Inn (Niederbayern), bei einer Wallfahrtsstätte des hl. Leonhard, hieß eine der schweren Eisenstatuen, die man zu Gesundheitszwecken stemmte, »Kolmänl«.

H. Petz, Acta s. C., 1913; Lit. bei »K.« von Wrede im HDA und bei Juhasz, St. C. usw., in: Linzer Qu.schrift 69 (1916); G. Schreiber, Iroschott. u. angels. Wanderkulte in Westf., in: Westfalia Sacra II (1950); ders., Irland i. dt. u. abendl. Sakralraum, 1956; G. Gugitz, Fest- u. Brauchtumskal., 1955.

Kolumban, hl. (23. 11.), irischer Mönch (530–615), Bekehrer der Franken u. Alem., mit s. Schüler → Gallus in diesen Gegenden besonders verehrt. Aus seiner Bekämpfung des germ. Heidentums ist am bekanntesten die Verurteilung der Wodansminne (→ Minnetrinken), die im Wald von Bregenz (Bregenzerwald?) bei einem Opferfest getrunken wurde. Attr.: Bär, Bischof, Sonne.

Laux, Der hl. K., s. Leben u. s. Schriften, 1919; G. Fischer, Gesch. d. dt. Volkstums, in: Peßler, Hb.; F. Blanke, C. u. Gallus, Urgesch. d. Schweizer Christent., 1940.

Kometen. Mit römischer Kultur und mit der → Astrologie des 10. Jh. übernahm das MA den antiken K.glauben, den das Germanentum nicht kannte. Unter allen außerordentlichen Himmelserscheinungen am meisten beachtet, waren die K. ein böses Vorzeichen (für Krieg z. B. Varusschlacht, für Tod z. B. des Augustus, Nero). In der Stimmung des späten MA u. der Reformation (Sündengefühl) erhielten sie die besondere Bedeutung des göttlichen Strafgerichts. Mit der Entdeckung von Dörfel und Newton (Bahnen und Periodizität der K., Ende des 17. Jh.) nehmen K.- und Weltuntergangsfurcht zu. In Dtl. ist seltsamerweise Gottsched ein Vertreter des Gedankens. Wie überall in der Gesch. der Wissenschaft und des Volkswissens gehen exakte Beobachtung und mythische Vorstellung bis heute nebeneinander her. Albertus, Cardanus, aber auch noch Kepler stehen zwischen wissenschaftlicher und religiöser Anschauung. Für → Paracelsus sind K. neue Sterne, die nicht »in der ersten Schöpfung fürgenommen sind, sondern die Gott selbst aufstellt, Als der Stern Christi«. Als Stern von Bethlehem, als Engel und Bote Gottes, auch als → Drache oder Satan galten K. der Kirche des MA. Die Entwicklung der Anschauung spiegelt sich auch in den vielen →

Flugblättern, Prognostiken und Planetenbeschreibungen, die vom MA bis in die Gegenwart der Bänkelsängertexte des Verlages Reiche in Schwiebus reichen, in der Hauptsache aber dem 15.–17. Jh. angehören (→ Bänkelsang, Bilderbogen). Natürlich schufen Kirche und Volksglaube viele Schutzmittel gegen K., wie Mittagsläuten, Weihwasser, Enthaltung von Essen (→ Fasten) und Liebesgenuß, K.medaillen im 17. Jh. In Rußland wurden 1910 Schutzbriefe verteilt, die eine Verfluchung des Halleyschen K. enthielten. Eine vorbildliche Untersuchung des Glaubens und Wissens von K. unter besonderer Berücksichtigung auch der Bildgesch. verdanken wir Stegemann (HDA 5, 89–170, Lit.).

W. Gundel, K., in: Pauly-Wissowa, Real-Enzykl.; F. S. Archenhold, K., Weltunterg.prophez. u. der Halleysche K., 1910; W. Heß, Himmels- u. Naturerscheinungen in Einblattdr. d. XV.–XVIII. Jh., 1910; F. Archenhold, Alte K.einblattdr., 1925; K. Wurm, Die K., 1954.

Kommittchen → Kauz

Komödihütten → Vschauspiel

Konfession. Besonders in Grenzgebieten und Inseln treten seit der Reformation die kirchl. Bekenntnisse zuweilen in so scharfen Gegensatz, daß die christl. Lehre der Liebe in das Gegenteil verkehrt wird. Durch die Aufklärung des 18. Jh. und die politische Einigung des 19. Jh., mehr noch heute unter dem starken Innewerden der Volksgemeinschaft in den Schicksalen der Zeit schmelzen die starren und z. T. schlechthin dummen Vorurteile dahin. Noch bis in die letzte Zeit war in der Meinung manches Norddt. ein Katholik falsch und schmierig, während »lutherisch tun« am Bodensee Bezeichnung der äußersten Frechheit und Schandbarkeit war. Die Kirche prägte den Ausdruck »Mischehe« und traf auf dem Friedhof scharfe Trennung. Glaube und Brauch, Speise, Tracht, Sprache (Taufnamen), Lesestoff der K. gehen getrennte Wege, ja selbst noch in der Wahl der Gartenblumen und Sträucher (Süddtl.) und in der Art, den Acker zu bestellen und Furchen zu ziehen (bayr. Schwaben), war die K.zugehörigkeit Zu spüren. Prot. in Braunschweig stricken anders als die »Katholischen« jenseits der Weser. Nadelhaltung und Fadenführung sind verschieden (1935, nach mündlichem Bericht). Die → Tracht im Ries, im Elsaß, in der Lausitz u. a. hat k.elle Besonderheiten. Die Mennoniten der Marienburger Niederung trugen Anzüge ohne Taschen und mit Haken und Ösen statt der Knöpfe. Dem galt der Spruch (bei Riemann, V.trachten Ost- u. Westpr.):

De möt Hoake un Öse
ward ons' Herrgott erlöse,
de möt Knöp' on Tasche
ward de Diewel erhasche.

Der Ostereierbrauch in den 19 kath. Dörfern der hess. Diaspora hebt sich von der prot. Umwelt ab. Die Übernahme der Reformation zu versch. Zeiten bedingt landsch. Unterschiede des → Heischebrauches (S. Kube). Am offenen Grab spendet der Kath. Weihwasser, der Prot. drei Schäufelchen Erde. In Schwaben findet sich die Hausmalerei (→ Freskom.) nur in den kath. Gegenden. In der Tischecke der großen Stube steht das »Altärle« oder »Eisa Herrgott«, ein geschnitztes Kruzifix mit den »Palmen« (→ Palmsonntag), daneben → Hinterglasbilder. Zu Weihnachten steht das »Kripple« da. Aber auch der schwäbische Protestant ehrt den Tischwinkel: auf einem Brettchen stehen die alte Hausbibel und religiöse Erbauungsschriften. – Andererseits ist nicht zu verkennen, daß das Bild unserer Volkskultur durch die Spaltung der K. spannungsreicher und farbiger geworden ist. Im Volkstum sehr scharf sich abhebende K.grenzen gehen allerdings häufig auf ältere wirtschaftliche oder politische zurück (z. B. die Tracht der kath. Dörfer in Hessen). Auch Austausch und Beziehungen sind vorhanden. Der Protestant bevorzugt den kath. → Geistlichen oder Kapuziner in der Vmed. (→ Abendmahl). Dieser ist geweiht und gesalbt, lebt im Zölibat, hat besondere Tracht, so daß man ihm hohe Kraft (→ Orenda) zutraut. Es heißt auch, diese »glauben mehr als die evangelischen«. Mancher kath. Brauch ist unvermerkt in die nachreformatorische Zeit übergegangen: Freitag als Fasttag, Aussegnung der Wöchnerin, Opfer an Mariä Himmelfahrt, Christophorusverehrung, Gelübde, Wallfahrt, Kirchennamen, Feiertage, Heiligenfeste wie Nikolaus, Martin. In den Votivschiffen nordwestdt. Kirchen wirkt frommer Brauch des MA nach. Betont kath. Feiertage bleiben z. T. in Geltung. In der Mark Brdbg. z. B. (Rosenthal in Fläming) wurde Mariae Verkündigung (25. 3.) noch 1934 als »halber Feiertag« gehalten (arbeitsfreier Vormittag). Anderers. übt der Prot. bis heute bed. Einfluß auf andere K. durch den Geist von Gemeinde und Pfarrhaus, durch die Lutherbibel, die ein V.buch wurde, durch die Art der Predigt und der Katechese, vor allem aber durch das → geistliche V.lied und den Gesang der Gemeinde, der im Kath. erst in den letzten Jahrzehnten wieder Eingang fand, gleichzeitig mit stärkerem Gebrauch der dt. Sprache i. Gottesdienst. → Abendmahl, Advent, Andreas, Amulett, Barbara, Bibel, Geistlicher, Grabdenkmäler, Habermann, Hausväterlit., Herrgottswinkel, Himmelfahrt Mariä, Johannistag, Kapelle, Karfreitag, Kirmes, Knie, Luther, Maitag, Maria, Neujahr, Nikolaus, Palmsonntag, Petri Stuhlfeier, Rosengarten, Salbei, Schiff, Thomas, Verkündigung Mariä, Volksetymologie, Wallfahrt, Weihnachten.

W. H. Riehl, Land und Leute, 1854 (9. Kap.); M. Rumpf, Religiöse Vkde, 1933; R. Andree, Kath. Überbleibsel beim evang. Volke, Zs. d. Ver. f. Vkde 21 (1911); K.kunde: H. Mulert, 1927 (prot.); H. Algermissen, [5]1939 (kath.); J. Hanss, Relig. Brauchtum in d. kath. Familie, [2]1949; K.-S. Kramer, Bauern u. Bürger . . ., 1957; R. Weiß, Zur Problematik e. prot. V.kultur, Schweiz. Arch. f. Vkde (1965); S. Kube, Rufe, Namen u. Heischeverse zu westsächs. Fasnacht u. Aschermittw.bräuchen, Dt. Jb. f. Vkde (1961); Hb. d. evang. Gottesd., hg. v. K. F. Müller, 1954; Kartogr.: ADV – NF 47/48 K.karten. Dissidenten (Großstädte, Industriegeb. Holstein). – ASV 1 K.karte. Bezieh. z. Sprachenkarte.

Konfirmation, Einsegnung (lat. *confirmatio* = Bestätigung). Nach d. Konfirmandenunterricht wird der evang. Christ im Alter von 14–16 Jahren vom Pfarrer der Gemeinde in feierlicher Form kirchl. mündig gesprochen. Er erhält die Zulassung zum → Abendmahl und das Recht, → Pate zu werden. Der Konfirmand kleidet sich – ähnlich wie der kath. Firmling – zum erstenmal als Erwachsener (lange Hose; für Mädchen früher das Ende des »Hängezopfes«). Auch in wenig kirchlich gesinnten Familien wird der Tag der K. noch festlich begangen. Andenken an die K. ist neben einem Gedenkblatt meist das evang. → Gesangbuch, in das d. Pfarrer den K.spruch einträgt, der als Devise für das ganze Leben verstanden wird. In der K. blieb der Gedanke der kath. Firmung lebendig, die Luther und Calwin als nicht von Christus eingesetzt betrachteten.

Diehl, Zur Gesch. d. K., 1897; W. Maurer, Gemeinde, Gemeindeamt, K., 1940; L. Vischer, Die Gesch. d. K., 1958.

Kongregation → Maria, Burschensch., Jungfrau

König Bolder → Balder

Königreiten → Pfingsten

Königskerze (Wollkraut, Fackelkraut, Wilder Tabak, Unholdenkerze. *Verbascum thapsus* und *V. thapsiforme*, früher *Candela regis*). Größe, leuchtend gelber Blütenstand und bes. Wachstumserscheinungen machen die K. dem Volk bedeutsam. Die Griechen gebrauchten die in Pech getauchten K. als → Fackel (Phlomos). Auch bei uns dient der Flaum als Zunder, die Blätter als Lampendocht, der mit Wachs begossene Stengel als Kerze (Preuß. Pflanzenkat. v. J. Wigand 1583: *Candelaria appellatur*). Durch die Blütenabfolge gibt die K. ähnl. → Orakel wie → Aronsstab u. a. Zeigekräuter. Die → gelbe Farbe wie ihr üppiges Wachstum bei starken Mai- und Junigewittern bringt sie mit dem Blitz in Beziehung. Wer sie abreißt oder ungeweiht ins Haus nimmt, zieht den Blitz nach (Himmelbrand, Gewitterblume). Deshalb, aber natürlich auch als stolzer Mittelpunkt des Straußes, wird sie, bes. in der Bodenseegegend, in das Kräuterbüschel für → Himmelfahrt Mariae gesteckt (Frauenkerze, Frauachunkla). Eine aus dem Grab wachsende K. bedeutet, daß der Tote als Arme Seele im Fegfeuer leidet und um eine Messe bittet (Kärnten). Wird eine Leiche an einer K. vorbeigetragen, so verliert sie ihren Duft.

Als Hustenmittel und bei Brustleiden – die Blüten enthalten bis 11 v. H. Zucker – wird die K. seit altem gebraucht. Ein bes. charakterist. Sympathiebrauch wurde im 19. Jh. aus Ostpr. berichtet: bei Krankheit von Mensch oder Vieh ging man nach Sonnenuntergang zu einer K., knickte sie nach Osten um und sprach ein Gebet dabei (→ Wetter, Grabblumen).

Zur reichen Synonymik vgl. Dt. Wb. Bd. 5 u. H. Fischer, Schwäb. Wb.

Königslauf → Laufspiele

K.schießen → Schützen

Konnersreuth in der bayr. Oberpfalz wurde seit 1926 viel genannt als die Heimat der Schneiderstochter Therese Neumann. Das Erlebnis eines Brandes hatte Krämpfe, Lähmungen und Erblindung zur Folge, Erscheinungen, die Ärzte als traumat. Hysterie bezeichneten. 1926 empfing T. die Stigmata und lebte seitdem jeden Freitag die Passion des Herrn ekstatisch mit. Seit Franz v. Assisi haben viele Gottbegeisterte (Imbert-G. nennt 41 Männer und 280 Frauen) die Wundmale Christi (*stigma* gr. ›Stich, Punkt‹; auch ›Brandmal‹ für Verbrecher) empfangen, die oft alle Freitage, bes. aber in der Passionszeit (Karwoche) bluteten. Gegen die Diagnose der Ärzte und die neuerdings häufigere Kritik der Kirche selbst sind Stigamatisierte Ziel gläubiger Verehrung des Volkes und von → Wallfahrten ähnlich den Stätten wunderbarer Visionen. → Heroldsbach, Ekstase.

A. Imbert-Gourbeyre, La Stigmatisation, l'extase divine et les miracles de Lourdes, 2 Bde., 1894; L. Rinser, Die Wahrheit über K., 1954.

Konrad von Megenberg war ein gelehrter Geistlicher des 14. Jh. († 1374 als Domherr zu Regensburg). Neben zahlreichen historischen und hochpolitischen Werken verfaßte er (wohl noch in Wien) die »Dt. Sphaera« und 1349/50 die erste Naturgesch. in dt. Sprache, das »Buch der Natur« (1861 in Stuttgart von Pfeiffer neu hg., nhd. Übertragung von H. Schulz, Greifswald 1897), die im 15. und 16. Jh. ziemliche Verbreitung fand. Sie enthält auch viele Sagen und wirft manches Licht auf die Gesch. unserer Arzneipflanzen, auf Gestirn- und Steinglauben. Als Hauptquelle ersterer Werke diente dem Verf. neben eigenen Beobachtungen eine Schrift *»De natura rerum«* des Dominikaners Thomas v. Chantimpré, eines Schülers von → Albertus Magnus, während das andere Buch kaum mehr als die Übersetzung der *Sphaera mundi* des Johannes Holywood ist.

Höfler, K. v. M. u. d. geistige Bewegung s. Zeit, in: Theol. Quartalschr. 38 (1856); O. Matthaei, K. v. M. Dt. Sphaera . . ., Diss. Berlin 1912; Helmut Ibach, Leben und Schr. des K. v. M., Leipzig 1938; W. Mitzka, Landsch. Wortgut im »B. d. N.« d. K. v. M., Hess. Bll. f. Vkde 51/52 (1960); S. Krüger, in: Dt. Arch. f. Erfg. d. MA. 20 (1964).

Konrad von Parzham, hl. (21. 4.), 1818 in P. geboren, 41 Jahre lang Bruder Pförtner im Kapuzinerkloster St. Anna, † 1894 in Altötting, 1930 selig-, 1934 heiliggesprochen. Seit 1930 blühte die Wallfahrt zu dem »heute vielleicht beliebtesten bayr. Heiligen« (R. Kriß) auf mit ausgebreitetem Devotionalienwesen am Grabaltar in der Kirche. Auch aus England kommen Bittbriefe an »Good St. Conrad«. Eine bayr. Mutter schreibt ihr Anliegen nieder: »für meinen Sohn, 23 Jahre alt, daß er seine Meisterprüfung gut besteht und daß der heilige Josef und Du, lieber Bruder Konrad, recht bittest am Throne Gottes, daß er die Protestantin nicht heiratet«.

R. Kriß, Die v.tüml. Verehrung d. hl. K. v. P., Bayer. Jb. f. Vkde (1950); F. Meingast, Der hl. Pförtner, 1957.

Konstellation → Horoskop

Kontamination → Vsprache, -lied

Kontinuität. Nach dem Gesetz der K., wie es Leibniz aufgestellt hat (Monadologie: Lex continui), besteht in der Natur ein ununterbrochener Zusammenhang (natura non facit saltum). Im Sozialen versteht man unter K. die durchgehende Entw. des einzelnen oder eines Gemeinschaftswesens. In Geschichtswiss. und Vkde. wird die Frage gestellt, ob Kulturepochen im Untergang endigen oder ob neue Perioden alte Überlief. umbildend weiterführen. So trennt Antike und Früh-MA die Völkerwanderungszeit nicht als völliger Einbruch (A. Dopsch: Antike K.), wie anderers. in Leben, Glauben, Brauch und Recht des MA und späterer Zeit frühgermanische Überlief. fortlebt (O. Höfler: germ. K.). Dem gegenüber sehen andere in der christl. Kultur die restlose Verschmelzung der älteren Stufen. → Bildnis, Wilde Jagd, Germ. u. a.

A. Dopsch, Wirtsch. u. soz. Grundl. d. europ. Kulturentw., 2 Bde., ²1923/24, Nachdr. 1961; O. Höfler, Das german. K.-Problem, 1937; H. Mitteis, Die Rechtsgesch. u. d. Problem d. histor. K., 1947; M. Zender, in: Zs. f. Vkde 58 (1962); H. Bausinger u. W. Brückner, K.? Geschichtlichkeit u. Dauer als vkdl. Problem, 1969; H. Trümpy, K. u. Disk. i. d. Geisteswiss., 1973.

Kontrafaktur → Geistl. Vlied.

Konzil. Als mittelbare Zeugnisse vor- und nebenchristl. Glaubens in Dtl. haben auch die Akten außerdt. K. (Italien, Gallien, Spanien) Bedeutung, da das Hineinströmen germ. Volksteile in jene Länder bis ins 9. Jh. anhielt. Besonders wichtig sind der → Indiculus (Liftinae) und die Ergebnisse des Trierer K. von 1310. Auf letzterem wurde z. B. der Glaube an die »ägyptischen Tage« verboten (→ verworfene Tage), sowie die Weiberreden von nächtlichen Fahrten mit → Diana und → Herodias. Das Trullanum 692 wendet sich gegen Tänze (→ Volkstanz) zu bestimmten astrologischen Daten und gegen Todaustreiben (→ Lätare). In Auxerres (585) wurden Verkleidungen, → Masken (als Kühe, alte Weiber) zu → Neujahr und der heidnische Brauch des Schenkens am 1. Januar verboten. Narbonne 589 verdammt die festliche Begehung des heidnischen → Donnerstag. Das Dt. Konzil 742 bezeichnet das → Notfeuer als Sakrileg. Auch → Himmelsbriefe sollen vernichtet werden (Aachen 789). Kartenleger werden aus der Kirche ausgeschlossen (Torcello 1296). Laodicaea (4. Jh.) verbietet Mathematik und → Astrologie für → Geistliche. Nach Art der Heiden an die Verwandlung von Frauen in menschenfressende → Hexen zu glauben, wird als Teufelseinflüsterung bezeichnet und soll mit Tod bestraft werden (Paderborn 785); zwischen 799–800 aber verurteilten dt. K. selbst die Hexen zu Kerker, sofern ein Geständnis erreicht werden könne, ohne ihr Leben anzutasten. In Pavia (850) ist schon von Liebe und Haß, selbst Tod bewirkendem Zauber der Hexen die Rede.

J. Fehr, Der Aberglaube in der kath. Kirche des MA., 1857; C. J. v. Hefele, Conciliengeschichte, 7 Bde., 1914²ff. Erw. Ausg. H. u. H. Leclerq (16 Bde., Paris 1907–21), fortgeführt v. P. Richard (2 Bde., Paris 1930–31); Konzilsammlungen: J. D. Mansi, 60 Bde., Paris 1899–1927; K. Helm, Altgerm. Rel.gesch., 1913; B. Karle, K., im HDA; Braun, Handlex. d. kath. Dogmatik, 1926; H. Jedin, Kleine K.gesch., 1959; Das II. Vatikan. K. I–III, 1966–1968 (= Lex. f. Theol. u. Kirche ²1957–1968).

Koolk → Kolik

Kopf. Der K. ist wie das Herz Sitz wichtiger Organe. Der → Wiedergänger und → Vampir wird geköpft oder gepfählt. Die Anspeicherung orendistischer Kraft im K. äußert sich in den bes. verehrten K.reliquien der → Heiligen oder deren Nachbildung (Makarius, → Johannes, Koloman), die Heilkraft besitzt. Abwehr des Übels geht aus vom Tierkopf auf Giebel, Neidstange und Türe (→ Giebelbretter, Pfahl, Schädel). Daß der K. Sitz der Lebenskraft ist, dürfte auch dem Hahnschlagen und Gansreißen zugrunde liegen, wobei einem lebenden Tier zuerst im Ernteschlußbrauch, dann auch im Wettspiel (→ Reiterspiele) der Kopf abgerissen oder abgeschlagen werden mußte. Der K. des Kirmeshahns wird besonders begraben. Magische Übertragung der Weisheit in den K. erhofft man, wenn das Schulbuch unter das K.kissen gelegt wird. Im K.weh sah man vielfach die Wirkung böser Dämonen, und man nannte es Hauptscheid oder Geschoß. Alte Humoralpathologie bringt K.weh auch mit Mißverhältnissen in den Leibessäften in Verbindung. Auch die stark eingewurzelte Vorstellung vom Tier als Krankheitsursache (Ohrwurm, → Grillen, Ohr) spricht aus vielen Sagen. In der Mark Brandenburg vertrieb man die → »kleinen Leute« oder »Elben« mit den Worten: »NN ich rate dir für die kleinen Leute / für die roten / für die blauen / für die grünen / für die schwarzen / für die grauen / für die gelben / für die weißen / Kleine Leut geht von dem NN fort im Namen . . .«. Das *balneum animale* (→ Bad, Eingeweide) wurde gegen K.weh angewandt, im 13. Jh. nahm man dazu den ausgeweideten Balg eines Hahnes. Auch Opfer von Votivköpfen und Besegnen mit den genannten Heiligenhäuptern half. → K.urnen, Farbe.

E. Bargheer, Die Eingeweide, 1931; Dt. Wortatlas III K.weh.

kopflos (gr. *aképhalos*). Der K., meist männlich gedacht, ist häufig Gestalt des → Wiedergängers, des »lebenden Leichnams«. Dieser Vorstellung, wie auch vielleicht der von k. Hl. (→ Kopf), liegt alter Totenglaube zugrunde, der seine natürliche Nahrung fand 1. in den uralten Rechtsstrafen des Enthauptens, 2. in Menschen- und Tieropfern, bei denen der Kopf besonders den Göttern geweiht war, 3. endlich auch, indem man den → lebenden Leichnam selbst durch Köpfen vom Wiedergehen abhalten zu können glaubte (→ Vampir). Schon die

altisländischen Sagas berichten von solchen k. Totengeistern (Klaufi in der Svarfdœlasaga).
St. Alban, St. Dionysius, St. Eusebius sind die Heiligen, die in der kirchl. Kunst mit dem Haupt in der Hand dargestellt werden. Im Zusammenhang mit ihnen stehen die primitiven gedrehten Holzköpfe, die z. B. zu St. Alban (Landgericht Moosburg) geopfert wurden und die in einer Kolomans-Kapelle am Chiemsee zu Hunderten aufbewahrt worden sein sollen. Sie gelten im Volk als Mittel gegen Kopfleiden. Schnitzarbeit ist das Haupt Johannes des Täufers, das auf der »Johannes-Schüssel« liegt. In Pleßnitz in Kärnten wird der Hut des Kranken auf das Johannes-Haupt gestülpt, während der Leidende um Heilung betet. In Nordtirol (Hohe Salve) wurden die Köpfe um den Altar herumgetragen.

R. Andree, Votive usw., 1904; H. Naumann, Primitive Gemeinschaftskultur, 1922; K. Preisendanz, Akephalos, der k. Gott, 1926; E. Mogk, Altgerm. Spukgeschichten; M. Zender, Die Verehrung d. hl. Dionysius v. Paris in Kirche u. V., in: Landschaft u. Gesch. Fs. f. F. Petri (1970).

Kopfweh → Radium, Kopf, Walnuß

Korallen sind in vorgesch. Zeit schon aus dem Süden eingeführt worden. Als Schmuck und → Amulett (in Süditalien in phallischer Form) der Kinder und Bräute sind K. unheilabwehrend.

A. Daneu, L'arte trapanese del corallo, Palermo 1964; E. Grabner, Die K. in Vmed. u. V.glaube, Zs. f. Vkde 65 (1969).

Korb (ahd. *churp* aus lat. *corbis*; aus dem dt. ins slaw. und balt.).
Die Synonymik ist reich, z. B. montaf.: Kreeza (Rückenk.), Zeena (im Schopf für Holz), Kratta, Krättli (für Früchte), Kaarb (allg. und neuer; Einkaufsk.). Andere Bez. sind Respe und Schanze, fränk. Mane (Futter-M.), alem. Krebe, das urspr. den Korb und erst später auch den hölzernen Futtertrog bezeichnete (vgl. das verwandte → Krippe).
Das → Flechten mit Binsen und Schilf, mit Wurzeln und Weidenruten ist ein Urhandwerk, das bis heute blüht. J. Blau hat die Arbeit des »Kürbenzäuners« im Böhmerwald des 19. Jh. geschildert. Der ostpr. Bauer flicht noch heute seine Schwinge aus gespaltenen Wurzeln, seinen K. aus geschälten oder gespaltenen Weiden. Im Weserland (Dahlhausen), in Schlesien und Hessen werden Weidenk. mit den typ. Zopfmustern gefertigt. Die K.waren und -möbel von → Lichtenfels in Mainfranken gehen in alle Welt. Tragk., vor dem Rucksack wohl das wichtigste Beförderungsmittel in der alten dörfl. Welt, hielten in den l. Jahrz. auch in die Großstadt neuen Einzug.
Stoff und Technik des Flechtens, Form, Anwendung, Namen und geogr. Verbr. sowie die künstl. Auszier (Aufnäharbeit; Hessen), aber auch Leben und Handel der K.flechter (Közenmacher, Zeenamaher) und ihrer Familien sind Gegenstand vkdl. Fg. Die von Hävernick für Thüringen festgestellten K.typen verfolgte Gandert weiter nach dem W. In Hessen verläuft eine wichtige Grenze zwischen Rücken- und Tragk. Die hess. »Riesenfässer« (rund 70 cm hoch und bis 2½ m im Umfang) der späteren Latènezeit sind wohl »früher geflochten als in Ton geformt worden« (R. Helm). Anderers. weisen die Hutzel-, Fleisch- und Nußkörbe in einem geschlossenen Verbr.gebiet (Kr. Fulda, Hünfeld und Hersfeld) in ihrer höchst altertüml. Form eindeutig auf tönerne Vorratsgefäße jener Zeit (ca. 200 v. Z.–1. Jh. n. Z.) zurück.
Das zunächst technisch bestimmte Flechtwerk des K. erlaubt schmükkende Auszier durch Ornament und

Durchbrechung, durch Wahl verschiedenfarbiger Ruten, durch gefällige Formgebung (Tiergestalt) und Aufnähen von bunten Lederstreifen (Tirol, Bayern, Baden, Franken, Hessen). Trotz des spröden Werkstoffs entwickelten sich eine Fülle versch. Formtypen und Größen, Muster und Verwendungsarten. Neben den Großformen (Kinderwagen, Wiegen, Reise-, Wäschek., Kiepen, Fischfangk. u. ä.) stehen die handlichen Bügelk. für Marktwaren u. ä., wie sie die Hausierer benutzten, und die zahlreichen Kleinformen für Küche und Haus, Schule und Handarbeit (Schultaschen, Teller, Messerk.chen, Knäuel- und Nähk.chen, Geldbehälter usw.).

Die Bde. der Reihe Dt. Vk., bes. Clasen, Ostpreußen; Ritz, Franken; Busse, Baden; Lindner, Brandenburg; Karlinger, Bayern; J. Blau, Böhmerwälder Hausindustrie u. Vk., II, 1918; A. Bielenstein, Holzbauten u. Holzgeräte der Letten, II, 1918; H. Heimberger, Die Strohk.flechterei im Bauland, in: Mein Heimatland 26 (1939); H. Hermann, Nordfränk. K.waren, Bayer. Hefte 14 (1942); B. Schier, Das Flechten im Lichte der hist. Vkde., 1951; R. Helm, Hess. Vorratsk., Zs. f. Vkde 56 (1960); A. Gandert, Tragk. in Hessen. Kult. u. wirtsch. Bed. e. K., 1963.

Brauch: K.pranger war Schandstrafe, wie auch unehrliche Bäcker oder Felddiebe aus einem hoch aufgehangenen K. ins Wasser geworfen wurden. Im 18. Jh. wurde unerwünschten Ehebewerbern ein K. ohne Boden hinter die Türe gestellt. Wenn eine Liebschaft vor der Ehe auseinanderging, zwang man d. Betroffenen, durch einen solchen K. zu kriechen oder ließ ihn durchfallen (Eifel, Luxemburg). Im Bergischen hieß ein ähnlicher Brauch »Trokkenwäsche«. Mit solchen Bräuchen bringen Bächtold-Stäubli und Haberlandt die Redensart »einen K. kriegen«, »körben«, »durchfallen« in Zusammenhang. In Tirol und Kärnten wird den Abgewiesenen ein K. oder ein Schlägel ans Haus gezeichnet, und es heißt, »er hat den Schlägel gekriegt« (→ Werbung). Im Glauben der Oberpfalz flicht die Frau im → Mond einen K., den ein Hund zerreißt (Mondfinsternis). Er darf ihn nicht ganz zerreißen, sonst ginge die Welt unter.

J. Grimm, Dt. Rechtsaltertümer, 1828, 2. Bd., S. 726; A. Haberlandt, K., im HDA; Über das »Durchfallen« vgl. O. Behaghel, Die Entstehung von Sitte und Brauch, in: Zs. f. Dtkde. 47 (1933); E. v. Künßberg, Rechtsbrauch u. Volksbrauch, in: Peßler, Hb.

Korbschüttetag → Jahresfeuer

Körfjeswurzel → Zaunrübe

Korn → Getreide, Branntwein

Kornalte → Roggenmuhme, Pfingsten

Kornblume (Blaumütze, blauer Schneider, Schanelke, Zyane; *Centaurea cyanus*). Die aus Sizilien eingewanderte, mit dem Getreide wohl schon zur Pfahlbauzeit verbreitete und von allen Germanen nach dem Standort benannte K. ist mit ihren blauen Blüten die beliebteste Feldblume und wird bei sommerl. Festen viel zum Schmuck verwendet. In Österr. war die K. im Knopfloch Abzeichen großdt. Gesinnung. In Süddtl. gelten K. – bes. die an Fronleichnam gepflückten – als wirksames Sympathiemittel gegen Augenleiden und Blutfluß. In der heut. Vmed. gilt eine Abkochung von K. vielerorts (M. Brandenbg.) als Hustenmittel. – K. ist die allg. Bezeichnung, Roggenblume heißt sie im nd., Schimmelblume in Ostpommern, Tremse in Westf., Ostfriesl. u. Mecklenbg., Roggenrose, -fahne im südl. Bayern, Getreideblume in N.öst.

B. Reichert, K. u. Margerite in dt. Synonymik, Diss. Tüb. 1955. – Dt. Wortatlas V.

Kornengel. In einem auffallend eng begrenzten Gebiet, das sich auf Anhalt, Staat und Provinz Sachsen erstreckt, erzählte man fast Dorf für Dorf vom K. Er geht zur Zeit der

Blütenreife durch das Kornfeld, besonders um die Mittagsstunde. Die Hasenfraßstellen in der jungen Saat, die man südwestlich von dieser Landschaft dem → Bilwis zuschreibt, erklärt man als »Wege des K.«. Im übrigen trägt der K. in Glauben und Rede die Züge des weiblichen → Korngeistes. Als solcher schreckt er die Kinder, die er straft, verschleppt oder erwürgt. Die von der Vkde. noch nicht ganz erklärte Gestalt kann vielleicht auch mit dem Erdengel, der in Mecklenburg unter Bäumen sitzt und den Kindern auflauert, verglichen werden. In benachbarten Gegenden (Bayern) erzählt man von Schauerjungfrauen und ihren Knaben, die sich vom verhagelten Getreide nähren. Man kann Sie versöhnen, indem man beim Kornschneiden für sie eine kleine Garbe liegenläßt. Wenn man die Ergebnisse der volkskundlichen Umfragen von 1864 (Mannhardt) und 1930 (Atlas d. dt. Vkde) vergleicht, sieht man, daß Name, Gestalt und Verbreitungsgebiet des K. außerordentlich fest geblieben sind.

R. Beitl, Korndämon und Kinderscheuche, 1933 (Ms.).

Korngeister. Bei vielen ackerbauenden Völkern sehen wir das Fruchtfeld beschützt von Gottheiten oder Dämonen, die man durch Opfer stärkt und ehrt, die man durch Zauber sich gefügig zu machen sucht und deren gesammelter Segens- und Wachstumskraft man in den letzten Halmen, in der letzten Garbe des Ackerfeldes habhaft zu werden glaubt. Da die Germanen Mittel- und Nordeuropas seit der jüngeren Steinzeit Hacke, Pflug und Egge und somit einen entwickelten Ackerbau besaßen, dürfen wir annehmen, daß auch unsere Vorfahren eine Gottheit der Feldfruchtbarkeit verehrten, die dem nord. Freyr entsprach. Frühe Zeugnisse fehlen fast ganz, aber bei der Seltenheit der Berichte über germ. Glauben überhaupt beweist dies nicht das Gegenteil. → Adam von Bremen schrieb: *Thor serena et fruges gubernat* (→ Donar). Im 17. Jh. werden noch dem Wode (→ Wodan) auf dem Ackerfeld Ähren dargebracht, und der neuere Brauch zeigt es ähnlich (→ Ernte, Opfer). Als Kinderschreck im Korn sind viele mythische Gestalten zu Dämonen und Gespenstern verblaßt, zu denen sich dann auch → Schreckgestalten benachbarter Sagenkreise (→ Waldgeister, Wasserheister, Hexe, Mahr, Teufel; Zigeuner, Jude und die Gestalten der → Fahrenden) gesellten. Noch um 1930 bekannte K. und Kinderschrecke sind besonders → Roggenmuhme und Kornmutter, Kornmann und Alter, → Bilwis, → Kornengel, → Sichelweib und → Zitzenweib, → Bär, → Wolf, → Habergeiß, → Hahn und → Hase. Die Namen der K. werden in Redensarten und Bräuchen übertragen auf den Schneider der letzten Halme, auf die Binderin der letzten Garbe und auf das → Erntefest (Stoppelhahn) selbst. → Erbse, Erbsenbär, Mutterkorn, Nikolaus.

W. Mannhardt, Roggenwolf und Roggenhund, 1865; ders., Die Korndämonen, 1868; ders., Mythol. Forschungen, 1884; ders., Wald- und Feldkulte, ²1904/05, Nachdr. 1963; J. de Vries, Odin (FFC. 1894); R. Beitl, W. Mannhardt und d. Atlas der dt. Vkde, in: Zs. f. Vkde (1933); ders., Garbenopfer, in: Geistige Arbeit Nr. 18, 1934; ders., Korndämonen, HDA. 5, 249–314 mit 8 Karten; ders. Korndämon u. Kinderscheuche. Untersuchgn. z. Mythol. d. Kindes. Ungedr. Habilitationsschrift, 1933 (m. 126 Kartenskizzen); L. Mackensen, Tierdämonen? Kornmetaphern, Mitteldt. Bll. 8 (1933); Z. Ujváry, Anthropomorphe mythische Wesen i. d. Agrartrad. d. ungar. Volkes u. d. europ. Völkern, Studia Ethn. Hungariae 8 (1966). – VAN 20.

Kornhammel → dreschen.

K.muhme, -mutter → Roggenmuhme, Mutterkorn

K.patron → Jakobus d. Ä.

K.wölfche, -wurm → Hamster

Kosmogonie → Weltentstehung

Kosmas und Damian, hl. (27. 9.), unter Diokletian gemartert und bereits im 5. Jh. verehrt. Nach der Legende ein wundertätiges Arztbruderpaar, das die Kranken unentgeltlich heilte (Attr.: Uringlas, Salbenbüchse). Aus Konstantinopel über Sizilien und Rom kam ihr Kult nach Dtl. (1649 Reliquien nach St. Michael in München), wo sie als Schutzpatron der Ärzte und Apotheker, der Barbier- und Baderzünfte, aber auch im Schauspiel (Kaufbeurener Jesuitentheater), im kleinen → Andachtsbild und durch Quellheiligtümer und Heilbrunnen bei Kirchen und Kapellen v.tüml. wurden.

M.-L. David Danel, Iconographie etc., Lille 1958; A. Wittmann, K. u. D., 1967 (Lit., Abb., kultgeogr. Karten).

Kot. Neben dem gleichzeitigen obd. Kat gewann durch Luthers Bibelübersetzung die Wortform K. den Vorsprung im schriftsprachlichen Gebrauch. K. ist wie Unflat, Unrat u. ä. ein Deck- und Tabuwort, das eigentlich das »Böse, Häßliche« bedeutet (→ Euphemismus). Die schon in der Wortgesch. gegebene Tabuierung beobachten wir auch im Brauch. Der K. hat Teil am → Tabu der Geschlechtsgegend. Er wirkt wie diese apotropäisch (→ böser Blick, Hinterer, Nacktheit, Geschlechtsteile). Er vertreibt den Alp, und der Ruf »Saudreck« (ebenso wie »Sauarsch«) zwingt die Hexe im Wirbelwind oder den fliegenden feurigen → Drachen zum Weichen oder zum Fallenlassen der Beute. In der Unterschicht des Bewußtseins wirken ähnliche Vorstellungen, wenn »Arsch« und »Scheiße« die verbreitetsten Schimpf- und Fluchworte sind. Die abwehrende Kraft des K. erklärt auch den noch heute angetroffenen, allen Kriminalisten bekannten Diebsbrauch, den sog. *grumus merdae* (K.haufen). Solange er warm ist, wird der Dieb nicht erwischt. Er heißt »Wächter« und hat die gleiche Rolle wie der Speichel an der Tür im Märchen (z. B. von der Jungfer Maleen). K. ist, wie alle Exkremente, Sitz des Lebensstoffes, sympathetischer Teil des Ganzen. Deshalb die oft peinliche Sorge, daß vom K. des Kindes (Windel) nichts in die Macht von Hexen oder Fremden gelange. Wenn Kinder an verbotenen Stellen ihr Bedürfnis verrichten, kann man sie strafen, indem man den K. verbrennt. Wer den Abort verunreinigt, kriegt »den Arsch voll Rosen«, wenn man »feurigen Zundel« auf den K. legt (Schweiz). Die natürliche Düngkraft von K. und Mist, dazu die Beobachtung des Nistens von Ungeziefer in Unrat und Kehricht führte zu der oft belegten und selbst noch im 19. Jh. wissenschaftlich vertretenen Ansicht von der *generatio aequivoca* (Selbstzeugung) aus K. Die Völkerkunde berichtet von Sagen über Entstehung selbst der Menschen aus K. In den natürlichen und magischen, besonders in den apotropäischen Eigenschaften des K. liegt seine vielseitige Verwendung (K. als Mist von Pferd, Schaf, Hund, Katze usw.) in der Vmed. von der Antike bis heute begründet. Diese Kur blühte besonders im 17. Jh. und fand ihren klassischen Ausdruck in Paullinis → Dreckapotheke. Seine Ratschläge wandten sich bewußt an die weniger Bemittelten. Bargheers Durchsicht d. Apothekerverordnungen des 17. und 18. Jh. bestätigte den offiziellen Verkauf solcher Medikamente. Der Glaube an solche Heilwirkung spricht indes noch heute aus den Versen, mit denen man überall die Kinder tröstet, wenn sie sich wehgetan haben:

Küali, Küali, Kälblis Dräck –
bis mara n am Margat ischt alls a wäck.

sagt man im Montafon, ähnlich aber auch in Berlin und in anderen Städten. → Gerstenkorn.

K. F. Paullini, Heilsame Dreck-Apotheke, 1847; A. Hellwig, grumus merdae, Monatsschr. f. Krim.-Psychol. u. Strafrechtspflege, 1906; Bourke-Kraus-Ihm, Der Unrat in Sitte, Brauch und Glauben der Völker, 1913; E. Bargheer, Die Eingeweide, 1931; ders., Kot, im HDA; E. O. v. Lippmann, Urzeug. und Lebenskraft, 1933; H. M. Böttcher, Wunderdrogen, 1959. Tb. 1963.

Kraftblume → Schlüsselb.

K.wurz → Eberwurz

Krähe. Das Fleisch der K. wird vereinzelt genossen (Oberösterr., slawisch). In Sddtl. ist eine aufgehängte tote K. Vogelscheuche. Sie wehrt Fliegen (Allgäu) und Pferdekrankheiten ab (Oldenburg). Die K. ist klug und wendet einfache Heilverfahren an sich selbst an. Ihr Schrei kündet schlechtes Wetter und Tod. Verbreitet ist die Ansicht, an St. Georgstag oder Maitag müsse die Kornsaat so hoch sein, daß eine K. sich darin verstecken kann. Die Germanen wohl schon kannten ihre Weissagungsgabe, und Walther von der Vogelweide sagt: *ein unsaeligiu kra begonde schrien.* Die schwarze Farbe der K. rief bei vielen Völkern → ätiologische Sagen hervor, wie sich auch Spruch und Kinderlied mit ihr beschäftigen. Dämonen erscheinen in Gestalt der K. Besonders in Ostpreußen ist die K. → Kinderbringerin. Die K. *(corvus frugilegus, cornix)* wird mundartlich oft als → »Rabe« bezeichnet. Die Saatk. bevorzugt die Ebene, die schwarze K. ist westl. der Elbe, die Nebelk. östl. häufig. → Nachtrabe, Vorzeichen.

Krähenauge → Hühnerauge

Krähhahne → Erntefest

Kram → Nachgeburt

Kramannla → Graumännchen

Krampf. Wie Gicht, Kolik usw. bezeichnet K. in der Volkssprache eine Vielheit von Krankheiten, von denen nur die Symptome, nicht die inneren Ursachen wahrgenommen werden. Im Ähnlichkeitszauber werden blaue Tücher oder rote Fäden gegen K. verwendet. Sogenannte K.ringe kennt schon das MA. Sie müssen besonders zusammengefügt sein (Sargnägel, Galgenkette) und am Karfreitag oder nachts und nackt geschmiedet, auch geweiht werden, z. B. in Einsiedeln. → Freis.

L. Kretzenbacher, Benediktionsritus u. Legendenkontinuität, in: Vkde, Fs. Leop. Schmidt, 1972 (»Bußring« od. »catena« von Sarsina, It.).

Krämpfe → Veitstanz

Krampus → Klaubauf

Kranewitt → Wacholder

Kranich, in der Antike Symbol der Wachsamkeit, auch der Liebe und Lebensfreude. Die Sage von der Entdeckung eines Verbrechens gab den Stoff zur Ballade von F. Schiller. Das Motiv knüpft sich auch bei uns an den K. oder andere Vögel. Der K. war Wetterprophet und gab durch sein Erscheinen das Zeichen für die Frühjahrsbestellung. Im Salischen Gesetz noch unter dem Hausgeflügel aufgezählt, ist er heute in den norddt. Urstromtälern selten geworden. Vereinzelt gilt er noch als → Kinderbringer.

J. Boessneck, Die Haustiere in Altägypten, 1935 (Lit.); O. Keller, Die antike Tierwelt, 2., 1913, Neudr. 1963.

Krankheit bedeutet dem Volk auch schon ein vom gewöhnlichen abweichender Zustand (Menstruation, Wochenbett). Ausgeprägte Liebhabereien u. Leidenschaften bezeichnet man als Sucht oder K. Für die Bestimmung und Bezeichnung der K. ist mehr das äußere K.bild (Symptom) maßgebend, so daß mit Frais, Gicht, Kolik, Krampf, Sucht usw. die verschiedenartigsten K. zusammengefaßt werden können. Andererseits leitet sich die Vernachlässigung mancher K. (Tuberkulose) oft aus dem Mangel auffallender Symptome her. Das wichtige Gebiet der K.namen ist noch ungenügend erforscht. → Vmed., Schwindsucht, Fallsucht, Gelbsucht u. a. K.namen.

B. M. Lersch, Gesch. d. Volksseuchen, 1896; M. Höfler, Dt. K.namen-Buch, 1899; A. Spamer, K. und Tod als Metapher, Nd. Zs. f. Vkde 17 u. 18; K.-S. Kramer, Die Mirakelbücher d. Wallf. Grafrath, Bayer. Jb. f. Vkde (1951) (K.namen: Fröer, Fraiß, Geschoß, Ragg, Vergicht, Herzgesperr u. a.); K. Jaberg, K.namen, Metaphorik u. Dämonie, in: Schweiz. Arch. f. Vkde 47 (1951); W. Hoffmann, Schmerz, Pein und Weh, 1956; L. Honko, K.projektile, Helsinki 1959 (Waffen d. Todes. Pestpfeile i. d. Ilias, Hexenschuß: schwed. trollskot); J. Baumer, Rätorom. K.namen, 1962.

Kranz → Krone, Kreis, Joh.tag

K.einweichen → Fronleichnam

K.köst → Erntefest

K.kraut → Thymian

K.stechen → Reiterspiele

Krappenmann → Wasserg.

Krätze → wälzen

Kratzenstock → Spinnrocken

Kratzputz → Sgraffito

Krautbusch → Himmelf. Mariae

Kräutchen durch den Zaun → Gundelrebe

Kräutel → Petersilie

Kräuterbücher sind geschriebene od. gedruckte Abhandlungen über Pflanzen unter praktischen Gesichtspunkten (Nährwert, Heilanwendung), die von Geschlecht zu Geschlecht vererbt besonders auf dem Lande, wo der Arzt oft fern ist, als Hausschatz gehütet werden. Doch stammt nicht alles darin Enthaltene unmittelbar aus dem überlieferten Wissen des Volkes. Die Beschreibungen und Rezepte fußen vielmehr fast ausnahmslos auf den alten gelehrten »K.«, wie sie namentlich im 16. Jh. in größerer Zahl erschienen und bis in unsere Zeit immer neue Auflagen erlebten. Die wichtigsten sind: »Gart der Gesundheit« (Mainz, 1485); → Brunfels, ». . . Contrafayt Kreutterbuch« (ebd., 1532); → Bock, »Kreuterbuch« (Straßburg, 1539, 1551); → Fuchs, »New Kreuterbuch« (Basel, 1543); Mattioli, »Kreuterbuch« (erste dt. Ausgabe: Prag, 1563); Tabernaemontanus, »Kreuterbuch« (Frankfurt a. M., 1588). Ihre Quellen sind zum großen Teil die Schriften der antiken Ärzte (→ Dioskurides und Plinius vor allem), die bis in die neuere Zeit in der Naturwissenschaft als unbestrittene Autoritäten galten. Trotzdem es meist schwer ist, in den K. dt. Volksgut von antiker Überlieferung zu scheiden, haben sie doch für den Volksforscher unschätzbaren Wert, weil durch sie zahllose antike Heilbräuche ins Volk eindrangen und längst echtes Volksgut geworden sind. – Um die germ. Heilpflanzen hat sich namentlich Max Höfler durch seine »Volksmedizinische Botanik der Germanen« (1908) verdient gemacht, um die Erschließung und kritische Bearbeitung der K. und der Volksbotanik im allgemeinen vor allen Heinrich Marzell, dessen Schriften sogar von modernen Volksheilkundigen empfohlen werden, auch hier – und auf diesem Gebiete besonders – eine dauernde Wechselwirkung gelehrten und volkstümlichen Wissens. → Pflanzen, Volksmedizin und die einzelnen Pflanzennamen.

E. H. F. Meyer, Gesch. der Botanik, 1857; A. Arber, Herbals, 1912; H. Marzell, Vkdl. a. d. K. des 16. Jh., Zs. d. Ver. f. Vkde 24 (1914); W. L. Schreiber, Die K. des 15. und 16. Jh.,

1925; H. Marzell, Alte K., in: Heil- und Gewürzpflanzen 10 (1927); ders., Wb.; C. Nissen, Die botan. Buchillustr., 1951.

Kräutermann → Himmelf. Mariae

K.sonntag → Dreifaltigkeitss.

K.weihe → Fronleichnam, Himmelf. Mariae

Krautnickel → Masken

Krebs. Der K. findet in der Vmed. viel Verwendung, im MA auch zur Beförderung der Empfängnis, vor allem gegen die K.krankheit selbst. Die Windungen der Adern um das K.geschwür schienen schon der Antike (Galenus) Ähnlichkeit mit K.füßen zu haben, so daß man die Krankheit danach benannte. Unser Wort K. ist eine Lehnübersetzung aus dem *karkinoma* des Hippokrates (lat. *cancer*). Spätere Tabunamen und → Euphemismen sind »'s bös Wesen«, »Gott bhüet is davor«. – Besondere Lebensweise, Gang und Gestalt des K. wirken auf Sprache und Sprichwort und auf den Kalenderglauben. Wohl als Wassertier ging der K. auch in den Regenzauber ein, wie schon aus einer berühmten Stelle bei Burchard von Worms hervorgeht. – Die Buchhändlersprache nennt K. das zur Ansicht versandte, unverkauft zurückkommende Buch.

Kredenz → Anrichte

Kredit ist tot → Bilderbogen

Kreide. Wohl erst die Anwendung (Kreuz, Zauberkreis, → Cabame = C + B + M) machten die K. selbst zum Schutzmittel, das auch kirchlich geweiht wird (Dreifaltigkeitsk.). Zu den »drei weißen Gaben« (Eier, Mehl, Salz) gehört sie nicht.

R. Scherer, Die K., 1922.

Kreienroggen → Mutterkorn

Kreis. Im germ. Recht und im Brauch der Kirche erscheinen K. und K.schließung vielfach in Symbol und Brauch (Hegung der Gerichtsstätte oder des Kampfplatzes, Umgang, Umritt – christliche Bittgänge, Umgänge). Vom »hegenden Faden« berichten viele alte Sagen und Lieder. Die Umkreisung von Quellen, Feuer (→ Feuerreiter) und Herd bannt die Geister dieser Orte. Umbinden stillt Nasenbluten, Umfahren mit dem Finger vertreibt Warzen. Der K. schützt nach außen. Umpflügung des Dorfes schützt vor der → Pest. Aber auch die Inbesitznahme wird durch K.ziehung ausgedrückt im Brauch der Geburt oder Hochzeit. K.förmige Gebärden, Striche oder Gegenstände (Kranz, Reif, Kette) stellen den magischen K. her, innerhalb dessen man Geister zu beschwören, Orakel zu stellen (»Kreisstehen« = Losen), Schätze zu heben vermag. Zur aus- und einschließenden Kraft des K. kommt die Wirkung des Stoffes (Eisen, Kräuter), ferner die magische Bedeutung, die bestimmten geometrischen Figuren aus alter Tradition anhaftet (Pentagramm, Quadrat, Dreieck). Als Band und Ring an Hals, Arm usw. wird der K. schließlich Glücksamulett schlechthin. Ein Haussegen heißt: »Ein güldener Ring um Haus und Hof« (→ Buch Moses). Umlauf und K.tanz sind magische Steigerung des K.ziehens oder auch, im Spiel und Wettkampf, Ausdruck und Verstärkung gemeinsamen »geschlossenen« Erlebens. → Hegung, Thing, Palmsonntag, Zaun, Umkreisen, Ring, V.tanz.

E. F. Knuchel, Die Umwandlung in Kult, Magie u. Rechtsbrauch, 1919; Grimm, Dt. Wb., Bd. 5, Sp. 2144–52; A. Stern. Der Ring im Märchen, in d. Novelle, im Drama, im Recht. Hess. Bll. f. Vkde 30 (1931); L. Hautecœur, Mystique et architecture. Symbolisme du cercle et de la Coupole, Paris 1954; O. Holzapfel, Zur Phänomenologie d. Ringbrauchtums, Zs. f. Vkde 64 (1968).

Kreisel(spiel), ein Kinderspiel bes. des Frühlings, das schon die Antike

kannte (K. m. d. Peitsche bei Pittacus, † 579 v. Z.); in Frankr. seit dem 13. Jh. bezeugt. Beim Spielgerät, dem nach unten in eine Spitze zulaufenden Kegel, wird auf Größe, Form, Farbe, Zahl der Rillen geachtet. Während der mit einer kleinen Peitsche auf Gehsteig und Straße getriebene K. in der ebeneren Landsch. Mittel- und Norddtls. bekannter ist, erfreut sich der scheibenförmige Tischk. allg. Beliebtheit. Auch der tönende Brummk. hatte seine v.tüml. Form, ehe auf den Spielzeugtischen der Warenhäuser die auf einen vollen Akkord gestimmten großen K. aus buntem Blech erschienen. Des schnarrenden Tones wegen wurde der Name der → Habergeiß (Ziegenmelker; *caprimulgus europ.*) auf das Spielgerät übertragen.
Der Dt. Wortatlas verzeichnet als Namen des K. Brummküsel im N, Tiddeltop im NW, Triesel in Berlin und Mark B., Kreisel in Mittel- und Ostdtl., Schnurrkater im O, Tanzknopf im SW. Unter den zahllosen Spielformen der Bez. nennt der DWA: Sumseraschurl, Pumparanickl, Tschigurkes, Dullerwatz, Zwirrwatz, Dratschibaba.

R. Grammel, Der K. 2 Bde., [2]1950.

Kremeß → Tod (Totenmahl)

Kretinismus → Wechselbalg

Kreuz (von lat. *crux*). Menschenopfer durch Kreuzigung und damit das K. als Symbol der Aufopferung sind schon vorchristlich. Auch als reine Zierform ist es uralt. Das christl. Symbol entwickelte sich besonders in der Form des griech. (+) und des lat. oder Passionsk. (†) mit verlängertem »K.stamm«. Seit dem 6. Jh. wird in der Darstellung die Verbindung mit dem Corpus Christi üblich, das Kruzifix. Die K.verehrung im MA (allein Westfalen kannte 50 Stätten) steigerte sich noch durch K.- u. Pilgerfahrten ins hl. Land. Von dt. Sonderformen des K. ist am berühmtesten das doppelbalkige K. von Scheyern, »das allein auch einen regelmäßigen und keineswegs geringen Export an berührten Nachbildungen ins Ausland aufzuweisen hat« (Münsterer). Im vielfältigen Gebrauch des Volksglaubens und der Volkskunst verbindet sich die christl. Symbolbedeutung mit dem Sinn magischer Abwehr, der dem K. als einem der ältesten Schutzzeichen des germ. Kulturkreises innewohnt. Der k.förmige Hammer des → Thor war das Urbild des K. auf altnord. Runensteinen. Drei K. als Namensunterschrift finden sich schon im 6. Jh. Sie sollten wohl an die Wahrheitspflicht erinnern. → Andreas, Antoniuskreus, Dreikönig, Luther, Segen, Symbol u. a.

Von Bunsen, Das Symbol d. K. bei allen Nationen, 1876; F. J. Dölger, in: Antike u. Christent. 3 (1932); H. O. Münsterer, Die doppelbalkigen Partikelk. von Scheyern, Wiblingen u. Donauwörth, Bayer. Jb. f. Vkde (1952); ders., Die mag. u. kabbalist. Schutzk., ebd. (1953); ders., Die süddt. Segens- u. Heiligenk., ebd. (1954) (Benediktus-, Zacharias-, Antonius-, Ulrich-, Valentin-, Hedwig-, Theresia-, Bernhart-K.); P. Paulsen, Axt u. K. in Nord- u. Osteuropa, [2]1956; G. Wagner, V.fromme K.verehrung in Westfalen, 1960; R. Bauerreis, Das »Lebenszeichen«, Stud. z. Frühgesch. d. griech. K., 1961; D. Forstner, Die Welt d. Symbole, 1961; G. Wagner, Von mal. K.verehrung in Norwegen u. i. Beziehg. zu Westf., Rhein.-westf. Zs. f. Vkde 8 (1961).

Kreuzbaumsetzen → Himmelf. Mariae

Kreuzdorn (Weg-, Färber-, Hexen-, Hundsdorn, Purgierbeeren; *Rhamnus cathartica*). In Nord- u. Mitteldtl. galten die dornigen Zweige des bis zu 3 m hohen Strauches als Zauberabwehr. Hexen fingen zu zittern an, sobald sie nur in ihre Nähe gerieten. Darum wurde am Vorabend von → Walpurgis K. an die Stalltüren und in den Misthaufen gesteckt. In alten Leg. wird die

Kraft des K. mit Christi Dornenkrone in Verbindung gebracht. Aus dem Saft reifer Beeren wurde das Blasen-, Beer- oder Saftgrün, aus überreifen Beeren eine rote Farbe gewonnen. K.holz schätzt der Drechsler.

Kreuzerfindung → K.erhöhung

Kreuzerhöhung (14. 9.), früher bekannterer Gedenktag der Wiederauffindung des K. durch → Helena 320, mit der die Oktave des an Mariä → Himmelfahrt beginnenden Frauendreißiger schließt. »K.erfindung« heißt das Fest vom 3. 5., das die Wiedererlangung der Reliquie von den Persern (628) feiert. Mit diesen beiden Tagen (ungefähr) beginnt und endet die Alpzeit (Vorarlberg). Danach sind die → Alpen dem → Nachtvolk und den Bützen überlassen. Ohne ihre Erlaubnis nächtigt man in den Alphütten nicht ungestraft.

Vgl. »Geisterzeiten« in R. Beitl, Im Sagenwald, 1953, S. 350ff.

K.holz → Mistel

K.kraut → Berufkraut

K.nagel → Walnuß

Kreuzschnabel, Kreuzvogel, *Loxia curvirostra,* bekannt durch die → ätiologische Sage vom Ausziehen der Kreuzesnägel, wobei sich der K. die Brust mit Blut befleckte und den Schnabel verbog. K. hält man sich im Zimmer, weil sie die Krankheit an sich ziehen, auch Hexen und Blitze abwehren. In der Vmed. wird die Schnabelstellung beachtet.

K.stein → Steinkreuz

Kreuzweg, aber auch Wegscheide (Gabelung) sind im Volksglauben hervorragende Geister- und Zauberstätten. Das wilde Heer zieht darüber weg, Beschwörungen, Krankheitsheilungen und Orakel werden auf K. angestellt. Daß dies nicht von der Bedeutung des christlichen Kreuzes herzuleiten ist, beweist schon die frühe Gegnerschaft der Kirche (→ Eligius, Pirmin, Burchard v. W.). Radermacher betrachtet den K.glauben als germ., und Meißner vergleicht das frühmittelalterl. »Draußensitzen auf K.« (in der Glosse: *hleotharsazzo*) mit dem nordgerm. Brauch *(utiseta).* F. Schneider dagegen suchte den Einfluß römischen Kalenderglaubens nachzuweisen. Das *»ganga til frettar«* der nord. Sagas fand ursprünglich an Totenorten statt. K. waren auch bei uns Begräbnisstätten (Lippert). → Totenbretter waren an Wegscheiden aufgestellt. Diese Eigenschaft, vielleicht auch die Bedeutung des K. für den unkundigen Wanderer, gaben dem K. besonderes Ansehen. Eine Schwangere soll den K. meiden. Auch Rechtshandlungen wurden sehr früh schon an K. ausgeführt. – K. heißt die Darst. (auf Wandtafeln) des Leidensweges Christi in Kath. Kirchen (K.andacht). Oft begleitet ein »K.« in Gestalt von 14 → Kapellen den Weg zu einer Wallfahrtsstätte. → Neujahr.

E. Kramer, K. u. Kalvarienberg, 1957 (Lit.); N. Eckmann, Kl. Gesch. d. K., 1968.

Kreuzwoche → Himmelf. Christi

Kribbelkrankheit → Mutterkorn

Krieg → Soldat

Kriegswurm → Heerwurm

Kriksel → Grille

Krimi, Kriminalroman. Durch die Allgegenwart in Zeitungsständen und Illustrierten, durch die allabendl. mehrfache Aufbereitung im Fernsehen, immer aktuell durch die Nachahmungen im tägl. Leben (z. B. n. d. K. »Rififi«) und schließl. verharmlost durch seine gemütlich kürzende Bez. ist der K. zu einem festen Bestandteil der zeitgenöss. Allgemeinbildung geworden.

»Durbridge« im FS fegte die nächtl. Straßen leer wie sonst nur noch eine Fußballweltmeisterschaft. Verbrechen schildert allerdings schon das alte Märchen (Meisterdieb), Vagabundenschwänke liebte das MA und Schelmenromane die spätere Zeit. Die engl. Schauergesch. des 18. Jh. und die dt. Räuberrromane (Bayer. Hiasl, Rinaldo Rinaldini) wie die 20 Bände des Pitaval (1734ff.) gaben der Gattung neuen Auftrieb. Zur Kunst wurde der Kr. mit Schiller, Hoffmann, Kleist, Raabe u. a., während sich im Horrorroman (E. A. Poe), in der scharfsinnig kombinierenden Detektivgesch. (Sh. Holmes) und im psychologis. Kr. Sonderformen entwickelten. Heute beherrschen weithin Gesetzlosigkeit, Brutalität, Horror, Perversion und Pornographie den literar. Untergrund, mit dem Film und Fernsehen wetteifern. → V.buch.

Th. Würtenberger, Die dt. Kriminalerz., 1941; H. Mager, K. u. Crimen. Zur Moral der Unmoral, um 1968; F. Wölcken, Der literar. Mord, 1953.

Krimmen → Zucken

Krippe, Weihnachtsk. Das westgerm. Wort ging ins ital. *(greppia)* und frz. *(crèche)* und von da ins engl. *(cratch)*. Der Bed. ›Futtertrog aus Holz‹ ging die ältere ›Flechtwerk‹ (→ Flechten) vorauf, woraus sich ahd. *krĕbe* → ›Korb‹ erklärt (Kluge-Mitzka, Et. Wb.). Nach dem Satz pars pro toto wurde K. zur Bez. der plast. Darst. der Geburtsszene von Bethlehem. So gebraucht das Wort die V.sprache (»Kripperlmarkt« in München, »Krippele schauen gehn« in Tirol u. ä.), während schriftspr. Wk. üblich geworden ist. Nach dem Lager des Jesukindes wurde, zuerst in Frankr., die Bewahranstalt für Kinder benannt, die auch in sozialist. Ländern so wichtige »Tageskrippe«.

Es wird vermutet, daß die Verehrung der K., zugleich mit Teilen der K. aus Bethlehem, aus dem Morgenland nach Rom kam. Nach Einführung des W.festes (354) ließ Bischof Liborius hier eine Basilika mit einer K.kapelle errichten. In den W.spielen des MA stand die K. im Mittelpunkt, aber den Kirchenraum verließ sie wohl erst in der Feier des hl. Franz von Assisi im Wald von Greccio (1223). Trotzdem geht A. Terzi zu weit, wenn er Franziskus zum »ideatore del presepio plastico« erhebt. Um 1290 wendet sich die Mystikerin → Gertrud von Helpede bei Eisleben gegen die K.verehrung in Dtl. In den Klöstern der Dominikanerinnen des 14. Jh. stand an Stelle der K. die Wiege. Tirol und Steiermark kennen noch heute K.bräuche, die bis ins 11. und 12. Jh. zurückgehen (L. Kretzenbacher). In eine Berglandsch. gestellte K. begegnen uns zuerst in Christigeburtbildern des 15. und 16. Jh. »Um 1560 vollzieht sich im mittel- und westeurop. Raum der konkrete Übergang vom Kindlwiegen, dem Kripplein in Form der Geburtswiege oder des ›repos de Jésus‹ zur Wk.« (Karasek-Langer).

Mit dem beginn. Barock stellen Kirchen in Bayern schon prunkvolle K. auf, an denen das Volk auch Opfergaben niederlegt. Im 16./17. Jh. erobert sie sich den bayr. Hof und bald auch die W.stube des Bürgers. Frühe K. standen in der Kirche des hl. Cajetan von Thiene (1480–1547), in der der Dominikanerinnen von Neapel (1558), der Jesuiten in Coimbra (1560). 1560 hören wir von einer mechan. Engelanbetung des Francesco de Medici. Die K. erscheint in der Prager Jesuitenkirche (seit 1562), in München (seit 1570), in der Steierm. 1577, bei den Jesuiten in Altötting (1601), in der Innsbr. Spitalkirche

(1608), auf dem Nonnberg in Salzbg. (1615), in Vorarlbg. 1624 (K. des Erasmus Kern), in Wien 1647 (n. Kriss-Rettenbeck). Das 17./18. Jh. sah die Hochblüte der K.kunst. Gegen den Brauch vermochte auch die Aufklärung nicht mehr viel, als sie ihn z. B. als »schändliche Kinderbelustigung« verurteilte (1803). Ein josefinisches Verbot der K.aufstellung in Kirchen von 1782 mußte nach dem Volkswillen schon 1804 widerrufen werden! Heimliche K. im Hause waren längst fester Brauch. A. Karasek-Langer unterstrich »das Phänomen einer fast schlagartigen Verbr. der Wk. über weite Teile Europas, als, durch die Aufklärung aus dem Kirchenraum verdrängt, K., Presepio, Pesebre, crèche, Bethlehem, Jesle, Jasełka, szopka und vertep selbt im Bereich des Prot. und der Orthodoxie zum V.gut wurden«.

Anfang des 18. Jh. erscheint die K. in der Volkskunst. Wachsbossierer und Schnitzer in Bayern und Tirol fanden in den K.figuren ein neues Betätigungsfeld. Noch Anfang des 20. Jh. kamen z. B. Schnitzer aus → Gröden ins weit entfernte Vorarlbg., um im Spätherbst ihre Arbeiten zu verhandeln (K. v. F. Marent in Schruns). Solche billige Massenware bot für die gleichzeitige oder auch von Weihnachten über Neujahr, Dreikönig bis Lichtmeß wechselnde Aufstellung folg. Gruppen an: Geburtszene, Verkündigung des Engels, Anbetung der Hirten, Zug der Weisen aus dem Morgenland mit Pferden und Gaben, Flucht nach Ägypten, seltener: Kindermord mit Soldaten, Beschneidung Jesu, Höllenfahrt des Herodes. In der K. der Schloßkapelle von Freundsberg in Tirol stellte man mit gemalten Papierfiguren die Szenen von Advent bis Ostern. Allenthalben gehören rahmende V.szenen (Werkstätten, Umzüge, Alpen) dazu, die den Kern der K. manchmal fast überwuchern. Die Fig. waren aus Wachs (Oberammergau, Oberöst., Tirol), aus Ton (Schwarzwald, Villingen, Günzburg; Viechtau am Gmundner See), meist aus Holz (Oberbayern, Tirol, Salzk.gut, Erzgeb., Mähren, Schlesien, Westf.). Bilderbogenfabriken stellen heute K. und Figuren aus Papier, Pappe (Papiermaché), Sperrholz und Gips her. Bildhauer in Gröden, Berchtesg., Obera.gau, aber auch viele allein arbeit. Künstler (z. B. R. Fleisch auf Latschau im Montafon) schnitzen K. für höhere Ansprüche.

Nach gesch. Entst., Gestalt und Brauch unterscheidet man mehrere Arten von K. Die Kastenk. führt man auf die Geburt Christi-Darstellung der Altäre und Predellen zurück, während bei der sogen. Bühnenk. das Vorbild mal. Misterienspiele mit wirksam ist. W.spiele gaben »den stärksten Antrieb zum K.bau in Deutschland und Italien« (L. Kretzenbacher). Diese Bühnenk. kam wohl als Kunstk. aus Italien nach Dtl. auf dem Weg über Tirol, wo sie noch gefunden wird (z. B. in der viele Meter hohen Kulissenk. im Chorraum der Franzisk.kirche in Schwaz). Der Aufbau der großen Bühnenk. mit Seiten- und Rückwand ist fest und bleibt das ganze Jahr bestehen. Architekturteile vor perspektiv. gemaltem Hintergrund bestimmen das Bild. Die kleine Kastenk. schützt die Fig. meist durch eine gläserne Vorderwand. Dahinter sind einz. Szenen oder auch (Oberbayern, Salzk.gut) mehrere dichtgedrängt in steil aufsteig. Landsch. aufgestellt. Moos und Flitter, Papier- und Metallblumen füllen die Zwischenräume.

Dem Geist der Vk. am innigsten verbunden ist die Landschaftsk.

Aus leimgetränkter Leinwand wird der Körper der L. geformt, die Zutaten wie Glitzersand oder Staniol für Bäche, Baumrinde für Felsen, Zweige und Moose für Bäume und Wiesen vor gemaltem Grund kennzeichnen. Während Ruinen (Davidsburg) an südl. Vorbilder erinnern, sind Höhlenk. aus Rinde oder alten Baumwurzeln und Stallk. in heim. Bauweise bei den K.bauern bes. beliebt. Sie begegnen uns schon in den Ölbildern der alten Meister (Dürer, Cranach, Schongauer u. a.). Eine eigene Entw. nahmen die »Weihn.berge« der sächs. Bastler, Bergleute und Schnitzer im Erzgeb.: »Christgeburten«, die noch heute eine Stubenecke oder das halbe Zimmer füllen, auch Vereinsberge aller Schnitzer im Ort, die in Schule oder Gasthaus aufgestellt werden. Die relig. Szene geht zuweilen unter im »K.berg« und in erfindungsreichen mechan. Bergwerken. Vielleicht sind diese sogar älter. Berühmt ist das in Dresden verwahrte K.kunstwerk, das der Ausgsburger Meister Hans Schlottheim 1585 dem Kurfürsten Christian von Sachsen schenkte.

Dem erzgebirg. W.berg und seiner gelegentl. Vorführung durch Sprecher verwandt sind Spielk. und K.spiel. Der Brauch, die Figur Christi melodramatisch auftreten zu lassen, hat sich seit dem MA. in Tirol, dem Salzkammergut, der Steiermark und in Mähren erhalten. Den Übergang zum eigentlichen K.spiel bilden die K. in der Art des Traismaurer Kripperls, bei dem nur einz. Szenen gespielt werden, während meistens ein epischer Text zu aufgestellten Bildern vorgelesen wird.

Sk., die es noch im 19. Jh. in Oberösterr., Bayern, Böhmen, Sachsen, Thüringen, Norddtl., Schlesien und Polen gab, gehen auf die religiösen Marionettenspiele des 13. Jh. zurück. Wohl der letzte Vertreter dieser Gattung ist das Steyrer Kripperl. Es ist ein bühnenförmiger dreistökkiger Aufbau mit elektrischer Beleuchtung. In der Mitte unten die eigentliche K., darüber eine freie Fläche zum Aufstellen von Figuren, ganz oben eine Bühne mit Landschaftskulisse. Die beweglichen Figuren des Kripperls sind aus Holz geschnitzt und mit Stoff bekleidet. Spielweise und Texte, in den Hauptzügen festgelegt, können in Reihenfolge und Wortlaut beliebig verändert werden, nur die religiösen Szenen sind an bestimmte Tage gebunden. Texte und Gesänge werden durch eine Frauen- und eine Männerstimme ausgeführt, die von einigen Buben unterstützt werden. Die Musik wird durch ein Grammophon, einige Instrumente und als Schlagzeug benutztes Geschirr bewerkstelligt.

»Die nach 1900 einsetzende Forschung orientierte sich vorwiegend an den zu ihrer Zeit gültigen und durch den raschen Vorstoß des W.baumes damals schon recht eingeengten Reliktlandsch. der Wk.« (Karasek-L.). Erst in den l. Jahrz. fand auch die soz. Schichtung des K.brauches wie die Bez. zur Hochkunst gebührende Aufmerksamkeit. Die starke Förderung, die das Studium der → V.frömmigkeit bes. seit 1945 erfahren hat, brachte eine große Zahl neuer Unters. im In- und Ausland und gab auch dem K.brauch als solchem neuen Auftrieb. Die Slgn richteten K.ausst. aus (Wien, Berlin, München, Saalfelden, Brixen u. a.) oder gründeten K.abteilungen (Tiroler Vk.mus. Innsbruck, 1963). Das Standardwerk von R. Berliner wurde abgeschlossen. Der Gedanke der »Jahresk.« taucht auf. Einz. K.landsch., auch die in den früheren dt. Ostsiedlungen, bestimmte K.typen, berühmte Großk. und K.bauer werden deutlich. Bernhard Schneitter von Inzing hat in seinem Leben 59 K.berge aufgestellt. Er tat es im Rahmen des Vereinslebens der K.freunde im 19. Jh., wie er außerdem Mitglied der Feuerwehr, der Musik, des Kirchenchors, eines Quartetts wie der V.theater- und Passionsspielgruppe war. Stand und Aufgaben der K.fg. beschrieb A. Karasek-Langer. L. Kriss-Rettenbeck gab eine Kritik der neueren K.literatur, in der er gegen die »prärationalen« »Mythologisten, Rassisten und Assoziationisten« und gegen die »nordische Fixiertheit« wettert. Einen fruchtbaren Ansatz neuer K.fg. zeigte L. Schmidt in seiner ganzheitl. Betrachtung der großen Wk. von Rinn in Tirol von 1760, die z. B. in der »Grotte aus Malachit« das stille Mitwirken altüberlief. nichtchristl. Glaubens enthüllt. J. Ringler würdigte das die Vk. überschreitende Wirken bes. von Bildhauern in Nord- und Südtirol (Ludwig Penz im Stubai, Tonkrippen von Maria Delago, Grödner Arbeiten u. a.), das, aus Überlief. gespeist und von der neuen K.bewegung getragen, wieder in den frommen V.brauch mündet.

Die Verbreitung der K. erfragte der Atlas der dt. Vkde. (Frage 118). Danach sind sie in den Rheinlanden, Westfalen, Oberbayern, Tirol, Oberösterr. heimisch und werden in Ober- und Unterfranken, Hessen, Pfalz, Sachsen, Schlesien »mehrfach« aufgestellt (Schlenger). In Norddtl. gibt es in Pommern den Typus der festen K., in Sachsen gehören sie am stärksten in den Bereich des → Bastelns.

G. Hager, Die Wk., 1902; V. v. Geramb u. V. Zack, Das Steyrer Kripperl, Zs. f. öst. Vkde 25 (1919); J. Ringler, Dt. Wk., 1929; R. Berliner, Denkmäler d. K.kunst, 1926ff.; Finsterwirt u. Plattner, Der K.bau, [4]1932; H. Schlenger, in: Jb. f. hist. Vkde, Bd. 3/4, 1934; K. Spieß, Bauernkunst, [2]1935; A. Stefanucci, Storia del Presepe, Rom 1944; J. Amades, El Pessebre, Barcelona 1946; A. Molling, Von der Wk. zur Jahresk., Wopfner-Fs. 1947; J. B. Hartmann, Münchner Wk., 1948;K. Kusenberg, Das K.büchlein, 1949; P. v. Wass, Bernhard Schneitter von Inzing. Ein großer K.bauer, 1953; L. Kretzenbacher, Wk. in Steiermark, 1953; J. Ringler, Ein tiroler K.bauer uns. Zeit, Emil Baumann in Innsbruck, in: Kultur u. Volk, Gugitz-Fs., 1954; R. Berliner, Die Wk., 1955; R. Pipert, Les origines de la crèche provençale et des saintons populaires à Marseille. Mars. 1956; L. Kretzenbacher, Eine K.legende aus Admont, Öst. Zs. f. Vkde 60 (1957); J. Ringler, Tiroler Fastenk., in: Ostern in Tirol, hg. v. N. Grass, 1957; F. Kollreider, K. u. Heiliggräber in Osttirol, 1958 (Die über 300 beschrieb. K. entstammen dem 20. Jh.); E. Alexy, Das Bethlehemtragen u. andere Umzugsspiele. Nach karpatendt. Spielüberl. d. Zips u. d. Kremnitz-Dt.-Probener Sprachinsel, 1959; Verz. d. Nordtiroler Wk, Stand 1959 (Ein Führer zum Brauch d. »Krippeleschauens«); R. Wildhaber u. L. Kretzenbacher, V.tüml. Wk., 1959; J. Lanz, Sudetendt. K.landsch. vor u. nach d. Vertreibung, Jb. f. Vkde. d. Heimatvertr. 5 (59/60) (Auf Grund der Slg. Karasek); A. Walzer, Schwäb. K. a. d. Barockzeit, 1960; J. Ruprecht, Das nordböhm. K.reich, Karlstadt 1961; A. Terzi, Nella Selva di Greccio nacque il presepio plastico, Rom 1961; J. Lanz, Ton- und Brotteigk. i. Sudetenland, Jb. f. Vkde d. Heimatvertr. 7 (1962/63) (Reiche Slg.); E. Roth, Ein Kind ist uns geboren. Christkind-Fig. aus 6 Jhh., 1962; N. Mantl, Oberinntaler Wk., 1962; A. Krause, Die K.kunst d. steir. Bildhauers J. Th. Stammel im Stifte Admont, 1962; J. Lanz, Schlaggenwalder Wk., Heimatbrief 16 (1964); A. Karasek-Langer, K.theater u. bewegl. K. im Sudetenraum, Jb. f. ostdt. Vkde 8 (1964); O. Kastner, Die K., 1964; L. Schmidt, Die Wk. von Rinn in Tirol u. ihre Bergmusik, 1964; A. Karasek-Langer, K.theater u. bewegl. K. im Sudetenraum, Jb. f. ostdt. Vkde 8 (1964); W. Döderlein, Alte K., o. J. (1964) (Betr. eine d. schönsten K.slgn: Bayer. Nat.mus. in München); Der Wk.bau zu Königsberg a. d. Eger, in: Kgsb. Nachr. 17 (1965) Nr. 9/12; N. Grass, hg., Wk aus Österr., 1965 (A. d. 9 Bundesländ.); G. Hess-Haberlandt, Zur K. her kommet. Ein W.buch über K., K.spiele . . . in Niederöst., 1965; J. Ringler, Tiroler K. uns. Zeit, 1966 (Werke geschulter Bildhauer, die fast alle a. d. Bauerntum stammen); L. Kriss-Rettenbeck, Anm. z. neueren K.lit., Bayer. Jb. f. Vkde (1966/67); F. Leskoschek, Die Tiere d. K., Koren-Fs. 1966; A. Karasek-Langer, 350 Jahre Wk. in Oberschlesien, in: Unser Oberschl. 16 (1966); ders., Die Prager K.bogen, Prager Nachr. 17 (1966) Nr. 11/12; ders., Stand u. Aufg. hist. K.fg. am Niederrhein, Zs.

f. rhein.-westf. Vkde 14 (1967); ders., Gesch. u. Verbr. d. W.k. in Nordosteur., Zs. f. Vkde 63 (1967) (Schopka u. Vertep); ders., Die Vk. der »Mannlmaler« im Jeschken- u. Riesengeb., Jb. f. ostdt. Vkde 11 (1968); J. Ringler, Alte Tir. Wk., 1969; G. Klein, Crèches anciennes (Kat. Musée Alsacien, Straßbg.), 1970; L. Kriss-Rettenbeck, Wk. (Ill. Führer Bayer. Nat.-Mus.), 1972.
Zss. u. Jbb.: Der K.freund, Innsbruck 1945ff.; Der bayer. K.freund, Regensburg 1952ff.; Die Wk. hg. v. P. Engelmeier, 35. Jb. (1968) (Für Rheinl. u. Westf., Hinweise auf Kat., Ausst. usw.); Kartogr.: ASV 161 Wk. kath. allg., reform. selten (im äußersten frz. Westen unbekannt).

Kristall (v. griech. *krystallos* = Eis), Schutzmittel gegen Beschrieene, ferner Zaubergerät zum K.sehen, einer Art der → Wahrsagung, die aus der gelehrten Mantik (K.omantie) in den Volksglauben drang. Sie wurde von Luther scharf bekämpft, spielte trotzdem in den Hexenprozessen bis ins 17. Jh. eine wichtige Rolle und wird noch heute mit Hilfe meist weibl. Medien betrieben. Märchen und Sagen berichten davon (Zauber-, Bergspiegel). Dazu fand auch der → Beryll Verwendung (Paracelsus). Mit diesem oder mit einem K. wurde das Osterfeuer entzündet, später und heute mit Stahl und Feuerstein. → Spiegel.

H. Bender, Zur Gesch. d. K.visionen, in: Neue Wiss. 13, 2 (1963).

kritische Tage, Jahre. Der besonders durch die Schriften von Falb wieder geförderte Glaube an k. T. beruhte auf alter Zahlenmystik (Sieben- und Neunzahl, Ungerade Zahl) und auf der Beobachtung des Mondeinflusses, der in Siebentagperioden (Woche) wechselt. K. T. entscheiden über Leben und Tod des Kranken und drohen mit Wetterkatastrophen. Falb bezeichnet die Neu- und Vollmondtage als k. T. → Zahl, Mond.

R. Falb, Kalender der K. T., 1892; ders., K., Sintflut und Eiszeit, 1895; K. Sudhoff, Zur Gesch. der Lehre von den k. T. im Krankheitsverlauf, in: Wiener med. Wochenschrift, 1902; Reger, K. T., 1906; Hovorka-Kronfeld, Vergl. Vmed., 1. Bd.

Krone, Kranz. In K. und Kränzen bei Kirmes, Ernte- u. Richtfest, zu Advent, im Frühling und am Sonnwendtag, in der Jungfrauen- und Totentracht, in staatlicher und kirchl. Feier u. Tracht verwachsen mit der Eigenbedeutung des in sich geschlossenen unverletzten Kreisringes (→ Kreis) drei gesch. Wurzeln des Brauches: der germ. Kranz aus grünem Reis, dessen Abbild wir noch in den Blätterzacken der Fürsten- und auch der Jungfrauenkrone (Schäppel) sehen. Dazu gesellte sich früh Name (*corona* = K.) und Form des antiken (metallenen?) Triumphzeichens und Siegerdiadems (Lorbeerkranz). Aus christl. Gedanken und Bildern endlich stammt die Dornenk. und das Sternendiadem der Himmelskönigin → Maria, das wohl auf orientalische Darstellungen der Venus zurückgeht. In der Pfalz zeigte die Brautk. die gleichen 12 Sterne. Die K. der → Dreikönige erscheint im Sternsingerspiel und beim → Quempassingen (Siebenbürgen, Thüringen). Mit jenen Wurzeln ist auch der verschiedene Sinn der K. und Kränze des heutigen Brauches gegeben: Herrschaftssymbol, religiöses Weihezeichen, Symbol der Wachstumskraft, der Fruchtbarkeit und der weibl. Unberührtheit (→ Keuschheit, Jungfrau). Natürlich ist auch die Freude an Blumen und Grün, der Schmuck- und Bildnertrieb ein wichtiges Moment. Hinzu kommt noch die zauberische und mythische Kraft und Bedeutung des Kranzes durch die dazu verwendeten Pflanzen u. Blumen (→ Johanniskräuter) u. durch den Gebrauch (Kranzwerfen). → Advent, Weihnachten, W.leuchter, Fronleichnam, Maibaum, Erntefest, Richtefest, Joh.tag, Hochzeit, Schäppelmädchen, Gebildbrote, Reiterspiele, Pflanzen.

O. Lauffer, Jungfernkranz u. Brautk., Zs. f. Vkde 1930; O. Bramm, Dt. Brautkränze u. Brautk., Jb. f. hist. Vkde, 3./4. Bd., 1934; Vgl. die Artikel Kranz u. K. im Dt. Wb. 5, 2943–2962, in Pauly-Wissowa, Real-Enz. u. im HDA 5, 381–428 (von Meschke); E. Fehrle, Die Brautk., in: Funkenberg, Tracht u. Schmuck im nord. Raum, II, 1938; A. Reinle, Grüne Kränze als Urform d. Schappels, Schweiz. Vkde, Jg. 32; K. Baus, Der Kranz in Antike und Christentum, 1940; B. Schier, Die mal. Anfänge d. weibl. Kopftrachten im Spiegel d. mal. Schrifttums, Spamer-Fs. 1953; A. Karasek-Langer, K. u. Kopfschmuck im donauschwäb. V.schauspiel, Bayer. Jb. f. Vkde (1956); M. Bringemeier, Brautk.n im Münsterland, Rhein.-westf. Zs. f. Vkde 14 (1967).

Kronenbaum → Joh.tag

Kropf. Der K. der Bergländer (bes. Schweiz und Steiermark) ist sprichwörtlich und zuweilen gleichbedeutend mit »Hals« (Halskette ist »Kropfkette«). Inzucht oder nach dem Glauben des Volkes schwere Geburt, Unterdrückung des Atmens (Vorarlberg), endlich, was wohl den häufigsten Grund trifft, das Trinkwasser verursachen den K. Man heilt ihn mit K.brunnenwasser, mit Gebet zur K.patronin Balbina (Bayern), mit sympathetischen Mitteln (Bernsteinhalsband im Kanton Bern), heute meist mit Jodkuren. Der K. war aber auch so gewohnt, daß man ihn »zu den graden Gliedern« zählte und nicht vertrieb. In Spruch und Schwank verspottet das Volk selbst die »K.eten«. → Bohemus.

Krösenbüchserl. Den fränk. Dukatendöschen des 17. Jh. (→ Patenbrief) entsprachen in Süddtl. die K. als Behälter des → Angebindes bei der Taufe (mundartl. Krösen ›Krisam, Salbungsöl‹; vgl. Krösenhemd ›Taufhemd‹).

Kröte. Die K. zieht in Brunnen oder Stall oder unter dem Bett Gift und Krankheit an sich; besonders die »Frauendreißigerhöppinnen« nach Mariä Himmelfahrt tun es oder die K. am Georgs- oder Johannistag. Sie ist Hausgeist, den man mit Milch nährt (Schweiz) und Schatzhüterin wie die → Schlange. Mit dem Namen »Unke« wird mundartlich sowohl diese (Thür.) wie auch die K. bezeichnet (Märchen von der Unke). Die K. gilt aber auch selbst als giftig in Antike u. Gegenwart. »Sie spritzt Gift«, sagt man in Vorarlberg. Tatsächlich enthält die Absonderung der Hautdrüsen bestimmter K.arten (z. B. *Bufo bufo*) wirklich Gift (Bufotoxin). Die K. ist Teufels- und Hexentier, besonders zu → Walpurgis und saugt den Kühen die Milch ab wie die → Mahr. Die Vmed. verwendet K.pulver. Hautschweiß, Warzen, Nasenbluten vergehen, wenn man eine K. solange in der Hand hält, bis sie erstirbt (→ Maulwurf) oder bis sie warm wird. Die Rolle der K. als Votivtier hängt mit dem bereits in der Antike belegten Glauben zusammen, die → Gebärmutter sei ein lebendes Wesen, das im Körper wandere, »steigend werden« könne (→ Kolik). In Einsiedeln wurden viele wächserne Votivk. gegossen und an die Pilger verkauft. Dieser Brauch mag noch von dem Glauben unterstützt worden sein, daß Hexen einem K. u. damit Krankheiten in den Leib zaubern können. Die K. als Votivtier ist (gegen Kriß) auch in Fränk. bekannt (Wachszieherei in Walldürn). – Weitverbreitet ist die Bezeichnung eines billigen, schlechten Messers als Krottahegl, Poggenstecher u. ä. → Pfingsten.

R. Kriß, D. Gebärmutter-Votiv, 1929; A. Gulder, Die urnenfelderzeitl. »Frauenk.« von Maissau in N.öst. u. ihr geistesgesch. Hintergrund, Mitt. d. Präh. Komm. d. öst. Akad. d. W. 10 (Wien 1960–62); E. Linckenheld, Le crapaud dans les trad. pop. de l'Alsace et de la Lorraine, Cahiers Alsaciens d'Archéologie . . . 1967.

Krug, ein leicht kegelförmiges, zylindr. oder bauchiges Henkelgefäß zum Schöpfen und Zapfen wie zum

Trinken, zuweilen mit zinnernem Deckel. Schon in Alteuropa bekannt, erlebte der K. aus Ton nach der karoling. Entwicklung (Verzierung durch Rädchen und Stempel) seine Blüte im → rhein. Steinzeug des 14.–16. Jh. (Reliefauflagen). Aufgelegte kleine Tonperlen in Ranken und Figuren kennz. den Altenburger Steinzeugk. Diesen hier (wieder) auftretenden Typus des Walzenk. verziert die Fayence (→ Majolika) des 17. und 18. Jh. mit reicher, oft auf Lebens- und Jahresbrauch bezogener Malerei. Sie werden heute wieder hochgeschätzt und vielfach nachgeahmt. Sonst beherrscht heute neben blaubemalten Most- und großen Essigk. der einfache Walzenk. aus grauem → Westerwälder Steinzeug den Markt (Bierseidl, das Andenken des Münchner Oktoberf.), soweit ihn nicht das Bierglas verdrängt hat. K. aus Ton, bemaltem Glas oder aus Zinn, mit Bändern und Münzen behängt, spielten eine nicht unbed. Rolle im Brauchtum der → Hochzeit oder des → Handwerks (Zunfthumpen). Bei den Jenenser → Studenten bis in die Gegenwart beliebt waren die Lichtenhainer K., die in reizvoller Form (Wechsel heller und dunkler Dauben) von → Böttchern gefertigt wurden. Diese Formen haben ihrerseits schon im 16. Jh. die Töpferei beeinflußt (Siegburger Schnellen). Mit → Zinn eingelegte Böttcherk. kennen Thüringen und Bayern. Durch Form, Ausstattung, Herkunft oder Gebrauch bes. Namen hatten die Ring- oder Wurstk. (bes. in Höhr und Grenzhausen, 16. Jh.), die Bartmannk., die Kurfürsten und Planetenk., die Apostelk. (Reliefs der 12 Apostel auf dem K.; bes. im 17. Jh. in Creußen bei Bayreuth), die Hirschvogelk. (angebl. von der Maler- und Töpferfamilie H. in Nürnb. im 16. Jh. geschaffen, aber auch anderswo entstanden) oder die fränk. Landsknechtk. (16./17. Jh.), die in künstelnder Fayence die Gestalt eines Landknechts wiedergaben. Der Handwerkername Krugbäcker weist auf dieses Gefäß, doch ist K. für ›Wirtshaus‹ anderer Herkunft. Im Geltungsgebiet dieser Bez. nämlich heißt der Krug als ›Gefäß‹ seit altem Kruke. K.recht hieß das Recht zum Ausschank, das zuweilen als Realrecht mit dem Besitz eines Hauses verbunden war.

Kluge-Mitzka, Et. Wb., [20]1967; A. Mais, Die Krügelmacher d. Fischauer Gruppe, J. Weniger-Fs. 1952.

Krüppel, bucklige und andere bresthafte Leute sind ein schlechter → Angang. Man traut ihnen eher als Gesunden Zauberkunst und Bosheit zu. Sie haben aber selbst apotropäische Macht, weshalb der *gobbo* (ital. = Buckliger) als Anhänger (Berlin) oder Maskotte Glück bringt. In Berlin noch bekannt ist der Glaube, es habe Glück, wer mit der Hand über einen Buckel (»Ast«) streiche. Wohl mit aus diesem Grunde berührt man die rußige Schulter des Schornsteinfegers mit der Hand (Bln. 1967). Das Spielkasino in Monte Carlo hatte lange einen Buckligen als Türwächter angestellt. Über den K. als »Amulett-typus« im figürlich. Gebäck vgl. O. A. Erich in: Festschrift für R. M. Much (Ernte a. d. Gebiet d. Vkde, hg. v. E. Fehrle 1932; m. Bibliogr.).

Kuchentag → Neujahr

Küchenzettel → Speis u. Trank, Woche

Kuckuck. Die besondere Stellung, die der K. durch Erscheinen, Aussehen, Ruf u. Lebensweise in der Naturgesch. einnimmt, hat er auch im Volksglauben. Mit wenigen Tieren beschäftigen sich Lied, Spruch, Namengebung und Orakelbrauch mehr als mit dem K. Daß er die Lebensjahre kündet, weiß schon Hugo von Trimberg:

Swie lange aber wer sin fröuden spil,
daz weiz der gouch, der im vür war
hat gegutzet hundert jar.

Später verdrängte die norddt. Bez. K. den süddt. Namen Gauch. Verbreitet ist auch der Glückszauber, beim Hören des ersten K.rufes auf die Geldbörse zu klopfen od. sich im Grase zu → wälzen. Der K. ist »Frühlingsvogel« schlechthin. Es wird ihm aber auch Verliebtheit (Hochzeitslied von K., Buhllieder = »Gauchlieder«), ja Geilheit nachgesagt. Huren nannte man K. In der Antike war er Phallussymbol. Auf dem Zepter der Hera sitzt der K., in dessen Gestalt sie Zeus verführt hat. Im lat. hieß der untreue Ehemann *cuculus.* Den gleichen Namen trägt der betrogene Gatte (frz. *coucou*, engl. *cuckold*, dt. K. schon im 16. Jh.). Der K. ist schimpflicher Gegensatz und Herabsetzung des → Adlers als Wappentier (der »blaue K.« = Pfändungsmarke; Bayern nannten preußische Münzen »Gugetzergroschen«). Seit dem 16. Jh. ist K. als → Euphemismus für Teufel bezeugt (»Hol dich der K.«, »Zum K.«). Wohl wegen des eintönigen Rufes konnte schon Notker (um 1000) *gouch* im Sinne von ›Narr‹ sagen. – Die Stadt Eberbach am Neckar feiert alljährl. den »K.markt«. Die Bewohner tragen den → Übernamen K., weil ein Vorfahre anno 1604 im benachbarten Neckarwimmersbach einen als gebratene Taube servierten K. mit Genuß verspeist haben soll.

Suolahti, Vogelnamen, 1909; L. Thorndike, A History of magic and experimental Science during the first thirteen centuries of our Era, [2]1929; W. Mannhardt, Der K.: Zs. dt. Mythol. 3; E. Seemann, K., im HDA 5, 689–751; K. Löber, »Den K. holen«, Hess. Bll. f. Vkde 42 (1951).

Kufenstechen → Pfingsten

Küfer (Kübler, Büttner, Böttcher, Faßmacher, Binder, Schäffler) hatten ein reiches Zunftwesen, an das noch die K.feste in Hallein, Memmingen (Reiftanz), Wien (Bindertanz) und besonders in München (→ Schäfflertanz) erinnern. Der hl. → Urban ist Patron der K. wie der Winzer. Die Verbreitung des Namens dieses Handwerks hat B. Martin dargestellt (Zs. Teuthonista). → Böttcherarbeiten. Verbr.-Karte der K.namen bei L. Ricker, Zur landschaftl. Synonymik d. dt. Handwerkernamen, 1917.

Kugel. Natur- und Gespenstersagen berichten von mythischen K. (K.blitz, Gestalt des Alp, goldene Kegelk.). Als Amulett (Gamsk., der k.drehende Mistkäfer od. Scarabaeus), als Siderisches Pendel, als Verkörperung von → Kreis und → Ring findet die K. magische Verwendung, doch ist der eigentliche K.glaube nicht volkstümlich. Auch das → Glück, die Fortuna, wird von Künstlern wie A. Dürer mit der K., in volksmäßigen Holzschnitten und Bilderbogen aber meist als Rad dargestellt. Doch fährt die Fortuna eines fränkischen → Gebäckmodels (Rothenburg) auf einer K. einher. K.segen, Frei-K. u. ä. beziehen sich auf das Geschoß, das bes. zauberkräftig ist, wenn die K. aus Erbsilber oder aus in der Christnacht gegossenem Blei besteht. – Die K. als antikes Symbol der Erde finden wir, mit oder ohne Kreuz, wieder als Hoheitszeichen der dt. Kaiser (Reichsapfel). → Murmelspiel, Glücksrad.

W. Wackernagel, Das Glücksrad und die K. des Glücks, Kleinere Schr., 1872; Doren, Fortuna im MA u. in d. Renaiss., 1924; P. E. Schramm, Sphaira, Globus, Reichsapfel, 1958.

Kugelspiele. Wie bei den → Ballspielen unterscheiden wir K., bei denen die rollende oder geworfene Kugel das alleinige Spielgerät ist (→

Murmelspiel, Potschen, Klootschießen) von solchen, die ein Schlaggerät einsetzen wie beim Kugelschlagen, wobei sich, z. T. durch die größere Leistung und Härte, sportl. Formen entwickeln (Golf, → Minigolf) und die Kugel zur besser fliegenden oder gleitenden Scheibe wird (Eishockey, → Hockey, Hornussen). Eine Sonderform ist das von Dtl. aus über die Welt verbreitete → Kegelspiel, bei dem die Spielaufgabe in einer Veränderung der Zielfigur nach bestimmten Regeln besteht. Eine mehr zufällige Rolle spielt das Wurfgerät beim Kugelstoßen, das sich aus dem v.tüml. und alten → Steinstoßen entwickelt hat. Am bekanntesten ist das Murmelspiel der Kinder. Das einfache, ortsgebundene Boccia-Spiel, das man heute auf den Campingplätzen der Alpen so gut wie in städt. Gärten und am Nordseestrand findet, hat heim. Vorformen im alem. Kugelitröla oder im tirol. Watschelen, wobei die Kugel nach einem Lecco, Karoline oder ähnlich genannten Ziel gerollt wird (→ Eisschießen). Beim frz. cochonnet wird eine Kugel als Ziel ausgeworfen, der man die übrigen im Wettstreit der Parteien möglichst nahe zu bringen sucht. Poule (fälschlich boule) bezeichnet urspr. in Frankr. den Gesamteinsatz beim → Kegelspiel. Wie das amerik. Militär nach 1945 bei uns das Bowling mit eigener Kugel, Bahn und Spielregel bekannt machte, so hat z. B. im franz. Sektor Westberlins nach 1960 der Kommandant F. Binoche am Flughafen Tegel ein »Boulodrom« mit 24 Bahnen eröffnet. Geworfen wird mit einer 600 Gramm schweren Metallkugel auf eine Holzkugel als Ziel. Für die ital. Boccia hat sich Konrad Adenauer, der Meisterspieler von Cadenabbia, als starker oberschichtl. Schrittmacher bewährt.

Zingerle, Das dt. Kinderspiel im MA, 1873; H. Handelmann, Volks- und Kinderspiel aus Schleswig-Holstein, 1874; Georgens und v. Gayette-Georgens, Allgemein. Familienspielbuch, 1882; W. Hansen, Volkstanz u. Spiel, in: A. Spamer, Vkde; R. Beitl, Volksspiel, in: W. Peßler, Hb.; R. v. d. Linden, Het bolspel in Vlaanderen vroeger en nu, 1966 (Beschr. des Bolderclublebens).

Kuh. Als die wichtigste Nahrunggeberin unter den Haustieren ist die K. in Namengebung, Glaube und Brauch bevorzugt. Nach Farbe, Merkmal, Gang und Gemütsart (»Stolzi«) wird sie benannt, wobei die »Schmeichelnamen« und »Lockrufe« noch eine bes. Ebene neuer oder veränderter Namengebung schaffen. Beim → Kauf einer K. wird viel auf das Eingewöhnen und Vertreiben des → Heimwehs geachtet, bei der Geburt eines Kalbes wird die → Nachgeburt bes. behandelt. Auch in Mythus und Kult (Wolkenk., Kornk., K.haut als Maske, K. am Wagen der → Nerthus) und im → Rätsel wird die K. viel genannt. Beim ersten Austrieb soll man nicht eine schwarze K. vorangehenlassen. → melken, Butter, Käse, Hirt.

W. Gyrs, K.kämpfe im Val d'Anniviers, Schweiz. Arch. f. Vkde 43 (1946); R. Wildhaber, Das Sündenregister auf der K.haut, W. Anderson-Fs., Helsinki 1955; A. Scheiber, Das Sündenreg. a. d. K.haut, Fabula 2 (1959).

Kuhblume → Margerite, Löwenzahn

K.euter, Kühlein → Herbstzeitlose

Kühmelle → Kamille

Kuhreihen. Aufzug in die → Alp im Mai und Talfahrt im Sept. (→ Kreuzerfindung und K.erhöhung) sind in den Alpenländern noch heute Feste, zu denen sich Hirt und Herde schmücken. Die sogen. Senntumbilder bes. aus dem Kanton Appenzell (→ Sonntagsmaler) zeigen den festl. Zug, den der Ostschweizer Chuereije nennt. Seit 1531 ist die Bez. K. bezeugt, die später auf Lied und Musikbegleitung (Westschweiz: ranz de vaches) übertragen wurde. Die älteste Aufz. eines K. gibt G. Rhaws »Bicinia« (1544). Die Schäferpoesie des Rokoko entdeckte die K. wieder, sodaß J. J. Rousseau einige Beispiele in sein »Dictionnaire de Musique« (1767) aufnahm. Im weiten Sinn versteht man unter K. zuweilen auch die einf. Melodien des → Alphorns und die Lockrufe und → Jodler der Schweizer → Hirten und österr. Halterbuben. → V.lied, Alpsegen.

J. R. Wyß und Huber, Slg. v. Schweizer K. usw., 1815, [4]1826; Huber, Recueil de ranz des vaches etc., 1830; G. J. Kuhn, Slg. v. Schweizer K. u. alten V.liedern, [2]1812; A. Tobler, K., Jodel und Jodellieder in Appenzell, 1891; Gauchat, Étude sur le ranz des vaches fribourgeois, 1899; Schweizer Idiotikon 6, 6f. (Belege bes. a. d. Appenzell); P. Geiger, V.liedinteresse in d. Schweiz, 1912; H. J. Moser, Tönende V.altertümer, 1935; Alpenmusik, in: Die Mus. i. Gesch. u. Gegenw. 1 (1949–51, Lit.); R. Pinon, Les chants de pâtres, Jb. f. V.liedfg. 12 (1967).

Kulsoeg → Sauball

Kult (lat. *cultus* = Pflege, Verehrung) der Gottheit durch die K.gemeinde an K.orten (heiliger Hain, Tempel, Kirche, Gnadenort). Auch im Volksglauben können wir insofern von kultischen Handlungen sprechen, als die Erinnerung an persönliche Gottheiten, die das Christentum vielfach zu Dämonen erniedrigte (→ Wodan, wilde Jagd, Donar), noch nachlebt. In gleicher Weise kennt der Volksglaube auch noch → Opfer und → Gebet neben der allerdings vorwiegenden Zauberhandlung. → Abwehrzauber, Fruchtbarkeit, Vmed., Vglaube.

F. Pfister, Kultus, in: Pauly-Wissowa, Real-Enzycl.; Kagarow, Essai de classification des rites populaires, in: Revista del Ist. Etnol. 2 (1931); A. Bertholet, Grundformen usw., 1953; R. Goldammer, Die Formenwelt d. Religiösen, 1960; G. Mensching, Soziol. d. Relig., [2]1968.

Kultbrunnen → Wasser

K.speisen → Gebildbrote, Brot, Butter, Honig, Salz, Weihn., Zwölften, Dreikönig, Gründonnerstag, Speis u. Trank

K.tanz → Schwertt., Volkst.

Kumini → Kümmernis

Kümmel (Karve, Garbe; *Carum carvi*). Die schon der Antike bekannte Gewürzpflanze wächst wild und in Bauerngärten. Wie alles stark Aromatische (→ Geruch) gilt K. als dämonenfeindlich. Das ist wohl der Kern der Sage, daß Zwerge oder Holzfräulein (→ Waldgeister) erschreckt ausriefen: »K.brot, unser Tod!«, als man K. im Brot zu verbacken begann. Man schloß daraus auch, daß K. unseren Altvorderen wenig bekannt war. Auffallend ist das fast völlige Fehlen v.eigener Namen. Bei Erkältungen und Leibbeschwerden (Blähungen) steht K.tee oder K.schnaps noch hoch in Gunst. Stillenden Müttern fördert er die Milch. Erfahrung und Wahn mischen sich: der kalbenden Kuh gibt man K. zu fressen, das Kälbchen wird mit K. bestreut »gegen Behexung«. Gegen das Nachtweinen der Kinder, das man dämon. Einfluß zuschrieb, stellte man einen Topf mit gekochtem K.samen unters Bett. – Der »K.türke« stammt aus der Sprache der Hallenser → Studenten. Der Saalekreis hieß K.türkei wegen des starken K.anbaues.

H. Marzell, Wb. – ADV 44a (Brot).

Kümmernis. Unter dem Namen K. (auch hl. K.), Kumini, Comeria, Ontkommer, Combre, Souci, Hülpe, Gehilfe, Reginfledis, Wilgefortis, Liberata, Eutropia usw. sind in West- und Mitteleuropa (Holland, Brabant, Flandern, Nordfrankr., Rheinland, Schwaben, Schweiz, Bayern, Österr. – Hauptgebiet: Tirol, Böhmen, Mähren, Polen, Spanien, Portugal) von der Kirche gelittene, aber nicht eigentlich anerkannte Legenden und Bildnisse bekannt. Das Bild zeigt eine in schönes Gewand gehüllte Gestalt, meist mit Bart und Krone, die mit ausgestreckten Armen am Kreuz hängt, mit dem beschuhten Fuß aber auf einer Stütze steht. Die älteste Niederschrift der Legende entstammt dem niederländischen Spätmittelalter. Die K. soll als Tochter eines portugies. Heidenkönigs einer unchristl. Verheiratung nur dadurch entronnen sein, daß sie sich von Gott einen Bart erflehte (wie ähnlich die hl. Paula und Galla). In der dt. Fassung verbindet sich damit die Sage vom armen Spielmann (vgl. Grimms Märchen, Die heilige Frau Kummernis). Lat. Quellen nennen diese Heilige Wilge fortis (von *virgo fortis*), die als Märtyrerin ihr Fest am 20. 7. hat.

Eine umfangreiche Literatur beschäftigt sich mit dieser für die Durchdringung kirchlichen und volksmäßigen Glaubens so überaus kennzeichnenden Überlieferung. Noch heute stehen sich schroff zwei Ansichten gegenüber. Von dem prot. Theologen Bornhausen u. a. werden germ. Quellen für Bild und Sage gesucht, zuletzt in dem Aufsatz »Volksglaube« in W. Peßlers Handb. d. dt. Vkde. Schnürer sieht in der K. Kopien eines romanischen Bildes, die den Christus als königlichen Triumphator und beschuht zeigen, während der leidende Kruzifixus erst später allgemein wurde. Noch im 12. und 13. Jh. sehen wir am Rhein Übergangsformen (den Gekreuzigten mit weiter Tunica oder mit Lendentuch, aber gekrönt: Abb. in: E. Beitz, Caes. v. Heisterbach u. d. Bild. Kunst, 1926). Die entsprechende Beischrift *Salvator mundi* trägt noch ein Saalfelder Steinbild von 1516. Die bekannteste Darstellung dieser Art war d. *»Volto Santo«* im Dom zu Lucca. Mit dieser Bildtradition könnten sich Züge aus der Paula- und Gallalegende verbunden haben. Man hält heute aber auch das Vorbild einer wirklichen Märtyrerin für möglich. Verbreitet sind Bild und Sage der K. heute in Schlesien, Bayern und Österr., wo sie meist K. heißt. Die umfassende ikonographisch und kultgeographisch (Fragebogen wurden verschickt) unterbaute Monographie stammt von Schnürer und Ritz. Die jüngsten Ergebnisse der Forschung bestätigen ihre Ansichten. A. Dörrer hält jedoch daran fest, daß hinter St. K. auch eine »frauliche Volksfigur des Hoch-MA, eine mythische und mystische Helferin der Menschheit« stehe und daß das »Neben- und Miteinander« in der Bildgesch. noch der Klärung bedürfe (Arch. f. Kulturgesch. 44, 1962). – Eine bed. Slg. von K.darste. besitzt das Öst. Mus. f. Vkde in Wien. → drei hl. Frauen, Leonhard, Kreuz.

K. Weinhold, Sanct Kummernuß, in: Zs. d. Ver. 9 (1899); Schnürer, Die K.bilder als Kopien des Volto Santo von Lucca, Jahresber. d. Goerres-Ges. f. 1901/02; Maupas, Sainte Wilgéforte; Hadwich, Die hl. K., Sudetendt. Zs. 1 (1928); Schnürer-Ritz, St. K.-Forschg., in: Volk u. Volkstum, Jb. f. Vkde, 1936; J. Gessler, De Vlaamsche Baardheilige Wilgefortis of Ontkommer, Antwerpen, 1937 (Abb.); L. Kretzenbacher, St. K. in Innerösterr. Bilder, Leg. u. Lieder, Zs. d. hist. Ver. f. Steierm. 44 (1953); Über neue Funde und zur allg. K.forschung vgl. K. Spieß, in: Öst. Zs. f. Vkde 54 (1951); A. Dörrer, Die K. als bräutl. Gegenstück zu Oswald, in: Ges. Aufs. z. Kulturgesch. Spaniens, 1962 (Etwa 100 K.zeugn. in Tirol); B. Pels, Das Wilgefortis- oder K.bild von Wörth am Main, Aschaffbg. Jb. 3 (1956); L. Schmidt, Das Linzer Volto Santo-Fresko, in: Linzer Kunstjb. 1964.

Kummerrosen → blau

Kummet (im nd. und md. O Kumt, im W und obd. Hamen), der Teil des → Geschirrs, der dem Pferd um den Hals geschläuft wird und neben Kämmen und Scheiben aus → Messing reiche Lederarbeit aufweist. Wie die → Schellenriemen der Kühe sind die kostbaren Stücke oft bes.

Aufgaben oder Anlässen vorbehalten (Bierfuhrwerke, Funkentanneführen; → Leonhard). Den glänzenden Scheiben, roten Tuchstreifen und bes. den Fellen vom → Dachs wird zauberabwehrende Kraft zugeschrieben z. B. gegen das in Sagen viel genannte Verflechten der Haare durch Hexen. Die Vk. der Messingkämme ist nach Geramb vor 1600 nachweisbar. Geschnitzte Pferdek. kennt Niedersachs. – K. sind heute beliebt als Schmuck von Gaststätten, die zur Gästewerbung auf → Folklore machen.

V. v. Geramb, Über den K.kamm V.werk, 1942; K. Hilkune, Die finn. K.decke aus Bärenfell, ebd.; W. Jakobeit, Zur Gesch. d. Pferdeanspannung, Zs. f. Agrargesch. u. A.soziol. 2 (1954); H. Steininger, Die K.kämme im Niederöst. L.mus. in Wien, Öst. Zs. f. Vkde 69 (1966); J. Brunhes-Delamarre, Géogr. et ethnol. de l'attelage au joug en France du 17e s. à nos jours, 1969; Kartogr.: ASV 67–69 Rindvieh als Zugtier, K., Halsjoch, Hornjoch (Graubünden).

Kunde → Gauner

künden, »es kündet sich« ist in Süddtl. die Bez. für Vorzeichen des Todes. »Er kommt sich k.« besagt, daß der Sterbende, dann auch der Verstorbene seinen Tod, meist nachts, ansagen kommt. Erlebnisse dieser Art werden noch heute als unumstößliche Tatsache empfunden und verteidigt (Vorarlberg). Ein älterer Ausdruck ist »abgnaden«. In anderen Gegenden spricht man von »bispeln« oder »melden« oder »sich ereignen«. → Zweites Gesicht.

Kunkel ist im dt. S und W gebräuchlich gegen Rocken im O und N (von lat. *colus* ›Spinnrocken‹; volkslat. *colucula, conuncala*; frz. *Quenouille*). In der Sprache des altdt. → Rechts stand K. für ›weibl. Geschlecht‹, so daß K.magen (auch Spillmagen von Spindel) Verwandtsch. der Mutterseite bezeichnet (K.adel). K.lehen (Weiberlehen) erbten in der weibl. Linie fort. K.stube → Spinnstube. → Spinnrocken, Spinnen.

Th. Frings in: Zs. f. Vkde 40 (1931).

Kunkel → Spinnrocken

Künstler → dreizehn, Talisman, Bild, Sondersprachen

Kunstsprache → Hochspr.

Kupfer. Vom alten Namen der K.insel Zypern stammt die ahd. Bez. *ēr* für K. Das Subst. wurde später durch das nichtverwandte Wort Erz verdrängt. Die gleiche Insel (gr. *kypros*) lieferte auch den Namen K. (ahd. *kupfar*). K., den Germanen seit Urzeiten bekannt, wurde im Bergbau erst im 9./10. Jh. gewonnen (Franken u. Sachsen). Auch das schwed. Falun gewann erst um 1200 größere Bed. Ein Bergwerksbüchlein von 1505, auch Agricola und Matthesius berichten über K.gewinnung. K.model zum Backen und K.kessel zum Kochen, Waschen und Schnapsbrennen waren ein kostbarer Besitz, der selten über beide Weltkriege weg gerettet wurde. Alte Küchen (Frankf. Goethehaus) bewahren Gefäße aus dünnerem K.blech, das kaltgetriebene Arbeit aufweist (Wasserbehälter, Salzkästen, Backmodel). Taufbecken und kleinere Weihwasserbecken stehen im Gebrauch der Dorfkirche. Kuchen- und Puddingformen zeigen Doppeladler, Fisch, Weintraube, Ofentüren, auch in Gravur, das → Fischweib, Wassergefäße Szenen aus Reineke Fuchs.

Eine Besonderheit sind k.getriebene → Masken. Die K.geräte, bes. die Becher aus Herrengrund in Oberungarn (heute Slowakei) kennzeichnet die Vorliebe für eingrav. Sprüche. Im allg. ist Gravierung und Ätzung bei K. selten, weil das Anlaufen des weichen Metalls zu häuf. Scheuern verlangt. Überall war die Vk. in K. Sache des Handwerkers. Die einf. Formen fertigte der Kupferschmied im Dorf. Als Schutz gegen Säuren (Essig) wurden K.gefäße seit dem 17. Jh. innen verzinnt. Bes. Pfannen erhielten bis in unsere Zeit immer wieder neuen Belag. Bei Backmodeln war dieser Schutz entbehrlich.

G. Alexander, Herrengrunder K.gefäße, 1927; W. Witter, Die Kenntnis v. K. u. Bronze i. d. alten Welt, 1938; F. Kirnbauer und R. Steiskal-Paur, Herrengrunder K.gegenstände, 1959 (Mit 219 Sprüchen vom 17.–19. Jh.).

Kupferstich → Andachtsbild, Bilderbogen

kürzester Tag. Der Tag des hl. → Thomas (21. 12.) ist der astronomisch k. T. und hat deshalb Neujahrsglauben auf sich gezogen. Vor der Gregorianischen Reform des → Kalenders galt der Tag der → Luzia (13. 12.) als der k. T., auch in England u. Italien.

Küster → Mesner

Kutteln → Eingeweide

Kyffhäuser → Kaisersage

Laag → Grenze

lachen. Nur Menschen l. Von den Totengeistern sagt → Caesarius von Heisterbach: *De resurgentibus dicitur, quod ridere non soleant.* In → Kinderspielen darf der »Geist« nicht l. Wenn Tiere oder Dämonen (Kobold, Hockauf, Teufel, Wassermann) l., ist es verhängnisvoll. In der Oberpfalz hörte man nachts ein L. wie von zusammenschlagenden Brettchen. Wer es vernahm, fiel und tat sich Schaden. Der »Brettltuscher« ist dort Kinderschreck. (→ Schreckg.) Wer selbst in das Reich d. → Geister tritt, darf nicht l., wie er auch ungehörige Bewegungen vermeiden muß (beim Besprechen, Beschwören, Schatzsuchen). Bei kultisch erhöhter Handlung (Säen, Hausschau der Braut, Trauung) darf man nicht l. Überhaupt ist es tiefer, doch auch in Miene und Geste zur Schau getragener Ernst, was den Brauch des Volkes von den äußerlich gleichnamigen Feiern entwurzelter Großstädter unterscheidet. Es wird auch nicht gern gesehen, wenn das Kind zu früh lacht. Wenn es im Schlaf lacht, spielt das Gütel oder der Schutzengel mit ihm. – Mutiges, lautes, fröhliches, freches L. bricht den Bann und → Zauber. Überwindung des Todes und des Winters will auch die Fröhlichkeit, den Tanz bei Totenwache und Leichenschmaus u. das Erzählen der »Ostermärlein« durch den Priester zu → Ostern. Der Gedanke an d. lebenweckende Kraft des L. liegt wohl auch der Vorschrift zugrunde, daß man beim Petersiliensäen l. soll (Baden), daß die Wäscherin in eine Unterhose hineinl. müsse, wenn sie gut Wetter haben wolle (Thür.). Auch im Diebszauber und bei Orakeln ist das L. bedeutungsvoll. Wenn man Tränen lacht, gibt es Zank. Wer bei Tisch ins Glas lacht, bleibt ledig. Weit verbreitet ist der Glaube, daß der → Wechselbalg entlarvt wird, wenn man ihn zum L. bringt. Wie schon in der Snorra Edda die Skadi durch die derben Späße Lokis zum L. gebracht wird, so begegnen wir dem L. als Bedingung in vielen Märchen von der trauernden Prinzessin. – Ältere Erzählungen und moderne Zeitungssagen (1935) berichten von Leuten, die sich zu Tode lachten. 1746 schrieb Textor über dieses Thema eine Dissertation. → Petersilie, Predigtmärlein.

C. Sittl, Die Gebärden der Griechen u. Römer, 1890; H. Marzell, Fluchen, Zornigsein, L. bei der Aussaat von Kulturpflanzen. Bayer. Hefte 1 (1914); E. Fehrle, Das L. im Glauben der Völker. Zs. f. Vkde. (1930); L. Radermacher, Weinen und L., 1947; H.

Plessner, L. u. Weinen. [3]1961; Ph. Lersch, Gesicht u. Seele. [6]1966.

Lachsner, Lachsnerei. Ältere, bes. im alem. belegte Bez. für Heilkünstler, Zauberer. Vgl. ahd. *lâchnôn* = heilen; mhd. *lâchenaerinne* = Hexe. → Volksmedizin, Arzt.

lahmer Passionssonnatg → Judica

Lahnwaberl → Wasserg.

Lähmung. L. wird im Volksglauben nicht streng von → Gicht, → Rheumatismus u. ähnlichen Erscheinungen geschieden. Sie gilt u. a. als Strafe Gottes für → Meineid oder andere Freveltat. In vielen Sagen ist L. eine der typischen Folgen d. Geisterbegegnung (wilde Jagd), besondes wenn man Totengeister nicht erlöst od. gar auf sie schießt. Geheilt wird L. durch Durchkriechen (ohne zu reden vor Sonnenaufgang durch einen Eichenspalt; Oldenburg), → Durchziehen, durch Baden, durch »Kirchfahr und eysene Bild« (1437 in Salzburg). Infolge seines Namens wird der hl. → Lambert vom Lahmen angerufen.

Geisterbegegnung. In R. Beitl, Im Sagenwald, 1953, S. 354 ff.

Laienmalerei → Sonntagsm.

Laienspiel → Vschauspiel, Puppenth.

Lambert, hl. (17. 9.). Besonders von den Franken verehrter hl. Bischof († 708 in Lüttich), abgebildet als solcher mit einem Pfeil oder Wurfspieß (Schwert, Kohlen). In Westfalen, wo L. zahlreiche und frühe Kirchen geweiht sind, bes. in Münster, war L.tag ein großes Fest des Volkes (Prozession, Schmükkung der Häuser mit erleuchteten Laubpyramiden, Kinderumzug, L.lieder, Tanz). Der Brauch weist auf Formen der → Kirmes, wie sie besonders im Niederländischen und Flämischen zu Hause sind. Dort gilt L. gleichfalls als volkstümlicher Heiliger. L.tag war für Münster auch Beginn der Lichtarbeit. → Lähmung.

M. Zender, Vtüml. Heil.verehrung. In: ADV Erläut. 1959; ders., Räume . . . 1959; D. Sauermann, Das L.usfest u. verw. Bräuche, in: Jb. f. Vliedfg. 13 (1968).

Lamm. Wie die Taube ist das L. als Symbol christl. Gestalten dem Teufel (Oberpfalz), der Hexe und Alpgeistern als Erscheinungsform verwehrt. Auch für die → Gebildbrote in Form eines L. ist an christl. Vorbilder zu denken (→ Ostern), aber auch Andeutungen alter L.opfer fehlen nicht. Das Osterl. tanzt in der Sonne des Ostermorgens. Die Polen glauben, daß ein L. mit Fahne am Karsamstag in der Sonne sich bade. Osterl.essen ist auch noch in Städten bekannt (Berlin). In der Vorstellung der Lämmerwolken oder im Vergleich des wogenden Kornfeldes mit ziehenden Lämmern ist meist bildliche Redeweise zu sehen, doch treibt auch »Frau Holle« die Wolkenlämmer aus (Brandenburg). Kuchen aus Mehl und L.blut (Mahlen, Backen und Schlachten müssen während des Osterhochamtes geschehen) ist ein Zaubermittel zum → Festmachen. Glück für das Kind sind Lämmer am Himmel in der Geburtsstunde (Schweiz, Baden). Am Tag der → Unschuldigen Kindlein aber bedeuten Lämmerwolken Unglück für Wöchnerinnen und Knabensterben.

Lampe → Ampel

Ländler, Landler, Länderer. Die Bez. weist urspr. auf das »Landl« Oberöst. als bes. Heimat des Tanzes. Im 3/4 oder 3/8 TAkt langsam drehend tanzen nannte man Ende des 18. Jh. ländern. L. und → Steirischer stammen nicht vom → Walzer oder einem frz. Gesellschaftstanz des 18. Jh. ab. Die Fehlmeinung konnte entstehen, weil einerseits frz. Tanzbeschr. (bei Guillaume, 1768) Figuren zeigten, wie sie bes.

beim Steirischen und Almerischen üblich sind, anderers. die allg. Bez. L. für alte Formen des → V.tanzes erst gegen 1800 geläufig wurden. Vorher galten zahlr. landsch. begrenzte Namen wie z. B. Viechtwangerischer Tanz (Oberöst. 1764). In der Ramsau bei Schladming wird ein »Steirischer« schon 1754 erwähnt. Noch ältere Aufz. einer »Steyrischen Aria« und eines »Steyrischen« entdeckte Raimund Zoder. R. Wolfram fand die alte Form (neben der Kenntnis des → Jodelns) bei den 1775 aus dem Salzk.gut ausgewanderten Holzknechten in Mokra (Karpato-Ukraine) und in drei Dörfern Siebenb., wo sich 1732 ausgesiedelte Prot. niedergelassen hatten, die neben den sächs. Nachbarn ihre österr. Eigenart bewahrten, L. und »Deutsche« tanzten und → Schnaderhüpfel sangen. Die Mitnahme des L. zur Auswanderungszeit wird durch die Altertüml. der Tanzform bewiesen: viermaliges Drehen der Mädchen unter dem Zeigefinger des Burschen, dann Ausschwingen und Drehen in der Gegenrichtung. So wird der L. noch heute in der öst. Urheimat getanzt (Kaiserl., Blindermarkter L.) neben dem → Landlerischen im engeren Sinn und in kunstvoller Form. Steirischer und → Schuhplattler sind heute die bekanntesten Abwandlungen des L. »Europäische Bed. gewannen unsere Werbetänze durch den Walzer, die losgelöste Schlußfigur des L., in der das Paar zuletzt in geschlossener Fassung rundtanzt« (R. Wolfram, Die V.tänze S. 174).

E. Hamza, Vtüml. Studien a. d. nördl. Wechselgebiete. In: Zs. d. Dt. u. Öst. Alpenver. 45 (1914) (1. genaue L.beschreib.); H. Commenda, Der Landler. In: Heimatgaue, 3 (1922) und 4 (1923); R. Wolfram, Die Frühform des L., Zs. f. Vkde. (1934); H. Commenda, Tanzbrauchtum um d. Landla. V.lied, V.tanz, V.musik (1949); R. Wolfram, Die V.tänze, 1951; E. Hamza, Der L. 1957; W. Geitner u. H. Lager, Die L. des Ybbsfeldes, Jb. öst. V.liedw. 14 (1965); S. Schutte, Der L., 1970.

Landesspeisen → Atlanten, Speis u. Trank

Landlerischer. Gleichen Namensursprungs wie der → Ländler bez. das noch enger der Mundart folgende L. oder Landler einen »noblen«, mehr geschrittenen, ziemlich unpers., zwischen geraden und ungeraden Takten wechselnden, zum strengen Gruppentanz entwickelten → V.tanz, der vom niederöst.-oberöst. Grenzbereich um Amstetten bis ins Bayer. am Inn Brauch ist. R. Wolfram unterscheidet den »gewischten« Traunviertler und den »gehupften« Innviertler L. als die wichtigsten Typen, aber »nahezu jede Ortschaft des Salzk.guts hat ihre eigene Landlerform, in manchen Orten sind es sogar mehrere, je nach den Passen« (R. Wolfram, Die V.tänze S. 185). Eigentüml. Sonderformen des L. erkannte H. Commenda im »Liachteltanz« um Wels, bei dem der Bursch ein Wasserglas mit darin schwimmendem Licht auf dem Kopf trägt (→ Hahnentanz) und im »Gfrerten Landler« (»gfrören« → bannen), in dem sich der Tänzer schweigend u. stocksteif, fast in unheiml. Gebärde langsam dreht. Beim Traunviertler L. folgt dem »Antanzen« des führenden Paares das »Zuwischleichen« (Hinzuschl.) der anderen Paare. Dann wechselt »Radln« (unter dem erhobenen Arm des Partners sich drehen), Schreiten, wieder Drehen des Dirndls, Walzer, leere Schritte und zuletzt »Weis« und »Paschen« (fünfstimm. Jodellied und Händeklatschen). Nach einem weiteren Stück Tanz singen die witzig reimenden Burschen das »L.lied« (im Innviertel → »Schnaderhüpfel«), das für jedes Jahr neu gedichtet wird und, zum Teil an die Zuschauer gewendet, den Rügen und Dorfkritiken der → Fasnacht vergleichbar ist. Die → Burschenschaften, die Ruden (Traunviertel), Passen (Hausruckviertel) und Zechen (Innviertel), sind die Träger des kunstvollen L., in dem das Mädchen wie in Bauerntänzen des 15. u. 16. Jh. oder in den norweg. Springtänzen eigentlich nur mitläuft. Alte Leute beschrieben E. Hamza den früheren, nicht an die Zechen gebundenen L., bei dessen einf. Tanzfiguren noch jedermann mitmachen konnte.

Landschaftsnamen. Wie für jede auf den Raum bezogene Wissenschaft, ist für die Vkde neben der zeitl. die genaue örtl. Bestimmung gegenständl. und geist. Überlief. von größter Wichtigkeit (Datier. u. Lokalis.). Eine bes. Schwierigkeit entsteht, wenn es sich um bereits hist. gewordene, vergessene Landsch. handelt. Neben den geläufigen behördl. Ortsverz. der Gegenwart sind deshalb die Veröffentl. des bundesdt. »Instituts für Landeskunde« und des von Emil Meynen geleiteten »Ständ. Ausschusses für geogr. Namen« zu begrüßen, die nicht nur Fluß-, Berg- und → Ortsnamen (→ Flurnamen), sondern auch L. berücksichtigen (Holletau, Hennegau, Wendland, Vierlande usw.) und zwar in der dt. wie in der fremdsprachigen Form.

P. v. Polenz, L. u. Bezirksnamen im frühmal. Dt. 1961 (Bd. 1: N.typen u. Grundwörter. Bd. 2: Alphabet); Müllers Verz. d. jenseits d. Oder-Neiße geleg. u. fremder Verwaltung steh. Ortschaften; bearb. v. M. Kaemmerer. 1962; Duden Wb. geogr. Namen. Europa (ohne Sowjetunion). 1966.

Landsmannschaft → Student

Landstreicher → Fahrende, Germer

Landwirtschaft → Bauer, Agrarwiss.

Länge Christi. Es ist im Volksglauben eine verbreitete Anschauung, daß das genaue → Maß einer Person oder eines Gegenstandes diesen selbst und seine Wirkung und Bedürfnisse vertreten könne. Man hofft sich in den Besitz der Segens- und Heilkräfte der Geißelsäule, des Kreuzesnagels oder Kreuzes, der Seitenwunde oder des heiligen Leichnams Christi zu setzen, wenn man deren L. mißt und diese in Gestalt eines mit Gebeten bedruckten Papierstreifens als → Amulett bei sich trägt. Die L. des Hl. Grabes wurde, wohl in ähnlicher Absicht, schon 670 von Arculf gemessen. Die L. Ch. ist im 14. Jh. bezeugt, aber erst später in ganz Europa zu finden, obwohl sie die Kirche schon im MA als Aberglauben verurteilte. In den Volkskundemuseen (z. B. Berlin) sind L. Ch. erhalten. Im gleichen Sinn wie die L. Ch. wurde die Länge des Leibes oder des Fußes Mariä oder die Länge von Heiligen (Johannes, Franz, Leopold) benützt. Zuletzt untersuchte diese Überlieferungen der Religionshistoriker Jacoby. A. Spamer (Dt. Vkde., 2. Bd.) gibt eine noch 1908 hergestellte L. Ch. in Faksimile wieder. → Christus.

A. Jacoby, Heilige L.maße. Schweiz. Arch. f. Vkde. 29 (1929); H. Diewerge, Eine Longitudo Christi in Riga. Niederdt. Zs. f. Vkde. 14 (1936); E. Legros, La mesure de Jésus et autres saintes mesures. In: Enquête du Musée de la vie Wallone. Bd. 9/39 (1962).

Langenacht → Thomas

Langschieben → Kegeln

Langschläfer → Letzter, Pfingsten, Silvester

Lappenbäume. Lappen (Kleiderfetzen, Fell u. ä.) werden zur Übertragung von Krankheiten an Bäume gehängt. Zuweilen sind es andere Dinge, die man dadurch zauberischem Mißbrauch entziehen will (Schuhe; → Nachgeburt). In später Ausdeutung besonders erscheint auch der Gedanke des → Opfers, etwa wenn in der Nähe solcher L. Heilquellen fließen.

R. Andree, Ethnogr. Parallelen, 1. Bd., 1878. Hovorka-Kronfeld, Vergl. Vmed., 1. Bd.

Lärm. Die Abwehr von Geistern durch L. (Schießen, Knarren, Knallen, Klopfen, Läuten, Klingeln, Klirren, Poltern, Pfeifen, Schreien, Singen, durch Böller, Flinten, Feuerwerk, Rätschen u. Klappern, Peitschen, Hämmern, Stöcke, Kirchenglocken, Ketten, Töpfe usw.) ist bei primitiven Völkern, in der Antike und im dt. Volksglauben aller Zeiten überaus verbreitet (→ Elementargedanke). Oft wird die positive, heilbringende Seite des Brauches stärker betont. → Grasausläuten, Volksmusik, Spielzeug, Glocke, Pfeife, Peitsche, Ratsche, Klopfen, Klöpfelnächte, Abwehrzauber.

Kartogr.: ADV III L.geräte (Rummelpott u. ä.); ASV 196–198 L.bräuche u. -umzüge (Nikolaus, Weihn., Neujahr, Chalandamarz 1. 3., Alpabfahrt). L. als Rüge (Witwenhochzeit, Geiz, Unmoral), L. als Ehrung (Taufe, Hausbau, Hochzeitsschießen).

Lätare, Mittfasten. L. ist der 4. Sonntag in der Fastenzeit, vier Tage nach Halb- oder Mittfasten, und wird als Frühlingsbeginn mit Todaustragen und Sommereinbringen gefeiert. Über das berühmte, besonders in Franken, Böhmen und Ostdtl. verbreitete Todaustragen wurde früh (Prag 1366; Franken 1520 durch → Bohemus) und oft berichtet. In Bayern, in den österr. Alpen, in der Schweiz und in Luxemburg kennt man Umzüge junger Gesellen, die im Wechselgespräch die Besiegung des Winters darstellen, oft auch nur noch → Heischegänge der Kinder.

Beim Todaustragen wurde und wird unter Gesängen und allerhand dramatischer Begleitung eine Strohpuppe durchs Dorf geführt und am Ende außerhalb des Dorfes gesteinigt, begraben oder durch Wasser oder Feuer vernichtet. In Kronach stellte Jahr um Jahr abwechselnd eine weibliche und männliche Puppe den Tod dar. Auch lebende Personen trugen mitunter die Maske. In Eisenach sauste früher der auf ein Rad gebundene Tod brennend den Mittelstein herunter.

Mit der Todmaske wird Tod, Krankheit und alles Üble vernichtet. Um die Pest aus der Stadt zu halten und die jungen Eheweiber fruchtbar zu machen, trugen früher die Leipziger Dirnen eine Strohpuppe durchs Dorf und warfen sie ins Wasser. Bei den Wenden bewarf man den Tod mit Steinen und Stökken. Wer sie traf, entrann dem Tod im kommenden Jahr. Das weiße Hemd zur Puppe hatte das Haus zu liefern, in dem die letzte Leiche gewesen war. Stücke der Todpuppe ins Hühnernest getan, befördern das Brüten. Das Vieh bleibt gesund, wenn es mit den beim Umzug getragenen Stöcken geschlagen wird. Wo die Puppe aber hinkommt, bringt sie Tod. So entstanden nicht selten wilde Schlägereien an den Grenzen der Gemeinden. Dem Geizigen, der nichts geben wollte, steckten die Kinder einen Halm aus der Todpuppe in eine Ritze des Hauses. Das Haus, in dem der Tod aufgebaut wird, bleibt gesund (Thüringen), wo die Puppe beim Umzug aber zufällig stehenbleibt, in dem Haus wird bald jemand sterben (Franken). Nach dem Ersäufen ist Eile geboten, denn den letzten holt der Tod ein (Schlesien). Auch unter Namen wie → Judas, alter Jude, Papst oder Tatermann verbirgt sich die Tod- oder Winterpuppe. Die Verbrennung des riesenhaften Tatermanns war ein Grazer Volksfest, dessen Verbot 1774 einen Aufstand erregte, dem die Behörden mit Waffengewalt entgegentreten mußten.

Das Todaustragen war früher so allgemein Brauch, daß L. auch Totensonntag (Schlesien, Innviertel) oder schwarzer Sonntag hieß. Er galt auch als Unglückstag, an dem der → Wassermann gefährlich war und man nicht taufen sollte.

Im Lebens- und Jahresbrauch machen wir oft die Beobachtung, daß man die ernstere und meist auch ursprünglichere Form aufgibt zugunsten einer heiteren und unverbindlichen, die auch den schwachnervigen Städter und Gebildeten nicht erschreckt. Das Todaustragen ist fast vergessen, das Sommereinholen aber gewinnt heute sogar noch neuen Boden. Beide Bräuche bildeten ursprünglich eine Einheit. Nach dem Todaustragen in Schlesien trug man mit Bändern geschmückte, mit Eierschalen und Brezeln behangene Bäumchen oder Gerten (→ Baum, Maibaum, Lebensrute, Ei) von Haus zu Haus mit dem Spruch: Den Tod haben wir hinausgetrieben, den lieben Sommer bringen wir wieder. Eine Teilung des Brauches macht sich bemerkbar, wenn im Riesengebirge die Mädchen am »schwarzen Sonntag« sommersingen gingen, während die Burschen den Tod verbrannten oder ersäuften mit dem Ruf:

Nun treiben wir den Tod aus,
den alten Weibern in das Haus,
den Reichen in den Kasten,
heute ist Mittfasten.

Das Sommerngehen, der Sommertag, der Umzug mit dem Sommerstecken war, jedenfalls bis zum 2. Weltkrieg, der verbreitetste Brauch, der in schlesischen Städten sich in vielen Schaufenstern spiegelte – das »Herstellen der »Schmackostern«, der mit Papierblumen geschmückten Gerten, ist ein kleiner, zeitlich begrenzter Zweig der Breslauer Heimindustrie – und der bekanntlich im »Heidelberger Sommertag« eine neuzeitliche und großartige Umwandlung erfahren hat. In der Rheinpfalz werden Holzgestelle von 3–5 m Höhe herumgetragen, eins mit Tannenreis und eins mit Stroh verkleidet, und so der Winter-Sommerkampf dargestellt, den die gertentragenden Kinder mit dem Singsang begleiten:

Strih, Strah, Stoh,
der Sommertag is do!

Dieser Brauch berührt sich dann auch mit dem Wasservogelumzug zu → Pfingsten. Die Südgrenze des Sommertagbrauchs legte Winter fest (Fastnachtsbrauch im Odenwald, 1941; Karte). Den bisher ältesten Beleg fand Mößinger in einer Mosbacher Stadtrechnung von 1537: »Uff mitfasten ufgangen 12 Schilling, als man den sumer wie von alters (!) geholt. 1 Schilling den Knaben dises tags fur pretzen«. Für 1547 und später wies H. Moser den Brauch für Laufen a. d. Salzach u. a. nach.

Die beim Sommereinbringen benutzten Stecken, Ruten und Bäumchen gelten als segenkräftig. In Mittelschlesien steckte man die geschmückten Tannenzweige an die Stalltüre oder auf den Düngerhaufen. In Eisenach hing man »Sommervögel« oder »heilige Geister« (also wohl auch zu Pfingsten) in der Stube auf. Das waren dann oft nur mehr Topfscherben mit künstl. Blumenzier od. Gockelhähne mit buntem Federwerk. Seit 1897 ist d. »Eisenacher Sommergewinn« zwar künstlich, doch in großartiger Form neugestaltet.

L. heißt auch Rosensonntag, angeblich, weil der Papst an diesem Tag die goldene Rose weiht (Lechrain, Allgäu, Westböhmen). Als fröhlicher Glücks- und Frühlingstag wird L. mit Besuch, Bewirtung, mit Zusammenkünften der Liebenden gefeiert. Im Allgäu ging man auch ins Wirtshaus die Stärke und Schöne trinken. F. Sieber sieht, vielleicht zu einseitig, das Todaustragen als »selbständigen Brauchtyp, der ungekoppelt in sich selbst lebt« aus mal. Furcht vor der Pest. »Der Tod ist kein verkappter Winterriese (Jacob Grimm), nicht der ›erstorbene Vegetationsdämon des vergangenen Jahres‹ (Wilhelm Mannhardt), er ist keine personifizierte Jahreszeit (Waldemar Liungman). Er war die wütende Mors, die zur Zeit des großen Sterbens, in der Mitte des 14. Jh., die Menschen zu Hunderttausenden dahinraffte« (s. u. S. 93). → Konzil.

P. Ch. Hilscher, *De ritu dominica Laetare, quem vulgo appellant:* den Tod austreiben, 1698. – Dt. Übersetzung: Curiöse Gedanken . . ., 1701. J. C. Zeumer, *Laetare, vulgo:* der Todten-Sonntag, 1701; A. Becker, Pfälzer Frühlingsfeiern (= Beitr. z. Heimatkde. d. Pfalz, 2/3), 1908; P. Sartori, Stitte u. Brauch, 3. Bd., 1914; A. Becker, Sommertag, 1931; F. Mössinger, Der »Sommertag« in Südhessen. Hess. Bll. f. Vkde 34 (1936). (Abb. der Maien.); O. Bertram, Der Sommertag in d. Saarpfalz. Ebd. 37 (1939) 62–136. Lit. W. Koenig-Redlich, Vom Todaustragen u. Sommereinholen. Diss. Lpz., 1943; A. Spamer, Sitte und Brauch; in: Peßler, Hb. Hier Abb. u. in: A. Spamer, Vkde.; W. Liungman, Traditionswandrgn. Hels. 1941–45; J. Hess, Altluxembg. Denkw., 1960 (Über Jaudesjagen = Judasj.); F. Sieber, Die Deutg. d. »Todaustreibens« (»Todaustragens«) in J. Grimms Dt. Mythol. u. in neuerer Fg. Dt. Jb. f. Vkde 9 (1963); ders., Dt.-westslaw. Bez. in Frühlingsbräuchen. 1968; Th. Brauch, L.brauchtum am bayer.-bad. Untermain, i. östl. Odenwald u. Bauland, o. J.

Laternenumzüge. Bes. im nordwestl. Dtl. sind herbstl. Umzüge der Kinder mit Papierlaternen und Liedern (»Laterne, Laterne, Sonne, Mond und Sterne«) noch leb. Brauch, der in den Städten (z. B. Berlin 1971) in Kindergärten und bei → Geburtstagen neue Verbreitung gefunden hat. → Kinderlied.

F. Jöde, Ringel Rangel Rosen. [5]1931; E. Grohne in: Heimat u. Vtum (1958); ADV III L. ASV 191 Lichterumz. m. weißen Rüben, Kürbissen; im Winter m. beleucht. Bischofsmützen.

Lattichkönig Pfingsten.

Laubhütten → Pfingsten.

Laubtanz → Lobetanz.

Lauch (ahd. *louh*; Allium). Zu den etwa 270 Zwiebelpflanzen der nördl. gemäß. Zone, die alle das bekannte ätherische Öl enthalten, zählen u. a. → Allermannsharnisch *(A.victoriale)*, Bärenl. *(A. ursinum)*, Hauszwiebel (Bolle, → Zwiebel; *A.ceppa*), Winterzwiebel (Ewige Z.; *A.fustulosum*), Schalotte (Esch-L.; *A.ascalonicum*), Porree (Welschzwiebel; *A.porrum*), Schnittl. (ahd. *snitilouh*; Suppen-, Johannis-, Jakobsl.; *A.schoenoprasum*) und bes. → Knoblauch *(A.sativum)*.

Die meist in Innerasien heim. L.-Arten dienten schon in der Vorzeit als Würze. Zwiebeln wie Knoblauch waren im alten Ägypten V.nahrung. Über Italien kamen sie zu den Germanen. In Küche wie in der Heilkunde und Zaubermed. sind sie noch allg. in Gebrauch. → Vmed., Speis und Trank.

H. Marzell, Wb.; ders., Zauberpflanzen . . . (Lit.) 1963, Dt. Wortatlas VII.

Laufbier → Laufspiele.

laufendes Feuer → Notf.

Laufspiele brauchen kein Spielgerät, keinen bes. Platz, kein bes. Können. So sind sie Gemeingut aller Völker und Zeiten, jedes Alters, Standes und Geschlechts. Schon Reichenauer Glossen kennen das Plumpsackspiel. Bei → Altswert heißt es: *zwei sprachen: der plaz ist min.* → Geiler v. K. erwähnt das Fangspiel *Helfen und Geben*. Unser beliebtes Platzwechseln, Bäumchenwechseln (»Schneider, Schneider, leih mir d' Scher«) heißt bei → Fischart »Rebecca, ruck den Stul« oder »Jeder Vogel in sein Nest!« Vom 15.–17. Jh. sind Versteckspiele, Schaf- und Wolfspiel, Geierspiel und Schelmspiel häufig genannt.

Fangspiel

Versteckspiele mit verschied. Regeln (Anschlag, Räuber und Prinzessin), Fangspiele (Hinkezeck, 1, 2, 3, saurer Hering u. ä.) mit bestimmten Freistätten (→ Asyl) besitzen auch in einer Großstadt wie Berlin Dutzende von Formen. Ein unserem Barlauf verwandtes L.erwähnen Wolfram von Eschenbach und Altswert (*die barre loufen*; nach altfrz. *barre* ›Schranke‹). Bei Fischart heißt es »der baar lauffen« oder »der baar spilen«. In Zeugn. des 17. Jh. wird Barloufung im gleichen Sinn wie Wettlauf gebraucht. Fast alle L. zeigen Ansätze zum → Wettlauf.

Laurentius, hl. (10. 8.). Attribut (Rost) und Patronate stehen in Zusammenhang mit der Legende von seinem Martertod auf glühendem Rost (285). In Dtl. nahm seine Verehrung Aufschwung, nachdem Kaiser Otto I. 955 am 10. Aug. nach einem Gelübde die Ungarn besiegt hatte. Zahlreiche Patrozinien, Lieder und Wetterregeln, auch die Verwendung als Tauf- und Ortsname bezeugen die (früher größere) Volkstümlichkeit des Heiligen. In der Steierm. gibt es 60 St. Lorenzen (Brück). Durch die Art seines Todes wurde L. Patron der mit Feuer beschäftigten Berufe, wie der Feuerwehrleute, Köche, Plätterinnen, Kohlenbrenner. In Feuersgefahr (neben → Agatha und Florian), zur Bewahrung vor Fegfeuerqualen, bei Brandverletzungen oder bei → »Brand« im weiteren Sinne der Vmed. wurde er angerufen. L.segen sind in Dtl. verbreitet, aber nicht sehr alt. (→ Segen).

An L.tag soll man kein → Feuer im Haus anmachen. In Bayern und Baden sucht man die sog. L.kohlen unbeschrieen; zwischen 11 und 12 Uhr mittags oder beim Zwölfuhrläuten muß es geschehen. Sie liegen wenig tief in der Ackererde, unter der Dachtraufe, und schützen gegen Feuer und Blitz, gegen Krankheit und Verhexung, heilen Wunden, halten, in den Samen gemischt, den »Brand« vom Korn fern (→ Kohlen). Da L. in die Erntezeit fällt, ist das Fest auch ein Wetter- und Lostag. In den Wetterregeln tritt oft die Beziehung zum »Brand« zutage. In der Lüneburger Heide heißt es, der Honig gehe an L. in die Heide (-bl.). In manchen Gegenden gilt L. als Herbstbeginn (Tirol, Allgäu). Im Montafon heißt es noch heute: »L. schlacht dr Winter i d' Spitz (Berge), Mariä Geburt schlacht-r a ds Land«. Nach L. wächst das Holz nicht mehr (Schlesien). L.tränen nennt man in der Steiermark die Sternschnuppen, die in dieser Zeit zahlreicher als sonst zu sehen sind.

Koenig, Zum Fest des hl. L., in: Ons Hemecht, 1925; A. Wrede, L. Im HDA. Über L.brot.: Hindringer, Weiheroß und Roßweihe, 1932; A. Ph. Brück, Probl. d. Patrozinieng. Zs f. Vkde 62 (1966).

Laus. Aus den bis in die neuere Zeit (→ Bad) geringen Ansprüchen an die Körperpflege erklärt es sich, daß die L. in Glaube, Brauch, Wort (Lausejunge, lausig) und Spruch des Volkes (»besser eine L. am Kraut als gar kein Fleisch«; Montafon) verhältnismäßig häufig erscheint. Noch heute (z. B. in Berlin) wird der Glaube angetroffen, daß L. Glück bringen. Sie sind ein Anzeichen guter Gesundheit und entziehen dem Körper die Krankheit (→ Eichhörnchen, Kreuzschnabel, Kröte). Sie ist geradezu Schutztier des → Fuhrmanns und der Matrosen. Von L. träumen bedeutet Glück oder Geld. 1971 schrieb Kopenhagens »Berlingske Tidende«, »Wir hatten uns daran gewöhnt, daß L. und Flöhe passé oder nur noch in unterentwickelten Ländern heimisch sind«. Am 1. 2. 1971 alarmierte die dän. Zeitung »Politiken«: »100000 danskere har lus i häret«. Die Ursache der Einschleppung sah man in der neuen → Haar-Tracht und dem Kontakt in Diskotheken (Spiegel 8. 2. 71). In Dtl. stieg 1961–71 der L.befall auf das Zehnfache (Tsp. 21. 1. 72). → Klette, Herbstzeitlose.

Lauscha, im Landkreis → Sonneberg, Sitz einer kunstgew. Fachschule, eines Mus. für Christbaumschmuck und eines → Heimatmus. Seine Glashütte wurde 1595 errichtet, ist jedoch nicht die älteste in Thür., sondern nach der Unters. von E. Koch ebenso wie Fehrenbach von Langenbach her gegründet. Die erste Hütte in Gräfenthal betrieben der Schwabe Greiner und der Böhme Müller. 1644 entstand die erste Hohlglashütte. Spätere Bez. L.s zur böhm. Glasbläserei gehen hervor aus der »Beschreibung des Obergerichts Sonnenberg de anno 1735«, wo es von der Glashütte »Lausche« heißt: »Hier wird das Glasmachen stark getrieben und Glaß von allerhand Facon fabricieret, auch suchen theils Glasmeister sich in Glaßporcellainmachen zu habilitieren, sie haben einen geschickten Glaßschneider aus Böhmen, einen Glaßmahler und von allen diesen Manufaturen gute Nahrung . . .« Andere Beziehungen L. weisen nach Norden. »Die unter ihnen etwas reißen und die Glaßhütten im Anhaltischen und Brandenburgischen besuchen, die bedünken sich vor denen anderen etwas zu seyn und affectieren sowohl in Reden als Geberden viel ridicüles . . .«
Bez. für L. ist bevorzugte Verwendung von Weiß, das zuweilen allein

steht wie in einem Erfurter Krug mit Adam und Eva, meist aber als Streublumen und Maiglöckchen oder als einfache Tupfen und Bukkel. Die Konturen bildet ein helles glanzloses Grün (E. Redslob). Begehrt waren die Zunft-, Jäger- und Fuhrmannsgläser aus L. wie die großen Krüge in Fadenglas (weiß und rot). Nach Redslob unterscheiden die Gläser von L. Merkmale, die z. T. auch für thür. → Ton-Waren gelten (Ummenstadt, Altenburg, → Bürgel). Selten erscheint ein Herst.name wie der des Johann Greiner auf einem violetten Walzenkrug von 1720. Ein Krug von 1684 aus der Hütte Böhm zeigt eine Glashütterfamilie (beide Städt. Mus. Erfurt). Die Slg. der Veste Coburg bewahrt eine »Stange« mit Bäcker, Bäckerin und Zunftwappen von 1693.
Um die Mitte des 19. Jh. wurden noch die kleinen Teufelchen, Ballonfahrer, Baletteusen und dgl. geblasen, die teils als Kartesianische Taucher in kleinen Röhrchen od. in sog. Liebesthermometern auf und nieder fuhren, teils schon eigentliche Zierstücke darstellten. Später werden die Hirsche, Hunde mit Körbchen, Vögelchen, Kinderwiegen usw. mehr und mehr zu überzüchteten Künsteleien für die Vitrine des Sammlers und haben mit echter Vk. nicht mehr viel gemeinsam. Entspr. einem größeren städt. Abnehmerkreis, ohne den sich dt. Heimindustrien nicht mehr zu halten vermögen, hat sich auch hier die Ware wesentl. in Richtung zum Kunstgew. entwickelt. Unverwüstlich ist jedoch trotz wahrer Massenfabrikation von Haus zu Haus der Christb.schmuck in seiner naiv-dekorat. Stimmung und Bestimmung. Für das Jahr 1927 brachte die Ausfuhr von solcher Ware und Glasspielzeug aus L. und Umgebung die Summe von 6 Mill. Mark. Auch auf dem Weihn.markt unserer Zeit in Ost- wie in Westberlin fehlt unter den Kunsthandw. selten der Glasbläser aus Thür.
Das Vorkommen gleicher → Familiennamen im Schwarzwald und in L. (wo es unter der zahlr. Bev. verhältnism. nur wenig versch. Namen, dafür umso mehr unterschiedene Beinamen gibt), deutet auf Gesellen- oder Meisterwanderung.

E. Koch, Die ehem. Glashütte zu Langenbach usw. 1908; M. R. Weyermann, Verlagssystem d. L. Glasw. ind. 1902; B. Pischel, Die Glasmacherei in Thür. Diss. Bln.; H. Kühnert in: D. Thür. Fähnlein 3 (1934); K. Hartmann in: Thür. Mon.bll. 43 (1935).

Lauswurz → Germer.

läuten → Glocke.

Lautverschiebung. Bestimmte lautl. Veränderungen in einer Sprache, bes. die erste oder germanische und die zweite oder hochdeutsche L. im System der Mitlaute (Konsonanten). Durch die erste L. nach der Mitte des 1. Jahrtaus. v. Z. sonderte sich der germ. Sprachstamm von den idg. Sprachen ab. Die Aspirata wurde zur Media (z. B. lat. *fio › bin*), die Media zur Tenuis (lat. *ager › akker*), die Tenuis zur Aspirata (lat. *cornu › horn*). Die 2. oder hd. L. ergriff fast tausend Jahre später ganz oder teilweise westgerm. Stammessprachen wie langobardisch, bair. alemann., fränk. (z. B. heute hd. *wasser, ich, dorf* gegen nd. *water, ik, dorp*). Über den Grund oder die Gründe der L. hat die Wiss. widersprech. Meinungen. Die 2. L. entfaltet sich noch in uns. Zeit von S nach N weiter, aber landsch. wie auch innerh. der einz. Laute verschieden. So ist z. B. in der Berliner Mundart das nd. k in *maken* schon verschoben zu *machen*, das k im persönlichen Fürwort *ik* aber noch nicht (vgl. Abb.) Die schweiz. Form *chind* (für Kind) hat nach N hin

Lautverschiebung

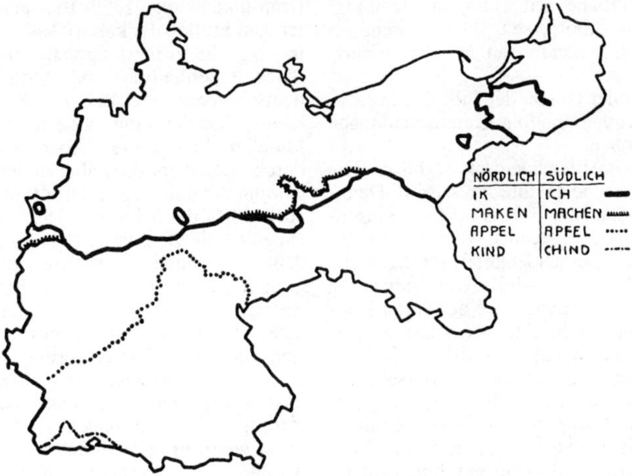

bundesdt. Gebiet nur wenig überschritten. Die moderne → Mundartgeogr., die die Vorstellung von in Zeit und Raum fest begrenzten (Stammes-)Mundarten nicht mehr oder nur sehr bedingt festhält, gewinnt in den Linien der L. wichtige Gesichtspunkte für eine dem wirkl. Leben entsprech. Gliederung der landsch. gebundenen → Volkssprache. Vor allem bilden die *ik/ich*-und die *maken/machen*-Linie, zumal da, wo ihr Verlauf gemeinsam ist, die wichtige Grenzscheide zw. niederdeutsch (nd.) und hochdeutsch (hd.), welch letzteres wieder in mitteldeutsch (md. = rheinfränk., niederrhein. u. ostmitteld. Mundarten) und oberdeutsch (obd. = alemann. u. bair.-österr. Mundarten) sich gliedert.

Im nd. Sprachgebiet unterscheidet man

1. Altniederdeutsch (Altsächs. und Altfränk.; vom 9. bis zum Beginn des 11. Jh.). Das wichtigste erhaltene Lit.denkmal dieser Zeit ist der altsächs. Heliand.

2. Mittelniederdeutsch: außer dem → Sachsenspiegel zahlr. Chroniken, → Fabeln (z. B. der Magdeburger Äsop, 1402; Reynke de Vos, 1498, als Übersetzung aus dem Niederländ.) und eine reiche geistl. Lit. in Vers und Prosa. Auch Ansätze zu einer → Schriftsprache hat diese Zeit entwickelt. Sie umfaßt die Sprache der mal. Hanse. In Oldenburg war nd. seit 1428 als gerichtl. Verhandlungssprache zugelassen.

3. Neuniederdeutsch (Platt). Die plattdt. Lit. hat im 19. und 20. Jh. Ansehen gewonnen vor allem durch die Dichtung von Klaus Groth, Fritz Reuter, John Brinkmann, Fritz Stavenhagen (Drama), Gorch Fock (d. i. Hans Kinau) u. a.

Da das nd. vor dem hd. sichtbar zurückweicht (vgl. Abb.; manche hd. Spracherscheinungen haben schon die Ostseeküste erreicht), hat man sich hier früh um die Erhaltung der

Mundart gekümmert (Allg. Plattdt. Verband seit 1886, in Hamburg; Quickborn, seit 1904; Verein für nd. Sprachfg. seit 1874, Hamburg, u. a.).

In der Gesch. der südl. hd. Sprachgruppe sind folg. Unterscheidungen üblich:

1. Althochdeutsch (ahd.). Die Sprache der ältesten schriftl. Denkmäler (um 700 bis 1100; → Muspilli, Segen, Recht). Noch hat fast jedes Sprachdenkmal seine eigene Mundart. Ahd. Heldendichtung und → Heldensage bewahren Erinner. an die Zeit der Völkerwanderung (→ Hildebrandslied). Spruchdichtung wie die → Merseburger Zaubersprüche beschwören germ. Götternamen (→ Wessobrunner Gebet, Segen). In der ahd. Prosa wird die Übermacht kirchl.-theol. Denkens sichtbar, doch sind die → Weistümer sprachl. Zeugen alten Rechts. – In dieser Zeit erfährt unsere Sprache auch schon ihre erste große Umbildung durch fremde Einwirkung vor allem roman. Kultur, wie es bes. Satzbildung und Wortschatz sichtbar machen (→ Lehnwort)

2. Mittelhochdeutsch (mhd.) nennen wir die Sprache nach dem 1. Jahrtaus. bis in die 2. Hälfte des 15 Jh., vor allem die der höf. Kunstdichtung (H. v. Aue, W. v. d. Vogelweide, G. v. Straßburg, W. v. Eschenbach), des Minnesangs und der großen Volksepen Nibelungen- und Gudrunlied. Das mhd. hebt sich vom ahd. ab bes. durch die Schwächung der unbetonten Endsilbenvokale zu stumpfem e (z. B. ahd. *gëban* ›nhd. gëben oder ahd. *hano* ›mhd. *hane* ›Hahn‹. In der Lit. gleichen sich die Mundarten aus. Die Wiss. kennt daher den Begriff einer mhd. Schriftsprache.

3. Neuhochdeutsch (nhd.) als vorläufig letzte Stufe der Sprachentw. bildete sich gegen Ende des MA (früh-nhd. haupts. 1350–1600) unter dem Einfluß der kaiserl. Kanzlei in Prag, die in ihrer Sprache zwischen Oberdeutsch und Mitteldeutsch vermittelte, und der kursächs. Kanzlei, die meissnische Mundart bevorzugte. Aber erst durch → Luthers Bibelübersetzung gewann das nhd. gegen das nd. wie auch gegen das Schweizer Deutsch endgültig die Oberhand. Ostmitteldeutsche Mundart bildete die Grundlage der neuen prot. Kirchensprache. Vom mhd. unterscheidet sich das nhd. am hörbarsten durch die Diphtongierung (z. B. mhd. *mīn, hūs, hiute* ›nhd. *mein, haus, heute*) und die Monophtongierung (z. B. mhd. *buoch, güete* › *buch, güte*). In obd. Mundarten ist der ältere Stand bis heute erhalten, während die md. Mundarten der letzten Jhh. neben der eigentl. Schriftsprache zum nhd. gehören. Erst im Schaffen der Dichter der klass. Zeit fand das nhd. seine Vollendung, ohne daß die sprachl. Entwicklung damit zum Stillstand gekommen wäre. Die nhd. Schriftsprache bleibt mit den heutigen Mundarten, der V.sprache, in lebendigem Austausch, der sich auch auf dem Boden der → Stadt vollzieht. – Für »Hochdeutsch« im Sinne des Gegensatzes zu Mundart und Volkssprache gebraucht man besser die wiss. eindeutige Bezeichnung »Schriftsprache«. Lit. → Mundartgeogr., M.dichtg.

F. Kluge, Dt. Sprachgesch. 1921; W. Braune, Ahd. Lesebuch 1875. [14]1965 bearb. v. E. A. Ebbinghaus; R. Schützeichel, Ahd. Wb. 1968; M. Lexer, Mhd. Taschenwb. 1879. [33]1969; O. Behaghel, Gesch. d. dt. Sprache. 1891. [5]1928; ders., Schriftspr. u. Mundart. 1816; ders. Gesch. d. dt. Sprache. [8]1965; C. Borchling und H. Quistorf, Tausend Jahre Plattdeutsch, Proben nd. Sprache und Dichtung vom Heliand bis 1900, 1927; H. F. Rosenfeld. 500 Jahre Plattdt. in Greifswald. 1956; H. Freudenthal, Verh. v. Plattdt. u. Hochdt. In: Beitr. z. dt. V. u. A. Vkde 9 (1965).

lebender Leichnam, in der Wissenschaft in den letzten Jahrzehnten eingebürgerte Bez. für den → Wiedergänger, Nachzehrer und → Vampir. Die Vertreter des »Praeanimismus« behaupten gegenüber älterer animistischer Lehre, daß im heutigen Volksglauben wie schon in den Sagen der Germanen und auch anderer Völker an Stelle der Schatten oder Schemengestalt der → »Seele« weit öfter der l. L. stehe, die Vorstellung, daß der rächende, nachzehrende oder sonst umgehende Tote in voller Leibesgestalt, mit Sprache, Hunger, Durst und anderen menschlichen Bedürfnissen ausgestattet erscheine. Neben den Naumannschen Begriff vom l. L. stellte Peuckert den des »Zweiten Leibes«, der den Vorstellungen vom → Zweiten Gesicht, von Kündern, Doppelgängern, Hexen und manchen Legendengestalten (hl. Germanus) zugrunde liegt. Auf Grund der Umfrage des ADV (um 1930) über Nachzehrerglaube und Totenmahl kommt G. Wiegelmann zu »klaren räuml. Unterschieden in der Grundkonzeption«: Eine sehr konkrete und folgenreiche Vorstellung vom l. L. im Grab im nordostdt. Kolonisationsgebiet, in Niedersachsen dagegen nur die aus gewissen Beobachtungen hergeleitete Annahme, der Tote besitze während der Aufbahrungstage noch gewisse Lebensfunktionen. → Wöchnerin, Tod, Animismus.

K. Th. Preuß, Die geist. Kultur d. Naturvölker. 1914; H. Naumann, Primit. Gemeinschaftskultur, 1921; W.-E. Peuckert, Der zweite Leib. Niederdt. Zs. f. Vkde. 17 (1939); V. Harva, Det levande liket. Arv, 1945; W. F. Otto, Die Manen oder von den Urformen des Totenglaubens. ²1958; G. Wiegelmann, Der »l. L.« im Vbrauch. Zs. f. Vkde 62 (1966).

Lebensalter. Die bereits für die Antike nachgewiesene Darst. der L. beschäftigt die Vk wie die Vdichtung (Scherenschnitte, Keramik). Die Abschnitte folgen sich als 4 Jahreszeiten (Kindheit, Jugend, Mannheit, Alter), deren zeitl. Abgrenzung je nach Volkschlag und Landschaft verschieden ist. Am häufigsten ist die Aufteilung in 5–10 L. Der erste Beleg ist ein Basler Einblattdruck von 1474. Im 16. Jh. fanden die L.verse große Verbr. Wir finden sie in Agricolas Sprichwortslg. (1548), auf Öltafelbildern und häufig auf → Kacheln für Öfen. Auf einem Neuruppiner → Bilderbogen des 19. Jh. lautet der L.spruch:

10 Jahr – ein Kind
20 Jahr – ein Jüngling
30 Jahr – ein Mann
40 Jahr – wohlgetan
50 Jahr – geht auch noch an
60 Jahr – geht's Alter an
70 Jahr – ein Greis
80 Jahr – schneeweiß
90 Jahr – der Kinder Spott
100 Jahr – Gnad vor Gott.

Für die künstler. Darst. gibt der Vergleich mit Tieren oder die Anordnung in Stufen (auch Lebensrad) um ein Mittelbild (Tod) manche Anregung. → Kugel, Spruch.

W. Wackernagel, Die L., 1862; K. Weinhold, Glücksrad u. Lebensrad, 1892; F. Boll, Die L. Ein Beitr. z. antiken Ethnol. u. z. Gesch. d. Zahlen, 1913; H. Schrade, Sinnbilder d. Lebens in d. dt. Kunst. 1938. Abb. in W. Lindner, Dt. Vk. (Brandenbg. 1924) und in A. Spamer, Vkde; W. Fraenger, Der Teppich v. Michelfeld. Dt. Jb. f. Vkde 1 (1955) (Lebensrad); A. Charraud, Analyse de la représentation des âges de la vie humaine dans les estampes pop. du XIXe siècle, in: Ethnologie franç. N. S. 1 (1971).

Lebensbaum, »Das Wort ›L.‹ ist nicht mehr als ein zusammenfass. Kennwort« (Karl Spieß) für Bildzeichen einer Welt, die anders ist als die »Schreibwelt« der Stadt. Wie die Malachitgrotte in der → Krippe von Rinn nach den Fgn. von Leopold Schmidt nicht einfach ein Zierstein, sondern der → Monatstein des Sternzeichens des Steinbocks ist, wie der Krippenberg als »Weltenberg« an sehr alte symbol. Ursprünge denken läßt oder wie –

auch nach Kriß-Rettenbeck – die kämpfenden Widder auf Weihnachtsdarst. nicht nur spielende Tiere sind, sondern »eine alte Tradition haben können« (6. Jh. Ampulle von Monza), so werden seit Jacob Grimm und Wilhelm Mannhardt, aber auch in neueren Unters. von J. Strzygowski, K. Spieß u. a. Baum, Zweig (Dreisproß und → Lebensrute), schließlich auch Blumen (→ Tulpe) und Ranke als von Urzeiten gegebene → Symbole des Lebens, der Fruchtbarkeit, des Segens und des Glückes gesehen, ähnl. den Archetypen, die der Psychologe C. G. Jung als kaum ins Bewußtsein dringende Inhalte von poietischen und symbolisier. Akten versteht. In der Deutung von Vk und Vdichtung nimmt L. Schmidt mit der modernen Psychologie, aber auch in positiver, wenngleich krit. Würdigung der »Wiener Mythologenschule« tiefere Schichten des Bewußtseins an, in denen das Individuum Symbolformen als »welthaltige Zeichen« setzt. Was im einzelnen z. B. in Stickereien am Hochzeitsgut oder an Wochenbettvorhängen, an Eiserkucheneisen, die noch heute in Rosenthal im Fläming zu Geburt und Hochzeit beim Dorfschmied bestellt werden, was in Schnitzwerk oder Malerei über Tür und Tor, auf Schrank und Truhe oder auf Minnegaben, oft in Verbindung mit Sechsstern und Sonnenrad, seltener mit Trudenzeichen und Hakenkreuz, als sinnhaltiges, hinweisendes Zeichen verstanden werden darf, braucht genauer und weniger voreingenommener Unters., als sie bisher angestellt worden sind. Vermutungen von Kastner, Mantl, Kollreider u. a. bedürfen der Kritik. Es verrät aber auch vorgefaßte Meinung, wenn Forscher wie K. Spieß, A. Haberlandt, L. Weiser-Aal, R. Wolfram, O. Höfler, R. Stumpfl, E. Burgstaller u. a. rundweg als »naive Assoziationisten« und ihre Anschauung als »nordische Fixiertheit« (L. Kriß-Rettenbeck) abgetan werden. So wenig der Baum im Paradies den → Weihnachtsbaum in seinen wesentl. Zügen zu erklären vermag, ebensowenig wird die »Arbor vitae der Genesis«, dieser »komplizierte Theologismus«, Gelehrtengut und Dichtung zugleich, als Vorbild des L. in der dt. V.überlief. glaubhaft. Über Darst. in der österr. Vkunst sagt Leopold Schmidt:

»Jedes junge Paar ist für sich wieder Urelternpaar, Stammpaar neuer Geschlechter. Der zwischen Mann und Weib stehende Paradiesesbaum wurde in diesem Bereich eindeutig als L. angesehen, ob man es nun aussprach oder nicht».

Wie der bei der → Geburt des Kindes (→ Rosmarin) gepflanzte L. oder der Schicksalsbaum im Märchen (von den zwei Brüdern) für das Einzelleben, so steht nach W. Mannhardt der Gemeindebaum (→ Maibaum) für das Dasein einer ganzen Siedlung. In der → Irminsul erscheint das Bild des Baumes als Symbol des Volksstammes, noch umfassender in der Weltesche Yggdrasil, an der nach der Edda Odin hing, bis er sich, herabfallend, durch das Auflesen der Runen befreien konnte. → Grabdenkmal, Nachgeburt, Palmsonntag, Pfingsten u. a.

W. Mannhardt, Wald- u. Feldkulte, 2 Bde., [2]1904–05; A. Wünsche, Die Sagen von L. und Lebenswasser, 1905; U. Homberg, Der Baum des Lebens, 1922; K. v. Spieß, Bauernkunst, [2]1934; F. Langewiesche, Sinnbilder germ. Glaubens im Wittekindsland, 1935; O. Lauffer, Schicksalsbaum u. L. i. dt. Glauben u. Brauch. Zs. f. Vkde. 45 (1935); A. Haberlandt, Zur Darst. d. L. i. d. dt. Vk Wiener Zs. f. Vkde 43 (1938); R. Bauerreiß, Arbor vitae, 1938; L. Kriß-Rettenbeck, L. u. Ährenkleid. Probl. d. vkdl. Ikonogr., Bayer. Jb. f. Vkde 1956 (Entgegnung von K. Spieß, ebd. 1957).

Lebensrute. Der Ausdruck wurde

vom Mythologen W. Mannhardt geprägt als Bez. des Wachstum, Fruchtbarkeit, Kraft, Gesundheit, Segen und Glück bringenden Zweiges oder grünen Reises. In Glauben u. Brauch der Feste (→ Weihnachten, Neujahr, Fasnacht, Ostern, Pfingsten, Ernte, Kirmes) ist noch heute das Schlagen besonders der Frauen und Mädchen mit Ruten von → Birke, → Hasel, → Wacholder usw. als Fuen, Fitzeln, Pfeffern, → Frisch- und Gsundschlagen, Schmackostern, Osterstiepen usw. bekannt. Beim → ersten Austrieb und sonst wird auch das Vieh mit der L. geschlagen (»Kälberquieken«), zuweilen in christlicher Auffassung kreuzweise. Aber auch das bloße Zeigen und Aufstecken des Zweiges oder des Bäumchens (Hochzeitsbäumchen, Zweig auf der letzten Garbe, → Maibaum) ist von dem gleichen Glauben bedingt, wenn auch Schmuckfreude oft mitspricht (→ Krone). Durch Martinszweig, Andreas- und Barbarazweige, Nikolausrute und Berchtlbuschen wird auch die Beziehung der L. zum Weihnachtsbaum, -kranz oder -zweig sichtbar (→ die betr. Feste). → Handwerk, Lätare, Nacktheit, Rosmarin, Eberesche, Salbei.

W. Mannhardt, Wald- u.. Feldkulte, 2 Bde., [2]1904–05; O. Weise, Der Schlag mit der L. und s. mundartl. Bez. Zs. f. dt. Mundarten, 1910; G. Graber, Der Schlag mit der L. Carinthia 100 (1910); S. Kube, D. Schlag m. d. L. Diss. Lpz., 1943; S. Kube, Die Lausitzen zw. Stipe-Rute und Schmeckoster. Sieber-Fs. 1964 (Südl. Schmackostergebiet, nördl. Osterstiepen, im W Weihn.- u. Fasn.termine); Kartogr.: ÖVA III Segenszweige.

Leber. Lage, Größe und andere Besonderheiten machen die L. neben Herz und Lunge im Volksglauben zum Sitz der Lebenskraft. Die Vorstellung klingt in den Redensarten: Frisch von der L., eine Laus ist ihm über die L. gelaufen. Kinder und Tiere kann man deshalb von Behexung befreien, indem man die L. eines Tieres (an Stelle der Hexe) kocht oder verkohlt, ein Kreuz einschneidet od. sie mit einer Nadel sticht. Im Schneewittchenmärchen gilt die Verzehrung der L. als Gewähr des Todes und wohl zugleich als Übertragung der Seelenkraft und Schönheit. Schwalben tragen einen heilenden Wunderstein in der L. (Tirol). Gelegentlich, z. B. bei Hochzeiten, spielen Orakel mit d. L. (eines Hechtes) eine Rolle. Damit und mit der Vorstellung, daß die L. der Sitz starker Gefühle (Wollust, Zorn) sei, hängen wohl die sogenannten obszönen L.reime zusammen, die im 17. Jh. Mode waren und heute noch gesungen werden: »Die L. ist von einem Hecht und nicht von einem –« Hier wird ein Tier genannt, auf das der nächste improvisierend zu reimen hat. I. Sommer (Huldrich Therander) veröffentlichte 1605 eine *»Hepatologia hieroglyphica rhythmica«* (500 L.reime).

L. H. Fischer, Einl. zu I. L. Frisch, Schulbeispiel v. d. Unsauberkeit d. falschen Dicht- und Reimkunst, 1890; E. Bargheer, Die Eingeweide, 1931; H. Hagen, Die physiol. u. psychol. Bed. d. L. in d. Antike, 1961.

Leberfleck, Bez. d. Muttermäler, die nach dem Volksglauben durch → Versehen entstehen können; auch Sommersprossen heißen L. Mit Speichel oder Menstrualblut kann man sie wegbringen. L. haben die Farbe der Leber, haben aber mit ihr nichts zu tun, sondern sind eine Häufung von Farbstoffzellen.

Lebkuchen, L.zelten, Lk.bild. Die Herleitung von lat. *libum* ›Fladen‹ oder aber von Laib ›in der Pfanne gebackenes Brot‹ ist nach Kluge-Mitzka nicht entschieden. Wie Laib ist auch das heute in Österr. gebräuchl. Wort Zelten ein germ. Wort und bedeutet ›flacher Kuchen‹. Als dt. Glosse findet sich *pheforceltun* (Pfefferzelten) schon in einer Tegernseer Hs. d. 11. Jh. Im 13. u. 14. Jh. erscheinen *biminzelten* und *bibenzelten*, in der Wende des 13. Jh. *lebzelten*. Heute bez. in Vorarlb. Birnenzelten das weihnachtl. Festbrot aus Mehl und Früchten (gedörrte Birnen, Feigen, Haselnüsse; Tirol: Kletzenbrot), Lz. ist soviel wie Lk. Der Berufsname Zelter, Lebzelter ist auch als Familienname erhalten. Der Lk. ist wie der → Pfefferkuchen ein Gebäck aus Mehl, Honig und Gewürzen, das als → Nürnberger Lk., Basler Leckerli, Achener Printen, Thorner Kathrinchen u. ä. heute noch an Weihn. nicht fehlen darf und auch auf allen V.festen zu finden ist. Was heute auf die Lk. meist mit Zuckerguß geschrieben wird, verriet früher das Lkb. Im schenkfreudigen Biedermeier bes. wurden solche Lkb. ausgetauscht. Die Bilder mit Reimen gab es als Kupferstiche mit Schablonenmalerei oder als Steindrucke in ganzen Bogen zu kaufen. Diese Widmungsgraphik, in Siebenb. bes. entfaltet, lebt heute noch in den gestanzten bunten »Oblaten« fort, wie sie auch die Kinder für ihre → »Steckbücher« benützen. Dem derben Humor der Lk.sprüche begegnen wir noch auf jedem Jahrmarkt:

In meiner Stube rußt der Ofen,
in meinem Herzen ruhst nur du.
Bleib mir 3
4 und 4.

Die erste Erwähnung der Lebküchner und ihrer Zunft findet sich im Zinsbuch des Elisabethenhospitals in Nürnberg 1409. Die späteren süddt. Barockformen wirkten bis Ungarn und Siebenb. → Gebildbrote, Gebäckmodel

K. Wehrhan, Honigkuchenpoesie a. d. Frankf. Weihn.markt. Hess. Bll. f. Vkde. 35 (1937); H. Kronberger-Frentzen, Die alte Kunst d. süßen Sachen. 1959. (Lz zünfte der Bürgerzeit, Pfefferkuchenverse); P. Weiner, Geschnitzte L.formen in Ungarn. Budapest 1964; L. Schmidt, Lebzeltenmodel aus Österr. (Ausst. Katalog Österr. Mus f. Vkde), 1972.

Leder, L.arbeiten. L. und → Fell, in älterer Sprache nicht streng geschieden, sind die Bekleidung der Dämonen und Menschen in Sage und Märchen. Frühere Bekleidungsarten und die Vorstellung von Tierdämonen (Masken zu Nikolaus, Weihnachten, Neujahr, Fasnacht usw.), stehen dahinter. Der Ersatz des Wolffells ist später beim → Werwolf der L.riemen, wie auch die Geisterfahrt ursprünglich auf einem Tierfell, später mit einer Decke oder Kappe aus L. vollzogen wurde. Die »ledernen Mändle« machen das → Echo (Schwaben). Mit der »l.nen Frau«, dem »Böggel« (Schweiz) scheucht man die Kinder. Die psychologische Eigengesetzlichkeit der → Schreckgestalt macht sich geltend, wenn eine Gestalt mit l.nen Zähnen gedacht wird. – Die l.ne Brücke, von der besonders in schwäb.-alem. Sagen erzählt wird (Tiemann), wurde von älteren Mythologen (Panzer, Rochholz, Simrock, Wolf) als Götterbrücke, später (von Mannhardt, Laistner) als Wolken- und Nebelmythos gedeutet.

Wie die Hosen, Hosenträger und Bauchranzen der bayr.-öst. Tracht, schmückt reiche → Federkielstikkerei auch die L.riemen der Herdenglocken, wie sie beim Alpabzug oder zur Viehprämiierung getragen werden. Bemerkenswert sind auch die L.auflagen auf Tasche und → Korb (Aufnäharbeiten). → Lichtenfels.

M. Haberlandt, Öst. Vk. 1911; H. Karlinger, Dt. Vk.; Bayern, 1925; H. Clouzot, Geschmückte L.arbeiten. 2 Bde. 1925 (auch Kunstgew.); Gühtlein und Ritz, Kat. d. Feuchtwanger Mus. 1929; V. v. Geram u. K. Mautner, Steir. Trachtenbuch, 1935; W. Eckhardt, Gerber, Färber, Fabrikanten – ein L.buch, 1949; G. Gall, L. im europ. Kunsthandw. 1965.

Lederspecht → Fledermaus.

Lederstrumpf → Vbuch.

Legende. Dieses Wb. gibt beim Namen jed. → Heiligen den Tag seines Festes im Kirchenkalender an. An diesem Tag wurde und wird in der Liturgie der Lebens- u. Leidensgesch. des Hl. gedacht (L. von lat. *legenda* ›das zu Lesende‹). Da die L. früh sich mit der Volkssage verband, gewann sie Züge der Volksdichtung, ohne indes ihr kirchlich-gelehrtes, weniger volkstümliches Wesen ganz aufzugeben. Doch sind auch im Volke schlichte L. entstanden. Das älteste L.arium geht ins 7. Jh. zurück (Codex Velseri in d. Münchner Staatsbibl.). Die von Jacobus de Voragine († 1298) verfaßte *Legenda aurea* fand im MA die größte Verbreitung. In mehr als 70 Bänden wurden die L., nach dem Namenstag der Hl. geordnet, hg. in den *acta Sanctorum* (begonnen v. Johann Bolland 1643). In der dt. Literatur erscheint die geistliche L. Ende des 9. Jh. (Ratperts Lobgesang auf den hl. → Gallus; Georgslied). Von Klerikern stammen im 12. Jh. die Kaiserchronik, das Annolied, Wernhers Marienleben u. a. L.darstellungen. In der Blütezeit der höfischen Epik begegnen wir der L. bei Heinrich von Veldeke, Hartmann von Aue (Gregorius), Rudolf von Ems (Barlaam und Josaphat) u. a. Um die Wende des 13. Jh. blühte besonders die Marienl. Bis zur Gegenwart lebt die L. einerseits in der hohen Dichtung (Goethe: L. vom Hufeisen, Gott und die Bajadere; G. Keller, L. Tolstoi, S. Lagerlöf), andererseits im Volksmund, wenn hier auch oft der Einfluß religiöser Erbauungslitterat. fühlbar bleibt. L. Schmidt (Die V.erzählg. 1963) sieht L. im Zusammenh. der → Sage, wie schon für J. Grimm L. »geistliche Sage« von längst mündl. Trad. war.

Verz. ält. L.arien v. A. Poncelet, Anal. Boll. Brüssel, Bd. 29, 1908–13. R. Benz, Alte dt. L. 1910; J. Klapper, Die Heiligenl. im dt. Osten. Jb. f. V. u. V.tum 2 (1937); E. Fischer, Schweizer L.buch, 1943; H. Raff, Altbayer. L., 1946; H. Thiele, Rhein. L., 1948; H. Günther, Psychologie d. L. Studien z. e. wiss. Heiligengesch., 1949. H. de Weerd, Apostell. Amsterdam, 1949; L. Kretzenbacher, L.fg. in Innerösterr. Carinthia 141 (1951); E. Benz, Russ. Heiligenl., 1953; H. Rosenfeld, L. ²1964 (Berücks. nicht L. in bildend. Kunst u. im Vbrauch); F. Karlinger u. B. Mykytiuk, hg., L.märchen, 1967; L. Kretzenbacher, Bilder u. L. 1971.

Lehmann, Christian. 1611 Königswalde – 1688 Scheibenberg bei Annaberg. Als Kurrendaner, Hauslehrer und Pfarrer in Sachsen, Niederlausitz und Pommern erlebte. L. die ganzen Wirrnisse und Stürme des 30jähr. Krieges und verfaßte wichtige volkskundliche und kulturgeschichtl. Werke: Kriegschronik, Bergchronik, Sittenchronik usw. Nur der »Historische Schauplatz« wurde 1699 gedruckt. Wie schon L. Vater u. Großvater, so arbeiteten auch seine Söhne an solchen Werken, die großenteils Tagebücher sind.

J. Poeschel, Eine erzgebirgische Gelehrtenfamilie, 1883; E. Goepfert, Aus dem Wortschatz eines erzgebirgischen Chronisten. Zs. f. dt. Mundarten, 1900; F. Roth, Untersuchungen über C. L. (I. Leben, II. Abergläubische Anschauungen) Diss., 1932.

Lehnausrufen → Funkensonntag.

Lehninsche Weissagung. Ende des 17. Jh., in einer Blütezeit der Prophezeiungen und Prognostiken, weissagte ein unbekannter (angeblich soll die L. W. der Bruder Hermann vom Brandenburgischen Kloster L. im Jahre 1300 geschrieben haben) Gegner der Protestanten u. Hohenzollern in 100 Hexametern die Zukunft des Klosters L., des Landes u. seiner Fürsten, wobei er ältere historische u. prophetische Literatur benutzte. A. Hilgenfeld (Die L. W. 1875) schrieb die preußenfeindliche Fälschung dem vom großen Kurfürsten bestraften (kath.

gewordenen) Berliner Probst L. A. Fromm zu. Gedruckt wurde die L. W. 1723. In und nach dem 1. Weltkrieg lebte sie wieder auf. Text der L. W. bei E. W. Sabell, Literatur der sog. L. W., 1879.

Grobe-Wutischky, D. Weltkrieg 1914/1915; R. Gerling, Der Weltkrieg 1914/15 im Lichte der Prophezeiungen. A. Teha, Die W. v. L. im Lichte der Gesch., 1927. W.-E. Peuckert, L. W. Im HDA.

Lehnwort, Fremdwort. L. nennen wir das in Lautform und Betonung der eigenen Sprache angeglichene F. (z. B. dt. Mauer aus lat. *murus* oder frz. *boulevard* aus dt. Bollwerk). Alle Sprachen besitzen L. und F. entsprechend dem gesch. und geogr. Kulturgefälle. Auf unsere Sprache wirkten bes. das Lat. (1. Jh. v. Z. – 9. Jh. n. Z.), das Frz. (um 1200; dann wieder vom 17.–19. Jh.), das Span. und Ital. (im 16. und 17. Jh. der Renaiss. u. d. Barock), das Engl. (im 19. und 20. Jh.; Wirtsch., Industrie, Sport). Seit 1945 überschwemmt der Amerikanismus fast die ganze Welt, bes. aber Mitteleuropa. Den Kampf der Sprachgesellsch. seit dem 17. Jh. nahm der »Allg. D. Sprachverein« (seit 1885) wieder auf. Wie fruchtbar diese Arbeit und wie selbstverständlich die Neuschöpfung von Wörtern aus dem eigenen Sprachschatz werden kann, zeigen etwa die Beispiele Bahnsteig, Abteil, Schaffner, Fahrkarte, Flugzeug, Rundfunk, Fernsehen, für die vor 50, 60 Jahren Perron, Coupée, Conducteur, Billett allgemein waren, während später Äroplan und Radio wenig und Television gar nicht zum Zuge kamen. Wagen klingt heute entschieden »vornehmer« als Automobil. Aber auch an neuen Ideen zur Stützung des F. fehlt es nicht, so wenn etwa der Berliner Senat auf Plakaten für »Summer Time im Bus« wirbt.

Während das F. außer als wiss. Fachausdruck – fast immer entbehrlich ist und wirtsch., polit. oder kultur. Überfremdung, wenn nicht bloße Mode, anzeigt, ist das L. Zeugnis organ. Kulturaustausches zwischen kleinen Gruppen des Grenz- und Auslanddeutschtums, aber auch zwischen den großen Völkergemeinsch. R. Meringers Zeitschrift »Wörter und Sachen« brachte der L.kunde starken Aufschwung, Stender-Petersen, Kiparski, Vasmer u. a. machten sie für die germ.. finn. und slaw. Kulturfg. fruchtbar.

E. Richter, F.kunde, 1919; F. Seiler, Die Entw. d. dt. Kultur im Spiegel d. dt. L. 8 Tle.; z. T. neue Aufl. 1921–25; Th. Steche, Neue Wege zum reinen Deutsch, 1925; O. Steuernagel, Die Einwirkgn. d. Dt. Sprachvereins auf d. dt. Sprache. 4 Bde 1926–33; Th. Frings, Germania Romana, 1932; E. Back, Wesen u. Wert d. Lehnübersetz. 1935; H. Schoenfelder, Dt. Lehngut im amerik. Englisch, 1957; H. Strieder – Temps, Dt. L.er im Serbokroat, 1958; E. Schneeweis, Die dt. L.er im Serbokroat, in kulturgesch. Hinsicht, 1960; H. Schönfelder, Slaw. Wörter in d. dt. Mundarten östl. d. unter. Saale, 1963. (Im Schriftsprachl. z. B. Grenze, Jauche, Peitsche, Quark, Karausche, Luch); W. Dultz, F.erbuch, 1965, Duden – F. ²1966.

Lehrling → Handw.

Leibesübung → V.spiel.

Leibkauf → Kauf.

Leichdorn → Hühnerauge.

Leiche → Tod.

Leichenhuhn → Eule, Kauz, Vorzeichen.

Leichkar → V.etymol.

L.nam → lebender L., Tod.

Leid-, Leutpfennig → Gesinde, V.etymol.

Leidenswerkzeuge Christi erblickte fromm mitleidendes Gefühl in Blumen (Passionsblume), in Krautkolben, auch in Tierskeletten (→ Hecht, Hering, Salamander, Eidechse). Nägel, Lanze, Dornenkrone usw. sind Gegenstand vieler Sagen wie vor allem das Kreuz und

Kreuzholz selbst. Daß die L. auch den bayr. → Maibaum zieren, darf nicht dazu verleiten, diesen mit Jacoby (HDA 5, 496 unter Kreuzbaum) von Kreuzbaumlegende und -darstellung herzuleiten. Die enge Verbindung von Religion und Vk. zeigt auch die Darstellung der L. auf Geräten (Muskatreibe usw.), Schildern und Zeichen aller Art. In Süddtl. und Österr. schmücken sie oft Tor, Wand und Wegkreuz. → Andachtsbild, Marterl.

R. Berliner, A. Chr., in: Münchner Jb. d. Bild. Künste, 3. Folg., Bd. 1 (1955).

leihen. An geborgten Gegenständen kann günstige Kraft (→ Orenda) haften, so daß sie, wie Gestohlenes, die eigene Kraft euergetisch vermehren. Meist überwiegt aber Mißtrauen und Leiheverbot, vor allem Ausleihverbot, da man mit dem Weggegebenen auch sich fremder Macht (Hexerei) ausliefert. Besonders in gefährdeten Übergangszeiten (Schwangerschaft, Geburt, Brautstand, vor großen Festen) oder bei wichtigen Verrichtungen (Backen, Brauen, Buttern) und von heiligen Dingen (Brot, Herdfeuer) soll man nichts ausl., es sei denn, daß »um Gotteswillen« gebeten wird. Man sagt heute in Berlin, man soll am Morgen nichts herleihen, ehe man das »Handgeld« verdient hat. → stehlen, finden.

Leih-, Lein-, Leit-, Leutkauf → Kauf.

Leinkraut → Frauenkräuter.

Leinöl → Öl.

Lenz → Jahr.

Leonhard, hl. (6. 11.; Att.: Kette, Haustiere, Gefangener). 559 gest. als Abt des von ihm gegr. Klosters Noblac bei Limoges. In Süddtl. wurden ihm erst nach 1100 Kirchen in großer Zahl geweiht. Später zählte er zu den → Vierzehn Nothelfern, bis er schließlich zum »bayerischen Herrgott« wurde und sein Fest mit den großen Jahresfesten gleichen Rang erhielt. L. ist Patron der Gefangenen (Ketten als Votivgabe) und der Gebärenden (→ Eisenvotive in Form von → Kröten, → Gebärmutter). L. soll der Frankenkönigin in Geburtsnöten geholfen haben. In Beschwörungen und »Briefen« zur Erleichterung der → Geburt wird L. schon im MA neben den Heiligen Agatha, Barbara (früher schon Elisabeth, Anna, Maria, Margareta) erwähnt.

L. ist Schutzherr des Viehs (neben → Martin), besonders der → Pferde (neben → Stephan), dann überhaupt der Landwirtschaft. Feldertrāgnisse und Tiere werden ihm geopfert. An Stalltüren und Alpwegen wird das Bild des Heiligen angebracht (Haus- und Stallsegen). Am 6. 11. netzten im Zillertal Jungfrauen ihre aufgelösten Haare mit dem Taufwasser der L.kirche, um die Seuche aus den Ställen fernzuhalten. Der »Leonhardiritt«, ursprünglich Pferdesegnung u. Umritt um die Kirche, wurde in Bayern (Tölz) zu einem bekannten Volksfest (Leonhardifahrt auf bemalten und geschmückten Wagen), während das angrenzende Österr. heute schlichtere Brauchformen zeigt, obwohl es kultgeographisch zum Gebiet der bayr. L.wallfahrt gehört. Immerhin wurden 1905 beim »Leonhardiritt« Mitte Mai in Oberndorf (Salzburg) 72 Reiter gezählt.

Die Volkstümlichkeit des Patronats geben die zahlreichen Votive wieder (Hufeisen, zuweilen an die Kirchentüre gemalt, Tierfiguren), die dem Viehheiligen geopfert werden. Sie werden besonders angefertigt oder auch vom Mesner »vermietet«. Da L. auch bei Krankheiten der Menschen hilft, wurden große Rumpffiguren aus Eisen gestiftet, die das Volk »Leonhardiklötze«

nannte und später mit allerhand Aberglauben umgab (Kraft- und Gewissensproben, → Georg). Nach den Eisenvotiven nannte man L. den »Eisenherrn«. In Aigen bei St. L. sind einige »Leonhardiklötze« erhalten. Für die Eisenkette, die die Mauern mancher L.kirche umgürten, ist in einem Holzschnitt von 1488 das erste Zeugnis erhalten. Geheilte Geisteskranke opferten ihre Ketten. Man will dieser Erscheinung auch die Erinnerung an altes Asylrecht od. eine Form des Bindezaubers (→ Band) zugrunde legen. In St. L. bei Brixen erzählt die Sage, der → Weltuntergang sei da, wenn die Kette, jährlich um ein Glied vermehrt, dreimal um die Kirche gehe. »Weiberleonhard« hieß in Bayern die hl. → Kümmernis. → Umkreisen.

Künstle, Ikonographie der Heiligen, 1926; G. Schierghofer, Altbayerns Umritte u. L.fahrten, 1913; ders., Umrittbrauch u Roßweihe, 1922; J. A. Aich, L., der große Patron des Volkes, 1928; R. Hindringer, Weiheroß und Roßweihe, 1932; R. Kriß, Religiöse Vkde. Altbayerns, 1933; P. Sartori, L. Im HDA; L. Kretzenbacher, Die Ketten um d. L.kirchen im Ostalpenraume, Gugitz-Fs. 1954; (zur Frage d. Gürtung v. Kultobjekten).; R. Kriß/L. Kriß-Rettenbeck, Eisenopfer, 1957, (Dazu vgl. v. Zaborsky, in: Dt. Jb. f. Vkde 3. 1957, S. 552f.); J. Dünninger, Kl. Beiträge z. L.forschg., Bayer. Jb. f. Vkde. (1955) (Umschließung d. Votanten m. Kette oder Ring u. Einhegung d. Gnadenortes stammen aus derselben Wurzel); C. Böhm, Zur Herst.technik d. Eisenvotive. Ebd. (1959); E. Burgstaller, L.-Wallfahrten u. Umritte. Atlas v. Oberösterr. Bl. 38 u. Erg.band, Linz 1960; Kartogr.: Kirchenhistor. Atlas v. Österr. I: Verehrung best. Heil. i. Österreich (1966); ÖVA III: Schutzheil. der Haustiere (1968).

Leopold → Asyl.

Lerche. Da die L. wegen ihres fröhlichen unermüdlichen Gesanges berühmt ist, gibt man → Kindern etwas von diesem Vogel (Zunge, Ei), damit sie im Sprechen und Singen Fortschritte machen. Die L. gilt als Frühlingsbote (L.wecken, L.fegen, → Lichtmeß). Zuweilen heißt die letzte Garbe das Lercherl oder man denkt an sie, wenn man die letzten Halme auf dem Felde zurückläßt (→ Ernte). Die Schnitter sagen bei der Übergabe des Erntekranzes:

D' Lerchn laßt Sie gröißn,
Selln dös in Gsundheit gnöißen.
(Westböhmen)

Verbreitung und Synonymik der volkstümlichen L.namen werden von der → Wortgeographie erforscht. Dt. Wortatlas XV

letzte Garbe → Eber, Ernte, dreschen, Fock, Harkelmai, Korngeister, Nabel, Vergodendeel, Atlanten.

Letzte Ölung oder »Versehen« nennt der Katholik den Empfang der hl. Salbung auf dem Krankenbett. Sie gilt im Volk als Zeichen des Endes, obwohl man sie nach dem Katechismus »zum Heile der Seele und öfters auch zur Wohlfahrt des Leibes empfängt«. Verbunden ist damit meist die Spendung der hl. Kommunion. Viele Sagen berichten von wunderbarer Hilfe, die dem Priester auf dem Versehgang zuteil wurde.

H. S. Brechter u. a. Lg., Das zweite Vat. Konzil (1963).

Letzter. Bei der Ernte, beim Ausdreschen, beim ersten Austrieb, am Maitag, zu Pfingsten, am Tag der Unschuldigen Kinder, an Neujahr, Fasnacht, Aschermittwoch, Palmsonntag und Ostern (→ diese Stichworte) wird der L. geschlagen, begossen, ausgelacht, mit Spottversen bedacht, auch mit Namen, die ihm zuweilen das ganze Jahr über bleiben. Vielfach wird es heute als Scherz betrieben, doch sind ältere Brauchstufen noch spürbar. Manchmal ist der L. auch zugleich der Neuling, der eine → Initiation durchzumachen hat, besonders im Ernte- und Dreschbrauch. Zuweilen hat heute die Rolle des L. bei den Jahresfesten der Langschläfer übernommen, den man aus dem Bett »stiept«.

Die Begriffe d. Ersten u. L. und V. überlief. m. bes. Berücks. d. Erntebräuche (1939), in: C. W. v. Sydow, Selected Papers. 1948; D. Sauermann, Der L. im Pfingstbrauch, Z. f. Vkde 64 (1968)

Leuchter. In der Entw. der Lichtträger (Kienspan, → Fackel, Kerze, Lampe) erscheint der L. ziemlich spät. Obwohl im antiken Kandelaber vorgebildet, kommt er in das dt. Bürger- und Bauernhaus wohl erst aus der Kirche. Dort stand er ehemals vor dem Altar (wie heute noch der Träger der Osterkerze), erst in roman. Zeit in kleinerer Form auf diesem selbst. Der damit nötig gewordene Tropfenfänger wird zu einem bleib. Element des L. wie der tellerförmige oder dreigeteilte Fuß. In einf. Verhältnissen bleibt die billige, mit Unschlitt oder Öl gespeiste Lampe bis ins 20. Jh. in Gebrauch, daneben aber bürgert sich in ganz Europa der Kerzenl. ein und wird in den Alpen in Keller und Nebenräumen noch lange neben Petroleum und Elektrizität verwendet. Kunstfreudige Schmiede und Schlosser fanden hier Arbeit in Schaft und Klemme für die Kerze, in der Vorrichtung für ihre Höherstellung oder in der Ausgestaltung eines ganzen »L.wagens« (Oberöst.). Über die Schmiedekunst führt schon in spätgot. Zeit eine Linie vom Bronze-, Messing- oder Zinnl. der oberen Stände zum vtüml. L. aus → Eisen (Altarl. d. Nat. Mus. München mit Tierköpfen, Ende 15. Jh.). Merkmale der Vk kennzeichnen die Votivkerzenständer, Kerzenrechen, Kerzenställe, die noch heute in den süddt. Wallfahrtskirchen stehen, oder die norddt. Lichthalter, die bisweilen zugleich die Sanduhr für die Länge der Predigt bergen. Geschnitzte Brautl. aus dem Pyritzer Weizacker (19. Jh.) ordnen vier oder sechs Pferdeköpfe um den L.schaft. Die Kerzen dieser L. brannten brauchgemäß zu Ende, ohne geputzt zu werden. Die Lichtputzschere, die den blakenden Docht kürzt, gehört als schlichtes Erzeugnis des Messinggießers zum L. → Hängeleuchter.

L. v. Benesch, Das Beleuchtungswes. vom MA bis z. Mitte d. 19. Jh., 1905; W. T. O'Dea, A social hist. of lighting, London 1958; G. Wietek, Altes Gerät f. Feuer u. Licht. 1965. (Lampen, Laternen, L., Kienspane, Lichtputzschere, Kerzenziehen, Kronl., L.engel; Herd-, Wärmegeräte), Ausst. Kat. Bomann-Mus. Celle 1968; M. Heyne, Dt. Hausaltertümer I, 1899 bis 1903. W. Bernt, Jb. f. hist. Vkde., 3./4. Bd., 1934; F. Lipp, Der L.wagen von Steyr, Öst. Zs. f. Vkde. (1952).

Leuchterpfennig → Matthias.

Leutsterben → Pest.

Lewerstock → Liebstöckl.

Liberata → Kümmernis.

Licht. Wie die Sonne vertreibt jedes L. Nacht und Dämonenmacht. Es ist Symbol des Lebens (Lebensl. im Märchen vom Gevatter Tod, → Geburtstag) und hat reinigende und mantische, zukunftenthüllende Kraft (→ Lichterschwemmen, Orakel). Zu → Feuer, → Ampel, → Leuchter, → Kerze, → Fackel als L. gesellt sich die Wärme und die magische Wirkung des Brennstoffes (→ Wachs, Öl, Pflanze). Die kirchl. Weihe des L. und der L.träger (→ Lichtmeß, Ostern), wie die Verwendung des L. bei Taufe, Kommunion, Konfirmation, Firmung, Trauung, letzter Ölung, Tod u. Begräbnis kommen dem Volksglauben entgegen und stärken und wandeln diesen selbst wieder. Der Glaube an das Brennen der armen Seelen im Fegefeuer läßt umgehende Totengeister als L.- od. Feuergestalten erscheinen. → Allerseelen, Weihnachtsbaum, Irrlicht, Feuermann, L.erschwemmen, Laternenumz.

A. Franz, Die kirchl. Benediktionen im MA, 2 Bde., 1909; P. Sartori, Feuer u. L. im Totenbrauche. Zs. d. Vers. f. Vkde., 1917; L.

Schmidt, Vglaube u. Vbrauch, 1966 – ASV 191 L.erumzüge.

Lichtarbeit → Lichtmeß, Michael, Lambert, Handw.

Lichtelstube → Andreas.

Lichtenfels, nahe der Benediktinerabtei Banz und der Wallfahrtskirche Vierzehnheiligen von J. B. Neumann (→ Vierzehn Noth.) in Oberfranken, hat eine Fachschule für → Flechten und Fabriken für Korbwaren und -möbel. Die fränk. Korbmacher zwischen L. und Burgkundstadt waren 1795 in der Michelauer Zunft vereinigt, vermochten aber die unzünftig in → Hausind. Arbeitenden nicht zu verdrängen. Johann Puperd in Michelau erfand die Feinflechterei aus gespaltenen und gehobelten Weidenruten. Ende des 18. Jh. hatte M. allein 95 Meister. Wie in Sonneberg, Nürnberg, Oberammergau u. a. trat an die Stelle des alten Hausiervertriebs der bis Übersee, Kleinasien, Nordafrika und Amerika reichende Handel der Großverleger. Nahe bei L. liegen die wichtigen Erzeuger- und Vertriebszentren Coburg und Sonnefeld mit Waren aus Weide, Stroh und Schilf. Mittelpunkt ist heute L., das die feinsten Arbeiten in zierl. bisweilen figürl. alten und neuen Formen liefert (Schul- und Nähkörbchen, Knäuelkörbchen in Gestalt einer sitzenden Ente u. ä.). Durch Mischung naturbelassener und schwarzgefärbter Weiden wurden gefällige Muster erzielt.

E. Sax, Die Hausind. in Thür. 1888; T. Breuer, Landkreis L. 1962.

Lichterbaum → Weihnachtsb.

Lichterschwemmen. In der Frühlingszeit wird in verschiedenen Orten der Schweiz das »Lichtliabschwemme« ausgeführt zum Zeichen, daß man von nun an nicht mehr bei Licht zu arbeiten brauche (→ Lichtmeß, Michael). Der Brauch besteht nach Hoffmann-Krayer darin, »daß leicht brennbare Stoffe (Harz, Kienspäne, Strohwische) oder auch Lichtstümpfe auf ein Brett gesteckt und brennend ein fließendes Wasser hinuntergelassen werden, wobei man die Lichter unter Jubel und Gesang begleitet ... In Hegi (Zürich) macht man Schiffchen aus Schindeln mit Häuschen und Kirchen darauf, in welchen Kerzen brennen«. Ein ähnlicher Brauch ist aus Eisenkappel (Kärnten) bezeugt. Hier lassen die Kinder am Abend des 1. 2. kleine Papierkirchen, in denen eine Kerze befestigt ist, auf der Vellach schwimmen. Beim Ilzer Haferlfest (Bierkrüglein aus Ton sind allg. Festgabe) in Passau läßt man Lichter von der Ilz in die Donau schwimmen (1939). – L. wird auch ein → Orakel vom 30. 11. (→ Andreas) und → Weihnachten genannt. – L. Kretzenbacher sieht den Brauch des L., der in den äußeren Formen in weiten Gebieten Europas ähnlich ist, im Zus.hang mit alten Daten aus dem Lauf der → Sonne. Der Sinn hat sich in Jhh. mehrfach geändert.

L. Kretzenbacher, L. als Kultbrauch. Zu Gesch., Verbr., u. Sinngebg. e. Feuerbrauches in Mittel- u. Südosteur. In: Zbornik za narodni život i običaje. Zagreb 40 (1962); G. Kapfhammer, L. in Fürstenfeldbruck, in: Schönere Heimat 59 (München 1970).

Lichtfaß (Liaffas) → Ampel.

L.gans → Michael.

Lichtketräger → Irrlicht.

Lichtmeß, Mariä (2. 2.). Der Februar galt den Römern als Monat der Reinigung und Sühne. Das L.fest u. die Kerzenweihe – diese ist im 10. Jh. schon bezeugt – bringt Usener in Zusammenhang mit vorchristl.-röm. Kult. Durch die Kirche, die den Tag als Gedächtnis der Reinigung Mariä und der Darstellung Jesu im Tempel am 40. Tage nach der Geburt feiert, hat das Fest eine besondere Bedeutung für Frauen und Wöchnerinnen erhalten. In Dörfern des Werragrundes hielt man am Abend des Frauentages Spinnstuben ab. Am Morgen brachte man den Mädchen Ständchen. Das L.wachs, in Bayern häufig rot gefärbt, soll der → Wöchnerin um Hand oder Fuß geschlungen werden, dann sind Mutter und Kind vor Behexung sicher. Orakel und Vorzeichen gelten der Wöchnerin: Gefahr bedeutet es für sie, wenn an L. nicht so viel Schnee fällt, daß der Friedhof weiß wird; dann müssen im Jahre so viele → Wöchnerinnen sterben, daß man mit ihren Laken die Gräber bedecken könnte (Oberpfalz).

An L. werden → Kerzen und → Wachs für Kirche und Haus geweiht. Sie schützen vor Krankheit und jähem Tod, böse Geister und Hexen, Blitz u. Hagelschlag werden von Haus und Stall ferngehalten. Im Lechrain wurde aus dem roten Wachsstock ein Trudenfuß geformt oder ein Kreuz, das auf Bäumen, Hausung u. Gerät, ja selbst auf Hüten angebracht wurde. Wenn L. auf einen Sonntag fällt, hat das geweihte Wachs zehnfache Kraft. In Posen kennt man den Brauch, mit der Flamme der L.kerze drei Kreuze über den Türen auszubrennen. Kinder und Ahnen werden in den Segen mit eingeschlossen. In der Schweiz wurden für die Verstorbenen Lichter gebrannt. Besonders schön ist der Brauch, der aus Taiskirchen im Innviertel berichtet wird. Am Abend vor L. zündet man drei Kerzen an, eine auf dem Tisch zu Ehren der Muttergottes, eine unter dem Tisch für die ungetauften Kinder, eine auf dem Weihwasserkrüglein für die armen Seelen im Fegefeuer.

Nach der Volksmeinung macht die Sonne an L. den ersten großen Sprung. Die Arbeit bei Licht, das »Lichten«, hört in Stube und Werkstatt auf. »Maria bläst's Licht aus, Michel zünd's wieder an«, heißt es im Lechrain. So gilt zuweilen L. auch als Ende der Weihnachts- und Winterzeit. In Schlesien und am Rhein bleiben die Krippen bis zu diesem Tag stehen. Manche Arbeitsverbote des L.tages erinnern an die Zwölftenzeit. Zugleich gilt L. als erster Frühlingstag. Viele Bräuche sind auf das kommende Wetter- und Fruchtjahr gerichtet. Beim »Kirchleintragen« (bunte Laternen auf einem Stecken) in Eisenkappel (Kärnten) wird dem gefährlichen Bach ein Opfer gebracht. In Mecklenburg sollen die Weiber für hohen Flachs im Sonnenschein tanzen. Das Schlagen mit Holunderruten in Westfalen, der Pflugumzug bei Merseburg, das Beekenbrennen in Schleswig-Holstein, besondere Gebildbrote und Spiele, Speisen und Opfergaben zeigen Verwandtschaft mit späteren Frühlingsfeiern.

Bei allen wichtigen Einschnitten des Jahres und des Lebens wird die Zukunft gedeutet. L. ist ein berühmter Lostag. Aus den Kerzen und ihrem Brennen wird geweissagt. In Schwaben hieß es, daß auf denjenigen der Tod im kommenden Jahr warte, dessen Kerze beim Beten am L.abend zuerst ausgehe. Nach Vogelstimmen wird das Erntejahr beurteilt, Mädchen gehen nachts → horchen. Kinder, die an L. auf die Welt kommen, sind Hellseher. Besonders viele Beobachtungen richten sich auf das Wetter. Darüber gibt es auch viele bekannte Sprüche, z. B. »Lichtmessen dunkel, denn ward de Bur'n Junker«, »L. im Klee, Ostern im Schnee«, »Maria Liachtmöß hall und rein, hast zwa Küa, verkof die ein« (Paznauntal, Tirol). Verbreitet ist der Satz, zu L. sehe man lieber den Wolf im Stall als die Sonne. Sieht der Dachs an L.

seinen Schatten, gibt es einen langen Winter (Berlin 1971). L. als Zahltag und Ziehtag hat noch heute Geltung. In Münster nennt man einen vergeßlichen Schuldner »L.« und gratuliert ihm am 2. 2. zum »Namenstag«. → Los, Gesinde, Michael, Volksetym., Biene, Brigitta.

A. Franz, Dir kirchlichen Bendiktionen im MA., 2 Bde., 1909; L. v. Hörmann, L.; in Tiroler Volksleben 1909; H. Usener, Das Weihnachtsfest, [2]1911; P. Satori, Sitte und Brauch, 3. Bd., 1914; ders., L. Im HDA. V. v. Geramb, Dt. Brauchtum in Österr., 1926; L. Kretzenbacher, L.-Singen in Steierm. Volkslied 50 (1949); O. Held, Das L. fest in Glinde. an d. Elbe. Dt. Jb. f. Vkde. I (1962); (Frühlingsbeginn u. Schifferabschied. Einfluß d. Fasnacht. Umzug, Verkleideter von d. einz. Höfen m. Geräten aus Schiffahrt und Bauerntum); L. Schmidt, V.glaube u. V.brauch, 1966.

Lid → Auge.

Liebesmittel → Aphrodisiaka.

Liebeszauber → Andreas, Aphrodisiaka, Betonie, Brennessel, Hinterer, Fisch, Gift, Haar, Joh.kraut, Liebstöckl, Nacktheit.

Liebfrauenbettstroh → Thymian.

Liebstöckel, (Sau-, Bad-, Maggikraut; *Ligusticum levisticum,* nach der ligur. Heimat). Bes. aus mlat. Namensformen über ahd. *lubistichel* entwickelten sich vielfältige → V.etymologien: Luixenstichel, Lobstichel, Lewerstock, Laubstäkka, Lobstock (Elsaß), Lugstock (Österr.), Luststecken (Salzburg), Ladstöckel (Böhmen), Leibstöckl (Erzgebirge). Als Gewürz- und Heilkraut heute wieder viel in Gärten gehalten. Im Elsaß und in der Pfalz wird L. gegen Halsschmerzen noch verwendet, wie es schon die »Medizin-Chymische Apotheke« von 1685 (Nürnb.) beschreibt: Heiße Milch mit Honig wird durch den hohlen Stengel von L. getrunken. Auch geraucht wird der trokkene Stengel bei Halsweh (Schlesien, Bukowina). Der (späte) Name empfahl L. für Liebeszauber. Um den Liebsten an sich zu fesseln, trugen Mädchen Blüten von L. unter dem Mieder (Altbayern) oder man kochte mit L. einen Liebestrank (Franken). Der starke → Geruch vertreibt Dämonen. Der Bauer mischt L. ins Futter der kalbenden Kuh (Riesengeb.). Gegen Zauber und Unwetter hilft das an → Himmelf. Mariä (Salzbg.) geweihte oder beim Umzug zu → Fronleichnam getragene L.

Liederbücher. Das Gesetz der mündl. Überl. des Vliedes bedeutet nicht, daß die Sänger – und gerade die besten – sich nicht selbstgeschrieb. Hefte und L. als Gedächtnishilfe bedient hätten. Auch die Freude am Sammeln und Schmükken wirkte mit. Kinder zierten ihre Weihnachts-L. (→ Quempas), illuminierte → Gebetbücher erinnern an das kleine → Andachtsbild. Sie waren das Werk von Nonnen oder berufsmäß. → Briefmalern. Für die Vliedfg. wichtig sind die oft mehr als hundert Titel umfassenden L., die den ganzen Liederschatz eines Sängers, einer Sennerin, einer Familie wiedergeben. Wie viele Vbücher enthalten auch diese L. neben weltl. und geistl. Liedern Chroniksprüche, Kochrezepte u. ä. Beisp. mit Bildern, Initialen und Blumen reich geschmückter L. sind das Stubenberger L. (Staatsbibl. München) oder das Mörbischer L. (Burgenländ. L.archiv). – Über L. im Sinn der histor. Fg. → V.lied (Einl.).

Fr. Ranke u. J. Müller-Blattau, D. Rostocker L. (1465). 1927; A. Haberlandt, Österr. Kunsttopogr. In: Bayer. Heimatsch. 26; K.M. Klier, Drei handschr. L. aus d. Burgenland. In: Burgenl. Fgn 38 (1958); W. Deutsch, in: Jb. öst. Vl.werk 11 (1962) L. im Großarltal im Pongau; K. Beitl, Eine Montafoner Liedhs. Jb. öst. Vliedw. 13 (1964). Lit.; L. Schmidt, V.lied u. Vgesang, 1970; P. Sappler, D. Königsteiner L. 1970.

Ligatur → Impotenz, Nestelknüpfen.

Lilie, (Gilge, Nilie, Ilge; *Lilium*). Von den zahlr. L.gewächsen ist die weiße L. *(L.candidum)* schon im Altertum Symbol der Reinheit gewesen, das christl. auf den Engel der Verkündigung und St. → Josef übertragen wurde. Auch Vlied und Sage kennen die L. so. Hervorsprießen aus dem Grabe ist Zeugnis für die Unschuld eines Getöteten. Sie wird als Totenblume bezeichnet, in den Kranz gebunden und auf dem Friedhof gepflanzt. Mit Rose und Schwertlilie gehört die L. zu den Zierpflanzen, die im → Kapitulare Karls d. Gr. bes. genannt werden. Die früh auf morgenländ. Stoffmustern, seit dem 12. Jh. bes. in frz. → Wappen (fleur de lis) erscheinende L. ist urspr. nicht von der Garten-L., sondern von der Schwert-L. *(Iris Germanica)* abgeleitet.

R. Bauerreiss, Arbor vitae. 1938.

Liljenkonvalljen → Maiglöckchen.

Limes, (Grenz-, Landwehr, Pfahlgraben). Typische Beispiele → ätiologischer Sagen knüpfen sich an den gegen die Germanen errichteten römischen Grenzwall, den jene 260 n. Chr. überrannten. Er ist Teufelsmauer. Sie geht durch die ganze Welt und ist der Weg des ewigen Juden, der alle sieben Jahre die Runde macht. Der alemannische Brauch des → Funkensonntags ist hinsichtlich seiner nordöstl. Begrenzung mit dem L. in Zusammenhang gebracht worden. – Errichtet war der L. zum Schutze der Provinzen Raetia und Germania superior, zuerst als Palisaden, später als Erdwälle und auch Steinmauern mit Wachtürmen. Der Obergerm. L. (328 km) ging von Rheinbröhl über Taunus, Main, Odenwald, Cannstatt bis Lorch im Remstal bei Schwäb. Gmünd, wo sich der Rätische L. anschloß, der üb. Österreich-Ungarn b. in die Dobrudscha reichte. → Matronen.

Germania-Romana, 1922; Der obergerm.-rät. L. d. Römerreiches, hg. v. Fabricius-Hettner-v. Sarwey, 14 Bde. 1894–1938. (Bilderatlas); W. Schleiermacher, Der röm. L. in Dtl. ³1967; Über d. sächs. L. Karls d. Gr. vgl. Zs. d. Ges. f. Schlesw.-H. Gesch. (1926, 1955, 1967).

Linde, *(Tilia europaea)*. Der erfrischende Schatten, die herzförm. Blätter, der süße Duft der Blüten ließen die L. zum Baum der Liebenden werden (Vlied). Bei den Germ, war sie der → Freyja heilig und besaß Weissagungs- und Heilkraft. Im Vglauben der germ. und slaw. Völker nimmt sie unter allen → Bäumen den Ehrenplatz ein. Davon zeugen zahlreiche Ortsnamen und die vielen »heiligen«, »historischen« oder »tausendjährigen« L. Mit Vorliebe werden L. seit alter Zeit in der Dorfaue – unter der Dorfl. wurde früher → Gericht gehalten – und in vielen Gegenden unmittelbar vor dem Wohnhause angepflanzt. Die säulengestützte L. in Birnfeld (Franken) ist eine Art Ratsplatz mit einer Sockelbrüstung zum Sitzen. Zuweilen wird in der alten L. mit Brettern ein zweites »Geschoß« ausgelegt, auf dem die Musikanten zum Tanz aufspielten (Blankenhain in Thür.) »Es ist auch des paumes schat (Schatten) den menschen zimlaicher wan anderr paum schat«, schrieb schon im 14. Jh. → Konrad von Megenberg, und noch heute kann man im Volke hören, daß insbesondere Altersschwache und Lungenkranke sich möglichst viel unter blühenden L. aufhalten sollen, weil ihr Duft »gesunde Luft« mache. Viele sagen auch, daß man unter einer L. Schutz vor dem → Blitz findet; doch hat man statistisch festgestellt, daß Menschen gerade unter L. häufig vom Blitz erschlagen wurden. – Die Verwendung von L.blüten zu schweißtreibenden und nervenberuhigenden Tees und Packungen, wie sie in der heutigen Volksheilkunde besonders beliebt ist, scheint jüngeren Datums.

E. M. Kronfeld, Volkstümliches von der L.; Mitt. der Dt. Dendrol. Ges., 19 und 29; H. Marzell, Unsere Heilpflanzen, 1922.

Lindwurm → Drache, Schlange.

Lindwurm, ahd. *lindwurm.* Wie Murmeltier, Windhund, Walfisch u. ä. tautolog. Wortbildung, da ahd. *lind* gleichfalls ›Schlange‹ bedeutet. Mhd. erscheint *linttrache,* womit auch im Wort die Vermischung mit dem geflügelten → Drachen der Antike bezeugt ist. Die germ. Sage bezeichnet das L.- → Ungeheuer vereinzelt auch als *nihtsceada* ›Nachtverderben‹ oder *lyftsceada* ›Luftschädling‹. Vom Kampf gegen einen L. in Schlangen- oder Echsengestalt hören wir im Beowulfepos und in der → Dietrichsage (→ Elfen, Martin, Margaretha). Als Stollen-, Tatzel- oder Haselwurm kennt ihn die obd. Sage noch in unserer Zeit, auch als Erreger von Unwetter und Rüfen oder als → Wassergeist, der »seinen« See in Aufruhr bringt und Überschwemmungen anrichtet. Der Drachenkampf und die Befreiung einer von ihm bewachten Jungfrau ist ein bevorz. Märchenmotiv (z. B. im Zweibrüderm.).

O. Abel, Vorzeitl. Tierreste im dt. Mythos . . . 1939.

Linsen → Hülsenfrüchte.

Liturgie. Das gr. Wort bez. einen vom Staat geforderten Dienst für das Gemeinwesen, vergleichbar dem »Gemeinwerk« in unseren Alpen. Schiffsbau, Ausstattung von Schauspielen u. a. gehörte im alten Athen dazu. Die Kirche versteht unter L. die Gottesdienstordnung, wie sie im Kath. bes. im Missale Romanum, im Prot. in den Agenden niedergelegt ist (Rituelle Handlungen, Gewänder, Altarschmuck, Gebete, Gesänge u. a.). Wie Kirchen- und Vglaube, so standen und stehen auch Vbrauch und L. in Wechselbez., nicht selten in Gegensatz. Eine Unzahl von häusl. und öffentl. Begebnissen wäre hier zu nennen, bes. fast alle mit den großen Jahresfesten (→ Weihnachten, Ostern, Pfingsten usw.) und den landsch. meist enger begrenzten Heiligentagen verbundenen Bräuche. Die heutige Lage kennzeichnet W. Heim: »Man bemerkt heute im kath. Vleben einen Trend, sich der früher viel geschmähten ›reformierten Nüchternheit‹ anzunähern (während im reformierten Raum zum Teil gegenläufige Bestrebungen zu beobachten sind)«. – Liturgik ist die Lehre vom Gottesdienst. → Martin, Joh.tag, Nikolaus, Ritus.

L. Eisenhofer – J. Lechner, Grundr. d. L.gik des röm. Ritus [5]1950; Liturg. Erneuerung in aller Welt. 1950 M. Laach; E. Krausen, L. u. Brauchtum nach e. Marienberger Funktionarium von 1743. Bayer. Jb. f. Vkde (1964/65) (Neujahr, Dreikönig, Lichtmeß, Blasius, Agatha, Ascherm. u. a.); Heiliger Dienst. Salzb. 21 (1967) (Darin W. Heim, Vfrömmigk. u. L.); P. Vogelsanger, in: Reformatio 22 (1966/67); W. Heim, Klimawechsel in d. kath. V.frömmigkeit d. Schweiz. Schweiz. Arch. f. Vkde 64 (1968); P. Wiertz, V.frömmigk. u. L.wiss. Arch. f. L.wiss. (1966) (Nach d. 2. Vat. Konzil); ders., Vkdl. Bem. z. L. In: Dialog 2 u. 3 (1968).

Liudger, hl., Ludger. Als erster Bischof von Münster dort in volkstümlicher Verehrung. Er missionierte in Friesland und gründete das Kloster Werden an der Ruhr. Um 744 in Friesland geb., 809 in Billerbeck gest. Festtag: 26. 3. Seine im 11. Jh. entstand. Vita bietet Bildquellen u. a. zu Recht, Handw., Wallf.wesen, Attr.: Bischofstracht, Buch, Kirchenmodell, Schwan.

W. Diekamp, hg.: Vitae S. Liudgeri, 1881; F. Flaskamp, Die Anfänge fries. u. sächs. Christentums, 1929; H. Börstning, L. – Träger des Nikolauskultes im Abendland. Westfalia Sacra 1, 1948; W. Stüwer, Die Verehrung des hl. L., ebda., 1948; St. L. Fs. 1959; H. Schrade, Die Vita d. hl. L. u. ihre Bilder. 1960.

Lityersessage → mähen.

Loben der Gesundheit, der Schönheit von Mensch und Vieh war immer und bei allen Völkern verpönt als → Berufen. Der Bauer spuckt das Vieh an als Gegenzauber (noch sehr verbreitet) od. man nennt einen hl. Namen (»Gott behüte es«) od. sagt, »Unberufen!«, »Ebensoviel!« und, in Anwendung der apotropäischen Wirkung des Obszönen (→ Hinterer), »Leck mi am Arsch«. Auch der Ausruf → »Knoblauch!« hilft. → Böser Blick, Faszination.

S. Seligmann, Der böse Blick, 2 Bde., 1910.

Lobetanz. Als germ. Verwandte der alten Wörter Lob und loben nennt das Etym. Wb. v. Kluge-Mitzka (1967) »erlauben, geloben, Glauben, lieb, Urlaub, verloben«. Auf diesem Feld bewegen sich die Erklärungsversuche für L. Ein L. oder *lobentantz* gen. Brauch ist in Mitteldtl. seit dem 13. Jh. als Frühlingstanz von mehreren Paaren bezeugt. Die Form »Gelobtänz« läßt (mit Meiche) an Verlobungstanz denken oder an den Gemeinsch.tanz einer verbündeten Gruppe. Wenig wahrsch. ist die Herleitung von »Lob« (mundartl. f. ›Laub‹; Tanz mit Laub und Blumen zu Pfingsten im Erzgeb.). Spekulation ist es wohl auch, den L. mit Lobe, Loba als alter Bez. der Kuh im schweiz. → Kuhreihen zusammenzubringen. In der Mark Brdb. wurde L. der Name des → Erntefestes, wie in anderen Landsch. die Bräuche des Austbiers, des Erntehahns, des Niederfalls (Gebet im Knien a. d. Erntefeld) u. a. zur Bez. des ganzen Festes wurden. → Vtanz, Spielzeug.

Grimm, Dt. Wb. 6. Bd.; M. Bukofzer, Zur Erklärung des L. durch die schweizer. Vmusik. Schweiz. Arch. f. Vkde. 36 (1937/38).

Lobstöckel, L.stock → Liebst.

Löffel, dem Altertum bekannt, im alten bürgerl. Haushalt oder in Maiensäß und Alp das wichtigste, zuweilen das einzige Eßgerät. Auch den Landser begleiteten bis zuletzt Eßgeschirr und L. Im 1. Weltkrieg verschafften sich russ. Kriegsgefangene einen Nebenverdienst durch das Schnitzen kunstvoller Löffel aus Buchenholz (Vandans i. Montafon), während der dt. »Prisoner of War« z. B. in den Camps von Modena und Verona seine L., Aschenbecher u. a. aus Kastanienholz höhlte. »Den L. verwerfen« bedeutet im alem. heute noch ›sterben‹. – Bedeutend war die L.macherei im nassau-usingenschen Land (Dorf Helberhausen). Bunte Bemalung und v.tüml. Beschriftung zeigen L. aus → Berchtesgaden. L. wurden aus Holz geschnitzt (→ Aushöhlen) oder aus Eisen geschmiedet und meist verzinnt. Beinerne Löffel, in erwärmtem Zustand leicht zu bearbeiten, tragen oft relig. Zeichen oder eingeritzten Spruch (Schweiz, Tirol, Bayern). Bis ins 17. Jh. als Geschenk reicher → Paten beliebt waren »Apostel-L.«, ein Besteck aus 13 L., deren Stilende als Apostel und Maria geformt waren. Der silberne Patenl. ist, neben dem Becher, noch gegenw. Brauch. Auch ein Teil der Brautschachtel oder eine → Minnegabe war der L., der dann Jahreszahl und Initialen, eingekerbte Herzen und allerhand Künstelei aufwies wie etwa ein vierkantiges Stielende mit Holzkügelchen in durchbrochenem Gehäuse. Dem Apostel-L. vergleichbar, zeigt ein bayr. Hochzeitsl. vollplast. ein Brautpaar als Griff. In Hessen sind L. und L.körbchen als Hirtenarbeit nachgewiesen. Die Bed. des L. als Gabe erhellt aus der Bez. der ›Liebeswerbung‹ als Löffeln (vgl. engl. spooning). Vom 16. bis 18. Jh. galt in verbreitetem Sprachgebrauch Löffeln soviel wie ›Poussieren‹. Dieser Zus.hang ist näherliegend als der mit Laffe (frühnhd. leffel), wie Kluge-Mitzka (Etym. Wb.) wollen.

Doch gehört zu Laffe die süddt. Schelte Rotzlöffel. Im allg. war die Herst. von L. Sache des → Drechslers. Schon 1535 besteht in → Berchtesg. die Sebastiansbr.schaft der »Drechsler, L.- und Schindelmacher«. Eine der größten Slgn. von Holzl. hat das Berchtesg. Mus. (u. a. rote, vergoldete, schwarzlakkierte Geschenkl., z. T. wohl aus Tirol).

A. Haberlandt, Die vtüml. Kultur in Eur., 1926; ders., L. Im HDA; W. Bomann, Bäuerl. Hauswesen u. Tagewerk ²1933; K. v. Spieß, Bauernkunst, ²1935; K. Rumpf, Hess. Holzl. In: Hess. Bll. f. Vkde. 49/50 (1958); H. Wühr, Altes Eßgerät. L., Messer, Gabel. 1961; L. Schmidt, Vglaube u. Vbr. 1966.

Lokalkult → Wallfahrt.

Loki, Halbgott des Feuers, dem ein besonderer Kult nicht gewidmet war; in der altnord. Saga in der Gesellschaft der Götter, in späterer nordgerm. Überlieferung nur mehr Dämon des Herdfeuers. In Dtl. findet sich keine Spur von dieser »rätselvollsten Gestalt der altnord. Mythologie.«

K. Weinhold, Die Sage von L. In: Zs. f. dt. Altert., 1849; C. Meyer, L. und sein Mythenkreis, Progr., 1880; G. Dumézil, L. 1959; A. B. Rooth, L. in Scandinavian mythology. Lund 1961.

Lorelei, (Lurlei). Schon vorgesch. Ort einer Fliehburg, galt der »Lurleiberg« im 13. Jh. als Stätte des Nibelungenhortes. Das Wort (1607: Lorlei) bedeutet ›Geisterfelsen‹. Die sagenhafte Überlief. von einer Zauberin auf dem Felsen 133 m ü. d. Rhein ist durch die Dichtung (Clemens Brentano »Die Lore Lay« 1801, u. a.) zu einer die Schiffer durch ihren Gesang betörenden → Sirene gewandelt worden.

Seeliger, Die L.sage in Dichtung u. Musik. 1898; R. Ehrenzeller-Favre, Entst. u. Wandlg. e. Sage. Diss. Zürich 1948; W. Krogmann, L. Geburt e. Sage. Rhein.-westf. Zs. f. Vkde 3 (1956).

Lorbeer → Weihn.

Lork → Frosch.

Los, losen (ahd. *liozan* ›Loswerfen, Orakelstellen, Wahrsagen‹; *augurari*). Neben dem L. im Sinn von Auslosen (Abzählreime, Lotterielos) kennt das Volk L. und l. im Sinn von → Orakel. Das konnte sich um so mehr einbürgern, als → Bibel und Kirchenlehre gewisse L.ungsarten erlaubten (→ Apostel). Thomas von Aquin unterschied drei L.arten, von denen nur die letzte verboten war (1. verteilend, 2. beratend, 3. wahrsagend). Man sah auch die Verwandtschaft mit dem heidnisch-christlichen → Gottesurteil. Über L. aus L.bücher handelte ausführlich F. Boehm (HDA 5, 1351–1425). Gesch. und Typologie der L.bücher behandelte J. Bolte (Georg Wickram, Werke, 4. Bd.) Fast an allen wicht. Tagen des Brauchjahres wird noch heute das L. geübt, wenn auch oft (angeblich) nur im Scherz (→ Neujahr, Lichtmeß, Fasnacht, Andreas, Zwölften u. a.) → Kinderspiel, Lotterie, Kreuzweg, Buchstabe, Glückshafen.

K. G. Homeyer, Über das germ. L. Sitz. ber. Berlin 1853; J. Bolte, Zur Gesch. d. Punktier- u. L.bücher. Jb. f. hist. Vkde 1 (1925).

Lossprechung → Steinmetz.

Lostage → Lichtmeß, Zwölften u. a.

Lotterie, wie das Wort Niete a. d. nländ. d. 16. Jh. (lot = Los). Das eigene Wort → Glückshafen bleibt daneben b. ins 18. Jh. in Gebrauch. Neben der amerik. Millionenerbschaft und neben dem Schatzsuchen mit der → Wünschelrute ist es die L., die noch heute den ewigen Wunschträumen des einfachen Menschen Nahrung gibt. Wo ein großes Glück auf dem Spiele steht, wuchern Vorzeichen und Orakel, Angang und Amulett, Kalender- und Sternglaube, Traumdeutung, Beschwörung und Zauber. Berliner Glaube ist, daß ein Los, das man zurückgegeben hat, bestimmt gewinnt. Deshalb werden kurz vor

Ziehungsbeginn viele Lose zurückgekauft. Ein L.einnehmer muß seinen Laden in eine Straßengabelung verlegen, damit das »Glück von beiden Seiten auf ihn zukommt« (Berlin). Lose, die am Freitag geschickt werden, lehnt man ab. Früher waren die Maßnahmen noch gründlicher. Auf → Schädel von Toten wurden die Loszahlen geschrieben. Mitternachts, am Grab einer → Wöchnerin erfuhr man die Zahl. Mit Gesangbuch und Bibel wurde »punktiert«. Alle → Traumbücher enthalten solche Ratschläge. Zu einer gefährlichen Volksleidenschaft wurde besonders das Zahlenlotto. Es entstand in Genua, in dem Wetten abgeschlossen wurden, welche fünf aus 90 Kandidaten neu zum Rat gewählt würden. Später setzte man für die 90 Namen Zahlen ein. Die genuesische L. wird nur noch in ihrem Heimatland und in Österr. gespielt, während anderwärts die seit dem Beginn des 15. Jh. in Holland nachweisbare Klassenl. üblich ist. Doch ist in unserer Zeit das Zahlenlotto wieder die wichtigste Viertelstunde im dt. Fernsehen. Mit der Auslosung wird recht eigentlich »gekultet«.

350 Jahre Staats-L. in Hamburg (1612–1962) 1962.

Löwenzahn, (Kuh-, Butter-, Hunde-, Dotter-, Maien-, Popen-, Schweinblume, Bettpisser, Pfaffenröhrlein, Sonnenwirbel; *Taraxacum off.*). Schon Pritzel und Jessen verzeichnen über hundert Namen. Der herbe Saft des L. wirkt harntreibend, abführend, »blutreinigend« und wird deshalb zu »Frühlingskuren« benutzt. In der sympathet. Vmed. ist die gelbblühende Pflanze Mittel gegen Gelbsucht – wegen der erwähnten Wirkung des Saftes gewiß oft nicht vergeblich. Deshalb ist es auch begründeter bayr. Kinderglaube, daß man ins Bett nässe, wenn man L. mit nach Hause nehme. Beim Milchvieh, das die Blätter gern frißt, soll der milchige Saft den Ertrag steigern. – Ein Kinderspiel ist es, aus den hohlen Stengeln Ketten zu bilden (Kettenblume) oder das mit allerhand → Orakeln verbundene »Laterne auspusten«, das Wegblasen der gefiederten Samen (Pusteblume, Laterne). Den fläm. Brauch, aus jungem L. Salat zu machen, übernahmen die Dt. im 1. Weltkrieg.

Pritzel u. Jessen, Die dt. V.namen d. Pflanzen. [2]1882.

Luchs, *(Felis lynx).* Das sinnenschärfste Tier unter den Katzen und schwer zu fangen; daher volkssprachlich: »sehen wie ein L.«, »etwas abluchsen«. Der L. kommt nur noch in Ost- und Nordeuropa vor. Der letzte L. in Bayern wurde 1836 erlegt. Im 18. Jh. noch wurden auf den Jagden des Klosters Tegernsee in 40 Jahren 109 L.geschossen oder gefangen. Ende des MA war er bei uns noch allgemein. In Pommern galt er Ende des 15. Jh. als das gefährlichste Raubtier. Deshalb darf man annehmen, daß in den gerade dort noch häufig genannten → Schreckgestalten Bummelluchs, Brummelluchs, Mummeluchs u. ä. sich die mythisch gefärbte Erinnerung an den wirklichen L. verbirgt. In der gr. Mythologie erscheint er neben der Katze. Er ist wohl auch das Tier der germ. → Freyja (eher als die Katze). L. klauen sind wohl schon germ. → Grabbeigabe. Zahn und Zehe verwendete die Vmed. bis ins 20. Jh.

H. Marzell, Der L. u. d. L.stein. Bayer. Jb. f. Vkde (1963); O. Keller, Die ant. Tierwelt 1. Nachdr. 1963.

Lucka → Luzia.

Ludler → Jodeln.

Lüfthildis, hl. Attr.: Ginster, Spindel, Kirchenmodell. Der Kult dieser rhein. V.heiligen (→ Kanonis.) beruht auf einem Wunderbericht des → Caes. v. Heisterbach (um 1222), einer dt. Vita aus dem 14. Jh. und mehreren Darst. vom 15.–17. Jh. Starke Impulse gingen aus von der 1. Elevatio der Reliquien im 12. Jh. und von der 2. in der Gegenreformation (1623). Trotzdem eine hist. Persönlichkeit nicht sichtbar wird, hat sich in der Eifel vtüml. Kult und Brauch entwickelt. Die 1623 aufgefundene Spindel aus Silber wurde zum Kultgegenstand, dessen Berührung noch heute bes. bei Ohren- und Augenleiden gesucht wird. Die Bed. des Ginsters im V.brauch und -glauben, bes. aber sein reiches Vorkommen in der Gegend förderte die Sitte, einen Strauß blühender Zweige in der Kirche am Grab segnen zu lassen und als Krankheitsabwehr mitzunehmen.

M. Frank, Die Vheilige L. von Lüftelberg u. ihre Attr. in Leg., Kult u. Brauchtum. 1959.

Lüftlmaler → Freskomalerei.

Luftspiegelung → Fata Morgana.

Lügenblatt → Wegerich.

Lügengeschichten → Schwank, Münchhausen, Gaßlbrauch.

Lugstock, Luixenstickl, Luststecken → Liebstöckel.

Lukas, hl. (18. 10.). Evangelist und Schüler des hl. Paulus. Patron der Metzger, weil der Ochse (das Opferrind aus dem Anfang des L.evangeliums?) sein Attribut ist. Da L. auch Arzt war, gibt man Vieh und Menschen gesegnete L.zettelchen ein. In England heißen die letzten freundlichen Herbsttage *St. Luke's little summer.* Es heißt aber auch, L. hell und warm – ein Winter, daß Gott erbarm (Montafon 1970). – Von Malern wird L. auf Grund der Legende von den »L.-bildern« verehrt. (Attr. auch: Malergerät) Ein L.bild, ein Porträt der hl. Maria vom Evangelisten L. nach dem Leben gemalt (Farbe auf Wachs), wurde erst in Antiochia aufbewahrt, von wo es nach Konstantinopel als Palladium d. Stadt, später (1204) durch den Dogen Dandolo nach Venedig gekommen sei. Es gibt noch andere L.bilder, doch ist Echtheit nirgends beweisbar. Daß es alte Marienporträts gab, läßt sich vermuten, weil Legende und Kirchenlehrer ziemlich übereinstimmend die äußere Erscheinung Mariä schildern: »Sie hatte wenig mehr als mittlere Größe, blondes Haar, Demut in Rede und Haltung, ihr Auge war klar, der Augapfel etwas gelblich, olivenartig, die Augenbrauen waren eingebogen und schwärzlich, das Antlitz weder spitz noch rund, sondern länglich« (Samson). → Maria.

A. Harnack, L. der Arzt. 1906 (L.gilden); D. Klein, St. L. als Maler d. Mad. Diss. Marbg. 1933.

Lunge. Im Volksglauben spielt die L. eine geringe Rolle, weil sie nicht als Sitz des Atems (= der Seele) erkannt wird. In der Vmed. wird L. von Tieren empfohlen, denen man kräftige Atmung zuschreibt (Wolf, Luchs, Otter, Fuchs, Hase). Bargheer berichtet, daß noch Leute in Apotheken Saft von Klatschmohn oder Süßholz unter dem Namen »Fuchsl.-saft« als Mittel gegen → Schwindsucht verlangen. Lachtaube und Stieglitz ziehen die Krankheit der L. (Ab-, Auszehrung, Sucht, Darre) an sich. Die Beschaffenheit der kranken L. zeigt geschmolzener Talg, den man in der Christnacht in Wasser gießt (Westfalen). Unter den → Opfergaben der letzten 300 Jahre finden sich viele »Lungln«, deren oft rohe Darstellung auf Bildvorlagen der medizinischen Literatur oder auf das Vorbild der Tierlungen zurückgeht. → Gebärmutter, Wegerich, Märchen.

E. Bargheer, Die Eingeweise, 1931; H. v. Hayek, Die menschl. L. ²1970.

Lungenenzian → Dorant.

Luren → Horn.

Lussibrud → Luzia.

Lustration → Reinigung, Jahresfeuer.

Luther, Martin (1483–1546). Die Bemühungen der spätmittelalterlichen Drucker u. Kanzleien um eine allgemeinverständliche → neuhochdt. → Schriftsprache hätten sich nicht so rasch und einheitlich durchzusetzen vermocht, wenn nicht das sprachgewaltige Werk der L.schen Übersetzung d. → Bibel, seiner Predigten und Streitschriften (deren Deutsch auch für die Gegenschriften maßgebend wurde) einer einheitlichen Sprachgestalt zum Durchbruch verholfen hätte. Frische, Kraft u. Tiefe kennzeichnen L. Sprache, die aus der Mundart des Volkes selber schöpfte. Jobst hat ein umfassendes Bild von L. entworfen als eines Volksmannes, in dem MA mit Neuzeit und Volkstum mit Kirchentum noch zur Einheit verbunden waren wie in kaum einem anderen Großen der dt. Gesch. L. steht mitten im dt. Volksglauben. Bäuerliche → Wetterregeln sind ihm vertraut. Von einem schönen Wintertag 1536 sagt er: »Wenns eine vier Wochen also bliebe, *esset summa fertilitas speranda, sub nive enim defenditur satum. Ideo rustici:* Wenn die weiße henne wol brutet, so stehets in guter hofnungk«. L. glaubt an böse → Geister, die dem Acker schaden und Pest bringen, aber auch (1519), daß die große Prozession der »Kreuzwoche« zwischen Rogate und Himmelfahrt (→ Bittage) davor schütze. Er glaubt an → Hexen, → Zauber und → Wechselbälge; diese sind ihm *a diabolo deformatos non autem diabolo generatos.* Der Teufel kommt im Scheinleib eines Kindes; als solcher Wechselbalg hat er einmal fünf Frauen die Milch ausgesogen (wie es alem. Sagen von Trud und Doggi berichten). Der → Teufel und seine Verführung als → Incubus sind für L. unbedingte Wirklichkeit. L. selbst vertrieb den T. zuweilen, indem er »den nicht am meisten respektierten Teil des Körpers zum Bett herausstreckte« (G. Freytag). Die Kunst des → Exorzismus nimmt L. nicht für sich in Anspruch, verneint sie aber nicht: *si quis habet potestatem eiciendi demonia, ego non.* Er rät zur Abwehr durch Gebet. L., in dessen Schriften soviel Verständnis für die Welt des → Kindes sich kundtut, hält doch auch → Schreckgestalten wie den »schwarzen Popelmann« für brauchbar ebenso wie Spruch und hergebrachte Geste des Ruteküssens:

»Hertz liebe Rute,
du tust mir viel zu gute.«

Hohe Achtung zollt L. den Bräuchen, mit denen das dt. Volk → Hochzeit und → Tod umgibt. Den hl. → Nikolaus verurteilt er nicht, Sonnwendfeuer läßt er bestehen, aber die → Fasnacht wird in seinem Machtbereich abgeschafft, wie L. auch die Auswüchse der → Kirmes bekämpft. Er ist gegen Luxus in Essen und Kleidung. L. hinterließ uns viele Zeugnisse seiner Beschäftigung mit der Volksdichtung. In Fülle finden sich → Sprichwörter wie: Wes das Herz voll ist, des geht der Mund über; Untreu schlägt den eigenen Herrn; Ein Fürst oder Herr ist Wildpret im Himmel. Wenig vertraut sind ihm das alte Volksschauspiel und die kath. Legenden. Oft aber weist er auf die Märchen des Volkes hin: Aschenbrödel, Schlaraffenland u. a. Frau → Holle oder Frau Hulda allerdings ist ihm (wie Frau Venus oder → Herodias) eine Teufelsbraut. L. erwähnt Sagen von → Tannhäuser und Venusberg, von Roland und → Dietrich von Bern, die dt. → Kaisersage von Friedrich Barbarossa im Kyffhäuser u. a. In seinem gesunden Sinn für Humor erinnert sich L. in Predigt und Schrift zahlloser dt. Schwänke. Bekannt ist L. Bedeutung für die Entfaltung des → geistlichen Liedes. Er schuf eigene Lieder und formte altes Volksgut neu. Eine Strophe des Kranzsingens: »Ich komm aus fremden Landen her und bring euch viel der neuen Mär« klingt in L. Weihnachtslied von 1534 wieder: »Vom Himmel hoch ...« Auch das Lied des kath. MA diente ihm als Vorlage, die er nur wenig änderte: der alte Pfingstleis »Nu bitten wir den heiligen Geist« oder der Ostergesang »Christ ist erstanden«. L. kannte die Ohrenbeichte, er besaß einen → Rosenkranz aus Bernstein; bei Tische, wo sein elfjähriger Sohn Martin ein Stück aus dem Evangelium vorlesen mußte, bezeichnete sich L. mit dem Kreuzzeichen und erwartete dies auch von seinen Gästen. Sein kleiner Katechismus empfiehlt das Segnen mit dem Kreuzzeichen auch am Morgen und Abend. Über seinem Schreibtisch hing das Kruzifix. In anderen kath. Überlieferungen ist L. unentschieden oder abweisend. Er verurteilt den mit dem Johannissegen (→ Minnetrinken) verbundenen Aberglauben, nimmt aber an diesem feierlichen Trunke teil beim Abschied von Schweizer Studenten in Jena. L. ist gegen Heiligen- und Marienverehrung und lehnt Reliquien und Wallfahrt ab. Das »Palmenschlukken« am → Palmsonntag findet keine Gnade. In vielen Fragen z. B. der alten Feiertage steht L. kath.-mal. u. weltl. Tradition viel näher als die reformierte Kirche. Auch in der Geschichte der Vkde als Wissenschaft gebührt L. ein Platz. Er hat, wohl um 1530, eine Bearbeit. äsop. → Fabeln begonnen. Um die gleiche Zeit schrieb er Sprichwörter auf (489 Nrn. in einer Oxforder Handschrift). Der Teufel ist ein Feind der Sprichwörter, darum mischt er sich soviel hinein: »Wir müssen aber den Teuffelsdreck darvon thun und die spruchwoertter erretten«. Der Reformator erkundigt sich nach Liedern, Sprüchen u. a. In einem Brief an W. Linck (1535) fordert er ihn auf, dt. Bilder, Bücher, Reime, Meistergesänge und Lieder zu sammeln. Er erkannte als erster einen Wesenszug der → Volksetymologie (lautliche Assoziation) und seine Bedeutung für Volksglaube und Vmed (hl. Valentin als Patron der Fallsucht; hl. Zeno als Helfer derer, die an den Zähnen leiden). L. Leben, Lehre und Schriften sind abgesehen von ihrer theologischen Bedeutung eine der wichtigsten Quellen für die dt. Vkde im 16. Jh. neben den Schriften von → Bohemus, → Franck, → Fischart, → Sachs u. a. Der Gesch. des → geistlichen Liedes gab L. durch die Schaffung des Gemeindegesangs eine ganz neue Richtung. → Andachtsbild, Bildnisse, Hinterglasbilder, Hinterer, Martin, Weihnachtsbaum, Joh. d. Ev.

E. Thiele, L. Sprichwslg., 1900; E. Rolffs, L. Humor, ein Stück seiner Religion. Preuß. Jbb. 115 (1904); A. Götze, Vkdl. bei L., 1909; Klingner, L. u. d. dt. Vabergl. 1912, Neudr. 1960; Diehm, L. Als Kenner dt. Vbrauches u. dt. Vüberl. Diss. Gießen, 1930; A. Jobst, Evang. Kirche u. Vtum. Niederdt. Zs. f. Vkde 13 (1935); W. E. Peuckert, Die große Wende. Das apokalypt. Saeculum u. L., 1948; A. Berger, M. L. in kulturgesch. Darst. 3 Bde. 1895–1921; H. Pleijel, Das L.tum i. schwed. Vleben. Lund 1958; E. Kohler, M. L. und der Festbrauch. 1959; M. L. Fabeln, hg. v. W. Steinberg. 1961.

Lutzelfrau, Luziennacht, -kreuz, -schein → Luzia.

Lüwich → Gimpel.

Luzia, hl. (13. 12.). Die hl. L. wird gegen Augenkrankheiten angerufen. Ihre Attr. (Schale mit Augen; außerdem: Halswunde, Kessel, Lampe, Palme) erinnern an die Überlieferung, daß sie sich die →

Augen, die die Liebe eines heidnischen Freiers weckten, ausriß und ihm auf einer Schale überbringen ließ. Im MA, ehe Gregor XIII. den neuen → Kalender einführte (1582), galt L.tag als der kürzeste im Jahr. In Tirol hieß es noch im 19. Jh. »St. Lutzen macht den Tag stutzen«. Manche Begehungen des L.tages tragen deshalb den Charakter von Bräuchen des → Neujahrs. Kirschzweige werden gepflückt wie an St. → Barbara. In Schlesien wurden die → Zwölften von L. bis Weihnachten gerechnet. Wie zu Neujahr wurden in der L.nacht Zeichen gedeutet. Nach 11 Uhr erwarten junge Burschen, meist auf dem Heuboden, den »L.schein«, ein Licht (*lux* = Licht), das, nicht jedem sichtbar, langsam und zitternd, die Gestalt wechselnd, sich über den Dächern nähert. Es kann Glücks- und Todeszeichen sein. Ein Bauernsohn gewahrte, wie es über dem Hause seiner Braut erschien und erst die Form eines Kranzes, dann die eines Totenschädels annahm. Er heiratete das Mädchen, die Schwiegermutter aber starb. Das Unternehmen ist nicht ohne Gefahr. Die L. rächt sich mit Krankheit und Unglück, wenn ein Bursche während des Erwartens des L.-scheins etwa einschläft. – In der L.nacht wurde ferner mit dem Zeichen des L.kreuzes (vgl. die Abb. bei Reinsberg-Düringsfeld) ein Orakel begonnen, das am Neujahrstag seinen Abschluß fand (Lechrain). Dirnen schnitten nach Mitternacht die Rinde einer Weide am Bachufer auf, ritzten mit dem Messer auf die innere Seite der Rinde ein L.kreuz, befeuchteten die Stelle mit Bachwasser und festigten sie wieder. Vor 1 Uhr mußte man wieder im Schutz des Hauses sein, sonst drohte plötzlicher Tod. Am Neujahrstag wurde wieder nachgesehen und aus der Veränderung der eingeritzten Zeichen die Zukunft gedeutet. Diese Beispiele wie auch sonst das Brauchtum des Tages stehen unter dem starken Gegensatz von Verehrung einer Heiligen und Furcht vor einer Dämonin. Im heutigen Volksglauben, der sich im Böhmischen und Bayrischen Wald verhältnismäßig geschlossen erhalten hat, überwiegen die Vorstellungen der zweiten Art entschieden. Im Burgenland und in Niederösterr. beging man die Vornacht von L. mit Beten und Räuchern, wozu »Judenkohle« (von der Feuerweihe am → Karsamstag), Weihrauch und Schlehenholz gegen → Truden verwandt wurde. Beim Gang durch Kuhstall und Haus wurde das Vaterunser und die Anrufung gesprochen:

> Vorn Drudendruga, Hegsnhoagsen,
> Daiflsbroazen, Zauwrafoagsen
> b'schitz mich d' halche Luzie,
> bis ich muaring fruh oafsteh!

Die Ambivalenz (Doppelrichtung) des Gefühls kommt auch darin zum Ausdruck, daß das Spinnverbot am L.abend mit der Verehrung der Heiligen, aber auch mit der Furcht vor den Hexen erklärt wird. Über Nacht würden diese Spindel, Faden und Garn zerstören, wie an anderen Tagen Frau → Holle oder → Bercht es tun, mit welchen Gestalten sich L., mythengeographisch gesehen, berührt oder sogar deckt. In gleicher Doppelsinnigkeit, wie sie im namen »Butzenbercht« angedeutet ist, erscheint die L. als Gabenbringerin und zugleich als Kinderschreck. Die »Lutzelfrau« oder »Pudlfrau« »pudelt« (wirft) Leckereien zur Tür herein (Burgenland). In Tirol bescherte L. die Mädchen wie → Nikolaus die Knaben. Im Böhmerwald schenkt sie Obst. In dieser Gegend aber gerade ist die → Schreckgestalt im Volksglauben noch unseres Jh. weit lebendiger. In der Adventszeit müssen ungehorsame Kinder fürchten, daß ihnen L. (wie die Bercht) den Bauch aufschlitzt u. Stroh oder Kieselsteine hineinfüllt. Mit der bayrisch-österr. → Habergeiß verwandt zeigt sich die Gestalt, wenn sie als Ziege (eine Gestalt mit Bettuch und Hörnern) im Gefolge des Nikolo auftritt. In der Gegend von Neuhaas in Böhmen erscheint am Vorabend des 13. 12. die »Lucka«. Ein Bursche oder auch mehrere verkleiden sich als alte Weiber und tragen eine Vogelmaske mit großem Schnabel. Auch die Habergeiß erscheint als vogelähnliches Ungetüm wie andererseits die Bercht als Schreckgestalt mit großem eisernem Schnabel gedacht und dargestellt wird (Schnabelpercht). Den 1. Nachweis der bauchaufschlitzenden L. fand Hans Moser in Bayern 1768. Hundert Jahre vorher schrieb → Praetorius, daß Teufel und Gespenster »vor allen anderen Zeiten heuffig verspüret werden an Tag oder Fest Luciae«. L. Kretzenbacher stellt in einer Mittel- und Südosteuropa umfass. Unters. die Gestalt in das Spannungsfeld von Vglauben und Hochreligion: »L. die Helle« als kirchl. Heilige aus Syrakus und »L. die Dunkle« als heidn.-myth. Schicksalsfrau an der Jahreswende. L. Schmidt vergleicht den »L.weizen« mit anderen Bräuchen der Vorweihnachtszeit. Dazu gehören auch das sloven. L.brot und der L.stuhl im dt.-ungar. Mözs. So heißen ein kleiner Schemel und eine Peitsche aus Weidenruten, an denen von L.tag bis Heiligabend gearbeitet wird, um in der Mitternachtsmette, darauf stehend, die Hexen zu erkennen bzw. sie in der gleichen Nacht zu »peitschen«. Im österr.-slov.-ungar.-südslaw. Übergangsgebiet wird das »L.stühlchen« noch öfter genannt. Auch dieses Motiv belegt den Satz von L. Kretzenbacher (den R. Weiß im Schweiz. Arch. f. Vkde 1959 unterstrich): »Die meisten Erschein. der Vkultur, der geist. wie der mater., sind in ihrer räuml. Verbr. nicht mit jener der Sprachnationen des 19. u. 20. Jh. begrenzt«. Wie der L.brauch auf dt. Gebiet früher weiter verbreitet gewesen sein muß, so finden wir Zeugnisse auch bei den Wallonen u. besonders bei den Schweden. In Schweden geht die »Lussibrud« von Hof zu Hof. Auf dem Haupt trägt sie eine Lichterkrone und bringt einen Trunk für die Männer. L.hochzeit muß mit reichlichem Genuß von Bier, Fleisch und Brot gefeiert werden, dann gerät die nächste Ernte. Der Brauch wird von Schweden selbst i. d. Fremde mitgenommen (L.feier d. Schwedischen Gesellschaft in Berlin; nach vorangegangenem Wagenumzug mit Musik). → Adonis, Corona.

O. v. Reinsberg-Düringsfeld, Das festl. Jahr, 1963. Arch. f. Rel.-Wiss., 9 (1906); V. Waschnitius, Percht, Holda . . . 1914; A. Karasek-Langer, Lucienglauben u. -bräuche. Sudetendt. Zs. 4 (1931); W. Hay, Vtüml. Heilige, 1932; R. Beitl, Korndämon u. Kinderscheuche. Unters. z. Mythol. d. Kindes, 1933 (Ms.). C. M. Bergstrand, Lucia i. Västergötland Folkm. och folkt. 22 (1935); L. Schmidt, Lutscherl, Lutzelfrau u. d. hl. L. Volk u. Heimat 2 (1949); L. Kretzenbacher, Lutzelfrau u. Pudelmutter. Burgenl. Hbll. 13 (1951); ders., Das sloven. L.brot. In: Slovenski Etnograf 6/7 (1953/54); L. Schmidt, Barbara- u. Luziaweizen. Gugitz-Fs. 1954 (Burgenl.); J. Weber-Kellermann, Der L.stuhl im dt. u. ungar. V.glauben. Hess. Bll. f. Vkde 49/50 (1958); L. Kretzenbacher, Santa Lucia u. d. Lutzelfrau. 1959.

Luzifer → Aschermittwoch, Teufel.

Lykanthropie → Werwolf.

Machandelboom → Wacholder.

Mädchen → Jungfrau.

M.auge → Stiefmütterchen.

M.fasnacht → Fasnacht.

M.schaften → Burschensch.

M.versteigerung → Maitag, Gericht.

Madentag → Montag.

Madonna → Maria.

Magd → Gesinde.

Magdalena, -rosen → Maria M., drei hl. Frauen.

M.blume → Gänseblümchen.

Magdeburger Brücke → Goldene B.

Mägdekrieg → Hauhechel.

Magelone → Vbuch.

Magenwurz → Kalmus.

Maggikraut → Liebstöckel.

Magie. Magier war die Bez. einer altpersischen Priesterkaste *(magusch).* Da man ihren Angehörigen übernatürliche Kräfte zuschrieb, wurde M. (griech. *mageia* = Kunst der Magier) Bez. der Wahrsagerei und Zauberei. Sie findet sich bei primitiven Stämmen und bei den alten Kulturvölkern. Die vorgesch. Höhlenmalereien deuten schon auf magischen Glauben (Jagdzauber). Im MA erhielt die M. im Abendland starken Auftrieb durch → Kabbala, → Astrologie und → Alchimie und zugleich gelehrten Anstrich durch die Verbindung mit philosophischen Gedanken der → Mystik, des → Neuplatonismus und der späteren Pansophie. Je nachdem die M. auf Benützung der göttlichen oder jedenfalls guten Kräfte oder auf bösen Schadenzauber gerichtet war, unterschied man weiße und schwarze M. Ähnlich stellt G. Mensching die »religiöse M.« der Früh- und Primitivrelig. einer »profanen« oder »reinen« M. gegenüber, die mit Zauberkräften arbeitet, die für sich allein wirken. Der Sache nach ist M. auch den nordeurop. Völkern bekannt gewesen. Das magische Weltbild beruht auf dem Glauben an die → Sympathie der Dinge und Kräfte, in die der Mensch durch → Zauber (Bildzauber, Segen, Beschwörung, Orakel) eingreifen kann. Man hat die M. deshalb als »übernatürliche Physik« bezeichnet. Den Versuch magisch. Beeinflussung auch persönlich gedachter und willensbegabter Dämonen und Götter bezeichnet man als Theurgie (Gottzwang). In der Sicht von → Paracelsus ist M. die »übernatürl. Macht, die himml. Kräfte in das Medium Mensch bringen kann« (Peuckert). Sie ist im Gegensatz zur Astrologie der »Ausdruck eines aktiven Wollens« (Groethuysen).

M. ist in unserer Zeit nicht erloschen. M. Zender (über W. Schrödter, Magie): »irrationale und m.ische Vorstellungen [haben] auch in der modernen industr. Gesellschaft ihre Funktion und ihre Bedeutung nicht eingebüßt, sondern nur verändert«. Nervenärzte und Seelsorger begreifen M. »als eine dem Entwicklungsstadium der Menschheit und der Menschen eigene, aber auch später latent wirksame selbständige Weltansicht« (W. Bitter). Der Kriminalist H. Schäfer sieht im Denken des Menschen von heute eine »bedeutende magische Komponente«. Auf die schöpfer. Wirkung des m.ischen Weltbildes, des »Aberglaubens« im Werk des Künstlers, wies G. F. Hartlaub hin.

→ Okkultismus, Nekromantie, Chaldäer, Faust, Wahrsagung, Zauber.

J. G. Th. Grässe, Bibliotheca magica et pneumatica. 1843. Neudr. 1960. (Auf d. Grundlage d. Bes. d. Dresdener Bibl.); Staudenmaier, Die M. als experimentelle Naturwiss., 1922[2]; A. Lehmann, Abergl. u. Zauberei, 1925[3]; E. Levi, Gesch. der M., 1926, 2 Bde. Bertholet, Das Wesen der M., 1926; E. Fehrle, Zauber und M., 1926; K. Beth, Religion und M. bei den Naturvölkern, 1927[2]; Daqué, Natur u. Seele, 1928[3]. K. Zeininger, M.ische Geisteshaltung im Kindesalter. 1929; L. Thorndyke, A history of magic and experimental science. New York 1934ff.; J.

Ramming, Die Bedeutg. d. M. in d. Dichtg. d. Romantik. Diss. Zürich, 1948; A. E. Jensen, M. Bemerk. zu drei neuen Veröff. Stud. Generale 1 (1948) (Betr. W. Hellpach, Magethos; E. Spranger, M. d. Seele; C. H. Ratschow, M. u. Religion); H. Arnold, Das M.ische d. Films. Diss. München, 1949; G. F. Hartlaub, Das Unerklärliche. Studien z. mag. Weltbild, 1951; H. Reichstein, Prakt. Lehrb. d. Kabbala, M. usw., [5]1954; W.-E. Peuckert, Vers. z. Gesch. d. weißen u. schwarzen M. [2]1956; D. P. Walker, Spiritual and demonic Magic. London 1958 (Ficino bis Campanella); G. Mensching, Die Religion. 1959. S. 136ff.; H. Schäfer, Der Okkulttäter. Hexenbanner – m.ische Heiler – Erdentstrahler. 1959; M. u. Wunder in d. Heilkde. Ein Tag.ber., hg. v. W. Bitter. 1959; J. Stieghahn, M.isches Denken in d. Fragm. Fr. v. Hardenbergs. Diss. Bln. 1962; H. Biedermann Hlex. d. m.ischen Künste. 1968 (Antike–Gegenw.); R. Kriss, Zum Problem der rel. M., in: Österr. Zs. f. Vkde 71 (1968); J. G. Frazer, Der goldene Zweig. 12 Bde. 1911. Kurzfg. 1968 (M. u. Rel.).

Magnetismus → berühren, Okkultismus.

Mäha, St. → mähen.

mähen, die Vorstellung des m.den Todes ist alt und u. a. auch Griechen u. Letten bekannt. Sagen berichten von Riesenleistungen dämonischer Mäher. Der Ernteheilige → Bartholomäus wird als St. Mäha bezeichnet und dieser Name auf das Garbenopfer übertragen, wie auch sonst »Schnitter« oder »Drescher« Namen des Ährenrestes auf dem Felde sind. Mit Sicheln geht der unheimliche → Bilwis, der »Pillmadsmohda« durchs reife Korn. Von todbringendem Wettmähen berichtet schon die antike Sage (Lityerses), auf die besonders Mannhardt hinwies, um dt. Erntebräuche (das Binden) zu erklären. Wie das M. in der Technik (Sichel, Kurzsense, S. mit Abfangvorrichtung) eine reiche Gesch. hat, so sind auch Brauch und Glauben vielfach damit verbunden. Die Mäher folgen sich in bestimmtem Rang. Wer nicht gleichmäßig mäht, wer eingeholt wird, wer ermüdet, wird mit Spott und Strafe verfolgt, in denen sich zuweilen mythische Grundlagen erkennen lassen (Stoßen des Austbocks). Die ersten Halme soll ein 7jähriges Kind oder eine →Jungfrau m.

W. Mannhardt, Mytholog. Fgn., 1884; R. Wolfram, Das Radm. Schweiz. Arch. f. Vkde 44 (1947); L. Schmidt, Gestaltheiligkeit im bäuerl. Arbeitsmythos, 1952 (»Sensengestalten«).

Mahl → Speis u. Trank, Geburt, Hochzeit, Tod, ferner d. einz. Jahresfeste.

Mahr, in vielen germ. Sprachen u. außerhalb dieser besonders im Slawischen (poln. *mora*, tschech. *mura*, wend. *murawa*, russ. *kikimora* = Gespenst) verbreitete Bezeichnung des drückenden Nachtgespenstes, des → Alps. M. steckt auch im franz. *cauchemar*. Die Bez. ist vorwiegend in Nord- und Mitteldtl. bekannt, aber auch in Schlesien ist Mora Name eines vielgenannten Nachtgespenstes u. Kinderschrecks. Volkssprachlich vermischt sich M. durch Klangverwandtschaft (Mahrt, Marder, Mähre) mit der Vorstellung von Tieren. Der Name M. erscheint auch in den Zusammensetzungen M.fuß (Pentagramm), M.entakke (Wucherung an Bäumen, auch → Mistel, → Donnerbesen), M.klatt (verfilztes Pferdehaar). → Doggi, Hexe, Schratt, Schreckgestalt, Trud.

F. Ranke, M. In: HDA; R. Beitl, Korndämon u. Kinderscheuche, 1933 (Ms.); L. Röhrich, Erz. d. späten MA 1. 1962 (M.ehe).

Mähre, Mahrt, Mahrentakke, -klatt → Mahr.

Mahrentitze → Belemnit.

Maibaum. Der M. hat in Süddtl. (Bayern) u. Öst. besonders großartige und schmuckreiche Gestaltung erfahren. Als grüner → Baum, als Vergrößerung des Segenszweiges u. der → Lebensrute ist der M. ein Fruchtbarkeit und Segen verbürgender Gegenstand, den wir im Frühlingsbrauch vieler Völker finden. Vielfach ist der Buschen oder Baum ein Liebes- und Ehrenzeichen für das geliebte Mädchen, für Bürgermeister oder Pfarrer geworden. Der Sinn des Brauches liegt zutage, wenn ein Stück von der → Fahne des M. als heilkräftig gilt (Oberpfalz), oder wenn man den Hochzeitsm. so lange stehenläßt, bis dem jungen Paar ein Kind geboren wird. Wenn die Braut schon schwanger ist, heißt es, der Mann habe »sich selbst einen M. gesetzt«. Spiele, Tänze und Wettkämpfe haben den M. und die unter seinem Wipfel ausgehangenen Gaben zum Mittelpunkt. → Blockziehen, Laufspiele, Reiterspiele, Vspiel, Lätare, Georg, Pfingsten, Joh.tag, Bandeltanz, Leidenswerkz.

W. Mannhardt, Wald- u. Feldkulte, 2 Bde., 1904/05². M. Andree-Eysn, M.bilder. In: Vkdl., 1910; M. P. Nilsson, Die volkstl. Feste des Jahres, 1914; Über M.setzen u. Pfingstmaien mehrere Aufsätze in d. Zs. Die Heimat, 1938; M. Fossenius, Majgren, Majträd, Majstang, Lund, 1951; H. Moser, M. u. Maienbrauch. Bayer. Jb. f. Vkde. (1961); A. Karasek, Sudetendt. M.feiern daheim u. in Westdtl. Fs. f. A. Perlick. 1960; H. Steininger, Das M.umschneiden in d. Steierm. In: Vkdl. Beitr. Wien 1966; ders., Das rituelle Brauchspiel des M.umschn. in Ostöst., U. Heimat 37 (1966); ÖVA M. Zeit d. Einfg. Stehlen d. M., vgl. Lit. → Maitag

Maiblume → M.glöckchen, Gänseblümchen.

Maibraut, -bräutigam, -könig → Maitag, Pfingsten.

Maie → Pfingsten.

Maienkränze → Joh.tag.

Maifeste → Pfingsten.

Maifeuer, -funken → Walpurgis.

Maigeding → Gericht.

Maiglöckchen *(Convallaria bifolia)*. → V.etymol. des lat. Namens sind Liljenkonvalljen, Hillgenkummveilchen, Fillumfallum. Schles. heißt das M. Springauf, obersächs. Zauke, in Österr. Falbrian. Mädchen trugen M. wegen des Wohlgeruchs im Taschentuch oder gebrauchten es als Schönheitsmittel. In Paris zeigt am 1. 5. jedes Schaufenster die Frühlingsblume und jeder Mann steckt sie als porte-bonheur ins Knopfloch (1957). Trotz ihrer Giftigkeit nimmt man sie gerne für den »Schneeberger«, einen Schnupftabak. → Niesen ist auf alle Fälle gesund und »reinigt das Gehirn«. M. mit roten Streifen in der Blütenkrone gelten in Franken als schlimme Vorzeichen. Im Frühjahr 1914 wollen viele dort solche Blüten gesehen haben.

L. Bohling, Die Pflanze in d. mal. Tafelmal. 1957 (Lit.); Dt. Wortatlas X.

Maigraf → Maitag.

Maikäfer. Durch sein periodisches Massenauftreten, durch Farbe, Größe und bedeutende Schädigungen ist der M. in Volkssprache u. Kinderbrauch einer der meistgenannten Käfer. Die Namen sind nach Farbe u. Fluggeräusch, nach Gestalt, Ort und Zeit des Auftretens in hundertfacher inhaltlicher und lautlicher Abschattierung über das dt. Sprachgebiet verbreitet. Kinder unterscheiden genau nach der Farbe des Halsschildes: Bauer, Müller, Schuster (Schlesien), Bischof und Bauer (rote und schwarze M.; Tirol). Im ganzen einförmig sind die Reime, mit denen die Jugend den M. fliegen läßt, in der äußerst schwierigen Ausdeutung dieser Verschen ging man früher (Mannhardt) viel zu weit. Als Orakeltier (viele M. – viele Kartoffeln) und in der Vmed. (aphrodisische und blasenziehende Wirkung) wird der M. beachtet. Im 17. Jh. holte man den M. als ersten Frühlingsboten feierlich aus dem Wald (Schleswig). – Im Zeitalter der Insektizide ist der M. fast ausgestorben. 1971 wurden sie unter Liebhabern zu 50 Pf. das Stück gehandelt. Zoohändler Welke, Dortmund: »Viele Kinder haben noch nie in ihrem Leben einen M. gesehen« (Tsp. 2. 6. 71). – M. war auch Scherzname d.

preuß. Regiments der Gardefüsiliere, die in Spandau und in Potsdam lagen, wo sie immer Anfang Mai zus. gezogen wurden.

W. Mannhardt, Germ. Mythen, 1858; R. Wossidlo, Meckbg. Vüberlief. 1897 (M.namen); Hartwig, Tier- u. Pflanzennamen: O. Scheerpeltz, Der M. 1950.

Maikönig → Reiterspiele.

Mailehen → Gericht, Maitag.

Mainfrau → Wasserg.

Maisgericht → Speis u. Trank.

Maitag. Der 1. 5. oder M. steht mit dem Vorabend → Walpurgis in enger Verbindung, wie die Vornächte mit den großen Jahresfesten überhaupt auf Grund germ. Tageszählung. Ein Überbleibsel des vorgregorianischen →Kalenders ist die Bez. des 12. oder 13. 5. als M., die im protestantischen Norden noch bekannt ist (»alter M.«). Der M. wird festlich begrüßt, eingeholt, eingeblasen und eingesungen. Er ist oft der Tag des → ersten Austriebs des Viehs und besonders der Aufrichtung des → Maibaums. Er ist ein Tag der Abwehrzauberbräuche gegen Ungeziefer oder Krankheit und des Fruchtbarkeits- und Segenzaubers mit Lebensrute, Wasserguß und feistem Essen. Das »Vegetationspaar«, Maibraut und Maibräutigam, Maigraf und Maikönigin, das wir schon in germ. Kultbräuchen erkennen können, halten ihren Umzug. (→ Volksspiel). Viele Bräuche dieser Art haben sich im Laufe d. Zeit um → Pfingsten gruppiert. D. »Mailehen« wird ausgerufen am Maibaum od. beim Maifeuer. Für den M., für den Mai oder fürs ganze Jahr wird dem Burschen ein Mädchen zu besonderer Betreuung zugesprochen. Oft führt spätere → Verlobung das Maipaar ganz zusammen. Der Brauch ist im Rheinland besonders bekannt (A. Wrede, Rhein. Vkde.). Das → Bad im Maitau oder auch in heilendem → Wasser ist alte Sitte. Heute ist der zweite Sonntag im Mai → Muttertag. → Brocken, Kreuzdorn, Evermarus.

E. Papst, Die Volksfeste des Maigrafen usw., 1865; J. Müller, Rhein. Maibrauchtum. Westdt. Zs. f. Vkde. 33 (1936); H. Weber, die Hauptgruppen d. rhein. Maibräuche in kulturgesch. u. kulturgeogr. Betrachtg., 1936; K. R. V. Wikmann, Die Einleitung der Ehe. Abo 1937; F. Dierker, Das rhein. Mailehen u. s. Wesen, s. Verbreitg., u. s. Stellg. in d. Gemeinschaft, 1939; R. Weiss, Sozialist. Maifeier u. V.brauch. Schweiz. Monatsschr. »Du«. Mai 1943; J. Dietz, Rauhe Sitten d. Mailehenversteig. Zs. f. Vkde 3 (1956); M. P. Nilson, Der erste Mai. Hess. Bll. f. Vkde 49/50 (1958); S. Barlen-Ebert, Mailied ausrufen u. Jug.spiel in e. Ort d. Aach. Raumes. Hess. Bll. f. Vkde 51/52 (1960); J. Weber-Kellermann, D. »Maienköpfen« in Thür. Öst. Zs. f. Vkde 63 (1960); L. Laaksonen, D. öff. Feiern d. 1. 5. in Turku v. 1919–1960. Scripta ethnol. 15 (Turku 1963).

Majolika, Fayence. Nach der Insel Mallorca (ital. Majorca) bzw. nach der ital. Stadt Faenza benannte Malerei auf Tonplatten und -gefäßen und diese Ware selbst. Die urspr. arab. Kunst gelangte im 15. Jh. nach Italien. In Dtl. tritt die Bez. M. 1630 zuerst auf, die heute noch vtümlicher ist als F., wie das Halbporzellan aus Faenza (Romagna) in Frankr. auch genannt wurde (16. Jh.: vaiselle de Faience). Mit der Herst. von M. übernahm der südfrz. Flecken Fayence auch den Namen des ital. Ortes. In der dt. Schriftsprache erscheint die Bez. F. erst Ende des 18. Jh. Über Holland (Delft) kam die M. nach Dtl., wo in Hanau (1661) und Frankfurt (1666) die ersten Werkstätten entstanden. Mit dem holländ. wirkte auch ostasiat. Einfluß bis nach Österr. und in die Schweiz. Schon im 17. Jh. hatte Delft in der Nachahmung chines. Porzellans in M. großen Ruhm erlangt. In der Schweiz (bes. Winterthur) setzte sich M., unmittelbar von Italien eingeführt, in der 2. H. des 16. Jh. durch, in Österr. etwas später: Salzburg 1650, Gmunden bald nach 1600, Graz 1771, Schwaz in Tirol nach 1801. Gmunden kennzeichnet bis in unsere Zeit eine vtüml. Art der Bemalung (grün, gelb, manganviolett und blau), zuletzt auch holländ. Muster. Mehr städt. Geschmack zugewandt war die M. der Maingegend (Frankfurt, Hanau, Flörsheim, Offenbach) wie die der Mark Brdbg. (Berlin, Potsdam, Rheinsberg, Frankf. a.d.O.). Im NO bestanden M.werkstätten in Neidenburg, Tolkemit und Marienwerder. In Holstein fand die vstüml. und farbenfrohe (Rot und Gelb; Blumendekor und Vögel) Ware von Kellinghusen starke Nachfrage. Stralsund und Stettin in Pommern lieferte M. für die Stadt wie für den ländl. Gebrauch und Geschmack.

Sowohl in der Herst. wie in der Gestaltung war M. zunächst eine Sache leistungsfähiger Werkstätten. Nach dem ersten Brand bei etwa 1100° C kommt das Stück in ein Bad von geschmolzenem Sand, Pottasche, Blei und Zinn. Beim zweiten etwas schwächeren Brand bildet sich die deckende weiße Zinnglasur. Vorher mit dem Pinsel aufgetragene Scharffeuerfarben sinken dabei in die Glasur ein. Dem Verfließen der Farben wird durch vorherige Einritzung der Kontur begegnet. Wird mit empfindl. Muffelfarben gemalt, bedarf es eines 3. Brandes. Durch feuerfeste Tongefäße (Muffeln) abgeschirmt, werden die Farben im Muffelofen bei geringer Hitze in die vorhandene Glasur eingebrannt. Reines Kunstgew. ist die von Italien abhängige früheste M. in Dtl. wie z. B. die ab 1526 datierten Stücke im Germ. Nat. Museum, die → Nürnberg zugeschrieben werden.

Zu einer »Bauernkunst« wurde M. erst, als Geschmack und Mode der Oberschicht sich dem 1706 von Boettger in Meißen erfundenen Porzellan zuwandten. Im Schatten dieses Fortschritts entstehen in der Nachfolge älterer Hafnerwerkstätten im 17. und 18. Jh. allenth. in Dtl. Manufakturen für M., deren sich auch die kleinen Hafner annehmen. Durch den Bedarf auch des bäuerl. Haushalts werden Form und Auszier der M. beeinflußt (Franken: Mus. Feuchtwangen; Schlesien). Tonvorkommen, die die Hafnerei begünstigten, ließen meist am gleichen Ort auch M.werkstätten entstehen. Erst durch das billige und massenhaft erzeugte → Steingut wurde auch die vtüml. M. verdrängt. Was heute so heißt, ist Arbeit von geschulten Keramikern und Kunstmalern.

→ Habaner.

A. Stöhr, Dt. F. u. Dt. Steingut, 1920; E. Fuchs u. P. Heiland, Dt. F.kultur, 1925; W. Borchers, Pomm. Heimatpflege 4 (1933); G. Ballardini, Corpus della maiolica italiana. 2 Bde. Rom, 1933–38; O. A. Erich, Tonerden. In: Spamer, Vkde.; K. Hüseler, Dt. F., ein Hb. d. Fabriken, ihrer Meister u. Werke. 3 Bde. 1956–58; J. Vydrova, Italien. M. in Tschechoslow. Slgn. Prag 1960; B. Krisztinkovich, Habaner F. Budapest 1962; M. Mund, Zittauer F. In: Ethnographica 1 (1959); F. H. König, Alt-Gmundner F. 1964 (17.–19. Jh.); F. Prodinger, F. aus d. Werkstatt Obermillner. In: Salzbg. Mus. Car. Aug. Bd. 11 (1965: Sbg.-Werkst. um d. Wende d. 17. Jh.); L. Schmidt u. Kl. Beitl, Slg. Altösterr. Vm. (Kat. Schloßmus. Gobelsburg), ^{2}1968.

Mal → Kirmes, Asyl.

Malachit, von Hebammen, Frauen und Kindern in Herzform, als »Schreckstein«, vielgetragener Amulettstein, der auch in Gräbern gefunden wurde. In der Sprache der Bergleute hieß er »Berggrün«. → Steine, Krippe.

Malerei. Der Umgang mit Spachtel und Pinsel, mit Farben, Grundierungs- und Lösungsmitteln, mit Vorlagen und Schablonen wie die Erfordernisse selbst einer bescheidenen Werkstatt ermöglichen das M. im Dienst der Vk. – anders als z. B. das → Schnitzen – nur dem handwerklich einigermaßen Geschulten, allenfalls dem begabten »Möglichmacher« mit bäuerl. Nebenberuf. Der → Tischler und seine Frau, der Hersteller von → Spielzeug mit der ganzen Familie oder der von → Steingut mit seinen »Blaumädchen«, die → Hausind. der → Hinterglasmaler und die Uhrenschildermacher bildeten kleine Arbeitsgemeinsch., während Zimmermaler, wandernde Gehilfen, Buchbinder, Dorfschulmeister und → Briefmaler als einzelne und nach Gelegenheit sich ähnl. Aufgaben unterzogen. Die Ausrichtung auf einen bestimmten Zweig der Vk. wie die im kleinen industrialis. Form der Herstellung bedingen eine Typisierung, ja Schematisierung des M., die nicht selten den bes. Reiz solch anonymer Kunstübung ausmacht. In den großen Schnitzerorten oder auch außerhalb derselben hatten die von der Zunft oft nicht erreichten Faßmaler ihre Werkstatt, die Möbel und Gerät wie vor allem die Werke der Holzschnitzer farbig zu »fassen« hatten (→ Möbelmalerei, Lit.). → Marterln und → Votivbilder, → Wirtshausschilder und → Schießscheiben, Stammtischtafeln, → Grabdenkmäler und → Totenbretter verdanken ihre schlichte Schilderei und Ornamentik solchen Dorfhandwerkern. In ält. Zeit wurden ihm aber auch monumentale Werke anvertraut wie die Auszier der Hauswand (→ Freskomalerei) oder der Wände und Decken ländl. Kapellen und Kirchen mit Emporebrüstung und Orgel, Kanzel, Gestühl und Säulen (Deckenfresken in Pönning, Niederbayern; Kirchenausstattung in Mollwitz, Schlesien; norddt. Holzdeckenbilder; große Armenseelentafel im Friedhof von Schruns; Sippenbilder auf eisernen Grabtafeln). Die Holzflächen bedecken sich mit herald. Mustern, mit bunter oder schwarzfarbiger Nachahmung von → Einlegearbeit, aber auch mit freigemalten Barockranken und der bliebten Marmorierung. Manches davon ist wohl vom gleichen Meister auf die → Möbel im Bauernhaus übertragen worden. Der Schmuck an → Tür und Tor des nd. Hauses oder an Scheunentoren des Innviertels vereint alte Symbolsprache mit bäuerl. Formen- und Farbensinn.

N. Michailow, Österr. M. d. 18. Jh., 1935; J. M. Ritz, Bauernm., 1935; R. Haubart, Appenzeller Bauernm. 1959.

Malstätte → Gericht.

Mamertus → Eisheilige.

Mana → Orenda.

Mandarine → Zitrone.

Mandragora → Alraun.

Mangelbrett, -holz. Heute z. B. in Thüringen noch gebräuchl. schmales Brett aus Hartholz, mit dem die um eine Holzwalze gewickelte Wäsche vom Wasser befreit und glattgerollt wird. Wie manches Holzgerät der Hausfrau (→ Spinnrad, -rocken, Flachsschwinge, Webekamm) mit bes. Liebe in Kerb-, Flach- und Reliefschnitt und oft die ganze Oberseite wie den Griff überziehend geschmückt. Wie auch sonst kennzeichnen schlichte Technik und strenge Form (Wirbel, Rosette, Sechsstern, Wellen, Ranken, seltener Figürl.) das M. an Nord- und Ostsee, während Bayern und Tirol plast. Behandlung lieben. Die süddt. Motivwelt kennzeichnen Kranz, Palmette, Doppeladler. Die Handgriffe auf der Oberseite bes. fordern figürl.-plast. Behandlung heraus. Sie sind es, die nach Uebe eine kartogr. Darst. sinnvoll erscheinen ließen: Holland – ohne Griff, Niederelbe – mit Griff, Altes Land – Engelskopf, rechts der Elbe – Fischweib, Schleswig und Pommern – Pferdekopf, seltener ein Seehund, Hessen (Schwalm) – Tierfratze. Süddt. M. haben statt des Griffs wohl auch einen Stil und für die führende Hand einen Knopf oder ein verdicktes Ende, wie es übrigens auch im Spreewald üblich ist. Nach Werkstoff, Auszier und Zweck steht der M. dem → Wäscheklopfer am nächsten.

Manismus → Ahnenkult.

Männchensonntag → Fasnacht.

Männerbünde → Burschensch., Deposition, Haberfeldtreiben, Handw., Jünglingsweihe, Initiation, Schützen, Schwerttanz, Geheimbünde.

Männerkindbett, Couvade. Im dt. Brauch finden wir nur schwache Spuren des M. Die → Wöchnerin verkleidet sich mit Jacke oder Hut des Mannes, wenn sie die ihr sonst gezogenen Grenzen des Aufenthaltes überschreiten will, oder sie schützt sich mit Gegenständen des Mannes (Löffel). Bei der Niederkunft läßt sich der Mann die Knie binden, nimmt die Gebärende auf den Schoß oder betet. Diese Spuren wird man am ehesten mit Tylor als sympathetische Magie oder als apotropäisch erklären dürfen. Psychologische u. ethische Beweggründe (der Mann soll mitleiden, die Zeugungsgemeinschaft soll zum Ausdruck kommen) sind kaum ursprünglich, wenn sie auch heute näher liegen mögen. Bei fremden Völkern (Südamerika, Primitive), wo die C. ausgeprägt vorkommt, wird sie als Ankündigung und Zeugnis der vaterrechtlichen Kultur (→ Mutterrecht) aufgefaßt. Die Bezeichnung M. ist hier unzutreffend, da primitive Völker auch das Kindbett der Frau nicht in unserem Sinn kennen (Kummer).

H. Schurtz, Urgesch. d. Kultur, 1900; Kunike, Die C. oder d. sogen. M., Diss., 1912; H. Ploß u. M. Bartels, Das Weib in der Natur- und Völkerkunde, 2 Bde., 1913. A. Haberlandt, Die volkst. Kultur Europas, 1926; R. Dawton, The Custom of C. Manchester, 1929; W. Schmidt. Gebr. d. Ehemannes bei Schwangerschaft u. Geburt. 1955; H. Tischner, Völkerkde. 1959.

Mannskraft → Joh.kraut, Impotenz.

Mannus (= Mensch) nach Tacitus' Germania Ursprung und Gründer des Volkes, ein Riese wie sein Vater, der erdentsprossene Gott Tuisto (= der Zwiegeschlechtige). Die Namen der drei Söhne des M. tragen die germ. Gemeinschaften der *Ingaevones, Herminones und Istaevones.*

J. Grimm. Dt. Mythologie, [4]1875–78; J. de Vries, Altgerm. Relgesch., 1. Bd., 1935.

Mansfelder Taler → Georgst.

Mantelfahrt → Entrückung.

Mantik (von griech. *mantiké* = Seherkunst). Im vkdl. Sprachgebrauch versteht man unter M. die komplizierteren, meist auf gelehrter (antik-orientalischer) Tradition beruhenden Verfahren zur Enthüllung der Zukunft (Ciceros Schrift *De divinatione*). Der Volksglaube kennt vorwiegend nur das einfachere → Orakel oder die → Vorzeichen u. → Angänge, die nicht absichtlich herbeigeführt werden. Zu den gelehrten Methoden der Weissagung zählen → Chiromantie (Handwahrsagung), Kristallomantie (Spiegelwahrsagung) usw. Alle diese Formen hat F. Boehm ausführlich im HDA behandelt. → Magie, Weissagung, Chaldäer, Astrol. Traum, Hahn, Spiegel.

Th. Hopfner, Gr.-ägypt. Offenb.zauber ... 1921; G. F. Hartlaub, Zauber d. Spiegels. 1951; H. Findeisen, Schamanentum. 1957.

Manufaktur (v. lat. *manufactum* ›von Hand gemacht‹). Mit dem Herauswachsen der Arbeit aus dem mal. wirtschaftl. und soz. Gefüge (→ Hausfleiß) bildete sich Gewerbe, das zwischen überlief. Handwerk und späterer großindustr. Fabrik stand. Urspr. viele Kleingewerbe umfassend, engte sich im Engl. (manufactory) wie bei uns der Begriff M. bes. auf die Herst. von →

Textilien ein. »M.waren« bedeutet heute meist allg. ›Gewebe‹, bes. Stoffe für Frauenkleidung.

Lit.: Dt. Jb. f. Vkde 7 (1961) S. 352; G. Slawinger, Die M. in Kurbayern. 1966 (Lit.).

Marburg. Die hess. Kreishauptstadt mit einer der frühesten rein got. Kirchen in Dtl. (13. Jh. → Elisabeth, hl.) und der ersten prot. Universität (1527) gab einem Trachtengebiet den Namen, das sich wie ein Keil zwischen die hess. Hinterlandestracht und die der Schwalm geschoben hat. Als jüngste Bildung ist sie am meisten mit der Mode mitgegangen. – Nach der Stadt wird auch die Töpferware (→ Ton) benannt, die sich bis ins 20. Jh. durch die aufgelegten farbigen Verzierungen auszeichnet, die freilich in andern hess. Orten (Butzbach) vielleicht schon früher handw. Übung waren. Die Auflagen werden auf die bereits mit Farbe grundierte Gefäßwand so aufgeklebt, daß sie durch ineinanderfließ. Glasur nicht beeinträchtigt werden. Diese Ware, die ihr Vorbild in der Kacheltöpferei hat, wird nach A. Spamer auch in Treysa, Homberg a. d. Elze, Marjoß und Großensee hergestellt, aber bes. als M.er Keramik fanden Kannen, Becher, Tassen und Dosen Nachfrage. Der anderen Verwendung entspr. werden Teller und Schüsseln mit dem Malhorn, z. T. auch mit eingeritzter Kontur verziert. Auch in der Bemalung von → Kacheln und → Fliesen machte sich M. seit der Renaiss. einen Namen. Für die musizierenden Tiere (z. B. Affenkapellen) aus M. Werkstätten sucht man die Vorbilder in der Kathedralplastik wie in der Porzellanbildnerei von Kändler in Meißen. Die Blütezeit der M. Töpferei war das Jh. von 1750–1850. Einen Hof-Euler (→ Hafner) des hess. Landgrafen gab es schon im 14. Jh. Keram. Funde, in der M. Gegend schon aus der Vorzeit bekannt, häufen sich im MA.

K. Rumpf, in: Hess. Töpferkunst, 1926; A. Spamer, in: Hess. Bll. f. Vkde 32 (1933); ders. Hess. Vk. 1939; K. Rumpf, Hessen, 1951; H. Blume, Die M.er Landsch. 1949.

Märchen. Ahd. *mari*, mhd. *mære* bedeutete – wie noch die »neue Mär« in Luthers Weihnachtslied – ›Kunde, Botschaft‹, doch heißt auch schon im MA *merechyn* eine kurze, erfundene Verserzählung (Leipzig, vor 1450). Eine eher abwertende Bed. ist vom 13.–16. Jh. mehrfach belegt (Lügenmäre, Entenmäre). Die obd. Form Märle wird im 18. Jh. durch M. verdrängt, das sich durch die »Kinder- und Hausm.« der Brüder Grimm (1812) vollends einbürgert. Zugleich wird sein Rang als wertvolle Vdichtung offenbar, nicht zuletzt durch die begeisterten Entdeckungen von J. G. Herder, der Dichter des Sturm und Drang und der Romantik (→ Vlied). Im Kunstm. suchte man die vtüml. Form nachzuahmen und zu übertreffen.

Im Wesen ist das M. eine Wunder- und Zaubergeschichte, für die Zeit und Ort des Geschehens nicht genannt werden. Es verlangt nicht Glauben (obwohl es oft geglaubt wird) und zielt nicht auf Belehrung wie → Fabel und → Exempel, auf Erschütterung, Furcht und Ehrfurcht wie die → Sage oder auf fromme Erbauung wie die → Legende. Das M. will unterhalten. Auch derber Spott und Satire (→ Schwank, Witz) sind ihm im Grunde fremd. Gleichwohl sind die Grenzen zu anderen Gattungen der Verzählung fließend (Rätselm., Legendenm., M.schwank). Das M. neigt zu kunstvollem Auf- und Ausbau. Meist fügt es mehrere Motive, kleinste Elemente des Erzählens, zu Motivketten und -komplexen zusammen, deren typ. Formen, in landsch. Abweichungen, oft weite

Verbr. fanden (»M.typen«). »Das M. ist poetischer, die Sage historischer« (Grimm).
Spuren des M. finden wir schon im altägypt. Papyri, in Babylon und Assyrien, bei Griechen und Römern. Auch im germ. Altertum, in der → Edda wie in lat. Lit., in den → Gesta Romanorum und in → Predigtmärlein begegnen Motive und Wesenszüge des M. Wie oriental. (ind.) Erzählungen über Spanien und Byzanz und durch die Kreuzzüge nach Europa kamen, so wird durch franz. Vermittlung auch Einfluß der → Kelten spürbar (Versnovellen, Artusepik). Vtüml. Erzählgut steht vielleicht auch hinter manchen Zügen der → Heldensage. »Jung Siegfried hat wie Herakles Ähnlichkeit mit dem starken Hans und mit dem Drachentöter, im ›Wolfdietrich‹ hat der König drei Söhne von denen der jüngste ausgesetzt wird, weil ein Bösewicht die Königin verleumdet; Hugdietrich gewinnt sich durch Verkleidungslist eine in den Turm eingeschlossene Königstochter« (M. Lüthi, M.).
Die eigentl. und sichtbare Geschichte des abendl. M. beginnt mit der Neuzeit. Im »Erdkühlein« von Martin Montanus (»Gartengesellschaft«, um 1560; → Vbuch) entdecken wir das M. von Aschenbrödel. In Rabelais' 1532 erschienenem und von → Fischart bearb. »Gargantua« sah J. Bolte »eine gigantische Verzerrung des M. vom starken Hans«. Von bed. Einfluß wurden die heute noch bekannte M. enthaltende Novellenslgn von G. F. Straparola (»Le piacevoli notte«, Venedig 1550 und 1553), G. Basile (Lo cunto de li cunti; Neapel 1634/36; später als »Pentamerone« bekannt), die Erzähl. des frz. Architekten und Schriftstellers Ch. Perrault und die mehrbänd. »contes des fées« (→ Fee) der Mme. d'Aulnoy vom Ende des 17. Jh., denen Anfang des 18. Jh. die dem Geschmack der Zeit entgegenkomm. 12 Bändchen von J. A. Galland folgten: »Les mille et une Nuits traduits en François«. Im Widerspruch zur modisch gewordenen »Feerei« entstand die ihrers. etwas schulmeisterl. erste dt. Sammlung von J. K. A. Musäus »Volksm. d. Deutschen« (1782/86; Neudruck 1967). Den Grundstein zur Slg und Erfg des M. im 19. und 20. Jh. legten die Brüder Grimm. Ihren weltbekannt gewordenen zwei Bänden der »Kinder- und Hausm.« (1812–14) folgten das »Dt. M.buch« des Thüringer Germanisten und Schrifststellers L. Bechstein (1845), von dem in sieben Jahren 63000 Stücke verkauft wurden (mit Bildern von Ludwig Richter), K. Müllenhoff (Schleswig-Holstein), E. Meier (Schwaben), J. Haltrich (Siebenb.), U. Jahn (Pommern und Rügen) bis hin zu den strenge Wiss. und Texttreue anstrebenden Slgn unserer Zeit: J. R. Bünker, V. v. Geramb, K. Haiding (Österr.), J. Künzig, E. Zenker-Starzacher (Ungarndte), A. Merkelbach-Pinck (Lothr.), M. Zender (Westeifel), W. Wisser, K. Ranke (Schleswig-H.), R. Wossidlo (Mecklenburg), A. Cammann, G. Grannas (West- und Ostpr.) u. a. Bild, Film und Tonband ergänzen moderne M.slgn.
Neben der Aufz. nahm auch die Forschung ihren Ausgang von den Brüdern Grimm in ihrem Fragen nach Ursprung, Wesen, Gehalt und Leben des M. Ihre »Anmerkungen« (1822) bilden noch hundert Jahre später die Grundlage für den fünfbänd. »Bolte-Polivka« (Anm. z. d. Kinder- und Hausm. der Brüder Grimm, 1913–32; Neudruck 1963). Ihre Auffassung, daß M. »die Überreste eines in die älteste Zeit hinaufreichenden Glaubens« und da-

mit den Niederschlag uralter Mythen darstellen, wirkte lange nach und wird z. T. noch heute vertreten (arische oder indogerm. Theorie). Bes. Jacob Grimms »Deutsche Mythologie« (1835) wurde zum Evangelienbuch für mehrere Jahrzehnte der M.- und Sagenslg. Romantik und aufblühende Naturwiss. begünstigten dic Deutung der M. als Allegorien von Naturerscheinungen, eine Wetter- und Astralmythol., wie sie A. Kuhn und W. Schwartz begründeten und wie sie von der Wiener mytholog. Schule (G. Hüsing, W. Schultz, bes. K. v. Spieß und E. Mudrak) bis zur Gegenwart festgehalten und entfaltet wurde (Bezug zur arischen Zeit- und Kalenderordnung).

Von der Gegenwart aus gesehen, kommt der »anthropologischen« Schule der Völkerkundler größere Bedeutung zu. Wichtiger als arische Urmythen oder das Bild der Gestirne und meteorolog. Vorgänge schien ihr der Niederschlag allg. menschl. → Elementargedanken (→ Traum, Zauber, Sympathie, Wahrsagen, Geburt und Tod, Initiation, Animismus u. a.) im Denken und Handeln der M.gestalten in den Erzählungen der Naturvölker wie der Grundschichten der Zivilisation. Daraus folgte die Annahme einer Mehrentstehung (Polygenese) von M. in verschiedenen Kulturen. Forscher, die weniger das einzelne M.motiv als die geschlossene, häufig mehrgliedrige M.erzählung im Auge hatten, glaubten, auffallende Übereinstimmungen nur durch Wanderung eines M. von Volk zu Volk erklären zu können. Th. Benfey (Pantschatantra, 2 Bde. 1859; bearb. v. F. Geißler, 1962) sah in Indien das Ursprungsland, dessen M. und M.stoffe über versch. Vermittler seit dem 10. Jh. nach Europa gewandert wären. Der Fund von M.spuren im alten Ägypten und in der gr. Antike schränkten die Gültigkeit der »indischen Theorie« (Wanderungstheorie) ein. Das MA läßt, wie erwähnt, auch die Kelten als M.volk erkennen, abgesehen von den Spuren m.hafter Überlieferung bei den Germanen.

Auf neue und breite Grundlage gestellt wurde die M.fg durch die sogen. finnische Schule von Kaarle Krohn und Antti Aarne, die mit ihrer »histor.-geograph. Methode« Unters. von J. Bolte, R. Köhler u. a. mit fruchtbarer Einseitigkeit weiterentwickelten. Durch großzügige Organis. der Slg von M. (wie der Vdichtung überhaupt; → Folklore) und durch Gründung von Archiven und Instituten gewannen die nord. Länder die heutige Stellung in der M.fg. Der Forscherbund »Folklore Fellows« (seit 1907) begründete in Helsinki die Reihe der »FF Communications«, in denen A. Aarnes »Leitfaden der vergl. M.fg« (1913) und seinem ersten »Verz. der M.typen« (1910) zahlreiche M.monographien folgten, die sich an Hand der inzw. gewaltig angewachsenen Slgn in Europa und Amerika der hist. und geogr. Vergleichung und der Suche nach der Urform eines Erzähltyps widmeten. Aarnes Typenverz. wurde von Stith Thompson bearbeitet (1928) und um ein Mehrfaches erweitert (1961). In seinem sechsbänd. »Motif-Index of Folk-Literature« (Kopenhagen ^{2}1955–58) katalogisiert St. Th. an 40000 Einzelm. der Welt. Lüthi nennt ihn mit Recht den »Linné der M.fg«.

In jüngerer Zeit hat sich auch die Psychologie des M. angenommen. Nach den behutsamen Beob. der Bez. zwischen M. und Kinderseele (Ch. Bühler) hat sich die tiefenpsychol. M.deutung Freudscher Prägung (F. Riklin, O. Rank, H. v. Beit) leider allzubald in einen ähnl. Ruf gebracht, wie ihn die monomanen Naturmythologen Ende des 19. Jh. genossen. »Den M.deutungen Freuds, Jungs und Rudolf Steiners ist gemeinsam, daß sie ... ein ganzes Bezugssystem, ja mehr als das, eine auch inhaltlich schon bestimmte Theorie an das M. herantragen und es auf dieser Grundlage interpretieren« (M. Lüthi). Man wird deshalb wohl das andere Wort von Lüthi unterstreichen dürfen: »Die eigentlichen Betreuer des M. sind weder die Literaturwissenschaftler noch die Psychologen, sondern die Volkskundler« (Das europ. Volksm. 1960).

Fruchtbarer, wenn auch mühevoller ist der Weg, den die Vkde in den l. Jahrz. eingeschlagen hat, wenn sie nach der Erzählung, nach Motiv, Gehalt und Form auf das Erzählen selbst, auf den Erzähler und seinen Hörerkreis steigendes Gewicht legt. Die M.lebenskunde (»M.biologie«) fragt nach Entstehen und Wachsen, Wandel, Verfall und Neubelebung in der Gemeinschaft, nach Wirkung und Wertung, nach einz. Erzählerpers. und -kreisen. Angesicht spärlicher gesch. Nachrichten ist dieser Forschungszweig bes. auf die Beobachtung noch leb. Überlief. angewiesen (→ Vertriebene). Es wurde gefordert, Vdichtung nicht nach ihrem Inhalt, sondern nach Erzählern zu ordnen. Es liegen auch schon Slgn vor, die den oft erstaunlich großen Wissensschatz eines einzigen begabten Erzählers umfassen (→ Vlied). Eine Slg von Tonaufnahmen bes. der früheren Sprachinseldeutschen besitzt das Institut für ostdt. Vkde in Freiburg i. B. (J. Künzig).

Eine erste lexikogr. Zus.fassung der M.fg versuchte das unvollendet gebliebene »Hb. d. dt. M.« von L. Mackensen und J. Bolte (1931ff.). In größerem Rahmen nahm K. Ranke, Göttingen, diese Arbeit wieder auf in der noch vor der Veröff. stehenden »Encyklopädie des M.«. Bibliogr. Fg.berichte (ab 1920) gaben bes. F. Ranke (Dt. Vjs. 14, 1936 und Hess. Bll. 42, 1951), W.-E. Peuckert u. O. Lauffer (Vkde, 1951) und L. Röhrich (Dt. Jb. f. Vkde 1–3, 1955–57). In der Zs. »Fabula« schuf K. Ranke einen neuen Mittelpunkt der Erzählfg. (seit 1958). Nach den älteren Übersichten (Spieß, v. d. Leyen, F. Ranke, Zaunert) sind vor allem die zus.fassenden Darst. von M. Lüthi zu nennen, die anfangs einen literar., ästhet.-formalen Standpunkt stärker betonten, später aber alle Zweige und Richtungen der Mfg berücksichtigten (zuletzt M., ³1968, in d. Slg Metzler, in der auch eine Darst. des sogen. Kunstm. angekündigt ist).

Allg. Slgn, Einführgn: Die M. der Weltlit. (Verlag Diederichs), 1912ff.; Das Gesicht der Völker (Verlag E. Röth) 1951ff.; Ergänz.reihe der Zs. Fabula, 1959ff.; Drei Reihen der »Ges. z. Pflege des M.gutes d. europ. Völker«, seit 1961; seit 1956 erscheint ein Jahrbuch dieser Ges.; F. Panzer, Die Kinder- und Hausm. d. Brüder Grimm, 2 Bde., 1948 u. ö. (Urgestalt und Anm. d. Br. G.); F. v. d. Leyen, Br. G. Kinder- u. Hausm. 2 Bde 1962 (Text d. Ausg. v. 1850). Ergänzung dazu: ders., Das dt. M. u. d. Br. G. ²1964; P. Zaunert, Dt. M. seit Grimm. Neue Ausg. v. E. Moser-Rath, 1964; E. Moser-Rath, Dt. Volksm. 1966 (Ostpr. bis Siebenb., einschl. d. Sprachinseln); F. Ranke, Das M. In: A. Spamer, Die dt. Vkde, 1. Bd, 1934; L. Mackensen, Das dt. Volksm. In: W. Peßler, Hdb. d. dt. Vkde, 2. Bd, 1938; W.-E. Peuckert, Dt. Volkstum in M. und Sage, Schwank u. Rätsel, 1938; ders., M. In: Dt. Philol. i. A. Bd. 3, ²1962; F. v. d. Leyen, Das M. ⁴1958 (u. Mitarb. v. K. Schier); ders., Die Welt d. M. 2 Bde. 1953/54; K. Wagner, M. In: Reallex. d. dt. Lit.wiss., ²1960; M. Lüthi, Vm. und Vsage, 1961; L. Schmidt, Die V.erzählung. 1963; M. Lüthi, Das europ. Vm. Form und Wesen, ³1968.

Neuere landsch. Slgn. Forschung: K. v. Spieß, Dt. Vkde als Erschließ. dt. Kultur, 1934; E. Koechlin, Wesenszüge d. dt. u. frz. Vm., Basel 1945; L. Uffer, Rätoroman. M. u. ihre Erzähler, 1945 (Dazu vgl. F. Ranke in: Schweiz. Arch. f. Vkde 44, S. 233); R. Pramberger, M. aus Steierm., ^{2}1946; F. Ranke, Vm. und V.art. Schweiz. Arch. f. Vkde 43 (1946); C. G. Jung, Symbolik des Geistes, 1948. (M.gestalten sind allg. menschl. Symbole, seelische Tatsachen);C. W. v. Sydow, Kategorien d. Prosa-Vdichtung. In: Selected Papers on Folklore, Kopenhagen 1948; ders. M.fg. u. Philologie. In: Universitas, 1948; O. Huth, M. u. Megalithreligion. In: Paideuma, 1950; G. Henßen, Überlief. u. Persönlichkeit, 1951; A. Dymke, Die wirkl. Welt im dt. Zauberm., Diss. Würzburg 1951; A. B. Rooth, The Cinderella Cycle, Lund 1951; M. Rumpf, Rotkäppchen, eine vgl. M.unters., Diss. Gött. 1951; F. v. d. Leyen, Vom Erzählen des M., Bayer. Jb. f. Vkde 1951; H. v. Beit, Symbolik d. M. 3 Bde, 1952–57. ^{2}1960 u. 1965 (Zieml. schemat. Anwendung d. Jungschen Fachsprache: Anima, Schatten, Große Mutter usw. Vgl. Bespr. v. M. Lüthi, in: Schweiz. Arch. 49, 1953 und Fabula 2, 1959); H. Bausinger, Leb. Erzählen, Diss. Tüb. 1952; L. Röhrich, Mensch u. Tier im M., Schweiz. Arch. f. Vkde 49 (1953); G. Henßen, Dt. Schreckm. u. ihre europ. Anverwandten, Zs. f. Vkde 50 (1953); K. Haiding, Österreichs M.schatz, 1953, ^{3}1965; ders., Träger d. V.erz. in uns. Tagen, Öst. Zs. f. Vkde (1953); ders., Von der Gebärdensprache d. M.erzähler, Helsinki 1955; G. Henßen, Volk erzählt, ^{2}1954; Jan de Vries, Betr. z. M., bes. in s. Verh. zu Heldensage u. Mythos, Helsinki 1954; L. Röhrich, Die Grausamkeit i. dt. Vm., Rhein. Jb. f. Vkde 6 (1955); M. Rumpf, Ursprung u. Entst. v. Warn- und Schreckm. In: Beitr. z. vgl. Erz.fg, hg. v. K. Ranke, Helsinki 1955; H. Bausinger, Aschenputtel. Zum Problem d. M.symbolik, Zs. f. Vkde 52 (1955); H. U. Sareyko, Das Weltbild e. ostpr. Erzählers, Diss. Marbg. 1955; W. Schoof, Neue Beitr. z. Entst.gesch. d. Grimmsch. M., Zs. f. Vkde 52 (1955); L. Uffer, Die M. d. Barba Plasch, 1955; K. Ranke, Schleswig-Holst. Volksm., 3 Bde., 1955–62 (Slgn. W. Wissen u. G. F. Meyer);H. Bausinger, Sage – M. – Schwank. In: Der Dt.unterr. 8 (1956); L. Röhrich, M. u. Wirklichkeit, 1956 (Tatsachen, Glaube, Erlebnis im M. der Natur- und Kulturvölker), 1956, ^{2}1964; A. Jolles, Einfache Formen, ^{2}1956; K. Ranke, Der Einfluß d. Grimmsch. KHM auf d. volkst. dt. Erzählgut. In: Papers of the Intern. Congreß . . ., Stockholm 1956; F. Siebers, Wünsche u. Wunschbilder im späten dt. Zauberm., Dt. Jb. f. Vkde 3 (1957); G. Henßen, Mecklenburger erzählen, 1957 (z. T. Aus Slg. R. Wossidlo); E. Zenker-Starzacher, Es war einmal. Dt. M. a. d. Schildgebirge . . ., 1957 (Dt. Ungarn) (Vgl. dies., Eine dt. M.erzählerin aus Ungarn, 1941); M. Mell, Alpenländ. M.buch, ^{2}1957 (Österr.); G. Grannas, Plattdt. Volksm. a. Ostpreußen, 1957; A. Karasek-Langer, Die donauschwäb. V.erz. i. d. Gegenw., Jb. f. Vkde d. Heimatv. 3 (1958); J. Künzig, Drei M. . . . aus Gant (Ungarn), 1958 (Schallplatte); J.-M. Greverus. Die Geschenke d. kleinen Volkes, Fabula 1 (1958) (Geogr. u. kultur. Bindung des M., wenn auch weniger ausgeprägt als bei der Sage); L. Röhrich, M. mit schlechtem Ausgang, Hess. Bll. f. Vkde 49/50 (1958) (Noch nicht oder »schon nicht mehr m.haft stilisierte« Erz.); W. Schoof, Zur Entst.gesch. d. Grimmsch. M., 1959; M. Orend, Siebenbürg. M.fg., Öst. Zs. f. Vkde 62 (1959); Jan de Vries, M., Mythos u. Mythenm. In: Int. Kongr. d. Volkserzf. Kiel–Kopenhagen 1959 (Vielleicht schon in Blütezeit des Mythos am Rande: m.hafte Kontrefakte); ders., Dornröschen, Fabula 2 (1959); K. J. Obenauer, Das M. Dichtung u. Deutung, 1959; K. Schier, Zur Funktion v. V.erz. In: Intern. Kongr. . . . Kiel-Kopenh. 1959 (M. stirbt, aber Bedürfnis bleibt: Trivialroman, Schlager, Film, Comic strip; → Vbuch); M. Lüthi, Die Herkunft d. Grimmsch. Rapunzelm., Fabula 3 (1960); E. Littmann, Die Erz. aus d. Tausend und Ein Nächten, ^{4}1960, 6 Bde.; G. Henßen, Bergische M. u. Sagen, 1961; A. Cammann, Westpreuß. M., 1961 (Erz.schatz d. Arbeiterfam. Karl Restin); M. Thalmann, Das M. u. d. Moderne, 1961; Intern. Kongr. d. V.erz.forscher in Kiel u. Kopenh., 1959. Buch ersch. 1961; Ch. Oberfeld, Vm. aus Hessen, 1962; W. Woeller, Der soz. Gehalt u. d. soz. Funktion d. dt. Vm., 1955 (Auszug in: Wiss. Zs. d. Humb.-Univ., Bln. 1961); L. Uffer, M., M.erzähler u. M.sammler in Roman. Bünden. Schweiz. Arch. f. Vkde 57 (1961); W. Liungman, Die schwed. Vm., 1961 (Herk. u. Gesch.); F. Harkort, Zur Gesch. d. Typenindices, Fabula 5 (1962); L. Röhrich, Erz. d. späten MA u. ihr Weiterleben in Lit. u. Vdichtung b. z. Gegenw., 1. Bd., 1962; W. Scherf, Wie erzählt man M.? In: Freundesgabe (1962); K. Schulte-Kemminghausen, Westfäl. M. u. Sagen a. d. Nachl. d. Br. Grimm, ^{2}1963; K. Altwallstädt, M. d. sieben Schwestern, 1962 (M. d. Ostseevölker); F. Karlinger, Roman. M., 1962; ders., Les contes des frères Grimm, Paris–Fribourg 1963; H. Bausinger, Möglichkeiten d. M. i. d. Gegenw., v. d. Leyen-Fs. 1963; Jacob Grimm. Zur 100. Wiederkehr s. Todestages, hg. v. W. Fraenger u. W. Steinitz, 1963 (= Dt. Jb. f. Vkde 9); Ch. Rougemont, . . . dann leben sie noch heute. Erlebn. u. Erfahr. b. M.erzählen, ^{2}1963; Brüder Grimm Gedenken 1963, hg. v. G. Heilfurth, L. Deneke, J.-M. Greverus (= Hess. Bll. f Vkde 54, 1963); G. Ginschel, Der M.stil Jacob Grimms, Dt. Jb. f. Vkde 9 (1963); Ch. Jenssen, M. aus Schleswig-H. u. d. Unterelbe-Raum, ^{2}1963; F. v. d. Leyen, Das dt. M. u. d. Br. Grimm, 1964; F. Karlinger, Der abenteuerl. Glückstopf. M. d. Barock, 1965 (bes. 17. Jh.: roman. Texte; Praetorius u. Grimmelshausen); U. Benzel, V.erz. a. d. oberpfälz.-böhm. Grenzgebiet, 1965; H. v. Beit, Das M. Sein Ort in d. geist. Entw., 1965 (M. ist Darst. e. Ablösung v. myth.-mag. Dasein; Bez. z. Welt d. Primitiven u. d. Kindes); H. Gehrts, Das M. u. d. Opfer. Unters. z. europ.

Bruderm., 1966; W. Werner, Proträt e. ungarndt. M.erzählers, Jb. f. ostdt. Vkde 10 (1966/67); F. Karlinger u. B. Mykytiuk, Legendenm., 1967; A. Cammann, Dt. Vm. aus Rußland u. Rumänien, 1967 (M. Hain: Vgruppen noch ohne »unsere Massenkultur«; H. Ranke: die Mundartwiedergabe »Kompromiß zw. Auge und Ohr«); A. Mihm, Überl. u. Verbr. d. M.dichtung im Spät-MA, 1967 (Erg. zu L. Röhrich, Erz. d. späten MA; → Sage); V. v. Geramb, Kinder- u. Hausm. a. d. Steiermark, [4]1967. Neue Bearb. v. K. Haiding; C. Schellhorn, Goldenes Vlies. Tiersymbolik d. M. in neuer Sicht, 1968; Die Freundesgabe, 1968 (Darin u. a. K. Haiding, Gemeins. v. Spiel u. V.erz.; E. Achterberg, Spinnen u. Weben im M.); G. A. Megas, Griechenland–Dtl., 1968 (Gr. u. dt. M.texte); K. Haiding, M. u. Schwänke aus Oberösterr., 1969; M. Lüthi, So leben sie noch heute. Beitr. z. Vm., 1969; R. Wildhaber u. L. Uffer, Schweizer Vm. 1971; Ch. Oberfeld, M. des Waldecker Landes, 1970; E. M. Arndt, M. (nach d. Orig.ausg. »M. u. Jugenderinn.« 1818 u. 1843), 1971; S. Neumann, Mecklenbg. Vm. 1971; W. Popp, Morphologie d. M., 1972.
Ältere Lit. s. Ausg. 1955 dieses Wb., ferner Bibliogr. in d. Handbb. von Spamer und Peßler sowie in M. Lüthi, Märchen, [3]1968; vgl. Lit. → Sage, Vdichtung.

Marder, *(Mustelida).* Als Bewohner dichter Waldungen, als Plünderer der Hühnerställe und als Träger eines kostbaren Pelzes gefürchtet und geschätzt, wurde der M. zu blutsaugerischem Nachttier u. mythischer → Schreckgestalt, in Norddtl. infolge sprachl. Anklangs oft mit Eigenschaften der → Mahr. → Alp, Iltis, Hermelin, Wiesel.

Marend → Speis u. T., Tod.

Marentacken → Mistel, Mahr.

Margareta, hl., von Antiochia (20. oder 13. 7.), unter Diokletian um 300 gemartert. Attr.: Drache (Teufel), Krone, Kreuzstab, Palme u. a. M. ist Patronin der → Bauern, da nach der Bestimmung des Sachsenspiegels vom Beginn des 13. Jh. demjenigen d. Feldertrag zustand, der bis zum M.tag die Ackerbestellung beendet hatte (→ Recht). Mit M. kommt der Sommer. In Böhmen gilt der Tag als Erntebeginn. Wie zu Peter und Paul heißt es vom M.tag, er breche dem Korn die Wurzel ab. Regnerisches Wetter am M.tag ist ungern gesehen: »Wann et Margerit en de Nöß peß, dann wäde se fuul« (Köln). Auch von → Hirten wird M. angerufen, da sie von ihrem Vater, einem heidn. Priester, zum Schweinehüten gezwungen worden war. Als Patronin des Nährstandes gehört sie neben → Barbara (Wehrstand) u. → Katharina (Lehrstand) zu den bekanntesten hl. Jungfrauen und zu den → Vierzehn Nothelfern.
In bildlichen Darstellungen und Legenden mit dem Drachentöter St. → Georg in Beziehung gebracht und zu einer Patronin der → Schwangeren wurde M., weil von ihr berichtet wird, im Gefängnis habe der Satan als → Drache sie verschlungen, aber, selber berstend, sie wieder freigeben müssen. Gebärenden Frauen wurde der M.gürtel angelegt. Bei schweren Wehen opferten Frauen Kerzen, für deren Länge das → Maß des Leibesumfanges der Schwangeren galt (→ Länge Christi). In Starzedel (Lausitz) hielten die → Wöchnerinnen es für gut für das Kind, wenn sie den abgetrockneten → Nabel in der M.kapelle opferten.
Der Name M. spielt in der Sage eine gewisse Rolle, besonders in der nordwestdt. Überlieferung von gespenstischen Frauen und → Schreckgestalten. Am bekanntesten ist die schwarze Gret. Als einen der häufigsten Namen finden wir M. in mundartlicher Form in Scherzreimen, Sprüchen und Liedern. Wie → Maria Magdalena ist M. Vorname unehelich Geborener (Salzburg). Den Namen trägt auch die M.-Blume oder → Margerite. – Im röm. Kalender v. 1969 ist die hl. M. gestrichen!

Samson, Die Heiligen als Kirchenpatrone; Künstle, Ikonographie der Heiligen; P. Sartori, M. Im HDA; W. Hay, Volkstümliche Heiligentage, 1932.

Margaretenkraut → Scharfgarbe.

Margaretl → Gänseblümchen.

Margerite *(Chrysanthemum Leucanthemum).* Urspr. ›Perle‹ (lat. *margarita* aus d. Indischen) bedeutend, wird M. bei uns auf die hl. → Margaretha als die Hl. der Blütezeit bezogen. M. als Name der Wucherblume wurde im 19. Jh. aus dem Frz. übernommen und bürgert sich ein, obwohl die Vsprache sich selten so schöpferisch erweist wie hier. Für die Namengebung ist maßgebend das Aussehen: Sternblume, Sunnrose, Radbleaml, Teller-, Talerblume, – die Blütezeit: Johannisblume, Sunnawendrosen, Jakobsrösele, – der Standort: Matteblum, Feldblume, – die Wertung: Hundsbluemli, Kuhblume, – Brauch und Orakel: Gramakelblume, Wunderblume, Glücksblume, Liebdichvonherzen, Himmel-Höll-Fegfeuer, Edelmann-Bettelmann. – In der Ostkirche ist M. die Bez. des Hostiengefäßes.

H. Marzell, Wie heißt die M. im Vmunde, J. Meier-Fs. 1934; Über die reiche Synonymik: H. Marzell, Wb. – Dt. Wortatlas V; B. Reichert, Kornblume und M. in der dt. Synon., Diss. Tüb. 1955.

Maria, hl. Die Verehrung der größten Heiligen der kath. Kirche gewann das weite Ansehen, als das Konzil von Ephesus (Sterbeort M.) 431 ihr den Titel »Gottesgebärerin« zusprach. M. ist Universalpatronin mit vielen Festen und Kultstätten, deren Altäre u. Wände ungezählte → Opfergaben und -bilder bedekken. M. hilft in jeder Not. In besonderer Weise ist sie Beschützerin der Kranken, der Reisenden zu Wasser und zu Lande, der Krieger und der kämpfenden Heere, des Ledigenstandes und der Kinder. Die marianischen Kongregationen für Burschen u. Mädchen sind dem Wesen, zuweilen auch dem Ursprung nach Nachfolge älterer → Burschen- u. Mädchenschaften. Als Taufname ist M. häufig und auch bei Knaben verwendet (z. B. Rainer Maria Rilke). Mancherorts ist M. auch als Hüterin der Ungeborenen gedacht. Der »Queckbrunnen« in Dresden, aus dem der Storch die Kinder holt, wurde später zu einer Marienkapelle ausgebaut, auf deren Spitze der Storch mit dem Wickelkind dargestellt war. M. ist Schutzherrin von Ländern (bes. Polen, Ungarn; Bayern seit 1916), Städten und zahlreichen Kirchen. Die älteste Marienkirche ist in Ephesus, der letzten Wohnstätte M. (Besuch Papst Pauls VI. 1967). Der Kult breitete sich früh in Südeuropa aus, aber auch Altötting in Bayern stammt schon aus der Karolingerzeit. Die Gründung vieler Heiligtümer wurde nach der Legende durch besondere Wunder (Auspflügen des Bildes, Auffinden durch ein Tier, Naturereignisse, Erscheinung der Hl. Jungfrau) herbeigeführt. Schnee fällt mitten im Sommer (M. Schnee, *Notre Dame au neige, M. ad nives*). Die Marienkirchen im engeren Sinn sind Namenkirchen und feiern als Patrozinium das »Schutzfest Mariä«. In vielen anderen Fällen sind Nebenpatrone in den Vordergrund gerückt, die gewählt wurden, um die ähnlich lautenden Marienfesttitel nicht zu verwechseln. Samson nennt 22, Doyé 47 Haupt- und Nebenfeste M., die alle zu Titularfesten (→ Kirchenpatron) werden konnten. Die kulturgeographische Untersuchung der Marienverehrung und der Marienstätten ist eine wichtige Forderung, die auch die Vkde. angeht.

Ungemein bereichert, aber auch schwer entwirrbar wird das Bild durch die zahlreichen Spiegelungen, die der Kult an den Gnadenstätten in der Kunst und in Brauch und Glauben des Volkes erfährt. Zu den Patrozinien kommen die Gnadenbilder, deren Nachbildungen u. die freien Gestaltungen des Marienbildes durch Maler, Bildhauer, Bildweber, Goldschmiede. Neben den großen Künstlern arbeiten die Volkskunstwerkstätten und Manufakturen, die Bilder, Bilderschriften, Weihemünzen, Skapuliere, Devotionalien aller erdenklichen Art im Volke vertreiben. Oder der Soldat, die Mutter, der Kranke, der Bauer selbst, die Erhörung gefunden haben, bestellen beim Dorfmaler und Schreiner den Bildstock, die Votivtafel, oder lassen eine Wegkapelle bauen. Die Dichtung vollends ist unerschöpflich in Erzählung alter und Erfindung neuer Züge, sei es das theolog. Schrifttum, die künstlerische Mariendichtung od. die namenlose Volksdichtung in Spruch, Gebet, Legende und Sage. Der Volksbrauch im Jahreslauf umrankt manche Marienfeste (→ Lichtmeß, Verkündigung, Geburt M.) und überwuchert sie zuweilen (→ Himmelfahrt M.).

Die ältesten bildlichen Darstellungen M. in den römischen Katakomben des 2. Jh. zeigen M. ohne das Kind, verschleiert, die Arme auf der Brust oder fürbittend ausgestreckt. Seit dem Konzil von Ephesus bis heute überwiegen die Bilder, auf denen M. das Kind auf dem Arm oder im Schoß hält. Daneben war und ist eine Darstellung sehr verbreitet (am bekanntesten die von A. Dürer), die M. mit dem Kinde in einem Strahlenkranze, mit einer Krone von 12 Sternen und mit einem Zepter in der Hand zeigt, wie sie einen Fuß auf den Kopf d. Schlange, den anderen auf die Mondsichel setzt, die auf der Erdkugel ruht. Man hat diese Darstellung zum Teil mit antiken Vorstellungen (Artemis) in Verbindung gebracht. Auch als Himmelskönigin erscheint M., besonders auf den Altären und Bannern der Kongregationen. Auf alten Weihnachtsbildern gesellten sich zur Heiligengestalt die Symbole der Reinheit und Gnade (→ Einhorn), der Jungfräulichkeit und Mutterschaft (Palme mit Blüten und Früchten), des Bundes und der Verzeihung (Regenbogen). Auch M. an der Krippe wurde abgebildet, schon ehe die Weihnachtskrippe allgemein wurde (→ Krippe, Lukas).

Einen wunderbaren Zusammenklang von Naturreligion (→ Himmelfahrt M.) und Christentum zeigt die »Muttergottes im → Ährenkleid«, im blauen Gewand mit goldenen Ähren. Aus dem 15. Jh. stammt das Pidinger Gnadenbild (Bayern). Im frühen MA kannte der Osten solche Bilder, von wo sie Kreuzfahrer überbracht haben sollen. So wird es von dem Bild von Straßengel bei Graz erzählt. Auf den Weinbau deuten die Attribute der »Schrötermuttergottes« oder »schönen Hallgartnerin«, die die Winzer (Schröter) von Hallgarten im Rheingau verehrten.

Eine in ihrer Herkunft und Bedeutung sehr umstrittene Gruppe bilden die »schwarzen Madonnen«, die besonders in Südfrankreich und Spanien bekannt sind. Berühmte Bilder besitzen in Mitteleuropa Einsiedeln, Altötting, Würzburg (Käppele), Köln, Prag. Von den osteuropäischen Gnadenstätten dieser Art (Moskau, Kasan) ist Czenstochau am bekanntesten. Die Wallfahrt der Oberschlesier dorthin war ein so tief eingewurzelter Brauch, daß es bes. Anstrengungen (Bau eines modernen Pilgerhotels auf dem Annaberg) bedurfte, den Strom der Pilger in das eigene Land zu lenken. Man unterscheidet bei der schwarzen Madonna eine östl., vom byzantinischen Kult der Gottesgebärerin her bestimmte Form von einer westlichen, die unter orientalisch-hellenistischem Einfluß steht. Manche Mythologen und Religionshistoriker führen das Motiv auf den antiken Kult der Demeter (auch Persephone, Artemis, Aphrodite) zurück. Umstritten ist die Ansicht von Spieß, der in der schwarzen M. eine Nachfolge der Perchta (→ Brecht) sieht oder der Märge im Nornenlied, die als Dunkelgestalt ein Bild der Tarnzeit ist (entgegen stehen die drei hellen Monatswochen; vgl. K. Spieß, Bauernkunst, 1925; dazu Bespr. von E. Fehrle in: Jahrb. f. hist. Vkde., 2, 1926). Im Gegensatz zu dieser Einordnung in eine arische Mondmythologie wies Fehrle auf die Möglichkeit natürlicher Entstehung (durch Nachdunkeln u. Kerzenrauch), Beissel auf die als Vorbild in Frage kommenden Worte der Braut im hohen Lied hin: »Ich bin schwarz, aber schön«.

In neuerer Zeit hat die M. von Lourdes in der Felsgrotte und seit dem 2. Weltkrieg die Muttergottes von Fatima auch im dt. Gebiet große Verbreitung gefunden. Über das Umhertragen von Marienbildern, wie es in Westfalen, Baden und Salzburg Brauch war, → Frautragen. Auch in Prozessionen wird die Statue der M. mitgetragen, meist v. festlich geschmückten, auserwählten Jungfrauen. Die Farbe der M., Blau, erscheint auf Fahnen und Medaillenbändern.

Eine dem Volksglauben stark verpflichtete Rolle spielen in der Marienverehrung Reliquien, Medaillen, Pfennige, Taler, Bildchen usw. In Mariazell erhielt man bedruckte Bogen, von denen man die einzelnen Eßzettel (2 mal 2 cm) abschnitt, um sie zu verschlucken. Der M.-segen aber half zu Glück in Kampf und Spiel (Kegeln). In Geburtsnöten half M. Länge (→ Länge Christi). Naturalien wurden geopfert im Gewicht des Kranken oder Kerzen, deren Länge vom Leibesumfang der → Schwangeren bestimmt war (→ Margareta). M. ist Patronin der Mütter. Wenn eine Frau im Wochenbett stirbt, »darf sie drei Tage mit der Muttergottes umgehen« – zuweilen traten, ganz im Sinn des Volksglaubens, wenn auch gegen den Willen der Kirche, einzelne Marienstätten in Wettbewerb, wie etwa auch bestimmten Kirchen oder Orden (→ Himmelfahrt M.) mehr Weihekraft zugeschrieben wurde als anderen.

Die Erforschung und Vergleichung der Mariendichtung, wie sie im 12. und 13. Jh. blühte, sowie der Sagen und Legenden ist noch eine Zukunftsaufgabe. Diese Arbeiten werden auch die Frage des Zusammenhanges von M.kult und Muttergottheit und hl. Jungfrauen der germ. wie antiken Religion zu klären haben. Auf ihn weisen viele Umstände: das blonde Haar der M., ihre Rolle als Kinderhüterin, als Schützerin des Wachstums und der Ernte, des Spinnens und Webens. M. gibt Tieren, Pflanzen und Naturerscheinungen den Namen (M.garn = Sommerfäden, M.gras, -distel, -schuh, -kerze, -käfer, -kühlein, Muttergottesgläschen; Unser lieben Frauen Bettstroh = Thymian usw.). Die → Hasel zumal wird in vielen Sagen genannt. Unter ihr rastet M. Auf ihr oder auf einem Rosenstrauch trocknet sie ihr Hemd, ihren Schleier, die Windeln des Jesuskindes. Das letzte Bündel Flachs auf dem Felde wird M. gewidmet. Heilkräuter sind ihr geweiht und müssen im Frauendreißiger (→ Himmelfahrt M.) gesammelt werden. Die Schwalbe ist ein Muttergottesvogel und bringt Glück. Die Sonne scheint M. zuliebe am Samstag, ihrem Geburtstag, wenigstens einmal, damit sie die Windeln trocknen kann. In

Mitteldtl. hieß dieser Tag Hollentag od. Frauentag. Der Regenbogen ist M. Gewandsaum, der Schnee ihr Bettingefieder. Um Regen u. gutes Wetter wird M. in Prozessionen und Segen angefleht. Bäume, Quellen und Brunnen tragen ihren Namen. Die M.feste sind hochwichtige Brauchzeiten, die durch Arbeitsverbote und andere altüberlieferte Sätze geheiligt sind. → Ikonographie, Schützenbr., Lukas, Wasser, Eiche, Erdbeere, Frauenkräuter, Einhorn, Lebensbaum (Ähren-M.), Schluckb.

Salzer, Die Sinnbilder und Beiworte Mariens, 1889–95; P. Küchenthal, Die Mutter Gottes i. d. altdt. schönen Lit. b. z. Ende d. 13. Jh., Diss. Gött. 1898; Schütz, Summa Mariana, 5 Bde. (Stoffsammlung), 1903–21; Lehner, Die Marienverehrung in den ersten Jhh.; St. Beissel, Die Verehrung Unserer Lieben Frau in Dtl. während des MA (= Ergänzungsh. zu den Stimmen aus M. Laach, 6, 2); St. Beissel, Gesch. der Verehrung M. im 16. u. 17. Jh., 1910; A. J. Storfer, M. jungfräuliche Mutterschaft, 1914; Bartmann, M. im Lichte des Glaubens u. der Frömmigkeit, 1925; Über M. im Ährenkleid. Lit. bei A. Spamer, D. kl. Andachtsbild, 1930, (S. 50); Heiler, Die Gottesmutter im Glauben und Beten der Jhh. (= Die G.m., Sondern. d. Hochkirche), 1931; A. Wrede, M. usw. Im HDA. 5, 1638–83; M. Besson, La Sainte Vierge, dt., 1942; J. Dünninger, M. in arena (in vineis). Bayer. Jb. f. Vkde (1951); E. Richter, Die drei Ähren – ein selt. silb. Fruchtbarkeitsvotiv, ebd. (1953) (Dazu vgl. K. Spieß in: Öst. Zs. f. Vkde 59); ders., ebd. (1954) (M. u. geistl. Vheilkde); T. Gebhard, Die m.ischen Gnadenb. in Bayern, Gugitz-Fs. 1954; L. Schmidt, Marian. Wallf.n i. Österr. (Kat. Österr. Mus. f. Vkde), 1954; H. du Manoir, M., Etudes sur la S. Vierge, Paris 1956 (Bd. 4 des 6-bänd. Sammelw. d. Mariologie; Mitteleuropa betr.); H. Aurenhammer, Die M.gnadenbilder Wiens u. N.-Ö. in d. Barockzeit, 1956; Lex. f. Theol. u. Kirche, ²1957ff.; J. Dünninger, Die M.nischen Wallfahrten d. Diöz. Würzburg, 1960; I mille Santuari Mariani d'Italia illustrati, Rom 1960 (1200 M.wallf. beschrieben u. 300 andere erwähnt); H. O. Münsterer, M.münzen im Vbrauch, Bayer. Jb. f. Vkde (1960); H.-G. Richter, hg., M.leg. a. d. alten Passional., 1965; W. Jungraithmayer-Redl, »Die Jungfrau der Armen« – ein neuer M.kult. Beitr. z. dt. V. u. A.kde 10 (1966) (Vertrieb. Kath. sind zu e. Drittel in der Diaspora angesiedelt, Prot. nur zu knapp einem Fünftel. Karte der M.statuen und -kapellen. Wallf. nach Banneux. 307 Banneux-Heiligtümer); Lex. d. M.kde, hg. v. K. Algermissen, L. Boër u. a., 1957ff. (Berücks. die vkdl. Fg.); W. Delius, Gesch. d. M.verehrg., 1963; R. Spiazzi, M. e la chiesa dopo il Concilio. Rom 1970.

Mariä Engelgruß → Verkünd. M.

M.Geburt, M.Heimsuchung, M.Himmelf. usw. → Geburt M., Heimsuchung M. usw.

M.Länge → Länge Christi.

M.distel, -garn, -gras usw. → Frauenkräuter.

Maria Magdalena, hl. (22. 7.). Die meisten Überlieferungen erinnern an das lange Haar und die Bußtränen der biblischen Gestalt. Sie ist Patronin der Büßerinnen und in Oberbay. auch der Friseure. Haare schneiden und Zöpfe kürzen soll man an diesem Tag, dann werden sie lang. Außerehelich geborenen Mädchen gibt man in Tirol gern den Namen M. Von weißen Rosen erzählt das Volk, sie seien früher rot gewesen, aber unter den Tränen der Büßerin verblaßt, so heißen sie Sankt-Magdalenen-Rosen. Im 13. Jh. bezeichnete man auch die Flekken im → Mond als Tränen der M. Gegen Augenkrankheiten helfen M.quellen. Vielleicht in diesem Zusammenhang übernahm M. Züge der Wassermuhme und Nixe (→ Wassergeister). Badende zieht die M. mit ihren langen Haaren hinab (Ungarn). Auch nicht auf Bäume soll man klettern an ihrem Tage. Es heißt, M. wolle einen Klimmer und einen Schwimmer. Selbst Heiraten, Reisen usw. wird gemieden wie an besonderen → Unglückstagen. Dargestellt wird sie im Schmuck langen Haares, mit Totenkopf und Salbengefäß.

Weinhold, Verehrung der Quellen; P. Sartori, Sitte u. Brauch, 3. Bd., 1914; ders., M. M. Im HDA.; F. O. Knoll, Die Rolle der M. M. im geistl. Spiel d. MA., 1934; H. Hansel, Die M. M.leg., 1936.

M.weg → Milchstraße.

Marionettentheater → Puppenth.

Mark → Grenze.

M.genossenschaft → Nachbar, Grenze, Siedlung.

Markolf → Häher.

Marks → Frosch.

Marksbrüder → Vspiel, Schützen.

Markt → Jahrm.

M.schreier → Fahrende, Bänkelsänger.

Mars → Ziu.

Marterln, Male der Erinnerung an einen Toten, der durch Unglücksfall oder Gewalt sein Leben einbüßte. Sie sind nicht mit Martersäulen, Flurkreuzen oder → Votivtafeln zu verwechseln (→ Bildstock). Der Begriffsbestimmung und Entwicklungsgesch. der M. hat sich Hans Schnetzer (Bayr. Hefte f. Vk., 1914) angenommen. In einleuchtender Weise leitet er die M. von den → Steinkreuzen her, deren eine Weiterentwicklungsform sie darstellen. Wie bei diesen der Totschläger auch für das »Seelgeräte« (fromme Stiftungen usw.) des Getöteten aufzukommen hatte, so hilft das M. die Seele des Verunglückten aus dem Fegefeuer erlösen, indem es die Vorübergehenden zu einem Gebet für den Dahingeschiedenen auffordert, dessen gewaltsamen Tod es zugleich im Bilde schildert. Das Schema ist häufig folgendes: Gruppe im Himmel, Schilderung d. Unfalles, der Betroffene kniend im Gebet.

Nach Schnetzer war zu gleichem Zweck ursprünglich die Marter Christi im Relief dargestellt und Grimm (Dt. Wb.) erklärt M. geradezu durch das Kruzifix. Die Verbreitung der M. reicht in Dtl. vom Alpengebiet bis nach Franken.

L. v. Hörmann, M. u. Grabinschriften, 1936; J. A. Jungmann, Zum Wort M. Wopfner-Fs., 1947.

Märteslaib → Martin.

Martin, hl. (11. 11.). D. Heilige d. Völkerw.zeit, * 336 in Sabaria in Pannonien. Früh wurde er Soldat, gründete nach seiner Taufe – bei der bekannten Mantelteilung soll er eine entsprechende Erscheinung gehabt haben – 370 bei Poitiers das erste abendländische Kloster u. wurde dann Bischof von Tours, wo er an einem 11. 11. begraben wurde. Schon im 5. Jh. wurde er als Heiliger angerufen und unter Chlodwig zum Schutzherrn des christianisierten Frankenreiches erhoben. Von dort aus verbreitete sich sein Kult besonders nach dem nordwestl. Dtl., wo ihm die ersten Kirchen geweiht wurden (Nottuln unter Karl d. Gr.). Bes. häufig ist M. in der Trierer und Kölner Gegend Kirchenpatron, wie hier seine Gestalt auch im Volksbrauch am lebendigsten ist. In Frankreich, England und Dtl. wurde M. der große Volksheilige, für dessen frühen Ruhm auch eine große Literatur Zeugnis ablegt (Sulpizius Severus, Gregor von Tours, Venantius Fortunatus). In der Verehrung der Dt. steht M. neben den Rittergestalten des hl. → Michael und → Georg. Er wird dargestellt als Reiter auf weißem Pferde, der mit dem Bettler den Mantel teilt, auch als Bischof od. mit einer strahlenden Hostie über dem Haupt. Er ist Schutzpatron mancher Länder u. Armeen, der Soldaten, der Alpenhirten, Bettler u. Tuchmacher, auch der Tiere (Pferde, Hunde, Vögel). M. ist »Bauernfeiertag«. In Westböhmen wurden ihm eiserne Votivtiere geopfert. Wundertätige M.bilder werden bes. in Frankreich, aber auch bei uns (Tirol, Schweiz) verehrt. Schon die merowingischen Könige verehrten den M.mantel *(capa)* als Palladium im Kampf. Der Aufbewahrungsort dieser Reliquie in Tours hieß danach *capella.* Seit dem 7. Jh. etwa wird dieses Wort allgemein die noch heute übliche

Bez. einer kleinen Kirche (→ Kapelle). Ebenso bedeutet unser »Kaplan« ursprünglich den *capellanus,* der jene *capa* zu bewahren und in der Prozession mitzutragen hatte. M. gehört, wie Nikolaus und → Johannes der Täufer, zu den Heiligen, an deren Festtagen das weltl.-Brauchmäßige die kirchliche → Liturgie bei weitem an Bedeutung überwiegt. Dieses Brauchtum stellt der volkskundlichen Forschung ebenso interessante wie schwierige Aufgaben (→ Nikolaus). Aus der vorhandenen Literatur und aus Kartenentwürfen des Atlas der dt. Vkde. (Frage 37–41 erkundete Umzüge, Masken, Gebäcke, Lieder, Beziehung des Brauches auf M. Luther. In Frage 193 und in Blatt 5 Frage 1–10 des Probefragebogens ist das M.feuer enthalten) geht hervor, daß in verschiedenen Zeitabschnitten das Brauchtum starkem Wandel unterworfen war. M.minne und M.bescherung sind heute kaum noch bekannt. Die M.lieder, -feuer und -umzüge dagegen gewinnen heute wieder an Boden (z. B. gegen das Osterfeuer; M.fest kath. Kinder in Berlin). Aber in einem zeitgleichen Gegenwartsdurchschnitt treten wie bei einem geologischen Querschnitt ganz verschiedene Schichten zutage. Während der rheinische Westen seinen M.brauch fortschreitend vereinheitlicht u. verkirchlicht, halten sich in Nordwestdtl. noch Reste von Maskenbräuchen, in Mitteldtl. die Umzüge und in Schlesien die M.gebäcke. In prot. Gegenden werden Brauch und Lieder oft auf Martin Luther bezogen (besonders in Erfurt; Zug der »Martinslichter«). In anderen Landschaften (Württemberg, Alpen) läßt der M.brauch zuweilen kaum eine Verbindung mit dem Heiligenfest erkennen.

Auf norwegischen →Runenkalendern wie in heutigen Bauernkalendern ist M.tag mit einer Gans bezeichnet. Die Überlief., daß 1171 Ulrich von Schwalenberg der Abtei von Corvey zum M.fest eine Gans aus Silber stiftete, erwies sich als eine Fälschung des 17. Jh. Früher war die Gans auch Attribut. Im M.lied wird des Brauches, der jetzt fast über das ganze germ. Europa reicht, seit dem 14. Jh. gedacht. Im Eichsfeld unterschied man drei bekannte Heiligen- und Schmaustage als Hasenbartel, Gänsmartin und Schweinethomas. Die M.gans oder Teile davon gelten als heilkräftig. In manchen Landschaften verband sich der Brauch auch mit dem → Erntefest (Havelland, Alpen). Es gab Spiele mit der M.gans; wie der Hahn wurden die Gänse geköpft, gerissen, geschlagen und geschossen (Schwaben, Tirol) od. M.schweine zum Kampf gehetzt (Würzburg).

Weniger bekannt sind heute M.trunk und M.minne. In Schweden geht die Sage, daß der Heilige dem Olaf Tryggwason erschienen sei und ihn aufgefordert habe, von nun ab nicht mehr die Minne Thors, Odins oder anderer Asen, sondern die seinige zu trinken. Auch im dt. MA ist davon die Rede, doch verwischt die Nähe des Erntefestes mit seinen Schmäusen die klaren Züge des Brauches. Indes gingen noch lange, z. B. im Böhmerwald, Burschen und Mädchen ins Wirtshaus, um mit dem M.wein die Schöne und Stärke zu trinken. Man trinkt zu des Heiligen Ehr und Lob (Martiniloben in der Steiermark). In Hauerz (Schwaben) holt man bei der M.kirchweih die Statue des Heiligen aus der Kirche, damit er am Mahle teilnehme. Auf ältere Bräuche gehen wohl auch bestimmte Stiftungen und Abgaben von Wein, auch Most, zurück. Um M. ist Weinprobe nach dem alten Satz: »Heb an Martini, trink Wein *per circulum anni*«. Wein u. Gänsebraten werden früh zusammen genannt. Oswald von Wolkenstein sagt: »trink Martein wein und gens iß«. Sebastian → Franck schreibt im Weltbuch von den Franken: »Erstlich loben sy Sanct Martin mitt guotem wein, genßen bis sy voll werden. Unselig ist das hauß, das nit auff deß nacht ein gans zuo eßen hat, da zepffen sy yre neüwen wein an, die sy bißher behalten haben.«

Wie November Schlacht- und Schmeermonat ist, so heißt auch M. »Speckmärten«, und Schweinebraten tritt auch an die Stelle der Gans, In Mittel- und Süddtl., besonders in Schlesien, werden Märteskuchle, Märteslaib und M.hörner Kindern und Gesinde geschenkt. Samson (Die Heiligen als Kirchenpatrone) führt diese Sitten wie M.feuer auf germ. Bräuche der Missionszeit unter Bonifatius zurück. Schmaus und Trunk dieses Tages machen M. zum Patron der Gastwirte und zum Gabenbringer für Kinder. Ja, wer sein Hab und Gut verpraßte, hieß im Volke ein »M.mann«. Später richteten sich viele Kirchen- und Polizeiverbote gegen zu üppigen Brauch.

Das M.feuer war früher weiter verbreitet (Münster i. W. 1705 Verbot der Straßenfeuer), dringt aber heute wieder vor (gegen das nördl. Feuer zu → Ostern). R. Peesch hat den Brauch anhand der Umfrage des ADV untersucht: Schon im 15. Jh. hieß der 11. 11. um Moers wegen der vielen Feuer »Funkentag«. Im Gegensatz zu den anderen Jahresfeuern ist das rheinische M.feuer völlig zu einer Veranstaltung der Kinder geworden. Die ältere Jugend beteiligt sich nur selten. Dagegen haben in den letzten Jahren in vielen Orten zu diesem Zweck besonders gegründete »Martinsvereine«, die Schule od. die Ortsbehörden die Organisation des ganzen Festes übernommen. Durch diese Unterstützung u. Anteilnahme der Erwachsenen ist das Verbreitungsgebiet des M.feuers erheblich gewachsen, so daß es heute von Geldern bis Koblenz einen breiten Streifen zu beiden Seiten des Rheins umfaßt. Aus den Karten des Atlas der dt. Vkde. (Probefragebogen 1929; vgl. die Karte unter → Jahresfeuer) geht deutlich hervor, wie das nördl. und das südl. Kerngebiet im Laufe der letzten 30 Jahre zu dem heutigen großen Gebiet zusammengewachsen sind.

In der alten Form des M.feuers lassen sich vier verschiedene Teile erkennen: das Einsammeln der Brennstoffe vor dem Fest, das Erbetteln von Früchten und Gebäcken am M.abend vor oder nach dem Feuer, das Abbrennen des Holzstoßes u. der Fackelzug. Schon mehrere Wochen vor dem 11. 11. werden die Vorbereitungen für das Feuer getroffen. An Brennmaterial werden Holz, Reisig, Stroh, Sträucher und vor allem Körbe unter Absingung von Heischeliedern zusammengebettelt. In Bonn war dabei ein Knabe als »M.männchen« verkleidet (Leib und Glieder in Stroh gewickelt). In Mecheln wurde der hl. Bischof selbst auf einem Sessel mitgetragen. Auch die Fackeln für den Fackelzug (ausgehöhlte Rüben und Kürbisse, Bohnenstangen mit Stroh oder Papierfackeln) müssen vorher angefertigt werden. Die kleinen M.feuerchen in den Straßen oder in unmittelbarer Nähe des Ortes sind größeren Feuern auf feuersicheren Plätzen gewichen. Vielfach geht es im geordneten Zug zum Feuer, das in neuester Zeit von der Feuerwehr entzündet und bewacht wird. Es werden alte und neue M.lieder gesungen, in denen die Legende von der Mildtätigkeit des St. M. eine Hauptrolle spielt. In größeren Orten begleiten Musikkapellen den Gesang. Dann ziehen die Kinder, nachdem die Fackeln an der Glut entzündet sind, in den Ort zurück u. erbetteln in Heischeversen »M.wecken«, Früchte und vielleicht sogar Geld. Wer sich weigert, etwas zu geben, wird durch Verse gescholten:

Dots, dots, diljerdots,
Wer niks ged, de es nicks nots.

Bei vielen der neuen M.feiern verschwand das »gefährliche« Feuer ganz, so daß der Fackelzug der Mittelpunkt der Veranstaltung wurde. Den Typus einer organisierten Feier schildert Josef Müller in der Veröff. des Bonner Inst. f. gesch. Landeskde. (1926) »Die Kulturströmungen und Kulturprovinzen in den Rheinlanden«: »1. Sammlung durch Komiteemitglieder in der Gemeinde für die Bescherung der Kinder (Ersatz des Bettelganges). 2. Geordneter Fackelzug unter Leitung des Lehrers und mit Begleitung der Feuerwehr, Musik, St. M. hoch zu Roß; hier und da Feuerwerk (Ersatz des Feuers). 3. Bescherung mit Früchten, Wecken in einem Saale (Ersatz des häuslichen Festmahles).«
Das alte M.feuer sollte den Feldern Segen bringen und war zuweilen in einen Sommer-Winterkampf hineingestellt. Das Verbrennen der Körbe auf dem Kirchenpflaster an M. hieß in Mersch »den Sommer verbrennen«.
Die M.lieder, wie sie zum Brauch des Tages gesungen werden, stammen aus der Vagantenpoesie des MA. Später wurden sie durch Kinderverse und Heischereime abgelöst. Liedern, die bis vor kurzem in der Altmark gesungen wurden, schrieb Jürgensen ein Alter von 750 Jahren zu. Das Hauptgebiet ist Niederdtl., Holland und Flandern (→ Fahrende).
Wie bei allen wichtigen Jahresfesten spielt der grüne Zweig eine Rolle. Im Harz, in Bayern und Kärnten gehen Hirten in die Bauernhäuser und überreichen die M.gerte, den Zweig einer → Birke, dem man an der Spitze einige Blätter läßt, dazu Zweige (»Zwei«) von → Eiche und → Wacholder (»Kranewitt«) mit Beeren daran. Mit dem Birkenzweig wurde im Frühjahr das Vieh zum erstenmal ausgetrieben. In Bayern sagt der Hirt bei der Gertenübergabe zu M.:

Kimmt der hali sanct Mirte
mit seiner girte
so vil kranewittbir
so vil ochsn und stir
so vil zwei
so vil fuder hai.

Auch wird eine Rute am Vorabend von M. geschnitten, am Dreikönigstag gesegnet und am 1. 5. vom Hirten übergeben (→ Lebensrute).
In Kindersprüchen und in Worten, die das Garbenopfer auf dem Felde begleiten, werden die »M.vögel« genannt. Der Name taucht zuerst im 14. Jh. als Name eines Ritterbundes auf. Die Volkssprache bezeichnet damit den Marienkäfer, die Gans, den Schwarz- und Buntsprecht:

Sünner Märtens Vögelken
heff so'n rot Kögelken,
heff so rot Röcksken an.

Besonders in Süddtl. und in den Alpen tritt im Brauch des 11. 11. die Gestalt des Heiligen zurück, trotzdem seit dem 6. Jh. die heidnischen Sitten immer wieder von Verboten verfolgt wurden. Vom Bescherer der Kinder, als der St. M. in Holland wie der Nikolaus mit dem Schimmel über die Schornsteine hinwegreitet oder als Bischof erscheint, ist in Dtl. nicht mehr viel bekannt. In Schlesien kam am Vorabend der hl. Merten mit dem Schimmel und brachte »M.hörndl« und Gebäck in Form von Hufeisen. In Süddtl. (aber nicht

Verkleidete Gestalten in der Martinszeit

im Rheinland) ist er zum »Pelzmärte« und »Butzemärtel« geworden, der, schwarz und vermummt, wie die Klöckler Erbsen wirft, schellt und lärmt. Vereinzelt heißt auch der Führer der wilden Jagd »Junker Merten«, doch steht dahinter vielleicht eine andere Gestalt. Im unteren Böhmerwald gehen die Burschen nach einem kräftigen Abendessen mit Peitschen und Kuhglokken vors Dorf den »Wolf austreiben«. In Altbayern heißt der Brauch »Umschnalzen«, in d. Steiermark »Herbsteinschnalzen«. In Wörgl (Unterinntal) zogen am M.tag gehörnte → Masken herum. Da und an anderen Orten Tirols erzählt man vom »Martinsgestampfe«, einem Umzug, mit dem man einen wilden Riesen, den »wilden Ochsner« und »Alberer« vertrieb. Der »M.vogel«, ein »fuiriger höllischer« → Drachen, der in die Alpen eingezogen ist, verbreitet Schrekken. Der Abwehr der zwergähnlichen »Kasmanndln« galt das »Kasmanndlfahrn« oder »Alpererfahrn«, das nach dem ADV heute noch in d. Gegend um Kitzbühel Brauch ist. In Salzburg zogen 70–80 Burschen aus mit Peitschen, Schellen und Büllhäfen (→ Rummelpott) zum Wettranggeln. Im Bayrischen Wald kennt man nach dem ADV (vgl. auch ÖVA III) noch heute das ähnliche »Wolfablassen«. Dem österr. Büllhäfen oder Horniskrug entspricht der norddt. Rummelpott, der am M.abend von den Knaben von Haus zu Haus getragen wird.

M. ist durch seine kirchliche, jahreszeitliche und brauchmäßige Bedeutung auch ein wichtiger Termin für Orakel (weiße Farbe des Brustbeins – viel Fett anzeigend – der M.gans bedeutet Kälte, dunkle Farbe Schnee und lauen Winter). Mit

M. beginnt die Schneezeit: »St. M. kommt auf einem Schimmel geritten«. »Nach M. scherzt der Winter nicht«. Das Vieh kommt in den Stall: »Martini – stell ini«. Märkte werden gehalten. Hausschlachtungen sind im Gange. Feldfrucht und Wein wird eingetan. Pachtzinsen sind fällig. Der Bursche trägt der befreundeten Magd zum Dienstwechsel den Schlenggelpack, denn M. ist »Hauptschlenggeltag« (Etschtal). Zweige werden gepflückt und als Liebesorakel ins Wasser gestellt. In der Oberpfalz werden die Pferde benediziert. Im Tannheimer Tal werden die Pferde mittag um 12 Uhr dreimal um die M.kapelle von Innergschwend geritten. Als Schützer und Beherrscher der Haustiere erscheint M. schon im »Wiener Hundesegen« des 10. Jh.

Die Abb. ist gezeichnet nach dem ADV (III, 40b. Fr. H. Schmidt).

W. Jürgensen, M.lieder. Unters. und Texte, 1910; P. Sartori, Sitte u. Brauch, 3. Bd., 1914; Samson, Verehrung der Heiligen; K. Clemen, Der Ursprung des M.festes, Zs. d. Ver. 28 (1918); H. Freudenthal, Das Feuer im dt. Glauben u. Brauch, 1931; K. Kleeberger, Das M.weibchen in der Pfalz. Oberdt. Zs. f. Vkde 6 (1932); A. Schipflinger, Burschenbraucht. an Martini, Wiener Zs. f. Vkde. 42 (1937); S. Svensson, Mårtensfirandet, Bygd och yttervärld, 1942; M. P. Nilsson, Mårtensgås, Folkm. och folkt. 31 (1944: über d. Gesch. d. M.gans-Essens im MA.); V. Geramb, Sitte u. Brauch in Österr., 1948; L. Schmidt, Die »M.isegen d. burgenl. Hirten.« Burgenl. Heimbll. 17 (1955); G. Angermann, Das M.braucht. in Bielefeld u. Umg. im Wandel d. Zeit. Rhein.-westf. Zs. f. Vkde 4 (1957); H. Dölker, M. u. Niklaus. Württ. Jb. f. Vkde 3/4 (1957/58) (Karte d. Verbr.); M. Zender, Räume u. Schichten usw., 1959 (Verbr. d. Kultes); E. Donckel, St. M.kult u. St. M.brauch in Luxemburg, um 1961; Umfrage d. Comité National Saint M. (Paris-Sorbonne). Frageb. in: Arts et trad. pop. 8, 1962; Lex. f. Theol. u. Kirche, Bd. 7, ²1962; J. Fournier, Enquête sur le culte pop. de S. M. en Normandie. Nogent-sur-Marne (Seine) 1963 (Mit 17 Verbr.karten); E. Burgstaller, Die braucht. Begehung d. M.tages in Österr., Hess. Bll. f. Vkde 56 (1965); D. Sauermann, Neuzeitl. Formen d. M.brauchtums in Westf. Rhein.-westf. Zs. f. Vkde 14 (1967) (Letzte Entw. in 3 Richtungen: Geschenkfest – Heimatfest – Caritative Ermahnung); L. Schmidt, Das M.feuer auf der Brücke von Venzone 1355, 1968; E. Grabner, M.isegen u. M.igerte in Österr., 1968 (Zur Hirtenvkde d. Südostalpen); D. Sauermann, Westf. M.lieder nach dem Slgn des ADV. Rhein.-westfäl. Zs. f. Vkde 16 (1969).

Martin von Bracara, * 515 in Pannonien, † 580 als Erzbischof von Braga. Für die Kenntnis des vorchristlichen Glaubens wichtig durch theologische Schriften, in denen er Stellung nimmt gegen heidnische Bräuche der Totenspeisung, der Opfer für Totengötter und Quellen, des Neujahrsmahls, des Weihnachtsklotzes, d. Weissagung und Zauberei. Was davon den Sueven oder den Romanen oder auch Entlehnungen aus dem Griechischen zugerechnet werden muß, ist umstritten. → Pirmin.

K. Helm, Altgerm. Religionsgesch., 1913; M. v. B. De correctione rusticorum; hg. v. Caspari, 1883; Gesamtausg. d. C. W. Barlow. New Haven 1950.

Märzenfeuer → Funkensonntag.

Marzipan. M. ist ein Gemisch aus Zucker mit süßen und bittern Mandeln und etwas Aromastoff. M.gebäck aus Königsberg, Lübeck (seit 1407), Hamburg usw. ist besonders in Norddtl. überaus volkstümlich zu Weihnachten, Neujahr, als Geschenk, in Form von Brot und Salzfaß beim Hauseinzug usw. Im Winter sieht man in den Läden die zuweilen zentnerschweren M.schweinchen. Als Liebesgabe kennt schon Grimmelshausen (im »Wunderbarlichen Vogelnest«) M. mit Liebespfeil und Schrift:

> Mein Lieb und Treu
> wird täglich neu.

Die Etymologie ist ungeklärt. Kluge leitet mit Kluyver M. von ital. *marzapane* her. So hießen Schächtelchen mit Mandelgebäck. Dieser Name wieder geht zurück auf eine in den Kreuzzügen übernommene sarazenische Münzbezeichnung *mautaban*, die später als das Münzen- und Mengenmaß 1/10 verallgemeinert wurde. Höfler sah im Wort M. *panis martialis* = Märzenbrot. Für die weitere Deutung M.: *panis martis* (Soldatenbrot) sprechen Logaus Verse:

Ist M. Soldatenbrot, so essen's nur
die Großen.
Der arme Knecht, der mag sich nur
am Pumpernickel stoßen.

→ Gebäckmodel, Gebildbrot.

E. O. v. Lippmann, Gesch. d. Zuckers. [2]1929.

Maschkera → Masken.

Masken. Wo M. noch der Gegenwart angehören, umfaßt der Brauch meist alle Gesellschaftsschichten. Schon daraus dürfen wir auf ein hohes Alter und große Bedeutung d. Erscheinung schließen. Meuli, der eine grundlegende Untersuchung des ganzen Gebietes gegeben hat, sieht im Totenbrauch (Ahnenkult, Totenbeschwichtigung) eine der wesentlichsten Grundlagen der M. Viele M. verraten sich durch hastige Gangart, feierliche Rhythmen, durch Stummheit oder unmenschliche Töne und Lärm selbst als Totengeister. Daneben aber sind nach Mannhardt wie auch nach Meuli besonders die M. der Erntebräuche »reine Numina der Wachstumskraft«, Geister der → Fruchtbarkeit. M.umzüge sind ganz vorwiegend Sache der Männer, und zwar der von Usener, Schurtz, Weiser, Höfler u. a. auch für das Germ. nachgewiesenen → Geheimbünde (→ Jünglingsweihe), Burschen- und Knabenschaften. Im Jahreskreis, besonders im Winter (→ Advent, Zwölften, Weihnachten, Neujahr, Dreikönig, Fasnacht) treten M. auf. In M. und Geister des Volksglaubens haben sich auch viele kirchliche Gestalten gewandelt (→ Martin, Andreas, Barbara, Nikolaus, Thomas).

Außer dem Jahreskreis begleiten M. zum Teil noch heute die Schlachtfeste der Herbstzeit (Wurst-, Krautnickel), die Hochzeit, das Schützenfest oder Rüge- und Scherzhandlungen, wie → Haberfeldtreiben und → Katzenmusik. Vielfach ist die M. auch wie manche mythische Gestalten überhaupt zur bloßen → Schreckgestalt und zum Kinderschreck geworden oder sie bekleiden den Narren und Lustigmacher. Die Rolle der M. im Schauspiel besonders der Antike und des MA ist eine bedeutende. Namen beweisen das hohe Alter der M. (wohl schon im 6. und 7. Jh. bei Goten und Langobarden). Die jüngeren und heutigen Namen weisen auf die Zeit des Auftretens, auf Perso-

nennamen und bestimmte Vorbilder, auf Aussehen, Tracht, Tun usw. hin (Fasnatbutz, Pelznickel, Butzemärtel, Hansele, Fritschi, Blätzliböög, Huttler, Kuttlablätz, Butzenrolle, Glöckler). Auf altgerm. mythische Gestalten und bestimmte

Sagenkreise weisen die Namen Holda, Spillaholle, → Holle, → Bercht, Butzenbercht, Perchten, (Abb.: Salzbg. Perchtenm.; Holz, bemalt, 19. Jh.), Chlungeri, Schrättlig. Das Umlaufen der M. selbst heißt Maschkera gehn, Kläuslen, Bechteln, Andreslen, Thamsen. Unsere Vorfahren kannten auch eine Art Kriegsm. im → Berserker, der sich mit dem Glauben an den → Werwolf berührt. Auch die alten Personennamen Wolf, Bär u. dergl. deuten darauf hin (→ Familiennamen).

Das erst nhd. belegte Wort M. wird von Kluge-Mitzka (Et. Wb. 1967) über frz. *masque* (aus mittel. *masca*; schon um 700) auf das arabische *mas-chara* ›Possenreißer‹, maskierte Person‹ zurückgeführt. Dieses arab. Wort kam (über ital. *maschera*) andererseits im 16. Jh. über die Alpen und lebt heute noch im bayer.-alem. Maschgera ›maskierte Person‹. Die M. heißt in diesen Landschaften Larve (im 16. Jh. a. d. Klosterlat. entlehnt; zu lat. *lares* ›Geister‹ gehörig). – Die heute in Vergessenheit geratende Herstellung von hölzernen, selten metallenen M. in Bayern, Tirol, Schwaben, Baden, Elsaß u. Schweiz besonders stellt echte Vk. dar, die in phantastischer Ausdruckskraft oft das Höchste leistet. Die Mus. für Vkde. in Berlin, Wien, Innsbruck, Salzburg bewahren kostbare Stücke. Ein M.schnitzer uns. Zeit ist Josef Tränkle in Elzach (Schwarzw.). → Lätare, Martin, Luzia, Esel, Vschauspiel, Schandm., Schembart, Konzil.

Ält. Lit. vgl. Ausg. 1955 dies. Wb.; E. Burgstaller, M.schnitz. an oberöst. Bauernhäusern. Geramb-Fs. 1949; F. Lipp, M. u. M.brauch im Salzk.gut. Öst. Zs. f. Vkde 52 (1949); A. Dörrer, Tiroler Fasnacht. 1949; L. Schmidt, Das Wiener M.wesen d. MA u. d. Renaiss. Jb. d. Wiener Ges. f. Theaterfg. 1950/51; ders., hg., M. in Mitteleuropa. 1955 (Darin von L. S., Die öst. M.fg. 1930–55; Wiener Mythol.schule: Much, Weiser, Höfler, Stumpfl, Wolfram; R. Wildhaber, Holzm. d. Sarganserlandes; H. Moser, Gesch. d. M. in Bayern); J. Hanika, Funktionelle Bed. e. Tiroler M.rufes. Zs. f. Vkde 53 (1956/57); L. Schmidt, M. aus d. Moselgebiet. ebd.; Intern. M.ausstellg. Antwerpen 1957; Kat. (Nur d. Prinzip d. Vermummung überdauere; weder kult. Bindungen, noch spirit. Hintergrund sei vorhanden); Kl. Beitl, Geschnitzte Fasnachtm.n aus Bludenz u. Schruns. Jb. d. Vorarlbg. Ld.mus.vereins 1958/59; H. Weidhaas, M. u. Fassade. W. Fraenger-Fs. 1960 (Haus u. M.); C. Hansmann, M. Schemen Larven. 1959 (M. d. Alpenländer. Einfg. v. G. Ritz); M. de Rachewitz, Tiroler M. Mailand 1960; Kl. Beitl, M. a. d. Moselgebiet. Rhein.-westf. Zs. f. Vkde 9 (1962); J. Hanika, Der got. M.ruf »tul tul« am Hof zu Byzanz u. röm. »talassio«. Bayer. Jb. f. Vkde (1962); J. Weber-Kellermann, Die M.macher a. d. thür. Wald. Hess. Bll. f. Vkde 55 (1964); M. Gschwend, Köpfe u. Fratzen an schweiz. Bauernhäusern. A. Bühler-Fs. Basel 1965; L. Schmidt, M.wesen, M.brauch, M.spiel. Neuere M.lit. seit 1960 Öst. Zs. f. Vkde 69 (1966); Alpes orientales VI, Firenze 1966.; Dörfl. Fasnacht, hg. v. H. Bausinger u. a. 1966 (Fgn. d. Vkde-Inst. in Tübingen. Geistl. Kritik, Lokalgesch., Städte d. MA, Tierkopfm. aus Altertum u. MA; R. Wildhaber: Verbr. d. Gesichtsm. in Europa; neue M.typen); H. Bausinger, hg., M. zw. Spiel u. Ernst. 1967, So.heft »M«. Antaios 11 (1967); R. Wildhaber, hg., M. u. M.brauchtum aus Ost- und Südosteur. 1968; L. Schmidt, Perchtenm. in Österr. 1972; M. Zender, Mummereien i. Rheinld. Fs Leop. Schmidt, 1972; M. u. Narren (Kat. Ausst. Stadtmus. Köln) 1972; Kartogr.: ASV 199/200 M. Termine, Umzüge.

Maskottchen → Auto, Talisman, Krüppel.

Maß, messen. Das M. ist wie → Bild, Gewicht und Schatten sympathetischer Teil und Vertreter des Menschen. Es genügt, das Leibesm. der Schwangeren in der Kapelle der hl. → Margareta zu opfern. Die → Länge Christi oder Mariae birgt auch noch in der Form eines Papierstreifens die Wunderkraft der Gemessenen. So erklären sich auch Meßverbote. Es ist gefährlich, einen Geistersee zu loten. Kleine Kinder m. hindert ihr Wachstum (das M. kann mißbraucht werden; → Bild, Kot). Für die Bedeutung des menschlichen M. sprach auch der antike (Plinius) und dt. (→ Hildeg. v. Bingen, Agrippa v. Nettesheim) Glaube, daß das Längenm. eines Menschen genau gleich der Breite sei bei ausgestreckten Armen. Wenn diese Gleichheit schwankte, galt der Mensch als krank. Das M. ist einers. Diagnose, anderers. Therapie, bes. wenn das Mittel (Faden, Tuch) verbrannt oder sonstwie vernichtet werden muß. – Viele Sagen strafen M.fälschung. M.stäbe, bes. → Ellen, sind oft beschnitzt und mit Einlegearbeit geschmückt. Kerbhölzer (in der Schweiz: Tesseln) sind noch vereinzelt benützte, auch im Kinderbrauch zu Nikolaus nachlebende M.stäbe, die besonders bei der Holz- und Alpwirtschaft üblich waren. Im Meßwesen halten sich landsch. und nation. Eigenheiten bes. zähe. Erst 1969 verdrängten der Liter die Gallone an gr. Tankstellen, 1971 das Dezimalsystem die alte umständl. brit. Währung, aber auch langsam nur Gramm und Kilo das norddt. Pfundsystem. Wer gar »ein Deka« einer Ware verlangt, den treffen z. B. in Berlin verständnislose Blicke. → besprechen, Elle, Joch, Knoten, Klausenholz.

Auböck, Handlex. ü. Münzen usw. Wien 1893; D. Beck, Die Alprechtshölzer oder Beigle usw. In: Jb. d. hist. Ver. f. d. Ft. Liechtenst. 40 (1940); J. M. Ritz, Vom schönen alten M. Schönere Heimat 16, 1940; Ders., Hohlm. in Bayer. Museen. V.werk, 1943; H. J. v. Alberti, M. u. Gewicht. Gesch. u. tabell. Darst. v. d. Anf. b. z. Gegenw. 1957 (Lit.); R. Vieweg, M. u. m. in kulturgesch. Sicht. 1962; E. Grabner, Verlorenes M. u. heilkräft. Messen. Zs. f. Vkde 60 (1964); Slg. über Messen u. hl. M. im Nachl. A. Spamer (Inst. f. dt. Vkde, Bln-Ost); Kartogr.: ASV 102–110 Ältere M. – Länge (Fuß, Schuh, Elle, Rute), Fläche (Manngrab, -mahd, Fuder, Juchart), Raum (Klafter), Hohlm. (Eimer, Schoppen, Maß, Budeli, Brente, Sester, Immi), Gewicht (Pfund, Zentner), großes Geld (Napoleon, Dublone, Louis d'or, Taler, Scudo), kleines Geld (Batzen, Centime).

Massigga → melken, Isländ. Moos.

Maßliebchen → Gänseblümchen.

Matriarchat → Mutter.

Matronen, Mütter. Neben anderen segenspendenden Muttergöttinnen (mit Fruchtkorb auf dem Schoß; Statuette mit Wickelkind im Arm. reitende Epona mit Fruchtschale in der Hand) kannte das Mosel- und Rheinland, wo sich gallisch-keltische und germ. Kultur begegneten und durchdrangen, besonders die Verehrung einer weiblichen Dreiheit, der *matres* oder M. Ihr Kultgebiet berührt sich mit dem der → Nehalennia. Die älteste datierbare Widmung eines Weihesteins (in Andernach) stammt von einem Soldaten der germ. Flotte *(matribus suis)* aus der Zeit zwischen 70–89 n. Z. Abweichend vom gallischen Gebiet sind im Rheinland die M. fast immer drei sitzende Frauen mit Fruchtkörben auf dem Schoß. Da auch eine Terrakottagruppe aus Köln als germ. Arbeit aus dem Beginn des 2. Jh. gesichert ist, darf die niederrheinische Verbreitung des M.kultes schon für das 1. Jh. angenommen werden. Die besonders große Zahl von rhein. Fundstätten und andere Gründe lassen den M.kult als germ. oder allenfalls als keltisch-germ. Gemeinbesitz erscheinen. Viele der nichttropischen (nicht auf einen Ort bezogenen) Namen der M. sind als germ. erwiesen *(Alagabiae;* bei Bürgel = die reichlich Gebende; *Alaferhuiae* = die reichlich Lebenskraft Schenkende; Andernach). De Vries stellt die M. in die Nähe der Mütter, die nach Beda *(De temporum ratione* 15) in der modraneht, in der Mütternacht, in der → Julzeit verehrt wurden und vergleicht sie den skandinavischen *dísir* (→ Idisi) und → Nornen. Auch Much sah in den M. Züge der Schicksalgöttinen. Öfter sind die M. zusammen genannt mit den *Parcae, Campestres* und *Suleviae*. Auf norditalienischen Inschriften findet sich die Formel *Matronis Junonibus*. Der indogerm. Charakter der M. ist so wohl bewiesen, daß eine Übernahme des Kultes aus dem Keltischen nicht angenommen zu werden braucht. Die nur linksrheinische Verbreitung der Funde ist dadurch hinlänglich erklärt, daß religiöse Monumente dieser Art nur im römischen Germanien entstanden (→ Limes). Nach Ihm, de Vries u. a. waren die M. Segensgottheiten der Familie und des Hauses, Hüterinnen von Gelübde und Vertrag. Die Nähe der *matres Junones* läßt sie auch als Schützer der Frauen und Mädchen erscheinen. Als Früchtespenderinnen und chthonische Gottheiten – der Treueschwur steht den Unterirdischen nahe – wurden sie wohl auch für das Gedeihen der Feldfrucht angerufen. »Man könnte Alagabiae mit der griechischen Erdgöttin Pandora vergleichen« (de Vries). – Auch Gutenbrunner führt den kelt.-germ. M.kult auf Urverwandtschaft oder Austausch in sehr weit zurückliegender Zeit zurück. Das Weiterleben des M.kultes in der Verehrung von → drei heiligen Frauen (drei Juffern in der Jülicher und Eifeler Gegend wie in Luxemburg; drei Marien u. ä.) ist wahrscheinlich. Trotz wiederholter gründlicher Versuche von seiten der Vkde. ist eine endgültige Lösung der wichtigen und für die Beurteilung der »germ. → Kontinuität« folgenreichen Frage noch nicht gefunden (Hepding).

W. Heiligendorff, Der kelt. M.kultus u. s. »Fortentwicklung« im dt. Mythos 1934; Über das Nachleben des M.kultes s. K. Meisen in: Annalen d. hist. Ver. f. d. Niederrhein 122. Der M.kult; in J. de Vries, Altgerm. Rel.gesch. 1. Bd., 1935; S. Gutenbrunner, Die germ. Götternamen der antiken Inschriften, 1936; M. Zender, Die M. u. ihre Nachfolgerinnen im Rheinl. Rhein. Vj.bll. 10. Jg.; P. Renn, Zum Fortleben d. M.kults im Rheinl.; Rhein-westf. Zs. f. Vkde. 2 (1955).

Matteblum → Margerite.

Matthias, hl. (24. 2.). Apostel, den die Enthauptung durch die Axt (Attribut) zum Patron der Zimmerleute, Metzger usw. machte. Er ist als einziger Apostel in Dtl. (Trier) begraben und wird in Westdtl. besonders verehrt, woraus sich das häufige Vorkommen des Familien- und Taufnamens M. erklärt. M.tag gilt wie andere Februarfeste als Winterende (»Matheis bricht's Eis«) und kennt deshalb zahlreiche auf die Zukunft (Wetter, Ernte, Tod, Heïrat) gerichtete → Orakel. Man läßt Leuchterpfennige schwimmen. In der »Rheinischen Vkde.« berichtet Wrede von einem ähnlichen Kölner Brauch aus dem Jahre 1580: Efeublätter, von denen jedes ein Familienmitglied bedeutete, wurden in eine Schüssel mit Wasser gelegt. Tod zeigte das Blatt an, das am Morgen darauf schwarz oder naß gefunden wurde. »Die M.nacht erhielt ihre Bed. nicht mit dem in Trier bes. verehrten Apostel M., sondern weil dieser Tag der urspr. Jahresschluß ist und heute noch der 24. 2. und nicht der 29. 2. der eingeschobene Schalttag ist« (M. Zender). (→ Andreas).

A. Wrede, Rhein. Vkde, [2]1922; G. Schreiber, Apostel u. Evang. als Bergwerksinhaber; Rhein. Jb. f. Vkde 3 (1952).

Mauerpfeffer → Fetthenne.

Mauer-, Maulwolf → Maulwurf.

Maultrommel *(Crembalum).* Im Gargantua von → Fischart als Maultrumme erwähnt und bei Laurentius von Schnüffis (Schnifis in Vorarlb.) 1695 Titel einer Gedichtslg. Mit der → Mundharmonika (Mundaeoline) hat sie nichts zu tun. Das auch prim. Völkern bekannte Instrument der → Vmusik ist bei uns urspr. in den Alpenländern zuhause, wurde aber durch neue Musikströmungen selbst in die Großstadt getragen (Berlin 1970). Während die Zähne das hufeisenförmige Eisenstück festhalten, wird eine dazwischen befestigte Stahlzunge von den Fingern bewegt. Ihre

Schwingung gibt den auf die M. gebrummten Gesangstönen einen seltsamen, geisterhaft-melanch. Charakter (»Brummeisen«). Da nicht nur die Mundhöhle, sondern auch Zähne und Kiefer als Resonanzkörper dienen, haben manche Zahnärzte Bedenken gegen häufigen Gebrauch der M. – In Molln an der Steyrtalbahn (Oberöst.) werden neben Holzwaren, Messern und Sensen auch M. seit altem hergestellt, die zuweilen in verzierten Behältern in Schuhform verwahrt wurden.

K. M. Klier, Vtüml. Musikinstrum. i. d. Alpen. 1956; B. Geiser, V.musikinstr. a. d. Kanton Schwyz, Schw. Volkskunde 62 (1972) (»Trümpi«).

Maulwurf. Die Sammlung der äußerst zahlreichen volkssprachlichen Namen des M. bildete eine der Aufgaben der → Wortgeographie (alem. Scherr, Scherrmus, lothring. Maulwolf, pfälz. Mauerwolf, schles. Mondwurf, nd. Mullworm, Molpert, Peter Wöhlmann). Schon das Wort M. entspringt einer zwiefachen → Volksetymologie (ahd. *mû-wërf* = Erdhaufenwerfer wurde *molt-wërf* = Staubwerfer, daraus M.). Allgemein lebt noch die Vorstellung, er sei blind und schädlich, daher d. zahlreichen zauberischen Gegenmittel. Der M. und seine Teile (Pfoten, Zähne) finden in der Volksmed. ausgiebige Verwendung. Eine Hand, in der man einen M. langsam sterben läßt, wird heilkräftig.

Grimm, Dt. Wb.: M. R. Riegler, M. Im HDA; H. Köhler, Dt. Wortatlas V: der M. Diss. Marburg.

Maurer → Steinmetz.

M.schweiß → Branntwein.

Mauritius, hl. (22. 9.). Schutzheiliger der Infanterie, weil er nach der Legende starb als Anführer der christlichen → Thebaischen Legion, die wegen Verweigerung des Befehls zur Christenverfolgung bei Octodurum niedergemetzelt worden sein soll. Nach dem schellenbesetzten Gewand des Heiligen (um 1411) in der Moritzkirche zu Halle heißt eine Gestalt in sächsischen Pfingstumzügen Schellenmoritz. Durch die Überführung der Reliquien der Th. Legion um 360 n. Chr. in die dem hl. M. geweihte Basilika des Augustinerklosters (einer vom 6.–10. Jh. berühmten Kulturstätte der Westschweiz) in St. Maurice im Wallis wurde dieser Ort eine bekannte → Wallfahrt. Durch die Einwanderung der Walser im 14. Jh. übertrug sich sein Kult (wie der des hl. Theodul) nach Vorarlberg, wo M. z. B. auf dem »Knappenaltar« von 1525 auf St. Bartholomäberg im Montafon dargestellt ist. M. wird dargestellt als Ritter mit Fahne oder als Mohr. Die Erforschung des M.kultes hätte auch danach zu fragen, wie sich das Volk zur Erscheinung des → Mohren stellt.

Berg, Der hl. M. u. d. Theb. Legion, 1895; Kenterich, Der Kult der Thebäer am Niederrhein. Rhein. Vj.bll. 1 (1931); A. J. Herzberg, Der hl. M., 1936.

Maus. Durch ihr allgemeines Vorkommen, ihre besondere Lebensweise und Schädlichkeit, ihr possierliches und flinkes Wesen beschäftigt die M. → Kinderspiel und Volkssprache (»kommt a Mäusl, geht ins Häusl« u. a. Fingerspiele), aber auch Glaube und Heilkunde. M. gehört zu den wenigen Tiernamen, die gemeinindogerm. sind. Hexen und Teufel erscheinen in M.gestalt. Auch die → Seele verläßt den lebenden Körper als M. In der Vmed. wird ihr → Kot anti-erotisch und gegen Kahlköpfigkeit verwendet. Verbreitet ist der Kinderbrauch, den ersten ausfallenden → Zahn der M. zu schenken mit dem Bitt- und Zauberspruch, sie solle einen guten dafür geben. M.zähnchen helfen gegen Zahnschmerzen. Die Abwehr des M.schadens wird durch Beschwörung, durch Opfer (Körner der ersten Garbe), durch geweihte

Pflanzen (→ Palmsonntag, P.busch) oder magischen Lärm betrieben. Helferin gegen M. ist die hl. → Gertrud, deren Attribut das Tier ist. Die Mickym., eine moderne Filmerfindung, wird als Glücksamulett getragen (Berlin). In der Volkssprache bedeutet M. auch *cunnus*, liederliches Mädchen.

V. Grohmann, Die Bed. d. Mäuse in d. Mythol. d. Indogerm., 1862; R. Riegler, Das Tier im Spiegel der Sprache, 1906; E. Hagemann, Ratte u. M. 1960; B. Beckmann, Die M. in MA, 1972.

Mazzeschlagen → Hornussen.

Medizin → Vmed.

Meer. In germ. Vorstellung geht der Weg zum Totenreich über das M. Die Söhne Bors schufen es aus dem Blute des Riesen Ymir (jüngere Edda). Verbreitet ist die → ätiologische Sage über den Salzgehalt, der von der salzmahlenden Wunschmühle stamme. M.weiber hat das MA öfter dargestellt. M.minne, Seejungfer, Seemuhme sind schöne Frauen mit weißen Brüsten, von denen man heute noch erzählt (→ Wassergeister, Sirene). Männliche M.geister sind fast unbekannt. Der → Klabautermann ist ein Schiffskobold. Von anderen M.ungeheuern kennt die Sage besonders die Mann und Schiff verschlingende Seeschlange, deren Überlieferung im neuen Gewand in den Berichten über das Ungeheuer von Loch Neß wieder auftauchte. Später als Opfer oder Orakel verstandene → Übertragung der Krankheit ist es, wenn in Swinemünde die Frauen nach dem letzten Bad einen Kranz ins M. warfen. M.auge nennt das Volk tiefe Alpenseen (auch in Siebenbürgen), von denen man glaubt, sie stünden mit dem M. in Verbindung. → Fischweib, Melusine.

P. G. Heims, Seespuk – Abergl., Sagen u. Legenden 1888; neuhg. v. F. Brustat-Naval. 1965.

Meerfei→ Fee.

Meerungetüm → Drache, Ungeheuer.

Meerweib, -minne → Fischweib, Sirene, Melusine, Wasserg., Meer.

Mehl. Die Hauptnahrung des Volkes, → Brei und später → Brot, besteht aus verschieden stark ausgemahlenem M.getreide. In dieser Bedeutung wird das M. zum → Opfer für Haus- u. Feldgeister, für Elementargeister und Totenseelen. Die Trud vertreibt man mit den »drei weißen Gaben« (M., Salz, Eier). Die Staubform macht das M. besonders zum Windopfer. Man streut M. aus dem Fenster mit den Worten: »Hoi, Melusine, koch dein Kind a Brei« (Westböhmen). Kraftspendend ist zumal neues M., das M. der letzten Garbe, das man auch ins Weihnachtsbrot bäckt, oder an St. → Agatha geweihtes Brot. Wie die letzte Frucht am Baum, soll man stets eine Handvoll M. im Kasten lassen. → Getreide, Speis- u. Trank, Gebildbrot, Hungerbrot.

M. Nowak, Die Melus.sage. Diss. 1886; M. Rohrlich u. G. Brückner, Das Getreide. [2]1967.

Mehlfäßchen → Weißdorn.

Mehlmutter → Mutterkorn.

Mehlspeisen → Speis u. T.

Meidung → tabu.

Meiersche Brücke → Goldene B.

Meineid. Die im M. wie im → Eid enthaltene Selbstverfluchung erfüllt sich in zahllosen Volkssagen (die Finger wachsen aus dem Grabe). Noch heute glaubt man, gelegentlich M. durch Zauber umgehen zu können (Gegenschwur mit abwärts gerichteter linker Hand, Daumen einbiegen, Gesäßbacken zusammenkneifen). M. von mhd. *mein* = falsch; Falscheid. → Recht, Gericht.

Jacobsohn, Die Fähigkeit zum M. 1920.

Meinrad, Meginrad, hl. (21. 1.). Priester und Mönch in Reichenau.

Gründer des Stiftes Einsiedeln (Schweiz). Seit 835 Einsiedler im »Finstern Walde«, von Räubern erschlagen 861. Attr.: Raben.

K. Brandes, Der hl. M. u. d. Wallfahrt v. Einsiedeln, [3]1885; R. Henggeler, Wallf. gesch. v. E. 1946.

Meisterwurz, (Ostritzwurzel, Haarstrenze; Röm. Kohl; *Peucedanum*). Staude mit großen, meist weißen Blütendolden. Von *P.off.* wird die bittere, gelb saftende Wurzel (Schwefelwurzel) als harntreibend und verdauungfördernd benutzt. Auf den Geschmack der flachen kleinen Früchte deuten die Bez. Roßkümmel, Himmelsdill, Saufenchel. Die alte dt., der Antike unbekannte, in den Alpen verbr. Pflanzen rühmen die → Kräuterbücher. Wie anderes scharf Schmeckende und stark Riechende (→ Bibernell) galt sie als Mittel gegen → Pest und Seuchen. Eine Wurzel, bei sich getragen, schützt gegen Ansteckung. Ein Körbchen voll hängt man in den Viehstall. *P. Imperatoria ostruthium* (Kaiser-, Magistranz-, M.wurzel) wird in den → Garten im Tal verpflanzt (Vorarlbg.). Schnaps davon gilt als bestes Mittel für verdorbenen Magen und gegen jede Vergiftung. Geschwüre räuchert man mit getrockneter »Ostrenzaworza« (Montafon).

Melchior → Dreikönig, Cabame.

melden → künden.

Melisse *(Melissa off.)* Schon der Antike als herz- und nervenstärkendes Mittel bekannt, wird heute M. als Aufguß mit Spiritus oder kochendem Wasser in der Vmed. noch allg. angewandt gegen nervöse Beschwerden wie gegen Kopf-, Zahn- und Ohrenweh. Die Pflanze liefert äther. M.öl und arzneil. M.wasser für den »Karmelitergeist«, der bes. in Süddtl. schon im MA ein vielgerühmtes Hausmittel war. Vnamen deuten auf die versch. Vorzüge: Herzkraut, Mutterwurze, Zitronen-M., Bienkraut, Honigblume.

melken. Wie andere wichtige bäuerliche Handlungen (→ backen, brauen, Butter) ist das M. durch viele magische Maßnahmen geschützt (beim M. nicht singen, M. durch Doggistein oder übers Kreuz, mit Segen und Sprüchen, Bedecken der Gefäße), besonders, wenn es ein erstes M. ist (nach dem Kalben, nach dem ersten Austrieb durch Ehering oder Prangerkranzl m.). Holzschnitte des MA und heutige Sagen berichten, wie Hexen im Fernzauber aus einem Handtuch, Axtstiel usw. m. Verbreitet sind Sagen eines durch menschlichen Übermut verscherzten Zeitalters, da ein wunderbares Milchkraut (Vorarlberg: Massiga und Massee = → Isländisch Moos) dreimaliges M. am Tage erlaubte.

Melusine, M.sage. Die Ms. geht in wesentlichen Zügen fast über die ganze Erde. In der altfr. Sage ist M. eine schöne Meerfrau, die zur Stammutter des Geschlechts der Lusignan wurde. Als sie einst in Fischgestalt von ihrem Gatten überrascht wurde, sei sie mit lauter Klage verschwunden. Drei Tage vor jedem drohenden Unglück habe sie sich wieder gezeigt als Trauernde (in späterer Sage kehrt M. zurück, um ihre Kinder zu nähren). Noch früher erwähnt Gervasius von Tilbury in seinen *Otia imperialia* um 1185 eine *serpente Provencale,* die die Gestalt der M. hat. Ein Münzbild von 1180 (polnische Pfennige?) zeigt die fischschwänzige Frau und nennt sie *Sirena.* Dieser Name wird auch sonst auf M. angewendet, obwohl er in der antiken Sage eigentlich menschenköpfige Vögel bezeichnet. In dt. Vbüchern, in Märchen und in zahllosen Sagen besonders der Landschaften am Sudeten- und Riesengebirge und in der Kunst und Dichtung vom MA über die Romantik bis heute begegnen wir dem M.motiv häufig. Die auf mal. Denkmälern nicht seltene Darstellung eines weiblichen Zwitterwesens, das zwei symmetrisch hochgebogene Schwänze mit den Händen ergreift, will Kohl nicht mit den antiken Sirenen, in Verbindung bringen, sondern mit dem gleichfalls häufigen Motiv der nackten Frau, die zwei Schlangen säugt und festhält. Das kirchliche MA deutete diese in seinem (asketischen) Sinn als *voluptas* und *luxuria*, Kohl sieht in dem Motiv den Nachklang der antiken Darstellung der nährenden Erdenmutter Terra. Bei uns findet sich die Schlangensäugerin schon in der karolingischen Kunst. – In der dt. Volkssage ist M. wohl besonders heimisch geworden durch die Vorstellung der wiederkehrenden Mutter und durch das Motiv, daß harmonische Verbindung von Mensch und Geisterwesen durch tragische Schuld des Menschen zerstört wird. Auch in den weitverbreiteten Sagen von der geheimnisvollen Todesbotschaft (»Pan ist tot« – »Urhans ist tot«) waltet diese Vorstellung. K. Borinski brachte das Motiv von der Meerfrau oder Seejungfer mit dem Sternbild Andromeda in der Nähe der Fische in Zusammenhang. → Mehl, Meer, Fischweib, Sirene, Sibyllen-Weissagung.

Leo Defaivre. Le mythe de la mère Lusine. Saint Maixent 1883; M. Nowack, Die Ms., 1886; Biltz, Zur dt. Bearb. d. Ms. Festschr.; R. Hildebrand, 1894; J. Kohler, Der Ursprung d. Ms., 1895; R. Kohl, Das M.motiv, 1934; K. v. Spieß, Die Sagen v. d. Fisch- oder Schlangenjungfrau. Wiener Zs. f. Vkde 46 (1941); J. Ricklefs, Die M.gestalt unter d. Holzschnittarbeiten Celler Fachwerkhäuser. Die Kunde, 1942; K. Heisig, Ü. d. Urspr. d. Ms. In: Fabula 3 (1960); E. Frenzel, Stoffe d. Weltlit. 1962. KTA 300.

Melusinenroman → Vbuch.

Memminger Fischertag → Fisch.

Menschenentstehung. Volksglaube und Dichtung vieler primitiven und kultivierten Völker bezeugen Anschauungen über den Ursprung des oder der ersten Menschen. Oft sind diese Überlieferungen mit jenen über die Götter- und → Weltentstehung (Theogonie und Kosmogonie) verbunden. In der → Edda Völuspa wird die nordgerm. Vorstellung von der Entstehung der ersten Menschen Askr und Embla (Esche und Ulme?) aus Bäumen berichtet, die von Göttern am Strande gefunden wurden.

P. Kampits, Der Mythos v. Menschen. 1968; H. Helbing, Der Mensch im Bild d. Gesch. 1969.

Menschheitsgedanke → Elementarg.

Menstruation → Biene, Blut, Blutwurz, brauen, Dreckapotheke, Essig, Freischütz.

Menuett → Vtanz, Walzer.

Merkur → Wodan.

Merseburger Brücke → Goldene B.

Merseburger Zaubersprüche, um 950 aufgezeichnet, aber sprachlich ins 8. Jh. und ihrem Geiste nach ins 6. Jh. zurückweisend. Der erste der M. Z. ist ein Heilzauberspruch, der zweite ein Fessellösungsspruch. Nach einer epischen Einleitung (»Phol und Wodan ritten zu Walde; da ward Balders Fohlen sein Fuß verrenkt . . .«), wie sie noch heute in → Segen typisch sind, bemühen sich Sindgund und Sunna, Folla und Frija um die Heilung. Aber erst → Wodan, der göttliche Arzt und Wisser zauberkräftiger Runen, weiß den rechten Spruch: »Bein zu Beine, Blut zu Blute, Glied zu Gliedern, als wenn sie geleimet wären«. In diesem Spruch sehen wir ältestes arisches Gemeingut durch Jahrhunderte hindurch mit heutigem Volksglauben unmittelbar verknüpft. Scherer vergleicht damit eine altindische Zauberformel: »Zusammen werde Mark mit Mark, und auch zusammen Glied an Glied; was dir am Fleisch vergangen ist und auch der Knochen wachse dir ...« – Der zweite der M. Z. zeigt göttliche Frauen, die → Idisi, als Helferinnen der Krieger in der Schlacht. Er schließt mit dem Lösungszauber: »Entspringe den Banden, entlaufe den Feinden«. – Einen neuen, wenn auch von K. Krohn u. a. kritisierten Versuch zur Deutung der M. Z. unternahm A. Spamer. → Wessobrunner Gebet, Hildebrandslied, Segen, Zauber.

R. Kriß, Grunds. Betracht. z. 2. M. Z. Oberdt. Zs. f. Vkde 6 (1932); F. Genzmer, Die Götter d. 2. M. Z. Arkiv för nordisk filologi, 63 (1948); A. Spamer, P(h)ol ende Uuodan. Dt. Jb. f. Vkde 3 (1957); E. Riesel (Moskau), Der erste M. Z. ebd. 4 (1958); H. de Boor, Gesch. d. dt. Lit. 1. [7]1966 (Bibliogr.).

Mertag → Dienstag.

Mesmerismus → berühren.

Mesner, (v. mlat. *mansionarius,* ›Türwächter, Hausmeister‹) Küster, Kirchendiener, Sakristan, Sigrist sind landschaftliche Namen des Helfers für Kirche und Gottesdienst. Die Schreibung Meßner ist falsch. Für das Amt, das häufig in der Familie vererbt wird, ist vielfach noch Naturallohn vorgesehen (Küster- oder Wettergarbe für das Wetterläuten). Bei kirchlichen Handlungen, wie z. B. → Aussegnung, erhält der M. das »Opfer«, wenn es nicht etwa zwischen Geistlichem, M. und Ministrant (Meßdiener) aufgeteilt wird. Wem im Niederdt. beim Ernteschluß »die Wiege«, das letzte Bund Halme zufällt, der muß »den Köster sögen«. Mit dem Ruf »der M. läßt die Wölfe aus« scheucht man in den Bayr. Alpen abends die Kinder von der Straße. Auch vom Betläutermann wird erzählt, da der M. die Gebet- oder Angelusglocke dreimal am Tage zu läuten hat. M. und Küster sind ähnliche Träger der Volkstradition wie der Schäfer und andere, die ganze Gemeinschaft umfassende, zur »Herrenschicht« vermittelnde und doch dem Volk ganz nahestehende Berufe. → Tod, Glocke.

A. Niederer, Empir. Unters. ü. d. schweiz. M. Ref. Vkde-Kongreß Würzbg. 1967; ders., Der evang. M. als Gewährsmann des Vkdlers, in: Fs. P. Zinsli, 1971.

messen → Maß.

Messer, (westgerm. * *mati-sahs* ›Speise-, Eßschwert‹). Wie das Grundwort im Stammesnamen Sachsen enthalten ist, so das Bestimmungswort in der Bez. Mettwurst. Die indoeurop. Urzeit kannte bereits M. aus Kupfer, Bronze und Eisen. In germ. Zeit diente das M. als Kampfwaffe und auch im MA zu Hieb und Wurf. M. und → Gabel als → Eßbesteck kamen im Ausgang des MA auf. In diese Zeit geht die thüring. M.schmiedekunst zurück. Vor allem Ruhla belieferte N.- und Ostdtl. bis nach Riga. Den Rückgang verursachte die starke Kleineisenind. in Westfalen und Sauerland. Auch folgten viele Meister aus Ruhla dem Ruf Friedr. d. Gr. zu den Eisenhämmern in Eberswalde. Ins MA reicht auch die Überlief. der ostalp. M.schmieden. Während die M. aus dem oberöst. Steyr das gerade Heft mit Metallschnitt zieren, sind in die gekrümmte hölzerne Schale der tiroler M. aus Sterzing gravierte Knochenplättchen eingelassen. Diese M. sind in Namen (Öst.: Taschenfeitl; Montafon: Krottahegl ›Krötenm.‹) wie Dekor recht vtüml. Der Beruf des Besitzers (Jäger, Fuhrmann, Schmied, Metzger) wurde angedeutet oder Spruch und Zauberzeichen auf die Klinge gesetzt, in Sterzing z. B. neun Kreuze über neun Mondsicheln (Abb.). Punzung verziert häufig die Lederscheide der M. Das M. – wie überhaupt → Metall – ist in zahllosen Sagen Apotropaion. Wenn die

Windsbraut im Wirbelwind (Montafon: Garmuil) das Heu entführt, hilft nur ein in den Heuwirbel geworfenes M.

Aus der Herst.art der um 1800 blühenden M.schmieden in Steyr, Trattenbach und Sterzing schließt M. Haberlandt auf → Hausindustrie. Arbeit von Handwerkern sind wohl die M.griffe mit Silberfiligranbelag in den reichen Elbmarschen bei Hamburg. Borchers wies hin auf die M.griffe aus dem pommerschen Deep mit Wirbelrad und Stäbchenmuster. In → Vineta auf Wollin erhielten sich mit Bandornamentik reich beschnitzte hölzerne M.griffe der Wikingerzeit.

C. A. Seyffert, Das M., e. kulturhist.-ethnogr. Skizze. Diss. Lpz. 1911; E. v. Künßberg, M.bräuche. 1941; Wühr, Altes Eßgerät. 1961; F. Fahringer, »Neunmondschein-Neunkreuzer«-M. Bll. f. Hmtkde (Stmk.) 40 (1966).

Messerschmiede → Schwerttanz.

Messing, benannt nach den kleinasiat. Mossynoiken, die es zuerst herstellten. Über die Slawen scheint die Kenntnis zu den Germ. gelangt zu sein (frühnhd. *missinc, möschinc;* alem. heute möschi ›aus M.‹). In der alten Hansastadt Dinant in Belgien entwickelte sich im 12. Jh. eine M.industrie, deren Waren weite Verbr. fanden (»Dinanderies«). Im 15. Jh. folgte Norddtl., 1600 bestand auch im oberöst. Reichraming ein M.hüttenwerk. Von Aachen kam Zinkerz, vielleicht auch die Beckmacherkunst, nach → Nürnberg, wo eine solche Zunft schon im 14. Jh. bezeugt ist. Bis ins 16. Jh. blühend, wurde hier die alte M.kunst dann durch die Rotschmiede bedrängt, die Rotm. mit 60–90 v. H. Kupfergehalt verarbeiteten.

Der M.gießer, wie der Zinngießer früher oft ein Wanderarbeiter, bevorzugte aus techn. Gründen geschlossene, runde Formen z. B. für Hochzeitsleuchter (Altes Land) mit stilis. Blattwerk, Grapen und Mörser, Bügeleisen und bes. für den Schmuck des Pferdegeschirrs Scheiben und Schnallen (→ Kummett, Pferdekamm). Letztere werden noch heute im Alpenland aus alten Formen nachgegossen. Auch der Lederriemen für die Glocke der Leitkuh ist meist mit einer schweren Schnalle aus M. geschlossen, in die Monogramm, Jahreszahl, Ranken und Punktlinien eingeschlagen sind (Vorarlb.). Berufsabzeichen und Firmenschild ist das immer noch anzutreffende M.becken neben der Ladentür des Barbiers.

M., auch Gelbkupfer genannt, ist eine Legierung aus → Kupfer und Zinn. Es schmilzt leichter, bildet beim Erstarren keine Blasen, oxydiert weniger an der Luft, ist härter und steifer als Kupfer und trotzdem auch kalt gut formbar. So ist im Rahmen der Vk vor allem die Arbeit des M.schmieds wichtig. Er formt viele Stücke des Hausrats (Kaffeemühle, Prunkteller, Salzkästen; im nd. bes. die → Wärmegeräte wie Bettpfanne und Stövchen). Tabaksdosen mit graviertem Dekkel (aus Iserlohn) stehen dem städt. Kunstgew. näher. Die zahlr. frideriz. Dosen mit Kriegsszenen bez. W. Bernt als »Massenware städt. Erzeugung«. Von größerer Eigenart sind gravierte Dosen für Schnupftabak aus NWdtl. und Holland.

Die Formen- und Bilderwelt ist die vertraute der Vk. Blumen, Ranken, Lebensbaum stehen neben geometr. Mustern, Motiven der Bibel (Adam und Eva, Josua und Kaleb) neben Sage und Fabel (Adler, Hirsch, Pelikan). Puppengeschirr und Spielzeug (Nürnberg) stehen neben den Kultgeräten der Dorfkirche (Tabernakel, Leuchter, Hängeleuchter wie in vielen norddt. Kirchen; Taufbecken wie z. B. in St. Severin, Keitum auf Sylt). Auch Grabplatten wurden aus M. hergestellt und mit Schrift und Ornament geziert. → Gerät.

Gurnik, Das M.werk. 1908; Japing und Krause, Kupfer und M. 1912; A. Riff, Die Zierscheiben zu Ledergehängen. Oberdt. Zs. f. Vkde 15 (1941).

Met → Bier.

Metall. Allen Erzen wurde schon in der Antike magische Kraft zugeschrieben, die schaden und nützen kann. Auch die Wertung und zugleich Reihung der vier Hauptmetalle → Gold, → Silber, → Kupfer und → Eisen wird nach Jacoby bereits »in den ältesten Denkmälern der europäisch-asiatischen Kulturvölker« gefunden. Die Gewinnung und Verarb. von M. bedarf bes. Werkzeuge und Vorrichtungen sowie hoher Hitzegrade. Damit ist auch die künstler. Gestaltung – ähnlich wie beim → Glas – fast ausschl. Sache von Werkstätten und Handwerkern. Das schließt den Vk.charakter nicht aus, der nicht nur vom Hersteller, sondern auch vom Auftrag und Gebrauch bestimmt wird. Im bes. gilt dies von → Minnegabe und Brautgeschenk, von Kultgerät und Schmuck. → Blei, Messing, Zinn.

M. Creutz, Kunstgesch. d. edlen M. 1909; W. Bernt, M. in der Vk. In: Spamer, Vkde.; F. X. M. Zippe, Gesch. d. M. 1857. Neudr. 1967.

Metapsychik → Okkultismus.

Metken-, Merkenöl → Regenwurm.

Mette → Weihn., Karwoche.

Mettje → Wasserg.

Metzger, M.sprung, Mit zu den frühesten Zünften zählt das → Handwerk der M. Die urspr. alem. Bez. dringt östl. und nördl. vor gegen Fleischer, Fleischhauer, Knochenhauer, Schlächter (→ Sprachgeogr.). Zu den M. zählten vielfach auch die lederverarbeitenden Gewerbe. Der → Handwerksbrauch lag vor allem in den Händen der Gesellen. In Nürnberg fertigten sie die 493 Ellen lange, mit Rosmarin und Kränzen gezierte Bratwurst, mit der sie durch die Stadt zogen (1614). Aus Königsberg, Zittau und Wien, auch in Fischarts »Geschichtsklitterung« (Gargantua) wird von ähnl. Wurstumzügen berichtet. In bayr. Städten war der Ms. üblich. In München fand er bis 1896 alljährlich, später alle drei Jahre am Faschingsmontag statt. 1928 gab es eine »Jubiläumswiederholung«. 1358 zuerst meldet die Stadtchronik vom Pflichtsprung der M.lehrlinge in den Fischbrunnen am Eiermarkt (→ Initiation), von einem festl. Zug zum Brunnen mit herzogl. Genehmigung hören wir 1426. Von der Herberge aus ritten die Lehrlinge, auf einem zweiten Pferd hinter jedem ein Meistersöhnchen von 5 oder 6 Jahren. In manchen Zünften konnte nur der Sohn die Fleischbank der Eltern erben, der jenen Ehrendienst zuvor geleistet hatte. Bei anderen M.zünften war auch die älteste, noch ledige Meistertochter mit im Zug, begleitet von »Hochzeiter« und »Brautführer«. In München beschlossen Jungmeister, Gesellen, Vorstandschaft und Altmeister den Zug, der auch die Zunftfahne, die Zunftlade und die schweren Zunfthumpen mitführte. Die Tracht der Reiter waren schwarze Hose, rote Weste und Janker, weiße Schürze und Wetzstahl. Auf dem Marienplatz, im Rathaus, tauschten die Lehrlinge ihr Festkleid gegen ein Gewand, das ganz mit Troddeln von Kalbschwänzen behangen war. Nach der Ansprache des Altgesellen sprangen die Freigesprochenen in den

Brunnen, warfen den Zuschauern Äpfel, Nüsse und Münzen zu, übergossen die Herandrängenden aber auch mit Wasser. Nach erneutem Kleiderwechsel wurde und wird jeder der »Getauften« mit weißem Halstuch und mit silbernen und vergoldeten Schaumünzen an blauem Band geschmückt und ist damit ein freier, ehrsamer M.geselle.

J. Meyer, Der Schäfflertanz und der Ms. 1865; F. Meindl, in: Der bayer. M.meister, 17. 7. 1954.

Meumkeloch → Wasserg.

Michael, hl. Erzengel (29. 9.). Unter den mehreren Festen des Erzengels (15. 3.; 8. 5.) gewann schließlich die vom Mainzer Konzil 813 auf den 29. 9. gesetzte »Engelweihe« den Vorsprung. Es ist der Gedächtnistag der Einweihung der M.kirche in Rom 493. Die M.kirchen gehören zu den ältesten. Wie → Martin, → Stephan, → Georg zählt M. zu den früh volkstümlich gewordenen und als Kämpfer und Ritter besonders bei den Germanen eingebürgerten Heiligen. Bekehrte Germanen wählten ihn zum Schutzpatron. Die M.minne war wie die Martinsminne weitverbreitet und ist nur aus Mangel kirchlicher Gunst ausgestorben (→ Minnetrinken). Wie dieser Brauch auf germ. Götterverehrung, so deutet manches auf vorchristlichen Totenkult zurück. M. kämpfte gegen die Macht der Dunkelheit und ist Seelenführer (→ Gertrud). Die Gestalt des Seelenwägers und Seelenführers M. hat L. Kretzenbacher untersucht. Voran gingen wohl altägypt. Bilder der Seelenwaage wie die gr. Kerostasie, das Wägen der Todeslose. Als »Todesengel«, der zur festgesetzten Stunde abberuft, kennt M. wahrsch. nur der europ. Osten und Südosten. Viele Friedhofskapellen sind ihm geweiht. Am Sonntag nach M. liest der Priester die »goldene Messe für die Abgeschiedenen« (Österr.). Im Klettgau ging man die Gräber besuchen.

Bei der Ernte windet man in Schlesien dem hl. M. wie dem hl. → Petrus aus den letzten Halmen einen Knoten. Die letzte Garbe selbst trägt seinen Namen (Schweiz). Im Allgäu fällt das → Erntefest, der »Eingewinnhahn« auf M.tag. Um das M.feuer wurden in Schwaben (Musdorf) in der M.marktwoche der Metzgertanz aufgeführt. Von den früher in der Eifel üblichen M.feuern blieb nur das in Prüm. Tänze und Schäferfeste kennen auch andere Landschaften. Auch Schmäuse werden gehalten. In Luxemburg war M.vorabend einer von den drei Gutnächten oder Hofabenden. Es hieß:

Dreikönig ein Schwein
St. Michael ein Huhn
St. Martin eine Gans.

Auch eine Gans wird als M.braten verzehrt (Dänemark, Schweden, England, Flandern, Niederrhein), mit der »Lichtgans« beginnen Handwerker die sonnenarme Zeit. Die »Sommerzeit« ist zu Ende, die zu Mariä → Lichtmeß, Mariä → Verkündigung oder → Ostern begann. Zu M., mit »Winterzeit«, wird auch wieder eine Stunde früher, um 7 Uhr, Feierabend geläutet.

Bestimmte Arbeitsverbote werden eingehalten (Feldarbeit, Spinnen), die Witterung, der »M.wind« und der »M.donner« werden geprüft (Österr.). M. ist ein »Hauptschlenggeltag« für das → Gesinde. M.märkte sind bis auf das 14. Jh. zurückführbar (St. Veit in Kärnten). Berühmt war auch der Markt in St. M. (Salzburg), der mit feierlichem einstündigem »Freyungsläuten« eröffnet wurde.

Der »dt. Michel« wird zuerst bei → Franck (Sprichwörter) erwähnt in abschätzigem Sinn. Im 17. Jh. bezog sich das Wort vom »schrecklichen dt. Michel« meist auf den berühmten Reiteroberst aus der Pfalz: M. von Oberntraut. Im 18. Jh. gewann die Redensart die Bedeutung von ›Bauer‹ oder ›Schlafmütze‹. Als gesunder, gutmütiger, verträumter Geselle, dessen Erwachen aber auch gefürchtet wird, steht der »dt. Michel« noch heute in Humor und Satire dem englichen John Bull, dem amerikanischen Bruder Jonathan, der französischen Marianne gegenüber.

M. Höfler, Das St. M.brot. Zs. d. Ver. 11 (1901); A. Hauffen, Gesch. d. dt. Michel, 1918; C. Rademacher, Wodan – St. M. – Der Dt. Michel, 1934; L. Kretzenbacher, Die Seelenwaage. Zur rel. Idee v. Jenseitsgericht a. d. Schicksalswaage in Hochrel., Bildkunst u. V.glaube. 1958; ders., Die Leg. v. mitleidigen Todesengel. In: Beitr. z. Südosteuropa-Fg. anl. d. 1. Balkanol.kongr. Sofia 1966; K. Meisen, M. in d. v. tüml. Verehrung d. Abendlandes. Rhein. Jb. f. Vkde 13/14 (1963) (Christl. Deutung); Reallex. f. Ant. u. Chr.

Michaelibraten, -feuer → Michael.

Michel, deutscher → Michael.

Michelswurz → Herbstzeitlose.

Milch → melken, Butter, Kuh, Töpferei, Speis u. T.

M.dieb → Augentrost.

M.diebin → Hexe.

M.schorf → Grind.

Milchstraße. Die Griechen hatten die gleiche Bez. der nächtlichen Sternenerscheinung. Davon abweichende Namen sind bei uns vorwiegend christl. gefärbt: Jakobstraße (nach dem hl. Pilger Jakob; Baden), Romstraße (Oberösterr.). Das ältere Frau-Huldenstraße, Vron-Hildenstraet, klingt vielleicht in Marienweg, -straße nach. Wildbahn (Pommern, Mecklenburg) darf als Weg der → wilden Jagd gedeutet werden. Der Zug des Muotesheeres quert die M. Vereinzelt heißt die M. auch nach Handels- u. Reisestädten Frankfurter od. Aachener Straße, Nürnberger Pat.

H. Rötzler, Die Benennungen der M. im Französ. Diss., 1913.

Militär → Soldat.

Mineral → Steine.

Minigolf, Kleingolf, Golf. Spiel und Wort (viell. v. schott. *gowf* ›schlagen‹) sind in Schottland seit 1457 bezeugt. Das in allen Kulturstaaten eingeführte Spiel der oberen Zehntausend mit seinem großen Anspruch an Raum, Zeit und Geld fand nach dem 2. Weltkrieg in der gesellig-spielerischen Form des M. allg. Verbr., vorab in den Kur- und Fremdenorten. Trotz gewisser zentr. Organis. (Verein, Regeln, Meisterschaften) erlauben Anordnung und Ausstattung der (wie beim großen Golf) meist 18 Spielfelder manche örtl. Sonderheit. Das dem Golf eng verwandte Maille (von lat. *malleus* ›Hammer‹) kannten südd. Städte schon im 17. Jh. Beim thüring. Kollnschloahn wurde eine bleibeschwerte Holzkugel von einem jeweils neu eingerammten meterhohem Pfahl mit einem Holzhammer fortgeschlagen. Sieger war, wessen Kugel als erste durch das offene Fenster in die Wirtsstube flog. Dem Golf sehr nahe kommt das Schlagen einer Beinkugel, wie es in Kärnten und Steiermark üblich war. Wer das entlegene Ziel auf bestimmtem Weg zuerst erreichte, war Sieger. Das Schlagballspiel zu Pferde, das Polo, sollen dt. Ritter aus Jerusalem in die abendländ. Balleien gebracht haben (mlat. *ballia* ›Amtsbezirk‹). → Kugelspiele.

Minne, M.gaben. (ahd. *minna*; urspr. Bed. ›Gedenken‹) Anfang der Neuzeit fast vergessen, wurde das Wort M. neu eingeführt durch Bodmers und Breitingers »Slg. von M.singern« 1758 und durch die Dichter des Hainbundes. Im vkdl.

Wortgebrauch ist Mg. ein Brautgeschenk zur Aussteuer oder, im weiteren Sinn, Geschenk unter Liebenden und Verlobten. So überreichte bei größeren → Hochzeiten im Braunschweig. die Brautmagd den Spinnrocken, die Stuhlmagd den Spinnstuhl und die Bräutigamsmagd (nächste Verwandte des Bräutigams) den Haspel. Selbstgefertigt sind Mg. nur in Zeiten und Landsch., in denen das Kleingerät für den Eigenbedarf noch vom Benutzer selbst hergestellt wurde (→ Hausfleiß). Sie sind Vk im vollkommensten Sinn. So etwa trägt der Mönchguter → Webekamm noch die altüberlief. Symbole, die dem handwerkl. Möbeltischler der gleichen Gegend nicht mehr geläufig waren. Auf → Mangelbrett, → Wäscheklopfer, → Flachschwinge und → Spinnrocken erscheinen Jahrzahlen, Initialen, Symbol (Herz, zwei sich umfassende Hände), seltener formelh. Sprüche wie:

Das schenke ich dier,
nim es an von mir.
oder
In meinem Herzen
hat niemand blatz
als Gott allein
und du mein schatz.

Sie erinnern an die Sprüche auf → Lebkuchen der heutigen »Volksfeste«, die auch Mg. sind, wenngleich von geringerem Gehalt.

Mg. sind nicht selten Kunst des → Hirten, aber auch der geschickte Bursche schnitzte sie am Feierabend, wenn er nicht den Handwerker oder Schulmeister (→ Briefmaler) zuhilfe nahm. Nach Verzierung und Spruch genau bestimmt waren die Eiserkucheneisen (→ Waffeleisen), die zur Hochzeit beim Schmied in Rosenthal oder in Dahme (Fläming 1934) bestellt wurden. Eigene Handarbeit ist wohl immer die Mg. des Mädchens (→ Hosenträger, Gürtel). Eine bes. Form des Gabentausches war in Bayern bekannt. Der Bursche übermittelte eine kleine silberne Hand, die die → Gebärde der → Feige zeigte. Das Mädchen konnte das Amulett zurücksenden oder die Werbung bejahen durch das Gegengeschenk einer kleinen silb. Hand, die ein Herz emporhielt. → Glückwünsche.

O. Schütte, in Zs. f. Vkde. 10 (1900); W. Borchers, Vk. im Weizacker, 1925; F. Adler, Dt. Vk., Pommern (1930); M. Haberlandt, Öst. Vk., 1911; Textbd.; K. Meisen, Liebespfänder in mal. u. neuerer Zeit. Rhein. Jb. f. Vkde. 4 (1953) 142–204; D. Wiercinski, M. Herkunft u. Anwend.schichten e. Wortes. 1964; B. Deneke, Hochzeit, 1971.

Minnetrinken (ahd. *minna* = Erinnerung, Gedächtnis, später im mhd. = Liebe). Die Bekehrergesch. und Viten von → Kolumban, → Emmeram, → Widukind bezeugen für die Südgerm. den auch in Skandinavien bekannten Brauch, zur Ehre eines Gottes oder eines Toten die Minne zu trinken. → Ahnenkult wurde auf Götter und nach der Christianisierung auf Gott, Märtyrer u. Heilige übertragen. Hugo von Freising berichtet, daß die Bayern beim M. noch Götter neben Christus nannten. Das St. Gallener Stift kannte einen Weinsegen für Fieberkranke zu Ehren des hl. → Gallus. Das M. wurde dann höfische Sitte. Im Nibelungenlied sagt Hagen als Sprecher der N. an Etzels Hof in tragischer Ironie: *nu trinken wir die minne und gelten skünegs win.* Hier gilt das M. dem Abschied wie in späteren Volksliedern. In weltlicher und kirchlicher Form lebt das M. bis heute. Im Rheinland ist der Gedächtnistrunk (Schöppeln) für einen verstorbenen Ledigen bekannt, M. in gewandelter Form ist das »Schön- und Stärketrinken« zu → Neujahr, → Johannistag, → Martini in Süddtl. und Österr. oder das Trinken des Johannisweins zu Hochzeit und Abschied. → Donar,

Johannes der Ev., Gertrud, Michael, Stephan, Luther.

J. Hoops, Reallex.; U. Jahn, Die dt. Opfergebr. bei Ackerbau u. Viehz. 1884; P. R. Henggeler, Vom Weinsegen u. M. in schweiz. Klöstern. Schweiz. Vkde. 42 (1952); H. Schommer, Die Heiligenminne als kirchl. u. vtüml. Brauch. Rhein. Jb. f. Vkde. 5 (1954); V. Grønbech, Kultur u. Rel. d. Germ. 2 Bde. [6]1961.

Minze. Das Altertum verwandte M.arten zu Würz- und Heilzwekken. Das → Kapitulare de v. von Karl d. Gr. empfahl drei M.arten. In Japan über 2000 Jahre alt, wurde der Anbau von Pfefferm. *(Mentha piperita)* in Europa erst Mitte des 18. Jh. üblich. Balsamisch duftend, wird sie wegen des Pfefferm.öls als Magentee, bei Erbrechen, Entzündungen und Nervenschmerzen allg. gebraucht. Auch die krautiger riechende, an feuchten Orten wachsende Krausem. *(Mentha crispa)* wird arzneilich benutzt.

H. Peters, A. d. Gesch. d. Pflanzenwelt. 1928 (Abb.)

Mirakel(bücher) (lat. *miraculum*, ›Wunder‹). Im MA hießen M. dramatisierte Heiligenlegenden, bes. solche der heiligen → Maria. Mb. sind volkstümliche Drucke, die über die Gesch. einer → Wallfahrt (Gründungslegende, Gesch. des Gnadenbildes, Wunderheilungen usw.) berichten. Sie geben tiefen Einblick in die → Volksfrömmigkeit. Ein großer Teil der M.überlieferung liegt nur in Handschriften vor. → Krankheit.

G. Schreiber, Deutsche Mb., 1938; R. Henggeler, Die Einsiedler Mb. 1946; R. Böck, Ein Mb. usw (1654–1754). Bayer. Jb. f. Vkde (1954); ders., Die Marienwallf. Kößlarn u. i. Mb. ebd. (1963); L. Helldorfer, Die Jahrtag- u. Guttäterbüchlein sowie die M.akten der Gößweinsteiner Wallf. 99. Ber. d. Hist. Ver. Bamberg 1963; W. Irtenkauf, Das Bopfinger Mb. Bll. f. württ. Kirchengesch. 64 (1964); F. Maissen, Das Mb. von Dissentis (1707). Schweiz. Arch. f. Vkde 61 (1965); D. Harmening, Fränk. Mb. 1966 (Mb. v. 36 Wallf.orten; M.erzählung; Wallf., Heilmittel, Brauch, Kult, Opfer) in: Würzbg. Diözbll. 28 (1966); P. Assion, Die mal. M.-Lit. als Fg. gegenst. Arch. f. Kulturgesch. 50 (1968); H. Ohse, Die Wallf. Föching i. Spiegel der Mb. (1676–1790). Phil. Diss. München 1969; E. Bonomi, Die Mb. der Wallfahrtsorte Obuda-Kiscell/Kleinzell bei Altofen u. Makkos Mária/Maria-Eichel bei Budakezsi in Ungarn. Jb. f. ostdt. Vkde 12 (1969).

Missingsch (Messingisch). Das seit dem 18. Jh. belegbare Missings, heute M., im Sinne von ›nd./hd. Mischsprache‹ geht zurück auf misnisch ›meißnisch‹. Die Sprachmischung in Wort und Endung zwischen dem Plattd. und der Sprache der hd. Lit., die seit 1450 u. a. vom ostmd. Meißen ausging, wurde von aufrechten Niedersachsen abgelehnt. So war der Hamburger Pfarrer David Wolter (1596) gegen die Vermischung »der rechten, purreynen Sassischen sprake mit der Misnischen«. → Lautversch.

C. Borchling in: Zs. d. Allg. Dt. Sprachver. 31 (1916).

Mistel, Donnerbesen, (Alpranken, Affolter, Marentacken, Hexebese, Kreuzholz, Gutheil, Heil allen Schaden, Wintergrün; *Viscum album*). Die M. ist ein kleiner, immergrüner, stark gabelig-verästelter Strauch, der auf verschiedenen Laub- und Nadelhölzern, namentl. Pappeln, schmarotzt und durch Vogelmist übertragen wird (daher der Name?). Theophrast kannte sie schon. Neuerdings werden die »altgerm.« M. in den Städten als Weihnachtsgrün angepriesen. Dieser Gebrauch stammt aus England (misteltoe) und ist dem dt. Bauern fremd. Bei den Druiden, den Priestern der → Kelten, stand die M. in hohem Ansehen; sie sollen die Pflanze nach Plinius die »Alles Heilende« genannt und im Winter unter religiösen Zeremonien mit goldenen Sicheln von den Eichen geschnitten haben. In der nord. Sage von der Tötung Balders durch den Wurf eines M.zweiges vermutet Gustav Neckel ein altes Wandermotiv nichtgerman. Ursprungs. In → Bocks »Kreuterbuch« (1551) ist zu lesen, wie man den »jungen kindern« zuweilen M. an den Hals hing, »der Meinung / es soll denselben kein zauberei oder gespenst schaden«. Noch zu Beginn des vorigen Jh. hing man in einigen Dörfern Pommerns M. in Haus und Stall auf, um Mensch und Vieh vor Behexung zu bewahren. Auch ein alter Zusammenhang mit → Donar ist behauptet worden (Scholl, Zs. f. Vkde., 19, u. Kunze, Intern. Arch. f. Ethnogr. 13). Der Db. im Stall soll die Pferde vor den Maren schützen (Skandinavien). In den Großstadtdrogerien wird heute vielfach für M.tropfen und M.tee Reklame gemacht, die angeblich die besten Mittel »zur Vorbeugung bei Alterserscheinungen« sein sollen. → Weihnachten, Alp, Mahr.

G. Neckel, Die Überlieferungen vom Gotte Balder, 1920; K. v. Tubeuf, Monographie der M., 1923; H. Marzell, Wb.

Mistkäfer, Scarabäus, gilt zuweilen als Teufelstier (Kärnten: Schratelkäfer). Mit dem gemeinen M. *(Geotrupes stercorarius)* verwandt ist der heilige M. oder S. *(ateuchus sacer)*. Die Mistkugel, die er formt und rollt, wurde in Ägypten mit der Weltkugel verglichen und der M. so göttliches Sinnbild. Der S. wird heute als modisches → Amulett viel verkauft (Berlin). → Käfer.

Dt. Wortatlas V.

Mitesser → Wurm.

Mithras → Weihn., Jahr.

Mittag → Windrose.

Mittägin, Mittagsfrau, -mutter → Mittagsg.

Mittagsgeister. Obwohl die Nacht Dämonenzeit ist, kennt d. Mittag als Gegenpol der → Mitternacht auch Geister, deren Erscheinungsform so typisch sein kann, daß man mit Recht von M. spricht *(daemon meridianus)*, bei uns wie in der Antike (bei den Griechen Pan, Hekate, bei den Römern Faunus). Auch die Stärke der Sonnenstrahlen mit ihren pathologischen Folgen (Sonnenbrand, Hitzschlag, Halluzination) begünstigt die Bildung von Sagen und die Forderung der Arbeitsruhe. Der Schlaf im Freien wieder erzeugt Träume, die die Eigenschaften des Alptraumes annehmen können. So wurde Pan als Gott der Mittagsruhe selbst zum Alpdämon (Ephialtes). Auch die → Pest galt im MA als *morbus meridianus.* Die Lausitzer und Spreewenden erzählen noch heute von Poludnica und Przypolnica (*poludnie* = Mittag, *przypoludnie* = Nachmittag), auch Pschipenza, Weschepenz, daneben von Mittagsfrau und Roggenmuhme. In Schlesien kennt man die Mittagsmutter oder Poludnica, in Böhmen die Mittägin. Sonst wird nur noch am unteren Rhein und Main von besonderen M. erzählt, die Enogermoer oder Untermutter heißen, weil diese Frau im »Untern« (am Mittag) erscheint. Das merkwürdig begrenzte Vorkommen typischer M. ist heute noch nicht erklärt. Ein altes Dichtigkeitsgebiet ist das spätantike Gallien (um Loire, Seine, Rhônetal). Vielleicht besteht ein Zus.hang mit der gall. Göttin → Diana. Das erste dt. Zeugnis bietet → Caes. von Heisterbach (13. Jh.). Die Bez. Roggenmutter für den M. erscheint zuerst bei → Praetorius (17. Jh.) und verbreitet sich im md. Raum, vielleicht unter dem Einfluß der benachb. slav. Mittagsfrau. Männliche M. sind nicht mehr bekannt. An den Alptraum erinnert das typische Strafmotiv: wer des Mittags auf dem Felde arbeitet, zu dem kommt der M. und fragt ihn zu Tode (z. B. über den Anbau des Flachses), erwürgt ihn oder steckt ihm die haarige Zunge tief in den

Schlund. Zu Wöchnerinnen bringt der M. einen → Wechselbalg. In Mitteldtl. nimmt der M. auch die Züge des → Sichelweibes an. → Korngeister, Flachs, Alp.

L. Laistner, Das Rätsel der Sphinx, 1889; L. Korth, Mittagsgespenster, 1915; E. Stemplinger, Antiker Aberglaube in modernen Ausstrahlungen, 1922; G. Jungbauer, Mittagsgespenster. Im HDA; R. Beitl, Korndämone und Kinderscheuche, 1933; (Ms.); L. Schmidt, Gestaltheiligkeit, 1952 (»Sichelgestalten«); W.-E. Peuckert, Mittagszeit. W. Steinitz-Fs. 1965; D. Grau, Das Mittagsgespenst. 1966 (Herkunft, Verbr., Erforschg.)

Mittagsmahl → Speis u. T.

mittelhochdt. → Lautverschiebung.

Mitternacht. Die Zeit von 11 bis 12, 12–1 oder um Schlag 12 ist der Höhepunkt des nächtlichen Geister- und Dämonentreibens (Schwarze Stunde, Geisterstunde). In Oldenburg heißt es

Tüsken twölf un een
sünd alle Geister to Been.

M. ist unglücklich als Geburtsstunde. Bestimmte Plätze (Friedhof, Kreuzweg) und Menschen (Braut, Schwangere, Wöchnerin, Kind) sind besonders gefährdet. M. ist auch Wendepunkt zum → Morgen. Schlag 12 (1) versinken die Schätze, entschwindet der unerlöste Geist mit Jammern. → Nacht, Windrose.

Mittfasten → Lätare.

Mittsommer, Mittwinter, heute selten gewordene Bez. (westf. Ms.-, Mw.brot). die nach alter Weise das → Jahr in zwei Hälften teilt. Weihnachten heißt westfäl. Middewinter. → Veit, Johannistag, Peter und Paul, Ulrich, Advent, Zwölften, Weihnachten, Neujahr, Dreikönig.

Mittsommerfeuer → Jahresf.

Ms.nacht → Joh.tag.

Mittwinterbrot → Dreikönig.

Mw. fest, -nächte → Zwölften, Weihn., Jahr.

Mw.horn → Horn, Advent.

Mw.zeit → Wolf.

Mittwoch gilt im allgemeinen als → Unglückstag. Man sagt, es ist kein gerader Tag, überhaupt kein »-tag«, aber vielleicht wirkt die mit dem Arbeitsverbot verbundene Heiligkeit des Wodanstages nach. Der bei uns auf der Gleichsetzung → Wodan = Merkur beruhende Name, ahd. *Wuotanestac*, ist heute in Dtl. nur noch in niederdt. Mundarten (Wodenestag, Gaunstag; auch im schwäb. Guotentag?) erhalten, im Engl. aber der gewöhnliche Name des Tages (*wednesday* v. älterem *wodnesdaeg*, schwed. onsdag; isländ. odhinsdagr). Vor dem 10. Jh. setzte sich, von der Kirche gefördert, zuerst im obd. der heutige Name M. durch. – In Vorarlberg (Silbertal) heißt es noch heute, an einem M. soll man das Vieh nicht »noherschtella« (auf eine andere Alp bringen), weil M. »kein Tag« ist. → Aschermittwoch.

G. Schreiber, Die Wochentage ... 1959 (Lit.).

Möbel. Das über frz. *meuble* aus dem lat. *mobilis* ›beweglich‹ herzuleitende Wort bez. nachweislich seit Anfang des 17. Jh. auch bei uns den → Hausrat. Enger als dieses Wort und Fahrnis (alem. Fahrnischt), die in Schriftsprache und Mundart weiterleben, meint M. vor allem die Einrichtungsstücke von Wohn- und Arbeitsräumen (Mobiliar): Sitz- und Liegem. (→ Bank, Stuhl, Sessel, Bett) und die Standm. (→ Tisch, Truhe, Kasten, Schrank, Anrichte). Vielfach sind mit Wand oder Fußboden festverbundene Gegenstände (Anrichte, Bank, Tisch) erst später beweglich geworden. In Alp und Maisäß ist heute noch das Bett eine wandfest gezimmerte Pritsche, der Tisch von der Wand herabzuklappen und das Sitzm. eine wandfeste Bank, zuweilen mit Deckel. Während der einfache Bedarf im bäuerl.

→ Hausfleiß oder vom → Zimmermann gedeckt wurde, stand die Arbeit von → Tischler und → Drechsler für höhere Ansprüche in der Trad. antiker M.formen. Erhalten ist aus vormal. Zeit kaum etwas, doch geben Bilder eine Vorstellung der in der Oberschicht gebräuchl. Typen. Auch Reliquienschreine des 12. und 13. Jh. zeigen die Verbindung zum Altertum. Im Bauernhaus treten M. im modernen Sinn nicht vor dem 14. Jh. auf. Wie auch sonst im V.leben wird die erstgewählte und bewährte Form lange festgehalten. In Oberdtl., wo der Bauer bis ins 17. und 18. Jh. dürftig lebte, erscheinen städt. M. allgemeiner erst in dieser Zeit und tragen lange ihr Stilkleid. In den Marschlandsch. des N verraten M. im Stil von Renaiss. und Barock (mit holländ. Einschlag) den älteren Wohlstand. Andererseits begegnen wir in begüterten Höfen der Alpen (Tirol, Vorarlb., Schweiz) in Türeinfassungen, in → Täfel von Decke und Wand wie in Schrank und Truhe bis ins 19. Jh., selbst bis ins 20. Jh. noch got. Formen.

Während die künstler. Ausgestaltung des älteren M. in der Hand von Tischler, Drechsler, Einleger und Schnitzer lag, drängt die → M.malerei vor allem des süddt-öst. Barock und Rokoko die eigentl. Werkgestalt in den Hintergrund, wie sie tatsächlich nicht selten mindere Güte und Fehler des Holzes überdeckt.

Wie Weichholz und Malerei die obd. M.kennzeichnen, so verzichtet das geschnitzte Eichenm. NWdtls. meist auf Farbe. H. Ottenjann wies auf die zeitlose Ornamentik von Rosette, Sechsstern, Lebensbaum, Drache, Schlange und Meerfrau auf niedersächs. Truhen hin. L. Schmidt ordnet die M. nach ihrer Funktion (Weilen und Rasten, Kochen und Essen, Liegen und Schlafen, Verwahren und Prunken) und sieht in den zahlreichen »Kulturlandschaften« des obd. M. ähnliche Kräfte wirksam, wie sie die → Sprachgeogr. schon lange kennt: Markt, Stadt, Kloster, kirchl. und weltl. Herrschaftsbereich, Wirtsch., Gewerbe und Verkehr, soz. und relig. Schichten und Bezirke. So halten z. B. unterdrückte Prot. in Kärnten und im Zillertal alttestam. Bilderwelt und Formen des 16. Jh. lange fest gegen den Barock der Rekatholisierung. Noch heute bewahrt die ländl. Arbeit des M.schreiners unter bestimmten Bedingungen altüberlief. Werkvorgänge, Grundformen und Stilelemente, obwohl die oft recht kurzlebigen Erzeugnisse der M.fabriken den Markt mehr und mehr beherrschen. Im »Montafonertisch« z. B. leben mit dem got. Schragen auch Elemente der Renaiss. (Schieferplatte, Intarsia) und des Barock (kugelig gedrechselte Beine) nebeneinander, zuweilen als gelungene Einheit, fort.

Wie früher der Kammerwagen der Braut neuen Hausrat brachte, eröffnet heute den neuen Ehestand oft die Anschaffung neuer »moderner« M. Die alten kommen wie das alte Geschirr ins Austragsstüberl der Eltern oder in den Maiensäß. K. Gröber wies darauf hin, daß bei der Erneuerung der M. die Verteilung im Raum oft die alte bleibt.

Wie die Unters. von L. Schmidt sich bes. auf die Schätze des Öst. Vkde-Mus. in Wien stützt, so betonten schon K. Gröber und W. Peßler, daß seit der Einführung der Fabrikware nur noch die Slgn das verschied. Gesicht der M.landschaften zeigen.

Alle Bde. d. Reihe Dt. Vk.; A. G. Meyer, Tafeln z. Gesch. d. M.formen. 12 Bde. 1902–11; O. v. Leixner, Gesch. d. Mobiliars u. d. M.stile. 1923; R. Uebe, Alte volkst. M. 1924; A. Feulner, Kunstgesch. d. M. seit d. Altert. 1927; O. Lauffer, Dt. Altert.kde.

1929; W. Bomann, Bäuerl. Hauswesen und Tagewerk im alten Nieders., [4]1941; T. Gebhard, Aufgaben d. dt. Bauernm.forschg. V.werk, 1942; O. Moser, Kärntner Bauernm. Handw.gesch. u. Frühformen v. Truhe und Schrank, Carinthia I (1949); E. Augst, Das dt. M. [2]1950 (Stilgesch., zeitgem. Gestaltg.); W. Rees, Eingebautes berg. Mobiliar. Rhein. Jb. f. Vkde 1 (1950); J. M. Ritz, Rhöner Bauernm. Bayer. Jb. f. Vkde (1950); J. Ringler, Zillertaler Bauernm. 1952; H. Ottenjann, Alte dt. Bauernm. 1954 (Oldenbg. Münsterland; meist geschnitzte, unbemalte Eichenm.); ders., Ammerländer Bauernm. im Oldenbg. Münsterl. In: Niedersachsen. Zs. f. H. u. Kultur (1958); W. Stengel, Alte Wohnkultur in Berlin u. in d. Mark Brdbg. 1958; E. Klatt, Die Konstruktion alter M. 1961; W. Borchers, Das Bauern- u. Fischerm. auf Hiddensee usw. In: Greifswald-Strals. Jb. 1 (1961) (Barock u. Rokoko unbekannt); M. Baur-Reinhold, Dt. Bauernstuben. 1961; J. M. Ritz, Alte bemalte Bauernm. Neu bearb. v. G. Ritz. 1962; F. Krüger, El mobilario popular en los países románicos. Coimbra 1963; J. Ringler, Sarntaler Bauernm. In: Der Schlern 39 (1965); U. Bauche, Landtischler, Tischlerhandw. u. Intarsienkunst in d. Vierlanden . . . bis 1867. 1965; G. Schade, Dt. M. a. 7 Jhh. 1966; F. Colleselli, Tiroler Bauernm. 1967; L. Schmidt, Bauernm. aus Süddtl., Österr. u. d. Schweiz. 1967; T. Gebhard, Primitivm. In: Arbeit u. V.leben 1967; R. Schmidt, M. Von d. vorgot. Zeit b. z. Biedermeier; o. J. (Abb.); A. Walzer, Baden-Württembg. Bauernm. In: Der Museumsfreund 9–11 (1968 u. 1969); G. Ritz, Bemalte Bauernm. Europas, 1970; H. Kreisel, Die Kunst des dt. M., 2 Bde, 1968 u. 1970; H. Haug, Meubles et ensembles alsaciens, o. J.; R. Dolz, Bauernm., 1972 (Heyne-Buch Nr. 4391); B. Deneke, Bauernm. 1969 (Hb. f. Sammler).

Möbelmalerei. In den Anfängen der handw. M. scheinen die → Einlegearbeiten der Renaiss. Vorbild gewesen zu sein in der linearen Gestaltung wie im Motiv (»Türkenmöbel« mit orient. Motiven in Miesbach, Oberbayern). Das Holz selbst wird im 17. Jh. noch als Farbton genommen, nur Umrisse werden gemalt oder kleine Felder farbig gefüllt. Mit durchschein. Farbenauftrag (Lasur) ordnet sich die Malerei dem stark geglied. und profil. Möbelstück unter und dämpft die Farbkraft. In den Zillertaler und Alpbachtaler Möbeln wurden die auf den Holzton gemalten zurückhalt. Ornamente gern schwarz umrandet. Die Nachahmung des Marmors, die »Marbelung«, ist weit verbr. Eine täuschende Nachbildung hat das Volk immer zu Staunen und Bewunderung gebracht. Erst allmählich bedecken kräftige Farben alle Füllungen mit Relig. und Sinnbildl., mit Figuren wie Reiter und Schäferin, Dorflandsch., Ornamenten, Blumen und Pflanzenwerk, während sich das Rahmenwerk und der Grund einfarbig oder mit Maserung und Marmorierung absetzen. Symbolgestalten und Szenen der vier Jahresz. begegnen öfter (Montafon, Tölz) Manchmal in aufgeklebten Stichen. Neben Schrank, Truhe und Bett haben bes. Kleinmöbel wie Wiege, Wandschränkchen, Kästchen, Spanschachtel, Uhr, Vorsatzbrettchen an → Bienenstöcken u. dgl. reiche Bemalung erfahren. Kaum vor dem 18. Jh. bedeckt die M. das ganze Stück. Erste Belege stammen aus Tölz. (1690). Die Malmittel waren Leimfarbe, seltener Kasein (aus dem Eiweißkörper der Milch) und nur in der Verfallszeit auch Ölfarbe. Die Leimfarbe wurde auf das Holz oder in Süddtl. nach der Mitte des 18. Jh. auf Kreidegrund aufgetragen. → Schablonen wurden schon auf spätgot. Schränke (Sachsen), im Osten und in Oberbayern verwendet. Schöpfer dieser ebenso einfachen wie eindrucksvollen Schildereien waren oft der Tischler und seine Frau, meist aber doch Gesellen und Meister, die das Malen handw. erlernt hatten. Zwischen Zimmermann, Schreiner, Schnitzer und Maler bestanden mannigf. Beziehungen. Der Maler widmete sich auch ländl. → Freskomalerei, wie sich Schreinerwerkst. zeitweise Kircheneinrichtungen zuwandten und die Zunftordnung in jeder Weise großzügig auslegten. T. Gebhard berichtet die Beschwerde von Malern und Bildschnitzern in Vilshofen in der 2. H. d. 18. Jh. Danach pflegten die Schreiner, »die Kalleswägen, Fenserstöck, Tisch und anderes mit Ölfarben als Blau und Silberfarb anzustreichen, ... Tischfüllungen, Fensterportier und dergleichen wie die Maler [zu] marbolieren, die Schlitten-Kamether mit Malahit und Spangrien, dann anderen Ölfarben an [zu] streichen, Schlittenköpf, Gewey, Kamether und Muschlen, auch Bildhauerarbeit, als Fillungsleisten, dann Ramen mit Metall [zu] vergolden oder versilbern, ja sogar Malereyen [zu] renovieren und also all dieses außer der erlaubten Mißfarb und Kienrußanstreichung in Leim... widerrechtlich zu verrichten«. Oder es geschieht, daß ländl. → Freskomaler die M. einbeziehen (Miesbach, Allgäu).

Bevorz. Landschaften der M. sind Österr., Bayern, teilw. die dt. Schweiz, Franken, Böhmen, Schlesien, Ostpr. Inseln finden sich in Hessen, Harzland, Braunschweig, Sachsen, Brdbg und Pommern, schließlich auch Pfalz und Rheinld. Das »bunte Möbel der Oberlausitz« hat F. Sieber als festen Typ herausgestellt und handwerksgesch., soziol. und psychol. untersucht. Während der Kastenschrank aus städt. Werkstätten stammte, wurde im bes. Träger barocker M. der spätgot. Bauweise bewahrende Stollenschrank dörfl. Herkunft (→ Truhe). Mittelpunkt der M. dieser Landsch., die auch Truhen, Betten, Wiege, Brothäusel u. ä. einbezog, waren die »Bruderhauswerkstätten« in Herrnhut, von denen durch Verheiratung der Tischler und Maler zahlr. kleinere Werkstätten ausgingen. Herrnhut selbst hatten Einwanderer aus Nordmähren und Nordböhmen die Kenntnis der M. vermittelt. F. Sieber weist Herrnhuter Meisternamen fast vollzählig bis ins 20. Jh. nach. In diesen Werkstätten gedieh Vk und Stilkunst nebeneinander. – Wenn auch die M. vorzüglich in den Landsch. der Weichholzmöbel heimisch wurde, so kennt doch – etwa im Friesischen – das beschnitzte Hartholzmöbel Bemalung der Fläche wie farbige Höhung der Ornamente. Im Süddt. bilden Blankholzmöbel nur Inseln und stehen dann dem Kleinbürgerl. nahe. Auch die Wertschätzung einer selteneren Holzart (»Zermis« im Montafon; Holz der Zirbelkiefer für Möbel, Decken, Täfel) ließen lange auf Farbe verzichten, bis der Zeitgeschmack schließl. auch das edelste Schnitzwerk übermalte. Öfter freilich diente Farbe zur Übermalung von Mängeln des Holzes.

Nach T. Gebhard gehört zu den Landsch. frühester M. das Oberland zwischen Inn und Lech, wo 1591 Münchner Verbote für Intarsienmalerei übernommen werden. In Franken scheint die Entwicklung später eingesetzt zu haben (Schrankreihe im Feuchtwanger Mus.). Einen großen Ruf im farbigen Fassen von Möbeln, Kleingerät und Spielzeug hatten Oberammergau und Berchtesg. (→ Wismutmal.). In der → Tölzer M. unterschied Ritz eine blaue, braune und grüne »Familie«. Tölz, wo die M. zwischen 1780 und 1820 blühte, lieferte Ware bis nach München auf den Markt. Von einem anderen Mittelpunkt der M., dem böhm. Wallern, empfing der Bayer. Wald Anregungen. Die M. im schwäb. Ries charakterisierten bes. Brauntöne.

T. Gebhard sagt von der M.: sie »ermöglicht uns durch Zeichnung und Farbe eine Schilderung zahlreicher Untergruppen, fast vergleichbar der Bestandsaufnahme mundartl. Lautabwandlungen«. Er stellt aber zugleich mit Recht in Frage, ob man »bäuerl. Möbeltypen stammlich abgliedern« könne. Neben unleugbar wirksamer Stammesart sind es materielle Bedingungen (Holzart, Vorhandensein eines Rauchfangs), geogr. und territor. Raum, kirchl. und Wirtschaftsgrenzen, Zunftgebiete, Verkehrs- und Handelswege die das Verbr.bild hier wie in der Landsch. von Mundart, Haus und Tracht mitbestimmen. Die Möbel und damit die M. eines kleinen Bezirks können weite Räume erreichen. Tölzer Ware ist im ganzen Isarwinkel, Kronacher Flößertruhen sind im Unterfränk. anzutreffen. In der Schweiz, in Niederdtl. und am Rhein verharrte man bei einer mehr plastischen, schnitztechnischen Gestaltung des Holzes. Lediglich zur Betonung der geschnitzten Ornamente diente die Bemalung in Hessen und den Elbmarschen. Dagegen führte z. T. die eindringliche Farbwirkung, die von der Kirche ausging, im kath. Süden bis nach Siebenb. zur flächigen Bemalung. In Ostdtl. und den z. T. slavisch bedingten oder diesen benachbarten Gebieten (Lausitz, Spreewald, Masuren, Weizacker, Sachsen, Schlesien, Egerland, Mähren) bildeten sich bes. »Farbprovinzen« (K. Hahm).

Ungleicher Rhythmus des Formenwandels in den einz. Landsch., unterschiedl. Steigerung der »Wohnkultur«, wachsende Beweglichkeit des einzelnen und der Gruppen, der Hersteller und der Besitzer schaffen um 1800 ein außerord. buntes Bild, bis Mitte des 19. Jh. auch in den Kernlandsch. der M., Bayern, Oberöst., Tirol, Schwaben, Schlesien und Sachsen, die künstler. Kraft und die Freude am Werk allmählich erloschen. Seit Beginn des 20. Jh. hat sich ein echtes und heute vielfach ein modisch-folklorist. Bedürfnis an solcher Kunst neu entwickelt und manche kaum geschulte, aber begabte Kraft ins Brot gesetzt. Vgl. Lit. → Möbel, ferner die Reihe Dt. Vk.

J. M. Ritz, Das Tölzer Heimat-mus. In: Bayr. Heimatschutz 28 (1932); T. Gebhard, Die volkstüml. M. in Altbayern. 1936; A. Schröder, Bemalter Hausrat in Nieder- u. Ostdtl. 1939; Chr. Rubi, Berner Bauernmalerei aus drei Jhh. 1943; ders., Holzbemalen usw. 1951 (Prakt. Anleitung); M. Walter, Bemalte Bauernmöbel im hinteren Odenwald. Bayer. Jb. f. Vkde. (1954); F. Sieber, Bunte Möbel der Oberlausitz. 1955; K. Hillenbrand, Bemalte Bauernmöbel aus württembg. Franken. 1956. (Bemalte Truhen noch im Hausrat am Mittellauf von Kocher, Jagst und Tauber, oft signiert von J. M. Rößler (1791–1849) aus Untermünkheim).

Mode → Vkleid, Tracht.

M.blumen → Blumen, Garten.

Model → Gebäckm.

Model, M.buch, Vorlagen-, Musterbuch (von lat. *modulus,* ahd. *modul* ›Regel, Form, Vorbild‹). Im 16. Jh. trat Modell (aus ital. modello) an die Stelle von M., doch blieb letztere Form vor allem in Österr. lebendig (Kuchenm). Die Verwendung eines Mb. für → Textilien ist seit dem hohen MA bezeugt: Handgez. Weberpatronen und Muster für Sticken, Wirken und andere Nadelarbeiten. Wenig ist erhalten. Daß der Buchdruck sich schnell des Mb. annahm, verrät den großen Bedarf. Die frühesten Mb. galten vielleicht dem → Zeugdruck. Das erste erhaltene Mb. für Weberei wie für weibl. Handarbeit stammt von Schönsperger in Augsburg (1523). Dem → Sticken dienten die Mb. des Johann Sibmacher (Nürnberg 1597). Dem → Sticken dienten die Mb. des Johann Sibmacher (Nürnberg 1597) »Schön new Mb.« und »New Mödelbuch«. Das handgez. Mb. des Tirolers Th. Lins (1658) bewahrt in den Webmustern noch den symmetr.-flächenh. Stil der altdt. Heraldik (→ Wappen). Das 17. und 18. Jh. bringt Slgn von Weberbriefen von Lumscher, Frickinger, Kirschbaum u. a. Handgez. Mb., die neben den gedruckten weiterliefen, geben oft bes. genaue Angaben über den Werkvorgang, so zwei Mb. des 18. Jh. über Webart und Musterung von Handtüchern in Tirol. Bes. von Augsburg, Nürnberg und Kulmbach aus gingen Mb. auch ins Ausland und wurden wichtig für die Verbr. der textilen → Ornamente und Bildmotive seit der Renaiss. »Das Augsburger Musterbuch des 18. Jh. fand seinen Weg in jede Werkstatt Schwabens« (K. Gröber). Neudrucke der alten Mb. (z. B. der Sibmacherschen) im 19. Jh. brachten alte Muster wieder in Geltung. – Als M.tuch oder Modelltuch werden die → Stickmustertücher bezeichnet. – Gebäckmodel, Prunkhandtuch.

F. Donat, Handgez. Webereibücher aus Tirol (Werke der Vk. I), 1914; A. Lotz, Bibliogr. der M.bücher, 1933; Nachdr. 1963; H. Sibmachers, Stich- u. Spitzen-Musterbuch. Facs. Ausg. d. K. u. K. öst. Mus. Wien 1866.

M.druck → Zeugdruck.

Modellierbogen, meist farbige Zeichnungen auf Papier od. Karton, die man ausschneidet und zu plastischen Gebilden zusammenklebt. Lange Zeit → Spielzeug der Kinder werden M. heute auch von Technikern und Architekten zum Modellbau verwendet. Eine erste Blütezeit hatte der M. im 18. Jh., da auch sonst in der Vk. Papier an die Stelle von Blei und anderen Metallen zu treten begann.

H. Boesch, Kinderleben in d. dt. Vergangenh., 1900; H. R. d'Allemagne, Historie des Jouets, 1903; K. Gröber, Kinderspielzeug aus alter Zeit. 1928; F. Uhlhorn, Zur Gesch. d. M. Hess. Bll. f. Vkde. 42 (1951).

Mohn (*Papaver somniferum;* Schlafmohn). Der aus idg. Wurzel stammende Name bezeichnet eine uralte indoeurop. Kulturpflanze, die noch heute in Gärten gehalten wird (Gartenm., Magsamen). Aus unreifen Samenkapseln gewinnt man im Orient das Opium. In Unkenntnis der Gifthaltigkeit (Morphin, Narkotin) wurde M. selbst als Schlafmittel für Kinder verwendet. Der reife Samen wird an Silvester oder Fasnacht zu Gebäcken benutzt (M.kuchen, Berliner M.pielen), außerdem zu Schälkartoffeln, zu Brotaufstrich und in Suppen. Die große Samenzahl verbürgt Fülle und Fruchtbarkeit. Wer vom M.kuchen ißt, hat das ganze Jahr Geld. Nach der Trauung wird das Paar mit M.samen bestreut.

Der Klatschm. oder Feldm. *(Papaver rhoeas)* gehört zu den blitzabwehr. → Johanniskräutern (in Bayern gilt er durch seine rote Farbe auch als blitzanziehend) und dient zu Liebeszwecken. Finger und Daumen bilden eine Höhle, die mit einem M.blatt bedeckt wird. Ein mit der andern Hand darauf geführter Schlag ergibt einen Knall, der -leise-einen Kuß und -laut- weitergehenden Liebeserweis verspricht (Schwaben: Schnällblume, Schnall; Weserland: Klapprose; md. Blatzblume, Blatze). In Österr. hieß der Klatschm. Blutrose, im nd. Fürblome. L. → Fuchs (16. Jh.) beschreibt schon das Spiel der Kinder mit der dürren Samenkapsel (Klapperrose). In Gossensaß (Tirol) sagt der M.:

Riegel mei Füßl,
so füll i dir dein Krügl.

In der Kremnitzer Sprachinsel lautete ein Rätsel:

Unt a Stabele,
ubm a Rädale,
uf dje Mitt a Gosthaus,
kumme drahundert Gostlait naus.

Durch Umkrempeln der Blätter an Knospe oder Blüte formen Kinder Püppchen (Elsaß: Madämele; Schwaben: Feuerdockeli; Rheinl.: Jungfer). – Aus dem 1. Weltkrieg wird der Soldatenglaube berichtet, die Menge der roten M.blumen auf öden Schlachtfeldern sei aus dem Blute der Gefallenen entsprossen.

W. Hartmann, Der M. Diss, 1915; H. Marzell, Der M.kopf im V.rätsel. Bayer. Jb. f. Vkde. (1961).

Möhnefastelabend → Fasnacht.

Mohr, von lat. *maurus* = Nordwestafrikaner. Seit alters schlechter → Angang und vom Volke nur als M.könig (→ Dreikönige) höher gewertet; ist wohl auf dem Weg mal. und späterer Hofsitte (Turnierreiten wurde zum M.stechen; → Reiterspiele) ein beliebtes Motiv der Vk. geworden (Krippe, schles. Bienenstöcke, erzgebirgische Weihnachtsleuchter, Puppenspiele, Puppen, M.köpfe als Gebäck). Diese Volkstümlichkeit erklärt sich aber auch aus der Gleichsetzung M. = Türke, Muselmann, überhaupt Morgenländer. → Mauritius, Morisken.

Möllerbrot → Weißdorn.

Molpert → Maulwurf.

Monat, genannt nach dem → Mond, dessen Umlaufszeit den Indogermanen schon ein Zeitmaß war. Das feste Mondjahr mit 12 normierten M. kam zu uns von den Römern, die es aus griechisch-orientalischer Kultur übernahmen. Das Volk aber rechnete damals wie heute noch lieber nach ihm näherliegenden Maßstäben (Feste: auf Ostern, im Advent, im Fasching; Naturgeschehen: im Frühjahr, im Zuwinter; Wirtschaft: im Heuet, im Schnitt; Tagperioden: 8, 14 Tage, 8 Wochen). neben den von Karl d. Gr. einheitlich gegebenen dt. M.namen setzten sich schließlich die internationalen lat. durch. Das entgegengesetzte Streben findet eine natürliche Stütze in der Volkssprache, die sich vielfach dt. Namen bewahrt hat. Die karoling. M.namen waren: Wintarmanoth, Hornung, Lentzin-, Ostar-, Winne-, Brach-, Heuui-, Aran-, Witu-, Windume-, Herbist-, Heilagmanoth. Im Tiroler Vkalender v. Reimmichl lauten sie (1946): Hartung, Hornung, Lenz-, Oster-, Wonnemonat, Bracher, Heuert, Ernting, Herbsting, Wein-, Nebel-, Christmonat. – Auch eine Zweiteilung des M. (Vollmond: Neumond), die im Römischen den Iden und Calenden zugrunde liegt, ist im Süddt. angedeutet in den Namen Ingender und Wädel für die erste und zweite M.hälfte. In Dichtung und Kunst (Märchen, Wettstreit der M., M.baum, M.kopfbilder in → Kalendern, Zinnfig.) sind die M. liebevoll dargestellt, doch Personifikationen wie im Römischen und auch im Isländischen kennen wir nicht. Die Jesuiten führten einmal M.patrone ein.

V. Kehrein, Die zwölf M. des Jahres im Lichte der Kulturgesch., 1904; K. Weinhold, M.namen; Fredenhagen, Dt. M.namen. In Festschr. d. Sprachver., 1914; K. v. Spieß, M.baum, Jahresb., Weltenb., Wiener Zs. f. Vkde 28 (1923); G. Jungbauer, M. Im HDA.

Monatsbilder → Kalender.

Monatssteine. Die im Orient gebräuchl. u. neuerdings auch wieder in den USA, England u. bei uns beliebten M. gehen zurück auf d. → Apokalypse des hl. Joh. (21, 19). Diese wieder zeigt den Einfluß babyl. → Astrol., die vermutlich den 12 Tierkreiszeichen 12 Edelsteine zugeordnet hat, wie sie den 7 Planeten 7 Metalle gleichsetzte. Der Brustschild des jüd. Hohenpriesters trug dieselben → Edelsteine. Früher galt die Reihe (v. Jan. – Dez.): Hyaz., Ameth., Jasp., Saphir, Achat, Smar., Karneol, Chrysol., Beryll, Topas, Rubin. Nach Olbrich (HDA 6 473) ist die heutige Reihenfolge:
März – Hyazinth
April – Amethyst
Mai – Jaspis
Juni – Saphir
Juli – Smaragd

August – Calcedon
September – Karneol oder Sarder
Oktober – Sardonyx
November – Chrysolith
Dezember – Aquamarin oder Beryll
Januar – Topas
Februar – Chrysopras

Das »Bergmännische Wb.« von 1778 (Chemnitz) nennt genau die gleiche Folge der M., jedoch beginnend mit Januar – Hyazinth usw. → Bergmann.

R. Lorenzi, Merkblatt für Geburtstage, 1926; M. Lorenz, Die okkulte Bedeutung d. Edelsteine, 1915; H. Bethe in: Reallex. z. dt. K.gesch. 4. 1958; A. Hermann in: Reallex. f. Ant. u. Christent. 4. 1959.

Mönch → Geistl., Ringstechen.

Mönchspfeffer → Keuschheit.

Mond. Der auf den M. bezogene Volksglaube zeigt deshalb eine schwer zu entwirrende Vielfalt von Zügen, weil einmal Farb- und Lichtwirkung oder Lichterscheinung (M.hof, Verfinsterung) oder Flecken- und Schattenbildung, das andere Mal aber der stille nächtliche Gang des M., sein Gehen und Kommen, sein Wachsen und Schwinden, das drittemal endlich sein wirklicher oder gewähnter Einfluß auf Erde und Mensch (Flut, Taufall, Menstruation, Nachtwandeln, Mondsucht) Denken und Phantasie des Volkes beschäftigen. Auf alte M.verehrung deuten vielleicht die Rufe und Bräuche bei → Finsternis, die dem anscheinend unterliegenden Gestirn helfen sollten. Für die Beachtung besonders des zu- und abnehmenden M. geben die vmed. Handlungen (Besprechen von Warzen usw.), sowie die Säe- und Pflanzbräuche des Jahres und der wichtigen Jahresfeste viele Beispiele. Der »Mann im M.« ist eine über das ganze dt. Sprachgebiet hinreichende, heute allerdings ganz zersplitterte und auch durch Schule und Lesebuch beeinflußte Vorstellung. Gesichter (bärtiger Mann, Liebespaar, M.philipp) oder Gestalten (Mann mit Holzbündel, → Adam und Eva, David, Soldat) werden im M. gesehen. Über das Ergebnis der Umfrage des ADV v. 1930 s. u. Ätiologische Sagen erzählen von der Entrückung in den M. für Diebstahl, Sonntagsarbeit usw., ursprünglich wohl für Entheiligung der dem M. unterstehenden Nachtstunde. → Kalender und M.glaube herrschen noch heute unter den Bauern, wie sich schon vom 7. bis 12. Jh. Verbote finden (M.-beobachtung bei Hochzeiten, Hausbau usw.). – Seit dem 19. 7. 1969 stehen ein Paar Stiefel auf dem M. Ein Astronaut ließ sie zurück. 1971 beraten Amerika und Rußland einen Vertrag, der die militärische Nutzung des M. verbieten soll. → Maria Magdalena.

W. Wolf, Der M. im dt. Vglauben, 1929; R. Beitl, Der Mann im M. (n. ADV) In: Dt. Vtum d. Gegenw., 1933; F. Boll, Die Entwickl. d. astron. Weltbildes. In: Kultur der Gegenw., Bd. Astron.; Stegemann, M. Im HDA; R. Much, M.mythologie u. Wissenschaft, Arch. f. Rel.wiss. Jg. 37 (1942); K. Tallquist, Manen i myt och dikt, folktro och kult, 1948; R. Briffault, La lune. Mythes et rites. Paris 1962; ADV I Mann i. M.

Mondjahr → Jahr, Kalender.

M.sucht → Mond.

Mondwurf → Maulwurf.

Monotheismus. Die Vertreter eines Urm. sagen, der Glaube an einen Gott sei bei allen Völkern das Ursprüngliche gewesen. Die Anthropos-Schule, benannt nach ihrer Zeitschrift, sucht Spuren auch in späteren Kulturen nachzuweisen, besonders in den Vorstellungen und Sagen primitiver Völker von einem Heilbringer. Dagegen zeigt heute neben der Ethnologie die Erforschung des Volksglaubens, daß M. »nie in gewachsenen, sondern nur in gestifteten Religionen vorkommt« (Pfister). → Gott, Heilige.

N. Söderblom, Das Werden d. Gottesglaubens, ²1926; C. Clemen, Die Religionen der Erde, 1927; B. Kummer, Midgards Untergang, 1928; F. Pfister, Die Religion der Griechen u. Römer, 1930; Fahrenfort, Wie der Urm. am Leben erhalten wird, 1930; W. F. Albright, From the Stone Age to Christianity. Baltimore ²1946; W. Schmidt, Der Ursprung d. Gottesidee, ²1926ff. – 1947. 8 Bde.; G. Mensching, Die Religion. 1959.

Monstranz, Behälter der → Hostie beim feierlichen Zeigen (lat. *monstrare*) vor der Gemeinde, kostbare Arbeit d. Goldschmiede, von Zinngießern auch für das fromme Kinderspiel nachgeformt. Den älteren Reliquienschaugefäßen ähnlich, aber reicher und größer, kam die M. mit dem → Fronleichnamsfest (1264) in allgem. Aufnahme. Ziborium (lat. *cibus* = Speise) heißt meist d. kleinere Aufbewahrungskelch.

J. Braun, D. christl. Altargerät. 1932; Kl. Beitl, Ein Pfarrhofzeichen aus Thüringerberg, Vorarlbg. (in M.form). Österr. Zs. f. Vkde 73 (1970).

Monstren → Ungeheuer.

Montafoner Tisch → Einlegearbeit.

Montag. Tage nach Festtagen galten den Römern als unheilvoll. Außerdem ist er ungerade, gefährlicher Anfang und »Madentag« (volksetymologisch aus niederdt. Mândag). Im Niederdt. ist M. was in Mittel- und Oberdtl. der → Freitag. Allgemein ist das Sprichwort: Mandag duert nich Weken lang. Deshalb tut man am Samstag ein paar Sensenschnitte, um nicht am M. mit der Ernte beginnen zu müssen. Abstillen, Reisen, Heiraten, Dienstantritt sollen nicht am M. geschehen. Schon im MA war es Brauch der → Handwerker, am M. noch zu feiern (»guter« M.). Blauer M. hieß ursprünglich nach der Farbe der kirchlichen Altarverkleidung der M. vor Aschermittwoch. Nebenbedeutungen (blau schlagen, ins Blaue reden; → blau) spielten auch wohl mit, als blauer M. der allgemeine Name für den Tag wurde, der in Skandinavien freier M., in England *Saint-Monday* heißt. Davon abgeleitet wieder ist die Redensart: »Er ist blau«. Zum b. M. kam mitunter noch ein »roter Dienstag« und ein »grüner Mittwoch« (Singer). → Fasnacht, Rosenm.

Eduard Berend, Der blaue M. Bayr. Hefte f. Vkde. 2 (1915); H. F. Singer, Der blaue M., 1917; Koehne, Studien zur Gesch. d. blauen M. Zs. f. Sozialwiss. 11 (1920); R. Foncke, Folklore van de Maanday. Vkde. Nieuwe Reeks Jg. 3; G. Schreiber, Die Wochentage . . . 1959; R. Brockpähler, Der »Gute M.« der Bäckergilde Münster. Sage u. Wirklichk. Rhein -westf. Zs. f. Vkde 16 (1969).

Montanus, Martin → Schwank.

Moos → Widertonm., Pflanzen, Isländ. M.

M.weiblein → Waldg.

Mora → Mahr.

Morakl → Salamander.

Mord. Viele Sagen handeln von M.sühne, wobei die altgerm. strenge Trennung von heimlichem M. und öffentlicher Tötung nicht mehr gilt. Der Ermordete sucht noch nach dem Tod sein Recht (Bahrprobe). Bis in unsere Tage sah man Mörder wie Haarmann, Balzer (Schlesien) u. a. als Gespenster und Kinderschrecke geistern. Der Sitte des → Wergeldes entsprechen die M.- oder Sühnekreuze, die neben neueren → Steinkreuzen und Kreuzsteinen auf unseren Fluren stehen. – In uns. Tagen ist der M. (in 1 Monat über 400) das Hauptgewürz des → Krimi im tägl. → Fernsehen. Im »Telestar« v. 13. 4. 70 steht der Satz: »Das sind einige Fragen, vor die sich der Zuschauer gestellt sieht bei einem Film, der so einfach beginnt, wie die Mehrheit der beliebten Krimigeschichten – mit einem Mord«. → Mutter., Gottesurteil.

A. Heusler, Das Strafrecht der Isländersagas, 1911; H. Brunner, Dt. Rechtsgesch., 2 Bde., 1906 u. 1928; H. v. Hentig, Der M. 1956.

Morentreiben → Sauball.

Morgen. Als Zeit des Sonnenaufganges, des ersten Gottesdienstes und des Angelusläutens endet der M. die den Geistern freigegebene → Nacht. Am Anfang des Tages sind Träume, Begegnungen (→ Angang), Handlungen (mit dem linken Bein aus dem Bett steigen, Singen, Niesen) von Vorbedeutung. Als Ackermaß war M. ursprünglich die Fläche, die ein Mann an einem Vormittag umpflügen oder mähen konnte. → Windrose, Maß.

Morgenländer → Mohr.

Morisken (von span. *morisco* ›maurisch, Mohr‹). Darst. von M.tänzen sind uns aus Dtl., England und den Niederlanden, ferner aus dem frz.-ital. Grenzgebiet aus dem 15. u. 16. Jh. überliefert: geschnitzte »Maruschkatänzer« von Erasmus Grasser (1480) im Münchner Rathaus, die Reliefs am »Goldenen Dachl« in Innsbruck, Fenster von Betley, Staffordshire u. a. Bis zu Raserei in → Ekstase gehen die gliederverrenkenden, mit Bein- und Handschellen lärmenden Tänze der M. In Shakespeares Heinrich VI (3. Akt, 1. Szene) heißt es: »I have seen him caper upright like a wild Morisco, shaking the bloody darts, as he his bells«. R. Wolfram unterscheidet drei Typen des Tanzes: 1. eine oberschichtl. beeinflußte Form, von der die gen. Bildwerke Zeugnis geben, 2. M., die Kämpfe zweier Parteien darstellen (Christen: Ungläubige; Fechttanz der »Moreska« auf Korčula). Diesem Typus rechnet W. die M.tänze zu, die im Türkenjahr 1683 und der Umgebung Wiens viel getanzt wurden. Die 3. und ursprünglichste Gruppe der M. stellt W. »in den großen Kreis der jahreszeitl. Kultkämpfe«. Verblaßt ist der Kampfcharakter in den engl. Morristänzen zu Weihnachten oder im Frühjahr. Die Kämpfer schwärzen sich die Gesichter, daher der Name. In der English Folk Dance Society gibt es heute Lehrgänge für den Mt. 1934 schlossen sich 23 »Morris-sides« in Großbritannien zu einem »Morris-Ring« zusammen, von dem Mädchen ausgeschlossen sind. Ein Nachklang der M. auf dt. Boden ist vielleicht der »Narrensprung« der Rottweiler Fasnacht. → Maske, schwarz.

C. J. Sharp u. a., The Morris book. 5 Bde. London 1907–13; Ph. M. Halm, Der M.tanz. Bayer. Heimatschutz 23 (1927); R. Wolfram, Schwerttanz u. Männerbund. 1935 ff.; ders., Neue Funde zu den M. u. Morristänzen. Zs. f. Vkde 50 (1953).

Moritat → Bänkelsang, Bilderbogen, Gassenhauer.

Mörtelplastik nennt man den großfläch., zeitlosen Schmuck der Hauswand von einfacher Punktierung und Ritzung, von Seilmustern und Zackenbändern bis zu Hochreliefs und plast. Auflagen, wie sie sich bes. in Bayern finden. Früher zeigte ein solches »Wandbild« wohl einfach einen »Hansl«, meist aber handelte es sich um »Wandheilige«. Profanes war selten. Stukkatoren wie die Miesbacher Zwerger arbeiteten nur für Kirchen und Kapellen. → Sgraffitto.

M. Böck, M.en im nordwestl. Oberbayern. Bayer. Jb. f. Vkde (1959).

Mosesbibel → Buch Moses.

Most → Speis u. T.

Mucken → Grillen.

Muggel → Frosch.

Müggensteker → Pfingsten.

Mühle, Müller. Die einsame Lage der M., die frühere Geltung des Mr. als → »unehrliches Gewerbe«, die Nähe des Wassers, die Bedeutung des Mahlens mit seinem Rauschen und Klappern, die Wichtigkeit des → Mehls haben die M. und ihren Bewohner in Brauch, Sage und Lied verwurzelt. Die Ablösung der alten Handm. (ahd. *querne*) durch die Wasserm. (lat. *molina*) schreibt man dem Einfluß der keltisch-römisch. Kultur zu. Heute weicht diese dem

Motor. Windm. gab es 1895 im Reich 18362, 1900 soll es in Dtl. noch 10000 Windm. gegeben haben, im Jahre 1925 (mit Windmotoren) noch 8543, um 1950 noch 2000. 1967 standen in Schleswig-Holst. noch 9, im Gebiet Hamburgs noch 2 Windm. Eines der schönsten dieser Wunderwerke, in denen techn. Kunst und Natur in Vollendung sich begegnen, drehte sich am Bahnhof von Michaelisdom; eine ebenso stattl. Windm. in Eutin verfällt. Anders als in Dtl. vermag der M. restaurator des dänischen Nationalmus. in Kopenhagen heute noch 50 Windm. und etwa 50 Wasserm. zu erhalten dank erhebl. Privatinitiative und großer Staatshilfe. – Wunderm., die nicht mehr stille stehen, kennt schon die Edda (→ Meer). An bestimmten Tagen, wie an St. → Katharina, müssen die M.räder stehen. In vielen Liedern, Sprichwörtern (Gottesm.) und Ausdrücken (Sprache des M.rades) klingt die mythische Bedeutung, auch die erotische Symbolik von M. und Mahlen wieder. Das Brettspiel M. (Fickm., Zwickm.) kannte schon das Altertum. → Bader, Gerät, Handwerk.

H. Schlenger, Die Sachgüter im ADV Jb. f. hist. Vkde 3/4 (1934); R. Vieli, Die Terminol. d. Bauernm. in Schles.-H. 1935; Fr. Drube, M. in Schlesw.-H. 1936; O. Matulla, Windm. In: Der getreue Eckart 15 (1938); W. Scheffler, Meth. Fragen z. Windm.fg. In: Vwerk 1943; A. Bicker Caarten, Molenleven in Rijnland 1946; W. Glauner, Die hist. Entw. d. Müllerei. ²1951 (Mahlgut, Geräte, Antrieb, Zunft, Recht, Lied, Sage); E. Stäheli, Die Terminol. d. Bauern-M. im Wallis und Savoyen, 1951; H. Gleisberg, Beitr. z. e. Vkde d. Mr u. d. M. Dt. Jb. f. Vkde 1 (1955); ders., Das kl. M.buch. 1956; W. Kleeberg, M.gesch. d. Landkr. Burgdorf. 1958 (Heute noch m. reiches Gebiet nördl. u. östl. v. Hannover); A. Bicker Caarten, De Molen in ons V.leven. 1958 (Schmuck d. M. bei Prozess., der Königsvogel des Schützenfestes a. d. senkr. gestellten »Rute«, Nachrichten d. bestimmte Flügelstellung; Rätsel, Reime, Namen, Sagen); Heimat u. Volkstum. Fs. f. D. Steilen. 1959/60 (Darin Beispiel e. genauen M.vermessung: M. v. Hemelingen bei Bremen durch K. Dillschneider); S. Grosse, Die M. u. d. Mr. im V.lied. Jb. öst. V.liedw. 11 (1962) (Wind spielt im Lied eine viel geringere Rolle als Wasser); G. Simons, Die genossensch. Bauernm. a. d. Hunsrück. Rhein. Vjbll. 27 (1962). (2 Karten u. 9 Abb.); E. Hennig, Beob. z. Mahlvorgang an ur- und frühgesch. Getreidem. Ethnogr.-arch. Zs. 7 (1966); K. Rockenbach, Von d. alten Windm. Typen, Herkunft, Denkmalpflege, Vkde., Dichtung. In: Arch. f. Kulturgsch. 50 (1968); Kartogr.: ADV VI Turm-Windm. (NW u. Ostpr.) Bock-Windm. (Mitteldtl. und SO).

Muhme → Hebamme, Roggenm., Meer-, Korn-, Wasserg., Neujahr.

Mullworm → Maulwurf.

Multiples → Nippsache.

Mumie. Da die Ägypter ihre Leichen mit Erdpech (Asphalt , Bitumen) behandelten, benannte man diese Leichen im MA nach der persischen Bez. *(môm, mûm* für ›Erdpech‹; ursprünglich für ›Wachs‹). Dessen früher bekannte Heilkraft wurde dann auch der M. selbst zugeschrieben, so daß bis ins 19. Jh. bei uns Erdpech (Rohichthyol) bei Rheuma, daneben aber auch sog. »frische« M. (vom »Saft« von Getöteten oder Gehängten) u. angebliche »ägyptische« M., als Arznei verkauft wurden. In der sympathetischen Heilkunde war auch die M. oder der M.magnet viel verwendet, den man aus Menschenblut herstellte. Das in ein leeres Ei gefüllte Blut wurde von einer Henne bebrütet und im Backofen gebacken. »Echt ägyptische M.« gab man in Niederösterr. dem Vieh (Martin). Den Apotheken lieferte M. die Großdrogenhandlung Gehe u. Co. in Dresden. Die Ichthyolkur wurde von der Schulmedizin übernommen.

A. Martin, Dt. Vmed.; in: Peßler, Hb.; E. Grabner, »Menschenfett« und »M.« als Heilmittel. Neue Chronik z. Gesch. u. Vkde. d. österr. Alpenl., Nr. 64, Graz 1961; W.-E. Peuckert, Gabalia. 1967.

Mummel, im Niederdt. bis nach Ostpreußen Bez. der Wasserrose *(nymphaea alba).* Mit ›Muhme‹

(Roggenmuhme, Wassermuhme) oder mit ›mummen‹ (verhüllen) muß auch der Name des M.sees im Schwarzwald wie der elsässische und badische Butzem. in Verbindung gebracht werden. Letzterer ist ein Kinderschreck wie d. besonders in Mittel- u. Ostdtl. bekannte M.mann, Mumm, Mummumm oder Mummatsch. → Schreckgestalt, Wassergeister.

R. Beitl, Korndämon und Kinderscheuche. Ms.

Mummelratz → Iltis.

Mummelsee → Wasserg.

mummen, M.schanz → Mummel, Maske.

Münchhausen. Mit dem hannoverschen Freiherrn Karl Friedr. Hieronymus von M. (Gut Bodenwerder a. d. Weser 1720–1797) verknüpft sich eine Anzahl z. T. bis in die Antike zurückreichender Lügengesch. einer Gattung der V.dichtung, in der entweder unmögliche Ereignisse wiedergegeben oder an sich mögliche ins Unglaubhafte übertrieben werden (z. B. gerät M. mit seinem Pferd in einen Morast und zieht sich und sein Pferd am eigenen Zopf heraus). Von Erich Raspe erschien 1781 in englischer Sprache die Slg. »Baron M. Erzählungen seiner wunderbaren Reisen und Kriegsabenteuer in Rußland«, noch im selben Jahre die dt. Übersetzung von Gottfr. Aug. Bürger, die bald zu einem echten → Volksbuch wurde. → Eulenspiegel, Schilda.

Frauenreuth, Die dt. Lügengesch. bis auf M., 1881; C. Haensel, Das war M. 1961; E. Frenzel, Stoffe d. Weltlit. 1962 KTA 300; W. E. Schweizer, M. u. M.iaden 1968. (Abb.); E. Wackermann, M.iana. 1969 (Bibliogr.).

Münchner Oktoberfest, zum erstenmal am 12. 10. 1810 zur Vermählung des Kronprinzen, des späteren Königs Ludwigs I. von Bayern, als Wettrennen von 60 Pferden, im nächsten Jahr auch als Landwirtschaftsausstellung gefeiert. Die Braut des Königs gab der Theresienwiese den Namen. Das Fest selbst wurde amtlich »Zentrallandwirtschaftsfest« genannt. Schon 1810 erschienen Kinder in Tracht im Festzug. 1835 wurde eine altbayr. Korn- und eine pfälz. Weinernte in Tracht dargest. 1837 wurde e. automechan. bewegte Almhütte gezeigt. 1842 wurde genau nach erhob. Fragebogen eine Folge von Hochzeitsaufzügen aus versch. Landesteilen aufgestellt (H. Moser). – 1969 fand das M. O. über 700000 Besucher.

125 Jahre M. O., 1810–1935. Fs. m. zahlr. Abb.; H. Moser, Der Folkorismus. Hess. Bll. f. Vkde. 55 (1964).

Mund. Der M. ist vorzüglicher Gegenstand einfacher physiognomischer Beobachtungen (der energische, der sinnliche M.), vieler Sprichwörter und altgläubiger Ansichten. Zu ihm gehören die Lippen, die blasen, flüstern oder in Liebe, Ehrfurcht od. magischer Berührung küssen, die Zunge, die »spricht« und die → Zähne, deren Kommen und Gedeihen von so vielen heilkundlichen Sätzen beachtet wird. Durch den M. geht vor allem der Atem. So muß diese wichtigste Körperöffnung wie → Ohr u. → Nase, doch mehr als diese, beschützt werden durch Bekreuzen, → Schweigen, → Bedecken. Der Handgeste beim Gähnen, heute »aus Anstand« ausgeführt, darf wohl der gleiche Sinn unterlegt werden, der halb scherzhaft in d. Berliner Redensart zum Ausdruck kommt: »Spuck aus, mein Kind, du hast den Deibl verschluckt!« In bekannten Sagen (auch in Goethes Faust) verläßt die Seele als → Maus oder in anderer Gestalt durch den M. den Körper. Durch den M. ißt oder atmet man Böses und Gutes, den Teufel und den Segen. → Schluckb., Abendmahl, Maria, böser Blick, berufen, besprechen, Gebärde.

Mundart → Vsprache.

Mundartdichtung. Auch die frz., ital. (seit dem 16. Jh.) und engl. Lit. kennt Md. In Chaucers *Canterbury Tales* (14. Jh.) charakterisiert die M. einzelne Personen. Angeregt durch Robert Burns (1759–96) entwickelte sich im 19. Jh. in England eine weitverzweigte Md. In Dtl. erscheint sie in bewußtem Gegensatz zur Lit. der → Schriftsprache im 17. Jh., wohl zuerst in dem Spiel von Andreas Gryphius »Die geliebte Dornrose« (1660). Doch schon der Barockdichter Herzog Heinrich Julius von Braunschweig ließ in seinen Stücken Schwaben, Thüringer und Niedersachsen als Bauern und Schalksnarren in der Sprache ihrer Heimat reden. In die Breite und Tiefe geht die Entwicklung der dt. Md. seit dem Ende des 18. Jh. Herder und Grimm schreiben über Md. H. Grübels Gedichte in Nürnberger M. und J. Peter Hebels »Alemannische Gedichte« (1803) fanden Goethes hohen Beifall. Besonders Hebels Schöpfungen riefen in Dtl. und Österr. lebhafte Nachfolge hervor. Wenn auch manche Md. billige Späße bietet, die zudem oft nur Übersetzungen aus der Hochsprache und nicht Dichtungen aus dem Geist der Vokssprache darstellen, so hat doch die Md. gerade in Österr. in der Schweiz und in Dtl. gehaltvolle und in der Sprachhaltung echte Schöpfungen aufzuweisen, an denen bedeutende Dichter beteiligt sind wie Klaus Groth und Fritz Reuter in Holstein und Mecklenburg. Jeremias Gotthelf in der Schweiz, Peter Rosegger in der Steierm., Josef Weinheber in Wien.

Bekannte Md. stammt außerdem von J. Lauremberg (Rostock), K. Abel (Altmark), J. H. Voß (Mecklenb.), Lenning, Nadler und Fr. v. Kobell (Pfalz), Brentano und Crönlein (Gießen), H. Meyer (Luxembg), Loyen (Trier), Wallraf (Köln), F. Schön (Saarbr.), F. Jansen und J. Müller (Aachen), L. Bechstein (Sagen in thür. M.), Fr. Ullrich (Altenburg), Sommer (Rudolstadt), E. Bormann, F. E. Hauptvogel u. a. (Obersachsen), v. Holtei, Schönig, M. Heinzel u. v. a. (Schlesien), Fr. Hofmann (Koburg), Castelli und Seidl (Niederöst.), Kaltenbrunner (Oberöst.), Stelzhamer (Obderennsisch), M. Heigel, F. v. Kobell, K. Stieler (Bayern), Seb. Sailer, F. Th. Vischer (Schwaben), G. D. Arnold und E. Stöber (Elsaß), Mähly (Basel), Usteri, Tobler (Schweiz), F. J. Vonbun, J. B. Biedermann, O. Borger, K. Hagen (Vorarlb.).

Träger von Md. ist auch das meist einem städt. Publikum zugedachte V.schausspiel im engeren Sinn, das »Vstück« und die »Lokalposse« (Bäuerle, Haffner, Nestroy in Wien, Malß in Frankfurt a. M., die Mainzer Posse »Herr Hampser als Stadtrat« und der berühmte »Datterich« von Niebergall-Darmstadt), die landschaftsweise (Bayern, Hamburg) bis heute lebendig geblieben ist. In den Karnevalssitz. der westdt. Städte erhalten wir jedes Jahr Proben solcher Md. – Der Naturalismus der Jh.wende hat der M. selbst im ernsten Schauspiel zu lit. Ansehen verholfen (L. Anzengruber in Niederöst., Karl Schönherr in Tirol, der Schlesier Gerhart Hauptmann in Berlin). Als Quelle der Vkde ist freilich oft die dichterisch geringere, aber unmittelbar dem Leben eines Dorfes oder einer Talschaft entwachsene Md. von größerem Wert.

M. Jaeger sieht, wohl doch einseitig, in der Md. »eine der Romantik verhaftete Bukolik des modernen gebildeten Menschen«. Das würde den Widerhall z. B. schon der Hebelschen Md. nicht erklären. Man wird zwischen Salon- und Bauerndichtern unterscheiden und etwa den an süßen → Kitsch grenzenden »Volkston« eines Auerbach anders bewerten als das Werk von J. Gotthelf. Man wird »Bauernsöhne« als Verf. von Md. vielleicht erst im 20. Jh. finden, aber Md. zur eigenen Sache gemacht hat das Volk weit früher. Wenn auch nicht Md. im übl. Sinn, so ist doch Dichtung in Mundart alles Erzählen im Volke. Aufmerksamkeit verdient das Erscheinen der → Vsprache in moderner Lit. (z. B. in Josef Weinhebers »Wien wörtlich« oder in Stefan Andres' »Der Knabe im Brunnen«), wobei syntakt. und allg.-stilist. Merkmale ebenso wichtig sein können wie rein lautliche. Daß die M. durch ihre Ursprüngl., durch die Kraft der Anschauung, wie durch Reichtum und Tiefe des Gefühls dichterische Wirkungen erreichen kann, die der Hochsprache (zumal in ihrer »Papierform«) versagt sind, hat bes. R. Rahn aufgezeigt. Monika Jaeger bezeichnet – sehr theoretisch – Md. als sentimental, bewahrend, rückwärtsgewandt, pseudonaiv. In seiner Kritik sagt H. Freudenthal: »Zum mindesten im Niederdt. ist die Md. heute keineswegs mehr als zeitflüchtig oder gar bukolisch anzusprechen (z. B. Herm. Claudius, Mank Muern, 1912). Md. kann realistisch oder romantisch sein; auf jeden Fall steht sie im Leben« (Beitr. z. dt. V. u. A.kde 10). M. hat einen Grundzug von Tradition und zäh bewahrter älterer Sprachgestalt, anderers. steht sie dem Leben näher als Schriftsprache und ist beweglicher. Sie kennt keinen »Duden«, sie hat nicht einmal ein allg. verbindl. System der Übertragung des Lautes in Schrift. Dieses Leben, diese Beweglichkeit soll die Md. spiegeln, ohne Fremdeinflüssen zu unterliegen und Fehlentwicklungen mitzumachen. Md. hat immer auch M.pflege bedeutet. Auch in der Dichtung der Hochsprache hat geplante Sprachzerstörung doch wohl nur den Stellenwert einer Zeitmode. (→ Lehnwort).

B. Martin, Bibliogr. z. dt. Mundartfrschg. u. -dichtg. in d. Jahren 1921 bis 1926. 1929; Trenkle, Die alem. Md. seit J. P. Hebel, 1881; K. Wagner, Schlesiens m.liche Dichtung, 1917; F. Schön, Gesch. d. fränk. Md., 1918; ders. Gesch. d. dt. Md. 4 Bde. 1918–39; Greyerz, Die Md. d. dt. Schweiz, 1924; Sammlungen: J. M. Firmenich, Germaniens Völkerstimmen. 3 Bde., 1843–66; C. Regenhardt, Die dt. Mundarten. 3 Bde., 1899²; O. Dähnhardt, hg.: Heimatklänge aus dt. Gauen. 3 Bde., 1901–02; H. Trümpy, Theokrits Bedtg. f. d. Md. Schweiz. Arch. f. Vkde 48 (1952); M. Dingler, Die oberbayr. Md. 1953; L. Schmidt, Salzbg. Heimatdichtg. u. Vkde. Öst. Zs. f. Vkde 57 (1954); J. Hauer, Md. d. Gegenwart. 1955 (150 Verf.; aus Oberöst. allein 44, aus Niederöst. 31); B. Martin, Die hd. Md. – G. Cordes, Die nd. Md. In: Dt. Philol.: Aufr. ²1957; Zinsli, in: Schweiz. Arch. f. Vkde 57 (1961); H. Heilfurth, Der erzgeb. V.sänger Anton Günther. ⁶1962; R. Rahn, Der schwäb. Mensch u. seine M. 1962; E. Strübin, Vstüml. u. Schöpfer. in Gotthelfs Sprache. Schweiz. Arch. f. Vkde 59 (1963); M. Jaeger, Theorien d. Md. 1964 (Äußergn. von J. H. Voss, J. K. Grübel, J. P. Hebel, Kl. Groth, F. Reuter u. a.; Prosa zu wenig beachtet); E. Lutz, Gottlieb Friedr. Wagner. 1965; Kl. Groth, hg. v. J. Braak u. R. Mehlem. 1965 (Leben u. Werk); F. Hoffmann, Gesch. d. Luxembg. Md. 2. Bde 1964, 1967; J. D. Bellmann u. W. Lindow, Plattdt. Erzähler . . . 1968.

Mundartgeographie (Mg.- M. = Mundart). Nach statist. Anfängen standen in der M.fg des 19. Jh. unter dem Einfluß naturwiss. Denkens phonet. Unters. im Vordergrund, die vor allem den Nachweis allg.gültiger, in sich wirksamer Lautgesetze (→ Lautversch.) galten. Durch Frageb. suchte Georg Wenker eine zuverlässige Antwort auf breitester Grundlage, doch führte sein → Sprachatlas zu neuen, unerwarteten Ergebnissen. Daß M. nicht fest, sondern fließend ist, hatte die Romanistik schon früher erkannt (Schuchardt, Vokalismus des Vulgärlateins, 1868). Sie war schließl. zu völliger Verneinung älterer Anschauung gekommen (Gaston Paris 1888 »Es gibt in Wirklichkeit keine Dialekte«). Die dt. Fg. bestätigte diese Feststellung, schränkte sie aber zugleich entscheidend ein. Zwar hat jedes Wort der M., jede Form eigene Linien der Verbr., sodaß nicht zwei Orte denselben Dialekt sprechen (H. Fischer), aber es erscheinen Linienbündel, (Th. Frings: Barrieren), Grenzbezirke (Zonen), in denen sich 30, 40 und mehr sprachl. Eigenschaften »bündeln«, andererseits. solche, wo nur 10 oder weniger Linien gleichen oder ähnl. Verlauf zeigen. So spricht man von M.grenzen 1., 2. und 3. Grades, Solche Linienbündel umschließen zuweilen einen mehr oder minder geschlossenen Raum, eine Kernlandschaft. Diese tritt an die Stelle der (hypothet.) in sich geschlossenen M. im alten Sinn, die man dem Gebiet alter Stammes- und Herzogtümer gleichgesetzt und nach ihnen benannt hatte. Auch der → Limes erwies sich als M.scheide nur, wo er von weit jüngeren Grenzziehungen gestützt wurde (G. Faber). Am ehesten spiegeln sich alte Verhältnisse, wo Stammesgrenzen zugleich starke Naturscheiden waren und sind wie etwa die Arlbergkette, die das alem. Vorarlberg vom bajuvar. Tirol trennt (L. Jutz, E. Kranzmayer: »Der Arlberg ist ... die schärfste Dialektscheidewand des gesamten hd. Gebietes«; in: ÖVA, 1959), wo ein Wald, Sumpf oder Fluß zugleich polit. oder konfess. und damit Verkehrsgrenze sind oder wo es sich nicht um allg. Wörter des tägl. Umgangs, sondern um alteingewurzelte Bauernwörter handelt. Ähnlich sind bei entsprech. Wortinhalt (Sakralsprache) auch alte Diözesangrenzen wirksam. Starke M.schranken finden sich auch auf den Höhen des Lechs oder in verkehrsfernen Lagen wie Spessart und Röhn.

Was den Verlauf heutiger M.linien, jedenfalls in den mittel-, west- und süddt. Kerngebieten bestimmt, sind an erster Stelle Herrschafts(Territorial-)grenzen des ausgehenden MA, also Länder, Kirchspiele, Gerichtsbezirke mit ihren Bestimmungen über Zoll-, Steuer-, Geld- und Marktwesen, mit ihren Vorschriften für Sitte und Brauch bei Heirat und Todesfall, in Wohnen, Kleidung und Arbeit. Für die Schärfe einer Grenze ist maßgebend 1. die Dauer des Bestehens einer Verkehrsscheide überhaupt, 2. die Dauer ihrer Wirkung in die Gegenwart hinein. So ist z. B. die Zeitspanne von 1500–1800 von größerer Bed. als die längere von 800–1500. Erloschene Grenzen wirken höchstens 300 Jahre nach (K. Haag). Großen und geschloss. Gebieten mit einheitl. Sprachmerkmalen stehen kleine und kleinste Inseln und Randgebiete gegenüber, die Ankündigung von Neuem, von Bewegung und Veränderung, meistens aber Reliktgebiete und Restformen verdrängter und erlöschender M.elemente sind. Theodor Frings hat zuerst und am eindrücklichsten in seiner »Rheinischen Sprachgeschichte« (1923) die Dynamik sprachl. Geschehens nachgewiesen. Nicht Linien, sondern die sie bewegenden Kräfte, nicht geogr. Flächen, auch nicht nur »Sprachlandschaften« (K. Wagner), sondern Kulturräume müssen gesehen werden, deren starke Mittelpunkte, Sonnen vergleichbar, das kulturelle und wirtsch. Leben ihres Einflußbereiches bestimmen. Das method. bahnbrechende Werk, zu dem der Historiker H. Aubin, der Sprachforscher Th. Frings und der Volkskundler J. Müller sich zusammentaten, trägt den bezeichnenden Titel »Kulturströmungen und Kulturprovinzen in den Rheinlanden« (1926. Neudr. 1966). Köln, Cleve, Trier, Mainz, Darmstadt u. a. erwiesen sich der Forschung als Mittelpunkte solcher Kulturräume. Einer der ausgeprägtesten ist Würzburg, wo Natur und Geschichte einen M.raum bildeten, der noch heute durch Kreisgrenze und bayr. Landesgrenze, außerdem durch die Konfessions- (bzw. Diözesan-) grenze gefestigt wird (F. Maurer). Den Karten des Sprachatlas folgend erhellte die Fg. vor allem westl. Sprach- und Kulturvorgänge seit dem Ausgang des MA bis zum 18./19. Jh. Die gleiche Methode muß auch für die freilich spärl. Denkmäler der Zeit von 600–1300 versucht werden (Frings, Brinkmann, Bäsekke). Erst recht fordern Entwicklungen der letzten 80 bis 100 Jahre Beachtung, die der Wenkersche Atlas nicht verzeichnet. In 50 Jahren (bis 1926) hat z. B. die Rheinstrasse ein vordem geschlossenes Gebiet sprachlich durchbrochen und geteilt. Die Übertragung der im Westen gewonnenen Fg.methode auf das gesch. anders gelagerte mittel- und ostdt. Kolonialland hat zum großangelegten Entwurf einer ost- und mitteldt. Sprachgesch. (Th. Frings) geführt. Siedlungsbahnen finden ihren Ausdruck im Sprachl. Elemente westl. Geschäfts- und Verkehrssprache des ausgehenden MA drangen von Nürnberg her über Eger, Prag, Obersachsen, Thüringen bis nach Berlin und Stettin vor. Verkehrsadern, Strassen und Bahnen wachsen an Bed. für die Mg., je mehr wir uns der Gegenwart nähern. Neben und an Stelle alter weltl. oder geistl. Residenzen bestimmen sie vielfach schon das alte Verbreitungsbild der Volkssprache (Rheinstraße, Pariser Straße von Rhein und Main her u. a.) Die Wetteraustrassen tragen südliche Einflüße vor, z. B. die hochsprachl. Form Sarg, die im Hessischen alte Bezeichnungen wie Leiche, Leichkar, Lade verdrängten (F. Maurer). Die in der Mg. sichtbar werdende Entwicklung der Vsprache ist nicht ein Nacheinander, sondern oft ein Neben- und selbst ein Ineinander. In Gebieten neuen, aber noch unentschiedenen Einflusses entsteht Mehrsprachigkeit, wenn z. B. hochsprachl. kämmen in das Gebiet von strehle eindringt oder wenn im alem. Montafon neben sprenga (springen) und öbrko (überkommen, erhalten) hochsprachl. laufa und bayr.-öst. kriaga (kriegen) im Munde von Jugendl. und Zugezogenen immer häufiger wird. Oder das Alte und Neue bilden Additionen (eigenes Läube + Boden aus dem Nachbardorf wird zu Läubenboden), Kreuzungen (Ziepf + Schnepfe wird Schniepf ›Ausgußmündung des Gefäßes‹) und Verschränkungen (Erdapfel + Kartoffel wird Erdtoffel).

Der Begriff des Kulturraumes, dem sich der M.raum unterordnet, schließt die Erkenntnis ein, daß außer den sprachl. auch viele oder alle anderen Äußerungen der V.kultur der gleichen gesch. Dynamik unterliegen: Haus und Gerät, V.glaube und -brauch, V.dichtung, Lied und Tanz, Tracht und Vk. So wurde von W. Pessler schon 1908 ein Vkde.-atlas gefordert. Dieser Gedanke wurde fruchtbar in der Gründung des Atlas der dt. Vkde. (1928 → Atlanten). Ähnliche Fg.unternehmen folgten in der Schweiz, in Österr., in den Niederlanden, in jüngster Zeit auch in Schweden, Polen und and. Staaten. Am weitesten vorgeschritten ist der Deutsche Wortatlas (hg.

von W. Mitzka, seit Bd. 6 mit L. E. Schmitt. Gießen 1952ff), der neben den lautl. Formen vor allem das Etymon, das Wort als Bedeutungsträger in seiner geogr. Verbr. im ganzen dt. Sprachgebiet aufzeichnet (→ Wortgeogr.). Aber auch die neuen → M.wörterbücher nehmen sich neben der reinen Lexikographie immer stärker auch der Mg., der geogr. Betrachtung der Vsprache an (bes. das Hess. Mwb.). Das Ziel ist eine umfassende Kulturgeogr. und Kulturmorphologie, (Th. Frings), schließl. eine geisteswiss. Kulturbiologie, die sich mit Geographie und Geologie, Historie und Philologie, Kunst- und Literaturgesch. zu einer allg. Kulturwissenschaft verbindet.

Gilléron u. Admont, Atlas linguistique de la France. 1902ff.; Dt. Dialektgeographie. Ber. u. Stud. ü. G. Wenkers Sprachatlas d. Dt. Reiches, 1908ff. hg. v. F. Wrede u. B. Martin, jetzt v. W. Mitzka; K. Jaberg, Sprachgeogr. 1908; A. Hübner, Die M. der Heimat, 1925; K. Wagner, Dt. Sprachlandschaft., 1927; A. Bretschneider, Dt. Mkde., 1934; Teuthonista, Zs. f. dt. Dialektforschung u. Sprachgesch., hg. von H. Teuchert (1924–34), ab 1935 von W. Mitzka; W. Henzen, Schriftsprache u. M.en [2]1954; A. Bach, Dt. M.fg. [2]1949; B. Martin, Die dt. M.en [2]1959; G. Hahn, Zur Mg. 1966; M. Hornung, M. u. Gesch. E. Kranzmayer-Fs. 1967; B. Martin, Bibliogr. z. dt. M.fg. u. -dichtg. 1921–26 G. Bergmann, M. u. Mfg. 1964; Zs. f. M.fg.; Zs. f. dt. Wortfg.; Zs. f. dt. Altert. u. Lit.

Mundartwörterbücher. Die bekannten dt. Wbb. verzeichnen die Sprache der gedruckten Quellen, der → Schriftsprache. Vor allem gilt dies von dem 16-bändigen »Dt. Wb.«, das Jacob *Grimm* 1854 mit dem 1. Band als »ein unabsehbares, von keinem noch angelegtes Werk« begann und das mehr als ein Jh. später seinen Abschluß fand. – Seit der Dt. → Sprachatlas neuen Methoden der Sprachfg. den Weg bahnte, mehrten sich die wiss. Institute, die sich der Slg. und Bearb. der Erscheinungen der → Volkssprache widmeten. Die Anfänge liegen jedoch früher. Schon 1827–37 erschien das erste große wiss. M., das »Bayer. Wb.« von J. A. Schmeller (1827–37). Eine Übersicht der bis 1904 erschienenen M. gab F. Mentz. Über die Gesch. d. älteren nd. M.: O. Mensing in Wossidlo-Fs. 1939. Heute sind fast in allen dt. Landsch. M. abgeschlossen, im Erscheinen oder in Vorbereitung. Die lose Arbeitsgemeinschaft der M. hat ihren Mittelpunkt in der Marburger »Zentralstelle für den Sprachatlas des Dt. Reiches und dt. Mundartfg.«.

Trübners Dt. Wb., hg. v. A. Götze, 1939ff.; F. Kluge – W. Mitzka, Etym. Wb. d. Dt. Sprache, [20]1967 (Verz. d. Mwbb. S. XI–XVI); Vgl. ferner die Lit. zu einz. Stichw. wie Sondersprachen, Bergmann, Jäger, Schiffer und andere Berufe, Recht, Vmed. usw.

Mundharmonika (alem. Maulorgel, bayr. Fotzhobel). Dieses wohl am weitesten verbreitete aller Instr. neuerer → V.musik besteht im Kern aus Metallplättchen mit in Akkorden (und Oktaven) gestimmten, frei schwingenden Zungen, die bei Einziehen und Ausstoßen des Atems (Saugen und Blasen) erklingen. Als Urform gilt die tibet.-burmes. Durchschlag- oder Freizunge, die von China im 3. vorchristl. Jt. als Sheng übernommen wurde. Ein chines. Lex. des 16. Jh. n. Z. berichtet über mehrere Formen (Yu, Ho, Sheng). Urspr. handelt es sich um eine Kürbisschale, die als Windlade durch den »Gänsehals« mit Luft gespeist wird. Ihr Deckel trägt Bambuspfeifen mit frei schwingenden Zungen. In Europa wird die chines. M. 1635 zuerst abgebildet von M. Mersenne, später von dem Jesuitenpater Amiot in seinen »Mémoires concernant l'Histoire . . . des Chinois«, Paris 1780. Hillers »Wöchentl. Nachrichten« berichten 1770 über Johann Wilde aus Bayern, der in St. Petersburg das Sheng kennengelernt und auf der »lieblichen Chinesen Orgel« ein Konzert gegeben habe. Ab 1810 war die freischwebende Zunge in Fachkreisen bekannt. Als Erfinder unserer M. gilt C. F. L. Buschmann aus Thüringen, der das neue Instr. – vier Zoll groß mit 15 Stahlzungen – Mundaeoline oder Aura nannte (1821). Im folg. Jahr baute er die erste → Handharmonika. Auf dem Jacobi-Friedhof in Hamburg-Wandsbek ist sein Grab. Von Wien oder Berlin gelangte die M. nach dem württ. Uhrmacherstädtchen Trossingen, wo der Tuchmacher Christian Meßner sie verbesserte, aber erst der Uhrmacher Matthias Hohner 25 Jahre später den Grundstein der »größten Harmonikafabrik der Welt« legte, die vor dem letzten Krieg jährlich mehr als 20 Mill. M. herstellte und heute um 4000 Mitarbeiter beschäftigt. Wie bei der Handharm. ging auch hier die Entwicklung der diaton. Form weiter zur chromat., zu der sich Typen reiner Baß- und Begleitinstrum. gesellten. Schon 1863 richtete M. Hohner Verkaufshäuser in New York, Chicago und Toronto, später in allen wichtigen Ländern ein. Heute besitzt Trossingen eine städt. Musikschule, die bisher über 3000 Lehrer ausbildete. Der Intern. Musikrat tagte hier und jährlich treffen sich die Freunde der M. Für die Pflege und Verbr. der M. wirbt die Fédération Intern. de l'Harmonica (FIH).

H. Buschmann, C. F. L. Buschmann, 1938; A. Bohnet, M.schule, [3]1929; M. Hohner, Wie spiele ich M., [4]1929; E. Feil, Die M., o. J.; H. Lüders, Chromonica u. Chrometta-Fibel, o. J. Beide Hohner-Verlag, Tross.; Die Harmonika in d. V.schule. Als Ms. gedr., o. J.

Münze → Geld.

Muot, Muotes → wilde Jagd.

Murmelspiel. Das typ. Kinderspiel des Frühjahrs war schon dem MA geläufig: *das sint die gelben kugelīn, da di schuler mit spielen, und sint gar wolfel* (wohlfeil). Die nach Größe, Farbe, Stoff (Ton, Stein, Marmor, Glas, Blei) versch. bewerteten Kugeln werden nach einer kleinen Grube gerollt, aus ihr herausgeschlagen oder gegen eine Wand geworfen und auf möglichste Nähe zu einer gegner. Kugel gebracht (Entfernung unter einer Handspanne z. B. bedeutet den Gewinn der Kugel). In Schlesien lautet die Einladung zum Spiel: Wer hat Kugeln hier, wer nippt mit mir? Noch zahlreicher als die von einem Jahrgang zum andern mündl. überlief. Spielregeln sind die mundartl. Bez. der Kugeln (Spicker, Picker, Klicker, Klucker, Knicker, Schusser, Schneller, Schnellkügelchen, Käulchen, Kuller, Löper, Blöcker, Bugger, Murmel, Märbel – von Marmor). Das M. ist auch in der Großstadt zuhause. Eine Umfrage in Berlin-Steglitz (1935) brachte eine Fülle von Namen für das M. wie für die nach Größe und Beschaffenheit versch. Kugeln.

Murmeltier *(marmota marmota).* Im 17. Jh. hielt man das M. noch für eine Kreuzung aus → Dachs und → Eichhörnchen. Des heilsamen → Fettes (»Murmendelschmalz«) halber wird es noch heute in den Alpen gefangen oder ausgegraben. Die ahd. Belege für den Namen (*murmunto*; v. lat. *mure(m) monti(s)* ›Bergmaus‹) stammen alle aus der Schweiz. Spiellieder erinnern noch an die Wanderungen der Savoyardenknaben mit M., die auch die bildende Kunst öfter darstellte. → Hamster.

Kluge-Mitzka, Etym. Wb., [20]1967; D. Bibikow, Die M., 1968.

Mus → Brei.

Muschel, in Sprache und Darstellung oft Liebessymbol (lat. *concha* = M. und *vulva*), sonst geschätzter Zierat (Fuhrmannsgurte, Bilderrahmen), besonders in der Matrosen- und Seemannskunst. – Die Kamm-M. ist das Urbild für das sogen. M.werk (Rocaille) in der Kunst der Spätrenaiss. und bes. des Rokoko, das auch in der Vk. seinen Niederschlag fand.

E. v. Philippovich, Kuriositäten / Antiquitäten, 1966 (M.arbeiten).

Muselmann → Mohr.

Muskat, Amulett gegen Furunkel, in Wein gerieben Mittel gegen Darmkatarrh, bekanntes → Aphrodisiakum, daher die Liedworte von »M. und Nelken«.

O. Warburg, Die M.nuß, 1897; R. Gööck, D. Buch d. Gewürze, 1965.

Muskatellerkraut → Salbei.

Muspilli, Weltende durch Feuer ›Weltbrand‹. Als Bruchstück erhaltenes Gedicht des 9. Jh., das in ahd. Stabreimversen die letzten Dinge und den → Weltuntergang schildert. Ein bayer. Geistlicher war der Verfasser. – Möglicherweise besteht ein Zus.hang solcher südgerm. Vorstellungen mit dem »Muspelheim« der späten nord. Mythologie. Es war als Land der »Söhne Muspells« gedacht, der Feuerriesen, die beim Weltende von Süden her gegen die Götter ziehen.

Faksimile bei Petzet u. Glauning, Dt. Schrifttafeln, 1. Bd., 1901; G. Neckel, Studien z. d. germ. Dichtungen v. Weltuntergang, 1918; G. Baesecke, M., 1918; Ehrismann, Gesch. d. dt. Lit. bis z. Ausgang d. MA., Bd. 1, ²1932; C. Minis, Hs., Form u. Sprache des M., 1966.

Mutter, M.recht. Als → Schwangere, → Wöchnerin, Nährerin und Beschützerin des Kindes von → Geburt an durch viele Jahre, als Mittelpunkt auch noch der zerstreuten Familie (→ Sippe) ist die M. passiv und tätig Mitte vieler besond. zäh festgehaltener Überlieferungen. M.schaft ist das festeste Band und zieht noch die Wöchnerin aus dem Grabe (Märchen). Das Grab der M. muß besonders umhegt werden. M.mord ist nach alter Anschauung unsühnbar. Als Urm. der Menschen und als Trägerin der Fruchtbarkeitskraft (M. Erde, Kornm.) begleiten M.gestalten die Geschichte jeder Religion. Sie ist aber auch Verkörperung des sich erfüllenden Schicksals, des Todes. Die mittwinterliche Umgangszeit weiblicher Schutzgeister und Gottheiten führte zur germ. Bezeichnung »M.nacht« für die Weihnacht, schwedisch für die Luciennacht (→ Luzia).

Seit Bachofen hat die Frage des Mr. in Völkerkunde und Religionswissenschaft größte Bedeutung erlangt. Im Gegensatz zur vaterrechtlichen Kultur (Patriarchat) gehören im Matriarchat eheliche und uneheliche Kinder der M., die Eheform ist »matrilokal«, d. h. die Frau verläßt das Elternhaus nicht und verfügt über den Besitz der Familie und vererbt ihn in weiblicher Linie. Spuren des weitverbreiteten Mr. finden sich im Alten Testament, im Koran, in unserem Brauch (Weibertag am Wochenbett, Weiberfastelabend, Weiberrecht; vgl. R. Wolfram, Weiberbünde, in: Zeitschr. f. Vkde, 1933), vor allem auch in → Märchen, in denen Königinnen oder Prinzessinen Reich und Krone vergeben, ein Mann mitbegraben wird oder eine Braut durch Raub von der mütterlichen Sippe gelöst wird. Manche Forscher wollen auch die spätere Bedeutung der Frau als Priesterin (Tacitus), als Zauberin u. → Hexe darauf zurückführen. Im »königlichen Inzest«, d. h. in der Möglichkeit der Geschwisterehe (z. B. in Ägypten) sieht man einen Übergang vom Mr. zum Vaterrecht und eine Umgehung des ersteren. In der sehr umstrittenen, auch für das Germanentum (Gudrun – Kriemhild) wichtigen Frage vertritt Briffault die Ansicht, daß

Mr. die natürliche Grundlage der menschlichen Familie sei. Vaerting glaubte an eine gegenseitige Ablösung beider Prinzipien, während Bachofen im Mr. eine Übergangsstufe zwischen freier Vermischung (Hetärismus, Promiskuität) und Vaterrecht sah. → Frau (Lit.).

J. J. Bachofen, Das M.recht, 2 Bde., 1897 (Neue Ausg. v. K. Meuli, 1948); ders., M.recht und Urreligion, hg. v. R. Marx (KTA. 52); M. Weber, Ehefrau u. M. in d. Rechtsentw., 1907; Adele Schreiber, M.schaft, 1912; A. Becker, Frauenrechtl. in Sitte u. Brauch, 1913; Morgan, Die Urgesellschaft, 1921[4]; M. Beth, M. und Mr., im: HDA.; Thurnwald, Mr. u. M.folge (Reallex. d. Vorgesch., Bd. 8, 1927); Krische, Das Rätsel der Mr.gesellsch., 1927; Liebste M.-Briefe berühmter Deutscher an ihre Mütter. Hg. v. P. Ellbogen, 1929; E. Bergmann, Erkenntnisgeist u. M.geist, 1932; H. G. Wakkernagel, Frauenrecht im alten Wallis, Schweiz. Arch. f. Vkde 36 (1937/38); W. Wenzel M. u. Kind im schles. V.glauben, 1938; F. Jöde, Unser M.lied, 1940; R. Beitl, Der Kinderbaum, Brauchtum u. Glauben um M. u. Kind, 1942; J. Haekel, Zum Problem d. Mr., in: Paideuma 5 (1953); W. Schmidt, Das Mr., 1955; G. Hartlaub, Mütter u. i. Kinder, 1962; Die M. in d. heut. Ges., hg. v. Ver. f. öff. u. priv. Fürsorge, 1964.

Mütter → Matronen.

Muttergottes → Maria.

M.tierchen → Spinne.

M.trägerin → Schäppelmädchen.

M.vogel → Schwalbe.

Mutterkorn (Afterkorn, Kreienroggen, Hahnenbrot, Wolfszahn, Vaterkorn, Stiefmutterkorn, Roggen-, Kornmutter, Honigtau; *Secale cornutum*), aus reifenden Roggenähren wie ein hornartig ausgewachsenes schwarzviolettes Roggenkorn. Mehl, das nur einige Prozent M. enthält, ist in hohem Maße schädlich (sog. »Kribbelkrankheit», Starrkrampf, Tobsucht usw., zuweilen tödlich; »Antoniusfeuer« → Antonius). Im Altertum und MA. häufig auftretende »Ergotismus«-Epidemien dürften durch Genuß m.haltigen Mehles verursacht sein. – Durch zufällige Beobachtungen mag man dann dazu gekommen sein, kleine Mengen vom M. zu Heilzwecken zu verwenden. Allerdings erst zu Anfang des 18. Jh. schreibt der Arzt Camerarius, daß dt. Hebammen sich des M. bedienten, um Kontraktionen des Uterus hervorzurufen. Auch zur → Abtreibung diente M. Die nicht ganz ungefährliche Verwendung des M. in der Volksheilkunde zur Stillung von Uterus-, aber auch Lungen-, Magen- und Darmblutungen ist schließlich auch von der wissenschaftlichen Medizin übernommen worden. – Das M. wird vom Bauern sehr gefürchtet. Früher glaubte man wohl, daß dieser Schaden von den → Korngeistern herrühre, worauf jedenfalls einige Namen des M. wie Kornmutter, Mehlmutter hinzudeuten scheinen.

W. Mannhardt, Mytholog. Forschungen, 1884; Hovorka-Kronfeld, Vergl. V.med., 1. Bd.; H. Guggisberg, M., 1954; H. Haas, Spiegel d. Arznei, 1956.

Mutterkraut → Kamille.

M.kuchen → Nachgeburt.

M.mal → Versehen.

M.nacht → Mutter.

Muttertag. Die Wiege des M. in seiner weltweiten modernen Form ist Amerika. England aber ist nach den Untersuchungen von J. Meier die Heimat des zugrundeliegenden älteren Volksbrauches. Aus dem Jahre 1644 stammt dort die Nachricht: *Every Mid-Lent Sunday is a great day at Worcester, when all the children and grandchildren meet at the head and chief of the family and have a feast. They call it Mothering Day«*. Der Sonntag → Lätare, der hier gemeint ist, war aber auch innerhalb der kirchlichen Quadragese ein fröhlicher Tag *(»Dominica refectionis«)* mit Lockerung des Fastengebotes und hellen Gewändern bei der Liturgie. Der Introitus beginnt: *»Lätare, Jerusalem: et conventum facite omnes, qui diligite eam«*, und die Epistel nennt Jerusalem *»mater omnium«* mit dem Blick auf die Kirche. So bedeutete in weiten Gebieten Englands *»go a-mothering«* gemeinsamen Besuch der auswärts lebenden Kinder bei ihren Eltern und zugleich bei der Mutterkirche, die nach altem Brauch die Osterkommunion spendete und das *»holy bread«* (in Frankreich: *Pain bénit*) verteilte. Die Kinder brachten Geschenke *(»simnelcake«, »motheringcake«)* besonders für die Mutter.

Ähnliche Bräuche kannte auch das Festland. In Thüringen war Lätare oder Mittfastensonntag allgemeiner Besuchstag mit großzügiger Bewirtung von Verwandten und Bekannten. In Salzburg führten die Burschen am gleichen »Liebstadsonntag« ihre Mädchen zu Lebkuchen und Met. In der Champagne war der Abend des Fasnachtmontags altes Sippenfest. In der Wallonie ist es Sitte, daß die Kinder am 1. Fastensonntag, am Tag des *»Grand Feu«*, die Eltern besuchen: *»On revient de sept lieues à la ronde pur manger le pain de son père et de sa mère«*. Der → Funkensonntag am gleichen Termin ist in Vorarlberg noch immer allgemeiner Besuchs- und Heimkehrtag mit reicher Bewirtung (»Küechlisonntig«). Man darf mit J. Meier die alte Geltung eines Frühlingssippenfestes annehmen, dessen Akzent durch kirchlichen Text und Brauch auf die Mutter fiel und daher auch vielleicht in England den Namen *»Mothering Day«* erhielt.

In dem modernen englischen *»Mothering Sunday Movement«* (besonders seit 1914) hat der »weltliche« Festgedanke ganz die Oberhand gewonnen. Aber auch wenn er als *»Mothers Day«* schon um 1910 von England aus in Amerika Eingang fand, wird man diesen Neubrauch doch nicht als »künstliches Machwerk« (J. Meier) bezeichnen können. Der rege Anteil des »Geschäfts« kennzeichnet seit einem halben Jh. alle Jahresfeste, ganz besonders auch so alte wie Weihnachten und Ostern. Auch in dem zuerst in Amerika üblich gewordenen Termin des 2. Maisonntags vermutet J. Meier den Einfluß der Blumenhändler. Aber gerade im Mai bietet doch der eigene Garten schon viele Blumen, viel mehr als an Mittfasten. Meist blüht schon der beliebte Flieder. Es ist doch wohl der Monat der Freude (→ Maitag) und des siegenden Frühlings, der den Termin bestimmte, wie man auch dem heutigen Menschen zubilligen muß, daß er aus starkem Gefühl und neuer Wertschätzung der Mutter dem neuen Brauch spontan zum Siege verhalf. *»Fathers Day«* hatte trotz der Anstrengungen einer sich überschlagenden Händlerwelt keinen Erfolg. Unsere Kultur macht noch immer vom Vaterrecht den allerkräftigsten Gebrauch; der Vater hat seinen 8–7-Stundentag (dem er auch schon zu Leibe rückt), während die Mütter im Arbeiter- so gut wie im Bürgerhaus derzeit beim 12-, 14- oder 16-Stundentag halten. Auch der von Konditoren und Fleuristen gewiß hartnäckig genug gestartete → Valentinstag als Schenktag der Liebenden aller Grade konnte sich bei uns nicht durchsetzen.

Nach der Karte des ADV war der M. bei uns bereits um 1930 als allgemeiner Brauch zu bezeichnen. Nach Skandinavien und Dtld. kam der M. nach dem 1. Weltkrieg, in Österr. führte ihn die Mutter des Bundespräsidenten Hainisch ein. Heute erobert der Brauch auch die bäuerlichen Schichten, denn gerade hier ist die Mutter noch mehr als in der Stadt die Dienerin aller. Auch nach England kam der M. in neuer Gestalt zurück, doch hielt das konservative Albion am Lätaretermin fest. Daß dieser schönste Brauch unseres Jh. auch in Amerika aus echter Wurzel treibt und nicht nur Geschäftsmache ist, beweist etwa ein dänischer Bericht von 1914, der sagt, daß in den USA am M. jedermann eine Blume kaufe; »die Einnahme daraus ginge an arme Witwen. Jeder, der eine Blume trage, solle an dem Tag seine Mutter besuchen, ihr ein Geschenk senden oder ihr Grab schmücken«.

J. Meier, Muttertag, Zs. f. Vkde 46 (1936/37); L. Weiser-Aall, Der M.- u. Vatertag in Norwegen, Schweiz. Arch. f. Vkde 50 (1954); E. Strübin, M. i. d. Schweiz, ebd. 52 (1956); Th. Kohlmann, M.poesie, Beitr. z. dt. V.- u. A.kde 13 (1969); ADV, Karten II, 33 u. 34.

M.wurze → Melisse.

Myrte *(Myrtus communis).* Die immergrünende, duftende M. stammt aus Südeuropa. Bei uns hat die schon im antiken Hochzeitsbrauch verwendete M. allmählich den Kranz aus → Rosmarin als Schmuck und Zeichen der jungfräulichen Braut verdrängt. Die Mädchen ziehen sich die Blume sehr sorgsam in Töpfen, und aus ihrem Gedeihen wird gern auf künftige Liebe und Ehe geschlossen. In manchen Familien ist es Sitte, schon bei der → Geburt für ein jedes Mädchen ein M.stöckchen zu pflanzen. In Berlin sind M.pflanzen beliebtes Konfirmationsgeschenk für Mädchen. Es heißt hier freilich auch: »Wer M.n baut, wird niemals Braut.« Eine Tochter Jakob Fuggers, der lebhafte Handelsbeziehungen zur Levante unterhielt, soll als erste Braut statt des üblichen Rosmarinkranzes bei ihrer → Hochzeit (1583) ein gewiß sehr kostspieliges M.kränzlein auf dem Kopfe getragen haben. Aber noch im 18. Jh. galt ein winziges M.kränzchen bei einer Hochzeit im Hause des Stadtsyndikus von Halberstadt als etwas sehr Ungewöhnliches und »Vornehmes«. – Nach einer alten Legende soll → Adam als einziges einen Sproß des M.baumes mitgenommen haben, als er aus dem Paradiesgarten verbannt wurde.

M. v. Strantz, Die Blumen in Sage u. Gesch., 1857; W. Braun, Die M. in Sitte und Sage der Völker, in: Daheim 57 (1920/21); V. Hehn, Kulturpfl. u. Haustiere. Nachdr. 1963; G. Tergit, Kaiserkron . . ., 1963.

Mysterien (Misterien-)spiel → Vschauspiel.

Mystik, mystisch (griech. *myo* = ich verschließe die Augen, *mystiké* = Geheimlehre) ist seit dem 18. Jh. Bezeichnung der im Neuplatonismus wurzelnden philosophischen Richtung, die Ende des MA in Eckhart, Suso und Tauler ihre dt. Prägung fand. Aber auch andere Denker vorher und nachher (z. B. Jakob → Böhme) glaubten, daß das dem Verstand nicht erkennbare Göttliche derjenige unmittelbar erschauen könne, der sich in die Tiefe des Gemütes versenke, um mit Gott eins zu werden. – In die Völkerkunde führte Levy-Bruhl in dem Buch »Das Denken der Naturvölker« den an sich entbehrlichen Begriff »mystische Partizipation« ein für die → Sympathie, die geheime Wesensverbindung, die im Weltbild des einfachen Volkes, aber auch der Primitiven, Welt und Menschen durchzieht und verknüpft, ohne daß rein rationales Denken eine solche feststellen kann. → Andachtsbild.

B. Grabinski, Neuere M., 1916; E. Stemplinger, Antiker Aberglaube in modernen Ausstrahlungen, 1922; J. Zahn, Einführg. in d. christl. Mystik, 1922[5]; O. Karrer, Textgesch. d. Mystik, 3 Bde., München 1926–27; F. W. Wentzlaff-Eggebrecht, Dt. M. zw. MA. u. Neuzeit, [3]1963 (Reiche Lit.); R. Otto, West-östl. M., [3]1971.

Mythus, Mythologie, mythisch, diese Bez. unterlagen im letzten Jh. vieldeutigem Sprachgebrauch. A. Heusler sagt mit Recht in einer Untersuchung über die dt. »Heldensage«: »›M.‹ verstand jeder anders«. Mit M. bezeichnete man 1. Göttersage (Grimm, Lachmann, Müllenhoff, E. H. Meyer, Timme, v. d. Leyen); 2. heidnische (germ.-vorchristliche) Glaubensüberlieferungen; 3. Volkserzählung: viele Sammlungen von Sagen und Märchen nennen sich »Mythen u. Gebräuche«. Das Dt. Wörterbuch setzt Mythe gleich »Sage, unbeglaubigte Erzählung«. Um und nach 1900 ist der Begriff M. von Wundt, Vierkandt, Naumann u. a. neu gefaßt und erweitert worden. Als M. bezeichnen wir danach heute die Erzeugnisse der dem bodengebundenen, in der Gemeinschaft stehenden (»primitiven«) Menschen in bes. Maße eigenen Denkweise schlechthin. Mythologie wäre demnach etwa zu übersetzen als die »Lehre vom Volksglauben«. – Daneben aber erhält sich auch die ältere (Grimmsche) Auffassung. M. Lüthi: »Man kann den M. im engeren Sinn mit Jan de Vries als eine Darst. der Taten und Leiden von Göttern bezeichnen. Prototyp ist der kosmograph. Mythus, der Ursprungsm. Eng mit dem Kult verbunden, setzt der M. eine Wirklichkeit die nachvollzogen werden will« (Märchen, ²1964). Jacob Grimms »Dt. M.ie« von 1835 (spätere Aufl.) war eine so geniale Schöpfung, daß sie trotz aller späteren Kritik noch heute wirksam ist. So sieht z. B. W. Brückner Anlaß, sich gegen S. Kubes »mythische Ursprungsdeutung der Sage und (gegen die Annahme) der Überlagerung durch eine verchristlichende Spätromantik« zu wenden (Rh.-westf. Zs. f. Vkde 9). → Sage, Wilde Jagd, Weltentstehung, -untergang.

J. W. Wolf, Beitr. z. dt. M.ie, 1852/57, Neudr. 1969/70, 2 Bde.; O. Gruppe, Gesch. d. Klass. M.ie u. Rel.gesch., 1921; L. Radermacher, Mythos u. Sage b. d. Griechen, ²1943; .A. E. Jensen, Mythe, Mensch u. Umwelt, 1950; H. Demisch, Vision u. Mythos in d. mod. Kunst, 1959; H. Hunger, Lex. d. griech. u. röm. M.ie, 1959 (Fortwirken d. ant. Motive); J. de Vries, Forschg.gesch. d. M.ie, 1961 (Nicht erwähnt Wiener Schule: Hüsing, Schultz, Spieß); H. W. Haussig, Wb. d. M.ie, Stuttg.; M. Eliade, Myth and Religion, London 1964; L. Schmidt, Die V.erzählung, 1963 (Würdigg. d. »Wiener Mythologen-Schule«); H. Dontenville, La France mythologique, 1966 (Sucht in d. heut. Sagenwelt Reste d. kelt. u. provinzröm. Urgrundes / Galloromanen / zu finden. Bessere Quellenlage als in Dtl., vgl. P. Geiger in: Schweiz. Arch. f. Vkde 45); Munksgaards mytologi leksikon, Kopenhagen 1964; P. Grimal, Mythen d. Völker, 3 Bde., 1967; H. W. Haussig, Wb. d. M.ie 1965 ff.

Nabel, als Wort gemeinindogerm. und von ›Nabe‹ abgeleitet. N. (pepek, pimpek) heißt in der Weichselniederung die letzte Garbe, wohl von der Vorstellung, daß mit dem Bindeholz der Nabel der Garbe, des Erntekindes, abgebunden wird. N.bruch wird mit »Glockenfett« (Schmiere d. Achse; Analogiezauber) behandelt. N.schnur gilt wie die → Nachgeburt als Amulett (zum Festmachen gegen Kugeln). Solche Vorstellungen sind weit verbr. (→ Elementargedanke). Nach mündl. Berichten wird in Litauen die N.schnur getrocknet in einem Schächtelchen aufbewahrt (1962) und gibt es in Tokio (1968) für den gleichen Zweck verzierte Schächtelchen in Warenhäusern zu kaufen. – Ein Stück N.strang, hinter den Altar gelegt macht das Kind fromm. Eine → Schwangere soll nicht unter einer Wagendeichsel oder einem Pferdehals durchgehen, sonst verwickelt sich die N.schnur.

W. H. Roscher, Der Omphalosgedanke bei verschiedenen Völkern usw., 1918.

Nachbar, N.schaft. In der alten Sippensiedlung waren die Markgenossen auch Verwandte. In später Zeit übernahmen die N. als mehr oder minder fest organisierte Gemeinschaften zum Teil die Aufgaben der alten Geschlechtergenossenschaft. Auch ältere Gliederung nach Lebensaltern ist noch erkennbar. So tritt der Siebenbürger Sachse aus der »Bruderschaft« der Jungen in die Ns. der Älteren über. Die Aufgaben der Ns. sind gegenseitige Hilfeleistung im weitesten Sinn (bei Hausbau, Wegbau und ähnlichen Gemeinschaftsarbeiten, bei Geburt, Taufe, Hochzeit, Tod und Begräbnis, bei Unglücksfällen). Auch zuweilen Richter- u. Strafgewalt hatte die Ns.; »auf früheren Stufen war die Gemeinschaft mehr als bloßer Helfer oder Zuschauer« (Beth). Heute hat die Ns. ihre rechtl. Funktion eingebüßt (Kramer). Mitteilungsmittel ist das herumgeschickte »N.zeichen«, oft auch einfache Ansage. Heute kennt man meist nur noch eine lose Ns., die die Straße oder eine bestimmte (2, 4, meist 6) Zahl von Häusern umfaßt (»Notn.«), aber noch hält man viel auf »gute Ns.« und gilt der nd. Spruch:

Guoder Noaber an de Wand
is bäter aß'n Broader öäwer Land.

Bausinger u. a. beobachteten, daß in süddt. Siedlungen »die Bed. der Ns. . . . ganz allg. verhältnismäßig gering ist«. Zu günstigeren Ergebnissen kam eine Dortmunder Unters. (Daseinsformen der Großstadt, 1959). Bundespräs. Heineman äußerte jedoch in einem »Spiegel«-Gespräch (30. 6. 69): »Eines wird sichtbar aus den Briefen, welch ein hohes Maß von allg. Bedrängnis in Existenzfragen des tägl. Lebens in unserem Volke da ist, wieviel Einsamkeit es gibt und wie groß der Mangel an nachbarl. Hilfe ist«. → Gericht, Recht, Burschensch., Sippe.

S. Sieber, Ns. Gilden, Zünfte u. ihre Feste: Arch. f. Kulturgesch., 11 (1915), 12 (1916); Th. Imme, Die Ns. im Bereich des ehem. Stifts Essen m. e. Einltg. ü. d. alten Gilden u. Ns. Zs. f. rhein. u. westf. Vkde. 15 (1918); Lit. über Ns. der einz. Landsch. in; HDA. 6, 755f.; E. Christmann, Brunnen-Ns. u. Quellenverehrung. Oberdt. Zs. f. Vkde 17 (1943); E. Lehmann, V.gemeinsch. aus Ns.en. 1944; K. St. Quirin, Herrschaft und Ns. nach mitteldt. bäuerl. Ordnungen. Diss. Gött., 1947; K.-S. Kramer, Die Ns. Bayer. Jb., f. Vkde (1952) (Archiv. Quellen); ders., Die N. als bäuerl. Gemeinsch. 1954 (Bauhilfe noch allg.); F. Krins, Ns. im westl. Münsterlande. 1952; H. Siuts, Püttn. u. Püttbier. 1957; → Brunnen; E. Pfeil, Fremdheit u. Ns. in d. Großstadt. In: Fabula 1 (1958); J. Ruland, N. u. Gemeinsch. in Dorf u. Stadt. 1963 (Hunsrück, Maifeld, Stadt Andernach); H. Bausinger, M. Braun, H. Schwedt, Neue Siedln. [2]1963; K. Baumgarten, Ns.hilfe beim bäuerl. Hausbau in Mecklbg. Dt. Jb. f. Vkde 13; (1967) (Früher alle Arbeiten, seit Ende 19. Jh. nur noch Fuhrhilfe. Übergang z. Massivbau bedingt mehr handwerkl. Arbeit); Kartogr.: ADV-NF 45–47 Geltung (bes. im NW u. Alpen); andere Gruppen als Helfer; N. bei Hochzeit, Tod, Hausbau); R. Leicher, Die N. nach d. Aufnahmen d. ADV. In: Prot. ms. d. Arbeitstagung ü. Fragen des ADV. Bonn 1961.

Nachfreude → Nachgeburt.

Nachgeburt. Nicht nur der → Glückshaube, sondern auch dem Mutterkuchen (*placenta*, »Zeug«, »Kram«, »Nachfreude«) schenkt d. Volksglaube bei der → Geburt Beachtung. Als mit Mutter und Kind sympathetisch verbundener Stoff muß die N. vor dämonischen Einflüssen geschützt werden durch Vergraben, Verbrennen, Verschwemmen in fließendem Wasser. Besonders bei Tieren wird die N. auf einen → Baum gehängt, worin man auch Fruchtbarkeitszauber und den Rest eines alten → Opfers sehen wollte. Man schüttete die N. an die Wurzel eines Baumes, damit mit diesem das Kind wachse (Mecklenburg; → Geburt, Lebensbaum). Auch zu Heilzwecken u. als Glücksamulett wird die N. verwendet. Bei tierischer N. (besonders bei Kuh und Stute) sind die auch anderen Völkern bekannten Bräuche noch lebendig. Die umschreibende Bezeichnung »sie hat gekramt« für »ein Kind ist angekommen« (Vorarlberg) ist wohl in diesen Zusammenhang zu stellen. → Nabel, Nutzen.

H. Ploß u. M. Bartels, Das Weib in der Natur- u. Vkd., 2 Bde., 1913[10]; J. Schwebe, Die N. als Dämonenopfer. Rhein. Jb. f. Vkde. 9 (1958); Kartogr. VAN 30.

Nachlaufwurze → Knabenkraut.

Nachmittagsbrot → Speis u. T.

Nacht, Abend. Die Stunden des Kampfes zwischen Licht u. Dunkel oder des Kampfes zweier Tage (Mittern.) sind durch Dämmerlicht und Dunkel begünstigte Geisterzeiten. Gebote und Verbote verstärken sich für die besonders Gefährdeten (Braut, Wöchnerin, Säugling, Kinder, in Schöllbronn in Baden auch Erstkommunikanten). Kinderwäsche soll man nicht draußen lassen. Lärm, besonders das geisterrufende Pfeifen soll man am A. vermeiden, die Türe schließen, sonst vertauschen Zwerge das Kind (→ Wechselbalg). Das Gebet- oder A.läuten (im Sommer um 8 Uhr, im Winter um 7 Uhr A., Ave Maria-Läuten) ist der gegebene Beginn des A. und der Geisterfreiheit in Sage und Glaube. An vielen Festtagen (→ Weihnachten, Dreikönig usw.), auch im Orakelbrauch wird die alte germ. Bedeutung des A. als Tagesanfang (Rechnung nach Nächten; alem. hienicht = heute; nächtig = gestern) offenkundig.

J. Grimm, Dt. Mythologie; L. Paust, Die N. in d. griech. Dichtung. Diss. Tüb., 1945.

Nachtfahre → Nachtfrau.

Nachtfrau ist in geschlossenen süddt. Gebieten der auch als Kinderschreck genannte Nachtgeist. Besonders früher, u. a. in fränkischen Kapitularien, hatten *nahtfara, nahtfrowa, nahtrita (dominae nocturnae)* die Bedeutung ›nachtfahrende Hexe‹. Im Dienst der → Bercht oder Frau → Holle, der → Herodias, → Diana oder → Abundia reiten sie nackt auf Tieren im Wind. Vintler schrieb: »so farent etlich mit der far auf kelbern u. auf pecken durch stein und durch stekken«. Berthold von Regensburg nennt N. die *felices dominae* (Salige). Sie sind von zierlicher Wohlgestalt, mit glänzenden Gesichtern und weißen Kleidern, besuchen die Häuser u. spenden Segen, wo ihnen Speis und Trank bereitgestellt wird. → Hexe, Mahr, Hebamme.

J. Grimm, Dt. Mythologie, 1854[3], S. 1009.

N.gespenst → Gespenst, Lilith, Alp, Mahr, Schreckgestalt, N.rabe.

N.gschroa → wilde Jagd.

Nachtigall, in den westgerm. Sprachen gemeinsame Bez. im Sinn von ›Nachtsängerin‹. Liebesbote in Volkslied, Sprichwort (wer eine N. werden will, singt früh) u. Spruch (Tüt tüt tüt Mäken in den Busch, flugs wedder rut), glücklicher → Angang und Bringerin sanften Todes. In Bayern sagen alte Leute wohl: »Wenn nur die N. käm und tät uns auflösen«. N. oder Singerin hießen im 16. Jh. auch grobe Feldgeschütze.

N.jäger → wilde Jagd.

N.klag → N.weinen.

Nachtrabe, (Nachtgrapp, Nachttrapp), in Mittel- und Süddtl. in geschlossenen Landschaften besonders den Kindern häufig genannter Nachtgeist, dessen Aussehen mit dem Namen in ähnlich losem Zusammenhang steht, wie es bei der → Habergeiß der Fall ist. Es ergibt sich hier, wie oft, die Notwendigkeit, bei Aufnahmen von volkssprachlichen Namen für Tiere und Pflanzen die Sache genau, möglichst mit dem lateinischen Fachnamen, festzustellen. → Schreckgestalt.

N.schaden → N.weinen.

N.schar → Nachtvolk, wilde Jagd.

N.stubet → Gaßlbrauch.

Nachtvolk, im Südwesten (besonders Schweiz, Vorarlberg) Name der → wilden Jagd. Die Bez. Nachtschar ist noch enger auf Graubünden und Churrätien beschränkt. Das N. ist gemieden u. gesucht. Es ist Gefährdung, ihm zu begegnen, aber auch Glück. Wer jung oder würdig oder gefeit ist, lernt seltene Kunst. Das N. bedroht das ungehorsame Kind, die faule Spinnerin und gibt dem Vorwitzigen einen Denkzettel fürs ganze Jahr. Im nördl. Vorarlberg, am Bodensee und nördl. davon heißt das N. Wuetas, Wuotahee, Muotas u. ä. In Tschagguns erzählte ein Knecht von seinen Erlebnissen als Teilnehmer am N.zug: »Wir haben manche schöne Nacht, aber manche furchtbare auch.«

Vgl. die Abschnitte über »Wuetas« u. »Nachtvolk« in Vonbun-Beitl, Die Sagen Vorarlbergs (1950); S. 229ff., und R. Beitl, Im Sagenwald (1953), S. 357ff.; A. Büchli, Wilde Jagd u. N. Schweiz. Vkde. 37 (1947); P. Geiger, »Der Totenzug«. Schweiz. Arch. f. Vkde 47 (1951); Kl. Beitl, Die Sagen v. N. In: IV. Intern. Congress for Folk-Narrative Res. Athen 1965; Kartogr. ASV 258/9 N., Totenzug.

Nachtwächter. Stundenruf und -lied des N. – im späten MA. aufkommend – hören wir nur noch im Puppenspiel vom Dr. Faust, doch ist seine Gestalt, mit Spieß, Horn oder Schnarre ausgerüstet, im Dorf noch bekannt. N. gab es schon in Judentum und Antike, in Dtl. jedenfalls seit dem 15. Jh. → Weihnachten, Handwerker.

J. Wichner, Stundenrufe und Lieder der dt. N., 1897; J. Bolte, Alte N.rufe. Zs. d. V. f. Vkde. 12 (1902).

N.wandeln → Mond.

Nachtweinen oder Nachtklag, das Nachtschreiende (Steiermark, in Siebenbürgen Nuochtskräsch) heißt das anhaltende Weinen der Kinder *(pavor nocturnus)*, das man einem dämonischen »Nachtschaden« und »ungerechten« Einflüssen zuschreibt. In Vintlers »Blumen der Tugend« heißt es:

do new ich hie nu
meins chindes maßleid und nachtgeschrai
und alle mainzungen entzwai.

In Mitterndorf wirft die Mutter drei Handvoll Hafer aus der Schürze zum Fenster hinaus, während sie das Kind darüber hält und dreimal sagt:

Da Nachtmutter,
gib dein Roß ein Futter,
daß dein Kind schreit
und meines schweigt.

Gefährlich sind die Beimischungen von Bilsenkraut, Opium (Mohnsaft; »Kläpperlingstee«) oder Branntwein, die manche Grimmenpulver od. »Ruhesäfte« enthalten. → Nachtfrau, Schlafmohn, Heckenrose.

Hovorka-Kronfeld, Nachtschreien der Kinder; in Vergl. Vmed., 2. Bd.

Nachzehrer. Einen Toten, der als → »lebender Leichnam« andere nachholt, nennt man N. Der Mund einer Leiche muß geschlossen werden, Bänder, Blumen, Zipfel des Totenkleides dürfen nicht in die Nähe des Mundes kommen, sonst fängt der Tote an zu essen, nachzuzehren. N. werden Leichen, die weich bleiben oder rote Lippen behalten. Eine Leiche, die über Sonntag unbeerdigt bleibt, zieht nach. In Berlin-Weißensee erzählte 1964 D. K.: »Die Leiche von Stalin lag über Sonntag aufgebahrt; da starb bald danach Klement Gottwald« (der tschech. Staatsmann). → Wiedergänger, Vampir.

Nackarsch, nackete Hur, n. Jungfer, n. Kathl → Herbstzeitlose.

nackt, Nacktheit. Im heutigen Glauben und Brauch ist Nh. meist in abgeschwächter Form als Entblößung einzelner Körperteile oder als unvollständige Bekleidung (gelöstes Haar, Hemd) gefordert. Doch bieten die vkdl. Quellen der letzten Jahrzehnte noch genug Beispiele älterer Sitte. Oft wird gewiß auch vom Gewährsmann wie vom Buchschreiber dieser Umstand verschwiegen. Über die Gründe der Nh. sind zum Teil ganz einseitige Theorien aufgestellt worden. Eckstein (HDA 6, 824ff.) nennt als die wichtigsten, von denen keine als die alleingültige angesprochen werden kann: Nh. (oder verminderte Bekleidung) als Zeichen der Demut und Unterwerfung vor der Gottheit oder irdischen Macht (→ Gebärde, Gruß); Nh. als Befreiung von dem Unreinen und Alltäglichen der Kleider oder auch als Vorsorge, die Kleider in der kultischen Handlung nicht zu tabuieren und damit für den alltäglichen Gebrauch unmöglich zu machen (→ tabu, heilig, Reinigung); Nh. aus Furcht vor dem hemmenden Gewand mit seinen Verschnürungen und → Knoten (→ Band); Nh. um engerer → Berührung mit der segenspendenden Erde, mit dem grünen Zweig, dem Maitau usw. und damit um stärkeren Segens- und Fruchtbarkeitszaubers willen; Nh. um die apotropäische Kraft der obszönen Geste (→ Hinterer, Kot, Feige) anzuwenden; endlich Nh. aus erotischen Beweggründen (im Liebeszauber usw.). Alle diese Motive klingen im Volksglauben an. Nach Tacitus wurde die germ. Ehebrecherin n. und mit abgeschnittenen Haaren aus dem Hause gejagt (→ Kastration). Zum → Eid unter dem Rasen, zum kultischen → Schwerttanz trat man in teilweiser Nh. an. Bei Hexenuntersuchung und Bahrprobe wird Nh. und sogar Haarschur gefordert, um dem zu Untersuchenden die Zauber- und Täuschungskraft zu nehmen. In dem Regenzauber, den Burchard von Worms berichtet, erscheint das handelnde Mädchen n. Nh. bei Pflugumzügen, Umwandlung des Ackers, Wälzen auf dem taunassen Gras, Liegen auf dem Acker zu Johannis wird noch bis ins 20. Jh. berichtet. Abwehr-, Reinigungs- und Fruchtbarkeitszauber wirken in Handlung und Spruch oft zusammen. Der Schlag mit der → Lebensrute traf den n. Körper und die → Geschlechtsteile, worauf die Bez. fuen, futteln, fitzeln, aber auch die Art des Schlagens selber weisen. In der Herrschaft Lauenstein wurde dieses »Kindeln« wegen Unzucht verboten. Im Brauch des Säens, Pflanzens und Erntens finden wir noch heute Ersatzbräuche der Nh. Beim Liebesorakel ist die Fragestellerin nackt.

> Hier sitz ich splitterfasernackt und bloß,
> wenn doch mein Liebster käme
> und würfe mir mein Hemd in den Schoß.

Hexen fahren n. auf Böcken und Besen. Die gebannte → Hexe fällt n. aus der Luft, wenn man sie mit Anruf oder Drudenmesser zurückverwandelt. Der → Alp steht als schöne n. Frau da. In nord. Sagas ist von Hexen die Rede, die in Nh. ihre Macht üben. Hexen, feurige Drachen oder schwärmende Bienen kann man im Gegenzauber durch Nh. bannen, wenn man die Aidoia vor ihnen entblößt (→ Hinterer). → Fuß, Haar, Keuschheit, Neujahr, Johannistag, Andreas.

K. Weinhold, Zur Gesch. des heidnischen Ritus, 1896; Aigremont, Fuß- und Schuh-Symbolik und -Erotik, 1909; E. Fehrle, Die kultische Keuschheit im Altertum, 1910; J. Heckenbach, De nuditate sacra sacrisque vinculis, 1911; O. Rank, Die Nh. in Sage und Dichtung. In: Imago 2; H. Ellis, Geschlechtstrieb und Schamgefühl [4]1922; G. Jungbauer, Dt. Vmed., 1934.

Nadelarbeiten. Während die Bildweberei Sache von Handwerkern war und auch beim → Weben schon in der Aufbereitung des Werkstoffs wie in der Herrichtung der Geräte der Mann seinen Anteil hatte, sind die N. das eigentl. Gebiet der → weibl. Handarbeit. Das schließt nicht aus, daß geleg. auch der Schäfer, der → Hirt oder der Altenteiler sich des → Strickens annehmen. Für den → Fischer war das → Knüpfen und Ausbessern der Netze kein unwichtiger Teil der Berufsarbeit. Die wichtigsten N. der Vk. sind → Flechten, → Häkeln, Aufnäh- und → Durchbrucharbeit, vor allem → Buntsticken in Kreuz- und Plattstich. Verbreitetste N., wie sie auch der Landser wohl oder übel lernte und übte, sind natürlich Stopfen und → Nähen. Bes. letzteres steht trotz der vorwiegend reinen Zweckbestimmung in Kleidernähen und Flicken doch nicht außerhalb der Vk. und geht fast unvermerkt in die Kunst des Stickens über. → Stickmustertücher, Model; vgl. Knüpfen, Klöppeln.

Nadelstichbilder. → Seit dem 15. Jh. (Italien) sind durchnadelte Vorzeichnungen (später auch Kupfer), über die man Kohlenstaub streute, als Pausen gebräuchlich. Die Ornamente an Ärmelaufschlag, Schoßband und Brusttuch der Montafonertracht werden noch in der Gegenwart in gleicher Weise mit Kreidepulver auf den schwarzen Samt übertragen (Trachtenstickerin Hermine Keßler in Schruns, 1970). Der volksläufige Geschmack mag diese bloße Technik als eigenen künstlerischen Reiz empfunden haben und übertrug ihn auf das kleine → Andachtsbild. Von hier aus ging der Nadelstich auf Liebes- und → Patenbriefe über.

Nägel, N.schmiede. Germanen und Kelten wie andere alten Kulturvölker hatten N. aus Bronze, Kupfer, Eisen und Holz. Seit dem MA bildeten die Ns. durch Jhh. eine eigene Zunft. Wie Pferd und Maultier, Ochs und Esel noch immer vom Hufschmied (Patron → Eligius) beschlagen werden, so blieben → Hufeisen und -nagel bis heute z. T. Handarbeit. In Fabriken werden N. seit etwa 1800 hergestellt, zuerst aus Eisenschienenstücken und Blech, später aus Draht. Die handwerkl. V.sprache unterscheidet Bau-, Latten-, Dielen-, Schindel-, Bilder-, Huf-, Schuh-, Absatz-, Sohlen-, Zier- und Reißnägel (Heftzwecken). Beim bäuerl. Gerät und Möbel, in Scheune und Stall spielt der derb zugeschnittene N. aus Holz bis heute eine gewisse Rolle.

N.schmiede im Dt. Mus., München; L. Kretzenbacher, Der N. am Kreuz. Das Kultzeichen e. steir. Sakrallandsch. Öst. Zs. f. Vkde 58 (1955).

Nagelkraut → Stiefm., Schöllkraut.

Nähen. Wie das Stopfen, das zur Ausbesserung von Geweben dient, so ist auch das N. zunächst ein außerh. der Vk. stehender techn. Arbeitsvorgang, den die Menschheit seit Urtagen kennt. In der Befestigung und Verbindung zweier Geweb- oder Lederstücke ist N. dem primit. → Flechten verwandt und benützt wie dieses Bast, Binsen, Schilf u. a. als »Faden«. Das N. mit Wollfäden zeigen schon bronzezeitl. Trachtenstücke, die in jütisch-schleswig. Baumsärgen gefunden wurden. Mit der Beigabe eines schmückenden Fadens zum Wollstich ist die Entw. zum N. als dekorat. Kunst hier schon angedeutet. Das Weißn. auf ungefärbten Stoffen kennt nicht nur eine Vielfalt von Sticharten, sondern gestaltet in freier Fadenführung auch Muster und Figürliches. Ähnl. gilt von → Durchbrucharbeit und Kreuzstich, bes. von den vielen Arten der Buntstickerei, die sich vom Gewebgrund unabhängig gemacht hat wie z. B. das aufwendige Sticken mit Silber- und Goldfäden für den Bedarf der Tracht oder das → Federkielsticken. Auch Spitzen werden außer durch → Häkeln und → Klöppeln durch N. hergestellt, indem man einen Leinengrund nach Vorzeichnung ausnäht. Die Nähspitze blühte in der Renaiss. und wurde in Italien, Frankr. und Belgien vtüml. Bei uns lief ihr das bodenständige Klöppeln den Rang ab. In der Tracht erscheint die Nähspitze meist als fertiges Erzeugnis, wie es bes. die schles. Hausind. Ende des 19. Jh. auf den Markt brachte.

J. Hoops, Reallex. d. germ. Altert.kde. [2]1968ff.; M. Ebert, Reallex. d. Vorgesch. 14 Bde. 1924–29. (Flechttechnik).

Nährstand → Bauer, Margareta.

Nahrung → Speis u. Trank.

Name. Wie das → Bild oder das → Maß gibt der N. dem, der ihn weiß, mag. Gewalt über den Träger. Deshalb darf der N. eines Kindes vor der → Taufe nicht laut werden (→ Wechselbalg). Zuweilen weiß vorher nur der Vater den N. des Kindes. Man gibt Decknamen (z. B. Rosenblättchen für Mädchen, Pfannenstielchen für Knaben in Nahetal und Rheinpfalz). Der N. ist das Wesen. Deshalb wird in manchen Religionen der N. des höchsten → Gottes verschwiegen und noch der christl. Katechismus verbietet, ihn »eitel zu nennen«. Blasphem. → Fluch mißbraucht ihn. Heiliger → Eid ruft ihn zum Zeugen auf. Das → Tabu bewirkt → Euphemismus oder Ersatzn. wie »guter Alter« für → Donar, aber auch »Böser«, »Gottseibeiuns« für → Teufel. Manches Tabu gilt nur zeitweise. So heißen die Mäuse in den → Zwölften Bohnlöper, der Fuchs Langschwanz (Mecklenbg.). Das ganze Gebiet der N.kunde muß sich dieser Gesichtspunkte viel stärker bewußt werden als bisher. In → Sondersprachen, bes. in der Jägersprache, erklärt sich vieles aus dieser Vorstellung. In dem → Märchen vom »Selbstgetan« (→ Polyphem, Fenken), aber auch z. B. in der nord. Sage von Sigurdr und Fafnir, wird der N. des Täters verschwiegen, damit der Dämon (Fafnir, Drache) nicht Gewalt über ihn erlange. Erraten oder Erfragen des N. vertreibt den bösen Geist (Rumpelstilzchenmärchen), aber auch den guten (Lohengrin). Mit N.nennung zitiert man absichtlich (→ Beschwören) oder unabsichtlich den Geist: wenn man den Wolf nennt, kommt er. Bei der Aufnahme in eine neue Gemeinschaft (Orden, Studentenverbindung, Beruf wie Schauspieler oder Artist, Berufsgrad wie Gesellenschaft; → Burschenschaft, Jünglingsweihe, Initiation), bei Thronbesteigung oder → Adoption wird mit dem neuen N. auch ein neues Wesen angezogen. Aus dem Saulus wird ein Paulus. Daß der bei der Taufe erhaltene N. ein Schicksal bedeute *(nomen est omen)*, diese Anschauung ist noch allgemein. Heute unterliegt die N.wahl besonders in Städten oft modischen Strömungen. Früher spiegelte sich in den Taufn. die Ahnenreihe, wie »Enkel« als Wort den »kleinen Ahn« bezeichnet. Mit dem N. der kath. Kalenderheiligen erhält das Kind dessen Schutz und Tugend. »Wunschn.« waren auch die meisten der germ. → Vorn., die Glanz, Schönheit, Reichtum, Tapferkeit und Kriegsruhm auf den Träger herabriefen. Jacob Grimm hat das erste große Werk der N.forschung angeregt: E. Förstemann, Altdt. N.buch. Ein umfass. system. und gesch. Lehrgebäude der dt. und niederl. N.welt hat Adolf Bach geschaffen. Durch die fortschreitende Spezialis. der Sprachwiss. führt T. Witkowski, Grundbegriffe der N.kunde, 1964. → Eigen-, Familien-, Orts-, Flur-, Häuser-, Hof-, Ökelnamen, Bergmann, Pflanzen, Tiere, Vögel, Kasper, N.tag.

W. Schmidt, Die Bedeutung des N. in Kult u. Aberglauben, Progr., 1912; E. Nied, Heiligenverehrung u. N.gebung, 1924; H. Bahlow, Dt. N.buch, 1933; Dt. N.kunde. E. Schröder Fs. 1938; E. Schwarz, Dt. N.fg. 2 Bde. 1949; H. Rosenfeld, Die Magie des N. Bayer. Tierkosenamen als v.tüml. Sprachschöpfungen. Bayer. Jb. f. Vkde (1950); A. Bach, Dt. N.kunde. 5 Bde. 1942ff.; M. Gottschald, Dt. N.kunde [3]1954 (Heintze-Cascorbi v. 1882 ersetzend); F. Freudenthal, Vkdl. Streifl. In: Beitr. z. dt. V. u. A.kde 2/3 (1958) (Heutige Entw.); P. Hartmann, Das Wort als N. 1958; Wegweiser z. N.forschg. Halle 1962; P. Zinsli u. O. Bandle, hg., Sprachleben d. Schweiz. 1963; N.fg. Fs. f. A. Bach. 1965; H. Bahlow, Dt. N.lex. 1966 (Fam.- u. Vorn.); G. Eis, Vom Zauber d. N. 1970; H. Berger, Vkdl. u. soziolog. Aspekte der N.gebung in Frutingen. 1967.

Namenstag. In kath. Landschaften wurde bei der → Taufe neben den → Namen der → Paten oder der Eltern und Großeltern besonders der Name des → Heiligen berücksichtigt, auf dessen Tag die Taufe fiel. Da bis in die Gegenwart auf rasche Taufe, möglichst am Tag der → Geburt, viel Wert gelegt wurde, fällt der N. zuweilen mit dem → Geburtstag zusammen. Hauptsächlich in Schlesien vermischen sich die Gebiete von N. und Geburtstag, während sie sonst mit den Grenzen der → Konfession fast völlig zusammenfallen. → Kirchenpatron, Petri Stuhlfeier, Labkraut.

V. Krug, Unsere Namenspatrone, 1929; F. Boehm, Geburtstag u. N. im dt. V.brauch, 1938; K. Danver, Födelsedag och namnsdag. Folkkultur 2 (1942); J. Talve, N.- u. Geburtstagstrad. in Finnland. Hels. 1966.

Namensweihe. Wie in den sozialist. Staaten des O die → Jugendweihe an die Stelle der Konfirmation und Firmung tritt, so soll die N. die → Taufe ersetzen. Die Eltern mit ihren Kindern versammeln sich im Kultursaal. Musik, Gedichte und Ansprachen gehen der feierl. Namengebung, der N., voran, Blumen, Glückwünsche und die Übergabe einer Urkunde mit Spruch beschließen sie. So wurde z. B. im erzgeb. Gottleuba 1958 zum erstenmal die N. durchgeführt, die alle drei bis vier Monate für Neugeborene wiederholt werden soll.

Napf → Schüssel.

Narr. Der Possenreißer und Lustigmacher fehlt selten bei Volksfesten (Kirmes, Hochzeit) und steht oft im Mittelpunkt bestimmter Szenen und Spiele (N.gericht, -könig, -buch, -tag; → Fasnacht). Der dt. Name Hanswurst für die internationale komische Figur (ital. *bajazzo, arlecchino*) ist zuerst 1519 (Rostock) belegt. Im dt. Lustspiel erscheint der N. unter jenem Namen zuerst 1573. Neben den allgemeinen, besonders auch im → Puppentheater bekannten Typen, bildeten sich lokale: z. B. »Onkel Pelle« in Berlin, ursprünglich genannt nach dem Namen eines Rummelplatz- und Schaubudenbesitzers vom Anfang uns. Jh. Ein gesunder Sinn für volkstümlichen Humor, aber auch ein allzeit reges Bedürfnis nach derber Komik macht den lustigen N. unentbehrlich, wie auch das → Volksschauspiel (Wien) und selbst die hohe Bühne trotz Gottscheds Protest diese viel aus dem Stegreif spielende Charaktermaske beibehalten haben. → Kasper.

Nick, Die Hof- u. Volksn. 2 Bde., 1861; K. F. Flögel, Gesch. d. Hofn., 1889; A. R. Jenewein, Alt-Innsbrucker Hanswurstspiele, 1905; G. Henßen, Schelme u. N.en im V.munde. 1938; H. Hohenemser, Pulcinella, Harlekin, Hanswurst, 1940; H. Wyss, Der N. im schweiz. Drama d. 16. Jh. 1959.

Narrenaufträge. »Zu den beliebtesten Scherzen unseres Volkes gehört das Necken und Foppen des Neulings und des Dummen z. B. beim Hänseln, bei der Ilbetritschejagd« (H. Hepding). Beim → Dreschen und anderen Gem.arbeiten, vor allem am → ersten April (Rasselböck, Dilldappen, Bachkatzen) sind N. in Hessen u. am Rhein bekannt, aber auch jenseits der Grenzen in Belgien und Frankr. In der Pfalz und dem benachb. Rheinhessen schickt man z. B. einen fremden Ankömmling aus, die Elbentritschen zu fangen. J. Grimm erklärte das Wort als »der vom Alp Getretene«. K. Ranke schließt sich dieser Deutung an, verneint aber einen myth. Ursprung des Neckspiels. → Unlösbare Aufgabe, Elfen.

R. Mulch, Elbentritschen u. Verwandtes. Hess. Bll. f. Vkde (1958 u. 59).

Narrengericht → Fasnacht, Katzenmusik, V.schauspiel.

Nase. Nöäse lang un spitzet Kinn, doa sitt de lewennige Satan drin. Leute mit dünner N. sind spitzfindig. Fischart nennt das Sprichwort: Lang und hohe Naß zeigt an Weisheit groß. Große N. (auch eiserne) kennzeichnen → Bercht, → Holle, → Hexen und Kinderschrecke. Nicolaus Meldemann stellte den »N.tanz zu Gimpelsbrunn« dar, einen Wettanz im Frühling um den Preis der größten N. N.jucken zeigt Geburt eines Juden, Besuch, Kuß oder Neuigkeit an. Bekannt sind die Mittel gegen N.bluten, die zum Teil natürlich (Erschrecken durch etwas Kaltes im Nacken), zum Teil magisch sind (Abbinden der Krankheit durch Umbinden des kleinen Fingers, weißes Papier unter die Zunge legen, → Fieber). → Zucken, Blut.

Natter → Schlange.

Nebel. Im Alemannischen unterscheidet man zwischen ziehendem N. und der schweren und länger dauernden »Brenta«. Adventn. verkünden ein gutes Obstjahr, fallendem N. folgt Schönwetter. Besonders an Bergen wird der N. Wetterzeichen. N. brauen, kochen oder spinnen St. Nikolaus (beim Zeltenbacken), Hexen oder Nebelmännlein (Bodensee). In Urzeiten versetzt uns das »N.heilen« (N.kastrieren) der Schweizer Hirtenbuben. Mit Rauch von Feuer, das durch Holzreiben entsteht, und mit Zauberspruch vertreiben sie den N. Vielen Sagen von Geisterwäsche, wehenden Gespenstern usw. liegen wirkliche Eindrücke müder Wanderer in N. und Nacht zugrunde. → Hockauf.

L. Laistner, N.sagen, 1879; K. Auersbach, Licht- und N.geister, 1901; R. Weiss, N.heilen, Teufelheilen. Notfeuerbereitung u. Wetterzauber als Hirtenbrauch. Schweiz. Arch. f. Vkde. 45 (1948), S. 225–261; M. Matičetov, Uno scongiuro sloveno contro la nebbia e i suoi corrispondenti svizzeri. Schweiz. Arch. f. Vkde 57 (1961); Dt. Wortatlas II.

Negenstärke → Neunstärke.

Nehalennia. Neben anderen Göttinen verehrten die Bataver, wie uns Weihesteine bezeugen, eine Göttin des Meeres und der Schiffahrt N., die auf der Insel Walcheren (Scheldemündung) ein Heiligtum hatte. Tacitus setzt sie der Isis gleich. Die 26 bekannten, allerdings nur von Römern gesetzten Votivsteine zeigen N. mit Schiff, Hund, Füllhorn oder Fruchtkorb. Vielleicht war sie wie Isis auch Totengottheit. »Die Verbindung von Todesvorstellungen mit Vegetationsmächten ist auch im germ. Glauben so allgemein, daß wir sie für den Nerthuskult wie auch für N. anzunehmen berechtigt sind« (J. de Vries). Ihr Kult zeigt Ähnlichkeit mit dem der → Nerthus. Nach Schade hat die christliche hl. Ursula und der sagenhafte Zug mit den 11000 Jungfrauen das Erbe der N. angetreten. → Matronen.

O. Schade, Die Sage v. d. hl. Ursula u. d. elftausend Jungfrauen, 1854[3]; K. Helm, Altgerm. Rel.gesch., 1913; J. de Vries, Altgerm. Rel.gesch. 1. Bd., 1935.

Neid bewirkt → bösen Blick und wird durch die Geste der »N.feige« (→ Feige, Gebärde, Nacktheit) abgewehrt. N. ist gleichbedeutend mit Zauber (Tirol). Man spricht im Volke geradezu von der Gattung der N.krankheiten. In älterer Sprache kann N. jede Feindschaft bezeichnen. Im Nordgerm. wies ein Roßhaupt auf einem → Pfahl, eine N.stange, in die Richtung, aus der man einen Feind erwartete (→

Schädel). Auch N.stangen mit höhnender Runeninschrift erricht. das alte Skandinav. Die Menschen- und Tierfratzen der Kirchen und Dome des MA gehören hierher wie der weltl. »Lalenkönig« des Basler Brückenturms, der bei jedem Pendelschlag der Uhr dem »Dukatenscheißer« im gegenüb. liegend. Kleinbasel die Zunge wies. N.köpfe und Blecker finden wir noch häufig an Giebeln und Eckbalken von Hessen und Baden, bes. aber in der Gegend von Walldürn, Buchen, Adelsheim und Amorbach (Assion). Ähnlicher Sinn liegt auch manchen → Giebelbrettern zugrunde. Mit N.klee (Steinklee, *Melilotus caerulea)* räuchert man den Stall, um verschrieenes Vieh zu heilen (Oberösterr.). Andere »N.kräuter« gegen Zauber sind Haselwurz *(Asarum europaeum)* und Engelsüß (Tüpfelfarn; *Polypodium vulgare*). Ein ausführlicher Kalenderbericht über das Entstehen einer N.krankheit ist veröffentlicht (1, 326) in:

O. v. Hovorka und A. Kronfeld, Vergleichende Volksmedizin, 1908; R. Wielke, N.inschriften u. N.symbole im Niederdt. Ndt. Zs. f. Vkde. 10 (1932); H. Marzell, N.kräuter, Bayer. Jb. f. Vkde 1953; H. Heimberger, N.köpfe zw. Neckar u. Main. Mainfr. Jb. f. Gesch. u. K. 74 (1951); M. Scharfe, N.köpfe im Remstal. Württ. Jb. f. Vkde 3/4 (1957/8); K. Pomplun, Berlins alte Sagen. 1964 (Nr. 14, Der N.kopf); Reallex. d. germ. Altert.kde.

Neidfeige → Neid, Feige.

Neidfleckerln → rot.

Neidklee → Neid.

N.stange → Kopf, Neid.

Neigenmörder → Hornisse.

Nekromantie, (griech. *nekros* = tot, *manteia* = Wahr-, Weissagung). Totenbeschwörung, wie sie die antiken Völker, aber auch die Germanen *(hellirûna)* kannten. Durch andere Schreibung wurde daraus Nigromantie, was als »Schwarzkunst« übersetzt (lat. *niger* = schwarz), schließlich im 16. Jh. im weiteren Sinn als Zauberei verstanden wurde. Im MA erzählt man von N.schulen (in Sarazenenländern wie Apulien und Spanien) und von Zusammenkünften der Nikromanten auf Venusberg und Pilatus, im 16. u. 17. Jh. auf → Heuberg und → Blocksberg. → Magie, beschwören.

E. Stemplinger, Antiker Aberglaube in modernen Ausstrahlungen, 1922.

Nelke → Muskat, Beiderwand.

Nepomukszunge, → Amulett in Form einer Zunge entweder aus Wachs zwischen zwei Glasplättchen oder aus Metall z. T. mit dem Bild des hl. → Johann Nepomuk von Prag. Auch kleine → Andachtsbilder mit der N. waren verbreitet. Reliquiare mit der N. findet man noch in kleinen Kapellen (Alpe Rells bei Vandans in Montafon).

M. Andree-Eysn, Volkskundlich. 1910.

Nerthus. Tacitus berichtet in der Germania, daß viele germ. Stämme die N. als Gottheit der → Erde (→ Mutter) verehren. Mit Gottesfrieden und Umzug eines von Kühen gezogenen Bildes auf einem Wagen wurde ihr Fest im heiligen Hain einer Meeresinsel in jedem Frühjahr durch mehrere Tage begangen. Nach dem Umzug wurden Wagen und Götterbild einer kultischen Reinigung unterzogen. Der Name ist noch nicht erklärt (Erde?, Tänzerin?). Im späteren Kult der → Edigna sah man eine Erinnerung an N. Die Göttin und ihr Kult zeigt auch Verwandtschaft mit → Tanfana und → Nehalennia und durch Njord auch mit dem nord. → Freyr.

F. R. Schröder, Germ.tum u. Hellenismus, 1924; H. Naumann, Götter Germaniens. In Dt. Vierteljs., 1930; R. Kriß, Volkskundl. aus den altbayer. Gnadenstätten, 1930; Jan de Vries, Altergm. Rel.gesch. 1. Bd., 1935.

Nestelknüpfen, heute noch in Südeuropa, aber auch bei uns bekannter Bindezauber, um einen Mann (Bräutigam) impotent zu machen. Ursprünglich bezeichnet das N. das zauberische Verknoten der Hosennestel (Schnürriemen). Marcellus Empiricus schreibt um 400 über einen verwandten Zauber: *si quem voles per noctem cum femina coire non posse, postillum coronatum sub lecto illius pone.* In Hexenprozessen des MA spielt »das verdammte N.«, auch Senkelknüpfen, Schloßschließen, eine große Rolle. Von seiner Reise (zw. 1595 u. 1600) berichtet Thomas Plattner d. J. über das N., »das in Languedock zimlich gemein«. Man ging deshalb heimlich zur Trauung. Der Zauberer knüpfte ein N. bei den Worten des Priesters: »Was Gott zusammengefügt hat, soll der Mensch nicht scheiden«. Gegen andere Frauen blieb der Mann potent. Dem Zauber entgegen wirkt alles Lösen, Öffnen, Aufknoten. → Knoten, Band, Hexe, Impotenz.

Hovorka-Kronfeld, Vergl. Vmed., 2. Bd., S. 164ff; F. Stamm, Vkdl. aus d. Reisebericht Thomas Plattners d. J. Schweiz. Arch. f. Vkde. 37 (1939).

Netznadelarbeit, Filet (v. frz. filer ›spinnen, Faden ziehen‹). Der Bedarf des → Fischers wie des Sammlers von Früchten führte früh zur Kunst des → Knüpfens und → Flechtens. Verfeinerte Netze sind es, deren Maschen in der Renaiss. mit dem Aufkommen der → Spitzen und → Durchbrucharbeiten durch Stopfstich kunstvoll ausgefüllt wurden. In der Nachfolge solcher Arbeiten steht die Vk. der späteren Jhh. (→ Kissen, Prunkhandtuch). N. des 18. Jh. zeigen Braut und Bräutigam, die ein Herz halten, darüber zwei Engel mit Blumenranken und Tieren und anderen Motiven im Stil der Zeit. Dem 19. Jh. gehören Einsätze mit Braut, Vögeln und geom. Mustern an (Jamund). Bestimmte Landsch. haben eine längere Trad. in F. oder N. aufzuweisen (→ Tischtücher im Elsaß, → Hungert. in Westfalen). Für die kirchl. Paramentik wird N. gern verwendet (thüring. Altardecken im Eisenacher Mus.); in kath. Landsch. ist sie häufig → Klosterarbeit, sonst das Werk geschulter Stickerinnen.

J. Brinckmann, Führer d. d. Hambg. Mus. f. Kunst u. Gewerbe, 1894; Dt. Vk. Die Bände: Niedersachsen, Pommern, Westfalen, Thüringen, Elsaß.

Neugierde strafen die Geister (→ Blendung, nackt, wilde Jagd). Kindlicher N. begegnet man mit Scherzsprüchen. In Vorarlberg heißt es auf die Frage: »Was ist da drin?« – »A silberis Eiluag im a goldina Nütili« (ein silbernes Eischau! in einem goldenen Nichtslein).

neuhochdt. → Lautversch.

Neujahr, Silvester. Bei den Germanen war der Beginn des neuen Jahres auf keinen bestimmten Tag gesetzt. Im Mittelalter wechselte der N.termin mehrmals, bis ihn Papst Innozenz XII. auf den 1. Januar festlegte (1691). Im Brauch mancher Landschaften und in volkssprachlichen Bezeichnungen ist die Erinnerung an andere Termine noch erhalten (→ Weihnachten, Dreikönig, Jahr, Jahresanfang). Daß wir an den Jahreswechsel geknüpften Brauch und Glauben in der ganzen Zwölftenzeit und noch früher finden, rührt außer von der germ. Julzeit zum Teil wohl auch von der Begegnung des Christentums mit dem römischen N. her. Nachdem früher der 1. 3. gegolten hatte, wurde im 2. Jh. vor Christus der 1. 1. römisches N. Bis zum 4. Jh. hatten sich im Anschluß daran große Festlichkeiten, die *Kalendae Januariae*, entwickelt, die manchen Einfluß von den alten Saturnalien erfuhren, die noch unter den ersten Kaisern um die Dezembermitte von Hoch und Nieder mit großem Aufwand begangen wurden. Trotz der heute einheitlichen kalendarischen Festlegung des N. kennt das Volk in Festbrauch u. Wirtschaft auch andere Jahreseinteilungen, wie auch das Kirchenjahr oder das städtische Geschäftsjahr vom Kalenderjahr unabhängig sind. – Der Tag und Abend vor N., der nach dem 335 gestorbenen Papst Silvester benannt ist, ist in Glauben und Brauch vom Jahresbeginn nicht zu trennen. Im Volksbrauch der Städte beschränkt sich die N.feier heute fast völlig auf die S.nacht.

Die N.nacht ist eine Geisterzeit, die Schätze frei und umgehenden Toten Erlösungsmöglichkeit gibt. Wuotes Heer zieht. Die Unterirdischen, Drachen, Geisterhunde und versunkenen Glocken hört und sieht man. Gefährlicher Dämonen erwehrt man sich mit Feuer, Licht u. Räucherwerk (N. ist neben Thomas, Weihnacht, Dreikönig eine der vier → Rauchnächte), mit Peitschenknallen, Schreien, Läuten und anderem → Lärm. Man schießt in die Obstbäume und nach den Kornfeldern, das gibt schwere Ähren. Die → Seelen, die zu einer Kirchengemeinde gehören, kommen aus der Fremde in den Heimatfriedhof wie zu → Allerseelen. Die Lebenden halten Seelenfeste u. speisen die Toten. Man läßt ihnen Platz bei Tisch und setzt ihnen zu Silvester das Lieblingsgericht vor (Erzgebirge). In Ostpreußen wird mehr Holz in die Öfen getan, damit die Seelen sich wärmen können. Solche Bräuche sind uns schon aus dem Alterum überliefert. Die → Masken und dämonischen Gestalten, die allein, zu mehreren oder in Umzügen in der N.-nacht in oder vor die Häuser kommen, sind die d. Zwölftenzeit überhaupt (Schimmelreiter, Bär, Storch, Klapperbock, Holle, Bercht, Chlungeri, Bechteli) oder sind nach diesem Auftreten benannt (N.bock, N.mann). Sie schrecken, lärmen mit → Rummelpott und Schellen, prüfen die Kinder und Mägde. Die Aschenmutter läßt die Kinder beten (Schivelbeiner Gegend). Die N.muhme bringt den Aschenbeutel, aber auch Nüsse. Die Hulkan (Holdchen) kommen in einem Kleid von Stroh (Amrum). Bescherungen sind nicht selten, im MA waren sie nur unter Erwachsenen üblich. Die Nachwirkung der *strenae* (Zweige, Geschenke) zu den röm. Kalenden, wo sie nachweisbar ist, wird eher in dem eigentlichen N.geschenk (Gebildbrote, Münzen) als in jener Kinderbescherung zu sehen sein. Die Nacht, die dem wichtigsten Einschnitt des Jahres vorangeht, ist von besonderer Bedeutung u. wird zu zahlreichen → Orakeln benützt, die schon Burchard von Worms erwähnt *(observasti calendas januarias ritu Paganorum . . . supra tectum . . . in bivio sedisti)* und die auch in den Großstädten nicht vergessen sind (Bleigießen, Apfelschalen-, Schuhwerfen usw.). Man erfährt sein Schicksal, wenn man zwischen 11 und 12 einen Kreis um sich zieht, wenn man auf einem Kreuzwege horcht, das Gesangbuch befragt, die Träume deutet. Liebe, Hochzeit und Ehe, Wetter und Ernte werden erkundet, sehr viele Zeichen gelten dem Tod. Wer sich beim Beten verspricht, besondere Geräusche hört, eine Sternschnuppe sieht, wird im nächsten Jahr sterben. Der → Tod wartet, wenn das für einen bestimmte Brot beim Backen aufreißt oder wenn ein mit Salz bestreutes Loch im Brot beim Backen im Ofen sich schwarz färbt. In Ostpreußen und Litauen kennt man ganze Orakelspiele. Beim »Glückgreifen« wählt man mit verbundenen Augen aus den N.gebäcken eine Figur (Weib, Mann, Ring, Wiege, Püppchen, Schlüssel, Leiter, Stein, Totenkopf). Eine dreimal gezogene Figur bedeutet das Eintreffen eines entsprechenden Ereignisses. In Graubünden lost man die Mädchen aus. Andere Orakel beziehen sich auf Stall und Kornfeld. Solche festgeformten Orakelbräuche aber kennen wir kaum, wie sie im nord. »Jahrganggehen« in der Thomas-, Jul-, Stephans-, N.- und Dreikönigsnacht geübt werden.

Das kleinste Ereignis und die geringfügigste Handlung werden hochwichtig in der eigentlichen Stunde des Übergangs. Um Mitternacht wird Abwehr- u. Glückszauber in hundert Formen getrieben. Das alte Jahr wird ausgeläutet, ausgedroschen (auf hohlliegenden Brettern; Züricher Oberland), das neue eingeläutet und eingedroschen. Soweit man den Schall hört, soweit sind die Felder fruchtbar. Das alte Jahr wird abgedankt oder mit etwas Korn in d. Handmühle »vermahlen« (Ostpreußen). Im Wirtshaus werden die Lichter ausgelöscht und Schlag 12 wieder angedreht (Bayern). In der ersten halben Stunde schließt man alle Türen, wo das alte hinausging, und öffnet nur die hintere Tür, damit der Segen hereinkomme (Isergebirge). An der Weser wird eine Strohpuppe als alte Vettel durchs Dorf geführt und um Mitternacht ersäuft, zurückgebracht aber wird ein hübsches Mädchen als »N.-königin«, die auch noch im gleichen Jahr, wenn sie nicht Jungfer bleiben will, ihren Mann finden muß. Beim N.läuten trinken alle Tischgenossen aus einem Glas u. werfen es dann aus dem Fenster. Das vertreibt Unglück (Annaberg).

Silvester ist der Anfang des ganzen Jahres. Wie der Anfang, so das Ganze. Wer jetzt Geld hat, hat das ganze Jahr. Ein gutes *omen principii* muß beobachtet oder herbeigeführt werden. Burchard v. Worms rügt dergleichen: *qui ea sancta nocte filant, nent, consuunt et omne opus quodcunque incipere possunt, diabolo instigante propter novum annum incipiunt.* Um den guten Anfang zu machen, soll man nicht hinfallen, nichts verkehrt anziehen, nichts flicken, ausleihen oder verkaufen, aber einnehmen, Arbeiten vollenden, früh aufstehen, singen und lustig sein. Reinigungs- und Fruchtbarkeitszauber wird geübt. Man soll ausfegen, saftige Reiser holen, heilkräftges → Wasser schöpfen, die Obstbäume schütteln, klopfen, anschießen, binden oder beschenken. Geflügel und Vieh erhalten bes. Futter. Schweigend, nüchtern, in kultischer → Nacktheit müssen solche Dinge verrichtet werden, und oft verbündet sich damit Wasserguß und Rutenschlag. Auch zu bösem Zauber ist die N.nacht die rechte Zeit, zum Wünschelrutenschneiden, Kugelgießen, Schatzgraben, Hecktalersuchen. Ähnliches berichtet schon Sebastian Brant 1494 im »Narrenschiff«.

Dem eigentlichen N.tag, in Städten meist schon der Mitternachtsstunde, gehören die Wünsche an, mit denen man sich gegenseitig Glück, Gesundheit und langes Leben mit einfachem Zuruf (»Prost Neujahr!«) oder in althergebrachtem Spruch sichern will. Ein Mann, ein Knabe soll der erste Begegnende und Glückwünschende am N.morgen sein. Für Schulbuben war und ist deshalb das »Neujöhrla«, »Überraschen«, »Neujahrabgewinnen« eine einbringliche Sache. Der Bauer geht auch dem → Vieh glückwünschen. Im Böhmerwald ging der Wunsch wie ein Lauffeuer durch das ganze Haus, vom Knecht zur Herrschaft, zu den Mädchen, zu den Schwestern, zur Frau. Zuerst rief ein Knecht zum andern:

Brüaderl! Nuis Gohr! Nuis Gohr!
's Kristkinl liegt im Kroistnhoor; – (gekrausten Haar)
Longs Löm, longs Löm
und an Badl voll Gald danöm!

In alemannischem Gebiet ist mit dem Glückwunschgang zum Paten ursprünglich das »Würgen« verbunden gewesen. Das Geschenk heißt noch »Helsete« und auf die alte Sitte deutet wohl auch der Schrunser Spruch:

A guats, glücksäligs neus Johr!
Wenn d' m'r nüt giischt, rieß di bi da Hoor!

Zeitlich waren N.wünsche mit Agnestag (21. 1.; Köln) oder auch mit dem letzten Januar (Niederlande) begrenzt.
Mancherorts ist das N.ansingen Brauch (Niederrhein, Steiermark). Klopfan-Lieder heißen die Verse in Bayern, weil die N.wünsche mit »Klopf an . . .« beginnen. Sie sprechen Segen für Haus und Stall, Flachs und Korn, Turmblasen ist wie zu Weihnachten in vielen Städten bekannt.
Das N.wünschen gehört zu den Volksbräuchen, die, wie → Wunsch und → Gruß bei wichtigen Anlässen überhaupt, alle Volksschichten auch der → Städte durchdringen. Friedrich d. Gr. erließ am 2. 1. 1783 folgende Gratulation: »Ihre Majestät der König lassen allen guten Herren Offiziers vielmals zum neuen Jahr gratulieren, und wünschen, daß sich die übrigen so betragen, daß Sie ihnen künftig auch gratulieren könne«.
N.briefe, oft in der Schule oder auch von Liebenden verfertigt, bilden einen reizvollen Zweig der Vk. In Oldenburg, wo auch das Wepelrautschicken Brauch ist, nimmt das Überbringen der N.-briefe oft die Gestalt des Julklapps (Jul, Weihnachten) an.
Wie bei allen wichtigen Übergängen oder Anfängen ist kräftiges Essen und Trinken nicht nur Erhöhung des Festes und Gemeinschaftshandlung, sondern auch magische Vorkehr, Stärkung gegen das Üble u. Herbeirufen von Fülle, Reichtum und Gesundheit. In Oldenburg u. Holstein ist Silvester der Dickbuuksabend. Wer da »hochschmauset«, dem gebricht es das ganze Jahr nicht. Fette, körnerreiche, qeuellende Speisen sind bevorzugt (Milchrahm, Erbsen, Hirse, Fische, Weißkraut). Buchard von Worms verbot, in der N.nacht *mensas cum lapidibus vel epulis in domibus suis praeparare*. Groß an Zahl und reich an Formen sind besonders die N.gebäcke und -gebildbrote. Cäsarius von Arles erwähnt bereits solche und → Martin von Bracara rügt N.brotopfer an Quellen, denn *panem in fontem mittere quid est aliud nisi cultura diaboli.* An der Domuhr von Münster stellt das Bild des Monats Januar das N.kuchenbacken dar. Die zwölf Tage von Weihnachten bis Dreikönig galten den Westfalen als »Kokedag«. Besondere N.gebäcke kennen heute noch viele Landschaften. Dargestellt werden Pferde, Hasen, Schweine, Bäume, die Dreikönige. Häufig sind es »Kränze« oder »Ringe« oder auch große rautenförmige Gebilde mit Darstellung religiöser Symbole. In Nordwestdtl. werden N.gebäcke in Eisenformen (Waffeleisen) bereitet. Die N.ringe sind Minnegaben, Patengeschenke usw. Auch der Verstorbenen und der Dämonen wird gedacht. Natürlich tritt eine Vermischung mit Gebäcken der Weihnachts- und Dreikönigszeit oder mit Broten bestimmter naheliegender Heiligen-

tage ein (→ Hilarius, Erhard, Antonius, Blasius, Agatha, Gebildbrote). – Trinksitten haben sich heute in der allgemein verbreiteten Form der N.feier stark in den Vordergrund gedrängt. Sekt, Punsch und Bowle gehören zur städtischen Silvesterfeier, die nicht selten Züge von → Fasnacht oder Karneval angenommen hat oder diese ersetzt (Berlin). Im dt. Nordböhmen aß man früher Schweinefleisch auf »Sauglück«, dazu Reis, dessen Körnerfülle dem Geld zugute kommen sollte. Am Morgen trank man außerdem auf die Gesundheit, beim Mittagsmahl auf die Stärke und abends auf die Schöne.

Welche wichtige Rolle N. im Wirtschafts- und Rechtsleben des Volkes spielt, sei nur angedeutet. Es ist wichtiger Termin für Pachtung, Zahlung, Dienstboteneinstellung. In mündlicher Überlieferung gefestigte Abgaben und Trinkgelder finden in den Geschenken und »Gratifikationen« an Angestellte, → Gesinde, Putzfrauen, Briefträger usw. in den Städten ihre Fortsetzung. Für bäuerliche Gegenden, bes. etwa für die Alpen, ist zu sagen, daß N. als wichtigster Jahreseinschnitt anders als die städtische »Silvesterfeier« im ganzen in Stille und Sammlung im eigenen Hause verbracht wird. Nur die jungen Burschen übernehmen das »N.anschießen« (Vorarlberg) u. dergl. In prot. mehr als in kath. Gegenden ist auch ein nächtlicher Gottesdienst in der Kirche fromme Übung. → Heckenrose.

O. v. Reinsberg-Düringsfeld, Das festliche Jahr, 1863; M. P. Nilsson, Die volkst. Feste des Jahres, 1914; P. Sartori, Sitte und Brauch, 3. Bd., 1914; ders. N. Im HDA; A. Meyer, Das Weihnachtsfest, seine Entstehung und Entwicklung 1915; Boudriot, Die altgermanische Religion, 1926; K. Löber, N.backen u. N.eisen im Dillkreise. Hess. Bll. f. Vkde 39 (1941); A. Wirth, Zur Gesch. d. Weihnacht- u. N.bräuche in Anhalt. Niederdt. Zs. f. Vkde 22 (1947); W. Escher, Dorfgemeinschaft u. Silvestersingen in St. Antönien, 1947; K. M. Klier, Das N.singen im Burgenland, 1950; F. Lipp, Das N.singen von Vorderstoder (Oberöst.) Jb. öst. Vliedw. 8 (1959); A. Fincke, Vom »Brochsel«, einer Branntwein-Lebkuchen-Zubereitg. d. Silvesterabends im Geb. d. ehem. Herzogt. Nassau. Rhein.-westf. Zs. f. Vkde 9 (1962); W. Sauter, »Ein New Jar«. N.wunschbll. aus 6 Jhh. 1969; weitere Lit. → Weihnachten. Zur Gesch. d. N.-festes, über N.bilder, N.karten, N.wünsche, N.geschenke vgl. auch A. Spamer, D. kl. Andachtsbild, 1930 (S. 43ff.). Dort Lit. – ASV 162–164. Glückwünsche. Umziehen d. Kinder, Spiele u. Zus.künfte.

Neunerbrot → Speis u. T.

Neunhemderwurz → Allermannsh.

Neuntöter → Hornisse.

Neupfennig → Vetymol.

Neuruppiner B. → Bilderbogen.

Nickel → Nikolaus.

Nickel, eine nach der Entdeckung des Metalls (durch Cronstedt 1751) eingebürgerte und in alle europäischen Sprachen übergegangene Bez., die aus der Sprache erzgebirg. Bergleute stammt. Sie hielten früher den Rotnickelkies für ein Kupfererz. Da sie sich vergeblich bemühten, daraus Kupfer abzuscheiden, gaben sie ihm den Schimpfnamen Kupfer-N. im Sinn von Taugenichts. – Die gleiche Abkürzung aus → Nikolaus gilt im Schlesischen f. den Gabenbringer der Adventszeit, in weiten Landschaften Mitteldtl. auch für den → Wassergeist N.mann. In Butzen. und → Pumpern. stecken gleiches Wort und verwandte Vorstellung.

N.mann, Nickert → Nickel, Wasserg.

niederdt. → Lautversch.

Niederfall → Knie.

Niesen. Die Wiss. erklärt das N. als Ausgleich elektr. Spannungsdifferenzen bei Unterkühlung der Haut oder der Luftwege. Der Antike galt der Kopf als Sitz des Göttl. und das N. als gutes → Vorzeichen und Bekräftigung einer Rede, eines Planes (Odyssee), zuweilen jedoch auch als schlechtes Omen. Unser → Wunsch »Helf dir Gott!«, »Gesundheit!«, »Prost!« sagt, daß, wie beim → Gähnen, Atmen usw., auch beim N. Böses, Dämonisches den Körper verlassen oder aber auch in ihn eindringen kann. Dieser Doppelsinn spiegelt sich in der Vorbedeutung von Glück u. Tod. Eine aus Ostpreußen stammende Berlinerin sagte (1932), N. vor dem Frühstück bedeute an den einzelnen Tagen:

Montag: geschenkt
Dienstag: gekränkt
Mittwoch: geliebt
Donnerstag: betrübt
Freitag: geehrt
Samstag: verkehrt
Sonntag: Gesellschaft

Heute gilt es als guter → Ton, das N. in Gesellsch. zu unterdrücken, es jedenfalls schweigend zu überhören. Aber eine geplante Unternehmung, eine wichtige Aussage »zu beniesen«, ist noch immer recht gut. → Maiglöckchen.

R. Rhanius, Dissertatio de more sternutantibus salutem apprecandi eiusque origine, 1742; A. Jacoby, Gähnen und N. in V.glaube und V.brauch. Elsäß. Mon.-S. f. Gesch. u. Vkde., 2 (1911); ASV 241/2 N. Wunschformel relig. u. weltlich (Gesundheit! Cent mille! Contentement! Salute! Salve! Viva!).

Nießwurz → Germer.

Nigromantie → Nekromantie.

Niklas, -singen → Nikolaus.

Niklopartl → Bartholomäus.

Nikolaus, hl. (6. 12.). Attr., einz. Legendenzügen folgend: Schiff, Anker, 3 Brote, 3 goldene Kugeln oder Äpfel auf einem Buch, Geldbeutel, 3 Mädchen, 3 Kinder im Bottich, Bischof m. Mitra. Nach 300 n. Chr. Bischof von Myra in Kleinasien. Durch eine reiche eigene Lebensgesch. und Legende und durch die Verbindung mit anderen Überlieferungskreisen, besonders mit dem vom Abt N. von Sion im 6. Jh., wurde N. in wenigen Jh. zum bekanntesten Heiligen der morgenländischen Kirche. In Dtl. bürgerte sich die N.verehrung im 10. Jh. ein, zuerst im Rheinland, vielleicht durch die Mitwirkung der Gemahlin Otto II., der griechischen Prinzessin Theophano. Im MA wurde N. Patron von mehr als 2000 Kirchen. Standbilder an Wegen, Plätzen und Brücken zahlreiche Gemälde mit Darstellungen aus der Legende, endlich die Verbreitung als Name von Personen, Orten und Märkten zeugen von der Volkstümlichkeit des Kultes (K. Meisen gibt eine Verbreitungskarte des N.kultes; s. u.). Bemerkenswert ist, wie die Kultgeographie den großen Strömungen folgt, die die allg. Kulturgeographie bestimmen. Mit dem Zeitmaß steigenden Verkehrs und sich entwickelnder Verkehrsbahnen steht das Zeitmaß der Kultausbreitung in Zusammenhang. Von Dtl. nach Norden und Osten wurde die N.verehrung besonders durch den weitverzweigten Handel der Hansastädte weitergetragen.

Die Volksbräuche dieses Tages gehören zu den am weitesten verbreiteten und lebendigsten unserer Zeit. Einem starken Meinungsstreit unterliegt in der Vkde. die Frage des Anteiis kirchl-christl. und volksgläubiger Überlieferungen an diesem Brauchtum. Auf heftigen Widerspruch stieß die Ansicht, die Meisen besonders im dritten Teil seines umfassenden Werkes über den hl. N. zu begründen versuchte. Sie sieht im N.brauch fast ausschließlich die Nachwirkung der christlichen Legende, wie sie in den Passionalien u. Martyrologien schon vor tausend Jahren dargestellt wurde. Es gilt aber auch hier, was M. Zender (Räume u. Schichten. 1959. S. 37) vom hl. Lambertus sagt: »Zudem sind die hier genannten vtüml. Meinungen und Bräuche

Bezeichnungen des Gabenbringers in der Nikolauszeit. (Die unterstrichenen Namen tragen meist die Begleit- u. Schreckgestalten).

weitgehend vom Kult unabhängig, und gehen viel eher auf den Kalendertag des Heiligen und dessen Rolle im Wirtschaftsleben oder im Alltag zurück. Da bestehen natürlich urspr. Zus.hänge, aber Volksmeinungen und Brauchtum des Tages breiten sich später unbeeinflußt vom Kult weiter aus und leben nach eigenen Gesetzen. Das gleiche gilt auch von der Namengebung.«

Zum Kinderfest wurde der N.tag insbesondere durch die mittelalterliche Verbindung dieses Tages mit dem Tag des → Kinderbischofs, des *episcopus puerorum*. Dieses ausgelassene Schülerfest, zu dem die Jüngsten einer Klosterschule einen aus ihrer Mitte zum Bischof wählten, wurde schon im 9. Jh. verboten, erhielt sich aber trotzdem. In prot. Gegenden wurde der Brauch der N.einkehr in seiner kath. Gestalt und Namengebung entweder abgeschafft od. auf Weihnachten verlegt. Der N. wurde so zum farblosen Weihnachtsmann, wie ihn Norddtl. u. bes. die Städte jetzt kennen. Daneben bestehen allerdings redensartliche und brauchtümliche Restformen, so z. B. im »Niklassingen« in Bremen (Bericht von Frl. Oppermann, 1934): Trupps von Kindern zu drei und drei, von denen immer eins schwarz u. zwei weiß gekleidet sind u. so an die → Dreikönige erinnern, ziehen am N.tag von Tür zu Tür und sagen, während sie mit dem Stock im Takt dazu pochen:

Nikolaus, de gode Mann,
Kloppt an alle Dören an,
Klene Kinner schenkt er wat,
Grote Kinner steckt er in Sack.
Halli, halli, hallo,
So geit's no Bremen to.

Kinder aller Stände üben diesen Brauch und erhalten je nach dem besuchten Haus oder Geschäft Kuchen, Äpfel, Seife, Schuhwichse

usw. geschenkt. Polizei muß aufgeboten werden, um an diesem Tag in den Straßen Ordnung zu halten.
In katholischen Landschaften ist Name und Überlieferung der Legende reiner bewahrt worden, wenn auch nur verhältnismäßig. In Süd- und Westdtl. ist in der N.tracht und in anderen Zügen der kirchl. Charakter des Brauches noch deutlich. Vor N.tag wird von den Kindern fleißig gebetet. Das Ergebnis vom »Klosabäta« wird ins »Klosabüachli« eingeschrieben oder ins → Klausenholz eingekerbt (Vorarlberg).
Daß aber im N.brauch unserer Zeit wie in dem früherer Jhh. nichtkirchliche Überlieferung eine große, in vielen Gegenden fraglos die überwiegende Rolle spielt, dafür sind u. a. schon vom Probefragebogen des Atlas der dt. Volkskunde, der nur ein Drittel des dt. Sprachgebietes erfaßte, neue u. unwiderlegbare Beweise erbracht worden. Termin des Brauches (z. B. in der Heiligen Nacht, Zwölfnächte, Silvester), Art und Zusammensetzung des Umzuges (in Scharen als Chläuse, Zantichloise in der Schweiz, als Klausen in Bayern und Österr., als Niklase und Ruhklase in Norddtl.; als Gabenheischer statt Gabenbringer; mit Peitschenknallen, Schellen, Erbsenwerfen, Schießen, Johlen und anderem Lärmen), die Tracht und das Aussehen (verschiedene schreckhafte Larven, Hörner, Berußung, Tierfellkleid, Umhüllung mit Getreide- oder Erbsenstroh, Weidenruten usw.), Art der Einkehr (auf einem Schimmel reitend, durch den Schornstein), Art der Gaben und Gebildbrote dieser Zeit (Klausenbaum, Stechpalmen mit Äpfeln, Herbstfrüchte, Brote in Gestalt von einem Roß, Schwein, Hahn, Huhn, Hasen, Mensch oder Dämon), ganz bes. aber Name und Geschlecht der Teilnehmer dieser Umzüge machen eine Ableitung ausschließlich aus d. christl. Legende unmöglich. Wenn schon die noch vom Namen des Heiligen herzuleitenden Bezeichnungen in verschiedene Richtung vom christl. Brauch wegweisen, so geschieht dies in noch weit höherem Maße in den Namen der Personen, die den N. begleiten oder dann an seine Stelle treten. Besonders beweiskräftig ist hier das Auftreten weiblicher Gestalten und die deutliche Verbindung mit Fruchtbarkeitsbräuchen. In Süddtl. glauben die Kinder an das sichtbare oder unsichtbare Mitwirken des Klausenweibleins (Vorarlberg), der Budelfrau (Niederösterr.), der Butzenbercht (Bay.), in Hessen des Fraachens. In Tirol erscheint im Nikolausspiel der wilde Jäger neben jüngeren Verkleidungen der → Bercht. Im Christkind scheint, wenigstens in Süddtl., die weiblich gedachte Gestalt da und dort die Rolle des N. zu übernehmen. Der Wechsel der Gestalt (unter dem gleichen Namen) und des Namens (bei gleicher Gestalt) ist im N.brauch hundertfach belegt und erschwert eine Übersicht. Dazu kommt noch die unausgesetzte Bewegung des Brauches in Wachstum und Schrumpfung (z. B. der Teilnehmerzahl, der einbezogenen Gemeinschaft), die Wanderung über den Jahreskreis hin (z. B. als Pfingstklaus). Wie die auf der Karte kursiv gezeichneten Namen und Personen in der gleichen od. ähnlichen Bedeutung wie der hl. N. erscheinen können, so tragen andererseits den N.namen Gestalten, die sich in schwarzem Mantel mit Schlapphut, als Greis, Bettler, Hirt oder wilder Mann darstellen (→ Schreckgestalten).
Besonders wichtig sind uns die Spuren, die den Zusammenhang des N.brauches mit Brauch und Glau-

ben des → Erntefestes zeigen, in deren Mittelpunkt auch heute noch die Vorstellung von Ackersegen gewährend. od. zerstörenden Fruchtbarkeitsgeistern steht. In Westdtl. (Langenhain) heißt die zur N.zeit umgehende Gestalt Strohnickel. Woher dieser Name kommt, geht aus einem Bericht hervor: »Die Tracht des N. ist heute ein weißes Kleid, auch Hemd; Gesicht und Kopf verdeckt; früher war stets der ganze Körper mit Stroh umwikkelt«. Er trug also d. »Tracht«, wie sie in Ernst und Scherz dem Schnitter oder der Binderin zugedacht wurde, wenn sie an Stelle des in den letzten Halmen gefangenen → Korngeistes u. unter seinem Namen in die letzte Garbe eingewickelt wurden. Auch in Selters hat der N. eine → Maske vor dem Gesicht, alte Kleider an, ein Bund Stroh auf dem Rücken und eine Kette um den Leib. Auch beim Ernten und Ausdreschen wird das vollständige Stohkleid zuweilen durch eine auf den Rücken gebundene Garbe, durch ein Strohbüschel oder -band ersetzt. Ganz unzweifelhaft wird der Zusammenhang mit Ernteschlußbräuchen, wenn in einzelnen Landschaften der N. vom → Bär, vom → Erbsenbär und ähnlichen Gestalten regelmäßig begleitet od. ersetzt wird: »der N. kommt als Bär, d. h. mit einem Bärenfell umkleidet; schwarze od. sonstige Kopfmaske mit Pferdeohrenkappe«; oder »einer erscheint als ›Neckel‹« mit Stroh umkleidet; einer als Bär mit einem Schaffell umkleidet«. Mit diesen Berichten vergleiche man einmal die aus vielen ähnlichen Zeugnissen herausgegriffene Schilderung eines Brauches am Schlusse der Kornernte: »ist die Ernte gut gewesen, so wird der, welcher den letzten Schnitt gemacht hat, in Stroh gewikkelt, ihm ein umgekehrter Pelz angezogen und dann als Bär unter dem größten Jubel der anderen, unter unzähligen Püffen und Stößen, vom Felde nach dem Hof gebracht, wo er auf der Tenne einer Scheune in ungeschickter Weise tanzen muß«. Dieser Bericht stammt aus Ostpreußen. Das ist zugleich die Landschaft, die sich am weitesten von der christlichen Form des N.brauches entfernt oder ihn vielleicht nie in der reinen Form kennengelernt hat. Da treiben noch heute in der Zeit von → Advent, → Weihnachten, → Neujahr und → Dreikönig, Schimmelreiter und Klapperbock, Sternkiekers und Aschemann, Gendarm, Bettler, Jude und Hexe und eine Menge anderer Gestalten ihr Wesen, die wohl alle keine leeren Scherzmasken, sondern verblaßte od. abgewandelte Zeugen älteren Volksglaubens aus verschiedenen gesch., selbstverständlich auch gegenwärtigen, Stufen darstellen. → Liudger, Luther.

P. Sartori, Sitte u. Br., 3. Bd., 1914; R. Beitl, Gestalten d. Adv.zeit. Württ. Monatssch. (1930); K. Meisen, N.kult und N.brauch im Abendlande, 1931; A. Wrede, N. Im HDA; N. Burgdorffer, De legende van den Heiligen Nicolaas. Amsterdam 1942; E. Burgstaller, Der N.brauch im oberöst. Innviertel. Oberdt. Zs. f. Vkde 17 (1943); A. D. de Groot, Sint Nicolaas, Amsterdam 1949 (z. T. gegen Meisen u. Schrijnen); R. Beitl, Mittwinterbr. im Montafon. Gugitz-Fs. 1954; W. Heim, Die Wiederbel. d. Klausjagens. Schweiz. Arch. f. Vkde 54 (1958); R. Wolfram in: 2. Arb.tag. ADV Bonn 1959 (Hektogr. Prot. Darin: Karte d. N.spiele in Südtirol); J. Weber-Kellermann, Herscheklas u. H.dame. Dt. Jb. f. Vkde 6 (1960); L. Schmidt, Bartl u. Krampus. Burgenl. Hbll. 25 (1961); A. Rahmer, N.leg. 1964; A. D. de Groot, Saint Nicholas. A psychoanalytic study of his history and myth. Den Haag-Paris 1965; H. Fielhauer-Fiegl, N.häuschen in N.öst. In: Vkdl. Beitr. Wien 1966; S. Metken, S. N. in Kunst u. Vbrauch. 1966 (Abb.); W. Hofmann, N.spiele im Ahrntal (Südtirol). Rhein.-westf. Zs. f. Vkde 17/18 (1966/67); Kl. Beitl, Das Klausenholz. In: Rhein. Jb. f. Vkde 20 (1969); R. Van der Linden, Ikonografie v. Sint-N. in Vlaanderen 1972; Weit. Lit. bei Meisen und Wrede, ferner → Weihnachten; Kartogr.: ADV IV N.tag, Namen, Gestalten, Termine. ASV 151–153 N. Namen, Datum,

Begleiter (Schmutzli, Butzli, Knecht Ruprecht Lärmende mit Glocken u. Peitschen), Aussehen d. N. (Bischof, alter Mann, alte Frau).

Nikolaus von Dinkelsbühl. Geb. in D. etwa 1360 – † Kloster Mariazell 1433. Der Augustinerprediger und Wiener Rektor berichtet in Predigten und im Traktat *De preceptis decalogi* (hg. Straßburg 1516) über Brauch und Glauben der Zeit (Tracht, Spiele, Wahrsagen, Heilzauber, Angang, Handgeld, Segen, Feuersprung an Sonnwend u. a.). Abdruck in:

Fr. Panzer, Beitrag zur dt. Mythologie, 1848–55; H. Menhardt, Predigten des N. v. D. als Quellen der Vkde. Wiens. Österr. Zs. f. Vkde 56 (1953).

Nikolaus (Magni) von Jauer, * in J. um 1355 – † Heidelberg 1435. Berühmter Theologe auch der Prager Univ. und Kämpfer gegen den Aberglauben *(De superstitionibus* 1405; ungedruckt). In der Frage der volksmäßigen Umformung von kirchl. Glauben und Ritus bietet N. v. J. eigene Beobachtung, benützt aber sonst die Literatur, besonders Wilhelm von Paris.

A. Franz, Der Magister N. M. de Jawor, 1898.

Nippsache, auf Kommode und im Glaskasten (→ Anrichte) stehender Ziergegenstand. Das Wort folgte vor mehr als hundert Jahren dem älteren Nippes, das nach 1760 aus dem frz. zu uns kam und dort ›weibl. Putz, insbes. feine Leibwäsche‹ bedeutete. N. ist germ. Ursprungs, das frz. Wort für den geringwertigen Sammelgegenstand ist bibelot. Durch Jahrzehnte verspottet als Ausdruck kleinbürgerl. Kunstliebe, hält die N. in unserer »verspielten« Zeit wieder Einzug in den mod. Haushalt nicht nur von Hippies und Kommunarden als Multiples. So nennt man die von Künstlern entworfenen, aber von Werkstätten und Fabriken technisch perfekt in kleiner oder unbegrenzter Auflage hergest. Gegenstände von wechselndem Geschmack.

Nißpuk → Hausgeist.

Nix, Nixe → Sirene, Wasserg.

Nobiskrug, N.haus. In der Sprache von → Gaunern d. MA wurde pseudolat. *nobis* für *non* (= nein, nichts, futsch) verwendet. In Grimmelshausens Simplicissimus heißt es 1617: »Da war es nun auch nobis« (nichts). Durch diese Ableitung (E. Grohne) ist die alte Abyssus-Theorie, die von den Formen Obis-, Oberskrug ausging (Abyss. = Abgrund), überholt. Jene mindere Bedeutung haben auch die Wörter Nobisknecht (H. Sachs) od. Nobisgat (= schlimmes Loch). In den norddt. Landschaften vom Niederrhein bis Ostpreußen, wo das Wirtshaus Krug heißt, wurde N. zur Bez. von solchen. Grohne hat 20 N. lokalisiert, von denen nur noch wenige bestehen. Das früheste Zeugnis von 1526 betrifft den N. an der Grenze Hamburg-Altona, der dem bekannten Nobistor den Namen gab. Im Sinne von ›schlechte Herberge‹, vielleicht auch als → Euphemismus wie Gottseibeiuns u. ä. wurde N. volkstümliche Bez. der Hölle. Während und nach der Reformationszeit wurde N. fast zum Schlagwort. J. Bolte wies den N. als Höllendarstellung in den Buchillustrationen bereits des 15. Jh. nach. Den ältesten Bildbeleg fand H. Zimmermann in einem niederländ. Holzschnitt aus der Stadt Gouda von 1480. Im 17. Jh. wird das gegen Ende des 16. Jh. lit. verbreitete Kennwort N. selten, im 18. Jh. verschwindet es wieder aus der Volksliteratur wie ein Komet und lebt nur im höheren Schrifttum nach (Fr. W. Weber 1881, B. v. Münchhausen 1911, H. Fr. Blunck 1923 u. a.). In der Sprache der Schweizer → Studenten stand N. auch für Karzer. Im Volksglauben der Schweiz und Tirols ist N.haus (N.garten, N.krate) die Bez. einer dem spätantiken Limbus vergleichbaren Vorhölle, als Aufenthaltsort der ungetauft verstorbenen Kinder. Nobis als → Familienname zwischen Köln, Düsseldorf und Aachen ist vielleicht ein alter Übernahme.

E. Mogk, Nobishaus. Hoops, Reallex.; H. Tardel, Moderne N.dichtungen. Niederdt. Zs. f. Vkde. 3 (1925); E. Grohne, Die N.e, ihr Ursprung u. ihre Bed. Ebd. 6 (1928); H. Zimmermann, Ein niederl. N.holzschnitt. Ebd. 10 (1923); J. J. Mak. De Nobis-Kroeg in Mythe en Cultus. In: Vkde, Antwerpen (1948); W. Krogmann, Der N. in Sage u. Dichtg. Vortrag (Okt. 1958) im Nd. Verb. f. Vkde.

Nonne, im → Angang ungünstig wie Priester und Mönch, aus dem gleichen Grunde (Ehelosigkeit, Unfruchtbarkeit). Die Sage von eingemauerten N. beruht nach Georg Wissowa darauf, daß *immuratio* (im MA = Einkerkerung) als Einmauerung mißverstanden wurde. Die hohe Einschätzung der »Klosterfrau« spiegelt sich in den schweren Strafen (Versteinerung), die die Sage unkeuschen N. zumißt. Allerdings fehlt es nicht an Schwänken und Volkswitzen, die dem N.stand kein Verständnis entgegenbringen. → alte Jungfer, Blockziehen, Kloster, K.arbeit, Pfingsten.

Norden → Windrose.

Nordlicht, wie alle auffallenden Himmelserscheinungen (Sternschnuppe, → Finsternisse, Kometen) Vorzeichen oft von Krieg u. Blut infolge der roten Farbe; in den prognostischen → Bilderbogen des 15. und 16. Jh. oft dargestellt. Im 13. Jh. beschrieb der altnorwegische »Königsspiegel« zuerst ein N.

G. Hellmann, Denkmäler mittelalterlicher Meteorologie, 1904.

Nornagest → Lebensfaden.

Nornen, die altnord. Bez. der Schicksalsgöttinen bürgerte sich bei uns erst durch Klopstock ein. Sie sind den Walküren, Folgegeistern u. Schwanenmädchen ähnlich und besonders stellt sie ihre Dreizahl zu den → Idisi, → Matronen, → drei heiligen Frauen u. ähnl. Gruppen mythischer Wesen. Die N. Verdandi und Skuld flechten und weben den Faden des Schicksals, die N. Urd (ahd. *wurt* = Tod) schneidet ihn ab. Im faröischen Glauben leben die N. nur noch als eine Art von Erdgeistern fort. → Schicksalsglaube.

Nornensäume → Allerheiligen.

Nostalgie → Heimweh.

Noster → Rosenkranz.

Nostradamus. Michel de N., dessen Name besonders Goethes Faust in literarischer Erinnerung erhalten hat, war ein der Mathematik und Astronomie kundiger Arzt in der Provence (1503 bis 1566). Als Arzt gab er Heilanweisungen zum Teil auf volksmedizinischer Grundlage, als Astrologe stellt er → Horoskope, Prognostica und Prophetien her. Am bekanntesten sind seine in merkwürdiger Sprachmengung und visionärer Sprunghaftigkeit der Gedankenbilder abgefaßten Vierzeiler, Quatreins. N. bezeichnete seine Weissagungen als göttliche Offenbarung. Seine prophetischen Sprüche sind in Zeiten großer Umwälzungen und kriegerischer Ereignisse (Übersicht bei Peuckert, N. im HDA), die immer wieder volksgläubische Vorstellungen in das allgemeine Kulturbewußtsein emporgetragen, in Wort und Schrift neu gedeutet worden. Zuletzt wurden sie auf den Mord in Serajewo, auf den Weltkrieg und die Hungerblokkade, auf die Nachkriegszeit und die Vorgänge des Mai 1929 angewendet.

Centuries 1555 (oft neu aufgelegt u. vielf. komment.); Gerling, Prophezeiungen des N. über den Weltkrieg 1914; A. Hellwig, Weltkrieg u. Aberglaube, 1916; C. Loog, Die Weissagungen des N., 1921; Chr. Wöllner,

Das Mysterium d. N., 1926; K. Drude, N. Ein Leben i. d. bed. Zeitenw. d. Abendl. u. s. Auferstеh. 1963.

Notburga, hl. (14. 9.). Attr.: Sense, schwebende Sichel. Geb. um 1265 in Rattenberg am Inn (Tirol), gest. 1313 auf Schloß Rothenburg bei Eben am Achensee als Dienstmagd des Grafen von R. Nachdem sie bes. in Tirol schon lange als V.heilige (→ Kanonis.) verehrt war, wurde ihr Kult 1862 kirchl. anerkannt. Von mehreren frommen Frauen dieses Namens ist sie die bekannteste. Sie ist vor allem in Österr. verehrte Patronin der Feierabendruhe und der Schnitter. Die Legende erzählt, daß sie, ein frommes Orakel anstellend, ihre Sichel an einem Sonnenstrahl aufhing, als sie gezwungen werden sollte, die Arbeit über Feierabend fortzusetzen.

A. Esser, N., in: Wetzer u. Weltes Kirchenlex. Bd. 9, [2]1895; H. Bachmann, Die hist. Grundl. d. N.legende. In: Tiroler Heimat 24 (1960); W. v. Pfaundler, Sankt N. 1962 (Reicher Bildteil); Lex f. Theol. u. Kirche, Bd. 7. [2]1962.

Notfeuer, heilendes N., Wildfeuer. Bei Joh. Reiskius, der als erster Berichte über das N. gesammelt und in einem größeren Werk behandelt hat, heißt es (1696): »... das so genannte Nodfyr oder Nothfeuer, welches auf sonderbare Art durch gewaltsame Bewegung oder Umdrehung aus einem Holtze und härnen oder andern dichten Stricke muß erzwungen, und mit Schwefel, Pech, Theer od. Wagenschmier und Buschwerk angezündet, auch zu voller Flamme aufgetrieben werden. Darauf wird das Schwein-, Kuh- und Schaff-Viehe mit Gewalt und Schlägen dreymal hindurch gejaget, um also von der ansteckenden Seuche befreyet zu seyn: Diese nennt der Bauersmann das wilde Feuer, und stehet in der Meinung, es müsse durch ein Nothfeuer von der Herde abgetrieben werden. Weswegen nach gewissen hierzu aufgesuchten Holtze bey dessen Anzündung kein Haus-Wirth einzig Feuer halten muß, sondern alles auslöschen, und hernach von dem wieder verloschenen Nothfeuer einen Brand in seine Krippen legen, um also den angesteckten Stall von der Seuche zu saubern«. Name, Erzeugungsart, Zweck und weitere Verwendung des N. sind hier so bezeugt, wie wir es bis ins 19. J. und in genauen Zeugnissen zurück bis ins MA finden. Wenn schon im → Indiculus das *nodfyr* als Krankheitsschutz genannt ist, darf ein hohes Alter des Brauches angenommen werden. Das N. wird als Vorbeugung und Heilmittel gegen ansteck. Krankheiten von Pferden, Rindern, Schafen und Ziegen → Bräune), bes. aber gegen den Rotlauf (Röte, wildes, laufendes Feuer, Schweinetyphus) der Schweine angezündet. Analogiezauber des Wortes und die Vorst. der Reinigung von Luft und Lebewesen liegen dem Vglauben zugrunde, während der beim Durchtreiben des Viehs durch das N. erzeugte Schreck und die Steigerung des Blutkreislaufs auch empirisch nachweisbare Wirkung haben. Selten wird das N. gegen menschl. Krankheiten (→ Pest) eingesetzt. (Noch 1865 wurden in Marseille und 1892 in Neapel große Straßenfeuer zur Abwehr der Cholera angezündet). Wenn beim »Johannisroh«, dem Feuer (und Rauch) zu Beginn der Alpzeit der Rauch durch die offenstehenden Hütten ziehen soll (Bregenzerwald 1930) dann liegt die gleiche Vorst. zugrunde.

Der auf der Alp, auf einer Viehtrift oder auf der Dorfstraße errichtete Holzstoß wurde auf archaische Weise entzündet, wie sie R. Weiß noch als Hirtenbrauch des 20. Jh. berichtet. Beim Feuerreiben wurde ein Holzstück in der Rille eines

Brettes gerieben, beim Feuerbohren wird ein auf das Brett gestemmter Stab durch rasches Hin- und Herziehen eines um diesen geschlungenen dünnen Seils zum Glühen gebracht und daran Werg oder dgl. entzündet. Die alte Bez. *nodfyr* bedeutet ›Reibefeuer‹. Die früher allg. übliche Art der Feuererzeugung mit Stahl, Feuerstein und Zunder wurde vermieden.

Wir hören auch davon, daß alle Bauern Brennmaterial zum N. lieferten und mit Bürgermeister oder Dorfältesten daran teilnahmen. In allen Gehöften waren die Feuer in Herd und Ofen gelöscht und wurden erst vom N. wieder entzündet (vgl. den christl. Brauch des Karsamstag). → Johannistag, Konzil, Feuer.

J. Reiske, Kurtze Unters. d. heidn. N., 1676; U. Jahn, Die dt. Opfergebräuche usw., 1884; J. Grimm, Dt. Mythologie; K. Heckscher, Die Vkde d. germ. Kulturkreises. 1925; H. Freudenthal, Das Feuer im dt. Glauben und Brauch, 1931; K. Helm, N. (nodfyr, niedfyr). Hepding-Fs. 1938; R. Weiß, Nebelheilen, Teufelheilen. N.bereitg. u. Wetterzauber als Hirtenbrauch. Schweiz. Arch. f. Vkde. 45 (1948), 225–261; J. Jud, Zur Herk. u. Verbr. d. Spiels: chistrar la brentina, de Tüfel heile. Ebd. 262–284.

Nothelfer → Vierzehn N.

Notholt → Vorzeichen.

Notnachbar → Nachbar.

nüchtern, N.heit. Lehnwort aus dem Klosterlatein des 11. Jh. *(nocturnus* = nächtlich). Im kirchlichen Leben (jüdische Beschneidung, katholische Kommunion), in Recht (Gottesurteil, Gericht) wie im Zauberglauben (Sammeln von → Heilkräutern, Stellen von → Orakeln, besonders zu wichtigen Zeiten wie → Neujahr, Ostern, Johannistag) ist Nh. als Vorschrift ebenso häufig wie das Gebot des → Schweigens, der → Nacktheit u. dergl. N. ist man guten und bösen Einflüssen mehr ausgesetzt als sonst, was schon in der römischen Vmed. viel beachtet wurde. Ein Pflaster hilft, wenn eine Jungfrau es nackt und n. dem Kranken auflegt (Plinius). Eine stereotype Mahnung der Holzfrau an die Menschen lautet:

> Reiß nicht aus einen fruchtbaren Baum,
> erzähl keinen nüchternen Traum,
> back kein Feiertagsbrot,
> so hilft Gott aus der Not.

→ Fasten.

Nudeln → Speis u. T.

Nürnberg, neben München die bedeutendste Industriestadt Bayerns, Sitz des Germ. Nat.museums (mit vielen Abt. z. Vkde) und gleich berühmt als Stadt der → Lebkuchen und Rauschgoldengel wie des → Spielzeugs. Im Holz- und Schnitzstoffgewerbe waren vor 1930 fast 5000 Arbeiter in etwa 40 Großbetrieben beschäftigt. Die internat. Spielzeugmesse findet jährlich in N. statt. Die ält. Zeugn. dieser Art sind Reiter, Wickelkinder, Frauen aus Ton, z. T. mit einer Öffnung für das Geldgeschenk des → Paten (14. Jh.). Mehr sagt erst die »Beschreibung der Nürnbergischen Handwerker« von 1650. »Der Dockenmacher sein mancherlei. Theils machen so man häderne nennt, so der Corpus mit Flachswerk, Haarwollen oder dergleichen ausgefüllt werden, hernach auf mancherlei Arth schlecht und schön, nach Gelegenheit gekleidet, welches meistens eine Weiberarbeit ist. Hernach werden Docken von Holz geschnitten, Reutter, zu Fuß, Weib und Mann, allerhand Tier und Vogel, theils Pferdt und Thier gemahlt, theils mit unzeitigem Kalb- und anderer derer Thier Fellen überzogen«.

Im 15. und 16. Jh. ist fast alles noch gediegene Handarbeit, meist für höhere Ansprüche des städt. Bürgers. Erst Ende des 17. Jh. begannen, dem steigenden Bedarf mit billiger Ware zu dienen, die geschäftstüchtigen Verleger in N. auch aus dem thüring. → Sonneberg, aus → Seiffen im Erzgeb., aus → Berchtesg., → Oberammergau und anderen Wald- und Schnitzerorten zu beziehen. Diese geringere Ware ist wohl vor allem gemeint mit dem Spruch: »Nürnberger Tand geht in alle Land«. Im 18. Jh. hatte sich N. schon gegen die wachsende Konkurrenz der nahen Orte Fürth und Altdorf zu wehren, wo u. a. von der Gegenreformation vertriebene Salzburger arbeiteten (1735). Mit der Berchtesg. Liste von 1784 verglichen werden kann das »Verz. versch. Manufakturwaren« und Bestelmeiers »Magazin von versch. Kunst- und anderen nützlichen Sachen« aus dem N. des 18. Jh. Darin werden u. a. genannt: »Tausenderlei kleine Bleiguß- und Zinnwaren, z. B. Soldaten, Jagden, Reiter, Schäfereien u. dergl., Damenbrettspiele, Brummeisen und Maultrommeln, messingene Kanonen für Kinder, Konfektschüsselchen, Docken aus Pappenzeug, Dockengesichter, hölzerne Kuckucke, hölzerner, zinnerner und weißblecherner Hausrat für Kinder, blecherne und hölzerne Laternae magicae mit Vorstellungsglas, Trompetchen, Lottokästchen, Trommeln, Schlangen in Büchschen, steinerne, alabasterne, hölzerne, wächserne, nackte u. bekleidete Puppen, Feuerspritzen aus Blech, mechanische Sachen, Blechsäbel zum Herausziehen, Kinderuhren aus Tombak und selbstlaufende Wagen aus Eisenblech mit Uhrwerk.«

Hier tritt die bevorzugte Verarbeitung von Metall deutlich in den Vordergrund, die sich im 17. Jh. und früher ankündigte, denn neben Wachsbossierern und Wismuthmalern, Holz- und Beindrechslern, Holz- und Papierpuppenmachern arbeiteten Goldschmiede und Geschmeidemacher, → Messing- und → Zinngießer. Den steigenden Holzbedarf vermochten nur noch die reicheren Waldlandsch. zu dekken. N. und auch andere Städte in Franken legten sich mehr und mehr auf das Stanzen und Prägen von Blechspielzeug wie Puppenküchen, Trompeten, Säbel und Schwimmfiguren. Neben den neuen Mustern der Entwerfer und den mechan. Kunststücken war »die größte jährl. Neuheit immer der billige Preis«. Leider nur in diesem ist der aus den USA importierte Spielzeugschund von heute zu vergleichen. – Der große N. u. Christkindlesmarkt findet wieder alljährlich statt.

E. Sax, in: Slg. nationalökon. Schr. 1882ff.; J. M. Ritz, Franken. (Reihe: Dt. Vk.); Rumpf und Erich, Spielzeug d. Völker, 1922; K. Gröber, Kinderspielzeug aus alter Zeit, 1928; C. Zabo, N. Spielzeug. 1963 (Volkst. Darst.).

Nürnberger Pat → Milchstraße.

Nuß, N.baum → Walnuß, Weihn.baum.

Nutzen. Der Brunstschleim der Stute (Hippomanes bei Plinius und Vergil), ein milzähnliches Gewächs auf der Zunge oder auf der Stirn (so bei Agrippa) des Fohlen, endlich ein milzähnliches Gebilde in der → Nachgeburt der Stute, wurden als N. (auch Wonne, Roßwut, Fohlenmilz) bezeichnet und in der Vmed. gegen → Fallsucht u. als böses → Aphrodisiakum und Gift im Schadenzauber verwendet. Auch bei der Nachgeburt der → Kuh wurde auf den sog. »N.« besonders geachtet.

Jähns, Roß u. Reiter, 1872; F. Gilg u. P. N. Schürhoff, Aus dem Reiche der Drogen, 1926.

Oberammergau, Schnitzerei. In Oberbayern, an der alten Straße Venedig-Augsburg gelegen, hatte O. von jeher starke gewerbl. Wirtschaft. Um 1520 wird die S. zum erstenmal erwähnt. Eine Ettaler Chronik berichtet, daß es einem Schnitzer in O. gelang, das Leiden Christi in einer Nußschale darzustellen. 1563 erhält die O. S. eine Handwerksordn., die 1681 erneuert wird. Im Anfang des 17. Jh. sind bereits 7 Schnitzerfamilien tätig. Nach Krieg und schweren Pestjahren erhielt O. Verstärkung aus Tirol, vielleicht aus → Gröden, von wo schon früher Ware zum »Fassen« nach Bayern hinausgeschickt wurde. Neuer Aufschwung erschließt auch das Ausland. Neben Norddtl. sind in der 2. H. d. 18. Jh. Rußland, Skandinavien, Holland und Spanien Abnehmer von O.er Ware. Ein Seb. Hohenleutner († 1801) lieferte bis nach Lima in Südamerika. In der Spielzeugherst. von Rußland ist der Einfluß von O. bis in die Gegenwart zu spüren. 1816 besaß O. an Hauptwerkst.: 1 Tischler, 4 Bildschnitzer, 1 Vergolder, 3 Faßmaler, 1 Glasmaler, 2 Rahmenmacher, 3 »Schnitzler« und 1 Mechanikus (Karlinger). Für jene Zeit kennz. ist es, daß nach der Sterbematrikel von O. viele Gemeindemitglieder ihr Grab in weiter Ferne fanden. Es sind ähnl. Verhältn., wie wir sie auch in → Sonneberg, in den Gebieten der → Hinterglasmal. oder Korbflechterei am Obermain (→ Lichtenf.) finden. Vor allem gilt dies für die »Welthandelsstadt« → Nürnberg. Die »wirtsch.- und kulturgesch. sehr bemerkensw. Tatsache der Eroberung des Weltmarktes durch die dt. Vk. im 18. Jh.« verdiente noch gründlichere Erfg. (Ritz).

Das Ende des 18. Jh. und die Kriege Napoleons brachten für die ausländ. Niederlass. neue Schwierigkeiten. In Georg Lang († 1821), selber Schnitzer und Faßmaler, fand O. einen Schrittmacher neuen Aufstiegs. Als Händler erkannte er, daß im Ausland seßhafte Verleger mit mehr Erfolg tätig sein konnten. Er organisierte den Verkauf neu und wurde selbst der Gründer des heute noch bedeutendsten Verlagsuntern. in O.: »Georg Langs sel. Erben«. Nach dem Vorbild von Nürnb. nahm er dem einz. Schnitzer das Risiko ab, kaufte als »Verleger« für eigenes Lager und belieferte aus seinen Vorräten Hausierer, Niederlass. und Handelshäuser. Sein Nachfolger Johann Lang beschäftigte über 100 Arbeiter. Die Ausfuhr erreichte jetzt auch Südamerika und sogar Ostindien. Umfang und Eigenart der Vk. von O. zeigt am besten das kunst- wie kulturgesch. bed. Museum, das auch der örtl. Fachschule für S. dient. Wie Gröden, Berchtesg. u. a. S.orte stellte O. »den künstler. Bedarf des einfachen Mannes für die Ausschmückung von Haus und Hof« (Ritz) her, Möbelschmuck, Uhrengehäuse, verziertes Gerät, Spielzeug und bes. rel. Andachtsgegenst., unter denen Kreuze aller Art im Vordergrund standen, so daß man von »Herrgottschnitzern« schlechthin sprach. Reliquienkreuze aus Hartholz als »Sterbekreuze«, Standkreuze, deren Sockel Maria und den hl. Johannes zeigten, große Feld- und Waldkreuze wie die kaum spannenlangen, einfachen und billigen Kreuze für den Viehstall (»Stallherr«). Die → Passionssp. von O. waren es, die schließl. der rel. S. ganz das Übergewicht gaben. Darst. oberbayr. Wallf.bilder, der Namensheil. und Schutzpatrone, Szenen der christl. Leg. u. ä. gehörten in den Kreis dieser zeitlosen Vk. Das segnende Jesuskind mit dem Lamm zur Osterzeit, besonders aber → Krippen (→ Weihn.) findet man noch heute in Münchner Läden oder auf dem »Kripperlmarkt«. Während früher zuweilen Porzellan und Vorlagenstiche aus Rokoko und Empire Vorbilder der S. hergaben (z. B. für Uhrenständer), ist es heute der Einfluß der Fachschulen, wie O. auch eine besitzt, der in den Arbeiten spürbar wird. Es war mitunter gerade der Zwang zum Schnellarbeiten – nach den ersten sieben Schnitten mußte das Gesicht zu erkennen sein – und zum Billigsein, was der alten S. den unpers.-typ. Charakter der Vk. verlieh, der auch die → Hinterglasbilder z. B. von Sandl auszeichnet. Es brauchte lange Zeit, bis sich hier wie anderw. die S. von der Konkurrenz des Blechspielzeugs und anderer maschinellen Produkte erholte. Auch die Andenkenindustrie, die Kunst der »Souveniers« wirft ihre Schatten schon in die 1. H. d. 19. Jh.

K. Gröber, O.er Hauskunst. 1930; J. M. Ritz, Holz, in: Spamer, Vkde; B. Heynold-Graefe, O.er Schnitzkunst. 1950 (z. T. Kunstgew.); F. X. Bogenrieder, O., das Passionsdorf. 1950; E. Roth u. C. Hansmann, O. 1960 (32 farb. Abb.); P. E. Rattelmüller, O.er Spielzeug. (1966); Report O. 70/80. Hg. v. d. Gem. O. 1970.

Oblate → Hostie.

Obstbaum → Baum, Apfel, Birne, Neujahr, Weihn.

Ochsner → Martin.

Odermennig → Enzian.

Odilia, hl. Nach der Legende blind geboren und bei der Taufe sehend geworden. Patronin bei Augenleiden. Attr.: Arme, Buch mit zwei Augen. † um 720. Festtag 13. 12.

Patronin des Elsaß. O. (latinisiert: Ottilia) ist die Koseform von Oda (weibl. Form von Otto). → Luzia.

J. M. B. Clauß, Sancta O. Der O.berg und d. hl. O. in Wort u. Bild. 1922; ders., Die Heiligen des Elsaß, 1935; M. Barth, Die hl. O. 2 Bde, Straßburg 1938.

Odin, O.s Heer → Wodan, wilde Jagd, Windrose.

Ofen. Die bes. von Bruno Schier weitergeführten Fgg. von K. Rhamm und V. Geramb stellten einem mitteleurop. Kulturkreis des → Herdes einen solchen des Koch-Ofens in Osteur. gegenüber. Während Mitteleur. in Jhh. den Kochherd im Flur, den Heiz-O. in der Stube und den O. im Freien zur Brotbereitung als selbstständ. Feuerstätten entwickelt hatte, übernahm ein umfangreiches, fast ein Viertel des Wohnraumes beanspruch. Bauwerk aus Stein und Lehm alle drei Funktionen in einem Gebiet, dem am Ausgang des MA zu einem bed. Teil noch Ostdtl. von Preußen bis zu den Sudeten und Ostalpen zugehörte. (Wie eingewurzelt diese O.form im slaw. Osten ist, konnte im letzten Krieg beobachtet werden, als russ. Soldaten (Hiwi) in ihrem italien. Standquartier aus Ziegeln breitgewölbte Koch-Ö. bauten und darauf schliefen; Ozzano im Tarotal bei Parma 1944/45). Getragen vom westöstl. Kulturgefälle hat sich, über zahlr. Zwischenformen, in den gen. Landsch. die »Herdkultur« überall durchgesetzt. Anderers. ist die Urform unseres heut. Kachel-O. nach Schier nicht in der Antike, sondern im ostgerm.-slaw. Koch-O. zu suchen. In den Ostalpen sind noch heute »Spuren eines primit. Koch-O.« zu finden. Mit den Germanen gelangte er auch nach Oberitalien, wo sich mit ihm die röm. Technik der gewölbten Töpfe und das Hinterladerprinzip der Hypokausten (die »Füürkuuscht« des heut. alem. Stuben-O.) verband. Durch die Beheizung von Flur oder Küche aus war der Wohnraum von Schmutz und Rauch befreit. Wie so die → Stube zum Wohnraum höherer Art wurde, so förderte die Umwandlung des alten (heute in Alphütten und Maiensäßen noch belegbaren) Stein-O. in Kachel-O. die künstler. Ausstattung des Inneren, zunächst im Herrensitz und → Bürgerhaus, seit dem 14. Jh. im obd., später auch im nd. → Bauernhaus. Aufstellung,

Bauweise und Verwendung des Stuben-O. wurde in der Begegnung und Auseinandersetzung oberdt. und niederdt. Hausformen von entscheid. Bed. In Ost- und Nordeur. fand der Kachel-O. zum Teil erst im 17. und 18. Jh. Eingang. Schon im MA begann man ihn durch Auf- und Untersatz, durch Gesims und Fuß zu gliedern. Vor allem in Süddtl., Tirol und der Schweiz wurde der dem Zeitstil folgende glasierte Kachel-O. das Glanzstück der Stube. Handwerk bleibt die O.setzung, der Dekor der → Kacheln und eisernen O.platten ist Sache der Vk. wie des Kunstgew., das sich für den → Eisenguß industr. Fertigung bedient.

Als Bade- und Schlafort, als Gerät zum Heizen, Backen, Dörren und Kochen hat der O. nicht nur große sachl., sondern auch myth. Bed. Er ist Sitz der Hausgeister, die die neue Frau nach der → Hochzeit und die neue Magd begrüßen müssen. Die armen Seelen versammeln sich um ihn. Er ersetzt viele Arzneien (→ abbacken, Bad). Bei Gewitter wirft man Palmzweige ins O.feuer wie sonst auf den Herd, mit dem der O. in Glauben und Brauch verwandte Züge aufweist. Zu Andreas, Neujahr usw. gibt der O. durch Knistern oder Funkenregen oder auch im Dunkeln des O.loches (»O.horchen«) → Orakel. Daß man den O. als Mittelpunkt des Hauses fast heilig hält, zeigen die Zeremonien, die Bau und Abbruch eines O. begleiten. Im → Kinderspiel klingt noch das »O. anbeten« nach, das früher z. B. bei Sonnenfinsternis Brauch war. Das Opfer von Salz und Brot oder Geld (»Heckpfennig«) wird noch beim Einzug ins neue Haus oder Heim auf den O. gelegt (Berlin). Manche Bräuche und Redensarten erklären sich aus der Gedankenverb. O.-Mutterleib. »Dr Ofan-ischt zemmakheit« (zus.gefallen) besagt im alem. (Montafon): ein Kind ist geboren. Das Abbacken ist wohl eine mag. Wiedergeburt. In Sage und Schwank ist oft von der »Hölle« die Rede, dem schmalen, alten Leuten als Siedel vorbehaltenen Zwischenraum zwischen O. und Wand. An der Zauberbed. des O. haben auch die O.geräte Anteil. Auf der O.gabel, mit der man Töpfe herausholt, auf O.schaufel und O.schüssel (zum Einschießen des Brotes) reiten die Hexen.

S. Ambrosiani, Zur Typol. der ältern Kachel-Öfen. 1910; A. Faber, 1000 Jahre Werdegang v. Haus u. Ofen. 1950 (Überbl. ü. techn. Entw.); J. Schepers, O. u. Kamin. J. Trier-Fs. 1954 (Die ältesten Ö. waren Arbeits-Ö. zum Schmelzen, Brennen, Backen); A. Faber, Entw.stufen d. häusl. Heizung. 1957 (1. Techn. d. O. bes. seit 15. Jh. 2. Entw. d. Hausschornsteins); A. Peer, Küche u. Heizung im Bauernhaus Roman. Bündens. Schweiz. Arch. f. Vkde 56 (1960); B. Schier, Hauslandsch. usw. ²1966 (Kap. 4 u. 5: Feuerstätten, Stube; Lit.); F. Blümel, Dt. Ö. – Der dt. Kunst-O. von 1480–1910. 1965 (Kachel- u. Eisen-O.); ÖVA, 2. Lief. 1966: Back-O. außerh. d. Wohngebäudes; R. Franz, Der Kachel-O. 1969 (Kunstgesch. v. MA-Klassizismus); K. Hillenbrand, Schwäb. O.wandplättchen. Mus.freund 12/13. (1971).

Ofenbeichte → Beichte.

Ohr, O.ring. Redensarten wie ›sich etwas hinters O. schreiben‹, ›hintern den O. nicht trocken sein‹, ›es faustdick hinter den O. haben‹ deuten auf alte → Schädel- und Säftelehre. Wie an → Nase und → Mund knüpft das Volk auch an die Form des O. viele Charakterurteile. Bestimmtes brauchmäßiges »ins O. sprechen« bringt Bächtold-Stäubli (HDA 6, 1205) mit der älteren mythischen Auffassung zusammen, die im Hören die Wirkung von Geistern sah und Empfängnis durch das O. (z. B. der Maria) wie Geburt durch diese Leibesöffnung sich vollziehend dachte. Unmittelbare Verbindung mit der entweichenden → Seele hält man für möglich in der verbreiteten

Sitte, Sterbenden und selbst Toten noch eine Botschaft ins O. zu flüstern, wie schon Odin dem Balder tat. Auch die »O.bläserei« war ursprünglich keine Metapher. Die → Habergeiß bläst den Tod ins O. Krankheit dringt durch das O. ein, deshalb die noch lebhafte Furcht vor dem O.wurm (Ohrenschlitz, Hessen; Ohrwutzel, Österr.; Orensteker im Bergischen). In Tirol geschieht die Abwehr ähnlich wie sie → Vintler aus dem MA berichtet:

Wenn sie den orenwützel han,
so nemen si ain chus in die hant
und slahens an den slaff zehant
und spricht: fleuch, fleuch orenwützel,
dich jaget ein chuszipfel
(chus = Kissen; slaff = Schläfe).

Dämonen der Besessenen werden durchs O. beschworen. Durch solche Anschauung erhält auch d. Strafe des O.abschneidens besondere Beleuchtung, die noch im weitverbreiteten, von Kindern mit großer Furcht gehörten Scherzwort nachklingt: Wart, ich laß die die Ohren stehn! Allgemein ist der schon Luther bekannte Glaube an die Vorbedeutung des O.klingens (jemand denkt an einen), eines heißen O.-läppchens usw.

Besonders in Süddtl. (Schweiz, Vorarlberg) sieht man häufig goldene Sternchen oder Nägelchen in den O. der Männer, die wie die weiblichen O.ringe vor Augenkrankheiten schützen sollen. Ähnlicher Glaube verbindet sich auch mit den O.marken der Tiere (Bomann). In der Zeit um 1780 ist der Or. als Schmuck bei Adligen, Städtern und Bauern verbreitet. Aber auch die »schwer greifbare Schicht« (L. Schmidt) der Asozialen und Bandenführer kannte ihn, wo er wohl bes. den Charakter eines apotrop. Amuletts gewann.

Über vstüml. O.heilkde: Hovorka-Kronfeld, Vergl. Vmed., 2. Bd., 808–821; M. Höfler, Dt. Krankheitsnamenbuch, 1899; W. Bomann, Bäuerl. Hauswesen usw. 1929²; L. Schmidt, Der Männer-Or. im V.schmuck u. V.glauben, 1947; E. Werz, Dt. Wortatlas: der Ohrwurm. Diss. Marbg.; L. Weiser-Aall, Der Männer-Or. in Norwegen. 1957; Kartogr.: Dt. Wortatlas III; ASV 56–58 Frauen-Or. Männer-Or. (Anhänger: Sennereigerät, Triangel, Stern, Tiere). Vgl. W. Escher, in: Konfer. f. vkdl. Kartogr. Linz a. D. 1958 (Hektogr.).

Ökelname, urspr. ›Zuname‹, später als Ekelname (Spottn.) gedeutet, obwohl dieser Sinn durchaus nicht immer vorliegt. Vgl. germ. * *auk* ›mehren‹, altnord. *aukanafn* ›Bei-, Übername‹. Das Wort Spitzname ist in Nürnberg 1669 zuerst belegt. Im Rotwelsch, der Sprache der Gauner, spielen Spitzn. eine bed. Rolle. In einem Bericht über die Kriminalität in West-Berlin heißt es (1967): »Die Spitzn.kartei enthält 4338 Blätter« (Tsp. 28. 4. 68). → Familien-, Häuser-, Übername

Okkultismus, (Geheimwissenschaften, Spiritismus, Hypnotismus, Magnetismus). Lehre v. den geheimen Kräften (vom lat. *occultus* = verborgen), die, wie früher die → Alchimie und heute noch die → Astrologie, wissenschaftlichen Rang erstrebt und sich wohl auch Metapsychik oder → Parapsychologie nennt. In vieler Hinsicht ist O. wissenschaftlich verbrämter, stark literarisch beeinflußter und städtisch-bürgerlich gefaßter, zu Gruppen- und Sektenbildung neigender → Volksglaube. Dessoir sagt: »Während im Fortschritt der Menschheit reinere Formen des Idealismus entwickelt worden sind, hat sich in der Geheimwissenschaft eine Unterschicht erhalten, genauer: die tiefere Stufe der Anfangsbildung«. Der O. muß im Zusammenhang mit älteren Formen der Geheimwissenschaft, wie Neuplatonismus, Hermetismus, → Mystik, Pansophie u. dergl. gesehen werden. Die Wirkungsrichtung des O. weist in die Großstadt, in der religiöses Glauben wie naturhafter

Volksglaube gleicherweise geschwächt sind, und ist deshalb vornehmlich Gegenstand der Vkde. der → Stadt. Wilhelm Wundt äußerte seinerzeit: »Die Hinneigung zum O. ist ein hervorragender Bestandteil der geistigen Strömungen unserer Tage«. → Klopfen, Geist, Agrippa von Nettesheim.

Kiesewetter, Gesch. d. neuer. O. 2 Bde 1891–94; Zentralblatt f. O. (1912–18); Zs. f. O. u. Grenzfragen d. Seelenlebens. 1926ff.; W. Wundt, Hypnotismus und Suggestion, 1892; Papus, Kurzer Begriff der Geheimwiss. usw., dt., 1896; A. N. Aksakow, Animismus u. Spiritismus, 1919⁵; T. K. Österreich, Der O. im modern. Weltbild, ³1923; C. Richet, Grundriß der Parapsychol., dt., 1924; J. Illig, Ewiges Schweigen, 1924; K. Gruber, Parapsychol. Erkenntnisse, 1925; M. Dessoir, Der O. in Urkunden, 1925; ders., Vom Jenseits der Seele, 1931⁶; G. Birchlmaier, O. u. Seelsorge, 1926; A. Spesz, O. und Wunder, 1929; K. Adam, Magie und Mystik. 1929; W.-E. Peuckert, Leben im Volk, 1930; ders., O. Im HDA 1931; F. Moser, O. 2. Bde., 1935; H. Driesch, Parapsychol. 1943²; B. Milt, F. A. Mesmer u. s. Bez. z. Schweiz. Magie u. Heilkde. zu Lavaters Zeiten, 1953; H. Schäfer, Der Okkulttäter. 1959 (Hexenbanner, mag. Heiler, Erdentstrahler. Verlangt als Jurist Gesetze gegen O.); E. Myers, Meine Toten leben noch. 1963; G. Frei, Probl. d. Parapsychol. 1969; H. Bender. Unser sechster Sinn. 1971.

Öl verschiedenster Herkunft dient als Heilmittel (Leinöl bei Verbrennung od. Verstopfung, Wermutöl gegen Würmer) und in Antike (Olivenöl), Kirche, Recht und Volksglauben zur Reinigung, Weihe und Abwehr. Der orientalischen Königssalbung verschaffte die Kirche Eingang ins germ. Recht. Die Kirche selbst kennt bei Firmung, Priesterweihe, → letzter Ölung und sonst die sakramentale Salbung mit Ö. (→ Chrisam). Als »heiliges Öl« gilt dem Volk auch das Ö. der »Ewigen Lampe« vor dem Hochaltar und ist deshalb in der Vmed. begehrt. Aus → Knochen von Heiligen fließt Wunderöl (hl. Walpurgis). An die über Land wandernden Petroleumverkäufer erinnern alemann. Kinderspiele: »Stinkat Öl verkofa« (Huckepacktragen). → Schlafmohn.

Hovorka-Kronfeld, Vergl. Vmed., 1. Bd; A. Martin, Volksmedizin; in Peßler, Handb. der dt. Vkde., 1936; L. Kretzenbacher, Statuensalbung. Öst. Zs. f. Vkde. 53 (1950).

Ölgötze, seit 1520 bezeugt, heute in Süddtl. Bez. eines dummen Menschen; in der Reformationszeit gleich »Götzenbild, Abgott«, bei Luther Schimpfname für den mit Öl gesalbten kath. Priester (Kluge). Dahinter steht volksprachlich sicherlich die Bez. eines Hausgerätes (Öllichtträger?) als Ö. Ein einfaches Hineinsehen eines Götzen in die Verzierung, eine Verlebendigung wie etwa »Feuerbock«, »Pfannenknecht«, »Maulauf« (Kienspanhalter) ist ebenso möglich wie eine tieferliegende Verwandtsch. (Webinger) mit dem älteren → Pfahl und → Balken, den der Opfernde mit → Öl oder → Fett einschmierte.

G. Gugitz, Ein selts. Votiv in öst. Kultstätten. Öst. Zs. f. Vkde 52 (1949).

Ollerköst → Erntefest (Karte).

Öllig → Zwiebel.

Ölmutter → Maiwurm.

Omen, wie das Adjektiv ominös aus dem lat. *omen* = → Vorzeichen, und zwar das zufällige, im Gegensatz zum absichtlich herbeigeführten → Orakel. → Neujahr.

Onkel Pelle → Narr.

Ontkommer → Kümmernis.

Opal. Im Altertum war der vielfarbige O. Glücksstein, später und heute ist er wegen seiner Zerbrechlichkeit und wohl auch wegen seines trüben Schimmers so ausgesprochener Unglücksstein, daß man ihn nicht als Geschenk annimmt (Berlin) und in New-York in den Vereinen zur Verulkung des Aberglaubens sozusagen als Abzeichen trägt. → Monatsteine, Talisman.

Opfer, v. lat. *offerre* = darbieten, preisgeben. Mit O. und Weihegabe bietet der Mensch sich selbst oder

Tiere, Früchte und Gegenstände dar, um die Gottheit oder eine außermenschliche Macht (Dämon, Totengeister, Elemente) zu ehren, zu versöhnen, zu beschwichtigen und zu stärken, auch um für etwas zu danken oder um etwas zu bitten. Abgesehen vom kirchlichen Kult finden wir das O. oder einen Ersatz dafür (Almosen, Stiftungen) in den Totenopfern zu → Allerseelen, in der → Grabbeigabe, in dem Glückstisch zu → Weihnachten, → Neujahr und → Dreikönig. Den Geistern in Haus und Feld sehen wir noch O. dargebracht, wenn auch gewiß nicht mehr in der Gestalt einer förmlichen O.handlung. Eine Art. O. ist es, wenn Kinder eine Erdbeere, die beim Pflücken zu Boden fiel, liegen lassen »für die armen Seelen« (Böhmen). Aus Thüringen berichtet M. Wähler den Spruch beerensammelnder Kinder:

»Die erste in den Mund,
die zweite in den Grund,
die dritte über den Kopf,
die vierte in den Topf.«

Im Ackerbau bei → Saat und → Ernte tritt der Gedanke zutage, häufig in christlicher Fassung; aber auch den Korngeistern, der Holzfrau, dem Oswald mit dem Schimmel, dem Wichtelmann, dem Bilwis, dem Winter, den Martinsvögelchen läßt man ein paar Halme auf dem Felde stehen oder die letzte Garbe liegen. → O.gaben, Advent, Andreas, Fasnacht, Johannistag, Drache, Wicht, wilde Leute, Höhle, Gericht, Lappenbäume, Gebildbrote, Erstling, Honig, Huhn, Käse, Pilze, Brei, Butter, Branntwein, Zahn.

J. Grimm, Dt. Mythologie; U. Jahn, Die dt. O.gebräuche bei Ackerbau u. Viehzucht, 1884; E. Reuterskiöld, Die Entst. d. Speisesakramente, 1912; F. Schwenn, Die Menschen-O. bei den Griechen und Römern, 1915; ders., Gebet u. O., 1927; R. Beitl, Garben-O. Aus der Arbeit des Atlas d. dt. Vkde.; in: Geistige Arbeit Nr. 18 (1934); J. Maringer, Menschen-O. im Bestattgs.-brauch Alteuropas. Anthropos. Bd. 37 bis 40; A. Bertholet, Der Sinn d. kult. O., 1942; G. Gugitz, Salbungs-O. In: Öst. Zs. f. Vkde. 52 (1949); H. Hepding, Hintersichwerfen als Kultritus. In: Erbe d. Vergangenh. (1951); R. Kriss, Zum Problem der rel. Magie u. ihrer Rolle im vktüml. O.brauchtum. Öst. Zs. f. Vkde 71 (1968).

Opferfeuer → Jahresf.

Opfergaben. Das Weihgeschenk als Bitte um Erfüllung eines Wunsches und die Votivgabe *(ex voto)* als Dank für Gewährung werden beide vom Volk als → Opfer bezeichnet. So vernehmlich in diesen Gebilden volkstüml. Kleinplastik (große Stücke sind seltener) Brauch, Sitte, und Glaube sprechen, so haben sie doch auch als gewollte Formen ein erhebliches Interesse: sie sind → Volkskunst in einem besonderen Sinn. Das Bild des Gegenstandes, auf den sich das Opfer bezog, steht hier in seiner urtümlichen magischen Bedeutung. Wer das Wort hat, hat die Sache oder zieht sie herbei, so dachte schon der Jäger der Alt-Steinzeit, der das erhoffte Beutetier, den Pfeil im Blatt, auf die Wand der Höhle malte. Wenn bei den Ägyptern nach Herodot die Armen zu Ehren von Isis und Osiris Schweine aus Brotteig opfern durften (Eckstein), so ersetzten diese → Gebildbrote das Tier: *in sacris simulata pro veris.* Wie im alten Ägypten die Leistung nach sozialen Rücksichten gestaffelt wurde, so wird (stellenweise noch heute) der Stoff des Opfers nach dem Vermögen des Spenders bemessen. Ein Kaiser (Karl IV.) schickt zum Dank für die glückliche Geburt seines Sohnes dessen Gewicht in 16 Mark Goldes nach Aachen (R. Andree). Noch heute stehen oder hängen in zahlreichen Wallfahrtskirchen u. Kapellen Bayerns, Österr. und anderer katholischer Länder O. aus Silber, Eisen, (→ Lähmung), Wachs, Holz, Ton, Papier, je nach

Vermögen des Opfernden oder nach der Schwere des Falles. Holz wurde vornehmlich für die inneren Teile des menschlichen Körpers, seltener für ganze Figuren oder Tiere verwendet. Im Volksmunde heißen diese stark stilisierten und bemalten Schnitzereien, die Lunge (rot), → Leber (braun), → Galle usw. darstellen, einfach »Lungl'n« (→ Holzvotive). → Wachs in Formen gegossen kommt für alle Arten der O. vor: Mensch, Tier und Sachvotive, wie Häuser, Bienenkörbe usw., von inneren Teilen besonders das → Gebärmuttervotiv. Freigeformte oder mit der Vorderseite in ein Model gedrückte Wachs-O. gab es bis um 1900 in Kevelaer am Niederrhein und in Kiedrich im Rheingau. Am Grabe der 1231 in freiwill. Armut gestorb. hl. → Elisabeth, in ihrer Kirche in Marburg, wurden schon im frühen 13. Jh. Wachs-O. protokolliert: Kerzen in Körpergröße (→ Maße) oder Nachbildungen von Körper, Gesicht, Händen, Armen und Augen. Aus Eisen geschmiedet, gegossen oder aus Eisenblech geschnitten sind in älterer Zeit die große Menge der Tiervotive für St. → Wolfgang, St. → Leonhard und die → Vierzehn Nothelfer (→ Eisenvotive), darunter auch die schweren lebensgroßen Figuren, Würdinger genannt. Tonvotive, im Altertum bekannt (Pompeji), sind im 19. Jh. selten. Eine Sondergruppe bilden die Kopfurnen (→ Urnen).

Während man es den figürlichen O. nicht anmerkt, ob sie Bitt- oder Dankopfer darstellen, sind die → Votivtafeln als Weihgeschenke für Errettung aus Gefahr anzusehen. Sie stellen in meist sehr naiver Weise den Unglücksfall nebst Erscheinen oder Eingreifen des Angerufenen dar, zu dessen größerer Ehre sie in seiner Kapelle aufgehängt werden. Da bereits im → *Indiculus superstitionum et paganiarum* von hölzernen O. die Rede ist, so ist der Brauch der O. überhaupt mindestens bis auf karolingische Zeit zurückzuführen, wahrscheinlich an den der Antike anzuknüpfen. Die eisernen O. konnte Kriß bis in romanische Zeit verfolgen.

St. Wolfgangs Leben u. Ableiben, 1599; R. Andree, Votive u. Weihegaben, 1904; Mehrere Arbeiten über Votivwesen in Festschr. f. M. Andree-Eysn, 1928; R. Kriß, Volkskundliches, 1930; und Jb. f. hist. Vkde. 3./4. Bd., 1934; M. A. König, Weihegaben an U. L. Frau v. Altötting. I–II, 1939/40; P. Wust, Ungewißheit u. Wagnis. [5]1950. Über Votivkerzen in Andechs: Bayer. Jb. f. Vkde (1950); E. Baumann, Die Best.aufnahme d. V.bilder u. Vg. d. Schweiz. Schweiz. Arch. f. Vkde 47 (1951); E. Richter, Kopfweh-V. Öst. Zs. f. Vkde 54 (1951); Über Vg.-Aufnahmen v. E. Grabner in Österreich. ebd. 61 (1958) (Aus Mariazell 1129 Gegenst.); L. Schmidt, Zur Gesch. d. Wachsopfer im MA. ebd. 62 (1959); L. Kriss-Rettenbeck, Geformtes Wachs. Atlantis 32 (1962); ders., Bilder u. Zeichen rel. V.glaubens. 1963; W. Brückner, V.tüml. Denkstrukturen u. hochgesch. Weltbild im Votivwesen. Schweiz. Arch. f. Vkde 59 (1963); N. Kyll, Heidnische Weihe- u. Vg. a. d. Römerzeit d. Trierer Landes. 1966; W. Borchers, And.bilder u. Silberne V. im Westfäl. Raum. In: Beitr. z. dt. V. u. Akde 2/3 (1958).

Orakel (vom lat. *oraculum* = Götterspruch; *orare* = sprechen). Unser O.glaube geht auf antike und germ. Wurzeln zurück (Tacitus). Letztere kennen Toten- und Pferde-O., Eingeweide- und Blutschau, Gottesurteil und Zweikampf, Los- und wahrscheinlich auch Würfel-O., ferner O. an Quellen, Flüssen und Bäumen. Die kirchliche Beurteilung war in den einzelnen Arten durchaus schwankend.

In einer systematischen Untersuchung über das O. (HDA 6, 1255–1294) definiert Herold: »Unter O. verstehen wir jeden Brauch, mit Hilfe eines vom Menschen zu bestimmten Zeiten, an bestimmten Orten, mit bestimmten Mitteln oder unter bestimmten Bedingungen absichtlich herbeigeführten Vorganges, dessen außerhalb der menschlichen Willenstätigkeit liegendes Ergebnis als Zeichen oder Antwort aufgefaßt wird, eine schwebende Angelegenheit zu entscheiden oder noch verhüllte Bezogenheiten und Verflechtungen von Geschehnissen zu enthüllen, um demgemäß sein Verhalten einzurichten«. Dabei ist allerdings die magische Grundlage und die volksmäßige Form der ganzen Handlung hier zu wenig betont. Mit Recht will Herold → Angang, → Vorzeichen, → Traum, die unbeabsichtigt die Zukunft enthüllen, sowie die anspruchsvollere, »wissenschaftliche« → Mantik, die nicht eigentlich Sache des Volkes ist, ausgeschaltet wissen, wenn auch Übergänge stattfinden. O. sind ein Teil der → Wahrsagung. Der volkssprachliche Wortgebrauch ist natürlich nicht so einheitlich.

Für eine wissenschaftliche Systematik der unzähligen O.bräuche gibt Herold folgende Betrachtungspunkte (wir geben nur wenige Beispiele und verweisen auf die betreffenden Stichworte; besonders unter den Heiligen- und Jahresfesten wie Andreas, Thomas, Matthias, Johannes d. T., Weihnachten, Neujahr, Dreikönig usw. sind viele Beispiele von O. beschrieben; ferner → Valentin, Wasser, Lichterschwemmen, nackt, horchen): 1. O.spender (Feuer, Wasser, Steine, Pflanzen, Tiere, Menschen); 2. O.stätten (Herd, Ofen, Türe, Dach, Zaun, Brunnen, Bett, Kirche, Kreuzweg, Quelle); 3. O.zeiten (antike, germ., christliche Festzeiten und -tage, Stunden, Geburt, Hochzeit, Tod, Aussaat, Ernte); 4. Bedingungen (ererbt, gestohlen, gebettelt, schweigen, nicht entblößen, Nacktheit, rechts, links, verkehrt); 5. Zahlen im O.glauben (3, 9, 12, 7); 6. Fragestellung (einzelnes, ganze Zukunft, Beruf, Liebe, Ehe, Fruchtbarkeit, Gesundheit); 7. O.sucher (Weib, Mädchen, Mann); 8. O.arten; 9. Gegenmaßnahmen; 10. O.spiele (Silvester, Bleigießen, Ofenanbeten).

Döhler, Die O. 1872; Bouché-Leclercq, Histoire de la divination dans l'antiquité. 4 Bde. 1879–81; E. Stemplinger, Antiker Aberglaube in modernen Ausstrahlungen, 1948.

Orant → Dorant.

Orchideen → Frauenschuh, Knabenkraut.

Ordal → Gottesurteil.

Orenda. Irokesische, später in der Ethnologie und Religionswissenschaft verallgemeinerte Bezeichnung für »besonders wirkungsvolle Kräfte oder Mächte, die in körperlichen oder unkörperlichen, durch die Sinne wahrnehmbaren Objekten wirksam sind« (Pfister). Auf primitiver Stufe kann O. mit dem Begriff »Gott« zusammenfallen (→ Monotheismus). Von O. bildete Pfister die Worte Orendismus und orendistisch. Der Sache nach ist diese Vorstellung bei vielen primitiven, bei alten Völkern und auch im germ. und dt. Glauben festgestellt, doch entstehen Mißverständnisse, wenn etwa der Glaube an die Kraft der → Lebensrute, des → Maibaums, des → Amuletts usw. mit dem exotischen Wort bezeichnet wird, um so mehr, als die Gleichung keine vollständige ist. Dem O. eng verwandt ist das Mana polynesischer, melanesischer und indonesischer Stämme, doch ist das Wort Manismus nicht davon, sondern vom lat. *manes* abgeleitet und bedeutet Ahnenglaube und → Ahnenkult. → Tabu, leihen.

Lehmann, Mana, Der Begriff d. außerordentlich Wirkungsvollen, 1922; F. Pfister, Der Glaube an das »außerordentlich Wirkungsvolle« (O.ismus), Bll. z. bayer. Vkde. 11 (1927); ders., Der Volksglaube; in Spamer, Die dt. Vkde., 1 Bd., 1934; G. Hoof, O.istische Vorstellgn. im Totenglauben. Diss. Köln; J. Paulson, Die primit. Seelenvorst. d. nord-euras. Völker. Stockh. 1958.

Orion → Petrus.

Ornament. Für die → Volkskunst, die das individ., für sich allein stehende Kunstwerk kaum kennt oder anstrebt, sind Verzierung (Dekor) und schmückendes Beiwerk recht eigentlich Inhalt der Bemühung, die Tor und Tür, Werkzeug und Hausrat, Möbel und Gewand aus der reinen Zweckform zum höheren Dasein des Gefälligen, Schönen, Denkwürdigen, Staunenswerten erhebt. Jedes Werk aus menschl. Hand hat für eine als Geschichte und Geographie der Grundkultur verstandene Vkde. Bed., – V.geist und V.charakter, V.brauch und V.glauben indes enthüllen sich wohl erst in den Schöpfungen, die neben oder nach dem homo faber auch den artifex beschäftigten. → Basteln und Kunst des → Hirten, Bildnerei des Feierabend und → Minnegabe gehören vor allem dazu, aber auch in jedem V.handw., sei es Schmied, Töpfer oder Schreiner begegnen sich beide Welten. Hier sind dann freilich Kunstfertigkeit und Ehrgeiz so fortgeschritten, daß etwa die Hand von Schnitzer, Maler und Hafner Gebilde schafft, die ohne schmückendes O., für sich allein als Kunstwerk bestehen könnten.

In der älteren Steinzeit ist neben dem starken Naturalismus des mag. Tierbildes selten Raum für das O. In der jüngeren Steinzeit aber bis weit in die Metallzeit hinein kommt das O., häufig enstanden oder angeregt durch techn. Vorbilder, zu bed. Entfaltung (Waffen, Geräte). → Flechten führte zu Kreuz-, Stufen- und Schachbrettmustern, aber auch zu Rhombus und Mäander. Korbflechterei regte eine Teilung der Fläche durch Reihen von Streifen, Bändern, Rillen an. Von der Weberei gefördert wurde vor allem der »horror vacui«, der Trieb der Vk., leere Flächen bis an den Rand zu füllen. Von der Holzkunst wurden O. wie Wolfszahn, Sechstern (→ Holzschnitt) auf Gewebe übertragen. Wenn früher das O. in Ton eingestochen, gefurcht, geritzt, abgedrückt oder von innen herausgedrückt wurde, so kennz. die röm. Zeit in Westgermanien die Verzierung des Tons mit dem Töpferrädchen und in der Völkerw.zeit das Stempeln der Gefäße. Während das roman. O. antikem Erbe neue Naturbilder und in Initialen und nord. Vk. phantast. Tiergestalten hinzufügte, tritt im O. der Gotik das pflanzl. O. in den Vordergrund. Stempel- und Rädchenverzierung bleiben bewahrt und wandern vom 13.–15. Jh. nach Schlesien, Polen und Ostpreußen. Rädchenmuster überdauern sogar das → Steinzeug des 16. und 17. Jh. Das Vorbild von ältesten Metallgefäßen wurde noch im 19. Jh. an dt. Töpferei nachgewiesen. In der Renaiss. lebt die Antike wieder auf, daneben herrscht in Dtl. und Holland neben den Grotesken, Blumen- und Fruchtgehängen das »Roll- und Beschlagwerk« (Cartocci, Kartuschen), das sich von dem mal. Kräuselwerk der Spruchbänder und Wappenschilde herleitet.

Während der Barock überlief. Formen steigert und in gewichtige Bewegung setzt, liebt das Rokoko graziöse Schnörkel, Muscheln und Schneckenlinien außerhalb strenger Symmetrie. Der größere Teil des Bestandes der Heimat- und Vkmuseen trägt den O.charakter dieser Zeit, bes. die süddt. → Möbelmalerei, aber auch das schmückende Beiwerk im → Hinterglasbild, die Arbeit des → Schnitzers an Türe und Schrank, des Hafners mit dem Malhorn, des Schmiedes und Schlossers in Gitter und Grabdenkmal. Es gehört aber zum Wesen der Vk., daß – oft in naivem Nebeneinander – auch das O. der Gotik und der Renaiss. weiterlebt. Mit der Schwächung der bildner. Kraft im Volke, aber auch mit einer gewissen kleinbürgerl. Formenarmut hängt es zusammen, wenn allenf. noch der Zopfstil des beginn. 19. Jh., kaum das Biedermeier und am wenigsten der späte Jugendstil um 1900 noch einen Widerhall finden.

Neben der Gesch. des in der Vk in ungleichem Rhythmus sich spiegelnden Stils und der Motive (→ Einhorn, Hirsch, Vogelreiter, Tulpe usw.), die in Naturformen oder Abstraktionen Verwendung finden, neben dem Formalen ist der Sinngehalt des vtüml. O. erst unzulänglich geprüft. → Lebensbaum und grünes Reis, abstrakte, anscheinend lediglich geom. Zeichen auf → Dachziegeln oder → Minnegaben wie die naturnäheren Formen des Pferdekopfs an → Giebelbrettern sind nicht nur O., sondern auch mag. → Bild und sinnhaltiges → Symbol. Eines schließt das andere nicht aus, wie es die Verwendung der zeitl. näherliegenden und darum eindeutigen christl. Symbole dartut. Schon der für die Vk. typ. geringe Vorrat an Formgedanken macht es begreiflich, daß ein O. zweckmäßige Form, Schmuck und Symbol zugleich sein kann. Die nd. Giebelzier ist Windschutz, Schmuck und Abwehrzeichen in einem.

Heideloff, Die O.ik d. MA 1852; C. Gurlitt, das Barock- u. Rokoko-O. Dtls. 1889; F. S. Meyer, Hb. d. O.ik. [7]1903; Salin, Die altgerm. Tier-O.ik 1904; Jessen, Der O.stich. 1920; Phleps, Das ABC d.O.ik 1923; A. Riegl, Stilfragen. Grundl. z. einer Gesch. d. O.ik, [2]1923. H. Th. Bossert, O.-werk, 1924; R. Hamann, Dt. O. 1924; M. Hoernes, Urgesch. d. bild. Kunst, [3]1925; M. Haberlandt, in: Jb. f. hist. Vkde. 2 Bd., 1927; K. Hahm, Dt. Vk., 1934; K. Schuchhardt, Alteuropa. [3]1935; E. Schroff, Psycholog. zum O.; in Oberdt. Zs. f. Vkde 2 (1929); G. Dircks, Schöpfer. Gestaltung d. dt. Vk. 1935 (Vstüml. O.); W. v. Wersin, Das elementare O.werk, 1940; M. Ott, Das O. im bäuerl. Kunsthandw. d. Kt. Appenzell 1945; F. Steinmann, Das Drachen-O. in der Vk Niedersachsens. Diss. Bonn, 1948; H. Th. Bossert, O. d. Vk 1949; H. Wichmann u. O. Rosenlecher, Dt. O.-Fibel, 1950; K. Rumpf, Geom. O.ik an südtiroler Stadeltoren. Rhein. Jb. f. Vkde 10 (1959); H. Th. Bossert, O. d. Völker. Vk. in Europa u. Asien. 1959; O.ale Vorlagebll. d. 15. u. 18. Jh. 1 Textbd., 2 Tafelbde. o. J.

Ortsnamen sind Bez. bewohnter Plätze. Es empfiehlt sich, den Begriff des → Flurnamens als blosser Stellenbez. davon zu trennen, wenn diese auch vielfach im Laufe der Gesch. zu O. wurden (Dinkelsbühl, Brunnenfeld, Hohenlinden) oder solchen zugrundeliegen. Im bes. gilt dies von den Zus.setzungen mit Ach, Au, Bach, Berg, Feld, Fels, Münden, See, Stein, Tal, Wald, Werder. Wie die Flurnamen, wenn auch auf einer höheren Ebene, spiegeln die O. Gegebenheiten der Gesch. und des geogr. Raumes. Kelten (Remagen), Römer (Wien, Augsburg, Köln), Slawen (Dresden, Leipzig) und andere Völker und Sprachen haben in den O. heute dt. Gebiete ihre Spuren hinterlassen. Das Alter der Stellenbez. (Flurnamen) entzieht sich meist einer genaueren zeitl. Bestimmung. Siedlungsnamen (O.) mit typ. Endungen bieten mehr Sicherheit. Wichtige Hilfswiss. ist die Siedlungsgesch., wie sie bes. R. Gradmann entwikkelt hat. Vordt. Sprachgut stellen die westdt. -acum-Orte dar. Als O. gemeingerm. Zeit werden die bes. in Nordwestdtl. verbreiteten Namen auf -leben, -stede, -heim, und -büttel betrachtet (F. Kauffmann), doch sind - büttel-Namen auch als junge Bildungen erwiesen (L. Fiesel). Von diesen seit alters germanisch besiedelten Gebieten unterscheiden sich die O. in einem Gürtel zwischen Thür.-Westf.-Osthavelland.

Neben vordeutschen O. stehen hier altgerm. auf -ithi, -lar und -mar (Meschede, Wetzlar, Weimar). Nach den Jhh. der Römerherrschaft wird

»der altgerm. Stil der Namengebung . . . durch den kolonialen, den Völkerw.stil des 5./6. Jh. abgelöst« (A. Bach). Die meist mit der Endung -ing von einem Personennamen gebildeten Insassennamen (Sigmaringen, Beroldingen als die Siedlungen des Sigmar, des Berold und ihrer Sippe), die später auch »produktiv« wurden, werden jetzt häufig, daneben O. auf -heim und, in Thür. bes., auf -leben (Aschersleben). Die Namen von Siedlern im allgemeineren Sinne halten O. fest wie Bardowiek, Frankenhausen, Sachsenhausen, Schwabendorf. Lehnübersetzungen wie -stat für castrum (befestigter Platz, Fort), -heim für villa (Herrschaftshof) treten auf, aber die -weiler-Orte (von lat. villare ›Herrschaftsdorf‹) gehören erst dem Ausbau in der Merowingerzeit an (F. Steinbach). In karoling. Zeit macht sich das stark zentralis. Frankenreich auch im Ausgleich der O. bemerkbar. Bis nach Österr. hinein, das damals dem Deutschtum gewonnen wurde, reicht die Wirkung des »fränkischen Stils« (A. Bach), dem O.bildungen auf -hausen, und -hofen, aber auch auf -dorf, -statt und -heim zuzurechnen sind. Nach dem Sinken des kulturellen Lebens gegen Ende des 1. Jahrtaus. zeigt sich eine neue Schicht der O.bildung erst auf der Höhe des MA in den Rodungsnamen auf -rode, -rod, -reuth, -hain, -grün, -sang, -schwende, -schwand, ferner der mit dem Genitiv eines Personennamens gebildeten (z. B. Vollraths). In dieser Zeit vollzog sich die Besiedlung des östl. Dtl. mit ähnl. Namensbestandteilen (im Norden viele O. auf -hagen), wobei nichtdt., insbes. slaw. Namensgut unter sprachl. Angleichung weithin beibehalten wurde. – Auf alte kirchl. Niederlassungen weisen Mariazell, Einsiedeln, Kremsmünster, Neustift, St. Gallenkirch oder Kappl, München, Klosters. Mit der Entst. neuer Industriezentren, Verkehrsknotenpunkte oder Wohnsiedlungen setzt sich der Vorgang der O.gebung in der Gegenwart fort. Starke Veränderungen des überlief. Verbr.bildes der O. bringen neue Systeme der polit. Herrschaft oder die Verschiebung der Staats- und damit zum Teil auch der V.grenzen mit sich.

→ Landschaftsnamen.

J. Meier, Namen. In: Dt. Volkskunde, 1926; H. Beschorner, Handb. d. dt. Flurnamenlit. (bis Ende 1926; 1928); R. Gradmann, Wb. dt. O. in d. Grenz- u. Auslandsgebieten, 1929; A. Schorta, Ziele d. O.kde. in d. Schweiz m. bes. Berücksichtg. d. Kartennomenklatur. Schweiz. Sprachfg., 1943; G. Saladin, Geordnete Schreibung der O Schweiz. Arch. f. Vkde 40 (1942–44); W. Bruckner, Schweiz. O.kde., 1945; A. Bach, Probleme d. O.-fg. Rhein. Vierteljbll. 15/16 (1950/51); W. Keinath, Orts- u. Flurnamen in Württ., 1951. Hist. O.buch v. Bayern, 1951ff.; St. Ankenbrand, Die O. d. Landkr. Würzburg. 1952; A. Bach, Die dt. O., 1953 (Dt. Namenkde., Bd. 2, T. 1); R. Fischer, O. d. Kr. Arnstadt u. Ilmenau. 1956; W. Bonacker, Die dt. O.schreibg. 1959; Hist. Ortsverz. v. Sachsen. Bearb. v. K. Blaschke. 1957; Hist. Ortslex. f. Brandenburg; E. Schwarz, Sprache u. Siedlg. in Nordostbayern. 1960; W. Stunnfels u. H. Bischof, Unsere O. im ABC erklärt n. Herk. u. Bed. ³1961; H. Dittmaier, Die (h)lar-Namen. Sichtg. u. Deutg. 1963; Namenfg. Festschr. f. A. Bach. 1965; Duden-Wb. geogr. Namen. Europa (Ohne Sowjet-U.). 1966 (Orts-, Berg-, Fluß-, Landschaftsn.); H. E. Fiechtner, Die O.d.bessarabiendt. Siedlgn von 1940. Jb. f. ostdt. Vkde 10 (1966/67); W. A. v. Reitzenstein, O.fg in Bayern. 1968; P. Zinsli, O. . . . d. dt. Schweiz. 1971; Zs. f. O.forschg., seit 1925.

Orts-, Lokalsage → Sage.

Ortsreime, Necknamen. In allen dt. Landschaften verbreitet sind O., die das Nachbardorf in seiner Gesch., Sprache und Eigenart humorvoll kritisieren oder auch die Dörfer und Städte der ganzen Landschaft reimend aneinanderhängen. H. Moser empfahl eine großräumige Aufnahme dieser höchstlebendigen Volksdichtung und legte selbst 16 Karten vor über Entstehung, Gegenbildung, Häufung und Wanderung, besonders auch über die Themen der O.-F. J. Bronner (Bayer. Schelmenbüchlein) verzeichnet über 1200, H. Lienhart (Elsäss. Ortsnekkereien) über 2000 solcher → Sprüche. → Ökelnamen.

O. Stückrath, Naussauisch. Kinderleben. 1931; H. Moser, Schwäb. Vhumor. Die N. d. Städte u. Dörfer in Württ. u. Hohenz., im bayer. Schwaben usw., 1950; (3000 Namen und O.); H. Schmidt-Ebhausen, Neue Ortsnekkereien. In: Jb. f. Vkde. d. Heimatv. 3; H. Maas-A. Gabler, Die Nürnbg. Schimpfwörter. ³1964; R. Beitl, Da kriecht ne Spinne, sagt Minne. Namenneckrufe aus Berlin-Steglitz Jb. f. brdbg. Lgesch. 15 (1964); F. J. Bronner, Elsäß. Ortsneckereien. (über 2000 Beispiele); H. Rosenkranz, Orts-N. u. Einwohner-N. im Thüring. Dt. Jb. f. Vkde 14 (1968); Kartogr.: ASV 135. Vgl. Geiger und Weiß, Aus d. ASV. Schweiz. Arch. f. Vkde 43 (1946) 250ff.

Osebergschiff → Schiff.

Ostara. J. Grimm nahm auf Grund einer Stelle bei dem Angelsachsen Beda (*De temporum ratione,* Kap. 15) und der ahd. Bez. des April und des Auferstehungsfestes *(ostarmanoth, ostara)* den Glauben an eine Göttin des Morgenlichtes an. Die meisten Mythologen der folg. Zeit verneinten diese Möglichkeit, doch bleibt es auffallend, daß in Dtl. (und England) sich für das wichtige Kirchenfest ein nichtkirchlicher Name festsetzen und halten konnte. Es darf wohl mindestens vom Vorhandensein eines germ. Frühlingsfestes dieses Namens gesprochen werden. Lincke (HDA 6, 1312f.) gibt zu überlegen, ob O. nicht mit dem Wort Ost urverwandt sein könne und somit nur die Himmelsrichtung bezeichne, aus der in diesem Monat die Sonne und der Frühling neu erstehen. J. de Vries behauptet die allgemein-südgerm. Geltung einer Göttin O., die vielleicht als eine im Frühling verehrte Fruchtbarkeitsgöttin in der Nähe von → Frija und → Nerthus stand.

J. Grimm, Dt. Mythol. ³1854; Neus, Die Frühlingsgöttin O. Zs. f. dt. Mythol. u. Sittenkde, 3 Jg.; J. de Vries, Altgerm. Relig.gesch. 1935.

Osten → Windrose.

Osteranger → Laufspiele, Ostern.

Osterbraut, -bruderschaft, -feuer u.a. → Ostern.

Osterei. Als einem alten, weitverbr. und noch höchst lebend. V.brauch ist dem O. in den letzten Jahrz. bes. Aufmerksamkeit gewidmet worden: in Einzelunters., kartogr. Aufnahmen, Sammelwerken, Museumskatalogen und Ausstellungen. Eine gründliche Sichtung archival. Quellen in Bayern unternahm Hans Moser. Selbst die → Demoskopie nahm sich der Frage an und stellte fest, daß 1961 in Dörfern und Mittelstädten 52 v. H., in den Großstädten 42 v. H. der Bev. O. gesucht haben.

Die Vtüml. des Brauches erklärt sich nicht aus der Liturgie der Kirche (→ Weihn.baum, Joh.tag, Osterreiten), sondern die Eier- und Speiseweihe in der Frühe des → Karsamstags, die *benedictio ovorum et esculentarum* wurde im 9./10. Jh. (nach A. Franz im 12. Jh.) in die röm. Ritualien (→ Sakramentale) aufgenommen, weil das Ei ein Ursymbol und »sichtbarster Träger des Lebens und der Lebenserneuerung« (A. Spamer), Zauberheilmittel, Opfer und Grabbeigabe bei den alten Völkern wie bei primitiven war. Hinzu kam, daß in der älteren Kirche das Ei in das Fastengebot der Quadragese fiel und sein Genuß, gleichzeitig mit der Weihe, erst zu Ostern wieder erlaubt war. Jetzt waren sie ohnehin wieder frisch und reichlich zu haben. Die alte Bed. spiegelt sich in einem Rat aus dem 17. Jh.: »Auf Ostern iß hart gesotene Eyer, dann bist du das gantze Jahr gesundt«. Nach bayer. Glauben stärken O. die Manneskraft. Man muß sie mit der Schale essen, unter die Türschwelle eingraben, in die letzte Garbe einbinden, sie rollen und so um die Herde einen Kreis ziehen. Sie dämpfen, rücklings geworfen, das Feuer. Beim Suchen ist der erste Fund bedeutungsvoll: blau = Unglück, rot = drei Tage Glück (Steierm.). Für Norwegen-Finnland ist festgestellt, daß der O.brauch »eindeutig von den Ausstrahlungen der christl. Brauchwelt unberührte fruchtbarkeitsmagische Elemente« enthält (Hans Moser). Straußeneier, als bes. Glücksbringer geltend, wurden auch wegen ihrer Größe und Seltenheit wie Kleinodien behandelt und in fürstl. Schatzkammern verwahrt. Ein Steinsarg des röm.-germ. Gräberfeldes bei Worms (1. H. 4. Jh. n. Chr.) enthielt als Grabbeigabe für ein Mädchen zwei mit Streifen und Tupfen bemalte Gänseeier. 1931 wurde in Oppeln bei der Freilegung des slaw. Kastells verzierte Eier gefunden. Für Dtl. erwähnt zum ersten Mal Freidanks Spruchslg. »Bescheidenheit« (→ Sprichwort) vom Anfang des 13. Jh. den Brauch, Eier zu färben:

Swâ wîp mit varwe ist bezogen,
dâ wirt ein man lîhte betrogen.
Ein Kint naem ein gemâlet ei
fur ander driŭ oder zwei.

Für den O.brauch im späten MA ist auch die Verflechtung von Rechtsbrauch (Zinseier), Kirchenbrauch (Osterspende) und Vsitte in Betracht zu ziehen (H. Moser). Die kirchl. Weihe von *ova rubra* am Ostermorgen bezeigt Thomas Naogeorgius (Kirchmair) 1553 in seinem Regnum Papisticum, vom Beschreiben, Bemalen und Ätzen von O. berichtet Erycius Puteanus in seiner Schrift Ovi Encomium von 1617. Das Wort O. erscheint zum erstenmal in der Aufz. eines Straßbg. Handw.meisters von 1615: »Zu ostern werden die Oster eyer grüen, gelb, roth, schwarz und blau und andere art geferbt« und dann bei S. Frank (Satyrae. Von Oster-Eyern. Heidelbg. 1682). Hier ist auch vom Verstecken der O. die Rede. Im 17. Jh. enthalten Zeugnisse für das farbige O. auch die lehrhafte Lit. und die österl. → Predigt des Barock. Am Ende des Jh. gibt uns Andreas Strobl, Pfarrer im oberbayer. Puchbach, eine lebhafte Schilderung damaligen O.brauches in seinem »Geistlichen Discurs auf den H. Ostertag, Oster-Montag und Oster-Erchtag«: »man verguldets, man versilberts, man belegts mit schönen Flecklen, und macht allerhand Figuren darauff, man marmelierts, man mahlts auch und ziehrts mit schönen erhebten Farben, man kratzets aus, man machet etwann ein Oster-Lämblein, ein Pelican, so seine Junge mit eignem Blut speiset, oder die Urständ Christi, oder was anders darauff, man siets (siedet's), man färbts grün, roth, gelb, goldfarb, etc. Man machts auch schön gesprängt, und verehrt es hernach ein guter Freund dem andern«. Lieselotte von der Pfalz erwähnt 1717 brieflich als Geschenk »ein par Ostereyer von schildcrotten mitt ein par ringellger«.

In die germ.-skand. Länder, vorwiegend in die Städte, brachte den Brauch dt. Einfluß im 19. Jh. (L. Weiser-Aall). Von der → Klosterarbeit über die Bemühungen bed. franz. Maler (Lancret, Watteau) bis zu den kostbaren O. des orthodoxen »Eierfestes«, bs. am Zarenhof, geht durch ganz Europa eine von altem Glauben wie von kirchl. Brauch getragene Freude am künstler. geschmückten O., die im Volke bes. in Mittel- und Ostdtl. wie bei Polen, Tschechen und im Balkan noch heute lebendig ist. Die ausgesprochen barocke Verzierung allerdings kam schon im 18. Jh. wieder außer Mode (H. Moser).

Abgesehen vom einfachen Färben

(oft mit farbgebenden Pflanzen) oder vom Auflegen von gefiederten Blättern begegnet man vor allem folgenden Arten der Verzierung: Auskratzen der Farbe, Wegätzen mit Scheidewasser und Feder, Malen mit Wachs (selten), Abdecken mit Wachs, so daß nur die unbedeckten Stellen im (kalten) Farbbad gefärbt werden. Letzteres Verfahren, seit altem in Indien und bes. in Java bekannt, wird für die O. vor allem im Osten angewandt (→ Zeugdruck). Heute ist auch die Verzierung mit Tuschfeder und Malpinsel nicht selten. Früher übten das Bemalen bes. kunstfertige Männer und Frauen aus, z. T. nach Musterbüchlein (z. B. im Egerland). Holzeier (zum Eierkullern) wurden in Lukkau gedrechselt und bemalt. Dorfbastler im Egerland und in der Lausitz verzierten das O mit Binsenmark und Stoff. Die beliebtesten Motive sind: Ranken, Rosetten, Blumen, Herzen und Geometr. Figürliches ist selten. O. werden in vielen Spielen der Kinder wie der Erwachsenen verwendet (→ Ostern). Sie sind Geschenke an Patenkinder, Gesinde, an die Geliebte, auch an Küster, Pfarrer und Lehrer. Vor allem die Bestimmung des O. als Verehrungs-, Freundschafts- oder Minnegabe förderte die Beschriftung oder Ausstattung mit → Spruch und → Glückwunsch. Schon die Antike kannte beschriebene O. wie später der Islam. Das *»scribi potest«* des E. Puteanus von 1617 (s. o.) deutet auf alte dt. Sitte. Von allerh. Figuren und von »lustigen Reimlein« auf rotem O. spricht das »Frauenzimmer Lexikon« des Amaranthes von 1715. Emblematik und Devisenfreude des Barock wie die freundl. Weisheit biedermeierl. → Stammbücher fanden am O. ein Betätigungsfeld. Mit relig. Mahnung brachte sich der Pate in Erinnerung. M. Andree-Eysn berichtet von einem aus dem ausgeblasenen O. herauszunehmenden Liebesgruß von 4 1/2 m Länge, der unterzeichnet war »Fritz Schoberth 1821«. Ein Glasei aus Solbach im Unterelsaß wies die Verse auf:

Auß lauter lieb/
auß lauter Trey/
Schenckh ich dir/
Das Osterey
1765.

Ein Alt-Wiener Reim lautet:

Diess Ei hier will ich Ihnen verehren,
Und dann von Ihnen ein Jawort hören.

Im Mühlviertel schrieb einer auf das O.:

Lieben und nicht seh'n
ist härter als auf Dornen geh'n.

Anfang des 19. Jh. erwähnt Josef Richter in seinen »Eipeldauer Briefen« rote O. mit Blümlein und erklärt die mäßige Poesie der Verse: »vielleicht machen die Milchproduktenverschleisser die schön Vers selber«. Im schweizer Kanton Solothurn holt eine Eierkratzerin alljährlich ihr Versheftchen hervor, um die Wünsche ihrer Kunden zu erfüllen. Die → Vertriebenen brachten nach dem letzten Kriege ihre O.verse mit aus Böhmen, Schlesien und Siebenb. oder prägten neue:

Unsern alten Heimatbrauch
pflegen wir in der Fremde auch.

Herrgott, der du bist im Himmel,
Höre mein Bitten und mein Flehn:
Laß mich die geliebte Heimat
Einmal auch noch wiedersehn!

Durch eine rührige Zucker- und Schokoladenindustrie hat sich der O.brauch mehr in die kommerzielle Breite entwickelt, obwohl auch diese (schon bald nach Neujahr angebotenen!) Produkte noch vom → Osterhasen in Wald und Garten »gelegt« werden. Auch das eigene Färben, Verzieren, und Beschriften der O. ist durchaus noch Brauch. Das Sammelwerk »Solemnia Paschalis« macht sich Gedanken, wie eine völlige Kommerzialis. und Entleerung des Brauches verhindert werden könnte.

Für die in der Sächs. Schweiz entwickelte liebenswürdige Sitte der geschmückten Eierbäumchen im Garten vor dem Haus weist I. Weber-Kellermann neue Verbreitung nach. Auch in der Stadt (Garten und Zimmer) werden neuerdings solche O.bäumchen oder -zweige aufgestellt (Berlin 1960ff.).

– Ei, Ostern, Heiliggeisttaube

Vgl. die Bde. d. Reihe »Dt. Volkskunst«; Andreas Strobl, Ovum Paschale novum oder Neugefärbte Oster-Ayr. Salzburg 1694; ders., Ein Centen Oster-Ayr oder Ovi Paschalis. 1710; M. Andree-Eysn, Volkskundl., 1910; M. Haberlandt, Österr. Volkskunst, 1911; J. Blau, Böhmerwälder Hausindustrie u. Volkskunst, 1911; 1918; F. Kluge, Die O. in Dtl. Arch. f. Religwiss., 1924; H. Hepding, Osterhase und O. Hess. Bll. f. Vkde 26 (1927); A. Jacoby, Zur Gsch. der O. ebd. 28 (1929); O. Bramm, Allerlei Ostergebräuche, Brandenburg. Land, 1934; D. Stiefenhofer, Das O. im Brauchtum Mittelfrankens. Volk u. V.tum 2 (1937); A. Pfleger, Zur Gesch. d. O. im Elsaß. Kunstbeil. Elsaß-Land u. Lothr. Heimat. Straßburg 1933 (Fürchtet, daß die Reimereien der farbigen Osterkarten die O.verse verdrängen); A. Becker, O. und Osterhase. 1937; K. Zani, Votiveier u. O. in Österr. u. d. Schweiz. In: Cultura Atesina. Bozen 1948; A. Karasek-Langer, Geschekkelte Böhmerwäldler O. in Bayern. In: Schönere Heimat 41 (1952); R. Wildhaber hg., 1000 O. u. Ostergebäcke aus ganz Europa. (Zur Ausstellung Basel 1957; Schw. Arch. f. Vkde 1957); ders., Vom O. u. d. Techn. d. Eierfärbens. In: Der Hochwächter 13 (1957); Hans Moser, O. u. Ostergebäck. Bayer. Jb. f. Vkde. (1957); I. Weber-Kellermann, in: Dt. Jb. f. Vkde 4 (1958); K. Uldall, Les œufs de Pâques au Danemark. Schweizer Arch. f. Vkde 54 (1958) (Über O.spiele); A. Eskeröd, O. in Schweden. ebd.; M. L. Lechner, Beichteier. Rhein. Jb. f. Vkde 9 (1958) (Beziehg. von kirchl. Abgabewesen und Volksbrauch); W. v. König, O.verse. Bayer. Jb. f. Vkde. (1961); A. Mais, Altwiener O.verse. In: Wiener Gesch. bll. 76 (1961); J. Jaenecke-Nickel, Das O. im wiss. Schrifttum d. Barockzeit. In: Sieber-Fs. 1964; W. v. König, Blick in e. Slg. v. O. In: Ciba Symposium Bd. 15 (1967) (Slg. mehrerer tausend O. auch aus bürgerl. u. städt. Besitz; Berliner Porzellaneier); Kartogr.: ADV II/ O.spiele, O.bringer. – ASV 178–182 O.bringer (Urschweiz: Kuckuck, Nordw.: Glocke, allg.: Hase). Färben, Suchen, Spiele (Rollen, Werfen, Spicken), Eierlauf; V. Newall, An Egg at Easter, 1971 London. (Verbr. d. Brauches, Eierfärbemittel).

Osterfeuer, als Wort zuerst 1767 im nd. ostervüer. Die Sache ist viel älter. Die Schrift von Timeus »Vom O.« wurde 1597 in Hamburg gedruckt. Auf kirchl. Brauch geht das *ignis paschalis* in einem Brief von Papst Zacharias (8. Jh.) an → Bonifatius. Reinigungs- und Abwehrkraft, wie sie das Baden (Waschen) in Wasser und Tau von → Ostern zu nutzen streben, eignet auch dem → Feuer. Nach C. Maier (Sol. Pasch.) folgte die christl. Feuerweihe am Karsamstag heidn. Brauch und drang über Gallien in das Rituale Romanum der Kirche. Eine klare Scheidung beider Elemente im österl. Brauchtum ist nicht mehr möglich. Der weltl. Brauch (ältestes Zeugnis: 1559) war im 18. und 19. Jh. im dt. Sprachgebiet weit verbreitet, er lebt noch heute bes. in Nordwestdtl. und im germ. Nordeuropa. Die Karte → Jahresfeuer des ADV wie der ÖVA weisen das O. auch für das östl. Österr. aus. Im kärtn. Lavant- und im steir. Murtal hat es sich Ort für Ort erhalten. Neben westfäl. Paschefüer, niederrhein. und holstein. Posch- und Poskefüer oder Ostermaan in Holstein und Osterleuchten in den Elbmarschen ist O. die allg. Bez.

Die das O. vorbereitenden oder begleitenden Bräuche hat Reinhard Peesch dargestellt auf Grund der Befragung des ADV in den dreißiger Jahren. Schon lange vor dem Tag sammelt die Jugend Holz, Reisig, Stroh und Teertonnen von Haus zu Haus mit Heischesprüchen wie z. B. diesem aus der Bremer Gegend:

Wi sammelt hier to't Osterfür;
De olen Teertunn'n sind to dür;
Wie hebbt keen Reit, keen Stroh,
keen Busch;
To stehln hebbt wi ok keen Lust.
Wer de Freud will mitbeleben,
Der mutt'n Schov Stroh, Reit,
Busch utgeben.

Een is nix, twe is wat,
Dre – so gaht wi usen Pad.
Lat't us nich to lange stahn,
Denn wi mött't noch wieder gahn.

In der Mark gilt aber auch die Meinung, die Heilkraft des O. sei größer, wenn man das Holz aus dem Walde stehle. Am Karsamstag- oder Osterabend wird das Feuer entzündet, in Österr. auch um Mitternacht. Auch die Alten kommen, denn das O. ist gesund für die Augen (→ Joh.tag; Sonnwendfeuer), und die Zahl der O. in der Umgegend zeigt die Zahl der Lebensjahre an. Im nd. laufen die Jungen mit selbstgemachten → Fackeln oder mit den glühenden Holzknüppeln ums Feuer und über die Felder. Mit dem Kohlenruß schwärzen sie sich selbst und bes. den Mädchen das Gesicht. Weltl. Brauch, der z. T. auch anderen Jahresfeuern (→ Funkensonntag) eigen ist, sind → Scheibenschlagen (Murtal) und Räderrollen. Im Harz und im Solling setzte man früher alte Teertonnen und strohumwundene Räder in Brand und ließ sie von den Bergen niederrollen. Bis in unsere Zeit bekannt sind die großen Feuerräder der »Osterbruderschaft« von Lygde bei Pyrmont. In einem Bericht an den ADV heißt es: »Die Feuerräder werden in der Höhe des Osterberges angerichtet. Wenn ein Choral erklungen und das O. angezündet ist, dann wird das erste der feurigen Räder zu Tal gesandt; viermal wiederholt sich dieser Vorgang, dann tritt die Ruhe und die Nacht in ihr Recht, und nach einem Schlußchoral verläuft sich die Menge«. Ähnl. Brauch schilderte schon Seb. → Franck 1534 in seinem Weltbuch: »Item sy flechten ein alt wagenrad voller strow, tragen es auff ein hohen gehen berg, haben darauf so sy vor kelte mögen bleiben, den gantzen tag ein guten mut mit vilerley kurtzweil, singen, springen, dantzen, geradigkeit, und anderer abentheür. Umb die Vesperzeit zinden sy das rad an, und lassen es mit vollem lauff in das Thal lauffen, das gleich anzusehen ist als ob die Sunn von dem himmel lieff.« Dem Radrollen verwandt ist das »Hexen«- oder »Kasfangga-Ablassen« in Tirol. Dabei werden Faßreifen kreuzweise ineinander gesteckt, sodaß sie das Gerippe einer Kugel bilden, die mit Stroh und Pech ausgefüllt brennend den Berg hinabrollt. An die Funkenhexe erinnert der »Judas«, eine bekleidete Strohpuppe, die man in der Mitte des O. verbrennen läßt. Steir. Brauch sind die großen Holzkreuze, die mit brennenden Pechpfannen weit ins Land leuchten, und das »Zeilenheizen«, bei dem viele kleine Feuer nebeneinander die Monogramme Christi oder Mariae oder die Umrisse einer → Monstranz bilden. Kohlen nimmt man mit heim. Sie bewahren den Hof vor Unglück, wie die Asche auf dem Acker die Mäuse und in Krippe und Tränke Viehkrankheiten fernhält.

Neben der kirchl. Feuerweihe am → Karsamstag bleiben also auch vor- und nebenkirchl. Gedanken wirksam, wie wir es fast durchweg im → Vbrauch des Lebens und des Jahres beobachten können. Ob sich im Harz und in Thür. noch im O. des 19. Jh. Reste alter Tieropfer und germ. Feuerkultes erhalten haben, will A. Spamer nicht entscheiden, stellt aber fest: »Jedenfalls weisen die einzelnen Züge unserer Frühlingsfeuer auffallende Gleichungen mit orientalischen und antiken Feuer- und Frühlingsbräuchen auf. Besonders deutlich wird dies bei den römischen, am 21. 4. in Stadt und Land gefeierten Palilien, deren Brauchtum uns Ovid anschaulich geschildert hat. Danach wurde zu diesem Feste der Viehstall mit Laub, Kränzen und Zweigen geschmückt, das Vieh selbst aber zu Sonnenuntergang durch ein Strohfeuer getrieben und mit Schwefel geräuchert« (→ Notfeuer).

Wie lebendig der Brauch des O. noch ist, zeigt etwa das Beispiel des Hamburgers C. O. Wanckel, der als alter Mitbürger von Altenau im Oberharz die weite Reise nicht scheut, 1970 allerdings resignierte: »Der Oberharz, den ich vor 3 Tagen verließ, ist so verschneit, wie sich selbst die ältesten Leute nicht entsinnen können. Ein O. wird es kaum geben« (Brief v. 2. 3. 1970).

V. v. Geramb, Dt. Brauchtum in Österr. 1926; A. Spamer, Sitte und Brauch. In: Peßler, Hdb.; V. Kellermann, Das O. von Schwarzfeld/Südharz i. J. 1957. In: Dt. Jb. f. Vkde. 4 (1958) S. 198ff.; O. an der Sektorengrenze. Göttinger Tagebl. 19. 4. 1962; R. Wolfram, Die Jahresfeuer. 1972.

Osterhase. In Brauch und Glaube oder doch Rede der Kinder ist heute der O. so allg. wie Weihn.mann und Storch. Bei Georgius Francus wird er für die Pfalz, das Elsaß und Westf. zuerst bezeugt (Heidelb. 1682: Satyrae med. von Oster-Eyern: *vocantur haec ova* die Hasen-Eier *a fabula, qua simplicioribus et infantibus imponunt Leporem ejusmodi ova excludere et in hortis in gramine . . . abscondere, ut studiosius a pueris investigentur cum risu et jucunditate seniorum*). Der Usprung der Vorst. ist nicht geklärt, doch wird man der Vermutung von H. Hepding kaum folgen, daß der O., auch als Gebildbrot, ein Mißverständnis aus der Osterlammdarst. bedeute. Ein amtl. Protokoll vom 28. 7. 1758 bezeugt sogar, ein vom Förster in Gefangenschaft gehaltener Hase in Solnhofen habe Eier gelegt. Sie sind angeblich noch vorhanden im Naturalienkab. Ansbach a. d. Rezat.

Der ADV (vgl. die Karte in d.

Wer bringt die Ostereier?

Zeichng. v. Dr. F. H. Schmidt) zeigt als Eierbringer außerdem den »roten Hasen« (bayr. Franken), den Hahn (Oberbayern u. Österr.), den Storch (fränk. Thür.), den Fuchs (»Voßeier« in Hannover), vereinzelt auch Kuckuck, Kranich u. Auerhahn. Auch die aus Rom zurückkehrenden Glocken (→ Karwoche) bringen sie. In Fulda trug seinerzeit der Palmesel die O.eier in seinem Hinterteil (→ Palmsonntag). In älteren → Gebildbroten trägt der O. ein eingebackenes Ei. Man wird daran denken, daß der Hase der Liebesgöttin Aphrodite geopfert wurde. Die Kirche sah in dem Tier das → Sinnbild animal. Fruchtbarkeit und verbot deshalb den Genuß des Fleisches (8. Jh.) Der gleiche Sinn aber macht den → Hasen zum Liebessymbol.

A. Becker, Osterei u. O. 1937; E. Richter, Vom myth. Kalender. Urspr.bezirk d. O. In: Wirklichkeit u. Wahrheit 1 (1960) Marburg.; D. Forstner, Die Welt der Symbole. 1961; O. Keller, Die antike Tierwelt Bd. 1. Nachdr. 1961.

Ostern. Die Herleitung des Namens ist umstritten (→ Ostara). Der Zeitpunkt des ältesten und größten christlichen Festes war lange unbestimmt, bis das Konzil von Nicäa es auf den Sonntag legte, der dem ersten Vollmond nach der Tag- und Nachtgleiche des Frühlings folgt. Die Kirche beging O. als Freudentag, an dem sogar den Priestern gestattet war, die Gemeinde mit lustigen Märlein und Ostergelächter *(risus paschalis)* zu unterhalten.

Ein neuer Zeitabschnitt beginnt. Arbeiten müssen bis O. beendet sein. Da die Erde Weihe empfangen hat, dürfen jetzt die Kinder barfuß gehen. Die »Osterbraut«, Flurumgänge, frisches Grün und Blumen (»Osterglocken«) begrüßen den auferstandenen Heiland und den Frühling. Am O.morgen wird es von allen Seiten hell. Die Sonne macht drei Freudensprünge, verneigt sich vor dem Herrn und leuchtet in Farben. Das sind die Gewänder d. Engel, die sich im Tanz um die Sonne schwingen. Am Morgen sieht man ein weißes, am Abend ein blaues O.lamm in der Sonne. In der O.nacht wird gesungen und musiziert (Spreewald). Lange festgehaltener Brauch ist der O.spaziergang der Liebenden oder Freunde zu Brunnen und Quellen (»Emmausgehen« in Österr.).

Es ist ein Tag der → Reinigung und segenkräftigen Handlung. Ungeziefer schwindet, wenn vierMädchen unbekleidet in der O.nacht die Ecken des Hauses mit Schlägen erschüttern. Man ißt Palmäpfel, die Äcker werden »gepalmt« (→ Palmsonntag). Noch weit verbreitet ist das Schlagen mit der → Lebensrute (»Stiep, stiep, Osterei ...«). Am Birkenreis sollen die Knospen aufgeblüht sein. Die Rute wird (wie zuweilen die Nikolausrute) verziert und so zum Geschenk (Wickelkindchen, schnäbelnde Tauben). Auch das Vieh wird mit dem gesundheitbringenden Reis gestrichen. Besonders in Ostdtl. ist der Brauch fest und heißt: Peitschen, Pietschen, Stiepen, Futteln, Fuen. Die Bezeichnung »Schmackostern« ist wohl von Schlesiern nach Ostpreußen getragen worden. Mit dem Zweigsegen verbindet sich der Wasserguß, der in Polen und Oberschlesien »Dyngus« heißt. Wie das kirchlich geweihte → Wasser heilkräftig ist, macht auch ein → Bad im Bach gesund und schön. In Westböhmen wälzten sich Mädchen in der Morgenfrühe im Ostertau. Das Osterwasserholen wird in Nord- und Ostdtl. noch geübt. In der O.nacht (auch in der Nacht vorher) muß man, ohne über einen Kreuzweg zu gehen, ohne zu sprechen (»Plapperwasser« nützt nichts), still betend, aus laufendem Wasser schöpfen. Wo viele Grenzen zusammenstoßen (9 Grenzen bei Burg, Spreewald), unter einer Brücke, über die ein Kindtaufzug, eine Hochzeit, die letzte Leiche ging, da ist das Wasser kräftiger als anderswo. Es verdirbt nicht, hilft Menschen, Tieren, bei Liebeszauber und Wahrsagung. Im Hildesheimischen ging die Sage, daß sich das Wasser in der O.mitternacht für einen Augenblick in Wein verwandle. So legte sich mancher auf den Bauch und berührte mit der Zunge den Wasserspiegel, um das Wunder nicht zu verpassen.

Nach der langen → Fastenzeit ist der Genuß von Speis und Trank willkommen und von der Kirche gesegnet. Das Meistentbehrte, Fleisch und Eier, aber auch Brot und Käse werden in der Weihe heilkräftig, um so heilkräftiger, je näher dem Altar sie aufgestellt werden. auf dem O.tisch werden die Speisen in einem Kreis von Blumen und Grün aufgestellt. In Oberschlesien aß man Meerrettich und dachte dabei auch an die Bitterkeit der Passion Christi. Beim Schöne- und Stärketrinken bewarfen sich die jungen Leute mit »Schifferln«, kleinen Lebkuchen in Rautenform. In der Bodenseegegend wurde ein Mastochse Mittelpunkt des festlichen Schmauses wie anderenorts der Pfingstochse.

Gebäcke und Gebildbrote werden zu O. in großer Mannigfaltigkeit hergestellt. Zumeist sind es runde Laibbrote od. Fladen nach Art der jüdischen ungesäuerten Brote, im Schwäbischen u. Alemannischen auch der gewöhnliche vierteilige »Schild«. Darstellungen von Fruchtbarkeitssymbolen (phallische u. Spaltgebäcke) oder -tieren sind nachzuweisen (Hase, Hahn, Vogel). »Ostermänner« tragen in ihrem Leib ein eingebackenes Ei. Der in Pommern bis heute überlieferte »Osterwolf« (früheste Nachricht 1451; Verfassg. d. Stadt Greifswald) läßt daran denken, daß in diesem Land auch der Roggenwolf in der Darstellung, später in Brauch und Rede des Ernteschlusses sehr bekannt war und ist. Die nicht ganz bestimmte Gestalt zeigt die vier Läufe und den aufgerissenen Wolfsrachen. Besonders in Stralsund war der O.wolf gegen 1900 »ein beherrschendes O.gebäck« (Kaiser). Häufige Formen der O.gebäcke sind das Lamm, der Hase und die Henne (Küken), die in neuerer Zeit auch gemeinsam auftreten, z. B. aus dem gleichen (Marzipan-) Ei ausschlüpfend od. miteinander Ostermusik machend. (Fabrikware.) Im übrigen setzen sich die Gebildbrote der Fastenzeit vielfach bis in die O.zeit hinein fort. Auch besondere Kuchen werd. z. O. gebacken. Sie enthalten Grünes und besonders Eier. Wiener O.kuchen war groß wie ein Pflugrad.

Die Erinnerung an das jüd. Passahlamm wurde im Christentum lebendig durch den paulinischen Vergleich (Christus = O.lamm). Lämmer und Lammfleisch wurden früher zur Weihe in die Kirche gebracht. Das O.lamm erscheint noch heute in großstädtischen Speisekarten (Berlin 1970). Da zu O. die Wiesen trocken, aber noch nicht begrünt sind, schuf die Freude u. Muße des Festes zahlreiche Gemeinschaftsspiele, die fast alle an das Brauchtum (O.ei, -kuchen, -reiten, -feuer) anknüpfen. Weit verbreitet sind Eierspiele: das Werfen und Rollen (Tründeln, Trudeln, Botscheln, Waleien) um die Wette, das Anschlagen (Picken, Ticken, Tüpfen), das Eierlesen und -klauben, wobei ein Spieler eine bestimmte Strecke zurückzulegen hat, während der andere hundert und mehr Eier einzeln zu einem Korb zu tragen hat, die nachher verschmaust werden (Vgl. Karte bei R. Beitl, Volksspiel. In W. Peßler, Hb. d. dt. Vkde. 1936). Dazu kommen → Wettlauf und Wettritte, Tänze, Reigenspiele auf dem Osteranger, (O.wiese, O.loh), Kugelspiele, Brautballwerfen, Hahnschlagen, Eichhörnchenjagen. → Bohemus berichtet schon 1520 vom Wettlauf um den O.fladen, und in → Francks Weltbuch von 1534 heißt es: »Zuo Ostern backt man die fladen, da gibt etwan ein reicher zwen fladen, den einen den jungen knaben, den andern den jungen meydlin, vmb dise auff einer wißen vor aller menge zuo lauffen«. Nach H. Moser enthalten die Quellen zur Gesch. des O.eis im 17. Jh. vielfach Angaben über Eierlaufen, -lesen, -klauben, -walgen u. a.

Da und dort bezeugte Winter- und Sommerspiele scheinen ihren Niederschlag zu finden in einer Sitte, wie sie um Gossensaß geübt wurde: O.sonntag vormittags ging man im Wintergewand, nachmittags in Sommerkleidern zur Kirche. Mit dem schönsten Gewand ging man am O.montag paarweise ins Wirtshaus.

Neben den erwähnten Bräuchen treten andere (Arbeitsverbote, Orakel, Schatzsuchen) an O. in besonderem Maße zurück. Bekannt ist der Wettersatz: Grüne O. – weiße Pfingsten.

P. C. Hilscher, Vom Abergl. zur O.zeit. Dresden 1708; Freybe, O. in dt. Sage, Sitte u. Dichtung, 1893; M. Höfler, O.gebäcke, 1906 (Suppl.-Heft 4 zum 12. Bd. d. Zs. f. österr. Vkde.); P. Sartori, Sitte und Brauch, 3. Bd., 1914; ders. und F. Eckstein, O., O.gebäcke usw. Im HDA; A. Spamer, Die dt. Vkde., 1934, 2. Bd. (Abb.); Fr. H. Schmidt, O.bräuche, 1936; H. Winter, Frühjahrsbrauchtum d. O.zeit (Rheinfrk., Nassau, Hessen), 1937; K. Kaiser, Der O.wolf. Niederdt. Zs. f. Vkde 15 (1937); J. Kothe, Die dt. O.lieder d. MA, 1939; H. Schmidt, O.-eierwerfen u. -rollen auf Sylt. Die Heimat, 1939; J. Nickel, Österl. Brauchtum in d. dt. Barockfg. Diss. Bln. 1945; N. Graß, O. in Tirol. 1957; O.brauchtum in Europa. Schweiz. Arch. f. Vkde 53 (1957) (u. a.: E. Liebl, O.eierspiele im ASV; C. Maier, Ö.liches Brauchtum im Dorf); H. Moser, O.ei u. O.gebäck. Brauchgesch. a. bayer. Quellen. Bayer. Jb. f. Vkde (1957); C. Hole, Easter and its customs. New York 1961; A. L. Shoemaker, Eastertide in Pennsylvania. Kuttstown 1961; M. Graß-Cornet, Bildh. Feiern im O.festkreis. 1962 (haupts. in Nordtirol; Palmproz. in Thaur, Hl. Geist-Schwingen in Latsch u. Tisens u. a.); Kartogr.: ADV II O.eierspiele – ÖVA I O.gebäck. – ASV 178–181 O.ei, O.spiele; Dt. Wortatlas XVI.

Osterreiten ist in kirchl. und weltl. Form bekannt. In den Donauländern versammelten sich die Burschen mit gezierten Pferden an einer Kapelle, um einen jedes Jahr neubestimmten Flurteil zu umreiten und den Segen vom Priester zu empfangen. Oder es wurde im Galopp geritten und der Flurschaden als Unterpfand guter Ernte betrachtet. Der Brauch klingt auch noch nach, wenn kleine Kinder mit Steckenpferden die Kirche umreiten und Geschenke empfangen (Dingelstädt). Ein bayr. O., der Traunsteiner Georgiritt, findet noch heute statt. In der Gegend von Zittau nannte man die Bittproz. zu Pferde »Saatreiten«. Bes. Entfaltung fand der Brauch in der wend. und dt. Oberlausitz. Die Pferdemähnen sind gekräuselt und mit Schleifen geziert, das Zaumzeug trägt versilberten und vergoldeten Zierat. Der Gesang der reitenden Bauern gilt dem Ostergeheimnis:

Erstanden ist Herr Jesu Christ,
Hallelujah!
Der aller Welt Erlöser ist,
Halleluja!

Wie alle Reiterbräuche steht das O. im Zwielicht der Zeit. Auto und Traktor verdrängen das Pferd, andererseits lautet der Wahlspruch neuer Vereine: Das Pferd muß bleiben! Von kirchl. Seite wird sinnvoller Brauch gepflegt, neuerd. aber auch von Eiferern die Lösung aller

Riten von »weltl. Beiwerk« gefordert. → Leonhard.

Schierghofer, Der O.- oder Georgiritt in Traunstein. 1911; ÖVA II Umritte vgl. Kommentar.

Osterspiele. Der lat. Wechselgesang der drei Marien mit den Engeln am Grabe, wie er seit dem 10. Jh. am Ostermorgen in den Kirchen zur Vorführung kam, bildete die Wurzel der O. als ältester geistl. Schauspiele des MA. Die Texte wurden bald reicher und gaben auch der V.sprache Raum (13. Jh.) Der älteste dt. Text (aus dem Kloster Muri, Schweiz) zeigt noch höfischen Stil, die späteren Texte können schon zum eigentl. → V.schauspiel gezählt werden. Das Innsbrucker O. aus dem 14. Jh. gibt dem Salbenhändler und seinem Knecht Rubin komische Hauptrollen, wie das Redentiner O. aus Mecklenb. (1464) dem einfachen Zuschauer mit Scherz und Spott in Teufelsszenen entgegenkommt. In der Nachfolge des O. stehen die späteren, z. T. heute noch leb. → Passionsspiele.

K. Lange u. Froning, in: Kürschners Dt. Nat. Lit. Bd. 14. 1891; R. Höpfner, Unters. z. d. Innsbrucker, Berliner u. Wiener O. 1913; H. Rueff, Das rhein. O. 1925; H. Niedner, Die dt. u. franz. O. bis z. 15. Jh. 1932; B. Thoran, Stud. z. d. ö.lichen Sp. d. dt. MA 1969; R. Steinbach, Die dt. O.- u. Passionssp. d. MA. 1970.

Osterstiepen → Lebensrute.

Oswald, hl. (5. 8.) Attr.: Horn, Raben, Taube. König von Northumbrien, geb. 604, gest. 642. Nach der Taufe Bekehrer seines Volkes. – In Niederbayern ist O. ein Name der letzten Garbe.

Berger, Die O.legende. 1886; H. W. Keim, Das Spielmannsepos v. hl. O. 1912; J. Dünninger, St. O. u. Regensburg, In: Gedenkschr. f. A. Hänel. 1953.

Otter → Schlange.

O.bock → Wasserg.

O.jungfrau → Eidechse.

O.kraut → Farn.

Paartöpfe → Essentrage.

Paartänze → Vtanz.

Padde → Frosch.

Palmbaum, -felber, -katzl, -weide → Weide.

Palmen, Palmesel → P.sonntag.

Palmsonntag, Palmbusch. Nach Franz (Benediktionen) besitzen wir aus dem 9. Jh die ersten Zeugnisse für den dt. P.brauch. Am Ende des MA ist er so verbreitet und als Volkssitte entwickelt, daß mehrere Beschreibungen erhalten sind (Geiler von Kaysersberg, Osiander, Naogeorgus, Franck). Trotzdem Luther den Brauch bekämpfte, bleibt der P.brauch besonders auch noch in protestantischen Gegenden bekannt (→ Konfession). Zuweilen wurden die Pb. als Sträuße in die protestantische Kirche gebracht (Pfalz). Im Mittelpunkt des Tages steht die Weihe der »Palmen«, die den Namen von den beim Einzug Jesu in Jerusalem getragenen P.zweigen haben, aber in nördl. Ländern sich aus den einheim., meist wintergrünen Pflanzen zusammensetzten. In West- und Südwestdtl. ist, wie in Frankreich, → Stechpalme und Buchs beliebt. Sonst wird → Wacholder, Eibe, Tanne, Lärche, → Eiche, → Weide, → Hasel, → Sebenbaum, Efeu u. Immergrün genommen. Weißtanne, Kätzchenweide, Buchenzweige mit vorjähr. Laub u. Haselgerten mit darangesteckten Kreuzchen und kleinen Äpfeln bilden einen Strauß (Montafon). Weide herrscht vor besonders in Nordostdtl. In Westdtl. und besonders in Kärnten zieren Eßwaren (Gebildbrote, Äpfel, Apfelsinen, Feigen usw.) in üppiger Fülle das dürftige Grün. Die von R. Drüner gezeichneten Karten des Atlas der dt. Vkde. (Frage 64–66) zeigen, daß Form und Ausschmückung des Pb. fast ebenso vielfältig sind wie die Zusammensetzung. Es sind Handsträußlein, Buschen, Rutenbündel, aber auch (in den Alpen) durch den Ehrgeiz der tragenden Burschen manns-, ja selbst haushohe Gebilde, die nur vor der Kirche aufgestellt werden können. Außer den angehängten, aufgespießten oder eingebundenen Früchten schmücken den Palm oft Bänder, Kreuze, Herzen oder auch aus den roten Beeren der Stechpalme gebildete Buchstaben. In zahllosen Zeugnissen und Bräuchen kommt zum Ausdruck, daß man das geweihte Grün weit über den kirchlichen Segen hinaus für heil- und segenkräftig hält. Es steht auf einer Stufe mit dem Sommerstecken von → Lätare u. mit den vielformigen Maien, Zweigen und Bäumen der Frühlings- und Maifeste (→ Maibaum, Lebensrute). Im weltlichen Gebrauch hat der Pb. den Charakter eines mächtigen Fruchtbarkeitsfetisches, und zwar im ganzen und in seinen Teilen. In diesem Sinn erhielt er sich auch in Friesland oder Oldenburg über das kath. MA hinaus. Schon → Vintler sagt in den »Blumen der Tugend«:

So sein etlich, die do schlinden (schlucken)
Drei palmen (Kätzchen) an dem Palmtag.

Besonders im Osten wird der Brauch (oft auf → Gründonnerstag übertragen) festgehalten, für Gesundheit im ganzen Jahr drei Weidenkätzchen, ungekaut, auf nüchternen Magen zu verschlucken. Grün von Pb. hilft gegen Hexen und Schrate, gegen den wilden Jäger und Wassermann. Aus der Rinde wurden »Drudenfüße« an die Bettstatt genagelt. Den Palm befestigt man wie das Pfingstgrün am Spiegel, am Kruzifix, unter dem Dach, am First. Bei Gewitter verbrennt man davon auf dem Herd (so schon bei → Paracelsus). Bei der → Grundsteinlegung tut man davon in die vier Ekken des Hauses (Vorarlberg). Das Vieh wird damit am ersten Mai ausgetrieben (Baden). Wenn man mit dem Palm dreimal um Haus und Stall schreitet, können weder Fuchs noch Habicht etwas aus diesem magischen → Kreis stehlen. Ebenso verbreitet war und ist noch die Sitte, Palmzweige gegen Bilwis und Hexe, gegen Ungeziefer und Unkraut in die vier Feldecken zu stecken. In Böhmen brachte man sie auch auf die Gräber. Vielleicht ist damit die merkwürdige Überlieferung zusammenzubringen, nach der in Schwaben die Kinder am P. auf den Friedhöfen kleine Geschenke vorfanden, die nach dem Sagen der Eltern von Toten auf die Gräber gelegt worden seien. In Tirol galt auch aus dem Gebäck des Pb. bereiteter Brei für besonders gesund. Die allgemeinere Bed. d. Pb. geht auch aus den Formen hervor, die der Brauch in d. Niederlanden angenommen hat. Seit d. Reformation ist der Pb. in Gestalt, botan. Zus.setzung u. Auszier mehr u. mehr als geschmückter »grüner Zweig« verstanden worden, der unabhängig vom kirchl. Geschehen am P. von den Kindern als Frühlingsbote durchs Land getragen wird (z. B. von Pfadfindern). Wie bei der Kräuterweihe zu Mariä → Himmelfahrt suchen Zauberer und Hexen am P. das Unheilige durch eine heilige Weihe doppelt wirksam zu machen. Im Lechrain schälte man die Haselgerten am Palm, weil sich die Hexen gerne zwischen Rinde und Holz verborgen halten. Eine treulose Braut verfällt dem Wahnsinn, wenn man ein Haar von ihr um den Palmzweig wickelt und dem Feuer übergibt. Wilderer führen im Gewehrkolben ein paar Kätzchen mit sich. Die hochgeweihten Palmen sind denn auch orakelkräftig.

Soviel Kätzchen am Palmzweig sind, den der Bauer vom Pfarrer erhält, soviel Getreideschober bringt ihm der Sommer. Wettersprüche sagen:

Palmen im Klee,
Ostern im Schnee

Wenn's dö Buabn auf d' Palm
regnet,
regnet's dö Madln auf'n Kranz.
(Beim »Schäppeln« z. B. an Fronleichnam).

Wenn's schneit in die Palm
schneit's Vieh aus der Alm.

Ein heute wohl nur noch in Redensarten bezeugter Brauch ist der Umzug mit dem Palmesel, der schon 970 in Augsburg bekannt, in Tirol (Taur bei Hall) bis in die jüngste Zeit in Übung blieb. In unseren Museen (z. B. Berlin und Wien) finden wir diesen hölzernen Prozessionsesel, auf dem ein Kleriker den Herrn darstellte. Palmesel wurde später Scheltname für den Spätaufsteher am P. (Baden), für den ungeschickten Träger einer großen Palme (Tirol), für den ersten und letzten Palmträger in der Kirche (Allgäu). Da es verbreitete Sitte war, am P. in neuen Kleidern zur Kirche zu kommen, erhielt der dagegen Verstoßende als »Palmesel« ein Eselzeichen i. Kreide auf den Rücken gestempelt (Bayern). Auf P. fallen mancherorts auch herkömmlicherweise Friedhofbesuche, Flurgänge, Märkte, in Thüringen das Brautballwerfen. In den Niederlanden wurde die Sitte des Palmpaasch schließlich zu einem Kinderfest. Verkaufsstände hielten geschmückte und mit Brezeln, Hähnchen u. Fähnchen behangene Stäbe feil.

Stückelberg, P.feier im MA, 1894; Hörmann, P. in den Alpen: Der Alpenfreund 6 (1896); C. C. van de Graft, Palmpaasch, 1910; P. Sartori, Sitte und Brauch, 3. Bd., 1914; Marzell, Bayer. Palmbräuche: Der Heimgarten, Wochenschr. d. Bayer. Staatszeitg. 3 (1925); Zimmermann, Über Osterpalmen in Baden: Mein Heimatland 14 (1927); Pfaff, Bauerngärten; in: Der Schlern, 8 (1927); Abb. geben: R. Beitl, Dt. Vkde., 1933; A. Spamer, Die dt. Vkde., 2. Bd., 1935; M. Peinkofer, Von niederbayer. Palmeseln. Bayer. Jb. f. Vkde (1950) Lit.; L. Kretzenbacher, Palmesel-Umfahrten in Steierm. Bll. f. Hkde 27 (1953); L. Schmidt, Neuere Pass. spielfg. in Österr. Jb. öst. Vliedw. 2 (1953) Lit.; O. Mahr, Röhner Vbrauch von P. bis Ostern. Hess. Bll. f. Vkde 48 (1957); A. J. Bernet Kempers, Om een struik die palm werd. Arnhem 1966; Kartogr.: Dt. Wortatlas XIII Palmkätzchen.; ASV 175–177 Pb. Welche Pflanzen? Wo aufbewahrt? Wogegen schützend?

Pankratius → Eisheilige.

Päonie → Pfingstrose.

Papagei. Unter Alexander d. Gr. kamen die ersten P. aus Indien nach Europa. Von der Mitte des 13. Jh. an war seine Darst. in Frankr., Holland, dann in Niederdtl. und in den skandinav. Ländern weitverbreitet als Schützenkleinod. Das Schießen nach dem P. (Gogen, Goy) auf der Stange war vielerorten Mittelpunkt des Schützenfestes. Die Papagojenstraße in Altona trägt den Namen nach dem Hügel mit der P.stange. Dadurch, daß der → Adler als Wappentier nicht verdrängt werden konnte, trat er auch als Schützenkleinod in Dtl., Frankreich und England später wieder in den Vordergrund. Im Zusammenhang mit dem Maigrafenfest (Wismar), mit Walpurgis- und Pfingstbräuchen scheint der P. auch die Fruchtbarkeitsbedeutung des → Hahns übernommen zu haben. In den Städten ist der P. heute bekannt als »Glückspieper« und Talisman aus Schokolade oder als lebender Auswähler kleiner Schicksalsbriefe. Der Sittich aus der Familie der Edelp. ist in den lezten Jahrz. zum beliebtesten Zimmervogel der Städter geworden. → Schützen, Maitag, Kanarienv.

E. Jacobs, Die Schützenkleinodien u. das P.schießen, 1887; H. Suolahti, Die dt. Vogelnamen, 1909.

Papiermaché → Spielzeug, Sonneberg.

Papst. Wie bei Priester und Ordensleuten wurde auch beim Haupt der kath. Kirche vom Vglauben die relig. Binde-, Löse- und Weihegewalt auf außerkirchl. mag. Angelegenheiten übertragen. Papst Pius IX. hat alle Geister auf die Kanisfluh gebannt (Vorarlb.). Die örtliche Ferne, die kirchenpolit. Kämpfe des MA und der Reformation sowie die früher oft magischem Wissen gleichgesetzte Gelehrsamkeit mancher P., endlich die Wechselfälle der P.gesch. selbst förderten die Bildung von Sagen und ganzen Sagenkreisen (besonders um P. Sylvester II., 998–1003, aber auch noch etwa um Leo XIII.). Manche wurden des Bündnisses mit dem Teufel (Johannes XIX., Benedikt IX., Gregor VII., Alexander VI.) oder des bösen Blickes (Pius IX.) verdächtigt. Wie Luther in kath. Landschaften, so trat in ev. der P. beim Jahresfeuer oder beim Winteraustreiben (Bautzen) zu → Lätare an die Stelle älterer Gestalten. → Konfession, Geistlicher, Aschermittwoch, Pfingsten.

Döllinger, Die P.-Fabeln des MA., 1890; K. Lange, Der P.esel, 1891; Schultheß, Die Sagen über Sylvester II, 1893; L. v. Pastor, Gesch. d. P.e seit d. Ausg. d. MA. 12 Bde. 1925 ff.; P. Graf Hoensbroech, D. P.tum in s. sozialkultur. Wirksamkeit 2 Bde. 1900 ff.

Paracelsus, Theophrastus, Bombastus von Hohenheim geb. Einsiedeln 1493; gest. 24. 9. 1541 in Salzburg) versuchte die Neubegründung einer auf Philosophie, Astronomie und Theologie ruhenden Medizin, für deren Hilfe er auch die Chemie heranzuziehen und von der → Alchimie freizumachen versuchte. Auch um die Durchsetzung der dt. → Schriftsprache hat P. Verdienste. Man bezeichnet ihn heute als »die bedeutendste Erscheinung der nord. Renaissance«. Seine Naturphilosophie rückt ihn in die Nähe der → Mystik, wie er als Theosoph Vorläufer von J. → Böhme ist. Die Magie des P. kennt nicht Zauberei mit Teufelshilfe, sondern die Selbstoffenbarung der Natur und die Kenntnis und Anwendung der in ihr sichtbaren und verborgenen Kräfte. Heilige Schrift, Alchimie, Heilkunde und Vglaube des MA bilden die Grundlagen der Wissenschaft des P., wie seine Anschauungen und Rezepte selbst wieder lange nachleben im Volke. Seit 1929 besteht eine P.gesellschaft. Berühmt ist das Lebens- und Zeitbild, das G. Kolbenheyer gab in seiner Romantrilogie »P.«, 1917–26. → Astrologie, Homunkulus. Neuplatonismus, similia s., Signatur.

F. Freudenberg, P. und Fludd, 1918; Schriften Theophrasts von Hohenheim, genannt P. Ausgew. u. hg. von H. Kayser, 1921; Ges. Werke, hg. v. K. Sudhoff, seit 1923; F. Gundolf, P., 1928; P. Volumen Paramirum. Von Krankheit u. gesundem Leben. Hg. u. erl. v. J. D. Achelis, 1928 (Einheit allen Lebens, in die auch d. Mensch eingefügt ist); W.-E. Peuckert, Rosenkreutzer, 1928; ders., P. Die Geheimnisse. Ein Lesebuch, 1941; ders., Th. P., 1951⁴; F. Strunz, Th. P. Idee u. Problem s. Weltanschauung, 1937²; F. Österle, Die Anthropologie d. P., 1937; J. Jacobi, P. leb. Erbe. 1942; K.-H. Weimann, Mundart u. Neuschöpfung in d. Krankh.namen des P. In: Zs. f. Mda. fg. 21 (1953); R. Weber, P. u. d. Philos. Adepta. Diss. Gött. 1953; Nova Acta P.ica. Jb. d. Schweizer P.-Ges. (1953); K. Sudhoff, Bibliogr. P.ica. Bespr. d. u. Hohenheims Namen 1527–1893 erschien. Druckss. 1958 (Neudr. v. 1894); R. Blaser, hg., Th. v. H., genannt P. Liber de nymphis, sylphis … 1960; S. Goldwin, Th. im Märchenland. Aus d. V. überl. d. ausgeh. MA Bern 1962; K.-H. Weimann, P.-Bibliogr. 1932–60; Verz. neu entd. P.hss. 1900–1960. 1963.

Parapsychologie oder Metapsychik ist die Wissenschaft von den Erscheinungen, die vom normalen Seelenleben abweichen, »paranormale« Fähigkeiten voraussetzen, um Außer- und Übersinnl. wahrzunehmen. Doch wird mit dieser Bez. auch vom → Okkultismus den sog. Geheimwiss. ein wiss. Mäntelchen umgehängt. Über 30 akad. Lehrstätten widmen sich der P., bes. in

Amerika, England und Holland. Aber auch in Leningrad besteht seit 1960 ein »Institut zur Erfg. psych. Fernwirkung« (Versuche v. Leonid L. Wassiljew mit Telepathie über 1700 km). Seit 1950 ist Freiburg i. Br. Sitz einer »Ges. f. P. und Grenzgeb. d. Psychol.« (Prof. H. Bender). Eine Umfrage des Allensb. Inst. f. → Demoskopie ergab in den 60ger Jahren, daß 12 v. H. der Befragten Klopfgeister und ähnl. Spuk »schon erlebt« hatten, 17. v. H. sie für möglich hielten. 64 v. H. glaubten an die Tatsache des → Zweiten Gesichts, von Hellsehen und Gedankenübertragung. – Die P. unterscheidet 1. Telepathie (Gedankenlesen), 2. Hellsehen (Wahrnehmen von räuml. Entferntem), 3. Präkognition (Voraussehen von noch nicht Geschehenem), 4. Psychokinese (Telekinese; physik. Beeinflussung der Umwelt durch Denken oder Wünschen).

Ch. Richet, Traité de Metapsychique, 2, 1923; M. Dessoir, Vom Jenseits der Seele, 1931[6]; Driesch, Alltagsrätsel d. Seelenlebens, 1939; Encyc. Britannica. 1963: Spiritualism. Ann. d. brit. Society for Psychical Research; seit 1882; P., in: Der Spiegel v. 20. 2. 1967.

Partezettel, Todesanzeige. Der älteste Beleg für die schriftl. Anz. eines Todesfalles stammt von der Leichenfeier Friedrich III. in Wien (1493). → Flugblätter mit Lebenslauf und Lobpreis wurden zuerst in der geistl. und weltl. Oberschicht Brauch. Sie leiten über zum späteren → Sterbebildchen. Der P. (Österr.), der unter dem einfachen Zeichen von Kreuz und Palmzweig oder einem Sinnspruch den Todesfall, den abendl. Rosenkranz, die Begräbniszeit und die Namen der Trauernden mitteilt, ist in der dorfbürgerl. Schicht noch allg. üblich. Er wird von einem Boten in die Häuser getragen und in Kaufläden an die Türe geheftet.

K. Wehrhan, Die Reime in d. Todesanz. uns. gefall. Krieger. Bayer, Heft 2 (1915); A. Spamer, Das kleine Andachtsbild. 1930.

Partizipation → Mystik, Sympathie.

Partl → Bartholomäus.

Paschen u. ä. (aus rom. *pascua*) als Bez. des Osterfestes in Nordwestdtl. und bis nach Skandinavien schreibt man dem Einfluß der Kölner Kirchenprivnz zu (Th. Frings, Germania-Romana, 34f.). Jedenfalls ist es kein Beweis, daß das süddt. Ostern aus angelsächsicher Mission stamme und nicht auf eine germ. Göttin → Ostara zurückgehe. → Ostern, O.feuer.

Passauer Kunst, → Festmachen gegen Kugeln; der Name stammt von der studentensprachl. Bez. des Berufszauberers als »Pessulanten«, ist möglicherweise aber auch geschichtlich. Ein Passauer Scharfrichter handelte um 1611 mit Zetteln zum »Festmachen«.

Passionsspiel(e). Den Ursprung des P. sieht L. Schmidt in Kultbrauch und geistl. Lit. Klöster und Stifte waren Träger des P., bis es in die weitere Spielwelt des Barock und in die Karfreitagsumzüge, figurierten proz. und bäuerl. P. der Alpen (Krain, Kärnten, Steierm., Tirol, Bayern) einmündete. Wie die älteren → Osterspiele wurden auch die P. zuerst lat. abgefaßt, doch enthält das Benediktbeurener P. des 13. Jh. schon Szenen in der V.sprache. Das St. Gallener P. aus dem 14. Jh. ist das älteste dt. geschriebene. Gegen Ende des MA, in der Blütezeit des P., dauerte die Aufführung oft mehrere Tage. Neben einer mitteld. Gruppe (Friedberger und Alsfelder P.) stehen P. in Böhmen (Eger, Höritz) und in Tirol (Hall, Erl, Brixlegg, Sterzing, Bozen). Während der Prot. die P. im allg. ablehnte, erfuhren sie im S Umarbeitung und neue Pflege in der Gegenref. (Jesuitentheater). Hemmend und schließl. auflösend wirkte auch hier das Zeitalter der Aufklärung (→ Josef II., Krippe). Das Verbot der P. in Bayern unter Max Joseph I. z. B. machte eine Ausnahme nur mit → Oberammergau, wo die Ausführung einem Pestgelübde von 1633 folgte, nach dem Erlöschen der Seuche das Spiel alle zehn Jahre zu wiederholen. Von 1622 stammt der älteste erhalt. Text: »Tragedi vom Leben und Sterben Jesu Christi«. In den letzten Jahren erfuhr der Text einige Änderungen, um dem (vor allem aus New York lautgewordenen) Vorwurf des Antisemitismus zu begegnen. Vorher schon hatte im Vatik. Konzil II die stärkere Partei aus der Karfreitagsliturgie u. a. die auf den »Gottesmord der Juden« bezügl. Stellen streichen lassen. – Nach dem Vorbild von Oberamm. lebten P. in Tirol (Brixlegg, Thiersee und Erl), aber auch in anderen kath. Landsch. (Höritz in Böhmen, Götzis in Vorarlb.) wieder auf. → V.schauspiel (Lit.).

Altdt. P. aus Tirol, hg. v. J. E. Wackernell. 1897; Kürschners Dt. Nt. Lit. Bd. 14 (Mitteldt. P. hg. v. Froning); W. Creizenach, Gesch. d. neueren Dramas, Bd. 1, [2]1911; Feldigl, Oberamm. u. s. P. [4]1922; W. Stammler, Das rel. Drama im dt. MA 1925; L. Kretzenbacher, Passionsbrauch u. Christi-Leiden-Spiel in den Südostalpenl. 1952; L. Schmidt, Neuere P.fg in Österr. Jb. öst. V.liedw. 2 (1953) (Kultbrauch und Liturgie als Quelle; Klöster und Stifte; Barocke Spielwelt; Figurenproz.; Bauernpassion in Kärnten; Karfreitagsumzüge und Freilichtbühnenspiel in Steierm.; Verbote, Verfall, Aufklärung); J. Geiger, Das St. Lambrechter P. v. 1606. 1957; hg. v. O. Wonisch; W. Flemming, Oberamm. u. d. MA In: K. Wagner-Fs. 1960; G. Wagner, Barockzeitl. P.kult i. Westf. 1961; Gemeinde Oberamm., hg. Report Oberamm. 70/80. 1970. (Widerlegt die unsachlichen Angriffe des American Jewish Committee u. a.); K. K. Polheim, Neue Fgn. z. d. Oster- u. P. d. dt. MA. Zs. f. Vkde 68 (1972).

Pate, wie nd. Peet, Peetekind und wie Petter und Pfetter, vom lat. *pater* = Vater, *pater spiritualis* = Taufzeuge. Süddt. Mundarten bezeichnen P. und P.in als Götti, Göd, Gud und Gotta, Godl (alem., österr., siebenb.) vom ahd. *goto* und *gota*, die Kluge als Koseformen zum ahd. *gotfater* und *gotmuoter* betrachtet (s. u.). Das bayr.-schwäb. Tott und Tote für P. bedeutet ›Vater‹. (vgl. alem. Tätta = Vater). Endlich geht das früher weitverbreitete Wort Gevatter (vgl. das Märchen vom Gevatter Tod) auf ahd. *gifatero* zurück, das eine Nachbildung des lat. *compater* ist. Die Namen sagen also: Vater in Gott, geistlicher Vater, Mitvater. P.schaft ist das kirchliche Abbild anderer künstlicher → Verwandtschaft (Adoption, Blutsbrüderschaft). Die christl. Einrichtung hattte die Tendenz, »die Gemeinschaft des Blutes der des Glaubens unterzuordnen« (Kummer). Tatsächlich bezeichnet der katholische Katechismus noch im 20. Jh. die »geistliche Verwandtschaft« von P. zu P.kind als Hindernis, das die Eheschließung ungültig macht. Im MA galt dieses Verbot sogar für die P. untereinander. In den reich entwickelten und noch heute lebendigen P.gebräuchen aber weist noch vieles auf vor- und nebenchristliche Wurzeln. In der Wahl der → Namen für den Täufling (nach den Ahnen), in der Wahl der P. (P.pflicht, Gevatterbitten innerhalb der Blutsverwandtschaft) und ihrer Zahl (in Norddtl. noch heute häufig 5, 6 und mehr; wirkliche und »Freßgevattern«; Logau tadelte im 17. Jh., daß manche 50 P. nehmen) hat das Volk sich selbst die Brauchgesetze gegeben. Der stark wuchernde Sympathieglaube gehört in das Gebiet des Volksglauben: tun und Unterlassen der P. auf dem Taufwege sind für des Kindes Geschick vorbedeutend und vorbestimmend. Das P.hemd schützt vor Krankheiten und Dämonengewalt. In der Wahl, Wiederholung und endlichen Abgeltung der »P.geschenke« gibt es noch heute starke landsch. Unterschiede. → Geburt, Kind, Konfirmation, Angebinde, P.brief, Fuß, Handwerk, Nürnberg.

H. Höhn, Sitte u. Brauch bei Geburt, Taufe u. in d. Kindheit, 1910; H. Ploß, Das Kind in Brauch u. Sitte d. Völker, 2 Bde., 1911/12³; R. Beitl, Gevatterschaft. In: Der Kinderbaum, 1942; R. Staudt, Studien z. P.brauchtum in Hessen. Diss. Frankf. 1958. (Vgl. die grundsätzl. Kritik von G. Grober-Glück bez. d. Stellung zur geogr. Methode u. der Verwertung des ADV-Materials; in: Zs. f. Vkde 55 (1959) S. 326ff.; Kartogr.: ADV-NF 34–36 Braucht. b. d. Taufe.

Patenbrief. Wie der → Pate Zeuge der → Taufe ist, so ist der P. Taufzeugnis, Geburtsurkunde (»Geburtsbrief«) und Glückwunsch. Neben diesem erweist sich schon der älteste erhaltene P. von 1593 (Zabern im Elsaß) auch als Besitzurkunde, da er das Göttelgeld genau angibt: »Und verehre uf dismal meinem geliebten jungen Gettel mit diesem 2 stucklin goldes . . .«. C. Pieske vermutet als Vorläufer des P. die im 17. Jh. zu vielen Anlässen entsteh. bürgerl. Gedenkblätter, die ihrers. den Pergamentminiat. folgen, die auf der Rückseite eine pers. Widmung trugen (A. Spamer). Die Bez. des P. entspricht den landsch. Patennamen (Norddtl. verbreitet: Gevatterbrief; Ermland: Patenzettel, -brief, -bild; Schlesien: Patenknispel; Sudetenland: Tuadnzettel; Schwaben: Dotebrief; Elsaß, Schweiz: Göttelbrief, Göttizettel). Nach den seidenen Beutelchen (um 1500) und den silb. Dukatenbüchslein (17. Jh.) für das altüberlief. → Angebinde wurde der P. »die wichtigste und am weitesten verbreitete Umhüllung des Patengeldes« (C. Pieske). Von einfachen geschriebenen Zetteln abgesehen, sind die alten P. Werke handwerkl. Kupferstecher, die dem Geschmack des Stadtbürgers entsprechen, ohne deshalb Massenerzeugnis zu werden, Ihre eigentl. vtüml. Ausformung finden sie in den kolor. → Holzschnitten, die im 1. Viertel des 18. Jh. erscheinen. Kupferstiche, deren Zeichnung auf Faltung Rücksicht nimmt, bilden den Übergang zur Form der späteren Faltbriefe, die zum Inbegriff der P. werden. Die beiden wichtigsten Bildthemen sind die Taufhandlung in der Kirche und die Jordantaufe Christi. Im Biedermeier (nach etwa 1820) folgte den gefalteten P. die Briefchenform, deren Weiterentw. (seit etwa 1870) schließl. das Pappkästchen darstellt, das man heute in klein- und großstädt. Papierhandl. kauft (Dahme im Fläming, 1934; Wien 1960). Mit Gaze, Papierspitzen und Flitter wird der Brief zu einem Bett für ein Wachspüppchen aufgebauscht. Nur noch ein blaues oder rotes Band erinnert an das alte »Angebinde«.
In die Vk reiht sich der P. durch seine anonyme Herst. (nur etwa 1/6 der P. nennen einen Urheber), durch seine brauchtüml. wie landsch. Gebundenheit wie schließl. durch seine Gestaltung. Neben den bibl.-kirchl. Szenen stehen die Sinnbilder und Motive der allg. Vk., neben und nach dem Kupferstecher und Lithographen arbeiten berufsmäßige → Briefmaler, aber auch Schulmeister und Pfarrer an P. Eine Sonderstellung in seiner Gesch. nimmt Südwestdtl. (Pfalz, Elsaß, Schweiz) ein. Hier hat die Ausdruckskraft der Laienkunst sogar die gedruckten P. beeinflußt. Bis in einz. Dorfkreise lassen sich Sonderformen feststellen. Einen bes. Typ von P. mit mehreren Unterformen hat auch das Sudetenland hervorgebracht. Den P. kennen beide großen → Konfess., doch ist er im kath. S seltener und wird hier oft durch ein kleines → Andachtsbild ersetzt. Der P. scheint ein ausgesprochen dt.

Brauch zu sein, an dem auch im Grenzgebiet und Ausland festgehalten wurde, z. B. in Siedlungen um Mariupol am Schwarzen Meer oder in Siebenbürgen. Es empfiehlt sich, die bes. in Norddtl. auch für den P. übliche Bez. »Gevatterbrief« jenem Brief vorzubehalten, mit dem die Eltern des Kindes um die Annahme der Patenschaft bitten. Eine künstl. Ausgestaltung hat dieser selten erfahren.

M. Haberlandt, Egerländer P. In: Werke d. Vk. 1917; A. E. Kraus, Der P. Oberdt. Zs. f. Vkde 2 (1928); C. Pieske, Über den P. In: Beitr. z. dt. Volks- und Akde. 2/3 (1958), S. 85–121 (Lit.); H. Rasmussen, Fynske Bindebreve.. Odense 1960, (P. aus Fünen); A. Spamer, Das kleine Andachtsbild. 1930; Ch. Rubi, Taufe u. Taufzettel i. Bernerland, 1968.

Paternoster → Rosenkranz, Satorformel.

Patriarchat → Mutter, Vater.

Patritius, hl. 17. 3.. Neben den bekannten Viehpatronen (→ Leonhard, Martin, Antonius, Pantaleon) gibt es andere, die nur lokale Verehrung genießen wie St. Chrysanth in Osttirol, St. Sebald in der Gegend von Waidhofen an der Ybbs oder St. Patriz in der Oststeiermark. P. ist 389 in Schottland als Sohn des Diakons Calpornius geb. und später als Missionär tätig gewesen. Er wurde der irische Nationalheilige, nach dem fast jeder zweite Ire sich nennt. Pat ist die Scherzbezeichnung für die Iren. In mehreren Wellen kam die Verehrung des Hl. nach Dtl., im 17. Jh. durch die Augustiner Chorherren auch in die Steiermark (Wenigzell, Pöllauberg u. a.).

L. Teufelsbauer, Die Verehrung des hl. P. Wiener Zs. f. Vkde. 39 (1934); L. Schmidt, P.verehrg. i. Burgenl. Bgl. H.bll. 24 (1962).

Patron, Patrozinium → Heilige, Kirchenp.

Patrone → Schablone, Weben.

Pauli Bekehrung, (25. 1.). Der Tag gilt als die Mitte des Winters und wird wie ähnliche Jahreinschnitte als Lostag für Wetter und Liebeswünsche behandelt.

Pauli bekehr,
der halbe Winter hin, der halbe her.

Der Name des Tages hat in äußerer Analogie manche Kehrbräuche veranlaßt. Im Kanton Luzern war Weiberfeiertag. Bei den sächsischen Wenden heißt es, die Vögel machen an diesem Tag große Hochzeit und beschenken die Kinder ähnlich wie der Nikolaus vor Weihnachten (»Vogelhochzeit«) mit Vogel-Gebäck (Bautzen, Proskau).

Pech, P.vogel; ahd. Lehnwort v. lat. *pix.* Aus der kirchl. Welt stammt die Bed. ›Hölle‹. Der am Vogelp. der Fangrute (Leimrute) Klebende ist ein Pv. Daraus entwickelte sich in der Sprache der → Studenten im 18. Jh. P. und Pv. im Sinn von ›Mißgeschick‹ und ›Unglücksmensch‹. Das P. und die P.strähne der Sprache des → Sports gehören hierher. Das P.manndl ist ein Nachtschreck der Kinder. P. ist auch vmed Heilmittel, bes. solches von Tannen- und Kirschbäumen (Harz), Kamin- und Schusterp. Die »Harzernte« ist Sache der P.er, die an bestimmtem Ort, zuweilen in eigener Tracht und mit bes. Geräten den Rohstoff (bes. v. d. Schwarzkiefer) der P.siederei und dem Handel zuführen. → Schreckgest., Arbeit.

Kluge-Mitzka, Et. Wb. [20]1967; G. Grünn, Die Pecher. 1959.

Pauli, Joh. → Schwank.

Paullinismus → Dreckapotheke.

Paulus, hl. → Peter u. P.

Pax → Asyl.

Peitschen. P. des Viehs beim ersten Austrieb (übers Kreuz) entspricht dem Schlag mit der → Lebensrute, wird aber als Austreibung von Krankheitsdämonen verstanden. Ein Palm wird zuweilen eingeflochten oder die P.schnur selbst für die

Kräuterweihe um das Büschel gewunden (→ Palmbusch, Himmelf. Mariä). Hexen erregen durch P. des Wassers Unwetter. Fruchtbarkeits- u. Lärmzauber wird geübt in dem brauchmäßigen P.knallen zur Zeit der Zwölftenfeste, nach Dreikönig (Aperschnalzen, Kornaufwecken, Langaswecken in Salzburg und Tirol), Fasnacht (Pritschen, Ruten und P. der Hudler und Zottler), Maitag, Pfingsten (Maibutterausschnöllen in Meran), Herbsteinschnalzen von Bartholomäustag bis Schneefall, besonders um Kirmes (Eifel, Schwaben). Mitunter verblaßte diese P.knallen zu einer Ehrung (Schießen) oder es wurde zu einer Art sportlich-musikalischem Meisterstück, bei dem lange (bis 6 m) P. in bestimmtem Takt (2/4, 3/6, 4/4) symphonisch knallen. → Lärm, Vmusik, Fuhrmann, Hirt, H.kunst.

Karl Adrian, Salzburger Vspiele usw. Mitt. d. Ges. f. Salzb. Landeskde. (1905); R. Müller, Die Synonymik von »Peitsche«. (Vergl. von Sprache u. Sachgesch. auf Grund von Frageb. u. der Karte d. Dt. Wortatlas XII.)

Peitschenknallen → Peitsche, Lärm, Hirt, Fuhrmann, Pfingsten.

Pelz, von der P.verkleidung haben P.märte, P.nickel, P.bock u. andere → Masken der Advents- und Mittwinterzeit ihre Namen. P. ist die alemannische Bez. für die Fettschicht der gekochten Milch (sonst Hex, Haut, nd. Flot). – Das den Gärtnern bekannte P.en (von lat. *impeltrare* = pfropfen) ist in Volksliedern und Schnaderhüpfeln Deckwort für *coire*.

B. Schier, P. in altertumskdl. Licht, 1951; ders., Wege u. Formen d. ältesten P.handels in Europa, 1951; E. Rath, Pfinzdaweibel u. P.weibel. Eine Umfrage. In: Zs. Das Waldviertel, 1953; H. Schuchhardt, Die Wanderbahnen in d. dt. Synonymik von »veredeln«. Diss. Marbg.

Pelzbock, -nickel → Pelz, Nikolaus, Weihn.

P.märte → Pelz, Martin, Weihn.

Pennalismus → Student.

Pentagramm → Trud, erster Austrieb.

Percht, Perchta → Bercht.

Perchten, Berchten. Nach der Führerin des Geisterzuges, → Bercht, sind die P. benannt wie die Holden nach Frau Holle. Die berühmten → Masken, die Umzüge (B.laufen), Tänze, Spiele und Feuer der P. gehören allerdings auch in Oberösterr. und Salzburg fast ganz der Vergangenheit an. Daß ihr Gebiet früher weiter reichte, zeigt der badische und schweizerische Bächtelistag und die Nürnberger »Bergnacht« (bis 1616; → Klöpfelnächte). Nach M. Andree-Esyn war schon das Salzburger P.laufen von 1902 zu einer Art Aufführung verblaßt, zu der das »Salzburger Volksblatt« einlud:

Die Pinzgauer Perchten
erlauben sich dem P. T. Publikum
anzuzeigen, daß sie am
Sonntag, den 13. April 1902
in Hallein erscheinen und in
Mayrs Saallokalitäten ihre
originellen Perchten-Tänze
zur Aufführung gelangen.
Anfang 3 Uhr nachmittags.
Eintritt 40 Heller.
Es laden dazu freundlichst ein
Die Pinzgauer Perchten.

Mit den P. verwandt sind die Klöckler der Klöpfelsnächte, die → Huttler, die → Schembartläufer und andere schon im MA bezeugte und von der Kirche bis heute z. Tl. befehdete Maskenumzüge des Winterfestkreises. → Berchtelistag, Folklorismus

M. Andree-Eysn, Die P. im Salzburgischen. In: Vskdl. 1910; H. Lager u. J. Peter, P.tanz im Pinzgau. (Mitt. d. Phonogr. arch. Komm. Wien) 1940; H. Moser, Neue Beitr. z. Gesch. d. P.laufens. Bayer. Hefte f. Vkde 12 (1940) Lit.; E. Kranzmayer, Name u. Gestalt d. »Frau Bercht« im südostdt. Raum. ebd.; H. v. Zimburg, Der P.lauf in d. Gastein. 1947; F. Prodinger, Beitr. z. P. fg. In: Mitt. d. Ges. f. Salzbg. Lkde 100 (1960) (Schnabelp: Beziehg. zu Böhmen u. Schweiz); F. J. Fischer, P.laufen in Salzburg im 18. Jh. ebd.; W.-E. Peuckert, Hwb. d. Sage; L. Schmidt, P.masken in Österr. 1972.

Perchtenfeuer → Elmsf.

P.tisch → Dreikönig.

Perlen, Perlmutter. Das Wort P. wurde im 9. Jh. aus dem Vulgärlat. entlehnt. Auf die gr. Bez. der P. geht der Name → Margarete (→ Margarite) zurück. Andere alte Bez. beweisen, daß die Germ. die Herkunft der P. aus dem Meer kannten. Im MA und bes. in der → Stickerei der Renaiss. erscheinen P. aus → Glas. Venedig lieferte solche für die Bildstickerei des 19. Jh. Schon seit dem Ende des 18. Jh. geübte weibl. Handarbeit war das → Stricken mit P., wobei P. in die Fadenschlingen aufgenommen wurden und viereckige Muster auf netzartigem Grund abgaben. Pm. ist eine Lehnübersetzung aus dem mlat. *mater perlarum,* womit urspr. die Muschel selbst, erst später der Stoff der Innenseite bezeichnet wurde, aus dem auch die P. besteht. Pm. wurde benutzt für → Einlegearbeiten (Kästchen, Tablette, Messergriffe), für Knöpfe usw.

Dreger, Künstler. Entw. d. Weberei u. Stikkerei. 1904; Andés, Verarb. d. Hornes, Elfenb., Schildpatts, d. Knochen u. d. P. [3]1925; H. Grünn, Pm.kunst in alter u. n. Zeit. Kat. z. Ausst. 1963 d. N.öst. L.mus. Wien.

Perlicka, Perlacka. Titel eines von Joh. E. Rabe aufgez. Hamburger Handpuppenspiels nach dem Zauberwort, mit dem der Kasper das Teufelchen im Kasten erscheinen und wieder verschwinden läßt. E. Grohne leitete das Wort her von der mal. Segensformel: »Conjuro te per lac genetricis dei, beatae virginis St. Mariae«. Frauenmilch ist bei allen Völkern Heil- und Stärkungsmittel, das auch fruchtbar machen kann. J. Bolte und Lewalter wiesen für das »Berlicke« in Marionettenstücken auf das »Perlì-Perlà« in ital. Komödien (»Einmal hier – einmal da«). In Faust-Puppensp. begegnet »Perlippe-Perlappe«, im frz. Marion.theater »Berliques-Berloques«. P. P. ist letzl. wohl ein als Zauberspruch fixiertes Laut- und Silbenspiel, ähnlich dem »Zicke-Zacke«, »Klipp-Klapp«, »Hick-Hack«, »Dittchen-Dattchen« der V.- und Kindersprache.

Trübners Dt. Wb Bd. 3, S. 467; Joh. E. Raabe, Kasper Putschenelle, [2]1924; E. Grohne, P. P. Zs. f. Vkde 54 (1958).

Perndietrich → wilde Jagd, Dietrichsage.

Personennamen → Vornamen, Familienn., Neckn., Masken.

Pessulanten → Passauer Kunst.

Pest. Unter den heutigen Sagen sind solche über die verheerenden Wirkungen der P. noch besonders lebendig. P.kreuze u. P.kapellen stehen an Feldwegen oder an alten P.friedhöfen. Dunkler Nebel, blauer Rauch, kleine Tiere, aber auch schwarze od. weiße Gestalten (P.knabe, P.frau, P.männlein) sind unheimliche Erscheinungsformen der P.dämonen. Man vertreibt sie mit Menschenblut und → Gamskugel, mit → Wacholder, → Eberwurz, → Blutwurz, → Meisterwurz, → Baldrian und bes. → Bibernelle. »Hattet's g'gessn Bibernell und Baldriu, wart's kemmen all dervu« (Oberinntal). Die P. wird verpflöckt und umkreist mit dem Pflug oder mit Läuten, Schießen und Notfeuer abgewehrt. Zu Amuletten, Prozessionen, Geißelungen, ekstatischen Tänzen (»Totentänze«), zu Gebeten zu den zahlreichen P.patronen (→ Christophorus, Rochus, Sebastian), ja wohl selbst zu Menschenopfern wurde in Todesangst Zuflucht genommen. Hexen und Juden wurden verdächtigt. Eine unbewußte Beobachtung der Übertragungsweise spricht aus dem Glauben, daß die P., so schnell sie sonst geht oder reitet, Wasser nicht überschreiten könne. Die orientalische Beulenp. kam zuerst im 6. Jh. nach Dtl. Im 14. Jahrh. wütete der »schwarze Tod« am furchtbarsten.

Tatsächlich (→ Oberammergau) oder in historischer Sage führen Bruderschaften, Jahrefeste und Brauchspiele (Passionsspiel; Drachenstich zu Furth am Tag St. → Georg) ihre Entstehung auf die P. zurück. Die Bedeutung der P. verraten auch die zahlreichen Volksnamen: gacher Tod, Sterb, Leutsterben, (→ Freis, Fallsucht, schwarze Bräune, Sucht, wildes Kopfweh, Pestkreuze, vierzehn Nothelfer, Mittagsgeister, Pfingsten).

J. Grimm, Dt. Mythologie. Hovorka-Kronfeld, Vergl. Vmed., 2. Bd., S. 309 bis 321; J. Nohl, Der schwarze Tod, 1924; P. Sartori, P. Im HDA; E. Woehlkens, P. u. Ruhr i. 16. u. 17. Jh. 1954; A. Grünberg, P.säulen in Österr. 1960; Slg. Pfeiffer »Pestilentia in nummis« im Mus. f. Hambg. Gesch. Beitr. z. dt. V. u. A.kde. 7 (1963).

Pestilenzkraut → Schafgarbe.

Pestkreuze, Pestsäulen, Pestbilder. Die Pk. sind → Steinkreuze oder -kruzifixe (Kaysersburg i. Elsaß), die wegen ihrer verwitterten Inschriften im allgemeinen keine genauere Zweckbestimmung gestatten, bei denen jedoch die Überlieferung an der Bezeichnung P. festhält (Mönchstetten, Schwabbruch, Wurzach i. Württbg.). Am Ursulinenkloster zu Innsbruck ist ein Peststein eingemauert mit der Inschrift:

»Anno 1571 den 30. May
groß sterben kham
vast allhie 2236 Personen weck
namb.«

Ps. als Denkmale des Dankes verschonter Gemeinden stehen z. B. in Wien und in Schärding am Inn. Im Egerland haben die Ps. einen spitzdreieckigen Querschnitt und tragen Bilder der Pestheiligen (St. Christophorus und St. Rochus). Auf den Pb. wird die Krankheit gewöhnlich durch Pfeile angedeutet, die vom Himmel geschleudert werden (Votivbild von 1517, Münchener Peterskirche). In das Gebiet der Einblattdrucke gehören die Pestblätter, auf denen die Heiligen → Antonius Eremit, → Rochus, → Christophorsus, → Sebastian abgebildet sind, und die meist durch den Buchstaben *T* (Tau) mit → Amulettcharakter gekennzeichnet sind. → Antoniuskreuz, Pest.

C. Coudenhove, Die Wiener P. 1958; A. Grünberg, Ps. in Österr. 1960.

Petersilie (Peterlikrut, Kräutel, Silk). In Mitteleur. u. am Mittelmeer wachsen fünf Arten. Die bekannteste ist die P. *(Petroselinum sativum)*, das Würzkraut, von dem das Kinderlied singt:

P., Suppenkraut
wächst in unserm Garten,
Unsre Antje ist die Braut,
will nicht länger warten.

Urspr. bei uns durch die röm. Gartenkultur nur als Heilmittel bekannt, wird Tee von Blättern, Blüten oder Wurzel auch heute noch zum Harntreiben oder Frauen vor der Niederkunft gegeben. Weil es oft lange dauert, bis gesäte P. aufgeht, sagt man in Schlesien, sie reise inzwischen zu Petrus nach Rom, sich erst die Erlaubnis hierfür zu holen. Die am Peterstage gesäte P. soll am besten gedeihen. In Baden müssen die Frauen bei der Saat → lachen, wenn sie gedeihen soll (→ Sellerie). Vielleicht liegt darin eine Anspielung auf die P. als → Aphrodisiakum. Ein alter Volksspruch heißt: »P. hilft dem Mann aufs Pferd, den Frauen aber unter die Erd!«

H. Marzell, Uns. Heilpflanzen, 1922.

Petersschlüssel → Schlüsselbl.

P.dreck → Petri Stuhlfeier.

P.feuer → Peter u. Paul.

P.stab, -wagen → Petrus.

Peter und Paul (29. 6.). Der Festtag der beiden Apostel teilt viele Bräuche mit der voraufgegangenen Sonnenwende. Am Vorabend werden Feuer (Petersfeuer) abgebrannt

(Schwaben, Flandern), in der Nacht Heilmittel bereitet. Im Brabantischen wurde nach dem Feuer mit Kugeln um einen Kranz von Rosen gespielt (Rosenkönig und -königin). Den Wetterherren P. und P. gelten Hagel- und Schauerfeier mit Gebet und Umgang. Wie andere Heilige der Sommerzeit verlangen sie Menschenopfer (drei: durch Blitzschlag, Ertrinken u. Selbstmord). Arbeitsverbote gelten:

Heut ist Petri und Paul,
Und wer da näht,
Den trifft der Straul
(= Strahl; Schwarzwald).

Früher waren im Fichtelgebirge Petersfeuer verbreitet. Auch in einzelnen Orten Kärntens – hier verbunden mit dem → Scheibenschlagen – wurden am Vorabend dieses Tages Holzstöße angezündet, in Ehingen (Oberschwaben) am Sonntag vor oder nach P. u. P. oder an diesem Tage selbst. In einigen Gegenden Oberösterr. wird das Petersfeuer neben dem Johannisfeuer oder teilweise als Ersatz hierfür entzündet. Nachdem ein mehrere Meter hoher Holzstoß schon gebaut ist, setzt man am Festtag unter Späßen das »Peterl« darauf, eine Strohpuppe in alten Kleidern, die ein mit Schießpulver gefülltes Holzstück in ihrem Leib trägt. »Mit dem Peterl fliegt alles Unheil in die Luft«. Sobald der glühende Holzstoß in sich zusammengefallen ist, springt die Jugend paarweise über die Glut. Ist das Feuer erloschen, ziehen alle in ein gastfreies Bauernhaus, wo das Fest bei Gesang und Tanz bis zum nächsten Morgen fortgesetzt wird. → Joh.tag, Jahresfeuer.

Petri Stuhlfeier, Petritag (22. 2.). Der Tag gilt in manchen Gegenden als Frühlingsbeginn:

Auf St. Peters Fest
Sucht der Storch sein Nest.

In Tirol singen die ersten Finken

Zi-zi-zi Bräutigia, Bräutigam zieh,
Sollst Hochzeit halten und kommst nie.

Manche Bräuche erinnern an → Lichtmeß: Aufhören der Arbeit bei Licht, Dingtag für → Gesinde und Hirten, Lostag für die Liebe, die Gartenwirtschaft und das Wetter. Fruchtbarkeitszauber wie bei anderen Frühlingsfesten wird mit »Langaswecken« in Tirol, mit dem Pflugumzug (Bischofsheim vor der Rhön) u. mit dem westfälischen Ungezieferaustreiben geübt, bei dem die Kinder umziehen, mit einem Hammer an die Türpfosten klopfen und Verse dazu sagen. Mit katholischen Bräuchen des → Namenstags stimmt es überein, wenn auf den nordfriesischen Inseln Kinder Geld oder Gaben heischten, indem sie allen, die Peter heißen, den »Bindebrief« brachten. Mit verbreiteten Drescherbräuchen hängt vermutlich das Strohstreuen oder das Werfen des »Petersdrecks« (Topf mit Werg, Kehricht und Leinsamen) zusammen (→ Julklapp, Weihnachten, Dreschen, Holzwurm, Konfession, Beekenbrennen).

L. Schmidt, Bienenhaltung u. B.aufwecken zu P. S.; Öst. Zs. f. Vkde 65 (1962) (Burgenl.).

Petrus, hl. (29. 6.). In Legende, Sage, Spruch u. Schauspiel ist P. der nicht ganz zuverlässige Begleiter des Herrn und der Hüter der Himmelspforte, sein Attribut der Schlüssel. Als höchster Heiliger neben → Michael, als oberster Apostel u. besonders als Begründer des Stuhles Petri ist er oft Inbegriff der Kirche (P.pfennig, P.garbe) und nimmt Züge des Himmelsvaters an. P. schiebt Kegel, wenn es donnert, der große Bär und Orion heißen P.wagen und P.stab. In Schlesien werden die sonst meist Gott als Dankopfer gewidmeten letzten

Halme der → Ernte in einen Knoten geschlungen mit den Worten:

»Petrus, da hast du deinen Knoten, laß es übers Jahr wieder gut geraten.«

Es ist wahrscheinlich, daß P. in alten Überlieferungen Ersatzgestalt des → Wodan oder → Donar wurde. Zwölfer gab eine Monographie über Gesch. u. Verbreitg. des P.kultes bei Angelsachsen u. Franken, über P. Wallfahrten u. -Patronate der Frühzeit u. a. → Schlüsselblume.

Th. Zwölfer, Sankt Peter, Apostelfürst u. Himmelspförtner, 1932; R. Beitl, Garbenopfer; in Geistige Arbeit, Nr. 18 (1934); H. Winter, Fasnachtsbrauch im Odenwald, 1941 (S. 149–162: Brauch d. P.tags); P.jahr (P.lied, P.patrozinium i. Innviertel, P.bild in Ob.österr.). 64. Jber. d. Bisch. Gymn. Petrinum i. Urfahr-Linz. 1967/68.

Pfaffenkellerin, -köchin. Ahd. *pfaffo*, mhd. *pfaffe* war noch lange in der Neuzeit Bez. des ›Geistlichen‹ (v. gr. *papas* wie das russ. Pope). Die Haushälterin des Pfarrers erscheint in vielen, bes. südwestdt. Sagen, im Zus.hang mit Wuetas (wütendem Heer) und Nachtvolk. Als Spinnerin in rotem Mieder oder rotem Rock, mit einem Klumpfuß, erinnert sie an das Märchen von den drei Spinnerinnen. Sie kommt als → Huckauf und spannt den Fuhrleuten aus. Sie wirft ihr Neugeborenes den Schweinen vor (Gurtis; Vbg.). Wenn eine Tanne fällt, während die Turmglokke zwölf schlägt, setzt sich die P. darauf und kämmt ihre roten Haare. → wilde Jagd.

V. v. Geramb, in: Bll. f. Heimatkde. Graz 22 (1948); ders., Zum Sagenmotiv v. Hufbeschlag. Spamer-Fs. 1953; R. Beitl, Im Sagenwald. Neue S. aus Vorarlb. 1953 (Nr. 205ff.; S. 359f.); L. Röhrich, Die Ballade v. Teufelsroß. In: Der Dt. unterr. 15 (1963).

Pfahl. Stange. → Balken und P. haben in altem und neuem Glauben Bedeutung als Ersatz des → Baumes (Maistange) oder als bekränztes u. geschmücktes Idol und Zauberzeichen (Neidstange, → Neid). Mit älterem P.- und Baumkult wird die → Irminsul, das altdt. Gerichtszeichen des → Roland und, psychologisch wenigstens, die christl. Kreuzverehrung in Verbindung gebracht. In Niederdtl. kennt man vereinzelt den hölzernen P., zuweilen mit einem Gebetbuch darauf, als → Grabdenkmal, das ursprünglich vielleicht wie das → Totenbrett als Seelensitz gedacht war. Die Durchbohrung u. Festnagelung des lebenden Leichnams, des Wiedergängers oder → Vampirs im Grabe mit dem P. kennt schon → Burchard von Worms. 1345 wurde einem Weib, das als Hexe u. Nachzehrerin galt, ein P. aus Eichenholz zwischen die Brüste getrieben. Aus dem Balkan wurden ähnliche Fälle noch aus diesem Jahrhundert berichtet. Der Grenz- und Zaunp. ist Zaubergerät zum Fernsehen und Hexenpferd (→ Hexe, Zaun). Aus alter Zeit überliefert ist das P.spiel. Die Spieler versuchen der Reihe nach aus einer bestimmten Entfernung kleine zugespitzte P. in eine Grube zu werfen. Gelingt es einem Spieler, das in der Grube steckengebliebene Holz eines anderen mit seinem Wurfholz umzuwerfen, so schleudert er es weit davon, und der andere Spieler muß es sich wieder holen. Die Zahl dieser Strafläufe wird gezählt; wer die wenigsten hat, ist Sieger. Bereits → Fischart nennt das Spiel als »Kloßstechen«.

Much, Holz und Mensch; in: Wörter und Sachen, 1; W. Müller-Bergström, P. Im HDA; O. Schwindrazheim, Dt. Bauernkunst, [2]1931. Lit. in der Zs. Germanien (1935); J. Röder, P. u. Menhir, Eine vergl. vorgesch., volks- u. völkerkdl. Studie, 1949; D. Feucht, Grube u. P. 1967 (Überkritisch gegen die V.sage: »wildwuchernde Phantasie war hier alles, die Rechtswirklichkeit nichts«).

pfänden → Georg.

Pfannenknecht, Untersatz aus Holz oder Eisen, zum Abstellen der rußigen Pfanne auf dem Eßtisch; bes. im S oft kunstvolle Arbeit des Dorfschmieds. → Feuerbock.

W. Bernt, in: Jb. f. hist. Vkde, 3./4. Bd., 1934; A. Haberlandt, Taschenwb. d. Vkde Österr. 1. 1953.

Pfannkuchen, vorwiegend norddt. Bez. eines flachen Eierkuchens, heute auch eines runden Gebäcks, in Berlin z. B. allg. als Silvester- und Fasnachtdienstagsgebäck; in Süddtl. und Österr. führt es den Namen Krapfen (Fasnachtsk.). → Speise und Trank

Pfau. Das Auge der P.federn hat zauberische Wirkung und wird deshalb in Wohnungen ungern gesehen (→ böser Blick). Zu den Germanen kam der P. über Italien aus dem Orient. Gegen Schwindel im Kopf hilft pulverisiertes Fleisch von Schwalbe, Storch oder P. Der P. ist christl. Symbol der unsterbl. Seele, der Auferstehung, später auch des Hochmuts. → Einhorn.

Pfeffer, P.kuchen. P. ist bekanntes → Aphrodisiakum und schon im MA Lieblingsgewürz und großer Handelsartikel; daher das Schimpfwort P.sack für ›Kaufmann‹. Pk. ist ein stark gewürzter → Lebkuchen aus Mehl und Honig (Zucker, Sirup) mit Mandeln und anderen Zutaten. Die schon ahd. belegte Bez. deutet später wohl auch auf den Brauch des P.ns, des ›Schlagens mit der Lebensrute‹ (→ Frisch- und Gsundschlagen, Zwölften) am »P.leinstag«. Ein Spruch der dt. Kolonisten in Rußland lautet:

Ich pfeffere eure junge Frau,
ich weiß, sie hat das Pfeffern gern,
ich pfeffere sie aus Herzensgrund,
Gott halte die junge Frau gesund.

Das P. genannte fränkische Brautabschiedslied deutet auf das Gewürz des Hochzeitsgerichtes.

Pfefferkraut → Salbei.

P.kuchen, P.leinstag, -sack → Pfeffer.

p.n → Lebensrute.

P.tag → Unschuldige Kinder-Tag.

Pfennig → Geld.

Pfeife, pfeifen ruft und bannt die Geister (Bienenschwärme, Natternbanner, Zauberp. im Märchen), zieht aber auch Gefahr herbei im Bergwerk, auf dem → Schiff (→ Analogiezauber für das P. des Windes). Bes. am Morgen und aus Frauenmund bedeutet P. Übles (p.de Mädchen werden Huren). Vsprachl. ist die P. Sexualsymbol. Das Wort P. kam vor der → Lautversch. aus dem Vulgärlat. (* *pipa* → ›Schalmei‹ lat. *pipare* ›piepen‹). Im dt. NW heißt p. mundartl. flöten. → Bastlösereime.

Pferd. Das wilde P. gehört zu den Tieren, die bereits in der Südrandsteppe der eiszeitlichen Gletscher lebten. Es galt den Germanen als weissagendes Tier, wie noch heute die Volksrede geht: »Die Rosse merken es zuerst«. Zumal im Toten- und Begräbnisbrauch knüpfen sich viele → Orakel an das Verhalten des P., das den Leichenwagen zieht. Es war auch germ. Opfertier, worin wir eine Wurzel des mit dem → Hufeisen verbundenen Glaubens vermuten dürfen. Im Grab des Kriegers wird sein Lieblingsp. beigesetzt (→ Grabbeigabe), wie das P. auch hochgeachtetes Geschenk war. Zauber getrieben wurde mit dem P.kopf, bis in die neuere Zeit. Gebleichte P.schädel am Giebel (→ G.zier) wehrten dem Blitz und Ungewitter. Seine bes. Stellung hat das P. im Jahresbrauch, ja, je mehr der Motor herrscht, »desto mehr scheint eben dieses verdrängte P. im Sportlichen des Landvolkes von heute zu gelten ... Sie sind doch wirklich noch ›Brauchtum‹, diese agonalen Reiterspiele« (Kretzenbacher). Über P.umritte, P.heilige, P.schmuck u. dergl. → Leonhard, Georg, Martin, Stephan, Pfingsten, Reiterspiele, Laufspiele, P.kämme, Gebäckmodel, Vorzeichen, rot, Schädel, Schwein.

Fugger, Reutterkunst, 1584; Jähns, Roß und Reiter, 1872; Freytag, Das P. im germ. Volksglauben: Fs. Friedrich Real. Gymn. Berlin, 1900; Negelein, Das P. im arischen Altertum, 1903; Herkner, Roß, P., Gaul, Diss., 1914; Malten, Das P. im Totenglauben. In: Jb. d. arch. Inst. 29 (1914); W. Steller, Zum Wodanglauben. Mitteil. d. schles. Ges., 26 (1925); K. Spieß, Reiter und Roß als Gefäß; in: Mannus 23 (1931); G. Neckel, Über das kultische Reiten in Germanien; Zs. Germanien (1933), Heft 1. Hindringer, Weiheroß und Roßweihe, 1933; O. Lauffer, Die P.knechte im Heliand (= Wörter und Sachen 12); W. Steller, P., P.fleisch, P.fuß, P.heilige usw. Im HDA 6, 1598–1684; G. Eis, P.kundliches aus Böhmen. Oberdt. Zs. f. Vkde 13 (1939) (Sprache, Vmed., Sage); G. Weismantel, Roß u. Reiter. Studie ü. d. Formbestände der Vk., 1948; P.kopfsagen. Schlee in: Zs. f. Vkde 50 (1953); G. E. Evans, The Horse in The Furrow. London 1960 (P.knecht, Bauer, P., Vkdl.); W. Brückner, Roß u. Reiter im Leichenzeremoniell. Rhein. Jb. f. Vkde 15/16 (1964/65); P.kult in Salzbg. Öst. Zs. f. Vkde 69 (1966); M. Jankovich, P.e, Reiter, Völkerstürme, o. J. (1968).

Pferdekamm, Messingschmuck des → Pferdes, noch heute in den Alpenländern gegossen, und in ähnlichen Typen über ganz Dtl. verbreitet. Der Griff des Kammes (an dem der Behangriemen des Pferdes sitzt) ist meist mit Bildern aus dem Leben des Pferdes geschmückt (Tränke, Futtertrog), in Graviertechnik oder als Umriß ausgeschnitten. → Kummet

V. v. Geramb, Über d. Kummetkamm V.werk. 1942; H. Steininger, Die Kummetk. d. N.öst. L.mus. Öst. Zs. f. Vkde 69 (1966).

Pfingst(en), (von griech. *pentekosté heméra* = fünfzigster Tag [nach Ostern]) P. setzte sich im Gegensatz zu → Ostern wohl schon vor der ahd. Zeit als christl.-kirchl. Bezeichnung des Festes der Herabkunft des Hl. Geistes durch. Die kirchl. Liturgie tritt im Brauchtum des Tages wenig hervor, der zum hervorragendsten Sammelpunkt der Mai- und Sommerfeste geworden ist. Mit der kirchlichen Gestaltung des Tages hängen zusammen das »Heilig-Geist-Schwingen« (Herabschwingen einer Taube aus dem Kirchengewölbe; Christi → Himmelfahrt), die seltenen P.spiele (Eger), Flurumritte mit Wettersegen und Kreuzreliquien (Öschreiten in Schwaben). Beim Königreiten im früher österr. Schlesien ritten alle Reiter der Gemeinde mit dem Dorfrichter und den Geschworenen, ein geistliches Lied singend, um die Äcker. Beim oberpfälzischen Traidergang umschritt man jedes Jahr ein anderes Feldgebiet mit der großen Fahne. Der P.morgen gilt wie der Ostermorgen als heilig. In Niederösterr. stieg man auf die Anhöhe zum »Heiligen Geist-Fange«. Die Haustüre soll man offenlassen, damit der Hl. Geist hereinkomme (Oldenburg). P.tau ist noch kostbarer als Maitau. Beim Besuch der »P.bründln«, wo in der Nähe der Maibaum aufgerichtet stand, trank man »Heiligengeisttau« (Österr.). Brunnen werden um P. gereinigt. Die große Mehrzahl der Bräuche zu P. tragen in Namen und Handlung weltlichen Charakter. Der Zweigsegen, das Gesundheit und Fruchtbarkeit verbürgende Grün schmückt zu P. Häuser und Ställe, Baugerüste, Schiffe, Windmühlen und Wirtshäuser. Man findet es in der Großstadt (Berlin) an Geschäftseingängen, Kneipen, Fuhrwerken, Autos, in Büros u. Wohnungen. → Birke u. → Kalmus werden in Norddtl. verwendet, in Oldenburg wurde die Maie mit farbigen Bändern und vergoldeten Eiern behangen (→ Lebensrute). Der P.strauch verscheucht Gewitter und Krankheit, Zauber und Ungeziefer. Das Vieh zu bekränzen ist weithin üblich. Bedingungen des Klimas sind es zum Teil, die in Nordeuropa P. zum eigentlichen Maifest werden ließen. Vielfach werden Maien und → Maibäume erst am Vorabend von P. gesetzt. Es wird wie am → Maitag der Gemeindebaum mit Tanz und Singen eingeholt. Der Gutsherrschaft, dem Bürgermeister, dem Dorflehrer oder Pfarrer, vor allem aber der Geliebten wird ein Ehrenbaum gesetzt. Mißliebige od. liederliche Mädchen rügt die Schandmaie. In Braunschweig war das eine Strohpuppe, an die als Phallus eine rote Rübe mit Kartoffeln oder Zwiebeln gebunden war, es war also eine Gestalt gleich der Garbenpuppe, die in Ostdtl. den »Kornalten« darstellte. Bekannt und später wieder aufgenommen ist der P.brauch von Questenberg in der goldenen Aue. An einem Eichenstamm wird ein Kranz aus Birkengrün von der Größe eines Wagenrades aufgehängt. Zu P. wird in vielen dt. Landschaften das Vieh zum erstenmal auf die Weide getrieben oder der → erste Austrieb mit festlichem Brauch wiederholt. Bis P. wird zuweilen (P.hege, märkische P.weide) ein besond. Wiesenstück unbenützt gelassen. Mit lautem Jubel, mit Grün bekränzt und geschmückt zieht das Vieh auf die Weide. Das letzte Tier heißt P.kau oder P.osse, der letzte Bursche oder das Mädchen, das als letztes am Platze ist, werden als Pfingstvoß, Pfinst- oder Pennenbuck, P.brut, Pfinstjuffer ausgerufen. Später wurde der Schimpf auf den letzten Aufsteher übertragen (P.karr, -bötel). In Österr. ist P.lümmel auch, wer die österliche Beicht bis P. verschoben hat. In Mecklenburg hießen die Hirten in der Reihe des Eintreffens Dauschlepper, Müggenstecker, König, P.kalf; in Lauenburg: Dowsleper, Maandkarr, Poggenküter, Sünnenkalf, Grüttschöttel, P.karr. In auffallender Übereinstimmung kehrt der Brauch im österr. Süden wieder. Beim 1847 verbotenen P.lukenritt (bei Seibersdorf) hießen die auf der Weide eintreffenden Halterbuben: Fahndlführer, → Klaubauf, Krotenstecher, die P.luken. Im Erzgebirge war der letzte Hirte P.lümmel, in der rheinischen Grafschaft Mark P.hammel; in der Altmark wurde der letzte Pferdejunge mit Feldblumen geschmückt und hieß bunter Junge. Von der »Kutte« aus Birkenzweigen für den niederösterr. P.nickl oder P.block (auch P.nokken, -nudl, -knödl, -zol genannt) ist heute noch der Kranz aus Brennesseln für den Langschläfer (→ letzten) übriggeblieben. In der Hartberger Gegend weckt man die P.luken mit dem Spruch:

Pfinstluken steh auf,
reck d' Luken auf d'Höh auf,
nimm an Besen, kihr aus,
nimm die Goaßl, treib aus,
treib auf'n grean Wasen,
die Küah müassen grasen.
Leg di nohmal nieder,
aufs Jahr bist es wieder!

Heiliggeisttau, P.brunnen, grüne Gerte, Laub- und Blumenkleid deuten den auf → Reinigung, Stärkung und → Fruchtbarkeit gerichteten Sinn der Bräuche an, der in folgenden Begehungen noch stärker hervortritt, obwohl die meisten davon aus später, zum Teil städtischer Entwicklung stammen und zuweilen auch zu eigentlichen dramatischen Spielen und Kampfszenen sich ausgebildet haben. Nicht wenige dieser Feste sind heute noch in Übung. Im steirischen Seibersdorf hielten am P.montag die Weiber im Wirtshaus ein Mahl, während die Männer den feierlichen Umzug der P.lukenbraut vorbereitet hatten. Auf tannen- u. reisiggeschmückten Wagen schoben sie die Burschen durch den Ort vor das Wirtshaus und schließlich um die Feldflur. Die Begehung beschloß ein gemeinsames Mahl und der »Fuchstanz«. Zu diesem Tanzfest hatten die Burschen Geld gesammelt, indem sie einen lebendig gefangenen Fuchs von → Hof zu

Hof trugen. Geramb weist auf die Verwandtschaft mit norddt. (Westfalen, Altmark) Bräuchen und mit älteren dt. Festen des Maikönigs und der Maibraut hin. Im steirischen Wagendorf wurde der P.lukenritt 1847 verboten, weil einige Mitglieder der Gutsherrschaft von den → Kröten getroffen wurden, die der »Krotenstecher« aus dem Zuge auf die Neugierigen schleuderte. In bayrischen und schwäbischen Orten zieht man um P. mit dem »Wasservogel«. Als Gegner einer Strohgestalt wird ein anderes Gerüst, oft auch ein Bursche mit Laub, Schilf, Wasserblumen und dergl. verkleidet. Der schwäbische P.butz, in Blumen und Zweige gehüllt, mit einer Larve aus Baumrinde, trug vorn und hinten Kuhglocken, die im Sprungtanz klangen. Anderswo waren die → Masken ein Schwanenkopf oder ein großer Schnabel aus Holz. Zum Schutz gegen Feuer und Blitz wurde er, nachdem der Vogel ertränkt war, an den First der Scheune genagelt. In der südbayrischen Hollertau wurde der Wasservogel am Bachufer von zwei Mädchen ordentlich abgewaschen, dann schlang dieser selbst die Arme um die Mädchen u. zog sie dreimal ins Wasser. Der Elsässer P.quak war ganz in Grün gekleidet, den Pfälzer P.quak zierte Goldpapier. Wenn ihm am Ende nicht die Flucht gelang, wurde ihm der Schmuck in Fetzen vom Leib gerissen. In Thüringen wurde ein Bursche in einem Kleid von Moos und Laub im Wald verborgen. Darauf gingen die anderen den »wilden Mann« suchen. Ähnlich gestalteten sich die Bräuche, die mit folgenden Namen verknüpft sind: Brautpaar suchen (Sachsen), Maikönig verstecken (Tilleda), Gras- oder Lattichkönig (Groß-Vargula), Maibraut (Braunschweig), Laubmännchen (an der Ruhl), Pfingstl (Niederbay.), P.kääm, Kaudernest, Füstge Maie (Mark), Fischermeier, P.pflitteri. Mit Reisern, Ginster und einer Blumenkrone geschmückt war die mecklenburgische P.blume. In Borlinghausen führten die Mädchen beim P.umzug die »Nunne«, die Knaben den »Papen« (→ Nonne, Papst, Konfession). Wie die → Fasnacht od. → Kirmes, wie die Ernteoder Dreschpuppe wurden die P.gestalten oder eine von mehreren ersäuft, getötet, begraben od. sonstwie vernichtet, offenbar um die Maskenträger, die Mitziehenden oder die Erde zauberischerweise in den Besitz der Lebens- und Wachstumskraft zu bringen. Gewiß treten derartige Grundgedanken nicht immer klar zutage. Oft blieben von den alten Kulten nur noch Spiele, lustige Wettkämpfe oder Bettelumzüge übrig. Im Elsaß hieß es:

> Da kommen die . . . Maienknecht,
> sie haben ihr Pfingsterecht,
> drei Eier und ein Stück Speck . . .

Im Rheintal zogen die Burschen mit Liedern von Weiler zu Weiler und forderten von den Mädchen die P.eier. Oder man kehrt bei diesen Umzügen mit Besen, schlägt, besonders die Frauen, mit Ruten. Die Kärntner Burschen üben bis Mitternacht das »Peitschenkrachen« und in manchen Gegenden wird über die Saaten (Vogtland) oder in die Obstbäume (Österr.) geschossen. Den P.spielen, die gesellige Feier des Nachmittags oder auch die Fortsetzung manches Brauches (Hirtenwettlauf, Zweikampf der Laub- und Strohgestalten) darstellen, sind oft bestimmte Höhen, Wälder, Höhlen oder Quellen, oft geradezu ein »P.anger«, als hergebrachte Feststätte gegeben. Die Gailtaler Halterbuben liefen auf einem ebenen Platz der Alm nach der »Maie« und lagerten sich abends bei

Feuer und Peitschenknallen um den Maibaum. Der Wettlauf im Gurktal geht von der Sage aus, daß das Standbild auf dem Brunnen eine Jungfrau darstelle. Um sie liefen drei Burschen um die Wette, als sie als einziges Weib von der → Pest übriggeblieben war. Im Elsaß und in Dt.-Lothringen ritt am Nachmittag ein Bursche mit allerhand Vermummung und Sprüchen durchs Dorf. Manche dieser Wettläufe wurden schließlich Maskeraden, bei denen ein Spaßmacher, der Letzte, der lahme Zimmermann, der schmucke Junge oder wie er sonst hieß, die Hauptrolle spielte. Andererseits zeigten Kranzreiten, Mann-, Ring- oder Kranzstechen und ähnliche → Reiterspiele (Sachsen, Brandenburg, Dithmarschen, Seeland, Tirol, Kärnten) nicht selten ernsten, wehrhaften und sportlichen Charakter. Das Gailtaler Kufenstechen zählt v. Geramb zu den »schönsten und männlichsten P.spielen und zu den prächtigsten Volksbräuchen überhaupt«. Es ist mittelalterliches Turnier und Bauernspiel in einem. Burschen mit Zipfelhauben suchen in scharfem Ritt ein Faß, das auf einem Pfahl steht, durch Eisenlanzen mit Schlag od. Stoß zu zertrümmern. Zuletzt werden die gelösten Faßreifen zum Ringstechen genommen. Bekannt sind die Feste, die viele Schützengilden zu P. feiern u. bei denen früher Würfel- und Kegelspiel wie kräftige Atzung selten fehlten. Die P.ritte und P.spiele, die – als Vorrecht der Roßhirten – im Alem.-Schwäb. verbreitet waren, fielen mit dem Wandel der Agrarwirtsch. in Vergessenheit (P.reiten in Wasenweiler, St. Georgen, Nusplingen, Wurmlingen u. a. → Santrigl). In mehr als einer Gegend (Rhein, Thür., Norddtl.) ist P. ein mehrtägiges Fest (P.bier, P.gelag, Laubhütten, Sommerlaube), bei dem Burschen, Mädchen, Frauen, Schuljungen oder Innungen und Zünfte mit bestimmten Aufgaben und Rechten beteiligt sind. Durch ein umständliches Zeremoniell wird die Tätigkeit der Burschen, der P.jungfern, des Beias, der Einschenker und der Rundablaser geregelt (→ Burschenschaft, Handwerker, Schützenbruderschaft). Gegenüber dem reichen Brauchtum des Tages tritt der Volksglaube in seiner unmittelbaren und mehr individuellen Äußerung zu P. ganz zurück. In Baden setzten sich wohl Mädchen oder Burschen in der P.sonntagnacht einen Kranz aus neunerlei Blumen auf, um den zukünftigen Ehegefährten zu erblicken. Aber im ganzen sind die zu Johanni, Thomas, Andreas, Weihnachten usw. so zahlreichen Orakel zu P. kaum bekannt. → Maitag, Vspiel.

P. Sartori, Sitte und Brauch, 3 Bde., 1914; J. H. Albers, Das Jahr und seine Feste, [3]1917; V. v. Geramb, Dt. Brauchtum in Österr., 1926; R. Beitl, Dt. Vkde., 1933; Darin und in A. Spamer, Die dt. Vkde., 2. Bd., 1935, Abb.; F. Krins, Pfingstebrut. Westdt. Zs. f. Vkde 33 (1936), 5–61; Über P.maien u. P.baumsetzen mehrere Aufsätze in der Zs. Die Heimat, 1938; F. Mössinger, P.gestalten. Hess. Bll. f. Vkde. 37 (1939); J. Künzig, Die alem.-schwäb. P.-umrittspiele. Zs. f. Vkde 54 (1958); J. Weber-Kellermann, Laubkönig u. Schößmeier. Gesch. u. Deutg. p.licher Veget.bräuche in Thür., Dt. Jb. f. Vkde 4 (1958); D. Sauermann, Der Letzte im Jahresbrauch. Z. f. Vkde 64 (1968); Kartogr.: ASV 185 P.ausflüge.

Pfinzdaweibl, P.dag → Bercht, Donnerstag.

Pflanzen, P.kunde. → Dioskurides, Theophrast und Plinius sind die Hauptquellen für den P.glauben der Antike, der in unserer Überlieferung stark nachwirkt (Klostergärten, latein. Schrifttum). Abgesehen von neueren, in der botanischen Bestimmung selten ganz zuverlässigen Werken über die Volkspk. belehren uns über die älteren Anschauungen die → Kräuterbücher, über bes. P.glauben → Praetorius und früher → Vintler, → Berthold von Regensburg und → Indiculus. Ein vollständiges Verzeichnis der volkssprachlichen P.namen gab zuerst H. Marzell in Hegi's Illustr. Flora von Mitteleuropa (13 Bde., München 1906–1931). Unentbehrlich war daneben das Buch von Pritzel und Jessen: Die dt. Volksnamen der P. ²1882. Es wird überholt erst durch das seit 1937 erscheinende Wörterbuch der dt. P.namen von H. Marzell u. a. Natürliche und magische Eigenschaften sichern der P. in Glaube und Brauch eine hervorragende Stellung. Welcher Wert den P. in der Heilkunde auch heute zugemessen wird, geht z. B. daraus hervor, daß das »Sandmännchen« im Ost-Fernsehen (14. 8. 67) die Kinder aufforderte, für Apotheke und Haus Heilkräuter zu sammeln. Auch im Zaubergebrauch können natürliche Eigenschaften mitsprechen (starken Geruch, Stacheln haben → apotropäische Kräuter, → aphrodisische Wirkung die Liebeszauberp.). Auffallende Eigenschaften (Farbe, Form, Geschmack von Wurzel, Blatt, Blüte und Frucht, Giftigkeit, besondere Blütezeit, andere biologische Eigentümlichkeiten, Nützlichkeit, Verbindung mit menschlichen Handlungen) können auch die magische Bedeutung hervorbringen oder steigern. Der Glaube an die P.- und Baumseele beherrscht ein weites Gebiet, wie Wilhelm Schwartz und besonders Wilhelm Mannhardt in den »Wald- und Feldkulten« (Berlin ²1904–05) gezeigt haben. Freilich weist heute die Forschung den animistischen Vorstellungen einen engeren Raum zu. Beim Graben, Bereiten und Anwenden der Zauber- und Heilp. gelten die Vorschriften und Anschauungen des → Volksglaubens, der → Volksmedizin und des → Zaubers (→ auch Analogie, Signatur, *similia similibus,* Übertragen). Im übrigen vgl. die einzelnen P.namen.

A. Ritter von Perger, Dt. P.-sagen, 1864; A. de Gubernatis, La mythologie des plantes etc., 2 Bde., 1878, 1882; C. Rosenkranz, Die P. im Volksaberglauben, 1896; R. Pieper, Volksbotanik, 1897; M. Kronfeld, Zauberp. und Amulette, 1898; M. Höfler, V.med. Botanik der Germ., 1908 (in d. mythol. Ansichten überholt). Aigremont, P.welt u. V.erotik. ²1910; H. Marzell, Die Tiere in dt. P.namen, 1913; ders., Unsere Heilp., 1922; ders., V.botanik. Die P. im dt. Brauchtum, 1935; ders., Neues ill. Kräuterbuch, ⁹1935 (rd. 6000 dt. P.namen); A. Maurizio, Die Gesch. unserer P.nahrung v. d. Urzeit bis z. Gegenwart, 1927; Einen vkdl. Fragebogen zur Pk. veröffentl. die Hess. Bll. f. Vkde 28 (1929); H. Marzell, in: HDA (350 Beiträge 1927–42); J. Niessen, Rhein. V.botanik. 1936; L. Kroeber, Das neuzeitl. P.buch. Die Arzneip. Dtls. 1937ff.; R. Strömberg, Griech. P.namen, Göteburg, 1940; H. Marzell, Volksbotanik (Bibliogr. f. d. J. 1931–1940) in Just's Bot. Jahresber. 1935, 1938, 1942; K. Heidt, Gegenw. Kenntnis u. Anwendg. einheim. Heilp. in d. Vmed. Hessen-Nassaus, 1942; J. Bielander, Die P. in Lax (Wallis). Schweiz. Arch. f. Vkde 45 (1948); L. Behling, Die P. in d. mal. Tafelmalerei. 1957; A. Winkler, Geschützte P. 1959; M. Grieve, A modern Herbal. 2 Bde. New York 1959 (Anbau, Nutzung, Küche, Kosmetik, Vmed., Folklore); J. Schmithuesen, Allg. Veget. geogr. 1959; A. Delatte, »Herbarius«. Brüssel 1961 (Das Sammeln mag. u. heil. P. im Altertum); H. Marzell, Zauberp. Hexentränke. 1963; Zander, Encke, Buchheim, Handwb. d. P.namen u. ihre Erklärung. 1967; H. Marzell (m. W. Wissmann), Wb. d. dt. P.namen. 1937–65 (ersch. bis Nigella; dazu: Alphab. Verz. d. dt. P.namen 1957/58. Die ausgewertete Lit. umfaßt 64 Spalten!); J. v. Dieken, P. im ostfries. Vgl. u. Brauchtum. 1971; K. Löber, P. d. Grenzgeb. v. Westerw. u. Rothaar. 1972; In Vorbereit.: Atlas d. Flora Mitteleuropas. (Kartierg. von Farn- und Blütenp. einer Fläche v. 700000 km²).

Pflockspiel → Pfahl.

Pflug, das älteste Bodenbearbeitungsgerät. Münzen und Wandgemälde zeigen die Entwicklung des P. im Altertum. Einen P. mit Streichbrettern *(aures)* besaßen schon die Römer. Der P. mit Streichbrett und Rädervordergestell, wie sie d. gallische oder dt. P. von Anfang an besaß, war durch das ganze MA in Gebrauch. Besonders in Rußland und Asien, vereinzelt aber auch bei uns (Mecklenburg, Ostpreußen) ist noch der »Haken« bekannt (meist nur noch zum Anpflügen verwendet), ein Vorläufer des P., der den Ackerboden aufreißt, aber nicht wendet. Er besteht aus einem gekrümmten Baum- oder Wurzelast, der an der grabenden Spitze mit Eisen beschlagen ist. Die kulturgesch. P.forschung, die sich bei Rhamm u. a. mit einseitigen ethnischen Theorien (Ostgermanenth.) belastete, ist besonders durch die in den Grenzen der Steiermark geführten Untersuchungen von H. Koren wieder zur kritischen Quellenforschung zurückgeführt worden (Prüfung archäol. Zeugnisse und von Untertaneninventaren bis ins 16. Jh. zurück). Dem P. und Doppelp. stellt Koren bes. die steirische Arl gegenüber, eine urtümliche P.form mit symmetrischer Schar, die die Scholle lockert, aber nicht wendet. In vkdl Fragestellung wären solche Untersuchungen zu ergänzen durch den Blick auf die Gegenwart und auf die Auseinandersetzung des alten P. mit dem Fabriksp., mit der »Maschine«; vor allem aber durch die Erhellung der Beziehungen zwischen Gerät und Brauch. »Die Vkde beginnt erst dort, wor wir von der Sachkunde oder Archäologie der Pflüge zu den verschiedenen Arten des Pflügens fortschreiten, zum Pflüger und zum P.gespann, zum P.glauben und P.brauch (wozu der Artikel Arar des Dicziunari Material liefert), zur Gestaltheiligkeit, um einen Terminus Leopold Schmidts zu gebrauchen, wobei Gestaltheiligkeit aller volkstümlichen Sachkultur, auch dem Traktor und dem Jeep zukommt, nicht nur der Pflugschar«. (R. Weiß in einer Rez.: Österr. Zs. 55, 1952). → Gestaltheiligkeit, Umpflügen, Umkreisen, Blockziehen, Jungfrau, Regen, Saat. Ergologie (Lit.).

E. Braungart, Uralter Ackerbau im Alpenl. Landw. Jbb. 26 (1897); P. Leser, Entst. u. Verbr. d. P. 1931; K. Kothe, Der P. Diss. Gött. 1947; H. Koren, P. und Arl. Ein Beitrag z. Vkde d. Ackergeräte, 1950; H. Kothe, Die P.forscher Tagung in Kopenh. 1954. Dt. Jb. f. Vkde 1 (1955); vgl. Öst. Zs. f. Vkde 57; M. U. Kasparek, Arl u. P. im Kuhländchen. Jb. f. Vkde d. Hvertr. 5 (1959/60); J. Pätzold, Rituell. Pflügen b. vorgesch. Totenkult – ein alter idg. Best.brauch. Prähist. Zs. 38 (1960); K. J. Narr, Frühe P.e Mitt. d. Anthrop. Ges. 92 (1962); W. Jacobeit, Ein P.mus. in Stuttg.-Hohenheim. Dt. Jb. f. Vkde 6 (1960) (rd. 400 Orig. P.e. u. Modelle; Eggen, Walzen, Säe-, Erntemasch., Anschirrgerät u. a.); E. C. Curven u. G. Hatt, Plough and Pasture. New York 1962; U. Berner, Zur Typol. u. Nomenklatur d. P.e. Zs. f. Agrarwiss. u. A.soz. 11 (1963); U. Bentzien, Der Häker. Ein Beitr. z. Frühgesch. d. meckl. Landarbeiters. Dt. Jb. f. Vkde 11 (1965); W. Jacobeit, Bäuerl. Arbeit u. Wirtsch. 1965; B. Kratz, Zur Bez. v. P.messer u. Messerp. in Germania u. Romania. 1966; M. U. Kasparek, Arl u. P. in N.bayern. Bayer. Jb. f. Vkde (1966/67); E. Klein, Die Entw. d. P. in dt. SW. Der Mus.freund 7 (1966); ders., Die hist. P.e d. Hochheimer Slg. 1967; V. Bentzien, Haken u. P., 1969; Kartogr.: Dt. Wortatlas VIII P.wende, pflügen; ASV 70/71 Hacken oder Graben? P.gespann (Pferd, Rind, Maultier).

Pflugumzug. Der mit dem → Blockziehen im Frühjahr verwandte osteurop., bei uns bes. in Südkärnten und Steierm. erhaltene P. in der Zeit der → Fasnacht wird von V. Geramb, K. M. Klier u. a. als allen arischen Völkern eig. Brauch angesehen. In vielgestalt. Formen des P. wird Pflügen, Säen, Eggen mit verschied. Nebenszenen (Fleischhauer, Jäger, Ochsentreiber, Rader und Schmiedweiberl) dargestellt. Der P. endet mit dem »Bärenjagen«.

R. Wolfram, Bärenjagen u. Faschinglaufen im ob. Murtal. Wiener Zs. f. Vkde 37 (1932); O. Moser, Faschingsbrauch in Kärnten – Pflugumfahrt u. Bärenjagen. Dt. Vkde 4 (1942); G. Graber, Vleben in Kärnten. ³1949; K. Stöffelmayer, Das Obermurt. Faschingsrennen. Öst. Zs. f. Vkde 56 (1953); V. Stübinger – L. Schmidt, Faschingsbau u. Brentlerspruch aus St. Urban bei Feldkirchen in Kärnten. Jb. öst. V.liedw. 14 (1965)

(P. fast in schauspielmäß. Form). Kartogr. ÖVA IV.

Pfropfen → Pelzen.

Philippus → Jakobus d. Ä.

Photo. Während das → Bildnis als Gemälde, Zeichnung, Scherenschnitt oder Keramik im Volke eine geringe Rolle spielte, setzte die P.graphie seit der Mitte des 19. Jh. auch den weniger Bemittelten in den Stand, nicht nur ein annäherndes Abbild, sondern geradezu ein Urbild zu besitzen, das stellvertret. Charakter hat (→ Analogiez.) und Kräfte ausstrahlt. Seine Direktheit und Treue erlaubt den Versuch, »der Vergänglichkeit ein Halt zu setzen« und schenkt »Trophäen unserer Lebenssiege« (F. Kempe). So erscheint es im Familienalbum, im Hochzeits-, Konfirmations-, Kommunions- oder Firmungsbild als → Wandschmuck und als Totenerinnerung an den gefallenen → Soldaten im → Hergottswinkel, bes. in Süddtl. und Österr. allg. im → Sterbebildchen und (bis vor 30 Jahren häufig) auf dem → Grabdenkmal.

F. Kempe, Fetisch des Jh. Ein Lesebuch f. Fotofreunde. 1964.

Physiologus, *Bestiarius.* Das Anf. d. 2. Jh. in Alexandria entstandene Buch ist die Zusammenstellung eines Christen, d. aus neuplatonischer Literatur schöpfte. Im MA ist der P, das geltende Buch der Tiere und Monstren. In dem Gesamtweltbild des Abendlandes herrschte gottgewollte Ordnung im Sinne allgemeiner Harmonie. Diese Einstellung führte zu biblischer Ausdeutung der antiken Quellen und begünstigte die Bildung von Tierlegenden. Die ersten dt. Übersetzungen des P. aus dem Griechischen stammen aus dem 11. und 12. Jh. Für die Vk. ist der P. insofern wichtig, als einige Motive für volkstümliche Auszier besonders von Textilien unmittelbar oder mittelbar aus diesen Texten entommen sind, wie der → Hirsch mit der Pflanze im Geäse, das → Einhorn, der Pelikan oder der Vogel Phönix. → Ungeheuer, Tiere.

Strzygowski, Der Bilderkreis d. griech. P. 1899; M. Wellmann, P., 1930; B. E. Perry, P. In Pauly-Wissowa-Kroll, Realenzycl. 20 (1941); F. Maurer, hg. Der altdt. P. 1967.

picken, pietschen → Ostern.

Pilze. Der Name P. ist sehr früh aus dem lat. *boletus* entlehnt. Gewiß war das Sammeln eßbarer P. in vielen Gegenden alter Brauch, obgleich sie wegen ihrer schweren Verdaulichkeit besondere Anforderungen an die Zubereitung stellen. Im Böhmerwald sammelte man früher nicht nur die eßbaren, sondern auch in großen Körben alle unbekömmlichen, die wegen ihres hohen Stickstoffgehaltes sehr als Dünger für den spärlichen Acker geschätzt waren. Ähnlich dem »Beerenopfer« (→ Erdbeere) ist es auch bei P.sammlern vielfach üblich, die ersten gefundenen P. über den Rücken fortzuwerfen, damit man recht viele finde. In Westböhmen soll einer, der gut lügen kann, besonders viele finden. Im Bayerischen ist es St. → Veit, der die »Recherl und Schwammerl« anbaut. An seinem → Namenstage (15. 6.) soll er auf einem blinden weißen Pferde durch die Wälder reiten und den »Schwammsamen« ausstreuen. In Steiermark wird der »Schwammheilige« in folgenden Verschen angerufen: »Heiliger St. Veit!/Gib uns Schwamm auf freier Waid/Kleine Schwamm, große Schwamm!/Alle in mein Binkerl (Tuch) z'samm!« → Opfer.

R. Pieper, Vbotanik, 1897; H. Marzell, Die heim. Pflanzenwelt in Vbrauch u. Vglauben, 1922; H. Haas u. H. Schrempp, P. in Wald u. Flur, 1970; U. Tolksdorf, P. als Nahrung. Kieler Bll. z. Vkde 3 (1971).

pimpek → Nabel.

Pimpinelle → Bibernelle.

Piratsöl → Regenwurm.

Pirmin, hl. Apostel der Alemannen, Abt und Wanderbischof, † um 753, vielleicht angelsächs. Herkunft, Gründer berühmter Klöster (Reichenau i. Bodensee; Murbach im Elsaß; Pfäfers in d. Schweiz u. a.). Von seinen Anweisungen an die Geistlichen zur Bekämpfung des Volksglaubens ist ein Teil erhalten in den *Dicta abbatis Pirmini* (Ausg. v. Caspari, Christiania 1882). Solche Anweisungen hielten sich oft ziemlich schematisch an Vorbilder, deren älteste von → Caesarius von Arles und → Martin von Bracara stammen. Fest: 3. 11.; Attr.: Ungeziefer, Schlangen.

Hauck, P., 1904; E. Fehrle, Predigten des hl. P. Quellen f. alem. u. fränk. Vglauben. Oberdt. Zs. f. Vkde 1 (1927).

Pirol *(Oriolus oriolus* L.). Das ältere Wort *witewal* wurde verdrängt durch mhd. *(bruoder) piro.* »Damit wie mit den Spielformen (bruder Pirolf, Berolft, Hiltrof, Tyrolt, Gerolf, Wyrok) wird der flötende Paarungsruf des Vogels nachgebildet« (Kluge-Mitzka, Et. Wb.). Da der Zugvogel im späten Frühling eintrifft und Obstgärten gerne besucht, heißt er auch Pfingstvogel oder Beerhold und Kirschvogel. Den Reichtum der → Vsprache und die Kraft »sprachl. Urschöpfung« (A. Bretschneider) verraten die zahlr. lautmalenden Namen in den Mundarten unserer Zeit: Junker Bülow, Herr von Bülau, Koch von Kulau, Schulz von Tharau, Gugelfliehauf, Weihrauch, Biereule, Bierholer, Bierhahn u. a., daneben eine Fülle von Kreuzungs- und Mischformen. Als sogen. redendes Wappen erscheint der P. auf dem Helm des Geschlechts Bülow.

H. Suolahti, Die dt. Vogelnamen. 1909; Anneliese Bretschneider, Der P. im märk. Vmund. Dt. Jb. f. Vkde 6 (1960).

pischpern → flüstern.

Pitaval → Vbuch.

Plapperwasser → Ostern.

Platenigeln → Schlüsselblume.

Platerspiel → Dudelsack.

plattdt. → Lautversch., Missingsch.

platteln → Schuhplattler.

Plooch-Mariendaach → Verkünd. Mariae.

Poggenmutter → Frosch.

Polenta, Polt → Brei.

Polizinell → Puppentheater.

Polka, ein geschloss. Rundtanz für Paare im 2/4 Takt, benannt nach der tschech. Bez. des Schrittwechsels (pulka ›Hälfte, Halbschritt‹). Aus der böhm. Vmusik stammend, kam die P. angeblich mit einer Musikkapelle 1839 von Prag nach Wien. Aus der bürgerl. Tanzübung übernahm sie wieder die Volksmusik. Die geschwinde P. trat in Wettbewerb mit dem → Walzer, der auf dem Lande die Haltung des alten → Ländlers bewahrt hatte. In der steir. Aufz. für Erzh. Johann heißt es 1846: »Und bei einer der letzten Hochzeiten wurde auch, hört! hört! P. getanzt«. Der einfache Schritt der P. eignete aber auch dem alten Fleuret, dem Pas de Bourrée und der bürgerl. Écossaise, nach der die P. in der Stadt auch »Schottisch« genannt wurde. Vtüml. Formen der P. wurden Bayrischer oder Rheinländer, Doppel- und Kreuzp. wie die Abart des schnellen Drehers, des sogen. Zweitritts. »Im Grunde sind sie alle nichts anderes als der alte volkliche ›Hopser‹, der schon vor dem Ende des 18. Jh. nachweisbar ist« (R. Wolfram). Im Osten entwickelten sich die Formen der P. hongroise, P.mazurka, P. à la Polacca.

C. Sachs, Eine Weltgesch. d. Tanzes. 1933; R. Wolfram, D. Vtänze in Österr. 1951.

Polterabend. Pulternacht ist 1517 für Mitteldtl. bezeugt. Unsere Form P. hat Seb. → Franck (Weltbuch

1534). Andere Bez. der Hochzeit sind Holabend, Rumpelnacht, Schaiwomt (Scherben- oder Scheibenabend? Siebenbg.) oder, mit Bezug auf den Tanz, Walzer-, Weltzer-, Walgerabend. Der Name P. erinnert wohl nicht an Rumpel- und Poltergeister (wie Kluge-Mitzka, Et. Wb., vermutet), sondern geht unmittelbar auf den Abwehrzauber durch → Lärm und auch auf die Symbolik des Töpfezerbrechens (→ Geburt). »Een Brut uller Brüdigam, bi wigger nich pultert ward, de dög nix, hieß es noch um 1900 in den fehmarnschen Dörfern. Heute ist der alte Brauch in Lärmen und Toben ausgeartet« (Wiepert). Andere als irdene Scherben waren früher verpönt. Aufgabe das Bräutigam ist es, den Trümmerberg wegzuräumen. In Frankr. wird der P. als Charivari (→ Katzenm.) bez. Schießen, Peitschenknallen neben allerh. Scherzen gehören auch bei uns zum P., der auch in der Großstadt gefeiert wird. Das Anhängen von klappernden Büchsen an das Auto der Neuvermählten könnte eine Erinnerung an älteren Lärmbrauch sein. → backen.

P. Wiepert, Das »Pultern« (Ostholst., dän. Inseln), in: Beitr. z. dt. V. u. A.kde 12 (1968); Vgl. Lit. → Hochzeit.

Poludnica → Mittgasg.

Polyphem, einer der Kyklopen (›Rundäugige‹), die altgr. Feuerdämonen waren. Bei Hesiod sind sie Riesensöhne des Uranos und der Gäa, die dem Zeus die Blitze schmieden. Der Kyklops P. in Homers Odyssee (9. Gesang, Vers 354–412) ist ein Sohn des Poseidon. Der gefangene Odysseus blendet den Riesen im Schlaf mit List. Auf die Frage, wer der Täter war, nennt P. den vermeintl. Namen: Niemand. Das Motiv ist bes. in der alpenländ. Sage (Selbstgetan; alem.: Säll tosäll ho) bis heute lebendig.

L. Röhrich, Die mal. Redaktionen des P.-Märchens (AT 1137) und ihr Verh. zur außerhomer. Trad. Fabula 5 (1962).

Poenitentiale → Buße.

Popelin → Hexe.

Popphans → Hämmerlein.

Popphart → klopfen.

porte-bonheur → Maiglöckchen.

porte-clés (poclés) → Anhänger.

Poske-, Poschfür → Ostern.

Possenreißer → Narr, Fahrende.

Post, Postillion (v. lat. *posita mansio* ›bestimmter Halteort‹ und v.ital. *postiglione* ›P.knecht‹). Das Wort P. erscheint zuerst bei → Paracelsus. Nachdem das MA lange Zeit nur private Boten kannte, begründete das Nachrichtenwesen des habsburg. Kaiserhauses die spätere und heutige P. Die österr. Dienstanweisung von 1844, die das »Blasen der P.horn-Signale« regelte, findet ihren Nachhall im Ruf des burgenländ. → Hirten, im Tonzeichen des Traummännleins des Österr. → Rundfunks, aber auch in der zumal in den Alpen unentbehrlichen Signalhupe des Postautos:

1844 hatte jede Dienstp. ihre Ankunft mit diesem Hornruf anzukünden:

H. Commenda, Der P. u. s. Horn. Jb. öst. Vliedw. 7 (1958)

Potschen. Das mit dem fries. Bosseln (→ Klootschießen) vergleichbare schweiz. P. ist ein hartes → Kugelspiel das selbst Dächer in Gefahr brachte. Es wurde auf der Landstraße mit Kugeln aus Holz, Stein oder Eisen von Ort zu Ort gespielt.

Praetorius, Joh. oder Schultze, Magister, geb. 1630 in Zethlingen (Altmark), gest. 1680 in Leipzig, stand, wie manche seiner Zeitgenossen, noch zwischen Hexen- und Zauberglauben und moderner Aufklärung. Seine kompilatorischen, aber kenntnisreichen Werke stützen sich auf literarische und mündliche Quellen. Neben seinen Büchern über → Rübezahl, die man an zeitgesch. Wert mit Grimmelshausens Simplizissimus verglichen hat, schrieb P. vor allem folgende Werke: *Philosophia colus* (1662), *Saturnalia,* d. i. Weihnachtsfratzen (1663), *Anthropodemus Plutonicus* (1666), Blockes Berges Verrichtung (1668), Der Glückstopf (1669). Volkskundlich wichtig ist auch die »Wochen-Comedia«, die P. unter dem Pseudonym Wigand Sexwochius veröffentlichte. → Treuer Eckart, Anschnitt, Vkde u. a.

Bibliogr. v. H. Hayn, in: Zs. f. Bücherfreunde. 12 (1908/09).

Praktik → Kalender.

Pranger. Die Bez. P. für den auf öffentl. Platz aufgestellten Schandpfahl mit Halsring tritt mit der Bamberger Halsger.ordn. von 1507 und mit der *Constitutio Criminalis Carolina* (1532), dem ersten allg. dt. Strafgesetzbuch, an die Stelle der gleichbed. Kaak, Halseisen, Staupe, Schreiat u. ä. und geht auch in Nachbarsprachen über. Die lat. Bez. der Schandbühne oder der Schandsäule war *palus infamans.* → Recht (Lit.)

E. v. Künßberg, Rechtssprachgeogr. 1926; R. Horna, Der P. in d. Tschechoslow. 1965 (Bes. die ehem. dt besied. Gebiete betr.).

Prangtag → Fronleichnam.

Prangerstangen → Dreifalt.sonntag.

Predigt, P.märlein. In jüngerer Zeit erst ist die Bed. der geistl. Textauslegungen in P.slgn (Homilien) als Spiegel des V.lebens bes. der Barockzeit erkannt worden, nachdem Adolf Spamer auf das ganz allg. wenig erschlossene Schrifttum über den Vglauben des 16.–18. Jh. hingewiesen hatte. Er forderte, die Lücke zwischen den besser erfaßten Quellen des MA und den reichen Slgn des 19. und 20. Jh. zu schließen durch die »Schaffung eines das ganze einschlägige Schrifttum bis wenigstens 1800 exzerpierenden und ordnenden Quellenkorpus«. Die wichtige Rolle, die prot. wie kath. P. als Zeugnisse des Bestehens (und auch der Verbr.) von Meinungen, Bräuchen und Erzähl. des Volkes gespielt haben, ist heute nicht mehr bestritten. → Hausväterlit., Exempel, Berthold v. R., Geiler v. K..

A. Spamer, Aufg. u. Arbeiten der »Abt. Vkde« in der »Reichsgem. d. dt. V.fg«. In: Niederdt. Zs. f. Vkde 14 (1936); ders., Zur Abergl.bekämpfung des Barock. Ein Hwb. dt. Abergl. von 1721 u. sein Verf. 1950 (Person u. Werk d. fränk. Pastors G. Chr. Zimmermann, 1663–1744); E. Moser-Rath, P. d. Barockzeit. Quellen z. V.erz. d. 17. u. 18. Jh. Bayer. Jb. f. Vkde (1957); dies., Münchener V.prediger d. Barockzeit. ebd. (1958); dies., Erzähler auf der Kanzel, Zur Form u. Funktion des barocken Pm. In: Fabula 2 (1958); dies., V.tüml. Liedgut in barocken P.werken. Jb. öst. V.liedw. 8 (1959); dies., Geistl. Bauernregeln. Zs. f. Vkde 55 (1959). (Eine Hauspostille, die 1733 der oberbayer. Dorfprediger Franz Anton Oberleitner schrieb »für die Herren Land- und auch Stadtpfarrer . . . Dann auch für alle der Einsamkeit und Land-Leben Ergebne, Gelehrte und Ungelehrte«); dies., Pm. d. Barockzeit. Exempel, Sage, Schwank u. Fabel in geistl. Quellen d. oberdt. Raumes. 1964 (270 Erzählungen aus 17. P.sammlungen d. 17. Jh. m. ausführl. Komm.); J. Staber, Die P. d. Tegernseer Priors Augustin Holzapfler als Quelle f. d. spätmal. Vleben Altbayerns. Bayer. Jb. f. Vkde (1960); H. Wolf, Die P.exempel im frühen Prot. Hess. Bll. f. Vkde 51/52 (1960); G. Lohmeier, Bayer. Barockp. 1961; L. Intorp, Westf. Barockp. in vkdl. Sicht. 1964; H. Schade, Das Promptuarium Exemplorum des Andreas Hondorf. Vkdl. Studien z. prot. P.exempel im 16. Jh. 1966; Über die mit A.a Santa Clara vergleichb. norddt. Prediger Jost Sackmann und J. Balthasar Schupp in Hamburg vgl. Beitr. z. dt. V. u. A.kde 9 (1965); E. Moser-Rath, Brauchdokumentation i. bar. Homiletik. Fs J. Dünninger 1970.

Prentlsprüche → Gaßlbrauch.

Preß → Kirmes.

Primiz, die Feier der ersten hl. Messe eines neugeweihten Priesters. Der P.iant erteilt den P.segen. Sekundiz heißt die Feier des 50 jähr. Priesterjubiläums, aber auch die bald auf die P. folgende Nachfeier in einer Nachbargemeinde (Nach-P.). Die P. ist zugleich ein Fest der Familie des Neupriesters (Neomysten) und der Heimatgemeinde, deren Kirchenportal wie das Frühmeß- oder Pfarrhaus mit Tannenreisig, Bogen, Fahnen, Sprüchen (»Sei willkommen, Neugeweihter« u. ä.) und Symbol (Meßkelch) geziert ist. Ein festl. Zug, Trompetenschall, Böller und Glockenläuten, weißgekleidete Mädchen und die P.gäste mit dem »P.buschen« auf der linken Brustseite geleiten den P.ianten zur Kirche. Landsch. versch. Züge hat auch das Festmahl in der »Festhütte«, das mit seiner Torte (als Krone, Kapelle oder Meßbuch geformt), seinen Ansprachen, Gedichten und Theologenspäßen an eine → Hochzeit erinnert. »P.braut« ist meist die Schwester. Das Hochzeitskleid ist gleichsam das erste Meßgewand. Kaiserin Zita von Österr. z. B. stiftete 1927 einem P.anten ein »herrliches weißes Meßkleid, mit Edelweiß und Alpenrosen bestickt« (Lanner, Holzschlag).

F. Holler, Eine ländl. P.feier in Straden. Jb. öst. V.liedw. 4 (1955); Lex. f. Theol. u. Kirche. Bd. 8. ²1963.

Prinz Eugen (Paris 1663–Wien 1736) kämpfte im kaiserl. Heer gegen die Belagerer von Wien und entschied die Schlacht bei Mohács (1687). Feldmarschall geworden, besiegte er die Türken bei Zenta (1697). Durch weitere krieger. Erfolge wurde er Reichsfeldmarschall. König von Polen zu werden, lehnte er ab. Er wurde als größter Feldherr seiner Zeit und als Volksheld (Napoleon → Friedr. d. Gr., Joseph II.) in Sage, Lied und Bildwerk gefeiert. Das bekannte Lied »P. E., der edle Ritter« bezieht sich auf den Sieg über die Türken bei Belgrad 1716. Das Wiener Belvedere wie sein Stadtschloß, die Gründung der ersten Prachtbibl. in Wien (heute Teil der Nationalbibl.) und die Freundschaft mit Leibniz und Rousseau bezeugen seinen hohen Sinn für Kunst und Wiss. → Bildnisse, in der Vk an sich selten, stellen P. E. öfter dar (Schüssel von Sevelen 1732).

H. Diplich u. A. Karasek, Donauschwäb. Sagen . . . 1952; M. Braubach, P. E. von Savoyen. 5 Bde. 1963–65.

Probenächte → Jungfrau.

Prodigien → Ungeheuer.

Produktionstheorie → Vlied.

Prophezeiung → Wahrsagung, Lehninsche Weissagung.

Prozeß, -patrone → Gericht.

Prozession → Bittgang, Flurumgang, Fronleichnam, Himmelfahrt Christi, Vschauspiel, Wallfahrt.

Prunkhandtuch, Paradeht., in Dtl. seit der Renaiss. in Gebrauch, zunächst bei Adel und Bürgertum, im 17./18. Jh. auch im wohlhabenden Bauernhaus, wo versch. textile Techniken in Anwendung kommen. Bes. in Tirol (»Brixener Tücher«) und in den Vierlanden haben sich dekorative P. mit eingewebten Bildstreifen aus jener Zeit erhalten. Hess. P. des 18. Jh. zeigen bunte Wollstickerei, haupts. in Blau, Gelb und Rot. Ein P. war auch die elsäß. »Türzwele« (v. ahd. *dwahila*, mhd. *dwähele* ›Handtuch‹). Zur Hochzeit zierte das P. die Türpfosten der Brautstube, der Hochzeitslader trug es als Symbol seiner Würde. Im Hause der Wöchnerin zeigte das sichtbar aufgehängte P. an, daß der brauchübl. Besuch der Nachbarinnen noch nicht gewünscht sei.

Schoneweg, Das Leinengew. i. d. Grafschaft Ravensbg., 1923; W. Schuchhardt, Textilien. In: Spamer, Vkde.; H. Ebner v. Eschenbach, Bestickte P. aus Westthür. In: Staatl. Mus. zu Berlin, Fgn. u. Ber. 5 (1963); E. Meyer-Heisig, Die »Brautleilache« Tirols. Fs. E. Schwarz. 1961.

Psalter, (gr. *psalterion*). Vom Buch der Psalmen stammende Bez. eines dem → Hackbrett verwandten Saiteninstr. Die über einen hölz. Resonanzkasten gespannten Metallsaiten wurden selten mit einem Holzklöppel angeschlagen, meist mit Fingern oder Federkiel (Plektron) gezupft. Die Saiten (und Chöre) liegen eng und in derselben Höhe im Gegensatz zum Hackbrett, das die Chöre trennt durch großen Abstand und außerdem durch die Führung über hohe Stege, so daß die einen Töne links, die andern rechts geschlagen werden. Aus dem gezupften P. wurde durch Mechanis. das Cembalo (Klavizimbel) entwikkelt. – P. ist bei Kath. auch die Bez. eines dreifach gebeteten → Rosenkranzes, des freuden-, schmerzen- und glorreichen. Unter Kindern (Montafon) geläufig ist die auf die Perlen des Rosenkranzes bezogene Gebetsparodie:

> Pärli, Pärli, Rosakranz,
> Pärli, Pärli, Psaltner . . .

→ Rosenkranz.

Pudlfrau → Luzia.

Pukse → Hausgeister.

Pulcinella → Vogelreiter, Nikolaus.

Pulterklas → Nikolaus.

Pulverhorn, P.flasche. In der Zeit der Vorderladegewehre bedurften Jäger und Soldat dieser oft mit einer Meßeinteilung versehenen Geräte. Meist aus Horn oder Holz, boten sie Gelegenheit zu handw. oder spieler. Verzierung, wie wir sie von Sennen und Hirten oder auch vom Landser (Eßgeschirr aus Aluminium) und Kriegsgefangenen (Wanderstekken) kennen. Schöne P.er der Museen stammen meist aus gehobenen Werkstätten wie etwa der Sterzinger Hornindustrie. → Jagd, Knochen, Basteln.

M. Meinz, Ph.er u. Pf.n aus Europa u. Asien. 1966.

Pumpermette → Karwoche.

Pumpernickel. Wie die zum Scheltwort gewordene Kurzform des Namens Nikolaus zur Bez. eines vermeintlich minderen Metalls (→ Nickel) diente, so bezeichnet sie auch das Brot, das für manchen Magen schwer verdaulich ist (frühneuhd. pumper = *crepitus ventris;* bei Luther: bombart). Damit zu vergleichen ist Pimpf als das Scherzwort für einen Halbstarken, der noch keinen Pumpf zuwege bringt. Ein parodistischer Zweizeiler aus der Studentenstadt Marburg lautet um 1880:

> Leis, wie Zephyrs Geflüster, entschlüpft dem Fräulein der Teepimpf,
> Aber mit Boreas Wucht entfährt dem Jüngling der Bierpumpf.

K. Ranke dagegen sieht mehrere sachl. und sprachl. Elemente in der Vorgesch. der Bez. P. und zwar die Namen 1. für ein Brot- oder Kuchengebäck, 2. für eine kleine gedrungene Person (süddt.), 3. für ein wahrsch. nicht erhaltenes, obszönes Lied, 4. in der Redensart »den P.singen« (»schlagen«); diese süd- und mitteldt. Überlieferungen und schließlich P. im Kinderlied. Da P. für ›Schwarzbrot‹ vor 1635–40 nicht belegbar ist, stammt es nach Ranke wohl aus der Soldatensprache des 30 jähr. Krieges. –

Früher wurde P. abgeleitet vom angeblichen Namen eines Osnabrükker Bäckers (Nikolaus Pumper) oder vom mittellat. *bonum paniculum.* Scherzhafte → Volksetymologie ist: *Bon pour Nicole* = gut für (das franz. Soldatenpferd) Nicole. Franz. Soldaten brachten jedoch das dt. Wort P. aus Westfalen nach Frankreich (Auvergne noch heute:

poumpou nigel = Schwarzbrot). Der dunkelfarbige, würzige, aber schwere P., wird besonders im nördl. Westfalen gebacken. Dafür wird der Roggen zweimal geschroten, aber nicht gebeutelt, sodaß er also die Kleie behält. Die meist viereckigen Laibe sind bis 30 kg schwer. → Brot, Marzipan.

Westfäl. P. nach e. alten Rezept. Hg. v. P. Pelshenke. 1948; K. Ranke, Pompa Diaboli. Etymol. u. Vkdl. zur Wortfamilie Pump(er). Beitr. z. dt. V. u. A.kde 1 (1954).

Pupmutter → Wasserg.

Puppe, P.stube. Spätmhd. *puppe, boppe* stammt aus vulgär lat. *puppa* ›P.‹. Die Alem. (Ostschweiz, Vorarlb.) bewahren – wie Luther – das heim. Wort Tocke, Docke (ahd. *tocka* ›P.‹, mhd. *tocke* ›P., Mädchen, Holzwalze, Bündel‹; → Alp); so auch die Sprache mancher Handwerker. Das von Mädchen bevorzugte → Spielzeug aus Holz, Stoff, Porzellan und neuen Kunststoffen bewahrt selbst in der übertechnis. Form unserer Zeit die urspr. Funktion. Kleine Tonfiguren, in denen Steinchen klappern, kennt man bereits aus vorgesch. Funden. Anfang des 18. Jh. wurden auf Island kleine kupfergetriebene Tiere gefunden, wie sie schon die Sagas als Spielzeug erwähnen. Dort bittet der vierjährige Steinolf Arnorsson den älteren Freund um dessen Messingpferdchen. Des Spiels mit der P. (Docke) wird in Quellen des MA häufig gedacht.

Als Vorformen der P.stube, des »Hauswesen-Spielzeugs«, betrachtet L. Bayer Gebrauchsgegenst. versch. Art und die Nachbildungen menschl. Tuns aus relig. oder spieler. Gründen (Grabbeigaben, Kultgeschenke). In der prähist. Hausurne sieht er das älteste Beispiel. Die alte Welt kannte die Ps. Bes. großartige Entfaltung fand sie in der japan. Kultur. In unserem MA ist sie bisher nicht nachgewiesen. Das älteste bekannte P.haus entstand 1557/58 in Bayern. Für fürstl. Kinder bestimmt, blieb es zuletzt doch in der Kunstkammer. Bes. Ruhm genoß die aufwendige P.stadt der Fürstin Auguste Dorothea von Schwarzburg-Arnstadt. Der Bezug zum Kind wird deutlich erst in dem aus einem Holzschn. von 1639 bekannten »Köferlin'schen Kinder-Haußs«. Mit der Verlagerung der P.herst. nach → Nürnberg schuf die Stadt auch den durch das 17. und 18. Jh. gültigen Typus des P.hauses. Die Herst. der Ausstattung war Sache der einz. Handwerker, nicht selten in Feiertagsarbeit. Einen Namen in der Gesch. der Ps. erwarben sich auch Ulm, Basel und Straßburg, im Norden Hamburg und Kopenhagen. Südeurop. Ps. haben eher den Charakter von Modellen für Wohnungsausstattung. England folgte dem Vorbild Hollands, wo der (aus der Malerei ersichtl.) bes. Sinn für Sachkultur auch im Spielzeug wirksam war.

E. Lehmann, Die P. im Wandel d. Zeit. 1958; ders., Die Sonneberger P.macher. Dt. Jb. f. Vkde 4 (1958); C. Hansmann, P. aus aller Welt. 1959; L. Bayer, Das europ. P.haus v. 1550–1800. Diss. Würzbg. 1962; W. Leber, P.stadt Monplaisir. München 1965; Kluge-Mitzka, Et. Wb. 1967; J. Latham, Doll's Houses. London 1969.

Püppelmutter → Hebamme.

Puppentheater, P.spiel, Marionettentheater. Im fernen Osten wie bei Griechen und Römern war das Pt. beheimatet. Gegen einen lange herrschenden »Übertragungsdogmatismus« hob bes. Herbert Freudenthal hervor, daß das darstellende Spiel mit Puppen durchaus ein → Elementargedanke ist und daß auch die für das Pt. wichtige »Lustige Person vom antiken Mimus und ind. Vidusaka über den türk. Karagöz zum ital. Pulcinella und dt. Kasper« keineswegs nur als »Wandermotiv«

verständlich ist. Die kulturgeogr. Betrachtung in der Vk (→ Atlanten) lehrt uns seit Jahrzehnten, daß einzelne Elemente, hier »Bühne« und Spielfigur, Spieltechnik und -text, Spielergruppe, Anlaß und Zuschauergemeinde ihre eigene Gesch. im geogr. und soz. Raum haben können.

Das dt. MA, das das Kinderspiel mit der → Puppe kannte, besaß wohl auch einfache Formen des Pt. nach dem Ausweis von Bild (*hortus deliciarum;* 12. Jh.) und Dichtung (Wachtelmaere, Renner u. a.; 13. Jh.). Flandern hält man für die Heimat von zwei Miniaturbildern, von denen eines eine Kasperbude und drei Mädchen als Zuschauer und das andere vier männl. Zuschauer vor einer Aufführung mit Hauen und Stechen darstellt. 1464 hören wir im Redentiner → Osterspiel von Ps.ern, wenn Luzifer befiehlt, *»den plochholder, den wagendriever und die dar spelen mit den Docken und den doren ere Geld aflocken«* vor ihn zu schleppen. Die Entw. eines Hand-Ps. im heut. Sinn setzt im 16./17. Jh. ein.

Auch die Anfänge des Pt. mit *Marionetten* (v. ital. marionetta ›Mariechen‹), also mit fadengeführten oder stabgeleiteten ganzfigurigen Gliederpuppen sind in Spuren im Kreis der → Fahrenden des MA zu suchen. Seine sichtbare lit. Gesch. beginnt gleichfalls erst im 16./17. Jh. und bleibt mit dem Drama der Zeit enger verbunden, als das Hand-Psp., das eher mal. Formen in Gebärde und Wort szenisch erweitert, im Barock auch eine starke Aufwertung der Kasperfigur (Hanswurst, Hanssupp, Pickelhering) erfährt, bis ihr in der Aufklärung (Gottsched) ein gefährl. Gegner erwächst. Erst die Romantik hat das Pt. in seiner wechselnden Erscheinung wieder als Vspiel und Vdichtung (→ Vlied) gesehen. Schon Josef Haydn hat fünf Operetten für das Pt. des Grafen Esterhazy in Eisenstadt geschrieben (1773–80). Von den Eindrücken des Pt. auf den jungen Goethe hören wir in »Dichtung und Wahrheit«.

Durch Umformen und teilweises Neuschaffen, durch mündl. Weitergabe oder Abschrift (oft nur in Stichworten) machte sich das Pt. die »Haupt- und Staatsaktionen« der großen Barockbühne mundgerecht. Neben den antiken Stoffen des Zeitdramas (Zerstörung Trojas, Jason und Medea u. a.) und des → Vbuches (Genoveva, Fortunatus, → Faust) finden wir, wenn auch selten, alte Sage. In seiner Weltbeschr. berichtet → Praetorius (1668), daß sogar »der alte → Hildebrand und solche Possen mit Docken gespielt werden«.

1802 gründete Christoph Winter das »Kölner Hänneschetheater«, das bis 1911 in der Familie verblieb und heute noch besteht. Seine großen Puppen werden von unten an Stäben gelenkt. Den ersten bekannten Dichter fand das Pt. in dem Münchner Hofbeamten Grafen Franz von Pocci (1807–76), der frei und nach Märchenstoffen zunächst für »Papa Schmid« schrieb, der Mitte des 19. Jh. in München ein zugkräftiges Pt. einrichtete. In Berlin war um die Jh.wende Julius Lindes »Erstes Berl. Mar. und vorzügl. Metamorphosen-Kunstfiguren-Theater« allg. bekannt. Neue Teilnahme auch der Fg. wandte sich nach dem 1. Weltkrieg dem Pt. und seinen Spielern zu: Puhonny (Baden-Baden); Gebel (Berlin), Perrey (Kiel), Iwowski (Berlin), Gierow (Mecklenburg), Gerhardt (Dortmund), Jakob (Hartenstein i. Erzgebirge), Frey (Frankfurt), Siegel (Berlin), Teschner (Wien), Aigner

(Salzburg) u. a. Am bekanntesten wurden die »Hohnsteiner Handps.« (seit 1921; heute in Essen), die Figuren und Texte selber fertigen und große Auslandsreisen unternahmen (Gold. Medaille in Paris 1937). Für den Freistaat Sachsen wies Margarete Dreßler für die Zeit nach dem 1. Weltkriege noch 54 Besitzer umherziehender Mt., außerdem 32 Berufshandps.er nach. In Rom (und auch bei uns) genoß das Teatro dei piccoli von Podrecca einen bes. Ruf.

In der Gegenw. ist das Pt. wie das Bühnentheater und selbst das Kino, vom alles verschlingenden Fernsehen bedroht, obwohl (oder gerade weil) es oft in die »Kinderstunde« eingebaut wird. Doch hält sich das lebendige Pt. auf V.festen und im Kindergarten. Ein ständiges Pt. wie etwa das von Steinmann in Berlin-West zu erhalten, scheint freilich selbst in einer Zweimillionenstadt heute fast unmöglich. Das Berliner Mt. von Wachholz besteht seit 1945.

In die geist. Problematik des Pt. führte H. v. Kleists Aufsatz »Über das Mt.«, in seine Vwelt Th. Storms Novelle »Pole Poppenspäler«. Für den → Film ist das Pt. und seine Welt ein unerschöpfl. Thema. – Der Ps.kongreß in Lüttich 1958 (mit Ausst.) forderte ein intern. Fgzentrum. Die Ps.slg der Stadt München (Stadtmus.) umfaßt auch Ostasien. Von etwa 35000 Inv.nummern ist ein Drittel alpenländ. Herkunft (frühester Beleg aus Steierm. 18. Jh.). Neben den 6 alten oberbayr. Wandermar.bühnen mit dem gesamten Fundus und allen Garderobebeständen enthält die Slg. mechan. → Krippen und Pt. süd- und ostdt. Herkunft, Heimbühnen und Papierpt. (→ Bilderbogen). Neben Tonbändern umfaßt die Bibl. r. 4000 Nummern und das Archiv über 5000 Dias.

C. Engel, Dt. Puppenkomödien, 1874; R. Kralik u. J. Winter, Dt. Ps., 1885; A. Kollmann, Dt. Ps., 1891; Rehm, Das Buch der Marionetten, 1905; Ph. Leibrecht, Zeugnisse und Nachweise zur Gesch. d. Ps. in Dtl. Diss., 1919; P. R. Rohden, Das Ps., 1922. Zeitschr.: »Das Pt.«, 1923ff., vereinigte sich 1931 mit: »Ps.er«, Bll. f. d. ges. Ps.wesen. Seit 1948 Monatszs. Die Ps.er, hg. v. F. Wortelmann; J. Rabe, Kasper Putschenelle, [2]1924; C. Niessen, Das rheinische Ps., Rhein. Neujahrsbl. VII, 1928; M. v. Boehm, Ps., 1929; H. Naumann, Studien über das Ps.; Zs. f. dt. Bildung V, 1929; Das alte Hänneschen-Theater. Köln 1921; E. Friedländer, Das Ps. in Österr. Diss. Wien, 1948; R. Schimmrich, Das Hohnsteiner Handps., 1937; H. Netzle, Das süddt. Wander-Mt., 1938; L. Glanz, Das Ps. u. sein Publikum. Berlin 1941; J. Lefftz, Straßburger Ps., 1942 (Alte Texte d. Don Juan u. Faust); P. Gauchat, Marionetten, 1949, New York 1949; J. Demmeni, P. auf d. Bühne. Aus dem Russ. v. A. Wagner, 1951 (Anleitg. z. Bau e. Pt.); W. Hermanns, Aus d. Frühgesch. der Aachener Ps. Rhein. Jb. f. Vkde 1 (1950); H. Amersdorfer, R. Mirbt u. a., Schulbühnen- u. Ps. 1958; M. Bischof, Alte Ps. in u. um Innsbruck. Öst. Zs. f. Vkde 63 (1960); L. Schmidt, Dämon. Lustigmacher im dt. Ps. d. MA u. d. frühen Neuzeit. Zs. f. Vkde 56 (1960) (Kobold, Tatermann-Kasperl); Quand les marionettes du Monde se donnent la Main ... Lüttich 1960; H. R. Purschke, Liebenswerte P.welt. Dt. Ps.kunst heute. 1962; F. J. Fischer, Ps. in Salzburg. Mitt. d. Ges. f. Sbg. Lkde. 104 (1964); G. Kraus, Die Salzbg. Marionetten. 1966; M. Niculescu, J. Malik u. a., Pt. d. Welt. Zeitgen. Ps. in Wort u. Bild. 1966; Ps. Figuren u. Dokumente a. d. Ps.-Slg. der Stadt München. Hg. G. Böhmer. 1969; K. V. Riedel, Pt. als Mus.gegenst. Beitr. z. dt. V. u. Akde 14 (1970) (L.mus. Oldenbg.).

Puppkekäse → Geburt.

Purgatorium → Fegefeuer.

Purgierbeeren → Kreuzdorn.

purgieren → Verstopfung, Zaunrübe, Hirsch.

Püttbier → Fastenzeit.

Putzbaum → Weihn.baum.

Pützmann → Wasserg.

Quadlicht → Irrlicht.

Quadragese → Fastenzeit.

Quatapätsch → Salamander.

Quatemberwochen, Quatemberfasten sind seit Gregor VII. folgende vier: die dritte Woche im September und im Advent, die erste Woche der Fastenzeit u. die Pfingstwoche. In jeder Q. war am Mittwoch, Freitag und Samstag → Fasten vorgeschrieben. Zuerst noch auf Grund römisch-heidnischer Überlieferung an den agrarischen Jahresbrauch geknüpft, wurden sie später reine Buß- und Betwochen. Vronefasten (Herrenfasten) heißen die Q. in Dtl., weil in dieser Zeit die Herrenzinsen zu entrichten waren. Im 16. Jh. wurde im Montafon alle Quatember vom Bergrichter in Angelegenheiten der Knappen Gericht gehalten. Im kath. Volksglauben spielen die Q. eine bedeutende Rolle. Die → wilde Jagd heißt in Tirol Temper; so gibt es ähnliche Verkörperungen der Zeit: Quatemberhund, → Frau Faste (aus Fronfasten). Q. sind gefährliche Geisterzeit. Man soll nicht säen oder Obst ernten. Q.kinder sehen mehr als andere.

R. Beitl, Im Sagenwald. Neue S. aus Vorarlberg, 1953, S. 351f.; K. Holl, Die Entw. d. vier Fastenzeiten i. d. gr. Kirche. In: Ges. Aufs. 2. 1928.

Queckbrunnen, -born → Maria, Hirsch.

Queckholder → Wacholder.

Quecksilber, Übersetzung des lat. *argentum vivum.* Sudhoff vermutet, daß die Wissenschaft die Syphiliserkenntnis den → Badern und Barbieren verdanke, den niederen im Volke stehenden Heilkundigen, die bei der bei Hautkrankheiten viel verwendeten Q.salbe eine spezifische Wirkung auf d. »Franzosen« beobachtet haben mochten. Einen Dieb kann man strafen, indem man ein Stück des Gestohlenen mit Q. in einen Knochen oder in ein Glas schließt und ins Wasser wirft. Unruhe und Angst werden den Dieb verfolgen (Oldenburg).

Quellen → Wasser, Maria Magdalena.

Quempas, der, od. das Q.singen haben den Namen von den ersten Silben des lat. Weihnachtshymnus:

Quem pastores laudavere
Quibus angeli dixere
Absit vobis jam timere
Natus est rex gloriae.

In der dt. Übersetzung, die zugleich gesungen wird:

Den die Hirten lobten sehre
Und die Engel noch viel mehre, –
Fürcht' euch fürbaß nimmermehr,
Euch ist geboren ein König in Ehr'.

Der Q. ist ein in dieser Form besonders in Nord- und Ostdtl. lebendig gebliebener Brauch der Frühmette nach dem Heiligen Abend. Jesu Geburt, die Verehrung durch die Hirten und die Hl. Drei Könige fanden in der Kirche volkstüml. dramatische und musikalische Darstellung, die von Gesängen wie *Resonet in laudibus* oder *Quem pastores laudavere* begleitet waren. Q., Kindleinwiegen und ähnliche Bräuche wurden nach der Reformation von manchen Geistlichen und besonders von den Landesherren des aufgeklärten 18. Jh. durch → Verbote verfolgt, aber nicht zum Erlöschen gebracht. Heidrich weist 167 Orte nach, in denen der Q. oder diesem ähnliche Christnachtgesänge in Brauch waren oder sind (Provinz Brandenburg 17 Orte, Pr. Pommern 13, Pr. Posen 49, Pr. Sachen 25, Pr. Schlesien 54). Verbreitet waren sie ferner in Koburg, Lüneburg, Mecklenburg, Schleswig-Holstein, Westpreußen, Siebenbürgen, auch bei den Polen und Ruthenen.

In der Mark Brandenburg wird der Q. vereinzelt noch heute gesungen. Am Weihnachtstag, um 5 Uhr in der Frühe, versammelt sich die Gemeinde mit brennenden Lichtern.

Nach dem Lied »Vom Himmel kam der Engel Schar« wird das *Resonet in laudibus* angestimmt. Die ganze Gemeinde und die Jugend wechseln im Gesange ab. Letztere schreitet in drei Abteilungen vom Turm nach dem Altar zu. Von vier Teilen des Liedes singen zuerst drei die Knaben, den vierten dann die Mädchen auf dem Orgelchor. Früher war es Brauch, daß der Umgang der Knaben zu bestimmten Chören führte, wo die Männer warteten, die früher zu diesem Schulknabenchor gehört hatten, u. die jetzt mit kräftigen Stimmen einfielen. Der Text der Gesänge wird nicht gedruckt, sondern von den Knaben geschrieben und gemalt. Ein Zweig schönster Volks- und Kinderkunst entspringt so dem Weihnachtsbrauch. Unter die mit Blumenranken u. bunten Schnörkeln verzierte Schrift malen die Kinder Bilder der Herbergsuche, der Krippe, der Flucht usw. als Ersatz für die ältere dramatische Darstellung oder für die noch länger üblichen lebenden Bilder. Wie sinnvoll und lebenskräftig der Brauch noch ist, zeigte die Feier, zu der die »Gesellschaft für dt. Volkskunde« jährlich die Mitglieder der Nikolaikirchgemeinde und Freunde echten Volkstums am dritten Adventsonntag in die alte gotische Kirche zusammenrief (Berlin, nach 1930). So hatte der Musiklehrer der Kinder, R. Schumacher, den Brauch selbst als Kind in Sandau a. d. Elbe geübt. Zweihundert Knaben einer Berliner Volksschule sangen im Wechselchor die alten Lieder aus den verzierten Heften, in der Hand selbstgefertigte Laternen und Kerzenträger. Die Führer der drei Züge trugen Adventskrone, Christbaum und ein Transparent der Weihnachtsszene. – Vom Q.singen in der Christmette der sechsten Morgenstunde, von den »Chören« und ihren »Weihnachtskronen« in Pommern (Plathe) berichtet Marinefachschulrektor E. Hackbarth: »Für jede Krone wird eigens ein Mann bezahlt, der während der ganzen Feier die Krone zu drehen und mit einer Lichtputzschere die ausgeglühten Dochtenden zu schnäuzen hat. In den Familien der Chorführer ersetzen dann die nach Hause mitgenommenen Kronen den Christbaum«. → Liederbücher, Geistl.-Vlied.

R. Heidrich, Christn.feier u. Christn.gesänge in d. ev. Kirche, 1907; H. Kügler, Zur Gesch. d. Weihn.-feier in Berlin. Niederdt. Zs. f. Vkde 8 (1930); J. Koepp, Eine Q.-Feier in Berlin (= Mitt. d. Erkschen Männerges.ver., März 1933; mit Lit.); W. Thomas, Der Q. geht um. Vergangenh. u. Zuk. e. volksdt. Christn.brauches, [2]1965; E. Hackbarth, Die Q. geht um. In: Die Pommern-Ztg. 25. 12. 1965.

Quere → drei hl. Frauen.

Querg → Zwerg, Kot.

Queste, Q.tag → Pfingsten, Radkreuz.

Quickbaum → Eberesche.

Quieken → Lebensrute, erster Austrieb.

Qintanastechen → Rolandreiten.

Rabe, *corvus corax.* Die R. Hugin und Munin waren die Göttervögel Odins. R. gelten als die klügsten Vögel, »sie riechen das Pulver in der Flinte« (Tirol). Wie die → Krähe, von der volkssprachlich der R. nicht streng geschieden wird, gilt der R., wenn er das Haus umkreist, als → Vorzeichen des Todes. Er ruft »Grab, Grab«. Krieg ist prophezeit, wenn sie in der Luft mit Geschrei aufeinander losfahren. Der R. verschafft die Springwurzel, die in Geldsachen Glück bringt (Schwaben). Unsichtbar und vogelsprachenkundig macht der R.stein, den er aus dem Meer holt (Tirol). Auch

Teufel, Hexen und Verdammte nehmen die Gestalt des R. an. Wenn er nicht mehr füttern will, wirft der R. nach der Sage die Jungen aus dem Nest (»Rabenvater«). Der Kolk-R. (Stein-R., Galgenvogel) ist in Dtl. selten geworden. → Nachtrabe, Dohle.

Rachitis → backen, Wechselbalg.

Racker → Schinder.

Rad, Radkreuz, Ringkreuz. Das R., das auf die Rolle oder den Spinnwirtel zurückgeführt wird, erscheint zuerst als Scheibe, dann als Rk. mit vier Speichen in Europa seit der jüng. Steinzeit als → Symbol der Sonne. Im nord. Kulturkreis sind die schwed. Felsritzungen von Bohuslän am Skagerrak aus der Bronzezeit bes. bekannt geworden (Schiff mit großem Rk.). Frühmal. Gräberfunde bezeugen den Gebrauch des Zeichens wie z. B. die Innenseite der Kuppel des Grabes → Dietrichs von Bern in Ravenna. Auf tönernem Gerät, das mit dem Feuer zu tun hat, als Stempel auf mal. Gefäßen und bis in unsere Zeit auf → Minnegaben, → Kästchen, → Giebelbrettern, → Rahmen über dem Herd und → Toren des nd. Hauses sind Wirbel-R. und Rk. nicht selten. Wenn es auch ein nahelieg. → Ornament ist, so deutet es F. A. van Scheltema jedenf. dort, wo »es ohne jeden ornamentl. Zus.hang« erscheint, als »Wahrzeichen« und als »relig.-symb. Darst. der Sonne«.
Rk. größten Stils sind die archaisch an vier Speichen festhaltenden Räder des → Osterfeuers von Lygde bei Pyrmont. In diesen Zus.hang gehört wohl auch die Queste in Questenberg (Südharz). Der Pfingstbaum trägt hier Kranz und Querbalken. Noch bewußter ist das Zeichen des Rk. gestaltet in dem Gebäck, das am Questentag an die Kinder verteilt wird (→ Gebildbrot). Rk. aus Stein stehen in Varmissen bei Göttingen, in Treffurt im Werratal, in Lübeck u. a.
Auch im Christentum behielt das R. seine symb. Bed. (Christus-Logos) als vierspeichiges Rk. oder als ein Sonnenbild. → Kreis, Sonne, Steinkreuz.

Forestier, La roue. 1900; F. A. van Scheltema, in: Eberts Reallex. W. Schultz, Altgerm. Kultur 1935; Kartogr. ÖVA IV R.rollen.

Radium kennt auch die Vmed., indem sie Uranpechblende, in ein Ledersäckchen gefaßt, bei → Kopfweh auflegt (Joachimsthal in Böhmen).

Raffele → Zither.

Ragnarök → Weltuntergang.

Rahmen, Rähmen, Rehm, (ahd. *rama* ›Säule, Stütze‹). Am alpenl. Haus sind die äußeren R. der Fenster mannigfach ausgesägt und zuweilen in heller Farbe gegen die sonnengebräunte Blockwand abgesetzt. Das → Bild in der Bauernstube, dessen Bed. weniger im Kunstwert als im Inhalt ruht (Lebensalter, Soldatenb., Relig.), ist schlicht gerahmt. Bes. gilt dies von den weit verbr. → Hinterglasb., deren Farbenkraft ein Goldrahmen nur beeinträchtigen würde. – Einen urspr. Sinn des Wortes hält der eichene »Rähmen« des Hauses zwischen Weser und Elbe fest, dessen Bretter als Feuerschutz über die Feuerstelle im → Flett vorragen. Urspr. brannte das Feuer auf dem gepflasterten Boden oder in einer Vertiefung. Dann wurde die Feuerstelle an die Abschlußwand der Diele geschoben und aufgemauert. Schließl. wurden Funken und Rauch von einem hölz. Kasten, dem R. aufgefangen und abgeleitet. Nach der Mindener Dorfordnung z. B. war der Schornstein oder »Bosen« seit 1755 Vorschrift. Aus der Bed. des hl. → Herdes wie aus einem Gestaltungstrieb, der auch an den Endungen der Pfetten (→ Balken) des alpenländ. Hauses wirksam ist, wurden die Tragbalken des R. beschnitzt (im Osnabrück. als Pferdeköpfe; → Giebelbr.). Auch ein Spruch oder der Namen des Besitzers erscheinen an dieser Stelle, oder die urtüml. Schnitzzeichen von Wirbelrad und Sechsstern, die man als Sonnensymbole gedeutet hat.

Die Ummantelung (Bosen, Bossem) des Rauchfangs und des Herdfeuers im nd. Haus ist – wie die → Anrichte – auch der bevorzugte Stellort für die großen Schmuckteller und Pfannkuchenschüsseln, die bes. aus den Werkstätten des westfäl. Ochtrup oder des Niederrheins kamen (→ Ton).

K. Rhamm, Urzeitl. Bauernhöfe. 2. Bd. 1908; W. Peßler: Niedersachsen. 1923.

Rainfarn (ahd. *reinfano* ›Grenzfahne‹; Donnerkraut; *Tanacetum vulgare*). Erst im 15. Jh. wurde das alte Wort wegen der an → Farn erinn. Blätter zu R. umgedeutet. (Kluge-Mitzka, Et. Wb.) Es dient für Wurmtee und ist ein → Frauenkraut, das fast überall zum Weihbusch an → Himmelf. Mariae (15. 8.) genommen wird. – Als Küchengewürz in Gärten gehalten wird *Tan. balsamita* (Balsamkraut, Frauenminze, Marien-, Pfefferblatt, Griech. Minze, Röm. Salbei).

Rammlieder → Arbeitslied.

Ranggeln → Ringen.

ranz de vaches → Kühreihen.

Rapport (frz. ›Meldung, wechsels. Beziehung‹). Beim → Weben, → Sticken usw. die Wiederkehr einer Figur im Muster, also die Wiederholung bestimmter Gruppen von Schuß- und Kettfäden.

rasender Montag → Rosenmontag.

Rasengang → Bruder.

Rasieren → Hänseln, Haar.

Ratsche, Klapper. In der → V.mu-

sik, zu der wir nicht zuletzt magische und kult. Lärmgeräte rechnen müssen, spielen R. (1. Abb.) und Kl. (2. Abb.) noch heute eine bedeutende

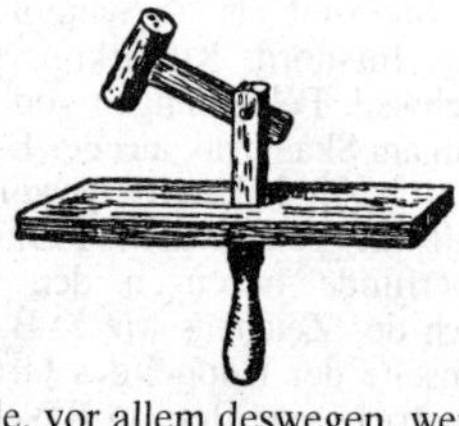

Rolle, vor allem deswegen, weil sie die Kirche als Ersatz der in der → Karwoche schweigenden → Glokken benötigt und ihren Einbau in den Brauch der Jugend duldet. In Schlesien, Rheinland, Süddtl. u. Österreich sind die Rätschner u. Klapperbuben aus dem Jahresbrauch nicht wegzudenken. Die Zusammensetzung des Zuges, die Bestimmung des Führers und der Unterführer (die Träger der großen, mittleren und kleinen »Glocke« und des »Totenglöckleins«; Montafon), das Ausrücken der »Glocken« zu den Tageszeiten u. des ganzen Zuges zum Mettenbeginn, die Einziehung von Geld- und Naturallohn (Ostereier) unter Liedern und Sprüchen sowie die feierliche Verteilung bilden mancherorts ein reich gegliedertes, ungeschrieben, aber treu vererbtes System von Gesetzen, die eine Knabengruppe für einige Tage eng zusammenschließt.

In Deutsch-Wagram singen die R.nbuben:

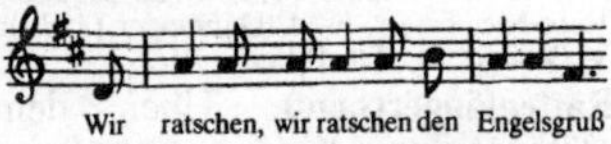

– Außer in diesem weltlich-kirchl. Gebrauch finden K. und R. noch vereinzelt Verwendung als Jagdgerät, als Vogelabwehr der Winzer oder als der → Hillebille verwandtes Signalgerät in weitauseinanderliegender Hofsiedlung (Alpen), ferner im Silvester- und Fasnachtsbrauch und in der aus primitiven Quellen gespeisten Jazzmusik. → Lärm.

R. Andree, R., K.n u. d. Verstummen der Karfreitagsglocken: Zs. d. Ver., f. Vkde 20 (1910); O. Gächter, Chläffla u. Rassla. Schweiz. Vkde., 33; F. Schunko vom R.n in Niederöst. Jb. öst. Vliedw. 12 (1963); (Konflikt m. d. neuen Karwochenliturgie seit 1956); M. Schilder, Die R.nbuben von Deutsch-Wagram. Jb. öst. Vliedw. 14 (1965); Lit. → V.musik.

Rätsel. Durch Luthers Form Retzel hat sich vom N kommendes R. gegen westmd. und obd. Rätersch durchgesetzt. Im ahd. stand neben *ratissa* das auf das Wesen des R. deutende *tunkal* ›dunkel‹. Das alte Indien liebte R.fragen und machte sie zu einem Teil des brahman. Rituals. Die Griechen kannten fast alle uns vertrauten Formen des R., nur wenige die Römer. Bei Germ. und Slaw. war und ist es eine beliebte Gattung der → V.dichtung. Daß es schon der gemeingerm. Zeit angehört, beweist das Vorkommen des Wortes R. in an., ags. und ahd. Sprache. Die → Edda enthält viele R.fragen. Übereinstimmung mit dem dt. Volksr. zeigen isländ. R. so z. B. unter den sogen. Heidrek-R. das von der Kuh:

Viere hangen,
Viere gangen,
Zwei weisen den Weg,
Zwei wehren Hunden,
Hinten zottelt einer,
Öfters schmutzig.
König Heidrek,
Kannst du es raten?

Diesem ganz nahe steht das schwäb. Kuh-R., das F. Panzer (bei Spamer, Vkde.) bespricht:

Viere ganget
Und viere hanget,
Zwei spitzige
Zwei glitzige
Und einer zottelt hintennach.

Nur in lat. Umschrift des 10. Jh. ist das alte stabreimende R. vom »Vogel federlos« überliefert:

Flog ein Vogel federlos
auf den Baum blattlos,
kam die Jungfrau mundlos,
fraß den Vogel federlos.
(Schneeflocke, Winterbaum, Sonne)

In der Verlebend. des Gegenständl. offenbart es einen tiefen Wesenszug, der dem R. bis heute eigen blieb. In der Frühzeit des R. überwiegt die aus höherer Trad. stammende Weisheitsfrage, während später das Scherz- und Schein-R. häufiger wird, das dem Volke näher steht. Zur ersten Gattung zählt noch das aus dem 14. Jh. überlieferte Traugemundslied, während eine Weimarer Hs. des 15. Jh. zum Teil noch heute lebende Volksr. bringt. Alte Slgn sind das Straßburger R.buch (um 1500) mit über 300 R. (und R.artigem) und das Augsburger R.buch. Im 16. und 17. Jh. findet das gedruckte dt R.büchlein auch außerh. der humanist. Oberschicht Verbr. Sie enthalten v.eigenes R.gut, während die R.definitionen der Barockdichter lat. Vorbilder vor Augen haben. Aus der neueren Zeit vkdl. R.fg ist auf die Slg von Karl Simrock und bes. auf die Arbeiten von Richard Wossidlo in Mecklenburg hinzuweisen. Der hervorragendste Kenner der R. fast aller Völker ist heute der Amerikaner Archer Taylor.

Ähnlich wie beim → Märchen hat sich beim R. ein lit. Zweig des Kunstr. entwickelt. Die Meistersinger bosselten gereimte R. Das 18. und 19. Jh. pflegte diese Kunst, die in der hohen Dichtung von Körner,

Schleiermacher, Hebel, Hauff, Brentano und bes. Fr. Schiller (Turdandot) durch Humor, Scharfsinn und formalen Glanz Bedeutung gewann. Den lit. Zus.hängen ging M. Hain nach (R. 1966). Während Hanika-Otto (Sudetendt. Volksr. 1930) und auch noch J. Weber-Kellermann (Spamer-Fs. 1953. S. 106) »moderne, städt.-intellekt. Formen« vom »wirkl. Volksr.« trennen, sieht H. Bausinger (Rhein. Jb. f. Vkde. 17/18) in den neuen Formen der Bilderr. (»Trudel«), der Schreibr. (Silben- und Kreuzwortr.) und selbst der mathemat. Denksportaufgaben und der Quiz-Fragen des → Fernsehens (die westl. Welle der Q.-R. erreichte Dtl. Ende der 40ger Jahre) den Beweis »wieviel Leben und wieviel Variationsvermögen in einer kleinen Form steckt«, wenn er auch nicht übersieht, daß die Millionen stummer, vielleicht mitratender, aber doch nicht eigentl. teilnehmender FS-Zuschauer eine völlig neue psychol. Lage schaffen.

Ältere Lit. s. Ausg. 1955 dieses Wb.; M. Ebert, R., in: Reallex.; W. Schultz, in: Pauly-Wissowa II 1; K. Broska, Das kleine R.buch. 1943; W. Arens, R. und Tageszeitung. Niederdt. Zs. f. Vkde. 21 (1943); G. Baesche, Das lat.-althochdt. Reimgebet u. d. R. v. Vogel federlos, 1948; A. Taylor, A bibliography of riddles. Helsinki, 1939; ders., The literary riddle before 1600. Berkeley 1948; ders., English Riddels from oral tradition. Berkeley 1951 (29 Seiten Bibliogr.); L. Sadnik, Südosteurop. R.studien. 1952; R. Petsch, Neue Beitr. z. Kenntnis d. Volksr. Neudr.; M. Hain, Sprichwort und R. In: Dt. Philol. im Aufr. 1956; A. Taylor, »Vogel federlos« Once More. Hess. Bll. f. Vkde. 49/50 (58); A. Schmidt, Studien z. »Straßb. R.buch«. Dt. Jb. f. Vkde. 8 (1962) (Thomas Murner Sammler u. Verf.?); J. Dahl, Es steht hinterm Haus. Dt. R. a. d. V.mund u. v. unbek. Verf. 1963; E. Moser-Rath, R.zeugn. in barocken Pred.werken. F. v. d. Leyen-Fs. 1963; L. Schmidt, Die V.erzählung. 1963; L. Bødker u. a., The Nordisc Riddle. 1964 (Bibliogr. u. Vergl. d. nord., engl., holl., u. dt. Fachausdrücke a. d. Geb. d. R.); M. Hain, R. 1966 (Zusfg. aller wesentl. Probl. u. Stoffkreise); dies., . . . Ein unbek. R.büchlein a. d. 17. Jh. Zs. f. Vkde 62 (1966): K. Rauch, R. aus aller Welt. 1965; H. Bausinger, R.-Fragen. Rhein. Jb. f. Vkde 17/18 (1967); ders., Formen der »V.poesie«. 1968; L. Schmidt, V. in Nied.österr. Fs. J. Dünninger (1970); V. Schupp, hg., Dt. R.buch. 1972.

Rattenfänger(sage). Über den »Uthgang user Kinder«, den *Exodus Hamelensis*, berichtet keine zeitgenössische Urkunde; trotzdem ist vom Philosophen Leibniz bis heute von den meisten festgehalten worden, daß damals »etwas geschehen« sein müsse. Die berühmte »Chronik der Kirche zu Hameln« von Johan von Pohle (1384; genau 100 Jahre nach dem Exodus) erwähnt das Ereignis nicht. Aber noch aus dem Ende des 14. Jh. stammt die »Lüneburger Handschrift«, die Spanuth entdeckte. Sie ist der wichtigste Fund der letzten 300 Jahre. Diese 1. schriftliche Aufzeichnung hat schon den Ton der Sage: Einem Jüngling mit silberner Flöte folgten 130 Kinder durch das Ostertor zur sogenannten Kalvarien- und Gerichtsstätte. Am Peter und Paulstag 1284 sei es gewesen, »Und die Mutter des Herrn Dekans Johann von Lüde sah die Kinder fortziehen«. So ist der Ursprung der Rs. im MA gesichert. Sie hat noch keine dämonischen Züge. Aus gleicher oder noch früherer Zeit stammen alte → Inschriften auf Hamelner Bauten; eine lautet:

»Im Jahre 1284 na Christi Geborth
Tho Hameln worden uthgefohrt
130 Kinner dasülwest gebohren.
Dorch einen Piper, under den Köppen verlohren.«

Ähnlich lautet ein hochdt. Spruch auf dem »Hochzeitshaus«. Diese Sprüche müssen der Ausgang aller Forschung sein, obwohl auch sie schon »Sage« enthalten. Ähnlichen Charakter trägt eine Darstellung d. »Passionale« aus dem kath. MA.

Im 15. Jh. muß die Rs. die Stadt Hameln stark erregt haben. Das »Ole Copienbook«, eine alte Sammlung der Stadtgerichtsprotokolle, bringt die 1. Zeichnung des Anführers. Die rasche Verbreitung der Rs. vom 16. Jh. ab schreibt O. Lauffer u. a. dem Brauch der → Handwerker zu, sich durch Nennung von → »Wahrzeichen« (oder von Ortssagen) über den Aufenthalt an bestimmten Orten auszuweisen. Düster, fast gespenstisch klingt die Sage in einer Bamberger Chronik von 1553, wie sie der Bürgermeister dieser Stadt, Hans Zeitlos, berichtete, der als Gefangener eines streifenden Heeres durch Hameln kam. Wenige Jahre später (1557) verbindet die → Zimmernsche Chronik zum erstenmal die Sage mit der Gestalt des R. (Rattenplage und Rache des Pfeifers für Verweigerung des Lohnes). Die Dämonisierung (R. = Teufel) vollendet fast zur gleichen Zeit die Sammlung von Wunderzeichen des pommerschen Theologen Hiob Fincelius (1556).

Eine frühe und interessante Parallele zu Erscheinungen unserer Zeit bildet es, wenn der Rat der Stadt H., woselbst damals die Überlieferung nur noch schwach zu leben scheint, 1556 die Anbringung eines Denksteins mit einem lat. Distichon am neuen Tor beschließt. Ja, ein Schreiber oder Ratsherr schmuggelt die »Hamelner Zeitrechnung« (zählend vom Jahre des Exodus) in ältere Urkunden, was nach Meinardus geschah, um »die Reiselust wißbegieriger Fremden zu fördern«. Als solcher kam der Rheinländer Dr. Joh. → Weier, der die Rs. in die 3. Auflage seines Werkes über die »Blendwerke der Dämonen« aufnahm. Die älteste bildliche Darstellung des Kinderauszugs bringt die Chronik des elsässischen Ordenskompturs Frhrn. von Mörsperg, der 1592 als Gast der Stadt H. den Brauch miterlebte, daß bei einem Hochzeitszug in der Bungelosestraße die »pipen und bungen« schweigen mußten, denn durch diese Straße sollen die Kinder gezogen sein. 1625, kurz ehe der große Krieg die Stadt heimsuchte, gibt der vielgereiste Melchior Goldast einen bericht der Rs., der u. a. aufgenommen wurde in die Schriften des Märkers → Praetorius.

Spanuth zählte bis Ende des 16. Jh. etwa 30 Belege der Rs. und mindestens 20 allein in der 1. Hälfte des 17. Jh., vor allem bei Historikern, die sich mit der »Schwarzen Kunst« befassen. Der niedersächsische Theologe Joh. Letzner bringt die Sage mit einer Erfurter Überlieferung in Verbindung, nach der dort Kinder, durch einen Fanatiker in Tanzwut (→ Tanzkrankheit) versetzt, bis nach Arnstadt zogen, um dort tot oder bewußtlos zusammenzubrechen. Das Tor in die Welt öffnete sich der Rs. durch den viersprachigen Atlas des Amsterdamers Abrah. Ortelius, der auf einer Karte den Briefbericht des Arztes Dr. Freytag von 1580 wiedergab. Auf diesem Weg wohl kam die Sage nach England, wo 1605 R. Verstegan, sicher nach einer dt. Quelle, zu erzählen weiß, daß die in den Berg verzauberten Kinder unter der Erde weiterwanderten nach Siebenbürgen (!), um dort die Stammeltern der Sbg. Sachsen zu werden. Viel später wurde »The Pied Piper of Hamelin« durch die Dichtung von Robert Browning »zur bekanntesten Sagenfigur der engl. Lit. überhaupt«. In Dtl. wird die Rs. durch Einblattdrucke und Flugblätter des 17. Jh. – die Vorläufer unserer Zeitungen – immer bekannter (auch die berühmte Meriansche Topographie nimmt sie auf; 1654), aber auch die Verteuflung der Sage geht so weit, daß der Rat der Stadt H. sie ganz zu verleugnen beschließt. In dieser Form scheint sie ihm keine Werbung mehr.

Die Epoche der wissenschaftlichen Forschung an der Rs. beginnt mit der Schrift *»Exodus Hamelensis«* von Samuel Erich 1654. Der holländische Gelehrte Martin Schoock wirft 1662 die Frage auf, ob ein Ritualmord (d. Juden), ein blutiger Familienzwist oder Tanzwut den Kern der Sage bilde. Franz Wörger *(Historia Hamelensis*, 17 Jh.) denkt an Verführung durch fanatische Scharen von → Geißlern, an eine Entführung durch Klosterleute oder gar durch Räuber. Im Zeitalter der Aufklärung wird die Rs. schon zur Doktorfrage. Auch Gottfr. Wilh. Leibniz, der die »H. Zeitrechnung« widerlegt, glaubte an »eine wirkliche Geschichte«, etwa an eine Verführung während der Kreuzzüge. Erst im 18. Jh., aber mit langer Nachwirkung, erscheint bei drei Autoren die Erklärung, daß der Kern der Rs. zu suchen sei im Auszug der jungen Mannschaft zur unglücklichen Schlacht bei Sedemünder 1260. Nachdem W. Krogmann, Schoock und Meinardus folgend, mit mehr Wahrscheinlichkeit die Hypothese eines örtlichen Ausbruchs des Veitstanzes (*chorea sancti Viti;* → Veit) noch einmal unterbaut hatte, begegneten sich zuletzt Klocke, Wann und Spanuth in der Annahme eines alten Umsiedlungsvorganges. Nach Wann (selber ein mährendt. Flüchtling nach 1945) war der R. ein im Dienst des »Lokators« Bischof Bruno von Olmütz (eines Grafen von Schaumburg) stehender Weber, der im letzten Drittel des 13. Jh. in Hameln junge Kolonisten für das Gebiet des alten mährischen Bistums gewann. Unabhängig von Wann hatte auch M. Wähler an eine Ostauswanderung gedacht. An Ostfahrer und deren Untergang auf dem Seeweg, nahe dem Johanniterhof Kopahn an der Rügenwalder Steilküste, denkt Dobbertin. In einer Katastrophe in Sumpfgebiet oder auf einer Brücke (ähnlich dem Utrechter Brückeneinsturz) sehen Woeller, bzw. G. Spanuth (der Bruder des Vorgenannten) das auslösende Motiv der Rs. Aber auch so bleibt bestehen, daß die »Sage« die ersten 100 Jahre nur in mündl. Überlief. sich geformt hat.

Den tiefsten Einschnitt in die weitere Entwicklung der Sage bildet die Verschmelzung des Themas mit der Wandersage vom Rattenfänger, wozu vielleicht (nach Spanuth) die örtliche Verehrung der in Nordwestdtl. als Patronin gegen Mäuse- und Rattenplage bekannten St. → Gertrud beigetragen hat. Der Rs. verwandte Sagen werden auch anderwärts erzählt (Goslar, Brandenburg und bes. Korneuburg bei Wien). Aber keine wurde so volkstümlich, wie die Hamelner Sage, die durch Goethes Verse, durch Raabes Novelle (»Die Hämelnschen Kinder« 1891), durch Simrock, Geibel und G. Freytag, durch »Des Knaben Wunderhorn« und durch die Sagensammlung der Brüder Grimm dt. Volksgut wurde.

J. F. C. Hecker, Die Tanzwut. 1832. (In: A. Hirsch, Die großen V.Krankh. d. MA. 1865); O. Meinardus, Der hist. Kern, d. Rs. Zs. d. Hist. Ver. f. Nieders., 1882; W. Krogmann, Der R. v. Hameln, 1934; M. Wähler, Denkmale als Ausgangspunkte für Sagen. Zur Entst. d. Rs. Volkswerk 1943/44; W. Wann, Die Lösung der Hamelner Rs. Diss. 1949, Würzburg; H. Spanuth, Der R. von Hameln, 1951; R.sammlung im Mus. zu Hameln; H. Gehrts, Zur Rs. Zs. f. dt. Philol. 74 (1955); H. Dobbertin, Neues z. Hamelner Rs. Fabula 1 (1975); ders., Der Auszug d. Hämelnschen Kinder. Jb. f. Vkde d. Heimatv. 4 (1958); W. Woeller, Zur Entst. u. Entw. d. S. v. R. in Hameln, Zs. f. dt. Philol. 80 (1961); R. Frenzel, Deutungen z. Rs. In: Heimat. u. V.tum (1962/63) Überblick; Gesch. d. Stadt Hameln, hg. v. H. Spanuth u. R. Feige. 1963. Lit.; H. Dobbertin, Die Hamelner Glasbildinschrift als Hauptquelle der Rs. Zs. f. Vkde 62 (1966) (Im Anh. Chronol. d. Quellen); W. Krogmann, Der R. v. H. Rhein.-westf. Zs. f. Vkde 14 (1967); H. Dobbertin, Quellenslg. z. Hamelner Rs. 1970 (27 Abb.; Bibliogr.).

Ratz → Iltis.

Räuber → Schinderhannes, V.buch.

Rauch → Johannisfeuer.

Rauchen → Tabak, Huflattich, Atlanten.

Räucherung. In der R. verbindet sich Weihe u. magischer Wert des Stoffes (Weihbusch, Palm, Weihrauch) mit der reinigenden Wirkung des → Feuers und des desinfizierenden Rauches, sowie der aromatischen des Harzes. R. sind bei Heilbehandlung von Geschwüren noch gebräuchlich (Vorarlberg). In Brandenburg schrieb ein Fieberkranker 9 Kreuze in den Rauchfang; das Fieber schwand, sobald die Zeichen verräuchert waren. Bekannt sind in den Alpen die dämonenverscheuchenden R. in den Rauhnächten (→ Zwölften), die deshalb im bayr.-österr. auch den Namen → Rauchnächte führen. Über »Rauchmachen« und »Reifhoazn« → Eisheilige. → Reinigung, Thomas, Wacholder.

Rauchnächte. Die Zeit der → Zwölften wird in Bayern und Österr. als R. bezeichnet. Ursprünglich galt der Name nur den drei oder vier R. (Thomas, Weihnachten, Neujahr, Dreikönig). Man denkt heute bei dem Wort an die → Räucherung, die in diesen Nächten üblich ist, aber älter sind wohl ohne Zweifel die »Rauhnächte«, Lärm- und Maskenumzüge, die auch geographisch sich mit dem Gebiet des → Perchtenlaufens berühren. Rauh, mundartlich rauch (vgl. Schriftspr.: Rauchwaren) ist die Bez. des Wilden, Haarigen, mit → Fell Bekleideten. Der Name R. ist in der gleichen Gegend verbreitet, wo auch der Rauwuzl, Rauwuzer und ähnlich, ein rauher, haariger, wilder Dämon von unbestimmter Gestalt, als Nachtgeist u. Kinderschreck bekannt ist.

Atlas v. Oberösterr.; ADV → Zwölften.

Raufbrief → Heiligenbrief.

Rauhnächte → Rauchn.

Raupen. Gegen R. wenden sich viele Abwehrzaubersprüche und magische Handlungen. Umwandlung, Räucherung und Segnung des Feldes, wobei eine Feldecke zum Abzug der R. freigelassen wird, schützen die Saat, zuweilen muß die Umwandlung nackt oder im Hemde, nach Sonnenuntergang, am Karfreitag usw. geschehen. Palmzweige, Kohle von Ostern- od. Johannisfeuer, auch Stücke eines ausgegrabenen Sarges, in den Acker gesteckt, vertreiben R. Auch der Alp hat R.gestalt. → Schädel.

Raute (ahd. *ruta* v. lat. *ruta*; *Ruta graveolens*). »Denkt man die Spitzen der vier Kronblätter der R.blüte durch Gerade verbunden, so erhält man die Figur eines Rhombus, der darum seit 1539 ... R. heißt« (Kluge-M. Et. Wb.). Der bis über 1 m hohe Halbstrauch war schon im Altertum als Gewürz und Arznei benutzt (gegen Schierlingsvergiftung; später gegen → Pest). Klöster pflanzten die »Gartwurz« als »Weinkraut« für *vinum rutae*, der als Anti-Aphrodisiakum galt. Auch in süddt. Kräuterb. wird der Tee von R. empfohlen bei Atemnot und »Krämpfen«, bei Blutandrang im Kopf, Augenermüdung und Samenfluß. Der Braut legt man R. und → Wermut in die Schuhe, »damit nichts Unrechtes an den Leib könne« (→ Dill). In Österr. war im 19. Jh. das »Totenkräutl« → Grabbeigabe. In der V.sprache wird der Name R. auf mehrere aromat., zerteiltblättr. Pflanzen übertragen, so auf die Edelr. der Gebirge *(Artemisia mutellina)* oder die → Eberr. – Aus der alten Wortbed. stammt die »R.« in Baukunst und Heraldik wie der »Rutenbur« im → Kartenspiel (für ›Karobube‹ bei F. Reuter).

Rauwuzl → Rauchn.

Realien → Sachgüter, Arbeit.

Rechen, Harke. Das hölz. Gerät zum Raffen von Heu und Laub hat landsch. Unterschiede bis heute bewahrt (Zahl der Zinken, Führg der Haltebügel, Doppelh., Werkstoff). Arbeitsgerät sind auch die »Braut-R.« aus dem hess. Vogelsberg, die Drechselarbeit, Kerbschnitt, Bemalung und hölz. Eicheln als Anhänger aufweisen. Von den pommerschen H., die wie die → Flachsschwingen Kerbschnitt mit farb. Wachsfüllung zeigen, berichtet F. Adler, daß in einem Dorf einmal alle Mädchen im Besitz einer solchen → Minnegabe gewesen seien: »Ursprung solchen Brauches war natürlich meistens die Erfindungsgabe eines einzelnen, die das Verlangen nach solchem Geschenk bei den Mädchen und den Wettstreit der übrigen Burschen zur Folge hatte.«
Frau H., Herke, war im Volksglauben der Mark Brdbg eine myth. Gestalt der → Zwölftenzeit, die manche Sagen auch an der Spitze der → wilden Jagd sahen.

F. Adler, Dt. Vk. Pommern. (1930). Über H.formen: W. Seedorf, Arbeitsbräuche in der Landw.; in Peßler, Hb.; O. Moser, Der Heurechen. Vers. e. vkdl. Best.aufn. d. Arbeitsgerätes in Kärnten. Carinthia I 142 (1952); G. Wiegelmann, ADV-Umfragen z. alten bäuerl. Arbeit. In: Rhein. Vjbll. 33 (1969) (Karte: Herst. u. Vertrieb v. R.); Über Frau H. Knoop, in: Zs. d. Ver. f. Vkde. 4 (1812). ÖVA IV.

Rechnungssystem → Zahl.

Recht, R.altertümer. Von den bahnbrechenden »Rechtsaltertümern«, die J. Grimm seiner Mythologie, seinen Sagen und Märchen an die Seite stellte, bis zu den stark volkskundlich eingestellten Arbeiten der Gegenwart (v. Künßberg, Frölich, Bader, Baltl. Fehr, Kramer u. a.) bilden die R.anschauungen und -überlieferungen ein wichtiges Forschungsgebiet der Vkde. Wie Sitte und Brauch ist auch das zwingendere R. vielfach auf irrationale Sätze des Volksglaubens gegründet. Im MA. und noch später verstand man unter → Weistümern das mündlich weitergegebene Gewohnheitsr. des dt. Volkes. Ihm stand zwar schon zu germ. Zeit das jährlich von der Landsgemeinde (→ Thing) verkündete R. gegenüber, aber erst durch den Einbruch röm. R.sprechung wurde das V.recht in den Hintergrund und in die Mutterschicht des völkischen Lebens gedrängt. Germ. Volksr. wurden Anfang des 9. Jh. aufgezeichnet in der *Lex Frisionum* und *Ewa Chamavorum.* Ältere R.aufzeichnungen sind *Lex Bajuvariorum* (8. Jh.), *Lex Alamannorum,* Lex Ribuaria (7. Jh.) und *Lex Salica* (6. Jh.). Andere V.rechte (z. B. *Lex Langobardorum*) stehen teilweise unter röm. Einfluß. – Die wichtigste Aufzeichnung späteren niederdt. Volksr. ist der »Sachsenspiegel«, den Eike von Repgow um 1222 verfaßte (Reclams Univ.-Bibl. 3355/66. Eine treffliche Auswahl von Bildern aus der Heidelberger Hs. d. S. gibt das Inselbändchen Nr. 347 [1934] von E. v. Künßberg). Damit schuf er das Vorbild für den »Schwabenspiegel«, der in der 2. Hälfte des 13. Jh. als wichtigstes süddt. R.denkmal enstand. – Künßberg schlug vor, Reliktformen alter R.zustände als »Aberrecht« zu bezeichnen. Wohlhaupter versteht darunter V.bräuche, die nur eine gewisse Ähnlichkeit mit R.vorgängen besitzen (z. B. Binde- und Lösebräuche). Die Vkde kann solche und ähnl., ganz überwiegend mündl. überlieferte R.vorstellungen im Volke nur unter dem Begriff Volksrecht zusammenfassen (→ V.glaube), obwohl diese Bez. gesch. und wiss. auch eine engere Bedeutung besitzt. An der Univ. Zürich besteht eine »Fg.stelle f. R.sprache, R.archäol. und r.liche Vkde«; dort auch der Nachlaß Künßberg. – Über R.überlieferungen im Volke → Adoption, Eid, Meineid, Gericht, Thing, Ziu, Scharfrichter, Gottesurteil, Haberfeldtreiben, Hinterer, Katzenmusik, Burschenschaft, Nachbar, Bruder, Fahne, Axt, Fell, Esel, Branntwein, Abtreibung, Kastration, Tod, Roland, Pranger, Steinkreuz u. a.

Ältere Lit. vgl. Ausg. 1955 dieses Wb.; Kunst u. R. Fehr-Festschr. 1948; K.-S. Kramer, Haus u. Flur im bäuerl. R. 1950; H. Leibl, Altertümer österr. Strafr.pflege, 1951; H. Baltl, R.liche Vkde. u. R.archäologie als wiss. Begriffe u. Aufgaben. Schweiz. Arch. f. Vkde. 48 (1952); G. Lutz, Infamie. Diss. Würzbg. 1954 (Phänom. d. Verrufs); H. Conrad, Dt. R.gesch. 1954ff.; A. Koller, Das Bild d. Appenz. Landsgem. Schweiz. Arch. f. Vkde 51 (1955); H. Fehr, Altes Strafr. i. Glauben d. Volkes. Dt. Jb. f. Vkde. 1 (1955); K.-S. Kramer, Würzbg. Volk d. 16. Jh. vor Gericht. Bayer. Jb. f. Vkde (1955); H. Fehr, Altes Strafr. im Glauben d. Volkes. Dt. Jb. f. Vkde. 1 (1955); E. Wohlhaupter, Die R.fibel. 1956; E. Fischer, Die Hauszerstörung als strafr.liche Maßnahme im dt. MA. 1957 (In d. Bereich d. V.rüge gehören: Dachabdekken, Backofeneinschlagen, Feuerausgießen, Türverschließen, Brunnenzuschütten); H. Baltl, R.archäol. d. Landes Steierm. 1957; A. Gabler, R.bräuche ... im Hesselberggebiet. Bayer. Jb. f. Vkde (1959); H. Siuts, Bann u. Acht u. ihre Grundl. im Totengl. 1959; K. v. Amira, German. R. 4. Aufl. K. A. Eckhardt, Bd. 1, R.denkm. 1960 Bd. 2. R.altertümer. 1967; F. Merzbacher, R.wiss. u. Vkde. J.ber. d. Görresges. 1960; H. Fehr, Das Bahrr., insbes. in d. Schweiz. Fraenger-Fs. 1960; Dt. R.wörterbuch. Hg. v. d. Preuß. Akad. d. Wiss., 1914ff. (Bericht ü. s. Entw. in: Zs. f. Vkde 57 (1961); K.-S. Kramer, Problematik d. R.lichen Vkde. Bayer. Jb. f. Vkde (1962) Lit.; H. F. Schmidt-Ebhausen, Fgn. 1963 (Marksteinzeugen); Bericht ü. d. 7. Österr. Hist.tag ... 1963 (Beitr. v. H. Fischer, E. Burgstaller, L. Schmidt); Hwb. z. dt. R.gesch. hg. v. A. Erler u. E. Kaufmann. 1964 (Darin: Kramer, Aberrecht); J. Grimm, Dt. Ra. 2 Bde., 1899[4]; Nachdruck 1965; J. K. Hyldgaard, R.wortgeogr. Studien. Uppsala 1964ff.; E. v. Künßberg, R.gesch. u. Vkde, bearb. v. P. Tzermias. 1965; Festschr. K. S. Bader, R.gesch. R.sprache R.archäol. R.liche Vkde 1965; R. Wildhaber, Formen d. Besitzergreifung im V.r., im V.gl. u. in d. V.dichtg., J. Grafenauer-Fs. 1965; P. Wiepert, Das altfehmarnsche »Denkelbok« u. d. »Wetlüde«. Beitr. z. dt. V. u. A.kde 10 (1966) (Denkbuch = Verordnungen; Wissenleute = R.kundige); C. Helfer, Denkm. d. Vollzugs v. Ehrenstrafen am unt. Mittelrhein. Rhein. Jb. f. Vkde 15/16 (1964) (Schandpfahl, Trülle, Prelle, Schupfe, Strafesel); H. Schempf, R.liche Vkde. In: Jurist. Schulung. Mai 1967; H. H. Munske, R.wortgeogr. In: L. E. Schmitt-Fs. 1968; L. Carlen, R.liches in Bildern u. Zeichen rel. Vglaub. Schweiz. Arch. f. Vkde 63 (1967) Lit.; ders., R.saltertümer a. d. Wallis. 1967; ders., R.sgesch. d. Schweiz. 1968; ders., Das R. der Hirten. 1970; P. Cardoni, Einfl. d. dt. R.Graubündens südl. d. Alpen. 1970; K.-S. Bader, Dt. R., in: Dt. Philol. im Aufriß, Bd. 3; R. Schmidt-Wiegand, Der ›Wisch‹ als Bann- und Verbotszeichen. Zs. f. Vkde 64 (1968) Karten; G. Kocher, Richter u. Stabübergabe i. Verfahren d. Weistümer. 1971; H. Baltl, Österr. R.sgesch. 1972.

Reckholder → Wacholder.

Redensart, formelhafte Ausdrucksweise der → Volkssprache, dem Sprichwort verwandt (»sprichwörtl. R.«), jedoch weniger lehrhaft und freier in der Form, von manchen auch unterschieden von der noch unverbindlicheren Redewendung. – »Das heißt das Pferd beim Schwanz aufzäumen«, »Aus fremder Haut Riemen schneiden« u. ä. R.

K. Krüger-Lorenzen, Aus der Pistole geschossen. Dt. R. und was dahinter steckt. 2 Bde. 1960–66. – Vgl. Lit. bei Sprichw.

Reepschläger. Herst. von Schiffstauwerk zählten von der frühesten Hansezeit bis ins 20. Jh. zu den angesehensten → Handwerkern der Küstenstädte. Die → Sondersprache der R. zw. Ems und Oder gibt Auskunft über Arbeitsweise und -gerät. Sie wirkte in den skand. Küstenraum an Nord- und Ostsee hinein. Der Fachwortschatz der Seiler in Mittel- und Westeur. hat dagegen jüng. Gepräge und ist weniger reich entfaltet. – Die Hamb. Reeperbahn war ursprl. die ›Seilerstraße‹.

G. Fischer, Verbandsbrauchtum d. Seiler. In: V. u. Gesch. G. Fischer-Fs. 1962; J. Eichhoff, Die Sprache d. nd. R.handwerks. 1968.

Reformation → Konfession.

Regen. Allgemeiner Glaube ist, daß R. auf den Brautkranz Wohlstand und Kindersegen bedeute, möglicherweise in Erinnerung an den Wettergott Donar, dem Hochzeit, Ehe und Familie unterstanden. Die Ausdeutung, R. bedeute Tränen, dürfte erst später entstanden sein. Prophezeiungen auf R. und die Beobachtung des R. selbst als Orakel (R. am Johannistag verdirbt die Nüsse) sind noch verbreitet. R. machen kann man, wenn man einen → Frosch tötet (Westfalen). Hexen zaubern schmutzigen R. Unter den → Kinderliedern sind Reime auf den R. zahlreich. Was in heutigen Bräuchen (Begießen des Pfluges im Frühling, des letzten Fuders bei der Ernte) als R.zauber zu betrachten ist, wird nicht leicht zu entscheiden sein, da in unserem Klima diese Bräuche hinter allgemeineren Fruchtbarkeitsriten zurücktreten. Gesemann erklärte auch den Umzug der → Nerthus als R.zauber. Eindeutig ist wohl das Zeugnis einer solchen Begehung, das → Burchard von Worms überliefert. → Egge.

G. Gesemann, R.zauber in Dtl. Diss., 1913.

Regenbogen, in Baden u. Bayern auch »Himmelsring« geheißen. Er ist geehrt wie die → Sterne. Wenn man unehrerbietig mit Fingern auf ihn weist, verschwindet er oder der Blitz schlägt ein. In Süddtl. verbreitet sind die Sagen v. den R.schüsselein, die der R. zurücklasse, wenn er sich tränke. In der Familie oft sorgfältig behütet (Franken) und gegen → Gicht und → Freis (»Fraisschillinge«) als Amulett verwendet, sind sie meistens runde Münzen aus Gold oder Silber, etwas schüsselförmig vertieft und mit Prägung versehen (Tierkreiszeichen, Pferdekopf). Man vermutet keltische Herkunft. Auch Schlangenkrönchen heißen diese Fundmünzen. → Schlange, Geld, Maria, Bracteat.

Regenvogel (Brachvogel, Doppelschnepfe; *Numenius arquata Bodd.*). Der R. verkündet durch seinen Ruf schlechtes Wetter, im engl. Glauben den Tod. Zur Erntezeit ruft er »Kornriep, Kornriep« (Nordthür.). Auch andere Vögel tragen den gleichen Namen. → Korngeister

Regenwurm. R.öl wurde aus R. hergestellt und viel verkauft als Pirats-, Metken- oder Merkenöl. Die bei Dioskurides und Plinius bezeugte vielfache Verwendung in der Vmed. kennt noch die hl. → Hildegard: »Der R. entsteht in der Kraft, durch welche die Gräser ihre Keimkraft erhalten; wegen der Reinheit seiner Natur hat er keine Knochen, ist aber wie andere nützliche Dinge, z. B. Zimt, gut und nützlich.« Nach dem Satz *similia similibus* heilt man den → »Wurm« im Finger, indem man einen daraufgebundenen R. ersterben läßt (Franken). → Maulwurf, Kröte.

Regenzauber → Egge.

Reginfledis → Kümmernis.

Regino von Prüm (+ 915 bei Trier), Abt. Seine *Libri duo de synodalibus causis et disciplinis ecclesiasticis* sind eine Zus.stellung der Konzilsbeschl. des 9. Jh. In *De harmonica institutione* schrieb er über den Kirchengesang. → Konzil, Geistl. V.lied.

R. v. P., Libri duo . . . hg. v. Wasserschleben. 1840; Gerbert, hg., Scriptores eccl. de musica sacra. Neudruck 1905.

Rehm → Rahmen.

Reibtrommel → Rummelpott.

Reif → Kreis.

R.brennen → Eisheilige.

Reifentanz → Schäfflert., Küfer.

Reifentreiben, alem. Ringschlagen, war vor dem Zeitalter des Autos (»die Straße gehört dem Verkehr«) ein verbr., auch in älteren Darst. oft wiederkehrendes Spiel der 8–12 jährigen, wobei ein bis meterhoher

Reifen aus Holz oder Eisen mit einem Hakenstab über Straßen und Plätze getrieben und gelenkt wurde. In Athen und Rom waren solche Reifen mit Glöckchen oder kleinen Blechstücken behängt. In einer das → Kinderspiel betreff. Verordnung in Nördlingen (1426) lesen wir von erlaubtem Radtreiben. – Ein ähnl., wenn auch zu anderer Spiel- und Sportübung verwendetes Gerät waren die bunten Kunststoffreifen des Hula-Hoop-Fiebers um 1960.

Reih → Kirmes.

Reineke Fuchs → F., Kupfergerät.

Reinigung, Lustration. Im Kult der alten und neuen Religionen wie im V.glauben nehmen rituelle R. eine wichtige Stelle ein. Verunreinigung durch Übertretung des → Tabu, durch Berührung des zu Meidenden (Wöchnerin, Tote) werden durch → Aussegnung und Sühnegebet, aber auch durch Wegwischen (→ kehren), Abstreifen und Waschen beseitigt. Geweihtes → Wasser, aber auch heiliges Osterwasser, Maitau usw. sind das häufigste Mittel der R., mit der sich oft positiver Heil- u. Fruchtbarkeitszauber verbindet. → Neujahr, Lichtmeß, Fasnacht, Gründonnerstag, Karfreitag, Karsamstag, Ostern, Pfingsten, Pauli Bekehrung, Nacktheit, Tod, Jahresfeuer, Notfeuer, fasten, Nüchternheit, Keuschheit.

Th. Wächter, Reinheitsvorschriften im griech. Kult, 1910; E. Fehrle, Die kultische Keuschheit im Altertum, 1910; F. Pfister u. Hehn, Rein u. Unrein; in: Die Religion in Gesch. und Gegenwart, Bd. 4, 1930².

Reis → Speis u. T.

Reis, Zweig → Lebensrute.

Reisebücher → V.buch.

Reiter, Reiten → Georg, R.spiele, Pferd.

Reiterspiele. Aus Gegenden vorwieg. Landw.schaft wurden dem ADV um 1932 die unten verz. R. gemeldet (n. d. Karten 28, 29, 31). Eine Entw.linie der vstüml. R. weist zurück auf das ritterl. → Turnier des MA, eine andere auf alten Brauch zum → Erntefest. Vom → Hahnenschlagen leiten sich Hahnen-, Enten- und Gansreiten her. Während im schlesw.-holst. Hahnenreiten der Kopf eines leb. Hahns im Vorbeireiten abgerissen werden mußte, ist in der Mark Brdb. das Ziel ein hölz. Hahn, der von einem Pfahl mit Schraubengewinde heruntergeschlagen wird. Bei der niederbayr. Gänsreißet befestigte der Dorfwirt an seinem Haus ein Seil, dessen anderes Ende eine Person im oberen Stock eines gegenüberlieg. Hauses festhielt. In der Mitte des Seils hing ein alter Ganter. Beim Gänserichreiten in Sachsen hing man zwei mit Flitterkronen und Bändern geschmückte Gänseriche in einiger Entfernung voneinander mit den Füßen auf. Wenn das Tier sich bewegte oder den Kopf hob, griff der Reiter daneben und verfiel dem Spott der Zuschauer. Beim → Tonnenreiten galt es, ein über die Straße hängendes Faß zu zertrümmern, in dem sich früher eine Katze befand (K.stechen). Im Alpenland ist noch heute das Gailtaler Kufenstechen (Kärnten) zu → Pfingsten das bekannteste R.

Auf die mal. Ritterspielen nacheifernden Bürger- und Bauernturniere gehen → Ringreiten, Kranzstechen und → Rolandreiten zurück. Beim schles. Jungfernstechen (um Striegau und Schweidnitz) wurde an einem laubgeschmückten Bogen eine Puppe in Weiberkleidern aufgehängt, nach der die Reiter mit Lanzen stachen. Einem sportl. Wettrennen nähern sich die R., denen wie im modernen Brauch des → Sports die Preise den Namen geben. Beim Stollenreiten in der Niederlaus. wird auf ungesattelten Pferden

Reiterspiele

geritten. Siegespreis ist eine Kokarde und ein Strauß für das Pferd. Außerdem wird ihm ein großer gebackener Stollen überreicht. Trostpreis für den letzten ist ein bändergeschmücktes Tonpfeifchen. In Anhalt, Sachsen und Thüringen versammelten sich die Burschen am 2. Tag von → Pfingsten auf dem Dorfanger zum Hutreiten. Mit dem geschmückten → Maibaum, der auch die Gewinne trug, zog man vor das Dorf hinaus. Der Sieger im Wettritt wurde Maikönig und erhielt einen mit bunten Bändern geschmückten Hut. → V.spiel.

P. Drechsler, Sitte, Brauch u. Vglaube in Schlesien. 1905 (Jungfernstechen); W. Hansen, hg., Das dt. Bauerntum. 1938. 2. Bd. Karte bei S. 356 »Vtüml. Bewegungsspiele«; L. Kretzenbacher, Ringreiten, Rolandspiel u. Kufenstechen. 1966; K.-D. Sievers, Ringstechen u. Rolandreiten i. Marner-Neuenkoogsdeich. Publ. Wiss. Film Bd. II B, Heft 3 (1967); E. Kaufmann Mathiesen, Ringridning in Østermarie. Kopenhagen 1967; ADV II.

Reklame, Werbung. Ein Blick in Zeitungen und Zeitschr., auf Plakate und Flugschr. lehrt, daß Geschäftsr. von ihren Anfängen an den Verbraucher mit den vertrauten Bildern seines tägl. Lebens einzufangen suchte. »Der Text muß vom Umworbenen ausgehen« (Enzykl. Hb. d. W.). Da die Hochzeiten des Lebens und des Jahres, allen voran → Weihnachten, zugleich Höhepunkte des Geschäftsjahres geworden sind, finden wir die → Symbole solcher Feste (→ Ostern, Valentinstag, Fasnacht, Muttertag, Konfirmation u. a.) in der Anzeigengraphik. Wir können aus ihr die Entw. dieser Feste und Zeichen ablesen, aber auch die gesch. sich wandelnde Art und Weise, in der die R. davon Gebrauch macht; bes. gilt dies wieder von Weihnachten (Baum, Krippe, Stern, Engel, W.mann usw.). Doch begegnen wir auch z. B. dem

Osterhasen mit dem Sektglas und dem Satz daneben: »Ostern-Edeka macht was Großes daraus«. (1971). Der großstädt. Herkunft der modernen R. entspricht es, daß die alten (oder auch neuen) Symbole sich nicht selten in ironisier. Karikatur, die lustig sein soll, auflösen. Für die R. muß auch die Vk. (Tracht!) ihre Motive herleihen. Sprichwort, Märchen, Lied und die Vsprache im weitesten Sinn werden in Texten herangezogen, mit denen man Aug und Ohr und Herz – kürzer gesagt: die Geldbörse – des Volkes zu erreichen trachtet. Einzelne sprachl.-poet. Formelemente finden Anwendung wie etwa Endreim in dem bekannten Uhu-Spruch »Im Falle eines Falles . . .«, Binnenreim (»Dornkaat aus Kornsaat«) oder Stabreim (»Latscha liefert Lebensmittel«). Bekannte Sprechspiele werden nachgeahmt: »Elektroputzi putzt Elektroplatten«. Selbst die Mundartgrammatik wird bemüht etwa in den grassierenden schwäb.-alem. Formen Pfanni, Fischli usw. Die Geschichte einer Firma wird stilisiert (»Die IBM Saga«).

Es soll nicht übersehen werden, daß in der R. bes. einz. anspruchsvoller Firmen auch mit guter Graphik auf die Vorstellungswelt des Angesprochenen Bezug genommen wird. H. Herles kommt zu dem optimist. Satz: »Sowohl im Sprachl. wie in den Bildern erweist sich die W. als Traditionsträger«. – Eine kleine Industrie beschäftigt sich heute auch schon mit der Herst. (und der R. für) »kontaktsicherer W.geschenke«. – Der erste R.manager von Berlin war der Buchdrucker Ernst Theod. Litfaß, der am 1. Juli 1855 die erste der nach ihm benannten R.säulen aufstellte. Bei Kéler-Béla bestellte er den »Annoncir-Polka«. Man tanzte ihn und sang auf die ersten 150 Säulen das R.lied: »Litfaß' 150 Kinder«. – Ein Höhepunkt der auf die Jugend zielenden R. war die Messe »Teenage Fair 69« in Düsseldorf mit ihrem Alptraum von Attraktion, Manipulation, Konsum-Terror. → Spruch, Redensart.

H. J. Kropff, Die Werbemittel u. ihre psychol., künstler. u. techn. Gestaltung. 1953 (Tiefenpsych.); W. E. Schmidt, Werbende Texte. 1953; K. Hundhausen, Wesen u. Form d. W. 1954; H. Smith, Warum Kunden kaufen. 1955; H. Münster, Die Illustr. Publikums-Presse als Werbeträger. In: Die Anzeige (1956) H. 4; B. Spiegel, Werbepsychol. Unters.methoden. 1958; Packard, Die geheimen Verführer, 1958; E. Maseberg, Der Stil d. Firma. Tsp. 26. 5. 1960 (Psychol. Ges. d. R.); K. Peltzer, Enzykl. Hb. d. W. 1961 ff.; G. Jappe, Psychol. Bem. z. Anzeigenwesen. Bayer. Jb. f. Vkde (1961) (R.technik u. V.psyche); Packard, Die große Verschwendung. 1961; F. Leist, Existenz im Nichts. Vers. e. Analyse d. Nihilismus. 1961 (Anregung f. d. Unters. v. G. Jappe. Suggestion, Scheinhilfsbereitschaft, Wachtraum, Superlative, Symbolik, R.sprache); W. Bongard, Männer machen Märkte. Mythos u. Wirklichkeit d. W. 1963 (Methoden, Institute, Fachleute, Agenten); ders., Fetische d. Konsums. Portraits klass. Markenartikel. 1964 (Nivea, Ernte 23, Coca Cola usw. Mag. Wirkung von »Firmensagen«); K. V. Riedel, W. u. R. als vkdl. Probleme. In: Beitr. z. dt. V. u. A.kde 10 (1966) (Gesch. Wirkung, Spiegel grundschichtl. Seins- u. Denkform); H. Herles, Sprichwort u. Märchenmotive in d. W. Zs. f. Vkde 62 (1966); R. von gestern, Ausst. d. Akad. d. Künste, Bln. 1969. Kat.; H. Wehrmann, H.lex. d. Werberechts. 1971; K. J. Lorenz, hg. Der Beruf d. Werbefachm. usw. H. L. Zankl-Fs. 1971 (Stellung d. R. zu Soziol., Psychol. u.a.); R. Römer, Die Sprache d. Anzeigenwerbg. 1968.

Reliquien vom lat. *reliquiae* = Hinterlassenschaft, Überbleibsel, Gebein. Die Verehrung der R. von göttlichen oder heiligen Personen (Körper, Organ, Gebein, Kleid, Gerät) und der Glaube an die Wunder- und Heilkraft dieser orendistisch geladenen Teile sind ein → »Elementargedanke« von größtem Alter und allgemeiner Verbreitung. Auch der → Ahnenkult (Manismus) steht im Hintergrund des R.glaubens. Im Christentum ist der R.kult bis heute eines der Gebiete, wo sich Volksglaube und kirchliche Lehre am stärksten durchdringen. Die Kirche, die R.handel verboten hatte, konnte vom 9.–11. Jh. Ausartungen nicht verhindern. Einerseits aus der Schwierigkeit, R. käuflich zu erwerben, und andererseits aus einer weitverbreiteten Vorstellung, daß Gestohlenes magisch wertvoller sei, bildete sich die Unsitte, R. *pia fraude*, durch »frommen Diebstahl«, sich zu verschaffen, ja man schrieb diesen R. höhere Wunderkraft zu: »Es wurden z. B. Daumen, Arme, Hände, Hirnschalen, ganze Gerippe, Asche, Zähne, das beim Verbrennen der Heiligen abgetropfte Fett und Kleidungsstückchen entwendet« (Höfler). Angesichts manchen Mißbrauchs erließ die Lateransynode 1215 strenge Bestimm., die im Tridentinum (1545–63) noch verschärft wurden. Berühmte kirchl. R. sind die R. Christi (Peterskirche), der hl. Rock in Trier, die → Aachener Heiltümer, die Gebeine der hl. → Walpurgis in Eichstätt, Haupt u. Blut des Januarius (Neapel) u. a.; → die einzelnen Heiligennamen, bes. Heilige, Maria, Christus, Wallfahrt, V.frömmigkeit.

F. Pfister, Der R.kult im Altertum, 2 Bde., 1909–12; G. Jungbauer, Dt. Vmed., 1934; E. A. Stückelberg, Gesch. d. R. in d. Schweiz. 2 Bde. 1902, 1908; Lucius, Die Anfänge d. Heilig.kults. 1904; R. Bauerreiß, Kirchengesch. Bayerns. Bd. 5. 1955.

Remey → Kamille.

Rennen → Laufspiele.

Rethra. Bes. in R. soll der angebl. Kriegsgott der slaw. Polaben Radegast (Redigast, Radihost) verehrt worden sein. R. war ein Heiligtum der an Unterelbe und Ostsee siedelnden Slawen, nach Thietmar v. Merseburg vier Tagereisen von Hamburg in einem See befindlich, angebl. Ende d. 1. Jahrt. verbrannt, dann wiedererrichtet und 1150 durch Heinr. d. Löwen zerstört. Nach Beckmann streiten sich mehr als 20 Landsch. um den Ruhm, das neben Arkona wichtgste slaw. Heiligtum besessen zu haben. → Vineta.

C. Schuchardt, Arkona, R., Vineta. [2]1926 (Ausgrab.vers.); P. Beckmann, Die R.-Sagen in Mecklenbg. Dt. Jb. f. Vkde 5 (1959).

Reuessen → Tod (Totenmahl).

Reurecht → Kauf.

Rezeptionstheorie → V.lied.

Rheinisches Steinzeug. Frühes R.S. ist gekennz. durch die in der grauen → Irdenware schon bekannte Wellenplatte, den »wellenförmig nach unten herausgezogenen Standfuß« (O. A. Erich). Manche Gemälde der Niederländer zeigen aus dem Rheinld eingeführte Krüge und Becher dieser Art. S. besitzt wenig Farbe, so kam man früh zu plast. Auszier. Mit scharfen Stegen aus Buchenholz drückte man »Palmetten, Zacken, Rosetten, Rauten, Masken« (Creutz) in den Ton. Schon im MA formte man Gesichter wie auf den Bartmannkrügen von Köln und Frechen. Der Übelstand, daß auf den reliefierten Renaiss.krügen das Kobaltblau und Manganviolett schlecht haftete und durch die Salzglasur verfloß, führte zur Technik der eingeritzten Linien nach Art des Email. Das schon in röm. Zeit nachweisb. S. von Siegburg bei Bonn läßt seit dem 14. Jh. die Entw. von einfachen Formen zu den mit Reliefauflagen reich verzierten Gefäßen des 16. Jh. verfolgen, die selbst in ausländ. Kunstkammern Eingang fanden. Die → Model für die Auflagen schnitten meist Bossierer nach Vorlagebüchern, um dem steigenden Ehrgeiz der Handwerker zu genügen. Bes. beliebte Typen solcher Stempel und Matrizen wurden fabrikmäßig wiederholt. Vorbilder für anspruchsvolleren Dekor boten Kupferstiche nach Aldegrever, Beham, Flötner u. a. Nach Stieber sind die darstell.

Auflagen des R. S. »allesamt von der zeitgenöss. Graphik übernommen«.
Während Siegburg in der Entfaltung der S.technik überhaupt führend war, haben die Werkstätten von Dreihausen (das im 14. Jh. noch Eulershausen hieß; → Ton), Köln, Frechen, Raeren (bei Aachen), Langewehe, Westerwald u. a. das Handwerk zu einem Kunstgew. von kraftvoller Eigenart und gleichwohl in Formgebung, Motivwahl und Zweckbestimmung großer Vtümlichkeit emporgeführt. Die modellierten Auflagen verbinden sich in solchen Stücken nicht selten mit kalter Emailmalerei. Von dem anfangs hell- bis rotbraunen, später fast weißen S. von Siegburg unterscheidet sich jenes von Köln und Frechen durch braune Tönung, das der Raerener Kannebäcker durch ein tiefes Dunkelbraun. → Steinzeug

O. v. Falke, D. r. S. 2. Bde. 1908; M. Creutz, Die Rheinlande. 1924; K. Koetschau, R. S. 1924; G. v. Bock, Rhein. Töpferkunst. Kat. d. Ausst. Frechen 1966; H. Hellebrandt, Raerener S. 1967; K. Göbels, Rhein. S. gezeigt a. Bsp. d. Frechener Kannen-, Düppen- u. Pfeifenmacher. 1971; G. Reineking-von Bock, S. 1971.

Rheumatismus. Da die Vmed. nur die äußeren Symptome beachtet, trennt sie nicht scharf zwischen Gicht- u. Nervenleiden und R., noch weniger unterscheidet sie etwa Muskel- und Gelenkr. Volkstümlich sind allgemein Massagen und Wärmemittel. Doch sehen wir auch Methoden angewandt, die im Volksglauben ihre Wurzeln haben. Ein Ammonit wurde gegen R. getragen (Bayern). Man durchkroch das ausgehöhlte Grab (des hl. Otto in Banz, des hl. Kilian in Würzburg) oder einen Bogen des Domes (Freising). Wenn man im Frühling den ersten Donner hört, soll man sich unbeschrien dreimal rücklings niederwerfen und → wälzen (Oberfranken, Oberpfalz), auch beim ersten Anblick eines → Storches (Rheinpfalz). Auch Abbacken des »Kaltvergifteten« od. Beschwören des → Flusses wird angewandt. Von Landschaft zu Landschaft wechselt die volkskundlich noch wenig geklärte Namengebung. »R. ist im steirischen Volke ein Sammelbegriff für allerlei Schmerzen, während wiederum rheumatische Leiden speziell als ›Gall‹, ›Gicht und Gall‹ bezeichnet werden« (Hovorka-Kronfeld, Vgl. Vmed.). → Durchziehen, backen, Gicht.

Kartogr. VAN 17. Vmed., Wallfahrt.

Richtfest, Richtemai, Haushebung, Aufrichtung u. ä. heißt die Feier, mit der → Handwerker in Gemeinschaft mit dem Auftraggeber und Besitzer den Abschluß der Bautätigkeit begehen, die in der Dachstuhlsetzung ihren vorläufigen Ausdruck findet. »Der Brauch erweist sich als äußerst zäh und lebenskräftig und blüht in praller Frische auch in unserem brauchfeindlichen Zeitalter« (Kramer), wobei neben dem Materiellen durchaus auch die Trad.stärke des Volks der → Zimmerleute mitspricht. Im Norden ist die Richtkrone (→ Krone), in Süddtl. das verzierte Tännchen das Festzeichen und Glückssymbol, das meist vorn am Giebel seinen Platz findet. Am 28. 9. 67 zogen die Betonbauer am Ostberliner Fernsehturm statt der R.krone eine 15 m hohe Eiche zur obersten Plattform des Betonschaftes empor. Früher wurde ein weiter Kreis in das Rf. einbezogen: die Sippe und die Freundschaft, Nachbarschaft und die Leiter der kirchl. und der Gemeindebehörden. Wohl wurde auch in gemeinsamer Arbeit die Eindeckung des Daches vollzogen, ehe man sich zu Mahl und Trunk begab. Ähnlich wie die Übergabe der Erntekrone durch die Schnitterinnen vollzog sich die

Aushändigung der Richtkrone durch die »Kranzmädchen«. Auch aus literarischer Gestaltung (Goethe) ist der Richtspruch bekannt, den der »Polier« (= Parlier = Sprecher) oder der Zimmermeister auszubringen hat. Unglück bedeutet es, wenn das Glas, aus dem die Gesundheit getrunken wurde, beim Wurf nicht zerschellt.

An das Rf. knüpft sich auch die norddt. Sitte der → Fensterbierscheiben. Es sind kunstreich gefertigte Fensterscheiben mit Darstellungen eines Paares (die Erbauer oder die Geber), eines Wappens, eines Berufszeichens usw. Der Name rührt davon her, daß zu einem Gemeinschaftsbier geladen wurde, sobald das Haus die Fenster erhielt.

Im Lippeschen heißt die Haushebung → Hillebille oder Hillebilleklоppen. »Die Teilnehmer setzen sich zu je zwei, drei oder vier Mann in eine Reihe, wobei dann die beiden am rechten Ende sich gegenübersitzenden Männer den Takt angeben. Zum ›Kloppen‹ dienen Beile und Äxte, die man auf ein dikkes Stück trocknes Buchenholz, einen sog. Post, der auf die oberste Balklage gelegt wird, niedersausen läßt ... Durch verschiedenes Wechseln dieser Schlagarten entsteht große Vielseitigkeit, und geschickte Gesellen können die Zuhörer bis tief ins Land hinein – denn der Schlag klingt weit über Berg und Tal – unterhalten. Von Zeit zu Zeit wird eine Pause gemacht; in der ersten Pause beginnt für gewöhnlich der Zimmergeselle oder Zimmermeister eine Rede« (Wehrhan).

Der Kern des Rf.brauches ist spätmal. (Windsheimer Stadtrechng. 1400; Nördlingen 1512; Ulm 1535: Hebwein; Dinkelsbühl 1437: Niederfall). Der Vermerk zum »Grundbeschluß oder Fürstwein« in der Bayer. Landesordn. von 1553 deutet auf älteren Rechtsbrauch. Vom alten Rf. kommt auch die wesentl. Anregung für allg. Arbeitsabschlußfeste beim Bau von Straßen, Tunnels, Brücken heute. Das kräftige Leben des Brauches beweisen auch die zahlr. Angaben, die der ADV auf seine das Rf. betreff. Frage 188 nach 1930 erhielt. Verbr. Bez. sind Rf. (R.feier, R.schmaus), Aufricht, Hebefeier (Hebschmaus, -mahl, -bier, Hebauf), Niederfall, Aufschlagen, Gleichung. Von Bez. des R.zeichens wurden dem ADV u. a. genannt: Aufricht-, Hebe-, Aufschlag-, First-, Giebel-, Gleichungs-, Niederfall-, Christ-, Baubaum; Bau-, Gleichungs-, Hebe-, Zimmerbusch; Fichte, Tännle, Wedel, Birke, Putz oder, mit Bezug auf den Brauch: Spruchbaum, Schmuckbaum, Glücksbaum, Maibaum. → Haus, Bauopfer, Erntefest, Handw.lied.

P. Sartori, Sitte u. Brauch, 2. Bd., 1911; K. Wehrhahn, Haushebung oder Hillebille im Lipp.; J. Meier-Fs., 1934; E. Weiß, Heut ist R., 1937 (Weihen des 1. Nagels, »Seilen« d. Bauherrn, Kranz u. Schandbesen); A. Bruder, Zünftige Richtsprüche f. Bauwerke aller Art, 1952[3]; K.-S. Kramer, Bez. u. Formen d. Rf. in Franken. Bayer. Jb. f. Vkde (1961); Zum Rf. in Schleswig-H. vgl. Kieler Bll. z. Vkde 1 (1969) (3 Karten); Weit. Lit. → Handwerk u. Zimmermann.

Rickelbusch → Salbei.

Riebel → Speis u. Trank.

Riesen. Die germ. Mythol. kennt R. (altnord. *jötnar, thursar*) als Gegengestalten der Götter und Lichtwesen. Im Gebirge liegt ihr Reich, Jötunheim, R. mahlen die Gold- und Glücksmühle des Königs Frodi. In der Unterwelt herrscht die riesische Hel. R. als → Geister des Gewittersturms, des Nebels und der Felsenwildnis sind den → Sagen bis heute vertraut. Besonders in Norddtl. (Findlingssteine, Hünengräber) erzählen viele → ätiologische Sagen von R.werken und von

R.- oder Drachenknochen, die in Wirkl. von ausgestorbenen Dickhäutern stammen. (Schon der hl. Augustin hat einen Mammutzahn für den Backenzahn eines R. erklärt). Die nord. und unsere mhd. Dichtung übernahm die Vorstellung von R. aus dem Volksmythos. Wie bei der Entstehung der Zwergsagen dürften auch hier Beobachtungen verschiedener, rassisch bedingter Körperverhältnisse mitgewirkt haben. So weisen R.sagen in Süd- und Mitteldtl. auf den Norden. Es ist mehrfach bemerkt worden, daß die R. im Volksglauben eine verhältnismäßig geringe Rolle spielen. Jedenfalls werden sie viel seltener genannt als → Elfen, → Zwerge u. andere Naturgeister. Die R. empfangen auch keine Opfer wie jene. Nicht selten ist der → Teufel Ersatzgesalt der R. geworden (Teufelsbauten).

R.gestalten des städt. Brauches sind die → Roland-Säulen (→ Recht) wie die sogen. Umgangsriesen, Proz.figuren relig. Gemeinsch., später der Zünfte und bes. Gewerksch. Ihre Verbr. im ehemals niederl., im iber. und mittelösterr. Brauch hat Kl. Beitl untersucht und kartogr. dargestellt. Insbes. die Entw. des Brauches in Douai wurde von den frühesten Zeugnissen um 1530 bis heute in genauer, auch bildl. Bestandsaufnahme verfolgt. Der Zus.hang dieser Umgangsr. mit der Gesamtersch. des figuralen Umzugsspiels (→ Vschauspiel) bedarf noch der Erfg. → Masken.

J. Grimm, Dt. Mythologie. K. Weinhold, Die R. d. germ. Mythus. 1858; K. Helm, Altgerm. Rel. gesch. Bd. 1.; E. H. Ahrendt, Der R. in d. mhd. Epik. Diss. Rostock 1923; F. Mößinger, Der R. im Brauchtum. Oberdt. Zs. f. Vkde 11 (1937); R. Meurant, Les géants proc. de Wallonie. Brüssel 1953; Kl. Beitl, Die Umgangs-R. Vkdl. Monogr. e. europ. Maskengestalt. 1961; ders., Feguras de gigantes. Rhein. Jb. f. Vkde 15/16 (1965); Comité d'Etude des Géants Processionnels . . . (Belgien) Studien v. R. Meurant. Tagung 1963 in Mecheln; Kartogr. ASV 249, 252 R., Starke Männer.

Rilpe → Wasserg.

Rinaldo R. → V.buch.

Ring, das alte Wort bez. urspr. alles Kreisförmige. So trägt diese Bez. z. B. heute noch die Schweizer Landgemeinde (Kt. Appenzell). Der R. besitzt damit die mag. und symbol. Bedeutung des → Kreises. Er ist das Zeichen der Bindung und der Ewigkeit. In der europ. Vorgesch. waren alle Formen des R. (außer dem Nasenr. der Primitiven) bekannt: der R. am → Finger, der → Ohr-R., der Armreif u. a. R. und R.stücke wurden auch wie Geld gebraucht. Die Ritter des MA trugen Gelöbnis- und Schuldr., auf Armr. schwur man Eide.

Den Verlobungsr. gaben der Grieche, Römer und Germane dem Vater (oder ältesten Bruder) der Braut als Zeichen des Vertrages (urspr. des Kaufes). Erst im christl. MA erhielt die Braut selbst den R., das »Fingerlin« oder die »Handtreue«. Gegenseit. Ringtausch wurde erst Ende des 12. Jh. Brauch. Eheringe kamen auf, als im späteren MA die kirchl. Eheschließung an Bedeutung gewann. Wert des Metalls (→ Gold), Farbe (→ gelb, Gelbsucht) und Form kennz. den R. im gesch. und gegenw. Brauch und Glauben. Beim Wahrsagen mit dem Pendel wird ein goldener Ehe-R. an den Faden oder das Haar gehängt. Damit die Seele entweichen kann, um die Bindung zu lösen, wird dem Toten vielfach der R. abgezogen. Er ist ein starkes Mittel gegen allen Zauber. Als Sicherung gegen das gefürchtete → Nestelknüpfen galt das Harnlassen durch den Ehe-R. Nach H. Stuppäck hat der Dichter J. Weinheber einmal geäußert, bei seinem Buch »Adel und Untergang« habe der Titel den Erfolg entschieden, da »die Vokalfolge in

A. u. U., A-E-U-U-E-A, ein magischer R. sei«, dessen Wirkung sich niemand entziehen könne (Salzbg. Nachr. 13. 4. 60).

F. Schneider, Die Gestalt d. R. v. MA. b. in d. Neuzeit. 1878; W. Jones, Finger-R. Lore. [3]1898; C. Edwards, History and Poetry of Finger-Rings. 1880; O. Zallinger, Die R.gaben bei d. Heirat u. d. Zusammengeben im mal. dt. Recht. 1931; H. Battke, Gesch. d. R. 1953; J. Kutschmann, Vtüml. Finger-R. Rhein.-westf. Zs. f. Vkde 11 (1964); O. Holzapfel, Zur Phänomenol. d. R.brauchtums. Zs. f. Vkde 64 (1968).

Ringelblume (Ringelrose, Gilke, Studentenblume; *Calendula off.*) Gelb blühendes Sommergewächs der M.meerländer, in Dtl. im Garten gezogen. Wohl wegen des scharfen Geruches viel als Leichenschmuck und als → Grabblume verwendet (Totenblume). Auf Farbe, Form und Blütezeit weisen die V.namen Sonnenwende, Haussonnenwirbel. Der Name Brügamsblom erinnert vielleicht daran, daß sie (nach → Bock) *ad veneficia amorum* dienlich war und von etlichen Weibern »zu der Bulschaft« gebraucht wurde. Die Blüte, die vom Morgen an dem Lauf der Sonne folgt und sich zur Nacht schließt, verkündet mit Sicherheit Regen, wenn sie sich am Morgen nicht öffnet. Saft der Blätter ist heilsam auf Wunden, Tee davon (Goldrosentee) hilft bei Magenbeschwerden. Die Blütenfarbe empfiehlt R.tee bei → Gelbsucht. Mit getrockneten Blüten wurde früher wohl Safran verfälscht.

Ringen. Der Zweikampf ohne Waffen war vielen Naturvölkern wie der Antike bekannt. Die »Palästra« war eine Ringkampfschule, und bei den Olymp. Spielen brachte im Fünfkampf das R. die Entscheidung. Im MA kunstgerecht betrieben, verfiel bei uns diese Leibesübung im 30jährigen Krieg. (Abb. aus einem Lehrb. d. R., 16. Jh.). Schon Auerswald unterschied eine körperschädigende Form des R. von einer sportl.-gesell., die allein von den Turnvätern und Philanthropen (Guts Muths, Vieth, Jahn; → Vspiel) Anfang des 19. Jh. wieder empfohlen wurde. Auch im Rahmen bäuerl. Vfeste (→ Kirmes, Jakobus) der Alpenländer ist das R. (Ranggeln, Hanggeln) neben dem wilderen Raufen und Robeln als sportl. Kunst überliefert. Olymp. Spiele des einf. Volkes sind bes. die Ring- und Schwingtage der Schweiz. Die Appenzeller Weid- und Alpstubeten (→ Spinnstube) versammelten viel Volk zu R., Tanz und Musik von Geigen und → Hackbrett (→ Schwingen). In Tirol war öffentl. R. am Kirta (Kirchtag, Kirmes) Ehrensache der Gaue. Der berühmte Ringkampf am Maximilianstag im steir. Niederwölz schloß mit einem nächtl. → Schwerttanz von 100 Männern. In Braunschweig

hielten fast zunftmäßig zus.geschlossene Hirtenjungen zum Beginn der Weidezeit (→ erster Austrieb) ihr Wettr. ab.

R. gehört zum Übungsprogramm der Dtn. Turnerschaft wie vor allem des dt. Athletik-Sportverb. von 1891 (1928 etwa 120000 Mitgl. in 835 Vereinen) und des Arbeiterathletenbundes Dtlds von 1906 (1928 etwa 45200 Mitgl. in 1205 Vereinen).

Waßmannsdorff, Die Ringkunst des dt. MA, mit 119 Ringerpaaren von Albrecht Dürer. 1870; Fabian v. Auerswald, Ringerkunst, 1539. Neu hg. v. Wasmuth. 1888 (Vgl. Abb.); K. Meuli, Der Urspr. d. olymp. Spiele. In: Die Antike. 17 (1941); K. Nusko, Hagmoar vom Hund-Stoa. Ein Rangglerbuch 1972. (Salzbg.)

Ringkreuz → Radkreuz.

Ringreiten, R.stechen. In dem in Norddtl. geübten bäuerlichen R. hat sich eine Spielart des ritterlichen → Turniers aus der Reformationszeit erhalten. Zwischen zwei Pfählen wird an einem Seil ein Ring aufgehängt, nach dem der Reiter mit einer Lanze sticht. In Schleswig-Holstein zielt man dabei nach drei Ringen. Wer sie alle drei zuerst herunterholt, ist der König; wem es dagegen überhaupt nicht gelingt, einen Ring abzustechen, der ist der »Mönch« und muß ein Strohseil um den Leib tragen. Auch auf der Insel Sylt ist das R. (Juni-Juli) noch leb. Brauch (z. B. Morsum 1967). Das Keitumer Ringreitercorps besteht schon mehr als ein Jh. – Aus Dtl. wohl kam das R. auch nach den USA, wo es z. B. im Staat Maryland als Nationalsport gepflegt wird (1968 Turnier in Washington). – Vom alten R. leitet sich schließlich auch das R. auf dem Karussel her, wie es uns schon aus dem 17. Jh. überliefert ist. Die höf. Linie des Brauches klang aus im »Wiener Kongreß als letztem noch gesamteurop. Hoffest mit Ringelstechen und Reitercaroussels« (Kretzenbacher). → Reiterspiele, Pfingsten.

L. Kretzenbacher, R., Rolandspiel u. Kufenstechen. 1966.

Ringtanz → Vtanz.

rites de passage → Initiation.

Rittberg.Hochzeit → Thomas.

Ritter → Georg.

R.spiele → Vspiel.

R.sporn → Garten.

Rituale → Ritus.

Ritus, (v. lat. *ritus* = Religionsbrauch, Zeremonie, Sitte). Auf der Ebene des Volksglaubens entspricht dem R. unser Wort Brauch. Manche Kirchen geben Regelbücher des R. heraus. Die Sakramente, Segnungen usw. der katholischen Kirche regelt seit 1614 das *Rituale Romanum*, dem häufig ein *Proprium* beigefügt wird, das nur diözesanweise gilt u. in dem landschaftlicher Brauch sich mit dem kirchlichen R. eng verbindet, z. B. bei der → Aussegnung, bei der Weihe der Palmen am → Palmsonntag, bei der Weihe des Johannisweins (→ Johannes d. Ev.) usw. → Liturgie.

L. Eisenhofer, Handb. d. kath. Liturgik, Bd. 1, S. 32; K. Lorenz, Phylogenet. u. kulturelle Ritualisation. Vgl. dazu W. Hävernick, in: Beitr. z. dt. V. u. A.kde. 10 (1966).

Robinson → Vbuch.

Robot, das tschech.-poln. Wort *robota* ›Frondienst‹ (von *rabu* ›Knecht‹) wird im 14. Jh. übernommen, vor allem im östl. Dtl. und im alten Österr.-Ungarn, wo die R. erst 1848 gesetzlich aufgehoben wurde. Von R. kommt die moderne Bez. des ›Maschinenmenschen‹ als R.er.

G. Grüll, Die R. in Österreich. 1952 (R.kalender d. einz. Herrschaften).

Rochus, hl. (16. August). Tertiarier des Franziskanerordens, als Pfleger der Kranken (»schwarzer Tod«, »englischer Schweiß«), um 1295 – um 1327 in Montpellier. Das Konstanzer Konzil rief ihn gegen die ausgebrochene → Pest an. In der Folge wurden ihm viele Kirchen und Spitäler gewidmet, in Italien 1415 die Bruderschaft »Scuola di San Rocco«. »Die Dichte der Sebastianspatrozinien nimmt auf dem Wege von Wien übers Burgenland, über Steiermark, Kärnten und Slowenien nach Südwesten hin im gleichen Maß ab, wie jene der Kultentsprechungen für St. Rochus zunimmt« (Kretzenbacher). R. wird abgebildet mit Pilgerstab oder Hund, meist mit einer Wunde am Knie; auch mit Engel oder Kranken. Er ist (neben den Heiligen Rosalia und → Sebastian) Patron der Pestkranken und der Haustiere. Ähnlich wie dem hl. → Leonhard oder → Stephan wird Geflügel oder Vieh seinem Schutz unterstellt, indem es um die Kirche geführt oder getragen wird. Eine berühmte und auch volkskundlich wertvolle Brauchtumsschilderung gab Goethe im »St. R.fest zu Bingen«, das er 1814 miterlebte.

Rockenbriefe, Wockenblätter. Um das Flachsbündel auf dem Rocken fest- und zusammenzuhalten, umgaben es die Mädchen mit den bunten Bändern der Rekruten oder mit einer Papphülse, die eine kleine → Minnegabe oder ein Geschenk der Freundin war mit Widmung und Spruch. In Süddtl. waren R. weniger üblich und wurden z. T. (z. B. in Vbg.) durch geschnitzte und bemalte, von Tierfiguren bekrönte Holzpfeile ersetzt. → Nadelstichbilder, aber auch einfache Tapete oder gekreidetes Buntpapier dienten als R. Nürnberger Verleger von → Bilderbogen lieferten schlichte → Holzschn. mit Stanniol oder Golddruck auf farbig gestrich. Papier. Thema waren das Landleben, romant. Märchen, Alphabet, Zwergengest., Heilige (oft in Wiederholung aufgedruckt) oder – bei Gustav Kühn in Neuruppin – auch Szenen aus dem galanten Biedermeier.

R. Andree, Braunschw. Vkde. 1901.

Rocken-, Wockenstab → Spinnr.

R.gang → Spinnstube.

Rockenphilosophie. Die R. geht über mehrere Bearbeitungen zurück auf das frz. *Evangile des Quenouilles* (q. = Spindel, Kunkel), das Ende des 15. Jh. abgefaßt wurde. Die bis ins 18. Jh. bei uns aufgelegte R. zeigt in der bekanntesten Ausgabe 1000 kleine Kapitel, von denen sich jedes mit irgendeinem Satz des Vsglaubens befaßt und ihn in rein ration. Deutung und Erklärung entweder lächerlich macht oder in seiner sachl. (nützl.) Grundtendenz aufzuzeigen versucht.

Die gestriegelte R. oder Aufrichtige Unters. derer von vielen superklugen Weibern hochgehaltenen Aberglauben. 5. Aufl. Chemnitz 1759.

Rodel → Wachs.

Rodensteiner. Im Gersprenztal, einem Nebental des Mains im nördl. Odenwald, lebt die Sage vom R., der den Geisterzug zwischen den Burgen Schnellerts und Rodenstein anführt. Er kündet Krieg und Frieden an. Die Sage, die in den Kreis der → Wilden Jagd gehört, ist 1742 zum erstenmal belegt.

Th. Lorentzen, Die Sage vom R. 1903; F. Mößinger, Die Sage vom R. Verbr., Motive u. Enst.gesch. 1962.

Roggen → Getreide, Mutterkorn.

R.blume → Kornbl.

Roggenmuhme. R. und Kornmuhme sind die von Pommern und Mecklenburg bis nach Österr. hinunter verbreiteten Namen des weiblichen → Korngeistes, der durch das reifende Ährenfeld geht, der die Kinder aus dem Felde schreckt und von dem noch im Ernte- und Drescherbrauch die Rede ist. Wer den letzten Drischelschlag tut, hat das Roggenweib erschlagen. Ursprünglich war die R. im nördlichen Mitteldtl. bekannt. Zur weiteren Verbreitung trugen die Gedichte und Liedchen über die R. von Kopisch, Storm, Löwenberg u. a. nicht wenig bei (Lesebuch!). Die R. verdrängt vielfach ältere Namen (Kornmutter, Kornalte) und ältere Vorstellungen (→ Zitzenweib, Sichelweib, Mittagsgeister). → Ernte, dreschen, Blendung.

R. Beitl, Korndämonen. Im HDA; ders., Kordämon u. Kinderscheuche. Ms. J. J. Voskuil, De Roggenmoeder. In: Vkde 65 (Utrecht 1964); Dt. Wortatlas IV. Roggen.

R.mutter → M.korn.

R.weib → R.muhme.

Roland, der Name des sagenh. Streiters für → Karl d. Gr. wurde früh übertragen auf die großen Standbilder (R.-, Ruland-, Rutlandsäulen) aus Holz oder Stein, die auf den Rathaus- und Marktplätzen norddt. Städte (bes. mit Magdeb. Recht) → Wahrzeichen der Freiheit und Gerichtsbarkeit sind. Wie in R. ist das ahd. *hruod* ›Ruhm‹ auch in den → Pers.namen Ruodpert (Ruppert), Rudolf u. a. Aus → Volksetymologie entsprang die Form »Rügeland«. R. ist schon in ahd. Glossen auch Bez. kolossaler Gestalten und Riesen überhaupt. Besonders in Dithmarschen fanden auf dem Platz der R.säule auch städtische Feste, Tänze und Spiele statt (»um den R. streiten«). Diese Überlieferung lebt noch heute im → R.reiten. Neuerdings wurde der Versuch gemacht, die Gesch. des R. bis in die germ. Vorzeit hinein zu verfolgen. → Recht, Pfahl, Ringreiten.

G. Sello, Der R. zu Bremen. 1901; K. Heldmann, Die R.bilder Dtls. 1904; F. Jostes, R. in Schimpf u. Ernst. 1906; Th. Goerlitz, Ursprung u. Bed. der R.bilder, 1934; M. Samson-Campbell, Dtls. R.e in Gesch. und Bild, 1938; E. Frenzel, Stoffe d. Weltlit. 1962. KTA 300; A. D. Gathen, R.e als Rechtssymbole. Der archäol. Bestand u. s. rechtshistor. Deutung (= Neue Kölner Rechtswiss. Abh. H. 14); R. Lejeune u. J. Stiennon, Die R.sage i. d. mal. Kunst, 2 Bde. Brüssel 1966.

Rolandreiten. Darst. des MA zeigen, wie man zu Pferd, zu Fuß und sogar im Boot nach dem Rennpfahl (Quintana) stach. Er hatte die Gestalt eines Mannes, der in der linken Hand einen Schild, in der rechten ein Schwert oder eine Lanze hielt. Traf man den Schild, so drehte sich die Figur und versetzte dem Reiter mit Schwert oder Lanze einen Schlag auf den Rücken, wenn er nicht schnell genug davonsprengte. Auch beim R. in Holstein stellt der »Roland« einen Mann mit Schild und Speer dar, an dem ein Aschenbeutel hängt. Wem es gelingt, den Schild zu zertrümmern, der ist König. Er darf den R. bis zum nächsten Fasnachtsmontag in seinem Hause aufbewahren, wo er ihn aus der Dachluke herausschauen läßt. – Manchmal trägt die Figur auch die Züge eines Türken oder eines Grenadiers. → Reitersp., V.spiel, Turnier.

L. Kretzenbacher, Ringreiten, Rolandspiel usw. 1966.

Roman → V.buch.

Romanusbüchlein, bis heute nicht sicher datierb. → Zauberbuch, das in der Gruppe der mag. → Hausväterlit. eine Sonderstellung hat, da es neben Rezepten zur *magia naturalis* und zu Sympathiekursen überwiegend → Segen zum Nutzen des Laien enthält (Job-, Tobiassegen, Diebsbann, Laurentius-, Brand-, Wurmackersegen, Gerichts-, Waffenstellung, Raddrehen, Wacholderbusch-, Viehsegen beim Austreiben u. a.). Die Gesch. der einz. Segen ist sehr vielschichtig. Allein für den Segen »Job zog über Land« (gegen Zahn- und Mundfäule) nennen Spamer-Nickel 943 Versionen, deren älteste bekannte von Petrus am Stein (10. Jh.) stammt, eine spätere von → Thomas Ebendorfer (15. Jh.) → Geistl. Schild.

A. Spamer, R. Hist.-philol. Komm. zu e. dt. Zauberbuch. Aus s. Nachl. bearb. von Johanna Nickel. 1958.

römisch Kohl → Meisterwurz.

Romstraße → Milchstr.

Rorate → Advent.

Rose. Die Gesichtsr. war im MA eine gefürchtete, zuweilen epidem. auftretende Krankheit. Sie wurde auch Antoniusfeuer (→ Ant.kreuz), Antoniplage, Antonirache genannt.

Die R. wird geheilt durch eine getrocknete Fuchsenzunge (Oldenbg.). Feuerfunken helfen (d. d. Analogie der Farbe), wenn sie einem männl. Kranken eine Frau (bei Frauen umgekehrt) mit Stahl und Stein auf den erkrankten Körperteil schlägt. (Schlesien, Brdbg.). Der R. gelten heute (Berlin) wie früher viele Mittel (→ Holunder) und »Besprechungen« (→ Segen):

Wildes Tier, du heiße Flammen,
Geh von dannen;
Gehe durch die Höllenglut,
Dann wird's bald gut. (Birkenfeld)

Oder der Zauberspruch gibt das Bild eines Zweikampfes:

Die Rose und die Weide
Die standen beide im Streite.
Die Weide, die gewann,
Die Rose, die verschwand.

Getrocknete R.blätter werden als sog. »Rita-Rosen« von den Augustinerinnen an Wallfahrtsorten (z. B. Walldürn) verkauft zum Auflegen bei Krankheiten (R.wunder der hl. Augustinerin Rita). – Über die R. als → Pflanze, → Blume, Garten.

Schleiden, Die R., Gesch. u. Symbolik. 1873. R.zeitung seit 1885; Kartogr. VAN 15 Wallfahrt.

Rose von Jericho *(Anastatica hierochuntica).* Die R. v. J., auch Weihnachtsrose, -blume, Weinrose genannt, eine zu den Kreuzblütlern gehörige Pflanze, hat den Namen vermutlich nach Sirach 24, 18, wo Rosen um Jericho erwähnt sind. Sie wächst in Ägypten, Palästina und Arabien, von wo sie auf dem Handelsweg, früher durch Pilger, im MA. nach Dtl. kam. Eine Art wächst wild in den Alpen. Der Glaube an die heilkräftige, besonders auch die → Geburt fördernde Wirkung der R. v. J. wurde und wird gespeist von dem Staunen über das langsame Sichöffnen (»Aufblühen«) und Ergrünen der anscheinend verdorrten Blätter bei Zutritt von Wasser (in der Christnacht). Aus der Art des Sichöffnens der Rose wird auf Ernte, Wetter und Weinwachs (Rheinpfalz) geweissagt. Daß die R. v. J. besonders im alemannischen Volksglauben zu Hause ist, führt Marzell (HDA 4, 657) auf die Emsigkeit örtlicher Pflanzenhändler zurück. In Berlin (1935) wurde die R. v. J. auf dem Wochenmarkt als »Wunderrose aus der Bibel« angeboten als Mottenmittel (trocken), als Rauchverzehrer und Luftverbesserer im Schlafzimmer (geöffnet), als Nervenstärkung (im Badewasser). Der Absud heile »Ausschlag«, geschwollene Füße und Haarausfall. Der Preis war je nach Größe 0,60 RM. und 1.– RM. »für kleine Bäder oder für Vollbäder«. Der Händler erzählte, in seiner Familie werde eine R. v. J. seit 70 Jahren aufbewahrt.

Rosenapfel → Heckenrose.

Rosengarten, Garten mit Rosen, im MA oft Name von Turnierplätzen (Kampf Siegfrieds mit Dietrich von Bern im R. zu Worms; Laurins R.). R. heißen auch → Friedhöfe (in Schlesien diejenigen der Nichtkatholiken), nach den → Grabblumen od. weil R. auch Himmelreich bedeutet. Im alten Italien feierte man im Mai die *Rosalia:* Rosen wurden verteilt oder damit Gräber bekränzt (*pratum rosalium* = R.) K. Ranke betrachtet den R. (auch R.berge, R.täler, R.gassen) als Äußerungen einer Gemeinschaftskultur, für die »Totenpflege, Recht und kultisches Spiel eine Wesenseinheit war«. → Konfession.

E. Fehrle, Garten, Rose und R. im dt. MA. Diss., 1922; K. Ranke, R., Recht u. Totenkult, 1951.

Rosenkönig → Peter u. Paul.

Rosenkranz (lat. *Rosarium*). Die Marienleg. d. 13. Jh. gab den Namen R. für eine Gedächtnishilfe der → Vfrömmigk. Die Leg. liegt dem von A. Dürer 1505 im Auftrage der dt. Kaufleute in Venedig gemalten (für deren Altar in San Bartolomeo bestimmten) »R.fest« zugrunde. 55 Perlen (Patern; alem. Botera) aus Buchsbaum, Metall, Glas u. dgl. deuten die 5 Vaterunser und 5mal 10 Avemaria an, aus denen sich der »freudenreiche« (Marienleben), d. »schmerzhafte« (Kreuzweg) und der »glorreiche« (Auferstehung u. Himmelfahrt) R. je zusammensetzen. Im Spät-MA. ist diese Form der »Gebetshäufung« erreicht, seit dem Ende d. 16. Jh. ist sie vtüml. Auf Altären und Grabmälern finden wir den R. oft dargest., wobei 5 rote Rosetten das Ml., 5 blaue den Kw. und 5 goldene A. und H. symbolis. Alle drei R. zusammen machen einen »Psaltner«. Oktober ist der R.monat, das R.-fest am 1. Sonntag (seit 1573). Besonders geschätzt ist der »hochgewiehene« R., auch einer, der vom Papst selbst gesegnet oder an ein berühmtes Gnadenbild angerührt wurde. Wallfahrtsbilder finden wir oft dicht behängt mit gespendeten R. Der R. bannt in vielen Sagen Zauber und Hexenwerk und hat oft die Geltung eines → Amuletts. Dem Gläubigen wird der R., um die Hände geschlungen, mit ins Grab gegeben. Wie die einzelne Perle (Pater) trägt auch der ganze (indischen und islamischen Gebetsschnüren verwandte) R. als »Noster« den Namen vom Vaterunser (lat. *Pater noster*). Daß der R. auf den hl. Dominikus zurückgeht, ist Leg. Der eigentl. Propagator des R. war der Dominikaner Alanus de Rupe (de la Roche; 1475). → Satorformel, Luther.

F. M. Willam, Die Gesch. u. Gebetsschule d. R., 1948; W. Kirfel, Der R.-Urspr. u. Ausbr., 1949; G. M. Ritz, Der R. 1962 (Gesch., Herst., Gebrauch); H. Grünn, R.e in O.öst. Gugitz-Fs. 1954; E. Wilkins, The rose-garden game. The symb. background to the European prayerbeads. London 1969.

Rosensonntag → Lätare.

Rosinenbaum → Weihn.baum.

Rosmarin, der Name der am M.meer wild wachsenden, duftenden Pflanze kam im 15. Jh. zu uns (*roßmarin*, Nürnbg. 1482; *rosenmarin*, Augsbg. 1486; aus mlat. *ros marinus* ›Meertau‹) und wanderte von da in Nachbarsprachen (afrz. *rosmarie*; engl *rosemary*; Kluge-Mitzka, Et. Wb.). Die Griechen benutzten R., neben Lorbeer, als Schmuckpflanze im Kult und als Arznei. R. war der Aphrodite heilig wie die → Myrte. Noch jetzt macht ihn der starke Geruch zum Apotropaikum bei Hochzeit und Begräbnis. Der Bräutigam trägt ein R.reis am Rockaufschlag, die Braut in Schäppel oder Kranz, der Spielbub nach der Rekrutierung auf dem Hut. Der alte Montaf. Brautschäppel besteht ganz aus R.sprossen. Mädchen wurde oft schon bei der → Geburt ein R. gepflanzt. Er wurde gehütet als Symbol des Glückes und der Liebe (→ Sympathie). Als → Lebensrute verlieh sein Schlag Fruchtbarkeit (Vogtland, Franken, Oberpfalz). Ein gutes Zeichen war es, wenn nach der Hochzeit in den Garten gesteckte R.zweiglein Wurzel schlugen. Welkte ein solches schon bei der Trauung, dann kam der Leumund der Braut ins Wanken. Früher wurden auch → Totenkronen aus R. geflochten. In Gaschurn (Vbg.) hatten die Sargträger noch nach dem 2. Weltkrieg R. an Hut und Rockaufschlag. Im Hochzeitsbrauch bes. wurde der R. von der »jüngeren« Myrte verdrängt.

R. Pieper, Vbotanik. 1897; H. Marzell, Die heim. Pflanzenwelt in Vbrauch u. Vglauben. 1922.

Roß → Pferd.

R.huf → Huflattich.

Roßkastanie (R.nbaum; *Aesculus hippocastanum*). Die im 16. Jh. aus dem SO eingeführte R. bezeugt das New Kreuterbuch von P. A. Mattioli (Prag 1563): »Die Türken nen-

nens Roßcastanien, darumb das sie den keichenden Rossen sehr behulfflich sindt«. Abgesehen von der Bed. der Früchte als → Spielzeug (Tiere, Ketten) oder als Material großer »Mosaiken« auf Plätzen (Naumburg), finden sie noch, in der Hosentasche getragen, vielfach Verwendung als Rheumatismus- und Ischiasmittel. Die Baumrinde wird bei Fieber (auch zum Gerben), das Holz für Spielwaren benutzt.

H. Marzell, Wb.

R.wut → Nutzen.

Rost, Röste. In den Gemälden der N.länder bes. begegnen wir häufig dem R. als Gerät in der Küche und auf offenem Markt (Fasnachtsbild v. P. Breughel). Das Univ.-Lex. von 1743 definiert: »Rost ist ein viereckiges, eisernes Gatter auf vier Füßen stehend und mit einem langen Stiel versehen, worauf man Lerchen, Picklinge, Lammsköpfgen, Würste, Brodt, Semmel und andere Sachen zu braten oder zu rosten, das ist braun über dem Kohlfeuer anlaufen zu lassen pfleget«. Nach W. Bernt sind die Vorgänger der im 14. Jh. verbreiteten R. die aus runden Weidenstäben geflochtenen, die nicht über offenem Feuer standen. Das »Buch guter Speise« (14. Jh.) empfiehlt noch den hölz. R. zum Braten von Hecht, Aal und Ferkel. Auf den R. aus Holz geht wohl die Viereckform des eisernen zurück. Um 1500 scheint auch der runde R. bezeugt, der zuweilen auf einem Dreifuß drehbar war. Sonderformen sind der Drehr. für Würste und der Doppelr., der den zu bratenden Fisch wie ein Käfig umgibt. Der Fischr. mit seinem engen Eisengeflecht in Gestalt eines Fisches findet sich auch in süddt. Puppenstuben. Die durch reiches Rankenwerk gekennz. Fischr. der Waterkant wurden ähnl. auch in den Alpen geschmiedet. – Dem R. in Werkstoff und Technik verwandt sind die Untersätze für Bügeleisen und die → Pfannenknechte.

W. Bernt, Metalle in der Vk. In: Spamer, Vkde.

Rot ist die Farbe des → Blutes, des → Herzens und der Liebe. Auch das → Feuer stellt die Vk. r. dar. In kirchlichem (Meßgewand) und weltlichem Kult und Brauch ist R. die Farbe des Jubels, der freudigen Bewegung. Ihr tiefer Symbolwert und die natürliche Leuchtkraft machen das R. zur apotropäischen Farbe schlechthin. Die Neidflekkerln am Pferdegeschirr und im Stall, am Kindeskleid und Brautwagen, Amulettbänder, Schleifen und Streifen verschiedener Bestimmung sind r. Wie besonders auch → Gelb wird R. und R.es im → Analogiezauber vielfach verwendet. R.lauf, Antoniusfeuer, Rose werden mit Heilmitteln gleicher Farbe sympathetisch geheilt. – In der Vk. hat R. eine bevorzugte Stellung, die in manchen Landschaften (Darß) so betont ist, daß man von einer r.en »Farbenprovinz« sprechen kann. – 1848 wurde R. die Farbe »des äußersten Radikalismus«. Heute ist es ganz allg. die Symbolfarbe sozialist. Staaten und Parteien. (»Lieber r. als tot«). → Neid, böser Blick, berufen, Amulett, Farbe, Fahne.

roter Glaskopf → Blut.

Rothaarige gibt es überall, am häufigsten jedoch in Europa und hier wieder bes. bei Finnen und Germ. (Andree). Das bekannte Vorurteil gegen R. stammt wohl nicht aus antiker Anschauung (Elbles) oder aus dem Vorbild des Reineke → Fuchs im alten Tierepos (Wackernagel), sondern aus der Stellung einer Minderheit und aus der Psyche und Konstitution der R. selbst (empfindlich, zornmütig). Obwohl in einer Früh- und Primitivschicht → rot gleich ›schön‹ und die Farbe ein starkes Apotropaion ist, konnte eben aus letzterer Bed. der Sinn ›gefährlich, böse‹ entstehen (Niedermaier). Anderers. gilt der R. in V.buch, Film und moderner Lit. als triebstark und dämon. – leidensch. Der Vmeinung begegnen wir schon bei Konrad von Würzburg (+ Basel 1287), der von Kaiser Otto sagt:

Er hete roetelehtes hàr
und was mit alle ein übel man,
sin herze in argem muote bran.

Ein R. ist des bösen Blickes verdächtig. Noch immer gelten Schelte wie die bayer.: Rotfuchs, roter Gimpel, Feuerbeitl, roter Siach, rote Fuchtl, gfuchstes Luder u. a. Ein R. ist unzuverlässig wie → Judas. Früh meldeten sich aber auch Gegner des Aberglaubens (A.a Santa Clara; der mittelfränk. Pastor Zimmermann; → Predigt). Der Schweizer Gotthard Heidegger, selber ein R., hielt Ende des 17. Jh. eine »Philol. Schutzrede der rothen Haare«, weil »deß Beissens und Beschmeissens kein Ende werden will«. → Judas

Th. Lochte, Atlas d. menschl. u. tier. Haare. 1938; H. Niedermayer, Die R. in vkdl. Sicht. Bayer. Jb. f. Vkde (1963).

Rotlauf → Notfeuer.

R.gras → Schöllkraut.

Rotwelsch → Gauner.

Rübchenschaben → Finger.

Rübezahl, als Riesengebirgsgeist der Vsage seit 1550, als Orts- und Pers.name seit dem 13. Jh. bezeugt. Die von Joh. → Praetorius 1662 herausgegebene *Daemonologia Rubinzalii Silesii* (13 R.gesch.) hatte großen Erfolg, da »unterschiedliche Menschen um die Sage von R. bekümmert gewesen und gerne davon geredet, und noch viel lieber gehört haben. « Ein zweiter Band folgte mit 102, drei Jahre später ein dritter Band mit 89 Gesch. Den Abschluß bildete der *Satyrus Etymologicus,* 1672. Nach K. de Wyl ist vieles bei Praetorius echte Volksüberlieferung, anderes stammt aus Faustbüchern usw. R. ist eigentlich »Rübenzagel«, wie in Schlesien noch heute Zahl, Zoal, Zeul Bez. von Schwanz, Ende, auch der letzten Garbe oder des Ährenrestes bei → Ernte und Ausdreschen ist. → wilde Jagd, Bergmann (Lit.).

R. de Wyl, R.-Forschungen, 1909; G. Jungbauer, Die R.sage, 1923; ders., Der Berggeist R. In Schles. Jahrb., 1928; W.-E. Peukkert, Die Sagen vom Berggeist R., 1926; A. Moepert, Die Anfänge d. R.sage, 1928; J. Klapper, Der schles. Berggeist R. 1936; Praetorius, R. Neudruck, 1968.

rücklings, rückwärts gehen → umgekehrt.

Rugguser → Jodeln.

Ruhesäfte → Nachtweinen, Mohn.

Ruhhaus → Asyl.

Ruhrwurz → Blutwurz.

Ruklas → Advent, Nikolaus, Weihn.

Rummelpott, Reibtrommel. In den Niederl. und an der dt. Nordküste, vereinzelt in Mitteldtl. (Anhalt), ferner in Kärnten und Steierm. bekanntes Lärminstrument, das Kinder auf ihren → Heischegängen zu Martini und in den Zwölften, aber auch Burschen bei Maskenumzügen mitführen. Ein Topf wird oben mit einer Schweinsblase überzogen und darin ein Stock oder ein Büschel Pferdehaare befestigt. Reiben am Stock oder Schwingen des Gehäuses (»Waldteufel« des alten Berliner Weihn.marktes) erzeugen einen dumpfen, brummenden Ton (»Horniskrug«, »Büllhafen«). Wir finden den R. auf den Bildern von P. Breughel d. Ä., Franz Hals, Jan Steen u. a. In Ch. de Costers »Ulenspiegel« ist er genannt. Auch zu den Ausrufen des Stadtpoliz. diente der R. oder Bettlern als Begleitung zum Dudelsack. Das von der Karte des ADV ausgewiesene Vorkommen des R. in den Randgebieten (W, N,

S) deutet auf früher weitere europ. Verbr. hin. → Vmusik.

L. Kretzenbacher, Südosteur. Primitivinstr. vom »R.«-Typ in vergl. musikkdl. Fg. In: V.mus. Südosteur. 1966.

Rundfunk. Durch Staatssekr. Hans Bredow, den »Vater des dt. R.«, 1921 eingeführt, hat diese Bez. über das Fremdwort Radio gesiegt. 1970 zählte die BRD 17 Mio R.empfänger (Geräte). Als »echter Bestandteil des V.lebens« (Riedel) verlangt der R. vkdl. Beobacht. und Unters. der Verbr., des Gebrauches, der Auswahl, des Einflusses und der Beurteilung von Gerät, Sendung und Programm. Dieser Aufgabe wie der prakt. Sendearbeit dienen bes. seit 1945 Arbeitstagungen (Passau, Bern, Nürnberg u. a.; zuletzt 1971 in Falkenstein/Taunus) und deren Berichte. → Film, Ferns., Lehnwort.

W. Hagemann, Fernhören u. Ferns. 1954; Öst. Zs. f. Vkde 60 (1957); B. Müller, 8. Arbeitstag Vkde u. R. Schweiz. Arch. f. Vkde 59 (1963); W. Hävernick, R. u. Vkde. Beitr. z. dt. V. u. A.kde 4 (1959); K. V. Riedel, »Fernhören« u. V.leben. ebd. 12 (1968); D. Kiesselbach, V.kultur im Programm der Massenmedien i. Sonderheit des R. Fs. f. J. Dünninger. 1970.

Rundas → Schnaderhüpfel.

Runen(alphabet). Das ahd. und mhd. Wort *rūna, rūne* ›Geheimnis, Beratung, Schrift‹ ist vor der Diphtongierung des ū aus dem dt. Wortschatz verschwunden u. nur noch im schweiz. Wort Raun (alem. rūn), ›geheime Abstimmung‹ erhalten; das entsprechende Zeitwort raunen dagegen lebt bis heute fort. Das heute in der Schriftsprache (nicht in den Mundarten) gebräuchl. R. wurde auf gelehrtem Wege neu eingeführt im 17. Jh. (Schottelius 1663 nach dem Dänen Olaus Wormius 1636) und zwar in dem engeren Sinn ›Zeichen der ältesten nordeurop. Schrift‹.

Das älteste Ra. hat 24 Zeichen, die in späteren Systemen vermehrt (28, 33) und vermindert (16) wurden. Nach den ersten 6 Zeichen wird das Ra. Futhark genannt. Die besondere Anordnung der Buchstaben im Ra. hat vielleicht magische Bedeutung. Zahlenmagische Reihung ist auch in R.inschriften mehrfach nachgewiesen (vgl. auch die altwestnord. literarischen Quellen; »Wodans R.kunde« in der → Edda: »R. sollst du lernen/und rätliche Stäbe,/Stäbe gar stark,/Zeichen zauberkräftig«).

Als die ältesten Funde gelten die dänischen aus den Mooren von Vimose und Torsberg (um 250 n. Z.), doch ist vorchristl. Vorkommen wahrscheinlich (Helm von Negau, Steiermark; Pfriem von Maria-Saal, Kärnten). Gleich den Nord- und Ostgerm. kannten das Ra. auch die Westgerm., doch ging es hier früher unter und ist nur spärlich erhalten (meist Spangenfunde aus dem 6.–7. Jh. vom Rhein bis Ungarn). Die sogen. dt. R. unterscheiden sich nur wenig von den nord. Fast ein halbes Jahrtausend waren R. auf anglofriesischem Gebiet in Gebrauch. Bei der Übertragung der fries. R. nach England begann eine neue reiche Entwicklung bis in die Zeit um 1100. Im nord. Volk hielt sich die R.überlieferung bis in die Neuzeit. Gotländische Gräber aus dem 16. Jh. zeigen R.inschriften. Nord. Gelehrte benützen zu dieser Zeit noch das Ra. Dalekarlische Bauern in Schweden ritzen noch am Ende des 18. Jh. R. auf Geräte.

Die vergleichende Erforschung r.-ähnlicher Zeichen (die aber keine Buchstaben sind) hat Hermann Wirth durch die Sammlung aller Denkmäler einzuleiten versucht, doch ist (wie in der → Symbol-Forschung) eine fruchtbare Entwicklung durch vorschnelle und unkritische Kombination und Verallgemeinerung verhindert worden.

Auch in den → Hausmarken wurden oft R. gesucht. Wenn auch ein unmittelbarer Zusammenhang bish. nicht nachgewiesen ist, bleiben die Hauszeichen und Hofmarken gleichwohl in ihrer Technik, in ihrem zeichenhaften Sinn und wohl auch in gelegentlicher magischer Verwendung den R. benachbart. Auch die Deutung anderer Zeichen auf Fachwerk, Toren, Möbeln und Gerät in Nord- und Mitteldtl. als R. ist umstritten (→ Lebensbaum, Donnerbesen); ebenso die Frage, ob das Sternchen als Geburtszeichen von der Hagal-R. stammt.

R. dienten kurzer Mitteilung oder Aufzeichnung. Sie wurden auf Steine, Knochen oder Metall geritzt, meist wohl in Holz gekerbt, was die Seltenheit erhaltener Denkmäler erklärt. Die reichsten Funde bot der Norden: etwa 50 Inschriften im alten 24-Typen-A. in Norwegen, fast 2000 spätere Inschriften aus Schweden im dänisch-schwedischen 16-Typen-A. Die längste und in ihrem gesch. Wert unschätzbare Inschrift im alten Ra. ist die von Eggjum in Norwegen, die etwa 200 R. enthält (um 700 n. Z. geritzt).

Aus ältester Zeit stammen die Namen der R., deren Anlaut dem Lautwert der R. entspricht. Die R. f heißt schon in urgerm. Zeit »Vieh« (got. *faihu*), die R.s heißt »Sonne«; die R. t hat im Norden den Götternamen Tyr (→ Donar).

Über die Herkunft der R. gehen die Meinungen auseinander, doch ist die Ableitung aus südeuropäischen A. wohl nicht zu widerlegen. Der Däne L. Wimmer suchte das lat. A. als Vorstufe nachzuweisen, der Schwede O. v. Friesen die griech. Kursivschrift des gotischen Reiches an Schwarzem Meer und Donau, der Norweger Marstrander die sogen. nordalpinen Inschriften (böhm.-mähr. Landschaft an der röm. Donaugrenze) auf der Grundlage kelto-etruskischer und keltolat. → Alphabete, → Schrift.

Bibliographie jährlich: Arkiv för nordisk filologie (Kopenhagen); ferner: Jb. über d. Erscheinungen auf d. Gebiet d. germ. Philologie; R. Henning, Die dt. R.denkmäler, 1889; O. v. Friesen, R.schrift, in: Hoops Reallex. (Lit.); A. Spamer; in: Die dt. Vkde., 2. Bd., 1935; K. Th. Weigel, R. und Sinnbilder, 1935; K. Renck-Reichert, R.-Fibel. 1935; K. Reichardt, R.kunde, 1936; ders., Die R.schrift. Ihre Gesch. u. i. Denkmäler, 1938; Gesamtausgabe d. älteren R.denkmäler, 1939ff.; E. Behrens, Zur Herkunft d. R., 1941; H. Arntz, Hb. d. R.kunde, 1944[2]; K. Schneider, Die germ. R. namen. Vers. e. Gesamtdtg. 1956; W. Krause – H. Jankuhn, Die R.inschr. im ält. Futharh; K. Düwel, Einf. i. d. R.kunde. 1968 (Slg. Metzler).

Ruprecht → Nikolaus, Bartholomäus, Advent, Andreas.

rußiger Freitag → Fasnacht.

Rute → Lebensrute.

Rutengänger → Wünschelrute.

Rutschifengg → Fenken.

Saat, säen. Wie das Fruchtjahr mit altgläubigem Brauch beschlossen wird (→ Ernte), so wird es begonnen. Besonders an Pflügen und S. knüpften sich mancherorts noch Fruchtbarkeitsbräuche oder solche, die Unwetter, Ungeziefer, Kornbrand u. dgl. abzuwehren suchen. Altes, den → Korngeistern gewidmetes Opfer ist wohl das Pflugbrot, das den Armen oder einem vorbeikommenden Bettler geschenkt wird. Deutlich ist der alte Gedanke, wenn ein Ei oder auch Geld in die erste Furche gelegt wird, ähnlich wie man in der Christnacht einem Baum etwas in die Zweige legt. Um gute Ernte opferte man auch silberne Votivpflüge. Mit kirchlichem Segnen des Pfluges beginnt die Arbeit, mit einem kultischen Gemeinschaftsmahl auf der Tenne schließt sie (Schweiz). Das Tuch zum S. muß von der Bäuerin oder von einem Mädchen unter 7 Jahren gesponnen sein. Es soll zu Weihnachten als Tischtuch benutzt worden sein. Den → Bilwis hält man von der S. fern, wenn man die erste Handvoll Körner kreuzweise wirft. Mit Segen- und Zaubersprüchen werden Vögel, Raupen und Ungeziefer weggebannt. Im Vogtland sagte man: »Ich werfe den Samen aus meiner Hand ins reine Land, Gott behüt ihn vor Rost und Brand«. Über S.gebräuche → die einz. Getreide- und Pflanzennamen (z. B. → Kartoffel), über S.orakel → Seidelbast.

John, Saat und Ernte im Egerland, in Unser Egerland, 6; W. Mannhardt, Wald- und Feldkulte. 2 Bde., 1904/5²; Ed. Hahn, Entstehung der Pflugkultur, 1909.

Säben-, Sadebaum → Sebenb.

sacer → heilig.

Sachgüter, Realien. Unter S. oder R. versteht man im weitesten Sinn die gegenständl. Dinge im Gegens. zu Vorstellung und Wort (Verbalien). In vkdl. Betr. zählen zu den S. Haus und Hof (mit allen Bauwerken in der Dorfflur wie Zaun, Brunnen, Brücke), Möbel und Hausrat, schließlich das gesamte Arbeits-, Gebrauchs- und Brauchtumsgerät. So sieht es vor allem die ältere Vk.fg., aber auch z. B. W. Peßler in seinem Hdb. d. dt. Vkde. A Spamer hat in seiner wenig früher erschien. Gesamtdarst. (Die dt. Vkde, 2 Bde. 1934) Siedlung und Haus zwar einbezogen, sie aber in früheren Bestimm. der vkdl. Fg.aufgabe ausgeschaltet.

Zu den S. zählt unbestritten das weite Gebiet der → Vk als einer Äußerung des Vgeistes, in der über das Prakt. und Zweckbestimmte hinausgehender Gestaltungswille in Formgebung oder Auszier maßgebend und typenbildend wird. Unser Wb. beschränkt sich im allg. für das Gebrauchsgerät auf die so verstandene Vk., während sie das Brauchtumsgerät in allen seinen wesentl. Typen zu erfassen sucht. Dabei ist zu erinnern, daß in neuer Sicht (→ »Gestaltheiligkeit« im Sinne von Leopold Schmidt) manches Gerät ungeschmückt und kunstlos sein kann, aber durch eine bes. Stellung zwischen der Welt des Realen und des Myth. wie durch eine charakterist. Verbr. im kulturgeogr. Raum gleichwohl Gegenstand einer geisteswiss. verstandenen Vk. wird. Hier steht die Vk. vermittelnd zwischen kulturkundl.-ergolog. Typologie und ästhet. wie psychol. Wertung. → Ergologie.

Über S.forschung im Atlas d. dt. Vkde: G. Wiegelmann in Zs. f. Vkde (1958); Ber. d. 1. Intern. Konf. d. Landw. Museen, in: Dt. Jb. f. Vkde 13 (1967) S. 406f.; Über archiv. u. Bildquellen vgl. T. Gebhard, ebd. 10 (1964); D. W. H. Schwarz, S. u. Lebensformen, 1970 (Materielle Kulturgesch.).

Sachs, Hans (1494–1576); Sohn des Schneiders Jörg S., Lateinschüler s. Vaterstadt, später Schusterlehrling und -meister. S. verließ seinen Geburts- und Sterbeort Nürnberg nur zu einer mehrjähr. Wanderschaft (→ Handwerk). Er war Vorkämpfer der Reformation und wurde vom Weber Nunnenbeck in der Meistersingerkunst unterwiesen. Er hinterließ über 6000 Dichtungen. Wie seine Knüttelverse, die die dt. Versform des 16. Jh. waren, stehen auch die Inhalte seiner Tragödien, Komödien (Griselda, Tristan und Isolde, Der hürnen Seufrid), die Schwänke und 85 Fastnachtsspiele dem → V.schauspiel und dem Volksleben nahe, entnahmen diesem Anregungen und Vorstellungen (das böse Weib, der Narr, der Roßdieb) und wirkten auf dieses zurück. H. S. gehört zu den Dichtern der Humanistenzeit, die den Blick auf die eigene dt. Vergangenheit richten lehrten. → Franck, Fischart, Bohemus.

S. Ranisch, H. S., 1765; Gesamtausg., hg. v. A. v. Keller u. E. Goetze, 26 Bde. 1870–1908. Nachdr. 1964. Die Fastnachtspiele sowie die Fabeln und Schwänke auch in der Slg.: Neudrucke dt. Lit.-Werke d. 16. u. 17. Jh.; H. Nietschmann, H. S., 1889; French, Mediaeval Civilization as Illustrated by the Fastnachtsspiele of H. S., 1925; Röttinger, Die Bilderbogen d. H. S., 1927; H. S. Fastnachtspiele, Ausw. hg. v. Th. Schumacher, 1969.

Sachsenspiegel → Recht.

Sack → V.etymol.

Sackhüpfen (Sackzucken bei → Fischart) gehört zum festen Bestand jedes Kinderfestes. Das Sackhuppeln ist aber auch Mittelpunkt des Festes, das die erwachsene Jugend nach der Roggenernte auf dem frischen Stoppelfelde abhielt und das den Namen nach jenem Wettlauf (mit Preisen) erhielt (Rosenthal im Fläming, 1934). Hindernisläufe ähnl. scherzh. Art sind das Kochlöffel- oder Tellerlaufen – ein Stapel Teller oder ein rohes Ei im Löffel sind unversehrt ans Ziel zu bringen ; das Schaffellaufen der Mädchen (mit einem Schaff Wasser auf dem Kopf; → Schäferlauf) oder das Tabakslaufen, bei dem das Ziel mit brennender Pfeife erreicht werden muß. Dem S. näher steht das bayr. Hosenlaufen, bei dem je zwei Läufer mit je einem Bein in der gleichen Hose stecken.

Sackpfeife → Dudelsack.

Säftelehre → Ohr, Vmedizin.

Saga (plur. *Sögur*) altnord., besonders altisländ. Helden- und Bauerngesch. in Prosa, die von berufsmäßigen S.männern in mündlicher Überlieferung gepflegt wurden. Geschichtliches und Volkssagenhaftes geht oft ineinander über. Die S. sind eine hervorragende Quelle für die Kenntnis der altisländischen Bauernkultur zur Zeit der Landnahme auf Island. Aufgezeichnet wurden sie hauptsächlich im 13. Jh. Vorzügliche Übersetzungen bringt die von A. Heusler hg. Sammlung »Thule« (Verlag Diederichs).

R. Heinzel, Beschreibung der isl. S., 1880; E. Mogk, Gesch. d. norw. isl. Lit., 1904; Eine Island-S. (Inselbücherei); A. Heusler, Germanentum, 1934; K. Schier, S.literatur, 1970 (Slg. Metzler).

Sage, ahd. *saga*, mhd. *sage* bezeichnen ›Rede, Aussage‹ und auch wie ahd. *mari* (→ Märchen) ›Erzählung, Gerücht‹. Grimms Dt. Wb. belegt schon für das 14. Jh. die Bed. ›unbeglaubigter Vergangenheitsbericht‹, die jedoch erst im 18. Jh. allgemeiner und schließl. durch die Romantik und durch die Slg. der Brüder Grimm »Deutsche Sagen« (1816) fest wurde (→ Heldensage).

Die S. dient zwar auch wie alles Erzählen und bes. Schwank und Märchen der Unterhaltung im geselligen Kreis (L. Röhrich: Erzähl-, Unterhaltungss., → Fabulat), auch sind ihre Grenzen nach Stoff und Form in Fluß, aber mehrere Merkmale charakteris. sie als eigene Gattung: die S. ist meist festgelegt nach Ort, Personen und Zeit, oft bis zu Namen und Jahreszahl, sie darf deshalb Glauben verlangen und findet ihn. Sie berichtet nicht verweilend und umständlich-kunstvoll von einem »Wunder«, sondern in knapper Form von einem unheiml. Geschehen aus Über- und Unterwelt, für dessen Wahrheit oft der Erzähler als Erlebnisträger selbst einsteht. Die S. ist von tiefem Ernst erfüllt, ihr Ausgang oft verhängnisvoll (Bestrafung des Ungläub., Enttäuschung, Blendung, Krankheit, Tod). Dem Märchen ist (oder kommt) die Welt in Ordnung, der S. liegt sie in tiefem Zwiespalt. Während das Märchen mit dem Stoff spielt und ihn stilisiert, gehen die Sätze und Motive des → V.glaubens in voller Unmittelbarkeit in die S. ein (L. Röhrich: Glaubens-, Erlebniss. Memorat). Die Geheimnisse des menschl. Lebens, Geburt, Traum und Rausch, Schlaf und Tod, der Teufel als Gegenmacht Gottes, die Welt der Dämonen (→ Drachen, Elfen, Riesen, Mittagsgeister), Hellseher, Magier und Hexen, Gefeite und Banner, Frevler und Sühnende, vor allem das Heer der Totengeister (→ Arme Seelen, Leb. Leichnam), guter und böser, Geisterbegegn., Geisterorte und -zeiten, wie die mag. oder christl. Dinge, Zeichen und Worte der Abwehr beschäftigen die S. Als → ätiolog. S. bez. wir Erzählungen, die seltsame Naturerscheinungen (Mann im → Mond, Donnerkeil, Blutregen) oder rätselhafte Namen und Denkmale zu erklären versuchen. Nicht selten nimmt diese S. Züge eines Märchens an (Marienleg.).

Von den Sagen, die mehr oder minder ausgeprägt einer myth.-mag. Welt angehören, hebt sich die sogen. hist. S. ab, die man zutreffender als Gesch.erzählung bezeichnen würde. Oft genug bemüht sie sich, ein schlichter Bericht von denkwürdigen Personen, Stätten, Bauwerken, Geschehnissen zu sein (Burgen, Fundstellen, Naturkatastrophen; → Rattenfänger, Kriegshelden wie Napoleon, → Friedr. d. Gr.).

Allen S. wesentlich eigen ist die starke Ortsgebundenheit, die es sinnvoll erscheinen läßt, daß manche S.slg. ihren Stoff landsch. gliedert. Diese Eigenschaft erlaubte auch den Versuch der vkdl. → Atlanten, Gestalten und Grundmotive der S. kartogr. zu erfassen (→ Drache, Zweites Gesicht, Hehmann, Wechselbalg, Hockauf, Werwolf, Irrlicht u. a.). »Die Stammes- und Landsch.unterschiede sind jedenf. weit stärker als bei der Märchenüberlief.« (L. Röhrich, Sage, S. 25). In der Aufhellung der geogr. Verbr. wie der gesch. Entwicklung der S. findet die »geogr.-hist. Methode« sinngemäße Anwendung, die in der Erfg. des → Märchens ihre ersten Erfolge erzielte. Den Verzeichnissen der Märchentypen entsprechen S.register und -kataloge, wie sie als erste Aufbereitung des gewaltig angewachsenen Stoffes auf den Kongressen der Erzählforscher immer dringender gefordert werden. → Bergmann u. a.

Allg. Slg., Hbb., Einfgn.: Dt. S. hg. v. d. Brüdern Grimm. Neuausg. 1965 v. L. Röhrich (Nachwort: Einordnung in d. heut. Fg., Entstehung, Quellen, Anordnung, Wirkung). Die Grimmsche Slg. ist heute noch die vollständigste und vielseitigste Anthologie hist. S.belege. Eine der Reihe »Märchen d. Weltlit.« vergleichbare Slg. von S. besteht nicht. Hinzuweisen ist auf die »Stammeskde. dt. Landschaften« hg. v. P. Zaunert (seit 1917) und »Eichblatts dt. S.schatz« (seit 1912); O. Dähnhardt, Naturs. 4 Bde., 1907; F. v. d. Leyen, Dt. S.buch. Bd. IV: Die dt. Volkss., hg. v. Fr. Ranke, 1910, ²1924 (gilt als die beste Auswahl, Lit.); E. Fehrle, S. aus Dtl., 1952; W.-E. Peuckert, Hwb. d. S., 1961–63 (nur 3 Lief. erschienen); H. Bächtold-Stäubli, Hwb. d. dt. Aberglaubens, 10 Bde., 1927–42; Intern. Kongreß d. Volkserz.forscher in Kiel u. Kopenh., Vortr. u. Ref., 1961; Intern. Society f. Folk Narrative Research in Antwerpen (1962). Bericht 1963 Antw. (Mehrere Beitr. ü. S.kataloge); Diskussion ü. S.kataloge, in: Volkskunde. Amsterdam 1963; O. Brinkmann, Das Erzählen i. e. Dorfgemeinschaft, 1932; F. v. d. Leyen u. V. Höttges, Leseb. d. dt. Volkss., 1933; F. v. d. Leyen, Die Volkss., in: Spamer, Vkde.; P. Zaunert. S. u. Legende, in: Peßler, Hb.; F. Ranke, Volkss.fg., 1935 (Slg. wicht. Aufs.); L. Schmidt, Die V.erzählung, 1963; W.-E. Peuckert, S., in: Dt. Philol. i. A., 3. Bd., ²1962; L. Röhrich, Die dt. Volkss. Ein method. Abriß. Stud. Generale 11 (1958); ders., S., 1966 (Slg. Metzler, Lit.); L. Petzold, hg. Dt. Vs. 1970.

Neuere landsch. Slgn., Forschung: H. Dittmaier, S., Märchen u. Schwänke v. d. unteren Sieg, 1950; F. J. Vonbun, Die S. Vorarlbergs, Neuausg. v. R. Beitl, 1950; K. Ranke, Idg. Totenverehrung, Helsinki 1951; H. Burkhardt, Zur Psychol. d. Erlebnis-S., Diss. Zürich 1951; E. Prohaska, Die wichtigsten S.figuren Österr. in ihren Namen, Diss. Wien 1951; L. Röhrich, Frauengestalten d. schwäb. S., Öst. Zs. f. Vkde 54 (1951); H. Hartig, Widukind in Gesch. u. S., 1951; K. W. Glaettli, S. aus d. Zürcher Oberland, 1951; L. Schmidt, Probl. d. alpenl. S.fg., Carinthia 141 (1951); ders., Pelops u. d. Haselhexe, Laos 1 (1951); ders., Der »Herr der Tiere«, Anthropos 47 (1952); K. Lohmeyer, Die S. d. Saar, 1952; E. Rath, in: Österr.

Vkde f. Jedermann, 1952; G. Gugitz, Die S. u. Leg. d. Stadt Wien, 1952; A. Karasek u. H. Diplich, Donauschwäb. S., Märchen u. Leg., 1952; Hugo Moser, Volkss. u. Stammeschar., Zs. f. Vkde 50 (1953); H. Prütting, Zur gesch. Volkss., Bayer. Jb. f. Vkde (1953); R. Beitl, Im S.wald. Neue S. aus Vorarlbg., 1953; F. Schneider, Die Ostalb erzählt, 1952; K. Freuler u. H. Thürer, Glarner S., 1953; S. Beyschlag, Zur Trad. u. Entst. v. Volkss., in: Arv 9 (1953); O. v. Zaborsky, Kleine S.kde d. Zellertals im Bayer. Wald, Bayer. Jb. f. Vkde (1953); E. Hauser, S.gruppen u. S.gestalten im Burgenl., Diss. Wien 1953; H. Stötzel, Die S. d. Ahrtals, ²1953; H. Weißer, Die unterbäuerl. Schicht i. d. dt. Volkss., Diss. Gött. 1954; I. Kleine, Der Überzählige, Diss. Gött. 1954; H. Endrös u. A. Weitnauer, hg., Allgäuer S., 1954 (Fußend auf Birlinger, Reiser u. a.); G. Henßen, Volk erzählt, ²1954 (Münsterland); W. Neuhaus, S. u. Schwänke a. d. Kreise Hersfeld . . ., 1954; L. Röhrich, Landsch., Stamm u. S., Württ. Jb. f. Vkde 1 (1955) (»niedermythol. Gestalten«); G. Henßen, S., Märchen u. Schwänke d. Jülicher Landes, 1955; J. Weber-Kellermann, Berliner S.bildung, 1952. Zs. f. Vkde 52 (1955); P. Zaunert, Alt wie der Wald, Ostdt. S. u. Historien, 1955; H. Koch, Zuger S. u. Leg., 1955; A. Gühring, Die Todesauffassung d. Volkss., Diss. Tüb. 1956; P. Schlossern, Bachern-Sagen, 1956 (Untersteierm., seit 1918 Jugosl.); Osk. Moser, Die Venediger im Erzählgut d. Ostalpenraumes, in: Alpes Orientales 1956; J. Sailer, Die Armen Seelen in d. Volkss., Diss. Münch. 1956; H. Proehle, Harzs. Neuausg. v. W.-E. Peuckert, 1957; G. Grannas, Plattdt. Volkserz. a. Ostpreußen, 1957; H. Fink, Eisacktaler S., 1957; K. Ranke, Allerheil. u. Allerseelen i. d. S.überl., Rhein. Jb. f. Vkde 9 (1958) (Christl. Sinngebung vermochte alte Vorst.bereiche nicht zu verdrängen); H.-F. Rosenfeld, Zur Arbeitsweise d. Brüder Grimm in ihren Dt. S., in: Dt. Jb. f. Vkde 4 (1958); B. Deneke, Leg. u. Volkss., Diss. 1958 (Geistergottesdienst); A. Büchli, Mythol. Landeskde v. Graubünden. 1. Teil 1958 (Vgl. R. Weiß in: Schw. Arch. 55); K. W. Glaettli, Zürcher S., 1959; W.-E. Peukkert, Hochwies. S. . . . m. Beitr. v. A. Karasek, 1959 (Bis 1944 dt. Sprachinsel im alten Oberungarn; vgl. A. Karasek u. Strzygowski, S. d. Beskidendt., 1930); H. Vick, S. u. vkdl. Überl. a. d. Kreise Hagenow, 1959 (Mecklenbg.); J. Hanika, Die Volkss. i. Fichtelgeb. u. s. Umland, 1959; I. Guntern, Walliser S., Bern 1959; G. Henßen, Ungardt. V.überl., 1959; G. Schneidewind, Antifeudale S. a. Mecklenbg., 1960 (Slg. R. Wossidlo); F. Pehr, Kärntner S., 1960; J. Nietzold, Die schönsten Thür. S., 2 Bde., 1960; W.-E. Peuckert, Verborg. Niedersachsen. Unters. z. Ns. Volkss. u. d. V.buch, 1960; G. Grannas, Volk aus d. Ordensland Preußen erzählt, 1960; E. Mudrak, hg., Die S. d. Germanen, 1961: Nord. Götter- u. Heldens.; L. Simonsuuri, Typen- u. Motivverz. d. finn. myth. S., Helsinki 1961; W.-E. Peuckert, Dt. S., 1961 ff. (In d. Reihe »Europ. S.«; Niederdtl. 1961, Mittel- und Oberdtl. 1962, Ostalpen- u. Westalpens. 1963/65); W. Brückner, S.bildung u. Trad., Zs. f. Vkde 57 (1961); M. Lüthi, V.märchen u. Volkss. Zwei Grundf. erzähl. Dichtung, 1961; W.-E. Peuckert, Bremer S., 1961; ders., Die S. d. Monathl. Unterred. Otto v. Grabens zum Stein, 1961 (Bekämpft d. Rationalismus d. Frühaufklär.); W. Nimtz-Wendlandt, Erzählgut d. kur. Nehrung, 1961; J. A. Benkert, Fluß- u. Meeress., 1961; E. Hering, S. u. Märchen v. d. Nordsee, 1961; L. Bødker, Über nord. u. intern. S.verzeichn., in: Nord. Folkl. Reports, Uppsala 1962; R. Wolfram, Zw. Erlebnis u. S. (Ein Beitr. z. S.bildung im 2. Weltkrieg), in: Fabula 5 (1962); A. u. H. Rotter, S. u. Berichte a. d. Kr. Mähr.-Schönberg, 1962; A. Jirásek, Böhmens alte S., Prag 1963; H. Wohltmann u. a., S. a. d. Lande zw. N.elbe u. N.weser, 1963; N. Gredl, S.schatz d. Luxemb. Landes, 2 Bde., 1963/67; W. Krogmann, Ostfriesl. i. d. Schweizer Sage, Rhein. Jb. f. Vkde 13/14 (1962/63); R. Wildhaber, ›Die Stunde ist da, aber der Mann nicht‹. Ein europ. S.motiv. F. v. d. Leyen-Fs. 1963 (Der »Elementargedanke« der Furcht vor jähem Tod); L. Röhrich, »Die ätiolog. Erz.« in: Märchen u. Wirklichkeit, ²1964); J. Dünninger, hg., Fränk. S. v. 15. b. z. Ende d. 18. Jh., ²1964 (Vorbild f. krit. Ausg. ältester S.gestalten in Chroniken, Hands., Flugbl. u. ä.); W.-E. Peuckert, Niedersächs. S., 3 Bde, 1964–69; G. Neckel, S. aus d. germ. Altertum, Nachdr. 1964; N. Mantl, Aus d. S.bereich v. Nassereith, 1964 (Unkrit. mythol.); F. Winkler, S. a. d. Mühlviertel, 1964; J. Hoffbauer, Die schönsten S. aus Schlesien, 1964; M. Sooder, Habkern, Basel 1964 (S.aufz. v. 1855 gegen solche von heute; das meiste erhalten geblieben); A. Mais, Die Wiedertäufer-S., Öst. Zs. f. Vkde 67 (1964); M. Lüthi, L. Röhrich, G. Fohrer, S. u. ihre Deutg., 1965; W.-E. Peuckert, S.-Geburt u. Antwort d. myth. Welt, 1965 (Einfg. z. Slg. »Europäische S.«); U. Benzel, Volkserz. a. d. oberpfälz.-böhm. Grenzgebiet, 1965 (Wilde Jagd, Hehmann, Feurige Männer, Irrlicht, Drache, Bilmertschneider, Luzia, Nikolaus, Teufel, Tote, Tote Wöchnerin, Jenseitsgl.); J. Künzig, hg., Schwarzwald-S., ²1965; J. Dietz, Aus d. S.welt d. Bonner Landes, 1965; A. Krause, Admont u. d. Gesäuse in Gesch. u. S., 1965; K. Gaál, Angaben z. d. abergl. Erzählgn. a. d. südl. Burgenl., 1965; W. Heun u. H. Obermann, Hess. S.buch, 1965; K. Haiding, Österr. S.schatz, ³1965 (Mit Anm., Quellen, Lit.); A. Jolles, Einfache Formen, ³1966; M. Zender, Volkss. d. Westeifel, ²1966; L. Röhrich, Erz. d. späten MA. u. ihr Weiterleben in Lit. u. V.dichtg. b. z. Gegenw., Bd. 2, 1966; ders., Verz. d. dt. Totens. 1966; W. Krogmann, Sylter S., 1966 (Kritik an d. ält. Slg. v. P. Hansen); A. Fiedler, L. Bechstein als S.sammler u. S.publizist,

Dt. Jb. f. Vkde 12 (1966); O. Seger, S. aus Liechtenstein, Vaduz 1966; F. H. Schmidt-Ebhausen, Schwäb. Volkss., 1966; W.-E. Peuckert, Schles. S., ²1966; M. Bošković-Stulli, Beitr. u. Disk. ü. d. Katalogis. d. Volkss., Fabula 8 (1966); K. Pomplun, Berlins alte S., ³1967 (Einl. v. R. Beitl: Vom Wesen d. S.); P. Zaunert, Westf. S., Nachdr. 1967; M. Zender, Volkss. u. Kulturraumfg., Fabula 9 (1967) (Möglichkeiten d. Kartographie); T. Brill, Der rumän. S.katalog, Fabula 9 (1967); Dt. S.katalog, Vorbericht v. G. Burde-Schneidewind u. J.-M. Greverus. Modell e. Katalogs v. J. Müller u. L. Röhrich: Der Tod u. d. Toten, in: Dt. Jb. f. Vkde 13 (1967); R. Cogho u. W.-E. Peuckert, Volkss. a. d. Riesen- und Isergebirge, 1967 (Walen, Venediger, Nachtjäger, Graue Manndel, Weiße Frau, Wassermann, Hausschlange u. a.); H. Trümpy, Der Wandel im S.bestand e. Schweizer Bergdorfes während e. Jh., Hess. Bll. f. Vkde 58 (1967); H. Commenda, S. in u. um Linz, 1968; E. F. Ohly, S. u. Legende i. d. Kaiserchronik, 1968; G. F. Meyer, Schlesw.-Holst. S., Neue Ausg. 1968; G. Schneidewind, hg., Hist. V.s. zw. Elbe u. Niederrhein, 1969; J. v. Zingerle, S. aus Tirol, Nachdr. 1969; L. Petzold, hg., Vergl. S.forschg., 1969 (18 Aufsätze 1925–65); J. Müller, S. aus Uri, 3 Bde., Neudruck 1969; Th. Vernaleken, Alpens., Neudr. 1970; G. Isler, Die Sennenpuppe, 1971; G. Kapfhammer, Bayr. S. 1971; Ältere Lit. s. Ausg. 1955 dieses Wb., ferner Bibliogr. in d. Handbb. von Spamer u. Peßler sowie in L. Röhrich, Die Sage, 1966; ferner Lit. → Märchen; Kartogr. ASV 250, Alte Völker, Histor. Personen.

Sagwort → Beispielsprichw.

Sakramentale (S.ien), im Gegensatz zu den Sakramenten geringere Weihe und deren Gegenstände, auch Segnungen und Beschwörungen (→ Weihwasser, Öl, Salz, Palmbusch, Himmelfahrt Mariae, Glocke, Amulett, Breve, Caravaca-, Benediktus- u. a. Kreuze).

Sakramentstag → Fronleichnam.

Sakristan → Mesner.

Salamander. Der schwarze Alpens. heißt im Süden (Schweiz, Vorarlberg) Quatapätsch (vom rom. *quadrupes* = vierfüßig), sonst in den Alpen auch Tattermandl, Wegnarr, Morakl, und wird, wie schon im Altertum, mit abergläubischer Scheu betrachtet. Noch mehr gilt dies vom bekannteren Feuers., der als Beiß- und Stichdämon, als Hausgeist und Spuktier gilt. Sein Gerippe soll das Leiden Christi (→ Leidenswerkzeuge) darstellen. Der Heilkundige läßt einen S. um das Strumpfband, um Gürtel, Daumen usw. kriechen, damit er Schmerzen und Leiden mitnehme. – Nicht sicher gedeutet ist das *exercitium Salamandri*, das »S.reiben« der → Studenten als Ehrerweisung. Unter dem Murmeln des Zauberworts S. wird Schnaps brennend an den Mund geführt. Das Et. Wb. v. Kluge-Mitzka (1967) erinnert an Theokrits Pharmakeutrien, »wo die Liebende ihrem Schatz Zauber bereitet: ›Morgen zerreib ich den Molch Und bringe dir schlimmes Getränk dar‹«.

Salbei (Gartens.; *Salvia off.*). Der Name deutet an, daß schon das alte Rom die S. als Arznei schätzte. Als Gurgelwasser und gegen Nachtschweiß ist sie noch allg. in Gebrauch, auch als Küchengewürz. Im dt. S verwendet man S. noch viel in Frühlings- und Fastenküchlein (Montafon: Funkensonntag); daher die Namen Pfeffer-, Küchli-, Muskatellerkraut. Die Namen Rickelbusch, Schmeckeblatt, Altweiberschmeckete erinnern daran, daß alte Frauen S. (wie den → Rosmarin) gern in die Kirche mitnahmen als Mittel gegen Schläfrigkeit. → Bock schrieb im 16. Jh.: «Unter allen stauden ist kaum eyn gewächs über die Salbey, denn es dient dem artzet, koch, keller, armen u. reichen.« Ein medizinisches Merkverschen aus dem 14. Jh. fragt sogar, warum denn der Mensch sterbe, wo doch der S. in seinem Garten wachse! Beim Abstillen soll S.tee die Milch vermindern. Auch als → Aphrodisiakum und als → Lebensrute beim → »Pfeffern« (Lichtenfels a. M.) fand S. Verwendung. Ein Rezept aus Rackow in Pommern weiß »die Liebe einer Person zu erwecken«, indem man S.blätter zu Pulver brennt und sie der Geliebten in Speise oder Trunk eingibt. Vorher aber wurde auf je eins von drei S.blättern die Namen Adam und Eva, Jesus und Maria und der eigene wie der Name der Geliebten geschrieben. Auch bestimmte → Segen gegen Fieber wurden auf S.blätter geschrieben. In vielen → Bauerngärten finden wir heute noch in einer Ecke S. neben → Rosmarin, → Liebstöckel, → Rainfarn und ähnl. Heil- und Zauberpflanzen.

Salbung → Öl, letzte Ölung.

Salha → Weide.

Salige → Nachtfrau.

Salvator → Kümmernis.

Salz. Vom S. rühmt schon Dioskurides in einer langen Liste, daß es zusammenziehe, geschmeidig mache, zerteile, niederschlage, verdünne, reinige, anrege u. Fäulnis abhalte. Es gehört auch heute noch im Volke zu den Universalheilmitteln. S. schafft und bedeutet Dauer und Unzerstörbarkeit. Wie S.quellen bes. Verehrung genossen, so waren in Altertum und Neuzeit S.gewinnung, Tausch und Handel (»S.straßen«) von größter Bed. Bei Mittelmeervölkern und dann bes. bei den Slawen wurde S. Symbol des Bündnisses und der Unterwerfung. – Bei Geburt, Hochzeit und Tod spielt das S. als Lebenserwecker, Inbegriff der Hausnahrung (S. und Brot) und des ewigen Lebens die größte Rolle. S. zu verschütten, galt als Frevel u. hat noch heute schlechte Vorbedeutung. Die magische Abwehrkraft des S. findet hundertfach Anwendung. Es gehört zu den hochgeachteten »drei weißen Gaben« (mit Mehl und Ei). Die Germanen legten neben die ausgesetzten Kinder Salz, vielleicht im Gedanken, daß der Finder ihm davon zu kosten gebe und es so in die Hausgemeinschaft aufnehme. Ähnlich galt der Genuß der gleichfalls heiligen Speisen Milch und Honig als Aufnahme in die Speise- und Opfergemeinschaft der Familie. In der Antike wurden Neugeborene mit S. abgerieben. Die kult. und mag. Bed. des S. fand stärkste Betonung durch die kirchl. Symbolik (Leben, Verstand), durch die S.weihe und durch die Verwendung im Sakrament. Osters. und Dreikönigss., besonders auch das an den Quatembertagen geweihte S. schützt vor Behexung und heilt Mensch und Tier. Weihwasser enthält S. → Speis u. Trank, Straße, Bergmann.

H. Pfannenschmidt, Das Weihwasser im heidnischen u. christlichen Cultus, 1878; V. Hehn, Das S. Eine kulturhist. Studie, Neuausg. 1919; W. F. Volger, Die Lünbeb. Sülze, 1956 (»de sulte dat is Luneborch«; Lage, Betrieb, Gerät, Gebietsausschuß »Die alte S.straße« in Ratzeburg); Über »S.kirchl« in: Öst. Zs. f. Vkde 69 (1966).

Salzstein → Stephan.

Sammeln → Anhänger, Bierfilz, Monatssteine u. a.

Sangen → Himmelf. Mariae.

Sante, Seneklos → Nikolaus.

Santrigl hieß im bayer. eine Naturalspende an die Weidehirten um → Pfingsten, die sie in einem Umritt oder Umzug heischten. In einer Hs. von 1519 heißt es: »ain laib prot zw einem sant trügl«. Das über die Gegenreform. bis zum gewaltsamen Erlöschen 1828 überlief. Brauchrecht der Hirten und Pferdejungen zeigt Bezug zu schwäb. Wasservogelumzügen wie z. B. in dem Heischevers: »Wenn die Baura uns wöllet das Pfingstreita verbieta / Na wellet mier ihna koin Roß mehr hüata«. Hans Moser stellte mitten in einer Landsch. des Pfingstbrauches vom Wasservogel ein kleines Gebiet einer Sonderform des S. fest. Erst im 18. Jh. wurde der S. ein festl. Aufzug mit geschmückten Pferden, Reitern in Kostümen, mit Pfeifermusik und Herdeglockengeläut. Moser schließt sich der Deutung von A. Schmeller an, der in alten Glossaren *samtrigal* oder *samitrügel* fand, entsprechend ahd. *tregil*, mhd. *tregel* ›Slg. von Spenden‹. → Heischerecht.

H. Moser, Der S. Ein alter Pfingstbr. i. d. Umg. Münchens, Bayer. Jb. f. Vkde (1952).

Sarg. Der ältere Brauch der Leichenverbrennung wurde um die Mitte des 3. Jh. n. Chr. durch das S.begräbnis abgelöst. Form und Ausstattung des S. sind bis heute nach Stand und Alter des Verstorbenen vielerorts verschieden. Der Herstellungsstoff ist vorwiegend Tannenholz, in den Städten auch Eiche, die Form spitz zulaufend, aus fünf oder mehr langen, an Kopf- und Fußende abgewalmten Brettern bestehend. Die flache Truhe, im Volke als »Nasenquetscher« bezeichnet, ist bei der ärmeren Bevölkerung häufiger. Bei besonderen Unglücksfällen (Absturz in den Bergen) oder bei großen Massenbegräbnissen (z. B. nach dem Explosionsunglück von Neunkirchen) finden wir diese einfachere Form. Totgeborene Kinder wurden von der Wochenwärterin auch wohl ohne viel Aufhebens in der »Brusttuchschachtel« begraben (Vierlande).
Als Farbe des S. wird im allgemeinen eine dunkle (braun, schwarz) für Erwachsene u. Verheiratete (Jungfrauen über dreißig werden zuweilen den Verheirateten gleichgestellt), eine helle (weiß, blau) für Kinder und Ledige gewählt. Auch in einer Großstadt wie Berlin werden solche Unterschiede noch beachtet: Schwarz für Erwachsene, braun für jüngere Männer, braun oder weiß für Jungfrauen, weiß für Kinder. Andere Farben gab es früher vereinzelt: gelblich oder hellbraun für Jugendliche (Ostfriesland). Im Rheinland erhielt auch die verstorbene Wöchnerin einen ganz weißen S. An diese Bräuche erinnert auch das S.tuch, wenn es im Bergischen für Verheiratete schwarz mit weißem Kreuz, für Ledige weiß mit grünem Kreuz genommen wird. Die Bemalung des S. mit Blumen (Sudeten) ersetzen heute die weitverbreiteten Auflagen aus bronzierter oder vergoldeter Pappe, die schmiedeeiserne Beschläge nachahmen, wie sie von wohlhabenderen Kreisen der Stadt verlangt werden.
Während man heute den S. zumeist fertig aus der Schreinerei oder aus dem städtischen »Sargmagazin« bezieht, war früher die Herstellung des Hauses des Toten enger an Haus und Hof der Sippe gebunden. Im siebenbürgischen Unterwald hatte man zuweilen einen S. in Vorrat. In der Kammer oder in der Hinterstube diente er nebenbei zur Aufbewahrung der Nüsse. Ein Überbleibsel alter Waldgerechtsame stellt d. Pflicht der Gemeinde zur Lieferung des S.holzes dar (Luxemburg).
Besondere Aufmerksamkeit verdient die mundartliche Bezeichnung des S. Neben Namen wie Totentruhe, Totenlade usw., die auf einfachere Formen des S.kastens deuten, scheint sich in der alem. Bezeichnung (z. B. im Montafon) »Dotabom« die Erinnerung an Bestattungen im Einbaum erhalten zu haben. In diesem Tal nennt man auch das Einsargen des Toten »iboma« (= Einbaumen). In alem. Heidengräbern am Lupfen (Württembg.) fand man ausgehöhlte Eichenstämme als Särge und eine alem. Urkunde von 1527 spricht von »eichenem trog od. todtenbaum« (Grimm, Dt. Wb.). → Aushöhlen, V.etymol., Tod, Jungfrau, Grabbeigabe.

H. L. Cox, Die Bez. d. S. in Kontinental-Westgerm., 1967 (Beiheft 2 zum ADV).

Satansfinger → Knabenkraut.

Sator (-Arepo-) formel. »Das berühmteste und interessanteste unter den mag. Quadraten« (H. O. Münsterer), eine Zauberformel, die vor- und rückwärts, wie von oben nach unten und umgekehrt gelesen, stets den gleichen lat. Text ergibt, den man übersetzen könnte mit »Sämann Arepo hält mit Mühe die Räder«:

S A T O R
A R E P O
T E N E T
O P E R A
R O T A S

Die S. wurde in der → Volksmedizin vielfältig verwandt, besond. gegen Tollwut. Ins Feuer geworfen, dämpft sie das Element. Noch 1743 verfügte Herzog Ernst August von Sachsen-Weimar die Anschaffung von Tellern mit dem Text als Löschmittel für Stadt u. Land. Die S. erscheint in der 1. H. des 3. Jh. n. Chr. auf einer Wand im Amtslokal der *actuarii* der röm. Auxiliarkohorten (Ausgrabung von Dura-Europos am Euphrat), aber auch schon im 1. Jh. in Pompeji. Von den zahlreichen Deutungen gab Grosser die einleuchtendste (die übrigens schon früher gefunden war: Dt. Gaue 25 [1924] S. 76). Danach vereinigt der Text in anderer Anordnung die drei altchristlichen Symbole des Vaterunsers, der Kreuzform und des Ewigkeitssymbols (A und O). Der zentrale Buchstabe N kommt nur einmal vor:

```
        A
        P
        A
        T
        E
        R
APATERNOSTERO
        O
        S
        T
        E
        R
        O
```

Voraussetzend, daß es in Pompeji (zerstört 79 n. Ch.) noch keine Spuren lateinischen Christentums gegeben haben könne, macht H. Fuchs den nicht überzeugenden Versuch, die S. und damit zugleich das Paternoster-Kreuz und das A-O-Symbol als jüdisch nachzuweisen. Seit dem 8. Jh. begegnet die S. in lat. Handschriften dt. Klöster, später an Kirchen und anderen Bauten. Nach Spamer fand die S. europäische Verbreitung und wandterte von hier nach Amerika. Sie ist immer noch in Umlauf. A. Becker fand sie in einem Buch einer Heidelberger Leihbücherei. Schon um 8 Uhr müsse der Finder die S. dreimal laut lesen: »Andernfalls fühlt er die Rache der Geister«. Die S. fand, oft in verstümmelter Form, in verschiedene Segen- und Beschwörungsbücher Eingang oder wurde in Tolltafeln und »Tollhölzer« geschnitten. Teigabdrucke davon gab man Gebissenen, Menschen oder Tieren, zu essen. – Der jüngsten Zeit gehört eine ähnl., zufällig gefundene Formel auf den Knabennamen Taro an (Berlin 1969):

TARO
AMOR
ROMA
ORAT.

S. Seligmann, Die S., Hess. Bll. 13 (1914); F. Grosser, Ein neuer Versuch z. Deutung der S., Arch. f. Rel.wiss. 24 (1926); Bartl, Die S. als alte Gebetsweise, Bayer. Wochenschr. f. Pf. v. H. u. V. 11 (1933); H. Hepding, in: Hess. Bll. 34 (1935) und 36 (1937); G. de Jerphanion, La formule magique S. etc. Rech. de science relig. 25 (1935); H. Seibold, Beitr. z. geheimnisvollen S., Heimat (Hersbruck), 1942, Nr. 5; A. F. Schmidt, S. Formlen, Festkrift H. P. Hansen, Kopenhagen 1949; H. Fuchs, Die Herkunft der S., Meuli-Festschr., 1951; R. Foncke, Noch einiges ü. d. »S. A . . .« Zauberspruch, Zs. f. Vkde 53 (1956/57) (Fläm. Zeugn. d. 17. Jh.); H. Steininger, Eine S.formel a. d. nordwestl. Waldviertel, in: Das Wv. 15 (1966); J. B. Bauer, Die S. u. ihr »Sitz im Leben«. Adeva-Mitt. Graz 1972 (Heft 31). (S. ist Bindezauber).

Saudreck → Hinterer, Kot, Wind.

Sauerkraut → Speis u. T.

Sauerteig → Hefe, Speis u. T.

Saxo Grammaticus war ein hervorragender Geschichtsschreiber im alten Dänemark. Er lebte um 1200 als Dienstmann des Erzbischofs von Lund. Für die volkskundliche Sagenforschung von hohem Wert sind die neun Bücher sagenhafter Stoffe seiner *Gesta Danorum*. Man hielt die Sagen bis zum Ende des vorigen Jh. für dänisches Volksgut. Es ist jedoch nachgewiesen worden (Axel Olrik, Andreas Heusler), daß mindestens zwei Drittel der Sagen von isländischen Sagenmännern nach Dänemark gebracht worden sind. → Heldensage.

A. Heusler, Die Anfänge der isländischen Saga, 1914; P. Hermann, Die Heldensagen des S. G., 1922 (Lit.); M. Manitius, Gesch. d. lat. Lit. d. MA., 1931.

Schabe, Küchenschabe, Kakerlak; *Periplaneta orientalis L. Dt. S. Blatta germanica L.* In Bayern zu harntreibenden Mitteln verwendet. S. oder Schwaben (Böhmen, Vogtland, Österr.) vertreibt man, wenn man drei davon mit dem Sarg des Hausvaters begraben läßt. Das Wort S. ist zuerst im 13. Jh. bezeugt für ›Kleidermotte‹, vom 16. Jh. an auch für ›Holzwurm‹.

W. Pfeifer, S., 1965 (Wb. d. dt. Tiernamen).

Scarabäus → Mistkäfer.

Schabab → Finger.

Schablone (aus frz. échantillon ›Probe, Muster‹). Das Nachformen von Gegenst. oder Bildern mit Hilfe einer ausgeschnitt. Vorlage in Blech, Holz oder Pappe diente zunächst der Vereinf. und Beschleunigung der Arbeit. → Briefmaler illuminierten → Holzschnitte und Kupferstiche (→ And.bild) mit der S. Die S. findet beim Stoffbatiken, bei Borten und Wandabschlüssen, bei Schränken und Türen Anwendung. Aus dem Geist der Vk., der zu unpersönl. Aussage, zu Typis., Reihung und Häufung neigt, konnte die S.malerei aus einem techn. Notbehelf auch zu einem bes. Stilmittel werden, als welches sie die moderne »serielle« Kunst wiederentdeckt hat. Schon früher wurden S.ornamente und -buchstaben begriffen »als Symbolformen einer techn. Zeit und als neuartige ästhet. Reizmittel, die dann in das mod. Kunstgew. absanken (Bauhaus) und schließl. wieder in eine Massenkunst einmündeten« (O. A. Erich). → Reklame, Tölz.

T. Gebhard, Frühe Stufen vtüml. S. u. verw. Werke a. d. Zeit zw. Gotik u. Barock, Carinthia I, 145 (1955).

Schach → Brettspiele.

Schachtelhalm (Schaft-, Ackerhalm, Tannenwedel, Katzensterz, Duwok; *Equisetum arvense*). Das Wort gehört zum alten Stamm von schaben. Das wuchernde Unkraut, dessen Rhizom bis in 6 m Tiefe hinabreicht, ist als Putzmittel für Metall schon → Bock bekannt (»das klein schaftheu«) und führt daher die V.namen Scheuer-, Zinn-, Kannenkraut, Kandelwisch. Im 12. Jh. bereits hob Alb. Magnus seine blutstillende Kraft hervor, die auch die heutige Naturheilkde rühmt. Pf. Kneipp nennt es »einzig, unersetzbar und unschätzbar bei Harnbeschwerden. Bei Blutungen, Blutbrechen zählt es mit zu den ersten und besten Teen«, eine Heilwirkung, die offenbar von der im Zellsaft des S. gelösten Kieselsäure ausgeht. Wenn Kinder beim mühsamen Jäten müde wurden, sagte man ihnen am Niederrhein, »ganz unten« an den Wurzeln seien »Goldklümpchen« (die kleinen Knollen).

H. Marzell, Wb. d. dt. Pflanzenn., 1951 (27 Spalten ü. d. V.namen!).

Schacktarp → Schiffswimpel.

Schädel. Mehr als andere Extremitäten (→ Fuß, Hand) ist der S. lebenskrafterfüllt, Träger des → Orenda in der Sprache fremder Völker. Noch im Märchen (»Die Gänsemagd«) redet das Haupt des Pferdes Falada. Odin spricht mit dem abgeschnittenen Haupte des Mimir. Die in vielen Kulturen, wohl auch im Germ. (Wölundlied in der Edda, grönländ. Atlilied) bekannten S.becher übertrugen mit dem Trank die Kraft des Toten. Urspr. → Ahnenkult, wurde dies erst später als Handlung des Hasses (Alboin) aufgefaßt. In Oberbayern u. in Österr. (Tirol) wurden Totens. bemalt und in der Beinkammer aufgestellt. Die sicher treffende Freikugel (→ F.schütz) erlangt man, wenn man um Mitternacht das schmelzende Blei durch die Augenhöhlen eines Totens. von einer Wöchnerin gießt (Bayern). Die S.-wahrsagung (Kraniomantie) ist alt. Die apotropäische Kraft des Tier-S., besonders des Pferdes., ist von der Frühzeit (Egilssaga, → Neid) über M. Fugger (1584, gegen Raupen) bis zu den → Giebelbrettern der heutigen Bauernhäuser deutlich bezeugt. Schilli berichtet: »Die S. der Zugtiere, welche das Bauholz befördert hatten, wurden oft am Firstbalken aufgehängt« (Schweiz. Arch. 50). In diesem Zusammenhang ist auch der mit den → kopflosen → Heiligen verbundene, vor allem süddt. S.kult zu stellen. Alban, Dionysius, Eusebius, Johannes, Koloman und Makarius zählen zu ihnen. Daß die Verehrung dieser S. (Makariushaupt in Würzburg), die Berührung derselben oder die Darbringung von Votivköpfen aus Holz oder Ton gegen Kopfleiden helfe, ist die gebräuchliche Vorstellung, aber darum nicht schon die ursprüngliche. → Horn, Ohr, Schwein, Laufspiele, Beinhaus.

R. Andree, Ethnogr. Parall. u. Vergl., 1878; M. Andree-Eysn, S.kultus im Alpenlande; in: Vkdl. 1910; Über S.kult R. Andree in Zs. d. Ver. f. Vkde 22 (1912); Hovorka-Kronfeld, Vergl. V.med., 1. Bd., S. 375–77; E. Burgstaller, S.beschriftg. u. -bemalung in d. öst. Alpenl., in: Vdke im A.raum, hg. v. H. Koren u. L. Kretzenbacher, 1961; G. Sauser, Das Beinhaus von Galtür, in: Beitr. z. Kultur- u. K.gesch. Tirols, zus. gest. v. N. Grass, 1962; C. Pieske, Das S.kreismotiv, Dt. Jb. f. Vkde 10 (1964) (»Kaiser, König ... Jung und alt«, »Im Todten-Reich sind alle gleich«); G. Lipp, Tier-S. an Dachfirsten im Mondseerland, Mitt. d. Anthr. Ges. Wien 95 (1965); K. Haiding, Tier-S. unter d. Tennfirst, O.öst. Zeugn. z. Enthaupten drehkranker Rinder, Zs. d. Hist. Ver. f. Stmk. (1967).

Schadenzauber → Hexe, Zauber, Hochzeit.

Schäfer → Hirt, S.lauf, S.tanz, Handw.

Schäferlauf, S.tanz. Wohl einer der ält. brauchmäßigen Wettläufe ist der Sl. zu Markgröningen in Schwaben. Eine Urk. von 1443 (Stadtarchiv) läßt noch höheres Alter vermuten. Am Tage des hl. → Bartholomäus, 24. 8., versammeln sich die Schäfer und Schäferinnen des Unterlandes auf einem vor der Stadt geleg. Stoppelfelde. Zuerst laufen die Burschen, dann die Mädchen, alle barfuß. Sieger und Siegerin, beide mit einer Krone geschmückt, führen, das bekränzte und überreich mit Bändern geschmückte Schaf zur Seite, den Festzug zur Stadt an. Den S. beschließt heute wie schon nach einer Schäferordn. von 1651 der St. Ein solcher steht im Mittelpunkt des Zunftfestes am gleichen Tag auf dem Marktplatz von Rothenburg o. d. Tauber. Jeder Eindringling und Zunftfremde wurde in den Brunnen getaucht. – Die nachstehende Programm-Anzeige des S. von 1962 ist zugleich ein Bsp. der heut. Gestaltung eines »Volksfestes«, mit Verlegung auf das dem 24. 8. folgende Wochenende »wegen der vielen Besucher« (Stuttg. Ztg. 21. 8. 1962; → Folklore):

EUROPA Königstr. 58, T 298974 Bis einschl. Donnerstag
11 13.30 16.18.30 21 Frei ab 18 Jahren
NACHTS FÄLLT DER SCHLEIER
2. Woche! Innerh. des Programms tägl. 21 Uhr Gastspiel Fred Halley
Sensationelle Darbietungen der Schriftdeutung und Gedankenübertragung

Schäferlauf in Markgröningen

das historische schwäbische Volksfest

Freitag, 24. August

Vormittags: Leistungshüten der Schäfer an der Straße nach Asperg.

Hauptfesttag, 25. August

9.00 Uhr: Empfang am Rathaus, Uebergabe der Schäferfahne und Zunftlade. Ehrentrunk.
9.30 Uhr: / 14.30 Uhr: / 16.15 Uhr: Festspiel „Der treue Bartel" in der Festhalle (Dauer jeweils 1¼ Stunde)
11.30 Uhr: Historischer Festzug in die Bartholomäuskirche. Anschließend Fortsetzung zum Festplatz an der Möglinger Straße; dort ab
13.00 Uhr: auf dem Stoppelfeld historischer Schäferlauf, Schäfertanz, Hahnentanz, Reiterspiele u. a.

2. Festtag, Sonntag, 26. August

10.30 Uhr: / 15.00 Uhr: / 16.30 Uhr: Festspiel „Der treue Bartel" in der Festhalle (Dauer jeweils 1¼ Stunde)
13.00 Uhr: Festzug zum Stoppelfeld an der Möglinger Straße; dort Wettlauf, Schäfertanz, Hahnentanz, Reiterspiele u. a.

Vergnügungspark, Krämermarkt, Festzelt beim Oberen Tor, Tanz im Rathaus und in verschiedenen Lokalen.
Auskunft und Festbüro: Stadtverwaltung Markgröningen, Telefon 3 42 (Vorwahl 0 71 45).

Zum Besuch des Festes ladet herzlich ein das

Bürgermeisteramt

Heute Goldenes Twist-Preis-Tanzen

mit der Twist-Schau-Band **den Fireball's**

1., 2. und 3. Preis je 1 Goldmünze
und weitere Trostpreise. Beginn 21 Uhr.

Schäferpfeife → Dudelsack.

Schäfflertanz, Reifentanz. Neben dem → Schwerttanz mancher Gewerke war der altüberlief. R. der Böttcher (Büttner, Schäffler, Küfer, Faßbinder) berühmt und im dt. Kulturraum weit verbr. In der Chronik des Olaus Magnus (1539) erscheinen R. und Schwerttanz nebeneinander. Aus Ulm wird berichtet, daß bei Tag der Schwerttanz, bei Nacht der R. ausgeführt wurde. Er wurde getanzt und gesprungen in kunstvoller Führung von Ringen und Reifen, die oft mit Grün umwunden, mit Bändern geschmückt und mit Lichtern besteckt waren, darin an die beliebten → Fackeltänze erinnernd. Nürnb. → Schembartbücher zeigen diesen Brauch, aus Erfurt wird davon berichtet (1789) oder aus Frankf. (1838), wo die Küfergesellen auf dem zugefrorenen Main tanzten.

Bis 1929 hielten alle sieben Jahre am Dreikönigstag die Münchner Böttchergesellen den S. als R., der 1463 zum erstenmal erwähnt wird, aber wohl älter ist und vielleicht als Triumph des Lebens nach bösen Pestjahren verstanden wurde. Eine Bez. zu den Vertreibungstänzen des Frühlings (Maifest, Todaustragen, → Lätare) liegt nahe. Der S. war eine Art Kontertanz, auch großer Achter genannt. Dieser beliebte Ges.tanz bürgerte sich seit Anf. des 18. Jh. in Frankr. (als »Anglaise«) und bald auch bei uns (als »Française«) ein. Der Name deutet an, daß hier die Paare gegeneinander und nicht, wie bei den Rundtänzen, hintereinander tanzten.

Das Glanzstück des Münchner S. war der Reifenschwinger, der ein volles Weinglas im Reifen um sich herumschwang, während (bis 1802) ein derber Spaßmacher mit vier Assen auf dem vierkrempigen Hut eine Altweiberpuppe in einer Weinbutte (»Buttenmandl«) auf dem Rücken trug und die Umstehenden mit einer langen Wurst foppte. Zu Trommeln und Pfeifenmusik sang die Menge das Lied von der »Gredl in der Butten«, die mit dem Träger eine → Schreckgestalt für Kinder wurde ähnlich dem → Klaubauf. Auch der Gott Bacchus mit dem Bierfaß war nur bis 1802 mit im Zuge, den später zwei Hanswurste begleiteten. Dem Vortänzer folgten zwanzig Schäffler mit buchsbaumumwund., bunt bebänd. Reifen. Ihre Tracht bestand aus roten Röcken, schwarzen Kniehosen, schwarzen Schnallenschuhen, grüner Schlegelhaube und gelbledernem Schurzfell (vgl. den großen Leuchter im Schäfflersaal des Münchner H.bahnhofs). 1928 war nach Lüers die Figurenfolge beim S.: Schlange – Sommerhaus – Kreuz – Krone – Faßschlagen – Reifenschwingen. Grundprinzip war, bei den schwierigen Figuren nie die Kette zu lösen. 1970 wieder wurde der S. vom 7. 1. bis Faschingdienstag täglich auf den Straßen und Plätzen der Stadt München getanzt nach der altvertrauten Melodie »Aber heut is kalt«. → Metzgersprung.

Olaus Magnus, Historia de gentibus septentrionalibus etc., 1555, 22 Bücher, dt. [4]1567; A. Baumgarten, Der S. in München, 1830; J. Mayer, Der S. und der Metzgersprung, 1865; J. N. Sepp, Der S. und sein unvordenkl. Alter, 1893; E. Hoffmann-Krayer, Der Küfertanz in Basel, Schweiz. Arch. f. Vkde 14 (1910); Ph. Halm, Erasmus Grasser, 1928; Fr. Lüers, Der S. in München, in: Bayer. Wochenschr. f. Pfl. v. Heimat u. V.tum 6 (1928); A. Mitterwieser, Wie's früher mit dem Münchner S. war, in: Bayer. Heimat 16 (1935); F. Hoerburger, Zum Münchner S., in: Bayer. Jb. f. Vkde (1958).

Schafgarbe (Feldgarbe, Katzen-, Fasankraut, Tausendblatt; *Achillea millefolium*), von Schafen gerne gefressen (Schweiz: Lämmlizung; Schlesien: Lämmerkreitich). Früher als Gemüse und offizinell verwendet, gilt S. noch als gutes Mittel gegen Grippe, zur Blutstillung (frischer Saft), als Magen- und Blasentee, zur Blutreinigung, gegen Schlaflosigkeit und Rückenweh (Bauchweh-, Blutstell-, Pestilenz-, Rucken-, Herrgottskraut). Vielerorts gehört es zur Suppe am → Gründonnerstag.

H. Marzell, Wb., 1, 82.

Schalastr → Elster.

Schalensteine, Näpfchen-, Gleitsteine, eiszeitl. Findlinge (errat. Blöcke) oder anstehende Felsen, auf denen Schälchen von 3–20 cm Durchmesser und 2–5 cm Tiefe eingehauen oder eingeschliffen sind. Zahlr. sind S. in England, Frankr. und in der Schweiz (Wallis), sie werden aber auch im übr. Europa und über die ganze Erde hin gefunden. Sie sind z. T. Zeugnisse einer neolith., vielleicht sogar paläolith. Urkultur und einer »nicht sowohl materiell. als psych. Ergologie« (Rütimeyer); doch wurden S. auch als Mörser zum Getreidemahlen verwendet, bes. in primit. Kulturen. Zuweilen waren S. Träger hist. Erinnerung. Ideograph. Zeichen auf steinzeitl. S. ließen den Gedanken an Land- oder Sternkarten aufkommen. Am wichtisten ist uns die relig. und sexualsymbol. Bed. Manche S. bezeichnen vielleicht alte Opferstätten (Megalithmonumente bei Grimentz, Kt. Wallis). Relig.-v.gläub. Brauch dienten wohl auch die Gruppen kleiner Schalen an den Wänden roman. und got. Kirchen. Von solchen Aushöhlungen an norddt. Kirchen besteht die Überlief., das Steinpulver sei als Arznei verwendet worden. An kath. Kirchen fand man auch Spuren von Fett, Honig oder Butter in den Schälchen.

Am offenkundigsten ist die Verwendung im Sexualzauber. Das heute noch in Indien geltende kult. → Symbol des Sexualsystems (Kreis und Rinne), – das möglicherweise auch die Grundlage für das weibl. Zeichen in der Zoologie gab –, findet sich an engl. und frz. Menhiren, und bes. ausgeprägt auf dem galloröm. Idol der »Liese« bei Niederbronn im Elsaß. Aus der gleichen Gegend wird berichtet, daß Frauen, die Mutter werden wollten, S. nachts mit Wasser begossen und auf ihnen ein Opfer niederlegten. Bekannt ist auch der Glaube, daß von S. die kleinen Kinder herkommen (Schweiz: Toggeli-, Titi-, Kindlisteine). Bes. deutlich ist die sexualkult. Bedeutung bei Gleitsteinen aus Plouer (Côtes du Nord) bezeugt: »La jeune fille doit retrousser ses jupons avant de se laisser glisser; si elle arrive jusqu'en bas sans s'écorcher elle est assurée de trouver bientôt un mari«. Die phall. Bed. des Menhirs als solchen ist erwiesen, wenn junge Mädchen, die heiraten wollen, nackt an einem Menhir (der bes. zu diesem Gebrauch dient) oder an einer Allée couverte eines Dolmen den Nabel reiben (Carnac; nach Sébillot). Daß heute ähnl. Handlungen im Scherz vollzogen werden oder zum Kinderspiel geworden sind, widerlegt nicht ihre ältere Verwendung in Fruchtbarkeitskult und Liebeszauber.

Hoernes, in: Hoops Reallex. Bd. 4 (1918); Eckholm, in: Eberts Reallex. f. Vorgesch., Bd. 11 (1928); L. Rütimeyer, Urethnographie d. Schweiz, 1924; ders., Über S. und G., 1928; Gaerte, Altgerm. Brauchtum auf nord. Felszeichn., 1936; G. Gugitz, Niederösterr. S. im V.glauben, Öst. Zs. f. Vkde 53 (1950); H. Fink, Verzaubertes Land, 1969 (Südtirol. Kap.: Der Steinkult).

Schallplatten. 1970 überschritt der Gesamtumsatz dt. S.firmen zum erstenmal die Schwelle von 100 Mill. Stück (davon 34,2 Mill. Langspielpl. mit Unterhaltungsmusik und 36,2 Mill. »Singles« mit → Schlagern). Mit der allg. Nachfrage nach → »Folklore« und dem Zug zur neuen Romantik vermehren sich S., die sich der V.erzählung, dem Lied und der → V.musik mit mehr oder weniger Glück widmen. Österreich war der erste Staat, der ein Lautarchiv gründete (1899 Phonogramm-A. d. Kaiserlichen Ak. d. Wiss., Wien; ab 1926 S., ab 1951 Tonbänder). Schon in den ersten Jahren wurden einige → Jodler von J. Pommer aufgezeichnet. 1970 umfaßte das Archiv über 10000 Phonogramme und Tonbänder. In Dtl. erwarb sich seit 1945 das Freiburger Inst. für ostdt. Vkde mit seinem Tonarchiv (Joh. Künzig u. W. Werner) ein bes. Verdienst um die vkdl. S. (Kogler-Verlag, Stuttgart; Opera, ebd., Dt. Gramm.ges., Hamburg, Eurodisc u. a.). Durch sorgsame Aufnahme von V.sprache, Dichtung, Lied und Brauch zeichnet sich Amadeo-Wien aus. Ariola-Gütersloh bringt u. a. die hochstehenden Aufnahmen des »Bair. Bilder- und Notenbüchls« von Wastl Fanderl. Dokumentationen des dt. Musikrates sind fast allen dt. Landschaften gewidmet.

Intern. Cat. of Recorded Folk Music, London 1954; W. Ruth, Alte u. neue österr. V.liedaufn. aus d. Phono-A., Jb. öst. V.liedw. 5 (1956); J. Künzig, Ehe sie verklingen. Alte dt. V.weisen v. Böhmerwald bis z. Wolga. 4 S. 1958 (Texte, Photos. Musikkdl. Komm. v. W. Salmen); Über Lied-S. in USA u. Frankreich: Kl. B. in Öst. Zs. f. Vkde 62 (1959), S. 72; Kat. d. Tonbandaufn. B. 1 bis B. 10000 d. Phonogr.-A. d. Öst. Ak. d. Wiss. in Wien, 1970 (Aufn. d. letzten 10 Jahre aus Europa, Asien, Afrika); E. Stockmann, Skand. V.musik auf S., Dt. Jb. f. Vkde 10 (1964); Almerisch, Juchzer, Rufe, Jodler . . ., Österr. Phonotek ÖPh 10006, 1967; J. Künzig u. W. Werner, hg.: Quellen z. dt. Vkde (Gottscheer V.lieder, Legenden-, Passionslieder u. Ball. aus ostdt. Überl.), Inst. f. ostdt. Vkde, Freibg. i. Br., Im Oberfeld 10.

Schalmei (gr. *kalameia* ›Pfeife aus Rohr‹; über altfrz. *chalumeau* mhd. *schalemie*), altes Blastinstrument mit Doppelrohrblatt, das von den Rittern der Kreuzfahrerzeit in die Hand der Spielleute und Hirten kam. Modeinstr. der Schäferdichtung des Rokoko. S. ist auch Bez. der → Flöten, die sich Kinder im Mai fertigen. – Gleicher Etym. ist der → Kalmus des Berliner Frühlingsbrauches und der Redensart: »Uf den Kalmus piep ich nicht«, soviel wie: auf dem Ohr bin ich taub. Musikgesch. ist die S. die Vorstufe der Oboe.

Schandmaie → Pfingsten.

Schandmasken. Im MA und vereinzelt bis ins 18. Jh. wurden Straffällige, bes. Ehebrecherinnen mit einer schweren eisernen S. an den Pranger gestellt. »Die Zunge der Masken war meist beweglich und hatte an ihrer Innenseite ein Verlängerungsstück, das der wegen Verleumdung oder Streitsucht am Pranger stehenden Person in den Mund gesteckt wurde. Wenn diese nun, durch Neckereien aufs äußerste zur Wut gereizt, zu sprechen oder zu schimpfen versuchte, so bewegte sich die eiserne, grell bemalte Zunge. Dazu ertönte auch manchmal ein ähnlich montiertes Pfeifchen oder ein helles Glöckchen, das an der Spitze des langen Rüssels oder in einem eigenen Gehäuse der Bekrönung angebracht war« (Gröber). Dicke Eisenblechstücke wurden geschnitten, gerollt, gedreht, gewellt, gelocht, geritzt und ausgeschlagen. Gewöhnlich sind über einem runden, aus Eisenbändern bestehenden Kopfkorb die »Gesichtsteile« angebracht: Tüten- und Eselsohren, Rüssel- und Trompetennasen, riesige wippende Zungen, Brillenaugen und Teufelshörner, bleckende Mäuler, gestielte Quasten, Haarzinken, Hahnenkämme und Stirnfedern. Mit einfachen Mitteln wurden dem stets gleichen Material die lächerlichsten Wirkungen entlockt. – Die bekannt gewordenen S. stammen meist aus dem 17.

und 18. Jh. Reichhaltige Slg. des Nationalmus. in München. → Maske, Recht, Gefängnis, Pranger.

K. Gröber, Alte Strafwerkzeuge und S.: Atlantis Juni 1934; E. v. Künßberg, V.recht u. V.brauch, in: Peßler, Hb.

Schanelke → Kornblume.

Schäppel → Krone.

Schäppelmädchen. Es gilt als Ehre der → Jungfrau, in der Prozession der Monatssonntage (erster Sonntag jedes Monats) od. zu → Fronleichnam Statue, Tafel od. Bild der Maria, der Heiligen oder des Rosenkranzgeheimnisses tragen zu dürfen. Danach u. nach ihrer Festtracht (Schäppel) heißen sie S., Bildmädchen, Muatergottestregeri, Täfelijungfer, Geheimnisjungfer. → Krone, Frautragen.

Scharfrichter (Nachrichter, Henker). Im altdt. Recht (wie im altröm.) stand die Ausführung e. Leibes- oder der Todesstrafe dem Kläger zu, der sie übertragen konnte (dem Fronboten, dem jüngsten Schöffen, dem jüngsten Ehemann in der Stadt). Im MA. blieb Sache des S. die Enthauptung, die nicht entehrte, während für das schimpfl. Henken wie für Rädern, Verbrennen oder die Folter ein bes. H. zuständig wurde; eine Unterscheidung, die sich später verwischte. Wie der → Schinder und andere → unehrliche Gewerbe ist der S. → tabu und im Besitz geheimnisvoller Kräfte (→ Galgen). Er verfügt nicht nur über die orendistischen, als → Amulette ungemein begehrten Gegenstände, die ihm durch seinen Beruf zufallen (Galgenstrick, Nagel, Blut), sondern ist auch Hersteller v. zauberischen Schutzbriefen, von denen man sich die letzte Rettung in Krankheit versprach (S. von Rheinfelden, Bericht im Korr. Bl. f. Schweizer Ärzte 11. 1907). Er nimmt selbst fast die Züge eines Vampirs und Dämons an. Wird ein Verbrecher begnadigt, dann muß der S. (wie eine Trud) ein schwarzes → Huhn töten, damit sein Blutdurst gestillt wird. Auf dem Weg zur Hinrichtung kamen Ladungen ins → »Tal Josaphat« vor (Ruoff). → Berufe, Berufssprache, Orenda.

A. Keller, Der S., 1921; H. Sanson, Tagbücher d. H. v. Paris. 1685–1847. 2 Bde., 1923; E. Angstmann, Der Henker in der Volksmeinung s. Namen u. s. Vorkommen in der mündl. Überl., 1928 (mit Karten); K. Brentano, Gesch. v. braven Kasperl u. d. schönen Annerl; W. H. Ruoff, Vom S. u. Wasenmeister im alten Zürich, Schweiz. Arch. f. Vkde 34 (1935); A. Steinegger, Handwerker, Henker u. Galgen im alten Schaffhausen, ebd. 44 (1947); F. Elsener, Zur »Befreiung« des S., ebd. 44 (1947) (restitutio famae aus Vernunftsgründen Ende des 18. Jh.); H. v. Hentig, V. Urspr. d. Henkersmahlz., 1958 (Furcht v. d. Toten; → leb. Leichnam); H. Schuhmann, Der S., seine Gestalt – s. Funktion, 1964; D. Feucht, Grube u. Pfahl, 1967 (Hinr.gebräuche); J. Glenzdorf u. F. Treichel, H., Schinder . . ., 2 Bde. 1970; Weitere Lit → Recht.

schappen → Unsch. Kinder-Tag.

Schaufensterkunst. Für die Vkde steht der Lebensbezug *vor* dem ästhet. Rang eines Bildwerks. In diesem Sinn verdient auch die selbstgefertigte → Reklame der S. unsere Beachtung: Fettplastik und Wurstdekor der Metzgerläden, ornam. wie figur. Gestaltungen des Zukkerbäckers wie Gold- und Silberschrift, Eismeißelei, Kakaomalerei, Marzipan- und Nougatarbeiten. Brauchtum in Leben und Jahr spiegeln sich, wie im Inserat der → Zeitung, in der S.: Hochzeits- und Jubiläumstorten, Martinsmänner, Krampus und Nikolaus, Christbaum und Knusperhäuschen, Neujahrssymbole, Valentinstag, Fasnachtsmasken, Osterei und Osterhase, Muttertag und Pfingsten, Schulanfang und Erntefest.

Schariwari → Katzenmusik.

Schattenspiel → Puppenth.

Schatz → Wünschelrute.

Schäuble → Irrlicht.

Schauerbollen → Joh.tag.

Sch.feier → Peter u. Paul.

Sch.jungfrau → Kornengel.

Sch.woche → Flurumgang.

Schauspiel → Volkssch.

Scheffeuer → Funkensonntag.

Scheibbühel → Joh.feuer.

Scheibenschlagen. Bei manchen → Jahresfeuern (bes. → Funkensonntag, Johannistag) ist Freude und Stolz der jungen Burschen das S., -treiben oder -schießen auf einer Anhöhe in der Nähe des Ortes. Die lange vor dem Fastensonntag auf dem Räfstuhl oder Schneidesel angefertigten Holzscheiben aus Erlen-, Buchen-, Ulmen-, ganz selten aus Birkenholz (in Gortipohl: 20–100 Stück für einen Mann) werden auf einen Schwingstock gesteckt, im Feuer angebrannt, dann in der Luft herumgeschwungen, bis sie glühen, und kräftig mit Hilfe einer kleinen Holzbank abgeschlagen, so daß sie weit durch die Luft fliegen. Jede Scheibe gilt einem Bekannten, einem Freunde, einem Mädchen oder auch den Pärchen, die seit dem letzten Funkensonntag geheiratet haben oder versprochen sind. Fliegt die Scheibe weit, ist es ein gutes Vorzeichen. A. Fritz maß in Gortipohl (Montafon, 1964) Weiten von 120–150 m. Im Allgäu unterscheidet man zwischen Ehrenscheiben, die Freunden oder höhergestellten Personen geschlagen werden, und Schimpfscheiben, bei denen in der Art eines Rügegerichtes auf mißliebige Personen und ungestrafte Vergehen angespielt wird. Bei jedem Scheibenflug wird ein Spruch gerufen. Ein kurzer Vers aus Bludenz, der den Mädchen gilt, heißt:

Schieba, Schieba uffi!
Schieba, Schieba uffi!
Wem soll d'Schieba si?
D'Schieba soll der N. N. si!
Fliegt's nit,
So gilt's nit!

Wenn eine glühende Scheibe ein Haus erreichte oder gar durch die Balken eines »oftrölten« Stalles ins Heu flog, habe man sie nicht geholt, da der V.glaube galt: »Eine brennende Scheibe verursacht keinen Brand« (A. Fritz).

F. Vogt, Scheibentreiben u. Frühlingsfeuer, Zs. d. Ver. f. Vkde 3. Jg.; G. Caduff, Die Knabenschaften Graubündens, 1933; A. Fritz, Das Sch.schießen in Vorarlbg., Öst. Zs. f. Vkde 70 (1967). Kartogr. ÖVA IV.

Scheidung → Himmelf. Mariä.

Scheitergreifen → Andreas.

Scheitholz → Zither.

Schelle, obd. soviel wie → Glocke, Klingel. Der Montafoner unterscheidet lautmalend beim Herdengeläut die kleine eisengeschmiedete Klepfa für Gaißen und Kälber und große Plömpa für Kühe von der bronzegegossenen Schälla für Kühe und der schweren Singas für Märkte und Prämierungen. Hier finden die mit → Federkiel- oder Wollstickerei reich gezierten S.riemen Verwendung. Diese teuren Stücke nimmt der Bauer nach dem Verkauf der Kuh wieder mit heim. Die Bedeutung von Rind und Kuh für die bäuerl. Wirtschaft, auch der Stolz des Viehzüchters erklären den beträchtl. Aufwand (Preis einer Singas etwa 900 österr. S., eines schönen Riemens 2–3000 S., 1970).
Rolla heißen die kugelförmigen, im Innern ein Metallstück tragenden S. der Schlittenpferde, Röllili die des Kinderspiels und -liedes:

Hopsassa Röllili,
z'öberscht im Törili

In der Wirtschaft der → Alpe ist die S. vor allem nötig, um verlaufenes Vieh wiederzufinden. – Ende des 13. Jh. bis über die Mitte des 15. Jh. gehörten kleine runde Rollen zur mod. »Schellentracht«, früher auch zur Auszier der Panzer und Wehrgehänge. In der Tracht des → Narren bei Hofe (des »schellenlauten

Toren«) findet man sie noch lange und am Fasnachtsgewand bis heute (Villinger S.narr u. a.).

A. Dörrer, S. in Gl. u. Brauch, Rhein. Jb. f. Vkde 5 (1954).

Schellenmoritz → Mauritius.

Schelmaliedle → Schnaderhüpfel.

Schelte → Schimpf.

Schembartlaufen, S.bücher, mhd. *schëme* bedeutet ›Schatten, Maske‹; spätmhd. *schëmebart* ›Bartmaske‹. Durch → V.etymol. entstand die Form Schönbart. S. hieß der Umzug bärtiger → Masken. Die 1516 belegte Form Schemper scheint zu jempern, zempern (→ Fasnacht) hinüberzugleiten. Auch der ganze Fasn.umzug hieß schlechthin »der Schönbart«. Der Name war verbreitet, am berühmtesten aber war das Nürnberger S., von dem uns Bilderwerke von → Briefmalern des 16. Jh., die sogen. Sb., Kunde geben. Hans → Sachs berichtete von diesem S. Der → ätiolog. Sage nach soll das S. zuerst 1351 von den Nbg. Metzgern veranstaltet worden sein. 1457 erwarben die Patrizier der Stadt das Privileg, bis gegen die Mitte des 16. Jh. das S. von Theologen verketzert und verboten wurde. Jedenfalls ist dieses S. ein frühes und deutliches Beispiel alten Fasnachtsbrauchs in städt.-bürgerl. Gewand. – Trümpy wendet sich gegen die Annahme von Roller, das S. sei streng zu trennen von den bekannten Nbg. → Fasn.spielen. Über die Wortbed. vgl. auch: Mitteldt. Bll. 1941 (Perchten). → Handwerk, Reif-, Schwerttanz.

K. Drescher, hg.: Das Nbg. Schönbartbuch, 1908; F. Brüggemann, Über die S.läufer von Nbg., 1918; K. A. Nowotny, in: L. Schmidt, Masken in Mitteleur., 1955 (Neue Hs. zum S. in Nbg.; erschöpf. Bibliogr.); H.-U. Roller, Der Nbg. S., 1965.

Scherenschnitt, Silhouette. Die Kunst des Papierschnitts entstand im mal. Persien und kam über die Türkei um 1600 nach Westeur. als »Liebhaberkunst anspruchsvoller Ges.kreise« (Spamer), bis sie im kleinen → Andachtsbild und im → Stammbuch weite Verbr. fand. Die Umrißstilis., die durch Faltung des Papiers leicht herstellbare Symmetrie, die Durchsichtwirkung bunten Papiers oder der starke Symbolgehalt schwarzen Papiers kamen dem Kunstempfinden des Volkes entgegen (Liebes- und → Patenbriefe). Mit dem Sch. verband sich die Kunst der S., die auf das orient. Schattentheater zurückgeht, durch den Kupferstich seit dem 17. Jh. in Europa bekannt und seit dem letzten Drittel des 18. Jh. allgemeiner geübt wurde. Der sparsame frz. Finanzminister Etienne de Silhouette (1701–67) empfahl das von ihm selbst als → Steckenpferd betriebene S.ieren als Sparmaßnahme gegen den Luxus der Porträtmalerei. (Das »portrait à la S.« wurde so zum Spottwort). Die Erfindung des S.ierapparates und nicht zuletzt die westeurop. Mode der Lavaterschen Physiognomik (der Schatten ist die Seele) gaben S. und Sch. weiteren Auftrieb. Ph. O. Runge in Hamburg u. a. verliehen der Ausschneidekunst höheren Rang, aber was blieb, waren die v.tüml. Sch. als Wandschmuck (→ Lebensalter) und die Kunst der Schwarzweiß-Papierschneider auf dem Jahrmarkt in Rostock so gut wie an einem Ausflugssonntag an der Alten Fischerhütte in Berlin-Zehlendorf oder auf dem Weihnachtsmarkt (1970).

Auf einsamer Höhe und doch im Rahmen der Vk. stehen die Sch. des Köhlers, Tagelöhners und Hausierers J. J. Hauswirth (1808–1871) aus Saanen in der Schweiz. In seiner Freizeit schnitt er Alpauffahrten, Dorffeste, Ornamente und Symbole, die sich durch genaue Naturbeob., künstler. Formwillen und vollkommene Technik auszeichneten. Sie stehen in der Nähe der Sennensacktücher und Bilderstreifen, die das Leben von Hirt, Senn und Herde als S. aufgedruckt zeigen. In dieser Trad. steht auch Chr. Schwizgebel (geb. 1914), während L. Saugy aus Rougemont (1871–1953) mit seinen Klebekunstblättern zu den eigenständigen Laien- und → Sonntagsmalern zu rechnen ist. Das gilt wohl auch von den Papierschnitten des Schuhmachers Wilhelm Müller (1804–65) in Düsseldorf.

Neville-Jackson, The History of S., 1911; M. Knapp, Dt. Schatten- und Scherenbilder, 1916; Boehm, Miniaturen u. S., [4]1925; D. Baud-Bovy, Schweizer Bauernkunst, 1926 (Abb. 306–361); M. Bucherer, Spitzenbilder, P., Porträt-S., 1929; A. Spamer, Das kleine Andachtsbild, 1930; C. Rubi, Sch. aus hundert Jahren, 1959 (Hauswirth, Saugy, Schwizgebel); C. Pieske, Schattenrisse, 1963.

Scherr → Maulwurf.

Scherzel → Weihn.

Scheuerkraut → Schachtelhalm.

Schibicken → Holunder.

Schichtkieker, Schichtige → Zweites Gesicht.

Schicksal, S.glaube. Auch im germ. Altertum finden wir den Sg., ja er ist deutlicher als die Vorst. vom → Jenseits. »Gegen das Geschick, gegen den Nornenspruch kommt keiner an«. »Mein Unglück – mein gutes Glück hat es so gefügt«, solche Aussprüche sind nicht selten. Indes sagt Heusler: »Der Sg. wirkt selten lähmend auf die Entschlußkraft dieser gesunden Menschen, öfter stählt er ihren Gleichmut in der Gefahr. Noch mehr treibt die Ruhmeshoffnung zu dem an, was dem Germanen das Gute ist«. Aber auch ein gewisser Fatalismus (lat. *fatum* = S., Notwendigkeit), die passive Ergebenheit in ein unberechenbares und unabwendbares S., die Weltanschauung des Islam oder der (primitiv aufgefaßten) christl. Prädestinationslehre, treten in Glaube, Sprache und Dichtung (Märchen) des Volkes später nicht selten zutage. Wendungen wie »es sollte nicht sein«, »es ist ihm so bestimmt, so aufgesetzt gewesen« liegen dem Mann im Volke auf der Zunge. Der heutige Großstädter oder der Sportler quittieren einen Fehlschlag gern mit dem Wort: »Schicksal!«

J. Grimm, Dt. Mythologie; A. Heusler, Germanentum, 1934; Ringgren, hg. Fatalistic Beliefs in Religion, Folklore and Lit., Stockh. 1967 (Vorträge d. Sympos. in Åbo 1964).

Schicksalsfrauen. Epische Zeugnisse von dämon. Gestalten, die bei der → Geburt eines Menschen schicksalbestimmend auftreten, bieten die griech. Meleagersage wie die isländ. Nornagestsage. Bis in die Gegenwart wirkt die Alkestissage, jedoch wird hier eine jüngere, christl. beeinflußte Schicht sichtbar (Brednich). Reich bezeugt sind die Sagen vom prophezeiten Tod des Neugeborenen (die Eltern hören die Botschaft, können es aber nicht abwenden). Als eine letzte Schwundstufe anzusehen sind die »Schöpferlein«, deren Vorst. Tschinkel und neuerdings R. Wolfram in der dt. Gottschee nachgewiesen haben. Am vertrautesten sind uns die S. des Dornröschenmärchens. → Drei heilige Frauen.

R. Wolfram, in: Jb. f. Vkde d. Heimatv. 1 (1955); R. W. Brednich, V.erzählg. u. V.glaube von den S., Helsinki 1964.

Schidungsläuten → Allerseelen.

Schießscheiben. Ein festl. Schießen der → Schützenbruderschaft, der Anlaß eines Abschieds- oder Familienfestes, einer Ehrung oder eines Jubiläums bestimmten die ernste –, lokale Geschehnisse bestimmten die heitere Darstellung der oft von dem Tischler selbst bemalten S. Meist nennt sich der Stifter mit vollem Namen; d. Schützenkönig verewigt sich handschriftlich auf der

Scheibe und brachte sie oft unter dem Giebel seines Hauses an. Gewöhnlich aber verblieben die S. dem Schützenhaus, so daß hier wahre Museen entstanden, die sich, mit den Vereinen, selbst in der Großstadt erhielten (z. B. Berlin-Südende, 1970). Sosehr auch die meisten S.motiv- und kulturgesch. von Interesse sind, so sind sie doch künstlerisch meist als gesunkene, kleinbürg.-allegor. Stilkunst zu bezeichnen. Proben akadem. Malerei entstanden, wenn z. B. der Maler selbst Schützenbruder war. In der großen Zahl vorhandener S. gibt es aber auch Beispiele eigenständiger Vk., zumal wenn sie in entlegener ländl. Gegend entstanden sind. So bewahrt das Gaiswinkler Gasthaus (Aussee) mehrere Faschingsscheiben (1899–1910), die bester → Sonntagsmalerei gleichkommen. Sie sind von einem Ungenannten in prächtigen Faschingsreimereien »zammdicht«, während die Bilder vom Anstreicher Augustin Köberl, vulgo Hummer herrühren, dessen Vater schon ein bekannter Bastler und Löffelbrettschnitzer war.

K. Mautner, Alte und neue Scheiben am Grundlsee, Zs. f. öst. Vkde, 1911; C. u. L. Hansmann, Triff ins Schwarze, 1960 (S. in Farbe); G. Jontes, Leobener Schützenscheiben. Kat. Leoben. 1972. Vgl. Lit. → Schützenbr.

Schiffer, Schiff. Die Germanen nördl. Länder zwang die Natur, S. zu bauen und Sr. zu werden. Der Einbaum, der als → Sarg noch lange bekannt blieb, ist auch das erste spätsteinzeitl. S. Vollkommenere Fahrzeuge zeigen uns die Felsbilder. Für germ. Bestattungen in S. ist das unweit von Oslo ausgegrabene Osebergs., das bem.werteste Beispiel. Es enthielt als → Grabbeigaben Wagen, Schlitten, Bettstellen, Truhen und Geräte, die das altnord. Tierflechtornament im 10. Jh. in voller Blüte zeigen (Mus. Oslo). Über die landsch. noch reich abgestufte Gestalt der heutigen S. nichtindustr. Herst. haben Mitzka, Szymanski, Rudolph, Peesch u. a. umfassend gehandelt. Im 18. u. 19. Jh. wurden S. aus Holz bis zu 100 Jahre alt, die modernen Kriegss. und Dampfer aus Stahl schaffen 15–20 Jahre. Das Besondere des Elementes, in dem sich das S. bewegt, die Gefahr und die starke Abhängigkeit von Wind, Wetter und Flutgang, auch oft die Beschaulichkeit des Berufes und das Angewiesensein auf die Kunst der eigenen Hand machen die Sr. und ihre Zunft bis heute zu einem Bollwerk bodenständiger alter Überlieferung in Sprache, Sprichwort und Sage (→ Fliegender Holländer, Klabautermann, Meergeister), in Glaube (Windzauber, Fischfang, Mondglaube), Brauch (Sr.stechen, Sr.fasnacht; Petrus als Patron) und Kunst (Netze, → S.wimpel, Flechten, Galion). Die Sr.feste an der Elbe (Frohse, Grünewalde, Breitenhagen; Lichtmeßfest in Glinde) fallen fast immer nach Dreikönig, wenn Eis die S.fahrt lähmt, und haben mit → Heischegängen, Umzügen mit S.modellen oder mit dem Vortänzer im Flickengewand, mit »Hanswurst« oder »Lustiger Person« (Sr.höge in Lauenburg) Züge der → Fasnacht angenommen.

Ein eindrucksvolles Zeugnis sowohl der v.tüml. Feierabendarbeit (→ Basteln) wie des V.glaubens der Sr. sind die Modelle (Votiv-S.), die wir noch heute in Norddtl. in großer Zahl in sogen. S.kirchen finden. Sie sind schon vor 1500 bezeugt. Nachr. über solche Votive aus Wachs finden sich in den Viten der Hl. Bernhard und Godehard (11. u. 12. Jh.) → Arbeitslied, Fischer, Fährmann, Sondersprachen, Erasmus, Ornament, Wasser, Laus.

Ältere Lit. vgl. Ausg. 1955 dies. Wb.; W.

Mitzka, Dt. Bauern- u. Fischerboote, 1934; R. Wossidlo, Reise, Quartier in Gottesnaam. 2 Bde. 1940/43 (Seemannsvkde d. Segels.); E. Neweklowsky, Die S.fahrt u. Flößerei im Raume d. oberen Donau, 3 Bde., 1952–64; ders., Atlas v. Oberöst. Bl. 37 u. Erg.bd. 1960; H. Moser. Sr.brauch u. V.schauspiel im alten Lauffen, Gugitz-Fs. 1954 (Sommergewinnen, Sr.stechen, Passionssp., Neidhartsp., Fasnachtsp., Schwerttanz, 16. u. 17. Jh.); A. Becker, Sr.stechen u. Gänsereißen am Rhein u. anderwärts, Rhein.-Westf. Zs. f. Vkde 2 (1955);; G. Timmermann, Vom Pfahlever z. Motorkutter, 1957 (Niederelbe); A. Oeller, Das Schweinfurter Fischer- u. Sr.handwerk, 1957; W. Rudolph, Die S.typen d. ländl. Frachtschiffahrt in d. Gew. d. Insel Rügen, Dt. Jb. f. Vkde 4 (1958); ders., Die Insel d. Sr., ebd. 9 (1963) (Rügen – 1945); G. Kettmann, Die Sprache d. Elbsr., 2 Bde., 1959–61 (»Bordsprache« der Sr., »Kontorsprache« d. Kaufleute und »Amtssprache« der Verordn.; Sr.sprache anderer Flußgebiete. Mit der führ. Rolle Hamburgs geht der oberdt. Einfluß zurück); K. F. Olechnowitz, Der S.bau d. hans. Spätzeit, 1960 (Arbeitsbeding., Brudersch. u. a.); R. Peesch, Kulturströmungen in d. Küstenzonen d. südl. Ostsee, Dt. Jb. f. Vkde 8 (1962); H. Henningsen, S.modelle in Kirchen in Nord- u. Südschleswig, 1964; W. Stammler, Seemanns Brauch u. Glaube, in: Dt. Philol. im A., 3. Bd., ^{2}1962; H. Szymanski, S.modelle in nieders. Kirchen, 1966 (Landsch. zw. Ems u. Elbe; behandelt auch die Kirchturm-Windfahnen von Baltrum bis Wremen); ders., Dt. Segels., 1934; ders., Alte S.typen Niedersachsens, 1949; W. Rudolph, Hb. d. vtüml. Boote im östl. Niederdtl., 1966; ders., Segelboote, 1970; L. Schmidt, Vglaube u. Vbrauch, 1966 (S. 111–128: Sr.glaube u. Sr.brauch); F. Schmidt, Von d. Bräuchen d. Seeleute, 1967; K. Köstlin, Zum Begriff »Votiv-S.«, Kieler Bll. z. Vkde 1 (1969); S.fahrtsmus. in Lauenburg/Elbe; H. Gerndt, Seem.sagen auf See u. Land, Zs. f. Vkde 65 (1969) (Aufz. d. 19. Jh.); R. Wossidlo, Reise, Quartier . . . ^{8}1969 (Nd. Segel-Sr.); Th. Müller, S.fahrt u. Flößerei i. Flußgeb. der Oker. 1968; H. Moser, Das »Weber-S. von Saint Trond«. Fs. J. Dünninger 1970.

Schiffsprozession → Fronleichnam.

Schiffswimpel. Obwohl die Kennz. von Schiffen und Booten durch Flaggen und Wimpel (v. ahd. *winfila* ›Kopftuch‹) schon aus sachl. Notwendigkeit internat. Brauch ist, und z. B. die untere Elbe und das Stettiner Haff schon früher steife Topflaggen kannten, sind innerhalb Dtls. doch die formenreichen S. der Kurenkähne zu einem bes. Merkmal ostpreuß. V.kultur geworden. In seiner »Reise über die kur. Nehrung im Sommer 1866« (Altpreuß. Monatss. 4) weiß G. Behrendt von unterschiedl. S. und Segeln in Pillkoppen zu berichten, von Schnitzereien aber erwähnt er nur die → Giebelbretter an den Fischerhäusern von Nidden, die »kurischen Pferdchen«. Nach H. Woede entwickelte sich die ebenso anmutige wie vielgestaltige Vk. der S. erst gegen Ende des 19. Jh. Wahrsch. am Ostufer des Kur. Haffs zuerst trug damals »die nur leeseitige Oberschere über dem Ortszeichen bereits einige geschnitzte Aufsätze«. Ein weiteres Zierstück, das auf dem Spieß, der eisernen Mastspitze, aufsaß, wurde erst nach 1910 allg. Brauch. Anfang der 90er Jahre erhielten auch die Windfahnen eine Gestalt, die – zus. mit den anderen Wimpelbestandteilen – nach Form, Farbe, Art und Zus.stellung die spätere reiche, in Landsch. und Formenkreise sich gliedernde Entfaltung ermöglichte. Beispielsweise waren im NW-Bezirk Schwarz, Weiß und Rot bevorzugte Farben für Schnitzwerk und Wimpel, die nördl. Nehrung (Nidden, Perwelk) fügte gern Blau, der SO außerdem Grün und Gelb hinzu. Woede wies nach (S. 187), daß »die Typengebiete der Kurenkahnwimpel mit den Formbezirken anderer Holzschnitzereien und den Haustypengebieten nicht übereinstimmten«, so daß man von einer »bes. Fischer-Vkde« sprechen könne. Noch in voller Blüte, fand sie ein jähes Ende durch die russ. Besetzung des Landes 1945, durch den Wechsel der Boots-

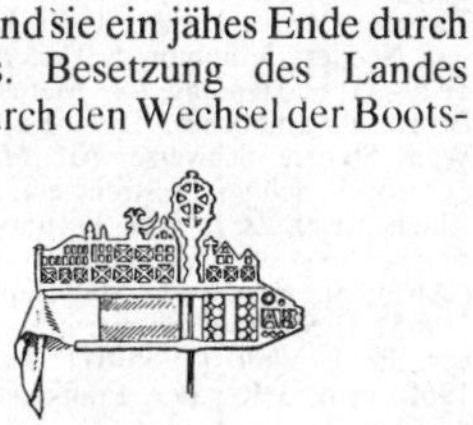

typen und durch die Vertreibung der alteingesess. Fischer. – Ähnlich wie in der Kunst der → Hirten stehen auch in diesen »Schacktarp«-Arbeiten (→ Basteln) geometrische Ornamente (Sechsstern, Radkreuz usw.) unbekümmert neben figürlichen und gebauten Formen (Häuser, Kirchen, Schiffe); auch Modernes (Fahrrad) wird mit Säge und Schnitzeisen geformt.

K. H. Clasen, Dt. Vk., Ostpreußen; E. Riemann, Vkde d. Preußenlandes, um 1950/51; H. Woede, Wimpel d. Kurenkähne. Gesch., Bedeutg., Brauchtum, 1965.

Schilda, Schildbürger. Schildau ist eine kleine Stadt am Abhang des Schildberges in der Provinz Sachsen, Kreis Torgau. Mit ihr wurden die altdt. Schwänke in Beziehung gebracht, die unter dem Namen Sb.streiche bekannt geworden sind. Wiemken versteht die Sb. als passive Narren in einem demokrat. Gemeinwesen (Die V.bücher v. Till U. usw.). Fast in jeder dt. Landschaft gibt es eine Stadt, von der man ähnliche Gesch. wie von S. erzählt; z. B. Schöppenstadt in Braunschweig, Zanow u. Darsekow in Pommern, Teterow in Mecklenburg, Zinten in Ostpreußen. In Schleswig-Holstein weiß man von einer ganzen Reihe von Ortschaften und Inseln: Bishorst, Büsum, Fockbeck, Gabel, Grammen, Föhr, Röm u. a. S.gesch. zu erzählen. → Schwank, Ortsreime (Lit.).

F. J. Bronner, Bayer. Schelmenbüchl., 1911; K. v. Bahder, Das Lalebuch mit den Abweich. u. Erweit. der Sb. u. d. Grillenvertreibers, 1914; B. Grahmann u. S. Hübschmann, Zwischen Werra u. Elbe, 1930; J. Cornelissen, Neederl. V.humor, 5 Tle., Antwerpen 1929–31; H. Hepding, Joh. Mercator . . . als Bearb. d. Sb.buches, Diehl-Fs. 1941; R. Weiß, Sb.orte, Schweizer Arch. f. Vkde 43 (1946); W. Schoof, Sb.streiche in aller Welt, Rhein.-westf. Zs. f. Vkde 3 (1956); H. Bausinger, Sb.gesch., in: Der Dt.unterr. 13 (1961); St. Ertz, S. u. Sb., Euphorion 49 (1965); E. Straßner, Sb.orte in Franken, Bayer. Jb. f. Vkde (1966/67) (Erhebg. seit 1962; in d. 3 Reg.bez. Frankens mehr als 3000 Sb.orte!); Kartogr. ASV 256/7. S.orte, S.streiche.

Schimmelreiter, neben Klapperbock, Schnabbuck, Storch und Ruklas noch besonders in Norddtl. bekannte → Maske der Mittwinterzeit. → Nikolaus, Zwölften, Weihnachten, Neujahr, wilde Jagd, Wodan.

F. Adler, Dt Vk.: Pommern, 1930; R. Hindringer, D. Schimmel als Heiligen-Attr., Oberdt. Zs. f. Vkde 5 (1931).

Schimpf, Schelte. Aus dem gefühlsbetonten Char. der → V.sprache ergibt sich ein ungewöhnl. Reichtum von S.wörtern, die oft nur humorvolle Sachschelte sind (Bez. für Antenne, Warenhaus, Arbeitsamt, Atombome usw.), aber auch als Beleidigung von Personen zu Feindschaft und vor den Richter führen. So hatte der Gemeindeschiedsmann von Sieglar zu urteilen über das Gewicht der S.wörter Fieser Möpp, Plätekopp, Duddelditzchen oder (für Unsaubere) Schmuddel, Placksack, Flohpöngel, Schnoddelkinnes, Kraubalg (Schulte). Die Bewertung ist landsch. verschieden. In Hamburg ist man »schenierlicher« als in München oder Berlin. Der Gruß des Götz von Berlichingen gilt im N gerichtlich als Beleidigung, im S. als »Umgangssprache«.

H. Küpper, Wb. d. dt. Umgangssprache, 1956f; A. Schulte, Die »gute alte Zeit« (1893 bis etwa 1914), Rhein.-Westf. Zs. f. Vkde 12 (1965).

Schimpfscheiben → Scheibenschlagen.

Schinder (Hundschlager, Racker, Streifer, Keibenschinder, Fallmeister, Wasenmeister, Ungenannter Mann, Freimann). Die letzten sind typ. Tabunamen (→ Name). Wie Gestalten aus anderen → »unehrlichen« oder ärmlichen Gewerben erscheint auch der S. oder Abdecker in Maskenumzügen des Frühlingsbrauches. Im Bezirk Murnau in

Obersteier geht am »damischen Montag« (Fasnachtsmontag) ein Maskenzug durchs Dorf, in der Mitte die acht »Schellfaschinge» und die zwei »Glockfaschinge«, alle zehn weiß gekleidet mit roten Strumpfbändern, die ersten mit Schellengürteln, die zweiten mit Glocken und Bänderstäben in den Händen: »Im Zug wird ein lendenlahmes, künstliches Roß (Schimmel) mitgeführt, dem ein ›Österr.-Roßhandler‹, ein S. und ein Schmied mit ihren Weibern folgen . . . Der ›Roßhandler‹ preist sein Roß an: ›Tausend Gulden kost's und an Krondukaten, aber geben kannst glei, was du leicht kannst g'raten‹. Meldet sich schließlich ein Käufer, so wird das Roß vom Schmied beschlagen, bricht aber bald vor Schwäche zusammen, worauf der S. und sein Weib in Tätigkeit treten. Eine Unmenge von (teilweise sehr derben) Späßen begleitet die ganze Handlung. Heute noch gilt in der Gegend der Glaube, daß das Faschingsrennen ein fruchtbares Jahr bringe.« (V. v. Geramb, Dt. Brauchtum in Österr.). → Berufe, Handwerk, Scharfrichter.

W. H. Ruoff, Vom Scharfrichter und Wasenmeister im alten Zürich, Schweizer Arch. f. Vkde 34 (1935); F. J. Fischer, Der Abdekker. Seine Bed. als Träger mag. Vorstellgn. im Zeitalter des Barock, Öst. Zs. f. Vkde 65 (1962).

Schinderhannes, Joh. Bückler, gen. S., 1777 in Nastädten geboren, war ein berüchtigter, aber dem armen Volk wohlgesonnener Räuberhauptmann am Mittelrhein, dessen Taten Sage und → V.buch festhalten. Am 21. 11. 1803 wurde er mit 20 Kumpanen in Mainz hingerichtet. Ähnl. zwielichtiges Ansehen besaßen in Mittel- und Süddtl. der Räuber Kneißl und der »Bayerische Hiasl«, die im Drama unserer Zeit zu V.helden emporstilisiert werden.

Neuer Pitaval. Neue Serie. Bd. 6, 1852; B. Becker, Aktenm. Gesch. d. Räuberbanden an beiden Ufern des Rheins. Neue Ausg. v. Rauchhaupt, 1896; M. Zender, S. u. a. Räubergestalten in d. V.erzählg d. Rheinl., Rhein.-westf. Zs. f. Vkde 2 (1955); K. Elwenspoek, S., ein rhein. Rebell, [2]1953; C. M. Franke, Der S. in d. dt. V.überlief., Diss. Frankf./M. 1958; O. Stückrath, Unedierte S.lieder. Rhein.-Westf. Zs. f. Vkde 8 (1961).

Schinken → Schwein.

Schinnenkraut → Schöllkraut.

schirmen → besprechen.

Schitwurz → Zaunrübe.

Schlacht. Vorstellungen d. christlichen → Apokalypse und → Eschatologie, Sagen vom → Antichrist und → Weltuntergang gruppieren sich häufig um das Bild einer gewaltigen Entscheidungs- und Endschlacht, nach der ein neues Reich beginnt. In Zeiten der Not und der Umwälzung (1848, 1913) lebt der Mythus immer wieder auf. Die S. entbrennt zwischen Katholischen und Reformierten, zwischen Norden und Süden, Preußen und Österreichern, ja das Ereignis spielt sich in noch typischerer enger Weltschau ab zwischen Schweizern und Tirolern. Typisch ist auch die Neophobie, die Abneigung des Landvolks gegen das Neue, wenn es heißt, das Ende sei nahe, sobald die Leute ohne Rosse fahren, die Frauen Hosen tragen und die Städter auf die Alm steigen und dort Feste abhalten. In vielen Sagen bestimmt den Ort des Endkampfes ein dürrer → Baum (Walserbaum). Besonders ein Brixener Volksbuch des 18. Jh. verbreitete die bis heute lebendige Sage von einem Baum, dessen wunderbares Ergrünen die Endschlacht ankündigt. In Schlesien blühte 1914 ein solcher. Die Sage entstand vielleicht im Orient u. a. im Zusammenhang mit Legenden vom Kreuzholzbaum und anderen verehrten Wunderbäumen, die sich später mit der Sage vom → Antichrist und mit der dt. → Kaisersage verbanden. Neben anderen Orten werden bei uns besonders der Untersberg bei Salzburg und die Walserheide bei Wels (Oberösterr.) als Stätten des dürren Baumes genannt. Der Walserbaum soll auch 1871 gegrünt und geblüht haben.

St. Steinlein, Über die Herk. d. Sage und Prophez. v. d. letzten Welt-S. am Birkenbaum mit Erl. z. dt. Kaisersage u. heutigen Weissgg, 1915; V. Prasser, Die Sage v. d. Zukunfts-S. am Baum, 1940; F. Zur Bonsen, Die S. am Birkenbaum, 1940; W. Brepohl, Die Überlfg. von der S. am Birnbaum – heute. Fs. J. Dünninger, 1970; Weitere Lit. u. d. gen. Stichw.

Schlachten. Wie die alten → Kalender in den Holzschnitten der Kopfleisten zeigen, ist das S. bevorzugte Verrichtung der letzten drei Monate des Jahres, bes. des November (→ Martin), soweit Hausschlachtung noch eine Rolle spielt (vgl. die Schilderung bei Th. Fontane in: Meine Kinderjahre. Schlacht- und Backfest). Meist nur zum S. von Schweinen und Kleinvieh kommt der Metzger mit seinem Gerät auf den Hof, zerteilt das Fleisch für Eigenbedarf, Räucherung und Verkauf und fertigt auch die Würste. Nachbarn bekommen ihren Anteil. Auch in der Großstadt (Berlin 1970) ist das »Schlachtefest« immer noch ein Anlaß zu bes. Einladung und Reklame in Gaststätten, ähnlich der »Martinsgans« und dem »Osterlamm«.

P. Wiepert, »Pünnefest« auf Fehmarn, Beitr. z. dt. V.- u. A.kde 12 (1968); V. Tolksdorf, Das S. in Ost- und Westpreußen, Jb. f. ostdt. Vkde 11 (1968); Dt. Wortatlas IX Schlächter.

Schlachtfest → Martin, Masken.

Schlaf, »Kalter Kopf und warme Füß« verhelfen zu S. Gegen S.losigkeit verwendet man Mohnabgüsse (→ Nachtweinen, Schlafmohn) oder reibt die Schläfen mit dem Fett von Nachttieren (→ Fledermaus) ein oder legt einen S.putzen (S.apfel = Auswuchs am Hagebuttenstrauch; → Heckenrose) unters Kissen. Auch patentierte »Paracelsus-S.binden« gibt es (Gase mit S.mittel getränkt). Wenn → Alp, »böser Traum«, Gespenst oder Trud Ursache der S.losigkeit sind, wird Beschwörung und Besprechen, Räuchern und Auspeitschen angewandt. – Die Gleichung S. = Tod begegnet vielfach im Glauben und Brauch, in Sage und Märchen. Den schlafenden Menschen verläßt die Seele in Gestalt einer Maus oder eines anderen Tieres. Beim Begräbnisläuten soll niemand schlafen. In Böhmen heißt es, man soll nie mit Durst zu Bett gehen, sonst verlasse die Seele den Schlafenden, um zu trinken. Wer auf der rechten Seite schläft, wird von Engeln beschützt (Ostpreußen). Der Langschläfer wird mit tradit. Strafen zu Neujahr, Palms.tag usw. geneckt. → Letzter, Traum, Animismus, Seele.

Schlafapfel, -kunz → Heckenrose.

Schlägel kriegen → Korb.

Schlagen → Lebensrute, Hasel, Birke, Wacholder, Frisch- und Gsundschlagen, Pfingsten u. a.

Schlager. Das Wort scheint erst spät an die Stelle von → Gassenhauer getreten zu sein. 1881 schreibt die Wiener National-Zeitung: »Zündende Melodien – S. nennt sie der Wiener«. Man wies auf das Bild des einschlag. Blitzes (Et. Wb.), eher aber ist auf städt. Ebene an Schlagen im Sinn von ›Obsiegen, Übertreffen‹ (»Preis-S.«) zu denken. Trotz der – oberschichtlich möchte man sie nicht nennen – großstädt.-modischen, heute in jeder, vor allem kommerz. Weise manipul. Entstehung wird der S. – genau wie der Gassenhauer – Gegenstand der Vkde, wo ihn das Volk ergreift, zu einem Gemeinschaftsgut macht und meist in Text wie Weise umsingt und seinem Eintagsfliegenleben so ein bißchen Dauer einhaucht. Trotzdem bleibt die Trennung → V.lied : S. nützlich, »weil sie dem Bedürfnis typolog. Verdichtung entgegenkommt, das die Wiss. angesichts vielschicht. und vielseit. Erscheinungen hat« (H. Bausinger). L. Schmidt wies darauf hin, daß im Wien des 19. Jh. in Bierwirtschaften und Heurigenschenken »auf dem Boden der späteren Vorstädte jene Verzahnung des ländl. und städt. V.gesanges« vor sich ging, die Mitte des Jh. zur »Blüte des V.sängertums« führte. Auch in anderen Landsch. ist der S. keineswegs Sache nur einer soz. Schicht, etwa des Arbeiters, sondern er zeigt wie Kleidung, Politik, Religion u. a. die allg. »Tendenz zur Einheitskultur« (H. Bausinger). Der Grundgehalt unseres Lebens bleibt gleich, aber die Formen verarmen. → Schnaderhüpfel.

L. Schmidt, Wiener Vkde, 1940; Zs. Eltern u. Schule, 1953 (Unters. e. Lehrerin ü. d. Liedschatz d. 6jähr. Knaben u. Mädchen. 16 v. H. Weihnachts- u. Adventslieder, 32 v. H. vtüml. Lieder, 21 v. H. S.); W. Wiora, Zur Lage d. V.liedfg., Zs. f. dt. Philol. 73 (1954); H. Bausinger, V.lied u. S., Jb. öst. V.liedwerk 5 (1956); S. Schmidt-Joos, Geschäfte mit S.n, 1960; I. Baumer, Lebende oder untergeh. V.überl. Beob. in Sizilien, Schweiz. Arch. f. Vkde 57 (1961) (Der contastorie wird immer seltener, der cantastorie nimmt neuen Aufschwung); H. C. Worbs, Der S. Bestandsaufn. – Analyse – Dokumentation, 1963; H. Goertz, Mariechen saß weinend im Garten. Lieder aus d. Küche, 1963; H. J. Dahmen in: Beitr. f. dt. V.- u. A.kde. 8 (1964); H. Fischer, V.lied – S. – Evergreen, 1965 (betr. Kreis Reutlingen).

Schlagfluß, *Apoplexía.* Vor dem auch der Antike gut bekannten S. bleibt bewahrt, wer täglich einige Senfkörner nüchtern ißt. Besprechen, Bad im → Eingeweide eines frisch getöteten Tieres *(balneum animale)*, »Schlaggeist« aus Meisterwurz oder Salbei und »Schlagwasser« aus Wein mit Maiblumen usw. sind Gegenmittel (→ Fluß, Lähmung). In der Steiermark prophezeit man beleibten Personen mit dickem Hals S. Auch das Fallen der drei → Tropfen Blut oder des letzten davon lösen S. aus. → Geiler v. Kaysersbg. erwähnt diesen auf die Humoralpathol. (→ Vmed.) zurückgeh. V.glauben (1515, Evangelibuch), P. Rosegger ist er noch bekannt.

E. Grabner, Die drei schweb. Blutstropfen im Kopfe d. Menschen, Bayer. Jb. f. Vkde (1961).

Schlagring. Bekannt ist das → Schnaderhüpfel:

> A Büchserl zum Schiaßn,
> an Schlagring zum Schlagn
> und a Diandl zum Liabn
> muaß a frischer Bua habn.

In Bayern und Österr. ist das Raufgerät der Burschen ein einf. Fingerring mit einem Metallknopf an der Oberseite oder mehrere zus.hängende Ringe, die vier Finger umspannen und außen Zacken tragen. Damit aber die S. nicht bösartige Wunden verursachen, ließen sie die Unterinntaler Burschen in Altötting weihen. Bes. Kräfte gibt dem S. die Eingravierung eines Kreuzes oder eines Bildes des hl. → Antonius. In uns. Zeitalter der »Selbstverteidigung« ist der alte S. auch in den Waffenhandl. der Städte zu finden (Berlin 1970). → Ring.

Vgl. M. Haberlandt, Die Raufwerkzeuge der Innviertler Bauernburschen. Zs. f. öst. Vkde 11 (1905).

Schlange. Die eddische Midgard-S. ist die Feindin der Asen und eine der drei Urheber des → Weltunterganges. In der nord. Hölle, in Nastrand, ist »der Saal aus S.rücken gewunden und ihre Gifttropfen träufeln durch das Getäfel«. Auf die Menschen der Antike, aber auch auf jeden von heute macht die seltsame Erscheinung und Bewegung, die unsichtbare Wohnung, das Züngeln und nicht zuletzt die Giftwirkung tiefen Eindruck. Das Abstreifen der Haut macht die S. zum Symbol der → Verjüngung und des ewigen Lebens. Geheimnisvolles Wissen und Heilkunde schrieb man ihr zu. S.armbänder waren Apotropaia und die S. selbst Attribut des heilkundigen Äskulap. Antike Münzen stellen das S.orakel dar. – Im dt. Gebiet ist die Haus-S. oder Hausotter (Hausnadder) wie die → Kröte in vielen Sagen und Märchen der glückbringende → Hausgeist, den man mit Milch füttert und nicht töten darf (Böhmen, Vogtland, Süddtl., Schweiz, Österr.). Der mundartl. Name Unke bezeichnet S. und Kröte. Von beiden heißt es, sie ziehen Gift an. Als Lindwurm (ahd. *lint* = S.) verbindet sich die Vorstellung der S. mit der des → Drachen. In dieser Gestalt ist sie Schatzhüterin. Der S.- oder Otterkönig belohnt Güte und Hilfe mit seiner goldenen Krone. Unter Haselsträuchern lebt als kleine weiße S. der Haselwurm, der Zauberkräfte verleiht (Tirol), aber auch als Drache feuerspeiend ins Meer fährt (Pommern). Den → Basilisken betrachtet man als Bastard aus S. und Kröte. Diesem wie der S. schreibt man die Kraft zu, kleine Tiere durch → Faszination zu erlegen. Zu bestimmten heiligen Zeiten ist den S. das Gift genommen (→ Georg). Haut, Blut, besonders Fett der S. sind vielseitige Heilmittel. Ein S.kopf, als Amulett getragen, macht unsichtbar und schützt vor Gefahr und Behexung.

H. Schmerber, Die S. d. Paradieses, 1905; K. Knortz, Reptilien in Sage, Sitte u. Lit., 1911; E. Küster, Die S. in der griech. Kunst u. Relig., 1913; E. Frank, Der S.kuß, 1928; A. Jacoby, Von verschluckten S. und Eidechsen, Oberdt. Zs. f. Vkde 6 (1932); K. Bornhausen, V.glaube, in: Peßler, Hb.; H. Marzell, Hasel u. S., Spamer-Fs. 1953.

Schlangenkraut → Farn.

Schlehe (Schlehdorn, Dornenschleh, Schwarzdorn; *Prunus spinosa*). »Mit Apfel, Hasel und Weichsel die einzige Obstart, die ihren Namen bis heute bewahrt« (Kluge-Mitzka, Et. Wb.). Verwandt ist altslaw. *sliva* (vgl. Sliwowitz ›serb. Pflaumenschnaps‹). Wie → Frühlingsblumen stehen die noch vor dem Blatt erschein. weißen Blüten im Rufe mag. Kraft. Schlucken der drei zuerst erblickten S.blüten schützt das ganze Jahr vor Fieber oder Sodbrennen (Franken). Auch im Tee für die Frühjahrskur sind sie gut. Sie zählen zu den → Wetterblumen. In Schwaben heißt es, »soviel Tage der Dornenschleh vor dem → Georgstag (24. 4.) blüht, um so viele Tage geht man vor → Jakobi (25. 7.) in den Schnitt«. Wie anderes Stachlige vertreiben S.zweige auf dem Misthaufen oder an der Tür an → Walpurgis die schweifenden Hexen. → Weihn.baum.

Schlenkltage, -weil → Gesinde.

Schlitten → Wagen.

Schloßschließen → Nestelknüpfen.

Schluckbildchen, Eßzettel heißen kaum mehr als briefmarkengroße, manchmal kolor. Bilddrucke, die von großen Blättern in Art der → Bilderbogen abgeschnitten und geschluckt wurden. Man hoffte sich dadurch Segen und Hilfe des abgebildeten Heiligen »einzuverleiben«. An Stätten vtüml. → Wallfahrt wurden die S. feilgeboten. → Andachtsbild, Maria.

E. Richter u. W. Brückner, in: Reallex. z. dt. Kunstgesch. Bd. 4 (1968).

Schlucken, Gluckser, fränk. Hetscher, schwäb. Häcker, vorarlb. Glutsch, österr. Schnaggler, wird vertrieben durch natürliche (Wasserschlücke ohne Atem zu schöpfen), suggestive (Erschrecken) od. magische Mittel. Man soll an drei kahle Männer denken. Der S. wird im nd. weggesprochen, indem man über einen Steg der zahlreichen Marschgräben geht und sagt: Snikop und ik / gungen öber dat Steg;

Snikop fult herin / und ik gung weg. In der Schweiz sagt man: Hixi – Häxi hinderm Hag / nimm mr (au) 's Hixi-Häxi ab.

Kartogr.: ASV 243/4 S. Ursache; Gegenmittel: leer schlucken, Wasser trinken, Atem anhalten, Zucker schlecken, Brot essen, an jemand denken, Kreuz auf Schuhe zeichnen.

Schlüsselblume *(Primula elatior)*. Der lat. Name deutet an, daß die S. oft die erste unter den → Frühlingsblumen der Wiese ist. Die Namen S., Himmelsschlüssel, Primel gehen über weite Landsch. Engere Gebiete haben Batenke (schwäb.-alem.), Peterschlüssel (Südtirol, Lausitz) u. a. Der Blütenstand mit dem Stengel erinnert an einen Schlüssel mit Bart (mhd. *himelsslüzzel*). Viele Sagen und Leg. knüpfen sich daran: z. B. sei dem hl. → Petrus der Schlüssel entfallen; wo er die Erde berührte, schlug er Wurzel und blühte als S. – In V.heilkde. und -glaube ist die duftende, eigelb blühende *Primula off.* wichtiger. Sie ist Arznei gegen → Gicht, → Rheumatismus, → Schlagfluß und bringt Mängel der Frauenhaut zum Verschwinden. Wenn man sie am → Gründonnerstag in den Garten pflanzt, bringt sie im nächsten Jahr bunte Blüten. Ihr gelten die V.namen Gichtkraut, Kraftblume, Eierkuchen, Marien-, Frauenschlüssel. Auf die Blütezeit beziehen sich: Märzen-, Fastenblume. – In den Alpen ist die goldfarbene *P.auricula* eine begehrte, heute höchst schutzbedürftige Pflanze (Bärenöhrli, Batengelein; in Tirol und Inneröst.: Platenigen und Petergstam), die das V.lied besingt. Gleiche Liebe gilt dem Blauen Speik *(P. glutinosa)* und der Zwergprimel (*P.minima*; Habmichlieb) des Riesengebirges.

D. Diedrichs, Die S. Unters. z. Dt. Wortatlas, 1952; Dt. Wortatlas I.

Schmackostern → Lebensrute, Lätare, Ostern.

schmalziger Donnerstag → Fasnacht, Fett.

Schmalzlergläser → Glas.

Schmarackeln → Axt, Kegeln.

Schmeckeblatt → Salbei.

Schmeermonat → Martin.

Schmiedhämmerlein, Erdschmied, im süddt. Bez. des → Holzwurms (Montafon: Schmittakäfer). Nach R. → Cysat sagte man: es schmiede das Dogkelin allso (→ Doggi). → Vorzeichen.

Schmuckbaum → Weihn.baum.

Schnabbuck → Habergeiß, Nikolaus, Weihn.

Schnabelgeiß → Zwölften.

Sch.percht → Bercht, Luzia.

Schnaderhüpfel, Vierzeiler. Das überzeugendste Beispiel v.eigener Stegreifdichtung ist das S., ein V., der dem Reimschema aa:bb oder ab:ab folgt und in den bair.-öst. Alpenländern auch als Gstanzl, Gsetzl, Bassl, im alem. als Schelmaliedle, Riema, im fränk.-oberpfälz. als Schlumperliedla (wohl eine Kreuzung aus Lumpen- und Schamper-) und allgemeiner als Runda (R.singen) bekannt und bis heute leb. ist. Die Herleitung von schnattern (Webinger) ist weniger einleuchtend als die ältere von Schnitterhupfe (S.tänze). Der Wiesenpater von Ißmanning wetterte schon 1779: »aber Schniderhipfel, aber Sausangel könnt's singen auf d'Nacht . . .«. Derbel wies Aufzeichn. von S. für 1794 und 1801, Blümml aber schon für 1600 und 1754 nach (Arch. f. n. Sprachen, 1905). Als vom Tanz unabh. V. ist die Form schon älter. In Luthers Tischreden steht der V.:

Ist der Apfel rosenrot,
so ist ein Würmlein drinnen;
ist das Maidlein säuberlich,
so hat es krause Sinnen.

H. Grasberger wies hin auf die Otfriedstrophe der Karolingerzeit und auf einen auffall. Binnenreim mit gekreuzten Reimpaaren (ab:ab) im Nibelungenlied, in dem er ein »Trutzliedlein« der jungen Kriemhild vermutet. Das S. ist vielleicht so alt wie der Endreim. In der Kurzform wie im Thema verwandt sind das Liebesliedlein des Wernher von Tegernsee (Du bist min; 12. Jh.) und S. des 19./20. Jh.

Das S., das Aufford. zum Tanz, Tanzbegl. und -einlage, witzig-krit. Wettstreit, Spott und Scherz, auch gesell. Rundgesang (Runda) ist, spricht von Liebe und Untreue, vom Leben der Jäger und Nachtburschen, es liebt den Natureingang, den sprunghaften, bildstarken Vergleich und scheut auch erot. Symbolik nicht:

A nudeldicke Dirn,
a spannlanger Mann –
die Nudel muß ma rührn,
sonst hängen sie in der Pfann.

Den → Gaßlbrauch meinen S. wie diese:

An Sprung üwas Gaßl,
an Jugitza drauf
und an Klopfa ans Fensterl,
schön's Dirndl, mach auf.

In Altaussea See
schwimman d'Fischl in d'Höh,
schwimman auf und nieda,
Dirnderl, heut kimm i wieda.

Im Spiel mit Worten dichten sich S. von selbst:

In Unterland unt'
is a Katz und a Hund,
und a Katz und a Hund
ist in Unterland unt.

Lusti san d'Faschingstag,
wann ma's nur halt'n tat;
wann ma's net halt'n tuat,
sand ander a so guat.

Neben den V. sind 2-, 3- oder mehrzeil., vergröß. Formen selten. Die Melodie des S. folgt der Tanzmusik oder hat, z. B. beim Rundgesang, auch seine eigene, oft von einem → Jodler geschlossene Gestalt. Bekannt ist die stereot. Melodie, deren sich meist das S. der Großstadt bedient. In seinem eher verstandesmäß. Witz ist es dem → Schlager verwandt:

Ich steh auf der Brücke
und spuck in den Kahn,
da freut sich die Spucke,
daß sie kahnfahren kann. (Berlin, um 1930).

Die Verbr. des gesungenen und getanzten V. verdiente eine Frage des ADV. Es findet sich, wenn auch viel seltener als in den Alpen, in Schwaben und im Elsaß, in der mittl. Schweiz, auch in Thür., Obersachs. und Schles. In Norddtl. und im westl. Mitteldtl. ist der V. wenig bekannt, nach Ostpr. haben ihn schwäb. Siedler getragen. Wie das S. von Land zu Land und vom Land in die Stadt wandert, so begegnen sich in ihm auch die soz. Schichten und »Stände« wie kaum in einer anderen Äußerung der V.kultur. In der Straden (Steierm.) sangen die 65-jährige Landarbeiterin i . R. »Weber-Mirz« noch jüngst ihre V. und die Schneiderin »Pfeifer-Nandl« ihre »Stradener Tuschliadln«, Lieder und lustige Grabschriften. Diese begann mit dem S.:

Bißl ungarisch, bißl steirisch,
bißl deutsch und franzous.
Und hiaz meini liab'n Leutl'n,
hiaz geaht da Gspoaß lous!

Aber auch viele bekannten Vertreter der → Mundartdichtung (Kobell, Stelzhamer, Stieler, Biedermann u. a.) schufen v.läufig gewordene V. in großer Zahl. Nur wer die starke Volksverbundenheit des österr. Adels und Kaiserhauses nicht kennt, wundert sich, daß auch ein Erzherzog, Franz Ferdinand d'Este, wenn auch anonym, 1895 2 Bände »Gstanzeln« herausgab.

H. Derbel sieht unmittelbare Zus.hänge zw. unserem S. und der span. Copla wie der ital. Villotta. K. M. Klier bezweifelt sie. Jedenf. sind ähnl. Formen der Stegreifdichtung auch roman. Völkern bekannt (vgl.

den Film »Mamma Roma« von P. P. Pasolini). Bei dem hohen Alter, der weiten Verbr. und dem starken Eigenwuchs des S. im dt. Volk ist wohl eher Mehrentstehung (Polygenese; → Märchen) anzunehmen.

H. Grasberger, Die Naturgesch. d. S., 1896; C. Rotter, Der S.rhythmus, 1912; R. Wolfram, Das Alter d. S., in: Ahnenerbe-Stiftung 1939; H. Derbel, Das S. nach d. gegenw. Stand d. Slg. u. Fg., Diss. Wien 1949; F. Hoerburger, Über altbayer. S.weisen, in: Der Zwiebelturm 3 (1948); A. Webinger, Muttersprache, 1952; L. Kretzenbacher, Leb. V.dichtung a. d. Südost-Steierm., Rätsel u. V. aus Straden, Jb. öst. V.liedw. 4 (1955); M. Böhm, Versuch e. Analyse e. fränk.-oberpfälz. Schlumperliedla-Melodie, Bayer. Jb. f. Vkde 1962; Slgn: E. K. Blümml u. F. S. Krauss, Ausseer u. Ischler S. 1906; L. v. Hörmann, 1881; Slg. Reclam, um 1910; R. Greinz u. J. A. Kapferer, 2 Bde., 1908–12; W. Schmidkunz, Das is a Leben! 580 neue . . . S. 1941; E. Hupfauf, Zillertaler Reimkunst, 1960; Weitere Lit. u. V.lied, Jodeln.

Schnaggler → Schlucken.

Schnakenkraut → Farn.

Schnall, -blume → Mohn.

Schnaps → Branntwein.

Schnecke. Die Fühlhörner, die S.zähne, wurden als Mittel gegen die → Freis benutzt (Niederösterr.). Wenn man S. an die Wand wirft, werden sie zu Geld (Bayern). Auch in MA und Antike wurde die S. vmed. ähnlich verwendet wie der → Regenwurm. Verbreitet sind die Kinderliedchen im Ton von Beschwörungen wie

Schnegg, Schnegg, komm heraus,
streck deine sieben Hörner aus,
oder ich werf dich über alle Berg aus.
(Vorarlberg).

Das Tragen des Hauses und die Langsamkeit haben viele → ätiologische Sagen, Rätsel und Schwänke über die S. veranlaßt. Das Sprichwort sagt: Der Schneck und der Frau ist am wohlsten zuhaus. Megenberg, Paracelsus, Gesner u. a. berichten von biologischem Aberglauben und von der S. als Arznei. Einen interessanten Versuch zur Deutung der S.masken unternahm Leopold Schmidt. Er weist auf Funde von S.schalengewändern in bronzezeitlichen Gräbern hin und vergleicht die S.maskierung kartographisch mit Eierschalenbehängen im Brauchtum (z. B. Sommertag, → Lätare). Die Grundelemente der S.maskierung sieht L. S. in der Gestalt (Wendel, Kreisen um ein Zentrum), im Geräusch (Klappern) und in der sexuellen Symbolbedeutung der S. → Masken.

R. Zaunick, Die S. in der Volkswetterkunde, Hess. Bll. f. Vkde 13 (1915); R. Wildhaber, S.zucht u. S.speise, Schweiz. Arch. f. Vkde 46 (1950); 6 S. Lit.; L. Schmidt, Die S.maskierung. Ein Beitrag zur Methode d. vkdl. Maskenforschung, Rhein. Jb. f. Vkde 2 (1951).

Schnee → Wetter, Lichtmeß, Holle.

Schneeberger → Maiglöckchen.

Schneeschuh, Ski. Der S. in der heutigen Form ist im Anfang dieses Jh. aus Skandinavien zu uns gekommen. Dort ist er gleichen Ursprungs wie der Schlittschuh, denn *öndur* wie *skidur* sind kurze, vorn aufgebogene »Scheiter« oder Brettchen. Es gab aber auch bei uns einheimische Formen des S., die Faßdauben, die wir als Kinder zum winterl. Spiel benutzten. Im S.sport der Alpenländer haben Fackelläufe oder der fasnachtl. »Narrenlauf« mancherorts Brauchcharakter angenommen.

E. Mehl, Grundr. d. Weltgesch. d. Schifahrens. Der Weg e. steinzeitl. Jagdgerätes u. mod. Sportgerät, um 1963; H. Trümpy, Fuhren die Leute von Saanen schon im 18. Jh. Ski? Schw. Arch. f. Vkde 64 (1968).

Schneetulla → Dohle.

Schneid → Gaßlbrauch, Grenze.

Schneider → Handw.

Schnitter → Ernte, mähen.

Schnitterhahn, -tanz → Erntefest, Schnaderh.

Schnitzen, S.rei. Durch seine nahezu allg. Verbr. und wenig Werkzeug erford. leichte Bearbeitbarkeit finden wir den Werkstoff → Holz in der Hand des Kindes, des Hirten und des Bastlers wie in der des Heimarbeiters, des Bildhauers und vieler Sonderberufe (→ Zimmermann, Tischler, Wagner, Drechsler u. a.). Papier und Bleistift nicht, aber das Messer hat jeder bei sich (Baud-Bovy). Wie die Landsch. des → Tons die Anfänge der Töpferei begünstigten, so sind es bes. die Waldgebirge, die dem holzverarbeit. → Hausfleiß und später einer reichen → Heimindustrie die Grundlagen boten. Im → Böhmerw. liegen die Anfänge schon im 14. Jh., doch hat sich hier »trotz vieler Anlagen kein eigentl. S.gewerbe entwickelt« (J. Blau). Die S. im → Frankenwald ist gegen Ende des 15. Jh., in → Oberamm. und → Berchtesg. seit dem 16. Jh. bezeugt. → Sonneberg, die Viechtau und das sächs. Erzgeb. mit → Seiffen kamen im Laufe des 17. Jh. als neue Konkurrenten hinzu. Auch in → Gröden entfaltete sich neben dem → Spielzeug die Herrgott-S. In der Rhön wurde in Kleinbauernfamilien seit dem 18. Jh. das S. mit vorwiegend relig. Themen betrieben. In Siebenbürgen weisen die Zunft- und Nachbarschaftszeichen schöne S. auf. Sie lassen sich bis ins 15. Jh. zurückverfolgen und zeigen neben dem Sonnenrad Motive der Kunststile. Ganz besonders reich geschnitzt mit Darstellungen, die auf Geburt und Tod hinweisen, sind hier die Leichenzeichen. Auf dem Dorf werden die Nachbarzeichen beim Umsagen in der Nachbarschaft heute noch gebraucht.

Obwohl es eine Zunft der Bild-S. gab, versuchten die verwandten Handwerke wie die Zimmerleute oder Tischler sich auch in der freien S. zu betätigen und dadurch ihr begrenztes Zunftgebiet zu erweitern. Fast alle Holzhandw. waren auch S. (Ritz).

Verhältnism. selten ist die Großplastik innerh. der Vk., doch stellen → Bienenstöcke, → Rolande oder die → Galion an den Schiffssteven der Küstenländer Lösungen von monument. Größe dar. Selten ist auch das geschnitzte Relief der → Wäschehölzer, → Mangelbretter, Hauszeichen oder der Umrahmungen niedersächs. Haustore.

Werke der vtüml. S. behandeln u. a. folg. Stichw. → Faßriegel, Flachsschwinge, Gebäckmodel, Hausrat, Hirtenkunst, Holzschnitt, Löffel, Masken, Möbel (Bank, Stuhl, Tisch, Anrichte, Truhe, Schrank), Schiffswimpel, Spielzeug, Spinnrocken, Uhren, Wagen, Webekamm.

Dell'Antonio, Die Kunst des H.schnitzens, 1921; J. M. Ritz, Holz, in: Spamer, Vkde; Fr. Tautenhahn, Das S. im Erzgeb., 1937; J. M. Greber, Alte Holzbearb.-Werkzeuge, Dt. Vkde 2 (1940); Chr. Rubi, Beschnitzte Geräte, 1944; J. M. Ritz, Ein geschn. Hochzeitszug aus d. Rhön, Bayer. Jb. f. Vkde. (1954); G. Reichhardt, Harzer Vk. Drei Schnitzer u. ihr Werk, 1959; H. Clauß, S. in der Rhön, 1956 (Seit 1845 Staatl. S.schule in Empfertshausen; vgl. Bespr. Dt. Jb. f. Vkde 4, 1958); U. Bauche, Die Schnitzwerke d. Wilh. Uebbemann, Hofbes. u. Gemeindevorst. zu Asseln, in: Rhein.-westf. Zs. f. Vkde 8 (1961); H. J. Hansen, hg.: Kunstgesch. d. Schiffsbaues, 1966 (Steven, Heck, Galion, Mast, Ruder, Deck, Kabine, Fallreep); S. Kovačevičová u. B. Schreiber, Vk.plastiken. 1971; W. Pflugbeil, hg., S.werke. Erzgebirg. S.arbeiten, 1972.

Schnupfen (von Tabak) → Atlanten (ASV).

Schnupfen, schwäb. Gschnuder, fränk., steir., alem. Strauchn, Strucha. Aus guter Beobachtung stammende Mittel zur Vertreibung des S. sind Riechen an Salmiak oder einer »angezischten« Kinderwindel, Einfetten der Nase mit Unschlitt oder Genießen des Tees von Eibischwurzel, Lindenblüte, Wegerich, Schafgarbe usw. Besonders bei hartnäckigem S., bei Stock- oder Hunds-S., greift man auch zu magischer Hilfe (Übertragen, Wegsprechen). Leichten S. sieht man nicht ungern, besonders bei Kranken, da er »das Gehirn reinige«. Die alte Säftelehre wirkt in dieser Anschauung nach. – In Berlin gilt (1963) noch der Satz: »S. kommt 3 Tage, bleibt 3 Tage, geht 3 Tage.« → Gehirn, Vmed.

Dt. Wortatlas II.

Schnupftabaksblume → Arnika.

Schnurspiel → Fadensp.

scholares → Student.

Schöllkraut (ahd. *scëllawurz*; Schellkraut, -wurz; *Chelidonium majus*). Der vmed. Verwendung bes. des rotgelben, scharfen (giftigen) Milchsaftes der gelbblühenden Pflanze entsprechen die Namen: Gilb-, Warzen-, Schinnen-, Nagelkraut, Schindwurz, Ogenklar. S. ist Sympathiemittel (→ gelb) gegen → Gelbsucht wie gegen Rotlauf der Tiere (Bayern: Afel). Man gibt dem Kranken Blätter von S. in gelbem Eierkuchen (Mecklenbg.) oder man legt sie in die Schuhe und läuft darauf. Auch wird die Wurzel als → Amulett auf dem bloßen Leib getragen. S.wasser wurde als Lebermittel oder selbst gegen Hornhautflecke der Augen benützt. Gegen Warzen hilft S. am besten, wenn man es auf dem Friedhof oder bei abnehm. Mond pflückt (→ Analogiez.).

H. Marzell, Wb.

Schönbartbücher → Schembartlaufen, Schäffler-, Schwerttanz.

schöne Hallgartnerin → Maria.

Schöne und Stärke trinken → Minnetr., Ostern.

Schöngesicht → Stiefmütterchen.

Schönheitsmittel → Maiglöckchen.

Schönjungfer → Eidechse.

Schönschrift. Vorwiegend Augsburger Schriftkünstler des 17. Jh. legten pergamentene ABC-Bücher an, in denen das → Alphabet in den verschiedensten barocken Varianten untermischt mit feinen Miniaturen sich wiederholt. Mit geläufigen Schriftzügen und ausschweifenden Arabesken werden Tiere, Menschen und Fabelwesen umschrieben. Verbirgt sich hier schon viel volkstümliches Motivgut, so entspricht doch diese phantastische Art ganz der Vorliebe des Volkes am Ausspinnen und → Hineinsehen. Die Schulmeister eiferten d. Schriftkünstlern in verzierten Vorschreibeheften nach, und so übten diese ABC-Bücher im 18. Jh. auf die vtüml. Graphik (Urkunden der → Handwerker, Wünsche auf → Neujahr; → Briefmaler) starken Einfluß aus. Mit barock verschnörkelten und pathetisch gestelzten Legenden im Urkundenstil füllten die Schulkinder nach diesen Vorlagen ihre Schreibhefte. Eine Auslese bäuerl. Zierschriften (die schönsten aus Graubünden; Safien) zeigte die Basler Vk.ausst. 1941. → Schrift.

A. Solta, Gesangbücher, 1899; P. Zinsli, Vtüml. Schreibkunst in Safien v. 17. bis ins 19. Jh., Schweiz. Arch. f. Vkde 47 (1951); L. Schmidt, Volk u. Schrift. (Kat.) Wien 1971.

schöppeln → Minnetrinken.

Schöps → Hammel.

Schotenmutter → Erbse.

Schottischer → Polka.

Schradllaub → Stechpalme.

Schradlwind → Wind.

Schrank, mhd. *schranc* bezeichnete den ›verschloss. Raum‹, auch die Schranke. Das bayr. Kalter leitet sich her aus Gehalter ›Aufbewahrer‹. Sonst gilt im Süden Kasten, in Mitteldtl. S., im NO Spind, in Ostpreußen Schaff. Spind, das durch die Sprache der → Soldaten weite Verbr. fand, kommt von mlat. *spenda* ›Vorratsraum‹. Das im 16. Jh. auftauchende Almer (mhd. *almer*, aus lat. *armarium*) lebt noch in Schlesien, Erzgeb., Oberpfalz, Bayern und Schweiz (Kretschmer, Wortgeogr.).

Der S. entwickelte sich im MA. aus der → Truhe, z. T. auch aus dem Türverschluß von Mauernischen zum aufrechtsteh. → Möbel aus Holz. Das gezimmerte Bohlenwerk mit Eisenbeschlag wurde in der Gotik durch geschreinerte Rahmen und Füllungen abgelöst. Der erste Schritt war das Aufeinandersetzen zweier Truhen (Rheinl. u. Siebenb. noch im 19. Jh.). Zweigeschossigkeit zeigen deutlich auch die ältesten S. im N wie im S. Nur in Sachsen haben S. die got. Bauart, Satteldach und Eckpfosten als Stollen, beibehalten, folgen aber in der Bemalung dem Stil der Zeit in fassadenhafter Dekoration, ornament. Füllung oder in illusionist. → Möbelmalerei.

Gleich den Truhen sind die S. in Westfalen und Rheinland aus Eichenholz und reich geschnitzt. Holländ. Einfluß wird seit dem Barock auch im Hamburger Schapp, im Danziger S. u. a., spürbar. C. Clasen weist auf den flächigen Stil, den ostpreuß. S. an die Stelle westdt. Barockformen setzen. Eine Sonderstellung haben die eingebauten Wand-S. in Schlesw.-H. und auf den fries. Inseln. Während Norddtl. eine Vorliebe für die Truhe zeigt, ist nach R. Uebe der S. »in Süddtl. das auffallendste Möbel in der Bauernstube, hier noch gesteigert durch die farbige Behandlung, die das Rokoko liebte, in dessen Zeit der späte wirtschaftliche Aufschwung der bäuerlichen Bevölkerung in Oberdtl. fällt«. → Anrichte.

R. Uebe, Dt. Bauernmöbel, 1924; K. Rumpf, Frühformen hess. S., Zs. d. Ver. f. hess. Gesch. u. Ldkde 71 (1960); ders., Bauernmöbel – Oberhess. S., Hess. Bll. f. Vkde 59 (1968); L. Schmidt, Bauernmöbel, 1967; Alle Bde. d. Reihe »Dt. Vkunst«; A. Walzer, Baden-Württemberg. Bauernmöbel, Teil I: Bauernschränke (Der Museumsfreund 8/9), 1968.

Schratt, Schrädel, Schrättlig, Schrätzel, ahd. *scratto.* Auch in die slavischen Sprachen drang diese Bez. des → Alp (Schrattdruck, Nachtschr.). Vereinzelt wird er auch als → Hausgeist gedacht, dem man in der Berchtennacht Speiseopfer hinstellte. Bei den Heanzen heißt der Wirbelwind Schradl. → Vintler sagte:

das schrattel sei ain claines chint,
und sei als ring als der wint,
und sei ain verzweivelter gaist.

In der bei vielen Dämonennamen (Butz, Bilwis, Mahr) zu beobachtenden Übertragung ist nach Lexer Schratile in Kärnten: »Schreckwort für Kinder, Kobold, dann auch blitzschneller, unbesonnener Mensch, böses Kind, auch gebraucht von den an einer Wand fibrierenden Sonnenstrahlen, dem Holzwurm und einem krankhaften Zustand, wobei man den Hals nicht drehen kann«. Ein Schradlgatter zur Abwehr von Bösem ist der sogen. »Bettseecher«, eine aus 5 Spänen geflochtene Figur, die man im Oberharz zur Verhinderung des Bettnässens in die Kinderwiege legte. (Mitt. C. O. Wankel, Altenau). → wilde Leute.

B. Schier, Die Sage v. Schrätel und Wasserbären, Mitteldt. Bll. f. Vkde 10 (1935).

Schrazeln → Schratt, Zwerg.

Schreckgestalten, Kinderschreck. Wie vergessene Götter zu Dämonen herabsinken, so werden Dämonen und Geister zu S., wenn sie nicht mehr geglaubt, ihre Namen nicht mehr verstanden werden, und wenn ihnen in der Nähe der Industriestädte Wald, Acker, Fluß, Hof und Stall, die Stätte ihres Wirkens und Lebens geschmälert und entzogen wird. Von der Ehrfurcht vor den Göttern und Dämonen bleibt nur noch die Furcht übrig. Doch war es ein Grundirrtum älterer Kinderpsychologie und auch vieler Mythologen u. Volkskundler, in Popanz und Popelmann, Wauwau, Butzemann und Butzebär, Bubak, Schwarzem Mann, Wolf, Hexe usw. lediglich »leere« Metaphern und Erfindungen von Kindermägden und törichten Müttern zu sehen. Wie die S. überhaupt, ist auch der Kinderschreck in Wald, Wasser, Kornfeld und Nacht nur zu verstehen in der Voraussetzung mythischen Glaubens an Nachtdämonen und → Waldgeister, an → Korngeister und → Wassergeister. Auf der Grundlage der Fragebogen von W. Mannhardt (1865) und des → Atlas der dt. Vkde (1930) ist dieses Gebiet dargestellt in der Habil.schrift von R. Beitl: »Korndämon und Kinderscheuche. Untersuchungen zum Mythus des Kindes.« – → Auto, Bartholomäus, Bär, Belzebub, Bercht, Blutegel, Bölimann, Böögg, Butzemann, Fuchs, Holle, Kind, Kornengel, lachen, Luchs, Mahr, Martin, Mythologie, Nachtfrau, Nachtrabe, Nikolaus, Pech, Roggenmuhme, Schratt, Sichelweib, Thomas, Zitzenweib, Mittagsgeister; Luther.

G. Henßen, Dt. Schreckmärchen u. ihre europ. Anverwandten, Zs. f. Vkde 50 (1953); Kartogr. ASV 235–239 S. im Wasser, Korn, am Abend. VAN 18. allg. S., 19. im Wasser, 20. im Kornfeld.

Schreckstein → Malachit.

Schreittänze → Vtanz.

Schrephäunken → Grille.

Schrettelfuß → Belemnit.

Schrift, Buchstabenschrift. Gustav Neckel vertrat die Ansicht, daß wir in den germ. → Runen die älteste S. der Indogermanen erblicken dürfen. Th. Oberländer wies auf neue Funde von altägyptischen Tonscherben hin, die Runen aufweisen. Von andern wird die S. mit → Buchstaben aus der ägyptischen Bilderschrift abgeleitet, die allmählich die Bilder (z. B. Hand, Feder) nur noch im Sinn des Lautwertes des Anlauts nahm, so daß also das Bild der Hand, der Feder usw. die Bedeutung »h«, »f« usw. annehmen konnte. – Die Buchstaben-S., die der Bischof Ulfilas († 381) für seine Bibelübersetzung hauptsächlich dem griech. Alphabet nachbildete, faßte nicht Fuß. Auch die S. der Runen fand nur begrenzte Anwendung. Schreiben überhaupt blieb bis ins MA. eine von wenigen beherrschte Kunst. Karl d. Gr. leistete seine Unterschrift, indem er dem vom Monogrammzeichner entworfenen Namen noch einen Strich hinzufügte. Aber noch um 1200 waren Walther von der Vogelweide und andere Dichter, um so mehr natürlich die Laien, des Schreibens unkundig. Abgesehen vom Inhalt der Worte liegt deshalb auch in der S. selbst ein Teil der magischen Kraft, den der Volksglaube bestimmten beschriebenen Zetteln und Amuletten beimißt.

Oft haben solche Aufzeichnungen (z. B. → Himmelsbrief, Credoria) den Charakter der → Geheim-S. Steganographie, Kryptographie, wie wir sie im diplomatischen u. militärischen Dienst, in gewissem Sinn in den ärztlichen Rezepten, vor allem aber in magischen Anweisungen, im Kinderbrauch und schließlich auch in den → Zinken der → Gauner noch haben, kannten auch Antike und MA. Caesar und Augustus benutzten solche. Im MA. wurden etwa die Vokale a-e-i-o-u durch die Zahlen 1-2-3-4-5 oder jeder Buchstabe durch den nächstfolgenden im Alphabet ersetzt. Auch nicht mehr verstandene Abbreviaturen auf Amuletten, Segen und Himmelsbriefen wurden zuletzt als Geheim-S. gewertet. Über das in der Vk. gern verwendete S.bild → Schönschrift. → Geheimspr.

Thritemius, Steganographia, 1606; W. Süß,

Über antike Geheimschriftmeth. und ihr Nachleben, in: Philologus 78 (1922); K. Weule, Vom Kerbstock z. Alphabet, 1928[20]; Jensen, Gesch. d. S., 1935[2]; A. Petrau, S. u. S.en im Leben d. Völker, Ein kulturg. Beitr. z. vergl. Rassen- u. Volkstumskde, 1939; A. Bertholet, Die Macht d. S. in Glaube u. Abergl., 1949.

Schriftsprache, Hochspr. Die Bez. S. kam im 18. Jh. auf zugleich mit der Entfaltung der nhd. Dichtung. S. oder H. ist die Sprache der Schrift (Schriftdt.) und des Druckes (Literaturspr.), die Sprache der weltl. und kirchl. Ämter und Urk. (Amtsspr.), des Schauspiels (Bühnenspr. als reinste Form der S.), der gebild. Oberschicht, der Schule und der Wiss. (Fachspr.). »Die Geistlichen, Vornehmern und Kaufleute reden, was man Schriftsprache nennen kann« (Heinse, Ardinghello, 1787). Anders als die frei sich entwickelnde → V.sprache (Mundart) ist die S. durch ihre sichtbare Erscheinung, das Schriftbild, und durch orthogr. Regelbücher (z. B. Duden) festgelegt. Nur in größeren Zeitabständen wird die »Rechtschreibung« durch Übereinkommen und Beschluß für den ganzen Sprachbereich der auch in der gesprochenen H. waltenden Entw. angepaßt. – Die v.tüml. Bez. Hochdeutsch vermeidet man besser, da sie zugleich den sprachgeogr. Gegensatz zu Niederdeutsch (nd.) bedeutet (→ Lautversch.). H. ist ein wiss. Begriff der neuern Zeit, wie wir etwa auch von hoher Dichtung oder hoher Kunst im Gegensatz zu V.dichtung und Vk. sprechen, ohne damit ein Werturteil zu verbinden.

Chr. M. Wieland, Über dt. Spr., in: T. Merkur, 1782; Socin, S. u. Dialekte im Dt., 1888; O. Behaghel, S. u. Mundart, 1896; H. Naumann, Dt. Lit.spr., 1926; E. Siebs, Dt. Bühnenausspr., 1927; L. E. Schmitt, Unters. z. Entst. u. Struktur d. »Nhd. S.«, 1966ff.; H. Paul, Dt. Wb., [6]1968; L. Weisgerber, Vom Weltbild d. dt. Spr., 1950; Th. Frings, Grundlegung e. Gesch. d. dt. Spr., [3]1957; O. Behaghel, Die Dt. Spr., [13]1958; K. Korn, Spr. in d. verwalteten Welt, [2]1959 (»auch in der S. gibt es Industrielandsch.«); R. Pekrun, Das dt. Wort, [3]1959; Sprache, Schlüssel z. Welt, Fs. f. L. Weisgerber, 1959; Volk, Sprache, Dichtung, Fs. f. K. Wagner, 1960 (Darin: H. Moser, Krise d. Mundartfg.); W. Kirkam, Das liebe Dt., 1961 (Spr.moden, Fremdwort. Dazu H. Freudenthal in: Beitr. z. dt. V.- u. A.kde 6); Wasserzieher, Woher? [16]1963 (Etym. Wb.); Die Besonderh. d. dt. S. im Ausland, Duden-Beiträge (Elsaß, USA u. a.); Hugo Moser, Dt. Sprachgesch., [5]1965; F. Dornseiff, Der dt. Wortschatz n. Sachgruppen, [6]1965 (Synonymenlex.); G. Wahrig, Das große dt. Wb., 1966; R. Klappenbach, W. Steinitz hg., Wb. d. Dt. Gegenw.spr., 1966ff.; H. Küpper, Wb. d. dt. Umgangsspr., Bd. 5, 1967: Sachschelten; F. Kluge – W. Mitzka, Etym. Wb. d. Dt. Sprache, [20]1967; W. Pfeifer, Das Dt. Wb., Dt. Jb. f. Vkde 9 (1963) (Das von den Brüdern Grimm 1858 begonnene große Dt. Wb. ist nach einem Jh. vollendet. 1965 lag bereits die 1. Lief. der Neubearb. vor, die von Germanisten beider Teile Dtls. besorgt wird.)

Schrötermuttergottes → Maria.

Schuddekorfsdag → Jahresfeuer.

Schuhmacher → Handw.

Schuhplattler, pantomim. Werbetanz im 3/4 Takt, dessen Urheimat Oberbayern ist. Vielleicht enthält schon die Hexameterdichtung »Ruodlieb« eines Tegernseer Mönchs, die älteste Rittergesch., einen Hinweis (um 1030). Eindeutige Schilderungen bringt erst das 19. Jh. Die erste wiss. brauchbare Aufz. gab A. Bauer 1934. Der S. gilt heute als »Nationaltanz« der Oberbayern, Tiroler und Salzburger. Seit mehr als 80 Jahren zeigen und verbreiten die Trachtenvereine den S. auch in Kärnten, Steiermark und Wien. »Heimatabende« brachten ihn selbst ins alem. Vorarlberg (→ Folklorismus). In Oberbayern war und ist der S. auf das Gebiet der Viehwirtsch., der »Hörndlbauern«, beschränkt. Den »Körndlbauern« nördl. des Chiemsees ist er fremd. Die Nordtiroler tanzen den S. schneller als die Bayern und die Südtiroler, die schnellsten sind die Zillertaler (K. Horak). Der Tanz ist genannt nach den Schlägen auf Schuhe, Knie und Lederhosen im Takt der Musik (»Platteln«). Die

Tanzfg. stellt den S. in die formenreiche Gruppe des → Ländlers. Wie dieser ist der S. ein Nachfahre des »Deutschen«. Im Eisacktal trägt der S. noch heute diesen Namen. Wenn auch in älteren Schild. die dem Balztanz des Birkhahns verglichene Mimik der Werbung zurücktritt, so erscheint sie doch schon in der Charakteris. des S. von F. M. Böhme: »Es ist ein Ländler für nur ein Paar, wobei das Mädchen mit sittig gesenkten Augen still sich fortdreht, der Bursche indes sie umkreisend auf allerlei Weise seine Freude und Liebe pantomimisch ausdrückt. Dabei stampft er mit den Füßen, klopft mit den Händen nach dem Takte der Musik auf Schenkel, Knie und Fußabsätze, macht auch wohl einen Purzelbaum oder schlägt Räder, springt über das Mädchen hinweg oder läßt sie unter seinem Arme sich drehen und dreht sich wieder unter dem ihrigen durch, nimmt sie aber nur selten, dann aber feurig, in die Arme, und zuletzt, wenn er die altüberlieferte Kunst ehren will, schwingt er sie in die Höhe, hoch über sein Haupt, und läßt wie wieder zierlich herunterflattern. Es ist eine Liebeswerbung in Gebärden«.

Bestimmte Tanzsprünge kehren wieder und haben besondere Namen (Tölzer Sprung u. ä.). Neunteiliger Aufbau kennzeichnet die meisten S.: Vorspiel, Einlaufen, Ländler, Plattler, Auslaufer, Ländler, Plattler, Auslaufer, Schlußfigur. Der S. gewinnt als volkstümliche Tanzform heute neuen Boden. Er ist einerseits das, was der Sommergast aus Holland oder England als alpinen Volkstanz zu sehen wünscht (wie etwa auch den bis zur Karikatur gesteigerten »Watschentanz« oder den mimischen »Holzhackertanz«), andererseits kommt er auch dem Bedürfnis der sportlichen Jugend entgegen, die an gymnastischen, Geschicklichkeit und Kraft fordernden Tänzen Vergnügen hat, wie es der Stepptanz und auch manche Formen des heutigen Gesellschaftstanzes sind.

Der reine Burschen-S. widerspricht allerdings dem Wesen des älteren Werbetanzes. Wenn K. Horak auch die Formen des Vereinstanzes mit Vereins- und Einzelpreisplatteln gelten läßt, so tadelt er doch das Sinken der Tanzdisziplin (Fehlschläge, Dazwischenplatteln, schwächliche Schläge, wackliger Stand, Hochziehen der Strümpfe, Tragen einer Armbanduhr).

F. M. Böhme, Gesch. d. Tanzes in Dtl., 2 Bde., 1886; R. Fiedler, Der S.. In Wort, Bild u. Ton dargest., 1911; H. Flemming, Tanzbeschreibungen oberbayr. S., 1925; A. Bauer, Oberbayrische S., 1934; K. Horak, S.schlüssel. Ein Beitrag z. Methodik d. Vtanzforschg., Wopfner-Fs., 1948; R. Wolfram, Die Vtänze, 1951, S. 188–195; K. Horak, Der S., in: Zs. Die Kärntner Lds.mannsch., März 1959; K. Horak, Der S. in Tirol, Jb. öst. Vliedw. 10 (1961).

Schule. Während sich der Anteil der Schuljugend am V.brauch im letzten Jh. eher verstärkt hat (Übernahme der Rolle der Erwachsenen und Burschen; → Fasnacht, Funkensonntag, Jahresfeuer, Lätare; Heischerecht, Ratsche u. a.), ist das Leben innerh. der S. weitgehend pädagog. gelenkte Veranstaltung geblieben. Auch im SW sind das Fest des Kinderbischofs wie die alten Frühlingsfeiern, Stab- und Rutenfeste meist in Vergessenheit geraten (→ Nikolaus, Gregorius, Kaufb. Tänzelfest). S.entlassungsfeiern sind kaum irgendwo Sache des Volkes. Am ehesten hat sich gemeinsch. Brauch des S.eintritts bemächtigt. Von Mitteldtl. aus gewinnt die Sitte der mit Naschwerk, in einfachen Verhältnissen auch mit Nützlichem gefüllten und außen reich verzierten S.tüte immer mehr an Boden. Sie erreicht neuerdings

Personengröße und vervielfältigt sich in kleinen Formen für die jüngeren Geschwister, die den S.neuling abholen (Berlin 1969). Die Unsitte der Häufung der Geschenke (durch Paten, Verwandte, Freunde) war selbst durch die Einheitstüte der NS-Zeit nicht zu beseitigen. Allg. Brauch ist es, wie Taufe, Kommunion, Konfirmation und Hochzeit auch den 1. S.gang mit S.ranzen und Tüte als stolzen Trophäen im → Photo festzuhalten.

In der Gesch. des → V.schauspiels waren die S.dramen der Reformation und Gegenref. von Bedeutung. Die Spieltrad. bes. der Jesuitenschulen blieb bis heute lebendig.

Bemühungen, dem S.unterricht im allg. wie der Lehrerbildung im bes. in → Heimat- und Vkde einen natürl. Mittelpunkt zu geben, hatten nach 1918 teilweise Erfolg, doch setzte bald eine Gegenbewegung ein: »Vkdl. Lehraufträge wurden zurückgezogen oder an Soziologen vergeben, Jahreszuschüsse für vkdl. Arbeiten gestrichen, und als Ostern 1932 die Zahl der evang. Akademien verringert wurde, nutzte man die Gelegenheit, sämtl. Volkskundler in den Wartestand zu versetzen« (H. Freudenthal). → Alphabet (Abc-Schütz), Brunnen u. a.

H. Freudenthal, Vkde u. V.erziehung, in: Spamer, Vkde; ders., Wiss.theorie d. dt. Vkde, 1955 (Kap. 7); L. Schmidt, V.glaube u. V.brauch, 1966 (Brauch d. Zuckertüte); Lit. → Vkde.

Schuleintritt, -tüte → Schule, Atlanten (ADV).

Schumann, Valentin → Schwank.

Schumperliedlein → Schnaderhüpfel.

Schüssel, Napf, Teller. Die alte Bed. von N. ist ›Schale, Becher‹. Das Wort ist nur in Nord- und Mitteldtl. gebr. T. wird mhd. aus dem Ital. und Frz. entlehnt (ital. *tagliere* ›Vorlege-T.‹). S. beruht auf volkslat. *scutella* ›Trinkschale‹. Die Bez. kam (wie Becken, Kessel, Pfanne u. a.) mit der röm. Kochkunst spätestens im 6. Jh. ins Germ. (Kluge-Mitzka, Et. Wb. 1967). Alle drei sind niedrige, mehr oder minder flache → Gefäße, die sich zur Standfläche hin verjüngen, urspr. auch aus Holz später allg. aus Ton bis zur Erfindung des Porzellans und des Email.

Die größte Form ist die S., etwas kleiner und enger der N. Wenn die S. Vorläufer des T. ist, dann kann der → Becher als hochgezogener und die → Tasse als ein gehenkelter N. angesehen werden. Sie dienen unter versch. Bedingungen als Gefäße zur Bereitung, zum Auftragen und zum Genuß der Speisen. S. und T. bes. sind ein vorzügl. Betätigungsfeld der Vk. in → Ton. Das auf der → Töpferscheibe sich drehende Gefäß bietet sich der naiven Verzierung mit dem Malhorn in Punkten, Strichen, Wellen und Kreisen an. Als glasierte → Hafnerware und → Majolika werden S. und T. in reicherer Ausführung vielfach zum Schaustück in der → Anrichte, im Glaskasten oder an der Wand. Bes. das → rhein. Steinzeug schuf S. von hohem künstl. Rang und gleichwohl in Bild, Formgebung und Spruch vtüml. Charakter. Im Brauchtum von Geburt, Hochzeit und Tod erscheinen bessere S. aus Fayence zur Darreichung der Gabe für die → Wöchnerin, zur Slg. des Geldgeschenks für die → Braut (N.sachsen; »Schenken« in Bayern) oder zur Aufnahme des heißen Biers beim → Totenmahl (Vierlande). Sonderformen sind die Doppels. (Bayr. Kloß-S., Lausitzer Fisch-S.), die in einer großen noch eine kleine S. ausgeformt haben, oder die bemalte und beschriftete S. der Barbiere (»mein Barth ist die schönste Art

1825«; Dresden). → Tisch, Zinn, Rahmen.

W. Schmitz, Veltin, Vk. u. Brauchtum an n.rhein. Hochzeits-S., in: V.werk 1942; G. Schiedlausky, Über d. flachen T., Anz. d. germ. Nat.mus. 1954–59; Alte dt. Bauern-S., Kat. Hambg. 1963.

Schusser → Kugelspiele.

Schutzbriefe → Kometen.

Schützen, S.bruderschaft. Die schon im 13. Jh. nachweisbaren, aus den Übungen waffenfähiger Stadtbürger hervorgeg. Gilden der S. standen anfangs wie die Vereinigungen der → Handwerker unter geistl. Einfluß (kirchl. Fraternitäten, Altäre, Patrone). Ähnlich wie die Zünfte wählten sie aus ihrer Mitte S.- und Obers.meister und entwikkelten eigene Bräuche und Symbole (Jahrtage, Preisschießen, Fahnen und Trachten, Abzeichen, Urk.bücher, Waffen und Pokale). Auch Brudersch.truhe, Krone, Kette und Schild des S.königs, nicht zuletzt die bemalten → Schießscheiben gehören zu den »S.kleinodien«, die in städt. Slgn, aber auch im Brauch noch tätiger S.gilden Zeugnis ständ. Kultur ablegen. Auf Grund seines Martyriums und Attr. wählten viele Sb. den hl. → Sebastian als Schutzpatron, andere den kämpfenden Erzengel → Michael, den Jäger → Hubertus, den Drachentöter → Georg (Danzig, Haarlem, Ostende u. a.), → Antonius (Basel), → Franziskus (Ulm), die Bayern → Maria und → Ursula. Die Fahnen der alten Büchsenmeister- und Artilleriebrudersch. zeigten das Bild der hl. → Barbara.

Den Bogen ersetzte gegen Ende des 13. Jh. die Armbrust, die der Papst noch als unritterliche Mordwaffe bekämpfte. Das Wort ist eine → Vetym. vom Ende des 12. Jh. (aus v.lat. *arbalista* v. lat. *arcubalista* ›Bogenschleuder‹). Das S.haus in Jülich bewahrt zahlreiche Erinn. an die Zeit der Armbrust. Mit dem Aufkommen der Feuerwaffen (Darst. in e. Kölner S.brief von 1501) und mit den Neuerungen der Reformation löste sich das S.wesen von der Kirche und gewann zugleich das Ansehen einer Wehrmacht, das sie erst im 18. Jh. allmählich einbüßte. Von den gewaltigen Wettschießen (»Stückschießen«) einz. Städte, von den Büchsenmachern geschossen mit schwerem Geschütz wie Mörsern, Scharfmetzen oder Basilisken, blieben nur die mitunter prunkvollen S.feste. Vereinz. Gilden schießen noch mit dem Bogen nach dem hölz. Vogel auf der Stange (Flandern) oder pflegen die Trad. der Armbrust (Schweiz, Niederrhein). Solche Schießen beendeten seinerzeit auch Ritterspiel und → Turnier.

Wie die → Feste anderer Berufe (→ Fischer, Schäferlauf, Schäfflertanz, Fasnacht) wurden die der S. schon früh oder in neuerer Zeit zum Mittelpunkt allg. Lustbarkeit. In Norddtl. zuweilen mit dem Aufzug des Maigrafen (Papageienschießen in Wismar) verbunden, waren die meist im Frühling (→ Pfingsten) abgehaltenen Wettbewerbe zunächst Sache einer Stadt. Die Verbindung von Pfingstschießen und Maibaumsetzen wird öfter sichtbar. Im 15. Jh. umfassen die S.feste mehrere Städte oder ein Land. Im 16. Jh. veranstalten Landesherren ihre eigenen »S.höfe«. Die Erweiterung zum Volksfest war schon früh mit der lustigen Figur des Zielers oder Pritschenmeisters gegeben, der einen »Pritschenschuß« bestrafte. Auch die Verbindung des S.vogels mit dem Erntehahn, des Vogelschießens mit dem → Hahnenschlagen läßt sich nachweisen. Im 13. Jh. wurde der → Papagei (Goienschießen) mod. Symbol, um aber später wieder vom → Adler abgelöst zu

werden. Der bunte Exote, schon von Alexander d. Gr. aus Indien in Europa eingeführt, wurde wohl durch die Kreuzzüge mit anderer oriental. Einfuhr bekannt. Er ist im Spätma. aber auch Symbol → Mariae als der Unbefleckten Empfängnis und erscheint auf Bildern der hl. Familie. In Sachsen entwickelte sich die → Dresdner Vogelwiese zum Hauptfest des Jahres. Wie das → Fahnenschwingen sich aus Schaustellungen städt. Zünfte herleitet, so gehen manche pseudosoldat. Trachten und Aufmärsche wie die »Funken« und »Garden« des rhein. Karnevals oder manche Trachten der S. selbst auf alten Zunft- und S.brauch wie auf die in Regimenter und Fähnlein eingeteilten Stadtbürgerwehren zurück.
1861 wurde nach dem Vorbild der schweiz. »Freischießen« in Gotha ein großes S.- und Turnfest abgehalten, dem die Gründung des dt. S.bundes folgte, der heute noch besteht und dessen Verein 1928 schon 63 000 Mitgl. zählten. Bes. im nördl. Deutschland wurde, wie die Karte des ADV (1. Lief.; Stand um 1930) zeigt, das S.fest zum Inbegriff des V.festes überhaupt. Neue Formen schließen alte nicht aus. Schon in holländ. Städten des 14. Jh. standen Handbogen-, Fußbogen- und Armbrustschützen nebeneinander. In der Schweiz bilden die Männer S.gesellsch., die Schulbuben Armbrustschützenvereine. Noch mehr als in Mittel- und Norddtl. haben die Kinderschützenfeste in der Schweiz eine bes. Entfaltung gefunden. Das sommerl. Schulfest ist hier oft ein Kindervogelschießen. Wenn die S.gilde die einzige bis heute erhaltene Sportgemeinschaft des MA. ist, so hat sich der alte Gedanke der Wehrhaftigkeit am stärksten wohl in den alpenländ. S.kompanien erhalten. – Neben Sprache und Satzung, Brauch und Tracht sind auch die erwähnten Kleinodien Gegenstand vkdl. Forschung, die in Frankr. und Holland früher zu zus.-fass. Darst. gelangt ist als in Dtl.

S. v. Förster, Die S.gilden und ihr Königsschießen, 1856/57; E. Jacobs, Die S.kleinodien und das Papageienschießen. Ein Beitrag z. Kulturgesch. des MA., 1887; A. Edelmann, S.wesen u. S.feste der dt. Städte vom 13.–18. Jh., 1890; Eine lebendige Schilderung gibt L. v. Hörmann: Tiroler S.leben, in: Tiroler V.leben, 1909; J. Jeurgens, S.gesch., 1911; W. Ewald, Die rhein. S.gesellschaften, 1933; J. Prinz. W. Brockpähler, P. Pieper, Westfäl. S.wesen, 1953; A. Koch, Die Tiroler S.schwegel, 1959; C. u. L. Hansmann, Triff ins Schwarze, 1960 (Farbtaf.); H. Wilmsen, Dinslakener S.wesen in fünf Jhh. 1461–1961, 1961; Th. Reintges, Urspr. u. Wesen d. spätmal. S.gilden, 1963 (Zw. Seine u. Weser); H. Goja, Die österr. S. u. ihre Feste 1500–1750. 1963 (»im wesentl. sexuelle Symbolhandlungen«!); J. Jänicke-Nickel, Abschußvogel u. Abwurftaube, in: 75 Jahre Mus. f. Vkde zu Bln 1964; ersch. 1966; R. Kriss, Die Weihnachtss. d. Berchtesgadener Landes, 1966; O. Hierhammer, Aus d. S.leben d. hochfürstl.-freising. Stadt Waidhofen a. d. Ybbs, Öst. Zs. f. Vkde 70 (1967); H. v. d. Ohe, Uelzen . . ., 1969 (Gesch. d. S. 1270–1970); G. Spies, 5 Jhh. Braunschw. S., 1970; F. Grieshofer, D. S.wesen d. Salzkammerg. Diss. Wien 1971; Dt. S.zeitung, seit 1860.

Schützenfest → Sch.bruderschaft, Kirmes, Atlanten (ADV).

Schutzengel → Engel.

Schutzpatron → Heilige, Katharina, Schützen.

Schwabenspiegel → Recht.

Schwägerlein → Stiefmütterchen.

Schwalbe, in Mitteleuropa in vielen Wettersprüchen und Liedchen Botin des Frühlings, die an Mariae Verkündigung kommt und an Mariae Geburt Abschied nimmt. Im Pustertal ist sie der »Muttergottesvogel«, in Schwaben und Westfalen »Herrgottsvöglein«. Wenn man die S. tötet, teilt sich der Himmel, um einen Blitz zu senden (Telfs). Wie beim ersten Ruf des → Kuckucks kann man beim ersten Anblick einer S. Glück und Gesundheit fürs Jahr sich sichern, indem man gleich zu seinen Füßen gräbt. Man wird eine heilbringende Kohle finden. Allgemein ist der Glaube, daß die S. das Haus, an dem sie nistet, vor Blitz, Streit und Tod bewahrt (→ Storch). 1505 heißt es bei Reynman:

Das ist gewiss on alls betriegen:
Wenn schwalben auf dem wasser fliegen
und mit dem flügeln schlagen drein,
das regenwetter nit weyt thut sein!

Die Vmed. benützt bes. das Blut der S. oder Dinge, die von ihr berührt worden sind, bei Augenleiden, so das Schöllkraut oder den S.stein, den die S. im Nest läßt, in dem sie sieben Jahre gebrütet hat. Bei Germanen und Slaven gilt das Töten der S. als Frevel, allerdings nicht bei den Italienern, die auch diesen Zugvogel mit Netzen zu Tausenden fingen. Selbst Raubvögel schonen die S., berichtet Megenberg. – Viele Schallnachahmungen gelten dem wenig melodischen, aber vertrauten Gezwitscher der S.: »Aß ick wegtog, wegtog, har ick alls noch; aß ich wedderkamm, wedderkamm, waß et fleit'n gaon; un dao het et, het et: fritt nettelkol und schit, schit schnur!«

Hovorka-Kronfeld, Vergl. Vmed., 1. Bd.; Brehms Tierleben, Bd. 9, [4]1913; A. v. Vietinghoff-Riesch, Die S., bes. d. Rauch-S., Rhein. Jb. f. Vkde 4 (1953).

Schwamm → Pilz.

Schwangerschaft, Schwangere. Ss. wird auf vielfache Weise umschrieben: die Frau hat Knochen im Leib, sie ist mit schwerem Leib (Siebenbürgen), sie ist hops, sie ist nicht mehr allein (Vorarlberg). Wenn man einer S. zutrank, sagte man »Hänschen im Keller soll leben!« Früh wird für eine leichte Geburt vorgesorgt (→ Durchziehen, Hochzeit). Altes Recht ist, daß einer S. Mundraub im weitesten Sinne gestattet ist. Man muß ihre Gelüste auf besondere Speisen erfüllen. Vorherrscht in dieser Zeit der Glaube an das → »Versehen« im Guten und Bösen. Die S. verbindet geheimnisvolle → Sympathie mit dem Kinde. In der Rockenphilosophie heißt es z. B.: »Wenn s. Weiber auf die Bleiche gehen, so bekommen sie weiße Kinder«. → Mutter, Wöchnerin, Geburt, Abtreibung, Zeugung, Petersilie.

Schwank (mhd. *swanc* ›Schwung, Streich; dann auch Erz. eines solchen‹). V.läufige Kurzgesch., der → Anekdote verwandt, jedoch derber als diese und oft zotigen Inhalts. Meist zielt der S. auf satir. oder erot. Unterhaltung, früher vereinzelt auch auf Unterweisung (→ Predigtmärlein). Soz. Ungerechtigkeit, Verderbnis der Geistlichkeit und oberen Stände, Ehebruch, Betrug, Lügnerei und Prahlen, Geiz, Verschwendung und andere menschl. Laster und Schwächen werden witzig geschildert, entdeckt und bestraft. im 13. Jh. bürgert sich der S. in Dtl. ein, z. T. unter frz. Einfluß. Als erste dt. Slg. ist der »Pfaffe Amis« des Stricker zu bezeichnen (13. Jh.). Seine zierl. Reime löste bald gröbere Darst.weise und im 15. und 16. Jh. die Zote ab. Von bed. Wirkung wurden humanist. Slgn. von sogen. Fazetien (scherzh., oft erot. Erzähl., von lat *facetus* ›elegant, witzig‹) von Francesco Poggio und Heinrich Bebel. Stoff lieferten neben der V.überlief. auch Novellenslgn. wie Boccaccios Decamerone und die Märlein der V.prediger, aus denen Joh. Pauli sein S.buch »Schimpf und Ernst« (1519) zus.stellte. Das 16. Jh. als Blütezeit des S. brachte eine ganze Reihe vielgelesener Slgn.: Jörk Wickram »Rollwagenbüchlein« (1555), zur Unterhaltung d. Reisewagenbenutzer; Jakob Frey »Gartengesellschaft« (1556); Martin Montanus »Wegkürzer« (1557); Michael Linder »Katzipori« und »Rastbüchlein« (1558); Valentin Schumann

»Nachtbüchlein« (1559) und H. W. Kirchhoff »Wendunmut« (1565–1603) mit über 2000 S. Indes die poet. S. des Rokoko (Hagedorn, Gellert) sich wieder der zierl. Form des 13. Jh. nähern, gruppieren sich seit dem Ende des 16. Jh. S.erzählungen um Till → Eulenspiegel, Claus Narr (1572) und Hans Clauert (1587) oder phantast. Lügengesch. heften sich an die Namen des Finkenritters (1560) oder → Münchhausens. In S.gestalt verbreitet wurden auch die Schildbürgerstreiche, die der Stadt → Schilda, aber auch anderen Kleinstädten und Dörfern zugeschrieben werden. Lust zu Kritik und Spott halten noch heute alte S.motive am Leben und fügen neue hinzu, wie etwa die Slgn von R. Wossidlo, G. Henßen, S. Neumann u. a. zeigen.

Die dem S. eigene Neigung zu Übertreibung, Entstellung, Spott läßt ihn häufig als Auflösung anderer Formen erscheinen (M. Lüthi: Wirklichkeits-, Sagen-, Legenden-, Märchen-S.). K. Ranke hat ihn als »Schwundstufe« versch. Erzählgattungen aufgefaßt. → Witz.

Ältere Lit. s. Ausg. 1955 dieses Wb. – G. Henßen, Der dt. V.s., 1934; ders., In der Ulenflucht, [3]1952 (Westf.); L. Schmidt, Wiener S. usw., 1946; P. Selk, Volk-S. u. Anekd. aus Angeln, 1949; E. Voss, Lebensbezüge v. Fabel u. S. im 16. Jh., Diss. Rostock; P. Heidelbach, Hess. S. d. 16. Jh., 1951; J. Blau, Der schwarze u. d. weiße Brotlaib, Bayer. Jb. f. Vkde, 1954; F. Sieber, Deutsche S., 1954; K. Ranke, in: Peuckert-Fs., 1955; H. W. Fischer, hg., Lachende Heimat, [2]1955 (818 S. u. Anekd. aus allen dt. Landen, auch a. Übersee); P. Nedo, Lachende Lausitz, 1957; S. Neumann, Soz. Konflikte im mecklenb. V.s., Diss. Bln 1961; E. Edert, Dat har . . ., Schlesw.-holst. Humor, 1961; ders., hg. V.s. aus Mecklenbg., 1963 (Slg. R. Wossidlo); L. Schmidt, Die V.erzählung, 1963; M. Rieple, Sagen u. S. aus d. Schwarzwald, 1965; K. Hufeland, Die dt. S.dichtung d. Spätma., 1966; O. Kaufmann, Oberberg. V.erz., Rhein.-westf. Zs. f. Vkde 14 (1967); R. Ducouret u. H. Nègre, Späße in Schwarz, 1967; H. Trümpy, Die Hintergründe d. S.buchs v. d. Laleburgern, H. v. Greyertz-Fs. 1967; H. Fischer, S.erzählgn d. dt. MA., 1967; S. Neumann, Plattdt. S., 1968 (Slg. R. Wossidlo u. a.); E. Straßner, S., 1968 (Slg. Metzler); K. Haiding, Märchen u. S. aus Oberösterr., 1969; K. Ranke, hg., European Anecdotes and Jests, Kopenhagen 1972; Viele Slgn v. → Sagen u. → Märchen (Henßen, Bodens, Zender u. a.) enthalten S.e. Vgl. auch die Reihe v. R. Piper, Was nicht im Wörterbuch steht). Lit. vgl. Öst. Zs. f. Vkde 54 (1951).

schwarz ist in zahlreichen Sagen die Farbe der → Dämonen. Gespenstertiere (Bär, Schwein, Katze) erscheinen s. wie der → Teufel. Ein s. → Hahn wird am besten getötet. Es wird leicht ein → Basilisk und → Drache aus ihm. S. ist das schrekkende → Zitzenweib. Wer den Zahn eines s. Hundes bei sich trägt, ist vor dem Biß anderer sicher. In der → Schreckgestalt des »s. Mannes« hat diese Vorstellung ihre allgemeinste Prägung erfahren. Der verdammte → Wiedergänger zeigt sich s.; wenn er erlösbar ist, trägt das weiße Geistergewand s. Flecken. Auf wen solche Totengeister zeigen oder wen sie berühren, an dessen Körper erscheint eine s. Stelle. S. ist schließlich durch physiol.-psycholog. Wirkung und vielleicht auch durch gesch. Brauch (Nichtreinigen zum Zeichen der Trauer) zur → Farbe des Todes und der Trauer schlechthin geworden. Das Finden einer Nähnadel mit s. Faden ist ein → Vorzeichen des Todes. Als Dämonin des Todes stellt sich dem Wanderer in oberösterr. Sage eine Frau mit einem s. Tuch in den Weg. Wer es abnimmt, stirbt im gleichen Jahre. Dagegen wird er glücklich leben, wenn er den Spruch sagt: »Frau Pert, Frau Pert, wirfs Tüchlein auf die Erd« (→ Bercht). Die → Rokkenphilosophie (1759) erwähnt den Glauben, daß ein Kind Trauer erwarte oder furchtsam werde, wenn es einen s. Latz umhabe oder die Mutter es in einen dunklen Tragmantel hülle. Auch eine Braut soll kein s. Kleid anhaben, um Unglück zu vermeiden. Schwärzung des Gesichts ist die einfachste und zugleich ursprünglichste Art der → Maske, die den Träger ins Totenheer hinüberführt. → Morisken, Trauer; über die »s. Madonna« → Maria.

Schwarzbrot → Speis u. T., Pumpernickel.

Schwarzdorn → Schlehdorn.

schwarze Grete → Wasserg.

Schwarzlotmalerei. Schaper, der die Technik der S. erfand, stammte aus Harburg a. d. Elbe und arbeitete seit 1655 in → Nürnberg. Ob die Graumalerei des späten 18. Jh. mit seiner Erfindung in Zusammenhang gebracht werden kann, muß vorläufig dahingest. bleiben. Andernorts (Schlesien) hat sich die Technik jedenfalls noch bis weit ins 18. Jh. hinein erhalten. In der Gegend um → Tölz wurde S. noch lange auf → Balken (Giebel und Bundwerk) verwendet. Der älteste Typ des Tölzer → Schrankes, ein mit Deckel nach oben sich öffnender Halbschrank, zeigte S., die mit → Schablone auf das blanke Holz aufgetragen wurde und so das Schwarzgelb der Renaissance-Intarsia nachahmte (Karlinger). Auch anderwärts suchte man → Einlegearbeit durch das einf. Handwerksmittel schablonierter S. zu ersetzen. → Fensterbierscheiben.

schwarze Madonna → Maria.

s. Magie → M., Nekromantie.

s. Brei → Speis u. T.

s. Sonntag → Judica, Lätare.

s. Tod → Rochus, Pest.

s. Tage → Verworfene T.

S.haarige → gelb.

S.kümmel → Kreuzk.

S.kunst → Nekromantie.

S.sucht → Gelbsucht.

S.walduhr → Uhr.

Schwedenlöcher → Höhle.

S.spiel → Kegeln.

Schwegel, S.pfeife, Schwiegel (ahd. *swëgala* ›Flöte, Rohr, Pfeife‹; mhd. *swëgelen* ›die Flöte blasen‹). Seitenpfeife ohne Klappen, wie sie in Haiden bei Ischl noch hergestellt werden (1964). Ein alter Handwerksbetrieb verkaufte 20–120 S. im Jahr. Der Arbeitsgang umfaßte Kanteln, Runddrehen, Bohren Nachschleifen, Lackieren, Imprägnieren mit Paraffin, Polieren, Anblasen und Grifflöcher setzen. Die Musikantenfamilie Fritz Engel aus Reutte in Tirol schrieb an Hausa Schmidl 1968: »in Europa, Japan, Asien, Australien oder Afrika auf Tournee . . . Die S.pfeifen reisen mit«. Raimund Zoder gab die Anregung zu »Pfeifertagen«, die seit 1936 in Innerösterr. stattfinden.

A. Ruttner, S.schule, 1964; ders., Pfeifermusik a. d. Salzkammergut, 1966; H. Schmidl, Die S. Gedanken u. Erinn. e. Querpfeifendrechslers, Jb. öst. Vliedw. 18 (1969); K. M. Klier, Neue Anleitung z. S.n., o. J. (16 Beisp.; Buchh. Eichendorffhaus, Wien I, Stadiongasse).

Schweigen. Im Kult großer Religionen wie im Volksglauben ist S. neben → Nüchternheit und → Keuschheit eines der häufigsten Gebote. Es ist Entsagung und erzeugt Geheimnis. Die → Orakel und Zauberbräuche wie viele vmed. Handlungen bekunden diese Vorschrift. Sie wird z. B. beim Wasserholen zu → Ostern noch so streng beachtet, daß es zu einem Hauptspaß der Burschen wurde, die Mädchen zum Sprechen zu reizen und dadurch die Segenskraft des heiligen Wassers hinfällig zu machen (»Plapperwasser«).

G. Jungbauer, Dt. Vmed., 1934; F. Heiler, D. Gebet, 1919; G. Mensching, Das hl. S., 1926.

Schwein. Das S., dem der reiche Wald des alten Germanien reiche Nahrung gab, war als Schlachttier seit altem wichtig. Schinken wurden nach dem römischen Süden ausgeführt. Durch das MA. bis heute gehört S.braten zu den wichtigen Festspeisen (→ Weihnachten, Speis u. Trank). In Sagen von → Dorftieren wird oft ein schwarzes, ein schwarzweißes Geisters. genannt. In christlicher Symbolik nimmt der Teufel seine Gestalt an. Im Vegetationsbrauch werden Kornsau, Roggensau genannt. Gebildbrote bei Ernteschmaus u. auch bei den Jahresfesten tragen seine Gestalt. Vor allem erscheint der → Eber, das kultische Tier bes. der Nordgermanen, noch vielfach im Brauch und Glauben. Beim → Kauf und Verkauf, beim → ersten Austrieb der S., bei S.krankheiten werden die Sätze des Volksglaubens beachtet. Gegen »Verfangen« der S. hilft ein Segen und dreimaliges Umwandeln (Oldenburg). Ist ein S. krank, so holt man den → Schinder, damit er den → Schädel einer Schimmelstute auf den S.stall lege (Oberpfalz). Wühlende S. sind die Entdecker wunderbarer Schätze und versunkener Glocken. Beschützer des S. sind St. Valentin, → Wolfgang, »Swinetünnes« (→ Antonius Eremita u. a.). → Eber, Gebildbrote.

R. Wildhaber, Kirke u. d. Schweine, Schweiz. Arch. f. Vkde 47 (1951) (Das S. in alter Kultur, im Jul- u. Erntebrauch, als Gebildbrot usw.).

Schweinauern → Kegeln.

Schweinblume → Löwenzahn.

Schweinthommes → Martin.

Schwerdonnerstag → Fasnacht.

Schwertfeger → S.tanz.

Schwerttanz. Während der eigentl. Waffentanz auf primit. Völker beschränkt ist (Kult-, Kriegs- und Zaubertanz), hat Europa noch mannigf. Formen des S., der eher einen spielhaften Ablauf zeigt, aber wie der verwandte → Schäfflertanz immer noch eine Sache der Männergemeinschaft ist. Ältere Formen lassen deutlicher den Kampf zweier Gruppen erkennen, im europ. W und S (Basken) zwischen Christen und Ungläubigen, im slaw. O (Kosaken, Balkan) gegen Türken und Nordafrikaner. Im S. unserer Heimat ist die Waffe nur noch Verbindungsglied einer Kette, die in Schritten, Drehungen und Sprüngen Figuren bildet wie Kreise, Spiralen, Tore und Gassen oder aus den Waffen ein Geflecht (die »Rose« von mhd. *râz* »Geflecht‹) formt, das den Vortänzer trägt.

Der S. ist eine der wenigen Formen des Vtanzes, die eindeutig auf die germ. Vorzeit zurückweisen. Im 24. Kap. von → Tacitus »Germania« heißt es: »Es gibt nur eine Art von Schauspiel, und die ist bei jedem Fest gleich. Nackte Jünglinge, die es zum Vergnügen tun, schwingen sich im Tanz zwischen Schwertern und drohenden Lanzen. Übung hat sie gewandt gemacht, Gewandtheit anmutig; doch suchen sie nicht Erwerb und Lohn: ihres so verwegenen Spieles Preis ist die Freude der Zuschauer«. Ähnlich schildern den S. Olaus Magnus im 16. Jh. und der Tanzmeister Taubert im 18. Jh. Schon im ersten schriftl. Zeugnis aus Flandern (1398) handelt es sich um einen voll ausgebildeten, offenbar alten Brauch der Männer.

In Scheingefecht und künstl. Tanzführung lebte der germ. S. fort bes. bei den Waffen- und Messerschmieden zur → Fasnacht, beim → Fahnenschwingen in Eger, im → Schembartlaufen, wie es die berühmten Nürnb. Schembartbücher abbilden, aber auch in Nachahmungen bei Schiffern, Schuhmachern u. Kürschnern des 16. und 17. Jh., bis heute im »Schwertlestanz« der Rebleute von Überlingen am Bodensee oder im bereits 1586 nachweisb. S. der Bergknappen des Halleiner Salzbergwerks bei Sbg. am Pfingstmontag und am Knappenjahrtag im September, wobei man sich freilich zuletzt dem Char. des reinen Schautanzes nähert. Von der bei Tacitus erwähnten kult. → Nacktheit der Tänzer hören wir noch 1555 aus Dresden. Tänzer wurden bestraft, weil sie nackt oder nur mit einem Hemd bekleidet auf Gräbern S. aufgeführt hätten. Von einem S. auf dem Friedhof noch nach dem 30jährigen Krieg wird aus Leipzig berichtet. Im 19. Jh. noch hören wir von S. in Dithmarschen, Westf., Steierm. R. Wolfram ist mit A. Spamer der Ansicht, daß Zus.hänge mit altem Frühlingskult (Fasnacht als S.termin) und magisch-symbol. Handlungen (Schlag auf einen Knieenden u. ä.) vielen S. eigen sind. So waren z. B. die in manchen S. noch andeutungsweise erhaltenen Scheintötung und Wiedererweckung, Sterben und Auferstehung Kernpunkte der → Jünglingsweihe, der Aufnahme in die Männergemeinschaft, wie sie als feierl. Brauch fast alle alten Kulturen kennen. Nächtl. Zeit, Fackellicht, Trommeln in wechselndem Rhythmus wie das metallene Tanzgerät und eine gewisse Feierlichkeit des Tanzes selbst verstärken den Eindruck von etwas »Jenseitigem« (R. Wolfram).

Jüngeres Erzeugnis sind die Reimreden bei manchen S., aber auch sie enthalten Formelgut des MA. In Schweden, Dtld., Holland, Belgien, Schweiz sind S. heute kaum noch erhalten. Flandern weist noch einen Abkömmling auf. Westf. kannte bis 1920 S. und Schwertfechterspiele, in Süddtl. lebt der S. noch in Unterwössen in Oberbayern und in Überlingen. Welche Ergebnisse aber gründl. Nachfg. bringen können, bewies Wolfram, als er – während um 1920 nur der Halleiner Knappentanz bekannt war – in Österr. dreißig versch. Formen von S. und Reifentänzen ermittelte, einen Reichtum also, mit dem sich nur die S.überlief. in Nordengland und Spanien messen kann.

Olaus Magnus, De gentium septentrionalium variis conditionibus etc., 1555; Taubert, Rechtschaffener Tanzmeister, 1717; K. Müllenhoff, Über den S., 1871; Über S.: Zs. f. dt. Altertum Bd. 18, 20 und 34; ferner Grundriß d. Germ. Philol., Bd. 2 1. Abt., [2]1901–09; H. Naumann, Prim. Gemeinsch.kultur, 1921; Buschan, Die Sitten der Völker, Bd. 4, 1922; K. Meschke, S. u. S.spiel im Germ. Kulturkreis, 1931; R. Wolfram, S. u. Männerbund, 1936/37; ders., Der Spanltanz u. s. europ. Verwandten, in: Oberdt. Zs. f. Vkde 9 (1935); W. Jaide, Dt. S., 1936 (Prakt. Anl.); E. Verstraete, Flandern, d. Land d. S.tänzer, Dt. Vkde 5 (1943); M. Schneider, La danza de espadas y la tarantela, Barcelona 1948; R. Wolfram, Die V.tänze, 1951; J. Peter, Zwei S. aus d. Böhmerwald, Jb. öst. Vliedw. 3 (1954) (Wandern n. Steiermark und ins Waldviertel durch Kriegsgefangene, Heimkehrer und Arbeitslose); W. Salmen, Hinweise z. ostdt. Überl. d. S., in: Jb. öst Vliedw. 4 (1955); F. Hoerburger, Schwert u. Trommel als Tanzgeräte, Dt. Jb. f. Vkde 1 (1955); V. Alford, Sword Dance and Drama, London 1962 (Vgl. Dt. Jb. f. Vkde 10, 1964); O. G. Schindler, Nachr. ü. S.-, Reif- u. Steckentänze in N.öst. Fs. L. Schmidt, 1972.

Schwindel, Tremmel, Trümmel; *vertigo.* Das Volk unterscheidet nicht, ob die Ursache des S.gefühls aus Kopf oder Magen kommt. Von S. kann man sich befreien durch Genuß des Eichhörnchengehirns, Gemsenfettes oder Schwalbenfleisches. Die Flug- und Klettersicherheit dieser Tiere soll sich übertragen. Andererseits geht der S. in den Lein, wenn man ein Flachsfeld nach Sonnenuntergang dreimal nackt umläuft.

Schwindsucht, Auszehr, Darre, Tuberkulose. Genannt ist die S. in der Art ähnlicher Krankheitsnamen (→ Sucht, Fluß, Freis), die unter Beachtung der äußeren Symptome verwandte Leiden zusammenfassen. S. war lange die »volkstümlichste« aller Krankheiten u. gefürchteter als der → Krebs. Sie war den alten Kulturvölkern bekannt und belastet noch heute primitive Stämme wie moderne Staaten. Das Volk sieht sie verursacht durch Erkältung, Einatmen kalter Nordluft oder, wenn sich andere Leiden (→ Grind) »auf die Lunge schlagen«. Die Infektion wird geahnt in der allerdings mythisch gehaltenen Furcht vor Übertragung. Mittel gegen S. sind → Lunge (Beuschl) von Fuschs, Hase, Luchs, Fett vom Murmeltier, Lungenkraut, Herz von Gemsen, Tee von Edelweißblüten (Tirol), Salbei, Holunder usw. Auch Messen, Abstreichen, Abwaschen, → Durchziehen, Besprechen, ferner die → Opfergaben der »Lungln« sollen helfen. Hovorka-Kronfeld (Vmed. 2. Bd., S. 31–63) nennen eine außerordentliche Zahl von Heilmethoden gegen den »Schwund« (Schweinen, Dörr, Darrfieber), das bei den Kindern auch »Altvater« (→ backen) heißt. Das Husten der S.igen nennt man den »Gottesackerhusten« und »Friedhofsjodler«. → Linde, Wasser, Wegerich.

Schwindwurz → Schöllkraut.

Schwingbrett → Flachsschwinge.

Schwingen. Schweizer Bez. eines → Ringens, bei dem der Gegner an der Schwinghose gepackt und »geschwungen« wird (»Hosenlupf«). Eine Bronzeplastik aus dem Zweistromland um 2600 v. Z. zeigt zwei Hosenringer, die mit beiden Händen die Hosen des Gegners packen. Auch Japan, die Südsee, Perser und Türken kannten diesen Ringstil. Auf Island kämpfte man mit Bauch- und Schenkelriemen. Die Technik unseres S. verbindet griech.-röm. Ringstil mit freien Griffen. Der Schweizer Schwinger spricht von Kurzziehen, Bodenlätz, Höck, Fliegendätsch, Stick, Gammen, Weiberhaken u. a. Alte dt. Ringerordn. leben darin nach, wie diese auch das moderne Jiu-Jitsu und Judo vorwegnehmen. – Die Schwingfeste der Schweizer Sennen haben in der Gesch. der → V.spiele einen wichtigen Platz und sind noch gegenw. Brauch. → Jakobsen.

Eidgenöss. Schwinger-, Hornusser- u. Jodlerzeitg. (Seit 1906); Stellungen oberländ. Schwinger, Hochwächter 4 (1948); H. Minkowski, Das Ringen im Grüblein. Eine spätmal. Form d. Leibringens, 1963.

Schwirrholz. Winthuis fand in den rrr- oder trrr-Rufen in Kultzerem. austral. Primitiver (Aranda) »einen ausgesprochen sexuellen Sinn«. G. Révész sieht in schwirrenden Rufen Relikte einer Frühstufe der menschl. Sprache (»Imperativsprache«). Nach Hanika bezeichnen sie das »Hervorkommen, Entspringen, Hervorbringen, Zeugen-Gebären, Vermehren«, so z. B. das Brrr beim Stampftanz der Pinzgauer »Schönperchten«, das grrr, rrrr und turrrt der → Fasnacht im westl. Sudetenl., im Schwarzw. und in Südtirol wie im gru der oberöst. Rauhnacht. Nach Ansicht der Völker- wie der Volkskde hat das Schwirren mit dem an einer Schnur um den Kopf geschwungenen flachen Holzstück die gleiche Aufgabe. Es ahmt den menschl. Urlaut nach und ist nach Haldon das »vielleicht älteste, weitverbreitetste und heiligste religiöse Symbol«. In Australien ist es das »Zentralmysterium in den Kultzeremonien« (Howitt). Papua, Karaiben u. a. verwendeten das S. bei Mannbarkeits- und anderen relig. Festen (→ Initiation). Vor der surrenden Stimme des Numens flohen Frauen und Kinder. Die Griechen gebrauchten das S., den Rhombos, bei Dionysien und Kotydien. So kann das S. unserer Zeit als zum Spiel gewand. Zeugnis eines alten Völker- und → Elementarged. angesehen werden. – Verwandt ist die Geisterstimme des → Rummelpotts, dessen Brummton durch Reiben hervorgebracht wird. Zwischen ihm und S. steht der »Waldteufel« des alten Berliner Weihn.marktes, ein kleiner Zylinder mit Membrane, der an einer Schnur um den Kopf geschwungen wird. In Vergleich zu ziehen sind auch die → Ratschen der Fasnacht und der Karwoche. → V.musik, Perchten.

A. C. Haddon, The Study of Man, New York 1898; A. W. Howitt, The Native Tribes of South East Australia, London 1904; J. Winthuis, Mythos u. Kult d. Steinzeit, 1935; O. Zerries, Das S., 1942; G. Révész, Ursprung u. Vorgesch. d. Sprache, 1946; J. Hanika, Der r-Laut in Fruchtbarkeitsriten u. das S., Bayer. Jb. f. Vkde (1952).

schwören, Schwur → Eid.

Schwundwort → Analogiezauber, Buchstabe.

Sebald, hl. (10. 8.), dargest. als Ritter, Pilger, Einsiedler; Attr.: Ochsen, Stab. Er soll im 8. Jh. in Bayern missioniert haben. Schutzpatron von → Nürnberg.

F. Schnellbögl, Sankt S. in Nürnb. nach d. Reformation, Zs. f. bayer. Kirchengesch. 32 (1963); St. S. in Österr. vgl. L. Schmidt, Vglaube u. Vbr. 1966.

Sebastian, hl. (20. 1.), nach der Leg. unter Diokletian Hauptmann in der Prätorianergarde. Sein Tod ist in der Vk. häufig dargestellt: den an einen Baum gefesselten Körper treffen die Pfeile heidn. (mauretan.) Schützen. Viele → Schützenbrudersch. führen das Bildnis ihres berühmten Patrons auf der Fahne und begehen sein Fest mit Schützenamt und Festmahl. Er ist auch Pestpatron. Von den Seuchenpatr. des MA. erhebt sich bes. der hl. S. und sein Kult im 15. Jh. auf roman. Boden zu großer V.tümlichkeit. Zugleich wird aus dem Ritter der nackte Pfeilmärtyrer. »Ob Baum oder Säule der Marterpfahl wird, interessiert auch die Vkde, da sich daran Fragen einer möglichen Kontinuität alten Baumkultes um den Heilbringer knüpfen« (L. Schmidt). Eine neue spanisch-ital. Kultwelle verebbt im Alpenraum der Gegenreformation. Eine eigene Sakrallandschaft bildet das Burgenland mit seinen »S.-Säulen«, Flugblattliedern und Stubenspielen. Vor der → Pest soll das Amulett des S.pfeils schützen. »Bastianstag« fällt zusammen mit dem Tag des hl. → Fabian, mit dem S. den Tag (nicht das Jahr) des Martyriums teilt. In der Litanei und bei Kirchenpatronaten erscheinen sie nebeneinander. Früher wurde an dem Tag die S.minne getrunken. Attr.: Pfeile, Baum, Brunnen. → Minnetrinken, Rochus.

Hadeln, Die wichtigsten Darst.formen des hl. S., 1909; L. Schmidt, Die burgenländ. S.spiele, 1951; J. Kammerer, Die Melodie d. Rheinfelder S.liedes, Schweiz. Arch. f. Vkde 42; F. Leskoschek, S.pfeil u. S.minne. Vergess. Wallf.formen a. d. Pestzeit, Gugitz-Fs. 1954; M. A. Kübach, Die St. S.us-Gilde in Herten, Rhein.-westf. Zs. f. Vkde 12 (1965).

Sebenbaum *(Juniperus sabina)*, der S. oder Sadebaum gehört zur Gattung des → Wacholder und heißt wohl auch Stinkwacholder. Der unverstandene Name führte zu zahlr. Spielformen (→ V.etym.): Säben-, Seben-, Sieben-, Sefen-, Segel-, Segen-, Siegel-, Salbe-, Sabinerbaum, Sefler u. a. Das widerlich und betäubend riechende, bes. aus den Zweigspitzen destillierte Öl wirkt hautreizend (bei Rheuma usw.), innerlich aber stark giftig. Auf den Mißbrauch für → Abtreibungen deuten die Namen Jungfernpalme, -rosmarin, Mägdebaum, Kindermord, Verbodden Bum. Unglücksbaum heißt er im Elsaß. Der S. im alten Münchner Botan. Garten wurde immer wieder beraubt. Im Züricher Bot. G. umgab man ihn mit einem Drahtgitter. In Thüringen zwang einmal der allg. Mißbrauch, die Vernichtung aller S. behördl. anzuordnen. Eine alte engl. Ballade und norweg. Volksreime berichten von der gefährli-

chen Unsitte, gefördert durch die Verfemung des unehelichen Kindes.
Wie schon im 16. Jh. (→ Bock) werden die immergrünen Zweige auch in den → Palmbuschen genommen gegen Gewitter, sie dienen als Vieharznei und durch → Geruch und spitze Nadeln als Dämonenbaum. Der in SO-Europa und Nordasien beheimatete S. kam als Arzneipflanze in vorkaroling. Zeit nach West- und Nordeuropa. Im → Kapitulare Karls d. Gr. (de villis; um 794) wird sie bei uns zuerst erwähnt.

Pritzel und Jessen, Die dt. V.namen der Pflanzen, 1882²; F. v. Oefele, Antikonzept. Arzneistoffe, Heilkde. (1898); H. Marzell, Die heim. Pflanzenwelt im V.brauch u. V.gl., 1922; Hovorka-Kronfeld, Vergl. Vmed., 1. Bd., S. 365–67.

Sechsstern. M. Haberlandt nannte als älteste bek. Belege für den S. goldene Bogenfibeln aus Böotien (7. Jh. v. Z.). Auf merowing. Grabmälern ist er eingeritzt, als Zeichen im → Kalender erscheint er im 15. Jh., später eindeutig als Glückssymbol in der Darst. »Glücksstern auf das Jahr 1698« (Dt. Gaue, 13). Auf Tonware scheint er zu fehlen, in Textilien ist er selten. Durch die Handhabung des Zirkels ist das beliebte → Ornament vorwiegend auf flaches Holz verwiesen. Ein Kreisumfang ist durch seinen Radius in sechs gleiche Abschnitte teilbar. Weitere sechs, an den Teilstellen angesetzte Zirkelschläge ergeben einen S. Die so leichte Herstellung einer stark füllenden und im ornamentalen Sinn reich wirkenden Verzierung hat sicher viel zu der weiten Verbreitung des S. in der vtüml. Kunst Europas beigetragen. In Dtl. ist der S. im Norden und in den Alpenländern bes. häufig, zumal in der Kunst des → Kerbschnittes, wie ihn → Spinnrocken, → Mangelbrett, → Webekamm und -gatter (Pommern) oder → Waschholz und → Flachschwinge (Darß) lieben. Auf → Minnegaben ist er oft mit dem Herzen zusammengestellt. Der S. ist (bes. auf niedersächs. Haustoreinfassungen) auch als Heilszeichen gedeutet und mit der Hagal-Rune in Verbindung gebracht worden.
Der in einem fortlaufenden Linienzug »gezogene« S. bedeutet als → Wirtshausschild einen Ersatz für den schnell welkenden grünen Kranz.

M. Haberlandt, in: Buschans ill. Völkerkunde, 3. Bd., 1926.

Sedanfeuer → Jahresf.

Seegesicht → Fata Morgana.

Seehund → Wasserg.

Seejungfer → Meer, Melusine.

Seelchen, Seelenbrätzen, -buchelen, -zelten usw., Seelstücke → Allerseelen.

Seele. Wenn wir von naturwissenschaftlichen u. von kirchlich-dogmatischen Bestimmungen des Wesens der S. absehen, kennt der Glaube des Volkes vor allem drei Vorstellungen: die S. als selbständiges Wesen im Körper (→ Animismus), die mit dem Körper untrennbar verbundene, mit diesem im → »lebenden Leichnam« identische S. (→ Praeanimismus) und die S. als Kraftstoff und Lebensprinzip (→ Orenda). Atmung, Ohnmacht, Traumerlebnisse, Visionen in der Art des → Zweiten Gesichts oder des Doppelgängers, vor allem das Bild des Todes erweckten die noch in vielen Brauchhandlungen lebendigen Vorstellungen von der S., die den Körper vorübergehend oder für immer in Gestalt eines Tieres (Maus, Eidechse, Vogel, Schmetterling sind »S.tiere«), eines Hauches oder Rauches verlassen kann. Wenn das Fenster (Wallis: Seelenbalken) des Totenzimmers nicht geöffnet, der Ziegel im Dach nicht gelockert wird, bleibt die S. gefangen und zeigt sich am anderen Morgen als kleine bläuliche Rauchwolke. Wir sind noch allgemein gewohnt zu sagen: Er hat seine S. ausgehaucht. Auch der volkstümliche, gemeinidg. Glaube an Doppelgänger nährt sich aus der Vorstellung von der S., die den Körper in Schlaf oder Ekstase verlassen und an einem zweiten Ort erscheinen kann. Wenn der Doppelgänger gleiches Geschlecht hat, bedeutet es Unglück, während es als Glückszeichen geachtet wird, wenn ein Mann seinen Doppelgänger in Weibesgestalt sieht. Viele Sagen berichten vom todkündenden Doppelgänger. – Im Glauben an Schutz- und Folgegeister (Fylgiar), die in Wolfs- od. Bärengestalt den schlafenden Menschen verlassen, lebt im Nord. der gleiche Gedanke (Mengis). Ein solcher Folgegeist kann zum Schutzgeist einer ganzen Sippe werden, der Vater vererbt ihn dem Sohn (→ Werwolf).

In der Entwicklungsgesch. religiöser Ideen vielleicht älter und primitiver, aber im Volksglauben gleichzeitig und in der Gegenwart neben jener Vorstellung häufig bezeugt ist der Glaube an den lebenden Leichnam. Ungeachtet der kirchlichen Lehre von den »Armen Seelen« stattet der einfache Mensch den Totengeist (→ Geist) oft auch mit dem Körper, mit den Wünschen und Bedürfnissen, mit Sprache und Gebärde eines Lebenden aus. Am stärksten verdichtet sich dieser Glaube in der Gestalt des → Wiedergängers u. → Vampirs. Viele Bräuche bei → Tod u. Begräbnis, beim Totenmahl, bei der → Grabbeigabe und im → Friedhof weisen in gleiche Richtung (→ Hegung, Wöchnerin). Als Lebensstoff ist die S. gefaßt in den Vorstellungen des sprechenden → Schädels, des wundertätigen → Kopfes, des anklagenden → Blutes und → Knochens, der → Reliquie im kirchlichen und weltlichen Sinn. In den Ausscheidungen und Abfällen ist Lebensstoff des Menschen enthalten. Wer sich ihrer bemächtigt, kann dem Menschen schaden, als ob er ihn selbst besäße. → Blut, Harn, Samen, Schweiß, → Kot und → Speichel sind Träger der Lebenskraft. → Fingernägel und → Nachgeburt müssen aus diesem Grunde besonders in Acht genommen werden. Schließlich wird in mystischer Teilhabe auch das → Bild, Gewicht (→ wiegen) und → Maß, der Schatten und der → Name Träger des Lebensprinzips. So wird z. B. der Freimaurer getötet, indem man sein Bild durchsticht. Diese Übertragung kann sehr weit gehen, so daß M. Höfler hinsichtlich des Glaubens an die orendistische Kraft der Reliquien im 9.–11. Jh. sagt: »Es wurden z. B. Daumen, Arme, Hände, Hirnschalen, ganze Gerippe, Asche, Zähne, das beim Verbrennen der Heiligen abgetropfte Fett und Kleidungsstückchen entwendet«; letzteres deshalb, weil man *pia fraude*, durch frommen Diebstahl, erlangte Dinge ganz im Sinne des Volksglaubens (→ stehlen) für noch wunderkräftiger hielt als gewöhnliche. → Allerseelen, Besessenheit, Fegefeuer, Fuß, gähnen, Giebelbretter, Grabdenkmäler, Hand, Herz, Johannes der T., Mund, Neid, Ohr, Okkultismus, Sirene, Walküren.

Weickert, Der S.vogel in der alten Lit. u. Kunst, 1902; O. Tobler, Die Epiphanie der S. in der dt. V.sage, Diss. 1911; E. Rhode, Psyche, S.kult und Unsterblichkeitsglaube der Griechen, 2 Bde., 1925⁹ (Auswahl in KTA, Bd. 61); Arbman, Unters. z. primit. S.vorst., Uppsala 1926/27; H. Schmalenbach, Entst. d. S.begriffs, 1927; O. Rank, S.glaube und Psychologie, 1930; K. Breysig, Gesch. d. S., 1931; A. L. Schnidrig, Der »S.balken« im Wallis, Schweiz. Vkde 43 (1953); J. Paulson, Die primit. S.vorst. der nordeuras. Völker, Stockh. 1958.

Seelenfest → Neujahr, Allerseelen.

Seelgerät → Jahrtag, Grabbeigabe.

Seemann → Schiffer.

S.muhme → Meer.

S.mutter → Wasserg.

S.schlange → Drache, Meer.

Seemann. Wenn auch viele Bez. zu Brauch, Glauben, Sprache und Arbeit des → Schiffers auf Binnengewässern bestehen, so hat der S. doch seine eigene Welt, die durch das seetüchtige, auf Werften gefertigte Schiff, durch das offene Meer und die »große Fahrt« über die »sieben Meere« gekennz. ist. Schiffstaufe, Äquatortaufe für den Neuling, S.lieder (Shanties), mancherlei Aberglaube (→ Klabautermann) und ein bes. Seefahrerwortschatz gehören zu seiner Welt. → Galion, Taufe, Sondersprache.

F. Kluge, S.sprache, 1911; R. Baltzer, ›Knurrhahn‹. Slg. dt. u. engl. S.lieder u. Shanties, Neudr. 1935 (Lotsengesangverein ›Kn.‹ sammelte; vieles Umdichtung und Parodie); G. Pallmann, S.lieder, 1938 (Bez. zu Bänkelsang, Drehorgel, Schlager und selbst zu obd. Jodlern; vgl. E. Seemann, in: Jb. f. V.liedfg. 6, 1938); G. Must, Der Einfluß d. germ. Sprachen auf d. estn. u. finn. Seefahrtswortschatz, Diss. 1948; R. Wossidlo, Reise usw. Das S.leben auf d. alten Segelschiffen, [5]1953; H. Freudenthal, in: Beitr. z. dt. V.- u. A.kde 3 u. 6 (1958 u. 62); H. Henningsen, Crossing the Equator, Kopenhagen 1961; G. Timmermann, S.-V.kunst aus Tauwerk, in: Altonaer Mus. in Hambg., Jb. 1963; H. J. Hansen, Kunstgesch. d. Seefahrt, 1966; J. Conrad, Spiegel der See, 1966; L. Schmidt, V.glaube u. V.brauch, 1966 (Schiffstaufe, Äquatortaufe. 1. Zeugn. 1529).

Sefen-, Segenbaum, Sefler → Sebenbaum.

Segen, ahd. *segan* = Kreuzeszeichen, Segnung durch das Kreuz, Zauberspruch (Kluge). Diese Bedeutungen gelten noch heute im kirchlichen und Volksglauben. Dazu gekommen ist die Bez. auch von Gegenständen, Bildern, → Himmelsbriefen als S. (»Haussegen«). Sprüche und Gebete um Gedeihen für Menschen, Tier und Feld kannte schon die Antike. Ihr Einfluß wird im berühmten altengl. Flurs. (Neukräuters.) sichtbar. Durch die Kirche sind vorchristliche S. auf Christus und Heilige (Maria, Petrus, Dreikönige, Stephan, Johannes, Anna, Martin usw.) übertragen worden. Schon aus dem 10. Jh. haben wir dt. Zeugnisse (→ Biene). Als → Beschwörung in Befehlsform (gegen die Rose: »Wildes Tier, du heiße Flammen, geh von dannen«) geht der S. in den Zauberspruch über (→ Merseburger Zaubersprüche). Die vertrauensvolle Anrufung der göttlichen Macht wie die eigentliche kirchliche Benediktion nähern sich dem Charakter des → Gebetes. Umfassend und unter weitgehender Würdigung der volksmäßigen Überlieferung ist das ganze Gebiet von Adolph Franz behandelt worden. Das HDA untersucht die einzelnen S.typen (Jordans.; Engels. usw.) eingehend. Eine besondere Art von Krankheits-S. (Begegnungss., Dreibrüders.) untersuchte der dänische S.forscher Ferd. Ohrt in den Hess. Bll. f. Vkde 35 (1937). Ein Beleg dafür geht ins 3. Jh. zurück. In der ausführlichen Kommentierung sämtlicher angelsächs. S. gibt G. Storms eine Darstellung des V.glaubens im engl. Früh-MA. Eine Sammlung der dt. S.- und Zaubersprüche hat der Verband dt. Vereine f. Vkde bereits 1907 beschlossen. Hepding und bes. Spamer haben diese Slg. bis etwa 1945 durchgeführt (→ Romanusbüchlein). – Die Unters. von Irmgard Hampp gründet sich auf württ.-hohenzoll. Slgn. von rd. 3000 Zaubers. aus fünf Jhh. → Kolik, Weide, Zauber, Elementargedanke.

O. Ebermann, Blut- u. Wundsegen in ihrer Entw. dargest., 1903, Neudr. nach 1960; A. Franz, Die kirchl. Benediktionen im MA., 2 Bde., 1909; E. Fehrle, Zauber u. S., 1926; A. Heusler, Altgerm. Dichtung, 1926; A. Mulet, Altdt. Zaubersprüche, in: Zs. f. Deutschkde. 47 (1933); G. Jungbauer, Dt.

Vmed., 1934; G. Storms, Anglo-Saxon Magic, den Haag 1948; K. Helm, Der angelsächs. Flursegen, Hess. Bll. f. Vkde 41 (1950) (Textherstellg. ohne die christl. Zutaten); W. Ide, Heilzauber u. Aberglaube e. Dorfes im fränk. Niederhessen, Hess. Bll. f. Vkde 48 (1957); F. Heeger, Fränk. S.sprüche aus drei Jhh., Bayer. Jb. f. Vkde (1960); J. Hampp, Beschwörung, S. und Gebet, 1961; E. Grabner, Ein steir. »Karl-S.«. Zur Gesch. e. selt. Schutzbriefes, Bll. f. H.kde., Graz 1961; Schönbachsche S.slg. in Gießen; Wossidlo-Archiv in Rostock; A. Spamer-Archiv (23000 Nrn.) im Inst. f. dt. Vkde, Berlin-Ost.

Segenszweig → Lebensrute.

Seidelbast *(Daphne mezereum*; Kellerhals). Nach dem Zeidler (→ Biene) hieß ein als Bienenweide genutztes Waldstück mhd. *zîdelweide*; davon S., weil die betäubend duftenden Blüten erstes Bienenfutter bieten (Märzenveil, Stinker). Aus dem schier unzerreißbaren Bast wurden Schnüre gedreht. S. gehört zu den sogen. Zeigekräutern. Blühen die obersten Knospen zuerst, dann darf der Bauer früh einsäen. Wie andere → Frühjahrsblumen schreibt man dem S. bes. Wirkung zu (Warzenbast). Die Rinde zieht Blasen auf der Haut, was sich Wehrdienstverweigerer früherer Zeit zunutze machten (Dt. Pfefferrinde). Die sehr scharfen Früchte (Piper germanicum; Stech-, Rachbeeren, Scheißlorbeer, Lämmertod) benutzte die ältere Heilkunde. – Mhd. heißt der S. auch *zîtzelbast* und *zîlant* (ahd. *ziulinta; linta* ›Bast‹). Das entspricht dem norweg. *ty(s)bast* ›Bast des → Ziu‹.

H. Marzell, in: Bayer. Hefte f. Vkde 3 (1916); ders., Wb.; Kluge-Mitzka, Et. Wb., [20]1967.

Seiffen. Erzgebirge. Das E. mit dem berühmten »S.er Winkel« ist das jüngste Gebiet der → Schnitzerei, das als Gewerbe dort um die Mitte des 18. Jh. den erlösch. Bergbau auf → Zinn ersetzte. Nur → Drechsler, die auch heute noch das wichtigste Handwerk am Ort sind, waren schon früher tätig. Um 1670 arbeiteten 23 in S. und Umgegend, hundert Jahre später waren es über 100. Im Jahre 1868 fertigten 43 Orte → Spielzeug in noch heute erhaltener Arbeitsteilung: Hallbach-Archen, Eppendorf-Puppenstuben, Grünhainichen-Bauernwagen. Auch Familien spezialisierten sich (z. B. die Fichtners in Oberseiffenbach auf Nußknacker) und in solchen wieder die einz. Mitglieder, so daß Vater und Sohn drechselten und schnitzten, Kinder und Mutter leimten und malten. So entstanden und entstehen die weihnachtl. Lichtträger, Engel und Bergmann, die Räuchermännchen, Soldaten, Hampelmänner, Vögel, Taubenhäuser, Schaukeln und Karusselle. Die Mitarbeit der Familie geschah freiwillig u. gerne. Zuletzt gewährte die Arbeit mehr als 100000 Menschen den Lebensunterhalt. Der Umsatz ging in mehrere hundert Mill. Mark, davon entfielen 75 v. H. auf Arbeitslöhne. Anfangs wurde nur mit bloßer Hand, Schnitzmesser, Farbe und Pinsel, später auch mit Wasserkraft, Dampf und Strom gearbeitet.

Die eingebürgerte Kunst des Drechselns und der Zwang, mit älteren Schnitzerorten (→ Sonneberg, Oberamm.) in Wettbewerb zu treten, führten zu der für das E. charakterist. Reifendreherei. Es wird ein Ring gedreht, dessen Profil ein Pferd, eine Kuh usw. darstellt. Durch einfaches Abspalten, Ergänzen und Bemalen wird eine Serie von 30–60 Stücken gewonnen. In → Berchtesg. dagegen wurde, zu gleichem Zweck, ein Block ganz mit der Hand gestaltet. Zum Reifendreher, Figurenschnitzer und Spielzeugschachtelmacher gesellt sich im E. der »Bäumchenmacher«, der von einem vorgeformten Holzstück an der Drehbank die zartesten Ästchen und Zweige abspänt. Drechslerarbeit sind in der Hauptsache auch die → Weihn.leuchter und die figurenreichen, hängenden »Weihn.spinnen«. Fast zur großstädt. Mode geworden sind die erst nach 1910 eingeführten »Miniaturen«, die kleinformat. Kerzen- und Blumenträger, die Gruppen von Musikanten, Engeln und Kurrendesängern. Eine wirtsch. Merkwürdigkeit war die Herst. von Kindergewehren: die brotlos gewordenen Büchsenmacher stellten sich um 1860 auf diese minderwertige Nachahmung um. Haupthandelsorte waren S., Olbernhau, Grünhainichen – alle mit Fachschule –, die vermittelnden Verlegerorte Sonneberg, Oberammergau u. a. Die anfängl. Abhängigkeit von → Nürnberg wurde mit dem Beginn des 20. Jh. überwunden.

R. Langner, Neue Schnitzarb. aus d. Erzg., 1957; M. Bachmann, Zur Entw. d. erzg. Holzschnitzerei, in: Abh. u. Ber. d. Staatl. Mus. f. Völkerkde. Dresden 22 (1963) 28 Abb.; K. E. Fritzsch, Die Umstellg. d. Bergm.ortes S. z. Spielzeugprod., Sächs. Heimatbll. 11 (1965); ders., Motive d. Spielzeugs n.erzg. Musterbüchern d. 19. Jh., ebd. S. 499–576; ders., Erzgeb. Spielw. auf Märkten u. Messen, ebd. 13 (1967).

Selbsttötung. Um der Freiheit oder der Ehre willen durfte der Germane, auch die Frau (Kimbernkriege), freiwilligen Tod suchen. Der fries. Spruch »Lieber tot als Sklav« gibt die alte Auffassung rein wieder. Nach christl. Auffassung ist Freitod Selbstmord. Der Selbstmörder ist ein ruheloser → Wiedergänger, zumal wenn ihm das Begräbnis im → Friedhof verweigert worden ist. Der Volksanschauung weichend, handhabt die Kirche letztere Vorschrift sehr milde. – Die Stadt mit der höchsten S.ziffer der Welt (39,5 von je 100000 Einw.) ist West-Berlin (1969). Hohe Zahlen haben ferner Osteuropa, Österr., BRD, Schweiz, Schweden, Dänemark u. bes. Finnland.

P. Geiger, Die Behandlg. d. Selbstmörders im dt. Brauch, Schweiz. Arch. f. Vkde 26 (1925); K. Baumann, Selbstmord u. Freitod, Diss. Gießen 1934; E. Durkheim, Le Suicide, 1960.

Sellerie (Eppich; *Apium graveolens*). Bei uns schon im MA. bekannt, aber erst seit dem 18. Jh. allg. angebaut (Marzell). Mit dem Knollengewächs kam der Name aus dem SO (griech. *selinon*, lat. *selinum*, frz. *celeri*). Wegen des würzigen Krautes wie der eßbaren Wurzel heute in Bauerngärten beliebt, hat S. auch einen Ruf als → Aphrodisiakum, wie der alte Berliner Schlager verrät: »Freu dir Fritzken, freu dir Fritzgen, morgen jibt's S.salat«. Nach dem lat. apium ›der Bienen‹ ist der nd. Name Eppich gebildet, der im ostmd. mit Efeu verwechselt wurde. – Die Antike nahm S.blätter zu Siegerkränzen und Grabschmuck.

P. Kretschmer, Wortgeogr. d. hd. Umgangsspr., 1918; Kluge-Mitzka, Et. Wb., [20]1967.

Selige → Euphemismus.

Senkelknüpfen → Nestelk.

Senn → Hirt, Schwingen, Jakobsen, Hackbrett.

Sense, ahd. *segansa* (alem. Sägas). Die S. besteht aus Blatt und S.baum mit Handhabe (Worb, Wurf). Zum Kornmähen wird die S. mit einem Korb (Reff) versehen oder sie gewinnt die kurzstielige Form der Hausichte (Sichet; am Niederrhein und an der Nordsee), die mit der r. Hand geführt wird, während die Linke mit einem Stab oder Haken das Getreide beim Mähen in kleine Gelege teilt. Bes. niederlieg. Korn wird so geerntet. – Die S. hat sich aus der → Sichel entwickelt und ist in Funden schon für die Latènezeit nachweisbar. Wie Sichel und → Pflug ist sie ein Wahrzeichen des Landwirts, das im Ernteschlußbrauch und auf Werken der Volkskunst als solches erscheint. Sie ist

Attribut des Todes (S.mann; → Gerippe) und wird, wie der »Mäher«, in Sternbildern gesehen. Nachdem die S. lange Zeit nur von seiten einer technisch und kulturgesch. eingestellten Gerätekunde (→ Ergologie) Beachtung gefunden hatte, wurde dieses wichtige Werkzeug des Bauern von Leopold Schmidt in seiner Geltung in Glauben und Brauch erforscht und damit im Sinne einer geisteswissenschaftlichen Volkskunde in größere Zusammenhänge gestellt (S.zauber, S.musik; männliche und weibliche »S.gestalten«; → Gestaltheiligkeit).

K. Ilg, Die S. in i. Entw. u. Bedtg., Wopfner-Festschrift II, 1948; L. Schmidt, S.scheiden, Der Schlern 23 (1949); F. Lipp, Die geist. Kultur d. S.schmiede in Oberösterr., Oberösterr. Heim.bll. 3 (1949); L. Schmidt, Die Kurzstiels., Arch. f. Völkerkde 5 (1951); ders., Verbreitungshinweise z. Gestells., Schweiz. Arch. f. Vkde 48 (1952); A. Fritz, Montavoner S.händler, Öst. Zs. f. Vkde 60 (1957); W. Mitzka, Die S.dengeln. Ein Bauernwort u. s. Verwandten, Hess. Bll. f. Vkde 49/50 (1958) (S: Dengeln; Mdtl.: Kloppen; N: Haaren); Ch. Gillardon, R. Trüb, Zur Verw. alter S.blätter, Schweiz. Vkde 50 (1960); G. Brachmann, Die oberöst. S.schmieden, 1964; F. Fischer, Die blauen S. Sozial- u. Wirtsch.gesch. d. S.schmiedezunft zu Kirchdorf-Michelsdorf bis z. Mitte d. 18. Jh., 1966; G. Wiegelmann, ADV-Umfragen z. alten bäuerl. Arbeit, Rhein. Vjbll. 33 (1969) (Karte); Weit. Lit. → Ergologie u. bei L. Schmidt, Gestaltheiligkeit, 1952.

Servatius → Eisheilige.

Sessel, ein → Stuhl mit Rücken- und Armlehne, wie ihn schon das Altertum kannte *(sella curulis)*. Dieser Sitz des Ehrengastes, des Hausherrn oder der Hausfrau wurde auch mit Tierfell, später mit Stoff überspannt. Im 17. Jh. kam die Polsterung auf, wie sie den heutigen Klub-S. kennzeichnet. Der ältere S., wie er auch in den Vk.abt. der Warenhäuser wieder angeboten wird (Berlin: nd. Form mit gefl. Sitz aus Schilfrohr), stellt ein festes Gefüge aus meist gedrechselten Teilen dar. Es werden die Beine aber auch wie beim Stuhl ins Sitzbrett eingefügt. Arbeit des → Drechslers ist vor allem der in NW-Dtl. (Altes Land, Schlesw.-H.) bis heute übl. und auch in Warenhäusern wiederverkaufte S., bei dem die flachen Teile der Lehne schlichte Schnitzerei, Bemalung oder → Einlegearbeit zeigen. Von den wuchtigen S. Ostpreußens (Berlin Kunstgew.mus.), die roman. Stil bis ins 18. Jh. festhielten, sagt R. Uebe: »Dieser Drechselstil mit den gedrehten Docken, die in der Rücken- und Seitenlehne zu quadratischen Füllungen zusammengesetzt sind, erinnert an die Beeinflussung unserer mittelalterlichen Möbel durch das byzantinische und antike Kunstgewerbe«. Vierländer S. kennzeichnen Vierkantpfosten, deren hintere gern in einen Sechsstern endigen. Auf dem → Flett des nd. Hauses steht der dreibeinige S. besser als der vierbeinige. Aus der niederl. Malerei wohlvertraut, begegnet uns diese Form mit gedrehten Pfosten bis ins 19. Jh. Niedere, oft rundgeführte Lehne und in den massiven Sitz eingelassene, gespreizte Beine sind beim derberen S. der Alpenländer typisch. Der feierlich-behäbige Hochsitz der Elbmarschen ist im Gebiet des Bergbauerntums unbekannt. Selbst der derbgezimmerte S. in der Stube des Bregenzerwälders ist selten, im kargeren Haus des Montafoners fast unbekannt. Plast. Arbeiten wie die menschl. Figuren als Träger der Lehne eines Egerländer S. (Öst. Mus. f. Vkde, Wien) sind Ausnahme. → Möbel, M.malerei, Schnitzen, Stuhl.

R. Uebe, Dt. Bauernmöbel, 1924.

Seuche → Pest, Not-, Joh.,-Jahresfeuer.

Severin, hl. (19. 1.), Apostel von Noricum, † 482. Attr.: Kreuz; als Prediger dargest. Schutzhl. von Bayern und Österr. Seine Vita schrieb Eugippius (hg. v. R. Noll, 1963).

Ein Kirchenmodell ist Attr. des anderen hl. S., der im 4. Jh. Bischof von Köln war (23. 10.).

K. E. Kramert u. E. K. Winter, St. S. Der Heilige zwischen Ost u. West, 1959.

Sexualzauber → Liebesz., Schalensteine u. a.

Sgraffito, Kratzputz. S. (von ital. *sgraffiare* ›herauskratzen‹), Graffito oder K. ist spätestens seit dem 16. Jh. in Italien bekannt. Die Wandfläche wird mit einer oder mehreren gefärbten Putzlagen und zuletzt mit dem normalen Putz überzogen. Die Zeichnung oder »Malerei« entsteht bei noch feuchtem Putz durch kratzendes Freilegen der unteren, gefärbten Lagen. Der K. wurde in Graubünden, in Süddtl. in Hessen und Franken, aber auch anderwärts (der K. in der Lausitz ist keineswegs wendisches Merkmal) zu einer reizvollen Volkskunst. Die nordital. S.technik der Renaissance übte bedeutenden Einfluß auf die Gestaltung des alpenländischen Hauses. Oft wurde der Holzbau mit einer Kalkschicht überzogen, um die neue Auszier anzubringen. Doch verschwand die am Holzwerk entstandene bodenständige Ornamentik nicht, sondern sie wuchs gleichsam durch die Kalkschicht und lebte fort als farbig leuchtendes Kassetten-, Streifen- und Sternenmuster. Auch wurden die Renaissancemotive der S.malerei nicht einfach übernommen, sondern einer vtüml. Auswahl unterzogen (Ranken und Tulpen, Vögel und Phantasietiere, springende Hirsche, Jäger und Reitersmann). Die alpenländische S.technik verdankt ihre letzte Vollendung Hans Ardüser (1557–1618), Lehrer und Maler von Davos, der über das Schwarz-Weiß hinaus eine raffinierte Farbigkeit anwandte, während die K.muster hessischer Fachwerkbauten (vorwiegend 19. Jh.) eine besondere Unmittelbarkeit und Frische aufweisen. Doch sollte man die einfachen gepunkteten oder ausgezogenen Linienornamente (Kreise, Spiralen, Zickzacklinien), die wir in Hessen und im Elsaß (Achenheim) oberflächlich in den Bewurf eingekratzt finden, nicht auf prähistorische Wurzeln zurückführen; es sind zum größten Teil naive Äußerungen wie etwa die Fenstermalereien der Glaser im Neubau.

Schiefer ging der Verbreitung des K. in Ober-, Mittel- u. Unterfranken, in Württemberg und im badischen Frankenlande nach. Sein frühester Beleg stammt aus 1793. Nach Hillenbrand war K. in Württemberg von 1767–1940 üblich. Auch in den »Speis« (Mörtel) eingedruckte Muster kannte man. – Im Städtebau hat G. Semper den K. um 1860 wieder eingeführt.

D. Baud-Bovy, Schweizer Bauernkunst, 1926; H. Urbach, Geschichtl. u. Techn. v. S.putz, Diss Braunschw. 1920; K. Rumpf, Handwerkskunst am hess. Bauernhaus, 1938; K. Schiefer, Der fränk. K., 1938; K. v. Baumbach, Belebung d. hess. K.technik, Hessenland 51 (1940–43); E. Burkhart, Bäuerl. Lehmwandmuster, Mitteldt. Bll. 16 (1941); K. Hillenbrand, Putzverziergn. an Württ. Fachwerkhäusern, in: Württ. Jb. f. Vkde 3/4 (1957/8).

Sibyllen-Weissagung. S. war der Name einer berühmten Seherin in Cumä in Unteritalien, der die s.inischen Bücher von Rom zugeschrieben wurden, eine Sammlung von Prophezeiungen, die im kapitolischen Tempel verwahrt und vom Senat durch ein Priesterkollegium zu Rate gezogen wurde. 83 v. Z. mit dem Tempel verbrannt, dann erneuert, von Augustus nach kritischer Sichtung in den palatinischen Apollotempel überführt, schließlich auf Befehl Stilichos verbrannt (Anfang 5. Jh.). S.inische Sprüche *(Oracula Sibyllina)* nennt man eine ähnliche Sammlung in griechischen Versen aus jüdisch-christl. Überlieferung. Aus solchen Wurzeln stammen die S.bücher des dt. MA., von denen die »S.W.« von 1321 besonderen Einfluß übte. Als S. erscheint darin die Königin von Saba, die mit Salomo spricht u. die Gesch. des Kreuzesholzes, das Leben Jesu und die christl. → Eschatologie verkündet. Älter ist eine Berner Hs., die die S.W. mit der dt. → Kaisersage verbindet. Das 15. Jh. erfand die Zwölfzahl der S., die, den biblischen Propheten gegenübergestellt, bald auch in der Kunst gültig wurde. 1516 entstand das → Volksbuch »Zwölf S.W.en«. Im 1. Weltkrieg liefen neue Drucke der S.W. um (Abb. bei Spamer, Die dt. Vkde, 2. Bd. S. 472). Sie sind z. T. eine Bearbeitung der 1701 zuerst gedruckten Weissagung über die → Schlacht am Birkenbaum. Vermischung mit anderen Sagengruppen traten ein. Seit dem Ende des 17. Jh. erzählt das Volk in Ober- und Mitteldtl. von einer S.Weiß, Willeweis (Tirol), Billeweis (Kärnten). In Nordwestdtl. wurden auch die witten wiver S. genannt. Besonders lebendig und verzweigt ist die Überlieferung im dt.-böhmischen Randgebiet, wo eine tschechische Fassung aus dem Anfang des 19. Jh. starke Wirkung übte, die ihrerseits auf dem dt. Volksbuch fußt. In böhmischen, schlesischen oder polnischen Sagen tritt die S. auch neben → Melusine oder an ihre Stelle.

W.-E. Peuckert, S. Weiß (Bibliogr.); F. Vogt, S.W., 1877; Diels, S.inische Blätter, 1890; Wissowa, Rel. u. Kultur d. Römer, 1912²; G. Ehrismann, Geschichte d. dt. Lit., 2. Teil, 1922; L. Darnedde, Dt. S.W., Diss. Greifswald, 1933; A. Hübscher, Die große W., 1952 (Texte u. T.gesch.; es fehlt noch eine Erfg. d. mündl. Überl.).

Sichel (ahd. *sihhila* v. vulgärlat. **sicila*). Mit dem Erz. d. röm. Eisengewerbes kam auch der Name zu den Westgerm. Das Gerät selbst (in wechselnder Gestalt) kennen die Germ. seit Urzeiten. Der heim. Name ist Hippe, heute meist gebraucht für d. symbol. Werkzeug des Todes. Wie die Wörter Pflug, Hacke, Egge, wie säen, mähen, ernten usw. legt auch das Wort S. von der entwickelten Ackerbaukultur der Indogermanen sprachliches Zeugnis ab. Die S. entstand mit dem Beginn des Akkerbaus in der Jungsteinzeit (ältester Fund in Jütland: S. mit Holzstiel). Die Funde mehren sich in der Bronze- und Eisenzeit, meist in Form von Flachs. mit gerader Zunge. In der Latènezeit entwickelt sich durch die Verlängerung des Griffes aus der S. die → Sense, die jene im 19. Jh. fast ganz verdrängt. Für bestimmte Arbeiten, für die Kornernte aber auch in größeren Gebieten besonders der Alpen, wird die S. noch heute bevorzugt. Ihr Name lebt in der Bez. des → Erntefestes (S.lege, S.henke), in den Redensarten von → Korngeistern (S.mann, → Sichelweib). Sie ist Attribut der hl. → Notburga. Den vkdl. zu fordernden Zusammenhang von Sache und geistigem Gehalt stellen die Arbeiten von L. Schmidt her (→ Gestaltheiligkeit), besonders seine Untersuchungen der männlichen und weiblichen »S.gestalten« in Mythus und Legende (→ Bilwis), wie sie vielleicht schon seit dem Neolithikum bis heute in unserem und in anderen Völkern überliefert sind. »S.glaube und S.brauch haben das altheilige Ernteschnittgerät in einer Weise lebendig gezeigt, daß eine tatsächliche Verlebendigung in der Art, daß s.tragende, s.führende Gestalten geglaubt, erzählt und gebildet werden, sehr nahe liegt« (L. S.). → Eisen.

W. Seedorf, Arbeitsbräuche in der Landwirtsch., in: Peßler, Hb.; Lühning, Die S., Diss. Göttingen 1950; vgl. Lit. → Sense, Ergologie.

Sichelweib. Vom S. als → Korngeist

wird noch in Mitteldtl. erzählt. Es erscheint als halsabschneidender → Mittagsgeist in der Lausitzer Gegend, als Zekelwief auch in Hannover. Zuweilen lebt die Gestalt unter anderen Namen (→ Roggenmuhme mit der Sichel) weiter. Selten erscheint neben dem S. auch der Sichelmann, mit dem sich allerdings die heutige Vorstellung des Todes vermischt. Die Vermutung liegt nahe, auch den → Bilwis, der Sicheln an den Füßen trägt, als Sichelmann zu betrachten und damit in einen weiteren Sagenzusammenhang zu stellen, der bes. von Mannhardt, Laistner, Mackensen, Singer und L. Schmidt untersucht, aber noch nicht befriedigend erklärt ist.

Sieben → Zahl, Unlösbare Aufgabe.

Siebenfarbenblum → Stiefmütterchen.

Siebenrippen → Wegerich.

Siebensprung. Burschen bewegen sich im Kreis, steigern die Zahl der Sprünge bis sieben und vermindern sie wieder auf einen. Damit verbinden sie Kniebeugen, Ellbogenaufsetzen, Berühren des Bodens mit der Stirn, zuweilen Überschlagen und Rechts- und Linkswälzen. Die Tatsache des Männertanzes, der Siebenzahl wie der Erdberührung lassen R. Wolfram auf einen alten Kulttanz schließen. In Hessen-Nassau verband sich mit S. und pentaton. Tanzlied (»Hans Orem – Gott gnor-em! Mach mer mol de Siwesprung!«) zu Pfingsten die Aufnahme der Jungen in den Burschenbund. Hochzeit und Ernte sind andere beliebte Anlässe des S., der in den Niederlanden und in Westdtl. bis an die dän. Grenze getanzt wurde. In Österr. ist er bisher nur aus dem Montafon bekannt geworden. Die dt. Sprachinseln kennen ihn nicht. Er findet sich aber in Frankr. (»Sept sauts«; baskisch »zapzi jausiak«). Melodieaufz. sind die ersten dt. Belege (1505 und 1686). Ein brem. → Kinderlied neuerer Zeit bezieht sich auf den S.

Danz mi mal de seven Sprünge,
danz mi mal de seven!
Meenst, dat ick nich danzen kann?
Kann danzen as en Edelmann.
Spring hoch up!

R. Wolfram, Die V.tänze, 1951; H. v. d. Au, Über d. S. i. d. Landsch. Rheinfranken, in: Hess. Bll. f. Vkde 34 (1935).

Siebenschläfer (Sieben Brüder; 27. 6. Attr.: Höhle). Die Leg. berichtet von 7 Heiligen, die als Diener des Kaisers Decius sich vor Verfolgungen 251 in eine Höhle bei Ephesus retteten, einschliefen und erst 446 wieder erwachten. S. als Lostag wird noch heute, auch in den Zeitungen der Großstadt, beachtet: Regen an S. bed. Regen für 7 (in Frankr. 4) Wochen. – S. heißt auch ein in Norddtl. selten gewordener Nager aus der Fam. der Schlafmäuse (Gliridae). Sein Winterschlaf dauert 7 Monate.

M. Huber, Die Wanderleg. v. d. S., 1910; R. Schindler, Die S., ihre Leg., ihr Kult, ihr Brauchtum, in: Ostbair. Grenzmarken 5 (1961); Brehms Tierleben Bd. 11, [4]1914.

Sieben weise Meister → Vbuch.

Siedlung. S.kunde, wie die Sachkunde im engeren Sinn (Gerätekunde, Ergologie), kann im begrenzten Rahmen dieses Wörterbuchs nur gestreift werden, da ihre Erscheinungsformen vorwiegend von geograph. und wirtschaftl. Gegebenheiten bestimmt werden.

Trotzdem beschleunigt sich die Annäherung von Vkde und S.geographie in dem Maße, als in dieser kulturgesch. Fragestellungen Berücksichtigung finden. Schon die Erfg. des Verhältnisses von S.form und Wirtschaft ergibt vkdl. Aufschlüsse (Weinbau-, Fischer-, Weberdörfer).

Eine Fülle von Fragen, die eigentlich nur von der Vkde zu lösen sind, werden aufgeworfen, wenn man an den Einfluß der einmal gegebenen S.form (Einzelhof, Weiler, Haufendorf, Rundling, Reihendorf usw.) auf später sich entwickelnden Volksbrauch (Feste, Kirchweih, Maibaum, Spielanger, Versammlungsplatz, Umzüge) denkt. Für eine zielbewußte Zusammenarbeit von S.kunde und Vkde hat vor allem Adolf Helbok in grundsätzlichen Schriften und in Teiluntersuchungen (s. u.) wegweisende Vorarbeit geleistet. Ein treffliches Beispiel kulturgeschichtlich unterbauter S.forschung gab H. Schlenger (s. u.), zugleich mit einer äußerst klaren Einführung in »S.geographische Methoden u. Terminologien«. Vom gleichen Verfasser stammt der für ähnliche Aufgaben mustergültige Schulungsbrief »Das S.bild Schlesiens« (Breslau 1936). → Dorf, Stadt.

A. Meitzen, S. u. Agrarwesen d. Westgerm. u. Ostgerm., d. Kelten, Römer, Finnen u. Slawen, 3 Bde. u. Atlas, 1895; O. Schlüter, Die S. im nordöstl. Thüringen, ein Bsp. f. d. Behandl. s.geogr. Fragen, 1903; A. Hennig, Boden und S. im Königr. Sachsen, 1912; R. Gradmann, Das ländl. S.wesen des Königr. Württ., 1913; ders., Die städt. S. des Königr. Württ., 1914; M. Hellmich, Das schles. Dorf u. schles. Dorfleben, 1914; W. Geisler, Die dt. Stadt, ein Beitrag z. Morphol. d. Kulturlandschaft, 1924; R. Kötzschke, Ss. zur dt. S.fg., seit 1925; R. Martiny, Hof u. Dorf in Altwestfalen, 1926; R. Kötzschke, Zum 60. Geburtst., Dt. S.fgn., 1927 (Darin F. Krause, Die völkerkdl.-vkdl. Fg. in ihrer Bed. f. d. S.kde.; erläutert an Bsp. aus Nwestsachsen); R. Martiny, Die Grundrißgestaltung der dt. S., 1928; H. Schlenger, Formen ländl. S. in Schlesien, 1930; A. Helbok, S.gesch. u. Vkde, 1928; ders., Vkde u. S.gesch., in: Spamer, Vkde; Hwb. d. Soziologie, 1931 (Darin: L. Wiese, Ländl. S.; W. Sombart, Städt. S.); R. Mielke, S.kde. d. dt. Volkes u. ihre Bez. zu Mensch u. Landschaft, 1936²; H. Hassinger, S.geographie: Hb. d. geogr. Wissenschaft II, 1937; A. Helbok, Dt. S. Wesen, Ausbreitung u. Sinn, 1938 (Einführg. in d. morderne S.forschg.); H. Helbig, Dt. S.fg., Arch. f. Kulturgesch. 33 (1950); E. Lendl, Die mitteleurop. Kulturlandsch. im Umbruch d. Gegenw., 1951 (Tiefebene – Mittelgeb. – Hochgeb.; Stromlandsch. Rhein, Donau, Oder, Weichsel; 10.–15. Jh. Epoche d. Besiedlg.; 15. Jh. Konzentration, Städte; 17. Jh. Relig. Kriege; 19. Jh. Industrie u. Verkehr; 2. Weltkrieg: große Völkerwanderung, östl. Agrarreform); H. Müller, Vkdl. Wüstungsfg. im Kr. Mayen, Rhein. Jb. f. Vkde 3 (1952); W. Radig, Die S.typen Dtls. u. ihre frühgesch. Wurzeln, 1955 (146 Abb.); H. Bausinger, M. Braun, H. Schwendt, Neue S.en, ²1963 (20 Zwangsgründgn.; Gegens. Stadt : Dorf eingeebnet d. motoris. Verkehr, Informationsmittel, Fernsehen); E. Schwarz, Sprache u. S. in Nordostbayern, 1960; W. Brünger, S.geogr., 1961; G. Schwarz, Allg. S.geogr., ²1961; Beitr. z. S.-, Verfassgs.- u. Wirtschaftsgesch., H. Klein-Fs. 1965; A. Klaar, Die S.formen Wiens, 1971.

Siegerpreise → Wettlauf, Schützen, Schießscheiben.

Sieghaube → Glückshaube.

Siezen → Anrede.

Signatur (vom lat. = Merkmal, Bezeichnung). Paracelsus schreibt über das → Johanniskraut: »Sein Blumen putrifizieren in ein Blutsform das ist ein S., das es zu den Wunden gut ist und was von Wunden kompt.« Dies ist der Grundgedanke der S.lehre, ob sie nun von der Antike über Neuplatonismus und Mystik bis in die Gegenwart immer wieder auch gelehrte Fassung gefunden hat oder nur als tiefes Gefühl für die Harmonie und → Sympathie der Welt und der Geschöpfe im einfachen Volksglauben lebte. Im Glauben an die Kraft d. → Pflanzen und → Steine begegnen wir immer wieder dem Sehen oder Hineinsehen der S., der Farbe und Form, die ein Blatt, eine Blüte zum Heilmittel für das gleichgeformte menschliche Organ (Herz) vorbestimmt. → Allermannsharnisch, Augentrost, Johanniskraut, Knabenkräuter, *similia similibus*.

E. Stemplinger, Antiker Abergl. in mod. Ausstrahlung, 1922; G. Jungbauer, Dt. Vmed., 1934; H. Zimmer, S. in d. Vmed., 1939.

Sigrist → Mesner.

Silber war Homer, nach Tacitus auch den Germanen bekannt. Um das Jahr 1000 schon gab es S.bergbau bei Goslar. S.gewinnung im MA. gab dem Silbertal im Montafon den Namen und Silberer hießen die Bergleute. Um die gleiche Zeit und aus gleichem Anlaß entstand das schlesische Silberberg. Der Wortstamm von S. bedeutet ›weiß, licht‹ wie der von → Gold ›gelb‹. In der Volkskunst spielt S. eine geringe Rolle, jedoch ist es das bevorzugte Metall des Bauernschmuckes, häufig einfach in Form der geprägten S.münze (Bayern). Wie alles → Metall hat S. zauberabwehrende Kraft, besonders wenn es durch mehrere Generationen vererbt ist. Die sichere Kugel des → Freischützen ist aus S. Heil- und Zauberwurzeln werden mit s.nem Gerät ergraben.

H. Stirling, Der S.schmuck d. Nordseeküste, 1935; D. F. Rittmeyer, S.schmiedekunst, Hochwächter 5 (1949).

Silberdistel → Eberwurz.

Silk → Petersilie.

Silvester (Sylvester) hl. (31. 12. Attr.: Ochse). Papst S. I (314–335) soll Kaiser Konstantin getauft haben. – Papst S. II (990–1003), Erzbischof von Reims und Ravenna, galt als der bedeutendste Gelehrte s. Zeit (→ Karl d. Gr.) und wurde in späteren → Sagen des Teufelsbündnisses beschuldigt. Gerbert war sein Name vor der Wahl zum Papst. – Das Brauchtum des Tages wird bestimmt durch Altjahrsabend und → Neujahr. Wer an S. als letzter aufsteht, wird verspottet: »Silveschtr – Bettnäschtr!« (Montafon). Kinder, Musikanten als Kaminkehrer verkleidet (Schwaz in Tirol 1968) u. a. halten Heischeumzüge. Allg. Brauch ist das Feuerwerk und Neujahranschießen. In der S.nacht soll man keine Leine hängen lassen, da sonst Leid ins neue Jahr hinübergeführt wird (Prof. Sachsen). → Zwölften, Heischerecht.

Eichengrün, Gerbert als Persönlichkeit, 1928; Kartogr.: ADV III Bez. d. 31. Dez.

similia similibus. Der Gedanke einer geheimnisvollen → Sympathie zwischen den Dingen und Kräften des All nährte sich an der Anschauung der Ähnlichkeit (lat. *simile* = ähnlich, gleich) vieler Naturdinge (Herz = herzförmiges Blatt, Gelbsucht = gelbe Blumen) und ebenso kann gesagt werden: dieser im mythischen Denken des Volkes tiefverwurzelte Glaube fand und verkündete immer neue Ähnlichkeiten, die einer Wesensbeziehung gleichgeachtet wurden. Der Rahmen wird weit gedehnt, wenn z. B. gelbe, aber auch rote Blumen den Blitz (das Feuer) anziehen. In der Vmed. findet der Satz *s. s. curantur* (= gleiches wird mit gleichem kuriert) noch heute allgemeinste Anwendung. Diese volle Formel findet sich zuerst bei → Paracelsus. Nach H. Trümpy weist ein Satz des Macrobius (um 400) zurück auf Empedokles, der in der Vorst. »Gleiches zu Gleichem« ein philos. Grundprinzip erblickte. Plinius empfahl Heilmittel nach dem Satz s. s. »Noch Linné glaubte, daß gelbblühende Pflanzen auf die (gelbe) Galle wirken« (Müller). Bereits Isidor v. Sevilla († 636) unterschied die Allopathie (v. gr. *allos* ›anders, verschieden‹) der heut. Schulmedizin von der → Homöopathie Hahnemanns (1755–1843), wenn er schrieb: *»Omnis autem curatio aut ex contrariis aut ex similibus adhibetur«.* Auch dem → Analogiezauber liegt der gleiche Gedanke zugrunde, nur wird dort meist die ruhende Beziehung gewissermaßen aktiviert dargestellt. → einz. Pflanzen- und Krankheitsnamen, z. B. Schöllkraut, Blut, Donnerkeil; *contraria contrariis*, Signatur.

G. Jungbauer, Dt. Vmed., 1934; C. M. Müller, Gleiches zu Gleichem, 1965; H. Trümpy, Similia sim., Schweiz. Arch. f. Vkde 62 (1966).

Sintflut → Weltuntergang.

Sitte → Vbrauch, Ritus.

Sippe. Auch wenn für indogerm. Zeit die Geltung des → Mutterrechts in Spuren nicht erweisbar sein sollte, bleibt sicher, daß die Familie die Grundform der Lebensgemeinschaft in den germ. Kulturen darstellte. Die Verwandten zunächst väterlicherseits, dann auch mütterlicherseits bildeten mit der Familie zusammen den engeren Verband der S., aus dem Stamm, Volk und Staat als größere Einheiten sich entwickeln konnten. In der Gesch. des → Rechts (Blutrache von S. gegen S., S.verfassung, Geschlechter, Helfer beim Eid), der Siedlung (sog. echte -ing, -ingen-Dörfer als S.gründungen) und des Volksbrauches (→ Friedhof, Nachbarschaft) zeichnen sich die Spuren der S. ab bis in die Gegenwart, die mit der Ahnenforschung den Blick über die großstädtische Vereinzelung hinaus für die Blutszusammenhänge der S. wieder geschärft hat. Bezeichnend ist, daß das Volk selbst z. T. den Begriff S. so weit verloren hatte, daß »Sippschaft« abfälliges Schimpfwort werden konnte. Andererseits sind viele dem S.gedanken aufgeschlossen. Eine S.tagung der Müller versammelte 1969 in Brilon (Sauerld.) an 2000 Zugehörige; aber auch in dem kleinen Land Vorarlberg versammelten sich 100 und mehr zu den »S.tagen« der Ganahl, Salzgeber, Vallaster u. a. (Montafon). – »Die hl. S.« in der Kunst bed. die Familie der hl. → Anna, häufig dargest. im 15. u. 16. Jh. → Familiennamen, Geburt, G.tag, Nachbar, Joh.tag, Funkensonnt., Muttertag, Kirmes, Stephan (S.feste), Thomas, Familie.

Brunner, Dt. Rechtsgesch., Bd. 1, 1906²; Thurnwald, Die menschl. Gesellschaft, Bd. 3, 1932; E. Murr, S.kunde, 1934.

Sirenen. Die S., durch die Homer-Übersetzungen im Abendlande volkstümlich geworden, dachte man sich als weibliche Gestalten mit Vogelleib od. Vogelklauen. In der mhd. Millstädter → Physiologus-Handschrift des 12. Jh. (Cod. VI/19) heißt es von den S.: *»sie sind von dem houbet unz den nabele also wip geschaffene, danne unze an die fuozze nidine getan sam die vogele, sie singent ein sanch heizzet musica, da mit beswichent sie die schifman . . .«* Die antiken Vorstellungen von der Seele als Menschen-Vogel, zu denen die S. gehören (Weicker), lebten im frühen Christentum fort, die bildliche Darstellung aber änderte sich. Von der hohen Kunst kamen sie zum Volke, dem der Begriff des menschlich redenden Vogels literarisch verständlich geblieben war (z. B. Märchen vom Machandelboom). Ein bei weitem häufigerer Fall ist das → Fischweib, das ursprünglich ebenfalls eine S. ist, wie die erwähnte Millstädter Handschrift (die S. hält sich am Schiff fest und hat, dem Text zum Trotz, einen Fischschwanz) und zahlreiche ikonographische Übergänge zwischen beiden Typen beweisen.

Für Frankreich stellt Emile Mâle schon für die romanische Zeit den Menschenvogeltypus der Bestiarien den volkstümlich werdenden Bildern des Fischweibes gegenüber. Auf die Herkunft des »Melusinenmotivs« von der Figur der terra, an deren Brüsten Schlangen saugen, macht Kohl aufmerksam. → Wassergeister, Melusine.

G. Weicker, Der Seelenvogel, 1902; F. Wickhoff, Beschrbd. Verz. d. ill. Hss. in Österr., 3. Bd., 1905; E. Mâle, L'art réligieux du 12e sc.; R. Kohl, Das Melusinenmotiv, Niederdt. Zs. f. Vkde 11 (1933).

Skat. Das am weitesten verbr. dt. → Kartenspiel, das nicht nur »Glück«, sondern auch Kombinationsgabe und Geschickl. verlangt, hat seinen Namen vom frz. escarter oder vom ital. scartare ›Karten weglegen‹ (Tirol: Skartkarte). Das Spiel wurde um 1817 in der Brommeschen Tarock-Ges. zu Altenburg aus dem erzgebirg. Schafkopfspiel entwikkelt und vom Hofadvokaten F. Hempel 1818 beschrieben. Einheitl. Regeln gab zuerst Buhle (1886). Die thüring. Stadt wurde die »S.heimat«, Sitz des Dt. S.verbandes, des Dt. S.gerichts und Ort wiederkehr. S.tagungen und der ersten dt. S.zeitung (Der Alte). Trotz »Dt. S.ordnungen« (1902 und 1928) erhielten und entwickelten sich landsch. Sonderformen, wie das Spiel aus solchen seinerzeit entsprungen war. Altenburg wurde auch Mittelpunkt für die Herst. von → Spielkarten. Sein Museum enthält wertvolle Zeugn. zur ältesten Kartenmacherkunst und zur Gesch. der Spielkarten. In Westdtl. ist heute Bielefeld Mittelp. der Herst. (Spk.museum).

C. Döring, S., Bridge u. a. Kartenspiele, 1928; Cato-Burkhardt, Das S., 1928; K. Bachmann, in: Fs. f. E. Ochs, 1951; W. Stammler, Zum Wortschatz d. S.spielers, Kl. Schriften 1954.

Ski → Schneeschuh.

Skop → Harfe.

Skorpion. Gefürchtet in Antike und MA. Nach der hl. Hildegard ist alles an ihm Tod und Gift. Paracelsus berichtet von der Entstehung des S. aus faulenden S., weil sie sich selbst töten. Im Zeichen des S. vermeidet man Pflanzen und Säen, selbst das Vieh soll man nicht auf die Weide treiben (Ostpreußen).

Smachtlappen → Fastenzeit, Hungertuch.

Snurrer → Fahrende.

Soldat. Im 16. Jh. kam aus den romanischen Sprachen die Bez. S. (= der Sold Empfangende) zu uns, wobei ihr noch die Nebenbedeutung anhaftete, die heute ganz auf das verwandte Wort Söldner übergegangen ist. Während der geworbene und sogar vom Fürsten verkaufte Kriegsmann früherer Zeit leicht zum Außenseiter im Sinn des → Fahrenden werden konnte, steht der S. seit der Einführung der allgemeinen Wehrpflicht im Mittelpunkt des Volkslebens. Uniform, Lebensweise, Sprache u. Brauch, besonders auch das Lied des S. waren in den letzten zwei Jhh. auf das übrige Volksleben von größtem Einfluß. Diese Wirkung hat sich noch vertieft, seit der 1. Weltkrieg aufgeräumt hat mit dem »humoristischen« Bild des Kasernenhofrekruten. Das Bild, das das Volk vom S. sich machte, war immer ernster, wenn ihm auch eine gemütliche u. schwankhafte Seite nicht fehlt. Für das Volk verband sich das Bild des S. mit dem Furchtbaren, aber auch Heroischen des Krieges. Übergangsriten (Umzug, Umtrunk, Ruf und Lied, Schmuck und Maskerade, Sonderrolle d. »Untauglichen«) kennz. noch heute den Tag der Rekrutierung (österr. Assentierung). Der frühere Loszettel, der den Burschen zum Dienst bestimmte, wurde mit einer Goldpapierborte und aquarellierten Blumen umgeben und an die Wand gehängt. Sagte er einer niedrigen Nummer wegen frei, wurde er als → Votivbild der Kirche gestiftet (Elsaß).

Blutregen, Kometen u. ä. außerordentliche Naturerscheinungen (roter Himmel, blutiges Brot, schwertförmige Steine) verkünden den Krieg. 1914 sah man im → Mond einen S. mit Tornister und Helm (Rheinland). In Bayern sah man Roß und Reiter im Mond, in Schlesw.-Holstein war »in den ersten Kriegszeiten Bismarck öfter im Mond zu sehen«. Die umstürzenden Geschehnisse, das täglich gegenwärtige Schicksal fördern Wahrsagung und anderen Glauben (→ Barbara, Georgstaler, Himmelsbrief, Passauer Kunst, Zauber, Nostradamus usw.) in mancher Gestalt, wie er überhaupt das Volksleben in seiner ganzen Tiefe packt (Lied, Sprache, Brauch, Gemeinschaftsleben). Die letzte → Schlacht der Apokalypse leitet den → Weltuntergang ein. Die Volkssage hält einzelne Kriegserlebnisse der Sache nach zähe fest, überträgt sie aber, da sie ein mythisches, kein eigentlich historisches Interesse hat, so, daß sie jeweils der Gegenwart nachrükken. S.- und Kriegssagen wandern von der »Schwedenzeit« in die »Franzosenzeit« und von da in den »Weltkrieg«.

Zuerst → Ziu (röm. *Mars*), später der blitzeschleudernde Thor (→ Donar), vor allem aber → Wodan war der germ. Krieger- und Kriegsgott. Ziustag (*dies Martis*; → Dienstag) war noch für Kaiser Heinrich IV. Glückstag für den Kampfbeginn. Die Schlachttoten führen → Walküren nach Walhall. Die Sagen berichten von Helden und Heeren, die in hohlen Bergen schlafen. Große und lange Kriege (30jähriger, Weltkrieg) sind schwerwiegende Wendepunkte für alle Gebiete der Volkskultur. So hört der ADV um 1930 oft die stereotype Wendung: »bis zum Weltkrieg« zündete man das → Jahresfeuer an, hielt man am Fasnachtsumzug fest, aber auch »nach dem Kriege« kam das Sonnwendfeuer auf als Gefallenenehrung, führte man den Muttertag ein usw. Einen eher noch tieferen Einschnitt bed. der 2. Weltkrieg 1939–45. → Tracht, V.lied, Hist. Lied, Allerm.harnisch, Sondersprachen, Angang, Erdbeben, Gebäckmodel, Gruß.

v. Halberg-Broich, D. S., 1828; R. v. Kanitz, Aus dem dt. S.leben, 1861; G. Liebe, Der S. in der dt. Verg., 1899; P. Horn, Die dt. S.sprache, 1905²; K. Wehrhan, Musterung, Zs. d. Ver. f. rhein.-westf. Vkde 11 (1914); E. Kronfeld, Der Krieg im Aberglauben u. im Volksglauben, 1915; K. Weule, Der Krieg in den Tiefen der Menschheit, 1916; A. Hellwig, Weltkrieg u. Aberglauben, 1916; Weule-Bethe-Schmeidler-Doren-Herre, Kulturgesch. des Krieges (ANuG 561), 1916; H. Bächtold, Aus Leben und Sprache d. Schweizer S., 1916; ders., Dt. S.brauch u. S.glaube, 1917; A. Kutscher, Das richtige S.lied, 1917; O. Maußer, Dt. S.sprache, 1917; H. Commenda, Die dt. S.sprache der k. u. k. Armee, 1918 (Ms. im Vkde-Mus. Wien); Werminghoff A., Bibliographie des Kriegs- u. S.aberglaubens, in: Arch. f. Rel.wiss., 1919; G. Bellucci, Folklore di Guerra, 1920; H. Bächtold, Die schweiz. S.sprache, 1914–1918, Basel 1922; R. Dreiling, Das religiöse und sittliche Leben der Armee unter dem Einfluß des Weltkrieges, 1922; v. Freitag-Loringhoven, Die Psyche d. Heere, 1923; Marschliederb. f. d. Österr. Bundesheer, 1927; O. Sartori in HDA 7, 1935/6; B. Schwertfeger-E. O. Volkmann, Die Dt. S.kunde (Beitl: Brauch und Glaube; Schwertfeger: Kleid; Rumpf: Sprache; Maußer: Lied; Hansen: Musik); W. Kohlschmidt, Selbstgefühl u. Todesschicksal im Lichte des dt. S., 1940; H. Wanner, Von unserer S.sprache, Schweiz. Arch. f. Vkde 42 (1945); Th. Bühler, Knabenschaftl. in Rekrutenbr. d. Schweiz, ebd. 57 (1961); W. Schaufelberger, Zu e. Charakterologie d. altschweiz. Kriegertums, ebd. 56 (1960); Österr. S.liederbuch, 1962; M. Mechow, Der Liedbestand einer Pioniereinheit im 2. Weltkrieg. Jb. f. Vliedfg 14 (1969).

Soldatenbild. Reiter, Jäger, Postillon, Motive der alten Vk., werden nach 1800 mehr und mehr abgelöst vom S. Durch die Einf. der allg. Wehrpflicht und durch die Kriege, an denen selten Mangel war, wurde der S. zum Symbol einers. des Helden, anderers. des schicksaltragenden Volkes. → Zeugdruck und → Damast, → Spanschachtel, → Kacheln für Öfen, → Krug und → Teller, → Nadelstichbilder und → Spielkarten stellen ihn dar. In der guten Stube hat das Reservistenbild noch heute einen Ehrenplatz. Bis zur Mitte des 19. Jh. gemalt und gezeichnet, wird das S. später formelhaft und mech. in der Werkstatt eines »Berufskünstlers« der Garnison hergestellt und mit militär. Diplom und »Widmungen an die Braut« versehen. Lithogr. wurden zuerst noch übermalt (→ Briefmaler), später lassen die Buntdrucke nur noch eine Öffnung für das → Photo des Gesichts frei. → Aus den gleichen Werkstätten stammen auch die Paradebilder, die an ältere → Bilderbogen erinnern.

N. Michailow, Das Reservistenbild, in: V.werk 1, 1941.

Sommerbraut → Gertrud.

S. einbringen → Lätare.

S.feste → Pfingsten.

S.feuer → Jahresf.

S.singen, -tag, -vögel → Lätare.

S.sprossen → Leberflecke.

S.verbrennen → Martin.

S.-Winterkampf → Martin, Ostern.

Sondersprache, Berufs-, Standesspr. B. machen den weitaus größten Teil der S. aus, doch bedarf es des übergeordn. Begriffs, da z. B. die Sprache der Jäger oder Fischer nicht nur von Berufstätigen gekannt und benützt wird, während der bes. Wortschatz von Soldaten und Studenten eher als Standessprache zu bezeichnen ist. Außerhalb von beiden steht die S. asoz. Gruppen, der Geheimbündler, Rocker, Gauner usw. (→ Geheimsprache).

Aus dem Wunsch, der engeren Gemeinschaft (Zunft, Verbindung, Kommiß) sprachl. Symbole zu geben wie aus dem Bedarf, fachl.-techn. genauere Unterscheidungen zu treffen, entwickelten sich B. und St., die ihren inneren Gehalt wie ihre äußere Gestalt der größeren Nähe zu V.leben und → V.sprache verdanken. Ohne selber immer Mundart zu sein, bewahren sie oft altes mundartl. Sprachgut und wirken ihrerseits, zum Teil unter Bedeutungswandel, in die allg. → Schriftspr. hinein. Die Spr. der Krieger und → Soldaten zeigt Spuren des hochstehenden Heerwesens der → Germanen (Heer, Waffe, Degen, Scheide, Schwert, Helm, Schild fechten), unterlag aber in der Neuzeit weithin roman. Einfluß (aus dem frz.: compagnie 1590, artillerie 1616; italien. und span. comando und frz. commander, commandant bürgern sich im 30jähr. Krieg ein; älteres Fußvolk wird im 17. Jh. durch span. infanteria verdrängt). In der Gegenwart gewinnt das engl.-amerik. Fremdwort (→ Lehnwort), die Spr. der Nato, immer mehr Einfluß und beherrscht zumal die Fliegerei. Derber Humor und sprachl. Urkraft behalten aber ihren Platz in der persönl. Spr. des Soldaten (Zapfenstreich, Landser, Barras; Bez. des Vorgesetzten, des Rekruten, des Dienstes, des Gewehres, der Ausrüstung, des Kommißbrotes usw.). Latein, Soldatenspr. – und Rotwelsch, vtüml. und gelehrte Elemente bestimmen die S. der → Studenten (früher »Burschenspr.«: blechen, abgebrannt, bemoost, büffeln, Fuchs, Bursche, Mensur, Philister, Spießbürger). Ihr verwandt ist die Schüler- oder Pennälersprache (ABC-Schütz, Eselsbrücke, Pauker, Penne, Polyp), heute die der Teenagers und Twens.

Unter den B. fand die Sprache des → Bergmanns (Gezäh, muten, Schicht, Schacht) bes. frühe Beachtung (Joh. Matthesius, Sarepta, 1526). Vieles ging in die Schriftspr. über (→ Kobold, Nickel, Wismut, Wolfram, Wünschelrute). Heute noch ihr eig. Gesicht hat auch die Spr. des → Druckers (Gänsefüßchen, Aushängebogen, Wiegendruck, Zwiebelfisch = mindere Fischsorte = durcheinander geratene Lettern). Enge landsch. Bindung hat die Spr. der → Winzer

(Rebe, Torkel, Trester, Kufe, Kelter), der → Schiffer und → Fischer. Die heute geläufigen Bez. Heck und Bug, Fallreep, Reede, Ballast, Ebbe, Landratte, Seelenverkäufer, → Klabautermann u. v. a. stammen aus der Spr. des Seemanns. Matrose stammt über dän. und schwed. matros und mfrz. matelot aus dem germ. Altertum, das die Schiffsmannschaft in Mahlgenoss. aufteilte (Kluge-Mitzka, Etym. Wb.). Altes Gut enthält auch die Spr. des → Jägers (»Weidmannspr.«): balzen, ranzen, Brunft, Rute, Wedel, Schweiß. Reich entfaltet ist die S. und B. des → Handwerks, der → Müller, → Tischler, → Töpfer, der Weber, Schneider Schuster, → Schmiede, des → Zimmermanns und → Steinmetzen.

Schließlich ist das Sprachgut der sogen. → Unehrlichen Gewerbe hier zu erwähnen, zu denen zeitweise auch Müller, Leineweber und Töpfer zählen.

In manchen B. sind landsch. und mundartl. Bindungen nicht mehr wirksam. So reicht die S. etwa der Kaufleute, der Musiker und Maler oder des → Sports in Abstammung und Anwendung weit über die Grenze der eig. Sprache hinaus (Zins von lat. census; Markt von mercatus; Kauf, wie ahd. koufo, von lat. caupo ›Schenkwirt, Händler‹; aus dem ital.: Agio, Discont, Rabatt, brutto, netto, Tara, Bilanz, Konto, Giro, Manco, blanco, Saldo, Ultimo; aus dem engl.: Scheck, Job, Jobber, buchen; aus dem frz.: Büro, Rente, Tantieme, Salär; kosten ist mhd. entlehnt aus afrz. coster; aus dem Hebräischen kommen Dalles, Schmu, Rebbach, Pleite, Masel). Das ital. cambio wurde seit 1383 ersetzt durch Wechsel, das ebenso heim. Ursprungs ist wie Geschäft, feil, Handgeld, Reukauf, Steuer (ahd. stiura ›Abgabe‹). Fries. ist Fracht, niederl. sind Makler, makeln, Börse, Lotterie, Niete. Lit. → die gen. Stichw.; allg. über B. und S.: F. Kluge, Unser Deutsch, [3]1914

J. u. F. Kehrein, Wb. der Waidmannsspr., 1871; F. Kluge, Dt. Studentenspr., 1900; H. Klenz, Die dt. Druckerspr., 1900; P. Horn, Die dt. Soldatenspr., 1905; F. Kluge, Seemannsspr. 1911; A. Schirmer, Wb. d. dt. Kaufmannsspr. 1911; ders., Die Erfg. d. dt. S., in: Germ.-roman. Monatss., 1913; O. Maußer, Dt. Soldatenspr., 1917; P, Kretzschmer, Wortgeogr. der hochdt. Umgangsspr., 1918; L. Günther, Die dt. Gaunerspr., 1919; A. Götze, Akadem. Fachspr., 1929; H. Baumgartner, Die Schi-Spr., 1933 (Sport); F. Krebs, Die Fachspr. d. Maurers in d. Pfalz, 1934 (13 Karten); A. Bach, Dt. Vkde, 1937, S. 300f. (Lit.), [3]1960; H. Freudenthal, in: Beitr. z. Dt. V.- u. A.kde 5 (1960/61); W. F. Leopold, Flüchtlings- u. Betriebsspr., Jb. f. Vkde d. Heimatv. 9 (1965); Kluge-Mitzka, Etym. Wb., [20]1967 (Vgl. Sachverz. S. 899ff.).

Sonne. Caesar berichtet, daß die Germanen die Gestirne verehrten. Ohne daß eindeutige Zeugnisse vorliegen, dürfen wohl Darstellungen der S. als Rad oder Scheibe (so das von Pferden gezogene S.bild von Trundholm) als Beweise für eine kultische Verehrung der S. betrachtet werden. Zu den Ur-Erlebnissen von Schlaf, Traum und Tod, Licht und Dunkel, von Wachsen und Vergehen, von Donner und Blitz, gehört auch die Leben u. Fruchtbarkeit, Wärme und Licht spendende Erscheinung der S. Auch durch Opfergaben und Zaubersprüche wird man diese mächtige Gewalt für sich zu gewinnen versucht haben. Spuren solcher Verehrung begegnen uns noch im Volksglauben der Gegenwart, in der Erwartung der tanzenden S. zu → Ostern, in der Anrufung des jungen S.herrn durch die siebenbürgische Bäuerin am → Johannistag usw. Besonders aber im Sonnwendfeuer des gleichen Tages oder früher weisen die jungen und älteren Zeugnisse immer wieder auf vorchristl. Grundlagen. Auch ein germ. Mittwintersonnwendfest ist wahrscheinlich, wenn uns hier auch keine ähnlich starke Überlieferung geschenkt ist (fast keine Feuerbräuche) und der Termin des christlichen → Weihnachten zunächst an den Kult des römischen S.gottes, des *sol invictus*, anknüpfte. Ohne daß eine weibliche Gottheit vorgestellt wird, hieß und heißt die S. im Spruch des Volkes »Frau S.« oder frohe, liebe, gnädige Frau Sunne. Im Zauberspruch und in der Vmed. finden wir die Beachtung des S.unterganges und S.aufganges als geisterrufende und geisterbannende Zeiteinschnitte auf Schritt und Tritt. Viele Wettersprüche (→ Lichtmeß) messen das Höhersteigen des S.bogens nach der Wintersonnenwende, wie Beginn und Ende der Arbeit »bei Licht« (Michael, Lichtmeß) auch wohl mit Fest und Schmaus gefeiert werden. → Mond, Sterne, Astrologie, Abend, Nacht, Morgen, Mittagsgeister, Jahresfeuer, Feuer, Hakenkreuz, Himmelskunde, Radkreuz, Wegwarte, Hirsch.

F. L. Schwartz, S., Mond u. Sterne. Ein Beitr. z. Myth. u. Kulturgesch., 1864; Dölger, Die S. der Gerechtigkeit und der Schwarze, 1918; Lily Weiser, Jul, 1923; F. Boll, Die S. im Glauben d. alten Völker, 1929; A. Audin, Les fêtes solaires, Paris 1945; W. Herdeg, hg.: Die S. in d. Kunst, 1962 (vorchristl. u. christl. S.symbole); R. Wolfram, Beiträge z. Disk. ü. d. Bed. v. S. u. Mond im V.glauben, Mitt. d. Anthr. Ges. Wien 95 (1965).

Sonneberg, Thür.wald. Die wirtsch. Not eines kümmerlichen Bergbaus neben dem Holzreichtum des Meininger Oberlandes, dazu wahrsch. Anregungen durch Nürnb. Kaufleute, die zur Leipz. Messe reisten, schufen die Voraussetzung für die Herst. von Holzwaren im Th. mit dem Hauptplatz S., das eine der wichtigsten Stätten dieser Art in Dtl. wurde und bis heute → Spielzeug, → Masken, Christbaumschmuck u. ä. fertigt und ausführt. Neben Schaffen, Löffeln, Bechern, Tellern, Mulden, Schachteln spielte Holzspielzeug zunächst eine geringe Rolle, doch werden schon um 1650 »Dockenmacher« erwähnt. Im 30j. Krieg nahm das Holzgewerbe hier wie anderwärts schweren Schaden, doch holte S. bald auf und verfrachtete schon 1729 12000 Zentner Ware. Die »Beschr. des Obergerichts S. de anno 1735« erwähnt »Mahler, die denen Handelsleuthen allerhand hölzerne Kinderwaren, item Schachteln und dergleichen anstreichen, auch zum Theil selbst mit handeln.« Erzeugt werden u. a. »allerhand Kinderwaaren, als Nebültigen, Cuffrigen, Degen, Pistohlen, Flinten, Pfeuffen, Geigen, Kegelspiel, Nußbeißer, Klappern, Guckgucken, Schnurren, Pfennigpfeuffen und dergl. mehr.« Über die bed. Ausfuhr berichtet die Urkunde: »Mit allen Waaren nun wird von hier aus nach Holl- u. Engelland, nach Dennemarck, Schweden und Norwegen, nach Moßcau, Archangel und Astragan, nach Oesterreich-Ungarn und Siebenbürgen, nach Nürnberg, Preßlau, Königsberg und Danzigen hin, in alle vornehme Handelsstädte in Teutschlandt ein unaussprechlicher Handel getrieben.«

Neben → Nürnb., dem Hauptumschlagplatz aller einschlägigen süd- und mitteldt. Betriebe, beschäftigte auch S. mehrere Verlagshäuser. Abnehmender Holzreichtum zwang zur Einf. von »bossierter Ware«. Ein Teig aus Kornmehl, Leim und Wasser wurde in Formen gepreßt, Diese von Würmern bedrohte Masse wurde erst im 19. Jh. zum vollkommeneren Papiermaché aus Papier und Holzstoff mit Ton oder Kreide und Leim.

Während die → Schnitzereien von → Oberamm. und → Berchtesg. »eine gewisse Naturnähe . . . bei aller Stilisierung und Formenvereinfachung« kennzeichnet (J. M. Ritz), ist die Ware von S. stärker vereinheitlicht, geometrisiert (S.er Reiter!) und nähert sich damit dem Vk.stil unserer Zeit.

P. Hensoldt, Beschr. d. d. ihren Welthandel berühmten Stadt S., 1845; E. Sax, Die Hausind. in Thüringen, 1882; E. Rausch, Die S. Spielwarenind., 1901; L. Gordon, Peep show into Paradise, London 1953; E. Lehmann, Die S. Puppenmacher. Die gesch. u. wirtsch. Vorauss. d. S. Ind., Dt. Jb. f. Vkde 4 (1958).

Sonnenblume → Garten.

S.gott → Weihn., Sonne.

S.jahr → Jahr, Kalender.

S.kult → Jahresfeuer.

S.rad → Joh.kraut.

S.wirbel → Löwenzahn.

Sonntag. Der Name ist vorchristl. Dem gr. *hemera heliou* ›Tag des Sonnengottes Helios‹ folgte lat. *dies solis* und – in einer Lehnübers. vor dem 4. Jh. – ahd. *sunnun tag*, das bis heute besteht, während in roman. Sprachen sich die christl. Bez. »Tag des Herrn« (domenica, domingo, dimanche), Tag der Auferst. Christi, durchsetzen konnte.
Die S.ruhe genießt bis heute einen gewissen Schutz des Staates und bes. der Gewerkschaft. Viele Sagen berichten von Strafen für S.schändung (→ Mond). Von der »knechtl. Arbeit« im Sinn des Katechismus wird heute manches ausgenommen: Autowäsche, Gartenpflege, Hausbauen. Wie S.kleidung noch immer beachtet wird (»S.staat«), so erhält sich auch die → Tracht am ehesten in dieser Rolle, allenf. auch in Teilen des einfachsten Arbeitsgewandes.
Urspr. unterschied sich der S. vom Sabbat (→ Samstag) und seinen Vorschriften. Erst allm. beeinflußten sie die S.feier. Noch Luther ist grunds. gegen jede gesetzl. Festlegung der S.feier. Die strenge Übertragung des Sabbatgebotes auf den S. hat die reformierte Kirche vollzogen, in starrer Form bes. in England. – Im Kirchenjahr wichtige S. erhielten eigene Namen (Invocavit → Funkens.; Palmarum → Palms.; → Lätare u. a.).

K. Ilg, Zur vkdl. Bedeutung d. S., Zs. f. Vkde 51 (1954); A. Steinegger, Wie die alten Schaffhauser ihren S. feierten, Schweiz. Arch. f. Vkde 54 (1958).

Sonntagsbrief → Himmelsbr., Credoria.

Sonntagsmaler, Laienmalerei. Arbeit und auch künstler. Betätigung als reine Liebhaberei (→ Steckenpferd) war zunächst Sache der oberen Stände. Adligen und fürstl. Dilettanten wie Friedr. Wilh. I. oder Königin Elis. Christine folgt im 19. Jh. das Bürgertum des Biedermeier. N. Michailow sieht die Grundlage einer »ungebundenen, eigenwertigen« Laienkunst erst gegeben mit dem »Verfall der altartigen Vk. und mit der Auflösung des geist. Zus.haltes in der hohen Kunst«. S. ist »die unmittelbare und pers. Sprache des V.künstlers, dem die alten überpers. Formen und gemeinsch. Symbole verloren gegangen sind«. Nach dieser Auffassung unterscheidet sich davon also die Arbeit des V.handwerkers, des Schnitzers und Töpfers, auch des Hirten und des Burschen, der eine Minnegabe fertigt oder des Mädchens an Stickrahmen und Webstuhl durch die enge Bindung an Beruf, Landsch. und Dorfgemeinsch. Doch ist die Grenze fließend, bes. wenn Inhalt und Formgebung gleiche Quellen anzeigen, wie es etwa bei den Werken des »Déserteurs« im Wallis der Fall ist.
Als erste und zugleich hervorragendste S. (im engeren Sinn) sieht Michailow den Tilsiter Pauperlehrer E. Gisevius (1798–1884), der das V.leben Kleinlitauens darstellte, und den Schulmeister O. Braren

(1787–1839) auf Föhr mit seinen »nordisch klaren und herben« Bildnissen. Gleichen Rang hat der Schweizer Maler, der sich unter dem Namen »Déserteur« verbarg.

In den l. Jahrz. sind die S. Mode geworden: der Holzfäller Dietrich, der Postbeamte Vivin, die Waschfrau Seraphine, der Straßenarbeiter und Artist Bombois. Am bekanntesten wurde wohl Grandma Moses, USA. Von Amerika aus ging auch die erste namh. Ausst. der »Peintres naïfs« (Vom 17. Jh. bis heute. Luzern und Wien, 1954. Kataloge). Bemerkenswert war hier schon das Nebeneinander von älteren echten Dilettanten, die hoher Stilkunst nacheiferten, und von Jüngeren, die eine neue Naivität bewußt pflegten, wie es etwa bei dem berühmten franz. »Zöllner Rousseau« der Fall war. Heute haben es auch manche Sänger und Schauspieler fast zu einem Ehrenpunkt gemacht, daß sie »keine Schule« durchgemacht hätten. – Die → Klosterarbeit wird man nicht (mit Michailow) in diesen Zus.hang rücken, da sie durchaus als Arbeit und Gottesdienst verstanden wurde. Dagegen liegt der Vergleich mit dem Dilettanten-, Amateur- oder Vereinstheater nahe, das seit den Jahren vor dem 1. Weltkrieg als »Laienspiel« s. Platz zwischen landsch.- und überlief.gebundenem → V.schauspiel und hoher Bühnenkunst sieht. → Freizeit.

H. F. Geist, Die Wiedergeburt des Künstlerischen aus dem Volke, 1934; N. Michailow, Zur Begriffsbestimmung der L., Zs. f. Kunstgesch., 1935;, Heft 5/6; K. K. Eberlein, Rousseau und die Matrosenmalerei, Kunstchronik, 1925; N. Michailow, Das Reservistenbild, V.werk, 1941; R. Wildhaber, L. v. d. Vkde her gesehen, Kat. z. Ausst. im Gew.mus. Basel 1961; G. Schmidt, Insania pingens, Basel 1961; R. Wildhaber, Der »Déserteur«, ein Walliser Maler relig. Vk., Schweiz. Vkde (1963); Ausst.kat. Karlsruhe 1965; Le déserteur. Kat. d. Musée de la Majorie, Sion 1966/67; L. Pretzell, Kostb. V.gut, Ausst.kat. Berlin 1967.

Sonnwendfeier, -feuer → Jahresf., Joh.tag.

S.gürtel → Beifuß.

S.rauchen → Joh.tag.

Sootkerl, -muhme → Wassergeister.

Spanische Fliege, *Lytta vesicatoria,* Pflasterkäfer, Kanthariden. Zoologisch nicht streng gehandhabte Bez. von Käfern verengten sich nachantik auf den Namen »S. F.«. Diese kommt in Mittel- und Südeuropa vor. In Dtl. entspricht ihr der Maiwurm oder Ölkäfer *(Meloe cichorei).* Das im Leib dieser Käfer enthaltene Kantharidin wirkt treibend auf Leibesfrucht, Monatsblutung und Harn (Pißkäfer) und wurde durch diese erregende Wirkung auch zum berühmten und gefährlichen → Aphrodisiakum. Asien und die Antike kannten es so gut wie das Paris des 18./19. Jh. *(Bonbons à la Marquis de Sade, Pastilles galantes,* in England *Love powder).* Mädchen kochten S. F. dem Geliebten heimlich im Kaffee (Franken). Als Brunstmittel für Kühe und in Haarwässern wird sie noch heute verwendet. Die schädigende Volkstümlichkeit des Pulvers beweisen zahlreiche Namen: Geil- u. Hahnenpulver, Mut- und Reitpulver, Pimperpulver, Wutschnaps. Über die kriminelle Seite des Mißbrauchs berichtete Abels im Arch. f. Krim.anthrop. 62.

J. Bloch, Das Sexualleben unserer Zeit, 1908; G. Arends, Volkstümliche Namen der Arzneimittel, Drogen und Chemikalien, 1926; E. Gilg u. P. N. Schürhoff, Die Canthariden, in: Aus dem Reiche der Drogen, 1926; B. Karle, Kanthariden, im HDA; W. Pfeifer, S. F. u. Maiwürmer, 1966.

Spanschachteln. In Schweden schon bronzezeitl. belegt, haben sich bei uns S. aus dem 14. Jh. erhalten (Wienhausen). Sie bilden bis heute eine Sondererz. von → Berchtesg., wo schon 1596 von 150 Meistern berichtet wird, die mit 62 Gesellen und 17 Lehrlingen in der Zunft der Schachtelmacher tätig waren. Es gab ganze Sätze von ineinandergesteckten S. (4–20 Stück). Die Bemalung scheint hier im 17. Jh. vielleicht nach dem Vorbild von Ulm (→ Wismutkästchen) aufgekommen zu sein. Die geläufigsten Muster des 18. Jh. waren Punktrosetten, Linienspiralen, vielstrahlige Blüten und gesprenkelte Bänder auf braunem oder braunrotem Grunde, sowie Marmorierung auf Zinnoberrot. Seit der Mitte des 18. Jh. werden die S. auch blau, grün oder rot lasiert und mit Blumen bemalt. Noch gegen Ende des 18. Jh. werden in einem Verz. Berchtesgad. S., »mit Stroh eingelegte Trüchl und desgleichen Kommodkästl« erwähnt. Die S. kamen auch, in der Türkei mit Konfekt gefüllt, als oriental. Kunst nach Dtl. (und Frankr.) zurück. Auch für die figürl. Malerei auf S. glaubt Borchers Berchtesg. (und Salzbg.) in Anspruch nehmen zu können. Die gangbarsten Motive waren Liebespaare, die älteren im Barock –, die jüngeren im Biedermeierkostüm, kühne Soldaten, Hochzeitsbitter mit Spießen, Tulpen u. a.; Sprüche, z. T. recht derbe, fehlen selten. Im 18. und 19. Jh. dienten die kleineren S. als Spielzeug, Schmuck- oder Schatzkästlein, die größeren zur Aufbewahrung von Bändern und Hauben wie bes. des Jungfrauenkrönleins (Schäppel in Vorarlb.) und anderen Brautschmucks. In Schlesien und anderswo enthielten die vor der Hochzeitsges. präsent. »Brautschachteln« auch deutl. Anspielungen auf künft. Kindersegen (Klapperstorch, Kindermann, Kinderwäsche, Muslöffel, Nudelholz u. a.). Die Auszier der S. erstreckt sich bes. auf den Deckel. Bei älteren Stücken ist sie bisweilen in leichter Beschnitzung mit den übl. geometr. Symbolen oder mit Rankenwerk ausgeführt. Ob das »Fassen« der S., die man auch unbemalt (wie noch heute) und satzweise kaufen konnte, in Norddtl. gleichfalls eine Stätte hatte, ist nicht sicher. Für Mitteldtl. ist es in → Sonneberg bezeugt (1735). → Holz.

J. Ritz, in: Der Mainbote, 1930; W. Borchers, Vk. im Weizacker, 1932; H. Karlinger, Dt. Vk., Bayern; E. Meyer-Heisig, Die schles. Brautschachtelfiguren, Schles. Bll. 1 (1939); O. Lauffer, Wesen u. Wirken d. Vkunst. Mit bes. Rücks. auf die Schachtelmalerei. Wossidlo-Fs., 1939; Kat. d. Ausst. Schwerin (Staatl. Mus.) 1958 (darin: J. Weiser, Die Haubenschachteln).

Spaten. Das ahd. nicht belegte Wort ist auch heute in obd. Mundarten noch nicht allg. Dem in zahlr. landsch. und nation. Sonderformen gebrauchten alten Arbeitsgerät des Acker- und Gartenbauers (→ Ergologie) sind bes. in Österr. eingeh. Fgn. gewidmet worden. Hist. Bilddenkmäler bilden wichtige Quellen (A. Spamer, G. Ritz, T. Gebhard). – Durch Einstecken eines S. wurde im Deichrecht des MA. ein mit der Deichpflicht belastetes Grundstück öffentlich preisgegeben. – »Wiss. des S.« heißt die haupts. mit diesem Gerät arbeitende Altertumsfg. (Archäol.).

L. Schmidt, S.fgn., Arch. f. Vkde 8 (1953); ders., Der randbeschlag. Holz-S. in Ostmitteleuropa, Dt. Jb. f. Vkde 3 (1957); Vgl. ferner R. Weiß, H. H. Hottenroth u. a.: Öst. Zs. f. Vkde Jgg. 57, 62, 70; A. Gailey u. A. Fenton, hg., The Spade in Nothern and Atlantic Europe. 1970.

Spätjause → Speis u. T.

Spätzle → Speis u. T.

Speckmaus → Flederm.

Spee. Friedrich Spee von Langenfeld. Geb. 1591 in Kaiserswerth, 1629 als Prediger der Gegenreformation bei Woltorp schwer verwundet, gest. 1635 als Jesuit in Trier. In seiner ohne Erlaubnis der Ordensoberen erschienenen Schrift

Cautio criminalis. Liber de processu contra sagas von 1631 trat er mutig und klug dem durch den → Hexenhammer und ähnliche Schandwerke neu entfachten Hexenwahn entgegen. Er tadelt die Fürsten, die ihre Beamten und Richter nicht kontrollieren und hat scharfe Worte für unfähige Geistliche, die der verblendeten weltlichen Macht in die Hand arbeiten. Das ganze Verfahren widerspreche der Vernunft, dem natürlichen Recht und der christlichen Liebe. Spees Schrift ist getragen von echter christlicher Gesinnung und vom Schmerz über die Schmach seines Vaterlandes.

F. v. S., Cautio criminalis. Dt. Ausg. v. J. F. Ritter, 1939, Neudruck 1967; E. Rosenfeld, F. S. v. L., 1958.

Speichel. Von der Antike bis heute gilt S. als heilend. Er ist wie Blut, Harn, Samen, Schweiß, Kot u. dgl. Lebensstoff tragende Absonderung. Im niederdt. Märchen »Jungfer Maleen« gibt der S. an der Türe statt des entflohenen Mädchens auf das Rufen der Hexe Antwort. Mit Ausspucken entfernt man die Wirkung des → bösen Blickes oder den eingefangenen Krankheitsdämon, wovon noch die Berliner Redensart Kunde gibt: »Spuck aus mein Kind, du hast den Deibel verschluckt«. Nach altem Glauben (Galenus, Megenberg) tötet menschlicher S. Skorpion und Schlangen. Das segenbringende Bespucken des »Handgeldes«, des ersten Verdienstes am Tage, ist in Berlin beim Taxifahrer, auf dem Markt oder auch bei weniger ehrenhaften Geschäften noch gang und gäbe. Man bringt wohl mit Recht das In-die-Hände-Spucken vor besonderer Anstrengung in Zusammenhang mit ähnlichem Glauben. »Mit Geduld und Spucke« geht alles. Da man vor dem Gehaßten und Gefürchteten ausspuckte, wurde diese Geste Zeichen der Verachtung, S.leckerei gleichbedeutend mit unwürdigster Unterwerfung. → loben, Gebärde, toi, toi, toi.

Speis und Trank. Der fromme Spruch auf manchem Hausgeschirr »Trink und iß, Gott nicht vergiß!«, die Alltagsweisheit »Eten un Drinken helt Lif un Seel tohop (zusammen) bäter as'n isern Band« (Oldenbg.) oder die Grunderkenntnis moderner Ernährungswiss. »Der Mensch ist, was er ißt« (alter Spruch in Westfalen: Seu he ett, seu he lett) umschreiben die Bed. der Nahrung. Eßregeln und -gewohnheiten beschäftigen Spruch, Sprichwort, Rätsel und Redensart in Ernst, Scherz und Spott in allen dt. Landsch.

Wo man et, da gah ran,
wo man Geld tellt, da gah van. (Mecklbg.)
Wei met eaten well, mot äuk met deasken (dreschen). (Westf.)
Voer wenig Eten bün ik ni, sä de ditmarscher Bur,
awer drinken mag ik gern; dahingegen mut ik naher min gehörige Ruh hebben.

»Nationalspeisen« wie landsch. »Spezialitäten« sind früh im gängigen → Spruch festgehalten worden

Wenn ein Westfälinger den Pumpernickel hat,
Ein hungriger Schwab an Habermus wird satt,
Ein Steuermärker sich an Stertz sehr wohl erquickt,
Ein Bayr hingegen wohl sich zum Topf-Nudeln schickt,
Der Frantzmann sein Ragout will in den Magen fassen,
Wird der von Nürnberg sich auf Peterle-Fleisch verlassen.
(J. F. Riederer; 18. Jh.)

Schon im 16. Jh. hieß es:

Wenn der Däne verliert die Grütze,
Der Franzmann den Wein,
Der Schwabe die Suppe,
Und der Deutsche das Bier,
So sind verloren alle vier.

Ein in Mitteleuropa verbr. Spruch sagt:

Der Deutsche vertrinkt seinen Kummer,
Der Franzose besingt ihn,

Der Spanier verweint ihn,
Der Engländer verlacht ihn,
Der Italiener verschläft ihn.

Der Deutschen Teufel ist der Suff, das war M. Luthers Meinung und schon vor ihm die eines lat. Sprichworts.

Aber auch im Engeren und einzelnen beobachtet das Volk landsch. S.sitten:

Knödel, Nocken, Nudel und Plenten,
das sind die vier Tiroler Elementen.

Eine brauchbare, wenn auch lükkenhafte »Landkarte der dt. Speisekarte« ließ E. Naegele als Ehrenmitglied des Intern. Verb. d. Köche 1932 zeichnen (Velh. u. Klas. Mon.hefte 1932, H. 1). Durch die Umfragen des ADV nach 1930 ist das kulturgeogr. Bild von S. u. T. deutlicher geworden. R. Peesch gab eine erste knappe Übersicht an dieser Stelle. G. Wiegelmann widmete auf der gleichen Grundlage den »Alltags- und Festspeisen in ihrem Wandel und ihrer gegenw. Stellung« eingehende Untersuchung (1967). J. Weber-Kellermann entwarf einen erweit. »Fragebogen zu einer Vkde d. Nahrungswesens«. Nach dem ersten Versuch eines Überblicks durch M. Waehler (1934) wird in den l. Jahrz. das Gebiet in zahlr. landsch. oder sachlich begrenzten Arbeiten erforscht. Mit noch heute zutreff. Schlagwörtern wie Hamburger Labskaus, Kieler Sprotten, Berliner Weiße, Leipziger Allerlei, Schles. Himmelreich, Westfäl. Schinken, Münchner Bier, Wiener Schmarren, Linzer Torte, Salzburger Nockerln, Tiroler Knödel, Schwäb. Spätzle, Schweizer Käse u. a. sind landsch. Besonderh. des Grundstoffs, der Herst., des Rezepts oder des Gebrauchs nur beispielhaft angedeutet. Mit Recht spricht man von Tee-, Wein-, Branntwein-, Most- und Bierländern.

S. u. T. als Gemeinschaftsbesitz haben eine lange Gesch. Reiche Wälder und Gewässer boten den Germ. mannigfache Fleisch- und Fischnahrung. Die Haustiere lieferten Milch, → Käse, → Eier und → Honig, der neben dem geschätzten → Salz ein frühes Würzmittel war. Als → Backen noch nicht allg. war, wurde die Kornfrucht meist als → Brei verzehrt, der auch im V.leben noch unseres Jh. seine Bed. hat. Gänse und Räucherschinken aus dem dt. N schätzten schon die Römer. »Wir sehen im ganzen die Frühzeit im Besitz der Nahrungsmittel und Zubereitungsweisen, die auch heute noch die V.nahrung weithin bestimmen. Nur die edleren Gemüse- und Obstsorten kamen mit vielen Heil- und Gewürzkräutern und mit den → Pflanzen des Klostergartens aus dem röm. Süden« (R. Peesch).

Die Herkunft der wichtigsten Lebensmittel aus dem bäuerl. V.kreis, in dem das myth.-mag. Weltbild lange in Geltung blieb, ferner die alte Bestimmung von S. u. T. als → Opfer für Götter, Dämonen und Totengeister weisen ihnen auch im V.glauben und -brauch eine wichtige Stelle an (→ Bier, Brei, Brot, Butter, Gebäck, Gebildbrot, Käse, Mehl, Wein u. a.). Alltag und Sonntag unterscheiden sich in S. u. T. Die Wochentage selbst haben häufig ihre feste Ordnung (»Fleischtage«), die nicht selten witzige Kritik aus dem Munde des Lehrlings, Knechts oder Erntehelfers findet. Der Brauchkreis des Jahres findet in den Eß- und Trinkgewohnh. s. Niederschlag mit Neujahrsring, Fasnachtskrapfen, Osterei, Martinsgans, Allerseelenstriezel, Weihnachtszelten, Johanniswein usw., mit Ernte, Kirchweih- und Schlachtfestmahl. Aber auch Geburt und Taufe, Verlobung, Hochzeit und Totentrauer haben ihre überlief. S.bräuche.

Umtrunk (→ Minnetrinken, Trinken) und festl. »Essen«, das Mahl, sind Inbegriff des Gemeinschaftslebens in überlief. Ordnung geworden.

Nach Landsch., Wirtsch.weise und Jahreszeit wechselnd sind auch die Mahlzeiten wie ihre Zus.setzung. In der Oberpfalz z. B. folgte der Morgensuppe (oft schon um vier Uhr früh) um 9 Uhr das Neunerbrot (Brotzeit, Morgenbrot), um 12 Uhr die Mittagssuppe, um 15 Uhr das Abendbrot (Dreibrot, Brotzeit, Nachmittagsvesper). Die Nachtsuppe zwischen 20 und 21 Uhr fiel im Winter aus.

Weitere Durch- und Überschicht. des geogr. Bildes ergeben sich auf die Frage nach der Grundnahrung (Fisch, Fleisch, Milch, Käse, Mehlspeisen, Nudeln, Polenta), nach Zutaten (Gewürzen) und vor allem nach der Zubereitung. Gesch. Beding. und Moden sind nicht minder bestimmend als die soz. Schichtung. → Honig war vor der Einfuhr des → Zuckers allg. Süßmittel. Dann wurde er Leckerbissen, bis ihm heute die Ernährungswiss. neuen Eingang verschaffte. Im S verloren Gerste und Hafer ihre Bed. mit der Einfuhr von Weizen. Im N behauptet sich der Roggen bes. im Vollkornbrot, das der → Turismus heute den Österreichern bekannt, aber nicht schmackhaft macht. Die → Kartoffel war eine erlesene Hochzeitsspeise, ehe sie die Grundlage fast jeder »deutschen« Mahlzeit wurde. In Österr. wie in Italien vermißt sie der Norddt. häufig. G. Wiegelmann wies hin auf die Sondererschn. der Kriegs- und Not- wie der Kinder- und Armennahrung. Unter den → Vertriebenen gehen die Jungen zur westdt. Kost über, während das Umland von den Neusiedlern nichts übernimmt (Schmeling). Wat de Buer nich kennt, dat frät he nich, ist ein bekannter Spruch. Anderers. schließt sich der Verächter bodenständ. Brauches aus der Gemeinschaft aus. H. Wopfner berichtet in s. Bergbauernbuch die Sage, daß ein Knödelverächter als Schloßgeist umgehen mußte, bis ihm ein beherzter Bettler die erlösende Watschen (Ohrfeige) gab.

Obwohl wachs. Wohlstand, fallende Zollschranken der EWG, rasche Beförderung durch das Flugzeug, neue Konservierungsmeth., nicht zuletzt allg. Mobilität und Turismus den regionalen Speisezettel verwischen, bleibt das Bild in der Grundschicht doch in wesentl. Zügen erhalten. Nicht nur die Hausfrau hält am Bewährten fest, auch die Speisekarten der Gasthäuser sind in Teilen nach wie vor Landsch.karten. Selbst internat. Hotels warten heute wieder mit landeseig. Spezialitäten und S. »nach Hausmacherart« auf.

Alle gen. Gesichtspunkte spiegeln sich in der mundartl. und umgangssprachl. Namengebung. Jede vkdl. Erhebung hat neben Zus.setzung, Zutat, Rezept, Zeit und Brauch von S. u. T. auch die orts- oder landesgebundene Bez. zu erforschen. Bei Backwaren bes. (→ Gebildbrote, Gebäckmodel) sind auch Größe und Form von Bed. Selbst das Anrichten für den Tisch oder die Herrichtung für das Schaufenster (Bäkker, Konditor, Metzger, → Schauf.kunst) folgen oft best. Regeln und nähren einen gewissen »künstlerischen« Ehrgeiz.

Vorratswirtsch., Herst. und Wahl der Geräte für Anbau, Pflege und Ernte in Feld und Garten, für die Aufbereitung und Verwahrung der Lebensmittel in Scheune, Speicher, Boden und Keller, nicht zuletzt für die Zubereitung in der Küche sind im weiten Kreis der Nahrungskunde zu beachten. Schließl. stehen viele

Vorschriften und Bräuche der → Tischzucht, der Gemeinschaftsordnung beim Mahl, in unmittelbarer Bez. zu S. u. T. Auch der Ort des Mahls (Küche, Stube, Vorhaus, Veranda, Eßzimmer, Wirtshaus) richtet sich nach Anlaß, Zeit und Wochentag, nach landsch. und soz. Bedingungen und Gewohnheiten. »Solange wir die notwendigen Nährstoffe nicht in Reinkultur aus der Retorte zu uns nehmen, bleiben S. u. T. brauchtumsmäßig gebunden« (H. Freudenthal).

→ Garten und die einz. Obst-, Pflanzen-, Getreide- und Tiernamen. Ferner → Geburt, Hochzeit, Tod und die einz. Jahresfeste wie → Weihn., Neujahr, Fasnacht, Gründonn. usw. → Brot, Bier, Branntwein, Brei, Butter, Ei, Fett, Frosch, Gebäck, Heidelbeere, Heilkräuter, Honig, Isländ. Moos, Käse, Mehl, Milch, Opfer, Pfannkuchen, Schlafmohn, Speisen, Wacholder, Wein u. a.

M. Heyne, Fünf Bücher dt. Hausaltertümer. 3 Bde., 1899–1903 (Wohnung, Nahrung, Körperpflege, Kleidung); M. Waehler, Die dt. V.nahrung, in: Peßler, Hb.; Zs. Kochkunst u. Tafelwesen, später: Küche; H. Deutsch-Renner, Ernähr.gebräuche. Urspr. u. Wandel, 1947 (Vgl. Bespr. Öst. Zs. f. Vkde 51, 1948 S. 219); H. Mang, Essen u. Trinken . . . in Südtirol, H. Wopfner-Fs. 1947; E. Kranzmayer, Kärntner Bauernkost u. ihre Gesch., Carinthia I, 139 (1949); F. Wirleitner, Die Bauernkost im Lande Salzburg, 1951; Eine österr. Speisenvkde schrieb E. Rath in: Österr. Vkde f. jedermann, hg. v. A. Mais, 1952; E. Hubatschek, Über die Alltagskost b. Tiroler Bauern, Schlern-Schriften, 1953; G. Schiedlausky, Essen u. Trinken. Tafelsitten b. z. Ausg. d. MA., 1956 (L. Schmidt: Die Museumswiss. hat die Vkde verloren!); E. Burgstaller, Braucht.gebäcke u. Weihn.speisen, 1957; O. Rhiner, Dünne, Wähe, Kuchen, Fladen, Zelten. Die Wortgeogr. d. Flachkuchens m. Belag u. ihre vkdl. Hintergründe i. d. dt. Schweiz, 1958 (R. Wildhaber: Vorarbeit für den »sehnlich erwarteten Sprachatlas d. dt. Speisen«); H. Freudenthal, Vkdl. Streiflichter, in: Beitr. z. dt. V.- u. A.kunde 4 (1959); E. Schmitthenner, S. u. T. in Europa, in: Wiss. Veröff. d. Dt. Instit. f. Länderkde 17/18 (1960); L. Miklau, Kärntner Kochbüchl, 1960; W. Maeller, Bibliogr. d. Kaffees, des Kakao, d. Schokolade, d. Tees u. deren Surrogaten b. z. J. 1900, 1960; W. Stengel, Berliner Tafelfreuden, 1961; J. Talve, (Beitr. z. vkdl. Nahr.wesen), Helsinki 1961; F. Vézar u. D. Gsell, Ernähr. u. Gesundh.zustand d. Bergbev. d. Schweiz, 1962; S. Bommer, L. Bommer-Letzin, Die Gabe d. Demeter. Die Gesch. d. griech. u. röm. Ernährung, 1962; A. Hauser, Vom Essen u. Trinken im alten Zürich. Tafelsitten, Kochkunst u. Lebenshaltung vom MA. b. i. d. Neuzeit, 1962; W. F. Leopold, Ostdt. Speisenamen in Westdtl., Rhein.-Westfäl. Zs. f. Vkde 9 (1962); K. Schmidthaus, Essen u. Trinken. Der Tageslauf im Haushalt, ebd. 11 ((1964) (Betr. Westf.); C. Herbermann, Zu Tisch in Westf., 1964; G. Benker, Altoberpfälzer Kost, Bayer. Jb. f. Vkde (1966/67; Tägl. Speisenfolge, Formen d. Kleingebäcks: Kipfl, Strohsackl, Doppelsemmel, Kemnather Spitzl, Schnecke u. a.); A.-G. Schmeling, Werktags- u. Sonntagskost nach Vertreibung, Flucht u. Neueinglied., Rhein.-Westfäl. Zs. f. Vkde 14 (1967); G. Wiegelmann, Alltags- u. Festtagsspeisen. Wandel u. gegenw. Stellung, 1967 (Mit 26 Verbreit.karten. 1. Beiheft zum ADV) (»das wichtigste Werk d. europ. vkdl. Nahrungsfg.« E. Kisbán, in Zs. f. Vkde 65); ders., Die bäuerl. Alltagskost. 1. Frühstück, in: Arbeitstag. ADV Bonn 1957 (Prot. Ms.); U. Rühmland, Essen u. Trinken in dt. Landen, 1969; H. Wiswe, Kulturgesch. d. Kochkunst, 1970 (Fachsprache u. a.); G. Wiegelmann, Neuere Beitr. z. hist. u. ethnol. Nahrungsfg. Zs. f. Vkde 68 (1972); H. J. Teuteberg u. G. Wiegelmann, D. Wandel d. Nahrgsgewohnh. u. d. Einfluß d. Industrialis. 1972; Kartogr.: ÖVA III Haustrunk; ASV 7–16 Frühstück, Mittagsm., Abendm., Getränke (Haus: Wirtshaus), 22–26 Freitagssp., Samstagssp., Fleischtage, Festgebäck, Gebildbrot, 32–38 Festgetränke, Bratkartoffeln, Landessp., Festsp., Würste, Metzgen. ADV-NF 43 Essen a. gemeins. Schüssel.

Speiseverbote → Fasten, Zwölften.

Spes → drei hl. Frauen.

Spiegel. Das Altertum benützte polierte Scheiben aus Kupfer (Ägypten, Persien), Bronze (Rom), Silber oder Gold (schon bei Homer) als Hand-S., deren Rückseite reichen Schmuck trug. Auch in die Wand eingelassen wurden obsidianartige, undurchs. Platten aus → Glas. Im MA. trug man kleine S. als Schmuck. Als dt. Erfindung betrachtet man die größeren S., die mit Blei-, später mit Zinnamalgam hinterlegt waren. Mit der Herst. von gegossenem S.glas (1688) wurden große Formate möglich, deren Rahmung eine Aufgabe des → Tischlers wurde. S.rahmen aus geschliff. oder geblas. Glas kamen aus Venedig und Murano, aber auch dt. S.glasmanufakturen lieferten Waren, die zugleich S. und Wandschmuck war. Aus Spiegelberg (M. Brdbg.) stammen S. in bleigefaßtem Glasrahmen mit geätztem Ornament. Auch die Glasarbeiten aus Neustadt a. d. Dosse zeichneten sich durch »großzügige und ausdrucksvolle Formen« (W. Lindner) handwerkl. Charakters aus. Auch die → Hinterglasmalerei nützte die Wirkung kleiner spiegelnder Flächen neben starken Farben.

Die Faszination des S.bildes fand und findet in Brauch und Glauben mannigf. Ausdruck. → Wahrsagen aus dem S. kannte schon die Antike, wenn auch die Bez. Katoptromantie erst seit dem 16. Jh. bezeugt ist. Ähnlich führte der hypnot. Zauber von Glanz, Licht und spiegelnder Fläche von Kristall und Wasser zu Kristallo- und Hydromantie (→ Mantie). Im Zaubers. (Welts., S. Salomonis) sieht man, was in der Welt geschieht (Venedigersagen), Vergangenes und Zukünftiges, erkennt Geister und Hexen. Erd- und Bergs. enthüllen verborgene Schätze und Erzadern. Den Zaubers. gewinnt man durch bestimmte Zeremonien am Grabe einer → Wöchnerin oder indem man eine Leiche »hineinschauen« läßt. Der mag. S. gibt Auskunft (im M. von Schneewittchen), das Erblinden des S. zeigt die Untreue des Gatten in der Ferne an. Zerbrechen eines S. bedeutet verlorene Jungfernschaft, Treubruch, »sieben Jahre Unglück«. Darum ist am → Polterabend nur das Zerwerfen von Tongefäßen erwünschter Brauch. Im Abbild lebt das Urbild, wirkt und erleidet Wirkung. Wöchnerinnen und Kinder unter einem Jahr soll man nicht in den S. sehen lassen. Noch weit verbr. ist der Brauch, beim Eintritt des Todes die Uhr anzuhalten und den S. zu verhängen, damit der Verstorbene kein »Wiedergänger« wird. S. als Zauberabwehr → Amulett, Lebender L.

F. Boehm, Katoptromantie u. a.. In: HDA.

Spiel → Vspiel.

Spielkarte(n). Dem über das frz. aus dem lat. (*charta* ›Blatt der Papyrusstaude‹) stammenden Wort Karte wächst, nach ital. Vorbild die Bed. S. zu (erster Beleg 1461). Die S. hat ihren Ursprung wahrsch. in einem dem Schach ähnl. ind. Spiel mit Elfenbein- oder Holztäfelchen. Chinesen und Japaner übernahmen sie früh und bemalten sie mit Figuren. Über den vord. Orient und das maur. Spanien kamen die S. nach Europa. 1299 werden sie in Venedig erwähnt. 1329 hören wir schon von einem Verbot des Bischofs von Würzburg. Die in Dtl. hoch entwikkelte Kunst des → Holzschnittes – der älteste erhaltene für S. stammt von 1423 – und bes. der spätere Kupferstich machten die Arbeit des Kartenmachers zu einem namhaften Ausfuhrgut. Nicht selten bieten sie wertvolle Zeugnisse alter dt. → Tracht.

Wie Ursprung und Wanderweg der S. bedarf auch die nation. und landsch. Verbreitung der S.typen wie einz. Kartenbilder noch näherer Erfg. Hier liegt eine Aufgabe der vkdl. Kartogr. (→ Atlanten). Sog. span., ital., franz. und dt. S. blieben für ihre Länder charakterist., solange vor allem im Volk, unter Landsknechten und am Wirtstisch »gekartet« wurde. Als sich die S. Salon und Bürgerhaus eroberte, setzte sich zuerst die franz. oder As-Karte zugleich mit den Salon- oder Kommerzspielen wie mit den

Glücks- und Hazardspielen ostwärts in Bewegung (→ Kartenspiele). Im 19. Jh. erreichte Dtl. die aus jener abgeleitete, aber stilist. weiter entw. engl. Whist- oder Pokerkarte, auch Bridge. In allen europ. Ländern finden sich heute versch. S.typen, doch bieten Dtl. und das frühere Grenz- und → Auslandsdt.tum das bunteste Bild von oft nebeneinander verwendeten S. Selbst die eigentl. – vor der Einwanderung engl. und franz. S. allgemeiner verbreitete → Deutsche S. (Daus-Karte) ist in versch. Abarten bekannt. So ergibt sich ein Bild, das an die Vielgestalt der Verbr.gebiete von Haus, Tracht, Mundart usw. erinnert. Es folgt wie diese aus der reichsdt. Vielstaatlichkeit und anderen gesch. Bedingungen. Da die Herst. der S. vermutlich vom dt. S ausging, herrscht hier früher wie heute noch die größte Vielfalt der S.

Die Deutsche S., zu der die im S. verwendete Jaßkarte zu rechnen ist, zählt 36 Blätter. Jedes der vier Zeichen (Eichel, Herz, Schelle, Laub; Schweiz: Eichel, Schelle, Rose, Schild) hat 13 Blätter: As (→ Daus; »Ei der Daus!«), König, Ober, Unter, Zehn, Neun, Acht, Sieben, Sechs). Im bayr.-österr. ist das Tarocken zu dritt zuhause, das Siebenkönigspiel mit 78 Karten (von ital. tarocco aus arab. Wortstamm). Tarock (T.-Hombre) umfaßt 52 Whistkarten, 4 Kavalls (Reiter), 21 Tarocks (Trümpfe I–XXI) und 1 Sküs (Harlekin). Zählwert haben außer I (Pagat), XXI (Maid) und Sküs nur König, Dame, Kavall und Bube. Die wahrsch. aus Italien kommende Trappola- oder Trappolierkarte mit span. Bildern hat unter den 4 Zeichen Spade (Schwerter), Coppe (Kelch), Denari (Münzen), Bastoni (Stöcke) je 13 Blätter: Re, Cavallo, Fante, Zehn bis Zwei und Asso. L'hombre benützt davon nur 40 Karten. Die anderen werden abgelegt; beim

Umzeichnung nach K. Bachmann, Die Spielkarte

schles. Trapelier die 6, 5, 4, 3. Verwandt ist das badische Zero.
Die weiteste Verbr. fand die franz. As-, bzw. die daraus entw. engl. Whistkarte. Während das Kölner Spiel dem franz. Vorbild nähersteht, hat die dt. »franz. Karte« dt. Typen mit den 4 franz. Farbzeichen Treff oder Kreuz (schwarze Kleeblätter), Pik oder Schippe (schwarze Lanzenspitzen), Cœur oder Herz (rotes Herz) und Karo (roter Eckstein). Landschaftl. unterscheiden sich unter den dt. As-karten die Strals., Sächs.., Hamb., und Westdt. (Frankf.) Karte. 1818 wird in Norddtl. zum erstenmal → Skat erwähnt. Im S kommen dazu die Gaigel-Karte mit Figuren aus Schillers Wallenstein und die schweizer »franz. Karte«, die die Figuren in V.trachten kleidet. Die dt. Schweiz benützt jedoch – wie das benachb. Vorarlberg – hauptsächl. die Jaßkarte. – Pikett hat die Treffkarte ohne 6, 5, 4, 3, 2. Eine neuere Entlehnung aus dem Amerik. ist der Joker in Whist und Rommé.
Ein namhafter Industriezweig, auch für die Ausfuhr, ist die S.herst. in Altenburg und Stralsund, seit 1945 auch in Bielefeld. S.gesch. Museum in Altenb. (Thür.); Dt. S.museum a. d. Sparrenburg (Bielef.).

J. G. F. Breitkopf, Versuch, den Ursprung d. S. zu erforschen, 1784; M. Geisberg, Das älteste gestochene dt. Kartenspiel, 1905; H. R. d'Allemagne, Les cartes à jouer, du XIVe au XXe siècle. 2 Bde., 1906; S. Ulmann, Ill. Wiener Tarock-Buch, 1920; K. Bachmann, Die S., 1932 (mit Verbr.karte d. Spielformen; Umzeichn. danach uns. Abb.); F. Rumpf, S., in: Jb. f. hist. Vkde Bd. 3/4 (1934); O. Reisig, Dt. S., 1935; H. Appel, Skatsprache, 1950 (Abb.); Bielefelder S.-Gmbh. S. aus 5 Jhh., Katalog 1955; M. Wis, Ricerche sopra gli italianismi nella lingua tedesca, Helsinki 1955; H. Rosenfeld, Münchner S. um 1500. Ein Beitr. z. Datierung d. S. d. 15. und 16. Jh., 1958; P. Trumpf, Die S., 1957; J. Bernström, S., Stockholm 1960 (zahlr. Abb.); H. Rosenthal u. E. Kohlmann, Dt. S. aus fünf Jhh., 1964; C. P. Hargrave, A History of Playing Cards and a Bibliogr. of Cards and Gaming, New York (1966) Neudruck (Abb.); H. Lehmann-Haupt, Gutenberg and the Mater of the Playing Cards, New Haven/London 1966 (farb. Abb.); S. Mann, Collecting Playing Cards (London 1966); J. W. v. Moltke, Franz. S. des 20. Jh., 1966 (S.Mus. Bielefeld); O. Wirth, Le Tarot des imagiers du moyen âge, Paris 1966 (Ein Satz Tarockkarten als Beilage); H. Rosenfeld, E. Kohlmann, Dt. S. aus 5 Jhh., 1964; Die Cotta'schen S.-Almanache 1805–1811 (Kat. Dt. S.-Mus. Bielefeld), 1968; S. aus aller Welt vom MA b. z. Gegenw. (Kat. Staatsgal. Stuttg.), 1968.

Spieltage → Gesinde.

Spieluhren auf Rathaustürmen (München, Rothenburg u. v. a.) sind immer noch Anziehungspunkte und → Wahrzeichen alter Städte. Auch Glockenspiele (Carillons) werden durch Uhrwerke ausgelöst (Potsdam, Salzburg). Im engeren Sinn verstehen wir unter S. die Musikautomaten, wie sie viele Museen (Triberg i. S.) und Privatslgn. Münstereifel) bewahren, ferner die kleinen Spieldosen, die heute wieder ein beliebtes Geschenk sind. In S. um die Jh.wende fand U. Jöde rund 42 v. H. Tänze und Märsche, 24 v. H. Lieder, je 14 v. H. Melodien aus Oper und Operette.

U. Jöde, S.musik um 1900, Beitr. z. dt. V.- u. A.kde 11 (1967).

Spielzeug. Vorgesch. Funde förderten Kinderrasseln aus Bronze und Ton zutage (Schweiz, Schlesien, Brdbg.), Puppen kannten die Ägypter und das klass. Altertum. Mit Recht verglich Rütimeyer ein steinzeitl. »Instrument mit zwei Spitzen« aus Horn mit S.kühen, wie sie noch heute in der Schweiz und in Österr. von Kindern aus Astholz geschnitzt werden. Die Kühe aus Fichten- und Lärchenzapfen (→ Roßkastanie) führt Sprachvergleichung bis in die Voreisenzeit zurück. Solche »Funde« (die Trouvaillen der mod. Kunst!) aus Holz oder Stein, die kindl. Phantasie zum S. macht, die es selber formen oder färben und deren Rolle es nach Belieben ändern kann, gehören zum ältesten wie zum jüngsten Bestand. Es gibt fast nichts an Kleinem in der Natur, was nicht zum S. werden kann. In n.österr. Dörfern wußten die Kinder etwa 50 Pflanzen als S. zu verwenden (K. Haiding). – Tonpuppen aus dem 14. Jh. fand man bei Nürnberg. Im 16. Jh. fertigte man dort wie in Frankfurt, Augsburg, Ulm auch Puppenhäuser.

In Ägypten finden wir auch schon das bewegliche S. (Korn mahlende Sklavin, Krokodile mit bewegl. Kiefern). Pferdchen auf Rädern sind aus Griechenl. und aus kopt. Zeit bekannt. Der *Hortus deliciarum* der elsäß. Äbtissin Herrad von Landsberg († 1195) zeigt Spielfiguren, die als Kämpfer an Schnüren bewegt wurden (→ Puppenth.). Das Spiel mit lebenden Vögeln, im MA. in Wort und Bild mehrfach bezeugt, liegt noch »komischen Figuren« zugrunde, die ein Nürnb. Musterbuch des 18. Jh. anpreist. Heute sind Hampelmann, Schaukelpferd, Pferdewagen u. ä. abgelöst durch die Idole des motor. Zeitalters, wobei nicht dieser Wechsel bedauerlich ist, sondern die Ausschaltung eigenen Mittuns durch allzu stumpfsinnige Automatik des S. nach amerik. Vorbild. In den Hintergrund tritt auch die Gruppe der Baukästen, die das Gefühl für Statik, Konstruktion und Ebenmaß weckten. Der Märklin-Baukasten ist mitunter schon übertechnisiert.

Eine bes. Stellung nimmt das Lärm-S. ein, Klapper und Rassel für die Kleinsten, Trommel, Pfeife, Trompete, selten noch Rummelpott und Ratsche, Waldteufel und Schelle für die Größeren. Sie gehören zur Symphonie von Jahrmarkt und V.fest. Wenn solche Geräte – neben Peitschen, Pistolen und Böllern – auch im V.brauch erscheinen, wird oft ihre alte kult. Bedeutung offenbar. »Fluacha-n-un romplati Kessl ischt meh wärt als hunderttausat Krüz« sagt ein von Alpgeistern verfolgter Montafoner in der Sage von der Kapellalp. → Lärm wehrt Unheil und Dämonen ab. Ton-Klappern erfüllen den Zweck von Spiel und Abwehr zugleich in der Wiege des Säuglings, der nach dem allg. V.glauben dämon. Gefahr bes. ausgesetzt ist. Der eingeschnitzte Trudenfuß im Kopfbrett der Wiege oder das dort angehängte unheilig-heilige → Amulett, vielleicht auch das → rote Wiegenband, sicher das aus dünnen Holzspänen gefügte Schradlgatter (→ Schratt) haben den gleichen Sinn.

An Zahl und Bed. stand und steht S. aus → Holz an erster Stelle, soweit ihm nicht heute billige Pressungen aus Kunststoffen von fragl. Geschmack und Wert den Rang ablaufen. In den Waldländern Tirol und Bayern (→ Gröden, Oberamm., Berchtesg.) bis zum Thür.wald und Erzgeb. (→ Sonnebg., Seiffen) hat die S.herst. dieser Art wie überhaupt die → Schnitzerei durch Jhh. ihre Tradition bewahrt. Holz ist der Werkstoff, der überall zur Verfügung steht und am leichtesten zu bearbeiten ist (Kuhherde eines Schäfers von der Insel Usedom-Wollin im Mus. Stralsund; Vögel eines fränk. Hirten aus Tribur im Feuchtwanger Mus.).

Gegen Ende des 18. Jh. machte man den Versuch, schwierigere Teile des S. aus einer Teigmasse aus Mehl und Leimwasser zu bossieren, schuf aber damit zugleich Mäusefutter. Erst durch das in Paris erfundene papier maché aus Papier- oder Holzstoff mit Ton, Kreide und Farben, dazu Leim, konnte man S. fertigen, billig, leicht, vorlagentreu, wie es der Weltmarkt verlangte. Aber auch einfache Soldaten zu Fuß und zu Pferd aus geknifftem Papier gab es nach K. Gröber schon um 1800.

In den Töpferorten Bayerns, Württ., Hessens, Thür., Schles. und Sachsens wird S. aus → Ton noch heute erzeugt. Auf den Märkten der Landstädte findet man die Pfeifhähnchen und Trillervögel (Weihn.markt in Ostberlin 1965). In Heimberg am Thunersee erlangten Tontierchen größere Bed. als Handelsware.

S. aus → Glas wird im Bayr. und → Böhmerwald im 18. und 19. Jh. und wird noch heute in → Lauscha in Thür. hergestellt. Ein alter Typus sind die kleinen Luftschiffer, Balletteusen, Teufel u. dgl., die als »kartesianische Taucher« in einer mit Wasser gefüllten Flasche bei leichtem Fingerdruck auf den Gummiverschluß auf- und niedertauchen.

S. aus → Metall sind vor allem die → Zinnfiguren. Aus Blech wurde schon um 1800 sog. magnet. S. hergestellt: Fische, Schiffe u. a., die im Wasser schwimmend durch einen Magneten gelenkt wurden, nicht unähnlich den eleganten Schiffchen, die heute ein Steppke vom Ufer aus »fernsteuert«. Jenen folgten, dem Zeitgeschmack angepaßt, die Kutschwagen, Eisenbahnen, Motorräder, Dampfer, Kräne, Tanks und Traktoren, die durch Federwerk, Dampf oder Elektrizität angetrieben werden.

Die soziol. Stufenfolge, wie sie Alois Riegl für die → Vk. aufstellte (→ Hausfleiß – Hausgew. – Hausind.), läßt sich beim S. gut beobachten. Aus kleinsten Anfängen des → Bastelns für die eigenen Kinder entwickelte sich bes. die dt. S.herstellung zur organis. Heimarbeit und schließlich zur Massenerz. Zwischenhändler, sogen. Verleger, übernahmen schon früh den Vertrieb. Musterbücher wie etwa die des Nürnbergers Bestelmeier sind eine wicht. Quelle der S.fg. Sie erklären z. T. die Gleichförmigkeit gewissen S. in den meisten Holzschnitzerorten. Augsburg, Passau, Wien und Leipzig waren wichtige Verlagsorte. Der Ruhm des → Nürnberger S. (»N.er Tand«) und des dortigen Weltmarktes geht bis ins 15. Jh. zurück. Seit dem 30j. Krieg ist dt. S., das kindl. Denken besser gerecht wird als etwa »Frankreichs altkluge Edelware«, in allen europ. Ländern heimisch. 1927 z. B. wurden 45 506 Tonnen S. im Wert von über 114 Mill. Mark ausgeführt, während die Einfuhr nur 692 Tonnen für nicht ganz 3 Mill. Rentenmark betrug. Noch heute ist Nürnberg der Ort der Internat. S.fachmesse, seit dem Dürerjahr 1971 auch e. S.museums.

L. Rütimeyer, Schweiz. Arch. f. Vkde 20 u. 22 (1916 u. 1918); Rumpf u. Erich, S. der Völker, 1922; O. Lehmann, Spiele u. S. in Schleswig-Holstein, Jb. f. hist. Vkde, 1934; R. Fr. Geist u. A. Mahlau, S., 1938; H. Hetzer, Spiel u. S. f. jedes Alter, 1950; E. Hercik, Volks-S., Prag 1952; L. Charetie, Les jouets. Histoire-Fabrication, Paris o. J. (310 Abb.); H. Kaut, Alt-Wiener Schachtel, 1961 (Wiener S. aus 3 Jhh.); E. Schäfer, Der Thür. Wald u. s. Handwerk, 1961; C. Zabo, Nürnberger S., 1963; S. aus d. Erzgeb., Sonderh. 6 d. Sächs. Heimatbll. 11 (1965) (K. E. Fritzsch ü. d. Weg d. Bergm.dorfes Seiffen zur S.prod.; Motive d. S. nach erzgeb. Musterbüchern d. 19. Jh.); K. E. Fritzsch u. M. Bachmann, Dt. S., 1965 (320 Abb. Herst.orte, Typologie; Puppentheater); K. Gröber u. J. Metzger, Kinder-S. aus alter Zeit, ²1965 (104 Bildtaf.); A. Fraser, S., 1966. Übers. v. J. Metzger; W. Kloos, Bremer Kinder u. ihr S. 1969; Kat. d. S.-ausst. d. Mus. f. Völkerkde, Wien, 1971; A. K. Tscherkalow, Russ. Vs. 1972.

Spik → Lavendel.

Spindelbier → Fastenzeit.

Spindelholle → Advent, Holle.

Spinnblume → Herbstzeitlose.

Spinne. Die S. entsteht nach alter Volksmeinung aus Aas, Sonnenstäubchen oder menschlichem Speichel (Megenberg). Besonders Kreuzs. *(Epeira diadema)* und Hauss. *(Tegenaria domestica)* sind noch bekannte Heilmittel. S.gewebe wird heute noch zum Blutstillen verwendet. Am Körper getragen, soll die S. den Krankheitsstoff ausziehen (→ Kröte). Sie fängt die »pösn dempf« auf (H. Sachs). Die Kreuzs. (tirol: Muttergottestierchen) gilt so allgemein wie die → Schwalbe als Glückstierchen im Haus und wird geschont. S.weben im Stall vertreiben die Hexen. Als Wetterprophet ist sie bekannt. Mit dem Spruch:

S. am Morgen
Kummer und Sorgen.
S. am Abend
erquickend, erlabend

ist kein → Angang, sondern urspr. Spinnen gemeint, das als Broterwerb von Morgen an etwas anderes ist als die gleiche Tätigkeit in der geselligen Abendrunde der → Spinnstube.

Dt. Wortatlas XIII Spinngewebe.

Spinnen, Spinnrad. S. geschah urspr. mit dem Wirtel, einem Stein oder konisch-runden, durchlochten Tonklumpen, der, von der r. Hand der Frau in Bewegung gehalten, dem Faden die nötige Drehung gab, während Daumen und Zeigefinger der Linken den → Flachs oder die → Wolle aus dem Wocken zupfte. Diesen Vorgang zeigt schon eine Ödenburger Amphore von 700 v. Z. An die Stelle der Steine traten später Spindeln, wie wir sie im Märchen vom Dornröschen oder dem von den drei Spinnerinnen Breitdaumen, Breitlippe und Breitfuß (vom Fadenzupfen, Fingerfeuchten und Spinnradtreten) finden. Spinnwirtel und Spindeln, im MA. allg. benutzt, sind vereinzelt bis heute bekannt (Ostpr.). Den großen techn. Fortschritt brachte das Spinnrad (Tretrad), das zuerst 1480 im Hausbuch der Familie Waldburg erwähnt wird. Das Handsr. war wohl schon im 13. Jh., jedenf. im 14. Jh. bekannt (Frankf. a. M.). Erhalten blieb der alte Rockenstab (→ Spinnrocken) für das Flachsbündel und wurde jetzt mit dem Radgestell fest verbunden. Für die Arbeit am Sr. gab es besondere Spinnstühle (Westfalen).

Der Werkstoff für das häusl. und handwerkl. S. waren Hanf, Leinen und Wolle. Der Abfall beim Hecheln (Hede, Werg) blieb männl. Händen zum S. überlassen (Spinnstuben in Rosenthal, Fläming, 1934). Die Baumwolle (engl. cotton, davon Kattun) kam zwar schon im 13. Jh. über Sizilien und Spanien nach Mitteleuropa (Venedig, Augsburg), aber erst die Erfindung der Spinnmaschinen im 18. Jh. gab ihr den Vorsprung vor Flachs und Wolle. Seide, in der Vk sparsam verwendet (Tracht),wurde auf dem städt. Markt fertig gekauft.

Für Arbeitskleidung, Ernte- und Segeltücher, Wagenplanen und Säcke wurde grober Hanf, für Hemden, Laken und Tischtücher der bessere langfaserige Hanf verarbeitet. Die größere Bed. aber hatte das Leinenzeug aus Flachs. In dem Flämingdorf Rosenthal z. B. hatte 1934 noch jeder der etwa 50 Haushalte seinen wohlgefüllten Leinenschrank mit unzerschnittenen Ballen und fertig genähter Wäsche. Das Dorf hatte drei »Spinnten« und fast jedes Haus Sr. und Webstuhl. – Die Vorherrschaft des Leinen endete im 18. Jh. In der Tracht galt der Leinenrock für ärmlich, der Tuchrock der Städter für nachahmenswert (Schoneweg).

Als bes. ansehnl. und wichtiges Werkzeug der Hausfrau – noch im letzten Krieg wurden Sr.er gegen einen Buttersold zum Wollespinnen ausgeliehen (Montafon) – weist es reichen Zierat von Drechsler, Einleger, Schnitzer und Maler auf. Hess. Räder tragen am Innenrand des Rades zwischen den Speichen gedrehte, mit Bein verzierte Stäbchen. Auch Perlmutter wurde verwendet oder Bemalung in kräftigen Tönen. In Süddtl. ist das Rad meist vertikal über Trittbrett und Fußgestell, in Mitteldtl. (Hessen) öfter auch horizontal angeordnet (Abb.).

In Rheinland u. Westf. wird dem Gerät zuweilen spielerisch die Form eines Hirsches gegeben (→ Hineinsehen). Noch heute werden Sr.er handwerklich gefertigt. In kleiner Form sind sie neuerdings beliebte Reiseandenken (→ Turismus). → Spinnstube, Weben.

H. v. Rettich, Spinnradtypen. Eine Slg. v. Hand-S.geräten. 1895; A. Spamer, Die Dt. Vkde. 2 Bde., 1934 bis 1935; Uebe, Dt. Vk., Westfalen (Abb. 77); A. Bodmer, S. und Weben im franz. u. dt. Wallis, 1940 (Bibliogr.); Fr. Hassler, S. und Weben, 1952 (40 Abb.); V. Vallinheimo, Das S. in Finnland. Helsinki 1956 (Arbeitsgang, Blattrocken, Radtypen, S.schulen).

Spinnrocken, Rocken-, Wockenstab, Kunkel, Kratzenstock, Werggabel. Der Stab, der das Flachs- oder Wollebündel trägt, wurde urspr. von den Frauen beim → Spinnen im Gehen und Stehen in den Gürtel gesteckt. Seit dem MA ist daneben in Mitteleuropa der Rockenständer verbreitet, den mit der Einführung des → Spinnrades der Aufsatzrocken ersetzte. Beide sind Arbeit des → Drechslers, die nicht selten ornamentale Zinnauflagen zieren. Wenn der S. zum Heiratsgut gehörte, war er reich verziert. Die »Sprögelwocken« des pomm. Weizackers z. B. gehören zu den schönsten Erz. dt. Vk überhaupt (Abb.) Die korbförmige Erweiterung des S. durch Rohrsplissen ist eine Nachahmung des über ganz Europa verbreiteten Rohr-S. Die Spitze schmückt ein ausgesägtes Querholz mit darauf sitzenden oder auf Spiralfedern wippenden Vögeln. Darunter fügen sich Tiere und Blumen (Hühner, Tauben, Papageien, Rosen, Tulpen, Eicheln), Hände und Herzen zu einem Kranz in bunten Farben. Bei den von Schäfern gearbeiteten mittelfränk. Rockenspitzen hängen winzige Schnitzereien kettenartig aneinander. Derber sind die sogen. Kratzenstöcke Ostpreußens, den → Schiffswimpeln vergleichbare ausgesägte Bretter, deren oberer Rand verziert wird, entweder geometr.-pflanzl. oder mit doppelköpf. Tieren (Hirsche u. ä.).

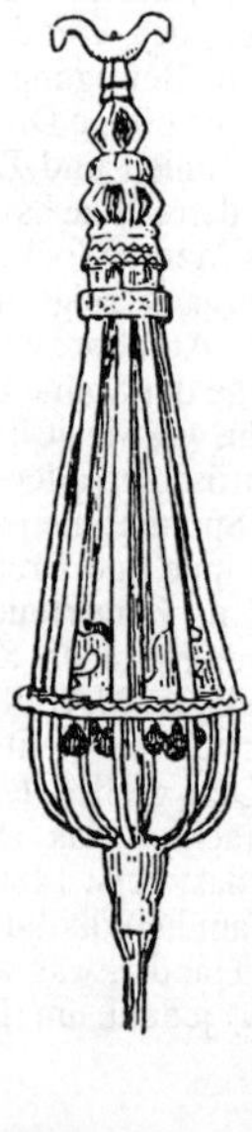

Den S. benutzte man für feinen → Flachs. Daneben gibt es derbere »Werchgabeln« für die gröbere Hede, die sich mit ihren quirlförmigen Zinken auf die reine Zweckform beschränken. → Minnegaben.

A. Haberlandt in Buschans. Ill. Völkerkde., 3. Bd., 1926; J. M. Ritz, Holz. In: Spamer, Vkde.; K. v. Spieß, Bauernkunst, 1935²; Baumhauer, Archiv f. Anthrop., N. F. Bd. 12; E. O. Thiele, Wocken. In: Tracht u. Schmuck im nord. Raum. Bd. 2, 1938; H. Küsthardt, Der Kratzenstock, ein Spinngerät aus Ostpreußen. V.werk, 1941.

Spinnstube. Das Wort S. ist im Sprachgebrauch fast zum Inbegriff von im Hause sich vollziehender, von Erzählung, Lied, Musik, Spiel und Tanz begleiteter Gemeinschaftsarbeit geworden. Diese Verbindung von Arbeit und Unterhaltung, von Kälte und früher Dunkelheit des Winterhalbjahres in die »Stube« gedrängt, findet sich in verwandten Formen »von der Bretagne bis zum Himalaja«, wie Bücher sagt (Arbeit und Rhythmus, 1893³). Die im dt. Sprachgebiet verbreiteten Namen deuten auf Arbeit, Ort, Zeit und andere kennzeichnende Eigenschaften: Spünte (Sachsen), Spinnekoppel (Altmark), Kunkelstube (Elsaß-Allgäu), Rockengang, Rockenstube, Rockenreise (Böhmer Wald), Rauchkuchel (Kärnten), Hutzenstube (Vogtland), Lichtstube (Nordböhmen), Heimgarten, Hengert (Schwaben, Vorarlberg, Österr.), Hochstube, Stubete (Allgäu, Schweiz, Vorarlberg), Lichtkarz, Karz, Lichtgang, z' Licht gehen, Lichten (Schwaben, Vorarlberg); Maistube, Kelte (Elsaß), Heierlaus, Netze, Vorsitz (Schwaben), Kommstunde (Rhön). Über die gemeinsamen Arbeitsabende auf den Färöer-Inseln sagt Hammershaimbs: »Und nun schnurren die Rocken, kratzen die Karden, klappern die Stricknadeln, und die Arbeit kommt bei allen in Fluß. Doch das Sprichwort sagt: ›Schweigen erschwert das Rudern‹... Daher herrscht nie Stillschweigen in der Rauchstube an Winterabenden«. Aufklärung, Philistertum und engstirnige Bürokratie haben bekanntlich viel zum Untergang der S. beigetragen, obwohl im allgemeinen die Worte Felix Dahns galten: »Die Sittlichkeit läuft nirgends weniger Gefahr als in diesen Zusammenkünften, wo Eltern und Kinder, Hausleute und Nachbarn ohne Heimlichkeit, arbeitend und ruhend ihre Stunden gesellig verbringen«. Letztlich waren es aber nicht Polizeiverbote, sondern die Kulturströmungen besonders des 19. Jh., die mit fortschrittlicher Textiltechnik und mit anderen Formen des Gemeinschaftslebens im Volke auch die S. von innen her auflösten. In der an sich volksmäßig sehr geschlossenen wendischen Niederlausitz z. B. verschwanden die S., wenn die Fabrik ins Dorf einzog. In dem Flämingdorf Rosenthal mit seinen 50 Höfen aber gab es noch 1934 drei »Spinnten« verschiedener Altersklassen zu gleicher Zeit. → Fasnacht, Gaßlbrauch.

J. Möser, Patriotische Phantasien, 4 Bde., 1774–86. W. H. Riehl, Die Naturgesch. des Volkes als Grundlage einer dt. Sozialpolitik, 3. Bd.: Familie, 1855. O. Böckel, Psychologie d. Volksdichtung, 1906; P. Sartori, Sitte und Brauch, 2. Bd., 1911; Hier landschaftliche Lit., ferner bei Barack in Zs. f. Kulturgesch. 4. R. Beitl, Die Spinnte in Rosenthal. Brandenbg. Jbb. 3 (1936); (Die S. als Heimstatt d. Brauches).

Spinnstuhl → Sessel.

Spirifankerl → Fenken.

Spiritismus → Okkultismus, Geist.

Spitzbartl → Bartholomäus.

Spitzen sind schon im 3. oder 4. Jh. vor Z. bezeugt. Das MA. kennt Filet-S. deren Grund durch → Knüpfen oder → Weben hergestellt wurde (→ Flechten). Aus dieser Technik und im Zusammenh. mit → Durchbrucharb. entwickelten sich S. als selbständige Erz. und zwar auf dem Wege des → Nähens wie des vor allem in Dtl. bodenständig gewordenen → Klöppelns. Im 19. Jh. trat die Maschinen-S. immer mehr in den Vordergrund, ohne doch die Handarbeit im häusl. Bereich wie auch in landsch. Hausind. (Oberpfalz, Schneeberg/Erzgeb.) verdrängen zu können. Die Herst. von Klöppel- und Nadel-S. blühte in den Schweizer Kantonen Bern, Schwyz, Waadt, Thurgau. Nach Baud-Bovy waren um 1850 im Neuenburgischen 5000 und um 1920 im Kt. Thurgau noch 1500 S. arbeiterinnen tätig. Im ganzen gesehen war die Fertigung von S. eine aristokrat., im 16. Jh. von Italien her beeinflußte Kunst, die in die Tracht meist nur als fertiges Erzeugnis Eingang fand. Bes. deutlich wird in diesem Zweig auch die Bez. zur Formen- und Motivwelt der hohen Stilkunst. Bis etwa 1550 überwiegt in den europ. S. die Symbolwelt der Gotik. Geometr. Muster (Kreis, Dreieck, Quadrat) und später rankendes Blätter- und Blumenwerk kennz. die Renaiss.-S., die die Loslösung vom Leinengrund brachte und damit der genähten S. nach Pergamentvorlage volle Freiheit gab. Einfache, später gezackte Streifen und steife Blumensträuße gehören Barock und Rokoko an. Das Empire liebt vereinz. Blüten und Punkte, die zuletzt von Zellen-, Transparent-, Schatten-, Faden- und Diamant-S. abgelöst werden. In den in Hausarbeit gefertigten S. leben die Vorbilder in zeitl. Verrückung bis heute nach. Die eigentlich vtüml. S.arbeit ist das Klöppeln. → Häkeln.

J. Brinckmann, Führer d. das Hamburger Mus. f. Kunst u. Gewerbe, I, 1894; W. J. Blau, Böhmerwälder Hausindustrie und Vk., 2. Bd., 1917/18, Neudr. 1957; D. Baud-Bovy, Schweizer Bauernkunst. 1926; M. Schütte, Alte S. ein Hb. f. Sammler u. Liebh. [4]1963; ders., S. von d. Renaiss. b. z. Empire. 1929; A. v. Henneberg, Stil und Technik der alten S., 1931; Chr. Steinbrucker, Dt. Sp.kunst, 1941.

Spitzname → Ökeln.

Spökenkieker → Zweites Gesicht.

Spoklecht → Irrlicht.

Sport, Spurt. Das v. volkslat. *deportare* ›sich betragen; sich vergnügen‹ abgeleitete Wort erscheint zuerst nhd. in den »Briefen eines Verstorbenen« von Fürst Pückler-Muskau: »S. man, S. ist ebenso unübersetzbar wie Gentleman«. Erst in der 2. H. des 19. Jh. bürgerte sich das heute so geläufige Schlagwort ein. Aus anderer Wurzel stammt ahd. *spurt*, das dem got. *spaúrds* ›Rennbahn‹ entspricht. Spurt im Sinn von ›letzter Kraftanstrengung‹ (Endspurt), das zu engl. spirt ›spritzen‹ gehört, wird bei uns erst nach dem 1. Weltkrieg geläufig. Dem organis. und häufig genug auch kommerzialis. S. entsprechen im gemeinschaftsgebundenen Vleben die nicht minder zahlr. Arten des → Vspiels. Die Grenzen sind fließend. Manches Spiel gehört beiden Ebenen an (Eisschießen-Curling; Sauball-Hockey). Wettkämpfe sind von alters her Teil von Vfesten (Schäferlauf, Schwingen u. a.). In Tracht, Sprache, Glauben und Brauch hat der oberschichtl. S. viele Züge landsch. Vsüberlief. angenommen. Die Fußball-Weltmeisterschaft ist in ihren Begleiterscheinungen zu einem überdimens. Vfest geworden. In den 1894 nach dem Vorbild der Antike erneuerten Olymp. Spielen feiern heute die Weltvölker alle vier Jahre ihr (einziges) gemeinsames Fest.

Lit. → Vspiel (u. einz. Arten); Kluge-Mitzka, Et. Wb. [20]1967; Bogeng, Gesch. d. S. aller Zeiten u. Völker. 2 Bde. 1925/26; H. Dankert, S.sprache u. Kommunik. 1969.

Sprachatlas. Die heute reich entfalteten Wiss.zweige der → Sprach-, → Mundart-, und → Wortgeographie, auch die vkdl → Atlanten gründen auf dem Deutschen Sprachatlas. Schon Jacob Grimm hatte den Gedanken eines »dt. S.« (Brief v. 1817). Seit 1876 sandte der rhein. Bibliothekar Georg Wenker (1852–1911) Fragebogen aus. Er verfolgte damit zunächst das Ziel, die (damals umstrittene) allg. Gültigkeit der Lautgesetze (→ Lautversch.) zu prüfen und die noch lückenhaft vorhand. Orts- und Individualgrammatiken durch einen Überblick über das ganze dt. Sprachgebiet zu ergänzen, – ein Plan, wie ihn zwei Jahrzehnte früher Wilhelm Mannhardt für das Gebiet des Vglaubens und -brauches entworfen und zum Teil (f. d. agrar. Brauchtum) ausgeführt hatte, ohne jedoch zum Gedanken des Kartenbildes und eigentl. geogr. Methode vorzustoßen. In mehr als 40000 Orten des damal. Dt Reiches wurden die »40 Wenkerschen Sätze« mundartlich beantwortet und in Marburg gesammelt, wo sich noch heute die wiss. Arbeitsstätte des S. befindet. Jedes Wort, vielfach Anlaut, Stamm und Endung gesondert, wurde auf Kartenblätter 1:1 Mill. übertragen, von denen je ein handgez. Exemplar als »S. des Deutschen Reiches« in Marburg und in Berlin archiviert sind. Nachdem nachträglich die 40 Sätze auch noch in Luxemb., Österr., der Schweiz und dt. Teilen der Tschechoslow. abgefragt worden waren, begann Ferd. Wrede 1926 mit der Veröff. des »Deutschen S.« in vereinfachter Form und im kleineren Maßstab 1:2 Mio. Heute leitet Walther Mitzka das Institut des S.
Dem Grundsastz der Vollständigkeit (fast 100% der Schulorte) der Aufnahme durch Fragebogen beim S. steht die mündl. Erkundung in entsprechend weniger Orten bei anderen ähnl. Fg.unternehmen gegenüber, bes. beim »Atlas linguistique de la France« von Gilliéron und Edmond. Die pers. Erkundung durch Fachleute (Exploratoren) erbrachte phonet. genauere Aufnahmen. Die Möglichkeit der wiss. Auswertung in weit kürzerer Zeit war gegeben durch das weitmaschige Fragenetz (nur etwa 2% aller franz. Orte). Für Frankr. mit seiner stark auf Paris hin zentralis. Kulturlandsch. konnte diese Methode genügen, das Wenkersche Verfahren war notwendig für die kulturgeogr. Kleinräumigkeit Deutschlands, wo ein Mittelpunkt wie Paris nicht wirksam war und wo selbst kleine Territorien und Städte wie Köln, Trier, Mainz oder Darmstadt, Nürnberg und Würzburg eigene »Sprachräume« bildeten. Bei genügend Zeit und Mitteln wäre die Verbindung der direkten mit der indirekten Meth. das Wünschenswerte. Der »Atlas der schweiz. Vkde« z. B. dürfte bei dem begrenzten und besser überschaubaren, wenn auch kulturell gleichfalls reich gegliederten Gebiet der Eidgenoss. das Ziel erreicht haben: hinreichend dichtes Fragenetz und mündl. Erkundung durch Fachleute.

Dt. S., 1926ff.; E. Gamillscheg, Die Sprachgeogr. u. ihre Ergebnisse für d. Allg. Sprachwiss., 1928; Sprach- und Sachatlas Italiens u. d. Südschweiz, hg. von K. Jaberg u. J. Jud, 1928ff.; dies., Der S. als Fginstrument, 1928; Von Wenker zu Wrede, Fs.; L. Gauchat, Von Wbb. u. Sprachatlanten. Festschrift Jud. 1943; Die schweiz. Wörterbücher, Sprach- u. Vkde.-Atlanten. Zürich 1947; W. Mitzka, Hdb. z. Dt. S., 1952; S. d. dt. Schweiz, hg. v. R. Hotzenköcherle. 1962ff.; Schles. S., hg. v. L. E. Schmitt. 1967ff.

Spräggelen → Zwölften.

Sprichwort. Nach Kluge-Mitzka erscheint das Wort zuerst im bair.-österr. und im Elsaß nach 1200. Ältere Formeln waren *altsprochen* *wort, gemeiner spruch* u. a. Damit sind schon mündl. Überlief. und Gemeinschaftsbesitz bezeichnet, die noch heute zum Wesen des S. gehören. Die Schlichtheit der ausgesprochenen Erfahrung unterscheidet es vom oberschichtl. individ. Aphorismus, die Lehrhaftigkeit und die festere Form von der unverbindl. → Redensart. Der → Spruch anderers. gehört nicht der Kleinmünze der Sprache an, er hat meist eine bestimmte Widmung, ist reicher geformt, er ist einmalig und zielt zugleich auf dauernde Wirkung, er wird mehr oder minder feierlich gesprochen, geschrieben, gemalt, geschnitzt (→ Inschrift, Stammbuch). Mit dem → Beispiel-S. (Sagwort) verbindet das S. die schemat. Formel wie auch der anekdot. Witz. Konfuzius sagte: Wer Fragen mit einem S. beantwortet, verbirgt sich unter einem Hut.

Das S. folgt den Lebensgesetzen von → Vsprache und → Vdichtung. Es überzieht, oft in schriftsprachl. Form, weite Gebiete oder beschränkt sich auf enge Mundartlandschaften. Obwohl Volksgut, spiegelt es doch kulturgesch. Entw. und fremden Einfluß (Lehn-S.). Über Kanzeln, Kloster- und Domschulen des MA. wurde manches antike Sentenzengut zum S. (Plato: Liebe macht blind; Hesiod: Arbeit schändet nicht; Plautus: Das Hemd ist näher als der Rock). Beim jungen Spervogel (Ende d. 12. Jh.) finden wir das S.: Man soll den Mantel nach dem Wind kehren. Im → Sachsenspiegel steht: Wer zuerst kommt, mahlt zuerst; in Freidanks »Bescheidenheit« (Anf. d. 13. Jh. von S. → Brant bearb. Straßburg 1513) heißt es: Neue Besen kehren gut; Hunger ist der beste Koch.

Schon die griech. Paroemiographen sammelten S. Vom Ausgang des MA. stammen die *Fecunda ratis* des Egbert von Lüttich, die *Proverbia Germanica* des Heinrich Bebel von 1508 und die Slg *Adagia* des Erasmus von Rotterdam (gr. u. lat. S.). Dt. S. zeichneten Joh. Agricola (1529) und Sebastian → Franck (1541) auf. Aus dem 17. Jh. sind Slgn mit über 20000 S. erhalten. Zur Zeit der Romantik hat sich der Regensburger Bischof Joh. Mich. Sailer eingehend mit dem S. befaßt (Weisheit auf der Gasse; 1810). Die umfangreichste S.sammlung ist das fünfbändige »Dt. Sprichwörterlexikon« von K. F. Wander (Leipzig 1863–1880). Eine grundlegende Quellendarstellung gab Singer in seinem dreibändigen Werk. Eine Untersuchung von M. Hain stellt das S. in den allgemeinen Zusammenhang der geistigen Volkskultur, bes. der Volkssprache. Sie berücksichtigt die wechselnde → Funktion des S.: Lehre, Höflichkeit, Scherz, Spiel, Schimpf usw. S. enthalten auch die meisten landsch. Vkden. Bes. nord. Archive sind reich an S.slgn. Man spricht von 110000 estn., von 1,5 Mill. finn. S. Die Paroemiological Society bei der UNO in New York pflegt das S. als völkerverbindendes Element. In Helsinki erscheint seit 1964: Proverbium, Bulletin d'information sur les recherches parémiologiques. – Eine berühmte bildl. Darst. von S. gab der niederl. Maler Pieter Breughel d. Ä., der sogen. Bauern-B. um 1559 (Gem.galerie Berlin-Dahlem).

Ältere Lit. s. Ausg. 1955 dieses Wb.; Moll, S. bibliogr. 1957/58. (Nach Sprachkreisen, Mundarten, Nationalsprachen; vgl. dazu M. Hain, in: Zs. f. Vkde 55. S. 130 ff.; Nachträge zu Moll von J. Werner, in: Zs. f. Vkde 57 u. 58); F. Weinitz, Die ›Niederl.S.‹ d. P. B. d. Älteren ... Zs. f. Vkde 25 (1915) (Mit e. Nachschrift v. J. Bolte); A. Risse, S. u. Redensart bei Thomas Murner. Zs. f. Dt. Unterr. 31 (1917); F. Seiler, S.kunde. 1922 ²1967; Taylor, The Proverb. Cambridge (Mass.) 1931; H. H. Eberth, Die S. in Seb. Brants Narrenschiff. 1933; E. Herg, Dt. S. im

Spiegel fremder Sprachen. 1933; W. Gottschalk, Die bildhaften S. d. Romanen. 3 Bde., 1935–38; S. Singer, S.studien. Schweiz. Arch. f. Vkde. 37 (1939); Ph. Hofstätter, hg., Helpt et nich, so schad't et nich. Ostpreuß. S. 1943; H. Lössi, Der S.schatz d. Engadins, 1944; S. Singer, S. d. MA. Von den Anf. bis ins 12. Jh., 1944. – Das 13. Jh., 1946. – Das 13. u. 14. Jh., 1947; H. Tardel, Bremen im S., 1947; W. G. Smith, The Oxford dictionary of English proverbs. Oxford 1948; W. Naegler, Das Wetter im S. 1947; D. Narr, J. M. Sailer u. d. dt. S. Bayer. Jb. f. Vkde. 1956; M. Kuusi, Parömiol. Betrachtgn. Helsinki 1957; J. Grauls, Volkstaal en Volksleven in het werk van Pieter Bruegel. Antw.-Amsterd. 1957 (Nach Maeterlinck u. Bolte, z. T. Glück u. Fraenger berichtigend, erklärt G. d. berühmte S.bild von 1559); L. Röhrich, S.liche Redensarten aus V.erzählgn. In: K. Wagner-Fs. 1960; F. Ohly, Vom S. im Leben e. Dorfes; ebd.; J. Krämer, S. Wahrwort. Ausgew. S. u. s.liche Redensarten d. Pfälzer im Ausland. 1961; E. Bezzenberger, hg., Fridankes Bescheidenheit. Neudr. 1962; M. Hain, S. u. Rätsel. In: Dt. Philol. i. A. 3. Bd. ²1962; J. Buchinger, Kernige V.weisheiten. 1963; K. Rauch, hg., S. d. Völker. 1963 (Summar. Ausw. v. rd. 4000 S.; ohne Quellenangabe); K. F. W. Wander, Dt. S.-Lexikon. 5 Bde. 1867–80. Neudr. 1963 (rd. 300000 S. u. Ra.); A. Otto, Die S. u. s.lichen Ra. d. Römer. 1964; H. Herles, S. u. Märchenmotiv. Zs. f. Vkde 62 (1966); L. Röhrich, Die Bildwelt v. S. u. Redensart i. d. Sprache d. polit. Kar. Heilfurth-Fs. 1969; Joh. Agricola, Die S.slgn I u. II; hg. v. S. L. Gilmann. 1971; L. Röhrich – G. Meinel, Lex. d. s.en Redensarten, 2 Bde, 1973.

Springen → Neujahr, Joh.feuer.

Springerle → Gebäckmodel.

Springung, Springkunst → Zucken.

Spruch, eine Gattung lehrhafter Dichtung, die in der Literatur von Spervogel (Weisheitslehren 12./13 Jh.), Walter v. d. Vogelweide (polit. S. im Kampf Kaiser: Papst) und Freidanks Bescheidenheit (13. Jh.), von Seb. Brant, Murner und Logau bis Goethe und zur Gegenwart vielfältige Pflege fand, oft nach fremdländischen Vorbildern. Der meist nur aus einer Strophe, oft nur aus zwei Zeilen bestehende S. ist die Form, in der heute wie früher auch das Volk Welterfahrung und sittliche Anschauung äußert. Anders als das → Sprichwort lebt der S. mehr in andenkenhafter und inschriftlicher Überlieferung (→ Konfirmation; Haussegen, Haussprüche). Doch gehört hierher auch die weitläufige, teilweise literarisch beeinflußte S.weisheit zu Geburtstag u. Hochzeit und bei den vielen Gelegenheiten der Jahresfeste (Dreikönig, Ernte u. a.), die Zweizeiler der → Wetterregeln, der S. bei → Segen und → Zauber usw. → Gaßlbrauch, Necknamen (Ortsreime), Lebensalter, Kupfergerät.

F. v. Lipperheide, S.wörterbuch. 1927; Neudr. ⁴1962 (Rd. 30000 Belege: Sinns., Wahls., Inschriften, Aussprüche gesch. Personen u. zahlr. andere Kurzformen); W. Mönch, Schwäbische S.kunst. Inschriften an Haus u. Gerät, 1937; R. Petsch, S.dichtung des Volkes. Vor- und Frühformen d. Volksdichtung, 1938 (Ruf, Zauber, Weisheitss., Rätsel, Volk- u. Kinderreime). K. Vötterle, Dt. Hauss., o. J.; A. Mais, Literar. u. Graph. a. Habaner Keramiken. Öst. Zs. f. Vkde 64 (1961); J. Dielitz, Die Wahl- und Denksprüche, Feldgeschreie, Losungen, Schlacht- u. Volksrufe, bes. d. MA. u. d. Neuzeit. 1884. Neudr. 1963; G. Büchmann, Geflügelte Worte. 1864. ³¹1964 von versch. Mitarb. (Literar. Ursprung vieler volkst. Wendungen wird nachgewiesen, aber G. W. aus d. Volkswelt sind ungenügend berücks.); V. Meid, S. u. Predigt im Barock. Zs. f. Vkde 62 (1966).

Spuk, in Norddtl., was in Süddtl. → Gespenst und Butz. Aus niederdt. Mundart in die Schriftsprache gelangt (vgl. schwed. *spok*, norweg. *spiok* = Gespenst). 1931 schrieb ein brandenburg. Gewährsmann des ADV: »Alte Leute glauben wohl noch an ›S.‹ namentlich bei Viehkrankheiten. Die Jugend lacht darüber.« – 1970 ist »Es spukt« noch ein Lieblingsspiel von Berliner Kindern.

Stab, Stock, Stecken. Im Altertum Zeichen der Würde in der Hand von Königen, Priestern und Greisen. Der Krummstab *(lituus)* der römischen Auguren lebt fort im gleichen Zeichen der Bischöfe und des Gabenbringers St. → Nikolaus. Im germ. → Recht war der S. Ausdruck der Macht und ihrer Übertragung. Der Lader zur Hochzeit weist sich durch den geschmückten S. aus. Der S. des Boten ist Symbol seines Auftrags. In Lied, Spruch und Brauch findet der »Wanderstab«, der Stock des Handw.gesellen aus Wachholder oder Haselholz (»Haslinger«), vielfältiges Echo. Der S. des → Hirten ist geschmückt mit der schlichten Ornamentik, die das Taschenmesser ermöglicht. Die Heimatmus. bewahren viele Beispiele seltsam geformter Spazierstöcke. – Den Zauber-S. führte schon die »Dame des magischen S.« der alten → Chaldäer wie später Zoroaster, Moses und Hermes.

J. M. Ritz, Stock u. S. Jb. d. Bayer. Landesv. f. Heimatschutz (1937); G. Kocher, Richter u. S.übergabe i. Verfahren d. Weistümer. 1971.

Stachelkugel → Gebärmutter.

Stadt, Städter, Großstadt. Der Sr. als sozialer Typ und die S. als besondere Form menschlicher → Siedlung im Gegensatz zum → Bauer und z. → Dorf entwickeln sich dort, wo die materielle und geistige Kultur zu einer gewissen höheren Stufe der Arbeitsteilung gelangt ist. Die heute übliche Einteilung nach der Größe ist:

Kleinstadt bis 20000 Einw.
Mittelstadt bis 100000 Einw.
Großstadt bis 1 Mill. Einw.
Weltstadt über 1 Mill. Einw.

Zuweilen bezeichnet man S. von 600000 bis zu 1 Mill. Einwohner als Riesenstadt. Zwergstädte (bis 2000 E.) erklären sich meist als Schrumpfsiedlungen mit ehemals größerer Bedeutung und Zahl als Residenz-, Markt- oder Reichsstädte. Doch kann auch eine moderne Wirtschafts- und Industriesiedlung unter 2000 E. den Charakter der S. tragen. Um 1930 zählte man 490 Gs., von denen 366 im europäischen, 120 im asiatischen Kulturraum lagen. 30 S. hatten mehr als 1 Mill. Einwohner.

Lange vor Europa hatte das östl. und südöstl. Asien S. Als Festung oder Handelsplätze entstanden die S. der Babylonier, Ägypter, Phönizier und Griechen (Städterepublik, Polis). Dem röm. Imperium verlieh die S.kultur das Gepräge. Schon im 2. vorchristl. Jahrtausend war Babylon eine Gs. Zur Zeit Alexanders d. Gr. zählte es etwa 300000 E. Rom beherbergte Anfang des 2. Jh. nach Z. 1,2 Mill. Menschen. Gegen Ende dieses Jh. hatte der röm.-hellen. Kulturkreis an 50 Gs. Die ersten S. auf dt. Boden gründeten die Römer (Köln, Straßburg, Mainz, Augsburg, Regensburg, Bregenz). Die Germanen siedelten in Dörfern oder Einzelhöfen, aber nicht in S. Erst seit dem 11. Jh. tritt bei uns neben die Landgemeinde die S.gemeinde mit besonderer Verfassung. Über die Entwicklung der S. im abendländischen MA. überhaupt ist wenig bekannt. Zur Zeit Karls d. Gr., als Bagdad eine halbe Mill. Einwohner besaß, hatten die S. des Frankenreichs nur wenige tausend. Ein schnelles Wachstum, setzte zuerst in Italien ein. In Dtl. war die Erteilung von S.privilegien (Marktrecht, Immunität, politische Selbstverwaltung) bis zum 13. Jh. Recht des Königs allein. Seuchen und Hunger (bes. anfangs des 14. Jh.) dezimierten die Bevölkerung der S., schwere Machtkämpfe erschütterten sie, in denen im Kampf zwischen Patriziat und Sondergruppen (Gilden, Bruderschaften) nicht selten die Zünfte siegreich blieben (→ Handwerk). Im ganzen MA. blieben die dt. S. weit hinter denen des Altertums zurück. Um 1300 hatten Köln 60000, Mainz 26000, Basel 10000 Einwohner; um 1500 Köln 40000, Nürnberg 30000, Soest 20000, Worms 6000. Am Beginn der Neuzeit waren die an Gs. reichsten Länder Frankreich, Italien, Dtl., Belgien und Holland. Die größten S. in Europa waren zu dieser Zeit Konstantinopel (400000), Neapel (200000) und Venedig (150000). In England hatten außer London nur Norwich und York 15000 Bewohner, doch ging Ende des 17. Jh. die Führung in Gs. von Holland auf England über. Diese Insel blieb auch an der Spitze, als das Zeitalter der Maschinenkultur nach dem 1. Viertel des 19. Jh. die Gs. rasch anwachsen ließ. Damals zählte London 1,4 Mill., Paris 720000, Petersburg 305000, Wien 264000 und Berlin 193000 Einw. Um 1933 stehen das Dt. Reich mit 53 Gs. und England (51) weit an der Spitze unter den europäischen Staaten (Europ. Rußland 24, Italien 22, Frankreich 17, Polen 11, Spanien 10, Schweiz 4, Österr. 3). Um 1933 steht Berlin unter den Millionenstädten der Welt an 5. Stelle, Wien an 12., Hamburg an 22. 1871 lebten im Dt. Reich 4,8% der Bevölkerung in Gs. (über 100000), 1910 waren es 21,3% in 48 GS. (Zahlen n. d. Großen Brockhaus, 1934). 1968 waren es in der BRD 32,5%.

Wenn die S. – zumal in der mal. Gründung aus dem Willen eines Fürsten – nicht das natürliche Wurzeln und Wachsen des Dorfes aufweist, so ist doch häufig der Standort von Bedeutung und kennzeichnet oft noch Namen u. Bild der modernen Gs. (Innsbruck, Linz an der Donau, Frankfurt am Main), besonders bei Hafen- und Bergwerk-S. Aber auch die Lage auf einem Berg, am Hang, in Mulde, Tal oder Ebene, am Wald oder See kennzeichnen nicht nur das äußere Erscheinungsbild. Die individuelle, vom Dorf abweichende Prägung erhält die S. von Grundriß und Aufriß (Bauten). Die S. ist geplant oder setzt neben die »gewordene« Altstadt die regelmäßige Neustadt. Bei kolonisatorischen Anlagen im dt. Osten oder bei jungen Gründungen konnte sich geplantes Bauen stärker durchsetzen. Der stärkste Gegensatz zum organisch gewachsenen Dorfbild sind indes nicht Burg, Bischofssitz, Pfalz und Markt, sondern die wildwüchsigen Industrie- u. Verkehrssiedlungen des 19. Jh. (Gelsenkirchen, Herne, Oberhausen u. a. im rheinl.-westfäl. Industriegebiet; Königshütte oder Kattowitz in Oberschlesien). Während heute große Siedlungen dieser Art überlegt geplant werden u. selbst das Wertvolle der dörflichen Form übernehmen, feiert jene unheilvolle Entwicklung ihre letzten Triumphe etwa in den Orten mit rasch wachsender »Fremdenindustrie«.

In soziologischer und vkdl. Betrachtung liegt das Wesen der S. nicht in der Größe der Siedlung, sondern in deren innerem Gefüge. Wenn mitten in einer bäuerlichen Talschaft in einem Kurort nur 16% der Einwohner von bäuerlicher Arbeit leben, dann ist der Ort nicht mehr als Dorf anzusprechen und auch als Marktgemeinde nur ungenügend charakterisiert. Im Fremdenort, wo jedes zweite oder dritte Bett ein »Fremdenbett« ist, löst sich gemeinschaftsgebundenes Leben u. U. schneller auf als in der eigentlichen S. (Schweizer → Tracht). Die Vkde. wird als S. eine Siedlung bezeichnen, in der die Bewohner in ihrer wirtschaftlichen, kulturellen und politischen Betätigung sich ganz oder teilweise von der unmittelbaren Bindung an die umgebende landwirtschaftliche Nährfläche und an die dieser eigentümlichen traditionellen Volksgemeinschaft gelöst hat. Kapitalsanhäufung, Entfaltung bes. Wirtschaftszweige, Arbeitsteilung, hoher Lebensstandard (Komfort), scharfe Auslese der »Tüchtigsten«, aber auch Lösung von eigenem Grund und Boden, Aufgabe des Heims und der Familie, die Ablehnung des Kindes, die Entwicklung der Bildung in die Breite der → Zivilisation kennzeichnen dieses Gemeinwesen. (»Die S., das ist alles eine verdünnte Masse. Alle Farben kommen in einen Topf, bis es gar keine Farbe mehr ist.« K. Iida). Wie die Gs. diese Entwicklung zuerst durchmachten, so hat dort auch eine Gegenbewegung früher eingesetzt als »auf dem Lande«, das jetzt erst in der »Verstädterung« steht. In der Kleingartenkultur z. B. hat der Sr. selbst einen möglichen Ausweg gefunden, in der S.randsiedlung mit den Einfamilienhäusern, mit Anlagen und Sportplätzen, auch in der »Eigentumswohnung«, in der Wander- und Jugendbewegung wird dem Geist der Gs. entgegengewirkt. Die Evakuierung der S. im 2. Weltkrieg erzwang und der Fortschritt der Verkehrstechnik erlaubt eine gewisse Rückkehr zu ländlichem Leben auch im nichtbäuerlichen Sinne. Während früher (und gewiß z. T. auch noch heute) große S.bezirke nach arm und reich sich sonderten (»Scheunenviertel« und »Cottage«), trennt der moderne S.plan Wohn- und Arbeitsviertel für alle.

In der auch für die Zukunft unentbehrlichen, aber lange allzu ausschließlich verfolgten historisch-philologischen Forschungsrichtung in der Vkde., auch in ihrem romantischen Erbe liegt es begründet, daß die S. und zumal die Gs. erst in den letzten Jahrzehnten in den Vordergrund des Blickfeldes traten. Erkenntnisse der Soziologie und Psychologie wie der modernen Kulturgeographie haben diese Entwicklung gefördert. Es hat seinen Sinn, wenn »Großstadtvolkskunde« od. »Gegenwartsvolkskunde« nachdrücklich gefordert werden, obwohl diese Bereiche in einer Begriffsbestimmung der → Volkskunde als Geisteswissenschaft eingeschlossen sind. Forscher, die in der Gs. lebten, haben nie übersehen, daß sich in der »Masse« der Gs. Gemeinschaft und Tradition neu formen oder daß der Zuwanderer Brauch und Glauben seiner Landschaft mitbringt und weiterpflegt. Andere haben Untersuchungen vorgelegt, die auch die Gs. als Volksiedlung mit angestammter und bewahrter Tradition verstehen lehren. H. Küglers Forschungen erhellten alten »Berliner Brauch«. R. Beitl sammelte 1935 im Berliner Gs.bezirk Steglitz (an 300000 E.) mehrere tausend Fragebogen über Brauch, Spiel, Spruch und Lied des Kindes, die eine unabsehbare Fülle von eigenständigem und eingewandertem, immer aber gehegtem und geübtem Kinderbrauch offenbaren. Der Wiener A. Haberlandt wies nicht nur nach, daß »die Dörfler und Vorstädter im Bezirk, in den Gassen, in Nachbarschaft geschlechterlang vereint leben«, sondern auch, daß »die Bodenständigkeit eines großen Teils der Arbeiterkreise der Industriestädte volkliche Tatsache ist«. Wenn man die Bedeutung der Weinbaukultur im gesch. Volksbild ermißt, ist Haberlandts Feststellung von großer Tragweite: »Die Großstadt Wien ist noch und erst als Großstadt der größte Weinort Niederösterr.« Es ist nicht zufällig, daß die erste Vkde. einer Gs., Leopold Schmidts Arbeit über Wien, mit dem Wilhelm Heinrich Riehl-Preis ausgezeichnet wurde. In der Mitte des 19. Jh. schon liegen die Anfänge vkdl. Gs.forschung. → Vertriebene,

Industrie, Bürgerhaus (dort Lit.), Neujahr, Gaßlbrauch u. a.

Sohm, Entst. d. S.wesens, 1890; K. Hegel, Entst. d. dt. S.wesens, 1898; M. Weber, Wirtschaft u. Gesellschaft, 1925²; H. Kügler, Der Stralauer Fischzug. Niederdt. Zs. f. Vkde. 6 (1928); ders., Zur Gesch. d. Weihnachtsfeier in Berlin. ebd. 8 (1930) (Quempas, Lichterkronen, Markt, Krippen, Lebkuchen); E. Finder, Hamburg. Bürgertum in d. Verg.heit, 1930; G. Koch, Gegenwartsvkde. Hess. Bll. f. Vkde. 30 (1931); H. Tardel, Bremen im Volksreim u. Volkslied. Niederdt. Zs. f. Vkde 9 (1931); M. Rumpf, Die Gs. als Lebensform u. in ihrer soz. Prägekraft Kölner Vjs. f. Soziol. 10 (1931/2); W. Brepohl, Die Meth. d. Gs.- u. Industriefg. In: Raum u. Gesellsch. 1932; W. E. Peuckert, Vkde. d. Proletariats, 1932; G. Schreiber, Gs. u. Volkstum, 1933 (Lit.); R. Beitl, Volksglaube d. Gs. In: Dt. Volkstum d. Gegenwart, 1933; H. F. K. Günther, Verstädterung, 1934; O. Lehmann, Vkde d. Gs. Lauffer-Fs., 1934; W. Hellpach, Gs. Velh. u. Klas. Monatsh. Febr. 1935; J. Klapper, Volkstum d. Gs. im: Hb. Peßler; W. Jesse, Beiträge z. Methodik d. städt. Vkde. am Beispiel d. S. Braunschweig. Zs. f. Vkde 44 (1936); K. Wehrhan, Der Aberglaube im Sport, 1936; W. Peßler, Das Bauernhaus im Stadtgebiet Hannover, 1937; H. Kügler, Vkdl. v. d. 700-Jahrfeier d. Reichshaupts. Berlin. Niederdt. Zs. f. Vkde 15 (1937); M. Waehler, Der dt. Vcharakter. 1937 (Berlin, Hamburg, München, Wien u. a.); K. Kolling, Mannheim. Volkstum u. Vkde. e. Gs., 1938 (Heimatbll. v. Bodensee z. Main, Nr. 46); E. R. Jaensch, Der Gegentypus, 1938 (Der entwurzelte »Asphaltmensch«); F. W. Schmidt, Aus e. Kleins. auf Rügen. Zum Strukturwandel auf dem Lande. Niederdt. Zs. f. Vkde 17 (1939); W. Hellpach, Mensch und Volk d. Gs., 1939; 1952² (System. Erfassung d. Werdegangs; wäre zu erg. durch vkdl. Gesichtspunkte); H. Wülker, Bauerntum am Rande d. Gs., 1940; L. Schmidt, Wiener Vkde., 1940; H. Jahn, Bilder aus d. Berliner Feldmark, 1940 (Entw. d. Dorfes Wedding); E. Mudrak, Gs.-Vkde.? Wiener Zs. f. Vkde 46 (1941); W. Brepohl, Die Vkde. d. industriellen Gesellschaft. Westf. Forschgn. 6 (1943–52); J. von der Mühll, Basler Sitten. 1944 (Trinkgeldersitten, große Putzete, Dienstboten, Kleidermoden, Familienfeste, Vereinli); E. Strübin, Strömungen e. S.mundart. Schweiz. Arch. f. Vkde 41 (1944). (Beispiel Basel; Verfall d. Mundart durch Technik, Sport, Vergnügungsindustrie.); G.. Gugitz, Bibliogr. z. Gesch. u. S.kde v. Wien 1947ff.; R. Rainer, Die Behausungsfrage. 1947; L. Schmidt, Geliebte Stadt, Briefe aus Wien. 1947; W. Brepohl, Aufbau des Ruhrvolkes im Zuge d. Ost-Westwanderung, 1948; W.-E. Peuckert, Die große Wende, 1948; R. Dörrier, Pankow. Kl. Chronik e. Berliner Bez., 1949; K. E. Krämer, Die Entw. des Industriev.tums an Rhein u. Ruhr bes. im Spiegel der zeitgen. Lit. Diss. Bonn, 1949; H. Zatschek, Handw. u. Gewerbe in Wien. Von d. Anf. bis z. Entst. d. Gewerbefreiheit im Jahre 1859, 1949; E. Pfeil, Gs.forschg., 1950; J. Nadler, Wien – Volksbestand u. Sprache. Der Hag. Bll. z. Erh. d. Volkstums, 1950; W. Stepp, Speyer – Soziographie e. pfälz. S. Diss. Heidelberg, 1950; K. M. Klier, Die Bekleidg. unbekannter Toter in Wien in der 1. H. d. 19. Jh. Österr. Zs. f. Vkde (1950); G. Gugitz, Die Sagen u. Leg. d. S. Wien. 1952; F. Czeike u. W. Lugsch, Stud. z. Sozialgesch. von Ottakring u. Hernals. 1952; H. Müller-Schlösser, Wie d. Düsseldorfer denkt u. spricht. 1952; P. Schöller, Aufg. u. Probleme d. S.geogr. In: Erdkde 7 (1953) (Ausgez. Beisp. e. Fg.richtung, die der vkdl. Kartogr. verw. ist. → Atlanten); W. Steinhauser, 250 Jahre Wienerisch. Z. Gesch. e. S.mundart. Zs. f. Mundartfg. 21 (1953); A. Mais, Die Gruftbestattung zu St. Michael in Wien. Bruderschaften, Bestattungen, Sargmalerei, Totenbeigaben. Gugitz-Fs., 1954; E. Pfeil, Neue Städte auch in Dtl., 1954; W. Tessendorf, Aus d. Berliner Sagenschatz, 1953²; A. Bach, Vkde d. Gs. Zs. f. Vkde 51 (1954); I. Weber-Kellermann, Berliner Sagenbildung. Zs. f. Vkde 52 (1955); E. Pfeil, Soziol. d. Gs. In: Soziol., hg. v. A. Gehlen u. H. Schelsky, 1955; A. Karasek-Langer, in: Jb. Vkde d. Heimatv. 1 (1955); B. Pischel, Verwurz. u. Brauchtumswandel in d. Gs. ebd. (Beisp. Berlin); E. Pfeil, Zur Problematik e. Charakteris. d. Gs.volkes. In: Rhein. Vjbll. 21 (1956); München im Wandel d. Jhh. (Slg. Proebst). 1957; K. M. Riss, Leverkusen, Großgemeinde-Agglomeration-Stadt. Fgn. z. dt. Lkde 99 (1957); R. Trautmann, Die S. in d. dt. Erzählkunst (1830–1880) 1957; H. Commenda, Vkde. d. S. Linz. 2 Bde. 1958/59 (Eine S. gewinnt an Tradition, während diese auf d. Land zurückgeht. Nicht nur soziol. »survey«, sondern Gegenw. und histor. Tiefe); W. Stengel, Alte Wohnkultur in Berlin u. i. d. Mark im Spiegel d. Quellen des 16.–19. Jh. 1958; H. Moser, Münchner Vstum zw. Dicht. u. Wahrh. Bayer. Jb. f. Vkde 1958 (1782 Beschr. d. Haupt- u. Resid. stadt als eine Art erste S.vkde. Westenrieder 1812: man könne sagen, daß München alle 25 Jahre neu bevölkert werde); J. Dünninger, Die Jh.wende. Vkdl. in Münch. Biogr. Bayer. Jb. f. Vkde 1958; H. Aurenhammer, Gs.kdl. Unters. an Wiener Wohnungen. Öst. Zs. f. Vkde 61 (1958) (Wohngemeinschaft – Straßengem.); B. Pischel, Zur Problematik v. Vschlag u. Vüberl. anhand v. Beob. in Berlin. Öst. Zs. f. Vkde. 61 (1958); H. Schmidt, Die dt. S.echroniken als Spiegel d. bürgerl. Selbstverständn. im Spätma. 1958; E. Moser-Rath, Münchener Vprediger d. Barockzeit. Bayer. Jb. f. Vkde 1958; E. Krausen, Votivbilder u. Weihegaben in Münch. Kirchen. ebd.; R. Mackensen u. a., Daseinsformen d. Gs. 1959 (darin u. a. E. Pfeil ü.

Nachbarkreis u. Verkehrskreis; Bibliogr.); G. Holzmann, Die Verstädterung d. Marchfelds. Eine siedlungs- u. sozialgeogr. Unters. 1959; F. Bock, Zur Vkde d. Reichsstadt Nürnberg. 1959. (Im Zushg. d. v. H. Moser angeregten Unters. kleinräum. histor. gewordener Einheiten. Bayer. Landesst. f. Vkde, München); H. Stoob, Fgn. zum abendländ. S.ewesen. 1. Bd.: Ordnungen, Gestalten u. Schichten mitteleur. S.e; E. Nußbaumer, Vom Markt z. S. 1960 (S. Spital, Kärnten); H. Freudenthal, in: Beitr. z. dt. V. u. Akde. 5 (1960/61) (Über St. Pauli als gs.ische Soziallandsch. Präses d. Bürgervereine: »Hamburg braucht kein Tivoli u. keinen Lunapark; es braucht sein St. Pauli«); J. J. Hässlin, hg.: Das Buch Weinsberg. 1961 (Das Leben in der Stadt Köln im 16. Jh.); J. Schnack, Marburg, Bild e. alten S. 1961; R. Weiß, Landsch. u. V.art. Schweiz. Arch. f. Vkde 58 (1962) (Stadt u. Dorf im Kanton Zürich); E. Ennen, Frühgesch. d. europ. S. 1953. Nachdr. 1964. (Versuch, das Probl. d. S.werdung einheitl. f. ganz Europa n. Kulturräumen und Typenlandsch. zu gliedern); A. Bach, Vkde. d. Gs. In: Germanist.-hist. Studien. 1964; W. Haid, Leb. Brauchtum in e. Industrie-S. Leoben. Öst. Zs. f. Vkde 66 (1964); W. J. Siedler, E. Niggemeyer u. G. Angress, Die gemordete S. Abgesang auf Putte u. Straße, Platz u. Baum. [2]1964. (Herrsch. v. Beton u. Metall; Bauplanung, die zur Vermassung führt. »S.sanierung«); J. Weber-Kellermann, Der Berliner. Versuch e. Gs.vkde u. Stammeschar. Hess. Bll. f. Vkde 56 (1965); J. Klersch, Vtum u. Vsleben in Köln. 2 Bde 1965/67; A. K. Gobert, Zacke u. Loch. Hamburger Patrizier um 1900. (Z. u. L. ist Bez. e. weibl. Handarbeit. H. Freudenthal: trotz d. Vorbildes von Thomas Mann-Lübeck ist »der große Hamburger Roman niemals geschrieben worden«); H. Planitz, Die dt. S. im MA. V. d. Römerzeit b. z. d. Zunftkämpfen. [2]1965; W. Hävernick, Gs.vkde in d. Praxis. In: Pop. revisus. 1966; G. Kapfhammer, Kirchl. Brauchtum in e. modernen S.randgem. Bayer. Jb. f. Vkde 1966/67; M. Wissor, 90 Jahre S. Mödling. Öst. Zs. f. Vkde 70 (1967) (Überlief., Wandlg., Neubildg.); K. Pomplun, Berlins alte Sagen. [3]1967 (21 Textabb. 20 Tafeln); L. Schmidt, Probleme d. Wiener Gs.vkde. In: Wiener Gesch.bll. 23 (1968) (Hävernick: »L. S. hat als erster die Bed. d. Vkde v. S.gemeinden u. v. Bev.kreisen s.artiger Lebensverhältn. erkannt und er sieht hierin auch die Hauptaufgabe f. d. Zukunft«; Beiträge 12. 1968. L. Schmidt: »weil wir in der Gs. das werdende wie das vergehende volksmäßige Leben ununterbrochen und direkt vor uns haben«); ders., Die Kunst d. Namenlosen. Wiener Vk a. fünf Jhh. 1968; H. P. Bahrdt, Die moderne Gs. 1969 (Bauten); E. Keyser, Bibliogr. z. Städtegesch. Dtls. 1969; L. Rosenmayr u. S. Höllinger hg., Soziologie. Fg. in Österr. 1969 (Dorfgemeinde: S.; Erneuerung; Schichten; Wohnen; Freizeit; Frau u. a.); Histor. Handatlas von Brandenburg u. Berlin. 1964ff.; Die alte dt. S. Bilderatlas ... b. z. Ende d. 30j. Krieges. Begr. v. F. Bachmann; J. v. d. Mühll, Basler Sitten usw. [2]1969; V. Klotz, Die erzählte S. 1971 (Nach Romanen aus 5 Nationallit. zw. 1707 Lesages, Le diable boiteux, und 1929 Döblin, Alexanderplatz); W. Zupfer, Zum kulturellen Wandel d. Wiener Vororte Währing, Weinhaus, Gersthof u. Pötzleinsdorf im 19. Jh. Diss. Wien 1971; Kl. Beitl. Ober-Laa, eine dörfl. S.randgemeinde von Wien. Öst. Zs. f. Vkde 73 (1970); Kultureller Wandel im 19. Jh. Verhandlg. des 18. Dt. Vkde-Kongresses in Trier 1971. Hg. G. Wiegelmann. 1973.

Stadlhenne → Huhn, dreschen.

Stamm, Stammeskunde. S. Sprache, Sippe, Siedlung bezeichnete W. H. Riehl als die »vier S.«, die den Volkstumsforscher vorzüglich beschäftigen müssen. Sk. im weiteren Sinn ist die Erforschung der Abstammung eines Volkes im ganzen, seiner Vermischung mit fremden Völkern und der Veränderungen, die es durch Ein- und Auswanderung erleidet. Im engeren Sinn untersucht die Sk. Art, Entwicklung und Nachwirken der germ. Einzelstämme und bietet dadurch der Vkde. wichtige Unterlagen. Wenn auch bes. die vom → Sprachatlas ausgehende dt. → Mundartforschung widerlegt, daß die alten S.grenzen in den heutigen Volkstumslandschaften ihr Abbild finden, so ist doch zu sagen, daß weltliche und kirchliche Territorialgrenzen und die modernen Mächte von Handel und Verkehr die alten S.-grenzen wie die der kolonisierenden »Neustämme« nicht überall aufgelöst haben. In manchen Fällen sind sie uns noch greifbar, in anderen ruft begründete Vermutung nach tieferer Erforschung. Friesisches, hessisches, schwäbisches und bayrisches Gebiet tritt auch im heutigen Volkstum noch zutage. In Tracht und Schmuck, in Brauch (Martinsfest) u. Spiel (Klootschießen), in Gerät und Nahrung tritt Friesland hervor. In Sprache und Namengebung (Erchtag und Pfinztag für → Dienstag und → Donnerstag), in Kultspeisen (Mettenwurst in der Christnacht), in kirchlich bestimmtem oder mitbestimmtem Kult (→ Totenbrett, → Leonhard), in Volksglauben und Brauch (→ Bilwis, Luzia), in Spiel und Tanz (→ Ländler, Zither) sondert sich bajuvar. Stammesgebiet noch heute ab, Altbayern allein oder das Stammland mit dem österr. Kolonisationsgebiet zusammen (→ Habergeiß, Bercht, Haus, Gebärm.votive, Totenbretter, Eisschießen, Gruß usw.). Auch zwischen dem alemannischen Vorarlberg und dem bayr.-österr. Tirol laufen noch heute scharfe Grenzen des Volksglaubens und Brauches, von der strengen Sprachscheide ganz abgesehen; und dies obwohl das Land vor dem Arlberg staatlich seit Generationen vom alemannischen S.verband abgeschnitten ist.

K. Müllenhoff, Dt. Altertumskde. 5 Bde., 1870–1900; A. Kirchhoff, Die dt. Landschaften u. S. in H. Meyer, Das dt. Volkstum, 1903²; Bremer, Ethnographie d. germ. S., 1904²; P. Zaunert, Dt. Sagenschatz. Sk. dt. Landschaften. Seit 1917; L. Schmidt, Gesch. d. dt. S. bis z. Ausgang der Völkerwanderung. 2 Tle., 1910–18; R. Much, Dt. S., 1920³; F. Kauffmann, Dt. Altertumskde. 2 Bde., 1913–23; H. Moser, Der S.gedanke im Schrifttum der Romantik u. b. L. Uhland. Fs.; P. Kluckhohn u. H. Schneider, 1948; E. Schwarz, German. S.kunde. 1956.

Stammbuch. S., die im 16. Jh. aufkommen, bilden ergiebige Quellen für die Gesch. der Familien, der → Tracht und der → Wappen, für v.tüml. Dichtung und das Leben von Univ. und → Studenten. Schon im 15. Jh. übten adlige Kreise den Brauch, in einem *liber gentilitii*, in einem Stand- oder S., durch Wappen- und → Briefmaler von Beruf genealog. Slgn. anzulegen. Im Humanismus kamen Allegorien und antikis. Sinnsprüche der Gelehrten hinzu. Bes. die Alben der Stud. enthalten eine Fülle frischer Laienzeichnungen. Schließl. pflegte das Bürgertum die Sitte, bes. in der 2. H. des 18. Jh. bis zum Ende des Biedermeier. Meist ist nur noch der Mittelteil übrig vom alten Schema: 1. Präambel (Bitte um Eintragung), 2. Spruch mit Schlußformel und Namen, 3. Memorabile (Erwähnung gemeins. Erlebnisse). In der empfinds. Frühromantik nimmt das S. die entlegensten Techniken und Künsteleien auf: Stickbild und Scherenschnitt, Spitzenbilder, Oblatenkränze aus Veilchen, Rosen und Vergißmeinnicht; echte Haare und Blumen, oft zu ganzen Sträußen und Landsch. geordnet, Klebebildchen mit Flitter, Metallpapier und Seidenbändchen. Schließl. legte man die Blätter in kleine Kästchen, die zuerst die Buchform übernahmen, dann auch mit → Perlen aus Glas bestickt wurden. Mindestens die Schuljugend pflegt noch heute das S., aber auch das »Gästebuch« ist ein Nachfahre. Eltern, Pfarrer, Lehrer und Mitschüler tragen sich in das »Poesiealbum« ein, das außer billigen Oblaten nur selten noch bildlichen Schmuck aufweist. → Andachtsbild.

R. u. R. Keil, Die dt. S. d. 16.–19. Jh. 1893; H. Freund, Aus d. dt. Ges. d. 18. Jh. nach S.bll. 2 Tle. 1902–4; J. Hofmann, hg., ein S. aus vier Jhh. 1926; W. Bruhn, Alte S. u. ihr Bilderschmuck. In: Das Kunstblatt. 1926; W. Herse, hg., S. e. Wittenb. Studenten (N. Reinhold). 1927; H. Gerstinger, hg., Beethovens S. 1927; W. Helligo, Alt-Göttinger S.bll. 1957; A. Fiedler, Vom S. zum Poesiealbum. 1960; P. Angermann, Vergißmeinicht . . . Rhein.-westf. Zs. f. Vkde 13 (1966) (V. als Pflanzenname geht bis ins 15. Jh. zurück); M. Zillich, Die S.sitte d. Mädchen. In: Zs. f. angew. Psychol. u. Char.kde 62 (1962); H. Freudenthal, in: Beitr. z. dt. V. u. Akde 8 (1964); M. Wiswe, Das S. d. A. E. v. Schachten (1580–1607) Ebd. 14 (1970); G. Angermann, S. u. Poesiealben als Spiegel ihr. Zeit u. Quellen d. 18.–20. Jh. aus Minden–Ravensberg. 1971.

Stampa → Dreikönig.

stampfen → Fuß.

Standeskleid → Berufskl.

S.kunst → Handw.

S.sprache → Sonderspr.

Standhart, Stehauf → Knabenkraut.

Stärke u. Schöne trinken → Neujahr.

Stechpalme (Stecheiche, Hülse; *Ilex aquifolium*). Der stachligblättrige Strauch ist in Westeur. alteinheim. und im dt. SO in Wald und Gärten, auch als Einhegung zu finden. Wie anderes Stachlige wehrt er Hexen und Dämonen ab (Schradllaub; → Schratt) und hat deshalb, aber auch als Immergrünes (wie die Fichtenzweige) seinen Platz im → Palmbuschen. Nach der Leg. entstand die S. aus echten Palmzweigen, als die Juden ihr »Kreuziget ihn!« riefen. Die S. wächst langsam und bildet hartes, dichtes Holz für den Drechsler (in England holly ›Hülsenholz‹). Der alte dt. Name Hulst wurde im 16. Jh. von S. verdrängt. In der Aachener Gegend hieß die S. Schürrütenholz, weil man mit Büscheln davon die Schornsteine reinigte. S. wird bei uns immer häufiger (in Nordeuropa schon lange), auch wegen der roten Beeren, als Weihnachtsgrün verwendet (Christdorn). Auch als Grabpflanze ist die S. beliebt. In Mecklb. heißt der Zweig der S. Fastelabend, in Kalenberg (Hann.) Fue, Füe (→ Lebensrute).

Steckbuch. In alten Schulheften werden die Blätter nach innen gefaltet. Die so entstandenen Taschen bleiben leer oder nehmen »Oblaten« auf, die gestanzten bunten Klebebildchen, die in hundert Jahren weder die Themen (Herzen, Blumensträuße, Tiere, Engelsköpfe) noch die grellglänzende Farbigkeit geändert haben. Der Partner dieses gleichf. von einer Schulgeneration zur andern überlief. Spiels gewinnt oder verliert, je nachdem er eine leere oder eine gefüllte Tasche »sticht«. Dann bietet er sein eigenes Heft zum Losen an (Berlin 1970). – Das Spiel erinnert an eine Methode der → Wahrsagung, bei der in Gebetbuch oder Bibel gestochen und die getroffene Textstelle gedeutet wird.

Steckenpferd, Hobby, von engl. H.horse (= S.), das im engl. Maispiel (→ Morisken) auftritt. Das dt. Wort ist seit 1945 fast ganz durch den amerik. Sprachgebrauch verdrängt worden. Wachsende → Freizeit, Knappheit der Handwerker, tägl. Umgang mit Autos und and. Apparaten, nicht zuletzt kommerz. → Reklame haben die alte »Liebhaberei« und »Freizeitgestaltung« fast zu einer neuen Arbeitsform werden lassen. (»Do it yourself«). Anderers. gehört ein H. höherer Art zum mod. »Statussymbol«. Die erste Question des Reporters, der für Radio oder Television interviewt, ist die nach dem H. H., Werk des Liebhabers (Amateurs, Dilett.) war und ist aber im Grunde auch ein großer Teil der Vk im Sinne des → Bastelns. Das häufigste S. ist irgendeine Art von Sammeln, das nichts ausläßt vom primit. Fetisch (Schuhe, Miniröcke, Handschellen) bis zum Gegenstand der hohen oder der Vk (Lale Andersen: Bauernkrüge; Harald Rössel: Pferdekämme usw.)

Das → Kinderspiel mit dem S. erwähnt zuerst der Dramatiker J. Ayrer (+ 1605). Bei K. Stieler (Der Teutschen Sprache Stammbaum und Fortwachs. Nürnberg 1691) heißt es: »Heiligenchristpferd alias S., eqvulus ligneus picturis variatus«. M. Luther spricht vom Roßstecken (→ Spielzeug). Im heutigen Sinn von Liebhaberei erscheint S. zuerst bei Kästner (Werke 1841), der über den berühmten Roman von Laur. Sterne sagt: »Den alten Gedanken, daß jeder Narr seine

Kolbe hat, hat Tristram Shandy etwas höflicher ausgedrückt . . . Jeder Mensch habe sein S.«. – Ein neuer Wortgebrauch kündet sich in der Reklame für Reisen an: »Ferien in Hessen . . . mit dem S.« oder »H. Urlaub im Bregenzerwald« (Tsp. 14. 3. 71). → Eingericht

Walz, Zs. f. Wortfg. 13 (1912); H. Freudenthal, in: Beitr. z. dt. V. u. A.kde 4 (1959); K. Pawlas, Intern. Sammler-Lex. 1968.

Steganologie → Geheimsprache.

Stegreifdichtung → Schnaderhüpfel.

stehlen → Amulett, Reliquie.

Steinbock, *Capra Ibex.* »Herzknochen« und »Bocksteine« des Tieres waren als Heilmittel gesucht. Schuhe und Gürtel aus S.leder sichern Gesundheit. Der Schwanz war Amulett gegen Zauber. Heute kommt der S. nur noch in den südlichen Alpen (Jugoslawien), in der Schweiz u. in Vorarlb., meist gehegt, vor. → Gemse.

Steinchenspiel. Unter den vielen Spielen (Musterlegen, Weit-, Plattenwerfen), zu denen sich die fast überall vorhand. eckigen, runden und flachen, kleinen und größeren Steine anbieten, ist weit verbr. das Werfen kleiner Plättchen über eine glatte oder wenig bewegte Wasserfläche. Die landsch. Bez. sind ein Beispiel für den anschaul. Reichtum der → V.sprache schon im Kindermund. Slingherspel heißt es in Flandern, Enghelen in Holland, Schriken in Bremen, Flaigern oder Flötzen in Württ., Plätteln in Tirol. Bildhafte Bez. sind: Jungfern machen, Götten (Paten) ausführen (Österr.), Schiffle, Wasserhühnle machen (Schwaben), Die Liebe Frau lösen (Württ.), Schlänglis werfen (Baden), Butterstullen schmieren, Püttjen smieten (Norddtl.). Im schweiz. Appenzell heißt das Spiel Vater und Mutter schlagen (der 1. Sprung des Steinchens ist der Vater, der 2. die Mutter, die folg. die Kinder). Norddt. sind der derbe Ausdruck: die Großmutter mit Holzschuhen totwerfen und der Spruch, der das Hüpfen des Steinchens begleitet: Ei, bei, Botterbrod/Sla dien Wif mit Holsken dod.

Steine. Weniger die tatsächliche Wirkung, (Kühlung, Pressung, Abschabsel zum Einnehmen), als besonderes Aussehen (Farbe, Glanz, Form, Zeichnung) und rätselhafte Herkunft (Meteor, Versteinerung, Gebilde im Tierleib) der S. beachten Sage und Heilkunde. Wie bei der weit reicher entwickelten volkstümlichen → Pflanzenkunde ist auch hier vieles antikes Überlieferungsgut. Der Adlerstein, Aetit, heißt auch »Klapperstein«, weil eine Rinde von Braun- oder Toneisenstein einen Hohlraum umschließt, in dem abgelöste Teilchen klappern. Wegen dieser Beschaffenheit wird der A. in der Antike und Neuzeit von Schwangeren getragen gegen Frühgeburt (→ Abtreibung). Aus dem gleichen Grunde kann er aber auch Empfängnis verhindern. An der Nordsee, wo der A. noch gebraucht werden soll, heißt er auch Gänse-A. od. Krallenstein. Achat war in Antike und MA. ein geschätzter Stein (gegen Epilepsie u. Mondsucht), in dessen Aderung man Gestalten der Mythologie, später der Heiligenwelt, geometrische und Buchstabenrätsel fand (→ Monatsteine). Galaktit (v. griech. *galaktites* = Milchstein) war nach dem homöopathischen Satz *similia similibus* milchförderndes Amulett für Wöchnerinnen und Ammen, weil er zerrieben Farbe und Geschmack der Milch hat. Blendstein hieß ein unsichtbar machender Stein, der im Vogelnest gefunden wird (Zeisig, Eichelhäher, → Schwalbe). → Belemnit, Diamant, Edelstein, Donnerkeil, Gamskugel, Malachit, Drachenstein. – Über merkwürdige S. in der Dorfflur → Steinkreuz, Grenze.

J. Grimm, Dt. Mythologie; C. J. Steiner, Das Mineralreich nach seiner Stellung in Mythologie u. Volksglauben usw., 1895; A. M. Pachinger, Glaube u. Aberglaube im Steinreich, 1912.

Steingut. Die Mischung aus fettem → Ton, Quarz oder Feuerstein und Feldspat ergibt in einem scharfen Brand (1250–1330 ° C) einen weißen, undurchsicht. Scherben, dem in einem 2. Brand (950–1100 ° C) die Glasur aufgeschmolzen wird. In der Herst. weit billiger als Porzellan, hat S. weniger diesem als der alten → Majolika Abbruch getan, als es vor der Mitte des 18. Jh. in Menge von England (Wedgewood) her zunächst die dt. Küstenländer überschwemmte. Die Möglichkeit, Kupferstiche und Lithogr. aufzudrukken, verschaffte dem S. große Beliebtheit. Wir finden es noch heute in den bäuerl.-bürgerl. Glaskästen und → Anrichten. Die Fenster der Schifferhäuser auf den nordfries. Inseln (z. B. Sylt-Braderup 1970) zieren immer noch die stattl. Mopspaare oder Pekinesen aus S. Der vordring. Mode stellten sich die dt. Fayencemanufakt. durch Übernahme der S.technik entgegen (Magdeburg, Kassel, Wiesbaden; in Hessen-Nassau: Weilburg; in Schlesien: Glienitz und Proskau; in Sachsen: Hubertusburg; in Tirol: Schwaz). Die S.fabriken von Rendsburg, Minden, Poppelsdorf bei Bonn, Damm bei Aschaffenburg, Wächtersbach in Hessen, Buxtehude, Sonsbeck im Geldernschen, Driesen, Frankfurt a. d. O., Mettlach u. a. wurden erfolgreich, seit Einfuhrverbote den engl. Wettbewerb einschränkten.

Bemalung in der Art vtüml. Majolika kennzeichnet das S. von Tiefenfurt bei → Bunzlau. Mit aufgedruckten Kupferstichen arbeiteten in Dtl. u. a. Rheinsberg (Landsch.), Poppelsdorf (Genreszenen), Driesen, im benachb. Böhmen Altenrolau bei Karlsbad. Diese Massenware verdängte mehr und mehr den Blumendekor des Biedermeier.

R. Dietz, Steinzeug, S., Töpferwaren. Halle 1907; A. Stöhr, Dt. Fayencen u. Dt. S., 1920; G. Steinbrecht, Die S.fabrikation. 2 Bde. [2]1924–27; O. A. Erich, in: Spamer, Vkde.; H. Kronberger-Frentzen, Altes Bildgeschirr. Bilderdruck auf S. aus süddt. u. saarl. Manufakt. 1964.

Steinkauz → Kauz, Eule.

Steinklee → Neid.

Steinkreuz, Kreuzstein. Die Fg fragt nach Standort, Material, Formgebung, Chronol. und Sinndeut. in Bericht, Sage und Vglauben. Die S. umgibt das »Fluidum des Außerordentl., des Numinosen und der Ehrfurcht« (Brockpähler). Man hat in ihnen Erinnerungszeichen an allerlei Landesfeinde gesehen: Franzosen, Schweden, Panduren, Hunnen, Tartaren usw. oder an großes Sterben durch Hungersnot und Pestilenz. Mehr Wahrscheinlichkeit hat die Auffassung, es handle sich um Grenzsetzungen. Doch dürften damit nur seltenere Fälle richtig erfaßt sein. Die Mehrzahl aller S. ist offenbar zur Sühne für begangenen → Mord am Tatort vom Täter errichtet. Zahlreiche erhaltene Sühneverträge des 13. bis 16. Jh. sprechen ausdrücklich die Verpflichtung des Schuldigen zur S.-setzung aus, die einen Teil des Sühnevertrages mit der Sippe des Betroffenen ausmacht.

Eine andere wichtige Festsetzung solcher Verträge war die Vorsorge für das »Seelengeräthe« des Toten, der nicht mehr rechtzeitig oder nicht hinreichend für seine dereinstige Erlösung aus dem Fegefeuer hatte sorgen können. Sie erklärt den oft am verwitterten S. noch deutlichen kirchlichen Charakter, z. B. die Einmeißelung eines Kreuzes oder der »Marter Christi« (Gekreuzigter). Durch ihre Sorge für das Seelenheil des Getöteten sind die S. Vorläufer der → Marterln geworden. Am längsten haben sie sich dort erhalten, »wo dichtere germ. Ansammlung stattfand u. später die evangelische Kirche bestehen blieb« (Helbok). Gelegentlich werden in ein und demselben Sühnevertrag beide Arten des Erinnerungsmales gefordert, so im Stift Eichstädt 1495 »eyn steinern Crewtz und eyne hultzene marttir«. Die Verbreitung der S. reicht nach M. Andree-Esyn von Skandinavien bis nach Italien und vom Rhein bis Schlesien. Besonders viele S. weisen Teutoburger Wald und Wesergebiet auf (Brockpähler) → Bildstock, Recht.

M. Andree-Eysn, Zs. f. österr. Vkde. 3 (1897); H. Schnetzer, Vom S. zum Marterl; in: Bayer. Hefte 1 (1914); A. Kufahl, Die alten S. in Sachsen, 1928; ders., Die alten S. in Mitteleuropa, Schweiz. Arch. 20 (1930); E. Mogk, Der Ursprung der mal. Sühnekreuze. Sitz.ber. d. sächs. Ak. d. W. 81 (1929); K. Th. Weigel, Lebendige Vorzeit, 1934; A. Helbok, Die volksgeschichtl. Bedeutung des alten Ausbreitungsfeldes der germ. Steinsetzung in Südwestdtl.; J. Meier-Festschr. 1934; Fr. Mößinger, S. zw. Rhein, Main u. Neckar, 1935; R. Jeuckens, Die alten S. im Aachener Grenzland, 1938; O. Höfel, S. Rheinhessens. In: Der Wormsgau, 2 (1939); W. v. Dreyhausen, Die alten S. in Böhmen u. im Sudetengau, 1940 (Verz. von 507 Kreuzen); Th. Möller, Sühne- u. Erinnerungsmale in Schleswig-H. Zs. Nordelbingen 17/18 (1942); K. Frölich, Die Rätsel d. S. In: Nachr. d. Gieß. Hochschulges. 19 (1950); R. Brandlhofer, S. im Burgenld. 1951; H. Köber, Die alten S. u. Sühnesteine Thür. 1960; W. Brockpähler, S. in Westfalen. 1963; J. Christensen, Histor. S. d. Flensburger Stadtfeldes. (1965) (Grenz- u. Koppel-S., S. an alten Heerwegen, Jagd- u. Wildbahn-S.); F. K. Azzola, S., K. u. Scheibenkreuz als frühe bürgerl.-bäuerl. Grabsteinformen. Ref. Vkde-Kongreß Würzb. 1967; B. Losch, S. in Südwestdtl. 1968; Das S., Mitteilungsbll. der Dt. S.fg. 1933ff.

Steinmetz. Durch die großen Bauaufgaben, die den S. in den Kirchenbauten des MA. gestellt waren, konnten sie sich zur bedeutendsten, geschlossensten, das ganze Reich umspannenden Zunft jener Zeit entwickeln. Schon in der Gesch. des röm. Steinbaus können wir die Entst. der Bauhütten verfolgen, die sich im Anschluß an die über Generationen dauernden Kirchenbauten bildeten. Sicher nahm hier die Kirche, schon durch die rein äußerliche Bindung, starken Einfluß auf die Bildung der Zünfte, bes. auf die Festsetzung der Ämter und Zunftgrade, die ein S. erreichen konnte. Die Bauhütte verlieh den Gesellen das S.zeichen, dessen Mißbrauch bestraft wurde. Im MA. dienten die in den bearbeit. Steinen eingeritzten Zeichen zur Berechng. der Löhne oder waren Signum der Handwerker. Die hundertfach variierten Zeichen sind in ihrer Gesamtheit (bisher etwa 10000) von L. Schwarz auf etwa 14 Generalschlüssel zurückgeführt worden, die sich aus Kreis, Quadrat und gleichseitigem Dreieck kombinieren lassen. Die berühmtesten Bauhütten hatten Köln, Wien und Bern (später Zürich). Unter diesen war die Wiener die bedeutendste. Allen Brüderschaften aber übergeordnet war die Straßburger Hütte, deren Schicksal eng mit dem Bau des Str. Münsters (1452 vollendet) verknüpft war. Während die meisten Zeugnisse über Glaube und Brauch der → Handwerker verhältnismäßig jung sind, besitzen wir S.ordnungen schon aus dem 15. Jh. Sie verboten unehelichen Abkömmlingen die Lehre, ordneten die Lossprechung, verboten die Sitte, einen »guten Montag zu machen« (→ Montag) usw. Die Weitergabe des eigentlichen bündischen Geheimbrauches aber oblag den Gesellen. »Handschenk« hieß der Geheimgruß, der später auf die Freimaurer überging: mit dem Daumen drückte man dem

Begegnenden den ersten Knöchel des Zeigefingers kurz zweimal, nach einer Pause noch einmal länger. Weit schwieriger war der Ausweis der Zünftigkeit durch besondere »Stellungen« der Füße und die »Abnahme« derselben; d. h. der Zugereiste und Arbeitsuchende hatte ein umständliches Zeremoniell vielfach kombinierter Fußstellungen zu beherrschen, deren einfachere Grundfiguren »Irrbank«, »Richtscheit«, »Biege« oder »Schmiege« hießen. Statt der Stellungen verlangte man dem Neuen auch ein »Examen« ab, ähnlich dem der Maurer. Der angesprochene Meister fragte etwa: »Mit Gunst und Erlaubnis! Woran erkennt man, daß er ein Steinhauer ist?« Der Ankömmling erwiderte: »Mit Gunst und Erlaubnis! Daran, weil ich meine Lehrjahre hab ausgestanden, daß ich kann reisen zu Wasser und zu Land, von grüner Heid zu grünem Land, daß ich kann zusprechen bei ehrbaren Steinhauermeistern und Gesellen nach Handwerksbrauch und Gewohnheit. Daran erkennt man, daß ich ein Steinhauer bin«, usw. Bündische Übereinkunft und Geheimsprache war auch, daß man vor den Namen des letzten Arbeitsortes z. B. (von Hildesheim) das Wörtchen von, in oder zu setzte, je nachdem der Ort in Dtl., Österr. oder der Schweiz lag (→ Sondersprache).

Neben Hänsel- und Scherzbräuchen (einen verhauenen Stein als »toten Bernhard« beerdigen unter Pflicht des Loskaufs; »einen Bernhard zahlen« usw.) gab es bei den S. auch eine eigene Gerichtsbarkeit. Wer ehrlos handelte, dessen Name und Ehrenzeichen kam an den Schelmenpfahl. Der sogenannte »Zweispitzgruß« war Pflicht beim Entleihen von Werkzeug. Beim handwerksmäßigen Umsprechen um Arbeit ging der S. in Tracht (»Exküser« hieß der Rohrstock) wie der → Zimmermann. → Hausmarken, Gebärde.

L. Schwarz, Die dt. Bauhütte des MA. und die Erklärung der S.zeichen, 1926; E. Weiß, S.art und S.geist, 1927; R. Wissel, Des alten Handwerks Recht und Gewohnheit, 2. Bd., 1928; K. Friedrich, Die Steinbearbeitg. in i. Entw. v. 11.–18. Jh., 1932; L. Burckhardt, Vom Budenrecht d. Basler Steinhauer. Schweiz. Arch. f. Vkde 49 (1953); (Nachleben alten Bauhüttenrechts.); G. Fischer, Arbeitsbrauchtum d. S. In: G. Fischer-Fs. 1962; O. Schwär, Lausitzer Graniter. 1964 (Arbeit, Tracht, Blauer Montag, Budenrecht, Feste, Sprache).

Steinpeterlein → Bibernelle.

Steinstoßen, eine der ältesten Leibesübungen, von der wir in den nord. Sagas, im Nib.lied wie in der neueren Vsage hören (Alpbacher Riesen in Tirol). Im MA. war es eine der ritterl. Vorübungen zum Turnier. Noch heute stößt das Schweizer Alpvolk die schweren »Sennensteine«. Bei geänd. Sache lebt das Wort weiter: Stoßstein heißt auch der 2 1/2–16 2/3 kg schwere Eisenwürfel des mod. Sports. Bekannter ist heute das Stoßen einer Kugel von 7 1/4 kg Gewicht aus fest begrenztem Kreis heraus.

Steinzeug. Im Gegens. zur porösen Tonware des → Steinguts und der gewöhnl. → Irdenware wie des → Hafnergeschirrs zählt das S. (wie das Porzellan) zur dichten Tonware mit klingend-hartem, manchmal wenig durchschein. Scherben, der sich mit Stahl nicht ritzen läßt. Gewöhnl. → Ton (Lehm, Letten, Leim, Tachen usw.) findet sich in Mitteleur. fast überall, wie die vielen Ziegeleien dartun. Hochbrennbares Material dagegen ist selten. »Jedes Gemenge von Tonerde hat eine prakt. Höchstgrenze für die Brenntemperatur« (Stieber). Das Wesen des S. macht es aus, daß die Hitze bis zum Sintern geführt werden kann, wobei die Lufträume zwischen den Gemengekörnchen durch beginnendes Schmelzen verschwinden und die Masse an der Oberfläche zusammenbäckt. Zwischen einf. Irdenware und S. (oder Porzellan) bestehen in der Praxis unzähl. Zwischenstufen. Welche Tone und welches Brennverfahren die Herst. von S. ermöglicht, wurde erst im Wege langer Erfahrung entdeckt. Es ist unentschieden, ob Siegburg bei Bonn, Köln, Dieburg oder Dreihausen bei Marburg auf Grund des vorhand. Rohstoffes zuerst die Technik des Sinterns entwickelte. Später kam die Kenntnis durch wand. Gesellen oder übersiedelnde Meister in den Westerwald, nach Franken (Creußen), Sachsen (Waldenburg, Zeitz, Penig) und in die Lausitz (Muskau). Überhitzte, also »verbackene« Ware findet man bereits im Abraum karoling. Töpferöfen. Mit dem Fortschreiten der Sintertechnik wurde auch die Salzglasur erfunden, deren feine glänz. Haut zusammen mit den Zufällen des Brandes (je nach Angriff der Flamme) bes. der Siegburger Ware einen eigenen Reiz verleiht. Bei einer Brandhitze von etwa 1500 Grad wird Kochsalz in größeren Mengen in den Ofen geworfen, das sich beim Verdampfen auf den Gefäßen als zarte → Glasur niederschlägt.

Es lag im Wesen des hochwert. und dank seiner Härte leicht verfrachtbaren S., daß sich das Kunsthandw. seiner annahm. Bis ins 19. Jh. und darüber hinaus wurde vtüml. S. verfertigt im → Westerwald, in Muskau in der Lausitz, im westfäl. Warendorf und im elsäß. Betschendorf, während die rhein. Werkstätten wie späterhin (16./17. Jh.) das fränk. → Creußen mit s. Apostelkrügen, Altenburg mit seinen charakterist. Perlauflagen oder Waldenburg und Zeitz in Sachsen u. a. mit kunstvollen Reliefaufl. (Ranken, Rosetten, Wappen, Figuren), z. T. verbunden mit kalter Emailmalerei, auch die Gunst des Städters fanden. Die alte grauschwarze Irdenware sinkt in der Wertschätzung umsomehr, als in dem neuen harten und undurchläss. Material auch einf. Gebrauchsware hergestellt wird. Anderers. ergibt der Brand in seinen vom Kannebäkker genau überwachten Stufen versch. Grundfarben des Scherbens von Leder- und Rotbraun bis zu ganz hellen Tönen. → Rhein. S. (Lit.).

R. Dietz, S., Steingut, Töpferwaren. 1907; C. Berling in: Jb. f. hist. Vkde. 1934; O. A. Erich, in Spamer, Vkde; K. Brauns, Vom Bartmannskrug z. S.industrie. 1958; A. Kreiling, Das Kannenbäckerland. Diss. Marbg.; R. Weinhold, Töpferwerk in d. Oberlausitz. 1958 (u. a. genaue Darst. d. S.fabrik. Verwandtsch. m. Westerw. S.); E. Büchel, Wirtschaftsgeogr. Wandlgn. Diss. Mainz 1965; P. Stieber, S. in d. Rhön. Bayer. Jb. f. Vkde (66/67); G. Reineking – von Bock, S. (Kat. Kunstgewerbemus. d. Stadt Köln). 1971; K. Göbels, Rhein. Töpferhandwerk. 1971.

Steirischer, Almerischer. Neben dem → Schuhplattler und → Landlerischen ist der S. die dritte große Gruppe alpenländ. Werbetänze. Er hat das Spiel der → Gebärden zwischen Burschen und Mädchen am reichsten entwickelt. Das Dirndl dreht sich zuerst unter der Hand des Burschen, wobei es im Alpenvorland häufig von ihm im Gegensinn umkreist wird. Dann fassen und verschlingen sich die Hände zu zahlr. Figuren mit eig. Namen: Fensterl, Mühl, Joch, Herzerl, Knoten u. a. Trachtenvereine haben dies Tanzspiel bis zu 37 Figuren gesteigert. Ilka Peter wies darauf hin, daß hier die Grenze zum pantomim. Schautanz erreicht wird. Der S. wird auch außerh. der Steierm. getanzt. Er ist die »Ländlerform im Ostteil der öst. Alpen und ihres waldreichen Vorlandes« (R. Wolfram) und läuft unter Namen wie Radln,

Wickln, Almtanz. E. Hamza will ihn deshalb allg. als A. bezeichnen.

E. Hamza, Almerisch-wallnerisch und landlarisch. In: Das dt. Vlied 39 (1937); R. Wolfram, Die Vtänze. 1951.

stellen → festmachen.

Stephan, hl. (26. 12.). Das Fest des ersten christl. Märtyrers wurde bes. in nordgerm. Ländern festlich begangen. In Schweden trank man die Staffanskanna (Stephansminne, → Minnetrinken). Im Norden wie in den Alpen finden wir Bräuche, die den Charakter von Sippenfesten tragen. »Sûp-Steffens-dach« hieß der 26. 12. in Westfalen. In Nordfriesland kamen die Sippenangehörigen, aber auch Nachbarn und Freunde zusammen zu gemeinsamem Schmaus. In Tirol ging man die Nachbarhöfe besuchen, »plättern«. Zugleich war es die Gelegenheit zu unverbindlicher Brautschau. An das gemeinsam verzehrte Weihnachtsbrot erinnert auch der Brauch des »Zeltenziehens« (Tirol). Die Nacht vom 26. und 27. 12. wurde (besonders im Pustertal) mit Trinken, Tanzen, Singen und Raufen verbracht. Ähnlich wie zu → Walpurgis hatten die Burschen Freiheit zu grobem Schabernack (→ Freinächte). Was nicht niet- u. nagelfest gefunden wurde, schleppte man auf den Kirchplatz, also »meist Schlitten und Karren, Rückkörbe, Zimmerböcke, Leitern, Ackerwalzen, Backofengeräte, Besen, Mädchenhemden und Unterkittel« (Hörmann, Tiroler Volksleben). Je stiller Weihnachten verlaufen war, desto toller wurde am S.tag gehaust. In Ostfriesland wurde von den Burschen einer, der sich unbeliebt gemacht hatte, in eine Tonne gesteckt und gerollt, bis er Lösegeld zahlte und den Spottnamen »Steffen ut der Tünne« in Kauf nahm. An S. wird von der Kirche → Salz und → Wasser, »Steffeswasser«, geweiht. In Haus und Stall und Viehfutter kommt etwas davon. Von dem aus Salz und Wasser hergestellten »Salzstein« bekommt das Vieh beim Alpauftrieb und -abtrieb zu lecken. Der Bauer nimmt etwas mit, wenn er eine große Wanderung antritt. Das »Lecksalz« schützt das Vieh gegen das »Vermante« (Verhexung.) Insbesondere ist S. Pferdepatron. Am »großen Pferdetag« werden die → Pferde zur Ader gelassen und gesegnet. Geweihter → Hafer wird ins Futter gemengt oder jungen Leuten angeworfen. Allgemein war früher das »Stephanireiten«. 12–15 mal reitet man in St. S. bei Marein (Lavanttal) in der Wette um die Kirche. Dabei werden die Pferde mit S.wasser besprengt und nachher mit S.salz gefüttert. Hier schon innerhalb der kirchlichen Form der Wette sich nähernd, wurden diese Ritte besonders in protestantischen Gegenden reine → Reiterspiele, die dann auch an anderen Zwölftentagen stattfanden. »Steffen« hieß der Sieger in Schleswig-Holstein.

Wie der S.tag noch Weihnachtsbrauchtum vollzieht (Erscheinen des → Kinderbischofs und Gabenbringers), so werden auch Neujahrssitten vorweggenommen. Im Burgenland wird mit der grünen Gerte geschlagen:

Frisch und gsund,
frisch und gsund,
alle Jahr immer gsund.

Auch als Umzugstag des → Gesindes ist S. wichtig. In der östlichen Steiermark kommen die für Neujahr gedungenen »neuen Leute« erst einmal am S.tag das »Brot kosten«. → Umkreisen, Frisch- u. Gsund-Schl.

E. Wrangel, Staffan stalledräng i ord och bild. Lund 1914; W. Liungmann, St. ritten och dess ursprung. Bäckahasten 2 (1946); M. Zender, Räume ... 1959 (Bischofskirchen d. Erzmärt. S.); W. Hofmann, St.uskult u.

S.brauch. In: 4. Arbeits-Tg. d. ADV in Bonn. 1964 (Prot. ms.); L. Schmidt, Burgenländ. Braucht. an S.tag. Öst. Zs. f. Vkde 71 (1968).

Steppengesicht → Fata Morgana.

Sterb → Pest.

Sterbebildchen entw. sich nach Spamer aus der rückseit. Beschriftung von → Andachtsbildern aus Anlaß eines Todesfalles. Der Brauch, zuerst in Belgien um die Mitte des 18. Jh. bezeugt, drang bald nach Dtl. und ist im S noch äußerst lebendig. Die Vorderseite zeigt meist Maria oder den Gekreuzigten, die Rückseite Namen, Daten und einige Gebete, dazu ein → Photo des Verstorbenen. Heute enthält das vierseitige S. wohl auch einen kurzen Lebenslauf. Das S. wird an Verwandte und Freunde gegeben und hat seinen Platz im → Gebetbuch. Die in Kupfer gestoch. Gedenkbildchen, wie sie von der Zeit Maria Theresias bis zum Biedermeier üblich waren, führen zurück zu den »billets d'enterrement« bürgerl. und klösterl. Kreise Frankr. und Belgiens und zur fürstl. Todesanzeige im MA. (→ Partezettel). – Im österr. Salachtal wurde die Sitte des → Totenbretts und seiner Inschrift nach 1918 zurückgedrängt durch das S., nach 1945 noch stärker durch die Todesanz. des »Partezettels«, der auch an Gasthöfe und Kaufläden ging.

F. Falk, Die dt. Sterbebüchlein. 1890. Neudr. 1969 (bis 1520).

Sterilisation → Kastration.

Sterne. Der Glaube an die besondere Eigenschaft und Macht der S. war bei uns zu allen Zeiten mehr die Angelegenheit gelehrter und halbgelehrter → Astrologie, viel weniger des Volkes. Es ist allerdings auch bei anderen Völkern zu beobachten, daß im einfachen Glauben von den Himmelskörpern allenfalls die → Sonne, besonders der → Mond und deren Verfinsterungen (→ Finsternisse) Beachtung finden, im übrigen aber die näheren Naturmächte in Blitz, Donner und Wetter, in Wasser, Feuer, Wald, Berg und Erde die Phantasie mehr beschäftigen. In Mittel-, West- u. Süddtl. allgemein verbreitet ist der Ausdruck der Ehrfurcht in dem Satz, man dürfe nicht mit Fingern nach den S. weisen, sonst steche man einen Engel tot, sonst falle einem ein S. ins Auge und man erblinde usw. Beim → Orakel ist das Licht der S. selten Vorschrift, so daß es wohl nur Ausdruck d. nächtlichen Zeit ist: in der Nacht auf Thomas, Weihnachten und Johannis setzte man einen Kranz von neunerlei Holz auf das Haupt und suchte bei S.licht ein Wasser auf, an dessen Ufer ein Baum stand. Dann erblickte das Mädchen die Gestalt des Zukünftigen. Auch → Vorzeichen der Ernte und der Fruchtbarkeit ist der Stand der S., besonders in den bedeutungsvollen zwölf Nächten (→ Zwölften). In Ostpreußen und Baden heißt es, die Hühner legen viel Eier, wenn dann viel S. stehen. Am ehesten erinnert volkstümlicher Glaube an astrologische Lehre (→ Nativität, Horoskop, Geburt), wenn es heißt, jeder Mensch habe am Himmel seinen S. Bei der Geburt erscheint er und beim Tode fällt er (Böhmen, Oldenburg, Schwaben, Schweiz). Seinen eigenen Tod ruft verhängnisvoll herbei, wer beim Betrachten des Firmaments seinen Lebensstern errät. Noch geläufiger ist im Volksmunde die Rede vom »Glücksstern« und »Unglücksstern«, unter dem ein Leben, ein Tag, eine Unternehmung steht. Auf besondere S. und S.bilder wird selten geachtet, wie auch die Volkssprache – etwa für Bezeichnungen der Pflanzen so überreich – auffallend arm ist an besonderen S.namen. Die Venus, der Abend-S. wird beim Liebeszauber angerufen (»Gott grüß dich, A.«), doch sonst im dt. Volksglauben wenig beachtet, wie er überhaupt bei den Ariern nicht verehrt worden ist. Im Rheinland wird das Erscheinen des Kleinen Bären (Wagens) über einem Haus als Vorzeichen für den Tod eines Kindes geachtet. Das Bild des Großen Bären heißt »die Leiche«. »Ist der S. vorn beim Großen Bären, das sogenannte Reiterchen, dabei nicht sichtbar, so stirbt der Erwachsene ohne Empfang der Sterbesakramente« (Wrede). Anderswo sagte man, ein König sterbe, wenn neben dem Mond ein helleuchtender S. erscheine. Ältere dt. Sprache und Vorstellung weist den Gestirnen Plätze, »Sedel«, »Stühle« zu, auf die sie nach ihrem Aufgang zurückkehren. An die Bez. »Himmelszunge«, die neben »S.« und »Himmelszeichen« im ahd. belegt ist, knüpft J. Grimm die Vermutung eines zugrundeliegenden kosmogonischen Mythus.

J. Grimm, Dt. Myth., E. Pfeiffer, Studien zum antiken S.glauben, 1916; F. Normann, Mythen der S., 1925; Troels-Lund, Himmelsbild u. Weltanschauung im Wandel d. Zeiten, 1929[5]; E. Zinner, Gesch. d. S.kunde, 1931; W. Gundel, S.glaube, S.religion und S.orakel, 1933 (m. Erkl. d. Tierkreis- u. Planetenzeichen; letztere sind Abkürz. ihrer Namen; Neue Aus. v. H. G. Gundel 1959); ders., Astronomie, Astralreligion, Astralmythologie u. Astrologie, 1934 (zugl. Lit.bericht 1907–33); G. Jungbauer, Dt. Vmed., 1934; Boll u. Gundel, S.bilder, S.glaube u. S.symbolik bei Griechen u. Römern, 1937; G.-K. Bauer, S.kde u. S.deutg. d. Dt. im 9.–14. Jh. 1937; Th. v. Schäffer, Die Legenden d. S. im Umkreis d. antiken Welt, 1940[2]; J. Müller, Die Gestirne im Denken d. frühmal. Rätiens. Schweiz. Arch. f. Vkde 55 (1959); Hb. f. S.freunde. 1960; W. Deinert, Ritter u. Kosmos im Parzifal. 1960 (S.kunde bei W. v. Eschenbach); P. Kunitzsch, Arab. S.namen in Europa. 1959; I. Ideler, Unters. ü. d. Urspr. u. die Bed. d. S.namen. Neudr. d. Ausg. v. 1809; Weit. Lit. → Astrologie.

Sterndeutung → Sterne, Astrologie.

Sterngucker → Dreikönig, Nikolaus.

Sternschnuppen werden als→ Vorzeichen gedeutet. Wo eine S. hinfällt, weicht das Glück oder – häufiger – stirbt ein Mensch. In Baden glaubt man, beim »Sternschießen« werde eine arme Seele aus dem Fegfeuer befreit. Sieht man am 1. Mai (→ Maitag) eine S., so weist die Richtung ihres Falles auf einen verborgenen Schatz. Aus Oldenburg, Böhmen und in Südwestdtl. wird die Anschauung berichtet, daß die S. der fallende → Stern der → Geburt sei. Die S. verlangen wie alle himmlischen Gestirne Ehrung. Man darf nicht auf sie weisen und sie nicht »beschreien«.

Sternsingen → Dreikönig, Vschauspiel.

Steyrer Kripperl → Advent, Krippe.

Stickelix → Pfahl.

Sticken, Stickerei. Verzieren von Geweben und Leder mit Nadel und Faden. Für die S. im Altertum ist man auf mittelb. Zeugnisse (Malerei, Plastik) angewiesen. Aufnäharbeit (Applikation) auf Leder war früh bekannt (Arabien). Griechen und Römer bildeten vor allem den Kreuz- und Plattstich aus (→ Bunt-S.) Nach dem 1. Jahrt. u. Z. aus dem keine S. erhalten ist, förderte diese Kunst bes. der Bedarf der Oberschicht (Wiener Reichskleinodien; kirchl. Paramentik). Mit Seide auf Leinen in Plattstich gearbeitet ist der wegen s. Motivik berühmte 70 m lange Teppich von Bayeux (Ende 11. Jh.).

Das 13. Jh. bietet weitere Beisp. von S. auf Leinwand (Weiß- und Bunt-S., → Durchbrucharbeit), das 14. Jh. kennt das S. auf Netzgrund (Rheinland; → Knüpfen). Die Zunft der Sticker gewann an Bed. als die Entdeckung Amerikas auch den Reichtum der Stadtbürger mehrte. Im 16. Jh. kommt das S. in allg. Brauch. (→ Stickmustert.). Im

17. Jh. benutzte man Vordrucke von Holzmodeln. Im 19. Jh. fanden die verschiedensten Techniken und Stoffe Verwendung, zugleich aber brachten Maschine und unkünstler. Naturalismus einen Rückschlag, der sich erst in uns. Zeit wieder ausglich. Als Vk gewann das S. seine größte Bed. in der → Tracht. Brusttuch, Goller, Gürtel, Schürzenband, Hosenträger, Ärmelaufschlag, Kopftuch, aber auch zu festl. Anlaß gebrauchte Textilien wie Tauftuch, Tischtuch, Kissen, Paradehandtuch weisen kunstvolle S. auf.

de Farcy, La broderie du XI siècle jusqu'à nos jours. 1890; M. Schuette, Gestickte Bildteppiche u. Decken des MA. 2 Bde., 1927; J. Schlecht, Die Kunst d. S. in d. Vierlanden, 1930 (Ms. im Mus. f. Hamb. Gesch.); K. Rumpf, Hessische Weißs., 1938; A. Zieting, Bäuerl. S. aus der Winser Elbmarsch, 1942; M. Bringemeier, Stickerinnen u. S. d. Schaumburger Tracht. V.werk 1943; J. Fuhrmann, Schles. Weiß-S. Schles. Bll. 4 (1942); dies., Zur Charakteristik volkstüml. Weiß-S. in Dtl. V.werk, 1943; V. Trudel, Schweiz. Leinen-S. d. MA. u. d. Renaiss. 1954; F. Stenton, Der Wandteppich v. Bayeux. 1957; E. Sigerus. Siebenbg.-Sächs. Leinen-S. 1961; E. Fél, Ungar. V. s. Budapest 1961; H. Ebner-Eschenbach, Bestickte Prunkhandtücher aus West-Thür. In: Staatl. Mus. Fgn. u. Ber. Bd. 5; M. Schuette, S. Müller-Christensen, Das S.werk. 1963; M. Wagner, Sakrale Weiß-S. d. MA. 1963 (Altar-, Hungertücher u. a.); Gesticktes u. Gestricktes. Dörfl. Textilkunst a. d. nördl. Hessen (Kat. d. Ausst. Marbg. Univ.mus. 1965); F. Brüstle, Die Entst. u. Entw. d. Vorarlb. S. 1965. Sticken, hg. v. Oberöst. Heimatw. 1969.

Stickmustertuch, Lettern-, Namentuch. Sie dienten als Merk- und Mustersstücke und waren und sind bis heute ein Ausweis für die in der Schule genossene Lehre in → weibl. Handarbeit. Neben Zahlen und Buchstaben, Symbolen (Dreisproß, Lebensbaum) und geometr. Zeichen enthalten z. B. Vierländer und andere norddt. S. in Kreuzstich auch Szenen der Bibel (Adam und Eva, Josua und Kaleb) oder des Vlebens (Frau mit Eimertrage, Bauer am Hoftor, Segelschiff, Windmühle). Das Aufblühen der Nadelarbeiten im 16. Jh. zog das S. und Vorlagebuch nach sich. Das → Modelbuch von Hans Sibmacher von 1591 z. B. wurde oft aufgelegt und diente bis ins 19. Jh. als Vorlage. In den Heimatmus. findet sich noch manches S. aus dem 17. Jh. Im 19. Jh. wurden auch Plattstichtücher, mehr für den bürgerl. Bedarf, Mode. Der häusl. Frauenarbeit dienten ferner Mustertücher für Häkeln und Nähen. Das mit Ehrgeiz gefertigte Stopfmustertuch mindestens bringt auch das Großstadtkind heute noch nach Hause (?). – Ostfries. Sitte war es, das S. eingerahmt als → Wandschmuck zu verwenden.

W. Borchers, Pommersche Sticktücher. Bauernkal., 1939; Fr. Grossmann, Zur Gesch. d. S. In: Vwerk, 1942: Reihe Dt. V.kunst: W. Peßler, Niedersachsen, K. Gröber, Schwaben.

Stiefmutterkorn → Mutterk.

Stiefmütterchen (Schöngesicht, Mädchenauge, Siebenfarben, Dreifaltigkeitsblümlein, Schwägerlein; *Viola tricolor*). Wohl Lehnübers. aus dem ital. viola con viso di matrigna (›Stiefm.gesicht‹). Nach der Sage vieler Völker müssen zwei Stiefkinder mit dem einen (untersten) Blütenblatt vorliebnehmen, während rechts und links über ihnen die bevorz. Schwestern sitzen und ganz oben die Stiefmutter thront. Die vmed. Bedeutung zeigen Namen wie Fraisenblume, Freisamkraut (→ Freis), Nagelkraut. S. werden bei Gesichtsausschlägen kl. Kinder und als Blutrein.tee angewandt.

Lars Hermodson, Studier i modern språkvetenskap. 1956; Kluge-Mitzka, Et. Wb. [20]1967.

Stiege → Gerstenkorn.

Stieglitz → Lunge.

Stielstich → Plattstich.

stille Woche → Karwoche.

Stinkwacholder → Sebenbaum.

Stippchesdonnerstag → Fasnacht.

Storch, Adebar, Ander, Honoter, Iwwerch, Ulwer; *Ciconia alba.* Verbreiteter Glaube ist, daß ein nistender S. wie die → Schwalbe vor Blitz und Feuer schütze. Der S. ist heute, außer in den west- und süddt. Landschaften, der bekannteste → Kinderbringer. Er wird selbst in Gegenden genannt, wo er nicht nistet (Steiermark). In noch bekannten Liedchen rufen die Kinder den ziehenden S. zu:

Adebaer to Neste,
bring mi ne lütje Swester.
Adebaer, oder
bring mi n lütjen Broder.

Das »S.märchen« scheint erst im 18. Jh. in Geltung gekommen zu sein. Früher war die Aufklärung des Kindes über den Vorgang der Geburt selbst in bebilderten Schulfibeln, gebräuchlich.

Alter Glaube war, daß die S. in den fernen Ländern ihre Vogelgestalt ablegen und Menschen seien. Der »kultische Name des Vogels«, Adebar, ist (nach Grimm Dt. Wb.) »wahrhaft und ohne Unterbrechung heimisch« in Niederdtl. Hanotter ist die altmärkische Bez. In Südschweden heißt der schwarze S. »Odins Schwalbe« (vgl. die dt. Form Uttenschwalbe). Mit Wodan-Odin steht nach Wimmer auch die Heilrune des → Hakenkreuzes in Zusammenhang. Von daher würde die Theorie von K. v. d. Steinen mehr Wahrscheinlichkeit erhalten, die das verbreitete Zeichen der *swastika* als stilisierte Darstellung des fliegenden (kultisch verehrten) S. erklärt. In Tierfabel und Sprichwort ist der S. viel genannt. Ausdruck für den »Nimmertag« ist »zu S. Martin wann die störck kommen«. → Gebildbrote (Wochenbett), Weihnachten.

H. Suolahti, Die dt. Vogelnamen, 1909; Ploß, Das Kind in Brauch u. Sitte d. Völker. 2 Bde. 1911.

Stockballspiel → Sauball.

Stoh up un goh hen → Arnika.

Stolle → Weihn.

Stollenreiten → R.spiele.

Stollenwurm → Drache.

stolpern → Angang, Walnuß, fallen.

Stöpke → Drache.

Stoppelhahn → Hahn, Erntefest.

Störilaib → backen, Gesinde, Weihn.

Strahler hießen die Gesteinsucher, bes. die Kristallsucher in Graubünden (Vkde.-Mus. d. Stiftes Disentis).

Stralauer Fischzug. Den Tag des hl. → Bartholomäus beging (gleich anderen) die Fischerzunft von Stralau bei Berlin seit Jhh. mit einem festl. Fischzug u. Umgang m. e. bunten Schiffchen (→ Heischerecht). Nachdem das V.fest fast in Vergessenheit geraten war, wurde es 1937 mit größtem Aufwand wieder ins Leben gerufen (Rummel, Verkaufs- und Schaubuden auf einem Platz von fast 100000 m² mit »Fieranten« aus ganz Dtl). An neue Verhältnisse angepaßt, besteht das Fest noch heute.

H. Kügler, Der S. F. Nd. Zs. f. Vkde 6 (1928). O. Hellmann in: Mitt. d. V. f. d. Gesch. Blns 46 (1929).

Straße, Weg (von lat. *strata* ›gepflasterte Heer-S.‹). Im Gegens. zum kleine Entfern. überwind. Pfad, Steig und W. bezeichnen wir als S. die geplante und mit techn. Hilfsmitteln angelegte Verbindung zw. den Siedlungen Dörfern und Städten. Man nimmt an, daß die ersten S. zu Heiligtümern führten für die Beförderung des Baubedarfs (Ägypt. Pyramiden und Tempel), später für Proz., Wallf. und Wettrennen. Das größte S.netz der alten Welt schuf das Imperium Romanum für Zwecke des Krieges, der Verwaltung und des Handels. Von der

Via Appia (begonnen 312 v. Z.) und Via Flaminia (220 v. Z.) werden Teile noch heute benutzt. Die röm. S. hatten die Gesamtlänge von 80000 km und führten nach Jerusalem wie nach Schottland. Fast überall verfielen die S. nach dem Untergang des Röm. Reiches. Man fürchtete die schnelle Annäherung feindl. Truppen. Selbst die Hohe Land-S., Hellweg und Salz-S. waren nur mangelhafte Wege. Neuer S.bau begann erst im 17. und 18. Jh. in Frankr. und Österr.

In Dorf wie Stadt war die S. auch bevorzugter Platz vieler Feste und Umzüge und bes. der → Kinderspiele, bis das alles verschlingende Motorfahrzeug und die »S.verkehrsordnung« dem ein Ende setzten. – R. u. S. Schenda machten den bemerkensw. Versuch, eine S. als Zelle des Gemeinschaftslebens darzustellen. – »Über tausend S.namen Großberlins bleiben gesch. gewachsener Beleg für eine einheitl. Entw. Großberlins und für seine tausendfältige Verzahnung mit Mittel- und Ostdtl., räumlich wie geistig« (Barbara Pischel). → Stadt, Dorf, Flurnamen, Sprachgeogr., Salz.

E. Gasner, Zum dt. S.wesen v. d. ältesten Zeit b. ins 17. Jh. 1889; F. Rauers, Zur Gesch. d. alten Heer-S. in Dtl. 1908 (Karten); R. u. S. Schenda, Eine sizilian. S. Beob. aus Monreale. 1965 (Gebäude, Kirchen, Läden, Händler, Spiegel, Feste); B. Pischel, Berlin u. d. dt. Osten im Spiegel s. S.namen. Jb. f. ostdt. Vkde 8 (1964).

straucheln → fallen.

Strauß → Himmelf. Mariae, Palmsonntag.

S.klang → Fasnacht.

Streichholz, S.spiel. Das S. verdrängte seit etwa 1830 Stahl und Feuerstein, um in uns. Zeit wieder dem Feuerzeug zu weichen. Der N nennt das S. Rietsticken, rheinisch heißt es Fixholz und Fixfeuer, niederbayr. Schnellfeuer. Sonst hat der S die Form Zündholz. Ein in den 1. Jahrz. verbr. Vglaube warnt davor, daß drei Raucher sich *eines* S. bedienen. Nach dem 1. Weltkrieg lief die Erklärung um: beim ersten bemerkt es der Feind (in der Nacht), beim zweiten zielt und beim dritten schießt er. Auch heute gilt der Satz: »Es ist nicht gut«. Die Vorst. geht wohl auf ein altes, europ. verbreitetes Spiel zurück, das wie viele → Orakel halb für Ernst, halb für Scherz genommen wurde. Dabei kam es darauf an, ein brennendes S. noch möglichst vor dem Erlöschen an den Nachbar weiterzugeben. Die Namen charakteris. das Spiel und die Nähe abergläub. Auslegung: Stirbt der Fuchs, so gilt der Balg (Dtl.), Leeft het Männeken of is' dood? (Niederl.), Liten lefver än (Schweden), Jack's alive (England), Petit bonhomme vit encore (Frankr.). Als ein fast immer und überall vorhandenes einf. und bill. Ding ist das S. das gegebene Werkzeug für zahllose Rechen-, Geschicklichkeits- und Zauberspiele. Bastler verwenden es mit Vorliebe und in unendl. Zahl zu ihren ebenso geduldigen wie minutiösen Nachbild. berühmter Dome und Bauwerke. Erwähnt sei, daß der S.igel das einfachste Mittel gegen Mäuse war (Vorarlb.). Schwefelhölzer wurden mit dem Kopf nach unten in eine frischgekochte Kartoffel gesteckt.

Wortkarte ›S‹ von E. Diedrichs bei Mitzka, Dt. Wortatlas, 3 (1954).

Streifer → Schinder.

Stricken. Maschenbildung mit Garn und zwei Nadeln. Durch die Masche stechend, zieht man das Garn von hinten nach vorn durch (Rechts- oder Glatt-S.) oder verfährt umgekehrt (Links-S.). Änderung der Maschenzahl (Zu- oder Abnehmen), Verschränkung oder Wechsel von Rechts- und Links-S. ergeben Muster, wie sie in großer Zahl und vsprachl. Namengebung etwa Josef Blau aus dem Böhmerw. mitteilte. In der Mark Brdb. gab es Muster wie »Löwenmaul«, »Quappenmaul«, »Pfauenschwanz«, »Sieb«. Geom. Muster in vielen Formen überzogen die ganze Fläche oder bildeten nur den Saum von Strümpfen, Handschuhen oder Mützen (heute der Pullover). Einfarbig weiß waren solche Muster für Baumwollstrümpfe und Zipfelmützen in Ostpr. und Brdb., in Hessen und im bad. Schwarzwald. Im Alpenland bodenständig ist das S. in zwei Farben. Bis heute berühmt sind die bayr. Wadenstutzen mit grünen Ornam. auf grauer Wolle. Kräftige Farben haben auch die eingearbeit. Muster in Ostpr. im Memelland (Handschuhe u. Strümpfe), im Weizacker, auf Rügen und in Hessen. Gefäll. Wechsel der Strickmuster und starke Farbigkeit zeichnen die Zipfelmützen und Handschuhkanten auf Mönchsgut aus. Seltener werden gestrickte Strümpfe in Plattstich farbig ausgeschmückt (→ Buntstickerei). Gemusterte Strümpfe u. Handschuhe haben auch Schaumburg und Lüneburg. Der Engländer William Rider soll als erster das S. von Strümpfen verstanden haben (1564), doch ist das Wort S.nadel schon im 15. Jh. bezeugt (M. Heyne). Im Elsaß mußten sich seit dem 16. Jh. die Gesellen der Barettmacher und Hosenstrikker in dieser Fertigkeit ausweisen (Meisterstück z. B. eine Decke 2 x 2 m). Im 18. Jh. wurde das S. von Spitzen für Häubchen, Kragen usw. beliebt, im Biedermeier gewann das S. mit → Perlen (für Geld- und Tabakbeutel oder Unterärmel) viele Freunde. Das Wort S. bezeichnete urspr. das → Knüpfen und Flechten von Netzen für Jagd und Fischfang. Vorgesch. wurde S. jedoch bisher nicht nachgewiesen. Bis zur Gegenwart ist S. (wie das Spinnen von Werg) auch Männerarbeit, besonders der Schäfer (→ Hirten).

J. Blau, Böhmerw. Vk. u. Hausind. 1917/18. Neuausg. 1957; M. Hain, Bäuerl. Strickkunst im Schlitzerland, Oberhessen. Zs. f. Vkde 48 (1939); Maschen, Gesch. d. Mode d. Strick- u. Wirkwaren. Hg. v. d. Propag. vereinig. d. österr. S. u. W.warenbranche. Wien; J. Schwer, Bodenständ. S. 1955 (Werkbuch m. 400 alten vtüml. Mustern in zeitgem. Anwendung); Gesticktes u. Gestricktes. Dörfl. Textilkunst a. d. nördl. Hessen (Ausst. kat. d. Marbg. Univ.mus. 1965); Kartogr.: S. Dt. Wortatlas XXI; S.nadel ebd. III (1954) Wortkarte von J. Wassmuth.

Strohflechten. Das Legen von Stroh und Reet (Schilfrohr) für das Dach des nd. Hauses und bes. das Flechten der First- und Giebelteile ist das Werk eines geübten Dorf-Handw., den man z. B. auf den fries. Inseln (Sylt) noch jeden Sommer bei der Arbeit beobachten kann. Ostpreuß. Bauern oder Landarbeiter stellten bis in unsere Zeit Tischläufer und Bodenmatten aus Stroh und Binse her, sowohl für den eigenen Bedarf, wie zum Verkauf. Im Memelgebiet sind strohgeflochtene → Hängeleuchter ein beliebter Zimmerschmuck. Lihn und Nürschau, zwei ehemals dt. Dörfer in Böhmen, nahe bei Pilsen, sind durch ihre hervorragenden *Schilfwaren* berühmt. Dort wird die kunstvolle rechteckige Henkeltasche aus Bast, Binsen oder Schilf allgemein getragen: von der Bäuerin beim Einkauf, von den Kindern als Schulmappe, vom Schlosser fürs Werkzeug, vom Metzger zum Liefern von Fleisch und Wurst. In der Mark Brbg. sind aus dem 18. Jh. mit versch.farbigen Strohstäbchen beklebte Kästchen erhalten. Wirtsch. Bed. besaß die Arbeit mit solchem Werkstoff im Frankenwald (Strohmosaik im Fichtelgb.). Baud-Bovy berichtet von der hohen Kunst des S. in der Schweiz, bes. im Aargau, Freiburg. und Tessin. Feines Weizenstroh wurde gespalten, gezettelt und zu

Borten »gewebt«, die an Hausierer verkauft wurden (Planfayon). Im Kanton Aargau versuchte man mit Zusatz von Seide und Roßhaar Stikkereien und Spitzen aus Stroh zu fertigen. Gegen Ende des 19. Jh. beschäftigte hier das S. 10–12000 Hausarbeiter. Unzählig waren die Bortenformen, die im Greierz zu Körben, Hüten und Sennenkappen verarb. wurden. Aus der Schweiz übernahm der Schwarzwald Technik und Flechtmuster. Auch hier arbeiteten viele arme Häusler für die Hutfabriken, deren Männerhüte und Frauenzylinder die Gebiete der Tracht versorgten (Simonswald, Precht-, Glotter-, Höllental; die weißgegipsten Rosenhüte der Gutacherinnen u. a.).

G. Rodel, Die Technik in der Freiämter, Seetaler u. Oberwaldner S.ei. 1949 (Schweiz).

Strohnickel → Nikolaus, Erbsenbär.

Strohpuppe → Lätare, Fasnacht, Ernte, Walpurgis, dreschen.

Strom → Wasser.

Strumpfbänder kamen früh auf und trugen bald kostbare Verzierung. Männer trugen S. noch allg. sichtbar im 18. Jh., seither nur in der Hof- und in der Vtracht. Bei den kurzröckigen Frauentrachten wurde auf die S. besondere Sorgfalt verwendet, besonders auf die mit langen Schleifen geschmückten, buntbestickten der Weizackertracht und auf die »Hessebännel«, deren herabhängende Enden in der Schwalm mit verschiedenfarbigen Metallplättchen besetzt sind. → Webekamm, Brettchenweberei.

Stube. Das Wort ist nach Kluge-Mitzka aus dem roman. entlehnt (vgl. ital. *stufa,* frz. *étuve* ›Bade-Schwitzstube‹) und ging von uns mit der Sache weiter in alle slaw. Sprachen (altruss. *istuba*). Volkslat. *extufare* bedeutete ›ausdünsten‹. Den gleichen Weg ging das Wort Kemenate (volkslat. *caminare* ›mit einer Feuerstätte versehen‹; aus dem dt. das tschech.-, poln.-, russ. *komnata* ›Zimmer‹). Aus röm. Zeugn. (→ Tacitus, Germ., 16: *subterraneos specus . . . suffugium hiemis;* Seneca: *non suffugia adversus perpetuum coeli rigorem)* wird gefolgert, daß unsere Altvorderen den heizbaren Wohnraum erst aus der Mittelmeerkultur übernahmen. Aus der Gesch. des Wortes → Dönse anderers. schließt man für das Gebiet des nd. Hauses auf die östl. Herkunft der Grundlage der S.: Ofen und Badestube. Die Westgerm. hatten ein Wohnstallhaus ohne Decke und mit einem wenig wärmenden offenen → Herd. Die osteurop. Badestube dagegen war ein geschloss., wohnlicher, leicht heizbarer Raum, den der Westgerm. als »kistenartig abgeschloss. Wohnraum« (B. Schier) in seine weiträumige Halle einfügte und bis ins 13. Jh. so beibehielt. Die Häuser der Zips zeigen nach Schier noch heute diesen Stand. (Die Z. wurde Anfang des 13. Jh. von Mitteldtl. aus besiedelt). Der Isländer nennt seinen Wohnraum *badstofa.* In Mittel- und Oberdtl. finden sich bis ins 18. und 19. Jh. Einricht., die den Übergang von der Badestube (»Badhäusel«, »Bädel« als Bretterverschlag im Ofenwinkel) zu einem Wohnraum deutlich machen.

Die S. als Kulturraum im heut. Sinn entstand jedoch erst durch die Eingliederung eines Hinterladerofens in die alte primitive Badestube, der von einem Vorraum oder von der Küche aus beschickt wurde. In dieser Vervollkommnung wurde die S. der kennz. Raum des obd. Hauses und verbreitete sich als solcher rasch im Gebiet des mitteldt. Gehöfts und, langsamer, auch im N.

Seit dem Ende des MA. wurde die S. als »Kammerfach« dem → Flett angefügt. Dies ist noch heute die Hauptform des nd. Hallenhauses. In Süd- und Ostholstein wie im S des nd. Hauses (unter obd. Einfluß) werden S. Kammer und Herdraum auch in die Kübbungen verlegt. – Die S-Nbewegungen des Kulturgutes S. hat man mit der hd. → Lautversch. verglichen. Aber auch nach Skandinavien, nach Ostdtl. (durch die Siedlung der Neustämme), nach Nordfrankr., nach Oberitalien und in die roman. Schweiz drang die oberdt. S. vor. Der Rätoromane Ulrich Campell schrieb 1571: »das ist eine Art von Wintersälen nach Sitte der Deutschen erbaut, die sie Stube nennen«.
Die ältesten erhalt. S. stammen aus dem 15. Jh. Sie zeigen einen so hohen, im wesentl. bis zum Einbruch der Technik im 19. Jh. nicht veränd. Stand der Kultur des → Wohnens, daß man auch deswegen ihre Entw. bis ins hohe MA. zurückdatieren darf. »In den Bauern-S. fand die Vk ihren umfassendsten und großartigsten Ausdruck« (M. Baur-Heinhold). Wenn dies auch bes. für die obd. Landschaften gilt, so haben doch auch Niederdtl. und Friesland in der → Döns und im »Staatszimmer« des → Pesel Wohnräume von hoher Eigenart und Schönheit geschaffen. Wie dort Berge und Alpen, Wälder und Wildbäche sich in den Fenstern spiegeln, so hier die stille Ebene, das weite Meer und die fernen Länder, deren Wunder die »christl. Seefahrt« erschloß.

Paukert, Die Zimmergotik in Deutsch-Tirol. 9 Tle., 1889–1907; Bände Dt. Vk., München 1923ff.; Neue Folge ab 1951; E. Plog, Studien z. Lage d. S. i. dt. Bauernh. Diss. Strals. 1932; A. Schöpp, Alte dt. Bauern-S. ²1934; H. Döllgast, Alte u. neue Bauern-S. 1951ff.; E. Meyer-Heisig, Die dt. Bauern-S. 1952. (Lit.); E. Meier-Oberist, Kulturgesch. d. Wohnens im abendl. Raum. 1956 (Lit.); N. Valonen, Zur Gesch. d. finnischen Wohn-S. Helsinki 1963; W. Rusch S. aus Vorarlb. 1963; F. Lipp, Oberösterr. S. u. bäuerl. u. bürgerl. Innenräume, Möbel und Hausgerät. 1966. (Vielfalt s. sieben Kulturlandsch.); B. Schier, Hauslandsch. usw. ²1966 (Kap. V Die S.); M. Baur-Heinhold, Dt. Bauern-S. 1967 (Lit. d. einz. Landsch.); H. Schwindrazheim, Führer d. d. Bauern-S. d. Altonaer Mus. 1967; B. Campbell, Die Engadiners. 1968.

Stubenkomödie → Vschauspiel.

Stubete → Gaßlbrauch.

Student. Für älteres *scholares* oder *schuler* (Fahrende) wird seit dem 14. Jh. *studentes* amtliche Bez. der Hochschüler, das im 16. Jh. wieder durch *academicus* ersetzt wird, da das Wort S. besonders im kath. Süden auch für die mittleren Schulen in Gebrauch kam. In Verbindung und Bundesbrauch, in Lied, Sprache und Tracht haben die S. reiches volksmäßiges Leben entfaltet. Zur Festtracht (süddt.-österr.: Wichs) des S. gehören neben dem Schläger Zerevis (v. lat. *cerevisia* = Bier) oder Federbarett, Pekesche, Kanonenstiefel und Lederhandschuh. Die Pekesche (Bekische; aus dem poln.) war ursprünglich ein mit Schnüren und Tressen verzierter Mantelrock, der in Polen seit dem 16. Jh. getragen wurde und im Anfang des 19. Jh. aus der Mode in die S.tracht kam. Die Stiefel leiten sich her von den hohen Schaftstiefeln mit Kniestulpen in der Tracht der 2. H. des 17. Jh. Das Couleurband kam Anfang des 19. Jh. auf.
Die Grundlage der S.verbindung (Corporation) ist das altgerm. Gildenwesen (→ Handwerk). Nation und Burse waren im MA. die wichtigsten Formen des Gemeinschaftslebens der S. Bursa (= Geldbeutel, Börse) hieß bis ins 17. Jh. eine aus gemeinsamer Kasse, im gemeinsamen Haus lebende Gruppe von S., Handwerkern oder Soldaten. Ein Stipendiat in Frankreich heißt noch heute *boursier*. Davon stammt das Wort Bursche (→ Burschenschaft).

Im 16. Jh. entstanden die Landsmannschaften mit ihrem übelberufenen Pennalismus. Der Neuling, der »Pennäler« mußte die → Deposition über sich ergehen lassen und wurde erst nach einem »Pennaljahr« drückender Abhängigkeit vom Älteren »absolviert« und zum gleichberechtigten »ehrlichen Burschen« erklärt. Nun durfte er Federhut und Degen tragen und seinerseits die jungen Pennäler »scheren« oder »agieren«. Das moderne Verhältnis Bursch: Fuchs ist ein Nachklang (und nicht immer ein guter) des Pennalismus, dem im 18. Jh. die nach dem Vorbild der Freimaurerei gegründeten Orden gegenübertraten. Etwas später gingen aus den alten Landsmannschaften die Corps hervor, während die Freiheitskriege 1815 die burschenschaftl. Bewegung ins Leben riefen. In neuer Zeit bildeten sich aus Jugendbewegung, aus Turner- und Sängerschaften, aus sportlichen oder aus politisch-weltanschaulich bestimmten Kreisen ähnliche, aber auch freiere Gemeinschaften. Die alten S.verbindungen zeigen ein zähes Eigenleben trotz heftiger und nicht unberechtigter Befehdung nach dem 1. und 2. Weltkrieg. In den »Corporationen« besonders werden die alten Formen von Brauch (Comment) und Lied (Kommersbuch), der Tracht (»Farbentragende S.«), des Zweikampfes (Satisfaktion, Mensur) festgehalten, doch nicht ohne Anpassung an die Forderungen einer neuen Zeit. → Salamander.

C. W. Kindleben, S.-Lex. Halle 1781; Fr. Kluge, Dt. S.sprache. 1895; R. Eilenberger, Pennälersprache. 1910; J. Meier, Basler S.sprache. 1910; A. Götze, Dt. S.sprache. 1928; Über das S.lied: K. Reuschel im Realex. v. Merker u. Stammler, Bd. 3, 1928 bis 1929; F. Schulze u. P. Szymank, Das dt. S.tum v. d. ältesten Zeiten b. z. Gegenw., 1932[4]; M. Bauer, Sittengesch. d. Dt. S.tums, o. J. Allg. dt. Kommersbuch, 151. Aufl. 1952; K. Huber, S. u. Vlied. In: A. Thoma, Das V.lied in Altbayern u. s. Sänger. 1952; J. Huber, Der Komment. S.isches Braucht. gestern u. heute. 1962.

Studentenblume → Flieder, Ringelbl.

Stuhl. Das Wort, dessen Grundbed. ›Gestell‹ (vgl. Dachstuhl) ist, bez. im germ. den ›Hochsitz‹. Auch im frühen MA. versteht man unter S. einen Thron oder Ehrensitz. Ende des 11. Jh. erscheinen Schemel mit Rückenlehne. Erst mit der Entw. des Tischlerhandw. tritt der S. neben den älteren → Sessel und die → Bank oder Sitz- → Truhe. Vierbeinige Brett-S. mit Lehne haben im Bauernhaus den alten dreibeinigen lehnenlosen S. nicht vor dem 18. Jh. abgelöst und vermochten auch dann die Bank – bis weit in die Renaiss. hinein das allg. übl. Sitzmöbel – nicht zu verdrängen.
Der ornam. und figürl. Schmuck der S.lehnen, weniger der Sitzfläche, ist bes. in Süddtl. reich abgewandelt worden. Ulmer und Augsburger S. mit dem Reichsadler wurden seit dem 17. Jh. vielfach wiederholt und haben ihre klaren Formen bisweilen zur Formel abgeschliffen, wie es z. B. im Elsaß stufenweise zu verfolgen ist.
Eine zweite weitverbreitete Gruppe sind die Schlangen-S. mit ausgesägter Rückenlehne, die das Tier entweder durch geschnitzten Kopf und Schuppenwerk naturralistisch betonen oder zum Riemenwerk, zur S-Kurve, zur doppelten 8 usw. werden lassen.
Aus mannigfachen weiteren Verzierungsarten der Stuhllehne (Fratzen, Sechssterne, Wappen u. a.) lassen sich als dritte Gruppe S. mit herzförmigem Ausschnitt des Rükkenbrettes zusammenfassen, die über ganz Dtl. verbreitet sind. Malerei kommt in Süddtl. und in Pommern vor. Während im allg. das

patriziale und bürgerl. Mobiliar des 16.–18. Jh. Vorbild war, sieht K. Rumpf in den Schlangen- und Herzmustern Bezüge zum Vglauben (Krönleinnatter) und in den kunstv. Flechtmustern (mit A. v. Scheltema) einen Zus.hang mit dem altgerm. Tierornament und seinen Formverflechtungen. Die Flechtmuster-S. sind für den dt. SW. kennzeichnend geworden.

Eine konstruktiv andere Gruppe sind die Pfosten-S., die den Sesseln ähneln, aber keine Armstütze haben. Auf solchen S. sitzen bei der Hochzeitsfeier Braut und Bräutigam. Bes. Vorkehrungen sollen das junge Paar gegen böse Geister schützen. Unter dem Sitz sind Glasscherben lose eingelagert oder es hängen von einer Querleiste an der Rücklehne hölzerne Glöckchen herab, eine Erinn. an wirkl. Abwehrglöckchen. Karl Spieß (Bauernkunst) legt ihnen den Sinn zu, »den Eindringling sogleich anzuzeigen, da es zu einer alten Gepflogenheit gehört, die Braut dem Bräutigam zu entführen«. In der Schwalm und in Pommern (Jamund) waren solche S. noch in der 2. H. d. 19. Jh. in Gebrauch. Ihre Lehnen verbreitern sich (bes. stark bei den hess.) nach oben zu und sind seitlich durch kleine Aufsätze in Schnitzarbeit (Vögel, Sechssterne) gekrönt. In ihrer reichen Bemalung (→ Tulpen) sind die Rückenlehnen oft wahre Musterbeisp. des vtüml. → Ornaments. Herzen, Jahreszahlen und Besitzernamen kennzeichnen die Braut-S. als → Minnegaben. Ähnliche S. aus dem Danziger Werder haben geschnitzte oder in Durchbrucharbeit verzierte Rückenlehnen. K. Rumpf wies hin auf Formverwandtschaft zwischen dem dt. O mit dem S und W auf Grund mal. und späterer Kolonis. wie der Zuwanderung von Meistern und Gesellen.

H. Rathgens, Bandornamente in d. elsäß. Vk. In: Els.-lothr. Jb. (1922); R. Uebe, Dt. Bauernmöbel, 1924; H. Förster, Alte vtml. Kunst Niedersachsens, 1926; Schneck, Der S. 1928; F. A. v. Scheltema, Die dt. Vk u. ihre Bez.n zur germ. Vorzeit. 1938; H. Thomsen, Bäuerl. S.formen an d. Niederelbe. In: O. Lauffer, Ehrengabe usw., 1939; K. Rumpf, Hess. Brautstühle. V.werk, 1942; K. Rumpf, Schlangen- u. Flechtmusterst. Zs. f. Vkde 55 (1959); ders., Brettst. Engl. u. frz. S.moden d. 18. Jh. als Vorbild; ebd. 63 (1967); F. Magnani, Assedamenti rustici antici e moderni: Valle d'Aosta, Valtellino, Alto Adige e Tirolo. Milano 1964; L. Schmidt, Bank, S. u. Thron. Antaios 12 (1970).

Sturmdämon → Wodan.

stürzen, Stürztage → Gesinde.

Sturmhut (Eisenhut, *Aconitum napellus*). Die stark giftige Alpenpflanze, der auch das Alpvieh ausweicht, ist vom Volk gefürchtet. Nur an der Blüte riechen läßt schon die Nase anschwellen (berg. Land). Daher die Vnamen: Hunds-, Ziegentod, Wolfsgift, Würgling, Teufelswurz. Doch ist sie seit dem 18. Jh. wie in der mod. Homöopathie Arzneimittel. Die unerschöpfl. Phantasie der Vsprache erweist sich an den Umschreib. der an langem Stiel hochgereihten, blauviol. Blüten: Venuswägelchen, Kutsch un Peer, Hamburger Mützen (Nordwestdtl.), Mütz un Huwe (Pommern), Papenmütz (Ostfriesl), Holzschuh (Dithmarschen), Tauberl im Schlag (Bayern) u. a. Auch der gelbe oder Wolfseisenhut wächst in unseren Gebirgen.

Succubus → Incubus.

Sucht → Lunge, Fallsucht.

Süden → Windrose.

Suggestion → gesundbeten, besprechen.

Sühnekreuz → Mord, Steinkreuz.

Sumpfgarbe → Berufkraut.

Sündenkraut → Wegerich.

Sunnawendbuschen → Joh.tag.

S.käferl → Joh.würmchen.

S.rose, Sunnrose → Margerite.
Sünnerklas → Nikolaus.
Suppe → Speis u. Trank.
Suppenkraut → Petersilie.
swarte Kasper → Kaspar.
Swiene-Tünnes → Antonius.

Symbol, Sinnbild. S. (von griech. *symbolon* = Zusammentreffendes, Wahrzeichen) im weitesten Sinn ist jedes Zeichen, das etwas »bedeutet«. Auch die Sprachzeichen (Namen) für Begriffe, Dinge und Personen sind S. Spielen u. Bilden (Zeichnen) des Kindes sind von S. erfüllt. Auch in den Religionen der Völker wirkt das primitive Bedürfnis, das Unsichtbare, Begriffliche in Wahrzeichen anschaubar zu machen, wobei durch die innere Gleichheit auch die Macht des göttlichen oder dämonischen Wesens auf das S. übertragen erscheint. Das S. ist das Gedachte. Wer Wort oder Zeichen besitzt, hat selber Zauberkraft. In diesem Sinne liegt S.denken auch dem → Analogiezauber und der → Sympathie zugrunde.

Der moderne Sinn des Wortes S. ist dagegen enger und weiter zugleich. Wir verstehen darunter ein Wort oder Zeichen, einen Gegenstand oder auch eine Handlung, die über ihre Wirklichkeit und den alltäglichen Sinn hinaus etwas anderes bedeuten, was in einer tieferen Schicht des Bewußtseins liegt. Die äußere Ähnlichkeit ist für ein solches → »Wahrzeichen« nicht wesentlich. Beim Kreuz als christl. S. ist sie vorhanden, bei der Fahne als nationalem S. fehlt sie. In der dt. Wortgesch. erscheint S. erst spät. Noch Anfang des 18. Jh. hat es bei Sperander die lat. Form *(symbolum)*. Nach dem Dt. Wb. bedeutet S. vereinzelt im 16. Jh. ›Vergleich, Gleichnis, Bild‹ oder auch das christl. Glaubensbekenntnis. Seit dem 17. Jh. steht S. für ›Sinnspruch, Devise‹ (mit und ohne Bild). Seit dem 18. Jh. und im ganzen jüngeren Sprachgebrauch bis heute bezeichnet S. das sinnliche Zeichen eines Begriffes, anstelle und neben älterem »Sinnbild«. Dieses dt. Wort ist seit dem 17. Jh. (zuerst bei Zinkgref 1612) belegt und steht für lat. *emblema*, später für *symbolum*. Ursprünglich meint Sb. also das wirkliche Bild mit allegorischem Inhalt. Erst seit der Romantik festigt sich die allgemeinere Bedeutung ›Bild oder Zeichen für übersinnlichen Inhalt, Symbol‹.

Die Vieldeutigkeit der Worte S. und Sb. zu einem Teil, zum andern aber unkritische Schnelldeutung in politischen Diensten haben die S.forschung der dt. Vkde. bisher nicht zur Entfaltung kommen lassen. Sie bleibt eine wichtige Forderung an die Zukunft angesichts der großen Bedeutung, die das S. in der religiösen wie in der weltlichen Vk besitzt.

→ A u. O, Amulett, Haken-, Radkreuz, Geheimbünde, Ornament, Recht (dort Lit.).

P. Häberlin, S. in der Psychologie und S. in der Kunst, 1916; W. Wundt, Völkerpsychol. Bd. 3–6, [4]1920–23; A. Horneffer, S.ik der Mysterienbünde, 1924[2]; H. Hetzer, Die symbol. Darstellung in d. frühen Kindheit, 1926; Thurnwald, S. im Lichte d. Völkerkde. Zs. f. Ästhetik u. allg. Kunstwiss. 21 (1927); ders., Das S.lische. Bll. f. Dt. Philosophie (1928); M. Schlesinger, Gesch. d. S., 1912: Ergänzung 1930; A. Helm, S. usw., 1932 (64 Taf.); Klodwig, Mythologie u. S.ik, 1933; M. F. Helmers, Sinnbilder alten Glaubens in ostfries. Vk. 1938; F. Hermann, Hb. d. S.forschg. 2 Bde. 1941; B. Snell, Trad. u. Geistesgesch. (Vom Wandel d. S.e). Stud. Generale 4 (1951); Bayern, Land u. Volk in Wort u. Bild. 1952 (Schwaben, Ostfranken, Rheinpfalz, Altbayern); W.-E. Peuckert, »Vkdl. S.« Stud. Generale 6 (1953); M. Lurker, S., Mythos u. Leg. in d. Kunst. 1958; H. Stegemeier, Sub verbo ›Sinnbild‹. In: Humaniora. Fs. f. A. Taylot. New York 1960; K. Lippert, S.-Fibel. Eine Hilfe z. Betr. u. Deuten mal. Werke. [3]1961; L. Rudolph, Stufen d. S.verstehens 1959; M. Lurker, Der Baum in Glauben u. Kunst. 1960 (Bes. bei H. Bosch); E. Frenzel, Stoff-, Motiv- u. S.forschg. [2]1966; M. Lurker, Bibliogr. z. S.kde. 1964ff.; R. Meldau, Zeichen, Warenz., Marken. Kulturgesch. u. Werbewert graph. Z. 1967; A. Henkel, A. Schöne, hg., Emblemata. Hb. z. Sb.kunst d. 16. u. 17. Jh. 1967; O. Stumpfe, Die S.sprache d. Märchen. 1968; G. Heinz-Mohr, Lex. d. S. 1971; Symbolon. Jb. f. S.forschg. 1960ff.

Sympathie (v. griech. *sympathéo* = ich leide mit, empfinde mit). Stoiker, Plotin und nach ihnen Mystiker und Naturphilosophen, Astrologen und Pansophen (Campanella, Paracelsus) philosophierten über die kosmische S., über einen geheimnisvollen Zusammenhang von Sternenwelt, Luft und Erde, Welt und Mensch, Dingen und Kräften. Im Volksglauben ist diese S. → Elementargedanke, den andere Forscher auch mit dem Fachwort »mystische Partizipation« ausdrücken. Der S.zauber fußt auf dem Glauben geheimer Verbindung und führt die Dinge, Mächte und Personen zu gegenseitiger Einwirkung. In der Redensart »S. machen« im Sinn von ›Krankheiten → besprechen‹ liegt die gleiche Bedeutung, wenn auch verblaßt und verallgemeinert. S. bekommt die Bedeutung von Aberglauben schlechthin, wenn es in einem Bericht von 1941 aus Linum im havelländ. Luch (etwa 60 km von Berlin) heißt: »auch der Großvater war noch sehr sympathisch gewesen«. → Versehen, Vmed., Märchen, Agrippa von N., Symbol.

G. F. Most, Die sympathet. Mittel und Curmethoden, 1842; Weidlich, Die S. in der antiken Lit.; E. Stemplinger, S.glaube und S.kuren in Altertum und Neuzeit, 1919; G. Jungbauer, Dt. Vmed., 1934.

Syringe → Flieder.

Tabak. Indianer bez. ihr Rauchrohr n. der langgestreckten Insel Tobago in den Kl. Antillen im Karib. Meer. Nach der Entdeckung Amerikas brachten engl. Soldaten T. und Rauchen nach Dtl. Verbot, Strafe, selbst eine päpstliche Bannbulle halfen nicht gegen die neue Sucht, die sich im 30j. Krieg verbreitete. »Die trockene Trunkenheit« hieß sie, wie früher auch in Oberbay. das Rauchen als »Trinken« bezeichnet wurde. – Alt ist der T.anbau an der unteren Oder. Schon 1676 hatte Kurfürst Fr. Wilh. an die Juden David und Hartmann Daniel für zwölf Jahre ein Privileg für Anbau, Verarb. und Verkauf in Ucker-, Alt- und Mittelmark vergeben. 1934 entstand die Schwedter Stadtrandsiedlung für T.arbeiter und Planteure (»Tubaksiedlung«). »Tubaksköste« und »Tubaksball« tragen Züge des → Erntefestes der Kornbauern. Wer beim »Bladen« die Blätter von der l. T.staude bricht, hat den »Ollen«. Die »Tubakspuppe« wird, mit Blumen geziert, oben auf den Erntewagen gebunden. Oder der Letzte ist selbst der »Olle« und muß, mit Kleidern ausgeputzt, nach Hause reiten.

T.rauchen bei Zahnschmerzen, T.blätter bei Geschwüren oder T.saft sind noch Volksheilmittel. Eine ältere kritische Raucheranweisung lautet: »So lerne nun fein dapfer und hurtig der T.flöte Wind geben, das Maul krümmen, Rauch schlucken und Rotz kotzen«. Glaube und Gewohnheit des → Fuhrmanns ist es, mit brennender Pfeife oder Zigarre, also mit Feuer aufbrechen zu müssen, um Glück zu haben (Ostpreußen). T.pfeifen sind häufig beschnitzt (der Kopf der Tp. gern als Menschenkopf), bemalt, öfters Liebesgabe und werden in bestimmten Formen im Brauch verwendet, z. B. beim Leichenmahl. T.pfeifen aus unbemaltem Ton oder in Fayence wurden zuerst in Holland (Gouda) hergest. Später folgte der dt. Westerwald (Höhr 1772), von wo ohnehin viel Pfeifenton rheinabw. ausgeführt worden war. Bes. Iserlohn erzeugte auch T.dosen

aus → Messing. Die Bed. der Tonware mag die Tatsache belegen, daß im 18. Jh. nicht weniger als 39 kurtrier. Pfeifenbäcker in einer Zunft vereint waren.
Während im 18. Jh. die »Jungfernpfeife« nicht selten war, ist die Tp. im Mund der Bäuerinnen nur in einzelnen Landschaften ein gewohnter Anblick. Eine rauchende Bäuerin auf Bartholomäberg (Montafon) erzählte 1953, daß in ihrer Jugend auch Burschen dem Maiggi, bei dem sie »z' Hengert« gingen, eine Tp. zum Geschenk machten. In Hamburg rauchten 1925 weniger als 1 v. H. Frauen »gelegentlich«; 1930 4 v. H., 1950 53 v. H. Westberlin verrauchte 1967 310 Mill. DM. – Der Mann im → Mond raucht eine Tp. – → Pfeife, Huflattich, Tod.

R. Kißling, Hb. d. T.kunde. [5]1925; K. Dürr, Völkerrätsel d. Schweizer Alpen. 1953 (Pfeifenr. d. Frauen); W. Luft, Rauchringe. Feste d. T. 1961; B. Seidel, Wort u. Brauch d. T.bauern im Oder-Randow-Gebiet. Dt. Jb. f. Vkde 10 (1964); D. Sant' Ambrogio, Pfeifen. 1967; Kartogr.: ASV 40–47 Pfeifenr. u. -formen; R. d. Frauen, T.kauen, Schnupfen, Zigaretten; T. u. Zigarrenmus. in Bünde (Kr. Herford); Köln. Pfeifenslg. im Mus. Kevelaer.

Tabakslaufen → Sackhüpfen.

Tabu, tapu heißt in der Sprache des polynes. Stammes der Maori (Neuseeld) das als Besitz des Herrschers ›Gekennzeichnete‹, das nach geheil. Sitte Verbotene. Berührung mit dem Tabuierten macht gleichfalls t. Das Wort ist wie etwa die Bez. Orenda in verallgemeinerter Bedeutung auf ähnliche Erscheinungen der Völker- und Volkskunde übertragen und auch in Umgangs- und Zeitungssprache allg. geworden. Göttl. und → heilige Gegenstände, Menschen in bestimmten Zuständen (Wöchnerin, Braut, Menstruierende, Tote) zeigen in vielen Bräuchen die Eigenschaften des T. Für die Anwendung des Wortes für europ. und dt. Brauch sind die gleichen Einschränkungen zu empfehlen wie bei → Orenda. In Vorgesch. u. Religionswiss. ist für t. auch das Wort »Meidung« gebräuchlich. – Heute ist es – nicht nur in Dtl. – Mode, die »letzten T.s« zu brechen, zumal überkommene »Volkst.s« Anderers. stellt die liberale »Zeit« fest: »Auch die Technik braucht T.s. Die elementaren Menschenrechte sind bedroht. Ist der Fortschritt unaufhaltsam?« → Schinder, Krebs, Fasten, Elementarged., Teufel.

Frazer, Taboo and the Perils of the Soul. 1922; S. Freud, Totem und T. [3]1922; Thurnwald, Meidung; in Eberts Reallex.; R. Lehmann, Die polyn. T.sitten, 1930; F. Pfister, T. E. Beitr. zu »Wörter und Sachen«. Oberdt. Zs. f. Vkde 6 (1932); W. Havers, Neuere Lit. z. Sprachtabu. Sitz.ber. Ak. d. W. Wien, Ph.-h. Kl. Bd. 223 (1946).

tabula fortunae → Bercht.

Tacitus, P. Cornelius T. (um 55 bis 120) hinterließ in der »Germania« (98) das wichtigste schriftl. Zeugnis über Leben und Denken germ. Völkerschaften seiner Zeit.

E. Fehrle, P. C. T., Germania, hg., übers. und m. Erl. vers., 1935[2]; R. Much, Die G. des T., [2]1959 (vgl. darin d. vkdl. Abschnitte: Siedlung u. Behausung, Kleidung, Ehe u. Hochzeit, das Leben im Hause, Trank u. Speise, Spiele, Totenbestatt.); E. L. Schmidt, Von d. tac. zur humanist. G. Dt. Jb. f. Vkde 1 (1955); KTA 225, 1955.

Täfelijungfer → Schäppelmädchen.

Tagewählerei → Los, Unglückstage.

Tag- u. Nachtblümel → Lungenkraut.

Tageszeiten. In der Einteilung der → Arbeit, in der Bez. und zeitl. Festlegung der Mahlzeiten (→ Speis und Trank), in Blumennamen wie bes. in den Formeln des → Grußes spiegeln sich die landsch. versch. Vorst. von den T. In der kath. Kirche sind für Welt- und bes. Ordensgeistl. seit altem die Horen oder *horae canonicae* verpflicht. Gebetszeiten: *Matutina* (hora) um 3 Uhr, verbunden mit den *Laudes*; *Prima*-Morgengebet bei Tagesanbruch; *Tertia* – dritte Stunde: gegen 9 Uhr; *Sexta*-gegen 12 Uhr; *Nona*-gegen 3 Uhr; *Vesperae*-gegen Abend; *Completorium, hora completa*–Nachtgebet nach Sonnenunterg. In Sprache und Brauch des Volkes gingen Mette (von *Matutina*) und Vesper über, mit denen die evang. Kirche auch Früh- und Abendgottesdienst bezeichnet. Vgl. Lit. → Jahr.

D. Wünschmann, Die T. Ihre Bez. im Dt. 1966; Dt. Wortatlas XVI vorgestern, gestern Abend, diese Nacht, heute Morgen, dieses Jahr, voriges Jahr, Nachmittag, Werktag, Sonnabend.

Taken → Eisenkunstguß.

Tal Josaphat. Nach Legenden des MA., späteren religiösen Volksbüchern und nach dem Volksglauben findet das Weltgericht im T. J. statt. Ein böser und deshalb zuweilen unter Rechtsstrafe gestellter Fluch war es, einen Feind ins T. J. als vor den höchsten Richterstuhl zu laden. Durch den Fluch muß der Geforderte dem Ladenden innerhalb bestimmter Frist in den Tod folgen. Nach Hardung wurden solche Vorladungen bis zum 15. Jh. auf dt. Boden mit Gottes Gericht in Verbindung gesetzt, erst später mit dem T. J. Schon 1624 (Nürnberg) befaßt sich Chr. Herold mit dem Thema: Dissertatio de provocatione ad judicium in valle J. Ein Zufall will es, daß im gleichen Jahre eine Urkunde des Vorarlberger Oberlandes diesen Fluch unter empfindliche Strafe stellt. Leopold Schmidt spricht den »in dem genannten Motiv waltenden Geist als germ.« an. Die Redensart »ins T. J. gehen« wurde im Elsaß zur Bez. für das Verenden eines Tieres. → Recht.

E. Osenbrüggen, Studien zur dt. und schweizeri. Rechtsgesch., 1881; Bächtold-Stäubli, in: Schweiz. Arch. f. Vkde. 1915; S. Hardung, Die Vorladung vor Gottes Gericht, 1934; L. Carlen, Die Vorl. v. G. Gericht nach Wall. Quellen. Schweiz. Arch. f. Vkde 52; R. Beitl, Im Sagenwald. 1953. Nr. 162 u. 270.

Talisman. Das Wort ist zuerst in Harsdörffers »Frauenzimmer-Gesprächen« (1646) belegt. Es kam zu uns über roman. Sprachen aus dem arab. *tilasm* ›Zauberbild‹ und mgriech. *telesma* ›geweihter Gegenstand‹. Die Vsprache macht keinen Unterschied zwischen T. und → Amulett, höchstens daß die Bez. T. weniger verbreitet ist und mehr in gehobenen Kreisen gehört wird. Das Wort Amulett ist vor allem dadurch und bes. im kath. Land eingebürgert, weil die Gläubigen damit auch die Reliquien, Breve, Agnus Dei, Skapulier und ähnliche kirchlich geweihte und empfohlene Gegenstände der Verehrung bezeichnen. Die Wissenschaft trennt die Begriffe, indem sie A. die am Körper getragenen Glücksbringer nennt, T. aber solche, die im Hause aufbewahrt oder an Tür, Wagen, Schiff usw. angebracht sind. Doch ist der Wortgebrauch auch hier kein konsequenter. Dagegen hat sich in den Juwelier- u. Modegeschäften für die Glücksanhänger, Plaketten, → Monatssteine u. dgl. die Bez. T. allgemein durchgesetzt. T. sind auch mehr die Dinge, die dem halbwissenschaftlichen Glauben, (Astrologie) und kunstvoller Werkstätte entstammen, auch oft kostbarer sind (Edelsteine), während Amulette das Volk selber herstellt (schreibt). Es ist ein ähnlicher Unterschied wie zwischen → Mantik und → Wahrsagung (→ Orakel). Schon Goethe traf die Unterscheidung:

> Talisman ist Karneol,
> Gläubigen bringt er Glück und Wohl!
> Steht er gar auf Onyx' Grunde,
> Küß ihn mit geweihtem Munde.
>
> Amulette sind dergleichen
> Auf Papier geschriebne Zeichen;

Doch man ist nicht im Gedränge
Wie auf edlen Steines Enge,
Und vergönnt ist frommen Seelen,
Läng're Verse hier zu wählen.

Aber auch Merk- und Segenssprüche (»Gottes ist der Orient«) nennt Goethe T., wohl im Sinn etwa von Schutzbrief, → Himmelsbrief. → Elefant, Kanarienvogel, Opal, Hochzeit.

Ph. Schmidt, T. u. Zauberwahn, 1936; L. Hansmann u. L. Kriss-Rettenbeck, Amulett u. T. 1966; Lit. → Amulett.

Tannenbaum → Weihn.b.

T.häher → Häher.

T.myrte → Heidekraut.

T.wedel → Schachtelhalm.

Tannhäuser (Tanhuser) schilderte in derben Liebes- und Tanzliedern dörfl. Leben und ird. Minne. Er lebte Mitte des 13. Jh. an bair. und österr. Höfen und kam auch ins Morgenland. Beim Papst in Rom suchte er umsonst Vergebung seiner Sünden, bes. des Aufenthaltes im Venusberg. So hieß in der Sage ein Berg, in dem »Frau Venus« Hof hielt und Menschen verführte, das Heil der Seele zu opfern für Liebeslust und Sinnenfreude. Als Mahner steht am Eingang der → treue Ekkart. – In der T.sage verbinden sich Elemente des Inselkeltischen und der dt. → Heldensage mit der hist. Gestalt des Dichters T. Einz. Züge weisen auch zu Sagen vom → Rattenfänger und vom Kaiser im Berg. Dt. Anteil ist auch der »weltanschauliche Akzent« (Löhmann). Die Sage vom T. und Venusberg, vom 15.–17. Jh. sehr lebendig (Grimmelshausen, → Fischart, Seb. Brant, H. Sachs), wird in der Schweiz und in Österr. noch in uns. Jh. erzählt. Die Verbindung von T.sage und Venusberg mit dem → Hörselberg bei Eisenach taucht erst in den 30ger Jahren des 19. Jh. auf. Heute ist die V.überlief. überlagert von der romant. Dichtung des 19. Jh. und von Wagners Oper.

O. Löhmann, Die Entst. der T.sage. Fabula 3 (1960); A. N. Amman, T. im Venusberg. Der Mythos im Vslied. 1964 (Dazu vgl. R. Schenda in: Hess. Bll. 56, 1965); J. Sieber, Der Dichter T. Leben, Gedichte, Sage. 1934. Nachdr. 1969; L. Schmidt, Vgesang u. Vlied. 1970.

Tanfana, vielleicht ›die Füllespenderin‹. Ihr Kult hatte seinen Höhepunkt in einem herbstlichen → Erntefest. Sie wurde in einem Tempel verehrt, den Germanicus 14. n. Chr. zerstörte. Spuren der germ. Göttin haben sich bis in unsere Zeit nicht erhalten. → Nerthus.

Tanzkrankheit. Zu den drei großen Volkskrankheiten des MA. (Aussatz, Pest, später Syphilis) stellt Diepgen auch die T. (Tanzwut): »Man könnte sie eine psychische Epidemie nennen. Bei mehr oder weniger zahlreichen Menschen tritt das Bedürfnis auf, Reigen zu bilden und zu tanzen, in einer krankhaft gesteigerten Form zu tanzen, bis eine totale Erschöpfung eintritt«. In der großen darüber entstandenen Lit. ist Tatsache von Sagenbildung zu scheiden. Zuerst wird für 1021 im anhaltischen Kölbigk von der T. berichtet. Im 13. Jh. weisen Zeugnisse auf Utrecht und Erfurt, wo die T. mit der → Rattenfängersage in Verbindung tritt. Epidemisch wurde die T. im 14. Jh. in Westdtl. und in den Niederlanden. Die letzten Berichte fallen ins 16. Jh. Diepgen sieht in der T. »eine krankhafte Betätigung des Volksglaubens«. Alt ist der Glaube an die Heilkraft des Tanzes (Umtanzen u. Überspringen des Feuers u. dgl.). Unter dem Einfluß von Hysterikern konnte der Heiltanz zur T. sich entwickeln. Dazu kam die Ansammlung von Epilepsie- und Krampfkranken an den Heiligtümern der Schutzpatrone St. → Veit u. → Johannes, die die T. verallgemeinern mußte. Das noch erhaltene Beispiel eines Heiltanzes am Fest des Schutzpatrons ist die → Echternacher Springprozession. – Der Vergleich der T. mit Erscheinungen unserer Zeit ist nicht von der Hand zu weisen. → Ekstase, Vtanz, Vmed., Berserker.

Hecker, Die großen V.krankheiten im MA. Bln., 1865; Placzek, Das Geschlechtsleben der Hysterischen. Bonn 1919; A. Martin, Gesch. der T. in Dtl. Zs. d. Ver. 24 (1914); H. Liebscher, Ein kartograph. Beitrag z. Gesch. d. Tanzwut. Diss., 1931; W. Krogmann, Der Rattenfänger von Hameln, 1934; P. Diepgen, Dt. Vmed., 1935.

Täschchen → dreschen.

Tasse, süddt. Schale, nd. Köpken. Das Wort T. kam aus Persien über Arabien ins Roman. Dem ital. tazza ›Trinkschale‹ steht das Tatze obd. Mundarten noch nahe. T. wird im 16. Jh. schriftsprachlich. Das Gefäß ist durch den Henkel gekennz., in welcher Form es schon vorgesch. bezeugt ist. In der Töpferei des MA seltener, gewinnt die T. ihre V.tümlichkeit im 18. Jh. mit der Erfindung des Porzellans und des → Steinguts. Bes. zum »Coffeegeschirr« von → Bunzlau und s. Gegend gehört die hartgebrannte, außen braun, innen weiß glasierte T. → Schüssel.

Tatauieren (von tahitisch *tatau* ›schlagen‹) ist richtiger als die frühere Schreibung Tätowieren. Es ist das Einstechen eines Musters oder einer Schrift in die menschl. Haut, wobei Farbstoffteilchen eingelagert werden. Bemalung war im Altertum kult. Schmuck und Feindabschrekkung, Brandmarken Eigentumszeichen und Strafe. Das T. aber gilt auch als eine schmerzh. Mutprobe (→ Initiation). Außerdem spricht beim T. oft die einfache Freude am Bilde mit, das als Berufs-Symbol, Liebes-, Freundschafts- od. Reiseandenken, seltener als Amulett oder Heilmittel (gegen Rheumatismus) oder als »Racheschwur« auf der Haut unverlierbar aufgehoben ist. Als Publikum kommen vor allem Matrosen, Soldaten, Artisten usw., aber auch Angehörige der oberen Stände in Betracht, denen die T.ung freilich nachträglich oft lästig wird, weil sie allgemein als Merkmal niederer Herkunft und seit Lombroso geradezu als Zeichen der Kriminalität gilt.

Die ersten Christen zeichneten ihre Stirn mit einem *T* (Tau, → Antoniuskreuz), das erst mit dem Christentum zu den Germanen gekommen zu sein scheint. Im MA. ist der »Hautstich« (Spamer) vornehmlich Erinnerungs- und Zeugnisbild der Jerusalempilger. Zu allen Zeiten wird T. auch in bes. Fällen als Wiedererkennungsz. angewendet worden sein. Einen starken Aufschwung erlebte der europ. Brauch, als die Zeit der Entdeckungsreisen mit dem T. fremder Völker bekannt machte. Den letzten entscheid. »Fortschritt« brachte die amerik. Erfindung der elektr. Maschine für den Hautstich. In Dtl. beliebte Motive der nach Musterbüchern, Photographien und dergl. oder frei arbeitenden Tatauierer (bes. in den Hafenstädten der Waterkante und auf Jahrmärkten) sind: Anker, Herz, Rettungsring, Seemannsgrab, Segelschiff, Freundschaftshände, Erotika und Exotika (Löwen, Schlangen, Palmen), Wappenschilder, der Schlangenbaum, Berufsabzeichen u. a. m. Außerdem aber auch »Reproduktionsversuche von Werken der hohen Kunst« (Spamer). Im 20. Jh. werden mod. Strömungen in der Motivwahl bes. deutlich. »Das Kino löst den Zirkus ab, der Fußballsport das Turnen, Boxen das Ringen« (Schönfeld). Das Bauerntum in Europa kennt das T. nicht (mit Ausnahme seltener Darst. aus der relig. Welt). In Goethes »Maximen u. Reflexionen« steht der Satz: »Bemalung und

Punktierung der Körper ist eine Rückkehr zur Tierheit«. – Eine bed. Slg. von Musterbüchern (K. Rodemich, C. Warlich) besitzt das Mus. f. Hambg. Gesch. In Kopenhagen ist Ole Hansen berühmt.

O. Lauffer in: Wörter u. Sachen (1914); P. Catani, Das T. 1922; E. Riecke, Das T.wesen im heut. Europa, 1925; H. Bellmann; in: Peßler, Hb.; A. Spamer; in Niederdt. Zs. f. Vkde (1933 u. 34); M. Pacha, Herz in der Hose. 1960; W. Schönfeld, Körperbemalen. Brandmarken. Tätowieren. 1960 (Aus d. Praxis d. Univ.-Hautklinik Heidelbg. u. a.); U. Bauche. Nachl. d. Tätowierers Christian Warlich. Beitr. z. dt. V. u. A.kde 11 (1967); D. v. Engelhardt, D. Bild a. d. menschl. Haut. 1972.

Tatermann → Lätare.

Tatertöpfe, Jütent. Tataren, urspr. Bez. für alle Mongolen, später der Turkvölker, bes. des Volkes an der mittl. Wolga, wurde in dt. Mundarten Bez. der Zigeuner. In Ostpr. trägt der → Kinderschreck diesen Namen, anderwärts ist er auf den → Buchweizen übertragen. Wie der andere Name Heidenkorn, der sich nicht auf Heide als Anbaufeld bezieht, deutet auch er dieses Getreide als aus fremden heidn. Ländern stammend. Den Tatern (Zigeunern, Fremden) wird auch die in Jütland von Frauen hergest. schwarze Tonware der T. oder Jt. zugeschrieben. Ihre Scherben werden bis in die Gegend von Stolp (Hinterpommern) und südl. bis Stendal-Magdebg gefunden. Ihr noch im 19. Jh. sehr altart. Aussehen reiht sie der germ. *terra nigra* der Römerzeit an. Die T. werden durch schwaches Feuer (Schmauchfeuer) vor dem Brennen getrocknet und geschwärzt und durch kreisförm. Muster verziert. Man hat diese Art der Ornamentierung mit Hunnischem in Verbindung gebracht (was an »Zigeuner« denken ließe) oder mit vandal. Überlief., was auf die jüt. Heimat dieses germ. Stammes deuten würde.

Ein bes. Merkmal der T. ist ferner ihre Fertigung aus freier Hand ohne → Töpferscheibe, darin an die schwarzen Kaschubentöpfe erinnernd, die noch um 1840 auf die schles. Jahrmärkte kamen (O. Brunner). An der dt. Nordwestküste kommen seit etwa 1250 Grapen auf, die in ihrer Kugelform und mit den kurzen, nach innen gerückten Füßen an T. erinnern und vielleicht unter deren Einfluß entstanden. → Ton.

J. Klapper, Die Tatarensage d. Schlesier. Mitt. d. Schles. Ges. f. Vkde. 31/32 (1931); A. Steensberg, in: Folk-liv 1939; H. P. Hansen, Jydepotten. Kopenh. 1944; Flensburg, Städt. Mus.

Tattermandl → Salamander.

Tatzelwurm → Drache.

Tauberl im Schlag → Sturmhut.

Taucher → Wasserg.

Taufe. Die christl. T. fand in der augustin. Lehre von der Erbsünde ihre dogmat. Grundlage. Diese Form der Aufnahme in die relig. Gemeinschaft und der Erteilung des christl. → Namens wurde später vom Prot. übernommen, doch nicht von Mennoniten und Baptisten. Die Quäker lehnen die T. ganz ab. Die Kindert., erst um 200 aufgekommen und in der Bibel nicht bezeugt, wird heute wieder zugunsten der Gläubigent. (richtiger: Erwachsenent.) in Frage gestellt (CuW 10. 11. 61 und 6. 4. 62). Prot. Brauch ist die Haust. oder auch eine solche unter freiem Himmel (Berlin 1967). Im 20. Jh. setzten Freidenker an die Stelle der T. die »Kindesweihe«, im Osten die sozialist. »Namensgebung«. – Eine der T. ähnl. Weihe mit reinigendem → Wasser kannten schon die Nordgerm. der vorchristl. Zeit, mit der sie auch die Erteilung des Namens verbanden.

An Stelle des Täuflings sprechen die → Paten das Gelübde. Feste Einrichtung wurde das Patenwesen erst mit dem Mainzer Konzil 813. Bereits das MA. kannte eine bes. Täuflingskleidung, die später zu übertrieb. Prunk und damit zu einschränk. Verboten führte. Bäuerl. Stücke lieben Farbe; aber auch wo das von der Kirche bevorzugte symbol. Weiß gewählt wird, deuten heute noch Bänder und Schleifen auf das Geschlecht der Kinder (Blau – Knaben, Rosa – Mädchen). Häubchen und Kleid wurden in kleinen bemalten → Truhen aufbewahrt (Vorarlb.). → Karsamstag, Hänseln, Handwerk, Wöchnerin, Farbe.

V. v. Renner, Die Geburts- und T.medaillen d. Slg A. Schiestl im Kaiser F. J.-Mus. in Baden. Mitt. d. öst. Ges. f. Münzen- u. Med.kde. Bd. 10/11 (1915); R. Reitzenstein, Die Vorgesch. d. christl. T. 1929; M. Buchberger, Lex. f. Theol. u. Kirche (Lit.); A. Pfleger, Zur T. toter Kinder. Arch. f. Elsäß. Kirchengesch. 15 (1941/42) Lit.;H. Schauerte, Vkdl. zur T. Zs. f. Vkde 53 (1956/57); J. Joachim, Die Kindert. in d. ersten vier Jhh. 1958; J. Müller, Zur T. totgebor. Kinder im Bündnerland. Schweiz. Arch. f. Vkde 54 (1958); F. Maissen, Das Mirakelbuch v. Disentis; ebd. 61 (1965) (Vgl. dazu L. Kriß-Rettenbeck, Das Votivbild. 1958); O. Perels, hg., Begr. u. Gebr. d. hl. T. 1963; L. Wache, Die Täuflingstrachten in Österr. 1966; E. Welti, T.bräuche im Kt. Zürich. 1967; Kartogr.: ADV-NF 34–36 Zeitpunkt, Ort, Teiln. d. Mutter. Weltl. Fest nach d. T. Bez. u. Verbr. Dazu: L. Martin, Brauchtum bei der T. Erläut. zum ADV. 1964.

Tausendblatt → Schafgarbe.

Tausendgüldenkraut (Biber-, Fieberkraut, Roter Aurin; *Erythräa centaurium*). Offizinell kaum noch verwendet, wird das Enziangewächs von Pf. Kneipp empfohlen, wie es schon die → Kräuterb. des 16. Jh. schätzten. Die Antike (→ Diosk.) nützte das bittere Kraut zur Abfuhr galliger Blutsäfte, zur Förderung der Menstruation, als Wundermittel gegen Augenleiden. Unser Name entsprang einer lat. Gelehrtenetymol. Man dachte an *centum* (hundert) und *aurum* (Gold). Die dt. Lehnübers. schon des 15. Jh. ergab T. In Wirklichkeit heilte sich (nach Plinius) der *Zentaur* Chiron eine Pfeilwunde mit diesem Kraut. In Baden heißt es Hundert-T., im Eichsfeld Milliontausendkraut, im Luxemburg. Dausendgoldgöll-Kreitchen. Der Name begünstigte den Vglauben, wonach einem das Geld nie ausgeht, wenn man T. am → Johannistag beim Mittagläuten pflückt und in der Börse verwahrt. Wie anderes → Rot ist die T.blüte auch apotropäisch. In der Lausitz räucherte man damit auf dem Herd bei Unwetter und Blitzgefahr. → Vetym.

H. Marzell, Wb.

tausendj. Reich → Chiliasmus.

Tausendschönchen → Gänseblümchen.

Technische Welt, Technik. H. Bausinger fordert unsere Wiss. auf, »nicht in erster Linie die soz. Grundlagen oder die motivgesch. Zus.hänge kultur. Güter zu erforschen, sondern die bes. Formen der Geistigkeit, welche auf best. soz. Grundlagen best. kultur. Güter hervorbringen«. Die T. W., eine »natürliche Welt«, sieht B. in dreif. Ausdehnung: 1. als Erweit. des Raumbewußtseins, 2. als Beschleunigung der Erlebniszeitmaße, 3. als Übergang der Standeskultur zu einer Einheitskultur. Im gleichen Sinn verlangte Weiß eine »wirkl. hist. Betrachtungsweise der sich progressiv veränd. Vkultur« und bemängelte die Beschäftigung mit »Archäozivilisation«, »Requisitenerstarrung«, »Reliktfg.« und »vskdl. Archäologie«.
Diese grunds. Forderungen verhindern jedoch nicht, daß die T. selbst, im Zuge der heute stark entfalteten Arbeits- und Gerätefg. (→ Ergologie), Gegenstand einer unvoreingenommenen hist. und sachl. Untersuchung wird. Die Brücken, Mühlen, Triebwerke und Arbeitsmasch.,

die etwa O. Lanser in seinem Buch »Tiroler Volkstechnik« darstellt, sind »einers. eigentl. Kunstwerke an techn. Ausgeklügeltheit und Durchführung, andrers. sind sie in erstaunl. Maße landsch. gebunden und ein Ausdruck des v.mäßigen Empfindens« (R. Wildhaber in: Schweiz. Arch. 50). – Anderes freilich enthüllt sich uns, wenn wir in die Welt der Großmaschinen und Motoren, der Computer, Raketen, Raumfahrzeuge und Atomkraftwerke blicken. Über die Weltausst. 1970 in Japan sagte ein Bericht: »Die Zweifel, daß dem techn. Fortschritt die Harmonie folgt, sind durch Osaka noch größer geworden«. → Industrie, Stadt, Vkde.

H. Bausinger, Vkultur in d. techn. Welt. 1961; V. v. Geramb über E. Diesel: Philosophie am Steuer. Öst. Zs. f. Vkde 52; A. Maisen, Das künstl. Holzgeleit in Graubünden. Schweiz. Arch. f. Vkde 55 (1959).

Tee → Kaffee, Speis u. T.

Telegonie → Versehen.

Teller → Schüssel.

T.laufen → Sackhüpfen.

T.saat → Adonis.

Tempel (lat. *templum*). In der Antike war der T. das Wohnhaus der Gottheit. Die urspr. Bed. war ›ausgeschnittenes Stück‹, d. h. ein geheiligtes Quadrat zur Beob. des Vogelflugs (→ Orakel). Das wie Abt, Altar u. a. christl. Bez. in ahd. Zeit entlehnte Wort verdrängte einheim. Namen für ›Heiligtum‹. Auf Bergen und in heiligen Hainen (→ Wald), sagt Tacitus, opferten die Germanen den Göttern. Hier hingen heilige Tierbilder und die Zeichen, die im → Flurumgang (→ Freyja) und in der Schlacht (→ Fahne) mitgeführt wurden. Erst unter dem Einfluß röm. Kultur scheinen Götterbilder in großer Zahl und auch T. aus Holz, zuerst wohl im Süden, entstanden zu sein. Sie waren → Asyl und wurden auf dt. Boden wie in Skandinavien mit Weihgeschenken geschmückt. → Matronen.

J. Grimm, Dt. Mythologie; Diepolder, Der T.bau d. vorchristl. u. christl. Zeit. 1881.

Tempelschlaf. Als T. bezeichnet man den Brauch, zur Erkundung der Zukunft oder zur Erfahrung eines anzuwendenden Heilmittels an heiliger Stätte (Tempel, Grab, Quelle, Kreuzweg, Höhle) zu schlafen. Im Traum erhoffte man sich die Offenbarung der Gottheit. Aus antikem Glauben übernahm schon das frühe MA., auch in seinen hohen und höchsten Ständen, den T. oder die *incubatio.*

E. Stemplinger, Antiker Aberglaube in modernen Ausstrahlungen, 1922; M. Hamilton, Incubation or the Cure of disease in Pagan Temples and Christian Churches, 1926; R. Herzog, Wunderheilungen von Epidauros, 1931.

Temper → Quatember.

Tennengras → Vogelknöterich.

Tennis (aus afrz. *tenez* ›nehmt, haltet‹). Das Spiel mit Schläger, Ball und Netz ist ein typ. Beispiel für die oberschichtl. Neueinf. eines bei uns gesch. erloschenen, früher in städt. Schichten geübten → Vspiels. Im frühesten ital. MA. als *giuoco della corde* entwickelt und in Frankr. als *Jeu de la courte paume* (p. ›innere Handfläche‹) vom 13. bis 17. Jh. blühend, war das Spiel seit dem 14. Jh. auch in Dtl. bekannt (alte Darst. von gedeckten Ballhäusern), erlosch aber im 30j. Krieg. In England, wohin das Spiel im 14. Jh. kam, wurde das T. im 19. Jh. zum Spiel auf dem Rasen (Field-T., später Lawn-T.). Vor 1930 umfaßte der dt. T.bund 761 Vereine und Klubs mit 78000 Mitgliedern, von denen 15000 Jugendl. waren. Heute kann T. als Vsport des Wohlstandsbürgers bez. werden, der außerh. des streng geregelten Spiels auf dem Sandplatz auch bes. Formen des Gemeinschaftslebens pflegt. (z. B. bei der Hochzeit eines Klubmitgliedes).

E. Matthias, T. 1927.

Teppiche, Decken, Ryen. Im 18. Jh. hatte die sogen. R.-Weberei auf den finn. Gütern wie in den Bauernsiedlungen ihre letzte große Blütezeit. Ihr gehören auch die ostpreuß. (masur.) D. an, die bes. Konrad Hahm bekannt gemacht hat und für das Berliner Vkde-Museum erwarb. Wie die (nach Clasen) nahe verwandten schwed. und finn. R. entstanden auch die ostpr. T. durch → Knüpfen (Smyrnatechnik), wobei für das Grundgewebe starker Hanffaden als Kette und scharf gezwirnte Wolle als Schuß benutzt wurden (→ Weben). Zwischen 2–4 reihig eingewebten Streifen bilden die aufgeschnitt. Smyrnaknoten einen 2–4 cm langen schimmernden Flor. Die Muster (Rauten, Hirsche, Schafe, Lebensbaum, Blumen) treten nicht so deutlich hervor wie in den orient-T. Figuren, die selten sind, verraten Vorbilder des 18. Jh. Von bes. Reiz sind die Farben, die durch Mischung des Garns bis zu 19 Töne erreichen. Zur R.-Ausstellung (Berlin 1926) bemerkte K. Hahm: »An Farben erzeugte man Schwarz und Weiß aus der versch.farb. Schafwolle, Braun aus Tannenzapfen und Steinmoos, Blau aus Indigo mit Urin und Wasser gekocht, Rot aus Wurzeln von Labkraut oder Birken- und Erlenrinde, gekocht in Aschenwasser. Daneben brauchte man aber auch Cochenille, Krapp, Alaun«. Diese Werke vtüml. T.knüpferei dienten als Wandschmuck und Bettdecke, für Wagen und im Winter für Schlitten. Einfarbige D. verwendete man in Haushalt und Stall. – Verloren ist heute die Technik der auf Segelleinen gearbeit. T. der Darßer Seefahrer. Eine elsäß. Bes.heit sind die Strickt., die nach farb. patronierten Vorlagen die Maschen zählten und die Fransen bes. ansetzten. Der fertige T. wurde gewalkt und geschoren. Mit seinen Ranken, Pfauen und Papageien machte er einen eher oriental. Eindruck. Auch das spätere franz. Königswappen wie der alte Doppeladler der elsäß. → Stühle findet sich.

Arbeitslose Fischer der pomm. Ostseeküste (Freest an der Peenemündung, Lubmin am Greifsw. Bodden) nahmen nach dem 1. Weltkrieg das T.knüpfen als Hausind. auf, wobei die Schafzucht der Landsch. die Wolle lieferte. Die Fischer verspannen sie z. T. selbst und färbten sie mit überlief. Pflanzenfarben. »In eine baumwollene Kette werden pro Quadratmeter 68 000 Knoten geknüpft, eine Qualität, die den orient. Erzeugn. nicht nachsteht« (W. Schuchhardt). Zugute kam dieser Arbeit die alte Vk der Fischer im Schnitzen und im Fertigen von T. aus verbrauchten Segeln.

In Ostpr. und Pommern, bes. aber in Süddtl. (»Allgäuer T.«) und Österr. noch heute, stellen T.weberinnen die Fleckelt. her, wobei Textilreste aller Art in Streifen geschnitten, aneinandergenäht und aufgespult als Schuß in Hanfkette verwendet werden.

K. H. Clasen, Ostpreußen (= Dt. Vkunst, 10). (1928); K. Hahm, Führer d. d. Ausstg. Finnischer R., 1926; W. Borchers, in: Pomm. Heimatpflege 4 (1933); W. Schuchhardt, Textilien; in: Spamer, Vkde.; K. Hahm, Ostpreuß. Bauernt., 1937; H. Stroschein, Pommersche Fischert., 1939.

Tesseln → Maß.

Teufel, (gr. *diabolos* = Verleumder, Entzweier). Aus dem Dualismus der Lehre Zoroasters drang die Vorst. vom T. und s. Dämonen in Judentum (Satan, → Belzebub) und Christentum. Letzt. sieht im T. (Luzifer) den Fürsten der verführten und in die Hölle gestürzten Engel und den Verursacher des Sündenfalls. Während die Heiligenlegenden meist lit. beeinflußt sind, entstanden eine Unzahl von T.sagen im Volke selbst. Sie füllen viele Seiten in allen landsch. Sagenslgn. Schon dies deutet darauf hin, daß der in ursprünglicher christl. Lehre als böser Engel und körperloses Geistwesen gedachte T. im Vglauben konkrete Züge erhielt. In der Vorstellung der Christianisierten nahmen die Götter und Riesen die Gestalt von Unholden an, mit gewaltiger Kraft und gutmütig. Neue dämonistische Züge kamen in das T.bild durch die Übersteigerung des Hexenglaubens im MA. T.beschwörung, T.buhlschaft (→ Incubus) und T.pakt wurden Gegenstand von Prozeß und Folter. Der T. wird der oberste Hexen- und Zaubermeister, der Lehrer der → Hexen, der sich auch hinter der Gestalt des wilden Jägers, des → Freischützen usw. verbirgt. Er wird Höllenfürst und Widersacher Gottes, der im Brauch überall als Gegenpart der hellen himmlischen Macht erscheint (als Pluto, Klaubauf, Krampus). Sein → Name wird → tabu und durch viele Decknamen ersetzt. Zeiten und Mittel der Abwehr des T. (Kreuz, Weihwasser, aber auch der → Fluch) kennt der Vglaube in ebenso großer Zahl wie für die Hexen (→ die einz. Jahresfeste, Pflanzennamen usw.). Ein interessantes Kapitel der hohen wie der Vk. bildet die Ikonographie (Bildgeschichte) des T. Am gedankenlosen Ausverkauf relig. Grundbegriffe (→ Taufe) hat auch der T. Anteil. Aus der Sprache von Film und Zeitung (»Feuert.«) ist er nicht wegzudenken. Anderers. will der (anglikan.) Katechismus das Wort T. ausmerzen und dafür »das Böse« und »das Übel« setzen (1961). Die kath. Kirche wiederum hat (1968) in der l. Vaterunserbitte das »Übel« getilgt und es durch das »Böse« ersetzt. Oder ist der Böse gemeint? (»Erlöse uns von dem Bösen«). → Dämonen, Fasnacht, Faust, Fenken, Gangger, Horn, Name, Kaspar, Kuckuck, Limes, Luther, V.schauspiel usw.

J. Grimm, Dt. Mythologie; Grimm, Dt. Wb. XI, 1, 265–294; G. Roskoff, Gesch. des T. 2 Bde., 1869²; M. Osborn, Die T.literatur im 16. Jh., 1893; A. Wünsche, Der Sagenkreis vom geprellten T., 1905; O. A. Erich, Die Darst. des T. in d. christl. Kunst, 1931; H. Obendiek, D. T. bei M. Luther, 1931; A. Wesselski, Das Recht des T. auf Arbeit. Niederdt. Zs. f. Vkde 10 (1932); P. Aebischer, Le diable. Schweizer Arch. f. Vkde., 1933; J. Levron, Le diable dans l'art. Paris 1935; E. Merkel, Der T. in hess. Hexenprozessen. Diss. Gießen, 1939; V. Höttges, Typenverz. d. dt. Riesen- u. ries. T.sagen. Helsinki 1937; L. Röhrich, Der Dämon u. sein Name. 1951; E. Schneider, Die T.-Flurnamen. Rhein. Jb. f. Vkde 5 (1954) (143 Beisp.); H. Marzell, T.kräuter. Ein Beitrag z. bayer. »Flora diabolica«. Bayer. Jb. f. Vkde (1955); H. F. Haefele, T. u. Dämon in d. Gesta Karoli. Wackernagel-Fs. 1955; W. Fraenger, Der vierte König . . . Dt. Jb. f. Vkde 3 (1957); R. W. Brednich, Der T. u. d. Kerze. Fabula 6 (1963); C. Seignolle, Les évangiles du diable selon la croyance pop. Paris 1964 (Der T. im frz. V.glauben); L. Röhrich, T.märchen u. T.sagen. In: Sagen u. ihre Deutung. 1965; M. Osborn, Die T.lit. d. 16. Jh. 1965; T.bücher in Auswahl. W. de Gruyter, 1970ff.; R. Stambaugh, T.bücher in Auswahl. 2. Bd. 1972. (Kleider-, Tanz-, Huren-, Hausf.).

Teufelheilen → Nebel.

T.auge → Bilsenkraut.

T.brot → Herbstzeitlose.

T.feder, -leiter → Farn.

T.finger → Belemit.

T.geld → Wechseltaler.

T.hand → Knabenkraut.

T.kirsche → Zaunrübe.

T.pakt → Hexe.

Textildruck → Zeugdruck.

Textilien (wie das andere Lehnwort Text von lat. *textus* ›Geflecht, Gespinst‹). Heute versteht man auch in der Vkfg unter T. nicht nur die Webware, sondern im Ursinn des Wortes die Gesamth. von verarbeit.

Flecht- und Spinnstoffen, also auch das, was durch → Wirken, → Strikken, → Häkeln usw. zum Teil auch durch → Flechten entstanden ist.
W. Schuchhardt gliederte die T. nach dem Werkvorgang in drei Gruppen: 1. gewebte, gewirkte und geknüpfte T. 2. weibl. Handarb., die ein eig. Fadengebilde erstellen durch Flechten, Knüpfen, Stricken, Häkeln und Klöppeln, 3. Nadelarb., die einen vorhand. Gewebegrund verzieren durch Sticken, Aufnähen, Filet, Durchbrucharbeit, Nähspitze.
Schlichter Werkstoff (Wolle, Baumwolle, Hanf, Flachs), einf. Herst.weise (Flechten, Knüpfen), unmittelb. Zweckbst. und Brauchgebundenheit wie auch best. Züge des künstler. Geschmacks weisen T. in das Gebiet der Vk; Seide, Gold und Silber wie auch → Spitzen und anspruchsvolle Gewebe (→ Damast) sind zunächst Eigentum der städt. Oberschicht. Doch ist hier wie sonst in der Vkultur ein Nehmen und Geben ständige Erscheinung. Auch hier ist es richtiger, statt von Steigen und Sinken, von dem immerwähr. Wandel der Kulturgüter innerh. der soz. Schichten zu sprechen.
Noch vergänglicher als Holz, sind T. aus Vor- und Frühgesch. nur selten erhalten. Aus dem größeren Reichtum an hist. Zeugnis. in Holz, Ton und Metall erklärt sich auch z. T. die fortgeschrittenere Fg auf diesen Gebieten. Erst nach dem 30j. Krieg vermehrt sich der Bestand an Zeugn. auch für T. Mit dem Schwinden der städt. wie der ländl. → Tracht allerdings wird der textilen Vk der wichtigste Boden entzogen. Sie wird mehr und mehr zur Freizeitübung und zur → »weiblichen Handarbeit«, entfaltet hier aber eine große Breite der Formen und Anwendungen.

Mit Recht wird neben der lange bevorz. Erfg. der T. in V.kleid und Brauch heute die Erhellung der Technologie (Werkstoff, Arbeitsmittel, Arbeitsweise), der künstler. Motivwahl und Formgebung, nicht zuletzt des soz. Austausches wie der kulturgeogr. Verbr. einz. Erscheinungen gefordert. Justus Brinkmann, Michael Haberlandt, Karl Spieß, Bruno Schier u. a. wiesen den Weg.
Neben Werkstoff, Technik und Formgebung bildet die → Farbe ein unterscheid. Kennz. vtüml. T. Jeder kennt die rotweiß oder blauweiß gewürfelten »Bauernbetten«. Zuweilen beschränkt man sich auf blaue oder rote Querstreifen auf weißem Leinengrund. Ostpreußen schätzte reiche Farbschattier. (Taschentücher mit doppelfarb. Umrandung des Grundtons; Wagen- und Schlittendecken mit farb. Kett- und Schußwechsel). Eine geköperte ostpr. Decke zeigt nach W. Schuchhardt »Sechs verschied. Farben bald längs-, bald quergestreift in feinsten Abstufungen (dunkelbraun, rotbraun, dunkelolive, hellolive, erbsengrün, beige)«. Eine kräftige Farbigkeit liebte vor allem die Tracht, ehe die gedämpften Farben des 19./20. Jh. Mode wurden. Die Lona (von roman. *lana* ›Wolle‹) der alten Montafonerin hatte einen kräftigen Schuß von krappfarbener Wolle in einer Kette von Leinen- oder Hanffäden. In der nd. Heide wird für Gewebe des gleichen Bedarfs abwechselnd 1 cm Schwarz und 1 cm Grün (oder Rot und Braun) eingetragen. Im sogen. Vierkamm des pomm. Weizackers wechseln Rot und Schwarz, im Blaubund Schwarz und Blau. Seit altem hießen solche Gewebe im V.mund → Beiderwand. → Ergologie.

E. Flemming, Textile Künste. (1924); W. Schuchhardt, T. in: Spamer, Vkde; H. Metz,

Die textile Aussteuer e. Schwälmer Braut. In: V.werk (1924); E. Meyer-Heisig, Weberei, Nadelwerk, Zeugdruck. 1956; A. Jaumann u. G. Rordorf, Neues großes Hb. d. T.kde. [2]1956; H. F. Rosenfeld, Wort- u. Sachstudien. 1958; T. in d. überl. V.kultur. Führer d. Mus. f. Vkde, Bln. 1962; Dörfl. Textilkunst aus d. nördl. Hessen. Kat. d. Ausst. Marbg. 1965.

T.kunst → Weben usw.

Tebaische Legion, 22. 9. Nach der Legende eine Truppe christl. Soldaten des Orients, die 285 dem röm. Kaiser Maximianus Herculius gesandt wurde. Bei Octodurum soll sie niedergemetzelt worden sein, weil sie die Teilnahme an der Christenverfolgung verweigerte. Ihr Anführer war → Mauritius.

Berg, Der hl. Mauritius u. d. T. L., 1895.

Thama, Thamsen → Thomas, Masken.

Theater → Vschauspiel, Puppenth.

Theobald, hl. (30. 6.) Einsiedler in Pettingen (Luxemburg), † 1066 in Salanigo (Oberitalien). Patron der Köhler. Ohne ursprünglich aus diesem Heiligenfest zu stammen, ist in Thann (Vogesen) ein spätes Sonnwendfeuer auf den 1. Juli gelegt. Waldtannen wurden neben dem Münster in Brand gesetzt. Die Kohle gilt als Schutzmittel und wird mit nach Hause genommen. Attr.: Schuhmachergerät. → Jahresf., Johannisfeuer.

Weicherding, Der hl. T. von Provins, Patron der Handwerker, 1879; J. Clauss, Die Heil. i. Elsaß. 1935.

Theodul, hl. (16. 8.), Theod. v. Octodurus, Bischof v. Sitten. Der Walserheilige, von dem der Th.paß am Matterhorn seinen Namen hat. Die Auswanderer aus dem schweiz. Wallis brachten im Spät-MA die Verehrung des hl. Th. nach Vorarlb. (Tannberg und bes. Großes und Kl. Walsertal), wo jährlich das Th.fest gefeiert wird. Attr.: glocketragender Teufel.

Lex. f. Theol. u. K. [2]1965.

Theurgie → beschwören.

Thing, Ding. Die germ. Gau- und Landesversammlung, die Gericht hielt, Gesetze gab u. Opfergemeinschaft war. Gebotenes D. rief bei besonderem Anlaß zusammen, das ungebotene D. fand regelmäßig zu Neu- und Vollmond im Frühling statt. Unser Wort dingen bedeutete im mhd. noch ›Gericht halten, Vertrag schließen‹. Im Wort D. (=Sache) ist die alte Bedeutung ebenso verblaßt wie im Wort Sache selbst, das früher ›Streit, Rechtssache‹ bedeutete (vgl. noch Widersacher, Sachwalter). Abgesehen von Steinen und Denkzeichen sehen wir Sinn und Gestalt des germ. D. erhalten in der Schweizer Landsgemeinde (z. B. Glarus 1934, Uri bis 1928). Nach 1933 suchte man mit der Gestaltung von Th.plätzen an alte Überlief. (Dorfplatz, Anger, Tanzlaube) anzuknüpfen. → Dienstag, Gericht, Ziu.

H. Brunner, Dt. Rechtsgesch., 2 Bde., 1906 u. 1928[2]; Über den Tie, Anger, Brink usw. s. Kück und Sohnrey, Feste und Spiele des dt. Landvolks, 1925[3].

Thomas (21. 12. Attr.: Winkelmaß). Mit Absicht legte die Kirche das Fest des hl. Apostels, der am längsten an Christi Sendung zweifelte, auf die längste Nacht im Jahr. Als kürzester Tag im Jahr zeigt der T.tag in Brauch und Glauben Ähnlichkeit mit → Neujahr oder anderen → Jahranfängen. Von T. bis → Weihnachten sind die → »Zwölften« oder → »Rauchnächte«. Am gleichen Tag begannen früher die Weihnachtsferien der Kinder. In Böhmen, Thüringen, Baden ist T.nacht »Durchspinnacht« oder »Langenacht«, die mit Spiel und Tanz, mit Trunk und Schmaus gekürzt wird. In Siebenbürgen wurde das Spinnen in der Rockenstube beendet und das Werkzeug (Spindeln, Rocken) von den Knechten zerstört

u. dem Feuer übergeben. Im böhmischen Riesengebirge wurde auch ein paar Nächte durchgesponnen, um sich vom Gewinn vergnügte Weihnachtststage zu machen. In Steiermark hielt man viel auf dem »Rachen und Sprengen« mit Rauchwerk und Weihwasser. Nach altem Brauch wurden die »Elemente« (Wasser, Feuer, Wind) gefüttert. Im Osten des Landes stieg man früher auf den Gipfel des Rabenwaldes, um in die Richtungen der → Windrose zu räuchern und zu sprengen. Beim Räuchern von Hof, Stall und Schlafkammer sagte man: »Glück herein, Unglück hinaus!« In Böhmen glaubte man, T. fahre in einem feurigen Wagen umher. Wenn man ihn hörte, kniete man nieder und sprach das »T.gebet«. Um 2 Uhr kam der Nachtwächter, blasend und singend, als Bischof verkleidet. Im Böhmischen und Bayrischen Wald erscheint T. auch sonst unter den Weihnachtsgestalten, während er zugleich als »Thama mit'n Hama« (Hammer) den Kindern große Furcht einflößt. Mythengeographisch berührt sich dieses Gebiet mit dem der → Luzia und → Bercht. Früher war T. auch in Schwaben Bescherungstag. In der Lüneburger Heide brachte »Thoms« den Kindern Äpfel und Nüsse (über die heutige Gestalt des T.brauches in Hannover vgl. Beitl, Dt. Vkde., S. 340f.). Wohl Übertragungen der nachkath. Zeit stellen folgende Bräuche dar: das »Thamsen« in Nordfriesland (Verschleppen aller drehbaren Geräte durch junge Burschen; vgl. o. Rockenverbrennen) und das Weihnachtsgeschenk, das im nördl. Schleswig die Kinder dem Lehrer bringen (→ Konfession). T.nacht war zuweilen auch die letzte der → Klöpfelnächte.

Wie zu → Andreas und an manchen anderen übertragenen Jahranfangtagen wird zu T. die Zukunft gedeutet durch Schuhwerfen, Horchen auf Kreuzwegen, Scheitergreifen, Bleigießen, Zettellegen, Anrufen, Betschemeltreten und andere → Orakel. Die meisten sind Liebesorakel. Vom kommenden Gatten träumt die Dirn, wenn sie von der unüblichen Seite ins Bett geht und sich mit dem Kopf zum Fußende hinlegt, vorher aber – beim Betreten der Stufe zum Bettkasten – den Spruch sagt:

> Bettstaffel, i tritt di,
> heiliger Thomas, i bitt di,
> laß mir erschein'
> den Allerliebsten mein.

Diese und ähnliche Zukunftserforschungen sind weit verbreitet (Siebenbürgen, Ungarn, Österr., Böhmen, Schlesien, Erzgebirge, Thüringen, Schwaben, Tirol, Baden). – T.tag ist auch Verdingtag für Knechte und Mägde (Schlesien). Beim Schuhwerfen setzen sich alle Mädchen von der Tür abgewandt in die Stube und schleudern mit der Fußspitze den Schuh über sich zurück. Wenn die Schuhspitze zur Tür weist, bedeutet es Heirat oder neuen Dienst. Wie zu Neujahr wird an T. der → Letzte in der Schule als »Domesesel« (Westfalen), der Letzte im Bett als Luilak (Faulpelz; Holland) gekennzeichnet.

Besondere Gebäcke spielen, wie überhaupt zur Weihnachtszeit, zu T. eine Rolle und waren schon im MA. Brauch. In Österr. wird »Klötzenbrot« oder »Weihnachtszelten« am Vorabend von T. gebacken aus gedörrten Birnen (Klötzen), Weinbeeren, Feigen, Nüssen usw., ein großer Zelten für die Familie, ein kleinerer für die Mägde. Das Familienbrot wird dreimal geräuchert und erst am Stephanstag angeschnitten. In Grüneberg in Schlesien gibt es T.strizeln. In Westfalen wurden zur »Rittbergischen Hochzeit« in der T.nacht aus Kartoffeln und Buchweizenmehl in den bekannten → Waffeleisen Kuchen gebacken.

Auch für Wetter und Wachstum ist der T. wichtig. An diesem Tag gefälltes Holz ist gut, ist »Ewigkeitsholz« (Nußdorf am Inn). Beim Klötzenbrotbacken gehen die Mägde mit den teigigen Armen hinaus und umarmen die Obstbäume, damit sie viel Frucht ansetzen. Zwischen T. u. → Lichtmeß, in den blauen sechs Wochen, soll man die Eichen beschneiden (Sauerland).

O. v. Reinsberg-Düringsfeld, Das festliche Jahr, 1863; P. Sartori, Sitte und Brauch, 3. Bd., 1914; V. v. Geramb, Dt. Brauchtum in Österr., 1926; C. M. Bergstrand, Tomas i Västergötland. Folkm. och folkt. 30 (1943); E. Burgstaller, Über ein. Gestalten d. Th.braucht. in Oberösterr. Mitt. d. Anthrop. Ges. in Wien 95 (1965). – Atlas v. Oberösterr. → Weihnachten.

Thomas Ebendorfer, Haselbach (Oberösterr.) 1387 – Wien 1464, Historiker *(Chronicon Austriacum)* u. gelehrter Theologe, der in seinen Traktaten Brauch und Glauben des Volkes berücksichtigt (Bercht, Habundia, Zauber mit Buchstaben und Wachsbildern, Angang, Orakel, Totenbeschwörung, Opfer am Pilbisbaum usw.). Über den Inhalt des Traktates *De decem praeceptis* berichtete Schönbach in der Zeitschr. d. Ver. f. Vkde. 12.

Thoms → Thomas.

Thor → Donar, Eberesche.

Thymian (ahd. *thimian*, über got. *þwimiama* aus gr. *thymiama* ›Räucherwerk‹; Quendel, Karwendel, Kudlkraut, Hühnerbollen, Feldpolei; *Thymus serpillum*). Andere V.namen deuten auf den Duft (Wilde Rosmarin, Feldkümmel), auf die Besucher (Biensaug, Immenkraut) oder auf die Bed. als → Frauenkraut (Liebfrauenbettstroh, Jungfernzucht, Demutkraut, Mariken). Ein Absud aus T. soll geronn. Blut lösen (Menstruation, → Nachgeburt) oder auch die tote Leibesfrucht fördern. T. regt die Lebensgeister an und ist zuweilen auch → Aphrodisiakum. Er wird der Kälberskuh in den Trank gemischt oder (in Schlesien) der kluckenden Henne ins Nest gelegt. Maria habe auf der Flucht auf einem T.rasen geruht, sagt die Kinderlegende. In Altbayern ist T. »Kranzlkraut« und kommt für die Proz. zu → Fronleichnam ins »Antlaßkranzl«, das gegen manchen Schaden gut ist. Eine verbr. Sage erzählt, wie der Teufel in Jägergestalt um Mitternacht am Kammerfenster eines Mädchens mit Jammergeschrei entfloh, als er am Fenster Kudlkraut und Widritat (→ Widertonmoos) erblickte.

Der aus Südeuropa stammende, ir Gärten gezogene T. (Gartent., Röm. Quendel; *Thymus vulgaris*) ist Küchengewürz und durch das äther. Öl der oberird. Teile für Bad und Kräuterkissen, für Magentee und bes. gegen Keuchhusten in vmed. Gebrauch.

Ticksoeg → Sauball.

Tierbad → Eingeweide, Kopf.

Tiere. Die germ. Völkergruppen der späten Steinzeit kannten Pferd und Rind, Schwein, Hund und Huhn als Haustiere. Von wildlebenden T. berichten Höhlenzeichnungen und die Funde der Ausgrabungen. Von den noch heute vorkommenden und für Volksglaube und -brauch, für Sprache und Sage bedeutungsvollen T. sind vor allem zu nennen: Wolf, Bär, Fuchs, Luchs, Wildkatze und Hirsch. Auch bei den Fischen sagen uns die Namen und alte Berichte (Venantius), daß der Fischer des alten Germanien vor einem Überfluß stand. Forelle, Hecht, Hering, Karpfen, Aal, Salm u. a. waren bekannt. Von den in der Nacheiszeit in Wald und Feld lebenden Vögeln sind dem heutigen Volksleben vor allem vertraut: Lerche, Drossel, Schwalbe, Sperling, Specht, Rabe, Krähe, Kuckuck, Storch, sowie die von den Menschen entfernter lebenden Eule, Uhu, Möwe, Kranich, Habicht und Adler. Zahlreiche Weichtiere und Gliederfüßler gehören schon dem alten Germanien an, wie auch die unscheinbaren Nacht-, Weg- und Wassertiere Biber, Fischotter, Molch, Eidechse, Maulwurf, Schlange.

Unsere Zeit kennz. die Notwendigkeit der T.schutzvereine nicht weniger als die Vermenschlichung des T., wenn etwa Zoodirektor Grzimek in seiner Erneuerung des Großen Brehm nur noch von Mann, Frau und Kindern, von Liebe und Heirat der T. spricht. T. werden nicht nur prämiiert, sondern auch dekoriert, bes. treue Blinden-, Wach- und Schutzhunde. »Am Welttierschutztag könne der Orden selbstverständlich angelegt werden. Rot-Brueser betonte, nicht nur Hunde, sondern auch Katzen, Pferde, Schweine und Kühe können eine Medaille bekommen, ›theoretisch sogar ein Krokodil‹« (Tsp. 2. 9. 1965). T.friedhöfe sind in Großstädten nicht selten. Auf dem T.friedhof an der Dessauer Straße in Berlin-Lankwitz ruhen 1750 Hunde, Katzen, Vögel, auch Affen, Ponies und sogar eine Ziege. Eine Frau zündete am Todestag ihres Spitz ein Lämpchen an. Auch der Geburtstag eines Hundes wird gefeiert (BZ. 23. 7. 1962). In England und Frankr. war es Prozeßfrage, ob das Grab einer Dogge das christl. Kreuz tragen oder ob der »liebe Felix« im Familiengrab der Besitzer Platz finden dürfe. Kontaktarmut und Einsamkeit bes. alter Menschen und die Liebesleere unserer automatis. Welt stehen hinter solchen Erscheinungen. → Die versch. T.namen, ferner Vorzeichen, Weihnachten, Ungeheuer, V.sprache.

J. Grimm, Dt. Mythologie. Kap.: Bäume und Tiere, 1854; A. de Gubernatis, Die T. in der indogerm. Mythologie, dt., 1874; Sloet, De Dieren in het germaansche volksgeloof en volksgebruik, 1887. Hehn, Kulturpflanzen und Haustiere, 1894[6]; Hahn, Die Haustiere und ihre Beziehung zur Wirtschaft des Menschen, 1896; J. Jühling, Die T. in der dt. Vmed., 1900; R. Riegler, Das T. im Spiegel der Sprache, 1907; ders., Zahlreiche ausführliche Artikel über T. im HDA; H. Suolahti, Die dt. Vogelnamen, 1909; K. Knortz, Die Vögel in Gesch., Sage, Brauch u. Literatur, 1913; H. Marzell, Die T. in dt. Pflanzennamen, 1913; O. Abel, Die vorweltlichen T. in Märchen, Sage u. Aberglauben, 1923; K. Kampf, Das T. in der dt. Volkssage der Gegenwart, Diss., 1932; Über T.namen, Lock- und Scheuchrufe vgl. R. Beitl, Dt. Vkde., 1933; S. 362–366; O. A. Erich, Die T.-Allegorie. V.werk, 1943; B. Kummer, Schaffhausen. V.-T.kunde, 1950; H. Rosenfeld, Die Magie d. Namens. Bayer. T.kosenamen als vtüml. Sprachschöpfgn. Bayer. Jb. f. Vkde (1950); L. Röhrich, Hund, Pferd, Kröte und Schlange als symbol. Leitgestalten in V.gl. u. Sage. Zs. f. Rel.- u. Geistesgesch. 3 (1951); H. Findeisen, Das T. als Gott, Dämon u. Ahne. 1956; M.-L. Rosenthal, Das Wb. d. dt. T.namen. Dt. Jb. f. Vkde 4 (1958); H. Kemper, Die t.ischen Schädlinge im Sprachgebr. 1959; Wb. d. dt. T.namen, hg. v. W. Wissmann, bearb. v. W. Pfeifer: Insekten 1963ff. Beihefte: W. Pfeifer, Käfer. 1963; ders. Schabe. 1965; G. Nitsche, Die Namen d. Libelle. 1965; W. Pfeifer, Span. Fliegen u. Maiwürmer. 1966 (Vgl. auch die Monogr. z. Dt. Wortatlas); K. Lorenz, Das sogen. Böse. 1963; C. Hentze, Die Wanderung d. T. um d. hl. Berg. Symbolon 4 (1964); W. v. d. Steinen, Altchristl. – mal. T.symbolik. ebd. Basel; K. Sälzle, T. u. Mensch, Gottheit u. Dämon. 1965; G. Rohlfs, Die T.welt u. d. Sexualmethaphern. In: G. R., Lengua y Cultura. Madrid 1966; F. E. Zeuner, Gesch. d. Haust. 1967; T. in d. Kunst. Kat. Köln 1967 U. Bentzien, T.eigennamen. Dt. Jb. f. Vkde 14 (1968); V. de Osa, Das T. als Symbol. 1968; K. Haiding, Das »Weisende T.« in steir. Vsagen. Zs. hist. Ver. f. Stmk. 62 (1971); Kartogr. VAN 24–28 Schutzheilige d. T.

Tierkopf → Schädel, Kopf.

Tisch (v. gr. *diskos* ›Scheibe‹). Wie die meisten → Möbel des Bauernhauses ist auch der T. ursprünglich Arbeit des → Zimmermanns und fest mit dem Gebälk des Hauses verbunden oder, im Niedersachsenhaus, ehemals auf eingerammten Pfählen ruhend (Flechtner). Eine Frage des → Atlas der dt. Vk. ergab in etwa 1/8 der positiven Antworten, daß es in älteren Häusern »zuweilen« noch T. gebe, die am Fußboden befestigt sind. Noch höher war die Zahl von wandfesten T. Vom vorgot. T., der an die Wand geklappt werden konnte, zeugt noch unsere Redensart »die Tafel aufheben«. Für die frühgesch. Zeit Dtls. ist freilich eine entgegengesetzte Entwicklung zu verzeichnen, die von dem leichten, niedrigen Speisebrett (Tacitus: *sua cuique mensa*) zum schweren, festen T. führt.

Im Aufbau der T. ist zu unterscheiden zwischen dem abgewandelten gotischen Schragent., bei dem die Platte auf Böcken ruht, und dem Stollent. mit senkrechten Pfosten. Letzterer, durch Kolonisten und Handel in Küstenländern (hauptsächlich in den Elbmarschen) aus Holland eingeführt, hat ausgesprochenen Barockcharakter. Bei beiden Arten wird der Raum zwischen den Brettern der Zarge und unterhalb der Tischplatte auf verschiedene Weise zu Kästen und Schubfächern ausgenutzt. Schragen-T. mit gespreizten Beinen haben sich in den bayrischen und österr. Alpenländern erhalten. Lebendige Volkskunst ist der »Montafoner-T.« auf gotischem Schragen, mit reicher → Einlegearbeit um die Schiefermitte der Platte.

Als Mittelpunkt des Mahls und als Träger der Speise besitzt der T. ähnl. Heiligkeit wie der → Herd. Den T. absichtlich umzuwerfen, galt als grobe Rechtsverletzung. Im 17./18. Jh. durften die Salpeter suchenden »Saliterer« in Bayern den Fußboden nicht aufreißen, soweit der Tisch reichte (Karlinger). Den T.winkel (→ Herrgottsw.) krönen Kruzifix (kath.) oder Bibelbrett (prot.), um Weihn. auch das »Kripple« (Schwaben). Was im T.winkel steht, bleibt beim Verkauf des Hauses zurück.

A. Flechtner, in: Zs. f. Vkde 13 (1903); R. Uebe, Dt. Bauernmöbel. 1924; H. Schlenger in: Jb. f. hist. Vkde. 3/4. Bd. 1934; K. Rumpf, Alt-Kasseler Schreinerkunst im 16. u. 17. Jh. Zs. d. Ver. f. Hess. Gesch. u. Lkde 75/76 (1964/65); U. Bauche, Landtischler, T.handw. u. Intarsienkust in d. Vierlanden usw. 1965.

Tischler (ostdt.) Schreiner, (süd- u. westdt.). In dem Maß, in dem die urspr. mit Wand und Fußboden (→ Tisch) fest verbund. Einrichtung des Hauses beweglich (mobil, → Möbel) wurde, löste sich das → Handwerk des T. von dem des → Zimmermanns. Dessen Abzeichen ist die Axt. Hobel und Leim sind dem T. vorbehalten. Der Z. darf nicht nageln und schrauben, der T. verbindet mit Schwalbenschwänzen und Zapfen. Die Verkleidung der groben Blockwand, anfangs noch Arbeit des Zimmerers, wurde schon Ende des MA., bes. aber mit den steigenden Ansprüchen in Renaiss. und Barock, Aufgabe des T. (→ Stuben im Tir. Vk.Mus. Innsbruck). Das bäuerl. Haus der Alpen ist immer noch durch das einfache »Faaß-« oder das kunstvollere »Kassettentäfel« mit Rahmen und Füllung gekennz., während es im Bürgerhaus erst neuerdings, meist in Verb. mit der »Bauernstube« vereinzelt wieder geschätzt wird. In der Ausstattung gemütl. Gasthausstuben fehlt es selten. Auch Türen, Fenster und Fußböden sind heute oft Sache des Bau-T. Aus der Werkstätte des T. stammt die → Bank, das älteste Sitzmöbel. Die Eckbank (im → Herrgottsw.) ist aus der alpenländ. Stube da und dort in den städt. Haushalt, meist in die »Wohnküche« gewandert. Das

Sitzmöbel vom Melkstuhl bis zum Arm- und Lehnsessel (→ Stuhl, Sessel), die → Truhe in ihren vielen Formen, der anspruchsvollere und deshalb stärker dem Zeitstil unterworfene → Schrank (süddt.: Kasten), die Kommode, das gleichf. mit der Mode gehende → Bett, die durch Jhh. in ihrer Grundform gleichbleibende → Wiege, aber auch viel kleinerer → Hausrat sind Arbeit des T. »Aktenmäßig kennen wir z. B. als solche Arbeiten Grabkreuze, Küchengerätsch., Mangen für Haus und Wäsche, allerh. kleine Mühlen, Musikinstr., Nudelbretter, kleine Pressen für die verschied. Zwecke (Öl, Pulver, Gewürz, Bücher, Papier, Briefe usw.), Schießscheiben, Aushängeschilder, Schlitten, allerh. Schnitzwerk, Brettspiele, Spindeln, Theaterkulissen, Webe- und Wirkstühle« (Ritz). Trotz des strengen Zunftzwanges war der Schreiner häufig auch → Drechsler und → Schnitzer, zumal auf dem Lande, wo Zwang und Macht der städt. Zünfte nicht hinreichte. Auch trafen die Zunftsatz. selbst nicht immer feste Abgrenzungen. Das Flachschnitzen z. B. war, im Gegensatz zur figürl., plast. Arbeit, überall auch dem T. erlaubt. Glaser und Rahmenmacher ist der T. auf dem Lande heute noch.

J. M. Ritz, Holz in: Spamer, Vkde.; U. Bauche, Land-T., T.handwerk u. Intarsienkunst in den Vierlanden usw. 1965; Dt. Wortatlas IX.

Tischrücken → klopfen.

Tischtuch. Im Bauernhaus nur bei festl. Anlaß bekannt, ist das T. im Bürgerhaus in der Form des abgepaßt gewebten Köpers (Tischdrell) gebr., aber durch die Wohnküche und durch die Vereinf. der Hausarbeit wieder in den Hintergrund getreten. Neben einf. Mustern wie »Gänseauge« oder »Gerstenkorn« (Ravensberger Land) stehen die → Damaste des 18. Jh. aus Schlesien mit bibl. und gesch. Szenen oder die T. in Siebenb. und Tirol, deren Bes.heit die mehrfach sich rechtwinklig kreuz. Einsätze sind mit figürl. Motiven (Hirsch m. Lebensbaum, Lamm mit Kreuzesfahne, Vögel u. a.) in Kreuz- oder Kettenstich, meist rot oder blau auf Leinengrund (→ Buntstickerei). In den Alpen werden diese »Tiroler Dekken» heute wieder allg. angeboten (→ Turismus). Auch die beliebig verwendb. Streifen und Borten allein sind ein beliebter »Fremdenartikel«. Auch → Häkeln in geom. Mustern (Bayern), → Netznadelarbeit (Elsaß) und → Durchbruch (Ostpr.) wird für die Mittelstreifen angewandt. Von Holland her, das in der Technik der feinen Handarbeit Hervorragendes leistet, bürgerte sich Hohlsaum ein in feinem Leinenbatist, einem Gewebe das nach dem ersten Herst., dem Leineweber Baptist in Cambrai, benannt ist. → Weben, Drillich.

E. Schoneweg, Das Leinengewerbe i. d. Grafschaft Ravensberg, 1926; W. Schuchhardt, Textilien. In: Spamer, Vkde.

Tischzucht, T.ordnung. Eine lat. T. des 12. Jh. *(»Phagifacetus«)* übersetzte Sebastian → Brant (1490). Solche Anstandsbücher waren zahlr. im 14. und 15. Jh. (Frankr., Engl., Dtl.). Im 16. Jh., dem Zeitalter des Grobianismus, wandelten sich die alten Vorschr. in Anweisungen für ein unflätiges Benehmen bei Tisch (»Grobians T.«). Bis zur Erfindung der »antiautoritären Kinderläden« unserer Jahre blieben Ordnung und Verhalten beim Mahle auch in einf. Verhältn. Gradmesser der persönl. wie der Gemeinschaftskultur. Die Auflösung des → »Herrgottswinkels«, die Einführung der Wohnküche, vor allem aber das getrennte Einnehmen der Mahlzeiten infolge der neuen Arbeits- und Berufsverh. entzogen der T. die überlief. Grundlage.

Merker, Die T. literatur. 1912; K. Baumgarten, Die To. im alten mecklenb. Bauernhaus. Dt. Jb. f. Vkde 11 (1965).

Titel → Anrede, Gruß.

Tittenwief → Zitzenweib.

Titularfest → Kirchenpatron.

Tocke, Docke → Doggi, Puppentheater.

Tod, die **Toten**, Vorzeichen, Ansage, Aufbahrung, Begräbnis, Tt.mahl. Zuerst bei Geburt, Taufe und Aussegnung, später schon bei Hochzeit und Trauung, zu allerletzt bei T. und Begräbnis lockern sich die Beziehungen des Menschen zu Kirchenreligion und Volksglauben. Im Lebenskreis, der ohnehin sehr stark in der Überlieferung wurzelt, kann die Taufe verhäuslicht, aufgeschoben oder ganz übergangen werden, die Trauung wird beim Rationalisten »zivil«, aber der T. bleibt das erschütternde Geheimnis, an dem alles Wissen unsicher wird.

Neben Orakeln und unbeabsichtigten → Vorzeichen des T., die von besonderen Personen, Dingen und Orten, von Sternen und Träumen, von Klageweibel und Winselmutter oder von dämonischen Tieren ausgehen, gibt es eine unabsehbare Zahl von Vorzeichen, die nur das gemeinsam haben, daß sie aus der Naturordnung der Dinge herausspringen, außerhalb des Gewohnten, Herkömmlichen stehen oder wenigstens »merkwürdiger Zufall« sind: wenn eine Henne kräht, eine Runkelrübe ganz weiße Dickwurzelblätter zeigt, ein Apfelbaum im Herbst noch einmal blüht, ein Baum plötzlich dürr wird, wenn der Spiegel, ein Bild oder Glas fällt, wenn das Licht blakt, die Pendeluhr eigentümlich tickt oder stehenbleibt, wenn eine Tür allein aufgeht, wenn man Wimmern und Klagen, unerklärliches Knarren, Klappen und Klopfen hört, bei all diesem sagt man, es kündet sich, es bedeutet etwas, es ist ein Vorspuk. Verhängnisvoll ist es, wenn drei Lichter im Zimmer gleichzeitig brennen oder, wie man z. B. in Berlin glaubt, wenn drei Personen ihre Zigaretten an einem Streichholz anzünden.

Das klare geographische Bild wird verwischt durch die allgemeine Verbreitung dieses Volksglaubens, aber auch durch die vielen Nebenumstände, die eine Erscheinung oder ein Ereignis erst zum Vorzeichen machen oder ihm eine bestimmte Richtung geben. Ein Eichhörnchen über den Weg bedeutet Verwandtentod. Ein Verwandter stirbt, wenn der Maulwurf vor der Türe oder im Hofe Erde aufwirft; tut er es im Hause, etwa unter dem Bodenbelag der Küche, dann trifft es einen aus der Familie. Die Hausecke, in der die Tt.uhr geht, der Holzwurm tickt, in dieser Richtung liegt das Haus, daraus einer sterben wird. Wenn eine Kerze bei der kirchlichen Trauung erlischt, bedeutet es T., und zwar für den Eheteil, auf dessen Seite es geschah. Wenn die Turmuhr beim Läuten schlägt, stirbt jemand im Dorf, ein Schulkind wird es sein, wenn die Kirchenuhr beim Schulläuten schlägt. – Endlich gibt es Vorzeichen, die nur zu bestimmten Zeiten (z. B. am Heiligen Abend, an Silvester) zu beobachten sind.

Unter den Vorzeichen, die man in gesunden und kranken Tagen beobachtet, begegnet uns die T.-glokke. Sie begleitet auch den Tt. vom Sterbebett bis zum Grab. Selten noch wird das Zügenglöcklein geläutet (Scheidläuten), wenn ein Dorfgenosse mit dem T. ringt. In der Stadt Luxemburg galt der Glaube, man verscheuche mit dem T.angst-Glöcklein die bösen Geister vom Bett des Sterbenskranken. Für das Läuten, das den eingetretenen T. ankündigt, kennen die → Mesner des ganzen dt. Sprachgebietes noch heute bestimmte Regeln. Meist wird nach Stand und Alter unterschieden. Das weibliche Geschlecht wird in gewissem Sinne geringer gewertet. In der Pfalz ertönt für Knaben die große Glocke, während für Mädchen nur die kleine Glocke gezinkt und geläutet wird. In Hessen läutet – falls drei Glocken vorhanden sind – für Eheleute und Greise die größte Glocke, für Ledige die mittlere und für Kinder die kleine. Zeugnisse der → Volkssprache sowohl wie kulturgesch. Denkmäler sind die Bezeichnungen, die man für das Läuten der Tt.glocke hat. Früher wurden zuweilen die Tt. auf Stroh aufgebahrt. Die Erinnerung an diesen Brauch lebt noch in Redensarten wie: es läutet »op et Schoof« (Rheinland), »et laid Schaop« (Hunsrück). Das Läuten der T.glocke selbst wird je nach der Besonderheit des Klanges und der Läuteart bezeichnet als → Beiern, Stimmen, Zinken, Pengen, Klepfen. Beiern kommt vom niederl. beiaerden (von beiaert ›Glockenspiel‹).

Das T.ansagen für Tiere, Pflanzen und Gegenstände in Haus und Hof des Verstorbenen ist zu unterscheiden von der Bekanntmachung des T. bei Nachbarn, Bekannten u. Verwandten, die meist die Aufforderung zur Teilnahme am Begräbnis miteinschließt.

Das T.ansagen scheint zu einem Teil der Rest alten Erbrechtsbrauches zu sein (Rheinland, Schlesien). Während ursprünglich beim T. eines Unfreien die ganze Habe an den Herrn fiel, erhielt in Luxemburg noch vor der Französischen Revolution beim T. des Hausvaters der Lehnsherr nach dem Recht der toten Hand (droit de morte main) das beste oder zweitbeste Stück Vieh im Stall. Steuern und Abgaben bei der Erbschaft werden noch heute »Duoderecht« genannt. In Siebenbürgen wird auch der neue Herr genannt, wenn die Witwe dem Vieh im Stall und den Bienen den T. des alten mitteilt. Zuweilen mag dem Brauch die Vorstellung zugrunde liegen, daß Tiere, Früchte und Geräte zur Hausgemeinschaft gehören und deshalb den T. des Vorstandes erfahren müssen. Bei Görlitz in Schlesien wird der T.fall auch den toten Verwandten auf dem Friedhof angesagt.

Verbreitet und am häufigsten ist der Glaube, daß das T.ansagen nötig sei, um Haus und Hof und was darin ist, von der mitziehenden, T. und Unfruchtbarkeit, Fäulnis bringenden Macht des → »lebenden Leichnams« zu warnen. Man muß deshalb schlafende Menschen wecken, das ruhende Vieh im Stall aufjagen. Das Zugvieh, die Kuh, aber auch der Kanarienvogel (Hunsrück), die Blumentöpfe, die Bäume im Garten müssen den T.fall erfahren. Die Kartoffeln müssen umgeschaufelt, das Saatgetreide umgeschüttet werden (Hessen, Sudeten), die Kraut- und Rübenbottiche im Keller müssen angerückt, der Leinsamen und der ausgearbeitete Flachs bewegt werden. Selbst die Möbel müssen vom Platz gerückt werden (Ostfriesland). Der gleiche Glaube findet auch heute noch Ausdruck: ohne T.ansagen gedeiht das Vieh nicht mehr (Oberhessen), die Bienen sterben, wenn sie nicht die Botschaft hören »der Wirt ist tot« (Meffersdorf in Schlesien). Die Ecksäulen des Hauses müssen mit Hammerschlägen erschüttert werden, sonst zernagt der Wurm das Holz (Niederhessen). Nach dem T. der Hausfrau verlieren die Sämereien die Keimkraft, wenn man sie zu bewegen vergißt (Oberhessen). Das Wasser versiegt, wenn der Pumpenschwengel nicht gezogen wird (Gersdorf in Schlesien). Alles Lebende oder Lebenverbürgende (Samen, Ecksäulen, Wasser) muß aus dem Zustand herausgerissen werden, in dem es sich in dem Augenblick befindet, da der Hausherr oder die Hausfrau, schließlich überhaupt ein Hausinsasse, aus dem Leben scheidet. Das Ruhende muß bewegt, das sich Bewegende stillgehalten werden. So geht eine Uhr nicht mehr genau, wenn sie nicht beim T. des Hausherrn angehalten wird (Oberhessen).

Der gleiche Grundgedanke, sich vor der mitziehenden Macht des T. und der Tt. zu sichern, liegt auch den meisten Bräuchen zugrunde, die das Waschen, Aufbahren, Einsargen, Hinaustragen und Begraben der Leiche begleiten. Vieles, was ursprünglich Beschwichtigung und Verabschiedung der Tt. war, wurde, zumal in später und christlicher Ausdeutung, auch Ehrung und Erfreuung der Tt., verbunden mit der Ausstattung aller christlichen Heilszeichen und Schutzmittel (→ letzte Ölung, Kerze, Licht, Amulett). Auch die alten und noch üblichen → Grabbeigaben haben diesen Sinn. Die gleichen Beweggründe, aber auch bildnerische, künstlerische Absichten bestimmen Wahl und Ausstattung von → Sarg und → Totenbrett, → Grabdenkmal, → Grabblumen und → Friedhof.

Das noch heute gebräuchliche Tt.mahl wurde gegen Ende des MA. immer häufiger durch → Verbote verfolgt. Die Leichenschmäuse, die an Dauer (2–3 Tage) und Üppigkeit (reichliches Essen und Trinken, Gesang und Tanz) den Hochzeits- und Kindtaufschmäusen ähnlich waren, wurden für den Ärmeren eine große Belastung, der er sich doch aus Brauchpflicht nicht entziehen zu können glaubte. So finden sich später und heute zahlreiche einfachere und abgeschwächte Formen des Tt.mahls. In Siebenbürgen schickte man den Adjuvanten und Lehrern »det Gebir« und »de Lechekächen« oder Braten u. Wein in die Schule. Wenn bei den Sudetendeutschen der Vorbeter oder der Sohn nach dem Begräbnis nicht »auf ein Brot und Bier« einlädt, sagt er wohl einfach: »Soch i alln Leutn vagelts Gott, doi mit mein Vatta a'd Leich ganga san« (Lehmann, Sudetendt. Vkde.). Auch der westdt. »Leichenkaffee« zeigt die Vereinfachung des Brauches.

Der Anlaß zum Tt.mahl ist, wie auch die vergleichende Völkerkunde lehrt, nicht immer eindeutig zu bestimmen. Während heute die allgemeineren Empfindungen, den Toten zu ehren und sich selber wieder fröhlich zu stimmen, überwiegen, finden wir andererseits in aufgezeichnetem und auch in überliefertem Brauchtum deutliche Anzeichen älterer Auffassungen. Das Tt.mahl ist ein Fest des Abschiedes aus der Sippengemeinschaft, des Abschiednehmens von seiten des Toten und des Freigebens, ja Vertreibens von seiten der Lebenden. Manche Einzelheiten der Vorstellungen und Bräuche erinnern deshalb an den Abschied der Braut bei der → Hochzeit. Aus dem Volksglauben an den → Wiedergänger oder → Nachzehrer, an den → »lebenden Leichnam«, erwachsen Bräuche der Tt.besänftigung und der Abwehr oder der Stärkung und Sicherung des eigenen Lebensbesitzes. Diese Bräuche sind in der Mehrzahl. Beim Leichenbier soll man viel verzehren. Es wird dem Tt. damit Gutes angetan (Sudeten). In Helgoland wurde auf die Wohlfahrt des Tt. getrunken. Im preußischen

Oberland nannte man es »den Tt. abbringen«, wenn nach d. Ttm. das Tischtuch abgenommen und damit ein Stück Weges fortgegangen wurde. In Schlesien kennt man den Brauch, daß Männer eine Nacht im Kretscham durchsaufen: die erste Nacht müsse gewacht werden, damit der Tt. nicht zurückkehre. Um den Tt. zu beruhigen und zu erfreuen, wird ihm beim Tt.mahl ein Stuhl, auch Speise aufgestellt (Ostdtl.). Eine moderne Form dieser Sitte ist es, die Photographie des Verstorbenen beim Tt.mahl auf den Tisch zu stellen. Hier vermischt sich die Vorstellung der Tt.abwehr mit dem Brauch der Tt.speisung und → Grabbeigaben.

Der Zeit nach findet das T.mahl selten vor dem Begräbnis statt, etwa wenn die Trauergäste schon einen weiten Weg zurückgelegt haben. In Österr. in der Gegend von Wallern wurde jedem Ankommenden beim Eintritt ins Haus meist von einem alten Weib ein Laib Brot gereicht, in dem das Messer zum Abschneiden steckte. Den Rest von dem »Totenbrot« erhielt das Weib. Im Hunsrück wird schon den Besuchern des Tt. Brot, Butter und Branntwein gereicht. In der Regel wird das Tt.mahl nach dem Begräbnis gehalten. An Stelle des Trauerhauses oder des Gemeindehauses ist heute das Wirtshaus, oft sogar einfach die dem Begräbnisplatz am nächsten liegende »Kneipe« der Ort des Tt.mahls.

Teilnehmer am Tt.mahl sind meistens die Verwandten und Geladenen. Oft aber werden auch und sogar besonders Fernerstehende eingeladen, die mit der Leiche oder mit Obliegenheiten nach dem T.falle zu tun hatten: Nachbarn, Leichenbitter, Träger, Tischler, Kutscher, Tt.gräber, Geistliche, Sängerknaben. Im Rheinland wird neben den Gaben, die die Teilnehmer am Begräbnis erhalten, den jungen Leuten, die bei T. und Bestattung ihre Hilfe geliehen haben, eine besondere »Tt.hochzeit« ausgerichtet. Wer die Leiche berührt hat, muß darauf sehen, durch → Reinigung (z. B. rituelles Waschen) oder Stärkung sich von dem Einfluß und der mitziehenden Macht des T. und des Tt. zu befreien.

Die Speisen und Getränke, heute meist vereinfacht (»Leichenbier«, »Leichenkaffee«) zeigen in manchen Landschaften noch althergebrachte Wahl, Zusammensetzung und Folge. In den Sudeten wird Brot und Salz mit Bier, Biersuppe, Reissuppe und Sauerbraten oder Rindfleisch mit Knödeln und Bier gereicht. In Hessen erhielten beim Trauermahl die Frauen Kaffee mit Kuchen, die Männer Braten, Kartoffelsalat, Branntwein und Bier. Im Hunsrück erweist die heutige Speisenfolge (Suppe, Rindfleisch, Meerrettich, Brot) dadurch ihr hohes Alter, daß → Kartoffeln fehlen. Bei ärmeren Leuten ist es wohl üblich, daß jede eingeladene Familie am Tag vor dem Leichenschmaus ein Huhn, ein Stück Butter und einen Topf Milch bringt (Ostdtl.). In den Vierlanden hatte auch das Rauchen nach dem Mahle besondere Form: »Zum beliebigen Gebrauch lagen lange Kalkpfeifen neben Lichtern zum Anzünden, Tabakschüsseln und Schwefelhölzern auf dem aus ungehobelten, von einem Zimmermeister für den Tag hergeliehenen Brettern gebildeten Tisch, doch waren die Pfeifen nicht, wie bei freudigen Anlässen, Hochzeit oder Taufe, mit farbigen Posen oder Federkielen geschmückt. Kreuzweise vor die Fenster gestellt, machten sie für die Vorübergehenden das Trauerhaus als solches kenntlich« (Finder; → Tabak). In der gleichen Gegend (Kirchwärder) gab es bis 1890 für den Sargtischler, Kutscher und Träger Kaltschale, im Winter dazu heißes → Bier, in das Ingwer, Zucker oder Sirup und kleine auseinandergebrochene Kringel getan wurden. An die »Snurrkringel« oder »Doodenkringel«, die es für die »Liekengänger« gab, erinnert noch die Redensart, die man hört, wenn einer nicht mehr weit vom Sterben ist: »De günnt uns woll'n Kringel.« Viel von altem Brauchtum beim Tt.mahl lebt nur noch in Wörtern und Redensarten der → Volkssprache fort. Neben den Bezeichnungen Tt.mahl, Tt.bier, Tt.trunk, Leichenmahl, Leichenschmaus, Leichimbs, Leichbier, Leichtrunk, Begängnis, lassen andere an die Trauergemeinde denken: Traueressen, Trauermahl, Tränenbrot, Leid, Leidmahl, Tröstelbier, Tröster. Nicht auf Trauer und Reue, sondern auf den Tt. weist wohl das im Rheinland noch gebräuchliche Wort Reuessen (ahd. *[h]rêo, rê* = Leichnam; Rebrett = Totenbrett). Kirchliche od. romanische Sprache wirkt nach in den Namen Funusbier (von *funus* = Begräbnis; Böhmer Wald), Zärm (von Zeremonie? Ostpreußen), Marant (mittlere Saar; vgl. das rätoromanische Marend = Nachmittagsimbiß, Wegzehrung; allg. in Südvorarlberg). Bei ledigen Verstorbenen heißt das Tt.mahl im Rheinland und in Luxemburg Tt.hochzeit. Von Festbrauchtum anderer Art ist auch der ostdt. Name »Kremeß« genommen. Die Ausdrücke »Öller utbringen« (bis 1912 in den Vierlanden), die Leiche, die Haut, das Fell versaufen (Vierlande, Schlesien), die Haut verzehren (Luxemburg) sind derber Ausdruck des Willens des Lebenden, den Tt. zu entfernen, zu vernichten, gewissermaßen unter die Erde zu trinken. Nicht wahrscheinlich ist die Erklärung von Geiger, daß hier die sprachliche Erinnerung an einen Brauch lebe, nach dem der Tt.trunk aus dem Verkaufsertrag eines Tierfelles bestritten wurde. → Biene, Drechsler, Essig, Erbe, Fährmann, Gerippe, Kirmes, Königskerze, mähen, Masken, Neujahr, Rosmarin, Sterbebild, Tt.klage, Tt.hochzeit, Tt.wiese Weihnachten.

P. Sartori, Die Speisung der Tt., Progr., 1903; A. v. Gennep, Les rites de passage, 1909; E. Samter, Geburt, Hochzeit und T., 1911; L. Höhn, Sitte u. Brauch bei Tt.begräbnis, 1913; O. Lauffer, Der volkstümliche Gebrauch der Tt.kronen. In Zs. d. Ver. f. Vkde. 26 (1916); F. Ranke, Die dt. V.sagen, 1924²; R. Hadwich, Tt.lieder u. Grabreden aus Nordmähren und dem übrigen sudetendt. Gebiete, 1926; R. Leicher, Die Tt.klagen in der dt. Epik, 1926; E. Döring-Hirsch, T. und Begräbnis im Spätma., 1927; H. Hahne, Tt.ehre im alten Norden, 1929; R. Beitl, T. und Begräbnis. In Dt. Volkstum d. Gegenwart, 1933; F. Lüers, Über die Tt.bretter in Bayern. In Heimat u. Volkstum 11 (1933); P. Geiger, Leiche usw. Im HDA. 5, 1024–1167; K. Meuli, Entst. u. Sinn d. Trauersitten. Schweizer Arch. f. Vkde., 1946; R. Wolfram, Tt.klagen in Norwegen. Niederdt. Zs. 22 (1947); F. Boehm, Die neugriech. Tt.klage, 1947; M. Dondorf, Brauchtum u. Glauben um den T. am Niederrhein. Diss. Köln; G. Hoof, Orendist. Vorstellgn. im Tt.glauben. Diss. Köln; L. Röhrich, Das T.problem im Spiegel d. Sage. Bll. f. Pfälz. Kirchengesch. u. Rel.-Vkde (1950); P. Geiger, Der Tt. zug. Schweiz. Arch. f. Vkde 47 (1951); K. Frölich, Germ. Tt.recht u. Tt.brauch im Spiegel neuer Fg. Hess. Bll. f. Vkde 43 (1952); E. R. Lange, Sterben u. Begräbnis im V.glauben zw. Weichsel u. Memel. 1955; L. Herold, Sitte u. Br. bei T. u. Begr. im Karlsbader Gebiet. Hess. Bll. f. Vkde 47 (1956); G. Kip, Das Tt.lachen. Der Gebr. d. schwarzen Leichentuchs. Rhein.-westf. Zs. f. Vkde 3 (1956); W. F. Otto, Die Manen oder v. d. Urformen d. Tt.glaubens. ²1958; H. Siuts, Bann u. Acht u. ihre Grundl. im Tt.glauben. 1959; W. Geiger, Studien z. Tt.brauch im Odenwald. Diss. Frankft/M. 1960; E. Herzog, Psyche u. T. Wandlgn d. T.bildes . . . 1960; E. Richter, Die »andächtige Beraubung« geistl. Tt. als vgl. vkdl. Phänomen. Bayer. Jb. f. Vkde (1960); W. Brückner, Roß u. Reiter im Leichenzeremoniell. Rhein. Jb. f. Vkde 15/16 (1964/65); P. Berger, Rel. Br.tum i. Umkr. d. Sterbelit. in Dtl. 1966; L. Röhrich, Das Verz. d. dt. Tt.sagen. Fabula 9 (1967); J. Müller u. L. Röhrich, Der T. u. d. Tt.sagen.

Dt. Jb. f. Vkde 13 (1967); L. Petzold, Der Tt. als Gast. Helsinki 1968; F. Hula, Mal. Kultmale. Die Tt.leuchten Europas. 1970; P. Löffler, Stud. z. Tt.brauchtum i. d. Gilden, Brudersch. u. Nachbarsch. Westfalens. Diss. Münster 1971 (15.–19. Jh.); Kl. Beitl, T.-wacht u. Tw.singen in Vorarlbg. Jb. öst. Vliedw. 19 (1970); Kartogr.: ADV VI T.ankünd. Vögel (Elster, Rabe, Eulenvögel); ADV-NF 21–25 Tt.mahl: Speisen, Getränke, Gebäcke, Brot; 26–29 Ort, Teilnehmer, Bez. Redensarten. Dazu G. Wiegelmann und G. Frauenknecht, Das Tt.mahl. Erläut. z. ADV 1964; ASV 225–228 T.vorzeichen: Tiere, Pflanzen, Geräusche, Träume; 229–232 Begräbnis: Tageszeit, Ledige (Farben: weiß, blau; ganz selten rot), Leichenwäsche.; Dt. Wortatlas IV. Begräbnis.

T.ansagen → Tod.

T.austragen → Lätare.

T.anzeichen → Tod.

T.tag → Jahrtag.

T.lacher → Kauz.

T.maske → Lätare.

Toi-toi-toi, wohl ohne Zweifel die Lautnachahmung des dreimal. Spuckens, mit dem man den → bösen Blick und zauber. Mißgunst abwehrt (vgl. die heute scherzhafte Berliner Redensart: »Spuck aus, mein Kind, du hast den Deibel verschluckt«). Dem Prüfer des Techn. Überwachungsvereins wird der DKW AU 1000, Baujahr 1961, vorgeführt: »Die Maschine läuft wie am ersten Tag, toi, toi, toi« (Tsp. 23. 4. 1967). Glücklich zu preisen ist, wer von der »Radar-Blitz-Justiz bisher – unberufen, toi, toi – verschont blieb« (Kurier, Bln, 8. 4. 1964). Der Weltmeisteranwärterin im Eisschnellauf wird in dicken Lettern zugewunken: »Toi, toi, Helga Haase!« (Morgen, Ostbln, 18. 2. 1962) Vor der Schauspielerprüfung, vor der Premiere, vor der Übernahme einer Fernseh-Reihe wie »Der Goldene Schuß« liegt das T. in der Luft: »Wir sind gespannt. Und darum: Toi, toi, toi, Vico!« (Nachtdepesche, Bln, 22. 8. 1967). Die Wirkung verstärkt sich, wenn das T. »über die Schulter« gesprochen wird. → berufen, Speichel, umgekehrt.

toller Donnerstag → Fasnacht.

Tollhölzer, -tafeln → Satorformel.

T.kraut → Bilsenkraut.

Tölz. Während die bayr. Vk. in Mittenwald Musikinstrum., in → Oberamm. Kleingerät, Gegenst. der Vfrömmigkeit und → Krippen, in → Berchtesg. vornehml. kleinere Kistlerarbeiten, Beinarbeiten, Spielwaren und Gedrechseltes aufzuweisen hat, entwickelte sich in T. durch Holzreichtum und Abgeschlossenheit eine eigenständ. Kunst bäuerl. → Möbel. 1603 hören wir von der »Sebastianibruderschaft der Khistler, Schnitzler und Büchsenmacher im Markt T.« Manche der über 20 Handw.familien hielten sich bis ins 19. Jh. (z. B. Bockschütz). Schon 1599 hatte der Rat von München den T.ern erlaubt, in ihrer Stadt Truhen, Kästen, Tische, Bettstatten, Stühle und Vorbänke feilzuhalten. Das geschah zu den beiden großen Dulten (→ Fest) an Dreikönig und Jakobi. Billigere Ware kam auf die vier Quatembermärkte.
Den Ruf von T. beweist, daß man Anfang des 17. Jh. selbst mit »wilder« T.er Ware verdienen konnte. Auch die Einmischung der → Zimmerleute hatten die Schreiner abzuwehren. → Möbelmalerei kannte T. im Beginn des 17. Jh. noch nicht. 1660 kamen aus München Proteste gegen das Vermalen schlechten Holzes. Ende des Jh. umfaßte der T.er Handel ganz Altbayern. Der letzte Transport soll 1863 nach Landshut gegangen sein. Die alten schwarz dekor. Möbel wurden im 17. Jh. lasierend übermalt. Volle figürl. Bemalung erhielten sie im Frühbarock (Karlinger). Die Arbeiten des 18. Jh. zeigen große Ro-

sen in roten und weißen Vasen, Muschelgewinde, Heilige, die Herzsymbole Jesu und Mariae und die vier Jahreszeiten, die man dem Porzellan und der Genremalerei der Zeit nachbildete.
In einer letzten Wandlung entw. T. Anfang des 19. Jh. ein »zerbildetes Rokoko« (Karlinger) in Schnitzerei und Vergoldung unter Zufügung klassiz. Blumen und Füllstäbe. Grün und Weiß waren die bevorzugten → Farben, bis die dörfl. Schränke aus T. in einer gewissen Erstarrung mächtige Kugelrosen auf grellblauen Grund setzten und zuletzt (noch 2. H. d. 19. Jh.) braunlackierte Schränke mit vergold. Schnitzwerk und farb. Lithogr. zierten. Bemerkt zu werden verdient, daß man die Wirkung der T.er Möbelkunst in Decken und Emporen der Dorfkirchen nachweisen kann, während sonst ähnl. Einfluß (Marmormalerei; → Freskomalerei) von Kloster und Kirche ausging. → Schwarzlotmalerei.

K. Karlinger, Dt. V.kunst: Bayern. (1925).

Ton, Töpfer, T.ware, Vk des Werkstoffs T. unterscheidet man zunächst nach der Technik der Herst., des Brennens vor allem (→ Irdenware, Hafnerware, Steinzeug, Majolika, Steingut). Aber auch vom Werkstoff und seiner Geogr., von Wirtschafts- und Berufsgesch. wie vor allem von der Entw. der künstler. Form und ihrer Zeitabhängigkeit her ist dieses wichtige Gebiet vstüml. Kunstschaffens zu betrachten.
T. in seinen vielen Arten ist ein Ergebnis der Zersetzung und Ablagerung von Gestein vor allem im Tertiär. Manches blieb am Ursprungsort wie die Kaoline, anderes wurde durch Eis, Wasser oder Wind (Löß-T.) verfrachtet. Das Eis nimmt alles mit, wie es noch heute die Gletschermoränen zeigen, im Wasser dagegen sondern sich die Mineralien; die feineren werden weiter fort getragen. Wo die Flüsse ihr Gefälle mindern wie im Bogen nördl. der dt. Mittelgebirge, da ziehen sich von Oberschles. bis zur n.rhein. Bucht bekannte T.lager hin. Im Donauland weist die Passauer Gegend reiche Stätten von edlem T. auf, während der anstehende Graphit dort für die Schwarzfärbung der Gefäße verwendet wurde. Eine Übersicht der Gebirge und Flüsse führt zu den T.lagern und damit zugleich zu den wicht. Werkstätten der Tr.kunst.
Der verunreinigende Umgang mit T., Lehm und Erden, die Verlegung der Tr. werkstatt und -wohnung an den Dorfrand, um der beim Brennen gegebenen Feuersgefahr auszuweichen, dies drängte den Tr. in eine Sonderstellung unter den Handwerkern, die ihn sogar unter die tabuierten → Unehrlichen einreihte. Unbewußtes kam wohl dazu: der Werkstoff T. ist symbolträchtig wie kein anderer. »Aus Gemeinem ist der Mensch gemacht«, aber Hand und Atem eines Schöpfergottes haben die Erdenform beseelt.

> Der Töpfer macht sein Werk aus Erden
> Drum kann er auch kein Herr nicht werden.

Diesem Spruch auf einem Gefäß steht der andere entgegen, den ein Tr. in der Schweiz auf einen Teller setzte:

> die blaten ist von erden thon, du
> menschenkind bist auch dovon.

Durch seine Wandl.fähigkeit, die schon im Spiel der Hand dem leisesten Formtrieb nachgibt, hat der Werkstoff T. eine Verführungskraft, die im Kind wie im Erwachsenen den Demiurgen weckt. Darin liegt es begründet, daß die Kunst in T. erst spät einen eig. Stil entw. hat und in ihren Anfängen nur mittelbar etwas über den Formwillen der

Völker aussagt. So scheint die nord. Tiefstichkeramik von der Korbflechterei, die donauländische Bandkeramik (die weit nach Nordwesten und Nordosten ausstrahlt) vom Flaschenkürbis nicht nur in den Gesamtformen, sondern auch im Dekor abhängig (Schuchhardt). »Die weitmündigen Terrinen und Urnenformen der Bronzezeit und der Eiszeit haben vielfach Stilelemente der Metalltechniken auf den Ton übertragen, ebenso die Bukkelurnen der frühsächsichen Friedhöfe.«(O. A. Erich).

Alles alte T.werk ist Handarbeit. Größ. Gefäße wurden aus aufeinandergel. T.nudeln gebaut, wie es bei den Primitiven Afrikas, aber auch bei uns noch heute geschieht, wo dem Tr. aus Liebhaberei keine Werkstatt zur Verfügung steht. Erst mit der Erfindung der → Tr.scheibe entw. sich die eigene Technik der Herst. und damit ein keram. Stil, dem die Anwendung des Tr.rädchens und später des Malhorns auch bes. Methoden der Auszier an die Hand gaben. Der feinste Ton, die nach dem chines. Berg Kau-ling Kaolin benannte Porzellanerde, findet sich verhältnism. selten (Sachsen: Meißen; Schlesien: Strehlen; Ostbayern: Tirschenreuth, Passau), die geringeren Arten jedoch fast überall, wobei der Tr. von T. oder von Lehm spricht, je nachdem die zerreibenden Finger das Material als fett oder als sandig empfinden.

Als es für die Beförderung von zerbrechl. Gütern noch wenig gute Straßen und Eisenbahnen gar nicht gab, war man für die doch überall benötigte Tw. auf eigene Herst. angewiesen. So überzogen Tr.werkst. das ganze mittl. und südl. Altpreußen. Z. T. bis etwa 1910 arbeiteten Tr. am Frischen Haff (Kadinen), im Oberland (Mühlhausen und Pr. Holland) wie um Marienburg und Marienwerder (Teller, Krüge). Kleine Kästchen und Figürl. sind meist Gesellen- und Meisterstücke. Bes. geschätzt war das braune → Steingut von Tolkemit (Weihwasserbecken). Clasen urteilt: »In den Gefäßformen lebt nicht selten die Sprache des MA nach, wie denn überhaupt gerade in Ostpreußen ein kontinuierl. Fortwirken der alten Gewerbe durch alle Jahrh. hindurch häufig genug feststellbar ist« (Dt. Volkskunst, Bd. Ostpr. S. 32). Erst durch die Eisenbahn kam Tw. aus Hessen oder → Bunzlau. – In Pommern schufen kleinstädt. Berufshandw. einf. Tw. mit Wellenlinien, Blumen, Tieren, Initialen oder verzierte Milchschüsseln, die nur innen blaue oder grüne → Glasur hatten, vielleicht auch »Bauernteller« und geradwandige Bierkrüge (Mönchgut). Das bunte Geschirr der Fischer- und Schifferstuben und -küchen war wohl meist Einfuhr. Vor allem engl. Tw. überschwemmte das Land Mitte des 19. Jh. und brachte auch die einzige Manufaktur für → Majolika in Stralsund zum Erliegen. – Hinreichende T. vorkommen begründeten in der Mark Brandenburg schon vorgesch. Tr.ei (Kinderklappern, → Urnen). Irdenes Spielzeug (Hähnchen, Eule mit Pfeife) gehört noch der jüngsten Gegenw. an. Die einf. Ware schmückte vor allem das Malhorn mit Blumen, Sprüchen, unleserlichen, nur dekorativen Schriftzeichen oder, unterstützt durch die Drehscheibe, Spiralen, Wellen und Tropfenreihen. Plast. Dekor war nicht üblich. Steinzeugkrüge mit eingeritzten Ornam. kamen aus der Niederlausitz, anderes Gut aus Sachsen, Schlesien, Rheinland.

Noch wenig erforscht ist die Tr.ei in Niedersachsen (Werkstätten, Handelswege, Einfluß von Delft u. ä.).

Helmstedt hatte gegen 1850 noch 13 Meister. Hier wie in Lüneburg u. a. war der letzte Tr. nur noch Ofensetzer, in Rastede Herst. von Blumentöpfen. Das Dorf Hagen im Teutobg. Wald hatte einmal sieben Tr. Die Irdenware von Vaake und Veckerhagen war im ganzen Weserland berühmt, begehrt auch die dunkelbraunen Wappenkrüge von Duingen (bis zum 1. Weltkrieg). Dransfeld fertigte Korbschüsseln mit durchbroch. Rosetten und grüner Glasur. Lange hielt sich das Handwerk im Reg. bez. Hildesheim, wo Fredelsloh im Solling in der Innung 16 Meister vereinigte. Die Tw. von Duderstadt kennz. blaue Farbe, weiße Spiralen der Böden und Bemalung der Innenseite. Der »Fürkomfort«, im Sietland bei Bederkesa bis Ilienworth gebräuchlich, war ein Stövchen aus Ton, zuweilen mit einem Deckel zum Kaffeekochen. Eine Bes.heit des Alten Landes waren rote T.schalen mit weißem Beguß und durchgeritzten Inschriften wie:

Wenn mich nur mein Männchen liebt,
Bin ich schon geborgen.

Die Milchsatten, ein Haupterz. der Tr.ei zur häusl. Rahmgewinnung, ersetzten Zentrifuge und Genossenschaftsmolkerei. Vor allem war es wie überall das Email, das die Tw. verdrängte, nach W. Peßler zunächst in der Nähe der Eisenbahnlinie (Kr. Hameln, Brüninghausen u. a.). Eine Nachblüte der Tr.ei brachte der 1. Weltkrieg, als die Emailindustrie darniederlag. Neue Werkstätten fanden nur zum Teil den Anschluß an die Überlief. (Kraut in Hameln, Jaschinsky in Goslar, Papendiek in Achterdiek bei Bremen). In dem Band »Nieders.« schilderte Peßler anschaulich den Arbeitsgang vom T. bis zum Gefäß am Beispiel des Tr.dorfes Oberode a. d. Werra. Daß man die Münsterländer scherzweise Pottländer nannte, zeigt die frühere Bedeutung der westfäl. Pottbäckerei. Urk. bezeugt sind größere Betriebe für Ochtrup, Stadtlohn, Leinen, Gruppenbroich, Warendorf (Steinzeug), Telgte (Steingut). Die Warendorfer Meister hielten die Herkunft ihres Werkstoffs geheim, obwohl er nicht von der Güte des rhein. Tons war. Ihr weißgraues, ins Rosa spielende → Steinzeug zierte ungleichm., stumpfes Blau oder Geometr. mit im Zirkelschlag gewonnenen Rautenmustern. Den größten Ruf genoß Ochtrup, das es mit seinen Prunktellern, Reliefplatten und Hausaltärchen der niederrhein. Keramik gleichzutun versuchte. Die frühesten Stücke kennz. gelbe Renaiss.blumen auf roter Glasur, die spätere Randverzierung durch Masken ersetzten im 19. Jh. einfache Buckel neben roter und grüner Zeichnung auf gelbem Grund. N.rhein. Beziehungen wirken auch in der bis nach dem 1. Weltkrieg tätigen Tr.ei von Gellenbeck, ein Rest älterer Gebrauchskunst erhielt sich nach Form und Dekor in Streichholzbehältern (»Rietstickerfätter«).

Ausgieb. und vielseit. T.vorkommen begründ. eine reiche bäuerl. Keramik bes. in dem Landschaftsbogen von Niederschles. ü. Lausitz, Sachsen, Thür., Franken, Niederbayern, Hessen-Nassau bis an den Rhein und ins Maastal: Schlesien (Saarmund, → Bunzlau in Niederschl.), Sachsen (Hoburg, Halle a. d. S., Mügeln), Thüringen (Hildburghausen, → Bürgel), Unterfranken (Klingenberg a. M.), Bayern (Passau), Hessen-Nassau (Groß-Almerode, Höhr und Grenzhausen im Kannenbäckerland; → Westerw. Steinzeug), Rheinland (→ Rhein. Steinzeug, Köln, Lüttich im Maastal) u. a.

Im Mittelpunkt der schlesischen Weißtr.ei steht Liegnitz, dessen Tr.innung schon 1374 erwähnt wird. Durchsichtige, oft farb. Bleiglasur fand erst im 15. Jh. Anwendung. Aus Liegnitz stammen wohl die Prunkwaschbecken, die im 17. u. 18. Jh. auf den Wandbrettern reicher Bauernhöfe standen. Seit dem 16. Jh. lassen sich nach Innungsakten und Scherbenfunden drei Tr.gruppen unterscheiden (Grundmann): 1. Bunzlau-Naumburg-Löwenberg (braune Lehmglasur; 2. Liegnitz-Glogau bis Sommerfeld und Gassen (Blei- und Zinnglasur); 3. Muskau mit Triebel und Teuplitz (salzglas. Steinzeug). Von hier gingen Wirkungen auch zur lausitzisch-brandenb. Tw. Den Einfluß des rhein. Steinz. von Köln und Frechen verraten die sogen. Hirschvogelarbeiten wie große, zinnglas. Schüsseln mit Ritzornament und Bemalung, von denen Scherbenfunde aus dem 16. Jh. in Liegnitz, Löwenberg, Neiße und Breslau zeugen. Neben den größ. Werkstätten hielt sich im ganzen Lande eine namenlose Bauernkeramik, deren Formenwelt »sich unter keinen kunstgesch. Gattungsbegriff einordnen läßt« (Grundmann). Die durch Zufälle oder mangelhafte Brennöfen oft eigenwillige Glasur, die Bemalung im Stil der → Möbelmalerei (kugelige Rosen, Kränze, Vasen, Körbe), die naiven Sprüche in Schreibschrift, auch manche unbekümmerte Nachahmung von Porzellanmalerei und Chinoiserien verschwanden mehr und mehr, als die schablonenmäßige Musterübertragung aufkam.

In Thüringen hielt sich alte Trad. lange in Gerstungen, Ummerstadt und Dornburg, obwohl die Aufhebung der Zünfte und damit der Wegfall der Güteprüfung große Einbußen brachten. Bes. in → Bürgel wird Tw. bis heute hergestellt.

In Hessen fertigte man schon im 6.–10. Jh. T.gefäße mit Standboden, die dann von N.sachsen her für mehrere Jhh. vom kugelförmigen »Bombentopf« mit rundem Boden verdrängt wurden. »Münztöpfe«, die datierte Münzen enthalten, erleichtern die zeitl. Best. mal. Tw. Zu den alten hess. »Tr.dörfern« gehören Michelsburg, Dreihausen, Giesel. Reste mal. Tr.ei fanden sich in Allendorf. Eine lange Entw. führte in der Keramik von → Marburg von der einf. Irdenware zu den Reliefauflagen und Malereien der späteren Zeit. Namhaft war die Schwälmer Tw. wie bes. das Westerwälder Steinzeug. Vielfach (z. B. in Allendorf) wurde Tr.ei und Zieglerei nebeneinander betrieben (→ Dachziegel).

→ Rheinisches Steinzeug hat seine Grundlage im gereinigten T. ältester Erdschichten, der in hoher Temperatur zu großer Härte brennt, deswegen aber auch keine vielfält. Bemalung verträgt. Das Steinz. von Köln, Frechen und Raeren kennz. eine natürl. braune Glasur, die von Siegburg ein Weiß, die des rhein. Westerwaldes ein Kobaltblau-Manganviolett. Auf Grund der T.lager von Krefeld, aber gewiß auch dank einer besd. Kunstbegabung, entfaltete die alte »T.backerei« der Tr.orte am Hüls-Tönisberger Höhenzug einen barocken Reichtum volksnaher Keramik, der in Dtl. ohne Beispiel ist und auf manche östl. und nördl. Landschaft Einfluß übte. Am bekanntesten waren Schaephuysen, Rheurdt, Sevelen, Sonsbeck, Issum; etwas abseits der Reihe stehen Vluyn und Helenabrunn. Das Brennen der Tw. im Holzfeuer ergab ein kräftiges Rot (Hüls), ein neutrales Grau (Helenabrunn) oder bräunl., hellrote und graurote Töne. Gedichtet wurde durch Bleiglasur, dekoriert mit verschied. Farbstoffen: Gelber oder brauner Aufguß aus geschlämmter T.erde, kupfergrüne, manganbraune, seltener (Schaephuysen) blaue Malmittel in verschied. Tönen. Umriß und Innenzeichnung der Schüsseln wurde vor dem Auftrag der Glasur und vor dem letzten Brand eingeritzt. Große Hülser Zierschüsseln (bes. Madonnensch.) sind von 1689, 1706 usw. datiert. In einer Selbstdarst. von 1716 gab Albert Murs von Rayen den ersten Tr.namen. In Sonsbeck ist die Pottbäckerei schon für 1649 nachgewiesen. Eine Issumer Schüssel trägt die Jahreszahl 1664. Hier erreichten die aus freier Hand modellierten (nicht wie beim Steinzeug aus Modeln gepreßten) Reliefauflagen zuletzt fast vollplast. Form. – Von Holland übernahm man die Pfeifen- oder Mutzenbäckerei. Ende des 18. Jh. waren 39 kurtier. Pfeifenbäcker in einer Zunft vereinigt. Anderers. führte Holland Pfeifenton aus dem Westerwald ein (→ Tabak). Aber auch Spielzeug, Uhrständer, Fintenhalter und Rasierbecken lieferte die rhein. Tr.ei.

Das z. T. unter dem Einfluß von → Marburg und dem elsäß. Sufflenheim stehende Tr.handwerk in der Pfalz (Haßloch, Edenkoben, Kirchheimbolanden u. a.) erlosch im 19. Jh. Kerzenhalter folgten noch röm. Vorbild. Butterfässer, Bratpfannen für Gänse, oft in eigentüml. Form, Backformen (Lamm, Krebs, Fisch, Stern, Wickelkind) waren beliebt. Steinzeug wurde nur in Wattenheim bei Grünstadt hergestellt: Krüge, Fäßchen, Schreibzeuge, Weihwassergefäße, selbst Kruzifixe.

Die Tr.ei in Franken hatte ihren Mittelpunkt in Creußen, doch gab es Hafner in jeder größeren Siedlung (Ritz). Reich an Tw. war das Land um Feuchtwangen (Museum). In dieser bäuerl. Randlandsch. blieben vor- und frühgesch. Formen lange wirksam. Dem Arbeitsleben dienten Henkeltöpfe für das Feld, mit Sichel und Sense verziert, große unglas. Essig- und Mostkrüge mit Inschr. und Zeichen. Auf einem über meterhohen Weinkübel des Weißenburger Mus. steht der Spruch:

so rein der Topf,
so rein der Wein
so treu sollen auch die Bayern sein.

In Wunsiedel waren neben Webern, Strumpfwirkern, Nagelschmieden und Granitbildhauern auch Tr. tätig. Im Unterfränk. wurde Steinzeug gebrannt (Neustadt a. S., Klingenberg). Treuchtlingen fertigte auch für die Ausfuhr Tw. in rotbrauner Glasur mit dunklerem Rand und buntfarb. Auflagen.

Auch in Bayern kennz. die vor allem im Osten angesiedelten Tr.werkstätten Überlieferungstreue und Volksnähe. Im Schmuckwerk der Obernzeller Hafnerei fand Karlinger noch die Motive der Latène-Zeit (Zickzack, Ranken aus Tupfenbändern u. ä.). In Herst. und Formgebung reiner Vk am nächsten steht die Tw. aus Vilstal, Chiemgau und Hafnerzell (heute Obernzell a. d. Donau). Einödbauern wie die Glasmaler des Böhmerwaldes waren die vielgen. Kröninger Hafner. Schon 1560 ist von sechs »armen Hafnern am Kröning« die Rede. Bis ins MA zurück gehen die birnenförm. Vexierkrüge und die Kelche mit kegelförm. Kuppen, die als Gräberopfer dienten. Eine Bes.heit waren die zuletzt übersteigerten Durchbruch- und Tonfadenarbeiten (Kopfkrüge, Kapuzinertöpfe). Grellbunte Farben wie Zinnober oder Oxydgrün waren beliebt. Landshuter Barock wird in den Hauptzierformen, biedermeierl.

Steingut in der durchbrochenen Tw. spürbar.

Auch in Schwaben entstand vtüml. Keramik (Allgäu, Ries, Schwarzwald) mit blauer, gelber, grüner, dunkelbrauner Glasur. Figürl. zeigen fast nur die Prunkteller oder Unterländer Mostkrüge. Durch naive Pinselführung wie durch derben Humor zeichnen sich Calwer → Kacheln des 18. und 19. Jh. für die Ofenwand aus. Auf Gefäßen und Tellern gibt die schwäb. Mundart der von Schweden bis Italien verwandten Spruchweisheit ein eigenes Gesicht. Seit dem 19. Jh. sind die »Zizenhauser Figuren« der Familie Sohn in und außer Landes bekannt. Während diese Oberschwaben z. T. auf Massenkunst eingestellt waren, modellierte und brannte der Ulmer Hafnermeister Rommel bis ins 19. Jh. Typen seiner Stadt. »Es gibt kaum einen, bei aller Beherrschung des Technischen, in seiner Einstellung so im Volke und im Volkstümlichen verankerten Meister wie Rommel« (K. Gröber). Im bad. Kandern waren Tr. bis ins 20. Jh. tätig.

Im Elsaß weisen Spuren auf vorgesch. Tr.ei. Aus gallo-röm. Zeit sind Werkstätten, Werkzeuge und Tw. erhalten. Dem MA. gehören geritzte T.plättchen (→ Fliesen für den Boden), Kacheln für Öfen, Töpfe und Spielfiguren an. Die noch im 20. Jh, tätigen Tr.orte Ober-Betschdorf und Sufflenheim bezogen den T. aus dem Heiligen Wald bei Hagenau. Ersteres fertigte nach Trierer Vorbild (seit 1720) Steinzeug in Ritztechnik als Schnapsfäßchen, Vorratshäfen, Leuchter und Lämpchen, in denen noch röm. Grundform durchschimmert, während Sufflenheim neben Gefäßen, Uhrgewichte, Backformen, verzierte Bettsteine, Löffelhalter, Kammladen und Weihwasserkrüglein lieferte. Manche Tr.waren von Haus aus Bauern, die nebenbei mit T. werkten, im 19. Jh. schon deshalb, weil sie von der Tr.ei allein nicht leben konnten (Polaczek). Als Eßgeschirr diente lange einfache, grobe Tw. Später bezog man Majolika aus Lothringen und Baden.

In der Schweiz arbeiten Tr. an vielen Orten. Simmenthal pflegte ein bläuliches, Bäriswil ein grünliches Weiß, Langnau liebte ein gelbliches Weiß, aber auch leicht überladene Ornamentik. Bis heute genießt den größten Ruf Heimberg, das bei rotbrauner bis hellbrauner Grundfarbe in lockerer Arbeit flache Reliefs gestaltete, bis im 18. Jh. vielfarbige Glasuren den Modelleur verdrängten. Die Nähe von T.lager, Holz und Markt (Thun) war günstig. »So wird im Erdgeschoß jedes Hauses neben dem Stall eine Tr.ei eingerichtet« (Baud-Bovy). Auf braunem bis schwarzem Grund wurde in Weiß, Gelb, Ziegelrot und zerfließendem Grün gemalt. Um 1831 erscheint zum erstenmal Blau. Mancher alte → Spruch ziert auch moderne Teller und Platten.

L. Rickert, Zur landsch. Synonymik der dt. Handwerkernamen. Diss. Freibg. i. Br. 1917; R. Hildebrandt, T. und Topf. Zur Wortgesch. d. Tr.ware in Dtl. In: Dt. Wortfg. in europ. Bezügen Bd. 3. 1963; K. Strauß, Die Tr.kunst in Hessen. 1925; A. Spamer, Vorbem. z. e. Darstellg. d. hess. Tr. u. Zieglerkunst. Hess. Bll. f. Vkde. 32 (1933); O. A. Erich, Tonerden; in: Spamer, Vkde.; A. Rith, Die Entw. d. Tr.scheibe, 1939; Ton u. Tr., 1939 (Sonderf. d. Berliner Vkde.-Mus.); E. Grohne, T.gefäße in Bremen seit d. MA., 1940; G. Groschopf, Die letzten Bauerntr. in Württ. Vwerk, 1941; E. Petrich, Eine ostfries. Tr.werkstatt. V.werk, 1941; M. Orend, Krüge u. Teller. Dt. Tr. in Siebenbg., 1941[3]; A. Kreiling, Das Kannenbäckerland (Siedlg. und Wirtschaft). Diss. Marbg. O. A. Erich, T.gefäße in d. Milchwirtschaft. V.werk, 1941; Mit Drehscheibe u. Malhorn, 1954; (Nürnberg – Germ. Mus. Ausstellgskat. v. E. Meyer-Heisig); ders., Dt. Bauerntr.ei. Gesch. u. landsch. Gliederung. 1955; W. Borchers, Zur bäuerl. Tr.kunst Westfalens-Rhein-westf. Zs. f. Vkde 2 (1955); J. Huber, Das Brauchtum der Tr. 1956; O. Wittstock,

Zur sächs. Tr.kunst in Siebenbürgen. Jb. f. Vkde. d. Heimatvertr. 4 (1958); W. Dexel, Keramik, Stoff und Form. 1958 (Techniken u. Hauptarten. Schöpfer der Braunschweiger Formslg); R. Weinhold, Tr.werk in d. Oberlausitz. 1958; K. Rumpf, Gefäßformen d. volkst. hess. Tr. ei. Hess. Bll. f. Vkde 51/52 (1960); H. Plath, Mal. Keramik v. 12.–15. Jh. in Hannover. Hann. Gesch.bll. 12 (1958); E. Schneider-W. Fischer-A. Pampuch, Keramik am Untermain. 1964; A. Höck, Beiträge z. hess. Tr. ei. Hess. Bll. f. Vkde. 56/59 (1965/68) (Dreihausen, Michelsberg, Giesel, Allendorf); G. Ballardini, L'eredità ceramista dell'antico mondo romano. Rom 1964; Keramik. Kat. d. Kunstgew.mus. Zürich 1965; R. L. Wyss, Berner Bauernkeramik. 1966; J. G. Th. Graesse, Führer f. Sammler v. Porz. u. Fayence, Steinzeug, Steingut usw. [21]1967 (8000 Abb. v. Marken); L. Volk, T. in schöpferischer Hand. M. Scholten-Nees u. W. Jüttner, Niederrhein. Bauerntr.ei 17.–19. Jh. (480 Abb.) 1971; W. Lobbedey, Unters. z. mal. Keramik, vornehml. a. Süddtl. 1968; P. Stieber, Dt. Hafnergeschirr. Keysers Kunst- u. Antiquitätenbuch, Bd. 3. 1967; K. Strauss, Die Gesch. der Tr.zunft vom MA bis zur Neuzeit u. die Kunstt.eien in Alt-Livland. 1969; K. Göbels, Rhein. Tr.handwerk. 1971; I. Bauer, Treuchtlinger Geschirr. 1971; R. Vossen, Tr.ei in Spanien (Kat. Mus. f. Völkerkunde Hamburg). 1972; (Anl. z. eigenen Gestalten); Dt. Wortatlas IX Töpfer, VIII irdener Topf (haupts. Form, Größe, Verwendg.).

Ton, guter. Die wie das Wort Takt aus der Sprache der Musik entlehnte, seit etwa 1800 als Übers. a. d. frz. bon ton bei uns eingebürgerte Bez. geht auf die eher oberschichtl. Umgangsformen, während in einfacheren Kreisen ein verwandter Ausdruck vorwiegend im Tadel gehört wird: Er hat keine Manieren. Lehrhafte Dichtung schon der Antike (Plutarch, Lucian, Seneca) wie des MA (Trimbergs Renner, Freidanks Bescheidenheit; → Sprichwort) war dem G. T. gewidmet. Mit dem Buch von Adolf Freih. v. Knigge, 1777 Kammerherr in Weimar, 1791 Landdrost in Bremen, ist der Name des Verf. sprichwörtlich geworden. Die prakt. Lebensregeln »Über den Umgang mit Menschen« von 1788 fanden nicht nur zahlr. Neuaufl. und Bearbeit., sondern zogen auch eine ganze Lit. des G. T. nach sich. So gab der »Fachausschuß für Umgangsformen« in Köln 1969 einen »Theater-Kleider-Knigge« heraus. H. Freudenthal sieht als vkdl. Aufgabe eine gesch. und geogr. Betr. des gesellsch. Zeremoniells wie der allg. Umgangsformen und teilt das Urteil, daß man »daraus mehr über den wirkl. Menschen erfahren kann als aus manchen anderen hist. Spezialwerken«. → Niesen, Gruß.

Adelfels, Lex. d. feinen Sitte, 1900; E. Sturtevant, Vom G. T. im Wandel d. Jhh. 1917; F. Ebhardt, Der g. T. in allen Lebenslagen. [21] 1926; H. Freudenthal, in: Beitr. z. Dt. V.- u. A.kde 2/3 (1958); Lutz E. Finke, Gestatte mir . . . 1963 (G. T. f. Korporierte); H. Hekkendorn, Wandel d. Anstands im frz. u. dt. Sprachgeb. 1970. Kartogr. ADV-NF 43 (Tischsitten).

Tonnenreiten, in der Zeit um → Pfingsten in Mecklenbg und Vorpommern geübtes → Reiterspiel. Auf der Dorfstraße werden zwei Masten eingerammt, zwischen denen an einem Tau eine mit bunten Bändern u. Birkengrün geschmückte leere Teertonne hängt. Die Mitglieder des Tonnenbundes schlagen vom Pferde aus mit schweren Keulen danach. Wer den letzten Reifen zerschlägt, wird Stäbenkönig oder Kranzkönig, wer den Boden zertrümmert, Bodenkönig, und wer den letzten Rest herunterholt, Tonnenkönig. Formen dieses Spieles haben sich auch in Süddtl. oder z. B. im Gailtaler Kufenstechen (Kärnten) erhalten, während das wesentliche Verbreitungsgebiet im Norden liegt. So wird uns aus Dänemark in einer alten Quelle berichtet, wie man dort zur Fasnachtszeit nach einer Tonne schlug, in der eine lebendige Katze oder ein Hahn saß. → Hahnenschlagen.

W. Borchers, T., Tonnenschlagen, ein vorpommersch-mecklenburg. Brauch. Niederdt. Zs. f. Vkd. 13 (1935). (Auch über Hahnenschlagen u. dgl.).

Töpferscheibe, Drehsch. Abgesehen vom Formen von Reliefaufla-

gen oder → Kacheln für Öfen mit Hilfe eines → Models gewinnt → Tonware ihre Grundgestalt durch Formen aus freier Hand (→ Korb) oder mit Hilfe der T. Dem in Fußhöhe angebrachten steinernen Schwungrad gibt der nackte Fuß die drehende Bewegung. Auf die eigentl. T. in Handhöhe setzt der Töpfer den Tonklumpen, den er mit Händen und Fingern oder durch eine angelegte Schablone zu runden Gefäßen formt. Die T., in ägypt. Funden schon um 3000 v. Z. nachweisbar, ist in Europa zuerst bei den Kelten, in der ausgehenden Latène-Zeit (500 v. Z.) bei den Germ. in Gebrauch. Nach dem Abzug der Römer, die die T. vor allem ins Rheinland brachten, ging ihre Verwendung eher zurück. N.sachsen ist noch in der Zeit nach der Völkerwanderung ohne T. Die Ostgerm. kennen sie kaum, und den seit dem 7. Jh. nachrückenden Slawen bleibt sie bis zum 11. Jh. unbekannt. Im handwerkl. Gebrauch ist die T. bis heute im wesentl. unverändert geblieben.
Gefäßprofile geben Anhaltspunkte für die zeitl. Best. mal. Tonware. Wichtiger aber ist die von der T. ermöglichte Rädchenverzierung. In ein kleines Rädchen wurden Muster (Kreuz, Schräglinien) eingeschnitten, die sich im Drehen der T. auf den lederharten, noch nicht gebrannten Ton eindrückten und auch zu Gittern, Dreiecken und »Tannenbäumen« verbinden ließen. Entstehungsort und -zeit, aber auch die Wanderung z. B. der urspr. fränk. Kolonis.keramik vom rhein. Siegburg bis nach Ostpr. lassen sich so leitmotivisch verfolgen. Schon auf kelt. Gefäßen und auf der *terra sigillata* der Römer treten solche Verzierungen auf. – Durch Gegendruck eines einfachen Hölzchens gegen das sich drehende Tongefäß lassen sich unter Heben und Senken dieses »Töpferspans« leicht verschiedene Wellenlinien herstellen.

E. Meyer-Heisig, Mit T. u. Malhorn. Kat. Nürnbg. 1954.

Topfschlagen → Vspiel, Reiterspiele.

Tormentill → Blutwurz.

Totemismus, der Glaube besonders nordamerikanischer Naturvölker, daß eine Stammesgruppe (Clan) zu einem Tier, auch zu einer Pflanze usw. in Abkommenschaftsverhältnis stehe, das eine Verwandtschaft der Angehörigen des gleichen Totems begründet und ihnen gemeinsamen Namen gibt. Das Totem ist → tabu und verbietet zugleich den ihm Zugehörigen die Heirat untereinander (Exogamie). Auf T. (neben Hirtentum, Altersklasse, Männerbund) als ein Erklärungsprinzip des europ. Maskenwesens wies schon A. Haberlandt hin. → Mutter, M.recht.

J. G. Frazer, Totemism and exogamy, 4 Bde., 1910; W. Schmidt, T., Viehzüchter. Nomadismus u. Mutterrecht. In: Anthropos 12/13 (1917/18); A. Pancritius, Europ. T. ebd. 12/13 (1917/18); K. T. Preuß, Die geistige Kultur der Naturvölker, 1923²; W. Koppers, Die T. als menschheitsgesch. Problem. Anthropos 31 (1936); L. Schmidt, Masken in Mitteleuropa. 1955; C. Lévi-Strauss, Le Totémisme aujourd' hui. Paris 1962.

Toten, die → Tod.

T.beschwörung → Nekromantie.

T.blume → Ringelbl., Lilie, Grabbl.

Totenbrett. »Aufs Brett kommen« bedeutet in der bayerischen Ostmark noch heute soviel wie ›sterben‹. Der Brauch der Aufbahrung und ursprünglich wohl auch des Begräbnisses des Toten auf einem »Laden« (vgl. »Totenlade«) oder Brett liegt der noch heute im bayerischen Wald bekannten Aufstellung von T. an Wegkreuzen, Brükken, Kapellen usw. zugrunde. Heute allerdings geschieht die Aufbahrung und das Begräbnis auf die übliche Weise, und die Bretter sind zu einem nachträglich gefertigten, mit Malerei und Inschrift versehenen Denkzeichen geworden, das den → Grabdenkmälern auf dem Friedhof entspricht. Auf das ahd. *rêo* ›Leichnam‹ geht die heute kaum noch gehörte Bez. Rebrett (→ Tod) zurück. Im 1. Teil des Nibelungenliedes heißt es bei Siegfrieds Tod:

man wusch im sine wunden
und leit ihn uf den re . . .

Die früher weitere Verbreitung des T. (Salzburg, Schwarzwald, Schweiz) geht aus sachl. und sprachl. Zeugnissen hervor und wurde von F. Lüers und J. Huber auch kartogr. erläutert.

F. Weber, Zur Frage ü. d. Urspr. d. T.: V. u. Vkde. 8 (1910); O. Rieder, T. Bayer. H. f. Vkde. 4 (1917); F. Lüers, Über die T. in Bayern; in: Heimat u. Vtum 11 (1933) (Mit einer Karte); K. Haiding, T. an Bächen u. Bäumen (Böhmerwald). Dt. Vkde. 4 (1942); F. H. Schmidt, Die T. im Gau Bayreuth. Germ.erbe 7 (1942); Mein Böhmerwald 7 (1943) J. Huber, D. Brauchtum d. T. 1956 (Mit 7 Karten; H. beging 3585 Orte; vgl. M. Kundegraber in: Österr. Zs. f. Vkde 60, 1957); W. Atzert, Der »Leichladen« im Saalachtal. Hess. Bll. f. Vkde. 53 (1962); F. Wirth, Die »Leichbretter« (Pinzgau). Öst. Zs. f. Vkde 71 (1968); D. Pesch, Vom Eschenbäumchen zum T. Rhein-westf. Zs. f. Vkde 16 (1969); H. Wolf-Beranek, T. in den Sudetenländern. Bohemia 11 (1970).

T.brot → Allerseelen.

T.fest → Allerseelen, Weihn.

T.glocke → Tod, Glocke, beiern.

T.gott → wilde Jagd.

T.hammer → Hämmerlein, Holzwurm.

T.heer → Wodan.

T.käfer → Holzwurm.

Totenklage. Im europ. SO (Gottschee, Ungarn) ist die T. eine wort- und gestenreiche Beweinung am Totenbett oder am Grab, vereinzelt bis heute bekannt. Wenn in Siebenbürgen der Sargdeckel ins Totenzimmer gebracht wurde, erhob sich, weithin hörbar, die Klage der Gattin, der Söhne und dann der Töchter. Bei den Dt. des ungar. Karpathenlandes wurde dieses T.lied einer Mutter aufgezeichnet:

Ach Engala mains, kinn mains!
Dr schena Plum maina!
Alla Plum sain ufgapluet,
unt nje tu pist mi e zugapluet!
Ach tu mai Got, mai Got, mai Got!

Tacitus bezeugt die T. als germ. Sitte. *Cantica*, Klage- und Preisgesänge, erwähnt der westgot. Geschichtsschreiber Jordanis *(De origine actibusque Getarum* 551). Während der altsächs. Heliand und Otfrids Evangelienharmonie nur ein beherrschtes Weinen als Trauerzeichen kannten, erscheint die heftige T., wohl dem Vbrauch folgend, zuerst im Rolandslied des Pfaffen Konrad (um 1130). Noch im 19. Jh. wird aus der Geraer Gegend von »Leichenweibern« in Tracht berichtet, deren überschwänglichen Trauerritus eine Litanei und Gesang beschlossen. Noch länger bestand die T. am Grabe in Odenwälder Dörfern. Von einem Verbot des »Geschreis auf den Gräbern« und des Sitzens auf dem Grabe hören wir schon in einer Nürnb. Polizeiverordnung des 15. Jh.

Otto Böckel, der die T. bei den meisten Völkern nachwies, unterscheidet Klageruf und -gesang der verwandten Frauen von dem späteren Brauch berufsmäßiger Klageweiber. W. Suppan fügt als dritte Stufe die Verbindung von ältester Überlief. und christl. Vorstellungen hinzu. → Trauer.

Th. Mommsen, Monum. Germ. hist. Bd. 5 (1882); dt. v. Martens, 1884; O. Böckel, Psychologie der V.dichtung. 1906; E. Reiner, Die rituelle T. d. Griechen. 1938; W. Neumann, Die T. i. d. erzähl. dt. Dichtg. d. 13. Jh. o. J. Emsdetten; M. Cramer, Trauergewand u. T. in Nordwesteuropa u. i. Parall. i. Orient, Rhein.-westf. Zs. f. Vkde. 3 (1956); B. Rajeczky, Zur Ambitusfrage der Klagelieder. In: Studia Musicol. 6 (1964); W. Suppan, Über die T. im dt. Sprachraum. In: Journal of the Intern. Folk Music Council. 15 (1963).

Totenkrone, T.hochzeit. »Eenmal hoirt ehr de Kranz«, dieser Vierländer Spruch sagt, daß der Brauch der Tk. aus der Th. hervorgegangen ist, aus dem Gedanken, daß die frühverstorbene → Jungfrau wenigstens im Tode im Wunsche der Angehörigen und in der Symbolik der Gaben und des Schmuckes das Ziel erlangen soll, das in der Volksanschauung für ein junges Weib das wichtigste ist: die Hochzeit. Auch das Rituale Rom. kennt die Tk. Die »Th.« war weit verbreitet und ist heute noch bekannt, sei es auch nur mehr in der Form, daß die verstorbene Jungfrau das weiße Ehrenkleid, den Kranz und den weißen → Sarg erhält. In Kirchwärder und Curslack (Vierlande) erreichten die Sargkronen manchmal ½ m Höhe; sie waren wie die → Krone der Braut aufgebaut aus künstlichen Blumen, Flittergold und Perlen. Oben stand ein Kreuz, das auf dem Querbalken den Namen des Mädchens mit dem Zusatz J (= Jungfrau) trug. Dazu gesellte sich eine buntgekleidete Wachspuppe als Bekrönung, wie wir sie auch auf der Brautkrone zuweilen finden (Hessen), wohl zweifellos als Ausdruck des Fruchtbarkeitswunsches. In der Niederlausitz wurden Bräute (auch Wöchnerinnen) im vollen Brautschmuck begraben. In der Eifel wurde dem Sarge Unverheirateter (die Tk. für Jünglinge ist im ganzen seltener) eine Blumenkrone aus Efeu, Buchs und weißen wie roten Rosen voraufgetragen. Nach dem Begräbnis fand der Kranz seinen Platz auf dem Grabkreuz. In den Vierlanden war die Tk. für Jünglinge kleiner, einfacher und bezeichnenderweise (s. o.) ohne Namen und Püppchen. In Altengamme wurden die Tk. zur Ehrung des Verstorbenen in der Kirche über dem Familienplatz angebracht. Ähnlich kennen wir es aus der Mark Brandenburg, wo (z. B. im Fläming) eine einfache Myrtenkrone noch heute auf den Sarg der Jungfrau gelegt wird. In der einfachen und ursprünglichen Form nimmt die Tote den Schmuck mit. Man bedeckte die Leiche dann wohl auch völlig mit Blumen, so daß nur Gesicht und Hände frei blieben und gab ihr in die Rechte einen Strauß von → Rosmarin. Je kostbarer und dauerhafter der Schmuck, desto eher regte sich der Wunsch, die Tk. aufzubewahren. Man fertigte sie schließlich auch aus Metall und verlieh sie von Fall zu Fall, wie etwa der bayerische Mesner die Leonhardi-Votivfiguren dem leihen konnte, der sie für ein bestimmtes Anliegen von neuem opfern wollte. So wurden im Egerland die schönen Tk. aus Golddraht, die der → Pate schenkte, in der Kirche aufgestellt.

Von den ostdt. Tk. sagt Brunner, daß sie mit ihren Glaskästen und Widmungen auf schön gearbeiteten Konsolen mit den Grabmälern und den Epitaphien der reichen Geschlechter, des Adels und der Bürger in Wettbewerb zu treten scheinen. Andererseits fand die Tk. selbst in den Begräbnissitten der Städte und ihrer Zünfte oft weitere Ausgestaltung. Dem Brauch darf ein hohes Alter zugeschrieben werden. A. Wrede berichtet in seiner »Eifeler Volkskunde«: »Ein vielfach gewundener ›Totenkranz‹ aus Bronze lag um die Schädelknochen eines Toten, dessen Grab 1907 bei Mayen gefunden wurde und das in die Zeit zwischen 600 bis 500 v. Chr. gehört.«

O. Lauffer. Der volkstüml. Gebrauch der Tk.; Zs. d. Ver. f. Vkde. 26 (1916); E. Schlee, Über den Gebrauch von Tk. in Schleswig-Holstein. Die Heimat, 1938; J. Warnecke, Die Tk. in Lübeck u. Lauenburg, ebda., 1939; M. Bringemeier, Tk. im Paderborner Land, Die Warte, 10. Jg.

T.laterne → Joh.würmchen.

T.leuchter → Bildstock.

T.pflege → Rosengarten.

T.recht → Tod.

T.reich → Jenseits, Walhalla, T.wiese.

Totensonntag, T.fest. Letzter Sonntag des Kirchenjahres in der ev. Kirche. der dem kath. → Allerseelen entspricht. Die ersten Gedenktage ähnl. Art entstanden in der Aufklärungszeit. 1816 ordnete Friedr. Wilh. III für Preußen ein Totengedenken für die in den Freiheitskriegen Gefallenen an, aus dem sich ein allg. T. entwickelte. In Predigt, Brauch und Sprache (»Ewigkeitssonntag«) betont die ev. Kirche seit einigen Jahren wieder stärker, daß der Tag nicht der Totenklage, sondern dem Hinweis auf die Ewigkeit gewidmet sein soll. → Lätare.

T.speisung → Allerseelen, Tod, Neujahr.

Totentanz. Legende und Sage erzählen vom Tanz der Toten. Die bildliche Darstellung des T. ist nicht eigentlich volkstümlich, wenn auch Redensarten wie vom »Tod von Basel« dadurch angeregt wurden. Die Vorstellung des Todes als Reiter, Sensenmann u. ä. finden wir schon in Bibel und Antike. Alter Volksglaube ist auch der Reigen, in den die Toten als Wiedergänger die Lebenden hineinzuziehen suchen. Bußprediger des MA. nahmen dieses Motiv auf. Dazu traten kleine dialogische Szenen (Streitgespräch) mit dem personifizierten »Tod«. Aus solchen Wurzeln erwuchsen die berühmten T. *(La Chaise-Dieu* in der Auvergne, um 1400; Pariser T. 1425; Lübecker T. 1463; Basler T. 1470). Die meisten und die weitestverbr. Gestaltungen unter den europ. Völkern hat Dtl. aufzuweisen. Die Erschütterung nach der großen → Pest 1348, textl. Elemente der Bußlit., mal. Todesdarst., Legende und Sage boten die Quellen dar. In einer für Literatur- und Kunstgesch. gleich wertvollen Ausgabe in der Reihe der »Berner Heimatbücher« hat P. Zinsli den großartigen Berner T. dargestellt, »ein Werk von meisterlicher Kraft der dichterischen Eingebung und wohl der ersten, schon überzeugend durchschlagenden Gestaltung Manuelscher Art«. → Gerippe.

Rufer, Der T. in d. Marienkirche in Berlin. 1888. (Dazu vgl. E. Hühns. Der Berl. T. Dt. Jb. f. Vkde 14 1968); A. Dürrwächter, T.forschung, 1914; W. Stammler, Die T. des MA., 1922; Reallex d. dt. Litgesch. v. Merker u. Stammler, 3. Bd., 1928/29; H. Stegemeier, The Dance of Death in Folksong. Diss. Chicago, 1939; St. Kozáky, Gesch. d. T. Budapest 1936-44; E. F. Chaney, Neudr. d. 1. Ausg. d. Danse macabre d. Druckers Guyot Marchant v. 1485. Manchester 1946; D. Th. Enklaar, De dodendans. Amsterdam. 1950; P. Zinsli, Der Berner T. d. Niklaus Manuel (um 1484–1530) 1953; H. Rosenfeld, Der mal. T. Entst.-Entw.-Bedtg. [2]1968 (Kunst- u. literaturgesch.Fragestellg. bedarf d. vkdl. Ergänzung. Bibliogr.; Denkmäler); St. Cosacchi, Makabertanz. Der T. in Kunst, Poesie u. Brauchtum d. MA. 1965.

T.uhr, -wege → Vorzeichen.

T.vogel → Eule, Kauz, Vorzeichen.

Totenwiese. Eine der blumenbestandenen Asphodeloswiese der Alten vergleichbare T. kannten dt. Sagen und Märchen (Frau Holle). Sie liegt in einem Berg (→ Glasberg) oder auf dem Grunde eines Brunnens, eines Teiches. Die altdt. und altnord. Dichtung zeigen Spuren dieser T., bekannter wurde dieses Motiv seit der Einwirkung der irisch-bretonischen Artus-Überlieferungen und Feenmärchen in unserer ritterlich-höfischen Dichtung. → Fee.

H. Siuts, Jenseitsmotive im dt. Volksmärchen, 1911.

Tott, Tote → Pate.

Touchwood → berufen.

Tourismus, (ital. turismo), Fremdenverkehr. In der BRD stand 1968 genau ein Drittel der Bev. in einem Arbeitsverhältnis und hatte dadurch Anspruch auf Urlaub, eine auf mehrere Wochen ausgedehnte → Freizeit. Reisen an fremde Orte zum Vergnügen und Erholungsaufenthalte – die »Sommerfrischen« unseres 19. Jh. – kannte schon die Antike. Röm. Agenturen gaben Auskunft über Verkehrsverbind. und Bäder. Organis. ähnl. Art erforderten der Pilgerverkehr zur Kaaba, die christl. Kreuzzüge und die späteren, oft über weite Entfern. reichenden → Wallfahrten des MA. Die heutige Entw. begann jedoch erst mit Eisenbahn und Dampfschiff. Sie wurde mit Auto, Omnibus, Flugzeug und Kreuzfahrtschiffen zur Höhe geführt, gleichzeitig mit der Zunahme erholungsbedürft. Massen in den schnell wachs. Industriezentren. G. Galignani in Paris bot, haupts. Briten, die ersten Gesellsch.reisen an (um 1815). Seit 1845 machte T. Cook Pauschalreisen möglich. Seinem Vorbild folgte 1854 das erste dt. Reisebüro in Berlin von K. Riesel. 1829 begann K. Baedeker die Reihe seiner klass. Reisebücher.

Mehrere Seiten am ält. Einzel- wie am heut. Massent. sind für die Vkde von Bed. Die Rolle, die einflußreiche »Fremde« in den Kurorten des 19. Jh. spielten, verdient eine gründliche Unters. Der bekannte Grazer Germanist Anton Schönbach wie der Innsbr. Historiker Hermann Sander z. B. gehörten als langjährige Schrunser Sommergäste zu den Gründern des »Montafoner Heimatmus.«, sie berieten die Umgestaltung der Tracht (»Sanderhüatli«), sammelten Sagen und Altertümer und schrieben die ersten Heimatbücher in Gestalt von »Fremdenführern« und Chroniken (Prof. Pfister-München, Prof. Tschohl und Barbisch-Wien). Malergäste entwarfen die ersten Werbeplakate (Hans Bertle-München). In den l. Jahrz. wurden allenthalben die Einheim. zu Gebenden in »Heimatabenden«, Vortragsreihen, Trachtentagen usw. (→ Folklorismus). Nicht geringer als die kulturelle ist die soz. und wirtsch. Seite des T. Das Sichkennenlernen der dt. Stämme wie die internat. Völkerverständigung werden durch nichts mehr gefördert als durch den T. Notstandsgebiete ohne Industrie werden durch den T. lebensfähig, freilich nicht selten auch in ihrer Entw. nachhaltig gestört, wenn nicht besonnene Lenkung stattfindet. Mit Recht hat deshalb auch die Kirche neue Formen der F.seelsorge gefunden. 1965 fand in Rom die erste Weltkonferenz für F. statt.

H. J. Knebel, Soziol. Strukturwandl. im mod. T. 1960; P. Bernecker, Grundlagenlehre des F. 1962; A. Hammer u. H. G. Swoboda, F. u. Gemeinde. 1966; W. Ritter, F. in Europa. Leiden 1966. Tourism. in OECD-Member-Countries. Paris jährl. seit 1960.

Tracht. Wenn wir unter → Vkleid alles verstehen, was das Volk als Schutz und Schmuck des Körpers oder zur Kennz. von Stand, Alter und Beruf gewohnheitsmäßig trägt, auch wenn wir uns gegenwärtig halten, daß das Wort T. urspr. ganz allg. das Tragen und das Getragene meinte, so wird damit nicht die Bed. verkannt oder geschmälert, die seit Jhh. und zum Teil noch heute der Bereich der Kleidersitte besitzt, den wir im allg. Sprachgebrauch als T. im engeren Sinn bez. Hinsichtl. der gesch. Entw. dürfen wir vergleichsw. an das Nach- und später Nebeneinander von Mundart und Schriftsprache denken.

Die Kaiserchronik, die Dichtung eines Regensburger Geistl. um 1150 berichtet, daß → Karl der Große den Bauern derbes Leinen für Hemd und Untergewand, Schuhe

aus Rindsleder und Röcke von grauer oder schwarzer Farbe zugesprochen habe. Frühe Miniaturen, z. B. im → Sachsenspiegel, zeigen uns den Bauer in hemdartigem Rock und hohem Strohhut oder mit einer Kragenkapuze, der Gugel. Den hinten aufgeschlagenen Hut und die Gugel trug auch der Vornehme auf Jagd und Reise. Das grobe Gewand, meist in Grau, ein halblanger, seitlich geschlitzter Kittel mit Gürtel, Ledertasche und Messer, lange, am Wams befestigte Strumpfhosen, breite Bundschuhe für den Mann, ein schmuckloses lockeres, gegürtetes Kleid mit Latzschürze für die Frau blieben das V.kleid auch in den folg. Jhh. Immerhin aber werden im Hoch- und Spät-MA. auch schon Klagen laut über Kleiderluxus und über einen Wetteifer mit anspruchsvoll. Rittersitte. An der Schwelle der Neuzeit, da Bauerntum schon um seiner selbst willen dargest. wird, bleibt das einfach gelegte Kopftuch, der breite Strohhut und das Koller schlichte Standest. auch der Bauersfrau.
Sicher schon früher vorhanden, werden (wie Mundart, Brauch, V.dichtung) landsch. Unterschiede der Kleidung Ende des 16. Jh. zuerst beob. und aufgez. Das neue Jh., das Schriftsprache und Buchdruck brachte, läßt in der aufblüh. Stadtkultur die Stände und soz. Schichten stärker auseinandertreten. Vom → Bauer (→ Dorf) sondert sich der → Handwerker, → Bergmann und Gewerbetreibende, vom Landmann der bildungs- und besitzstolze Kaufmann und Patrizier der → Stadt. Doch ist anfangs der Abstand noch gering, vielmehr steht auch der Bürger (→ B.Haus) immer noch zurück hinter dem Edelmann und Höfling, die in ihrer Kleidung landfremder span. (später frz.) Mode folgen und die größ. Aufwand mit Seide, Pelz und edlem Metallschmuck dem Bürger wie dem Bauer verbieten. So entw. damals nicht nur jede Landsch, sondern auch jede Stadt einen mehr oder minder eigenständ. Kleidungstyp, eine T. Bildl. Darst. mehren sich zum 17. Jh. hin, aber ihre Zeugniskraft ist oft fragwürdig. Keine T. ist als Ganzes aus dem 16. Jh. bis in unsere Zeit leb. geblieben.
Erst im 17. und 18. Jh. wurde die Trennung Stadt: Land schärfer, konnten bes. die Reichsstädte (Kaiserl., Freie St.) ihr eigenstolzes, aber von der Mode der Höfe nicht unabhäng. Kleid entwickeln, konnte auch der Landmann sich aus Überlief., verblaßter Mode und eigenem, schöpferischem Dazutun seine T. bilden, wobei die Mächte der Beharrung sich beim Ackermann und unzünft. Kleinhandwerker als weitaus stärker erwiesen als beim handeltreibenden, fortschrittl. und weltoffenen Städter.
Schroff wurde der Gegensatz Stadt: Land erst gegen Ende des 18. Jh., mit dem Näherkommen des → Industrie- und Maschinenzeitalters mit seinem schnell wachsenden Verkehr. Es ist nicht zufällig, daß → Vkde als Wiss. in dieser Zeitenwende begann. Während sich die Stadt mehr und mehr, bes. seit dem gleichmach., einebn. Einfluß der Frz. Revolution, einer allg., schon rascher wechselnden Mode zuwandte, trat in der Kleidersitte der bäuerl. Bev. jene Erstarrung ein, die für ihr Bild bis heute charakter. blieb. Von einz. Teilen (Hut, Brusttuch, Schuh u. a.) und von Kleinlandsch. abgesehen, entstammen fast alle T. des 19. und 20. Jh. aus der 2. Hälfte des 18. Jh. wie Eva Nienhold in ihrer das ganze dt. Sprachgebiet überblickenden Darst. der T. (in W. Peßlers Hdb. d.

dt. Vkde.) an einer großen Zahl von Beispielen nachgewiesen hat. Mit Naturschwärmern und Romantikern entdeckt der Städter jetzt das Land als etwas Eigenartiges, fast Fremdes. Während frühere T.bücher fast ausschließlich der Stadt und ihrer nächsten Umgebung galten, gehen jetzt Maler und Zeichner auf die Dörfer. Der erst jetzt einsetz. Quellenreichtum erlaubt es uns, die meisten T. bis ins 18. Jh., aber selten viel weiter zurück zu verfolgen.

Trotz jener Erstarrung wäre es falsch, an eine völl. Stillstand in der Entw. der ländl. Kleidung zu glauben. Der städt. Fortschritt wirkt auf das Land, bes. auf den beweglicheren Mann (Handel, Wanderjahre, Militärdienst), der deshalb auch fast ausnahmslos vor der konservativeren Frau die T. aufgibt. Aber auch auf dem Lande bleiben Lebens- und Arbeitsweise nicht unverändert. Das Bild einer heutigen T. können wir in einer Handzeichnung um 1800 wiedererkennen, aber kaum ein Teil von Hut und Haarband bis zu Strumpf und Schuh ist unverändert geblieben. Verändert hat sich vor allem der Geltungsbereich einer T., geogr. und sozial. (→ Mundartgeogr.). Geschlossene T.gebiete schrumpften zu Inseln. In einer eng begrenzten Talschaft tragen nur noch die Bewohner außerh. des »großen Dorfes« oder Marktflekkens die T. Im gleichen Dorf oder Weiler hält nur die ärmere Schicht oder die Gruppe der Alten an der T. fest. Oder es kann so sein, daß Taglöhner und Kleinhäusler an der unscheinb. T. des Werktags festhalten, die Wohlhabenden aber die teure Festtagst. noch pflegen (→ Folklore).

Hier hätte freilich der Char. der T. als Kleid der Gemeinschaft, der zu ihrem Grundwesen gehört, schon Einbuße erfahren. Auch andere Merkmale der T. zeigen, mindestens in jüngerer Zeit, dieses Doppelgesicht. Der urspr. Sinn für starke, ungebrochene Farben wich öfter einer ängstl. Scheu vor dem für besser gehaltenen Geschmack der Oberschicht. Die alte Sicherheit in der Wahl von Stoff, Form und Zusammenst. ist zu vermissen, wenn etwa im Bregenzerwald für die »Stümplar« (Ärmel) zu der altartigen Juppe billige, mod. bedruckte Konsumware zugelassen und geschätzt wird oder wenn im Montafon als Ersatz des als zu schwer empfundenen hohen, schwarzen Mäßle Ende des 19. Jh. von einer im benachb. Tirol Umschau haltenden Kommission (»Hutmachers Paul« aus Schruns, ein Historiker aus Innsbruck: Hermann Sander, ein Germanist aus Graz: Anton Schönbach) das schließl. fast frei erfundene »Sanderhüatli« mit stilfremder, einseit. Schleife angenommen wird. Wenn sich die T. noch vor kurzem als praktisch, sparsam und schön zugleich erwies, so verkümmert sie zuletzt als Werktags- und Arbeitskleid, um anderers. im großen Aufwand der Festtagsform für einf. Kreise fast unerschwinglich zu werden. Auch die Tatsache ist zu nennen, daß noch im 19. Jh. das »Selbst gesponnen, selbst gemacht« zum Ehrgeiz der T.trägerin gehörte, während man später zur effektvolleren, manchmal (in jedem Sinn) billigen Fabrikware griff. Daraus vor allem ergaben sich die Rückschläge in Krisenzeiten wie dem 1. Weltkrieg und später, als feine Tuche, changierende Seide, rote Strümpfe, Gold- und Silberfäden nicht mehr zu haben waren. Es ist meist der festgehaltene alte Stand, wenn auch heute noch manche T. durch einen Farben- und Formensinn überrascht, der sie als eine der eindrucksvollsten Schöpfungen der Vk. erscheinen läßt. Sie ist alt, aber nie »altmodisch«, manches an ihr ist eigenwillig und gewagt, aber nicht im Sinn von entartetem Kunstgewerbe. Selbst das Ausgefallene und Extreme, das Gehäufte, Überladene, Grelle vermag zu überzeugen und erfreut.

In seiner »Vkde d. Schweiz« (1946), die mehr als ältere landsch. Darst. den Aufgaben der Vfg. in unserer Zeit gerecht wird, hat Richard Weiß auch die Schweizer T. im Zus.hang des heut. Vlebens kritisch beschrieben. Die wichtigsten Ergebn. dieser Prüfung seien als method. Beispiel für andere T.landschaften hier kurz erläutert. Auch die Schweizer T., für die in den Grundzügen »eine weitgehende Einordnung in einen mitteleurop. Großraum« vorausgesetzt wird, besteht nur noch in Restgebieten. Verkehr, Fremdenwesen, Technik und Industrie wie die Verstärkung zentr. Staatlichkeit haben einebnend gewirkt. Verkehrsoffene Gebiete, z. B. am Zürichsee, hatten schon im 18. Jh. kaum noch T. Auch das alte Durchzugsland Graubünden hat örtl. Unterschiede in der T. früh ausgeglichen. Im Kanton Uri schwand die T. mit dem Bau der Gotthardbahn. Verkehrsferne, unabhäng. Wirtschaft, eigene Prägung in Brauch und Sprache, bes. auch strenge kath. Kirchlichkeit (→ Konf.) wirkten erhaltend: im Gebiet des kath. Kantons Freiburg, im Appenzell. und im Wallis (Lötschental, Terassensiedling von Savièse, Val d' Hérens). Den schärfsten Gegensatz bilden nicht die Städte oder Industriezentren, sondern die Kurorte mit ihrer »bindungslosen Hingabe an jede Mode oder individ. Extravaganzen«. Ganz in der Nähe der Großstadt Zürich erhielt sich T. im Wehntal. Auch die starke Bewegung für T.erneuerung blieb nicht ohne Erfolg, wenn auch mehr im Rahmen der Vereinsfeste und Feiertage. Mancher T.brauch hat sich zeitl. oder gegenständl. verengt. In prot. Gegenden findet sich noch der »Abendmahlsrock«, Kath. bewahren alte T.formen zuweilen noch in der Prozession. Eine Fülle landsch. Sonderh. begegnen noch in der Kleidung zu Taufe, Konfirm., Hochzeit und Trauer. Holzschuhe sind noch in Gebrauch am Gotthard, in Uri und Tessin. Die Tessiner zoccoli sind sogar neue Mode geworden ähnl. dem Sennerkäpplein, das eigentlich ein arbeitsbedingtes »Kuhdreckkäpplein« ist (vor allem beim Melken gebraucht), aber seit dem 4. Internat. Pfadfindertreffen in ungarischen Gödöllö (1932) Weltmode wurde, gefördert durch die Modezentren Wien, London, Paris (Juliet-Cap nach dem Film »Romeo und Julia«; oder Calot de Suisse). In England tauchte es 1935, in Frankr. 1936 auf. Erst auf dem Umweg über das Ausland wurde das alteinheim. Sennenkäpple auch in der Schweiz Mode der Kurorte, Jugendgruppen und Vereine (→ Turismus). Starke Einbuße erlitt das Schweizer T.wesen im 19. Jh. durch die im Strukturwandel des Vganzen begründ. Verwischung von Geschlecht, Alter und Zivilstand, doch auch hier ist der Rhythmus zeitl., landsch. und soz. verschieden. Die Bäuerin im Wallis geht (noch) in Männerhosen zur Heuarbeit, in den Städten ist das Bild der Frau in Hosen (schon) gewohnt als eine Mode, die durch Beruf und Sport gestützt wird. Doch erließ Genf (vielleicht in kalvinist. Haltung) ein Verbot der Hosenmode für Frauen. Bes. die Städterin sucht den Altersunterschied zu verwischen. Im Val d'Hérens gibt es noch den Kinderrock vor der Schulzeit; erst nach der Konfirm. trägt der Bub die lange Hose, die auch das Recht zu Wirtshausbesuch, Rauchen, Tanz und Liebschaft ankündigt. Der Unterschied ledig: verheiratet ist nach R. Weiß in der Schweiz »auch in der ländl. Kleidung kaum noch festgehalten«. Wie überall zeigt am ehesten das → Berufskleid noch etwas Leben, doch auch dieses mehr in der alltägl. Form der Arbeitst. (Hirten-, Heuträgerhemd, Fuhrmannsbluse, T. der Bäcker, Metzger, Köche usw.). Aber selbst in der Negation kann sich Trad. und Gemeinschaft äußern, so wenn alpine Gebiete zwar die alte T. ablegten, aber den städt. Frauenhut nicht übernahmen trotz aller Reklame der Modistinnen. R. Weiß unterstreicht, daß es für eine vkdl. Betrachtung wichtig und ergiebig ist, nicht nur nach der T., sondern auch nach dem Tragen, nach seinem Wie, Wann, Warum zu fragen. In diesem Sinne vermögen auch geringe Erschein. Aufschluß über das Vleben und seine inneren Strömungen zu geben.

Um die heut. Gesamtersch. der T. auch in anderen Landsch. hins. ihrer Lebenskraft und -echtheit beurteilen zu können, müssen u. a. folgende Fragen beachtet werden: Wird die T. getragen

1. von allen Bewohnern der Landschaft oder der Siedlung, Mann Frau und Kind, den ganzen Tag und das ganze Jahr über? (Dieses Bild bietet sich heute wohl nirgends mehr);
2. noch von den Frauen (und Mädchen)?
3. von diesen, aber nur an Sonn- und Feiertagen und zu bes. Anlässen (Proz., Hochzeit, Primiz)?
4. nur noch von alten Leuten?
5. nur in Restformen, meist zur Arbeit (Schürze, Hut, Kopftuch)?
6. in Vereinen (Sing- und Tanzgruppe, Musikkapelle)?
7. in erneuerter Form?
8. bei Begrüßungen, Treffen, Eröffnungen, Repräsentationen (→ Folklorismus), dann u. U. auch von Ortsfremden?

(Vt. = Volkstracht, -en); H. Schurtz, Grundzüge e. Philos. d. T. 1891; A. Kretschmer, Dt. Vt., 1887–90²; F. Hottenroth, Hb. d. dt. T., 1896; Katalog der Freih. v. Lipperheideschen Kostümbibl., 2 Bde., 1896 und 1905 (Bedeutendste Sammlg. b. zum 2. Weltkrieg); F. Rumpf, Der Mensch u. seine T., 1905; K. Spieß, Die dt. Vt., 1911; R. Julien, Die dt. Vt. zu Beginn des 20. Jh., 1912; F. Hottenroth, Dt. Vt. vom 16. bis zum 19. Jh., 1923²; H. W. Behm, Von d. Faser z. Gewand, 1924; R. Helm, Vt. Forschungsber. Behaghel-Festschr., 1934; V. von Geramb, Zur Doktrin d. Vt. Jb. f. hist. Vkde, 3./4. Bd. 1934; ders. Die Vt. In: Spamer, Vkde; R. Peesch, Die dt. Vt., 1934; O. A. Erich, Dt. Vt., 1934; H. R. Retzlaff, Dt. Bauernt. Beschr. von R. Helm, 1936; E. Nienhold, Die Vt. In: Peßler, Hb. (zahlr. Abb. u. Lit.); O. Lehmann, Die Lebensbedingungen d. Bauernt. Niederdt. Zs. f. Vkde. 14 (1936); E. O. Thiele, T. u. Schmuck im nord. Raum. II., 1938; E. Nienhold, Die dt. T. im Wandel d. Jhh., 1938; M. Tilke, Kostümschnitte u. Gewandformen, 1945 (Antike bis Neuzeit); H. Retzlaff-R. Helm, T. 1951; B. Schier, Die mal. Anfänge d. weibl. Kopft. im Spiegel d. mhd. Schrifttums. A. Spamer-Fs. 1953; E. Retzlaff-M. Baur-Heinhold, Dt. T. 1958; E. Nienhold, Kostümkde. 1961 (3 Kap: Europ. Vt.); M. Hain, Die Vt. In: Dt. Philol. i. A. 3. Bd. ²1962 (Gesch., geogr. Verbr., Fg.meth., Wesen, Lebensformen, Vk. Lit.); L. E. Schmitt, Dt. Wortfg. in europ. Bezügen Bd. 3. 1963; darin: H.-F. Foltin, Die Kopfbedeckgn. u. i. Bez. in Dtl.); T. Gebhardt, Der Begriff d. Echtheit der Vt. Fs. J. Dünninger (1970); Vgl. ferner alle Bde. d. Reihe Dt. Vk. (mit Abb. u. Lit.); Kartogr.: ÖVA III u. IV, Grundtypen d. Männer- u. Frauent.; ASV 49–54 Kopfbed. v. Mann u. Frau (Stall, Dorf, Kirchgang, Reise). 59/60 Männerbluse (Hirten, Senner, Heuer, Fuhrleute); Bez., Form, Verwendung.

Trachtenlandschaften (Tl.; T. = Tracht), ähnlich wie das geogr. Bild der → Mundart oder des → Hauses kann man die T.gebiete des dt. Sprachraumes in einer großen Teilung: nieder-, mittel-, oberdeutsch- sehen. Die Grenzen sind in gesch. Bewegung, doch folgt die T. nicht dem zuweilen raschen Wechsel der → Vsprache, einmal weil sie, wie das → Bauernhaus, stofflich gebunden ist, und zweitens, weil die mit dem Erlöschen des Kleiderbrauches seit dem 18. Jh. rasch fortschreit. Isolierung und Inselbildung die T. dem allg. Fluß der wirtsch., polit. und kultur. Ereignisse weitgehend entzogen.

In den Hauptzügen der unter → Tracht erwähnten, reich bebilderten Darst. von E. Nienhold folgend und unter Hinweis auf die unten angegebene Lit. seien, von N nach S gehend, die Landsch. genannt, in denen T. bis heute lebendig geblieben ist oder doch bis in unser Jh. hineinreicht.

Niederdt Tl.

An Stelle der T. der *Inselfriesen*, die ihre Eigenart schon im 16. Jh. entwickelte, kam Anfang des 19. Jh. die bürgerl. Mode näherstehende Festlandt. auf die Halligen wie nach Föhr und Amrum. Die ostfries. T. in Jeverland und Saterland (Oldenburg) gehört der Vergangenheit an. Von der T. der Vierlande im Staatsgebiet von Hamburg leben nur Reste, etwa der auch in der Reklame als eine Art Wahrzeichen erscheinende große Strohhut der Frau. Auch von der *Mecklenburger* T. blieben nur einz. Hauben und Hutformen (Gegend von Rostock u. a.). In *Pommern* ist die T. von Jamund erloschen, die Mönchguter T. wird selten. Von der durch ihre Farbenfreude bekannten T. des Weizackers konnte noch im 20. Jh. eine Verbr.karte gezeichnet werden, die vor allem die Kreise Pyritz und Greifenhagen umschloß. Wie überall ist die Männert. früher erloschen. Keine T.überlief. der vier *west-* und *ostpreuß.* T.gebiete (Danziger Niederung, Geg. v. Elbing, Preuß. Oberland und Ermland) hielt sich bis in unsere Zeit. Am längsten lebte die im Memelland verbreit. litauische T.. Ins 20. Jh. reichte auch die T. der Bamberka, der Landfrau aus Bamberg. Von dort waren im 18. Jh. Bauern in die Gegend von Posen übersiedelt. Ihr ähnlich war die T. von Großdammer bei Neubentschen in der Grenzmark. In der *Mark Brandenbg* ist die T. der Frau und in Resten auch die des Mannes bis in unsere Zeit überliefert im alten Kreis Weststernberg und im Ländchen Bärwalde bei Dahme (Niederer Fläming). Im Dorf Rosenthal z. B. wurde nach 1930 noch von allen Frauen, von vielen Mädchen und am Sonntag auch von älteren Männern T. getragen. In *Hannover*, im Geestland zwischen Elbe und Weser, besteht die T. ganz oder in Resten (Hauben) noch in der Gegend von Geeslingen, Bremervörde und vor allem Scheeßel, während die T. der Rhader Gruppe schon um 1900 fast ganz erlosch. Die Frauent. des *Alten Landes* in der hannov. Elbmarsch hielt sich bis ins 20. Jh. Im Gebiet der Elbslawen oder Polaben, im osthannov. Wendland, bestand bis gegen 1900 eine T., die jedoch zugleich mit der Vkultur des Gebietes ihren östl. Charakter schon lange eingebüßt hatte. In dem früher ausgedehnten T.gebiet von *Braunschweig* hat sich jene von Bortfeld am längsten erhalten und zwar, was selten ist, die T. der Männer länger als die der Frauen. Für die T. der Harzgegend blieb bis ins 20. Jh. ein schwarzweiß gestreifter Radmantel (»Schilderhausmantel«) kennz. Das Schaumburger Land (mit den drei Gruppen um Lindhorst, Bückeburg und Frille) bezeichnet E. Nienhold als »eines der wichtigsten dt T.gebiete mit noch leb. farbenfreudiger V.tracht«. Die berühmte Bückeburger Flügelhaube enstand jedoch erst im letzten Viertel des 19. Jh.

Mitteldeutsche Tl.
Die Landsch. der ehem. Markgrafsch. *Nieder-* und *Oberlausitz* besitzt bis heute eine leb. Frauent. Die Spreewälder T. kennz. das große Kopftuch, die Oberlaus. T. die Haube. Die Zugehörigkeit zu best. Kirchspielen, damit zur kath. oder prot. → Konfession, bestimmen Eigenheiten der T. Allg.-europ. und dt Elemente (lose Jacke, Kopftuch) begegnen hier slaw. (wendischer) Trad., bes. in der T. der kath. Wendinnen um Bautzen. In *Thüringen* und *Sachsen* ist die einst vielgestaltige T. schon im 19. Jh erloschen, abgesehen von einz. Teilen (Mantel, Kopftuch, Kindertrageschürze). Das von Kronbiegel schon 1839 beschriebene und bereits Anfang des 18. Jh. als bes. »Vt.« gesehene Brauchkleid der Altenburger Bauern überlebte wegen seiner Eigenart das 19. Jh. nicht. Trotz der starken Industrialis. (vgl. o. R. Weiß über die Schweizer → T.) hat *Oberschlesien* in einigen ländl. Gebieten (Schönwald bei Gleiwitz; Roßberger T. um Tarnowitz und Beuthen; T. der ehem. Standesherrschaft Pleß) T. bis in die Gegenwart bewahrt. Im alten Böhmen blühte die T. des Egerlandes noch im 19. Jh. Bis ins 20. Jh. bestand eine dt T. in den Sprachinseln von Iglau und am Böhmerwald.
Im westl. Mitteldtl. weist allein *Hessen* T. auf, »an denen die Landbev. bis in die Gegenw. festgehalten hat und von denen die der Marburger Gegend sich noch im 20. Jh. ausbreitet« (E. Nienhold). Während die Schwalm zu den seltenen Gebieten gehört, in denen – wenigstens für Fest und Kirchgang – auch die Männert. bis zur Gegenw. bestand, ist die T. der Frauen hier eine der farben- und formenreichsten. Ihre Eigenart entfaltete sich dadurch, daß sie von dem urspr. bis in das Flußgebiet der Schwalm, eines Nebenflusses der Eder, reichenden T. des westl. Hinterlandes abgespalten wurde. Das geschah durch die Marburger T., die sich in der Hauptsache erst im 19. Jh. zu eig. Geltung entwickelte. Von dieser unterscheidet sich die T. der kath. Dörfer durch größere Farbenfreude (→ Konf.). – Die verkehrsoffene Lage des Rheinlandes brachte es mit sich, daß hier die Vt. schon nach der Mitte des 19. Jh. erlosch.
Oberdeutsche Tl.
Noch in der Gegenwart, wenn auch selten, begegnet man fränk. T. um Effeltrich, südl. von Forchheim, im Ochsenfurther Gau und, resthaft, im oberfränk. Mistelgau (Bez. Bayreuth). In *Bayern* südl. der Donau hat sich T. im Dachauer Moos (nordwestl. von München) bis in unser Jh. gehalten. Bekannt ist die Darst. durch Wilhelm Leibl (Berlin Nat.galerie). Im Alpenland von Mittenwald bis Berchtesg. ist in vielen Formen die sog. *Oberbayr. Gebirgst.* verbreitet. Unter den dt T. ist sie die bekannteste. Sie hat auch die Männert. bewahrt und beeinflußt seit mehr als einem halben Jh. sogar das → Vkleid der städt. Schichten weit über das bayr. Stammland hinaus (Dirndlkleid, Berchtesgad. Strickjacke, blauer Leinenjanker, Haferlschuh, Lederhose). Es ist die Landsch., die auch Brauch, Tanz, Schauspiel, Musik und Lied in tradition. Formen zäh bewahrt, wobei der starke Fremdenverkehr Förderung und Gefahr zugleich bedeutet.
Die altüberlief. Kompanien der → Schützen, Musikkapellen und T.vereine sind auch im angrenz. Tirol und in den anderen *österreich.* Bundesländern bajuv.-österr. Stammes starke Eckpfeiler des T.lebens. Die Männert. Südtirols ist jener im Ötz- und Zillertal nah ver-

wandt. An Stelle der oberbayr. Wadenstutzen tragen sie weiße Kniestrümpfe. Die Lederhose halten breite bestickte Hosenträger und der »Bauchranzen« mit → Federkielstickerei. Wie in Oberbayern gleicht sich der Hut von Mann und Frau. Unter der Nordtiroler Frauent. fällt die des Alpachtales auf durch massige Behäbigkeit, die des Lechtals durch städt. Anstrich. Als ursprünglichste ist die des Defreggentals in Osttirol zu bezeichnen.
In *Salzburg, Oberösterr., Steiermark* und *Kärnten* haben die alten T. die Schwelle des Jh. kaum überschritten, aber »Salzburger Dirndl«, »Ausseer Hut« und »Steirer Gwand« haben sich erhalten und in gewisser Anpassung auch die Stadt erobert. Versuche zur → T.erneuerung (T.fibeln) wie die Verkaufsstellen des »Heimatwerks« haben bes. in Österr. erfreuliche, wenn auch begrenzte Erfolge erzielt. AndererS. bringt der Fremdenverkehr auch hier die Gefahr des → Folklorismus in »Vfesten« und »Heimatabenden«. – In der ehem. Grafschaft Gottschee südl. von Laibach hatte sich mitten im sloven. Gebiet ein dt. Vschlag erhalten, der am Ende des 19. Jh. noch in einer T. ging, die bis ins 17. Jh. zurückreichte. Die gleiche Altertüml. bewahrten sich Brauch und Liedgut der »Gottscheeber«, die als Hausierer auch in den anderen Ländern der alten Monarchie bekannt waren.
Zu den T.gebieten Österr.-Ungarns zählten auch die im 12. Jh. von Ostmitteldt. besiedelte Zips (»Zipser Sachsen«) in der nördl. Slowakei und der Banat, wo sich unter Maria Theresia in der 2. Hälfte des 18. Jh. Schwaben ansiedelten. Mit der Zipser T. in manchen Zügen verwandt ist jene der → Siebenbürger Sachsen, die im ganzen jedoch östl. Gepräge trägt. Eine eigene »deutsche« T. muß ihnen schon deshalb fehlen, weil es zur Zeit der Einwanderung der niederrhein.-moselfränk. Siedler in der 1. Hälfte des 12. Jh. im Heimatlande noch keine eigentl. T. gab. Bes. in der Männert. zeigt sich die Verwandtschaft mit südosteurop. Formen. Gleichwohl ist diese T. starker Ausdruck des auch in Brauch und Sprache bewahrten vlichen Zusammenhalts. Bei Hochzeiten und festl. Anlässen tragen sie auch die in die Bundesrepublik Zurückgekehrten (→ Vertr.).
Schwäbisch-alemann. T. Im bayr.-schwäb. Ries begegnet man noch dem blauen bestickten Fuhrmannskittel (Nördlingen). Was sonst resthaft die Jhwende überlebt hat, zeigt auch hier Unterschiede nach der Grenze der → Konfession. Die farbenfreud. Betzinger T. (Dörfer des Amtes Reutlingen) hat sich bis ins 20. Jh. gehalten. Die Frauent. um Rottweil und Rottenburg bis hinüber zum bad. Villingen und hinab zum Bodensee ist gekennz. durch die Radhaube (Rädleskapp, Reginahaube), die in städt. T.vereinen weiterlebt. Auf feierl. Schwarz gestellt ist die T. der prot. Bäuerinnen in der Baar zwischen Schwarzwald und Heuberg.
Alten und eigenen Char. wie das Schwarzwaldhaus haben die zahlr. T. in den abgeschloss. Tälern dieser *badischen* Landsch. Der Bollenhut (schwarze Wollbälle für die verheir. Frau, rote für die Jungfrauen) des Gutachtals, die flachen, weiß oder schwarz lackierten Strohhüte der Gegend von Simonswald und Furtwangen, die zylindr. Formen von St. Georgen im Brigachtal sind charakterist. und in verwandten Formen auch im württ. Schwarzwald üblich (um Freudenstadt und Alpirsbach gelbe, geschwungene Strohhüte, im Pretz- und Elztal hohe Zylinderhüte aus glänzend lackiertem Stroh).

Dagegen ist die Schleifenhaube in vielen Spielarten verbreitet von den Tälern des mittl. Schwarzwaldes (Kinzig-, Schapbach-, Renchtal) bis zum Markgräfler und Hauensteiner Land und weiter ins Elsaß hinein. Im Markgräflerland (zw. Lörrach und Freiburg) blieb Anfang des 20. Jh. von der alten T. nur noch die übergroße Kopfschleife. Bes. altertüml. Züge bewahrte die Ende des 19. Jh. erloschene T. der ehem. Herrschaft Hauenstein (Hotzenwald bei H. und Säckingen). Die »Schlaufkappe« wird auch als typ. elsäß. T. angesehen, doch entstammt sie – wie die Bückeburger Flügelhaube – erst der 2. Hälfte des 19. Jh.. Bis zur Mitte des 19. Jh. war das für Prot. schwarze, für Kath. rote Schleifenband noch schmal. Erst später wuchs sie ins Riesenhafte, so daß sie von der Haube getrennt umgebunden werden mußte.

In *Vorarlberg,* dem alem. Teil von Österr., ist die T. noch überliefert im Bregenzerwald, Kleinwalsertal und Montafon, wenig noch im Großen Walsertal. Mit der ält. Generation droht auch jene zu erlöschen, obwohl Vtanzgruppen und T.kapellen ein gewisses sekundäres Leben verbürgen. Wie fast überall ist die T. eine Art Repräsentationskleid für bes. Anlässe, Empfänge und Feiern geworden; oder das Kleid, mit dem man auf »Goodwill-Reise« oder zu Folklore-Treffen ins Ausland fährt. Auch werden auffallende Teile der T. weggelassen. So sieht man im Montafon als Kopfbedeckung der Frau das alte Mäßle gar nicht mehr, das Ende des 19. Jh. aus der Unterinntaler T. entlehnte »Sanderhüatli« nur bei älteren Frauen.

Ähnlich ist die Lage in der benachb. *Schweiz* wo freilich ein starkes Nationalgefühl und eine alte Gewöhnung an Industrie und Fremdenverkehr der Überlief. des Volkes einen gewissen Schutz verleihen (→ Tracht). Man ist hier fortschrittlicher und konservativer zugleich als anderswo. Urspr. T. ist gleichwohl selten geworden (Inner-Rhoden im Kanton Appenzell; Sennent. in den Kantonen St. Gallen, Appenzell, Freiburg, Bern). Heute meist erloschen sind die T. von Thurgau, Klettgau, Knonauer Amt und Wehntal im Kanton Zürich; der Urkantone Uri und Unterwalden; in der Westschweiz: der Berner Oberländer T., Guggisberger T., Oberhaslitaler und Freiburger T. Die Radhaube des Bodenseegebietes ist auch in der Schweiz heimisch. Fast überall findet sich das Goller. Kopfbedeckung, Schnitt und Putz des Mieders und der Jacke wie das Grundkolorit vor allem unterscheiden die einz. Landsch. der T. in der Schweiz.

Lit. (von N nach S); R. Hijlkema, Niederl. Vt. Amsterdam 1959 (Mit Verbr.karte); Ostfries. Volks- und Rittert. um 1500 (Faksimile n. d. Hauschronik d. Unico Manninga), 1893; A. Hoffmann, Die Landest. v. Nordfriesland. 1960; K. Haeberlin, Inselfries. Vt. v. 16.–18. Jh. Zs. d. Ges. f. schleswig-holst. Gesch., Bd 56 u. 59 (1926 u. 1930); H. Haase, Haus und Hof der Vierländer, 1910; C. C. F. Lisch, Mecklenbg in Bildern, 1842–45; H. Leopoldi, Mecklenbg. Vt. 1. T.: Bauernt. o. J.; H. Müller-Brauel, Niedersächs. Vt., Halbmonatsschr. Niedersachsen, 1898–99; W. Peßler, Niedersächs. T.buch, 1922; A. Osse-Gosch, Die Altländer T. 1948; R. Andree, Braunschw. Vkde, 1901; Haas u. Worm, Die Halbinsel Mönchgut und ihre Bewohner, 1909; R. Holsten, Die Vkde des Weizacker, 1914 (Anhang z. Inv. der Bau- und Kunstdenkm); K. Brunner, Ostdt. Vkde., 1925; K. H. Clasen, Dt. Vk. Ostpreußen. 1928; E. Riemann, Die T. d. Elbinger Höhe. Jb. f. ostdt. Vkde. 7 (1962/63); W. Lücking-P. Nedo, Sorb. T. d. Lausitz. 1956; F. Kaisig, T.bilder a. e. dt. Dorf in Oberschles. 1920; E. Meyer-Heisig, Formen u. Verbr. d. schles. Hauben. In: Die Hohe Straße 1 (1938); W. Steller, Schles. Vt. I. Die niederschles. Vt. 1938; Schmidt, Seyffert, Sponsel, Sächs. Vt. u. Bauernhäuser, 1897; H. Retzlaff, Dt. Bauernt., 1934; W. Anders, Die dörfl. Vt. im Oberlaus. Gebirgsgebiet. Mitteldt. Bll. f. Vkde. 13 (1938); K. E. Fritsch u. F. Sieber, Bergm. T. d. 18. Jh. im

Erzgeb. u. im Mansfeldischen o. J.; C. F. Kronbiegel, Über Sitten, Kleidert. u. Gebr. d. altenburg. Bauern. 1806; ³1839; L. Gerbing, Die thüring. T. 1925; F. Jostes, Westfäl. T.buch 1904; F. Gerloff, Die Schbg. T. In: Schaumbg. Heimat I, 1939 (Karten u. Tabellen); M. Bringemeier, Näherinnen d. Schbg. T. Westfäl. Forschgn. 1941; dies., Stickerinnen u. Stickereien d. Schbg. T. V.werk, 1943; M. Schmidt, Bürgerl. Frauenkleidg. in Münster. Rhein.-westf. Zs. f. Vkde 9 (1962); J. J. Sikkert, Trachten der Landleute aus dem Fürstentum Bückeburg u. Umgebung, Lithogr. um 1840; W. Lücking-M. Bringemeier, T.leben in Dtl. Bd. 1. Schaumbg.-Lippe. 1958; R. Helm, Die hess. T.bilder von F. Justi, 1929; ders., Hess. T. Verbr.gebiete, Entw. u. gegenw. Bestand, 1932 u. 1934; H. Retzlaff-R. Helm, Hess. Bauernt., 1949; M. Hain, Das Lebensbild eines oberhess. T.dorfes, 1936; H. Retzlaff-H. Metz, Die Schwalm, o. J. S. Ebert, Die Marburger Frauent., 1939; H. Metz, Die textile Aussteuer e. Schwälmer Braut. V.werk, 1942; K. Muster, Die Spitzbetzelt., 1953 (Niederhessen); W. Lücking-M. Hain, T.leben in Dtl. Bd. 3: Hessen. 1959; S. Ebert, Die Marburger Frauent. ²1967; D. Henssen, Die Frauent. d. alten Amtes Biedenkopf. 1963 (Wandel s. 1900); U. Ewig-A. Born, Die Frauent. d. Breidenbacher Grundes. 1964; H. Friebertshäuser, Die Frauent. d. alten Amtes Blankenstein. 1966; H. Deibel, Vt. d. Schlitzer Landes. 1967; H. v. d. Au, Odenwälder T. 1952; F. v. Pelser-Berensberg, Alt-Rheinisches, T., Hausrat usw., 1909; K. A. Becker, Die Vt. d. Pfalz, 1952; H. Fuchs, Die Frauent. des Forchheimer Landes, 1937; M. Weith, Die T. d. Ochsenfurter Gaues. Wiener Zs. f. Vkde. 48 (1943); F. J. Behnisch, Die T. Nürnbergs u. s. Uml. v. 16. b. z. Mitte d. 19. Jh. 1965; H. Karlinger, Die bayer. Vt., Bayer. Vhefte, H. 1 u. 2 (1918); O. v. Zaborsky-Wahlstätten, Die T. im Gäuboden, 1940; ders., Die T. im unteren Rott- u. Vilstal, 1941; ders., Die T. in Bayern u. im Böhmerwald. 1958 (Die farb. T.bestanden von 1600–1900, aber trachtl. Kleidersitten leben weiter; → Vkleid); K. Schädler, Die Lederhose in Bayern u. Tirol. 1962; P. E. Rattelmüller, Bauernt. aus Oberbayern v. 1800–1840. 1967; Die österr.-ungarische Monarchie in Wort und Bild: Tirol u. Vorarlberg, Kärnten und Krain, Steiermark, Salzburg; L. von Hörmann, Vorarlberger Vt., Zs. d. österr. Alpenvereins, 35 (1904); K. Mautner u. V. v. Geramb, Steir. T.buch, 2 Bde., 1932 bis 1940; A. Tschebull u. K. Brandauer, Ostmarkfibel, 1940; L. Schmidt, Katalog d. Ausst. »Österr. T.«, 1946; ders., Vt. in Niederöst. 1969; F. Lipp, Oberöst. T., 1951; H. Bertold u. G. Pesendorfer, Kärntner T., 1951; Einzelnes u. Lit. bei A. Haberlandt, Taschenwb. d. Vkde. Österr., 1. Bd. 1953; A. Schullerus, Siebenbg.-sächs. Vkde. 1926; H. Retzlaff-M. Orend, Bildnis e. dt. Bauernvolkes. Die Siebenb. Sachsen, 1934; L. Treiber-Netoliczka, Die Tl. d. Siebenb. S. 1968; M. Kundegraber, Zur Altersfrage d. Gottscheer Vt. In: Zur Kulturgesch. Innerösterr. H. Koren-Fs. 1966; E. Fehrle, Badische Vkde., 1924; P. Walther, Schwäbische Vkde., 1929; H. Retzlaff, Vleben im Schwarzwald, 1935; H. Retzlaff, H. E. Busse, W. Fladt, Schwarzwälder Vt. 1934; F. S. Hofmann, Bausteine zu e. T.kunde d. Gaues Schwaben. Bayer. Hefte 14 (1941); Heimatleben. Zs. d. Schweizer T.vereinigung (über 16000 Mitglieder). 1928ff.; J. Heierli, Die Vt. d. S., 1922–32; dies., Die Vt. d. Mittel-West-S., 1932; M. Beretta-Piccoli, Die Benenng. d. weibl. Kopft. d. Landvolks d. dt. S., 1936; H. Wegeli-Fehr, Die ländl. T., 1940 (Führer d. d. Berner Hist. Mus.); M. Matt-Steudler, Die Haslit., 1943; R. Blum, Die Entw. d. Schaffhauser T. Heimatleben 16 (1940); E. Grossann, Die Entst. d. Basler T. im 17. Jh. Schweiz. Arch. f. Vkde 38 (1940); R. Weiß, Vkde. d. S., 1946; L. Witzig, Schweizer T.buch, 1954; L. Schmidt, Vt. in N.österr. 1969; P. Rattelmüller, hg., Dirndl, Janker, Lederhosen. Künstler entdecken die oberbayr. T. 1970; H. Grünn, Vt. in N.österr. 1971 (Heutige T.); J. Gierl, Pfaffenwinkler T.buch. 1971; dies., Miesbacher T.buch. 1971; Kartogr.: SAV 49/50 Kopfbed. d. Mannes im Stall, auf d. Feld, außer Orts.; 51–54 Kopfbed. d. Frau b. d. Arbeit, im Ort, b. Kirchgang. ÖVA Frauent. 1750–heute. Grundtypen, Kopfbed.

Trachtenpflege (Tp.), T.erneuerung (Te.). Der Gedanke der Tp. ist so alt wie das Nachdenken über die eigenständ. Kultur des V. und ihre Wertschätzung. Bes. in den Alpenländern haben T.vereine eine fruchtbare Tätigkeit entfaltet, oft in Anlehnung an ein → Heimatmus. und an Ziele des → Heimatschutzes. Auch die Regenten nahmen sich dieser Aufgabe an, seit Kaiser Maximilian bes. die Wittelsbacher (König Max II und Ludwig II) und Habsburger (Erzherzog Johann). Nicht zuletzt waren es volksnahe Wissenschaftler, die der Tp. tragfähige Grundlagen schufen (V. v. Geramb in den Ostalpen, J. Heierli in der Schweiz u. a.). Problemat. ist die Frage, ob in Gebieten bereits erlosch. T. Versuche einer Te. Erfolg haben können. Eine »Mittelstelle Deutsche T.« mit diesem Ziel wurde 1939 in Innsbruck gegründet. Auch eine Reihe prakt. Vorschläge wurden veröff. oder vorbereitet (für Tirol, Salzburg, Kärnten, Oberösterr.). Auf dem 1. Kongreß für Te. in Dtl., Österr. und der Schweiz (1952 in Passau) entwickelte Franz Lipp method. Grundsätze. Als Leiter der vkdl. Abt. im Oberösterr. L.museum in Linz veröff. er 1941–1955 ein Vorlagenwerk »Oberösterr. T.en«, das zum erstenmal aus der Trad. entwickelte, aber dem Leben von heute angepaßte Vorbilder eines neuen Brauchkleides für den Landbewohner (nicht nur für den Bauer) bot, für Mann und Frau, für den Festtag, vor allem aber auch für den Alltag. Eine Übersicht erneuerter T. eines ganzen Staates gab zum erstenmal Luise Witzig in ihrem »Schweizer T.enbuch« (1954). In der Schweiz als einem Land ungebrochenen Nationalbewußtseins arbeitet die aus dem Heimatschutz 1926 hervorgeg. »Schweizer T.vereinigung« mit bes. Erfolg. Wesentl. Anteil an der Te. haben hier und in den österr. Bundesländern die »Heimatwerke« als vorbildl. Verkaufsstellen für T.bedarf. – Te. teilt die Problematik aller »angewandten Vkde«. Erst die Zukunft wird echten Erfolg erweisen. »Bodenständigkeit und Heimatbewußtsein der österr. Alpenbevölkerung lassen ihn nicht unmöglich erscheinen« (G. Grober-Glück).

Mitt. bl. d. Verb. dt. Heimat- u. T.vereine. 1951ff.; B. Brückner, Te. in Bayern. 1952; G. Heß-Haberlandt, Frauent. aus Niederöst. 1952; E. Eylmann, Das bäuerl. Kleid. 1953; Salzbg. T.mappe, hg. v. d. Handelskammer Sbg. (G. Karasek, J. Garbislander, F. Wallnöfer); F. Koschier, Lebendige Vt. 1960 (Te. wurde v. d. »Kärntner Landsmannschaft« schon 1911 gefordert; neue Formen seit 1960).

Tragerl → Alraun.

Traghimmel → Himmel.

Traidergang → Pfingsten.

Tränenbrot → Tod (Totenmahl).

tränende Herzen → Garten.

Trauer, T.tracht. Von den Germ. sagt → Tacitus: »Das Weinen und Klagen lassen sie bald, Schmerz und Gram erst spät. Für Frauen schickt es sich zu trauern, für Männer zu gedenken«. Bes. Haartracht, Vernachläss. der Körperpflege waren Zeichen der Trauer im Altertum. Die allmähl. Milderung der T.charakteris. die Kulturvölker. Von berufsmäß. Klageweibern hören wir noch in jüngster Zeit (Siebenbürgen, Norwegen). Allgemeiner und länger lebte die mal. → Totenklage der Angehörigen in südeurop. dt. Sprachinseln, aber auch im Odenwald oder in der Oberpfalz. Von den Griechen und Römern übernahmen die Christen die dunkle oder schwarze → Farbe der T. Andere Völker kannten auch Gelb (Ägypten) oder Weiß, Blau und Grau (China). Weiß ist bei uns in der Tt. keineswegs selten. Es ist nicht wendischen Ursprungs, wie man zuweilen behauptete, oder auf die Lausitzer Tt. beschränkt, sondern findet sich auch in nord- und mitteldt. (Eichsfeld) wie in westalpinen (Schweiz, Vorarlberg) Trachten. Allg. ist in der Tt. die Dämpfung der Farben. Das Brusttuch der Frau ist schwarz wie Schürze und Hut, und der Rock trägt statt des roten einen grünen Innensaum (Montafon). In prot. Gegenden entspricht die Tt. vielfach der strengen Tracht des → Abendmahls. Von der T.kleidung des heut. Städters sagt A. Spamer: »Sie ist neben den Gesellschaftsanzügen, dem Brautkleid und den Konfirmations- oder Firmungsanzügen der einzige Rest einer ausgesprochenen Brauchtumgstracht« (Peßler, Hb. 2, S. 192). – In der sogen. Halbtrauer tritt auch in der städt. Frauenkleidung Weiß neben Schwarz. Allg. T.zeichen des Mannes ist der schwarze Flor am Ärmel, der heute oft, fast in koketter Verkleinerung, nur noch das Knopfloch ziert. In konserv. Schichten und Landsch. werden die früher nach Verwandtschaftsgrad und Dauer genau geregelten T.zeiten noch eingehalten. In kath. Landschaften nehmen weite Kreise über die Familie hinaus teil am Gedächtnisgottesdienst ein Jahr nach dem Tode (Jahrzeit, Jahrdreißigster, Jahrgedächtnis; lat. Anniversarium). → Tod.

Wasmannsdorff, Die T. um die Toten bei d. versch. Völkern. 1885; H. Hahne, Totenehre im alten Norden. 1929; R. Leicher, Die Totenklage in d. dt. Epik . . . 1927; K. Meuli, Entst. u. Sinn d. T.sitten. Schweiz. Arch. f. Vkde. 43 (1946); K. Ranke, Indogerm. Totenehrung. Der 30. u. d. 40. Tag im Totenkult d. I. Helsinki FFC, 1951; M. Cramer, T.gewand u. Totenklage in Nordwesteuropa u. ihre Parall. im Orient. Rhein.-westf. Zs. f. Vkde 3 (1956).

Trauerfarbe → T.tracht, Farbe.

T.haus, -mahl → Tod.

Traum, Traumbuch. Der T. ist gleichsam der Doppelgänger (→ Seele), das → zweite Gesicht des Menschen, häufig wird jene Kraft, »Vorgeschichten« zu sehen oder Sterbende sich → künden zu hören, überhaupt nur im T. erlebt. Besondere Zeiten (→ Andreas, Zwölften, Christnacht, Neujahr) und Umstände (neues Haus, fremde Wohnung) erhöhen die weissagende Bedeutung des T. T.deutung nach verbreiteten Sätzen des Volksglaubens (helles Feuer = Freude, qualmendes Feuer = Trauer, ausfallende Zähne = Krankheit) und nach Tb. ist noch heute allgemein bekannt. Die Tb. sind literarisch den Zauber- und Brauchbüchern verwandt, tragen ähnliche Titel wie diese und prunken mit geheimnisvoller Herkunft und Autorschaft (Einsiedler Ansgarius, Ägypter Philadelphus). Vor allem der Wahl des → Loses in der → Lotterie geht T.deutung voraus. Häufig hatten Lotterieeinnehmer Lose und Tb. gleichzeitig auf Lager. → Ägypten, Orakel, Märchen, Schlaf, Tempelschlaf, Vorzeichen, Zucken.

S. Freud, Die T.deutung, 1914[4]; W. Fischer-Defoy, Schlafen u. Träumen, 1921[9]; E. Stemplinger, Antiker Aberglaube in modernen Ausstrahlungen, 1922; S. de Sanctis, Psychologie des T.; in: Kafka, Hb. d. vergl. Psychologie, 3. Bd., 1922; L. Binswanger, Wandlungen in der Auffassg. u. Deutg. d. T., 1928; W. Gerhard, hg., Das goldene Tb., 1934; J. St. Lincoln, The Dream in Primitive Cultures. London 1935; D. Moers, Der T. in vgl. Bez. z. Geisteskrankh. u. Märchen. Diss. Bonn 1949.

trecken → Gesinde.

Treibball → Sauball.

Tremmelziehen → Andreas.

Tremse → Kornblume.

treten → Fuß.

Treue. Den Germanen sei niemand überlegen in Waffen oder T. *(armis aut fide)*, rufen bei Tacitus zwei friesische Fürsten aus. Diesen Ruf genießen die Germanen auch sonst. Der gleichfalls häufig geäußerte Vorwurf der *perfidia* erinnert daran, daß das Wort T. ursprünglich ›Vertrag‹ bedeutete, ein Rechtsverhältnis, das nur bedingt band, dem Betrüger gegenüber – die die Römer waren – z. B. nicht. »Formel u. Wahrzeichen« unterstützen die T. So schließt der → Eid religiöse Momente mit ein. T. bis in den Tod, T. als Ehre wird gehalten, wo Zuneigung zum Vertrag sich gesellt, so in der Blutsbrüderschaft, in der Gefolgschaft und in der Sippe. Heusler sagt: »angeborenes Phlegma und Schwerblütigkeit, Mangel an mimischer Begabung, dann Herzenswärme, besinnliche Neigung und Reinlichkeitsbedürfnis: dies hat dahin zusammengewirkt, daß die germ. Familie in alter und neuer Zeit auf Wahrheitsliebe und Zuverlässigkeit mehr gegeben hat als d. Romanen«.

A. Heusler, Germanentum, 1934.

treuer Eckart. Goethes Ballade, die die Gestalt E. erst allen bekannt gemacht hat, geht zurück auf eine Stelle in → Praetorius' Saturnalia (1663): »In Thüringen liegt ein Dorf Schwarza, da zog zu Weihnachten Frau → Holle vorüber und vorn im Haufen ging der t. E. und warnte die begegnenden Leute ...« Schon in Agricolas Sprichwörtersammlung (1529) steht: »Du bist der t. E., du warnest jedermann.« Im 15. Jh. hatte sich mit der Vorstellung des Warners im Geisterzug diejenige des Waffenmeisters der Harlunge, des E. des dt. Heldenbuches (1477) verbunden. Zum erstenmal wird der t. E. genannt in der Moerin des Hermann von Sachsenhausen (1453).

J. Grimm, Dt. Mythologie; Fr. Panzer, Dt. Heldensage im Breisgau, 1904; Singer, E. Im HDA; G. Birkenfeld, Die Gestalt des t. E. in der dt. Dichtung, Diss. Berlin; E. Frenzel, Stoffe d. Weltlit. 1962. KTA 300.

triften → Flößen.

Trilpentritsch → Elfen.

Trinität → Dreifaltigkeit.

Trinitatis → D.sonntag.

trinken. »Klima, Leibesbau und reichlicher Fleischgenuß« begünstigten eine germ. Neigung für »Met, Bier und Wein«, die zeitgenöss. Schriftsteller übertreiben u. politische Gegner ausnutzen. Doch sagt Heusler: »Im nord. Bauernleben sind Rauschtränke keineswegs, wie in unseren Weingegenden, Sache des Alltags: sie sind dem Gelage vorbehalten. Man besteht also Monate lang, Sommers und Winters, ohne Alkohol. Am Gelage betrinkt man sich, das ist die Regel« (ähnlich Kossinna). Kräftiger Trunk bei festlichen Gelegenheiten (→ Weihnachten, Neujahr, Hochzeit, Tod, Minnetrinken, Erntefest) ist auch dem heutigen Volksleben nicht fremd. Das Zerrbild des Germanen, der auf der Bärenhaut lag und »immer noch eins« trank, hat recht eigentlich das 19. Jh. geschaffen. Der studentische, verflachte Kult des → Gambrinus ist daran nicht unschuldig. Aber unsere Ahnen kannten schon Trinkwettkampf und Strafschoppen. Das verhinderte nicht betonte → Tischzucht, die auch im heutigen Bauernhaus gilt. → Minnetrinken für Götter und Ahnen, später für Heilige, hat sich lange erhalten. Das gleiche gilt vom Zut. und vom Weitergeben von → Horn, Stiefel, und → Becher. Die slaw. Sitte des Zerschmettern des Glases nach dem Trinkspruch konnte in Jugoslawien nicht durch Geldstrafen, sondern erst durch das Gericht (»ordnungswidr. Verhalten«) beseitigt werden (Warnschilder in Belgrader Lokalen; 1963). Den bei uns übl. »Frühschoppen« nach dem Kirchgang pflegt auch das Fernsehen. Beim T. beachtet der V.glaube ähnl. Vorsicht wie beim Atmen, Gähnen, Essen usw. – Die Gesch. des T. in Dtl. ist noch nicht geschrieben. → Alkohol, Branntwein, Bier, Wein, Wasser, Joh. d. Ev. Student.

(Anonym), Gesch. d. dt. National-Neigung z. Trunke. 1782; A. Heusler, Germanentum. 1934; Lit. → Speis u. Trank. ÖVA II Haustrunk, Schnapsherst.

Trinkgeld. Die T.sitte, von vielen als Unsitte bezeichnet, ist alt. Für seine Gesellen, auch für seine Frau, erhob der Meister ein T. (Ende d. MA. → Handwerk). Beamte waren mitunter darauf angewiesen, wie es in Südosteur. noch heute z. T. der Fall ist. »Sie alle halten die Hand auf: Kellner, Zimmermädchen, Tankwarte, Taxifahrer, Friseure, Garderobenfrau und Parkwächter« (Telestar 6. 8. 1966). 15% ist der Satz in Dänemark, Frankreich, Schweiz, Österr. 10% genügen in Italien und Spanien. Die »Abschaffung« des T., d. h. seine Verwandl. in einen festen Zuschlag, hat meist nur dazu geführt, daß erst ein T. darüber hinaus

»freundliche Bedienung« und das »Dankeschön« bewirkt.

E. Rheinwald, Verehrungen (Schmiergelder, Bestechg. im alten Württ.). Württ. Jb. f. Vkde (1955); R. v. Ihering, Das T. [5]1902.

Trinkhorn → Horn.

Triskele → Hakenkreuz.

Tristan u. I. → Vbuch.

Trockenwäsche → Korb.

Trojaburg (engl. *Troytown* oder *Walls of Troie*; schwed. *Trojeborg*). Die Bahn, in der das sogen. Trojaspiel der Römer geritten wurde, hatte labyrinthische Gestalt. T. als spiralige Lab., um eine erhöhte Mitte geordnet, findet man vor allem in Nordeuropa und schon in Steinsetz. der Bronzezeit. Auch in Rasen geschnitten wurde die Spielfigur, die zu Reigentänzen diente. Nach der Sage sollte eine Jungfrau oder die Sonne befreit werden. Vielleicht sind uns kultische Begehungen auf heiligen Bergen in diesen Steinen überliefert. Die T. bei Steigra (ein Dorf zwischen Freyburg und Querfurt a. d. Unstrut), wohl die einzige noch erhaltene, blieb der Zerstörung entzogen, weil die Bauern jährlich um Ostern die Ringe neu aufsteckten → Himmelskunde.

E. Krause, Die T. Nordeuropas. 1893; J. van der Ven, Het zonnereedsel van den Old-Europeeschen Trojeburg. In: Ons Eigen Tijdschrift 8 (1924); H. Hauckens, T. In: Zs. Germanien (1934); (ebd. Abb. der T. im Mosaikpflaster vor d. Hochaltar v. S. Vitale, Ravenna); W. Witt, Das Windelbahnfest zu Stolp in Pommern. Beitr. z. Heim.kde Hinterpomm. 10 (1937); C. Diem, Das trojan. Reiterspiel. 1942 (16 Tafeln); E. Mehl, Troiaspiel und T. In: Paulys Realencycl. Suppl. Bd. 8. 1956 (Bibliogr.); F. Hirsch, der Sonnwendbogen. 1965; E. Mehl, Der Ausweg a. d. Labyrinth. Fs. L. Schmidt, 1972.

Troll → Hausgeist.

Tropfen. Es war eine Lehre der alten Humoralpathologie, daß ein besonderer Saft *(humor)* aus dem Blute in T. in die Organe übergehe. Der erste T. geht durch den Kopf in die Glieder und verursacht → Gicht, der zweite geht ins Gehirn oder Rückenmark und bewirkt → Schlagfluß, der dritte T. fällt ins Herz und erzeugt den Herzkrampf. In der Schweiz erzählte man von den drei Blutst. über den Augen in der Stirn. Der erste fällt nach der Kindheit, der zweite nach der Jugend, der dritte bedeutet Tod. → Blut, Kopf, Gehirn.

Trud, besonders in Oberdtl. verbreiteter Name der → Hexe, insbesondere in der Gestalt des weiblichen → Alps, der → Mahr. »Druden« ist in Vorarlberger Sagen die Bezeichnung des dämonischen nächtlichen Drückens. Ursprünglich soviel bedeutend wie ›Jungfrau‹ (in Namen wie Gertrud, Waltrud, Sigtrud) nahm das Wort den Sinn von ›Unholdin, Zauberin‹ an. So gebraucht Hans Sachs den Ausdruck »alte Trute« im Sinn von ›Hexe‹. Vor der T. und ihrem nächtlichen Besuch schützen Zeichen und Amulette. Der T.fuß, das Pentagramm, wurde von Berchtesgadener Tischlern in die Kinderwiegen geschnitzt. Ein oberöst. Votivbild von 1765 zeigt ein Fünfeck mit eingezeichnetem T.fuß. Der Text spricht von »großer Anfechtung wegen der thrut« (F. Lipp). Wenn man einen glücklichen → Angang hat, findet man den T.stein, einen Kieselstein mit einem natürlichen Loch in der Mitte, der um so wirksamer ist, je kleiner und schwärzer er ist. → Luzia, Weichselzopf.

H. Marzell, Hexen u. Druden in dt. Pflanzennamen. Bayer.-Jb. f. Vkde (1962).

Trudeln, Tründeln → Ostern.

Truhe, Trucke, Trog, Lade, Koffer. Ähnlich wie T. urspr. ›hölzernes Gerät‹ bedeutet, so war der germ. Trog ein liegender, ausgehöhlter Baumstamm (Kluge-Mitzka, Et. Wb.). Lade gehört zum Zeitwort laden und bedeutet ›beladbares, Brett‹. Nahe stehen die Bez. des →

Sarges als Totenbaum oder Totenlade. Ende des 16. Jh. wird das alteinheim. T. verdrängt durch den frz. Plural *coffres* (alem. gufr), das auf lat. *cophinus* ›Weidenkorb‹ zurückgeht.

Die T. ist ein Kasten aus Holz mit Deckel, der Kleider, Brautausstattung, Schmuck, aber in derber Ausführung auch Korn, Dörrobst usw. aufnimmt (alem. Schnitztrog). Zugleich war sie oft Sitzmöbel. Viele ital. Gemälde waren urspr. T.wände. J. Brinkmann bez. die T. als »das wichtigste Kastenmöbel des MA und der Renaissance«.

Die ältesten trogähnl. Behälter gewann man durch → Aushöhlen eines Stammes. Eisenbänder schützten gegen Riß und Sprung, so daß es glaubhaft wird, wenn der zuschlagende Deckel tötet (Märchen vom Machandelboom). Aus roman. (Burg Kreuzenstein) und got. Zeit sind Stücke erhalten.

Diese Tröge wie die in got. Zeit entwick. T. mit Satteldach sind noch Arbeit des → Zimmermanns. Die Deckel drehen sich in Holzzapfen, zwischen vier starken Eckpfosten ragen die zu Giebeln geformten Schmalwände sattelartig über die Längswände hinaus. O. v. Falke führte diesen bei uns nur in den Alpen (Schweiz) und in Siebenb. erhaltenen Typ auf den spätröm. Sarkophag zurück. Werk des → Tischlers sind die in der Gotik verbreit. längeren Stollent., die den Namen von den vier Eckstollen haben. Schon im 13. Jh. formen sich die eisernen Beschläge zum Ornament. Später werden sie durch reiches Schnitzwerk ersetzt. Seit 1520 wird die tischlermäßige Felderteilung in Rahmen und Füllung zuweilen durch vorgeblendete (vorgepflockte) Gliederungen ersetzt. Einen eigenen Typus schräg nach oben sich verjüngender Stollent. mit reicher → Einlegearbeit bewahrten die Vierlande noch im 19. Jh.

Zu manchen Überschneidungen alter und neuer Formen kommt es in der norddt. Kufent., wie in der mittel- und süddt. Sockelt. des Spät-MA. und des 16. Jh. Die seitl. Kufen verbindet auf der Vorderseite meist ein ausgesägtes Kufenbrett an der Unterseite des Kastens. Bei der Sockelt. ruht der Kasten auf einem konstruktiv selbständ. Sockel. Beide werden erst Anfang des 18. Jh. fest verbunden. Alpacher oder Miesbacher T. dieser Art sind bemalt. Schnitzerei ist selten (Tirol, Salzburg). Auf die gemalte Phantasiearchitektur deutet der Name »Türkent.« (→ Möbelmalerei).

Der nächste Schritt in der Formengeschichte der T. ist die Koffert. des Barock, der die Endform folgt: die Kommode des Rokoko mit ihren breiten Schubfächern. Die Koffert. ist gekennzeichnet durch den gewölbten Deckel, seitl. Griffe, nach unten sich verjüngende Form und durch den Untersatz von Füßen oder Rädern. Mit dem aus der → Anrichte sich entwick. Glaskasten wird die Kommode zum Prunkmöbel der → Stube, während der Platz der alten T. im allg. Kammer, Flur oder die Laube im Obergeschoß wird.

In der schlichten Zweckform verharren die Kastent. Es sind einf. Kisten, wenn auch bemalt und beschlagen, wie sie Ost- und Westpreußen schon in spätgot. Zeit aufweisen. Die in vielen Slgn gezeigten Geldkisten und Kriegskassen, ganz aus Eisen mit aufgenieteten Bändern und kunstvollen Schlössern sind die Vorläufer der Geldschränke und Safes unserer Zeit.

Wie für andere Möbel ist auch für die T. Hartholz und Schnitzerei (bes. reich in Westfalen und Rhein-

land) für den Norden, – seit dem 17. Jh. und bes. im 18. und 19. Jh. Bemalung, anfangs ohne Grundierung, für Mittel- und Süddtl. bezeichnend.
Auf dem Braut- oder Kammerwagen stand auch die T. Bei dem gebräuchl. »Vorspannen«, dem Aufhalten des Hochzeitszuges mit Stange oder Kette, mußte sich der »T.führer« loskaufen (Tirol, Defreggental, um 1900).

R. Uebe, Dt. Bauernmöbel. 1924; O. Bramm, T.typen. V.werk 1941 (Verbr.karte); F. Hellwag in: Jb. f. hist. Vkde Bd. 3/4; K. Rumpf, Frühformen hess. T. In: Zs. f. hess. Gesch. 68 (1957); O. Moser, Zwei Mölltaler Dach-T. Carinthia I, 150 (1960) (Zimmerm.arbeit); M. Müller-Wulckow, Oldenburger T. vor u. nach 1600. Ber. d. Oldenbg. Mus. ges. 3 (1960); A. Walzer, Baden-württ. Bauernmöbel. D. Mus.freund 10/11 (1969); Kartogr.: ÖVA III.

Trunkenheit → Alkohol, Tabak, trinken.

Tschawitta → Kauz.

Tuberkulose → Schwindsucht.

Tuchrennen → Wettlauf.

Tuisto → Erde.

Tulpe. Die erste aus Konstantinopel eingeführte T. in Mitteleuropa blühte 1559 in Augsburg, 1629 kannte man schon 140 Spielarten. Den Höhepunkt erreichte die »Tulpomanie« 1634–40 in Haarlem. Bis 13000 holländ. Gulden wurden angebl. für eine Zwiebel bezahlt. Mode, kräftige Farben, Einfachheit des Umrisses haben die T. in der Vk schnell und nachhaltig eingebürgert. Auf Ton und in Holz, gezeichnet und gemalt, in Leder geschnitten und in Eisen geschmiedet (→ Grabdenkmal), gehäkelt und gestickt begegnet uns das beliebte Motiv. Bei nordamerik. Siedlern gilt die T. als dt. Herkunftszeichen.

Graf zu Solms-Laubach, Weizen u. T. u. deren Gesch. 1899; J. Müller, in: Bayer. Heimatschutz (1928); D. Klein, Beiderwand-Studien, in: Jb. f. hist. Vkde Bd. 3/4 (1934).

Tundeln, zwischen → Flechten und → Klöppeln stehende Handarbeit auf den fries. Inseln. 18 und mehr T.stöcke halfen beim Zus.drehen und Verflechten der farb. Garne zu Gurten, Hosenträgern und Aufschurzbändern, die den Frauenrock bei schmutziger Arbeit hochhielten.

Häberlin, Flechten u. Weben auf Föhr u. d. Halligen. In: Globus 91 (1907).

Tunschere → Weihn.gestell.

Türe, Tor. Gleich der Schwelle ist die Öffnung der T. im Glauben und Brauch für alles Ein- und Ausgehen von Bed., beim Eintritt der Braut wie beim Hinaustragen des Sarges. Auch die Stallt. schmückt und schützt sich etwa mit den Anfangsbuchstaben des → Benediktussegens auf verziertem Holzschild (bes. seit der Rinderpest von 1797; Pfalz). An der T. beginnt der Frieden des Hauses für den vom Dämon Verfolgten. Die → Wöchnerin ist außerh. desselben gefährdet. T. und T.sturz werden geschmückt für den Heimkehrer, sie tragen ein Kreuz oder den Johanniskranz (Vorarlb.) und oft reiche Schnitzerei (z. B. in charakter. weiß-grüner Bemalung auf den nordfries. Inseln, bes. auf Sylt). Die Meisenheimer Schreinerkunst betätigte sich an den T. offener Höfe im pfälz. Westrich.
Die sprachl. von T. abgeleit. Bez. Tor gilt den großen Einfahrtsöffnungen im md. Gehöft wie im Nieders.haus. Hier ist es die Einbringung des Erntesegens, die großzügige ornament. und figürl. Verzierung von Seitenpfosten, Balkenköpfen und Verstrebungen nahelegt (Lebensbaum, Ranken, Radkreuz). Die Kreise Herford und Münster besitzen bes. reich geschmückte Tore. Brillenförm. Schleifen über einem Tor wurden als Odal-Rune und Zeichen des freien Hofes gedeutet.

F. Langewiesche, Sinnbilder germ. Glaubens im Wittekindsland. 1935; D. Clasen, Das oberhess. Hoftor. Hess. Bll. f. Vkde. 40 (1942) (Karte d. Verbr.; Liste d. Zimmerleute); K. Rumpf, Hess. Haust. d. 16. u. 17. Jh. Zs d. V. f. hess. Gesch. 73 (1962).
Lit. → Bauernhaus (Landsch.-Darst.)

Türke → Mohr.

Turmaier → Aventinus.

Turnen, Turner (ahd. *turnēn* ›wenden‹ von lat. *tornare*; → Turnier) An Stelle von Gymnastik in den allg. Sprachgebrauch gebracht durch F. L. Jahn (1811; → Vspiel). T. blieb bis heute die bes. dt Form der Leibesübung (→ Sport), die auch etwas vom Geist der Deutschbewegung und der Befreiungskriege vom Anfang des 19. Jh. bewahrte. Trotz der Anregung der Reformatoren (Luther, Zwingli, Comenius), der »Gedanken über Erziehung« von Locke (1693) und der Rousseauschen Begeisterung (Émile, 1762) blieb Unterricht im T. bis ins 19. Jh. Sache vereinz. Bildungsstätten wie des Philanthropinums von Basedow in Dessau (gegr. 1774) oder der Erz.anstalt Schnepfenthal von Salzmann, wo seit 1786 auch Guths Muths wirkte. Von Vieth in Dessau stammt der »Versuch e. Enzyklop. der Leibesübungen« (1794–1818) und deren erste system. Einteilung. Bemühungen Pestalozzis gingen in die gleiche Richtung. Der eigentl. Schöpfer des vstüml. T. wurde Ludwig Jahn. Er baute es aus, führte Reck und Barren ein, fand dem T. brauchbare Namen und gab gemeinsam mit E. Eiselen das Buch »Dt Turnkunst« (1816) heraus. Viele T. und Mitkämpfer L. Jahns, unter ihnen der feurigste, Fr. Friesen, waren in den Kämpfen gegen das napoleon. Joch gefallen, aber der eigentl. Feind der T. und der mit ihnen eng verbundenen Burschenschaften wurde die Reaktion, die Turnplätze schloß, Jahn verhaftete und von 1820–42 eine »Turnsperre« verhängte. Erst um die Mitte des Jh. setzte sich bessere Einsicht wieder durch (Eiselen in Berlin, Maßmann in München u. a.), während sich zugleich die Trennung des T. als (in uns. Zeit vernachlässigten) Schulfaches von der vereinsmäß. Pflege der Leibesüb. anbahnte. Noch heute steht die Dt. T.schaft in dieser Überlief., ist aber auch meist ein Teil der Gemeinschaft junger Menschen, die die eigentl. Träger des V.spiels wie des Jahresbrauches sind (→ Burschensch., Jahresfeuer, V.brauch u. a.). Feste der T. sind immer V.feste. Das große Treffen der T. 1968 in Berlin bedeutete noch mehr.

1860, im Jahr des 1. Dt Turnfestes in Koburg, wurde der größte und älteste Verband, die »Dt Tschaft«, gegründet, die 1930 über 1 1/2 Millionen Mitglieder zählte. »Gut Heil!« ist der → Gruß der T. Im Kreise des sächs. Turnvaters O. L. Heubner kamen um 1835 die T.farben auf: Rot und Weiß. Der Wahlspruch »Frisch, fromm, froh, frei« wird H. F. Maßmann zugeschrieben, ist aber schon im 16. Jh. als student. Reimspruch in ähnl. Wortlaut nachzuweisen. Das bekannte Zeichen  hat der Kupferstecher Freising 1846 für die Darmstädter T.gemeinde geschaffen.

Jüthner, Antike T.geräte. 1896; Gasch, Hb. d. ges. Turnwesens [2]1928, 2 Bde.

Turnier (afrz. *to(u)rnei*, lat. *torneamentum*, mhd. um 1200 *turnei*). Wie and. Formen des Zweikampfes (→ Hildebr.lied) in das germ. Altertum zurückweisend, fand der Kampf zu Pferde mit Lanzen nach fester Regel erst in der Zeit des schwerbewaffneten Lehnsadels seine Hochform. Wie der Dienst in voller Rüstung war auch das T. Vorrecht des Adels. Von Frankr. aus verbreit. sich diese aufwendigsten Festspiele des MA. rasch und werden seit dem 14. Jh. auch in Süd- und Osteuropa heimisch. Im 15. und 16. Jh. unterschied man fünf Arten des T. Dem Kampf mit schweren Waffen (Scharfstechen) stand das Schimpfrennen (mhd. *schimpf* ›Scherz, Spiel‹) gegenüber, bei dem ausgestopfte Kleider, Helme und Schilde aus Stroh getragen wurden. Solche Spielformen begünstigten den Übergang zum T. der Bürger und Bauern. In Dtl. fand das letzte Reichs-T. 1487 statt. Schon vor und neben dem ritterl. T. bestand der Brauch festl. → Reiterspiele, bei denen mit einer Lanze nach Ringen (→ Ringreiten, -stechen) oder nach einer Figur (Türkenkopf; → Rolandreiten) gestochen wurde. Sie hießen auch Karussel (über frz. *caroussel* abgel. v. arab. *kurradsch* ›Spiel mit hölz. Pferden‹). Namen wie Ringelspiel (Österr., Elsaß), Ringelreiten, Reitschule (Sachsen), Ringelrennen gelten den gleichen Spielen. Jahrmarktspiele uns. Jh. halten Name und Brauch noch fest. Bei Schiffern und Fischern im Zweikampf zu Wasser wurden die Lanzen zu ungefährl. Stangen. → Fischart berichtet: Inn der Faßnacht brechen die Fischer auch Stangen im Schiffthurnier. – In der Breslauer Fasnacht von 1613 hielten die Fleischerknechte ein Stechen mit Stangen. Ähnl. Vfeste waren das Leipziger Fischerstechen, das Stechen der Halloren zu Halle, das Stakenstechen der Schiffer in den Hamburger Fleeten. Die Neigung zu Spektakel und Schaustellung, früh auch schon zu einer Art → Folklorismus macht sich bemerkbar, wenn in einem Düsseldorfer T. von 1585 die grün und weiß bemalten Speere »inwendig hohl und mit Feuerwerk gefüllt« waren oder wenn 1793 in Rudolstadt ein T. in »altdeutschem Costum« mit Maskerade und → Fakkeltanz gehalten wurde.

Stiller, Das Karusselreiten. 1889; Reibisch, Der Rittersaal. 1842. Mit 62 Tafeln; A. Schultz, Das höf. Leben z. Zeit d. Minnesänger. 2 Bde. [2]1889; F. Niedner, Das dt. T. d. 12. u. 13. Jh. 1881; Day, The History of Tournament in England and France. 1918.

Übergangsriten → Initiation, Neujahr, entwöhnen u. a.

Übernamen, Vulgonamen. Die neben der Sprache der Akten und Ämter lebendige → Vsprache ist die Grundlage der Ü., die an Stelle des oft kaum bekannten → Familiennamens den Taufnamen (→ Vornamen) begleiten oder ihm noch vorausgehen. Wie bei den fest gewordenen Familiennamen begegnen wir als Quelle der Ü. 1. Taufnamen (Tobeiasa, Ferdilis, Nikolausa) 2. Amt oder Beruf (Mesmers Franz, Webers Anna, Schlossers Kathri, Sticker Michel) 3. Namen oder Ü. von Ahnen 4. Namen von Wohnort oder Wohnstatt (Taler Eduard, Gstüt-Matlee) 5. Namen nach Herkunft oder früherem Wohnort (Wälder Marie = die a. d. Bregenzerwald stammende M.; alle Bsp. aus Schruns im Montafon). Solche Ü. sind oft recht alt, werden aber auch noch heute neu gebildet. Notwendig werden Ü. vorab in Siedlungen, wo *ein* Name vielen Familien eigen ist. In Mosbach in Thüringen z. B. gab es 50 Gürtler und 80 Zimmermann. – Mit Ü. bezeichnet man wohl auch Orts- Necknamen und die → Ökelnamen. → Ortsreime.

Überschlagen → Jodeln.

Übertragung → Auf der Vorstellung des aus dem Körper ausstrahlenden oder in bestimmter Weise austretenden (Blut, Speichel) oder abteilbaren (Haar, Fingernägel, Glieder) Lebensstoffes beruht der Glaube an die Ü. von Segen, Kraft,

Fruchtbarkeit, aber auch von Krankheit u. Zauber durch Berühren, Anhängen, Annageln, Beschreiben, Verpflöcken, Vergraben, Verschwemmen, → Durchziehen usw. Die Beobachtung der Ü. ansteckender Krankheiten konnte den Glauben an Ü. um so mehr verstärken, als die Krankheiten selbst oft als magische Ü. (→ Pest) oder als → Geschoß eines Krankheitsdämons verstanden wurden. → Brennessel, Brombeerstrauch, Lappenbäume, Orenda, Sympathie, Vmed.

G. Jungbauer, Dt. Vmed., 1934.

Überzähliger. Bilderkatechismen z. B. des 15. Jh. stellen den Dekalog dar, indem sie den einz. Sätzen einen → Teufel beifügen, der zur Übertretung reizt (ein T. reicht den Spielern den Würfel zu). »Vom T. als des Menschen Partner im Bösen« (Deneke) handeln noch leb. Sagen, indem sie einer Schar, oft sind es zwölf, bei fragwürdigem oder verbot. Tun (Maskerade, Zauberei, Tanz, Haberfeldtreiben, Katzenmusik) einen zunächst unerkannten dämon. Ü. (Dreizehnten) zugesellen.

J. Klein, Der Ü. Diss. Gött. 1954; dies. in: Zs f. dt. Phil. 74 (1955); L. Kretzenbacher, Freveltanz u. Ü. Carinthia I 144 (1954); B. Deneke, Materialien aus d. Umkreis d. Sage vom »Ü.« Zs. f. Vkde 57 (1961).

Uhr, (v. lat. *hora* ›Stunde‹). Der Lauf des Rheins, der auch in der → Wortgeogr. unserer Zeit als Bahnbrecher erscheint, trug das Fremdwort U. im 14. Jh. nordwärts. Die alte Bed. enthält noch unsere Frage: Wieviel Uhr ist es? Im Sinn von ›Zeitmesser‹ stand früher -pars pro toto- das Wort Seiger, das den waagrecht bewegten Unruhbalken der Turmuhr bezeichnete. Neben der Räder-U. (Hemmungs-U.) hatten räderlose U. bis 1500 den Vorrang, von denen Sonnen- und Sand-U. noch heute bekannt sind, letztere vor allem in Form der kleinen Eier-U. Künstl. Antriebe kannte schon das frühe MA. Die Zugfeder wurde vor der Mitte des 15. Jh., die Taschen-U. um 1500 angeblich von Henlein in Nürnberg erfunden. Bleibt der U.macher bei aller Vtüml. seiner Werkstatt ein Mechaniker hohen Ranges, so haben sich doch auch Vk und -brauch der U. als einem symbolträchtigen Gerät zugewandt. Die Firmungs-U. hat von ihrer Bed. als Lebensgeschenk so wenig eingebüßt wie die »Goldene U.«, die ein Verdienst belohnt oder das bes. geschätzte Erbstück ist. Die Kette der alten Taschen-U. trug neben Bijouterien manchen Talisman (→ Horn). Manche wie die → Monatssteine und Glückszahlen sind zur kleinen U. am Handgelenk weitergewandert. In der Todesstunde wird die Stuben-U. angehalten, angeblich, um die genaue Zeit festzuhalten, im tieferen Sinn gewiß in sympathet. Teilnahme an der »Todesstille«, wie ja auch der Spiegel nicht mehr spiegeln soll.

Einfache U. aus Holz waren nicht selten Werke begabter → Bastler (Ahsger-U.). Ins Spielerische und Automatenhafte gingen Hausfleiß und Hausind. bes. im bad. Land (U.museum in Triberg). Die »Schwarzwälder Kuckucksuhr« ist bis heute – nicht zuletzt für die Natosoldaten – neben dem bunten Krug mit zinnernem Deckel bevorzugtes → Andenken. Reich geschnitzte U. mit metallenen Tannzapfen als Gewichten sind noch der Stolz des Bürgerhauses. Seltener schwingt beim Glockenschlag der Tod die Sense oder wird Joh. d. Täufer enthauptet (→ Herodias). Stadtkirchen und städt. Rathäuser trieben bedeutenden Aufwand mit kunstvollen Turm-U. (München, Rothenburg, Männleinlaufen vor der Uhr der Nürnberger Liebfrauenkirche). Neuerdings wird auch Lackmalerei wieder aufgenommen, die im 18. und 19. Jh. auf weißer Grundierung das vergröß. Zifferblatt mit romant. Landsch. und Figuren belebte. Den Schnitzer (bes. in → Oberamm.) beschäftigten bis in unsere Zeit gebräuchl. Ständer für Taschen-U.: Figuren von U.händlern, die die U. trugen und andere »U.männle« aus Holz oder Blech. Auch der → Eisenkunstguß *(fer de Berlin)* diente diesem Bedarf. Die große Stand-U. ist geleg. bäuerl. bemalt (Schlesien), steht im allg. aber dem bürgerl. Formengut näher. Die Stand-U. N.sachsens weist im oberen Gehäuse landsch. Unterschiede auf (W. Peßler). Die Wanduhr entwickelte in Ostfriesl. holländ. beeinflußte Sonderformen. Auf der Vorderseite flankierten das Zifferblatt durchbrochene bleigegossene Figuren, z. B. Meerweibchen (→ Fischw.). U.ständer aus → Steingut kamen Anfang des 19. Jh. in großer Zahl aus England nach Norddtl. (Ostfries. Mus. Güstrow). – Ein bed. U.mus. besitzt die Stadt Wien. → Spieluhr.

Schirek, Die U. in Kulturgesch. u. Kunstgew. Bez. 1890; E. v. Bassermann-Jordan, Gesch. d. Räder-U. 1921; A. Kistner, Die Schwarzw. U. 1927; Baillie, Watchmakers and Clockmakers in the World. 1929; K. Gröber, Oberammerg. Hauskunst. 1930; Busse, Dt. Vk. Baden; K. Motsch, Unbek. aus d. Frühgesch. d. Schwarzw. U. Mein Heimatl. 26 (1939); K. Maurice, Von U.en u. Automaten. 1968; H. Jüttlmann, Die Schwarzwaldu. 1972.

Uhu → Habergeiß.

Ulenlok → Eule.

Ulk → Iltis, Zwiebel.

Ulrich, hl. (4. 7.). Er ist der erste feierlich vom Papst kanonis. Heilige (993). 955 verteidigte er Augsburg gegen die Ungarn und starb hier als Bischof 973. Attr.: Kreuz, Fisch, Engel. Wie der Tag des hl. → Theobald hat auch der 4. 7. noch an die Sonnenwende erinnerndes Brauchtum. Im Innviertel geschieht schon die Holzsammlung für das Sonnwendfeuer im Namen dieses Heiligen. Von den U.festen ist das bekannteste das steirische Volksfest in U.brunn bei Andritz. Aus der Umgebung und aus Graz versammelt sich eine große Volksmenge, um – in der Nähe von Schankstätten und Kaufbuden mit Wallfahrtsandenken – im Walde lagernd sich aus dem U.-quell zu stärken. Zuweilen stehen U.bilder aus Stein an Quellen. Der in der Sage vieler Völker auftauchende Gedanke, daß göttliche Wesen Quellen und Brunnen beschirmen, war auch den Germanen bekannt. In der Legende des hl. U., aber auch z. B. der Heiligen Wolfgang, Gangolf, Bonifatius, Anna, Magdalena, ist die Vorstellung ins Christliche übertragen. Früher gab es auch Gesellschaften, die am 4. 7. zusammenkamen, um »in der Lieb von St. U.« zu trinken (→ Minnetrinken). In Nordengland heißt der 4. 7. *old midsummer sunday.* → Wasser.

Stützle, Das Leben d. hl. U. [2]1880; K. Weinhold, Vom hl. Ulrich. Zs. d. V. f. Vkde 5 (1895); J. M. Friesenegger, Die U.kreuze m. bes. Ber. i. relig. Brauchtums, 1937 (Zahlr. Abb.); Lex. f. Theol. u. Kirche. [2]1965; P. Rummel u. F. Zoepfl, hg., Bischof U. v. Augsburg u. s. Verehrg. 1973.

Ulwer → Storch.

umbinden → Nase, Band, Kreis.

umfahren → Kreis.

Umgang → Fronleichnam, Flurumgang, Prozession.

Umgangsformen → Ton, güter.

Umgebinde, Umschrot, Bohlstuhl. Bes. in der Lausitz, im südl. Sachsen und in Nordböhmen sind die Fenster im Erdgeschoß des Blockhauses von einem maler. Balkenkranz – Säulen, Bogen, Kopfbänder und Zwickelhölzer – umgeben, die man als U. bez. Im 18. Jh. erst entwickelte sich diese Zierform, während beim »gestelzten« Haus in Oberschwaben oder beim Schwarzwaldhaus noch die urspr. Form erkennbar ist, die der Funktion eines Traggerüsts für den Oberstock entspricht. Nach B. Schier entstand das U. in Begegnungsgebieten von → Blockbau und → Fachwerk oder wo die Erdgeschoßwände seine stat. Entlastung brauchten. Inseln und Reste beweisen, daß das sächs. U. früher weiter in den W. reichte.

H. Richter-Zittau, Formen u. Entw. d. U. Schles. Bll. 3 (1941); H. Phleps, Holzbaukunst. Der Blockbau, 1942; B. Schier, Hauslandschaften usw. [2]1966. Karte S. 107: Verbr. d. U.; Lit. → Bauernhaus (Landsch.).

umgekehrt, rücklings, rückwärts. U. Kleidung, Rw. gehen, Rw.werfen bei magischen Handlungen bezweckt wohl die Unkenntlichmachung vor gefährlichen Mächten, die Vermeidung des Anblickes eines göttlichen od. dämonischen Wesens. Manche Bräuche bestimmt aber auch die primitive Vorstellung: was hier u. ist, hat in anderer Welt die richtige Gestalt. Umkehrung ist ein Zeichen der Totenwelt (Ausstattung der Leichen in frühgesch. Gräbern im Sinne: links ist rechts). Beim Orakel (→ Andreas) ist Rw.gehen oder Rl.-aufs-Bett-steigen auch die Betonung des Ungewöhnlichen, wie z. B. auch Stehlen, → Finden (nicht Kaufen) Vorschrift ist bei Beschaffung magischer Hilfsmittel. Das älteste dt. Zeugnis des Wurfes nach rw. gibt die *Lex Salica* (Anf. 6. Jh. im Tit. 58 *De chrenecruda*, → kehren), ein späteres → Vintler (Blumen d. Tugend). → toi-toi-toi.

E. Weinkopf, Die Umkehrung in Glaube u. Brauch. Oberdt. Zs. f. Vkde. 2 (1928); ders., im HDA.: Umkehrung.

Umkreisen, Umwandeln, Umlaufen, Umtanzen, das Ziehen eines schützenden → Kreises durch Zeichen oder durch eine Handlung (Schreiten, Laufen, Reiten, Pflügen) zielt – abgesehen von der oft vorhandenen praktisch-rechtlichen Bedeutung (→ Grenze, Zaun) – auf magische Bindung nach innen und (oder) Abwehr nach außen. Im Kreis wird Segen festgehalten und verstärkt oder Feindliches gebunden und geschwächt (→ Pest). Glaube und Brauch der Lebensfeste und des Jahreslaufs bieten viele Beispiele. Diese Riten richten sich zuweilen nach dem Lauf der Sonne (mit oder gegen). Das im dt. Volksbrauch noch bekannte Umpflügen (oder Umfahren mit dem → Pflug) eines Dorfes oder Flurteils im apotropäischen Sinn ist für die Dt. zuerst bezeugt im → *Indiculus* (Kap. *de sulcis circa villas*), worin das Konzil von Lestines im Jahre 743 »entweder die Umpflügung des Dorfes gegen Seuchen oder seine Umfurchung mit dem Frühlingspflug verbot« (Weinkopf). Auch kultische Umritte sind heute noch bekannt. Während in prot. Gegenden sich daraus Wettritte und → Reiterspiele entwickelten, steht der kath. Brauch der Umritte am Tag des hl. → Stephan oder → Leonhard dem Ursprung näher, wenn auch in christl. Sinngebung und mitunter in prunkvoller Ausgestaltung. – Der → Maibaum oder lebende Bäume werden umkreist (→ Bandltanz). Beim »Lindentanz« zu → Pfingsten wird im kärntischen Gailtal die Dorflinde umtanzt, wobei der Sieger im Kufenstechen den Vortritt hat (1949). – Aus Antike und MA. schon ist der Brauch bezeugt, durch Umgürten und Umschlingen mit Kette, Faden, Kranz oder Eisenring zu heilen (Kopfweh), Geburt zu erleichtern u. ä. → Leonhard, Kranz, Margaretha, Flurumgang.

E. H. Meyer, Germ. Pflügebräuche. Zs. d. V. f. Vkde 14 (1904); E. F. Knuchel, Die Umwandlung in Kult, Magie und Rechtsbrauch, 1919; Weinkopf, im HDA. 8, 1298–1398; G. Müller, Der Umritt, 1941; G. Schierghofer, Tradition und Sage beim Umrittsbrauch. Bayer. Jb. f. Vkde. 1953; R. Wolfram, Die Volkstänze. 1951; Kartogr.: ÖVA II Umritte.

Umprecht → Andreas.

umreiten, Umritt → Feuerreiter, Hegung, Georg, Jul, Leonhard, Umkreisen.

Umschläge. Kühlende, wärmende, zusammenziehende (Essig) od. erweichende U. verwendet die Vmed. seit jeher. Statt hydropathischer U. sind Auflagen von Kartoffel-, Apfel- oder Kohlrabenschnitten noch viel in Gebrauch. Bei Geschwüren, → Wurm usw. werden nichtgärende (Rasen, Lehm) und gärende (Leim, Brotrinde, Sauerrahm mit Roggenmehl) verwendet.

umschnalzen → Martin.

umschreiten → Kreis, Palmsonntag.

Umschrot → Umgebinde.

Umwandlung → Habicht, Hegung, Umkreisen.

Unbefleckte Empfängnis → E. Mariä.

unberufen → berufen.

Unehrliche Gewerbe. Im Volksrecht und -glauben zählt man zu den u. G. besonders → Fahrende, → Schinder, → Scharfrichter. Aber auch → Müller, → Bader, Leineweber und → Töpfer verfielen zuweilen dem gleichen Verruf, weil ihre Arbeitsstätte wie die des Abdeckers dem Dorf entlegen war (z. B. wegen Wasserbedarf, wegen Feuergefährlichkeit) oder durch die Schmutzigkeit der Arbeit. Soziale Vorurteile waren es zum Teil, die Schäfer und Spielmann, fahrende Leute und Vagabunden in diese Gruppe verwiesen. Beim Schinder wie beim Scharfrichter war es die Nähe, der »Geruch« des → Todes u. der Toten, des Kriminellen und Befallenen, was sie einerseits von der Gesellschaft u. von den ehrlichen Zünften ausschloß, andererseits sie in den Ruf besonderer Heil- und Zauberkunst brachte. »Der Begriff der Ehrlosigkeit ist nicht nur kultur- oder religionshist., sondern auch ethnol. bedingt und ist Veränderungen im Lauf der Zeit unterworfen« (M. Szabo). – Der soziale Verruf ging sehr weit. Birlinger berichtet aus Schwaben, daß man 1748 in Gundelfingen 4 Totengräber, die dieses Amt von Rechts wegen übten, aus dem Weberhandwerk ausschloß, weil sie beim Begräbnis eines Schinders mitgeholfen hatten. Die Nachdrücklichkeit des Verrufes geht auch aus der → Volkssprache hervor, die scheltende Bezeichnungen oder auch – aus abergläubischer Scheu wie aus sozialer Rücksicht – zahlreiche Decknamen kennt. → Name, Beruf, tabu, Handwerk.

O. Beneke, Von unehrlichen Leuten, 1899[2]; W. H. Ruoff, Von ehrl. u. unehrl. Berufen usw. Zürcher Taschenbuch, 1934; W. Jacobeit, Schafhaltung u. Schäfer. 1961; W. Danckert, U. Leute – Die verfemten Berufe. 1963.

Ungeheuer. Aus idg. Verbalstamm (gr. *keimai* ›liegen‹) haben sich Bed. wie ›Lager‹, ›Heimstatt‹ entwickelt. Das zugehörige Adjektiv sagte ›zur gleichen Siedlung zählend‹, später ›traut, angenehm‹ (altnord. *hýrr*, ags. *hīore*, mhd. *gehiure*). Schon ahd. belegt ist *unhiuri, ungehiuri* im Sinn von ›unheimlich, furchterregend‹. Für das mhd. in allen drei Geschlechtern gebrauchte Substantiv U. wird im 18. Jh. das Neutrum allein üblich, nicht ohne den Einfluß von lat. *prodigium* und *monstrum*, »die auch die Bedeutungsgesch. mitbestimmt haben« (Kluge-Mitzka, Et. Wb.). Das alte Eigenschaftswort geheuer ist heute fast nur in der Verneinung noch üblich. Vergleichbare Gegensatzpaare wie geheuer: u. sind gemach: Ungemach, heimlich: unheimlich. – Lat. *prodi-*

gium (auch *portentum*) bezeichnet außergewöhnl., dem Lauf der Natur anscheinend zuwiderlauf. Ereignisse oder Erscheinungen wie → Kometen, → Blitz ohne Gewitter, Regnen von Steinen oder → Blut, absonderl. Mißgeburten und Mischwesen. Den Römern galt ein solches Zeichen als Äußerung göttl. Zorns, das Pontifex oder Haruspex zu deuten hatten und das, wenn es den Staat betraf, öffentl. Sühnung verlangte, → Drache, Basilisk.

Wülker, Die gesch. Entw. d. Prodigienwesen. 1903; R. Schenda, Die dt. Prodigienslgn. d. 16. u. 17. Jh. In: Börsenbl. f. d. dt. Buchhandel 17 (1961) S. 1635–71; M. W. Robinson Fictitious Beasts. London. 1961; (Europ. Motive: Basilisk, Drache, Greif, Phönix, Einhorn, Sirene, Seeschlange); H. Schade, Dämonen u. Monstren. Gestaltgn. d. Bösen i. d. Kunst des frühen MA. 1962.

Ungenannter Mann → Schinder.

Ungenanntes → Ding.

ungerade → Zahl, Klee, Georgstaler.

ungleiche Schwestern → Lungenkraut.

Unglücksbaum → Sebenb.

Unglückstage. U. und Glückstage haben im Volksglauben die größte Bedeutung. Bei Reisen, Umzug, Hochzeit, Hausbau, Saat, Erntebeginn, Krankheitsbehandlung (nicht am Sonntag aufstehen) ist die »Tagewählerei« noch im Schwange. Seit dem 16. Jh. bis heute geben bes. die V.kalender Hinweise über gute und ungute Tage für Aderlaß, Haarschneiden, Kauf und Verkauf u. a. Im N ist Montag, in Mittel- und Süddtl. der Freitag allg. U. Für eine gewisse pessimist. Grundhaltung im V.glauben ist es bezeichnend, daß U. und ihre Beachtung die Zahl und Bedeutung der Glückstage weit übertrifft. → Los, Kalender, Freitag, Montag, Mittwoch, Judica, Judas, Erster April, Valentin, Maria Magdalena, Verworfene Tage, Glück. Kartogr.: ADV I Glücks- und U. ÖVA II Termintage f. bäuerl. Hochzeit.

Unholde → Geist.

U.kerze → Königskerze.

Universalmittel → Knoblauch.

Unke → Kröte, Schlange.

Unlauch → Zwiebel.

Unlösbare Aufgabe in Brauch, Sage und Märchen. Geister, die man gerufen hat, oder Dämonen, die einen verfolgen, wird man los oder hält man auf, wenn man sie zwingt, eine u. A. zu vollbringen. Man wirft Hanfsamen in einen Holzstoß. Der Teufel muß die Körner sammeln, inzwischen kann man sich vom Bann befreien. Den → Alp hält man mit Aufträgen (in der heiligen Siebenzahl!) hin, bis es Tag und die Zauberzeit vorbei ist:

> Trut! du bist born, wöi a Kalb,
> moußt durch sieben Wassa wo(d)n
> u sieben Bam oblo(d)n
> Moußt sieben Kirchn a(n)weiha
> u sieben hemma asleiha;
> Moußt sieben Tulk(n) asweitn
> u sieben Straußn oschreiten . . .
> Trut! – dawal is 's Togh!

Unfruchtbare u. A. sind auch den unfruchtbaren Menschen, den → alten Jungfern und Hagestolzen, im Jenseits gestellt. Von diesem Spott ist es nur ein Schritt zu den u. A. und Narrenaufträgen, die man kennt am → ersten April und beim → Dreschen, dann überhaupt bei Arbeiten und Gelegenheiten, wo es Neulinge, Anfänger und Altkluge zu → hänseln gilt (Windsack, Mäusenetz, Scheiterschere holen, Hilpritschen fangen u. ä.) → Wechselbalg, Mittagsgeist, Narrenaufträge.

unrein → Aussegnung, tabu.

Unruh, ein aus leichten Stoffen gefert. Deckengehänge, das sich beim leisesten Luftzug bewegt (Pflanzen, bes. Distelarten in Österr., Schlesien, Prov. Sachsen u. a. oder künstl. hergest. Gehänge). Die Form der U.

mit strohgeflocht., rautenförm. Gebilden führte M. Andree-Eysn auf die ähnl. verwendete Heiliggeist-Taube zurück. Die U. gilt als Mittel, Zauberei und Hexen zu erkennen. Tritt eine ins Zimmer, so steht die U. still. Dreht sich die U. aber ungewöhnlich schnell, so stirbt jemand im Haus (bei Boizenburg/Elbe, nach Ed. Hahn).

L. Weiser-Aall Zur Gesch. d. Weihn.baumes. In: Vkdl. Gaben 1934; dies., Verdens Urv. Maal og Minna. 1937; A. v. Lettow-Vorbeck, Gehänge, Deckenvögel. Oberdt. Zs. f. Vkde 16 (1942).

Unschuldige-Kinder-Tag (28. 12.). Der Gedächtnistag des von Herodes befohlenen bethlehemitischen Kindermordes hat in Kunst und Volksdichtung stärkere Ausprägung erfahren als im Brauch. Mehr als in Dtl. ist der Tag in den Niederlanden (Limburg, Antwerpen, Brabant) ein Fest der Jugend. Vereinzelt ist der Tag auch noch bei uns Bescherungstag (Schwaben). In Süddtl. und Österr. (weit verbreitet) ist für die Kinder »Pfeffertag«. Mit grünen Zweigen, Ruten oder Stangen schlagen sie die Erwachsenen und spielen mit dem Spruch auf ein Lösegeld an:

Da komme ich her getreten
mit meiner frischen Gerten,
mit meinem frischen Mut.
Schmeckt der Pfeffertag gut?
(Lichtenfels, Bayern).

In Österr. heißt dieses Schlagen mit der glückbringenden → Lebensrute »bisnen«, »schnappen«, »aufkindeln«, »fizeln«. Mit Anspielung auf das »Bläuen« heißt der Spruch im Oberinntal: »Globt sei Jesus Christ zur Bluiet.« Wenn die Kinder im Zillertal zum Schlag sagen »Gömmacht und bössar Broad«, dann ist daraus ersichtlich, daß man sich Segen und gute → Ernte von dem Brauch verspricht, ihn aber auch an anderen Tagen, besonders der Zwölftenzeit (z. B. an Gömmachten = → Dreikönig) übt. Im Egerland schlugen auch die Burschen die Mädchen mit Birkenruten vom Barbaratag, um die ein rotes Seidenband geschlungen war. → Barbara, Pfeffer, Frisch u. gsundschlagen.

Kartogr.: ÖVA II Brauch u. Sprüche.

Unsere liebe Frau → Maria.

U. Frauen Bettstroh → Joh.kraut.

U. leiven Fruen Haar → Widertonmoos.

unsichtbar → Farn.

Unterirdische → Zwerg.

Unterleibsleiden → Gebärmuttermotiv.

Untermutter → Mittags-, Wassergeister.

Unter-, Internächte → Zwölften.

Untersberg → Haberfeldtreiben, Kaisersage.

Unvertritt → Vogelknöterich.

unverwundbar → festmachen.

Urban, hl. (25. 5.). Patron der Weinbauern. Im Etschland wurde ein Standbild mit wirklichen oder künstlichen Trauben behangen in festlichem Umzug mitgetragen. Wenn er schönes Wetter bescherte, wurde er in Franken mit Wein begossen, sonst aber mit Schmutz und Wasser gestraft.

Scheint die Sonne klar am St. Urbanitag,
Wächst guter Wein nach alter Sag;
Ist aber Regen, dann bringt's den Reben Schaden,
Daher Urban bald muß in dem Wasser baden.

Auch anderswo kennt man ähnliche auf Wetter- und Regenzauber deutende Bräuche. Auch der Feldbau untersteht dem Wetterherr:

Danket St. Urban, dem Herrn,
Er bringt dem Getreide den Kern.

→ Flurumgang, Bittgang, Regen, Wein, Küfer.

W. Lühmann, St. U. 1968 (Leben, Leg., Braucht., Ikonogr.).

Uraunderl → Alraun.

Urne, Kopfurne. Das lat. Wort, das ›Krug‹ bedeutete, kam über Südtirol zu uns. Als typisch ostgerm. Kulturgut gelten die Gesichts-U., die in der frühen Eisenzeit von der mittl. Oder bis in das Weichselland in Gebrauch waren. Oft mit Ohrschmuck versehen, sind sie wohl Abbilder der Toten. Eine Sonderform ist auch die sogen. Haus-U., die wohl die Wohnstatt der Lebenden darstellte und in der jüng. Bronzezeit in Dtl. vom östl. Harz bis zur Küste verbr. war. Tönerne U. als topfförmige Gefäße für den Leichenbrand sind im germ. Land seit der jüng. Steinzeit gebräuchl. Die röm. Besetzung brachte auch U. aus Bronze. – Im 19. Jh. noch haupts. auf die Kreise der Freidenker beschränkt, gewinnen seit Jahrzehnten Leichenverbrennung und U.bestattung, auch aus Platz- und Kostengründen, immer mehr Bed. Die kath. Kirche und das orthod. Judentum waren (und sind z.T.) die schärfsten Gegner der Feuerbestattung aus dem Glauben an die Aufersteh. des Fleisches und in der Erinn. an die Bestattungsweise Christi. Die Einäscherung widerspräche auch dem V.empfinden und sei eine heidn. Sitte. Tatsächl. haben die ersten christl. Jhh. beide Begräbnisarten gekannt. Seit etwa 1963 änderte die kath. Kirche ihren Standpunkt und gibt heute selbst den Dorffriedhof für die U.beisetzung frei. In Frankr. hatte der Kampf um die Feuerbestattung schon Mitte des 18. Jh. begonnen. Das erste dt. Krematorium entstand 1878 in Gotha. Für die Gestaltung des → Friedhofs hat die U.bestattung weitreich. Folgen. Die kath. Kirche verweigert auch weiterhin ein kirchl. Zeremoniell im Krematorium oder die Begleitung der Leiche dorthin. Auch in der (meist neutralen) ev. Kirche gibt die VELKD der Erdbestattung den Vorzug.

Während das Wort U. der Vsprache im allg. verloren ging, blieb »Yrn« in bair. Mundarten die Bez. eines Maßes für Flüssigkeiten. Von hier führt vielleicht ein Weg zu den K., »Gipsköpfen« oder »Dreiern«, in denen im Vils-, Rot und Inntal (Braunau und Simbach) wie im oberöst. und salzb. Grenzgebiet bis ins 20. Jh. drei- oder neunerlei Getreide geopfert wurde, das an 3(9) verschied. Orten erbettelt sein mußte. Zuweilen wurden Eier mitgeopfert. Die Anliegen der Votanten waren Liebe, glückliche Ehe, Fruchtbarkeit, Befreiung von Kopfleiden. Die Gefäße sind einfache, urtümlich als Gesichter geformte → Irdenware. Glasur ist selten. Ritz sah in den spätmal. K., »in diesen Getreideopfern in menschl. Haupt« »eine der eigentümlichsten Erschein. des süddt. Votivwesens«. → Votivgaben.

J. Hoops, Reallex.; W. M. Schmid, Moderne Gesichts-U. Oberbayr. Arch. 49 (1895/6); R. Andree, Votive u. Weihegaben, 1904; K. v. Spieß, Bauernkunst, 1935[2]; J. M. Ritz. In: V. u. Vtum, 1936; ders., Spätmittelalterl. K. Bayer. Jb. f. Vkde., 1952; G. Nagel, Grab oder U.? 1939; W. Schlenther, Brandbest. u. Seelenglaube. 1960.

Urschel, Horsel → weiße Frau.

Urseli → Gerstenkorn.

Ursula → Nehalennia.

Vaterkorn → Mutterkorn.

Vaterrecht → Männerkindbett, Mutter.

Valentin, hl. (14. 2.). Römischer Presbyter, gemartert 269, Attr.: Schwert. Bei uns gilt, vielleicht durch den Wortanklang (V. – fallen) V. als → Unglückstag. In Nordfrankreich, Belgien, England, heute besonders in Amerika, ist V. großer Tag der Liebenden mit einem unserem Neujahr vergleichbaren Aufwand von Glückwunschkarten. Schulfreunde, Verwandte, Ehefrauen, am meisten junge Mädchen erhalten *Valentine Greetings* mit aufgemalten Herzen und Sprüchen. Die Post kommt dem Brauch mit Sondertarifen entgegen. Vor allem der Verband der Floristen und die »Fleurop« propagieren den »Tag der Freundschaft«. Nach Aellig begann die Werbung in Frankreich und Belgien nach dem Krieg, 1948 in der franz. Schweiz, 1949 in der dt. Schweiz und 1950 in Dtl. und Österr. Von einer »nun schon zur Trad. geword. V.sfeier« berichtet 1967 ein Obst- und Gartenbauverein in Nenzing (Vorarlb.). Einer Leg. nach knüpft die Sitte an die letzten Worte (»Von deinem Valentin«) an, die der Märtyrer an die freundliche Tochter des Kerkermeisters gerichtet haben soll. Es wird auch von einem Mönch V. erzählt, der in Frieden mit der Welt jedem vorüberkomm. jungen Mann und Mädchen eine Blume über die Klostermauer reichte. In Betracht kommt auch der in manchen Gegenden bestehende Volksglaube, daß am 14. 2. Vogelhochzeit sei. In der ostengl. Grafschaft Norfolk trägt das »V.schicken« Züge des Julklapps (→ Weihnachten). Am wahrscheinlichsten ist, daß sich der fast zur Mode gewordene Brauch entwickelt hat aus Liebesorakeln, wie sie dort an V., bei uns zu → Andreas, → Thomas, → Matthias, → Johanni usw. in Übung sind. Trotz vieler, auch in den letzten Jahren wiederholter Versuche seitens der Blumengeschäfte (»Fleurop«) vermochte sich der V.brauch im dt. Sprachgebiet noch nicht einzubürgern (vgl. dagegen → Muttertag). Patron gegen Pest und Epilepsie (→ Fallsucht; durch Namensanklang auch Valtinskrankheit, Veltentanz) ist der gleichnam. Bischof von Interamna in Umbrien, der um 306 gleichf. am 14. Febr. das Martyrium erlitten haben soll (Attr.: Hahn, Knaben). – Am 7. Jan. ist das Fest des hl. V. von Passau, des Apostels der beiden Rätien (5. Jh.). → Glückwünsche.

Abbildungen in: Die Dame (1935), H. 4; J. Aellig, Wie ein neuer Brauch entstehen kann: Der V.tag. Schweiz. Vkde. 40 (1950).

Vampir. Obwohl der Wortgebrauch durch den Film-Vamp verallgemeinert wurde, empfiehlt es sich (mit Jellinek und Klapper), nur den blutsaugenden → Wiedergänger und → lebenden Leichnam der türkischen, serbischen, slawischen und vereinzelt auch der ostdt. Sage (nach Mannhardt) als V. zu bezeichnen. Aus dem Balkan stammt auch das Wort (in Dtl. um 1720 zuerst belegt), das als Gier, Gierhals, Gierrach, Blutsauger wiedergegeben wird. Im Altnord. ist diese extreme Gestalt des Wiedergängers nicht bekannt. Aus Böhmen wird 1336 berichtet, wie ein unschädlich gemachter V. brüllte, blutete und die Füße zusammenzog. 1725 soll ein V. bei der Pfählung (→ Pfahl) Blutung und *erectio penis* gezeigt haben. In Westpreußen wurde noch im 18. Jh. ein Adeliger ausgegraben und geköpft, weil er ein V. war. Ein Verwandter mußte einen Becher des Blutes auffangen und dem Toten den Kopf zwischen die Füße legen. Berichte aus dem ostdt. Kolonis.gebiet um 1930 → leb. Leichnam.

J. Ch. Pohle et J. G. Hertel, De hominibus post mortem sanguisugis vulgo sic dictis Vampyrem, 1732; W. Mannhardt, Die praktischen Folgen des Aberglaubens, 1878; St. Hock, Die Vampyrsagen und ihre Verwertung in der dt. Literatur, 1900; Hovorka-Kronfeld, Vergl. Vmed., 1. Bd. 1908; E. Havekost, Die V.sage in England, Diss. Halle, 1914; L. Gerschke, Vom V.glauben im alten Westpr. Westpr.-Jb. 12 (1962); O. Steiner, V.leichen. V.prozesse in Preußen. 1959 (juristisch); G. Wiegelmann, Der »leb. Leichnam« im Vbrauch. Zs. f. Vkde. 62 (1966); D. Sturm u. K. Völker, Von denen V.en. 1968.

Vater. Für die geringe Bedeutung des männlichen Familienoberhauptes im Volksglauben ist bezeichnend, daß Wuttkes Werk »Der dt. Volksaberglaube der Gegenwart« in seinem Register, das an 2000 Stichw. umfaßt, das Stichwort V. nicht aufweist. Innerhalb der Familie tritt der V. im Brauch hinter dem Ahn (→ Name) und bes. hinter der → Mutter wie überhaupt der Mann hinter der Frau zurück (Bräutigam: Braut, Vatertag: → Muttertag). In Glauben und Brauch außer dem Bannkreis der Familie aber schwindet die Bedeutung »Vater« und weicht der allgemeineren des Mannes. Zwar finden sich auf heutigem dt. Boden Züge von mutterrechtlicher Organisation der Urbewohner (Ligurer in den Alpen), doch war die germ. Familie bereits vaterrechtlich bestimmt, wie es noch heute der Fall ist trotz der modernen Verfechter einer »vaterlosen Gesellschaft« (Mitscherlich). → Sippe, Männerkindbett, Geburt.

J. J. Bachofen, Das Mutterrecht, 1861 (Auswahl in KTA Bd. 52); F. Tönnies, Gemeinschaft u. Gesellschaft, 1887.

Vegetationsdämonen → Korngeister, wilde Jagd.

V.paar → Maitag, Freyr.

Veilchen → Frühj.blumen.

Veit, hl. (15. 6.), Märtyrer unter Diokletian und einer der → Vierzehn Nothelfer. Schutzheiliger der → Fallsucht, besonders im 14. Jh. *(chorea sancti Viti* = V.tanz, Krämpfe, narrische Krankheit; *Convulsiones, Chorea minor.* Anfälle von Krampf in meist nur einer Körperhälfte). Heilungsuchende machten Wallfahrten zu Kapellen des hl. V., z. B. 1418 zur St. V.kapelle bei Rotenstein im Elsaß. (→ Tanzkrankheit). Attribute: Kessel und Feuer oder Hahn (altes Symbol der Heilkunde). Aus dem Zeichen des Hahns oder auch des (als Topf verstandenen) Kessels erklärt sich der Kinderspruch:

Heiliger Veit,
weck mich zur rechten Zeit . . .

Nach dem alten Julianischen → Kalender fiel der kirchliche Sommerbeginn vor die Sonnenwende. Im 13. Jh. hieß es von St. V.tag: »Hier mag die Sunn nit höher«. Daher der Spruch:

Sankt Veit
Ändert sich die Zeit,
Und die Blätter
Wenden sich auf die andere Seit.

So übernimmt der V.tag auch schon Sonnwendbräuche. Marktfeste mit Gericht und Schmaus wurden abgehalten und die Mädchen erforschen die Zukunft wie in der Johannisnacht. Bis zur Mitte des 19. Jh. wurden in einzelnen Orten Schwabens – so in Burgau, Obermedingen und Rangendingen – Jahresfeuer am Abend des V.tages abgebrannt. Das Brauchtum dieses Feuers entspricht völlig den Formen, die in anderen Gegenden beim → Johannisfeuer bekannt sind, so daß man einen gemeinsamen Ursprung beider Feuer annehmen kann. In der Riedlinger Gegend ist »V.feuer« neben »Zinkafeuer« als Name für das Johannisfeuer erhalten geblieben. Vielfach wurde der V.tag ein Hauptsammeltag der Brennstoffe für das Feuer in der Johannisnacht. → Jahresfeuer, Echtern. Springprozession, Ekstase.

Veitswurm → Wurm.

Veltenstanz → Valentin.

Venediger → Walen.

Venusberg → Hörselb., Tannhäuser.

V.blumen → Knabenkraut.

V.wägelchen → Sturmhut.

verbodden Bum → Sebenbaum.

verbohren → Birne.

Verbote → Arbeit, Joh.tag, Martin, Konzil, Zwölften.

verbotene Zeit → geschlossene Z.

verbrennen → Feuer, Joh.feuer, Funkensonntag, Lätare, Fasnacht, Nachgeburt.

veredeln → Pelz.

Verein(e). Selbst in kleinen Siedl. ist der V. an die Stelle älterer Zus.schlüsse (Bruderschaft, Zunft der → Handw., Nachbarsch., Burschensch.) getreten und hat sich zugleich in Organis. und Zweck tausendfach ausgefächert. V. pflegen den landsmannsch. Zus.halt in der Fremde (Verb. d. Schlesierv. Westdtls., von 1892 bis heute; Bund der Berliner und Freunde B.; V. der Berl. in New York; V. der Bayern in Berlin, gegr. 1876; nach 1945 zahlr. V. der → Vertriebenen), musikal. Geselligkeit (Blasmusikv.; Sängerbünde; der Berl. Sängerbund zählte 1951 4800 Mitglieder), Heimat- und Landsch.schutz (Isartalv.; V. der »Trachtler« zählten 1962 in Bayern 78000 Mitglieder; → Heimatschutz), Kriegs- und Berufserinn. (Soldatenv.; Veteranenklubs in Ostddtl.; die vielen V. der »Ehemaligen«), Hobbies (Kakteen-, Orchideen-, Kanarienvogel-, Hundezüchter, Bierfilz- und Briefmarkensammler; → Steckenpferd), Wandern, Bergsteigen, Turnen, Schwimmen, Rudern, Segeln, Reiten, Schilaufen. Auch wo der V. zunächst kommunalen, wirtsch. oder polit. Zielen gewidmet ist (Feuerwehr, Landwirtschaftsv., Obstbau- und Bienenzuchtv.), kommt das gesellige Leben nicht zu kurz (Gründungsfest, Fahnenweihe, Skatabend, gemeins. Weihn.feier, Fasnachtsball usw.). Berufsv. vom Mesnerbund der Württ. Ev. Landeskirche mit seinem »Mesnertag« bis zur »Bruderschaft der Kette der Spießbrater« in Berlin (als »chaîne des Rôtisseurs« vor über 700 Jahren in Paris gegr. mit heute 14000 Mitgl. bes. in USA und Frankr.) dienen prakt. korporativ-soz. Zwecken wie dem Gemeinschaftsgedanken. V.brauch, V.feste, V.sprache, V.tracht kennen selbst die oberschichtl., mehr oder minder geheimen Organisat. der Freimaurer, des Rotary-Clubs, der Schlaraffia oder des Lions-Clubs, der größten karitat. Vereinigung der Welt. Von den 11500 Rotary-Clubs bestanden 1963 in Dtl. 185 mit rund 7000 Mitgliedern. Mancher V. täuscht heute durch einen engl. Namen eine gewisse Exklusivität vor. Amerik. ist das Aushängeschild, Jargon und Rotwelsch die Sprache der zahllosen Jugendclubs, die nach 1945 aus dem Boden schossen. Erwachsene sind im »Jazzkeller« und »Beatschuppen« nicht gern gesehen. Aber auch der Erw. hat den Stammtisch in der Stammkneipe mit Standbild und Fähnlein verlassen, um vor der »Röhre«, dem »Glotzer«, ein ungeselliges Leben zu führen. Letztlich aber ist der Mensch ein V.wesen. So hindert auch das → Fernsehen nicht die Gründung von V. der Blutspender, der Trümmerfrauen, der Kleingartenbesitzer (»Laubenpieper«), der Herzinfarktler (England), der Schnupfer, der Langen, der Dicken und der Kahlen. Unsterblich sind auch, mit Karl May und seinem Winnetou, die Indianer- und – vom Westernfilm gezeugt – die Cowboy-Clubs. Im einst. Wohnsitz Karl Mays, Radebeul bei Dresden, findet allj. ein einschläg. Treffen statt. – Veranstaltungsprogr., Satzungen, Protokollbücher, Gründungsurk. u. a. sind beachtl. Quellen e. Vkde der Gegenwart in Dorf und Stadt. Modelle solcher

Unters. gaben H. Schmitt, H. Freudenthal u. a. → Folklore.

R. A. Hrandek, Beitr. z. Kenntn. d. Wiener V.lebens. Öst. Zs. f. Vkde 61 (1958); H. Bausinger, V. als Gegenstand vkdl. Fg. Zs. f. Vkde 55 (1959); A. Karasek, Beitr. z. Brauchtum d. V. u. Verbände. A. Perlick-Fs. 1960; F. Krins, Zur Gesch. d. Ostpreußen-V. in Nordrhein-Westf. Jb. f. ostdt. Vkde 7 (1962/63); H. Schmitt, Das V.leben d. Stadt Weinheim a. d. Bergstraße. 1963; F. A. Hoyer, Der Deutsche u. s. V. In: Christ u. Welt 3. 1. 1964; H. W. Schwab, Das Lied der Berufs-V. Zs. f. Vkde 63 (1967); Pop. revisus. 1966 Darin: W. Brückner, V.wesen u. Folklorismus; H. Freudenthal, V. in Hamburg. 1968.

Verena, hl. (1. Sept.). Folgte der → Thebäischen Legion, die nach der Legende mit ihrem Anführer → Mauritius bei Octodurum niedergemetzelt wurde, als sie den Befehl zur Christenverfolgung verweigerte. Die h. V. lebte in Solothurn, später in Zurzach (Schweiz) und starb um 300. Attr.: Kamm, Krüglein.

E. A. Stückelberg, Die schweiz. Heiligen d. MA., 1903; A. Reinle, Die hl. V. von Zurzach. Legende, Kult, Denkmäler. 1948 (82 Abb.).

Verfinsterung → Finsternisse.

Verfluchung → Fluch, Eid, Meineid.

Vergicht → Gicht.

Vergodendeel. Unter den Ähren, Halmen und Garben als Opfer auf dem abgeernteten Felde hat das V., der V.struß, die Vörgodendelsgarf, die Mythologen am meisten beschäftigt. Wie die Namen → Harkelmai, → Fock usw. ist auch der Name V. übertragen worden auf das → Erntefest: Vergoudendelstag. Im Gegensatz zu J. Grimm und A. Kuhn, die beim ersten Teil des Wortes an *fru* oder *fro* (Göttin oder Gott) dachten, wollte man später in V. eine Entstellung der Worte »für guten Teil« oder »vergönnter Teil« erblicken. Tatsächlich sind neben V. Vigodendeel, Vögodendeil, Frohgodentheil, Frougoudentheil auch die Formen Fürgutenteil, frohes gutes Teil belegt. Auf den Sinn des → Opfers würden auch diese Bez. deuten. Doch ist die Annahme berechtigt, daß in V. die Erinnerung an eine weibliche Korngottheit oder einen → Korngeist erhalten ist, um so mehr, als wir aus der gleichen Landschaft auch späte Belege des Wode als Empfänger des Kornopfers besitzen (→ Wodan). Heute ist das V. noch im Lüneburgischen bekannt, vor 90 Jahren war es noch weiter verbreitet, aber doch auch schon landschaftlich beschränkt.

R. Beitl, Korndämonen. Im HDA; H. Schlomka, D. Brauchtum d. Jahrefeste i. d. westl. Altmark. 1964.

verheien → berufen.

verhexen → Hexe, berufen.

Verjüngung. Von der Antike (V.kräuter der Medea) bis zu den Drüsenexperimenten der zwanziger Jahre ist V. ein Wunschtraum der Menschheit, für die Alchimie und Magie alle Zauberkunst zur Bereitung der V.tränke und -salben eingesetzt haben. Der Jungbrunnen ist in der Kunst des MA. und der Renaissance ein oft variiertes Motiv, das wir noch in den → Bilderbogen des 19. Jh. und in der → Altweibermühle der heutigen Fasnachtsumzüge wiedererkennen. Aus dt. Kupferst. des 17. Jh. wandert letzteres Motiv nach England und erscheint später in westeurop. Bilderbogen und im 18. Jh. in Vschauspielen. In Tripsdrill, nicht weit von Stuttgart, steht seit Jhh. die »Altweibermühle« als Ziel von Ausflüglern, denen auf jeden Fall der in der Mühle ausgeschenkte schwäb. Hügelwein der Umgebung V. beschert. B. Kolsowsky, korresp. Mitglied der Sowjet. Ak. d. Wiss., sagt V.kuren in den künftigen Sanatorien des Weltraums voraus. – Wie die Wiederherstellung der Jugendkraft und Schönheit, so ist auch die Wiedererlangung der Jungfrauschaft, die

»Verjungferung« mitunter heiß erstrebt und wird mit ähnlichen Mitteln versucht. → Jungfrau, alte Jungfer, Schlange, Fasnacht, Birke.

J. Bolte, Die Altweibermühle. Arch. f. d. St. d. neueren Sprachen u. Lit., 102 (1889); A. Holder, Die »Pelzmühle zu Trippsdrill«. In: Schwabenspiegel 6 (1913).

verkehrt → umgekehrt.

Verkopplung → Flurbereinigung.

Verkündigung → Aussegnung.

Verkündigung Mariä (25. 3.). Eines der ältesten Marienfeste, das schon im 5. Jh. gefeiert wurde. Nach dem lateinischen Namen *annuntiatio Domini* nennt man den besonders in Westdtl. (Trier) lange üblichen Brauch, das Jahr mit M. V. beginnen zu lassen, Annuntiationsstil (→ Jahresanfang). In Sachsen erhielt sich M. V. als einziges Marienfest lange über die Reformation hinaus. Im prot. Dorf Rosenthal b. Dahme (M. Brandenburg) wurde M. V. noch 1934 als halber Feiertag gehalten. In niederdt. Sprichwörtern gilt M. V. als Endtag der Lichtarbeit:

Marike pust't det Licht ut,
Möchel stöckt et wedder an (→ Michael).

An »Plooch-Mariendach« zieht man den Pflug ins Feld, das Vieh muß aus dem Stall und »versegnet« werden (Ostpreußen). In Tirol heißt es:

Mariä Verkündigung
kommen die Schwalben wiederum.

In Feldorf wurde die »Marienjungfer« verbrannt, eine als Frau geschmückte Strohfigur mit gelbem Schleier (→ Lätare). In Ulm hieß das Fest Mariä Engelgruß. → Konfession.

Verleger → Spielzeug, Oberammergau.

verlieren → A. v. Padua, finden.

Verlobung. Nach erfolgreicher → Werbung wird mit → Handschlag, Kuß und Trunk V. gefeiert. Die Kniesetzung, die im germ. Norden die V. einleitete, ist wohl als Ausdruck des Beginns neuer Verwandtschaft aufzufassen, wie etwa auch bei der Adoption (→ Knie). V.geschenke und → Ring sind Unterpfänder. Letzterer ist häufig im Gegensatz zum Ehering aus Silber oder zeigt einen Stein oder durchbrochene Arbeit. Früher brachte der Bräutigam seiner Braut den Brautbrief (Braunschweig). Wie etwa auch bei der Taufe (protestantische Haustaufe) beobachten wir bei der V. eine zunehmende Verhäuslichung und Verprivatisierung der Feier. Nur durch die »V.anzeige« erfährt die weitere Gemeinschaft davon. → Jungfrau, Hochzeit, Recht, Maitag, Verwandtschaft, Volksetymologie.

H. Bächtold, Die Gebräuche bei V. u. Hochzeit, 1914; J. Ungricht, Das Recht der Verlobten, 1930; Weitere Lit. s. u. Hochzeit.

Vermante, das → Stephan.

vermeinen → berufen.

vermummen → Mummel, Maske.

verneiden → berufen, böser Blick, Neid.

verpflöcken → Fieber, Blut.

Verrenkung → Merseb. Zauberspr.

Verriß → Grind.

verschlucken → Palmsonntag, Abendmahl, Schluckbildchen.

verschreien → berufen.

Verschreifeige → Feige.

verschwemmen → Wasser, -sucht, Fieber, Nachgeburt.

Versehen. Das V. der Schwangeren gehört zu den → Elementargedanken der Völker. Auch aus der Gegenwart der Großstädte hört man immer wieder Berichte wie diesen (Berlin 1935): Eine hoffende Mutter stach sich beim Nähen in den Finger. An der gleichen Stelle zeigt das Kind später ein Mal. Handlungen und vor allem Gesichtseindrükke sind es, die gute oder böse Wirkung nach sich ziehen (schöne Bilder – schöne Kinder; Hobelspäne im Schoß tragen – lockiges Kind; Feuer sehen – rotes Haar; unter einer Deichsel durchgehen – Erhängen des Kindes, Galgen). Der Glaube beruht auf der tiefen Überzeugung von der → Sympathie und »mystischen Partizipation«, die in der Welt überhaupt, aber zwischen → Mutter und → Kind ganz besonders waltet. Dieser Glaube wird auch nicht erschüttert durch die Tatsache, daß manche Eigenarten des Kindes (Mängel!) von der Mutter unbewußt nachträgl. mythisch erklärt werden (→ ätiologisch). Die medizinische Wissenschaft wies auch auf die Tatsache der Vererbung von Muttermälern, Verwachsung, Hasenscharte usw. hin. – Weniger den Volksglauben als die Wissenschaft beschäftigt die verwandte Erscheinung der Telegonie (Inspiration, Keiminfektion), der »Beeinflussung des Erscheinungs- und Erbbildes späterer Kinder durch frühere Schwängerer der Mutter«.

Welsenburg, Das V. der Frauen in Vergangenheit u. Gegenwart, 1898; H. Ploß, Das Kind in Brauch und Sitte der Völker, 2 Bde., 1911; Kahn, Das V. der Schwangeren in Volksglaube u. Dichtung, Diss., 1912; Brandenburg, Über das Problem des sogenannten V. der Frauen, 1917; Weininger, Geschlecht u. Charakter (S. 299 V., Telegonie); R. Beitl, Der Kinderbaum. 1942 (2. Kap.); K. Jaberg, Zu den ital. u. rätorom. Namen des Muttermals; The Birthmark in folk belief . . . In: Sprachwiss. Fgn. (Romanica Helvetica 75, Bern 1965).

Versehgang → letzte Ölung.

Versöhnungstrunk → Joh. d. Ev.

Verstädterung → Stadt.

Versteckspiel. Das als Metapher auch in die Schriftspr. aufgenommene V. nannten die Griechen *apodidraskinda*. Es ist europ. Gut der → Kinderspiele. In landsch. Namen sind die Spielregeln angedeutet: Abbrandeln, Abtascheln, Belurn, Fünfzigschlagen, Gutzberglein spielen, Securs, Verschteckazis, Borchspel, Piepmuis (Niederlande), All hide, Hide and seek, Harry Rakket (England), Cache-cache, Cligne musette (Frankr.). Verstecken in best. Umkreis, Zählen und Anruf des Suchenden, Aufruf der Entdeckten sind die Stufen des Spiels, das beim »Anschlag« oder in V. wie Räuber und Prinzessin, Räuber und Schandarm u. ä. durch einen Wettlauf gesteigert wird.

Verstopfung, *obstipatio.* »Das tausendfache Weh und Ach der unregelmäßigen menschlichen Verdauung beschäftigt das Volk zu allen Zeiten und in allen Regionen« (Hovorka-Kronfeld). Abführmittel waren früher, wie etwa auch das → Aderlassen, selbst in der wissenschaftlichen Medizin fast Allheilmittel. Von Ludwig XIII. von Frankreich wird gesagt, er gebrauchte in einem Jahr 215 Purgierungen und 312 Klistiere. Mittel und Kuren von rascher, spürbarer und sichtbarer Wirkung haben im Volk seit jeher mehr Gegenliebe gefunden als die mehr den Gesamtorganismus beachtende, stetig vorschreitende Behandlung des Mediziners. → Zaunrübe.

Verstorbene → Tod.

Vertrag → Halm, Handschlag, Gesinde, Verlobung, Gruß, Gebärde.

Vertriebene, Flüchtlinge, Umsiedler, Rücksiedler, Evakuierte. In den Bez. spiegelt sich der Char. der V.bewegungen in und nach dem 2. Weltkrieg: Zwang des eigenen oder fremden Staates, Weichen vor dem Druck der Gefahr, planmäßiger Umzug auf Dauer oder Zeit, Wiederherst. eines früheren Zustandes. Wie durch den Krieg unzählige Menschen zur Flucht gezwungen wurden, so traf ein ähnl. und härteres Schicksal 12 Millionen (Karasek: 14–16 Mill.) Deutsche im O und SO am Ende des Krieges. Im Spätherbst 1944 begannen die Trecks der F. im Schatten der zurückflut. Truppen, z. T. auch umfangreiche Verschleppungen und wilde Austreibungen. Die Beschlüsse von Jalta und das Potsdamer Abkommen leiteten die Massenausweisungen ab Mai 1946 ein. Unter Verlust des Besitzes, meist in kürzester Frist und in Zwangstransporten mußte die in Jhh. fruchtbaren und friedl. Kolonisierens erworbene Heimat verlassen werden. Das ungewisse Ziel war ein geschlagenes Land, in dem die Besatzungsarmeen einen beträchtl. Teil des Wohnraumes beanspruchten, der in den Städten ohnehin zu 50–70% den Bomben zum Opfer gefallen war. »Der Hauptteil der Transporte aus der Tschechoslowakei und Ungarn z. B. kam in der ersten Jahreshälfte 1946 in so dichter Folge, daß jeder Landkreis alle 12 Tage einen Transport von 1000 bis 1400 zugewiesenen Vertriebenen aufzunehmen hatte. Es bestand Weisung, daß auch einigermaßen geschlossen ankommende Gemeinden weitgehend aufzuteilen seien, so daß eine wahre Atomisierung erfolgte. Es wurden nicht nur die bisherigen Wohngemeinschaften völlig aufgesplittert, die Auseinanderreißung betraf auch die Sippen; Industriearbeiter, Beamte und Angestellte kamen in Bauerndörfer, Bauern in Städte. Ein 1948 ausgearbeitetes Beispiel ergab, daß die 2000 Bewohner eines dt. Dorfes in der Nähe von Budapest nach der Ausweisung auf 158 Orte in Westdtl. verteilt waren. Ein westdt. Landstädtchen mußte 509 Vertriebene und Flüchtlinge aufnehmen, die insgesamt aus 88 verschiedenen Herkunftsorten stammten« (J. Künzig). Unterbringung, soz. Hilfe und Arbeitsbeschaffung waren die erste Sorge. Eine ebenso menschl. wie wiss. Aufgabe aber erkannte die dt Vkde in der Aufnahme und Slg von Berichten und Dokum. aus der verlorenen Heimat der V. wie aus der Zeit der Flucht und der Neueinglied.. Forscher, die dem → Auslandsdttum schon lange ihre Aufmerksamkeit zugewandt hatten, bes. aber Vertreter der Vkde uner den V. selbst (J. Hanika, A. Perlick, A. Karasek-Langer u. a.) waren die Berufenen: »Der Umbruch des dt. Vkörpers mit all seinen Strukturwandlungen, Schichtenverwerfungen, Entwurzelungen und Entheimatungsvorgängen ist eine Forderung an die Vkde, ihre Gegenwartsaufgeschlossenheit und Arbeitsmethoden unter Beweis zu stellen« (Karasek-L. Jb. 1; s. u. Lit.). Verschiedenste Ausprägungen des dt. Vtums kamen im neuen Raum zusammen: mittelalterl. Siedlungsgruppen (Siebenbürger und Zipser Sachsen, Gottscheer), bäuerl. Kolonisten des 18. Jh. (Donautiefebene u. a.), Angehörige des Kleingewerbes und der Industrie (Glas- und Instr.macher aus dem Sudetenland u. a.). Eine erste »Fg- und Beratungsstelle für Vkde der Heimatv.« gründete Johannes Künzig 1949 in Freiburg i. B., die (später als »Zentralstelle«) auf vielen Arbeitsfahrten zu fast allen ostdt. Gruppen einen reichen Ertrag an Tonaufnahmen (Mundart. Vlied, Erzählung) und Brauchtumsschild. einbrachte, wobei nicht lit. Motivfg., sondern der Mensch mit seiner früheren und neuen Umwelt im Mittelpunkt stand. Dem Freiburger Vorbild folgten mehrere Landesst. für ostdt. Vkde an Pädagog. Akademien (A. Perlick in Dortmund), Seminaren (H. Moser: Donauschwäb. Mundartfg.) und Instituten (J. Hanika: Inst. f. Kultur- und Sozialfg., München; E. Riemann, Preuß. Wb.; W. Jungandreas, Schles. Wb.; F. Krauß, Nordsiebenbg. Wb..; E. Zwirner, Dt. Spracharchiv, Braunschwg; O. Karpa, Niedersachsen). Das wiss. Sammelbecken wurde ab 1955 das »Jb. f. Vkde d. Heimatv.« (später: Jb. f. ostdt. Vkde), das wichtige Beiträge, lauf. Berichte über den Stand der Fg., Statistiken und Bibliogr. bringt (im 1. Bd. Bibl. f. d. Jahre 1945–55 von A. Perlick).

Bei einem so gegenwartsbez. Fg.gegenstand konnte es nicht ausbleiben, daß man Arbeitstagungen in Westdtl. als »chauvinistisch«, »revanchistisch«, »reaktionär« und »nazistisch« schalt. Der Schweizer Richard Weiß jedoch erkannte an, »daß im bewußt Formulierten das Bemühen um Sachlichkeit, Wahrheit und Gerechtigkeit vorherrscht, daß bei der Darst. des Zus.wirkens von Kulturen und Nationen des Ostens nicht nur der dt. Anteil gesehen wird, daß nicht nur rückwärts gewandtes Festhalten und Bewahren und Nichtvergessen des Vergangenen die Fg bestimmt, sondern daß der Blick auch nach vorwärts gerichtet wird, um das ›Einleben‹ in der neuen Heimat zu erfassen« (Schweiz. Arch. f. Vkde 1961). Als Vorbild solcher Fg kann die Arbeit von U. Tolksdorf gelten (s. u.), die L. Kretzenbacher als eine »aus Feldfg, Strukturanalyse und lebendiger Darst.kraft gefügte Gegenw.vkde eines Neusiedlungsgebietes« bezeichnete. Eine Zukunftsaufg. bleibt die Forderung von Ingeborg Weber-Kellermann, nach zahlr. Einzeldarst. eine Zusammenschau der Frage völk. Minderheiten zu erreichen, die »die fluktuier. Prozesse ihrer wechselvollen Gesch., ihre unselige Aussiedlung und ihre noch andauernde Einfügung in neue Lebensgemeinschaften« zu überblicken hätte (Hess. Bll. f. Vkde. 1961).

Ältere Lit. z. Grenz- u. Ausldt.vgl. Ausg. 1955 dieses Wb.; J. Künzig, Unsere Sorge um d. Heimatv. Caritas 48 (1947); ders., Vkde u. Heimatpflege als Brücke zw. Einheimischen u. V. In: Christ unterwegs 7 (1953); R. Krüger, Dt.-Mokra. Eine karpathendt. Sprachinsel 1948; E. Bergmann, Das Umsiedlerprobl. u. d. Bodenreform ... im Lichte hist.-vkdl. Quellen. Diss. Leipz. 1949; J. Hanika, Vkde u. Heimatverwies. Mitt. d. Verb. d. Ver. f. Vkde. 1949; Simon u. Möhring, Mill. o. Heimat. Einf. u. Schrifttum z. V.frage. 1950; Lemberg-Krecker, hg., Die Entst. e. neuen Volkes aus Binnendt. u. Ost-V. 1950; E. Pfeil, Der Flüchtling. Gestalt e. Zeitenwende; dies., Thema u. Wege d. Flüchtlingsfg. o. J.; W. Lindner, Vom Bunker zur Siedlung. 1950; E. Pfeil, Fünf Jahre später. Die Eingliederg. d. Heimatv. in Bayern. 1951; A. Karasek-Langer, Allerseelenbrauch u. Totenged. d. Heimatv. In: Berchtesg. Anz. 66 (31. 10. 1951); ders., Neue Formelemente im bayer. Wallf.wesen d. d. Zustrom von Heimatv. Bayer. Jb. f. Vkde 1951; E. Lendl, Die mitteleurop. Kulturlandsch. im Umbruch d. Gegenw. 1951. (Siedlg., Wirtsch., Landw., Ind., Relig., Sakrallandsch.); O. E. Günther, Deutsche aus Polen heimatverwiesen. 1952; E. Lemberg, Volk in d. Wandlung. 1952; A. Fuchs, Die Standortverlag. d. sudetendt. Kleinmusikinstr.ind. von Graslitz u. Schönbach. 1953; A. Karasek-L., Vkdl. Wandlgn. in Dtl. Zs. f. Vkde 50 (1953); K. Horak, Donauschwäb. Vtänze. 1954; A. Karasek-Langer, Brauchtumgswandel in Bayern d. d. Zustrom an Heimatv. In: Bayer. Jb. f. Vkde 1953. (Lit.; Seit 1946 in B. seßhaft geword. Sudetendt., Schlesier, Ostpr., Donauschwab. usw.: am 1. 1. 51 rund 1919000 Pers.; für einz. Kreise 20–30% Bev.zunahme. Neue Typen ländl. Ind. gemeinden. Brauchtumsverpflanzg., neuer Brauch. Erinn.tage. Entbäuerlichg. d. Ostdt. – 1910: 2320 rein kath. u. 244 ausgesproch. evang. Gemeinden; bis 1939 um 1/3 weniger; 1946 nur noch 3 rein kath. und keine rein evang. Gemeinden mehr. Klein- u. Mittelstädte erhielten viel stärkeres Kulturleben, wie dies J. Dünninger auch f. d. fränk. Raum nachwies).; ders., Vkdl. Erkenntnise a. d. Vertreibg. u. Eingliedrg. d. Ostdt. Jb. Vkde. Heimatv. 1 (1955); W. Schlau, Heimatv. ostdt. Landvolk. 1955 (Kr. Mergentheim); R. Wolfram, Die Schöpferlein. Gottscheer Volksgl. v. d. Schicksalsgestalten. Jb. Vkde. Heimatv. 1 (1955); F. H. Schmidt-Ebhausen, Wandl. d. volkst. Lebens. ebd. (Umsiedler. Brauch); ders., Die Kommission f. Vkde d. Heimatv. im Verb. d. Vereine f. Vkde. ebd.; A. Perlick, Ostdt. Braucht.leben in Nordrhein-Westf. ebda.; J. Hanika, Heimatverlust u. Totenehrung. Bayer. Jb. f. Vkde (1955); Siebenb.-Sächs. Hauskalender. 1956ff.; W. Salmen, D. Erbe d. ostdt.

V.gesanges. 1956. (Quellen, Bibliogr.); H. Bausinger, Beharrung u. Einfügung. Zur Typik d. Einlebens d. Flüchtlinge. Jb. Vkde. Heimatv. 2 (1956); K. Scheierling, V.liedüberl. b. Ungarndt. Jb. öst. Vliedw 5 (1956) (Neuaufn. mit ergreifenden Beisp.); B. Laaber, Das V.lied d. Heimatv. a. Südmähren. ebd. (»Die festgefügten Dorfgemeinsch. in zahllose Einzelschicksale zerrissen«); K. Horak, Alte Balladen a. d. Bielitzer Sprachinsel. ebd. (Schloß in Österr., Graf u. Nonne, Graserin u. Reiter u. a.); E. Birke, Ostdt. Brauchtum i. d. Krise. Unterg. u. Neubelebung. (Ss. »Heimat u. Lebend. Brauchtum« Heft 5/6. 1956); J. Künzig, Urheimat u. Kolonistendorf. Jb. Vkde. Heimatv. 2 (1956) (J. K.: Gegenwartsvkde ohne histor. Denken bleibt »billige Mode«); A. Karasek-Langer, Neusiedlg. in Bayern. ebd. (»Rodung zwischen Ruinen«); B. Pischel, Gestaltung u. Wandlg. v. Bräuchen am Beisp. Heimatv. in Berlin Jb. Vkde Heimatv. 3 (1957); H. Wagner, hg., Unverlierb. Heimat. Ein Liederbuch d. V. 1957. 4 Bde.; F.-K. Hüttig, Die pfälz. Auswanderg. n. Ost-Mitteleuropa . . . 1958; L. Weinhold, Böhmerwäldler in Kufstein, Tirol. Jb. Vkde. Heimatv. 4 (1958); E. Lemberg u. F. Edding. hg.: Die V. in Westdtl. 3 Bde. 1959. Einl. v. Karasek-L.; 36 Berichte; Lit. An dieser »in der dt. Volksgesch. bisher folgenschwersten Volksbewegung« (L. Kretzenbacher) »wird die Vkde der Vertriebenen zum Prüfstein d. Vkde überhaupt« (R. Weiß)); J. Leffz, Elsäß. Dorfbilder. 1958; Statist. Bundesamt, Die dt. Vertreibungsverluste. 1958; J. Weber-Kellermann, Zur Frage d. interethn. Bez. in d. »Sprachinselvkde«. Öst. Zs. f. Vkde 62 (1959) (Problem d. Begriffes Heimat; statt »Urheimat« – »Ursprungslandschaft«; Kritik der Unterscheidung von A. Jungbauer: Altgut-Neugut-Lehngut); G. Henßen, Ungardt. V.überlgn. 1959; A. Perlick-Festschr. 1960 (Anreger u. Red. d. Jb. f. Vkde. d. Heimatv.); R. Wierer, Probleme d. heimatlosen Ausländer in der BRD. 1960 (1958 noch mehr als 200000); R. Weiß, in: Schweiz. Arch. f. Vkde 57 (1961) (Betont die »Gegenrechnung«, und fürchtet den »polit. Zündstoff«, vertritt aber trotzdem den Standpunkt, die Vkde dürfe nicht ausweichen, »auch nicht der Tatsache und den Wirkungen der gewalts. Bev.verschieb.«); K. Juhász, Barock-Frömmigkeit im Banat. Öst. Zs. f. VKde 64 (1961); F. Lang, Buchenland. 150 Jahre Dttum in der Bukowina. 1961; J. Müller u. a., India. 1961; (Behandelt d. Frage der polit. V. 1945 in Jugoslawien umsichtig und sachl.); Die Donauschwaben. 1961 (Text v. A. K. Gauss u. J. Weidenheim. 331 Photos); P. Horwath, St. Georgen. 1961 (Banat); H. Bausinger. Donauschwäb. Schrifttum. Zs. f. Vkde. 57 (1961); H. Schwedt, Heimatv. in Großstadtsiedlgn. Jb. f. ostdt. Vkde 7 (1962/3) (Alt- und Neusiedler stehen z. T. vor den gleichen Fragen der sich veränd. Ges.); H. Otterstädt, Gottschee. 1962; A. Camman, Vom Vtum d. Dt. aus Bessarabien. 1962; F. Riedl, St. Steiner, Die Ungarndt. 1962; Arbeitstagung z. vkdl. »Ostfg.« in Westdtl. Dt. Jb. f. Vkde 9 (1963) (Kritik v. polit. Standpunkt aus); A. Petri, Neubeschenowa. Gesch. e. moselfränk. Gem. im rumän. Banat. 1963; E. Beck, Bukowina. 1963: S. Zerlik, Die Neugemeinde Traunreut im Chiemgau in vkdl. Sicht. Jb. f. ostdt. Vkde 8 (1964); J. Burszta, Ethnogr. Probl. d. Umsiedl.prozesse in d. poln. Westgeb. Dt. Jb. f. Vkde 10 (1964); K. Stump, Die Rußlanddt. 1964. (Über d. Schicksal in d. 26 dt. Siedlgn d. Gebietes Kronau-Orloff 1942: »Anwesend 11135; ermordet 170, verhungert 665, verbannt 852, verschleppt 846 Personen«; von den erwachsenen Männern sind wenig am Leben geblieben); F. Lotz, Hodschag. Gesch. e. Marktgem. in d. Batschka. [2]1964; J. Kupi, Ulmbach. Gesch. e. dt. Gem. im rumän. Banat. 1964; E. Schwarz, V.tumgesch. d. Sudetenländer. 1965/66 (Böhmen, Mähren, Schlesien); A. Perlick, Alfred Karasek. Eine Biogr. u. Bibliogr. Jb. Vkde. Heimatv. 9 (1965) (»Uneingeschränkt steht A. K. in s. Tätigkeit als Sammler u. Forscher im Ber. d. Vkde d. Dt. in Ostmitteleuropa u. d. dt. V.vkde an führender Stelle«); ders., Die Gesch. d. vkdl. Fg. in Oberschles. ebd.; F. H. Schmidt-Ebhausen, Die Kommission f. ostdt. Vkde. Ihre Gesch. n. d. Akten dargest. Jb. f. ostdt. Vkde 10 (1966/67); E. J. Knobloch, Sudetenland; J. Hoffbauer, Schlesien; R. Naujok, Ost- und Westpr. 1966/67 (Schilderungen v. Dichtern); H. Schwedt, Arbeit u. soz. Integration. In: Arbeit u. Volk 1967 (Anpassung d. V. an industr. Arbeit und städt. Leben); G. R. Schroubek, Wallfahrt u. Heimatverlust. 1967; U. Tolksdorf, Vleben in den Ermländersiedlgn. d. Eifel. 1967 (Ausgezeichn. Beispiel der Fgn. d. E. Riemann-Schule. Vgl. L. Kretzenbacher in: Beitr. z. V. u. Akde 12. 1968 und R. Beitl, in: Jb. f. d. Gesch. Mittel- u. Ostdtls. 18. 1969); G. Felker, Leschnitzer Heimatbuch. 1968 (Siebenbg.); Zwischen Oder u. Haff,, hg. v. P. Nasarski. 1968; H. Grünn, Vkde d. Heimatv. Dt. im Raum v. Linz. 1968; L. Wieland, das Bundesminist. f. V., Flüchtlinge u. Kriegsgeschädigte. 1968 (Organis.; Betreute Gruppen, Einglied.); J. W. Ludowici, Analyse u. Synthese d. Flüchtlingsfg. In: A. W. R.-Bulletin. Vjs. f. F.fragen. Juni 1969; H. Neuhoff, Die Umsiedlung d. Deutschen 1939–1944. Ebd. (Baltikum, Litauen, Ostpolen, Buchenland, Bessarabien, Rußland u. a.); R. Sutter, Die Siebenbg. Sachsen in Stadt u. Land Salzbg. 1972.

Verwandtschaft. Man unterscheidet natürliche V. (→ Sippe) und künstliche V. (Blutsbrüderschaft, Patenschaft). Der Grad der unter das Gesetz fallenden Blutsv. wird verschieden bestimmt. Zuweilen genügt sekundäre oder selbst geistliche V. (Blutsbruderschaft, Schwäger, → Paten). Eine andere Stellung nehmen endogame Kulturen des Mutterrechts (→ Mutter) ein (Ägypten, Mittelmeer). Bei bestimmten Riten und Weihen (Jünglingsweihe) kann Blutschande sogar kultische Vorschrift werden.

Die Aufnahme des Außenstehenden in die Blutsgemeinschaft durch Blutsbrüderschaft war den Germanen bekannt. Freundschaft oder Friede, durch B. geschlossen, wurde beim Weihemal im Genuß des Blutes des Opfertieres erneuert. Auch die Beschneidung wird als Blutbund zwischen Mensch und Gott betrachtet (Lippert). Faust schließt einen einseitigen Blutpakt mit dem Teufel. Das noch heute unter bestimmten Zeremonien geübte Schließen oder Trinken der Bruderschaft ist ein Nachklang. In Kreisen von Studenten und jungen Männern ist der Blutzusatz noch nicht vergessen (→ Blut).

Der geschlechtliche Verkehr zwischen Verwandten verfällt aus instinktiver Notwehr der Rasse bei Kultur- und Naturvölkern schärfsten gesetzlichen u. brauchmäßigen Strafen (lebendig begraben, einmauern). Auf dem Grundsatz des Eheverbotes innerhalb der Mitglieder des gleichen → Totems (Exogamie) baut sich die Kultur der exogamen Stämme auf (Vaterrecht).

J. Lippert, Christentum, Volksglaube und Volksbrauch, 1882; St. Ciszewski, Künstliche V. bei den Südslaven. Diss. 1897; H. L. Strack, Das Blut im Glauben und Aberglauben der Menschheit, 1900[7]; Hammarstedt Brorskal och blodsfärbund. In Fataburen, 1908.

verwünschen → Wunsch.

Verworfene Tage. »Verwarfni Täg« (Montafon) kennt und fürchtet das Volk noch. Im 19. Jh. galt folgende Liste der v. T.:

Januar: 1., 2., 6., 11., 17., 18.
Februar: 8., 16., 17.
März: 1., 3., 12., 13., 15.
April: 1., 3., 15., 18.
Mai: 8., 10., 17., 31.
Juni: 1., 7., 10.
Juli: 1., 5., 6.
August: 1., 3., 17., 18., 20.
September: 1., 2., 15., 18., 30.
Oktober: 11., 15.
November: 1., 7., 11.
Dezember: 1., 7., 11.

Besonders gefährlich sind der 3. 3., der 1. 4., der 1. 8. und der 15. 9. Die Überlieferung geht letztlich zurück auf die »ägyptischen Tage« der Römer, bei denen die Nachtage der Kalenden, Nonen und Iden als *dies religiosi* oder *dies atri* (schwarze Tage, Unglückstage) galten. Als Nachtag des Sonntags ist auch bei uns in Norddtl. der Montag allgemein → Unglückstag. Obwohl der Glaube von Augustinus und späteren Theologen bekämpft wurde, schuf das MA. sogar Merkverse für diese Tage. → Ägypten, Konzil.

Verzückung → Ekstase.

Vesper → Speis u. T., Bartholomäus.

Vieh. Das gemeingerm. Wort V. bedeutet, wie das lat. *pecus*, ›Haustiere‹, aber auch ›Schatz, Geld, Ware‹, da es wichtiges Tausch- und Zahlungsmittel war. Die → Tiere, die heute noch den Hauptbestand des »Groß- und Kleinv.« ausmachen, also Pferd, Rind, Schwein, Schaf, Ziege, besaßen bereits die indogerm. Stämme der Steinzeit. In Landschaften mit ausgeprägter Weidewirtschaft und V.zucht (Alpen, Nordwestdtl. usw.) hat das V. noch heute diese Geltung, so daß die Sorge um Gesundheit und Wohlstand des V. jene um die Menschen zuweilen fast übertrifft. Jedenfalls weisen viele Sprichwörter und Scherze in diese Richtung. Vmed. ist weitgehend V.heilkunde. Das V. gehört in gewissem Sinn zur

Hausgemeinschaft. Es erhält von der Weihnachtsspeise und der → Tod des Hausherrn muß ihm angesagt werden. Auch Neujahr wünscht man ihm an. Um es an Stall und Besitzer zu gewöhnen, werden beim → Kauf gleiche Mittel angewandt wie beim → Heimweh des Gesindes. Den → ersten Austrieb umgeben viele Bräuche. Besonders das Brauchtum der → Hirten ist eng mit der Sorge für das ihnen anvertraute V. verbunden. Hirten- und Bauernpatrone sind fast immer auch mächtige V.patrone (→ Antonius, Georg, Leonhard, Martin, Pantaleon, Patritius, Stephan, Wendelin). Der Viehhandel erhielt alte Rechtsformen und -formeln bes. zäh. Handschlag ist hier Vertrag. »Über die Hand«, »auf dem Fuße« verkaufen heißt den Preis durch Forderung und Gebot (statt z. B. durch Gewicht) bestimmen; »wie es geht und steht«, »schlecht für gerecht« hört man noch heute auf V.märkten zum Zeichen des Verzichts auf Bürgschaft und Gewähr (→ Gebärde). → die einzelnen Tiernamen, ferner Weihnachten, Neujahr, Notfeuer, Alp.

H. M. Rüdel, V.zucht im Oberwallis: Sachkde., Terminol., Sprachgeogr., 1950; L. Földes, hg. V.wirtsch. u. Hirtenkultur. Budapest 1969.

Viehstör → Weihn.

Vielliebchen → Gleichzeitigkeit.

Vieremahl → Speis u. T.

Vierklee, Glücksklee. Der Großanbau des Wiesenklees gehört erst dem 18. Jh. an, der wilde Klee jedoch ist alteinheim. So ist wohl auch dem Glauben an den glückbring. V. hohes Alter zuzusprechen. Seine Seltenheit und die Kreuzform erklären die Bed., die er schon im vorchristl. → Ornament zu haben scheint. Wie auch sonst im V.glauben, bestimmen oder steigern bes. Umstände des Findens den Wert (unabsichtlich, während des Aveläutens, an Johanni, nicht mit bloßer Hand pflücken). Größere Blätterzahlen, die »bis zur Zahl der Apostel« (Tirol) gehen, haben besondere Bedeutung. 5 Blätter versprechen Ehesegen, aber auch Unglück wie alles Ungerade. Der V. hat auch Zauberkraft, sein Träger kann Hexen und Zaubergaukelei erkennen, wie → Vintler sagt:

> Vil glauben, der vier plettert kle
> Mach, das man kön gaucklen sehen.

In katholischen Gegenden wird der K. oft ins Meßbuch gelegt, wo auch andere wichtige Andenken und Zeichen, Zettelchen und Bilder Aufnahme finden (→ Gebetbuch).

H. Marzell, Der vierbl. K. im V.abergl. In: Die Scholle. Landsbg. V.kal. 1912.

vier Winkel → Windrose.

Vierwinkelstaub → kehren.

Vierzehn Nothelfer (8. 7.). Zur bekanntesten Gruppe dieser besonders in Süddtl. und Österr. volkstümlichen Schutzheiligen gehören: → Georg, → Blasius, → Erasmus, Pantaleon (Kopf; darüber Hände von Nägeln durchbohrt. Patron der Ärzte und Hebammen, Viehpatron), → Veit, → Christophorus, → Cyriacus (mit Drachen; Dämonenheiliger, Viehpatron), → Achatius (Dornzweig; *»multum valet contra ignem«*), → Dionysius, Eustachius (Hirsch, Kruzifix; Jägerpatron) → Ägidius, → Margaretha, → Barbara, → Katharina.
Die drei weiblichen Heiligen wurden in die Zahl der V. N. aufgenommen, weil sie bereits im MA. zusammen genannt wurden als die mächtigen Schutzherrinnen des Nähr-, Lehr- und Wehrstandes. Alle N. gehören der alten Kirche an und sind (außer Ägidius) Märtyrer. Je nach örtlicher Beliebtheit eines Heiligen (→ Kirchen-, Landes-

oder → Ortspatron) erscheinen besonders in Norddtl. auch andere Namen: Magnus, → Nikolaus, → Hubertus; anderswo: → Leonhard, → Oswald, → Rochus, Quirinus. Die heute wie im 15. Jh. verbreitete Volksmeinung, daß erhört werde, wer die 14 N. anrufe, ist zwar schon 1490 in ein Bamberger Meßbuch aufgenommen, aber nicht kirchlich bestätigt worden. Ursprung und Gesch. der N. sind noch nicht geklärt. Wenn nicht der ganze Kult, in Dtl. besonders blühend, hier seinen Ursprung hat, so gilt dies jedenfalls für den Kultkreis vom oberen Main und Fichtelgebirge, der später (1448) in der Kirche Vierzehnheiligen seinen berühmten Mittelpunkt fand. In Bayern und Österr. sind Kultstätten schon im 13. Jh. bezeugt (z. B. in der Wallfahrtskirche von Altötting). Im späten 15. Jh. und mehr noch im 17. u. 18. Jh. war die V. N.-Wallfahrt von Frankenthal von großer Bed. für die Ausbreit. des Kultes. In der Zeit der → Pest soll die Andacht zu den V. N. aufgekommen sein. Danach seien auch die einzelnen Heiligen ausgewählt worden (Schutzheiliger für Kopfleiden: Dionysius; Hals: Blasius; Zunge: Katharina; Unterleib: Erasmus; Fieber: Barbara usw.). Für die auffallende und merkwürdig feste → Zahl 14 hat man auf die germ. Mythologie (im Heiligtum von Uppsala: Odin im Gefolge von 14 niederen Gottheiten), auf die weltlich-kirchliche Zahlensymbolik (7 Altarstufen, Christus oder Maria mit 7 Heiligen zu jeder Seite) hingewiesen. Uhrig (Abh. d. Tüb. Quart.schr. 1888, Heft 1) nimmt an, daß es schon im 9. Jh., nach dem positiven Ausgang des Bilderstreits (825), ähnliche Bilderzyklen gab. An ein germ. Vorbild läßt auch die Tatsache denken, daß Gregor d. Gr. befahl, die Tempel nicht zu zerstören, sondern, wie etwa im Pantheon von Rom, die heidnischen Bilder und Symbole durch christliche zu ersetzen. Die Erfg. der Andacht zu den V. N. (Wallf., Ikonogr., Bruderschaften, N.-Gebet usw.) hat sich bes. J. Dünninger zur Aufgabe gesetzt (vgl. Zs. f. Vkde 58. 1962). → Engelsegen.

H. Samson, Die Heiligen als Kirchenpatrone, 1892; Weber, Die Verehrung der hl. V. N. 1886; Günter, Legenden-Studien, 1906. Künstle, Ikonogr. der Heil., 1926; J. Klapper in: G. Schreiber, Jb. V. u. Vtum 3 (1938) (V. N. in Schlesien); J. Dünninger in: W. Stammler-Fs. 1953; G. Schreiber, B. Gritsch, H. Hochenegg, H. Lahrkamp, Die V. N. in Vfrömm. u. Sakralkultur. 1959 (bes. Franken u. Tirol); E. Krausen, Der Kult d. V. N. zu Margarethenberg a. d. Alz. Bayer. Jb. f. Vkde (1961); R. u. H. Vossmerbäumer, Darstellen der V. N. im zentralen U.franken. Mainfränk. Jb. f. Gesch. u. Kunst 22/23 (1970/71); S. v. Pölnitz, V.heiligen. E. Wallf. in U.franken. 1971.

Vierzeiler → Schnaderhüpfel.

Vigiltage → Fasten.

Vineta. Durch Verlesen des alten wikingischen Ortsnamens Jumneta, der wohl der Name der Jomsburg auf der Insel Wollin an der pommerschen Küste war, entstand die Sage von einer im Meer versunkenen Stadt V. Die Burg wurde 1098 von den Dänen zerstört. Ausgrabungen seit 1934 auf Usedom und Wollin suchen den Anteil von Gesch. und Sage zu klären. → Rethra.

K. Müller, D. Rätsel v. V. 1909; Schuchhardt, Arkona, Rethra, V., 1926; A. Hofmeister, Die V.-Frage. Monbll. d. Ges. f. Pomm. Gesch. u. Altertkde. 46 (1932); W. R. Hennig, Wo lag V.? 1935.

Vintler. Auf Schloß Runkelstein dichtete der adlige Tiroler Hans von V. die »Blumen der Tugend« (1412), eine Lehrdichtung, die uns in einer umfangreichen Liste über zeitgenössischen Volksglauben wertvolle Beiträge zur Kenntnis mittelalterlichen Volkstums liefert. Die ialienischen *fiori di virtù* waren

Vorbild und Quelle für V. Werk. Die Aberglaubensliste weist zurück auf eine Schilderung des Lebens der → Fahrenden, die Anfang des 14. Jh. Joh. von Nürnberg verfaßte, und auch auf Beichtfragen noch höheren Alters. Zu der hier abgebildeten Darstellung der → Bercht (neben einem Kräutersammler) setzte V. die Verse:

Vnd etlich glaubent an die frauen,
Di do heisset percht mit der langen naß.

Über andere Beispiele aus V. Werk → z. B. Galgen, Geschlechtsteile, Ohr, Nachtfrau, Nachtweinen, Klee, Schratt, Frosch, Palmsonntag, Wegwarte.

H. V., Pluemen der Tugend, hg. von Zingerle, 1874; E. Gnad, Literarische Essays, 1891; H. Ebermann, Zur Aberglaubensliste in V. »Pluemen der Tugend«. Zs. f. Vkde. 23 (1913).

Vinzenz, hl., von Saragossa (22. 1.). Diakon, als Märt. in Valencia † 304. Attr.: Rost, Kreuz, Mühlstein, eiserner Haken. Bei uns wohl schon im Spät-MA. verehrt, bes. im Wiener Wald, aber auch im Burgenland. In der niederöst. Wechselgegend gehen die Holzleute am V.tag in die Kirche, da Arbeit im Wald verpönt ist. Es heißt, daß am »V.itag« die »Vögel heiraten«, um uns. l. Frau zur ihrer Vermählung (23. 1.) schon ein Lied singen zu können. → Valentin.

L. Teufelsbauer, Das Jahresbrauchtum in Österr. 1935; L. Schmidt, St. V. v. S. als Patron d. Holzarbeiter. Öst. Zs. f. Vkde 61 (1958); Kl. Beitl, in: FS Kretzenbacher 1973.

Vogel → Eule, Kauz, Elster, Schwalbe, Adler, Habergeiß, Rabe.

V.beerbaum → Eberesche.

V.hochzeit → Agnes, Valentin, Pauli Bekehrung, Fasnachtsgebäkke.

Vogelknöterich (Knicker, Krebswurz; *Polygonum aviculare*). Die ungewöhnl. Widerstandsfäh. des niederlieg. oder schlingenden Krautes erregte die sprachl. Phantasie des Volkes, das es Hansl am Weg, Eiserner Heinrich (n. d. Märchen?), Unvertritt, Weg- oder Tennengras nennt. Die Namen Herzwurz oder Blutgarbe (Schlesien) deuten auf die vmed. Verwendung als auflös. und zus.ziehendes Mittel, wie es schon die alten → Kräuterbücher in hohem Maße rühmten.

V.kreideweiß → Kauz.

Vogelreiter, Hahnreiter. V. aus Ton tauchen in Hessen schon im 16. Jh. auf. Auf Einblattdrucken des 17. Jh. wird der H. ein beliebtes Bildmotiv, vielleicht in polem. Anspielung auf den Hahnrei, welches Scheltwort aus dem n.sächs. ins frühe nhd kam und mit ostfries. Hanrune, Kapaun, betrog. Ehemann zu vergl. ist. In verblaßter Bed. erscheint der V. auf Holzschnitten (→ Spielkarten), → Gebäckmodeln, → Spanschachteln und Gläsern des 19. Jh.

Alb. Dieterich, Pulcinella, 1897; Joh. Bolte, in: Zs. f. Vkde., 29 (1919); O. A. Erich, in: Geistige Arbeit, 1936.

V.schießen → Schützen, Dresdner Vw.

Volk (ahd., mhd. *folc*). Die Grundbed. von V. ist ›Schar von Kriegern‹, so z. B. in den Stabreimen des → Hildebrandsliedes

ih wallôta sumaro
enti wintro sehstic,
dâr man mih eo scerita
in folc sceotantero . . .

(Ich wallte der Sommer und Winter sechzig, da stets man mich scharte zu der Schießenden Volk . . .)
Das Wort, das in versch. Zeiten und Landsch. bes. Bed. erhielt (im Heer:

Fußvolk; alem. Mannervolk – im Gegensatz zu Weibervolk; Bienenvolk; auch abwertend alem. G'völk ›dahergelaufene Leute‹; vgl. Gesindel und → Gesinde), gewann in der Zeit Albrecht Dürers und Martin Luthers, entscheidend aber im 18. Jh. hohen Rang, als der junge Goethe, Justus Möser, J. G. Herder (→ Vkde), später die Romantik und die Dtbewegung der Befreiungskriege im → Vtum und in den Schöpfungen des → Vgeistes oder der Vseele wie Brauch, Sage und Lied die Grundlagen kultur. Lebens der Nation erkennen lehrten. In Adam Müllers und G. W. F. Hegels Lehre vom V.geist fand der Begriff des überindivid. V.bewußtseins seine philosoph. Deutung. Der Liberalismus des späteren 19. Jh. trennte die bürgerl. »Gesellschaft« vom »V.« als den niederen soz. Schichten; eine künstl., von der Großstadt her gesehene Scheidung, die auch der Marxismus übernahm, wenn er allein die → Arbeiter dem V. gleichsetzte und sie in die Zwangsjacke der »Klasse« steckte. Auch ein geeintes Europa wird den Begriff des V. festhalten, wenn es nicht ein Völkerbrei nach Art der geschichtsarmen USA werden will.

M. Wundt, V., V.tum u. V.heit. [4]1927; A. Spamer, Wesen, Wege u. Ziele der Vkde. 1928; M. H. Boehm, Das eigenständige V. 1932; A. Dihle, Beiträge. Entw. d. V.begriffs i. griech. Denken. Diss. Gött. 1947; V. v. Geramb, Der V.begriff i. d. Geistegesch. u. i. d. Vkde. Zs. f. Vkde 50 (1953); H. Freudenthal, Gibt es heute noch ein »V.« im Sinne d. Vkde. In: Beitr. z. dt. V.- und Akde. 5 (1960/61); vgl. auch Beitr. 9; H. Bartholmes, Das Wort »V.« im Sprachgebr. der SED. 1964. (Hauptteil: Verz. v. 270 Grundwörtern mit V.); E. Francis, Ethnos und Demos. Soziol. Beitr. z. V.theorie. 1965. (Vgl. dazu Dt. Jb. f. Vkde 14/1968).

Völkergedanke → Elementarged.

Völkerkunde, Ethnologie, Ethnographie. Lit. bezeugt ist der Begriff V. zuerst 1778 bei I. Chr. Gatterer, Abriß d Geographie, ein Jahrzehnt vor → Vkde. Beide Wiss. waren im Altertum (Herodot, Hippokrates, Strabo, → Tacitus) und MA. (→ Albertus Magnus) noch eingegliedert in Geogr. und Gesch., um mit den Entdeck. der beginn. Neuzeit zu selbständ. Versuchen zu gelangen. (→ Bohemus, Franck u. a.). Im 18. und 19. Jh. war die V. mit der → Anthropologie vereint, wie es in den westeurop. und angelsächs. Ländern, bes. in den USA, noch heute teilweise der Fall ist. In Dtl. löste sich die V. von Anthropol. und Urgesch. (Archäol.) endgültig durch die Gründung der »Ges. für V.« 1928. Während die Eg. den geistigen Besitz und die Sachgüter eines zeitlich, volklich oder räumlich begrenzten Gebietes beschreibend erfaßt, erforscht die El. die jenen Erschein. zugrundelieg. Gesetze und Zus.hänge und gewinnt so wiss. Erkenntn. über die Gestaltungskräfte und Formen der menschl. Kultur. (»Psych. Anthropol.«). Im Unterschied zur Vkde, die sich mit der geistigen Grundkultur je eines europ. Geschichts- und Sprachvolkes befaßt, ist der Fg.gegenstand der V. die Gesamtkultur mehr oder minder geschichtsloser außereurop. Primitivvölker. Außerhalb Dtls. wird jedoch auch die Vkde als Eg. und El. bezeichnet. Bes. ist dies in Ost- und Südosteuropa der Fall, während in west- und zumal in nordeurop. Ländern auch die ältere Bez. → Folklore noch geläufig ist, wenn auch in einem engeren Sinn. → Elementargedanke.

H. Möller, Aus d. Anfängen d. Vkde. als Wiss. Zs. f. Vkde 60 (1964); A. Bastian, Der Mensch in d. Geschichte. 3 Bde. 1860; ders., Der Völkergedanke. 1881; H. Schurtz, Katechismus d. V. 1893; ders., Grundriß d. V. 1903; ders., Altersklassen u. Männerbünde. 1902; K. Weule, Leitfaden d. V. 1912; F. Graebner, Meth. d. Ethnol. 1911: ders., Weltbild d. Primitiven. 1924; E. Krause, Das Wirtschaftsleben d. Völker, 1924; W. Schmidt-Fs. 1928; R. Thurnwald, Die menschl. Ges. in ihren ethnosoziol. Grundl.

5 Bde 1931–35; L. Frobenius, Paideuma. 1921.[3] 1953; ders., Atlas Africanus. 1922–30; ders., Erlebte Erdteile. 7 Bde. 1925–29; ders., Das sterbende Africa. 1923; C. Wissler, An introduction to social anthropology. New York 1929; G. Lutz, Vkde u. Ethnol. Zs. f. Vkde 65 (1969); H. Trimborn, Lehrb. d. V. [4]1971; G. Wiegelmann, Theoret. Konzepte d. Europ. Ethnol. Zs. f. Vkde 68 (1972); Zs. f. Ethnologie; Intern. Arch. f. Ethnographie; Mitt. d. Anthrop. Ges. (Wien). Ethnologia Europaea.

Volkheit. Goethe schrieb in den »Sprüchen in Prosa« (1829; Jub. Ausg. 4, 240) »Wir brauchen in unserer Sprache ein Wort, das, wie Kindheit sich zu Kind verhält, so das Verhältnis Volkheit zum Volke ausdrückt. Der Erzieher muß die Kindheit hören, nicht das Kind; der Gesetzgeber und Regent die V., nicht das Volk«. Schon 1810 hatte F. v. Wolke mit V. »das Volk als ein Ganzes, als eine Person, mit ihren menschlichen Eigenschaften und Eigenheiten« gekennz. 1925 nahm Eugen Diederichs in Jena das Wort von neuem auf in seiner Reihe dtkundl. Bände: »Deutsche V.«.

Dt. Wortgesch. A. Götze-Fs. 1941. Bd. 2, 407. 1943.

völkisch. Angels. *folcisc* und frühnhd. *volkisch* (1482) im Sinne von volkstümlich, *popularis* erscheint seit dem 16. Jh. in umgelauteter Form. Fichte gebrauchte das Wort, und im letzten Viertel des 19. Jh. ersetzte es vielfach das Fremdwort national. Erst nach 1925 bekam v. einen einseitig-polemischen Sinn.

W. Linden in: Dt. Wortgesch. A. Götze-Fs. 1943.

Volksbotanik → Pflanzen.

Volksbrauch. (Vb.; B. = Brauch) Das Wort B. bedeutet schon in der Sprache des ausgehenden MA. und der beginnenden Neuzeit neben ›Gebrauch, Benutzung‹ auch soviel wie ›Sitte, Gewohnheit, Überlieferung‹ im Sinn der lateinischen Bez. *mos, consuetudo* oder *ritus*. → Bohemus nannte sein Werk *Omnium gentium mores, leges et ritus* (1520). Im gleichen Sinn sagte → Luther »unser Brauch und Weise«. Bei Wickram heißt es:

begert die land all zu erspähen,
ir breuch und gattung zu ersähen.

Von einem bis in die Gegenwart noch schwankenden Sprachgebrauch sagt schon das Grimmsche Dt. Wb.: »auch in diesem Sinn (von *mos, ritus*) kann Gebrauch stehen, das einfache Brauch klingt aber edler.«

Im Sprachgebrauch des Volkes wie der Vkde. ist B. das Tun einer Gemeinschaft (Familie, Sippe, Nachbarschaft, Burschenschaft, Zunft, Dorf), das durch Herkommen geheiligt, jedenfalls verpflichtend ist. B. kann auch die Handlung eines einzelnen sein, sofern er dabei im Geist einer Gemeinschaft handelt. So etwa wird das → Besprechen geradezu als »brauchen« bezeichnet oder gesagt, der u. der hat »zum Brauch« z. B. beim Blitz sich zu bekreuzen. Es ist nur eine Steigerung der Traditionsachtung, wenn der B. zu einer eigentlichen sittlichen Verpflichtung wird: »Tu, wie es der Brauch ist!«. Eine streng unterschiedene Anwendung der Worte »Sitte« und »Brauch« kennt weder die Volkssprache noch die Vkde. (vgl. u. Sartori, Lüers, Mackensen, Spamer, Geiger, Kriss, Geramb, F. H. Schmidt).

Die Antriebe und Grundsätze, auf denen die Gemeinschaftshandlung des Vb. ruht, sind die des → Vglaubens im weitesten Sinne. Vb. ist nichts anderes als in die Tat umgesetzter Gemeinschaftsglaube und verwirklichtes → Recht. Jener bestimmt das Verhältnis zum Übernatürlichen (u. zu dem, was man dafür hält), zu Göttern, Dämonen, Kräften und Mächten, dieses regelt die Beziehungen im sozialen Raum, das Verhältnis zu den Mitmenschen.

Die Gesch. der Quellen und Formen des Vb. kann deshalb unter dem Stichwort → Vglaube zusammengefaßt werden.

Die Gemeinschaften, in denen sich B. verwirklicht, können solche des Blutes sein (→ Sippe, Familie, Ahnenkult, Vater, Mutter, Kind, Bruder, Verwandtschaft). Eine besondere Stellung nimmt die »geistliche Verwandtschaft« ein (→ Pate). Um den Kreis der Blutsverwandten schließen sich Siedlungs-, Haus-, Arbeits-, Berufs- und Schicksalsgemeinschaften (→ Gesinde, Nachbar, Bauer, Handwerker). Die Arbeitsgemeinschaft kann eine lose sein (→ Hirt, Fuhrmann, Jäger, Fischer, Geistlicher, Fahrende Leute, Unehrliche Gewerbe, Schinder, Scharfrichter, Gauner). Sie kann durch tieferes Berufserlebnis und durch Gefahr (→ Schiffer, Bergmann, Soldat), durch Abstammung und Rassenschicksal (Zigeuner, Jude) festere Fügung erhalten oder endlich durch Komment, Ordnung und geschriebenes Statut fast gesetzliche Kraft haben (→ Handwerker, Müller, Bäcker, Bader, Drukker, Steinmetz, Zimmermann). Zu diesen Gemeinschaften und Bünden (Zünfte, Innungen) gesellen sich solche des Geschlechts, Alters und Standes oder Verbände mit besonderen rechtlichen, kirchlichen oder politischen Aufgaben (→ Jungfrau, alte Jungfer, Burschenschaft, Schützenbruderschaft, Haberfeldtreiben). Alle diese und ähnliche Gemeinschaften, die bei bestimmten Gelegenheiten (Schützenfest, → Jahresfeuer, Kirmes, Fasnacht, Pfingsten) auch die ganze Siedlungsgemeinschaft umfassen, sind Schöpfer, Träger und Bewahrer des Vb. Die zuletzt genannten, oft sehr fest geprägten Bünde entwickeln darüber hinaus B.tum, das aus ihrem Eigenleben erst entspringt (→ Jünglingsweihe, Initiation, Deposition, Student, Perchten, Masken, Haberfeldtreiben, Katzenmusik, Hänseln).

Den Rhythmus der von der Gemeinschaft getragenen B.handlung bestimmen Lebenskreis und Jahreslauf. Bluts-, Geschlechts- und Altersbund folgen naturgemäß mehr den Stufen des Lebens (→ Schwangerschaft, Wöchnerin, Geburt, G.tag, Taufe, Kind, Kinderlied, Werbung, Verlobung, Hochzeit, Tod usw.). Für die Gemeinschaften anderer Art bestimmen Natur- und Arbeitsjahr, bürgerlich-wirtschaftliches, kirchliches und politisches Jahr den Ablauf der Feste und Bräuche:

1. Naturjahr: Winter- und Sommerfeste, Frühlings- und Herbstfeste, Zwölften (→ Johannistag, Lätare, Maitag, Himmelfahrt Mariä, Martin, Jahresfeuer).

2. Arbeitsjahr: das Jahr des Viehzüchters (→ erster Austrieb, Martini); das Jahr des Ackerbauern (→ Ackerbau, Saat, Ernte, Dreschen, Kirmes, Dreikönig, Fasnacht).

3. Bürgerliches Jahr: (→ Neujahr, erster April, Handwerk, Gesinde).

4. Kirchenjahr, hinter dessen Festen vielfach das weltlich-vorchristliche B.jahr steht (→ Advent, Eligius, Barbara, Nikolaus, Luzia, Thomas, Weihnachten, Stephan, Johannes der Ev., Unschuldige-Kinder-Tag, Dreikönig, Fabian, Agnes, Pauli Bekehrung, Lichtmeß, Blasius, Agatha, Valentin, Petri Stuhlfeier, Apollonia, Matthias, Gregorius, Gertrud, Joseph, Benedikt, Mariä Verkündigung, Aschermittwoch, Fastenzeit, Quatember, Lätare, Judica, Palmsonntag, Karwoche, Ostern, Weißer Sonntag, Georg, Florian, Himmelfahrt Christi, Eisheilige, Bonifatius, Johann von Nepomuk, Pfingsten, Dreifaltigkeitssonntag, Urban, Fronleichnam,

Erasmus, Antonius v. P., Veit, Johannes d. T., Peter und Paul, Mariä Heimsuchung, Ulrich, Kilian, Margareta, Apostel, Maria Magdalena, Jakobus d. Ä., Anna, Himmelfahrt Mariä, Laurentius, Geburt Mariä, Rochus, Bartholomäus, Kirmes-Kirchweih, Lambert, Michael, Brigitta, Gallus, Hedwig, Lukas, Wolfgang, Allerheiligen, Allerseelen, Hubert, Leonhard, Martin, Elisabeth, Cäcilia, Katharina, Andreas).

5. Politisch-staatl. Jahr, das Volksjahr: (1. Mai: Tag der Arbeit, 2. Sonntag im Mai: Muttertag, Volkstrauertag u. ä.). → Volksspiel.

K. F. Kronbiegel, Über die Kleidertracht, Sitten u. Gebr. der Altenburger Bauern, 1793; Montanus, Die dt. Vfeste u. Vb. in Sagen, Märlein u. Vliedern, 2 Bde., 1854–58; F. Nork, Die Sitten u. Gebr. d. Dt. u. i. Nachbarvölker usw., 1859; F. A. Reimann, Vfeste i. 19. Jh., 1883; O. v. Reinsberg-Düringsfeld, Das Festl. Jahr, 1898²; P. Sartori, Sitte u. Br., 3 Bde., 1910–1914; M. P. Nilsson, Die v.tümlichsten Feste d. Jahres, 1914; J. H. Albers, Das Jahr u. s. Feste, 1917³; F. Lüers, Sitte u. Br. im Menschenleben, 1926; L. Grünenwald, V.tum u. Kirchenjahr (Pfalz; Mitt. hist. V. d. Pf. 44, 1927); S. J. G. Frazer, Der goldene Zweig, dt. v. H. v. Bauer, 1928; R. Beitl, Dt. Volkskde., 1933; W. Hansen, Der bäuerl. Lebenskreis, 1934; H. Koren, Vb. i. Kirchenjahr, 1934; L. Mackensen, Sitte u. B. In: Spamer, Vkde.; A. Spamer, Sitte u. B. In: Peßler, Hb.; E. Fehrle, Dt. Feste u. Jahresb., 1936⁴; P. Geiger, Dt. Vtum i. Sitte u. B., 1936; H. Moser, B.tum. Zur Darst. u. Fg. Bayer. Jb., 1937; F. Moser-Gossweiler, Vb. i. d. Schweiz, 1940; E. Hoffmann-Krayer, Feste u. B. des Schweizervolkes. Neubearb. v. P. Geiger, 1940; M. Weiß u. M. Rehberg, hg. Zwischen Schorfheide u. Spree. Heimatbuch d. Krs. Niederbarnim. 1940 (Darin R. Beitl, Brauchtum); V. v. Geramb, Dt B.tum in Österr.; ³1948: Sitte und B. in Österr. Ein Hdb. z. Kenntnis u. Pflege guter heim. Vb.; E. Burgstaller, Lebend. Jahresbr.tum in Oberöst. 1948 (Vgl. Bespr. R. Beitl in: Dt. Jb. f. Vkde. 2 (1956) 443–48); G. Gugitz, Das Jahr u. s. Feste 2 Bde. 1949/50 (Österr.) (Vgl. Bespr. Bayer. Jb. f. Vkde 1951 S. 178); G. Schierghofer, Grundformen im Vb. In: Bayr. Jb. f. Vkde. 1950 (Umkreisung, Vermummung u. Kultspiel, Kultlärm und -schmuck, Opfer, Elementenkult, Berührungskult, Orakel); E. Strübin, Baselbieter Vleben. 1952; F. Lipp, Art u. B. im Lande ob der Enns. Tafeln d. Bilderatl. v. R. Hindersk-Kutscher. 1952; A. Haberlandt, Vb. im Jahreslauf auf d. »Monatsbildern« Pieter Bruegels d. Ä. Öst. Zs. f. Vkde 55 (1952); E. Schneeweis, Feste u. B. d. Sorben vergl. dargest. Neue Ausg. 1953. (Sorb.-slav. Entsprechungen; starker dt. Einfluß; Gemeins. idg. Erbe; geht nicht ein auf Reslavisierung nach 1945); E. Fehrle, Feste u. Vb. im Jahreslauf europ. Völker. 1955; Hans Moser, Archival. zu Jahreslaufb. i. d. Oberpfalz. In: Bayer. Jb. f. Vkde (1955) (Die Telcharner und Goldner, ›Ansinger‹; Weihn., Neujahr, Lichtmeß, Fasnacht); G. Gugitz, Fest- u. B.tumskal. f. Österr., Süddtl. u. d. Schweiz. 1955; M. Zender u. E. Birke, Heimat u. leb. B.tum. 1956; K. Ilg, Die Walser in Vorarlbg. 2. Teil: Sitte u. B. 1956; W. Gaerte, Vglaube und B.tum Ostpreußens. 1956. (Bespr. Beiträge z. dt. V.- u. Akde 2/3 (1958); H. Freudenthal, in: Beitr. z. Dt. V.- u. Akde. 2/3 (1958) (Vb.heute); M. Zender, Das B.tum als Zeugnis f. Wesensart u. inn. Glied. d. Mosellandes. Zs. f. Vkde. 54 (1958); E. Strübin, Grundfragen d. Vlebens bei Jeremias Gotthelf. Schweiz. Arch. f. Vkde 55 (1959) 121–214; G. Landau, Sitte u. B. in Hessen vor hundert Jahren. 1959. Hg. v. B. Martin; J. Baur, Vfrommes B.tum Südtirols. 1959; K. Bohnenberger bearb., Vtüml. Überl. in Württ. 1961 (Auf Grund e. in fast 600 Gem. beantw. Frageplans von 1899); R. Kriss, Sitte u. B.tum i. Berchtesg. Land. ²1963. (Seit d. Erstausg. 1947 wurden Änder. nötig vor allem f. d. Vb. d. Jahres: Adventskranz, Faschingszug, Vspiele, Maibaum, Vtanz. Neue → Liturgie); M. R. Krythe, All about American holidays. New York 1962; J. Dünninger, B.tum. In: Dt. Philol. i. A. 3. Bd. ²1962. (Forsch.gesch. u. Methoden, Wesen, Grundformen, Lit.); W. Hävernick, Sitte, Gebräuchl. u. Gruppenb.tum. In: Beitr. z. Dt. V.- u. Akde. 7 (1963). (Ebda. S. 93 ff A. Lühning ü. Methoden d. Feldfg.: Photo, Tonband, Film u. a.); A. Lehmann, Vb. im Jahreslauf. 1964 (Dazu F. Sieber in: Dt. Jb. f. Vkde 12. 1966; 163); H. Schlomka, D. B.tum d. Jahresfeste i. d. westl. Altmark. 1964. (Fasselabend, Osterfeuer, Spinnkoppel oder Chore, Pfingst- u. Martinslieder); L. Stoll, Der braucht. Wortschatz . . . der Pfalz. 1966; D. Lutz, Vb. u. Sprache. Die Benennung v. Phänom. d. Winter- u. Frühlingsb. Südwestdtls. 1966 (Erste Slg. d. Sprachgüter: B.elemente, -zeiten, -handlgn, -gestalten, -kleidung, -gerät, -gebäck, -getränke) (Vgl. Bespr. Dt. Jb. f. Vkde. 14, 1968, S. 177 f.); I. Weber-Kellermann u. W. Stolle, Vleben in Hessen. 1970; L. Schmidt, Vglaube u. Vb. Gestalten, Gebilde, Gebärden. 1966. (20 Einzelstud. aus 1939–66; alter »geglaubter« Vb. u. neuer »B. ohne Glaube« im Sinne der Kirche: Weihn.baum, Adventskranz, Schulzuckertüte, Sportpokale, Grundsteinlegung, Schlüsselübergabe, Schiffstaufe u. ä.; vgl. dazu Bespr. S. Kube in: Dt. Jb. f. Vkde 14 (1968, S. 176 f.); J. Dünninger – H. Schopf, hg. Bräuche u. Feste im fränk. J.lauf. 1971 (16.–18. Jh.); R. Wolfram, Prinzipien u. Probleme der

Braucht.fg. 1972; K. Zinnburg, Salzburger V. e. 1972; W. Hävernick, Gebräuchliches u. Br. Beitr. z. dt. V. u. Akde 13 (1969) (Gegen die soziol. Meinung – Dahrendorf, Roth u. a. –, daß Brauch »ein Hindernis der Entwicklung« darstelle); F. Haider, Tir. Br. im Jahreslauf. 1968; K. Vilkuna, Finn. Braucht. im Jahreslauf. 1969; Ins einz. geh. Lit. u. Nachweis d. Kartogr. → obengen. Stichw. (bes. Vkde, Vglaube).

Volksbuch, V.lesestoff. Anders als V.lied oder V.sage ist die Bez. Vb. in sich widersprüchlich. Das Volk schreibt keine »Bücher«. Der »Büchelschreiber« gilt ihm als Gelehrter oder Schriftsteller. Das Wort Vb. wurde von Joseph Görres (1767–1848), dem publizist. Führer der Romantik, geprägt für seine Slg. von im ausgehenden MA. in Prosa aufgelösten und vtüml. geword. Spielmannsepen und Versromanen oder von frühen Erzeugn. der Buchdruckerkunst, die Historien, → Legenden und → Schwänke zum Gegenstand hatten. Nach den Bearb. älterer dt. Epen (Wigalois, Tristan, Wilh. v. Österreich) und nach den von frz. Überlief. beeinfl. Ritter- und Abenteuerromanen (Karlssage, Loher und Maller, Hug Schapler) wie den märchenh. Ehe- und Duldergesch. (Magelone, Genovefa, → Melusine) brachte die Wende zur Neuzeit Stoffe des Humanismus und der dt. bürgerl. Kultur. Einige im 16. Jh. erschein. Vb. wie die Haimonskinder, Fiërebras, Olivier und Artus tragen noch die Züge ält. Ursprungs, andere weisen auf Petrarca oder Boccaccio, bevorzugt aber werden jetzt derbere, dem Schwank nahestehende Stoffe (Lalebuch, Finkenritter, Klaus Narr, Hans Clauert, → Schilda, Eulenspiegel, Faust). Alte Themen werden der bürgerl. Welt angepaßt (Salomon und Marcolf, nach e. lat. Quelle; Neidhart Fuchs, gedruckt um 1530; Der Ewige Jude, 1602; Der gehörnte Siegfried, 1726, nach dem alten Liede vom Hörnen S.). An die Stelle der höf.-adligen Verfasser des ausgeh. MA. treten Gelehrte und Geistl. Die Freude am rein Stoffl. steht immer mehr vor der Sorge um die sprachl.-poet. Gestaltung.

Erste Slgn. des Vb. schuf der Buchdrucker Feyerabend 1578 und 1587 (Buch der Liebe). Nach der Neuentdeckung durch Görres wurden die alten Vb. von Simrock und Schwab im 19. Jh. als Kinderbücher erneuert. Auch in P. Hebels »Schatzkästlein des Rhein. Hausfreundes« (1811) wurden manche altüberlief. Schwänke, Novellen und → Anekdoten aufgenommen.

Schon im 16. Jh. fanden auch Reiseberichte als V. weite Verb., so die »Bücher des Heiligen Landes« oder die Schild. des venetian. Ostasienfahrers Marco Polo (1254–1324), die in der Ausg. des Humanisten Ramusio (Navigazioni e viaggi; 1559) eine große Leserschaft fanden. Hier liegen die Anfänge einer Lit., die man (mit A. Spamer) besser als V.lesestoff bezeichnet. An Ursprung, Entst. und Überlief. hat das Volk keinen Anteil mehr, es bleibt aber der dankbarste Abnehmer und Leser. Das gilt von dem Engländer Daniel Defoe mit seinem oft nachgeahmten und heute noch geles. »Robinson Crusoe« (1719) bis zu J. F. Cooper (Lederstrumpf; 1823 ff.), Friedrich Gerstäcker (Die Flußpiraten des Mississippi; 3 Bde. 1848), Jules Verne (Die Reise um die Erde in 80 Tagen; 1873) und schließl. zu Karl May (Winnetou; 1893 ff.), Jack London (Seewolf; 1904) u. a.

Daneben fand der alte Abenteuerroman eine mod. Fortsetzung im Ritter- und Räuberroman um v.tüml. Gestalten wie Johannes Bückler, vulgo → Schinderhannes, oder wie den ital. Räuber Angelo Duca, dem C. A. Vulpius ein Denkmal in 6 Teilen setzte (Rinaldo Rinaldini; 1797–1800). Schillers Schauspiel »Die Räuber« zeichnete in Karl Moor den edlen Gesetzesbrecher und Schützer der Armen, Goethes »Götz von Berlichingen« gab den Ritterromanen starken Auftrieb. Den größten Erfolg neben Vulpius errang Zschokke (Abällino, der große Bandit; 1794).

Das legitime Erbe dieser Art von Vl. trat in der Mitte des 19. Jh. der Kriminal- und Detektivroman an, von dem eine gerade Linie zum allabendl. Krimi unseres → Fernsehens führt, während der Western- und Gangsterfilm auf den Abenteuerroman zurückweist. Auch »Serien« gab es schon im 19. Jh. J. E. Hitzig und W. Alexis schufen einen »Neuen Pitaval« mit 36 Bänden. Der frz. Rechtsgelehrte F. G. de Pitaval hatte seine »Causes celèbres et intéressantes« (1734ff.) nur auf 20 Bde. gebracht. Über E. Dronke, E. A. Poe, E. Graboriau und Conan Doyle (Sherlock Holmes) führte der Weg zu Edgar Wallace, Simenon und Durbridge.

Wenn auch z. T. aus alten Wurzeln treibend, fand im 19. Jh. schließl. der Liebes- und Gesellschaftsroman seine v.tüml. Ausgestaltung. Die Marlitt, Courths-Mahler, Nataly von Eschstruth, Anny Wothe u. a. lieferten Vl. in Menge. Die Gesamtaufl. der C.-M. hatte 1954 rund 30 Mill. erreicht. Von ihren 205 Romanen wurden seit 1948 rund 100 neu aufgelegt. Den Vl. uns. Zeit auf die kürzeste Formel bringen die Überschriften von Pappkartons, mit denen ein Berliner U-Bahnkiosk seinen Schriftenstapel gliederte (1963): Liebe – Kriminal – Wildwest – Utopia – Landser.

Gleichwohl wird die Bez. Trivialroman der Ersch. nicht gerecht. Die lith-ästhet. Wertung sieht nur den armen Wortschatz, die mangelnde Gestaltung, die schwache Lokalzeichnung, die wiederkehr. Typik der Motive, das Vorwiegen des Stoffl. H.-F. Foltin, K. V. Riedel u. a. verlangen, daß eine Lit., die dem Volke zugedacht ist und von diesem konsumiert wird, auch von diesem aus, also vkdl. und funktionell betrachtet wird. Vl. ist ein »volkslebenskundlicher Gegenstand« (Riedel). Die neue, weit verbr. Teilnahme am → Bilderbogen und → Bänkelsang, am → Gartenzwerg und an der alten, vielgeschmähten »Gartenlaube«, am Jugendstil, ja geradezu am »Kitsch« des verflossenen Jh. verrät eine Sehnsucht nach dem V.tüml., dem Unkomplizierten. Sie kann recht wohl ein Teil der jugendl. Antwort auf das Zeitalter der Technik und der Industrie sein. → Heldensage, V.schauspiel, Lichtenberger, Romanusbüchlein, Buch Mosis.

J. Görres, Die dt. Vb., 1807; K. Simrock, Dt. Vb., 54 Hefte in 13 Bdn., 1845–66. Neuere Ausg.; G. Schwab, Dt. Vb., 3 Bde., 1836ff. (Nacherzählgn.), Neuausg. 1952; F. Bobertag, Gesch. d. Romans u. d. verw. Dichtungsgattgn. in Dtl. 1876–84; ders., Vb. d. 16. Jh., 1888; Müller-Fraureuth, Die Ritter- und Räuberromane, 1894; O. R. Benz, Die dt. Vb., 1913; P. Heitz u. F. Ritter, Versuch e. Zus.stellung der Vb. d. 15. u. 16. Jh., 1924; M. Thalmann, Der Trivialroman d. 18. Jh., 1923; E. Schultze, Die Schundliteratur, [3]1925; L. Mackensen, Die teutschen Vb., 1927 (Neuausg.); G. Müller, Ritter- u. Räuberromane, in: Reallex. v. Merker u. Stammler Bd. 3, 1928/29; O. Görner, Vl., in: Spamer, Vkde. H. Kindermann, Vb. u. Schwankbücher; H. Huemer, Unters. z. V.lit. Oberösterr. im 19. Jh., 1950; R. Benz, hg., Dt. Vb. (Die 7 weisen Meister, Tristan u. Isalde, Fortunatus, Till Eulenspiegel, D. Faustus u. a.), um 1955; G. Voigt, Engels u. d. dt. Vb., in: Dt. Jb. f. Vkde 1 (1955), m. Abdruck d. Aufs. v. 1839, Die dt. Vb.; J. Szöverffy, V.erz. u. Vb., in: Fabula 1 (1958); C. A. Vulpius, Rinaldo Rinaldini. Neue Ausg. 1959; W. Nutz, Der Triv.rom., s. Formen u. s. Hersteller. 1962; D. Bayer, Der triv. Familien- u. Liebesroman im 20. Jh. 1963 (Zu enge lit. Wertung. Vgl. Bespr. in: Zs. f. Vkde 60, S. 291); M. Zimmermann, hg., Die Gartenlaube als Dokument ihrer Zeit. 1963 (Vgl. Reallex d. Dt. Lit.gesch. 1. Bd., [2]1958, ferner Dt. Jb. f. Vkde 10, 1964); E. Zahn, Die Gesch. d. Gartenlaube, in: Facsimile Querschn. d. G., hg. v. H. Klüter, 1963

(Zeit u. Umwelt; einseitig abwertend); G. Schmidt-Henkel u. a., hg., Triviallit., Aufsätze, 1964; M. Beaujeau, D. Trivialroman i. d. 2. H. d. 18. Jh., 1964 (Vgl. Bespr. Foltin in: Hess. Bll. f. Vkde 56. 1965, S. 170f.); W. Langenbucher, Der aktuelle Unterhalt.roman, 1964; G. Schneider u. E. Arndt, hg., Fortunatus. Ein Vb. aus d. Jahre 1509 (L. Schmidt »Das F.-Vb. ist in vieler Hinsicht das bezeichnendste Werk d. stadtbürgerl. Lit. um 1500«); R. Schenda, Kleinformen d. Triv.lit. aus sechs Jhh. Versuch e. imaginären Ausst. m. zehn Schaukästen, in: Beitr. z. dt. V.- u. Akde 10 (1966) S. 44–66 (Erfg. bes. der Kleinformen außerh. d. Romans nötig nach Prod., Inh., Umfang, Anspruch, Funktion); ders., Massenlesestoffe im kirchl. Schriftenstand, in: Pop. revisus, 1966; ders., Ital. Vl. i. 19. Jh. Einf. u. Bibl. z. Slg. ital. V.büchlein im Museo Pitrè Palermo, in: Arch. f. Gesch. d. Buchwesens 7 (1966). Vgl. Dt. Jb. f. Vkde 13 (1967) S. 504; M. Spiegel, Der Roman u. s. Publikum im frühen 18. Jh., 1967 (Drei Typen: Galanter R., Abenteuerr., moralis. Tendenzr. jeweils f. e. bes. Publikum. Ausführl. Bibliog.); A. Schmidt, Das Vb. v. Ewigen Juden, 1927 (Über die ungedr. Neubearb. vgl. Dt. Jb. f. Vkde 14. 1968); M. Lüthi, V.lit. u. Hochlit., 1970; A. Cl. Baumgärtner, Die Welt d. Comics. 1972.

Volksdichtung. Wie die → Volkskunst vorwiegend angewandte Kunst, Brauchkunst, ist, so ist Vd. in ihrem Wesen zweckbestimmte sprachl. Gestaltung, anders als die indiv., nach strenger Form strebende Schöpfung des Dichters im Sinne der Hochkultur. Zur Vd. gehört die mündl. Überlief., zur »Literatur« die Darst., Verbr. und Wirkung im gedruckten Buch. Vk. ist meist namenlos. So liegt auch in der Vd. der Ursprung (Ort, Zeit, Verf.) nur selten offen. Der Gehalt, der Lebensbezug ist wichtiger als die Form. Auf unmittelbare Wirkung zielen → Glückwunsch und Heischevers, → Segen und → Zauberspruch. Weisung und Lehre beabsichtigen → Spruch und → Sprichwort, → Rätsel und → Fabel. Wahres der Vergangenheit und Zukunft künden → Sage, → Orakel, → Wahrsagung und Prophetie. Das → Märchen glaubt an die Wirklichkeit des Wunders. → Witz regiert den → Schwank und die → Anekdote. Alle Gattungen berührt das → V.lied, das zwischen Vd. und → V.musik steht, in seinem tiefsten Wesen aber von der Weise, nicht vom »Text« bestimmt wird. → Klöpfeln, Neujahr, Fasnacht, Hochzeit, Gaßlbrauch, Heischerecht u. a. Bräuche und Feste in Jahreskreis und Lebenslauf.

A. Jungbauer, Vd. aus d. Böhmerwalde, Prag 1908; O. Brinkmann, Das Erzählen in d. Dorfgemeinschaft, 1933; A. Wesselski, Formen d. vkdl. Erzählgutes, in: Spamer, Vkde; R. Schmitz, Das Problem »V.tum und Vd.« bei Herder, 1937; Über d. Vd.-kategorien von v. Sydow vgl. Öst. Zs. f. Vkde 53 (1950); G. Henßen, Überlief. u. Persönlichkeit, 1951; Hugo Moser, Vd. u. Kunstdichtung in d. Auff. d. Romantiker, Rhein. Jb. f. Vkde 4 (1953); K. H. Langstroff, Lothringer V.art, Unters. z. dt.-lothring. V.erz. an Hand d. Slgn v. Angelika Merkelbach-Pinck, 1953; K. Haiding, Träger d. V.erz., Öst. Zs. f. Vkde 56 (1953); Stith Thompson, Motif-Index of Folk-Literature, 1955ff. (Vollendg. d. Katalogis.arbeit v. Antti Aarne u. d. »Finn. Schule«); A. Karasek-Langer, Die Donauschwäb. V.erz. in d. Gegenw., Jb. f. Vkde d. Heimatv. 3 (1956); M. Lüthi, Vkde u. Lit.wiss., Rhein. Jb. f. Vkde 9 (1958); G. Henßen, Wesenszüge d. westf. V.erz., Rhein.-westf. Zs. f. Vkde 5 (1958); H. Bausinger, Strukturen d. alltägl. Erzählens, Fabula 1 (1958); E. Thurnher, Rede, Spiel u. Erzählgut d. V. Zur Vorgesch. d. Vorarlbg. Lit., 1961; L. Röhrich, Erzählgn d. späten MA. u. i. Weiterleben in Lit. u. Vd. bis z. Gegenw., 2 Bde. 1962, 1967; L. Schmidt, Die V.erzählung. Märchen, Sage, Leg., Schwank, 1963; P. Wiepert, V.erz. v. d. Insel Fehmarn, 1964; W. Woeller, Erzählrahmen d. Weltlit., Dt. Jb. f. Vkde 11 (1965); K. Ranke, Kategorienprobleme d. V.prosa, Fabula 9 (1967); A. Jolles, Einfache Formen, ⁴1968; H. Bausinger, Formen d. »V.poesie«, 1968 (20. Jh.: »Folklorisierg. d. Lit.«); V.überlieferung, K. Ranke-Fs. 1968; Kurt Ranke, der Hg. der Zs. »Fabula«, ist auch Leiter des »Internat. Erzählarchivs« in Göttingen und Begr. der neuen »Enzyklopädie des Märchens«. Das »Hwb. d. V.sage« von W.-E. Peuckert ist nicht über drei Lief. hinausgekommen. Der Erfg. der Vd. dienen heute die Intern. Society for Folk-Narrative Research und deren Tagungen und Berichte (Athen, Kiel, Kopenhagen, Antwerpen, Budapest u. a. Vgl. K. Ranke, hg., Vorträge u. Referate, 1961).

Volksetymologie. Etymol. ist die Lehre von der Herleitung der Wörter aus ihren Stämmen und Wurzeln. Nach den antiken Stoikern sollte sie das wahre Wesen der Wörter enthüllen (*etymos* ›wahr‹).

Ein wiss. Verfahren entwickelte jedoch erst die Sprachwiss. des 19. Jh. Unter Ve. verstehen wir das Bemühen der V.sprache, bes. der → Mundart (selten der Hochsprache, »Gelehrtenetymologie«), sich Nicht- oder Halbverstandenes, in erster Linie ein wiss. Fach- und → Fremdwort mundgerecht und sinnvoll zu machen (Rheumatismus >Reissmatismus; *Levisticum* >Lobstichel, Luixenstichel, Lewerstock, → Liebstöckel; *Foenum graecum* > Fein Gretchen; *Arcubalista* > Armbrust). Ve. ist selten ein bares »Zersprechen« (F. Maurer), wie man die Umformung unverstandener Strophen oder Zeilen eines → V.lieds als »Zersingen« bezeichnet, – meistens ist es ein sinn- und phantasievolles, oft humorbetontes und witziges Um- und Neusprechen. In tausendfacher lautl. oder bildl. Assoziation gleicht die V.sprache das Fremde seinem Wachstumsboden an, schnell oder allmählich. Infolge des lautl. Anklangs wird der hl. Augustin bei Augenleiden, der hl. Valentin bei Fallsucht angerufen, wie S. Vincent von den frz. Weinbauern verehrt wird (vin = Wein). *Eryngium* wird zu Orengel, weil die Pflanze Mannstreu bei Ohrenleiden verwendet wird. Kanapee wird zum Kannbett, Komfort zum Kommfürken als westfäl. Bez. des tönernen Kohlenbeckens zum Fußwärmen. Ve. reicht in die sprachl. Oberschicht hinauf. Auch die → Schriftspr. nennt den Attentäter nach Attentat (von lat. *attentatum* ›Anschlag‹), das durch die Zeitungen des 30j. Krieges Verbreitung fand. Auch im gedruckten Katechismus ist von der Sündflut die Rede, das sich durchsetzte trotz dem richtigen Sindflut bei Luther (ahd., mhd. *sinvluot* ›allg. Überschwemmung‹). Wahnwitz hat mit Wahn nichts zu tun, sondern leitet sich her vom mhd. *wanwitze,* ahd. *wanawizzi,* das ›leer an Witz, unverständig‹ bedeutet. Eine Nachbildung davon ist auch das Wort Wahnsinn. Den manchmal langen Weg einer Ve. beleuchtet unser Wort Hängematte. Kolumbus, der sie bei Eingeborenen auf Haiti sah, gebrauchte für sie das westind. Wort *hamaca.* Über den Gebrauch der Matrosen kam das Wort nach Frankr. (*hamac*) und Holland (*hangmak*). Seit Aldenburgks Westind. Reise (1627) bürgerte sich das nhd. Hengmatten ein und wurde allg. durch F. L. Vischers Übers. von »Robinson Crusoe« (1720).

Auch Wörter der eig. Mundart, die man nicht mehr versteht, werden durch Ve. umgebildet. Auf diese Weise hat sich manches alte, sonst ausgestorbene Wortgut erhalten. Im Westerwaldgebiet ist noch das Mundartwort Hillich für ›Verlobung‹ bekannt. Altes *hi-leich* bed. ›Ehe-lied, dem Brautpaar zu Ehren ein Lied singen‹. Leich in der Bed. ›Lied‹ ist schon lange ausgestorben. So stellte sich früh (Anfang des 16. Jh.) eine Umdeutung von Hillich zu Ehelich ein (A. Bretschneider). Reiber, Sack, oder Reibersack als Bez. einer Innentasche im Rock der alten Männertracht wird nicht mehr verstanden und zu Räubersack. Das Grundwort in Bienenkorb ist eine Ve. für altes *-kar,* das zum Wort → Kasten gehört und heute nur noch in mundartl. Resten wie Leichkar ›Sarg‹ enthalten ist. → Belzebub u. a.

K. G. Andresen, Über dt. Ve., 1919[7]; H. Paul, Prinzipien d. Sprachgesch., [5]1920; W. Will, Die V.sprache, in: Peßler, Hb.; H. Marzell, Wb. d. dt. Pflanzennamen, 1937 ff. (Fast jeder Pfn. bietet Beispiele für Ve.); A. Bertholet, Wortanklang u. Ve. in ihrer Wirkg. auf rel. Glauben und Brauch, 1940; I. Arends, V.tüml. Namen d. Arzneimittel usw., 1961.

Vfest → Feste, Jahrmarkt, Vbrauch, Cannstatter V. u. ä.

Volksfrömmigkeit. Relig. Vkde. Diese Begriffe haben sich in den l. Jahrz. eingebürgert, obwohl besser von einer Vkde. des Religiösen gesprochen würde. Die Kirchen entdeckten in der Vkde. nicht nur eine starke und zuverlässige Hilfe für die prakt. und psychol. Erfordernisse der Seelsorge, sondern auch einen Weg zu grundsätzl. Besinnung der systemat. Theologie. Für diese neue Orientierung geben die Stichw. des Wb. der Relig. von A. Bertholet (KTA 125, ²1962) eine Fülle von Belegen. In die neue Ausgabe des Lex. f. Theol. und Kirche wurden an 400 vkdl. oder für die Vkde wicht. Beiträge aufgenommen (vgl. Übers. v. Kl. Beitl in: Öst. Zs. f. Vkde 69, 1966).

Die beste Einf. in die Problemstellung der R. V. gab L. A. Veit in seinem Werk »Volksfr. Brauchtum und Kirche im dt. MA.«, 1935, das angeregt wurde durch eine Preisaufg. der Freiburger theol. Fak. mit dem Thema: »Der kultur- und vkdl. Gehalt der dt. kath. Kirchen- und Polizeiordn. des 17. Jh.«. Nach einer Darst. des »mal. Volksfr. im Brauch« im allg. (Reliquien, Heilige, Wallf., Weihungen u. a.) erläutert Veit das Miteinander und zuweilen auch Gegeneinander von V.brauch und Kirchensitte in Jahreslauf und Menschenleben (reiche Lit.). Das spätere Werk (Veit u. Lenhart, Kirche u. Vf. im Zeitalter des Barock, 1956) wird ergänzt durch die Darst. von L. Kretzenbacher, die die Welt der Zeichen und Bilder, ihre Deutg. und Anwend. stärker berücks. J. Baumer stellt die Frage nach der Bed. der Vf. in einer Kirchenerneuerung nach dem Vatik. Konzil von 1965 und in der »Industriekultur«. – Den Hauptteil der Vkde-Slg. des Bayer. Nat.mus. in München stellt die bes. Süddtl. und Österr. betr. Slg. Kriss zur R. Vkde dar. Neuerd. wendet sich die Fg. auch mehr den kleineren relig. Gruppen (→ Adventisten u. a.) zu. Ält. Lit. s. Ausg. 1955 dies. Wb.

N. Curti, V.brauch u. Vkde im kath. Kirchenjahr, 1947; G. Mensching, Gut und Böse im Glauben d. Völker, 1950²; L. Röhrich, Lit.ber. in: Bll. f. Pfälz. Kirchengesch. . . ., 1951; R. Kriss, Die Vkde d. Altbayer. Gnadenstätten, 3 Bde., ²1953; R. Noll, Urgesch. d. Christent. in Österr., 1954; M. Buchberger, Lex. f. Theol. u. Kirche, 10 Bde., ²1957–65; A. Coreth, Pietas Austriaca. Urspr. u. Entw. barocker Frömmigk. in Österr., 1959 (Zeigt d. bed. Einfluß der habsb. Dynastie u. i. Staatsauff. mit der Betonung v. Eucharistiekult u. Marienverehrg. gegenüber d. allg. Heiligenkult des V.); J. Baur, V.frommes Brauchtum Südtirols, 1959; Bayer. Frömmigkeit. 1400 Jahre christl. Bayern (Zur Ausst. München 1960); L. Kriss-Rettenbeck, Zur Aufst. d. Slg. Kriss-R. im Bayer. Nat.mus., Bayer. Jb. f. Vkde (1960); L. Kretzenbacher, Heimat im V.barock, Kulturhist. Wanderungen in d. Südalpenl., 1961; Rel. Vkde. Fünf Vorträge usw., München 1964, Inst. f. Vkde (R. Kriss, G. Mensching, R. Weiß u. a.); I. Baumer, H. Christoffels, G. Mainberger, Das Heilige in Licht u. Zwielicht, 1966; I. Baumer, Vf. u. K.erneuerung, Einsiedeln 1966; O. Harmening, Vorbem. z. e. Gesch. d. Vf. im Zeitalt. d. Gotik, Zs. f. Vkde 63 (1967); M. Scharfe, R. Schenda, H. Schwedt, Vf. Bildzeugn. a. Vergangenh. u. Ggw. 1957; B. Goy, Aufklärung u. Vf. i. d. Bist. Würzbg. u. Bambg. 1968; W. Heim, Klimawechsel in d. kath. Vf. d. Schweiz, Schweiz. Arch. f. Vkde 64 (1968); E. Moser-Rath, Vf. im Spiegel d. Barockpredigt, Zs. f. Vkde 65 (1969).

Volksgeist. Während das Wort Nationalgeist seit 1761 belegt ist, das der Vorstellg. von Montesquieus (1689–1755) »esprit général d'une nation« folgte, schlug Campe 1794 dafür Vg. vor, wie J. G. Herder vom unbewußten Schaffen des Vg. sprach. Die Vkde. begreift im Vg. die geist. Wesenheit, die allen kultur. Schöpfungen der Gemeinschaft wie Glaube und Brauch, Kleid und Gerät, Sprache, Dichtung und Recht zugrundeliegt. Ähnlich sieht auch die Völkerpsych. (W. Wundt) im Vg. das Bleibende, das stetige Entw.reihen schafft, während die einz. Menschen kommen und gehen.

J. H. Campe, Wb. z. Erklärg. u. Verdeutschg. der uns. Sprache aufgedrung. fremden Ausdrücke, 1801; Rothacker, Einl. i. d. Geisteswiss., ²1930.

Volksglaube. Das Wort erscheint öfter gegen Ende des 18. Jh., Aberglaube (A.) dagegen schon im 15. Jh., und hat den abwert. Sinn wie frühnhd. Abergunst, Abername (›Mißgunst‹, ›Spottname‹) u. ä. Von Vg. sprechen wir im gleichen Sinn wie von V.lied, V.brauch usw. Vg. ist das, was das Volk zumal in bezug auf die außer- und übernatürliche Welt für wahr hält. Dabei bedeutet es nur einen untergeordneten Unterschied, ob solche transzendente Schau und Offenbarung unmittelbar dem Schoße des Volkes und seiner Gemeinschaftskultur entspringt, oder ob sie »von oben« kommt, von einer bestimmten kirchlichen oder philosophischen Lehre her, und dann erst im Volke verwandelt, seiner Denk- und Schauweise anverwandelt wurde. Dagegen K.-S. Kramer: »Wir verwenden das Wort Vg., um eine nur umständl. zu begründ. Defin. zu umgehen, als einen hypothet. Arbeitsbegriff, der dem des Kirchenglaubens entgegengesetzt ist« (s. u. Urfehdeb. S. 43). Nur aus dem Anspruch der Alleingültigkeit einer Kirchenlehre od. einer Philosophie ist die Bez. A. verständlich. Der Ausdruck könnte beibehalten werden für die Erscheinungen im Vg., die deutlich »gesunkenes Kulturgut« darstellen (Beispiele unter Abendmahl, Heilige, Reliquie), aber in einer vkdl. Fragest. scheiden am besten beide Bez. – A., gesunkenes Kulturgut – ganz aus, da sie ein Werturteil enthalten, mit dem bis in die Gegenw. auch z. B. die → V.sprache, der Dialekt, die Mundart der Heimat bedacht wurde. Daß nur kirchl. Glaube den Namen Vg. verdiene, davon scheint auch L. Schmidt auszugehen, wenn er älterem geglaubtem Brauch (Heiligenverehrg., Wallfahrt u. a.) jüngeren »Brauch ohne Glauben, aber nicht ohne Sinn« entgegenstellt und dazu z. B. Weihn.baum, Adventskranz, Grundsteinleg., Fahnenweihe, Einweihg. u. dgl. rechnet (s. u. Lit.). Die wiss. Unhaltbarkeit des Begriffes A., den leider das »Handwörterbuch des dt. A.« in seinem Titel (viel weniger in seinen Beiträgen) festhält, hat schon Goethe dargetan und kurz gefaßt: »Praktisch genommen lassen sich Glaube und A. nicht unterscheiden. Beim Glauben kommt alles darauf an, daß man glaube; was man glaube, ist völlig gleichgültig. Mit dem Wissen ist es gerade das Gegenteil; es kommt gar nicht darauf an, daß man wisse, sondern was man wisse, wie gut und wieviel man wisse«.

Weit mehr als die Volkssprache, die tönt, sich in der Schrift darstellt, den Partner und die Gesellschaft verlangt, mehr als z. B. Volksschauspiel und Volksbrauch, die sichtbar werden und sich darstellen, mehr als Tracht, Schmuckstück und künstlich geformtes Gerät entzieht sich der G. des Volkes dem Zugriff des Forschers. Er »sitzt tiefer« und ist überall vorhanden, auch in den Großstädten und unter den Menschen, die längst zu den Gesetzen rein logischen Denkens vorgedrungen zu sein glauben. Thomas Mann schreibt in der Nov. »Das Eisenbahnunglück«: »Ja, das war das Eisenbahnunglück, das ich erlebte. Einmal mußte es ja wohl sein. Und obgleich die Logiker Einwände machen, glaube ich nun doch gute Chancen zu haben, daß mir sobald nicht wieder dergleichen begegnet«. Das Glauben kann sich, wenn auch aus dem Geiste der Gemeinschaft,

viel leichter im stillen und im einzelnen vollziehen. Es ist nicht nur ein Tun, sondern auch eine Haltung.
Darin liegt es begründet, daß wir auf dem Gebiet des Vg. so vieles finden, was wir als Völker- od. Menschheitsgedanken, als → Elementargedanken bezeichnen müssen. Gestalteter Brauch oder ein Jahreslaufspiel tragen bei aller »primitiven« Verwurzelung fast immer auch das Gesicht eines Volkes, seiner Landschaft, seines gesch. Schicksals. Viel verwandter, wenn auch der Entstehung nach unabhängig, sind unter den Völkern die Gefühle und Vorstellungen, die sie bewegen angesichts der Naturgewalten und -erscheinungen (z. B. → Erdbeben, Blitz, Finsternis, Fata Morgana, Kometen) und angesichts der Geheimnisse von → Traum und → Schlaf, → Geburt und → Tod, schließlich der Zukunft überhaupt. Der G. an das Dasein einer → Seele und an deren Gestalten (→ Animismus [Präanimismus], Mund, gähnen, Ohr, Wiedergänger), an einen der Seele verwandten Kraft- und Lebensstoff (→ Orenda, Kopf, Schädel, Herz, Fuß, Hand, Reliquie, Blut, Speichel, Kot, Fingernägel, Nachgeburt) zeigt viele »ethnographische Parallelen«. Die stellvertretende Macht von → Bild und → Maß, Gewicht (→ wiegen), → Name (→ Euphemismus) und → Maske ist durch alle Zeiten lebendiger Glaube. → Geister, → Dämonen, → Heilige und → Fetische finden wir unter verschiedenen Bezeichnungen, aber dem Wesen nach gleich oder ähnlich bei vielen Völkern (→ Talisman, Amulett, Alraun usw.). Damit verbunden sind die Begriffe und Gebote der Meidung (→ Tabu), der → Übertragung der Kraft durch → Berühren, Anbinden usw. (→ Volksmedizin). Die höhere Macht, Gott, Dämon und Fetisch werden durch → Gebet verehrt, durch → Opfer besänftigt oder beschenkt, durch Weihegaben, → Gelübde und → Wallfahrt angefleht, durch → »Segen« und → Zauber genötigt und gezwungen. Fluch od. Segen, ungünstige oder günstige Macht wird abgewehrt und herbeigezogen durch tausend ähnliche Formen des Zaubers (→ besprechen, gesundbeten, Analogiezauber, Fruchtbarkeit, Glückwunsch, berufen, böser Blick, Hexe). → Steine und → Pflanzen, → Tiere und → Sterne, Zeichen und Bild, Wort, Lied und Handlung treten in den Dienst dieser übernatürlichen Beeinflussung übernatürlicher Kräfte (z. B. → Belemnit, Donnerkeil, Knabenkraut, Wetterblumen, Fledermaus, Kreis, Freitag, Benedikt, Nestelknüpfen, backen, durchziehen, Baum). Altertumskunde, Religionswissenschaft u. Völkerkunde haben ferner nachgewiesen, daß → Keuschheit »im Glauben und Kult fast aller Völker häufige Vorbedingung heiliger und magischer Handlungen« ist (E. Fehrle). Gleiches gilt von anderen Maßnahmen, die Kult und Zauber bedingen oder fördern (→ Schweigen, Nüchternheit, Fasten, Nacktheit, finden, umgekehrt usw.). – Endlich sind es im beonderen Maß die einfachen Formen der Zukunftsenthüllung (→ Vorzeichen, Angang, Zucken, Orakel, Wahrsagung), die zu den »am weitesten über Zeiten und Räume verbreiteten Erscheinungsformen des Aberglaubens gehören« (F. Boehm).
Trotzdem wir die Grundlage vieler Sätze des Vg. als geschichtslos bezeichnen müssen – im gleichen Sinne wie wir etwa auch von der Zeitlosigkeit vieler Schöpfungen der → Volkskunst sprechen –, ist die Frage nach der Geschichte doch grundsätzlich überall zu stellen.

Vom germanischen Götterglauben finden wir weniger Spuren im späteren Vg., als man früher annahm (→ Wodan, Donar, Ziu, Balder, Freyr, Fro, wilde Jagd, Mittwoch, Donnerstag, Dienstag, Frija, Freyja, Nerthus, Holle, Bercht, Nornen, Idisi, Walküren, Matronen, drei heilige Frauen). Die germ. Vorstellung vom → Jenseits (→ Walhalla) und Totenreich, von → Weltentstehung und → Weltuntergang sind noch gründlicher von den christl. Begriffen Himmel, Paradies, Fegfeuer, Hölle verdrängt worden. Allerdings bedarf es überall besonderer Prüfung, wieweit germ. Gehalt in christl. Form gehüllt wurde oder wieweit ererbte Anschauung aus dem Vg. selbst heraus in die kirchl. Lehre hineindrang (→ Michael, Georg, Martin, Gertrud, Himmelfahrt Mariä, Kirmes, Johannes d. T., Nikolaus, Weihnachten usw.). Das gilt von vielen Weihen und → Segen, besonders aber von der bis heute in der Kirche wie im Vg. bekannten Sitte des → Minnetrinkens. Hugo von Freising berichtet, wie die Bayern noch den heiligen Gedächtnis- und Ehrentrunk den Göttern und Christus zugleich darbrachten. Auch die Sitte des → Weihnachtsbaumes, des → Notfeuers, der → Jahresfeuer (→ Martin, Ostern, Johannistag), der Fruchtbarkeits- und Seelenopfer, der Zauber- und Orakelsprüche, Bräuche bei Hochzeit und Dorfversammlung, überhaupt zahlreiche Rechtsbräuche können wir der Wurzel nach aus germ. Zeit herleiten, obwohl eindeutige, zeitgleiche oder zeitnahe Zeugnisse (→ Indiculus, Konzil, Burchard von Worms, Caesarius von Arles, Nikolaus von Dinkelsbühl, Nikolaus von Jauer) verhältnismäßig selten sind. Der Weihnachtsbaum im heutigen Sinn ist erst im 16. und 17. Jh. bezeugt, von Martins- und Johannisfeuer hören wir zuerst im 14. und 15. Jh. Aber Charakter und Verbreitung dieser und ähnlicher Bräuche lassen die Annahme zu, daß auch in vorchristl. Zeit der grüne Segenszweig (→ Lebensrute) und das heilige, läuternde → Feuer bekannt und im Brauch verehrt waren. Auf eines muß jedoch noch hingewiesen werden: mit der Zurückführung eines Vg.satzes oder Brauches in vorchristl. Zeit ist für die dt. Vkde ein wichtiges Arbeitsziel erreicht, die Forschung als solche aber noch lange nicht zu Ende. Es drohte sich ein oberflächlicher, unwissenschaftlicher Sprachgebrauch einzubürgern, der »Germanen« und »germ.« als letzte, nicht mehr teilbare, geschichtslose Einheit auffaßt. Wenn man in der früh- und vorgesch. Aufzweigung des Germanentums auch nicht so weit geht wie z. B. Hermann Güntert (Der Ursprung der Germanen, 1934) und mit ihm innerhalb der Vkde z. B. Friedrich Pfister (Der Vg. In: Spamer, Die dt. Vkde, 1934), so muß man jedenfalls das vorchristl. Germanentum als eine reich entwickelte Kultur verstehen lernen, die durch Züge der stammlichen Gliederung, der Auseinandersetzung mit Nachbarn (Kelten, Römer, Slaven) und der eigenen Gesch. (Wanderungszeit, Indogermanentum, vorindogerm. Bevölkerungsschichten) gekennzeichnet ist.

Dieser Hinweis verdient unterstrichen zu werden auch in der Frage nach antiken Einflüssen im dt. Vg. Mit dem Satz »schon die alten Griechen« ist auch hier nichts Endgültiges gesagt. Gerade in den v.mäßigen Überlieferungen, die über Humanismus und MA. (→ Paracelsus, Faust, Böhme, Agrippa, Albertus Magnus, Konrad von Megenberg, Hildegard von Bingen, Kräuterbücher, Volksmedizin) nach Rom und Griechenland weisen, stehen in der Mehrzahl der Fälle hinter der → Antike (Plinius, → Dioskurides, Astrologie, Alchimie, Magie, Horoskop, Mantik, Kalender, Bauernpraktik, Monatssteine, Chiromantie, Nekromantie, Homunkulus, Okkultismus) ältere Kulturen, besonders die Babylonier, Assyrer, Perser und Ägypter (→ Apokalypse, Ägypten, Buch Moses, Chaldäer). Es ist überhaupt weniger das klassische Griechenland Homers und Platos als der spätgriechische Hellenismus mit seiner mystischen Spekulation, mit seiner Verschmelzung orientalischen und europäischen Geheimwissens, was im Spät-MA. im dt. Vg. Eingang fand. Mit dem Neuplatonismus vielfach verknüpft ist auch die Kabbala, die Jacoby bezeichnete als »die Reaktion auf den im Aristotelismus des MA. auch in der jüd. Religionsphilosophie sich ausbreitenden Rationalismus«. Im Glauben an die geheime Kraft von → Zahl, → Namen und → Buchstaben wirkt die Kabbala nach (→ Buch Moses, Höllenzwang, Alpha, Dreieck).

Unter den Erscheinungen des dt. Vg. von historischer Prägung überwiegen die christlicher Herkunft. Die göttlichen Personen der christlichen Lehre (→ Christus, Maria, Gott), die großen Feste (→ Weihnachten, Dreikönig, Ostern, Pfingsten, Himmelfahrt, Fronleichnam) und Kultzeiten (→ Advent, Fastenzeit, Karwoche), die Weihen, Sakramente u. Sakramentalien (→ Taufe, Abendmahl, letzte Ölung, Bittgang, Wallfahrt, Gelübde, Opfer, Votivtafeln), ganz besonders der kath. Kult der → Heiligen, der → vierzehn Nothelfer, Schutzpatrone (→ Katharina), ihrer → Reliquien und Gnadenstätten (→ Andachtsbild) haben zu allen Zeiten auf den Vg. die allergrößte Wirkung geübt. Die Übergänge von rein kirchl. und weltl., volksgläubigem Gebrauch (»Aberglauben«) sind hier ohne Zahl. Eine besonders enge Verknüpfung von Vg. und kirchlicher Lehre hat stattgefunden in den für den Glauben und Brauch aller Völker so wichtigen Stufen des Lebens: Geburt, Hochzeit und Tod.

Die Stellung uns. Zeit zum Vg. ist zwiespältig. Neben rationalist. Ablehnung (H. Gottschalk, J. Kruse), die im Vg. eine Art Geisteskrankheit sieht, steht die geradezu mod. Ausbeutung dieser Vorst.welt in Musik, Lit., Schauspiel, Film und Fernsehen. Der prot. Theologe P. Bauer stellt ein erschreck. Anwachsen der Anhänger des Vg. in seinen mod. Ersch.formen fest. Die kath. Kirche übt neuerdings große, nicht allen Gläubigen verständl. Zurückhaltung gegen V.brauch und Vg., vor allem in der Gestaltung des Proz.- und Wallf.wesens, der Heiligen- und Reliquienverehrung und der sog. → Sakramentalien (Kräuterweihe, Glockenweihe u. ä.). Andererers. bez. ein Nervenarzt wie K. Zucker den Vg. als etwas »Normales« und als Möglichkeit des Erlebens bei jedem Menschen. An der Univ. Freiburg i. B. gründete Prof. H. Bender ein Institut, das sich mit dem Vg. als e. Grenzgebiet der Psychologie beschäftigt. In der Vkde der Gegenw. mißt R. Kriss »gerade der Erfg. des Vg. eine zentrale Bed. bei« (in: Rel. Vkde 1964).

Handbücher (A. = Aberglaube): J. Grimm, Dt. Mythologie, 1835. 4. Ausg. v. E. H. Meyer. 3 Bde., 1875–78; A. Wuttke, Der dt. Volksa. d. Gegenwart, 1860. 4. Aufl., 1925; Handwörterbuch d. dt. A. (HDA), hg. v. H. Bächtold-Stäubli mit E. Hoffmann-Krayer, 1927–42, 9 Bde.; E. u. M. A. Radford, Encyclopaedia of Superstitions, London 1948; Funk and Wagnals, Standard Dictionary of folklore, mythology and legend, 1949 ff.; H. Haberlandt, Mächte d. Schicksals. Enzykl. d. anthropol. Wiss. usw., 1953. **Vg.forschung u.**

-sammlung: H. L. Fischer, Das Buch v. A., 1790–94; W. F. L. Schwartz, Der heutige Vg. u. d. alte Heidentum in Bezug auf Norddtl., bes. d. Mark Brandenbg. u. Mecklenburg, 1862²; C. Meyer, Der A. d. MA. u. d. nächstfolg. Jhh., 1884; A. Hellwig, Verbrechen u. A., 1908; A. Franz, Die kirchl. Benediktionen i. MA. 2 Bde., 1909; A. Freybe, Der dt. Volksa., 1910; K. Helm, Altgerm. Relgesch. 1. Bd., 1913; E. Jung, Germ. Götter u. Helden in christl. Zeit, 1922; F. Graebner, Das Weltbild d. Primitiven, 1924; A. Lehmann, A. u. Zauberei, 1925³; H. Naumann, Christentum u. dt. Vg., Zs. f. Dtkde. 42 (1928); F. Pfister, Die Rel. d. Griechen u. Römer, 1930; F. Hempler, Psychol. d. Vg. usw., 1930; J. v. Negelein, Weltgesch. d. A., 1931; R. Beitl, Vg. d. Großstadt, in: Dt. Vtum d. Gegenw., 1933; R. Thurnwald, Primit. Denken, in: Ebert Reallex.; F. Pfister, Vg., in: Spamer, Vkde; K. Bornhausen, Vg., in: Peßler, Hb.; J. v. Negelein, Haupttypen d. A., 1935; F. Pfister, Dt. Vtum in Glauben u. A., 1936; L. Brixius, Erschein.formen d. Vg., 1939; R. Schulze, Die Anfänge d. Vg.-fg., 1940; K. Wagner, A., Vg. u. Erfahrung, 1941; M. P. Nilsson, Ny folklore och gammal folktro. C. W. v. Sydow, Religionsforskning och folktradition. Beide in: Folkminnen och Folktankar, Göteborg 28 (1941) (Auseín.setzg. Trad.: neue Vkde); W. E. Peukkert, Vg. d. Spät-MA., 1942; R. Kriss, Der Standort d. Vg.forschg. usw., Österr. Zs. f. Vkde 50 (1947); A. Dörrer, Hochreligion u. Vg., in: Vkdl. aus Öst. u. Südtirol, H. Wopfner-Fs. 1947; K. Zucker, Psychol. d. A., 1948 (Nervenarzt); E. Stemplinger, Antiker Vg., 1948; A. Spamer, Zur A.bekämpfung d. Barock. Ein Hb. d. dt. A. von 1721 u. s. Verfasser, 1950 (Pfarrer G. C. Zimmermann); G. M. Ritz, Natternzungenbäume, Bayer. Jb. f. Vkde (1951) (V.haftes Verhalten d. Oberschicht; vgl. auch H. Wieser, Der Brautbecher d. Margareta Maultasch, 1965. → Becher); G. Roeder, Vg. im Pharaonenreich, 1952 (Zauber- u. Amulettwesen; Wirkgn. ins Abendl. u. Christent.); F. Pfister, Prolegomena zu e. dt. Glaubensgesch., Spamer-Fs. 1953 (Pf. untersch. Vg. – Aberglaube – V.religiosität); H. Noack, Bauernglaube i. d. Wandlung, in: Zs. f. Agrargesch. u. A.soz. 4 (1956); W. Gaerte, Vg. u. Br.tum Ostpreußens, 1956 (25 Aufs.); G. Mensching, Das Wunder im Glauben u. A. d. Völker, Leiden 1957; M. Werner, Glaube u. A., 1957 (Aufs. u. Vorträge); A. Büchli, Mythol. Ldkde. v. Graubünden, 1. Teil 1958; A. V. Rantasalo, Einige Zaubersteine u. Z.pflanzen im Va. der Finnen, Hels. 1959; K. Koch, Stud. zu Kult u. Glauben d. Römer, hg. v. O. Seel, 1960; H. Auhofer, A. u. Hexenwahn heute, 1960 (Stellt zu einseitig »Abergl.« gegen »Hochrelig.«, für deren Zerfallsprodukt jener gehalten wird); R. Kriß u. H. Kriß-Heinrich, Vg. im Bereich d. Islam, Bd. 1: Wallf.wesen u. Heil.verehrg., 1960 (A. Hermann: »in e. vom ›christl. Abendland‹ abgegrenzten Bereich sind hier in idealer Weise typol. Ablag. e. mehrtausendj. Rel.gesch. zu erkennen«). – Bd. 2, 1962: Amulette, Zauberformeln u. Beschwör. (L. Schmidt: »Hier . . . zeigt sich die erstaunl. große Unabhäng. d. Glaubens an Magie, an den bösen Blick, an Beschwör. u. Heilpraktiken von d. herrsch. Konfessionen«); J. Schwebe, Vg. u. V.brauch im Hannov. Wendland, 1960 (Vor Beginn d. Ostkolonis. lag das H. W. an der germ.-slaw. Sprachgrenze; slaw. Relikte bis ins 17. u. 18. Jh.); G. Siegmund, Der Glaube d. Urmenschen, 1962; L. Kriß-Rettenbeck, Bilder u. Zeichen rel. Vg., 1963 (Anhand d. Slg. R. Kriß; K.-S. Kramer: vereinfachend, sieht zu wenig die »Doppelbödigkeit d. v.gläubischen Praxis«); P. Bauer, Horoskop u. Talisman. Die Mächte d. heut. A. u. d. Macht d. Glaubens, 1963 (Zu enges Urteil v. prot.-theol. Standp. aus; weist auf d. neuerl. Zurückhaltg. d. kath. Kirche gegenüber d. Sakramentalien hin; prangert grassier. Betrug u. Geschäftemach. an); H. Bausinger, Aufklärung und A., in: Dt. V.js. f. Litw. u. G.gesch. 37 (1963) (Dem wilden Kampf d. 1. Jh.hälfte folgte gegen 1780/90 eine mehr psychol. Betrachtg.); G. Mensching, Wesen u. Bed. d. Vg. i. d. Universalrel., in: Rel. Vkde, 5 Vorträge usw., 1964 (Vgl. Öst. Zs. f. Vkde 68.1965; 177 ff., L. Kretzenbacher); H. Gottschalk, Der A. Wesen u. Unwesen, 1965 (Sieht im Vg. eine Art Geisteskrankheit; negativ wie das Hexenbuch von J. Kruse. Vgl. Beitr. z. Dt. V.- u. Akde. 10 1966, 159 f.); A. Graf. Miti, leggende e superstizioni del Medio Evo, 2 Bde., Neudruck Bologna 1965; L. Schmidt, Vg. u. V.brauch. Gestalten, Gebilde, Gebärden, 1966 (20 Studien); J. Hampp veröffentl. e. 3 m lange Zauberrolle; in: Zaub. u. Frömm. aus d. 17. Jh., 1966; R. Brasch, Dreimal schwarzer Kater. Aus d. Engl. v. H. Kotthaus, 1968; H. Wagener, Eberhard Werner Happel – Vernunft u. A. im Spätbarock, Hess. Bll. f. Vkde 59 (1968); D. Harmening, A. u. Alter. Fs. J. Dünninger, 1970; J. Hasenfuss, Kirche u. Vg. ebd.; Fs. M. Zender, 1972 (mehrere Beitr.). **Bibliogr.:** J. G. Th. Grässe, Bibliotheca magica et pneumatica, 1943, Neudr. 1960; A. L. Caillet, Manuel bibliogr. des Sciences psychiques ou occultes, 3 vol. 1912; C. Clemen, Rel.gesch., Bibliogr. 14 ff. (1917 ff.); E. Hoffmann-Krayer, A., im HDA I, 64–87; – Über ältere Quellen d. Vg. vgl. bes. E. H. Meyer, Germ. Mythol., 1891; J. Hansen, Zauberwahn usw., 1900; A. Spamer forderte ein Quellencorpus bis mindestens 1800. Weit. Lit. → die einz. Stichw., bes. Germanen, Heilige, Hexe, Magie, Maria, Okkultismus, Pflanze, Tiere, Vbrauch, Vkde, Vmed.

Volkskleid, Tracht. Wie der Begriff → V.sprache haupts. die → Mundart, aber auch gemeinschafts- und überlief.gebundene Grundhalt. und Formen der Sprache neben und über den landsch. Dialekten umfaßt, so ist der Begriff der → Tracht dem des V. unterzuordnen (vgl. → Bauernhaus und → Haus). Mindestens seit anderthalb Jhh. lebt die T. neben wenigen, vor allem alpenländ. und mitteldt. Großlandsch. nur noch in mehr oder minder ausgedehnten Kleinlandsch. und Inseln. In gesch. Zeit wie noch in der Gegenwart gibt es aber neben und nach der T. Kleidersitten, die in best. Gebieten oder im ganzen Volk, in einer best. oder in fast allen soz. Schichten, auf dem Land oder in der Stadt von einer sichtb. oder unsichtb. Gemeinschaft eingehalten und überlief. werden. Nicht nur in Sprache, Eßsitte und Gebärde, sondern vor allem auch in der Kleidung und Ausrüstung ist »der Deutsche« im Ausland zu erkennen und oft genug Anlaß zu gut- oder böswilliger Karikatur, selbst noch in uns. Zeit des gleichmach. Auto- → Turismus und der Teenager-T. Aber auch innerh. der Grenzen dt. Sprache und Kultur gibt es Landsch. des Vk. Lodenhut und -mantel, kurze Hose, Bergschuhe und Rucksack wie das Dirndlkleid und Kopftuch der Frauen sind in den Alpenländern, aber auch in Wien oder München geläufige Ersch., in Norddtl. fallen sie auf. Wer in Berlin in kurzen Hosen und grünem Lodenmantel auf der Straße erscheint, wird sanft verspottet als »Förster«, »Jägersmann« oder »Herr Rittmeister«. Dabei vergessen junge Mitbürger, daß sie – übrigens auch im Kampf gegen Barett und Talar der Richter und Dekane – sich mit langem Haar und Bart – vom übrigen zu schweigen – einer intensiven und hochaltertüml. T. bedienen. Heimatrecht haben im N, auch in den Städten, blaue »Schiffermütze« und, mindestens im Garten, auch der derbe → Holzschuh. Aber auch die Gebärde, die in gewissem Sinn ein Teil der T. ist, wird je nach Landsch. verschieden beurteilt. Den Hut »auf der Schneid«, den Mantel locker auf beiden oder auf einer Schulter zu tragen ist im N »salopp« oder mindestens »unordentlich«, im S ganz geläufig. Genauere Beob. als sie bisher geübt wurde, würde eine Fülle solcher Züge zutagefördern. Es wäre auch verwunderlich, wenn die dt. Temperamente, wenn Klima, Landsch., Arbeit und soz. Schichtung nicht ihren Niederschlag fänden im Kleiderbrauch, so sehr heute Modezeitung, Kaufhaus und Fernsehen ausgleichend wirken.

Auch die eigentl. Mode zeigt viele Abstuf. nach Intensität, Dauer und Verbr. Was heute in der Wiener Kärntnerstraße gezeigt wird, erscheint in Stoff und Schnitt etwas vereinfacht in zwei bis drei Jahren auf dem Lande. Es ist bekannt, daß die Häuser der Großstadt das, was auch im Ausverkauf nicht an den Mann zu bringen war, im gleichen Zeitmaß etwa in der »Provinz« durch kleine Kaufleute anbieten. Dem zeitl. Gefälle entspricht ein soz. In einem Bergtal wie dem Montafon z. B. gehen die neun Gemeinden heute im ganzen »mit der Mode«, im Haupt- und Fremdenort Schruns aber gehen die Damen »nach der neuesten Mode«. Unter dem Begriff des Vk. wird man schließl. manche der Rest- und Übergangsformen erfassen dürfen, in denen wir kaum noch »Tracht« erkennen, die aber oft ein zähes Leben besitzen und wie etwa die Lederhose (im Norden die »Sepplhose« der Knaben) oder das Dirndlkleid noch neues Gebiet erobern. Die Trauer hat verbindl. Kleidung wie die Tage der Kommunion, Firmung und Konfirmation. Sonn- und Werktagskleid werden unterschieden. Das (keineswegs vollkommene) Fehlen dieser Untersch. ist ein Zeichen der → Stadt. In Süddtl. und Österr. steht das Vk. für »heilig Tag« noch über dem des gewöhnl. Sonntags. Statt des besseren Anzugs mit Hut werden schwarze Montur und schwarzer Hut aus dem Kasten geholt. Man wird diese und ähnliche Ersch. mit Beobacht. auf dem Gebiet der V.sprache, von Lied, Tanz und Musik, des V.glaubens und -brauches in Vergleich setzen können. → Berufskleid.

D. Lühr, Matrosenanzug u. M.kleid. Entw.gesch. e. Kindermode v. 1770–1920, Beitr. z. Dt. V.- u. A.kde 5 (1960/61); W. Hävernick, Kleider u. K.sitten Hamburger Schüler, ebd. 4, 6, 11 (1959, 62, 67) (1900–1965); Rest-Trachten und Übergänge vgl. SAV 49–54 Männl. u. weibl. Kopfbed.

Volkskunde. Die Bez. Vkde wies H. Möller für das Ende des 18. Jh. mehrfach nach, zuerst 1787 bei J. A. v. Riegger (»Landes-, Volks- und Staatskunde«). In »Des Knaben Wunderhorn« (1806–08) wird das Murtener Lied als »Beitrag zur Vkde« bezeichnet. Im Sinne unserer Wiss. spricht d. steir. Knaffl-Hs. von Vkde (1812). In der Voranzeige (1809) seines Buches »Dt. V.tum« schreibt L. Jahn V.tumskunde. In der statist. Lit. der Zeit erscheint Vkde noch öfter, bis W. H. Riehl in den 50ger Jahren in s. Schriften und Vorträgen das Wort aufnahm und es durchsetzte gegen engl. → folklore, das 1846 von W. J. Thoms vorgeschlagen wurde und das sich in den nord. Ländern verbreitete. Sein Begriffsinhalt ist weit enger als der von Vkde und umfaßt als ›Wissen des Volkes‹ haupts. die dichter. Überlief. (Sage, Märchen, Sprichwort usw.).

Deutsche Vkde ist die wissensch. Erforschung des dt. Volkes in seiner geistigen Artung, wie sie Abstammung und Landschaft, allgem. menschlich-seelische Grundlage und Gemeinschaftskultur in Auseinandersetzung mit dem gesch. Schicksal gebildet haben. Vkde ist eine Geisteswissenschaft. Der Begriff → dt. (→ Auslandsdeutschtum) ist nicht im Sinn eines Staatsvolkes (»reichsdt.«) gebraucht, sondern als Zusammenfassung der Menschen gleicher Abstammung, Sprache und Kultur (»volksdt.«). Im Begriff Volk umfaßt die Vkde zwar grundsätzlich alle Angehörigen dieser Bluts- und Kulturgemeinschaft, doch ist ihr Blick auf die Mutterschicht, auf den Wurzelboden dieses Lebenskörpers gerichtet, wo die Bindungen von Sippe, Gemeinschaft und Land z. T. noch ungebrochen in Geltung sind. L. Schmidt definiert Vkde als »die Wissenschaft vom Leben in überlieferten Ordnungen«. Dieser Bezirk berührt sich vornehmlich mit Land und Bauerntum, ohne sich jedoch mit diesen zu decken. Auch in der Großstadt lebt der gemeinschaftsgebundene Mensch. Auch als »Unterschicht« und »Oberschicht« und als Primitivkultur und Individualkultur sind die beiden Bereiche unterschieden worden. Doch führt jede Auffassung von einer starren, schichtenmäßigen Trennung zu falschen Anschauungen. Das Volksein, Zum-Volk-gehören verstehen wir besser nicht als einmalige Eigenschaft, sondern als Anlage, als Streben und Richtung in uns allen, zu der wir uns bekennen, die wir fördern oder die wir verleugnen und unterdrücken können. Auch im zeitlichen Ablauf ist das Verhältnis zu volksgebundener und zu volksgelöster, individueller Kultur kein stetiges (→ Stadt, Dorf). – In seiner »Vkde d. Schweiz« (1946) definierte auch R. Weiß »Volkskultur« als »durch Gemeinschaft und Tradition bestimmt« (S. 11). Im besiegten und zerrissenen Dtl. vertritt I. Weber-Kellermann eine skeptischere Ansicht: »der Leitbegriff ›Gemeinschaft‹ ist so kaum noch anwendbar und kann nur als Verhaltensqualität von ›Gruppen‹ verstanden werden« (Dt. Vkde zw. Germanistik u. Soz.wiss. 1969, S. 86).

Der zeitlichen Begrenzung nach erstreckt sich das Forschungsgebiet der Vkde v. d. Gegenwart bis in die Jhh. vor 1000, da dt. Volk und dt. Land zuerst sich zu bilden begannen (→ deutsch). Germ. Altertumskunde, Früh- und Vorgesch. ergänzen die Arbeit der Vkde. Als geübte Wiss. jedoch ist die Vkde weit jünger. Erst an der Schwelle der Neuzeit finden wir wissenschaftl. Aufmerken auf die Eigenschaften und Schöpfungen des Volksgeistes. In dieser Zeit beginnt auch erst die Aufzeichnung und Aufbewahrung vkdl. Quellen in größerem Maß.

Trotzdem besitzen wir auch aus mittelalterlicher Zeit Quellen der Forschung, die wir aber als mittelbare bezeichnen, da sie meist anderen als wissenschaftl. Gründen ihre Entstehung verdanken. Abgesehen von den Formen der Siedlung, des Hauses und Gerätes, der Tracht, des Schmuckes und des Bildwerks, die uns selten im ursprünglichen Zustand, etwas häufiger in Abbildung und Beschreibung erhalten sind, geben uns besonders kirchliche Schriften verhältnismäßig reichen Einblick in Glauben und Brauch des mittelalterlichen Volkstums (→ Konzile, Buße, Indiculus, Bonifatius, Kolumban, Martin von Bracara, Adam von Bremen, Regino von Prüm, Burchard von Worms, Caesarius v. Arles, Caesarius von Heisterbach; V.glaube, V.med.). Im späteren MA. sind es an Stelle der Beichtspiegel und Verordnungen mehr die Predigtvorlagen und Erörterungen der 10 Gebote, die uns Berichte über zeitgenössischen V.glauben überliefern (→ Berthold von Regensburg, Nik. von Dinkelsbühl, Nik. von Jauer, Thomas Ebendorfer). Daneben muß natürlich auch die weltliche Lit. (Chronik, Dichtung) als vkdl. Quelle Berücksichtigung finden (→ Vintler, Altswert, Bilwis). Solche mittelbare Quellen treten auch späterhin auf und bleiben von Bedeutung (kirchl. Schriften, behördl. Verordn., Edikte, Verbote, Chroniken, Inventare, rechtl., statist. und wirtschaftl. Aufzeichn.).

Unmittelbare Quellen und damit die Anfänge der V. als Wissenschaft hat erst der Humanismus am Beginne der Neuzeit geschaffen. An der damals für Dtl. entdeckten ›Germania‹ des → Tacitus entzündete sich die Begierde, selbst einmal Land und Leute zu betrachten in ihrer Eigenart und auch in ihrer Verwandtschaft und Ähnlichkeit mit benachbarten Völkern (→ Bohemus, Franck). Über Westfalen schrieb Rolevinck, über Schwaben Faber, über Nürnberg → Celtis. Die ersten Slgn. entstehen in dieser Zeit (→ Rätsel, Sprichwort, Schwank). In den Werken der Dichter, Schriftsteller (→ Fischart, Sachs), der Zeichner und Maler (Brueghel, Weiditz, Beham, Schoen) findet sich eine Fülle von Darstellungen des V.brauches, des V.liedes und -spiels, des V.tanzes und der V.sprache, die alle aus einer neuen, entdeckungsfreudigen Weltansicht genährt sind (→ Volks-, Kinderspiel). Im 17. und 18. Jh. mehren sich umfangreiche Werke (Gerber, Schmidt, → Rockenphilosophie, → Praetorius), die von einem seelsorgerisch-sittenrichterl. Standpunkt über Glauben und Brauch des Volkes schreiben, aber auch die »Dissertationen«, die z. B. dem Fasnachtsbrauch, dem Johannisfeuer, dem Todaustragen (→ Fasnacht, Johannis, Lätare) noch mit theolog.

Absichten, aber doch schon mit wiss. Methode nachforschen. Auch im Anfang des 18. Jh. bleiben die Untersuchungen des Magisters Friedrich Friese (1668 bis 1721) vereinzelt, die auf Grund von Beobachtungen, Erlebnissen und auch von Fragebogen Bräuche des Lebenslaufes und einzelner Stände (→ Handwerker) mit Unvoreingenommenheit betrachten und darstellen.

Die eigentlichen Fundamente der Vkde als Wissenschaft schufen indes nicht einzelne der Zeit vorauseilende Werke, sondern tiefe geistige Strömungen des 18. Jh., die ganze Generationen erfaßten. Einmal waren es Staatswissenschaft und Statistik, die zum Teil auf den Lehren Bodins fußend die Begriffe Recht und Staat von der alten theologischen Grundlegung befreiten und sie als gesch. Äußerungen eines Lebenskörpers verstehen lehrten, den man Nation oder Volk nannte (Conring, Achenwall, Schlözer). Besonders Justus Möser (1729–1794) sehen wir in dieser Gruppe, der in seiner »Osnabrückischen Gesch.« Historie als Volksgesch. begründete: »Die Gesch. von Dtl. hat meines Ermessens eine ganz neue Wendung zu hoffen, wenn wir die gemeinen Landeigenthümer, als die wahren Bestandteile der Nation, durch alle ihre Veränderungen verfolgen, aus ihnen den Körper bilden, und die großen und kleinen Bediente dieser Nation als böse oder gute Zufälle betrachten« (Vorrede zur 1. Ausg.). In der Vkde aber ist Möser der Begründer der soziologischen Methode. In den noch heute vielfach bedeutsamen Aufsätzen seiner »Patriotischen Phantasien« (1774–86) sieht er das Volk als ständisch gegliederte Gemeinschaft, als Pyramide, deren breiten Sockel das Bauerntum bildet. In diese Gemeinschaft sieht er aber grundsätzlich auch die städtische Gesellschaft mit eingeschlossen, wie er andererseits trotz der Beschränkung seiner Beispiele auf das alte Hochstift Osnabrück sich bewußt bleibt, daß der Volkstumsforscher und Sozialpolitiker das ganze dt. Volk in seiner Gesch. und geograph. Ausbreitung zu erfassen hat.

Erst mit Riehl fand Mösers Arbeit eine Fortsetzung. Neben und nach M. ging die Vkde zunächst andere Wege. Den klaren Gedanken Montesquieus traten die schwärmerischen Gesichte Rousseaus, dem Staatsmann und Sozialpolitiker Möser trat der politisch uninteressierte Dichter Johann Gottfried Herder gegenüber, dessen geistige Lehrer und Freunde Hamann, Ossian und Goethe waren und in dessen Geschichts- und Sprachphilosophie dem reinen Gefühl eine wichtige Stellung eingeräumt war. Der große und breite Aufschwung der dt. Vkde ging von Dichtern der Romantik aus, und er wäre vielleicht bald verebbt, wenn er nicht in unmittelbarer Auffolge durch die Brüder Grimm wissenschaftliche Festigung erfahren hätte. Der durch eine engl. Liedersammlung (Bischof Percys Reliques of ancient English poetry, 1765) angeregte Aufruf Herders zur Sammlung von »alten Nationalliedern« (1767) leitete die noch heute gegenüber anderen Forschungszweigen im Vorsprung befindliche Sammlung und Erforschung des dt. → Volksliedes ein. Dieses Wort selbst hat Herder geschaffen, wie die Worte Volksseele, Volksglaube. 1778/79 erschienen in zwei Bänden die »Volkslieder« (1807 als »Stimmen der Völker in Liedern«), die allerdings Volkslieder in unserem Sinne nur wenige enthalten. Dichterische Begeisterung für den Urlaut der Kunst, der innige Glaube, im Volkslied die reine Volkseele und den unverfälschten Urgeist der Nation zu vernehmen, schuf auch »Des Knaben Wunderhorn« (1805–1808) von Achim v. Arnim und Clemens Brentano. Aber auch andere Töne klingen hier mit. Nach der Französischen Revolution, in einer Zeit der Wirren und Kriege, der vaterländischen Schmach und des drohenden Zusammenbruchs Preußens suchten die Herausgeber nicht nur dichterischen Genuß in ihrer Liedersammlung, sondern auch politische Aufrichtung, »die frische Morgenluft altdt. Wandels«, und in der Vorrede stehen scharfe Sätze gegen das Fremde, geg. rationalistische Staatsauffassung, gegen verkalktes, volksfremdes Gelehrtentum, gegen das Nichtverstehen des Volkslebens und gegen verkehrte Jugend- und Volkserziehung. Gedanken, Hoffnungen, Forderungen, die noch kraftvoller wiederholt wurden von den Kämpfern in Wort und Schrift Joseph Görres, Ludwig Jahn und Ernst Moritz Arndt. Görres sah alles Unglück kommen von der »Dt.vergessenheit« und gab »Die teutschen Volksbücher« (1807) heraus (→ V.buch). Ludwig Jahn, uns am bekanntesten als Begründer der dt. Turnbewegung (»Die dt. Turnkunst« 1816; → V.spiel) schrieb Bücher von einem glühenden Pathos. Im »Dt. V.tum« (1810) – diesen Begriff prägte Jahn – steht der Satz: »Das Heil eines Volkes kann nur aus ihm selbst kommen«. Seine zu wenig bekannten »Merke zum dt. Volksthum« sind »Den Nachkommen der Leute von 1813, 1814 und 1815« gewidmet. Darin wird zum erstenmal eine Gesch. des Begriffs »Volk« versucht. Wie Jahn war E. M. Arndt schon als Kind mit dem Volke und seilnem Leben vertraut. Was ihm Wanderungen, Reisen und gesch. Forschungen an Kenntnis des V.tums zubrachten, ist so umfassend, daß es von K. Heckscher zu einer »Vkde des germ. Kulturkreises« vereinigt werden konnte.

Vaterländische Gesinnung, tiefe Liebe zum Volk und zum dt. Altertum vereinigten sich mit exakter philologischer u. hist. Forschung in den Brüdern Grimm. Was Jacob Grimm über Lachmann sagte, gilt für sie selbst. Sie schafften »mit dem aus lastender Schwere des feindseligen Druckes emporgetragenen siegesfrohen u. überseligen Enthusiasmus der Jahre 1813, 1814 und 1815«. Auf die triebkräftigen Schößlinge bisheriger Bemühungen setzte dieses Brüderpaar erst das Reis, das veredelte Frucht bringen sollte. Sie halfen Armin und Brentano bei der Sammlung der Lieder für das »Wunderhorn« und schrieben in ihrer »Zeitung für Einsiedler«. Es schwebten Pläne über gemeinsame Sammlung von »Tradition und Volkssage«, über die Herausgabe eines laufenden Quellenwerkes oder einer Zeitschrift »Der altdt. Sammler«. Auf Brentanos Anregung gehen die »Kinder- und Hausmärchen« zurück, von denen 1812 der erste Band erschien (→ Märchen). 1816 und 1818 erschienen die zwei Bände »Dt. Sagen« (→ Sage). In der Art der Sammlung, Bearbeitung und Herausgabe der Märchen und Sagen hatten sich die Brüder Grimm von ihren romantischen Freunden bereits erheblich entfernt. Diese Entfernung wuchs besonders in Jacob Grimm in gewaltigem und für die Vkde als Wiss. entscheidendem Maß, als er sich der »Dt. Grammatik« (1819–37) zuwandte und erst im Laufe dieser Arbeit wieder zu den »Dt. Rechtsaltertümern«

(1828) und zur »Dt. Mythologie« (1835) zurückkehrte (→ Recht, Mythus). Die Grundlegung der Germanistik in einem umfassenden Sinn wurde vollendet in der »Gesch. der dt. Sprache« (1848) und den → »Weistümern« (1840–63, 1867–78) von Jacob und in den Ausgaben mhd. Dichtung von Wilhelm Grimm. In gemeinsamer Arbeit fügten sie die ersten Quadern zum Bau des »Dt. Wörterbuchs«, das erst nach einem Jh. vollendet wurde (→ Mundartwbb.).

Das Werk der Brüder Grimm bestimmte die Arbeit des kommenden Geschlechtes der Sprachforscher, Literar- und Rechtshistoriker, der Altertumsforscher u. Mythologen. Wir sehen die von ihnen vorgezeichnete Bahn, wenn jetzt neben den Liederbüchern Sammlungen von Sagen und Märchen in großer Zahl entstehen. Und im Mangel eines ähnlichen Vorbildes liegt es begründet, daß andere Zweige der Vkde, wie die Volkskunst, noch ohne Berücksichtigung bleiben. Auch die Brauchforschung steht hinter der Beachtung des Volksglaubens zurück; die weitgreifenden Pläne hinsichtlich der Aufzeichnung der Volksbräuche hatten sich Jacob Grimm noch nicht erfüllt. Auch die Erforschung des Volksglaubens sehen wir in den einzelnen, als Sammlung verdienstvollen Werken (von Sommer, Panzer, Meier, Zingerle, Vonbun, Vernaleken usw.) zum Teil mehr in die Breite als in die Tiefe gehen. Abgesehen von den Epigonen waren es die allzu kühnen Kombinationen und mythol. Konstruktionen in der Art von A. Kuhn, W. Schwartz u. a., die Grimms mythol. Forschung zu früh in die Enge führten. Angespornt von Karl Müllenhoff löst sich aus dieser erstarrenden Schule erst der scharfsinnige und tatkräftige, leider viel zu früh von Krankheit und Mißgeschick hingeraffte Wilhelm Mannhardt. Lernend bei Jacob Grimm, bei Kuhn und Schwartz, beginnt er später fast von vorne, indem er sich eine »historisch-kritische Methode« erarbeitet und in einem ganz Europa umfassenden Fragebogenunternehmen sich ein Forschungsmittel schafft oder zu schaffen sucht, das erst heute seine volle Würdigung findet (→ Atlanten). Sein Hauptwerk »Wald- und Feldkulte« hat nicht nur für die dt., sondern für die europäische Vkde eine bis heute noch nicht erschöpfte Bedeutung.

Die langsame Entwicklung der Vkde als Wissensch. liegt zum guten Teil darin begründet, daß die Ansätze, an sich schon an verschiedenen Stellen liegend (Möser, Herder), keine folgerichtige Entwicklung, sondern wiederholte Unterbrechung u. Neuaufnahme fanden. Wie die Antriebe der Grimmschen Forschung um die Jahrhundertmitte allmählich erloschen, zeigt am besten das Werk von A. Wuttke »Der Dt. Volksaberglaube d. Gegenwart« (1860), das als Sammlung unentbehrlich ist, das man aber als Werk der Forschung in keinen Vergleich mit Jacob Grimms »Dt. Mythologie« zu setzen wagt. Dafür knüpft die Vkde um die gleiche Zeit bewußt an die sozialpolit. Lehre Justus Mösers an: in der überragenden, aber gleichfalls von keiner Schule getragenen Gestalt Wilhelm Heinrich Riehls (1823–1897). Mit einem gesunden Erbe ausgestattet, geschult von Arndt und Dahlmann, von universalem Wissenstrieb geleitet, mit darstellerischer Gabe reich, fast zu reich gesegnet, wurde Riehl das bis heute von keinem erreichte Vorbild d. Kulturhistorikers, in dem sich feinstes, künstlerisches Wahrnehmungsvermögen mit einem unbeugsamen, zielbewußten politischen Willen verband. Gewiß ließe sich denken, daß manche seiner Werke mit vollkommenerem »wissenschaftl. Apparat« unterbaut worden wären, aber das Wesentliche ist, daß Riehl einem solchen, damals schon ziemlich aufgeschwollenen Apparat wieder einen Sinn gab. Die Kraft der Zusammenschau in dem Buch »Die Pfälzer« (1857) ist trotz der vielen landsch. Monographien von niemand wieder bewährt worden. »Die Dt. Arbeit« (1861) ist mit Recht »ein Meisterstück einer auf Psychologie und Ethik aufgebauten Wissenschaft« genannt worden. Vollends erst heute zu würdigen vermögen wir den Weitblick der wissenschaftlichen Forderungen in Riehls Vortrag von 1858 »Die Vkde als Wissenschaft« wie die Gültigkeit der Lehre vom völkischen Leben, die Riehl mit großem persönlichem Bekenntnismut niederlegte in seinem Hauptwerk »Naturgesch. des dt. Volkes als Grundlage einer dt. Sozialpolitik« mit seinen vier Teilen: Land und Leute (1853), Die bürgerliche Gesellschaft (1854), Familie (1855), Das Wanderbuch (1869). Der letzte Teil ist als eine Art Methodenbuch gedacht und kann noch heute als nützliche Anleitung zu vkdl. Arbeiten empfohlen werden. Die Frische der Werke, denen hundert Jahre nichts anhaben konnten, beruht in dem Kämpfertum des Verfassers. Wie Görres, Jahn und die anderen gegen Rationalismus und französische Fremdherrschaft zu Felde zogen, so stellte sich Riehl mit dem ganzen Gewicht seiner Wissenschaft und künstlerischen Begabung gegen engen Marxismus und Materialismus und jede Form der Zersetzung der Grundlagen völkischen Lebens. Es waren die inneren Befreiungskriege, die Riehl sichtbar für viele und vorbildlich noch für uns kraftvoll führte. Der vorläufige Sieg gegnerischer Mächte und auch die Größe des Riehlschen Geistes verhinderten eine unmittelbare Nachfolge. Erst die jüngere Gegenwart hat sich wieder auf Riehl besonnen und nimmt in der Vkde seine wissenschaftlichen Ziele bewußt wieder auf (V. v. Geramb).

Die Zeit von Riehl bis zur Jh.wende ist in der Gesch. der Vkde gekennzeichnet durch das Aufblühen ethnologischer und völkerpsychologischer Forschung, die sich vor allem an Namen wie E. Tylor, A. Lang, A. Bastian, M. Lazarus, H. Steinthal, W. Wundt knüpft. W. Mannhardt, R. Andree, K. Weinhold zählen zu den aufgeschlossensten Vermittlern zwischen Völkerpsychol. und dt. Vkde. Bezeichnend ist, daß die »Zeitschrift für Völkerpsychologie und Sprachwissenschaft« in ihrem 20. Jahrgang Weinholds Aufsatz brachte »Was soll die Vkde leisten?« und daß 1891 jene Zeitschrift als neue Folge erschien unter dem Titel »Zeitschrift des Vereins für Vkde«. Sie ist die älteste vkdl. Fachzeitschrift, und der Verein, die spätere »Gesellschaft für dt. Vkde« (Berlin) ist die älteste Körperschaft, die ihre Gemeinschaftsarbeit in den Dienst der neuen Wissenschaft stellte. Auf die großen Verdienste, die um die gleiche Zeit Indogermanisten, Mythologen und Religionswissenschaftler (besonders Th. Benfey, E. H. Meyer, L. Laistner, H. Usener) sich auch um die Vkde erwarben, kann hier nur hingewiesen werden. Auch die → Volkskunst tritt in diesen Jahren als Gebiet vkdl. Sammlung und Forschung allmählich in den Vordergrund. → Siedlung, → Haus, → Tracht des Volkes werden Gegenstand wissenschaftlicher Aufmerksamkeit und größer angelegter Bearbeitung. W. Mannhardt, zielbewußter und methodischer aber der → Sprachatlas des Dt. Reiches, rückten ferner geographisch-kartographische Betrachtungs- und Arbeitsweise immer näher an den Brennpunkt vkdl. Forschung heran. Immer häufiger erhob sich die Forderung, Sammlungen und Aufnahmen einzuleiten, die dem Volkstumsforscher die Möglichkeit gäben, die Schöpfungen des Volksgeistes nicht nur als soziologische, psychologische und historische Gegebenheiten, sond. auch als Erscheinungen und Ereignisse im geologischen und klimatischen, im rassischen, im wirtschaftlichen, politischen, konfessionellen, kurz im natur- und kulturlandschaftlichen Raum zu sehen, zu erforschen und zu verstehen (→ Sprachgeogr., Atlanten).

Im Besitze umfassender Sammlungen und vielseitiger Arbeitsweisen konnte die Vkde in ihren führenden Vertretern in der Zeit bis zum 1. Weltkriege vornehmlich der Erörterung der theoretischen Grundlagen sich widmen, vor allem der Frage: Was ist Volk? Das Schicksal der Nachkriegszeit war geeignet, solche Erörterungen zu vertiefen und die Vkde in deutschgesinnten und heimatverbundenen Menschen noch mehr zu einer Herzenssache werden lassen. Die Teilnahme der regierenden Mächte dieser Zeit aber galt nicht der dt. Vkde, sondern einer international gefärbten, wandlungsfähigeren Soziologie, die zum Teil mit abstrakten Psychologismen und mit kühler Statistik das Sterben des Volkes registrierte und Gesch. und Leben des Phantoms »Proletariat« zu Papier brachte. Gleichwohl konnte die Vkde in den folg. Jahren darangehen, in die Seminare und Hörsäle der Univers., in die Hochschulen für Lehrerbildung, in die Arbeitsgemeinsch. der Mittelschulen und in die Fibeln und Lesebücher der V.schulen Einzug zu halten.

Der Nationalsoz. bemächtigte sich des Theaters und des Films, des Rundfunks und der Zeitungen, sein Einfluß in den Geisteswiss., auch in der Vkde trotz der Beschlagnahme der Begriffe Volk, Gemeinschaft u. a., wurde oft überschätzt. Bei der Machtübernahme gab es z. B. in der Berliner Germanistik keinen Sprecher der Partei, so wenig wie in der Preuß. Akad. der Wiss. Die »Zentralst. des Atlas der dt. Vkde« in Berlin wurde erst »nat.soz.«, als zwei Usurpatoren mit Hilfe eines Außenseiters alle zehn wiss. Mitarbeiter auf die Straße setzten. Der Versuch, die Vkde zu einer Art Parteireligion zu machen, mißlang bei weitem. So konnte sich die wiss. Arbeit nach 1945 trotz des Verlustes von Instituten, Archiven, Museen und Büchereien bald wieder organisieren, wo die neuen Mächte es erlaubten. Das Veröffentl.wesen erreichte eine neue Blüte, wenn auch manche Zss. sich in Jahrbücher wandelten. Alte und neue Lehr- und Fg.stätten nahmen die Arbeit wieder auf in Hamburg, Kiel, Rostock, Berlin, Dresden, Göttingen, Dortmund, Köln, Bonn, Marburg, Frankfurt a. M., Mainz, Freiburg, Würzburg, München, Wien, Graz und Innsbruck. In der Schweiz (Basel und Zürich) waren sie nie unterbrochen worden. Das Ostberliner Inst. für Vkde übernahm die bibliogr. Aufarbeitung der Lit. von 1933–45, während im W die große internat. vkdl. Bibliogr. unter der Leitung von Robert Wildhaber, Basel, fortgesetzt wurde.

Die Ereignisse um und nach 1945 ließen die Vkde der → Vertriebenen, später als ostdt. Vkde bezeichnet, in den Vordergrund treten.

Gleichzeitig wurden zwischenvolkl. Bezüge hergestellt, bes. nach dem skandinav. N und nach den südosteurop. Ländern (Wien, München; Tagungen, Zs. »Alpes orientales«). Die Verbindung mit den osteurop. V.demokratien machte sich das Inst. f. Vkde in Ost-Berlin zur bes. Aufgabe (Buchreihe; Dt. Jb. f. Vkde; Zs. Demos). Die neu aufgen. Arbeit der vkdl. → Atlanten fand erst jetzt volles Echo im Ausland und der kühne Plan eines Atlas Europaeus entstand. Ein Österr. Atlas d. Vkde wurde in Linz und Wien, ein Schweizer. in Zürich ins Werk gesetzt.

Die Sprache als stärkstes und dauerhaftestes V.tumsmerkmal hatte die enge Zus.arbeit von Germanistik und Vkde von Anfang an begründet. In der Arbeit an den Mundartwbb. wie bes. am Dt. Wortatlas (→ V.sprache) findet sie tatkräftige Fortführung. Alter Trad. folgt auch die Erfg. der → V.dichtung, bes. von → Sage und → Märchen, aber auch von → Schwank, → Anekdote, → Witz und kleinen Formen wie → Sprichwort, → Rätsel, → Segen. An umfass. Enzyklopädien des Märchens und der Sage wird gearbeitet (Göttingen, Freiburg). Das → V.lied-Archiv in Freiburg mit seiner Sammlung von 300000 Liedern wie die Fg.stellen in Wien dienen mit Zss. und Veröffentl. einer wiss. Aufgabe, die schon in den Anfängen der dt. Vkde gestellt war.

Eine Antwort auf die zeitw. Unterdrückung des relig. Lebens im Volke ist die unübersehbare Hinwendung zu den Äuß. der → V.frömmigkeit, der Heiligenverehrung, des Wallfahrts- und Votivwesens (Würzburg, Frankfurt a. M., München, Wien). Dieses süddt.-österr. Übergewicht wird ausgeglichen durch den norddt. Schwerpunkt der Erfg. der → Sachgüter (Berlin, Kiel, Detmold), der, neben der Arbeit der Museen, auch neue Umfragen des ADV (Bonn) dienen (→ Ergologie). Eine andere Kommission der → Ges. f. dt. Vkde steht u. d. Leitung von Bruno Schier, Münster (→ Bürger-, Bauernhaus). Hier wie in Dresden und Marburg hat sich eine »Montan-Vkde« auf breiter Grundlage entwickelt (Lied, Sage, Tracht, Arbeit, Vk. des → Bergmanns).

Das Streben, der Fg. neue und vor allem zuverlässige Quellen zu erschließen, förderte einers. das Zurückgehen auf eindeutige archival. Quellen für → V.brauch und → V.glauben, anderers. die systemat. Beob. und Aufzeichnung des V.lebens der Gegenwart, bes. in der → Stadt (Gegenwarts-, Großstadt-Vkde; bes. im Jb. »Beitr. z. dt. V.- u. Altertumskde«, Hamburg). Damit rückten zugleich → Industrie, → Arbeiter und → Arbeit in das vkdl. Blickfeld, das früher zuweilen von → Dorf und → Bauerntum über Gebühr beherrscht wurde. Doch wäre es ebenso einseitig, »Nationalkultur« in ein »feudalist.-bürgerl.-kapitalist.« Lager der »Ausbeuter« und in ein »demokrat.-sozialist.« der »Werktätigen« aufzuteilen. Nach dem längst überholten Schema Oberschicht : Unterschicht von Hans Naumann (1923) begäbe man »sich mit einer solchen scharfen Trennlinie bedenklich in die Nähe einer nunmehr ideologisch verbrämten Zweischichtentheorie« (I. Weber-Kellermann, Dt. Vkde, S. 92). Der Arbeiter steht wie Bauer, Handw. und Bürger in stamml., landsch., zeitl. Bezügen und gehört versch., z. T. sich überschneid. soz. Grupp. an. »Das Kriterium der Werktätigkeit reicht jedenfalls zur Definition einer volkskundlich zu

untersuchenden gesellschaftlichen Gruppe kaum aus« (ebd.).
Nach den in Arbeitsgemeinschaften vor fast vierzig Jahren geschaffenen mehrbänd. Handbüchern von W. Peßler und A. Spamer und dem kühnen Versuch von M. Waehler »Der Deutsche Volkscharakter« (1937; das gegenw. Stammesleben) ist eine ähnl. Zus.schau des dt. V.tums nicht wieder versucht worden. Der krit. Besinnung und dem Überblick über das Fach dienen vor allem Herbert Freudenthal, Die Wiss.theorie d. dt. Vkde 1955 und Adolf Bach, Deutsche Vkde (seit 1937 mehrere Aufl.).
In der Best. von Wesen, Weg und Ziel unserer Wiss., ja schon in der Frage ihres Namens (Volkskunde, Folklore, Kulturanthropol., Europ. Ethnologie) gibt es zur Zeit lebhafte Gespräche, nicht ganz ohne polit.-ideolog. Einschlag (vgl. dgv Informationen 1970 u. 1971). Wer die lange, reiche, auch für viele Nachbarwiss. ergiebige Gesch. der »Deutschen Volkskunde«, die Namen der Inst., Seminare, Museen und Vereine, der über 60, 70, 80 Jahre festgehalt. Titel wichtiger Zss., grundleg. Gemeinschaftsuntern. wie Dt. Ges. f. Vkde, Handbb., Atlanten, Enzykl., wer die schöpferischen Werke der führenden Wissenschaftler von den Brüdern Grimm über W. H. Riehl und K. Weinhold bis A. Spamer (Die Dt. Vkde 1934) überdenkt, kann wohl nicht in Zweifel geraten. Wer sich mit dem tief eingewurzelten Glauben des Volkes und der Völker beschäftigt, der weiß, daß mit dem Namen das Gesicht verloren wird, ja, daß man mit dem Namen sich selbst fremder Macht zu überliefern droht.
In unseren Tagen ist ein Zweifel wie dieser verständlich (I. W.-K., Dt. Vkde, S. 93): »Mir scheint, daß es immer vergeblicher wird, die Größe ›Volk‹ in einer sich entnationalisierenden Welt auch nur annähernd zu bestimmen und daß sich damit ganz folgerichtig die Wissenschaft der Volkskunde in einen umfassenderen gesellschaftswissenschaftlichen Bereich hineinzuintegrieren habe«. Da fragen wir: Als was? Als Deutsche Volkskunde? Die Umarmung der Soziologie internationalen Zuschnitts wird tödlich sein. Die Gestalt eines »deutschen Volkes« wird wieder hervortreten, wenn sich die trübe Welle fragwürdiger »Reeducation« durch New Yorker Journalisten in Offiziersuniform endgültig verlaufen hat. Das Europa der Zukunft soll ein sinnvolles Neben- und Miteinander alter Stämme, Sprachen und Kulturen sein, nicht ein Völkerbrei nach amerikanischem Muster. Mächte, die auf eine solche »Entnationalisierung« hinarbeiten, warten auf den Tag, an dem sie die namen- und gesichtlos gewordenen Massen unter ihre Herrschaft zwingen können. Mit der Sprache fängt es an.

(Allgem. Bibliogr. → Bücherkde.) **1. Geschichte:** E. Schmidt, Dt. Vkde im Zeitalter d. Humanismus u. d. Reformation, 1904; J, Klapper, Dt. V.tum am Ausgang d. MA., 1930; G. Jungbauer, Gesch. d. dt. Vkde, 1931; G. Fischer, Gesch. d. dt. Vkde, in: Spamer, Vkde; W. Schmitz, Gesch. d. dt. Vkde, in: Peßler, Hb.; K. Kaiser, Lesebuch z. Gesch. d. Vkde, 1939; L. Schmidt, Gesch. d. österr. Vkde, 1951; J. M. Boberg, Folkemende-Forskningens historie i Mellem- og Nordeuropa. Kopenh. 1953 (Gesamtgesch. d. vkdl. Fg. in Mittel- u. Nordeur.); G. Lutz, Vkde. Ein Hb. z. Gesch. ihrer Probleme, 1958 (Die wicht. theor. Aufsätze von Riehl, Weinhold, Hoffmann-Krayer, Strack, Dieterich und Mogk vor dem 1. Weltkrieg und von Naumann, Geramb, Spamer, Schwietering und J. Meier in der Zeit von 1920–30); Br. Grimm Gedenken 1963. Als Bd. 54 d. Hess. Bll. f. Vkde; Zur Gesch. d. V.- u. Mundartfg. in Württ., Tüb. 1964; H. Möller, Aus d. Anfängen d. Vkde als Wiss., Zs. f. Vkde 60 (1964); W. Jacobeit, Ged. z. Gesch. d. dt. Vkde, in: Fgn. u. Fortschr. 39 (1865); I. Weber-Kellermann, Dt. Vkde zw. Germanistik u. Sozialwiss., 1969; H. Bausinger, Vkde, 1971. Ders., J. Möser v. Blickp. d. Gegenw.

Zs. f. Vkde 68 (1972); H. Freudenthal, Der Nd. Verband f. V. u. Altert.kde 1922–1972. 1972; **2. Wesen und Ziel:** W. H. Riehl, Vkde als Wissenschaft, 1858, Neudruck 1935 zus. m. d. Vortrag v. A. Spamer, Vkde als Gegenw.wiss.; E. Hoffmann-Krayer, Die Vkde als Wissenschaft, 1902; E. S. Hartland, Folklore. What is it and what is the good of it? London 1904²; F. Lüers, Vtumskde, 1924; A. Spamer, Um die Prinzipien d. Vkde, Hess. Bll. f. Vkde 25 (1924); H. Lentz, Methodol. Grundprinzipien d. Vkde, Das hl. Feuer 12 (1924/25); Die Vkde u. ihre Grenzgebiete, Jb. f. hist. Vkde 1 (1925); J. Schwietering, Wesen u. Aufgabe d. dt. Vkde, Dt. Vjs. 5 (1927); V. v. Geramb, Zur Frage n. d. Grenzen, Aufgaben u. Methoden d. dt. Vkde, Zs. f. Vkde 37/38 (1927/28); A. Spamer, Wesen, Wege u. Ziele d. Vkde, 1928; H. Naumann, Grundzüge d. dt. Vkde, 1929²; E. Fehrle, Grundfragen d. Vkde, Oberdt. Zs. f. Vkde 4 (1930); E. Hoffmann-Krayer, Individuelle Triebkräfte im V.leben, Schweiz. Arch. f. Vkde 30 (1930); G. Schreiber, Nationale u. intern. Vkde, 1930; H. Freudenthal, Vkde d. Gegenwart, Zs. f. Vkde 45 (1931); G. Ipsen, Das dt. V.tum im Zeitalter Napoleons, Bll. f. dt. Philos. 5 (1931); M. H. Boehm, Das eigenständige Volk, 1932; K. Plenzat, Probleme d. ostdt. Vkde, Niederdt. Zs. f. Vkde 10 (1932); G. Ipsen, Progr. e. Soziol. d. dt. V.tums, 1933; J. Schwietering, Die sozialpolit. Aufgabe d. dt. Vkde, Oberdt. Zs. f. Vkde 7 (1933); A. Wesselski, Humanismus u. V.tum, Zs. f. Vkde 44 (1934); P. Kluckhohn, Die Idee des V. im Schrifttum d. dt. Bewegung von Möser u. Herder bis Grimm, 1934; H. Schlenger, Beziehgn. zw. Kulturgeographie u. dt. Vkde im ostdt. Raum, 1934; K. Stavenhagen, Das Wesen d. Nation, 1934; A. Helbok, Was ist dt. V.gesch.? 1935; A. Haberlandt, Die dt. Vkde, eine Grundlegung n. Gesch. u. Methode im Rahmen d. Geisteswiss., 1935; K. Stavenhagen, Krit. Gänge in d. V.theorie, 1936; H. Harmjanz, Mensch, V. u. Ding, 1936; V. v. Geramb, Urverbundenheit, Hess. Bll. f. Vkde 36 (1937); J. Dünninger, V.welt u. gesch. Welt, Gesetz u. Wege d. dt. V.tums, 1937; L. Irle, Vkdl. Fragen d. Gegenw., 1938; H. Ihme, Der V.begriff d. dt. Vkde in s. gesch. Entw., 1939; L. Stengel, v. Ruthkowski, Was ist Volk? Der biolog. V.begriff, 1940; Jan de Vries, De Wetenschap d. Vkde, Amsterdam 1941; H. Günther, Der V.begriff im Sprachschatz d. Althochdt. u. Altniederdt., 1941; W. Arens, Vkde u. Dtkde, Oberdt. Zs. f. Vkde 16 (1942); ders., Z. Gesch. d. Wortes »Vkde«, Niederdt. Zs. f. Vkde 21 (1943); H. Maus, Zur Situation d. dt. Vkde, Die Internat. Revue-Umschau 1 (1946). Vgl. die Erwid. v. Peuckert in: Die Nachbarn, 1. Jg.; M. Wähler, Vkde als »Grundwissenschaft« im Kreis d. Wiss., Niederdt. Jb. f. Vkde, 1947; L. Schmidt, Vkde als Geisteswiss., 1948; F. W. Schulze, Folklore. Zur Ableitg. d. Vorgesch. e. Wissensch.bez., 1949; E. M. Wallner, Über die vkdl. Rückzugsgebiete in Europa, Stud. Generale 3 (1950); A. Haberlandt, Wege u. Ziele d. österr. Vkde, Laos 1 (1951); H. Koren, Vkde in d. Gegenw., 1952; W. Wiora, Die Stellung d. Vkde im Kreis d. Geisteswiss., Ber. ü. d. allg. vkdl. Kongreß, 1952. Bayer. Jb. f. Vkde, 1952; einleit. Aufsatz v. F. v. d. Leyen über Münchens Beitrag z. Gesch. d. dt. Vkde; K. Meisen, Europ. Vkde als Fg.aufgabe, Rhein. Jb. f. Vkde 3 (1952); W. Winkler, Typenlehre d. Demographie, 1952; H. Dölker u. H. J. Dahmen, Arbeitstagung Vkde u. Rundfunk, 1953; Hektogr. V. v. Geramb, Der V.begriff in d. Geistesgesch. u. in d. Vkde, Zs. f. Vkde 50 (1953); A. Karasek-Langer, Vkdl. Wandlungen in Dtl., ebd.; M. Maget, Guide d'étude directe des comportements culturels, Paris 1953 (Organisation u. techn. Fg.meth.); H. Kothe, Die vordringl. Aufgaben d. Ethnographie in der DDR, 1954; W.-E. Peuckert. Probl. e. Vkde d. Proletariats, Zs. f. Vkde 55 (1959); B. Schier, Zur Stell. d. Vkde im Wiss.gefüge uns. Zeit, ebd.; Å. Hultkrantz, Intern. Dictionary of Regional Europ. Ethnol. and Folklore, vol. I: General ethnol. concepts, Kopenh. 1960; G. Heilfurth, Vkde jenseits d. Ideologien, 1961; H. Bausinger, V.kultur in d. techn. Welt, 1961; M. Hain, Die Vkde u. ihre Meth., Dt. Philol. i. A., Bd. 3, ²1962 (Hist., philol., geogr., psychol., soziol., funktional.); A. Dundes, The study of Folklore, New York 1965; E. Francis, Etnos u. Demos, 1965; E. Fél u. T. Hofer, Über monogr. Sammeln vkdl. Objekte, A. Bühler-Fs. 1965; H. Bausinger, Folklore u. gesunk. Kulturgut, Dt. Jb. f. Vkde 12 (1966); Populus revisus, Beitr. z. Erfg. d. Gegenw., 1966; G. Lutz, Aufgaben u. Aspekte e. wiss. Vkde, in: Frankenland 1966; Europ. Kulturverflechtgn i. Ber. d. v.tüml. Überl., B. Schier-Fs. 1967; Vkde im 19. Jh. 1968 (Tagg. d. Vertr. d. Faches Vkde a. dt. Univ.; Kiel) 1968; Fs. f. O. Höfler, 2 Bde. 1968; Vkde u. V.kultur, Fs. f. R. Wolfram, 1968; M. Scharfe, Dokumentation u. Feldfg., Zs. f. Vkde 65 (1969); Vom Nutzen u. Nachteil d. Vkde, ebd. 66 (1970), Diskussion; Abschied v. V.leben. Hg. v. Tüb. Ver. f. Vkde, 1970 (Forderg., Vkde durch e. »Kritische Sozialwiss.« zu ersetzen, um »die Verfassung der bestehenden Gesellschaft zu verändern«). G. Lutz, Vkde u. Gesch. Zur Frage e. als »histor. Wiss.« verstand. Vkde. Fs. J. Dünninger. 1970; H. Gerndt, Vergleichende Vkde. Zs. f. Vkde 68 (1972); G. Wiegelmann, Theoret. Konzepte der Europ. Ethnol. ebd.; M. Zender, Industriearbeit u. Vleben. In: Die Stadt in d. europ. Gesch. Fs. E. Ennen 1972; G. Wiegelmann, hg., Kult. Wandel im 19. Jh. Verh. d. 18. Dt. Vkde-Kongr. 1972; Ders., »Materielle« u. »geistige« Vkultur. Ethnol. Europaea 4 (1970); Vkde-Atlas Europas. Konferenzberichte, zus. gest. v. J. Fellenberg, Bonn 1970 u. 1972; Studien z. Vkultur. Fs. f. M. Zender, 2 Bde 1972; Kl. Beitl, hg., Vkde, Fakten u. Analysen. Fs. f. L. Schmidt 1972. **3. Quellen und**

Personen: F. Boehm u. E. L. Schmidt, Auswahl aus d. Humanisten z. dt. Vkde, ²1930; Vkdl. aus d. Journal von u. für Dtl., Schweiz. Arch. f. Vkde 30 (1930); L. Mackensen, hg., Dt. V.tum v. Tacitus bis Luther, 1930; R. Beitl, Wilhelm Mannhardt u. d. Atlas d. dt. Vkde, Zs. f. Vkde 42 (1932); K. Scheurmann, W. Mannhardt. Seine Bed. f. d. vergl. Religfg., 1933; F. Roth, Christian Lehmanns Leben u. Werke u. s. Stellg. z. Aberglauben, Diss. Marbg., 1933 (Beitrag z. Vkde d. 17. Jh.); J. Klapper, Dt. V.tum am Ausgang d. MA., 1933 (bes. relig. Vkde); E. Wiessner, Kommentar zu Heinrich Wittenweilers Ring, 1936 (reiches Bild süddt. Lebens im 15. Jh.); P. Requadt, E. M. Arndt, seine Schriften in Auswahl; A. Wesselski, Goethe u. d. V.mund, Hess. Bll. f. Vkde 36 (1937); C. Puetzfeld, hg. Weinholds Schriften z. dt. Vkde, 1937; Nachrufe f. Johannes Bolte: Hess. Bll. f. Vkde 36 (1937), Zs. f. Gesch. Berlins 54 (1937), Zs. f. Vkde 1938; L. Schmidt, Karl Ehrenbert von Moll u. s. Freunde, Zs. f. Vkde 47 (1938); G. Koch, Arndt, Goethe u. d. Ursprünge d. dt. Vkde, Hepding-Festschr., 1938; L. Mackensen, Vkdl. Texte aus d. 15. u. 16. Jh., 1938; L. Hoffmann, Der vkdl. Gehalt d. mhd. Epen von 1100 gegen 1250, Diss., 1939; P. Strieder, Das Volk auf dt. Tafelbildern d. ausgeh. MA., 1939; W. Schoof, Die Brüder Grimm u. d. hess. Vkde, Hess. Bll. f. Vkde 37 (1939); R. Weigand, Die Anthropol. v. Ernst Moritz Arndt, 1942; W.-E. Peuckert, Die Brüder Grimm, Ewiges Dtl., 1942 (KTA 139); E. Hoffmann-Krayer, Kleine Schriften z. Vkde, hg. v. P. Geiger, 1946; R. Ritter, Jeremias Gotthelf als V.prediger, 1947; J. M. Ritz, Bildquellen z. Vkde, bes. im späten MA. als Ergänzung sprachl. Quellen, Spamer-Festschr. 1953; F. Stroh, Eine Germanistenprovinz, Hess. Bll. f. Vkde 41 (1950); Hippolytus Guarinonius (1571–1654), hg. v. A. Dörrer u. a., 1954; V. v. Geramb, W. H. Riehls Leben u. Wirken (1823–97), 1954ff.; ders., Ein Leben f. d. anderen. Erzh. Johann u. d. Steierm., 1959; V. Theiß, Leben u. Wirken Erzh. Johanns, 1960ff.; F. v. d. Leyen, Leben u. Freiheit d. Hochschule, Erinnerungen 1960; E. Bauer, J. G. Herder. Leben u. Werk, 1960; L. Bäte, Justus Möser als advocatus patriae, 1961; W. Schoof, Jacob Grimm. Aus s. Leben, 1961; G. Grimm, Joh. Georg v. Hahn (1811–69). Leben u. Werk, 1964; H. Bausinger, Natur u. Gesch. bei W. Grimm, Zs. f. Vkde 60 (1964); K. Schulte-Kemminghausen u. L. Denecke, Die Brüder Grimm in Bildern ihrer Zeit, 1963 (L. D. Ist Leiter d. Br. Gr.-Mus. in Kassel); G. Ginschel, Der junge Jacob Grimm 1805–1819, 1967. **4. Gesamtdarstellungen.** Einführungen in das Studium d. Vkde: E. H. Meyer, Dt. Vkde, 1898. Neudruck 1921; H. Meyer, Das dt. V.tum, 2 Tle., ²1903; K. Reuschel, Dt. Vkde im Grundriß, 2. Bändch., 1920 (für Studenten); G. Buschan u. a., Das dt. V. in Sitte u. Brauch, 1922; K. Heckscher, Die Vkde d. germ. Kulturkreises, 1925; J. Meier, hg., Dt. Vkde, 1926 (Teilgebiete, Bibliogr. Für Lehrer); M. u. A. Haberlandt, Die Völker Europas u. i. v.tüml. Kultur, 1928 (Vergl. Vkde); R. Beitl, Dt. Vkde, ²1935 (M. zahlr. Beispielen u. Abb.); W. Diener, Dt. Vkde, 1933 (4. Aufl., 1951); K. v. Spieß, Dt. Vkde als Erschließerin dt. Kultur, 1934; A. Spamer, hg., Die dt. Vkde, 2 Bde., 1934/35 (30 Mitarb. geben Einf. in die einz. Teilgebiete. Der Bilderbd. bietet reichen Ansch.stoff mit Erläut., Bibliogr.); W. Peßler, hg., Hb. der dt. Vkde, 1934ff. 3 Bde. (Berücks. stark d. Grenzgebiete wie Kulturgeogr., Geogr. und Anthrop. Zahlr. Abb.). **5. Vkde einzelner Landschaften** (Ausw. d. neueren und zus.fass. Werke, von N n. S): H. Koehn, Die Nordfries. Inseln, ⁵1961; Siebs u. Wohlenberg, Helgoland u. d. H.er, 1953; Das Leben a. e. Bauernhof in d. Kollmermarsch um d. Jh.wende. Erinn. d. Bauern Robert Rave zu Moorhusen, 1966; O. Lauffer, Niederdt. Vkde, ²1923; ders., Land u. Leute in Niederdtl., 1934; E. Retzlaff u. W. Peßler, Niederdtl., 1940 (52 Farbaufn.); H. Krieg, Schlesw.-holst. Vkde a. d. Anf. d. 19. Jh., 1931; W. Lüpkes, Ostfries. Vkde, 1925; W. Peßler, Niedersächs. Vkde, 1925⁴; E. Finder, Die Vierlande, 2 Bde., 1922; K. Heckscher, Die Vkde des Kreises Neustadt am Rübenberge, 1930; R. Andree, Braunschweiger Vkde 1901²; P. Sartori, Westfälische Vkde, 1928²; F. Mielert, Dt. Ahnengut in Westfalen, 1942; G. Spies, Braunschw. V.leben n. Bildern v. C. Schröder (1802–1867), 1967; M. Zender, Die kultur. Stellg. Westf. n. d. Slgn. d. ADV, in: Der Raum Westf. IV, 2., 1965; W. Steffen, Kulturgesch. v. Rügen bis 1815, 1963; L. Mackensen, Pommersche Vkde, 1952; K. Brunner, Ostdt. Vkde, 1925; E. Riemann, Vkde d. Preußenlandes, 1952; O. Dikreiter u. M. A. Borrmann, Leben in Ostpreußen, 1963; F. Beck, Vom Leben a. d. Danziger Nehrung n. archiv. Quellen v. 1594–1894, 1962; R. Wuttke, Sächs. Vkde, ²1903; W. Frenzel, F. Karg, A. Spamer, hg., Grundr. d. sächs. Vkde, 2 Bde., 1932; J. Klapper, Schles. Vkde auf kulturgesch. Grundl., 1925; W. E. Peuckert, Schles. Vkde, 1928; ders., Schlesisch, 1950; Ebert-Frings-Gleißner-Kötzschke-Streitberg, Kulturräume u. Kulturströmungen im mitteldt. Osten, 1936; A. Wirth, Anhalt. Vkde, 1932; M. Wähler, Thüring. Vkde, 1940; A. Wrede, Rhein. Vkde, 1922²; H. Aubin, Th. Frings, J. Müller, Kulturströmungen u. K.prov. in den Rheinl. Geschichte, Sprache, Vkde, 1926; K. Meisen, Vkde d. Rheinlande, 1934 (Lit.); J. Klersch, V.tum u. V.leben in Köln, 1965; A. Ohm, Volk am unt. r. Niederrhein, 1960; M. Zender, D. Köln. »Niederland«. Rhein. Vjbll 36 (1972) (m. 11 Karten); Für d. Vkde d. westdt. Gebiete bietet das »Manuel de folklore français contemporain« von A. van Genepp e. Fülle v. Vergl.stoff; O. Schell, Bergische Vkde, 1924; W. Rees, Von berg. Tracht usw., 1941; A. Wrede, Eifeler Vkde,

³1960; N. Fox, Saarländ. Vkde, 1927; J. Hess, Luxemb. V.leben in Verg. und Gegenw., 1939; W. Diener, Hunsrücker Vkde, ²1962; C. Heßler, Hess. Vkde, 1904; K. Löben, Beharrung u. Bewegung im V.leben d. Dillkreises/Hessen, 1965; W. Hoffmann, Rheinhess. Vkde, 1932; E. Fehrle, Badische Vkde, 1924; W. H. Riehl, Die Pfälzer, 1925⁴; A. Becker, Pfälzer Vkde, 1925; H. Kolesch, Dt. Bauerntum im Elsaß, 1941; A. Pfelger, Die vkdl. Ernte des »Elsaßland«, 1941 (Schrifttum); P. Walther, Schwäb. Vkde, 1929; K. Bohnenberger, V.tüml. Überl. in Württ., 1962; F. H. Schmidt-Ebhausen, Fgn. z. Vkde im dt. SW, 1963; Häusser, Feger, Kähni, Die Ortenau, 1964 (Mittelbaden. Bildbd.); F. G. Brustgi, Die Schwäb. Alb, 1964; K.-S. Kramer, V.leben im Hochstift Bamberg u. im F.tum Coburg (1500–1800): eine Vkde auf Gr.archiv. Qu., 1967 (Ähnl. Unters. f. Unterfranken 1957, für Mittelfr. 1961); G. Priehäuser, Bayer. u. Oberpfälzer Wald, 1964; F. Lüers, Bayer. Stammeskde., 1933; E. Stemplinger, Wir Altbayern, 1946; R. Kriss, Sitte u. Brauch im Berchtesg. Land, 1947; L. Rücker, hg., Oberbayern. Land u. Leute, 1960; E. Lehmann, Sudetendt. Vkde, 1925; J. Hanika, Sudetendt. Vkde, o. J.; M. Andree-Eysn, Vkdl. a. d. bayer.-öst. Alpengebiet, 1910; A. Mais, hg., Österr. Vkde f. jedermann, 1952; A. Helbok, Vkde Vorarlbergs, 1928; K. Ilg, hg., Landes- u. Vkde . . . Vorarlbergs, 3 Bde., 1961 ff.; L. v. Hörmann, Tiroler V.leben, 1909; K. Adrian, Von Salzburger Sitt und Brauch, 1924; V. v. Geramb, Vkde der Steiermark, 1926; G. Graber, V.leben in Kärnten, 1949³; H. Prasch, Bäuerl. Volk Kärntens, in: K. Dinklage, Gesch. d. K. Landw., 1966; L. Schmidt, Vkde v. Niederöst., 2 Bde 1966/72; ders., Die V.kultur d. roman. Epoche in Österr. SA aus d. Mitt. d. Kremser Stadtarch., 1964; A. Haberlandt, Vkde v. Niederöst., 1921; ders., Vkde d. Burgenlandes, 1935; L. Schmidt, Vkde d. Burgenl., 1951; H. Brockmann-Jerosch, hg., Schweizer V.leben, 2 Bde., 1929–31; W. Kern, Graubünden, 1944; R. Weiss, Vkde. der Schweiz, 1946 (Meth. f. d. Gesamtvkde. maßgeb. Werk vom Herausg. d. Atlas d. schweiz. Vkde); H. G. Wackernagel, Altes V.tum d. Schweiz, 1956; P. Hugger, Werdenberg. Land im Umbruch, 1964 (Beharrung u. Wandel in d. ostschweiz. Kleinstlandsch. W.); A. Schullerus, Siebenbürg.-sächs. Vkde im Umriß, 1926; N. Engelmann, Die Banater Schwaben, 1966; E. Pfiffl, Dt. Bauern in Ungarn, 1938; N. Kauders, Das Dt.tum in Polen, 1939; Weitere Lit. in diesen Werken. Über Vkde des Grenz- und → Auslandsdt.tums s. auch → Vertriebene. **6. Vkde und Schule:** P. Benndorf, Die sächs. Vkde in d. Schule, 1901; F. Kunze, Die Vkde u. ihre Pflege in d. Schule, 1928; W. Anger, Heimat-Vkde als Grundlage einer volkstüml. Bildung, 1929; F. Ullius, Die Vkde in d. Landschule, 1933; R. Beitl, hg., Vkde u. Schule, 1934; K. Hass, Vkde als Stoff u. Aufgabe f. dt. Erziehung, 1938; A. Haberlandt, Beispiele z. Erfassung u. Verknüpfung vkdl. gehaltvollen Stoffes in einzeln. Unterrichtsfächern an Mittelschulen, Carinthia 141; ders., Vorschläge zum Einbau d. Vkde in d. Schulunterricht, Schule u. Erziehung, 1951; H. Freudenthal, Wissenschaftstheorie, 1955 (Kap. 7).

Volkskunst. Etwa um 1870 tritt die Vk. als Kulturgut bes. Art in das allg. Bewußtsein. Eine Begriffsbest. ist zuerst von Alois Riegl, Wien, versucht worden (Vk., Hausfleiß u. H.industrie. Bln 1894). Wesentl. Merkmale der Vk. sind ihm die »Anfertigung im eig. Hause für den eig. Bedarf und die Allg.verständlichkeit seiner durch die Trad. bedingten Formen«. Das Wort Vk. glaubt E. Schlee schon für 1845 belegen zu können (Zs. f. Vkde 59). Die theoret. Erört. in der dt. Vkde nach 1900 brachten auch eine Erweit. des Begriffs Vk. Vorlog., assoziat. Denken aller Schichten der Bev. schafft Volksgut (E. Mogk). A. Haberlandt und L. Rütimeyer sahen in den vor- und frühgesch. Sachgütern die Wurzeln der Vk. Trotzdem blieb ihre Auffassung im Hintergrund, einmal durch den germanist.-philolog. Grundzug uns. Wiss., aber auch durch die Geringschätzung, die der Vk. von der stilkrit. eingeschworenen zünftigen Kunstgesch. entgegengebracht wurde. Erst die Betrachterfg. Strzygowskis, die auch den »Verbraucher« des Kunstwerks sieht, brachte eine Wandlung, unterstützt von der zeitgesch. bedingten Hinwendung zur Kunst der Primitiven. Wilhelm Fraenger, dem wir soviele wichtige Anstöße in der Vk.fg. verdanken, betonte die eigenschöpf. Kraft des Volkes neben seiner Gabe, fremdes oder oberschichtl. Gut umzuformen, seinem Denken und Fühlen anzuverwandeln. K. v. Spieß sah in den mannigf. weltweiten Überlief. des »Mythus eine der Grundlagen der Bauernkunst« (Jb. f. hist. Vkde

2, 1926). 1928 definiert Adolf Spamer: »Es ist der soziol.-phänomenol. Kunstbegriff, der im Rahmen der vkdl. Betrachtungsweise die Kunst einfach als Ausdrucksform des im Bildwerk schöpferischen Geistes betrachtet und unter Vk. die Summe jener Bildschöpfungen versteht, die nicht als bewußte Individualleistungen außerhalb des volksläufigen Bildungsgutes stehen.« Spamer ergänzt jedoch 1928: »Innerhalb des gesamten volksläufigen Kunstgutes bleibt die qualitative Sichtung auch der vkdl. Betrachtungsweise unentbehrlich.« L. Schmidt (Vk. in Österr., 1966) verlangt die Einordnung der Vk. in das Leben des Werktätigen (Erscheinung, Gesch., Funktion).

Um den Mittelpunkt der erb- und erdgebund. Bauernkunst legt sich als ein erster Ring die handwerkliche Kunst der kleinen Landstädte, soweit sie noch als volkstüml. gelten kann. Es zeigt sich, daß die vom → Handwerker gefertigten Stücke (Möbel usw.) mancher Gegenden sich im Ornament durchaus von dem Hausrat unterscheiden, der vom Verbraucher selbst hergestellt wird: das ererbte Typengut erfährt in der Hand des Tischlers, obwohl er sich nach den Wünschen seiner ländlichen Kundschaft richtet, doch bereits eine Minderung und Neutralisierung.

Ein zweiter Ring, der sich in schon wesentlich weiterer Entfernung um den Kern der Bauernkunst legt, ist das volkskünstlerische Sachgut bestimmter Berufe, wie der → Soldaten, der → Schiffer und → Fischer, der → Hirten und Waldarbeiter. Spamer, der dieses Gebiet bes. gepflegt hat, sieht in den Künsten und Künsteleien auch der → Bastler (→ Steckenpferd) Leistungen, deren Volksläufigkeit genügt, um sie in seinen weitgefaßten Kunstbegriff mit hineinzunehmen.

Obwohl individuelle Neuschöpfung nicht Sache der Vk. ist, so bietet sie doch Raum für persönliches Schaffen. Das Eigenschöpferische ordnet sich aber stets dem allgemein Gebräuchlichen und Verständlichen unter: ein aus ihr selbst geborener Stilwandel ist in der Vk. undenkbar. Man wird nicht wie in der Kunstgesch. stilist.-ästhet. Maßstäbe anlegen, sondern ein Stück nach der Stärke, Unmittelbarkeit und Reinheit des Form- und Ornamentwillens beurteilen, der in ihm seinen Ausdruck fand. Da ist denn freilich das gesunkene Kulturgut der letzten Jahrzehnte wesentlich geringer zu veranschlagen als das alte Erbgut der Bauernkunst. Seit dem endgültigen Einbruch der → Industrie in die Vk. kommt eben »von oben« nichts mehr, das durch Hereinnahme in die Sprache der Vk. zu retten wäre.

Datierung der Vk. Innerhalb gewisser Stilgrenzen ist »Zeitlosigkeit« ein Merkmal der Vk. Besonders primitive Gegenstände werden einander nahezu gleichgesehen, ob sie nun heute oder in Europas Vorzeit geschaffen sind. So muten die Kühe, mit denen die Kinder abgelegener Täler in den Alpenländern noch heute spielen, geradezu prähistorisch an und lassen sich mit den Tierdarstellungen vorgesch. Felsritzungen vergleichen (→ Spielzeug). Ebenso urtümlich wirken gewisse → Eisenvotive.

Aber auch die Vk., die städtisches Formengut in ihren Bereich gezogen u. etwas Neues damit und daraus gestaltet hat, ist nicht nach dem städtischen Vorbild datierbar. In der → Tracht z. B. wird das »Nachhinken« (Naumann) des bäuerlichen hinter dem städtischen Stil auf durchschnittlich etwa ein halbes

Jahrhundert angesetzt. → Grabdenkmal.

Die → Möbelmalerei zeigt vielfach einen stilistischen Gegensatz (im kunstgesch. Sinne) zwischen der Form der Schränke, Truhen usw. und ihrer Auszier. Besonders bei sächsischen → Schränken fällt es auf, daß gotisch gebaute Stollenkästen (Schränke) nach dem Geschmack des Rokoko dekoriert sind. Es ist eines der Geheimnisse echter Vk., daß dabei ein höchst eigenwilliges und reizvolles Ganzes entsteht.

In vielen Fällen gibt das Stück der Frage nach dem Alter selbst eine Antwort. Schränke, Truhen, Schachteln, Körbe, Männergürtel (Tirol), Schmuckstücke, Maueranker, Wetterfahnen und Hausrat aller Art, besonders Eß- und Trinkgeschirr (Schüsseln, Teller, Becher, Krüge) sind mit Initialen und Jahreszahlen versehen. Solche Stücke sind nichr nur → Minnegaben, sondern sie offenbaren durch jene Angaben ganz allgemein den Wert, den der einfache Mensch auf seinen Besitz legt.

In ein und derselben Bauernstube Schleswigs fand Meiberg (Das Bauernhaus im Herzogtum Schleswig) ein halbes Dutzend völlig gleicher Stühle, deren Jahreszahlen vom 16. bis in das 19. Jh. reichten. Hier läßt sich also einmal mit datierten Stükken belegen, wie zähe die Vk. die alten Muster festhält, wie unbrauchbar gewordene Stücke in der hergebrachten Weise ergänzt werden. Das Beispiel mahnt zugleich zur Vorsicht bei der zeitlichen Ansetzung von Einzelstücken der Vk: der Typus kann uralt, das Stück verhältnismäßig neu sein.

Vk.-Landschaften. Die Bearbeitung der dt. Vk. nach geographischen Gesichtspunkten, von W. Peßler zuerst gefordert und gefördert, ist bisher am umfassendsten, wenn auch nur im großen Umriß, durch die »Dt. Volkskunst« des Delphin-Verlages (später Böhlau–Weimar) erfolgt. Während einige dieser Bände, wie Pommern, Elsaß, Schlesien, einigermaßen geschlossene Gruppen geben können, fassen andere weite Gebiete zusammen. Die Anwendung einer strengen kartographischen Methode auf die Vk. steht noch in den Anfängen (→ Atlanten). Es ist deshalb in dem vorliegenden Buche die sachliche Ordnung der Vk. nach den Werkstoffen als Einteilungsgrund angenommen worden.

Alle Bde. d. Reihe »Dt. Vk.«; O. Schwindrazheim, Dt. Bauernkunst, ²1931; Art populaire, travaux artistiques et scientifiques du 1er congrès intern. des arts populaires, 2 Bde., 1932; H. Karlinger, Dt. Vk., 1938 u. später (448 Abb., Grundleg. Werk); O. A. Erich, in: W. Peßler, Hb. d. dt. Vkde, 2. Bd.; A. Spamer, Die dt. Vkde. Text- u. Bildbd. (Bibliogr.) 1934; J. Jahn, Wb. d. Kunst, KTA Bd. ⁷1966; O. Schmitt, Reallex. z. dt. Kunstgesch., 1940 ff. (zahlr. Beitr. z. Vk., Ikonogr., Bauernh. usw.); – Bibliogr. Hinw. auf d. Lit. d. letzten Zeit, mit Berücks. d. Auslandes (bes. Amerikas) s. R. Wildhaber, in: Schweiz. Arch. f. Vkde 48 (1952). – H. Th. Bossert, Das Ornamentwerk, 1924; ders., Vk. in Europa, 1941 (Fast 1900 Beisp., vorbildl. Farbtafeln. Von den erhalt. Druckplatten wurden nach d. 2. Weltkrieg neu hg.: Ornamente d. Vk. m. e. Erg.bd. »Neue Folge« [Sachgebiete Gewebe, Teppiche, Stickereien, Keramik, Holz, Metall], ferner: Ornamente der Völker, dazu »Neue Folge« [die außereurop. Völker u. Kulturen]); T. Gebhard, Hell u. Dunkel in d. Vk., Bayer. Jb. f. Vkde, 1950; O. Pfister, Bem. z. d. Grundlagen d. Vk., Schweiz. Arch. f. Vkde 43 (1946); C. Rubi, Triebkräfte in d. bern. Vk., ebd. 47 (1951); F. Klees, The Pennsylvania Dutch, New York 1950 (Nachweis d. Schriftt. z. Vk.) (Vgl. auch E. O. Christensen, The Index of American Design 1950, Teil d. 15000 Aufnahmen v. 1930); K. Rumpf, Hessen, 1951; T. Gebhard, D. Erlebnis d. Pittoresken u. d. Vk., Zs. f. Vkde 51 (1954); E. Meyer, Heisig, Dt. Vk., 1954; J. M. Ritz, Alois Riegls kunstwiss. Theorie u. d. Vk., Bayer. Jb. f. Vkde (1956); ders., München u. d. Vk.forschg., ebd. (1958); P. Nedo, »Vk.« – Gestern u. heute. Eine begriffl. Erört., F. Hofmeister-Fs., 1957; W. Borchers, Kirche u. Vk. in Westfalen, Zs. f. Vkde 54 (1958); J. Lipmann, American Folk Decoration, New York 1959; L. Schmidt, Relig. Vk. Ikonogr., Wallf.,

Krippen, Öst. Zs. f. Vkde 61 (1958); L. Grote, Expressionismus u. Vk., Zs. f. Vkde 55 (1959); G. Reichardt, Harzer Vk. Drei Schnitzer u. ihr Werk, 1959; L. Meyer-Heisig, Die Slg. z. dt. Vk. im Germ. Nat. Mus., 1959; A. Ohm, Vk. am unt. r. Niederrhein, 1960 (Kr. Rees); M. Kislinger, Alte Bauernherrl., 1957; L. Schmidt, D. öst. Mus. f. Vkde, 1960; ders., Alte bäuerl. Kunst, 1963 (Oberöst.; Texte v. F. Lipp, O. Kastner, H. Grünn); E. Schlee, Schlesw.-Holstein. Vk., 1964; O. Schmolitzky, Vk. in Thür. v. 16. b. z. 19. Jh., 1964; E. Schäfer, Mecklenbg. u. s. Handw., 1964; B. Deneke, Die Entdeckung der Vk. f. d. Kunstgew., Zs. f. Vkde 60 (1964); H. Schwedt, Moderne Kunst, Kunstgew.u. Vk., ebd.; J. Teller, Marx u. Engels ü. d. Vk., 1964; L. Schmidt, Vk. in Österr., 1966 (Grundstoff, Grundform, Sinn u. Funktion); ders., Bauernmöbel aus Süddtl., Österr. u. d. Schweiz, 1967; R. Wildhaber, Zur Begr. best. d. Vk, K. Ranke-Fs. 1968; W. Borchers, Vk. in Westfalen, 1970 (= Der Raum W. Bd. IV/4); 75 Jahre Mus. f. Vkde, Bln-O 1964 (Darin: U. Steinmann, Die Entw. d. M. f. Vk. v. 1889 bis 1964); L. Pretzell, Kostbares V.gut, Ausst.kat. d. Mus. f. Dt. Vkde, Bln-W, 1967; H. J. Hansen, hg., Europas Vk., 1967; Vk im Rheinld. (Kat. Freilichtmus. Kommern), 1968; R. Wildhaber, Zur Begriffsbest. d. Vk. In: V.überl. Fs. f. K. Ranke. 1968; B. Deneke, Bauernmöbel. Ein Hb. 1969; E. Schwedt, Vk. u. K.gewerbe. 1970; R. Creux, Vk. in d. Schweiz. 1970; G. Ritz, Eigengesetzlichkeit in d. Vk. Bayer. Jb. f. Vkde (1970); L. Kriss-Rettenbeck, Was ist Vk.? Zs. f. Vkde 68 (1972); Volkskunst, Ausst.kat. Köln 1969 (Lit.); K. Spiess, Der Vogel. Bed. u. Gestalt in sag.tüml. u. bildl. Überl., 1969.

V.lesestoff → Vbuch.

Volkslied. Was das Volk in seinen Gemeinsch. singt und mündl. weitergibt, nennen wir Vl. Frühe gesch. Nachrichten sind spärlich, meist handelt es sich um Verbote. → Tacitus berichtet von Gemeinsch.gesängen der Germanen; lat. schreibende Kleriker bekämpften sie ebenso wie im 8. Jh. die winileod, Lieder der Liebe und Freundschaft. 742 ersucht Papst Zacharias den Bischof → Bonifatius, den Baiern und Alem. die heid. Umgänge zu → Neujahr zu untersagen (→ Klöpfeln). Ein → Kapitular Ludwig d. Frommen mahnt: »Das Volk soll am Vorabend sowie am Sonntag selbst nicht auf den Kreuzwegen und Gassen stehen und sich mit Erzählen, Tanzen und Singen die Zeit vertreiben, sondern zur Kirche kommen und beim Hin- und Zurückgehen das Kyrie-eleyson singen« (→ Geistl. Vl.). → Berthold von Regensbg. (13. Jh.) schilt als Sünden des Mundes »Singen weltl. Lieder und unnütz die Stimme trillieren, wo man singen sollte Gottes Lob«. → Luther, ein Freund des frommen Liedes, tadelt 1521 das Singen »buhlerischer Lieder«; 1580 wird in Amberg das »Kranzsingen« verboten usw. Trotzdem zeigt das alte Vl. seine Spur im Individuallied der Minnesänger und Vaganten und wurde im 15. Jh. auch schon gesammelt oder aufgez. (→ Liederbücher, Locheimer L., um 1460; Rostocker L., 1465; L. der Klara Hätzerlin, 1471; später: Antwerpener L., 1544; Bergreihen, 1547; Ambraser L., 1584). Mehrstimm. Sätze nach ält. Liederbüchern finden Eingang in die Lautentabulaturen wie z. B.: Arnold Schlick, Tab. etl. Lobgesang und Liedlein uff die Orgeln und Lauten, – mit zwo Stimmen zum Zwicken und einer zum Singen. Mainz 1512. – Für das späte MA. und die Zeit der Reformation und Bauernkriege wird das → hist. Vl. charakterist., das gesch. Ereignisse wie die Freiheitskämpfe der Schweizer oder der Dithmarscher schildert.

Um 1580 sprach der philosoph. Bürgermeister von Bordeaux, Montaigne, von chansons populaires und formulierte auch schon die Auffassung Herders und der dt. Romantik: »Sie sind ganz Natur, wie sie ist, voll von Naivetäten und Reizen, durch die sie sich der ganzen Schönheit erfreuen, wie sie der vollkommensten Kunstpoesie zukommt«. Johann Gottfried Herder (1744–1803) prägte unser Wort »Volkslied«. Mit dem jungen Goethe in Straßburg (1770) sah er – anders als die spätere Vl.philologie – Text und Musik, und neben das national-eigene stellte er das Liedgut and. Völker, selbst der sogen. Primitiven. Die Poesie überh. war ihm »Welt- und Völkergabe«.

Die Kenntnis der »Urpoesie« unentwick. Völker, J. J. Rousseaus Kulturpessimismus, die Neuentd. des Altertums (Macphersons »Ossian«, Klopstocks »Barden«), die europ. Lit.strömung des »Sturm und Drang« wie die darauffolg. lyr. Romantik und die polit. Deutschbewegung der Napoleonzeit mit ihrer leidensch. Hinwendung zum »Dt. V.tum« – so nannte Ludwig Jahn 1810 sein Buch – bereiteten den Boden für die ersten Vl.slgn. 1760 erschien Youngs Aufsatz On original composition und 1765 die beispielh. Slg. altengl. → Balladen des Bischofs Thomas Percy: Reliques of Ancient Englis Poetry (3 Bde.). Diesem Vorbild folgten Gräter, Eschenburg, Nicolai und vor allem Herder mit seinen »Volksliedern« (1778/9; 1807 neu hg. als »Stimmen der Völker in Liedern«). Die erste wiss. Vl.ausg. schufen J. G. Büsching und F. H. v. d. Hagen in ihrer von einem Melodieheft begleit. »Slg dt. Vl.« (1807). Die Singweise gaben auch die »Österr. Vl.« von F. Zischka und J. M. Schottky, 1819. Die tiefste Wirkung übte jedoch das Werk der Dichter Arnim und Brentano »Des Knaben Wunderhorn« (3 Bde., 1806–8). Die romant. Grundauffassung von der dichtenden V.seele begegnet uns selbst bei Jacob Grimm: V.dichtung sei »nicht gleich aller übrigen von einzelnen und namhaften Dichtern hervorgegangen, vielmehr unter dem Volke selbst, im Munde des Volkes, wie man das nun näher fasse, entsprossen« (Üb. d. altdt. Meistergesang, 1811). – Die älteste Vl.slg. der Sudetenländer und überhaupt der öst.ung. Monarchie gab Jos. G. Meinert: Alte teutsche Vl. in der Mundart des Kuhländchens, 1817.

Eine strengere wiss. Beurteilung fördern nach 1840 die Slgn. und Ausg. von Ludwig Erk–W. Irmer (Die Dt. Vl. mit ihren Singw., 3 Bde., 1838–45), Hoffmann von Fallersleben–E. Richter (Schles. Vl., 1842), Ludwig Uhland (Alte hoch- und niederdt. Vl., 2 Bde., 1844/5). In seiner »Naturgesch. d. Volkes als Grundl. einer dt. Sozialpolitik« (1853–69, 4 Bde.) sagt W. H. Riehl: »Kein Vl. hat einen bestimmten, nennbaren Verfasser . . .« (Die Familie, [12]1904; Kap.: Die Idee der Familie). Die anscheinend widersprüchl. Aussage fand in der Folge eine gewisse Verschärfung in dem Gegenüber von Produktions- und Rezeptionstheorie. Während der aus Bremen stammende Gründer des Dt. Vl.archivs, John Meier, (Kunstlieder im Volksmund, 1906) als Philologe das Textvorbild vieler Vl. exakt nachwies und später Hans Naumann sich zu dem Satz verstieg: »Das Volk produziert nicht, es reproduziert« (Grundzüge d. dt. Vk., [2]1929), hielten vor allem bair.-österr. Forscher, die selber sangen und musizierten, an der Vorst. von der unmittelb. Schöpfergabe des Volkes fest (Josef Pommer, Karl Büchen, Viktor v. Geramb u. a.). Schon Otto Böckel wies auf Liedimprovisationen des Volkes hin (Psychol. d. V.dichtung, 1906). A. Meiche erwähnt einen Bericht von 1557 über einen Streit zwischen Gutsherr und Untertanen: Es lief ein »Lidt und Sprichwort« um, das die dortigen »Pawren . . . wider den Doctor gemacht und geticht«. Im → Kinderlied, im Hirten- und → Arbeitslied, im Ruf und → Spruch, wie er tausendfach den

Brauch des Jahres begleitet (→ Klöpfeln, Dreikönig, Fasnacht, Lätare, Martin, Gaßlbrauch u. a.), im → Jodler und → Schnaderhüpfel bes., aber auch in größeren, meist gereimten, rezitierten oder gesungenen Formen der → Glückwünsche an → Neujahr, zu → Erntefest und → Hochzeit, in Spottliedern und Rügen (→ Haberfeldtreiben, Fasnacht) äußern sich urtüml. Sprach- und Bildphantasie und eine Formgebung, die zwar nicht mit dem Gedankengebäude des Dichters und Komponisten verglichen werden kann, aber vor diesem oft die größere Ursprünglichkeit, die »Urverbundenheit« (Geramb) voraus hat.

Selten tritt der »V.dichter« aus seiner Anonymität heraus, so etwa im Schluß mancher alten Landsknechts- und Soldatenlieder: »das haben gemacht zween reuter gut«, »twe Kammerjungen«, »drei Matrosen«, »drei Tambours«, »zwei Schweizerknaben«, »drei Landsknecht«. Doch haben solche Angaben gewiß auch formelh. Char. Oft, wenn auch keineswegs immer, drückt sich die größ. Lebensnähe im Gebrauch der heim. Mundart aus. Dies gilt vor allem vom Brauchlied im Jahreslauf. – Man mag die beiden Wachstumszonen mit den einsam ragenden Bäumen des Waldes und mit der eng gesellschafteten Welt der Sträucher, Blumen und Gräser, der Moose und Flechten vergleichen. Die Bäume entwachsen dem Unterholz und sie kehren in den Schoß des Waldgrundes zurück. Nicht anders sollte man die Begriffe »Oberschicht« und »Unterschicht« (H. Naumann) im Sinne der Vkde verstehen.Ständ. Geben und Nehmen herrscht zwischen den Bereichen des indiv., logisch reflektier., konstruktiven Denkens und dem einer gemeinschaftsgebund., gefühlsmäßig in assoziat. Reihen sich äußernden Geistesart. Hans Commenda allerdings sieht in uns. Zeit diesen Austausch dadurch gestört, daß die Oberschicht eine »Halbintelligenz schwer belastet, welche die Schattenseiten beider Schichten vereint, ohne ihre Vorzüge aufzuweisen« (Was das Volk singt, in: Jb. öst. Vl.werk 9, 1960). Schon bei der Auswahl beginnt der Lebensprozeß des Vl. (A. Hübner), im Singen setzt er sich fort. Das Lied fließt, wächst, schwindet, verändert sich in mannigf. Weise. Man kann von einem Zersingen sprechen, das durch Hör- und Schreibfehler, durch Falschverstehen und Vergessen oder auch durch mechan. Abschleifung und assoziat. Formenspiel (»drei Lilien, drei Lalien«) verursacht wird. In Siebenbürgen beginnt ein bek. Lied:

In des Gartens dunkler Laube
grub ein Männchen früh ein Grab,

weil Mönche dortzulande unbekannt waren. Weit häufiger aber bewirkt die Änderung ein produktives, wenn auch meist unbewußtes Umsingen. In dem Lied vom treuen Kameraden meint Uhland das Ende, den Tod:

Gilt es mir oder gilt es dir?

Das Volk, das dies Lied ergriff, denkt, anschaulicher, an die todbringende Kugel:

Gilt sie mir oder gilt sie dir?

Solches Umsingen erfaßt auch moderne Texte. Das um 1900 aufgetauchte und dann überaus vtüml. gewordene Schlagerlied »Gold und Silber lieb ich sehr« hörte Geramb um 1930 in Wort und Weise leicht verändert aus dem Munde von Bauernmädchen und Waldarbeitern. Selbst ein feierl. Kirchenlied wie »Großer Gott, wir loben dich« wird in den dt. Diözesen nach Wortlaut, Weise und Taktart verschieden gesungen (Commenda). Das Lied

»Maria saß am Wocken«, zuerst im 17. Jh. im Ermland nachgewiesen, machte als Marien-, Spinn- und Tanzlied viele Wandlungen durch auf dem Weg in den Taunus, ins Elsaß, nach Schlesien und Steiermark, bis es von der dt. Jugendbewegung aufgegriffen und festgehalten wurde. Daß auch im Musikal. die Volkläufigkeit nicht ein Schwinden der Substanz bedeuten muß, zeigte H. Klein (Jb. öst. Vl.werk 9, 1960) an dem reich entfalt. Beispiel des Oberuferer Weihn.spiels, dessen Träger und Sänger einem unbewußten Stilwandel von der Renaiss. zur Barockmusik folgten. Während die ältere Fg. in der Wandlung des Vl. oft nur einen psychol. Mechanismus sah, sagt H. Strobach (Bauernklagen, 1964): »Im einz. kommen Vorst.reihen wohl assoziativ zustande, im ganzen aber stellte sich uns der Prozeß des leb., gemeinschaftsbest. V.gesanges von versch. Seiten her als Akt schöpfer. Produktivität dar«.

Von Goethes »Heideröslein« bis zum lit. → Bänkelsang uns. Tage, bes. deutlich aber im Musikal. ist nachzuweisen, daß dem »gesunkenen Kulturgut« ein Aufsteigen der Vorst. und Formen der Grundkultur in die Oberschicht entspricht. Nicht zufällig sind es die Meister der österr. Klassik über Schubert bis zu Bruckner, die in kleinen Formen wie in ihren großen Symphonien diesen Vorgang bezeugen. Beethoven bearb. u. a. das noch heute dem Kärntner Vl.schatz angehörende »Dort obm auf'n Bergerl gugu«. Das Lungauer Vl. »Acht Sauschneider müssen sein« benutzte Joseph Haydn zu Variat. eines Capriccio. Wie der Kanon »Wann i a Räuscherl hab, ist ma sauwohl« bei einem Besuch von Michael Haydn bei seinem Bruder Joseph in Wien entstand, berichtet Joseph Eybler: »Als Michael Haydn und ich an einem heißen Sommerabend spatziren gingen, hörten wir beim roten Thurm von einem betrunkenen Bauern gegenwärtiges Liedchen singen, worauf er mich einen Canon zu machen animirte«. Hier wäre auch auf die Bed. hinzuweisen, die das Vl. in den »Jugenderinn.« großer Persönl. besitzt, wie es Leopold Schmidt einmal darstellte.

Mit dem Aufkommen kulturgeogr. Fragestellungen in der Sprachfg. (→ Sprachgeogr.) wie später in der allg. Vkde (→ Atlanten), gefördert durch den wachs. Reichtum der Slgn., begann man auf landsch. Sonderungen des Vl. zu achten. Zwar scheinen Urteile noch verfrüht, wie sie E. Klusen über das dt. Vl. äußerte: Schweiz – in alem. Grundhaltung zu kühlem Maß neigend; Schwaben – behäbige Variante des alem. Typs; Elsaß – krit. Besinnlichkeit; Schlesien – ruhig, versponnen; Thür. – ruhig bewegt, rhythm. lebendig; Franken – gemäßigt, anmutig, reif; Odenwald – voll Schwung und Leben; Moselland – hintergründig, gestaute Kraft; Westfalen – grüblerisch, besonnen den Ausgleich suchend; Niedersachsen – am einheitlichsten, weit und kühn disponier. Wille; verwandt in Pommern, West- und Ostpreußen. Der Versuch gründete sich auf den Vergleich von 750 Fassungen von etwa 50 Liedern aus der Wende des 18. zum 19. Jh., die allerdings in Bayern und Österr. wenig belegt waren. Die Stile und Stilgemeinschaften dieser beiden Landsch. lassen W. Wiora von »Alpenmusik« sprechen. Bajuvar. V.musik im bes. sieht er charakteris. durch → Ländler im Tänzerischen, durch → Schnaderhüpfel und pastorales → Weihnachtslied im Thematischen; im Musikal. im engeren Sinn durch klangfreudige Mehrstimmigkeit, gebrochene Akkorde, weitbewegte Melodie, überschwängliche Tonsprünge. Wenn auch Grenzlage (Kärnten) oder gesch. Isolierung (Siebenbürgen) manche V.landschaft deutlicher hervortreten lassen, so verwischt doch in Mitteleuropa schon die gemeins. Sprache manche Konturen. Wie uns jedoch bei einem Grenzübertritt die Hauslandschaft – bei allem innerdt. Formenreichtum – als etwas Bes., Deutsches, erscheint, so hebt sich das Vl. als ganzes von dem and. Nationen ab. W. Wiora (Europ. V.gesang, 1952) weist auf den Zus.hang der V.weisen in Gesamteuropa hin, sieht aber doch innerh. verwandter Zeitstile das dt. Vl. gekennz. durch auftaktige Rhythmen, Bevorzugung der steigenden oder zuerst steigenden, dann fallenden Linie, Neigung zu Weitzügigkeit und mehrere Zeilen umspannenden melod. Bögen. Im Überblick bez. er das dt. Vl. und seine Weise als spannungsreich, strebend, oft drängend und im Vergleich mit Varianten desselben Vl. bei anderen Völkern als stärker in Gefühl und Ausdruck.

Monograph. Unters. engerer Vl.-Gemeinschaften ergänzten die kulturgeogr. Betrachtung und führen vom Lied als Werk musikal. Vk. hin zum Sänger, seinem Leben und seiner Gruppe, zur soz. und funktionalen Bed. des Singens. Bes. Julius Schwietering und seine Schule (M. Bringemeier, O. Brinkmann, M. Hain) verlangten das Festhalten der »Situation«. K. M. Klier: »nicht nur das Was, sondern auch das Wie und Wo bedarf der Notierung; nicht nur das Lied allein, sondern auch die Sängerpersönl., seine Umwelt, die ›Musische Aura‹ soll festgehalten werden« (Schweiz. Arch. 54, S. 127). J. Weber-Kellermann kritisiert mit Recht, daß die psychologis. Ethnologie des 19. Jh. (Steinthal, Bastian, Wundt) über psych. Urelementen und primit. Völker- und → Elementargedanken die Frage nach der ethn. Besonderheit best. Gruppen vergaß.

Dem gleichen Ziel dient es, wenn die Persönl. eines Sängers oder e. Familie allein, dafür aber ihr ganzer Liedervorrat zum Gegenstand der Fg. wird, wie es M. Ittenbach forderte und von W. Salmen, G. Heilfurth u. a. verwirklicht wurde. Unter den 117 Stücken, die als »Liederschatz einer Mühlviertler Bauernfamilie« ein Achtzigjähriger frei aus dem Gedächtnis niederschrieb, fand der Linzer V.forscher H. Commenda (Jb. öst. V.liedw. 2, 1953) 49 Volkssängerlieder, 54 Wienerlieder, 19 Kunstlieder, 10 Liebeslieder, 2 Erzähllieder. Altes V.gut waren 33, heitere Lieder 12 und ernste bis rührselige 22 (Alm-, Edelweiß-, Tirolerlieder). Da im Mühlviertel weitum keine Alm ist, waren solche Lieder als Einfuhr vom südl. Alpenland erkennbar. Dort fand sie Commenda in voller Ursprüngl. im handgeschrieb. Liederbuch der Sennerin Anna Posch aus Obertraun. Unter ihren 125 Vl. waren 9 v. H. Neujahrslieder und 7 v. H. Hirtenlieder. Dafür fehlten hier die Studentenlieder, die der Mühlviertler Familie geläufig waren. Die Frage nach dem Sänger selbst enthüllt schon in diesen Bsp. den Wechsel der Träger des Gesanges. Fahrendes Volk, wandernde Sänger, Handw.burschen, Fuhrleute, Bilderkrämer verloren ihre Bedeutung in der Vl.überlief. An ihre Stelle traten Studenten und Soldaten, Gemeinsch. der Jugendbew. (Finkensteiner Singbew., W. Hensel, F. Jöde, G. Götsch u. a.), V.tanz- und Singkreise, polit. und weltanschaul. Gruppen. Vor allem sind → Schallplatte (»Kein Weih-

nachten ohne Sch.«, 1969), Tonfilm, → Rundfunk und → Fernsehen Vermittler des Vl., mehr freilich des mod. → Schlagers und des amerik. Jazz in seinen wechs. Formen (Beat, Soul, Rock usw.) geworden. Wenn auch vielf. passives Hören an die Stelle des eig. Singens getreten ist, wird man doch dem Urteil von H. Commenda nicht ganz folgen können: »Die einf. Mutterschicht kann aber nur das aufnehmen, was ihr gemäß und verständlich ist. Die Hochkunst wandelt nun schon geraume Zeit auf Wegen, auf denen ihr der schlichte Mann meist nicht mehr folgen kann. So hält er sich denn an Schlager, Hauer, Reißer oder verliert überhaupt die Freude am Singen und Musizieren« (Jb. öst. Vl.werk 9, S. 46). Auch heute nimmt das Volk und seine Jugend nur auf, was ihm gemäß und verständlich ist. Ob fremde Einflüsse den Char. des Volkes selber zu verändern beginnen, ist eine andere Frage (Amerikanismus, → Folklorismus).
Mittelpunkte der wiss. Vl.fg. wurden in Dtl. das von John Meier 1914 gegr. und zunächst als Textslg. eingerichtete »Dt. Vl.archiv« (DVA) in Freiburg i. Br., später das Schweizer Vl.archiv in Basel und das österr. Vl.archiv in Wien. Notwend. Ergänzung wurde 1917 ein »Archiv dt. Vl.« unter M. Friedländer in Berlin, das 1937 als Abt. »V.musik« in das Staatl. Institut für Musikfg. eingegliedert wurde (Hans Mersmann, Alfred Quellmalz). Mit dem Beginn der wiss. Gesamtausg. der »Dt. Vl. m. ihren Melodien« (1927) entstand auch am DVA eine musikal. Fg.stelle (A. Quellmalz, W. Wiora). Seit 1928 erscheint dort (mit Unterbrechung) das Jb. f. Vl.fg. hg.v. J. Meier mit H. Mersmann, H. Schewe, E. Seemann. Dem Gründer folgten 1953 Erich Seemann, 1963 Wilhelm Heiske, nunmehr R. W. Brednich als Leiter des DVA. Während die ältere Berliner Slg. nach Regensburg verlagert wurde (Felix Hoerburger), fand die Fg. in Westberlin ihre Fortsetzung als Abt. »V.musik« am alten Staatl. Institut (Fritz Bose) und in Ostberlin an der Dt. Akad. d. Wiss. (Inst. für Vkde: Wolfgang Steinitz, Doris und Erich Stockmann, Ingeborg Weber-Kellermann, Hermann Strobach). Das N.rhein. Vl.archiv wurde 1964 als Inst. für musik. Vkde der Pädag. Hochschule Neuss angegliedert (Ernst Klusen), während das 1938 gegründete Hamburger Vl.archiv seit 1961 dem Museum für Hamb. Gesch. zugehört.
Während von dem Freib. DVA und ihrem Leiter die »Reproduktionstheorie« ausging, nahmen Slg. und Fg. in den leb. Vl.landsch. Österreich, Bayern und Nordböhmen einen bezeichnenden anderen Verlauf. Einer Idee des ersten Sekretärs der Ges. d. Musikfreunde in Wien, Joseph Sonnleithner (1776–1835), folgend, begann man in Österr., und zwar in der ganzen Monarchie, bereits im Jahre 1819 das Vl. zu sammeln. Es war die erste, auf den Erlaß einer Regierung gegründ. und einen ganzen Staat umfass. systemat. Slg. von Niederschriften von Texten und Melodien in Europa. Ursprünglichkeit der österr. Liedlandsch., eigenes Musizieren, enge Bindung an Volk und Heimat und der Grundsatz, nur Lieder aus mündl. Tradition aufzuzeichnen, ließen Joseph Pommer wie seine Mitarbeiter und Nachfolger (bes. seinen jüngsten Sohn Helmuth Pommer) zu leidenschaftl. Verfechtern der »Produktionstheorie« werden. R. Zoder und G. Kotek bezogen auch Tanz und Musik in die Fg. ein. Erst E. K. Blümml und K. M. Klier wandten auch den schriftl. und gedruckten Quellen (→ Flugblatt,

Liederbuch) volle Aufmerksamkeit zu. Eine »wahre Fundgrube an echtem V.gut« wurde die durch fünfzig Jahre (1899–1949) erschein. Zs. »Das deutsche Vl.«. 1948–50 folgte die Zs. »Vl., V.tanz, V.musik«. Seit 1952 ist das »Jb. d. Österr. Vl.werks«, begr. und geleitet von K. M. Klier, L. Nowak, L. Schmidt und Raimund Zoder, das bedeutendste Sammelbecken der südosteurop., insbes. der alpenländ. Vl.fg., wie sie auch die Akad. für Musik und darstell. Kunst in Wien in ihr Programm aufgenommen hat (1. Seminar mit 21 Vorträgen 4.–15. 10. 1965). Wie die wiss. Fg. in den öst. Bundesländern seit dem Ende des 1. Weltkrieges getragen wurde vom »Öst. Vl.unternehmen« (nach dem 2. Weltkrieg »Öst. Vl.werk« mit dem »Haupt- und Zentralarchiv des Vl. in Österreich« seit 1962), so galt hier die Sorge des V.freundes und Schulmannes seit je der Pflege des V.gesanges. »Die Gestalten dieser Vl.sammlung und -fg. fügen sich zum Dokument einer geistigen Macht zusammen, die im Unbewußten auch in jenen Gemeinsch. lebt, die sich der ›Pflege‹ verschrieben haben« (L. Schmidt, Jb. öst. Vl.werk 15, 1966). Aus J. Pommers unermüdl. Werbung in Wort und Schrift ging die »Wiener Vl.schule« hervor, ihre Frucht war das »Öst. Vl.buch« (1948–50, 3 Bde), das G. Kotek und R. Zoder herausgaben und das zeigt, »wie reich noch in Öst. leb. Quellen aus den Urgründen eines gesunden, kraftvollen V.tums strömen und das Lied seiner Menschen speisen« (E. Seemann).

Vom öst. Rundfunk einberuf. »bäuerl. Vl.singen« im Lande waren schon vor dreißig Jahren auch von Vl.forschern wie Pommer, Liebleitner, Kronfuß, Pöschl und Kotek besucht. In Jugendsingwochen, in Vl.werkwochen einz. Landsch. und V.kreise, in großen alpenländ. Singtagen, in Lehrstunden und Vorträgen haben J. Bitsche, H. Commenda, W. Deutsch, K. Horak, M. Hornung, K. M. Klier, G. Kotek, M. Kundegraber, L. Schmidt in Österr. und Kurt Huber, Kiem Pauli, Tobi Reiser, Wastl Fanderl u. a. in Bayern dem alten und neuen Vl. wirklich ein »zweites Dasein« (W. Wiora) beschert und gesichert. Sie folgten den Gedanken J. G. Herders: »Mich hat in allen diesen Zeiten nichts als der Gedanke der allg. Erwachung und Wiedergeburt geregt und beweget« (Brief ü. s. Osterkantate).

Seit dem 1. Weltkrieg etwa haben sich Standpunkte und Arbeitsweisen von »Vl.archiv« und »Vl.werk« genähert und ergänzt. Auch das ausschl. der Fg. dienende DVA in Freiburg ließ landsch. Liederhefte hinausgehen, wie auch die ostdt. Landsch. ihre dem Singen selbst dien. Liederbücher erhielten. In Wien wird längst auch hist.-lit. Liedfg betrieben, und in Freiburg stehen heute nicht nur Tanz und Musik gleichberechtigt neben dem Lied, Bilddokumente neben Schallaufnahmen, – in einer Freiburger Zentralstelle hat bes. der aus Vertreibung und Flucht gerettete Liedbesitz der Sprachinseldt. unter Johannes Künzig eine wiss. und erzieher. Pflegestätte gefunden (→ Vertriebene).

Wenn auch heute noch Philologie und Musikologie oft in getrennten Händen liegen, so ergänzen sich die Methoden doch und arbeiten ständig an ihrer Verfeinerung. Wenn früher beim DVA Quellen- und Textkritik, Stichwortkatalog (nach mehreren St. eines V.textes) und Variantenmappe (alle Vl. mit gleichem Thema) im Vordergrund standen, so ist doch jetzt auch die »Melodienverzettelung« eine

Selbstverständlichkeit. Aufnahmetechnik (Schrift, Fragebogen, Photo, Tonband, Laufbild), Katalogisierung (Text, Titel, Thema, Strophen, Herkunft, Sänger) bes. ein allg. brauchbares »Melodienregister« sind Gegenst. lebh. Erört. Das mehr stimm. Vl. stellt besondere Fragen. Verhältnism. spät zeichneten die Sammler mehr als die Hauptstimme auf. Zuerst wurden → Jodler zweistimmig notiert. Die ersten mehr als zweistimmig aus dem V.mund aufgez. Lieder wurden ab 1901 laufend in der Zs. »Das dt. Vl.« veröffentlicht. Heute wird eher von Musikologen die philol. Fg. übersehen (vgl. W. Suppan, Vl., 1966). Es ist das Ziel einer ganzheitlich verstand. Vkde, in Fragestellung, Fg. und Lehre im Vl. neben dem Wort die Weise, neben dem Psycholog. das Soziale, in dem hist. Entw.gang auch das geogr. Verbr.bild zu sehen.

Vor einem Jh. war das Vl. fast zum Symbolbegriff für alle Beschäftigung mit der V.kultur geworden. »Das große Conversationslexikon« von J. Meyer von 1852 bringt 37 (!) Spalten über das Vl., ein Stichwort »Volkskunde« aber fehlt ganz. Diese seltsame Perspektive ist Vergangenheit, aber für eine Vkde als leb. und lebensnahe Wiss. mag doch das Wort von Johannes Koepp von 1954 stehen: »Sammeln sollen wir, solange wir leben, um das Volksgut für andere Generationen, die nach uns kommen, zu erhalten. Vielleicht gibt es wieder eine Wunderhorn-Zeit, wie Anno 1806 und Anno 1909, da der Zupfgeigenhansl erschien . . .«.

Archive, Zeitschr., Bibliogr.: Die Hauptaufgabe des Dt. Vl.archivs, Freiburg i. Br., ist die Veröff. der »Dt. Vl. mit ihren Melodien« (Dt. Vl.werk); ferner: Jb. f. Vl.fg., hg. v. J. Meier, 1928–42, wieder ersch. 1952 (darin Lit.bericht 1949–51 v. E. Rath); Studien z. Vl.forschung, seit 1940. – J. Koepp, Hg.: Jb. f. Vl. u. Volkstanz, 1939ff.; J. Pommer u. F. Fraungruber, Hg.: Das dt. Vl., Zs. f. s. Pflege u. Kenntnis, 1899ff (im 47. Jg. Generalindex dazu v. R. Zoder); Nachfolge dieser Zs. Vl., Volkstanz, Volksmusik (ab 1947, im Jg. 1949 Zeitschr.umschau v. G. Kotek) und Jb. d. österr. Vl.werkes, 1952ff.; J. Meier, Dt. u. niederländ. Volkspoesie (ausführl. Bibliogr. in H. Paul, Grundriß d. germ. Philolog., 1909, II, 1178–1219); G. Jungbauer, Bibliogr. d. dt. Vl. in Böhmen, 1913; E. Seemann, in: Dt. Vkde, hg. v. J. Meier, 1926. **Einführungen:** P. Levy, Gesch. d. Begriffes Vl., 1911; A. Hübner, Die Lieder d. Heimat, 1926; A. Götze, Das dt. Vl., 1929; C. Brouwer, Das Vl. in Dtl., Frankreich, Belgien u. Holland, 1930; J. Müller-Blattau, Das dt. Vl., 1932; J. v. Pulikowski, Gesch. d. Begr. Vl. im musikal. Schrifttum, 1933; W. Hansen, Wesen u. Wandlg. d. Vl., in: Spamer, Vkde; J. Koepp, Das Vl. in d. Volksgemeinschaft, ebda, 1. Bd.; W. Dankert, Grundriß d. Vl.kunde, 1939; J. Meier u. E. Seemann, Hg.: Lesebuch d. dt. Vl., 1937; W. Dankert, Das europ. Vl., 1939 (Wesen u. Besonderh. d. Vl. d. europ. Nationen, mit Berücks. d. östl. Randvölker, dazu: W. Wiora, Zur Erforschg. d. europ. Vl., in: Arch. f. Musikforschg. 5. 1940); W. Hensel, Auf den Spuren d. Vl., 1944; W. Wiora, Das echte Vl., 1950; ders., Europ. Volksgesang, 1953 (Gemeins. u. Besonderheiten); P. Arma, Europ. Vl., 1950; J. Müller-Blattau, Dt. Vl. Wort u. Weise, Wesen u. Werden, Dokumente, 1959 (100 Vl. u. wiss. Teil); W. Hensel, Auf d. Spuren d. Vl., Kleine Vl.kde. ²1964; W. Suppan, Vl., 1966 (Haupts. v. musikwiss. Standp.); W. Dankert, Das Vl. im Abendland, 1966; L. Schmidt, V.gesang u. Vl., 1970. W. Wiora, Das dt. Lied. 1971. **Vl.forschung:** J. Meier, Kunstlieder im Volksmunde, 1906; J. Schwietering, Das Vl. als Gemeinschaftslied, Euphorion 1929; H. Mersmann, Grundlagen einer musik. Vl.forschg., 1930; M. Bringemeier, Gemeinschaft u. Vl., 1931; M. Ittenbach, Mehrgesetzlichkeit, Stud. am dt. Vl. in Lothringen, 1932; H. Schewe, Neue Wege zu d. Quellen d. Wunderhorns, Jb. f. Vl.fg. 3 (1932); M. Waehler, D. polit. Bekenntnislied als Vl. d. Gegenw., in: Mitteldt. Bll. f. Vkde 8 (1933); W. Hansen, Karl Weinholds Sammlung steir. Vl., Zs. f. Vkde 46 (1936/37); W. Heiske, Ständisches Umsingen im erzählenden Vl., Jb. f. Vl.fg. 6 (1938); W. Wiora, Die Aufz. u. Herausg. v. Vl.weisen, Jb. f. Vl.fg. 6 (1938); ders., Systematik d. musik. Erscheinung. d. Umsingens, ebd. 7 (1939); G. Jarosch, Die frühesten Slgn. d. Kuhländchens, ebd. 6 (1938); B. Václavek, Kl. Beitr. z. dt.-tschech. Liederaustausch, Jb. öst. Vliedw. 6 (1938); R. Scharnberg, Vl. u. Volksbildung, 1939; M. Platel, Vom Vl. zum Gesellsch.lied. Zur Gesch. d. Liedes im 16. u. 17. Jh., 1939; B. Maerker, Gregorian. Gesang u. Dt. Vl., Jb. f. Vl.fg. 7 (1941); H. Knorr, Das Vl. im Leben e. hess. Dorfes, Diss. Marburg; L. Schmidt, Anleitg. z. Sammlg. u. Aufz. d. Vl. in Österr.,

1947; ders., Die kulturgesch. Grundlagen d. Volksgesanges in Österr. Schweiz. Arch. f. Vkde 45 (1948); E. Klusen, Künftige Aufgaben musik. Vl.forschg., Mus. Alm. 1 (1948); J. Meier, Vl.wanderung u. Vl.forschg., Arch. f. Lit. u. Volksdichtung 1 (1949); J. Linsbauer, Franz Tschischka, ein Kunsthistoriker u. Vkde.forscher d. 19. Jh., Diss. Wien, 1950; V. v. Geramb, Zur Biol. d. Vl., Jb. öst. V.liedw. 2 (1953); E. Klusen, D. aktuelle Lied, Zs. f. Vkde 53 (1956/57); E. Stockmann, Des Knaben Wunderhorn in d. Weisen s. Zeit, 1958 (Auf Grund von Aufz. zw. 1780–1840 wird das Lesebuch D. K. W. wieder zu einem Singebuch!); A. Perlick, Aus unveröff. Briefen v. L. Erk an Ludwig Glock, Zs. f. Vkde 54 (1958); H. Siuts, Das Vl. uns. Tage, Zs. f. Vkde 55 (1959); A. Sydow, Das Lied, Ursprung, Wesen u. Wandel, 1962; E. Rohloff, Neidharts Sangweisen, 1962; H. Braun, Studien z. pfälz. Vl., 1964; H. Strobach, Bauernklagen, Unters. z. sozialkrit. dt. Vl., 1964; ders., Melodiestrukt. im dt.sprach. Braucht.lied, Dt. Jb. f. Vkde 10 (1964); Fs. z. 75. Geb.tag v. E. Seemann, 1964; W. Steinitz, Arbeiterlied u. Vl., Sitz.ber. Dt. Ak. d. W. Bln 1965; H. Strobach, Variabilität. Gesetzmäßigk. u. Beding., Jb. f. Vl.fg. 11 (1966); E. Hilmar, Die Vl.fg. in Italien, Jb. f. musik. V. u. Völkerkde 2 (1966); E. Wiessner, hg., Neidhart v. Reuenthal. Die Lieder, ³1968; Fs. f. W. Wiora, 1967; R. W. Brednich, hg., Jb. f. Vl.fg. 15 (1970. Darin: E. Klusen, Dokumentationsprobleme). E. Schade, L. Erks krit. Liederslg. u. s. »Vl.«-Begriff. Diss. Marburg 1971; E. Klusen, Bevorzugte Liedtypen Zehn- bzw. Vierzehnjähriger. 1971. **Vl.sammlungen:** L. Erk u. W. Irmer, Die dt. Vl. mit ihren Singweisen, 13 Hefte, 1838–45, neue Ausgabe v. J. Koepp in 2 Bdn., 1939; L. Uhland, Alte hoch- u. niederdt. Vl., 2 Bde., 1844/45; F. M. Böhme, Altdt. Liederbuch, 1877; L. Erk u. F. M. Böhme, Dt. Liederhort, 3 Bde., 1893–1894. Wird heute ersetzt durch die Ausg.: »Dt. Vl. mit ihren Melodien« des Vl.archivs; Dt. Vl. Eine Dokumentation d. Dt. Musikrates, 1961 (Schallpl.); W. Steinitz, Dt. Vl. demokrat. Char. aus sechs Jhh., 2. Bd., 1962 (Vl. d. »Proletariats«. Ökonom., polit. u. soz. Lebenbed. d. Vl. Einflußnahme d. Obrigkeit); L. Röhrich u. R. W. Brednich, Dt. Vl. Text u. Mel. 2 Bde. 1965 u. 1967 (Erzähl. L., Ball., Schwänke, Leg.); E. Klusen, Vl., 1969 (Vl. ist »Gruppenlied«); L. Schmidt, V.gesang u. Vl., 1970; H. Moser u. J. Müller-Blattau, Dt. Lieder d. MA., 1968. D. Sauermann, Hist. Vl. d. 18. u. 19. Jh. 1968. **Landsch. Sammlungen** (bes. sei hingewiesen auf die »Landschaftl. Vl.«, hg. im Auftr. d. Verbandes dt. Vereine f. Vkde v. J. Bolte, M. Friedländer u. J. Meier). – Von Norden n. Süden: P. Alpers, Alte niederdt. Vl., 1960²; H. Erdmann, Vl. aus Mecklenbg., 1960; L. Mackensen, Pommersche Volksballaden, 1931; K. Plenzat, Der Liederschrein, 110 dt., litauische und masurische Vl. aus Ostpreußen, 1922; J. Weber-Kellermann, Ludolf Parisius u. s. altmärk. Vl.-Melodien, hg. v. E. Stockmann, 1957 (Singgemeinsch., Altersgruppen, Vl. u. Brauch an d. Schwelle d. Ind.zeitalters); H. Zurmühlen, Des Dülkener Fiedlers Liederb., Viersen 1875, 1963; A. Reiferscheid, Westfälische Vl., 1879; H. v. Fallersleben u. E. Richter, Schlesische Vl., 1842; G. Amft, Vl. d. Grafsch. Glatz, 1911; H. Dunger, Größere Vl. aus dem Vogtlande, 1915; E. H. John, Vl. und volkstümliche Lieder aus dem Erzgebirge, 1909; H. Henschel, Singendes Land. 400 Mundartlieder aus d. Erzgebirge, 1939; G. Heilfurth, D. erzgeb. V.sänger A. Günther, ⁶1962; C. Hartenstein, Die Rockenstube, Thüringer Vl. und Rundas aus dem Volksmunde gesammelt, 1922; Seid Lustig . . . Vl. aus Thür. Ausgew. v. G. Kraft, 1959; O. Böckel, Dt. Vl. aus Oberhessen, 1885; H. Krapp, Odenwälder Spinnstube, 1904; Es steht ein Baum im Odenwald. Vl. aus Hessen. Ausgew. v. K. Petermann, o. J.; J. Lewalter, Dt. Vl. aus Niederhessen, 5 Hefte, 1891–93; E. Wolfram, Nassauische Vl., 1894; K. Bekker, Rheinischer Vl.born, 1892; G. Heeger und W. Wüst, Vl. aus der Rhein-Pfalz, 2 Bde., 1909 (Unvollst.) Neuausg. v. J. Müller-Blattau: Pfälz. Vl. mit ihren Singw., 1963; C. Köhler u. J. Meier, Vl. von der Mosel u. Saar, 1896; M. Thill, Singendes Volk, 1937 (Luxembg.); F. W. v. Ditfurth, Fränkische Vl., 2 Bde., 1855; K. Scheierling, Dt. Vl. aus Hohenlohe m. ihren Weisen, 1962; E. Meier, Schwäbische Vl., 1855; E. Mariage, Vl. aus der bad. Pfalz, 1902; L. Pinck, Verkling. Weisen, Lothringer Vl., 1926ff.; K. Mündel, Elsässische Vl., 1884; J. Künzig, Das Vl. i. Elsaß. Das Elsaß, 1940; J. Lefftz, Das Vl. i. Elsaß, 2 Bde. 1966/67. Alpenländer: L. Tobler, Schweiz. Vl., 2 Bde., 1882–84; O. v. Greyerz, Im Röseligarte, 5 Hefte Schweiz. Vl., 1908–25; ders., Das Vl. in d. dt. Schweiz, 1930; A. L. Gassmann, Was uns. Väter sangen. Vl. u. V.musik v. Vierwaldst.see, aus d. Urschweiz u. d. Entlebuch, Basel 1961; M. Zulauf, Das Vl. i. d. Schweiz i. 19. Jh. 1972; P. Kiem, Slg. Oberbayr. Vl., ²1962; K. Huber, Vl. u. V.tanz, 1960 (Bajuv. Raum); F. Ziska u. J. M. Schottky, Österr. Vl. 1819, Neudr. 1969; H. Pommer, Vl. u. Jodler aus Vorarlberg, 1926; F. F. Kohl u. J. Reiter, Echte Tiroler Lieder, 2 Bde., 1913–15; A. Quellmalz, hg., Südtiroler Vl., 1968ff.; H. Hollmann u. F. M. Kapfhammer, Vl. aus d. Steiermark, 1951²; K. Liebleitner, Wulfenia-Blüten. Lieder u. Jodler aus Kärnten, 1932; A. Anderluh, Das Singen in Kärnten, 1961; ders., Kärntens Vl.schatz, 1960ff. (Die Slg. wird an Umfang Pincks »Verkling. Weisen« aus Lothr. und Jungbauers »Vl. aus d. Böhmerw.« übertreffen und die bedeutendste einer geschloss. dt. Landsch. sein); Mautner, Alte Lieder u. Weisen aus d. steyerm. Salzkammergut, 1919; H. Commenda, Der Liederschatz e. Mühlviertler Bauernfamilie, Jb. öst. V.liedw. 2 (1953) (119 Lieder, von dem greisen Josef Mittmannsgruber 1952 aus dem Gedächtnis aufgezeichnet); G. Kotek, Eine lebend. Vl.landschaft in Niederösterr. Das Schneeberggebiet, Jb. öst. V.liedw. 2 (1953); K. Gradwohl u. L. Scholz, Vl. aus dem Burgenland, 1948; Jos. Pommer, Liederbuch f. d. Dt. in Österr., 1905[5]; F. Burkhart, Alpenland. Vl. f. 3 gleiche Stimmen, 2 Tle., 1946; C. Bresgen, Fein sein, beieinander bleiben. Alpenl. Vl. aus Österr., 1947; G. Kotek u. R. Zoder, Stimme d. Heimat. Ein österr. Vl.buch, 1948; dies., Stille Stunden, 1950; R. Zoder, Vl., Volkstanz u. Volksbrauch in Österr., 1950; Vl.ausgabe d. »Österr. Vl.unternehmens«; J. Bitsche, Der L.schatz d. Vorarlberger (Liedkat.) 1969; W. Deutsch u. G. Hofer, Die Vmusikslg. d. Ges. f. Musikfreunde in Wien. 1969; L. Schmidt, Hist. Vl.er aus Österr. 1971. **Auslanddt. Slgn.:** G. Jungbauer, Vl. a. d. Böhmerwald, 1930f.; A. Hruschka u. W. Toischer, Dt. Vl. aus Böhmen, 1891; G. Jungbauer u. H. Horntrich, Vl. d. Sudetendt., 1938/41; K. Horak, Das Singgut in d. dt. Sprachinseln d. Ostens; R. Klatt u. K. Horak, Dt. Vl. aus Mittelpolen, 1940; F. W. Schuster, Siebenbürg.-sächs. Vl., 1865; K. Scheierling, Dt. Vl. aus d. Schwäb. Türkei, 1960; H. Bräutigam, Dt. Vl. aus d. jugoslaw. Batschka, 1941; G. Schünemann, Die Lieder d. dt. Kolonisten in Rußland, 1923; F. Fiechtner, Vl. u. Kinderreime d. Dt. aus Bessarabien, 1949; J. Künzig, Ehe sie verklingen . . . Alte dt. V.weisen v. Böhmerw. bis z. Wolga, 1958 (Mit 4 Schallpl.); R. W. Brednich, Z. Kumer u. W. Suppan, Gottscheer Vl. Bd. 1. Vballaden 1969.

V.märchen → Märchen.

Volksmedizin ist der Inbegriff aller im Volke lebenden Anschauungen von der → Krankheit und der dagegen angewandten Heilmethoden. Wie man den → Volksglauben jahrhundertelang als »Aberglaube« bezeichnet und verurteilt hat, so war in der medizinischen Wissenschaft bis in die Gegenwart die Vorstellung von einem in der Vm. vorliegenden interessanten »Atavismus« geläufig. Trotz grundsätzlicher »kulturgesch.«, später »volkskundlicher« Einstellung sah man in der Vm. doch immer wieder nur die Formen, die gesunkenes und gewandeltes Kulturgut, veraltete Schulmedizin darstellen. In Neubauers an sich weitblickender Einleitung zur »Vergleichenden Vm.« von Hovorka u. Kronfeld (1908/9) spürt man diesen Zwiespalt der Betrachtung und Wertung. So gewiß es ist, daß volkstümliche Heilkunde, wie alle anderen Wissens- und Glaubensgebiete des Volkes, in Auseinandersetzung mit der Wissenschaft, mit der »Oberschicht« steht, so bestimmt ist festzuhalten, daß diese wichtige, von Naumann u. a. aber überbetonte Fragestellung nach dem Verhältnis der »Schichten« für die Vkde nicht die erste ist. Die erste Frage lautet nicht: Was hat das Volk im Laufe der Gesch. von oben empfangen?, sondern: Welche Anschauungen über Krankheit u. Heilung besitzt es auf Grund des ihm eigenen Denkens?

Die Antwort auf diese Frage zeigt uns, daß die Vm. organisch aus dem Ganzen volksmäßigen Glaubens und Brauches, Denkens, Lebens und Sprechens herauswächst. Die Medizin ist älter als die Mediziner. Im Schoße des Volkes ruht diese Wissenschaft wie schließlich alles, was wir an Kulturgütern besitzen. Der Kampf um Dasein, Geltung und Glück und die Abwehr des Feindlichen, des Schmerzes, des Todes, haben die ersten »Heilmethoden« finden gelehrt; auch Liebe und Freundschaft, wenn einer sah, daß sein Kind, sein Weib, sein Kampfgefährte litt. Wir beobachten noch, wie die Kinder, denen es keiner gesagt hat, die Wunde aussaugen, die schmerzende Stelle streichen oder pressen, Speichel oder kühlende Erde zur Schmerzstillung verwenden usw. Auch die Kraft der Pflanzen, Früchte und Getränke ist früh erprobt worden (z. B. Erbrechen, Abführung). Eine große Zahl wichtiger, heute unter wissenschaftlichem Namen laufender Heilmittel und Heilstoffe (z. B. Chinin, Jod, Aspirin, Pyramidon, → Quecksilber, → Radium, Ichthyol [→ Mumie]) waren längst volkstümlich, ehe die Wissenschaft sie übernahm, allerdings auch zugleich vervollkommnete und dosierte. Besonders in der Anwendung von Giften (z. B. Tropein, Opium aus Mohn, Haschisch aus Hanf, Kantharidin; → Alraun, Schlafmohn, Bilsenkraut, Spanische Fliege, Mutterkorn) und Anregungsmitteln (→ Aphrodisiaka) lag und liegt beim Volke der Gebrauch oft nahe beim Mißbrauch. Auch anatomische Kenntnisse sind mitunter alt (→ Eingeweide).

Rationale und irrationale Weltansicht, empirisches Wissen und mythisches Glauben sind auch in der Vm. so eng verflochten, daß wir sie wohl theoretisch unterscheiden, aber selten praktisch genau trennen können. Krankheit wird in einem urtümlichen, irrationalen Denken des Menschen meist als etwas von außen Gekommenes, Fremdes, aber verhängnisvoll Wirkendes empfunden. Wir sagen noch heute, es ist ihm »angeflogen«, es ist ihm »wie angehext« und wir vermeiden, die Gesundheit zu »beschreien«.

Grundanschauungen des → Volksglaubens sind hier allenthalben wirksam. Vorstellungen von der → Seele (→ Animismus), von → Geistern, → Dämonen und ihrer Macht (→ Orenda, Magie, Zauber), von der Bedeutung von → Blut, → Speichel, → Kot und anderen lebensstoffhaltigen Ausscheidungen und Absonderungen (→ Haar, Fingernägel), von den übernatürlichen Eigenschaften des Körpers und seiner Teile (→ Kopf, Schädel, Ohr, Auge, Mund, Hand, Fuß, Herz, Leber, Geschlechtsteile usw.) sind maßgebend in dem volkstümlichen Bild der Krankheiten. Bez. wie → »Geschoß«, »Angriff«, »Schlag«, »Hexenschuß«, → »Weichselzopf«, → »Besessenheit« sagen, daß diese Leiden durch Einwirkung oder Berührung von Dämonen (→ Alp, backen, Huckauf, Kleine Leute, Wechselbalg, Bilwis, Hexe, Basilisk) verursacht sind. Unzählig sind die Volkssagen, die → Blendung, Geschwulst, Taubheit, → Lähmung und selbst Tod der Begegnung mit dem »Geist« oder dessen Beleidigung zuschreiben. → Impotenz schrieb man dem → Nestelknüpfen der Zauberin zu. → Neid schädigt durch den → bösen Blick, durch Zauberworte wird man → berufen (verschrien, vermeint). In der botanischen Bezeichnung »Nachtschattengewächse« steckt das ältere Wort »Nachtschaden« und → »Gicht« bedeutet vielleicht »Bezauberung«. Diese Mächte und Schadenkräfte fürchtet man natürlich in den Zeiten wichtiger Handlungen und Übergänge am meisten: am Beginn des Lebens (→ Geburt, Kind, Zahn), vor der → Hochzeit, im → Tode. Mutter und Kind sind erhöhten Schutzes bedürftig (→ Schwangerschaft, Versehen, Nachgeburt).

Besonders gefährliche und auffallende Krankheiten fachten solchen Glauben mächtig an. Seuchen und Epidemien (→ Pest, Tanzkrankheit) riefen förmliche Volksbewegungen hervor (→ Geißler, Veit, Johannes, Echternacher Springprozession), die Beobachtung ansteckender Krankheit förderte den Glauben an → Wiedergänger u. → Vampire. Die merkwürdige Erscheinungsform, das anscheinend unvermittelte Kommen und Gehen läßt auch verhältnismäßig geringfügige Leiden in übernatürlichem Licht erscheinen (Milzstechen, Nasenbluten, → Grind, Kropf, Gerstenkorn, Hühnerauge, Nase, Schlucken).

Weniger dem mythisch-magischen Weltbild als allgemeinsten Grundsätzen volkstümlichen Denkens und Sprechens entspringt es, wenn in

Bezeichnung und Behandlung der Krankheiten zutage tritt, daß äußerst häufig das Äußere für das Innere (→ Schwindsucht, Krebs), der Teil für das Ganze, das Symptom, die Äußerung für die Ursache (→ Wassersucht, Fallsucht, Freis) genommen wird. Ohne daß die Vorstellung dämonischer Wirkung mitzuspielen braucht, spüren wir in Tun und Sprache den Trieb zur Verlebendigung, Vertierung und Vermenschlichung von natürlichen Verhältnissen u. Vorgängen (→ Krebs, Wurm, Gebärmutter, Kolik, Grille). Daß der häßliche, aber harmlose → Ohrwurm Krankheit durchs Ohr bringt, ist uns fast allen noch ein Begriff. Ähnliches steckt wohl hinter den Redensarten »Grillen im Kopf haben« oder »einem einen Floh ins Ohr setzen«. Auch sonst beobachtete Gesetze der → Volkssprache werden eingehalten, wenn nicht nach logischen Gesichtspunkten systematisch gruppiert und untergeordnet, sondern nach Gesetzen bildlicher Anschauung gereiht wird; so entsteht nicht das System, sondern die (enumerative) Reihe von → Fiebern, → Freisen usw.

Der Anschauung von der übernatürlichen Herkunft der Krankheit entsprechen die Heilmethoden. Gegen Zauber wird zu allen Zeiten und bei allen Völkern (→ Elementargedanke) Gegenzauber angewendet. Gegen das Nestelknüpfen hilft positiver → Liebeszauber, gegen angehexte Unfruchtbarkeit Fruchtbarkeitszauber (→ Fruchtbarkeit), Zauberwort, → Rune und → Segen; → Besprechen und → Gesundbeten wenden sich gegen die Schadenmacht, das gleiche bezwekken → Gebärden und Gesten (→ Feige, Hinterer, Nacktheit) und zauberkräftige Gegenstände (→ Talisman, Amulett). »Das Amulett ist die älteste Form der Prophylaxe« (Neubauer). Auch wo empirisch gefundene, natürliche Heilmittel eingesetzt werden, wie → Wasser, → Feuer, → Salz, Blasen, Streichen, Spucken, geschieht es doch selten ohne zauberisches Begleitwort. Der Glaube an → Sympathie und → Signatur *(→ Similia similibus)* begleitet auch noch die sachlichste Anwendung der → Heilkräuter. Die ganze Reihe der in diesem Wörterbuch ausgiebig behandelten → Pflanzen gibt zahlreiche Beispiele (z. B. → Baldrian, Beifuß, Frauenkraut, Johanniskraut, Salbei, Schöllkraut, Wegerich, Wermut usw.). Das gleiche gilt von der vm.ischen Verwendung tierischer od. mineralischer Stoffe (→ Bär, Biber, Esel, Fledermaus, Fuchs, Krähe, Kröte, Maulwurf, Schwalbe; Steine, Belemnit, Donnerkeil usw.) und der Bäder (→ Bad, Wasser, Maitag). Und noch in dünnsten Ausstrahlungen wirken die Sätze des → Analogiezaubers nach. Die dämonisch, tierisch, jedenfalls irgendwie körperlich gefaßte Krankheit vertreibt man durch Vernageln in einen Baum, durch Verspunden und Verbohren, durch Verpflanzen auf einen Baum (Transplantation), durch Vergraben, Einknoten, Abschreiben, Abnehmen, Abmessen, Abstreifen, → Durchziehen, durch Verfüttern ans Vieh, durch Wegwerfen (Warzenschnur), durch Vertauschen, Verkaufen, Verbakken, Verbrennen im Feuer (→ Notfeuer), Verschwemmen im Wasser, kurz durch → Übertragung in hundertfältigem Sinn. Auch die Wege zur Erkundung der Krankheit oder des Heilmittels sind oft aus mythischem Denken hergeleitet (→ Orakel, Tempelschlaf); ebenso wie die näheren Umstände (→ Nüchternheit, Keuschheit, Fasten, Zahl) und Zeiten (Freitag, Gründonnerstag,

Mond) der Heilhandlung auf allgemeinere Sätze des Volksglaubens zurückführen. Dabei macht es, volkskundlich gesehen, natürlich keinen grundlegenden Unterschied, ob Zauberspruch durch → Gebet ersetzt wird, ob das → Opfer primitive oder kirchliche Gestalt hat, ob das Feuer kirchlich geweiht oder ob es das Notfeuer des alten Niedersachsen ist. Alle Handlungen gehen mehr od. minder vom Glauben an eine übernatürliche Beeinflußbarkeit der Krankheit aus.

Den Anschauungen von der Natur der Krankheit entspricht die Gestalt des Heilenden. Vor dem → Arzt und zum Teil noch heute neben ihm gibt es volksmäßige Vertreter der Heilkunst, das kräuterkundige Weib, den Sympathiedoktor, den → Bader und Barbier, die Spezialisten und Heilkünstler (Quacksalber, Kurpfuscher, Zahnbrecher), die sich für die ältere Zeit unter dem Begriff der → Fahrenden zus.fassen lassen. Z. Teil sind es im Volke stehende Menschen mit besonderen Begabungen natürlicher (Magnetiseur) oder magischer Art (Zigeuner, → Scharfrichter, Hirt, Lachsner), zum Teil solche, denen der Beruf einen gewissen Einblick in die Beschaffenheit des gesunden und kranken Körpers verschafft (→ Hebamme, Bader, Schinder). Eine 40-jährige erfährt in eigener Krankheit in der Innsbrucker Klinik von einer Pflegerin, sie habe »eine merkwürdige Kraft«. Heute ist ihre »heilende Hand« bekannt und gesucht (Montafon 1970).

Eine Geschichte der Vm. gibt es nur im begrenzten Sinn. Gerade hier bemerken wir häufig, wie der Mediziner, der Vm. beschreibt, v. volkskundlichen Blickpunkt völlig zum medizingesch. übergeht. Daraus ergibt sich immer wieder der Fehlschluß, zeit- und geschichtslose, der grundständigen Gemeinschaftskultur angehörige Anschauungen gesch. festzulegen, zu datieren und zu lokalisieren, obwohl diese gesch. Gestaltwerdung, Manifestation und Prägung oder auch Umprägung eines → Elementargedankens unwesentlicher, vielleicht sogar zufälliger Natur ist. Gesch. wird vom einzelnen und von der »Oberschicht« (wie man diesen Begriff auch immer fassen mag) gemacht. Eine Gesch. der Vm. gibt es daher streng genommen nur dort, wo sie aus ihrem Wurzelboden sich loslöst und zur Wissenschaft wird. Zuerst geschah dies, indem Priester (bei primitiven Stämmen der Fetischpriester, Zauberer und Medizinmann) die im Volke lebende Heilkunst aufnahmen, vielleicht auch aufschrieben und dadurch schon mit dem Schein des Geheimnisses umgaben. Dieser Priester (Zauberer) war der erste Berufsmediziner. Aus dem alten Orient besitzen wir Aufzeichnungen förmlicher vm.ischer Lehrgebäude. In Ägypten, Mesopotamien, in Persien u. Indien herrschte diese auf Beschwörung und Bannen, Besprechen u. Exorzisieren, auf Gebet, Sühneopfer und Bußübung, auf der Vorstellung der Transplantation (s. o.) und der Erwerbung übernatürlicher Kraft durch Amulette gegründete Zaubermedizin (→ Magie).

Auch die Griechen besaßen eine ähnliche »Stammesmedizin« in der Hand der Priester (Asklepiostempel, → Tempelschlaf). Ihr medizinischer Ruhm aber besteht darin, daß sie zuerst sich von Supranaturalismus und Theurgie freimachten in der wissenschaftl. Lehre des Hippokrates. Trotzdem enthielt auch die griechische Wissenschaft noch Elemente volkstümlichen Denkens: die Glücksbedeutung der Siebenzahl, die Säftelehre (Humoralpathologie), die sich aus der Beobachtung von der Bedeutung der Säfte und »Flüsse« (→ Fluß, Rheumatismus, Galle), des Blutes, des Eiters und anderen Absonderungen herleitete. Mit der Naturlehre des Empedokles von den vier Elementen stand die Humoralphysiologie in Verbindung, die Krankheit und Gesundheit aus der Mischung der vier Grundsäfte Blut, Schleim, schwarze und gelbe Galle verstehen lehrte. Während in der hellenischen Stammesmedizin noch bei Homer ähnlich wie bei den Germanen regsame Empirie durchaus neben magischer Krankheitsanschauung stand, gewann letztere entschieden das Übergewicht nach dem Zusammenbruch des griech. Staatswesens, in hellenistischer Zeit, die der orientalischen → Astrologie u. → Alchimie, dem Buchstaben-, Zahl- u. Tagglauben, der Kunst der Amulette, Steine und Zauberkräuter Tür und Tor öffnete. Diese Wandlung steigerte sich noch in der römischen Medizin, die ohnehin auf viel primitiverer Stufe verharrt war und die hippokratische Wissenschaft auch schon aus glühendem Nationalhaß ablehnte. Selbst die offizielle röm. Götterlehre hatte geradezu Krankheitssondergötter (→ Heilige) geschaffen (Mefitis, Febris, Scabies usw.). In dieser Luft der Spätantike (Neuplatonismus) entstanden die Werke des → Dioskurides (der 600 Heilpflanzen behandelte), des Scribonius Largus und besonders des Plinius, dessen Werk als »Bibel der antiken Vm.« bezeichnet wurde. Diese Werke wie die späteren vom 3.–5. Jh. (Serenus Samonicus, Marcellus Empiricus, der auch keltische Vm. bespricht, ferner die »Jatrosophien« des hellenisierten Orients) enthalten alle viel Volksgut in wissenschaftlichem Gewand und hatten eine bedeutende Nachwirkung im dt. MA. (→ Physiologus, Albertus Magnus, Hildegard v. Bingen, Agrippa von Nettesheim, Paracelsus, Kräuterbücher). Dazu kam der Einfluß der damals aufblühenden arabischen Medizin.

»Aus der Mischung und gegenseitigen Durchdringung der keltisch-germ.-slawischen Stammesmedizin mit den schubweise einströmenden gräko-italisch-orientalischen Elementen der Antike ist die europäische Vm. hervorgegangen« (Neubauer). Die Germanen kannten (jüng. Stein- u. Bronzezeit) zwar schon den Völkergedanken des → Amuletts (Tierzähne, Katzenklauen, Natternwirbel), man kennt das heilzauberkundige Weib (→ Hexe) und den mächtigen Segens- und Zauberspruch (→ Merseburger Zaubersprüche). Neben solchen dem mythischen Weltbild entspringenden magischen (im weiteren Sinne) Heilweisen sehen wir aber die Germanen im Besitz einer beachtlichen, auf naiver Naturbeobachtung fußenden Vm. Es gab hier nicht die Priesterkaste mit ihrem Geheimwissen, dafür aber wußten wohl → Jäger, → Hirt, → Schäfer, → Hebamme u. Schmied, wie noch heute, um die Heilkraft der Bäder, des Tautretens, um die Kunst des Einrenkens, Streichens und Reibens, des Aderlassens und der Wundbehandlung. Knochenbrüche wurden mit Baumzweigen und Moos geschickt behandelt, Blut mit Kompressen von Moos und Stein, mit Pechpflaster oder Spinnwebe gestillt. Neben den Heilbädern sind es besonders die Heilpflanzen, deren reich entwickelte Verwendung in späterer Zeit auf hohes Alter hinweist.

Das Christentum brachte die südeuropäische Medizin und Vm. Viele wertvolle Arzneipflanzen (→ Garten, Heilkräuter) und Rezepte fanden Beschreibung in den Büchern von Mönchen, die aus dem Volk kamen (Hortulus des Walafrid Strabo 9. Jh., Macer Floridus 10. Jh.). Die vom 10. bis 13. Jh. blühende Schule von Salerno schlug die Brücke zwischen Dtl. und antik-arabischer Medizin. Im Werk der → Hildegard von Bingen vereinigte sich salernische Lehre mit Galen, Hippokrates und einheimischer Volksüberlieferung. Wissenschaftlich geprägter Volksglaube der Antike fand so über Klosterschule und Handschrift den Weg ins Volk (Säftelehre, Wurmkrankheiten, Dreckapotheke, Theurgie). Aber in der vom Christentum freigemachten Bahn strömte auch orientalisch-hellenistische Magie herein (Steinbuch des Bischof Marbod 12. Jh.?), und sie ist es, die der späteren dt. Vm. das fremde Gesicht verleiht (→ Magie, Astrologie, Alchimie, Mond, Sterne, Edelsteine, Horoskop, Aderlaß, Kalender, Bauernpraktik).

Noch wichtiger als der südliche Einstrom wurde für die dt. Vm. das, was die Kirche an Ort und Stelle an neuen Heilmitteln der Seele und des Leibes bereitstellte. Die Bedeutung der Verehrung der → Heiligen und Schutzpatrone (→ Maria, Agatha, Luzia, Rochus, Sebastian usw., Länge Christi), der Sakramente, Sakramentalien und Weihen (→ Abendmahl, letzte Ölung, Salz, Brot, Wasser, Feuer, Mehl, Ei, Öl, Räucherung, Aussegnung, Segen, Himmelfahrt Mariä, Lichtmeß, Dreikönig usw.), → Votivgaben, → Reliquien, Skapuliere und → Amulette (→ Benediktus, Christophorus, Antoniuskreuz usw.), der → Gebete, → Gelübde, → Opfer, → Wallfahrten usw. kann nicht leicht überschätzt werden. Nicht nur als Prophylaxe (Vorbeugung), sondern auch im akuten Fall sind dem Gläubigen die Hl. → Leonhard, → Georg, → Martin, → Barbara, → Margareta, dann überhaupt die → vierzehn Nothelfer erste und auch wieder letzte Zuflucht.

Im übrigen wuchs die Bedeutung der Vm. im christl. MA. einmal durch den Mangel eines Ärztestandes und andererseits durch die neuplatonischen und mystischen Strömungen des Spätmittelalters. Im 14. Jh. lehrte A. v. Villanova, die letzten Geheimnisse (auch der Medizin) enthülle nur Gottes Gnade. Diese Laienkultur in der Medizin verlor die Führung erst mit der Gründung der Universitäten und mit dem Aufblühen der Naturwissenschaft. Erst damit vollzog sich auf dt. Boden die in Griechenland schon mit Hippokrates gegebene Trennung von Vm. und wissenschaftlicher Heilkunde. Daß dieser Gegensatz kein starrer ist, zeigen spätere Entwicklungen (Swedenborg, Romantik, Mesmerismus, Schubert, Schelling, Novalis) und unsere unmittelbare Gegenwart, in der das Verhältnis von Wiss. und Volk auf vielen Gebieten neu überdacht wird. Von einer Tagung der Stuttg. »Arbeitsgem. der Ärzte und Seelsorger« berichtet W. Bitter, die Psychologen wüßten wieder, daß das, was manche geringschätzig das Magische nannten, nicht nur »das Reservat der Primitiven, Kinder und Neurotiker ist, sondern zu unserer Lebensgrundlage gehört«.

Verhältnismäßig spät trat die Vm. in den Bereich vkdl. Fg.. Nach Flügels Arbeit war es vor allem der Tölzer Praktiker Max Höfler, der mit seinem großen Krankheitsnamenbuch und in vielen Untersuchungen das Gebiet erforschte. Innerhalb der medizinischen Wissenschaft besitzt die Vm. besonders seit dem Werk der Wiener Ärzte Hovorka und Kronfeld Heimatrecht. Auch Fossel und Seligmann (Hambg. Augenarzt; → böser Blick) waren Ärzte. Madaus widmete der Vm. experimentelle Fg., der Dermatologe Rost weist in seinem mod. Lehrbuch auf die überlief. Vm. hin. Eine wichtige Fg.stätte gründete Paul Diepgen mit dem »Inst. f. Gesch. d. Med., Technik u. Naturwiss.« in Berlin (bedeut. Bibl.).

Die zahlr. Stichw. zur Vm. im »Handwb. d. dt. Aberglaubens« wie die Gesamtdarst. von G. Jungbauer (1934) gehen vom vkdl. Standpunkt aus; so auch neuere Arbeiten von E. Grabner, J. Hampp, M. v. Seggern, E. Hundhausen und bes. von Heinrich Marzell. H. O. Münsterer weist darauf hin, wie auch Produkte der neuen chem. Industrie der ärztl. Indikation entgleiten und aus der Neigung des Volkes zur Verallgemeinerung Vm. werden. (Penicillin gegen Zuckerkrankheit oder Ultraschall als Universal-Zaubermittel). Nur mit Einschränkung wird man Münsterer zustimmen, wenn er aus vm.ischer Betr. ganz ausschließen will, was die Anerkennung der Schulmed. gefunden hat (Wasserbeh. d. schles. Schäfers Priesnitz und des Pfarrers Kneipp, Diätkuren des Glatzer Fuhrmanns Schroth, Impfungen des Kieler Lehrers Plett).

G. F. Most, Encyclopädie d. ges. Vm. oder Lexikon der Hausmittel, 1843; Flügel, Vm. und Abergl. im Frankenwald, 1863; Lammert, Vm. u. med. Abergl. in Bayern, 1869, Neudr.; Fossel, Vm. u. vmed. Abergl. in Steierm., ²1886; M. Höfler, Vm. u. Abergl. in O.bayerns Gegenw. u. Verg., 1888; ders., Dt. Krankheitsnamen-Buch, 1899; H. Peters, Der Arzt und die Heilkunst in der dt. Vergangenheit, 1900; H. Schelenz, Gesch. d. Pharmazie, 1904, Neudr. 1965; H. Magnus, Die Vm., 1905; M. Höfler, Die vm. Organotherapie u. ihr Verhältnis zum Kultopfer, 1908; O. v. Hovorka u. A. Kronfeld, Vergl. Vm., 2 Bde., 1908/09; M. A. van Andel, V.geneeskunst in Nederland, Diss. Leiden, 1909; R. Trebitzsch, Vers. e. Psychol. d. Vm. u. d. Abergl., in: Mitt. d. Anthrop. Ges. Wien 43 (1913); D. v. Hansemann, D. Abergl. in der Med. u. s. Gefahr für Gesundh. u. Leben, ²1914 (ANuG, 83); O. v. Hovorka, Geist der Medizin, 1915; Geheim- u. Sympathiemittel des alten Schäfers Thomas, 12 Bändchen o. J.; J. Singer, Wunder u. Abergl. in d. Vm., 1921; H. Marzell, Gesch. u. Vkde d. Heilpfl., ²1938; E. Stemplinger, Antike u. mod. Vm., 1925; W. Zimmermann, Bad. V.heilkde, 1927; P. Diepgen, Gesch. der Med., 1923 ff. (Göschen); Th. Meyer-Steineg und K. Sudhoff, Gesch. der Med. im Überblick, 1928³; Hempler, Psychol. d. Vglaubens, insbes. d. vtüml. N.- u. Heilkde d. Weichsellandes, 1930; Matthaeus, Alte Vheilkunst in neuem Licht, 1931; Riecke, Über wahre u. falsche Heilkde, Rektor.rede Gött. 1932; E. Lick, Das Wunder i. d. Heilkde, 1931²; G. Jungbauer, Dt. Vm., 1934; P. Diepgen, Dt. Vm., Wissenschaftl. Heilkde u. Kultur, 1935; H. Zimmer, Signaturen in der Vm., 1939; L. Büttner, Fränkische Vm., 1935; A. Berg, Der Krankheitskomplex der Kolik- und Gebärmutterleiden, Diss., 1935; F. Heeger, Pfälzer Vm., 1936; P. Diepgen, Vm. u. wiss. Heilkde, Volk u. V.tum 2 (1937); O. Masing, Vm. (Vkdl. Texte, 9) 1938; Madaus, Lehrb. d. biol. Heilmittel, 1938; F. Gruttmann, Beitr. z. Kenntn. d. Vm. in Sprichw., Redensarten u. Heilsegen des engl. Volkes, m. bes. Ber. d. Zahnheilkde, 1939; M. Sporhan, Zauberei u. Vm. in Anw. b. Klauentieren, Geflügel u. Bienen im 16. Jh., Diss. München, 1939; H. Löhr, Aberglaube u. Med., 1940; W. Artelt, Der Volksglaube als Wegbereiter d. Bluttransfusion, Arch. f. Gesch. d. Med. 34 (1941); R. Bircher, Hunsa, das Volk, das keine Krankheit kennt, 1942³; H. O. Münsterer, Grundlagen, Gültigkeit u. Grenzen d. vm. Heilverf., Bayer. Jb. f. Vkde, 1950; K. Saller, Vm. u. außerschulgemäße diagn.-therap. Meth., Bd. 1, 1951; H. Reitzig, Die Krummhübler Laboranten, 1952 (Schles. Heilmännerzunft). H. Haas, Spiegel d. Arznei, 1956; H. Grimm, Völkerkde u. mod. Med., in: Wiss. Zs. d. K.-Marx-Univ. Leipz. 8 (1958/59) (Übern. v. Verfahren u. Medikam.); W. Bitter, hg., Magie u. Wunder in d. Heilkde, 1959 (A. Jores: nicht die objekt. Wirkung, sondern die *erwartete* Heilkraft des Mittels ist von Bed., vgl. dazu Beitr. z. dt. V.- u. A.kde 5, 1960/61, S. 123); K. Hunnus, Pharmaz. Wb., ³1959; L. Honko, Krankheitsprojektile. Unters. ü. e. urtüml. K.erklärung, Helsinki 1959; C. Hausmann u. W. Döderlein, Altötting, 1960 (Wallf. u. Heilung); L. Aschoff, Diepgen, Goerke, Kurze Übers.tabelle z. Gesch. d. Med., ⁷1960; C. H. Tillhagen, Papers on Folk-Medicine given at an Inter-Nordic Symposium at Nordiska Museet, Stockh. 1961; J. Hampp, Beschwörung, Segen und Gebet. Unters. z. Zauberspruch aus d. Bereich d. Vheilkde, 1961; E. Grabner, Zur Erfg. d. Vm. in d. Ostalpen, Schweiz. Arch. f. Vkde 57 (1961); dies., Das »Heilige Feuer«, »Antoniusfeuer«, Rotlauf und »Rose« als vtüml. Krankh.namen u. ihre Behandlg. in d. Vm., Öst. Zs. f. Vkde 66 (1963); J. Arends, Vtüml. Namen d. Arzneimittel, Drogen, Heilkräuter

u. Chemikalien, 1961; W. Stengel, Guckkasten, Altberliner Curiosa, 1962; E. Hundhausen, Die Heilkunst uns. Altvord. bei Mensch u. Vieh, Rhein.-westf. Zs. f. Vkde 11 (1964), vgl. auch 12 (1965); M. Möckli v. Seggern, Arbeiter u. Med. Die Einst. d. Züricher Ind.arbeiters zur wiss. u. volkst. Heilkde, 1965 (Haupts.: soz. Probleme); G. Snyder, Wunderglaube u. Wahn, 1965; E. Grabner, »Schnurziehen« und »Fontanellensetzen«, Schweiz. Arch. f. Vkde 62 (1966) (Ohrring u. a.); dies., hg., Volksmed., 1967 (22 Aufsätze); H. Peters, Der Arzt u. d. Heilkunst in alt. Zeiten, 1900, Neudr. 1969; W. L. Brackman, Middelnederl. geneeskund. Recepten, 1970; Slg. »Medicina in nummis« in der Österr. Bundesslg. f. Medaillen, Münzen u. Geldzeichen in Wien (Kat. v. E. Holzmair, 1937). – Eine Slg. »Pestilentia in nummis« besitzt das Mus. f. Hamburg. Gesch. (Beitr. z. dt. V.- u. A.kde 7, 1963). Weit. Lit. bei Jungbauer, im HDA u. bei den einz. Stichw. Kartogr.: ADV VI Besprechungen von Krankheiten (Tausende von Antw. a. d. ganzen dt. Sprachgebiet). VAN 15–17, 21.

Volksmusik. Zur Vm. sind nicht nur → Alphorn, → Hackbrett, → Psalter, → Zither, → Hand- und → Mundharmonika, → Schwegel, → Schalmei, Dudelsack und ähnl. in der »hohen« Musik kaum verwendete Instr. zu rechnen, sondern auch Klavier, Geige, → Harfe, Klarinette, Trompete usw., sofern sie in Spielweise und Verwendung (beim Tanz, im Jahresbrauch) vom Volke auf eigentüml. und eigenschöpferische Weise gehandhabt werden. Vor allem aber sind in dieses Gesichtsfeld auch einfache Lärm- und Schallgeräte wie Teufelsgeige, → Rummelpott, → Glocke, Schelle, → Ratsche, Klapper, → Hillebille, → Maultrommel, → Schwirrholz, → Peitsche, → Pfeife, → Flöte, → Horn zu rücken, die im Dienst des Jahresbrauches und der Lebensfeste stehen (→ Martin, Advent, Nikolaus, Weihnachten, Neujahr, Dreikönig, Fasnacht, Katzenmusik, Perchtenlauf, Grasausläuten usw.).

Musik als Ehrung ertönt bei Gratulat. und festl. Aufzügen, bes. bei Hochzeiten (Brautaufford., Ehrentänze, Kranzlabtanzen). Aus ähnl. Brauchanlässen wuchsen die Serenaden, Nachtmusiken und Divertimenti der großen Meister wie Mozart, Beethoven, Haydn, Schubert. Oft ist der Gebrauch von Vm.instr. nicht zunächst von musikal., sondern von mag. Absichten bestimmt. Ungeformter Ton, Lärm, Geräusche oder nur rhythmisierter Ton verscheuchen Geister, Dämonen, Unwetter und Krankheiten, aber auch die Lebensmächte rufen sie herbei (Aperschnalzen, Kornaufwecken). »Der Stand der Zauberer und Priester stellt die ersten Berufsmusiker« (Seemann). Anderers. gehörten die Spielleute lange zu den Minderberechtigten. Erst im Konzil von Basel (1431–37) erhielten sie kirchl. Rechte »wie die anderen Christenleute«. – Auch der Zusammenhang von »Arbeit und Rhythmus« führt oft zu tieferen magischen Wurzeln. Natürlich greift die Erforschung der Instrumente, Spielweisen und Melodien auch in das Gebiet des → Volksliedes und des → Volkstanzes hinüber, doch ist gerade auf dem Gebiet der Vm. noch die Hauptarbeit zu leisten. In einem großangelegten Aufsatz (HDA. 6, 633–690) zeigt der Volksliedforscher Erich Seemann die Grundlinien dieses Arbeitsgebietes und gibt, auch mit umfassenden Literaturnachweisen, den Anschluß an die frühgesch. und musikwissenschaftliche Forschung. Eine Systematik der Vm.instrumente gab Hanns in der Gand auf landschaftlicher Grundlage (Volkstüm. M.instrumente der Schweiz, in: Schweiz. Arch. Jg. 36, S. 73–120). Er beachtet auch geringfügige musikalische Ansätze im Volksbrauch und unterscheidet: a) Idiophone; darunter die Gruppen: Rasseln (Schnecken, Ketten, Ringe, Schellenbaum und Rollschelle, Blase u. a.), Gegenschläger (Klappern, Reiber, Peitsche, Pritsche), Schnarren (Rätsche), Glocken (geschmiedet, gegossen), Maultrommel; b) Membraphone: Trommel und Mirliton (z. B. Kamm und Papier); c) Chordophone: Geige, Hackbrett, Zither, Laute, Guitarre; d) Aerophone: Schwirrscheiben, Flöten, Trompeten (Sprachrohr, Hörner aus Tierhorn, Holz – Alphorn – oder Blech), Zungeninstrumente (Klarinette, Oboe, Dudelsack u. a.).

Ähnlich wie in der Vliedfg. werden heute mehr als früher soziol. und kulturgeogr. Fragen an die Vm. herangetragen (Wandermusik., Austausch zw. Vm. und Kunstmusik; Karten des ADV über ländl. Tanzmusik). Während in Ungarn durch Béla Bartók und Zoltán Kodály, Komponisten und Wissenschaftler zugleich, die Vm. einen bed. Einfluß in der ges. Musikpädagogik gewann, droht uns eher eine Verflachung durch den Massenbedarf von → Rundfunk und → Fernsehen, die Vm. selten durch Kenner (Kiem Pauli, Wastl Fanderl in Bayern), meist durch »Arrangeure« vermitteln. In der Schweiz wird nach Gaßmann die Überlief. der Vm. beeinträchtigt durch den steig. Wohlstand, den motoris. Fremdenverkehr und die übergroße Zahl der Fremdarbeiter.

Ein gewisser → Folklorismus kann auch günstig wirken, so wenn etwa durch das Tobi-Reiser-Quintett oder durch die Fahrten der sing- und musizierfreudigen Familie Engel aus Reutte in Tirol Instr. wie Raffele (→ Zither), Harfe, Hackbrett u. a. wieder vtüml. wurden.

Wie andere Gebiete der Vkde überschreitet die Vm.fg. die nationalen Grenzen. »Die Folkloristen sind sich heute bewußt, daß sie eine Tiefenschau und eine Lösung dring. Grundprobleme nur über eine internat. Beherrschung ihres Stoffgebietes werden erreichen können« (E. Seemann ü. d. Tagung d. Vm. in Basel, 1948; Schweiz. Arch. f. Vkde 45, S. 289). Kongresse des Intern. Folk Music Council dienen dieser Aufgabe. – 1971 wurde die »Münchner Schule für bairische Musik« (in Lied u. Tanz) gegründet. → Haberfeldtreiben, Johannisfeuer, Kirmes, Klöpfelnächte, Neujahr.

Ältere Lit. vgl. Ausg. 1955 dieses Wb. – Archive, Zss., Übersichten, Fg.: Die Vm.abt. d. Freib. V.liedarchivs befindet sich in Regensburg. Intern. Vm.archiv in Genf. F. Hoerburger, hg., Kat. d. europ. Vm. im Schallarchiv d. Inst. f. Musikfg. f. d. Unesco, 1953; N. Fraser, Intern. Catal. of Recorded Folk Music, London 1954; Journal of the Intern. Folk Music Council, 1949ff.; Folklore musical, Répertoire intern. des collections et centres de documentation etc., 1939ff.; R. Schaal, Verz. d. mus.wiss. Diss. in Dtl., 1885–1948, in: Jb. d. M.welt 1 (1949/50). – (M. = Musik). E. Gniza, Vm., in: Spamer, Vkde; H. J. Moser, Gesch. d. dt. M.; J. M. Müller-Blattau, M. u. M.gerät, in: Peßler, Hb.; H. J. Moser, Tönende V.altertümer, 1935; G. Frotscher, V.instrum. auf Bildw. d. 16. u. 17. Jh., Seiffert-Fs., 1938; V. Korda u. S. Schnabel, Hausm., 1947; W. Wiora, Zur Frühgesch. d. M. in d. Alpenländern, 1948; ders., Alpenm. M. in Gesch. u. Gegenw. 1 (1949); F. Bose, M.alische Völkerkunde, 1953; Schr. z. Vm., hg. v. W. Deutsch, 1968ff.; W. Wiora und W. Salmen, Die Tanzm. im dt. MA., Zs. f. Vkde 50 (1953) (Fordert Ergänz. d. philol.-hist. Betr. durch vkdl. u. vergl.-frühgesch. Meth.); K. M. Klier, V.tüml. M.instr. in d. Alpen, 1956; W. Salmen, Der Fahrende M. im europ. MA., 1960; Jb. f. m. V.- u. Völkerkde. Hg. v. T. Bose, 1963ff. (Organ d. Ges. u. d. Staatl. Inst. f. M.fg. u. d. Dt. Ges. f. M. d. Orients); J. Raupp, Sorb. Vmusikanten u. M.instr., 1963; Studia Musicologica. Hg. v. Zoltan Kodály, Budapest 1965 (Ü. d. Kongreß des J.J.M.C. in B., 1964); E. Stockmann, V.instr. u. Arbeit, Dt. Jb. f. Vkde 11 (1965) (→ Ratsche, Hillebille); E. Stockmann u. H. Ulrich, V.instr. u. instrum. Vm. in dt.sprach. Veröff. 1956–1965, ebd. 12 (1966); D. Stockmann, D. Problem d. Transskription, ebd.; F. Hoerburger, Musica vulgaris. Lebensges. d. inst. Vm., 1966; O. Elschek u. E. Stockmann, Zur Typol. d. Vm. instr., ebd. 14 (1968); W. Deutsch – G. Hofer, Die Vm.slg d. Ges. d. Musikfr. Wien. 1969.

V.nahrung → Speis u. Trank.

V.recht → Recht.

V.sage → Sage.

Volksschauspiel. Die Bez. Vs. hat

der Schauspieler Eduard Devrient (1801–77) zum erstenmal bewußt gebraucht. Beiläufig findet sich das Wort schon früher in amtl. Berichten. Die Vkde nennt Vs. »jenes Schauspielgut, das im Rahmen der ›überlief. Ordnungen‹ der V.kultur von den Trägern der Überlief. gespielt wird« (L. Schmidt), im engsten Sinn die Brauchspiele des Lebenslaufes und bes. des Jahreskreises (→ V.brauch). Bez. bestehen zum mal. (→ Oster-, Weihnachtssp.) und zum nur brauchgesch. erschließb. vorchristl. Aufführungswesen, auch zum → Fasnachtsspiel des 15. Jh., zum Schultheater der Reformation wie bes. zum relig. Schauspiel des Barock (→ Fronleichnam-, Passionssp.), zum Wandertruppen-, Vorstadt- und → Puppentheater. Aus den Landsch. der stärksten Verbr. kamen die ersten Vs.sammlungen (K. Weinhold: Schlesien und Steierm.; A. Pichler, A. Dörrer: Tirol; K. J. Schröer: Oberufer; A. Hartmann: Bayern u. a.). Joh. Bolte bes. förderte die Kenntnis des Vs. aus Handschr. und Drucken. In neuerer Zeit wandten sich R. Stumpfl, O. Höfler, L. Weiser und R. Wolfram dem Vs. in seinen vorchristl. und brauchtüml. Wurzeln zu (→ Kontinuität). Hist. Vertiefung und geogr. Ausweitung erfuhr die Vs.forschung neuerdings u. a. durch L. Kretzenbacher (Südosteuropa), A. Karasek (Osteuropa; → Vertriebene), Kl. Beitl (Nordfrankr., Belgien; → Umgangsriesen), Leopold Schmidt. Letzterem und Hans Moser danken wir die ersten zus.fass. Darst.

Als Hauptgatt. des Vs. unterschied L. Schmidt: 1. Ortsfeste Sp., zu denen Brauchsp. wie → Block- und Pflugziehen, Setzen des → Maibaums, → Metzgersprung u. ä. zählen; 2. Umzugssp. (→ Heischegänge, Klöpfeln, Quempas); 3. Prozessionssp. (→ Fronleichnam); 4. Stubensp., in denen das Brauchspiel einen festen Text und die Stube als einen »geheiligten Raum«, wenn auch keine Bühne gewinnt; 5. Großsp., zu denen sich die Zuschauer auf dem Markt, vor einer Bühne versammeln; schließlich das Truppen- und Puppensp., das von geübten Spielern im Neben- oder Hauptberuf dargeboten wird, ohne deshalb die leb. Bindung an Volk und Landschaft zu verlieren.

Eine ähnl. Bez. wie zwischen Vk. und → Sonntagsmalerei (Laienm.) besteht zwischen dem überlief. Vs. und dem sogen. V.theater und seinem »V.stück«, das mit dem Beginn des 20. Jh. eine Erneuerung erfuhr in der dem Wandervogel u. ä. Jugendbünden nahestehenden Laienspielbewegung (Bühnenv.bund, Bll. f. Laienspieler, Berlin; Veröff. v. R. Mirbt, München). Das Vereinstheater aus dem 19. Jh. besteht daneben weiter. Allein in den rund 3000 Gemeinden der Schweiz gibt es 2000 Theatervereine (1946; nach R. Weiß). → Adam u. Eva.

Ält. Lit. s. Ausg. 1955 dieses Wb. H. Moser, Vs., in: Spamer, Die Dt. Vkde, 1. Bd., 1934; H. Moser u. R. Zoder, Dt. V.tum in Vs. u. V.tanz, 1938; L. Schmidt, Vs. in Österr., Kat. d. Ausst. d. Vkde-Mus. Wien, 1946; W. F. Michael, Die geistl. Prozessionssp. in Dtl., 1947; W. Lynge, Die Grundlage d. Sommer- u. Winterstreitsp., Öst. Zs. f. Vkde (1948); A. Carlen, 250 Jahre Studententheater im dt. Wallis, 1600–1800 (1850), Zug 1950; H. de Boor, Die lat. Grundlage d. dt. Ostersp., Hess. Bll. f. Vkde 41 (1950); F. X. Bogenrieder, Oberammergau. Das Passionssp., 1950; A. Karasek-Langer, Gegenw.probleme d. Vs. in Dtl. u. Österr., Mitt. d. Schweiz. Ges. f. Theaterkultur 3 (1951); L. Kretzenbacher, Lebendiges Vs. in Steierm., 1951; ders., Passionssp. u. Christi-Leidensp. in d. Südost-Alpenl., 1952; C. Niessen, Hb. d. Theaterwiss., 1953; F. H. Schmidt-Ebhausen, Zwei ungardt. Weihn.sp. i. d. neuen Heimat, Zs. f. Vkde 50 (1953); A. Karasek-Langer, in: Bayer. Jb. f. Vkde (1954) (Gegenw.lit.); K. Spiess, Jedermann. Überl.mäß. Grundl. d. Sp. v. Kampf um die Seele des Sterbenden, Jb. öst. V.liedwerk 3 (1954); H. Schläger, Von V.bräuchen u. Schausp. im alten Lindau,

Bayer. Jb. f. Vkde (1954); Tonbandaufn. donauschwäb. Vs., Neuland 7 (1954); W. Lynge, Die Vierjahreszeitensp., Öst. Zs. f. Vkde (1954); L. Schmidt, Das dt. Vs. in zeitgen. Zeugn. v. Humanism. b. z. Gegenw., 1954; A. Karasek-Langer, Die donauschwäb. Vs.landsch. Entdeckung u. Untergang, Jb. f. Vkde d. Heimatv. 1 (1955); A. Dörrer, Kult u. Spiel in Fluß u. Stauung, Zs. f. Vkde 53 (1956/7) (Krippe u. Hl. Grab in Neustift-Südtirol; St. Nikolaus in Wattens-Nordtirol; Marienmirakel v. Obertilliach-Osttirol); ders., Tiroler Umgangssp., 1957 (Bozener Fronl.sp. u. verw. Figuralproz. vom MA. – 18. Jh.); J. Lanz, Verpflanz. ostdt. Vs. d. Umsiedlung, Flucht u. Vertreibung, Jb. f. Vkde d. Heimatv. 3 (1957); J. Weber-Kellermann, V.theater u. Nationalfestsp. bei Gottfried Keller, Dt. Jb. f. Vkde 3 (1957); L. Schmidt, Vs. d. Bergleute, 1957 (Bausinger: »organisator. Überwucherung der heut. V.kultur«); H. Kindermann, Theatergesch. Europas, 9 Bde., 1957ff.; H. Bausinger u. a., Schwäb. Weihnachtssp., 1959 (Das erste Buch ü. S. W.); J. Scharrer, Das Laientheater d. Flüchtl. u. Ausgewies., 1960; A. Karasek-Langer, Vs. u. V.theater d. Sudetendt., 1960; Hans Folz, Auswahl (bearb. v. S. Spriewald) 1960; A. Dörrer, Tiroler Vs.fg. im Umbruch, Öst. Zs. f. Vkde 63 (1960); A. Karasek u. J. Lanz, Die dt.-galiz. Vs., 1961; A. Fink, Unbekanntes Bayern, Bd. 6. Das Komödie-Spielen, 1961 (Rundfunksendgn.); L. Schmidt, Das dt. Vs., 1962 (Fg.gesch., vgesch. Grundl.; Hauptgattgn.; Typen u. Stoffe in 41 dt.sprach. Landsch.); ders., hg., Le Théatre pop. européen, Paris 1965 (Bd. 3 d. Reihe »Folklore Européen« d. Vkde-Komiss. innerh. d. Abt. »Kulturelle Zus.arbeit« d. Straßbg. Europarates); E. G. Krenig, Die Karfreitagsproz. im alten Kissingen, Mainfränk. Jb. 1963; W. Werner, Studien z. d. Passions- u. Ostersp. d. dt. MA. in ihr. Überg. v. Latein z. V.sprache, 1963; G. Hole, Hist. Stoffe auf d. v.tüml. Theater Württemb., 1964; K. Schneider, Das Eisenacher Zehnjungfrauensp., 1964; B. Schöpel, Naturtheater, 1965; N. Hölzl, Theatergesch. d. östl. Tirol v. MA. bis z. Gegenw., 1966; H. Stricker, Die Selbstdarst. d. Schweizers im Drama d. 16. Jh., Bern (= Sprache u. Dichtg., Bd. 7); Darstell. Spiel. Fs. f. R. Mirbt, hg. v. P. Amtmann u. H. Kaiser, 1966 (Lit., alpenländ. u. nd. Vs., Jugend-, Studenten-, Vereins- u. Freilichttheater); H. Geering, Klass. Theater in d. vtüml. Parodie, Beitr. z. dt. V.- u. A.kde 14 (1970); P. Simhandl, Bühne, Kostüm u. Requisiten d. Paradeisspiele. 1970; A. Karasek u. J. Lanz, D. dt. Vs. i. d. Bukowina. 1971; A. Karasek u. K. Horak, D. dt. Vs. i. d. Batschka, in Syrmien u. Slawonien. 1972. (V.theater in Hambg. 19. Jh.); ders., V.- u. Gartentheater, ebd. 15 (1971).

Volksspiel, Spiel. Die Grundbed. des Wortes S. ist ›schreitender, umkreis. Tanz‹, ahd. *spiliman* ist ›Schautänzer‹, *spiliwīp* die ›Tänzerin‹. Bez. wie Schauspiel oder Musikspielen erinnern an die alte Bed. Heute verstehen wir unter S. vorzugsweise den Gegensatz zur → Arbeit, ein nicht auf mater. Zweck und Nutzen gerichtetes, sondern sich selbst genügendes, der Erheiterung, Zerstreuung, Darstellung, allenf. dem Üben und Messen der geistigen und körperl. Kräfte (→ Sport) gewidmetes Tun. W. Leibniz beschäftigte das mathemat. Problem der S.figuren und -regeln. Er unterschied S., die auf Zahlen gegründet sind, solche, die sich außerdem auf eine bes. Lage der Dinge aufbauen, und solche, deren Wesen Bewegung ist. I. Kant nannte in der nachgelass. Schrift über Pädagogik als Hauptmerkm. des S. Freiheit, eigene Wahl und Selbstzweck. Nach H. Spencer wies auch F. Schiller auf die Bez. zwischen S. und Kunst. In den »Briefen über ästhet. Erziehung« (5. Br.) bez. er als Spiel »alles das, was weder subj. noch obj. zufällig ist und doch weder äußerl. noch innerl. nötigt«. Seit W. Th. Preyers Arbeiten zur Kinderpsychol. (Die Seele des Kindes; ab 1882 in vielen Aufl.) mehren sich völkerkundl. und psychol. Unters. von Schaller, Steinthal, Wundt u. a. bis zu den neuen Darst. von J. Huizinga (Homo ludens, 1938, [7]1965) und F. J. J. Buytendijk. In s. Werk »Wesen und Sinn des Spiels« (1934), das sich mit den Ansch. von K. Groos (S. als Einüb. und Nachahm.) und mit den Trieblehren von L. Klages, S. Freud u. a. auseinandersetzt, sieht B. die tiefe Verwurzelung des S. in den »verborgensten Funktionen des Lebens « erwiesen durch die Verwandtsch. der Menschen- und Tiers. wie durch das Vorkommen gleicher S.gestalten bei versch. Völkern (→ Elementarged.).

Die ersten Quellen zur Gesch. des Vs. sind lit. Art. Meister → Altswert gab Ende des 14. Jh. eine Reimliste von etwa 40 → Kinders., deren Bed. und Zus.hang mit späteren S.formen K. Ranke geklärt hat. Noch umfangreicher ist das Verz. im 24. und 25. Kap. von → Fischarts »Gesch.klitterung« (1575), einer freien und erweiternden Übers. des »Gargantua« von Rabelais. Nach der Unters. von Rausch sind von den rund 600 S.namen zwei Drittel Fischarts Eigentum. Die Reformat. und Human. (Ringelbergius, Hessus, → Luther) schenkten dem Vs. als Brauch und Leibesübung große Beachtung. Höf. Barock und Rokoko waren die Zeit der verniedl. »Gesellschaftss.« und zahlr. galanter S.bücher. Es blühten Karten- und Orakels., frivole Pfänder, Frage- und Antworts., geistreiche Rätsel, Charaden und Trilogryphen.

Für die Kenntnis und Förderung des Vs. in s. eigentl. Lebensbereich entscheid. wurden die Philanthropen J. B. Basedow (1724–1790), J. C. F. Guts Muths (1759–1839) und der Turnvater L. Jahn (1778–1852). In seiner »Prakt. Philos.« (1758) hatte Basedow schon auf die Bed. von Leibesübung und S. hingewiesen und in seinem »Methodenbuch« von 1770 steht der Satz: »Es müssen jährlich ein. Feste des Vaterlandes sein. Vornehml. müßte man in Städten und Dörfern abgesond. Haufen der Jugend unter Aufsicht ihrer Vorgesetzten auf öffentl. Kosten Lustbarkeiten verschaffen, weil solche frühe Eindrücke von sehr langer und großer Wirkung sind«. Der Geographielehrer und Mitbegründer der Turnkunst Guts Muths unterschied zum erstenmal Ruhe- (oder Sitz-) und Bewegungss. in seiner Beschr. der »S. zur Übung und Erholung des Körpers und Geistes« (1796). Einen großen, wenn auch ungleichm. Stoff aus vielen Völkern und Zeiten hatte zwei Jahre vorher der Lehrer G. U. A. Vieth vorgelegt in seinem »Versuch einer Encycl. der Leibesüb.«. Den ersten, unvollend. und daher zu eng auf die Schweiz beschränkten Vers. einer wiss. Kulturgesch. des S. unternahm der Schriftsteller und Pädagoge F. Iselin: »Die Gesch. der Leibesüb.« (1886). Er unterscheidet 1. Waffen- und Kriegsüb., 2. Leibesüb., 3. S. Die größte Wirkung ging aus von dem Lehrer, Freischärler und Patrioten Ludwig Jahn. Für die von ihm → Turnen gen. Kunst (→ Turnier) gründete er den ersten Übungsplatz in der Hasenheide zu Berlin (1811). Mit E. Eiselen gemeinsam gab er 1816 die »Dt. Turnkunst« heraus (von dem Berliner Eiselen stammen auch die dt. Bez. im → Fechten). Der Reaktion nach der Zeit der Befreiungskriege wurde Jahn verdächtig. Sein Turnplatz wurde 1819 gesperrt, er selber kam als »Demagoge« auf die Festung.

Erfüllt vom gleichen Feuer der Romantik und Deutschbewegung hatten Germanistik (Jacob Grimm) und Vkde das Vs., bes. das → Kinders. als wiss. Fg.aufgabe entdeckt. 1851 erschienen die ersten ausschl. dem Lied und S. der Kinder gewidm. Slgn. (von Meier f. Schwaben, von Strackerjan f. Oldenbg.). 1857 bot E. L. Rochholz in seinem »Alemann. Kinderlied und Kinders.« das Beispiel vertiefter landsch. Fg., während H. Handelmann in seinen »Volks- und Kinders. der Herzogtümer Schleswig, Holstein und Lauenburg« (1862) in vergl. Betr. das Blickfeld auf ganz Dtl. und Europa ausdehnte. Es mehren sich auch die monograph. Darst. einz. S.arten (Schützenwesen, Kegeln, Bauerns.). Die unvermind. Lebenskraft des Vs. auch in unserem Jh. beweist u. a. das Buch über das Frankfurter Kinderleben (1928) von K. Wehrhan, der schon 1909 in dem Hb. »Kinderlied und Kinders.« einen ersten Überblick, auch der einschläg. Lit., gegeben hatte. Auf eine Umfrage von R. Beitl (1935) in Berlin-Steglitz antworteten rund 5000 Schüler und Jugendliche und widerlegten das Vorurteil von der Volksfremdheit der Großstadt. In tausend S.formen und -namen ist die Überlief. hier ebenso leb. wie auf dem Dorfe und nahezu ebenso beständig. – Die wiss. Bemühungen der l. 100 Jahre fanden ihren Niederschlag in den Maßnahmen der Regierenden. 1882 gab ein Ministerialerlaß Weisung zur Pflege des S. in der Schule. 1891 wurde der Zentralausschuß zur Förd. der V.- und Jugends. in Dtl. gegründet, dessen Stimme das »Jb. für V.- und Jugends.« wurde. Längst beschäftigt S.fg. auch die Nachbarwiss. Die auf die antike wie auf die germ. Frühzeit gerichtete Altertumskde und die Völkerkde konnten viele Formen des Vs. nachweisen, die auch bei uns und heute noch leb. sind. Richard Andree bes. lieferte das Vorbild einer außereurop.-vergl. S.fg. in seinen »Ethnogr. Parall. u. Vergleichen« (1878). Er fand und beschrieb in alten primit. wie in neuen zivilis. Kulturen bekannte S.: Würfel-, Brett-, Glücks- und Rates., die Kinders. mit Murmel, Kreisel, Ball und Faden, die Knabens. mit Stelzen, Drachen, Windmühle, Pfeil und Bogen. – Sprachwiss. und Mundartkde. haben reichen Gewinn von einer Zus.arbeit auf dem Gebiet des Vs. Wehrhans Darst. der Frankf. Murmel- und Hüpfsp. offenbart den Reichtum der Kindersprache. Allein für das »Butterstullenschmeißen« (→ Steinchen-S.) kennt der Berliner Junge Dutzende von Bez. Beim → Kreiselspiel unterscheidet die Jugend die feinste Einzelheit. Beim Gleiten auf dem Eis (Schliddern) kennt man in Österr. den Eisenschliff (r. vor l. Fuß), Hockerl, Hockerl steh auf (abwechselnd sitzend und stehend), Napoleon (verschränkte Arme) und weiter je nach Stellung und Gebärde: Reiter-, Jäger-, Schuster-, Scherenschleifer-, Klosterfrauen-, Raben-, Uhrenschliff. Aber auch das Vs. der Erwachs. hat seine Fach- und → Sondersprache für Schützen, Reiter, Hornusser, Kegler, Bossler. Die Fach-, Scherz- und Schimpfwörter, die Redensarten und Sprichw. der Kartens. und der Kegler gehören zum zünftigen S. und wandeln sich von Landsch. zu Landsch. Zu einem Kegelwb. hat L. Rothe den Anfang gemacht (1879). – Die Eigenart der S.gemeinsch., ihr Neben- und Nacheinander in Dorf, Land und Stadt, ihre Eigenständ. wie ihre Abhäng. vom Strom der Gesch. und Kultur, ihre kleinen Gegensätze und großen Verbündungen, dies alles und mehr vermag einen beachtl. Beitrag zur Sozialgesch. zu geben. Auf germ. Überlief. ruhend (Steinstoßen, Wettlauf, Sprung über das Pferd u. ä.), von roman. Nachbarn angeregt, haben in Dtl. Sport und Kultur in keiner Epoche eine solche Einheit gebildet wie im Rittertum des MA. Das eigentl., zu hoher Kunstform entw. Kampfspiel war das → Turnier, aber auch Leibesüb. allg. Art zählten zu den sieben ritterl. Tugenden und waren mit eine Grundlage der gesellsch. Ausbildung. Nach dem Niedergang höf. Kultur lebten diese Überlief. auf Ritterakademien und Univers. fort, während zugleich Bürger, Handwerker und Bauern → Fechten, → Ringen, → Reiterspiele auf ihre Weise aufnahmen und zu Vs. entwickelten. Die Gemeinsch. der →

Schützen, schon im 13. Jh. nachweisbar, erreichten im 30j. Krieg als bürgerl. Wehrverbände ihre höchste Blüte. Aber noch in der Zeit des automat. Gewehrs und der Raketen leben sie weiter. Reine Bauerns. wurden hoffähig (→ Hahnenschlagen), oberschichtl. Sportarten wurden zu S.festen des Landes (→ Rolandreiten). Manche Vs. (→ Kegelspiel) umfassen alle Landsch. und soz. Schichten, andere (→ Hornussen, Eis-, Klootschießen) sind landsch. begrenzt oder gehören nur einer soz. Gruppe an, die durch Alter, Stand oder Beruf (Gesellenstechen, → Schäferlauf) bestimmt ist. Manches Vs. stieg auf zu olymp. Ehren, andere sanken in die Namenlosigkeit des Kinders. zurück oder haben sich nie daraus gelöst. Soziolog. schließen sich rechtsgesch. Überlegungen an. Wir verdanken solche bes. E. v. Künßberg und seiner Schule. Gebärden der Beteuerung, alte Schutz-, Fluch- und Bannformeln sind im Vs., nicht zuletzt im Kinders., bewahrt. Vorstell., Handlungen und Symbole aus der Welt des öff. Rechts wie des Privat-, Straf- und Prozeßrechts sind im S. der Erwachsenen wie der Kinder erkennbar (E. v. Künßberg, Rechtsbrauch und Kinders., 1920). Die Rechtsphilos. mag in manchen Zügen des Kinders. Ursprung und Entw. des Rechtsgedankens angedeutet finden, die Satz. und Regeln der S.vereinig. Erwachs. geben Auskunft über das Rechtsempfinden des Volkes. – Die sichtb. Symbole des Vs. (Fahnen, Waffen oder Geräte, Abzeichen, Kleinodien, Urkunden, Preise) verdienen die Beachtung der Kunst- und Kunstgewerbegesch. Das S.kleid (z. B. der Ringreiter, der Schwerttänzer) ist im Zus.hang von Kostüm und Tracht zu sehen. – Nicht zuletzt ist es die Siedlungskde., die in der Vs.fg. Antwort findet und zu geben vermag. Die Bed. alter Spielplätze (Pfingstanger, Tanzbühl, Spielhof, Ballhaus) war kaum geringer als die der Sport- und Fußballplätze heute. – Allzu zuversichtlich war die mytholog. Fg. des 19. Jh. in der Annahme, daß bes. das Kinders. alten Mythus in verhältnism. Reinheit auf uns gebracht habe. Das gewaltige Lehrgebäude der »Deutschen Mythologie« von Jacob Grimm (1835) wirkte (z. B. bei Rochholz) in Deutung von Brauch und Spruch innerhalb des S. allzulange als Dogma. Krit. Fg. wird sich dieser Aufgabe zweifellos eines Tages wieder zuwenden, denn der Sinngehalt einer V.überlief. hat auch für uns Heutige mindestens die gleiche Bedeutung wie ihre → »Funktion«.

H. M. Schuster, Das S., seine Entw. u. Bed. im dt. Recht, 1878; E. Kück und H. Sohnrey, Feste und S. des dt. Landvolkes, [3]1925; F. Kopp, Alpenländ. Bauern-S., 1925; F. Buytendijk, Das S. v. Mensch u. Tier, 1933; W. Hansen, V.tanz u. S., in: Spamer, Vkde; ders., S. und Sport vom dt. MA. b. z. Zeitalter Friedr. d. Gr., in: Olympia, 1936, hg. v. F. Mildner, 1. Bd.; E. Mindt, Die dt. Vs. in der Vorzeit und in der Gegenw., ebd.; R. Beitl, Vs., in: Peßler, Hb.; E. Mindt, S. u. Sport als völk. Erbe, 1938; J. B. Masüger, Leibesüb. in Graubünden einst u. heute, 1946 (32 Taf.); W. Hansen, S. u. Sport in d. völk. Überlief., 1939; C. Diem, Körpererz. bei Goethe. Ein Quellenw. z. Gesch. d. Sports, 1948; J. B. Masüger, Schweizerbuch d. alten Bewegungs-S.; H. Rahner, D. spielende Mensch, Eranos-Jb., 1948, S. 11–87; C. Diem-Festschr., 1952; K. Haiding, S.gut des Kindes u. d. ländl. Erwachs. (= Österr. Vkde für jederm.), 1952; G. Gugitz, Die alpenl. Kampfs. u. ihre kult. Bed., Wien 1952, Kongreßheft; F. G. Jünger, Die S. Ein Schlüssel zu ihrer Bedeutung, 1953; F. K. Mathys, S. u. Sport im alten Basel, 1954; S. Mendner, D. Ballspiel i. Leben d. Völker. 1956; Das Spiel. Kongreß f. Leibeserz. 1958 Osnabrück. Ges. Vortr. 1959; Zur Weltgesch. d. Leibesüb., Fs. E. Mehl, 1960; A. Wehrle, 500 Jahre S. und Sport in Zürich, 1960; J. Göhler, Die Leibesüb. in d. dt. Sprache u. Lit., in: Dt. Philol. i. A., 3. Bd., [2]1962; O. Kampmüller, Mühlviertler Vs., 1964; Zs. Die Leibeserziehung; Kartogr. ADV II V.tüml. Bewegungs-S. Weitere Lit. → Kinder-S., V.brauch u. a.

Volkssprache, Mundart. Wie wir

Vk. von hoher Stilkunst, V.dichtung von Individualdichtung unterscheiden, so bez. Vs. in der Welt von Laut und Wort den Gegensatz zur Hoch- und → Schriftsprache, jedoch nicht im Sinn einer starren Schichtentrennung, sondern einer fruchtbaren Spannung und leb. Wechselwirkung zwischen zwei Polen. Wie die Tracht den sichtbarsten Bereich des → V.kleides ausmacht, so erfüllt sich der Begriff der Vs. am reinsten in der M., in den Dialekten der einz. dt. Landsch. Wesentlicher jedoch als die lautl. Form, die ins Ohr fällt, ist die geistige Haltung, die das Wort wählt und trägt. Wenn ein Wirtschaftsfachmann in einem Züricher Zunfthaus einen Vortrag über rationelle Fremdenverkehrswerbung in angestrengtem »Schwyzerdüütsch« hält, so ist darin wenig oder fast nichts von Vs. Auch wenn Kanzler, Minister oder Abgeordnete eine Rede im Parlament beginnen, wird schon in den ersten Sätzen ihre schwäb., bayr., rhein., holstein. Heimat hörbar, ohne daß sie deshalb die Ebene der Hochsprache verlassen.

Der Charakter der Sprache wechselt in gesch. Ablauf und soz. Stufung. Wie in früherer Zeit fast alles »Tracht« war, so gab es vor dem Entstehen der nhd. Schriftsprache (→ Lautversch.), fast nur M., wenn wir vom Latein des geistl. Standes absehen. In Dorf und Stadt hebt sich heute der Kreis der Honoratioren wie Pfarrer, Richter, Arzt, Lehrer, Apotheker außerhalb ihres Amtes sprachl. wenig über die Ebene der M. In der Schule muß sich jedes Bauernkind zur Schriftsprache bequemen. Als Umgangs- und Verkehrssprache bezeichnet man, was nicht die Sprache von Zeitung und Buch, aber auch nicht mehr der unverfälschte Dialekt der Landsch. ist: also vor allem die Sprache der aus überlief. Gemeinschaft sich lösenden Städte.

Unmittelb. Hören bleibt immer der erste Weg zur Erkenntnis der Vs., wenn das Tonband auch in erster Linie einer naturwiss. gerichteten Phonetik dienstbar ist. Die breiteste Grundl. zur Erfg. des Wesens der Vs. und ihrer Formen bieten heute die → M.wörterbücher, vor allem die umfass. Sammelwerke der l. Jahrzehnte. Im »Dt. Wortatlas« (seit 1952) verbünden sich die Ziele der → Sprachgeogr. mit denen der Wortfg. Wenn jene die Bausteine zu einer allg. Kulturgeogr. liefert, so öffnet uns diese den Blick in das Wesen des sprachschöpf. Geistes.

In Vs. und Hochsprache stehen sich, verallgemeinernd gesagt, Gefühl und Verstand, Anschauung und Begrifflichkeit gegenüber. Es fällt der Vs. schwer, aus dem Bes. das Allg., aus der Vielfalt der Erschein. das Typische herauszuheben. E. Leihener fand unter den 8140 Einzelwörtern der M. von Cronenberg a. d. Wupper 4260 Konkreta, 2080 Verben, 777 Adjektive, 444 Adverbien, aber nur 210 Abstrakta, von denen sich außerdem viele als Leihgut aus der Schriftsprache erwiesen. Vielen M. fehlt der Begriff ›Eltern‹, den meisten der Begriff ›Pflanze‹. Den immer stärker vordring. Maßeinheiten nach Gramm und Meter stehen in der Vs. (und weithin auch noch in der Umgangsspr. der Stadt) sinnfällige Bez. wie Scheffel, Wispel, Maß, Pfund, Viertel oder fingerdick, spannenlang, handbreit, armlang, kopfgroß oder Fuß, Elle, Klafter, Morgen, Tagwerk, Joch gegenüber. Der Rheinländer spricht von der Kölner und Deutzer Seite des Rhein (statt von rechts und links). Statt der Richtungen der Windrose bedient sich der Montafoner in Schruns anschaul. Ausdrücke: Talerloft, Bärgerloft,

Landloft. Logischer Stunden-, Tages-, Monats, Jahreszählung zieht die Vs. konkrete Angaben vor: nach der Frühmesse, vor Mittag, nach dem Marend, nach dem Rosenkranz, wenn es läutet, wenn der Zug kommt; End der Woche, Mitte Monat – nach Mariae Geburt, auf Martini, auf Allerheiligen, nach Dreikönig, auf Lichtmeß, in der Fasnat – als ich in die Schule ging, wie der Krieg aus war, in der Inflation (Montafon).
Das geringe Vermögen begriffl. Abstraktion wird in der Vs. durch Reichtum und Kraft der Wortschöpfung aufgewogen. In »wurzelhafter Differenzierung«, in immer neuen Wortstämmen bleibt in der Vs. die Vielfalt der Erschein. erhalten (wetzen – schleifen – dengeln – stählen; Kuhhaut – Geißenfell – Hasenbalg). Für Naunstadt im Taunus verz. Fritz Stroh als Benenn. des Schweins: Watz (männl. Zuchttier), Barg, Bietz (männl. verschnitt. Tier), Mucke (weibl. Zuchttier), Ferkel (junges S.), Schößling (halbjähriges S.), Springer (halbwüchs. S.), Wutz (Lockruf und Kinderspr.). Für die ›geschlossene Hand‹ haben wir noch allg. das Wort Faust. Ältere (got.) Sprache kannte noch *taíhswō, hleiduma, lōfa* für ›rechte, linke flache Hand‹. Die Entw., die in Richtung logischer Ordnung vorschreitet, wird sichtbar, wenn die alten Verwandtschaftsbez. Schwäher und Schwieger, Eidam und Schnur, Vetter und Base auch in der Vs. mehr und mehr durch Schwiegervater, -mutter, -sohn, -tochter und durch Geschwisterkind oder Cousin, Cousine ersetzt werden. F. Stroh fand folg. Schema: in der Vs. werden die Stammwörter, a, b, c nur lose zusammengefaßt, in der Hochsprache umschließt das logische System als festen Kreis die untergeordneten Sprachbegriffe:

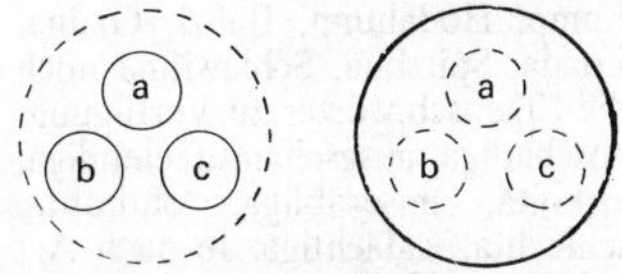

Der Grundsatz der Nebenordnung (Parataxe) statt Über- und Unterordnung (Hypotaxe) kennz. auch das v.mäßige Erzählen. Aufzähl. »enumerative Redeweise« (Havers) zerlegt den Vorgang des Holens in seine anschaul. Teile: Gehen – Nehmen – Bringen. Im Alem. kann eine Aufforderung lauten: Jätz gang ga denn dem Ludwig ga säga, er söll jätz ga denn ga-n-ässa ko (jetzt geh gehen dann dem Ludwig gehen sagen, er soll jetzt gehen dann gehen Essen kommen). Vs. kennt keine Schachtelsätze und zieht auch einf. Nebensätzen meist das reihende »und-und-und« vor. Mit- und Vorvergang. sind kaum bekannt, dafür steht das einfache Perfekt, das in der hochdt. Übers. von Märchen und Sage leicht ermüdend wirkt.
Eindrucksvoll wird Vs., wo sie ihrer emotionalen Grundrichtung freien Lauf lassen kann und wo sich ihre Bildphantasie und Gefühlskraft frei entfalten. Wo sie übertreiben oder verkleinern, loben oder tadeln, sich freuen oder trauern kann, wo es darum geht, die feinsten Züge einer Sache, eines Vorgangs, einer Person zu erfassen, da offenbart Vs. eine Schöpferkraft, die dem sprachl. Ingenium der großen Dichter ebenbürtig, wenn nicht überlegen ist. In der M. von Naunstadt stehen nach Stroh dem schriftsprachl. Begriff ›verhauen‹ fast vierzig Bez. gegenüber, darunter: flappchen, flecken, flittern, flumschen, flutschen, knüppeln, dachteln, dreschen, patschen, langen, leuchten, stechen, sticksen, stopfen. Nach Lachner stehen im bayer. den Bez. Trohpf,

Lump, Hodalump, Bahzi, Gauna, Luada, Spitzbua, Schlawihna noch die Eigensch.wörter zu Verfügung: abscheiliga, ausgschamta, elendiga, eiskoita, miserabliga, ohdrahta, schlechta, vadächtiga. Je nach Art und Zeitmaß der Bewegung spricht der Berliner von zuckeln, jehn, loofen, tippeln, botten, socken, latschen, pesen, wetzen, preschen, rennen, rasen.

Zahlr. Karten des Dt. Wortatlas zeigen den Reichtum vs.licher Synonoymik in der liebevoll und scharfsichtig (nach Farbe, Nutzbarkeit, Lebengewohnheit usw.) erfaßten Kleinwelt der Tiere und Blumen (vgl. die einz. Planzenn.).

Lautl. und bildh. Assoziation, Kreuzung oder Addition der Bilder schaffen sprachl. Spielformen in unendl. Zahl. Nach J. Müller sind die folg. nur eine Auswahl von rhein. Bez. des Schmetterlings: Bibberhahn, Bibbernickel, Blindermaus, Bubeller, Buttervogel, Feipel, Fickefahn, Fifalter, Fifaumelte, Figvogel, Fillerte, Fippmopp, Flackvogel, Flantermaus , Flattermaus, Flickermaus, Flickert, Flintermaus, Flittermaus, Fluppeschisser, Fluttermaus, Maivogel, Mippmopp, Peipel, Pannenvogel, Piffel, Raupenschisser, Schmantleckert, Schnifelter, Sommervogel, Sonnenvogel, Spannenvogel, Zwicker. Wissenschaftl. Interesse förderte allein für die Libelle 7000 (!) m.artl. Namen zutage (Dt. Wortatlas).

In diesem Rausch der sprachl. Aneignung einer durch wache Sinne und tiefes Gemüt erfaßten Welt stehen der Vs. in Präfix und Suffix weitere Worbildungsmittel zur Verfügung. Verbale Abstufungen des Geruchs sind im Montafoner Dialekt: lütala, tötala, schwäßala, brönzala, sürala, füchtala, kesala, schnäpsala, brändala, müchtala, röchala, böckala, ställala, mischtala, güllala, karbölala, fabrikala, wenn es nach Leuten, Totem, Schweiß, Urin, Saurem, Feuchtem, Käse, Schnaps, Brand, Moder, Rauch, Bock, Stall, Mist, Jauche (Gülle), Karbol oder Fabrik riecht. In anderen M. stehen die Nachsilben -ern, -eln, -enzen u. a. in ähnl. Verwendung. Gefühlsbeteiligung führt zu einer fast unbegrenzten Anwendung von schattierenden, meist abwertenden Vor- und Nachsilben (ge-, -i, -erei, -ata u. a.) auch beim Substantiv. Im Montafon wird lästiges Singen, Kichern, Gackern, kleinl. Kramen bez. als Singerei oder Singata, als Gigarata, Gazgata, Gäggalata. Ein dummer, plumper, großer, maulender, umständl., unfreundl., unreinl., trunksüchtiger Mann ist ein Lalli, Lappi, Lappori, Blackni, Löli, Muli, Süderi, Sorri, Trieli, Sufi; eine törichte oder schwatzhafte Frau ist eine Lalla, Lappa, Trala, Schwätzla. Der in vielen dieser Bildungen wirksame Hang zur Übertreibung (Hyperbel) nach oben oder unten kommt in Zusammensetz. zum Ausdruck, wie sie auch die Hochsprache in entspr. Gefühlslage kennt: winzigklein, klitzeklein, riesengroß. Der Umgangssprache nicht unbekannt, aber doch für die Vs. in bes. Maße charakt. sind Zus.setz., in denen das Grundwort nicht eigentl. näher bestimmt, sondern nur gesteigert wird, oft unter Benutzung von Tabu-Wörtern aus dem relig., krimin., sexuellen Bereich: nagelneu, steinmüd, hundsalt, hundselend, saudumm, schweingrob, bockdürr, todfeind, todesmutig, gottserbärmlich, teufelswild, kriminalkalt, hurenmäßig, mordslustig. Die Neigung zur Hyperbel zeigt noch deutlicher die Zus.setzung aus drei Teilen: nigelnagelneu, fuchsteufelswild, pechrabenschwarz.

Lebhaftes Gefühl, bildhafte, assoziative Phantasie, Neigung zu Kritik, Spott und Übertreibung, aber auch der Drang, prakt. Lebenserfahrung einprägsam mitzuteilen, geben der Vs. den manchmal überreichen Schmuck von Vergleich und Metapher, Redensart und → Sprichwort weit über die Gewohnheit der Schriftsprache hinaus: dünn wie Bohnenstroh, gescheiter als Salomons Katz, Kindersarg (große Schuhe), Sargnagel (Zigarette), Wirsing, Rübe (Kopf); der lacht einwärts wie die Ratsherren; das heißt den Petrus abdecken und den Paulus decken (nur scheinbare Abhilfe schaffen); vor dem guten Lob heimkommen; alte Leute müssen, Junge können (sterben); sie schimpfen und streiten wie ein Tenn voll Bettler; das will ich mit schwarzer Kreide auf den Kesselhaken schreiben; man sieht den Leuten wohl auf die Kleider, aber nicht darunter; wer das letzte aus dem Krug haben will, dem schlägt der Deckel auf die Nase; ich will dich nicht unter die Leute bringen, – unter den Menschen bist du schon; dat sünd Lüt von Mitteln, seggt jenner, hebben en Nōrs van twē Hälften; bei den Leuten ist die Nahrung, sagte der Scherenschleifer, und schob mit der Karre in die Kirche (→ Beispielsprichw.).

Assoziatives Denken voll Humor, Witz und bildh. Phantasie beherrscht auch die sogenannte → V.etymologie. Gewiß ist zunächst von einem Nicht- oder Mißverstehen auszugehen. Aber meist ist das neue Wort kein sinnloses Zersprechen, sondern ein schöpferisches, wenn auch völlig alogisches Um- und Zurechtsprechen des fremden Wortes. Eher noch wird man unter dem Blickwinkel der → Sprachgeogr. Bildungen begegnen, die fast unter naturgesetzl. Zwang entstehen, ohne zu neuem Sinn zu führen, so wenn benachbartes Hagebutte und Hifte sich zu Hahifte oder Maulwurf und Molbert sich zu Maulmolbert verbinden oder wenn aus Hemme und Schraube in einf. Addierung Hemmeschraube (Wagenbremse) wird.

G. Grober-Glück hat in mehrf. Unters. zu Karten des ADV gezeigt, daß es möglich ist, außer den leichter erkennbaren allg. Zügen dt. V.glaubens und -brauches auch charakterist. Sprechgewohnheiten einz. Landsch. und V.schläge nachzuweisen. So wird die mit neuen Mitteln und Methoden fortschreitende Fg. neben dem »allg. V.mäßigen in der Vs.« (W. Will) in steigendem Maß auch gesch. Folge, soz. Stufung wie stammesmäßige und landsch. Gliederung der Erscheinungen der Vs. aufzuzeigen und für die Ziele einer geisteswiss. Vkde nutzbar zu machen vermögen. Die Ereignisse der l. Jahrzehnte haben das Profil solcher Vs.landsch. teilweise verwischt oder verändert. Notwendige neue Aufnahmen werden dem Kräftespiel zw. Beharrung und Umbildung, zw. eigener und fremder Überlief., zw. alter und neuer Gemeinschaft ein bes. Augenmerk schenken müssen. Diese Auseinandersetzung wird nicht zuletzt in der Vs. ihren Niederschlag gefunden haben.

F. Stroh, Probleme neuerer M.fg., 1928; ders., Stil der Vs., Hess. Bll. f. Vkde 29 (1930); ders., Hessische Fg., Mitt. des Oberhess. Gesch.vereins (1932/34); ders., Der v.hafte Sprachbegriff, 1933; F. Maurer, Vs., 1933; E. Christmann, Vs., 1938; B. Martin, Die dt. M., 1939, ²1952; ders., Die dt. Vs., 1939; R. Warnecke, Haus u. Hof in d. niederdt. Sprache zw. Weser und Hunte, 1939; H. Moser, Dt. Sprachgesch., 1950; A. Bach, Dt. M.fg., ²1950 (58 Karten, auch geogr. u. vkdl. Betr.); ders., Gesch. d. dt. Sprache, ⁶1955; A. P. Peters, Kulturgesch. Wortgut i. d. M.en d. Donauschwaben, 1965; G. Lutz, V.brauch u. Sprache, 1966; H. Bausinger, Dt. f. Dte. Dialekte, Sprachbarrieren, Sondersprachen. 1972.

Volkstanz. Nicht anders als bei den

sogen. Naturvölkern ist der Tanz bei den Kulturvölkern des Altertums wie der Neuzeit in seiner tiefsten Schicht Kulthandlung, ein Tun in mag.-zauber. Absicht, ein Versuch, als Einzelner wie als Gemeinschaft durch rhythm. Körperbewegung, durch Schreiten, Laufen, Springen in Masken, mit Schwertern, Reifen und Fackeln mit Über-Mächten in Verbindung zu treten, sie zu versöhnen oder sich dienstbar zu machen. Im Maskentanz wird der Tänzer selber das Wesen, das er darstellt und begibt sich in Gefahr, ins Jenseitige hinübergerissen zu werden (→ Maske, Überzähliger). In Strömungen des MA. (→ Tanzkrankheit, Morisken, Rattenfänger, Echtern. Springproz.), aber auch im Vt. und → Kinderspiel der späteren Jhh. haben sich mag. und kult. Elemente erhalten. Neben solchen Bindungen ist der Tanz auch als Äußerung der Bewegungs- und Körperfreude und als seel. Befreiung, als geselliges Fest, nicht zuletzt und in neuerer Zeit als künstler. Gestaltung zu verstehen.

Bei Ägyptern, Griechen und Römern in hoher Blüte, auch bei den Germ. bezeugt (→ Schwerttanz), erwuchs der Freude am Tanz ein starker Gegner im Christentum (Verbote des 9. und 12. Jh.; → Totenklage, Konzil). In den Jhh., die im Kulturleben (→ Haus, Tracht, Vk., -dichtung, -lied, -sprache) eine wachsende Scheidung des einf. Volkes von den oberen Schichten der Höfe und der wachs. Städte kennz., schufen sich Ritter, Patrizier, Handwerker und Bauern ihre bes. Tanzformen. Während erstere ihre feierl. Reigen- und Schreittänze in geschloss. Räumen der Burgen, Schlösser und städt. Geschlechterhäuser aufführten (Wandgemälde im Schloß Runkelstein, Südtirol, 15. Jh.) vereinte die Landbev. derberer Ring- und Kreistanz auf Dorfanger und Festplatz (Schützenwiese). Doch hören wir auch hier vom Vortänzer, der das *tanzliet* anstimmte, wie es heute noch etwa beim → Landlerischen Brauch ist. Von einem Streit um den *leitestap* als Abzeichen dieses Amtes erzählt Neidhart, der Begründer der höf. Dorfpoesie († in Österr. um 1240):

> Sit die törper under einander sint
> so vragents: wer sol leiten für den danz diu kint?
> Peter wolte Uetelgozen han erslagen
> do er den leitestap vor in sach tragen.

Gemeinsch.- und Gruppentänze wandelten sich im 14. Jh. zum Paartanz, dem im bes. die Feindschaft der Kirche galt. In der Gaillarde des 16. und 17. Jh. wie in Gavotte, Courante und Menuett der folg. Zeit entfaltete der Figuren- und Paartanz hohe künstl. Formen. Im Nehmen und Geben zw. den Schichten (und Nationen) gewannen vtüml. Formen des Tanzes (→ Ländler, Steirischer, Walzer, Polka) gegen Ende des 18. Jh. und danach bed. Einfluß auf die künstlich gewordene, in strengen Formen erstarrte oberschichtl. Überlief.

Der Erneuerung von → V.lied und → V.musik an der Schwelle uns. Jh. entspricht die »Vt.bewegung«, die haupts. von städt. Jugendbünden (Wandervogel, »Vt.kreise«) ausging und die sich auch noch gegen den Amerikanismus im Tanzbrauch nach 1918 und bes. nach 1945 zu behaupten vermochte (→ Bunte Tänze, Bandltanz, Ländler). Nicht nur gehören die älteren Walzer, Polka, Rheinländer u. a. zum Tanzvergnügen auch der Erwachsenen, wenn man zum »gemütlichen Teil« des Abends vorgeschritten ist, sondern der »moderne« Tanz selbst hat Elemente des Vt. aufgenommen. Man befreit sich aus dem individ., erotisch betonten Paartanz, an dessen Stelle nicht selten allerdings die

vom Lärm der elektron. Musik erzeugte Ekstase der Masse tritt.
Die ersten archival. Aufzeichn. des Vt. sind in Österr. gemacht worden. Wiss. Zss. widmeten sich dort schon früh der Vt.forschung. Ein Institut wie das seit 1924 von Raimund Zoder geleitete V.liedarchiv für Wien und N.österr. sammelte bis 1945 über 11000 Ländlerweisen. Zoder verdanken wir die Organis. des Sammelwesens in Österr., die Methode der Aufz. und Edition und nicht zuletzt die wiss. Unterbauung einer leb. Vt.pflege. Nach der Vernichtung der verlagerten Bestände durch Artilleriebeschuß am Ende des letzten Krieges im Wiener Prater, bauten R. Zoder und K. M. Klier das Archiv neu auf und brachten bis Ende 1954 allein 8000 Nummern Instrumentalmusik wieder zustande. Die Fg. von R. Zoder, K. Horak, H. Commenda, E. Hamza, J. Peter u. a. und eigene Arbeiten weiterführend, gab Richard Wolfram die erste Gesamtdarst. des europ. und bes. des österr. Vt. aus vkdl. Sicht (Die Vte., 1951). Nicht Musik und Choreographie bieten ihm die wesentl. Merkmale, sondern er unterscheidet Standes- und Repräsentationstänze (→ Handwerk, Bergmann, Schützen, Schäfflertanz, Schäferlauf, Schwerttanz) vom Vt. im Brauch des Lebens und Jahres (→ Kinderspiel, Burschenschaft, Hochzeit, Totenklage, Siebensprung, Kirmes, Lobetanz, Hahnentanz, Fackellauf) und setzt diesen Gruppen die »Tänze der Geselligkeit« entgegen, die in jeder Gemeinsch., zu jeder Zeit der Freude an tänzerischer Bewegung als solcher und dem Wunsche zur Begegnung der Geschlechter entspringen. Wenn diese sich auch im Paartanz aus älterer Bindung zu lösen scheinen (Walzer, Polka, Mazurka), so dienen sie als Werbetänze (→ Ländler, Schuhplattler, Schnaderhüpfel) doch dem Brauch oder öffnen sich in Tanzspielen wie dem Scherenschleifer- oder Rasierertanz, in Scherz- und Geschicklichkeitstänzen wie dem Watschenplattler und Holzhackertanz, dem Spiegel- und Polstertanz wieder der Tanzgemeinsch. Die Grenzen sind nicht starr. Schwerttanz, Schäffler- oder Schäfertanz sind ständisch-zünftig, nähern sich aber oft auch dem Wettkampfchar. sportl. → V.spiele. → V.lied.

Ältere Lit. s. Ausg. 1955 dieses Wb. – (T. = Tanz) H. Moser u. R. Zoder, Dt. V.tum in V.schausp. u. Vt., 1938 (Erste Zus.fassg. aller Fragen der vkdl. Tanzfg. Reiche Lit.); R. Wolfram, Die Vte. in Österr. u. verw. T. in Europa, 1951; V. Alford, Handbook of European National Dances, London 1948; Zs. Der Vt., seit 1925; K. Horak, Tiroler Vt., 1946; R. Zoder, Österr. Vt., 3 Tle. 1948ff. (für Österr. »ein Erk-Böhme des Vt.«); H. Oetke, Windmöhl, Niederdt. Vt., 1949; E. Schützenberger, Spinnradl, Altbayer. Vt., 1949; Novak, Steirische T. Ein Hb. f. d. Vt., 1949²; L. Witzig, Vt. d. Schweiz, 1950; R. Zoder, V.lied, Vt. u. V.brauch i. Österr., 1950; A. Helms u. J. Blasche, Bunte T., 8 Bde., 1948–53; W. Wiora u. W. Salmen, Die T.musik im dt. MA., Zs. f. Vkde 50 (1953) (Kritik e. ausschl. »musikphilol.« Fg., die vkdl. u. kulturgesch. Bezüge nicht beachtet); R. Zoder, Über d. Anlage e. Vt.archivs, Zs. f. Vkde 51 (1954); F. Koschier, Leb. Vt. Zeitgem. Vt.pflege, 1959; Tanz u. Brauch. Aus d. musik. Vt.überlief. Kärntens, 1959 (Fs. f. Roman Maier); H. Lager u. H. Derschmidt, Österr. T., 1959 (Die allen Bundesländern gemeins. »Grundformen« als Ausgangsp. e. Erneuerg. d. Vt.); F. Hoerburger, Vt.kunde, 1961; K. Horak, Dt. Vt. aus d. Weichselraum, 1962; F. Koschier, Kärntner Vt., 1963 (M. Tanzweisen v. A. Anderluh); F. Hoerburger u. H. Segler, Klare, klare Seide. Überl. Kindertänze a. d. dt. Sprachraum, 1963; D. Kennedy, English Folk Dancing, London 1964; F. Koschier, V.tracht u. Vt. in Kärnten (In: F. Dinklage, Gesch. d. Kärntner Landwirtsch., 1966); A. Goldschmidt, Hb. d. dt. Vt., 1967 (F. d. Praxis; Text, Noten, Bilder); H. Thiel, Die dt. Vt. in Böhmen, Mähren u. Schlesien, 1970; A. Goldschmidt, Hdb. d. dt. Vt. 1970; K. Horak, Tiroler Vt.e 1971; E. Hofer, Vorarlberger Vt.e. 1971; Kartogr.: ADV VI Zus.stellg. v. T.kapellen (Streichmusik allein fast nur in Nordböhmen; Klavier fehlt in Franken, Bayern, Österr.).

Volkstrauertag. Der noch heute verdienstvoll tätige V.bund Dt.

Kriegsgräberfürsorge regte einen Vt. zum Gedächtnis der im 1. Weltkrieg Gefallenen an. Seit 1926 wurde er am Sonntag Reminiscere (5. Sonntag vor Ostern) begangen.

Volkstum, v.tümlich. F. L. Jahn, der diese Begriffe (neben V.thümlichkeit) in seinem Buch »Deutsches Volksthum« von 1810 prägte, begegnete damit dem älteren Vorschlag von J. H. Campe, Nationalität durch »V.eigentümlichkeit« zu ersetzen. Jahn wollte unter Vt. »das Gemeinsame des Volkes, sein innewohnendes Wesen, sein Regen und Leben« verstanden wissen (→ Volkheit, völkisch). Gleiche Abstammung, Geistesrichtung und Gesch. bestimmen das Vt., Geographie und Klima, Bodenbeschaffenheit, Wirtschaft und Verkehr beeinflussen es.

Fr. L. Jahn, Dt. Vt., 1810, [2]1816; ders., Merke z. Dt. Vt., 1833; H. Meyer, Das dt. Vt., 1903; G. Grupp, Der dt. V.- u. Stammescharakter, 1906; F. Flörke, Dt. Wesen i. Spiegel d. Zeiten, 1916; H. Schröer u. E. Neuendorff, Neues dt. Vt., 1916; P. de Lagarde, Dt. Schriften, [5]1920; R. Müller-Freienfels, Psychol. d. dt. Menschen u. s. Kultur, 1922; N. Krebs, Die Geogr. d. dt. Vt., 1923; W. Pessler, Dt. Vt.geographie, 1931; Grimms Dt. Wb. Bd. 12, 1932 Vt.; W. Pfaff, Zum Kampf um dt. Ersatzwörter, 1933; W. Emmerich, Zur Kritik d. Vt.ideologie. 1971; O. Spann, Vom Wesen d. Vt., was ist deutsch? [2]1922; Scheler, Nation u. Weltanschauung. 1923.

volto santo → Kümmernis.

Vorname, Taufname. In den engeren Gemeinsch. des Volkes ist noch heute der Vn. wichtiger als der → Familienname, den man oft kaum kennt. Wo alle auf dem Duzfuße stehen, ruft man sich, wie in der Familie, mit dem Vn. Die germ. Namen waren, wie schon die idg., meist zweigliedrig (Brun-hild, Hildegard, Wolf-gang). Oft wurden Kurzformen gebildet (Heinz, Kunz, Fritz von Heinrich, Konrad, Friedrich). Der → Name, den der Germane seinem Kinde gab, war ein Wunschname wie Sigfrid, Siglinde. Ludwig und Wigbald sollen durch Kampf *(wig)* berühmt, Gerhard, Gertrud gute Speerwerfer werden. Aus dem Besitzstolz des freien Mannes entspringt Uodal-rich (Ulrich), Hagan-rich (Heinrich). Arbo-gast ist der Gastfreundschaft Übende, Hild-run und Ort-run sind zauberkundige Wesen. Der germ. Vn.bestand erfuhr bed. Einbuße mit dem Eindringen des Christentums, doch gereichte der neue Heiligenkult z. T. alten Namen (→ Bernhard, Wolfgang u. a.) zum Schutze. Die ersten christl. Jhh. brachten in der Taufe vor allem Namen aus dem A. Testament. Erst im 12. Jh. wurden durch relig. Bewegungen in der Westkirche (Heil.verehrung, Franziskaner in Dtl. seit 1221) Namen aus dem N. Test. geläufig. Vor dem Tridentinum (Konzil von Trient 1545–1563) hat die Kirche kaum auf die Annahme christl. (fremder) Namen gedrungen. So trugen bis zum Jahre 1500 von 538 westdt. und niederländ. Erzbischöfen, Bischöfen und Äbten 482 germ., aber nur 56 fremde Namen! Von den letzten hießen 31 Johannes nach der bibl. Lieblingsgestalt des MA. Im 12. und 13. Jh. wirkte, zunächst in Adel und Ritterschaft, roman. Kultureinfluß auf die Namengebung, zumal bei Frauennamen. Möglicherw. aus der gleichen Quelle dringt wenig später aus dem SW auch der Brauch der Doppelnamen in die innerdt. Landsch. und in bäuerl. Schichten vor, wie wir ihn bis heute kennen (Hanns-Georg, Klaus-Peter, Maria-Luise).

Im 16. Jh. hatte der Humanismus nur geringen (Julius, Max von Maximilian), die Reformation aber große Wirkung durch die Verdräng. der Heiligen- und die Bevorzug. der bibl.-alttestam. Namen (Ephraim, Elias, Daniel, Salomon). Dieser Namensstil ist heute ebenso ge-

schwunden wie die Neuschöpfungen des Pietismus (Fürchtegott, Leberecht, Gotthold, Gottlieb).
Germ.-dt. wie christl.-kirchl. Überlief. wurden hart bedrängt durch rationalist. und kosmopolit. Strömungen des 18. und 19. Jh. Ähnlich wie die → Tracht von schneller wechselnder Kleidermode abgelöst wird, so gewinnen Namenmoden Einfluß, wenn auch zunächst nur in der städt. Oberschicht. »Je nach der kulturellen Windrichtung« (A. Bach) werden aus Oper und Lit. Vn. entlehnt, z. B. aus dem Span. Rosa, Bianca, Isabella, Ferdinand; aus dem Frz. Jean, Louise, Henriette; aus dem Engl. Richard, Edwin, Eduard; aus dem Russ. Olga, Feodor; aus dem Skand. Sigrid, Ingeborg. Anderers. schufen die Wiederentdeck. der germ. Vorzeit (Klopstock), die Romantik und die Zeit der Befreiungskriege und der Dt.bewegung wie spätere Strömungen (Jugendbew., Nationalismus) immer wieder Raum für altheim. Namen. Nach 1945 empfahlen sich manchen die Vn. der Sieger, doch zeigte sich Ostdtl. trotz der Zugehörigkeit zum Ostblock weniger anfällig als der dt. Westen mit seinen neuen Heilslehren anderer Art.
Auch im geograph. Raum ist das Bild der dt. Vn., zumal in der ält. Schicht, reich gegliedert, wobei der Kult bes. vtüml. → Heiligen (Leopold, Josef, Leonhard) wie das Vorbild heimischer Herrscherhäuser landsch.weise von großem Einfluß war (Fritz, Wilhelm in Preußen, August in Sachsen, Franz Josef in Österreich). Wenn der Landespatron und der Regent den gleichen Vn. hatten (Ruprecht in Bayern) überrascht es nicht, daß dieser Name in München 100mal, in Nürnberg 173mal zu verzeichnen war in einem Zeitpunkt, da er in Köln und Hannover nur je 3mal erscheint (Gottschald). Aber auch die engere heimatl. Gemeinsch. und die engste der Familie sind noch heute für den Vn. bestimmend. Wenn auch in kath. Landsch. der Kalenderheilige des → Geburtstages bis zur Gegenw. hin bevorzugt oder vom Pfarrer empfohlen wurde, so waren und sind doch auch hier Ahne und Pate vielfach namengebend. Heute dient oft der zweite (oder dritte) Vn. für diese Reverenz. Familienerblich waren Vn. bes. bei den Friesen. Kennzeichen unserer Zeit, zumal in der Stadt, ist die freie Namenwahl. Oft meint man freilich nur, frei zu sein. Die Verwandtsch. erhebt ihre Stimme und jeder steht in seiner Zeit. Mancher, der den Namen Petra, Peter, Markus oder Thomas selbst gewählt zu haben meint, folgt nur der Zeitsitte. Anderers. gehören wir doch darin alter Gemeinschaft und Denkweise an, daß fast für jeden der Name des Kindes ein Wunschname ist.
Für die Änderung des → Familiennamens kann es gute Gründe geben. Da zuweilen auch die Auswechslung von aktuellen Vn. verlangt wird (die Angst vor der eigenen Kurasche ist so etwas wie eine dt. Nationaltugend geworden), die eben schon wieder aus der Mode sind, empfiehlt der Kölner Rechtsdezernent Dr. Schaefer »Die Eltern können ihren Kindern beliebig viele Vn. geben. Das Kind kann dann später selbst aussuchen, welchen Namen es gern als Rufnamen haben möchte« (Tsp. 22. 9. 68).
Verkleinerungs-, Kurz- und Koseformen (Elisabeth – Lisbeth, Liese, Elsbeth, Betty; Maria – Mizzi, Mirzl, Moidl) sowie landsch.-mundartl. Abwandl. (Nikolaus – Klaus, Klaas, Niky; Georg – Jörg, Girgl, Jürgen; Sebastian – Wastl; Anton – Tünnes, Toni) erweitern das Bild der Vn. noch bedeutend,

zumal viele davon heute auch urkundlich zugel. und gültig sind.

W. Heyd, Die Taufn. usw. (in Württ.), Diss. Tüb. 1950; A. Bach, Dt. Namenkde. Bd. 1. Die dt. Pers.n., ²1952; M. Gottschald, Dt. Namenkde, ³1954 (70000 N.); H. Grünert, Die altenburg. Pers., 1958; E. Wasserzieher, Hans u. Grete, ¹⁵1959 (2000 Vn. erklärt. Auch Kurzformen u. regionale Var.; ein Kap. ü. d. Einfluß von Gesch., Sage u. Dichtung); A. Höck, Zum Taufreg. 1656–1692 aus Allendorf, Kr. Marburg, Hess. Bll. f. Vkde 51/52 (1960; B. Martin-Fs.) (Schlichtheit d. N.gebung: Von 100 Jungen hießen 35 Johannes, 25 Joh. mit e. weiteren Namen, 10 Heinrich, 10 Nikolaus; von 100 Mädchen hießen rd. 32 Elisabeth, 19 Katharina, 10 Margaretha); W. Schlaug, Die altsächs. Pers.n. vor d. Jahre 1000, Lund 1962; W. Fleischer, Die dt. Pers.n., 1964 (Taschenb.; Lit. bes. aus Ostdtl.); M. Schönfeld, Wb. d. altgerm. Pers.- u. Völkern., ²1966 (Nach d. Überl. d. klass. Altertums); H. Kaufmann, Erg.bd. zu E. Förstemann: Pers.n., um 1967; J. Hartig, Die münsterländ. Rufn. im späten MA., 1967; W. Seibikke, hg., Wie nennen wir unser Kind? (Von d. Ges. f. dt. Sprache, Lünbebg.); Vgl. Lit. → Familienn. Kartogr.: ASV 206–214 Wer wählt den N.? Wonach? (Paten, Tagesheilige, häufig n. d. Großeltern). Beliebte N. f. Knaben, Mädchen (neben allg. N. landsch. Sonder-N.).

Vorzeichen (Anzeichen, Wahrz.). Aus dem Glauben, daß alles »seine Bedeutung« habe, bes. aber das Ungewöhnliche, Unerhörte oder auch nur der »merkwürdige Zufall«, ferner aus menschl. Angst und Zukunftssorge sieht und hört man Vz. Dabei ist oft schwer zu unterscheiden, ob es durch lange Überlieferung als solches gekennzeichnet und gefestigt ist oder ob es von einem innerlich bereiten, im mythischen Weltbild stehenden Menschen von Fall zu Fall neu geschaut und erlebt wird.

Es ist naheliegend, daß Personen, Dinge und Orte, die mit dem Tod in Berührung stehen, besonders bedeutungsschwer sind. Rumoren im Sargholzvorrat auf dem Boden, im »Notholt« (Ostfriesland), Klappern der Totengräberschaufeln, der Bretter beim Sargtischler, bestimmte Vorfälle beim Leichenzug (Lücken im Zug), beim Begraben (dumpfes Poltern der Erdstücke), beim Grabläuten (dumpfer Ton der Glocke), das Rascheln künstlicher Kränze künden neuen Tod an. Dagegen ist Totgesagtwerden auch heute allgemein Vz. für ein langes Leben. Die Glocke und alles was mit der Kirche zusammenhängt, wird sorgfältig beobachtet. Wenn zwischen den beiden Glockenzeichen, die in der katholischen Kirche die Wandlung anzeigen, die Turmuhr schlägt, wenn die Glocken zweier Dörfer zusammen läuten (Hunsrück), wenn beim Abendmahl eine ungerade Zahl von Teilnehmern ist (Schlesien), wenn eine Kerze beim Sonntagsgottesdienst während der Wandlung fast erlischt (Pfalz), wenn Kinder »Pfarrer und Begräbnis« spielen (Montafon), dann stirbt bald jemand.

Auch → Sterne und → Träume sind Vz. Ein Kind stirbt, wenn das Sternbild des Kleinen Bären über einem Hause steht; ein Erwachsener, wenn es der Große Bär ist (Hocheifel). Ja, es werden noch feinere Unterscheidungen gemacht: »Ist der Stern beim Großen Bären, das sogenannte Reiterchen, dabei nicht sichtbar, so stirbt der Erwachsene ohne Empfang der Sterbesakramente« (Wrede, Rheinische Vkde). Von Hochzeit oder ausfallenden Zähnen träumen, bedeutet einen Todesfall (Luxemburg, Hunsrück, Siebenbürgen). Der Traum von einem zum Himmel aufsteigenden Roß bedeutet Tod durch ein schlagendes oder galoppierendes → Pferd (Vierlande).

Dämonische Gestalten wie das Klageweibel, die → Winselmutter (im dt.-slawischen Grenzgebiet um Böhmen), besonders häufig aber bestimmte → Tiere sind Vz. des Todes. Diese Tiere sind zwar aus der Wirklichkeit genommen, aber mit weissagender Kraft oder doch mit dämonischen Eigenschaften ausgestattet gedacht. Als Vz. des Todes am häufigsten genannt werden das Pochen des → Holzwurms oder Klopfkäfers *(anobium pertinax)* – in Vorarlberg Tota-n-ührli, Totapiggerli genannt – und das Schreien des Käuzchens *(strix noctua)*. Es ruft: »Komm mit, komm mit mit Hack unn Schibb!« (Hunsrück). Welches Tier im zoologisch genauen Sinn gemeint ist, wäre nur durch wortgeographische Aufnahmen zu klären. Im Luxemburgischen z. B. soll der Kibitz Totenvogel sein. In der benachbarten Pfalz aber sagt das Volk, das Käuzchen rufe »Kibitz«. In den Vierlanden heißt das Käuzchen Leichenhuhn oder »de schree'n Uhl«. 1957 montierte man im Turm des Britzer Krankenhauses (Bln) eine helle Laterne, um einen Uhu zu vertreiben, denn »nicht jeder helle Berliner ist frei von Aberglauben« (Telegraf 22. 6. 1962). In mehreren Landschaften gilt das Kreisen oder Ans-Fenster-Picken der → Elster, im Rheinland auch der Ruf der Wasserralle, eines Sumpfvogels, als Todesbotschaft. Die Elster wird deshalb in der Eifel als unerwünschter »Dudevuel« überall abgeschossen. Krähenflug ums Haus bringt Tod. Wenn → Hunde gegen Himmel heulen, wenn Pferde an einem Haus nicht vorbeiwollen, ist es ein schlechtes Zeichen.

Vz. allg. Art sind heute noch geglaubt, wenn man diese Vorst. auch wohl als Scherz, Redensart oder »alten Aberglauben« abtun will. Krach auf der Generalprobe ist geradezu ersehntes Vz. für eine gute Premiere. Scherben bringen Glück, aber nicht solche aus Glas; darum sind diese auch am → Polterabend unerwünscht. Unangenehm vermerkt wurde das »rätselhafte« Stehenbleiben der Turmuhr der Kaiser-Wilh.-Ged.kirche (Bln) genau 17 Minuten vor Beginn der Hohenzollernhochzeit (Dez. 1965) oder der Bruch des Klöppels in der »Freiheitsglocke« auf dem Rathaus Bln-Schöneberg. »Den Ost-Gazetten wird der Fall gerade dieses Glockenklöppels noch mehr Stoff bieten, denn: Freiheit war ihr erst Geläute. Doch da sind die Berliner nicht abergläubisch« (Tsp. 21. 8. 1966). Hände besehen bedeutet Unglück, am gleichen Handtuch abtrocknen Zank, Salz verschütten Ärger, Jucken in der linken Hand eine Geldeinnahme (→ Zucken). Das Erscheinen des Seidenschwanzes *(Bombycilla)* als selt. Wintergast galt als Vz. des Krieges vor 1914 wie vor 1939. In Holland heißt er Pestvogel. Sportler, Schauspieler, Examinanden achten auf Vz., aber wohl wir alle vor wicht. Lebensstufen und Entscheidungen.

Die Römer sprachen von Omen, bes. bei einem zufällig gesprochenen, bed.vollen Wort *(nomen est omen)*. Auch den → Angang kannten sie, unter dem wir die günstige oder ungünstige Begegn. am Morgen, bei einem Aufbruch verstehen. Vom Vz. unterscheiden wir das → Orakel und die → Wahrsagung als absichtlich, durch mag. Vorkehrung herbeigeführte Zukunftsdeutung. → Tod, Geburt, Hochzeit, Neujahr, Luzia, Heerwurm u. a. Lit. → gen. Stichw.

Votivbilder. Danktafeln fur Errettung aus Krankheit, Bedrängnis und Unglücksfall, Verlöbnistafeln als Einlösung eines Gelübdes oder Bitttafeln, aus denen vor allem die Sorge um das Vieh oder um den in den Krieg gezogenen Sohn spricht. Diese Bilder auf Holz, Leinwand, Blech, Papier oder hinter Glas (→ Hinterglasbilder) wurden als → Opfergaben in Wallfahrtskirchen

und in abgelegenen volkstümlichen Gnadenstätten, gestiftet (→ Maria).
Aus den Mirakelbildern des frühen 16. Jh., wie sie z. B. im Umgang der Gnadenkapelle in Altötting zu einem riesigen Zyklus vereint sind, löst sich das einzeln gestiftete Vb., um dann seit 1600 mit dem Aufblühen der → Wallfahrten seine Verbreitung zu finden. Adlige Stiftungen sind schon aus dem 15. Jh. erhalten (Wilten bei Innsbruck).
Die gleichen Inhalte und das Bedürfnis nach Anschaulichkeit haben eine strenge Kompositionsweise herausgebildet: In den Wolken der Schutzheilige, darunter Gegenstand des Dankes oder der Bitte (Krankenbett, Unglücksszene: fallender Baum, Lawine u. ä.), schließl. darunter oder daneben der Stifter und die Worte »Ex voto« mit Jahreszahl.
Die Vb. wurden gewöhnlich von einem Dorfhandwerker, Tischler oder Maler nach genauen Angaben ausgeführt. Vb., die sich durch sorgfältig aufgetragenen und geschliffenen Kreidegrund auszeichnen und deren zügige, geschickte und meist formelartige Temperazeichnung auf dem weißen Grund steht, stammen von Berufsmalern, die an den größeren Wallfahrtsorten in Niederbayern, Oberösterr. und im Egerland (→ Bild) tätig waren. Werke der → Sonntagsmaler sind in seltenen Fällen die Darstellungen von Unglücksfällen, in denen noch Bedrängnis und Angst sich entladen und zur unmittelbaren Erzählungsweise führen. Der Brauch der Vb., wenn auch in neuen Formen (Warenhausdrucke, Sonntagsmalerei, Handschriftl.), ist heute so lebendig wie je (Vgl. z. B. die Votivkapelle für 1945 in Nauders, Tirol). Seit 1930 hat die Vb.forschung in Dtl. durch R. Kriss, in Österr. und der Schweiz durch L. Schmidt und E. Baumann starken Aufschwung genommen. → Opfergaben.

R. Andree, Votive u. Weihegaben, 1904; R. Kriss, Vkdl. aus altbayer. Gnadenstätten, 1930; M. Ritz, Bauernmalerei, 1935; A. Spamer, Vkde; Lautensack, Erotische Vb.; L. Schmidt, Das dt. Vb., Dt. Vjschr. f. Lit.wiss. u. Geistesgesch. 19 (1941), K. Fry, Die Vb. d. Wallf.kirche Maria Licht in Truns, Graubünden, Schweiz. Arch. f. Vkde 38 (1941) (Vb. als Quellen d. Trachtenkunde); L. Schmidt, Das dt. Vb., 1948; E. Baumann, D. Bestandsaufn. d. Vb. u. Votivgaben d. Schweiz, Schweiz. Arch. f. Vkde 47 (1951); L. Kriss-Rettenbeck, Heilige Gestalten im Vb., Gugitz-Festschr., 1954; ders., Das Vb., 1958 (Slg. R. Kriss); Vb. schauen dich an. Mariazeller Kal., 1962; Kl. Beitl, Die Vb. d. Montafoner Gnadenst., in: Jb. 1963 d. Vorarlbg. L.mus.; Vb. aus Österr., Kat. d. Öst. Mus. f. Vkde (L. Schmidt; Lit.); Ex voto. Ausst. schweiz. Vb., Bern 1964 (Kat.); J. Baumer, Die V.tafeln u. V.gaben von Disentis, Schweiz. Arch. f. Vkde 61 (1965); G. Llompart, Miracles Tablillas votivas de Mallorca, 1965; A. Amereller, Vb., 1965; Vb. aus N.österr. Gnadenst. (Ausst.kat., bearb. v. H. Steininger), Wien 1966; K. Kogler, Vb. aus d. östl. Nordtirol, 1966; Ausst.kat. Mexiko 1968; L. Kriss-Rettenbeck, Ex Voto, 1972; Kl. Beitl, Vb. 1973.

Votive → Opfergaben.

Vrin → Frija.

vulgo → Familienname.

Vullbuuksabend → Weihn.

Wacholder *(Juniperus vulgaris).* Mit → Hasel und → Holunder wohl der Strauch oder Baum (Konifere), der Sprache, Glauben, Sage, Märchen, Lied und Spruch des Volkes am meisten beschäftigt. Der harzreiche, säulenförmige Baum, der bis zu 15 m hoch u. 600–800 Jahre alt wird, liefert Holz für → Drechsler und Spazierstockmacher – er ist d e r Wanderstab der früheren → Handwerker –, Zweige zum Räuchern und Beeren für Heilzwecke, Gewürze und Schnaps. Er wächst in ganz Europa und steigt bis in die baumlose Zone hinauf *(J. alpinus).* Der Krammetsvogel liebt die Bee-

ren, daher die Namen Kramt-, Kranwett-, Kranawitt-, Kronawettbaum (bair.-österr.). Aus dem altpreuß. stammt das ost- und westpreuß. Kaddik. Mecklenbg – Vorpomm. hat Knirk, das wie das rügenwald. Einbeerbusch in die Schwedenzeit zurückweist. Das von der Niederelbe bis Stettin verbr. Machangel (Machandel, Macholder, Jachandel, Sachandel) erinnert an das Grimmsche Märchen. Die Schriftform W., hinter der ahd. *wëchalter, wachalter* stehen, wurzelt mundartl. vor allem in Nord- und Mitteldtl. Dem alem. Reckholder liegt ahd. *reckalter* zugrunde (›der überallhin sich reckende Strauch‹). Auch auf die Lebenskraft der Pflanze weisende Namen sind schon früh belegt (ahd. *quëcholder*; ahd. *quëc* und *chëc* sind unser quick und keck). Die reiche Synonymik von W., die schon Pritzel und Jessen aufzeigten, ist von H. Marzell eingehend erforscht und von L. Medenwald kartogr. dargestellt worden (Dt. Wortatlas II, 1953).
Pfarrer Kneipp und andere Verfechter naturgem. Heilwesen folgen dem alten Vbrauch, wenn sie W.beeren, zerkaut, zur Magenstärkung oder Tee und Saft aus Zweigspitzen gegen Blasenleiden und Wassersucht empfehlen. Gicht und Rheumat. bekämpft man mit Einreibungen und Bädern. Erfahrung und myth. Glauben vereinigen sich, wenn man mit W. in Viehställen räuchert oder – gegen Seuchen – offene Körbe mit W.beeren aufhängt, die von Zeit zu Zeit umgerührt werden, wenn man gegen die → Pest W.beeren auf glühenden Kohlen verbrennt, wenn um Haus und Friedhof W. gepflanzt wird oder im Bauerngarten schöne alte Stämme gleich → Lebensbäumen gehalten werden. Wie vieles Immergrüne (und Spitze; → Stechpalme) vertreibt W. das Dämonische, Böse. Die geheimnisvolle Stimme, der redende Vogel, der → Bibernell als Rettung in der Not verkündet, nennt auch W.: »Eßt Granabier und Bibernell/Dann sterbt ihr nicht so schnell!« (Niederöst.) Im Ansbachischen wurden noch in uns. Jh. W.zweige zu → Weihnachten über den Stalltüren angebracht. Bei der → Ernte und beim → Dreschen wurde eine W.staude in die erste Korngarbe gebunden und mit ihr zuletzt ausgedroschen, damit der → Bilwis nicht schade. Nicht einmal die Dreschmaschine vermochte solchen Glauben vergessen zu machen. W.zweige sind ein Teil des → Palmbuschens. In Mittel- und Ostdtl. spielen sie als → Lebensrute eine Rolle. Die »Martinsgerte« ist ein W.zweig (→ Martin). Wenn kleine Kinder das »Älterlein« (→ backen) haben, brachte man → Brot und Wolle als → Opfer auf das Feld zu einem W.busch und sagte den Spruch:

Ihr Hollen und Hollinnen,
hier bring ich euch was zu spinnen
und zu essen.
Ihr sollt spinnen und essen
und meines Kindes vergessen.

Ehrfürchtige Vweisheit sagt: »Vor dem Holunder soll man den Hut abziehen und vor dem Reckholder das Knie beugen!« (Schweiz).
Berühmte alte Schnäpse wie Steinhäger, Gilka, Doornkaat, (Westf.), Bommerlunder (Schleswig-H.), holländ. Genever oder einfach »Gin« (engl.), wie er jetzt Mode geworden ist, beziehen einen guten Teil ihrer Werbewirkung aus dem alten Ruf des W., wenn auch die Methoden der Vergärung, Destillation oder Mischung ungleiches Vertrauen verdienen. Mancher »Tschin« ist nur mit W.öl versetzter Spiritus. »Machondel mit'm Knüppel« ist in Danzig W.schnaps mit Zucker.

H. Marzell, Die heim. Pflanzenwelt im Vbrauch u. Vglauben. 1922; Dt. Wortatlas II.

Wachs. Als Erzeugnis der heiligen → Bienen, als edler weißer, leicht formbarer Stoff, auch als zukunftdeutende Flüssigkeit (→ Neujahr) genießt das W. hohe Wertschätzung. Durch die kirchliche Weihe des W. und der Kerzen zu → Lichtmeß und durch die vielfältige Verwendung als Altarlicht, Rodel, Weihekerze, Osterkerze, Votivgabe und Krippenfigur wurde der dem W. von Natur eigene Wert erhöht, wie es etwa auch bei → Wasser, → Feuer, → Palmbusch usw. der Fall ist.

In den W.ziehereien, die meist mit den Lebzeltereien vergesellschaftet sind, werden bis auf den heutigen Tag in Süddtl. (früher auch am Rhein und in Schlesien) zierlich verfertige W.stöcke und kleine Andachtsfigürchen (Maria unter einem Glassturz; Adam u. Eva in einem Apfel) hergestellt. Sie dienen als → Nippsache und haben im Herrgottswinkel z. T. die Klosterarbeiten und Krippen aus W., Papier, Draht u. Flitter verdrängt. Viele → Amulette wurden aus W. hergestellt. Eine besondere Zunft bildeten ehemals die W.bossierer (v. frz. bosseler ›in Treibarbeit herstellen‹), von denen das Buch von Weigel »Künstler und Handwerker« (1698) berichtet. Das Gerät des Wb. war das Bossierholz, sein Werkstoff das Bossierw., das aus Terpentin, W., Kolophonium und Baumöl bestand. Als Meisterstück wurde nach dem Innungsstatut von 1781 vom Wb. verlangt: Ein »wohlproportioniertes und fein natürlich bemaltes Pferd, das in Galopp läuft, ein an der Pallisaden stehender und seine Grenade werfender Grenadier mit Ober- und Untergewehr; ein jederzeit nach der neuesten Mode frisiert und gekleidetes Frauenzimmer, und zwar alles aus freier Hand und ohne eine Form zu gebrauchen.« Die Einfg. des → Papiermaché verdrängte das W. aus dem Spielwarengewerbe. Auch früher schon waren in der relig. Kleinkunst von → Oberammergau oder in den → Klosterarb. nur die wichtigsten Stücke (Maria, Christkind) Handarbeit aus W., während für Massenware W.guß angewandt wurde. → Agnus Dei

Mühlbauer, Gesch. u. Bed. d. (Wachs-) Lichter bei den christl. Funktionen, 1874; L. Schmidt, Zur Gesch. d. W.opfers im MA. Österr. Zs. f. Vkde 50 (1947); R. Gröber, Oberammerg. Hauskunst, 1930; B. Brückner, Kostüm- u. trachtenkdl. Aufschlüsse b. ostbayer. W.ziehern. Bayer. Jb. f. Vkde 1957; C. u. L. Hansmann, Viel köstlich W.gebild. 1959; W. Brückner, Cera-Cera Virgo-Cera virginea. Zs. f. Vkde 56 (1963); R. Büll, Vom W. Hoechster Beitr. z. Kenntnis der W.e. 11 Beiträge. 1959ff.; L. Schmidt, V.glaube u. V.brauch. 1966 (W.opfer).

Wachsstock, W.halter. Von einer großen Holztrommel zur andern wird der etwa 20 m lange Docht vielmal durch das heiße Wachsbad gezogen. Die fertige Kerzenschnur wickelt der Wachszieher in Teilen zum »Rodel«, der flach liegt oder aufrecht steht nach Art eines Bindfadenknäuels. Er wird beim Brennen in der Kirche in der Hand gehalten oder auf die Bank gestellt. (Brandmäler!) Im Hause trägt ein eiserner Wh. den runden Rodel auf einem kleinen Tropfteller, während eine Klemme oder Art Schere den Wachsfaden emporhält. Wie diese Halter einer liebevolle Gestaltung in Eisen oder Messing erfuhren, so wurde der W. mit farbigen Wachsauflagen (Blumen, relig. Zeichen) reich verziert. Bes. der Brautrodel, den die »Schlottera« (Brautführerin; Montafon) im »Schlotterakärbli« trug, war ein Prunkstück, das seinen Platz im Glaskasten in der Stube fand. Verziert, aber vor allem in der einf. Gebrauchsform werden

W. und Wh. im kath. S noch heute hergest. → Anrichte, Wachs

Wächter → Kot.

Wädel → Monat.

Waffel, W.eisen, Klemmeisen; Fläming: Iser-kuka-n-Isa. Das flache, zwischen zangenart. Eisenplatten über off. Feuer zubereitete Gebäck kam zugleich mit Bez. und Gerät aus dem NW zu uns. Das mniederl. *wafel* wurde schon im 12. Jh. ins Altfrz. und Altspan. übernommen *(gaufre; guafla).* Aus dem Niederl. stammt auch engl. *waffle.* Das Wort ist mit Wabe verwandt. An die Honigwabe erinnerte das Rautenmuster des Gebäcks. Das rechteck. oder runde Backgerät, noch heute z. B. im Fläming Arbeit des Dorfschmieds, ist eine der überlief.festesten Schöpfungen der Vk. Symbol. Zeichen (Stern, Hakenkreuz, Lebensbaum, Drudenfuß = Pentagramm) u. a. sagenhafte und realist. Darst. (Fischweib, Hirsch, Adam u. Eva, Mühle f. d. Müller, Wappen, Ranken, Blumen), Namen und Jahreszahlen, auch mehrzeilige Sprüche (»Aus Milch und Mehl bin ich gemacht . . .«) werden noch heute mit Stichel und Punzeisen spiegelbildl. eingeschlagen. Relig. Motive werden in Westfalen und Österr. häufiger gefunden. Schenkanlässe für We.waren und sind Geburt und Hochzeit. Die zu best. Brauchzeiten bes. zu Fasnacht geback. und dann zus.gerollten Kuchen erhalten Verwandte und Freunde, Patenkinder, Heischegänger, Pastor und Gemeindehirt.

Die We.waren in der Zerbster Gegend so häufig, daß Loose noch 1901 (Zs. f. Vkde 11. 1901) ihr Vorkommen auf dies Gebiet beschränkt glaubte. Inzw. sind auch aus der Mark (bes. Kreis Jüterbog), in Westfalen, N.sachsen, auch in Innerösterr. und Tirol und and. Landsch. We. gesammelt worden. In dem märk. Dorf Rosenthal im Fläming hatte um 1930 jeder der 51 Bauernhöfe zwei oder mehrere We. (Vollst. Slg. d. Abgüsse beim Herausg.). Das im NW vielleicht bis in karoling. Zeit zurückzuführende We. (Miracula S. Wandregisili, Verdun) war nach Max Höfler in Österr. und Bayern »etwas Fremdartiges«. Sein Auftreten im 16. Jh. erklärt L. Schmidt als »mod. Import im Gefolge der dt. Renaiss., nicht zuletzt der Reformation« (Motive des AT., Bibelverse). Es ist kein Zufall, daß wir gerade aus dem NW viele frühe Bildzeugnisse für We. und ihren Gebrauch besitzen (H. Bosch. P. Aertsen und bes. P. Brueghel: Fastenbild). Eine alte oberdt. Bez. für Eiserkuchen war (Hohl-) Hippe. Das We. gehört zu den Gegenständen der Vk., die eine genaue kartogr. Aufnahme ermöglichen und erfordern. → Gebildbrote

M. Heyne, Nahrungswesen. 1901; M. Höfler, Gebildbrote d. Faschings-, Fastnachts- u. Fastenzeit. 1908; Die Bände d. Reihe Dt. Vk., bes. Westf. u. N.sachsen Niederdt. Zs. f. Vkde 13 (1935); Oberdt. Zs. f. Vkde 6 (1932); Hess. Bll. f. Vkde 39 (1941); E. Thiele, We. und W.gebäcke in Mitteleur. 1959. Vgl. Bespr. v. L. Schmidt in: Öst. Zs. f. Vkde. 63 (1960).

Waffen → Axt, Schwert, Schützen, Freischütz.

W.schmiede → Georg.

Wagen, Schlitten. Der W. gehört wie das → Rad in Europa schon der jüng. Steinzeit an (etwa 5000–1900 v. Z.) Die Bronzezeit kannte mit Pferden bespannte, leichte zweirädr. und schwere vierrädr. W., die beide auch im Kult erscheinen. Die Germ. unternahmen ihre Wanderungen mit schweren W. die zwei Scheibenräder hatten und als Wohnw. wie zur Errichtung der W.burg dienten. Das Mitgeführte war die Fahrhabe, die Fahrnis der heutigen Mundarten. Seine Götter dachte der Germ. beritten, doch hatten Thor, Freyr und → Nerthus W. Kult. Bed. besaß auch der Ochsenw. der Merowingerkönige. Im Vglauben gilt ein begegn. W. als guter → Angang, Tod im Hause jedoch, wenn er rückwärts aus dem Hof geschoben wird (auch der Tote muß mit den Füßen voran im Sarg aus dem Haus getragen werden, wenn er nicht »nachziehen« soll; → Leb. Leichnam). Das Totenheer, die → wilde Jagd, fährt in einem W. mit vier kopflosen weißen oder schwarzen Rossen. In Lustenau (Vorarlbg.) hieß das Sternbild des Großen Bären der »Girenwagen« (ebenso wie ein niedr. Eisenw., auf dem Obst in den Dörrofen geschoben wurde). Die Sage erzählt, der G. komme alle sieben Jahre vom Himmel herab. Ungefährdet bleibe nur, wer sich bei der Begegnung schnell auf sein Taschentuch setze und sage: »Ich bin auf meiner Sach«.

Der W. war, neben → Schiff und → Pferd, bis ins 20. Jh. das wichtigste Verkehrsmittel. Für Halbnomaden wie die Zigeuner ist er das noch heute. Eine alte Arbeitsteilung spiegeln noch die → Familiennamen Rademacher: Stellmacher. Erst in den l. Jahrz. hat sich die Gerätekunde (→ Ergologie) in verdientem Maße dieser Schöpfung des dörfl. und kleinstädt. Handwerks angenommen, die zwar nicht Vk. im engeren Sinn, aber kulturelles Vgut von hohem Range ist (→ Technik). Vom kleinen »Handwägele«, das noch halb Spielzeug ist, über die zahllosen Formen der Ein- und Zweirädler für Haus, Hof und Feld, bis zum vielfältig gestalt. Erntew. und zum schweren W. des → Fuhrmanns vollbringt der Wagner, in Zus.arbeit mit dem → Schmied in zahllosen landsch. Abwandlungen hohe Leistungen von techn. Vollendung und zweckmäßiger Schönheit. In bescheidenem Maß gilt dies auch vom Schlitten. Auch er hat viele Formen entwickelt vom Sportgerät der Kinder, dem »Bockerle«, das aus zwei schmalen Kufen- und einem breiten Sitzbrett besteht (Vorarlbg.), über den »Hörner« des Holzarbeiters und den leichten und längeren des Heuziehers bis zu den schweren, oft zu zweien und zu dreien aneinandergehängten Pferde-S. Träger von künstler. Auszier sind W. und S. selten. Einen Hinweis verdienen die geschmückten und reich bemalten W. der → Tölzer Wallfahrt zum hl. → Leonhard wie die figürl. Ausgestaltung des Buges und der Sitzlehne von Ausflugsschlitten, bes. im nördl. Dtl. Ein Lausitzer S. des 18. Jh. ist im Aufbau als Einhornroß mit Fischschwanz gestaltet. Ein Traunsteiner Lebzeltenmodel der gleichen Zeit zeigt einen S. mit Hahnenkopf. Diese Bildnerei dient wohl einem ähnl. Gedanken wie die → Galion der Schiffe. Als → Altweibermühle und Schiffswagen im Fasnachtszug, als Träger der Tanne vor → Funkensonntag oder beim → Blochziehen, als Kammer- und Brautw. stehen S. und W. im Dienste des Brauches.

Eberts Reallex. (Lit).; W. Mitzka, Vkdl. Verkehrsmittel zu Wasser u. zu Lande. In: Peßler, Hb.; F. J. Vonbun-R. Beitl, Die Sagen Vorarlbergs. 1950 Nr. 54; J. Gierl, Altbayer. W. Bayer. Jb. f. Vkde (1951) (Reiche Namengebg. d. Teile); W. Treue, Achse, Rad u. W. 1965 (5000 Jahre); J. J. Cordes. Altes Land. 1966; H. G. Fokkens, Het W.makers bedrijf in Friesland. Arnheim 1967 (Holzarten, Werkst., Räder, W.typen); J. Theuwissen, Het landbouwvoertuig i. d. etnogr. van de Kempen (Belg.). 1969; L. Tarr, Karren, Kutsche, Karosse. E. Gesch. d. W. 1970; W. Putschke, Sachtypol. d. Landfahrz. Diss. Marbg. 1971; Dt. Wortatlas I W.macher, II Stellmacher.

Wahrsagung. In dem sachlich erst vom HDA überholten Werk »Der dt. Volksaberglaube der Gegenwart« (Berlin 1925⁴, Lit.) gab Adolf

Wuttke eine Einteilung der W., die von Stemplinger, Hoffmann-Krayer und zuletzt von Herold (HDA 6, 1261) übernommen wurde: 1. Passive W. aus ohne Zutun des Menschen sich darbietenden → Vorzeichen *(divinatio naturalis)*. 2. Aktive W. a) aus volksmäßig, kunstlos herbeigeführten → Orakeln, b) aus kunstvoller »wissenschaftlicher« Mantik *(divinatio artificiosa)*.

W. hatte ursprünglich die gleiche Bedeutung wie Weissagung, doch wurde letztere Bez. später eingeschränkt im Sinne der Prophetie, der W. aus höherer göttlicher Eingebung. → Kristall, Magie, Mantik.

F. Pfister, Z. Gesch. d. techn. Ausdrücke d. W.kunst. Oberdt. Zs. 7 (1933); W.-E. Peukkert, Dt. V.propheten. Zs. f. alttest. Wissensch., 1935; ders., Germ. Eschatologien. Arch. f. Relwiss., 1935; H. Wesche, Der althochdt. Wortschatz im Gebiete des Zaubers u. d. Weissagung, 1940; W. Schweizer, Die Friedensproph. d. Kindes. Schweiz. Arch. f. Vkde 40 (1942); W. Ellerhorst, Prophez. ü. d. Schicksal Europas, 1951 (aus 12 Jhh.); A. Hübscher, Die große Weissagung, 1952 (von der Bibel bis heute); G. Eis, W.texte d. Spätma. 1956; M. Schauer, Beim Wahrsager. Beitr. z. dt. V. u. Akde 13 (1969); Kartogr.: ADV-NF 40 W.kunst. Person, Bez., Lebensform, W.mittel Komm. v. G. Grober-Glück.

Wahrzeichen. Dem Begriff des → Symbols verwandt, im engeren Sinn aber das bes. Kennz. einer Stadt, eines bed. Ortes. Stadt-W. spielten früher im Brauch der → Handw. eine große Rolle. Der zuwandernde Geselle wies sich über seinen Aufenthalt in and. Städten und bei and. Meistern aus durch die Kenntnis der W., wie sie heute oft in Denkmälern, auf Brunnen dargest. oder in → Wappen aufgenommen sind (Brandenb. Tor und Berl. Bär, das Holstentor in Lübeck, Münchner Mariensäule u. M. Kindl, der 1963 für einen Lagerhausneubau gesprengte Kehrwieder-Turm in Hamburg, der Roland zu Bremen, die 1000 jähr. Linde von Effeltrich in Oberfranken, von Neuenstadt am Kocher u. a., das Manneken Pis in Brüssel, das Bonner Bröckemännche, das an der Rheinbrücke dem gegenüberlieg. Beuel das Hinterteil weist, der Fernsehturm in Stuttgart, und der in Ostberlin, der mit 364 m das höchste Bauwerk in Dtl. ist, u. v. a.) Z. Rattenfänger, Steinmetz, Neidkopf, Spieluhren.

W. Schäfer, Dt. Städte-W. Ihre Entst., Gesch. u. Deutg. 1858; M. Waehler, Denkmäler als Ausgangspunkte f. Sagen. Vwerk 1943/44; F. Rauers, W. u. Kennewarden (als Legitim. d. wand. Handw.) Württ. Jb. f. Vkde 2 (1956); H. Freudenthal, Städte-W. Beitr. z. dt. V. u. A.kde 4 (1959); F. J. Beranek, D. Rätsel d. Regensburger Brückenmännchens. Bayer. Jb. f. Vkde (1961); W. Binde, Die Gorgo v. Brackenhain. In: Die Tat 28. 3. 1964 (Neidkopf an d. Joh.kirche zu B. bei Heilbronn); U. Steinmann, Die Bed. d. Städte-W. f. d. wand. Handw.gesellen. In Fs. f. L. Schmidt. 1972.

Wald und feuchte Niederung waren für die germ. Landschaft bezeichnend, wie sie die antiken Schriftsteller sahen. Das ist ein stark vereinfachtes Bild. Es gab Heide und Seelandschaften, waldfeindliche Marschen und Dünen. Von den Karpaten bis zu den Ardennen erstreckten sich weite Gebiete waldloser Steppe, die Gras und Kulturpflanzen Nahrung boten. Trotzdem hatte der W. natürlich die Vorherrschaft. Roden, Sengen und Schwenden für neue Siedlungen minderten den W. stärker als der Brenn-, Brau- und Nutzholzbedarf. Schon im 14., 15. Jh. spürbare Knappheit führte zu ersten Maßn. der W.pflege (Salzbg., Erfurt). Vor allem die Pottaschebrennereien (→ Glas), die wachsende Zahl der Waldhämmer, die Köhlerei und der Salzsud in maximil. Zeit brachten große Einbußen. Die Wirren des 16. u. 17. Jh. verhind. geordnete W.pflege. Erst von der Mitte des 18. Jh. an häufen sich Ge- und Verbote (Schindel- und Bretterdächer, tote Zäune, Maibäume, Pecheln u. a.). Der W. spielt noch heute, da er immerhin noch fast ein Viertel des dt. Bodens bedeckt, in Siedlung und Hausbau, Gerät, Vk., Glaube und Brauch, Wortschatz, Sprichwort und Spruch, Sage, Märchen und Lied eine bedeutsamere Rolle als bei den Nachbarvölkern. Wohl kein Volk hat die Mystik des W. in Dichtung, Kunst und Musik so unendlich oft abgewandelt und stark empfunden wie das dt. Der W. mit seinen vielen Holzarten (Fichte, Birke, Buche, Eiche, Hasel, Holunder, Wacholder usw.) gibt dem → Bauer, → Jäger, Viehzüchter und → Handwerker den Stoff für Haus und Stall, Schiff und Wagen, Möbel und Arbeitsgerät, Flechtwerk und Schnitzerei, für Waffe, Minnegabe und Kultgegenstand. Es gibt W.bauern- und W.arbeiterdörfer. Letztere hat niemand eindringlicher und liebevoller geschildert als Josef Blau in seinem Werk »Böhmerwälder Hausindustrie u. Vk.«. Der W. war auch wichtiger Nahrungsspender, sei es, daß man seinem Wild (→ Tiere) Fleisch und Fell verdankte, seinen Bäumen und Sträuchern Beeren und Früchte, seinem Boden Pilze und Wurzeln, sei es, daß man Bienen, Ziegen und Schweine in den W. zur Weide trieb. – Die Bedeutung des heiligen Hains als Kultstätte ist noch in zahlreichen W.kultstätten (»Maria Waldrast«) von christlichen Heiligen erhalten. (→ Maria, Elisabeth, Baum). Die → Wallfahrt wurde auch als ›Waldfahrt‹ erklärt. → Waldgeister, Pflanze, Holz, Pech, Vinzenz..

M. Höfler, W.- u. Baumkult usw., 1894; W. Mannhardt. W. und Feldkulte, 2 Bde., 1904/05²; V. Schüpfer, Die Bed. d. W. f. d. Kultur . . . 1928; A. Dengler, Karte d. W.- u. Holzartenvert. in Dtl. 1935; F. Firbas, Spät- u. nacheiszeitl. W.gesch. Mitteleur. nördl. d. Alpen. 1949/52; D. Rebholz-Filius, Der W. im dt. Märchen. Diss. Heidelbg., 1945; W. Schmitter, W.arbeit u. W.arbeiter im Prätigau, 1953; K. Haiding, W. u. Holz. Ausst. kat. d. Heimatmus. Trautenfels (Stmk.) 1958; R. Gildemeister, W., Bauernland u. Holzind. im östl. u. mittl. Hunsrück. Dt. Jb. f. Vkde 10 (1964); K. Kehr, Die Fachsprache d. Forstwesens im 18. Jh. 1964; H. Fautz, Aus d. Werkstatt Heinr. Hansjakobs. D. Briefwechsel m. d. Waldhüter Josef Dieterle. 1964; E. Koller, Forstgesch. d. Salzk.gutes. 1970.

Waldfingerkraut → Blutwurz.

Waldgeister. Wie Kornfeld und Gewässer ist der Wald nach noch lebender Sage Aufenthalt tier- und menschengestaltiger Geister, die besonders als → Schreckgestalten der Kinder typische Formen annehmen. In den Namen spiegeln sich auch die verschiedenen volkssprachlichen Bezeichnungen des Waldes: Buschmännchen, Buschweibel, Holzfuchs, Holzgiger, Holzfräulein, Moosweiblein. Besonders im Bogen um Böhmen, im Erzgebirge und Bayrischen Wald ist der Glaube an W. noch lebhaft und produktiv. → Hehmann.

R. Beitl, Korndämon und Kinderscheuche. 1933. Ms.

W.hyazinthe → Dorant.

W.kauz, W.ohreule → Eule.

W.teufel → Rummelpott, Schwirrholz.

Walen, Venediger. In der Sage der Alpenländer und der md. Bergbaulandsch. (Harz, Thür.) sind W. wandernde (ital.) Erzsucher, denen man bes. Kenntnis von Erzen und Goldadern und vom Werte edler Steine zuschreibt. »Der Stein ist mehr wert als die Kuh!« ruft ein V. einem Hirten zu, der einer Kuh einen Stein nachwirft. Der V. fährt auf seinem Mantel oder auf einem »Golddrachen« durch die Luft. Der Name V. wurde auch allgemeiner auf Erdmännlein und Zwerge übertragen. In den md. Gebirgen ist die Bez. W. häufiger, die sich vom Namen des kelt., später romanis. Stammes der Volsker herleitet und die auch in Wallone, Wallis, Wals, Walchensee, Walnuß u. a. enthalten ist. Welsch bedeutet allg. ›roman., italien., französ.‹. Die sogen. W.bücher geben Berichte über erzführende Stätten oder Bergwerke.

L. Weisgerber, Walhisk. Rhein. Vjbll. 1948; H. Krahe, Sprache u. Vorzeit. 1954; O. Moser, Die V. im Erzählgut d. Ostalpenraumes. In: Alpes orient. 1959; R. Beitl, Im Sagenwald. Neue S. aus Vorarlb. 1953; R. Altmüller, F. Kirnbauer, Ein steir. W.büchlein. 1971 (Lit.)

Walhalla. Die → Walküren, denen die südgerm. → Idisi entsprechen, führen die Kampfgefallenen zu Odin nach W. »Über das Leben nach dem Tode, das → Jenseits der Gestorbenen, die ›Totenreiche‹, hatten die Nordländer mannigfache Vorstellungen: uralte, gemeinmenschliche – und jüngere, weniger verbreitete« (Heusler). Dunkel und schattenhaft war das ältere Totenreich der → Hel. Wunscherfüllung und Unsterblichkeit bis zum allgemeinen → Weltuntergang kennt erst der W.glauben, den das spätnord. Heidentum entwickelt. W. ist aber nicht das christliche Paradies, das die Guten belohnt, sondern es ist Auslese der Tapferen; nach W. kommt, wer »auf der Walstatt fällt«. Durch die Bardenlieder der Klopstockzeit ist der Begriff W., besonders auch diese heutige Wortform (altnord. Valhöll), im dt. Sprachleben eingebürgert worden. Jahn gebrauchte »W.« als Inbegriff der Größe Dtls., Ludwig I. von Bayern gründete das dt. Pantheon als »W.«, das noch heute die Porträtbüsten berühmter Dt. aufnimmt (z. B. 1954: Adalbert Stifter). Volksglaube und -sprache zeigen weder von altem Glauben, noch von der neueren Vorstellung unmittelbare Spuren. → Himmel, Jenseits, Hölle.

G. Neckel, Walhall, Studien üb. germ. Jenseitsglauben, 1913; A. Heusler, Germanentum, 1934.

Walküren. Mit den aus dem germ. Seelenglauben erwachsenden Folgegeistern *(Fylgjar)* sind die nord. W. verwandt, denen auf dt. Boden etwa die → Idisi entsprechen. Von Raben und Adlern begleitet sind die W. den Kriegern nahe, schützen sie im Kampf und führen die Gefallenen nach → Walhalla.

Wallfahrt(en), fromme Reisen zu Fuß oder anders nach meist ferngelegenen Gnadenorten kennen viele Religionen, zumal solche, die sich auf dem Grund einer primitiven, an lokale Verehrung gebundenen Göttervorstellung aufbauen. Solche Lokalkulte, die für die ferner Wohnenden Anlaß zu → Gelübde und Pilgerfahrt sind, finden wir im Buddhismus, Islam und Christentum; zumal in letzterem hat diese Einrichtung eine neue Entwicklung durchgemacht, die in den Massenw. (Heiliges Jahr in Rom, Einsiedeln, Loretto, Lourdes; 1934 besuchten den Hl. Rock in Trier 1200000 Pilger) zuletzt allerdings mehr an Breite als an religiöser Tiefe gewonnen hat. Über diese vkdl. Gegenwartsfrage handelte R. Kriss in der Österr. Zs. f. Vkde. (Bd. 55), im Wiener Kongreßheft (1952) und in der Festschr. f. G. Gugitz (1954). Von der alten Bedeutung der W. für den abendländischen Kulturaustausch kann nicht mehr gesprochen werden (Schurtz, Urgesch. der Kultur). Im Volksleben engerer katholischer Landschaften sind jedoch die W. immer noch religiöse, wirtschaftliche (Märkte) und gesellige (Volksfeste) Mittelpunkte. In den l. Jahrz. hat die Erfg. des W.wesens bes. in Österr. und der Schweiz, in Bayern, Rheinl. und Westf. bed. Aufschwung genommen. Über W. inventarisation in der Schweiz und in Bayern vgl. R. Böck in: Bayer. Jb. f. Vkde. (1960) und E. Baumann in: Schweiz. Arch. f. Vkde 47 (1951) → Andachtsbild, Reliquien, Opfergaben, Maria. Konfession, Jakobus d. Ä., Fasten, Mirakelbücher.

J. Schmitz, Sühnew. im MA. Diss. Bonn 1910; A. Hoppe, Des Österreichers W.orte, 1913; M. Bringemeier, Gemeinsch. u. V.lied, 1931, S. 19; G. Schreiber, W. und V.tum in Gesch. und Leben, 1934. (Darin: Kriß, Moderne W.; Zoepfl, Nachtw. als Bußbrauch; Wohlhaupter, Recht u. W.; Schreiber, Strukturwandel d. W. u. a.); G. Jungbauer, Dt. Vmed., 1934; G. Schreiber, Dtl. u. Spanien, 1936 (Die großen W. nach Santiago und Montserrat.); G. Fohrer, Der hl. Weg. eine rel. gesch. Unters. 1939; M. de Meyer, Volksbedevaarten in Vlaanderen. In: Vkde 45 (1943) Amsterdam. Itinera Sacra. Kl. Führer u. Atlas d. W.stätten Italiens, 1949; L. Bergmann, W.orte u. W.brauchtum am unt. N.rhein. Diss. Bonn, 1949; A. Krause, Benedikt. W.stätten in Österr., 1949; B. Kötting, Peregrinatio religiosa. W. in d. Antike u. d. Pilgerwesen in d. alten Kirche, 1950; A. Müller, W. in Vorarlb. m. Weih- u. Votivgaben. 1948; A. Jungwirth, Der Obermühlviertler. Öst. Zs. f. Vkde 52 (1949) (Bis 1890 viele Sonder-W. f. Wetter, Feldfruchtbark., Vieh, Kindersegen, Augen, Zähne, Kopf u. a. Nach 1890 durch mod. Verkehr mehr Fern-W.); L. Dorn, Die Marienw. d. Allgäu. 1950; R. Kriß u. L. Rettenbeck, W.orte Europas. 1950; A. Karasek-Langer, Neue Formelemente im bayer. W.wesen durch d. Zustrom d. H.vertriebenen Bayer. Jb. f. Vkde (1951); W. Heim, W.bräuche an einem modernen schweiz. W.ort. Schweiz. Arch. f. Vkde 48 (1952); A. M. Pichler – W. Böhm, Österr. Gnadenorte u. W., 1953; G. Gugitz, Die W. Oberösterr., 1953; R. Kriß, Die Vkde d. altbayer. Gnadenst. 3 Bde. 1953/56; L. Schmidt , Dt. W.vkde. Öst. Zs. f. Vkde 58 (1955); G. Gugitz, Österr. Gnadenst. in Kult u. Brauch. 5 Bde. 1955–58; A. Fink, hg., W.kirchen u. Gnadenst. 1959 (Nach e. Sendereihe d. Bayer. Rundf.); W. Jungraithmayr-Redl, Die W. nach Bordesholm. Beitr. z. dt. V. u. A.kde 12 (1958); R. van der Linden, Bedevaartvaantjes in Oost-Vlaanderen. Gent 1958; J. Philippen, De Oostbrantse Bedev.v. van voor 1850. Langemark o. J. (W.fähnchen als Pilgerzeichen seit d. 16. Jh.); W. Brückner, Die Verehrung d. hl. Blutes in Walldürn. Vkdl.-soziol. Untersuchgn z. Strukturwandel barocken W.ens. 1958 (Exemplar. Darst. e. W.entw. v. MA. bis heute); ders., W.fg im dt. Sprachgebiet seit 1945. Zs. f. Vkde 55 (1959); A. Fink, Unbekanntes Bayern. Bd. 4. W.kirchen u. Gnadenst. 1959; L. Carlen, Bußw. d. Schweiz. Schw. Arch. f. Vkde 55 (1959) (v. MA b. z. Reform., in kath. Landsch. b. z. 18. Jh.: B.- u. Strafw. im allg. Strafrecht von Bed.); C. Hansmann u. W. Döderlein, Altötting. 1960 (30 Farbb.); J. Dünninger, Die marian. W. d. Diöz. Würzburg. 1960; Ders., Processio peregrinationis. Vkdl. Unters. z. e. Gesch. d. W.wesens im Gebiet d. heut. Diözese Würzbg. In: In: Wbg. Diöz.-Gesch.bl. 23/24 (1961/62); ders., Was ist W. Zs. f. Vkde 59 (1963); K.-S. Kramer, Typologie u. Entw. bed. nach-mal. W. Rhein. Jb. f. Vkde 11 (1960) (Im hoh. u. spät. MA.: Fernw. – Bis ins 19. Jh.: Nahw., bes. seit d. Gegenref. – Durch modernen Verkehr Fernw.: Großformen d. MA. aufgreifend oder neue Formen: Lourdes, Fatima); M. Wagner, A. Fink, W. heute. 1960; K. Mindera, Maria Hilf. 1961; P. C. Boeren, Heiligendoomsvaart Maastricht. M. 1962; F. Karlinger, Inkubationsbr.tum sardischer W.kirchen. Öst. Zs. f. Vkde 65 (1962); H. Steininger, Das Erhardiopfer in Wartberg im Mürztal, Steierm. ebd.; M. Kundegraber, Die W. der Gottscheer. ebd. (m. Karte); L. Kriß-Rettenbeck, M. Peinkofer u. a., Der Bogenberg, ein altes Heiligtum Niederbayerns. 1962; B. Petrei, Jahrtaus. ziehen mit. 1962 (Über d. »Viergelauf« in Kärnten, einen kult. »Marathonlauf«, bei dem 40 km über 4 jeweils über 1000 m hohe Berge von Mittern. bis Sonnenunterg. zurückzulegen sind); N. Kyll, Pflichtproz. u. Bannfahrten. 1963 (Alt. Bistum Trier); M. Lechner, Der Devotionsfund v. Neumarkt St. Veit. Bayer. Jb. f. Vkde (1963) (Agathazettel, Bened.pfennig, Kreuz v. Scheyern, Caravacakr.); K.-S. Kramer, Die »Neue W.« in Neustadt b. Coburg. ebd.; Pilger u. Wallende in Franken. In: Frankenland 16 (1964); V. u. H. Hell, Die große W. d. MA (Santiago de Compostela). 1964; W. Schulten, Die hl. Stiege auf d. Kreutzberg zu Bonn. 1964; J. Müller, Die churrät. W. im MA. 1964; L. Schmidt, W.fg. u. Vkde. In: Rel. Vkde. 1964 (Ursprung im Grabkult. Toter als »segengewährendes Numen« strahlt Kraft aus); ders., V.glaube u. V.brauch. 1966 (S. 154–168); D. Assmann, Die W. z. kleinen hl. Theresia auf d. Hungerburg/Innsbruck. Öst. Zs. f. Vkde 69 (1966); L. Hansmann, Pilgerabzeichen d. 13. u. 14. Jh. In: Gebr.graphik, München 1967; G R. Schroubek, W. u. Heimatverlust. 1968; J. Philippen, De oude vlaamse Bedevaartvaantjes. Diest 1968 (Brauch d. W.fähnchen als Pilgerzeichen seit d. 16. Jh.); R. Böck, Vfrömmigkeit u. W.wesen im Ldkr. Friedberg/Schwaben. Bayer. Jb. f. Vkde 1969; R. Bauer, Die bayer. W. Altötting. 1969; M. A. Hahn, Siedlgs- u. wirtsch.geogr. Unters. d. W.stätten in den Bist. Aachen . . . Trier. 1969; W. Brückner, Zur Phänomenologie u. Nomenklatur des W.wesens. Fs. J. Dünninger. 1970; G. Holzer, Ma. Roggendorf (Nied.österr.). 1971; R. Kriß, Die Domäne Marie-Corédemptrice in Clémery. Fs. L. Schmidt. 1972; I. Baumer, W. u. W.terminologie. ebd. 1972. Bericht über den 11. österr. Historikertag in Innsbruck 1971. 1972 (5 Beitr. zur Histor. W.vkde); L. Petzold-H. Plempe, Bibliogr. u. mal. Kultur d. W.wesens. 1972. Kartogr. VAN 23/24, 29.

Wallfahrtskirche → Lotterie.

Walnuß (baum) (lat. *Juglans* aus *Jovis glans* ›Jupiters Eichel‹). Der in

Rätsel, Sage, Märchen und Lied oft gen. Baum wird bis 100 Jahre alt und ist seiner süßen, nahrhaften Früchte wie nicht minder seines harten, schwarzbraunen, polierfähigen Holzes wegen hochgeschätzt. Die grüne Umhüllung der W. dient zum Färben. Häufiger als der Edle Wb. (*J.regia*; Walliser, Welschnußbaum) ist in uns. Breiten der gewöhnl. Wb., dem wir die hartschal. Schlegelnüsse und in Berglagen die Kriebelnüsse (Vorarlb.: Gröblnuß) verdanken. Sehr dünnschal. heißen Meisennüsse. Der Wb. kam in den ersten Jhh. uns. Z. zu uns. Die → Kapitularien Karls d. Gr. ordnen seine Anpflanzung an.

Die Vmed. verwendet Tee oder Bäder von den aromat. Blättern gegen Skrofulose, Entzünd., Halsweh und Rheuma, in Leinöl als Purgans für die Haustiere und in der → Sympathie zum → Übertragen von Fieber. Am N.rhein hängt man einen blumengeschmückten W.zweig gegen den → Blitz über die Haustüre (Jaonstak), im südl. Dtl. kommt W.laub in den Antlaßkranz zu Fronleichnam. Die Nuß ist Fruchtbarkeitssymbol: Viele Nüsse – viele Knaben (Steierm. u. a.). Im Brautstand soll man Nüsse essen (Südtirol). Junge Mädchen werfen Knüppel in die Äste des Wb. Bleibt einer hängen, so wird die Werferin heiraten im gleichen Jahr (Oberöst.). Anderers. schrieb schon Plinius, der Schatten des Wb. sei so schädlich, daß er jedes andere Gewächs verderbe: »Was unterm Wb. wächst, taugt nichts«, und Kopfweh bekomme, wer in seinem Schatten schlafe.

Die hohle W. ist in der Bildnerei der → Bastler und Schnitzer (→ Oberamm.) Gegenstand mancher Künsteleien und bei Kindern beliebt für Schnarr- und Klapperspiele. Das verholzte Zwischenstück wird im Rheinland als Herrgotts- oder Kreuznagel gedeutet. Kinder legen es in den Schuh. Wer auf einem solchen »Jessennagel« wandert, stolpert nicht oder wenn, dann liegt an der Stelle ein Schatz verborgen.

Den Weg des Wb. aus Gallien zu uns bez. → Ortsnamen wie Nußloch b. Heidelberg (776), Nußdorf b. Überlingen (1134) u. a. *Nux gallica* entspricht mhd. *wählhisch nuz.* In uns. Wort W. ist das erste Glied *walh,* »womit die Germ. erst den Stamm der Volcae, dann alle Kelten, endlich die Romanen Frankr. und Italiens bezeichneten« (Kluge-Mitzka, et. Wb. [20]1968).

Pritzel und Jessen, Die dt. Volksnamen der Pflanzen, 1882[2]; Hovorka-Kronfeld, Vergl. Vmed., 1. Bd.; J. Müller, Die Nuß in rhein. Sprache und Sitte. Zs. d. Ver. f. rhein. u. westf. Vkde. 14 (1917); H. Marzell, Die heim. Pflanzenwelt im Vbrauch und Vglauben, 1922; L. Weisgerber, Nux gallica. Idg. Forschg. 1955.

walpern → Walpurgis.

Walpurgis wie Walburga Latinis. von Walburg. W. war der Name der hl. Äbtissin von Heidenheim bei Eichstätt († 25. 2. 779). Attr.: Drei Ähren, Glas- oder Ölfläschchen. Obwohl sie als Beschützerin gegen Zauberkunst verehrt wurde, gewann ihr Festtag (1. Mai) und bes. der Vorabend durch die Brauchbedeutung des → Maitags, nicht wenig auch durch die Wirkung der »W.nacht« in Goethes »Faust«, einen entgegenges. Sinn. Mai- oder W.feuer waren um 1930 noch bekannt in der Oberlausitz, im Vogtland und böhm. Mittelgeb., vereinzelt im Rheinld., als Biikenbrennen im W und O Schleswig-Holsteins (anschl. an die dän. Valborgsfeuer) und als Maifunken im Allgäu. Wie andere → Jahresfeuer gilt das W.feuer dem Gedeihen von Mensch und Tier und dem Ackersegen. Felder und Bäume werden fruchtbar, wenn sie der Feuerschein erreicht oder wenn der Rauch über sie hinstreicht. Wurzeln werden so lang wie die angekohlten Stecken, die man in die Gartenerde steckt. Spinnreste und altes Zeug wurden beim »Wockenbrennen« der Insel Fehmarn verbrannt. W.nacht ist die Nacht der → Hexen. Eine Strohpuppe (Hexe, Hexe Beke, Beken) wird verbrannt wie im S am → Funkensonntag. Mit brennenden Besen laufen die Burschen über die Felder oder auf Anhöhen (Nordböhmen: Walpern). In Wöhrden bei Heide in Dithmarschen wird die »Hexe« im Feuer von Burschen mit Knüppeln und Forken vollends vernichtet. Bei einer Bergkapelle nahe bei Erlangen wird das »Walberle« als fränk. Vfest gefeiert (Bericht von 1939). Von der Jugendgr.leiterschule Bündheim/Bad Harzburg des n.sächs. Kultusmin. wurde, den Laienspielgedanken Martin Luserkes folgend, 1952 »Das Bündheimer W.spiel« ins Leben gerufen. »Aus den ersten, sehr erfolgreichen Versuchen ist inzwischen eine Tradition entstanden – wenn man so will« (Wanckel). Von Zeitungsleuten und Photogr. immer wieder für »uralt« gehalten, ist das Spiel in Wirklichk. aus Protest gegen die mod. »Hexenverbrenngn« und »Teufelsbeschwörgn« mancher Harzorte entstanden (→ Folklore). – Es ist alte Überlief. und heißt auch im »Faust«, daß in der W.nacht die Hexen zum → Brocken ziehen. → Knochen (W.öl), Kreuzdorn, Kröte, Schlehdorn.

Schauerte, Die hl. Äbtissin Walburga. 1892; M. Wähler, Der erste Mai als Walpertag. Mitteldt. Bll. f. Vkde 4 (1929); M. v. Engelhardt, Das Bündheimer W.spiel. In: FAZ 17. 5. 1962; H. Holzbauer, Mal. Heil.verehrg – Hl. W. 1972.

Walserbaum → Schlacht.

W.feld → Birne.

wälzen. Beim ersten → Donner, beim ersten Ruf des → Kuckucks, den man im Frühjahr hört, soll man sich im Grase w., dann bleibt man nach dem Volksglauben von allen Übeln der kommenden Erntezeit und besonders von Kreuzweh und → Rheumatismus verschont. Auch am Oster- oder am Johannismorgen wälzt man sich vor Sonnenaufgang im Tau, um schön zu werden, oder damit man Ausschlag und Krätze loswird. Es handelt sich hier um magisch-medizinische Jahresbräuche meist vorbeugender Art. Mitspielt vielleicht die Nachahmung von Tieren, die sich ja gern auf der Erde w., wenn sie Ungeziefer oder einen Juckreiz loswerden oder an heißen Tagen sich Kühlung verschaffen wollen. → Durchziehen, Bad.

Walzer. Neben allen mod. Tänzen in Stadt und Land noch immer beliebter Rundtanz im 3/4 oder 6/8 Takt. Vom gewöhnl. W. unterschied man schon früher den Wiener oder Geschwindw. und den → Ländler oder Schleifer in langs. Zeitmaß. Wie das ältere Schleifen meint Walzen in Zeugn. des 18. Jh. (z. B. bayr. Verordn. von 1760) das am Boden haftende Drehen und Wischen der Füße im Gegens. zum Springen und Hopsen in frühen Formen des → Vtanzes. Mit dem Tanz bürgerte sich die Bez. W. in den ersten Jahrz. des 19. Jh. ein. Bei Mozart und noch bei Beethoven heißt der W. »Deutscher«. Angebl. soll die ital. Oper »Una cosa rara« von 1787 den W. eingeführt und berühmt gemacht haben. Aber schon in einer Wiener Posse von 1764 ist die Rede vom »Walzerischen« und daß dieses lustige »deutsche Tanzen« vor dem steifen »Menuet« der höf. Gesellsch. und der frz. Balettoper den Vorzug verdiene. »Teutsch walzende« Tänze werden 1760 in bayr. Eurasberg verboten. R. Wolfram weist hin auf Goethes Bericht aus s. Straßb. Zeit um 1770: während sich die feine Ges. mit dem W. noch schwer getan habe, seien auf dem Lande die »Allemanden, das Walzen und Drehen« »Anfang, Mitte und Ende« des Dorftanzes gewesen. Man sah es, fährt Goethe fort: »Alle waren zu diesem Nationaltanz aufgewachsen«. Über das Elsaß wurde der frz. Ges.tanz der »Allemande« Einfuhrgut. Auf gleichen oder ähnl. Urspr. deuten die Bez. Alsaçienne, Strasbourgeoise, Tyrolienne, Styrienne. Damit ist nicht ausgeschlossen, daß solche Gesellschaftsformen wieder auf den Vtanz zurückwirkten. Auch der Drehtanz der »Volta«, die 1556 an den Pariser Hof kam, kann nach Junk und Sachs nicht die Vorform des W. gewesen sein. Schon 30 Jahre früher finden wir typische Merkmale auf dt Bilddarst. Montaigne fällt 1580 in Augsburg der Drehtanz als etwas Fremdes auf. Ein solcher war vielleicht schon der ausgelassene »Weller« oder »Spinner«, von dem der Nürnb. Meistersinger Kunz Has spricht.

C. v. Zangen, Etwas über d. W. 1782. (Das erste Buch ü. d. W.); Gegenschrift von 1797: Erörterung derer wichtigsten Ursachen der Schwäche uns. Generation in Hinsicht auf das Walzen; B. Weigl, Gesch. d. W. 1910; R. Wolfram, Die Vtänze. 1951.

wandern → Gesinde, Handw.

Wanderstrophe → Vlied.

W.theorie → Märchen.

Wandschmuck. Im alten bäuerl. Haus waren → Kreuz, → Hinterglasbild und gerahmter → Kalender der wichtigste W. neben dem → Bilderbogen, der seinen Platz häufig an Schranktür und Truhendeckel (innen) fand, wenn er den Charakter eines »Segens« hatte (Dreikönigss., → Credoria). Die gleichen Herst. dienten seit dem 19. Jh. mit neuen Techniken (Lithogr., später Öldruck) gewandeltem Bedarf. Dem Rahmen wurde mehr Wert beigemessen, das Format wurde größer (Sofa- und Bettenbild), und weltl. Motive verdrängten die relig. W. Brückner forderte Biographien der Maler und Bilderfabrikanten, Analysen der Markt-, Vertriebs- und Käufergewohnh., Stil- und Motivgesch. wie die Erhellung der soz. Beding. (Stand, Beruf, Prestige, Stadt, Land). Eine Unters. dieser Art führte H. Schilling für 137 Haushalte hess. Städte und Gemeinden durch. → Soldatenbild, Sonntagsmaler, Photo.

W. Benjamin, Das Kunstwerk im Zeitalter s. techn. Reprod. 1923; W. Brückner, C. Pieske, Trivialer W. der 2. H. d. 19. Jh. Aufgez. am Beisp. e. Bilderfabrik. Anz. d. Germ. Nat. Mus. 1967; W. Brückner, Kleinbürgerl. u. wohlstandsbürgerl. W. im 20. Jh. Beitr. z. dt. V. u. A.kde 12 (1968); W.fg. Zs. f. Vkde 66 (1970) 12 Beitr.; H. Sturzenegger, Vtüml. W. in Zürcher Familien. 1970; H. Schilling, W. unterer Sozialschichten. Diss. Frkft./M. 1971.

Wappen (frz. armes, engl. arms). W. ist die nicht durch die → Lautversch. gegangene Form des Wortes Waffen. Die im 12. Jh. im Abendland aufgekommenen W. waren urspr. Auszeichnung für krieger. Tat und wurden später erbl. Abzeichen für Einzelpers., Familien oder Körpersch. Mit dem Schild als W.träger verband sich um 1230 der Helm. Aus der anfängl. Rolle als Erkennungsz. im Feld erklären sich die grellen Farben und die starke Stilis. der W.bilder. Von den Urw. unterscheidet man die Briefw., die seit dem 14. Jh. durch W.brief verliehen wurden. Seit dem 16. Jh. konnten auch kaiserl. Beamte W. an Bürgerl. verleihen. – In der Vk. erhellt aus einem angebrachten W. zuweilen die Herk. eines Werkes (Hamburg, Lübeck) oder ältere Herrsch.verhältn. einer Landsch. (der öst. Doppeladler in Tirol u. Steiermk., aber auch im ehem. öst. Schwarzwald);

das kursächs. W. auf → Waffeleisen der M. Brandenbg.).
In neuerer Zeit wird es in bürgerl.-bäuerl. Schichten Brauch, das mühsam ersparte Einfamilienhaus durch ein W. in → Freskomalerei oder Sgraffitto zu schmücken, selbst wenn es nur vom Dorfmaler dem W. einer gleichnamigen Familie in einem der vielen W.bücher nachgezeichnet ist. Adelsstolz ist Sache des »kleinen Mannes« geworden. Aber auch das demokrat. Bewußtsein des Großstädters soll sich am W. stärken. Der Magistrat von Berlin-Wilmersdorf z. B. legt Wert darauf, »im Interesse einer volksnahen Verwaltung« durch ein sichtbar über dem Rathauseingang gemaltes W. »für die Bürger ihren Bezirk und dessen Organe sichtbar zu machen« (SPD-Antrag April 1964).
Viele W. entnehmen ihren Bildgehalt der → Sage (→ Wilde Leute). So zeigt das 1962 neu gestaltete W. der Klosterstadt Maulbronn einen trinkenden Maulesel am Brunnen. Nach einem verbr. Motiv der Gründungssage sollte der umstrittene Platz für das Kloster der Zisterziensermönche schließl. dort sein, wo ein Gespann von Maultieren von selber halten würde. – Sogen. »Redende W.« entnehmen das W.bild dem Namen der Siedlung oder des Geschlechtes (Berlin-Bär; Helfenstein-Elefant, ahd. vtüml. *hëlfant*; Bülow- → Pirol)

A. M. Hildebrand, W.fibel. [12]1922.

Warbet, Warbede → Matronen, drei hl. Frauen, Barbara.

Wärmegeräte halten die Wärme für Speisen und Geschirr zus. wie der Ofenstulp aus getrieb. Messingblech, → Ton oder Holz auf den nd. und fries. Beilegeröfen oder spenden Wärme wie die Bettpfanne zum Vorwärmen des Bettes oder das dem Sitzenden unter die Füße geschobene 4– oder 8eckige Stövchen (= Stübchen). In diesen beiden Fällen nimmt das Gerät aus Eisen, Kupfer oder → Messing glühende Kohlen auf, die von einem Messingdeckel mit durchbroch., gravierter oder getrieb. Arbeit (Herz, Blumen, Punktlinien, geom. Muster) überwölbt werden. Wenn das Stövchen ein Weidenkörbchen oder Holzkästchen ist, birgt ein tönernes Bekken die Kohlen. Hier tragen Deckel und Wände auch Bemalung, Kerbschnitt (Wolfszahn, Wirbelrad) oder Flachschnitt (Blumen). Ein Tragbügel erlaubte, sie auch in die Kirche oder auf den Markt mitzunehmen (noch im 19./20. Jh.). Schon → Saxo Grammaticus erwähnt dieses Gerät. Die Genremalerei des 17. Jh. in Holland gab B. und St. in großer Treue wieder. Bei den kunstvolleren W. ist der Einfluß des holländ. Kunsthandwerks spürbar. Auch die Verbr. der W. bes.im nd. und im fries. deutet auf die westl. Nachbarsch. – Ein Wächter ist die eisengeschmied., korbähnl. Feuerkieke, die im alten nd. Haus beim Verlassen des Herdes über Nacht auf die Glutreste gestülpt wurde.

Abb. in W. Peßler, Niedersachsen, 1924; A. Spamer, Vkde 2. Bd., S. 293 (Tellerwärmer, Bettpf., Stövken).

Wartmann → Fährmann.

Warzen *(Verrucae)*, die durch eine Hypertrophie der Lederhautpapillen und Verhornung entstehen, finden durch Verödung, Elektrizität u. ä., bes. häufig aber durch → Vmed. Heilung. Die Mittel sind nicht nur zahlreich, sondern auch bewährt, wobei Magie und Suggestion nicht minder wirksam sind als die Säfte von Pflanzen und Tieren (W.kraut; → Schöllkraut). Wie die dämon. W.kröte, der W.könig, durch Berührung W. hervorruft, so vertreiben diese Saft und Biß des großen braunen Heupferdchens (W.beißer; *Decticus verrucivorus).* Durch → Besprechen bei Neumond und Umkreisen der W. mit dem Finger (Montafon: »Was i sach, söll wachsa, was i grîf, söll schwîna«) hilft die weise Frau, das W.weiblein. W. gehen weg, wenn man Knoten in der gleichen Zahl in einen Bändel macht und ihn unter die → Traufe zum Verrotten oder auf die Straße legt. Wer ihn da aufhebt, bekommt die W. Die Häufigkeit vmed. Heilung teilt die W. mit der Rose (Rotlauf, Flugfeuer; *Erysipelas*). Auch die heutige Joga-Lehre oder das »autogene Training« kennen die Befreiung von W. durch das Sprechen bestimmter Formeln.

Dt. Wortatlas V.

Wäscheklopfer, Waschholz. Kurzes Brettchen mit Stiel zum Klopfen der ins Wasser getauchten Wäsche. Adler nennt den W. »die Minnegabe der Darßer«. In diesen pomm. W. werden Anfang des 19. Jh. die üblichen Muster des (hier sehr flachen) → Kerbschnittes (Sechsstern, Rosette usw.). bevorzugt. Später überwiegen die Sinnbilder aus dem Seemannsleben. Rügensche W. in flachem Kerbschnitt sind häufig mit grünem und rotem Wachs eingelegt, in Technik und Ornament ähnlich den dortigen → Flachsschwingen. Am Querschnitt des Stilendes tragen sie fast stets den Sechsstern. Namen und Jahreszahl kommen vor, auch Sprüche, so auf einem W. aus Siebenbürgen: »Unsre Herzen kennen sich 1858 HR.« → Minnegaben.

F. Adler, Dt. Vk., Pommern.

Waschen. Sich w. im Morgentau von → Ostern macht jung und schön. In den → Zwölften W. ist verbotene Arbeit. Hängt in dieser Zeit Wäsche auf der Leine, erhängt sich einer. Das Verbot, das auch eine Schonung der Hausfrau nach anstreng. Festvorbereit. bedeutet, wird selbst heute noch (z. B. in Berlin) beobachtet. Mehr und mehr ersetzt die Maschine den Zuber (→ Kufe), den → Wäscheklopfer, das W.brett und andere herkömml. → Geräte.

H. Grünn, Vkdl. v. Wäschergewerbe in Linz. Jb. d. Stadt L. 1954; F. Bertrich, Kulturgesch. d. W. 1966.

Waschhölzer → Wäscheklopfer.

Wasenmeister → Schinder.

Wasser. Die Bedeutung des W. für → Fischer und → Schiffer, Müller, Lohgerber u. Flößer, Schmied und Wäscherin, seine reinigende, durststillende, befruchtende, kühlende und löschende Wirkung spiegelt sich in magischen und symbolischen Handlungen des ganzen Lebenskreises und Jahresringes. Vorchristliche Weihe und kultische → Reinigung durch W. wurde übernommen in → Taufe und Weihw. der Kirche. M. Höfler sagt: »Es hat sich deshalb von allen heidnischen Kulten der W.kult am ausgeprägtesten erhalten.« Germ. Kultbrunnen leben noch heute fort in der Übertragung auf Heilige wie → Ulrich, → Gangolf usw. (→ Kapelle). Wie im Kirchenbrauch Dreikönigsw., Oster- und Johannisw. als besonders heilkräftig gelten, so ist im Volksglauben Regenw., Fensterschweiß, Märzschneew. und Maitau (→ Bad) bevorzugtes Heil- u. Verschönerungsmittel. Bergw. sagt der Bauer nach, daß sie »alles ausziehen« und die → Schwindsucht wie kranke Augen heilen. Der bekannte Satz der Antike wiederholt sich wörtlich in der Rede des Senners, des Jägers und Bauern: »Das Gsündest is W.« Mehr wert als der Brunnen ist der »Fluß«, fließendes W., Strom und Bach.

Eine häufige Form der Krankheitsübertragung ist das Verschwemmen. Wer Fieber hat, ißt ein Brot und wirft davon ein Stück in fließendes W. Mit einem Brot (Zettel, Stock, Lappen) schwimmt die Krankheit weg. Zu heiligen Zeiten (Christnacht) ist fließendes W. heilsam (→ Ostern, Heilwag). Während für die Ausbreitung der Volkskultur (Sprache, Haus) Ströme, besonders kleinere Flüsse, im ganzen nicht einschneidende Grenzen darstellen, bedeuten sie eine solche im magischen Weltbild, wobei auch die Beobachtung der Krankheitsverbreitung mitspielen mag. Die → Pest kommt nicht über das W., so wenig wie Irrlicht, Hexen und Totengeist. Die Germanen kannten wie die Griechen einen Totenstrom, der zum Jenseits führt. Einer toten → Wöchnerin verwehrt ein Bach die Rückkehr zum Säugling. Fließendes W. kann nicht behext werden, weswegen man Hunde »Strom« oder »Donau« nennt. → Brücken sind deshalb Geisterorte. Zu diesem Glauben kommt die fischnährende, felderbefruchtende, durststillende und reinigende Kraft des W., die ihm besondere Verehrung sichert. In den Fluß darf man nicht pissen oder spucken, sonst schwimmt die Gesundheit fort. → Maria hat aus dem Bach getrunken, → Gottes Auge ist darin. Die (rote) Färbung eines Stromes prophezeit Krieg oder Seuche (Blutregen). Mädchen orakeln zu Johanni am Ufer des Flusses: »Du Wasserwelle, ich bitt' dich . . .« An alten Flußkult, wie ihn Franken und Alemannen kannten, erinnern die → Opfer (Bock, Hahn, Huhn, Gebildbrote), die zu den durch Badeverbote gekennzeichneten Frühsommerterminen Johanni, Peter und Paul, Magdalena noch heute mitunter gespendet werden. Im W., Fluß und Bach wohnen die Seelen der → Ertrunkenen, vor allem aber die → Nixen und Wassermänner, Bachhakl, Bachpudl usw. (→ Wassergeister). → Erde, Georg, Johannistag, Karfreitag, Maria Magdalena, Neujahr, Orakel, Trinken, Speis u. Trank.

J. Grimm, Dt. Mythologie; H. Pfannenschmidt, Das Weihw. im heidn. u. im christl. Cultus m. bes. Bez. auf N.sachsen, 1878; G. Jungbauer, Dt. Vmed., 1934; K. Bornhausen, Vglaube; in: Peßler, Hb.; G. Schreiber, Heilige W. in Segn. u. V.brauch. Zs. f. Vkde. 44 (1934), 198–209; H. Spindler, Der Brunnen im Recht, 1938; F. Leskoschek, Heilige Quellen u. Wunderbrunnen in d. Steierm. Bll. f. Heimatkde. 21 (1947); W. Hirschberg, D. Agnesbrünnl. Vkdl. um eine Quelle im Wienerwald, 1949; M. Kromer, W. f. jedwedes Bürgers Haus. 1962 (Gesch. d. Trinkw.versorgung in Ulm. Die Stadt plant ein Brunnenmus.).

Wasserbartl → W.geister, Nikolaus, Bartholomäus.

W.fee → W.geister, Fee.

W.frau, -hansl, -hexe, -jude, -kalb, -mutter usw. → W.geister, Fischweib.

Wassergeister. Meer, Seen, Teiche, Flüsse, Quellen und Brunnen bevölkert die mythische Weltanschauung des Volkes mit dämonischen Wesen, die zuweilen sichtbar werden zum Verderben oder zum Glück der Menschen. Die Fragebogen des ADV ergaben für die Jahre nach 1930 folgendes Bild der Verbreitung. Im dt. Sprachgebiet ist der Wassermann die verbreitetste Gestalt. In dem Bogen um Böhmen und Mähren weiß fast jedes Dorf von ihm zu erzählen. Durch → Kinderspiele und → Kinderlieder, die auch in die volkstümlichen Lese-, Bilder- und Musizierbücher übergegangen sind, wurde dieser Name weitergetragen, so daß er heute in dünner Streuung überall bekannt ist. An Häufigkeit und Weite der Verbreitung kommt nach dem Wassermann der Hakelmann, der westlich an jenen anschließt und in einem breiten Gebietsstreifen bekannt ist, der südlich vom Bodensee, nördlich etwa von der Lüneburger Heide begrenzt wird. Der äußerste Westen aber nennt in den Sagen an seiner Stelle den Krappenmann (südl. Eifel und Oberhessen). Zwischen Koblenz und Bingen warnt man die Kinder vor der Untermutter (→ Mittagsgeister). An der Wesermündung und den Weserlauf aufwärts sitzt die Mettje im Wasser, ein gespenstisches Weib mit weißem Leib und lang herabfallendem Haar, die mit ihren langen Armen (Mettje mit lang Arms) Erwachsene und Kinder zu sich hereinzieht. Mit ihr verwandt ist die lange oder schwarze Grete, von der zwischen Weser und Hunte die Sage geht. In Mecklenburg und südwestlich nach Hannover hinein ist die Wassermuhme die bekannteste Gestalt unter den W. Kaum andere als weibliche Gestalten kennt Siebenbürgen: nach dem Fluß Kokel ist die Kokelfrau genannt. Die Brunnenfrau weist (wie die Wasserfrau in der Zips) auf die dt. Herkunft der Siedler hin. Die Buckelfrau, die in Siebenbürgen den Kindern auflauert, hat ihren Namen dem Kopfputz in der weiblichen Tracht zu verdanken. Man spricht von einer »gebokkelten Frau«, wenn sie mit der Bokkelnadel geschmückt ist. Auch Ostpreußen und der Danziger Werder (Weichsel bis Alle) kennen unter den W. vor allem eine weibliche Gestalt, die Wassermutter.

Nix (Nickert, Nickelmann) und Nixe (Wassernixe, Hakelnixe) sind in einem großen mitteldt. Gebiet die vorherrschenden W. Vom Harz und vom Thüringer Wald bis nach Schlesien hinein sind diese Namen Dorf für Dorf in der Rede des Volkes.

Weniger verbreitet sind unter den menschengestaltigen W. folgende Namen: Seemutter, Brunnenmutter, Pupmutter, Meerweib, Sootmuhme, Mainfrau, Hollefrau, Wasserjungfer, Wasserhexe, Wasserfee, Wassertante, Rilpe, Lahnwaberl, – Weihermann, Brückemann, Sootkerl, Pützmann, Begelmann, Gunkwassermanndl, Klabautermann, Beinhäkel, Häkler, Hakelmatz, Koboldnix, Wasserjude, Bachloter, Wasserteufel, Wasserhansl, Wasserbartl, Taucher, Bubenfresser usw. In Sagen und Redensarten wird auch von tiergestaltigen W. erzählt, obwohl diese im Verhältnis zu den menschenähnlichen weit seltener sind. Als → Schreckgestalten, die wagemutige Kinder von der Annäherung an gefährliche Gräben und Teiche abhalten sollen, wurden in d. Fragebog. des → ADV ferner genannt: Wasserochs, Bachhammel, Seehund, Wasserpudel, Brunnenkatze, Bachratz, Froschkönig, Blutsauger, der große Hecht, Wasserschlange. Gebietbildend erscheinen unter diesen sagenhaften Tieren nur das Wasserkalb (Pommern) und der Otterbock (Hannover).

W. nennen uns schon mittelalterliche Quellen. Eine Stelle der Gudrun meldet von Meerwundern. Mehrfach belegt ist die Bezeichnung eines W. als *nihhus* oder *nichus.* Später wurde der Inhalt dieses unserem heutigen Nix zugrunde liegenden Wortes erweitert zu den Bedeutungen Ungeheuer, Wicht, Teufel. Während diese Umdeutungen besonders im Niederländischen und Englisch. sich durchsetzten, blieb im Dt. mit den Namen Nix und Nixe bis heute der reinere Begriff des W. erhalten.

Von dem Glauben an W. zeugen nicht selten auch die Namen von Pflanzen, Steinen oder Gewässern: Wassermännlein oder Mummel (= Wasserlilie), Mummelsee, Meumkeloch usw. → Kinderbringer, Maria Magdalena. Über die Darstellung von W. in der Vk. → Fischweib, Melusine, Sirene.

J. Grimm, Dt. Mythologie, 1854³ (Nichus, Wassergeister); R. Beitl, Der Mythus des Kindes; in Dt. Volkstum der Gegenwart, 1933; W. Kalak, Der Wassermann im oberschles. V.glauben, 1936; E. Pomeranceva, Der W.mann i. d. russ. Vdichtg. Jb. f. dt. Vkde 15 (1969). Kartogr. VAN 19.

Wasserhakl → Hakenmann.

W.jungfer → Fischweib, W.geister.

W.mann → Lätare, W.geister.

W.mühle → Mühle.

W.muhme → Maria Magdalena, W.geister.

W.pudel → Hund.

W.ralle → Vorzeichen.

W.rose → Mummel.

W.rübe → Weihn.

W.staude → Weide.

Wassersucht, *Hydrops, Ascites.* Während für die → Schwindsucht, Abzehrung usw. der Name Tuberkulose sich durchgesetzt hat, benützt auch die Schriftsprache noch mit dem volkstümlichen Namen W. eine Bezeichnung nach Symptomen, nicht nach der Ursache (Herz-, Nierenleiden, Krebs). Nach der unausrottbaren Volksmeinung wird »das Geblüt zu Wasser«. Die W., mit der sich schon Dioskurides und Celsus eingehend befaßten, wird bei uns »kuriert« mit Tee oder Extrakt von Bienen, Wacholder, Vogelbeeren, Zwiebeln, Brunnenkresse. Auch mit dem Urin verschwemmt oder vergraben wird die W. Schutzpatron der W. ist der hl. Liborius (23. 7.), der Freund des hl. → Martin, Patron von Paderborn (Attr.: Buch, Pfau, Steine).

W.vogel → Pfingsten.

Waud, Waul → Wodan, Wind.

Webekamm. Die einfachste Vorrichtung zum → Weben, wie sie schon eine Ödenburger Amphora von 700 v. Z. abbildet. Die Kette wie das fert. Band werden festgehakt, das »Fach« wird durch Heben und Senken des W. erzeugt, wobei die Ösen je einen Faden mitnehmen, jeder zweite aber durch die Schlitze in gleicher Höhe bleibt. Werkstoff (Holz), Bild (Pferdeköpfe, Segelschiff, Lebensbaum, Radkreuz, Herz u. ä.) und Technik (meist Durchbrucharbeit oben, Ritzen und Kerben im unt. Teil) machen den W. zu einem Beispiel der Vk., wie sie in bes. reicher u. vtüml. Form in Mönchsgut auf Rügen und in Jamund bei Köslin (18. u. 19. Jh.) zuhause war, aber auch über ganz Dtl. bis in die Alpen (W. im H.mus. Schruns), ja über Europa hin gefunden wird. J. Blau berichtet von einer Blüte der → Bandweberei aus dem Böhmerw. (um 1800), wo die »leinenen Bandelmacher« zwar nicht, aber die mit Wolle oder Seide webenden als Meister angesehen wurden. Neben den Bildsymbolen weisen die eingekerbten Sprüche, Widmungen und Jahreszahlen den W. oft als typ. → Minnegabe aus. Ein solches Geschenk für die Braut, unter Freundinnen oder für die Tochter war auch der auf dem W. hergestellte → Gürtel, wie er in farbigen Mustern in den dt. Ostseeländern dem seit altem übl. skandinav. »Lifband« nachgestaltet wurde. Mit dem Schwinden der → Tracht (Borten, Strumpfbänder, Gürtel, Hosenträger) verlor der W. seine Bedeutung, erfreut sich aber in neuerer Zeit wieder einer gewissen Beliebtheit. Eher gewerbl. Art sind die Bandwebstühle, auf denen seit dem Ende des 16. Jh. mehrere Bänder zugleich gewebt werden konnten.

Weben, Bindung. Das rechtwinkl. Kreuzen u. Verbinden von längs- und querlauf. Fäden zur Herst. flacher Gebilde (Gewebe, → Textilien). Die ersten Fäden bilden die Kette (Zettel, Weft, Schweif, Aufzug), die letzteren den Schuß (Einschlag, Eintrag). Im Gegens. zum einf. → Flechten wird das Weben ermöglicht durch die Bildung eines Faches, wie es in schlichter Form schon der → Webekamm oder der in der weibl. Handarbeit noch gebräuchl. Webrahmen deutlich machen. Der Weg zum → Webstuhl in all s. Formen besteht in der Mechanis. und immer feineren Abstufung der Fachbildung wie in der festen Aufwicklung von Kette und fert. Ware (Kett- und Warenbaum).

Nach der Art der Fadenkreuzung unterscheidet man drei Grundbindungen, auf die alle entwickelteren Formen zurückgehen: 1. Die Leinwand- oder Leinenb., 2. Die Köperb. (auch Diagonal oder Sergeb.), 3. Die Atlasb. (auch Satinb.). Beim Leinen wechselt je ein Schuß- mit einem Kettfaden, so daß ein feines Schachbrettmuster entsteht. Bei Wolle ergibt diese B. Tuch, bei Baumwolle Kattun, bei Seide Taffet. Die Leinenb. ist schon in der jüng. Steinzeit (6000–2000 v. Z.) bezeugt. Gewebe dieser Art haben am meisten B.punkte und sind daher am haltbarsten. Sie dienen bis ins 18. Jh., aber auch bis zur Gegenwart, neben den Baumwollgeweben, für Bettwäsche, Küche, Stall und Feld, in den Weiterbildungen von Kett- und Schußripps, von Panama- und Würfelb. auch für den festtägl. Gebrauch. – Beim Köper liegen zwei oder mehrere Kettfäden auf einem Schußfaden (Kettkörper) oder umgekehrt (Schußkörper). Die ältesten Funde dieser Art sind bronzezeitl. (nach 2000) Wollgewebe, die nach Schlabow Schlüsse auf die germ. Kleidung zulassen. Die von der Struktur der B. her sich ergeb. geometr. Muster der verschied. Arten von Köper schmükken in Handwerk und Hausfleiß die Festtagswäsche, bes. die → Prunkhandtücher. – Bei der Atlasb. in ihrer einfachsten Form liegt viermal die Kette oben (Kett-A.) oder umgekehrt (Schuß-A.). Das Bes. dieser Bindung ist die feine Glanzwirkung, die dadurch entsteht, daß die B.punkte zerstreut und so verteilt liegen, daß sie das Auge gegenüber den vielen »flotten« (freiliegenden), das Licht im gleichen Winkel zurückwerfenden Fäden nicht wahrnimmt. Der Atlas erscheint zuerst in spätmal. Geweben und kommt seit dem 16. Jh. auch in vtüml. Gebrauch. Bei den Leinendamasten (→ Damast) bilden die Kettfäden den Grund, während die Schußfäden das Figurenmuster ergeben. Es wird angenommen, daß die Atlasb. mit der Seidenweberei aus dem Osten kam.

Wenn auch der meistgebrauchte Werkstoff (Leinengarn aus → Flachs) für die einfachste Form von B. und Gewebe namengebend geworden ist, so können doch grundsätzlich Flachsgarn, Wolle, Baumwolle und Seide in jeder der drei Grundb. verwebt werden. So wird z. B. Wolle auch häufig als Köper gewebt, weil diese B.. die dichte Verfilzung beim Walken begünstigt. Die Vielfalt des bäuerl. und kleingewerbl. W. zeigte W. Peßler für das Oldenburger Land in folg. Übersicht:

(rechtwinklig gewebt)

Kette	Einschlag	Gewebe
Flachs	Flachs	Leinen
F. o. Hanf	Wolle	Wollaken
F. o. Hanf	Baumw.	Halblein.

(schräg gewebt)

Kette	Einschlag	Gewebe
F. o. Hanf	Wolle	Wollen Dichtgood
F. o. Hanf	Baumw.	Baumw. Dichtgood

Heiden, Handwb. d. Textilkde. 1904; J. Gorke, Die B.lehre. 1927; N. A. Reath, The weaves of Hand-Loom fabrics. 1927; E. O. Johannsen, Gesch. d. Textilind. 1932; E. Gräber, Die Weberei. [5]1928; W. u. Wirken. Sonderf. d. Berliner Vkde-Mus. 1941; A. v. Schimmelmann, Am Handwebstuhl. [2]1951 (218 Abb.); Fr. Hassler, Vom Spinnen u. W. 1952 (Abb.); E. Meyer-Heisig, W.erei, Nadelw., Zeugdruck. 1956; M. Hoffmann, The Warp-weigthed loom. Oslo 1964 (Verbr. u. Gesch. d. Gewichts-W.; Aufkommen d. horizont. W. in Mitteleur. im MA. um 1000); H. Prowe, W.fibel. W. und Flechten f. Kinder auf selbstgeb. Geräten; o. J.

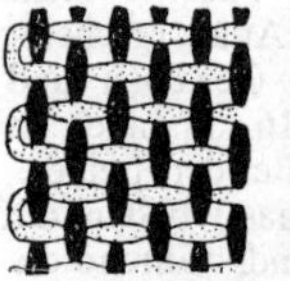

Leinenbindung

Körperbindung

Atlasbindung

Webstuhl. Während → Tischler und → Schmied Jahrtaus. hindurch mit einf. Werkzeugen auskommen mußten, stand dem Verarbeiter der Gespinstfaser schon früh ein hochentw. Gerät zur Verfügung, das bis ins 19. Jh. (Erf. der Jacquard-Maschine 1805) seine Form kaum veränderte und im Hause des Flachsanbauers, bei der Teppichweberin oder im Kunstgew. noch heute in Gebrauch ist. Der entscheid. Fortschritt vom Weben mit dem einf. → Webekamm ist die Mechanis. der Fachbildung. Die prähist. Form des W. ist der senkrechte Stuhl, in dem die Kettfäden, unten von Steinen beschwert, von einem Querholz senkrecht herabhängen. Eine Ödenburger Vase (700 v. Z.) stellt diesen W. dar. Die Tatsache, daß auch heute noch die Webkeller, wie der Name sagt, im untersten Teil des Hauses liegen, erinnert an den Bericht des Plinius, daß die Frauen der Germ. in unterird. Räumen gewebt hätten. Durch die Erdfeuchtigkeit blieb der Flachs geschmeidig. – Beim liegenden W., wie er später in Europa aufkam und allg. wurde, läuft die Kette waagrecht vom Kettbaum zum Warenbaum. In der Mitte liegt das sogen. Webgatter für die Fachbildung. Durch jedes neugebild. Fach führt die nicht selten verzierte Webspule (Schütz, Schiffchen) den Schußfaden (Einschlag, Eintrag), den der Webkamm (Rietblatt, Lade) an das fertige Gewebe festklopft. Dem so sich rechtwinklig bildenden Gewebe kann der Weber nur durch verschied. Bindungen, durch Änderung in der Verhältniszahl von Kett- und Schußfäden (→ Weben) Abwechslung und schmükkende Muster verleihen. Hier liegt der Reiz und zugleich die Grenze der Kunst am W., die gleichwohl in → Beiderwand und → Damast hohe handwerkl. Leistungen vollbrachte. aber auch in dieser Bildweberei bleibt das techn.-geometr. Muster das Grundprinzip. – In der Möglichkeit, die Faser (Wurzel, Rute, Stroh usw.) auch anders als rechtwinklig zu verbinden, hat das an sich primitivere → Flechten einen Vorteil vor dem Weben.

Der Schaft-W. als älteste Form erlaubt zwar auch schon, mit Hilfe von mehr (bis zu 12) Schäften versch. Kettfädengruppen zu bilden. Durch die Betätigung dieser Schäfte mit versch. Tritten und Hebeln (Geschirr) lassen sich immerhin die drei Grundbindungen (→ Weben) herstellen. Jeder Kettfa-

den für sich bewegt und damit die größte Freiheit in Bindungswechsel und Musterung erzielt werden kann durch den Zug- oder Zampelstuhl. Die frei herabhäng. Kettfäden (Litzen) bilden den sogen. Harnisch. Hier wie auch beim »Kegelstuhl« bedurfte es schon eines Helfers, der meist der Lehrjunge des Webers war. Bei Geweben, in denen Muster- und Bindekette gesondert liegen (→ Beiderw.) bedurfte es außerdem eines vor dem Harnisch liegenden »Vordergeschirrs«, das mit Tritten und Schäften die Bindekette steuerte. Mit Litzenharnisch und Vordergeschirr vermag so auch der W. für Damast die Bindungsarten zu wechseln und figürl. Muster herzustellen.
Wie das Spinnrad wird auch der W. für den bäuerl. Haushalt noch von Handwerkern hergestellt (Flämming 1934). Zimmerm., Tischler und Drechsler teilten sich in die Arbeit. An dieser Maschine aus Holz weist fast nur das Weberschiffchen zuw. schmückende Schnitzerei auf. Nach der Zählung von 1934 standen vor allem im nördl. Dtl. noch tausende von W. in Bauern- und Bürgerhäusern. Nach einer älteren Statistik hatte 1925 das Dt. Reich noch 1234 Handwerker für Leinenweberei. Im Flämingdorf Rosenthal besaß 1934 fast jeder der etwa 50 Höfe seinen W. In der Prov. Hannover wurden 1911 noch 40000 W. gezählt.

W. Hansen, hg. Das dt. Bauerntum. Seine Gesch. u. Kultur. 1938. (Bd. 1, bei S. 340: Verbr.karte der Haus-W.); A. v. Schimmelmann, Am Hand-W. [2]1951 (218 Abb.). Weitere Lit. s. u. Weben.

Wechselbalg, Wechselbutte, Kielkropf. Alt und tief eingewurzelt ist der Glaube, daß das neugeborene → Kind vor der Taufe, die ersten 2 Nächte und 3 Tage nach der → Geburt, in Dtl. meist die ersten 6 Wochen, also bis zur → Aussegnung der → Wöchnerin, von bösen Menschen, elbischen Wesen, Zwergen und Zauberern geraubt und gegen deren eigenes kielkröpfiges, mißgebildetes Kind eingetauscht werden könnte. Die Schutzmaßnahmen sind dieselben, wie man sie gegen → Berufen, Verneiden und → bösen Blick anwendet, also → Amulette christlicher und volksgläubischer Art, Salz, Brot, Gerüche, Pflanzen, Metalle, Feuer und die Asylwirkung des Hauses. Ein stehendes Motiv der W.sagen ist der Schlag oder sonstiges Quälen des W., vor allem aber die Herbeiführung des Verwunderungsrufes, indem man in Eierschalen Wasser kocht u. dergl. (→ Unlösbare Aufgabe). Die Volksüberlieferung wie die psychologischen und medizinischen Anschauungen (Rachitis, Kretinismus als Urheber der W.sagen) hat Gisela Piaschewski untersucht. Geographisch beschränkt sich der W.glaube auf Kelten, Germanen und einen Teil der Slawen. »Um 1000 darf die abergläubische Vorstellung vom untergeschobenen Kind, vom Wechseling im magischen Sinne, in Dtl. als feste Tradition angenommen werden« (bei Notker *wihselinc;* mhd. *wechselkint, wehselbalc, wehselkalp).* → Name, lachen.

Merbitz, De infantibus suppositis vulgo W. G. Piaschewski, Der W., 1935.

Wechseling → Wechselbalg.

Wechseltaler, Teufelsgeld, Hecktaler, Brütpennig, Heckpfennig. Schon im 10. Jh. bezeugt u. weit verbreitet ist der Glaube an Geld, das nie ausgeht, sondern sich auf wunderbare Weise vermehrt (heckt). Teufel, Wassermann od. ewiger Jude verschaffen es in der Neujahrsnacht. Das zum Hecken geeignete → Geld muß alt, gefunden sein oder die → Zahl sieben tragen. Bei jedem Zahlen und Wechseln kehrt es zum Besitzer zurück. Der W. bringt Glück. Beim Bezug einer neuen Wohnung findet man nicht selten noch den Heckpfennig der Vorgänger auf dem Ofen (Berlin). Oft wird der W. personifiziert und vermischt sich dann mit der Vorstellung vom → Heckmännchen, → Alraun und geldbringenden → Drachen.

Wecklter → Wacholder.

wegbeten → Gebet, besprechen.

Wegebreit → Wegerich.

Wegelschtraat → Fronleichnam.

Wegerich, *(Plantago)*. Die V.namen, die Spitzw. (Spitzfederich; *P. lanceolata)* und Blattw. (Lammzunge, Sau-, Hasenohren; *P.major*) nicht immer auseinanderhalten, bez. vor allem den Standort (W., Wegtritt; in Ndtl. u. N.europa: Wegebreit). Grasfresser, Heudieb deuten auf den Schaden (→ Klappertopf). Die zähen Rippen bes. des Blattw. (Rippenblatt, Hunde-, Roß-, Siebenrippen, Ader-, Fünfaderkraut) nutzen Kinder für ein noch viel geübtes Spiel. Zwei ziehen zugleich an einem Blatt. Wer mehr und längere Rippen mitzieht, der hat den Tag am meisten Sünden begangen. (Lügenblatt, Sündenkraut). In der Sympathiemed. gilt jede der angebl. 77 oder 99 Wurzeln als Mittel gegen ein bes. »Fieber«. Bis heute bewährt ist (trotz and. Meinung der Pharmazie) die Wirkung von Saft oder zerquetschten Blättern auf Wunden, Entzünd. und Geschwülsten und sogar bei eingerissenen Dornen oder Holzsplittern sowie des Spitzw.-Tees bei Halsweh, Magenbeschwerden und zur Blutreinigung in der Frühjahrskur.

Wegetritt → Wegerich.

Weggras → Vogelknöterich.

Wegkapelle → Kapelle.

Wegkreuz → Steinkreuz, Marterl.

Wegnarr → Salamander.

Wegsagen → Gerstenkorn, besprechen, berufen.

Wegscheide → Kreuzweg, Totenbrett.

Wegscheißn → Gerstenkorn.

wegsprechen → besprechen, Schlucken.

Wegvogel → Kauz.

Wegwarte (Zichorie, Zigori, Zukkerei; *Cichorium intybus*). Das bis über 1 m hohe, blaublühende Kraut wächst an Weg- und Ackerrändern und hat davon die Namen W., Feldw., Wegeweis, Wegluaga. In Lehnübers. gingen sie auch in östl. Sprachen über. Die Pflanze mit fast blattlosem Stengel und aus der Wurzel hervorsprießenden, struppigen, zerschlissenen Blättern weckte in der Vphantasie vielleicht das Bild von verschwiegenem Leid (Verfluchte Jungfer). Das älteste Zeugnis der Vsage gibt der Tiroler Hans → Vintler (1411):

vil die jehent, die wegwart
sei gewesen ain frawe zart
und wart irs pulen noch mit smerzen.

Die W. hieß aber auch mlat. *sponsa solis*, weil ihre Blüte am Morgen sich öffnet, tagsüber der Sonne folgt und in der Abenddämmerung sich schließt (Wegeleuchte, Sonnenwende, -wirbel, -kraut; → Wetterblumen). Wunderbare Eigenschaften schrieb man ihr zu. Treue Liebe weckt ihre Wurzel (zumal die der selteneren weißblüh. Art) in jedem, den man damit berührt. Sie macht den Träger hieb- und stichfest oder unsichtbar, sprengt Fesseln und zieht Dornen und Holzsplitter aus der Haut. Mittags in glühender Sonne jedoch muß man sie ergraben an → Jakobi oder → Peter und Paul, heimlich und schweigend und nicht mit der bloßen Hand, sondern mit einem Goldstück oder einem Hirschgeweih. – Pfarrer Kneipp empfiehlt die W.wurzel für jede Blutrein.kur. Hindläufte heißt die Wurzel bei den Konditoren, die sie mit Zucker einmachen. Schon lange und in den l. Kriegen wieder wurden die gerösteten und gemahlenen Wurzeln als Kaffee-Ersatz (Deutscher K.) genutzt. Im 17. Jh. war dieser Gebrauch im Nordharz bekannt, seit 1790 handelten Braunschweiger und Magedburger Kaufleute mit Zichorienkaffee, und während der Kontinentalsperre (1806ff.) fand er allg. Verbr. Eine Art der W., die Endivie *(C.endivia)*, wird bes. in der krausen Abart als Salat benutzt, oft durch Lichtentzug gebleicht (Zus.binden der Blattrose). → Speis und Trank.

J. van Seynhaeve, La chicorée. 1895; Über Namenbild. u. Vglauben: H. Marzell, Wb.

Wehklage → Winselmutter.

Wehmutter → Hebamme.

W.häublein → Glückshaube.

Wehrstand → Soldat.

Wehrverbände → Vspiel, Schützen.

Weiberdonnerstag, -fasnacht → Fasnacht.

W.feiertag → Pauli Bekehrung.

W.gemeinschaft → Fasnacht, Geburt, Hochzeit.

W.leonhard → Leonhard.

W.tag, -recht, -fastelabend → Mutter.

W.zorn → Hauhechel.

Weibl. Handarbeit ist gemeinhin der Sammelbegriff für die häusl. Arbeit von Frauen und Mädchen mit Faden und Nadel (Aufnäharbeiten, → Buntstickerei, Durchbruch, Flechten, Häkeln, Klöppeln, Knüpfen, Nähen, Spitzen, Strikken). Davon zu unterscheiden ist die Arbeit, die die Frau mit dem Manne gemeinsam hat, sei es neben ihm oder in Arbeitsteilung. Ist → Spinnen fast allein Frauensache, so ist das → Weben vorzugsw. Aufgabe des Mannes. Wenn für die in Flechtwerk aufgebauten Töpfe der Steinzeit (→ Korb) noch → Flechten und Formen von Frauenhand besorgt wurde, und wenn es auch mal. Darst. von Hafnerinnen gibt, so beschränkt sich später der weibl. Anteil doch auf Hilfsdienste wie den Gebrauch des Malhorns oder das Schmücken des → Westerw. Steinzeugs durch die »Blaumädchen«. Bedeutender ist die w. H. (neben der von Kindern!) in den Glaswaren von → Lauscha (bes. in der Einfärbung des Christb.schmucks), in der → Wachsbossiererei und Docken-(Puppen-)macherei von → Nürnberg, im Spielzeug von → Sonneberg und → Seiffen oder in dem farb. »Fassen« von Möbeln und Kleingerät in → Berchtesg., → Oberamm. usw. Im bayr. Tölz war nach F. Zell das Bemalen von Möbeln »wie auch vielfach anderwärts fast ausschl. Aufgabe der weibl. Familienmitgl.«. Dasselbe gilt von den Frauen und Töchtern der → Tischler im Sudetenland. Die Ähnlichkeit von Malmustern mit Motiven w. H. in der Vk Siebenbürgens weisen auf die gleiche weibl. Hand. Ein Beispiel für w. H. ist auch die Hausind. für künstliche → Blumen in Sebnitz, der ostfränk. Siedlung (um 1300) im Sorbenland. – H. Hildebrandt wies darauf hin, daß sich w. H. oft durch maler. Sinn für Flächenfüllung unter Bevorz. geom.-pflanzl. → Ornamente auszeichnet, während der männl. Hand plast. Gestalten und auch im Ornam. das Figürl. näher zu liegen scheint. → Textilien, Stickmustertuch, Brettchenweb., Tatertöpfe.

F. Zell, Bauernmöbel, 1899; E. Lehmann, Sudetendt. Vkde., 1926; A. Spamer in:

Oberdt. Zs. f. Vkde., 2 (1928); H. Hildebrandt, Die Frau als Künstlerin, 1928; W. Borchers, Vk. im Weizacker, 1932; W. Schuchhardt, Weibliche Handwerkskunst im dt. MA., 1941; J. Fuhrmann, Flechten, Weben, Nadelarbeit. Sonderf. 1941 d. Berliner Vkde.-Mus.; Th. de Dillmont, Encykl. d. w. H.en. 1921.

Weichselzopf vom poln. *wieszczyce* = Nachtgespenst, Trude; also eigentlich ›Hexenzopf‹. Die Mahr und Hexe zaubert den W. an, eine Verfilzung des Haares, die aus Rheumatismus, Augenkrankheiten u. dgl. sich herleitet. Man hält den W. auch für gesund, ähnlich wie den → Grind.

Weide (ahd. *wîda; Salix*). Von den mehr. bei uns heim. Arten ist die Sal-W. *(Salix caprea)* durch ihre Verwendung im → Palmbusch dem Vbrauch am vertrautesten (Palmw., -felber, -katzlbaum). Im dt. O wurden drei geweihte Kätzchen verschluckt (→ Frühjahrsblumen); dann bleibt man das ganze Jahr ohne Fieber und Halsweh. Bei Sommergewittern wird mit Zweigen aus dem Palmbusch auf dem Herd geräuchert. Sagenglaube bringt die nach wiederholtem Schnitt verkropften, gespenst. Kopfw. (meist *S.alba*; Bruch-, Knackw. und *S.fragilis*; Silberw.) an feuchten Stellen mit Mahren oder Hexen in Verbindung. Als schöne Mädchen verschwinden sie im hohlen Stamm, als fauchende Katzen springen sie wieder heraus.
Die Vmed. gebraucht Absud von W.rinde gegen Erkältung, Durchfall, Rheuma und Kopfweh oder zu äußerl. Behandlung von Wunden und Geschwüren. In der Zaubermed. (→ Segen) wird die Krankheit durch Verknoten → übertragen. Aus Pommern berichtet ein altes Sympathierezept, man werde die »Salzflechte« los, wenn man dreimal vor Sonnenaufg. und nach S.unterg. eine W. aufsuche und dort den Schaden je dreimal durch eine Person des andern Geschlechts mit einem jungen W.zweig kreuzweise bestreichen lasse mit den Worten:

Die Flechte und die Weide,
die liegen in großem Streite.
Die Weide, die gewinnt,
und die Flechte verschwindt!

Dann schlang man einen Knoten in den (ungebrochenen) Zweig und ging schweigend heim.

Von mehreren W.arten – die Salw., *S.caprea*, heißt auch Pfeifenholz – schneiden die Kinder im Frühling, wenn der Saft steigt, glatte Zweigstücke für ihre Maiflöten (Pfeifchen, Salhapfiefle, Fläuten, Farze, Brummer, Huppen, Happer). Unter Hersagen der alten → Bastlösereime wird die Rinde mit dem Messerheft beklopft, bis sie sich als Ganzes vom Holzkern löst, der seinerseits für Mundstück und Stimmholz Verwendung findet (→ Flöte, Pfeife). – Über die Bed. der W. für die Vk → Flechten, Korb, Lichtenfels.

H. Marzell, Uns. Heilpfl. 1922; Hovorka-Kronfeld, Vergl. Vmed. 1. Bd.; O. Brüning, Bindew. (Wägen), W.rutentaue (Slengen) u. Peitschenstiele (Swäpentagels). Ein Beitr. z. W.rutentechnik d. Winser Elbmarsch. In: Harbg. Jb. (1965); Dt. Wortatlas XII.

Weidenaster → Dorant.

Weidling → Fährmann.

Weier, Johann. Während Jean Bodin den Hexenwahn mächtig schürte, folgte W. in dem Versuch, öffentlich für die Rechtfertigung der → Hexen einzutreten, seinem Lehrer → Agrippa von Nettesheim. W. wies auf die natürlichen Ursachen mancher »Teufelskünste« und auf die Ungesetzlichkeit erfolterter Geständnisse hin. → Hexenhammer.

J. Wier, De praestigiis Daemonum, 1563; dt. v. Joh. Füglin, Basel, 1565; A. Hauffen, Fischart-Studien. Euphorion 4 (1897).

Weiguff → Gesinde.

Weihe (Segnung, lat. *benedictio*). Durch Segensspruch, durch Bekreuzen mit der Hand des Priesters (des »gweihten Herrn«), durch Besprengen mit → Weihwasser und → Räucherung werden in der kath. Kirche Pers. und Gegenstände (Salz, Kräuter, Eier, Glocken, Fahnen, Kerzen) in den höheren Stand der W. erhoben, der dämon. Einfluß entzogen ist (→ Exorzismus). In der mod. → Liturgie wird das Segensgebet deutsch gesprochen. Wort und Begriff haben, ähnlich wie → heilig oder → Taufe, Verallgemeinerung und Profanierung erfahren. Immerhin aber wurde der für die Sowjetunion gebaute Öltanker »Leonardo da Vinci« in Genua von einem ital. Priester geweiht. Der Vertreter der S.U. erklärte, seine Regierung habe nichts dagegen (1963).

A. Franz, Die kirchl. Benediktionen d. MA 2 Bde. 1909.

Weihe d. Kräuter → Himmelf. Mariae.

Weihegabe → Opfer.

Weihenpfinztag → Gründonnerstag.

Weihermann → Wasserg.

Weihkräuter → Himmelf. Mariae.

Weihnacht(en). W.fest (mhd. *ze den wîhen nahten*). Trotz zahlr. bed. religionswiss. und vkdl. Untersuch. (von Tille, Usener, Meyer, Hepding, Kügler, Weiser, Lauffer, Lid, Keyland, Celander, Feilberg, Nilsson u. a.) auf südeurop., dt. und skandinav. Gebiet ist die Entstehung und Gesch. des germ. und christl. Wf. noch nicht endgültig geklärt. Als sicher muß gelten, daß im Wf. neben antiken und frühchristl. auch starke Spuren angestammten einheimischen Brauches u. Glaubens erhalten sind. Lily Weiser führt in ihrem Buch »Jul« für die Annahme eines vorchristlichen Toten- und Fruchtbarkeitsfestes, einer germ. Wintersonnwendfeier, folgende Gründe ins Treffen: »1. Die allgemeine europ. Spukzeit von November bis Ende Januar steht in sonderbarem Gegensatz zum christl. Freudenfest. 2. Der Versuch der Kirche, den einheimischen Aberglauben auf die von ihr bestimmten Zwölfnächte zu ziehen, ist nicht gelungen. 3. Die Einführung der langen und so strengen Adventszeit. 4. Der Geistertisch und die mit ihm verbundenen Gestalten Perchta – *matres*. 5. Das Datum des Allerseelfestes und ebenso des Nikolausfestes ist aus christlichem Gut nicht erklärbar«. Die Zurückführung vieler W.bräuche auf ein altgerm. Totenfest wurde besonders von Mogk, Helm, Feilberg, Höfler und Lauffer vertreten. In Skandinavien und vereinzelt in Pommern ist → Jul die Bez. des Mittwinterfestes. Für das südgerm., jetzt dt. Gebiet ist uns kein Name einer solchen vorchristl. Begehung erhalten. Das Wort W. tritt um 1170 bei Spervogel auf, mitteldt. nicht vor Ende des 13. Jh. In Mitteldtl. ist noch heute die Bez. Christtag gebräuchlich. Im Niederländ. gilt Kersnacht und Kerstmisse, das dem engl. Christmas entspricht. In unserem W. ist weih = heilig (→ Weihe). Das Grundwort Nacht wurde mit der angelsächs. Bez. *modra niht* ›der Mütter Nächte‹ (bei Beda, † 735) in Vergleich gesetzt; »wie mit Ostern ist auch hier ein vorchristl. Festname in den christl. Kalender übernommen« (Kluge-Mitzka, Et. Wb. 1967). Ein antiker Überlieferungszweig ragt vor allem dadurch in unser W. hinein, daß im 4. Jh. uns. Z. die Feier der Geburt Christi, die vorher mit dem Tag der Taufe (Epiphanias, 6. 1.; → Dreikönig) verbunden war, auf den 25. 12. gelegt wurde. Dadurch wirkte man dem römischen Kult des *sol invictus*, des unbesiegten Sonnengottes, entgegen und zugleich der vom Orient andringenden Verehrung des Mithras, dessen Geburtstag gleichfalls am 25. 12. begangen wurde. Damals wie später wurden hartnäckige heidnische Festgebräuche durch unmittelbare Christianisierung besiegt. Schon damals sind infolgedessen auch heidnische Jahranfangsbräuche auf das christl. W. übergegangen. Franzosen und Slawen haben sogar den römischen Namen Kalendae übernommen. Kalendenbrauch, Neujahrsbrauch, wurde auf dt. Boden in großem Umfang auf W. übertragen, als die Kölner Synode von 1310 nach römischem Vorbild den → Jahresanfang in aller Form auf den 25. 12. legte, während im frühmittelalterlichen Dtl. Ostern als Jahresbeginn gegolten hatte. Erst mit der Einführung des Gregorianische → Kalenders wurde → Neujahr wieder selbständig, wie es heute ist. Einen bedeutsamen Einschnitt in die Gesch. der dt. W. brachte endlich die Reformation, die mit manchen kath. Bräuchen auch tieferliegende, in allerdings wenig kirchlichen Aufzügen und Maskereien sich äußernde Überlieferungen traf und vernichtete. Andererseits lieh der Protestantismus dem → W.lied liebevolle Pflege (→ Quempassingen) und verhalf dem → Weihnachtsbaum zum Sieg gegenüber der in manchen Ländern, bes. in Italien, noch heute als spezifisch kath. empfundenen → Krippe. Die engstirnige u. kleinherzige Besserungsweisheit der Aufklärung zerstörte mit anderm Volksgut auch viel Brauchtum von W. Wenn wir die heutige Gestalt des Festes überblicken, sehen wir das christliche Gedankengut im Vordergrund, aber die gewissermaßen nichtöffentliche Begehung der Festtage enthüllt einen nach wie vor starken Untergrund von außerchristlichem Glauben und Brauch. Hinzuzufügen ist, daß in den letzten 50 Jahren W., zumal in den Städten, immer mehr zu einer von Handel und Gewerbe aufgepulverten Kauf-, Vergnügungs- u. Reisezeit ohne tiefere Festgedanken geworden ist. Die einseitige Betonung der Bescherung am Christbaum gibt dem Hl. Abend eine Bedeutung, die er früher nicht besaß.

Heiliger Abend, Christnacht und Weihnachtstag bilden eine Einheit, die zusammen betrachtet werden muß. Der hl. Abend ist bei Kath. auch heute noch Fast- und Vorbereitungstag. Es wurde früher Feierabend gemacht, Haus und Küche werden gesäubert. Im Lavanttal umspannten eiserne Ketten den Eßtisch, um alles blinkende Herdgerät in diesem Kreis aufzunehmen, während auf dem Tisch selbst die W.speisen standen. Im Mittelpunkt des Abends steht heute die Bescherung, die bes. in protestantischen Landen vom Nikolaustag weggenommen wurde. Nicht ein Heiliger, sondern Christus, das Christkind, sollte als Gabenbringer erscheinen. Früher war auch Christtag selbst der eigentliche Beschertag. Wie zu → Nikolaus sind auch die Gestalten des Gabenbringers zu W. keineswegs einheitlich. Neben hellen (christlichen) Gestalten stehen die dunklen dämonischen. Mehr noch als zu Nikolaus machen sich zu W. diedämonischen Erscheinungen der Mittwintertage, des → Advents, der → Zwölften od. Rauhnächte, geltend. Sie verdrängen oft ganz die Engel und das Christkind. Im Elsaß kommt das Christkind als Frauengestalt mit weißem Gewand und blonden Haaren, die eine Krone von Goldpapier mit Kerzen trägt.

Ihr Geselle ist der polternde (trappende) und kettenklirrende Hans Trapp. Im Schwäbischen ist dieser Begleiter der berußte, zuweilen in Erbsenstroh gehüllte Pelzmärte, Pelznickel, Graale oder Butzegraale, im Rheinland der Hans Muff. Auch in Süddt. und österr. Adventsspielen erscheint das Christkind als Mädchen oder junge Frau. Der Norden aber entfernt sich von dieser katholischen Engelvorstellung und denkt sich das Kintjes (Kind Jesus), den hele Christ oder den Christmann als männliche Gestalt. In Nord- und Mitteldtl. erscheint neben dem (nicht selten unsichtbaren) Gabenbringer der drohende oder strafende Knecht Ruprecht, der Ruklas, Klasbur, Bullerklas, in Schlesien der alte Joseph, in Böhmen der Teufel (neben Christus). In Reichenberg in Böhmen war auf der W.krippe das Christkind mit Wagen dargestellt. Im Augenblick der Bescherung öffnete sich der Wagen und eine goldene Hand schüttete die Gabe heraus. In Siebenbürgen kommt der Christmann in einem mit Katzen bespannten Wagen. In Österr. (Niederösterreich, Oststeiermark, Burgenland) wirft die »Budlmutter« am Christmorgen ein oder das »goldene Rößl« oder »Heißl«, bringt die Gaben, die man dann auf dem im Hof ausgebreiteten weißen Tuch findet. Das goldene Rößl will nicht gesehen werden. Wer bis mittag streng fastet, kann es wohl über den Dachfirst davongaloppieren sehen.

Wie schon von den genannten Gestalten nur wenige aus Bibel, Legende und Liturgie allein zu verstehen sind, so gehören andere ganz in den Kreis der dämonischen Schar der Mittwinternächte. Am hl. Abend jagt Frau Gode (Priegnitz, Mecklenburg) mit ihren Hunden, Frick od. Frau Harke prüft od. straft die Mägde (Uckermark). Frau Holle kommt als Alte mit grauen Haaren und langen Zähnen. In Mittelfranken beschert und straft die Mägde und Burschen eine Dämonin in Kuhhaut mit Hörnern, die furchtbare »Eisenberta« (→ Frija, Holle, Bercht, Masken). Noch in manchen Orten wird heute der Schimmelreiter angetroffen, der allein oder mit »Christmann«, »Christpuppe« oder »Aschenklaus« bes. in norddt. Dörfern auf der Straße tobt oder prügelnd und lärmend in die Häuser dringt. Bock oder Ziege, Storch, Bär, maskierte, berußte und gehörnte Gestalten begleiten ihn. Manche dieser Dämonenmasken (Klapperbock, Schnabbuck, → Erbsenbär) weisen zu den → Korngeistern u. Vegetationsdämonen, geographisch nach den skandinavischen Ländern, wo Lied und Orakelbrauch, Getränke und Festspeisen, Julgarbe, Juleber und Julbock die Erinnerung an germ. Brauchformen stärker und länger festgehalten haben als bei uns. Obwohl dem Wesen nach im Jahresbrauch bei uns öfter bezeugt, ist zumal der Julklapp in Namen und besonderer Form eine Sitte, die sich etwa aus dem Drescherbrauch (heimliches Überbringen des Strohmannes), aber nicht aus dem christlichen W. erklärt (→ Jul).

Mittelpunkt der W.-, Krippen- u. Hirtenlieder und vieler Spielformen ist die Mitternachtsmette, die in kath. Gegenden auch heute noch um 12 Uhr nachts stattfindet, sonst meist in die Morgenfrühe verlegt ist. In Böhmen bliesen der → Nachtwächter mit dem Horn und Hirten auf langen Flöten aus Birkenrinde W.lieder. Ein Dudelsack und die Vogelstimmen der Orgel begleiteten sie. Blasen oder Singen vom Turm kündigt die Mette an. »Es läutet in die Freude«, sagt der Montafoner. Während des »Schreckläutens« soll man Teufel und Hexen austreiben und dem Vieh Futter geben.

Die Bedeutung von W. als altem Jahranfang wird in vielen Bräuchen offenkundig, die die Kraft des Grüns und der Blüte in Haus und Stall, auf Mensch und Tier übertragen wollen. Der → Hirte bringt die W.gerte für Glück ins Haus. Was in England die Mistel (auch Efeu, Lorbeer, Stechpalme) ist, ist im dt. Gebiet das grüne Tannenreis. Im kärntischen Gailtal stellt der Bergbauer in der Christnacht in die schneebedeckte Hofecke ein Fichtenbäumchen ohne Schmuck. In der Steiermark stellte man an den Torsäulen des Hofes Tannenstämmchen auf, in die Stube kamen grüne Wipfel. Die blühenden Barbarazweige (→ Barbara) werden hinter dem Ofen vorgeholt. In Schlesien hing man auf W. eine ausgehöhlte Wasserrübe an die Stubendecke. In die Höhlung wurde Wasser gefüllt, so daß mit der Zeit die Blüte bis zum Fußboden herabwuchs. die Gesch. des → W.baumes, so schwer durchschaubar sie ist, zeigt uns doch (vgl. Lily Weiser-Aall in den »Volkskundlichen Gaben«, Berlin 1934), daß das glück- und fruchtbarkeitspendende Reis eine wesentliche Wurzel seiner Entstehung darstellt. Die Körner und Ähren, auch das Stroh der letzten, von der → Ernte her aufbewahrten Garbe, tritt im nord. Brauchtum mehr hervor, aber auch im schlesischen W.gestell sind zu Äpfeln und Zweiggrün Ähren und Halme der Ernte gefügt (→ Maibaum, Lebensrute). Ähnliche Gedanken verbanden sich (Westfalen, Meininger Oberland) mit den Resten des verbrannten W.klotzes. Die Reste hob man auf wie Palmbusch (→ P.sonntag) und Erntemai. Die Asche wurde aufs Feld gestreut. Die Sitte des Christ- oder Julblokkes ist auffalenderweise in Dtl. kaum noch bekannt, während sie in Europa sonst (England, Lettland, Frankreich, Portugal, Albanien, Türkei) zum festesten Bestand des W.brauchtums gehört. A. v. Gennep widmet in s. Hb. (Manuel de folklore français contemporain, Bd. 1. Teil 7, Paris 1958) der Beschr. der Verbreitg. d. »tison de Noël« über 100 Seiten. Der »Sprachatlas Italiens und der Südschweiz« enthält eine Verbreitgskarte des *ceppo natale* in Italien. Auch im Krieg wurde er gebrannt (Camporgiano, Apenninen, 1944), während in Ozzano, Val di Taro, wo dt. Landser einquartiert waren, der geschmückte »albero natale« auf dem Tisch stand. – W.feuer im Freien mit Fakkelschwingen, wie sie früher in Thüringen, Schwaben und Franken bekannt waren, sind heute wohl ausgestorben. Im Wintersonnwendfeuer leben sie da und dort mit neuer Sinngebung auf (→ Jahresfeuer).

Als Vereinigung mehrerer Festtage und als Abschluß der früher strengen Fastenzeit des Advent mußte W. erhöhte Neigung für kräftigen Imbiß und Trunk geben. Aber in vielen Eßsitten macht sich neben Totenkultgedanken auch der alte Jahranfang bemerkbar, ganz abgesehen davon, daß auch der heutige Neujahrstermin durch seine Nähe herüberwirkt. In Holstein galt der 24. 12. als ein »Vullbuuksabend«. Wer sich nicht sattißt, hat von Nachtdämonen Übles zu fürchten. Zahlenglaube und Analogiezauber (viel Körner, viel Gesundheit oder Geld) bestimmen die Wahl. Sieben- oder neunerlei Gerichte soll man essen, besonders aber solche mit viel Körnern, Schuppen usw.: also Heringe mit reichlich Rogen,

Mohnklöße, Hirse, Erbsen, Karpfen. Dem skandinavischen Juleber entspricht unser Schweinebraten. Die Dt. im Banat verzehrten am W.tag ein Spanferkel, weil es »das Glück aufwühlt«. Das Hauptmahl wird am hl. Abend vor oder auch erst nach der Mitternachtsmette (»heiliges Mahl«) eingenommen. Viele Landschaften haben ihr besonderes W.gebäck (Birnenzelten, Klötzenbrot, Hutzelbrot, Stolle usw.) und Gebildbrote, die eine Frau mit Spinnrad (Thüringen), ein Häschen (Waldeck), einen Kater (Friesland) o. ä. darstellen. Im Frankenland wie anderwärts werden noch heute die »Zwetschkenmänner« zusammengebaut. Im Osnabrückischen ist »Hasen und Vösse« zum allgemeinen Namen der W.gebäcke geworden. Die Meinung Höflers, die → Gebildbrote seien zu einem großen Teil Opfer, durch die man vornehmlich die toten Seelen versöhnen wolle, stützt sich vor allem auf die W.gebäcke. Ebenso deuten Eckstein (HDA) u. a. das schles. Festgebäck des »Käsegötzen«, den »Gott« (Tirol), die Batzenlippel, Teigaffen, Hornaffen, Nikolaushansl (Bayern), Klausmandl (Schwaben), den Pumpernickel (?), Kuchemichel, das Hansadamche usw. Späte, z. T. christl. Umdeutungen germ. Gebäcke sah man in der Geisterkutsche, dem Schimmelreiter, dem Gockelreiter, den drei Schicksalsschwestern (jetzt → Margaretha, → Barbara, → Katharina) und der Perchta (die Spinnerin der → Gebäckmodel). Sie alle gehören in den großen Kreis der W., ihre Zeit reicht von Advent über W. und Neujahr bis Dreikönig.

Im Pongau schenken die Mädchen den Burschen in der Christnacht die Scherzeln (→ Anschnitt) vom Klötzenbrot. In Oberösterr. hatte jeder Sippengenosse zum »Störilaib« der W. etwas zuzusteuern. Das erste Laibchen erhielten die Armen, die als erste am Christtag anklopften, das zweite und dritte war »Viehstör«, andere Störibrötchen in Form einer Nudel waren → Opfer für die → Elemente. Wind, Feuer und Wasser, aber auch die armen Seelen im Fegefeuer erhielten Speiseopfer. In Salzburg wurde das »Heilige-Nacht-Tüchel« auf den Tisch gelegt, darauf stellte man brennende Kerzen und Speisen, während duftende Ästchen von Eibe an Spiegel, Geweihe und Wände der Stube gesteckt wurden. Auch Füchse und Vögel, Brunnen und Bäume, besonders aber die Haustiere soll man am segenbringenden Christmahl teilhaben lassen. Neunerlei Futter oder von allen Gerichten etwas, jedenfalls viel und gut soll das Vieh zu fressen erhalten. In dieser oder ähnlicher magischen Weise die Obstbäume zum Tragen anzuspornen, ist heute noch verbreiteter Brauch. Man lädt sie zum Abendessen ein und schüttet Speisen zu ihrer Wurzel, legt Klöße, Kuchen, einen Stein oder Geld in ihre Äste, hängt Äpfel, Efeu oder Mistelkränze daran, umschlingt sie mit Strohseilen (ursprünglich wohl von der letzten Garbe), umarmt oder küßt sie, bekleidet und umtanzt sie, beschießt, klopft und schüttelt sie. In Pillersee klopfte der Bauer an die Obstbäume und sagte: »Auf, Baum! Heut ist heilige Nacht, bring wieder viel Äpfel und Birnen«. So gingen die alten Holsteiner in den Wald und riefen: »Frouwet ju, ji Böme/de hillige Karst is kamen«. Deutlich ist der Analogiezauber, wenn man den Baum küssen soll mit einem fetten Krapfen im Mund oder wenn die Dirn beim Zeltenteigkneten hinausgehen und mit teigigen Armen den Baum umfassen soll.

Die Christ**nacht** ist heilig durch die

Geburt des Heilandes, sie ist im volksgläubigen Sinn auch Geisterzeit und Neujahrsnacht. Schätze kann man durch »Kreisstehen« gewinnen, Samen von → Farn macht unsichtbar, die Christwurz verleiht langes Leben, alles Gemüse im Keller treibt Knospen, die Jerichorose (Rose von Jericho) blüht, Wasser wandelt sich in Wein, und die Tiere reden. Aber auch die bösen Geister sind frei, und man erwehrt sich ihrer nach dem Volksglauben mit Schießen und Lärmen, Läuten und Fegen, durch Vermeiden von Ausleihung oder Verkauf, durch Einhalten bestimmter Arbeitsverbote. Der Christ räuchert und sprengt Weihwasser. Die Zukunft ist aufgeschlossen, und man kann Wind und Wetter, körperliches Befinden und Schicksal aus den Träumen, aus Zwiebelschalen, aus dem Spiegel, aus dem Sternenhimmel, aus den Stimmen der Tiere erkennen. Es sind die gleichen Orakel wie in den großen Losnächten von → Andreas, → Thomas, → Neujahr usw. Wie aller Zauber sind sie nicht gefahrlos. Als ein Mädchen in der Christnacht Wasser schöpfte und sagte: »Jetzt ist das Wasser Wein«, da antwortete ihr eine Geisterstimme: »– und dein Kopf ist mein«.

Wie die benachbarten Tage manchen Brauch an W. abgegeben haben, so finden wir natürlich im umgekehrten Sinn am Stephans- und Johannistag wie an Neujahr W.gestalten und Schenksitten. Sie reichen nicht selten weit vor in den Advent. – Auf eine Umfrage des dt. Fernsehens bei 30 000 Kindern, was ihnen an W. bes. gefalle, antworteten 30 v. H.: der Tannenbaum, 21 v. H.: die Bescherung, 11 v. H.: Lieder und Gedichte (Sendg. v. 21. 12. 70). → Stephan, Johannes d. E., Unschuldige Kinder-Tag, Frisch und gsund-Schlagen, Speis und Trank, Jul, Zwölften, W.leuchter, Heckenrose, Wacholder, Ikonographie.

P. de Lagarde, Altes u. Neues ü. d. Wf. 1891; A. Tille, Die Geschichte der dt. W., 1893; Reinsberg-Düringsfeld, Das festliche Jahr, 1898²; P. Sartori, Sitte und Brauch, 3 Bde., 1904; M. Höfler, W.gebäcke. Zs. f. öst. Vkde 11 (1905) Suppl. bd.; H. Usener, Das Wf. ²1911; A. Meyer, Das Wf., s. Entst. u. Entw. 1913; M. P. Nilsson, Die vtüml. Feste d. Jahres. 1914; J. H. Albers, Das Jahr u. s. Feste. ³1917; L. Weiser, Jul. W.geschenke u. W.baum. 1923; M. Peinkofer, Waldw. ²1926; H. Mang, Unsere W. 1927; H. Kügler, Zur Gesch. d. W.feier in Berlin. Nd. Zs. f. Vkde. 8 (1930); R. Beitl, Dt. Vkde. 1933; ders., Dt. Vtum d. Gegenw. 1933; Abb. bei G. Buschan, Das dt. Volk in Sitte u. Brauch. 1922; A. Becker, Urkundl. z. Gesch. d. Wf. Hess. Bll. f. Vkde 32 (1933); A. Spamer, Die dt. Vkde. 2. Bd. 1935; ders., W. in alter u. neuer Zeit. 1937; A. L. Veit, W. im merowing. Gallien. V. u. V.tum 2 (1937); (Alle christl. Völker feiern d. Geburt d. Herrn, »aber nur d. dt. Volk hat seine ›Heilige Nacht‹, sein ›W.‹«); A. Becker, Zeugnisse z. Gesch. d. Wf. Nd. Zs. f. Vkde 15 (1937); R. Frauenfelder, Die Geburt d. Herrn. Entw. u. Wandlg. d. W.bildes v. christl. Altert. b. z. Ausg. d. MA. 1939; P. Geiger, Wf. u. W.baum. Schweiz. Arch. f. Vkde 37 (1939/40). (Übers. Darleg. d. wichtigsten Fragen); M. Pfister-Burkhalter, W.liche Gebildmodel. In: Schweiz. Vkde 31 (1940); G. Schuh u. E. Arnet, Tirggel. Ein altes W.gebäck. 1941; A. Pfleger, W. u. Christkind im alten Elsaß. Oberdt. Zs. f. Vkde 15 (1941); R. Kriss, Das Berchtesgadener W.schießen u. verw. Bräuche, 1941; O. Maler, Zur Gesch. d. W. in d. Rhön. Hess. Bll. f. Vkde 40 (1942); G. Müller, W. d. Dt., 1946; S. Struth, Das w.liche Hirtenlied, 1949; Jul, Julklapp, Julbaum: S. Belfrage, Till julklappssedens historia. Folkm. och folkt. 22 (1935); H. Celander, När firade vara förfäder jul?, ebda. 23 (1936); E. H. Andersson, Jul och julifirande i gangna tider. Folkkultur 5 (1945); M. P. Nilsson, Julen. Nordisk kultur 22, S. 14–63; G. Müller, W. d. Deutschen. 1946; A. Karasek, Zuwachs an vkdl. W.brauchtum. Bayerland, Dez.heft 1954 (→ Vertrieb.); G. Buday, The Hist. of the Christmas Card. London 1954; L. Weiser-Aall, Das W.stroh in Norwegen. Schweiz. Arch. f. Vkde 50 (1954) (Weitverbr. in Skand., Mittel-, Ost- u. Südeuropa); K. Storch, Myth. W.gestalten d. Egerlandes. 1955; E. Glöckner, Sonneberg, die Werkstatt d. W.mannes. Ms.Sonneb. 1955; R. Treuer, W.brotbacken in Pinzgauer Bauernhöfen. Salzbg. Mus. Carol. Aug. Js. 1956; W. Hartke, Über Jahrespunkte u. Feste, insbes. d. Wf. 1956; K. Onasch, Das Wf. im orthod. Kirchenjahr. Lit. u. Ikonogr. 1958; E. Burgstaller, Braucht.gebäcke u.

W.speisen. 1957; A. L. Shoemaker, Christmas in Pennsylvania. Kutstown 1959; J. Dünninger, Fränk. W.zeugnisse aus alter u. neuer Zeit. In: Frankenld. 12 (1960); T. Vuorela, Joulnoljet (W.stroh). In Scripta ethnol. 3. Turku 1960; W. Escher, L. Weiser-Aall u. R. Wildhaber, W.zeit. Bern 1960 (Zur Ausst. »W.braucht. in Europa«, Basel 1960); E. Kisbán, Bem. z. Verbr. d. Früchtebrotes in Ungarn. Ethnographia 32 (Budapest 1961); J. Weber-Kellermann, Herrscheklas u. Herrschedame. Fraenger-Fs. 1960; N. Kuret, Der W.block b. d. Slovenen. Schweiz. Arch. f. Vkde. 57 (1961) u. in: Alpes orient. 3 (1961); U. Riemerschmidt, W. Kult u. Brauch – einst u. jetzt. 1962. (Volkst. Darstellg., gut illustr.); O. Lurati, »Natale« nella trad. della Svizzera Italiana. Schweiz. Arch. f. Vkde 62 (1966); R. Kriss, Die W.schützen d. Berchtesg. Landes u. ihr Brauchtum. 1966. (Fortsg. d. 1. Teils von 1941. 1. Erwähng. u. Verbot d. Wsch. 1666); G. Hess-Haberlandt, Zur Krippe her kommet. Ein W.buch usw. 1965 (N.österr.); H. Sieber, Morgen, Kinder, wird's was geben, Ein sächs. W.buch. 1966; M. Wissor, 90 Jahre Stadt Mödling. Öst. Zs. f. Vkde 70 (1967) (Wandel d. Mittwinterbräuche. Nikolo u. Krampus); Kartogr.: ADV II–IV. Bringer d. Geschenke, Bez. d. 24. u. 31. Dez., W.speisen, W.gestalten; ÖVA II. W.grün. Komm. v. R. Wolfram; ASV 154–156 Bescherung wann? (W., seltener Neujahr: Westen u. Tessin). Wer? (Christkind; Chalande: Genf; Père Noël: Wallis; Dame de Noël: Neuenbg.; Bon enfant: Waadt; Re Maggi: Tessin neben Bambino Gesù; Befana: selten Tessin u. Graubünden; Mutti: Bern. – Bescherg.: Einwerfen, Einlegen, durch den cheminée. – 160 W.klotz.

Weihnachtsbaum, Christb. Auf jüngeren bildl. Darst. können wir Martin Luther im Kreise der Seinen unter dem lichterbesteckten Tannenbaum Weihnachten feiern sehen, ohne daß dies dem allgemeinen Gefühl widerspräche; denn ohne den W. können wir uns dieses Fest nicht mehr vorstellen. Und doch ist der C. von heute ein recht junger Brauch. Erst im 19. Jh. wurde er allgemein; vor dem 17. Jh. aber finden sich keine Zeugnisse über den W. in seiner heutigen Gestalt. Die erste Beschreibung eines weihnachtlichen Tannenbaumes enthält die Schilderung einer elsässichen Reise aus dem Jahre 1605: »Auf Weihnachten richtet man Dannenbäum zu Straßburg in den Stuben auf, daran henket man Rosen aus vielfarbigem Papier geschnitten, Äpfel, Oblaten, Zischgold, Zucker usw. Man pflegt darum einen viereckent Rahmen zu machen und vorn ...« – der Rest ist verstümmelt. Trotz mangelnder unmittelbarer Zeugnisse gehören die Anfänge des W. zweifellos ursprünglich in den Vorstellungskreis der sogenannten → »Zwölften«, welche die Zeit von Weihnachten bis zum Dreikönigstag (6. 1.) umfassen. Daher kommt es, daß er noch heute am heiligen Abend aufgestellt wird, das Neujahrsfest meist überdauert und man ihn mit wenigen Ausnahmen erst am Dreikönigstage »plündert«, wie bereits um 1600 in Schlettstadt im Elsaß Tannenzweige als »Weihnachtsmeyen« am Christabend in den Stuben angebracht und mit Äpfeln und Schmuck behangen, unberührt an ihrem Platze blieben, bis den Kindern am Dreikönigstage erlaubt wurde, sie zu »schütteln« (Becksche Chronik). Ursprünglich dürfen diese Zweige wohl als das pflanzliche Wintergrün angesehen werden, das man allenthalben in Dtl. an Fenstern und Spiegeln oder als → Deckengehänge in den Stuben anbrachte, ein Brauch bes. zu → Neujahr, den der Moralist Sebastian → Brant 1494 in seinem »Narrenschiff« tadelt:

Vnd wer nit etwas nuwes hat
Vnd umb das nuw jor syngen gat
Vnd gryen tann risz steckt in syn huß,
Der meynt, er leb das jor nit uß.

Gesundheit, Wachstum, Fruchtbarkeit in Haus, Stall und Feld wollte man so sich sichern, wie man auch Körner der letzten Garbe zu Weihnachten Mensch und Tier in die Nahrung mischte. Dazu mochte sich zuweilen die Absicht gesellen, den bösen Geistern zu wehren, die um die Jahreswende ihr gefährliches Wesen treiben. Demselben unheilabwehrenden Zwecke dienten brennende (geweihte) Lichter und Räucherungen. Aus ihrer Verschmelzung mit dem wintergrünen Baume ist schließlich der W. entstanden. In den heute noch gebräuchlichen Volksnamen des W. kommen diese verschiedenen Entwicklungslinien und Bedeutungen zum Ausdruck: Christ-, Christkindchen-, Kindchens-, Lichter-, Rosinen-, Nuß-, Hassel-, Äppel-, Zukker-, Schmuck-, Putz-, Metten-, Jul-, Tannen-, Buchs-, Buschbaum; Busch, Christbusch, Christmaien). Neuere Unters. (W. Krogmann 1962, R. Wolfram 1965, L. Schmidt 1966) bestätigen die Zus.hänge mit älterem Brauch. Krogmann bez. den W. als »Ableger des Neujahrsgrüns, der dann die Stammform weit überflügelt hat«. Die Voraussetzung für diese Entw. sei der allg. Mittwinterglaube und die zeitweise Geltung von Weihn. als → Jahresanfang gewesen. In seiner Erläut. der Karte W. im ÖVA II (1965) sieht Wolfram die Vor- und Nebenformen des W. in Wintermaie und Weihn.grün (Schlehdorngehänge, Neujahrsbäumchen, hängender W., der Baum im Freien auf Bauernhöfen, der »Bachlboschen«), die auch in jüngstem Brauch leb. sind (W. auf Gräbern, der »Baum für Alle« auf Straßen und Plätzen, der Futterbaum für Vögel u. Ä.). → Barbara, Andreas, Lebensbaum..

H. Tardel, Der W. für alle. Niederdt. Zs. f. Vkde 10 (1932); O. Lauffer, Der W. in Glauben u. Brauch, 1934; ders., Neue Beitr. z. Gesch. d. W. Zs. f. Vkde. 44 (1936); L. Weiser-Aall, Z. Gesch. d. W.; J. Meier-Festschr. 1934; dies., Neue Beitr. z. Gesch. d. W. Nd. Zs. f. Vkde 16 (1938); (Ausgehend von O. Huth, Der Lichterbaum, 1938); R. Bauerreis, Arbor vitae. Der Lebensbaum u. s. Verw. in Liturgie, Kunst u. Brauchtum d. Abendlandes, 1938; P. Geiger, W.fest u. W. Schweiz. Arch. f. Vkde 37 (1939/40); H. Hepding, in Hess. Bll. f. Vkde 38 (1940); (Bezweifelt Huths Nachweis eines germ. Lichterbaums, ist aber mit Weiser-Aall der Meinung, »daß der W. von den Maien u. Festbäumen der übrigen Jahresfeste nicht zu trennen ist«. »Mit dem Christentum hat der W. an sich nichts zu tun.«); F. Mößinger, Babenhäuser W.e im Jahre 1527. Hess. Bll. f. Vkde 39 (1941); K. E. Fritzsch, Der W. in Sachsen. SpamerFs. 1953; L. Weiser-Aall, Juletreet i Norge. Oslo 1953. (Der aus Dtl. stammende W. verdrängte durch »den Erlebniswert und die Symbolkraft« im 19. Jh. ältere heim. Weihn.bräuche); L. Schmidt, Der weihn. Schlehdorn im Burgenland. Bayer. Jb. f. Vkde. (1955); E. Glöckner, Spielzeug u. C.schmuck. Ms. 1956; F. Prodinger, Beitr. z. C.forschg. in Salzburg. In: Sbg. Mus. Car.-August., 1962; W. Krogmann, Die Wurzeln d. W. Rhein. Jb. f. Vkde. 13/14 (1962/63); L. Schmidt, Der hängende W. Öst. Zs. f. Vkde 66 (1963); ders., Vglaube u. Vbrauch. 1966; R. Wolfram, C. u. Weihn.grün. Komm. zu ÖVA II. 1965; C. A. Skriver, Der W. Gesch. u. Sinndtg. 1966; Kartogr.: ADV II Bez. d. W. – ÖVA II Weihn. grün; W. Zeit der Einführung. – ASV 157–160 Vor 1900 allg. im NO. Heute noch selten im S (Genf–Wallis-Tessin). W. in der Kirche vor 1900 kath. selten, reform. häufig.

Weihnachtsblume, -rose → Rose v. Jericho.

W.gerte → Weihn., W.baum.

W.klotz → Weihn.

W.krippe → Krippe.

Weihnachtsleuchter, -gestell, -pyramide. Gewiß schon viel früher als die Kerzen am → W.baum zufällig bezeugt sind, wurden in der Winternacht zur Feier des Festes, auch nach dem Vorbild der Kirche, Lichter aufgestellt. Im O vertreten Wl. z. T. den Baum. Während die erzgebirg. W.krone, die »W.spinne«, wohl auf ältere → Hängeleuchter aus Kupfer oder Zinn zurückgeht, stammen die heute so beliebten Leuchterengel und kerzentrag. Bergmänner aus Leben und Kunstschaffen der sächs.-erzg. Landsch. (→ Seiffen). Ihr Alter ist unbekannt. Stilist. lassen sie sich bis in die Mitte des 18. Jh. zurückverfolgen. Aus dem gleichen Kreis stammen die Räuchermännlein (Bergmann, Hamburger Zimmerm., Türke, Chinese, Schornsteinf., Vogelhändler aus Tirol u. a.).

Lichtträger sind oft auch die Wg., deren Kennz. jedoch grünes Reis und Früchte sind, darin dem W.baum verwandt und ihn manchmal vertretend. In Ostfriesl. und Hann. (Hümling) ist die sogen. Tunschere ein Wg. das aus mehreren vom Zaun geschnittenen (»geschorenen«), hufeisenförmig gebogenen Ruten und einigen senkr. Holzstäben, auf die Äpfel gespießt werden, besteht. Ruten und Stäbe sind mit bunten Papierschnitzeln bekleidet, die das Grün ersetzen. Der auf der Insel Hiddensee gebräuchl. Bügelbaum hat als Mitte einen Holzstab, an dem oben zwei kleinere und unten, im r. Winkel dazu, zwei größere Reifen befestigt sind. Sie sind mit Papierschnitzeln bekleidet und mit Kerzen, figürl. Backwerk und Süßigkeiten geschmückt. Die Spitze trägt ein Fähnchen.

Im schles. Riesengeb. ist der W.- oder Putzapfel ein bekanntes (1970 auf westdt. Märkten und in Blumenhandl. wieder auftauchendes) Festsymbol: ein auf drei oder vier Holzstäbchen, die die Beine bilden, gespießter Apfel, an dessen Oberseite immergrüne Zweige, Holzstäbchen, manchmal auch kleine Kerzen angebracht sind. Die in den Städten neuerdings verkauften Gestelle aus Tannengrün, Stechpalme und Mistel haben mit den vtüml. Formen vielleicht keine unmittelb. Bez., entstammen aber dem gleichen Grundgedanken: Immergrün und Licht.

Die W.pyramide (Berlin: Perchtamide) hat einen vier-, selten mehreckigen Untersatz, von dem vier Stäbe p.förmig bis zu 1 m hoch nach oben laufen. Sie sind mit bunten Papierschnitzeln oder mit Wintergrün (Berlin: Buchsbaum, Kiefer; Hamburg: Tanne) dicht umwunden. Kerzen, Papierblumen, Rauschgold, Zuckerzeug und figürl. → Gebildbrote, an der Spitze eine Fahne, schmücken die Wp. In Hamb. zeigte sie einen Garten mit Figuren. Dieser Gedanke ist weiterentw. in den Wp. des Riesen- und Erzgeb., wo die unterste und oft die mittl. Ebene die Verkündigung Mariae, die Krippenszene, Bergleute, Schäfer und Reiter tragen. An die Stelle von Grün und Naschwerk tritt in dieser Landsch. der Schnitzer ganz die Kunst in Holz. Ein großes Flügelrad an der Spitze bringt im Aufwind der Kerzen die Mittelachse und damit die Spielebenen in Drehung. Die Wp. ist meist stehend, selten hängend bekannt. Die Einführung der Stuckdecke im 18. Jh. verdrängte diese Sitte, die an den hängenden W.baum erinnert. H. Kügler wies die Wp. in Berlin für die Zeit um 1800 nach, in Hamb. ist sie nach B. Goos um 1825 bezeugt. Da sie damals nicht als Neuerung angesehen wurden, sind sie sicher älteren Ursprungs. Auch in Pommern (Kr. Regenwalde: hängende Wp.), Mark Brdbg, Vogtland und Schlesien (Breslau noch 1917) war die Wp. Brauch. Gelegentl. wird sie heute (Berlin) wieder nachgebildet und steht dann, wie urspr., an Stelle des W.baums.

H. Kügler, Zur Gesch. d. W.feier in Berlin. Nd. Zs. f. Vkde. 8 (1930) S. 121–179; B. Goos, Erinnergn. 1907; E. M. Wallner, Der Wl. Rhein. Jb. f. Vkde. 2 (1951); J. Hanika, Kegel- u. Pyr.formen als br.tüml. Symbole d.

Wachstums. Bayer. Jb. f. Vkde. (1951); E. Karasek, Pfefferkuchen, Masken, Pyramiden. 1969; Vgl. Lit. unter W.baum.

W.mann → Nikolaus.

W.schießen → Weihn.

W.spiel → Vschauspiel.

Weihnachtsspiel(e). Im Gegensatz zum Brauchtum der Weihn.zeit fand das Christentum nachhalt. Niederschlag in den W., die da und dort zu eigentl. Dramen und kleinen Oratorien sich entwickelt haben, weit öfter aber noch als einfache Umzüge, Szenen und kurze Dialoge weiterleben. Aus der Verehrung des Erlösers in der → Krippe erwuchsen im 11. Jh. Spiele, die in den Szenen des Kindelwiegens und des Sternsingens auf die W. noch der jüngsten Zeit (Jugendbewegg. u. Laienspiel) hinweisen. Das St. Gallener W. vom Ende des 13. Jh. ist das älteste ganz erhalt. dt. W. Ältere W. in lat. Sprache stammen aus Frankr. und Dtl. Zuerst waren Kleriker die Darsteller, seit dem späten MA. nahm das Volk teil oder führte die W. allein auf. Das W. in Renaiss. und Barock erforschten in letzter Zeit bes. A. Dörrer, L. Schmidt, L. Kretzenbacher und H. Bausinger, der übrigens auch das alte Vorurteil wiederlegte, daß das W. in alem. Landschaft keine Heimat hätte. An Beisp. aus dem Grenzland hat B. Schier das Leben des W. in Wandlung, Verschmelzung und Kreuzung von Spieltypen und -texten, im Anteil von Einzelspieler und Spielgemeinschaft, im Widerspiel von äuß. Form und inn. Auffassung, im Wechsel von Schriftsprache und Mundart, von Wort und Lied, von Ernst und naiver Komik ein echtes und eindringl. Abbild desVlebens gezeichnet. Neuen Formen des W., auch im Vereinstheater, sind H. Bausinger und A. Karasek-Langer nachgegangen. Die im Gegensatz zu and. geistl. Schauspielen (→ Passions-, Osterspiel) größere Volksnähe des W. erhielt es in den kath. Landschaften z. T. bis heute. Von den alten Themen (Geburt Christi, Anbetung der Hirten, Bethlehem. Kindermord, Magierspiel, Flucht n. Ägypten) blieb bes. das Krippenspiel der Hirten vtüml. In den weiteren Kreis der W. gehören Advent- und Nikolaus-, Propheten- und Apostelspiele. Lit. über das heutige W. bei Kretzenbacher, L. Schmidt, Bausinger.

K. Weinhold, W. u. -Lieder aus Süddtl. u. Schlesien. [2]1875; A. Hartmann, Weihn.lied u. W. in Oberbayern. 1875; Fr. Vogt, Die Schles. W. 1901; W. Stammler, Das rel. Drama in dt. MA. 1925; L. Schmidt, Adventsspiel u. Nikolausspiel. Wiener Zs. f. Vkde. 40 (1935); ders., Formprobleme d. dt. W. 1937; B. Schier, Die Hirtenspiele d. Karpatenraumes. 1943; A. Dörrer, Paradeisspiele aus der Bürgerrenaiss. Öst. Zs. f. Vkde 51 (1948); (W. der Bergknappen und Huterischen Brüder); A. Karasek-Langer, Die Wiedergeburt d. W. a. d. Zeitwende. In: Christ unterwegs 5 (1951); L. Kretzenbacher, Frühbarockes W. in Kärnten u. Steierm. 1952; H. Bausinger, W. Müller, J. Lanz, W. Kutter, Schwäb. W. 1959. (Sternsinger, Klosterspiele); L. Schmidt, D. dt. Vschausp. 1962; A. Karasek-Langer, Herk. u. Entw. d. Adventspiele. Bayer. Jb. f. Vkde (1963) (Karte, Lit.); K. J. Schröer, Über d. Oberuferer W.; hg. v. H. Sembdner. 1963; ders. u. R. Steiner, Die O. Sp. [3]1965; F. H. Schmidt, Forschungen usw. 1963; B. Schier, Die W. d. böhm. Riesengeb. Rhein-westf. Zs. f. Vkde 14 (1967); P. Simhandl, Bühne, Kostüm u. Requisit d. Paradeisspiele 1970.

Weihwasser → Salz, Wasser, Karsamstag.

Wein, W.bau. Cäsar und Tacitus berichten von bedeutender W.einfuhr aus dem Süden nach den germ. Ländern. Doch schon im 2. Jh. n. Chr. ist an Rhein und Mosel Wb. eingebürgert. W. galt bald als das Getränk des Vornehmen. So trinkt Odin in Walhalla W., die kampfgefallenen Helden aber Met. Noch in fränkischer Zeit aber gab man zuweilen den einheimischen Getränken, Met und Obstwein, den Vorzug. Auf Hausbau (Kellerhäuser,

Keltern), auf Wirtschaftsform (Flurzwang, Geräte), auf festlichen Brauch und Glauben (Winzerfeste, W.ernte), nicht zuletzt auf Sprache und Lied übt der Wb. so tiefgehenden Einfluß, daß von W. H. Riehl (Die Pfälzer) bis A. Heusler die W.landschaften im starken Kontrast zu anders bedingten oder, was meistens der Fall ist, wirtschaftlich nicht so ausgeprägten Gegenden gesehen werden. Heusler bezieht eddische Spruchweisheit z. B. bedingt auf die dt. Verhältnisse, indem er sagt: »Beim heutigen dt. Landvolk, zumal an der Küste und im Gebirg, da, wo die Stadt wenig einwirkt und kein W. wächst, trifft man jenen Sagaton so unverkennbar wieder, daß wir da nicht an Nurnord. glauben.« Ein Vergleich z. B. der Gemütsart des Rheinländers mit dem Österr. der Wachau dürfte, sinnvoll durchgeführt, solche Anschauungen bestätigen. Über den Wb. als bes. »Lebenskreis« vgl. A. Haberlandt, Taschenwb. d. Vkde. Österr. (Urwuchs und Anbau, Arbeit, Brauch, Ernte, Pressen und Einkellern, Kelterhäuser, Heurigenschank, Weinführen). In Würzbg. wird im Herbst der »Tag d. Winzer u. Bauern« mit W.probe, W.liedersingen und Schaufensterwettbewerb gefeiert (1962). – Reichhaltige W.museen: Krems a. d. Donau; W.mus. Schlumberger (Wien-Döbling); Südtiroler W.mus. a. Kalterersee, Schloß Ringberg, seit 1955; in der Pfalz in Speyer und auf Hildebrandseck bei Königsbach. 1950 wurde das franz. W.baumuseum in Beaune (südl. von Dijon) eröffnet. Die Markgräfler-Stadt Müllheim hielt 1962 ihren 80. »W.markt« ab. In London besteht seit über 600 Jahren ein Verein d. W.händler. – Im Volksglauben ist die Bedeutung des W. weitgehend bestimmt durch seine Verwendung im christl. Kult. Der geweihte W., der Johannisw., der im Meßopfer konsekrierte W. und der für das → Abendmahl bestimmte W. sind wunderkräftig, heilsam und werden auch in Orakeln benützt. → Minnetrinken, Johannes d. E., Martin, trinken, Bier, Branntwein, Alkohol, Speis u. Trank, Stadt, Winzer.

L. Hörmann, Der tirol.-vorarlbg. Wb. Zs. d. Dt.-Öst. Alpenver. 1906; F. Tumler, Herkommen u. Terminol. d. W.bauers im Etsch- u. Eisacktal. 1924; F. v. Bassermann-Jordan, Gesch. d. Wb. 3 Bde., 1923²; A. Maurizio, Gesch. d. gegorenen Getränke, 1933; L. Pfleger, Die elsäss. W.patrone; V. u. V.tum, 1937; H. Plöckinger, Das Kremser W.museum; ders., V.kunst und Brauchtum d. Winzer in Niederdonau, 1940; H. Honold, Arbeit u. Leben d. Winzer an d. Mosel, 1941; P. Riede, Der Wb. östl. d. unt. Neckars usw. Diss. Tüb., 1947; M. Bauer, Wb. – Fragebogen f. d. Burgenland, 1949; W. Weber, Die Terminologie d. Wb. usw. Bd. 1, 1949 (Schweiz); E. Alanne, Die dt. Wb.-Terminologie in ahd. u. mhd. Zeit. Helsinki 1950; H. Grünn, Wb.-Vkde. (bes. Niederösterr.). Diss. Wien 1951 (Arbeit im Jahreslauf, Presse, Keller, Fässer, Relig. Brauchtum, Weinlesefest); G. Schreiber, Zur Symbolik, Sprache u. Vkde. des W. Spamer-Fs., 1953; M. Mayer, Der mal. W.bau im Nordtiroler Unterlande. 1952; M. Bauer, D. Wb. d. Nordburgenl. 1954; M. Hilpert, Von Häckern u. Winzern am Maindreieck. 1957 (W.berg, -stock, -bau, -ernte. Brauch u. Sprache); G. Schreiber, Der W. u. d. Vtumsfg. Rhein. Jb. f. Vkde 9 (1958); E. F. Weiss-Bass, W.gewerbe u. W.leutezunft im alten Basel. 1958; J. Leskoschek, Die Brudersch. d. Hauer zu Leibnitz. Bll. f. H.kde. 35 (1961); Ch. Parain, Vorindustr. Pressen u. Keltern. Dt. Jb. f. Vkde 8 (1962) (Westeuropa); G. Schreiber, Der W. als Heiltrank. Rhein.-westf. Zs. f. Vkde 9 (1962); F. Schunko, Von d. W.hütern in Perchtoldsdorf. Öst. Zs. f. Vkde 66 (1963) (Jahr 1962); F. Thiel, Aus d. Sprachschatz d. n.öst. W.hauers. ebd.; H. Jung, Traubenmadonna u. W.heilige. 1964 (Abb.); H. Kühnel, Das Wb.mus. in Krems. 1965; R. Weinhold, Winzeraufzüge, Dt. Jb. f. Vkde 11 (1965) (16.–19. Jh. Sachsen); ders., Rebmesser u. Kelter. ebd. 12 (1966); W. Lutz, Die Gesch. d. Wb. in Würzburg. 1965 (Bis 1900); M. Ladurner – Parthanes, Vom Perglwerk zur Torggl. Arbeit u. Gerät im Südtiroler Wb. 1972. Kartogr.: ASV 77/78 Bräuche vor u. bei Beginn der W.lese. Feste während d. W.lese (Mahl, Tanz, Umzug).

Weinen → Lachen.

Weingartner Blutritt → Flurumgang.

Weinglocke → Alkohol.

W.hansl → Joh. d. Ev.

W.kauf → Gesinde, Kauf.

W.kraut, -raute → Raute.

W.rose → Rose v. Jericho, Frauenkräuter.

Weise Frau → Hebamme.

weiß. W. war und ist bei vielen Völkern die Farbe des kultischen Kleides u. Symbol der Unschuld, Jungfräulichkeit u. → Keuschheit. Je näher die Gestalt des Wiedergängers, der armen Seele, der w. Farbe kommt, desto näher ist sie der Erlösung aus dem Fegefeuer. Nach Strabo trugen die weissagenden Frauen der Kimbern w. Gewänder. Bei Wallfahrten entsprachen früher w. Gewänder einem strengeren Gelübde (Egerland). In der Kleidung der Priester und Ordensleute begleitet W. das Schwarz, im Gottesdienst überwiegt jenes. Das W. ist das Reine, Zaubergefeite. Bei der Aussaat trägt man w. Kleidung. Der → w. Sonntag ist der Tag der w.-gekleideten Erstkommunikanten. Auch in der Prozession (→ Fronleichnam) ist W. die Kleidung der Mädchen und Jungfrauen. → Schäppelmädchen, Trauertracht, weiße Frau, Albinismus.

Weissagung → Wahrsagung, Lehninsche W., Lichtenberger.

Weißbrot → Speis u. Trank.

Weißdorn (Christ-, Mehldorn; *Crataegus oxyacantha*). Der 2–5 m hohe, dornige Strauch mit weißen Blüten wächst wild, dient als Einfriedung (Hagedorn), liefert äußerst hartes Drechselholz und wird von den Kindern der roten, eßbaren Früchte wegen aufgesucht, die sie Mehlfäßchen oder Möllerbrod nennen. Das Aufblühen des W. wird für Ernteorakel gewertet (→ Schlehe).
H. Marzell, Wb.

Weiße Frau. Ein Bub in Tschagguns (Montafon) gab etwa 1930 die Auskunft, die »Bütz«, die auf der Mauer des Weihers sitzen, seien bei Tag schwarz, des Nachts aber weiß. Als Kontrastfarben zum Licht und zum Dunkel und zu jeder Farbe überhaupt sind → weiß und → schwarz psychologisch die gegebenen Farben besonderer, geheimnisvoller und dämonischer Erscheinungen. In vielen Fällen wird die w. F. nichts anderes sein als das Gespenst, der Totengeist. Es ist auch ein in Armen-Seelen-Sagen immer wiederkehrendes Motiv, daß eine erlösungsbedürftige oder halb erlöste Gestalt halb schwarz und halb weiß erscheint (die w. F. hat schwarze Handschuhe). Wie etwa die häufigen feurigen Erscheinungen der Sage im → Irrlicht oder im → Feuermann eine besondere, in diesen Fällen auch landschaftlich faßbare Prägung erfahren haben, so ist nicht zu leugnen, daß die »w. F.« als solche in Mitteldtl. besonders häufig genannt wird und ferner im städtisch-bürgerlich und oberschichtlich beeinflußten Glauben an die weiße »Ahnfrau« in Schlössern und Burgen (Berlin, Ansbach, Bayreuth usw.) etwas wie ein festes Sagenmotiv geworden ist.
Neben dieser w. F. als Totengeist nun weisen andere Vorstellungen und Sagen doch auf ältere mythische Zusammenhänge und auf dämonische Frauen wie → Bercht oder → Holle hin. Diese w. F. ist gütig, schenkt – gleich dem Kehrichtlohn (→ kehren) der Feen – Flachsknoten, die sich in Gold verwandeln. Zur Mittagsstunde (→ Mittagsgeister) erscheint sie und geleitet den Begegnenden in ein Zauberschloß. Wie eine gute → Fee kündet ihr Erscheinen Glück oder Kindersegen. Auch zu dritt kommen sie (→ drei heilige Frauen). In

Thüringen heißt es, die w. F. hilft beim Melken, die Hirten erhalten Brot, das nicht weniger wird. Wie Bercht, Holle oder → Luzia straft sie Vorwitz und böse Tat und kann sich wie jene zu schreckender Gestalt verwandeln (→ Schreckgestalt). In Westfalen gilt sie als Begleiterin des Hackelberg (→ Wilde Jagd). Der w. F., der Urschel (Orschel, Horsel) schreibt man in Mittel- und Süddtl. dämonische Macht zu. W. F. sind auch die → Nachtfrauen, die im »Nachtfräuleinsloch«, in einer → Höhle bei Pfullingen in Schwaben hausen. Wer vorübergeht, wirft einen Stein hinein mit den Worten: »Wir wollen den Nachtfräulein auch ein Opfer bringen«. Wer dies versäumt, hat Unglück zu gewärtigen. Züge der Holzfrau, der → Waldgeister und → Korngeister trägt die w. F., von der man als »hl. Walpurga« (→ Walpurgis) in Niederösterr. erzählt. Sie ist ausgestattet mit Spindel und feurigen Schuhen und auf wehendem Haar trägt sie eine goldene Krone. Um die Zeit der → Ernte oder in den neun Nächten vor dem 2. Mai (→ Maitag) wird sie vom wilden Heer gehetzt. Wie die Holzfrau flieht sie ins Saatfeld oder läßt sich in die letzte Garbe einbinden. – Trotz dieser altartigen Züge wird man die w. F. nicht mit germ. Göttinnen in unmittelbare Verbindung bringen können. Der Satz in Wuttkes »Volksaberglauben« stammt aus einer überwundenen Zeit der Mythenforschung: »Wenn eine w. F. in Luschtenitz in Böhmen erscheint, so rasselt es, als ob ein Bogen Papier gerüttelt würde, das deutet sichtlich auf d. Wolkengöttin« (S. 31). → Hörselberg.

J. Grimm, Dt. Mythologie; M. Wähler, Die W. F., Vom Glauben des Volkes an den lebenden Leichnam, 1931.

Weißer Sonntag. (lat. *dominica in albis*). In kath. Landsch. heute Bez. des Sonntags nach Ostern, an dem die erste hl. Kommunion erteilt wird. In der alten Kirche erschienen an diesem Tag die zu Ostern Getauften nocheinmal in ihren weißen Taufkleidern (Alben). Im Lechrain war er neben Georgs- und Maitag einer der drei → Freinächte. In Schwaben wurde am W. S. ein spätes → Osterfeuer mit Scheibenschlagen veranstaltet. Auch andere Sonntage wurden vereinzelt W. S. genannt: der → Funkensonntag im Allgäu und der Sonntag 14 Tage vor Ostern (am Drömling).

F. H. Schmidt, Kirchenkonv. prot. In: Württ. Jb. f. Vkde 1965/69.

W.sucht → Gelbsucht.

W.wurz → Salomonssiegel.

Weistum (ahd. *wîstuom*). W. urspr. gleichbed. mit ›Weisheit‹, bez. seit dem 14. Jh. die vom Sprecher der Orts- oder Gerichtsgemeinde in formelh. Sprache auf Grund des im Volke leb. → Rechts gegebene Darlegung (Weisung, Ordel, Öffnung; in Süddtl. auch Ehaftrecht von ehehaft, im allg. soviel wie ›rechtsgültig‹). Seit dem 13. Jh. wurden solche Sätze und Urteile aufgez. Bes. Süd- und Westdtl. besitzt viele Slgn. Die Mehrzahl W.tümer erscheint zuerst bei Justus Möser 1780.

J. Grimm, W.er (Bd. 1–4, 1840–63; Bd. 5–7, bearb. v. R. Schröder, 1866–78; [2]1957); W.er der Rheinprovinz. 2 Bde 1900–13; H. Baltl, Die österr. W.er. 1951 u. 53; R. Schröder, Lehrb. d. dt. Rechtsgesch. [6]1922; J. Trier, Der dt. Wortschatz im Sinnbezirk d. Verstandes. 1931.

Weizenbraut → Erntefest.

Wellerismus → Beispielsprichw.

Welschnuß → Walnuß.

Weltenbaum, -esche → Lebensbaum.

Weltentstehung (Kosmogonie = W.lehre). W. Wundt sagte: »Es ist uns keine noch so dürftige Form des Mythus bekannt, in der nicht Spuren einer K. enthalten wären« (Völkerpsych. II. 1, 609). Sagen über W. sind seltener als solche über den → Weltuntergang oder andere Naturkatastrophen (Verschüttung, Überschwemmung). Die mythische Ausmalung des Vergangenen wird im Volke meist von pessimistischer Zukunftsschau verdrängt. Den eddischen W.mythus können wir kaum als volkstümlich, aber auch nicht mit E. H. Meyer als lediglich christlich-babylonisches Überlieferungsgut bezeichnen. Im MA. leben wohl noch Vorstellungen der germ. Zeit, aber herrschend ist die christl. Lehre von Schöpfung und → Jüngstem Gericht. Neue selbständige Sagen über W. und Weltende haben sich im MA. und Neuzeit bei uns nicht gebildet.

E. H. Meyer, Eddische Kosmogonie, 1891; H. Schlieper, Die kosmog. Mythen d. Naturvölker. Diss. Bonn, 1931; E. Nöth, Weltanfang u. W.ende in d. dt. V.sage, 1932; K. Helm, Weltwerden u. Weltvergehen in altgerm. Sage, Dichtung u. Religion. Hess. Bll. 38 (1940).

Welthund → Hund.

Weltkrieg → Soldat, Jahresfeuer, Vbrauch, -tanz.

Weltuntergang. Perser, Juden, Christen und Mohammedaner haben Vorstellungen vom W. entwikkelt, bei dem Götter den Sieg davontragen über die feindlichen Mächte. Vor dem W. als Götterkampf ist ein Kampf zwischen dämonischen Riesen, Unholden und noch früher ein furchtbares Naturgeschehen als Vorstufe dieses Glaubens anzusetzen. Auch die → Edda zeigt Spuren der frühesten Stufe, die noch keine »religiöse« Auffassung darstellt. Das Besondere der nordisch-germ. W.vorstellung ist aber der gegenseitige Vernichtungskampf. Ragnarök ist das »Götterverhängnis«. Die Götter sterben. Ihr Tod ist Sühne. W. ist ein Übergang in eine vollkommenere Welt, nicht Erlösung im christl. Sinn. »Es bezeugt einen schwermütigen Ernst am Grunde der nord. Seele, daß man alles für vergänglich hält . . . Gegenüber der sittlich-strafrichterlichen Beleuchtung d. Morgenländer haben wir hier die kriegerisch-heroische« (Heusler). Der spätere Volksglaube ist dagegen stark von christlichem Glauben und von Aberglauben bestimmt. → Antichrist, Apokalypse, jüngstes Gericht, Jenseits, Schlacht, Schlange, Elias, Leonhard, Kometen.

R. Andree, Die Flutsagen, ethnogr. betr. 1891; H. Usener, Die Sintflutsagen, 1899; F. v. d. Leyen, Dt. Sagen vom W.; in Vk. u. Vkde., (1907); H. Gunkel, Schöpfg. u. Chaos in Ur- u. Endzeit. [2]1921; A. Olrik, Ragnarök, die Sagen vom W., 1922; R. Reitzenstein, W.vorstellgn. Kyrkohist. Arsskrift 24 (1924); G. Neckel, Studien z. d. germ. Dichtungen vom W., Heidelbg. Sitz.-Ber. 9 (1930); E. Nöth, Weltanfang und Weltende in der dt. Volkssage, 1932; A. Heusler, Germanentum, 1934; Die große Weissagung o. J. (bei Heimeran; Bibl. Proph. bis heute). Harmagedon. 1958 (Wachtturm-Ges.); H. Petriconi, Das Reich d. Untergangs. 1958; H. Freudenthal, in: Beitr. f. dt. V. u. A.kde 4 (1959); L. Schmidt, Die »Fünfzehn Zeichen« »vor dem W.« auf e. Altarwerk d. 15. Jh. Öst. Zs. f. Vkde 64 (1961); ferner in: Tiroler Heimatbll. 35 (1960).

Wendelin, hl. (22. 10. Attr.: Schafe, Tasche, Schäferstab). Lebte nach der Leg. als Einsiedler in Sankt Wendel (um 600). Bauern- und Hirtenpatron. Vom Grabheiligtum in St. W. (Saarland) breiteten sich Kult und Wallfahrt seit dem 14. Jh. über den ganzen alem.-fränk. Raum aus. Zugleich entw. sich der Ort St. W. zum bedeutendsten Viehmarkt Südwestdtls. Auch in Flur-, Tauf- und Familiennamen lebt sein Andenken. W. ist der Heilige des Frankenlandes, von dem allein noch für Haus und Stall Statuen gekauft werden, selbst auf den neuen Aussiedlerhöfen. Im Bayr. entspricht dieser Geltung St. → Leonhard.

W. Jacobeit, Der Stab d. hl. W. In: W. Fraenger-Fs. 1960 (Urspr. Pilgerstab wurde zu Hirtenkeule und Schäferschippe); A. Selzer, St. W. Leben u. Verehr. e. alem.-fränk. V.heiligen. ²Mödling 1962 (Ikonogr. u. Kultgesch.); A. Dörrer, St. W. in Kult, Kunst, Namen u. Wirtsch. v. d. Saar bis Südtirol. Fgn. u. Fortschr. 39 (1965).

Wendenknüppel → Giebelbretter.

Werbung. In bodenständiger bäuerlicher Kultur haben → Hochzeit und Ehe weit über das persönliche Erlebnis u. Glück hinausgehenden Charakter. Die W. leitet nicht nur die Verbindung zweier Individuen, sondern zweier → Familien u. Sippen ein. Außerdem hat die Heirat auch weittragende Bedeutung für Arbeit und Wirtschaft im neuen Hauswesen. Auch wo die Ehe kein Geschäft ist, wird doch auf die Arbeitstüchtigkeit, Gesundheit und Wohlhabenheit der Braut Wert gelegt. Solche Gründe erklären den zuweilen fast geschäftlichen, jedenfalls unpersönlichen Charakter der W. Allerdings sind trotzdem tiefe und bezeichnende Unterschiede in der Art der W. bemerkbar, wenn etwa in Siebenbürgen, älterer Sitte treu, die »Wortmänner« Vertreter des Freiers sind, Männer, die zur → Sippe gehören, oft Vater oder Bruder – und wenn dagegen in Süddtl., wo der Jude als Hausierer und Viehhändler auf vielen Wegen war, auch der Werber um die Braut »Schmuser« heißt, ein Händler ist und Sachwerte, bares Geld, wohl gar Prozente der Mitgift nimmt, während den siebenbürgischen Wortmann nur ein Ehrentrunk für erfolgreiche Mühe lohnt.
Oft ist der »Handel« nur der Kniff, der dem Mittelsmann erlaubt, den Hausstand der Braut zu prüfen. Ein gewisses Sträuben, das Ausbitten von Bedenkzeit, anfängliche Abweisung ist Brauch, auch wo man sich zuletzt einigt. Zu- oder Absage erfolgen oft in Gestalt von gereichter oder vorenthaltener Bewirtung. Auch mäßige Bewirtung, in Westfalen ein Butterbrot, ist Abweisung. Im Hirschberger Tal verlangt der Bewerber »Tabakfeuer«; nur wenn er es erhält, lohnt es sich, das eigentliche Anliegen vorzutragen. Der Abgewiesene braucht für den Spott nicht zu sorgen. Ihm wird ein Schlägel ans Haus gemalt (→ Korb) eine Geige (Tirol) oder ein Hammer (Obergailtal), ein Schwarzdorn auf den Dunghaufen gesetzt (Baden), ein schwerer Stein ins Haus getragen (Bergisches Land). – Auch die verlassene Braut genießt kein Mitleid. Ihr gilt die → Katzenmusik (Oberinntal), und ein mitgebrachtes großes Kornsieb bedeutet »durchgefallen«. – Die Redensart »einen Korb bekommen« erinnert an den → Korb ohne Boden, der d. Abgewiesenen über den Kopf gestülpt wird (Eifel) oder an den lumpenbehangenen Torfkorb, den man ihm aufs Hausdach setzt. → Löffel.

Lit. → Hochzeit. – Kartogr.: ADV-NF 5-8 Werber, Person, Bez., Lohn (Bez. u. Art). Komm v. L. Martin.

Wergeld. Geldbuße für Totschlag eines Freien, eigentlich ›Manngeld‹. Heusler weist darauf hin, daß von über 500 Fehdeausträgen der Sagazeit etwa ein Drittel nicht durch unmittelbare Rechtserwirkung in Selbsthilfe, Fehde und Blutrache, sondern in friedlicher Form, z. B. durch W., beigelegt wurde. → Gericht.

Lit. unter Recht.

Werkzeug. Gerät in Haus und Werkstatt zur Behandl. von Stoffen (→ Holz, Leder, Ton, Glas, Metall, Textil.) in der → Arbeit, die den Werktag (Alltag, Wochentag) füllt. Man untersch. passive Halte-, Zeichen- und Meß-W. (Zange, Fügebock, Reißnadel, Zirkel, Lehre, Winkel, → Elle) und aktive W., die den rohen oder hergerichteten Stoff schneiden (→ Messer, Hobel, Scherenschnitt, Holzschnitt, Schnitzen, Drechseln), schaben schleifen, stechen (Kupferstich, Holzstich → Horn; in Tirol heißt der Schnitzer auch Stecher), ritzen und kerben (Kerbschnitt, Ritztechnik), in der ganzen Masse umformen (→ Töpfer, Schmied, Zinn, Eisenkunstguß) oder Teile verbinden (→ Flechten, Stricken, Sticken, Spinnen, Weben u. a.). Im weiteren Sinn gehören hierher auch die eher als → Gerät (→ Ergologie) zu bezeichn. Berge- und Tragemittel (→ Korb, Gefäß, Flasche, Bienenstock; Wetzsteinfaß u. a.), die Beförderungsmittel (→ Wagen, Schlitten) und die derben Geräte des Holzarbeiters (Axt, Säge, Zapin) wie des Ackermannes (→ Sense, Sichel, Egge, Pflug). Man könnte die W. auch sondern in (der Möglichkeit nach) künstler. schaffende und in bloß wirkende. Dem im weiten Feld der Vk in Hausfleiß, Hausindustrie oder Handwerk Tätigen lag es immer nahe, auch sein W. liebevoll zu gestalten oder zu verzieren. Der Hobel nimmt die Gestalt eines Schwans an (Mus. Stralsund), aus dem Wetzstein–Kumpf (alem. Steinfaß) wird eine Fratze herausgeschnitzt, das Spinnrad wird ein Schmuckstück im Haus, Flachschwinge und Webekamm, Mangelholz und Wäscheklopfer, Elle, Netznadel, Feuerbock, Rost, Hechtspeer und Bügeleisen, der Kleienkotzer am Mahlgang (Oberrhein, Elsaß) wie der Faßriegel der Weingegend, Wagen und Schiff im Norden (→ Galion, Schiffswimpel) zeigen, daß man wie im Leben auch in der Arbeit nicht nur Last und Mühe kannte. Der von manchen belächelte Spruch ist nicht unsinnig:

> Lust und Liebe zu einem Ding
> machen alle Müh und Arbeit gering.

Voraussetzung ist auch, daß Feierabend und → Freizeit nicht als Stunden völliger Erschlaffung oder wahllosen Genusses, sondern als »schöpferische Pause« verstanden und gelebt werden. Der Töpfer im schles. Wartenberg, dem nur noch Blumentöpfe und Hühnernäpfe abverlangt wurden, schuf am Feierabend einfache, aber beseelte Werke der Vk (1934), der Hafner und Ofensetzer in Hall in Tirol bildete nach der Lohnarbeit die barocke Kanzel des nahen Wallf.ortes Gnadenwald in kleiner Form nach (1950). Selbst so derben und spröden Geräten wie → Bienenstock und → Kummet (Joch), → Harke und Schäferschaufel ist künstler. Auszier durch Malen und Schnitzen nicht fremd. Gestaltete W. waren nicht selten sogen. Meisterstücke. Dem Gedanken der Stoff- und → Gestaltheil. ist der der Werkheiligkeit benachbart. Glaube, Brauch und Bildnerei gehen davon aus. Es ist auch nicht zufällig, daß die Kirche soviele Schutzheilige der Arbeit kennt und verehrt. Das W. best. Berufe wurde zum Wappen, zum Familiennamen und zum → Attr. des Schutzpatrons (Gertrud mit der Spindel, Isidor mit der Egge, Ambrosius mit dem Bienenkorb, Notburga mit der Sichel, Josef mit dem Zimmerm.gerät, Wendelin mit der Hirtenschaufel, Matthias mit der Axt, Andreas mit der Säge u. a.).

W. Berndt, Altes W. 1930; (vom 15.–18. Jh.); L. Schmidt, Gestaltheil. im bäuerl. Arbeitsmythos. 1952; R. Peesch, Benenn. u. B.motive zu e. Gerätetyp. Dt. Jb. f. Vkde 14 (1968) (Fischerei im dt. NO); W. Hansen, hg., Arbeit u. Gerät in vkdl. Dokumentation. Kartogr. ÖVA IV (Ackeregge, Streifgeräte, Grasrechen).

Wermut (Absinth: *Artemisia absinthium*). Das in der Antike wie in den Kräuterbüchern des 16. Jh. hochgerühmte Heilkraut gehört in die gleiche Gattung wie → Beifuß und heißt auch wohl bitterer B. Der

Name Würmde bezeugt die Verwend. als Einlauf gegen Würmer. Ganz allg. und mit bestem Erfolg wird W.tee gegen Magenbeschwerden noch heute gebraucht. Altüberliefert ist auch die Versetzung von Alkohol mit W. (Liköre, W.wein, W.bier). Wie andere bewährte (und durch starken → Geruch ausgez.) Heilkräuter galt W. vielen Völkern als hexenwidrig. Am Abend von Silvester wird der Viehstahll mit W. geräuchert (Taubertal) und im Würzbüschel von → Himmelfahrt Mariae (15. 8.) fehlt er fast nie. Wiegenkraut hieß er als Schlafmittel und Gegenzauber in der Wiege. Die westrhein. Namen Alsern, Alse, Eltz gehen auf ahd. *alahsan* und, über das Altfrz., auf frühmlat. *aloxinum* zurück. Vielleicht sind Name und Pflanze im 6. Jh. von einem byzant. Arzt der Merowinger nach Nordfrankr. gebracht und ist so das alte westgerm. Wort W. aus Gallien verdrängt worden. Mit W. verwandt sind die Edelraute der Hochalpen und die Eberraute (Stabwurz, Abrand-, Zitronenkraut; *A.abrotanum.* → Raute). Auch *A.dracunculus* (Dragunbeifuß, Estragon) wird bei uns seit altem gebaut zu Küchengewürz und E.essig.

Werwolf, eigentlich ›Mannwolf‹ (→ Wergeld). Besonders aus dem germ. Norden ist der in alten Seelenvorstellungen wurzelnde W.glaube überliefert. Im → Schlaf verläßt den Menschen die Seele, oder in später Auffassung: der Schutz- und Folgegeist nimmt die Gestalt eines Wolfes, auch eines Bären an und lebt wie diese Tiere, indem er selbst Menschen tötet. In der W.vorstellung, wie sie bis ins 18. Jh. in Prozessen auftauchte, wird die Verwandlung allerdings durch Zauber herbeigeführt. Durch Anlegen eines W.gürtels oder Wolfhemdes, ursprünglich eines Wolffelles, verwandelt sich der Mensch in einen Wolf und besitzt seine Stärke und Mordlust. In Nordostdtl. spricht man noch vom Böxenwulf (→ Hose). Sagen von W. sind besonders in Norddtl. noch sehr lebendig, wie auch die ADV-Frage nach der Gestalt des nächtl. Aufhockers ergab. (→ Hockauf). Durch Anruf mit dem wahren Namen kann man den W. zurückverwandeln oder indem man ihn dreimal gegen die Sonne dreht. In Europa und Nordasien spricht man vom W., in Indien überträgt sich die gleiche Vorstellung auf den Tiger, in Afrika auf Löwe, Leopard und Hyäne. Neben mythischen Hintergründen wird man für die auffallend starke Überlieferung des W.glaubens auch an die Lykanthropie denken müssen, eine Erkrankung des Geistes, die im Befallenen die Vorstellung weckt, er sei ein Wolf, und ihn zu entsprechenden Handlungen antreibt. → Berserker, Bärenhäuter, Fell, Maske, Gürtel, Seele.

Leubuscher, Über W.e u. Tierverwandlgn. im MA. 1850; W. Hertz, Der W., 1862; R. Andree, Ethnogr. Parall. und Vergl., 1878 u. 1887; Hovorka-Kronfeld, Vergl. Vmed. A. Schäfer, Die Verwandl. der menschl. Gestalt im V.glauben, Progr., 1905; Stewart, Die Entst. d. W.glaubens. Zs. d. V. f. Vkde 19 (1909). – Vkde-Atlas voor Nederland. (1959): W.glaube; L. Kretzenbacher, Kynokephale Dämonen südost-europ. Dichtung. 1968.

Weschepenz → Mittagsgeister.

Wessobrunner Gebet. Eines der wenigen kostbaren dichterischen Denkmäler aus der germ. Zeit, Gebetsfragment aus dem Beginn des 9. Jh., das in christlicher Bearbeitung ältere Überlieferung gibt. Der 1. Teil des. W. G. enthält Andeutungen eines germ. Mythus der → Weltentstehung (Kosmognie), deren Spuren wir auch in Island finden. Es heißt: »Das erfuhr ich unter den Menschen als der Wunder größtes, daß Erde nicht war, noch

Himmel oben, daß heller Stern nicht leuchtete und die Sonne nicht schien, noch der Mond, noch das herrliche Meer« (nach Scherer). Das W. G. ist benannt nach dem Kloster W., in dem diese Handschrift erhalten blieb. → Merseburger Zaubersprüche, Hildebrandslied.

H. F. Maßmann, Erläut. z. W. G. Neudr. d. Ausg. v. 1824; A. Heusler, Altgerm. Dichtung, 1926; Braunes Ahd. Lesebuch, 1928⁹; G. Ehrismann, Lit. d. dt. MA., I, 1932².

Westen → Windrose.

Westerwälder Steinzeug. Unter diesem Namen geht noch heute die hartgebrannte Tonware bes. von Höhr und Grenzhausen im Westerwald, deren blaue oder violette Blumen, Ranken und Schnörkel von den Frauen (»Blaumädchen«) mit einem Pinsel aus Schweinsborsten auf das hellgraue Gefäß aufgetragen werden. Butterdosen, große Schüsseln zum Teigrühren, Einmachtöpfe, Weinkrüge und bes. Bierkrüge werden noch heute hergestellt. Jung-Stilling (1740–1817), Goethes Straßb. Studienkollege, erzählt von einer → Hochzeit, bei der das Bier »in weißen, steinernen Krügen mit blauen Blumen schäumte«. Bis ins 19. Jh. gebraucht, aber weniger bekannt war das blauverzierte graue S. aus dem Elsaß, (Betschendorf: Schnapsfäßchen, Weinkrüge, Sauerkrauthäfen), aus der Pfalz (Wattenheim und Böhl: reich verzierte Gefäße) und aus Westfalen (Warendorf, Stadtlohn u. a.).
Ältere Ware zeigt zuw. Lila als zweite Farbe, dazu Dekor in Ritztechnik. Die blaue Farbe tritt nach Spamer zuerst gegen 1582 in Köln auf. Im 17. und 18. Jh. erfaßt das S. mehr und mehr auch den kleinen Hausrat (Leuchter, Schreibzeug, Uhrständer) und die Gegenst. der häusl. Frömmigkeit (Kreuz, Weihw.krüglein, Altärchen). In früherer Zeit wurde W. S. mit Pferdefuhrwerk weit in den O und bis in die Türkei befördert, heute geben die bayr. Maßkrüge der S. herst. den festen Rückhalt. Mit den Initialen HB des Hofbräuhauses sind sie die berühmtesten → Andenken Münchens und seines Oktoberfests geworden.
Wenn auch die Bed. des W. S. kaum zu überschätzen ist, so hat doch P. Stieber festgestellt, daß S. in der Rhön von Händlern und Sammlern bisher ohne Prüfung dem W. zugeschrieben wurde, »da dieses das einzige allg. bekannte Herst.gebiet von S. überhaupt darstellt, jedenf. für die neuere Zeit«, während die Prüfung von 700 Stücken ergab, daß »der weit überwiegende Teil aber aus der Rhön selbst oder doch aus direkt benachbarten Herst.orten« stammt. Beachtenswert ist die Forderung Stiebners, daß der Vkforscher auch die keram. Technologie kennen muß. → Steinzeug (Lit.).

P. Stieber, S. i. d. Rhön. In: Bayer-Jb. f. Vkde. (66/67); A. Kreiling, D. Kannenbäckerland. Diss. Marbg.

Wetterbüchlein → Bauernregeln.

W.distel → Eberwurz.

W.garbe → Mesner.

W.herr → Elias, Peter u. Paul.

W.horn → Horn.

W.löcher → Höhle.

Wetterpflanzen, W.blumen. Feuchtigkeit, Wärme, Sonnenstrahlung ändern bei manchen Pflanzen (Gerste, Hafer, Geranium, Ringelblume, Wetterdistel) die Stellung von Grannen, Blättern oder selbst Zweigen. Sie zeigen das vorhand. oder unmittelbar bevorsteh. Wetter an und sind eigentl. eher der unkrit. V.meinung zur Prognose dienlich. Bei and. Pflanzen wird die Blütenfolge beob. (»Zeigekräuter« wie → Aronsstab, Königskerze, Seidelbast u. a.).

Anders ist der Sinn, in dem das Volk und mit ihm unsere Wiss. allgemeiner von Wb. spricht. Wie man die in Wetter und Unwetter wirkenden Gottheiten oder Mächte durch Gebet, Opfer oder durch mag. Zauberzwang (Läuten, Schießen, Regenzauber; → Glocke, Kerze, Regen, Fruchtbarkeit) zu gewinnen oder gefügig zu machen sucht, so helfen auch Pflanzen (Donner-, Blitz-, Gewitterblumen) gegen die von vornherein feindlich gesehenen Kräfte (Wetterhexe, Windsbraut, Garmuil, Teufel). nach verbr. V.glauben wehren dem → Blitz → Hasel und → Buche, → Hauswurz und → Brennessel, die geweihte → Königskerze im Krautwisch (→ Himmelf. M. und → Palmbusch). Diese letzt. steckt man unter den Hausfirst oder verbrennt sie auf dem Herd bei drohendem Gewitter. Wetterschutz verbürgen auch viele an Johanni gesamm. → Joh.kräuter und -blumen, bes. → Arnika und Hartheu. Mehrere meist rot oder blau blühende Frühlings- und Hochsommerblumen stehen aber auch in dem Ruf, den Blitz anzuziehen. Kinder scheuen sich, sie zu pflücken oder gar mit ins Haus zu nehmen (→ Mohn, ungeweihte Königskerze). Dazu gehören ferner: Alpenrose (Donnerrose; Tirol), Witwenblume (Ackerskabiose; N.bayern: Wetterblümchen; Vogtland: Donnerblume; *Knautia arvensis*), Glockenblume (O.bayern: Wetterglöckchen; *Campanula*), Rote Karthäusernelke (Baden: Donnernägeli; *Diantus Carthusianorum*), der himmelblau blühende Ehrenpreis (Wilder Gamander, Frauenbiß; Schles., Nordböhmen: Gewitterblümel; *Veronica Chamaedrys*), Wiesenschaumkraut (Wiesenkresse; Unterfranken: Gauchkraut; *Cardamine pratensis*). Bachnelkenwurz O.bayern (Erdrose; *Geum rivale*), Frühlingsenzian (Schwäb. Alb; *Gentiana verna*), Augentrost, Windröschen u. a. → Birke, Linde, Ringelblume, Donnerbesen, Nebel, Lichtmeß, Fastenzeit, Eisheilige, Advent, Thomas, Zwölften.

H. Marzell, Die heim. Pflanzenwelt usw. 1922; A. Mitterwieser, W.läuten, W.schießen u. W.kerzen im südl. Bayern. Volk u. V.tum 2 (1937); H. Marzell, Donnerblumen. Rhein. Jb. f. Vkde 5 (1954).

W.prozession → Evangelium.

Wetter(regeln). Stegemann unterscheidet zwischen Wr. die mit Christentum und Astrologie im 11. bis 12. Jh. aus der Antike (Vergils Georgica!) übernommen wurden und bei den gartenbauenden Mönchen (→ Garten) Eingang fanden – und solchen, die nach den Forschungen von Yermoloff größtenteils uralte Volksüberlieferung darstellen. Vielen liegt noch der Julianische → Kalender zugrunde, anderen freie Zählung. Yermoloff wunderte sich, daß in Ost- und Westeuropa dieselben Lostage gelten, obwohl der griech.-orthodoxe und der röm.-kath. Kalender versch. Tagesheilige und damit versch. Namen aufweisen. E. Pastor gab die Erklärung. Er unterscheidet drei Gruppen von Lostagen: 1. natürl. Monatsanfänge, die entstanden, indem man vom alten Tag der Wintersonnenwende (24. oder 25. Dez.) aus das Jahr in zwölf ungefähr gleichlange Monate teilte und so auf die 24. oder 25. Tage unserer »julian. Monate« kam (R. Schindler). Diese Tage haben in ganz Europa ihre Wr. und Bräuche und ihre Kalenderzeichen, die später zuweilen als Marterwerkzeuge der Heiligen umgedeutet wurden; 2. Zählung nach 30 Tagen von der Wintersonnenwende an. Der 60. Tag z. B. ist schon von Hesiod als Lostag genannt; ihm entspricht → Petri Stuhlfeier in christl. Zeit; 3.

Zählung nach 40 Tagen. Am 120. Tag z. B. steht St. → Georg mit dem Drachen im Bauernkalender.

Die Wr. in freier oder gereimter Sprache leiten sich ab von Erscheinungen in der Tier- und Pflanzenwelt, aus Stand und Lauf von Sonne, Mond und Gestirnen und aus Witterungserscheinungen (Frost, Hitze, Dürre, Schneefall, Regen, Hagel, Wind, Donner, Blitz). Sie beziehen sich auf halbe Jahre, Monate, Wochen oder Tage und nehmen als Beobachtungspunkte die großen weltlichen und kirchlichen Feste (Zwölften, Neujahr, Fasnacht usw., Heiligentage). Viele Wr. und Sprüche sind Ergebnis meteorologisch bestätigter langjähriger Beobachtung (Eisheilige, Barnabas, Sonnenwenden), andere besitzen nur lokale Geltung (Berge, W.berge), nicht wenige endlich entstammen mythischer Phantasie, wobei eine urwüchsige, bilderreiche Sprache, kräftiger Humor und manches einfache Stilmittel die Wr., einprägen helfen.

Verbreitet und in viele Volkssprüche gekleidet ist z. B. die Anschauung, daß Abendrot gutes W. für den folgenden Tag bringe. Meteorologisch ist es eine Wirkung des trokkenen, Dunst und Nebel nach Westen verlagernden Ostwindes. Im Abendrot sieht man das Küchleinbacken der Muttergottes (Schwaben) oder man sagt, der Herrgott brate die kleinen Kindlein (Schweiz). Die Deutung roter Himmelserscheinungen als Kriegsvorzeichen (Schiller: Wallensteins Lager) kennt schon die Antike. In der Heldensage heißt ein Riese *Apantrod,* ein Freund des Lichtes und Bruder der (nach J. Grimm) Meeres- und Luftriesen Ecke und Fasolt. Bewahrtes Vwissen ist auch das Morgenrot als »Schlechtwetterbot«. Nach einer meist zu warmen Nacht enthält die Luft noch Wasserdampf, der bald als Regen fallen kann.

Angefangen von Reymanns Wetterbüchlein (1510) haben volkstümliche Kalender, besonders der sog. 100jährige, den vorher landschaftsweise und mündlich bekannten Wr. große Verbreitung geschaffen. Für lokale Verbreitung sorgte schon im ausgehenden MA. die Literatur der Bauernpraktiken. Der älteste der noch heute erschein. ist der steir. Mandl-Kal. (bei Leykam, Graz). Auch der »Hundertjähr. Kal.« wird immer noch aufgelegt und verkauft, obwohl ihn Meteorologen als »glatten Unsinn« bezeichnen.

In der naturwiss. Rundschau 4 (1968) weist R. Schindler darauf hin, daß Papst Johannes XXIII. zahlr. Namenstage verlegt oder ganz aufgehoben hat. Man muß Sch. wohl zustimmen: »Vielleicht wäre es besser gewesen, neue Gedenktage unter ›Allerheiligen‹ zusammenzufassen«. Der 11. 5. z. B., bisher dem → Eisheiligen Mamertus gewidmet, trägt jetzt den Namen Philippus und Jacobus. Für den 25. 5. gilt die Wr. »Urban ist ein Grobian«, weil er gern Kälterückfälle bringt. Er mußte Gregor VII. weichen. »Maria Königin« vertrieb Petronella (31. 5.), an deren Tag es hieß:

> Ist es klar an Petronell,
> mißt den Flachs man mit der Ell.

→ Bauer, Los, Spruch, W.blumen.

Orphal, Die W.propheten im Tierreich, 1805; Reinsberg-Düringsfeld, Das W. im Sprichwort, 1864; G. Hellmann, Meteorologische Volksbücher, 1891; A. Yermoloff, Der landwirtschaftliche Volkskalender, 1905; E. Kück, W.glaube in d. Lünebg. Heide, 1915; R. Walter, W.sprüche, 1920; G. Hellmann, Die Meteorologie in den dt. Flugschr. u. Flugbll. des 16. Jh. Berliner Sitz.-Ber., 1921; ders., Über den Ursprung der volkstüml. Ww. Sitz.-Ber., 1925; ders., W.weisheit des Volkes. In Dt. Rundschau, 1934; Stegemann in: HDA 1, 948; W. Fiedler, Antiker W.zauber, 1931; E. Pastor, Dt. Volksweisheit in Wr. und Bauernsprüchen, 1934 (56 Abb.); A. Taylor, The Proverbe. Helsinki, 1934 (Lit.); K. Helm, Bauernregeln. Hess. Bll. 38 (1940); W. Mitzka, Schiffer- u. Fischerregeln. Hess. Bll. 39 (1941); K. Orphal, Alte Bauernregeln – neu gesehen, 1942; E. Kiel, Bauernsprüche u. W., 1944; S. Svensson, Der Kalender u. d. Bauernregeln (Bondensår), 1945; F. Lipp, Der Bauernkal., 1954 (Ausst. Kat. Oberöst. L.mus.); W. Naegler, Das W. im Sprichwort. 1947; E. Lies, W.anzeiger, in: Öst. Zs. f. Vkde 59 (1956); N. Kyll. W.läuten ... Rhein. Jb. f. Vkde 9 (1958) (Nicht einfach durch Verbot, Strafe oder Belehrung abzuschaffen); H. Lehmann, Bauernregeln im Frühling, Sommer, Herbst, Winter. 1964; R. Schindler, Der 100. und der 200. Tag in Bauernkal. u. Wr. Öst. Zs. f. Vkde 67 (1964); A. Hauser, Bauernregeln. 1973; Kartogr. VAN 11/12 W.opfer, W.heilige.

Wettlauf. Viele → Laufspiele tragen den Ansatz zum W. in sich, der dem Trieb des jungen Menschen zum Wettbewerb, zum Messen der Kraft und Ausdauer gerecht wird. In der altnord. Saga von Thors Fahrt zu Utgardloki bewährt sich göttl. Kraft im → Ringen und W. Das Nibelungenlied erzählt vom verhängnisvollen W. Siegfrieds mit Gunther und Hagen. Laufen gehörte zum ritterl. Fünfkampf des MA. wie zum Pentathlon der Griechen (Stadionlauf, Weitsprung, Ringen, Diskus, Speerwurf). In der schweiz. Aufford. zum W. »Ritter, Ritter, der Hauptmann kommt« wie im Luzerner »Harnischlaufen« leben vielleicht Formen des MA. nach.

Im Lebens- und Jahreskreis der Kinder wie der Erwachs. spielt der W. eine vielseit. Rolle. Bei Frühlingsfesten (→ Fasnacht, Ostern) fehlt er selten. Schon die → Osterspiele des 14. und 15. Jh. kennen den komischen W. der beiden Jünger zum Grabe des Herrn. Eine Frage des ADV galt dem österl. Eierklauben (Tirol, Salzb.) oder Eierlesen (Baden, Rheinl.). Während der eine Spieler die in langer Reihe hingelegten Ostereier einzeln zu einem Korb bringen muß, hat der Rivale eine best. Strecke zu laufen, zuweilen im W. mit einem Reiter. (W. zwischen Pferd und Reiter kannten schon Saga-Zeit und MA.) Die Stelle der Eier nehmen an and. Orten Holz- oder Torfstücke ein. Beim Pohllapen im Solling hat der Läufer der Pfahlpartei ein langes, um einen Pfahl gewick. Seil im Rundlauf abzuwickeln, während der and. bis zum Nachbardorf und zurück laufen muß. In gleicher Weise wird in Betziesdorf in Oberhessen zu → Pfingsten »das Bäumchen abgelaufen«. In der Mark Brdbg fand früher um die Osterzeit der Königslauf statt. Schon am Karfreitag oder am Ostersonntag zogen auf dem Kalbeschen Werder die Jungen auf die Weide. Dort wurde eine Tanne aufgestellt, die mit Knochen behängt und mit dem → Schädel eines → Pferdes gekrönt war. Der letzte im W. zu diesem »Knochengalgen« bekam den Spottnamen »lahmer Zimmermann«. Mit ihm zog man durchs Dorf, um Eier für ein Gemeinschaftsmahl zu heischen. Ein Osterlauf ist auch das Gansrennen, das die steir. Knaffl-Hs. von 1813 beschreibt: »Drei Personen stellen sich in eine gleiche Linie, jedoch jedes vonein. beyläufig 50 Schritt entfernt. Auf ein gegebenes Zeichen laufen diese drei Personen zugleich aus, einem gesteckten Ziele zu. Die mittere Person muß, bevor die beiden außern das Ziel erreichen, eine von beyden erhaschen ... Erhascht sie solche, so ist die Gans gefangen und das Spiel gewonnen. Der mittere Läufer wird Ganeß oder Ganser genannt, und die Wiese, auf welcher dieses Spiel gewöhnlich am Osterdienstag gehalten wird, heißt der Osteranger, welcher fast durchgehends in jeder Gemeinde vorhanden ist«. Mitteldt Landsch. kennen das gleiche Spiel unter dem Namen »Böckchen, Böckchen, schiele nicht«. –

Beim »Pfingstlaufen« nach dem Maibaum in den Gailtaler Alpen (Kärnten) wird der schnellste Halterbub »Pfingstkönig«, der letzte »Pfingstsaudreck«. Beim »Tuchlaufen« im Hildesheim. laufen Mädchen paarweise um Tücher, die am Maibaum flattern. In einem Harzer W. ist der grüne Maibusch das Ziel. An der holstein. Westküste war das »Laufbier« zwischen Heu- und Kornernte eine Art Staffellauf zwischen einem Knecht und vier Mägden auf der Landstraße. Der Name dieses W. stammt von dem fröhl. Abschluß mit Braunbier, Branntwein und Kuchen (→ Erntefest). Der bekannteste W. im Jahreslauf ist wohl der → Schäferlauf von Markgröningen.

Die Hochzeit eines Schäfers war in Braunschweig Anlaß zum W. der Gäste um einen fetten Hammel. W. zu Hochzeiten (bes. in Hannover) hat man mit der Sitte der Brautflucht in Verbindung gebracht, an die der noch bekannte Scherzbrauch des Brautstehlens erinnert (→ Brautlauf). Bei Großbauernhochzeiten in Kaltenweide war der »Brautbesen« mit seidenem Taschentuch das Ziel eines Hindernislaufes. Allerh. Erschwernisse machen den W. zum geschätzten Beitrag vieler Vfeste, so beim verbreiteten → Sackhüpfen, beim Blindlaufen oder Tellerlaufen wie im süddt. »Karrenrennen«, bei dem in jeder Partei zuerst ein Bursche sein Mädchen und dann das Mädchen den Burschen im Karren schieben muß.

K. Weinhold, Der W. im dt. Volksleben. Zs. d. Ver. f. Vkde. 3 (1893).

Wettritt → Reiterspiele, Wettlauf.

Wettschießen → Schützen.

Wicht, Wichtelmann, mhd. *wiht* bezeichnet ›Ding‹, auch ›Geschöpf, Zwerg, Kobold‹. Ahd. ist das Wort noch für ›Ding, Person‹ gebraucht, wie im Niederländ., in Westfalen und am Niederrhein noch heute W. Personen, u. zwar die Mädchen bezeichnet. Auch in »Bösewicht« steckt die alte Bedeutung. In dt. und anderen germ. Sprachen hat das Wort heute vorwiegend die Bedeutung von ›Dämon, Kobold‹. Durch Märchenbücher und andere Literatur ist der Name W., W.elmännchen in der Bedeutung von → Zwerg (Schwaben, Oldenburg: Erdw.) allgemein verbreitet worden. In Thüringen heißt auch die letzte Garbe die Garbenpuppe Wm. Für ihn läßt man das Ährenopfer auf dem Felde. → Ernte, Opfer.

Wickram, Jörg → Schwank.

Widder → Hammel.

Widerton (Widertod, Widritat, Nimm-ma-nix; *Polytrichum commune*). Eines der größten Moose, dessen lange »Haare« für Bürsten, vor allem aber gegen Menstruationsstörungen und Blutungen verwendet wurden (Goldhaar, gülden Haarmoos, goldnes Frauenhaar, unser leiven Fruen Haar). Im oberbayr. Schlehdorf kommt es mit Nußbaumlaub in das Antlaßkranzerl (→ Fronleichn.), das nachher im Stall aufgehängt wird. Auf die Gestalt des Moospolsters geht der schweizer. Name Dölderlimoos. In Schles. heißt es Wolfsgerste. Als Gegenzauberkraut ist es deutlich bez. im mhd. *widertan* (›dagegen getan‹). Die dritte Silbe wurde erst später auf den Tod gedeutet (Widertod, Widritat aus spätmhd. *wedertat, – tot*).

H. Marzell, Wb. Kluge-Mitzka, Et. Wb. [20]1968. S. 857.

Widritat → Widertonmmos.

Widukind. Der Sachsenkönig, der 782 die Franken am Süntel besiegte, 783 aber unterlag und sich 785 →

Karl d. Gr. unterwarf und taufen ließ. – Eine Gesch. der Sachsen vor und unter Heinr. I. und Otto I. schrieb der Mönch W. von Korvey: Res gestae Saxonicae (967).

W. Diekamp, W., der Sachsenführer n. Gesch. u. Sage. 1877; H. Hartwig, W. in Gesch. u. Sage. 1951 (Stand d. Fg.); J. Raase, W. v. Korvey. Diss. 1880; W., Res g. S. in: Mon. Germ. hist. Script. Bd. 3 Übers. v. Schottin, [2]1882.

Wiedergeburt → Name, Initiation, durchziehen, hänseln, Enkel.

Wiedergänger. Von der gemeinindogerm. Zeit bis heute ist die Vorstellung des W. in zahllosen Sagen und Glaubenssätzen bezeugt. Mörder und deren Opfer, nicht nach Gebühr Bestattete, ruhelose Kämpfer kehren aus dem Grabe wieder, als Schattengespenst und Hauchseele (→ Animismus), aber häufiger und wohl ursprünglich (→ Lebender Leichnam) in Lebensgestalt bzw. in der Verwundung und Verstümmelung ihres Todes (→ kopflos). Um Schuld zu rächen oder um Schuld zu sühnen (christliche Vergeltungssagen), kommen sie zurück. Selten zeigt der W. tröstende, freundliche Art. Die → Wöchnerin zieht es zu ihrem Kind zurück, deshalb muß ihr Grab besonders gesichert werden (→ Garn). Man soll → Tote auch nicht zu sehr beweinen. Sigruns Trauer läßt Helgi nicht in Walhall eingehen. Die gleiche Vorstellung ist noch heute lebendig. Eine große Zahl von Bräuchen um die Toten sind von dieser Furcht vor dem W. bestimmt. Auch → Wodans → wilde Jagd trägt Züge der W.sage, besonders aber die Vorstellung des »Totenvolks«. → Nachzehrer, Vampir, Seele, Werwolf, Friedhof, Irlicht, Zweites Gesicht, Nachtvolk.

H. Naumann, Primit. Gemeinschaftskultur, 1921.

Wiege. Das germ. Wort bez. das Schaukelbett des Kindes, das an der Stirnwand des Ehebettes stand. Babykorb und Gitterbettchen sind heute fast überall an seine Stelle getreten. Was dem Menschen heute, zum Teil auf ärztl. Rat, im ersten Lebensjahr versagt wird, holt er auf den Riesen-, Schiff- und Karussellschaukeln der Jahrmärkte und Rummelplätze nach. – Die Umfrage des ADV um 1933 ergab die allg. Verbreitung des Querschwingers. Der Längsschwinger, in dem das Kind »üowerhkops« gewiegt wird, ist hess., hat sich aber über die Wetterau nach Thür. und nördl. vom Siegerland durch Südwestfalen verbr., also in einer Landsch., die auch keinen → Pumpernickel kannte, sondern das hellere Brot nach fränk. Art vorzog. Das Auftreten von W. aus Eisen seit Anf. d. 19. Jh. erklärt sich durch die Nähe der Eisenind. im nördl. Westf. Im Begegnungsgebiet beider W.typen entstand der Doppelschwinger, bei dem der Bettkasten gedreht werden kann. Die Ständerw. ist in Mecklenburg und Vorpommern gebräuchlich, die den Kasten zwischen zwei festverbund. Ständern schwingen läßt. Im Fichtelgeb. und im benachb. Böhmen findet sich selten noch die Hängew. Korb oder Lakenbett werden hier mit Seilen an die Decke aufgehängt. Feststehend ist dagegen die Lakenw., die bei der Feldarbeit aufgestellt wird: eine Stange über zwei Ständerpaaren hält die Unterlage für das Kind (Siebenbg., Kremn. und Bistritz Sprachinsel). Fest ist auch das W.gestell, bei dem zwei Ständerkreuze einen nach unten spitz zulauf. Kasten halten (Mecklenb., Vorpomm., Prignitz). Zur heute verbreit. Form führte das hölz. W.gestell mit einem aufgesetzten W.korb (Sachsen und vereinzelt im übr. Dtl). Die ältere W. besteht aus Holz, selten – wie in den sächs. und rhein. Industriegebieten – aus einem Drahtkorb auf eisernem Gestell.

Bes. im S ist die W. durch reiche Schnitzerei oder Bemalung ausgez. Die Jahreszahl, das Monogr. Mariae, Sechsstern und Rosette stehen neben Abwehrzeichen (Drudenfuß, Fratze) oder angehängtem Kreuzlein und Amulett (→ Breve) am Kopfende. Im Oberharz wurde ein aus dünnen Spänen in der Art des bayr. Schradlgatterls (→ Alp) geflochtenes Apotropaion angebracht, das später nur noch als Schutz gegen Bettnässen verstanden und »Bettseecher« genannt wurde (Mitt. C. O. Wanckel, Altenau).

Das »W.fest« als Bez. des Geburtstages ist vorwiegend oberschichtl. Sprachgebrauch. Der »W.druck« als Benennung von Drucken vor 1500 ist eine Lehnübers. des späten 19. Jh. aus dem lat. Plural *incunabula* ›Windeln, Wiege‹.

C. van Beughem, Incunabula typographiae. 1677; H. Schlenger, Die Sachgüter im Atlas der dt. Vkde. Jb. f. hist. Vkde., 3./4. (1934); F. Hellwag, ebda.; F. A. Redlich, Die W. u. d. baltendt. Volksgrupppen usw. Jb. d. vkdl. Forschgs.stelle Riga 2 (1928); N. Rasmo, W.bögen, Bozen 1967; Kartogr.: ADV I Kinderw.

wiegen. Gewicht ist wie → Maß, → Zahl, → Bild u. Schatten Stellvertreter des Gewogenen im magischen und rechtssymbolischen Sinn. Durch W. wird ein Kind dem Verschreien und → Berufen ausgesetzt. Für das Gewicht des Brautsilbers oder der Votivkerze ist das Gewicht der Braut oder des Heilungsuchenden bestimmend. Auch den »schweren« Fruchtbarkeitssegen prophezeit das Finden des schweren Kornkindes oder der → Maibaum, dessen ungeheure Segenslast das große Gespann (40–50 Joch Ochsen) ausdrücken sollte.

Wiepeldorn → Heckenrose.

Wiesel *(mustela nivalis)* aus der Gattung Marder hält man vielf. für gefährlich, ja giftig. Seit altem gilt der → Angang als unheilbringend. Anderers. glaubt man, daß ein W. durch seine Nähe Haus und Hof Glück bringe. Tatsächlich ist es u. a. ein nützl. Vertilger von Mäusen, Ratten und Kreuzottern. Im N und im Gebirge ist es im Winter rein weiß. Seine Beweglichkeit ist sprichwörtlich. → Hermelin

Wiesenbocksbart *(trag. pratensis L.)* hieß schon vor mehr als 2000 Jahren *tragopogon* (Bocksb.). Weil sich seine Blüte mittags schließt, heißt sie Vormiddagsblume (Geg. v. Osnabr.) oder alem. Firobedblüemli (was H. Marzell irrtümlich mit Vier-Uhr-Bett-Blümlein übersetzte, statt mit: Feierabendb.). Im frz. Lothr. heißt der W. bonbarbe, bonbart, in der alten dt. Sprachinsel Zips (Slowakei) Kosenbart (von slow. koza ›Ziege‹). Diese Bez. wie W. gehen auf die silbergraue Behaarung der Früchte. Im schwäb. Kinderspruch: Habermark macht d' Buaba stark« bed. das Bestimmungswort ›Bock‹ wie in → Habergeiß.

H. Marzell, Bampfjackl. Bayer. Jb. f. Vkde (1954).

Wiesenwolf → Augentrost.

Wilbet, Willebede → Matronen, drei hl. Frauen.

Wild → Tiere, Jagd.

W.bahn → Milchstraße.

W.bannen → festmachen, Jagd.

wilde Fahre → wilde Jagd.

wilde Jagd, wilder Jäger. »Die Vorstellung eines gespenstigen Reiters, der im Sturm an der Spitze eines gespenstigen Heeres durch die Lüfte fährt, ist über das ganze Gebiet der Germanen und darüber hinaus verbreitet« (R. Helm, Altgerm. Rel.gesch.). Es gilt aber auch die

Feststellung O. Höflers: »Kaum ein Gebiet der germ. V.überlieferung ist so umstritten wie die Sagen vom W. Heer. Daß in ihnen der Name Wodan-Odins fortlebt, und zwar in Skandinavien wie in Dtl. (schwed. Odensjaht, mhd. wuotanes her), ist nur ein Zug, der diesen Mythenkreis besonders auszeichnet.« Der Führer der w. J. heißt Helljäger, Nachtjäger, Muot oder er trägt die Namen örtlicher, auch überlandschaftlicher Sagengestalten wie Rodensteiner, Perndietrich (bei den Wenden Dyterbjernat), Rübezahl usw. Nach Tracht und Reittier heißt er auch Blauhütel, Breithut, Hackelbernt (= der Manteltragende) und Schimmelreiter. Die von Landschaft zu Landschaft wechselnden, aber noch fast Dorf für Dorf bekannten Namen des Geister- und Totenzuges sind w. J., Wildgjaid, Wild Gload, Nachtgschroa, wilde Fahre, Nachtjagd, → Nachtvolk, Nachtschar, Wuotesheer, Muotes, im Norden Odins Heer usw. Die letzten Namen lassen die Ableitung von mundartlich noch bekanntem Wode (→ Wodan) zu, doch ist die Herkunft von der Bez. »wütendes Heer« (im 12. Jh. zuerst belegt: *wuotigez her*) nicht mit Sicherheit davon zu trennen. 1519 wird eine Bernerin des Landes verwiesen, weil sie »usgeben hat: si fure mit frow Selden und dem Wütisheer«. Nach den Namen der w. J. und ihres Führers wie nach den nord. Parallelen ist jedenfalls die Beziehung zum alten Wind- und Totengott Wodan sicher, wenn freilich auch in der heutigen Gestalt der Sagen sich viele späte, zumal christl. Züge dazugesellt haben. Aus dem Gott, der im Sturm sein Opfer dahinnahm, ist ein höllischer Jäger mit Zügen des → Teufels geworden. So wurde auch sein Heer, das ursprünglich aus → Hingerichteten u. Schlachttoten bestand, in christl. Ausdeutung zu Ketzern, Hexen und Zauberern od. zu ungetauft Verstorbenen. J. de Vries sieht als ältere Stufe der w. J. das von Wodan geführte Kriegsheer. Spätere Ersatzgestalten stammen aus Gesch., Sage und Mythos: Theoderich, Eustachius, Frau → Holle u. a. Auf einer jüng. Stufe komme in der w. J. der Zorn der Bauern über die zu Pferd jagenden Herren zum Ausdruck (→ Rodensteiner). Die jüngste Gestalt der Sage berichtet von der teufl. Fahrt in der Kutsche. Für den Zusammenhang mit germ. Glauben spricht auch die Hauptumgangszeit der w. J.: → Advent, → Weihnachten, → Neujahr, → Dreikönig, also die → Zwölften.

Die Sage von der w. J. und vom wütenden Heer fand schon im MA. reichen schriftlichen Niederschlag (s. Meisen), Beweis für das ungeminderte Nachleben der Überlieferung. Sie ist auch in der Gegenwart wieder Gegenstand eingehender Untersuchung und z. T. leidenschaftlicher Erörterung. Daß dem Brauch mitunter höherer Quellenwert zukommt als der Sage, hatten schon H. Usener und A. Dietrich erkannt. Der Volksbrauch ist den Einflüssen des Zeitgeistes und der fremdländischen wie oberschichtlichen Kultur durch die engere Bindung an Siedlung, Haus und Hof, Familie, Standesgliederung, Wirtschaft und Jahreslauf weit mehr entzogen als die oft in die Literatur und daraus zurück wechselnde mündliche Überlieferung. Der Brauch hat einen gewissen Anteil an der größeren Beständigkeit der Hausformen, der Tracht und anderer »Sachgüter«. In den Arbeiten der Much-Schüler Weiser, Wolfram, Stumpfl und besonders Otto Höfler führte diese Überlegung auch dort, wo sie Hypothesen wagte, zu einer fruchtbaren Erneuerung der mythologischen Forschung, die fast ein Jh. lang in romantischer Spekulation aufgelöst oder aber in brauchfremder, rein philologischer Kritik erstarrt war. Auch die Forschungen des Schweizers K. Meuli über Masken und M.bräuche gingen den neuen Weg. Solchen Spuren folgte O. Höfler in dem Werk »Kultische Geheimbünde der Germanen«, das Zustimmung wie Ablehnung erfuhr. Die Maskenbräuche der Mittwinter- und Fastnachtszeit betrachtet H. als »Verwandlungskulte«; die Maskenträger seien dem Volksglauben mythische Wesen und sollen nicht nur Dämonen vertreiben. Sie sind auch nicht bloß Vegetationsdämonen, sondern weithin die (wiederkehrenden) Toten, die man scheu und doch mit Ehrfurcht und Freude aufnimmt. Die »Verwandlung wird durchaus ernst genommen.« Einseitige Verallgemeinerungen und zu geringe Einschätzung des Eigenlebens der Sage riefen Widerspruch hervor (F. Ranke, F. v. d. Leyen). »Gewisse Züge könnten vielleicht aus dem Maskentreiben stammen, aber sie bleiben bis auf die in ihrem Ursprung zweifelhafte Gestalt des Warners so vereinzelt, daß sie für die Gesamtvorstellung vom wilden Heer kaum etwas bedeuten« (Ranke). Ein neuer Ansatz und eine Lösung aus dem alten Schematismus der »Dämonenabwehr« ist Höflers Lehre, der Kern der germ. Totenreligion sei nicht Angst, sondern »durchaus heroische Verehrung der Verstorbenen und eine höchst eigentümliche Art der Verbundenheit, ja des Einswerdens der Lebenden mit den Toten«. – Einstimmigkeit wird sich in diesen wie in ähnlichen »letzten Fragen« der Vkde nicht erzielen lassen, da hier Grundlagen der religiösen und der politischen Weltanschauung berührt werden, eines persönlichen Glaubens, in dem auch der Wissenschaftler steht oder stehen kann. Es ist wohl kein Zufall, daß die Vertreter der neuen Richtung und ihre Arbeiten aus dem Alpenraum mit seiner stärkeren Überlieferung des Alten stammen. Aus der mehr vom modernen Verkehr durchfluteten nördl. Ebene kommt oft gesunde Kritik, zuweilen aber auch ein skeptischer Rationalismus, der die Verbindung mit dem angestammten Volk verloren zu haben scheint.

Bartholomäus, Dietrichsage, Herodes, Hörselberg, Milchstraße.

P. Ch. Hilscher, Dissertatio de exercitu furioso, 1688, dt. 1702; W. Mannhardt, Wald- und Feldkulte, Bd. 1, 1904²; Plischke, Die Sage v. w. Heer im dt. Volk. Diss. Lpzg., 1914; V. Schweda, Die Sagen vom w. J. und v. schlafenden Heer in d. Provinz Posen, Diss., 1915; R. Hünnerkopf, Die w. J. in Oberdtl. Oberdt. Zs 1 (1927); F. Sieber, Dietrich v. Bern als Führer d. W. J. Mitt. d, Schles. Ges. 31/32 (1931); O. Höfler, Kultische Geheimbünde der Germanen, 1934; K. Meisen, Die Sagen v. wütenden Heer u. w. Jr., 1935; A. Endter, Die Sage vom w. Jr. und der w. J., Diss., 1933; O. Höfler, Der germ. Totenkult u. d. Sage v. wilden Heer. Oberdt. Zs. f. Vkde. 10 (1936); R. Th. Christiansen, Der w. Jr. in Norwegen. 46 (1936/37); F. v. d. Leyen, in: Anz. f. dt. Altertum 52 (1935); ders., in: Oberdt. Zs. f. Vkde 11 (1937); F. Ranke, Das w. Heer u. d. Kultbünde d. Germanen. Eine Auseinandersetzg. m. Otto Höfler. Niederdt. Zs. f. Vkde 18 (1940); F. J. Vonbun, Die Sagen Vorarlb., N. Ausg. v. R. Beitl. 1950 (Wuetas u. Nachtvolk S. 229ff.); H. G. Wackernagel, Altes V.tum d. Schweiz. 1956 (frow Selden. Wütisheer); J. de Vries, Wodan u. d. w. J. In: Die Nachbarn 3 (1962); F. H. Schmidt-Ebhausen, Schwäb. Vsagen. 1966; P. Wiepert, Der »wilde Wol«. In: Beitr. z. dt. V. u. A.kde 12 (1968) Fehmarn; die Hunde des w. W. bellen den Frost aus der Erde, damit wieder Korn wachse); Kartogr.: Vkde-Atlas v. Nederland. 1959; W. J. – ASV 260.

Wilder Kürbis → Zaunrübe.

Wilde Leute, w. Mann, w. Frau. Riesige, mit langen Haaren bedeckte Waldmenschen (*silvani*) spielen in der Volkssage besonders der gebirgigen Länder eine bedeutende

Rolle. Wo mittelalterliche Epen märchenhafte Züge annehmen, erscheinen w. L. Auf Zunftkannen (→ Handwerk), in Wappen, in Schnitzerei und Bildhauerei sind noch lange diese Gestalten wiedergegeben worden; der w. Mann, groß und stark, mit Keule, das Wildfräulein (Wfr.kraut → Schafgarbe), das w. Weib ebenso, aber nicht selten auch mit lieblichen Zügen, mit weißglänzender Haut und langfallenden Zöpfen. Die Johringla sieht so aus, die nach langer Dienstzeit beim Bauern durch geheimnisvolle Todesbotschaft wieder ins mythische Bergreich heimgeholt wird (Montafon). In Bildwerken der Renaissance erscheinen w. L. als Gegensatz zum christlichen Engel (Römerberg in Frankfurt a. M.) und als Torbekrönung (in Bamberg). Am häufigsten finden sich diese Darstellungen in Süddtl. und in der Schweiz. Auch in den Vorarlberger Bergnamen »W. Mann«, »Wildmännle« dürfen wir die Spur der alten Sage vermuten.

Dem »wilden Fräulein« unter dem Felsen wird geopfert (Tirol). jedes Kind, das zum erstenmal auf die Burgeiser Alm kommt, wirft einen kleinen Stein auf den Felsen und sagt: »Ich opfere, ich opfere dem wilden Fräulein« (→ weiße Frau). Man legt für die »Waldweibel« Speisen auf den Ofen, u. im bayrischen Hochland war noch Anfang des 20. Jh. Brauch, den Kühen Körbchen mit Alprosen und Beeren zwischen die Hörner zu binden, wie es hieß: »Für die Fräulein«.

Auch in der Gesch. des → Volkstanzes tritt uns die Überlieferung von den w. L. entgegen. Schon aus dem 15. Jh. sind Holzschnitte mit dem Wildleutetanz bekannt. In diese Reihe gehört der Wildmännletanz, der noch heute in Oberstdorf im Allgäu geübt wird. In Maskenumzügen und Brauchspielen stellt der w. M. aus dem Walde seit altem den Winterdämon dar. Wahrscheinlich ist es die gleiche Gestalt wie der orcus, eine Dämonenmaske der romanischen Franken, die schon im 7. Jh. bei Eligius kirchlich verboten wird. Von den W.-M.-Spielen, wie sie im 16. Jh. einmal P. Breughel d. Ä. dargestellt hat, sagt A. Spamer: »Dieser W. M., gekleidet in ein Fell oder späterhin meist in Baumbart und Moos oder auch Stroh, wurde im Wald gejagt, gefesselt, im Triumph umhergeführt, verurteilt, getötet, wobei oft eine verborgene, mit Blut gefüllte Schweinsblase angestochen wurde. In den alten Formen erhielten sich die W.m.jagden und -spiele besonders lange im Etschland, Velten, dem Vintschgau und in Nordböhmen, wo sie indessen teilweise auf die Kirchweihfeiern abwanderten. Auch in den städtischen Fastnachtsumzügen waren der w. M. oder die w. M. früher beliebte Figuren: im römischen Karneval nicht anders wie im Nürnberger Schembartlaufen, bei dem die als w. L. verkleideten Metzgergesellen kurze Fastnachtsstücke aufführten. An Stelle des ›W. M.‹ oder kurzweg des ›Wilden‹ trat späterhin oft der Bär«. → Bär, Waldgeister, Opfer.

J. Grimm, Dt. Mythologie; A. Spamer, Die w. L. in Sage u. Bild. In: Vk u. Vkde. 9 (1911); ders., Dt. Fastn.bräuche. 1936; Fr. Mößinger, Wildweibchen, Holle u. Christkind. Hess. Bll. f. Vkde 38 (1940); W. Lynge, das Sommer- u. Winter-Spiel u. d. Gestalt der w. M. Öst. Zs. f. Vkde 55 (1952); R. Bernheimer, Wild men in the Middle Ages. Cambridge 1952 (Naturgesch., Mythus, Schauspiel, Erotik, Wappen); L. Röhrich, Europ. Wildgeistersagen. Rhein. Jb. f. Vkde 10 (1959); Zur Ikonogr. der W. L. vgl. J. Nickel in: W. Fraenger-Fs. 1960 (Wildleute u. Hl. Dreikönige in Büchermarken); Die w. L. des MA (Kat. Mus. f. Kunst u. Gew., Hamburg) 1963; K. Löber, Wildleute-Orte a. d. Lahn u. im Westerw. Hess. Bll. f. Vkde 55 (1964) (Vor d. 11. Jh.: *wildero wibo hus*; Wildweiberloch, Hanselmannshöhle u. a.).

w. Mann → wilde Leute.

w. Rose → Heckenr.

w. Rosmari → Thymian.

w. Tabak → Königskerze.

w. Feuer → Notfeuer.

w. Heer → w. Jagd.

w. Kopfweh → Pest.

W.fräuleinkraut → Schafgarbe.

W.gemüse → Gundelrebe, Löwenzahn.

w. Gjaid, w. Gload → wilde Jagd.

W.mannlkraut → Schafgarbe.

W.schütz → Freischütz.

Wilgefortis → Kümmernis.

Willeweis → Bilwis, Sibyllenweissag.

Wimper → Auge.

Wind. → Wodan war der Gott des W. und der Gehenkten, die er im Sturm als Opfer dahinnahm. Noch ist der Glaube bekannt, daß mächtiges Wehen in den Bäumen verkünde, daß sich einer gehängt habe. Die W.seelen der Toten ziehen, besonders in den → Zwölften, als → wilde Jagd im Heer des Helljägers, des Waul. W. in der Christnacht macht die Bäume fruchtbar, es heißt, »sie rammeln«. Dem W. wie anderen Elementen wird ein → Opfer gegeben, Mehl wird aus dem Fenster gestreut oder Speise auf das Hausdach gelegt (→ Melusine). Im Schradlw. und Wirbelsturm fährt die Hexe, die W.braut, der Schratt (bes. ostbayrisch und schlesisch). Ein Messer (Trudenmesser) in die W.hose (in den »Garmuil«; Montafon) geworfen, trifft die Hexe, der Ruf »Saudreck!« od. andere apotropäische Worte und Gesten (→ nackt, Hinterer) brechen die Gewalt des W.dämons. → Windrose, Blasius, Brei.

L. Kretzenbacher, W.füttern. Bll. f. Heimatkde 29 (Graz 1955).

Windfahne, Wetterf. Die W. ist das früheste Hilfsmittel der Meteorologie. Das älteste bek. Zeugnis ist die W. auf dem »Turm der Winde« in der athen. Äolusstraße (35. v. Z.). Für den wetterkund. Landmann hat die W. heute noch prakt. Bed.. Zugleich ist sie ein Werk von Dorfschmied oder Spengler, das fast immer auf die Umrißwirkung gegen den freien Himmel abzielt: als Wappen, Drache, Walfisch, Sirene (weit verbr.; z. B. Güstrow 1719), Hexe (Salzb.: Hexenturm), Maria im Strahlenkranz (Franken, Südddtl.), Engel mit Posaune (Telgte in Westf.). Neben der einf. → Fahne ist der tagankündende → Hahn in eigenwill. Formen bes. häufig (vgl. E. Mörikes Idylle »Der alte Turmhahn«). Im württ. Unterland gilt der Turmhahn als Kennz. der prot. Kirchen (K. Gröber). Auch Beruf und Gewerbe deuten W. an: Mädchen mit Butterfaß, pflüg. Bauer, Schafhirt, Pferd (für den Schmied), Radfahrer (für den Mechaniker). W. Peßler wies auf die zwischen den → Giebelbrettern angebrachten W. hin. Wie an anderem kleinbürg. Metallgerät sind die fränk.-schwäb. Landsch. bes. reich an W. (Rothenbg o. d. Tauber, Dinkelsbühl in Mittelfr., Nördlingen im Ries). »Die Mauern stehn/Sprachlos und kalt, im Winde/Klirren die Fahnen«. Bei diesen letzten Zeilen des berühmten Gedichts »Hälfte des Lebens« stutzt mancher. Aber Hölderlin war ein Schwabe und meinte ohne Zweifel die im Lande häuf. metall. W. – Ein Brauch der Dachdecker ist es, mit dem Turmhahn Gaben zu heischen beim Decken des Kirchendaches (→ Richtfest). Obwohl mehrf. (W. Peßler, W. Bernt) das systemat. Sammeln von W. angeregt wurde,scheint außer den Skizzenbüchern von Gschwand (Kunstgew.schule Hannover) keine umfassende Slg. zu bestehen.

H. Forster, Alte vtüml. Kunst Niedersachsens. 1926.

Windgott → wilde Jagd.

W.mühle → Mühle.

Windrose. Wie die Antike kannten auch die Germanen vier Haupt- und außerdem Nebenrichtungen der W. Karl d. Gr. vermehrte diese nach lat. Vorbild und gab ihnen auch 12 Namen (lat. *septentrio, aquilo* und *volturnus* z. B. wurden wiedergegeben mit *nordroni, nordostroni, ostnordroni*), wie er auch die 12 → Monate dt. benannte. Das Volk bez. die vier Himmelsrichtungen nicht nach der mathem. Kreisteilung, auch die Namen Osten, Westen, Norden, Süden sind mundartlich vielfach ganz ungebräuchlich, sondern es nimmt die eigenen Lebensverhältnisse als Grundlage. Man bezeichnet also die drei wichtigsten Windrichtungen etwa als Land-, Berger- und Talerluft, weil sie vom Unterland herein, über den Bartholomäberg herunter oder aus dem Silbertal heraus kommen (Schruns im Montafon). Daneben sind für O, S, W, N bis heute auch die germ. Namen Morgen, Mittag, Abend, Mitternacht lebendig geblieben. – In der Anlage der Kirchen und Gräber, aber auch im Recht spielten die Himmelsrichtungen eine Rolle. Die germ. Gerichtsstätte ist nach Osten gewandt. Erst in der späten eddischen Zeit der germ. Religion wandte sich nach Osten, wer Odin anrief. Im röm. und griech. Altertum, in Gnosis, Astrologie und Mysterienkult hatte die W. eine große Bedeutung. Die Heiligkeit der Vierzahl leitete der Hellenismus aus den vier Richtungen der W. ab. In Zauber- und Opferglauben (Körnerwerfen b. d. Aussaat) sind die vier Richtungen der W. Inbegriff der Welt, wie die vier Winkel (→ kehren) Inbegriff d. Hauses sind. → Himmelskunde.

Artikel »Himmelsrichtung« im HDA und in O. Schrader, Reallex. der idg. Altertumskde.

Windsbraut → Wind, Hexe, Axt.

Windseele → Wind, Seele, Wodan.

W.tripper → Gerstenkorn.

Winkop → Gesinde.

Winnetou → Vbuch.

Winselmutter. In der Gegend um das Erz- und Fichtelgebirge wird den Kindern (um 1930) von der nächtlich streifenden Klagemutter, von der W., von Haulemutter (Harz) und Klageweib (Vogtland, auch Schlesien) erzählt. Nach dem Slavischen hin nennt man sie Wehklage oder Gottesklage. Etwas südlich von diesem Gebiet wird das Schreien des Uhu, das nächtliche Rauschen von Wasser u. Wind als → Hehmann und Humann personifiziert. In dieser Landschaft sind Vorstellung und Name besonders fest (in Böhmen seit 1400 erwähnt), vereinzelt findet sie sich auch in Österr. (Klage) und Schweiz (Klagweh). Die gleichen Namen gelten auch den Tieren (→ Eule, Kauz) selbst. → Vorzeichen.

Winterblume → Herbstzeitlose.

W.grün → Mistel.

W.puppe → Lätare.

W.-Sommerkampf → Fasnacht, Lichtmeß, Lätare, Ostern.

W.sonnwendfeier → Weihn.

Winzer → Kilian, Maria.

Wirken. Fertigen von Geweben, wobei die Fäden reihenweise in Schleifen (Maschen) gelegt und die älteren Schleifen über die neuen geworfen werden. W. soll im Italien des 13. Jh., ja schon im alten Griechenl. bekannt gewesen sein. Das über die → weibl. Handarb. hinausgeh. W. nahm seinen eigentl. Aufschwung durch die Erfindung des Handkulierstuhls durch William Lee in Cambridge 1589. – Als W. bezeichnet wird auch die Nadelarbeit auf dem → Webstuhl (meist dem Hoch-W.). Durch d. freihändig mit der Nadel eingezog. Schußfaden werden einz. Farbflächen »ausgestopft« und so Bildteppiche (Gobelins) verschied. Größe hergestellt. Das älteste dt. Beispiel bewahrt der Domschatz in Halberstadt. Es ist → Klosterarbeit des 12. Jh. für den kirchl. Gebrauch und stellt Szenen aus der Bibel dar. Gewirkte Wandtapeten aus dem 1903 in Oseberg bei Oslo gefundenen Schiff gehören jedoch schon dem 9. Jh. an. Diese Wirkteppiche zeigen Motive der germ. Mythol. und dürfen gleich den späteren gemalten Leinwandbildern (»Bonader«) der skandinav. Bauernstuben mit den in den isländ. → Sagas gen. Wandbehängen verglichen werden. Im dt. Kulturgebiet entfaltete im 14. Jh. die Kunst des Bildw. ihre höchste Blüte in der ritterl. Oberschicht, um dann in die Werkstatt der Handw. und schließlich in die Vk im engeren Sinn überzugehen.

Das mühselige W. mit der Nadel wurde seit der Renaiss. mehr und mehr abgelöst durch das → Weben mit dem Schiffchen. Von Holland kam die Bildweberei der Leinen- → Damaste in dt. Werkstätten und wurde hier auch, mindestens im Gebrauch, Eigentum breiterer Vkreise. Nach Schleswig-H. brachten geflüchtete »Tapissiers« aus Holland über Hamburg jene Technik.

Der Adel wie das Bürgerhaus schätzten Wirkteppiche für Wand und Kamin. Im Bauernhaus erscheinen sie als Stuhl- und Bankkissen oder als festl. Wagen- und Pferdedecken. »Mit ihren steifen Figuren und stilis. Blumen erinnern sie an die Wirkarbeit skandinav. Bauern« (W. Schuchhardt). Ein Kissen von der dän. Insel Röm stellt ein Bauernpaar, das sich die Hände reicht, in den Rahmen von Tulpen, Nelken und Vögeln. Ein Bankkissen setzt Löwen und Einhörner, Papageien und Blumen wirkungsvoll auf schwarzen Grund. Figürl. und Symbole weisen oft darauf hin, daß diese Arbeiten Hochzeitsgeschenke waren. Ob das W. von Bildteppichen auch in Tirol im Hausfleiß geübte Vk oder nur höf. Kunstgewerbe war, bleibt fraglich.

Demin, Die Wirk- und Webekunst. 1893; M. Haberlandt, Werke der Vk. 1. Bd. 1914. (»gewirkte Decken« in Tirol). H. Schmitz, Bildteppiche. 1922; F. A. Scheltema, Die altnord. Kunst. 1923; W. Schuchhardt über Gobelin-, Noppen- und Smyrnatechnik in: Spamer, Vkde.

Wirtshaus, Gasthaus. Großzügig geübte Gastfreundschaft stand in Orient und Antike wie bei primitiven Völkern und steht in abgelegenen Gebieten oder in Notzeiten wie den vergangenen Weltkriegen bei uns noch heute an Stelle von fehlenden G. Doch kannten die Römer schon solche *(cauponae, popinae, tabernae)*, wenn auch vorwiegend für die unteren Volksschichten. Handel und Verwaltung forderten an großen Straßen Raststätten für Nachtquartier *(mansio)* und Pferdewechsel *(mutatio)*, wie sie im Brauch der Taverna, Dogana oder Sosta (Vorarlberg: Zuschg) im MA. weiterlebten und in den Raststätten der Autobahn wiederkehrten. Es gab auch antike → W.schilder. Die Namen der W. sind ein besonders vielseitiges und bis heute interessantes Kapitel der → Häusernamenforschung.

Wenn die Gastlichkeit der Bürger und Klöster (vgl. den Plan des Klosters St. Gallen; 9. Jh.) auch durch das primitive W.wesen im MA. noch nicht ersetzt werden konnte, so gibt es doch schon früh bessere Herbergen, Ratskeller (Bremer Ratskeller) u. ä. Das Hotel erscheint dem Namen und der Sache nach seit 1650 in Frankreich. In Dtl. entsprach dem Hotel der Hof, meist mit Ausspannung und angegliederter Landwirtschaft. In den charakteristischen Zeichen und Namen, als Stätte für Geselligkeit, Spiel, Tanz und Volksschauspiel hatte und hat das W. im Volksleben große Bedeutung. Auch die Verbreitung der verschiedenen Namen für die Gattung W. (Hof, Erbhof, Krug, → Nobiskrug u. a.) verdient vkdl. Erforschung wie nicht weniger die Bezeichnung in Mundart, Jargon und Witz (Destille, Kneipe, Budike, Schenke, Beisl u. a.) → Taufe, Hochzeit, Totenmahl u. a.

K. Gatz u. H. Kämmerer, Gaststätten 2 Bde. 1951; Kachel, Herberge u. Gastwirtschaft in Dtl. bis z. 17. Jh., 1924; Schmidt-Veit, Berühmte Gaststätten, 1929; G. Steinlein, Altbayer. G., 1940; F. Rauers, Kulturgesch. d. Gaststätte. 2 Bde., ²1942; H. Müller-Schlösser, Von allerh. Wirten u. Gästen. 1948; H. Holzmann, 650 Jahre Familie Cammerlander. 1962 (Haus- und Wohnkultur, Brauch, Recht. Wiegelmann: »Ein Dokument f. d. Selbstbewußtsein u. d. relativ hohe soz. Stellung d. Gastwirte in Österr. u. Süddtl.«); E. M. Wallner, Von d. Herberge z. Grandhotel. 1968.

Wirtshausschilder. W. Funk führt W. als Gewerbezeichen rechtsarchäol. zurück auf den Strohschaub, die *wiffa*, die schon in der *Lex Bajuvariorum* genannt wird. Wie die Zunftzeichen der → Handwerker als Nachbild. ihrer Geräte, so sind auch die W. redende Zeichen. Als Nachkommen der grünen Kränze, der Kanne oder Maibüsche, die im MA. (im Wiener »Ausgsteckten« noch heute) den Ausschank von Bier oder Wein anzeigten, sind W. nicht auschließlich als → Reklame entstanden, sondern gelegentlich angeordnet: »Damit auch die Fremden solche Häuser desto eher finden können, so sollen an den Wirts- und Ordonnanzhäusern besondere Schilde, falls sie dergleichen noch nicht führen, ausgehängt werden, wodurch man sie von anderen Häusern leichtlich unterscheiden könne.« (Landsberg 1717). – In Mitteldtld. und im S haben die W. ihre reichste Entfaltung gefunden. Im Elsaß ist keine Eisenkunst formenreicher als diese (Polaczek). K. Gröber bez. das W. in Schwaben als das »weiteste Gebiet für Schmiedekunst«, das alle Techniken und Ornam. verwendet. Ebenso stattlich ist der Bestand in Baden, bes. im Kraichgau zw. Schwarzwald und Odenwald (Busse). Messing und Zinn werden selten verwendet. Vorherrschend ist bei uns das hängende Schild, das durch einen langen Arm von der Hauswand vorragt. Eisenblech und Schmiedeisen entfalten einen auch heute noch unübersehb. Reichtum der Formen: im Barock das vielfach gewundene Rankenwerk, oft aus einem Füllhorn emporsprießend und in einer Volute oder einem Vogelkopf (als Aufhängehaken) endigend, im Empire kühlere, strengere Formen. Das Hängeschild selbst, gemalt, bemalt oder vergoldet, gibt in vielen Abwandlungen zwischen Vk. und Kunstgewerbe das Namens-Sinnbild des Gasthofes wieder: Prinz von Preußen, Kreuz, Krone, Kugel, Sonne, Posthorn, Taube, Schäfle, Löwe, Adler, Hirsch, Schwan, Rößle usw. → Windfahne, Eisen, Reklame.

Blavignac, Histoire des Enseignes d' Hotellerie, d' Auberges et de Cabarets. Genf 1876; Dt. Vk., sämtliche Bände; K. R. Langewiesche, Zur goldenen Sonne, 1935; B. Schmid, Wirtshausnamen u. W. Ihre Entst., Gesch. u. Bed. Schweizer Arch. f. Vkde 33 (1934); Handwerks- u. W. Vorwort v. F. Kämpfer. 1958; E. Hölscher, Firmenschilder aus zwei Jahrtaus. Malerei im Dienste d. Werbung. 1965; vgl. Lit. → Wirtshaus.

Wismut, W.malerei, W.kästchen.

W. ist ein Metall, das aus W.führenden Erzen gewonnen wird. Der Name ist 1472 zuerst bezeugt und wird auf das Schneeberger Zechenrevier »Wiesen« und auf »muten« (›nachsuchen‹; Mutung ist ›Gesuch um Verleihung des Bergw.eigent.‹) zurückgeführt. Doch auch aus dem Arab. versuchte man W. herzuleiten. Ploß belegte *wesemut* um 1390. – Als Metall hat W, zuerst → Paracelsus erkannt (wismat m.). Industriell zuerst verwendet wurde W. wohl in der Malerei auf Metall. In der Wm. bedient sich die Vk. eines Kreidegrundes, der mit einer dünnen W.schicht überzogen ist. Durch die mehr oder weniger lasierenden Lackfarben scheint der metallisch-graue Ton hindurch. Ursprünglich sollte der metallische Anstrich vielleicht ein billiger Ersatz für wirkliches Metall sein. In der Anwendung der Wm. auf Kästchen scheinen sich Ulm, Oberammergau und Berchtesgaden hervorgetan zu haben. In dem Statut der Wm. von Sonneberg (1764) wird als Meisterstück verlangt: »ein Schmuck-Schränklein und ein Satz Schiebkasten mit Blumen, Landschaften und Figuren zu malen, ingleichen die Leisten zu vergulden«. Der Name Wm. wird häufig auch für lasierende Malerei auf Kreidegrund überhaupt gebraucht. Er ist z. B. den Berchtesgadener Wk. verblieben, als W. selbst nicht mehr verwandt wurde. In jeder Art des »Fassens« (Bemalens) waren die Oberammergauer so tüchtig, daß z. B. die Grödener Schnitzer ihnen ihre Ware zum Fassen schickten. Im Kunstgewerbe sind Wk. schon im 16. Jh. nachweisbar (z. B. Wk. v. 1556 im Dresdner Kunstgew.-Mus.). Die ersten Erfahrungen mit der Wm. dürften die Miniaturmaler des hohen MA. gemacht haben, die Initialen und kleinere Bildchen mit W. unterlegten.

G. Buchner, Das Verfahren d. Wißmuthmalerei. 1908; E. Darmstaedter, Die Anfänge der Wm.; in Kultur des Handwerks, 1927; K. Gröber, Oberammergauer Hauskunst, 1930; A. Spamer, D. kl. Andachtsbild, 1930 (S. 57f.).

Witz. Unsere Redensart: die Sache hat keinen W. oder Wörter wie vorwitzig, witzlos enthalten noch die urspr. Bed. von W. ›Wissen, Klugheit‹. »Vom Wissen ausgehend, war W. im vorlit. Deutsch das Urwort des Verstandesbereichs, in dem die allen Menschen zukommende Klugheit mit dem erworb. Wissensinhalt des einz. noch zusammenfloß« (Kluge-M. Et. Wb.). Der W.bold war ein Klugredner (Förstemann führt 199 Namen mit dem gleichen Grundwort ahd. *bald*, mhd. *bolt*›kühn‹ an; auch *trunkenbolt* ist schon mhd. belegt). Aus der Bed. ›scharfsinnige Rede‹ hat sich im 18./19. Jh. die engere von ›scherzh. Wortspiel‹ oder auch ›kurzer, humorv. Erzählung‹ (»Kennen Sie den . . .?«) entwickelt. Mancher → Schwank (H. Sachs) ist ein ausgeführter, mit Lokalfarbe und Geschichtl. ausgestatteter W., manche → Anekdote lebt in der Form eines kurzen W.wortes fort. Auch das → Beisp.sprichwort ist dem W. verwandt. Wie manche Pers. den Ruhm genießen, unerschöpflich an W.en zu sein und sie gut »erzählen« zu können, so zeigt diese kürzeste Erzählgattung auch zeitl. wie landsch. Moden (1971: Ostfriesenw.) und Eigenheiten und knüpft sich gern an bestimmte polit. Systeme (Flüsterw.) und an bekannte Pers. (Göring-W.). Unsinn wird als wahr vorgetragen ähnlich wie in (→ Münchhausens Lügengesch.), Wahrheit wird in lächerl. Kleidung gesteckt. Vom derben Wortw. (Kalauer; fauler W.) bis zum geistesgewandten Spiel mit Wort und Bed. unter Kennern, vom schlichten Späßchen vor Kinderohren (oder aus »Kindermund«) bis zur derberot. Zote für Wirtshaustisch und »Herrenabend« bewegt sich oft dieselbe Grundfigur nach Form und Inhalt auf vielen Stufen. In gewissem Sinn kann man den W. als → Schlager der V.erzählung bezeichnen. H. Freudenthal sieht in der Erfg. des »Vhumors« bes. eine Aufgabe der Vkde (Heimat, Wanderung, soz. und sprachl. Schichtung, Typologie: Hein und Fietje an der Waterkante, Tünnes und Schäl am Rhein, Antek und Frantek in Oberschlesien, Graf Bobi und Kindermann in Wien usw.). G. Grober-Glück betont, daß es auf dem Gebiet von Humor und W. nicht an vkdl. Sammelarbeit fehlt, daß aber die wiss. Durchdringung des für den V.charakter ohne Zweifel aufschlußr. Stoffes noch eine Aufgabe der Zukunft ist.

J. Trier, Worte d. Wissens. 1931; H. Schöffler, Geogr. d. dt. W.; H. Lützeler, Philosoph. d. Kölner Humors; H. Moser, Schwäb. V.humor. 1950; K. Ranke, Schwank u. W. als Schwundstufe. W.-E. Peuckert-Fs. 1955; G. Grober-Glück, Über Humor u. W. in d. Vkde. Zs. f. Vkde 55 (1959) S. 52ff.; vgl. auch S. 162ff.; H. Freudenthal, in: Beitr. z. dt. V.- u. Akde. 2/3 (1958); K. H. Bodensiek, Von d. bes. Form d. Kölner W. Rhein.-west. Zs. f. Vkde 7 (1960); C. Ständer, Humor im Vmund d. Großstadt. Rhein-westf. Vkde 8 (1961); H.-J. Gamm, Der Flüsterw. d. Dritten Reiches. 1963; H. Thomsen, Materialien z. Entst. gesch. v. »Klein Erna« Beitr. z. dt. V. u. Altert.kde 7 (1963) (Um 1933 herum hörte man d. ersten K. E.-Gesch.); E. Edert, Dat haar noch laeger warrn kunnt. [5]1963 (Schlesw.-Holst.); W. R. Schweizer, Der W. 1964; K. Hirche, Der »Braune« und d. »Rote« W. 1964; L. H. Lorenz, Fietje u. Tetje, Hamburg. Dönntjes. 1965.

Woche, ein gemeingerm. Wort mit der Grundbedeutung ›Wechsel‹. Im Altnord. finden sich Spuren einer 5tägigen W. Die heutige 7tägige W. kam über Rom aus dem Orient zu uns. Es muß vor der Mitte des 1. J.taus. geschehen sein, noch in gemeingerm. Zeit, da die germ. Namen der W.tage weitgehend übereinstimmen. Die Germanen ersetzten römische Planetengötter durch einheimische Götternamen *(dies Mercurii – Wodanestac* usw.). In vielen dt. Landschaften kennt man W.verse, die jedem Tag eine bestimmte, oft humoristisch gesehene Aufgabe zuweisen:

Am Meentig focht ma d' Wocha-n-a,
am Zieschtig tuat ma, was ma ka,
am Mittwoch tuat ma d' Wocha täla,
am Donnschtig tuat ma d' Widder häla,
da Fritig lot ma Fritig si,
am Samstig lüt's da Sonntig i.
(Montafon)

Auch der Küchenzettel wird in dieser Weise bedichtet (→ Speis u. T.). Der Anfang der W. wird mit abergläubischer Scheu eingeleitet. Im übrigen s. die einz. W.tage u. Tageszeiten.

W. Gundel, Z. Herkunft unserer W.tagsnamen. Hepding-Festschr., 1938; E. Kranzmayer, Die Namen d. W.tage in d. Mundart. v. Bayern u. Österr. 1929; G. Schreiber, Die W.tage im Erlebnis d. Ostkirche u. d. christl. Abendl. 1959; R. Baehr, Zu d. roman. W.tagsnamen. G. Rohlfs-Fs. 1958.

Wochentage → die einzelnen W., Woche; Atlanten (ADV).

Wöchnerin, Wochenbettgebildbrote. Die → Gebärmutter wird im Volksglauben Altbayerns als eine Kröte aufgefaßt, die im Körper der Frau ein selbständiges Leben führt. Demgemäß treten die → Gebildbrote des Wb. in Krötenform auf, aber, wohl aus einer volkstümlichen Assoziation heraus, als Schildkröten. In Niederösterr. werden Wbg. in Knaufgestalt als »Krotten« bezeichnet. Bisweilen hat auch ein Krebs ein Wickelkind zwischen den Scheren. Wenn solche Brote gelegentlich ein Geschenk an die → Hebamme bilden, ist daran zu denken, daß diese selbst in Süddtl. als Kindfischerin (»Krebserin«) gedacht und dargestellt wird (Springerlemodel). Andere Formen der Wbg. sind zur Taufe und am folgenden Sonntag üblich, vor allem Spaltgebäcke u. vierknäufige Wekkenformen (Vierzipf, Strohsackl,

Julkuse in Schweden usw.), ferner der sog. »Kindsfuß« (Stollen oder Semmel). »Der Mitgenuß an der meist von der Sippe dargebrachten Opferspeise vermindert die Gefahr und erhöht den Fruchtbarkeitssegen, der sich auch durch die Form der Wecken und Spaltgebäcke bemerkbar macht.« (M. Höfler). Storchengebäck fehlt unter den Wbg. (→ Taufe, Storch).

Von der → Geburt bis zur → Aussegnung schützt die »Sechswöchnerin« ein Ring von volksgl. und kirchl. Mitteln vor → Berufen, → bösem Blick, → Wechselbalg und Dämonen. Sie ist mit dem → Kind fast noch so eng verbunden wie als → Schwangere. »Wenn ein Weib in ihren Sechswochen spinnet, es mag seyn Wolle, Hanf oder Flachs, so verursacht sie hiermit, daß ihr Kind gehenkt wird« (Rockenphilosophie). Nach dem ADV (um 1933) noch weit verbreitet sind strenge Vorschriften, die der W. bis zur Aussegnung verbieten, das Haus, den Hof zu verlassen, in Keller oder Dachboden zu gehen, über die Dachtraufe hinaus, über die Straße, zum Nachbarn, auf Kreuzwege, auf öffentliche Wege usw. zu gehen. Sie soll nicht Früchte einkochen und keinen Wein zapfen. Stark spricht hier noch die Vorstellung von der Unreinheit der W., die bei Primitiven noch weit ausgeprägter und verbreiteter ist. Aus diesem kirchlich gestützten Volksglauben erklären sich auch besondere Bräuche beim Begräbnis der W. Sie erfährt ähnliche Behandlung wie Verbrecher, Selbstmörder u. Ungläubige und wird »oft noch bis ins 18. Jh. hinein außerhalb des Friedhofs auf freiem Feld in ungeweihter Erde beigesetzt« (A. Spamer). Luther tadelt dies als kath. Aberglauben. Von manchen wurde es abgelehnt, die tote W. in die Kirche zu bringen, damit diese nicht etwa durch Blutungen enweiht werde. Über besondere Vorkehrungen am Grabe der W. hat H. Hepding wertvolle Zeugnisse gesammelt und gedeutet. Durch Überdecken des Grabes mit einem weißen Tuch (auch weißes Garn; ein weißes gestricktes Netz: alem. 16. Jh.) soll das Wiederkommen der W. verhindert werden (→ Lebender Leichnam). Eine hingelegte Windel soll die W. vielleicht irreführen, wenn sie um Mitternacht zu ihrem Kind will (→ Melusine). Verbote ähnlichen Brauches ergingen in Nürnberg schon im 15. Jh. Auch das Überschreiten des Grabes durch Lebende soll verhindert werden. Für Frauen, besonders in der Menstruation, ist es gefährlich. Manche Gaben am Grab der W. (z. B. ein Schneller Garn) ist auch als Opfer (Ersatz des Aussegnungsopfers) verständlich und wurde so auch zu einer Spende an die Armen. Der mosaisch-primitiven Anschauung, daß Geburt unrein mache, stehen bei uns aber auch Bräuche gegenüber, die die Gebärende mit besonderer Segenskraft ausgestattet denken. Das Bettuch, auf dem eine Frau ihr Kind gebar, hat besondere Kraft und wird wie Agathabrot oder Satorteller ins Schadenfeuer geworfen. Ein Schadenfeuer erlischt, wenn es die W. dreimal umschreitet oder sie dreimal darum getragen wird (→ Umkreisen). Das hegende Grabtuch, um Mitternacht geholt, hilft Mensch und Tier bei unheilbaren Leiden. Die im Kindbett Verstorbene wird wie ein Jungfrau bestattet (Allgäu, Oberbayern, Tirol, Schweiz).

Auch die Kirche blieb der toten W. nicht überall verschlossen; A. Franz nennt Riten für die *introductio mulieris mortuae post partum.* → Elefant, Wasser, Sarg, Lichtmeß, Klopfen, Labkraut, Lotterie.

Höfler, Zs. f. österr. Vkde. 15 (1909); A. Franz, Die kirchl. Benediktionen im MA. 2 Bde., 1909; M. Hippe, Die Gräber d. W.nen. Mitt. d. Schles. Ges., 1905; E. Redlefsen, Möschenpötte u. W.schalen. Die Heimat, 1938; H. Hepding, Das Begräbnis d. W. Wossidlo-Fs., 1939. (Nachtr. in: Hess. Bll. f. Vkde 1940.); E. Meyer-Heisig, Dt. Vk. 1954 (Salzb. Godenschüssel).

Wocken → Spinnrocken.

Wockenbrennen → Walpurgis.

Wodan, nord. Odin. Zur Zeit des → Tacitus der höchste Gott der Germanen und von jenem mit *Mercurius* gleichgestellt. Auch der *dies Mercurii*, der vierte Wochentag (→ Mittwoch), wurde Wodanestag, Odinsdagr genannt. Ursprünglich aber war W. (tiergestaltiger?) Sturmdämon und Führer der → wilden Jagd, des Totenheeres. Man bringt W. etymologisch mit dem Wort »Wut« zusammen und sieht in einer erschlossenen Wurzel *wod* die Kollektivbez. für die stürmisch bewegte Schar der Windseelen, aus deren Zahl W. als Führer allmählich heraustrat. Als Gott der Toten, besonders der gewaltsam Getöteten (→ Wind), wird er bald oberster Herr über Leben u. Tod. → Walküren führen die Kampfgefallenen zu ihm nach → Walhalla. So wird er auch Schutzherr des Krieges. Besonders im skand. Norden setzte sich die schon im Westgerm. feststellbare Vergeistigung des Gottes unter dem Einfluß der skaldischen Dichtung und Mythologie fort. Er wird zum Träger der Heilkunde und alter Runenweisheit. Er weiß heilenden Zauberspruch, z. B. im angelsächsischen Neunkräutersegen und in dem ersten der → Merseburger Zaubersprüche. Tiere und die Gehenkten sind Opfer des Windgottes, Mantel, Stab und Schlapphut (→ Breithut) sind Zeichen des → einäugigen Alten. Wo er Kriegsgott ist, erscheint er in entsprechender Tracht. Die Vögel des Schlachtfeldes gesellen sich zu ihm: Adler und Rabe. In Mitteldtl., von wo der W.kult auf die anderen Germanenvölker übergriff, dürfen noch Orts- und Bergnamen (Godesberg) als Überlieferungsreste angesprochen werden. Kult und Heimat des germ. Gottes ließen ihre Spuren in der christl. Gestalt des hl. → Michael und in seinen zahlreichen Bergheiligtümern. Außer dem Mythus der → wilden Jagd (Wodejäger, Waud, Waul, Wol) erscheint oder erschien (noch im 16. Jh.) der Name des Gottes in Mecklenburg im Spruch, mit dem die Schnitter sich um die letzten unabgemähten Halme versammelten: »Wode, hale dynem Rosse nu Voder, nu Distel unde Dorn, thom andren Jahr beter Korn«. → Vergodendeel, Giebelbretter, Wolf.

J. Grimm, Dt. Mythologie, 1854³; R. Brandstetter, Die Wuotansage im alten Luzern. Geschichtsfreund, 62 (1907); W. v. Unwerth, Unters. über Totenkult und Odinverehrung, 1911; K. Helm, Altgerm. Religgesch., 1913; R. Muus, Die altgerm. Religion nach kirchl. Nachrichten aus der Bekehrgs.zeit d. Südgerm. Diss., 1914; W. Steller, Zum W.glauben; Mitt. d. Schles. Ges. 26 (1925); C. Rademacher, W. – St. Michael – Der Dt. Michel, 1934; K. Helm, W., Ausbreitg. u. Wandlg. s. Kultes, 1946.

Wodans-, Wodenestag → Wodan, Mittwoch.

Wode, -jäger → Wodan.

Wohlverleih → Arnika.

Wohnen. Kochen, Heizen, Schlafen, Körperreinigung und häusl. Arbeit, ferner Muße, Gastlichkeit und Repräsentation werden als die acht »Ideen des W.« bezeichnet (Meier-Oberist), denen, wo es möglich ist, auch eigene Stätten im → Hause oder in der Einraumwohnung z. T. wenigstens eigene Plätze entsprechen. An der Ausgestaltung des einen oder anderen Raumes läßt sich der bes. Lebens- und Wirtschaftsstil einz. Landsch. und Zeiten ablesen. »Diese Gesichtspunkte sind... auch für die vkdl. Betr. der Häuser und Wohnungen wichtiger als Einzelh. des Baugefüges« (G. Wiegelmann; Zs. f. Vkde. 55). Auch Richard Weiß vertrat diesen Standpunkt mit Nachdruck. So betrachtet wird außer dem ländl. oder halbländl. → Bauernhaus auch das vorstädt. und städt. → Bürgerhaus und darüberhinaus das Einfamilienhaus und die »Mietskaserne«, das Arbeiter- und Siedlungshaus, das Ledigen- und Altersheim, Sommer- und Wochenendhaus, ja selbst Land- und Herrenhaus, Villa und Schloß Gegenstand einer soziolog. ausgerichteten Vkde. Das Leben weiter Vkreise im Kriege und danach ist durch nichts stärker geprägt als durch den Zwang des Zus.wohnens in Individualräumen und -wohnungen. Nachdem das eigene Heim wieder erreichbar geworden ist, wünschen (nach Umfragen 1970) 80 v. H. der Deutschen ein eigenes Haus und wurde das »Bausparen« die vtümlichste Form der Vermögensbildung. Bleibt die Gesch. des Hauses als Bauwerk auch die Aufgabe der Hausfg. unter bewährten und neuen Gesichtspunkten, so werden sich andere Zweige der Vkde, darunter auch die Vkfg., stärker als bisher den Erscheinungen des W. in Vergang. und Gegenw. anzunehmen haben. → Herd, Ofen, Stube, Herrgottswinkel, Firstsäule, Dach, Butze, Döns, Flett, Diele, Wandschmuck, Möbel, Inventare u. a.

O. Völckers, Wohnraum u. Hausrat. Eine Fibel. 1949 (Ausgez. Gesch. d. dt. Innenräume und Möbel v. d. Urgesch. bis heute. 300 Zeichn.); ders., So wohnen die Völker der Erde 1949; G. Ränk, Das System d. Raumeinteilung i. d. Behaus. d. nordeur. Völker Stockh. 1949ff.; D. Chapmann, The Home and Social Status. London u. New York. 1955. (275 Wohngn m. Inventar. Großstadtvkde); T. Gebhard, Wegweiser z. Bauernhausfg. in Bayern. 1957 (Siedeln, Bauen, W.); W. Stengel, Alte Wohnkultur in Berlin und in d. Mark im Spiegel d. Quellen des 16.–18. Jh. 1958; H. Aurenhammer, Großstadtvkdl. Unters. an Wiener Wohngn. Öst. Zs. f. Vkde 12 (1958); R. Weiß, Häuser u. Landschaften d. Schweiz. 1959; H. Ulrich, Lit.übersicht: Bauen u. W. In: Dt. Jb. f. Vkde 6 (1960) (1956–59); W. Schwarze, Wohnkultur d. 18. Jh. im Berg. Land. 1964; M. Schmidt, Das Wohnungswesen d. Stadt Münster im 17. Jh. 1965 (Invent. und 3100 Testam. vom Ende d. 16. – Anf. d. 18. Jh. Fortsg. von: H. Thomsen ü. Braunschw. Bürgerhäuser bis Anf. 15. Jh. und E. Wurmbach, Kleid und Hausrat in Köln am Ende d. MA.); A. Silbermann, Vom W. d. Deutschen. Eine soziol. Studie ü. d. Wohnerlebnis. 1966; B. Schier, Hauslandschaften. ²1966; A. Silbermann, Vom W. d. Deutschen. 1966.

Wol → Wodan.

Wolf. Der W. gehört schon zu den eiszeitlichen → Tieren auf germ. Boden. Er ist → Wodans Tier. Trotzdem er heute bei uns ganz selten (1954 Kärnten) auftaucht, ist er im Kinder- und Zauberglauben eine bekannte Gestalt. Als → Werwolf, als allerdings stark literarisch gefärbter Märchenw. (Rotkäppchen), vor allem als → Schreckgestalt der Kinder (→ Mesner) und → Korngeist wird er noch tausendfach genannt. Wenn der W. im Kornfeld auch oft verblaßten → Schreckgestalten wie »Hexe«, »schwarzer Mann« usw. gleichkommt, so ist doch nicht zu übersehen daß Redensart und Brauch auch auf ältere mythische Bedeutung weisen. Sehr fest ist in Mecklenburg und Pommern die Überlieferung vom furchtbaren Roggenw. Vom Koarewölfke erzählt man am Rhein, doch bezeichnet der gleiche Name hier auch andere Tiere (→ Hamster). Im 19. Jh. wurde der W. auch als Garbenpuppe im Ernteschlußbrauch dargestellt, wie wir das Tier auch in zahlreichen → Gebildbroten (→ Wowölfle) der Mittwinterzeit finden. Personennamen (W.gang, W.ram) wie Ortsnamen (W.hagen) zeigen die alte Verbreitung des Tieres. (→ Eigennamen). Der hartnäckige Kampf gegen das schlimme

Raubtier spiegelt sich auch im »Wolfsgeld«, das hessische → Hirten herkömmlicherweise sammeln durften. → Ostern, Martin.

W. Mannhardt, Roggenw. u. Roggenhund, 1865; F. Byloff, W.bannerei. Oberdt. Zs. f. Vkde 1 (1927); R. Beitl, Korndämonen. Im HDA.; ders., Korndämon und Kinderscheuche. Ms.; O. v. Zaborski, Von den Ehalten ... Bayer. Jb. f. Vkde (1954) (W.ausläuten 1953); Kartogr.: ÖVA III Burschenschaftsbrauch.

Wolf austreiben → Martin.

Wolfgang, hl. (31. 10.). † 994 zu Pupping an der Donau, Bischof von Regensburg und dort begraben. Der Kult des berühmten und volkstümlichen Heiligen (Ortsnamen, Personennamen) ist deshalb besonders in Bayern, Salzburg, Oberösterr. und Böhmen verbreitet. Er zählt zu den → Vierzehn Nothelfern. Wie der hl. Georg oder Leonhard wird der hl. W. an seinem Festtag mit Wallfahrt und → Umritten geehrt. Seine reich ins Sagenhafte entwickelte Legende (→ Nikolaus) begründete eine vielseitige Verehrung. Neben manchen anderen Wundern sind vor allem das Schlagen eines Quells aus dem Felsen, das Erweichen eines Steins beim Knien und der Beilwurf berühmt. Das »W.hackl« wurde verbreitetes → Amulett, weil nach der Sage W. an der Teufelswand am Abersee ein → Beil warf und da Zelle und Kirche später sich erhoben, wo sie gefunden wurde. → Votivgaben und Opfer werden dem Heiligen gebracht. An seiner bekanntesten Kultstätte (St. W. im Salzk.gut) haftende Besonderheiten sind ferner das Glockenseilziehen, um die Aufmerksamkeit des Heiligen auf den Bittsteller zu lenken, das Steintragen als Buße, das Trinken vom W.brunnen und das → Durchkriechen einer neben dem Heiligtum befindlichen Felsenritze zum Zweck der Krankheitsheilung. Viele dieser Volksüberlieferungen faßte schon das Mirakelbuch von 1599 zusammen. Damals standen auch schon seine Patronate als Hirtenbeschützer und Wetterherr fest. Ein Hirtensegen aus dem 15. Jh. lautet: »Ich treip heut aus in unser lieben Frauen Haus, in Abrahams Garten, der lieb Herr sant Martein der soll meines viehes pflegen und warten, und der lieb herr sant Wolfgang, der lieb herr sant Peter, der hat den himelischen slussel, die versperrent dem wolf und der vohin irn drussel, daß sie weder plut lassen noch bein schroten. Des helf mir der man, der chein übel nie hat getan und die heiligen V Wunden behüten mein vieh vor allen Holzhunden. *V Pater et V Ave Maria.*« – Auf einer Glocke von 1518 in Ochsenfurt steht die Inschrift: *Um . Maria . zu . eren . bin . ich . ernannt . Sanct andrea . und wolfgang . thunt . mir . beystant . ds . böse . wetter . von . mir . und . maria . werde . getrennt.* – Attr.: Kirche, Beil, Kaiser m. d. Worten *»post sex«* (= »nach sechs Jahren wirst du gekrönt sein«).

J. Christophen, St. W. des H. Beichtigers und Bischoffen zu Regenspurg Herkommen, Leben und Ableiben, 1599; K. Weinhold, Die Verehrung der Quellen in Dtl. Berl. Sitz.-Ber., 1898; J. B. Mehler, Der hl. Bischof von R. 1894; M. Andree-Eysn, Vkdl. 1910; O. Häfner, Der hl. W. Ein Stern d. 10. Jh. 1930; F. Lipp, Der »W.ikasten«. Gugitz-Fs. 1954 (Figurentheater); Das Leben d. hl. W., hg. v. H. Bleibrunner. 1967 (n. d. Holzschn. v. J. W. von 1515); Der hl. W. u. Oberösterr. 1972 (mit 8 Beitr.).

Wolfgangshackl → Axt, Wolfgang.

Wolfraum. In der erzgebirgischen Bergmannssprache des 16. Jh. wie → Nickel und → Kobalt scheltende Bezeichnung eines in seinem Wert noch nicht erkannten Erzes. Vgl. mhd. *râm* = Ruß, Schmutz‹ (in diesem Sinn wird das Wort auch in Berlin noch gebraucht). Die lat. Bez. für W. war *spuma lupi* ›Wolfsschaum‹. Mit dem Raubtier wurde das Mineral verglichen, »weil W.

neben dem gesuchten Zinn als minderwertig galt und im Schmelzofen einen starken Zinnabgang verursachte« (Kluge-Mitzka, Et. Wb. 1967).

Wolfsblume → Arnika.

W.gerste → Widertonm.

W.hemd → Werwolf.

W.schnitt → Bilwis.

W.zahn → Mutterkorn, Kerbschnitt.

Wolle. In der Sprache der → Jäger Hasen- und Kaninchenhaar, auch das Grundhaar von Sauen und Raubwild (»sich in die W. geraten«), sonst aber haupts. das durch jährl. ein- bis zweimalige Schur gewonnene Haar des Schafes. Gerberw. nennt man die beim Gerben abgelöste, Sterblingsw. die vom verend. Tier abgeschorene W. Beimeng. von Ziegen- oder Hundshaar und dann überhaupt ›betrügen‹ meint die alem. Redensart »as goht Hoor ondr dr Wolla«. Im letzten Krieg wurde wieder häufiger W. mit Kardatsche (mit Zähnen besetzte Handtafeln zum Schlichten; vgl. Hechel), Spinnrad und Haspel unmittelbar im Haus verarb., sonst bezieht man das Garn aus der nächstgeleg. mech. Spinnerei oder aus dem Handel. Die Technik unterscheidet Streichw. (Kratz-, Tuch-, kurze W.) für gewalkte Tuche und die lange W. für glattes Wollzeug (Kammgarnstoffe) und Strickgarne.

Die Kunst des → Spinnens wurde wohl zuerst an der Pflanzenfaser entwickelt, doch ist die Bearb. von W. einfacher als die des → Flachses. In Nordeur. überwog zunächst die W. als Grundstoff der Kleidung. Im MA waren die Tuche der Klöster Werden a. der Ruhr und Fulda berühmt. Herm. von Reichenau (1045) rühmt das schwarze Tuch vom Rhein, das in einem Stück gefärbte rote in Schwaben und den wasserdichten Loden des Donaulandes. Beim → Stricken und → Häkeln, bei der Arbeit mit dem → Webekamm und bei der → Brettchenweberei wie am Webstuhl (→ Beiderw.) fand W. vielf. Verwendung in der textilen Vk. Wo W. am Webstuhl verarbeitet wurde, kam das fertige »Wab« in die Walkmühle. In alter Zeit wurde das Walken und Klopfen zur Verdichtung des Gewebes auch mit den Füßen besorgt.

Wollkraut → Königskerze.

Wort → besprechen, Segen, Zauber.

Wörterbücher → Mundartw.

Wortgeographie. Innerh. der durch den → Sprachatlas in die Wege geleit. → Sprachgeogr. steht die W. der Vkde am nächsten. Das mundartl. Wort ist nicht nur lautl. Erscheinung, sondern zugleich und zunächst Bedeutungsträger, Vermittler e. geist. Gehaltes und dadurch auch der wirtsch., polit., relig., ja selbst der klimat.-geogr. und landsch. Bedingungen, unter denen es lebt. Nicht zuletzt ist es der Einfluß benachb. Stämme und Völker und ihrer Sprache, der das w.ische Bild im dt. Lande bestimmt, zumal an seinen Grenzen. Die wichtigsten Fg.stätten der W. sind die Kanzleien der Mundartwbb. und, im Anschluß an die Lautgeogr. des Sprachatlas, Archiv u. Veröff. des »Dt. Wortatlas«. Dazu gehört die Monogr.reihe »Gießener Beitr. z. dt. Philol.«. Auch die vkdl. → Atlanten bringen innerhalb ihrer eig. Fragestellung zahlr. Beitr. zu W. (→ z. B. Kirmes, Weihn.baum, Zwölften). Seit Beginn uns. Jh. gab die Fg.richtung »Wörter und Sachen« und ihre Zs der W. bed. Auftrieb.

J. u. W. Grimm, Dt. Wb. 1854–1961; P.

Wortgeographie

Bezeichnung des Bindfadens; nach B. Martin

Kretschmer, Wb. d. hochdt. Umgangsspr. 1918; E. Kranzmayer, Sprachschichten u. S.bewegungen in d. Ostalpen. 1931; ders., Histor. Lautgeogr. d. gesamtbair. Dialekt-raumes. 1956; W. Mitzka, Dt. Wortatlas. 1952ff. Seit Bd. 6 mit L. E. Schmitt; K. Bischof, über d. Dt. Wortatlas. In: Das Inst. f. dt. Sprache ... 1954; Dt. Wortfg. in europ. Bezügen. Unters. z. Dt. Wortatlas, hg. v. L. E. Schmitt. 1958ff.; E. Riemann, W. und Besiedlungsgesch. Altpreußens. In: Jb. d. Ver. f. nd. Sprachfg. (1965) (16 Karten); W. Mitzka, hg., W. u. Gesellschaft. Fs. f. L. E. Schmitt. 1968.

Wortschatz → Name, Standessprachen, Volkssprache.

Wowölfle oder Howölfle sind kleine badische → Gebildbrote (Amt Bühl), die man in der Neujahrsnacht bäckt und die Hund, Wolf, brütende Henne u. a. Tiere darstellen. Sie haben Segenskraft gegen → Feuersbrunst und sind wohl mit dem »Hauswolf« zu vergleichen, den man in benachbarten Gegenden bis zum Steigerwald hin in der Zwölftenzeit bäckt, mittelbar auch mit anderen Weihnachtsgebildbroten und mit dem nord. Julbrot. Ausführlich behandelt die Ho- und W. Müller in der Obd. Zs. f. Vkde. 1929. → Weihnachten, Zwölften, Wolf, Ostern (Osterwolf), Amulette.

Wubartl → Bartholomäus.

Wucherblume, Wunderbl. → Margerite.

Wuetas, Muotas → wilde Jagd, Pfaffenkellerin.

Wullazer → Jodeln.

Wundkraut → Arnika.

Wundsegen → Segen.

Wunsch. Im Zauberglauben ist wünschen gleichbedeutend mit → beschwören. Auch in der heute verblaßten Form von → Glückw. und → Gruß steckt nachweisbar, wenn auch unbewußt, die Absicht, magische Wirkung zu üben. Das gute → Neujahr wird »angewünscht«, aber auch eine Krankheit kann »angewünscht« sein (→ berufen), und die Verwünschung ist ursprünglich eine Verzauberung und Verfluchung. Neujahr, → Geburtstag und → Namenstag, wichtige Lebensabschnitte (Verlobung, Hochzeit, neuer Beruf), der Anfang großer Werke und Wege fordern den Glückw. heraus. Wenn aber → Jägern und → Fischern nicht Glück gewünscht werden darf, so geschieht dies wegen der Furcht vor dem Berufen und dem bösen Blick. Vor dem Boxkampf, vor dem Start des Rennfahrers, vor dem Prozeßbeginn, vor Antritt einer Weltreise, vor dem Examen und vor Schauspielerpremieren ist es heute üblich, »Hals- und Beinbruch« zu wünschen, das gefährdete Glück wird gewissermaßen durch Aussprechen des Gegenteils verborgen. Daher auch die häufige Formel: »Unberufen!« oder: »Verschrei es nicht!« Landschaftliche Unterschiede ergeben sich aus Glückw.formeln, aber auch aus dem gewählten Zeitpunkt. Im alem. z. B. wird am Vorabend gratuliert, während dies etwa beim Geburtstag in Berlin geradezu als schlechte Vorbedeutung (»Vorunken«) aufgefaßt würde. → Niesen, Märchen, toi-toi-toi.

Wünschelrute, ahd. *wunschiligerta*. Der Glaube an die W. gehört bereits der vorchristlichen Zeit an und wird noch heute im ganzen dt. Sprachgebiet gefunden. Die W. ist eine → Zwiesel, die von einer Weide, vom → Kreuzdorn, meist aber von einer → Hasel geschnitten sein muß, und zwar zu den heiligen Zeiten und Stunden an → Dreikönig, → Karfreitag, → Johannistag usw. Mit einem neuen Messer, mit bedeckter Hand muß sie geschnitten sein. In Brandenburg und in der Lausitz wird sie menschlicher Gestalt nachgeformt, die Gabel bildet die Beine (→ Alraun). Während sie früher als Glücksbringerin, Wunscherfüllerin und Schatzsucherin die Phantasie des Volkes in Erregung setzte, wiegt heute ihre Bedeutung für Quellen-, Erdöl- und Erzentdeckung vor. In den Alpen (Vorarlberg) konsultiert man zur Findung von Quellen den mit der W. ausgerüsteten »Wasserschmecker«. – Obwohl die physikalische Beschaffenheit von »Erdstrahlen«, ihr Ursprung (Erde oder Luft?) sowie der Grad und die Art ihres Einflusses auf tierisches oder pflanzliches Leben (Krebserregung?) noch nicht mit Sicherheit feststellbar waren, können doch heute verschiedene Nachweise elektromagn. Felder mit Hilfe eines Pendels oder einer W. nicht mehr geleugnet werden (Prof. Kracmar, Physiker, Wien 1954). E. Grohne sprach noch von »Wahnideen«. Ja, in den auf dem Berliner Zentralviehhof gemachten Versuchen, die Schreiber auf dem Rutengängerkongreß in Wiesbaden 1935 geschildert hat, scheint der Nachweis erbracht, daß d. Rutenausschlag auch über Art und Grad von körperlichen Erkrankungen Kunde gibt.

G. Eis, Altdt. Zaubersprüche. 1964 (Sprüche f. W. u. a.); W. Schwartz, Die W. als Quellen- u. Schatzsucher. Zs. d. Ver. f. Vkde. 2 (1892); E. Grohne, Erdstrahlenhysterie. Ein Beitrag z. Kenntnis mod. Abergl. Nd. Zs. f. Vkde 10 (1932).

Würfelspiel, Knobeln. Den Griechen und Römern bekannt, war es letzteren außerh. der Saturnalien (17.–23. 12.) verboten. Sie spielten mit Knöchelchen oder Steinchen, die *tali* hießen, wenn sie vier Zahlen trugen, *tesserae*, wenn sie, wie unsere Würfel, mit 6 Zahlen versehen waren. Die germ. Leidenschaft für das W. ist häufig bezeugt und im ganzen MA. wie bes. in der Landsknechtszeit lebendig. Zum Wildwestfilm gehört das W. noch heute wie das Pokern (→ Glückspiel mit Karten) zum Bild der »höheren« Gesellschaft. In der Zweifelhaftigkeit des Rufes (viele kirchl. Verbote) mißt sich das W. mit dem → Kartenspiel. Schon das »Buch der Rügen« tadelte Mönche, die das W. einem frommen und erlaubten → Ballspiel vorzogen:

mit schaggun ist iu ein spil
erloubet, der ez tuon wil
umb ein ave Maria.
daz lat ir underwilen da
und spilt mit dem wihtelin
uf dem tisch umb guoten win.

Sonst die uralte Bez. eines dämon. Wesens, steht hier *wihtelin* für Würfel (→ Wicht). Früher als selbständ. Spiel beliebt, steht das Würfeln heute meist im Dienst von → Brettspielen. Die Würfel, Tarrel, Topel- oder Bickelsteine waren anfangs aus Knöchelchen geformt, wie sie ähnl. noch das Kinderspiel verwendet. Wie die Großen früher Strandgut verlosten, so würfelten Kinder auf den nordfries. Inseln um Spielgut mit Hilfe längl. Würfelhölzchen, die auf der Längsseite statt Zahlen Buchstaben trugen: P = Pönki (Pfand geben), H = Helft (bekommt die Hälfte), A = Alle (bekommt alles), N = Nant (nichts). – Von ledernen Knobelbechern leitet sich die bek. Bez. des Stiefels in der Sprache des → Soldaten her. Das Wort K. stammt aus dem Wortschatz der → Studenten und bezeichnet urspr. einen ›kleinen Knochen‹ (mhd. *knübel*). → Daus.

Pitré, Giuochi fanciuleschi siciliani. Palermo 1883; G. Rohlfs, Antikes Knöchelspiel im einst. Großgriechenl. E. vergl. histor.-linguist. Studie. 1963.

Wurfspiel → Kegeln.

Würgen. Den merkwürdigen, bei → Geburtstag und → Namenstag zu beobachtenden Brauch des W. hat zuerst E. Hoffmann-Krayer beschrieben (Schweiz. Arch. f. Vkde. 1899). Rochholz schilderte ihn: »Sobald der den Geburtstag Feiernde aus seinem Bett in die Wohnstube tritt, springen alle Hausbewohner auf ihn los, fallen ihm um den Hals und würgen ihn solange, bis er jedem eine Kleinigkeit, ein Stück von seinem Geburtstagskuchen zu schenken versprochen hat.« Danach hieß diese Gabe auch »Würgete« oder »Helsete«. Mit dem »Angebinde« (→ Band), eher aber mit der magischen, fruchtbarkeitszauberischen Bedeutung des Bindens in der Form des Umschlingens (Umwinden der Obstbäume, Bindebräuche bei der Ernte) mag dieser Brauch verglichen werden. Aber aus der Analogie anderer Gratulationsbräuche schließt F. Boehm wohl mit Recht: »Das W. . . . . scheint uns ein typischer, ›*rite de passage*‹ zu sein, bei dem der Initiant an einem wichtigen Abschnitt seines Lebensweges mißhandelt wird.« Im Montafon kann man bei einer Gratulation (Geburtstag) noch hören: »Hütt muaß ma di wörga!« Auch die Schweiz kennt den Brauch (ASV). → Initiation, Hänseln, Neujahr.

F. Boehm, Gratulationsbräuche; in Volkskundliche Gaben, 1934.

Wurm. Als W. bezeichnet die Volkssprache nach Hovorka-Kronfeld 1. Fußlose oder kurzfüßige Kriechtiere (Ohrwurm, → Ohr, Schlange = Lindw.), 2. von bohrenden und nagenden Schmerzen begleitete Krankheiten (Fingerw., Herzw. bei Magenkrampf), 3. was Ähnlichkeit mit einem W. hat (Gefäßknäuel wie die Goldader, Mitesser, Gewebefasern, Zahnnerv) oder was die Wirkung eines W. zu sein scheint (Knochenfraß, Geschwüre). Die in der Bibel angedeutete, auch in der Antike bekannte Vorstellung, daß der gleich dem W. aus Erde geschaffene Mensch nach dem Tod zu W.ern zerfalle, beherrscht das MA. Die Vmed. lehrte, daß jeder Mensch im Innern einen W. berge, der ihm langsam den Tod bereite, und viele Bilder stellen diese Anschauung dar. Mitesser bezeichnet man als Gitwörm (Geizw.; Vorarlberg), sonst werden Nabelgeschwüre der Kinder Geiz-, Veits- oder Herzw. genannt, weil man der Meinung war, dieser »Wurm« entziehe den Menschen alle Nahrung. Die W. im Menschendarm, der Glaube an die Entstehung der W. aus Darmschleim, endlich die Beobachtung der Madenentwicklung auf Geschwüren mußte die Ansicht von einer heimlichen Verwandtschaft von W. und Mensch stärken. Zahllos sind die vmed. und magischen Mittel und Segen gegen die wirklichen W. und gegen die Krankheitsdämonen, die oft als weiße, schwarze, rote unterschieden werden. → Käfer, Regenw., Wermut, Rainfarn, Segen.

P. Diepgen, Volksmedizin, 1935; J. Grafenauer, Ein altpflanzer.-chthonischer W.segen ... Schweiz. Arch. f. Vkde 57 (1961); E. Grabner, Der »W.« als Krankh.vorstellg. Zs. f. dt. Philol. 81 (1962); J. Hampp, Beschwörung, Segen u. Gebet. 1961; G. Fahringer, »Neunmondschein-Neunkreuzer«-messer. Ein Beitr. z. W. zauber in d. Oststeierm. Bll. f. H.kde 40 (1966).

Wurst → Speis u. T.

Wurstnickel → Masken.

Würzburger Kilianifest. Die beiden fränk. Hauptstädte Bamberg und W. haben keine altüberlief. Feste, die dem »Rothenburger Meistertrunk« oder dem »Kronacher Freischießen« zu vergleichen wären. Das große Wallfahrtsfest der Bamberger Heiltumsschau ist schon lange abgekommen, das nur noch schattenhafte W. K. kam durch die Abschaffung des kirchl. Feiertages vollends zum Erliegen. Seit Jahren strebt man »nach Schaffung eines neuen, wahren V.festes«, das den Namen des hl. → Kilian »als Bringer der Kultur in Franken« als Symbol bewahren soll, auch wenn ein Anschluß an das alte Kirchen- und Vfest vielleicht nicht mehr herzustellen ist. Die Entw. wird also eher in die Richtung der großen → Jahrmarkts-Feste wie → Bremer Freimarkt, → Hamburger Dom u. ä. gehen. 1971 fand das »Kiliani-Volksfest Würzburg« vom 3.–19. Juli statt.

P. Schneider, Fränk. Vfeste. Hektogr., 1971. (Verkehrsamt W.)

Wurzengraber → Himmelf. Mariae, Heilkräuter.

Würzweih → Himmelf. Mariae.

wütendes Heer → wilde Jagd.

Wynfreth → Bonifatius.

Xylographie → Holzschnitt.

Yggdrasil → Lebensbaum.

Zahl, zählen. Die lat. bestimmte Kultur der Klöster verhalf nicht nur in Dichtung und Glauben, Brauch und Heilkde des V. (→ Heilkr., Garten) neuen Anschauungen zum Durchbruch, sondern brachte auch das neue, noch heute geltende Z.system. Vorher und daneben aber besaßen die Germ. eigene Z.ordnungen, die allerdings nur in sprachl. Spuren überlief. sind. 4, 5, 10, 12 und 20 waren germ. Z.einheiten. Die isländ. → Woche deutet auf das Fünfersystem. Gleichfalls ist aus der Z.überl. zu erschließen, daß die vier Hauptrechnungsarten (Addition usw.) bekannt waren. Tägl. Beobachtung lehrt uns, daß im Volke neben dem dekad. System andere Z.systeme (Dutzend, Mandel,

Schock; → Maß) noch geläufig sind, bes. in bestimmten Berufen und bei best. Gegenständen.

Heilige Z. waren in allen Religionen, in → Astrologie und Mystik von großer Bed. In Brauch und Glauben finden wir ihren Einfluß auf Schritt und Tritt, doch ist dieses ganze Gebiet noch wenig erforscht. Die → Dreizahl, die auch im → Märchen typische Geltung hat, ist die höhere Synthese aus dem einen (1) und dem anderen (2). Im christl. Kult (3 Marien, 3 Nothelferinnen, 3 heil. Frauen), aber auch im Vglauben (3 Kräuter, 3 heil. weiße Gaben, Mehl, Ei und Salz, drei Frauen, etwas 3mal tun, Dreieck) wird sie genannt als Inbegriff des Segenskräftigen und Mächtigen. Dreimal ist der Zauberspruch zu sagen. Auf eine andere Vorst. führt indes das → dreibeinige Geistertier. Die Neun ist eine gesteigerte Drei (→ Neunstärke). Auf altem Mondkult ruht der wohl durch jüd.-christl. Überlief. noch geförderte Glaube an die Siebenz. Sie beschränkte die Geltung der idg. Neunz., ohne sie verdrängen zu können. Auf oriental. Astrol. (7 Planeten) ist wohl die bed. Stellung der 7 (70, 77) in der Bibel zurückzuführen. 7 sind die Schwerter Mariae, eine bayrische Kultstätte der hl. → Kümmernis hieß »zu den 7 Zufluchten«, eine gedoppelte 7 sind die Vierzehn Nothelfer; 7 Bäume, 7 Brunnen 7 (70, 77) Kräuter sind heilig und heilkräftig. Auch die Heilsegen und Krankheitsnamen kennen häufig das 7-System (→ Gicht, Fieber). In Schweden sind Sieben, Siebzehn selbst Krankheitsnamen. Das 7. Mädchen oder der 7. Knabe einer Mutter werden Trud oder Werwolf (Bayern). Die Bez. des Teufels und des bösen Weibes als »böse Sieben« ist im 16. Jh. und 17. Jh. nachweisbar. Sieben waren die Weltwunder d. Altertums und die Kurfürsten, sieben sind die Brüder, Zwerge, Raben u. Schwaben der V.erzählung. Durch bes. Umstände kann jede Z. zur »Glücks-« oder »Unglücksz.« werden. Die Bonner Seherin Mme Buchala prophezeite, der Fernsehfilm, der das Gespräch mit ihr festhielt, werde ein Erfolg, wenn er in sieben Monaten gezeigt werde (1967). Der Glaube an Glücks- und → Unglückstage (→ Dreizehn, Auto, Lotterie) beherrscht den heutigen Volksglauben noch in weitem Maße (→ Glück). Man verneint den »Glauben«, stellt aber fest: »Das Spiel mit den Z.en beschäftigt auch den mod. Menschen . . . Heute ertappt sich der Mann bei banaler Freude, wenn der Kilometerzähler fünf Dreien in Reihe aufweist. Und man übersieht nicht, daß die berühmte Nofretete im Dahlemer Mus. 3333 Jahre alt geworden ist (Tsp. 15. 3. 63). – Wie im Maß gibt man auch in der Z. das Wesen fort. Was gezählt ist, kann beschrien werden (→ berufen, böser Blick). → Dreieck, Wechseltaler, Auto, Unlösbare Aufgabe, kritische Tage.

K. Weinhold, Die mystische Neunz. bei den Dt., 1898; F. v. Andrian, Die Siebenz. im Geistesleben der Völker, Mitt. d. Anthrop. Ges. Wien 31 (1901); Hovorka-Kronfeld, Vergl. Vmed. 1. Bd., S. 391; W. H. Roscher, Die Sieben- und Neunz. in Kultur u. Mythus der Griechen, 1904; S. Lüttich, Über bedeutungsvolle Z., Progr. 1911; E. Bischoff, Die Mystik und Magie der Z., 1920; L. Frobenius, Vom Kulturreich d. Festlandes, 1923; H. Reichstein, Die Mystik d. Namen, eine Philosophie d. Z., 1935[4]; F. C. Endres, Die Z. in Mystik u. Glauben d. Kulturvölker, 1935; B. Taeger, Z.symbolik bei Hraban… 1969.

Zahlenlotto → Lotterie.

Zahn. Der erste Z. des Kindes, Z.wechsel, Z.stellung und -beschaffenheit, besonders aber die Z.schmerzen haben eine Fülle von Sprichwörtern, Bräuchen und vmed. Methoden entstehen lassen.

Als Besitzer gesunder Z. gilt besonders die → Maus. Deshalb wird sie mit Zaubersprüchen herbeigerufen, damit sie den ausgefallenen Milchz. hinnehme und einen »beinernen« oder »eisernen« dafür gebe. Auch Fuchs und Eichhörnchen werden gerufen. Noch heute stehen vmed. Behandlung, Dentist und Zahnarzt nebeneinander, ein Nachklang der Verhältnisse vom MA. bis ins 19. Jh., in denen der Z.brecher mit → Fahrenden, Marktschreiern, Quacksalbern und ähnlichen verachteten Berufen auf einer Stufe stand. Über Volksz.ärzte, Z.en, ersten Z., Z.schmerzen und Z.heilige (→ Apollonia) berichten ausführlich Hovorka-Kronfeld, Vergl. Vmed. 2. Bd. S. 822–857.

M. Baldinger, Aberglaube u. Vmed. in d. Z.heilkunde, 1936 (Lit.); J. de Vries, Le jet de la dent. Revue anthrop. 40 (1930); H. Hepding, Hintersichwerfen als Kultritus. In: Erbe d. Verg. (1951); H. Kobusch, Der Z.wurmglaube in d. dt. Vmed. Diss. Frankf./M. 1955; Dt. Wortatlas III Z.schmerzen.

Zahnkraut → Bilsenk.

Zantichloise → Nikolaus.

Zapfenstreich, Z.schlag. Wallenstein († 1634) ließ durch ein Trompetensignal das abendl. Zechen seiner Soldaten beenden. Die Marketender hatten den Zapfen ins Faß zu schlagen. Bei Grimmelshausen gibt ein Trommelwirbel das Zeichen zum Z. Die Bez. Z. ging auf das Signal selbst über. Das Bremische Wb. vom Ende des 18. Jh. sagt: »Zapffen-Streich/signum militare, quo in hospitium quisque suum vesperi vocatur«. Die nord. Sprachen kennen das gleiche Wort (schwed. Tappenslag). Das engl. taptoo des 17. Jh. wurde zum heut. tattoo, wie es auch die Berliner Garnison allj. im Olympiastadion vorführt. Ebenso wird in der dt. Bundeswehr der »Große Z.« bei festl. Anlässen von Musik- und Spielleuten des ganzen Standorts gespielt. Ostberl. Zeitgn bez. (1967) beim Jahrestag der DDR-Gründung den Großen Z. als »das bereits zur Tradition gewordene Zeremoniell der Fest- und Feiertage«.

Zärm → Tod (Totenmahl).

Zauber, Z.spruch, Z.buch. Z. wird auch im wissenschaftlichen Sprachgebrauch von → Magie nicht geschieden, obwohl sich getrennte Anwendung der Bezeichnungen empfiehlt (s. u.). Z. kommt von ahd. *zaubar*, das ›Z.ei, Z.mittel, Zs.‹ bedeutet und das man etymologisch in Verbindung bringt mit angelsächsisch *tēafor* ›Mennig‹. Mennig war der Farbstoff, mit dem man die → Runen einrieb und nachzog (z. B. bei Inschriften auf Steinen). Dem ursprünglichen Geheimcharakter aller → Schrift entsprechend, nahm der Name der Farbe die Bedeutung ›Geheimschrift, Z.schrift‹ an. Runen- und Heilz. finden wir schon in germ. Zeit (→ Hebamme); das am besten erhaltene Zeugnis sind die → MerseburgerZs., die wahrscheinlich ins Indogerm. zurückweisen. Sie bezwecken die Fessellösung bzw. die Heilung einer Verrenkung durch einen Zs., dessen typischer Form wir bis in die Gegenwart häufig begegnen. Ebensowenig unterliegt es einem Zweifel, daß die Germ. Abwehr- und Fruchtbarkeitsz. in mannigfacher Gestalt kannten. (Vgl. die Beispiele in W. Schultz, Altgerm. Kultur, 1934; oder W. Gaerte, Altgerm. Brauchtum auf nord. Felszeichnungen, 1936). In den agrarischen Bräuchen des Jahres, in den Redensarten, Gesten und Handlungen im Zusammenhang mit → Saat, → Ernte, → Heilkräutern, → Maibaum, → Flachs, → Neujahr, → Fasnacht, → Johannistag, → Jahresfeuer, um nur einige Beispiele zu nennen, finden wir im vergangenen und gegenwärtigen → Volksglauben ungezählte Beispiele für Z., die das innerste Wesen dieser Handlungen ausmachen. Allerdings, das ist scharf festzuhalten, kann dieser Begriff Z. volkskundlich nicht anders definiert werden als im folgenden Sinn: im Unterschied zum → Gebet, das die Erfüllung eines Wunsches in das Ermessen der höheren Macht stellt, gehen Zs. und Z.handlung von dem → Elementargedanken aus, daß es möglich sei, auf die höhere Macht einen unmittelbaren Einfluß, eine Nötigung, ja einen Zwang (Z.zwang, Zwingspruch) auszuüben; ein Gedanke übrigens, der fort und fort auch das Gebet in seiner theologisch strengen Form erschüttert. Aus dem gleichen Grunde geht auch die *benedictio*, der → Segen im Munde des Volkes, unvermerkt in den Zs. über (vgl. E. Fehrle, Z. und Segen, 1926). Die meist stereotyp festgehaltene Anhängung der Schlußformel »Im Namen Gottes, des Vaters usw.« verschleiert nur leicht den wahren Tatbestand. Im folgenden Spruch gegen → Neid und → Berufen ist neben Gott das »übrige Gestirn« angerufen, und der Grundcharakter des Abwehrz. ist auf Vergeltung, nicht auf christliche Nächstenliebe gestellt.

Im Namen Gottes des Vaters usw.
(ohne Amen)

Ich tu dir für Neid
Dir und die allerheiligste Dreifaltigkeit.
Bist du anbschrien,
So helf dir Gott und das übrige Gstirn.
Hat dich anbschrien ein Mann,
So triffs ihn selber an.
Hat dich anbschrien ein Weib,
So komms in ihren Leib.
Hat dich anbschrien Knecht oder Dirn,
So hilf dir Gott und das übrige Gstirn,
Hilf dir Gott, der Vater usw.
(ohne Amen).

Vielen Sprüchen fehlt aber das christliche Anhängsel auch ganz. Vor allem gilt dies von Z.handlungen, die zu Neujahr und an den Frühlingsfesten kommender guter Ernte, bei der → Hochzeit, ehelicher → Fruchtbarkeit und zu allen Zeiten des Jahres und des Lebens der Gesundheit und dem Glück gelten. Die Form, in der es geschieht, ist vorwiegend die des → Analogiezaubers. Damit der Flachs recht lang werde, springen die Mädchen zu Fasnacht vom Tisch oder der Sämann wirft nach beendetem Werk das Sätuch hoch über sich.

Von solchen Handlungen, die wir als Z. bezeichnen müssen, weil die dt. Sprache kein anderes Wort dafür hat, zu scheiden sind Erscheinungen, die zum Teil zwar auf eine gleiche Grundeinstellung (→ Elementargedanke) zurückgehen mögen, aber in fremden Völkern und Kulturen eine Prägung erfuhren, die sie gegenüber germ. Erbgut als Fremdkörper erscheinen lassen. Die im Orient als Geheimwissenschaft einer exklusiven Oberschicht mit ausschweifender Phantasie und intellektualistischer Klügelei entwickelte Z.ei trennen wir mit Recht durch die Bez. → Magie von unserem Begriff des Z.s. Die Germanenforschung trifft auch vom Volkskundler bestätigte Tatsachen, wenn sie für die vorchristliche Zeit eine der spätmittelalterlichen → Astrologie, → Alchimie, Magie, → Mantik und Kabbala entsprechende Geisteshaltung verneint. Das ändert natürlich nichts an der Tatsache, daß in dem Zeitraum, den die Vkde zu untersuchen hat, der Einfluß antiker und orientalischer Magie auf den einheimischen Z.glauben ein außerordentlich großer ist. F. Pfister sagt in der Dt. Vkde von A. Spamer (1934): »Für die Zeit des Humanismus kann man geradezu von einer Wiedergeburt antiker Magie und antiken Volksglaubens im Abendland, auch in Dtl., sprechen. Schon im griechischen Altertum gab es eine ›okkulte Wissenschaft‹, eine gelehrte Systematisierung und mystische Auslegung des Volksglaubens, die bald durch orientalisches Schrifttum neues Material erhielt und dann besonders durch die Humanisten als Pseudowissenschaft bearbeitet wurde, ein Sammelbecken, aus dem manche Bäche sich auch in den dt. Volksglauben ergossen. Teils aus antiken, teils aus orientalischen Quellen wurde die Kabbala gespeist, die sich im MA. ausbildete, dann auf Agrippa von Nettesheim, Paracelsus und andere einwirkte und den Volksglauben besonders im Alphabet-, Zahlen- und Namenglauben beeinflußte und ihm zahlreiche orientalische und unverständliche Dämonennamen lieferte, die in den Zaubersprüchen angerufen werden.« Diese Weisheit füllte auch die Zb.er, die noch heute z. T. im Volke verbreitet sind (→ Höllenzwang, Habermann, Faust, Grimoire, Buch Moses). → Lärm, lachen, nackt, Agrippa, Paracelsus, Hexe, Faust, Nekromatie, Chiromantie, Alphabet, Name, Zahl, Romanusbüchlein.

Horst, G. C., Z.-Biblioth. od. v. Z.ei, Theurgie u. Mantik, Z.ern, Hexen u. Geistererscheinungen. 6 Bde. Mainz 1821–26; Zahlr. Abb. J. Grimm, Dt. Mythologie; F. Hälsig, Der Z. bei den Germ. bis um die Mitte des 16. Jh. Diss., 1910; E. Stemplinger, Antiker Aberglaube in modernen Ausstrahlungen, 1922; A. Lehmann, Aberglaube und Z.ei. Von den ältesten Zeiten bis in die Gegenw., dt. von D. Petersen, 1925; Die griech. Z.papyri. Hg. u. übers. v. K. Preisendanz, 1928; A. Jacoby, Die Zb. vom MA. bis zur Neuzeit; in: Mitt. der schles. Ges. 31 (1930); E. Baumgartner, Der Z.erjackl. 1930 (Salzbg. Z.prozesse); F. Pfister, Der Volksglaube; in: A. Spamer, Die dt. Vkde., 1934; H. Wesche, Der ahd. Wortschatz im Gebiete d. Z. u. d. Weissagung, 1940; E. Kießling, Z.ei in d. dt. V.rechten, 1941; G. Storms, Anglo-Saxon Magic; den Haag 1948; K. Helm, Der angelsächs. Flursegen. Hess. Bll. f. Vkde 41 (1950) (Bilddok.); L. Weiser-Aall, Z. Schweiz. Arch. f. Vkde 49 (1953); A. Spamer, Zb. u. Zs. Dt. Jb. f. Vkde. 1 (1955); (Buch Mosis, Jezirah, Faust, Alb. Magnus, Romanusb., Salomonsschl.); J. Hampp, Beschwörung-Segen-Gebet. 1961 (Rund 3000 Zs. aus 5 Jahrtaus., jedoch ohne Berücks. des »Corpus d. dt. Segen u. Beschwörungsformeln« beim Inst. f. dt. Vkde., Bln-Ost); H. Marzell, Z.pflanzen, Hexentränke. 1963; G. Eis, Altdt. Z.sprüche. 1964. (Verwertung bes. auch veterinärmed. Lit.); Z.ei u. Frömmigkeit. (= V.leben, 13) Tübingen 1966; Zahlr. Beitr. im HDA. Weit. Lit. → Magie, V.glaube.

Zauberin → Hexe, Mutter, Angang.

Zauberkräuter → Heilkräuter.

Zäubersche → Hexe.

Zauberspiegel → Beryll, Spiegel.

Z.spruch → Zauber, besprechen.

Z.stätte → Kreuzweg.

Z.zwang → Höllenzwang.

Zauke → Maiglöckchen.

Zaun, Hag (ahd. *zūn, hac* = Einfriedung) das Merkmal der germ. Siedlung. In diesem Sinn ist H. erhalten im → Ortsnamen Hagen oder in solchen auf -hag, -hagen; Hainbuche ist Hage-Buche. H. bezeichnete ursprünglich die Einfriedung aus lebenden Pflanzen. Wo der Z. noch nicht durch Draht und Beton ersetzt ist, zeigt er auch heute in Stoff, Form und Fügeweise ein landschaftlich wechselndes Bild, das sich manchmal durch eine zweckgerechte Schönheit geradezu zur Volkskunst erhebt (z. B. Salzkammergut: Stodertal). Die Flechttechnik, die wir auf Holzschnitten des MA. fast regelmäßig finden, wird immer noch geübt. Auch der heute häufigere Z. aus Stangen und Stekken zeigt viele Formen der Reihung, Verschränkung und Verbindung. Beachtung verdienen auch die Formen der Überstiege und Durchlässe (Gatter) besonders an den Z., die Viehweiden einfriedigen.

Schon durch die Geltung als → Grenze ist der Z. oft Stätte von Orakelbräuchen (Z.rütteln; → Andreas) und Heilzauber (Durchziehen). Der Z. ist Aufenthaltsort von

Geistern. Die Hexe heißt im Altnord. *tūnriþa* und auch im Münchener Nachtsegen *zūnrite* = Zaunreiterin. Das noch nicht sicher erklärte ahd. Wort *hagazussa* deutete E. Noreen als Hag-Weib; zur abweichenden Deutung von O. Lauffer vgl. L. Weiser-Aall im HDA 9, 995. → Umkreisen, Pfahl.

M. Andree-Eysn, H. und Z. In: Volkskundliches, 1910; J. Trier, Über die Stellung d. Z. im Denken d. Vorzeit. Nachr. v. d. Ges. d. Wiss. zu Göttingen; N. F. 3; O. Brüning, Der Flechtz. im norddt. Küstengebiet, Niederdt. Zs. f. Vkde. 10 (1932); V. v. Geramb, H., Hecke und Gehege. Der Hag 1 (1950); A. Haberlandt, Taschenwb. d. Vkde Österr. 2. Bd. 1959; Kartogr.: ASV 72/73 Kreuz-, Ring-, Pfahlz. allg.; seltener Grünhecken u. Mauern (S. u. Graubd.)

Zaunigel → Igel.

Zaunrübe *(Bryonia).* Die auch in den Beeren giftige Kürbispflanze (Wilder Kürbis, Hundsk.) wurde als starkes Abführ- und Brechmittel verwendet (Schitwurz, Gichtwurz, Teufelskirsche). Die dicke, oft zweiteil. Wurzel wurde auch als → Alraun (A. wortel) gebraucht, wie schon → Bock 1551 berichtet: »Etlich landtstreicher machen und schneiden Monstra aus dieser Wurtzel/begraben sie in ein dürren sand etlich tag/ und verkauffen sie dann für Alraun,/ andere purgieren die leut damit biß auff das hinderst.« In der Bez. Heilige Byrn kommt die Wertschätzung zum Ausdruck. Im Mai gräbt man die Wurzel, deren verdünnter Saft bei Wassersucht, Gicht und Brustleiden eingenommen wurde. Mäßig genossen soll sie »lebensverlängernd« wirken. Ihre mannigfache Verwendung als Liebeszaubermittel ist in einer gewissen physiologischen Wirkung auf die Sexualorgane begründet. Am Niederrhein legten Mädchen, wenn sie zum Tanze gingen, Scheiben von der »Körfjeswurzel« in die Schuhe und sprachen dabei: »Körfjeswurzel in meinem Schuh, ihr Junggesellen lauft mir alle zu!« Dann war es ihren Tänzern »angetan«. → Aphrodisiakum.

Zauren, zoren → Jodeln.

Zeche → Burschenschaft, Gaßlbrauch.

Zehnerbrot → Speis u. T.

Zehr-, Zeigwurz → Aronsstab.

Zeilenheizen → Ostern.

Zeitlose (ahd. *zîtilôsa; Colchicum autumnale*). Der alte, mundartl. z. T. noch erhalt. Name dieses Liliengewächses ist Wilder Safran. Die Bez. kam aus dem SW und meinte dort urspr. den wildwachs. Frühlingskrokus. Die V.namen der Z. deuten auf Standort und Blütezeit wie auf Gestalt der Wurzel und des langen, nackten Blütenkelchs: Wiesenz., Herbst-, Winterblume, Michelswurz, Hundshoden, Kuheuter, Teufelsbrot, Kuckucksweck; Kühlein, Kälbchen; Nackete Jungfer, N. Kathl, N. Hur, Nackarsch; Als Mittel gegen Podagra und Ausschlag war die Z. früh bekannt (→ Hildeg. v. B., Albertus M.). → Bock warnt vor ihrer Giftigkeit. Ein Absud von Zwiebel und Blüte gegen Läuse bei Mensch und Vieh (Montafon 1955) ist noch gebräuchlich. Auch als Amulett um den Hals oder in der Hosentasche getragen wird die Zwiebel gegen Kinderblattern, Kopfweh, Rote Ruhr (Dresden). In Thüringen zerrieben die Frauen die ersten »Spinnblumen« (= H.), die sie im Herbst fanden, zwischen den Fingern, damit diese beim Spinnen nicht wund wurden. Im Züricher Oberlande bestrich man mit den ersten »Liechtblumen« die Augenlider, damit man beim Spinnen an den langen Winterabenden nicht schläfrig wurde. Vom Brauch der → Spinnstube stammt wohl auch die Bez. Nachtgunkel. Im Frühling sind die Fruchtkapseln der H. den spielenden Kindern Kühlein oder Kälbchen.

Ausführliches, bes. über die Gesch. der fast unübersehbaren Namengebung: H. Marzell, Colchicum aut. im Wb. d. Dt. Pflanzennamen, 1941, S. 1070 bis 1109.

Zeitmessung → Woche, Monat, Jahr, Himmelskunde, Zahl.

Zeitung. Das mittelnd. *tidinge* ›Botschaft, Nachricht‹ erscheint vor 1300 im Kölner Gebiet als *zidung* (→ Lautversch.). So wurden mündl., geschriebene und zuletzt gedruckte Nachrichten bez. (→ Flugblatt). »Aktuelle Beilagen zu Briefen werden zuerst in Augsburg 1482 gedruckt, seit 1502 mit dem Titel »Newe zeytung«, in regelmäß. Abständen und gewerbsmäßig nicht vor Straßburg 1609« (Kluge-Mitzka, Et. Wb.). Flugschrift und Z.lied des 16. Jh., die sich noch mit dem → hist. Vlied berühren, enthalten schon fast alle Stoffe der Prosa-Z. Die 20 und mehr Strophen schließen meist moralisierend (→ Bänkelsang). Geschäftl. Interesse förderte ihre Übersetzung im Ausland. Vertrieben wurden sie seit Gutenberg durch Drucker und Verleger, aber durch »Umbläufer«, »Lotterbuben« und and. Kolporteure in Wirtshäusern, auf Jahrmärkten usw.

Die Z., heute zum allg. Schaden stark bedrängt vom Fernsehen, ist für die gesch. wie für die Gegenwartsvkde von Bed. in dreifacher Hinsicht: 1. in der (nicht immer krit.) Verbreitung vkdl. Wissens (Heimatbeilagen), 2. in Berichten über Erschein. und Ereign. des V.lebens (Feste u. Bräuche, Spiel u. Sport, Glaube, Sprache, »Z.sagen« usw.), 3. in der Gestaltung der Anzeigen in Text und Bild (→ Reklame). Bes. Beachtung verdienen die für eine engere Landsch. oder wenige Täler bestimmten Z. wie z. B. der »Anzeiger für den Bezirk Bludenz und Montafon«. Wie wir hier seit der 2. H. d. 19. Jh. Ankündig. und Berichte von Fasnacht, Funkensonntag, Muttertag usw. finden, so berichten Lokalblätter etwa in der Mark Brdbg von Erntefest und Sackhuppeln, fries. Z. vom sommerl. Ringreiten, vom Klootschießen im Winter u. a. – Das Wort Zeitschrift entw. seinen heut. Sinn erst im 18. Jh. bei G. A. Bürger und Herder. Bei einer Umfrage (1969. Wickert-Inst. Tüb.) nach dem bevorzugten Inform.mittel gaben 65 v. H. die Tageszeitung an, 18 v. H. das Fernsehen, 11 v. H. den Rundfunk, 6. v. H. die Illustrierte. Vgl. das Stichw. Zeitschr. in der Ausg. 1955 dieses Wb.

E. Seemann, Newe Z. u. Vlied. Jb. f. Vliedfg. 3 (1932); Katalog der »Pressa« (Erste gr. Presse-Ausst. Köln 1928); K. Bömer, Bibliogr. Hb. d. Z. wiss. 1929; O. Görner, Vkde u. Tagesz. Mitteldt. Bll. f. Vkde 8 (1933); H. Roth, Tagesz. als Quelle d. vkdl. Fg. Württ. Jb. f. Vkde 3/4 (1957/58); O. Stückrath, Der Z.sänger Philipp Keim u. s. Werk. Hess. Bll. f. Vkde 47 (1956); W. Anderson, V.erzählgn in Tagesz. Rhein.-westf. Jb. f. Vkde 10 (1959); ders., in: Humaniora, A. Taylor-Fs. 1960; Dill-Z. u. Heimatfg. (Bibliogr. d. vkdl. Beitr.) 1964; E. Mittelberg, Wortschatz u. Syntax d. Bild-Z. 1967 (1963 lesen über 23 v. H. der Bev. d. BRD täglich die Bild-Z., 57 v. H. davon nur diese! Starker Einschlag d. Vulgär- u. Twensprache. Bes. Bedeutg. d. Wortfelder von Tod, Kampf, Skandal, Geheimnis, Hilfe, Liebe); K. V. Riedel, Tagespresse u. Vkde. Beitr. z. dt. V. u. A.kde 11 (1967); Über d. »Grohne-Archiv« f. Z.ausschnitte im Mus. f. Hambg. Gesch. s. W. Jungraithmayr-Redl, ebd. 8 (1964); E. Dovifat, Z.lehre. [5]1967.

Zelten → Thomas, Weihn., Stephan.

Zempern, Zemper → Fasnacht, Nikolaus.

Zeremonie → Ritus, Tod (Totenmahl).

Zersingen → Volkslied.

Zeug → Nachgeburt.

Zeugdruck (Stoff-, Klotzdruck). Zuerst bezeugt ist der Z. in Ägypten, Indien und China. Die ältesten bek. dt. Stücke sind rheinisch (Gold- und Silberdrucke auf farb. Seide oder Leinen). Im hohen MA. lehnte sich der vtüml. Z. an Stil und Muster der roman. und got. Seidenstoffe an. Die mit einem Bindemittel vermengte Farbe wurde unmittelbar auf den glatten vorgefärbten Stoff aufgetragen. Erst im 17. Jh. wurden in den Niederlanden die alten einf. Verfahren grundleg. verbessert durch die Einführung des Drucks mit → Modeln. Bis ins 20. Jh. blieb der Z. bes. in Gebieten der → Tracht erhalten (Flämingdörfer 1934: Schürzen, Tischtücher u. a.). Seit der Mitte des 19. Jh. wurden in den anfängl. aus Nuß- oder Birnbaum geschnitt. Druckstock auch Stifte und Leisten aus Messing gesetzt. Die Bildmotive sind die der allg. Vk., doch gab es landsch. Unterschiede, auch in der Bevorzugung best. Farben (außer Blau: Grün, Rot, Gelb). Im 18. Jh. trat Kattun (engl. cotton ›Baumwolle‹) an die Stelle des Leinen als Unterlage, womit zugleich die Industrialis. des Verfahrens eingeleitet war.

Wurden im alten Z. die Muster der teuren byzant., saraz. und ital. Seidengewebe nachgeahmt, so tritt später der den Leinendamasten benachbarte bibl.-vtüml. Themenkreis in den Vordergrund. W. Schuchhardt wies auf den Stilunterschied beider Techniken hin (→ Damast): »Der seidig schimmernde, maler., aristokrat. Damastcharakter verwandelt sich bei den Drucken in eine schlicht-vtüml. Helldunkelzeichnung. Insofern ist gerade der Z. in den letzten Jhh. ein Handwerk von echt vtüml. Ausdrucksart«.

In der Technik des Z. brachte das 17. Jh. eine förml. Umkehrung. Aus dem Orient kam über England und Holland der sogen. Wachs- oder Reservedruck nach Dtl. (Augsburg). Damit nahmen die »Porzellandrucke« und die heute bes. geschätzten »Blaudrucke« ihren Aufschwung. Das neue Verfahren bestand darin, daß auf den Model, statt Farbe, Wachs aufgetragen und dieses auf das Leinen gedruckt wurde. Wo das Gewebe durch das Wachs (ähnlich wie bei Batik) imprägniert war, blieb es im folg. Farbbad weiß (→ Osterei). Schrift und Bild hoben sich – oft in reizvoll ungenauer Kontur – hell vom meist indigoblauen Grunde ab. Solche Z. sind farbecht und waschbar.

In Z. hergestellt wurden außer Trachtenteilen und Hausbedarf (Bett- und Tischzeug in Blau- und Gründruck) auch Taschentücher (oft mit polit. Motiven) und vor allem die Vivatbänder und -tücher zur Erinn. an gesch. Ereign. oder für Hochzeiten. Das Schneiden der Holzmodel war Winterarbeit der Zeugdrucker, wenn nicht zünftige Formschneider die feinere Arbeit lieferten. Die Hersteller umschloß keine feste Zunft. Der Z. war z. T. → Klosterarbeit, bei den Handw. be-

schäftigten sich Färber, Maler und Buchdrucker, aber auch Weber und Tuchscherer damit. In den Urkunden wird der Z. als »Aufdruck«, aber auch als »Färben« oder »Malen« bezeichnet.

Abb.: Z.model aus der Mark Brdbg.; R. Forrer, Die Kunst des Z. vom MA. bis zum Empire, 1898; E. Schoneweg, Das Leinengewerbe, 1923; W. Schuchhardt, Textilien, in: Spamer, Vkde.; W. Schmitz, Westfäl. Blaudruck, 1936; R. Jaques, MA.licher Textildruck am Rhein, 1950; M. Bachmann u. G. Reitz, Der Blaudruck. 1962 (Gesch. d. B. bis z. Gegenw., Motivwelt, Technik; reicher Bildteil); Druckerkunst f. Tracht u. Mode. Ausst. kat. d. Mus. f. Kulturgesch. u. Kunstgew. Graz 1967; H. Hoffmann, Sächs. Z. im Bruckenthalschen Mus. Sibiu-Hermannstadt. Revue Roumaine d'Histoire de l'Art 4 (1967).

Zeugen → Grenze.

Zeugung. Die bei primitiven Stämmen gefundene Unkenntnis des wirklichen Z.vorganges und die Annahme dämonischer Einflüsse läßt sich bei uns nur in Spuren feststellen (mondschwanger, Jungfrauengeburt, Inkarnation, → Ohr). Christliche Auffassung ist es, daß die Seele nicht gezeugt werden könne. Aus wunderbarer Z. stammen Jesus und andere Gründer großer Religionen (Zarathustra). Mehrere Jhh. nach dem Tode Buddhas berichtete die Leg., ein Engel habe sich, um die Welt zu retten, in Gestalt eines weißen Elephanten in den Schoß der in keuscher Ehe lebenden Königin Maya gesenkt. Vom → Incubus gezeugt ist der → Antichrist. → Abtreibung.

Ziborium → Monstranz.

Ziegel → Dachz.

Ziegelblume → Ringelblume.

Ziegenmelker → Habergeiß.

Ziehharmonika → Handh., Hackbrett.

Ziest → Berufkraut.

Zimbel → Hackbrett.

Zimbertstag → Fasnacht.

Zimmergesellen → Handw.

Zimmerische Chronik. Von Graf Froben Christoph von Zimmern († 1566) und seinem Sekretär Hans Müller dt. geschriebene Gesch. jenes schwäbischen Herrengeschlechtes. Nach den dt. Schriften des Mystikers Heinrich Seuse ist die Z. C. die älteste ergiebiger fließende literarische Quelle für schwäbisch-alemannische Vkde (Sagen und Berichte von der wilden Jagd, von Erdmännlein, Riesen, Hausgeistern, Feuerdämonen, Wasser-, Nebel- und Luftgeistern usw.). Auch auswärtige Überlieferungen finden Erwähnung (→ Rattenfängersage). Uhland entdeckte den besonderen Wert der Z. C.

Ausgaben: von Barack. 4 Bde., 1869 (1881/82²); Neue Ausg. v. P. Hermann. 4 Bde., 1931; R. Kapf, Vkdl. aus der Z. C. Oberdt. Zs. f. Vkde 9 (1935); K. S. Bader, Die Z. C. als Quelle rechtlicher Vkde., 1942; B. R. Jenny, Graf F. C. v. Z. Ein Beitr. z. Gesch. d. Humanismus in Schwaben. 1959; H. Decker-Hauff, Die Chronik d. Gr. v. Z. 1964ff. (Revid. Ges.ausg.).

Zimmermann, Z.leute. Das Wort Zimmer bedeutet urspr. – wie heute noch das engl. timber- ›Nutz- und Bauholz‹ im Unterschied vom Werkstoff des → Tischlers. Über den Zunftbrauch der Zl. besitzen wir zwar nicht so alte Quellen wie über den der → Steinmetzen, doch nehmen sie gleichfalls unter den → Handwerkern eine bevorzugte Stellung ein. Der Z. baut nicht nur Haus und Stall, sondern auch viel des bäuerlichen und bürgerlichen Geräts und Mobiliars ist sein Werk. Für den Lehrling war die »Abfindung« der Gesellen eine noch wichtigere Zeremonie als die Freisprechung »vor offener Lade« durch die Meister. Zwei »Schenkgesellen« hatten die Aufgabe, ihn in den Geheimbrauch der Zunft einzuweihen und ihn die herkömmlichen Sprüche und das bestimmte Benehmen bei der Aufnahme zu lehren. In Norddtl. besonders galt ein strenger Unterschied zwischen »Einheimischen« und »Fremden«. Erst wenn der Z. als Fremder drei ganze Jahre hindurch bei Meistern außerhalb der Geburts- und Lehrstadt umgesprochen hatte und die nötige Zahl von »Zetteln« und »Kundschaften« (künstlerisch gestaltete Zeugnisblätter) vorweisen konnte, wurde er in der Heimatstadt wieder zum »Einheimischen« erklärt. Zimmerer, die dieses strenge Ritual nicht kennen, werden von den Zünftigen sammelhaft als »Vogtländer« bezeichnet. Diese haben die gleiche Kleidung, es fehlt ihnen aber die »Ehrbarkeit«. So hieß das Halstuch, das bei den »Rolandsbrüdern« z. B. rote Farbe aufwies, bei anderen blau war. Der Hauptsitz alter Z.verbände war Bremen. (→ Fremde Z.gesellen).

Außer dem einmaligen »Behauen« (→ Initiation, Hänseln) der Lehrlinge kannten u. kennen die Zimmerer Gemeinschaftsspiele und -lieder von zum Teil recht derber Art. »Trudeln« nannte man das Rollen eines Mannes auf einem scharfkantigen Holz. In einer parodistischen Gerichtsszene (→ Gericht, Prozeß) wurden dem Mann vom »Knüppelbur« unmögliche Untaten (→ Unlösbare Aufgabe, Münchhausen) zur Last gelegt, etwa, daß er die Elbe ausgesoffen habe, so daß Fische und Schiffe zu Schaden gekommen seien. Die Anklage schloß der Knüppelbur mit den Worten: »Doa bün ick nicht mit tofräen, un de ganze krummpucklige Gesellschaft waard doa ock nich mit tofräen sinn«. Dann wurde unter allgemeiner Zustimmung der Angeklagte an Armen und Beinen gefaßt und kräftig gerollt. In Herbergen hört man noch manchmal das »Vogtländische Aufklopfen« (→ Handw.lied).

Auch durch ihre Tracht (weite Hose, Schlapphut, ausgeschnittene Weste, Ehrbarkeit, Knotenstock und Werkbündel) treten die »Hamburger Z.leute« aus der Reihe anderer traditionsärmerer Handwerker hervor. Man kann sie so noch heute, auch in Österr., wandern sehen. → Dach, Balken, Giebelbretter, Kasten, Möbel, Schnitzerei, Truhen, Richtfest.

F. Janner, Die Bauhütten d. dt. MA. 1876; A. Bringmann, Gesch. d. dt. Z.bewegung. 3 Bde 1903–05; P. Rowald, Brauch, Spruch und Lied der Bauleute, 1903²; E. Weiß, Entdeckung des Volks der Zl. 1923; J. Saß, Die Sprache d. nd. Zl. 1927; R. Wissel, Des alten Handw. Recht und Gewohnheit, 2. Bd., 1928; Pfleger, Z.predigten. Richtfest u. Richtspruch im Elsaß, 1943; A. Moles, Historie des charpentiers; leurs travaux. Paris 1949; K. Baumgarten, Z.werk in Mecklenbg. Die Scheune. 1961 (124 Abb. 32 Tafeln; sucht im Sinne d. sogen. Gefügefg. durch die Analyse des Holzskeletts u. s. Zimmerungsart die ältere Haus- u. Hofgesch. zu erhellen); G. v. Schulz, Stud. z. Wortschatz d. russ. Zl. u. Bautischler. 1964; H. Glagla, D. Notizb. e. wand. Z.gesellen. Beitr. z. dt. V. u. Akde 13 (1969).

Zinken heißen die Zeichen, die → Gauner und Landstreicher, aber auch andere → Fahrende als geheime Verständigungszeichen verwenden. Bekannt sind die Bettlerz., mit denen die Häuser und Haustüren gekennzeichnet werden hinsichtlich ihrer Ergiebigkeit oder sonstiger wichtiger Umstände.

H. Groß, Hb. f. Unters.richter als System der Kriminalistik, ⁶1914, 1. Bd.; Friederichs, in: Hess. Bll. f. Vkde. 24 (1925); P. Prinzhorn, Die Bildnerei der Gefangenen, 1926.

Zinn, Z.gerät, Z.figuren. Gerät und Münzen aus Z. kannte schon das frühe Altertum. Homer nannte es *kassiteros* nach den Kassiteriden-Inseln. Von dort und aus Spanien brachten es die Phönizier. Aufschwung gab die Ausbr. des Glokkengusses, der bereits im 6. Jh. der christl. Kirche in Italien diente. In der → Alchimie (Geber) hieß das Z. Jupiter oder auch *diabolus metallicus* wegen der Sprödigkeit mancher Legierung. Neben der engl. war bes. die dt. Z.erzeugung vom 14.–19. Jh. bed. (Böhmen, Sachsen: Altenberg u. a.). Als Spiegelbelag und als Glasur für Kochgerät und → Majolika (Fayence) fand Z. vom 16. Jh. an Verwendung.

In Formen gegossene Zf. sind schon im MA. belegt (z. B. Ampullen von

Monza; ein aus der Seine gebagg. Reiter des 13. Jh.; Pilgerzeichen des 12.–16. Jh.; Puppengeschirr). Z.spielzeug war mehr eine Sache städt. Kunstgew. als der Vk. und im Besitz der Wohlhabenden. Der berühmte Z. soldat wird handw.mäßig seit dem 18. Jh. hergest. (Hilpert in Nürnberg: Soldaten, V.typen, Tiere, Affen). Auch Fürth war bedeutend. In Würzbg stellte vor und nach der Wende 18./19. Jh. bes. die Familie Rucker Zf. her. Im 19. Jh., bes. nach dem 70ger Krieg, allg. verbreitet, hat sich der Z.soldat heute aus den Spielzimmern in die Slgn. von Liebhabern zurückgezogen. Nachgüsse aus alten Formen mit allgemeineren Themen (Herden, Hochzeitszug, Krippe, Landsch.) finden heute wieder Abnehmer. Die Z.gießerei in Diessen am Ammersee ist bes. zu nennen.

Das silberfarbige, weiche, verhältnism. leicht herzustellende Zg. fertigte das Vkhandw. haupts. für Keller, Küche und Tafel. Festl. Zg. war verziert mit eingrav. Namen, Zahlen und Sprüchen oder mit Blumen und Rankenwerk. Gegossene Reliefs kamen erst im 16. Jh. auf. Kannen, Becher, Krüge, Teller, Tauf- und Schützenplatten aus dem 18. und 19. Jh. sind in großer Zahl erhalten, doch fehlen gerade beim Gebrauchsgerät ältere Typen, eine Folge der leichten Umschmelzmöglichkeit des Z. Gießer mit eig. Vorrat an Gußformen übten ihr Gewerbe im Umherziehen aus. Manche Formen haben die Hafner nachgeahmt (Kannen, Schraubflaschen; Zittauer Tonteller nach mal. Z.tellern mit halbkugel. Boden und glattem Rand). Prunkv. Humpen sind vor allem Zunftgerät (→ Handw.). Als Preise für → Schützenbrudersch. stellten Deckelkrüge ein Vogelschießen dar (z. B. Schleswig-Holstein um 1800). Die Pfalz kennt die sogen. Ohrenschüsseln mit zwei Henkeln für Taufe und Hochzeit. Wallf.andenken (Altötting, Diessen) werden noch heute als flacher Z.guß in Formen hergestellt und gern bemalt.

Aus dem einf. Haushalt wurde das Z. vor allem durch das engl. → Steingut um 1830 verdrängt. In den 1870 ger Jahren erlebte das alte Zg. eine fragwürdige Wiedergeburt als → »altdt.e« Ware, eine Nachahmung des sogen. Enderlein-Z. der Renaiss. Die Kirche des MA. schätzte Z. nicht sehr. Abendmahlskelche aus Z. waren Besitz ärmerer Kirchen. Mehr galt und gilt das Zg. im bescheideneren Kult des Prot. Was der Z.gießer ehemals im einz. verfertigte, zählt Hans Sachs in der Beischrift eines Holzschnitts von Jost Ammann auf, betitelt »Der Kandelgießer«:

»Das Zin mach ich im Feuwer fließn,
Thu darnach in die Mödel gießn,
Kandel, Flaschen, groß und auch klein,
Darauß zu trinken Bier und Wein.
Schüssel, Blatten, Täller der Maß,
Schenk-Kandel, Salzfaß und Gießfaß,
Ohlbüchsen, Leuchter und Schlüsselring,
Und sonst ins Haus fast nütze Ding.«

Gerade beim Z. ist es oft schwer, naives vtüml. Schaffen von hochgezücht. Kunstgew. zu unterscheiden. Ein Hilfsmittel für zeitl. und örtl. Zuweisung von Z.gefäßen oder Tonkrügen mit Z.deckeln sind die Z.marken, welche nach der Zunftbeschau eingepunzt wurden. Zahlr. Fälschungen erschweren jedoch das Sammeln von Z. Es gibt mehrere dt. Fachzss. Nach dem Hb. über das Z. von K. Berling (1919) bietet erstmals H. U. Haedeke (Zinn. 1963) wieder eine Gesamtdarst., die auch die Vk und die Verwendung von Zg. im Volke berücks..

E. Hintze, Nürnbg. Z.geschirr, 1921; Th. Hampe, Der Z.soldat, 1924; K. Gröber, Kinderspielzeug aus alter Zeit, 1927; F. Tischer, Böhmisches Z.geschirr u. s. Marken, 1928; E. Hintze, Die dt. Z.gießer u. ihre Marken. 7 Bde., 1921 bis 1931; G. Bossard,

Die Z.gießer der Schweiz u. ihr Werk. 2 Bde., 1920–34; G. Wolfbauer, Die Steirischen Z.gießer u. ihre Marken, 1934; A. M. Link, Sinnzeichen u. Formen auf alpenl. Trachtengürteln. Fehrle-Fests. 1940 (Z.stiftornamente); W. Jesse, Eine alte Braunschweig. Z.gießerwerkstatt. Niederdt. Zs. f. Vkde. 20 (1942) (Arbeitsgang); W. Reinecke, Lüneburger Z. Das Amt d. L. Z.gießer, 1947; Die Mölkerbastei. Mitt. d. österr. Z.-Sammler, 1941 bis 1952; F. Sagebiel, Aus d. Gesch. d. berg. Z.gießer. Rhein.-westf. Zs. f. Vkde 3 (1956); W. Borchers, Bäuerl. Z. in Westf. u. im angrenz. N.sachsen. ebd. 5 (1958); L. Mory, Schönes Z. Meister u. Formen. 1961; A. J. G. Verster, Das Buch vom Z. 1963; J. Wittichen, Celler Z.gießer 1967 (1534–1940: 46 Zg. in C.); H.-U. Haedeke. Z. (1963) (447 Abb.); Th. Kohlmann, Z.gießerhandw. u. Z.gerät in Oldenbg., Ostfriesl. u. Osnabrück. Um 1970 ersch.; W. Achilles, Z.figuren als kulturhist. Quelle. 1968; Zf.mus. auf d. Plassenburg b. Kulmbach; Dt. Z.soldatenmus. in Hersbruck (20000 Zs. kehrten in 46 Kisten aus Washington 1958 wieder heim, nachdem sie 1945 von einem amerik. Major in Dtl. befreit worden waren); Zf.kabinett Werner Scholtz, Bln-Charl., Knesebeckstr. 86 (Gießt mit s. Sohn selbst seit 1934); Die Zf.sammler Europas sind in 14 Verbänden organis. (1961).

Zinnkraut → Schachtelhalm.

Zinstag, Zistag → Dienstag.

Zirkel, Zirp → Grille.

Zitatensprichwort → Beispielspr.

Zither, Schlagz. (v. gr. *kithara*). Raffele. Mit einem Daumenring aus Metall oder Horn werden die 5 Saiten des Griffbretts (mit 29 Bünden) »geschlagen«, mit den andern drei Fingern die über einen Resonanzkasten gespannten (29–42) Begleitsaiten aus Metall, Darm oder metallumsponn. Seide angerissen. Ähnl. Instr. kannten schon das Altertum und der Osten (chines. *Kin*). Im MA. entsprach der Z. die Cistole, eine Art kleines → Hackbrett. Anfang des 19. Jh. weiß die Knaffl-Hs. noch von der wachs. Verbr. der Z. zu berichten. Im bes. blieb sie bis heute, mit der→ Gitarre, das Instr. der bayr.-öst. → Vmusik, das auch den Beifall der Oberschicht fand. »Sehr beliebt waren bei der ganzen kaiserl. Familie die alten Wiener und Heimatweisen« berichtet Josef Lanner, der dem l. habsburg. Kaiserpaar Karl und Zita »stundenlang« Gstanzln und Wiener Lieder, auch eigene Kompos. vortrug und dafür zum »Kammerz.spieler S. Maj. Kaiser Karls« ernannt wurde. Er machte in der ganzen Gegend von der Rax bis zum Semmering das Z.spiel wieder v.tüml. – In der Schweiz war die Z. oder »Berglaute« in den 1. Jahrz. des 19. Jh. das Lieblingsinstr. zum Vgesang. Ein Z.komponist der Zeit erfand das noch heute bek. Lied:

Niene geit's so schön und lustig
wie daheim im Ämmital . . .

Übertrag. in den N fanden statt. So brachten z. B. in der Königl. Gewehrfabrik in Spandau bei Berlin angestellte Facharbeiter aus Thüringen die Z. mit. 1877 entstand der Spandauer Z.klub, der sich 1912 mit einem 2. Verein zum »Spandauer Z.klub Alpenveilchen 1877« zusammenschloß. Dem Verein, früher »ein fester Bestandteil des gesellsch. Lebens in Spandau«, fehlt es heute an Nachwuchs (Spand. Volksbl. 1. 4. 1962).

Das tiroler *Raffele* (Kratz-Z.) ist eine urtüml., aus dem einsait. Scheitholz entw. Kleinform der Z. Sie hat nur das 3-sait. Griffbrett, das mit schwingender Hand scharf geschlagen wird (Schlag-Z.). Die Vmusik der »Engelkinder« in Reutte (Tirol) benützt es noch. Hergest. wird es heute von Hasslwanter (Innsbruck, Kiebachg. 15).

Ein berühmter Z.bauer und -spieler war J. Steiner aus Absam in Tirol (Steinerhaus). Auch in Vorarlb. (Bregenzerw.) sind einz. Z.bauer bis in die Gegenwart tätig. Ihre Hauptsorge ist das rechte »Klangholz«, nach dem sie Ställe und alte Zäune abklopfen.

Eine bed. Z.slg besitzt die Familie Kiendl in Wien (Scheitholz-, Kratz-,

Helm-, Streichz., Mittenwalder Form u. a.). Die Entw. zur heut. Form der Z. begann um 1830. Das Spiel der Z. mit überdimens. elektr. Verstärkung ist ein Fortschritt – in die musikalische Barbarei.

L. Edlmann, Die Wahrheit ü. d. Z. [3]1923; Norlind, Gesch. d. Z. Stockholm 1935/36; St. Walin, Die schwed. Hummel. Stockh. 1952; (ganz der älteren alpenl. Z. entsprechend); J. Brandlmeier, Hb. d. Z. 1963; P. P. Hornof, Vstüml. Raffele-Schule. 1963; J. Lanner, Zw. Holzschlag u. Kaiserschloß. 1968; F. Stradner, Vom Scheitholz zur Kratz-Z. Jb. öst. Vliedw. 18 (1969).

Zitrone(nbaum). Citrusfrüchte. Die Frucht des Zb. heißt *kedromelon* ›Zedernapfel‹ nach dem Duft. Im S wird die aus Ostind. stammende Frucht Limone genannt (dar. Limonade) nach dem arab. *limun (Citrus limonum).* Ans Mittelmeer drangen die ersten Berichte von dem ganzjährig grünenden, blühenden und fruchtenden Wunderbaum durch die Feldzüge Alex. d. Gr. Zu uns kam wohl zuerst die Zitronat-Z. Die hl. → Hildegard v. Bingen erwähnt den Bontziderbaum (v. lat. *Poma citri*). Citrinat steht zuerst bei Grimmelshausen (1672).

Der an die Z. sich knüpfende Brauch geht wohl nicht über das 15. Jh. zurück. Bis zur Zeit (1955) erhielt sich die Verwendung der Z. im Begräbnisbrauch (Gabe an die Leichenträger, auch an wichtige Trauergäste; Grabbeigabe, Grabschmuck). In der Bremer Gegend war der Brauch früher allgemein. Grohne berichtet, daß 1933 bei einem Zimmermannsbegräbnis Z. an die Fahnenspitzen gesteckt und dann am Grab niedergelegt wurden. Einen der frühesten Belege für den dt. Brauch gibt das Stück von Andreas Gryphius »Das verliebte Gespenst« um 1660. Es ist umstritten, ob die aromatische Frucht die apotropäische Eigenschaft von Gewürzen und stark riechenden Pflanzen (→ Rosmarin, Dost u. a.) teilt, ob sie in Seuchenzeiten ähnlich wie → Knoblauch oder → Wacholderbeere als volksmed. Vorbeugungsmittel in Gebrauch war oder ob sie aus einem anderen Grunde Trauerzeichen und Totenbeigabe wurde. Im Hochzeitsbrauch ist die Z. weit seltener. Vereinzelt halten auch bei → Konfirmation und Erstkommunion die Kinder eine Z. in der Hand. Es ließe sich denken, daß die zunächst seltene und kostbare, außerdem schönfarbige und duftende Frucht da und dort auch als eine Art Ausrüstung und Schmuck für die bessere Tracht bei bes. Anlaß zur Kirche mitgenommen wurde wie Nelke oder Rosmarinzweig, die das Mädchen in den Alpen am Sonntag zum Gebetbuch legt. – Die Apfelsine *(C. aurantium;* Orange, Pomeranze) brachten die Portugiesen im 16. Jh. aus Südchina nach Lissabon, von wo sie alle Mittelmeerländer eroberte. Die Mandarine *(C. nobilis;* aus China) taucht in europäischen Gärten und Orangerien erst im 19. Jh. auf. Beide sind im Volksbrauch kaum bekannt.

A. Jakoby, in: Die Dorfkirche, 3 u. 5 (1910 u. 1911/12); Sieber, Z. bei Begräbnissen. Mitteldt. Bll. f. Vkde. 4 (1929); E. Grohne, Über d. volkstüml. Gebrauch d. Z. bei Beerdigungen. Niederdt. Zs. f. Vkde 11 (1933); Die Z. im Volksglauben. Schweiz. Vkde. 23 (1933); A. Schwammberger, Vom Brauchtum m. d. Z. 1965.

Zitronenkraut → Melisse.

Zittern → Zucken.

Zitzenweib. Das Z., meist mundartlich Tittenwief, ist ein dämonisches Weib, das benannt ist nach den großen, hängenden oder starren, spitzen Brüsten, die → eisern, hölzern, glühend oder schwarz gedacht werden und mit giftiger Milch oder Teer gefüllt sind. Das Z. ist in der Sage verwandt mit → Mittagsgeistern, → Roggenmuhme und → Mahr. Schädiger des Kornfeldes oder ungehorsame Kinder preßt sie an den eisernen Brüsten zu Tode oder zwingt sie, zu saugen, bis Blut kommt, und zu ersticken. Die gleiche Gestalt erscheint unter anderen Namen. Die landschaftlichen Sammelbecken für die im 20. Jh. schwächer werdende Überlieferung vom Z. sind das Land zwischen der mittleren Weser und Elbe und die an Litauen stoßenden Grenzstriche Ostpreußens. Die Vorstellung setzt sich ins Slawische hinein fort, galizische Sagen z. B. kennen die *stara babka*, die eiserne Finger, drei bartlose Köpfe und brennende Brüste hat. → Korndämonen.

R. Beitl, Korndämon. HDA.; ders., Korndämon und Kinderscheuche. Ms., 1933.

Ziu. Bei Franken und Sachsen, besonders bei den Semnonen verehrter Gott, dessen Kult mit den Suebenvölkern nach Süden getragen wurde (*Ziesburc* = Augsburg). Ursprünglich war Z. höchster Gott, dem Volksversammlung (→ Thing) und Gericht und zuerst bei den Westgerm. auch das Kriegswesen unterstanden. Ein Weihestein in England aus dem Anfang des 3. Jh. n. Z. nennt ihn *Mars Thincsus*. Gerichtsgott ist Z. auch in dem Namen des dritten Wochentages (→ Dienstag), der altnord. *Tysdagr*, engl. *Tuesday* und heute noch alemannisch Ziestag, Zistig heißt. Als Kriegsgott, der er zuletzt fast ausschließlich war, stellt ihn Tacitus dem Mars gleich. → Donar.

H. Rosenfeld, Alem. Z.kult u. SS. Ulrich- u. Afraverehrung in Augsburg. Arch. f. Kulturgesch. 37 (1955).

Zivilisation. Urspr. ›Verbürgerlichung‹ (v. lat. *civis* ›Bürger‹) im Sinne von gehobener, städt. Lebensgestaltung (frz. *civiliser* ›sittigen, verfeinern‹). Gegensatz: Barbarei. Das altind. Adj. *barbara*-bedeutetete ›stammelnd‹ und wurde zur Bez. nichtarischer Völker (danach gr. *barbaros* ›nichtgriech., von unverständl. Sprache‹). In neuerer Zeit tritt der Begriff Z. als das vom Intellekt, vom wiss.-techn. Fortschritt Geschaffene in Gegensatz zu Kultur als dem Inbegriff der gesch. gewordenen Schöpfung des V.geistes (Kunst, Religion, Sitte). »Rationaler Prozeß« steht gegen »geistigseel Ausdruck der V.eigenart, der V.individualität« (K. Ranke). Alte Kulturen in Afrika und Asien (Indien, China) wehren sich gegen die aus Europa und bes. den USA andringende Z., aber auch wir stehen mitten in der Auseinandersetzung überlief. Vkultur mit den nützlichen, doch auch zerstörenden Errungensch. des wiss.-techn. Fortschritts. Moderne Wirtsch. gefährdet die gewordene Natur- und Kulturlandsch. (z. B. »Ausbau« des Hochrheins). Erst seit wenigen Jahren ist »Umweltschutz« das große Anliegen aller Staaten geworden. → Heimatschutz.

Kluge-Mitzka, Et. Wb. [20]1967; N. Elias, Über d. Prozeß der Z. 2 Bde. Basel 1939; K. Ranke, Z. und Vtum. In: Beitr. z. dt. V. u. A.kde. 2/3 (1958).

Zopfbrot → Allerseelen.

Zosimus → Alchimie.

Zuber → Böttcher.

Zucken, auch Jucken, Beißen, Kitzeln, Krimmern, Springen, Zittern. »Der Glaube an die zukunftweisende Bedeutung dieser Phänomene ist außerordentlich weit verbreitet und kann auf ein sehr hohes Alter zurückblicken; er hat bei den verschiedensten Völkern eine förmliche pseudowissenschaftliche Literatur hervorgebracht, ähnlich der Traumdeutung, der Chiro- u. Geomantie, der Astrologie u. anderer Weissagungsmethoden« (Boehm, HDA. 4, 789). Ähnlich wie beim → Angang wird in unserem ländlichen und städtischen Volksglauben darauf geachtet, ob das rechte od. linke Ohr, ob vormittags oder nachmittags die Nase juckt usw. Vielerorts wird das unwillkürliche Jucken der rechten Hand als Vorzeichen einer Ausgabe, der linken Hand als solches einer Geldeinnahme gedeutet. Die Predigten des MA. sprachen von dieser Mantik als »Springkunst« oder »Springung«. Gedruckte Zuckungsbücher sind heute noch in Südosteuropa bekannt. Das dem Melampus, dem Heilpriester des griechischen Mythus zugeschriebene Buch unterschied 187 Haupt- mit je mehreren Nebengruppen von Deutungen. → auch Niesen, Ohr, Schlucken, Elster.

Diels, Beiträge zur Zuckungslit. des Okzidents und Orients, 1908/09; Haberlandt, Die Vorbedeutungen am eigenen Körper. Globus 35; Th. Preuß, Die Vorbedeutung des Z. der Gliedmaßen in der Völkerkunde. Globus 95 (1909); Kartogr.: ASV 246 Ohrensausen (rechts: Gutes, links: Schlechtes), 247. Jukken.

Zuckerbaum → Weihn.baum.

Zuckungsbücher → Zucken.

Zunft → Handw., Jagd, Schützen, Fasnacht, Vschauspiel, Puppenth.

Zunselweiblein → Irrlicht.

Zuselmandl → Klöpfelsnächte.

Zweig, -segen → Lebensrute, Pfingsten.

Zweites Gesicht. Die Gabe des Z. G. ist an bestimmte Personen gebunden, denen Beruf (→ Hirte) und Geburt (→ Fronfasten) eine besondere Stellung unter den Mitmenschen sichern. Oft ist das Z. G. oder »Fürweiling« in der Familie erblich gedacht. Diese Personen sind häufig Urheber von Geistergeschichten, für die sie ihren Vater oder Großvater als Bürgen nennen. Sie üben zuweilen Hellseherei und Wahrsagung als einen Beruf aus, der mit der Vmed. des Sympathiemachers und mit dem Gesundbeten des Wunderdoktors viel Ähnlichkeit hat. Bestimmte Landschaften (westfäl. Spökenkieker) sind reicher an Schichtkiekern oder Schichtigen als andere.

Schmeïng deutet – der Lehre von E. R. Jaensch folgend – die Vorschauer als Eidetiker, als Menschen, die subjektive Anschauungsbilder in die reale Welt projizieren. Nach Peuckert gehört das Z. G. »einer vorbäuerlichen, Irland, das Baltikum und Nordwestdtl. besitzenden Bevölkerung an, die als Substrat heute noch spürbar wird«. P. bringt diese Vorstellung mit der »Generalidee ›Zweiter Leib‹« in Verbindung, die er der Vorstellung vom → lebenden Leichnam an die Seite stellt und mit anderen Forschern in kulturgeschichtl. sehr frühe Zeit (Jägerkultur) hinaufrückt.

Du Prel, Z. G., 1882; K. Schmeïng, Das Z. G. in Niederdtl, 1937. (Auf Grund der Fragebogen des ADV; m. Karte.); F. Zur Bonsen, das Z. G. Die Vorgeschichten, n. Wirklichkeit und Wesen, 1940; W.-E. Peuckert (und K. Schmeïng) in Ndt. Zs. f. Vkde 18 (1940). K. Schmeïng, Zur Gesch. d. Z. G., eidetische Grundlinien, 1943, P. Selk, Der Vorspukglaube in d. Angler V.überl. Jb. d. Angler Heimatver. 13 (1949); H. M. to Bernd, Das Z. G. im Vgl. u. in Vsagen. Diss. Gött. 1952; K. Schmeïng, Seher u. S.glaube. 1954 (Vgl. Röhrich in: Hess. Bll. 47); E. Reinke, Z. G. Rhein.-westf. Zs. f. Vkde. 1 (1954); G. Grober-Glück, Zur Verbr. u. Deutg. d. Z. G. Zs. f. Vkde 55 (1959); K. Löber, Das Gefecht im Hochwald Kalteiche. B. Martin-Fs. 1960; Kartogr.: ADV-NF 37–39. Bez., Geburtstag d. Sehers, Kennz. G. Grober-Glück, Z. G. u. Wahrsagekunst. In: Erläut. z. ADV 1966; Weitere Lit. → Okkultismus.

Zweispitzgruß → Steinmetz.

zweites Frühstück → Speis u. T.

Zweizahn *(Bidens).* Die widerhakigen Borsten der Früchte, die im Maul junger Fische tödl. Entzünd. hervorrufen, haken sich auch an Hosen und Röcken der Wanderer fest. Pülsflöh heißen sie in der Schweiz, Betteläus in Bayern, Priesterlaus in der Prignitz, Pracherläus in Ostpr. (P. ist ›Bettler, Landstreicher‹), Sitt-in-d'Hose (Ostfriesl.). Die Volkssprache liebt derbe Anschaulichkeit und nennt den Z. auch Stuppars (Schlesien) und Fotzenigel (Elsaß; wenn hier nicht eher die → Klette gemeint ist). Dem V.glauben entstammen die Bez. Hexenspeer (Schleswig) und Busemannsförke (= B.gabel, in Ostfriesl.; dort ist der B. ein → Wassergeist; → Schreckgestalten.

H. Marzell, Wb.

Zwerge. Das gemeingerm. Wort bedeutet ursprünglich wohl ›Trugbild‹ (→ Gespenst). In Ostmitteldtl. (schon um 1600) und am Mittelrhein heißt der Z. auch Quergel, Querg. Obwohl z. T. auf ähnliche Wurzeln zurückgehend, ist die Sage von Z. weit reicher entwickelt als die von → Riesen. In beiden Fällen dürften frühgeschichtl. Rassenbeobachtungen (kleinwüchsige Kelten, in Ostbayern Slawen) den Mythus mit bewirkt haben. Sein hohes Alter verbürgt auch die Feindschaft gegen das Christentum, die das Z.volk an den Tag legt. → Donar ist sein Beschützer. → Wodan jagt die gelbhaarigen Z. im Gewitter. Beim Läuten der → Glocken weinen sie oder fliehen. Wie die Kobolde sind sie hilfsbereit und lehren die Menschen geheime Künste. Beleidigt oder zu reich beschenkt oder belauscht (→ Neugierde) verschwinden die Z. oder rächen sich (→ Wechselbalg). Wie sie oft vor aller menschlichen Kultur ansässig gedacht werden, so weichen sie vor lauten Industriewerken, bei Ausroden der Wälder usw. zurück oder wandern aus (Z.überfahrt). Nach Aussehen, Wohnung und Tun heißen sie Dickköpf, → Graumännchen, Unterirdische, Erdmännchen, Erdschmiedlein, Erdwichtel, Erdbiberli, Bergmännchen, Schrazeln, Wichtel, → Wicht, Hojemännl, → Heinzelmännchen. Schon diese Namen (→ Schratt, Hehmann, Nickel) geben zu bedenken, daß viele Sagen- und Motivgruppen ineinandergreifen. Erst eingehende Untersuchung namenkundlicher, mythengeographischer und mythengeschichtl. Art vermag das Bild der zahllosen Sagen von Z. zu klären, die zunächst eigentlich nur das Gemeinsame der geringen Körpergestalt zu verbinden scheint. → Erbse.

A. Lütjens, Der Z. in der dt. Heldendichtung des MA., 1911. HDA; G. F. Hartlaub, Der Gartenzwerg u. s. Ahnen. 1962 (Vgl. Heilfurth, in: Hess. Bll. 55); H. Freudenthal, in: Beitr. z. dt. V. u. A.kde. 7 (1963) S. 82–91; O. Kahn, Rumpelstilz hat wirklich gelebt. Rhein. Jb. f. Vkde. 17/18 (1966/67) (Menschen d. Vor- u. Urvölker). Kartogr. ASV 252.

Zwergsprache → Echo.

Zwillingskrüge → Essentrage.

Zwiebel (*Allium*; Gatt. d. Liliazeen). Den germ. Sammelnamen → Lauch für Z.pflanzen überschichteten und durchdrangen z. T. roman. Formen. Die Verklein. von lat. *cepa* ergab ahd. *cibolla* (Hessen: Zibbel; Vorarlbg.: Zibala; Schweiz, M. Brdbg.: Bolle). Lat. *unio* ›Z.‹ liegt dem rhein. Typus Ünne und den mit Lauch gekreuzten Formen Unlauch, Ülle, Öllich (Bayern, Eifel) zugrunde. Die unentbehrl. Würzpflanze (»Z. sind gesund«) schätzt die Vmed. Morgens und abends eine gebratene Z. essen hilft für Verdauung und Reinigung der Luftwege. Wasser, in dem Z. gezogen haben, vertreibt Würmer. Gegen Hühneraugen wurden dicke Z.schalen aufgelegt. Zauber durch Wortanalogie ist es, wenn man Z. am Tag des hl. Benedikt pflanzt, damit sie dick werden. Oder man soll Z. im Zorn pflanzen, dann gewinnen sie die erwünschte »Schärfe und Hitze«.

Noch verbr. ist ein → Orakel, das in den → Zwölften, zu → Weihnachten od. zu → Neujahr angestellt wird. Aus einer Z. werden 12 Schalen geschnitten, jede mit einem Monatsnamen bezeichnet und mit Salz bestreut. Am Morgen erkennt man an dem Grade der angezogenen Feuchtigkeit die Trockenheit bzw. den Regenreichtum. – Mit der Z. befassen sich auch viele → Rätsel, wie dies nd.:

In'n Goorn sitt'n ollen Wief,
hett nicks as Lumpen upn Liw.
Gah rasch vörbi,
sünst bitt se di.«

F. Schulz, Knoblauch u. Z. in Abergl., Vmed. u. Med. Wien 1973.

Zwiefache. Die bes. im nördl. Altbayern beliebten Tänze haben ihren Namen von dem ständigen Wechsel zwischen Drei- und Zweivierteltakt. Ritter v. Rittersberg gab 1825 in Prag die ersten Aufzeichn. über die Z. in Druck. Mehr als hundert Jahre waren sie ein bevorzugter Gegenstand der → V.tanz-Fg. (vgl. bes. die Zs. Das dt. V.lied; zwischen 1928–40), die Gestalt und Umgestaltung der Tänze, ihre Gesch. und Verbr. zu erhellen und die Melodien systemat. zu ordnen sucht.

F. Hoerburger, Die Zwiefachen, 1956.

Zwiesel, Gabelung von Ästen, Gerät, Wegen, Flüssen (davon viele Orts- und Flußnamen). Verwendung beim → Durchziehen. → Wünschelrute. Auch d. menschl. Leib wird als Z. verstanden (Z. = Scham, Schoß).

Zwingspruch → Höllenzwang.

Zwischennächte, Zwischen den Jahren → Zwölften.

Zwölfboten losen → Apostel.

zwölf goldene Freitage → Freitag.

Zwölften. Im dt. Sprachgebiet in Glauben und Brauch besonders beachtete Tage zwischen → Thomastag und → Dreikönig. In Schlesien versteht man unter dieser Zeit die 12 Tage vor → Weihnachten (→ Luzia), in Bayern die Zeit von Tho-

Die Zwölfnächte

mastag bis → Neujahr, in Franken und Mecklenburg auch die 12 Tage nach Neujahr. Obwohl dieser Zeitraum auch in der Festzeit des Dodekahemeron der griechischen u. lat. Kirche, das von Fasten frei war, eine Stütze fand, geht die Überlieferung wohl sicher auf ein älteres Mittwinterfest zurück, wie es im germ. → Jul und schon in indogerm. Bräuchen zutage tritt. Die Z. sind noch eine Zeit der Toten- und Geisterumzüge, ohne daß wir freilich im einzelnen bestimmte alte Gestalten, etwa im Schimmelreiter den → Wodan, mit unbedingter Sicherheit nachweisen können. Über die Lärmumzüge und → Masken (Spräggelen, Schnabelgeiß, Berchten usw.), über → Orakel (Lösseln), über → Räucherungen, Kultspeisen (Zelten, Klötzenbrot) usw. s. die Feste der Weihn.zeit. Für die Geltung der Z. als eigener Zeitraum sind Wetterwahrsagungsbräuche (12 Nächte – 12 Monate des Jahres, → Traum, Orakel mit → Zwiebeln), Arbeitsverbote (nicht waschen, backen, düngen, spinnen) und Speiseverbote (keine → Hülsenfrüchte, die chthonisches Totenopfer sind) und → Tabus von → Namen (Wolf, Fuchs, Ratten, Mäuse dürfen nicht bei diesen Namen genannt werden) deshalb bes. kennzeichnend, weil sie genau auf diese Zeitspanne beschränkt erscheinen und mit christlichem Brauch nicht in Beziehung stehen. Auch die Anwendung von Abwehrzauber, des Schließens der Häuser, das Gebot, nichts auszuleihen, das Vieh im Stall zu lassen, Wasser zuzudecken, stehen mit dem christlichen Weihnachten geradezu in Widerspruch.

– Die Karte ist gez. nach ADV III (Entw. u. Zeichng. von Reinhold Knopf); vgl. dazu die eingehendere Karte in: W. Hansen, Das dt. Bauerntum, 2. Bd.

→ Jahr, Weihn., Neujahr, Stephan, Joh. Ev., Unsch. Kinder-Tag, Frija.

M. Höfler, Weihnachtsgebäcke, 1905; L. Weiser, Jul, 1923; W. Treutlein, Das Arbeitsverbot im dt. V.glauben, 1932; R. Wolfram, Das Aufhängeverbot in d. Z. Bll f. Hmtkde 28 (Graz 1959); Weit. Lit. s. die gen. Stichw.